Adolf Streckfuss

500 Jahre Berliner Geschichte

Vom Fischerdorf zur Weltstadt

Adolf Streckfuss

500 Jahre Berliner Geschichte
Vom Fischerdorf zur Weltstadt

ISBN/EAN: 9783742816306

Hergestellt in Europa, USA, Kanada, Australien, Japan

Cover: Foto ©ninafisch / pixelio.de

Manufactured and distributed by brebook publishing software (www.brebook.com)

Adolf Streckfuss

500 Jahre Berliner Geschichte

500 Jahre Berliner Geschichte.

Vom Fischerdorf zur Weltstadt.

Geschichte und Sage

von

Adolf Streckfuß.

Vierte Auflage.

Erster Band.

Berlin.
Verlag von Albert Goldschmidt.
1886.

I. Abtheilung.
Berlin im 14. Jahrhundert.

Erstes Kapitel.

Die Schwesterstädte Berlin und Cöln. — Eine Wanderung durch das alte Berlin. — Die Stadtmauer und die Festungswerke. — Der Ruf zu den Waffen. — Geschichtlicher Rückblick. — Der falsche Waldemar. — Das Raubritterthum.

500 Jahre! Ein halbes Jahrtausend schauen wir zurück in die Geschichte unserer Stadt. Von den mit prächtigen palastähnlichen Häusern besetzten breiten Straßen, in denen im regen Geschäftsverkehr mehr als 1½ Million Einwohner sich drängt, von der Weltstadt, welche den geistigen Mittelpunkt für ganz Deutschland bildet, wenden wir den Blick nach jenen beiden von öden Haiden, Sümpfen und Sandfeldern umgebenen kleinen Städtchen, aus denen die deutsche Reichshauptstadt erwachsen ist. —

Nur getrennt durch die Spree lagen an beiden Ufern des Flusses die Schwesterstädte Berlin und Cöln inmitten der ödesten, unwirthlichen Gegend. Bis an die Thore der beiden Städte erstreckten sich, nur selten unterbrochen von einigen wenig fruchtbaren Feldern und Wiesen, sandige Haiden und Sümpfe, von denen heut zum Theil fast keine Andeutung mehr zu finden ist, welche man kaum dem Namen nach mehr kennt. — Wer erinnert sich heut noch der Myrica, jener mit Elsen durchwachsenen Sumpfgegend, welche sich von Treptow bis zur Unterspree zum Dorfe Lietzow hinzog? Wer kennt noch die Hasenhaide, nicht die heutige, nach der unsere guten Berliner täglich ziehen, um sich vom Straßenstaub im Haidestaub zu erholen, sondern jene Hasenhaide, welche fast den gesammten zwischen Berlin und der Panke belegenen Höhenzug bedeckte und von der heut nicht eine Spur mehr zu finden ist? — Ein großer Theil des heutigen Berlin, das Spandauer Stadtviertel und ein Theil der Königsstadt, erhebt sich auf dem Boden dieser alten Hasenhaide.

Die Schwesterstädte hatten in der Mitte des 14. Jahrhunderts, jetzt also vor etwa 500 Jahren, schon eine nicht unbedeutende Macht.*) — Umgeben von festen Mauern und tiefen Gräben, bewohnt von einem kräftigen wehrhaften Bürgergeschlecht, boten sie dem räuberischen Adel jener Zeit kühn die Stirn. — Während auf dem platten Lande ringsum nirgends Sicherheit der Person und des Eigenthums war, gaben die Städte den Verfolgten Schutz und nahmen ihn auf in ihre Gemeinschaft. Handel und Gewerbsthätigkeit, welche auf dem Lande, der allgemeinen Unsicherheit wegen, nirgends erblühen konnten, concentrirten sich daher in den Städten und schufen in diesen ein reges, geistiges Leben; — so waren auch Berlin und Cöln der Mittelpunkt des gewerblichen Lebens

---

*) Wir führen unsere Leser in die Städte Berlin und Cöln, wie sie sich in der Mitte des 14. Jahrhunderts etwa darstellen; über die älteste, noch in ein tiefes Dunkel gehüllte Geschichte derselben wollen wir hier einige flüchtige Notizen nachholen.

Aus kleinen Fischerdörfern, deren Alter zu berechnen unmöglich ist, hatten sich Berlin und Cöln schnell zu mächtigen Städten erhoben. Cöln wird zuerst als Stadt genannt. Schon im Jahre 1232 erhielt es das Stadtrecht, von Berlin hört man im Jahre 1244 zum ersten Male und wenige Jahre später erhielt es ebenfalls Stadtrechte. — Gegründet wurden beide Städte zum Schutze der deutschen Eroberungen gegen die Wenden. — Ueber die Entstehung der Namen Berlin und Cöln ist viel recht fruchtlos von gelehrten Forschern geschrieben und gestritten worden, wir wollen hier nur einige Andeutungen des um die Berliner Geschichtskunde hochverdienten Fidicin, dessen treffliche Arbeiten uns für diesen frühen Abschnitt der Geschichte Berlins und Cölns hauptsächlich zur Richtschnur gedient haben, wiederholen. Cöln heißt in wendischer Sprache ein Hügel, und diesem Wort verdankt daher wohl die auf einer hügeligen Spreeinsel gebaute Stadt ihren Namen. Ueber die Herleitung des Namens Berlin existiren eine große Anzahl verschiedener Annahmen. Die Thatsache, daß alte Urkunden nicht zu Berlin, sondern zum Berlin schreiben und daher die Stadt das Berlin nennen, spricht wohl dafür, daß auch hier die alte wendische Bezeichnung — der Berlin — für „Platz" den Ursprung des Namens bildet. —

für einen großen Theil der Mark Brandenburg um so eher geworden, als ihre günstige Lage an der schiffbaren Spree ihnen große Vortheile für Handel und Verkehr bot, und sich in ihnen die Landstraßen von Nord nach Süd, von Ost nach West kreuzten und ihnen dadurch einen regen Verkehr von fremden Kaufleuten zuführten.

Werfen wir einen Blick auf die Schwesterstädte und sehen wir, wie sie sich in jenen Tagen dem Beschauer dargestellt haben mögen. Von der Mitte zwischen beiden Städten, von jener langen Brücke aus, welche sie verband, der heutigen Kurfürstenbrücke, wollen wir unsere kurze Wanderung beginnen.

Von der Stadt Cöln aus betreten wir die lange Brücke. Wir schauen rückwärts nach dem weiten Platz, der heute Schloßplatz heißt und auf dem sich der gewaltige Bau des Königlichen Schlosses erhebt. Das Schloß existirte damals noch nicht; erst der zweite Hohenzoller, jener, den das Volk den Eisernen nannte, hat es, wie wir später erzählen werden, zu bauen begonnen; dafür aber stand auf dem Platz etwa in der Mitte des jetzigen Schloßplatzes ein anderes Gebäude, die Kirche der schwarzen Brüder, der Dominikaner. Der in gothischem Style zierlich erbaute Glockenthurm, dessen Geläute als das schönste der beiden Städte galt, bildete das Thor des Kirchhofes; hinter demselben erhob sich das Kirchengebäude selbst mit seinen zwei gothischen Thürmen, im Grundriß mit der Form eines Kreuzes. Die Kirche war umgeben mit Buden, in denen gar manche Handelsartikel, schöne Rosenkränze und Crucifixe, geweihte Kerzen u. s. w. zum Verkauf geboten wurden, denn man liebte es in jener Zeit, dergleichen Artikel in nächster Nähe der Kirche zu haben, damit die Gläubigen nicht zu weit darnach zu wandern hätten. Der weite Weg, so dachte man mit Recht, möchte leicht die Kauflust verringern, die durch den Kirchenbesuch und das Priesterwort angeregt worden war. —

Von der Brüderstraße, welche ihren Namen nach dem Kloster der schwarzen Brüder führt, zog sich in einem weiten Halbkreise die Klostermauer hin, an welche sich die Festungsmauer von Cöln anschloß, welche längs der heutigen Schloßfreiheit, quer über den heutigen Lustgarten bis nach der Spree führte, wo etwa an dem Platze der heutigen alten Börse ein starker runder Thurm stand. Der Theil des jetzigen Lustgartens, der außerhalb der Mauer lag, war eine sumpfige mit Erlengebüsch bewachsene Wiese, der jetzige Schloßplatz aber eine Sandsteppe, die nächst der Mauer zur Anhäufung von Schutt und Unrath benutzt wurde.

Links nach Berlin zu schauen, wenn wir nach Berlin schauen, dicht am Ufer der Spree bei der langen Brücke, stand eine Bude, in welcher ein Bader wohnte, und daß sie dort stand, war ein Glück, denn der Bader wurde gerade auf jenem Platz recht häufig gebraucht, um die Wunden zu verbinden, welche sich unsere guten Vorfahren bei Prügeleien auf dem öden Platze holten. — Die müden Kämpfer konnten sich nach beendigtem Streit dort mit einem Bade von Schweiß und Blut reinigen.

Welcher Ort hätte auch wohl geeigneter zu einer kräftigen Schlägerei sein können, als jener und wo bot sich bessere Gelegenheit dazu? — Nicht fern auf der langen Brücke stand das gemeinschaftliche Rathhaus der Schwesterstädte, da saß und berieth der gemeinschaftliche Rath von Berlin und Cöln, da wurde oft schweres Gericht gehalten und was die weisen Herren drinnen debattirten, das besprach draußen das Volk.

Berlin und Cöln waren Schwesterstädte, seit einem halben Jahrhundert zu gemeinschaftlicher Verwaltung vereinigt; aber Schwestern leben nicht immer friedlich miteinander, sie zeigen sich oft genug eifersüchtig und liegen sich wohl gar in den Haaren, wenn sie sich auch endlich wieder vertragen. So geschah's auch in Berlin und Cöln. Häufig genug strömten die Berliner über die lange Brücke und das Gerönne des Mühlendammes, den einzigen Verbindungen der beiden Städte, und dann gab's heftige Worte und oft auch harte Schläge wegen irgend einer Kleinigkeit; besonders sahen die Cölner scheel auf Berlin, denn Cöln war die ältere Stadt und doch hatte sich Berlin schneller und mächtiger entwickelt und stand in größerem Ansehn in den Marken. — Jahrhunderte hat es gedauert, ehe sich diese Eifersucht ganz verwischt hat, bis beide Städte verwachsen sind zu der einen großen Weltstadt Berlin.

Doch setzen wir unsern Weg fort über die hölzerne lange Brücke, welche ihren Namen damals mit vollem Rechte führte, denn lang war sie in der That. Die heut in ein enges Steinbett eingedämmte Spree breitete sich damals weiter aus, und theilte sich in zwei Arme, deren einer etwa dem jetzigen Stromlauf folgte, der andere wahrscheinlich die heutige Heilige Geiststraße hinabfloß. Zwischen beiden lag in der Gegend der heutigen Burgstraße eine sumpfige Insel, über diese so wie über beide Arme der Spree führte die lange Brücke.

Auf der langen Brücke oder an derselben auf jener sumpfigen Insel und mit dem Zugang von der Brücke lag das gemeinschaftliche Rathhaus der beiden Städte.

Ein hölzernes mit roher Pracht aufgeführtes, mit Schnitzereien reich verziertes Gebäude. Wo eine freie Wand sich darbot, hatte man dieselbe benutzt um kunstvolle Malereien oder die Wappen der Schwesterstädte anzubringen. Von dem Dach wehten die Fahnen Berlins und Cölns, sowie die anderer befreundeter, dem märkischen Städtebündniß angehöriger Orte.

Der Giebel war nicht nach Berlin und nicht nach Cöln gekehrt, denn darin hätte ja ein Vorzug der einen oder der andern Stadt bestanden und keine durfte verletzt werden; so hatte man ihn denn nach der unparteiischen Spree hinausgebaut.

So schildert uns der Dichter, dessen klarer Blick in die dunkeln Tiefen einer halb verschollenen Vergangenheit dringt, jenes alte Rathhaus und wir wollen ihm glauben, wenn er auch historische Beweise für seine Schilderung nicht anzuführen vermag.

Wir schreiten weiter bei dem Rathhaus vorbei und verlassen die lange Brücke, um in die ungepflasterten, schmutzigen Straßen zu treten. Geradeaus vor uns liegt die heutige Königsstraße, welche damals aber noch nicht diesen Namen führte, die Häuser an ihrer linken Seite hießen: bei der langen Brücke im heiligen Geistviertel, die zur rechten: bei der langen Brücke im St. Niklasviertel.

Nicht gar zu weit vor uns, etwa da wo die heutige Königsstraße und neue Friedrichstraße sich treffen, endet schon die Stadt; dort liegt das mit einem eisernen Fallgatter versehene Oderberger Thor, ein massives viereckiges Gebäude, durch welches ein gewölbter Gang führt. —

Zu unserer Rechten breitet sich die Altstadt Berlin aus mit dem ältesten Markt der Stadt, dem heutigen Molkenmarkt, und der ältesten Kirche, der Nikolaikirche, zu unserer Linken die neue Stadt mit dem neuen Markt und der Marienkirche, beide aber in engen Grenzen; nach wenigen Minuten kann ein rüstiger Fußgänger nach allen Seiten hin die Stadtmauer erreichen. — Von einem bei der Spree an der Paddengasse gelegenen großen Thurm aus zog sich die Mauer zu einem andern Thurm, der auf dem Hofe des jetzigen Waisenhauses stand, von diesem aus ging sie mit einem Ausbuge nach dem Stralauer Thor, welches sich zwischen dem Waisenhaus und der Stralauerstraße Nr. 2 befand und dann nach dem Oderberger Thor, von diesem nach dem Spandauer Thor, welches da lag, wo jetzt die Häuser Nr. 1 und 81 der Spandauer Straße befindlich sind. Vom Spandauer Thor aus bis zur Spree lief die Mauer zwischen dem heiligen Geist-Hospital und der Neuen Friedrichstraße zu einem Thurm, der dicht am Spreeufer der jetzigen alten Börse gegenüber stand, dann führte sie zu einem andern Thurm, der etwa auf der Stelle des früheren, jetzt dem Durchbruch der Kaiser Wilhelmstraße zum Opfer gefallenen Joachimsthalschen Gymnasiums stand, und endete an einem Kanal, der vom Neuen Markt in die Spree führte, mit einem kleinen Thurm in der Gegend der jetzigen kleinen Burgstraße.

Innerhalb dieser engen Grenzen, welche noch bei Weitem nicht vollständig durch Häuser ausgefüllt waren, erhob sich das alte Berlin. Um auch zugleich das alte Cöln in seinem geringen Umfang zu zeichnen, wollen wir die Stadtmauer am andern Ufer der Spree weiter verfolgen. Wir kennen sie schon am Lustgarten und Schloßplatz, von dort zog sie sich zu einem Thurm an der Ecke der Spreegasse, dann zum Teltower Thor (welches später St. Gertraudsthor genannt wurde und zwischen den beiden Eckhäusern der jetzigen Gertraudenstraße 13 und Friedrichsgracht 48 stand), und von dort zum Cöpenicker Thor (an der heutigen Roßstraßen-Brücke); sie endete bei einem Thurm am Ende der Fischerstraße nahe der Spree.

Schauen wir uns nun ein wenig in den Straßen um, so bietet sich uns ein wenig angenehmer Anblick dar. Kleine, stets nur von einer Familie bewohnte Holzhäuser*) standen mit den Giebeln nach der Straße zu gerichtet. Die winzigen Fenster, durch deren trübe Hornscheiben nur ein schwaches Licht ins Innere fiel, mußten einen überaus ärmlichen Eindruck machen. Nur die Eckhäuser waren der Feuersgefahr wegen von Stein gebaut und ebenso die Häuser einiger vornehmer reicher Bürger, welche sich auch durch helle Glasfenster und Ziegeldächer auszeichneten, während die kleineren Gebäude ein düsteres, verwittertes Schindeldach trugen. —

Die Häuser standen fast sämmtlich einzeln; zwischen ihnen zogen sich Gänge hin, aus denen oft ein unerträglicher Geruch hervorströmte, denn man benutzte diese Zwischenräume zu Kloaken. Die Straßen waren nur zum Theil gepflastert, — sie wurden von den Bürgern ohne Scheu zur Aufsammlung des Düngers benutzt; große Misthaufen thürmten sich zur Seite der Hausthür auf, denn die meisten Bürger waren zu dieser Zeit Ackerwirthe und Viehhalter. Auf dem Markt und den Kirchenplätzen wurde Kehricht und anderer Unrath in so großen Haufen aufgeschüttet, daß es oft fast gefährlich war, die Plätze zu passiren, daran aber kehrten sich unsere Vorfahren nicht viel, sie waren eben an das Leben in der schmutzigen Stadt gewöhnt und wenn sie durch die Straßen gingen, hier über einen Misthaufen stolperten, dort um einen vor dem Haus aufgestellten Schweinekoben herumgehen, auf einer anderen Stelle über ein Schmutzloch springen mußten, so fanden sie

---

*) Die leichte Bauart der Häuser in Berlin und Cöln mußte naturgemäß häufige und gefährliche Feuersbrünste zur Folge haben, welchen auch durch strenge Polizeivorschriften nicht ganz vorgebeugt werden konnte. Jeder Bürger mußte bei Feuersbrünsten und wenn es der Rath befahl, ein Gefäß mit Wasser vor die Thür setzen, dessen sich die Löschmannschaft gleich bedienen konnte. Entstand ein Feuer, dann heulte sofort die Sturmglocke und die Bürger mußten mit ihren Waffen nach den Alarmplätzen ziehen; jeder war verpflichtet beim Löschen hilfreiche Hand zu leisten. — Trotz aller solcher Vorsichtsmaßregeln und obgleich für eine hinreichende Menge von Straßenbrunnen gesorgt war, wüthete doch mehrfach das Feuer in der Stadt mit verzehrender Gluth. In den Jahren 1348 und 1380 wurde Berlin fast gänzlich in Asche gelegt. Das wahrscheinlich von Mordbrennern angelegte Feuer, welches am 10. August 1380 ausbrach und zwei Tage brannte, zerstörte selbst das massive Berliner Rathhaus sowie die Nicolai- und Marienkirche; es gab die Veranlassung zu einem etwas solideren Aufbau der Stadt; man fing an, massiv zu bauen. Von den nach dem Brande 1380 neu gebauten Häusern, ist heut nur noch ein einziges, aber auch längst den Ansprüchen der Neuzeit gemäß umgeformtes, mit Sicherheit nachzuweisen, das Haus in der Spandauer Straße 49. — Es gehörte dem hochangesehenen Geschlechte der Blankenfelde und ist damals von dem Bürgermeister Paul Blankenfelde erbaut worden. Trotz späterer Reparaturen ist doch der ursprüngliche Baustyl erkennbar geblieben.

dies ganz in der Ordnung, denn jeder wußte, daß vor seinem eigenen Haus der Schmutz nicht geringer sei. Gegen dergleichen kleine Unannehmlichkeiten waren die alten Berliner abgehärtet, und so wenig einladend auch der Aufenthalt auf den Straßen sein mochte, so wurden dieselben doch mehr noch als heute benutzt; die Handwerker arbeiteten häufig genug im Freien, weil ihnen die trübe Hornscheibe nicht Licht genug gewährte und auch der Verkauf zur Schau gestellter Waaren fand nicht in verschlossenen Läden, sondern meist in offenen Schragen statt.

So sah es in den Straßen Berlins, so sah es auch in denen von Cöln aus, nur wenige öffentliche Gebäude zeigten eine stattlichere Bauart, so das Rathhaus auf der langen Brücke und die alten Rathhäuser in Berlin und Cöln, die Petrikirche und das Dominikaner-Kloster in Cöln, die Nikolai- und Marienkirche und das graue Kloster in Berlin, das Beghinenhaus und das hohe Haus (das jetzige Lagerhaus in der Klosterstraße), in welchem die Landesfürsten meist während eines kurzen Aufenthalts in Berlin ihre Wohnung aufschlugen.

Trotz ihrer engen schmutzigen Straßen, trotz ihrer damals noch nicht beträchtlichen Einwohnerzahl, welche in Berlin und Cöln zusammen kaum mehr als 6000 Seelen betragen mochte, waren die Schwesterstädte doch in jener Zeit schon eine Macht; — sie verdankten ihren Einfluß der starken Befestigung, mit der die Städte umgeben waren und welche sie gegen jeden Handstreich einer raublustigen Schaar schützte, ja selbst der Belagerung durch einen größeren Heerhaufen Trotz bot.

Die Mauern, welche die Städte umgaben, waren sehr fest. Der untere Theil war von Feldsteinen, der obere von Mauersteinen ausgeführt; so erhoben sie sich in einer Dicke von 6 Fuß zu 30 Fuß Höhe. — Mächtige Thürme dienten zur weiteren Befestigung und auch die Stadtthore waren mit Thürmen versehen.

Außer den Mauern mit ihren Thürmen dienten, wie bei allen Städten im Mittelalter, auch in Berlin und Cöln mächtige Wälle und tiefe Gräben zur Befestigung der Stadt. — In der ganzen Ausdehnung der jetzigen neuen Friedrichstraße zogen sich doppelte Gräben um die Stadtmauer. — Bei Cöln war die Anlegung von Gräben zum Theil durch eine natürliche Wasserbefestigung, durch die damals vorhandenen vielen kleinen Abzweigungen der Spree unnöthig gemacht.

Außer auf Wall und Gräben war bei der Befestigung auch auf äußere Vertheidigungsmittel Rücksicht genommen. Man mußte die städtischen Ländereien gegen plötzliche Ueberfälle raublustiger Adliger und selbst gegen Räuberbanden schützen, welche unablässig das Land unsicher machten, und hatte zu diesem Zweck selbst in ziemlicher Entfernung von den Städten Befestigungswerke errichtet. Da waren tiefe Gräben angelegt und feste Wachtthürme gebaut, die von den stets kampfbereiten Bürgern besetzt wurden. Die Thürme dienten zum Theil nur zum Aufenthalt der Wache haltenden Mannschaften, dann hießen sie Warten, zum Theil aber waren sie auch geräumig genug, um bei einem plötzlichen Ueberfall die aus den offenen Dörfern mit ihren Viehheerden flüchtenden Landleute in sich aufzunehmen, dann wurden sie Burgfrieden genannt.

Alle diese Befestigungswerke, so kräftig gebaut und so trefflich sie auch angelegt waren, würden dennoch nicht vermocht haben, die Städte in jener gefahrvollen Zeit zu sichern, wenn nicht die Bürgerschaft beseelt gewesen wäre von einem kühnen Kampfesmuth, der sie in keiner Gefahr verließ. Wehrhaft und ehrhaft, dies waren in jener wüsten Zeit fast gleichbedeutende Worte. Schande dem Manne, der nicht zum Schutze seiner Freiheit, seiner Familie und seines Eigenthums kräftig die Waffen zu führen verstand! — Selbst die Priester vertauschten oft genug die Kutte mit dem Panzer, das Crucifix mit dem Schwerte und zogen mit in die Schlacht. Wie haben viele Beispiele von hohen Kirchenfürsten, welche die Heere als Feldherrn angeführt, von Mönchen, die als Soldaten in Reihe und Glied tapfer gekämpft haben. —

Jeder Bürger war zum Waffendienst verpflichtet und in demselben geübt. Er mußte sich eine Rüstung und ein Schwert halten, die übrigen zur Vertheidigung der Stadt nothwendigen Waffen wurden in der Rüstkammer aufbewahrt, und den Kämpfern, wenn es Noth that, überliefert. Die Gewerke und die gemeine Bürgerschaft bildeten besondere Kompagnieen und standen unter dem Befehle ihrer Hauptleute. — Wenn die Stunde der Gefahr kam, mußte Jeder bereit sein, auf die Mauer zu eilen, um die Stadt zu vertheidigen, nur Krankheit oder Altersschwäche erlaubten eine Ausnahme. — Nur wenn die Kriegsgefahr nicht eben drohend war, nahm der Rath wohl, um den Bürgern den beschwerlichen Wachtdienst zu erleichtern, fremde Kriegsleute in Sold und übertrug das Kommando über dieselben irgend einem Ritter, der sich bereit zeigte, in den Dienst der Städte zu treten, so waren im Jahre 1373 die Ritter Thiele Selchow und Hermann Bardeleben Hauptleute des gemietheten Kriegsvolks; die Pflicht der Bürger, selbst die Waffen zu ergreifen, wenn das Wohl der Stadt es erforderte, wurde dadurch nicht aufgehoben.

Sobald der Stadt eine Gefahr nahte, wurde von den Wächtern auf den Thürmen das Lärmsignal gegeben. Die Kirchglocken riefen zu den Waffen. Die Trommeln wirbelten, die Sturmglocken heulten, aus allen Häusern kamen die Bürger und eilten nach den Sammelplätzen, welche für jedes Quartier der Stadt bestimmt waren. Der Viertelsmeister führte sie zu dem allgemeinen Sammelplatz, in Berlin nach dem neuen Markt, in Cöln nach dem Petriplatz am Ausgange der Brüderstraße. Die Hauptleute und Fähnriche ordneten die kampflustigen Schaaren und entsendeten so viel Mannschaften, wie zur

Verstärkung der Wachen auf den Mauern und an den Thoren nothwendig waren, zu diesen. —

Im Rathhaus auf der langen Brücke hatte sich inzwischen der Rath der Stadt versammelt und blieb dort thätig, so lange die Gefahr dauerte. Von hier ergingen die Befehle an die Bürgerschaft, welche mit strengster Pünktlichkeit befolgt wurden. Nahete ein starkes feindliches Heer, dann ritten sofort Boten nach allen Richtungen aus, um die befreundeten Städte zu Hilfe zu rufen, und Schaaren bewaffneter Bürger zogen vor die Thore nach den Stadthütungen und trieben in höchster Eile die reichen städtischen Viehheerden heim, denn der Raub derselben war in der Regel die erste That des Feindes.

Ertönten die Sturmglocken in dunkler Nacht, dann erhellte sich plötzlich die Stadt, vor alle Häuser wurden eiserne Pfannen mit brennendem Kiehn gestellt. Solche Leuchtpfannen brannten während der Nachtzeit auf den Rathhäusern und den steinernen Erkhäusern der angesehenen Bürger fortwährend, die geringeren Bürger waren zur Aufstellung derselben nur verpflichtet, wenn das Alarmsignal ertönte.

Bei solcher Vorsicht, welche auch im tiefsten Frieden nicht nachließ, — die Thore waren fortwährend sorgfältig bewacht, kein Verdächtiger durfte eingelassen werden, und sobald eine Schaar Bewaffneter sich näherte, mußten sofort die Flügel geschlossen werden, — bei dem kühnen Muth, welchen die Bürger in jedem Kampf entfalteten, gelang es ihnen, jeden Angriff auf ihre Stadt zurückzuschlagen.

Die Bürger Berlins in jenen Zeiten waren ein kühnes trotziges Geschlecht, sie vertrauten auf ihre eigene Kraft, und sie hatten Recht daran, denn Schutz fanden sie nur, wenn sie sich selbst schützen konnten.

Die Macht der Landesherrn war seit langer Zeit in den Marken erschüttert und endlich fast auf Null herabgesunken; die Markgrafen kümmerten sich außerdem nicht viel um Berlin, sie hatten noch nicht ihre bleibende Residenz in dieser Stadt, sondern kamen nur von Zeit zu Zeit, um auf wenige Tage oder Wochen im hohen Hause zu wohnen und etwa einen Landtag abzuhalten. Es war überhaupt nicht die Angewohnheit der Landesherren in irgend einer Stadt sich einen bleibenden Wohnsitz zu schaffen, sie zogen meist im Lande umher, bald in diesem, bald in jenem Schloß ihr Hoflager aufschlagend. — Von einer Vorliebe der Markgrafen für Berlin konnte daher nicht wohl die Rede sein und eben so wenig von einem besonderen Schutz, den sie etwa den Schwesterstädten hätten angedeihen lassen; in der That waren sie auch kaum im Stande, viel zu thun, sie mußten im Gegentheil oft genug selbst die Hülfe der Städte in Anspruch nehmen, um sich die Herrschaft im Lande zu erhalten.

Seit im Jahre 1319 Markgraf Waldemar aus der anhaltinischen Linie gestorben, war die Mark Brandenburg ununterbrochen der Schauplatz politischer Wirren gewesen. Von allen Seiten wurden Ansprüche auf das unglückliche kleine Land erhoben, verschiedene Nachbarfürsten kämpften um das Vorrecht der Vormundschaft über den unmündigen Markgrafen Heinrich, welcher der Neffe und einzige Erbe des verstorbenen Waldemar war. — Schon im Jahre 1320 starb Heinrich, und nun erklärte der Kaiser Ludwig die Mark als ein verfallenes Reichslehn und gab sie mit der Kurwürde seinem noch minderjährigen Sohn Ludwig dem Aelteren im Jahre 1322.

Kaiser Ludwig starb im Jahre 1347, ihm folgte auf dem Kaiserthron Karl IV. aus dem Hause Luxemburg, der beseelt von dem Wunsche seine eigene Hausmacht zu vergrößern und die der bayrischen Linie zu vernichten, darnach strebte, die Mark Brandenburg mit der Kurwürde dem bayrischen Hause zu entfremden. — Die Völker und Länder galten ja in jener Zeit den Fürsten Deutschlands nur als Mittel zur Vergrößerung ihrer Macht und ihrer Reichthümer, und fast kein Fürst machte sich im Geringsten ein Gewissen daraus, durch List, Betrug oder Gewalt seine Macht zu erhöhen. — Der Kaiser gab hierfür selbst ein glänzendes Beispiel, indem er mit einer Treulosigkeit ohne Gleichen ein seltsames Ereigniß benutzte, um Ludwig, den verhaßten Bayern, aus dem Besitz der Mark Brandenburg zu verdrängen. —

Neunundzwanzig Jahre waren seit dem Tode des Markgrafen Waldemar verflossen, als eines Tages sich vor den Thoren des erzbischöflichen Schlosses in Magdeburg ein alter Mann meldete, der gebückt am Stabe einherschritt und dessen Pilgerkleidung ihn als einen aus dem gelobten Lande Zurückkehrenden bezeichneten.

Er bat die Wächter, daß sie ihn zum Erzbischof führen möchten, als er aber eine abschlägige Antwort bekam, da flehte er um einen Becher Wein von der erzbischöflichen Tafel zur Stärkung seines müden kranken Körpers.

Der Wunsch wurde gewährt. Der Greis erhielt den Becher und labte sich an dem köstlichen Wein, dann zog er vom Finger einen goldenen Ring, warf ihn in den Becher und befahl dem Diener, denselben dem Erzbischof zu überbringen.

Erstaunt erkannte der Erzbischof in dem Ring den Siegelring des längst verstorbenen Markgrafen Waldemar von Brandenburg. Er glaubte seinen Augen nicht trauen zu dürfen und befahl, daß der Pilger schnell vor ihn geführt werde. —

Als der Greis im Prachtgemach des Erzbischofs erschien, da richtete er sich stolzer und kräftiger empor, da strahlte aus seinen Augen ein mächtiges Feuer, und als er den Erzbischof nun anredete, glaubte dieser fast ein Gespenst vor sich zu sehen, denn er erkannte in dem Bettler den todtgeglaubten Markgrafen Waldemar von Brandenburg, der doch schon neunundzwanzig Jahre in der Fürstengruft des Klosters Chorin ruhte; bald genug aber überzeugte er sich, daß er nicht ein Gespenst, sondern einen Mann mit kräftigem Fleisch und Bein vor sich habe.

Der Pilger erzählte ihm, daß er in der That der todtgeglaubte Markgraf sei. Er habe vor dreißig Jahren den festen Entschluß gefaßt, einen Pilgerzug nach dem gelobten Lande zu thun, weil ihn Gewissensbisse darüber gepeinigt hätten, daß er mit seiner Gattin in zu nahem Grade verwandt sei. — Da er vorausgesehen, daß der Adel der Mark ihn an der Ausführung seines Entschlusses hindern werde, habe er zu einer Täuschung seine Zuflucht genommen. Eine fremde Leiche sei im Kloster Chorin begraben, er aber, der Markgraf, sei nach Palästina gewandert in der festesten Ueberzeugung, daß die Erbfolge in Brandenburg seinem Stamme gesichert sei. Jetzt kehre er nach langen Jahren zurück und finde zu seinem Staunen und zu seiner Trauer sein geliebtes Land seufzend unter der Willkürherrschaft der fremden Bayern; deshalb wolle er sein gutes Recht wieder ergreifen, um den ihm gebührenden Thron aufs Neue zu besteigen.

Die ganze Erzählung des Greises klang so seltsam, so abenteuerlich, so unglaublich, daß der Erzbischof kaum wagte, derselben Vertrauen zu schenken; aber je mehr er dem Pilger ins Antlitz schaute, je klarer traten ihm auch die bekannten Züge des alten Markgrafen von Brandenburg entgegen, und als er nun mit dem Greis sich in ein langes Gespräch einließ, da erinnerte ihn dieser an so viele Familienereignisse, an so viele kleine gemeinschaftlich erlebte Begebnisse, welche nur der Markgraf von Brandenburg wissen konnte, daß ihm jeder Zweifel schwand; er erkannte in dem Bettler den Markgrafen Waldemar an und wurde sein Schirm und Schutz.

Auch der Herzog Rudolph von Sachsen und die anhaltischen Fürsten, denen der Erzbischof seinen Schützling zuführte, zweifelten nicht an der Wahrheit der Erzählung desselben; freilich hatten diese Fürsten ein großes Interesse dabei, den Bettler als wahren Markgrafen von Brandenburg anzuerkennen, denn sie hofften, dereinst die Erben des Greises zu werden.

Das Volk in der Mark Brandenburg empfing freudig die Kunde, daß sein alter, geliebter Fürst wieder auferstanden sei von den Todten, denn es haßte die bayrische Herrschaft.

Ludwig von Bayern war stets nur bestrebt gewesen, durch harte und drückende Steuern Geld aus dem Lande zu ziehen. Adel und Volk der Mark waren gleichmäßig erbittert gegen den fremden Fürsten, mit dessen ganzem Wesen, mit dessen Sitten sie sich niemals vertraut machen konnten.

Der leichtfertige Ludwig hatte vielfache Liebesverhältnisse mit den schönen Märkerinnen angeknüpft, um sich in den weichen Armen derselben zu erholen von den trüben Stunden, welche sein Ehebund mit Margarethe Maultasch ihm brachte. — Er hatte dadurch jede Liebe und Achtung bei den Märkern verloren.

Der alte Markgraf wurde vom Volke mit Jubel begrüßt. Wohin er kam, überall flog ihm die Liebe des Volkes entgegen. —

Vergeblich machte Ludwig bekannt, daß ein frecher Betrüger das Vertrauen des Volkes mißbrauche. Jener falsche Waldemar sei ein Müller, Jacob Rehbock aus Hundeluft, der längere Zeit bei dem Verstorbenen als Leibknappe im Dienst gestanden und dadurch Kenntniß von manchen Familienverhältnissen desselben erhalten habe. Er benutze jetzt eine entfernte Aehnlichkeit mit dem Markgrafen Waldemar, um das Volk zu täuschen. Von den neidischen Fürsten sei der Betrüger in manche Geheimnisse eingeweiht worden, um seine Rolle spielen zu können. Vergeblich kam Ludwig, der sich in seiner Heimath aufgehalten hatte, selbst nach der Mark, er vermochte dennoch das Volk nicht zu überzeugen, vielleicht weil dasselbe sich nicht überzeugen lassen wollte.

Waldemar eroberte mit wunderbarer Schnelligkeit das ganze Land, die meisten Städte erkannten ihn freudig an, auch die Schwesterstädte Berlin und Cöln, — nur Spandau, Frankfurt und Briezen, welches dadurch den Namen Treuenbriezen sich erworben hat, hingen mit unerschütterlicher Treue dem Bayernfürsten Ludwig an.

Am 21. September 1348 erschien Waldemar mit seinen Freunden, dem Grafen Albrecht von Anhalt und dem jungen Herzog Rudolph von Sachsen in Berlin — Er machte den Schwesterstädten weitreichende Zugeständnisse und diese mögen vielleicht mehr als der Glaube an sein Recht die trotzigen Bürger zu seiner Anerkennung bewogen haben; er bestätigte nicht nur seinen „lieben, getreuen Bürgern von Berlin und Cöln" alle ihre Rechte und Freiheiten, er versprach ihnen nicht nur im Lande angesessenen Ruhestörer zu verfolgen und deren feste Schlösser zu zerstören, er stellte ihnen sogar frei, wenn er sein Wort nicht halte, einen anderen Landesherrn zu wählen. Solchen Versprechungen verdankte es Waldemar, daß ihm die Städte der Mark so schnell zufielen.

Für Karl IV. bot der merkwürdige Handel eine höchst erwünschte Gelegenheit, Partei gegen Ludwig zu nehmen und diesen durch die Anerkennung seines Gegners zu schwächen. Er forderte eine Anzahl Fürsten, welche früher mit dem Markgrafen Waldemar auf's Genaueste persönlich bekannt gewesen waren, auf, vor ihm zu erscheinen, und ihr Zeugniß abzulegen. — Als nun diese Fürsten eidlich erklärten, Waldemar sei wirklich der echte Sproße der Aolanier, der rechtmäßige Markgraf von Brandenburg, da erkannte auch Karl IV. ihn an und belehnte ihn am 2. October 1348 mit der Mark.

Ludwig von Bayern war keineswegs Willens, sein Recht ohne Kampf aufzugeben. Er suchte und fand Verbündete. Die Mark Brandenburg, welche ohnehin durch eine Pestepidemie schwer heimgesucht war, wurde der Schauplatz verheerender Kriege. Auch Berlin hatte in denselben zu leiden, denn der Dänenkönig, welcher dem Kurfürsten ein Heer zur Unterstützung sendete, belagerte die Stadt; da aber erprobten sich die festen Mauern und tiefen Gräben, und vor Allem der kühne, wehrhafte

Sinn der Bürger. — Berlin hielt die Belagerung aus, und als der Herzog von Mecklenburg, ein Bundesgenosse Waldemar's, zum Entsatz herbeieilte, mußten die Dänen die Belagerung aufheben.

Wie Karl IV. Waldemar als Markgrafen von Brandenburg anerkannt hatte, nicht weil er von dessen Recht überzeugt war, sondern um Ludwig von Bayern zu schaden, so zögerte er auch nicht, ihn preiszugeben, sobald ihm dies vortheilhaft erschien. Als ihm in der Person des Grafen Günther von Schwarzburg ein Gegenkaiser von vier feindlichen Kurfürsten entgegen gestellt wurde, suchte er diese durch Versprechungen und Zugeständnisse für sich zu gewinnen und zum Verrath an Günther von Schwarzburg zu bewegen. Dies gelang ihm, denn kein Preis war ihm zu hoch. Auch Ludwig von Bayern wurde von ihm gewonnen und zwar um den Preis der Mark Brandenburg.

Waldemar konnte sich dort nur halten durch die Anerkennung des Kaisers, durch dessen wenn auch nicht unmittelbare Unterstützung. — Freilich hatte Karl Waldemar selbst als echten Sprossen der Askanier anerkannt, ihn mit der Mark feierlich belehnt; aber es kam ihm nie auf einen Wortbruch zur rechten Zeit an, er erklärte jetzt plötzlich Waldemar für einen Betrüger! — Hatte er früher die Freunde Waldemars für die Echtheit des Askaniers eidlich vernommen, so berief er jetzt dessen eifrigste Feinde und forderte ihr eidliches Zeugniß, welches natürlich gegen Waldemar ausfiel. Karl verkündete nun öffentlich, daß er getäuscht worden sei, und belehnte Ludwig von Neuem mit der Mark Brandenburg.

Das Volk der Mark wollte sich indessen nicht nach Belieben verschenken lassen. Das zweizüngige Kaiserwort genügte den Märkern nicht, um jetzt den Fürsten in Stich zu lassen, den noch vor so kurzer Zeit der Kaiser für ihr rechtmäßiges Oberhaupt erklärt hatte. — Ein mörderischer Kampf wüthete abermals in den Marken; endlich aber mußte Waldemar der Uebermacht erliegen. Er zog sich nach Anhalt zurück und lebte dort, von fürstlicher Pracht umgeben und bis an sein Ende von den Anhaltinern als echter Markgraf von Brandenburg anerkannt.

In der Geschichte hat Waldemar den Namen des „falschen Waldemar" erhalten — war er es? — War der Müller Jacob Rehbock nur ein Werkzeug der treulosen Politik Karls IV.? — Hatte der alte Askanier wirklich das gelobte Land verlassen, um zu seinem Volke heimzukehren und dasselbe von der verhaßten Bayrischen Herrschaft zu befreien? Wer vermag heut nach einem halben Jahrtausend darüber Gewißheit zu geben? Viele gelehrte Geschichtsforscher haben dicke Bände über die interessante Streitfrage geschrieben, aber gelöst ist sie noch nicht. —

Kaiser Karl hatte zwar für den Moment seine Pläne auf die Mark scheinbar aufgegeben, aber eben nur für den Augenblick; er wartete auf eine günstigere Zeit, und diese kam bald genug. — Nachdem Ludwig der Aeltere im Jahre 1351 die Mark an seinen Bruder Ludwig den Römer abgetreten, und dieser seinen Bruder Otto zum Mitregenten angenommen hatte, schloß Karl mit den Brüdern einen Erbfolgevertrag zu Nürnberg ab, und ehe derselbe noch zur Geltung kam, bemächtigte er sich im Jahre 1373 durch List und Gewalt der Mark. —

Welches auch die Mittel gewesen sein mögen, durch welche Karl IV. die Mark zu erwerben wußte, von dem Tage an, wo er die Herrschaft errungen hatte, zeigte er sich als ein sorgsamer und für das Wohl seiner Unterthanen strebender Fürst.

Das Land war in einem Zustande tiefer Versunkenheit, Räuberbanden durchzogen dasselbe mordend und brennend; jeder Adlige lebte auf seinem Schloß als ein kleiner Fürst und führte Krieg auf seine eigene Hand mit den übrigen Adligen und den Städten; unter dem schwachen Bayer hatte die landesherrliche Gewalt fast aufgehört.

Karl IV. war eifrig bestrebt, wieder geordnete Zustände zu begründen, und es gelang ihm dies für eine kurze Zeit. Er reiste selbst von Stadt zu Stadt, überall thätig, überall kräftig in die Verwaltung eingreifend; zweimal kam er auf diesen Rundreisen auch nach Berlin. — Dem Handel und Verkehr schuf er neue Bahnen, den in Verwirrung gerathenen Besitzstand zwischen Herrschaft und Unterthanen ordnete er und stellte ihn gesetzlich fest, wie sein Landbuch uns noch heute beweist.

Zum Unglück für die Mark starb Karl IV. schon im Jahre 1378 und derselbe Zustand der Noth, der Unsicherheit und der Rechtlosigkeit, wie er vor dem Regierungsbeginn Karl's in den Marken geherrscht hatte, kehrte nach seinem Tode in erhöhtem Maße zurück.

Karl's Sohn Sigismund, sein Erbe in der Kurmark, kümmerte sich um dieselbe nur insoweit, als er bestrebt war, möglichst große Geldsummen aus den Unterthanen herauszupressen; er ließ die Mark durch Statthalter verwalten und als ihm endlich selbst diese Art von Regierung noch unbequem wurde, verpfändete er sie an seine Vettern, die Herzöge Jobst und Procop von Mähren. —

Jobst wurde nun der Herrscher der Mark, denn sein Bruder Procop nahm keinen Antheil an den Regierungsgeschäften.

Für Jobst, einem schmutzig geizigen und habsüchtigen Mann, war die Uebernahme der Mark lediglich eine Geldspekulation. Auch er übergab die Regierung Statthaltern, welche die Aufgabe erhielten, in möglichst kurzer Zeit möglichst viel Geld zusammen zu scharren. Für Geld war dem Markgrafen Jobst Alles feil, für Geld verkaufte er Rechte und Freiheiten an Adlige und Städte und sah gern durch die Finger, wenn einzelne Mächtige und Reiche das Land mit ihren Kriegerschaaren durchzogen und brandschatzten.

Der Adel der Mark kümmerte sich um den schwachen Herrscher wenig oder gar nicht. Die großen Güterbesitzer befestigten ihre Schlösser und warben das im Lande herumziehende Raubgesindel an. Auf jedem abligen Schlosse wurden große Schaaren von Reisigen und Knappen gehalten und mit diesen führten die Abligen Krieg, theils unter einander, theils und noch lieber mit den Städten. Diese Kriege aber waren kaum etwas Anderes, als organisirte Raubzüge, in denen es nicht darauf ankam, den Feind etwa in einer Schlacht zu schlagen, sondern ihm durch Mord und Brand, durch Plünderung und Einäscherung unbeschützter Dörfer möglichsten Schaden zuzufügen!

Eine seltsame Kriegführung! — Wenn einer der Abligen mordend und brennend in das Land des Gegners eingefallen war, sammelte dieser nicht etwa seine Mannen, um den eingedrungenen Feind zu vertreiben, ihn in offener Feldschlacht kräftig zurück zu schlagen, nein, er vergalt nur Gleiches mit Gleichem; er zog in das Land des Feindes und verbrannte dort die offenen Dörfer; derjenige war der Sieger, der von den unglücklichen Bauern die reichste Beute heim getragen hatte. „Das Auspochen der Dörfer" dies war der Kunstausdruck für diese ritterliche Art der Kriegführung, war die Lust und Freude der abligen Herrn, Mord, Raub, Brandstiftung und Nothzucht ihre tägliche Beschäftigung.

Auch mit den Städten wurde der Krieg Seitens der Landabligen in ähnlicher Weise geführt. Nur selten wagten diese es, eine Stadt zu belagern, sie zogen es vor, die Dörfer, welche zu den Städten gehörten, auszupochen, die Landstraßen durch Reisige unsicher zu machen, harmlose Kaufleute aufzufangen, sie ihrer Waaren zu berauben und sie, wenn nicht zu morden, so doch Monate lang in dumpfe Kerker gefangen zu setzen, bis sie von ihren Freunden durch bedeutende Geldsummen ausgelöst wurden.

Und solchem Unwesen that der Landesherr keinen Abbruch, Jobst fühlte dazu weder Lust noch Beruf, und auch als er im Jahre 1395 die Mark an seinen Schwager Wilhelm von Meißen versetzte und dieser versuchte, bessere Zustände herbeianzuführen, gelang dies doch nicht, denn die Zerfahrenheit aller Verhältnisse in den Marken war derartig, daß alle Bemühungen vergeblich blieben. Wilhelm von Meißen, voll Ekel über eine solche Verwahrlosung durchdrungen, gab schon im Jahre 1398 das Land seinem Schwager zurück, und den Marken blieb es überlassen, sich selbst zu helfen.

Zweites Kapitel.

Die Städtebündnisse. — Die Ermordung des Probstes von Bernau. — Der Kirchenbann über Berlin. — Die Hinrichtung des Conrad Schütz. — Die Geistlichkeit. — Die Beghinen. — Die Kalandsbrüder.

Die allgemeine Rechtsunsicherheit, welche im ganzen Lande herrschte, der Zustand der Gesetzlosigkeit, der es den Abligen möglich machte die Mark in einem fortwährenden Kriegszustand zu erhalten, die Schwäche des Landesherrn, der gegen den mächtigen Adel nichts auszurichten vermochte, hatten schon seit dem Beginn des 14. Jahrhunderts den Städten der Mark die Nothwendigkeit einer innigen Verbindung zu Schutz und Trutz klar dargelegt.

Bis zum Jahre 1307 waren Berlin und Cöln zwei in ihrer gesammten Verwaltung vollständig getrennte Städte gewesen, sie hatten sich oft genug selbst feindlich gegenüber gestanden und die gegenseitige Eifersucht machte überhaupt eine Vereinigung nicht leicht; sie wäre auch wohl nicht so bald zu Stande gekommen, hätte nicht der äußere Drang, die Nothwendigkeit gegen die von dem räuberischen Adel drohenden Gefahren fest zusammen zu stehen, sie endlich erzwungen. Als Vermittler diente dabei der Landesherr, Markgraf Hermann, der recht gut einsah, daß er seine eigene Macht am sichersten auf die der Städte zu gründen vermöge. — So kam denn jener für die geschichtliche Entwicklung hochwichtige Vertrag vom 7. März 1307 zu Stande, in welchem sich Berlin und Cöln zu einer gemeinschaftlichen Verwaltung verbanden; sie waren dadurch der Form nach zu einer Stadt zusammen geschmolzen, indem fortan die Befestigung und Vertheidigung beider Städte, die Aufbringung der Steuern und die Gerichtspflege von dem Rath gemeinschaftlich besorgt wurde.

Man war bestrebt, diese Vereinigung so innig wie möglich zu machen, deshalb wurde die Bestimmung in den Vertrag aufgenommen, daß die Bürger von Cöln die Rathmannen und Schöffen in Berlin und umgekehrt die Bürger von Berlin Rathmannen und Schöffen in Cöln wählen sollten.

Die Vereinigung der Schwesterstädte zu einer gemeinschaftlichen Verwaltung trug sofort ihre bedeutungsreichen Früchte, die innere Macht Berlins wuchs dadurch schnell zu einer nicht geahnten Höhe. Die kleineren Landstädte schlossen sich an die größere Stadt an und suchten bei derem Schutz nach, so entstand ein märkisches Städtebündniß, welches sich im Laufe des Jahrhunderts mehr und mehr ausbreitete und immer bedeutsamere Umrisse gewann.

Welche Kraft die verbündeten Städte dem Adel und selbst den Fürsten gegenüber gewinnen konnten, das hatte die Hansa den Märkern gezeigt, diese suchten daher fortan das Bündniß ihrer Städte stets enger zu schließen, und Berlin und Cöln wurden der Mittelpunkt solcher Bestrebungen.

Aus den Jahren 1308, 1309, 1321, 1323, 1345, 1383, 1394 und 1399 sind eine Reihe von Verträgen bekannt, in denen sich märkische Städte mit Berlin zu Schutz und Trutz verbanden, in denen sie sich gegenseitig gelobten, jede Gewalt und jedes Unrecht, welches einer der verbündeten Städte geschehen würde, gemeinschaftlich abzuwenden. — Gegenseitige Hülfe gegen fremde Kriegsmacht, gegen Räuber, Mordbrenner und Ruhestörer, Schutz aller zu den Städten gehörigen

Ritter und Bürger in ihren Besitzungen und dergleichen mehr bildeten den Inhalt solcher Verträge, welche häufig genug nicht nur gegen den Raubadel, sondern auch gegen einzelne Fürsten gerichtet waren, so gelobten sich beim Erscheinen des falschen Waldemar 31 märkische Städte und unter ihnen auch Berlin und Cöln, diesem treu anzuhängen.

Die Macht der Städte wurde durch diese Bündnisse eine so bedeutende, daß die Landesfürsten bestrebt sein mußten, dieselben für ihren Dienst zu gewinnen, — sie suchten deshalb die Städte durch Gewährung aller möglichen Rechte und Freiheiten an sich zu ziehen, um ihre Unterstützung zu erlangen, und die Städte verstanden es aus diesem Bestreben Nutzen zu ziehen. Der Rath von Berlin und Cöln wußte jeden Regierungswechsel, jede Verlegenheit eines Fürsten klug zur Erweiterung der Stadtrechte auszubeuten, hierdurch bildeten sich denn nach und nach die Schwesterstädte fast zu kleinen Republiken, welche zwar noch bestimmte Abgaben an den Landesherrn zu entrichten hatten, in ihrer Selbstregierung aber vollständig unabhängig waren. Von den herrschaftlichen Landgerichten waren sie eximirt, sie standen unter einem eigenen Stadtschulzen, der stets ein Berliner Bürger sein mußte; um auch diese geringe Abhängigkeit zu beseitigen, erwarb der Rath von Berlin im Jahre 1391 von dem damaligen Stadtschulzen Thiele Brück das Schultheißen-Amt mit allen Gerechtigkeiten. Markgraf Jobst bestätigte diese Erwerbung und verzichtete zugleich auf alle landesherrlichen Rechte über die Gerichtsbarkeit Berlins, so daß fortan die Städte Berlin und Cöln sich im Besitz des höchsten Rechtes, des Blutbannes, befanden, daß sie Richter und Schöffen selbst einsetzen und über Leben und Tod richten konnten.

Solche Rechte, solche Macht erzeugten in den Bürgern jener Zeit ein Vollbewußtsein ihrer Kraft, welches sie oft genug zu Ueberschreitungen ihrer Rechte hinriß, die sie mitunter schwer büßen mußten. — Die Berliner waren stets ein leicht aufgeregtes Völkchen, schnell mit dem Worte da, wie heute noch, aber damals auch schnell mit der That bei der Hand, wie heut wohl nicht mehr. — Sie haben in jener Zeit durch manche rasche That eine lange Reue erkauft. Den Probst von Bernau, den sie vor der Marienkirche erschlugen, hätten sie wohl gern durch Thränen wieder ins Leben zurück gerufen, — es war zu spät dazu, der That folgte harte Strafe.

Es war etwa im Jahre 1327*), als der Probst Nikolaus von Bernau nach Berlin kam, um eine rückständige Forderung, welche er an die Stadt zu haben meinte, einzutreiben. Der Probst war in Berlin nicht beliebt, er gehörte zu den Anhängern des Herzogs Rudolph von Sachsen, welcher damals unter den Berlinern sehr verhaßt

*) Nach Fidicins Forschungen. Andere Geschichtsforscher weichen in der Jahreszahl ab.

war, weil er darnach strebte, die Mark Brandenburg für sich zu gewinnen.

Der Probst kam in unglücklicher Stunde nach Berlin. Es war gerade Markt, von nah und fern hatte sich viel loses Gesindel nach der Stadt gezogen, das Volk wogte in den Straßen auf und nieder und besprach in wilder Aufregung die traurigen politischen Zustände, welche die Mark nach dem Tode des letzten Askaniers Waldemar erleben mußte. Alle die fremden Bewerber um das Land wurden mit scharfer Zunge von den Bürgern durchgehechelt und auch auf den Probst fiel manch zürnendes Wort.

Er würde wohl gethan haben, in solcher Zeit sich mit seiner Forderung zu gedulden und nicht das ohnehin schon unwillige Volk durch Aufstellung derselben noch mehr zu erbittern; daran aber dachte er nicht, er mißbrauchte im Gegentheil die Kanzel, um schwere Vorwürfe gegen die Berliner zu schleudern, welche ihm sein gutes Recht vorenthielten.

Lautes Murren erhob sich unter dem zahlreich versammelten Volk, wilde, heftige Worte fielen auf den Geistlichen, der durch dieselben nur noch mehr aufgeregt, den Bannstrahl gegen die Kirchenfrevler zu schleudern drohte.

Das war zu viel! Mit lautem Wuthgeschrei stürzte sich die Masse gegen die Kanzel. Jetzt erst erkannte der Probst, daß er zu weit gegangen sei, er floh durch die Sakristei aus der Kirche, aber seine Verfolger holten ihn ein. — Auf dem Platz vor dem Gotteshaus schlugen sie ihn zu Boden und nun stürzte sich die wüthende Masse auf den Wehrlosen und mordete ihn.

Und damit nicht genug! — Der Leichnam wurde von den Rasenden im Triumph durch die kothigen Gassen geschleppt, endlich brachten sie ihn nach dem neuen Markt und dort, wo die Verbrecher gerichtet wurden, bauten sie schnell einen Scheiterhaufen und verbrannten die Leiche.

Mit Grausen hörten die Rathsherren und alle die verständigen Bürger, welche sich an dem von der wilden Rotte begangenen Frevel nicht betheiligt hatten, von der grauenvollen Mordthat; wohl waren sie unschuldig an derselben, aber sie wußten, daß sie mit den Schuldigen würden leiden müssen.

Kaum war die Nachricht von dem Morde über die Grenzen Berlins hinausgedrungen, als sich unter der gesammten Geistlichkeit ein wilder Schrei nach Rache erhob. — Die Brüder des Ermordeten sendeten ihre Klage an den Bischof von Brandenburg, den Erzbischof von Magdeburg, und selbst an den heiligen Vater, den Papst. —

Ein Priester war fast am Fuße des Altars erschlagen worden, dafür mußte die verbrecherische Stadt die schwerste Strafe treffen, welche der Stellvertreter Gottes auf Erden zu verhängen vermochte. — Vergeblich bot der Rath von Berlin den Brüdern des Probstes das in jener Zeit übliche Sühnegeld für den Mord, dieselben verweigerten die Annahme, vergeblich wendete er sich an den Markgrafen Ludwig, dessen Vermittlung in Anspruch nehmend, die Geistlichkeit wollte nichts von Milde und Verzeihung wissen, sie forderte Rache für das vergossene Blut. —

Der Bischof von Brandenburg sprach den Bann über Berlin und Cöln aus. Der Bann! Ein einfaches Priesterwort und doch von welchen furchtbaren Folgen begleitet!

Jede geistliche Handlung war fortan in der gebannten Stadt eingestellt, keine Messe durfte mehr gelesen, kein Gottesdienst gehalten werden. Die Kirchenglocken waren verstummt, die Lampen in den Kapellen wurden ausgelöscht, die Thüren der Gotteshäuser geschlossen. Kein Kind wurde mehr getauft, keine Ehe wurde eingesegnet und selbst den Sterbenden durfte der letzte Trost nicht mehr gewährt werden.

Wehe den Gebannten! Wehe dem, der sie schirmen und schützen, der mit ihnen in freundschaftlicher Gemeinschaft leben wollte, auch ihm drohte der Kirchenbann! Die befreundeten Städte zitterten vor einem so grauenhaften Schicksal, sie zogen sich von den Geächteten zurück. Der Handel und Verkehr stockten, Berlin und Cöln, die mächtig emporstrebenden Städte, welche bisher geachtet und geehrt worden waren im märkischen Städtebund, sahen sich plötzlich verlassen, ausgestoßen von der Gemeinschaft.

Es war ein furchtbares Schicksal, und viele, viele Jahre vergingen, ehe die rachgierige Priesterschaft den Tod des Probstes gesühnt glaubte. Erst als im Jahre 1335 die Städte Berlin und Cöln sich verpflichteten, zum Gedächtniß des Erschlagenen einen Altar in der Marienkirche zu stiften, denselben mit zehn Stück Goldes zu dotiren, an der Stelle, wo der Mord vollbracht worden, ein steinernes Kreuz zu errichten und mit einer ewigen Lampe zu versehen, als sie außerdem dem Bischof von Brandenburg ein Lösegeld von 750 Mark Silber zu zahlen versprachen, kam ein Vergleich mit dem Bischof von Brandenburg zu Stande.

Die Berliner erfüllten die übernommenen Verpflichtungen pünktlich, sie zahlten das Lösegeld und errichteten Altar und Kreuz, das letztere auf dem Orte, wo der Probst Nikolaus erschlagen worden war, da, wo jetzt die Häuser Spandauerstraße 69 und 70 stehen. Im 16. Jahrhundert mußte das steinerne Kreuz Häuserbauten weichen, es wurde fortgenommen und dabei theilweise zertrümmert, nur der obere Theil blieb erhalten und wurde am Haupteingang der Marienkirche eingegraben, wo er noch steht. —

Obgleich die Städte alle in dem Vergleich mit dem Bischof von Brandenburg übernommenen Verpflichtungen erfüllt hatten, dauerte es doch noch bis zum Jahre 1347 ehe sie durch den Papst vollständig vom Bann gelöst wurden, dies geschah erst, als sie sich auch mit der Kirche von Bernau dadurch ausgesöhnt hatten, daß sie den Probst von Bernau und seinen Nachfolgern jährlich „ein Tribut Brandenburger Pfennige" zu zahlen versprachen, damit alljährlich am Julianentage für den Erschlagenen Vigilien und Messen gelesen werden sollten.

Eine so schwere Strafe hätte wohl den Muth der Berliner etwas zügeln sollen, dies aber war keineswegs der Fall. Die stolzen Bürger ließen sich durch dieselbe in keiner Weise niederdrücken, sie zeigten dies durch eine zweite blutige That.

Der Erzbischof von Magdeburg hielt sich mit dem Herzog Rudolph von Sachsen in Berlin auf. Er hatte viele Herren seines Hofstaates mitgebracht, unter ihnen auch seinen Geheimschreiber Conrad Schütz, einen leichtfertigen jungen Lebemann.

Conrad Schütz ging eines Tages nach dem Krögel*), um dort ein Bad zu nehmen, auf der Straße begegnete ihm eine Bürgersfrau, welche durch ihre Schönheit dem Wüstling auffiel. Er sprach sie an und machte ihr den unzüchtigen Vorschlag, ihn in das Bad zu begleiten. Ob die Bürgersfrau den Vorschlag mit Entrüstung zurückgewiesen und die schmachvolle Zumuthung ihrem Gatten geklagt hat? Ob Vorübergehende die Einladung gehört haben? — Wir wissen es nicht, aber die Chronik theilt uns mit, daß unter den Bürgern von Berlin und Cöln die Nachricht sich mit Blitzesschnelle verbreitete, der Geheimschreiber des Erzbischofs habe eine sittsame Bürgerfrau in schmählicher Weise beleidigt. —

Jene stolzen Bürger waren beseelt von einem regen Ehrgefühl; die Beleidigung, welche der Gattin Eines von ihnen geworden, traf Alle. Ein Wuthgeschrei erhob sich, die Bürger rotteten sich zusammen und forderten den Tod des frechen Schreibers, der Rath mußte wohl oder übel der allgemeinen Stimmung nachgeben, er entsendete seine Diener, um den Verbrecher dem Gericht zu übergeben.

Conrad Schütz saß mit dem Herzog von Sachsen an der reichbesetzten Tafel. — Er fühlte sich dort unter dem Schutz des fürstlichen Herrn sicher, auch glaubte er wohl kaum ein so schweres Verbrechen begangen zu haben, daß ihm daraus eine besondere harte Strafe erwachsen könne. —

Da tönte plötzlich das wilde Schreien der Volksmassen, welche sich vor dem Haus gesammelt hatten, an sein Ohr und zugleich erschienen die Diener des Raths, um den Verbrecher zu verhaften. — Vergeblich berief sich der Herzog auf den Schutz, welchen der Schreiber unter seinem Dach genießen müsse, die Rathsdiener rissen den Unglücklichen von der Tafel fort, um ihn nach dem Stadtgefängniß zu führen; den Bürgern aber war solche Justiz zu langsam.

Kaum war Conrad Schütz auf der Straße angelangt, als das Volk sich seiner bemächtigte. Unter wildem Wuthgeschrei schleppte man ihn nach dem neuen Markt. Dort wartete seiner schon der

---

*) Auf dem Krögel stand das älteste Badehaus Berlins, in welchem sich zwei gewölbte Badestuben befanden.

Henker. — Wenige Minuten später rollte das Haupt des Schreibers in den weißen Sand. — Eine schwere Strafe für einen frivolen Scherz! Dies findet auch der Chronist, der uns die Erzählung aufbewahrt hat, Albertus Krantzius, denn er sagt: „Ich meine ja, das sei eine schöne Ursache gewesen, einem das Leben darum zu nehmen."

Der Erzbischof von Magdeburg erhob natürlich Klage über die vorschnelle und strenge Volksjustiz, aber dies Mal ohne besondern Erfolg und schon wenige Jahre später (1376) sehen wir, daß die Berliner abermals einen Priester Nikolaus Hundewerper wegen des flüchtigen und vielleicht ganz unbegründeten Verdachts einer Brandstiftung mißhandeln. Hundewerper wurde mit Ketten belastet ins Gefängniß geworfen und dabei so geknebelt, daß er eine Lähmung des Armes davon trug. Der Rath übersendete zwar den Gefangenen an den Bischof von Brandenburg, dieser aber, entrüstet über die Mißhandlung eines Priesters, schleuderte abermals den Bann gegen Berlin und wohl oder übel mußte der Rath sich dazu verstehen, den zu jeder Amtsthätigkeit untüchtigen Priester hinreichend zu entschädigen, um den Bann wieder zu lösen.

Daß nach solchen Vorgängen die Berliner für die Geistlichkeit keine besondere Vorliebe hatten, läßt sich wohl leicht errathen. Wie sie über dieselbe dachten, davon giebt uns das alte Berliner Stadtbuch ein recht klares Bild in einer einfachen Aeußerung, welche auch zugleich ein Schlaglicht auf das sittliche Leben der Geistlichkeit wirft, es sagt über die Verhältnisse von Geistlichen und Laien zu einander:

„Pfaffen und Laien werden leider selten gute Freunde, das kommt von der Pfaffen Gierigkeit und Unkeuschheit; denn wenn die Unkeuschheit sie verläßt, so haben sie doch alle Gierigkeit in sich. Den Gierigen hasset man sehr."

Wie sehr aber auch die alten Berliner die Pfaffen gehaßt haben mögen, reich gesegnet mit denselben waren sie dennoch! Auf kaum 6000 Einwohner kamen nicht weniger als etwa 200 Geistliche und Mönche, welche ihren bleibenden Wohnsitz in den Schwesterstädten hatten! Zwei Klöster, das der schwarzen Brüder, der Dominikaner, in Cöln und der grauen Brüder, der Franziskaner, in Berlin, zwei geistliche Hospitale, das heilige Geist- und das Georgen-Hospital, die geistlichen Orden der Kalandsbrüder und Beghinen versorgten die Berliner mit einem größeren Maße geistlichen Zuspruchs, als ihnen jemals lieb war; zum Ueberfluß hatten sie auch noch einen geistlichen Ritterorden, den der Johanniter-Ritter, vor den Thoren in dem nahen Tempelhof und daher volle Gelegenheit, die in dem Stadtbuch geschilderten Eigenschaften der Geistlichkeit auf das Genaueste kennen zu lernen. —

Die Geistlichkeit Berlins war der Gerichtsbarkeit des Bischofs von Brandenburg unterworfen, diesem war auch der Probst von Berlin, die höchste geistliche Person in der Stadt, untergeben. Das Abhängigkeitsverhältniß, in welches hierdurch die Bürgerschaft von dem Kirchenfürsten kam, widerstrebte dem stolzen Sinn derselben und wir sehen daher den Rath von Berlin und Cöln fortwährend bestrebt, die ihm aufgebürdeten Fesseln abzuwerfen. Mit Gewalt war das freilich in jener Zeit unmöglich, der Rath wählte daher den Weg der Unterhandlungen und auf diesem gelang es ihm durch wiederholte Gesuche bei dem Papst im Jahre 1393 wenigstens zu bewirken, daß künftig nicht mehr die ganze Stadt wegen der Vergehungen Einzelner in den Bann gethan werden solle, wie dies nach dem Mord des Probstes von Bernau geschehen war. Im Jahre 1401 erzielte der Rath noch einen größeren Vortheil für die Bürgerschaft, indem Papst Bonifacius IX. das Recht gewährte, daß ferner die Einwohner Berlins und Cölns nicht mehr, wie bisher, von geistlichen Richtern beliebig nach entfernten Orten citirt werden dürften, sondern daß sie künftig nur vor dem Richter der Stadt zu Rechte stehen sollten.

Wir haben unter den geistlichen Orden die der Beghinen und der Kalandsbrüder erwähnt, wir wollen über dieselben einige kurze Bemerkungen hinzufügen, um unseren Lesern ein Bild dieser beiden Orden zu geben. Die Beghinen bildeten eine Gesellschaft, welche der unserer heutigen evangelischen barmherzigen Schwestern ähnlich war. — Frauen und Jungfrauen, welche sich frommen Uebungen und insbesondere der Krankenpflege widmen wollten, hatten sich in geschlossenen Gesellschaften vereint, ohne indessen klösterliche Gelübde abzulegen. — Sie wohnten in eigenen Beghinenhäusern, theils von Almosen, theils auch von Stiftungen, die denselben vermacht worden waren. —

In Berlin sprach man von den Beghinen nicht viel Gutes. Man erzählte sich, daß die frommen Jungfrauen unter dem Deckmantel geistlicher Heiligkeit häufig genug ein recht unheiliges Leben führten. Waren in jener Zeit aus den Nonnenklöstern Frömmigkeit und Sittsamkeit längst gewichen, so hatten sie auch in den Beghinenhäusern keinen Platz mehr gefunden; und vom heiligen Geisthospital in Berlin, in welchem die Beghinen ihren Wohnsitz hatten, wurde gar manche abentcuerliche Liebesgeschichte erzählt.

Eine ähnliche Gesellschaft, wie die weibliche der Beghinen, war die männliche der Kalandsbrüder. Sowohl in Cöln als in Berlin bestand ein Kalandshof, der in Berlin aber hat eine größere Bedeutung erworben und wenigstens seinen Namen, wenn auch nicht seine Bestimmung, bis in unsere Zeit hinein erhalten.

Die Kalandsgesellschaften oder Elendsgilden waren ursprünglich Vereinigungen von Geistlichen, deren Mitglieder die Pflicht übernahmen, sich in jeder Noth einander beizustehen, besonders verpflichteten sie sich dafür zu sorgen, daß kein Mitglied in der Todesstunde des kirchlichen Trostes entbehren solle und daß Jedem nach dem Tod das Glück der Fürbitte bei Gott und den Heiligen zu schnellerer Befreiung aus dem Fegefeuer werde.

Ein so schöner Zweck mußte unter den Gläubigen rege Unterstützung finden. Der Kalandsgesellschaft wurden reiche Geschenke gemacht, und als nun gar die Geistlichkeit klug genug war, dem Orden die Ausschließlichkeit zu nehmen, auch Laien und selbst Frauen des Glücks, in eine so fromme Gesellschaft aufgenommen zu werden, theilhaftig zu machen, da wuchsen die Einkünfte des Ordens außerordentlich und wurden für die Priester eine Quelle reicher Pfründen.

Um den Wunsch, in die Kalandsbrüderschaft aufgenommen zu werden, noch mehr anzureizen, umgab man dieselbe mit dem Schleier des Geheimnisses. Von den neu eintretenden Brüdern wurde der Eid gefordert, die Geheimnisse des Ordens nicht zu verrathen. —

Neben dem geistlichen Trost, den sie einander gewähren wollten, verschmähten auch die Kalandsbrüder den leiblichen nicht. — Nach der Messe versammelten sie sich zu fröhlichen Festen und diese sollen oft genug in wilde Orgien ausgeartet sein. Die bedeutenden Einkünfte, mit welchen der fromme Glaube die Kalandsbrüderschaften begabt hatte, wurden, so erzählte man, bei köstlichen Mahlen von den Brüdern verpraßt; da floß dann der edelste Wein in Strömen, da sollen selbst in dem düstern Kalandshofe Freudenfeste gefeiert worden sein, welche dem Keuschheitsgelübde der vielen geistlichen Mitglieder keineswegs entsprachen.

Ein Glück wär's, so sagte man, daß die Mitglieder geschworen hätten zu schweigen, sonst würde die Welt seltsame Dinge erfahren! —

Benau)

Drittes Kapitel.

Das Bürgerrecht von Berlin. — Der Stadtadel. — Die Biergewerke. — Zunftverfassung. — Die gemeine Bürgerschaft. — Die Bucolen. — Die Juden in Berlin. — Der Rath von Berlin und Cöln. — Die Bürgermeister. — Tyle Wardenberg. — Das blutige Gesetzbuch Berlins. — Der Scharfrichter. — Ein Scheltbrief. — Das öffentliche Gerichtsverfahren.

Während der unaufhörlichen Kriegsunruhe, welche nach dem Aussterben der Askanier die Mark Brandenburg heimsuchte, während jener traurigen Zeit, in welcher der Adel zum Raubritterthum ausartete, in der nirgends auf dem flachen Lande eine Sicherheit der Person und des Eigenthums gefunden werden konnte, mußten die Städte eine große Anziehungskraft für alle diejenigen Männer haben, welche sich nicht selbst durch Anwerbung von Söldnern gegen räuberische Ueberfälle zu schützen vermochten. Wer ein Gewerbe betreiben und Nutzen davon ziehen wollte, vermochte dies nur innerhalb der Festungsmauer einer Stadt zu thun und auch diejenigen, welche die Zinsen eines redlich erworbenen Vermögens, die Renten eines Landguts in Frieden verzehren wollten, mußten den Schutz einer Stadt suchen.

Es konnte nicht fehlen, daß unter solchen Verhältnissen selbst manche Ritter, deren Burgen den Angriffen stärkerer Feinde ausgesetzt waren, das Bürgerrecht der Städte nachsuchten; auch in Berlin und Cöln hatte sich eine nicht unbeträchtliche Zahl adliger Familien niedergelassen; die Adligen waren dadurch Bürger geworden, denn jeder der in den Schwesterstädten seinen festen Wohnsitz nehmen, den Schutz derselben genießen und Theil an den städtischen Rechten und Freiheiten haben wollte, mußte zuerst das Bürgerrecht gewinnen; das aber war so schwer nicht, denn die Städte nahmen gern vermögende Männer in ihre Gemeinschaft auf.

Wer das Bürgerrecht in Berlin oder Cöln gewinnen wollte, mußte einen guten Ruf haben, er mußte sich verpflichten ein Grundstück zu erwerben und hatte eine kleine Abgabe, 10 Schillinge (nach unserem Gelde 10 Mark 85 Pf.) zu erlegen. War diese Förmlichkeit erfüllt, hatte der Anziehende in dem Bürgereid dem Rathe Treue und Gehorsam geschworen, so wurde er aufgenommen in die städtische Gemeinschaft mit allen ihren Rechten und ihm der Schutz der Stadt zugesagt. Ausgeschlossen von der Gewinnung des Bürgerrechts waren nur diejenigen, welche sich früher mit Verbrechen befleckt oder ein unehrliches Handwerk betrieben hatten, wie Scharfrichter, Schinder, Büttel, Schäfer, Todtengräber, Musikanten und Gaukler, oder solche, an deren Geburt ein Makel haftete.

Das altbiblische Gesetz, die Sünden der Väter sollen heimgesucht werden an den Kindern, war im Mittelalter noch das allgemein gültige, so wurden auch uneheliche Kinder für die Leichtfertigkeit der Mutter dadurch bestraft, daß man sie ausschloß von der Gewinnung des Bürgerrechts; außerdem galt aber auch <u>wendische Abstammung</u> als ein Makel der Geburt.

Seit Albrecht der Bär die Mark den alten Wenden mit blutigem Schwerte abgerungen hatte, wurde der slavische Stamm von den siegreichen Deutschen in harter Knechtschaft gehalten. Kein Wende hatte Anspruch auf das Bürgerrecht und es galt selbst unter den stolzen Bürgern von Berlin schon als ein Makel, wenn Jemand nicht vermochte seine deutsche Abstammung durch mindestens drei Generationen nachzuweisen.

Die Ureinwohner der Städte zu jener Zeit, als dieselben noch einfache Fischerdörfer gewesen, waren natürlich Wenden; seit jener Zeit war mehr als ein Jahrhundert verflossen, trotzdem aber war der Standesunterschied zwischen den deutschen Eroberern und den ursprünglichen wendischen Bewohnern geblieben, wenn man auch nach und nach zum Theil ihre Abstammung vergessen hatte, die durch das hinzugekommene deutsche Blut veredelt worden war.

Es hatten sich naturgemäß in den Städten

drei Klassen der Bevölkerung herausgebildet, welche zusammen die Bürgerschaft von Berlin und Cöln ausmachten, in sich selbst aber streng gesondert waren.

Die Patricier, jene Adligen, welche Stadtrecht genommen hatten, ohne indessen je ihre adlige Abstammung zu vergessen und welche auch in die ihnen gastfrei geöffneten Städte ihren Ehrgeiz, ihre Sucht nach Herrschaft hineintrugen. Sie trieben meist weder Handel noch Gewerbe, sondern lebten von den Einkünften ihrer Güter; zu ihnen gesellten sich auch die reichen Kaufherren, und so bildete sich dann jener Stadt-Adel aus, der nicht weniger herrschsüchtig und eigennützig war, als der Landadel, und der in den Städten Berlin und Cöln zahlreiche Repräsentanten hatte. Die Familien dieses Stadt-Adels wurden mit dem Namen der „rathsfähigen Geschlechter" bezeichnet.

Neben den Geschlechtern standen die Gewerke mit diesen in stetem Kampf um die Herrschaft in der Stadt. — Wie sich die Adligen zusammenschlossen, so mußten auch die Handwerker sich verbünden, wenn sie nicht vollkommen unterdrückt werden wollten. — In einer Zeit, wo die Gewalt die Mutter des Rechts war, ging der Alleinstehende stets zu Grunde, deshalb finden wir im Mittelalter in allen Ständen den natürlichen Drang der engen Bündnisse, daraus ist auch jene ständische Gliederung entstanden, welche bis in unsere Zeit hinein reicht. Die Handwerker fanden in den Zünften jenes schützende Band, welches sie zu einer großen und mächtigen Körperschaft machte.

Wenn heut in dem großen Streite, ob Zunftzwang, ob Gewerbefreiheit, schon das Wort Zunft bei vielen freidenkenden Handwerkern einen bösen Klang hat, und wenn dieselben geneigt sind, das ganze Zunftwesen als einen unnatürlichen Zwang des Einzelnen, dessen persönliche Freiheit dadurch vernichtet wird, zu verdammen, so war in jenen früheren Zeiten gerade die Zunft das naturgemäßeste Band zur Vereinigung der Handwerker in ein großes Ganzes. Dieser Vereinigung verdankten sie ihre Kraft und die Erhaltung ihrer Freiheit.

In Berlin hatten die Viergewerke, — die Fleischer oder Knochenhauer, deren in Berlin allein außer den Wurstmachern nicht weniger als 46 waren, die Wollenweber, unter denen die Raschmacher eine besondere Abtheilung bildeten, die Schuster und Bäcker, — in Folge ihrer festen Vereinigung dem Adel, wie wir sogleich sehen werden, einen nicht unwesentlichen Theil der Stadtverwaltung abgerungen.

Jede Zunft bildete eine geschlossene Körperschaft mit eigenen Gesetzen, welche zum Theil freilich nach unsern heutigen Begriffen lächerlich, zum Theil widersinnig und sogar grausam erscheinen mögen, welche aber dem Geist jener Zeit entsprungen und geeignet waren, die Zunft fest zusammen zu halten.

Heut mag es uns wohl seltsam und empörend vorkommen, daß die Aufnahme eines Lehrlings von seiner ehrlichen, nicht wendischen Geburt abhängig gemacht wurde, daß er vier Vorahnen deutschen Stammes nachweisen mußte, daß selbst die Abstammung von einem Schäfer oder Musikanten als eine unehrliche bezeichnet wurde; heut lachen wir, wenn wir hören, daß bei den Tuch- und Leinwebern Strafe darauf stand, wenn Jemand an einem Tage mehr als drei Pfennige verjubelte, wenn er mit nackten Füßen über die Straße ging oder mit Schauspielern und Gauklern Würfeln spielte, damals aber hatten alle diese Ge- und Verbote einen guten Grund, sie dienten dazu, das Vereinigungsband fester zu knüpfen und ein Gefühl der Standesehre zu erzeugen, durch welches manchen Mißbräuchen vorgebeugt wurde.

An der Spitze der Zunft stand der Gildemeister, nach ihm hatten die Aelterleute die Leitung der Gewerksangelegenheiten. Die Gewerke hatten zu ihrer Morgensprache eigene Lokale und in diesen feierten sie mit ihren Familien oft frohe festliche Gelage, welche auch ein geselliges Band um die Zunftgenossen schlangen. Diese lebten in festen Einvernehmen, und wenn auch hier und da der nicht ausbleibende Brodneid etwa Einzelne mit einander verfeindete, so durfte doch darunter nie das allgemeine Interesse leiden. Jeder Zunftgenosse stand unter dem Schutz der Uebrigen, der sich auch auf seine Familie, selbst auf seine Wittwe erstreckte. Hatten die Zunftgenossen einen ihrer Brüder mit feierlichem Gepränge zur Gruft geleitet, dann unterstützten sie die Wittwe, damit sie bis zur etwaigen Wiederverheirathung das Gewerbe des Verstorbenen fortsetzen könne.

Wie fest der Zunftbestand war, wie hoch die Zunftehre gehalten wurde, das zeigten die Genossen am besten, wenn sie das Heulen der Sturmglocken zum Kampf für die Freiheit der Stadt rief. Dann wetteiferten die Viergewerke mit einander, welches von ihnen am kräftigsten zuschlagen könnte.

Außer den Geschlechtern und den Viergewerken finden wir in Berlin noch die meist aus Ackerbürgern und den nicht zünftigen Handwerkern bestehende gemeine Bürgerschaft.

Aus diesen drei Klassen bestand die eigentliche Bürgerschaft Berlins, neben dieser aber gab es noch eine große Anzahl von Einwohnern, welche keinerlei Antheil an der Stadtverwaltung hatten, welche zum Theil als verzehrende Nichtsthuer in der gewerbthätigen Stadt lebten, keinen Antheil an den Pflichten, deshalb aber auch keinen an den Rechten der Bürgerschaft genossen, zum andern Theil indessen die Parias der alten bürgerlichen Gesellschaft waren. —

Zu der ersten Klasse der Unberechtigten gehörten die zahlreichen Geistlichen, die Kirchenbedienten, die grauen und schwarzen Brüder vom Franziskaner- und Dominikaner-Orden, zur zweiten Klasse die sogenannten Incolen oder Hausleute, die Dienstboten und die Juden.

Die Incolen waren nichtzünftige Handwerker oder Tagelöhner, welche keine bürgerlichen Rechte hatten. Sie besaßen kein Eigenthum, sondern wohnten in den dem Rath gehörigen sogenannten Zinsbuden, jämmerlichen Hütten in den entlegenen Winkeln der Stadt. — Sie zahlten dafür, daß sie den Schutz der Stadt genossen, ein Schutzgeld, das sogenannte Incolenschoß.

Noch schlimmer als diese waren die Dienstboten gestellt, welche in einem streng abhängigen Verhältniß zu ihrer Dienstherrschaft standen und an den bürgerlichen Rechten daher keinen Antheil nehmen konnten.

Und nun die Juden! Diese Unglücklichen, die von der menschlichen Gesellschaft Ausgestoßenen, Geächteten. — Man duldete sie unter den Christen, weil man ihrer bedurfte. Den Christen verbot das seltsame Gesetz jener Zeit Zinsen von ausgeliehenen Kapitalien zu nehmen, während dies den Juden erlaubt war; die Juden waren daher die natürlichen Vermittler aller größeren Geldgeschäfte, sie hatten wesentlichen Einfluß auf den Handel und sie benutzten denselben, um sich die einzige Macht zu erringen, welche für sie zugänglich war, die Macht des Geldes. Die christlichen Edelleute und die meisten Kaufleute gebrauchten die Juden zur Vermittlung von Geldgeschäften, aber je mehr sie dieselben gebrauchten, je glühender haßten sie die hartherzigen Wucherer.

Die Geschichte der Judenschaft in Berlin bietet uns dasselbe Bild, wie die der Juden in andern Städten. — Beladen mit dem Haß und der Verachtung aller Klassen der Bürgerschaft, lebten die Juden in strengster Absonderung von den Christen.

Dort wo die jetzige Klosterstraße, damals nach dem Kloster der grauen Brüder Brüderstraße genannt, an der Stadtmauer eine Sackgasse bildete, im sogenannten Geckholl, befand sich der Jüdenhof, der Nachts durch schwere eiserne Thore abgeschlossen war. — Nur dort durften die Juden wohnen, von dort aus machten sie ihre Geschäfte, dorthin schlichen sie in tiefer Vermummung die jungen Patriciersöhne, um auf Wucherzinsen ein Darlehn aufzunehmen, welches sie bei lustigen Gelagen verprassen wollten.

Die Juden wurden nicht einmal als eigentliche Einwohner der Stadt betrachtet, sie waren fast nur eine Sache, das Eigenthum des Landesherrn, deshalb hießen sie auch die Kammerknechte der Fürsten. — Bei jedem Pöbeltumult wendete sich der Haß des Volkes gegen die unglücklichen Juden, welche sich dann wohl hüten mußten, sich auf der Straße zu zeigen, denn wo hätten sie Recht gegen die Mißhandlungen suchen sollen, die ihnen von einem wüthenden Pöbelhaufen zugefügt wurden. Oft fanden sie selbst in ihren eigenen Häusern keinen Schutz, besonders war in Pestzeiten das Volk durch das Gerücht, die Juden hätten die Brunnen vergiftet, zu wilder Wuth aufgeregt. Dann stürmte der Pöbel die Judenhäuser, mordete und plünderte, und wenn selbst die Behörden gegen den Unfug strafend einschreiten wollten, sie vermochten es nicht, zu allgemein lastete des Volkes Haß auf dem unglücklichen Stamm.

So führten die Juden in Berlin ein so trostloses Leben, wie überall in Deutschland; ihren Reichthum vermochten sie nicht zu genießen und dennoch strebten sie unablässig nach demselben, trotz der ihrem Leben und Eigenthum täglich, stündlich drohenden Gefahr.

Im Anfange des 14. Jahrhunderts schenkte die Markgräfin Agnes die in Berlin vorhandenen Juden dem Magistrat, der sich aber dieser Schenkung nicht lange erfreuen konnte, denn als im Jahre 1348 die Pest in der Mark wüthete, beschuldigte das abergläubige Volk die Juden, sie hätten die Brunnen vergiftet und verfolgte sie mit fanatischer Wuth. Sie wurden aus Berlin vertrieben. Im Jahre 1354 wurden sie wieder, zuerst nur sechs an der Zahl, aufgenommen, sie erhielten die wenigen Rechte zurück, deren sie sich als „des Markgrafen Kammerknechte" zu erfreuen hatten. Diese Rechte bestanden vorzüglich darin, daß es keinem Pfaffen gestattet sein solle, sie vor ein geistliches Gericht zu ziehen und daß sie nur vor dem Richter ihres Wohnortes verklagt werden sollten, auch keine höheren Thorgelder als die Christen zu zahlen hätten. Es war ihnen gestattet, Fleisch zu kaufen und die nicht kosheren Stücke wieder zu verkaufen.

Vom Jahre 1354 an lebten die Juden in Berlin längere Zeit in einiger Sicherheit, wenn ihnen auch niemals die kleinlichen Verfolgungen erspart wurden, welche überall ihr unglückliches Volk von fanatischen Christen bedrohte. Noch im Jahre 1406 verordnete der Bischof von Brandenburg, daß alle Christen sich bei Strafe des Bannes des Umgangs mit Juden enthalten sollten.

Wir haben die verschiedenen Klassen der Einwohnerschaft Berlins und Cölns im 14. Jahrhundert kennen gelernt, werfen wir nun auch einen Blick auf die Stadtverwaltung, auf jene Institutionen, durch welche sich die kleine städtische Republik selbst regierte.

An der Spitze der gesammten Verwaltung beider Städte stand seit dem Jahre 1307 ein aus 18 Mitgliedern bestehender Rath, von denen 12 den Rath für Berlin, 6 den für Cöln bildeten. Wir haben schon erwähnt, daß nach dem Statut des Markgrafen Hermann die berlinischen Rathmannen von den Cölnern und umgekehrt die cölnischen von den Berliner Bürgern gewählt wurden. — Der Rath hielt seine gemeinschaftlichen Sitzungen im Rathhaus auf der langen Brücke und dort kam es oft genug zu heftigen Streitigkeiten, welche durch die Eifersucht beider Städte gegen einander erzeugt wurden und an dem das Volk von Berlin und Cöln lebhaft Antheil nahm. Wie heftig aber auch die Worte fielen, wie oft der Streit so lebendig wurde, daß es schien, als müßten die kaum vereinten Städte wieder auseinander fallen, immer hielt sie doch das Bewußtsein zusammen, daß sie nur durch Einigkeit dem äußern Feinde die Stirn zu bieten vermöchten.

Die Verhandlungen wurden geleitet durch die Aeltermänner oder Bürgermeister, von denen zwei an der Spitze der Berliner Rathmannen standen und in der Verwaltung abwechselten, einer an der Spitze der Cölner Rathmannen stand.

Die Gewalt der Bürgermeister war eine nicht unbedeutende und häufig genug mißbrauchten sie dieselbe, um willkürlich zu regieren, ja um ihren eigenen Vortheil dem der Commune vorzuziehen. — Da sie die höchste Behörde der städtischen Verwaltung bildeten, da selbst der Landesherr auf ihre Geschäftsführung gar keinen Einfluß ausüben durfte, so wurde ihnen ein solcher Amtsmißbrauch um so leichter, als sie mit den übrigen Rathmannen, die fast sämmtlich dem Stadtadel angehörten, im engsten Freundes- oder Verwandtschaftsverhältniß standen.

Der Stadtadel hatte die Regierung nach und nach an sich gerissen. Wenn früher die Rathmannen aus freier Wahl hervorgegangen waren und daher die eigentliche Bürgerschaft durch das Wahlrecht sich selbst regierte, so war es durch den überwiegenden Einfluß des reichen Stadtadels dahin gekommen, daß die Rathmannen ihre Nachfolger selbst wählten und daher streng im Kreise der Geschlechter blieben.

So waren die Städte zur aristokratischen Republik geworden und durch die Herrschaft der wenigen Familien war dem Mißbrauch Thür und Thor geöffnet.

Ganz ohne Aufsicht war der aristokratische Rath aber trotzdem nicht. Die Zünfte ließen sich nicht ganz unterdrücken, sie hatten ein zu kräftiges Selbstgefühl, als daß sie eine absolute Willkürherrschaft geduldet hätten. Neben dem Rathe stand ein Ausschuß der Biergewerke und der gemeinen Bürgerschaft, in Berlin aus 16 Mitgliedern (und deshalb die Sechszehnmänner genannt) in Cöln aus 4 Mitgliedern bestehend, der mit den ausgeschiedenen Rathsmitgliedern der vergangenen Jahre den großen oder äußern Rath bildete und etwa die Stellung unserer heutigen Stadtverordneten gegenüber dem Magistrate hatte. Ohne den Beschluß dieser Behörde durfte der regierende Rath nichts zur Ausführung bringen und dieselbe wachte getreulich darüber, daß die Rechte und Freiheiten der Bürger nicht durch den Stadtadel vollends unterdrückt würden.

Wehe dem Bürgermeister, der es wagte, sich mit diesem großen Rath zu verfeinden. Wenn die Sechszehnmänner ihn bei den Zünften verklagten, half ihm selbst der Schutz seiner ganzen adligen Freundschaft nicht. — Mußte doch Tyle Wardenberg, obgleich er einer der reichsten und mächtigsten Familien angehörte, obgleich er ein treues Freundschaftsbündniß auch mit dem reichen Albert Rathenow geschlossen hatte, den Kopf auf den Richtblock legen wie ein gemeiner Verbrecher.

Freilich, er hatte im stolzen Uebermuth jede Vorsicht vergessen und durch denselben selbst seine adligen Freunde im Rath beleidigt. — Er glaubte die Macht so unerschütterlich fest in den Händen zu haben, daß er sich jede Willkür erlauben könnte. — Mit Albert Rathenow, dem Aeltermann von Cöln, gemeinschaftlich hatte er dem Kämmerer die Schlüssel zu den Geldkisten der Stadt abgefordert und das Geld nach seinem eigenen Gutdünken verwendet. — In den Rathssitzungen selbst hatte er mit empörendem Uebermuth den Rathmannen Schweigen geboten und ohne ihren Beistand regiert.

Seine Freunde durften jeden Frevel ungestraft begehen. — Als einst eine schöne Pilgerin von Rom durch Berlin reiste, da hatten ihr die Freunde Wardenbergs in der Haide, die noch heut die Jungfernhaide*) heißt und welche sich damals fast bis an die Stadt heranzog, aufgelauert. — Die fromme Pilgerin zog furchtlos ihres Weges, ihr heiliger Reisezweck, so glaubte sie, werde ihr die Straße sicher machen, aber sie sah sich furchtbar getäuscht; dicht vor den Thoren Berlins wurde sie von der wüsten Rotte überfallen, beraubt und geschändet. —

Die frechen Missethäter zogen ohne Scheu in die Stadt und gestützt auf die Macht ihres Freundes, des regierenden Bürgermeisters, verhehlten sie nicht einmal ihr Verbrechen. — Der Rath wollte sie fangen und zur gerechten Strafe ziehen lassen, aber Tyle Wardenberg litt dies nicht!

Noch viele andere Eigenmächtigkeiten erzählt das alte Stadtbuch von dem Wardenberg, sein Maaß war endlich voll, — er wurde aus dem Rath gestoßen und die gerechte Strafe traf ihn.

Wo unsere Vorfahren straften, da war die Strafe auch stets eine blutige, ihr Strafgesetzbuch war mit Blut geschrieben. Verbrechen und Vergehen, welche heut eine leichte Freiheitsstrafe trifft, hatten damals den Tod unter gräßlichen Martern zur Folge.

Gemeiner Diebstahl wurde mit dem Strange, Kirchendiebstahl mit dem Rade bestraft, hatte eine Frau einen Diebstahl begangen, so wurde sie lebendig begraben. Fast scheint es auch, daß Verbrecher eingemauert worden sind. Als der am frühern Spandauer Thor befindliche Gefängnißthurm abgerissen wurde, fand man in den vermauerten Kellerräumen menschliche Gerippe.

Mord, Brandstiftung, Friedensbruch und Ehebruch wurden mit dem Schwert, Vergiftung, Fälschung, Zauberei mit dem Scheiterhaufen bestraft. — Kaum glaublich erscheint es uns, dennoch ist es erwiesen, daß ein Hirt, der wider das Gebot der Stadt die Saat zum vierten Male zur Unzeit mit Schaafen behütete, ohne Gnaden hingerichtet wurde.

Mit welcher fürchterlichen Strenge der Rath der Schwesterstädte die Verbrechen bestrafte, geht wohl am besten daraus hervor, daß in den kurzen

---

*) Die Jungfernhaide hat nach anderen Nachrichten ihren Namen davon erhalten, daß sie Eigenthum des Jungfrauenklosters in Spandau war.

Zeitraum von 1391—1448 also in 57 Jahren bei einer Einwohnerzahl von 6000 bis 8000 nicht weniger als 114 Hinrichtungen stattfanden und zwar wurden gehängt 46, enthauptet 22, lebendig verbrannt 20, gerädert 17 Personen und lebendig begraben 9 Frauen. —

Die Todesstrafe, an sich gräßlich genug, wurde häufig noch durch besondere Qualen verschärft. Man riß den Verurtheilten die Augen aus, schnitt ihnen die Ohren oder hieb ihnen die rechte Hand vor der Hinrichtung ab. Man zwickte sie mit glühenden Zangen, stieß ihnen ein glühendes Eisen zwischen die Zähne, briet sie in einer eisernen Kufe oder ließ sie durch wilde Rosse zerreißen. — Einzelne dieser Martern wurden auch wohl als besondere Strafen bei geringeren Vergehen angewendet.

Unseren an stete blutige Kämpfe gewöhnten Vorfahren erschien der Verlust des Lebens als eine zu geringe Abschreckung, deshalb verbanden sie die Todesstrafe mit so ausgesuchten Martern.

Der Scharfrichter hatte bei einer so strengen Gesetzgebung unablässige Arbeit, denn Gnade kannte der gestrenge Rath von Berlin und Cöln nicht. Die Hinrichtungen der Verbrecher waren ein oft und gern gesehenes Schauspiel für die alten Berliner, und reicher Beifall lohnte den Scharfrichter, wenn er sein Amt, das fast zu einer Kunst geworden war, mit Geschicklichkeit zur Ausführung brachte. Er wurde für dasselbe nach den Geldsätzen jener Zeit auch reichlich belohnt. — Eine Enthauptung wurde mit 5 Schillingen bezahlt, ebensoviel kostete das Aufhängen oder Lebendigbegraben, das Braten in der eisernen Kufe brachte sogar 10 Schillinge ein, und außerdem gehörten die Kleider der Gerichteten dem Scharfrichter. —

Das Scharfrichteramt war überhaupt ein einträgliches und fand daher, obgleich es unehrlich war, stets Bewerber genug. — Außer den recht reichlichen Spesen, welche ihm die vielen Hinrichtungen eintrugen, hatte der Scharfrichter auch von jedem Haus und jeder Bude einen Pfennig jährlich zu erheben, und außerdem wurde ihm freie Kleidung, Holz und Wohnung in der Büttelei gewährt. — Auch ein Nebenamt trug ihm oft Geld genug ein; er hatte nämlich die Oberaufsicht über die feilen Dirnen, „die Frauen, welche an der Unehre sitzen," wie man damals sagte; die Rosengasse, in der jene Dirnen wohnten, stand unter seiner alleinigen Polizei.

Die Hauptthätigkeit des Scharfrichters bestand natürlich theils in den Hinrichtungen, theils in den anderen entehrenden Strafen, welche er zu vollziehen hatte.

Ein Richtplatz war anfänglich dicht in der Nähe des Rathhauses auf der langen Brücke, dann wurde er mit dem wachsenden Anbau der Stadt verlegt. Cöln hatte eine eigene Richtstätte, welche der Gerichtsberg, auch die Freistätte genannt wurde, an der Schöneberger Grenze. Das Hochgericht von Berlin stand vor dem Oberberger Thor, dort erhob sich der Rabenstein mit dem dreisäuligen Galgen, dort wurden die gräßlichsten Hinrichtungen, das Rädern, das Verbrennen u. s. w. vollzogen, während die mit dem Schwert vor einem der Rathhäuser, entweder dem in Berlin in der Spandauer Straße, oder dem in Cöln am Ende der Breiten Straße vorgenommen wurden. In einzelnen Fällen diente auch der Neue Markt zur Richtstätte, und besonders gern wählte ihn die Volksjustiz dazu, wie uns die Beispiele des Probstes Nikolaus von Bernau und des Conrad Schütz gezeigt haben.

Alle Strafen wurden mit möglichster Oeffentlichkeit vollzogen; denn nur dadurch konnte der Abschreckungstheorie, welche das Grundprinzip der mittelalterlichen Strafrechtspflege bildet, Rechnung getragen werden; — deshalb waren auch die gewöhnlichen Leibesstrafen öffentliche und dienten der Straßenjugend unserer alten Berliner zum hochwillkommenen Schauspiel.

Ein wahres Fest war's für Berlin und Cöln, wenn am Kaak, jenem Spottbilde am Berliner Rathhause, irgend ein Unglücklicher, der bei Tage einen kleinen Diebstahl unter drei Schillingen an Werth begangen hatte, am Pranger stand oder gar dort ausgehauen wurde. Da versorgte sich die liebe Jugend mit faulen Eiern und Aepfeln und ließ ihrem Uebermuth freie Zügel. — Zog gar der Scharfrichter in der Stadt umher, um einem Verurtheilten auf den öffentlichen Marktplätzen oder an bestimmten Straßenecken den Staupbesen zu geben, dann folgte ihm lärmend und jubelnd die lustige Schaar der Straßenbuben, die im Mittelalter, wie heut, an jedem Unfug Theil nahm. Durch diese Oeffentlichkeit wurden auch die geringeren Strafen höchst empfindlich, und es mag mancher Berlinerin schwer angekommen sein, wenn sie verurtheilt wurde, Kaalsteine zu tragen, weil sie — geschimpft hatte. Eine seltsame Strafe, würde sie heute angewendet, wir würden von unseren guten Fischweibern lange Züge, Steine tragend, durch die Straßen ziehen sehen! Weiber, welche sich schlugen und schimpften, mußten nämlich einen schweren Stein, den Kaalstein, gemeinschaftlich durch die Straßen tragen und dabei die Schimpfworte wiederholen, durch welche sie ein öffentliches Aergerniß gegeben hatten.

Eine nicht weniger strenge Strafe traf die Männer, welche eine ungerechte Beschuldigung gegen einen Ehrenmann erhoben, einen unbegründeten Scheltbrief gegen denselben erlassen hatten; sie mußten vor geöffnetem Gericht sich mit der Hand auf den Mund schlagen und dabei die Worte sprechen: „Mund, als du das sagtest, logest du!" Sie wurden dadurch ehrlos.

Eine schwere Strafe, aber doch eine gerechte, weil sie für die Unsitte der Scheltbriefe ein Gegengewicht bildete. — Diese Scheltbriefe sind für die Sitten und die Rechtsanschauungen jener Zeit höchst bezeichnend.

Hatte irgend Jemand einem Andern sein Wort gebrochen oder das Recht verweigert, so durfte der Beleidigte einen Scheltbrief abfassen und diesen mit Genehmigung des Raths an den Pranger anheften, dort las er ihn der zahlreich versammelten Menge vor, um seiner Beschuldigung die möglichste Oeffentlichkeit zu geben. — Meist trafen solche Schmähschriften hochgestellte Personen, besonders Ritter, gegen welche eine andere Rechtshilfe nicht zu erreichen war; sie wurden stets in den ausgesuchtesten Schimpfworten verfaßt und bildeten eine vollständige Sammlung derselben. — Als bezeichnendes Beispiel mag ein solcher Scheltbrief dienen, den ein Bürger von Luckau, Hildebrandt Schilling, dem Rath von Berlin gegen den mächtigen Dietrich von Quitzow sendete, er lautet in unsere Sprache übersetzt:

„Meinen unverdrossenen willigen Dienst zu allen Stunden bereit. Lieben Herren! Ich klage Euch über Dietrich von Quitzow, daß mir der treulos und ehrlos wird um acht Schock, die er mir schon vor einem ganzen Jahr sollte bezahlt haben, worüber ich seine guten Briefe besitze. Ich habe dem treulosen, verzweifelten, selbwachsenen Kotzenschalk in der Zeit mein Geld weder mit guten noch mit bösen Worten abmahnen können, indem mich der Kotzenschalk mit seinen Schalksbriefen und Insiegel verrathen hat, wie Judas unsern Herrn verrieth. Es wäre ihm besser gewesen, er hätte sein Insiegel einer Sau mit seiner Zunge . . . . . gedruckt, als daß er es auf den Brief druckte, darinnen er mir gelobte. Hätte er auch des Geldes jetzt nicht, so wollte ich ihm zu Luckau die Henkerei verschaffen, wo er ja in Kurzem so viel Geld verdienen möchte, daß er mich bezahlen könnte. Auch könntet Ihr ihn vermögen, daß er mir drei Tuptskin*) am Markte zu Luckau halten wollte, die wollte ich ihm auf sein Maul schlagen. Wenn ich das gethan hätte, so wollte ich ihm seinen Brief wiedergeben und ihn dann loslassen, und bitte Euch, liebe Herren, daß Ihr ihn möchtet unterweisen, daß er mich bezahle, das wollte ich alle Zeit um Euch verdienen. Mag ich aber Eurer Anweisung nicht genießen, so will ich ihn schelten, daß er's an Ehre nicht verwinden soll. — Gegeben unter meinem Insiegel.

Hildebrandt Schilling, Bürger von Luckau.

Dies ist ein Beispiel eines Scheltbriefes, und zwar eines sehr gemäßigten; trotzdem ließ sich dieser unseren heutigen Anstandsbegriffen nicht vollständig übersetzen; man liebte eben damals Kraftausdrücke, welche man heut nicht zu gebrauchen pflegt.

Wenn man im Mittelalter bestrebt war, der Strafe eine möglichst große Oeffentlichkeit zu geben, so hatte man auch das Bestreben, diese Oeffentlichkeit dem Gerichtsverfahren selbst zu erhalten, und ersah darin einen Schutz gegen jede etwaige ungerechte Verurtheilung.

Wöchentlich zwei Mal, Montags und Sonnabends, fanden über geringere Sachen und alle vierzehn Tage, Mittwochs, wegen wichtigerer Fälle öffentliche Gerichtssitzungen vor dem Rathhaus

*) Ein unverständliches, unübersetzbares Wort.

auf der langen Brücke statt. Vor der Vereinigung der Schwesterstädte waren für Berlin die Gerichtssitzungen (die Hegung des Nothgedings) in der offenen Gerichtslaube vor dem Berliner Rathhaus, an der Ecke der heutigen Königs- und Spandauerstraße abgehalten worden.

An der Spitze des Gerichtes stand der Richter oder Schulze, der früher vom Landesherrn ernannt worden war, aber, wie wir bereits erzählt haben, später sein Amt vom Rathe empfing. Mit ihm bildeten die sieben Schöffen, als Urtheilsfinder, den Gerichtshof. Zum vollbesetzten Hofe gehörten außerdem der Bote, der Kläger und Angeschuldigte aufzurufen hatte, der Büttel oder Scharfrichter, der Fürsprecher (Vertheidiger), und der Umstand, d. h. das Volk, welches der öffentlichen Sitzung nicht nur beiwohnen durfte, sondern beiwohnen mußte. — Kein Kriminalgericht konnte ohne Umstand gehalten werden, und deshalb war für alle Dienstpflichtigen eine Strafe darauf gesetzt, wenn sie nicht zum Umstand erschienen.

Sollte Gericht gehalten, wie man sich damals ausdrückte, ein Geding gehegt werden, so stellte der Gerichtsbote die Bänke auf, auf denen die Schöffen Platz nehmen sollten. Um diese herum wurde ein Raum abgehegt, die Parteien standen außerhalb desselben, der Richter saß auf einem Stuhl innerhalb.

Der Richter begann die Verhandlung mit der Frage: Ob es Zeit sei, ein Gericht zu halten? und wenn dies von den Schöffen bejaht wurde, so verbot er alles Unrecht und jede Störung und wirkte dem Gericht den Frieden aus, an dem Niemand freveln durfte. Dann fragte er die Schöffen noch einmal, ob er richten solle, und erst, nachdem dies bejaht war, gebot er dem Frohnboten, den Kläger zur Klage, den Verklagten zur Antwort zu berufen.

Nachdem Klage und Antwort vorgebracht, die Zeugen und der Fürsprecher vernommen worden waren, holte der Richter von den Schöffen das Urtheil ein, verkündete es demnächst und fragte endlich das umstehende Volk, ob das Recht den Gesetzen, Gewohnheiten und dem Herkommen der Stadt angemessen gewahrt sei. Erst mit dieser Bestätigung war das Verfahren beendet.

Der Kriminalprozeß wurde oft mit einer außerordentlichen Schnelligkeit begonnen und beendet, wenn der Verbrecher auf frischer That ertappt wurde.

Fand ein Mord, eine schwere Verwundung statt, dann ertönte plötzlich durch die Straßen der gellende Schrei: „to Jodute", „zu Hilfe, ihr Leute", ausgestoßen von dem Schwerverwundeten selbst oder einem zufälligen Zeugen des Mordes.

Es war ein allen Bürgern wohlbekannter Ruf, der häufig genug die Stadt erfüllte, der sich von Mund zu Munde fortpflanzte und den nothwendigen Anfang eines Nothgedinges, d. h. eines außerordentlichen, schnellen Kriminalprocesses bildete; er wurde das Geschrei oder Gerüfte genannt.

Sobald das Gerüfte ertönte, schlossen die Thorwächter die Thore, um das Entrinnen des Verbrechers zu verhindern, der regierende Bürgermeister entsendete die Stadtknechte zur Ergreifung desselben, und diese fanden eine kräftige Unterstützung durch Bürger, welche ihre Arbeit und ihre Häuser verließen, um dem Ruf nachzugehen und dem Recht Geltung zu verschaffen.

Gelang es, den Verbrecher sofort zu fangen, dann brachte man ihn mit dem Leichnam des Gemordeten zur Gerichtsstätte, ein Nothgeding wurde gehalten, der Kläger mit sechs Eideshelfern mußte den Angeklagten durch einen Eid überführen, dann sprachen die Schöffen das Todesurtheil, der Richter verkündete es und, wenn kein Einspruch vom umstehenden Volk erhoben wurde, übergab er den Verurtheilten dem Büttel.

Nicht weniger schnell war das Urtheil, auch wenn es dem Verbrecher gelungen war, zu entfliehen, sobald der blutende Leichnam mit noch fließender Wunde vor das Gericht gebracht wurde. Auch dann sprach nach dem Eide der Sieben Richter das Schuldig aus, und das ganze anwesende Volk rief mit erhobenen Fingern laut das furchtbare Wort: „Ausgeächtet!" Diese Aechtung galt aber nur für dies eine Gericht, nicht für das ganze Land, und dem Entflohenen blieb ein Rechtsmittel gegen dieselbe offen, wenn er sich gegen den Richter zu Recht erbot, sicheres Geleit forderte und Bürgen stellte. Dann mußte das Gerichtsverfahren von Neuem eröffnet werden, und der Angeschuldigte konnte sich durch eigenen Eid und die Unterstützung von sieben Eideshelfern von der Klage reinigen.

Viertes Kapitel.

Die Schulen im 14. Jahrhundert. — Der Hexenglaube. — Die Vergnügungen der alten Berliner — Essen und Trinken. — Die Frauen. — Die gemischten Gesellschaften Kaiser Karls IV. — Ein Tauffest. — Alte Tänze. — Eine Hochzeit. — Ein Begräbniß. — Das Luxusgesetz.

Wir haben in den vorhergehenden Kapiteln die alten Berliner in ihrem öffentlichen Leben verfolgt, werfen wir nun auch einen Blick in ihr Familienleben, auf die Erziehung der Jugend, auf die Feste und Vergnügungen, denen sich unsere Vorfahren hingaben, um das Sittengemälde jener Zeit einigermaßen zu vervollständigen.

Gerade in dem eigentlichen Privatleben der alten Bürger zeigt sich der grellste Gegensatz zur heutigen Zeit, und es wird uns deshalb nicht leicht, uns hineinzudenken in jene Tage.

Wenn der Handwerker heutigen Tages seine schwere Arbeit vollendet hat, so nimmt er wohl im Kreise der Familie ein gutes Buch zur Hand und schnell verfließt ihm die Zeit bis zur Nachtruhe. Die Zeitungen geben ihm Nachricht, wie es aussieht draußen in der Welt in fernen Ländern, sie erwecken in ihm das Interesse für die politische Entwickelung nicht nur im engen Raume der eigenen Stadt, sondern im ganzen Vaterlande und selbst weit über die Grenzen desselben hinaus. Theater und Concerte bieten ihm billige Genüsse, und selbst eine kleine Erholungsreise nach dem Harz oder der sächsischen Schweiz, der Genuß der schönen Natur im Gebirge, liegt nicht außerhalb des Bereichs seiner Mittel, jedenfalls aber werden an schönen Sommersonntagen Landpartien nach Tegel, Pichelsberg, dem Finkenkrug, Stralau und andern Orten gemacht.

Alle diese Genüsse fehlten den alten Bürgern Berlins und Cölns. — Von Reisen und Landpartien konnte bei ihnen nicht die Rede sein, denn die Unsicherheit der Straßen war so groß, daß Niemand sich unbewaffnet auch nur in der nächsten Umgebung der Stadt sehen lassen durfte. Zeitungen gab es nicht und Bücher waren ein theurer Luxusartikel, nur den Reichsten überhaupt zugänglich, dem gewöhnlichen Bürger aber auch ganz überflüssig, denn er hätte sie ja doch nicht benutzen können. — Lesen und Schreiben waren damals eine Kunst, zu deren Höhe sich fast nur studirte Leute aufzuschwingen vermochten; die Bürger hatten Anderes zu thun, als sich in der Schule herumzuplacken und selbst die meisten Ritter und Herrn und viele von den großen Kaufleuten machten ein sauberes Kreuz, wenn sie ihre Unterschrift geben sollten, ihr Insiegel bekräftigte dasselbe genügend.

Es gab allerdings in jener frühen Zeit schon Schulen und der Rath hatte dieselben unter seine besondere Aufsicht genommen, so die Pfarrschulen an der Nikolai- und Marienkirche in Berlin und die an der Petrikirche in Cöln, aber gelernt wurde in denselben eben nicht viel, denn die Mönche, sonst die alleinigen Vertreter der Wissenschaften in der Mark, wußten sehr wohl, daß gerade ihre wissenschaftliche Ausbildung die Grundlage ihrer Macht bildete und hüteten sich deshalb die eigentliche Volksbildung zu fördern. Nur diejenigen Knaben und Jünglinge, welche sich dem geistlichen oder dem eigentlichen Gelehrtenstande widmen wollten, erhielten einen regelmäßigen Unterricht und auch dieser war in Folge der eigenthümlichen Schuleinrichtung mangelhaft genug.

An der Spitze der Schule stand der Scholastikus, der eigentliche Vorsteher, meist ein angesehener Geistlicher, der in Berlin und Cöln vom Rathe eine Besoldung erhielt und außerdem auch von seinen Schülern nicht unbedeutende Einkünfte bezog, für dieselben aber wenig that, sondern die eigentliche Arbeit einem Vikarius, den er kärglich besoldete, dem Rektor überließ.

Der Rektor nahm sich Schulgesellen an, welche etwa mit den heutigen Hilfslehrern zu vergleichen sind. Diese hatten den Unterricht zu ertheilen, den der Rektor nur überwachte und in einigen besonders schwierigen Disciplinen selbst gab. Sie erhielten für ihre Mühe kein bestimmtes Gehalt, sondern waren angewiesen auf Freitische bei den

Bürgern und auf die Einnahmen, welche sie aus verschiedenen Nebenämtern gewannen.

Bei allen Hochzeiten und anderen Festen wurden die Schulgesellen als Vorschneider und Platzmeister gebraucht, sie leiteten auch den Gesang der Schüler auf den Straßen und in den Kirchen und bezogen davon mitunter nicht unbeträchtliche Einnahmen, diese suchten sie natürlich soviel wie möglich zu vergrößern und das Schulhalten war ihnen daher meist Nebensache.

Die Schüler selbst wurden eingetheilt in Bacchanten und Schützen. — Die Bacchanten, die älteren Schüler, hatten jeder zwei bis drei jüngere Schüler, Schützen, zu unterrichten, dafür aber lag den Schützen die Pflicht auf, ihre Bacchanten zu ernähren. Sie sangen, bettelten und stahlen auch wohl für dieselben. Die kleinen Schützen waren die gefürchtetsten Feinde aller Speisekammern, Rauchfänge und Hühnerställe. Das Gebettelte oder Gestohlene durften sie bei strenger Strafe nicht für sich verwenden, sondern mußten es an ihren Bacchanten abliefern, denn dieser hielt strenge Zucht, er war der absolute Herr seiner Schützen. Oft genug kam es vor, daß der Gestrenge dem Schützen, wenn er von einem Kourazirzug nach Hause kam, befahl, sich mit reinem Wasser den Mund auszuspülen. Fanden sich bei dieser Probe Speisereste im Wasser, dann wehe dem kleinen Verbrecher, er erhielt unbarmherzige Prügel.

Es war Sitte, daß die Schüler von einer Schule zur andern zogen, die fahrenden Schüler, so nannte man die jungen Wanderer, wurden bei solchen Zügen der Schrecken der Bauern, denn mit unvergleichlicher List und Unverschämtheit verstanden sie es, sich auf der Reise durch Diebstahl von Nahrungsmitteln zu erhalten.

Daß bei einem solchen Leben der Unterricht nicht mit besonderer Regelmäßigkeit ertheilt wurde und auch nicht mit großem Erfolge gekrönt werden konnte, versteht sich wohl von selbst. Es dauerte meist drei bis vier Jahre, ehe ein Schütze lesen und schreiben lernte, und manche lernten es niemals. Der übrige Unterricht bestand meist in einem sinnlosen Auswendiglernen der lateinischen Kirchengebete, der Messe u. s. w., dem sich erst später die Grammatik anschloß. —

Die Bürger Berlins fanden an einem solchen Unterrichtsgauge mit Recht wenig Geschmack. Wenn ihre Jungen tüchtige Handwerker wurden und kräftig mit dem Schwert zuschlagen lernten, um sich ihrer Haut zu wehren, dann galt ihnen dies mehr, als wenn sie lateinisch verstanden und lesen und schreiben konnten. Nur diejenigen wurden in die Schule geschickt, die zu nichts Anderem gut waren oder die Eltern nicht erhalten konnte und für die Niemand sorgen wollte; zu Schützen und später zu Pfaffen oder gelehrten Leuten waren sie ja immer noch gut genug. —

Wenn nun auch die alten Bürger nicht lesen konnten, wenn ihnen die Unterhaltung durch Bücher fehlte, so hatte dadurch die mündliche Ueberlieferung eine um so größere Zugkraft gewonnen.

Mit welchem andächtigen Grauen wurden Abends die alten Sagen und Zaubermärchen erzählt und gehört! — Je weniger die Wissenschaft die Köpfe erleuchtete, je mehr wucherte der selbst von der Kirche beschirmte finstere Aberglaube. Niemand, der nicht als Ketzer verschrieen werden wollte, durfte wagen an der Existenz von Hexen und Zauberern zu zweifeln.

Jedermann wußte ja, daß die Alte, welche am Wursthofe in der halbverfallen Zinsbude wohnte, einen Pakt mit dem Bösen geschlossen hatte. — Satan war ihr erschienen und dafür, daß sie ihm ihre Seele zu eigen gegeben, hatte er ihr die Kraft verliehen, böses Wetter zu machen, Menschen und Vieh zu behexen. Sein kostbarstes Geschenk aber war die Hexensalbe! Wenn sich die Alte mit dieser Salbe bestrich, dann fuhr sie in dunkler Nacht zum Schlott hinaus auf dem Besenstiel nach dem Blocksberg, um dort mit den Hexen aus ganz Deutschland den Hexensabbath zu feiern, dem Satan in der Gestalt eines schwarzen Bocks präsidirte.

So erzählten sich die Männer und Frauen, jeder glaubte die Sage und oft genug ging dieselbe über das Gebiet der Erzählung hinaus. Die unglückliche Alte, welche ihre rothen Triefaugen als Hexe bezeichneten, wurde plötzlich beschuldigt, irgend einem der Nachbarn die Kuh behext zu haben, daß sie keine Milch mehr gab, oder sie hatte ein Hagelwetter herbeigezogen, das die Saaten verdarb, oder gar war sie die Schuld daran, daß der oder jener in unheilbares Siechthum verfallen mußte.

Da wurde dann kurzer Prozeß gemacht, die Klage wegen Hexerei wurde erhoben, die Henkersknechte ergriffen die Unglückliche, zogen sie aus und suchten an ihrem Körper nach dem Hexenmal; man wußte nämlich, daß Satan jeder seiner Anbeterinnen ein Zeichen, bald in Gestalt einer Krötenkralle, einer Ratte, oder auch eines gewöhnlichen schwarzen Fleckes, dem die Phantasie leicht eine abenteuerliche Gestalt andichten konnte, aufzudrücken pflegte. — Fanden die Henkersknechte ein Hexenmal, und sie fanden es fast immer, dann war die Angeklagte der Zauberei überführt und wurde dem Feuertode geweiht.

Ein solches Resultat hatten wohl manches Mal die schaurigen Erzählungen am Heerdfeuer, durch welche der erste Verdacht auf irgend eine unschuldige alte Frau geworfen wurde, und dennoch boten dieselben wieder und immer wieder ein Mittel der Unterhaltung im Familienkreise, denn gerade in dem Grauenhaften lag der geheime Kitzel jener Sagen und Märchen.

Ein weniger frivoles Mittel der Unterhaltung boten die Schaugepränge, an denen jene Zeit überaus reich war. Noch stand das Ritterwesen in seiner vollen Blüthe und wenn dasselbe auch unter dem rohen märkischen Adel nie den Glanz und die Feinheit erreicht hat, welche es in Süddeutschland auszeichneten, so gab es doch auch in

3.

Berlin und Cöln mannigfache Gelegenheit zu festlichen Schauspielen.

Bald kam ein fahrender Ritter unter seltsamer Vermummung in die Stadt, und alle Welt sprach dann von ihm und erzählte sich, daß er ein reicher Graf aus fernem Lande sei, der geschworen habe, zu Ehren seiner Schönen mit jedem Ritter der den Kampf wagen wolle, eine Lanze zu brechen. — Ein anderes Mal wurde auch wohl ein lustiges Turnier gehalten, an dem die Schaulustigen sich ergötzen konnten.

Im Thiergarten, der sich damals als ein mächtiger, dicht verwachsener Wald bedeutend weiter ausbreitete als heut und in dem auch noch Hochwild sich aufhielt, feierten die Markgrafen mitunter prächtige Jagdfeste, zu denen sie eine glänzende Ritterschaft um sich versammelten.

Auch die Kirche war bemüht, die Schaulust der Bürger zu befriedigen. An großen Festtagen veranstaltete sie kirchliche Schauspiele, am Palmsonntag wurde das Leiden Christi, am grünen Donnerstag das Fußwaschen, in einer mimischen Vorstellung anschaulich gemacht. Am Pfingsttage zeigten die Priester gar den leibhaftigen heiligen Geist in der Gestalt einer hölzernen Taube, welche auf und nieder gezogen wurde.

Außer bei solchen für das Auge berechneten Schaustellungen fanden die Berliner ihre Lust und Erholung in kräftigen sinnlichen Genüssen. Je weniger sie ihren Geist auszubilden vermochten, je mehr Werth gewann für sie das rein sinnliche Vergnügen, sie verstanden es, im Essen und Trinken fast Unglaubliches zu leisten, und sahen dabei mehr auf tüchtige Fleischmassen, als auf eine feine Zubereitung, ihr Geschmack war eben noch nicht besonders veredelt.

Das Fleisch bildete den Mittelpunkt jedes guten Essens. Es kam in den verschiedensten Gattungen auf den Tisch, theils geschmort mit Gemüse, theils als Braten jeder Art. Man rechnete auf die Person nicht weniger als vier Pfund Fleisch, gewiß eine recht ansehnliche Quantität, die auf einen guten Appetit schließen läßt, wenn man bedenkt, daß neben dem Fleisch und Gemüse gewöhnlich noch ein tüchtiger Hirsebrei und verschiedene Sorten Käse, denen ebenfalls gehörig zugesprochen wurde, auf den Tisch kamen.

Backwerk von Schmalz, Gewürz und Honig, sowie Backobst bildeten den Nachtisch.

Dem Hunger der alten Berliner entsprach auch ihr Durst. Bei jedem Gastmahl wurde das Bier tonnenweis aufgelegt. Ein Diener stand als Zapfer bei der Tonne und hatte genug zu thun, um die Kannen der rüstigen Zecher stets schnell genug wieder zu füllen. Das beliebteste Bier war das der Nachbarstadt Bernau, welches seinen Ruf Jahrhunderte lang bewahrt hat. Wein wurde nur von den Reichen getrunken, diese verstiegen sich selbst zu edlen Rheinweinen und zu noch selteneren Sorten aus dem Welschland, gewöhnlich aber nahmen sie mit dem berühmten Gubener Wein verlieb, der damals noch nicht den Ruf als Drei-Männerwein hatte, sondern in gutem Ansehen stand.

War man auch hier mit der Qualität des Getränkes nicht eben besonders wählerisch, so hielt man um so mehr auf die Quantität. — „Ein Räuschchen in Ehren soll Niemand wehren!" aber es wurde gar häufig ein respektabler Rausch. — Kein Fest wurde als vollkommen betrachtet, an welchem nicht die Mehrzahl der männlichen Gäste mit schwerem Kopf und schwankenden Füßen den Gastgeber verließ. — Und wie bei dem Gastmahl ging es auch in den Trinkstuben zu, welche von den Bürgern des alten Berlin so häufig besucht wurden, wie die Bierstuben heut zu Tage noch. Dort wurde politisirt und schwadronirt, damals wie heut, wenn auch in anderer Weise, denn die Trinkstuben versammelten nicht Bürger der verschiedenen Stände, sondern waren meist entweder von den Gewerken oder von den Geschlechtern allein besucht. — Ein reisender Kaufmann, der etwa von der Messe in Frankfurt a. M. kam, bildete dann den Mittelpunkt der Gesellschaft, der erzählte wie es aussah im Reiche, wie fern in Italien die Kriegsfurie wüthe. Einer der eine so weite und gefährliche Reise gemacht hat, kann schon etwas erzählen! — Da wurde denn gehört, gesprochen und getrunken, bis sich die Köpfe mehr und mehr erhitzten und endlich mancher Zecher ein friedliches Quartier unter dem eichenen Tische fand.

Die Unmäßigkeit im Essen und Trinken nahm oft so sehr überhand, daß der weise Rath suchen mußte, derselben Einhalt zu thun durch strenge Gesetze und arg muß es wohl gewesen sein, ehe zu solchen Mitteln gegriffen wurde, denn die Rathsherren waren doch auch keine Mäßigkeitsapostel.

Schon 1331 drohte der Rath denjenigen Wollen- und Leinwebern Strafe an, welche ihre Schuhe, Hemden und Hosen vertrinken würden. 1335 wurde das Gesetz erlassen, daß sich im Winter nach 9, im Sommer nach 10 Uhr Niemand mehr in den Bierstuben aufhalten dürfe und im Jahre 1399 wurde derjenige, der in der Gewerksversammlung der Altflicker so viel aß, daß er es wieder von sich geben mußte, in Strafe genommen. — Am fatalsten waren den fröhlichen Zechern die Narrenkisten, vergitterte Käfige vor dem bernauischen Bierkeller in Berlin und dem Gertrautenthor in Cöln, in welchen man die Nachts auf der Straße aufgegriffenen Betrunkenen ihren Rausch ausschlafen ließ, bis sie Morgens die liebe Straßenjugend durch Höhnen und Necken weckte.

Und die Frauen? — Nun die Frauen saßen zu Haus und spannen oder warteten die lieben Kleinen. Gemischte Gesellschaften waren nicht üblich, nur an großen Festen, bei besonderen Gelegenheiten, wie Hochzeiten, Taufen u. s. w., wo getanzt wurde, zog man die Frauen in Gesellschaft, aber auch dann saß man bei Tisch selten in bunter Reihe, sondern es waren für die Frauenzimmer meist besondere Tafeln aufgestellt, welche häufig sogar sich nicht einmal in demselben Zimmer befanden, in welchem die Männer aßen. —

Kaiser Karl IV. hatte sich vergeblich bestrebt, die Frauen in die Gesellschaft einzuführen. — Dem feinsinnigen Fürsten waren die rohen Sitten, die Trunk- und Freßsucht der Märker sehr zuwider, er hatte in Frankreich gelernt, daß in den durch das weibliche Geschlecht verschönten Gesellschaften die Männer sich taktvoller und feiner benahmen, als wenn sie allein waren, und er hoffte daher durch Einführung gemischter Gesellschaften dem unanständigen und unmäßigen Saufen der Männer ein Ende zu machen.

Ein Fürst ist leicht auch ein Gebieter der Mode, Kaiser Karl IV. hoffte es ebenfalls zu sein. Er lud zu den Festen, welche er während seines Aufenthalts in der Mark veranstaltete, Herren und Damen ein und ordnete an, daß dieselben bei Tisch in gemischter, sogenannter bunter Reihe saßen. Ein sinniger, heiterer Scherz sollte den Herren den fehlenden Genuß des übermäßigen Trinkens ersetzen.

Das war ein schweres Unternehmen! Die blöden märkischen Junker verstanden es nicht, fein und sinnig zu scherzen; sie saßen wie die Stöcke neben ihren Nachbarinnen. —

Da suchte der Kaiser durch eigenthümliche Gesellschaftsregeln eine größere Vertraulichkeit, Heiterkeit und Lebendigkeit in die schweigsamen Gäste zu bringen. Jedem Ritter wurde die Pflicht auferlegt, viel mit seiner Dame zu sprechen, sie möglichst angenehm zu unterhalten, ihr beim Essen die besten Stücke vorzulegen. Ging ihm ja einmal der Stoff der Unterhaltung aus, dann durfte er diese durch ein zärtliches Küßchen aufs Neue beleben. — In dergleichen Zärtlichkeiten durfte Niemand etwas finden, ja es war sogar dem Ritter gestattet, die Nachbarin nach Hause zu begleiten oder sie mit in seine eigene Wohnung zu nehmen, auch wenn sie die Frau eines Andern war, ohne daß daraus der Verdacht der Unkeuschheit oder der Untreue gegen den Gatten wider die Dame ausgesprochen werden durfte.

Das waren Kaiser Karls berühmte Rehhähne (so nannte er selbst diese Gesellschaften), welche anfangs dem Adel ganz wohl gefielen und auch von den Geschlechtern in Berlin und Cöln hie und da nachgeahmt, in die Bürgerhäuser aber niemals eingeführt wurden.

Nach Kaiser Karls Tode hörten auch die Rehhähne wieder auf. Das Blut der märkischen Adligen war zu dick und sinnlich, als daß die freie Ungebundenheit der Sitte nicht bald zur vollsten Zügellosigkeit geführt hätte. — Wenn die Ritter mit dem sittsamen Scherz nicht mehr recht fort konnten, ergingen sie sich in Redensarten, welche heut zu Tage keine Frau anzuhören vermöchte, welche aber damals nur ein Lachen und vielleicht ein flüchtiges Erröthen der an derbe Reden und ungeschminkte Kraftworte gewöhnten Fräuleins bewirkten. — Und ging endlich auch diese Art des Scherzes aus, dann hielten sich die Ritter ans Küssen, in welcher Beschäftigung bei den Rehhähnen Unglaubliches geleistet wurde.

Die Rehhähne arteten nach und nach zu wüsten, unsittlichen Gelagen aus, denn nach dem Tode des Kaisers tranken die Ritter auch in Gegenwart der Frauen wie zuvor; die Neuerung wurde deshalb an vielen Orten gesetzlich verboten und hörte endlich von selbst auf. — So blieben denn die gemischten Gesellschaften wieder beschränkt auf Tanzfeste, Taufen, Hochzeiten u. s. w.

Taufen und Hochzeiten wurden stets mit großen Festlichkeiten begangen; jeder irgend wohlhabende Bürger benutzte eine solche Gelegenheit, um sich gastfrei zu zeigen und allen Luxus zu entfalten, den seine Kasse irgendwie gestattete.

Früher war es Sitte gewesen, die Taufen so schnell wie möglich nach der Geburt abzuhalten; die Sitte aber war im 14ten Jahrhundert schon außer Uebung gekommen, weil sie die Tauffestlichkeiten beeinträchtigte und der Wöchnerin nicht gestattete, an denselben Theil zu nehmen. Man ließ deshalb gern sechs Wochen und längere Zeit verstreichen, bis die Wöchnerin wieder vollkommen hergestellt war, ehe man das Tauffest feierte.

Alle Verwandte und Freunde des Hauses erhielten eine feierliche Einladung, und es galt als eine große Beleidigung, einen der Bekannten bei solcher Gelegenheit auszuschließen. Das Fest dauerte bei wohlhabenden Familien gewöhnlich drei volle Tage.

Am ersten Tage Morgens erschienen die geladenen Gäste sämmtlich im höchsten Staate mit Frauen und Kindern. Ein treffliches Frühstück empfing sie, bei welchem, wie überhaupt bei allen Mahlzeiten, die Frauen an besonderen Tischen, von den Männern getrennt, aßen.

Nach dem Frühstück machte die Wöchnerin ihren ersten Kirchgang. — Umgeben von den befreundeten Frauen, ging sie im höchsten Putz nach der Kirche, Spielleute mit Schalmeien und Trompeten, — auch zwei mächtige Baßgeigen durften nicht fehlen, — schritten dem Zuge voran und spielten zum Jubel der zahlreich versammelten Gassenjugend lustig auf. Die jungen Mädchen und die Männer blieben im Hause zurück und erwarteten die Frauen zum Mittagsmahl, welches sofort nach beendetem Gottesdienst eingenommen wurde.

Am folgenden Tage wurde das Mittelkindelbier wieder mit einem reichlichen Mittagsmahl gefeiert.

Der dritte Tag, der des Kindelbiers oder der eigentlichen Taufe, war der Hauptfesttag. — Die ganze Gesellschaft begleitete den Täufling in die Kirche und wohnte der heiligen Handlung bei, der wieder ein reiches Mahl folgte.

Den Schluß des Festes machte ein Tanz, der selten in dem Taufhaus selbst gemacht wurde, denn in den meisten Bürgerhäusern fehlte für ein solches Vergnügen der Raum. Man hatte den

Rathhaussaal gemiethet, und dort ging's nun lustig zu, oft bis tief in die Nacht hinein.

Die Tänze jener Zeit unterschieden sich wesentlich, und zwar zu ihrem Vortheil von unsern heutigen, es war mit ihnen meist ein sinnreiches Spiel verbunden. Da wurden der Todtentanz, der polnische, der Capriolen- und der Dreitanz, der Zänner, der Taubentanz und der Schmoller getanzt. Von manchen dieser Tänze sind uns nur noch die Namen bekannt, von anderen sind uns vollkommene Beschreibungen überliefert, so vom polnischen Tanz, der dem Menuett ähnlich war und bei dem es darauf ankommt, höchst zierliche Pas mit graziösen Verneigungen zu machen, und der Capriolentanz, der wildeste von allen, der nicht eben als anständig galt, denn Tänzer und Tänzerinnen machten dabei so wilde Sprünge, daß diese oft zu bedenklichen Situationen führten. Man tanzte ihn meist erst, wenn das starke Getränk die Köpfe erhitzt hatte sowohl der Herren, als der Damen.

Am eigenthümlichsten waren der Todtentanz und der Schmoller.

Beim Todtentanz paarten sich die Gäste, Alt und Jung, und begannen lustig springend unter Jubel und Gelächter; plötzlich aber hörte die Musik mit einem schrillen Ton auf und tiefe Stille trat ein; gleich darauf ertönte eine leise, melancholische Melodie, welche endlich in einen Trauermarsch, wie er bei Begräbnissen gespielt wurde, überging. Ein junger Mann mußte sich nun auf dem Boden ausstrecken und den Todten spielen, die Frauen und Mädchen umtanzten ihn mit zierlichen Sprüngen, indem sie sich bemühten, die Trauer um den Todten in möglichst komischer Weise zu karrikiren; sie sangen dabei eine Trauermelodie, aber auch diese so lustig, daß ein allgemeines und anhaltendes Gelächter entstand.

Nach der Vollendung des Gesanges traten die Frauen und Mädchen eine nach der andern an den Todten und küßten ihn, bis endlich eine Ronde der ganzen Gesellschaft den ersten Theil des Tanzes schloß. —

Der zweite Theil glich dem ersten, nur tanzten dies Mal die Jünglinge und Männer um eine Todte. Wenn es dann an's Küssen ging, war der Jubel groß, denn die Tänzer bemühten sich, den Kuß zärtlich und doch so komisch wie möglich zu geben.

Den Schluß des Tanzfestes machte man gewöhnlich mit dem Schmoller, bei welchem die Tänzer und Tänzerinnen anfänglich einen großen Widerwillen gegen einander heuchelten, nach und nach sich aber versöhnten und in vollster Liebe schlossen. Den Uebergang dieser Gefühle durch zierliche Sprünge und durch das Mienenspiel auszudrücken, war die Aufgabe der Tänzer.

Nicht weniger feierlich als die Taufen wurden die Hochzeiten begangen, bei denen der Brautvater Alles aufbot, um seinem Hause Ehre zu machen. Auch hier erstreckte sich die Feier auf mindestens drei, mitunter sogar auf acht Tage.

Alle Verwandte und Freunde von Braut und Bräutigam von nah und fern wurden schon geraume Zeit vor der Hochzeit durch feierliche Briefe eingeladen; aber damit durfte sich der Brautvater nicht begnügen, die Höflichkeit erforderte noch besondere Einladungen, da man zum Schein voraussetzen sollte, die Gäste seien mit wichtigeren Dingen, als einem Hochzeitsfest, beschäftigt und könnten dasselbe leicht vergessen.

Der Umbitter mit seinen Gesellen, wir wissen, daß die Schulgesellen dies einträgliche Amt bekleideten, mußten etwa acht Tage vor der Hochzeit bei allen Gästen umherziehen, um die Einladung drei Mal mündlich in einer bestimmten Form zu wiederholen. Die Gesellen waren dabei festlich mit Bändern und großen Blumensträußen geschmückt.

Am ersten Festtage Morgens begab sich der Bräutigam mit seinen männlichen Verwandten in das Haus des Schwiegervaters. Er fand in den festlich geschmückten Räumen bereits die Hochzeitsgesellschaft versammelt, die Frauen und Mädchen in einem Zimmer, die Männer in einem andern. Erst wenn sämmtliche Geladene erschienen waren, wurde die Thüre geöffnet, und die Männer durften sich dann ins Frauengemach begeben.

Der Bräutigam beschenkte nun die Braut und deren weibliche Verwandte, jede mit einem Paar Schuhe und einem Paar Pantoffeln, die Braut machte ihm und seinen männlichen Verwandten ein Gegengeschenk mit einem Hemd.

Ein seltsames Geschenk, besonders in jener Zeit, in der Hemden keineswegs zum eigentlichen Bedürfniß gehörten! Man trug sie gewöhnlich nur beim Baden und vielleicht bei besonders festlichen Gelegenheiten, dann aber zog man sie Abends zum Schlafengehen fein säuberlich wieder aus. Im Hemd zu schlafen, wäre ein besonderer Luxus gewesen, man legte sich stets nackt zu Bett, auch wenn, wie dies sehr häufig vorkam, zwei bis drei Personen in demselben Bette schliefen.

Nach dem Austausch dieser Geschenke ordnete sich die Gesellschaft zum Festzuge, um sich ins Bad zu begeben; man machte, wenn die Wohnung des Brautvaters dem Krögel zu nahe lag, oft einen Umweg durch die vornehmsten Straßen, um dem zahlreich versammelten Volke länger das Vergnügen des Zuschauens zu gewähren.

Dem Zuge voran schritten die Musikanten, welche sich bestrebten, ihre lustige Hochzeitsweise so laut und geräuschvoll wie möglich zu machen. Ihnen folgten die Gäste, zuerst die Frauen mit ihren neuen Schuhen, dann die Männer mit den Badehemden über der Schulter.

Bald vor, bald neben dem Zuge liefen die Lustigmacher, welche bei keiner großen Hochzeit fehlen durften, und welche die Aufgabe hatten, durch die tollsten Possen die Heiterkeit der Gäste und des zuschauenden Volkes zu erregen. — Je toller, je besser, Niemand durfte dabei etwas übel nehmen, auch wenn die Scherze mitunter stark handgreiflich wurden.

Prügelte der Narr irgend einen der Umstehenden mit seiner Pritsche, oder traf er gar beim Radschlagen diesen oder jenen mit dem Fuß an die Nase, so lohnte ein schallendes Gelächter den seinen Witz; häufig bedienten sich auch die Spaßmacher großer Düten voll Kienruß, um besonders den etwa zuschauenden jungen Mädchen das Gesicht zu schwärzen. — Jede solche Heldenthat wurde durch das allgemeine Gelächter belohnt.

Im Badehaus theilte sich die Gesellschaft, meist war sie zu groß, als daß die beiden geräumigen, gewölbten Badezimmer die sämmtlichen badenden Gäste auf einmal hätten fassen können; nur ein Theil konnte baden, der andere erlabte sich während dessen, bis die Reihe an ihn kam, mit einem guten Frühstück, zu welchem der Bader bei solchen Gelegenheiten eingerichtet war.

Aus dem Bad zog die Gesellschaft wieder im Festzuge nach dem Hochzeitshaus zurück, um ein tüchtiges Mittagsmahl zu sich zu nehmen, welches nach dem Bade trefflich schmeckte, wenn demselben auch das Frühstück unmittelbar vorangegangen war, denn essen konnten die damaligen Berliner zu jeder Zeit.

Die eigentlichen Festceremonien begannen nach Tisch mit dem Schmücken der Braut und des Bräutigams. —

Die Verlobten wurden in zwei an einander stoßenden Zimmern von ihren Freunden ausgekleidet; sobald dies geschehen war, fand der Wechsel der Hemden statt. Eine Matrone reichte durch die knapp geöffnete Thür dem Bräutigam das Hemd, welches die Braut getragen hatte, und empfing dafür das seinige.

Nachdem der Brautanzug vollendet war, trat die Gesellschaft wieder zusammen, und der Bräutigam schenkte nun der Braut einen schönen Kranz von Rosmarin, mit Goldschnur durchflochten, welchen ihr die Brautjungfern aufs Haupt heftelen; gleich darauf befestigten sie ein Schlüsselbund an ihrem Gürtel, zum Zeichen, daß sie fortan die Herrscherin in einem Haushalte sein solle. —

Ein Becher mit Wein wurde der Braut gereicht; sie leerte ihn zur Hälfte und reichte ihn dem Bräutigam, der ihn austrank. Dann ordnete sich die Gesellschaft von Neuem zum Festzuge; alle Männer waren mit Hochzeitskränzen, welche ihnen die Braut geschenkt hatte, geschmückt. — Auch die Dienstboten und Umbitter hatten solche Kränze erhalten, während aber die der Gäste mit Goldfäden durchwirkt waren, trugen die ihrigen nur den Schmuck von Silberfäden oder bunten Federn.

Man zog nach der Kirche, die Trauung wurde vollzogen, und zurück ging's nach dem Hochzeitshaus zum Bettsprung, der wichtigsten Ceremonie der Hochzeit.

In einem prächtig ausgeschmückten Zimmer stand das aufgeschlagene Brautbett. Die Neu-

vermählten mußten sich angekleidet niederlegen und die Bettdecke heraufziehen. Sämmtliche Gäste zogen in Prozession an dem Brautbett vorüber und begrüßten die Liegenden mit zierlichen, auf den neuen Ehestand bezüglichen Scherzen, welche manches Mal der jungen Braut das Blut in die Wangen trieben, obgleich doch die Frauen und Mädchen jener Zeit an starke Zweideutigkeiten gewöhnt waren.

Erst nach dem Bettsprung wurden die Neuvermählten als Eheleute betrachtet, die Trauung allein begründete noch nicht die Ehe. Starb der Bräutigam zwischen Trauung und Bettsprung, so galt Braut nicht als Wittwe, sie hatte weder ein Recht auf das Vermögen, noch auf den Namen des Verstorbenen.

Ein Abendessen, dem ein Tanz auf dem Rathhaus folgte, schloß den ersten Festtag. — Bei dem Abendessen wurde der höchste, irgend erlaubte Luxus aufgeboten. — Speise und Getränke mußten in außerordentlicher Fülle vorhanden sein, um nicht nur die zahlreichen Gäste, die Dienerschaft, die Musikanten und Umbitter, sondern auch um die Armen zu sättigen, die bei jeder großen Hochzeit sich in zahlreichen Schaaren einfanden. Der stets rühmlich bewährte Wohlthätigkeitssinn der Berliner verleugnete sich auch in jener frühen Zeit nicht.

Während des Essens wurde die strengste Festordnung bewahrt. Die Männer und die verheiratheten Frauen saßen, nach ihrem Range geordnet, an einer Tafel; — man war in dieser Rangordnung sehr streng, und es wäre ein grober Verstoß gegen die Sitte gewesen, hätte der Hochzeitsvater nicht dem vornehmsten Gast den Ehrenplatz gegeben. —

Die geladenen jungen Mädchen hatten ihren besonderen, den Jungferntisch, auch die Mägde des Hauses, die Dienstboten, die Musikanten speisten an gesonderten Tischen; der für die Musikanten hieß der Pfeifertisch; ein Ausdruck, der sich noch heut für einen abgesonderten Tisch erhalten hat.

Den Schluß des Abendmahls machte das Herumtragen der Schauessen. — Nachdem der Wein alle Gemüther erheitert hatte, erschienen die Bedienten des Hauses mit Schüsseln, auf denen künstliche Gerichte standen; der Bratenmeister trug z. B. eine Schüssel mit einem großen ledernen Braten, und so hatte jedes Amt sein Symbol. Alle kamen nach der Reihe und gingen bei den Gästen umher, um ein Geschenk zu erhalten. Den Schluß bildete die Armenbüchse, der an großen Hochzeiten immer reichliche Gaben zustossen.

Der zweite Tag wurde für den eigentlichen Hochzeitstag gehalten, und dieser mußte den ersten an Festjubel noch überbieten.

Mit dem frühen Morgen übergab der junge Ehemann seiner Gattin die Morgengabe, ein besonders kostbares Geschenk. Das Ehepaar kleidete sich darauf festlich, legte sich aber angekleidet wieder zu Bett, um den Besuch der Hochzeitsgäste zu empfangen. Jeder Besuchende brachte ein Geschenk mit und legte es mit einem Scherz auf die Bettdecke. — Waren schon die Scherze des vergangenen Tages nicht besonders fein gewesen, so läßt sich wohl denken, daß die des Hochzeitsmorgens sich noch weniger durch Zartheit auszeichneten.

Unter den Geschenken waren am zahlreichsten die Brauthähne vertreten, gebratene Hähne, welche auf einer kostbaren Schüssel servirt waren. Man glaubte, daß es für junge Eheleute sehr heilsam sei, möglichst viel Hahnenfleisch zu essen, und war bestrebt, auch ihren ausschweifendsten Appetit darauf zu befriedigen. Es kam vor, daß ein Brautpaar bei einer besonders großen und glänzenden Hochzeit bis zu 40 und 50 gebratene Hähne als Geschenk erhielt.

Nachdem die Hochzeitsgäste alle erschienen waren, stand das junge Ehepaar auf, und die junge Frau wurde nun als Hausmutter eingekleidet. Man band ihr die bisher frei flatternden Locken auf und bedeckte dieselben mit einer Haube; daher mag wohl der Ausdruck "unter die Haube kommen" entstanden sein.

Wieder ging's im fröhlichen Zuge nach der Kirche. — Eine Messe, abermalige Einsegnung des Brautpaares, Besprengung desselben mit Weihwasser und dann Festzug zurück in's Brauthaus. Ein Hochzeitsmahl, womöglich noch luxuriöser als das des vergangenen Tages, und Abends wieder Tanz auf dem Rathhaus; — so verging der zweite Tag unter rauschendem Festjubel, und in ganz gleicher Weise wurden auch der dritte und die folgenden gefeiert, wenn die Hochzeit länger als drei Tage dauerte.

Wir haben ein Berliner Kind jener Zeit taufen sehen, haben den jungen Mann an seinem Ehrentage, dem Hochzeitstag, beobachtet, folgen wir nun auch dem Gestorbenen zum Grabe. —

Vor der Thür des Todtenhauses hängt das Schierlaken, ein weißes Tuch, welches anzeigt, daß eine Leiche im Hause ist. Alle Vorübergehenden bekreuzen sich und sprechen wohl ein leises Gebet für die Seelenruhe des Dahingeschiedenen.

Drinnen im Hause ist im besten Zimmer die Leiche im niedrigen offenen Sarge ausgestellt. Man hat den Verstorbenen mit seinem Feiertagsanzuge bekleidet, rings um den Sarg sind zahlreiche brennende Kerzen aufgestellt, das ganze Zimmer ist mit Trauergehängen geschmückt. —

Um den Sarg sitzen die Klageweiber, welche bittere Thränen vergießen, heulen und schreien. Sie sind dafür gemiethet und haben Uebung in dem Geschäft; so schwer es ist, ohne innern Schmerz zu weinen und Herzenstrauer zu zeigen, so vermögen sie es doch.*) —

Der Leichenbitter hat das Leichengefolge geladen, eine alte Frau in allen Häusern der Nachbarschaft die Stunde des Begräbnisses angezeigt, denn es gilt für eine große Schande, wenn der Verstorbene ohne gehöriges Gefolge unter die Erde gebracht wird.

Die zum Leichengefolge geladenen Gäste haben sich im Sterbezimmer versammelt, der Sarg wird geschlossen, ein weißes Kreuz auf den Deckel gelegt, und nun setzt sich der Zug unter dem Läuten der Glocken in Bewegung. Voran ein Priester mit dem Weihwasser, dann ein Chorknabe, der ein brennendes Licht trägt und die übrigen Chorknaben, diesen folgen die Zunftgenossen des Verstorbenen.

Es folgt der Sarg, der getragen wird und zu dessen Seiten Chorknaben mit brennenden Kerzen einhergehen; hinter dem Sarge das Leichengefolge, zuerst die Männer, in lange Trauerkleider gehüllt, dann die Frauen, ebenfalls in Trauerkleidung; dann folgen alle diejenigen, welche ohne zu den geladenen Gästen, dem Leichengefolge, zu gehören, doch sich gedrungen fühlen, dem Verstorbenen die letzte Ehre zu erzeugen, und je größer die Zahl derselben ist, je höher und stolzer hebt sich das Herz der Hinterbliebenen in dem Bewußtsein von dem Werth des geliebten Geschiedenen.

Während die Kirchenglocken läuten, geht langsam der Zug vorwärts. Die ganze Versammlung stimmt ein in den Gesang des Miserere und der Trauerpsalmen. —

So kommt man zur Kirche. In der Nähe des Altars wird der Sarg niedergesetzt und mit brennenden Kerzen umstellt. Ein Geistlicher tritt an das Fußende desselben und hält die Leichenpredigt, er rühmt die trefflichen Eigenschaften des zu früh Geschiedenen und tröstet die weinenden Hinterbliebenen. —

Dann wird die Todtenmesse gehalten, der Sarg mit Weihwasser besprengt und das Paternoster über denselben gesprochen. Drei Mal schwenkt der Priester das Rauchfaß über den Sarg bis der Weihrauch in lichten Wolken zum hohen Gewölbe der Kirche emporschwebt, dann spricht er ein lateinisches Gebet, in welchem er Gott bittet, den Seelen zu befehlen, daß sie sich der Seele des Verstorbenen annehmen.

Der Sarg wird nun aufgehoben und nach dem Kirchhof getragen, wieder schwenkt man über ihm drei Mal das Rauchfaß und besprengt ihn mit Weihwasser. Noch ein Gebet, Gesang des de profundis und der Sarg wird hinabgelassen in die Gruft.

Die Verwandten und Freunde des Verstorbenen treten einer nach dem andern an die Grube, sie reichen einander den Weihwedel und jeder sprengt als letzte Gabe der Liebe ein wenig Weihwasser hinab auf den Sarg, opfert ein Scherflein für den Geistlichen, betet ein stilles Gebet und entfernt sich schweigend.

Die Begräbnißfeier ist vorüber, die Menge verläuft sich, nur die geladenen Gäste kehren in das Trauerhaus zurück, um dort sich bei einer tüchtigen Mahlzeit gegenseitig zu trösten.

---

*) Die Sitte, Klageweiber zu miethen, verschwand schon im 15. Jahrhundert. Die heulenden Klageweiber mögen wohl die Trauer häufig genug übertrieben und dadurch lächerlich gemacht haben.

Die Tauf-, Hochzeit- und Begräbnißfeierlichkeiten, welche wir kennen gelernt haben, lassen uns einen tiefen Blick in das Leben der alten Berliner thun; sie zeigen uns die Prunkliebe derselben, ihr Wohlgefallen an äußerer Schaustellung, an üppigen Festen. Die Sucht sich gegenseitig bei denselben zu überbieten, einen möglichst großen Luxus zu entfalten, führte das Unglück mancher Familie herbei. Die Frauen wetteiferten, sich bei derartigen Festen mit Spangen und Geschmeide aller Art zu behängen, besonders überboten sich dabei die Frauen und Fräulein aus den Geschlechtern und die Männer mußten wohl nachgeben, wenn sie den lieben Hausfrieden bewahren wollten, das ist ja zu allen Zeiten so gewesen. — Nicht lange genug konnte ein Tauf- oder Hochzeitsfest dauern, nicht prächtig genug konnte es gefeiert werden.

Um dem eingerissenen übermäßigen Luxus zu steuern, sah sich der Rath veranlaßt schon im Jahre 1334 ein Gesetz zu geben, aus welchem wir einige bezeichnende Stellen mittheilen wollen, bemerken aber müssen wir, daß es mit diesem Gesetze ging wie mit allen denen, die dem Geiste der Zeit nicht entsprachen; es wurde im Ganzen wenig befolgt. Gerade die Geschlechter, für welche das Luxusgesetz besonders gemacht war, wußten dasselbe entweder zu umgehen, oder sie kümmerten sich nicht darum, weil sie hoffen durften, von dem befreundeten Rath nicht bestraft zu werden.

Das Gesetz vom Jahre 1334 besagt:

„Wir Rathsmänner alte und neue von Berlin und Cöln u. s. w. — Zum ersten Male wollen wir, daß keine Frau noch Jungfrau an Armspangen und an Geschmeide mehr tragen soll, als eine halbe Mark wiegen mag und von feinen Perlen sollen sie nicht mehr tragen, als eine halbe Mark werth sind. Auch soll keine Frau oder Jungfrau goldburchwirkte Tücher tragen, noch goldene Reifen und keine Jungfrau mehr tragen, als ein Kreuz über eine Mark werth. Ferner wollen wir, daß ein Jeder, es sei Frau oder Mann, seinem Eide gemäß bei ihren Hochzeiten nicht mehr als vierzig Schüsseln auf ihren Tisch setzen sollen und zehn Schüsseln für das Gesinde und drei Schüsseln für die Spielleute."

Und weiter: „Ferner, wenn eine Frau von einem Kinde zur Kirche geht, so soll sie von Frauen nicht mehr bitten, als zu drei Schüsseln. Ferner wollen wir, daß Niemand nach der letzten Glocke offenen Laden halten oder Bier schenken soll. Wenn man dies findet, dann soll man den Wirth mit den Gästen pfänden. Nach der letzten Glocke soll auch Niemand auf der Straße tanzen, es sei Mann oder Frau. Auch soll Niemand höher oder mehr kegeln oder wirfeln, als auf 5 Schilling." — — „Und die dies Statut brechen, sollen den Rathmännern 10 Mark geben, und die für die Verbrecher Fürbitte thun, die sollen auch so viel geben."

Bezeichnend ist der Schlußsatz, durch welchen der Rath die Fürbitte einflußreicher Patricier verhindern will. Wir wollen schließlich noch bemerken, daß das Verbot, es solle Niemand nach der letzten Glocke, d. h. im Winter nach 9, im Sommer nach 10 Uhr, auf der Straße tanzen, seinen Ursprung einer allgemein eingerissenen Unsitte verdankte. — Die alten Berliner hatten mit den heutigen darin eine große Verwandtschaft, daß sie jedes Vergnügen bis zur Hefe auskosten wollten. War der Tanz auf dem Rathhaussaale beendet, dann zog die Gesellschaft noch jubelnd durch die Straßen und setzte den im Saale abgebrochenen Tanz im Freien beim flackernden Scheine der Kienspähne fort. — Um die Nachtruhe der soliden Bürger künftig vor dergleichen Störungen zu sichern, erließ der Rath das erwähnte Gebot, welches übrigens von den Geschlechtern so wenig respektirt wurde, wie die übrigen den Luxus beschränkenden Bestimmungen des Gesetzes.

Ein Tänzchen auf freier Straße oder auf den öffentlichen Plätzen vor der vom Rath festgesetzten Nachtstunde war nicht verboten. Besonders im Sommer tanzten die jungen Leute viel im Freien und Niemand fand dies unschicklich.

II. Abtheilung.
Berlin im 15. Jahrhundert.

Erstes Kapitel.

Das Verpfändungssystem. — Jobsts betrügerische Kunststücke. — Die Quitzows. — Beraubung des Grafen Günther von Schwarzburg. — Dietrich v. Quitzow in Berlin. — Der Krieg Berlins mit dem Quitzow.

Ein neues Jahrhundert, nicht aber eine neue Zeit! —

Die Mark Brandenburg war im ersten Jahrzehnt des 15., wie im vergangenen Jahrhundert, der Schauplatz ununterbrochener kleiner Kriege, theils der einzelnen Adligen untereinander, theils derselben mit den Städten oder mit den Fürsten benachbarter Länder.

Die schwachen Statthalter Jobsts von Mähren vermochten nirgends das Ansehen des Landesfürsten aufrecht zu erhalten, denn Jobst unterstützte dieselben nicht, er war zufrieden, wenn sie ihm möglichst große Geldsummen übersendeten; sonst aber kümmerte er sich um die Regierung nicht weiter und überließ es seinen Statthaltern, mit dem aufsässigen märkischen Adel fertig zu werden, wie sie wollten und konnten. — Daß sein Name verachtet und verhöhnt wurde, daß sein fürstliches Ansehen in der Mark zu nichts herab sank, darüber machte sich Jobst von Mähren keine Sorgen, denn stolz war er ganz und gar nicht, nur habsüchtig und geizig.

Kein Mittel war ihm zu schlecht, um aus der Mark beträchtliche Summen herauszupressen, selbst das des Betruges scheute er zu diesem Zwecke nicht. Der alte Chronist Wusterwitz erzählt uns davon manche charakteristische Geschichte.

Einst, im Jahre 1409, war Jobst wieder einmal nach der Mark gekommen, um sich Geld zu holen; aber die Hilfsquellen flossen nicht mehr so reichlich wie früher, das verwüstete Land vermochte keine Steuern mehr aufzubringen, und die Städter, welche es wohl gekonnt hätten, saßen fest auf ihren Geldsäcken und hatten durchaus keine Lust, dieselben zu Gunsten eines Fürsten zu öffnen, der niemals etwas für das Land that, unter dessen Scheinregierung der Wohlstand der Mark mit jedem Jahre tiefer sank.

Bisher hatte sich Jobst durch Verpfändung der landesherrlichen Schlösser und Landgüter zu helfen gewußt, aber auch dies Mittel war fast erschöpft, denn die meisten seiner Besitzungen waren bereits verpfändet und gerade diese Verpfändung hatte sehr dazu beigetragen, Jobst bei den Städten verhaßt zu machen.

Es war in jener Zeit sehr gebräuchlich, daß ein Fürst, der Geld brauchte, sich dasselbe durch Verpfändung eines Schlosses oder Gutes, oder selbst einer Stadt verschaffte. Der Darleiher des Geldes erhielt dadurch das Recht, das Pfand in jeder Weise auszunutzen, die sämmtlichen Steuern und Zölle zu erheben, als ob er wirklicher Eigenthümer gewesen wäre, er hatte nur die Pflicht, wenn ihm zur rechten Zeit die Pfandsumme zurückgezahlt wurde, das Pfand zurück zu geben. — Auf die gleiche Weise wurden auch ganze Länder verpfändet, und Jobst selbst war ja eben auch nur Pfandbesitzer der Mark; kein Wunder also, daß er das Verpfändungssystem der landesherrlichen Schlösser und Güter im großartigsten Maßstabe betrieb, um so bald wie möglich wieder zu seinem Gelde zu kommen.

Für die Städte hatte dies System große Nachtheile, denn es diente dazu, den ohnehin schon übermächtigen Adel noch mehr zu kräftigen. Ein Schloß nach dem andern war in den Pfandbesitz reicher Adliger übergegangen und dadurch eine Räuberherberge geworden, von welcher aus die Landstraßen unsicher gemacht wurden. Wenn früher oft die Schlösser der Landesherren den von adligen Räubern verfolgten Kaufmannskarawanen als hochwillkommener Zufluchtsort gedient hatten, so mußten sie jetzt gemieden werden, da sie die Stütze der feindlichen Macht waren.

Jobst kannte den Widerwillen der Städte gegen das Verpfändungssystem und darauf baute er einen schlauen betrügerischen Aussaugungsplan.

Von Berlin aus zog Jobst über Brandenburg nach Tangermünde an der Elbe und versammelte dort die Vertreter der Städte und den kleinen Adel des Landes um sich, jene kleinen Gutsbesitzer, welche durch die wachsende Macht der reichen adligen Herrn schwer bedroht wurden, welche täglich fürchten mußten, ihr freies Erbeigenthum durch eine plötzliche Belagerung ihrer Schlösser zu verlieren und zu Bettlern zu werden, wenn sie sich nicht zur Lehnsunterthänigkeit unter die Mächtigeren entschließen wollten.

Den Versammelten stellte Jobst die traurige

Lage des Landes vor und versicherte ihnen, daß er entschlossen sei, ernste Maßregeln zur Wiederherstellung besserer Zustände zu ergreifen, daß ihm aber die Macht hierzu fehle, so lange er sich nicht im Besitz der vielen verpfändeten landesherrlichen Schlösser befinde; er forderte deshalb die Entrichtung einer neuen Steuer, durch welche das Geld zur Zahlung der Pfandsumme beschafft werden solle.

Steuern wurden damals nicht lieber als heut zu Tage bezahlt, und aus der Mitte der Versammlung ließ sich daher manche Einwendung gegen den Plan Jobsts hören, besonders zeigten sich die Räthe von Brandenburg, Brießen und Beelitz schwierig, indem sie darauf aufmerksam machten, daß der Markgraf vor 6 Jahren schon zu demselben Behuf einen Schatz in der Mark zusammen gebracht habe, dann aber mit dem Gelde nach Mähren geeilt sei, ohne an eine Auslösung der verpfändeten Schlösser zu denken.

Jobst mußte viele gute Worte geben, er wies den gegen seine Aufrichtigkeit erhobenen Verdacht mit Entrüstung von sich und versprach, was man von ihm irgend verlangte, dadurch gelang es ihm denn in der That, nicht unbeträchtliche Summen zu erlangen; mit diesen reiste er nach Berlin, verkaufte dort dem ärgsten Feinde der Städte, Dietrich von Quitzow, das Schloß Friesack für 2000 Schock böhmische Groschen und kehrte dann mit vollem Beutel nach Mähren zurück, über die Dummheit der guten Märker, welche sich abermals hatten betrügen lassen, von Herzen lachend.

Unter solcher Regierung mußte das Faustrecht zur höchsten Blüthe kommen. Der Chronist Angelus erzählt uns, „daß je näher Jemand der Mark kam, je gefährlicher er gereiset oder gewandert hat. So hat sich auch ein jeder der Gewalt, so er gehabt, überhoben und nur, was ihn gelüstet, gethan."

Wer die Gewalt hatte, der hatte das Recht! Das Ausplündern der Dörfer und offenen Landstädtchen, das Raubmorden, Brennen, Schänden der Frauen und Jungfrauen, kurz jeglicher Frevel war in der Mark Brandenburg an der Tagesordnung. — Jeder Besitzer eines festen Schlosses, der eine Handvoll Raubgesindel zu unterhalten vermochte, stellte sich über das Gesetz, wie viel mehr thaten es diejenigen, welchen eine wirkliche Macht zu Gebote stand. — Männer, wie die Brüder Dietrich und Johann von Quitzow, die reichsten und mächtigsten vom märkischen Adel.

Dietrich und Johann von Quitzow waren die Söhne eines einfachen Ritters Cuno von Quitzow auf Quitzhöfel, eines mecklenburgischen Vasallen und Lehnsträgers der edlen Gänse von Puttlitz.

Beide Brüder waren kühne, thatkräftige, ehrgeizige Männer, welche für ihren Thatendurst in Mecklenburg kein günstiges Feld zu finden glaubten, denn dort stand ihnen die Macht eines Fürsten gegenüber, sie zogen deshalb nach der verwahrlosten Mark Brandenburg und gewannen hier durch ihre überlegenen Talente schnell einen außerordentlichen Einfluß.

Durch Heirathen mit den reichsten und edelsten Familien der Mark verbunden, — die Gattin Johanns war eine Tochter Lippolds von Bredow, die Dietrichs die Tochter des Edlen Albrecht, Herrn von Sydow zu Tempitz, — hatten die Quitzows eine Macht erlangt, welche sich durch glückliche Fehdezüge täglich ausbreitete; sie machten nach und nach den niedern Adel fast ganz von sich abhängig und bald waren sie die eigentlichen Herrscher in der Mark, denn Jobst ließ sie um so mehr frei gewähren, als die Quitzows stets bereit waren, von ihm dieses oder jenes feste Schloß zur Vergrößerung ihrer Macht gegen baares Geld in Pfandbesitz zu nehmen.

Die Quitzows hatten es verstanden, sich ihm furchtbar zu machen, indem sie offen ihre Verachtung gegen ihn darlegten.

Jobst hatte im Jahre 1404 den Grafen Günther von Schwarzburg zum Statthalter der Mark ernannt. Der Graf traf am 10. Januar gegen Mittag im Dorfe Fischbeck ein, einem Dorf, welches an der Elbe Tangermünde gegenüber liegt, er beabsichtigte nach dieser Stadt zu reisen, in welcher er seine Residenz als Statthalter aufschlagen wollte.

Es war nur eine Fähre vorhanden und diese zu klein, um das gesammte Gepäck des Grafen auf ein Mal über die Elbe zu fahren, derselbe mußte daher den größten Theil seiner Kisten und Koffer zurücklassen, während er selbst mit seinem Gefolge nach Tangermünde übersetzte.

Der Graf hatte kaum die Mitte des Stromes erreicht, als ein gellender Hilferuf einiger am Ufer zurückgelassener Dienstleute sein Ohr traf.

Dietrich von Quitzow hatte im Walde versteckt mit einem Haufen Knechte gelauert, und war hervorgestürzt, als er den Grafen weit genug entfernt sah; spottend und lachend plünderte er im Angesicht desselben das Gepäck, ließ die zurückgebliebenen Knechte nackend ausziehen, dann zog er jubelnd über den gelungenen Streich fort, indem er jedes werthvolle Stück aus dem Gepäck mitnahm.

Eine solche Verhöhnung und Beraubung seines eigenen Statthalters war gewiß die ärgste Beleidigung für Jobst von Mähren, aber dieser nahm dieselbe nicht nur ruhig hin, sondern verpfändete sogar bald darauf ein neues Schloß an Dietrich von Quitzow, als ob zwischen ihnen nie eine Feindseligkeit vorgekommen wäre.

Dietrich von Quitzow hatte sich durch siegreiche Fehden, welche er mit den benachbarten Fürsten, besonders mit den Herzögen von Pommern, bestanden hatte, durch seine Tapferkeit im Kampfe und seine wilde Grausamkeit gegen die Besiegten einen in der ganzen Mark gefürchteten Namen gemacht. Nicht nur die kleinen Adligen, auch die Städte waren bestrebt, sich das Wohlwollen des mächtigen Mannes zu erkaufen, und selbst Berlin und Cöln sahen ihn weit lieber als Freund in

4*

die Stadt einziehen, als feindlich vor den Mauern liegen. Wenn sie auch, geschützt durch ihre starken Festungswerke, eine Belagerung durch die Quitzows nicht zu fürchten brauchten, so gab es doch für die Berliner Kaufleute kaum einen Schutz auf den Landstraßen während eines Krieges mit den Quitzows.

Der gemeinschaftliche Rath von Berlin und Cöln war daher bestrebt gewesen, den gefürchteten Mann zum Freunde der Stadt zu machen; er hatte ihm Gefälligkeiten aller Art erwiesen, sogar ein Bündniß mit ihm abgeschlossen und ihm bei einer Fehde mit den Pommern den Oberbefehl anvertraut unter besonders vortheilhaften Bedingungen. —

Es war großer Jubel in Berlin, wenn Dietrich von Quitzow in die Stadt kam. Die Herren von den Geschlechtern, jene reichen Mitglieder des Stadtadels, wetteiferten miteinander, dem berühmten Ritter glänzende Feste zu geben, bei denen Dietrich der Mittelpunkt von Aufmerksamkeit aller Art war.

Auf dem Rathhause wurden Bankete veranstaltet, bei denen Dietrich den Ehrenplatz erhielt, die schönsten Frauen und Mädchen aus den Geschlechtern der Städte wurden ihm zum Tanz zugeführt und, wenn das Fest beendet war, begleitete die ganze Gesellschaft, gegen das Gesetz, den Gefeierten unter dem Klange der Schalmeien, singend nach Haus, auf den Straßen beim Fackelschein den auf dem Rathhaus abgebrochenen Tanz fortsetzend.

Aber die Freundschaft dauerte nicht gar zu lange. — Dietrich von Quitzow fand es vortheilhafter der Feind, als der Freund der Städte zu sein. Die Freundschaft konnte ihm wohl ein fröhliches Fest eintragen, aber er mußte während derselben die reichen Berliner Kaufleute ruhig auf den Landstraßen ziehen lassen, er hatte sogar eine Art Ehrenpflicht, dieselben gegen andere Feinde zu schützen, während er als Feind der Städte stets Gelegenheit fand zu vortheilhaften Raubzügen.

Er suchte bald genug Gelegenheit, die ihm lästig gewordene Freundschaft von Berlin und Cöln abzuschütteln. Die Ländereien seines Schlosses Köpenik gränzten an das Weichbild von Berlin. — Es gab hier und da Grenzstreitigkeiten, welche Dietrich benutzte. — Bald sollte ein Berliner Fischer in seinen Gewässern die Netze ausgeworfen haben, bald waren Feldarbeiter über die Grenzgräben gegangen. Dietrich ließ durch die Umgegend von Köpenik neue Landstraßen ziehen und verbot das Betreten der alten Straßen, indem er in die Mitte derselben sogenannte Wiepen, Stangen mit Strohwischen, setzen ließ. Zog nun ein Berliner auf solchen alten Wege einher, so wurde er von den hinter den Büschen lauernden Knechten des Quitzow aufgefangen, nach Köpenik gebracht und dort in den Kerker geworfen. Vergeblich entschuldigte sich der Gefangene, er habe nicht gewußt, daß der Weg verboten sei, denn nirgends sei eine Wiepe zu sehen gewesen, Dietrich hörte auf solche Entschuldigungen nicht; man sagt sogar, seine Knechte hätten Befehl gehabt, die Wiepen auszureißen, sobald ein Berliner nahe, und sie wieder einzupflanzen, nachdem er gefangen. —

Die ersten solcher Streitigkeiten suchte der Rath von Berlin und Cöln auf gütlichem Wege zu lösen, als dieselben sich aber täglich mehrten, als Dietrich immer rücksichtsloser verfuhr, als er sogar von der Zeit seiner Feldherrnschaft her eine unbegründete, bedeutende Geldforderung an die Stadt stellte, da riß den Berlinern der ohnehin nicht allzu dauerhafte Faden der Geduld. Sie vergalten Gleiches mit Gleichem; die Berliner Stadtknechte griffen die Leute des Quitzow auf, welche sich auf städtisches Weichbild wagten, und es gab oft harte und blutige Händel, bei denen indessen die Stadt immer mehr zu leiden hatte, als Dietrich von Quitzow, denn dieser kümmerte sich im Ganzen wenig darum, ob vielleicht einer seiner Knechte im Thurm von Berlin gefangen saß, und selbst, wenn in einem der vielen kleinen Treffen einmal ein Quitzow'scher verwundet oder getödtet wurde, so fand sich dafür ebenso leicht Ersatz, es gab ja des Gesindels genug, während die Fehde mit dem mächtigen Ritter den Handel und Verkehr der Stadt ernsthaft störte und für diese daher höchst unbequem wurde.

Der Rath von Berlin wünschte des lästigen Streites ledig zu werden. Er wendete sich an den damaligen Statthalter der Mark Brandenburg, den Herzog Swantibor von Pommern, und bat denselben um seine Vermittlung. Es kam zu neuen Unterhandlungen, bei denen Dietrich von Quitzow eine Forderung von 1500 Schock böhmischer Groschen an die Stadt Berlin geltend machte, zu welcher er aus dem pommerschen Kriegen für Lösegeld der Gefangenen berechtigt zu sein behauptete. — Die Forderung war ganz haltlos und Dietrich wurde daher abgewiesen; damit glaubten die Berliner die Sache erledigt und den Frieden hergestellt. — In der That schien es auch, als ob Dietrich von Quitzow sich dem Ausspruch des Schiedsrichters fügen wolle, er ließ fortan die Berliner in Ruhe, seine Knechte durften nicht mehr arglose Reisende überfallen und mißhandeln, die Fischer auf der Spree konnten ungestört ihrem Gewerbe nachgehen. —

Der tiefste Frieden herrschte, Niemand dachte in Berlin und Cöln mehr daran, daß ein Streit mit Dietrich von Quitzow schwebe; man trieb die Heerden unbesorgt vor einem feindlichen Ueberfall auf die Stadthütungen vor die Thore, und jeder Bürger überließ sich sorglos den Geschäften, da erschien am Mittwoch, den 3. September 1410 Dietrich von Quitzow plötzlich an der Spitze einer Schaar von bewaffneten Knechten vor Berlin.

Dort, wo heut die Dorotheen- und Friedrich-Wilhelmsstadt ihre prachtvollen Häuserreihen erheben, zogen sich damals die Stadtwiesen an den Ufern der Spree entlang, an dieselben gränzten die bereits abgeernteten Aecker, auf denen Schweine und Kühe der Bürger die Stoppelweide genossen.

Dietrich von Quitzow stürmte mit seinen Gewappneten aus der Halde hervor. Die Hirten suchten so schnell wie möglich das Vieh in Sicherheit zu bringen, aber zu spät; die Reiter des Quitzow holten sie bald ein und, geübt in dergleichen Raubzügen, trieben sie die reichen Viehheerden der Stadt fort nach Schloß Bötzow (dem jetzigen Cranienburg), wo Werner von Holzendorf, des Quitzow treuster Freund saß.

Die Hirten waren, als sie das Vieh nicht mehr retten konnten, in die Stadt geeilt, das Alarmsignal wurde gegeben, die Sturmglocken heulten, die Bürger eilten bewaffnet zu den Sammelplätzen. —

Ein Schrei der Wuth und Entrüstung ertönte, als man hörte, daß der Quitzow, ohne den Frieden abgesagt zu haben, feindlich gegen die Stadt gerückt sei. Das galt als eine Treulosigkeit, als ein Verrath ohne Gleichen. — Man war gewöhnt an einen schonungslosen Krieg, selbst an Raub und Mord, und die Ehre eines Ritters wurde dadurch nicht befleckt, aber eine Fehde galt als ehrlos, wenn die Feindseligkeiten begannen, ehe der Frieden abgesagt war.

Mit Wuthgeschrei forderten die Bürger, daß der Quitzow verfolgt werde, und nach kurzer Zeit schon zog ein kampflustiger Haufe zum Spandauer Thor hinaus dem Räuber nach, an seiner Spitze der allgemein geachtete Rathsherr Niclas Wynß.

Die Quitzow'schen Reiter waren längst unter den dunklen Kiefern der Jungfernheide verschwunden; sie hatten einen bedeutenden Vorsprung, vermochten aber nicht schnell vorwärts zu ziehen, weil das unbändige Vieh sich nicht gutwillig treiben lassen wollte. Da konnte es denn nicht fehlen, daß die Berliner Verfolger die Reiter bald einholten. Wild und kampflustig stürmten sie in ungeordneter Schaar heran, aber zu ihrem Verderben.

Dietrich von Quitzow sah nicht sobald die Unordnung in den Reihen der Gegner, als er sie auch mit Geschick benutzte. — Es gab einen heftigen, blutigen Kampf, in welchem der Quitzow Sieger blieb. — Viele Bürger wurden verwundet, manche getödtet und sechzehn, darunter der Rathsherr Niclas Wynß, gefangen.

Wynß gehörte einer der vornehmsten Patricierfamilien Berlins an. Er hatte in früherer Zeit oft Freundschaftsversicherungen mit Dietrich von Quitzow ausgetauscht und sich bei den glänzenden Festen, welche dem ehemaligen Bundesgenossen gegeben wurden, besonders durch Freigebigkeit ausgezeichnet. Jetzt sollte er den Dank dafür ernten. Er wurde mit den übrigen gefangenen Bürgern unter dem jubelnden Hohn und den Mißhandlungen der rohen Quitzow'schen Knechte nach Schloß Bötzow geführt, dort legte man ihm eiserne Ketten an Hände und Füße und warf ihn in ein dunkles Kerkerloch, welches sonst als Gefängniß für Diebe benutzt wurde. —

Durch die traurige Niederlage war der Muth der Bürger von Berlin nicht gebrochen, nur ihr Zorn erhöht. Jetzt führten sie offen Krieg gegen Dietrich von Quitzow, und oft genug erkämpften sie Erfolge gegen denselben. — Wenn es dem Quitzow durch einen treulosen Ueberfall gelungen war, den Berlinern eine tüchtige Schlappe beizubringen, so gelang es ihm doch nicht, die zur Stadt gehörigen Dorfschaften auszupochen; er traf die Berliner gerüstet und wurde mehrfach von ihnen zurückgeschlagen. Zwei Jahre dauerte der Krieg, bis endlich durch die Vermittlung der Stadt Frankfurt a. O. ein Vergleich zu Stande kam. — So lange mußte auch Niclas Wynß mit seinen Unglücksgenossen in der Gefangenschaft des Quitzow ausharren.

Die Schwesterstädte Berlin und Cöln zogen aus dem Kriege einen nicht unerheblichen Vortheil, ihr Ansehen in der Mark Brandenburg stieg durch denselben außerordentlich. Es galt für etwas Großes, daß Berlin und Cöln dem allmächtigen Quitzow widerstehen und ihn endlich zu einem Frieden veranlassen konnten. Der Muth und die Kraft der Bürger hatten sich abermals bewährt.

Zweites Kapitel.

Jobsts Tod. — Die Huldigung Sigismunds. — Friedrich VI., Burggraf von Nürnberg, Landeshauptmann der Mark. — Geheime Adelsversammlungen. — Friedrich in Berlin. — Der Rath verweigert das Oeffnungsrecht. — Die Schlacht am Kremmer Damm. — Schön Else. — Der Krieg mit den Quitzows. — Die faule Grete. — Der Fall der Quitzows. — Friedrich I., Kurfürst von Brandenburg. — Die Huldigungsfeier in Berlin.

Jobst von Mähren starb neunundachtzig Jahre alt am 14. Januar 1411 zu Brünn.

Eine Freudenbotschaft war es für die Märker, als die Nachricht vom Tode des geldgierigen Fürsten bekannt wurde. Das Volk hofft ja bei jedem Regierungswechsel, und hier hatte es ein Recht zu hoffen, denn schlechter konnten die Zustände nicht werden, als sie waren! —

Jobst hinterließ keinen Erben, und so fiel denn die Mark wieder an König Sigismund von Ungarn, der sofort den Edlen Wend von Ilenburg und den Probst Johann von Waldow in Berlin beauftragte, den Adel und die Städte des Landes zusammenzuberufen, um für ihn die Huldigung aufzunehmen.

Im hohen Hause zu Berlin kamen die Stände am 15. März 1411 zusammen; sie erklärten einstimmig, daß sie den König Sigismund als ihren rechten Herrn und Markgrafen anerkennen wollten; aber sie sprachen auch zu gleicher Zeit die Hoffnung aus, der König möge sich des verlasjenen, unglücklichen Landes besser annehmen, als dies bisher geschehen sei. —

Kurze Zeit darauf begaben sich Abgeordnete des Adels und der Städte, an deren Spitze der Edle Gans von Putlitz stand, nach Ofen, um dem König persönlich den Huldigungseid zu leisten und ihm die Wünsche der Märker vorzutragen.

Am 3. Juli 1411 empfing Sigismund die Huldigung und bestätigte alle Privilegien, Rechte und Freiheiten der Stände, eine unerläßliche Bedingung der Huldigung; denn im seltsamen Widerspruch mit der Sitte des Länderverkaufs wurde doch in jener Zeit das Verhältniß des Fürsten zu den Unterthanen als ein Vertragsverhältniß betrachtet. Wenn auf der einen Seite durch die Huldigung die Rechte des Fürsten anerkannt wurden, so durfte doch dieser andererseits sich nicht weigern, die Rechte, Privilegien und Freiheiten des Adels und der Städte anzuerkennen. — Der derbe, praktische Sinn jener Zeit wußte wenig vom göttlichen Recht der Fürsten.

Die Abgeordneten der Städte entledigten sich nun eines Auftrags, der ihnen von ihren Mitbürgern besonders an's Herz gelegt worden war. Sie beklagten sich bitter über die Gewaltthätigkeiten des Adels und gaben dem Kaiser ein erschreckendes aber treues Bild von dem unglücklichen Zustand der Gesetzlosigkeit, in welchem sich die Mark befinde. Die meisten landesherrlichen Schlösser seien im Pfandbesitz oder im vollen Eigenthum des Adels, von diesen aus würden die Städte fortwährend beschädigt und zu ewigen Kriegen gereizt. Die Anwesenheit des Landesherrn sei in der Mark dringend nothwendig, damit endlich dem das Land verzehrenden Unwesen ein Ende gemacht werde.

Sigismund antwortete auf diese Klagen, daß es ihm zwar unmöglich sei, persönlich in die Mark zu kommen, weil er hoffe, in nächster Zeit zum Deutschen Kaiser gewählt zu werden, daß er aber einen Stellvertreter, den Burggrafen Friedrich VI. von Nürnberg aus dem Hause Hohenzollern schicken wolle, der werde schon mit gutem Rathe helfen, die Mark wieder zu gutem Wesen zu bringen.

Das war eine Freudenbotschaft für die Abgeordneten der Städte, denn Burggraf Friedrich hatte sich den Ruf eines vortrefflichen Fürsten erworben, von seiner Energie durften die Städte wohl hoffen, daß er dem widerspenstigen Adel einen Daum auf's Auge drücken werde.

Sigismund hielt sein Wort. Am 8. Juli verkündete er den märkischen Abgeordneten, daß er den Burggrafen Friedrich „zum rechten Obersten, gemeinen Verweser und Hauptmann der Mark Brandenburg einsetze und ihm die ganze volle Macht und Gewalt gebe, die Mark mit allen ihren Herrschaften und Lehen, mit allen Ehren, Würden, Gerichten, Steuern u. s. w. zu haben und zu halten". Dem Burggrafen war damit das volle Souveränitätsrecht übertragen, nur die Kurwürde hatte sich Sigismund vorbehalten.

Sigismund hatte durch diese Uebertragung zugleich einen Akt der Dankbarkeit und der Staatsklugheit erfüllt, Burggraf Friedrich war ihm ein treuer und ergebener Freund gewesen, den er durch die Ueberlassung der Mark für manche geleistete Dienste belohnen, und für künftig noch zu leistende an sich fesseln wollte. Die Uebertragung der Mark erhielt die Form einer Verpfändung; hierdurch behielt sich Sigismund das Recht vor, das Land seiner Zeit zurückzufordern, wenn er dem Burggrafen eine Summe von 100,000 Goldgulden als Entschädigung zahlen würde.

Dieser Verpfändungsform gemäß lautete denn auch der Huldigungseid der Stände: — „Wir huldigen und schwören Herrn Sigismund und seinen Erben, Markgrafen von Brandenburg, eine rechte Erbhuldigung und huldigen und schwören Herrn Friedrich und seinen Erben, Burggrafen zu Nürnberg, eine rechte Huldigung zu seinem Gelde nach Ausweisung seiner Briefe getreu, gewärtig und gehorsam zu sein ohne Gefährde, als uns Gott helfe und die Heiligen!"

Der Probst von Berlin und Landschreiber der Mark, Johann von Waldow leistete im Namen der Stände diesen Huldigungseid, dem auch die übrigen Abgeordneten ihre Zustimmung ertheilten. Ein dreifaches, von Trompetengeschmetter begleitetes Lebehoch auf den König und den Burggrafen endete die bedeutungsreiche feierliche Handlung, welche dem Hause Hohenzollern die Mark Brandenburg erschloß!

In Berlin und Cöln wurde die Kunde, daß Burggraf Friedrich zum Landeshauptmann ernannt worden sei, von den Bürgern mit großer Freude aufgenommen; die Herren aus den Geschlechtern aber schüttelten das Haupt und sprachen hie und da leise Befürchtungen aus, daß der neue Landesherr wohl schwerlich die Rechte und Privilegien der Stadt in vollem Umfange aufrecht erhalten werde. Die adligen Herren hatten ihres Ursprungs nicht vergessen, sie standen noch immer in naher Verbindung mit dem Landadel und dieser war mit Recht von schweren Sorgen für die Zukunft erfüllt, denn Friedrichs Name, der Ruf, den sich der Burggraf im Reich erworben hatte, bürgten dafür, daß er sich nicht wie Jobst von Mähren durch Geld bestechen lassen werde. — Der Adelsherrschaft drohte ein schnelles und gewaltsames Ende.

In den Trinkstuben der Stadt ging's in jenen Tagen lebendig zu, sie waren besuchter als je, hier erfuhr man ja stets am frühesten die neuen Nachrichten aus dem Reich, hier wußte jeder etwas zu erzählen und alle Tage tauchten neue Gerüchte auf.

Da erzählte man sich, daß der Landeshauptmann sobald noch nicht in sein Land kommen könne, da ihn wichtige Geschäfte im Reich zurückhielten; er habe einstweilen den Edlen Wend von Ilenburg zum Statthalter ernannt, der aber sei zu schwach, um irgend eine Aenderung in das zerrüttete Gemeinwesen zu bringen. Es bleibe eben Alles beim Alten! Mancher weise Politiker rümpfte die Nase und spottete wohl über den Nürnberger Herrn, der glaube, mit dem mächtigen Adel der Mark fertig zu werden; die Quitzows würden ihm schon die Wege weisen und ihn nicht höher achten, als Günther von Schwarzburg und die andern Statthalter Jobst's. —

Der Adel rüstete sich, — das wußte Jedermann. — Auf allen adligen Schlössern wurden Knechte angeworben und bewaffnet, die reisenden Krämer konnten nicht genug erzählen von dem Eifer, mit welchem die Quitzows, die Herren von Rochow, von Alvensleben, von Bredow und alle die Anderen, besonders aber die Ritter aus dem Havellande bestrebt seien, ihre Burgen noch mehr zu befestigen, die Mauern zu erhöhen, Proviant für etwaige Belagerungen herbeizuschaffen.

In stiller Nacht, so erzählte man, kämen die Herren zusammen und rathschlagten, wie sie dem Burggrafen Friedrich widerstehen könnten. Der wilde Dietrich von Quitzow solle geäußert haben, mit solchem „Nürnberger Tand" wolle er schon fertig werden, der Adel werde seine Macht wahren, auch „wenn es alle Tage Burggrafen vom Himmel regne!"

Die anfänglich freudige Stimmung wurde mehr und mehr gedrückt, und als nun endlich der Burggraf im Juni 1412 wirklich ins Land kam, da verzweifelten selbst diejenigen, welche am meisten er ihn gehofft hatten, daran, daß es ihm möglich sein werde, einen Erfolg zu erzielen.

An der Spitze eines kleinen Zuges fränkischer und sächsischer Ritter war Friedrich in Begleitung des Herzogs Rudolph von Sachsen in Brandenburg eingezogen und dorthin hatte er die Stände entboten, um ihm den Huldigungseid zu leisten.

Ein Einzelner dem gesammten mächtigen Adel gegenüber! Wenn er noch mit einem Heere gekommen wäre! Aber er kam allein, vertrauend auf sein gutes Recht, und gleich beim ersten Beginn seiner Regierung zeigte es sich, daß der Adel nicht Willens sei, sich ihm zu unterwerfen, denn die Herren aus dem Havellande weigerten sich, ihm den Huldigungseid zu schwören, ehe Sigismund dies nicht ausdrücklich befohlen habe; sie wollten eben Zeit gewinnen!

Auch die Herren aus den Geschlechtern, welche im Rath von Berlin und Cöln saßen, wollten sich dem neuen Landesherrn nicht ohne Weiteres dienstwillig zeigen, sie zögerten, die Huldigung zu leisten und thaten es nur, als sie gedrängt wurden durch die Bürgerschaft, aber recht vom Herzen ging ihnen die Huldigung doch nicht; wenn sie dem Burggrafen auch nicht offenen Widerstand entgegen zu setzen wagten, so hielten sie sich doch auch von freudiger Unterstützung desselben fern, sie empfingen ihn wohl, als er nach Berlin kam und im hohen Hause seine Residenz nahm, mit freundlich unterthäniger Miene, als er aber das Oeffnungsrecht forderte, d. h. das Recht, daß die Stadt ihm für seine Truppen geöffnet sei, daß er sich selbst der Befestigungswerke derselben bedienen könne, wenn die Nothdurft des Landes es erfordere, — da weigerte sich der Rath und berief sich auf seine alten Privilegien. — Friedrich gab nach, er bestand nicht auf seiner Forderung, um nicht noch mehr böses Blut zu machen, — sein Sohn, der eiserne Friedrich, hat später anders gehandelt. —

Der Burggraf hatte eine schwere Aufgabe! Gehaßt vom Adel, ohne Vertrauen beim Volke, sollte er Ordnung schaffen in dem verwahrlosten Lande. — Er befand sich mitten unter Feinden. Der Adel stand gerüstet, Dietrich von Quitzow hatte sogar ein Bündniß mit den jungen Herzögen Casimir und Otto von Pommern-Stettin geschlossen, und gegen alle diese Feinde stand Friedrich fast allein. — Er verzweifelte nicht, sondern rüstete sich mit ernster Ruhe zu dem unvermeidlichen Kampf. —

Mit den der Mark benachbarten Fürsten schloß er Bündnisse, die Städte kettete er an sich durch freiwillige Bestätigung aller ihrer Privilegien und Freiheiten, so hatte er auch die von Berlin und Cöln schon am 6. Juli 1412 bestätigt. — Von Stadt zu Stadt zog er persönlich und überall erwarb er sich durch sein leutseliges, wahrhaft fürstliches Wesen neue Anhänger und erhielt die freudige Huldigung des Volkes.

Während Friedrich auf diese Weise sich bemühte, festen Fuß im Lande zu fassen, bereitete er sich zum ernsten Kampfe gegen den Adel vor. Er schrieb Briefe über Briefe an seine in Nürnberg zurückgebliebene Gemahlin und forderte sie auf, ihm aus Franken Hilfstruppen zu senden, denn er erkannte sehr wohl, daß er ohne eine solche Unterstützung schwerlich im Stande sein werde, dem mächtigen Adelsbunde zu widerstehen.

Es kam früher zum Kampfe, als Friedrich geglaubt und gewünscht hatte. Die Quitzows sahen mit Sorge, daß der Burggraf mit jedem Tage im Lande einen größeren Anhang gewann; ihre eigene Macht schwankte, denn die vom Kaiser wegen ihres Widerstandes gegen Friedrich über sie verhängte Acht machte doch manchen ihrer Bundesgenossen besorgt, sie drängten deshalb zum Beginn des Krieges und die Herzöge Casimir und Otto von Pommern-Stettin gaben dem Drängen nach, sie fielen mordend und sengend in die Mark ein.

Friedrich konnte dem Feinde, der durch viele havelländische Edelleute unterstützt wurde, nur ein kleines Heer entgegenstellen; aus Franken war zwar der Graf Johann von Hohenlohe mit einer kleinen Reiterschaar in Brandenburg eingetroffen und auch die Städte hatten sich willfährig gezeigt, so war von Berlin und Cöln gut gerüstete Mannschaft gestellt worden; aber der Feind blieb dennoch überlegen, und als es am 24. October 1412 beim Kremmer Damm zur Schlacht kam, kämpften zwar die Truppen Friedrichs mit glänzender Tapferkeit, die Bürgersöhne von Berlin und Cöln zeigten sich des Rufes ihrer Vaterstadt würdig, aber die Pommern siegten.

Friedrich hatte einen schweren Verlust erlitten. Die Führer seiner fränkischen Truppen, der Graf von Hohenlohe und der Ritter Kraft von Lettersheim, waren im Kampfe gefallen, der Ritter Philipp von Uttenhofen starb schwer verwundet einige Tage nach demselben. Die Leiche Kraffts von Lettershofen war nicht zu finden. Der Graf von Hohenlohe und Philipp von Uttenhofen wurden in der Kirche der grauen Brüder (der Klosterkirche) in Berlin begraben. Ueber ihren Gräbern erhoben sich zwei einfache Gedächtnißtafeln, die Worte derselben lauteten auf der einen: — "Nach Christi Geburt um 1400 und im 12. Jahre am St. Columbanus-Tage verschied der hochgeborene Graf Johannes von Hohenlohe, dem Gott gnade"; — und auf der andern: — "Nach Gottes Geburt vierzehnhundert Jahre und in dem zwölften Jahr in Simonis- und Judas-Tag verschied der feste Ritter Herr Philipp von Uttenhofen." — Darunter ist sein Wappen, ein silberner Amboß, gemalt. — Die Worte der ersten Tafel bilden die Umschrift eines Bildes, welches in längst verbleichter Farbe einen jungen Ritter darstellt. In schwarzem Harnisch und Gewand kniet er mit gefalteten Händen vor dem Heiland. —

Auf der Stelle des Kremmer Dammes, wo der Graf von Hohenlohe gefallen ist, wurde ein hölzernes Kreuz zum Andenken errichtet, nach Jahrhunderten hat das Volk die Bedeutung desselben vergessen, es erzählt, dort sei der Graf von Hollach von seinen Diener ermordet worden.

Die Quitzows und ihr Anhang triumphirten über die gewonnene Schlacht, aber sie sollten sich derselben nicht lange freuen, denn ihre Bundesgenossen, die Pommern-Herzöge wurden plötzlich wankend. Der Sieg am Kremmer Damm hatte auch den Pommern schwere Opfer gekostet, und eine Fortsetzung des Krieges erschien den Herzögen um so bedenklicher, als ihnen ihre Verwandten, die Herzöge Wratislaw von Pommern-Wolgast und Bogislaw von Pommern-Stargardt, dringend zum Frieden riethen und sogar offen drohten, sich mit Friedrich zu verbinden, wenn der Frieden nicht zu Stande komme.

Kasimir und Otto von Pommern-Stettin zogen sich deshalb mehr und mehr zurück und mit ihnen manche Adlige, welche nur mit Hilfe der Pommern auf einen Sieg über Friedrich hofften. Trotz seiner Niederlage vergrößerte sich die Macht des Burggrafen mit jedem Tage. Ueber den Häuptern der Quitzows hing, wenn sie noch länger die Huldigung verweigerten, die ihnen vom Kaiser angedrohte Oberacht des Reichs, durch welche sie rechtlos geworden wären, welche Jedermann gestattete, sie zu tödten. Einem solchen Schicksal sich auszusetzen, trugen die Quitzows und ihr Anhang Bedenken.

In den geheimen Adelsversammlungen, welche in jenen Tagen so vielfach auf den Schlössern der Quitzows gehalten wurden, beschlossen die Adligen, sich zum Schein zu unterwerfen, sich aber zu rüsten zu neuem Kampf und diesen zu beginnen, sobald die Hoffnung zum Siege winke. — Sie traten deshalb in Unterhandlungen mit dem Burggrafen, und dieser, der gern bereit war zu verzeihen, ging auf dieselben ein.

Am 4. April des Jahres 1413 waren die Straßen Berlins dicht mit Menschen gefüllt. Die Quitzows, der Edle Kaspar, Gans von Putlitz, Wichard von Rochow und viele Andere vom Adel waren nach der Stadt gekommen, um persönlich mit Friedrich die bisher durch Bevollmächtigte geführten Friedensunterhandlungen abzuschließen. Im hohen Hause sollte der Friedensschluß stattfinden; vor den Thoren desselben wartete das Volk und schaute mit Neugier auf die mit dem besten Festputz bekleideten Edelleute, welche sich endlich dem Landeshauptmann unterwerfen wollten.

Friedrich empfing die Quitzow's mit ernster Freundlichkeit, er stellte sie auch seiner Gemahlin vor, — der "schönen Else" — so nannte der Volksmund die liebreizende Fürstin, welche aus Nürnberg nach Berlin gekommen war. — Er war bereit Opfer zu bringen, die Quitzow's und die übrigen Adligen gelobten, sich dem Burggrafen zu unterwerfen und die bisher pfandweise inne gehabten Städte und Schlösser gegen Rückgewähr der Pfandsumme herauszugeben. So wurde denn der Frieden geschlossen, aber nur ein Scheinfrieden, denn die Quitzows waren entschlossen, ihn beim ersten Anlaß zu brechen.

Die Gelegenheit fand sich bald. Eine Fehde mit dem Verbündeten Friedrichs, dem Erzbischof von Magdeburg, war leicht vom Zaun gebrochen und wurde von den Quitzows in der gewohnten Weise durch Einäscherung und Beraubung schutzloser Dörfer geführt. Auch der Edle Gans von Putlitz führte einen erbitterten Krieg gegen den Bischof von Brandenburg, und die Mark wurde wieder der Schauplatz blutiger Kämpfe und empörender Mordbrennerei.

Friedrich versuchte vergebens den Frieden zu vermitteln. Er hatte einen allgemeinen Landfrieden geboten, aber weder die Quitzows noch Putlitz kümmerten sich um denselben, sie verhöhnten nur den Landeshauptmann, indem sie behaupteten, derselbe habe kein Recht, sich in ihre Privatfehden zu mischen, sie wiesen seine Vermittlung fast mit Verachtung ab.

Friedrich hatte alle Mittel der Unterhandlung erschöpft; er war nachsichtig und versöhnlich bis zum Uebermaß gewesen, jetzt endlich entschloß er sich, den trotzigen Widerstand der Quitzows und ihrer Freunde gewaltsam zu brechen, die Macht dieses übermüthigen Adels zu vernichten.

Er schloß neue Bündnisse mit den der Mark benachbarten Fürsten und er fand diese gern bereit, ihm im Kampfe gegen die Quitzows und ihren Anhang beizustehen; besonders willfährig zeigte sich der Erzbischof von Magdeburg, dem Johann von Quitzow seit vielen Jahren ein gefährlicher und gehaßter Feind gewesen war.

— 33 —

Auch die Städte sahen ein, daß jetzt endlich die Zeit gekommen sei, den Uebermuth des Adels zu brechen; sie sendeten dem Burggrafen trefflich bewaffnete Hilfsschaaren, welche vor Begier brannten, an dem Adel die mancherlei Unbilden zu rächen, welche sie seit Jahren erlitten hatten.

Kaiser Sigismund verhängte auf Friedrichs Verlangen die Oberacht über Dietrich und Johann von Quitzow, Kaspar Gans von Putlitz und Wichard von Rochow, weil dieselben, nachdem sie in die Reichsacht erklärt worden waren, keine Schritte gethan hatten, sich zu rechtfertigen, sondern sogar auf's Neue des Landfriedensbruches schuldig geworden waren.

Des Reiches Oberacht! Die furchtbarste Strafe, welche über einen Fürsten oder Ritter jener Zeit verhängt werden konnte! Der Geächtete war rechtlos und schutzlos, die Oberacht erklärte ihn für vogelfrei, er durfte getödtet werden, wo der Feind ihm begegnete, ohne daß diesem ein Vorwurf daraus gemacht werden durfte. Seine Besitzungen und Lehen verfielen dem Landesherrn, er war fortan eigenthumslos, Niemand durfte ihm dienen, Niemand ihn unterstützen oder beherbergen bei schwerer Strafe! Jedermann war verpflichtet, ihn zu fliehen oder zu befehden, bis der Kaiser den Bann wieder von ihm löste.

Die stolzen Quitzows hatten geglaubt, sich bei dem niederen Adel der Mark in ein solches Ansehen gesetzt zu haben, daß ihnen derselbe in einem Kampfe mit dem Burggrafen treu zur Seite stehen würde. Jetzt sahen sie sich plötzlich von allen ihren früheren Bundesgenossen verlassen, diese zogen sich scheu von den Geächteten zurück.

Während Friedrich täglich neue Verbündete gewann, während selbst ein Theil des Adels sich bereit erklärte, im Kampf gegen die Quitzows für ihn in's Feld zu rücken, sahen sich diese plötzlich allein, lediglich angewiesen auf den Beistand der mit ihnen Geächteten, des Edlen von Putlitz und Wichard's von Rochow.

Ein Unglück kommt selten allein. Ein neuer Schlag traf die Quitzows. Ihr treuester und mächtigster Freund, Kaspar von Putlitz, wurde in einer Fehde mit dem Bischof von Brandenburg gefangen!

Die Quitzows fühlten, daß ein Kampf in diesem Augenblick ihr Untergang sein werde; sie versuchten deshalb noch einmal in Unterhandlungen mit dem Burggrafen einzutreten, aber es war zu spät! Friedrich hatte Alles zum entscheidenden Kampf vorbereitet, er ließ sich nicht zum zweiten Male durch trügerische Unterwürfigkeit täuschen.

Alle Rüstungen waren vollendet, mit den Bundesgenossen hatte Friedrich einen festen Feldzugsplan verabredet. — An einem und demselben Tage sollten die Quitzows und Wichard von Rochow in ihren festen Schlössern belagert werden.

Friedrich selbst wollte mit einem Heere, dem sich ein großer Theil städtischer Zuzüge und die Reisigen des Fürsten Balthasar, Herrn zu Werle, des Grafen von Lindow und anderer Edler angeschlossen hatten, Dietrich von Quitzow im Schloß Friesack belagern. — Zu gleicher Zeit sollte Hans von Torgau vor Schloß Beuthen rücken, wo der Quitzow'sche Hauptmann Goswin von Brederlow befehligte. Schloß Golzow, die Burg Wichard's von Rochow, sollte durch den Herzog Rudolph von Sachsen, Schloß Plaue, die mächtige Festung Johanns von Quitzow, durch den Erzbischof von Magdeburg belagert werden.

Und so geschah es. — An demselben Tage lagerten sich die Bundesgenossen Friedrichs vor den vier Schlössern im Anfang Februar 1414; an demselben Tage begannen sie den Angriff. —

Zuerst fiel Schloß Golzow nach kaum dreitägiger Belagerung, Wichard von Rochow mußte sich ergeben. Im Büßergewande, den schmachvollen Strick um den entblößten Hals, erschien er Gnade flehend vor dem Herzog Rudolph von Sachsen.

Auf Golzow folgte Friesack, diesem Plaue und endlich Beuthen.

Friesack und Plaue galten bisher als uneinnehmbar. Dietrich und Johann von Quitzow verlachten die Belagerer. Seit einem Jahre waren sie bestrebt gewesen, die Festungswerke zu verstärken, und sie glaubten jetzt hinter denselben eine monatelange Belagerung aushalten zu können, da sie sich mit Mundvorrath für lange Zeit versehen hatten.

Sie sahen sich getäuscht. Gegen die schweren Geschütze, welche Friedrich gegen Friesack und Plaue führte, vermochten die Mauern nicht Stand zu halten. Die mächtigen Schlösser verloren den Ruf der Uneinnehmbarkeit*), sie mußten sich ergeben. Johann von Quitzow wurde ein Gefangener des Erzbischofs von Magdeburg, Dietrich von Quitzow entfloh zwar, aber seine Macht war gebrochen, er starb später im Elende der Verbannung.

Friedrich hatte mit überraschender Schnelligkeit die mächtigsten Adligen besiegt, die übrigen unterwarfen sich ihm ohne Kampf und so war er dann Herr im Lande, nicht mehr ein „Nürnberger Tand." —

Bisher war er nur Landeshauptmann gewesen; neue Dienste, welche er dem Kaiser Sigismund leistete, bestimmten diesen, ihm die Mark mit der Kurwürde erblich zu verleihen. —

Am 30. April 1415, auf dem Concil zu Constanz, hatte der Kaiser die Kurfürsten des Reichs in seine Wohnung geladen. Er theilte denselben mit, daß er dem Burggrafen Friedrich von Nürnberg die Markgrafschaft Brandenburg mit der Kurwürde und dem Oberstkämmermeisteramte des Reichs verleihe, in Betracht der Redlichkeit dieses

---

* Der Sage nach borgte sich Friedrich von dem Landgrafen in Thüringen eine gewaltige Kanone, welche den Namen „die faule Grete" führte und deren Steinkugeln die Mauern und Thürme unwiderstehlich zerschmetterten.

Fürsten, seiner Vernunft, Macht und Festigkeit und der sonstigen Tugenden, womit der allmächtige Gott seine Person reich geziert habe —— In Gleichem in Erwägung seiner willigen, nützlichen und getreuen Dienste, die er so lange fröhlich und unverdrossen gethan, täglich thue und fortan noch thun solle und könne.

An die Verleihung der Mark knüpfte der Kaiser nur eine Bedingung, die, daß das Haus Luxemburg berechtigt sein solle, die Mark für 400,000 Goldgulden von Friedrich zurückzukaufen*).

Am 18. Oktober des Jahres 1415 strömte das Volk von Berlin und Cöln in zahllosen Schaaren vor das Tellower Thor.

Auf den Sitzbänken des Kirchhofes der St. Gertraudis-Kapelle, welche erst vor wenigen Jahren (1411) von einem frommen Bürger erbaut worden war, standen Frauen und Mädchen und schauten über die Köpfe der dicht gedrängten Volksmasse hinaus auf den Weg nach Tellow zu; selbst in den Zweigen der jungen Lindenbäume wiegte sich eine Zahl von Knaben, welche auf die Gefahr hin, herunterzubrechen, auf die schwanken Bäumchen geklettert war, um besser sehen zu können.

Kurfürst Friedrich I., der vom Concil aus Constanz zurückkehrte, wurde heut erwartet, er wollte seinen feierlichen Einzug in Cöln halten, dem dann die Huldigung folgen sollte.

Endlich kam der Zug. Schon von weit her sah man die glänzenden Harnische blinken.

Ein donnernder Jubelruf empfing den Kurfürsten, der zwischen den Bischöfen von Lebus und Brandenburg einherritt. Eine Schaar märkischer und fränkischer Ritter folgte ihm, alle in reich mit Gold verzierten Harnischen.

Jubelnd folgte das Volk dem Zuge, der langsam durch die Straßen zog, überall bewillkommneten ihn die Frauen mit aus den Fenstern winkenden Tüchern. —

Im hohen Hause zu Berlin erwarteten die Stände den Kurfürsten. Von den Balkonen des Hauses herab ertönten die Fanfaren der Pfeifer und Posauner und die Pauken wirbelten dazwischen, als sich der Zug nahte. —

Der Probst von Berlin Johann von Waldow begrüßte als Landschreiber der Mark den Kurfürsten im Namen der Stände, und die Worte der Freude und Hoffnung, welche er aussprach, fanden einen Wiederhall im Herzen des Volkes, denn auch dieses hoffte jetzt auf eine neue Zeit.

---

* Aus dieser Bedingung ist die in viele Geschichtswerke übergegangene, von dem verdienten Forscher Riedel aber glänzend widerlegte Annahme, Friedrich habe die Mark von dem geldbedürftigen Kaiser gekauft, entstanden. — Bei der feierlichen Belehnung Friedrichs, welche am 18. April 1417 in Constanz stattfand, ließ Sigismund die Bedingung des Rückkaufsrechts fallen. — Es dürfte von Interesse sein, zu erwähnen, daß bei dieser Belehnung Wichard von Rochow, der sich unterworfen hatte und deshalb zu Gnaden wieder aufgenommen worden war, den Kurfürsten begleitete.

Friedrich war nicht mehr der Landeshauptmann, er war jetzt der Landesfürst, was er für das Land that, that er für sich und seine Söhne, von denen einer zu Tangermünde 1413 geboren worden war. Ein einheimischer Prinz stand dem Volke näher, als die Fremden, welche es bisher beherrscht hatten.

Hatte Friedrich schon als Landeshauptmann den Willen und die Kraft gezeigt, den Uebermuth des Adels zu brechen, Recht und Gesetz zu schirmen, so durfte das Volk dies von dem Markgrafen um so mehr hoffen, und deshalb bewillkommnete es ihn mit einer Freude, wie niemals früher die fremden Fürsten, die keinen Verband mit dem Volke gehabt hatten.

Zwei Tage später, am Sonntag den 20. Oktober zogen nach dem Gottesdienst die Stände, Prälaten, Ritter und Herren und die Abgeordneten der Städte im festlichen Zuge nach dem hohen Hause, um die Huldigung zu leisten. Die Herren waren sämmtlich im höchsten Schmuck erschienen, schon trugen viele der Edlen die eleganten nach der neuesten Mode geschnittenen Kleider, welche die fränkischen Ritter in die Mark eingeführt hatten: eng an den Körper anliegende mit hunderten von Knöpfen besetzte kurze Röcke. Dazu rothe Schnabelschuhe mit Fuß lang in die Höhe stehenden steifen Spitzen. Nur die älteren Herren konnten sich an die neue Mode nicht gewöhnen, diese blieben der guten alten Sitte und der alten weiten und bequemen Kleidung treu.

Im großen Saal des hohen Hauses erwarteten die Stände nach ihrem Rang geordnet den Kurfürsten. — Endlich öffneten sich die Flügelthüren und Friedrich erschien in kurfürstlicher Kleidung im purpurrothen, Hermelin verbrämten Sammtrock, den Kurhut auf dem Haupt, das Schwert in der Hand tragend.

Der Probst von Berlin Johann von Waldow eröffnete nach einem Gebete die Sitzung der Stände, indem er diese in einer Rede auf ihre Pflicht, dem Kurfürsten zu huldigen, hinwies. Die Briefe, in welchen Kaiser Sigismund und dessen Bruder Wenzel die Märker ihres Eides und der ihnen geleisteten Huldigung entbanden, wurden verlesen, und nun erklärten die Stände, daß sie bereit seien, Friedrich zu huldigen. Sie erhoben sämmtlich den Eidesfinger und sprachen den Huldigungseid nach, welchen ihnen Johann von Waldow vorsagte. Diesmal lautete der Eid: „Wir huldigen und schwören Herrn Friedrich und seinen Erben, Markgrafen zu Brandenburg, eine rechte Erbhuldigung, als einem rechten Erbherrn getreu und gehorsam zu sein, als uns Gott helfe und seine Heiligen!"

Drittes Kapitel.

Die Adelsherrschaft in Berlin und Cöln. — Der Vertrag vom Jahre 1432. — Die Verschwörung des Strobandt — Tod Friedrich I. — Friedrich II. mit den eisernen Zähnen. — Innerer Zwist. — Balzer Boytin. — Friedrich vor den Thoren Berlins. — Die Unterwerfung.

Der übermüthige Adel war gedemüthigt. Friedrich hatte in der Mark die Aufgabe erfüllt, welche er bei seinem Regierungsantritt übernommen, Ruhe und Sicherheit waren auf den Landstraßen wieder hergestellt, so weit dies in jener Zeit überhaupt möglich war. Hätte Friedrich seinem neuen Kurfürstenthum auch ferner seine ganze Kraft widmen können, so würde er sicherlich der hergestellten Ordnung so feste Grundlagen verschafft haben, daß selbst eine spätere böse Zeit dieselben nicht hätte erschüttern können; leider aber riefen den Kurfürsten wichtige Geschäfte häufig ins Reich und machten es ihm unmöglich der Mark diejenige Aufmerksamkeit zuzuwenden, welche das Land nach so langer Mißregierung bedurfte, um sich von den Folgen der Adelsherrschaft zu erholen.

Schwere und blutige Kriege, die Hussitenkriege, auf welche wir hier nicht näher eingehen können, da ihre Schilderung der allgemeinen Landesgeschichte angehört, zerrütteten bald aufs Neue den Wohlstand der Mark und erfüllten wieder die Wälder mit Räuberbanden, welche sich allen offenen Dörfern furchtbar machten.

Berlin und Cöln wurden von den Kriegsunruhen weniger berührt, als manche andere märkischen Städte, denn die Hussiten kamen nicht bis Berlin, sie wurden vor Bernau zurückgeschlagen. Der Reichthum der Schwesterstädte erhöhte sich sogar während des Krieges wesentlich, weil sie mehr und mehr der Zufluchtsort des im offenen Lande unmöglichen Handels und Gewerbsverkehrs wurden. Von ihren adligen Feinden waren die Städte befreit und so konnten sie sich denn zu einer bedeutenderen Macht entfalten.

Fast scheint es, als wären sie in ihrem stolzen Selbstständigkeitstrieb bestrebt gewesen, sich vollständig zu Republiken auszubilden, darauf hin wenigstens deutet ein Bündniß, welches Berlin und Cöln im Jahre 1431 mit Brandenburg und Frankfurt a. O. schlossen, in welchem die verbündeten Städte sich verpflichteten, ihre Besitzungen, Rechte und Freiheiten gegenseitig zu beschützen. Gegen wen war dieser Bund gerichtet? — Gegen den Adel? Dieser war durch Friedrich gedemüthigt und durfte nicht mehr wagen, den Städten gefährlich zu werden. — Offenbar befürchteten die Städte, Friedrich werde, nachdem er den Adel unterworfen, auch ihre Selbstständigkeit angreifen. Berlin und Cöln hatten nicht vergessen, daß er einst von ihnen das Oeffnungsrecht verlangt hatte und daß er von seiner Forderung vielleicht nur abgestanden war, um nicht in dem gefährlichen Kampfe gegen die Quitzows auch die Städte zu Feinden zu haben. — Ob Friedrich in der That solche Pläne gehabt hat, darüber läßt sich heut ein Urtheil nicht fällen, er war während seiner ganzen Regierung bis zu seinem Tode im Jahre 1440 zu sehr mit andern Sorgen beschwert, als daß er an einen Kampf mit den mächtigen Städten hätte denken können, dieser blieb seinem Sohne vorbehalten.

Während der Rath von Berlin und Cöln bestrebt war, die Unabhängigkeit der Städte vom Landesherrn zu wahren und die Rechte derselben auszudehnen und zu erweitern, suchte er im Innern der Verwaltung seine eigene Herrschaft dauernd zu befestigen und dieselbe in den Familien der Geschlechter möglichst erblich zu machen.

Der Stadtadel war schon seit langer Zeit bestrebt gewesen, seine Herrschaft über die Bürgerschaft zu erweitern, aber der Unabhängigkeitssinn der Zunftgenossen hatte ihm dies bisher sehr erschwert. Streitigkeiten, welche über die Verwaltung zwischen den Schwesterstädten entstanden waren, gaben Veranlassung zu einem Vergleich, bei welchem Deputirte der Städte Brandenburg und Frankfurt als Vermittler auftraten, in demselben wurde 1432 bestimmt, daß Bürgermeister und Rathmannen den künftigen Rath wählen sollten, und zwar für Berlin zwei Bürgermeister, zehn Rathmannen und vier Schöffen, für Cöln einen Bürgermeister, fünf Rathmannen und drei Schöffen, welche auf dem Rathhause auf der langen Brücke die gemeinschaftliche Verwaltung beider Städte führen sollten.

Der Rath war durch den Vertrag vom Jahre 1432 ein vollständig von der Bürgerschaft unabhängiges Kollegium geworden. Hatten die Viergewerke früher bei der Wahl einen bedeutenden Einfluß geübt, so wurden sie jetzt mehr und mehr in den Hintergrund gedrängt, denn der Einfluß der Geschlechter war im Rath, der sich ja selbst ergänzte und dessen Mitglieder auf Lebenszeit gewählt wurden, stets der überwiegende. —

Es konnte nicht fehlen, daß sich bald, sowohl in der gemeinen Bürgerschaft, als auch bei den Zunftgenossen ein großer Mißmuth über die wachsende Macht und dem wachsenden Uebermuth der Geschlechter zeigte. — So lange die Städte im fortwährenden Kampf gegen den Landadel begriffen gewesen waren, hatte die gemeinschaftliche Gefahr zur Ausgleichung des inneren Zwistes gedient; auch nach der Besiegung der Quitzows und ihrer Genossen hatte der schnell wachsende Wohlstand der Städte, der dem Rath erlaubte, den Gemeindebesitz derselben bedeutend zu vermehren, dazu beigetragen, die Unzufriedenheit der Bürgerschaft zu beschwichtigen; für die Dauer aber war dies doch nicht möglich, denn zu grell trat das Mißverhältniß der verschiedenen Stände gegen einander hervor.

Alle Macht und aller Einfluß auf die städtische Verwaltung gingen offenbar nach und nach auf die Geschlechter über, die Viergewerke wurden wenig, die gemeinen Bürger gar nicht mehr beachtet, diese hatten fast keine größere Geltung als die Incolen.

Das war ein Zustand kaum zu ertragen, denn die alten Berliner waren nicht so geduldig und phlegmatisch wie die heutigen; sie griffen, wenn sie ihr gutes Recht gekränkt glaubten, leicht zur scharfen Waffe, um es zu vertheidigen und setzten der Gewalt die Gewalt entgegen. —

In den Trinkstuben der Viergewerke wurde allabendlich laut und lebhaft gestritten, da fielen manche böse Worte gegen den Rath und dessen Willkürherrschaft, gegen die Geschlechter, welche so stolz geworden seien, daß sie mit Verachtung auf die Zunftgenossen niederschauten.

Wären die Viergewerke nur mit der gemeinen Bürgerschaft einig gewesen, dann hätten sie leicht das unbequeme Adelsregiment abschütteln können, dies aber war nicht der Fall, sie dünkten sich etwas Besseres zu sein, als die nicht zünftigen Bürger, und wenn sie auch unzufrieden waren über die Anmaßungen der Geschlechter, wenn sie auch diesen gern das Regiment aus der Hand winden wollten, so dachten sie doch dabei nur auf ihren eigenen Vortheil, nicht an den des ganzen Volkes.

Dazu kam, daß die alte Eifersucht zwischen Berlin und Cöln auf's Neue erwacht war. — Die aus Cöln glaubten sich fortwährend zurückgesetzt und betrachteten mit Neid den wachsenden Reichthum der Berliner. — Im Rath selbst gab's oft harten Streit über die Gerechtsame der einen oder der anderen Stadt, der Vertrag vom Jahre 1432 hatte zwar äußerlich den Frieden zwischen beiden Städten hergestellt, innerlich aber war der Unfrieden geblieben, wie er war. —

Und wie im Rath, so im Volk! — Die Bürgerschaft von Berlin hegte selbst gegen die Geschlechter kaum eine so große Abneigung, wie gegen die Bürger von Cöln. — Kamen beide in der Trinkstube zusammen, dann gab's spitze Worte und oft genug folgten diesen harte Schläge. Der freie Platz vor der Dominikaner-Kirche an der langen Brücke war häufiger als je der Schauplatz tüchtiger Prügeleien.

Die Uneinigkeit im Volke war damals, wie zu allen Zeiten, die festeste Stütze für die Willkürherrschaft der weniger Bevorrechtigten, der Herren vom Stadtadel.

Einige kühne Männer waren entschlossen, das verhaßte Joch nicht länger zu ertragen. — In der Klosterkirche zu Berlin versammelte sich in mancher Nacht eine kleine Schaar Unzufriedener. Wenn die andern Bürger von Berlin längst schliefen und auch der Rath von den Geschäften des Tages ruhte, schlichen die Verschworenen in tiefer Verhüllung nach den unterirdischen Gewölben des Klosters der grauen Brüder, dort berathschlagten sie, wie sie die Macht des Rathes brechen könnten. An ihrer Spitze stand der kühne Cöpenick und ein Patricier, der wilde Andreas Strobandt, die hatten den Verschworenen an ge-

heiligter Stätte den feierlichen Eid abgenommen, Alles zu thun, was in ihren Kräften stehe, wider den Rath.

So heimlich die Verschworenen auch ihre Zusammenkünfte betrieben, sie wurden dennoch entdeckt, und die Anführer mußten die Verwegenheit des Unternehmens büßen; der Frieden aber kehrte trotzdem nicht wieder in die Stadt und bald genug brach die herrschende Unzufriedenheit in offene Zwietracht aus.

Kurfürst Friedrich I. starb im Jahre 1440, sein Sohn Friedrich II. folgte ihm in der Regierung.

Friedrich II. war ein thatkräftiger Mann von festem Willen, der mit eiserner Energie die Pläne, welche er zur Aufrechthaltung seiner Herrschaft in den Marken entworfen hatte, zur Ausführung brachte. — Er ging nicht mit überstürmendem Feuereifer, sondern langsam Schritt für Schritt, aber unablässig vorwärts. — Wenn auch Jahre vergingen, ehe er das vorgesteckte Ziel erreichte, er ermattete nicht in der Verfolgung desselben, und dies Ziel war die Alleinherrschaft des Fürsten.

Noch immer war die Gewalt des Landesherrn in der Mark Brandenburg außerordentlich beschränkt. Wenn auch Friedrich I. die Macht des Adels gebrochen hatte, wenn auch dieser nicht mehr wagte, auf seinen festen Schlössern dem Kurfürsten Widerstand zu leisten, sondern lieber an den Hof desselben zog, um dort nach Aemtern, goldenen Ketten und anderen Auszeichnungen zu jagen und sich in der Gunst der Fürsten zu sonnen, so war doch gerade hierdurch die Macht der Städte um so höher gewachsen und diese bildeten jetzt das Hinderniß einer einheitlichen Landesregierung.

Jede einzelne Stadt war stolz auf ihre Freiheiten und Privilegien, jede wahrte dieselben mit selbstsüchtigem Eifer, keine Stadt dachte daran, irgend ein Vorrecht zum Besten der Allgemeinheit zu opfern.

Der Begriff des Staats war dem Volke im Mittelalter fremd; man schaute nicht über den engen Kreis der Stadt, in dieser concentrirten sich die Interessen der Bürger, für diese waren sie wohl im Stande, ein Opfer zu bringen, nicht aber für den allgemeinen Staatsverband, am wenigsten aber waren sie Willens, die städtische Selbstständigkeit zu opfern. Sie waren zu stolz auf die Macht ihrer kleinen Republik, um dem Rechte derselben nur das Geringste zu Gunsten der Allgemeinheit zu vergeben.

Diese Selbstständigkeit der Städte zu brechen, einen einheitlichen Staat aus der Mark Brandenburg zu machen, dies war das Ziel, welches Friedrich II. mit unerschütterlicher Ruhe, aber auch mit eiserner Energie verfolgte, und deshalb hat ihm das Volk den Namen Friedrich der Eiserne, auch wohl den des Kurfürsten mit den eisernen Zähnen gegeben.

Schon die ersten Regierungshandlungen Friedrichs bereiteten die Ausführung seiner Pläne vor; zwar bestätigte er die Privilegien der Städte und nahm die Huldigung derselben entgegen, zugleich aber forderte er, wie sein Vater, das Oeffnungsrecht von Berlin und Cöln. —

Der gemeinschaftliche Rath der beiden Städte erkannte in der Bewilligung des Oeffnungsrechtes den Verlust der städtischen Selbstständigkeit. — Wenn der Kurfürst berechtigt war, mit Truppen in die Stadt zu ziehen und diese zu besetzen, dann hatte er die Macht, die Freiheiten der Städte zu vernichten; der Rath verweigerte daher die Forderung.

Friedrich war auf eine solche Verweigerung vorbereitet; aber er nahm diese nicht so ruhig hin, wie sein Vater, und die innern Verhältnisse der Schwesterstädte begünstigten ihn. —

Der Zwiespalt zwischen Rath und Bürgerschaft lag jetzt (im Jahre 1442) offen zu Tage. Die Viergewerke und die gemeine Bürgerschaft beschwerten sich über den Rath, ein tiefes Mißtrauen herrschte gegen denselben in der ganzen Stadt, welches um so mehr wuchs, als in letzter Zeit die Rathmannen von Berlin und Cöln eine Einigkeit gezeigt hatten, von der sie früher weit entfernt gewesen waren. — Gerade der Zwist zwischen den Geschlechtern beider Städte hatte dem Volk einige Hoffnung auf eine Besserung der Verhältnisse gegeben, die Einigkeit derselben zerstörte diese Hoffnung.

Die Anhänger des Kurfürsten schürten die Unzufriedenheit. Ein Lehnsmann des Kurfürsten, Balzer Boytin, der in Berlin das Bürgerrecht gewonnen hatte, machte sich zum Werkzeuge der Pläne Friedrichs, er führte in den Trinkstuben das große Wort. Da wurde darauf hingewiesen, wie nachtheilig für die Bürgerschaft beider Städte die Vereinigung derselben unter einem gemeinschaftlichen Rath sei, wie nothwendig die Trennung der Verwaltung. — Solche Reden fanden bei der herrschenden Eifersucht einen fruchtbaren Boden, die Viergewerke ließen sich bewegen, eine Beschwerde gegen den Rath an den Kurfürsten abzusenden und diesen zu bitten, daß er eine Trennung des Raths beider Städte veranlassen möge. —

Friedrichs Absicht war erreicht. — Wohl schwerlich wäre es ihm gelungen, so lange Rath und Bürgerschaft einig waren, das Oeffnungsrecht zu erzwingen; jetzt aber bot ihm der innere Zwist in der Stadt Gelegenheit sich einzumischen und denselben zu seinem Vortheil auszubeuten.

An einem schönen Wintermorgen erschien der Kurfürst vor dem Spandauer Thore. 600 Reiter in glänzenden Harnischen begleiteten ihn. — Die Trompeten schmetterten, ein Herold forderte Einlaß für den Kurfürsten, der gekommen sei, um die Ordnung in den Städten Berlin und Cöln wieder herzustellen, den Wünschen der Bürgerschaft gerecht zu werden.

Ein jäher Schreck bemächtigte sich der Berliner. — Der Rath saß auf dem gemeinschaftlichen Rathhaus, er berieth und konnte nicht einig werden. Das Volk wogte in den Straßen auf und nieder. Ein Theil der Bürger eilte bewaffnet auf die Wälle und nach den Thoren, um die Stadt zu vertheidigen, ein anderer Theil forderte, man solle die Thore öffnen, denn der Kurfürst komme im Interesse der Bürgerschaft, um den verhaßten Rath abzusetzen.

Es war ein wildes, wirres Durcheinander. Niemand wußte Rath und ehe noch von den Behörden ein fester Entschluß gefaßt werden konnte, erdröhnte schon der Hufschlag der Reiterschaar, klirrten schon die Harnische derselben in den Straßen Berlins. —

Das Spandauer Thor war geöffnet worden. Auf Befehl eines verrätherischen Bürgermeisters? Durch die Bürger selbst, welche in dem Kurfürsten den Befreier erhofften? Man weiß es nicht, die Chroniken geben über das ganze merkwürdige Ereigniß nur abgerissene Andeutungen, welche die Phantasie ergänzen muß.

Auf den Flügeln des Gerüchts war die Nachricht, daß der Kurfürst in die Stadt eingeritten sei, nach dem Rathhaus gedrungen, während der Rath noch berieth, ob die Thore zu öffnen seien. Da wurden plötzlich die Streitenden einig, und die vorher am lautesten geschrieen hatten, waren mit einem Male die stillsten.

An Widerstand war nicht mehr zu denken, ein Kampf unmöglich, selbst wenn der Rath ihn hätte wagen wollen, denn ein großer Theil der Bürgerschaft würde für den Kurfürsten Partei genommen haben: also Unterwerfung! —

Die Schlüssel der Stadt wurden auf ein sammtnes Kissen gelegt und dem Kurfürsten entgegen getragen, der Rath brachte sie selbst dem Sieger. Zu spät! Friedrich bedurfte der Schlüssel nicht mehr, da er mit seinen geharnischten Reitern schon in der Stadt war.

Friedrich hielt strenges Gericht; indem er scheinbar den Wünschen der Bürger folgte, die Stadtverwaltung von Berlin und Cöln trennte, wußte er den errungenen Vortheil für sich auszubeuten, die Selbstständigkeit der stolzen Städte zu vernichten.

Die ganze Verwaltung mußte ihr Amt niederlegen, und am 26. Februar 1442 erklärte der Kurfürst: — Da zwischen den Bürgermeistern, Rathleuten, Viergewerken und der gesammten Bürgerschaft zu Berlin und Cöln Zwietracht und Spaltungen entstanden seien, besonders darum, weil die Gewerke und Bürgerschaft die Ueberzeugung hegten, als würde durch das Fortbestehen eines vereinigten Stadtregiments beider Städte nur Schaden herbeigeführt, — und da die Gewerke und die Gemeinden sich mit dem alten Rath nicht hätten verständigen können, sei der letztere zur Verantwortung gezogen worden, habe seinen Aemtern entsagt und die Schlüssel zu den Thoren beider Städte in des Kurfürsten Hände niedergelegt. Auf die Bitten der Gewerke und Gemeinden ernenne der Kurfürst einen neuen Rath, für Berlin aus 2 Bürgermeistern und 10 Rathmannen, für Cöln aus 1 Bürgermeister und 5 Rathmannen bestehend. (Der Patricier Johannes Rathenow und der Schuster August Völcker wurden Bürgermeister von Berlin, der Patricier Jacob Lydecke Bürgermeister von Cöln.) Jede Stadt solle fortan ihren besonderen Rath haben. Nach Ablauf eines Jahres solle jeder Rath aus der Gemeinde, besonders aus den Viergewerken, nicht mehr aus den Geschlechtern, neue Bürgermeister und Rathleute wählen, diese aber müßten vom Kurfürsten bestätigt werden. Der abtretende Rath müsse dem neuen, sowie den deputirten Viergewerksmeistern gehörig Rechenschaft legen.

Zugleich wurden alle Bündnisse Berlins und Cölns mit anderen Städten aufgehoben und die Abschließung neuer Bündnisse verboten.

Die Selbstständigkeit der Städte war hierdurch vernichtet, und dies sahen jetzt, aber zu spät, die Bürger von Berlin und Cöln ein. — Es war für sie keine Entschädigung, daß der Rath aus ihrer Mitte gewählt werden mußte, da die Bestätigung desselben dem Kurfürsten anheim gestellt blieb. — Manche von denen, welche bisher am lautesten gegen die Tyrannei des Rathes in den Trinkstuben geeifert hatten, sehnten jetzt die frühere Zeit wieder herbei und bereueten es, daß sie, statt mit starker Hand sich selbst gegen den Uebermuth der Geschlechter zu helfen, einen Fürsten zum Schiedsrichter herbeigerufen hatten. Es kam zu unruhigen Auftritten in Berlin und Cöln, aber diese, statt den Städten zu nutzen, hatten nur neues Ungemach im Gefolge.

Friedrichs Arm lag schwer auf Berlin und Cöln. Der Kurfürst war entschlossen, das stolze Selbstbewußtsein der Städte zu brechen und er hatte die Macht dazu, seit die Thore von seinen Reisigen besetzt waren. — Durch seine Räthe und die zu Schiedsrichtern aufgerufenen Deputirten etlicher benachbarter Städte wurde für die neuen Unruhen eine schwere Strafe über Berlin und Cöln verhängt und die früher so mächtigen Schwesterstädte mußten sich derselben fügen.

Am 29. August 1442 erklärten Bürgermeister, Rathleute, Viergewerke, Innungsmeister und die Gemeinheit aller Bürger von Berlin und Cöln, daß sie dem Kurfürsten einen Platz abtreten wollten, um auf demselben eine Burg zu bauen. — Es war der Platz in Cöln zwischen der Klostermauer der schwarzen Brüder und der Spree, von der Klosterpforte bis zur langen Brücke. Und damit nicht genug; sie mußten das Rathhaus auf der langen Brücke dem Kurfürsten überlassen, mußten auf die Gerichtsbarkeit verzichten und auf's Neue Unterthänigkeit und Gehorsam versprechen.

Viertes Kapitel.

Der Schloßbau. — Zwing Cöln. — Unzufriedenheit in Berlin. — Verbannung des Balzer Boytin. — Offener Aufruhr. — Balzer Hake. — Die Erstürmung der kurfürstlichen Kanzlei. — Die Fehde mit Balzer Boytin. — Das Schiedsgericht in Spandau. — Vollständige Unterwerfung und Strafe.

Am 31. Juli 1443 war Kurfürst Friedrich II. mit glänzendem Gefolge nach Berlin gekommen. Der Grundstein zu seinem neuen Schlosse sollte gelegt werden, dem Schloß, das der bittere Witz der Berliner, ehe es noch gebaut war, schon mit dem Namen Zwing Cöln belegt hatte.

Baumaterialien aller Art waren auf der Spree herbeigefahren worden, um ein möglichst prächtiges Gebäude aufzurichten. Die Cölner Stadtmauer, dem Werder gegenüber, welche den Bau hinderte, war eingerissen worden.

Der Kurfürst legte unter den üblichen Feierlichkeiten persönlich den Grundstein; das Volk von Berlin und Cöln aber stand von ferne und schaute dem glänzenden Schauspiel zu, nicht mit freudiger Neugier, wie sonst wohl bei prächtigen Hoffesten, sondern mit finsteren Blicken. —

Die Herren von den Geschlechtern waren plötzlich ausnehmend bürgerfreundlich geworden; ihr früherer Uebermuth schien, seit sie des Stadtregiments beraubt waren, vollständig verschwunden. Waren sie sonst hoffärtig auf den Straßen gegangen und hatten sie kaum gedankt, wenn einer aus den Zünften sie höflich grüßte, so waren sie jetzt eitel Freundlichkeit und Herablassung selbst gegen die gemeinen Bürger und lüfteten womöglich das Barett schon zuerst. — Sie sprachen viel von der vergangenen guten Zeit, wo die Städte Berlin und Cöln die ersten gewesen seien in der Mark und wie solche Zeit wohl wieder kommen könnte, wenn nur Geschlechter, Viergewerke und gemeine Bürgerschaft einig seien. — Es sei schon recht, daß die Viergewerke und die Bürgerschaft im Rathe säßen und das solle auch so bleiben, aber unrecht sei es, daß die Städte ihre Bürgermeister und ihren Rath nicht frei wählen dürften, sondern ihn erst vom Kurfürsten bestätigen lassen müßten. Was gehe denn den Kurfürsten die Stadtverwaltung an?

So redeten die adligen Herren auf der Straße und in den Trinkstuben, in denen sie sich fleißig genug einfanden, um ganz gegen ihre frühere Gewohnheit mit den Bürgern zu plaudern, und was die Herren aus den Geschlechtern sagten, das sprach das Volk nach; Kurfürst Friedrich wurde weidlich durchgehechelt, kein gutes Haar ließ man an ihm, besonders seit der Grundstein zum Schloß gelegt war. —

Die Arbeiter waren fleißig daran, weiter zu bauen, aber das war kein leichtes Stück, denn oft wenn sie Morgens kamen, fanden sie, daß muthwillige Hände in der Nacht das eingerissen hatten, was am Tage vorher mühsam vollendet worden war. — Die großen Quadern, die man auf Kähnen herbeigeschafft und in Haufen aufgethürmt hatte, waren auseinander geworfen und zum Theil sogar in die Spree gewälzt worden, aus deren morastigem Grund man sie nicht wieder herausholen konnte. Wo es irgend möglich war, den Bauleuten einen Schabernack zu spielen, da geschah es, und die Arbeit wollte daher nicht recht vorwärts. —

Mit jedem Jahre mehrte sich die Unzufriedenheit in Berlin und Cöln; immer deutlicher und unverhohlener zeigte sie sich, denn die Geschlechter hatten, da sie sich von den Bürgern unterstützt sahen, neuen Muth gewonnen, um so mehr, da Friedrich in Kriegen mit den Pommern genug zu thun hatte, so daß er nicht an eine weitere Demüthigung Berlins denken konnte.

Als der Kurfürst im Jahre 1446 einen Landtag in Berlin abhielt, sah er nirgends ein freundliches Gesicht, kein Jubelruf empfing ihn auf den Straßen, kein Willkommen wurde ihm und seine Hofbeamten konnten ihm nicht genug davon erzählen, mit welchem Haß sie von den Bürgern betrachtet würden. —

Die Freunde des Kurfürsten, welche seiner Zeit dazu beigetragen hatten, daß sich die Viergewerke zur Ausgleichung ihres Zwistes mit dem Rath nach Spandau an Friedrich gewandt hatten, erhielten täglich eine schwierigere Stellung, besonders lastete der allgemeine Haß auf Balzer Boytin, der sich vor Allen eifrig für den Kurfürsten ausgesprochen hatte. Gegen ihn machte sich die allgemeine Aufregung Luft und der Rath wurde ein Werkzeug derselben, er verwies den Verhaßten aus der Stadt. — Obgleich Balzer Boytin sich sicheres Geleit vom Rath erbat, um ihm zu Recht zu stehen, obgleich der Kurfürst selbst sich seines Anhängers annahm, diesem freies Geleit zusagte und die Städte Berlin und Cöln aufforderte, sich darnach zu achten, kümmerten dieselben sich doch nicht um den Befehl, und Boytin zog deshalb vor, die Stadt, in der er seines Lebens nicht sicher gewesen wäre, nicht wieder zu betreten.

Kurfürst Friedrich hatte nichts gethan, um die Störungen des Schloßbaues und die Austreibung seines Anhängers zu strafen, das gab den Berlinern Muth zu neuen Schritten. Willkürliche Aenderungen im Stadtregiment wurden vorgenommen, man verjagte die Bauleute vom Schloßbau und zog an der Stelle, wo die Festungsmauer von Cöln durchbrochen worden war, einen Blockzaun auf dem abgetretenen Bauplatz. — Dem Markgrafen Johann, dem Bruder des Kurfürsten, wurde der Aufenthalt in Berlin versagt, mehrere Anhänger Friedrichs wurden schimpflich aus der Gilde ausgestoßen, jede Kränkung und Verhöhnung, welche man dem verhaßten Kurfürsten zufügen konnte, wurde hervorgesucht und die Bürger gingen endlich so weit, daß sie die kurfürstlichen Schleusen auf dem Cölnischen Werder aufzogen, um einen Theil der Stadt, aber auch den Schloßbau unter Wasser zu setzen.

Der Kurfürst befand sich damals nicht in der Lage, sofort Gewalt mit Gewalt zu vertreiben. Er verstand es meisterhaft, eben so wohl durch ruhige Unterhandlungen, als durch rasches Zugreifen zu siegen; hatte er letzteres bewiesen, als er mit seinen 600 Reitern vor Berlin rückte, so zeigte er ersteres jetzt. Er forderte die aufständischen Städte zu gütlicher Vergleichung auf und bediente sich dabei der früher mit Berlin und Cöln verbündeten Städte als Vermittler; dies war das beste Mittel, ein neues Städtebündniß, welches gefährlich hätte werden können, zu verhindern; der Erfolg zeigte sich auch sofort, denn als Berlin und Cöln sich an die übrigen Städte um Hilfe und Beistand wendeten, war dieser Schritt ein vergeblicher. —

Am 20. Dezember 1447 traten die Stände der Mark zusammen. Der Kurfürst beschwerte sich gegen Prälaten, Herren und Mannen und die Deputirten der Städte über die vielen Ungebührlichkeiten, welche von den Berlinern gegen ihn verübt worden seien; noch immer aber zeigte er sich milde und versöhnlich, er gab auf den Wunsch der Stände seine Genehmigung, daß dieselben nach Berlin reisen dürften, um dort gütlich zu verhandeln.

Das war fast ein Uebermaß von Nachsicht, daß aber Friedrich Willens sei, endlich energisch vorzugehen, zeigte er, indem er sich unter dem 20. Februar 1448 von seinem Bruder Friedrich dem Jüngern, welchem die Bürger ebenfalls Treue geschworen hatten, volle Gewalt ertheilen ließ, die Rathmannen und Bürger zu Berlin und Cöln im Gericht zu beklagen, mit Krieg zu strafen und zum Gehorsam zu bringen. Auf Fürbitte mehrerer märkischer Städte erklärte er sich indessen bereit, sich „nach Recht und Billigkeit" genügen zu lassen, wenn ferner beide Städte sich nicht an ihm und den Seinigen vergreifen und seine Gewalt mehr üben wollten. Der Rath von Berlin und Cöln hielt die Nachsicht des Kurfürsten für Schwäche, er kannte den eisernen Sinn desselben noch nicht, und je milder sich Friedrich zeigte, je hartnäckiger pochte der Rath auf das Recht der Stadt. Nur mit Mühe gelang es in dreitägiger Unterhandlung den Ständen, den Rath dahin zu vermögen, daß die Städte ihren Streit mit dem Kurfürsten einer richterlichen Entscheidung unterwerfen wollten; der Kurfürst wünschte, die Stände möchten entscheiden, dies aber verweigerte der Rath von Berlin und Cöln und nun gabs Unterhandlungen hin und her; ehe diese aber noch zum Abschluß kommen konnten, unterbrach sie eine neue Gewaltthat der Berliner.

Friedrich hatte befohlen, die kurfürstliche Schleuse wieder zu schützen und seinen Hofrichter Balzer Hake mit der Ausführung dieses Befehls betraut.

Balzer Hake hatte mehr als andere kurfürstliche Diener den Haß der Berliner auf sich geladen durch sein stolzes, schroffes Wesen; schon längst war es den Bürgern ein Dorn im Auge, daß der Hofrichter mit seinen Mannen im hohen Hause ruhig saß, die Aufregung gegen ihn war außerordentlich groß und drohte bei der ersten Veranlassung zum Ausbruch zu kommen. Balzer Hake gab diese Veranlassung selbst. Er forderte mit harten Worten den Rath von Berlin auf, dem Befehl des Kurfürsten nachzukommen, und als dies nicht geschah, sendete er seine Leute nach den Schleusen, um dieselben selbst zu schützen.

Als die bewaffneten Söldner durch die Stadt zogen, sammelte sich das Volk und folgte ihnen; die Bürger bewaffneten sich, rotteten sich zusammen und ehe die Söldner sich zu wehren vermochten, waren sie niedergeworfen, entwaffnet und ins Gefängniß geführt.

Die wüthende Volksmasse stürmte nach dem hohen Hause, der Hofrichter vermochte der Menge nicht zu widerstehen, auch er wurde gefangen genommen und dem Rathe zugeführt, der ihn in den Kerker werfen ließ.

Mit lautem Jubelruf zog nun die aufgeregte Menge nach der kurfürstlichen Kanzlei. Die Thüren wurden erbrochen, die Fenster eingeschlagen und die Schränke ihres Inhalts an werthvollen Dokumenten beraubt. — Auf der Straße vor dem Hause wurde ein Scheiterhaufen errichtet und auf demselben verbrannte das Volk die Papiere, indem es den Kurfürsten verwünschte und verhöhnte.

Auch dieser Frevel bewegte Friedrich noch nicht, seine Zurückhaltung zu brechen; je ruhiger und nachsichtiger er sich zeigte, je sicherer war er, die Billigung der Stände der Mark zu erhalten.

Er ließ durch seinen Hofrichter Peter von der Gröben die Aufrührer vor sein Hofgericht nach Spandau laden, es kam aber Niemand; er schrieb persönlich zwei Mal an den Rath von Berlin und Cöln und bat den Balzer Haken der ungerechten Haft zu entlassen, er that es in fast wehmüthigen Ausdrücken. „Würdet ihr denn also nicht thun, so müssen wir ein solches mit andern Freveln und Muthwillen, die ihr gegen uns fürnahmet, dulden, als lange bis wir es besseren mögen." — Aber der Rath war taub für alle Vorstellungen.

Jetzt endlich hielt es Friedrich an der Zeit, mit ernsten und energischen Schritten vorzugehen.

Balzer Boytin, der aus den Städten in die Verbannung getriebene Anhänger des Kurfürsten, brannte vor Begierde sich an den Berlinern zu rächen. Er erließ am 28. März 1448, dem Dienstag nach Ostern, einen Fehdebrief an die Städte Berlin und Cöln, in welchem er dem Rath und allen Bürgern den offenen Krieg erklärte. —

Ein einfacher Bürger wagte es, den bisher so mächtigen Städten den Krieg zu erklären! — Das war ein schlimmes Zeichen, und schlimmer war's, daß sich in Berlin und Cöln gar manche Stimme für Balzer Boytin erhob, daß Vielen der lange Zwist mit dem Kurfürsten unliebsam wurde, denn er schadete der Gewerbsthätigkeit der Stadt.

Die Geschichte hat uns nähere Details darüber, wie der Krieg zwischen Balzer Boytin und den Schwesterstädten geführt worden ist, nicht aufbewahrt; jedenfalls fand Boytin beim Kurfürsten eine geheime Hilfe, sonst hätte er es wohl schwerlich wagen dürfen, so offen feindselig gegen seine Vaterstadt aufzutreten. Die Kämmereidörfer Tempelhof, Rixdorf, Mariensfelde und Mariendorf wurden vom Feinde besetzt und der Rath mußte sich dies gefallen lassen; seine Macht war gebrochen; wie sehr er sich auch bemühte, bei den übrigen Städten der Mark Beistand zu erhalten, wie sehr er auch klagte, daß der Kurfürst füge der Stadt Gewalt zu und versage ihr das Recht, alle seine Klagen und Bitten um Beistand waren vergeblich, nur einige kleine Städte von unbedeutender Macht, wie Mittenwalde, Perleberg und Ruppin zeigten sich zur Unterstützung bereit, die aber keinen Erfolg haben konnte. —

Berlin und Cöln standen allein. Die Bürger fühlten sich vereinsamt, sie begannen einzusehen, daß sie sich nicht in den ungleichen Kampf mit dem Kurfürsten hätten einlassen dürfen.

Nach vielen fruchtlosen Unterhandlungen und vergeblichen Vorladungen der Aufständischen in Berlin und Cöln berief Friedrich endlich nach Spandau ein Schiedsgericht, bestehend aus: dem Bischof Stephan von Brandenburg, dem Fürsten Adolph zu Anhalt, dem Grafen Albrecht zu Lindow, dem Meister des St. Johanniter-Ritterordens Nickel Tirbach und den Bürgermeistern und Rathleuten der Städte Brandenburg, Frankfurt und Prenzlau, um den Streit mit den aufständischen Städten auszutragen.

Das Gericht trat zusammen, Friedrich übergab demselben seine wohlbegründete Klage gegen die Städte Berlin und Cöln. Er schilderte alle die einzelnen Gewaltthätigkeiten, welche die Bürger beider Städte begangen hätten und wie langmüthig und nachsichtig er sich dagegen gezeigt habe; der uns überlieferte Klagebrief ist ein politisches Meisterstück, zum Schluß desselben sagt der Kurfürst: „Aus solchen Sachen mag ein Jeglicher erkennen und vernehmen, wie gar gütlich, aufrichtig und rechtlich wir uns gegen die Unsern von Berlin und Cöln bis auf diese Zeit gehalten, und Anderes nicht, als was Recht ist, begehrt haben, und dessen noch begehren, insofern sie sich an Uns und den Unsern nicht vergreifen. — Hierum ermahnen und bitten wir Euch, solche Sachen treulich zu Herzen zu nehmen, uns Beistand, Rath und Hilfe zu leisten, solchen Muthwillen, Gewalt und Unrecht strafen und steuern zu helfen; sonderlich angesehen, daß wir Anderes nicht, als unser Recht verlangen, das dem Niedrigsten in der Mark widerfahren muß."

Den Schiedsrichtern gelang es am 25. Mai 1448 einen Frieden zwischen dem Kurfürsten und den aufständischen Städten zu vermitteln; einen traurigen Frieden, durch den nichts in den Verhältnissen, welche den Städten so viel Veranlassung zur Klage gegeben hatten, geändert wurde, der auf die Unterdrückung der stolzen republikanischen Freiheit, welche die mächtigen Städte bisher genossen hatten, das Siegel preßte. Daß Berlin und Cöln auf diesen Friedensschluß eingingen, zeigt, wie isolirt sie standen, wie ihnen keine Hoffnung auf Hilfe mehr blieb. Nur die Verzweiflung konnte sie zu so vollständiger Unterwerfung bewegen. —

Die Bürger und Einwohner beider Städte verpflichteten sich, alle die gegen den Kurfürsten im Jahre 1442 eingegangenen Verpflichtungen unverbrüchlich zu halten. Das Stadtregiment sollte wieder in den von Friedrich festgesetzten Zustand zurück versetzt werden, die Bestätigung des Raths blieb dem Kurfürsten vorbehalten. — Der Schloßbau durfte nicht ferner gehindert, der in der Cöluischen Mauer aufgerichtete Blockzaun mußte niedergerissen, das Rathhaus auf der langen Brücke dem Kurfürsten wieder eingeräumt werden. Die Mühlen, der Zoll und die Niederlage wurden demselben überantwortet. Ein Rechtstag sollte eingesetzt werden, um Strafen zu verhängen über alle diejenigen, welche Gewaltthätigkeiten gegen den Kurfürsten begangen oder durch Schmähungen dessen fürstliche Ehre verletzt hätten.

Und so geschah es. — Auf dem Rechtstag, der abgehalten wurde, entschieden die Stände über alle die Verunglimpfungen, welche der Kurfürst während der Zeit des Streites in Berlin und Cöln hatte erleiden müssen, über die Gefangennehmung des Balzer Hake, die Erstürmung der Kanzlei und die Verbrennung der werthvollen Dokumente; sie verhängten schwere Strafen über den Rath und die vornehmsten Bürger von Berlin und Cöln; diese mußten in Spandau vor den Kurfürstlichen Räthen erscheinen, Leib und Gut in die Hände des Kurfürsten übergeben und einen feierlichen Eid leisten, „daß sie nimmermehr gegen die Herrschaft, weder mit Worten noch Werken, sein, solches zu thun auch Niemandem gestatten, sondern die Herrschaft ohne Verzug warnen wollten, insofern sie etwas wahrnehmen würden, das dieser zu Schaden kommen könne."

Die meisten Bürger wurden nach Ableistung dieses Eides begnadigt und erhielten ihre Besitzungen zurück, andern wurde die Begnadigung erst später zu Theil, nur einige der hervorragendsten Adligen aus den Geschlechtern der Stadt, welche besonders zur Erregung der Unruhen beigetragen hatten, erhielten schwerere Strafen, sie wurden des Landes verwiesen und ihrer sämmtlichen Güter verlustig erklärt. Unter ihnen befand sich auch der Bürgermeister Ryle, der bei dem ganzen Aufstande eine hervorragende Rolle gespielt hatte. Bernhard Ryle war ein Mann von Muth und Kraft, der nicht nur in seiner Vaterstadt in hohem Ansehen stand: er mußte aus Berlin fliehen, fand aber freundliche Aufnahme bei dem Herzog Friedrich von Sachsen, der ihn sogar als Rath in seine Dienste nahm.

So lange Bernhard Ryle, der erbitterte Feind des eisernen Friedrich lebte, drohte die Gefahr, daß der Streit der Städte mit dem Kurfürsten von Neuem beginnen könne. Sein Tod mußte Friedrich II. sehr erwünscht sein. Als daher noch im Jahre 1448 vermummte Reiter Ryle auf dem hohen Flemming überfielen und tödlich verwundeten, war es nur natürlich, daß die finstere That fanatischen Anhängern des Kurfürsten zugeschrieben wurde.

Berlin und Cöln waren tief gedemüthigt. Friedrich setzte sofort nach der Unterwerfung den alten Rath ab und einen neuen ein. Zu Bürgermeistern von Berlin wurden der Hofrichter Peter von der Gröben und der Schuster Claus Schulze ernannt. — Mochte schon die Ernennung des Hofrichters und des Schusters den Bürgern und besonders den Geschlechtern nicht besonders angenehm sein, so stand ihnen doch im nächsten Jahre eine noch tiefere Kränkung bevor. Am 27. April 1449 wurde Balzer Bohtin zum Bürgermeister von Berlin erwählt und bestätigt, derselbe Bohtin, der mit Schande aus der Stadt getrieben worden war und gegen diese in offener Fehde gelegen hatte.

Wohl mögen manche der früher so stolzen Bürger über diese neue Demüthigung mit den Zähnen geknirscht haben, aber zu thun vermochten sie nichts mehr, ihre Kraft war gebrochen, hatten sie doch andere Demüthigungen in Fülle über sich ergehen lassen müssen, ohne an einen Widerstand denken zu dürfen.

Das Wappen der Stadt Berlin zeigte fortan den Bären in gebückter Stellung und den brandenburgischen Adler auf dem Rücken tragend; der steinerne Roland, das Sinnbild des Blutbannes, der mit dem Gerichtsschwert in der Hand in der Nähe der Nikolaikirche gestanden hatte, ist wahrscheinlich damals umgestürzt und fortgeschleift worden. Alle die alten Rechte und Freiheiten, durch welche Berlin und Cöln sich zu einer so großen Macht unter den märkischen Städten erhoben hatten, waren vernichtet und die Schwesterstädte verloren daher ihr hervorragendes Ansehn; sie fanden wohl schwerlich einen Ersatz für diesen Verlust in dem ihnen für später bewiesene Fügsamkeit im Jahre 1453 verliehenem Recht, mit rothem Wachs siegeln zu dürfen.

Mit dem Jahre 1448 schließt ein wichtiger Abschnitt in der Geschichte von Berlin und Cöln ab. — Vom Jahre 1307 bis 1448 waren beide Städte, wie unsere Leser sich erinnern, mit der durch das Jahr 1442 bedingten kurzen Unterbrechung zu einer gemeinsamen Stadtverwaltung vereinigt. Die Vereinigung war die Grundlage ihrer Macht und daher die Trennung der Stadtverwaltung die erste Maßregel, welche Friedrich nach der Beseitigung des Aufstandes ergriff. — Von jener Zeit an bis zum Jahre 1708 wurde die Verwaltung beider Städte gesondert geführt.

Vor dem Jahre 1448 waren Berlin und Cöln kleine Republiken, welche nur in einem höchst zweifelhaften Abhängigkeitsverhältniß zum Landesfürsten standen, nach dem Jahre 1448 sind sie kurfürstliche Städte ohne Selbstständigkeit. Sie wären wohl einfache Landstädtchen geworden und vielleicht geblieben, wenn nicht das Mittel, welches Friedrich II. gebrauchte, um sie ihrer Macht zu entkleiden und sie in steter Unterthänigkeit zu halten, zugleich wieder die Heilung der geschlagenen Wunden in sich selbst getragen hätte. — Friedrich baute sein „Zwing Cöln" an die Ufer der Spree, um den aufrührerischen Berlinern und Cölnern den Zaum stets kräftig auf's Auge drücken zu können; — diese Burg aber gab die Veranlassung, daß die hohenzollernschen Fürsten sich mehr und mehr daran gewöhnten, ihre Residenz in Berlin aufzuschlagen. — Als Residenzstadt wurde Berlin der Mittelpunkt zuerst der Mark Brandenburg, dann Preußens, und aus der Residenzstadt entwickelte sich die gewaltige Fabrik- und Handelsstadt, welche jetzt in die Reihe der Weltstädte getreten ist.

Fünftes Kapitel.

Der Schloßbau. — Die eiserne Jungfrau. — Die Burglehne und Freihäuser. — Der Bürgereid. — Tod Friedrichs II. — Albrecht Achilles. — Der Kurprinz Johann. — Armseliges Hoflager im Schloß zu Cöln. — Johanns Zug gegen den Raubadel in der Priegnitz. — Tod Albrechts. — Johann Cicero. — Die Biergiese. — Der Aufstand der altmärkischen Städte. — Tod Johanns. Sein letztes Wort.

Mit dem Schloßbau ging es rüstig vorwärts; Geld war genug vorhanden, die Einnahme aus dem den Berlinern abgenommenen Gericht wurde für den Bau verwendet; die Bürger mußten natürlich selbst die Kosten des Joches tragen, welches Kurfürst Friedrich der Eiserne ihnen auf den Nacken legte.

Im Jahre 1451 war das Schloß vollendet, ein stattlicher Bau, von dem heut freilich nach vielen Um- und Neubauten nur noch ein geringer Rest vorhanden ist, ein versteckter runder Thurm an der Spree, den man, seines mit Grünspan bedeckten kupfernen Daches wegen, den grünen Hut genannt hat. — Gewiß nicht der schönste Theil des alten Schlosses, wenn auch ein interessanter desselben, denn er soll zum Gefängniß gedient haben.

Manche schauerliche Sage knüpft sich noch heut an den alten Schloßthurm, der fast allein übrig geblieben ist von dem stattlichen Bau des eisernen Friedrich. — In ihm soll die mörderische eiserne Jungfrau gestanden haben, so erzählt sich das Volk von Berlin noch heut. —

In einem engen Thurmgemach stand die Bildsäule einer schönen Jungfrau, zu dieser wurden in alten Zeiten die Staatsverbrecher geführt, deren Leben verwirkt war und denen doch nicht öffentlich der Prozeß gemacht werden sollte. — Sie wurden aufgefordert, vielleicht gezwungen, die Jungfrau zu umarmen, kaum aber geschah dies, so erhielt die Bildsäule Leben, sie schlang die Arme um ihr Opfer und preßte es an die Brust, aus der zu gleicher Zeit eine Unzahl von scharfen Messern und Dolchen hervorsprangen. — Im nächsten Augenblick öffnete sich der Fußboden und eine zerfetzte Fleischmasse, welche kaum mehr einem menschlichen Leichnam ähnlich war, stürzte hinab in die Spree, um den Fischen zur Nahrung zu dienen. —

So erzählt uns die Sage, die Geschichte aber weiß von solchen heimlichen Hinrichtungen durch die eiserne Jungfrau im Schloß von Berlin nichts.

Wie das alte Schloß Friedrichs des Eisernen beschaffen gewesen sein mag, darüber geben uns die Chronisten keine Nachricht, wir wissen nur, daß es ganz nahe an der Spree, der heutigen Burgstraße gegenüber lag und fast bis an die lange Brücke ging. — Im März 1451 bezog Friedrich sein neues Haus und nahm fortan in demselben seinen Lieblingswohnsitz.

Von dieser Zeit an hat Berlin sich nach und nach zur Residenzstadt der brandenburgischen Kurfürsten ausgebildet. — Anfänglich behielten diese noch ihre frühere Gewohnheit bei, bald in der, bald in jener Stadt ihren Hofstaat aufzuschlagen, bann aber fanden sie es vortheilhafter, bequemer und weniger kostspielig, im Schloß zu Cöln an der Spree bleibend zu residiren und nur zu Jagdausflügen, besondern Festlichkeiten oder andern Ausnahmsgelegenheiten zeitweilig ihre Hofhaltung nach andern Städten zu verlegen.

Friedrich der Eiserne sorgte dafür, daß auch für solche Fälle seiner Abwesenheit das neugebaute Schloß nicht ohne Schutz sei. Er schenkte das hohe Haus seinem Kammermeister, dem Ritter Jürgen von Waldenfels als Burglehn, mit der Bedingung, daß er jederzeit zum Schutze des Schlosses bereit sei. Es heißt in der darüber im Jahre 1451 ausgestellten Urkunde ausdrücklich: „Der Kurfürst habe zur bessern Befestigung seines neuen Schlosses in Cöln beschlossen, dasselbe mit Burglehnen zu versehen, damit, wenn er oder seine Nachkommen nicht anwesend seien, das Schloß Beistand durch Burgsassen, welche sich lange Zeit hindurch der Herrschaft nützlich und treu bewiesen hätten, nicht entbehren möge. Diese sollten das Schloß nach Burglehnsrecht und Gewohnheit bewachen und im Falle der Noth mit aller Macht vertheidigen helfen."

Ein anderes im Besitz des Kurfürsten befindliches Haus in der Nähe der Klosterkirche übergab Friedrich seinem Küchenmeister Ulrich Zeuschel zu gleichem Zwecke als Burglehn; auch Balzer Boytin, der alte Anhänger Friedrichs und andere zuverlässige Freunde wurden mit Burglehnen begabt, sie erhielten dadurch die große Vergünstigung, daß sie von allen Kommunallasten befreit waren und trotzdem das Recht hatten, allerlei bürgerliche Geschäfte zu treiben; außerdem durften sie Wein, Bier und Meth für ihre Haushaltung steuerfrei einführen.

Es entstanden nach und nach eine ganze Anzahl solcher Burglehen und auch in späteren Jahrhunderten folgten die Fürsten dem ihnen von ihren Vorfahren gegebenen Beispiele und verliehen einzelnen Häusern Abgabenfreiheit unter bestimmten Bedingungen. Außer den Burglehen gab es noch eine Anzahl von Grundstücken, die sich meist im geistlichen Besitz befanden und denen schon früher der Rath städtische Abgabenfreiheit bewilligt hatte. So entstanden die Freihäuser. Noch heut sehen wir an vielen dieser Häuser die Bezeichnung Freihaus. —

Das Schloß in Cöln und die Burglehen trugen dem Kurfürsten gute Früchte. — Nicht ohne Grund hatte der Witz der Berliner dem Schloß den Namen Zwing Cöln gegeben, es war aber auch ein Zwing Berlin geworden, denn die früher so muthigen, ja übermüthigen Bürger wagten es fortan nicht mehr, sich gegen den mächtigen Kurfürsten aufzulehnen, sie trugen geduldig die ihnen auferlegten Fesseln und machten keinen Versuch weiter, dieselben abzustreifen.

Ihre frühere Selbstständigkeit war verloren gegangen. — Hatten die Städte früher, ehe sie dem Landesherrn huldigten, die Bestätigung ihrer Rechte und Freiheiten gefordert, so mußten sie jetzt die Huldigung bedingungslos leisten, dann erst bestätigte ihnen der Kurfürst diejenigen Rechte, die er ihnen zubilligen wollte, gewissermaßen als ein freies Gnadengeschenk. — Schon in der Form des Bürgereides zeigte sich das veränderte Verhältniß deutlich, hatte der frühere Eid nur die Treue gegen den Rath gefordert, so war jetzt die gegen den Kurfürsten in den Vordergrund gestellt. Der Eid lautete: „Ich gelobe und schwöre, meinem gnädigen Herrn getreu und gewähr zu sein, seinen Schaden zu wenden und Frommen zu werben, und in keiner Sache wider seine Gnaden und die Herrschaft zu sein, als mir Gott helfe und die Heiligen. — Ich will auch dem Rath getreu und gewähr sein; wann mich der Rath vorfordert bei Tage oder Nacht, will ich gern zum Rathe kommen und ein gehorsamer Bürger sein; bei meiner Treue und Ehre!"

Also dem Könige einen Eid, dem Rathe nur ein Versprechen auf Treue und Ehre, — und doch war auch der Rath fortan nichts Anderes mehr, als ein Organ des Landesherrn, der ihn nach Gutdünken bestätigte und absetzte, nicht mehr die freie Vertretung der Bürgerschaft. Seine Befugnisse waren nach allen Richtungen hin beschnitten, selbst die Polizei-Gerichtsbarkeit wurde zwar von ihm zur Ausführung gebracht, aber nur auf Grundlage der vom Kurfürsten erlassenen Polizei-Verordnungen.

Die Bürger fügten sich dem neuen Systeme schneller und williger, als wohl Friedrich selbst erwartet hatte, und gewiß trug dazu viel die demokratische Gleichstellung sämmtlicher Bürger bei, welche Friedrich angebahnt hatte. — Die Geschlechter, durch deren Stolz die Zünfte und die gemeine Bürgerschaft so häufig verletzt worden waren, durften sich fortan nicht mehr überheben, die Stadtadligen waren eben nur Bürger wie alle andern und selbst Juden und Wenden wurde das Bürgerrecht, wenn auch mit Beschränkungen, gestattet. — Die Macht des Landesherrn wuchs durch diese Demokratisirung des Stadtregiments außerordentlich und bald zeigte es sich, daß die Zünfte sich mit der Veränderung des Systems versöhnt hatten. Sie wendeten sich fortan mit etwaigen Klagen nicht mehr an den Rath, sondern an den Kurfürsten direkt und dieser suchte sich durch verschiedene Verordnungen zu Gunsten der Zunftverfassung bei den Handwerkern beliebt zu machen.

So hatte denn Friedrich II. theils durch kluges Nachgeben zur rechten Zeit, theils durch eiserne Energie in der Verfolgung seiner Pläne das Ziel erreicht, nach welchem er strebte, die Durchführung der fürstlichen Herrschaft in den bisher unabhängigen Städten. Der Raum und Plan unseres Werkes erlaubt uns nicht, in die Einzelheiten der Regierungsgeschichte dieses Fürsten weiter einzugehen, wir erwähnen daher nur, daß er in den Kämpfen mit auswärtigen Feinden, mit den Pommern, nicht so glücklich war, wie in denen mit den widerspenstigen Städten, es mißglückten ihm seine liebsten Pläne; krank und lebensmüde zog er sich deshalb im Jahre 1470 von der Regierung zurück, um seine letzten Jahre in Frieden im Heimathlande seines Stammes, in Franken zu verleben. — Sein einziger Sohn war vor ihm gestorben, er übergab deshalb das Regiment*) seinem jüngern Bruder Albrecht.

Die Mark Brandenburg hatte durch den Regierungstausch nichts gewonnen. — Waren die letzten Zeiten der Regierung Friedrichs durch herrschende Kriegsnoth nicht glücklich gewesen, so war der neue Kurfürst keineswegs geeignet, glücklichere Zustände herbeizuführen.

Die Mark bedurfte eines Fürsten, der sich des verarmten Landes mit voller Liebe annahm, der seinen Ehrgeiz darin suchte, den Wohlstand der Unterthanen zu heben, die Wunden zu heilen, welche die unglücklichen Kriege der letzten zehn Jahre geschlagen hatten, nicht eines Helden, dem Schlachtenruhm das einzige Ziel des Strebens war.

Albrecht hat in der Geschichte den Beinamen Achilles erhalten, den er sich verdient hat durch unzählige Beweise einer glänzenden, todesmuthigen Tapferkeit. — Er war der Held seiner Zeit, sein Name wurde mit Bewunderung in ganz Europa genannt und in Liedern besungen, nur den Bürgern und Bauern nicht, deren Gut er bei lustigen Ritterspielen verpraßte.

Albrecht Achilles ist einer der letzten Reprä-

---

*) Friedrich genoß die gewünschte Ruhe nicht lange. Er starb schon am 10. Februar 1471.

sentanten der verschwindenden Ritterzeit. — Unter den Waffen grau geworden, hatte er nur Lust und Freude am Waffenhandwerk. — Ein Zweikampf war ihm ein Vergnügen, eine Schlacht der Inbegriff der Freude. — Wo es irgend Krieg gab, da nahm Albrecht Achilles, wenn es ihm irgend möglich war, thätigen Antheil, es gab kaum einen Winkel in Deutschland, den er nicht mit dem Schwerte in der Hand an der Spitze eines Heeres betreten hatte. — Er suchte fast mit keckem Uebermuth den Tod in der Schlacht, ohne ihn doch je finden zu können.

Gabs keinen Krieg, dann fühlte sich Albrecht nur wohl in der Mitte seiner ritterlichen Genossen, bei prächtigen Waffenspielen. Sein Hof war der glänzendste in Deutschland, die von ihm veranstalteten Turniere zogen ritterliche Kämpfer aus allen Ländern Europas herbei und er selbst war der tapferste Held bei denselben.

Wäre der Kampfesruhm eines Fürsten ein Glück für das Volk, das der Mark wäre das glücklichste der Welt gewesen! —

Albrecht Achilles hatte wenig Lust, das glänzende, freudevolle Leben an seinem prächtigen Hofe in Franken mit dem langweiligen auf dem Schloß in Cöln zu vertauschen. — Er nahm wohl die Regierung der Mark an als eine neue Quelle der Macht und des Geldes, aber ohne die Absicht, sein Leben in der öden Sandwüste zuzubringen. — Er kam daher auch nicht gleich selbst nach der Mark, sondern sendete seinen ältesten damals 15jährigen Sohn Johann als seinen Statthalter in dieselbe. Erst im Herbst 1471 folgte er seinem Sohne, um die Huldigung der Märker anzunehmen.

Gleich das erste Auftreten des Kurfürsten trug wesentlich dazu bei, ihm die Herzen des Volkes, des Adels sowohl, wie der Bürger, zu entfremden. Albrecht war an feine fränkische Sitten gewöhnt, die rohe märkische Art mißfiel ihm daher höchlich und er zeigte offen seine Verachtung gegen die Märker.

Es liegt uns ein ausführlicher Bericht über die Art und Weise vor, wie Albrecht die Bürger und den Adel in Salzwedel bei der Huldigung behandelt hat, ähnlich ist sein Auftreten auch in Berlin und Cöln gewesen, wir dürfen uns daher nicht wundern, wenn wir sehen, daß das Volk sich dem fremden Fürsten abhold zeigte. —

Der Kurfürst war mit einem großen Schwarm von Hofschranzen gekommen, er nahm zwar die dargebotenen reichen Geschenke der Bürgerschaft an und vertheilte sie unter sein Gefolge, welches darüber spottete und lachte, um die Geber selbst aber kümmerte er sich wenig. Die märkischen Edelleute, welche gekommen waren, um ihm ihre Ehrfurcht zu erweisen, ließ er unbeachtet stehen. — Während er mit seinen Franken das ihm vom Rath überreichte Confekt verzehrte, standen die Herren vom Adel aus der Mark verlegen am Kamin und schauten voll innern Aergers zu, wie die Franken naschten, wie diese sich vergnügten.

Sie selbst bekamen nichts von den leckern Sachen, welche der Rath dem Kurfürsten aufgetischt hatte, und doch war genug vorhanden, zwei große Backtröge voll Apothekergewürz und Confekt und zwei gewaltige Mulden voll Bohnenkuchen, der mit Mandeln und Ingwer wohl bestreut war. —

Hätte nicht der Rath ein wenig für die Herren vom märkischen Adel gesorgt, ihnen Krüge mit Klarettwein, Bier und auch etwas Kuchen vorgesetzt, so wären sie mit trockenem Munde und knurrendem Magen abgezogen.

So wenig das erste gesellschaftliche Auftreten des Kurfürsten die Märker befriedigte, so wenig waren auch seine ersten politischen Schritte geeignet, ihm Sympathien beim Volke zu erwerben.

Im Jahre 1472 berief Albrecht einen Landtag nach Berlin. Er verlangte von den Ständen eine Summe von 100,000 Gulden zur Deckung der von seinem Vorgänger gemachten Landesschulden; die Forderung wurde bewilligt, dagegen weigerten sich die Stände einer Steuer auf Lebensmittel, welche ihnen der Kurfürst außerdem auferlegte. — Die Abgeordneten der Städte, unter denen auch die von Berlin und Cöln waren, baten dringend diese Abgabe, welche das lauteste Murren, eine tiefe Unzufriedenheit im ganzen Lande erregte, wieder abzuschaffen, sie erhielten aber nur eine kurze, trockene, abschlägliche Antwort. — „Die Bitte der Städte befremde ihn", so erwiderte Albrecht „er werde die Abgaben keineswegs abstellen und sei dies den Ständen nicht eben oder recht, so wolle er es auf den Ausspruch des Kaisers oder der Kurfürsten, oder selbst einer Kommission aus ihrer Mitte ankommen lassen."

Es war den Ständen nicht eben! — Sie verlangten den Ausspruch einer Kommission und Albrecht wählte eine solche, natürlich aber berief er in dieselbe nur seine entschiedensten Anhänger, seinen Kanzler, den Bischof von Lebus, Friedrich Sesselmann, einige befreundete Ritter und verschiedene Rathsherren aus Berlin, Brandenburg, Frankfurt und Prenzlow, auf deren Stimmen er mit Sicherheit rechnen konnte.

Die Kommission entschied sich, wie voraus zu sehen war, für das Recht des Kurfürsten und Kaiser Friedrich III., bei welchem Albrecht hoch angesehen war, bestätigte den Urtheilsspruch und bedrohte Jeden, der sich der Abgaben weigern möchte, mit einer Geldstrafe von 100 Mark löthigen Goldes.

Eine allgemeine Unzufriedenheit in allen Städten des Landes war die Folge des Urtheilsspruchs und trotz der kaiserlichen Drohung machte sich dieselbe doch bald in gewaltsamen Auftritten Luft. Die Städte jagten hier und da die kurfürstlichen Zöllner fort, endlich aber mußten sie nachgeben; sie hatten keinen innern Zusammenhang mehr, die Zeit des märkischen Städtebündnisses war vorüber und die Kraft der Bürger gebrochen.

Berlin und Cöln hatte sich bei dem Aufstand überhaupt nicht betheiligt; die schlimmen Folgen, welche ihre Widerspenstigkeit gegen den eisernen Friedrich gehabt hatte, standen den Bürgern in Berlin und Cöln noch mit zu grellen Farben in der Erinnerung, als daß sie Lust gehabt hätten, noch einmal eine so traurige Erfahrung zu machen. — Sie versuchten nur, die günstige Gelegenheit zu benutzen, um eine Aenderung in dem Bürgereid vorzunehmen, aber auch dies mißlang ihnen, und sie fügten sich willig dem höchsten Befehle.

Albrecht blieb nicht lange in der Mark, er reiste bald nach Franken zurück und machte auch später nur noch einige Male vorübergehende Besuche in derselben. Jeder solcher Besuch kostete dem Lande schweres Geld, er wurde mit prächtigen Festen gefeiert, mit Lanzenstechen und Buhurten aller Art, deren Schauplatz das Schloß in Cöln war. — Die Märker freuten sich der Feste nicht besonders, selbst der Adel nicht, denn dieser stand gar zu sehr im Schatten gegen die turniergeübten fränkischen Ritter, welche stets die Siegeslorbeeren davon trugen. — Von Albrecht selbst sagt Hastiz, der märkische Geschichtschreiber: — „Im Rennen, Stechen, Turnieren, Fechten und andern Ritterspielen, da man Spieße gebrochen, ist er allein gewesen, der niemals den Sattel geräumt und alle andern ledig gerannt. — Im Turnier hat er alle Wege gewonnen und 17 Mal bloß, ohne Harnisch, nur mit einem Helme und Schilde, den Sieg behalten!"

Auch zu den glänzenden Ritterspielen, welche Albrecht in Franken hielt, mußte die Mark das Geld liefern. Der Kurprinz Johann, den Albrecht als Statthalter im Lande zurückgelassen hatte, wußte oft nicht, wie er dasselbe aufbringen sollte. — Er selbst lebte sparsam genug, ja fast ärmlich, aber dennoch vermochte er den Anforderungen des Vaters nicht zu genügen.

Johann hätte gern Manches gebessert, aber er vermochte es nicht, denn ihm waren die Hände gebunden. Er mußte jede Kleinigkeit an den Vater berichten und erhielt von diesem dann Befehle, welche er auszuführen gezwungen war. Oft machte er bringende Vorstellungen, wenn die Anforderungen Albrechts an das verarmte Land zu hart wurden, so schrieb er wegen der Einziehung der Verehrungssteuer einst an den Vater, er möge doch dieselbe erlassen, denn seine Unruhe über die Noth und Widersetzlichkeit des Landes sei so groß, daß ihm, sowie dem Kanzler, dem Bischof von Lebus, vor Aengsten der Schweiß ausbreche, — aber alle solche Vorstellungen waren vergeblich.

Johann verstieg sich nie weiter als zu höchst respektvollen Bitten, waren diese fruchtlos, dann führte er mit dem peinlichsten Gehorsam die Befehle des Vaters auch gegen seine bessere Ueberzeugung aus. Es ist höchst merkwürdig, wie er dabei stets eine fast abgöttische Verehrung gegen seinen Vater beibehielt. Albrecht Achilles war ihm das Ideal schöner Ritterlichkeit, Alles was der Vater that, hielt Johann für vortrefflich und ließ sich auch in seiner Liebe und Verehrung dadurch nicht irre machen, daß ihm Albrecht Achilles kaum die nöthigen Mittel gab, eine einigermaßen anständige Hofhaltung zu führen, während der Hof in Franken die märkischen Gelder verjubelte und verpraßte.

Wie jammervoll das Hoflager des Kurprinzen im Schloß zu Cöln bestellt war, darüber geben uns aufbewahrte Briefe Johanns an den Kurfürsten ein charakteristisches Zeichen. —

Johann war mit einer sächsischen Prinzessin verlobt, er wollte gern seine Vermählung feiern und schrieb darüber im Jahre 1473 an seinen Vater: „Nachdem der Schwiegervater ihn gesehen habe, meinte er, daß er groß genug sei für ein Weib, und seine Tochter Margarethe wäre auch groß genug für einen Mann und in guter Gesundheit," so könne denn die Hochzeit bald sein; aber freilich zur Hochzeit gehöre Geld und eine einigermaßen anständige Ausstattung; über diese schrieb nun Johann weiter: „Wie wir uns schmücken und woher wir es nehmen wollen; dann was wir vom Gestickten haben sollen, wäre nun wohl Zeit, daß solches angefangen würde zu machen, — denn wir vermögens von dem unsrigen hier nicht Ew. Liebe wohl wissentlich. — Item wir sind in unserer Haushaltung gar geringe versehen mit Bettgewand, Laden, Polstern, Tischtüchern und allem andern das dazu dient, dazu auch etweniges Geld gehört. Auch wol schwach wir an Silbergeschirr, ist Euch wissentlich. Denn wir haben nicht mehr von Silbergeschirr, als wie die Ew. Liebe zugeschickten Zettel innehalten, ausgenommen 12 silberne Löffel, die wir nach Euerm Abwesen haben machen lassen." — — (Er führt nun an, wie viele Gäste zu der Hochzeit mit ihren Mannen und Pferden kommen würden und fährt fort: „Und allen diesen Leuten Ausrichtung zu thun mit aller Nothdurft und Zugehörung, nachdem der Hafer sehr theuer ist, das versteht Ew. Lieben besser, denn wir das schreiben können, wo das hinauslaufen will; zumal da wir keinen Pfennig dazu woher zu nehmen wissen."

Dieser Brief läßt uns einen tiefen Blick in den ärmlichen kümmerlichen Hof thun, welchen der Kurprinz auf dem Schloß zu Cöln hielt. Die meisten reichen Adligen des Landes lebten besser, als ihr Statthalter.

Am 24. August 1476 fand die Hochzeit endlich statt. Sie wurde im Schloß zu Cöln gefeiert; besonders glänzend war sie nicht, wie nach dem Briefe Johannes sich wohl vermuthen läßt.

Die ganze Regierung des Kurfürsten Albrecht Achilles war eine höchst traurige Zeit für die Mark Brandenburg. — Kriege mit den Herzögen von Pommern und Sagan, selbst mit dem Adel des Landes füllten sie aus.

Der Adel hatte wieder kühner das Haupt gehoben; er glaubte sich seinem alten Räuberhandwerk ungestraft hingeben zu können. Vor dem Kurprinzen hatten die adligen Herren nur wenig Achtung. Sie schauten fast mit Mitleiden auf den ärmlichen Hof desselben, sie wußten, daß er als Statthalter wenig zu thun vermöge, da er bei jeder Regierungshandlung erst den Willen seines gestrengen Vaters einholen mußte.

Das Räuberhandwerk kam wieder mehr in Aufnahme, als lange Zeit zuvor, die Herren v. Quitzow, Schenk, Möllendorf, die Gänse von Putlitz, die Grävenitz und Wardenberg zogen schamlos auf die Landstraße, pochten schutzlose Dörfer aus und raubten den Städten die Viehheerden. — Sie brannten und mordeten ohne Scheu. — Um die reisenden Kaufleute bequemer plündern zu können, verrammelten sie die Landstraßen durch große Horden, die über den Weg gezogen wurden und hinter denen sie mit ihrem bewaffneten Gesindel lauernd lagen.

In der Priegnitz und in der Altmark trieb es der Adel besonders arg. Fast kein Tag verging ohne eine freche Raubthat. Der Uebermuth der adligen Räuber stieg von Jahr zu Jahr, bis ihn endlich der Kurprinz einigermaßen zügelte. — Im Jahre 1482 machte er eine große Jagd auf die Räuber in der Priegnitz. Mit gnadenloser Strenge schritt er gegen das adlige Raubgesindel ein und strafte dasselbe ohne Rücksicht auf Rang und Zahl der Ahnen.

In jenen Tagen wurden 15 Raubschlösser zerstört und der Scharfrichter bekam harte Arbeit. Die Räuber wurden vor ihren eigenen Schlössern unbarmherzig aufgehängt. — Das schaffte Ruhe für einige Jahre.

1486 starb Albrecht Achilles, ein Schlagfluß machte seinem Leben ein Ende. — Er hinterließ die Mark Brandenburg seinem Sohne Johann, dem bisherigen Statthalter derselben, nachdem er schon vor einigen Jahren die Untheilbarkeit der brandenburgischen Länder durch ein Hausgesetz anbefohlen hatte.

Johann war ein Fürst anderen Schlages, als sein Vater. Während dieser mit schlechtverhehlter Verachtung auf die Märker blickte und sich nur wohl daheim in Franken fühlte, war Johann am liebsten in der Mark und hing an derselben mit treuer Anhänglichkeit; während Albrecht Achilles den höchsten Ruhm und die höchste Lust im Kriege fand, war Johann ein Fürst des Friedens, der das Schwert nur zur Hand nahm, wenn eine dringende Nothwendigkeit es gebot; dann aber verstand er dasselbe mit Kraft zu führen.

Johann war ein Mann von ausgezeichneten Kenntnissen, der beseelt war von einer hingebenden Liebe für Kunst und Wissenschaften; er war selbst ein tüchtiger Redner, und hat in der Geschichte deshalb den Namen Johann Cicero erhalten. —

Dem Friedensfürsten flicht die Nachwelt selten Kränze, so ist denn auch der Name Johann Cicero's im Volke heute fast verschollen, während der des Albrecht Achilles, des kühnen, schlagfertigen Ritters, noch immer in weiten Kreisen genannt wird, und doch verdient Johann Cicero weit mehr als jener eine dankbare Erinnerung des Volkes, um so mehr, als er vom ersten Beginn seiner Regierung an mit fortwährenden Widerwärtigkeiten, selbst mit dem Haß des Volkes, zu kämpfen hatte und diesem dennoch seine volle Liebe bewahrte und nach Kräften bestrebt war, zum Besten desselben zu wirken, wie noch sein letztes Wort uns erweist. —

Johanns Regierungsantritt wurde nicht mit Jubel begrüßt; das Volk machte den Kurprinzen für alle seine Regierungshandlungen, zu denen er durch die Befehle seines strengen Vaters gezwungen war, verantwortlich. Es wußte nichts von den vielen flehenden Briefen, welche Johann an Albrecht Achilles zum Besten der Märker gerichtet hatte, nichts von seinen unausgesetzten erfolglosen Bemühungen. —

Wie der Vater, so der Sohn! — Das war der Glaube des Volks, und fast hatte es ein Recht zu demselben, denn Johann zeigte seine ungeheuchelte, fast bis zur Abgötterei gehende Verehrung gegen seinen Vater bei jeder Gelegenheit. Auch seine Handlungsweise in den ersten Jahren seiner Regierung schien zu beweisen, daß er im Sinn und Geist des Vater zu herrschen beabsichtige. —

Durch die Verschwendung des Kurfürsten Albrecht Achilles, durch die vielen geführten Kriege desselben, waren die Geldmittel Johanns erschöpft; das Bedürfniß des Landes machte eine neue Steuer unumgänglich nothwendig. Woher eine neue Steuer nehmen? Man hatte in jener Zeit schon die Erfahrung gemacht, daß die indirekten Steuern am einträglichsten seien und besonders diejenigen, welche auf allgemeine Lebensbedürfnisse gelegt würden. — Johann beschloß daher eine Bierzise einzuführen. Eine solche Steuer schien besonders gerathen, da in der Mark Brandenburg, — Dank dem unerschöpflichen Durst der alten Märker — unglaubliche Massen Bier consumirt wurden. Der Arme, so meinte der Kurfürst, werde durch eine Biersteuer nicht besonders hart betroffen, — der Reiche, der Schwelger und Prasser aber könne schon zahlen. Er übersah, daß das Bier ein wirkliches Volksbedürfniß war, und daß daher eine Vertheuerung desselben gerade den Aermeren am schwersten drücke. —

Die Bierzise wurde nach einer Berathung des Kurfürsten mit seinen Räthen und den Ständen wirklich auf sieben Jahre eingeführt. Von jeder Tonne wurden 12 Pfennige (nach unserem Gelde etwa 1 Mark) Steuer erhoben.

Berlin und Cöln wurden durch die Bierzise besonders hart betroffen. Schon seit Jahren, seit die beiden Städte ihre Selbstständigkeit verloren hatten, war auch ihr Handelsverkehr gesunken, seitdem aber war gerade die Bierbrauerei ein Haupterwerbszweig geworden.

Die Unzufriedenheit über die neue Steuer war groß. In allen Trinkstuben wurde weidlich darüber geschimpft; aber vom Wort zur That ist's weit. — Nicht mehr wie früher, waren die Berliner bereit, für ihr Recht, selbst ihr vermeintliches, mit den Waffen in der Hand einzustehen. Der eiserne Friedrich hatte den Bären zahm gemacht. Man schimpfte, wie heut zu Tage, und that nichts, wie heut zu Tage auch.

Andere Städte, besonders die in der Altmark, hatten die traurige Erfahrung der Berliner noch nicht gemacht; sie hatten sich ihre republikanische Selbstständigkeit und damit auch die Thatkraft der Bürger noch bewahrt. — Sie widersetzten sich der Einführung der Bierziese und an mehreren Orten kam es, als der Kurfürst gewaltsam mit derselben vorging, zu offenem Aufruhr.

In Stendal besetzten die Zünfte das Rathhaus und zwangen den Magistrat die Bierziese wieder aufzuheben. Salzwedel, Seehausen und Gardelegen folgten dem gegebenen Beispiel. —

Johann sah plötzlich eine gefährliche Empörung ausbrechen, welche er im Beginn unterdrücken mußte, wenn er die Macht des Landesherrn nicht wieder zu einem Schatten verschwinden lassen wollte. Er zeigte bei dieser Gelegenheit, daß er sehr wohl verstand, schnell und energisch zu handeln, wie er dies auch schon als Kurprinz gegen den Adel in der Priegnitz bewiesen hatte.

Er sendete Kommissarien nach Stendal zur Untersuchung der Unordnung, diese aber fanden eine schlechte Aufnahme. Sie wurden mit Beschimpfungen empfangen und als sie trotzdem sich nicht abschrecken ließen, ermordete sie das wüthende Volk. Die Zünfte und die ganze Bürgerschaft griffen zu den Waffen und ermuthigt durch den ersten Erfolg, die ungestrafte Ermordung des kurfürstlichen Boten, zogen Rotten bewaffneter Bürger im Lande umher, stürmten die Schlösser solcher benachbarter Abligen, die im Verdacht der Raubritterschaft standen, und brachten reiche Beute aus den geplünderten Burgen mit nach Haus. —

Die Bürger von Stendal hofften auf thätige Hilfe von anderen Städten; aber sie sahen sich in ihren Hoffnungen getäuscht. Wie Berlin und Cöln allein geblieben waren im Kampfe gegen den eisernen Friedrich, so erhielten auch Stendal und die übrigen altmärkischen Städte keine weitere Unterstützung, und als nun Johann seine Truppen ohne Säumen zusammenzog, gelang es ihm bald, den Aufruhr zu besiegen.

Eine harte Strafe traf die Empörer. Die Rädelsführer wurden hingerichtet. — Die Bierziese wurde aufs Neue, und zwar zum verdoppelten Satze auf 14 Jahre eingeführt. — Die Städte, welche am Aufruhr Theil genommen hatten, verloren alle ihre Rechte und Freiheiten, sie wurden behandelt, wie früher Berlin und Cöln vom eisernen Friedrich behandelt worden waren.

Der Kurfürst brach ihre Kraft für alle Zukunft, indem er ihnen die Selbstständigkeit nahm, die Magistrate von seiner Bestätigung abhängig machte. — Zur Zeit der Städtebündnisse hätte er's nicht vermocht! — Wohl mochten in jenen Tagen die Bürger bereuen, daß sie in früherer Zeit die beiden mächtigsten Städte der Mark, Berlin und Cöln, im Kampf um ihre Selbstständigkeit im Stich gelassen hatten.

Johann hatte gesiegt, aber der Sieg war erkämpft auf Kosten der Liebe, welche er sich so gern bei den Bürgern erworben hätte. Wenn auch die Bürger von Berlin und Cöln sich bei dem Aufstande nicht betheiligten, so ballten sie doch die Faust in der Tasche und zeigten bei jeder Gelegenheit, daß sie von einer Anhänglichkeit an den Kurfürsten sehr weit entfernt seien. — Beim Adel war Johann Cicero nicht weniger unbeliebt. Die abligen Herren konnten nicht vergessen, was der Kurprinz gethan hatte, sie dachten mit Grauen an seine Strenge gegen die Raubritter in der Priegnitz. — Freilich wagten sie ebensowenig, wie die Bürger von Berlin und Cöln, sich offen gegen den Kurfürsten aufzulehnen, aber sie gehorchten nur, weil sie mußten. —

Johann stand allein da. Bei allen seinen Bestrebungen, zum Besten des Volks zu wirken, die er besonders in der Förderung der Wissenschaften darthat, war er nur auf sich selbst und den Beistand seiner Räthe angewiesen, im Volk, sowohl dem Adel als der Bürgerschaft, fand er keine Unterstützung, höchstens widerwilligen Gehorsam.

In solchem Kampf ermattet auch der Stärkste endlich. Johann fühlte sich bald genug abgespannt und dazu trug ein unglückliches körperliches Leiden viel bei, welches den Kurfürsten von seinem vierzigsten Jahre an zu jeder körperlichen und geistigen Anstrengung unfähig machte.

Er war so ausnehmend dick geworden, daß er sich ohne die größten Beschwerden kaum bewegen konnte. — Die Sage erzählt, daß er sich einer ungewöhnlichen Kur unterworfen habe, es sei ihm der Leib geöffnet und das übermäßige Fett aus demselben herausgeschnitten worden.

Es bildete sich endlich eine Wassersucht aus, welche auch durch Abzapfung des Wassers nur einigermaßen erleichtert, nicht aber beseitigt wurde. — Die Krankheit nahm auf einer Reise, welche der Kurfürst in's Reich gemacht hatte, so reißend zu, daß er seinen Tod nahe fühlte. Er reiste daher nach der Mark zurück, konnte aber nicht bis zu seinem Schloß in Cöln kommen. In Arneburg in der Altmark wurde er bettlägerig und schon am 9. Januar 1499 starb er daselbst in seinem 44. Jahre.

Johann Cicero ist der erste Fürst aus dem Hause Hohenzollern, der in der Mark Brandenburg beerdigt worden ist. — Die Beisetzung der Leiche geschah zuerst in der Fürstengruft des Klosters Lehnin, in der auch mehrere Markgrafen aus dem Stamme der Ascanier ruhten, später wurde der Sarg nach Berlin in das kurfürstliche Erbbegräbniß gebracht, welches in der Domkirche angelegt worden war. — Ein Grabmal von gegossenem Messing, welches den Kurfürsten in Lebensgröße, liegend, in der Kurtracht, darstellt, — ist ein Werk des berühmten Künstlers Peter Vischer zu Nürnberg.

Johann Cicero war während seiner ganzen Regierungszeit beseelt gewesen von einem reinen Streben, das Beste für das Volk zu wirken und auch in seinen letzten Tagen war es sein sehnlicher Wunsch, daß sein junger Sohn Joachim, dem er das Kurfürstenthum hinterließ, ein gleiches Streben verfolgen möge; er hinterließ ihm eine Ermahnung, eine Sammlung köstlicher Lebensregeln für einen jungen Fürsten, welche wie damals, so auch in vielen Stücken noch heut den Inbegriff wahrer Regierungsweisheit bilden.

Johann Ciceros letztes Wort*) an seinen Sohn lautet folgendermaßen:

Herzlich geliebter Sohn! —

Ich habe niemals gezweifelt, daß Ihr in Eures Vaters Fußtapfen treten und sowohl Euch selbst, als die Euch nach meinem Tod gebührende Lande wohl regieren würdet, weil Ihr bereits hierzu einen glück- und schicklichen Grund geleget. Doch habe ich nöthig erachtet, aus brünstiger Liebe zu Euch und meinen Unterthanen eine treue väterliche Ermahnung zu hinterlassen, damit Ihr desto weniger fehlen oder von bösen und untreuen Räthen Euch verleiten lassen möget. Zwar die Erinnerungen sein jedermann leicht, die Vollziehung aber schwer, doch hoffe ich, liebster Prinz, es werde Euch eine Lehre, weil sie von einem liebreichen Vater rühret und die letzte ist, die Ihr von mir hören werdet, auch angenehm sein. — Kluge Fürsten sehen alle Zeit auf ihrer werthen Kinder und Länder Wohlfahrt, doch sein sie alsdann am sorgfältigsten, wann sie aus diesem Leben wandern und das, so ihnen lieb gewesen, Andern übergeben sollen. Ich will nichts vor Euch geheim halten, sondern Alles in Euren Schooß ausschütten, Ihr aber werdet es gebührend aufnehmen und mein letztes Abschiedswort in festem Gedächtniß behalten.

Vor Allem stellet Euch mein geführtes Leben zu einem Exempel der Nachfolge, als der ich mich auch bemühet, mein ganzes Leben lang meinem Vater, dem glorwürdigen Kurfürsten Alberto, zu folgen. Ich habe alle meine Rathschläge zu Nutz meiner Unterthanen gerichtet und darf das ganze Land, auch alle meine Diener zu Zeugen rufen, daß ich mich nicht als ein Regent, sondern als ein Vater gegen sie erwiesen. Ihr selbst, mein Prinz, werdet Euch erinnern, wohin meine Handlungen und Consilia gezielet, darum tretet in Eures Vaters und Groß-Herrn-Vaters löbliche Fußtapfen.

Es stehen Viele im Wahn, man erweise sich alsdann erst recht fürstlich, wenn man die Unterthanen beschweret und durch gewaltsame Zwangsmittel ihr Vermögen erschöpfet, hernach prasset man lustig und beflect die anererbte Hoheit mit schändlichen Lüsten. — Man führet wohl königliche Pracht und wickelt sich in verderbliche Kriege, hierdurch aber werden die väterlichen Reichthümer verschwendet, man verlieret die Liebe und das Vertrauen derer Unterthanen, man führet nicht mehr das süße Amt eines lieben Vaters, sondern eines furchtsamen Tyrannen. Ich kann nicht begreifen, was ein solcher Fürst vor Ehre habe, und kann mich Niemand bereden, daß er in Sicherheit sitze. Es ist schlechte Ehre über arme Bettler zu herrschen, und viel ruhmwürdiger, wenn man Reichen und wohlvermögenden befehlen kann. Darum wollte der belobte Fabricius lieber der Reichen Herr, als selbsten reich sein. —

Vom Kriegführen halte ich nichts, sie bringen nichts Gutes. Wenn man nicht zur Beschützung des Vaterlandes und eine große Unbilligkeit abzuwenden den Degen ziehen muß, ist's besser, davon zu bleiben.

Lasset Euch, mein Herzens-Sohn, die Gottesfurcht befohlen sein; aus selbiger wird viel und alles Gute auf Euch fließen. Ein Gottesfürchtiger denket alle Zeit, daß er von seinem Thun Gott in kurzer Frist werde Rechnung erstatten müssen. Wer Gott fürchtet, wird niemals mit Vorsatz etwas begehen, dessen ihn gereuen könnte.

Die Armen nehmt in Euren Schutz. Ihr werdet Euren Fürstenthron nicht besser befestigen können, als wenn Ihr den Unterdrückten helfet, wann ihr den Reichen nicht nachsehet, daß sie die Geringern überwältigen und wann Ihr Recht und Gleich einem jeden widerfahren lasset.

Vergesset nicht, den Adel im Zaum zu halten, denn dessen Uebermuth verübet viel Böses. Strafet sie, wann sie die Gesetze und Landesordnungen übertreten. Lasset ihnen nicht zu, das sie Jemand wider Gebühr beschweren können.

Hätte Euch Jemand bishero beleidiget, so bitte ich, daß Ihr es vergessen wollet. Es stehet keinem Fürsten wohl an, wenn er eine im Privatstand empfangene Unbilligkeit rechnen will, hingegen strafet die Schmeichler, die Alles Euch zu Liebe und nichts zu des Landes Wohlfahrt reden wollen. Werdet Ihr ihnen folgen, so werdet Ihr Eure klugen Räthe verlieren und Euch in große Gefahr vieler schädlicher Neuerungen stürzen. Des Schmeichlers Rede gleichet dem Schlangengift, welches im süßen Schlaf zum Herzen bringet, und den Tod wirkt, ehe man es gewahr wird. —

Liebster Prinz, ich verlasse Euch ein großes Land, allein es ist kein deutsches Fürstenthum, in dem mehr Zank, Mord und Grausamkeit im Schwange als in unserer Mark. Wehret doch solchem Unwesen und schaffet, daß Eure Unterthanen liebreich und sanftmüthig bei einander wohnen mögen.

Zu diesem Ende bitte ich Euch, Ihr wollet

---

*) Wir entnehmen die letzten Worte Johann Ciceros dem im Jahre 1682 erschienenen Buche „Brandenburgischer Cedernhain" von Rentsch. — Dieser Schriftsteller spricht von einer Ermahnungsrede Johanns an seinen Sohn, welche er auf dem Sterbebette gehalten habe, andere Schriftsteller erzählen von einem Testament. — Lassen wir dahin gestellt, wo die Wahrheit ist, und erfreuen wir uns an den Worten selbst, welche wohl werth sind, daß das Volk sich ihrer dauernd erinnere. —

an einem wohlgelegenen Ort eine Universität aufrichten, in welcher die Jugend wohl unterwiesen und zu guten Sitten und Künsten angeführt werde. Mein seliger Herr Vater hatte mir gleichen Befehl hinterlassen, allein die Kriegsunruhe, die überhäuften Geschäfte, die kränkliche Leibesbeschaffenheit und der frühzeitige Tod haben mich an Erfüllung gehindert; jetzo habe ich meiner lieben Mark den Frieden zu Wege gebracht und Ihr werdet Gelegenheit haben, diesen meinen letzten Willen mit Allernächstem zu vollstrecken. Ihr werdet hierdurch Gottes und Eure eigne Ehre befördern und Euren Landen großen Nutzen schaffen. Vergesset dieses ja nicht mein Prinz. Es ist ein kaiserlicher Befehl und im jüngsten Reichsschluß versehen worden, daß die Kurfürsten in ihren Landen sollen hohe Schulen aufrichten. Die hierzu nöthigen Geldmittel habe ich bereits zusammen gebracht und übergebe Euch solche in einem Testament, bitte Euch aber herzlich, daß Ihr solche zu keinem andern Anschlag verwenden, oder diesen meinen letzten Willen ändern wollet.

Jetzo werde ich, liebster Sohn, versammlet zu meinen Vätern, lebt Ihr glückselig und regieret wohl, so werdet Euch die Frommen lieben und die Bösen fürchten. Ihr werdet von den Gegenwärtigen geehret, von den Abwesenden aber gelobt, und wann Ihr diese meine Vatertreu zu Herzen nehmen und folgen werdet, mit unsterblichem Nachruhm gekrönt werden!"

Sechstes Kapitel.

Die erste Druckerei in der Mark. — Die Wehrverfassung von Berlin und Cöln. — Mangelnder Bürgersinn. — Scheinfrömmigkeit. — Die Schwanengesellschaft. — Das Domstift. — Fromme Brüderschaften. — Der Pfaffen Unwissenheit und Unkeuschheit. — Bettler in Berlin.

Wir haben in den vorhergehenden Kapiteln unsern Lesern eine flüchtige Uebersicht der Geschichte der Mark Brandenburg, insofern Berlin und Cöln durch dieselbe berührt wurden, gegeben, von einer Spezialgeschichte unserer Stadt konnten wir um so mehr Abstand nehmen, als dieselbe im 15. Jahrhundert nach der Vernichtung der städtischen Selbstständigkeit nur von sehr geringem Interesse ist. Wir haben höchstens zu erwähnen, daß Berlin im Jahre 1484 abermals von einer Feuersbrunst, welche einen großen Theil der Stadt in Asche legte, heimgesucht wurde. Auch das Berliner Rathhaus brannte ab und nur kleine Theile desselben, die zwei vorspringenden Fenster über der Rathswaage, mit ihren bunt geformten Kranzsteinen blieben wahrscheinlich stehen und sind auch nach einem späteren Brande (1581) erhalten worden.

Es bleibt uns zum Schluß des Abschnitts nur noch übrig, einen Blick zurückzuwerfen auf die geistige und sittliche Entwicklung unserer Stadt im verflossenen Jahrhundert, ein trauriger Rückblick, denn wir sehen kaum einen bemerkenswerthen Fortschritt.

Die Schulen waren noch immer ebenso ungenügend, wie früher. Die Bürger hatten kein Bedürfniß zur Volksbildung und wenn auch im Jahre 1451 eine Mädchenschule errichtet wurde, so war doch der Unterricht in derselben nicht weniger ungenügend, als der in der Knabenschule. Tüchtige Lehrer gab es nicht und konnte es nicht geben, denn ihre Besoldung war zu gering: 12 Pfennige alle Quatember und 2 Pfennige zu Neujahr für jeden Knaben; da blieb denn die alte Unsitte bestehen, daß die Lehrer sich als Vorschneider bei bürgerlichen Festen, als Hochzeitsbitter u. s. w. ihren Unterhalt verdienen mußten. Die Schüler waren nach wie vor gezwungen, durch Gesang an hohen Festtagen und durch Theilnahme an den geistlichen Schauspielen für sich und für die Lehrer Geld zu verdienen.

Auch die Erfindung der Buchdruckerkunst fand in der Mark nur langsam Eingang. Der erste Buchdrucker*) in derselben war Joachim Westphal, der in Stendal etwa im Jahre 1488 eine Druckerei anlegte. Das erste Buch, welches aus dieser Druckerei hervorging, war ein Werk in Folio: der Sachsenspiegel, eine Sammlung alter sächsischer Rechte und Gesetze; — ein jetzt sehr seltenes Werk, welches nur noch in wenigen Sammlungen gefunden wird.

Kurfürst Johann Cicero war eifrig bemüht, für die Ausbreitung wissenschaftlicher Kenntnisse in der Mark zu sorgen, aber er hatte mit unüberwindlichen Schwierigkeiten zu kämpfen, mit der groben Unwissenheit des Adels und der Bürgerschaft, mit dem Widerwillen derselben gegen jeden geistigen Fortschritt. Auch seinen Lieblingsplan, in der Mark eine Universität zu errichten, vermochte er, wie wir schon aus seinen letzten Worten ersehen haben, nicht zur Ausführung zu bringen.

Der geringe geistige Fortschritt des Volks in der Mark Brandenburg während des 15. Jahrhunderts war eine Folge des fortdauernden, alle Verhältnisse zerrüttenden innern politischen Entwicklungskampfes. — Der Adel kämpfte für seine Freiheit, für die Herrschaft in der Mark, mit dem Fürsten und den Städten, und nachdem er besiegt war, begann der Kampf der Städte um ihre Unabhängigkeit mit dem eisernen Friedrich und später mit Johann Cicero. —

In den städtischen Republiken wurden, wie uns

---

*) Auch die übrigen wissenschaftlichen Gewerbe fanden in der Mark keinen rechten Boden. Die Aerzte waren meistens Quacksalber, welche selten eine ordentliche wissenschaftliche Bildung erhalten hatten, die Apotheken Kramladen, in denen Geheimmittel aller Art feil geboten wurden. Eine privilegirte Apotheke errichtete am Fischmarkt im Jahre 1488 Johann Zehender, der von den Räthen beider Städte das ausschließliche Recht zum Verkauf von Apothekerwaaren erhielt. Daß aber schon früher Apotheken in Berlin existirten, geht aus Urkunden vom Jahre 1354—1375 hervor.

das Beispiel der süddeutschen freien Reichsstädte erweist. Kunst und Wissenschaft nach der Erfindung der Buchdruckerkunst, welche die Wissenschaft zum Gemeingut des Volkes machte, bald eine Stätte gefunden haben; dies aber war in Berlin nicht möglich, denn jedes höhere Streben der Bürger wurde mit ihrem Unabhängigkeitssinn geknickt. — Aus den auf ihre Freiheit stolzen Bürgern, welche sich auf ihre eigene Kraft verließen, waren Unterthanen geworden, gute, geduldige Unterthanen, welche nach oben blickten und gehorchten. — Die Zunftgenossen nahmen nicht mehr eine Abhilfe etwaiger Uebelstände kräftig selbst in die Hand, sie wendeten sich hilfebittend an den gnädigsten Landesherrn, sie gewöhnten sich daran, sich bevormunden zu lassen. Seit sie nicht mehr selbst regieren durften, sondern nach kurfürstlichem Belieben regiert wurden, hatten sie den Gemeingeist und das Interesse für öffentliche, städtische Angelegenheiten verloren, bei denen sie ja doch nicht mitsprechen durften. Jeder gab sich seinen Geschäften hin und sorgte für sein eignes Beste; — den Schutz des Gemeinwesens überließ er dem Landesherrn, obgleich er immer noch, wie früher, verpflichtet war, Waffen zu tragen und wenn es die Vertheidigung der Stadt galt, auf die Mauern zu eilen. —

In jedem Hause mußten bei Strafe eine Rüstung, Panzer und Eisenhut nebst Waffen in bester Ordnung gehalten werden. Die Rüstung war jeder Bürger verpflichtet, sich selbst anzuschaffen, die Waffen und Munition besorgte der Rath auf Kosten der Stadt. Die Waffen des Fußvolks bestanden in Spieß oder Lanzen, Hellebarden, Armbrüsten und in späterer Zeit, nachdem der Gebrauch der Feuergewehre allgemeiner geworden war, in Hakenbüchsen, Musketen und Seitengewehren.

Den Mannschaften von Berlin und Cöln stand ein gemeinschaftlicher, von den Bürgern gewählter Hauptmann vor, der aber vom Kurfürsten bestätigt werden mußte.

Die Bürger waren verpflichtet, dem Kurfürsten im Kriege Waffendienste zu leisten, im Frieden seine Trabanten zu bezahlen. Wenn Berlin und Cöln unter Friedrich I. im Kampf gegen die Quitzows freiwillig ihre Söhne in's Feld gesendet hatten, so waren sie unter den Nachfolgern Friedrichs dazu gezwungen.

Im Jahre 1450 forderte Friedrich II. von ihnen Reisige und Wagen und verordnete, daß jedes Haus einen gerüsteten Mann stellen müsse und die Berliner waren gezwungen, dieser Verordnung ebensowohl zu gehorchen, wie sie in den Kriegen des Albrecht Achilles gegen die Pommern 1478 und 1479 eine bestimmte Anzahl Kriegsmannschaften stellen mußten, für Berlin und Cöln wurde die Aufbringung von 600 Mann nebst 100 Pferden und 2 Haubitzen angeordnet.

Die Bürger von Berlin und Cöln trugen allerdings noch immer die Waffen, aber nicht mehr wie früher zum Schutze ihrer Rechte und Freiheiten, sondern im Dienste ihrer kurfürstlichen Herren. Sie waren ganz von diesen abhängig und sie gewöhnten sich endlich an diese Abhängigkeit, sie zeigten sich ebenso servil und selbst den Launen ihrer Kurfürsten unterthänig, wie der Hofadel derselben. — Sie drängten sich zu den Festen, welche der gnädige Kurfürst gab, um die Schaulust des Volkes zu befriedigen, sie begafften und bewunderten die prächtigen Anzüge der Herren vom Hofe und fühlten sich beglückt, wenn sie hier oder da einmal durch einen freundlichen Blick oder ein herablassendes Wort beehrt wurden, sie äfften selbst die Gewohnheiten der hohen Herren nach, wie dies zu allen Zeiten von den guten Bürgern der Residenzstädte zur süßen Genugthuung der Machthaber geschehen ist. — In charakteristischer Weise zeigte sich dies in der prunkvollen Kundgebung einer gemachten Frömmigkeit, welche im 15. Jahrhundert in Berlin und Cöln Mode wurde.

Die Kurfürsten aus dem Hause Hohenzollern haben fast sämmtlich einen großen Hang zu einer pietistisch-religiösen Richtung gezeigt. — Friedrich II., der Eiserne, vereinte mit seiner strengen Energie eine religiöse Schwärmerei, welche sich sowohl in seinem privaten Leben, wie in vielen seiner Regierungshandlungen kundgab.

Er sprach gern und viel mit Geistlichen über religiöse Themata und legte zu wiederholten Malen öffentlich sein Glaubensbekenntniß ab. — Bei Tafel führte er stets ernste Gespräche mit den Tischgenossen über Tugend und Frömmigkeit, er liebte es, daß jedes Mittagsmahl mit der Absingung eines religiösen Liedes eingeleitet wurde.

Die Entheiligung des Sonntags war für Friedrich II. eine besondere Kränkung, er befahl deshalb den Mannen und Städten in der Mark, eine strenge Sonntagsfeier nach der Gewohnheit der heiligen römischen Kirche. Wer am Sonntag Holz oder Mist fahren, pflügen oder überhaupt eine andere Beschäftigung, die zur Wochentagsarbeit gehöre, vornehmen würde, sollte an Leib und Gut gestraft werden.

Auch die Stiftung des Schwanen-Ordens und die Errichtung eines Domstiftes gab Zeugniß von der religiös-schwärmerischen Richtung Friedrichs.

Den Schwanenorden stiftete Friedrich schon im Jahre 1443 in der Absicht, den rohen märkischen Adel, der seinen einzigen Genuß in wüsten Zechgelagen fand, zu einem frommen Leben zu veranlassen. Der Orden erhielt den Namen: Schwanengesellschaft unserer lieben Frauen Kettenträger. Zu Mitgliedern wurden Männer und Frauen vom hohen und niedern Adel, welche vier untadlige Ahnen aufweisen konnten und welche ein frommes Leben geführt hatten, aufgenommen; gar zu streng aber durfte der Kurfürst bei der Aufnahme freilich nicht verfahren, er würde sonst schwerlich unter dem märkischen Adel viele Mitglieder für seinen neuen Orden gefunden haben; das Ordenszeichen wurde deshalb an manche Edle vertheilt, von denen das Volk eben nicht viel Gutes erzählte.

Das Ordenszeichen war für den Adel die Hauptsache bei der Stiftung, denn zu allen Zeiten haben die Hofschranzen sich gern mit solchem prunkenden Schmuck behängt. Es enthielt das Bild der Jungfrau Maria mit dem Jesukinde, die Sonnenstrahlen ums Haupt und den Mond unter den Füßen. Mit diesem Bilde war noch ein kleineres, ein Schwan mit ausgebreiteten Flügeln, verbunden; beide hingen an einer zackigen, silbernen Kette.

Die Mitglieder des Ordens, Männer und Frauen, waren verpflichtet, täglich zur heiligen Jungfrau zu beten, die kirchlichen Feste pünktlich zu feiern, ein ehrbares Leben zu führen u. s. w. Ob sie es gethan haben? Die Chroniken erzählen nichts darüber.

Das Domstift in Cöln errichtete Friedrich im Jahre 1469. Schon im Jahre 1450 hatte er in seinem Schlosse eine eigene Kapelle erbauen lassen, in welcher wöchentlich zwei Messen gehalten wurden. Er erhob diese Kapelle zum Domstift, in der Stiftungsurkunde sagte er: — Gott habe seine Regierung gesegnet, Land und Mannschaft erweitert und vermehrt, und wolle er daher aus Dankbarkeit zum Lobe des Allmächtigen, auch zu seinem und dem Seelenheile seiner Vorfahren und Nachkommen, sowie zum Trost aller Christenseelen die im Schlosse zu Cöln gestiftete Pfarrkirche zu einem Stift und Kollegium, geweiht der Himmelskönigin Mutter Maria, dem heiligen Kreuze und den Heiligen Petrus, Erasmus und Nikolaus, erheben und umwandeln und dasselbe mit Domherren besetzen, welche den Gottesdienst darin verrichten sollen.

Das Domkollegium bestand aus einem Probste, Dechanten, Thesaurius und 6 Domherrn, denen die Abhaltung regelmäßiger Gottesdienste oblag. Dechant, Domherrn und Chorschüler mußten täglich die Horas canonicas, drei Messen und außerdem noch Vigilien und Seelenmessen halten. — Da war gewiß für religiöse Erbauung hinlänglich gesorgt.

Bei Albrecht Achilles, dem stets schlagfertigen Helden, trat der religiös-schwärmerische Zug weniger stark hervor, als bei seinem Bruder, daß er aber auch ihm nicht fehle, zeigt ein noch vorhandenes Bild des Kurfürsten, welches jedenfalls vor der ersten Hälfte des 16. Jahrhunderts wahrscheinlich von einem märkischen Maler verfertigt ist, und welches den Kurfürsten knieend, mit gefalteten Händen, betend darstellt. Er ist mit einem blaßrothen, kurfürstlichen Mantel angethan, unter welchem die vergoldete mit schwarzen Zierrathen versehene ritterliche Rüstung sichtbar ist. Auf dem Kopf trägt er eine schwarzbraune Mütze. —

Weit schärfer als in Albrecht Achilles prägte sich die religiöse Richtung wieder in Johann Cicero aus. — Er hielt sehr viel auf einen streng christlichen Lebenswandel und ermahnte, wie wir gesehen haben, seinen Sohn in seinem Testament besonders zur Gottesfurcht. —

Wenn ein Fürst fromm ist, so frömmeln die Hofschranzen, wenn er heilig ist, sind sie scheinheilig und mit ihnen alle diejenigen, die Vortheile vom Hofe erwarten. So geschah es auch im 15. Jahrhundert in Berlin und Cöln. —

Es zeigte sich unter der Bürgerschaft das besondere Streben, eine prunkvolle Frömmigkeit zur Schau zu tragen, von dem die Kirchen den größten Nutzen zogen. In keiner Zeit sind so viele Altäre gestiftet und reich dotirt worden, wie in jener. — Auch eine Reihe frommer Brüderschaften verdankte jener Zeit ihre Entstehung.

Da entstand schon unter der Regierung Friedrichs des Eisernen eine Brüderschaft zur größern Feier des Frohnleichnamstages bei der St. Marienkirche, und eine Liebfrauenbrüderschaft bei derselben Kirche zur Vermehrung des Gottesdienstes. — Auch die Marienbrüderschaft bei der Nikolaikirche hatte einen gleichen Zweck, sie wurde im Jahre 1452 durch den churfürstlichen Küchenmeister Ulrich Zeuschel gestiftet. Die Marienbrüderschaft erfreute sich der besondern Neigung Friedrichs, der sie als eine Art Schwanenorden für die Bürger betrachtete. Die Mitglieder verpflichteten sich zu einem frommen Lebenswandel; verstießen sie durch Laster oder Verbrechen gegen denselben, so wurden sie aus der Ordensgemeinschaft ausgestoßen. Jedes Mitglied hatte ein zwei Loth schweres silbernes Bild, welches die Jungfrau Maria mit einem Kreuz in der Hand auf dem Gebirge sitzend, darstellte. Dies Bild mußte an allen Festtagen getragen werden, die Mitglieder waren aber berechtigt, dasselbe auch sonst nach Gefallen zu tragen und in dieser Berechtigung lag das Hauptzugmittel zum Eintritt in den Orden. — Heut brüstet sich die Eitelkeit gar gern mit einem Bändchen im Knopfloch, damals trug sie ein silbernes Marienbild zur Schau, der Unterschied ist eben nicht groß.

An der Spitze der Marienbrüderschaft stand ein Vorstand, der aus einem Priester, zweien vom Hofgesinde und zwei Bürgern bestand. Neuwahlen erfolgten zwar unter dem Rathe der Ordensmitglieder, aber erst nach Befragung des gnädigsten Kurfürsten.

Eine andere Gesellschaft, welche sich der besondern Gunst Johann Ciceros erfreute, und welcher derselbe persönlich mit seiner Gemahlin als Mitglied beitrat, war die von zwei Bürgern Berlins im Jahre 1476 gestiftete Wolfgangsbrüderschaft. Die Brüderschaft hielt religiöse Uebungen, ließ am Wolfgangstage Seelenmessen zum Heile aller verstorbenen Mitglieder lesen, besorgte die feierliche Beerdigung der Brüder, bei welcher kein Mitglied fehlen durfte u. s. w.

Man sollte bei der regen Betheiligung, welche alle diese Brüderschaften unter den Berlinern fanden, fast glauben, die Abneigung, welche die Bürger von Berlin und Cöln früher gegen die Geistlichkeit gezeigt hatten, sei im Laufe der Zeit verschwunden; dies war aber keineswegs der Fall. — die Bürgerschaft suchte sogar, wo es irgend möglich war, beim Gottesdienst die Geistlichkeit zu verdrängen und die kirchlichen Handlungen durch Laien verrichten zu lassen.

7*

Die Geistlichkeit war bei den Bürgern nicht weniger verhaßt, selbst verachtet als früher, und sie gab durch ihre Unwissenheit und ihren Lebenswandel dazu auch volle Veranlassung.

Die Mönche der Franziskaner und Dominikaner zeichneten sich durch Unwissenheit besonders aus, ihre Ordensvorschrift machte ihnen dieselbe gewissermaßen zum Gesetz, dieselbe lautete: „Wer vor seiner Aufnahme nicht studirt hat, soll im Orden nicht erst anfangen, Lesen, Schreiben und Wissenschaften erlernen zu wollen; die Ordensregel besagte: „Beten, Betteln und Predigen bedarf keiner Wissenschaft" oder in Reime gebracht, als der sogenannte Franziskaner-Vers:

„Der Minorit soll nit studir,
Der Bettelsack ist seine Zier.
Und kann er's, mag er pred'gen schier."

Einer so bequemen Regel gaben sich die Mönche nur zu gern hin, sie faullenzten nach Herzenslust in den Tag hinein.

Die Weltgeistlichen waren nicht viel besser, als die Mönche, daß ihr Leben oft genug zu recht großen Bedenken Veranlassung gegeben hat, geht wohl daraus hervor, daß eine im Jahre 1465 in Berlin abgehaltene Synode für nöthig befand, den Geistlichen den Besuch der Wirthshäuser, das Trinken um die Wette, das öffentliche Ausfahren mit den in ihrem Dienst stehenden Frauenzimmern und den Besuch der Kindtaufsschmausereien zu untersagen.

Das Leben der Geistlichkeit in Berlin und Cöln muß ein ziemlich anstößiges gewesen sein, sonst würde sich die Synode schwerlich zu derartigen Verboten veranlaßt gefunden haben; man war ja in jener Zeit keineswegs streng im Punkt der Sittlichkeit und verzieh auch einem Priester kleine fleischliche Sünden gern, wenn er es nur nicht gar zu arg trieb.

Es standen noch immer strenge Strafen auf Ehebruch und hie und da kam es auch vor, daß dieselben vollstreckt wurden, trotzdem aber wurde das Verbrechen häufig genug begangen. — Die Pfaffen besonders standen bei den Ehemännern Berlins in einem gar schlechten Rufe. Das alte Berliner Stadtbuch giebt hierfür viele Andeutungen, so zeichnet es auch mit einem besonderen Wohlbehagen auf, daß jeder Bürger berechtigt sei, einen Priester todt zu schlagen, ohne Gefahr dadurch in den geistlichen Bann zu kommen, wenn er ihn mit seinem echten Weibe in Ehebruch, oder mit seiner Mutter, Schwester oder Tochter in Unkeuschheit betreffe.

Die Sittenlosigkeit war in der That allgemein, sie vertrug sich sehr wohl mit der Scheinfrömmigkeit, welche zur Modesache geworden war und führte gegen Ende des 15. Jahrhunderts zur reißend schnellen Ausbreitung einer fürchterlichen Krankheit, welche nach einem heißen Sommer 1493 zuerst in der Mark Brandenburg auftrat, nachdem sie in Frankreich und ganz Süd-Europa bemerkt worden war. — Aus allen Ständen erforderte diese lediglich der Ausschweifung entsprossene Krankheit ihre Opfer. Kaiser und Fürsten, die höchsten Kirchenfürsten nicht ausgeschlossen, wurden von ihr befallen und gingen durch ihr fressendes Gift zum Theil jammervoll zu Grunde.

Daß auch unter der Bürgerschaft von Berlin und Cöln die Sittenlosigkeit tief eingewurzelt war, geht indirekt aus einem Polizeigesetz hervor, welches der Rath von Berlin, durch den Kurfürsten Johann Cicero veranlaßt, im Jahre 1486 erließ. Es wurde in diesem Gesetz verordnet: „daß die, welche an der Unehre sitzen, oder sonst in unzimlichen sündigen Wesen und gemein sein, sollen zu einem Zeichen, damit man Unterschied zwischen frommen und bösen Frawen habe, die Mäntel auf den Köpfen oder kurze Mäntelchen tragen." Auch die unehelich bei einander wohnenden Personen sollten zur kirchlichen Einsegnung angehalten, und wenn sie sich weigerten, dem erhaltenen Befehl zu folgen, aus der Stadt verwiesen werden.

Dieselbe „Stadtordnung" beschäftigte sich auch mit andern Polizeimaßregeln. Sie ordnete an, daß die Bäcker und Fleischer verpflichtet würden für hinreichende und gute Lebensmittel Sorge zu tragen, und trug Sorge dem Unwesen der Bettelei entgegen zu treten.

Der rege Wohlthätigkeitssinn der Berliner Bürger, der sich bei allen Familienfesten stets aufs Neue bewährte, hatte zur Folge, daß sich viel arbeitsscheues Gesindel lediglich auf die Bettelei legte. — Bei jeder Hochzeit und Kindtaufe wurden die Thüren der Bürger durch Bettler jedes Alters belagert. Vor den Kirchthüren saßen wirkliche und scheinbare Krüppel und sprachen die Kirchgänger um Almosen an.

Dem Betteln selbst vermochte der Rath nicht zu steuern, denn dasselbe entsprach ganz den Sitten der Zeit. Man hatte noch keine Armen- und Arbeitshäuser. Für Kranke gab es allerdings Siechenanstalten und milde Stiftungen, nicht aber für diejenigen, welche arbeitsunfähig und daher außer Stande waren, sich aus eigener Kraft zu ernähren; diese mußten betteln, das fand man in der Ordnung und berechtigte sie dazu, indem man ihnen ein besonderes Abzeichen, das Bettelzeichen gab.

Die privilegirten Bettler erhielten eine Marke von Blech oder Zinn, welche neben dem Stadtwappen den Spruch: „Gebet den Armen!" trug, mit der Verpflichtung, dieselbe am Hut zu tragen. Nur an Krüppel, Greise und andere gänzlich hilflose wurden diese Marken vertheilt; das fremde Gesindel aber und die Arbeitsscheuen wurden aus der Stadt verwiesen mit der Androhung, daß sie, wenn sie sich wieder in Berlin betreffen ließen, vom Büttel mit dem Staupbesen bedacht werden würden.

III. Abtheilung.
Berlin in der Reformationszeit.

Erstes Kapitel.

Joachim I. — Die Pest. — Joachims Hochzeit. — Die Stegreifritter. — Die Hinrichtung des Lindenberg. — Jochimken büte dy! — Der Ritter von Otterstedt. — Die Vernichtung des Raubadels.

Ein 15jähriger Knabe auf dem Thron! — Joachim I., der später den Beinamen Nestor erhalten hat, war am 21. Februar 1484 geboren und daher noch nicht volle 15 Jahr alt, als er am 9. Januar 1499 seinem Vater in der Regierung folgte. —

Ein 15jähriger Knabe der Fürst eines Landes, von dem Johann Cicero selbst gesagt hatte, es gebe kein deutsches Fürstenthum, in dem mehr Zank, Grausamkeit und Mord im Schwange gehe, als in der Mark Brandenburg!

Markgraf Friedrich von Ansbach, der Oheim Joachims, war zwar dem Gesetz nach der Vormund des jungen Fürsten, bis dieser das 18. Lebensjahr zurückgelegt hatte und dadurch mündig geworden war, Friedrich aber war weit von der Mark und kümmerte sich nicht um dieselbe, er überließ die Regierung dem jungen Kurfürsten selbstständig, alle Befehle wurden von diesem ertheilt, es findet sich nirgends die Spur einer vormundschaftlichen Regierung.

Das Volk der Mark Brandenburg schaute mit schwerer Sorge der Zukunft entgegen; es hatte kein Vertrauen darauf, daß eine so jugendliche Hand die Zügel des Regiments kräftig halten könne in einem Lande, dessen Fürst der vollsten Manneskraft bedurfte, wenn er die vielen widerstrebenden Elemente in Ordnung halten wollte.

Der Adel war nur halb unterworfen und sehnte sich zurück nach der ungebundenen Freiheit, deren seine Vorfahren noch im Anfang des Jahrhunderts genossen hatten, die Städte gedachten ebenfalls der vergangenen besseren Zeit und waren bereit für ihre alten Rechte einzutreten. Noch war in den andern märkischen Städten der kräftige Bürgersinn nicht so ganz erloschen, wie in den zur Residenz gewordenen Schwesterstädten Berlin und Cöln, in denen ihn Frömmelei und Eigennutz überwuchert hatten.

Schwere Zeiten standen der Mark Brandenburg bevor, das wußte Jedermann, geschahen doch vom Himmel selbst Zeichen und Wunder, um die bevorstehende Noth zu verkünden.

Allnächtlich stieg am Firmament ein feuriger Komet auf, der, dem Glauben der Zeit gemäß, von Gott gesendet war, um die Menschheit zu warnen vor kommender Gefahr. Blutige Kreuze fielen vom Himmel und legten sich den Menschen auf die Kleider. Der Chronist Angelus erzählt es uns, indem er sagt: „Juden fielen den Leuten Kreuze auf die Kleider, von mancherlei Farben, weiß, roth, blutfarb und enterfarb; sonderlich aber auf den Hemden, Schleyern, Brusttüchern ec., auch auf die, so in den Kasten und Truhen verschlossen waren."

Das war das Vorzeichen*) der kommenden Pest, kein vernünftiger Mensch konnte darüber in Zweifel sein und in der That sie kam und wüthete in der Mark Brandenburg so fürchterlich, wie seit langer Zeit nicht.

In jenen Zeiten, in denen die Arzneikunde auf der allertiefsten und untergeordnetsten Stufe stand, in denen man tüchtige studirte Aerzte kaum kannte, sich meistens nur Quacksalbern und Barbieren zur Kur anvertraute, gaben oft gewöhnliche Faul- und Zehrfieber, wenn sie epidemisch wurden, Veranlassung zum Ausbruch der

---

*) Alte Chroniken jener Zeit erzählen von den blutigen Kreuzen so ausführlich und so übereinstimmend, daß man an der Wahrheit nicht zweifeln kann. Eine Erklärung hatte man für die seltsame Erscheinung nicht, der Aberglaube beutete dieselbe daher aus. Das Volk war allgemein überzeugt, daß die von den Kreuzen Befallenen die künftigen Opfer einer zu erwartenden Pest seien. Der tüchtige Forscher Moehsen hat in seiner Geschichte der Wissenschaften in der Mark Brandenburg zuerst die Erscheinung der blutigen Kreuze natürlich erklärt. In jenen Jahren gab es eine Unzahl jener häßlichen Schmetterlinge (Veneria dispar), deren Raupen alle Gärten verwüsteten. An allen Häusern, Zäunen, Bäumen saßen die Schmetterlinge, welche die Eigenthümlichkeit haben, einen röthlichen Saft von sich zu geben, sobald sie berührt werden. Die Menschen lebten damals mehr im Freien, als heut zu Tage und es kam deshalb häufig vor, daß ihre Kleidungsstücke durch die Schmetterlinge beschmutzt wurden. Die durch den Aberglauben erregte Phantasie lieh jedem solchen Fleck leicht die Form eines Kreuzes. —

grauenhaften Seuche, welche von Stadt zu Stadt, von Land zu Land sich verbreitete und in manchen Jahren so entsetzlich wüthete, daß nach Mittheilungen der Geschichtsschreiber der dritte Theil der Bevölkerung Europas derselben unterlag. — Man nannte deshalb die Pest auch wohl den großen oder nach den schwarzen Flecken, welche bei dieser Krankheit auf Armen und Schenkeln sich zeigten, den schwarzen Tod.

Ganze Dörfer und kleine Städte starben aus, das Hausvieh konnte nicht mehr gefüttert und gepflegt werden. Die Schafe und Rinder liefen wild in den Wäldern und Feldern umher und starben daselbst, wenn sie kein Futter mehr fanden.

Wenn an irgend einer Stelle Deutschlands durch Mißernte eine Hungersnoth entstand, und dies war ja bei den schlechten Transportmitteln und zu ungenügenden Handelsverbindungen häufig genug der Fall, oder wenn nach einem blutigen Kriege die Leichen der Erschlagenen giftige Dünste aushauchten, so erzeugte sich leicht die Krankheit und zog nun von einer Stadt zur andern, bald ganz Deutschland, mitunter sogar ganz Europa durchwüthend.

Eine tüchtige Gesundheitspolizei gab es nicht. Schutzmaßregeln waren unbekannt. Menschen und Vieh wohnten in Dörfern und häufig genug auch in Städten in engen und niedrigen Stuben zusammen. Die Städte waren eng gebaut, luftlos, schmutzig, so fand denn die Krankheit überall, wohin sie auch kam, kräftige Nahrung.

Die Geistlichkeit, welche das abergläubische Volk in den meisten Ländern Europas beherrschte, predigte von der Kanzel herab, daß die Pest eine Strafe Gottes sei, eine Züchtigung, welche sich die Menschen durch ihre Sünden zugezogen hätten. Die Bischöfe veröffentlichten Hirtenbriefe und ermahnten das Volk, nicht zu leiblichen Schutzmitteln, sondern zu geistlichen seine Zuflucht zu nehmen, denn nach den Worten Davids sei es besser, in die Hand des Herrn zu fallen, als in die der Menschen. Sie schrieben Gebete vor und nannten die Heiligen, an die das Volk sich wenden solle, um Erlaß seiner Sünden und dadurch Hilfe und Befreiung von der Pest zu erhalten; ja sie verboten sogar als eine Sünde, eine Auflehnung gegen Gottes Strafgericht, daß Arzneimittel gebraucht würden. Willenlos sollte sich der sündige Mensch der grauenhaften Krankheit unterwerfen!

Das Volk befolgte diese Lehren und um so furchtbarer und schneller mußte natürlich die Seuche sich ausbreiten. Der Aberglaube wurde von der Kanzel herab genährt, die Priester machten das Volk aufmerksam darauf, daß keine Pest je ausgebrochen sei, ohne daß Gott vorher durch wunderbare Zeichen seinen Zorn verkündet habe. Kometen, Nordlichter, häufige Sternschnuppen, blutige Kreuze und andere dergleichen Naturerscheinungen wurden als Vorboten der Pest betrachtet und als solche von den Kanzeln herab verkündet. Engel mit feurigen Schwertern oder auch blutigen Ruthen sollten am Himmel vorher erschienen sein. —

Brach dann die Pest aus, dann lief das Volk in die Kirchen, Gesunde und Kranke durcheinander warfen sich nieder vor den Altären und beteten. Oft wurden die Kranken todt aus den Kapellen getragen und die Gesunden durch die ansteckende Berührung von der Krankheit ergriffen.

Das Volk zog in Prozessionen durch die Gassen, halbtodte Pestkranke rafften ihre letzten Kräfte auf, um mitzuziehen und fielen endlich todt zu Boden. Die Erfahrung belehrte das Volk indessen bald, daß die Seuche außerordentlich ansteckend sei. — Hatten anfangs sich die Kranken in die Gesellschaft der Gesunden gemischt und war dadurch die Ansteckung weiter verbreitet worden, so wurde jetzt zu einem furchtbar grausamen Gegenmittel gegriffen. — Sobald in einem Hause die Pest ausgebrochen war, vernagelte man Thüren und Fenster. Nicht einmal Lebensmittel wurden den im Hause befindlichen Unglücklichen gelassen. Gesunde und Kranke wurden gemeinschaftlich vermauert und mußten sterben. Wenn nach Jahren dergleichen Häuser wieder geöffnet wurden, so drang aus ihnen ein entsetzlicher Geruch hervor und oft genug wurde dadurch eine neue Seuche erzeugt.

Eine thierische Gleichgültigkeit gegen das Leben Anderer war in der gesammten Bevölkerung die Folge der Furcht vor Ansteckung. Wie man Gesunde und Kranke zugleich in demselben Hause vermauert sterben ließ, so warf man auch die Leichen zusammen mit den Kranken in eine große Grube und verscharrte die Lebenden mit den Todten.

Eine allgemeine Theilnahmlosigkeit verbreitete sich während des Herrschens der furchtbaren Krankheit. Da man kein Mittel gegen die Pest kannte, da kein Mensch seines Lebens auch nur für wenige Tage sicher war, so stellte man die Arbeit ein und überließ sich dem Wohlleben in seiner liederlichsten wildesten Form.

Die an der Pest Gestorbenen ließ man in Städten und Dörfern, wenn die Krankheit und mit ihr die Verzweiflung des Volkes den höchsten Grad erreicht hatte, oft unbegraben liegen oder man warf sie wohl in die Flüsse und verbreitete dadurch die Krankheit weiter, nicht nur unter den Menschen, sondern selbst unter den Fischen und andern Thieren. — So kam es, daß oft die Seuche drei bis vier Jahre hindurch dauerte, daß sie sogar, wenn sie dem Anscheine nach schon erloschen war, plötzlich mit erneuter wilder Wuth wieder ausbrach.

Die Pest war eine Strafe Gottes, — so wurde von den Kanzeln gepredigt — aber man konnte nicht begreifen, daß Gott so lange und so entsetzlich zu strafen vermöge; man verfiel deshalb darauf, daß böse Menschen die Schuld an der Weiterverbreitung der Krankheit trügen. Der Verdacht fiel auf die unglücklichen Juden, welche in ganz Deutschland an jedem Unheil stets Schuld sein mußten.

Die Geistlichen reizten von der Kanzel herab das Volk zur Rache gegen die Juden auf, die, wie sie damals Christus an's Kreuz genagelt hätten, jetzt wieder das Christengeschlecht zu vernichten wünschten. Bald sollten die Juden die Brunnen vergiftet haben, bald sagte man ihnen nach, daß sie durch Zauberkünste die Luft verpestet hätten. — Das Volk zog vor die Judenhäuser, stürmte sie, zog Männer, Weiber, Kinder auf die Straßen und ermordete sie kaltblütig. Die Obrigkeit sah solchen Freveln meist ruhig zu und zog selbst die Güter der vom Pöbel erschlagenen Juden als verfallen ein. Die Leichen der Gemordeten ließ man liegen und verwesen, oder steckte sie in große Säcke und warf sie in die Flüsse.

Noch toller fast war ein Gerücht, welches sich verbreitete, daß die Todtengräber, um einen reichlichen Erwerb zu haben, Giftpulver ausgestreut hätten. Das Volk bedachte in seinem Wahnsinn nicht, daß meistens die Todtengräber die ersten Opfer der Seuche wurden. In wilder Wuth überfiel es diese Beamten, welche damals für ehrlos gehalten wurden, und ermordete sie. Es kam selbst vor, daß Gerichtsbehörden, angesteckt von dem Aberglauben der Zeit, die Todtengräber verhafteten und auf die Folter spannen ließen; unter den Qualen der Folterinstrumente gestanden die Gepeinigten Alles, was man von ihnen hören wollte: — sie hätten Giftpulver ausgestreut, um die Pest zu erzeugen, und nach Urtheil und Recht wurden sie öffentlich verbrannt.

Natürlich fand sich nun Niemand mehr, der das ohnehin schauerliche, gefährliche und dazu ehrlose Amt übernehmen wollte.

Eine Pestepedemie, wie wir sie hier zu schildern versucht haben, brach im Jahre 1500 in der Mark Brandenburg aus und verheerte dieselbe während mehrerer Jahre. In Berlin und Cöln trat die Krankheit mit besonderer Wuth auf. — Die engen Straßen und die Schmutzwinkel zwischen den Häusern machten die Schwesterstädte zu einem besonders günstigen Krankheitsheerd.

Gerade in jene traurige Zeit fiel ein Ereigniß, welches unter andern Umständen gewiß in der Mark Brandenburg als ein Landesfest gefeiert worden wäre, die Verheirathung des jungen Kurfürsten mit der schönen dänischen Königstochter Elisabeth; — damals aber war Jedermann nur mit sich selbst beschäftigt. Das Volk nahm keinen frohen Antheil an der Hochzeitsfeier seines Fürsten, ja man raunte sich wohl zu, eine Hochzeit, zu solcher Zeit gefeiert, könne keine glückliche Ehe zur Folge haben.

Das Fest konnte der herrschenden Krankheit wegen nicht in Berlin gefeiert werden, die kirchliche Einsegnung des fürstlichen Brautpaares mußte deshalb an einem andern Ort geschehen. Joachim wählte die Stadt Stendal.

Wegen der großen im ganzen Lande herrschenden Noth hatte der junge Kurfürst verordnet, daß nicht, wie sonst üblich, ein glänzendes Fest gefeiert werde; — alle unnöthigen Ausgaben sollten vermieden werden und Joachim hatte daher den Befehl erlassen, daß der Adel sich in der Kleiderpracht beschränke. Kein Adliger durfte mit goldner Kette verziert erscheinen, den fürstlichen Personen allein blieb ein solcher Staat vorbehalten; der Adel erhielt nur die Erlaubniß, zwei bis drei goldene Ringe an einem leinenen Halstuch hängend auf der Brust zu tragen. Dem Kanzler wurde, als ein Vorzug seiner Würde, gestattet, das große kurfürstliche Siegel in einem goldenen Ringe an einem Bande auf der Brust zu haben.

Die Hochzeit war eine verhältnißmäßig stille, obgleich sie ein doppeltes Freudenfest bildete, denn an demselben Altare vereinte der Erzbischof Ernst von Magdeburg zwei fürstliche Brautpaare; beide waren sich nahe verwandt. — Kurfürst Joachim vermählte sich mit Elisabeth, der Tochter des Königs von Dänemark, während Herzog Friedrich von Holstein, der Bruder des Königs, die Schwester Joachims, Anna, heirathete. Die Hochzeit fand am 10. April 1502 statt.

Joachim war der Gatte einer jungen, schönen und liebenswürdigen Prinzessin, aber glücklich war er dennoch nicht, denn schwere Regierungssorgen drückten ihn. — Ueber der von schwerer Krankheit heimgesuchten Mark Brandenburg waltete noch eine andere Pest, schlimmer fast als der schwarze Tod, die Pest der Recht- und Gesetzlosigkeit! —

Kurfürst Johann Cicero hatte wohl Recht gehabt, als er in seinen letzten Worten dem Sohne warnend zurief: „Vergesset nicht, den Adel im Zaum zu halten, denn dessen Uebermuth verübet viel Böses!" —

Der Adel hatte aufs Neue das Haupt erhoben. Vor einem Knaben hatten die ritterlichen Herren keine Furcht, mit diesem konnten sie spielen, unter seiner schwachen Regierung waren sie im Stande, ihr altes Räuberleben aufs Neue zu beginnen.

Auf den adligen Schlössern wurden die verrosteten Harnische und Blechhauben wieder hervorgesucht, die unbenutzt in der Rüstkammer gelegen hatten, seit Kurfürst Johann Cicero den Herren in der Priegnitz das Stehlen verleidet hatte. — Die Ritter führten freilich nicht mehr, wie vor hundert Jahren, Krieg mit einander oder mit benachbarten Städten und Fürsten, dazu waren ihnen die Flügel noch nicht lang genug gewachsen, ihre Fehdezüge galten nur friedlichen Kaufleuten, denen sie auf den Landstraßen auflauerten, um sie zu berauben und zu morden.

Es war kein ritterlicher Kampf, sondern ein gemeines Diebeshandwerk, für welches die edlen Herren einen besondern Kunstausdruck erfunden hatten; sie nannten es, „auf den Stegreif reiten." Die vornehmsten Adligen, selbst die Hofbeamten des jungen Kurfürsten, scheuten sich nicht, sich durch gemeinen Straßenraub zu bereichern. —

Von der kurfürstlichen Tafel schlichen sie sich Abends fort, bestiegen ein schnelles Roß und ritten, in einen Mantel dicht verhüllt, mit rußgeschwärztem Gesicht auf die Landstraße. Nach verbrachter That kehrten sie ins Schloß zu Cöln zurück, um am andern Morgen ihren Dienst zu versehen. —

  Morden und stehlen ist keine Schande,
  Es thun es ja die Besten im Lande! —

So sangen die Gassenbuben in Berlin auf den Straßen, wenn sie die reichgeputzten Jagdjunker, von denen sie wußten, daß der prunkvolle Schmuck durch Straßenraub gewonnen sei, hinter dem fürstlichen Herrn herreiten sahen.

Jedermann kannte die Räuber, nur der junge Kurfürst kannte sie nicht. — Die Kaufleute, welche Berlin verlassen wollten, um eine Handelsreise anzutreten, bekreuzten und segneten sich vorher; sie beteten mit voller Inbrunst das Kaufmannsgebet:

  Vor Köderitz und Lüderitz
  Vor Krachten und vor Itzenplitz
  Behüt uns lieber Herre Gott! —

Joachim war tief entrüstet über die Frechheit der Abligen, die es wagten, das Gesetz mit Füßen zu treten. — Obgleich fast ein Knabe noch den Jahren nach, war der junge Kurfürst doch ein vollkräftiger Mann an festem Willen und ernster Entschlossenheit. Er war durchdrungen von einem lebendigen Rechtsgefühl, von dem Wunsche, dem letzten Worte seines Vaters gemäß den Bürger gegen die Uebermacht des Adels zu schützen; aber er konnte nicht strafen ohne Beweise. Er verpfändete sein Wort, jedem Räuber ohne Rücksicht auf Rang und Stand Gerechtigkeit widerfahren zu lassen, und bald genug fand er Gelegenheit, dies Wort zur That zu machen. —

Ein Berliner Kaufmann war in einer mondhellen Nacht von zwei abligen Herren beim Dorfe Cloholz überfallen und beraubt worden. Die Räuber hatten den Unglücklichen nach schweren Mißhandlungen gebunden in einen tiefen Sumpf geworfen, in der sicheren Erwartung, er werde in demselben ertrinken. — Mit Beute beladen verließen sie lachend den Schauplatz ihres Verbrechens, ohne Furcht vor einer Strafe, denn der einzige Zeuge der That, der Beraubte selbst, war ja stumm gemacht.

Der Kaufmann blieb durch einen besonders glücklichen Zufall am Leben; es gelang ihm, sich der fesselnden Stricke zu entledigen, er wartete nur bis die Räuber weit genug entfernt waren, dann kroch er vorsichtig aus dem Sumpf, und als er sich nun in Sicherheit sah, eilte er nach Berlin, um Klage zu führen bei dem Kurfürsten, diesmal kein schwankendes allgemeines Schmerzenslied, sondern eine wirkliche Anklage gegen eine leicht zu ermittelnde Person; der Kaufmann hatte den einen Räuber als einen Hofherrn erkannt, den er häufig im nächsten Gefolge Joachims durch die Straßen von Berlin und Cöln hatte reiten sehen. —

In jenen Zeiten waren die Fürsten noch nicht durch die eherne Mauer der Etiquette abgeschlossen vom Volk. Jeder Bürger, der sich persönlich klagend an den Kurfürsten wenden wollte, erhielt leicht den gewünschten Zutritt, so auch unser Kaufmann. —

Joachim hörte ihn ernst und gütig an, er ließ sich alle einzelnen Umstände des Verbrechens erzählen, dann versprach er ihm Gerechtigkeit, strenge Strafe gegen den Raubmörder, auch wenn dieser sein liebster Genosse sein sollte.

Das Hofgesinde wurde gerufen, um im Zimmer des Kurfürsten zu erscheinen, der Kaufmann hielt sich versteckt hinter einem Teppich, doch so, daß er jeden Eintretenden mustern konnte. Einer der abligen Herren nach dem andern erschien, keiner war der Rechte. Endlich kam auch der Herr von Lindenberg, ein Mann von hohem Talente, den Joachim seines ritterlichen Wesens willen vor allen anderen Hofherrn liebte und ehrte.

Kaum war der Lindenberg ins Zimmer getreten, da sprang der Kaufmann aus seinem Versteck hervor und rief: „Dieser ist's, der mich beraubt hat!"

Ein jäher Schreck durchzuckte den Lindenberg. Der, den er glaubte, gemordet zu haben, stand plötzlich lebend, sein Ankläger, vor ihm. Eine fahle Leichenblässe überflog sein sonst so blühendes Gesicht; er ließ die Arme sinken und stierte wortlos den Todtgeglaubten an.

Auch Joachim war tief entsetzt. Daß gerade dieser, dem er so ganz vertraut, der Mörder sein mußte! Und doch war er's; sein Schrecken, seine Fassungslosigkeit sprachen so überzeugend gegen ihn, daß selbst die einfache, klare, ungeschmückte Erzählung des beraubten Kaufmanns nicht überzeugender sein konnte.

Es war wohl ein schwerer Kampf für den jungen Kurfürsten, den Liebling der Strafe des Gesetzes zu übergeben; aber sein reges Gerechtigkeitsgefühl ließ ihn leicht jeden Zweifel besiegen. Der Lindenberg wurde aus dem kurfürstlichen Schloß fort in das Gefängniß geführt.

Er leugnete nicht, denn er zweifelte nicht daran, daß Joachim durch alle den Gerichten jener Zeit zustehenden Mittel die Wahrheit erforschen werde. Die Folter hätte dem Verbrecher sicher das Geständniß seiner That abgepreßt, das wußte der Lindenberg, er gestand daher sein Verbrechen in der Hoffnung, daß ihn, den Liebling des Kurfürsten, der verwandt war mit den höchsten Adelsfamilien des Landes, eine zu schwere Strafe nicht treffen werde. Mit einer reichen Entschädigung des Beraubten war sicherlich ein so leichtes Vergehen, wie ein lustiger Stegreifritt in stiller Nacht und die versuchte Ermordung eines lumpigen Krämers, genügend gesühnt.

Er sah sich getäuscht. — Joachim war entschlossen, dem Raubunwesen ein gewaltsames Ende zu machen; ein warnendes Beispiel mußte dem übrigen Adel gegeben werden, er mußte zeigen, daß seine Gerechtigkeit den Adel, wie den

Bürger treffe. Der Lindenberg wurde zum Tode verurtheilt und Joachim bestätigte das Todesurtheil.

Der gesammte Adel der Mark Brandenburg war von starrem Entsetzen ergriffen. Wenn der Lindenberg vom Schwerte des Henkers getroffen wurde, wer war dann noch seines Lebens sicher? Die adligen Herren hatten fast ohne Ausnahme ähnliche Verbrechen begangen, deren Entdeckung sie täglich befürchten durften. Der Lindenberg mußte gerettet werden!

Die vornehmsten Adligen des Landes bestürmten den Kurfürsten mit Bitten um Gnade. Vergebliches Bemühen! Joachim schaute die Bittsteller mit ernstem, kaltem Blick an und versicherte ihnen, daß er wohl das Wort Gerechtigkeit, nicht aber das Wort Gnade kenne.

Der Knabe zeigte sich als Mann. — Unbeugsam ging er den Weg, den sein Gewissen ihm vorzeichnete. Das Todesurtheil wurde vollstreckt, der Kopf des Lindenberg fiel unter dem Schwert des Henkers.

Es war geschehen; — das Blut des Lindenberg war geflossen! — Der Adel der Mark Brandenburg hatte nicht vermocht, die Hinrichtung zu vereiteln, denn die Bürger von Berlin und Cöln, welche gehört hatten, die Genossen des Verbrechers wollten diesen noch auf dem Wege zur Richtstätte befreien, waren dem Verurtheilten als Schutzwache in solcher Anzahl gefolgt, daß jeder Befreiungsversuch ein Wahnsinn gewesen wäre. Die Rettung des Freundes war unmöglich gewesen, nur die Rache für das vergossene Blut desselben blieb dem Adel übrig.

Auf den Schlössern im Lande herrschte wieder ein reges geheimnißvolles Treiben. Die adligen Herren kamen hier und dort in dunkler Nacht zusammen; was sie trieben, was sie beriethen, das wußte Niemand; kein Diener wurde bei den Adelsversammlungen zugelassen, kein Wort verlautete über die Zwecke derselben; Jedermann aber wußte, daß der Adel einen Schlag führen werde gegen den Kurfürsten.

Die Herren vom Hofe waren zum Theil in das Geheimniß der Verschwörung eingeweiht, einer von ihnen, ein Herr von Otterstedt war sogar das Haupt derselben. — Joachim sah wohl an den finstern Mienen seiner früher so unterthänigen Hofherrn, daß diese über irgend einen finstern Racheplan brüteten; aber er ließ sich dadurch nicht schrecken, er fuhr fort, Gerechtigkeit zu üben und wo ein Adliger eines Raubes überführt wurde, da traf ihn ohne Gnade das Henkerschwert.

Endlich war die Verschwörung gereift, Alles war zur Ausführung derselben vorbereitet. Joachim war ein großer Freund der Jagd. Er begab sich oft mit nur wenigen Begleitern in die rings um Berlin sich ausbreitenden Wälder, um sich seinem liebsten Vergnügen hinzugeben.

Die Verschworenen waren entschlossen, auf einem solchen Jagdausflug, über dessen Ziel sie stets durch ihre am Hofe lebenden Genossen vorher unterrichtet wurden, den Kurfürsten zu überfallen und durch seinen Tod den des Lindenberg zu rächen. — Starb Joachim, so folgte ihm sein im Jahre 1490 geborener Bruder Albrecht, für den Markgraf Friedrich in Ansbach die Regierung führen mußte. Unter einem vormundschaftlichen Regiment war es dem Adel wahrscheinlich leicht, seine frühere Macht in der Mark Brandenburg wieder zu erlangen.

Die Verschwörer glaubten der Ausführung ihrer Pläne so gewiß zu sein, daß der Ritter von Otterstedt im frechen Uebermuth es wagte, den Kurfürsten durch eine Drohung zu verhöhnen. Er schrieb mit Kreide an die Thür der Schlafkammer Joachims die Worte:

Jochimken, Jochimken, hüte dy!
Wo wy dy kriegen, da henken wy dy! —

Dann setzte er sich auf sein schnellstes Roß und eilte zu seinen adligen Freunden.

Die Verschworenen hatten in Erfahrung gebracht, daß Joachim in den nächsten Tagen eine Jagd in dem sumpfigen Walde abhalten werde, der sich an den Ufern der Spree zwischen Berlin und Köpenik erstreckte. Tag und Stunde der anberaumten Jagd waren ihnen verrathen worden.

Mit dem frühsten Morgen versammelte der Ritter von Otterstedt seine Genossen und ritt nach der Köpeniker Haide, dort versteckten sich die Verschwörer im Gebüsch, nicht fern von dem Wege, auf dem der Kurfürst nahen mußte.

Es war ein nebliger Morgen; — kaum vermochte einer der Verschworenen den andern zu erkennen und so sahen sie denn auch nicht, daß sich zwischen ihnen ein Bauersmann befand, den ein Zufall des Weges führte. Sie unterhielten sich, in der Ueberzeugung, in so früher Stunde ganz allein in dem öden Wald zu sein, ohne Scheu über ihre Pläne.

Der Bauer hörte mit Grausen von der Gefahr, welche dem Kurfürsten drohte. Die strenge Gerechtigkeit, durch welche Joachim die Rache des Adels herausforderte, hatte ihm die Liebe des Volkes gewonnen, sie rettete ihm jetzt das Leben. — So gefährlich es für den Bauer war, sich durch die Verschworenen zu schleichen, er unternahm das Wagestück und es gelang; — er erreichte glücklich, durch die schützenden Nebel verborgen, den Weg nach Cöln und eilte nun vorwärts, so schnell er laufen konnte, um den Kurfürsten vor der drohenden Gefahr zu warnen.

Joachim hatte eben durch das Köpeniker Thor die Stadt verlassen, als er auf den fast athemlosen Bauer traf; dieser erzählte, was er gehört und gesehen.

Jetzt gab es eine andere Jagd, als die auf ein unschuldiges Wild. — Der Kurfürst ließ sofort seine Trabanten zusammenziehen und diese eilten von dem Bauer geführt in die Haide; hier umzingelten sie die Verschworenen, und es gelang ihnen, die meisten derselben, unter ihnen auch den Otterstedt, gefangen zu nehmen.

Joachim übte fürchterliche Gerechtigkeit. Der

8

Otterstedt wurde grausam hingerichtet, gevierthellt! Sein blutendes Haupt wurde an einer eisernen Stange auf dem Köpeniker Thor aufgestedt und noch lange Jahre grinste der fleischlose Schädel von der Eisenstange herab.

Auch die übrigen Verschworenen entgingen der gerechten Strafe nicht. Sie hatten auf der Folter manche ihrer Raubthaten eingestanden und ihre Verbrechensgenossen verrathen; gegen diese wurde nun die Untersuchung ausgedehnt.

Joachim sendete auf alle Straßen Reiterhaufen aus, um die flüchtigen Verbrecher einzufangen. Man machte mit diesen kurzen Prozeß. Ein Scharfrichter begleitete jeden Reiterhaufen, er vollzog ohne Weiteres das Todesurtheil an allen gefangenen Räubern, gleichviel ob sie adligen oder bürgerlichen Herkommens waren. In kurzer Zeit fielen mehr denn 70 Köpfe! —

Eine so fürchterliche Energie, eine so gnadenlose Strenge hatte der Adel dem bartlosen Jüngling nicht zugetraut. Jetzt wagte er es nicht mehr, zu widerstreben. Zitternd vor Furcht saßen die abligen Herren auf ihren Schlößern und erwarteten dort ihr Schicksal; die Muthlosesten wendeten sich klagend an den Markgrafen Friedrich von Ansbach und flehten ihn, den Vormund des jungen Fürsten, um Schutz an gegen die Verfolgungen Joachims, die den ganzen Adel der Mark Brandenburg zu vernichten drohten.

Sie mochten dem Markgrafen wohl eine furchtbare Schilderung von der grausamen Verfolgungssucht gemacht haben, deren Opfer der Adel sei, dies geht daraus hervor, daß Markgraf Friedrich, der sich sonst um die Regierung der Mark Brandenburg gar nicht kümmerte, sich veranlaßt sah, an seinen Neffen zu schreiben und ihn zu bitten, daß er mit dem Blutvergießen aufhören möge. — Er möge bedenken, daß er gegen sein eigenes Fleisch und Blut wüthe, denn er selbst sei ja abligen Herkommens. —

Joachim empfing den Brief seines Oheims, aber er ließ sich durch denselben in seiner Ueberzeugung nicht beirren. „Ich habe kein redliches abliges Blut vergossen," — so schrieb er spöttisch zurück, „sondern das von Schelmen, Räubern und Mördern! — Wären sie Redliche vom Adel gewesen, dann hätten sie so böse Thaten nicht gethan!" — Und er fuhr fort die Räuber zu verfolgen, so lange, bis alle eines Raubes Ueberwiesenen gerichtet waren.

Er hatte glänzend gesiegt. — Der Adel wagte für lange Zeit nicht mehr, auf die Landstraße zu reiten; er ließ fortan die reisenden Kaufleute ruhig ihres Weges ziehen, und auch das übrige Raubgesindel, welches aus den Nachbarländern, besonders aus Pommern, nach der Mark Brandenburg gekommen war, um, oft genug in Gemeinschaft mit herabgekommenen Edelleuten, die Wege unsicher zu machen, zog sich aus der Mark zurück, da es den Aufenthalt in derselben für zu gefährlich hielt. —

Zweites Kapitel.

Joachims Gerechtigkeit. — Errichtung des Kammergerichts. — Joachims Judenhaß. — Der fromme Bischof Hieronymus Scultetus. Der große Judenprozeß. — Die Verbrennung der 38 Juden in Berlin. — Vertreibung der Juden aus der Mark Brandenburg.

Der junge Kurfürst hatte sich die letzten Worte seines verstorbenen Vaters tief in das Gedächtniß eingeprägt, er war entschlossen nach den Lebensregeln, die ihm Johann Cicero hinterlassen, zu handeln.

Den Adel hatte er gezüchtigt, er hatte gezeigt, daß er die Uebergriffe desselben nicht dulde, aber er zeigte auch, daß er eben so wenig den Städten einen Eingriff in die Rechtspflege gestatten wolle, daß eine unparteiische Gerechtigkeit der Zielpunkt seines Strebens sei.

Einige Frankfurter Kaufleute waren auf dem Wege nach Beeskow zum Jahrmarkt von einem abligen Stegreifritter angehalten und beraubt worden. Der Räuber hatte die eingeschüchterten Krämer durch die Drohung, ihnen das Leben zu nehmen, gezwungen, ihm ein beträchtliches Lösegeld zu versprechen, welches sie zahlen sollten, sobald sie nach Frankfurt zurückkämen.

Die That erregte in der Stadt Frankfurt unter den Bürgern eine gerechte Entrüstung.—Der Rath kam zusammen, er beschloß den Friedensbrecher nachdrücklich zu bestrafen. Die Bürger bewaffneten sich, sie zogen vor das Schloß des Raubritters und erstürmten dasselbe; es gelang ihnen, den Räuber gefangen zu nehmen. Sie führten ihn nach Frankfurt und dort wurde er auf offenem Markte am Pfingstmontag enthauptet, ohne daß ihm vorher der Prozeß gemacht worden wäre, ohne Urtheil und Recht.

Die schnelle That führte eine harte Strafe nach sich. Der Bischof von Lebus verhängte den Bann über die Stadt, weil diese durch einen Mord das heilige Pfingstfest geschändet habe und Kurfürst Joachim nahm ihr das Halsgericht, welches sie durch die rechtswidrige Hinrichtung gemißbraucht hatte.

Joachims Streben während seiner ganzen Regierungszeit war es, Recht und Gerechtigkeit in der Mark Brandenburg zur Ausübung zu bringen. Er durchreiste zu diesem Zwecke das Land, um sich überall persönlich von dem Zustand der Rechtspflege zu überzeugen, überall empfahl er den Richtern strenge Unparteilichkeit und Gewissenhaftigkeit; er verlangte von ihnen, daß sie niemals einen Unterschied zwischen Vornehmen und Geringen, Armen und Reichen machen sollten, er verbot ihnen, Geschenke anzunehmen und erklärte, daß er sich selbst dem Rechte beugen werde, wenn irgend Jemand glaube, Ansprüche an ihn zu haben.

Um der Rechtspflege einen schnelleren Vollzug zu geben, verlieh er dem Rath von Berlin und Cöln im Jahre 1508 wieder das obere und das niedere Gericht, welches beide Städte unter Friedrich II. verloren hatten. In der Ueberlassungsurkunde erklärte er, er thue dies, um Gehorsam und Furcht der Bürger gegen den Rath zu erhalten. Den Rath verpflichtete er, ein gutes Regiment, rechte Polizei, rechtes Gewicht, Elle und Maaß zu halten. Jeder Rath solle das Gericht innerhalb seiner Stadt und deren Feldmarken ausüben. — Nur die fürstliche Obrigkeit behielt sich Joachim vor: das Ein- und Absetzen der Richter, das Halsgericht und die Bestrafung des Hofgesindes und der Münzer. Der Rath mußte für die erworbene Gerichtsbarkeit 90 Gulden jährlich an den Kurfürsten zahlen und die Rückgabe nach erfolgter Aufkündigung zusagen.

Eine andere wesentliche Verbesserung des Gerichtsverfahrens führte Joachim im Jahre 1515 durch die Errichtung des Kammergerichts ein, eines obersten Gerichtshofes, dem alle anderen Gerichte in der Mark Brandenburg untergeordnet waren, bei der Appellation eingelegt werden konnte, wenn Jemand sich durch den Ausspruch eines Land- oder Stadtgerichts beschwert glaubte.

Vor das Kammergericht sollten auch alle Prozesse gegen solche Personen, welche bisher vor keinem Gerichtshof belangt werden konnten, gegen Grafen und Herren, sowie gegen die kurfürstlichen Räthe und Kanzler, gebracht werden. Joachim selbst erklärte, sich vor dem Kammergericht zu Recht stellen zu wollen.

Das Kammergericht sollte jährlich viermal zusammentreten, ein Mal in Tangermünde, drei Mal im kurfürstlichen Schloß zu Cöln. Arme, d. h. alle solche, welche durch einen Eid bei den Heiligen darthun konnten, daß sie nicht über fünfzig Gulden Eigenthum besaßen, hatten keine Gerichtskosten zu zahlen. Auch den Sprechern und Advokaten war anempfohlen, sich der Armen, Gott zu Ehren und um der Gerechtigkeit willen, umsonst anzunehmen. Ein Richter oder Sprecher, der sich weigerte den Armen zu dienen, durfte nie wieder im Kammergericht erscheinen.

Während Joachim in seinem Streben, das Recht zu befestigen, für alle Zukunft segensreich wirkte, beging er doch eine furchtbare Ungerechtigkeit, welche gegen sein sonst so reges Gerechtigkeitsgefühl im schneidendsten Widerspruch zu stehen scheint. Er genehmigte nicht nur, er beförderte sogar einen grauenhaften Prozeß gegen die Juden in der Mark Brandenburg, der mit der Verbrennung von 38 unschuldigen Menschen und der Vertreibung der Juden aus dem Lande endete; der Widerspruch ist aber nur ein scheinbarer.

Joachim war ein ächter Sohn seiner Zeit. — Von einem frommen Priester, dem Bischof von Lebus Dietrich von Bülow, erzogen, hatte er die Lehren der katholischen Kirche sich ganz zu eigen gemacht. Er haßte die Ungläubigen und Ketzer und besonders gegen die Juden fühlte er eine tiefe Verachtung; er hielt sie jedes Verbrechens fähig.

Joachim wurde in seinem Judenhaß wesentlich bestärkt durch einen seiner geheimen Räthe, auf den er ein besonderes Vertrauen setzte, durch Bischof von Brandenburg, Hieronymus Scultetus.

Hieronymus Schulz, der dem Gebrauch seiner Zeit gemäß den schlichten deutschen Namen in den hochklingenden lateinischen Scultetus umgewandelt hatte, war eines Bauern Sohn aus Gramschütz in Schlesien. — Er hatte die Aufmerksamkeit des Kurfürsten Joachim durch seine tüchtigen Kenntnisse in den Wissenschaften auf sich gezogen und durch ein geschmeidiges Wesen sich das Vertrauen desselben erworben. So war es ihm denn geglückt, sich vom einfachen Priester bis zum Bischof von Brandenburg und kurfürstlichen Geheimen Rath empor zu schwingen. —

Hieronymus übte einen großen Einfluß auf den Kurfürsten aus. Er verstand es trefflich, schöne Worte zu machen und Joachim zum Munde zu reden. — Der Chronist Angelus sagt über ihn: „Etliche schreiben, daß er der Landart ein Schwab gewesen; aber ich halte es dafür, daß er daher ein Schwab genannt, daß er ein trefflicher Orator oder Redner gewesen, weil man sonst die Schwaben pfleget Schwätzer zu nennen, nach dem Sprüchwort:

Ein Schwab ein Schwätzer,
Ein Böhm ein Ketzer rc.

Denn dieser Bischof nicht allein, wenn er nüchtern gewesen; sondern auch wenn er einen guten Rausch gehabt, die herrlichsten Orationes (Reden), bisweilen drei Stunden lang, hat halten können."

Der hochwürdige Bischof war ein erklärter Judenfeind, er bestärkte den Judenhaß Joachims, und es ist daher leicht erklärlich, daß der junge Kurfürst nicht zögerte, einen Prozeß, der gegen die märkischen Juden in aller Form Rechtens geführt wurde, seinen Gang gehen zu lassen. Gerade sein reges Gerechtigkeitsgefühl bestärkte Joachim um so mehr, sich nicht eigenmächtig in den Prozeß zu mischen. Er ließ die Justiz gewähren. Freilich wäre er berechtigt gewesen, endlich Gnade für Recht zu gewähren, aber da er sich nicht veranlaßt gefunden hatte, seinen Liebling, den Lindenberg, durch ein fürstliches Gnadenwort dem Henkerschwert zu entziehen, so fand er noch weit weniger Veranlassung, ein solches Wort für die verhaßten und verachteten Juden zu sprechen.

Der große Judenprozeß vom Jahre 1510 giebt uns ein so charakteristisches Bild der Zeit, daß wir nicht umhin können, ihn unsern Lesern ausführlicher zu erzählen.

In dem havelländischen Dorf Knobloch war ein Kirchendiebstahl verübt worden. Der Dieb hatte das Sakramentshäuschen erbrochen und die kupferne vergoldete Monstranz nebst zwei geweihten Hostien in einem Messingbüchschen gestohlen.

Der Diebstahl hatte an und für sich nichts Auffälliges. Der Dieb hatte wahrscheinlich geglaubt, die Monstranz und das Messingbüchschen beständen aus ächtem Golde und dadurch war seine

Habgier angereizt worden. Die Priesterschaft aber schob dem Diebstahl andere Motive unter, sie behauptete, die geweihten Hostien seien das Ziel des Raubes gewesen; da lag denn der Verdacht sehr nahe, daß die verruchten Juden den Dieb angestiftet hätten, sein Verbrechen zu begehen.

Es herrschte damals allgemein der Aberglaube, daß die Juden geweihte Hostien um jeden Preis zu erwerben suchten, um an denselben ihrem Haß gegen den Erlöser Genüge zu leisten; auch hier wurde der gleiche Verdacht ausgesprochen und dem Kurfürsten mitgetheilt.

Joachim gab sofort Befehl, ein wachsames Auge auf alle Juden in der Mark Brandenburg zu haben und ihm sofort Anzeige zu machen, sobald die Monstranz oder die Hostien irgendwo aufgefunden würden.

Nach einigen Tagen schon gelang es, eine Spur des Verbrechens zu entdecken. Im Stadtgraben von Bernau wurden einige Stücke der vergoldeten Monstranz gefunden, andere lagen zerstreut auf dem Felde in der Nähe der Stadt und innerhalb derselben dicht an der Stadtmauer. Jedenfalls hatte sich der Dieb von der Werthlosigkeit seines Raubes überzeugt und deshalb die Monstranz, die ihn verrathen konnte, zerstört.

Der Verdacht der Thäterschaft lenkte sich bald auf eine bestimmte Person. — In einem Gäßchen von Bernau, der Hagen genannt, welches an die Stelle der Stadtmauer stieß, in deren Nähe im Stadtgraben die meisten Stücke der Monstranz gefunden worden waren, wohnte ein wüster Kerl, ein Kesselflicker, Namens Paul Fromm, dem man jedes Verbrechen zutrauen konnte. — Man erzählte sich, Paul Fromm habe die Monstranz verkaufen wollen, mehrere Personen wollten dieselbe in seiner Hand gesehen haben.

Fromm hörte von dem gegen ihn erhobenen Verdacht; er wußte sehr wohl, daß die Einleitung der Untersuchung gegen ihn, mochte er schuldig oder unschuldig sein, gleichbedeutend mit einem Todesurtheil war. — Kein Leugnen konnte ihm helfen, dafür gab es eine Folter, die auch dem hartnäckigsten Verbrecher ein Geständniß abpreßte. Er zog es vor, die Untersuchung nicht abzuwarten; er entfloh und vergrößerte dadurch noch den ohnehin auf ihm ruhenden Verdacht. —

Die Flucht des Kesselflickers war so eilig gewesen, daß er wohl manche häusliche Angelegenheit hatte vernachlässigen müssen, er wagte es deshalb, noch einmal heimlich nach Bernau zurückzukehren, hier aber wurde er entdeckt, verhaftet und ins Stadtgefängniß in Sicherheit gebracht. — Er sah sich verloren! Um der Folter zu entgehen, gestand er freiwillig, was man von ihm wissen wollte, er habe den Diebstahl begangen. —

War Paul Fromm wirklich der Dieb? — Vielleicht, wahrscheinlich sogar! Sein freiwilliges Geständniß aber giebt keinen Beweis dafür, denn häufig genug gestanden unschuldig Angeklagte jedes Verbrechen, um den fürchterlichen Qualen der Folter zu entgehen, die ihnen ein gleiches Geständniß doch entrissen haben würde.

Der Rath von Bernau beeilte sich, dem geistlichen Oberherrn des Dorfes Knobloch, dem Bischof Hieronymus Scultetus, Anzeige von den Aussagen des Kesselflickers zu machen. Dies war eine wichtige Entdeckung, jetzt ließ sich erforschen, ob die ungläubigen Juden Mitschuldige des Verbrechens gewesen seien.

Der Bischof wählte zur Fortführung der Untersuchung einen Mann, auf dessen regen Eifer er sich verlassen konnte, den Stiftshauptmann Heinrich von Petschütz, einen argen Judenfeind, diesen sendete er nach Bernau mit dem Auftrage, zu erforschen, wo der Dieb die geweihten Hostien gelassen habe.

Paul Fromm wurde abermals verhört. — Wenn er auch anfangs auf die ihm vorgelegten Fragen keine Antwort wußte, so gab ihm doch die Folter bald Redefluß, er erzählte eine wunderbare Geschichte, welche ihm offenbar während des Verhörs in den Mund gelegt worden war. Die eine Hostie, so sagte er aus, habe er auf freiem Felde in der Nähe des Dorfes Stacken, eine halbe Meile Wegs von Spandau, selbst genossen. — Da habe sich plötzlich um ihn das Firmament verfinstert, seine Glieder seien starr geworden, so daß er sich nicht von der Stelle habe bewegen können. Erst nach mehr als einer Stunde sei die Erstarrung von ihm gewichen, da habe er sich dann nach Spandau zu dem Juden Salomon geflüchtet und diesem die zweite Hostie für neun märkische Groschen, die ihm in neuen Berliner Pfennigen ausgezahlt worden seien, verkauft.

Ein Jude also hatte die Hostie gekauft! Diese Aussage gab den gewünschten Anhaltepunkt zu einer weitern Untersuchung. Der Bischof berichtete an den Kurfürsten und dieser befahl, Salomon solle verhaftet, nach Berlin gebracht und hier dem Paul Fromm persönlich gegenüber gestellt werden.

Die Untersuchung ging nun ihren regelmäßigen Gang. Salomon wurde mit Paul Fromm confrontirt, letzterer wiederholte seine Aussagen und auch Salomon gestand, nachdem er gehörig gefoltert worden war, er habe die Hostie gekauft, sie auf ein Tischtuch gelegt, dann mit einem Messer in dieselbe gehauen und gestochen; endlich sei sie in Stücken gesprungen, da habe er ein Stück in einem mit Leder überzogenen blechernen Büchschen an den Juden Jakob und seinen Sohn Schmoll nach Brandenburg, ein zweites durch einen Juden Salomon Heller an seinen Freund Marx in Stendal geschickt.

Neue Theilnehmer des Verbrechens waren aufgefunden und es ergab sich nun der Verdacht, es möchten wohl auch viele andere Juden in der Mark Brandenburg mitschuldig sein. — Kurfürst Joachim hielt sich verpflichtet, die Verbrecher sämmtlich zur gerechten Strafe zu ziehen, er gab daher den Befehl, daß alle Juden in der Mark verhaftet würden.

Salomon hatte viel, aber nicht genug bekannt.

Neue Folterqualen hatten neue Geständnisse zur Folge. Einen dritten Theil der Hostie, den er für sich behalten, habe Salomon nicht zu verwahren gewußt, er habe ihn endlich in einen reinen Weizenteig, der mit klarem Wasser angemacht worden sei, gedrückt, um ihn in einen Kuchen zu backen, zu seinem Entsetzen habe sich der Teig sofort blutig roth gefärbt. — Salomon wußte von der Hostie noch weitere Wunder zu erzählen. Kaum sei der Kuchen in den Ofen gekommen, so habe aus diesem ein heller schöner Glanz hervorgestrahlt und ein liebliches Knäblein sei ihm, vom Strahlenglanz umflossen über dem Kuchen schwebend, erschienen.

Auch andere verhaftete Juden wußten Wunderdinge zu erzählen, sie hofften sich dadurch von dem drohenden Feuertode loszukaufen.

Der Jude Jakob, der in Brandenburg ins Gefängniß gesetzt worden war, ließ am folgenden Morgen den Bürgermeister Martin Bellin um Gottes und der Jungfrau Maria willen bitten, daß er doch zu ihm kommen möge.

Martin Bellin erfüllte den Wunsch des Juden und dieser erzählte ihm nun eine neue Wunderhistorie. Als Jacob über sein trauriges Schicksal nachdenkend in dunkler Nacht auf seinem Lager gesessen habe, sei plötzlich ihm ein so strahlender Lichtschein, der das ganze Gefängniß verklärt habe, ins Auge gefallen, daß er ihn nicht zu ertragen vermocht und den Mantel um das Haupt geschlagen habe. Als er nach einer Weile den Mantel habe sinken lassen, da seien ihm neun schöne Jungfrauen erschienen, die eine, die schönste von Allen, die in der Mitte im Fenster gestanden, müsse die heilige Jungfrau Maria gewesen sein. — Jacob bat ihn, den von der Jungfrau so hoch begnadigten, taufen zu wollen; schon seit drei Jahren sei es sein sehnlichster Wunsch, sich taufen zu lassen, er habe nur die übrigen Juden gefürchtet.

Martin Bellin befand sich in peinlicher Verlegenheit. Er wußte nicht, ob er dem Juden Glauben schenken solle oder nicht. Daß die Jungfrau Maria einem Juden erscheinen könnte, um ihn zum christlichen Glauben zu bekehren, das war etwas so gar Wunderbares nicht. Wäre nur der Begnadigte nicht gerade der Jude Jacob gewesen, der, wie man allgemein erzählte, schon ein Mal sich in fernen Landen vor einer Judenverfolgung dadurch gerettet haben sollte, daß er Christ geworden, sobald er aber in Sicherheit gekommen, wieder zum Judenthum übergetreten war. —

Um sich aus der Verlegenheit zu ziehen, ließ Martin Bellin den Juden tüchtig foltern, und als dieser trotzdem bei seiner Aussage blieb, schickte er ihn unter großer Bewachung nach Berlin, dort mochte nun der Kurfürst selbst entscheiden, was mit dem Neubekehrten anzufangen sei. —

Jacob hatte sich zur Rettung aus der drohenden Gefahr einen klugen Plan ausgedacht, den er mit großer Geschicklichkeit zur Ausführung brachte. — Er saß mit Ketten belastet auf einem Letterwagen. — Seine Arme und Füße waren an einen eisernen Ring gefesselt, den er um den Hals trug, seine Hände durch einen fest zusammen geschraubten Daumstock. Die Reise ging in dem tiefen Sande langsam vorwärts, die Rathsknechte ritten neben dem Wagen, sie kümmerten sich wenig um ihren mit Ketten belasteten Gefangenen, der ihnen sicher genug war, denn seine gefolterten Glieder machten ihn unfähig zur Flucht. — Sie plauderten mit einander und mit dem Pfarrherrn von Roßau, der in einem andern Wagen dicht hinter dem Juden fuhr; er hatte die günstige Gelegenheit benutzt, um unter dem Schutz der Stadtknechte die Reise zu machen.

Plötzlich wurde die Aufmerksamkeit der Wächter durch einen lauten Schrei des Juden erregt. Jacob stand aufrecht im Wagen. „Die heilige Jungfrau Maria ist mir abermals erschienen", rief er aus, „sie hat mich gnädig von meinen Ketten befreit! Dort steht sie, dort! Seht Ihr sie denn nicht?" Er war ledig und los, Ketten und Daumstock lagen geschlossen zu seinen Füßen im Wagen. —

Die Stadtknechte waren nicht weniger erstaunt, als der würdige Pfarrherr. — So sehr sie auch ihre Augen anstrengten, sie konnten die heilige Jungfrau Maria nicht sehen, obgleich ihnen der Jude versicherte, sie spaziere soeben über die Masserfurth vor ihm. Daß der Jude die Wahrheit gesprochen, erschien unzweifelhaft. Wie sollte er wohl der fest geschlossenen Ketten sich anders, als durch Hilfe der gebenedeiten Jungfrau Maria, entledigt haben? — Die Stadtknechte legten dem Juden von Neuem die Ketten und den Daumstock an, sie überzeugten sich, daß die Schlösser wohl verschlossen seien, und ritten schweigend neben dem Wagen her, über das Wunder, dessen Zeugen sie gewesen, nachdenkend.

Nur eine kurze Strecke hatte der Wagen zurückgelegt, als Jacob abermals aufsprang und wieder lagen die Ketten zu seinen Füßen. Es war vor dem Dorfe Tremmen, dort, wo die wüste Kapelle auf dem Berge lag.

Mit verzücktem Blicke zeigte der Jude hin nach dem Berge und rief: „Seht dort wandelt sie im Strahlenglanz, die gebenedeite Jungfrau Maria, sie geht den Berg hinauf in die Kapelle!" — Die Stadtdiener aber haben sie nicht gesehen.

Jacob glaubte sich durch die Wundererscheinung und dadurch, daß er sich bereitwillig taufen ließ, vor ferneren Folterqualen geschützt zu haben, bald genug sollte er jedoch erfahren, daß er sich getäuscht habe.

Der hochwürdige Bischof Hieronymus Scultetus glaubte nur an diejenigen Wunder, an welche zu glauben die heilige Kirche vorschrieb. Er sah keinen Grund, der die Jungfrau Maria bewegt haben könne, gerade dem Juden Jacob aus Brandenburg zu erscheinen. Wenn übrigens, wider alles Erwarten, Jacob doch die Wahrheit gesprochen hatte, so konnte ja die Mutter Gottes ihn ebenso gut von den Folterqualen befreien, wie sie ihn der Ketten entledigt hatte. Es blieb also bei der Folter und diese wurde vom Scharfrichter in Berlin mit solchem Nachdruck angewendet, daß Jacob alle ihm vorgelegten Fragen genau so beantworte, wie man von ihm verlangte, nur bei seinem Märchen von der himmlischen Erscheinung blieb er, um sich wenigstens das Leben zu retten.

Die Folterung Jacobs und die einiger anderer Juden, welche er unter der Marter als Mitschuldige angegeben hatte, brachten die wunderbarsten Erzählungen zu Tage; nach einer derselben hatten die Juden die Hostie auf einen kleinen fichtenen Tisch gelegt und mit einem Weidmesser hinein gehauen, bis Blut daraus geflossen war, obgleich die Hostie unversehrt blieb, und dies war nicht ein Mal, sondern viele Male geschehen. — Außer dem Hostiendiebstahl und der Marterung des Heilandes bekannten die gefolterten Juden noch eine Reihe anderer Verbrechen.

Sie hatten unschuldige Christenkinder gekauft und diese eines qualvollen Todes sterben lassen. Die Kinder waren in einem Keller auf einen Tisch gelegt worden, dann hatten ihnen die Juden die Adern aufgestochen, in denen das meiste Blut zu sein pflegt, und ihnen schließlich die Gurgel abgeschnitten; so war es ihnen gelungen, von jedem Kinde etwa ein Nößel Blut zu bekommen.

Unsere Leser fragen sich, wenn sie die Erzählung dieses Prozesses lesen, wohl selbst: „Wie war ein solcher Wahnsinn möglich? Wie konnten mit gesunder Vernunft begabte Menschen, selbst in jener dem Aberglauben ergebenen Zeit, an derartige Märchen glauben? Zu welchem Zweck sollten die Juden all jene Verbrechen verübt haben, deren sie angeschuldigt waren und welche sie im gräßlichen Schmerz gestanden, während ihre Glieder von der Folter zerrissen wurden?"

Die Chronik giebt uns hierüber einen Aufschluß. Angelus erzählt:

„Es haben auch etliche Juden angezeigt, warumb sie also die consecrirten Hostien an sich zu bringen pflegen, nämlich, daß sie die Christen hierdurch verachten, Christum schmähen und Wunderwerke darin sehen wollen. Aber der unschuldigen Christenkinder Blut mußten sie haben zu ihren Krankheiten, als zu ihrem Blutgang und vielen anderen Krankheiten, denn sie machten's mit Parißäpfeln, Honig und Ingßer ein, damit sie es also erhalten und alle Zeit haben kunnten, weil sie es gar nicht entrathen möchten. Auch würden sie dadurch in ihrem Gemüthe etwas grimmiger und hitziger wider die Christen."

Alle diese Beschuldigungen, so wilder-, ja wahnsinnig sie waren, wurden geglaubt, nicht nur von der großen aberglänbischen Masse des Volks, sondern auch von denen, die vermöge einer wissenschaftlichen Bildung sich ein freieres Urtheil hätten bewahren sollen. — Kurfürst Joachim war fest und innig von der Wahrheit aller gegen die unglücklichen Juden gerichteten Anklagen überzeugt, das eigene Geständniß der Gefolterten bestätigte dieselben ja. — Er ließ dem Rechte seinen Lauf und befahl, daß die angeklagten Juden aus allen Städten der Mark Brandenburg nach Berlin gebracht würden, um hier gemeinschaftlich gerichtet zu werden.

Die vornehmsten rechtsgelehrten Räthe wurden aus der ganzen Mark zusammen gerufen, um auf dem Berliner Rathhaus mit den Bürgermeistern, Rathmannen und Schöppen der Städte Berlin und Cölln gemeinschaftlich zu tagen und ein gerechtes Urtheil gegen die Verbrecher zu finden.

Noch einmal wurden Paul Fromm und die sämmtlichen angeschuldigten Juden einzeln verhört. Sie blieben bei den früher gemachten Aussagen, um sich neue Folterqualen zu ersparen.

Hans Grackow, der Richter zu Berlin, erhielt jetzt vom Kurfürsten den Auftrag, einen ordentlichen Gerichtshof zu bilden. — Er besetzte sein Gericht mit Schöppen, Beisitzern, Advokaten, Gerichtsschreibern und Zeugen, wie es Rechtens war, und ließ die Angeklagten vorrufen. — Die Juden erschienen frei und ledig, ohne Fesseln, der Sitte ihres Stammes nach mit den großen Judenhüten auf dem Kopf. — Jedem wurde die Anklage noch einmal verlesen und seine Antwort gehört, alle Angeklagten wiederholten ihre früheren Geständnisse.

Der feierliche große Gerichtstag, der den Schlußakt des furchtbaren Trauerspiels bildete, fand am Freitag nach Margarethen im Jahre 1510 statt.

Auf dem neuen Markt in Berlin waren unter freiem Himmel drei Schaubühnen, eine immer höher als die andere, errichtet worden. Auf der obersten standen rechtsgelehrte Herren von bedeutendem, wissenschaftlichem Ruf, welche zu dem feierlichen Gerichtstag eigens eingeladen waren, damit Richter und Schöppen, wenn es Noth thäte, sich bei ihnen Rath erholen könnten. —

Auf der mittleren Bühne saßen der Richter, Hans Grackow, mit seinen Schöppen, die Gerichtsschreiber, Zeugen und Freisprecher.

Auf die unterste Bühne wurden Paul Fromm und die angeklagten Juden, 38 an der Zahl, geführt. — Jacob und zwei andere Juden, welche die Taufe empfangen hatten, fehlten. Die Angeklagten trugen gelbe und weiße spitzige Hüte, sie waren aus dem Gefängniß unter dem Gesang jüdischer religiöser Lieder nach der Gerichtsstätte gezogen.

Eine ungeheure Menschenmasse hatte sich als Umstand des Gerichts versammelt. Von nahe und ferne waren Geistliche und Weltliche herbeigekommen, um Zeugen des merkwürdigen Prozesses zu sein. Der neue Markt war von der Kopf an Kopf dicht gedrängten Volksmasse, welche in lautloser Stille dem Gerichtsverfahren lauschte, angefüllt.

Noch einmal wurden die sämmtlichen Prozeßakten, die Aussagen der Zeugen und Angeklagten, öffentlich mit lauter Stimme von Wort zu Wort verlesen, keiner der Angeklagten widerrief seine früheren Geständnisse.

Der Richter befragte nun die Schöppen um Recht, einer derselben nach dem andern gab seinen Urtheilsspruch ab und dieser lautete einstimmig folgendermaßen:

„Dieweil der böse Christ, Paul Fromm, sich an dem heiligen Sakrament vergriffen, dasselbe gestohlen und verkauft hat ꝛc., darum soll man ihn auf einen Wagen binden, die Gassen auf und nieder führen, mit Zangen reißen und darnach in ein Feuer legen. Und dieweil die boshaftigen, schnöden und verstockten Juden ihre böse Mißhandlung auch zu mehreren Malen vor und außerhalb Gerichts bekannt, darum soll man sie zu Pulver verbrennen, damit alle andern ein Beispiel und Exempel von ihnen nehmen möchten, daß sie solche und dergleichen Uebelthat auch nicht begehen möchten." —

Dem Urtheil folgte die Vollstreckung auf dem Fuße. Der Scharfrichter ergriff Paul Fromm, riß ihm die Kleider vom Leibe und schmiedete ihn auf einen Karren mit Ketten an. Von einer jubelnden, schreienden Volksmenge begleitet, fuhr der Karren durch die Straßen von Berlin und Cöln. Neben dem Verbrecher stand eine Pfanne mit glühenden Kohlen, welche der Bube des Scharfrichters mit einem Blasebalg in stetem Brand erhielt. An jeder Straßenecke wurde Halt gemacht. —

Eine tiefe Stille folgte dem jubelnden Geschrei der Volksmasse, mit athemloser Erwartung schauten die Tausende nach dem Henkerskarren. Der Scharfrichter erhob sich, er riß eine glühende eiserne Zange aus dem Kohlenbecken und kniff mit dieser den Verurtheilten in das Fleisch der Brust. Ein dicker, übelriechender Dampf stieg unmittelbar nach der Berührung aus dem verbrannten Fleische auf; der wilde Schmerzensschrei des Gemarterten verhallte unter dem rohen Jubelruf, unter dem Jauchzen der entmenschten Zuschauer, die mit schauerlichem Behagen das gräßliche Schauspiel betrachteten.

Und weiter ging's. — An jeder Ecke dieselbe Marter, bis alle fleischigen Theile des Oberkörpers eine einzige grauenhafte Brandwunde bildeten.

Während Paul Fromm in den Schwesterstädten umhergekarrt und gemartert wurde, bereiteten sich die Juden zum Tode vor.

Sie hatten, ergeben in ihr Schicksal, mit dem Leben abgeschlossen. Der Rabbi Sloman, der mit ihnen verurtheilt war, ermahnte sie, fromm und ihrem Glauben getreu zu sterben. Unter Gebeten und frommen Gesängen zogen sie zur Stätte des peinlichen Gerichts.

Hinter dem Rabenstein war ein wunderlicher Bau errichtet worden. Der Scharfrichter von Berlin hatte sich in teuflischer Erfindungsgabe selbst übertroffen, um den Feuertod der verhaßten Juden so qualvoll wie möglich zu machen; es war ihm dies aber auch leichter geworden, als bei anderen Hinrichtungen, denn er hatte eine ungehoffte Hilfe erhalten. Aus den benachbarten Städten waren die Scharfrichter von freien Stücken herbeigeeilt, um ihren Kollegen zu unterstützen. Die Verbrennung von 38 verhaßten Juden war ein so herrliches Vergnügen, daß keiner dabei fehlen mochte.

Ein eigenthümliches Gerüst war drei Stock hoch aufgebaut. Jedes Stockwerk bildete einen mit Holz, Stroh und Pech belegten Rost, über jeden Rost waren starke Bäume gezogen und an diese wurden die Juden gekettet, indem man sie mit Halseisen anschmiedete. Die auf dem obersten Rost mußten hinab-, die auf dem untersten hinaufschauen, damit die eigene Qual durch den Anblick der Schmerzen der Freunde erhöht werde.

Für Paul Fromm war eine einzelne Säule errichtet, und mit Holz und Pech getränktem Reisig umlegt worden. Zu dieser Säule wurde der Verurtheilte gekarrt, der durch die lange Marter schon dem Tode nahe war, er wurde mit einem Halseisen an die Säule gekettet.

Ein Geistlicher trat im vollen Ornat zu dem Sterbenden, er hielt ihm in einer langen salbungsvollen Rede das Leiden des Herrn Jesu Christi vor und ermahnte ihn, sich daran zu trösten.

Paul habe, so erzählt uns die Chronik, durch Zeichen, denn zu sprechen vermochte er nicht mehr, seine Reue und seinen Glauben ausgedrückt, die Juden aber spieen nach dem Krucifix und dem Priester, sie stießen wilde Verwünschungen gegen die Christen aus.

Eine brennende Fackel wurde in das pechgetränkte Reisig geworfen; da erhob sich züngelnd die Flamme und loderte schnell in gewaltiger Gluth gen Himmel. —

Ein wilder, anhaltender, fürchterlicher Schmerzensschrei, der nach und nach leiser wurde und endlich in einem dumpfen Aechzen verhallte, — ein nicht weniger grauenhafter Jubelruf der zu vielen Tausenden versammelten Volksmasse, — und die Feierlichkeit war beendet, der entsetzlichen Justiz jener Tage Genüge geleistet!

Von den drei Juden, welche in der Hoffnung ihr Leben zu retten, sich hatten taufen lassen, wurde nur Einer begnadigt und zwar wegen seiner Kenntnisse in der Arzneikunde; die andern beiden wurden am Tage nach der Verbrennung ihrer Glaubensgenossen mit dem Schwerte hingerichtet.

Die übrigen Juden der Mark Brandenburg, gegen welche eine bestimmte Anklage nicht vorlag, erschienen dem Kurfürsten doch so verdächtig, daß er den Befehl gab, sie sämmtlich für ewige Zeiten aus dem Lande zu verbannen. Vor ihrem Abzuge mußten sie einen Eid schwören, daß sie sich niemals für diese Verbannung rächen wollten. —

Drittes Kapitel.

Charakterbild Joachims. — Aufstand in Berlin. — Die märkische Stadtordnung. — Luxus der Bürger. — Ein Scharfrichterscherz. — Tritheims Urtheil über die Märker. — Gründung der Universität Frankfurt. — Die Astrologie. — Der Sterndeuter Carion. — Die Stöfflersche Sündfluth. — Die Flucht Joachims auf den Tempelhofschen Berg.

Joachim I. war einer der bedeutendsten Kurfürsten aus der Hohenzollernschen Linie; während seiner Regierung entwickelten sich in der Mark Brandenburg die Keime einer neuen Zeit, er bereitete diese vor, wenn er auch nicht selbst in die neuen Ideen einzugehen vermochte.

Joachim war ein Mann von hohem Talente, von glänzenden Eigenschaften des Geistes und des Herzens. — Er vereinigte in sich die scheinbar widerstrebendsten Neigungen, in ihm spiegelte sich gewissermaßen das Bild seiner Zeit ab, jener großartigen Zeit, in der die aufblühende Wissenschaft und Aufklärung mit dem verrotteten Aberglauben des Mittelalters sich vereinigte und kämpfte. —

Tiefes Rechtsgefühl und bis zur Grausamkeit gehende Willkür, innige Liebe zum Volke, besonders zu den Bürgern in den Städten, und eiserne Strenge, ernste, oft fast an Bigotterie grenzende Religiosität und leichtfertige Sinnlichkeit, Liebe zu rauschenden Vergnügungen, — tiefe Gelehrsamkeit, aufrichtiges Streben nach Aufklärung und finsterer ins Lächerliche übergehender Aberglaube vereinigten sich in seltsamer Mischung in Joachim und führten jene innern Widersprüche herbei, an denen seine Regierung so reich ist.

Von seinem Rechtsgefühl gab sein Kampf gegen den Adel, seine freiwillige Unterwerfung unter die Aussprüche der Gerichtshöfe ein glänzendes Beispiel, er zeigte es auch in seinem Verhältniß zu den Ständen des Landes.

Obgleich Joachim den Adel der Mark Brandenburg so tief gedemüthigt hatte, daß dieser nicht gewagt haben würde, seinem absoluten Willen irgend einen Widerstand entgegen zu setzen, obgleich auch die Städte ihre Macht, dem Kurfürsten zu widerstehen, längst verloren hatten, hielt dieser doch das Recht der Stände bei Bewilligung von neuen Abgaben aufrecht. Auf einem Landtage, den er im Jahre 1524 in Berlin abhielt, erklärte er ausdrücklich, daß er sich verpflichte, außerordentliche Landbeeden nur in besonderen Fällen auszuschreiben, wenn er, „welches Gott vermeiden möge, eine treffliche Niederlage erlitte," oder mit Bewilligung der Stände in einen Krieg verwickelt würde, oder endlich eine Prinzessin ausstatten müsse. —

Diesem Rechtsgefühl, welches Joachim so sehr auszeichnete, stand seine Willkür, mit welcher er die sämmtlichen Juden aus der Mark Brandenburg vertrieb, und die Grausamkeit, welche er in der Bestrafung des Adels, sowie in der Verbrennung der Juden bewies, schroff gegenüber.

Er kannte das Wort Gnade nicht. — Wo das Gericht ein Todesurtheil aussprach, da bestätigte er es und ließ es nachsichtslos vollstrecken. — Oftmals wendete sich seine junge und schöne Gemahlin Elisabeth flehend an ihn, um das Leben eines zum Tode Verurtheilten zu erhalten, aber sie wurde stets mit scharfen Worten zurückgewiesen. Wohl mag durch solche vergebliche Fürbitten die erste Entfremdung zwischen die beiden Ehegatten getreten sein, eine Entfremdung, welche sich von Jahr zu Jahr mehr steigerte und endlich, wie wir später hören werden, zur Trennung führte. —

Seine Liebe zum Volke, besonders zu den Bürgern in den Städten hat Joachim niemals verleugnet. Wir haben schon gesehen, wie er Berlin und Cöln die Gerichtsbarkeit zurückgab, wie er bestrebt war Handel und Wandel durch die Verfolgung der Straßenräuber zu heben; ebenso zeigte er aber auch bei mancher Gelegenheit ernste Strenge, so gegen die Stadt Frankfurt und auch gegen das Volk von Berlin, als es sich im Jahre 1515 gegen den Rath empörte. Er ließ die Führer des Aufstandes durch seine Trabanten ergreifen und ins Gefängniß werfen. Erst gegen eine Summe von 900 Gulden, zu deren Aufbringung den Bürgern ein neuer Schoß auferlegt wurde, erhielten sie ihre Freiheit wieder.

Joachim hielt viel auf eine strenge Ordnung in den Städten, er erließ zu diesem Zwecke eine Polizeiordnung vom Jahre 1515, welche auch für Berlin und Cöln in Wirksamkeit trat. Es wurde in derselben unter Anderem bestimmt: — Im ganzen Lande solle gleiches Maß und Gewicht gehalten werden. — Rath, Richter und Schöffen sollten mit Ernst der Gotteslästerung, den öffentlichen Sünden, der Zauberei ꝛc. entgegen wirken und die Thäter streng bestrafen, damit Andere ein Beispiel daran nehmen. Gastmähler und Hochzeiten sollten künftig nicht länger als drei Tage dauern, auch sollte der übermäßige Luxus dabei vermieden werden, deshalb wurde dem Reichen untersagt, zu mehr als fünf, dem gemeinen Manne zu mehr als drei Tischen Gäste zu bitten. Die Bäcker und Fleischer wurden verpflichtet stets gutes Brot und gesundes Fleisch in hinreichender Masse vorräthig zu halten und feil zu bieten. — Die Stadtkeller mußten stets mit gutem Wein und Bier versorgt sein, „damit der Wandersmann gutes und billiges Getränke haben könnte." — Die Rathleute wurden verpflichtet, jede Feuersgefahr abzuwenden und darauf zu halten, daß in jedem Hause ein lederner Eimer und eine Feuerspritze vorhanden sei. Am Rathhause und auf den Kirchhöfen mußten Feuerhaken und Leitern stehen, die Brunnen und Wasserkufen sollten stets in guter Ordnung erhalten werden u. s. w.

Von besonderem Interesse in dieser Verordnung sind die gegen den überhand nehmenden Luxus der Bürger gerichteten Bestimmungen. Die große Billigkeit der Lebensmittel, der in Folge des mehr gesicherten Straßenverkehrs vermehrte Handel und Verkehr, hatten den Wohlstand der Städte sehr gehoben, damit aber war auch das Streben der Bürger gestiegen, ihre Reichthümer durch prächtige Feste und Aufwand in der Kleidung zur Schau zu stellen.

Die Anwesenheit des Hofes im Schloß zu Cöln, der häufige Besuch fremder fürstlicher Gäste daselbst, die prunkenden Feste, welche bei solchen Gelegenheiten gegeben wurden, weckten in den Bürgern das Bestreben, es dem reichsten Adel gleich zu thun. — Joachim erklärte sich mit vieler Entschiedenheit gegen jeden übermäßigen Prunk. „Man solle nicht", so sagte er, „an einem Tage so viel verzehren, wovon man ein ganzes Jahr haushalten könnte." Er setzte deshalb Strafen gegen den ausschweifenden Luxus fest und befahl auch, daß der Rath den Bürgern mit gutem Beispiel vorangehe. — Die Schmausereien der Rathsherren auf öffentliche Unkosten bei der jährlichen Verlesung verbot er strenge, wollten sie je zechen, so sollen sie zu Haus auf ihre eigenen Kosten mit ihren Frauen zusammen essen und trinken; aber auch nicht länger als einen Tag.

Auch der Unsitte der Zunftschmausereien trat Joachim entgegen. Ein Geselle, der das Meisterrecht suchte, sollte dem Gewerke durchaus keinen großen Schmaus und kein Trinkgelage geben, wie dies bisher üblich gewesen war, sondern nur 33 Groschen und ein Pfund Wachs. — Nur einmal im Jahre sollte eine festliche Zusammenkunft der Handwerksgenossen stattfinden und dadurch dem alten Herkommen genügt werden.

Wenn Joachim auf diese Weise bestrebt war, dem Luxus der Bürger zu steuern, war er demselben für seine eigene Person doch keineswegs feind. Er liebte prunkende Feste, wie dies ein glänzendes Ritterturnier, welches er im Jahre 1518 zu Neu-Ruppin gab und bei welchem die höchste Pracht aufgeboten wurde, beweist.

Joachim gab sich überhaupt, so viel er sich mit ernsten Studien beschäftigte, doch auch mit voller Seele dem Vergnügen hin. Er war ein eifriger Jäger, der gern nach der Jagd in froher Gesellschaft weilte. Ein kräftiger Scherz machte ihm ein besonderes Vergnügen. Der Chronist Haftiz erzählt uns hiervon eine niedliche Anekdote, er sagt:

„Um diese Zeit (1529) haben sich viel Bettler gefunden und gestellet, als ob sie lahm oder mit einem schweren Gebrechen behaftet wären. Sonderlich hat der Scharfrichter zu Berlin, als er am grünen Donnerstag im schwarzen Kloster in Cöln zur Communion gehen wollte, wahrgenommen, daß drei solcher Buben in Mulden vor der Kirche gesessen, als wenn sie lahm wären und Seife in den Mund genommen, als hätten sie das schwere Gebrechen, da ihnen doch nichts mangelte. Derowegen hat er den Herrn Kurfürsten gebeten, ihm zu vergönnen, daß er ein Werk der Barmherzigkeit thun und sie gehend machen möchte. Als er solches erhalten, hat er am folgenden stillen Freitage drei Knechte zu sich genommen, welche unter dem Rücken gute Knotenpeitschen von Stricken gehabt, und als ihn die Bettler um eine Gabe angeschrien, tapfer auf sie losgehauen haben. — Ob sie nun anfangs um Verschonung gebeten, haben sie doch endlich, als sie kein Verschonen gemerkt, die Messer genommen, die Stricke zerschnitten und Reißaus gegeben. Meister Hans aber hat sie über die lange Brücke bis ans St. Gürgenthor convoyiret, und ihnen den leinen Küttel dermaßen angestoßen, daß sie es wohl gefühlet haben.

Hierüber hat der Kurfürst sehr gelacht und zum Henker gesagt: „Kannst du die Krüppel und Lahmen gehend machen, so muß ich dich besser zu Rathe halten!" —

Joachims Liebhaberei für drastische kräftige Scherze, für lustige Jagdgelage und für prächtige Feste war nicht so groß, daß er sich solchen frivolen Beschäftigungen ganz hingegeben hätte, er widmete im Gegentheil den größten Theil seiner Zeit ernsten Studien und zwar mit besonderer Vorliebe mathematischen und theologischen.

Die seinem Stamme eigene streng religiöse Richtung hatte auch Joachim geerbt. Er unterhielt sich gar gern mit kirchlichen Autoritäten und wählte seine Geheimräthe häufig unter der Priesterschaft. Der Bischof Hieronymus Scultetus war gerade deshalb sein besonderer Liebling geworden, weil er es trefflich verstand, mit dem Kurfürsten theologische Streitfragen zu verhandeln und sich von diesem beim Wettkampf geschickt schlagen zu lassen.

Seine Strenggläubigkeit hinderte indessen Joachim nicht, sich seiner Sinnlichkeit hinzugeben. Joachim war in dieser Beziehung durchaus kein Tugendspiegel. Seine Ehe mit Elisabeth war eine unglückliche. Die beiden Ehegatten paßten nicht zu einander und Joachim suchte bald bei den schönen Hoffräulein die Liebe, welche er bei seiner Gemahlin nicht finden konnte; er verstand es aber, seine flüchtigen Liebschaften mit dem Schleier des Geheimnisses zu überdecken, und wenn auch in den Bierstuben von Berlin und Cöln ziemlich unverhohlen davon gesprochen wurde, man habe den Kurfürsten in mancher stillen Nacht verhüllt durch die Gassen schleichen sehen, so hat uns doch die Geschichte nur wenige bestimmte Thatsachen in dieser Beziehung aufbewahrt; wir wissen, daß ein natürlicher Sohn von ihm und einer unbekannten Mutter, Achatius von Brandenburg, im Jahre 1516 geboren worden ist.

Den seltsamsten Widerspruch im Leben Joachims bilden seine Gelehrsamkeit, sein Forschen nach höherer Erkenntniß und sein Aberglaube.

Kurfürst Johann Cicero hatte dafür gesorgt, daß sein Sohn schon vom Knabenalter an durch tüchtige Lehrer unterrichtet wurde. Der Bischof von Lebus, Dietrich von Bülow, hatte seinem jungen Schüler den Wissensdrang in die Seele gesenkt, der Joachim sein ganzes Leben lang erfüllen sollte.

Sofort nach der Uebernahme der Regierung

war es das eifrigste Bestreben des jungen Kurfürsten, nicht nur sich selbst wissenschaftlich fortzubilden, sondern auch für die Förderung der Wissenschaft in der Mark Brandenburg Sorge zu tragen.

Er zog tüchtige Gelehrte an seinen Hof, so auch den berühmten Abt Johann Tritheim, den er durch vieles Bitten im Jahre 1505 bewegte, ihn in Berlin zu besuchen und neun Monate bei ihm zu bleiben. Tritheim mußte ihm täglich vier Unterrichtsstunden in der griechischen Sprache, im Lateinischen, in der Mathematik und in der Geschichte geben. Auch nachdem Tritheim Berlin wieder verlaßen hatte, blieb Joachim mit ihm in stetem schriftlichen Verkehr und machte ihm häufig kostbare Geschenke. —

Er sah mit Betrübniß, daß die Wissenschaft in der Mark auf das Aeußerste vernachläßigt wurde und sagte darüber einst: „Alle Künste sind bei uns zu finden, aber ein gelehrter Mann ist seltener, als ein weißer Rabe!" —

Um so traurige Zustände zu verbeßern, brachte Joachim den Lieblingsplan seines Vaters zur Ausführung, indem er in der Stadt Frankfurt im Jahre 1506 eine Universität begründete. Er berief den berühmten Professor Wimpinna (sein eigentlicher deutscher Name war Konrad Koch) und eine Reihe anderer gelehrter Männer und bewegte sie durch die Zahlung ansehnlicher*) Gehalte, ihre Kräfte der neuen Universität zu widmen.

Die Sorge für das Wohl seiner neubegründeten Universität erfüllte Joachim während seiner ganzen ferneren Regierung. Er wünschte, daß Frankfurt schnell zu einem berühmten Vorort der Gelehrsamkeit emporblühe, die übrigen norddeutschen Universitäten überflügeln möge, und vermochte bei diesem Wunsche nicht, sich von einer gewissen Eifersucht besonders gegen die Universität Wittenberg frei zu halten. Kleine Ursachen haben oft in der Geschichte große Wirkungen, so trug die Eifersucht Joachims gegen Wittenberg, wie wir später noch näher beleuchten werden, wesentlich dazu bei, ihn der Reformation abgeneigt zu machen.

Durch den steten Verkehr, welchen Johann mit Gelehrten hielt, wurde er selbst zu einem regen wissenschaftlichen Studium angefeuert. Er warf sich mit besonderer Vorliebe auf Mathematik, Astronomie und die damit in jenen Zeiten eng zusammenhängende Astrologie.

Man hatte im Mittelalter den Aberglauben in ein wissenschaftliches System gebracht. Von dem Grundsatz ausgehend, daß das ganze Weltall nur zum Nutzen und Frommen der Menschen geschaffen sei, behaupteten die Gelehrten, die Himmelskörper hätten eine bestimmte Einwirkung auf die Geschicke der Einzelnen. Der Stand der verschiedenen Gestirne zu einander in der Stunde der Geburt eines Menschen sollte, dem allgemeinen Glauben nach, entscheidend für das Geschick desselben während seines ganzen Lebens sein.

Die Astrologie beschäftigte sich ebensowohl damit, den Lauf der Gestirne, als damit, ihre vermeintliche besondere Einwirkung auf das Schicksal hochgestellter Personen zu berechnen.

Der eigenthümliche Drang, eine geheimnißvolle Zukunft zu erforschen, der zu allen Zeiten in dem Menschen gelegen hat, der auch im 19. Jahrhundert durch die Wissenschaft und die aus dieser ersprießende Aufklärung immer noch nicht vollständig besiegt ist, wurde damals durch die Wissenschaft selbst befördert. — Die gelehrtesten Astronomen waren zugleich Sterndeuter und glaubten selbst an ihre oft höchst seltsamen Prophezeiungen; wenn die Berechnungen der Astrologen durch Zufall hier und da sich bewahrheiteten, so gab dies einen unumstößlichen Beweis für die Richtigkeit der astrologischen Lehren, während das Nichteintreffen der Vorhersagung nur Irrthümern und Fehlern in der Berechnung des Sternenlaufes zugeschrieben wurde.

Joachim hatte sich dem Studium der Astrologie mit dem Eifer, der sein feuriges Temperament ihm eigen machte, gewidmet. — Auf dem Schloß zu Cöln bestand eine Art Sternwarte, von welcher aus der Kurfürst die Sterne beobachtete. Er verwendete gewaltige Summen auf Anschaffung der besten Bücher, der trefflichsten Instrumente und hielt stets einen gelehrten Astrologen an seinem Hof, der ihn bei seinen Forschungen unterstützte. Er hat selbst ein Buch über die Grundsätze der Astrologie geschrieben und dasselbe seinem Sohne gewidmet.

In mancher stillen Nacht brannte im Arbeitsgemach des Kurfürsten bis zum Morgen hin noch Licht. Das Volk von Berlin und Cöln schaute mit einem gewissen Grauen nach jenem einsamen Lichtschein, es erzählte sich, der Kurfürst sei ein halber Zauberer. Er treibe dort oben im fest verschlossenen Gemach die schwarze Magie, und wär's nicht zu sehr gegen den Respekt gewesen, man hätte wohl gar geglaubt, der gnädigste Herr habe sich dem Teufel verschrieben; von seinem

---

*) Was man damals unter ansehnlichen Gehalten verstand, dürfte heut wohl etwas belächelt werden. Möhsen sagt in seiner Geschichte der Wissenschaften in der Mark Brandenburg darüber: „Die Bezahlung der Collegien wird in Frankfurt nicht höher gewesen sein, als auf anderen deutschen Universitäten. Wie Richard Crocus, Professor der griechischen Sprache zu Leipzig 1515 ein Collegium über die griechische Sprache las, so ließ ihm der Herzog von Sachsen 10 Dukaten auf ein Jahr auszahlen, daß er jedes halbe Jahr für 5 Dukaten seinen Zuhörern umsonst lesen sollte. Er lobte öffentlich die Freigebigkeit des Fürsten und das Wohlwollen der Akademie. Zu eben der Zeit las Franz Lambert zu Wittenberg eine Erklärung des Evangelii Lucae sechs Monate lang und bekam von jedem Zuhörer 15 Groschen. Sein Collegium über das hohe Lied Salomonis wurde nicht so hoch bezahlt. In Wien bekam der Lehrer der Politik, der sechs Monate über des Aristoteles acht Bücher de Republica lesen mußte, im 14. Jahrhundert von jedem Schüler nicht mehr als 5 Groschen.

Lieblingssterndeuter, dem Johann Carion, glaubte das Jedermann.

Carion war ein hochgelehrter Mann, der seine trefflichen astronomischen Kenntnisse durch die Astrologie auszubeuten verstand. Er las in den Sternen, wie in einem aufgeschlagenen Buche und Joachim glaubte allen seinen Prophezeiungen.

Als dem Kurfürsten ein zweiter Sohn geboren wurde, da konnte Carion nicht nur die Geschicke desselben aus den Sternen deuten (die Nativität desselben stellen), er war so hoch studirt, daß er sogar den Schutzengel des Prinzen auffand und den Namen desselben: „Bathsitihadel" ausforschte; es hat auch später Niemand beweisen können, daß der Schutzengel diesen Namen nicht geführt habe.

Carion gab prophetische Kalender heraus, in denen er alle Glücks- und Unglücksfälle, welche das deutsche Reich betreffen würden, vorher verkündete. Er verstand es, seine Vorhersagungen sehr geschickt in so allgemeine Ausdrücke zu kleiden, daß dieselben fast immer eintrafen; nur wenn er sich einmal hinreißen ließ, eine ganz bestimmte Thatsache zu prophezeien, dann hatte er wohl das Unglück, damit durchzufallen; aber ein Fehler in der Berechnung entschuldigte auch dann den Irrthum und ließ den Glauben an die Zuverlässigkeit des gelehrten Sterndeuters unerschüttert. So hatte Carion in einem seiner Kalender prophezeit, Dr. Martin Luther werde an einem bestimmten Tage öffentlich verbrannt werden; der Tag erschien, Luther blieb am Leben, Carion hatte also falsch gerechnet; er ließ sich hierdurch nicht irre machen, sondern prophezeite ruhig weiter und Joachim glaubte ihm wie zuvor.

Wo einmal der Aberglaube geweckt ist, da hat derselbe keine Grenzen; dem Glauben an Sterndeuterei verband sich naturgemäß der an Zauberkünste, an Hexerei, Goldmachen u. s. w., in dem Joachim tief befangen war und der es auch möglich machte, daß der Kurfürst trotz seines sonst so klaren Verstandes in dem großen Judenprozeß sich selbst so fürchterlich betrügen konnte.

Joachim wurde durch seinen Aberglauben oft zu Handlungen geführt, welche an's Lächerliche streiften, und wohl geeignet waren, die Liebe und Achtung des Volks gegen ihn zu erschüttern. Ein Beispiel hierfür giebt seine Furcht vor einer prophezeiten Sündfluth.

Ein berühmter Astrologe, Namens Stöffler, hatte im Jahre 1518 geweissagt, daß im Februar <u>1524 eine allgemeine Sündfluth</u> die ganze Erde zerstören werde. Ein Zweifel hierüber könne nicht sein, denn es trete eine Conjunktion des Saturn, Jupiter und Mars im Zeichen der Fische ein, was zuverlässig eine große Wasserfluth bedeute. — Andere Astrologen bestätigten die Prophezeiung.

Ganz Europa war viele Jahre lang in Angst und Schrecken. In den offenen Dörfern und Städten, welche der Wasserfluth am meisten ausgesetzt schienen, herrschte tiefe Verzweiflung. Die Wohlhabenden verkauften ihre Aecker und Häuser, um in die Gebirge zu ziehen. Man baute große Archen, nach dem Beispiel des Vater Noah, um in ihnen sich vor den Fluthen zu retten; Andere vergeudeten ihr Hab und Gut, um die wenigen Jahre des Lebens noch zu genießen.

Der Februar 1524 kam und verging, das Wetter war schön, der Himmel blieb heiter, die Phrophezeiung erwies sich als trügerisch. Dem Volke sank ein schwerer Alp von der Brust; nur nicht dem Kurfürsten Joachim, denn dieser hatte vorher gewußt, daß die Gefahr nicht im Februar 1524, sondern erst später am 15. Juli 1525 zu besorgen sei.

Der gelehrte Carion hatte genau berechnet, daß Stöffler sich im Datum geirrt habe, er hatte dies dann dem Kurfürsten heimlich mitgetheilt.

Joachim war von einer peinigenden Angst und Unruhe erfüllt. Wie oft schaute er, als sich am Morgen des 15. Juli 1525 die Sonne erhob, von seiner Warte aus nach den Wetterwolken, welche die Sündfluth mit sich bringen sollten, nicht eine allgemeine Sündfluth, sondern ein grausames Wetter, welche die Städte Berlin und Cöln zerstören würde! So hatte Carion prophezeit.

Der Tag brach klar und heiter an. Nirgends eine Wolke an dem lichten, tiefblauen Himmelsgewölbe, kein Vorzeichen, daß die Vorhersagung eintreffen würde. —

Der Mittag nahte, eine glühende Hitze herrschte, und wenn auch noch immer keine Wolke sich zeigte, kein Lüftchen wehte, so war doch der Himmel nicht mehr so blau, wie am Morgen, er hatte eine fahle, gelblich graue Farbe angenommen und jetzt endlich stieg am fernsten Horizont ein schwarzer Wolkensaum auf.

Im kurfürstlichen Schloß zu Cöln begann die Dienerschaft sich zu regen. — Die Hofequipagen wurden in höchster Eile angeschirrt, auf den Treppen und Gängen liefen Trabanten, Hofherrn und Dienerschaft eilig durcheinander. Auf allen Gesichtern prägte sich die Angst vor einem nahenden Unheil aus, Joachim selbst ging mit verstörter Miene schwankenden Schrittes in seinen Gemächern auf und nieder. Er hatte noch einmal seinen Carion befragt, noch einmal die Bestätigung des kommenden Unglücks gehört, — die Sterne konnten ja nicht trügen.

Die Hitze war kaum mehr zu ertragen. Eine dumpfe Gewitterschwüle lag über den Städten Berlin und Cöln. — Höher und höher hob sich die Wolkenwand, langsam stieg sie empor, aber schon bedeckte sie einen Theil des Himmels und durch die dicht zusammengeballte, schwarze Wolkenmasse zuckten ferne Blitze. —

Da öffneten sich die Schloßthore, der Kurfürst, seine Gemahlin und die fürstlichen Kinder fuhren im vierspännigen Wagen über den Schloßplatz, neben dem Wagen ritten die vornehmsten Räthe und Offiziere. Im scharfen Trab, so schnell die

Pferde laufen konnten, flüchteten die Geängstigten aus dem gefährdeten Cöln. — Die Hofdiener folgten zu Pferd oder zu Fuß. Jeder beladen mit so viel von seinem kostbarsten Eigenthum, wie er in der Eile retten konnte.

Südlich von den Schwesterstädten erhoben sich die cölnischen Weinberge, auch die Tempelhofer Berge genannt, nach dem höchsten von diesen, dem heutigen Kreuzberg, ging der Zug der Wagen, Reiter und Fußgänger, auf dem Gipfel der Anhöhe suchte Joachim Schutz gegen die drohende Sündfluth.

Stunden vergingen und wieder Stunden. Der Kurfürst saß mit seinen Getreuen oben auf dem Berge und schaute bald nieder auf die mauer- und wallumgürteten Städte zu seinen Füßen, bald hinauf nach den schwarzen Wetterwolken, die immer drohender am Himmel heraufzogen; ein anderes Wetter, welches nicht minder drohend sich unter ihm zusammenzog, sah er nicht.

Den Bürgern von Berlin und Cöln war die Prophezeiung Carions nicht mitgetheilt worden und dennoch kannten sie dieselbe. Ein Geheimniß wird ja so bald verrathen! Einer der Hofdiener, der vielleicht ein Liebchen unten in der Stadt zu wohnen hatte, mochte wohl geplaudert haben. — Einige verlachten die Gefahr und erinnerten an Stöfflers verunglückte Weissagung, andere standen mit bleichen Gesichtern vor den Thüren und schmähten tief entrüstet auf den Kurfürsten, der den Weg zum Tempelhoffchen Berg durch seine Trabanten hatte absperren lassen, der sich selbst retten wolle vor der Gefahr, welche das Volk von Berlin und Cöln bedrohte. —

Schon war der ganze Himmel mit Wolken dicht bedeckt, in jedem Augenblicke drohte sich das Unwetter zu entladen, da brach plötzlich die Sonne mit lichtem Strahle wieder hervor, die Wolken zertheilten sich.

War die Gefahr vorüber? — Joachim glaubte es nicht, er war zu sehr von der Untrüglichkeit seines Carion überzeugt, aber während er oben vom Berge auf die dem Untergange geweihten Städte herabschaute, begann er sich seiner Furcht zu schämen. — Die Stunde der Gefahr hatte ihn wieder zusammen geführt mit seiner Gemahlin Elisabeth, der er seit langen Jahren fremd geworden war; er bewunderte die ruhige Fassung der furchtlosen Frau, und als diese jetzt sich muthig an ihn wendete und ihn dringend bat, nach dem Schloß in Cöln zurückzukehren, dort mit seinen Unterthanen auszuharren und mit ihnen das Geschick zu theilen, welches Gott senden möge, ermannte er sich und gab den Befehl, die Wagen wieder anzuspannen.

Er kehrte nach Cöln zurück. Nicht mit freudigem Gruß, sondern mit finstern Blicken wurde er empfangen, als er schnell durch die Straßen fuhr. — Schon war er auf dem Platz vor dem Schloß angelangt, schon wollten die vier schnaubenden Rosse in's Burgthor einlenken, da öffneten sich plötzlich die Wolken, die sich wieder zusammengezogen hatten, ein Feuerstrahl schoß hernieder, der Donner krachte, als bräche das mächtige Schloß in sich zusammen.

Joachim war betäubt, geblendet. — Als er durch den rauschenden, in Strömen herabfallenden Regen wieder in's Bewußtsein gerufen wurde, stand der Wagen still. — Er sprang heraus; vor ihm lag die vom Blitz herabgeschleuderte Leiche des Wagenknechtes; auch die vier Pferde waren erschlagen.

Sonsten, — sagt Haftiz, der uns dies Ereigniß erzählt, — hat das Wetter keinen Schaden mehr gethan.

Viertes Kapitel.
Verderbniß der Kirche. — Der Ablaßkram. — Tetzel in Berlin. — Tetzels Abenteuer in der Trebbiner Haide.

An einem herrlichen Frühlingstage, in der ersten Hälfte des April 1517, waren die Straßen von Berlin und Cöln dicht gedrängt von der schaulustigen Menge. Die Bürger hatten die Festkleider angelegt, Frauen und Mädchen den schönsten Schmuck hervorgesucht. — Ein besonderes Fest stand den guten Berlinern bevor, der berühmte Ablaßverkäufer Johann Tetzel wurde erwartet und wollte seinen feierlichen Einzug in Berlin halten, um auch den Bürgern dieser Stadt Sündenerlaß für wenige Groschen zu verkaufen.

Die heilige kirchliche Mutter war gar gnädig gegen ihre Kinder; sie hatte Erbarmen mit den Qualen, welche den armen Sündern im Jenseits bevorstanden, und da sie die Macht der Sündenvergebung, der Errettung aus den Flammen des Fegefeuers besaß, machte sie die Gläubigen dieser Wohlthat theilhaftig, natürlich aber nur, wenn diese sich auch des Erbarmens würdig zeigten, wenn sie bereit waren, von ihrem schnöden Mammon ein Weniges für den Säckel der Kirche, zur Erbauung der Peterskirche in Rom, zu opfern.

In jener Zeit, im Anfange des 16. Jahrhunderts hatten sich die in der katholischen Kirche eingerissenen Mißbräuche übergipfelt; vergeblich waren einsichtsvolle Geistliche seit länger als einem Jahrhundert bemüht gewesen, eine Kirchenreformation herbeizuführen, vergebens hatten sie auf den Concilen die herrschenden Mißbräuche offen klar gelegt, alle ihre Bemühungen waren an der Selbstsucht der höchsten kirchlichen Würdenträger gescheitert, und statt zum Bessern zu führen, hatten alle reformatorischen Versuche das alte Unwesen nur neu befestigt.

Die Geistlichkeit war von ihrer Spitze bis zu ihren untersten Gliedern ihrem eigentlichen Beruf, Gottes Wort zu lehren und dem Volke ein Vorbild der Frömmigkeit und wahrhaft religiösen Wandels zu sein, längst untreu geworden.

Die Päpste verdankten ihre Wahl meist der niedrigsten Bestechung. Derjenige Kardinal bestieg den päpstlichen Stuhl, der seinen Kollegen die größte Summe bieten konnte; — so waren denn zur höchsten geistlichen Würde Männer gelangt, deren bisheriges Leben eine Reihe der schändlichsten Verbrechen befleckt hatte und welche auch während ihrer Regierung die bisherige Verbrecherlaufbahn fortsetzten, Männer, wie Innozenz III., der sich nicht scheute, seine zahlreichen unehelichen Kinder öffentlich anzuerkennen und sie mit den Ehren und Reichthümern der Kirche zu überhäufen, wie Alexander VI., der mit seiner Tochter Lucrecia Borgia in unverhüllter Blutschande lebte, der die reichsten Kardinäle durch ein feines, nur ihm bekanntes Gift aus dem Wege schaffte, um sie zu beerben und der endlich an einem Gifttrank starb, den er für einen Andern hatte bereiten lassen.

Und wie das Haupt, so die Glieder. — Die Bischöfe betrachteten sich als weltliche Fürsten, die lieber in den Krieg, als in die Kirche gingen, die vom Aberglauben des Volks möglichst hohe Einkünfte zu ziehen bestrebt waren. — Die Bischöfe in der Mark, die von Brandenburg, Havelberg und Lebus waren nicht die schlechtesten ihres Standes, dennoch aber lebten auch sie ganz wie weltliche Fürsten; sie hielten sich einen glänzenden Hofstaat und zogen als Feldherrn in den Krieg; sie plünderten und verbrannten dabei die feindlichen Dörfer, und der Bischof von Havelberg, Wedigo Hans, ein Edler von Putlitz (1460—1487) hatte sich in solchen Fehdezügen nicht gescheut, bei seinen Einfällen in das mecklenburgische Gebiet auch die Kirchen und Klöster zu stürmen und auszurauben.

Daß die niedere Geistlichkeit unter solchen Kirchenfürsten weit davon entfernt war, ihren priesterlichen Beruf zu erfüllen, ist wohl nur natürlich. — Das ganze Heer derselben, und es gab in der Mark etwa 10,000 Weltgeistliche und Mönche, überließ sich einem höchst ausschweifenden Leben. — Wir haben schon früher über das sittenlose Leben der märkischen Geistlichen gesprochen, hier möge nur noch die Schilderung Platz finden, welche aus dem Munde eines hochgestellten Geistlichen, des Bischofs Bodeker von Brandenburg, kommt, der bei einer Provinzialsynode im Jahre 1435 über das Leben des niederen Clerus, sich folgendermaßen ausließ. —

„Was soll ich von unsern Geistlichen und Predigern sagen? Obwohl wenige des Verbrechens der Simonie schuldig, obwohl noch weniger Schismatiker und wie wir hoffen, gar keine Ketzer unter ihnen sind, so daß das Volk, ohne daß es zu seinem Verderben gereicht, die Kirchensakramente von ihnen empfangen kann, so treibt mich doch die Wahrheit, zu meinem großen Schmerz zu sagen, daß die meisten sich Concubinen halten und sich ganz öffentlich allen Ausschweifungen in der Wollust überlassen, so daß ihr Lebenswandel nicht nur dem gemeinen Manne, sondern auch den Fürsten und Großen zum Aergerniß gereicht. Und jene Laster und Verbrechen sind unter ihnen so allgemein, daß sie mit frecher Stirn Unzucht und Ehebruch für etwas ganz Ziemliches halten. Denn wenn ihre Köchinnen oder Buhlerinnen von ihnen oder vielleicht auch von Andern Mütter werden, so leugnen sie nicht etwa die Sünde, sondern halten es für die größte Ehre Väter der Kinder zu sein, die in so schändlichem Umgange erzeugt worden. — Daher bitten sie auch als angebliche Väter die benachbarten Priester und Laien beiderlei Geschlechts als Taufzeugen ihrer Kinder zu sich und geben mit der größten Freude und Feierlichkeit Kindtaufsfeste, da sie sich doch vielmehr darüber herzlich betrüben sollten.

Verflucht sind diejenigen, die ihr Verbrechen noch durch ihr eigenes Geständniß offenbaren, da sie es doch durch ihr Leugnen zweifelhaft machen und der gesetzmäßigen Strafe entgehen könnten.

Aber noch mehr zu verabscheuen ist, daß, wenn sie ihre Bastarde mit dem Vermögen der Kirche bis zum mannbaren Alter erzogen haben, sie diese unter sich verheirathen, so daß der Sohn des einen Priesters die Tochter des andern zur Ehe nimmt, indem sie hierdurch ihr vielleicht schon in Vergessenheit gekommenes Vergehen wieder auffrischen und von neuem aus Licht bringen."

Es ist kaum möglich, schlagender die Verderbtheit der Geistlichkeit in Haupt und Gliedern zu schildern, als es hier der hochwürdige Bischof selbst gethan hat, der von seinen Priestern nicht etwa ein ehrbares Leben, sondern nur die Geheimhaltung ihrer Laster forderte. —

Solche Priester, welche sich überdies durch Aberglauben und Unwissenheit auszeichneten, konnten unmöglich zur Förderung wahrer Religiosität beitragen, — sie waren eben nur Werkzeuge, welche es sich zur Aufgabe machten, die hohlen Formen des Gottesdienstes aufrecht zu erhalten, und indem sie auf den religiösen Aberglauben*) der Menge wirkten, die Geldmittel herbeizuschaffen, welche den Fürsten der Kirche und ihnen selbst

---

*) Der kirchliche Aberglaube zeigte sich sehr auffällig auch in der Reliquienverehrung, welche mehr und mehr überhand nahm. — Wie sehr dieselbe auch in Berlin emporgewuchert war, zeigt uns ein Register der Reliquien, welche in der Marienkirche zu Berlin in reich vergoldeten Monstranzen aufbewahrt wurden. — Das Register stammt aus dem Jahre 1405. Im Laufe des Jahrhunderts ist der Reliquienschatz noch vielfach vermehrt worden. — Damals waren in der Marienkirche vorhanden:

Ein Stück der Säule, an welcher Christus gegeißelt worden. Eine Partikel des heiligen Kreuzes. Knochenüberreste von vielen Heiligen und den zehntausend Jungfrauen. Ueberreste des Grabes Christi, der allerheiligsten Jungfrau Maria und vieler Heiligen. Ein wenig von der Erde, wo der Körper unseres Herrn Jesu niedergesunken. Ein Stück von der Rippe des heiligen Bekenners und Kaisers Heinrich. Einige Ueberreste von dem Hirn des heiligen Eucharius, Quiriaci des Bischofs, von den zehntausend Kriegern und von der Milch der heiligen Jungfrau Maria. —

nöthig waren, um ihr ausschweifendes Leben fortzuführen.

Die heilige Mutter Kirche besaß zwar große Schätze, sie wurde fortwährend durch Schenkungen aus milder Hand reich bedacht, aber wie gewaltig auch die Summen waren, welche ihr zuflossen, sie genügten dennoch nicht, um den verschwenderischen prachtvollen päpstlichen Hof zu erhalten und die Bedürfnisse der zahllosen Kirchenfürsten und Geistlichen zu befriedigen; der erfinderische Geist der Priesterschaft hatte daher schon seit langer Zeit ein anderes Mittel ersonnen, um dem gläubigen Volk das Geld aus der Tasche zu locken, — den Ablaßkram.

Der Ablaßhandel hatte eine ziemlich vernünftige Entstehung. Die Kirche war berechtigt für Vergehen gegen die Kirchenordnung mancherlei Strafen aufzulegen, welche in oft peinlichen Büßungen bestanden; es erschien vortheilhaft an die Stelle derselben Geldstrafen treten zu lassen, um den Schatz der Kirchen zu füllen. Der Papst erließ die kirchlichen Strafen, wenn eine bestimmte Summe gezahlt wurde, ja er ging noch weiter, auch auf die himmlischen Strafen im Jenseits dehnte er den Straferlaß aus.

Papst Clemens VII. erließ im Jahre 1342 eine Bulle, in welcher er die Lehre zum Glaubensartikel erhob, daß Christus weit mehr gethan habe, als zur Versöhnung der Menschen mit Gott eigentlich nöthig gewesen sei und daß daher durch den überströmenden Schatz des Verdienstes Christi und der Heiligen auch der Statthalter Christi auf Erden, der Papst, ermächtigt sei, den Christen etwas von diesem Schatz abzugeben. Allerdings sollte nach der kirchlichen Vorschrift der Ablaß nur denen, welche Reue und Besserung gelobten, ertheilt werden; aber diese Vorschrift wurde bald nicht mehr geachtet. Im Anfange des 16. Jahrhunderts ertheilte die Kirche für Geld Jedermann Vergebung der Sünden; der Verkauf der Ablaßbriefe, der Urkunden über diese Vergebung, wurde ein trefflich organisirtes Geschäft.

Papst Leo X. war des Geldes besonders bedürftig. Sein prachtvoller Hof kostete enorme Summen und auch der Bau der Peterskirche in Rom, welchen der kunstsinnige Papst nach Kräften förderte, war ohne eine großartige Beisteuer der Christenheit nicht weiter zu führen. Der Papst entschloß sich daher zu einem neuen Ablaßverkauf, für den er besonders Deutschland im Auge hatte. Er konnte den Handel nur mit Vortheil betreiben, wenn er ihn einem geschickten Unterhändler übertrug; ein solcher aber war der Erzbischof Albrecht von Mainz, welcher den Auftrag erhielt, den Ablaßhandel in Deutschland in Gang zu bringen, dafür wurde ihm die Hälfte des gesammten Ertrages gewährt. —

Erzbischof Albrecht von Mainz, der jüngere Bruder des Kurfürsten Joachim von Brandenburg, — war ein geistreicher, kunstsinniger Fürst, der selbst sehr wohl das Schmähliche des Ablaßhandels erkannte, da er seiner Zeit an geistiger Bildung weit vorangeeilt war, der aber dennoch sich nicht scheute, Gebrauch von dem verwerflichen Mittel zu machen, um seine Schulden zu bezahlen und seine geschwächte Kasse zu füllen. — Albrecht übernahm den Ablaßhandel für Deutschland und übertrug den Verkauf der Ablaßbriefe einem Mann, der sich für das schmutzige Geschäft eignete, wie kein anderer, dem früheren Dominikanermönche Johann Tetzel.

Johann Tetzel war nach einer stürmischen Jugend Dominikanermönch geworden und hatte als solcher so gelebt, wie die meisten seiner Ordensgenossen. In Insbruck war er bei einem Ehebruch ertappt und in Folge dessen zum Tode verurtheilt worden. Kaiser Maximilian hatte ihn in den Inn werfen und ersäufen lassen wollen, auf Fürbitte des Kurfürsten von Sachsen war die Strafe in lebenslängliche Haft verwandelt worden; aber auch von dieser hatte sich Tetzel zu befreien und die Begnadigung des Papstes zu erreichen gewußt.

Tetzel war ein geübter Ablaßkrämer. Er verstand das Geschäft trefflich. — Begabt mit einer großen, besonders auf die niedere Volksmasse wirkenden Rednergabe, mit dem Talent des Charlatans, der seine Waaren anzupreisen und jedem Käufer mundrecht zu machen versteht, mit vollkommener Gewissenlosigkeit und unerschütterlicher Unverschämtheit, wußte Tetzel einen Absatz für die Ablaßbriefe zu erzielen, der wahrhaft erstaunenswerth war.

Er brachte gewaltige Summen zusammen, obgleich das Gebiet, in dem er wirken konnte, nur ein kleines war, denn viele deutsche Fürsten versagten ihm in ihren Ländern, welche schon zu sehr durch einen frühern Ablaßhandel ausgesaugt waren, die Erlaubniß zum Verkauf der Ablaßbriefe. So blieben ihm denn nur die Länder von Kurmainz und die Mark Brandenburg, welche Joachim dem Agenten seines Bruders geöffnet hatte.

Albrecht war ausdrücklich nach Berlin gereist, um mit dem Kurfürsten Rücksprache zu nehmen und er hatte es dahin gebracht, daß Joachim durch eine Urkunde seine Einwilligung zum Ablaßhandel in der Mark Brandenburg gab, gewiß ungern, denn Joachims gesunder Sinn ließ ihn das Unheilvolle jenes Handels wohl erkennen und er bewies dies später dadurch, daß er seinen sämmtlichen Hofdienern verbot, Ablaßbriefe zu kaufen; aber er gab die Erlaubniß doch, um dem Bruder gefällig zu sein, er genehmigte, daß Tetzel nach der Mark Brandenburg kommen könne, und ohne es zu wissen und zu wollen, trug er dadurch zu jener Reformation bei, deren eifrigster Gegner er bald werden sollte.

Tetzel wurde in Berlin erwartet; ihn zu empfangen, hatte sich das Volk in den höchsten Festesschmuck geworfen. Man erzählte Wunderdinge in Berlin und Cöln von den kräftigen, Seele und Mark durchdringenden Predigten des Dominikaners. Der verstand das Herz zu rühren! Er wußte den Sünder niederzuschmettern, aber auch wieder zu erheben, indem er ihm die Ablaßbriefe, die ihn zur ewigen Seligkeit führten, verkaufte.

Das Volk von Berlin war schon durch Bußpredigten, die in allen Kirchen gehalten worden waren, darauf vorbereitet, den berühmten Ablaßkrämer mit Freuden zu empfangen. Im Jahre 1516 hatte abermals eine böse Pest das Land durchzogen und in den Schwesterstädten so mörderisch, wie im Jahre 1502 gehaust. Nur wenige Familien waren verschont geblieben, die meisten betrauerten einen oder den andern ihrer Lieben. — Das war die Strafe Gottes für die vielen Sünden der Berliner, — so predigten die Pfaffen, und ein Segen sei es, daß jetzt der Papst in seiner Barmherzigkeit den Tetzel nach der Mark Brandenburg schicke, um dort das Volk des Sündenerlasses für wenige Groschen theilhaftig zu machen. —

Da war denn große Freude unter den Bürgern von Berlin und Cöln, und selbst diejenigen, welche ein wenig ungläubig waren und einige bescheidene Zweifel in die Kraft der Ablaßbriefe setzten, waren doch entschlossen, den Ablaß zu versuchen, wenn er nicht zu theuer wäre; „denn — nützt er nichts, so schadet er doch gewiß nicht."

Alle Kirchen waren gefüllt. Das Volk sang unter Orgelbegleitung das Miserere. — Von den Thürmen herab läuteten die Glocken, wie zum höchsten Feste. — Da erschienen die Boten Tetzels und verkündeten, der Segenbringer nahe, die Gnade des Papstes und Gottes sei vor den Thoren.

Es ordneten sich Geistlichkeit und Volk zum feierlichen Zuge, um dem heiligen Mann die gebührende Ehre zu erweisen, ihn festlich in die Stadt einzuholen. Der Rath von Berlin und Cöln eröffnete mit den höchsten Würdenträgern den Zug, ihm folgten die Geistlichkeit, die Mönche des schwarzen und grauen Brüderklosters; die geistlichen Orden mit Fahnen und Kerzen, die Zünfte folgten mit Gewerkszeichen und eine gewaltige Volksmasse schloß sich an, Männer, Frauen, Greise und Kinder.

Und als sie nun den heiligen Mann einholten in die Stadt und ihn zur Nikolaikirche führten, da war der Jubel groß, denn der Tetzel verstand es, die Herzen zu gewinnen und doch Respekt einzuflößen. Er winkte gar freundlich dem gaffenden Volke zu und segnete Jeden, der ihm zu nahe kam, — die kleine Mühe bezahlte sich ja später schon wieder. — Vor ihm her wurde auf einem sammtenen, reich mit Gold gestickten Kissen die päpstliche Ablaßbulle getragen, von der das Volk sein Heil erwartete. — Dicht hinter ihm schritt sein Gehülfe im Ablaßverkauf, der dickwanstige Dominikanermönch Bartholomäus, der hielt die Hände über den Bauch gefaltet und schaute gar fromm und bescheiden zu Boden.

Nachdem der Festzug unter dem fortwährenden Läuten der Glocken und dem Jubelruf des Volkes in der Nikolaikirche eingetroffen war, richtete Tetzel vor dem Altar ein rothes Kreuz mit dem päpstlichen Wappen auf, zum Zeichen der Gegenwart des Ablaßpredigers, und stellte ein Becken daneben, in welches das Volk seine Gaben legen konnte.

Dann begann er zu predigen und athemlos lauschte die Menge. Er wies ihn auf das große Unglück des vergangenen Jahres, auf die reiche Todesrate, welche die Pest wieder in Berlin und Cöln gehalten habe und die so furchtbar gewesen sei, daß sie selbst die Todtengräber fortgerafft habe, so daß jede Familie für die Bestattung ihrer Lieben selbst habe Sorge tragen müssen, daß selbst am Frohnleichnamstage die feierliche Prozession unmöglich gewesen sei. — Mit donnernden Worten rief er dem Volke zu:

„Hört Ihr nicht Eurer Eltern und anderer Verstorbenen Stimme, die mit Klagen und Jammergeschrei Euch zurufen: Erbarmt Euch mein! Erbarmt Euch mein! — denn des Herrn Hand ruht schwer auf uns, wir sind mit den härtesten Strafen und Martern geplagt, von denen Ihr mit geringer Almosengabe uns erlösen könnt! — Und Ihr wollt es nicht? — O, öffnet Eure Ohren, vernehmet des Vaters und der Mutter Stimme, die den Söhnen und Töchtern zurufen: Wir haben Euch erzeugt, ernährt, erzogen, haben unser Gut Euch zurückgelassen und Ihr seid so hart und grausam, daß Ihr uns nicht erretten wollt, da Ihr es doch mit großer Leichtigkeit vermöget, und daß Ihr es zugebt, daß wir in den Flammen liegen und verhindert werden, zu der verheißenen Herrlichkeit zu gelangen. Kommt herbei, hier könnt Ihr den vollständigsten Ablaß erhalten! — Jetzt steht noch der Himmel offen! Sehet doch wie viel Seelen Ihr erretten könnt! Aber, o Ihr harten und nachlässigen Seelen! — Du dort kannst Deinen Vater für 12 Groschen aus dem Fegefeuer herausziehen, und Du bist so undankbar und willst Deinem Vater in so großer Pein, die er leiden muß, nicht zu Hilfe kommen? Ich will am jüngsten Gericht entschuldigt sein, Ihr aber mögt zusehen, wie Ihr ankommt! legt ein, legt ein, legt ein!"

Und sie legten ein, in das Becken nämlich neben dem rothen Kreuze, denn wer hätte da widerstehen können? Wer opferte nicht gern wenige Groschen, um die verstorbenen Lieben aus dem gräulichen Fegefeuer zu befreien!

Tetzel schwieg athemlos, an seine Stelle trat sein Gehülfe, der Dominikaner Bartholomäus, der vermochte zwar nicht so rührend zu sprechen, wie der große Tetzel, aber er verstand es doch auch, auf die Volksmasse zu wirken, und wenn er seinem Meister an Redefertigkeit nachstand, übertraf er ihn an Unverschämtheit. — „Schaut unser geheiligtes Kreuz an!" rief er im Lauf der Rede auf das rothe Ablaßkreuz weisend, „mit diesen meinen leiblichen Augen sehe ich das Blut Christi von dem Kreuze herabtröpfeln! Das ist ein Wunder, ein Gnadenbeweis, der seit der Zeit des Leidens Christi noch nicht stattgefunden hat!"

Das Volk sah nun zwar nichts von dem tröpfelnden Blute, aber es glaubte und legte ein.

So war denn das Ablaßkreuz in Berlin errichtet und der Handel mit Ablaßbriefen wurde nun mit aller Kraft begonnen. Tetzel nahm seine Wohnung im Dominikanerkloster zu Cöln, hier schlug er den eigentlichen Ablaßmarkt auf, zu dem von nah und fern die Käufer herbeieilten. Er verkündete unter dem 11. April 1517, daß er die Macht habe, für alle Sünden Absolution zu ertheilen, nur nicht für heimliche Empörung gegen den Papst, Entleibung hoher Prälaten, Verfälschung apostolischer Briefe und Zuführung an Wehr und Waffen an die Ungläubigen. Solche Sünden wären freilich zu schwer, als daß sie überhaupt Vergebung finden könnten.

Sechs Monate blieb Tetzel in Berlin und es ist unglaublich, welche Sündenlast er den Bürgern von Berlin und Cöln, sowie den Fremden, welche während dieser Zeit nach den glücklichen Städten kamen, um Ablaß zu kaufen, abgenommen hat.

Vor dem Dominikanerkloster hielt Tetzel seinen Ablaßmarkt ab. Hatte er anfangs noch einige Würde in seinen Predigten bewahrt, so steigerte sich seine Marktschreierei in dem Maße, in welchem die Kauflust des Volkes abnahm. Er zeigte den Umstehenden bunte Bilder, auf denen der Teufel abgemalt war, wie er eine arme Seele im Fegefeuer briet und lud sie ein, sich von so gräßlicher Qual loszukaufen, denn für jede Sünde habe er ja Vergebung, wenn nur der Sünder, so viel Geld als nöthig sei, um den Ablaßbrief zu kaufen, in den Gotteskasten werfe

Wo das Geld im Kasten klingt,
Die Seele aus dem Fegefeuer springt."

So sang Tetzel und das Volk ließ sich bethören, es kaufte Ablaßbriefe, die für jede mögliche Sünde von dem kleinsten kirchlichen Vergehen an bis zum Morde und zur Nothzucht ertheilt wurden, ja selbst für Sünden, welche noch gar nicht begangen waren, sondern erst begangen werden sollten.

Tetzel war ein gewiegter Kaufmann. Er stellte nicht bestimmte Preise für die Sünden, sondern er forderte und ließ sich handeln. Von dem Einen nahm er viel, von dem Andern wenig, wie eben Jeder geben konnte und wollte. — So schlau aber Tetzel war, einmal wurde er doch und zwar recht empfindlich betrogen.

Von Berlin hatte er endlich, nachdem das Geschäft nicht mehr recht gehen wollte, seinen Markt nach Jüterbogk verlegt, von dort aus besuchte er die benachbarten Städte, um auch diese mit der päpstlichen Gnade zu beglücken.

Eines Tages pries er in seiner gewöhnlichen Weise den Nutzen der Ablaßbriefe an, da trat zu ihm ein junger kecker Rittersmann, die Einen erzählen, es sei ein Herr von Hake, die Andern, es sei der Herr von Hagen gewesen, der Name aber thut nichts zur Sache.

Der Ritter hörte gar ehrerbietig der Predigt des heiligen Mannes zu und bekannte diesem endlich, er sei ein arger Sünder und das Schlimmste sei, er könne nicht von der Sünde lassen und wenn es ihm auch Leben und ewige Seligkeit kosten solle. Er bereue wohl, aber doch sündige er wieder. — Jetzt eben habe er einen Straßenraub vor und müsse ihn begehen, auch wenn ihn Satan bei lebendigem Leibe holen würde. — Könne ihm Tetzel für diese zukünftige Sünde Ablaß gewähren, dann wolle er gern, um seine Seele rein zu machen, zehn Thaler in den Ablaßkasten springen lassen.

Der würdige Diener Gottes machte ein sehr ernstes feierliches Gesicht; er beruhigte den jungen Mann mit milden Worten und versprach ihm Vergebung seiner vergangenen und zukünftigen Sünden, aber freilich für solch ein Spottgeld könne er ihm keinen Ablaß verkaufen, denn der Raub werde ja jedenfalls mehr als 10 Thaler einbringen! Unter 30 Thaler könne er's nun und nimmermehr thun.

Das war ein theurer Preis für einen Straßenraub. Vorschlagen und bieten macht Kaufleute, so dachte auch der Ritter, er versuchte zu handeln, aber vergeblich, Tetzel blieb bei seiner Forderung und wohl oder übel mußte der Käufer die geforderte hohe Summe für den Ablaßbrief erlegen, wenn er sein beabsichtigtes Verbrechen begehen und doch der ewigen Seeligkeit theilhaftig, von den Qualen des Fegefeuers erlöst werden wollte. —

Der Handel wurde abgeschlossen und 30 schöne Thaler rollten klingend zu Tetzels Freude in den Ablaßkasten.

Einige Tage später befand sich Tetzel auf dem Wege von Trebbin nach Jüterbogk. Er hatte vortreffliche Geschäfte gemacht. Der schwere silbergefüllte Ablaßkasten ruhte wohl verschlossen hinter ihm im Wagen, kaum vermochten ihn die keuchenden Pferde durch den tiefen Sand zu ziehen. —

Der Weg führte durch öde Haiden hindurch, weit und breit war kein Dorf zu sehen. — Tetzel hatte sich im Bewußtsein eines wohlvollbrachten Tagewerks einer süßen Ruhe hingegeben, da wurde er plötzlich durch das Geschrei seines Fuhrknechts aus dem Schlummer erweckt.

Der Wagen hielt, er war umringt durch ein halbes Dutzend wohlbewaffneter Reiter.

Tetzel wurde aus dem Wagen gezogen, er schrie und fluchte, aber Alles vergeblich.

„Ach Du böser Bube", rief er, wie uns Angelus erzählt, dem einen Reiter, den er für den Führer der Räuber erkannte, wüthend zu, „wie wirst Du jemals die Sünde büßen, daß Du Dich an päpstlicher Heiligkeit und an mir, seinem Legaten, vergreifst?"

Der Ritter lachte laut und hell auf. — „Ei" antwortete er, „das will ich wohl verantworten! Habe ich doch Deinen eigenen Brief mit dem Insiegel, in dem Du mich aus päpstlicher Macht und Gewalt, nicht allein von meinen bereits begangenen, sondern auch von allen meinen zukünftigen Sünden und insbesondere von der, die ich jetzt an Dir begehe, absolvirt hast. — Dessen wirst Du Dich wohl zu erinnern wissen, ich habe Dir ja Deine gute Gebühr dafür gegeben!"

Tetzel versuchte vergeblich zu beweisen, daß so sein Ablaßbrief nicht gemeint sei, der Ritter lachte nur und sagte, wenn auch Tetzel den Ablaßbrief nicht so verstanden habe, er habe ihn so gemeint.

Die Pferde wurden nun in die öde Haide hineingelenkt, Tetzel mußte auf dem Wagen zurückbleiben, der Ritter bewachte ihn und machte sich noch ein Vergnügen daraus, den trostlosen Mönch zu verhöhnen. Auf alles Schimpfen und Fluchen Tetzels erwiderte er nur in höchster Seelenruhe: „Da ich einen Ablaßbrief von Dir selbst empfangen habe, nehme ich das Geld und mache mir kein Gewissen daraus. Ich bedanke mich noch bei Dir wegen der Absolution und nun Ade, zu guter Nacht!"

Mit diesen Worten sprengte er lachend von dannen.

Der Chronist Angelus fügt seiner Erzählung die Moral hinzu: „Also hatte Tetzel wohl über sich selbst Ablaß gegeben und ist mit baarer Münz bezahlet worden, sintemal er selbst in die Grube gefallen, die er einem Andern mit seinem Ablaßbrief gegraben hatte, und ist an ihm das Sprüchwort wahr geworden: Uebel gewonnen, übel zerrunnen!"

Fünftes Kapitel.

Dr. Martin Luther. – Die 95 Thesen. – Lutherische Sympathien in Berlin. – Joachim als Gegner der Reformation. – Einem Ketzer braucht man nicht Wort zu halten. – Die Dominikaner-Predigt. – Die Flucht der Kurfürstin. – Der Triumphzug des jungen Joachim. – Der Tod Joachims I.

Von Jüterbogk aus suchte Tetzel seine Ablaßbriefe auch nach Sachsen zu verbreiten. Er durfte zwar das Kurfürstenthum Sachsen persönlich für seinen Kram nicht besuchen, aber die Pfaffen konnten für ihn von der Kanzel wirken, und die sächsischen Bauern kamen auf deren Anregung in Massen über die Grenze und kauften in dem nahen Jüterbogk die köstlichen Briefe. Auch aus der Stadt Wittenberg, welche nur vier Meilen Wegs von Jüterbogk entfernt liegt, fanden sich viele Ablaßkäufer ein, Leute, welche es weit bequemer fanden, einige Groschen für Vergebung ihrer Sünden zu zahlen, als in die Kirche zu gehen, oder gar sich von ihren Beichtvätern mitunter harte Bußen auferlegen zu lassen.

Mit jedem Tage betrieb Tetzel seinen Handel marktschreierischer und unverschämter. — Das Unwesen nahm so überhand, daß es selbst viele Geistliche empörte und daß sich besonders ein Augustinermönch in Wittenberg, der zugleich Lehrer an der dortigen Universität war, der Dr. Martin Luther, in seinen Predigten tadelnd über dasselbe äußerte. Er sprach offen aus, es sei besser, den Armen ein Almosen zu reichen, als das Geld für so ungewisse Ablaßgnade nach Rom zu schicken, er warnte daher seine Beichtkinder vor dem Kauf der Ablaßbriefe. Anfangs trat Luther noch ziemlich milde auf, als aber der Verkauf der Ablaßbriefe nicht aufhörte, die Bürger von Wittenberg sogar immer häufiger nach Jüterbogk wanderten, um sich dort betrügen zu lassen, da entschloß er sich zu einem kühnen energischen Schritt.

Am Vorabend des Allerheiligentages, am 31. Oktober 1517, schlug Luther an die Thüren der Schloßkirche zu Wittenberg 95 Thesen (Lehrsätze) gegen den Ablaß an. Er forderte dadurch, nach der Sitte der Zeit, alle Gelehrten auf, diese Sätze in einem öffentlichen Streit zu widerlegen.

Ein unbedeutender Mönch, dessen Name bis dahin kaum genannt war, wagte es, die Autorität der höchsten kirchlichen Macht anzugreifen, den vom Papst selbst anbefohlenen Ablaßhandel zu verdammen! Er hatte selbst keine Ahnung von der furchtbaren Tragweite seines Schrittes, keine Ahnung davon, daß durch diese 95 Thesen die katholische Kirche in ihrem innersten Wesen erschüttert werden würde.

Die 95 Thesen wurden gedruckt und flogen in unzähligen Exemplaren durch Deutschland. — Da war zum ersten Mal offen und unverhüllt ausgesprochen, was schon unendlich Viele über den Ablaßhandel gedacht hatten. Luther hatte dem allgemeinen Gefühle Worte geliehen, er sagte nichts Neues, aber er sagte die Wahrheit im rechten Augenblick, und deshalb zündete sein Wort, deshalb fand es einen Wiederhall bei Tausenden. — Es flog auch in die Mark hinein. Gerade diejenigen, welche bisher am eifrigsten die Ablaßbriefe gekauft hatten, wurden jetzt am frühesten zweifelhaft, und sobald sie einmal zu zweifeln begonnen hatten, verloren sie den Glauben an die Kraft des Ablasses schnell genug, sie sahen sich betrogen um ihr schönes Geld und fühlten sich erschüttert in dem Kirchenglauben überhaupt.

Tetzel spürte die Wirkung der mächtigen Worte des Augustiners bald an dem Verfall seines bisher so blühenden Handels. Er war wüthend und suchte die neue Lehre mit allen Mitteln geistlicher Gewalt zu bekämpfen; aber vergeblich, die Wahrheit siegte. — Wenn ihm auch der gelehrte Wimpina in Frankfurt, — der eifersüchtig auf den Ruf der Universität Wittenberg, Luther schon darum bekämpfte, weil dieser Lehrer an der nebenbuhlerischen Hochschule war, — Gegenthesen verfaßte und Luther einlud, diese in Frankfurt zu vertheidigen, wenn Tetzel auch in dieser Stadt vor den aus der ganzen Mark Brandenburg zusammen berufenen Dominikanern, wohl 300 an der Zahl, promovirte und die höchste gelehrte Würde, die eines Doctors der Theologie unter großen Ehren empfing, — das Volk glaubte ihm nicht mehr. Mit wunderbarer Schnelligkeit verbreitete sich die Lehre Luthers, der, ohne es zu wollen, vom reformatorischen Drange weiter getrieben wurde, über Norddeutschland; seine Schriften, die nicht, wie sonst unter den Gelehrten üblich, in schlechtem Latein, sondern in gutem Deutsch geschrieben und daher dem Volke verständlich waren, wurden überall gelesen und sie fanden Eingang auch in die Mark Brandenburg. —

In Berlin zeigte sich die Wirkung der lutherischen Lehren sehr bald; die Kirchen blieben leer, die bisher so frommen Bürger kamen nicht mehr in die Beichtstühle und in den Buden, die an der Dominikanerkirche standen und in denen bisher Rosenkränze und Heiligen-Bilder verkauft worden waren, wurden jetzt Schriften gegen den Ablaßkram feil gehalten und mehr gekauft, als sogar früher die Ablaßbriefe selbst.

Die Würdenträger der Kirche erkannten sehr wohl die Gefahr, welche sie bedrohte. Sie bemühten sich nach bester Kraft, das Volk beim alten Glauben zu erhalten. Hatte man früher den Ablaß verkauft, jetzt gab man ihn gern umsonst, wenn nur die Gläubigen ihn nehmen wollten. —

Als der Bischof von Reval, Johannes von Blankenfeld, ein Berliner von Geburt, im Jahre 1518 als päpstlicher Nuntius in Berlin war, ertheilte er allen Wohlthätern der Petrikirche einen Gratisablaß von 100 Tagen, unter der einzigen Bedingung, daß sie für das Heil der katholischen Kirche, für die Erhaltung des Papstes und für die Erhaltung aller derjenigen, welche den Ablaß predigen, befördern und ertheilen, beten sollten.

Aber auch umsonst war jetzt der Ablaß zu theuer, man wollte nichts mehr von dem verrotteten Unwesen wissen. Das Volk hatte angefangen, denken zu lernen; es horchte nicht mehr gläubig den Worten der Pfaffen, sondern begann in dem religiösen Streit, der sich über ganz Deutschland ausbreitete und nach und nach über alle die wichtigsten Institutionen der katholischen Kirche geführt wurde, selbstständig zu denken und zu urtheilen. —

Jedermann nahm damals Partei für oder gegen Luther, es war eine Zeit des allgemeinen geistigen Kampfes, in der eben Niemand neutral bleiben konnte, und von großer Wichtigkeit war es für die Ausbreitung der reformatorischen Ideen, auf welche Seite der Kurfürst treten würde.

Die Bürger von Berlin und Cöln hatten zwar schon vielfach gezeigt, daß sie sich in ihren Herzen zu Luthers Lehre neigten; die Reformation fand in den Schwesterstädten, welche ihren alten Haß gegen die Pfaffen noch keineswegs überwunden hatten, einen fruchtbaren Boden, aber offen sich für Luther zu bekennen, wagten doch nur Wenige, so lange der Kurfürst dies nicht ebenfalls that.

Joachim war ein zu geistreicher, zu tief wissenschaftlich durchgebildeter Mann, als daß er nicht die Nothwendigkeit einer kirchlichen Reformation erkannt hätte, aber er wollte nur eine Reformation, nicht eine Revolution, und als eine solche erschien ihm die von unten herauf, durch einen einfachen Augustinermönch, angeregte Verbesserung des Kirchensystems.

Hätte sich ein geistreicher Papst bestrebt, die Uebelstände der Kirche zu verbessern, oder wäre der Kampf gegen dieselben auch nur ausgegangen von einem der Kirchenfürsten, einem der Kardinäle oder Erzbischöfe, dann würde Joachim höchst wahrscheinlich für die reformatorische Bewegung Partei genommen haben, jetzt aber zogen ihn alle seine Lebensanschauungen und Neigungen in den Kampf gegen dieselbe.

Sein Bruder Albrecht, der Erzbischof von Mainz, war durch die Verdammung des Ablaßkrams am schwersten betroffen, und schon die persönlichen Rücksichten für den Bruder nahmen Joachim gegen Luther ein, ebenso auch die große Hochachtung, welche er für den kunstsinnigen Papst Leo X. hegte. — Seine Lieblingsschöpfung, die Universität Frankfurt, wurde durch die Folge der Thätigkeit Luthers mächtig wachsenden Ruf der Universität Wittenberg in ihrem Gedeihen gefährdet, denn viele Märker zogen es vor, nach Wittenberg, wo die freie Religionslehre gepredigt wurde, zu ziehen und dort zu studiren, statt in Frankfurt sich den Vertheidigern des Ablaßkrams zuzugesellen. Die Gelehrten aus Frankfurt, Wimpinna, der eifrige Freund Tetzels und andere Gleichgesinnte, waren die wissenschaftlichen Rathgeber Joachims und sie eiferten natürlich gegen Luther, ebenso auch sein liebster Geheimer Rath, der Bischof Hieronymus Scultetus von Brandenburg.

Luther, dem es im Anfang der Bewegung, als er seine 95 Theses anschlug, gar nicht in den Sinn gekommen war, einen Kampf beginnen zu wollen gegen die katholische Kirche, deren gläubiger Jünger er war, der nur einem einzigen Mißbrauch entgegen trat, hatte gehofft, in diesem seinen Bestreben Unterstützung bei den intelligenten Geistlichen zu finden; er war daher bemüht gewesen, den seiner Gelehrsamkeit wegen berühmten Bischof Hieronymus Scultetus für sich zu gewinnen; er hatte diesem seine Theses übersandt. Scultetus erkannte zwar das Nachtheilige des Ablaßkrams an, und er hatte dies gezeigt, indem er den Kurfürsten während Tetzels Anwesenheit in Berlin zu dem Verbot des Ablaßkaufs an die Hofdiener bewegt hatte, aber er war ein zu guter Hofmann, um nicht gegen den Bruder seines Kurfürsten nachsichtig zu sein; er schickte deshalb den Abt von Lehnin nach Wittenberg, um mit Luther Rücksprache zu nehmen und diesen von weiteren Schritten abzumahnen. Als, durch die Gewalt der Umstände und insbesondere durch die unverschämten Angriffe Tetzels gedrängt, Luther doch vorwärts und zwar weiter ging, als er vorher gewollt hatte, reiste sogar der Bischof selbst nach Wittenberg und hatte eine lange Unterredung mit dem Reformator; aber er kehrte unverrichteter Sache wieder nach Brandenburg zurück, und von dieser Zeit an hegte er einen so tiefen Haß gegen den kühnen Augustinermönch, der es gewagt hatte, seiner Autorität zu trotzen, daß er einst, als er am Kaminfeuer saß, in einer Unterredung mit Freunden äußerte, er wolle sein Haupt nicht eher ruhig niederlegen, bis er Luther dem Flammentode überantwortet habe! — „Er soll verbrennen, wie dieser Stab!" rief er aus, indem er einen hölzernen Stab, den er zufällig in der Hand hielt, wüthend in das Kaminfeuer warf.

Scultetus wendete natürlich alle seine Redekraft auf, und diese war, wie wir gehört haben, bedeutend, um Joachim gegen Luther einzunehmen, er wurde unterstützt durch Wimpinna und auch durch einen andern sehr einflußreichen Mann, den Sterndeuter Carion, der ebenfalls Partei gegen Luther nahm.

Alle diese Einflüsse, sowie seine eigenen Neigungen, wirkten so mächtig auf Joachim, daß dieser sich bald als ein eifriger Gegner der Reformation zeigte, sein Eifer führte ihn so weit, daß er, als Luther mit freiem Geleit auf dem Reichstage zu Worms erschien (1521), dem Kaiser Karl V. rieth, das freie Geleit zu brechen, den Ketzer verhaften und verbrennen zu lassen, denn einem Ketzer brauche man nicht Wort zu halten. Kaiser Karl erwiderte darauf das schöne Wort: „Wenn Treue und Glauben aus der ganzen Welt entweichen, bei mir sollen sie eine Zufluchtsstätte finden! — Ich will nicht, wie mein Vorfahr Sigismund, erröthen!"*)

Wenn Joachim sich in diesem Falle zu einer Härte hinreißen ließ, welche einen Flecken auf seinen Charakter wirft, so zeigte er sich doch von einer ähnlichen Verfolgungssucht in seinen eigenen Ländern frei. Er trat allerdings der sich mehr und mehr in der Mark Brandenburg ausbreitenden Reformation entgegen, aber nur mit den Mitteln des Gesetzes und ohne Grausamkeit.

Als in Berlin und Cöln die früher in der Befolgung der kirchlichen Gebote so überaus eifrigen Bürger sich von den Kirchen mehr und mehr zurückzogen und sogar die berühmte Frohnleichnams-Prozession vernachlässigten, indem sie ihren Töchtern nicht gestatteten, bei derselben mitzuziehen, erließ Joachim im Jahre 1522 ein Mandat an die Magistrate beider Städte, in welchem er sagte:

„Wir werden berichtet, wie sich etliche eurer Mitbürger und sonderlich von den namhaftigsten, unterstehen, weniger ihre Töchter in die Prozession des achten Tages Corporis Christi, wie vor Alters geschehen, gehen zu lassen. Demnach begehren wir an Euch gütlich, ihr wollet von unsert-

*) Kaiser Sigismund hatte dem Reformator Johann Huß freies Geleit zum Concil in Constanz zugesagt. Er brach dies Wort, indem er genehmigte, daß Huß verhaftet werde. Huß wurde als Ketzer verbrannt; als er sich bei seinem Verhöre auf das ihm bewilligte freie Geleit berief und dabei den anwesenden Kaiser Sigismund anblickte, erröthete dieser. —

wegen daran sein und verschaffen, daß in dem kein Abgang geschehe, sondern alter löblicher Gewohnheit nach die Jungfrauen die Prozession Gott zu Lob halten und darin gehen lassen und daß auch sonst dieselbe Prozession mit Figuren und anderm ordentlich und andächtig bestellt werde."

Ob der Befehl Joachims eine besondere Wirkung hatte, darüber berichten uns die Chroniken nichts, fast möchten wir aber glauben, es sei nicht der Fall gewesen und sein Gebot habe ebenso wenig gefruchtet, wie die später von ihm ausgegangenen Verbote gegen Luthers deutsche Bibelübersetzung, der Joachim vorwarf, daß darin über hundert Irrthümer enthalten seien und gegen die deutschen Lieder Luthers (1526). Bibel und Lieder wurden trotz des Verbots in Massen nach der Mark Brandenburg gebracht und vielleicht mit um so mehr Begierde gelesen, weil sie verboten waren.

Der Strom der Reformation war schon so mächtig gewachsen, daß sich demselben durch ein einfaches Gesetz kein Damm mehr entgegen stellen ließ. Nahmen auch die Bürger von Berlin und Cöln, als gut geschulte Residenzler, auf ihren gnädigsten Kurfürsten soviel Rücksicht, daß sie sich nicht offen für die Reformation erklärten, so wurde doch um so eifriger im Geheimen Luthers Bibelübersetzung gelesen und vorgelesen und selbst das Abendmahl unter beiderlei Gestalt vertheilt. — Das Volk behauptete sogar, anknüpfend an den alten katholischen Aberglauben, Zeichen und Wunder seien geschehen, um die Wahrheit der neuen Lehre Luthers zu bekunden. —

Am zweiten Weihnachtstage des Jahres 1525 befand sich Joachim mit seiner Gemahlin in der Kirche des Klosters der schwarzen Brüder. Einer der Mönche predigte, er donnerte mit wilder Wuth gegen die Ketzereien Luthers und um diesen recht zu verdammen, griff er sogar die Briefe des Apostel Paulus, auf welche Luther sich vorzüglich berief, mit harten Worten an. Diesem Apostel, so sagte er, dürfe man eben nicht gar zu viel trauen, denn er habe offenbar gelogen! — Eine Lüge sei es, wenn Paulus (Galat. 4. 4) sage: „Da aber die Zeit erfüllet ward, sandte Gott seinen Sohn, geboren von einem Weibe u. s. w." denn die heilige Mutter Maria sei nie ein Weib geworden, da sie auch nach der Geburt Christi noch eine Jungfrau geblieben sei. — Einem solchen Lügenapostel, der etwas derartiges behaupte, dürfe man nicht glauben, wie die lutherischen Ketzer es thäten.

Der Mönch predigte mit wildem Eifer, sein Gesicht war, während er seine verdammenden Worte von der Kanzel herabrief, von einer dunklen Röthe überzogen. Er donnerte, als er den letzten Satz sprach, mit den Fäusten auf die Kanzel, dann aber brach er plötzlich zusammen. Der Schlag hatte ihn gerührt, er wurde todt aus der Kirche getragen und die von Grauen erfüllten Zuhörer verließen eiligst das Gotteshaus, um die schauerliche Erzählung in der Stadt zu verbreiten.

Das war ein Gottesgericht! — Gott selbst erkannte die Richtigkeit der reformatorischen Lehre an und bestrafte den Frevler gegen dieselben; die Bürger von Berlin und Cöln überließen sich daher um so mehr der herrschenden Strömung. Manche hatten wohl auch noch andere Gründe dafür, sie schauten nach der aufgehenden Sonne und im Volk war's ein öffentliches Geheimniß, daß, wenn auch Joachim sich der Reformation feindlich erweise, doch die Kurfürstin Elisabeth und ihre Kinder sich derselben um so mehr geneigt zeigten.

Die Ehe der beiden fürstlichen Gatten war seit langer Zeit eine tief zerrüttete, sie hatten sich ganz von einander abgewendet und es ist nicht unmöglich, daß die religiöse Meinungsverschiedenheit dazu beigetragen hat.

Der Bruder der Kurfürstin, der wegen seiner tyrannischen Regierung von seinem Volk vertriebene König Christian II. von Dänemark, hatte sich längere Zeit am Hofe zu Cöln aufgehalten. Er war ein entschiedener Anhänger der Reformation und er bemühte sich, Proganda für seine Ueberzeugung zu machen. Wenn er mit seiner Schwester, die ihn zärtlich liebte, ein einsames Stündchen verplauderte, dann sprach er mit ihr von Luthers Lehren und suchte diesen bei der Kurfürstin Eingang zu verschaffen. Es wurde ihm nicht schwer, Elisabeth zu überzeugen, diese las fortan eifrig in Luthers Werken, sie wurde eine glühende Verehrerin des kühnen Reformators und wußte auch ihre Kinder für die neue Lehre zu gewinnen.

Der größte Wunsch der Kurfürstin war es, offen zur reformirten Kirche übertreten, das Abendmahl in beiderlei Gestalt genießen zu können; das aber durfte sie nicht wagen, denn wie wenig sich Joachim auch um seine Gattin bekümmerte, wie offen er sie vernachläßigte, sie blieb doch immer die Kurfürstin und er würde nie geduldet haben, daß sie durch ihr Beispiel zur Ausbreitung der Reformation in der Mark Brandenburg beigetragen hätte. — Wenn die Kurfürstin von Brandenburg sich öffentlich als Anhängerin Luthers erklären durfte, dann zerfielen alle bis gegen die neue Lehre gerichteten Verbote des Kurfürsten in nichts. Die Unterthanen konnten nicht wegen eines Vergehens bestraft werden, welches am kurfürstlichen Hofe selbst ungestraft blieb.

Elisabeth mußte sich die Erfüllung ihres liebsten Wunsches versagen; was sie aber nicht öffentlich thun durfte, das beschloß sie, im Geheimen zu thun. —

Sie stand mit ihrem Bruder und mit Dr. Martin Luther in einem ununterbrochenen Briefwechsel, der durch geheime Boten besorgt wurde. Elisabeth hatte ihre Umgebung durch liebevolle Freundlichkeit so fest an sich geknüpft, daß sie keinen Verrath fürchtete; sie entschloß sich, einen Prediger der neuen Lehre in einer Verkleidung zu sich kommen zu lassen und aus dessen Hand das Abendmahl in beiderlei Gestalt zu nehmen.

Durch einen treuen Thürknecht, der seiner Herrin ganz ergeben war, wurde der verkleidete Prediger in die Gemächer der Kurfürstin geleitet. — Ein einfaches, mit einer Decke bekleidetes Tischchen diente zum Altar, vor dem sich Elisabeth zu Luthers Lehre bekannte, vor dem sie aus der Hand des Predigers neben dem Brod auch den Wein des Abendmahls empfing.

Elisabeth glaubte, in tiefster Verborgenheit gehandelt zu haben und dennoch wurde sie verrathen, — nicht durch ihre treuen Diener, — sondern durch ihre eigene Tochter.

Die 15jährige Prinzessin Elisabeth war der Liebling des Vaters. Joachim hatte das Kind an sich gezogen, er ahnte längst, daß seine Gemahlin der verhaßten Lehre anhänge, durch die Prinzessin*) erhielt er darüber Gewißheit, aus ihrem Munde hörte er, daß die Mutter durch den Genuß des Abendmahls in beiderlei Gestalt sich jetzt förmlich und vollständig von der alten katholischen Kirche losgesagt habe.

Joachim war außer sich vor Wuth. — Er stieß wilde Drohworte gegen die Kurfürstin aus, ja er sprach davon, daß ein solches Verbrechen nur mit dem Tode gebüßt werden könne; eine Fürstin könne er freilich nicht öffentlich hinrichten, aber er werde sie einmauern lassen. — Er wollte die unwürdige Gattin nicht wieder sehen, sie erhielt den strengen Befehl, ihre Gemächer nicht zu verlassen.

Elisabeth glaubte ihr Leben bedroht. Sie erinnerte sich der fürchterlichen, gnadenlosen Strenge, welche Joachim so oft bewiesen hatte; längst war sie von dem Gatten geschieden, kein Band der Liebe knüpfte sie mehr an ihn, sie entschloß sich, jetzt auch das äußerliche Band der Ehe zu lösen, um ihr Leben zu retten. Eilende Boten ritten nach Sachsen zu ihrem Verwandten, dem Kurfürsten Johann, diesen flehte sie um Schutz gegen den Zorn Joachims an.

Kurfürst Johann konnte der Bitte seiner Nichte nicht widerstehen, er gewährte ihr eine Freistatt und versprach ihr, sie an der sächsischen Grenze zu erwarten, wenn es ihr gelingen sollte, ihre Flucht in's Werk zu setzen.

Alles wurde in tiefer Stille vorbereitet. Zwei Edelleute, der Thürknecht Joachim von Götzen und Achim von Bredow besorgten einen Bauernwagen, den sie vor einem Thore warten ließen; eine Kammerfrau und ein Diener erhielten den Auftrag, die Kurfürstin durch die Straßen von Cöln zu geleiten und sie zum Thore hinaus zu führen.

In der Nacht des 25. März 1528 schlich sich Elisabeth, nachdem sie noch einmal ihre schlafenden Kinder zärtlich zum Abschied geküßt hatte, mit ihrer treuen Kammerfrau durch die langen Gänge

---

*) Elisabeth hat ihren Verrath später bitter bereut, sie wurde selbst eine eifrige Protestantin, und hat viel zur Verbreitung der Reformation beigetragen. —

des Schlosses in Cöln nach dem Schloßthor. Es öffnete sich vor ihr, sie trat in's Freie, Niemand hatte sie bemerkt.

Es war eine dunkle regnerische Nacht. Ein kalter Wind trieb den Flüchtigen, die zu Fuß durch die Straßen von Cöln eilten, Regen und Schneeflocken in's Gesicht, aber Elisabeth bot dem bösen Wetter muthig Trotz, ja sie segnete es, denn es begünstigte ihre Flucht, da bei solchem Wetter sicher Niemand das Haus verließ, den nicht die dringende Nothwendigkeit trieb.

Die Kurfürstin erreichte glücklich den ihrer harrenden Wagen, einen einfachen offenen Bauernwagen mit einigen Bündeln Stroh zum Sitzen. Sie sollte in der Verkleidung einer märkischen Bäuerin fliehen, und eine solche konnte, ohne auf dem Wege Verdacht zu erregen, nicht in einer Staatskarosse fahren.

Die muthigen Pferde zogen das leichte Gefährt so schnell vorwärts, wie es die schlechten, saudigen Landstraßen irgend gestatteten; aber immer ging es der Kurfürstin noch nicht schnell genug. — Sie bat ihren Diener, der die Pferde lenkte, schneller zu fahren, denn sie war überzeugt, daß ihr Tod gewiß sei, wenn Joachim ihre Flucht entdecke und sie einhole.

Der Wagen flog über den schlechten Weg, aber plötzlich hielt er, man konnte nicht vorwärts; es war eine Kleinigkeit am Wagen gebrochen und die Stricke fehlten, um den Schaden auszubessern. — Da riß Elisabeth ihr Kopftuch ab und legte selbst Hand an, um die Arbeit zu fördern. In kurzer Zeit war das Holzwerk gebunden, man konnte weiter fahren und gelangte glücklich nach der sächsischen Grenze, wo Christian von Dänemark mit einigen Reitern seine Schwester erwartete.

Elisabeth fand in Sachsen eine freundliche Aufnahme. Der Kurfürst wies ihr das Schloß Lichtenburg in der Nähe von Wittenberg zum Aufenthaltsort an, hier lebte sie in stiller Abgeschiedenheit. Sie blieb im fortwährenden lebendigen Verkehr mit Dr. Martin Luther, dessen Predigten sie fleißig besuchte. Sie unterhielt sich mit ihm besonders gern über theologische Streitfragen, und brachte einmal sogar drei Monate in seinem Hause zu.

Joachim tobte zwar anfangs, als er die Flucht seiner Gemahlin erfuhr, aber er sah bald ein, daß durch dieselbe das unglückliche Eheband am Besten gelöst worden sei; er ließ deshalb Elisabeth ungestört in ihrem Asyl und erlaubte sogar später seinen Kindern, die Mutter auf Schloß Lichtenburg zu besuchen und oft sogar Monate lang bei ihr zu verweilen.

Diese Besuche wurden für die Pläne Joachims verhängnißvoll, denn seine Söhne Joachim und Johann fühlten sich so sehr zur Mutter hingezogen, daß sie unwillkürlich auch die religiösen Ansichten derselben in sich aufnahmen. — Joachim der Jüngere zeigte auf dem Reichstage zu Speyer durch eine treffende Frage deutlich genug, daß er nicht mehr ein streng gläubiger Katholik sei. Als nämlich die katholischen Theologen, um gegen Luther die Entziehung des Kelches beim Abendmahl zu vertheidigen, die Behauptung aufstellten, daß in dem Gebot: „Trinket alle daraus!" — das Wort alle sich nur auf die Geistlichen beziehe, fragte der junge Joachim sehr scharf, ob denn das Wort alle in dem Spruche: „Ihr seid rein, aber nicht alle!" auch nur für die Geistlichen gelte?" —

Der junge Fürst war schon Protestant, ohne es zu wissen, und wenn er auch mit seinem Bruder dem Vater das heilige Versprechen gab, der katholischen Kirche bis an sein Ende treu zu bleiben, so war doch schon damals voraus zu sehen, daß er durch den Drang der Verhältnisse einst gezwungen werden würde, seinem Wort untreu zu werden.

Kurfürst Joachim war durch das Versprechen seines Nachfolgers beruhigt, er sah jetzt mit Freudigkeit der Zukunft entgegen, er war stolz auf seinen Sohn und hoffte von diesem, daß ein Fürst nach seinem Sinne werden würde. —

Der Kurprinz hatte sich in einem Feldzuge gegen die Türken, in welchem er dem Kaiser brandenburgische Hilfstruppen zugeführt hatte, durch Tapferkeit ausgezeichnet, und daher den schmeichelhaften Zunamen „Hector" erhalten.

Es war ein freudiger Tag für den glücklichen Vater, als der Kurprinz Joachim im Jahre 1533 nach dem glücklich beendeten Feldzuge heimkehrte und nun Berlin nahte.

Der Kurfürst hatte glänzende Empfangsfeierlichkeiten angeordnet. — Sobald sich der Prinz der Stadt näherte, eilten ihm der gesammte Hofstaat und der größte Theil der Bürgerschaft von Berlin und Cöln im festlichen Zuge entgegen.

Die Prälaten, Grafen und Herren eröffneten mit den vornehmsten Abligen den Zug. Die Prälaten trugen die Festtalare, die Herren vom Adel waren sämmtlich mit den kostbarsten seidenen Stoffen, theils von purpurrother, theils von grasgrüner Farbe, bekleidet.

Hinter dem Adel ritt an der Spitze seiner Leibwache der Kurfürst selbst mit seinem jüngeren Sohne Johann, dann folgten die gesammte Geistlichkeit von Berlin und Cöln in der prächtigen Kirchenkleidung, der Rath beider Städte, die Zünfte und die Bürgerschaft. Eine unzählbare Masse des Volkes schloß sich jubelnd dem Festzuge an, denn wo es etwas zu sehen giebt, da sind die Berliner zu jeder Zeit dabei.

Als der Kurprinz seinen Vater erblickte, stieg er vom Pferd, um demselben seine Ehrfurcht zu bezeugen; Joachim umarmte seinen Sohn, er vergoß dabei Freudenthränen und dankte Gott, daß er den Geliebten mit Sieg und Ehre überschüttet und glücklich heimgeführt habe. —

Ein Vornehmer vom Adel bewillkommete nun den Prinzen im Namen des Landes mit zierlich gesetzter Rede, der Kurprinz antwortete darauf in nicht weniger wohlgesetzten Worten. Der Chronist

Leutinger hat uns die schönen Reden wörtlich aufbewahrt, wir wollen aber unsere Leser damit nicht ermüden, denn es waren eben Reden, wie sie bei solchen Gelegenheiten zu allen Zeiten gehalten werden.

Nun gings im Triumphzug nach der Stadt zurück. Voran die Beute und die gefangenen Türken, da konnten sich die guten Berliner kaum satt sehen an den braunen und schwarzen Ungläubigen mit den wilden benarbten Gesichtern unter den mächtigen Turbanen. — Einen Türken bekam man in jener Zeit in Berlin nicht leicht zu Gesicht. —

Den Gefangenen folgte ein Haufen Musikanten, die machten auf fremdländischen Instrumenten einen Skandal, daß den Zuhörern die Ohren hätten springen mögen; aber schön war's doch. Dann kamen die Sieger, in der Mitte der Kurfürst zwischen seinen beiden Söhnen, endlich Adel, Geistlichkeit und Volk. —

So gings unter dem Jubelruf der Menge nach Cöln, dort auf dem Schloßplatze wurde Halt gemacht, dann begab sich der Zug in die Dominikanerkirche, das heißt soviel darin Platz fanden.

Nach Beendigung des Gottesdienstes donnerten vom Schloß herab die groben Geschütze, von den Kirchthürmen läuteten die Glocken und posaunten die Musikanten, während der Kurprinz ins Schloß zog, um nun endlich seine Gemahlin und seine Kinder zu begrüßen. Den ganzen Tag und die folgende Nacht ging es hoch her in Berlin und Cöln, und wenn die Chroniken recht erzählen, soll bei solcher Gelegenheit Mancher mehr getrunken haben, als er vertragen konnte.

Der feierliche Einzug des Kurprinzen in Cöln bildete einen der letzten Freudentage Joachims. Der Kurfürst lebte wohl noch einige Jahre, aber sein Leben war kein freudenvolles, denn er war zu scharfsichtig, um sich zu verhehlen, daß die von ihm so sehr gehaßte Reformation mit gewaltiger und unwiderstehlicher Schnelligkeit um sich greife. Er fühlte, wie sie um ihn emporwuchs, ohne daß er die Macht hatte, sie zu unterdrücken. — Wo, wie in Stendal, die Protestanten einen offenen Aufstand versuchten, wo das Volk die Häuser der katholischen Geistlichkeit stürmte und diese aus der Stadt vertrieb, da konnte Joachim wohl mit gewaltiger Hand dazwischen fahren und in gewohnter Weise die alte Ordnung herstellen, aber er war nicht im Stande, jene unsichtbare Macht zu überwinden, welche nirgends greifbar und doch überall fühlbar sich rings um ihn erhob.

Joachim starb am 11. Juli 1535 in seinem 52. Jahre. Er hatte die Bestimmung getroffen, daß seine Söhne, dem von Albrecht Achilles gegebenen Hausgesetz entgegen, die Mark Brandenburg theilen sollten. Seinem ältesten Sohn Joachim hinterließ er die Kurmark mit der Kurwürde, seinem zweiten Sohn Johann die Neumark mit den dazu gehörigen Herrschaften.

Sechstes Kapitel.

Joachim II. Seine Erziehung. — Joachims zögernde Politik. — Aufhebung des Dominikanerklosters in Cöln. — Die Reformation in Berlin. — Die Abendmahlsfeier im Dom zu Cöln. — Katholische Formen in der protestantischen Kirche. — Schulvisitation. — Die Schulkomödien. — Die gespenstischen Mäher. — Theologische Streitfragen.

Der Tod des Kurfürsten Joachims I. und der Regierungsantritt seines Sohnes Joachims II. hatten eine wesentliche Umgestaltung aller Verhältnisse der Mark Brandenburg zur Folge, dieselbe machte sich besonders in den Städten Berlin und Cöln recht eigenthümlich geltend.

Vater und Sohn waren zwei ganz verschiedene Menschen, welche sich kaum in irgend einer ihrer Neigungen begegneten, wenn wir die Vorliebe Beider für schöne Frauen ausnehmen. Während Joachim I. ernst, fast bis zur Grausamkeit strenge war, während er nie das Bestreben, seinem Lande zu nützen, aus dem Auge verlor und dabei eine unablässige eigene Thätigkeit entfaltete, während er sich in seinen Mußestunden den schwersten wissenschaftlichen Studien hingab, — war Joachim II. tändelnd, leichtsinnig, schwach und schwankend, gutmüthig und nachgebend. Er kümmerte sich nur wenig um die Regierungsgeschäfte, welche er gern seinen geheimen Räthen und selbst seinen Günstlingen überließ, auch für wissenschaftliche Arbeiten hatte er wenig Sinn, er lebte der heitern Kunst, die er nach allen Richtungen hin beförderte. — Das Vergnügen war sein eigentliches Lebenselement, nur bei prächtigen Festgelagen fühlte er sich wohl und glücklich.

Die Geschichtsschreibung einer langen Zeitperiode ist bestrebt gewesen, durch Liebedienerei gegen die Fürsten das Fürstenthum überhaupt zu verherrlichen; — wir finden dieses Bestreben besonders ausgeprägt in der preußischen Geschichtsschreibung. Schenken wir jenen schmeichelnden Historikern Glauben, so sind sämmtliche Kurfürsten aus dem Hause Hohenzollern wahre Halbgötter gewesen, Männer mit überschwänglichen Tugenden, Fürsten, welche entweder ganz fehlerfrei waren oder deren Fehler doch gegen ihre außerordentlichen Eigenschaften so sehr in den Hintergrund treten, daß man es kaum der Mühe werth hält, sie auch nur zu erwähnen.

Durch eine derartige Geschichtsschreibung ist die Geschichte verfälscht worden, das Volk hat ein grundirriges Bild von den Männern erhalten, welche das Geschick an die Spitze des Staates gestellt hat und welche dadurch einen bedeutsamen Einfluß auf die Entwicklung unserer Städte gehabt haben.

Joachim II., der Begründer der Reformation in der Mark Brandenburg, ist von den servilen Geschichtsschreibern der frühern Zeiten besonders bevorzugt worden; seine beispiellose Verschwendung nannte man Freigebigkeit, seine Charakterschwache Herzensgüte, seine Leichtfertigkeit Galanterie, sein furchtsames Schwanken weise Besonnenheit, seine Indifferenz Duldsamkeit, seine Schwäche gegen Maitressen und Günstlinge Großmuth. — Ein Fürst, der durch ein üppiges Freudenleben seinem Lande eine kaum erschwingliche Schuldenlast aufgebürdet hat, wird von den lobhudelnden märkischen Geschichtsschreibern als einer der größten brandenburgischen Kurfürsten gepriesen, weil er, — durch die Gewalt der Verhältnisse gezwungen, die Reformation in die Mark Brandenburg eingeführt hat.

Joachim II. war 30 Jahr alt, (er war am 13. Januar 1505 geboren) als er die Regierung antrat. Er hatte eine vortreffliche Erziehung empfangen, die bedeutendsten Gelehrten waren seine Lehrer gewesen, strenge Theologen, welche sich bemüht hatten, den Kurprinzen in der alten streng katholischen Richtung zu befestigen, aber die Macht der Verhältnisse hatte Joachim auf eine andere Bahn geführt.

Die Vorliebe der Kurfürstin Elisabeth für die Lehre Luthers hatte einen bedeutsamen Einfluß auf ihre Söhne gehabt. Joachim fühlte sich mehr zur Mutter, als zu dem strengen Vater hingezogen. Als 14jähriger Knabe hatte er den Dr. Martin Luther persönlich kennen gelernt, er hatte ihn später noch öfter gesehen und war hingerissen worden durch die feurige Beredsamkeit des mächtigen Mannes, der ihm durch die Kraft seines Charakters imponirte. — Wenn er auch nicht überall mit Luther harmonirte, so fühlte er doch für die Lehre des Reformators eine größere Neigung, als für die des starren Katholicismus. Oft wurde er verletzt durch die Heftigkeit, mit welcher Luther sein donnerndes Wort gegen weltliche und geistliche Fürsten schleuderte, als er sich aber darüber beklagte und Luther ihm antwortete: „Weidene Ruthen kann man mit einem Messer zerschneiden, aber zur Umstürzung harter Eichen sind scharfe Aexte, grobe Keile, zerreißende Sägen nöthig." — wußte er darauf nichts zu antworten. —

Das Volk von Berlin kannte die Neigung des Kurprinzen für die reformatorische Lehre, es erwartete daher, daß Joachim II. sofort, nachdem er den Thron bestiegen, entscheidende Schritte thun werde, um die alten katholischen Mißbräuche in der Mark Brandenburg abzuschaffen; aber es sah sich in diesen Erwartungen sehr getäuscht. Joachim war überhaupt nicht der Mann des kühnen Fortschritts, ihm fehlte der Muth der Initiative, nur wenn ihn die Verhältnisse drängten, vermochte er sich zu entscheidenden Schritten zu entschließen. — Wenn er auch der neuen Lehre im Herzen zugethan war, so hing er doch auch an dem Pomp der prachtvollen Gebräuche der katholischen Kirche, welche seiner sinnlichen Anschauung schmeichelten. — Daß er seinem Vater geschworen hatte, der alten Kirche treu zu bleiben, band ihn weniger an diese, als die Rücksicht, welche er gegen seinen Oheim, den Kardinal und Erzbischof Albrecht von Mainz und gegen den Vater seiner verstorbenen Gemahlin, den streng katholischen Herzog Georg von Sachsen zu nehmen hatte, als die Furcht, dem mächtigen Kaiser Karl V. zu mißfallen. — Noch im Jahre 1536, als er sich mit Hedwich, der Tochter des Königs Sigismund von Polen vermählte, stand er nicht an, sich in dem Heirathsvergleich zu verpflichten, daß er keine Aenderung in Glaubenssachen vornehmen wolle. — Er hatte damals gewiß die Absicht, seine Verpflichtung zu erfüllen, obwohl er zu gleicher Zeit zeigte, daß er kein besonderer Freund der Mönche und Pfaffen sei, denn er hob das Kloster der schwarzen Brüder in Cöln auf, schickte die Mönche nach Brandenburg und stiftete in der prächtigen Kirche ein Domstift, sowie für seine Familie ein Erbbegräbniß, in welchem er die aus der Gruft des Klosters Lehnin herbeigeholten Ueberreste seines Vaters und Großvaters beisetzen ließ. Daß indessen Joachim mit der Einrichtung des Domstiftes nicht eine reformatorische Einrichtung treffen wollte, geht aus der Ernennung des ersten Dompropstes, Wolfgang Redorfer, eines eifrigen Gegners der Reformation, hervor. —

Ein Mann von so schwankendem Charakter, wie Joachim II., war äußeren Einflüssen nach allen Richtungen hin zugänglich; wurde er durch dieselben einerseits getrieben, den eigenen Neigungen entgegen, der alten Kirche treu zu bleiben, so mußten sie auf der anderen Seite um so mächtiger auf ihn wirken, wenn sie seinen Neigungen entsprachen, und von großer Bedeutung war es daher, daß sich in der Mark Brandenburg und besonders auch in Berlin und Cöln mit jedem Tage die Anhänglichkeit an die lutherischen Lehren offener zeigte. —

Der Rath von Cöln hatte 1537 den Geistlichen Johann Baderesch an die Petrikirche als Prediger berufen. Er wollte nichts mehr von Seelenmessen wissen, das Volk verlangte, den altkatholischen Gebräuchen entgegen, inhaltreiche Predigten. Luthers Bibelübersetzung, seine Schriften und Lieder wurden in Berlin und Cöln offen verkauft und fanden reichen Absatz, obgleich das von Joachim I. erlassene Verbot noch in voller Kraft bestand; die Heiligenbilder und Rosenkränze dagegen, welche früher in den Buden auf dem Schloßplatz ein so gangbarer Handelsartikel gewesen waren, blieben jetzt Ladenhüter und mit geweihten Kerzen war schon gar kein Geschäft mehr zu machen.

Joachim beobachtete mit aufmerksamen Blicken das Wachsen der reformatorischen Strömung, er trat ihr nicht entgegen, aber er beförderte sie auch nicht, sondern ließ sich von ihr treiben. Als im Jahre 1538 auf dem in Berlin abgehaltenen Landtage die Stände darauf antrugen, daß die in der Kirche eingerissenen Mißbräuche doch baldigst abgeschafft werden möchten, antwortete er ausweichend in dem Landtagsabschied, „daß er in der Religion sich so verhalten und solche Anordnungen treffen wolle, wie es vor Gott und dem Kaiser zu verantworten sei! —

Eine so vorsichtige Handlungsweise war nicht nach dem Sinne der Bürger von Berlin und Cöln; diese wollten schneller vorwärts, sie waren in ihrer großen Majorität der neuen Lehre zugethan und verlangten nun auch, daß diese nicht nur geduldet, sondern auch rechtlich anerkannt werde. — Noch war es nicht gestattet, das Abendmahl in beiderlei Gestalt zu nehmen, und wenn dies auch in vielen Bürgerhäusern heimlich geschah, so durfte man doch nicht wagen, diese religiöse Feier öffentlich in den Kirchen vorzunehmen. —

Die Bürger waren entschlossen energisch vorzugehen. In der Mitte Februar 1539 versammelten sie sich in den Rathhäusern von Berlin und Cöln und forderten vom Rath, daß dieser beim Kurfürsten um die Genehmigung einer öffentlichen Abendmahlsfeier nach der lutherischen Form nachsuche. — Der Rath entsprach dem Wunsche der Bürger, und von allen Seiten des Landes erfolgten ähnliche Erklärungen, auch von vielen Adligen, welche am 15. April 1539 dem Bischof von Brandenburg Matthias von Jagow erklärten, daß sie „eines Sinnes seien, die reine göttliche Lehre anzunehmen und zu bekennen."

Diesen offenen Kundgebungen des Volkswillens konnte Joachim nicht länger widerstreben, er gestattete, daß ein Schüler Luthers, der berühmte Georg Buchholzer, in der Domkirche zu Cöln öffentlich die lutherischen Lehren predigen durfte, und entschloß sich endlich, sich selbst zu denselben zu bekennen.

Am 1. November 1539 nahm Joachim II. in der Nikolaikirche zu Spandau in Gegenwart vieler abliger Herrn das Abendmahl in beiderlei Gestalt aus der Hand des Bischofs von Brandenburg Matthias von Jagow, die verwittwete Kurfürstin Elisabeth war bei der Feier gegenwärtig und sah durch diese einen der größten Wünsche ihres Herzens erfüllt.

Am Sonntag den 2. November strömte das Volk von Berlin und Cöln in dichten Schaaren festlich geschmückt zur Domkirche; so besucht war die Kirche seit langer Zeit nicht gewesen, wie an jenem Tage, sie vermochte bei weitem nicht die Zahl der Gläubigen zu fassen, alle Sitze und Gänge waren gefüllt und doch standen noch Tausende draußen auf dem Schloßplatz, denn auch aus den Dörfern und Städten weit in der Runde waren Bauern und Bürger, Männer und Frauen herbeigeeilt, um Zeugen der heiligen Handlung zu sein, welche im Dom zu Cöln gefeiert werden sollte.

Als die Glocken zur Zeit, in der sonst das Hochamt eingeläutet wurde, ertönten, begab sich der Rath von Berlin und Cöln in feierlicher Prozession nach dem Schloßplatz, voran schritten die Bürgermeister Johann Tempelhoff und Georg Freyberg von Berlin und Levin Brasche und Johann Bleritz für Cöln.

Die Domkirche war festlich geschmückt, sie strahlte im Glanze unzähliger Kerzen, der ganze Hofstaat war versammelt; als der Kurfürst, begleitet von seinen Söhnen, erschien, begann die Feierlichkeit. —

Georg Buchholzer hielt die Festpredigt, dann reichte der Bischof von Brandenburg, Matthias von Jagow, dem Rath und der Bürgerschaft das Abendmahl in beiderlei Gestalt, zum Zeugniß, daß die lutherische Lehre in Berlin fortan anerkannt sei.

So war denn die Reformation in Berlin und Cöln vollendet; nicht mehr heimlich wurden die lutherischen Bibeln verkauft und gelesen, die Kernlieder Luthers gesungen, der Hof war ja lutherisch geworden, der Volkswillen hatte den des Kurfürsten bezwungen. — Joachim gab sich der neuen Strömung hin; er ließ seine Kinder evangelisch erziehen, und wenn er auch von seinen Umgebungen nicht forderte, daß sie seinem Beispiele folgten, so war doch sein Uebertritt zum Lutherthum naturgemäß das Signal für die meisten Hofherren und Hofbedienten, zu der neuen Lehre überzugehen. — Es wurde Mode in Berlin und Cöln, recht eifrig protestantisch zu sein, und diejenigen wurden die eifrigsten, welche unter Joachim I. die besten Katholiken gewesen waren. — Die Hofbedienten und die mit dem Hof in Verbindung stehenden Bürger legten eine besondere Rührigkeit für die Ausbreitung der Reformation an den Tag, so errichtete die Ehefrau des Hofschneiders Barthold Schleezer mit Bewilligung ihres Mannes ein Legat von 100 Gulden zur Erkaufung des Weins für Communikanten. —

Joachim hatte nun zwar die Grundzüge der lutherischen Lehre anerkannt, aber er war doch nicht Willens, alle die ihm lieb gewordenen Ceremonien der katholischen Kirche aufzugeben. Die feierlichen Prozessionen, die kostbaren Meßgewänder und andere ähnliche Aeußerlichkeiten der Kirche waren ihm ans Herz gewachsen, diese wollte er bei dem neuen Gottesdienst bewahrt wissen. Er beauftragte deshalb den zum Probst in Berlin ernannten Georg Buchholzer, den General-Superintendenten Jacob Strattner, einen bewährten Theologen, der um die Reformation große Verdienste erworben hatte, und den Bischof Matthias von Jagow, eine neue Kirchen- und Schulordnung für die Mark Brandenburg auszuarbeiten, damit die kirchlichen Zustände nicht in eine vollständige Anarchie kämen.

Joachim hatte die seinem Stamme eigene Liebhaberei, sich in theologische Streitfragen zu mischen und eine religiöse Richtung zur Schau zu tragen, in reichlichem Maße geerbt; er kümmerte sich daher sehr eingehend um die neue Organisation und brachte den braven Buchholzer, der für die einfachste Form des Gottesdienstes kämpfte, durch sein Festhalten an den katholischen Ceremonien oft in Verzweiflung. — Buchholzer wendete sich deshalb klagend an Luther, aber er erhielt von diesem keine Bestätigung seiner Ansichten, denn Luther antwortete ihm mit einer sonst dem großen Reformator nicht eigenen Duldsamkeit:

„Wenn euer Herr der Markgraf und Kurfürst will lassen das Evangelium lauter und rein predigen ohne Zusatz, und die beiden Sakramente Jesu Christi nach ihrer Einsetzung reichen und geben, so geht ihn im Namen Gottes herum und tragt ein silbernes oder goldenes Kreuz und Chorkappen, oder Röcke von Sammet, Seide oder Leinewand; und hat euer Herr der Kurfürst an einem Chorrock nicht genug, so zieht ihrer drei an, wie Aaron der hohe Priester drei Röcke anzog, die herrlich und schön waren. Haben auch Ihro kurfürstliche Gnaden nicht genug an einem Umgang oder Prozession, daß ihr umhergeht, klingt und singt, so geht siebenmal umher, wie Josua mit den Kindern Israel vor Jericho that. Und hat euer Herr der Markgraf ja Lust, so mögen Ihro kurfürstlichen Gnaden vorher springen und tanzen, wie David that vor der Lade des Herrn; bin damit sehr wohl zufrieden, denn solche Stücke, wenn nur Mißbrauch davon bleibt, geben oder nehmen dem Evangelio gar nichts!"

Buchholzer mußte, nachdem sich Luther in solcher Weise geäußert hatte, schon klein beigeben, so unangenehm es ihm auch war, und schon im Jahre 1540 wurde, zu Mißvergnügen eines großen Theils der evangelischen Geistlichkeit, die neue Kirchenordnung publicirt, welche sehr viele der altkatholischen Ceremonien in den protestantischen Gottesdienst aufgenommen hatte. Viele der neuangestellten Prediger wollten sich nicht fügen und legten deshalb ihre Stellen nieder.

Nachdem der Kurfürst die Kirchenordnung hatte einsetzen lassen, befahl er eine große Schul- und Kirchenvisitation im ganzen Lande. Er beauftragte den Kanzler Johann Weinleben, den Bischof Mathias von Jagow und den Superintendenten Strattner im Jahre 1541, die Mark zu durchreisen und den Zustand der Kirchen, Schulen und Klöster zu untersuchen. —

Die Visitation gab ein Resultat, wie es wohl Joachim kaum geahnt hatte; es kam zu Tage, daß fast nirgends im ganzen Lande ein auch nur erträglicher Zustand der Kirchen und Schulen herrschte.

Die neu eingerichteten lutherischen Kirchen befanden sich in der traurigsten Verfassung. Bei dem Mangel an studirten Predigern hatten die Gemeinden nicht gezögert, zur Leitung des Gottesdienstes sich unstudirte Leute zu suchen, deren fand man genug, denn in jener Zeit der religiösen Aufregung hatten viele Handwerker ihr Gewerk verlassen, um sich ganz dem göttlichen Beruf als Ausbreiter der reformatorischen Lehren zu überlassen; besonders zahlreich waren die Mitglieder der Schneiderzunft unter den neuen Seelsorgern.

Wer den Katechismus auswendig wußte, einige Bibelstellen im Kopfe hatte und eine Predigt halten konnte, war zum geistlichen Hirten geeignet. — Da gab es denn freilich eine große Anzahl von Predigern, welche auch den mäßigsten Ansprüchen nicht genügten, die untüchtigsten aber waren die früheren Mönche, welche zum Protestantismus übergegangen und nun ohne Weiteres lutherische Prediger geworden waren; welche Unwissenheit unter diesen Leuten herrschte, davon mag ein Beispiel Zeugniß ablegen.

In der Altmark fanden die Visitatoren einen solchen Mönch, der auf ihre Frage, worin er denn bisher seine Gemeinde unterrichtet habe, ihnen kurz und selbstzufrieden antwortete: Im Glauben!

Die Visitatoren wollten sich die einfache Antwort nicht genügen lassen, sie legten ihm deshalb einige Fragen vor, und unser Mönch hatte Antwort auf alle, so beantwortete er die Frage: „Von wem Christus als Mensch geboren sei?" schnell, kurz und bündig: „Von Pontius Pilatus!"

Die Commission war über die seltsame Antwort höchlich erstaunt, sie glaubte anfangs, der gute Prediger habe die Frage nicht recht verstanden und wiederholte sie deshalb, erhielt aber dieselbe Antwort. Der Bischof von Brandenburg fragte nun den Prediger, ob er denn nicht wisse, daß die Jungfrau Maria die Mutter Christi sei; der aber hatte von der heiligen Jungfrau Maria niemals etwas gehört und blieb bei seiner Behauptung, Pontius Pilatus sei die Mutter des Herrn. —

Das ging den würdigen Herren von der Kommission denn doch zu weit; so viele Ungereimtheiten ihnen auf der Reise auch vorgekommen waren, dies überstieg Alles bisher dagewesene; sie sprachen dem Mönch ihr Befremden aus, wie er nur einen solchen Unsinn reden könne; Pontius Pilatus sei ja ein Mann gewesen und könne daher unmöglich die Mutter Jesu sein. Auch dieser schlagende Grund überzeugte den Prediger nicht, er meinte, das Befremden der Herren setze ihn in Erstaunen, denn es sei doch nicht wunderbarer, wenn Pontius Pilatus, als wenn die Jungfrau Maria die Mutter Christi gewesen sei. Ersteres habe er seinen Bauern seit achtzehn Jahren mit bestem Erfolg gelehrt und dabei wolle er auch bleiben.

Nicht minder traurig als der der Kirchen, war der Zustand der Schulen. Seit einem Jahrhundert war fast keine Verbesserung in denselben vorgenommen. Die Schulgesellen, Bacchanten und Schützen lebten noch ganz in früherer Weise, die Lehrer musicirten und suchten als Platzmeister bei Hochzeiten u. s. w. ihr Brot zu verdienen, die Schützen bettelten und stahlen ohne etwas zu lernen. — Ein Geschichtschreiber sagt sehr wahr: „Verstieg sich ein Schüler soweit, daß er die griechischen Buchstaben erlernte, so war er ein Genie, konnte er lesen, ein Wundersmann, und gar verstehen, ein übermenschliches Wesen." —

Die Schüler mußten, um sich das Leben zu erhalten, auf alle möglichen Nebenverdienste denken, als ein solcher diente ihnen auch die Aufführung meist geistlicher Komödien. — Man war in der Auswahl des Stoffes nicht eben strenge, sondern suchte denselben dem oft frivolen Geschmack der Zuschauer anzupassen. So war die Geschichte von der schönen Susanna im Bade ein sehr beliebtes Thema für diese Komödien. — Bei der Darstellung ging es oft sonderbar genug zu. — So wurde einst ein schönes Stück, „das jüngste Gericht" betitelt, aufgeführt. Der Dichter hatte das Stück recht glänzend machen wollen, er hatte deshalb Himmel und Hölle auf der Bühne dargestellt. Die Hölle nahm sich besonders schön aus, man sah die Flammen brennen, in denen die armen Seelen gebraten werden sollten. Vorn auf der Bühne standen die Engel und die Teufel in bunter Schaar, um Gott den Vater zu erwarten, der vom Himmel hernieder steigen sollte, um das jüngste Gericht zu halten.

Endlich kam er, schneller als er selbst erwartet hatte, denn einige Stricke der Maschine, durch die er still langsam herablassen wollte, waren gerissen; im Sturz warf er ein paar Bretter mit vom Himmel herunter, diese fielen in den Höllenpfuhl und fachten die dort herrschende Gluth zu so wilden Flammen an, daß Gott Vater, der sich an einem Vorsprung festgehalten hatte, in der dringendsten Gefahr schwebte, entweder von den höllischen Flammen verbrannt zu werden, was sich gar nicht geschickt hätte, oder das Genick zu brechen, wenn er herabfiel. Vergeblich flehte Gott Vater Engel und Teufel an, ihm zu helfen, diese fürchteten den Höllenpfuhl nicht weniger als er und flohen von der Bühne, der arme Schelm wäre sicher verbrannt, hätten nicht einige muthige Zuschauer sich in die Flammen gestürzt und das Feuer gelöscht. —

Solche Komödien trugen nicht wenig dazu bei, den Geist der Schüler noch mehr zu verderben, und die Visitatoren fanden daher sowohl in Berlin, wie in allen anderen Städten des Landes reichlich Gelegenheit, Verbesserungsvorschläge zu machen.

Für Berlin wurde bestimmt, daß fortan nur eine Schule, und zwar die bei der Nikolaikirche bestehen solle;*) alle Winkelschulen, welche nach und nach entstanden waren und der Hauptschule im Gesang, Betteln und Stehlen Konkurrenz machten, sollten aufgehoben werden. — Der Schulmeister erhielt ein reichliches Gehalt, 60 Gulden jährlich, und war er beweibt, noch einen Wispel Roggen dazu, er mußte dafür aber auch die Verpflichtung übernehmen, der Schule mit Fleiß vorzustehen, er soll, so heißt es in der Verordnung, die Jugend „zum Studiren und Zuchten halten, ine fleißig vorlesen, und sonderlich das jeder Knabe Catechismus und elementa pietatis wol lerne. Auch sollen in der Schuelen etliche sunderliche Theil oder Classes scolasticorum widerumb geordnet werden; also, daß die so lesen lernen

*) Im Jahre 1552 wurde noch eine Schule, die bei der Marienkirche eingerichtet. —

an einem sonderlichen Orte sitzen, darnach die in Grammatica studiren auch allein; und ferner auch die in Grammatica etwas studirt." Die Schulmeister wurden verpflichtet die Schüler zum Kirchengesang anzulernen und darauf zu achten, daß sie nicht nur Sonntags, sondern auch Wochentags in die Kirche gingen. — Das Schulgeld wurde der Willkühr des Schulmeister entzogen und bestimmt festgestellt, um den Unterricht auch den Aermeren zugänglich zu machen.

Durch die Schulverordnung wurde im Unterricht zwar manches gebessert; aber hell wurde es darum in den Köpfen unserer Berliner doch nicht, der finstere Aberglaube steckte so fest in denselben, daß er fortwucherte noch Jahrhunderte lang und durch keine Fortschritte der Wissenschaft auszutreiben war. Auch die Reformation, welche einige Lichtstrahlen in das Dunkel geworfen hatte, vermochte nicht gegen den Aberglauben anzukämpfen, da ihr Hauptstreiter Dr. Martin Luther selbst tief in demselben befangen war.

Luther glaubte fest an den leibhaftigen Teufel, an Zauberei und Hexerei, an Wechselbälge und andern Teufelsspuck. Als ihm einst gemeldet wurde, daß in Dessau ein zwölfjähriges Kind lebe, welches nicht reden könne, fortwährend schreie und nur immer essen wolle, gab er allen Ernstes den Rath, das Kind zu ersäufen, denn es sei nur ein Stück Fleisch ohne Seele, eine Frucht des Teufels. —

Wenn Luther so dachte, war es da wohl ein Wunder, daß die Bürger von Berlin allen Teufelsspuck glaubten, daß sie jeden für wahnsinnig oder verbrecherisch hielten, der an der Existenz von Hexen und Zauberern zu zweifeln wagte, daß uns die Chroniken jener Zeit die seltsamsten Spuckgeschichten als baare Münze auftischen? — So erzählt uns Angelus folgende seltsame Geschichte aus dem Jahre 1559, mit der vollen Ueberzeugung von der Wahrheit derselben:

„In der Ernte, als man den Hafer schneiden wollte, erschienen auf dem Felde in der Nähe von Berlin plötzlich 15 Männer, zu denen später noch 12 andere kamen, die waren gar gräulich anzusehen, besonders die letzten zwölf, denn diese trugen ihre Köpfe nicht wie andere Menschen auf dem Halse, sondern unter den Armen. — Alle 27 hatten Sensen in den Händen und hieben damit in den Hafer ein, daß es rauschte, trotzdem aber blieben die Halme unter den Sensenstreichen stehen.

Die Leute auf dem Felde, welche die gespenstischen Mäher sahen, liefen nach der Stadt und holten Hilfe herbei, natürlich lockte die Kunde von dem Wunder viele Neugierige nach dem Haserfelde und Alle überzeugten sich von der Wahrheit der Erzählung. Man fragte die Mäher, wer sie wären, woher sie kämen, aber diese antworteten nichts, sondern hieben weiter in den Hafer, und als man sich ihrer bemächtigen wollte, entwichen sie, indem sie während des Laufens immer weiter mähten." — Angelus fügt der Erzählung die Nachricht hinzu, der Kurfürst Joachim habe nach dem Bericht von dem seltsamen Ereigniß die vornehmsten Prediger aus der Mark versammeln lassen, um von ihnen zu erfahren, was ein solches Gesicht wohl bedeute? Die geistlichen Herren hielten dafür, daß dadurch die göttliche Strafe einer baldigen Pestilenz angezeigt werde, und in der That, ihre Prophezeiung traf ein, denn nach kurzer Zeit brach eine Pest aus, welche viele Hunderte in ein frühes Grab riß. —

Konnte man jetzt wohl noch an der Wahrheit des Gesichtes und an der Richtigkeit der Prophezeiung zweifeln? Gewiß nicht! — Man dachte nicht daran, daß in jenen Zeiten die Pest ein gar häufiger Gast in den deutschen Ländern war, der nur selten ein paar Jahre vergehen ließ, ohne sich zu zeigen.

Die Verbesserung der Schul- und Kirchenverfassung war eine Lieblingsbeschäftigung des Kurfürsten. — Nachdem er einmal den ersten Schritt gethan hatte, zögerte er nicht, auch die ferneren zu thun. War sein Eifer lediglich durch religiöse Ueberzeugungstreue hervorgerufen? — Eine schwer zu beantwortende Frage! Die Gegner der Reformation haben sie verneint und die Behauptung aufgestellt, daß Joachim II. ebensowohl, wie die meisten andern protestantischen Fürsten, durch schnöden Eigennutz veranlaßt worden sei, dem Papstthum untreu zu werden.

Die Schätze der katholischen Kirche, die reichen Güter, welche die Klöster und Stifte besaßen, mochten allerdings wohl die Habgier anreizen, und die protestantischen Fürsten zögerten jedenfalls nicht, die Kirchengüter einzuziehen und aus ihrer religiösen Ueberzeugung Nutzen zu ziehen. — Auch Joachim folgte dem Beispiel *), welches ihm von seinen Standesgenossen gegeben wurde, er sorgte durch Einziehung geistlicher Güter recht reichlich für seine stets geldbedürftige Kasse, aber er zeigte doch auch während seiner ganzen Regierung, daß er an dem Fortgang des Reformationswerkes einen innigen Antheil nehme. Bei allen theologischen Streitigkeiten, welche sich in der evangelischen Kirche erhoben hatten und welche mit großer Erbitterung von den Anhängern der Reformation durchgekämpft wurden, betheiligte er sich mit regem Interesse.

Von Bedeutung war besonders die Streitfrage, ob zur Erlangung der ewigen Seligkeit gute Werke nothwendig seien, oder ob der Glaube zu derselben hinreiche; die Streitfrage wurde von den theologischen Gelehrten mit großer Heftigkeit debattirt und besonders zeichneten sich dabei zwei Frankfurter Theologen Gottschalk Prätorius und Musculus aus, ersterer als Vertheidiger, letzterer als Gegner der guten Werke; auch Georg Buchholzer nahm Partei in dem Kampfe, indem er sich für die guten Werke entschied, während Joachim es mit der Ansicht des Musculus hielt.

Buchholzer war bis dahin ein großer Liebling des Kurfürsten gewesen, jetzt aber verlor er dessen Gunst gänzlich, denn in jener Zeit des religiösen Kampfes genügte die geringste Abweichung der Ansichten über theologische Streitfragen, um frühere Freunde zu Gegnern zu machen.

Der Kurfürst wollte die gewichtige Frage durch eine Versammlung von Geistlichen entschieden wissen. Er berief im Jahre 1563 Abgeordnete der gesammten brandenburgischen Geistlichkeit nach Berlin; die heilige Gesellschaft erklärte sich dem Wunsche des Kurfürsten gemäß gegen die guten Werke.

Joachim hatte die geistlichen Herren vor sich kommen lassen, um ihnen sein Testament vorzulesen. „Ich habe euch oft predigen gehört, nun will ich Euch auch einmal predigen!" Mit diesen Worten empfing er die Theologen, las ihnen das Testament vor und bekannte sich für die Lehre des Musculus.

Buchholzer schüttelte über diese Ansicht den Kopf und erregte dadurch das Mißfallen des Kurfürsten in so hohem Grade, daß dieser den Stock gegen den früheren Günstling erhob und ihm sagte, „Luther würde, wenn er diese Lehre höre, aus seinem Grabe aufstehen und Gottschalk Prätorius mit seinem Anhang mit Keulen todt schlagen." „Herr George", so schloß er seine kräftige Standrede, „ich will bei der Lehre des Musculus bleiben, befehle meine Seele nach dem Tode unserm Herrn Gott, Eure aber mit Eurer Gottschalkischen Lehre dem Teufel!

Wir sehen, daß die Anhänger der Reformation, welche doch für die Freiheit des Glaubens kämpfen sollten, schon ganz in die Spuren ihrer Feinde eingetreten waren und Andersgläubige fast noch schärfer verketzerten, als jene.

Siebentes Kapitel.

Mißbräuche des Zunftwesens. — Das Wuchergesetz. — Joachims Kunstliebe. — Joachims Bauten. — Die Stechbahn. — Das neue Schloß. — Joachims Freudenleben. — Ein Turnier in Berlin. — Ein kirchliches Fest. — Thierkämpfe. — Wettrennen. — Der Knüppelkrieg.

Ein so reges Interesse Joachim II. für alle theologischen Streitigkeiten hatte, so eingehend er sich mit der Ordnung des Kirchenwesens in der Mark Brandenburg beschäftigte, so wenig kümmerte er sich im Allgemeinen um die übrigen Regierungsgeschäfte, er überließ diese gern seinen

---

*) Joachim verfuhr bei der Aufhebung der Klöster ziemlich schonend. So ließ er die Mönche im grauen Kloster zu Berlin ruhig aussterben, der letzte Franziskaner starb daselbst am 4. Januar 1571; zu bemerken ist dabei freilich, daß das Kloster nicht reich war. Die Mönche hatten so schlecht gewirthschaftet, daß sie kaum Geld genug besaßen, um die geräumigen Gebäude in gutem Zustand zu erhalten. Auch die Kalandsbrüderschaft und die übrigen geistlichen Brüderschaften in Berlin und Cöln wurden aufgelöst. —

11*

Geheimen Räthen und ein Glück war es für die Mark, daß sich unter denselben viele recht tüchtige Männer befanden, welche sich der Regierungsgeschäfte mit regem Eifer annahm. Wir nennen hier nur die Namen der Kanzler Weinleben, des berühmten Kanzlers Diftelmeier, des Eustachius von Schlieben und des Rentmeisters Matthias.

Der Thätigkeit dieser Männer hatte die Mark Brandenburg einige Verbesserungen in der Gesetzgebung unter der Regierung Joachims II. zu verdanken, von denen wir eine bessere Organisation des Kammergerichts hervorheben.

Das Gericht in den Städten Berlin und Cöln hatte Joachim im Jahre 1536 den Räthen wieder abgenommen und es seinem Küchenmeister Hans Tempelhof, der zugleich Bürgermeister von Berlin war, zu Lehen gegeben; von diesem erwarben es die Städte im Jahre 1544 für 2250 Gulden. — Der Kurfürst bestätigte die Erwerbung, behielt sich aber den Wiederkauf vor. Bei jedem Regierungswechsel mußte der Rath von dem neuen Landesherrn die Bestätigung der frühern Verleihung nachsuchen und durch den regierenden Bürgermeister gewissenhafte Gerichtspflege und Gehorsam gegen die landesherrlichen Anordnungen schwören.

Von Bedeutung für die Entwicklung des gewerblichen Verkehrs in Berlin war auch eine Beschränkung der Zünfte, welche sich, durch ihr Privilegium geschützt, viele Uebergriffe erlaubt hatten.

Die Zeit, in welcher die Zünfte für die Erhaltung eines ächten Bürgerlebens nothwendig gewesen waren, in der sie durch die innige Vereinigung der Handwerksgenossen zu einem einzigen großen Ganzen den wirksamsten Schutz der Bürger gegen die Eigenmächtigkeit des Adels gewährt hatten, war längst vorüber: aus den Zünften war daher auch der Geist eines kräftigen Bürgersinnes gewichen und hatte dem eines eifersüchtigen Brodneides Platz gemacht. Die Zunftgenossen wachten über ihre Privilegien, aber nicht mehr, um durch dieselben einer Macht, die etwa ihre Freiheit bedrohen könnte, kräftigen Widerstand zu leisten, sondern um jeden Nichtzünftigen, der ihnen im Handwerk Konkurrenz machen wollte, zur Strafe zu ziehen, und gerade in dieser Beziehung gab es oft heiße und hartnäckige Streitigkeiten, theils zwischen den Zünften in derselben Stadt, theils zwischen den verschiedenen Städten.

So war ein Sattler aus Stettin, Namens Hase, mit dem Sattlergewerke in Berlin in Streit gerathen. Das Gewerk ließ ihn vor die Innungslade zur Verantwortung fordern und als Hase nicht stellte, verbot es jedem Gesellen bei ihm zu arbeiten. Es war dies ein Mittel, welches die Gewerke damals vielfach gegen widerspenstige Mitglieder anwendeten, um sie durch die Furcht vor dem Ruin ihres Geschäfts zum Gehorsam zu zwingen.

Hase ließ sich die Verfehmung durch das Sattlergewerk in Berlin nicht ruhig gefallen, er rief die Hilfe des Raths von Stettin an, und durch diesen kam die Klage bis vor den Kurfürsten. — Joachim bestimmte im Jahre 1541, daß fortan kein Meister oder Geselle berechtigt sein solle, einen Andern vor die Innungslade zu fordern, und ihn, wenn er sich nicht stelle, für ehrlos zu erklären. Jede Beschwerde dürfe nur vor die Obrigkeit gebracht werden. Der Rath habe in allen Gewerksstreitigkeiten zu richten und gegen dessen Entscheidung sei nur eine Appellation beim Kurfürsten selbst zulässig.

Die Regierungsthätigkeit Joachims bietet uns außer der erwähnten Verbesserung der Kirchenordnung, der Gerichtsverfassung und des Zunftwesens, außer einem Gesetze gegen den Wucher, den überhand nehmenden Luxus, gegen das wohe Spiel und gegen die Räubereien, welche besonders von Schäfern und Landleuten vielfach verübt wurden, wenig interessante Momente.

Das Wuchergesetz hatte auch den Handel der Kaufleute in Berlin einigen Einfluß. Es verbot einen höheren Zins als 6 Procent. Jeder, der mehr Zinsen mit Gewalt erpressen oder mit List erschleichen würde, sollte den vierten Theil von der ausgeliehenen Summe verlieren, für unehrlich erklärt, vom heiligen Abendmahl ausgeschlossen und eines christlichen Begräbnisses beraubt werden.

So wenig Joachim sich im Ganzen um die Regierung des Landes kümmerte, so hat er doch einen nicht unbedeutenden Einfluß auf die geistige Entwickelung des Volkes in der Mark Brandenburg und besonders in den Residenzstädten Berlin und Cöln ausgeübt. Die Bürger gewannen unter seiner Regierung Sinn für die Kunst, der ihnen bisher gefehlt hatte.

Joachim war ein eifriger Jünger der Kunst, besonders liebte er die Malerei. Stundenlang konnte er seinem Hofmaler dem damals berühmten Johannes Baptista aus Mailand bei der Arbeit zuschauen. Er kaufte viele Bilder und zahlte für dieselben ansehnliche Preise, d. h. nach den Begriffen jener Zeit, unsere heutigen Künstler würden freilich andere Anforderungen machen, als die des 16. Jahrhunderts. Einige Rechnungen des kurfürstlichen Kämmerers, des so berüchtigt gewordenen Juden Lippold, von dem wir bald mehr erzählen werden, geben uns über die Bilderpreise jener Zeit interessante Aufschlüsse. Es heißt in denselben:

„Gegeben Ihro Kurfürstl. Gnaden drei gemalte Bilder, als den König aus Frankreich, Duca de Alba und Kaiser Maximillan, kosten 4 Thlr. 12. Gr." Eine andere im Jahre 1533 ausgestellte Rechnung des Goldschmieds Kunrath Schreck, welche sich im Königl. Archiv befindet, betrifft ein auf Gold gemaltes Bildniß Joachims I., sie lautet: „Das Kunterfeth wiegt 5 Kronen, vors Krone thut 32 Silbergroschen, thut 6 Thaler 16 Silbergroschen und vorm Kunterfeth zu mahlen, 18 Gr." Summa 7 Thaler 10 Gr. Kunrath Schreck."

Solche Summen waren für eine Kunstliebhaberei noch zu erschwingen, aber die Bilder von Lucas Cranach, welche Joachim für das Schloß anschaffte, mögen wohl mehr gekostet haben.

Ebenso leidenschaftlich wie die Malerei liebte Joachim auch die Musik, aus allen Ländern berief er die berühmtesten Tonkünstler an seinen Hof. Er musicirte selbst gern und leitete oft den Chorgesang in der Domkirche persönlich.

Sein Hof war der Sammelpunkt von Künstlern und Dichtern, da werden uns die Dichter Sabinus, Harlob, Willemann, Acidalus, Hildesheim, die Künstler Johannes Partisa, der Sängermeister Florian, der Harfenist Leonhard genannt, sämmtlich Namen, welche heute fast unbekannt geworden sind, damals aber am Kunsthimmel glänzten. Auch eine Reihe bedeutender Geschichtsschreiber fanden an dem Hof Joachims freundliche Aufnahme und diesen verdanken wir die lebensvollen Schilderungen jener Zeit, Männer wie Angelus, Jobst, Haftiz, Garzäus und Leuthinger.

Joachim war ein Freund aller Künste, mit besonderer Liebhaberei aber pflegte er die Baukunst. Er ließ während seiner Regierung eine Reihe schöner Gebäude erbauen, meist mit Hilfe fremder Meister, denn die Mark Brandenburg erzeugte noch keine Künstler.

Den Beginn seiner Bauten macht die Stechbahn. Er ließ dieselbe im Jahre 1537 für ein Turnier, welches zur Feier der Taufe einer Tochter gehalten werden sollte, errichten. — Diese Stechbahn, nicht mit der erst vor einigen Jahren abgebrochenen, erst im Jahre 1702 erbauten Stechbahn, an deren Stelle heute das rothe Schloß steht, zu verwechseln, war ein mit Schranken umschlossener 300 Fuß langer und 64 Fuß breiter zum Turnier eingerichteter Platz, der dem Schloß gegenüber, da wo heut die Häuser von der breiten Straße bis zur Kurfürstenbrücke stehen, lag.

Außer der Stechbahn ließ Joachim ein Zeughaus, ein Gebäude für das Kammergericht, welches bisher seine Sitzung im Kurfürstl. Schloß gehabt hatte, ein schönes Jagdschloß in Grunewald und viele Lustschlösser auf verschiedenen Gütern bauen; sein größtes Bauwerk aber war das Schloß in Cöln.

Die alte Burg des eisernen Friedrich erschien dem prachtliebenden Joachim zu eng und armselig; sie war nicht eingerichtet für einen glänzenden Hofstaat, für prächtige Feste. Eines Zwing-Cöln mit mächtigen Thürmen und Mauern bedurfte Joachim nicht mehr, denn die Bürger von Berlin und Cöln hatten längst vergessen, daß sie bereinst freie Männer gewesen waren, sie fühlten sich ganz wohl unter dem Schutze ihrer Kurfürsten und dachten gar nicht daran, gegen diese zu rebelliren. Joachim ließ deshalb schon im Jahre 1538 die alte Burg niederreißen und durch den Baumeister Kaspar Thelz, der auch der Erbauer des Jagdschlosses in Grunewald war, ein ganz neues Schloß aufbauen.

Das war ein anderes Gebäude, als das frühere! Drei Stock hoch, mit prächtigen Zimmern und Sälen! Nach dem Schloßplatz zu ging ein von drei Säulen getragenes Doppel-Portal, über dem sich gemauerte Balkone befanden. An den Ecken des Schlosses waren runde Erker, von denen noch einer heut zu Tage an der Spreeseite steht. Von dem andern Erker aus ging ein hölzerner bedeckter Gang, der auf steinernen Pfeilern ruhte, nach dem Dom (der früheren Dominikanerkirche). Auch erzählt man sich, daß ein geheimer, unterirdischer Gang nach dieser Kirche geführt haben soll. — Ein Seitenflügel zog sich an der Spree entlang. —

Das neue Schloß mit seinen hohen Giebeln und seinem goldglänzenden Kupferdache war gar herrlich anzuschauen und auch im Innern entsprach die Einrichtung dem Prachtbau; besonders zeichnete sich der große Saal aus, der im dritten Geschoß die ganze Länge des Gebäudes nach dem Schloßplatz einnahm; der war mit Bildern von dem berühmten Meister Lucas Kranach verziert, und auf der steinernen Gallerie, welche sich vor dem Saale innerhalb des Schloßhofs befand, waren die aus Sandstein gehauenen Brustbilder der damals noch lebenden deutschen Kurfürsten aufgestellt, die gar künstlich mit bunten Farben angemalt waren, so daß sie fast aussahen, als wären sie lebendig.

In diesem neuen Schloß hielt Joachim II. seinen prächtigen Hof, hier wurden seine glanzvollen Feste gefeiert, hier jagten sich die Lustbarkeiten, welche der vergnügungssüchtige Fürst veranstaltete, ohne je darnach zu fragen, ob durch die ungeheuren Kosten Schulden auf Schulden gehäuft wurden.

Joachim fühlte sich nur wohl, wenn er das Geld mit vollen Händen verschleudern konnte, seine ganze Umgebung mußte im Vollen leben; sein Hofstaat war so prachtvoll, sein Gefolge so zahlreich, wie kaum das eines der größten europäischen Fürsten. Aus der kurfürstlichen Küche wurden täglich nicht weniger als 285 Personen gespeist, und damit war die Zahl der Hofbediensteten, welche freie Zehrung erhielten, noch nicht erschöpft, denn noch nahe an 150 Personen wurde statt der Beköstigung eine Geldentschädigung gezahlt.

Dieser Hofstaat begleitete den Kurfürsten auch auf vielen seiner Reisen, und außerdem forderte er zu diesen noch eine Menge von Adligen auf, denen er Hofkleider, freie Wohnung, Beköstigung für die Dienerschaft und Futter für die Pferde liefern mußte. Als er im Jahre 1562 zur Wahl eines römischen Königs nach Frankfurt a. M. reiste, begleiteten ihn nicht weniger als 68 Grafen und Herren mit 452 Pferden und vielen Dienern, außerdem noch 11 Räthe, 3 Geistliche und ein Leibarzt. —

Das Schloß in Cöln war während seiner ganzen Regierung der Schauplatz einer ununterbrochenen Reihe von glänzenden Festen. Von dem ersten Turnier an, welches er im Jahre 1537 zur Taufseier seiner Tochter veranstaltete und für welches er die Stechbahn hatte bauen lassen, mußte jedes Familienereigniß Veranlassung zu irgend einer mit dem Aufgebot des höchsten Luxus veranstalteten Feierlichkeit, der sich meist ein prächtiges Turnier anschloß, geben.

Berühmt geworden ist das Fest, welches Joachim zur Fastnacht 1545 zur Feier der Doppelheirath des Kurprinzen Johann Georg mit Sophie, der Tochter des Herzogs Friedrich II. von Liegnitz und des Prinzen Georg von Liegnitz mit der Tochter des Kurfürsten, der Markgräfin Barbara, veranstaltete, weil dies Fest zugleich einen für die spätere Zukunft bedeutungsvollen Erbvertrag besiegelte, nach welchem beim Aussterben der herzoglichen Linie die drei Herzogthümer Liegnitz, Brieg und Wohlau an Brandenburg fallen sollten.

Bei dem Turnier, welches nach dem feierlichen Beilager in Berlin gehalten wurde, betheiligten sich die Fürsten und Herren, und es ging bei demselben ziemlich gefährlich zu. Der Chronist Hastitz giebt uns davon folgende interessante Beschreibung:

„Den Montag hernach haben Markgraf Hans von Cüstrin (der Bruder des Kurfürsten) und Herzog Wilhelm von Brandenburg mit einander scharf gerannt und ein solches hartes Treffen gethan, daß die Pferde auf dem Hintern sitzend gangen und dennoch beide Herren sitzen blieben. Es hat aber Herzog Wilhelm dem Herrn Markgrafen Johannsen den Schild entzwei gerannt bis auf den Hals, und wäre um ein weniges gethan gewesen, wenn es Gott nicht sonderlich verhütet, daß er ihm den Hals abgerannt. Derowegen alle Fürsten und Herren, so damals auf der Bahne gewesen, sehr erschraken, eilends von den Pferden gefallen und zugelaufen sind."

„Es haben auch mehr Herren vom Adel gerannt und gestochen, aber am Mittwoch haben sechzig Paar zu Rosse in ganzen Kyrissen auf der Bahn turniret, und indem daß man dem Ritterspiel zugesehen, ist einer vom Fenster vom Dumthurm gedrungen und herabgefallen. Der hat einen Anderen, so darunter gestanden, todt gefallen und ihme hat es nichts geschadet. Auch ist damals ein Kerl ohne Arme und Hände da gewesen, der hat mit den Füßen mit Löffeln essen, eine Nadel fädeln und andere Dinge thun können, die fast unglaublich zu sein scheinen; hat mit dem Halse Holz hauen und einen Teller an der Wand mit der Spitzbarten auf etliche Schritte treffen können. Es haben auch der Roßbuben einen auf der Bahn todtgerannt."

Die Naivität mit welcher Hastitz die bei den Turnieren vorgekommenen Unglücksfälle als etwas ganz Natürliches erzählt, läßt uns einen tiefen Blick in die Rohheit der Zeit thun. Auf ein Menschenleben kam es damals gar nicht an, die Lustbarkeit wurde durch einen Todtgerauften oder Todtgeschlagenen nicht im Geringsten gestört, die Herren turnirten ruhig fort und das Volk schaute ihnen jubelnd zu; es ließ sich durch solche Kleinigkeiten nicht einen Augenblick seine Fröhlichkeit trüben. —

Ein anderes Fest, welches Joachim im September 1569 feierte, hatte ebenfalls eine geschichtliche Bedeutung: Die Mitbelehnung über das Herzogthum Preußen.

Das Herzogthum Preußen war ein Besitzthum der deutschen Ritterorden gewesen, aber durch den Uebertritt des Hochmeisters Albrecht aus dem Hause Hohenzollern zur lutherischen Lehre ein erbliches Herzogthum geworden. Den Bemühungen des tüchtigen Kanzlers Lambertus Distermeier war es gelungen, die Mitbelehnung und Erbfolge in Preußen für die brandenburgisch-hohenzollernsche Linie vom Könige von Polen, unter dessen Lehnshoheit Preußen stand, am 19. Juli 1569 zu gewinnen.

Dies glückliche Ereigniß feierte Joachim im September durch ein glänzendes kirchliches Fest.

Eine große Procession eröffnete die Feierlichkeit, ein endlos langer Zug, an welchem alle Mädchen aus Berlin und Cöln, die mehr als 12 Jahr alt waren, Theil nehmen mußten. In weißen Kleidern mit fliegenden Haaren schritten sie im Zuge einher, ihnen folgten die Dorfprediger aus der Umgegend von Berlin und Cöln, zwei Meilen in der Runde. Diese gingen paarweise, sie trugen Kelche und Patenen in den Händen.

Der Kurfürst selbst nahm ebenfalls an der Procession Theil, er ritt, angethan mit einem Mantel von Goldtuch, der mit Zobelpelz verbrämt war, hinter dem Dompropst auf einem goldfarbenen Rosse. Der Oberst Heinrich von Steupitz trug ihm eine weiße Tafel, auf der der schwarze preußische Adler abgemalt war, der Erbmarschall Georg Gans von Putlitz das Kurschwert und Joachim Röbbel eine weiße Fahne mit dem preußischen Wappen vor.

Der Procession folgte ein feierliches Hochamt und diesem eine stundenlange wohleinstudirte Rede des Kanzlers Lambertus Distermeier, welcher Joachim höchst andächtig zuhörte; er hatte auf einem mit Goldtuch ausgeschlagenen Lehnstuhl, der auf dem Altar an der Chorthür stand, Platz genommen und hielt während der ganzen Rede das entblößte Kurschwert in der Hand.

Nach der Rede schlug Joachim eigenhändig die polnischen Gesandten, sowie mehrere seiner Räthe zu Rittern und dann gings zu einem fröhlichen Festmahl im großen Saale des Schlosses, bei welchem die neuen Ritter mit Ehrengewändern und goldenen Ketten fürstlich beschenkt wurden.

Derartige Festlichkeiten, welche einen religiösen Hintergrund hatten, bei denen aber nebenbei recht brav gegessen und getrunken wurde und eine ungebundene Fröhlichkeit herrschte, waren ganz nach dem Geschmack des Kurfürsten; er ordnete deshalb auch im Jahre 1563 an, daß fortan jährlich die Einführung der Reformation in der Mark Brandenburg durch ein großes Fest gefeiert werde, und dies geschah im October jeden Jahres, so lange Joachim lebte.

Auch bei diesen Dankfesten wurde stets der höchste Pomp aufgeboten. Im Dom zu Cöln wurde der Festgottesdienst mit dem sogenannten Vesper-Umgang gehalten, wozu alle Geistlichen und Lehrer der Stadt mitwirken mußten. Die Feier begann unter dem Donner der Kanonen und endete mit demselben. Um die Freude am Feste zu einer allgemeineren zu machen, erhielt jeder Kirchen- und Schuldiener aus der kurfürstlichen Kaße einen Thaler, jeder Schüler einen Schilling, damit konnten sie sich schon einen lustigen Tag machen.

Neben diesen Festen bildeten große Jagden eine besondere Liebhaberei des Kurfürsten. — Die Wälder waren damals noch reich an Wild und die Bauern zeigten sich daher sehr zufrieden, wenn Joachim die Hirsche und Füchse, ja selbst die Wölfe, welche noch zahlreich in den dichten Waldungen lebten, fortschoß.

Auch der Thiergarten lud zur Jagd durch einen zahlreichen Wildstand ein; er hatte damals eine andere Ausdehnung als heut zu Tage, denn er bedeckte mit dichtem Wald noch den größten Theil der heutigen Friedrichs- und Dorotheenstadt und erstreckte sich bis nahe an's kurfürstliche Schloß.

Im Thiergarten hielt sich Joachim zu seinem Vergnügen Löwen, Bären und andere ausländische Thiere, welche er mitunter zu Thierkämpfen benutzte. — Wenn ein solcher Thierkampf stattfand, so gab dies immer ein großes Fest für die guten Berliner, die sich in dichten Schaaren herbeidrängten und dem Schauspiel zujubelten, ohne zu bedenken, daß sie bei demselben entfaltete Pracht, welche ihnen so sehr gefiel, aus ihren Beuteln und mit ihrem Arbeitsschweiß bezahlen mußten. — Diese Thiergefechte waren nicht immer ohne Gefahr; bei einem derselben, welches im Jahre 1543 in der Nähe von Cöpenick abgehalten wurde und bei dem ein Bär und ein Wolf mit einem Auerochsen kämpfen sollten, wäre der Kurfürst fast selbst um das Leben gekommen. Der von dem Auerochsen verfolgte Bär durchbrach die Schranken gerade da, wo Joachim saß und wurde nur mit Mühe von den Wachen aufgehalten und getödtet.

Alle diese Hofbelustigungen waren zu gleicher Zeit auch Volksfeste, besonders erfreuten sich die Berliner an den Wettrennen, welche alljährlich am Frohnleichnamsfeste stattfanden und an denen Adlige und Bürger, Einheimische und Fremde Theil nehmen durften. Für die besten Pferde waren Preise ausgesetzt, der erste Sieger gewann einen mit bunten Bändern und Blumen festlich geschmückten Stier, der zweite ein Schwert, der dritte einen Bogen, der vierte ein Schwein.

Das seltsamste Volksfest, welches unter der Regierung Joachims stattfand, war jedenfalls der berühmte Knüppelkrieg, der in der märkischen Sittengeschichte einzig dasteht.

Die Berliner Bürger hatten, seit ihnen ihre Unabhängigkeit verloren gegangen war, die Waffen bei Seite gelegt. Ihr früher so kriegerischer Sinn war erloschen, sie lebten nur ihren Geschäften und dem Vergnügen, jenen heiteren Schauspielen, die ihnen unter der Regierung des prachtliebenden Joachims so häufig geboten wurden.

Der Kurfürst wollte den kriegerischen Sinn der Bürger, der gar nicht mehr gefährlich werden konnte, aufs Neue erwecken, und er befahl zu diesem Zwecke ein großartiges Waffenspiel, über welches uns der Historiograph Nikolaus Leuthinger, der es selbst mit durchlebte, eine genaue Beschreibung hinterlassen hat.

Der Knüppelkrieg fand im Jahre 1567 statt.

Ein Wassergefecht auf der Havel, bei welchem die Berliner gegen die Spandauer kämpften, eröffnete das Waffenspiel, dem der Kurfürst mit seinem ganzen Hof auf einem großen Schiffe zuschaute.

Die Geschütze von Spandau donnerten mit blinden Schüssen, während unter Pauken und Trompetengeschmetter die beiden Flotten von Berlin und Spandau gegen einander kämpften. Es gab dabei harte Püffe; viele der Streitenden wurden durch die langen Stangen, mit denen man kämpfte, aus den Kähnen gerissen und fielen in's Wasser; aber der Kampf ging doch ohne Unglücksfälle ab, denn eine Menge von Fischerbooten stand bereit, um alle ins Wasser Fallenden vor dem Ertrinken zu retten.

Der Kurfürst war höchst vergnügt über das gelungene Wasserspiel, welches drei Tage dauerte, er schaute demselben mit der höchsten Lust zu und lachte, daß ihm die Thränen über die Backen rollten, als die Weiber und Kinder der kämpfenden Männer ihn flehentlich baten, den Kampf, den sie für einen ernsthaften hielten, zu beendigen.

Dem Wasserkampf folgte der Landkrieg, der auf der Ebene zwischen Spandau und Lietzow ausgefochten wurde. Der Plan des Gefechtes war, daß sich die Spandauer nach tapferem Kampf besiegen lassen und in ihre Stadt flüchten sollten.

Die Schlacht begann. Die Streiter waren in voller Rüstung, aber sie hatten keine anderen Waffen, als kurze Knüppel, Fechtstöcke. —

Anfangs ging Alles gut, nach und nach aber, als die Hiebe immer kräftiger ausgetheilt wurden, erhitzte sich das Blut der Streiter. Es gefiel den Spandauern nicht, daß sie besiegt werden sollten, und obgleich ihre Zahl, sie waren kaum 800 Mann, weit geringer war, als die der Bürger von Berlin und Cöln, so entschlossen sie sich doch, das Kampfspiel zu ändern und womöglich Sieger zu bleiben.

Eine Kriegslist sollte sie zum Ziele führen. Durch eine verstellte Flucht lockten sie den Feind aus seiner Stellung und fielen ihm dann in den Rücken, indem sie mit ihren Knüppeln unbarmherzig darauf los schlugen. — Das aber ließen sich die Berliner nicht ruhig gefallen, denn ein Berliner Kind steht in jeder Prügelei seinen

Mann, sie wehrten sich kräftig, und aus dem Scheingefecht wurde nun ein wirklicher, ächter Knüppelkrieg, bei dem es harte Schläge und blutige Köpfe in Massen gab.

Der Kurfürst sah plötzlich seinen schönen Plan zerstört, er ritt eiligst zwischen die Kämpfenden, um sie durch ein Machtwort auseinander zu bringen, aber vergeblich, Niemand hörte auf ihn. Die Kampflust hatte alle Kämpfer erhitzt, Spandauer und Berliner stritten um die Ehre des Tages, sie schlugen auf einander los, ohne sich um den Kurfürsten zu kümmern, und in der Hitze des Gefechts fielen selbst Knüppelschläge auf das Pferd des Friedensstifters. — Das verletzte Thier bäumte hoch auf, warf seinen Reiter ab, und dieser war in der höchsten Gefahr in dem Gewühl der wüthenden Streiter zertreten und getödtet zu werden. Er wurde nur mit Mühe gerettet.

Erst die einbrechende Nacht machte der Schlacht ein Ende. Wo der Sieg? — Beide Theile schrieben ihn sich zu, die Spandauer triumphirten und ebenso auch die Bürger von Berlin und Cöln; der geistreiche Feldherr aber, der die kluge Kriegslist ausgesonnen, mußte diese schwer büßen.

Joachim war wuthentbrannt, daß ihm sein Vergnügen verdorben, er sogar in Lebensgefahr gekommen war. — Er schickte seine Trabanten nach Spandau, mitten in der Nacht holten sie den Bürgermeister Bartholomäus Bier, der wacker für die Ehre seiner Stadt gestritten hatte, aus dem Bette und warfen ihn in ein dunkles Gefängniß, in welchem er Zeit hatte darüber nachzudenken, daß es ein schweres Verbrechen sei, ein besserer Feldherr sein wollen, als es der Wille des allergnädigsten Kurfürsten gestatte. Erst nach mehreren Monaten wurde er wieder in Freiheit gesetzt.

Die Spandauer Bürger, welche nur die Befehle ihres Bürgermeisters vollzogen hatten, kamen mit der Furcht vor der Strafe davon. Sie wurden alle auf die Festung gerufen, dort wurden sie von den Gerichtsdienern empfangen, aber nachdem sie in Furcht und Zittern vor der Strafe, die ihnen bevorstehen möchte, einige Stunden gewartet hatten, wieder entlassen.

Die Streiter von Berlin und Cöln waren glücklicher daran, sie wurden nicht weiter behelligt, sondern konnten in Ruhe sich die Beulen heilen lassen, die ihnen von den Spandauer Knüppeln geschlagen worden waren.

Achtes Kapitel.

Hedwig die Züchtige. — Die Liebschaften Joachims. — Die schöne Gießerin. — Geldnoth Joachims. — Die Goldmacher. — Der Münzjude Lippold. — Die Landstände unter Joachim II.

Joachims Leben war nach allen Richtungen hin dem Vergnügen gewidmet; er verstand es sehr wohl, seine religiöse Schwärmerei mit seinem lustigen Festleben zu vereinigen, auch hinderte ihn dieselbe keineswegs, sich denjenigen sinnlichen Freuden hinzugeben, welche die Fürsten vielfach als ihr Vorrecht betrachtet haben. Als ein Fürst glaubte er, das Recht zu haben, sich über solche kirchliche Gebote hinweg zu setzen, welche ihn in seiner Liebeslust beschränkt haben würden, und er that dies im ausgedehntesten Maßstabe; die Bürger von Berlin und Cöln wußten gar viel zu erzählen von der großen Freundlichkeit, mit welcher der gnädige Kurfürst jedes schöne Frauenzimmer behandelte, und stolz war er dabei gar nicht. —

Die liebedienernden Geschichtschreiber des hohenzollernschen Hauses können die Leichtfertigkeit des Kurfürsten in Liebesangelegenheiten nicht wegleugnen, aber sie wissen dieselbe zu entschuldigen.

Im Jahre 1549 befand sich Joachim mit seiner Gemahlin Hedwig im Jagdschloß zu Grimnitz; sie gingen mit einander plaudernd in einem Saale auf und nieder, da krachten plötzlich die Balken, der Fußboden brach unter ihnen zusammen.

Joachim hielt sich an einem Balken fest und rettete sich dadurch vor einem schweren Fall, die Kurfürstin aber stürzte hernieder auf ein Hirschgeweih, welches in dem untern Raum an der Wand hing; sie trug schwere Verletzungen davon und wurden schlecht geheilt, weil Hedwig sich aus Schamhaftigkeit nicht entschließen konnte, sich ganz den Aerzten zu überlassen. Sie hat von diesem Unglücksfall den Ehrennamen „Hedwig, die Züchtige", aber auch ein schweres Leiden erhalten, welches sie zwang, zeitlebens an Krücken zu gehen.

Dies Ereigniß würde vielleicht für Joachim eine Entschuldigung seiner vielen Liebschaften bilden, wenn er nicht schon vor demselben ein erklärter Frauenfreund gewesen wäre!

Auch Joachim I. hatte, wie unsere Leser sich erinnern, eine große Liebhaberei für schöne Frauen, bei ihm aber wurde sie nicht nachtheilig für das Land, weil seine Geliebten keinen Einfluß auf die Regierung gewannen; bei Joachim II. hingegen beherrschten die Maitressen den Kurfürsten und damit auch die Mark Brandenburg.

Wer hat nicht schon von der schönen Gießerin gehört, jener Geliebten Joachims, deren Name in die Volkssage übergegangen ist.

Anna Sydow, die liebreizende Wittwe des Artilleriehauptmanns und Stückgießers Michael Dietrich, hatte Joachim bezaubert. — Er war nicht glücklich, wenn er nicht bei ihr sein konnte, auf fast allen seinen Reisen, auch wenn er nur zur Jagd zog, mußte sie ihn begleiten. — Für das schöne Weib verschwendete er gewaltige Summen, ihrem Willen beugte er sich fast sclavisch, sie herrschte als wahre Kurfürstin in der Mark Brandenburg.

Trotz ihrer Schönheit war die Gießerin im ganzen Lande verhaßt, weil sie ihren Einfluß auf den schwachen Kurfürsten in unverantwortlicher

Weise mißbrauchte. Sie besetzte die hervorragendsten Aemter, sie gebot über die Einnahmequellen des Landes, ihre Kreaturen stolzirten in den Straßen von Berlin und Cöln umher und thaten sich etwas zu Gute darauf, daß sie die Herrscher des Landes waren.

Joachim vermochte es nicht, der Sydow oder einem ihres Anhangs von verwerflichen Günstlingen eine Bitte abzuschlagen; die adligen Herren, welche sich zu Höflingen der Buhlerin entwürdigt hatten, wußten die Schwäche des Kurfürsten trefflich auszubeuten. Wenn irgend ein Lehn frei wurde, baten drei oder vier, einer nach dem andern, um Verleihung desselben. — Joachim versprach es jedem, da er es aber nur einem geben konnte, mußte er die Andern durch Gewährung bedeutender Geldgeschenke entschädigen. So kostete ihm das zum Fall gekommene Lehn derer von Ilgesar durch derartige Entschädigungen nicht weniger als 50,000 Thaler, eine für damalige Verhältnisse ungeheure Summe. —

Die Liebe Joachims zur schönen Gießerin war so offenkundig und scandalös, daß sie selbst die tiefeingewurzelte Liebe und Verehrung der märkischen Bauern gegen ihren Kurfürsten erschütterte. Gegen den ernsten und strengen Joachim I. hätten die Bauern wahrlich nicht gewagt, ein mißbilligendes, ja höhnendes Wort über sein Privatleben zu äußern, gegen Joachim II. wagten sie es.

Der Kurfürst war einst auf die Jagd bei Beelitz geritten, wie gewöhnlich befand sich die schöne Gießerin an seiner Seite, und auch die Kinder derselben begleiteten ihn. — Die Bauern auf dem Felde schauten mürrisch von ihrer Arbeit auf, als der Kurfürst bei ihnen vorüberritt. Sie grüßten ihn nicht freundlich, wie dies früher geschehen, sondern höhnten ihm nach, indem sie sich gegenseitig laut, so daß er es hören mußte, zuriefen: „Ist die des gnädigsten Herrn unächte Frau? Sind das seine unächten Kinder? Wie darf er thun, was uns verboten ist?" — Und diese Fragen wiederholten sie in der Halde, als der Kurfürst Rast machte, indem sie sich dicht um ihn herumstellten.

Der Hohn der Bauern traf Joachim so tief, daß er sich schämte und für einen Augenblick das Bewußtsein seiner Schmach erhielt. Er wendete sich unwirsch zur Gießerin und sagte: „Kannst Du nicht bei Seite gehen, daß man Dich nicht sieht?" — Das augenblickliche Gefühl verschwand aber bald wieder unter den Liebkosungen der reizenden Frau, — diese behielt ihre Herrschaft über ihn.

Joachim liebte die Gießerin so innig, daß er entschlossen war, ihre Zukunft auch nach seinem Tode zu sichern. Er schenkte ihr reiche Güter, eine mit ihr erzeugte Tochter Magdalena erhob er zur Gräfin von Arneburg und verlobte sie mit einem Grafen Eberstein. Um ganz sicher zu sein, daß die Geliebte auch nach seinem Tode nicht in Noth und Sorge kommen könne, ließ er sich von seinem Sohne, dem Kurprinzen Johann Georg das heilige Versprechen geben, daß er sie im Besitz ihrer Güter lassen und außerdem auch für sie sorgen wolle. Wir werden später erzählen, wie dies Versprechen gehalten wurde. —

Das Freudenleben Joachims, die sich in bunter Reihe abwechselnden Turniere und anderen glanzvollen Feste, die Bauliebhaberei des Kurfürsten, die Habsucht der Gießerin und ihrer Kreaturen verzehrten ungeheure, die Einkünfte weit übersteigende Summen, es war daher kein Wunder, daß das Finanzwesen der Mark Brandenburg in die tiefste Zerrüttung kam. Eine unerschwingliche Schuldenlast häufte sich auf, oft kam Joachim in die bitterste Geldverlegenheit, aber er ließ sich trotzdem nicht von neuer Verschwendung abhalten.

Sein Rentmeister und Kammerrath Thomas Matthias, der zugleich Bürgermeister von Berlin war, hatte einen schweren Posten; fortwährend sollte er Geld schaffen, und doch waren die Kassen leer. Der Kurfürst wies die drängenden Gläubiger stets an ihn, sein Haus war fortwährend von Leuten belagert, welche gerechtfertigte Forderungen an die Kurfürstliche Kasse machten, und denen er doch nicht gerecht werden konnte, weil eben kein Geld da war. Oft genug mußte er sein eigenes Vermögen angreifen, um nur die nöthigsten Zahlungen zu leisten; er mußte sich für die Schuldverschreibungen verbürgen, welche Joachim ausstellte, und dadurch verlor er nach und nach sein ganzes bedeutendes Vermögen. —

Joachim bedurfte stets neuer Geldsummen, um seinen üppigen Hofhalt aufrecht zu erhalten; er war in den Mitteln, sich die nöthigen Gelder zu verschaffen, durchaus nicht peinlich. — Die natürlichste Hilfe war, da die Steuerkraft der Unterthanen nicht weiter ausgebeutet werden konnte, nach den Anschauungen jener Zeit die Goldmacherei.

Man glaubte damals ganz allgemein daran, daß es möglich sei, unedle Metalle durch chemische Prozesse in Gold zu verwandeln. Das Forschen nach dem Stein der Weisen, der diese Kraft im höchsten Maße besitzen sollte, hat während des Mittelalters und fast bis in die neueste Zeit hinein unendlich viele Chemiker wahnsinnig gemacht. Wer den Stein der Weisen erforsche, der hatte zu gebieten über alle Schätze der Welt. — In einem alten Werk: „Kern der Alchymie, geschrieben durch Irenäus Philoponus Philaletha" wird uns allen Ernstes erzählt, daß man mit einigen Gran des Steins der Weisen nicht weniger als 304,666,666 Thaler, ganz genau berechnet, in reinem Golde hervorbringen könne.

Die meisten Fürsten Europas waren in jener Zeit von dem Wunsche durchdrungen, in den Besitz jenes köstlichen Steins der Weisen zu kommen; sie besoldeten gelehrte Chemiker, um nach demselben zu forschen, und warfen viel Geld zum

Fenster hinaus in dem vergeblichen Versuche, Gold zu machen.

Auch Kurfürst Joachim II. theilte den allgemeinen Glauben. Es gab für ihn gewiß keine leichtere Art, seine Schulden zu bezahlen, als wenn er sich das Geld dazu selbst machte. Er berief zu diesem Zwecke Alchymisten von Ruf, die in Berlin ihre Laboratorien einrichteten. Manches hundert Thaler ging in Rauch auf und flog durch die Esse der Schornsteine; schlaue Betrüger, welche sich das Ansehen gaben, als seien sie auf dem sichern Wege, die Goldmacherkunst zu erfinden, wurden am Hofe zu Cöln mit offenen Armen empfangen, aber einen Nutzen brachten natürlich alle diese Versuche nicht.

Ein anderes Mittel, die kurfürstliche Kasse zu bereichern, hatte größeren Erfolg: Joachim gestattete den Juden, welche sein Vater aus der Mark Brandenburg vertrieben hatte, wieder in dieselbe zurückzukehren, natürlich nur gegen Zahlung eines Schutzgeldes, und zwar eines recht beträchtlichen, es belief sich auf 42,000 Thaler jährlich.

Unter den eingewanderten Juden befand sich auch ein gewisser Chuchim aus Prag, der mit seinem Sohne Lippold nach Berlin kam. Lippold war ein schlauer gewissenloser Mann, der es trefflich verstand, sich zu bücken und zu schmeicheln. Er wußte sich bald durch die niedrigsten Dienste bei Joachim so in Gunst zu setzen, daß er dessen vertrauter Kammerdiener und erklärter Liebling wurde. Der Kurfürst machte ihn zum obersten Münzmeister und übertrug ihm die Aufsicht über die ganze Judenschaft in der Mark.

Lippold wurde bald fast allmächtig. Er war eingeweiht in alle Liebesgeheimnisse seines Herrn, er führte die Privatkasse desselben, durch seine Hand gingen die meisten Geschenke und Beförderungen.

Hatte er früher, als er arm und verachtet war, den Rücken gebeugt, allen Mächtigen geschmeichelt, so wußte er jetzt sich vor Hochmuth nicht zu lassen. Christen und Juden mußten gleichmäßig unter seiner Anmaßung leiden, er wurde deßhalb auch von Beiden gleichmäßig gehaßt. —

In wenigen Jahren erwarb er sich ein gewaltiges Vermögen, indem er einen schamlosen Wucher trieb. Zwar war der Wucher durch die Gesetze streng verboten, was aber kümmerte sich der Günstling des Kurfürsten um das Gesetz? — Er kannte seinen Herrn genau genug, um zu wissen, daß dieser seinen Liebling nicht vor die Schranken des Gerichts fordern lassen würde. Die Zeiten, in denen selbst ein Lindenberg den Kopf auf den Richtblock legen mußte, weil er das Gesetz verletzt hatte, waren längst vergangen.

Lippold lieh ungescheut auf Pfänder mit einem Zinssatz von 54 Procent, und er hatte zu diesen Zinsen Absatz genug für sein Geld, und dennoch vollkommene Sicherheit, denn seine Kunden waren vorzüglich die kurfürstlichen Hofdiener, welche, so reich sie auch besoldet waren, doch an dem üppigen Hofe Joachims niemals mit ihrem Gehalte auskamen; sie trugen ihr Gold und Silbergeschirr zu dem Münzmeister und verpfändeten es bei diesem gegen baares Geld; auch Joachim selbst nahm oft, wenn er sich in drückender Geldverlegenheit befand, zu Lippold seine Zuflucht, und dieser wußte meist Rath, da ihm nie ein Mittel zu schlecht war, um sich oder seinem Kurfürsten Geld zu verschaffen. So ließ er im Jahre 1567 mit der Einwilligung Joachims bei achtzehn Bürgern von Berlin das gesammte vorhandene Gold und Silber fortnehmen und in die Münze schleppen. — Es war ein einfacher Raub, denn die Bezahlung, welche Lippold für das Gold und Silber leistete, stand in gar keinem Verhältnisse zum Werthe desselben, aber es war ein Raub mit Kurfürstlicher Genehmigung zum Besten der landesherrlichen Kasse, und er blieb deshalb ungestraft.

Alle diese gesetzlichen und ungesetzlichen Mittel, sowie die reichen Einkünfte der eingezogenen Klöster und geistlichen Stifte genügten doch bei Weitem nicht, um die ungeheuren Ausgaben zu decken, welche der lururiöse Hof Joachims erforderte. Immer neue Steuern mußten dem Lande auferlegt werden, und trotzdem wuchs die Schuldenlast des Kurfürsten täglich.

Wohl murrten Adel und Bürgerschaft über die drückenden Abgaben, aber einen Vortheil hatten dieselben doch. — Joachim, der für Geld zu jedem Opfer bereit war, brachte auch das seiner fürstlichen Machtvollkommenheit, und zu keiner Zeit haben die Landstände einen größeren Einfluß ausgeübt, als unter der Regierung Joachims. — Wenn dieser die Stände im Jahre 1549 anflehte, ihm zur Bezahlung seiner Schuldenlast eine neue Steuer zu bewilligen, weil ihm sonst augenscheinlich der vollständige Verderb seiner Herrschaften, Länder und Bauten bevorstehe, so gingen zwar die Stände darauf ein; nicht weil sie verpflichtet gewesen wären, sondern nur, um ihren Landesherrn zu retten; sie bewilligten seitens der Städte eine Bierziese von 8 Groschen für jede Tonne, und später seitens des Adels und der Prälaten eine Steuer von 20 Gulden für jedes Ritterpferd, welches sie in Kriegszeiten zu stellen verbunden waren, aber sie knüpften diese Bewilligungen an feierliche Versprechungen des Kurfürsten, daß sie in Zukunft für ewige Zeiten mit ähnlichen Steuern verschont bleiben sollten, und an die Gewährung neuer Freiheiten und Rechte.

Joachim versprach, von der Noth gezwungen, gern Alles, was man von ihm haben wollte, ohne freilich die Absicht zu haben, sein Versprechen zu halten. So versprach er den Bürgern zu Berlin, die verhaßten Juden wieder aus dem Lande zu jagen, natürlich aber dachte er nicht daran, dies zu thun, — und ebenso wenig hatten die ewigen Zeiten, für welche das Land von weiteren Abgaben verschont bleiben sollte, eine lange Dauer; wohl aber gestattete er, daß die Stände manch' freies Wort über die inneren Landesangelegenheiten sprachen, um sie bei guter Laune zu erhalten. —

Neuntes Kapitel.

Liebeslust am Hofe. — Verschwendung der Bürger in Berlin und Cöln. — Die Trachten jener Zeit. — Die Pluderhosen. — Musculus und sein Hosenteufel. — Die drei Stutzer im Narrenhäuschen. — Das Luxusgesetz vom Jahre 1551. — Spielwuth der Berliner. — Ein Berliner Eulenspiegel.

Auf den Charakter und die Sitten des Volkes mußte eine Regierung, wie die Joachims II., einen höchst nachtheiligen Einfluß ausüben. Was der Fürst thut, das ahmen die Hofschranzen nach, und diese werden wieder nachgeäfft von dem ganzen gesinnungslosen, in Residenzstädten meist so zahlreichen Gesindel, welches die Augen stets nach oben richtet und Alles für gut hält, was am Hofe geschieht. —

Joachims zahlreiche Liebesständeleien fanden natürlich rege Nacheiferung bei den Hofkavalieren, das kurfürstliche Schloß in Cöln wurde ein Liebeshof, und es muß wohl in den Frauengemächern daselbst ziemlich zuchtlos zugegangen sein, da sich Joachim veranlaßt fand, eine Schloßordnung anzubefehlen, durch welche der Männerbesuch in den Frauengemächern, wenn auch nicht verboten, doch wenigstens erschwert wurde.

„Wir mögen auch leiden," heißt es in dieser Verordnung, „daß unser Gesessich zu unsern Jungfrauen in's Frauenzimmer gehen, nämlich nach der Mittagsmahlzeit in die lange Stube, bis um Vesperzeit, alsdann soll der Thürknecht klopfen und das Gesessich wieder hinab gehen, wollten sie aber nach der Abendmahlzeit wieder zu den Jungfrauen gehen, das mögen sie auch thun bis um Achte, es sei Winter oder Sommer, und nicht länger.

Wenn aber solches geschieht, so wollen wir, daß unsere Hofmeisterin mit den Jungfrauen in die lange Stube hineingehe und daß die Jungfrauen alle auf einer langen Rige bei einander sitzen, sich allenthalben sammt dem Gesessich züchtiglich halten. Es soll auch unserer lieben Gemahlin Thürknecht alle Abend, wenn sich unsere Gemahlin und wir gelegt haben, das Frauenzimmer zuschließen und sonderlich auf das Lichte und auf das Feuer eine fleißige Achtung geben u. s. w." —

Diese Verordnung giebt uns in kurzen Worten ein recht anschauliches Bild von dem Privatleben am Hofe. Wir sehen die Jungfrauen in der langen Stube sitzen in einer Rige beisammen, umschwärmt von den jungen Hofherren, sehen auch die Hofmeisterin, welche die Aufgabe hat, nach Zucht und Sitte zu schauen, und daß dies recht dringend nothwendig war, geht wohl am besten aus dem besonderen Befehl, des Nachts das Frauenzimmer zu verschließen, hervor.

Auch in den Bürgerhäusern Berlins nahm man es mit einem Liebeshandel während der lustigen Regierung Joachims nicht gar zu genau. Wenn auch bei den Bürgern die sittliche Verderbtheit des Hofes noch nicht überall Eingang gefunden hatte, konnte sie doch nicht ohne Einwirkung bleiben, besonders hatte die Prachtliebe des Kurfürsten, seine Verschwendungssucht nachtheilig auf alle Volksklassen gewirkt. —

Wenn die Bürger die Kurfürstlichen Beamten und die Hofherren im reichsten Staat durch die Straßen von Berlin und Cöln ziehen sahen und dabei ihres eigenen Reichthums gedachten, der ihnen weit eher, als jenen die luxuriöse Tracht gestattete, so war der Trieb nach einer Ueberbietung der stolzen Herren in der Kleiderpracht bei den reichen Bürgern wohl erklärlich. —

Die Tracht, sowohl der Männer, wie der Frauen, war äußerst prachtvoll, und man suchte ihren Glanz durch Geschmeide aller Art noch zu erhöhen. — Ringe, kostbare Gürtel, mit Edelsteinen und Perlen besetzte Degenscheiden wurden von den Männern bei allen Festen getragen. Die Frauen schmückten sich mit Armbändern, mit goldenen Hauben, mit Gürteln, welche mit Edelsteinen besetzt waren und anderem Geschmeide aller Art.

Das theuerste und seltsamste Kleidungsstück, durch welches viele Modeherren jener Tage sich ruinirten, waren für die Männer die Pluderhosen, eine Tracht, welche an Unsinnigkeit und Häßlichkeit nicht einmal durch unsere heutigen Damenmoden übertroffen wird.

Die Mode der Pluderhosen war aus den Niederlanden gekommen, woher damals fast ganz Europa die feinen wollenen Zeuge und die besten Tuche bezog. — Die Niederländer wußten wohl, zu welchem Zwecke sie die Mode, welche sich schnell über das civilisirte Europa verbreitete, erfunden hatten, sie konnten kaum ein besseres Mittel erdenken, um ihren Tuchfabriken Absatz zu verschaffen, denn die Pluderhosen erforderten eine unglaubliche Menge Zeug.

Die Pluderhosen gingen vom Gürtel bis an die Schuhe, man trug sie so weit wie irgend möglich und ihre Schönheit bestand darin, daß der Schneider eine möglichst große Quantität feiner und kostbarer Stoffe verwendete. Der Länge und der Quere nach waren die Hosen aufgeschnitten und diese Aufschnitte mit einem Futter vom feinsten Zeug, welches in unzählige Falten zusammengelegt war, durchzogen. — Man brauchte zu einer solchen Hose, wenn sie dem Geschmack der Modeherren entsprechen sollte, bis zu 130 Ellen Zeug.

Anfangs, als die Tracht noch neu war, wurden die Hosen selbst von Tuch gemacht und nur zu dem Futter in den Aufschnitten wurde Seide genommen, je weiter man aber in der Mode fortschritt, je größer mußte der Umfang der Hosen werden, man machte sie endlich, da Tuch zu schwer war, aus reinem Seidenzeuge. Bei den außerordentlich hohen Preisen, welche damals noch für Seidenstoffe gezahlt wurden, kosteten oft ein Paar Pluderhosen gerade so viel wie ein schönes Gut, und mancher Hofherr hat sein nicht ganz unbedeutendes Vermögen dadurch verschwendet, daß er durch die Pracht seiner Pluderhosen alle seine Genossen überbieten wollte.

Die Pluderhosen erregten den Aerger aller vernünftig denkenden Männer, man sprach und schimpfte darüber, trotzdem aber trug sie alle Welt. Auch das sonst so mächtige Wort der Geistlichkeit war wirkungslos gegen die allgewaltige Mode; dem Oberpfarrer zu Frankfurt a. O., der eine recht erbauliche Predigt über den Unfug der Pluderhosen gehalten hatte, spielten sogar einige muthwillige Studenten den Schabernack, daß sie am nächsten Sonntag ein mächtiges Paar der Kanzel gegenüber in der Kirche aushingen.

Das war ein Haupt- und Staatsverbrechen, eine Kirchenschändung, und nun nahm sich der hochehrwürdige General-Superintendent Dr. Musculus, der zwar die guten Werke zur Erlangung der ewigen Seligkeit für entbehrlich, die Pluderhosen aber für ein Teufelswerk hielt, der Sache an. Er verfaßte eine ernsthafte Strafpredigt über den Unfug, welche er unter dem Titel „Hosenteufel" drucken ließ und in der er den Stutzern Gottes allerhöchsten Zorn prophezeite, wenn sie nicht nachließen von der sündlichen Tracht. — Es war eine gar herrliche Predigt, deren ernste Worte in Herz und Nieren drangen; so sagte der würdige Herr unter Anderem: „Es wäre ein Wunder, wenn die Sonne nicht mehr schiene, die Erde nicht mehr trüge und Gott mit dem nächsten Tage gar darein schlüge, wegen dieser gräulichen und unmenschlichen Kleidung. — Solche Bosheit werde ohne Zweifel bald den jüngsten Tag herbeiziehen! — Er (Musculus) wolle sich jetzt als ein Streiter Gottes an den Hosenteufel machen, der sich in diesen Tagen und Jahren allererst aus der Hölle begeben habe und den jungen Gesellen in die Hosen gefahren sei! Er wundere sich, daß nicht die Erde sich aufthue und solche Menschen verschlinge, welche bis 130 Ellen Zeug für ein paar Hosen verbrauchen, Gott aber werde ihnen solches sicher bis zum jüngsten Tage auf das Kerbholz schreiben." —

So schön diese Predigt war, und so viel sie gekauft wurde, sie trug dennoch keine Frucht, die Pluderhosen blieben! Eine zweite Auflage erschien unter dem gewiß das Gemüth anregenden Titel: „Vom zuluderten, zucht und ehrwegenen, pludrichten Hosenteufel Vermahnung und Warnung." Das Titelblatt war wie das der ersten Auflage mit einem schönen Holzschnitt geschmückt, der einen Mann in Pluderhosen mit zwei quälenden gräßlichen Teufeln darstellte; auch diese zweite Auflage wurde viel gelesen, viel gelauft und endlich vergriffen, aber die Pluderhosen blieben, sie blieben, obgleich die Prediger von den Kanzeln herab erklärten, selbst der Teufel schäme sich einer so unanständigen Tracht. Musculus erzählte davon folgende wahrheitsgetreue Geschichte.

„Ein frommer Mann kam zu einem Maler und bestellte bei ihm eine recht ernste und schreckliche Darstellung des jüngsten Gerichts. Der Maler machte sich mit Fleiß ans Werk, und um die Teufel recht abscheulich darzustellen, zog er ihnen auf dem Bilde pluderichte Hosen an; das sei denn aber für den Teufel doch eine gar zu arge Beleidigung gewesen, er sei aus der Hölle emporgefahren und habe dem Maler einen gewaltigen Backenstreich gegeben, weil er ihn mit Unwahrheit gemalt habe, denn so schändlich und gräulich, wie sein Bild in den Luderhosen sei er doch nicht! —

Wenn selbst der große Musculus nichts gegen die Pluderhosen vermochte, so war es wohl natürlich, daß auch der Kampf, welchen die weltliche Gesetzgebung gegen dieselben erhob, lange Zeit erfolglos bleiben mußte, ein Kampf, dem sich auch Joachim II. anschloß. — Joachim, wie sehr er auch sonst die Pracht liebte, verabscheute doch die geschmacklosen Pluderhosen, er verbot dieselben, und als sie dem Verbot zum Trotz doch vom Adel und den reichen bürgerlichen Stutzern weiter getragen wurden, griff er zu drastischen Mitteln, um seinem Verbot Geltung zu verschaffen.

Drei Bürgersöhne von reichen Eltern hatten sich Pluderhosen von besonderer Pracht und Schönheit machen lassen; sie stolzirten mit denselben in den Straßen von Berlin und Cöln, und um die Bewunderung des Volkes noch mehr zu erregen, ließen sie zwei Fiedler vor sich hergehen. Ihr Wunsch wurde erfüllt, aus allen Häusern schauten die Bürger und die schönen Bürgersfrauen und Töchter hervor und blickten den Gecken nach, die heiter hinter ihren Fiedlern hermarschirten; als sie nun endlich auf den Schloßplatz kamen, da hatten sie die süße Genugthuung, daß auch im kurfürstlichen Schloß die Fenster sich öffneten, daß die jungen Hofherren mit Bewunderung und Neid die schönen Pluderhosen anschauten.

Stolz und triumphirend marschirten die glücklichen Besitzer der prachtvollsten Hosen weiter, aber bald sahen sie ihre Rundreise gehemmt, die kurfürstlichen Trabanten umringten sie und führten sie nach dem Bernauischen Bierkeller; dort wurde ihnen das Narrenhäuslein, in welchem die Betrunkenen ihren Rausch auszuschlafen pflegten, geöffnet und sie erhielten die höfliche Einladung sich in dasselbe zu begeben.

Das war eine wenig angenehme Unterbrechung des Triumphzugs. Vergeblich versicherten die drei Bürgersöhne, daß sie durchaus nüchtern seien, vergeblich baten und flehten sie, die Trabanten möchten sie mit dem schimpflichen Narrenhäuschen verschonen, sie erhielten auf alle Bitten nur die eine Antwort: „kurfürstlicher Befehl!"

Die Gitterthür des Narrenhäusleins schloß sich hinter ihnen; jetzt saßen sie in dem Gitter-

lustig und mußten sich, wie seltene wilde Thiere, von dem herbeiströmenden Volke begaffen lassen. Die Fiedler saßen vor dem Gitter, sie hatten von dem Kurfürsten den Befehl erhalten, einen Tag und eine Nacht unaufhörlich zu spielen, damit das Volk in desto größeren Massen herbeiströme. Und es kam in zahllosen Schaaren! Wo wäre das Berliner Volk wohl jemals zurückgeblieben, wenn es etwas Seltsames zu sehen gab? Die Straßenbuben tummelten sich um die Narrenkiste, sie bewunderten die schönen Pluderhosen der Gefangenen, sie jubelten und höhnten, man sagt, sie sollen auch mit faulen Aepfeln durch die Gitterstäbe geworfen und in das köstliche Seidenzeug der Pluderhosen manchen bösen Fleck gemacht haben. — Volle vierundzwanzig Stunden blieben die drei Modenarren dem Hohne des Volkes ausgesetzt, dann erst wurden sie entlassen. — Ob sie im Narrenhäuslein den Geschmack an den Pluderhosen verloren haben, darüber berichtet uns die Chronik nicht.

Einem jungen Adligen, der sich mit einem paar mächtigen Pluderhosen auf dem Schloßplatze vor dem Dome brüstete und welchen Joachim dort erschaute, erging es fast noch schlimmer. — Der Kurfürst schickte ihm die Domwärter nach, die mußten ihm den Gurt der Hosen an verschiedenen Stellen durchschneiden, so daß die mächtige Zeugmasse rauschend zur Erde fiel und der junge Geck nun im bloßen Hemde unter den lachenden Zuschauern auf offener Straße stand. — Wohl versuchte er es, die Hosen mit den Händen wieder herauf zu ziehen, das gelang ihm aber nur theilweise, und da er sich beim Gehen oft mit den Füßen in das herunterhängende Seidenzeug verwickelte, konnte er, umtanzt von den jubelnden Gassenbuben, nur sehr langsam nach Hause gehen.

Solche, allerdings sehr willkürliche Strafen des Kurfürsten, erschreckten die Modeherren mehr, als alle gesetzlichen Verbote und alle Schriften und Predigten des frommen Dr. Musculus, trotzdem aber dauerte es doch manches Jahr, ehe sich die Unsitte der Pluderhosen ganz verlor.

Die Prachtliebe und Neigung zur Verschwendung, welche die Bürger von Berlin und Cöln zur Ausbietung des höchsten Luxus in der Kleidung veranlaßte, zeigte sich auch in allen übrigen Lebensbeziehungen, überall waren die Bürger bestrebt die Gewohnheiten, welche zu dem verschwenderischen Hofe ihres Kurfürsten herrschten, nachzuahmen. —

Die reichen Kaufherren hielten stets offenes Haus. Gastmahle und andere Festlichkeiten, bei denen die größte Pracht aufgeboten wurde, jagten einander. — Jeder Gast wurde mit ausgesuchten Speisen und Getränken bewirthet, nachdem er durch ein Bad erquickt worden war; in allen Häusern der irgend wohlhabenden Bürger waren zu diesem Zwecke elegante Badestuben eingerichtet worden.

Bei Hochzeiten, Kindtaufen und anderen Familienfesten kannte die Verschwendung gar keine Grenzen mehr; so erzählt uns Hastiz von der Bürgermeisters von Berlin Thomas Matthias mit Ursula Melenburgeß im Jahre 1561, welche so prachtvoll gefeiert wurde, daß alle die zur Vermählung der jüngsten Tochter des Kurfürsten nach Berlin gekommenen fremden Fürsten und Herren als Gäste bei der Bürgerhochzeit anwesend sein konnten. Das Brautpaar wurde in Erwiderung der üppigen Gastfreundschaft so reichlich beschenkt, daß es, wie die Chronik besagt, „einen ganzen Backtrog voll Becher von Herren, fremden Städten und Hochzeitsgästen auf die Hochzeit verehrt bekam!" —

Wie hoch die Verschwendung bei derartigen Familienfesten von den Bürgern Berlins getrieben worden sein muß, geht aus einer im Jahre 1551 erlassenen Verordnung gegen den übermäßigen Luxus hervor. — Durch diese Verordnung wurden für alle Unterthanen, sowohl Vornehme als Geringe, Reiche als weniger Wohlhabende die Grenzen festgestellt, welche bei Hochzeiten, Kindtaufen und andern Festen nicht überschritten werden durften. Erlaubt waren bei Hochzeiten nicht mehr als 10 Tische für Gäste, jeder zu 12 Personen gerechnet, für Kinder und für Anverwandte aus fremden Städten konnten noch 3 Tische aufgestellt werden, es durften also 156 ordentliche Gäste gebeten werden. — Rechnet man hierzu noch den Schwarm der Tafeldecker, der Hochzeitsbitter, der Aufwärter, der Knechte, Mägde und Musikanten, so kommt eine Zahl von weit über 200 Personen zusammen, welche das gegen übermäßigen Luxus erlassene Gesetz zur Feier einer Hochzeit gestattete.

Die Zahl der Gerichte, welche den Gästen vorgesetzt werden durften, war auf vier beschränkt, auswärtigen Gästen durfte man wohl ein fünftes geben und außerdem allen Gästen Butter und Käse. Zum Getränk ist bernauisch Bier oder weißer und rother Landwein vorgeschrieben, habe aber das Brautpaar fremde Weine und Biere zum Geschenk erhalten, so dürfe es diese wohl auftragen lassen. Die Hochzeit solle für die einheimischen Gäste nicht länger als drei Tage dauern, nur die Fremden durften länger bewirthet werden.

Aus dem Gesetz selbst ersehen unsere Leser, wie übermäßig die Verschwendung in den Bürgerhäusern sein mußte, wenn ein solches Gesetz ihr Grenzen stecken konnte; dafür spricht auch ein Edikt, welches Joachim im Jahre 1565 gegen das hohe Spiel erließ. — Der Chronist Pökel erzählt uns, daß am kurfürstlichen Hofe sowohl wie in den Bürgerhäusern von Berlin das Hazardspiel in einem erschreckenden Grade betrieben worden sei. Adlige, Stadtjunker und Kaufleute scheuten sich nicht, tausend Thaler und mehr in einem Satze zu verspielen.

Joachim sah sich durch die mehr und mehr überhandnehmende Unsitte, durch die Verarmung mancher wohlhabenden Familien, welche die Folge des hohen Spiels war, veranlaßt, ein Verbot dagegen zu erlassen, er erlaubte indessen ein Spielchen um Geld zum Zeitvertreib und zog die Grenzen desselben nicht gar zu eng, denn das Edikt besagte, es solle Niemand über 300 Gulden (eine für jene Zeit des hohen Geldwerthes sehr ansehnliche Summe) in baarem Gelde oder auf Kreide verspielen, thäte dies aber dennoch Jemand, so sollte der Ueberschuß des verspielten Geldes über 300 Gulden und noch einmal so viel als Strafe des Gewinners an den Landesherrn fallen. — Joachim verstand es, wie wir sehen, für sich selbst aus den Lastern seiner Unterthanen Nutzen zu ziehen. —

Zum Schluß der Schilderung der Sitten in Berlin in der Zeit Joachims II. mögen hier noch einige heitere Schwänke ihren Platz finden, sie legen uns Zeugniß ab von dem derben drastischen Humor der alten Berliner. — Wir entnehmen sie der handschriftlichen Möller'schen Chronik:

„Zu den Zeiten Kurfürst Joachim's II. hielt sich zu Berlin ein possirlicher, kurzweiliger Mensch auf, Namens Johann Clavert, welcher zu Hofe und sonst in der Stadt manche Kurzweil angerichtet, davon ich einige Historien hersetzen will.

In seiner Jugend ward dieser Johann Clavert zu einem Schlosser gethan, das Handwerk bei ihm zu erlernen. Die erste Probe seiner Schalkheit war diese:

Es kam ein Bauer ins Haus, der wollte ein Schloß kaufen; zu diesem sagte Hans Clavert, er wolle seinen Meister herausrufen, (welcher in der Stube war und gute Freunde bei sich hatte), daß er mit ihm selbst handeln möchte. „Ihr müsset aber — sagte er — laut rufen, wenn Ihr mit meinem Meister reden wollet, denn er kann nicht wohl hören." Hierauf ging er in die Stube und sagte zum Meister: „Es ist ein Bauer draußen, der begehrt ein Schloß zu kaufen; er ist aber fast taub und kann man ohne groß Geschrei nicht mit ihm reden."

Der Meister glaubte solches und ging hinaus; indem er aber zur Stubenthür hinaustrat, schrie ihm der Bauer entgegen: „Guten Tag, Meister, guten Tag." Indessen fing Hans Clavert in der Stube an zu lachen, und sprach zu den Gästen: „Ich habe sie zusammen gebracht, sie mögen zusehen, wie sie wieder von einander kommen." Dies verstanden zwar die Gäste nicht, verwunderten sich vielmehr des großen Geschreis, das die Beiden unter einander trieben und vermeinten, sie würden unsinnig, denn der Meister, viel heftiger, als der Bauer, rief, und trieben sie das Geschrei so lange, daß jener zu sich selbst halb sachte sagte: „Hat mich der Henker mit dem tauben Narren beschmissen!" und dann der Andere mit eben diesen Worten sich vernehmen ließ, bis sie endlich über den Narren scheltend zu Schlägen kamen und einander häßlich zugerichtet hätten, wenn die Nachbaren von der Gasse und die Gäste aus der Stube nicht gekommen wären und Frieden gemacht hätten. Darüber haben hernach die Nachbaren und Gäste, als sie die Gründe erfahren, gelacht und Hans Claverten's wunderlichen Kopf daraus erkennen gelernt.

Dieser Hans Clavert gedachte auch ein Kaufmann zu werden, zog hin ins Land Mecklenburg, kaufte daselbst zweihundert Ziegen und Böcke, trieb dieselben auf Laurentii nach Jüterbogk auf den Markt, verkaufte sie dort, daß er die Winterzehrung wohl hätte davon haben können, dachte aber mit solchem Gelde noch mehr zu erwerben, sintemalen er in der Spitzbüberei wohl erfahren war und setzte sich mit etlichen Spitzbuben vor dem Stadtkeller daselbst nieder zu spielen, bis die Andern seine Meister wurden und ihm sein Geld, das er erworben hatte, ganz und gar abnahmen.

Da wußte Hans Clavert nicht, was er machen sollte, nahm die Karten, damit sie gespielt hatten, steckte sie in seinen Kober und ging heim gen Trebbin. Er hängete den Kober, in dem die Karten waren, in seinem Hause an die Wand, ging in die Stube, setzte sich zu dem Tische, sah gar traurig aus und stützte die Hand an den Kopf. — Sein Weib Margarethe war solcher Traurigkeit an ihm nicht gewohnt, deshalb sie ihn fragte: „Lieber Hans, warum seid Ihr doch so traurig? Sonst pflegt Ihr ja solches nicht zu thun. Was gilt's? Ihr habt das Vieh nicht gut verkauft, oder gar verborget."

„Geh nur hinaus, in dem Kober an der Wand wirst Du die Handschrift wohl finden."

Margarethe vermeinte die Handschrift wohl aufzufinden, fand aber in dem Kober nichts als Kartenblätter, dessen sie erschrak und rief: O Hans, ich dürfte weiten, Ihr habt das Geld verspielt!"

Clavert sagte: „Aus der Versicherung kannst Du wohl erachten, wer meine Schuldleute sind."

Darüber fing sie an, Zeter, Ach und Weh zu schreien, daß sie einen solchen Mann bekommen hätte, der ihr Alles durchbringen thäte; läuft mit solchem Geschrei zu dem Rathhause, da die Herren des Raths eben versammelt waren und klagt über ihren Mann, daß er Alles durchzubringen bedacht wäre und ihr in keiner Weise folgen wolle; erzählte auch daneben, was er damals begangen.

Der Rath ließ Clavert auf das Rathhaus fordern, gab ihm einen guten Filz und gebot ihm, daß er seinem Weibe auch bisweilen, wenn sie ihm etwas Gutes rathen würde, folgen solle.

Clavert verhieß es zu thun und erwischte einen starken Prügel, mit welchem er dem Weibe zu folgen gedachte, welches solches ersah und seiner nicht erwartete, sondern zu dem Hause heranlief.

Clavert ging wieder zu dem Rath und bat: „Wenn er seinem Weibe folgen sollte, so sollten sie ihr doch auferlegen, seiner auch zu harren, denn sie sei schnell zu Fuße und er von der weiten Reise gar müde worden, daß ihm zu laufen nicht möglich wär'; weshalb er ihr nicht folgen könne." Dessen sie auch wohl lachten und Clavert bei seiner alten Weise bleiben ließen.

Hans Clavert's Weib predigte ihm täglich so viel von dem verspielten Gelde, daß er oftmals mit einem Prügel zu folgen verursacht ward, welches sie besser zu machen vermeinte und verklagte ihren Mann bei ihrem Herrn, dem Kurfürsten zu Brandenburg, der schon viel von Clavert gehört hatte. Es war ihm deshalb die Klage angenehm. Er ließ Clavert auf einen gewissen Tag bescheiden. Gehorsam erschien Clavert auf den bestimmten Tag; nach verhörter Sache bekam er vom Kurfürsten an Eustachium von Schlieben, der dazumal Hauptmann auf Trebbin und Zossen war, einen Befehl, daß der von Schlieben wegen des verspielten Geldes bis auf des Kurfürsten Ankunft sollte Claverten gefänglich verwahren lassen. Denn der Kurfürst war Willens, in wenigen Tagen ein Nachtlager zu Trebbin zu halten. Daneben befahl der Kurfürst, daß Clavert den Brief ja eilend an den von Schlieben bringen sollte.

Clavert merkte aus etlichen Umständen wohl, daß der Befehl ihm nicht zuträglich sein würde, darum brach er den Brief auf und gab einem Knaben drei Pfennige, der ihm denselben las und als er den Inhalt vernommen, warf er den Brief in die Spree und ließ ihn schwimmen, ging in den bernauischen Keller und verharrte drei Tage daselbst.

Den fünften Tag hernach kam der Kurfürst gen Trebbin und fragte Eustachium von Schlieben, wie es um Clavert stände, ob er ihn noch gefangen hielte oder ihn losgelassen hätte. Der von Schlieben gab dem Kurfürsten zur Antwort, daß ihm Clavert's Gefängniß nicht bewußt wäre.

Der Kurfürst fragte wieder, ob ihm Clavert nicht einen Befehl gebracht hätte, wovon der von Schlieben noch viel weniger etwas wußte. Der Kurfürst schickte nach Clavert, stellte sich sehr zornig und fragte: „Wo hast Du den Brief gelassen, den Wir Dir gegeben haben?"

Clavert antwortete: „Ho, ho, gnädigster Herr! Ist der Brief noch nicht hier?"

Der Kurfürst sagte: „Wie sollte er hier sein, wenn Du ihn nicht gebracht hast?" und fragte noch ein Mal, wo er denselben gelassen hätte.

Clavert sagte: „Gnädigster Herr und Kurfürst! Ew. fürstlichen Gnaden haben mir befohlen, daß ich den Brief ja eilend her gen Trebbin sollte bringen. — Nun hatte ich in Berlin noch viel auszurichten, daß ich in zwei Tagen noch nicht von dannen nicht kommen konnte. Da nun warf ich denselben auf die Spree, daß er vorher schwimmen und desto zeitiger ankommen möchte und wundere mich nicht wenig, daß er über Zuversicht so lange ausgeblieben ist."

Der hochlöbliche Kurfürst, obgleich er Willens war, Ernst wider Clavert zu gebrauchen, vermochte doch vor Lachen nichts vorzunehmen, sondern ließ Clavert mit seinen Sachen herfahren und von dem Tage an wurde Clavert bei dem Kurfürsten also bekannt, daß er zu ihm kommen konnte, wenn er wollte.

Markgraf Joachim der Andere dieses Namens, hochlöblichen und seligen Gedächtnisses, Kurfürst zu Brandenburg ⁊c., pflegte wohl mit den Bürgern zu Berlin und Cöln nach dem Vogel zu schießen und so oft Clavert dies erfuhr, machte er sich auch hin zum Vogelschießen, spannte dem Kurfürsten seinen Bogen und trieb mancherlei Kurzweil unter der Vogelstange, wie ihn der Kurfürst nach der Zeit, als er den Urlaubsbrief weggeworfen, gern bei sich hatte.

Da sie nun einmal zu Berlin nach dem Vogel schossen und Clavert etwas langsam ankam, daß der Vogel fast zum Abschuß stand und der Kurfürst recht wohl wußte, daß Clavert eine sonderliche Kunst im Schießen besaß, gab er Clavert seinen Bogen und befahl ihm, an seiner Statt zu schießen. Ob nun wohl Clavert so einfältig nicht war, als er sich stellte, nahm er doch den Bogen und zielte auf den Riegel, der unten durch die Stange geht.

Der Kurfürst und andere Schützen sahen ihm eine Weile zu und lachten seines närrischen Vornehmens, bis ihn der Kurfürst endlich fragte: „Clavert, was machst Du? Auf diese Weise wirst Du den Vogel nicht herabschießen!"

Clavert sagte: „Ach ja, gnädigster Herr, mich dünkt, wenn ich den Riegel, der die Stange hält, entzwei schießen werde, so sollte der Vogel wohl herabkommen!"

Dies mußte ihm ein Jeder wahr sein lassen; die Schützen aber vermeinten doch nicht anders, als daß er ein Narr wäre; da Clavert das erste Mal weit unter dem Vogel hinschoß, und da er vom Kurfürsten darum gestraft ward, fragte er: „Ach, gnädigster Herr und Kurfürst, wie sollte doch ein Narr gut schießen können?"

Der Kurfürst gedachte wohl, es wäre ihm kein Ernst gewesen, deshalb befahl er Clavert zum andern Male, als die Ordnung an ihn kam, zu schießen, da aber stellte sich Clavert noch viel einfältiger als zuvor, er wackelte mit dem Bogen hin und wieder und fragte stets den Kurfürsten, ob er schier losdrücken sollte, bis ihm der Narrheit genug zu sein dünkte, dann schoß er den Vogel herunter und fragte dennoch, ob er ihn auch schier getroffen hätte. — Wie fröhlich nun der Kurfürst darüber war, so traurig und unwillig waren die andern Schützen, allein sie durften es sich nicht merken lassen, daß also ein Narr der Klugen Meister ward.

Zu Berlin wohnte ein Bürger, Jakob Schulze genannt, der auch ein Apotheker ist, mit dem Clavert sonderlich wohl bekannt und sein gar guter Freund war und seine Herberge bei ihm zu haben pflegte. — Als er nun dermaleinst bei ihm eingekehret, auch beide in Jakob Schulze's Behausung zechten und das Bier aus dem Stadtkeller holen ließen, da war die Magd etwas lange außen und weil Clavert sah, daß sie sonst eine scharfe Hechel war, sagte er, ehe die Magd wieder kam: „Lieber Jakob, so Du mir es vergönnen willst, muß ich mich mit Deiner Magd ein paar Stunden schelten; Du sollst Dich aber gar nicht daran kehren!"

Jakob Schulze, der Clavert's Weise wohl

wußte, sagte: „Das kann ich wohl geschehen lassen."

Da nun die Magd mit dem Biere kam, sagte Clavert: „Siehe, lieber Jakob, allhier geht die Magd in Haaren*) als eine Jungfrau und zu Rixdorf säuget eine Frau ihr Kind (welches Dorf gar nahe an der Berlin lag)!" — Die Magd sagte: „Das lügst Du mich an, wie ein alter einäugiger Schelm und Bösewicht!" Clavert sagte: „Du magst reden, was Du willst; es ist gleichwohl wahr, daß Du allhier vor eine Jungfrau gehst und siehe, lieber Jakob, zu Rixdorf säuget eine Frau ihr Kind."

Hatte die Magd zuvor häßlich gescholten, so machte sie es hernach noch zehn Mal ärger, welches länger als eine halbe Stunde währte, bis sie zum Bürgermeister laufen und ihn verklagen wollte, daß er beweisen sollte, wo und mit wem sie ein Kind gehabt und welche Frau dasselbe säugete.

Da sagte Clavert: „Davon weiß ich nicht, daß Du ein Kind solltest haben; aber das ist mir wohl bewußt, daß eine Frau zu Rixdorf ihr eigen Kind säuget und daß Du wie eine Jungfrau in den Haaren gehest, dafür ich Dich behalten habe und noch halte und Dir kein Böses nachzusagen weiß."

Die Magd konnte Herrn Clavert noch nicht verstehen und drohte stets ihn zu verklagen, bis ihr Jakob Schulze die rechte Meinung sagte, daß sie sich zufrieden geben mußte. Sonsten sollte der Zank nach Claverts Worte wohl zwei Stunden gewährt und kein Ende genommen haben.

In der Mark Brandenburg freite einer eines Bürgermeisters Tochter von einem andern Orte. Nun mußte die Braut, wie das Landes Gewohnheit da ist, dem Bräutigam an den Ort geliefert werden, wo er wohnte. Hans Clavert war unter andern Gästen mit eingeladen und gab einen Reiter auf dieser Reise. Er hängte ein großes Jägerhorn auf den Rücken, um damit die Gesellschaft zum Lachen zu bringen, welches ihm auf der Fahrt aber nütze ward. Denn als der Bräutigam mit seinen Gefährten der Braut entgegen geritten kam und einen gelehrten Mann bei sich hatte, der die Braut annehmen sollte und sich auf eine stattliche Oration geschickt hatte, war ihm doch der Muth gegen das fremde Volk so sehr entfallen, daß er nichts Ordentliches vorbringen konnte. Deshalb sagte Clavert zu ihm: „Mein guter Freund, haltet ein wenig still mit Reden. Ich muß nun blasen und meine Hofleute zählen, ob ich davon keinen verloren habe!" Fing damit an, sein Horn zu blasen und rennet zu drei oder vier Malen um die Wagen stets blasend herum, bis er vermeinte, der Orator würde sich erholet und seine Oration auf's Neue gefaßt haben, da hörte er auf zu blasen und sagte: „Lieber Freund, meine Reiter sind noch Alle da! Habt Ihr nun etwas zu reden, so möget Ihr es fürbringen!"

Unterdessen hatte der Orator sich besonnen und that darnach eine schöne Oration, empfing die Braut sammt ihrer Freundschaft und zogen mit einander heim, da die Hochzeit in Freude angefangen und Clavert's Hornblasen von allen Gästen genugsam belobet ward.

Mehr dergleichen Historien stehen von diesem Clavert in der lustigen Gesellschaft!"

So weit die Chronik über die lustigen Streiche des Berliner Eulenspiegels!

Zehntes Kapitel.

Joachims II. Tod. — Charakteristik Joachims durch Sebaldus. — Berlin und Cöln unter Joachim I. und II. — Die Umgebung Berlins. — Der Weinbau bei Berlin und Cöln. — Hans Kohlhase, sein Leben, sein Ende.

Joachim hatte fast 36 Jahre lang die Mark Brandenburg regiert. Er hatte sich bis in sein Alter hinein, er war 66 Jahr alt, die Lebensfrische und Lebenslust, ja selbst den Leichtsinn und die Leichtfertigkeit bewahrt. Noch im November 1570 veranstaltete er in Berlin eine prächtige Hofschlittenfahrt, und als er bei derselben umgeworfen wurde und in den Schnee fiel, rief er scherzend aus: „Hier liegt das Haus zu Brandenburg und thut einen großen Fall."

In den letzten Tagen des December 1570 befand sich Joachim auf einer Jagd in Köpenick, hier erhielt er die Nachricht von einer gefährlichen Erkrankung seines Bruders, des Markgrafen Johann von Cüstrin.

Die beiden Brüder liebten sich außerordentlich, obgleich sie kaum einen einzigen gleichen Zug im Charakter hatten, obgleich selbst ihre Neigungen so verschieden waren, wie dies zwischen zwei Brüdern nur möglich ist.*) Die Nachricht von der gefährlichen Erkrankung Johanns stimmte Joachim sehr ernst und trübe. Er bekam ein Vorgefühl, daß ihm der Tod nahe sei und fortan sprach er nur vom Sterben und vom Uebergang in's ewige Leben, trotzdem aber begab er sich noch völlig gesund am 2. Januar 1571 auf die Wolfsjagd. — Nach Cöpenick zurückgekehrt, unterhielt er sich bis gegen Mitternacht mit seinen Räthen, dann begab er sich zur Ruhe.

---

*) Wenn im 16. Jahrhundert ein Mädchen zu Falle kam, so wurde sie unter dem Hohn des Volkes nach dem Rathhaus gebracht. Dort schor ihr der Büttel die Haare und bekleidete sie mit einem Schleier; sie mußte dann ihr Lebenlang mit geschorenem Kopfe gehen. Der Haarschmuck war daher die schönste Zierde der Mädchen, ein Zeichen ihrer Jungfräulichkeit.

*) So verschwenderisch Joachim war, so sparsam zeigte sich Johann von Cüstrin. Als Beispiel möge folgender Zug von ihm dienen. Er erfuhr einst, daß sein Geheimer Rath Barthold von Mandelsloh seidene Strümpfe trage, sofort schrieb er ihm: „Bartholde! Ich habe auch seidene Strümpfe, aber ich trage sie nur des Sonn- und Festtags!"

Er hatte nur kurze Zeit geschlafen, als ihn ein heftiger Husten weckte. Zwei Stunden später, nach zwei Uhr Morgens, hauchte er den letzten Athemzug aus. Sein Tod war ein Glück für die Mark Brandenburg, welche er mit immer neuen Schulden überbürdete, ohne jemals Geld genug bekommen zu können, um seiner bodenlosen Verschwendungssucht Genüge zu leisten. In den letzten Jahren seiner Regierung war er oft so sehr von Geld entblößt, daß er den Entschluß gefaßt haben soll, zu Gunsten seines Sohnes abzudanken. Seine Leichtfertigkeit, Schwäche und Verschwendung und die durch diese hervorgerufenen Uebelstände waren so groß, daß selbst die liebedienernden Geschichtsschreiber nicht vermochten, Joachim's Laster ganz zu verschleiern, so giebt und z. B. Sebaldus in seinem Breviarium von ihm folgendes Bild: „Ob nun zwar wohl Seine Kurfürstliche Durchlaucht ein sehr gottseliger und hochberühmter Potentat gewesen, so haben Sie, sowohl als König David, der ein Mann nach dem Herzen des Herrn genannt wird, ihre menschlichen Fehler gehabt, sonderlich auch in dem, daß Sie sehr milde gewesen, den Beamten zu viel Willen gelassen und selten Rechnung gefordert; daher denn dem Lande (sonderlich auch wegen der Gebäude) ziemliche Schulden aufgebürdet worden. Dabei denn eingerissen allerhand Lasten, welche sonders Zweifel die Unterthanen mit ihren Sünden verdient haben, weil sie bei der wahren wieder hervorgesuchten christlichen Lehre nicht gebührlich christlich, sondern oft sehr ärgerlich gelebt, wie treue Lehrer darüber hin und her schwere Klagen geführet haben." —

Im Zustande der Städte Berlin und Cöln waren während der Regierung Joachims II. und seines Vaters im Ganzen wenige Veränderungen vorgegangen. Nehmen wir den Bau des Schlosses, der Stechbahn und einiger anderer Gebäude aus, so befanden sich Berlin und Cöln fast noch in demselben Zustand, wie wir die beiden Städte unsern Lesern bereits beschrieben haben. — Vom Tempelhof'schen Berg herab beschaut, mochten wohl die Schwesterstädte durch die Thürme der Kirchen von St. Marien, St. Nikolaus, des Hospitals zum heiligen Geist, des grauen Klosters, des Doms, sowie durch die St. Petrikirche, das stattliche Schloß und die hohen und festen Mauern dem Beschauer einen recht bedeutenden Eindruck machen, trat er aber in die noch immer ungepflasterten Straßen, sah er die Misthaufen vor den Thüren, so glaubte er gewiß nicht, daß er sich in einer Residenzstadt befinde, deren Bewohner sich einem zügellosen Luxus ergeben hatten.

Die Bebauung der Städte beschränkte sich noch immer fast ganz und gar auf den durch die Stadtmauern vorgeschriebenen engen Kreis, nur die Kirchen von St. Georg und St. Gertraudt sowie einige wenige in der Nähe derselben belegene Häuser hatten den Anfang einer Bebauung des äußeren Umkreises der Städte gemacht. Auch der Raum innerhalb der Stadt war noch keineswegs vollständig durch Baulichkeiten ausgefüllt. Der jetzige Lustgarten zeigte sich noch immer als ein stehender Sumpf, die Schloßfreiheit war nur ein leerer Raum längs des Mühlengrabens, die Burgstraße war ein schmaler, schmutziger Gang am Wasser, an dem nur einige Gärten und schlecht gebaute Häuser lagen. — Auch in den belebteren und besser gebauten Straßen fand man noch immer offene Gänge zwischen den Häusern, aus denen bösartige Gerüche hervorströmten. — Nur wenige Häuser, die der reichen Kaufleute, zeichneten sich durch einigermaßen ansprechende Bauart aus und doch waren die Schwesterstädte in dem letzten halben Jahrhundert an Wohlstand durch einen kräftig emporgeblühten Handel bedeutend gewachsen, sie waren der Mittelpunkt des Verkehrs für die ganze Mark Brandenburg und durch den sehr beträchlichen Heringshandel auch für einen weiteren Kreis geworden.

Eben so wenig wie im Innern der Städte waren bedeutende Aenderungen in der nächsten Umgebung derselben vorgenommen worden. Noch immer breiteten sich rings umher wilde, öde Haiden und Sümpfe aus, zwischen denen sich die Stadtfelder und Wiesen hinzogen, der Anbau dieser Felder aber hatte sich wesentlich verbessert, seit die Bürger nicht mehr zu fürchten hatten, daß ihre Saaten durch die Rosse einer feindlichen Reiterschaar verwüstet, ihre Vorwerke durch irgend einen benachbarten Adligen ausgeraubt und verbrannt werden würden. Besonders war der Weinbau in Aufnahme gekommen. Die Cölnischen und Berliner Weinberge gaben einen in der Mark weit und breit berühmten Wein, der einen ganz vorzüglichen Geschmack gehabt haben soll.

Wir berichten hier nach den Erzählungen der Geschichtsschreiber, eine Garantie möchten wir freilich nicht dafür übernehmen, daß unsere heutigen Weinkenner ein besonderes Wohlbehagen an den damaligen Produkten der Weinberge von Berlin und Cöln haben möchten, wenn ihnen dieselben unversetzt vorgesetzt würden. Auch dem, doch an eine recht derbe Kost gewöhnten Geschmack der alten Bürger von Berlin und Cöln sagte der Berliner Wein besser zu, wenn man versucht hatte, ihn durch künstliche Mittel trinkbar zu machen. Er wurde mit Wurzeln und Kräutern, Honig, Kirschen und Himbeeren, auch wohl mit feinen ausländischen Gewürzen versetzt und dann durchgegossen und abgeklärt. Dieser köstliche Wein, der besonders Mittags zum Essen, auch wohl Morgens zum Frühstück genossen wurde, hieß Klaret. — Hatte man den Wein mit Honig versetzt, dann nannte man ihn Weinmeeth, der nur mit Kräutern versetzte Wein, den man häufig als Arznei gebrauchte, wurde Hippokras genannt. —

Es würde uns zu weit führen, wollten wir hier in die Einzelheiten des Handels und der Industrie der alten Berliner noch weiter eingehen; es ist auch in der That etwas Besonderes nicht hervorzuheben, da sich Handel und Gewerbe in Berlin und Cöln ganz ähnlich, wie in allen andern Städten Norddeutschlands entwickelten. Wir schließen daher diese Abtheilung mit der Erzählung der Lebensschicksale eines Mannes, dessen Namen eine traurige Berühmtheit erlangt hat, eines einfachen Bürgers von Cöln, der es wagte gegen einen mächtigen Fürsten Krieg zu führen und der dies Wagniß endlich mit dem Leben bezahlen mußte, — mit der Geschichte des Hans Kohlhase.

Zu Cöln an der Spree lebte zur Zeit des Kurfürsten Joachim I. ein Roßhändler, Namens Hans Kohlhase, ein allgemein geachteter, sehr vermögender Mann, den das Glück bei Allem, was er begann, ausnehmend zu begünstigen schien. — Sein Pferdehandel hatte einen glänzenden Erfolg, er verstand das Geschäft wie Wenige, und war dabei allgemein als ein redlicher Mann bekannt, so daß die Adligen in der Mark und in Sachsen von ihm lieber als von irgend einem Andern kauften, denn wie heut zu Tage, so standen auch damals die Pferdehändler nicht gerade im Rufe der Ehrlichkeit, um so mehr zog diese Eigenschaft die Käufer zu dem Cölner Roßkamm.

Der Kohlhase reiste alljährlich mehrere Male nach Sachsen, wo er sein Hauptgeschäft machte. — Jede Reise brachte ihm schönen Gewinn, und wenn er nach derselben nach Cöln zurückkehrte, so fand er in der Heimath ein liebendes treffliches Weib, wohlerzogene Kinder, welche zu seiner Freude heranwuchsen, ein Familienleben so schön und innig, daß er sich ein größeres Glück kaum zu wünschen vermochte.

Eines Tages ritt der Kohlhase wieder an der Spitze eines Zuges stattlicher Rosse über die Grenze nach Sachsen hinein. — Er wollte nach Leipzig, der günstigsten Stadt für seinen Handel. Seit Jahren war er oft dieselbe Straße gereist, stets hatte er ungestört weiter reiten können, jetzt sah er sich aber plötzlich auf dem sächsischen Gebiet nicht fern von der märkischen Grenze durch einen Schlagbaum aufgehalten; der Vogt des Edlen Günther von Zaschwitz auf Melaun und Schnatlh forderte von ihm ein Wegegeld, welches früher niemals erhoben worden war. —

Der Kohlhase zahlte das Geld ohne Weigerung, da es ihm darauf ankam, schnell seine Reise fortzusetzen, trotzdem aber wurde der Schlagbaum nicht geöffnet. Der Vogt beschaute die schönen Pferde mit begierigen Blicken, er sprach leise mit dem Knechte, der den Schlagbaum bewachte, dieser ritt nach dem nahen Schloß und kehrte bald darauf mit dem Herrn Günther von Zaschwitz zurück. —

Kohlhase war schon ungeduldig geworden über die ungerechtfertigte Störung seiner Reise, jetzt hoffte er entlassen zu werden. Er wendete sich klagend an den Edelmann, dieser aber befahl ihm grob, zu schweigen, beschaute aufmerksam die Pferdekoppel und behauptete endlich, die besten Rosse, zwei herrliche Rappen, seien gestohlene Thiere. — Ein solcher Vorwurf war eine schwere Beleidigung für einen redlichen Kaufmann. Dem Kohlhase schoß das Blut in die Wangen, aber er mäßigte seinen Zorn und um den ärgerlichen Handel schnell zu beendigen, erbot er sich die beiden Rappen im Schloß des Junkers stehen zu lassen, bis er ihren redlichen Erwerb erwiesen habe; — zur Pflege der beiden edlen Thiere ließ er seinen treuen Knecht Herse zurück, und gab ihm das nöthige Geld, damit er dem Junker nicht zur Last falle, dann setzte er endlich seine Reise fort.

Es dauerte einige Wochen, ehe Kohlhase seine Geschäfte in Sachsen vollenden und den Beweis beschaffen konnte, daß die Pferde sein rechtmäßiges Eigenthum seien, er erfuhr zugleich, daß das ganze Verfahren des Junkers Zaschwitz ein vollkommen ungerechtfertigtes gewesen sei, daher ließ er sich von der sächsischen Behörde einen Befehl für den Junker ausstellen, daß dieser ihm sein Eigenthum sofort zurückstelle; mit dem Befehl in der Tasche kehrte er ins Schloß zurück und verlangte seine Rappen.

Der Junker lachte, als er den Befehl las, er ließ dem Kohlhase die Rappen vorführen und drehte ihm dann den Rücken. Zwei Rappen wurden nun allerdings aus dem Stall in den Hof gezogen, aber kaum erkannte Kohlhase seine schönen Thiere, welche noch vor wenigen Wochen sein Stolz gewesen waren, — er hatte dem Junker zwei herrliche, muthige Rosse überliefert, zurück erhielt er ein Paar in harter Arbeit bei schlechtem Futter ruinirte Mähren, bei denen man jeden Knochen durch die Haut sehen konnte. —

„Das sind nicht meine Pferde" rief der Roßkamm beim ersten Anblick derselben, bald aber erkannte er sie doch und sein Zorn traf nun den ungetreuen Knecht, dem er die Pflege der edlen Thiere anvertraut hatte. — „Wo ist der Herse?" fragte er wüthend.

„Zum Schloß hinausgejagt, weil er sich ungebührlich betragen hat!" war die höhnische Antwort und etwas Weiteres vermochte Kohlhase nicht zu erfahren. — Er erkannte jetzt, daß der Junker ein schmähliches Spiel mit ihm getrieben habe und weigerte sich, die abgearbeiteten Kracken zurück zu nehmen, er verlangte Entschädigung für die Entwerthung seiner herrlichen Pferde, aber seine Ansprüche wurden mit schneidendem Hohn zurückgewiesen.

— Das war zu viel! — Der Kohlhase war stets ein heißblütiger Mann gewesen, er hatte bei diesem ganzen Handel mit aller Kraft seines Willens sich zur Mäßigung gezwungen, jetzt aber brach sein Zorn in helle Flammen aus. Mit blitzenden Augen drohte er dem Junker, er werde sich sein Recht schaffen und solle er es vom Himmel herunter holen, dann warf er sich auf sein Roß und jagte aus dem Schloßhof.

In Berlin eingetroffen, fand er Alles, was er geahnt, bestättgt. Sein Knecht Herse lag auf dem Krankenbett, er erzählte, daß der Junker von Zaschwitz die Pferde zu den schlechtesten Arbeiten benutzt und ihn selbst mit den gröbsten Mißhandlungen vom Hofe getrieben habe, weil er gegen eine solche Beschädigung seines Herrn aufgetreten sei. —

Kohlhase brannte vor Begierde, sich an dem übermüthigen Junker zu rächen, aber er mäßigte noch einmal seinen Zorn; auf die Bitte seiner Gattin sendete er eine Beschwerde gegen den Junker von Zaschwitz an den Kurfürsten, und bat bei diesem um sein gutes Recht. —

Vergebliches Bemühen! — Der Junker von Zaschwitz hatte vornehme und einflußreiche Verwandte am Hofe des Kurfürsten von Sachsen, und der Kohlhase war eben nur ein Roßkamm, ein einfacher Bürger von Cöln. In jener Zeit und noch viele Jahre später, war es für den Bürger schwer, fast unmöglich, gegen einen Adligen Recht am Hofe der Fürsten zu erhalten.

Kohlhase hatte geschworen, sein Recht zu erlangen. Er war ein Mann von eisernen Entschlüssen. Vermochte er diese nicht auf dem Wege des Gesetzes, der Beschwerde durchzuführen, dann sollte es auf dem Wege der Gewalt geschehen. — Der einfache Bürger von Cöln, der unbedeutende Roßkamm wagte es, dem Kurfürsten von Sachsen einen Fehdebrief zu schreiben und einen Krieg gegen einen der mächtigsten Fürsten Deutschlands zu beginnen. Er brachte zuerst seine Familie in Sicherheit, dann warb er in Gemeinschaft mit einem Vetter, einem frühern Landsknecht, Georg Nagelschmidt, einen Haufen verwegener Gesellen an, diese machte er trefflich beritten und zog mit ihnen über die sächsische Grenze. —

Sein erstes Unternehmen war gegen das Schloß des Junkers von Zaschwitz gerichtet. — Er war mit seiner kleinen, aus kaum mehr als 20 Reitern bestehenden Schaar bei Anbruch der Nacht vor das Schloß gerückt. — Der Junker hatte keine Ahnung von dem Unglück, welches ihn bedrohte, er hatte daher auch an keine Vertheidigungsmaßregeln gedacht; erst durch den wüsten Lärm, welcher sich erhob, als des Kohlhase wilde Gesellen plötzlich ins Schloß einbrachen, wurde er aus seiner stolzen Sicherheit geweckt. Er sah den Kohlhase über die heruntergelassene Zugbrücke sprengen und jetzt erkannte er, daß sein Leben verloren sei, wenn er nicht flüchte. —

Die Flucht gelang ihm, er erreichte durch ein Hinterpförtchen das Freie, und fort eilte er, so schnell seine Füße ihn tragen wollten. Nach langer Zeit erst, als der Athem ihm anfing auszugehen, schaute er zurück, da lag hinter ihm sein schönes Schloß, aus dem eben die lichten Flammen auflodern! Schaudernd setzte er seine Flucht fort. —

Der Kohlhase hatte den ersten Sieg erkämpft. Das Schloß des Feindes war ohne Kampf erobert, aber er freute sich des Sieges nicht, denn der Feind, dem seine Rache vorzüglich galt, war ihm entronnen. — Er überließ seinen Gesellen die Plünderung des Schlosses, er gestattete, daß sie Stroh und Reisig zusammen trugen und dann die Brandfackel hineinwarfen, er wehrte ihnen auch nicht, als sie den gefangenen Vogt herbeiführten und ihn Kopf über in die Flammen stürzten. — Der Kohlhase war in einer Nacht ein anderer Mensch geworden, der friedliche, redliche menschenfreundliche Bürger hatte sich umgewandelt in einen wilden, rachesüchtigen, grausamen Räuber. —

Er verfolgte seit dieser Nacht die Räuberlaufbahn mit eiserner Energie und zeigte als Führer seiner kleinen Schaar ein wahrhaft bewundernswürdiges Feldherrn-Talent; — heut war er hier, morgen schon wieder weit entfernt, stets zeigte sich die Bande des Kohlhase dort, wo man sie am wenigsten erwartete.

Der Kurfürst von Sachsen lernte bald genug erkennen, daß der Feind, dessen Fehdebrief er anfangs verlacht hatte, ihm gefährlich genug wurde. Für den sächsischen Handel gab es keine Sicherheit mehr, seit der Kohlhase mit seinen Gesellen auf den Landstraßen umherstreifte. War ein Raub glücklich vollendet, dann trabte die Schaar nach dem Brandenburgischen und fand dort Aufnahme, da sie sich wohl hütete, jemals einen Raub auf heimischem Grund und Boden zu begehen. Kohlhase hatte nicht fern von Cöln auf einem Werder an der sogenannten krummen Spree einen vortrefflichen Zufluchtsort, dorthin führte er nicht nur die geraubten Schätze, sondern auch die gefangenen Kaufleute, von denen er sich Lösegeld zahlen ließ.

Mit jedem Tage vergrößerte sich der Ruf der kühnen Thaten, durch welche der Kohlhase sich auszeichnete. — Das Volk in der Mark Brandenburg schaute mit Stolz auf den muthigen Roßkamm, der es wagte gegen einen mächtigen Kurfürsten Krieg zu führen; unter dem Kohlhase zu dienen, galt als eine Ehre, und seine Schaar vermehrte sich deshalb bald auf über hundert Mann, so daß es er wagen konnte, die Stadt Wittenberg, wohin der Junker von Zaschwitz sich geflüchtet hatte, zu überfallen und eine Vorstadt zu verbrennen. Die Bürger von Wittenberg geriethen dadurch so in Angst, daß sie den Junker zwangen, ihre Stadt zu verlassen.

Der Schaden, welchen der Kohlhase mit seinen Reitern dem sächsischen Lande zufügte, war so empfindlich, daß sich der Kurfürst von Sachsen endlich entschloß, einen Vergleich mit dem Räuber abzuschließen. In Jüterbogk fand ein förmlicher Friedensschluß statt, dorthin hatte der Kohlhase freies Geleit erhalten, er erschien in Begleitung von 40 Bewaffneten und unterhandelte mit den Räthen des Kurfürsten von Sachsen. Auch Kurfürst Joachim von Brandenburg hatte einige Räthe nach Jüterbogk geschickt, um als Friedensstifter zu dienen. — Kohlhase verlangte nur sein gutes Recht und die Versicherung, daß keiner seiner Leute wegen der in seinem Dienst begangenen Raubthaten zur Verantwortung gezogen werden solle. Beides wurde ihm gewährt, dagegen versprach er, fortan Frieden zu halten.

Kohlhase hielt sein Wort. Er entließ seine Gesellen, welche er reich beschenkte, und zog sich wieder in sein Familienleben zurück, nicht wenig stolz darauf, daß er einen mächtigen Fürsten gezwungen hatte, mit ihm, als mit einem ebenbürtigen Gegner, zu unterhandeln. — Er wäre sicher dem Vertrage treu geblieben, wenn der Kurfürst von Sachsen ihn erfüllt hätte, dies aber war nicht der Fall; wo sich einer der früheren Gesellen der Bande in Sachsen sehen ließ, wurde er ergriffen und ohne Weiteres hingerichtet.

Bei diesem Treubruch glaubte sich Kohlhase durch seine Ehre verpflichtet, die Waffen auf's Neue zu ergreifen. Er verbreitete Briefe in Sachsen, in denen er die Treulosigkeit des Kurfürsten schilderte und seine alten Gesellen aufforderte, sich um ihn zu schaaren; bald sah er sich wieder umgeben von mehr als 200 treuen und tapfern Gefährten.

Von Neuem begann der Kohlhase sein Räuberleben mit einem nicht weniger glücklichen Erfolge, als früher. Meist theilte er seine Schaar in viele kleine Abtheilungen, welche ganz Sachsen raubend durchzogen, dann vereinigte er sie wieder, wenn er irgend eine größere Unternehmung beginnen wollte. Bald fing er auf der Landstraße die reisenden Kaufleute fort, dann wieder überfiel er mit seiner ganzen Mannschaft Dörfer und Städte, plünderte sie aus und warf im Abziehen die Brandfackel in die Strohdächer; so erging es dem Städtchen Zahna, welches bis auf wenige Häuser niedergebrannt wurde.

Der Unfug wurde endlich so arg, daß Kurfürst Joachim von Brandenburg nicht umhin konnte, dem Kurfürsten von Sachsen zu gestatten, daß er Reiterhaufen über die brandenburgische Grenze entsenden dürfe, um den Kohlhase aufzufangen. Dies geschah, aber mit außerordentlich schlechtem Erfolg. Der Kohlhase war im Brandenburgischen bei Bauern und Bürgern so beliebt, daß er stets sofort gewarnt wurde, wenn die sächsischen Reiter mit ihren langen Lanzen sich zeigten. Er verhöhnte sogar oft die ihm nachgehenden Häscher, indem er sich verkleidet unter sie schlich, mit ihnen in den Schenken zechte und so ihre Pläne auskundschaftete. Einige Mal gelang es ihm sogar, die Zehrungsgelder für dieselben in Empfang zu nehmen.

Die Häscher, welche unaufhörlich in Brandenburg und Sachsen umherstreiften, wurden durch das Erfolglose ihrer Bemühungen so aufgebracht, daß sie jeden, den sie irgend wie in Verdacht hatten, er möge es mit dem Kohlhase halten, ohne Weiteres aufgriffen und dem Gerichte übergaben. Da wurde denn kurzer Prozeß gemacht, eine schnelle Hinrichtung ohne weitere Förmlichkeit eines Verhörs war das gewöhnliche Schicksal der Verdächtigen, natürlich wurden bei so schneller Justiz auch viele Unschuldige hingerichtet.

So erzählt uns Haftitz, dem wir viele Nachrichten über den Kohlhase verdanken, daß am Freitag vor Pfingsten 1536 zwei Schneidergesellen vor dem Kloster Zinna gerädert wurden aus keinem andern Grunde, als dem, daß sie in der Scheune eines Bauern zu Jenickendorf genächtigt hatten. — Man nahm es eben damals mit der peinlichen Justiz nicht allzu genau und auf eine Hinrichtung mehr oder weniger, wenn sie nur einen Schneidergesellen betraf, kam es nicht an, besonders im Kloster Zinna nicht; Haftitz fügt seiner Erzählung die einfache Bemerkung bei: — „Es war damals der gottlose Gebrauch im Kloster, daß bei einer Hinrichtung in allen zum Kloster gehörigen Dörfern jeder Hüfner ein Ei und ein Cossät 6 Pfennige geben mußten, welches eine große Summe betrug. Das Geld bekam der Vogt und um solches Geldes willen, habe ich manchen daselbst sehen richten, dem zu viel geschah." —

So war auch den beiden Schneidergesellen zu viel geschehen und Kohlhase nahm sich ihrer Unschuld an. — In dunkler Nacht löste er mit seinen Gesellen die Körper der Gemordeten vom Rade, packte sie in eine Kiste und legte dazu ein Schreiben an den Kurfürsten von Sachsen, in welchem er diesem derb seine Ungerechtigkeit vorwarf. An den Galgen aber nagelte er selbst einen Zettel, auf welchen er in lateinischer Sprache die Worte schrieb: „O ihr Menschenkinder! Wenn ihr richten wollt, so richtet recht, damit ihr nicht selbst gerichtet werdet!" —

Die Kiste mit den Leichnamen schickte Kohlhase nach Wittenberg und ließ sie dort im Hause eines angesehenen Bürgers im Namen eines bekannten Kaufmanns zur Aufbewahrung abgeben. — Der bösartige Geruch, welcher sich nach wenigen Tagen aus der Kiste heraus verbreitete, verrieth ihren Inhalt, sie wurde geöffnet und der Rath ließ die Körper begraben, das Schreiben aber dem Kurfürsten von Sachsen zuschicken.

Alle Versuche, des Kohlhase habhaft zu werden oder seinen Raubzügen Einhalt zu thun, waren vergeblich; der Kurfürst von Sachsen mochte jetzt, als er sah, daß der Handel seines Landes durch den kühnen Räuber abermals ernsthaft gestört wurde, wohl bereuen, daß er dem Kohlhase nicht besser Wort gehalten habe, er zeigte sich zu neuen Unterhandlungen bereit und wendete sich an einen Vermittler, von dessen Fürsprache er sichern Erfolg hoffen durfte, an Dr Martin Luther. — Luther zeigte sich sofort bereit, den Wünschen des Kurfürsten nachzukommen; er schrieb an Kohlhase und stellte ihm in eindringlichen Worten das Schändliche seines Räuberlebens vor.

Der Brief hatte den besten Erfolg. Kohlhase wurde durch das ernste Wort des von ihm hochverehrten Mannes tief ergriffen; er faßte einen schnellen Entschluß, und obgleich er wußte, daß ihm der sichere Tod drohe, wenn er im Sächsischen gefangen genommen werde, zögerte er doch nicht, sich der schweren Gefahr auszusetzen. In Begleitung eines treuen Gefährten machte er sich zu Roß nach Wittenberg auf. Es war schon dunkle Nacht, als er in der feindlichen Stadt eintraf. Eine treffliche Verkleidung schützte ihn, er ritt unerkannt durch die Straßen, ließ bei einem befreundeten Mann sein Roß und seinen Begleiter und ging zu Fuß nach der Wohnung des Dr. Martin Luther.

Auf sein Klopfen öffnete ihm eine Dienerin, von dieser forderte er, daß sie ihn zum Dr. Luther führen solle; als er sich aber weigerte seinen Namen zu nennen, glaubte die Magd den verdächtigen, tief in einen Mantel verhüllten Fremden nicht zu ihrem so vielen Gefahren ausgesetzten Herrn führen zu dürfen, sie verschloß die Thüre wieder und eilte zu Luther, um diesem Mittheilung über den seltsamen, nächtlichen Besucher, der ihn durchaus sprechen, sich aber nicht zu erkennen geben wolle, zu machen.

Luther errieth den Namen des Besuchers, er eilte selbst zur Hausthür und fragte in lateinischer Sprache, "Bist Du Hans Kohlhase." — "Ich bin es, Herr Doctor! antwortete Kohlhase, der, weit über seinen Stand gebildet, das lateinische geläufig sprach. —

Jetzt öffnete Luther schnell die Thür; ohne Furcht vor dem durch so viele Raubthaten bekannten Mann, führte er diesen in sein Familiengemach und hieß ihn willkommen. Melanchthon und andere geistliche Freunde wurden herbeigerufen, diesen erzählte Kohlhase sein Schicksal, das schwere Unrecht, welches ihn betroffen, und er hatte die Genugthuung, daß die geistlichen Herrn ihm versprachen, ihm Recht zu verschaffen. Luther sagte ihm bereitwilligst seine Vermittlung zu, dagegen versprach der Kohlhase, daß er von seinem Räuberleben abstehen wolle, wenn der Kurfürst von Sachsen seine Gesellen nicht ferner verfolgen werde.

Schon graute der Morgen, als Kohlhase, nachdem er aus Luthers Hand das Abendmahl genommen hatte, das Haus des Reformators verließ. Er eilte zu seinem Gastfreund und verließ mit seinem Begleiter Wittenberg so unerkannt, wie er gekommen war. — Nach Cöln zurückgekehrt, wendete er sich mit einem Schreiben an Kurfürst Joachim, indem er diesen ebenfalls um seine Vermittlung bat; er erhielt die Zusage derselben und entschloß sich abermals, seine Knechte bis auf zehn zu entlassen, das Räuberleben aufzugeben und seinen Pferdehandel wieder zu betreiben.

Hätte der Kurfürst von Sachsen das Vergangene vergessen, so wäre Kohlhase sicherlich wieder ein trefflicher Bürger geworden, dies aber geschah nicht; es erging an alle sächsischen Behörden ein Befehl, daß dem Kohlhase der Handel mit Pferden in den sächsischen Ländern nicht gestattet werden dürfe, alles ihm gehörige Vieh sollte mit Beschlag belegt und der dasselbe begleitende Knecht durch den Büttel über die Grenze nach der Mark Brandenburg zurück gebracht werden.

Kohlhase wußte nichts von diesem Befehl. Er glaubte, daß er jetzt im Frieden mit dem Kurfürsten von Sachsen lebe und daß er daher seinen Handel ganz wie früher betreiben könne. Er schickte daher seinen Knecht Herse mit einer schönen Koppel Pferde nach Leipzig, kaum aber hatte derselbe die sächsische Grenze überschritten, als er von den sächsischen Häschern angegriffen wurde. Herse wollte nicht die Beschlagnahme der Pferde nicht gefallen lassen; er vertheidigte das Eigenthum seines Herrn, aber der Uebermacht vermochte er nicht zu widerstehen, wie tapfer er auch um sich schlug, er wurde endlich im Kampfe getödtet.

Der Kohlhase schäumte vor Wuth, als er die Nachricht von der neuen gegen ihn verübten Ungerechtigkeit erhielt; er glaubte sich jetzt ebenfalls seines Wortes entbunden; aufs Neue sammelte er seine Gesellen und wieder fiel er mit Mord und Brand in Sachsen ein. Er trieb jetzt sein Unwesen so arg, daß auch der Kurfürst von Brandenburg demselben nicht mehr unthätig zuschauen konnte, sondern einen Achtsbefehl gegen ihn erließ.

Kohlhase fühlte sich hierdurch schwer gekränkt. Seine Anschauungen wurzelten noch in der mittelalterlichen Zeit. Er glaubte sich gegen seinen Landesherrn in nichts vergangen zu haben, denn die Raubzüge nach Sachsen gingen diesen ja nichts an, sie waren außerdem nach gehörig angesagter Fehde erfolgt. — Böse Rathgeber, denen es schon längst höchst unbequem gewesen war, daß sie sich in der Mark Brandenburg jeder Raubthat enthalten mußten, umgaben den Kohlhase, der böseste war sein Vetter Nagelschmidt, der verhöhnte ihn mit seinem gläubigen Vertrauen auf den Kurfürsten Joachim. "Mach Dich nur auch diesem furchtbar," so rieth er, "dann wird sich Kurfürst Joachim endlich Deiner annehmen und Dir zu Deinem Recht verhelfen, während er jetzt dem Sachsen beisteht."

Der Rath schien gut, Kohlhase beschloß, ihn zu befolgen. Er hatte Nachricht davon bekommen, daß Konrad Drazinger, der Faktor der kurfürstlichen Münze, einen Transport von Silberkuchen, welche er in Mansfeldischen aufgekauft hatte, nach Berlin zu bringen habe. Diesem Transport lauerte Kohlhase auf, er überfiel mit seinen Gesellen den Drazinger, beraubte ihn der Silberkuchen und versenkte diese mit sich fern von Potsdam in das Flüßchen Telte unter einer Brücke, welche noch heute Kohlhasenbrücke heißt. — Dort sollte der Schatz verborgen liegen bleiben, bis Kurfürst Joachim dem Kohlhase zu seinem Recht verhelfen würde, denn berauben wollte Kohlhase seinen Landesherrn nicht.

Kurfürst Joachim gerieth in heftigen Zorn, als er hörte, daß der Kohlhase gewagt habe, seinen eigenen Faktor zu berauben. "Wenn das am grünen Holze geschieht", rief er aus, "was soll am dürren geschehen!" — Er fürchtete, Kohlhase werde fortan in der Mark Brandenburg hausen wie in Sachsen, und es erschien ihm daher bringend nothwendig, den gefährlichen Räuber unschädlich zu machen. — Wie aber konnte dies geschehen? Der Kohlhase hatte bewiesen, daß ihm durch die gewöhnlichen Mittel der Gerichtspflege nicht beizukommen sei, alle Künste der sächsischen Häscher hatten nichts gegen seine Schlauheit vermocht, es war daher auch nicht zu hoffen, daß die Bemühungen der Gerichtsbehörden in der Mark Brandenburg ein günstigeres Resultat liefern würden, wenn sie nicht durch außergewöhnliche Anstrengungen unterstützt würden.

Kurfürst Joachim wendete sich daher an Meister Hans, den Scharfrichter von Berlin, denselben, der es so trefflich verstanden hatte, die lahmen Bettler vor dem schwarzen Kloster in Cöln von ihrer Krankheit zu heilen. — Meister Hans war, so berichtet uns Haftiz, ein ausbündiger Schwarzkünstler, der mit seinen Zauberkünsten möglich machte, was vorher unmöglich erschien; er brachte es auch wirklich dahin, daß der Kohlhase in Begleitung des Nagelschmidt und eines andern Gesellen Hans Graßmuß nach Berlin ritt, um hier Geschäfte zu besorgen. Welche Zauberkunst Meister Hans angewendet hat, um die Räuber in die Falle zu locken, darüber berichtet uns Haftiz nichts, man erzählt aber, er habe den Pferden des Kohlhase ein Pulver aufs Futter streuen lassen, wonach dieselben sämmtlich erkrankt seien. Meister Hans sei ein berühmter Roßarzt gewesen, von ihm allein habe der Kohlhase Hilfe für sein krankes Vieh holen können und deshalb sei er nach Berlin gekommen.

Den Kohlhase kannte in Berlin und Cöln jedes Kind. Kaum hatte er sich in seiner Heimathsstadt sehen lassen, als die Kunde durch alle Bierstuben lief, von diesen kam sie auch an den kurfürstlichen Hof. — Kurfürst Joachim ließ sofort an allen Straßenecken ausrufen: „Wer den Kohlhase oder seine Gesellen hausen oder hegen würde, oder bei wem sie befunden würden, der solle am Leben gestraft werden!" — Die Wachen an den Thoren von Berlin und Cöln erhielten den Befehl, streng aufzupassen, damit die Räuber nicht entwischen ließen, und nun wurden Haussuchungen gehalten bei allen denen, die irgend im Verdacht standen, mit dem Kohlhase verwandt oder befreundet zu sein.

Kohlhase war in der Falle, er konnte nicht mehr entweichen. Er hatte sich bei einem alten Freunde, seinem Gevatter, dem Küster Thomas Meißner, der in dem Gäßchen bei der St. Nikolai-Schule wohnte, gut verborgen, aber dem scharfen Auge des Meister Hans war der Versteck doch nicht entgangen. Die kurfürstlichen Häscher umringten das Haus des Thomas Meißner, sie forderten Einlaß und dieser mußte ihnen gewährt werden. Die Häscher hatten bestimmte Nachricht erhalten, daß Kohlhase sich in dem Hause befinde, sie durchsuchten daher jeden Winkel, aber vergeblich, nirgends fand sich eine Spur des Gesuchten. Schon hatten sie mehrfach alle Räume durchforscht, da fiel ihr Blick zufällig auf eine alte Kiste, die an dem Boden in einem Winkel stand und welche, da sie mit Gerümpel aller Art bedeckt war, ihre Aufmerksamkeit bisher nicht angezogen hatte. Mehr um ihrer Pflicht vollkommen zu genügen, als mit der Hoffnung eines Erfolgs öffneten sie die Kiste, da sprang ihnen der Kohlhase flink entgegen, schlug den Deckel schnell hinter sich wieder zu und rief: Hier bin ich, ich bin Euer Gefangener! —

Die hocherfreuten Häscher ergriffen ihr Opfer und führten es nach dem Gefängniß; sie dachten nicht daran, in der Kiste noch weiter nachzuforschen, hätten sie es gethan, so würden sie in derselben noch das treue Weib des Kohlhase gefunden haben. Die unglückliche Frau blieb bis zur Nacht in der Kiste, dann verließ sie das Haus, welches ihr keinen weitern Schutz gewähren konnte, da sie bei einer zweiten Haussuchung sicher entdeckt werden mußte. — Sie irrte in den Straßen von Berlin und Cöln umher, bei allen alten Freunden suchte sie Schutz, aber überall wurde sie zurückgewiesen, so verkroch sie sich endlich unter den Feuerleitern beim cölnischen Rathhause und dort kam sie mit zwei todten Kindern nieder.

Auch der Georg Nagelschmidt entging den Nachforschungen der kurfürstlichen Häscher nicht. Er hatte sich im Hause eines alten Bürgers, Namens Puttlitz, ohne Wissen desselben verborgen. Nagelschmidt hatte als Knabe oft in dem Hause gespielt, er kannte jeden Winkel desselben und glaubte einen sichern Versteck gefunden zu haben, aber eine Magd, welche ihn ausgekundschaftet hatte, verrieth ihn. Die Häscher fanden ihn in einem dunkeln Winkel dicht hinter der Feuermauer stehend. —

Puttlitz und seine Frau wurden ebenfalls verhaftet. Man hielt schnelles Gericht über sie. Nach dem kurfürstlichen Befehl sollte jeder, in dessen Hause einer der Gesellen des Kohlhase gefunden wurde, am Leben gestraft werden, dieser Befehl wurde an dem alten Puttlitz zur Ausführung gebracht, obgleich dieser mit heiligem Eide versicherte, daß er keine Ahnung von dem Verstecke des Nagelschmidt gehabt habe.

Auf dem neuen Markt wurde schnell ein Gerüst aufgebaut, zu diesem führte man die beiden alten Leute, Meister Hans empfing sie; — er hatte schon alles zur Hinrichtung vorbereitet, da kam ein Bote des Kurfürsten, er sprach das Gnadenwort für die Frau des Puttlitz, diese aber schüttelte mit einem traurigen Lächeln das greise Haupt. „Ich will keine Gnade!" sagte sie. „Wie wir freudig zusammen gelebt haben, so wollen wir freudig zusammen sterben!" Noch einmal umarmte sie zärtlich ihren Gatten, küßte ihn segnend, dann setzte sie sich getrost in den Richtstuhl und wenige Augenblicke später rollten die Köpfe beider Gatten blutend in den Sand.

Hans Graßmuß, der zweite Geselle des Kohlhase, der diesen nach Berlin begleitet hatte, war glücklicher als seine beiden Gefährten. Haftiz erzählt von ihm, er sei auch ein ausbündiger Schwarzkünstler gewesen und daher sei es ihm gelungen zu entkommen. Wenn die Häscher seinen Aufenthaltsort ausgewittert hatten, dann verwandelte er sich schnell in eine schwarze Katze und lief ihnen auf den Dächern davon, bis er endlich Gelegenheit fand, ganz aus Berlin zu entwischen.

Die Gefangenen wurden vor Gericht gestellt. Kurfürst Joachim gestattete dem sächsischen Anwalt, einen peinlichen Prozeß gegen Kohlhase und seine Gesellen wegen Verletzung des Kaiserlichen Landfriedens zu erheben. Am Montag nach Palmarum im Jahre 1540 fand die feierliche Gerichtssitzung statt. Kohlhase vertheidigte sich mit beredten Worten, er zeigte dabei wieder, daß er ein hochgebildeter Mann war; aber obwohl seine Vertheidigung einen tiefen Eindruck auf die Richter und Schöppen machte, konnten sie doch das schon vorher festgestellte Urtheil nicht ändern, denn, so sagt Haftiz, — die Verbitterung war zu groß. — So wurden denn die drei Angeklagten Kohlhase, Georg Nagelschmidt und der Küster Thomas Meißner zum Tode durch das Rad verurtheilt. Kohlhase erhielt aus besonderer Rücksicht die Gnade, daß er durch das Schwert gerichtet werden solle, als ihm dies aber verkündet wurde, rief Nagelschmidt: „Gleiche Brüder, gleiche Kappen!" und Kohlhase verschmähte in Folge dieser Ermahnung die angebotene Gnade.

Noch an demselben Tage wurden die drei Verurtheilten, obgleich es schon ziemlich spät geworden war, nach dem Richtplaz geführt. Sie starben mit demselben Muthe, welchen sie während des Lebens stets bewiesen hatten.

Dem Kurfürsten Joachim soll noch im letzten Augenblicke das Urtheil leid geworden sein. Er hätte den Kohlhase gern begnadigt, aber es war zu spät, denn er erhielt die Nachricht von der vollendeten Hinrichtung, da soll er ausgerufen haben: „Armer Kohlhase, lebtest Du jetzt noch, so solltest Du nicht sterben!"

Die Geschichte des Kohlhase läßt uns einen tiefen Blick in die Sitten und Anschauungen jener Zeit thun. Die seltsamen Widersprüche, an denen die Reformationszeit so reich ist, treten gerade in dem Leben des Cölner Roßkamms klar zu Tage. Ein redlicher Bürger wird von einem übertriebenen Gerechtigkeitsgefühl, welches ihn sein Unrecht dulden läßt, bewegt, ein Räuber und Mordbrenner zu werden. Er erklärt einem mächtigen Fürsten den Krieg, führt ihn mit Glück und wird als ebenbürtiger Gegner, mit dem man unterhandelt und Frieden schließt, betrachtet. — Erst in dem Augenblick, wo er im eigenen Lande raubt, wird er zum Hochverräther und Friedensbrecher und muß sein Verbrechen mit dem Leben büßen.

Das Verhältniß des Kohlhase zu Dr. Martin Luther, die Berufung des ausbündigen Schwarzkünstlers, des Meister Hans und die Flucht des Hans Grasmuth geben uns lichte Blicke in die Anschauungsweise jener Zeiten und ebenso ist die Hinrichtung der beiden Schneidergesellen vor dem Kloster Zinna und des alten Bürgers Puttlitz mit seiner Frau charakteristisch für die Rechtspflege des 16. Jahrhunderts.

IV. Abtheilung.

Berlin unter der Regierung der Kurfürsten Johann Georg, Joachim Friedrich und Johann Sigismund.

Erstes Kapitel.

Kurfürst Johann Georg. — Seine ersten Regierungsmaßregeln. — Schicksal der Günstlinge Joachims. — Das Ende der schönen Gießerin. — Die Sage von der weißen Frau im Schlosse zu Cöln. — Der Münzjude Lippold. — Sein Zauberbuch. — Prozeß und Hinrichtung. — Abermalige Verbannung der Juden aus der Mark Brandenburg.

Auf dem Schlosse Zechlin in der Priegnitz lebte in der letzten Regierungszeit Joachims II. der Kurprinz Johann Georg. Er hatte sich von dem glänzenden Hofe zurückgezogen nach dem einsamen Schloß, weil er seit langer Zeit mit seinem Vater zerfallen war. Er verabscheute die schöne Gießerin und ihren Anhang, den Münzjuden Lippold und alle Günstlinge des regierenden Kurfürsten, ja er übertrug seinen Haß selbst auf diejenigen Räthe des Vaters, welche ohne Eigennutz bestrebt gewesen waren, dem Lande nach bester Kraft zu dienen.

Johann Georg war im Jahre 1571 ein vollkräftiger Mann von 46 Jahren, er war am 11. September 1525 geboren. Er hatte als Jüngling eine tüchtige wissenschaftliche Bildung empfangen und diese auf der Universität Frankfurt vollendet; — seine Studien aber vermochten, wenn sie ihm auch mancherlei Kenntnisse brachten, doch nicht, ihn über den gewöhnlichen Aberglauben zu erheben. — Johann Georgs ganze Anschauungsweise wurzelte in den Begriffen seiner Zeit. — Er glaubte an Hexereien und Teufelsspuk, an die Goldmacherkunst und den Stein der Weisen. Er war erfüllt von der Ueberzeugung seiner eigenen Vortrefflichkeit, um so mehr fühlte er sich gekränkt dadurch, daß ihm am Hofe seines Vaters kein Einfluß auf die Regierung gestattet war, während er sah, daß die verwerflichsten Günstlinge denselben besaßen. Sein harter Sinn, sein kaltes unzugängliches Wesen entfernten ihn mit jedem Jahre mehr und mehr von seinem Vater.

Durch den Tod Joachims II. wurde Johann Georg zur Regierung der Kurmark, und als wenige Tage später am 13. Januar auch Markgraf Johann von Cüstrin ohne männliche Nachkommen starb, zu der der gesammten Mark Brandenburg berufen. — Er reiste auf die Nachricht von dem Tode des Vaters schleunigst nach Berlin, und schon seine ersten Regierungsmaßregeln zeigten, daß er gesonnen sei, mit dem ganzen bisher herrschenden System zu brechen. Gleich nach seiner Ankunft in Berlin ließ er die Thore der Stadt schließen, die Kurfürstlichen Trabanten besetzten die Häuser der vornehmsten Räthe, belegten deren Papiere mit Beschlag und Johann Georg ließ nun gegen die Lieblinge seines Vaters eine strenge und rücksichtslose Untersuchung einleiten.

Der Rentmeister Joachims, Thomas Matthias, der, wie Johann Georg glaubte, die Verschwendung seines Vaters mehr als alle andern Diener desselben begünstigt hatte und gegen den er den Verdacht hegte, daß er gewaltige Summen unterschlagen habe, wurde auf's strengste, aber durchaus erfolglos inquirirt. — Trotz aller Nachsuchungen fand man in seinem Hause nicht mehr als zehn Gulden baares Geld, keine Werthpapiere, keine Kostbarkeiten. Matthias hatte während seiner Dienstzeit theils durch eigene Verschwendung, theils durch Bürgschaft für seinen Kurfürsten, sein früheres bedeutendes Vermögen vergeudet, dasselbe bestand nur noch in Schuldbriefen Joachims. — Die schärfste Untersuchung stellte heraus, daß die Rechtschaffenheit des Rentmeisters über jeden Zweifel erhaben sei, trotzdem entsetzte ihn Johann Georg aller seiner Aemter; er ließ ihm nur die Stelle als Bürgermeister von Berlin. — An Rückzahlung der Vorschüsse, welche Matthias dem verstorbenen Kurfürsten geleistet hatte, dachte Johann Georg nicht, und als der Bürgermeister wenige Jahre später in tiefster Armuth starb, ohne nur so viel zu hinterlassen, daß er aus eigenen Mitteln hätte begraben werden können, ließ der Erbe Joachims die Familie des Verarmten unbarmherzig im Elende schmachten.

Ebenso ungerecht zeigte sich Johann Georg gegen den Rath Albrecht von Thümen. Auch gegen diesen wurde eine Untersuchung eingeleitet; es fand sich bei derselben, daß Thümen sein Amt mit einer seltenen Pflichttreue geführt habe; trotzdem wurde er ohne Weiteres seiner Stelle entsetzt. Johann Georg war wohl hart und strenge, aber das Gefühl für Gerechtigkeit fehlte ihm.

Selbst gegen den verdienstvollen Kanzler Distelmeier, der sich stets nach Kräften bemüht hatte, der Verschwendungssucht Joachim's zu steuern, wurde eine Untersuchung eingeleitet; auch er würde wohl schwerlich einer Absetzung entgangen sein, obwohl sich seine vollständige Pflichttreue herausstellte, wenn er sich nicht durch seine Dienstkenntniß und Tüchtigkeit unentbehrlich gemacht hätte.

Von allen Günstlingen Joachims waren die schöne Gießerin und der Münzjude Lippold dem Kurfürsten am meisten verhaßt, diese traf daher seine Rache auch am schwersten. —

Johann Georg kümmerte sich nicht darum, daß er einst dem Vater sein heiliges Wort gegeben und sogar durch eine Urkunde verbrieft hatte, er wolle die Geliebte desselben in seinen Schutz nehmen. Kaum hatte Joachim die Augen geschlossen, als sich der Glücksstern der Anna Sydow neigte. Sie wurde verhaftet, aller ihrer Güter und Kleinodien beraubt und nach der Festung Spandau ins Gefängniß gebracht; dort lebte sie noch einige Jahre und starb dann verachtet, ja vergessen von denen, welche sich in der Zeit des Glückes um sie gedrängt hatten. — Ihre Tochter Magdalena, die Gräfin von Arneburg, war mit einem Grafen von Eberstein verlobt; aber sie durfte eine so vornehme Verbindung nicht schließen. — Johann Georg fragte einen seiner Schreiber Andreas Kohl mit herbem Spott: „Willst Du mein Schwager werden?" und als dieser die Frage, wie er wohl auch nicht anders konnte, bejahte, wurde ihm Magdalena angetraut. — Sie lebte fortan als eine einfache Bürgersfrau in allgemeiner Achtung. Als ihr Gatte wenige Jahre später starb, blieb sie Wittwe.

Das Volk von Berlin und Cöln hatte wohl die Gießerin gehaßt, aber es billigte trotzdem die Wortbrüchigkeit und Grausamkeit des Kurfürsten nicht, es war überzeugt, daß jede Sünde die gerechte Strafe Gottes nach sich ziehen müsse und aus diesem Glauben heraus entwickelte sich wahrscheinlich jene Volkssage, welche noch heut von den Berlinern vielfach erzählt wird, die Sage von der weißen Frau.

Im Schloß zu Cöln, — so erzählt die Volkssage, — zeigt sich seit Jahrhunderten vor jedem Todesfall in der königlichen Familie ein Gespenst, die weiße Frau. — In nächtlicher Stunde wandelt sie durch die Gänge des Schlosses, lautlos schwebt sie dahin, wem sie begegnet, den grüßt sie durch eine kaum merkliche Neigung des Hauptes, aber sie spricht nichts, auf keine Frage giebt sie Antwort. — Ihre Kleidung ist ein langes weißes Gewand, sie trägt eine weiße Haube mit einem langen zurückgeschlagenen weißen Wittwenschleier.

Gar oft ist sie gesehen worden, von den Mitgliedern der königlichen Familie selbst, von den Hofbedienten und den Schildwachen, welche mit tiefem Grauen das Gespenst durch die langen dunklen Gänge schweben sahen, jeder Erscheinung aber folgt unfehlbar ein Todesfall in der Herrscherfamilie, seit das Gespenst kurz vor dem Tode des Kurfürsten Johann Georg zum ersten Male erschienen ist.

Die weiße Frau ist kein fürchterliches Gespenst, sie erfüllt in stiller Trauer die ihr vom Schicksal gewordene Aufgabe, die Todesbotin der Hohenzollern zu sein, nur wenn sie durch frechen Uebermuth gereizt wird, kann sie zornig werden.

Ueber den Ursprung der Erscheinung erzählt sich das Volk von Berlin verschiedene Sagen; am verbreitetsten ist die, daß die schöne Gießerin nach ihrem Tode im Gefängniß zu Spandau keine Ruhe im Grabe finden könne, sondern umherwandeln müsse, um die Nachkommen ihres geliebten Joachims vor ihrer Todesstunde zu warnen.

Nach einer anderen Sage soll die weiße Frau eine Gräfin Agnes von Orlamünde gewesen sein, welche nach dem Tode ihres Gatten in heißer Liebe zu dem Hohenzollern Albrecht dem Schönen, Burggrafen von Nürnberg, entbrannt war. Die Gräfin war ein wunderschönes Weib, trotzdem aber blieb ihr der Burggraf fern und einst äußerte er im Gespräch: „Gern wollt ich dem schönen Weibe meinen Leib zuwenden, wo nicht vier Augen wären!" — Diese Aeußerung wurde der Gräfin von Orlamünde wiedererzählt, sie glaubte ihre beiden Kinder seien das Hinderniß, welches Albrecht gemeint habe, und in wahnsinniger Leidenschaft beschloß sie, dieselben zu opfern. Sie nahm die Kinder auf den Schooß und tödtete sie, indem sie ihnen eine goldene Nadel ins Hirn stieß. —

Der Doppelmord war vollbracht, aber er trug keine Frucht, denn Albrecht hatte nicht die Augen der Kinder, sondern die seiner Eltern, welche die Heirath nicht wünschten, gemeint. Die Gräfin bereute zu spät ihr Verbrechen, sie that schwere Buße, trotzdem aber kann sie doch die Ruhe im Grabe und die ewige Seligkeit nicht finden, sondern sie muß als weiße Frau umgehen, bis ihre Zeit erfüllt ist.*)

Berlin ist nicht reich an Sagen und Mährchen, denen sich der auf das Praktische gerichtete scharfe Verstand der Residenzbewohner verschließt, wir haben deshalb geglaubt, unsern Lesern die weit verbreitete Sage von der weißen Frau in einiger Ausführlichkeit mittheilen zu müssen, —

---

*) Herr von Minutoli hat mit dem Aufgebot vieler gelehrter Forschungen bewiesen, daß die Sage von der Gräfin von Orlamünde keine historische Begründung hat; gewiß ein fast ebenso nützliches Unternehmen, als wenn er bewiesen hätte, daß die Erscheinung des Gespenstes im Schloß von Berlin auf Einbildung beruhe. —

fahren nun aber, ohne auf andere, in Berlin nicht bekannte Sagen über den Ursprung des Gespenstes weiter einzugehen, in unserer Erzählung fort.

Schwerer noch als die schöne Gießerin traf der Haß des Kurfürsten den Münzjuden Lippold; Johann Georg war kaum nach Berlin gekommen, als er eine Wache in das Haus Lippolds, der in der Stralauerstraße wohnte, legen ließ, damit der Münzjude sich nicht der Untersuchung durch die Flucht entziehen könne.

Vom Gipfel der Macht und des Einflusses stürzte Lippold plötzlich ins tiefste Elend herab: vor wenigen Tagen noch hatten ihm die vornehmsten Herrn vom Hofe geschmeichelt und ihn ihren lieben Lippold genannt, kein Jude war auf der Straße an ihm vorübergegangen, ohne ihn als einen mächtigen Gönner tief und unterthänig zu grüßen, und auch die Bürger hatten dem Günstling des Kurfürsten eine Achtung erwiesen, zu der sie freilich nur durch feige Furcht getrieben worden waren; jetzt aber sah sich der Münzmeister plötzlich als Gefangener. Alle seine frühern Freunde und Schmeichler fielen von ihm ab in demselben Augenblicke, in welchem das Glück sich von ihm wendete; der durch die Furcht vor seiner Macht zum Schweigen gebrachte Haß gegen ihn machte sich plötzlich Luft, Christen und Juden bestürmten den Kurfürsten mit Bittschriften, daß eine strenge Untersuchung gegen Lippold eingeleitet werde; — die Juden konnten es nicht verzeihen, daß einer der Ihrigen sich über sie erhoben hatte, daß er das Schutzgeld unbarmherzig einkassirte und daß er mit Stolz und Verachtung auf seine Glaubensgenossen herabschaute.

Die Bittschriften, welche die Juden an den Kurfürsten entsendeten, fanden Gewährung, zu gleicher Zeit aber traf die Schreiber eine furchtbare Strafe für den Neid, mit dem sie ihren Genossen verfolgten. Kaum war Lippold gefangen, kaum erkannte das Volk von Berlin und Cöln, daß der Kurfürst nicht, wie sein Vater, die Juden in seinen besonderen Schutz nahm, da machte sich der Haß, den das Volk gegen den verachteten Stamm im Herzen trug, Luft.

In der Klosterstraße vor der Synagoge versammelte sich eine gewaltige Volksmasse. „Nieder mit den Juden!" so ertönte der wilde Ruf. Einige vorübergehende Juden wurden ergriffen und schwer gemißhandelt, der Pöbel drang in die Synagoge ein und zerstörte sie, dann zog er tobend und schreiend durch die Straßen. Die Häuser der reichsten Juden wurden erstürmt und beraubt, und schon war viel Unfug geschehen, als endlich die kurfürstlichen Trabanten einschritten und die wüthende Volksmasse zerstreuten.

Die Untersuchung gegen Lippold wurde mit höchster Strenge geführt. Alle seine Papiere und Gelder waren mit Beschlag belegt worden und dabei hatte sich gezeigt, welchen ausgedehnten Wucherhandel Lippold trieb. — Für über 11,000 Thaler Gold- und Silberpfänder, welche zum Theil den vornehmsten Räthen und den im größten Luxus schwelgenden Bürgern von Berlin und Cöln gehörten, wurden gefunden, aber keine Anzeichen, daß sich Lippold irgend eine Unterschlagung in seinem Amte, oder einer Betrügerei gegen den verstorbenen Kurfürsten schuldig gemacht habe.

Die kurfürstlichen Kommissarien, der Oberhofmeister von Arnim, der Rath Christoph Melenburg, die Hausvoigte Sigmund Roseneder und Konrad Schreck prüften alle Rechnungen auf das Genaueste; sie kannten den Wunsch des Kurfürsten Johann Georg, sie wußten, daß sie den verhaßten Münzjuden unter jeder Bedingung schuldig finden sollten und doch bot sich ihnen nirgends ein Anhaltepunkt, denn Lippold hatte sein Amt mit Treue und Umsicht verwaltet. —

Die Untersuchung war resultatlos geblieben, man mußte, um Lippold zu verderben, zu andern Beschuldigungen, als zu denen der Untreue und Unterschlagung greifen, und man zögerte nicht, dies zu thun. — Es wurde dem Kurfürsten hinterbracht, Lippolds bildschönes Weib habe ihren Gatten in Gewahrsam besucht; sie habe sich lange mit ihm in leisen Worten unterhalten, nach und nach aber sei das Gespräch lauter geworden und endlich in einen Zank ausgeartet, — bei dem die Frau unwillig ausgerufen habe: „Wüßte nur der Kurfürst, was Du für ein böser Schelm bist und welche Bubenstücke Du mit Deinem Zauberbuch kannst, so würdest Du schon längst kalt sein!" Diese Aeußerung, welche die Wachen Lippolds gehört haben wollte, wurde dem Kurfürsten mitgetheilt, sie gab die willkommene Veranlassung zu einer neuen, weit strengeren Untersuchung. —

Der Münzjude war der Zauberei verdächtig, jetzt konnte man peinlich gegen ihn verfahren. Er wurde in den für schwere Verbrecher bestimmten Kerker geworfen und dem Kriminalrichter zur Untersuchung übergeben, diesem standen andere Mittel, seine Schuld zu erforschen, zu Gebote, als den kurfürstlichen Kommissarien. Mit der Beschuldigung der Zauberei wurde zugleich auch eine andere, nicht weniger unsinnige erhoben, er sollte den verstorbenen Kurfürsten Joachim II. durch einen Gifttrunk ermordet haben.

Schon der gewöhnlichste gesunde Menschenverstand mußte jedem Unbefangenen klar machen, wie wahnsinnig eine solche Anschuldigung sei. Lippold war der erklärte Günstling Joachims, er konnte durch den Tod Joachims nur Nachtheile, niemals Vortheile haben, trotzdem fand die Beschuldigung Glauben und wurde zum Gegenstand des Prozesses gemacht.

Am Abend vor dem Tode Joachims hatte ihm Lippold, als sein vertrauter Kammerdiener, wie dies häufig geschah, einen Becher mit spanischem Wein gereicht; mit diesem sollte er den Kurfürsten vergiftet haben.

Zwei solche Anschuldigungen waren mehr als genügend, um den Angeklagten der Folter zu unterwerfen, und dies geschah mit dem besten

Erfolge.*) Der Scharfrichter Meister Balzer zeigte sich als ein wahrer Folterkünstler, er erfand die ausgesuchtesten Qualen, mit welchen er sein Opfer peinigte, dafür erhielt er eine besondere Belobigung von dem hocherleuchteten Gerichtshof. Nach jeder Folterung wurde Lippold mehr todt als lebend von der Bank fortgetragen, man unterwarf ihn dann einem neuen Verhör, damit er die auf der Folter erpreßten Geständnisse ohne Pein wiederhole; halb bewußtlos that er es mit gebrochener Stimme, nachdem man ihn mit starkem Wein und kräftigenden Essenzen so weit angeregt hatte, daß er überhaupt wieder sprechen konnte.

Er legte umfassende Geständnisse ab. Dank der teuflischen Kunst des Meister Balzer gab er eine Darstellung seiner Verbrechen, welche ihn zum Tode reif machte. — Er sagte aus, daß er in Prag wegen des Goldbeschneidens flüchtig geworden und dann nach Berlin gekommen sei, hier habe er sich den Schlüssel zum kurfürstlichen Gemach verschafft und dann durch seine Zaubermittel bewirkt, daß ihn Kurfürst Joachim höher als seine geheimen Räthe und vornehmsten Offiziere habe halten müssen. — Seine Stellung habe er zum Betruge und zur Unterschlagung mißbraucht und dem Kurfürsten auch eine schwere goldene Kette gestohlen, endlich habe er seinen Herrn und Wohlthäter durch einen Gifttrunk, in welchem Muskaten, langer Pfeffer, Oel, Hüttenrauch und Mercurius sublimatus enthalten gewesen sei, ums Leben gebracht.

Die wichtigsten Zeugenaussagen widersprachen dem Geständnisse Lippolds. — Die goldene Kette, welche er gestohlen haben wollte, hatte ihm der Kurfürst zur Ausprägung von Portugalesen (einer Goldmünze) in Gegenwart von Zeugen gegeben. — Der scheußliche Gifttrank hätte sich durch Geruch und Geschmack sofort verrathen und außerdem wäre die Spur desselben in der Leiche, welche von den Aerzten einbalsamirt worden war, leicht zu erkennen gewesen, — das Geständniß trug den Stempel seines Ursprungs, der Folter, darum aber kümmerte sich der Richter nicht, er nahm dasselbe trotz der zahlreichen inneren Widersprüche für wahr an. Auch das in hebräischer Sprache geschriebene Zauberbuch, welches den ersten Grund zur Anklage gelegt hatte, wurde nun genau durchsucht, nach diesem mußte der Lippold ein ganz besonderer Hexenmeister sein. Im Zauberbuch wurde gelehrt, wie man einen und auch mehrere Teufel in ein Glas bannen könne. Hatte man sie erst drinnen, dann versiegelte man schnell das Glas, damit sie nicht wieder entwischen könnten, und nun mußten sie auf alle ihnen vorgelegten Fragen, Antwort ertheilen. — Schade, daß sie Lippold nicht um sein eigenes Schicksal befragt hatte, sonst würde er sich wohl zur rechten Zeit aus dem Staube gemacht haben! —

Eine andere Art von Teufeln, denn es gab deren nach dem Zauberbuche gar viele, ließ sich mit vier Haselstöcken und den Haaren von gehängten Dieben bannen. Das Material zu der Operation war damals nicht schwer zu beschaffen; nicht schwieriger waren zum Theil auch die Stoffe für andere Zauberei zu erlangen, zu denen gebraucht wurden: ein Zahn vom schwarzen Hunde, Menschenknochen, eine gekaufte Schwalbe, zerbrochene Nähnadeln in einem Federkiel eingeschlossen, neun Faden Zwirn, einem Hahn durch die Zunge gezogen u. s. w.

Um den Kurfürsten Joachim II. zu bezaubern und seine Gunst zu gewinnen, hatte Lippold etwas von dessen Haaren, Rock und Hosen genommen und vor dem kleinen Wendelstein unter der Schwelle des Schlosses zu Grimnitz eingegraben. —

Aller dieser Unsinn wurde von dem wohlweisen Richter geglaubt und aktenmäßig festgestellt; er reichte hin, um Lippold zum Tode zu verurtheilen.

Am Mittwoch vor Fastnacht im Jahre 1573 wurde der Münzjude am Gerichtstage vor gehegter Bank vorgeführt. Schwankenden Schrittes nahte er, seine von der Folter zerrissenen Gliedmaßen vermochten ihn kaum zu tragen. Er hatte sein furchtbares Zauberbuch um den Hals festgebunden.

Er sollte noch einmal frei und öffentlich seine Bekenntnisse wiederholen, um dann sein Urtheil zu empfangen.

Lippold wußte, daß kein Todesurtheil über ihn gesprochen werden könne, wenn er seine Geständnisse widerrief, aber er wußte auch, daß ihn dann neue Folterqualen erwarteten. Die Liebe zum Leben besiegte die Furcht vor den Schmerzen, er widerrief alle seine früheren Geständnisse. Sofort wurde er aufs Neue dem Meister Balzer übergeben und von diesem auf dem berlinischen Rathhause gefoltert.

Meister Balzer übertraf sich diesmal selbst, und obgleich Lippold mit einer seltenen Zähigkeit und Standhaftigkeit die entsetzlichsten Schmerzen aushielt, endlich brach doch seine Willenskraft. — Er gestand von Neuem, und nun konnte er verurtheilt und gerichtet werden.

Der Scharfrichter ergriff ihn und führte ihn auf seinem Karren durch die vornehmsten Straßen von Berlin und Cöln. Auf zehn verschiedenen Stellen wurde er mit glühenden Zangen gezwickt und dann nach dem neuen Markt in Berlin gebracht. Hier war ein Gerüst kunstfertig aufgebaut, so daß die zahlreich versammelte Volksmenge das herrliche Schauspiel der Hinrichtung mit rechter Muße betrachten konnte.

Auf dem Gerüst wurde Lippold an Armen und Beinen mit vier Stößen gerädert. Bei jedem Schlage des Rades, dem ein Krachen der Knochen und ein wilder Schmerzensschrei des Gemarterten

---

*) Anmerkung. Nach den gerichtlichen Protokollen soll Lippold alle seine Aussagen freiwillig, ohne Androhung der Folter nur unter der Bedingung gemacht haben, daß er mit Folterqualen verschont werde. Die Folter soll erst gegen ihn angewendet worden sein, nachdem er seine freiwillige Aussage „vor gehegter Bank" widerrufen hatte. —

14*

folgte, jubelte die entmenschte Zuschauerschaar laut auf. —

Zum Schluß der scheußlichen Hinrichtung wurde der Körper des Juden in vier Stücke zerhauen, welche an vier besonderen Galgen vor den Thoren Berlins auf den Landstraßen aufgehängt wurden, den Kopf steckte man auf eine eiserne Stange auf das Georgenthor. Die Eingeweide und das Zauberbuch wurden auf dem neuen Markt verbrannt. — Als die Flammen lodernd emporschlugen, lief unter dem Gerüst eine große Maus hervor, da rief das Volk: „Das ist der Zauberteufel des Münzjuden!" und wich furchtsam zurück, bis das geängstigte Thier ein Loch fand, in welchem es sich verkroch.

Dies war die Gerechtigkeit des Kurfürsten Johann Georg, jenes Kurfürsten, der von den Geschichtschreibern des hohenzollernschen Hauses vielfach als ein Vater des Volks hingestellt wird, über welchen der Geschichtschreiber Gallus folgende Charakteristik giebt: „Auch dieses Kurfürsten Regierung floß sanft und ruhig dahin, von keinen innern Bewegungen erschüttert, von keinen äußern Ungewittern bestürmt. Erziehung, Charakter, Zeitverhältniß, — alles stimmte zusammen, um aus Johann Georg einen Fürsten zu bilden, der zwar nicht mit Heldenlorbeeren seine Stirne kränzte, nicht mit dem Blute seiner Unterthanen, mit dem Mark des Landes, mit dem Schweiße der Armuth den zweideutigen Ruhm eines Eroberers erkaufte, aber dafür den schöneren Titel eines Volksvaters sich errang."

Mit der Hinrichtung Lippolds war dem Haß des Kurfürsten gegen den früheren Günstling seines Vaters noch nicht vollständig Genüge geleistet, er traf auch die Familie und die Glaubensgenossen des Gerichteten. Johann Georg zog das gesammte Vermögen Lippolds ein und bezahlte mit demselben die Schulden des Juden und die Gerichtskosten; den geringen Ueberschuß, etwa 1000 Thaler, überließ er in seinem Haß gegen die Juden so weit, daß er abermals die gesammte Judenschaft aus der Mark Brandenburg verjagte.

Die Ungerechtigkeit des ganzen Prozesses war so schreiend, daß sie selbst in jener finstern Zeit den Unwillen und Abscheu anderer Fürsten erregte. Die Wittwe Lippolds wendete sich klagend an den Kaiser Maximilian und erreichte, daß dieser ein Fürwort für sie bei Johann Georg einlegte, aber der Kurfürst kehrte sich daran nicht, er ging sogar in seinem Haß gegen die Juden so weit, daß er abermals die gesammte Judenschaft aus der Mark Brandenburg verjagte.

Zweites Kapitel.

Sparsamkeit am Hofe Johann Georgs. — Die Stände in Cöln. — Die Luxusverordnung für Berlin und Cöln vom Jahre 1580.

Die ersten Regierungsmaßregeln Johann Georgs waren, wie wir im vorhergehenden Kapitel erzählt haben, der Befriedigung des persönlichen Hasses gegen die Günstlinge seines Vaters gewidmet; zu gleicher Zeit war der Kurfürst aber auch bestrebt, das ganze Hofwesen Joachims umzuformen.

Die zahllosen Hofdiener wurden ihrer Stellen entlassen, die prächtigen Feste hörten plötzlich auf, an die Stelle der sorglosen Verschwendung trat eine oft an Geiz grenzende peinliche Sparsamkeit. —

Johann Georg hatte genaue Nachforschungen über den Zustand der Finanzen anstellen lassen und gefunden, daß sein Vater eine wahrhaft erschreckende Schuldenlast aufgehäuft hatte, sie belief sich auf mehr als zwei Millionen und sechsmalhunderttausend Thaler, und dabei waren nicht einmal Joachims Privatschulden bei Lippold und Matthias berechnet, sie kamen nicht in Betracht, da Johann Georg nicht daran dachte, sie zu bezahlen.

Mehr als zwei und eine halbe Million Thaler aus den Einkünften der kurfürstlichen Kassen, aus den bestehenden Steuern nach und nach aufzutreiben, war unmöglich. Johann Georg mußte dazu die Hilfe der Stände in Anspruch nehmen. Er durfte nicht erwarten, bei diesen Bereitwilligkeit zur Bewilligung bedeutenderer Mittel zu finden, wenn er ihnen nicht zeigte, daß er gesonnen sei, der bisher herrschenden Verschwendung ein Ende zu machen; zu solchem Zwecke legte er sich selbst die größten Einschränkungen auf und verlangte ein gleiches von allen seinen Räthen und Höflingen.

Der Kanzler Distelmeier eröffnete die Sitzung der Stände, er legte eine Uebersicht des Finanzwesens vor und zeigte die dringende Nothwendigkeit einer außerordentlichen Geldhilfe. Als er die ungeheuere Schuldensumme, welche Joachim aufgehäuft hatte, nannte, erhob sich in der Versammlung ein wahrer Sturm des Staunens und der Entrüstung; — da fielen harte Worte gegen den verstorbenen Kurfürsten, Worte, wie sie nur selten in einer märkischen Ständeversammlung gehört worden sind.

„Die Fürsten", — so sprach sich nach den Ueberlieferungen Leuthingers, die Mehrheit der Stände aus, — „sind Bewahrer, nicht Eigenthumsherren des Vermögens der Unterthanen. Mit dem durch Schweiß erworbenen Gute des Volkes nach Willkür schalten, ist Tyrannei, nicht Herrschaft! Wer kann da gleichgültig bleiben, wenn Regenten thun, was ihnen einfällt, — wenn sie an keine Pflicht, an keine Regierungssorgen gebunden zu sein glauben; — wenn sie ihre Zeit durch Jagden tödten, nur für Schauspiele, für Ergötzungen leben, nur in unnützem Pomp Ehre suchen, durch Wein und durch Ausschweifungen, die der Rausch gebiert, des Landes Schätze verprassen; — wenn sie von Lüsten erschlafft, aber nicht gesättigt, schlummern, wo sie wachen, träumen, wo sie denken sollen; — wenn sie Habsüchtige oder Schmeichler mit dem Raube der Bürger mästen; — wenn sie, um die so erschöpfte Schatzkammer mit dem Marke der Unterthanen wieder zu füllen, die Stände durch süße Versprechungen überreden, durch Drohungen schrecken, mit Gewalt zwingen, — wenn sie bei den Ihrigen Haß, bei den Fremden Verachtung erzeugen! — Das heißt nicht die Schafe scheeren, sondern schinden! — Nicht die Wolle nehmen, sondern das Fell abziehen! — Privatleute werden bestraft, wenn sie mehr verschwenden, als ihre Einnahme erlaubt, wie viel strafwürdiger ist die Schwelgerei derer, die die Aufseher und Wächter des Gesetzes sind!"

So sprachen damals die Stände! Sie sangen dem verstorbenen Kurfürsten ein schönes Loblied und mancher Seitenhieb fiel dabei auf Johann Georg ab, der als Kurprinz auch sich mehr um die Jagd, als um die Verhältnisse des Landes gekümmert hatte. —

Mehrere Tage vergingen im fruchtlosen Hin- und Herzanken, endlich aber erreichte der Kurfürst doch seinen Willen. — Geschehenes, meinte er, sei doch nicht zu ändern, die Schulden seien einmal gemacht und müßten bezahlt werden!*) (Er versprach das Beste für die Zukunft und — die Stände gaben endlich nach, weil sie in Folge der bisher bewiesenen Sparsamkeit des Kurfürsten glaubten, die Zeit der prächtigen Feste am brandenburgischen Hofe, der zügellosen Verschwendung sei für immer vorüber, sie entschlossen sich, die Schulden, welche der verstorbene Kurfürst gemacht hatte, zum größten Theil zu bezahlen.

So hatte denn die zur Schau getragene Sparsamkeit Johann Georgs nach der einen Seite hin ihre Frucht getragen, sie trug sie auch nach der andern Seite hin, auf welche sie vielleicht eben so sehr berechnet war. —

Die Verschwendung Joachims II. hatte, wie wir bereits früher erwähnt haben, einen maßlosen Luxus auch unter den Bürgern von Berlin und Cöln erzeugt, — als nun Johann Georg seinen Hofstaat nach allen Richtungen hin einschränkte, erfolgte, vermöge des Nachahmungstriebs der Residenzler, auch ein ebenso natürlicher Rückschlag in der Bürgerschaft.

Bürgermeister und Räthe der Schwesterstädte erkannten jetzt mit einem Male, daß es dringend geboten sei, um der Verarmung vieler wohlhabender Familien durch eine übermäßige Verschwendung vorzubeugen, die prachtvollen Feste einzuschränken, die selbst von den weniger Bemittelten bei allen feierlichen Gelegenheiten gegeben wurden, der überhand genommenen Kleiderpracht entgegen zu wirken. Zu diesem Zwecke erließen sie am 13. Juli 1580 unter Genehmigung des Kurfürsten und unter dem Insiegel beider Städte eine Polizeiverordnung, welche von dem Grundsatz ausging, es solle zwar dem übermäßigen Luxus vorgebeugt, nicht aber ein erlaubtes und im Verhältniß zu den Einkünften und dem Vermögen der Bürger stehendes Vergnügen unnütz beschränkt werden. Die Räthe glaubten daher eine besondere Eintheilung der Bürger in Stände vornehmen zu

müssen, denn was für den Armen noch übermäßige Verschwendung war, konnte für die Reichen schon als Einschränkung gelten.

Alle Einwohner der Städte Berlin und Cöln, ausgenommen die kurfürstlichen Beamten, wurden daher in vier Stände getheilt.

Zum ersten Stande gehörten: die Doktoren, Pröpste, Bürgermeister, die vornehmen Kammergerichts-Advokaten, die Rathspersonen, die Stadtschreiber, die Richter, die Schöppen und die Mitglieder des alten Stadtadels, die Herren von den Geschlechtern; zum zweiten Stande: die vier Gewerke, die Kapeläne, die wohlhabenden Bürger, Handwerker und Krämer u. s. w.; zum dritten: die gemeinen Bürger und Handwerker; zum vierten endlich: die Hausleute, Tagelöhner, Knechte und Mägde. —

Für jeden der vier Stände hatte die Polizeiverordnung bestimmte Vorschriften in Beziehung auf die Dauer von Familienfesten und andern Feierlichkeiten, auf die Zahl der Gäste, welche einzuladen erlaubt war, auf die Geschenke, welche gemacht und die Speisen, welche den Gästen vorgesetzt werden durften. Einige dieser Vorschriften sind sehr charakteristisch für das bürgerliche Leben jener Zeit.

So bestimmte z. B. die Verordnung, daß künftig die sogenannte Brautsuppe, zu der oft ein halber Ochse verkocht worden war, nur den Kantoren, dem Küster, sowie fremden Schwangern und Kranken gegeben werden dürfe. „Das Fackeltragen vor der Braut hat keine Bedeutung und ist nicht mehr denn Geldspildung. Deshalben soll es in langen Sommertagen ganz abgeschafft sein, und sollen nur allein zu Winterszeiten, wenn die Hochzeiten des Abends angehen, zwei Fackeln der Braut fürgetragen werden."

Die Zahl der Brauthähne und Brautgeschenke wird festgestellt. Nur von den Eltern des Bräutigams und der Braut, oder wenn diese nicht mehr leben, von der nächsten Verwandtschaft dürfen je ein Brauthahn auf das Brautbett gelegt werden. Die Braut soll nur dem Vater und Bruder des Bräutigams ein Hemde verehren, sonst Niemandem, der Bräutigam darf nur der Braut ein paar Schuhe und Pantoffeln, ihrer Mutter und ihren Schwestern ein paar gemeine Pantoffeln schenken.

Zu den Hochzeiten des ersten Standes sollen die Gäste durch drei Männer und drei Gesellen als Platzmeister eingeladen werden, ein jeder Platzmeister soll einen ehrlichen Kranz ohne Goldschnur erhalten, durchaus aber keine Federn. Den andern Ständen werden nur zwei Männer und zwei Gesellen gestattet.

Alles Betteln bei den Hochzeitsmahlen, das Umhertragen von Schauessen wird streng untersagt und nur die Aufstellung einer Büchse für die Armen wird gestattet. Keinem Bettler wird erlaubt vor den Thüren zu faullenzen, dieselben sollen von den Bettelvögten „mit Peitschen ernstlich" fortgetrieben werden.

---

*) Das ist eine alte Geschichte,
Doch bleibt sie ewig neu! —

„Den Schülern, so in die Kantorei gehen, soll in jedem Gemach, da Mannespersonen sitzen, nach Gelegenheit ein Stück, zwei, drei oder vier zu singen erlaubt sein und vermöge der Schulordnung eine eiserne Büchse auf die Tische setzen und wieder davon essen, daß sie um ein Uhr wieder in der Schule sein und ihres Studirens warten mögen, und nicht, wie vorhin geschehen, in den Hochzeiten bleiben, sich voll saufen und auch wohl tanzen, damit von Unnöthen sei, sie mit den Peitschen auszutreiben."

Der letzte Satz ist gewiß charakteristisch, er zeigt uns, daß es bisher nöthig gewesen war, die Schüler mit Peitschenhieben aus den Hochzeitshäusern zu treiben! —

Einen zweiten Abschnitt der Verordnung bilden die Bestimmungen zur Verhütung der übermäßigen Pracht in der Kleidung, welche dadurch nothwendig geworden waren, daß „mancher Bürger über sein Vermögen und Einkommen sich oftmals herfür breche und mehr auf sich lade und an Kleider wende, denn seine Nahrung leiden und ertragen könne", weshalb denn auch meist bald nach den Hochzeiten die neuen Kleider auf dem Trödelmarkt feil geboten würden. Die Verordnung erlaubt deshalb zwar, die schon vorhandenen prachtvollen Kleidungsstücke auch ferner zu benutzen, giebt aber für die Anfertigung neuer ganz bestimmte Vorschriften. Der Gebrauch des kostbaren Zobelpelzes wird einzig zur Verbrämung der Mützen vornehmer Männer gestattet, sonst aber bei 50 Thaler Strafe verboten. Zu Kleidern sollen genommen werden: Tobin, Zindeldortt, Schamlatt, auch ein ehrlich Tuch, die Elle höchstens zwei und drei Thaler, Damast und selden Atlas ist nur den Doktoren erlaubt, allen Andern streng verboten! Ebenso Sammet, der nur zur Verbrämung der Wämser und Beinkleider gestattet wird, auch werden sammtene Koller mit einem Goldbörtlein, weil es der alte Gebrauch bisher gewesen, erlaubt. — Perlengewinde um die Röcke sollen abgeschafft sein, nur diejenigen, welche sie von ihren Eltern geerbt haben, dürfen sie tragen u. s. w.

Für alle Uebertretungen des Gesetzes wurden hohe Geldstrafen festgesetzt; damit aber begnügte sich der Rath nicht; um der Verordnung den pünktlichsten Gehorsam zu verschaffen, befahl er auch dem Schneidergewerke beider Städte unter Androhung ernster Strafen, falls sie gegen die Polizei-Verordnung handeln würden, Niemandem, wer es auch sei, Kleider anzufertigen, welche den Bestimmungen des Gesetzes nicht entsprächen; die Schneider wurden sogar verpflichtet, jede ihnen bekannt werdende Ueberschreitung des Gesetzes dem Rath anzuzeigen.

Die Luxusverordnung vom Jahre 1580 wurde eine Zeit lang besser befolgt als die frühere, und sie trug wesentlich dazu bei, wieder eine größere Einfachheit im bürgerlichen Leben zu erzeugen, sie hat dadurch nicht unbedeutend Nutzen gestiftet.

Unsern heutigen Anschauungen widerspricht zwar eine solche die Freiheit des Einzelnen beschränkende Gesetzgebung, wir dürfen aber den Maßstab unserer Zeit nicht an die Gesetze des 16. Jahrhunderts legen. — Die Bevormundung durch staatliche und besonders durch städtische Behörden, welche sich in den Luxusgesetzen ausdrückt, war nothwendig und entsprach ganz dem Geiste der Zeit, wir finden sie daher auch nicht allein in Berlin und Cöln, sondern in ganz ähnlicher Weise in fast allen größeren Städten Europas. — Noch immer bildeten die Städte einen so festen und innigen Verband, daß es im Gesammtinteresse nothwendig erschien, die Freiheit des Einzelnen überall da zu beschränken, wo ihm diese Freiheit nachtheilig werden konnte. —

Machte der Einzelne Ausgaben über sein Vermögen hinaus, verarmte er dadurch, so ging ein Theil des Vermögens der Gesammtheit verloren, und dies sollte verhindert werden. — Der Einzelne galt nur als ein Glied der städtischen Gemeinschaft, diese wachte deshalb über ihn, ihres eigenen Interesses wegen, und bevormundete ihn überall da, wo er durch einen Mißbrauch der Freiheit sich selbst und dadurch der Allgemeinheit schaden konnte.

Je loser der Zusammenhang der einzelnen Städte und Landestheile mit einander war, je schärfer prägte sich innerhalb derselben die Centralisation der Interessen aus. — Für ein allgemeines Landesinteresse hatten die Bürger im 16. Jahrhundert noch kein Verständniß, wohl aber für ein Interesse der Stadt, und diesem wurde die persönliche Freiheit bereitwillig geopfert.

Drittes Kapitel.

Umschwung in den Sitten am Hofe Johann Georgs. — Vorliebe Johann Georgs für den Adel. — Verfall der ritterlichen Spiele. — Ein Ringelstechen und Fußturnier in der Stechbahn zu Cöln.

Kurfürst Johann Georg hatte durch eine mehrjährige an Geiz grenzende Sparsamkeit die Finanzen einigermaßen geordnet, er hatte die Stände bewegt, die durch seinen Vater gemachten Schulden zu bezahlen, und die Räthe der Schwesterstädte Berlin und Cöln veranlaßt, durch das Luxusgesetz dem Aufwand der Bürger entgegen zu treten. —

So waren alle die Zwecke erreicht, um derentwillen Johann Georg sich mannigfache Entbehrungen auferlegt hatte. Er sah nun keine Veranlassung mehr, auch ferner jenen prachtvollen Vergnügungen zu entsagen, welche das Lebenselement am Hofe seines verstorbenen Vaters gewesen waren.

Ein plötzlicher Umschwung im Leben des kurfürstlichen Hofes trat ein. — Während die Bürgerschaft durch das Gesetz zu einer größern Einfachheit gezwungen wurde, kehrte der Hof zu einer Pracht und Verschwendung zurück, welche nicht nur der zur Zeit Joachims II. herrschenden an die Seite gestellt werden konnte, sondern sie sogar noch übertraf. — Johann Georg hatte sich nur mit Widerwillen der Nothwendigkeit der Einschränkung gefügt, er schämte sich, wenn er das glanzvolle Hofleben in den benachbarten Ländern betrachtete, und kaum hatte er wieder über bedeutendere Mittel zu gebieten, als er diese auch ganz im Sinne seines Vaters vergeudete.

Fast alle Familienfeste gaben fortan unter seiner Regierung Veranlassung zu den prachtvollsten Feierlichkeiten, jeder Besuch eines fremden Fürsten wurde durch ein schwelgerisches Fest verherrlicht; diese Feste aber trugen einen wesentlich andern Charakter, als früher.

Joachim II. war bestrebt gewesen, auch das Volk an der allgemeinen Lustbarkeit Theil nehmen zu lassen; er wußte nichts von einem hochfürstlichen Stolze und dies war eine der wenigen guten Eigenschaften gewesen, welche ihm trotz seiner Verschwendung eine gewisse Liebe beim Volke erhalten hatten. Bei seinen Wettrennen konnten sich alle Stände betheiligen; gab er ein Fest selbst im Innern des Schlosses, dann freute er sich, wenn die Bürger sich zahlreich als Zuschauer herbeidrängten und Vergnügen an der Lustbarkeit des Hofes fanden. Ein Adelsbrief hatte für ihn keinen Werth, seine liebsten und angesehensten Diener waren Bürgerliche, er dachte daher auch nie daran, die Bürger von seinen Festen auszuschließen. — Johann Georg dagegen schaute mit vornehmer Verachtung auf den Bürgerstand herab. Es nahm bei Besetzung der Staatsstellen und bei Beförderungen nicht mehr allein auf das Verdienst des Mannes, sondern vor Allem auf dessen Ahnenzahl Rücksicht. Er vereinigte um seine Person einen Kreis des vornehmen Adels, in diesem lebte er vom Volke abgeschlossen. Seine Feste waren nicht mehr Volksfeste. Nur bei feierlichen Aufzügen, Schlittenfahrten und Turnieren war es dem Volke gestattet, von Ferne zuzuschauen, Niemand aber durfte es wagen, sich in die Schloßhöfe zu drängen und gar sich in die Säle zu verirren, in denen die glänzenden Feste des Kurfürsten gefeiert wurden. Jene Hofetiquette, welche sich fortan mehr und mehr ausbildete und eine unübersteigliche Scheidewand zwischen Hof und Volk stellte, zeigte sich zuerst unter der Regierung Johann Georgs.

Schon hierdurch waren die Hoffeste andere geworden, als früher, aber auch in ihrem inneren Wesen zeigten sie sich sehr verschieden vor denen der Vergangenheit. —

Bei glänzenden Festen wurden auch jetzt wohl noch Turniere gefeiert, aber bei diesen kam es nicht mehr auf Tapferkeit, auf Kampfesmuth und Körperstärke, sondern auf Gewandheit an. — Man ahmte wohl noch die ritterlichen Sitten der Vorfahren nach, ihrem Wesen aber war man fremd geworden. Waffenübungen, mit denen eine Lebensgefahr verbunden war, wurden bei den Turnieren nicht mehr beliebt. — Die Ritter trugen in den Schranken wohl noch Harnische und Helme, oft genug aber waren diese nicht mehr von Metall, sondern von Pappe und nur mit einem täuschenden metallisch glänzenden Ueberzug versehen. — Statt der wilden Lanzenrennen, welche so manchem Ritter das Leben gekostet hatten, wurden friedliche Ringelstechen, statt der Schwertkämpfe mit scharfen Waffen, Scheingefechte veranstaltet. Wir wollen versuchen, unsere Leser durch die ausführliche Beschreibung eines derartigen in Berlin gefeierten Turniers mit den veränderten Sitten am Hofe genauer bekannt zu machen.

Dem Kurfürsten Johann Georg war von seiner dritten Gemahlin, Elisabeth von Anhalt, am 30. Januar 1581 ein Sohn geboren worden, dessen Taufe glänzend gefeiert werden sollte. Am 5. Februar ergingen an 100 Grafen, Herrn und Junker die kurfürstlichen Anschreiben, durch welche sie aufgefordert wurden, am Donnerstage vor dem Sonntage Oculi mit Reisigen, Pferden und den dazu gehörigen Knechten und Jungen, auch mit „Ehrenkleidern wohl staffiret" in der Residenz zu erscheinen. Auch an die befreundeten Fürsten und deren deutsche Brüder waren Einladungsschreiben ergangen und Alles wurde vorbereitet, um dieselben glänzend zu empfangen. — Manche Fürsten hatten zugesagt, so der Kurfürst August von Sachsen, der sich mit 427 Pferden anmeldete, der Fürst Joachim Ernst von Anhalt und Andere.

Der Kurfürst von Sachsen war der vornehmste Gast bei dem Feste; er wurde daher auch mit besonderer Feierlichkeit empfangen. Eine Deputation, aus vornehmen Adligen bestehend, war ihm entgegengesendet worden, mit dieser zog er zum Köpenicker Thor in die Stadt. Die Bürgerschaft von Berlin und Cöln war in voller Waffenrüstung in den Straßen vom Thor bis zum Schloß aufgestellt, ihr war auch die Pflicht übertragen, während der Festtage Wache zu halten, sowohl bei Tage wie bei Nacht.

Am folgenden Tage Vormittags wurde der junge Prinz im Schloß getauft; dann ritten Mittags drei Trompeter, denen zwei Herolde folgten, durch die Stadt und verkündeten, daß am nächsten Montag, Dienstag und Mittwoch von der Mittagsstunde an ein Ringrennen und ein Fußturnier stattfinden würde. Die Herolde waren gar prächtig bekleidet. Sie trugen aschfarbene Hüte mit Federn auf den Köpfen, Wamms, Pumphosen und Strümpfe von gelbem Atlas, den Heroldsrock von rothem Atlas, vorn und hinten mit dem schwarzen Adler verziert. In den Händen hielten sie vergoldete Zepter. —

Nachdem die Herolde aus dem Schloß hervorgeritten waren, bliesen die Trompeter drei Mal, dann verkündeten die Herolde das Cartel des Turniers, indem sie es verlasen und hefteten es darauf an's Schloßthor. — Von einer zahllosen Menge jubelnder Straßenbuben verfolgt, ritten die Herolde demnächst zum Cölnischen und endlich zum Berliner Rathhaus, wo die Verkündigung in gleicher Weise stattfand und das Cartel an die Rathhausthüren befestigt wurde.

In dem Cartel war die Ordnung des Turniers festgestellt, es wurde in demselben verkündet: Bei allen Nationen sei die Kunde erschollen, daß dem Kurbrandenburgischen Hause ein Prinz geboren sei und daß die Taufe desselben durch besondere Festlichkeit, Kurzweil und ritterliche Uebungen gefeiert werden solle, deßhalb hätten sich die drei Ritter: Amadis, Esplandian und Florisell „dem lieben jungen Fürsten als ihrem lieben Verwandten zu Ehren und Gefallen, persönlich eingefunden, um ein freies Ringrennen und Fußturnier zu halten, sie wollten sich in beiden Ritterspielen als Mantenatores gebrauchen lassen.

Die Gesetze des Ringelrennens waren etwa folgende: Jeder ehrliche Ritter sollte zugelassen werden, wenn er in irgend einer eigenthümlichen Verkleidung auf der Bahn erschien; es wurden jedem drei Lanze gestattet, die er ohne mit dem Pferde zu wechseln und ohne den Spieß anzustützen oder auf die Achsel zu legen vollbringen mußte.

Es kam beim Ringelstechen darauf an, den Ring in der Mitte wegzunehmen und dabei eine möglichste Geschicklichkeit und Zierlichkeit zu zeigen. Derjenige, welcher in den drei Rennen am meisten Ringe regelrecht stechen würde, sollte den Turnierpreis erhalten.

Im Fußturnier hatten die Mantenatores mit den sich meldenden andern Rittern ein Gefecht mit Spieß und Schwert zu bestehen. Jedem Kämpfer wurden drei Stöße mit dem Spieß, fünf Streiche mit dem Schwert zugestanden, welche er abwechselnd mit dem Gegner, einer an den andern, zu vollbringen hatte. — Die Aufgabe in diesem Kampfe war, möglichst viele Spieße und Schwerter recht zierlich zu zerbrechen und dafür wurden dann auch die Preise festgesetzt. Nur ein Preis war für denjenigen bestimmt, der am zierlichsten geputzt auf die Bahn käme und ein anderer für den „Tapfersten und Mannlichsten" in dem Handgemenge, dem Scheingefecht, mit welchem nach den Einzelkämpfen das Turnier beschlossen wurde.

Seit Jahren hatten die guten Berliner das glanzvolle Schauspiel eines Turniers entbehrt, um so zahlreicher waren sie daher herbeigekommen, um Zeugen des Festes zu sein. Der Schloßplatz war von einer dichten Zuschauermasse bedeckt, alle Fenster des Schlosses waren vom Hofgesinde besetzt und in den Fenstern der benachbarten Häuser drängte sich Kopf an Kopf bis zu den Dächern hinauf. —

Den Beginn der Festlichkeit machte am Montag Mittag der feierliche Zug der Mantenatores in die Schranken.

Drei vornehme Herren von Adel eröffneten als Anführer den Zug in zierlichster Kleidung, dann folgten vier Glieder Junker, dann sechs Ehrenritter mit braunen, gelben und weißen Feldzeichen. — Hierauf kamen die Trompeter und Pauker, welche sich nach Kräften anstrengten, einen möglichst großen Skandal zu machen, dann die beiden Herolde und hinter ihnen wieder sechs Ehrenritter, von denen drei die Spieße der Mantenatores trugen.

Den Ehrenrittern folgten, mit besonderem Jubel vom Volke empfangen, die drei Mantenatores selbst. Der Ritter Amadis wurde durch den Markgrafen Joachim Friedrich, den spätern Kurfürsten, der Ritter Esplandian durch den Fürsten Joachim Ernst von Anhalt und der Ritter Florisell durch den Hofmarschall Kurt von Arnim, — „einen in allen Ritterspielen ausbündigen, heroischen Helden", wie Hafftiz sich ausdrückt — dargestellt. — Neben ihnen liefen eine Masse zierlich geputzter Lakaien einher; einige Glieder Junker schlossen den Zug. — Die Mantenatores trugen braune, goldgesetzte Kleidung, auch braunseidene Strümpfe, aber rothe mit goldener Borte verbrämte Stiefel. Die Satteldecken und das Zeug der Rosse waren von rothem Sammet, Stangen, Steigbügel, Sporen und das übrige Metallzeug reich vergoldet.

Nachdem die Mantenatores in die Schranken der Stechbahn eingeritten waren und das in derselben für sie bestimmte Zeit eingenommen hatten, folgten die übrigen Turniergenossen, welche sich bestrebt hatten, sich durch theils prachtvolle, theils seltsame, theils zierliche Verkleidungen gegenseitig zu überbieten.

Zuerst kam der Herzog Christian von Sachsen-Altenburg mit seiner Partei. — Der Herzog nannte sich Scipio Africanus, ihn begleiteten Graf Burkhard von Barbi als Fabius Marimus und Nicolaus von Miltitz als Cnejus Pompejus; sie trugen alterthümliche, mit vergoldeten Löwenköpfen verzierte Harnische, diese aber waren nicht von Eisen, sondern von Pappe! — Vor ihnen her wurde von zwei als indianische Tauben verkleideten Zwergen ein Gebäude, welches den Venusberg vorstellen sollte, scheinbar an schwarzer und gelb seidener Schnur gezogen, in der That aber durch im Innern verborgene Männer fortbewegt. Auf dem Berge saß Cupido, ein schöner in fleischfarbene Tricots gekleideter Knabe, der sang gar liebliche Lieder und zielte mit seinem Bogen nach den aus den Fenstern schauenden Frauen und Mädchen.

Aus dem Innern des Venusberges drang eine liebliche Musik hervor und plötzlich verließ denselben eine Schaar schneeweißer Tauben, welche versilberte hölzerne Pfeile an der Brust und gelb und schwarze Binden an den Füßen trugen. —

Die Tauben waren abgerichtet, sich von Frauenhänden greifen zu lassen, aber nur eine erfüllte ihre Pflicht, indem sie auf die Markgräfin Sophie zuflog, die andern flatterten, durch den Jubel des Volks erschreckt, ängstlich in der Luft und flogen dann fort, eine vergaß sich sogar so weit, daß sie sich unterstand, sich dem Kurfürsten von Sachsen auf die allerhöchste Zobelmütze zu setzen.

Nachdem der Herzog Christian mit seinen beiden Genossen in die Schranken geritten war, machte er zuerst einen Rundritt durch die Bahn, um sich den Damen zu zeigen, dann begann das Ringelstechen, wobei jeder der Mantenatoren mit dem Herzog und seinen beiden Rittern die vorgeschriebenen Läufe machte; bei jedem geschickt herabgestochenen Ringe erschallte aus dem Venusberge eine schmetternde Musik.

Am Montag und Dienstag wurde das Ringelstechen unter großem Jubel fortgeführt. Da gab es fortwährend etwas Neues. Man bewunderte entweder die Geschicklichkeit der Ritter oder man lachte über ihre Verkleidung. Da kamen Drei als Bettelmönche in dreifarbigen Kappen auf Eseln in die Schranken geritten, denen ein alter grauer Mönch vorfiedelte, erst als es zum Stechen kam, verließen sie ihre langohrigen Thiere und setzten sich zu Roß. Drei Andere hatten sich gar als Nonnen verkleidet und es sah komisch genug aus, wie sie beim Ringelstechen mit zurückwehenden, langen, weißen Schleiern im vollen Lauf durch die Schranken sausten. — Einer, der Herr Wolf Ernst von Wolframstorf, hatte sich „Leuenkönig" genannt und seinem Namen gemäß geschmückt. Mit einem Löwenkopf vor dem Gesicht und einer Löwenhaut über der Schulter ritt er in die Schranken. Er trug eine Krone auf dem Kopf und in der Hand statt eines Zepters eine Kehlkeule. Vor ihm ritten zwei junge Löwen, welche Schalmeien bliesen und neben ihm liefen zwei Knaben mit Kehlkeulen in den Händen.

Das Fußturnier am dritten Tage war nicht weniger glänzend als die Ringelstechen.

Wie an den vergangenen Tagen, so hielten auch zum Fußturnier die Kämpfer ihren feierlichen Einzug in die Schranken. Sie hatten sich bemüht, neue Verkleidungen aufzufinden. — Zuerst kam wieder der Herzog Christian von Sachsen mit dem Grafen Burkhard von Barbi, beide in schwarzen Rüstungen, bekleidet mit schwarzseidenen Pumphosen, aus deren großen Aufschnitten das gelbe Unterzeug hervorschaute. Sie saßen in einem großen gelb und schwarz angestrichenen Schiff, welches durch im Innern verborgene Leute so kunstgerecht fortbewegt wurde, daß es schien, als schwimme es. Ein schwarz und gelb gekleideter Zwerg mit grauem Bart und spitzem Hute leitete das Schiff als Steuermann.

Der mit goldenem und silbernem Zindel überzogene Mastbaum und das große Segel aus gleichem Stoffe blitzten gar herrlich im Sonnenlichte. Aus dem Innern des Schiffes knallten fortwährend Schüsse und zischten Raketen hervor. Eine große Anzahl vermummter Bedienter, einige Glieder bewaffneter Knechte und zehn Spielleute mit höchst sonderbaren Instrumenten begleiteten das Schiff.

Nachdem nun auch die übrigen Turnierer, welche wieder ihre ganze Erfindungsgabe aufgeboten hatten, um sinnreiche Verkleidungen zu erdenken, in die Schranken gezogen waren, begann der Kampf, während dessen die Geschütze ununterbrochen donnerten. In sechsundsiebzig Gängen, welche die Mantenatoren abwechselnd mit den verschiedenen Turnierern machten, wurde gar Treffliches geleistet. Markgraf Joachim Friedrich zerbrach bei dieser ebenso anmuthigen wie nützlichen Beschäftigung nicht weniger als 34 Spieße und 19 Schwerter.

Für alle in den Kämpfen verrichteten Heldenthaten wurden von schöner Hand die Turnierpreise ausgetheilt. — Die launenhafte Fortuna wollte es, denn an eine Parteilichkeit wird gewiß Niemand denken, daß die größten Preise an fürstliche Herren, den Herzog Christian, den Markgrafen Joachim Friedrich und den Fürsten von Anhalt fielen.

Das prächtige Fest wurde am Donnerstag Abend mit einem Feuerwerk beschlossen. Haftiz giebt uns darüber folgende Schilderung: „Donnerstag darnach auf den Abend hat man um 10 Uhr ein schön Feuerwerk angezündet, welches etliche 1000 Schüsse hatte, in der Gestalt einer viereckigen Festung mit Soldaten besetzt, die alle voller Schüsse gewesen, und haben die Büchsenmeister viel lustige Possen mit stechen, fechten in allerlei Weren, die alle voller Schüsse, als wärens feurige Männer und Rosse gewesen, getrieben, auch selbige in Kugeln aus dem Wasser fahren lassen, welche, wenn sie in die Höhe kamen, ein grausam Feuer um sich geworfen, welches bei zwei Stunden gedauert."

Am folgenden Tage verließen die fremden Fürsten die Residenz, nachdem das Fest beendet war. Sie hatten vorher noch einen guten Imbiß genommen und dieser war weder an ihnen, noch an ihrem Gefolge spurlos vorüber gegangen. — Der Kurfürst von Sachsen wurde durch den Kurfürsten Johann Georg selbst zum Thore hinaus geleitet, das Volk von Berlin und Cöln stand gaffend in den Straßen und freute sich über die gute Laune der sächsischen Herren, welche auf ihren Pferden bald vorwärts, bald rückwärts, bald zur Seite schwankten und die deutlichsten Zeichen von sich gaben, daß ihnen der Abschiedstrunk herrlich geschmeckt habe. Sie waren so gründlich betrunken, daß, wie Haftiz sagt, „etliche von den Pferden stürzten und wegen des großen Gesöffs bald darnach haben müssen das Maul zu thun." —

Viertes Kapitel.

Feuerwerke und Komödien am kurfürstlichen Hofe. — Anlegung des Lustgartens. — Schloßbau in Cöln. — Graf Rochus von Lynar. — Leonhard Thurneißer, sein Leben, seine Abenteuer.

Mit dem prachtvollen Turnier und Ringelstechen vom Jahre 1581 eröffnete Johann Georg eine Reihe von Festlichkeiten. Turniere, Ringelstechen, Schlittenfahrten, Feuerwerke, Komödien, Jagden und Bärenhetzen wechselten in bunter

Folge mit einander ab, sie wurden mit verschwenderischer Pracht ausgestattet, ohne Rücksicht darauf, welche Kosten dadurch erwachsen könnten. — Während im Jahre 1586 große Noth durch Theuerung und Seuchen in der Mark Brandenburg herrschte, scheute sich doch der früher so sparsame Kurfürst nicht, mehr als 8000 Dukaten zu vergeuden für die Bewirthung mehrerer Reichsfürsten, welche er zu einer Besprechung über die Verhältnisse der Protestanten in Deutschland nach Cüstrin eingeladen hatte.

Besonders viel Geld kosteten bei diesen Festen die Feuerwerke, welche erst unter Johann Georg am Hofe zu Cöln beliebt geworden waren. Das bei dem Besuch in Cüstrin abgebrannte Feuerwerk kostete allein 6000 Gulden.

Die Feuerwerke wurden mit besonderer Kunst angefertigt; Johann Georg interessirte sich für dieselben vorzugsweise, er stand gern im Erker des Schlosses und gab durch Rufen oder Pfeifen das Signal zum Anzünden. Die Chronisten können nicht genug erzählen von der Pracht der flammenden Feuersäulen und ihrer kunstvollen Ausführung. Beim Besuche des Königs Christian IV. von Dänemark in Berlin wurde ein Feuerwerk auf dem Werder vor dem Schlosse abgebrannt. Ein vom Schlosse herabsteigender künstlicher Schwan entzündete die prächtig ausgeführten Figuren, den Neptun, der von drei Seepferden gezogen wurde, die auf einer Schnecke stehende Fortuna und die Bilder der Stärke und der Gerechtigkeit. —

Nächst den Feuerwerken dienten Schauspiele zur besonderen Belustigung des Hofes und zugleich zur religiösen Erbauung desselben, denn die Stücke hatten stets einen religiösen Inhalt. — Bisher war das Aufführen von Schauspielen fast lediglich eine Sache der Geistlichkeit und der Schulen gewesen, unter Johann Georg drang es in die Hofkreise ein.

Es ist uns ein Theaterstück überliefert worden, welches zur Feier des Neujahrstages 1589 am Hofe zu Cöln durch die Prinzen, Prinzessinnen und ihre Gespielen, Kinder aus den höchsten märkischen Adel, zur Lust und Erbauung des Kurfürsten und des Hofes aufgeführt worden ist, es trägt den Titel: „Eine kurze Komödie von der Geburt des Herrn Christi." — Das Stück giebt eine einfache Darstellung des Besuches des Hirten und der heiligen drei Könige bei der Jungfrau Maria. Auch das Christuskindlein fehlte bei der Aufführung nicht, der junge Markgraf Friedrich (geb. 1588) wurde als solches bei der Komödie benutzt. Das Stück war in gar schönen, theils plattdeutschen, theils hochdeutschen Versen geschrieben, der Dialog wurde häufig durch Musik und Gesang unterbrochen.

Das schöne Stück war von Georg Pondo verfaßt, der als Stiftsverwandter in Cöln an der Spree lebte. — Pondo hat sich auch durch andere Dichtungen um die Entwicklung der Schauspielkunst in Berlin verdient gemacht. — Im Jahre 1579 führte er im Cölnischen Rathhause vor dem Rathe die Komödie von dem verlorenen Sohne, 1580 die Comödia de vera amicitia Damonis et Pythiae und 1584 die Komödie „von den drei Männern im feurigen Ofen" auf.

Das waren herrliche Stücke, und die Rathsherren, sowie die vornehmsten Bürger von Cöln, welche zuschauten, waren wohl zufrieden mit dem Dichter; der Rath ließ ihm und den Schülern, welche bei der Aufführung halfen, Geldgeschenke auszahlen und bewirthete Dichter und Schauspieler außerdem reichlich mit gutem Bier.

Neben Pondo zeichnete sich auch ein Berliner, Paul Rebhuhn, durch Eifer für das Schauspiel aus; er hat ebenfalls manches schöne Stück geschrieben, es wird uns aber nicht berichtet, ob er damit zur Aufführung gelangt ist; — die Wahrscheinlichkeit spricht indessen dafür, denn auch der Rath von Berlin liebte das Schauspiel nicht weniger als der von Cöln. — Bei jeder größern Festlichkeit ließ er sich auf dem Rathhause von den Schulgesellen ein Schauspiel aufführen, so im Jahre 1589 das herrliche Stück: „Apoll mit den Musen." —

Auch am Hofe des Kurfürsten Johann Georgs ist die erwähnte Aufführung am Neujahrstage 1589 sicher nicht vereinzelt geblieben, wenn wir auch von andern Schauspielen nichts wissen.

Zu den großen Festen, welche Kurfürst Johann Georg gab, und zu denen oft fürstliche Gäste mit zahlreichem Gefolge kamen, genügte ihm das von seinem Vater erweiterte Schloß um so weniger, als er für seine große Familie (er war reich mit Kindern gesegnet) ohnehin bedeutendere Räumlichkeiten bedurfte.

In den ersten Jahren seiner Regierung, als noch das Sparsystem am Hofe herrschte, begnügte sich Johann Georg damit, die von seinem Vater nicht vollendeten Baulichkeiten fertig machen und den häßlichen Sumpf, der an der Stelle des heutigen Lustgartens lag, in einen Küchengarten verwandeln zu lassen. Schon im Jahre 1578 aber nahm er den berühmten Grafen Rochus von Lynar, einen trefflichen Baumeister für bürgerliche und Kriegsbauten, in seine Dienste und und nun begann bald ein weiterer Ausbau des Schlosses, welcher während der ganzen Regierungszeit Johann Georgs fortgesetzt wurde.

Der Graf von Lynar zeigte sich seines Rufes würdig; außer dem Schloßbau in Cöln machte er sich verdient durch den Bau eines Schlosses in Bötzow, durch Verbesserung der Festungswerke von Spandau, Cüstrin und Peitz, durch die Anlegung von Pulvermühlen, Salpetersiedereien, Salz- und Eisenwerken, durch die Heranziehung vieler tüchtiger Künstler nach Berlin, welche wesentlich zur Erhöhung der gewerblichen Geschicklichkeit unter den Handwerkern unserer Stadt beitrugen. Für seine unbestreitbaren Verdienste erhielt der Graf von Lynar eine Besoldung, welche selbst nach heutigen Begriffen außerordentlich hoch erscheinen würde, wenn wir die ihm gelieferten Naturalien zu Gelde berechnen. Er empfing sofort nach seiner Bestallung (1578) 1000 Thaler Geld, außerdem Hofkleidung für 8 Personen, auf 8 Pferde Futter und an Deputat 2 Wispel Weizen, 12 Wispel Roggen, 250 Tonnen Bier, 2 Fuder rheinischen Wein, 3 Fuder weißen Landwein, 1 Fuder rothen Landwein, 6 fette Ochsen, 50 fette Hammel, 25 Schnittschafe, 20 Säuger, 30 Kälber, 30 fette Schweine, 2 Tonnen Heringe, 2 Tonnen Rotscheer, 2 Schock Schollen, 8 Centner Hechte, 8 Centner Karpfen, 100 Thaler zu frischen Fischen, Gewürz und Zucker, 4 Tonnen Butter, 6 Tonnen Käse, 4 Scheffel Hafergrütze, 2 Scheffel Hirse, 8 Scheffel Buchweizen, 8 Scheffel Erbsen, 6 Tonnen Salz, 1½ Schock Gänse, 8 Schock Hühner, 8 Stein Talg, 50 Wispel Hafer, Heu, Stroh und Holz nach Bedarf. — Mit diesem Deputat ließ sich wohl eine ziemlich anständige Wirthschaft führen.

Vom Jahre 1580 an bekam Lynar eine Gehaltsvermehrung von 1200 Thaler und außerdem ein Ehrengeschenk von 30,000 Thalern, welches ihm innerhalb 10 Jahren mit jährlich 3000 Thaler ausgezahlt werden mußte. — „Hierzu kommen", so sagt der Ordensrath König, dem wir diese Zahlen verdanken, in seiner historischen Schilderung von Berlin, „die unbekannten Verdienste des Grafen bei seinen vielen Geschäften, die ihm aufgetragen wurden, und die er von dem Verkehre, welchen er mit so vielen Künstlern und ihren Arbeiten hatte, unberechnet machen konnte; ingleichen, daß er sich 1581 zu Spandau einen Pallast erbaute, der ihm gewiß nicht viel aus eigenen Mitteln gekostet haben wird."

Der glänzende Hof Johann Georgs, die Bauten und hohen Besoldungen der Baumeister erforderten Geld, viel Geld. Der Kurfürst mußte daher zu Steuererhöhungen seine Zuflucht nehmen und außerdem hatte er, wie sein Vater, schon längst Hilfe in der Goldmacherkunst gesucht. Einer der berühmtesten Schwindler seiner Zeit, Leonhard Thurneißer, war am brandenburgischen Hofe mit offenen Armen aufgenommen worden; hier machte er allerdings kein Gold, wohl aber trug er wesentlich dazu bei, daß das Land Schätze gewann, indem er ein mächtiges Triebrad zur Belebung von Kunst, Wissenschaft und Industrie in Berlin wurde. — Wir finden hierdurch Veranlassung einen Blick auf das seltsame Abenteurerleben dieses außerordentlichen Mannes zu werfen.

Leonhard Thurneißer war im Jahre 1530 zu Basel geboren. Sein Vater war ein tüchtiger Goldschmied, welcher den Sohn zu seiner Kunst erzog. Der alte Thurneißer war kein reicher Mann, Leonhard mußte daher als Knabe schon versuchen, seinen Lebensunterhalt zu erwerben, er that es, indem er die freien Stunden seiner Lehrzeit benutzte, um einem praktischen Arzt, Dr. Johann Huber, einem bedeutenden Naturforscher, Dienste zu leisten.

Hierbei entwickelte sich in dem geistreichen und strebsamen Knaben eine große Vorliebe für alle Naturwissenschaften, besonders zur Botanik und Chemie, welche ihm auch bei den Schmelzarbeiten seiner Kunst sehr zu statten kam.

Er muß wohl schnell ein geschickter Arbeiter geworden sein, denn schon im 17. Lebensjahr begründete er ein Hauswesen, indem er sich mit einer Wittwe verheirathete. Es war eine unglückliche Ehe! Die Frau übersah ihren jungen Gatten, sie herrschte im Hause und überließ sich ohne Scheu einem unsittlichen Leben, welches sie schon vor der Verheirathung mit ihrem Vormund begonnen hatte und nach der Hochzeit mit noch größerer Freiheit und Frechheit fortsetzte.

Vergeblich suchte sie der junge Thurneißer durch Bitten und Vorwürfe zu einem ehrbaren Leben zu bewegen, er wurde verlacht, und da er im eigenen Hause keine Freude fand, suchte er dieselbe nun außerhalb in lustiger Gesellschaft, bei Freunden, mit denen er zechte und manche Nacht durchschwärmte.

Einer dieser Genossen, ein Bürger von Basel, Johann Calderin, brauchte für das lustige Leben Geld, er wollte sich dasselbe durch Versetzung einiger Werthstücke verschaffen, aber er scheute sich persönlich zu den Juden zu gehen, welche Geld auf Pfänder liehen, da ein solcher Schritt seinen Geschäftskredit vernichtet haben würde; Thurneißer war weniger ängstlich für seinen guten Ruf besorgt, er übernahm es, für den Freund die Versetzung einiger Pfänder bei den Juden zu Wiel zu besorgen.

Wer in jener Zeit den jüdischen Wucherern in die Hände fiel, war meist rettungslos verloren. Er vermochte sich nur selten von ihnen wieder frei zu machen; auch Calderin konnte die einmal versetzten Pfänder nicht wieder einlösen, er veränderte dieselben von Woche zu Woche, damit seine Hausbewohner das Fehlen einzelner Werthstücke nicht merken sollten, und immer war Thurneißer der Vermittler; erst nach Jahr und Tag gelang es ihm, so viel Geld zusammen zu bringen, um seine Schuld abzulösen.

Thurneißer hatte als ein junger, unerfahrener Mensch den Juden in Wiel die Zinsen gezahlt, ohne sich Quittungen geben zu lassen; als er jetzt die Schulden tilgen wollte, wurden ihm von den Betrügern die Zinsen für das ganze Jahr noch einmal abgefordert. — Er war in Verzweiflung. — Baares Geld besaß er nicht, eben so wenig Kredit, und doch mußte er zahlen, wenn er sich nicht dem Verdacht aussetzen wollte, daß ihm von seinem Freunde zur Deckung der Zinsen anvertraute Geld unterschlagen zu haben; er mußte nun selbst Werthstücke versetzen, da er solche aber nicht besaß, nahm er Seidenzeuge auf Borg und brachte diese den Juden.

Das war eine traurige Aushilfe! Die Zeit der Einlösung kam schnell heran, die Kaufleute wollten ihre Waaren zurück haben oder bezahlt sein und neue Werthstücke waren nicht zu beschaffen. In dieser seiner höchsten Noth griff Thurneißer zum Betruge. Hatten ihn doch die Juden betrogen, so dachte er, weshalb solle er

15*

sie nicht wieder betrügen? — Er überzog ein Stück Blei mit Gold, versetzte es den Juden zu Wiel für reines Gold und ließ sich dafür die übrigen Pfandstücke zurückgeben. Der erste Schritt auf der Laufbahn des Betruges war damit für Thurneißer gethan. —

Der Betrug konnte nicht lange unentdeckt bleiben, die Juden schrieen gewaltig, als sie ihn bemerkten, und drohten mit gerichtlicher Klage, der Entehrung und schwere Strafe auf dem Fuße folgen mußte. Vergeblich opferte der bekümmerte Vater Thurneißers sein ganzes Vermögen und machte noch Schulden, um die Ehre seines Sohnes zu retten, die Juden nahmen zwar das Geld, aber sie drohten noch ärger als zuvor, weil sie noch mehr herauszupressen hofften. — Thurneißer hatte eine Zeit lang die Hölle auf Erden. Jeden Augenblick mußte er befürchten, vor den Richter und zur Strafe gezogen zu werden; sein böses Weib peinigte ihn mit schweren Vorwürfen, sein älterer Bruder Alexander, ein verwahrloster Mensch, der stets mit Neid und Eifersucht gegen den jüngeren Leonhard erfüllt gewesen war, verbreitete geflissentlich die Nachricht von seines Bruders Betrügerei unter allen Bekannten, Thurneißer wurde in Folge dessen, mit Verachtung behandelt, wo er sich sehen ließ. —

Solch Leben war für einen jungen, lebensmuthigen Mann nicht lange zu ertragen; Thurneißer machte demselben ein schnelles Ende, indem er 1548, kaum 18 Jahr alt, Basel heimlich verließ, um, nun aller Sorgen für die Familie ledig, ein luftiges Abenteuerleben zu beginnen.

Er ging nach England und Frankreich, kam nach Deutschland zurück, wurde Soldat und zog als Schütze unter des Markgrafen Albrecht Alcibiades wildem Heere plündernd und sengend durch das Land. Er verließ den Kriegsdienst wieder und zog abenteuernd weiter. Bald arbeitete er als Goldschmied, dann wieder als Bergmann, bald beschäftigte er sich mit Arzeneiwissenschaften, mit Chemie und Alchymie, bald mit schwarzer Kunst. Ueberall aber, wohin er auch kam, schaute er mit scharfen Augen um sich und vermehrte seine Kenntnisse, denn in ihm lag ein gewaltiger Wissenstrieb, der ihn niemals ruhen ließ.

Das Glück lächelte ihm endlich. — Seine große Kenntniß in Bergwerkssachen brachte ihm eine Anstellung als Direktor eines bedeutenden Bergwerks in Tyrol. — Er hatte jetzt wieder einen festen Wohnsitz erlangt und erkundigte sich nun, wie es in der Heimath stehe. — Er erhielt schlechte Nachrichten. Der Rath von Basel hatte ihm das Bürgerrecht genommen; seine Frau war gegen ihn klagbar geworden, weil er sie böswillig verlassen habe, sie hatte die Scheidungsklage durchgesetzt und sich anderwärts verheirathet.

Thurneißer ertrug sein Mißgeschick mit leichtem Sinn. Er begründete sich ein neues Hauswesen, heirathete zum zweiten Mal und begann nun Bergwerke auf eigene Rechnung anzulegen, sie hatten einen günstigen Fortgang, zugleich beaufsichtigte er auch Werke für fremde Rechnung; nebenbei beschäftigte er sich eingehend mit der Arzeneiwissenschaft und er muß schon damals einen nicht unbeträchtlichen Ruf erlangt haben, denn er erhielt 1559 die höchst ungewöhnliche und nur selten ertheilte Erlaubniß, einen menschlichen Körper zu anatomiren. Der Leichnam einer Frau, der zur Strafe die Adern geöffnet worden waren, damit sie sich todt blute, wurde ihm zu seinen anatomischen Studien übergeben.

Der Wissensdrang ließ dem an ein bewegtes Leben gewöhnten Abenteurer nicht lange Ruhe in dem behaglichen Stilleben der Familie und des Geschäfts. — Er sehnte sich, fremde Länder und Menschen kennen zu lernen und nahm daher gern einen vom Erzherzog Ferdinand gegebenen Auftrag an, zur Erforschung anderer Bergwerke weite Reisen zu machen. Im Jahre 1560 reiste er nach Schottland und den orkadischen Inseln, 1561 nach Spanien und Portugal, von da nach Afrika, an der Nordküste entlang, nach Egypten, von dort ging er nach Arabien und Syrien, hielt sich im gelobten Lande längere Zeit auf und reiste dann über Griechenland nach Italien, von wo er, nachdem er noch einen Abstecher nach Ungarn gemacht hatte, in die Heimath zurückkehrte.

Thurneißer hatte sich auf dieser weiten Reise mit den berühmtesten Aerzten und Alchymisten aller Länder in Verbindung gesetzt, er hatte viel gelernt, vor allen Dingen das Eins, daß nämlich die großen Gelehrten jener Zeit ihren Ruf hauptsächlich einer geistreich durchgeführten Charlatanerie verdankten, und diese Lebenserfahrung beschloß er auch für sich auszubeuten. Sein Ehrgeiz trieb ihn, ein großer und berühmter Mann zu werden, seine Habgier, Schätze zu sammeln; er sollte Beides erreichen, — wenn auch erst nach langen Kämpfen und für kurze Zeit.

Im Jahre 1565 kam er in die Heimath. Er fand sein Hauswesen zerrüttet, seine Bergwerke zerfallen. Vor seiner Abreise hatte er mit einer merkwürdigen Gutmüthigkeit sich mit seinem Bruder Alexander versöhnt und diesem die Oberaufsicht über sein Eigenthum gegeben; Alexander aber hatte schlecht Haus gehalten und es kostete Thurneißer schwere Kämpfe, um die Bergwerke wieder in Flor zu bringen. Dies gelang ihm, trotzdem aber fand er zu Haus keine Ruhe, sein Ehrgeiz trieb ihn wieder aus dem behaglichen Leben heraus. — Er hatte auf seinen Seereisen ein Werk in Versen geschrieben, welches er Archidora nannte, und in welchem er seine Forschungen über den Lauf der Planeten und den Einfluß des ganzen Firmaments auf den menschlichen Körper und die Schicksale des Menschen niedergelegt hatte. Mit diesem Werke hoffte er, unvergänglichen Ruhm zu erringen, er wollte es drucken lassen und mit erläuternden Figuren nach seiner eigenen Zeichnung versehen, dazu bedurfte er geschickterer Drucker und Kupferstecher, als es in Oesterreich gab. — Er verließ deshalb den Dienst des Erzherzogs und ging nach Münster, aber auch hier hielt er nicht gar nicht lange aus; gegen Ende des Jahres 1570 wendete er sich nach Frankfurt a. d. O., weil sich dort eine berühmte Buchdruckerei befand. Der dortige Buchdrucker Eichhorn war selbst ein vortrefflicher Holzschneider, der außerdem auch tüchtige Zeichner und Formschneider in seinem Dienste hatte. —

Als Thurneißer nach Frankfurt a. d. O. kam, war sein Vermögen wieder fast zu Nichts zusammengeschmolzen; er hatte sogar die weite Reise zu Fuß mit dem Ranzen auf dem Rücken machen müssen; das aber entmuthigte den an die Wechselfälle des Lebens gewöhnten Abenteurer nicht. Der jetzt vierzigjährige Mann besaß einen jugendlichen Leichtmuth, der ihn in allen Widerwärtigkeiten aufrecht erhielt, er trug den Kopf voll hochfliegender Pläne. Mehrere neue Werke waren druckfertig, darunter eins, welches seiner Ueberzeugung nach bedeutendes Aufsehen machen mußte, sein Pison, eine Beschreibung der Flüsse und Bäche in Deutschland.

Thurneißer hatte in diesem Werke die ganze Unverschämtheit eines tüchtigen Charlatans niedergelegt. Er beschrieb die chemischen und anderen Eigenschaften der deutschen Flüsse und Bäche so genau, als habe er jedes einzelne Gewässer mit dem Schmelztiegel und der Wage in der Hand chemisch untersucht, ja er legte den Gewässern sogar moralische Einwirkung auf die Bewohner des Landes bei, so sagte er über unsere gute Spree:

„Dies Wasser Spree ist etwas grünfarbig und lauter. Es führet in seinem Schlich Gold und eine schöne Glasur. Das Gold enthält 23 Grat ½ grcn."

Ueber die Havel urtheilt er:

„Die Havel hält in ihr nichts Besonderes, ein Fischreich schwer und ungesund; faul Wasser, davon etliche Weiber, die es trinken, gar böse, scharfe und lügenhaftige Zungen überkommen, den Leuten Arges nach zu reden."

Außer den Wassern beschreibt Thurneißer in seinem Pison auch die Beschaffenheit des Erdreichs und erzählt davon gar wunderbare Dinge. Er will nicht nur in Wassern „Gold und Rubinen gewaschen", sondern diese und anderes Edelgestein auch im Sande unserer guten Mark Brandenburg gefunden haben. So sollte man bei Neustadt Gold, in der Nähe von Bernau Saphir im Boden finden; auch giebt er Salzquellen an, wo nie welche existirt haben, und zeigt die Stellen, wo man Bergwerke anlegen könnte. —

Das Werk Pison kam gerade in die Hände, in denen es Thurneißer zu sehen gewünscht hatte, in die des Kurfürsten Johann Georg. Der Druck des Pison hatte begonnen, 16 Bogen waren bereits erschienen, als Johann Georg im Frühjahr 1571 nach Frankfurt kam, um sich huldigen zu lassen. Er wurde auf Thurneißer, von dessen Gelehrsamkeit und wichtigen Entdeckungen alle Welt sprach, aufmerksam gemacht, dadurch fand er sich veranlaßt, sich die vorräthigen Bogen des Pison aus der Druckerei holen und vorlesen zu lassen.

Herrliche Aussichten blühten vor dem Kurfürsten auf. Welche Schätze verbarg die Mark Brandenburg, die bisher immer spottweise des heiligen römischen Reiches Sandstreubüchse genannt worden war, in ihren unfruchtbaren Feldern, in dem Wasser ihrer Flüsse und Bäche! Thurneißer war der Mann, diese Schätze zu heben, ihn also mußte der Kurfürst an seinen Dienst fesseln. —

Die Bekanntschaft war leicht gemacht. Da die Kurfürstin sich gerade unwohl befand, berief man Thurneißer als berühmten Arzt, um sie zu kuriren, und eröffnete damit dem kühnen und schlauen Abenteurer eine glänzende Laufbahn am Hofe.

Thurneißer folgte sofort dem erhaltenen Rufe. Sein Aeußeres, so wie sein ganzes Wesen, entsprachen dem günstigen Eindruck, welchen er durch seinen Pison auf Johann Georg gemacht hatte. Er zeigte sich als ein schöner Mann von gefälligen Sitten, der es trefflich verstand, durch eine lebhafte, geistreiche Unterhaltung für sich einzunehmen. — Er beurtheilte den Krankheitszustand der Kurfürstin so scharf und so richtig, er zeigte sich so geschickt in der Behandlung der hohen Kranken, daß Johann Georg dringend wünschte, einen Mann, der ihm nach so vielen Richtungen hin dienen konnte, in seine Dienste zu nehmen; der Kurfürst, der damals noch ziemlich geizig war, sparte trotzdem nicht, wenn er einen seiner Ansicht nach tüchtigen Diener gewinnen wollte. Er machte Thurneißer glänzende Vorschläge, auf welche dieser, wenn auch scheinbar widerstrebend, einging. — Thurneißer erhielt ein Gehalt von jährlich 1352 Thalern, für jene Zeiten eine sehr hohe Summe, und außerdem Futter für vier Pferde und die üblichen Hofdeputate. Zur Wohnung und zur Einrichtung seiner Laboratorien wurde ihm zuerst ein Theil des Schlosses, dann das Kloster der grauen Brüder in Berlin überlassen.

So hatte denn Thurneißer in unserer Stadt eine neue Heimath gefunden. Er ließ Weib und Kind nachkommen und begann in Berlin eine Geschäftsthätigkeit, deren Ziel war, Geld und Ehre zu erringen; kein Mittel der Charlatanerie, welches zum Zweck diente, wurde von ihm außer Acht gelassen; er entfaltete dabei eine Vielseitigkeit und eine Thätigkeit, welche wahrhaft bewundernswerth genannt werden kann und welche den glücklichen Erfolg hatte, daß sein Ruf sich mit außerordentlicher Schnelligkeit verbreitete; er wurde in gleichem Maße berühmt als Arzt, als Schriftsteller, als großer Industrieller durch seine Druckerei, als Alchymist, als Astrolog und selbst als Zauberer.

Schon in jenen Zeiten, wie in den unsrigen, wurde ein Arzt selten berühmt, wenn er nicht ein neues Heilverfahren entdeckt hatte; ob dasselbe besonders wirksam, ob es vielleicht ganz widersinnig war, darauf kam es weniger an, wenn es der Arzt nur verstand, für seine Wunderkuren ein gläubiges Publikum zu schaffen, und das verstand Thurneißer, der auch eine neue, höchst seltsame Kurmethode erfunden hatte, wahrhaft meisterlich. — Alle die trefflichen Charlatane unserer Tage, mögen sie nun mit Malzextrakt oder mit galvanischen Ketten handeln, werden von ihrem Meister im 16. Jahrhundert übertroffen. —

Thurneißer hatte die kühne Behauptung aufgestellt, daß er alle Krankheiten nach dem Harn beurtheilen könne. Wer von ihm kurirt werden wollte, der mußte ihm eine Probe einsenden. Um die Krankheit zu erforschen, wendete Thurneißer ein eigenthümliches Verfahren an. — Er theilte den Körper des Menschen von oben nach unten in 24 Grade, in eben so viele Grade wurde ein langes dünnes Glas getheilt, in welchem er den Harn destillirte. Wenn nun bei dieser Destillation sich an irgend einer Stelle des Glases chemische Bestandtheile absetzten, so war dies ein Zeichen, daß dieselben Bestandtheile an der durch die Zahl des Grades bezeichneten Körperstelle des Kranken im Uebermaß vorhanden seien und durch Medikamente fortgeschafft werden müßten.

Es war für die Kranken eine große Beruhigung, daß ihnen Thurneißer die bei der Destillation erhaltenen chemischen Produkte in verschiedenen Papierchen mit Bezeichnung der Grade zuschickte, so daß sie ganz genau selbst beurtheilen konnten, wo ihnen eigentlich etwas fehle.

Gewöhnliche Medizin konnte natürlich bei den oft tief versteckten Krankheiten, welche Thurneißer durch seine neue Methode entdeckte, nichts helfen, nur die von ihm selbst verfertigten Tinkturen waren wirksam, Tinkturen, welche schon durch prächtige Namen die gläubigen Kranken bestechen mußten. Da gab es Goldwasser und Perlenpulver, Korallenwasser und Amethystentinktur, Smaragden-, Rubinen- und Saphirentinktur neben Bernsteinessenz. —

Solche Mittel mußten wohl helfen, sie waren ja auch theuer genug. Ein Loth des Goldwassers wurde mit 16 Thaler, ein Loth Smaragdentinktur mit 11 Thaler bezahlt, und selbst der gewöhnliche Rhabarberextrakt kostete das Loth 2 Thaler.

Thurneißer wußte sehr wohl, daß ein Charlatan nicht zu billig sein darf, wenn er Zulauf haben will, denn die Güte einer Waare wird vielfach nach der Höhe des Preises beurtheilt. Er ließ sich daher sowohl für seine Tinkturen, als auch für seine medicinischen Rathschläge gründlich bezahlen. — Wer von ihm kurirt werden wollte, mußte ihm das Prophetenwasser, diesen hochtönenden Namen hatte er der Harnprobe gegeben, einsenden, aber auch zugleich dem Boten*) eine genügende Geldsumme für des Arztes Bemühungen und für die nöthigen Arzeneien mit geben, sonst hätte er wohl vergeblich auf Antwort warten können. Der Graf Burkhard von Barbi, der von Leipzig aus Turneißer seine Krankheitsgeschichte schrieb, wartete vergeblich auf den guten Rath des Arztes. Er war klug genug die Ursache dieses Schweigens einzusehen, schrieb noch einen Brief und legte 100 Goldgulden bei, da war sofort die Antwort da.

Man machte Thurneißer oft Vorwürfe, daß er so theuer mit seinem guten Rathe und seiner Medizin sei, darauf aber vertheidigte er sich geschickt, indem er sagte: „Er wünsche Jedem, daß er seiner Arzenei nicht bedürfe, er biete sie Niemandem an, wem sie zu theuer wäre, brauche sie ja nicht zu kaufen!"

Und darin hatte er Recht! — Die reichen Narren konnten zahlen und zahlten, sie kauften sich von ihm ganze Hausapotheken von 120 Medikamenten, deren Preis sich auf 386 Thlr. 5 Gr. belief. — Thurneißer hatte nicht nöthig, seine künstlichen Wasser zu verschleudern, er wurde sie reißend los. In seinem Laboratorium waren fortwährend eine Menge von Laboranten beschäftigt, welche Rubinen- und Smaragdentinktur aus den unschädlichsten Stoffen verfertigten. Sein Destillirofen war ununterbrochen mit Gläsern gefüllt, in welchem das köstliche Prophetenwasser abgedampft wurde. — Der hohe Adel, die reichsten Bürger und die Fürsten in ganz Deutschland wetteiferten, den Geldbeutel des Charlatans zu füllen. —

Außer für seine gewöhnliche Medizin hatte Thurneißer auch einen sehr bedeutenden Absatz für Tinkturen, welche dazu dienen sollten, die Schönheit der Damen zu erhalten und zu erhöhen. Unter seinen Papieren fanden sich verschiedene Schreiben von Hofdamen, in denen sie ihn theils um Schminke, theils um Waschwasser und Schönheitsöl ersuchten. Diese Schreiben schlossen immer mit der charakteristischen Bitte, es Niemand wissen zu lassen, auch keiner andern Dame das gleiche Schönheitsmittel zu gewähren.

Neben seiner medicinischen Praxis arbeitete Thurneißer in jener Zeit auch außerordentlich fleißig als Schriftsteller. Er hat eine große Anzahl von Büchern naturwissenschaftlichen, medizinischen und alchymistischen Inhalts geschrieben und herausgegeben. Er wendete manche Stunde der Nacht mit unermüdlichem Fleiß auf diese schriftstellerischen Arbeiten, aber sein Zweck war auch hier, sich neben der Ehre Geld zu erwerben, und dies gelang ihm im ausgedehntesten Maße. Er widmete gewöhnlich seine Bücher irgend einem Fürsten, wie dies heut zu Tage betriebsame Schrift-

---

*) Man ließ damals Briefe und kleine Packete selbst auf weite Entfernungen stets durch eigene Boten besorgen. Das Botenlohn war sehr billig. Nach einer Berechnung vom Jahre 1574 wurden einem Boten von Berlin nach Schwerin und Güstrow 1 Thlr 16 Gr. bezahlt. Man rechnete von Berlin nach Schwerin 24, von Schwerin nach Güstrow 8 Meilen. — Das Wartegeld für 10 Tage wurde mit 20 Gr. bezahlt.

steller ebenfalls thun, und erhielt dafür reiche Ehrengeschenke; mitunter verkaufte er sogar die Manuskripte für bedeutende Summen, so zahlte ihm der Kurfürst Johann Georg für ein einziges alchymistisches Buch im Manuskript die Summe von 9000 Thlr. Das Manuskript war sauber auf Pergament geschrieben und mit künstlich gemalten Figuren verziert.

Thurneißers Bücher wurden außerordentlich gekauft, obgleich sie ohne allen innern Werth waren, weil er es verstand, in denselben dem Aberglauben der Menschen zu schmeicheln. — Er schrieb aus dem Gedächtniß Alles hin, was ihm in den Sinn kam, gab geheimnißvolle Andeutungen, wie man unedle Metalle in edle verwandeln könne, beschrieb chemische Prozesse, die ihm Niemand nachmachen konnte und würzte das Ganze durch Einstreuung historischer Citate ohne Sinn und Verstand, um seine Belesenheit und Gelehrsamkeit zu zeigen; dabei war er rücksichtslos und grob im höchsten Grade und scheute sich nicht, noch lebende Personen in seinen Citaten zu beleidigen. So sagte er z. B. in einer seiner Schriften: „große und starke Personen sind kalter Natur, haben eine böse unreine Complexion, stinken und schwitzen viel, solcher Art ist auch Herr Christoph Sparr, der Kurfürstliche Oberhofmeister in Berlin". Herr Christoph Sparr, der sich damals in großem Ansehen am Hofe in Berlin befand, mag sich über die Schilderung nicht besonders gefreut haben.

Von seiner bodenlosen Grobheit in gelehrten Streitigkeiten giebt Zeugniß der Titel eines Buches, welches er gegen den Licentiaten Joel in Greifswald, der ihn angegriffen hatte, schrieb; derselbe lautet: „Kurze Verantwortung und nothwendige Ehrenrettung des hoch und weit berühmten Herrn Leonhard Thurneißer zum Thurn, kurfürstlich brandenburgisch bestallten Leib-Medici und Bürgers zu Basel, auf die unbesonnenen, übelgegründeten, mit Neid und falscher Auflage, wie eine Sackpfeife mit Wind ausgefüllten, aber mit unchristlichen gleißnerischen Tücken und giftgalischer Bitterkeit, wie ein Igel mit Stacheln überzogenen, verlogenen ehrendiebischen Theses, disputationes und Schmähschriften Franz Joels, des Licentiaten zu Greifswald in Pommern."*)

Das beste Büchergeschäft machte Thurneißer mit seinen Kalendern, welche er, wie dies andere Gelehrte vor ihm gethan hatten, jährlich herausgab und an jedem Tage mit einer Prophezeiung versah. Er war klug genug, diese Schicksalsvorhersagungen stets in so mystischen Worten zu geben, daß sie nach allen Richtungen hin verstanden werden konnten, oft setzte er gar nur einzelne Buchstaben zum Datum eines Tages, in denen die Vorhersagung liegen sollte. Am Schluß des Jahres gab er dann eine Erklärung heraus, welche den Beweis lieferte, daß er mit untrüglicher Sicherheit die Zukunft vorausgesagt habe. Wie leicht ihm dies wurde, möge ein Beispiel beweisen.

In seinem Kalender vom Jahre 1579 hatte er bei dem 12. Oktober die Prophezeiung: „B. L. hart angegriffen," beim 28 Oktober die Buchstaben: F. N. R. Er erklärte das Räthsel im Jahre 1580 dahin: „Das ist des Bayernfürsten Leben hart angegriffen. Darauf Herzog Albrecht, der vorhin krank gewesen, in die Wassersucht gefallen und gar schwach geworden, also daß er hernach den 28. Oktober gestorben, welches mit F. N. R. angedeutet worden. F. das fatum, die Ordnung oder Schickung Gottes, N. necat, das ist: es bringt um, R. Ratisbonensem, den Regensburger, weil Herzog Albrecht zu Regensburg geboren worden. —

Seine Kalender und anderen Bücher wurden so stark gekauft, daß Thurneißer, als gewiegter Geschäftsmann, der alle Vortheile mitnahm, bald genug einsah, er könne nicht besser thun, als wenn er selbst in Berlin eine Druckerei anlege. Dies that er mit vielem Glück. Er zog die tüchtigsten Setzer und Drucker an sich, legte auch eine Schriftgießerei und Formschneiderei an und rief dadurch in diesen Geschäftszweige ein vorher nicht gekanntes gewerbliches Leben nach Berlin. — Mehr als 200 Arbeiter und Künstler wurden von ihm dauernd beschäftigt, theils in der Druckerei, Gießerei und Formschneiderei, theils im Laboratorium, und stets wußte er für seine Zwecke tüchtige Persönlichkeiten heranzuziehen.

Thurneißer beutete die Wissenschaft nach allen Richtungen hin für seinen Gelderwerb aus, so stellte er als Astrologe Nativitäten und verkaufte Talismane an alle Welt. Jedermann glaubte damals, daß dem üblen Einfluß der Gestirne auf den Körper und das Geschick der Menschen nur durch Talismane (münzenähnliche Platten von Metall mit besonderen Prägungen), welche kunstgerecht von gelehrten Astrologen gearbeitet sein mußten, vorgebeugt werden könne. Solche Talismane, welche gegen alle möglichen Krankheiten schützen, selbst in der Schlacht hieb- und kugelfest machen sollten, verkaufte Thurneißer in großen Massen für schweres Geld. — Einer dieser Talismane liegt uns in der Abbildung vor. Es ist eine aus Zinn gegossene runde Münze, welche auf der einen Seite das Bild eines bärtigen Mannes trägt, der mit weitem Pelzrock bekleidet ist. In der Hand trägt er ein Buch. Ueber seinem Kopf schwebt ein Stern und das Wort „Jupiter." — Auf der anderen Seite befindet sich ein Abakus, eine Rechentafel, deren Zahlen (von 1 bis 16) man nach allen Richtungen hin, auch in der Diagonale, addiren kann, ohne eine andere Summe als 34 zu erhalten.

---

*) Gar zu streng darf man mit Thurneißers Grobheit nicht zu Gericht gehen, denn die übrigen Gelehrten seiner Zeit waren bei ähnlichen Gelegenheiten nicht weniger ausfallend.

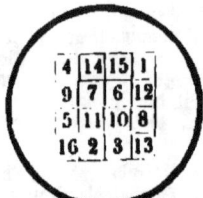

Gerade in diesem Abakus sollte eine Hauptwirkung der Talismane liegen.

Durch alle diese gelehrten Schwindeleien und auch durch einen rein gewerblichen Verkehr, denn er verschmähte nicht, auf Pfänder gegen Wucherzins Geld zu verleihen, erwarb sich Thurneißer im Verlauf sehr weniger Jahre ein wahrhaft fürstliches Vermögen, obgleich er keineswegs sparsam lebte, sondern das Geld mit vollen Händen ausstreute.

Er führte einen glänzenden Hofstaat, alle seine Untergebenen wurden mit Freigebigkeit beköstigt und erhielten reichen Lohn. Für seine persönlichen Ausgaben verschwendete er bedeutende Summen, er ging stets in sammetnen und seidenen Kleidern und trug sogar täglich seidene Strümpfe, zwei Edelknaben bedienten ihn. Wenn er in seiner vierspännigen, durch eine Heerde von Bedienten begleiteten Karosse ausfuhr, hing er sich schwere goldene Ketten um den Hals. — In seinem Hause versammelten sich die ersten Größen der Kunst und Wissenschaft, die höchsten Staatsbeamten zu festlichen Mahlen, selbst der Kurfürst Johann Georg war oftmals sein Gast. — Da wurde reichlich geschmaust und weidlich getrunken, auch die Geschichtsschreiber Nicolaus Leuthinger und Paulus Hastiz, welche später, als der Glücksstern Thurneißers gesunken war, den Abenteurer mit Schmutz beworfen haben, zechten gern in der vornehmen Gesellschaft.

Sein Haushalt war prachtvoll eingerichtet. Es war damals in Berlin Mode, daß man große von Holz geschnitzte, mit natürlichen Geweihen verzierte Hirsche, welche mit Messingleuchtern versehen waren, als Kronenleuchter an die Decken von Sälen oder auch wohl der Hausflure, in denen hier und da ein Familientänzchen gemacht wurde, aufhing. Thurneißer ließ sich im Jahre 1576 einen solchen Hirsch aus reinem Silber machen. Ein Goldschmid arbeitete mit drei Gesellen mehrere Monate an diesem Kunstwerk. — Das Speisegeschirr in Thurneißers Haus war ebenfalls von Silber, es soll nicht weniger als neun Centner gewogen haben.

Thurneißer war ein Charlatan, aber er hatte trotzdem eine wirkliche Liebe zur Wissenschaft, besonders zu den Naturwissenschaften, und er verwendete daher jährlich gewaltige Summen, um sich eine treffliche Bibliothek und kostbare naturhistorische Sammlungen anzuschaffen; er hat hierdurch zuerst das Interesse für derartige Sammlungen in Berlin angeregt; es ist wenigstens nicht bekannt, daß vor seiner Zeit ein Naturalienkabinet in der Mark Brandenburg existirt habe.

Er besaß eine reiche Sammlung von Samen der Pflanzen aus allen Theilen der Welt, ein gut getrocknetes Herbarium, welches er mit außerordentlichem Eifer vervollständigte, eine Muschel- und Schneckensammlung, ausgestopfte und getrocknete Thiere aller Art. Pflanzen und Thiere, sowie Präparate des menschlichen Körpers, welche sich nicht aufbewahren ließen, wurden mit großen Kosten abgebildet und so seiner Sammlung einverleibt. Sein Hof war mit seltenen lebenden Thieren bevölkert, sein Garten voll herrlicher Blumen und fremder Arzneipflanzen.

Es läßt sich nicht in Abrede stellen, daß Thurneißer trotz seiner vielen Fehler, seiner betrügerischen Marktschreiereien und seines Geldgeizes ein außerordentlicher Mann war, der im Zeitraum weniger Jahre nicht nur sich selbst ein fürstliches Vermögen erworben, sondern der sich auch um die Hebung von Kunst und Wissenschaft in Berlin und Cöln außerordentlich verdient gemacht hat.

Er zog aus allen Ländern Deutschlands junge, tüchtige, strebsame Künstler und Gelehrte nach Berlin. Seine Druckerei wurde durch Reichhaltigkeit der Schriften und saubere Ausführung der Druckarbeiten eine Musteranstalt. Auch um die Medizin erwarb er sich Verdienste, indem er andere Aerzte zuerst auf die Einführung chemischer Medikamente aufmerksam machte. Er war außerdem rastlos thätig, tüchtige gewerbliche Anstalten im Lande durch seinen Rath und seine Kenntnisse zu fördern und zu verbessern, so die Alaun- und Salpetersiedereien. — Um für seine vielen chemischen Arbeiten gute Retorten und Glasflaschen zu erhalten, übernahm er die Aufsicht einer Glashütte und verbesserte das Verfahren in derselben wesentlich, so daß fortan in der Mark Brandenburg ein feines weißes Glas fabricirt wurde.

Thurneißers Verdienste wurden allgemein anerkannt. Wenn auch manche Aerzte und Gelehrte mit Neid auf ihn blickten, und hier oder da sich auflehnten gegen seine unverschämten Charlatanerie, so verhallten ihre Worte doch meistens ungehört, sie machten besonders nicht den geringsten Eindruck auf den Kurfürsten Johann Georg, der mit gläubigem Vertrauen an seinem Leibarzt hing.

Thurneißer war ein hoch geachteter, ja berühmter Mann, der im Genuß eines fürstlichen Reichthums schwelgte, dessen Glück unwandelbar schien, und dennoch war er nicht glücklich.

Jene seltsame Unruhe, welche ihn schon in früheren Jahren gepeinigt, ihn getrieben hatte, eine gesicherte und reichliche Existenz aufzugeben, um ein neues Abenteuerleben zu beginnen, ergriff ihn auch in Berlin. —

Er fühlte sich nicht heimisch in den Prachtgemächern des grauen Klosters. Das Heimweh, jene den Schweizern so eigenthümliche Krankheit, ergriff auch ihn; die alten Jugenderinnerungen stiegen in ihm auf, er fühlte eine namenlose

Sehnsucht nach seiner Vaterstadt Basel, aus welcher er verbannt war. —

Seine zweite Frau hatte in Berlin nicht lange an seiner Seite gelebt, er stand als Wittwer wieder allein, denn seine Kinder schafften ihm keine Häuslichkeit. Zu seinem Unglück kam sein böser Engel wieder zu ihm. —

Thurneißers Bruder, Alexander, hatte in Basel sein ganzes Vermögen vergeudet und eine bedeutende Schuldenlast angehäuft; um seinen Gläubigern zu entgehen, mußte er Frau und Kinder im Stich lassen und bei Nacht und Nebel flüchten. Als ein armseliger Bettler kam er nach Berlin und flehte die Mildthätigkeit des Bruders an, den er seit den Tagen der Kindheit unaufhörlich gehaßt, gekränkt und betrogen hatte.

Thurneißer nahm sich von Neuem des Bruders an. Er riß ihn aus seiner drückenden Schuld und überhäufte ihn mit Wohlthaten. — Alexander war ja eine lebende Erinnerung an die schöne Jugendzeit, mit ihm konnte er von den lieben Baslern plaudern. — Er fand nicht nur einen aufmerksamen Zuhörer in Alexander, dieser bestärkte ihn auch in der Sehnsucht nach seiner Vaterstadt und regte in ihm den Plan an, seine erworbenen Schätze dort zu verzehren. — Nichts sei leichter, als das verlorene Bürgerrecht in Basel wieder zu gewinnen, wenn er nur die Juden zu Biel mit ihren Forderungen befriedige und die noch schwebenden, seinetwegen gemachten Schulden des Vaters bezahle.

Thurneißer fand sich hierzu gern bereit, er schickte Alexander nach Basel zurück und ließ durch diesen alle die noch schwebenden Schuldverhältnisse ordnen. Er erhielt in der That die Erlaubniß, nach Basel zurückzukehren und forderte nun seinen Abschied aus den kurfürstlichen Diensten.

Johann Georg hielt so viel auf seinen Liebling, daß er ihn nicht ziehen lassen wollte, nur mit Mühe war er zu bewegen, Thurneißer die Genehmigung zu einem Besuche in der Vaterstadt zu geben.

Dieser Besuch entschied über Thurneißers Schicksal. Seine Sehnsucht, die Früchte seiner langjährigen Anstrengungen künftig in Basel zu genießen, wurde bei ihm zur fixen Idee. Er ließ sich von Neuem in das Bürgerbuch der Stadt eintragen, kaufte sich in der Heimath mit Grundbesitz an, und, kaum nach Berlin zurückgekehrt, begann er seine kostbarsten Geräthe einzupacken und Wagenladung auf Wagenladung nach Basel zu schicken; dort wollte er sich ein neues Hauswesen gründen.

Er hatte vor seiner Abreise aus Basel gegen seine Bekannten geäußert, daß er wohl Lust habe, sich wieder zu verheirathen, wenn er in der Heimath eine Braut aus vornehmer Familie, welche ihm gefalle, finden könne — die Freunde schlugen ihm ein Fräulein aus adliger Familie, Marina, die Tochter des Junkers Matthäus Herbrott, vor, und schickten ihm das Bild der Dame nach Berlin. —

Das Bild gefiel ihm, die vornehme Abstammung des Fräuleins schmeichelte seiner Eitelkeit, er hielt daher um die Hand der jungen Dame an und erhielt das Jawort. Die Hochzeit wurde am 7. November 1580 in Basel gefeiert.

Thurneißer hatte kein Glück in der Ehe, schon unmittelbar nach der Hochzeit zeigte es sich, daß seine junge Frau ihn nur um des Geldes willen geheirathet habe. Sie hatte vor der Hochzeit einen unzüchtigen Lebenswandel geführt und setzte denselben auch ohne Scheu und Scham als Frau fort. — Es gab harte Auftritte zwischen den beiden Ehegatten und Thurneißer mag wohl mit schwerem Herzen Basel*) verlassen haben, als er im Januar 1581 nach Berlin reiste, wohin ihn seine noch ungelösten Verhältnisse riefen.

In Berlin empfing Thurneißer fortwährend ungünstige Nachrichten von der Aufführung seiner Frau in Basel, trotzdem war er thöricht genug, sein ganzes Vermögen zu Gelde zu machen, und dies sowohl, wie den Rest seines Haushalts nach Haus zu schicken. Er kam nun noch einmal um seinen Abschied ein, aber wieder wurde ihm derselbe verweigert und Johann Georg forderte von ihm, er solle sein Weib nach Berlin kommen lassen. Der Kurfürst und die Kurfürstin versprachen, sich so gnädig gegen Thurneißers Frau zu bezeigen, daß diese gern in Berlin bleiben solle, gefalle es ihr aber trotzdem nicht, dann

---

*) Thurneißer hinterließ seiner Frau bei seiner Abreise eine Instruktion, wie sie sich in ihrem Haushalt zu benehmen habe. Diese Instruktion läßt uns einen interessanten Blick in die damals herrschende Lebensweise und Zeiteintheilung thun. Man stand des Morgens nach 5, auch wohl erst gegen 6 Uhr auf, aß dann gegen 8 Uhr eine Suppe, um 10 Uhr die Mittagsmahlzeit, um 3 Uhr das Abendbrot und um 5 Uhr das Nachtmahl. Gegen 7, spätestens 8 Uhr ging man, wenn nicht besondere Festlichkeiten eine spätere Stunde erheischten, zu Bette. — Unsere Vorfahren schliefen also nicht weniger als 9 bis 11 Stunden des Nachts und hielten außerdem doch auch noch ihr Mittagsschläfchen. Der Leibmedicus Möhsen, der im vorigen Jahrhundert ein treffliches Buch über das Leben Thurneißers geschrieben hat, sagt über diese Lebensordnung sehr treffend: — „Wären wir gewiß, daß unsere Vorfahren bei dieser Ordnung gesunder, stärker und älter geworden, so könnten wir noch deren Diät aus ihren Küchenzetteln und Kochbüchern nachholen. Wenn wir aber bedenken, daß sie in den langen Nächten Gespenster sahen, vom Alp, ja zuweilen vom Teufel selbst geritten wurden, Pakte mit dem Satanas mit Blut unterschrieben, und daß eine große Exekution von etlichen 60 brennenden Juden, Hexen und Zauberern, die sich auf ihre Unschuld beriefen, und aus den Flammen über Unrecht und Gewalt schrieen, — ihnen kaum so viel Rührung machte, als jetzt Mahomet und Emilia Galotti, — so wollen wir gern mit der Abänderung, die innerhalb zweihundert Jahren vorgefallen, zufrieden sein. Viel schlafen und dickes Bier waren dem Alp und den Gespenstern günstig."

wollten sie die Uebersiedelung nach Basel gestatten.

Auf einen so freundlichen Vorschlag mußte Thurneißer wohl eingehen. Er ließ seine Frau nach Berlin kommen, hier aber führte sie einen so bodenlos unanständigen Lebenswandel, daß sie nur drei Wochen bleiben konnte, dann mußte sie Thurneißer ihren Eltern zurückschicken.

Von diesem Tage an traf das Unglück Schlag auf Schlag den vorher vom Glück so sehr begünstigten Abenteurer. Kaum war seine Frau in Basel angekommen, als ihr Vater beim Rath klagte, daß Thurneißer sie verstoßen habe. Ein langwieriger Ehescheidungsprozeß begann, bei welchem zuletzt die Frau Recht behielt und in das gesammte Vermögen des Mannes eingesetzt wurde. — So war Thurneißer plötzlich wieder arm, fast ein Bettler geworden, denn sein ganzes Vermögen befand sich in Basel. —

Jetzt regten sich auch die Feinde, welche früher nicht gewagt hatten, den einflußreichen Mann anzugreifen, alle möglichen Verdächtigungen und besonders die, daß er ein Hexenmeister sei, der mit dem Satan im Bunde stehe, wurden gegen ihn ausgesprengt und vom Volke geglaubt, denn dieses mußte ja längst, daß es im grauen Kloster nicht mit rechten Dingen zugehe.

Da wurde erzählt, ein Page sei einst plötzlich in sein Zimmer gekommen, der habe den Thurneißer mit drei schwarzen Mönchen an einem Tische sitzen und essen sehen, die Mönche seien aber böse Hexenmeister gewesen, welche den Pagen schwer mißhandelt hätten. — Thurneißer solle fürchterliche schwarze Zauberteufel besitzen, welche er in einem Glas eingeschlossen halte, außerdem habe er einen Zaubervogel, der mitten im Wasser lebe und zwischen Fischen lustig umher springe. — Und die Wahrheit solcher Gerüchte konnten Hunderte bezeugen, welche sowohl den Teufel, als den Vogel gesehen hatten, denn der Teufel war nichts anderes, als ein in Baumöl in einem Kristallglas aufbewahrter Skorpion, der der Naturaliensammlung Thurneißers angehörte und auch mit dem Vogel im Wasser bei den Fischen hatte es seine Richtigkeit. Thurneißer hatte einen der gläsernen Bauer anfertigen lassen, deren man jetzt so viele sieht, in dessen äußern mit Wasser gefülltem Rande die Fische schwammen, während im Innern der Vogel lustig umher sprang und sang.

Solche Kleinigkeiten genügten damals, einen Mann in den hochgefährlichsten Verdacht der Zauberei zu bringen, und es konnte Thurneißer keineswegs gleichgültig sein, daß derartige Mährchen von ihm in allen Bierstuben erzählt wurden.

Noch schätzten ihn die Liebe und das Vertrauen des Kurfürsten; aber auch diese fürchtete er zu verlieren. — Der Amtshauptmann vom Mühlenhof hatte ihm ein Gewölbe öffnen müssen, in welchem Thurneißer einen besonders gestalteten Ofen erbaut hatte, um Gold zu machen. — Er hatte den Kurfürsten schon früher den Beweis gegeben, daß er nicht nur ein theoretischer, sondern ein praktischer Alchymist sei, indem er einen großen eisernen Nagel zur Hälfte in Gold verwandelte.*) Es war ein geschicktes Taschenspieler-Kunststück gewesen, welches er später, als er flüchtig war, in Italien noch einmal wiederholte.

So lange Thurneißer im Reichthum schwelgte, fand er keine Veranlassung, mit Goldmacherei seine Zeit zu verschwenden und den Kurfürsten zu betrügen, als aber plötzlich, wie durch einen Zauberschlag, alle seine Reichthümer zerstoben waren, als er keine Käufer für seine Bücher und Arzeneien mehr fand, als ihm kein Prophetenwasser und sein Geld mehr eingesendet wurde, da mußte er schon zu den betrügerischen Mitteln aller andern Alchymisten greifen, und er sah nun die Zeit nahen, in welcher seine Betrügereien aufgedeckt werden würden.

Früher hätte sein erfindungsreicher Geist leicht Auswege gefunden, um den betrogenen Kurfürsten abermals zu täuschen, jetzt aber war seine Kraft gebrochen durch das Unglück, sein Scharfsinn war abgestumpft. — Er fühlte, daß seine Zeit vorüber sei, er wagte es nicht mehr, seinen zahlreichen Feinden zu widerstehen, nur eine Rettung gab es für ihn, die Flucht aus der Mark Brandenburg, und zu dieser entschloß er sich in der Mitte des Jahres 1584.

Die Flucht gelang ihm; aber sein Glück war von ihm gewichen und kehrte nicht wieder zu ihm zurück. Als ein unsteter Abenteurer irrte Thurneißer noch manches Jahr theils in Italien, theils in Deutschland umher. Im Jahre 1595 soll er im Elende gestorben sein. —

Fünftes Kapitel.

Johann Georgs Kirchenordnung. — Geistliche Prügeleien. — Der Scharfrichter von Berlin. — Wirthshausleben im 16. Jahrhundert. — Berliner Garküchen.

Kurfürst Johann Georg theilte in hohem Maße die Neigung der meisten Fürsten seines Hauses, sich eingehend mit theologischen Streitfragen zu beschäftigen. Hatte schon sein Vater Joachim, der sich sonst um die Regierung wenig kümmerte, auf diesem Felde vielfach selbstthätig gewirkt, so mußte Johann Georg, der überall persönlich in die Regierung eingriff, sich um so mehr veranlaßt sehen, die Kirchenordnung zu überwachen und die Gesetzgebung in Kirchensachen zu erweitern.

Johann Georg hing an dem eigentlichen ächten Lutherthum, welches unter Joachim II. in der Mark Brandenburg manche Feinde gefunden hatte, da die Vorliebe des Kurfürsten für die pomphaften katholischen Gebräuche besonders in Berlin und Cöln die nachahmungssüchtigen Residenzler angesteckt hatte.

---

*) Dieser Nagel wird noch heut in Berlin aufbewahrt und gezeigt.

Kaum hatte Joachim II. die Augen geschlossen, so führte sein Sohn ein anderes Kirchensystem ein. Viele Gebräuche, welche noch an den katholischen Gottesdienst erinnerten, mußten abgeschafft werden.

Mit dieser Aenderung in der Form war indessen Johann Georg nicht zufriedengestellt, er wünschte überhaupt eine größere Ordnung im Kirchenregiment und selbst in der protestantischen Lehre, eine Ausgleichung der unendlich von einander abweichenden Glaubensrichtungen innerhalb der evangelischen Kirche einzuführen. Es öffnete sich ihm hier ein außerordentlich weites Feld der Thätigkeit.

Die evangelische Kirche hatte sich in ein unleidliches Sektenwesen zersplittert. Es kämpften nicht nur die Anhänger Luthers mit wahrer Wuth gegen die Zwinglis und Calvins, auch unter den Lutheranern selbst zeigte sich eine Zerfahrenheit in der Glaubensrichtung, welche um so störender auf die religiöse Bildung des Volkes einwirkte, als die Geistlichen ihre Meinungen nicht in Milde und Duldsamkeit gegen Andersdenkende vertraten, sondern dieselben von den Kanzeln herab als den einzigen Weg, der zum Himmel führe, predigten und jeden verdammten, der nicht gleichen Glaubens sei.

Jeder angesehene Geistliche hatte sein eigenes Glaubenssystem, welches oft nur in geringfügigen Kleinigkeiten von dem Anderer abwich, trotzdem aber mit einer Erbitterung sonder Gleichen vertheidigt wurde und innerhalb der Bürgerschaft Anhänger fand.

In den Bierstuben von Berlin und Cöln wurde in jener Zeit mehr und mit größerem Eifer über Religion gestritten, als heut zu Tage über die Politik. — Je weniger die Bürger von dem eigentlichen Wesen dieser religiösen Streitigkeiten verstanden, je fester klammerten sie sich an die kirchlichen Formen und an todte unverstandene Worte, die ihnen der Inbegriff wahrer göttlicher Weisheit waren.

Die Streitigkeiten über Abweichungen im Glauben beschränkten sich bei dem heißen Blut der alten berliner Bürger nicht nur auf Wortgefechte, man griff meist schnell genug zu kräftigeren Mitteln, um Irrgläubige von der wahren Lehre zu überzeugen. Dem heftigen Worte folgte die schnelle That. — Fast allabendlich waren die Trinkstuben der Schauplatz blutiger Schlägereien. Die Bänke und Tische wurden umgestürzt, Tischfüße und Schemmelbeine dienten als geistliche Waffen, um den Ketzern den wahren Weg ins Himmelreich zu zeigen. — Man warf sich mit Bierkrügen, stieß sich blutige Nasen und schlug sich Löcher in die harten Hirnschädel, um der Lehre eines bessern Christenthums gedeihlichen Eingang zu verschaffen.

Und wie die Laien, so die Geistlichen. Auch diese verschmähten die derbsten Mittel nicht, um Sieger im geistlichen Kampfe zu bleiben. Ein Brief, welchen Thurneißer im Jahre 1576, als er sich in Begleitung des Kurfürsten auf einer Reise befand, von seinem Freund Daniel April über derartige Vorgänge in Berlin erhielt, charakterisirt die geistlichen Streitigkeiten hinlänglich; es heißt in demselben:

„Wunder habe ich gehört, wie sich unsere Pfaffen schlagen, schelten und zanken, daß es Sünde und Schande ist. In der St. Nikolauskirche haben sie sich mit den Leuchtern wollen schlagen. Die zu St. Marien haben sich auf dem neuen Markt einander mit Steinen geworfen, daß man sie mit großer Mühe hat von einander bringen müssen, und ist dieses Alles um das leidige Geld zu thun, das sind ihre guten Exempel in diesen gefährlichen Zeiten. Ich gedenke, daß ihnen unser Herr Gott wird nicht so viel lassen zu gute werden, daß sie die Pestilenz erwischen, sondern der Teufel wird sie noch wohl gar hinweg holen."

Man darf sich über derartige Prügeleien nicht gar zu sehr wundern, denn die Prediger waren damals noch zum großen Theil verdorbene Handwerker und Müßiggänger aller Art, welche das Seelsorgeramt bequemer fanden, als harte Arbeit. — Sowohl die Prediger als die Inhaber geistlicher Pfründen führten oft einen recht ärgerlichen Lebenswandel, wie dies aus einem Revers hervorgeht, den Andreas von Röbell im Jahre 1577 unterschreiben mußte, als er eine einträgliche Pfründe im Stift Havelberg erhielt. Er mußte in diesem Revers versprechen:

„Ich will mich auch des Vollsaufens enthalten und bei jeder Mahlzeit mit zwei ziemlichen Bechern Biers und Weins zufrieden sein. Sollte ich dies aber übertreten und einmal trunken befunden werden, so will ich mich in der Küche einstellen und mir vierzig Streiche weniger einen, als dem heiligen Apostel Paulus geschehen ist, von dem sie Ihro kurfürstliche Gnaden dazu verordnen werden, mit der Ruthe geben lassen." —

Johann Georg bemühte sich eifrig, die trostlosen kirchlichen Verhältnisse zu ordnen und auch durch eine Verbesserung der Schulen für eine gediegenere Vorbildung der Geistlichen zu sorgen.*) Als Anhänger der streng lutherischen Lehren forderte er von den Geistlichen des Landes, daß sie sich zu der augsburgischen Konfession bekennen mußten. — Um die Verschiedenheit der Lehrsysteme zu beseitigen, machte er schon im Jahre 1572 eine Sammlung von Kirchenvorschriften bekannt, welche aus der augsburgischen Konfession, Luthers kleinem Katechismus nebst Erklärungen, aus einer Agende und einer Zeremonienordnung bestand, nach der sich alle Geistlichen in der Mark richten sollen; aber er vermochte es nicht, so strenge er

---

*) Er vereinigte die Nikolai- und Marienschule zu einer größeren Lehranstalt, welche er in das graue Kloster zu Berlin verlegte und begründete hierdurch das noch heut blühende Berliner Gymnasium zum grauen Kloster. —

auch auf die Befolgung der Kirchenordnung hielt, diese durchzusetzen.

Im Jahre 1573 erließ er eine Visitations- und Konsistorialordnung, in welcher er regelmäßige Kirchenvisitationen anbefahl, es wurde in derselben unter Anderm auch den Geistlichen verboten, ferner ärgerliche Reden auszuschütten und lästerliche Flüche von heiliger Stätte erschallen zu lassen, wodurch die Zuhörer, besonders die jüngern, nicht erbaut, sondern verführt und wild gemacht wurden.

Diese Visitationsordnung Johann Georgs enthält, neben manchen recht tüchtigen Bestimmungen, auch eine, welche Zeugniß dafür ablegt, wie tief der Kurfürst in den Vorurtheilen seiner Zeit befangen war. Er gebot, daß gottlose, faule, unachtsame Leute, Verächter des Abendmahls, das heißt solche, die einige Jahre das Sakrament des Altars nicht gebraucht hätten, ferner Spieler, Zauberer, "Vollsäufer" und dergleichen Sünder von den christlichen Versammlungen, von Gevatterschaften und vom Kirchhofe ausgeschlossen würden; man sollte sie als "unvernünftige Thiere" ohne Sang und Klang verscharren.

Die Bestrebungen Johann Georgs, eine bessere Kirchenordnung zu erzielen, verdienen Anerkennung, ebenso seine Bemühungen, die höchst verwickelten Privatrechtsverhältnisse in der Mark Brandenburg zu klären. Es bestand eine große Verworrenheit in der Rechtspflege. Neben den alten Gewohnheitsrechten hatte sich das römische Recht in der Mark Brandenburg eingebürgert und dadurch war eine Unsicherheit in der Rechtspflege entstanden, welche auf die bürgerlichen Verhältnisse vielfach nachtheilig wirkte.

Johann Georg sowohl, als die Landstände, erkannten das Unhaltbare eines solchen Zustandes und die Nothwendigkeit, durch ein schriftlich abgefaßtes, bestimmtes märkisches Provinzialrecht eine Rechtssicherheit zu begründen. Der Kanzler Lamprecht Distelmeier erhielt den Auftrag, ein märkisches Landrecht auszuarbeiten, der Entwurf genügte aber den Ständen nicht und eben so wenig derjenige, welchen der Sohn und Nachfolger des Kanzlers, Christian Distelmeier, anfertigte. So zog sich denn diese wichtige Sache von Jahr zu Jahr hin und kam während der Regierung Johann Georgs nicht zum Abschluß. —

Aus dem Streben, eine Verbesserung der Rechtsverhältnisse in der Mark Brandenburg anzubahnen, hat man vielfach auf ein besonderes Rechtsgefühl des Kurfürsten geschlossen, aber mit Unrecht. Johann Georg hatte schon in seinem Verfahren gegen den Münzjuden Lippold, gegen die schöne Gießerin, den Rentmeister Matthias und die übrigen Günstlinge seines Vaters hinlänglich bewiesen, daß ihm der Sinn für Gerechtigkeit abgehe. Er war wohl grausam strenge; selten nur begnadigte er einen zum Tode verurtheilten Verbrecher, aber diese Strenge war nicht ein Ausfluß des Gerechtigkeitsgefühls, sondern eines kalten, mitleidslosen Herzens. Gerade die Regierung Johann Georgs zeichnete sich daher durch eine Fülle grauenhafter Hinrichtungen aus, das Volk von Berlin und Cöln konnte seine Neigung, derartigen furchtbaren Schauspielen beizuwohnen, nach Herzenslust befriedigen. Da wurden Diebe*) gehängt, Zauberer und Hexen verbrannt, Ehebrecher geköpft und untreue Ehefrauen ersäuft. — Der Scharfrichter von Berlin verdiente sein Brod mit Ehren, aber gerade seine gar zu reichliche Beschäftigung flößte doch ein Grauen vor ihm ein, und die Bestallung, welche der Scharfrichter von Berlin im Jahre 1587 erhielt, zeigt uns, daß sein Amt nicht als Ehrenamt betrachtet wurde. — Er wurde in dieser Bestallung verpflichtet, jederzeit auf Erfordern vor dem Rathe zu erscheinen und sich so zu kleiden, daß schon sein Anzug ihn von den Bürgern unterscheide. Er mußte einen hellgrauen Hut mit rother Binde tragen und auch das Schwert stets bei sich führen. — Zu seinen Amtsgeschäften gehörte es, die Straßen der Stadt mit Hilfe seiner Leute rein zu halten, den Bürgern das krepirte Vieh fortzuholen und die Leichen der Selbstmörder zu verscharren. Kein Scharfrichter durfte es wagen in den Trinkstuben zu erscheinen und in die Gesellschaft ehrlicher Bürger zu gehen.

Durch die Verpflichtung des Scharfrichters, die Straßen von Berlin rein zu halten, war für eine bessere Luft in der Stadt wenigstens einigermaßen gesorgt, den gleichen Zweck hatte auch ein kurfürstlicher Befehl vom Jahre 1583, welcher den an der Spree wohnenden Bürgern gebot, ihre Höfe sauber zu halten; bisher hatten die aus den Höfen in die langsam fließende Spree abfließenden Schmutzbäche die Luft in der Umgegend des Flusses und des Schlosses verpestet.

Man begann in dieser Zeit überhaupt einige Einrichtungen zu treffen, welche nicht nur auf die Sicherheit, sondern auch auf die Bequemlichkeit und Annehmlichkeit zielten, so die Einrichtung, in welcher der erste Anfang eines Postverkehrs lag, daß regelmäßige Boten nach den Nachbarstädten mit Briefen gesendet wurden.

Bisher hatten sich die Bürger unserer Stadt Berlin wenig darum gekümmert, wie sie sich gegenseitig das Leben bequem und angenehm machen könnten, überhaupt lag ein solches Streben nicht im Geiste der Zeit. Ein Zeugniß hierfür gab die höchst mangelhafte Einrichtung der Gasthäuser; diese waren in Berlin gewiß nicht viel werth, denn in dem Freihausprivilegium vom Jahre 1581 für das ehemals dem Abte von Lehnin zu-

---

*) Auch Wilddiebe wurden mit dem Strange hingerichtet; der "milde" Kurfürst Johann Georg hatte im Jahre 1574 ein Edict wider die Wilddiebe erlassen, in welchem er sagte: "Würde sich aber Jemand dasselbe unterstehen und darob betreten, der soll zu ernster Haft und Gefängniß gebracht und, wenn er sonst nichts mehr verbrochen, denn daß er Wildpret geschossen oder niedergeschlagen, als ein öffentlicher Dieb unseres gehegten und befriedigten Wildprets mit dem Strange vom Leben zum Tode gerichtet werden."

gehörige Haus in der Heiliggeiststraße, erklärte Kurfürst Johann Georg, daß die Prälaten und Stände des Kurfürstenthums, um nicht gezwungen zu sein in „gemeinen Herbergen" zu liegen, sich eigene Häuser in Berlin angeschafft hätten.

Die Mark Brandenburg und auch unsere guten Städte Berlin und Cöln waren gegen Süddeutschland in der Kultur recht reichlich um ein halbes Jahrhundert zurück, wir dürften daher nicht fehlgreifen, wenn wir die Schilderung deutscher Gasthöfe, welche Desiderius Erasmus im Anfange des Jahrhunderts machte, als für Berlin in der zweiten Hälfte desselben zutreffend betrachten. — Erasmus berichtet uns Folgendes:*)

„Bei der Ankunft grüßt Niemand, damit es nicht scheine, als ob sie viel nach Gästen fragten, denn dies halten sie für schmutzig und niederträchtig und des deutschen Ernstes unwürdig. Nachdem Du lange geschrieen hast, steckt endlich einer aus der Kopf durch das kleine Fensterchen der geheizten Stube heraus, gleich einer aus ihrem Hause hervorschauenden Schildkröte. In solchen geheizten Stuben wohnen sie beinahe bis zur Zeit der Sommersonnenwende.

Diesen Herausschauenden muß man nun fragen, ob man hier einkehren könne. Schlägt er es nicht ab, so ersiehst Du daraus, daß Du Platz haben kannst. — Die Frage nach dem Stall wird mit einer Handbewegung beantwortet. Dort kannst Du nach Belieben die Pferde nach Deiner Weise behandeln, denn kein Diener legt eine Hand an.

Ist es ein berühmtes Gasthaus, so zeigt Dir ein Diener den Stall und auch den freilich gar nicht bequemen Platz für das Pferd. Denn die Plätze werden für spätere Ankömmlinge, vorzüglich für Adlige aufbehalten.

Wenn Du etwas tadelst, hörst Du gleich die Rede: „Ist es Dir nicht Recht, so suche Dir ein anderes Gasthaus!" Heu wird in den Städten ungern und sparsam gereicht und fast eben so theuer als der Hafer selbst verkauft.

Ist das Pferd besorgt, so begiebst Du Dich, wie Du bist, in die Stube, mit Stiefeln, Gepäck und Schmutz. Diese geheizte Stube ist allen Gästen gemeinsam. Daß man, wie bei den Franzosen, eigene Zimmer zum Umkleiden, Waschen, Wärmen oder Ausruhen anweist, kommt hier nicht vor, sondern in dieser Stube ziehst Du die Stiefeln aus, bequeme Schuhe an und kannst auch das Hemd wechseln. Die vom Regen durchnäßten Kleider hängst Du am Ofen auf und gehst Dich zu trocknen, selbst an ihn hin. Auch Wasser zum Händewaschen ist bereit, aber es ist meist so sauber, daß Du Dich nach einem andern Wasser umsehen mußt, um die eben vorgenommene Waschung abzuspülen.

Kommst Du um 4 Uhr Nachmittags an, so wirst Du doch nicht vor 9 Uhr speisen, nicht selten erst um 10 Uhr, denn es wird nicht eher aufgetragen, als wenn sie Alle speisen, damit auch Allen dieselbe Bedienung zu Theil werde.

So kommen in demselben geheizten Raum häufig 80 oder 90 Gäste zusammen, Fußreisende, Reiter, Kaufleute, Schiffer, Fuhrleute, Bauern, Knaben, Weiber, Gesunde und Kranke; hier kämmt der Eine sich das Haupthaar, dort wischt sich ein Anderer den Schweiß ab, wieder ein Anderer reinigt seine Schuhe oder Reitstiefeln, Jenem stößt der Knoblauch auf; kurz es ist ein Wirrwarr der Sprachen und Personen, wie beim Thurmbau zu Babel.

Gewahren sie jemand Fremden, der sich durch eine würdigere Haltung auszeichnet, so sind aller Augen auf ihn dergestalt gerichtet, als sei er irgend eine Art neu aus Afrika hergebrachten Gethiers, und selbst, nachdem sie am Tische Platz genommen, sehen sie den Fremdling, mit nach dem Rücken zugekehrten Antlitz und das Essen vergessend, beständig mit unverrücktem Auge an. Etwas inzwischen zu begehren, geht nicht an.

Wenn es schon spät am Abend ist und keine Ankömmlinge mehr zu hoffen sind, tritt ein alter Diener mit grauem Bart, geschorenem Haupthaar, grämlicher Miene und schmutzigem Gewande herein, läßt seinen Blick still zählend nach der Zahl der Anwesenden umher gehen, und den Ofen desto stärker heizen, jemehr er gegenwärtig sieht, wenngleich die Sonne durch ihre Hitze lästig wird, denn es bildet bei ihnen (den Deutschen) einen vorzüglichen Punkt guter Bewirthung, wenn Alle vom Schweiße triefen.

Oeffnet nun Einer, ungewöhnt solchen Qualms, nur eine Fensterritze, so schreit man sogleich: „Zugemacht!" Antwortest Du: „Ich kann es vor Hitze nicht aushalten!" so heißt es: „Such Dir ein anderes Gasthaus!" Und doch ist nichts gefährlicher, als wenn so viele Menschen, zumal wenn die Poren geöffnet sind, einen und denselben Qualm einathmen, in solcher Luft speisen und mehrere Stunden darin verweilen müssen; nichts zu sagen von den Winden, die ganz ohne Zwang nach oben und unten losgelassen werden. Von dem stinkenden Athem giebt es viele, die an heimlichen Krankheiten, wie z. B. der so häufig vorkommenden spanischen oder französischen Krätze leiden, von der man sagen kann, sie sei allen Nationen gemein. Von solchen Kranken droht größere Gefahr, als von Aussätzigen.

Der bärtige Ganymed kommt wieder und legt auf so viele Tische, als er für die Zahl der Gäste hinreichend glaubt, die Tischtücher auf, grob wie Segeltuch; für jeden Tisch bestimmt er mindestens acht Gäste. Diejenigen, welche mit der Landessitte bekannt sind, setzen sich, wohin es ihnen beliebt, denn hier ist kein Unterschied zwischen Armen und Reichen, zwischen Herrn und Diener.

Sobald sich Alle an den Tisch gesetzt, erscheint wieder der sauersehende Ganymed und zählt nochmals seine Gesellschaft ab, und setzt dann vor jeden Einzelnen einen hölzernen Teller, einen

---

*) Der interessante Artikel ist aus der deutschen Kultur- und Sittengeschichte von Johannes Scherr entnommen.

Holzlöffel und nachher ein Trinkglas. Wieder etwas später bringt er Brod, was sich jeder zum Zeitvertreib, während die Speisen kochen, reinigen kann.

So sitzt man nicht selten nahezu eine Stunde, ohne daß irgend wer das Essen begehrt, endlich wird der Wein von bedeutender Säure aufgesetzt. — Fällt es nun etwa einem Gaste ein, für sein Geld um eine andere Weinsorte, von anderswo her, zu ersuchen, so thut man anfangs, als ob man es nicht höre; aber mit einem Gesichte, als wolle man den ungebürlichen Begehrer umbringen. Wiederholt der Bittende sein Anliegen, so erhält er den Bescheid: „In diesem Gasthof sind schon so viele Grafen und Markgrafen eingekehrt und keiner hat sich noch über meinen Wein beschwert! Steht es Dir nicht an, so suche Dir ein anderes Gasthaus! — Denn nur die Adligen ihres Volkes halten sie für Menschen und zeigen auch häufig deren Wappen.

Damit haben die Gäste einen Bissen für ihren bellenden Magen. Bald kommen mit großem Gepränge die Schüsseln. Die erste bietet fast immer Brodstücken mit Fleischbrühe, oder ist's ein Fast- oder Fischtag mit Brühe von Gemüsen übergossen, dann folgt eine andere Brühe, hierauf etwas von aufgewärmten Fleischarten, oder Pökelfleisch, oder eingesalzenen Fisch; wieder eine Musart, hierauf festere Speise, bis dem wohlgezähmten Magen gebratenes Fleisch oder gesottene Fische von nicht zu verachtendem Geschmack vorgesetzt werden; aber hier sind sie sparsam und tragen sie schnell wieder ab. —

Am Tische muß man bis zur vorgeschriebenen Zeit sitzen bleiben, und diese, glaube ich, wird nach der Wasseruhr bemessen. Endlich erscheint der bewußte Bärtige oder gar der Gastwirth selbst, welcher letztere sich am wenigsten von seinem Diener in der Kleidung unterscheidet, dann wird auch etwas besserer Wein herbeigebracht. Die besser trinken, sind dem Wirthe angenehmer, obgleich sie um nichts mehr zahlen, als jene, die sehr wenig trinken, denn es sind nicht welche, die mehr als das Doppelte in Wein verzehren, was sie für das Gastmahl zahlen.

Es ist zum Verwundern, welches Lärmen und Schreien sich erhebt, wenn die Köpfe vom Trinken warm werden. Keiner versteht den Andern. Häufig mischen sich Possenreißer und Schalknarren in diesen Tumult, und es ist kaum glaublich, welche Freude die Deutschen an solchen Leuten finden, die durch ihren Gesang, ihr Geschwätz und Geschrei, ihre Sprünge und Prügeleien solch ein Getöse machen, daß die Stube dem Einsturz droht und keiner den andern hört, und doch glauben sie so recht angenehm zu leben und man ist gezwungen, bis in die tiefe Nacht hinein sitzen zu bleiben.

Ist endlich der Käse abgetragen, der ihnen nur schmackhaft erscheint, wenn er stinkt oder von Würmern wimmelt, so tritt wieder jener Bärtige auf mit der Speisetafel in der Hand, auf die er mit Kreide einige Kreise und Halbkreise gezeichnet hat. Diese legte er auf den Tisch hin, still und trüben Gesichts, wie Charon. Die das Geschriebene kennen, legen, und zwar Einer nach dem Andern, ihr Geld darauf, bis die Tafel voll ist; dann merkt er sich diejenigen, die gezahlt haben und rechnet im Stillen nach. Fehlt nichts an der Summe, so nickt er mit dem Kopfe. Niemand beschwert sich über eine ungerechte Zeche, wer es thäte, der würde alsbald hören müssen: „Was bist Du für ein Bursche? Du zahlst um nichts mehr, als die Andern!"

Wünscht ein von der Reise Ermüdeter sogleich nach dem Essen zu Bette zu gehen, so heißt es, er solle warten, bis die Uebrigen sich niederlegen; dann wird Jedem sein Nest gezeigt und das ist weiter nichts, als ein Bett; denn es ist außer den Betten nichts, was man brauchen könnte, vorhanden. Die Leinentücher sind vielleicht vor sechs Monaten zuletzt gewaschen worden."

Neben den Gasthäusern bestanden in Berlin und Cöln noch Garbuden oder Garküchen, welche für Fremde und Einheimische Speise und Trank lieferten. Der Rath begünstigte diese für eine Stadt, welche ihres Handels wegen einen großen Fremdenverkehr hatte, sehr nothwendige Einrichtung, indem er die Garküchen privilegirte und ihnen außer der Wohnung noch wöchentlich Steuerfreiheit für einen Ochsen gewährte.

In Berlin befand sich eine Garküche im Hofe des Rathhauses*) beim Eingange von der Spandauerstraße aus. In Cöln stand die Garbude rechts vom Mühlendamm**) an der Spree, von Cöln nach Berlin zu gerechnet. Der Fluß war damals an dieser Stelle, welche häufig als Viehtränke und Pferdeschwemme benutzt wurde, weit breiter als heut zu Tage.

Sechstes Kapitel.

Volksvergnügungen im 16. Jahrhundert. — Die Gewerksfeste, die Schützengilde und die Schützenfeste. — Der Stralauer Fischzug. — Gewerkthätigkeit in Berlin und Cöln. — Der Branntwein im 16. Jahrhundert. — Die Volkssage von den drei Linden.

Wenn die Bürger von Berlin und Cöln unter der Regierung des Kurfürsten Johann Georg von den Hoffestlichkeiten mehr ausge-

*) Im Jahre 1581 wurde das Berliner Rathhaus zum Theil durch eine Feuersbrunst vernichtet, es blieb indessen der Thurm mit den gewölbten Räumen und der nach der jetzigen Königstraße zu belegene Theil stehen.
**) Am Mühlendamm befand sich auch die Wasserkunst, durch welche das Flußwasser in die Häuser der gewerbtreibenden Bürger geleitet wurde. Eine andere Wasserkunst, welche das Wasser aus der nahen Spree in das Schloß leitete, bestand aus einem ziemlich hohen Thurm nach der Seite der Schloßbrücke hin gelegen, in welchem das Wasser in die Höhe getrieben wurde.

schlossen waren, als in früherer Zeit, so mußten sie schon suchen, sich auf ihre eigene Hand zu vergnügen, und dies thaten sie auch im reichlichsten Maße.

Die Gewerks- und Schützenfeste nahmen gerade in jener Zeit einen bedeutenden Aufschwung.

Die Hauptquartale der Gilden wurden gewöhnlich im Sommer abgehalten, denn die alten Berliner liebten es, ihre Feste im Freien zu feiern. Die Tuchmacher oder Wollenweber gingen nach dem Privilegium vom Jahre 1579 am 25. Juli, dem Jakobitage, nach dem Tuchmachergarten. Dort wurden Altmeister und Siegelherrn gewählt, dann that man einen guten Trunk, indem man das sogenannte Gildebier anzapfte. Das heute noch alljährlich in Lichtenberg gefeierte Mottenfest stammt von dieser Sitte ab.

Bäcker und Maurer feierten das Pfingstfest mit besonderer Lust, vorzüglich die Maurer. Diese zogen zu Pfingsten mit Weib und Kind ins Freie und bauten sich Laubhütten. Da gabs denn eine reichliche Mahlzeit und auch das Bier wurde nicht gespart, so daß die meisten spät Abends erst mit einem recht gesunden Rausch nach Haus zurückkehrten. Den ganzen Tag über ertönten in den Laubhütten die Fiedeln, nach deren schrillem Ton das junge Volk fleißig tanzte.

Bei allen Gewerksfesten, denn sämmtliche Gewerke feierten ihre Hauptquartale mit besonderen Festen, gab es außer den Schmausereien noch feierliche Aufzüge in den Straßen von Berlin und Cöln, bei denen die Fahnen und Gewerksladen umhergeführt wurden.

Besondere Freudenfeste für die ganze Stadt waren die Feste der Schützengilden. —

Die Schützengilden bestanden schon seit langen Jahren in Berlin und Cöln. Sie verdankten ihren Ursprung dem Triebe der mannhaften Bürger, sich in den Waffen zu üben, um den Kampf mit dem Adel bestehen zu können. — Wie der Adel sich im Ritterthum ein Band geschaffen hatte, welches ihn zusammenhielt, so schufen sich die Bürger in den Schützengilden eine gleiche Vereinigung, in welche jeder unbescholtene Bürger, der sich zu Waffenübungen und der Befolgung der Statuten verpflichtete, aufgenommen werden konnte.

Die Neueintretenden waren zuerst Gesellen, sie wurden aber, wenn sie sich gut führten, bald zu Gildemeistern und damit zu vollgültigen Mitgliedern der Gilde gewählt.

Eine Hauptverpflichtung der Schützen war: fleißige Uebung im Schießen mit der Armbrust und nachdem das Feuergewehr die Armbrust verdrängt hatte, mit jenem.

Um das vereinigende Band fester zu schließen, hatten die Schützengilden auch viele dem Ritterthume nachgeahmte Formen in sich aufgenommen, ihr Hauptband aber bildeten die Schützenfeste, welche alljährlich unter dem Zulauf des Volkes von Berlin und Cöln auf den Schützenplätzen vor den Thoren der beiden Städte abgehalten wurden; der von Berlin befand sich in der Gegend der alten Schützenstraße; der von Cöln auf der Stelle, wo die Schützenstraße in die Lindenstraße mündet.

Wann die Schützenfeste in Berlin und Cöln zuerst gefeiert worden sind, wissen wir nicht, die erste Nachricht stammt vom Jahre 1504, genauere Details über die Feier giebt uns das Privilegium der Schützengilde von Cöln vom Jahre 1572.

Am Pfingstmontage begann der Schützenplatz, der mehrere Tage dauerte, während deren das Königschießen statt fand, dann folgte das Gesellenschießen der neu aufgenommenen, noch nicht zu Gildemeister beförderten Mitglieder, schließlich das Schießen nach dem Königsvogel oder Adler. — Im Herbst fand ein allgemeines Fest statt, das Freischießen, an welchem jeder waffenfähige Einwohner Theil nehmen durfte.

Den Beginn der Festlichkeiten machte am Pfingstmontage ein gemeinschaftlicher Gottesdienst, an welchem auch die Gildeschwestern Theil nahmen. Nach dem Gottesdienste wurden reiche Almosen an die Armen und an die Hospitäler vertheilt. Dann ging's im lustigen Festzuge nach dem Schützenplatz. Voran die Fahnenträger, die Pfeifer und Trommler und eine jubelnde Knabenschaar, dann die Schützen mit ihren Armbrüsten und später mit ihren Büchsen.

Am dritten Pfingstfeiertage war fast die gesammte Einwohnerschaft von Berlin und Cöln auf den Beinen, da mußte Jedermann sein Glück in den Würfelbuden auf dem Schützenplatz versuchen. Auf der Mecklingswiese, die nicht fern vom Schützenplatz, (in der heutigen Lindenstraße) lag, standen Reihen von Buden und Zelten, in denen Kuchen und Zinnsachen theils feilgeboten, theils ausgewürfelt wurden. In anderen Buden wurden Sehenswürdigkeiten aller Art zur Schau gestellt. Hier präsentirte sich ein Gaukler, dort rief ein Hanswurst die gläubige Menge an, damit sie von einem Charlatan eine Universalmedizin kaufe.

Es war im Großen und Ganzen der Schützenplatz, wie er sich durch die Jahrhunderte hindurch bis in die Gegenwart hinein erhalten hat, wenn auch die Volksvergnügungen, die Verkaufs- und Verloosungsgegenstände, die Schaustellungen mit den wechselnden Sitten der Zeiten andere geworden sind.

Ein anderes Volksfest, welches noch heute von den Berlinern gefeiert wird, verdankt wahrscheinlich seinen Ursprung ebenfalls jener Zeit, — der Stralauer Fischzug.

Im Jahre 1574 setzte eine Kurfürstliche Verordnung fest, daß die Gewässer bis zum Bartholomäustage (24. August) mit dem großen Garne verschont werden sollten, damit der Fortpflanzung der Fische nicht durch übermäßige Ausdehnung des Fischfangs geschadet werde.

Der erste Tag der wieder eröffneten Fischerei war natürlich ein Festtag für die Fischer, und daher schreibt sich wahrscheinlich der Ursprung des Volksfestes, zu dem die stets schaulustigen und vergnügungssüchtigen Berliner aus der Stadt nach dem nahen Fischerdorf Stralau wanderten.

Ob das Fest schon damals und überhaupt in früheren Zeiten in gleicher oder auch nur ähnlicher Weise, wie gegenwärtig, gefeiert worden ist, darüber liegen uns bestimmte Nachrichten nicht vor. Erst gegen Ende des vorigen Jahrhunderts scheint der Stralauer Fischzug zum allgemeinen Volksfest geworden zu sein.

Wenn die Berliner zur Zeit Johann Georgs sich mit wahrer Lust dem Vergnügen hingaben, so versäumten sie doch darüber ihre Geschäfte nicht. Gerade in jener Zeit machte unsere Stadt mächtige Fortschritte in der Entwickelung der Gewerbe.

Die durch Thurneißer nach Berlin gerufenen fremden Künstler und Handwerker gaben der Gewerbthätigkeit einen neuen Impuls, da auch die alten Handwerker der Stadt durch die nothwendige Konkurrenz zu einem kräftigen Aufschwung gezwungen wurden. Viel trug hierzu auch die Einwanderung industrieller Niederländer in die Mark Brandenburg bei. —

Das Schreckensregiment, welches Herzog Alba in den Niederlanden führte, die Einführung der Inquisition daselbst, hatte viele fleißige Handwerker und tüchtige Künstler aus ihrem Vaterlande vertrieben. Sie fanden in der Mark Brandenburg gastliche Aufnahme und eine neue Heimath. Die meisten, besonders die Tuchweber und Färber, ließen sich in der Priegnitz nieder, viele kamen aber auch nach der Alt- und Mittelmark und ein Theil nach Berlin, wo sie eine Reihe neuer Handwerkszweige einführten. —

Außer diesen Neuerungen im Handwerk breitete sich damals auch ein anderer Industriezweig in unsern Städten sehr bedeutend aus und wurde für dieselben eine Quelle bedeutender Einnahmen, — die Branntweinbrennerei.

Der Branntwein war schon lange in der Mark Brandenburg bekannt, er wurde aber noch nicht als Handelsartikel gebrannt, sondern nur in den Apotheken als Medikament verkauft und hier und da etwa zur Erwärmung in ganz kleinen Quantitäten getrunken. — Man schrieb noch am Ende des fünfzehnten Jahrhunderts dem „gebrannten Wein" ganz wunderbare medizinische Wirkungen zu; so sagt ein im Jahre 1483 erschienenes Verzeichniß des ausgebrannten Wassers darüber:

„Der Branntwein ist gut für die Gicht, damit bestrichen.

Wer heiser ist, der bestreiche sich mit gebrannten Wein um den Hals und trinke ihn drei Morgen nüchtern.

Auch wer alle Morgen trinkt einen halben Löffel voll gebrannten Weins, der wird nimmer krank.

Item, wenn Eins sterben soll, so gieße man ihm ein wenig gebrannten Wein in den Mund, so wird er reden vor seinem Tod.

Welcher Mensch den Stein in der Blase hat, der trinke sein alle Morgen ein wenig, das zerbricht den Stein und kommt von ihm und wird auch gesund.

Auch wer gebrannten Wein trinkt alle Monat, so stirbt der Wurm, so da wächst dem Menschen an dem Herzen, an der Lunge oder Leber.

Der gebrannte Wein ist auch gut dem Menschen, dem das Haupt wehe thut. Wer auch sein Haupt damit zwahet, der ist alle Wege schön und lang jung und macht gut Gedächtniß, denn gebrannter Wein stärkt dem Menschen Sinn und Witz. Wer sein Antlitz damit zwahet, dem tödtet er die Milben und Nüsse, und wem der Athem stinket, der bestreiche sich damit und trinke ein wenig mit anderm Wein, so wird ihm ein süßer Athem."

Unsere freundlichen Leser werden aus dieser Lobpreisung des edlen Branntweins ersehen, daß sie schwer unrecht thun, wenn sie das Schnapstrinken als ein Laster verdammen; diejenigen, welche einen „süßen Schnaps-Athem", haben wollen, müssen sich schon dazu bequemen.

Gegen Ende des 16. Jahrhunderts sahen dies die Berliner ebenfalls ein, und sie legten sich deshalb mit Eifer auf die Fabrikation des vorzüglichen Getränks; man benutzte damals aber noch nicht allgemein das Korn zur Branntweinbrennerei, sondern nahm dazu meist verdorbenen Wein. Die Brennerei wurde so bedeutend, daß man eine Abgabe auf dieselbe legen konnte, und so finden wir denn im Jahre 1595 schon den Blasenzins unter den Einkünften des Berliner Magistrats.

Die Branntweinbrennerei hatte für Berlin dadurch eine besondere Bedeutung, daß sie wesentlich dazu beitrug den Weinbau zu beeinträchtigen. Je mehr das Branntweintrinken Eingang fand, je mehr verlor sich der Geschmack für die sauren märkischen Weine, der Absatz derselben wurde nicht nur in Berlin, sondern auch in Polen, Rußland und Schweden, wohin viele Weine ausgeführt worden waren, geringer und die Weinberge gingen nach und nach ein.

Ehe wir übergehen zur weiteren Geschichtserzählung, haben wir unsern Lesern noch eine Volkssage mitzutheilen, welche aus der Zeit des Kurfürsten Johann Georg stammt.

Im 17. Jahrhundert standen auf dem Heiligen-Geist-Kirchhofe drei mächtige Linden, welche den ganzen Kirchhof mit einem dichten Blätterdach beschirmten. Sie waren nicht besonders hoch gewachsen; schon wenig über Manneshöhe breiteten sich ihre Kronen aus, diese aber trugen eine Fülle in einander gewachsener und verschränkter Zweige. Von diesen Linden erzählte sich das Volk von Berlin folgende Sage.

Kurfürst Johann Georg war ein großer Musikfreund. — Er ließ aus fernen Ländern die besten Musiker kommen und schenkte denselben hohe

Kunst. Ein italienischer Kapellmeister stand am Kurfürstlichen Hofe oft in größerem Ansehen und auch in höherem Gehalt als ein Geheimer Rath.

Unter den fremden Musikern, die der Kurfürst an seinen Hof zog, befand sich auch ein vorzüglicher Geigenspieler, der stolz auf seine Fertigkeit alle deutschen Künstler verachtete. Der Italiener glaubte fast, dem Kurfürsten eine Gnade dadurch zu erweisen, daß er das reiche Gehalt annahm und sich herbeiließ, ihm seine Kunst zu verkaufen. Mit finsterer, mürrischer Miene erschien er bei Hofe, wenn er aber die Geige ergriff, dann wurde er ein anderer Mensch, dann leuchtete sein Auge in glühendem Feuer auf, dann vergaß er, daß er sich in den Prachtgemächern des Kurfürsten befinde, nur an seine Kunst dachte er und er spielte mit so tiefem Gefühl, daß er die Zuhörer zu einer wahren Begeisterung hinriß; kaum aber hatte er sein Spiel geendet, dann floh er aus dem Schlosse in seine Wohnung, und klagte seiner Tochter, mit der er einsam in einem kleinen Häuschen lebte, seinen Schmerz, daß er den rohen Deutschen als Musikant und Zeitvertreiber dienen müsse. Er haßte diese Deutschen von ganzem Herzen, seine schöne Tochter aber theilte seine Abneigung nicht, sie hatte wenigstens einen Deutschen kennen gelernt, der ihr jedes Mal, wenn der Vater zum Kurfürsten gerufen wurde, die einsamen Stunden erheiterte und welcher ihr gar nicht hassenswerth erschien.

Der Italiener ahnte lange Zeit nichts davon, daß sein Töchterchen irgend einen andern Mann sehe, als ihn; er hütete sie, wie seinen Augapfel, und glaubte sie in seinem kleinen Hause unter der Fürsorge und Wache einer alten Dienerin wohl bewahrt; — die Dienerin aber liebte ihre freundliche schöne Herrin mehr, als den grämlichen Meister, und sobald dieser das Haus verlassen hatte, um seinen Dienst im Schloß zu versehen, öffnete sie dem jungen Deutschen die Hinterthür, während sie selbst Wache stand, damit das Liebespaar nicht von dem etwa früher heimkehrenden Vater unliebsam überrascht würde. —

Eines Abends war der Italiener auch in das Schloß berufen worden. Er hatte kaum sein Haus verlassen, als der Liebhaber zur Hinterthür hinein schlüpfte; die gute Alte hielt wie gewöhnlich Wache. Da sie aber nicht so angenehm beschäftigt war, wie das Liebespaar, so wurde ihr die Zeit etwas lang und endlich sanken ihr die Augenlider zu, sie nickte ein wenig ein und hörte es nicht, daß der Meister die Hausthür öffnete und geraden Weges nach dem Wohnzimmer schritt, in welchem er seine Tochter mit ihrem Geliebten überraschte.

Er war bei der unverhofften Entdeckung außer sich vor Wuth; er fluchte der unwürdigen Tochter, die er in den Armen des verachteten Deutschen gefunden hatte; den jungen Mann überschüttete er mit Schimpfworten, und obgleich dieser ihm versicherte, daß er guter Leute Kind sei, daß er auch ein hübsches Vermögen habe und nichts sehnlicher wünsche, als daß er durch eine Heirath das heimliche Liebesverhältniß wieder gut machen könne, so besänftigte er doch dadurch den wüthenden Vater nicht. Er wurde mit Schimpf und Schande aus dem Hause gejagt. Vor der Thür empfingen ihn die Spottreden der zahlreich versammelten Nachbarschaft, die herbeigelockt durch den wüsten Lärm in dem sonst so stillen Hause, sich auf der Straße versammelt hatte; durch die lachenden und höhnenden Gaffer mußte der Schwerbeleidigte und Beschämte seinen Weg nach Hause nehmen.

Das stille Glück der Liebenden war jetzt plötzlich zerstört. Der Italiener bewachte sein Haus besser als bisher und alle Bemühungen des jungen Mannes, die Geliebte noch einmal zu sprechen, waren vergeblich; auch der Versuch, den strengen Vater durch Bitten zu erweichen, schlug ihm fehl und zog ihm nur neue schwere Beleidigungen auf offener Straße zu, denn der Meister verhöhnte ihn in Gegenwart vieler Zeugen, daß er, der armselige Wicht, sich unterfange, die Tochter eines berühmten Künstlers freien zu wollen.

Wenige Tage später wurde bei einem Auflauf der Italiener im Gedränge durch einen Dolchstoß ermordet. —

Wer war der Thäter? — Niemand war darüber im Zweifel. Dicht hinter dem Ermordeten hatte man im Augenblick vor der That den verschmähten Liebhaber gesehen, dieser war der Mörder, er allein hatte einen Vortheil von dem Tode des Meisters, er allein hatte ein Motiv zur Rache.

Er wurde sofort verhaftet und mit dem blutigen Leichnam nach dem Rathhause geschleppt. Der Richter ermahnte ihn, seine unzweifelhafte Schuld zu bekennen; aber vergebens, der Angeschuldigte leugnete, er betheuerte seine Unschuld mit heiligen Schwüren, ohne indessen den Richter überzeugen zu können.

Bei der schnellen Justizpflege jener Tage wären wohl Verurtheilung und Hinrichtung schnell auf einander gefolgt, wenn nicht vor dem Richter unerwarteter Weise ein junger Mann erschienen wäre, der freiwillig bekannte, er habe den Italiener im Gedränge ermordet, und kaum war dieser vernommen und ins Gefängniß geführt, da erschien ein Anderer, der bekannte ebenfalls, daß er der Thäter sei.

Der Richter war aufs Höchste erstaunt. Hier gaben sich zwei Menschen freiwillig als Urheber eines todeswürdigen Verbrechens an, welches nur Einer begangen haben konnte, und wegen dessen ein anderer Dritter verurtheilt war. Er ließ die Angeklagten vor sich führen, um Auskunft von ihm zu erhalten und ihn den beiden Andern gegenüber zu stellen; er hoffte dadurch eine Lösung des Räthsels, aber er machte dasselbe nur noch dunkler. Kaum sah der Angeklagte die beiden Andern, da umarmte er sie, indem er Thränen der Rührung vergoß. „Ihr wollt Euer Leben

17

opfern, ihr theuern Brüder!" — so rief er aus, — „um mir das meinige zu erhalten; — das aber soll euch nicht gelingen! Das Geständniß, welches mir keine Folterqual abgerungen hätte, ich lege es jetzt freiwillig ab: Ich war es, der den Italiener aus Rache mordete. Ich bin der Schuldige!"

„Nein, ich bins, ich bins!" riefen auch die beidern Andern, jeder der Brüder wolle den Mord begangen haben und führte Zeugen an, daß er im Augenblick der That ganz in der Nähe des Ermordeten gesehen worden sei. —

Es gab einen gar seltsamen Streit, wie er wohl niemals wieder vor einem Gerichtshof geführt worden ist. Die Brüder stritten sich und keiner wollte nachgeben. Jeder behauptete der Mörder zu sein, jeder bat die andern in den dringendsten Worten, sie möchten ihr falsches Geständniß zurücknehmen und ihn sterben lassen, denn er allein sei ja der Schuldige. —

Der gelehrte Richter hatte manchen schwierigen Prozeß geführt, hier aber wußte er keinen Rath und er beschloß daher, die schwierige Streitfrage dem Kurfürsten vorzulegen, damit dieser sie entscheide.

Und der Kurfürst entschied. — Wo des Menschen Wissen nicht ausreiche, da solle er zu Gottes Allwissenheit seine Zuflucht nehmen. Gott selbst möge richten! — Die drei Brüder sollten auf dem Kirchhofe zum heiligen Geiste jeder eine junge Linde einpflanzen, die Wurzeln nach oben, die Krone in den Boden. Seien sie unschuldig, so werde Gott die Schuldlosen nicht verderben lassen, sondern ein Wunder thun, um sie zu retten. Wenn aus den Wurzeln der jungen Bäume Blätter und neue Zweige sproßten, so seien die Angeklagten schuldlos. Derjenige der Brüder aber, dessen Baum dürre bleibe, der solle als der Mörder betrachtet und ohne Gnade dem Beil des Henkers überliefert werden.

Als das Volk von Berlin das Urtheil des Kurfürsten vernahm, jubelte es laut, denn es war ein Urtheil ganz im Sinn und Geist des Volkes gesprochen. Eine zahllose Menge versammelte sich an dem Tage, an welchem die Pflanzung erfolgen sollte. In feierlicher Prozession, begleitet von den Geistlichen, die dem Werke den Segen sprechen sollten, und ein wahres Gottesurtheil werde, zogen die drei Brüder nach dem Heiligen-Geist-Kirchhof und pflanzten dort drei schöne junge Linden mit der Krone in die Erde, dann wurden sie nach dem Gefängniß zurückgeführt; auf dem Kirchhof aber blieb Tag und Nacht eine kurfürstliche Wache stehen, damit nicht die Hand eines Frevlers das Gottesurtheil stören könne. —

Als der Frühling kam und der Saft in den Bäumen in die Höhe stieg, da wallfahrteten die Berliner täglich in Schaaren nach dem Kirchhof, um die jungen Linden anzuschauen. Das Wunder, welches das Volk erwartet hatte, geschah. Alle drei Linden trieben aus dem verworrenen Wurzelwerk heraus lustig grüne Keime, die sich zu einem dichten Blätterschmuck entfalteten.

Der Jubel war groß in der Stadt. Kurfürst Johann Georg besuchte selbst den Kirchhof, um sich persönlich von dem Gedeihen der drei Linden zu überzeugen. Er befahl jetzt die sofortige Freilassung der drei Brüder, deren Unschuld durch das Gottesurtheil erwiesen war. Um sie für ihre aufopfernde Liebe gegen einander zu belohnen und sie für die unschuldig erlittene Haft zu entschädigen, erhob er sie in den Adelstand und gab ihnen den Namen von der Linden.

Siebentes Kapitel.

Tod des Kurfürsten Johann Georg. — Erbstreitigkeiten. — Kurfürst Joachim Friedrich. — Sparsamer Hofhalt. — Der Schiffsstreit auf der Spree. — Die Kurfürstin Katharina. — Die große Pest. — Religiöse Streitigkeiten. — Der calvinische Bettlermantel. — Das Joachimsthalsche Gymnasium. — Der Staatsrath. — Luxusverordnung. — Rohe Sitten. — Nächtlicher Unfug in den Straßen von Berlin. — Jagden auf Raubgesindel. — Tod Joachim Friedrichs.

Gegen Ende des Jahres 1597 fühlte der 72jährige Kurfürst Johann Georg sich so krank und schwach, daß er seinen nahen Tod ahnte. Er berief seine sämmtlichen zahlreichen Kinder zu sich, um Abschied von ihnen zu nehmen. Sie kamen alle, auch der Churprinz Joachim Friedrich, der sich als Verweser des Erzstiftes Magdeburg dort aufhielt; aber am 5. Januar 1598 in Berlin eintraf und der mit dem erkrankten Vater noch mehrere lange Unterredungen hatte.

Joachim Friedrich hatte seinem Vater nie nahe gestanden und in letzter Zeit war er ganz mit ihm zerfallen, weil Johann Georg durch ein Testament, für welches er die Bestätigung des Kaisers sich zu verschaffen gewußt hatte, seinen Aeltesten in seinem Erbrecht zu beeinträchtigen wünschte; er beabsichtigte nämlich, seine Länder zu theilen, wie dies seiner Zeit Kurfürst Joachim I. gethan hatte; die Kurmark wollte er zwar dem Kurprinzen Joachim Friedrich, dagegen die Neumark seinem ältesten Sohn aus seiner dritten Ehe, dem Markgrafen Christian hinterlassen.

Joachim Friedrich erkannte die Rechte des Vaters zu einer solchen Theilung des Landes nicht an, und als am 8. Januar 1598 Johann Georg starb, weigerte sich sein Nachfolger, das väterliche Testament zur Ausführung zu bringen. — Es kam gleich nach dem feierlichen und prachtvollen Begräbniß Johann Georgs zu recht ernsten Streitigkeiten zwischen dem Kurfürsten Joachim Friedrich und seiner Stiefmutter; aber Joachim Friedrich setzte seinen Willen durch und durch den berühmten Gera'schen Vertrag, der noch gegenwärtig die Grundlage des brandenburgisch-preußischen Hausgesetzes ist, wurde der Streit endlich dahin ausgeglichen, daß Markgraf Christian nach dem Tode des in den fränkischen Besitzthümern des brandenburgischen Hauses herrschenden Markgrafen Georg Friedrich in Baireuth zur Regierung kommen sollte. Anfangs protestirte zwar Markgraf Christian gegen den Gera'schen Vertrag, als er aber durch den Tod des Markgrafen Georg Friedrich in Balreuth wirklich zur Regierung kam, erkannte auch er den Vertrag an und so löste sich dann der durch das Testament Johann Georgs hervorgerufene Erbschaftsstreit in der kurfürstlichen Familie friedlich.

Das Begräbniß des Kurfürsten Johann Georg war für eine Reihe von Jahren fast die letzte prunkvolle Feierlichkeit am kurfürstlichen Hofe, denn Joachim Friedrich, der Sohn und Nachfolger Johann Georgs, theilte die Neigung seines Vaters für prächtige Feste nicht.

Joachim Friedrich war am 27. Januar 1546 geboren, also 52 Jahr alt, als er zur Regierung kam. Von Kindheit an war er so kränklich gewesen, daß die Aerzte schon die Hoffnung, ihn am Leben zu erhalten, aufgegeben hatten.*) Wenn auch der Körper des Kurprinzen sich im Mannesalter kräftigte, so stellten sich doch später wieder neue Krankheitserscheinungen ein, welche ihn wenig geneigt machten, an rauschenden Festen zu betheiligen. Er liebte ein einfaches bürgerliches Leben, und wenn er auch den Hofstaat seines Vaters beibehielt, so blieb er doch den Turnieren, kostbaren Feuerwerken, Ringelstechen u. s. w., welche bisher ungeheure Geldsummen gekostet hatten, fern.

Nur wenn ein Familienfest oder der Besuch eines fremden Fürsten nothwendig eine Feierlichkeit erforderten, wurde eine solche veranstaltet, aber stets in weit geringerem Umfange als zur Zeit Johann Georgs. So wurde zur Feier der Vermählung des Landgrafen Ludwig von Hessen mit der Schwester des Kurfürsten, Magdalena, wie Hafitz berichtet, am Sonntage Trinitatis 1598 am Abend ein Schiffsstreit auf der Spree abgehalten. Viele große Schiffe, welche mit Stücken und Feuerwerk beladen waren und auf denen viele Schützen standen, kamen von Spandau heraufgefahren und griffen zum Schein die von anderen Schützen besetzte lange Brücke an. Zwei Stunden lang schossen die Kämpfer auf einander und ließen ihre Feuerkugeln fliegen, dann war das Schauspiel, fast die einzige größere Lustbarkeit bei der Vermählungsfeier, zu Ende.

Der in demselben Jahre (1598) stattfindende Besuch des Markgrafen Georg Friedrich von Ansbach mit 400 Pferden in Cöln, wurde nur durch einen festlichen Empfang gefeiert. Vom Cölnischen Rathhaus bis zum Schlosse waren 150 weiß und schwarz gekleidete Soldaten mit Musketen aufgestellt, der Kurfürst zog dem Markgrafen entgegen und holte ihn persönlich ein.

Das einzige Vergnügen, welches der Kurfürst sich selbst, seinen Prinzen und der lebenslustigen Jugend am Hofe gönnte, waren einige Schlittenfahrten, Mummereien und Jagden. So zogen z. B. zu Fastnacht des Jahres 1600 die kurfürstlichen Prinzen mit einigen befreundeten jungen Adligen auf 30 Pferden durch die Straßen von Berlin und Cöln. Sie hatten sich lustig vermummt und ritten mit Windlichtern in den Händen lachend und scherzend vor die Wohnungen der vornehmsten Hofjunker, um diesen eine fröhliche Fastnacht zu wünschen.

Des Kurfürsten Neigung zu einem einfach bürgerlichen Leben fand Unterstützung durch seine erste Gemahlin, die Kurfürstin Katharina,*) eine Tochter des Markgrafen Johann von Cüstrin. Katharina war eine streng religiöse Frau, welche nur mit Widerwillen prunkvollen Festen beiwohnte, sie suchte und fand ihre Erheiterung im Wohlthun und in einer regen Theilnahme an dem Geschick ihrer Diener sowohl, als auch der Bürgerfamilien von Berlin und Cöln. — Sie besuchte gern Kranke und Kindbetterinnen**), und um diesen besser mit Arzeneien beistehen zu können, begründete sie die Schloßapotheke, aus welcher sie den Armen unentgeltlich Arznei verabreichen ließ.

Eine besondere Liebhaberei der Kurfürstin war die Landwirthschaft. In der cölnischen Vorstadt vor dem Teltower Thor hatte sie eine Meierei einrichten lassen, welche sie selbst beaufsichtigte

---

* Man schrieb damals die Kränklichkeit des Prinzen den bösen Einwirkungen der Hexen zu, welche dem fürstlichen Kind etwas angethan haben sollten! Manches unglückliche alte Weib mußte den Verdacht, bei dieser schändlichen Hexerei betheiligt zu sein, mit dem Leben büßen!

* Die Kurfürstin Katharina starb, von den Bürgern Berlins schmerzlich betrauert, schon im Jahre 1602. Im Jahre 1603 vermählte sich der Kurfürst zum zweiten Male mit Eleonore, der Tochter des Herzogs Albrecht Friedrichs des Blöden von Preußen, welche die jüngere Schwester seiner Schwiegertochter, der Gemahlin des Kurprinzen Johann Sigismund war. Ein gewiß seltener Fall, daß Vater und Sohn zwei Schwestern, und zwar der Vater die jüngere, heiratheten.

**) Der Ordensrath König bemerkt in seiner Schilderung der Sitten Berlins, daß in jener Zeit die Hebeammenkunst in unserer Stadt sehr schlecht betrieben worden sei, als Beweis führt er folgenden, dem Taufregister der St. Nikolaikirche vom Jahre 1598 entnommenen, komischen Fall an:

„Den 23. März Hans Welen und Anna Frosten Kind getauft. Dieses Kind, weil weder die Wehmutter Margareth, noch die Mutter, noch der Vater, der selbst die Gevattern gebeten, und also auch der Prediger nicht anders gewußt haben, denn daß es ein Töchterlein wäre, ist in der Taufe nach dem übergebenen Zettel Maria genannt worden. Als aber am folgenden Tage die Wehmutter das Kind gebadet und gefunden, daß es ein Knäblein wäre, sind die Eltern darüber erschrocken und haben solches angezeigt, da ist vom Ministerio ihnen die Antwort worden, die Taufe wäre darum nicht unrecht. Aber das Kind sollte hinfort Georg genannt werden.

und deren gewonnene Milch sie nach Berlin zu Markte bringen ließ. Der Marktplatz erhielt davon etwa im Jahre 1600 den Namen „der Molkenmarkt", den er noch heute führt.

Joachim Friedrich ließ seiner Gemahlin gern gewähren. Er freute sich ihrer regen Teilnahme für die Armen, denn dieselbe war gerade damals recht sehr an ihrer Stelle, da die Schwesterstädte Berlin und Cöln von einem großen Unglück heimgesucht worden waren. —

Die Pest hatte im Jahre 1598 so gräßlich in Berlin und Cöln gewüthet, daß nahe an 2000 Menschen der entsetzlichen Krankheit erlegen waren. Viele Wittwen und Waisen beklagten in Jammer und Noth den Tod ihrer Ernährer, und die Armuth wurde um so schmerzlicher fühlbar, als zu gleicher Zeit eine große Theuerung herrschte.

Auch die strenge Religiösität der Kurfürstin, welche diese veranlaßte, für den Druck und die Vertheilung vieler erbaulichen Bücher zu sorgen und sogar ein Gebetbuch zu verfassen, harmonirte ganz mit den Neigungen Joachim Friedrichs, der selbst, der Liebhaberei seines Stammes treu, eine besondere Vorliebe für die kirchlichen Angelegenheiten besaß.

Sofort nach seinem Regierungsantritte war es sein ernstes und eifriges Bestreben, die Landeskirche nach seiner religiösen Richtung hin zu verbessern. Die seit der Zeit Joachims II. noch bei dem lutherischen Gottesdienst zurückgebliebenen, prunkvollen katholischen Gebräuche waren ihm sowohl, wie den streng lutherischen Geistlichen als ein „Affen- und Pfaffenwerk" sehr verhaßt. Er ordnete daher an, daß die Prozession, das Kreuzschlagen, das Fußwaschen am grünen Donnerstage und andere aus dem Katholicismus herübergekommene Gebräuche beim evangelischen Gottesdienst beseitigt würden. Er schaffte die meisten Bilder aus den Kirchen, beseitigte die noch in der Mark Brandenburg bestehenden Bisthümer und verwandelte die Domkirche in Cöln in eine Kathedral- und Oberpfarrkirche, welche er der heiligen Dreieinigkeit widmete.

Bei der von ihm eingesetzten Kirchenvisitation mußten die Visitatoren besonders darauf achten, daß die Geistlichen die reine lutherische Lehre predigten und sich keine calvinischen Irrthümer zu Schulden kommen ließen. — Joachim Friedrich theilte in Beziehung auf die Lehren Calvins ganz die Abneigung seines Vaters Johann Georg, der einst in seinem unversöhnlichen Hasse gegen die Reformirten ausgerufen hatte: „Ich habe nur eine Universität und ich halte sie für ein Kleinod. Wenn ich aber wüßte, daß meine Professoren Calvinisten werden sollten, so wünschte ich lieber, daß das Collegium der Universität lichterloh im Feuer aufginge!"

Joachim Friedrich hielt an den Lehren Luthers ebenso fest, wie einst Joachim I. am Katholicismus. Er fürchtete nichts mehr, als das sein Sohn und Nachfolger, der Kurprinz Johann Sigismund, den er im Verdacht calvinischer Sympathien hatte, der lutherischen Lehre untreu werden könnte, deshalb ließ er denselben einen Revers unterschreiben, in welchem der Kurprinz sich verpflichtete, sich von keiner Sekte irre machen zu lassen, sondern stets bei dem reinen lutherischen Glauben zu bleiben.

Der große Eifer, welchen der Kurfürst in Aufrechterhaltung des Lutherthums erwies, trug in der Mark Brandenburg und besonders in den Residenzstädten Berlin und Cöln seine natürlichen Früchte. Der Haß zwischen Lutheranern und Reformirten wuchs mit jedem Tage; in den Trinkstuben machte er sich nach wie vor Luft durch oft blutige Raufereien, die auch auf den Straßen fortgesetzt wurden, die Prediger schimpften sich auf den Kanzeln in den gemeinsten Redensarten aus, und die Literatur jener Zeit bietet uns eine Sammlung theologischer Streitschriften, welche sich in gegenseitigen Schmeicheleien, die des Fischmarkts nicht unwürdig wären, bewegen. Welcher Art diese Schriften waren, mögen unsere Leser aus einer derselben, welche den berühmten Chronisten Angelus zum Verfasser hat, beurtheilen; der Titel der Schrift ist: „Calvinischer Bettlers-Mantel. Frankfurt. 1598."

Der Inhalt entspricht dem Titel. Die calvinische Lehre wird als ein alter Bettlermantel, dessen Lappen aus dem stinkenden Plunderhausen der Heiden, Gottesleugner, Ketzer und Türken genommen worden seien, geschildert. Zur Erläuterung dient ein sauberer Holzschnitt, der einen alten, in Lumpen gehüllten, auf einem Klotze sitzenden Bettler, dem der Teufel auf einem Haken noch ein paar Lumpen überreicht, darstellt. — Die folgenden eleganten Verse erklären das schöne Bild.

„Hier sitzt ein Bettler auf dem Stock
Und hat gar ein'n gestickten Rock:
Der Bettler ist der Calvinist:
Der Rock sein Lehr und Irrthum ist:
Die Flecken aber sind die Stück,
So von Heid'n und Ketzern kommt her,
Denn, ohn was er lehrt mit uns gemein,
Nimmt er aus'm Lumpenhaufen unrein
Der gottlosen Heiden und Ketzer heraus
Und macht ihm kein Gewissen draus. —
Drum folg ihm nicht, rath ich von Herzen,
Daß Du nicht kommst in ew'ge Schmerzen.

Auf einem andern Holzstich ist der Teufel dargestellt mit fliegenden Haaren und Schlangen, welche den Doctor Luther zerstechen, darunter der schöne Vers:

Obgleich alle calvinischen Katzen
Vorne lecken und hinten kratzen,
So bringen sie doch an Tag nicht mehr
Denn ihr falsch Herz und schnöde Lehr.

Die Unduldsamkeit und Schimpferei der Geistlichkeit nahmen so sehr überhand und wurden so unwürdig, daß sich Joachim Friedrich endlich veranlaßt sah, Verbote gegen die geistlichen Zänkereien ergehen zu lassen, aber das Uebel war zu tief eingewurzelt, als daß es durch ein einfaches

Machtgebot des Kurfürsten hätte beseitigt werden können.

Wie eifrig sich Joachim Friedrich auch bei religiösen Streitigkeiten betheiligte, so vernachlässigte er doch darüber die andern Regierungsgeschäfte nicht. — Er war kein besonders geistig begabter Fürst, nach keiner Richtung hin ausgezeichnet, aber er besaß einen redlichen Willen und ein Herz für das Land, und dadurch hat er in seiner kurzen Regierung viel Löbliches geleistet.

Für den Unterricht der Jugend war er eifrig besorgt. Um der Gelehrsamkeit eine bessere Stätte in der Mark Brandenburg zu bereiten, stiftete er in dem von ihm erbauten Schloß Joachimsthal eine Fürstenschule, welche er mit den eingezogenen Einkünften des Domkapitels zu Cöln ausstattete und auch außerdem noch reich beschenkte. 120 junge Leute adligen und bürgerlichen Standes sollten auf dem neu eingerichteten Gymnasium eine gelehrte Erziehung erhalten. — Das Gymnasium wurde später nach Berlin verlegt und besteht noch heut in unserer Stadt unter dem Namen des Joachimsthalschen Gymnasiums.

Die bisherige Leitung der Staatsgeschäfte war oft eine höchst mangelhafte gewesen. Die Kurfürsten hatten dieselbe zum Theil selbst besorgt. Jeder Minister handelte nach seinem eigenen Ermessen, eine einheitliche Leitung fehlte. — Joachim Friedrich begründete, um eine solche herzustellen, zuerst ein Staatsministerium, welches er Staatsrath nannte, und berief in dasselbe fünf adlige und drei bürgerliche Minister, unter welche die Geschäfte vertheilte. Der Staatsrath erhielt den Auftrag, über alle wichtigern Geschäfte im Collegium zu berathen.

Es würde uns zu weit führen, wollten wir näher eingehen auf die Einzelheiten der Thätigkeit Joachim Friedrichs, sowohl in Beziehung auf sein Bestreben, den Besitzstand der Mark Brandenburg nach außen zu vergrößern, als auch auf seinen Eifer, Handel und Verkehr in derselben durch Beförderung des Straßenbaus, durch Einführung der Schutzzölle*) zu Gunsten neu eingeführter Fabrikationen, durch Feststellung bestimmter Grundsätze für die Arbeitszeit der Handwerker u. s. w. zu heben; — wir müssen uns beschränken auf diejenigen seiner Regierungsmaßregeln, welche eine direkte Einwirkung auf das Leben unserer Stadt hatten.

Die unter der Regierung Johann Georgs erlassene Luxusverordnung hatte nur für wenige Jahre dem übermäßigen Aufwand der Bürger vorgebeugt. Es war ein vergebliches Bestreben, der allgemeinen Sitte durch die Gesetzgebung Fesseln auflegen zu wollen, dieselbe brach sich Bahn trotz aller Strafverbote und in Berlin und Cöln war dies um so mehr der Fall, als das Beispiel eines prachtliebenden Hofes die Bürger naturgemäß zur Nachahmung aufforderte.

Auch Joachim Friedrich glaubte durch eine Luxusverordnung der herrschenden Sitte entgegentreten zu müssen; er giebt uns in derselben eine Schilderung des Aufwandes, den Frauen und Mädchen aller Stände, selbst Dienstmädchen in der Kleidung machten, welche uns lebhaft an die noch heut vielfach zu hörenden Klagen guter Hausväter über die ewig wechselnden Moden erinnert. Er sagt:

„Wer die jetzige neue Manier mit Kleidungen unter Mann und Gesellen, Weibern und Jungfern, sonderlich auch unter den Dienstmädchen ansiehet und gegen die vorigen, so ehemals gebräuchlich gewesen sind, hält, muß billig mit Verwunderung bekennen und sagen, daß die Hoffahrt schier über alles Vermögen der Leute gestiegen ist: und das also, daß noch täglich damit kein Aufhörens ist, voraus bei den Weibspersonen, die fast alle Monate neue Trachten annehmen oder selber aufbringen, und keine der andern etwas nachgeben will. Da überladen sie sich auf Hochzeiten und sonstigen Festen mit Kleidern und andern Unkosten dergestalt, daß sie bald hernach auf solche Hochzeitsfreude die Kleider auf den Trödelmarkt schicken, und kaum ums halbe Geld wieder verkaufen; oder das verlassen müssen, was ihren Eltern zu erwerben, blutsauer geworden ist. Es treten nunmehr auch die Dienstmägde so stolz und stattlich einher, daß man fast kein Unterschied mehr unter ihnen und Bürgerskindern erkennen kann. Durch welche Hoffahrt, Ueppigkeit und Uebermuth nicht allein Gott, der im Himmel regieret, zu Strafe, Ungnad und Entziehung seines Segens bewogen wird; sondern es wird auch der ganze Staat an Geld und Vermögen trefflich dadurch erschöpft; Fremde und Ausländer bekommen das Geld hinweg, und erfolget also endlich daraus bei Vielen, wie die tägliche Erfahrung lehrt, nichts Anderes, als die äußerste Noth, Verachtung und Elend."

Diesen Grundsätzen folgend, verbot Joachim Friedrich die übermäßige Pracht in der Kleidung. Im Großen und Ganzen ist seine Luxusverordnung eine Wiederholung der unter Johann Georg erlassenen. Sie theilt ebenfalls die Bevölkerung in Standesklassen, aber nur in drei ein, und enthält für jeden Stand bestimmte in die größten Einzelheiten eingehende Vorschriften für die Feierlichkeiten bei Hochzeiten und anderen Familienfesten, sie schreibt die Dauer dieser Feste, die höchste Zahl der Gäste, die erlaubten Gerichte u. s. w. vor. Eine dauernde Wirkung hatte aber diese Verordnung eben so wenig, wie die früher erlassenen, denn der Hang des ganzen Volkes vom vornehmsten Adligen bis zum ärmsten Dienstboten herab, nach prachtvollen Schaustellungen

---

*) Die volkswirthschaftliche Erkenntniß, daß die Gewerbthätigkeit eines Volkes am sichersten durch vollkommene Freiheit des Handels und des Gewerbes begründet ist, war den Staatsmännern jener Zeit fremd. Der auch heut wieder modern gewordene Glaube, durch Schutzzölle die Industrie eines Landes befördern zu können, galt damals allgemein.

war zu groß, als daß er durch eine Luxusverordnung hätte unterdrückt werden können.

Diese Sucht nach äußerem Glanz, welche alle Stände theilten, war ein um so traurigeres Zeichen der Zeit, als sie sich verband mit einer mehr und mehr überhand nehmenden Sittenlosigkeit und Rohheit.

Fast allnächtlich ertönte in den Straßen von Berlin und Cöln wildes Geschrei verspäteter Zecher; die abligen Herren vom Lande kamen nach der Stadt und schwärmten hier mit den Hofherren in den Trinkstuben umher. Häufig genug trieben sie ihren Uebermuth so weit, daß sie in der Nacht die Bürgerhäuser erstürmten und die Bürger verlachten und verjagten. Sie forderten einander auf offener Straße zum Zweikampf heraus, so wurde, wie uns Haftitz erzählt, am 21. Mai 1600 am hellen lichten Mittage um 2 Uhr in der heiligen Geiststraße ein Edelmann Mathe Wispert von Andreas Retzdorf, den er gefordert hatte, im Kampf erstochen.

Und die Bürger machten es nicht viel besser; sie bestanden oft förmliche Kämpfe mit dem kurfürstlichen Hofgesinde. Der Ruf: „Bürger heraus" erschallte oft genug zu nächtlicher Weile in den Straßen von Berlin und nach demselben gab es stets heftige Prügeleien, welche nicht selten blutig endeten.

Vor den Thoren der Stadt war es ebenfalls nicht geheuer. Da trieb sich viel böses Gesindel umher, welches besonders in den Gräben und Elsengebüschen der Landwehr von Cöln nächtigte. Oft genug mußten, besonders bei größern Festlichkeiten, zu Pfingsten und an den Markttagen, zu denen das Raubgesindel gern in die Stadt kam, die Thore mit doppelten Wachen besetzt werden, von Zeit zu Zeit zogen sogar bewaffnete Bürgerschaaren aus den Thoren und hielten förmliche Treibjagden auf Mörder und Räuber ab, indem sie dieselben aus ihren Schlupfwinkeln in der Cölner Landwehr aufstöberten; aber alle diese Mittel waren nicht durchgreifend und vermochten das Uebel nicht zu beseitigen.

Auch eine Verordnung, welche Kurfürst Joachim Friedrich am 20. December 1603 gegen die nächtlichen Ruhestörer erließ und in welcher er dieselben mit Strafe bedrohte, änderte nichts in dem wüsten Leben. —

Joachim Friedrich war über die Rohheit des Volks, von der er täglich Beweise erhielt, oft schwer bekümmert. Noch in seinen letzten Lebensstunden berührte sie ihn schmerzlich.

Er hatte im Juli 1608 eine Reise nach Storkow gemacht, um einige neue Wassergebäude zu besichtigen. Während er von Storkow nach Berlin zurückreiste, wurde ihm eine Bittschrift übergeben, in welcher ein berlinischer Zimmermann sich darüber beklagte, daß sein Schwager in Fürstenwalde ermordet worden sei.

Friedrich Joachim schlug, als er die Schrift gelesen hatte, die Hände zusammen und rief, indem er sie gen Himmel erhob, schmerzvoll: „Ach, lieber Gott, wie wird das Todtschlagen und die Wollust so allgemein! Gott muß das Land strafen!" — Kaum eine Stunde darauf rührte ihn der Schlag. Er starb im Reisewagen in der Nähe von Cöpenik am 18. Juli 1608.

Achtes Kapitel.

Kurfürst Johann Sigismund. — Das Herzogthum Preußen und der Jülich-Clevesche Erbfolgestreit. — Eine verhängnißvolle Ohrfeige. — Johann Sigismunds Religionswechsel. — Unruhen in Berlin. — Theologische Streitschriften. — Hans Knorr und Benedict Haberecht.

Die trübe Ahnung, welche sich in den letzten Worten des Kurfürsten Joachim Friedrich aussprach, erfüllte sich schon unter der Regierung seines Sohnes und noch mehr unter der seines Enkels. — Der sterbende Kurfürst blickte prophetisch in die Zukunft, er sah die schweren Wetterwolken, welche sich über der Mark Brandenburg zusammen zogen und er fühlte sehr wohl, daß sein Sohn und Nachfolger weder die Kraft haben werde, den Stürmen, die im Anzuge waren, zu trotzen, noch das Talent, sie zu beschwichtigen.

Der Kurfürst Johann Sigismund war 36 Jahre alt, (er war am 8. November 1572 geboren) als er seinem Vater in der Regierung folgte. Johann Sigismund hatte eine sorgfältige, tüchtig wissenschaftliche Erziehung genossen. Wenn aber auch sein Wissen durch dieselbe ausgebildet worden war, so doch nicht in gleichem Maße sein Character. Als der Liebling seines Großvaters, des Kurfürsten Johann Georg, hatte er am Hofe desselben im Strudel der Vergnügungen gelebt, war er verhätschelt und verzogen worden. Die adeligen Gespielen hatten stets dem fürstlichen Knaben zu Gefallen leben müssen, sein Wille war für sie Gesetz; — der Großvater sah seinem Liebling gern kleine Fehler und Schwächen nach und nahm es nicht einmal übel, wenn er leicht einmal im Jähzorn ausbrauste, wenn er im Kreise lustiger Zecher hier und da einen Becher mehr trank, als gut war. Auch die spätere Lebensschule schliff die unglücklichen Angewohnheiten des jungen Prinzen nicht ab. — Er war im höchsten Grade ausbrausend und ließ sich leicht im Jähzorn zu Handlungen hinreißen, welche er später schwer bedauerte. Er liebte eine lustige Zechergesellschaft und sprach in derselben dem Wein oft bis zur Trunkenheit zu, so daß er durch den übermäßigen Genuß geistiger Getränke nach und nach seine Gesundheit zerrüttete. Es fehlte ihm nicht an guten Eigenschaften, aber sie wurden durch größere Fehler unwirksam gemacht, und nützten seinen Unterthanen um so weniger, als ihm das Herz für diese fehlte. Sein Ehrgeiz trieb ihn, sich eine höhere Macht zu gewinnen, als ihm die kleine Mark Brandenburg gewähren konnte, er betrachtete sein Land nur als Mittel zum Zweck, als den Ausgangspunkt zu höhern Bestrebungen. Er kümmerte sich deshalb um die Mark Brandenburg im Ganzen wenig, die Regierung derselben überließ er meist den von ihm eingesetzten Statthaltern, während er selbst sich in den Ländern aufhielt, durch welche er seine Macht vergrößern wollte.

Schon sein Regierungsantritt gab davon Zeugniß. Er befand sich gerade auf einer Reise in Preußen, als er die Kunde vom Tode seines Vaters erhielt; — anstatt umzukehren, sich huldigen zu lassen und sich dem Volke persönlich vorzustellen, wie dies die Stände der Mark sehnlich wünschten, setzte er seine Reise ruhig fort und schickte nur seinen Günstling, den Edlen Adam Gans von Putlitz, den er zum Statthalter der Mark ernannte, zurück. — Das Herzogthum Preußen mußte erst erworben werden, während er die Mark Brandenburg schon besaß, daher glaubte er den Preußen eine größere Aufmerksamkeit schenken zu müssen, als den Märkern.

Die Geschichte der äußern Politik und der Machtvergrößerung des Hauses Hohenzollern bildet nicht die Aufgabe dieses Werkes, wir können daher auch auf die Details der Bestrebungen Johann Sigismunds nach dieser Richtung hin nicht eingehen, sondern nur ein flüchtiges Bild derselben geben.

Unsere Leser erinnern sich, daß schon Joachim II. die Mitbelehnung über das Herzogthum Preußen erhalten hatte, das Bestreben Johann Sigismunds war es, dasselbe Ziel zu erreichen, um nach dem Tode seines Schwiegervaters, des blödsinnigen Herzogs Albrecht von Preußen, dies Land für immer mit der Mark Brandenburg zu vereinigen. — Er hatte in diesem Streben viele Schwierigkeiten zu überwinden, sowohl die preußischen als die polnischen Stände mußten durch Schmeichelei und Bestechung gewonnen werden. Nach langer Arbeit gelang es Johann Sigismund zum Ziel zu kommen. Er wurde als Regent für seinen Schwiegervater anerkannt, als Erbe desselben belehnt und als Herzog Albrecht 1618 starb, Herzog von Preußen; um aber endlich das Herzogthum zu gewinnen, hatte er gewaltige Summen aus der erschöpften Mark Brandenburg ziehen müssen, war er seinem Stammlande fast fremd geworden, weil er sich größtentheils nicht in demselben, sondern in Königsberg aufhalten mußte.

Fast noch schwerere Opfer als die Erbschaft des Herzogthums Preußen kostete eine andere Machtvergrößerung des Kurfürsten dem Volk der Mark Brandenburg.

Am 25. März 1609 starb der Herzog Johann Wilhelm von Jülich-Cleve-Berg. — Der Kurfürst hatte Ansprüche an die Erbschaft, diese aber waren nicht unbestritten, denn neben Johann Sigismund traten noch andere Erben auf, welche eben so große und noch größere Ansprüche zu haben behaupteten.

Ein Krieg um ein fremdes Land stand drohend in Aussicht. Johann Sigismund rüstete sich. Das Geld, welches ihm die Stände auf mehreren Landtagen bewilligten, wurde verwendet, um Soldaten zu werben und zu bewaffnen. Ueberall in der Mark und auch in unserer Stadt Berlin wurden die Bürger in den Waffen geübt.

Die Bürger von Berlin kümmerten sich wenig darum, ob der Kurfürst durch eine neue Ländererwerbung eine größere Macht erhielt oder nicht, sie hätten es wohl lieber gesehen, wenn derselbe, wie seine Vorfahren, die Residenz in Berlin nicht verlassen, wenn er seine ganze Regierungsthätigkeit der Mark Brandenburg allein gewidmet hätte. Das Streben Johann Sigismund, sich und seinen Nachkommen eine größere Macht zu schaffen, trug daher keineswegs dazu bei, ihn in Berlin beliebt zu machen, und das Mißvergnügen des Volks steigerte sich, als eine gehoffte friedliche Ausgleichung mit einem der Erbberechtigten, dem Pfalzgrafen von Neuburg, durch die Schuld des Kurfürsten sich zerschlug.

Es war eine Vermählung des Pfalzgrafen mit der ältesten Tochter Johann Sigismunds verabredet worden. In Düsseldorf sollten zwischen beiden Fürsten die nöthigen Verabredungen getroffen und die Einigung vollendet werden, statt derselben aber kam es zum vollständigen Bruch und zu einer erbitterten Feindschaft zwischen ihnen. — Sie saßen beim Mahl und hatten die Becher schneller kreisen lassen, als wohl beiden gut war. Ein kleiner Streit, der sich zwischen dem Pfalzgrafen und dem Kurfürsten erhob, erhitzte sich mehr und mehr. Johann Sigismund war dabei so wenig Herr über sich selbst, daß er sich vergaß und seinem künftigen Schwiegersohn eine tüchtige Ohrfeige verabreichte. — Der Abbruch der Verhandlungen, die Todfeindschaft des Pfalzgrafen und der Ausbruch eines Krieges um das bestrittene Erbe waren die Folge des verhängnißvollen Schlages.

Der Krieg, wenn er auch nicht in der Mark Brandenburg selbst geführt wurde, hatte doch für dieselbe schwere Folgen. — Durch die Truppenwerbungen zog sich viel wüstes Gesindel nach der Mark und durchstreifte dieselbe raubend und mordend. Der Geldbeutel der Bauern und Bürger wurde durch harte Steuern tüchtig angestrengt, dazu kamen mehrfache Pestepidemien, welche verheerend über das Land hinzogen und die durch die Kriegsauflagen erzeugte Noth noch drückender erscheinen ließen; da war es wohl kein Wunder, daß die ferne Erbschaft dem Volke mit jedem Tage verhaßter wurde, und hierzu trug wesentlich, besonders in Berlin und Cöln, noch bei, daß man dem Wunsche des Kurfürsten, sich in den jülich-cleveschen Ländern Sympathien bei der Bevölkerung zu verschaffen, eine religiöse Richtung desselben zuschrieb, welche in der Mark Brandenburg viel böses Blut machte.

Johann Sigismund hatte als Knabe seinen Religionsunterricht von dem streng lutherischen Hofprediger Gedicke empfangen, von einem Manne, der sich nach bester Kraft bemüht hatte, den Kurprinzen zu einem wüthenden Feinde aller Calvinisten zu machen; durch das Uebermaß des Eifers hatte er aber das Gegentheil, eine gewisse Neigung seines Zöglings für die verbotenen Glaubenslehren erzeugt und diese war vielleicht durch den Revers, in welchem der Prinz sich gegen seinen Vater zur Aufrechthaltung des lutherischen Glaubens hatte verpflichten müssen, noch erhöht werden.

Ob Johann Sigismund trotz seiner Neigung für die calvinischen Lehren ohne äußere Veranlassung jemals so weit gekommen wäre, dem Lutherthum untreu zu werden, ist wohl zweifelhaft, da er es niemals besonders ernst mit religiösen Streitigkeiten nahm, sondern sich gegen Andersdenkende sehr duldsam, fast könnte man sagen, gleichgültig zeigte. — Es kam ihm auf die Form nicht besonders an, dies zeigte er deutlich genug in einer Unterredung, welche er eines Tages mit dem Hofapotheker, einem gebornen Schweizer, hatte. — Er fragte diesen, was man bei ihm zu Hause für Brod zum Abendmahl nehme. Der Apotheker antwortete: "Gnädigster Kurfürst und Herr, man hat auch Oblaten, so wie hier bei den Lutherischen, allein ein wenig größer und keine Crucifixbilder darauf gedruckt." — Da fuhr der Kurfürst auf und rief: "Was plagt man mich denn? Ist's da Brod und hier solls Kleister und Schaum sein?"

In solcher Kleinigkeit sah der Kurfürst den Unterschied zwischen der lutherischen und calvinischen Lehre und er würde schwerlich sich veranlaßt gefühlt haben, die eine mit der andern zu vertauschen, da er wußte, daß in der Mark Brandenburg der Haß gegen den Calvinismus groß war, wenn ihn nicht außer seiner Neigung auch sein politischer Vortheil zur Glaubensänderung getrieben hätte.

Wie in der Mark Brandenburg das Lutherthum, so war in den jülich-clevischen Ländern der Calvinismus herrschend, und ein Fürst, der sich nicht zur Volksreligion bekannte, konnte nur geringe Sympathie finden. Joachim Sigismund hoffte außerdem auf die Hülfe der Holländer in dem Kriege und auch diese meinte er sich durch eine Glaubensänderung geneigt zu machen.

Der Bruder des Kurfürsten, Markgraf Ernst, der Statthalter der jülich-clevischen Länder, war sofort nach Antritt seines Amtes zur reformirten Kirche übergegangen. Johann Sigismund glaubte, denselben Schritt thun zu müssen um sich in dem neuen Landbesitz fest zu setzen.

Acht Tage vor Weihnachten des Jahres 1613 ließ er die sämmtlichen Berliner Prediger zu sich auf das Schloß entbieten. Die hochwürdigen Herrn wußten schon, welchen Zweck ihre Berufung habe, denn der Kurfürst hatte seine Vorliebe für die reformirte Kirche bei Anstellung von vornehmen Hofbedienten so angenscheinlich gezeigt, daß das Volk von Berlin und Cöln täglich seinen förmlichen Uebertritt erwartete, sie hatten sich daher auch gerüstet, den geistlichen Kampf zu beginnen. —

Johann Sigismund theilte den Predigern mit trockenen Worten mit, daß er beabsichtige, seiner Ueberzeugung zu folgen und das Abendmahl nach dem Gebote der reformirten Kirche zu nehmen, dann überließ er dem reformirten Kanzler Pruckmann die weitere Unterhandlung.

Die Geistlichen hatten stumm, mit finsterer Miene die Eröffnung des Kurfürsten mit angehört, nur der Respekt vor dem regierenden Herrn hielt sie ab, ihre Mißbilligung laut und offen auszusprechen. Vor dem Kanzler aber hatten sie nicht nöthig, sich zurück zu halten, und obgleich Pruckmann in versöhnlicher Weise ihnen vorstellte, der Kurfürst maße sich keine Herrschaft über die Gewissen seiner Unterthanen an, wie auch seiner Obrigkeit zustände, er verlange aber auch ebenso, daß man ihm gestatte, frei seiner Ueberzeugung zu folgen, und daß die Geistlichen nicht ferner mehr von den Kanzeln herab ihre Verdammungsurtheile gegen die Calvinisten schleudern möchten, so waren die streng lutherisch gesinnten Prediger doch damit keineswegs einverstanden. Sie zogen sich zur Berathung in ein anderes Zimmer zurück und als sie nach kurzer Zeit wieder kamen, protestirte der frühere Lehrer Johann Sigismunds, der Prediger Gedike, gegen jede Glaubensänderung des Kurfürsten, da dieser sich ja ausdrücklich durch den seinem verstorbenen Vater ausgestellten Revers verpflichtet habe, lutherisch zu bleiben.

Der Protest war fruchtlos, der Kanzler Pruckmann antwortete spöttisch, wenn auch der Kurfürst früher ein derartiges Versprechen gegeben habe, so sei er jetzt eines Andern überzeugt. In Religionssachen müsse jeder seiner Ueberzeugung folgen und ein Versprechen, welches dies verhindern könne, sei an und für sich schon ungültig. Der Kurfürst sei eben so wenig verpflichtet lutherisch zu bleiben, weil er einen derartigen Revers unterschrieben habe, wie seiner Zeit Kurfürst Joachim II. verpflichtet gewesen sei, das dem Vater gegebene Versprechen, katholisch zu bleiben, zu halten. —

Mit diesem Bescheide wurden die Prediger entlassen. Sie gingen murrend nach Haus; von den Kanzeln herab aber schimpften sie in ihren nächsten Predigten noch toller, als je auf die gottverfluchten Calvinisten.

Johann Sigismund kümmerte sich weder um die Schimpfreden der lutherischen Prediger, noch um die Mißbilligung des grollenden Volkes von Berlin und Cöln. Er nahm am 25. Dezember 1613 in der Domkirche zum ersten Male öffentlich das Abendmahl nach reformirtem Brauch aus den Händen der beiden Hofprediger Füssel und Flut. Die vornehmsten Hofleute folgten seinem Beispiel; es war auch in der Ordnung, daß diese mit ihrem Gebieter den Glauben wechselten, wie jede andere Mode! Fünf und fünfzig Personen traten mit dem Kurfürsten zur reformirten Kirche über, unter ihnen der Bruder Johann Sigismunds, der Markgraf Johann Georg; die Kurfürstin aber blieb dem lutherischen Bekenntniß treu, sie äußerte sich sogar höchst mißbilligend über den Glaubensabfall ihres Gatten.

Das Volk von Berlin und Cöln nahm den Uebertritt des Kurfürsten nicht ruhig hin, es zeigte sein Mißfallen in der unzweideutigsten Weise. Wo sich einer der reformirten Hofherren in den Straßen sehen ließ, wurde er mit Spott empfangen und oft genug von den Gassenjungen verfolgt; in die Trinkstuben durften sich die Calvinisten schon gar nicht wagen, denn dort wurde ihnen das lutherische Glaubensbekenntniß mit den Fäusten demonstrirt.

Gerade die niedere Volksmasse war am eifrigsten lutherisch, dies hatte ein ärgerlicher Auftritt, der sich schon am 13. Oktober 1613 in der Domkirche ereignete, bewiesen.

Während der kurfürstliche Hofprediger Salomon Fink, von dem Jedermann wußte, daß er im Herzen Calvinist sei, und der deshalb in besonderem Ansehen beim Kurfürsten stand, predigte, versammelte sich auf dem Schloßplatz eine große Volksmasse. — Mehrere Handwerksgesellen waren die Führer der Menge, sie lärmten und schrieen vor der Kirchthüre.

„Komm heraus, du calvinischer Pfaffe! Steinigt den Calvinisten, wenn er von der Kanzel steigt!" So ertönte das wüste Geschrei, welches mit jeder Minute ärger wurde.

Schon hatten einige der Wüthendsten große Steine aufgenommen, welche sie drohend gegen einander schlugen, schon waren sie in die Kirche eingedrungen und die Gefahr für den Prediger, wirklich gesteinigt zu werden, lag nahe, als zu seinem Glück einige kurfürstliche Trabanten vom Schloß herbei kamen; diese nahmen den gefährdeten Prediger in ihren Schutz und entführten ihn glücklich der aufgeregten Menge.

Aehnliche Auftritte wiederholten sich mehrfach. Die Wuth des Volkes vergrößerte sich mit jedem Tage, sie wurde angeschürt, theils durch die Unvorsichtigkeit und Leichtfertigkeit des Kurfürsten, der jeden hergelaufenen Calvinisten, welcher unter dem Vorgeben, seines Glaubens wegen verfolgt zu werden, nach Berlin kam, in seinen Schutz nahm und der außerdem alle reformirten Hofbeamten sichtlich bevorzugte, theils durch die aufreizenden Predigten der lutherischen Geistlichen, theils durch eine Reihe von theologischen Streitschriften, welche in jener Zeit wahrhaft massenweis erschienen und welche in ungezügelten Worten über den Kurfürsten und die Anhänger Calvins herfielen.

Der Professor Hutter in Wittenberg nannte in einer Schrift die Gründe des Kurfürsten unverschämte Erlügen und redete ihn dabei an: leug, Teufel, leug! — Andere lutherische Schriftsteller warnten vor den grimmen calvinischen Wölfen und Himmelsräubern und bewiesen, daß die calvinische Lehre viel ärger, als die des Teufels sei.

So unflätig diese theologische Literatur war und so wenig sie sich eignete, das Volk zu bilden, ihr Gutes hatte sie doch, sie gewöhnte die Menge daran, überhaupt zu lesen. Die theologischen Streitschriften, welche in ungeheuren Auflagen erschienen, wurden mit Begierde verschlungen.

Vergeblich bemühte sich der Kurfürst durch ein Edikt, in welchem er den Geistlichen verbot, sich der gottlosen Schimpfreden zu bedienen, der allgemeinen Aufregung zu steuern, vergeblich erließen auch einige reformirte Prediger Schriften, in denen sie eine richtigere Auffassung der calvinischen Lehre predigten, die Fluth der lutherischen Schmähschriften und mit ihr die allgemeine Aufregung wuchs nur mehr und mehr.

Eine der merkwürdigsten damals erschienenen Volksschriften führte den Titel: „Neue Zeitung von Berlin in zwei christlichen Gesprächen zweier Wandersleute, Hans Knorren und Benedict Haberecht von dem jetzigen Zustand von Berlin. Allen und jeden wahrhaftigen Lutheranern in der Mark Brandenburg zum Unterricht gestellt durch einen vertriebenen Pfarrer Paulum Kihnstock."

Dieser sogenannte vertriebene Pfarrer war der für einige Zeit nach Brandenburg berufene kurpfälzische Hofprediger Dr. Abraham Scultetus, der, um die Schrift für die Lutheraner, welche er belehren wollte, anziehender zu machen, den Titel eines vertriebenen Pfarrers gewählt hatte. Es war ein Volksbuch, im Volkston geschrieben, und es interessirt uns deshalb besonders, weil wir daraus ersehen, mit welcher geistigen Kost ein Schriftsteller damals das Volk bewirthen mußte, wenn er eine Einwirkung auf dasselbe gewinnen wollte.

Hans Knorr, ein eifriger Lutheraner, berichtet in dieser Schrift dem Benedict Haberecht, wie gräulich es in Berlin zugehe, er erzählt unter Flüchen und Schimpfen, daß der Kurfürst, sein Bruder und seine Räthe in Berlin calvinisch geworden seien; aber auf die Frage, was das denn eigentlich zu bedeuten habe, weiß er nichts zu antworten, als daß die Calvinisten nach der Predigt aus der Kirche gegangen seien, ohne vor dem Pfarrer nieder zu knieen und zu beichten.

Benedict Haberecht findet dies ganz natürlich, da ja schon Dr. Martin Luther bewiesen habe, daß die Ohrenbeichte nicht Gottes, sondern des Papstes Werk, und daher unnöthig sei, darüber aber wird Hans Knorr sehr wüthend, er schreit „ich hätte schier eine Lust und wollte Dir die Kanne uff den Kopf schlagen, daß Dich potz hunderttausend Schapperment!" er droht mit Ohrfeigen und flucht ganz gotteslästerlich, endlich aber sieht er ein, daß doch eigentlich die Reformirten recht hätten; er droht und schimpft zwar noch eine Weile: „Ich will Dich so jämmerlich zuschmeißen, Du sollst so breit werden, wie ein Plattels", wird zuletzt aber gänzlich besiegt. — Die Prügelandrohungen, die Flüche und Schimpfworte, von denen die Schrift wimmelt, bilden die Würze, um dieselbe dem Geschmacke des Volks mundgerecht zu machen.

Auf dem Papier ließ sich Hans Knorr ziemlich leicht überzeugen, in der Wirklichkeit aber machte dies mehr Schwierigkeiten. Die Mittel der Strenge, wie der Milde waren gleich wirkungslos. Obgleich zwei Prediger, welche besonders wüthend von den Kanzeln herab donnerten, der Hofprediger Gedicke und der Archidiakonus an der Petrikirche Martin Willich, um einer strengen Untersuchung zu entgehen, auf den Rath der ihnen gewogenen Kurfürstin Berlin verlassen mußten und ihrer Stellen entsetzt wurden, fuhren doch die übrigen Prediger fort, sich in den heftigsten Schmähreden gegen die Calvinisten zu ergehen, ohne durch das Beispiel der Vertriebenen sich warnen zu lassen.

Neuntes Kapitel.

Die Zusammenkunft der Geistlichen im Schloß zu Cöln. — Kaplan Peter Stuler. — Eine Berliner Revolution im 17. Jahrhundert.

Johann Sigismund fühlte sich der allgemeinen Mißstimmung gegenüber offenbar in einer höchst unbehaglichen Lage. Er wagte es nicht, zu strengen Mitteln zu greifen, denn er wußte wohl, daß er nicht mit einzelnen Schreiern, sondern mit dem ganzen Volke zu thun habe, hatten doch auch die Landstände sich ganz offen und zwar in den stärksten Ausdrücken gegen den Glaubensabfall des Kurfürsten ausgesprochen. Er suchte daher zu besänftigen, wo er irgend konnte. Als ein geeignetes Mittel, den Glaubenshaß zu entwischen, erschien ihm eine Besprechung seiner reformirten Hofprediger mit den lutherschen Geistlichen, zu welcher er diese im Juni 1614 einlud.

Die Lutheraner glaubten, daß ihnen der Kurfürst eine Falle stellen wolle, sie steckten die Köpfe zusammen und beriethen lange, ob sie auf seinen Wunsch eingehen sollten, endlich, nachdem sie den Rath ihrer Wittenberger Glaubensgenossen eingeholt hatten, entschlossen sie sich dazu, forderten aber eine Verschiebung des Termins; eine solche wurde ihnen bis zum 3. October gewährt, zu diesem Tage lud Johann Sigismund die lutherischen Geistlichen der Nikolai-, Marien- und St. Petrikirche, so wie mehrere andere lutherische Prediger der Mark Brandenburg nach dem Schloß in Cöln.

Am 3. Oktober 1614 hatte sich auf dem Schloßplatz eine zahlreiche Volksmenge versammelt. Männer aller Stände, die reichen Herren von den Geschlechtern, wie die Handwerker und Tagelöhner waren zusammen gekommen und empfingen mit jubelndem Zuruf die Prediger, welche in feierlicher Prozession nach dem Schlosse zogen.

Die geistlichen Herrn schritten im Bewußtsein ihrer Heiligkeit und im Vollgefühl ihres theologischen Hochmuths mit stolz erhobenen Köpfen einher. Sie hatten an den vergangenen Tagen private Zusammenkünfte gehabt und beschlossen, den Kurfürsten in einer Bittschrift zu ersuchen, daß er sie von der Unterredung, welche der lutherischen Lehre nur schaden könne, entbinden solle. Diese Bittschrift wollten sie Johann Sigismund überreichen, sich im Weitern aber auf einen gelehrten Glaubensstreit mit den calvinistischen Hofpredigern Füssel und Fink nicht einlassen. Sie verstanden es wohl trefflich, mit Donnerworten von den Kanzeln herab die calvinischen Ketzer in den tiefsten Abgrund der Hölle zu schleudern, denn an heiliger Stätte hatten sie keinen Widerspruch zu fürchten; auf einen gelehrten Streit aber, in dem sie Gründe gegen Gründe aufstellen, ihre Ueberzeugung nicht allein durch Fluchworte und Bannformeln, sondern durch logische Entwicklungen vertheidigen mußten, mochten sie nicht gern eingehen.

Als die geistliche Prozession in die Schloßpforte getreten war, wollten die Bürger sich ihr nachdrängen, um Zeugen des Triumphes ihrer Prediger zu sein, aber die Trabanten, welche die Wache hatten, versperrten den Weg.

Da gab es harte Worte und derbe Fluchreden, denn die alten Berliner nahmen nicht leicht ein Blatt vor den Mund, der Kurfürst wurde mit gar seltsamen Ehrentiteln belegt und der Lärm wurde endlich so arg, daß er ins Innere des Schlosses und zu den Ohren Johann Sigismunds drang. — Dieser gab sofort den Befehl, daß die Bürger eingelassen werden sollten, es konnte ihm nur lieb sein, wenn so viele Zuhörer, wie möglich, bei der geistlichen Unterredung gegenwärtig waren, da diese seiner Ueberzeugung nach zu Gunsten der Reformirten ausfallen mußte.

Markgraf Johann Georg, der Bruder des Kurfürsten, brachte den Trabanten selbst den Befehl, die Thore nicht länger zu versperren; er forderte sogar die Bürger auf, ihm recht zahlreich nach dem großen Saal des Schlosses, in welchem die Unterredung stattfinden sollte, zu folgen, so füllte sich denn der Saal bald bis über die Hälfte.

An einer langen Tafel saß obenan der Kurfürst; zu seiner Rechten neben ihm saß Markgraf Johann Georg, zur Linken standen der Kanzler Pruckmann und die übrigen kurfürstlichen Räthe.

Der Kanzler eröffnete im Auftrage des Kurfürsten die Unterredung. In milden versöhnlichen Worten ermahnte er die lutherischen Geistlichen zum Frieden und zur Einigkeit. Er bat sie, sich des Tobens, Schimpfens und Verdammens zu enthalten; glaubten sie, der Kurfürst sei in Irrthümer verfallen, und könnten sie dies aus der Bibel erweisen, dann würde der Kurfürst nicht anstehen, ihrer bessern Ueberzeugung zu folgen und seine Irrthümer abzustellen.

Es lag weder im Wollen noch im Können der fanatischen Altlutheraner, einen gelehrten Beweis zu führen, sie erklärten daher, daß sie sich auf keinen geistlichen Streit einlassen könnten und so wurde denn nichts aus dieser Unterredung, auf welche Johann Sigismund so große Hoffnungen gesetzt hatte. Die Bürger, welche erwartet hatten, einer heftigen Disputation beiwohnen zu können, verließen bald gelangweilt den Saal und ihnen folgten auch die lutherischen Geistlichen, die Versammlung löste sich auf, ohne ein Resultat gehabt zu haben.

Die milde Nachgiebigkeit, welche der Kurfürst im Großen und Ganzen gegen die maßlosen Ueberschreitungen der lutherischen Geistlichen zeigte, führte nicht zu dem gewünschten Ziel einer Beruhigung der Gemüther; die Volksmasse wurde im Gegentheil mehr und mehr aufgeregt durch die fanatischen Predigten, welche an jedem Sonntage von den Kanzeln ertönten, und endlich kam der allgemeine Unwille zu einem gewaltsamen Ausbruch.

In der Charwoche des Jahres 1615 hatte Markgraf Johann Georg, welcher für den abwesenden Kurfürsten die Mark Brandenburg regierte, den Befehl gegeben, aus der Domkirche alle noch an den Katholicismus erinnernden geistlichen Schmucksachen zu entfernen; die Bilder und Crucifixe, die verschiedenen Altäre und der Taufstein wurden fortgeräumt. Ein einfacher Tisch, der an den Chor gestellt wurde, ersetzte den Stein.

Die Nachricht von den Befehlen des Statthalters verbreitete sich schnell durch Berlin und Cöln, sie wurde von den Bürgern, welche in der Beseitigung des Kirchenschmucks eine neue Bevorzugung der reformirten Lehre sahen, mit Unwillen aufgenommen. Auch die lutherischen Geistlichen waren wüthend und äußerten sich höchst mißfällig über den Markgrafen Johann Georg, vor allen andern aber zeichnete sich der Kaplan an der St. Petrikirche, Peter Stuler, ein fanatischer Lutheraner, aus; dieser hielt über die Fortschaffung der Bilder eine Predigt, in welcher er sich in den gehässigsten Angriffen gegen den Kurfürsten und den Markgrafen Johann Georg erging und fast mit direkten Worten seine Zuhörer zum Widerstande gegen die Anordnungen des Markgrafen aufforderte. — Die Predigt war mit so derben Schimpfreden gegen Johann Sigismund gespickt, daß selbst die Kurfürstin, welche sonst gern die Partei der lutherischen Prediger nahm, unwillig wurde, besonders nahm sie es übel, daß Stuler gesagt hatte, wenn der Kurfürst reformiren wolle, möge er nach Jülich gehen, da habe er zu reformiren genug. — Als ihr diese Stelle mitgetheilt wurde, rief sie nicht ganz zart: „Welcher Henker hat ihn heißen von Jülich predigen? Er bringt allezeit solche Sachen auf die Kanzel, die sich zum Text nicht reimen, und hat seine Ungeberde, daß er sich immer mit dem Kragen ruckt! Ich habe es ihm aber sagen lassen, er solle doch vorsehen, daß er nicht solche Sachen vorbrächte, dadurch er zu Unglück kommen möchte!"

Die Warnung der Kurfürstin machte den würdigen Prediger plötzlich sehr besorgt. Er fing an, sich vor den Folgen seiner Predigt zu fürchten, vor der Rache des Kurfürsten und des Markgrafen Johann Georg. Vergeblich wendete er sich bittend an die Kurfürstin. Diese verweigerte ihm ihren Schutz, auch der Bürgermeister von Cöln, Georg Zahn, den er um eine Schutzwache bat, fand zu einer solchen Ausnahmsregel keine Veranlassung. Peter Stuler glaubte sich jetzt verloren, wenn er in Berlin bleibe, er entschloß sich zu fliehen, freilich nicht gar weit, nur etwa nach Schöneberg, wo er in einiger Sicherheit zu sein hoffte; ehe er aber diese Flucht ausführte, lief er bei allen seinen Bekannten umher und klagte ihnen, daß er sich um seiner geistlichen Heerde entfernen müsse, da ihm die Kurfürstin selbst dazu, als dem einzigen Mittel, sich zu retten, gerathen habe.

Die Nachricht von der Flucht des Kaplans vergrößerte die schon in der Stadt herrschende Aufregung. Das Haus Stulers wurde der Sammelpunkt der Mißvergnügten und es eignete sich dazu besonders gut, denn die Frau des würdigen Geistlichen hielt einen Ausschank von Bernauer Bier, welches sie nicht sparte, um ihrem geflohenen Gatten Freunde zu erwerben. Sie erzählte jedem der es hören wollte, der Markgraf Johann Georg habe den Plan gehabt, den treuen Vorkämpfer für das Lutherthum Peter Stuler in der Nacht aufzuheben und ihn in die unterirdischen Gefängnisse des grünen Huts werfen zu lassen; nur durch die eiligste Flucht sei ihr Mann einem solchen Schicksal entgangen.

Das gute, in großen Quantitäten verschenkte Bernauische Bier trug nicht wenig dazu bei, die Köpfe noch mehr zu erhitzen, und als Frau Stuler die Besorgniß aussprach, der Markgraf möge vielleicht die Nacht benutzen, um ihr Haus zu überfallen, fanden sich gleich einige Bürger, welche sich bereit erklärten, dasselbe zu schützen; sie holten Musketen und verschanzten die Hausthür; andere liefen durch die Straßen und forderten ihre Freunde auf, sich zu bewaffnen.

In der Brüderstraße sammelte sich schnell ein Haufen von 500 Mann. Jeder hatte sich bewaffnet, wie er eben konnte, der eine eine Muskete, der andere ein verrostetes Schwert, dieser eine Hellebarde, jener einen Spieß, und wer keine andere Waffe hatte, der steckte sich die Taschen voll Steine.

Mit wildem, wüstem Geschrei zog die Masse nach dem Hause Stulers und stärkte ihren Muth durch einen reichlichen Trunk, dann zog sie zurück nach der Brüderstraße, welche der Haufen zweimal durchzog und nach der Wohnung des Hofpredigers Füssel; hier wurde Halt gemacht. —

Die wüthende Menge berieth, was sie thun solle. Ein Theil wollte das Haus stürmen, dem verhaßten Prediger und seinem Weibe die Hälse brechen, ein anderer Theil war weniger blutdürstig. Man begnügte sich endlich, durch einen Steinhagel sämmtliche Fenster im Hause zu zerschmettern und zog dann nach der Wohnung des Hofpredigers Fink an der langen Brücke, wo ebenfalls die Fenster eingeworfen wurden.

Ein gleiches Schicksal hatte das dem Cölnischen Rathhause gegenüber liegende Haus des Hofmedicus Sasse, der als eifriger Calvinist beim Volke bekannt und verhaßt war.

Der Lärm und das wüste Geschrei der halbbetrunkenen Masse drang bis in das Königliche Schloß. Markgraf Johann Georg war eben im Begriff, sich zur Ruhe zu legen, als ihm die Meldung von dem Aufruhr gemacht wurde. Er hielt die Sache nicht für besonders gefährlich und glaubte durch sein Erscheinen die Bürger beruhigen zu können. Ohne sich weiter zu bewaffnen, — seine einzige Wehr war ein Rappier, — bestieg er sein Pferd und ritt nur von acht Reitern und einigen Trabanten zu Fuß begleitet nach dem Petrikirchhofe, in der Hoffnung, daß die Menge vom Respekt vor seiner hohen Person durchdrungen, sich sofort auseinander begeben würde.

Das Organ des Respekts war leider schon bei den alten Berlinern wenig entwickelt; der Markgraf fand daher einen keineswegs freundlichen Empfang; er wurde durch Toben und Schimpfen begrüßt und die Tumultanten dachten um so weniger daran, auseinander zu gehen, als gerade die Anwesenheit des Statthalters in der Nähe des Stulerschen Hauses die Erzählung der Frau Stuler, ihr Haus solle in der Nacht vom Statthalter überfallen werden, zu bewahrheiten schien. Das Volk bereitete sich, statt sich demuthsvoll zu flüchten, zum Kampfe vor; einige mit Musketen bewaffnete Männer legten sich auf dem Kirchhofe hinter der nach der neuen Grünstraße führenden Mauer in einen Hinterhalt, um, wenn es zum ernsten Treffen käme, von dort aus den Statthalter mit seinen Begleitern zu beschießen.

Markgraf Johann Georg sah sich mit seinem kleinen Häuflein von einer wüthenden Volksmasse umringt; er mußte jetzt wohl gute Worte geben, aber diese verhallten ungehört. Vergeblich bat, vergeblich ermahnte er, vergeblich versprach er, Niemand solle um des Tumultes willen gestraft werden, ein wildes, wüstes Geschrei war die einzige Antwort des Volkes, und als nun gar einer der Begleiter des Markgrafen ein Pistol zog und dasselbe, um das Volk zu schrecken, losschoß, wurde der Tumult nur noch größer.

Die Thüren der St. Petrikirche wurden erbrochen, einige Burschen erstiegen den Glockenthurm, die Sturmglocken heulten und riefen nun auch die Bürger von Berlin nach dem Schauplatz des Aufruhrs. Ueber die lange Brücke und den Mühlendamm stürmten eiligen Schritts die Berliner nach Cöln, um Theil zu nehmen an dem Tumult, von dessen Veranlassung sie eigentlich nichts wußten.

Der Markgraf sah ein, daß die Sache anfange, gefährlich zu werden, er zog sich deshalb, verfolgt von der Volksmenge, mit seinen Begleitern langsam nach der Brüderstraße zurück, um die Hilfe des dort wohnenden Bürgermeisters von Cöln, Georg Jahn, in Anspruch zu nehmen. Es gelang ihm, das Haus des Bürgermeisters zu erreichen; aber der Tumult wurde nur noch größer, denn der Ruf: „Unser Bürgermeister soll verhaftet und in den grünen Hut geführt werden!" wurde erst von einer Stimme ausgestoßen, dann von Tausenden wiederholt.

Der Markgraf hörte aus diesem Rufe wohl, daß er im Hause des Bürgermeisters schwerlich Sicherheit finden und daß es auch gefährlich für ihn werden würde, das Haus zu verlassen, er bat deshalb den Bürgermeister, der nach dem Rufe des Volks zu urtheilen, bei diesem offenbar sehr beliebt war, ihn zu begleiten, indem er hoffte, die Gegenwart des geachteten Mannes werde dazu beitragen, die Aufregung der Menge zu beschwichtigen.

Der nächtliche Spaziergang war nicht ganz nach dem Geschmack des guten Bürgermeisters; er suchte sich zu entschuldigen, indem er auf seinen Schafpelz zeigte und geltend machte, daß er doch in solchem Aufzuge nicht vor allem Volk erscheinen könne; aber der Markgraf nahm keine Entschuldigung an und wohl oder übel mußte der würdige Vater der Stadt zum Schutze des hohen Herrn diesen begleiten.

Die tobende Menge schwieg einen Augenblick, als sich die Thore des Bürgermeisterhauses öffneten, als sie aber ihren Bürgermeister im Schafpelz unter den bewaffneten Begleitern des Markgrafen sah, da erhob sich der Lärm von Neuem mit erhöhter Kraft. „Er ist ein Gefangner! — Man will den Bürgermeister nach dem grünen Hut bringen! — Schlagt den Markgrafen todt! Plündert das Schloß!" So schrie die Masse wild durcheinander und besonders der letzte Ruf schien großen Anklang unter der Menge zu finden.

Der Bürgermeister befand sich in Todesangst, er wendete sich bittend und flehend an das Volk, er versicherte, er sei gar kein Gefangener, sondern ein freiwilliger Begleiter des Markgrafen, damit aber hatte er mit einem Male seine Beliebtheit eingebüßt. — „Er verräth uns! Nieder mit ihm! Er jagt nach Hofgunst!" solch Geschrei war die Antwort auf seine Bemühungen, Frieden zu stiften. —

Der Unfug wurde immer toller und wilder. Die zur Ruhe mahnenden Worte des Markgrafen wurden durch höhnendes Schreien und Pfeifen, durch Gelächter und Flüche, durch wilde Drohungen übertönt; der Bürgermeister, der noch immer versuchte, zu begütigen, wurde zurückgedrängt und endlich mit einem blitzenden Schwert bedroht. Die blanke Waffe versetzte den sehr friedliebenden Herrn in eine solche Angst, daß er den kurfürstlichen Sekretair Fehrer, der gemüthlich dem sonderbaren Schauspiel aus dem Fenster zuschaute, bat, ihn in sein schützendes Haus aufzunehmen. — Erst als er hinter Thor und Riegel vor der drohenden Waffe gesichert war, vermochte er wieder, sich zu beruhigen.

Der Markgraf hatte lange vergeblich versucht, mit milden Worten und Versprechungen, daß Niemand in seiner Religion beirrt werden solle, die

Leute zum Auseinandergehen aufzufordern; endlich riß ihm die Geduld. Er gab seinen Begleitern den Befehl, von ihren Waffen Gebrauch zu machen und diese schossen ihre Pistolen unter die dichtgedrängte Menge ab.

Ein wilder Wuthschrei des Volkes war die Antwort. Einige Bürger stürmten nach der Domkirche, erbrachen die Thüren und ließen auch vom Thurme des Doms die Sturmglocken heulen, welche neue Volksschaaren aus Berlin und Cöln herbeilockten, Andere rissen das Pflaster auf und überschütteten den Markgrafen und seine kleine Schaar mit einem Steinhagel.

Es gab jetzt einen wirklichen Kampf, der von den Begleitern des Markgrafen, um den sich inzwischen doch eine größere Zahl gesammelt hatte, tapfer ausgefochten wurde; wie brav sie aber auch kämpften, sie hätten doch endlich der ungeheuren Ueberzahl erliegen müssen. Schon waren von ihnen zehn, von den Bürgern drei schwer verwundet*), schon war auch der Markgraf durch einen Stein am Schenkel getroffen und eine Kugel war ihm nur haarbreit am Kopf vorübergegangen, als endlich Johann Georg sich bewegen ließ, den ungleichen Kampf aufzugeben und sich in ein festes kurfürstliches Haus in der Brüderstraße zurückzuziehen.

Der Kampf hatte das Blut der meisten Bürger etwas abgekühlt. Da sie eigentlich nicht recht wußten, zu welchem Zwecke sie kämpften, zogen sie es vor, sich aus dem Gewühl zu entfernen, nachdem der Markgraf in dem kurfürstlichen Hause Sicherheit gefunden hatte. So verlief sich denn die Menge und Johann Georg konnte nach dem Schloß zurückkehren.

Ein Theil des Volkshaufens aber, und zwar nicht der beste Theil, hatte noch keineswegs Lust, die Straße zu verlassen. Viel wüstes Gesindel zog noch lärmend und tobend durch die Straßen und sammelte sich endlich wieder vor dem Hause des Hofpredigers Füssel. Die bessern Elemente des Volkes, jene Männer, welche durch die allgemeine Aufregung getrieben worden waren, an dem Tumult Theil zu nehmen, hatten sich zurückgezogen, diejenigen, welche jetzt vor Füssels Hause lärmten und tobten, bestanden aus jenen dunklen Existenzen, welche zu allen Zeiten erscheinen, wenn es gilt, Unfug zu treiben und Verbrechen zu verüben und welche nach denselben eben so spurlos verschwinden, wie sie plötzlich erschienen sind.

Diese saubern Gesellen begnügten sich nicht damit, abermals einen Steinhagel gegen die Fenster der Predigerwohnung zu schleudern, sie stürmten die Thore und drangen in das Haus ein. Mit wüstem Geschrei zerstreuten sie sich in die Zimmer. „Wo ist der Pfaffe? Schlagt den calvinischen Hund todt!"

Aber sie fanden ihn nicht; er hatte sich mit seiner Frau und seinen Kindern aus einem Bodenfenster hinaus über das Dach in ein Nebenhaus gerettet.

Da dem wüsten Gesindel der verhaßte reformirte Prediger entgangen war, ließ es seiner Zerstörungssucht und seinen Diebsgelüsten freien Lauf. — Was nicht fortgetragen werden konnte, wurde vernichtet und nur mit Mühe gelang es einigen Bürgern, welche endlich durch den Lärm herbeigezogen wurden, wenigstens einen Theil von Füssels kostbarer Bibliothek zu retten.

Die ganze Nacht hindurch tobte das Gesindel in den Straßen umher, erst gegen 4 Uhr Morgens wurde es wieder ruhig in Berlin und Cöln.

Am folgenden Tage kam der Kurfürst von seiner Reise zurück. Er befand sich in einiger Verlegenheit, was er thun solle. Die Aufregung des Volks war so groß, daß er kaum wagen durfte, strenge Maßregeln zu ergreifen. Als der Rath von Cöln vor ihm erschien, um sich wegen der Vorgänge der vergangenen Nacht zu entschuldigen, empfing er ihn mit milden Worten und beschränkte sich darauf, den Rathsherren Vorwürfe darüber zu machen, daß nicht nach dem Tumulte und der Ausplünderung von Füssels Haus die Thore geschlossen worden seien, wie es doch sonst bei jedem Diebstahl zu geschehen pflege. Er tadelte, daß man zwölf Handwerksburschen, welche ihr Bündel verborgen unter dem Mantel getragen hätten, aus der Stadt gelassen habe. Eine weitere Untersuchung aber verlange er nicht, nur forderte er, daß es dem Kaplan Stuler untersagt werde, fernerhin eine Bierstube zu halten, was sich ohnehin für einen Prediger nicht schicke.

Stuler wurde durch diese unerwartete Milde so übermüthig gemacht, daß er aus seinem Asyl in Schöneberg sofort wieder nach Berlin zurückkehrte und daß er am grünen Donnerstag und ersten Osterfeiertage so aufgeregt wie je zuvor predigte. (Er wies darauf hin, daß der Kurfürst, der sofort, um ähnlichen Auftritten vorzubeugen, die Errichtung einer Bürgerwache angeordnet hatte und der einige bewaffnete Reiter im Schloß hielt, dies nur thue, wenn Niemand mehr an den Tumult denke, Rache für denselben an den Bürgern von Cöln zu nehmen; die Reiter sollten in der Nacht die Bürger überfallen und ein schreckliches Blutbad anrichten. Er predigte offenen Aufruhr, aber ohne Erfolg und nur zum Schaden für sich selbst; denn Johann Georg erließ sofort an den Rath von Cöln ein Schreiben, in welchem er erklärte, daß er nicht daran denke, blutige Rache zu nehmen.

Stuler, der auf eine neue Volkserhebung gehofft hatte, sah sich in seinen Erwartungen betrogen, denn der Unwille des Volks hatte sich in der einen Nacht ausgetobt und mancher Bürger schämte sich der Rolle, welche er bei dem Unfug gespielt hatte. Niemand dachte daran, wegen des

---

*) Nach einer andern von Küster in seinem „Alten und Neuen Berlin" mitgetheilten Nachricht soll außer der Quetschung, welche der Markgraf am Schenkel erlitt, keine Verwundung vorgekommen sein. Dies ist aber kaum wahrscheinlich.

fanatischen Pfaffen noch einmal die Waffen zu ergreifen.

Stuler fühlte sich bald nicht mehr heimisch in Berlin und als nun gar gleich nach dem Osterfeste die Landstände zusammentraten und den Kurfürsten dringend aufforderten, er möge die Urheber des Tumults dem Gesetze gemäß bestrafen, da hielt er es für sicherer, sich vor dem Prozeß zu entfernen. Er floh mit Weib und Kind nach Wittenberg. Nach seiner Flucht wurde die Untersuchung gegen ihn eingeleitet. Der Schöppenstuhl in Leipzig, dem die Akten eingesendet wurden, erkannte auf Landesverweisung gegen ihn.

Von einer Untersuchung gegen die übrigen Theilnehmer des Aufruhrs weiß man nichts. Vielleicht hielt es Johann Sigismund nicht für wünschenswerth, dieser unangenehmen Sache eine größere Oeffentlichkeit zu geben, weil die Kurfürstin tiefer in dieselbe verwickelt war, als ihm lieb sein konnte. Sie hatte, als ihr Mittheilung von dem Aufruhr gemacht wurde, ausgerufen: „Sie haben Recht, daß sie sich ihren Prediger nicht wollen nehmen lassen!"

Am Schlimmsten fuhr bei der ganzen Sache der Prediger Füssel, dessen gesammtes Mobiliar bei dem Aufruhr zertrümmert worden war. Das Diebesgesindel hatte ihn so vollständig ausgeraubt, daß ihm nichts geblieben war, als das Kleid, welches er auf dem Leibe trug. — Es wäre ihm, da er viel vornehme Freunde bei Hofe hatte, gewiß ein Leichtes gewesen, sich sofort neue Kleider zu beschaffen, aber er war stolz auf sein Märtyrerthum und so bestieg er denn am Charfreitag die Kanzel in dem Anzuge, der ihm geblieben war, in einem Unterkleide und einem grünen Kamisol, wozu er sich einen Mantel geborgt hatte. Er erzählte viel und gern von jener fürchterlichen Nacht und wußte sich groß damit, daß ihn sechs Meuchelmörder in allen Winkeln des Hauses gesucht hätten.

Der Zwiespalt in den religiösen Ansichten des Kurfürsten und denen der Prediger des Landes wurde durch die Milde, mit der Johann Sigismund bei dieser und andern Gelegenheiten verfuhr, nicht ausgeglichen; die lutherischen Prediger zeigten im Gegentheil, daß sie sich um kein Kurfürstliches Gebot oder Verbot kümmerten.

Zehntes Kapitel.

Johann Sigismunds Musikliebhaberei. — Das Theater in Berlin. — Theaterstücke. — Das anmuthige Spiel von der blinden Liebe. — Der Junker Hans Stockfisch. — Der Hofzwerg Bertram. — Die Hofnarren. — Rohe Sitten des Adels. — Kriegsrüstungen. — Abdankung und Tod Johann Sigismunds. — Geistererscheinungen im Schloß zu Cöln.

Johann Sigismund war so häufig von Berlin abwesend, daß unsere Stadt kaum als seine eigentliche Residenz gelten konnte. — Wenn er sich für kurze Zeit hier aufhielt, fühlte er sich wenig veranlaßt, große und glänzende Feste zu geben, denn er hatte sich an denselben in seiner Kindheit übersättigt und den Geschmack für solche prunkvolle Feierlichkeiten verloren. Sein Hof zeichnete sich daher durch eine große Einfachheit aus. Johann Sigismund verschwendete wohl das Gold der Mark Brandenburg für seine ehrgeizigen Pläne, nicht aber in schwelgerischen Festen; nur für Musik und Schauspiel verwendete er nicht unansehnliche Summen, welche aber dem Lande durch Erweckung des Kunstsinnes wieder zu Gute kamen.

Johann Sigismund war ein leidenschaftlicher Musikfreund. Er unterhielt sich eine Kapelle von 22 Mann und außerdem 12 Kapelknaben; für dieselben verwendete er jährlich 5716 Gulden. — Außerdem zog er auch fremde, besonders italienische Sänger an seinen Hof, welche er ansehnlich bezahlte.

Die Kapelle wurde meist zum Gottesdienst gebraucht, außerdem ließ sie sich bei der Kurfürstlichen Tafel hören; sie begleitete die Volkslieder, welche gemeinschaftlich gesungen wurden, hier und da spielte sie wohl auch zum Tanze auf.

Der Kurfürst interessirte sich sehr dafür, daß die Musik auch eine weitere Ausbreitung im Lande finde und er war daher bemüht, die Alumnen des Joachimsthal'schen Gymnasiums im Geigenspiele tüchtig unterrichten zu lassen. Von Zeit zu Zeit prüfte er persönlich die Fortschritte der Schüler; einer von diesen, Laurentius Schultze, erzählt uns darüber: „Ich erinnere mich, daß eines mals unser gnädigster Herr und Vater, denn also wurde die gnädigste Landesherrschaft nur titulirt, mit anderen fürstlichen Personen gegenwärtig war, daß Ihre kurfürstliche Durchlaucht, Herr Johann Sigismund christlichen Andenkens, mitten unter den Musikanten gestanden auf dem großen Auditorio und zu den umherstehenden fürstlichen Personen mit Freuden gesagt: Ihr Lieben, das sind unsere Kinderchen, die sollen noch wohl werden! Auf dem fürstlichen Jagdhause Grimnitz stunden Ihro Durchlaucht mit anderen fürstlichen Personen vor unserem Musiktisch und da ein Edelknabe das Licht nicht recht hielt, als wir geigten, griff der leutselige Herr dem Edelknaben an die Hand und riß ihn fast in Ungnaden in die Höhe, sprechend: So mußt du das Licht halten, daß die Knaben sehen können! Und wir waren doch gegen die Hofmusikanten in Wahrheit nur wie schnatternde Gänse unter Schwanen!"

Nicht weniger Interesse als für die Musik hatte Johann Sigismund auch für die Schauspielkunst.

Das Schauspiel hatte sich in den letzten Jahren sehr entwickelt, es war aus dem Bereich der Schulkomödien herausgetreten und hatte sich mehr und mehr zur Volksbelustigung herausgebildet. — Es zogen im Lande schon Schauspielergesellschaften umher, welche sich besonders in den größeren

Städten für einige Tage niederließen, um das Publikum durch ihre Schaustellungen zu amüsiren. Die Productionen dieser Schauspielertruppen trugen meist keineswegs dazu bei, den Geschmack des Volkes besonders zu veredeln. Die von ihnen gewählten Stücke waren eine Sammlung von Zoten und platten Gemeinheiten, es wurde in ihnen oft ganz lästerlich geflucht. Die Schauspieler strebten entweder durch gewöhnliche Pickeringsspäße und höchst zweideutige Witze das Gelächter oder durch große Mordscenen die Furcht der Zuhörer anzuregen.

Die Titel von drei Theaterstücken, welche in jenen Tagen großen Beifall fanden, werden unsere Leser interessiren.

1) Amantes amentes. Das ist: Ein sehr anmuthiges Spiel von der blinden Liebe, oder, wie man's deutsch nennt, von der Löffelei. Alles nach Art und Weise der jetzigen getroffenen Venus-Soldaten, auf gut sächsisch gereimt, vorher schon viermal durchgesehen und augirt. Mit einer ausbündigen schönen Tageweiß vom Pyramo und Thisbe und dem Poeten Ovidio. Durch Angelium Lohrbere Liga. Zuerst zu haben Magdeburg 1614, jetzt aber neu durchgesehen und mit Reimen zum Singen vermehrt, aufgeleget. Cöln an der Spree 1618.

2) Heliogabalus, ein Teufel neuerer Art, wie selbiger unsern Magdeburg das Herz zweier reisenden Handwerksburschen bestrickt und einen deren jämmerlich umgebracht; der zweite ist ihm durch Bekehrung entrissen. Ein schön lehrreich Spiel für Christen und Reisende. Durch Michael Vorhornium gestellt, und gedruckt Berlin, 1618.

3) Math. Reimanns, rectoris der Schulen zu Bernau: Eugenius, oder historische Comödie von einem Jüngling, welcher seinem Vater nach dem Leben gestanden, der Vater aber einen wunderbaren Rath erfunden, wodurch der Sohn plötzlich zur Buße geschritten. Berlin, 1620.

Einen besonderen Beifall bei dem Publikum von Berlin und Cöln fand das erste Stück, „das anmuthige Spiel von der blinden Liebe". Es ist vielfach aufgeführt worden, hat sich lange auf der Bühne erhalten und giebt uns daher einen Maßstab für den Geschmack des Publikums in jener Zeit. — Der Prolog verkündet uns folgenden Inhalt des Stücks:

Günstige Herrn und gute Freund',
Die ihr uns zu hören erscheint,
Ich muß euch sagen und berichten,
Was wir wollen spielen und dichten.
Ein Kaufmann wohnt in diesem Haus.
Ein wunderlicher alter Graus.
Der hat ein Tochter jung und schön,
Darnach viel junge Buhler gehn.
Sie will sich aber an keinen kehren,
Ob sie gleich ihr in Ehrn begehren.
Curtaius ist einer genannt.
Der ist noch nicht mit ihr bekannt,
Sie hat ihn aber wohl gesehn,
Da wird sie mit zu Bette gehn.
Ein Doctor juris hochgelahrt

Ist gegen sie verliebet hart.
Aber wie ich wohl hab vernommen,
Hat er vorlängst den Korb bekommen.
Desgleichen hät ein Bauerkompan
Sich viel zu spät gegeben an.
Damit daß ihr was habt zu lachen,
Wird derselb sich auch an sie machen.
Seid still und habt fein fleißig Acht,
Es wird gehn, wie ich hab gesagt

Die Handlung des Stückes geht ganz so vor sich, wie sie der Prolog uns vorher angezeigt; sie wird interessant gemacht durch die plumpsten Späße, durch gemeine Schimpfreden, in denen sich alle Personen des Stückes, auch die schöne Lucretia und ihr stutzerhafter Liebhaber ergehen. — Hans, der Bauer und Aleke, die Magd, sprechen zum großen Vergnügen des Publikums plattdeutsch und bewegen sich dabei nicht gerade in den zierlichsten Redensarten, küssen sich aber um so derber und Hans ruft dazu schmatzend aus:

Ha, ha, dat schmeckt so recht sotte,
Also Klümpe und Schwineßvoite!

Kurfürst Johann Sigismund begünstigte die Entwicklung des Schauspiels in Berlin mit großer Vorliebe. Er beauftragte den Junker Hans Stockfisch, der auch der englische Junker genannt wurde, eine Gesellschaft von Comödianten besonders aus den Niederlanden und aus England anzuwerben und bewilligte ihm dafür ein jährliches Gehalt von 220 Thalern nebst freier Station.

Hans Stockfisch kam seinem Auftrage nach und die englischen Comödianten, welche zum Theil wohl auch Seiltänzer und Gaukler gewesen sein mögen, dienten einige Zeit dem Kurfürsten und dem Publikum in Berlin zur Belustigung.

Außer dem Junker Stockfisch bezahlte Johann Sigismund auch noch andere Comödianten, Gaukler und Lustigmacher. So stellte er im Jahre 1611 Johann Stenzel, den Edlen Herrn v. Pflichten als Rittmeister, Violisten und Geiger an und verpflichtete ihn in seiner Bestallung, sich zum Schimpf und Ernst brauchen und nach Begehren des Kurfürsten auf's Lieblichste hören zu lassen. — Der Ordensrath König meint, dieser Johann Stenzel sei nichts Anderes, als ein Stocknarr gewesen und dies ist wahrscheinlich genug, denn die meisten Fürsten hielten sich Hofnarren und Zwerge. Auch Johann Sigismund theilte diese Liebhaberei. Möller berichtet in seiner handschriftlichen Chronik von Berlin über einen dieser Zwerge:

„Kurz vor seinem Hintritt starb der kurfürstliche Zwerg Justus Bertram den der Kurfürst sehr liebte und dessen Bildniß noch bei Hofe zu sehen. Er war eines braunschweigischen Bauern Sohn und nicht größer, als zwei geometrische Schuhe, wohlgestaltet, außer daß er etliche Runzeln im Gesicht hatte, sonst von geschickten Gliedmaßen und verschmitztem Verstande, geschickt und höflich. — Der Kurfürst hielt ihm etliche kleine Pferdchen; er ward aber zu Danzig von einem seiner Pferde abgeworfen, ohnerachtet er gut reiten konnte und mußte darüber seinen Geist aufgeben. Er ward nach Cöln an der Spree geführt und auf des Kurfürsten Anordnung in der Schloßkirche gar solenniter begraben"

Diese Hofnarren und Zwerge spielten an den Höfen jener Zeit oft eine recht bedeutende Rolle. Wenn sie auch nur zur Belustigung dienten und die Aufgabe hatten, durch drastische Späße bei der Tafel und in der Gesellschaft den Kurfürsten und den Hof aufzuheitern, so erhielten sie gerade hierdurch die Freiheit, im Gewande des Scherzes manche bittere Wahrheit zu sagen. Eine Narrenrede durfte Niemand übel nehmen, der Narr durfte es wagen, daß Kurfürsten und die höchstgestellten Personen bei Hofe mit einer Freiheit zu behandeln, welche keinem Geheimen Rathe und Minister gestattet war. — Ein kluger Narr verstand es denn auch meisterlich, aus dieser Freiheit für sich und seine Freunde Vortheil zu ziehen; mitunter erhielt er wohl für ein zu freies Wort ein Paar Peitschenhiebe, diese wurden aber meistens durch reiche Geschenke für einen guten Witz wieder gut gemacht.

Die Narren waren daher bei Hofe und bei der Bürgerschaft vielfach sehr angesehen und wurden oft als Vermittler gebraucht, wenn es galt, vom Kurfürsten irgend eine Gnade zu erlangen.

So gern sich Johann Sigismund der Musik, dem Schauspiel, dem Scherz seiner Narren hingab, so vermochten doch alle diese Zerstreuungen nicht, die schweren Sorgen zu verscheuchen, welche ihm während seiner Regierung manche trübe Stunde machten. — Er fühlte wohl oft selbst, daß er den Anforderungen nicht gewachsen sei, welche seine Zeit an ihn stellte und dann suchte er die Sorge vor der Zukunft im Wein zu ertränken, den er im Uebermaße zu sich nahm.

Ueber ganz Deutschland lagerte damals eine Gewitterschwüle; der erbitterte Kampf der politischen und Religionsparteien, der bald in dem dreißig Jahre wüthenden Kriege seinen Ausbruch finden sollte, bereitete sich vor.

Jedermann ahnte, daß schwere Tage hereinbrechen würden, Pesten und Theuerungen hatten darauf vorbereitet; die Regierung schrieb Buß- und Bettage aus, um dem Unglück, welches man befürchtete, zuvorzukommen.

Die Mark Brandenburg seufzte unter einer drückenden Schuldenlast, welche durch die Ländervergrößerung in Preußen und Kleve unverhältnißmäßig vermehrt worden war, dazu kam noch, daß durch eine großartig betriebene Falschmünzerei der Handel stockte. — Im Auslande wurden falsche Groschen in Massen ausgeprägt und ins Land gebracht, dadurch wurde plötzlich das Vertrauen auf das zum Güteraustausch nothwendige Geld erschüttert und eine gefährliche Handelsstockung herbeigeführt.

Dabei herrschte trotz der zur Schau getragenen, oft in Fanatismus ausartenden Religiosität in allen Ständen und besonders unter dem Adel eine rohe Sittenlosigkeit. Wir haben schon einige Beispiele derselben in der Geschichte Berlins unter dem Kurfürsten Joachim erwähnt, können aber die herrschende Sitte nicht besser schildern, als wenn wir unsern Lesern ein Stück aus einer Leichenpredigt mittheilen, welche ein angesehener Geistlicher jener Zeit einem märkischen Edelmann hielt.

"Wie sich aber heutigen Tages in der letzten Grundsuppe der verdammten Welt viele unter denen von Adel halten und gar selten ihrem hohen und adeligen Titul genug thun, das darf man nicht lange beweisen. Ich rede aber allhier nicht von frommen, christlichen, gottseligen Adelspersonen. Denn die wissen wohl aus Gottes Wort und aus ihrem heiligen Katechismus auch ohne weitläufige Erinnerungen, wie sie sich für ihre Person gegen Gott, auch gegen ihres Gleichen und gegen andere Stände christlich und unsträflich verhalten sollen, sondern ich rede allhier und in diesem Falle von denen, so man epikurische sichere Weltkinder nennt, welche alle Tage in Saus und vollem Magen leben, weil sie hier in der Welt sind und führen zu ihrer Ordensregel das Symbolum oder den Reimspruch des Epicuri:

"ede, bibe, lude, post mortem nulla voluptas."*)

Das ist soviel gesagt:

Die beste Speis jag durch den Kragen,
Mit Bier und Wein stets füll den Magen,
Stirbst du ein Mal, so ist es aus,
Dort ist kein Lust, leb hier im Saus!

Das sind solche epikurische Weltsäue, welche Salomon oder Philo im zweiten Kapitel der Bücher der Weisheit beschreibet, die nach Gott, nach seinem Wort, nach seinen heiligen Sakramenten und nach seinen getreuen Dienern, den Predigern, nichts fragen und lassen sich bedünken, daß die allein und billig sollen und müssen für rechte Edelleute gehalten werden, welche da können fressen, saufen, martern, wüthen, fluchen, Unzucht treiben, sich unflätig und garstig stellen, Gott und seine Diener lästern, die Predigten versäumen, die Sakramente verachten, ehrbare Matronen und Jungfrauen schänden, Jedermann Uebel nachreden, nur allein von sich und den Seinen etwas halten, großsprechen und nichts dahinter, anders reden mit dem Munde, als man es im Herzen meint, item die da prangen mit stattlichen Pferden, mit vielen Jagdhunden, mit gottlosen übergebenen Dienern, mit prächtiger närrischer Kleidung, item die da viel ausborgen und wenig bezahlen, ja noch wohl dazu schnarchen und pochen und Niemand gut Wort geben oder das Maul gönnen, wenn sie gemahnt werden, sondern nur sauer aussehen, die Nase rümpfen, die Stirn kraus machen, das Maul aufwerfen, das Messer stürzen und die Klingen zucken; haben einen gar dammasten Muth, das sammtne Hütlein mit der güldnen Schnur und güldnen Ecken muß

*) "Iß, trink, spiele! Nach dem Tode giebt es kein Vergnügen!"

auch verdrießlich stehen und die Hand auf der Wehre in der Seiten; wollen viel besser sein, als andere Leute, wissen die Schenkel auszuschlenkern wie die friesischen Hengste und ist oftmals solchen Gesellen und Junkern ohne Geld eine große breite Gasse zu enge, einen andern gemeinen Menschen neben sich lassen herzugehen!"

Die Schilderung des würdigen Geistlichen giebt uns ein treues Bild der sittlichen Versunkenheit, in welche der Adel der Mark Brandenburg verfallen war; mit den Bürgern in den Städten aber stand es nicht viel besser.

Kurfürst Johann Sigismund hatte wohl recht, wenn er mit schweren Sorgen dem bevorstehenden Kriege entgegensah, in welchen ein sittlich verwahrlostes, mit Schulden überbürdetes und dennoch an Prunk und Wohlleben gewöhntes Volk seinem kurfürstlichen Throne nur eine schwache Stütze geben konnte.

In Böhmen brach endlich jener fürchterliche Krieg aus, der dreißig Jahre lang ganz Deutschland verwüsten sollte; noch war er freilich der Mark Brandenburg fern, aber Johann Sigismund sah voraus, daß auch sein Land bald genug unter der Kriegsfurie werde leiden müssen. Er beschloß sich für diesen Fall zu rüsten.

Schon im Jahre 1617 hatte er den Rath von Berlin gebeten, vor dem Rathhaus eine Vogelstange aufzurichten, damit die Bürger sich stetig im Gebrauch der Schießgewehre üben könnten, jetzt traf er ernstere Vorbereitungen für den nahen Kampf.

Er verbot den märkischen Unterthanen, in fremde Kriegsdienste zu treten, er ordnete energische Rüstungen an, aber seine Befehle fanden bei der gleichgültigen und wenig kriegerischen Bevölkerung nur zögernden Gehorsam. Man mißtraute dem Kurfürsten. Die Bürger glaubten, er verlange die Rüstung nur in seinem eigenen Interesse und wolle dieselbe ausnützen zu ehrgeizigen Plänen. Auch eine zweite von Johann Sigismund am 28. October 1618 erlassene Aufforderung an das Volk, die Waffen zu ergreifen, hatte nur wenig Erfolg, obgleich der Kurfürst den Bürgern ins Gewissen rief, daß sie sich zur Vertheidigung ihrer selbst, ihrer Frauen und Kinder, ihrer Gewissensfreiheit rüsten müßten, obgleich er ihnen mit grellen Farben, aber doch der Wahrheit getreu, schilderte, wie grauenhaft der Krieg wüthe, wo er einmal ausgebrochen sei.

Immer näher rückte das Verhängniß der Mark Brandenburg und dennoch blieb das Volk theilnahmlos. Johann Sigismund fühlte wohl, daß er nicht die Kraft habe, in der schweren bevorstehenden Zeit die Regierung gedeihlich zu führen; er entschloß sich daher, dieselbe niederzulegen. Er war durch Krankheit gebeugt — der Schlag hatte ihn gerührt und gelähmt — sein Geist hatte durch den übermäßigen Genuß des Weines gelitten, sein Wille war gebrochen. — Am 12. November 1619 führte er seinen Entschluß aus und übergab die Regierung seinem Sohne, dem Kurprinzen George Wilhelm. — Er lebte fortan als Privatmann in Berlin; aber er genoß die gewünschte Ruhe nur wenige Wochen.

Im Hause seines Kämmerers Anton Freytag, wo er nach der Thronentsagung seine Wohnung genommen hatte, starb er schon am 23. December 1619. — Der Tod kam ihm nicht unerwartet, er war seit einigen Wochen darauf vorbereitet, denn — die weiße Frau hatte sich im Schlosse sehen lassen.

Johann Sigismund glaubte an die Wahrheit der Volkssage; er war daher nicht wenig erschreckt, als ihm eines Tages gemeldet wurde, man habe eine weiß gekleidete Frau durch die Gänge des Schlosses wandeln sehen.

„Die weiße Frau ist erschienen," so erzählten sich die Hofdiener, so erzählte sich auch das Volk von Berlin und Cöln. — Wer in den folgenden Wochen in dunkler Nacht durch die Gänge des Schlosses gehen mußte, der that es furchtsam, ellenden Schrittes, mit bebenden Nerven. Die Furcht vor dem Gespenst erzeugte naturgemäß die Erscheinung desselben. Viele vornehme und niedere Hofdiener sahen die Geistererscheinung und berichteten mit bleichem Munde über dieselbe.

In jene Zeit fallen die meisten uns von der Chronik gemeldeten Erscheinungen der weißen Frau. — Das Gespenst war damals und auch in den noch dem Tode Johann Sigismund's folgenden Jahren nach der allgemein geglaubten Sage ein überaus häufiger Gast im kurfürstlichen Schlosse, da mehrere Todesfälle in der kurfürstlichen Familie sein Erscheinen erforderten. Es benahm sich im Ganzen sehr ruhig und anständig, so daß sich Niemand über sein gespenstisches Walten beschweren konnte; nur ein Mal wurde es wüthend. Der Chronist Möller erzählt uns diesen Vorfall folgendermaßen:

„Ein hoher Cavalier erzählte vor einigen Jahren, daß er bei Ihrer kurfürstlichen Durchlaucht zu Brandenburg einstmals wegen wichtiger Affairen ziemlich spät im Gemach gewesen, da kam dies sogenannte weiße Weib, oder ein Gespenst, so in Gestalt einer Beschließerin auf dem kurfürstlichen Schlosse zu Berlin sich zuweilen sehen lassen, über den Saal gegangen, dem sein Page, aller Andern Anwesenden Warnung ungeachtet, nachgelaufen und es angefasset, mit diesen Worten: — „Mutter, wo wollt Ihr hin?" — Auf solche Frage bekam er mit den Schlüsseln einen solchen Schlag an die Ohren, daß er am dritten Tage den Geist aufgab.

Man muß den Satan in solchen Fällen nicht reizen, denn er ist ein tückischer und mörderischer Geist, welcher nichts als des Menschen Verderben sucht!"

Diese goldene Regel des Chronisten beherzigten die Hofleute. — Sobald sie in den Gängen des Schlosses von ferne eine weiße Gestalt sahen, flüchteten sie eiligst.

Johann Sigismund hörte von allen Seiten das Gespenstermärchen, er war daher überzeugt, daß er bald sterben müsse und vielleicht hat diese Ueberzeugung seinen Tod beschleunigt.

Elftes Kapitel.

Kurfürst Georg Wilhelm. — Sein Charakter. — Die Kurfürstin Mutter. — Ausweisung des Dr. Meißner. — Familienverbindungen Georg Wilhelm's. — Gustav Adolph's Brautwerbung. — Der Winterkönig — Die Engländer vor Berlin.

Dem schwachen Vater folgte der schwächere Sohn, ein Fürst, der selbst in den Zeiten einer friedlichen Entwicklung kaum im Stande gewesen wäre, die Regierung eines kleinen Landes mit Erfolg zu führen, den aber ein unglückliches Geschick gerade in jener furchtbaren Zeit des dreißigjährigen Krieges auf den Thron berief.

Georg Wilhelm war am 3. November 1595 geboren und daher 24 Jahre alt, als er die Regierung übernahm. — Er wurde vom Volke nicht mit jener Freude begrüßt, welche die stets hoffnungsreiche Menge gewöhnlich dem neuen Regenten entgegenträgt, denn er war den fanatischen Anhängern des Lutherthums, welche in Berlin die große Majorität des Volkes bildeten, als eifriger Calvinist bekannt und um so mehr verhaßt, als kaum eine gute Eigenschaft die Berliner mit der abweichenden religiösen Richtung des Kurfürsten zu versöhnen vermochte.

Georg Wilhelm war ein Fürst ohne Charakter und ohne Talente, unfähig nach allen Richtungen hin. — Er war schwach und willenlos; selbst wenn ihm die kleinsten Schwierigkeiten entgegentraten, vermochte er zu keinem Entschluß zu kommen, bei großen war er rath- und thatlos.

Schwankend in seinen Meinungen, ohne Willen, war er der Spielball seiner Umgebung, das Werkzeug seiner Günstlinge und dennoch durchdrungen von einem geistigen Hochmuth, von einem Stolz auf sein Gottesgnadenthum, der sich stets am unpassenden Orte Luft machte, der ihn verführte, guten, redlich gemeinten Rath, wohlbegründete Klagen über seine schlechte Regierung mit Drohungen zurückzuweisen. Ein Frömmler, dem die unschuldigen Vergnügungen des Volkes, Theater und andere Lustbarkeiten, ein Gräuel waren, der vermeinte, durch Buß- und Bettage die fürchterlichen Folgen jenes Krieges, der seine ganze Regierungszeit ausfüllte, abwenden zu können und dabei doch ein Säufer und Schwelger, der die besten Säufer am Hofe mit kostbaren Geschenken belohnte, Schlösser und Dörfer an Trunkenbolde verschenkte.

Es würde uns schwer werden, auch nur eine hervorragend gute Eigenschaft den Schwächen und Fehlern Georg Wilhelm's gegenüberzustellen und dennoch hat auch dieser Fürst unter einzelnen märkischen Geschichtschreibern begeisterte Lobredner gefunden. Cernittus sagt von ihm: „Majestät strahlt von seinem Gesicht; er ist mit scharfer Urtheilskraft begabt, von lebhaftem Geiste, von bewunderungswürdiger Großmuth beseelt! Er leitete die Staatsgeschäfte mit so viel Klugheit und Geschicklichkeit, daß er bei den gefährlichsten, bei den schwierigsten Dingen doch Mittel fand, sich aus der Verwirrung zu wickeln, sich von den Gefahren zu befreien!"

Fast wie ein Hohn klingt solche Charakteristik eines Fürsten, der durch seine grenzenlose Unfähigkeit die Mark Brandenburg in das tiefste Unglück gebracht hat und dem nur eine Entschuldigung zur Seite steht, die, daß er eben unfähig war, daß die Zeit, in welcher er lebte, Anforderungen an ihn stellte, welche sein Können weit überstiegen.

Schon der erste Regierungsbeginn Georg Wilhelm's war ein sehr trostloser. Er fand ein tief verschuldetes Land. — Sein Vater hatte die Kräfte der Märker bis auf's Aeußerste ausgebeutet, um den Schein der Macht durch die Erwerbung neuer Ländergebiete zu erhalten; er fand aber auch außerdem ein widerwilliges, ihm nur gezwungen gehorchendes Volk, dem der calvinistische Fürst tief verhaßt war.

Der religiöse Zwiespalt, welcher dem Kurfürsten Johann Sigismund so schwere Stunden bereitet hatte, blieb auch unter Georg Wilhelm fortbestehen und führte schon in der ersten Zeit wieder zu unruhigen Auftritten in Berlin.

Georg Wilhelm stand mit seiner Mutter, der verwittweten Kurfürstin, in einem sehr wenig erfreulichen Verhältniß. — Die Kurfürstin war eine stolze, harte Frau, welche sich der Anforderung ihres Gemahls, zur reformirten Kirche überzugehen, nie gefügt hatte, — sie war durch ihr zähes Festhalten am Lutherthum beim Volke von Berlin beliebt geworden und hierdurch glaubte sie die Macht erlangt zu haben, nach ihrem Gefallen schalten und walten zu können, ohne sich um ihren Sohn, gegen welchen sie eine unverhehlte Abneigung fühlte, zu kümmern. Gern hätte die Kurfürstin dem jüngern Bruder Georg Wilhelms, ihrem Liebling, die Herrschaft im Lande, wenigstens im Herzogthum Preußen verschafft, da dies aber nicht anging, begnügte sie sich damit, durch listige Intriguen unangenehme Verwickelungen am polnischen Hofe zu bereiten, welche den jungen Kurfürsten nöthigten, für einige Zeit nach dem Herzogthum Preußen zu reisen und während dieser Abwesenheit von Berlin die Regierung dem Statthalter Adam Gans, Edlen von Putlitz, dem Kanzler Pruckmann und den Geheimen Räthen von Dieskau und Bellin zu übergeben. — Charakteristisch für den Kurfürsten ist es, daß er diesen Männern eine unbedingte Gewalt übertrug; er übergab ihnen Blankette, auf welche hin sie ganz nach Belieben verfügen konnten.

Die verwittwete Kurfürstin benutzte die Abwesenheit ihres Sohnes, um für die lutherische Lehre von Neuem Propaganda in Berlin zu machen. — Sie berief einen fanatischen lutherischen

Prediger, den Dr. Balthasar Meißner aus Wittenberg an ihren Hof und ließ ihn in ihrem eigenen Gemach im kurfürstlichen Schlosse seine Predigten, zu denen sie auch die Berliner Bürger einlud, abhalten.

Meißner predigte ganz im Sinne seiner hohen Gönnerin. Er schleuderte wüthende Flüche gegen die Calvinisten und scheute sich nicht, dabei auch den Kurfürsten selbst so zu bezeichnen, daß keiner der Zuhörer zweifelhaft bleiben konnte, gegen wen die Donnerworte des Predigers gemeint seien; er forderte die Bürger auf, standhaft beim Lutherthum zu bleiben und ihre Religion, wenn es nöthig sei, auch mit Gewalt zu vertheidigen, denn man müsse Gott eher dienen, als den Menschen.

Die Bürger von Berlin waren nur zu sehr geneigt, sich gegen den verhaßten calvinistischen Herrn aufzulehnen, die Worte des durch das Ansehen der verwittweten Kurfürstin geschützten fanatischen Predigers fanden daher fruchtbaren Boden.

Es ging in jenen Tagen wieder lebhaft in den Trinkstuben von Berlin und Cöln zu. Manche drohende Worte fielen und wurden dem Statthalter hinterbracht, der sich nicht wenig beunruhigt fühlte und endlich zu einem Gewaltmittel schritt, um eine mögliche Empörung des Volkes im Keime zu unterdrücken. — Er verwies den Prediger aus der Stadt, als derselbe die Erlaubniß, in der St. Petrikirche öffentlich sprechen zu können, forderte.

Dr. Meißner mußte zwar Berlin verlassen, aber er kehrte schon nach kurzer Zeit zurück, denn er glaubte, gestützt auf die Gunst seiner hohen Gönnerin, dem Zorn des Statthalters trotzen zu können, und er predigte nach seiner Rückkehr wo möglich noch wilder und aufregender als zuvor.

Der Statthalter war ein energischer Mann; er blieb seinem einmal gegebenen Befehle treu. Der Prediger wurde gefangen genommen und unschädlich gemacht, obgleich die verwittwete Kurfürstin dem Herrn von Pultlitz in ihrer nicht ganz weiblichen Art drohte, sie würde ihm den Kopf abreißen, wenn er ihren Liebling nicht sofort freilasse! — Als sie sah, daß alle ihre Drohungen vergeblich seien, daß auch ihr Sohn das Verfahren des Statthalters billige und daß das Volk von Berlin nicht, wie sie gehofft hatte, mit gewaffneter Hand für den Prediger eintrat, sondern theilnahmlos blieb, fühlte sie wohl, daß ihre Rolle in der Mark Brandenburg ausgespielt sei. — Sie verließ wüthend Berlin und ging nach Schweden, wohin sie, wie man sagt, manche kostbare Kleinodien aus der kurfürstlichen Kunstkammer mitgenommen haben soll.

Georg Wilhelm hatte Unglück mit seiner Familie. — Wie der religiöse Zwiespalt zwischen ihm und seiner Mutter wesentlich dazu beitrug, ihn unbeliebt beim Volke zu machen, so gaben andere Familienverbindungen zu mißlichen politischen Verwickelungen Veranlassung und trugen dazu bei, ihn bald nach dieser, bald nach jener politischen Partei hinüberzudrängen. — Während er die größte Neigung hatte, in dem entbrannten schweren Kampfe auf der Seite des Kaisers zu stehen oder wenigstens neutral zu bleiben, zwangen ihn verwandtschaftliche Rücksichten zu einer Parteinahme, welche er nur widerwillig leistete und welche ihm keinen Dank trug.

Die Gemahlin des Königs Gustav Adolph von Schweden, der im dreißigjährigen Krieg bald eine so bedeutungsvolle Rolle spielen sollte, war eine Schwester Georg Wilhelm's. Ueber die Brautwerbung des großen Schwedenkönigs wird Folgendes erzählt. Gustav Adolph hatte von den Reizen der jungen Markgräfin Maria Eleonora so viel gehört, daß er beschloß, um ihre Hand zu werben. Er schickte deshalb an den Hof des Kurfürsten Johann Sigismund eine Gesandtschaft, welche den politischen Theil der Unterhandlungen führen sollte, er selbst aber schloß sich derselben unter falschem Namen und guter Verkleidung an, um sich zu überzeugen, ob das Gerücht die Reize und die Liebenswürdigkeit der jungen Markgräfin nicht übertrieben habe.

Der König wurde mit den Gesandten bei Hofe vorgestellt. — Er lernte die Prinzessin kennen und war so entzückt von ihren Reizen, daß er ihr während der Tafel seine Liebe erklärte und ihr das Geheimniß seiner Verkleidung verrieth.

Maria Eleonora erhob sich sofort und erwies dem jungen Könige zum höchsten Staunen ihres Vaters, des Kurfürsten, eine Ehrerbietung, welche nach den schon gebräuchlichen Etiquettegesetzen einem einfachen schwedischen Edelmann, der nur als Begleiter der Gesandten erschien, nicht erwiesen werden durfte; sie erhielt dafür eine strenge Zurechtweisung von ihrem Vater, der erst eines Besseren belehrt wurde, als er erfuhr, wer eigentlich der schwedische Edelmann sei. Johann Sigismund hatte gern seine Einwilligung zur Verbindung der Markgräfin mit dem Könige von Schweden gegeben; er erlebte aber die von ihm selbst sehr gewünschte Verbindung nicht mehr. Die Vermählung Gustav Adolph's mit Maria Eleonora fand erst am 20. November 1620 statt.

Schon die Verbindung mit Gustav Adolph hätte den Kurfürsten Georg Wilhelm zu einem treuen Festhalten an der Partei der Protestanten im dreißigjährigen Kriege veranlassen können, noch mehr aber trieb ihn dazu seine Verwandtschaft mit dem Kurfürsten Friedrich V. von der Pfalz, dem er durch seine Gemahlin Elisabeth Charlotte, eine pfälzische Prinzessin, verschwägert war.

Friedrich V. hatte sich bewegen lassen, die Königskrone anzunehmen, welche ihm von den Böhmen angeboten war und auf welche der deutsche Kaiser ein größeres Anrecht zu haben vermeinte. — Friedrich V. besaß weder die Macht noch das Geschick, den Kampf mit dem Kaiserhause zu bestehen; nur kurze Zeit schwelgte er im Glanze seiner neuen Königswürde, dann wurde er aus seinem Reiche vertrieben und mußte als

19*

ein elender Flüchtling umherirren. Er hat in der Geschichte, seiner kurzen Herrschaft wegen, den Spottnamen „der Winterkönig" empfangen.

Das Volk von Berlin und Cöln, ja das der ganzen Mark Brandenburg, empfing die Nachricht von der Schlacht am weißen Berge, durch welche der Winterkönig sein Land verlor, mit einer großen Freude. Obgleich der Katholicismus durch die Niederlage Friedrichs V. und seine Vertreibung aus Böhmen einen Sieg feierte, war dieser Sieg den Brandenburgern doch nicht so verhaßt, wie ihnen der Kurfürst von der Pfalz war. — In Berlin bildete damals der Streit zwischen Calvinismus und Lutherthum den Angelpunkt aller politischen und religiösen Streitigkeiten, die Bürger haßten die Calvinisten weit ärger, als die Katholiken, und den Kurfürsten Friedrich V., der ein eifriger Calvinist war, daher auch weit ärger, als den Kaiser.

Als in den Trinkstuben der Ausgang der Schlacht am weißen Berge bekannt wurde, war der Jubel groß. „Da sieht man es — so riefen die glaubenseifrigen Lutheraner aus — daß Gott keinen Gefallen an den Calvinisten trägt!" Der Kanzler Pruckmann schrieb über die Stimmung der Berliner an den Kurfürsten Georg Wilhelm, der sich gerade in Preußen befand: „Allhier ist ein solches Frohlocken unter dem gemeinen Haufen über den Verlust bei Prag (die Schlacht am weißen Berge), daß es nicht auszusprechen. Schnauben und Schnarchen dabei, daß man es ohne Verdruß nicht ansehen kann rc."

Es mußte unter solchen Verhältnissen der von Georg Wilhelm zurückgelassenen Statthalterschaft höchst unbequem sein, daß der vertriebene König das Land seines Verwandten als den natürlichen Zufluchtsort für seine hochschwangere Gemahlin ansah und sich mit einer höchst demüthigen Bitte um Aufnahme derselben in der Mark Brandenburg und Gewährung eines Asyls, in welchem sie ihre Niederkunft ruhig abwarten könne, an den Statthalter und den Staatsrath in Berlin wendete.

Die Minister, welche den furchtsamen, schwankenden Charakter ihres Herrn kannten, welche wußten, wie ängstlich besorgt dieser sei, sich nicht der Ungnade des Kaisers auszusetzen und welche außerdem nicht im Zweifel über die ungünstige Stimmung des Volkes gegen den Kurfürsten Friedrich V. waren, glaubten das Bittgesuch nicht gewähren zu können und doch fürchteten sie sich auch wieder, dasselbe abzuschlagen, denn es erschien ebenso grausam wie feige, der flüchtigen Königin in ihrem Unglück eine Stätte für ihre Niederkunft zu verweigern. — Die Minister befanden sich daher in einer argen Verlegenheit, sie entschlossen sich endlich, die Bitte des Winterkönigs mit höflichen Ausflüchten zurückzuweisen und sie thaten dies in einer Art, welche nur geeignet war, Verachtung gegen eine so schwache Regierung zu erregen.

Da sollte, wie es in dem Antwortschreiben hieß, in Spandau kein Gemach vorhanden sein, welches für eine hohe Wöchnerin passe, da wäre in Spandau und Küstrin die Gefahr, daß plötzlich ein Feind aus Polen oder Sachsen sich nahen könne, in Küstrin und im Schloß zu Cöln fehle es an Tapeten, um das Wochenzimmer einer Königlichen Kindbetterin zu bekleiden, es fehle an Mitteln, die nöthige Aufwartung zu beschaffen rc. Ausflüchte, leere Ausflüchte, denn ihre wahren Gründe, ihre Furcht vor dem Kaiser wollten die Minister nicht eingestehen.

Noth kennt indessen kein Gebot; trotz der abschlägigen Antwort kam die flüchtige Königin doch nach der Mark Brandenburg und bat von Frankfurt an der Oder aus nochmals um einen ruhigen Ort, wo sie auf ihre Kosten so lange wohnen könne, bis sie ihre Niederkunft abgewartet habe, da sie außer Stande sei, bei dem kalten Winterwetter weiter zu reisen.

Jetzt mußten die Minister endlich nachgeben; sie wiesen der Königin einige Zimmer im Schlosse zu Küstrin an; bald aber wurden sie in noch größere Verlegenheit gesetzt durch die Ankunft des Winterkönigs, der sich mit einem zahlreichen Gefolge von 200 Pferden ebenfalls in Küstrin einfand, sich dort ohne Weiteres einquartierte und ein Königliches Hoflager aufschlug, zu welchem er selbst gar keine Mittel hatte. — Dieser Königliche Hof fraß im wörtlichsten Sinne bald die kleine Stadt und die Umgegend arm und zog, als in Küstrin nichts mehr zu haben war, nach Berlin,*) um sich daselbst im Kurfürstlichen Schlosse einzuquartieren.

Was die Minister befürchtet hatten, geschah. Der Kaiser sprach sich mißbilligend und drohend über die Aufnahme seines Feindes in der Mark Brandenburg aus und das Volk von Berlin zeigte sich sehr geneigt, die verhaßten Calvinisten aus der Stadt zu verjagen. — Allabendlich rotteten sich die Bürger zusammen und führten drohende Reden, welche den baldigen Ausbruch einer Volkserhebung befürchten ließen.

Die Minister waren in schwerer Sorge. Sie ließen 100 Centner Pulver, welche in Berlin gelagert waren, aus der Stadt schaffen, damit sie im Falle eines Aufruhrs nicht in die Hände der Bürger fielen und sie machten endlich dem Winterkönige so ernste Vorstellungen, daß er sich bewogen fand, seine Flucht fortzusetzen; auch seine Gemahlin folgte ihm bald darauf nach Holland.

Da war denn der Jubel groß in Berlin. — Die Bürger erklärten offen: „Der Bettelkönig möge es nur wagen, zurückzukommen, dann wolle man ihm die Stadt vor der Nase zuschlie-

---

*) Der Name Berlin wurde damals schon sehr allgemein für die beiden Städte Berlin und Cöln gebraucht, wenn auch die Einzelnamen noch nicht verschwunden waren, sondern immer angewendet wurden, wo es sich um specielle Interessen der einen oder der andern Stadt handelte.

zen." und sie meinten es ernst genug mit dieser Drohung, das hatten sie erst vor kurzer Zeit, als der Winterkönig noch auf seinem Throne in Böhmen saß, bewiesen.

Von England aus waren im Anfange des Jahres 1620 etwa 3000 Mann Soldaten nach Böhmen durch die Mark Brandenburg dem Winterkönige zu Hilfe gezogen, ein lüderliches, zusammengelaufenes Volk, welches sich, wie der Chronist Sebald berichtet, „zwar im Anfange ziemlich schäfern, aber am Ende der Mark wölfisch genug" erwies.

Diese nackten, hungrigen, habsüchtigen und rohen Soldaten zeigten sich während ihres Marsches durch freche Raubthaten als eine wahre Plage der Mark. — Sie kamen endlich auch in die Nähe von Berlin und lagerten sich nicht weit von den Thoren der Stadt.

Damals glaubten die Räthe Georg Wilhelm's noch an einen Sieg des Winterkönigs und da sie sämmtlich der calvinistischen Religion angehörten, begünstigten sie ganz im Gegensatz zu dem offen ausgesprochenen Volkswillen den Durchmarsch der englischen Hilfstruppen durch die Mark Brandenburg, indem sie denselben Lebensmittel und andere Unterstützung gewährten.

Als die Engländer sich der Stadt naheten, als sie in Spandau eintrafen, verbreitete sich unter dem Volke von Berlin eine allgemeine Aufregung. — „Die Engländer kommen — so erzählte man sich auf den Straßen — um den Calvinisten gegen die Lutheraner zu helfen. Der Markgraf Johann Georg hat sie gerufen. Er will sich rächen für die Beleidigungen, welche er im Jahre 1615 von den Berlinern empfangen hat."

So widersinnig ein solches Gerücht war, es wurde dennoch geglaubt, denn das streng lutherische Volk witterte überall eine Verschwörung der Calvinisten gegen die Lutheraner. Die Bürger rotteten sich zusammen, sie holten die verrosteten Pickelhauben aus den Rüstkammern hervor und als am Morgen des 30. Juni 1620 die Engländer von Spandau aufbrachen und in Tempelhof und den umliegenden Dörfern ihr Quartier bezogen, da rasselten die Lärmtrommeln durch alle Straßen, da riefen die Sturmglocken das gesammte Volk zu den Waffen.

Die Bürger hatten sich einen Ausschuß gewählt, der die Vertheidigung der Stadt bei der gefürchteten Belagerung leiten sollte; da aber dieser Ausschuß aus Männern bestand, welche vom Kriegführen nicht das geringste Verständniß hatten, so konnte er sich bei der aufgeregten Bürgerschaft nicht in Respekt setzen; er vermochte um so weniger Ordnung zu erhalten, als die Vertheidiger der Stadt ihren Muth häufig durch einen tüchtigen Trunk starken Bieres zu erhöhen suchten und dadurch die ohnehin heißen Köpfe noch mehr erhitzten.

Es ging am Abend des 30. Juni 1620 und in der folgenden Nacht in Berlin toll und wild genug zu. — Der Kanzler Pruckmann, dem die Bewegung so über den Kopf gewachsen war, daß er keine Macht mehr besaß, die aufgeregte Volksmenge zu zügeln, giebt in einem Briefe an den Kurfürsten Georg Wilhelm ein anschauliches Bild des Berliner Lebens in jener Nacht. Er schreibt:*)

„Die Wache war in Cöln von ihrer zween angeführt, die ihr Leblage wohl keinen todten Menschen im Felde gesehen, da war ein Trommelschlagen, Platzen und Schießen, auch Schreien in beiden Städten die ganze Nacht hindurch, daß ihrer wohl Wenige, die selbe Nacht werden geschlafen haben, denn es war Alles besoffen, was da war. Da hätte man wohlbeschossene Musketiere sehen sollen, der eine schoß die Lunte mit hinweg,**) dem andern entfiel der Ladestecken, dem dritten die Fourchette, dem vierten versagte die Muskete zwei bis drei Mal, der fünfte steckte die Nase gar in die Aermel, wenn er schießen wollte. Die dann losgeschossen hatten, konnten zu keiner Ladung wieder kommen, also voll waren sie. Die Pikeniere trugen die Pike auch gar musterlich, zu geschweigen, daß sie solche sonsten zu gebrauchen sollten gewußt haben. Summa, man hat nur lauter Schimpf gehabt.

Das Beste daran war, daß sie uns, die wir von der Religion waren (der würdige Pruckmann meint dabei natürlich seine eigene, die calvinistische), wenn sie unserer ansichtig wurden, einen dermaßen freundlichen Anblick gaben, gleich als wollten sie uns fressen.

Wie es des Morgens drei schlug, liefen sie von den Wachen ganz ungebührig und die wiederum an die Wache treten sollten, waren nicht vorhanden. Da rannte der Kerl über eine Stunde herum und machte auf dem Kalbsfell ein Gerassel, ehe er Andere wieder zu Haufen bringen konnte. Eine andere Rotte dagegen, siebenzig Personen stark, so gar nicht aus Bürgern gewesen, hat sich dahinten auf dem Werder (welcher damals noch nicht Stadtrecht besaß) zu Haufen rottirt und haben die ganze Nacht auf dem Dudel (Dudelsack) spielen lassen, auch eine Wagenburg von Tücherwagen um sich geschlagen,***) und ein übergroßes Platzen und Schießen getrieben, dadurch auch Ew. Durchlaucht junges ungetauftes Herr-

---

*) Wir entnehmen diese interessante Schilderung den „Beiträgen zur Untersuchung gegen den Grafen Schwarzenberg" von Cosmar. Sie wird diejenigen unserer geehrten Leser, denen das Jahr 1848 noch im Gedächtniß ist, lebhaft an die selige Bürgerwehr erinnern.

**) Gewehrschlösser waren damals noch nicht gebräuchlich, daher gebrauchte man Lunten zum Abfeuern der Flinten oder Musketen; diese waren so schwer, daß man sie freier Hand nicht sicher mit ihnen zielen konnte, man legte sie auf eine Gabel (Fourchette), welche jeder Schütze mit sich trug.

***) Der Werder lag ganz offen, ohne irgend welche Vertheidigungswerke und konnte daher leicht von den Engländern angefallen werden. Die guten Bürger hatten deshalb die Wagenburg wie ein Festungswerk hergerichtet.

lein*) in der Wiegen ziemlich erschreckt worden, daß leicht ein anderer Unrath (größerer Unfall) davon hätte entstehen können."

So ging's die Nacht und auch die folgenden Tage hindurch, bis die Engländer, welche ruhig ihren Marsch fortsetzten, ohne zu ahnen, zu welcher Aufregung sie in Berlin Veranlassung gegeben hatten, verschwunden waren.

Nach und nach wurde es in den beiden Städten wieder stiller, hier und da fiel wohl noch ein Schuß aus einem oder dem andern Hause, aber der Heuereiser fühlte sich bald ab und die Bürger kehrten zu ihrer Arbeit zurück, als sie einsahen, daß ihre Sorge eine thörichte gewesen sei.

Nur beim Abziehen von den Wachen ließen sie ihrem Muthwillen noch einmal die Zügel schießen. Pruckmann schreibt darüber: „Damit sie nichts von allem Muthwillen unversucht ließen, so wollten die dreißig Mann, die in den beiden Thoren von Cöln gewacht hatten, worunter der Bereiter Lorenz gekannt, der auch am muthwilligsten, wie er pflegt, gewesen sein soll, — ohne Spiel nicht abziehen, sondern mit Spiel, so wie sie aufgezogen, auch abgeführet werden. Diese machten ein neues Getrommel, brannten auch die Röhre gegen ernstliches Verbot vor dem Rathhause immer los und gingen also nach Hause."

Zwölftes Kapitel.

Die Gardebrüder. — Entwicklung des Kriegswesens. — Das Soldsystem. — Raublust der Soldaten. — Der Waffendienst ein Handwerk. — Die frommen Landsknechte. — Landsknechtsgerichte. — Kriegsunlust der Berliner Bürger. — Der Aufstand vom Jahre 1627.

Durch die Erlaubniß, welche Georg Wilhelm den Engländern gegeben hatte, ihren Marsch durch die Mark Brandenburg zu nehmen, hatte er zwar Partei für den Winterkönig ergriffen, dies that ihm aber bald genug leid und er suchte sich nun beim Kaiser zu entschuldigen. — Sein Streben war fortan, sich in dem fast ganz Deutschland durchwüthenden Kriege neutral zu verhalten; er wollte nicht hineingezogen werden in den Kriegsstrudel und weil er sich keiner Partei anschloß, wurde er von allen als Feind betrachtet.

Die Mark Brandenburg lag den Truppen aller Parteien offen und schutzlos da, kein kriegsgeübtes Heer konnte sie vertheidigen und Georg Wilhelm hatte nicht einmal den Muth, dies zu versuchen, selbst wenn er sich an die Spitze einer Armee hätte stellen können. Er begnügte sich, im Jahre 1626 ein Regiment von 1000 Mann anwerben zu lassen und den Obersten von Kracht an die Spitze desselben zu stellen. Diese Trup-

---

*) Das junge ungetaufte Herrlein war der spätere Kurfürst Friedrich Wilhelm, der am 6. Februar 1620 geboren, aber noch nicht getauft worden war.

pen hatten aber nur den Zweck, das Land gegen die Räubereien der verschiedenen durch die Mark Brandenburg ziehenden Streifcorps zu schützen und sie erfüllten selbst diese Aufgabe unvollständig, wie ein anderer Soldatenhaufen, die Gardebrüder, welcher von den Ständen zum Schutze der Mark angeworben worden war, während sich der Kurfürst in Preußen befand.

Die Gardebrüder stifteten viel mehr Schaden, als sie Nutzen brachten; sie bestanden lediglich aus wüstem Diebesgesindel, aus Herumtreibern und Taugenichtsen, denn ordentliche Soldaten konnten unmöglich unter den Bedingungen die Waffen ergreifen, welche ihnen von den Ständen gestellt worden waren.

Es fehlte an Geld, diese Schutzwache der Mark Brandenburg zu besolden, die Stände gestatteten daher den Soldaten, für ihren Lebensunterhalt zu garden, d. h. zu betteln und deshalb wurden sie Gardebrüder genannt. — Jeder Kossät auf dem Lande war verpflichtet, wenn 10 Gardebrüder zu ihm kamen, ihnen drei Groschen, kamen nur Einzelne, diesen 1 Pfennig zu geben. Die Bauern mußten das Doppelte zahlen. — Waren die Soldaten mit dieser Zahlung nicht zufrieden, so gab die Verordnung über das Garden den Landleuten das Recht, die Unverschämten mit Prügeln zurückzuweisen, ein Recht, von dem sie stets Gebrauch machten, wenn sie die Macht dazu hatten; meistens aber war dies nicht der Fall, sie wurden von den bewaffneten Gardebrüdern bestohlen und geplündert, besonders traf ein solches Schicksal die Besitzer vereinzelt liegender Höfe.

Unsere Leser werden sich leicht vorstellen, daß Soldaten, welche darauf angewiesen waren, ihren Lebensunterhalt durch Betteln und Stehlen zu erwerben, mehr eine Plage als ein Nutzen für das Land waren. Wie sie beim Garden verfuhren, darüber giebt ein alter Soldat jener Zeit, der sich der Entwürdigung seines Standes schämte, der Obrist-Wachtmeister und Hauptmann der Stadt Danzig, Johann Jakob von Wallhausen, ein treffendes Bild. Er sagt:

„Wie rüsten sie sich zu auf die Garbe? — Für's Erste, so nimmt einer mit sich zwei, drei oder vier Jungen (welche er zum Waffenhandwerk anlernt), damit er desto mehr den Bauern abzufordern habe. Dieweil er bei dem Bauern stehet und partiret, so sind diese unterdessen um die Scheuren her, hinter den Hühnern, Enten, Gänsen und was sie mit erwischen können, es sei, was es wolle. Was nicht mit gehen will, das tragen sie. Und werden also die Jungen sein von Jugend auf des Stehlens und Mausens, des Handwerks der Gardebrüder gelehrt. Ein hübsches Handwerk, eine saubere Zunft!

Bei den Helden, davon ich tausend Exempel erzählen könnte, brauchten diejenigen Soldaten, so herrenlos, in Friedenszeiten und Stillstand ihr Handwerk und legten sich sonst auf ein ehrliches Leben; unsere Gardebrüder aber auf Praden, denn also heißen sie das Stehlen. Und daß es die Bauern nicht merken sollen und ihr Handwerk lernen oder können mögen, so brauchen sie viele andere Wörter, damit sie Alles, was sie reden, auf gut Teutsch nennen, aber mit verkehrten Namen, und das heißt Rothwelsch.*) Exempli gratia: Ein Huhn heißen sie einen Stier, einen Entvogel einen teutschen Herrn, eine Gans einen Strohbutzen und fangen heißen sie verhören. Einen Strohbutzen verhören heißt eine Gans fangen, und was der unsäglichen Worte mehr sind!" —

Waren zur Zeit des dreißigjährigen Krieges die Gardebrüder gefährliche Feinde des Landmannes und der Bürger, so wurden sie doch durch die Söldnerhaufen, welche die regelmäßigen Truppen bildeten, an Furchtbarkeit noch übertroffen. — Es wird nöthig sein, daß wir einen Blick auf die eigenthümliche Entwicklung des Soldatenwesens jener Tage werfen, weil sonst die Leiden, welche das Volk in der Mark Brandenburg und auch in unserer Stadt während des dreißigjährigen Krieges trafen, kaum verständlich sind.

Die Heere, welche früher aus dem Lehnsgefolge des Adels und der Städte bestanden hatten, waren in dem letzten Jahrhundert vollkommen umgestaltet worden. Die Bürger wollten nicht mehr in den Krieg ziehen, sie zogen es vor, ihre Dienstpflicht abzukaufen und so waren denn im Laufe der Jahrhunderte die Söldner an die Stelle der lehnspflichtigen getreten. Die Waffen ergriff, außer etwa zur Vertheidigung der eigenen Stadt, nur Derjenige, der sein Leben für baares Geld zu verkaufen bereit war, und das waren nicht die Besten aus dem Volke.

Wenn die Werbetrommeln ertönten, so eilten alle Taugenichtse und Arbeitsscheuen zusammen und ließen sich in der Hoffnung auf guten Sold und reiche Kriegsbeute anwerben, meist nur auf eine bestimmte Zeit, nach derselben erhielten sie ihre Freiheit wieder und konnten sich von Neuem anwerben lassen oder als Gardbrüder im Lande umherziehen, bis sie einen passenden Kriegsdienst gefunden hatten.

Der Söldner fragte selten oder nie darnach, für welche Sache er kämpfen sollte. Er verkaufte sein Blut für Geld, wer am meisten zahlte, der hatte ihn und so sehen wir denn, daß während des dreißigjährigen Krieges jene geworbenen Soldaten und sogar die Officiere häufig genug die Fahnen wechselten, bald Dienst nahmen bei der katholischen, bald bei der protestantischen Partei, ohne Rücksicht darauf, ob sie gegen ihre Glaubensgenossen und vielleicht auch gegen ihr Vaterland kämpfen mußten oder nicht. — Der Krieg war ihnen eben ein lohnendes Handwerk und weiter nichts.

Hatte der Söldner seine ausgemachte Dienstzeit vollendet, dann betrachtete er sich als einen freien Mann, der Niemandem mehr zu gehorchen hatte. — Wehe den unglücklichen Dörfern, in welche ein Haufen entlassener Söldner einfiel! Ihnen stand das traurigste Schicksal bevor; denn die Raubgier der Soldaten wurde durch keine Disciplin mehr gezügelt. Kein Offizier durfte es wagen, seinen früheren Untergebenen noch etwas befehlen zu wollen. — Wallhausen schildert uns die Frechheit und Ungebundenheit dieser entlassenen Söldner in folgenden Worten:

„Wie gehet es unter dieser Gesellschaft, sobald die Fähnlein von den Stangen abgerissen und die Regimenter abgedankt sind? — Da darf der geringste, loseste, leichtfertigste Hallunke seinen Capitain, seinen Lieutenant, seinen Fähnrich u. s. w. herausfordern, ja ihm sagen: Ha, Kerl, Du bist mein Befehlshaber gewest, jetzunder aber bist Du nicht ein Haar besser als ich, es gilt jetzunder ein Pfund Haare soviel als ein Pfund Baumwolle! Heraus, rauf Dich mit mir! Bist Du besser als ein Schelm und Dieb? Weißt Du wohl, wie Du mich da und da auf der Wache abgeschmieret und wie Du mich da und da getractiret hast?"

Die Gefahr, von den entlassenen Söldnern in solcher Weise behandelt zu werden, veranlaßte natürlich die Offiziere, ihren Soldaten so viel als möglich durch die Finger zu sehen; wenn diese nur in der Schlacht tapfer und treu waren, wenn sie nur im Dienst selbst unbedingten Gehorsam leisteten und Disciplin hielten, so wurde ihnen jede Ungebundenheit außerhalb des Dienstes gern verziehen, besonders aber in Feindesland, wo die Befehlshaber ihren Leuten Raub und Plünderung als selbstverständlich gestatteten.

Es galt im dreißigjährigen Kriege die Regel, daß ein Heer sich selbst erhalten müsse; wo daher eine Truppenabtheilung erschien, legte sie zu ihrem Unterhalt den Dörfern und Städten Contributionen, theils in Naturalien, theils in baarem Gelde auf, diese wurden an die Befehlshaber abgeliefert; außerdem trieb aber jeder Söldner noch für sich privatim seine Contribution ein und machte er es nicht gar zu arg, so ließen ihn die Offiziere selbst in Freundesland gewähren, in Feindesland störten sie ihn nie.

Die Folge eines solchen Systems war, daß die Soldaten alle Mittel der Grausamkeit erschöpften, um ihre Habsucht zu befriedigen, daß Bauern und Bürger bis auf das Aeußerste ausgezogen wurden. Wir werden später noch Gelegenheit haben, hierauf zurückzukommen.

Da die Söldner den Krieg ganz gewerbsmäßig betrieben, hatten sie das Waffenhandwerk, der herrschenden Zeitströmung gemäß, auch möglichst zunftmäßig auszubilden versucht. Da hatte man Lehrlinge und Meister, zum Theil auch Gesellen, ganz wie beim Handwerke.

Jeder Reiter lernte seinen Buben an. Dieser mußte dem Herrn das Pferd satteln und zäumen, seine Waffen putzen und ihn im Felde überall

---

*) Die Gaunersprache, welche zum Theil noch heute unter den Verbrechern Berlins und anderer großer Städte gesprochen wird, verdankt jener Zeit ihren Ursprung.

begleiten und bedienen; später wurde er Knappe, bis er endlich zum Reiter avancirte. — Auch die Landsknechte, das Fußvolk, hatten ihre Buben, und Niemand sollte sich als Landsknecht anwerben lassen, der nicht durch einen Lehrbrief sich darüber ausweisen konnte, daß er Alles, was der Kriegsgebrauch erheische, vollkommen inne habe.

Auch bei der Artillerie herrschte derselbe Zunftgebrauch und wurde noch strenger inne gehalten, als bei den Landsknechten, denn bei diesen sah man, wenn die Leute knapp waren und schnell eine Söldnerschaar angeworben werden sollte, nicht immer auf einen guten Lehrbrief. Die Landsknechte waren daher auch das am meisten gefürchtete Kriegsvolk, obgleich sie sich selbst die frommen Landsknechte nannten. Sie bestanden häufig genug aus zusammengelaufenem Gesindel, welches nur durch die strengsten Kriegsgesetze zu einiger Ordnung und Disciplin zu bringen war.

Jedes Regiment hatte ein eigenes Gericht, welches die geringeren Vergehen aburtheilte; kamen schwerere Verbrechen vor, so wurde das Gericht nach guter deutscher Sitte unter freiem Himmel öffentlich abgehalten; mitunter fungirten dabei die Offiziere als Schöffen, meistens aber traten die Landsknechte selbst zum Spießrecht in einen Kreis zusammen, der Profoß klagte den Verbrecher an und seine Kameraden urtheilten dann sofort über ihn und vollstreckten auch das Todesurtheil, wenn sie ein solches gefällt hatten. Sie stellten sich in einer langen Gasse mit vorgestreckten Spießen auf, der Profoß ergriff den Verbrecher und stürzte ihn in die Gasse, wo er bald unter den Spießstößen seiner Kameraden, Richter und Scharfrichter das Leben aushauchte.

Eine so strenge Strafe wurde indessen von den Landsknechten nur bei besonders schweren, meist militairischen Verbrechen, nicht bei solchen, welche gegen Bauern oder Bürger im Kriege begangen wurden, verhängt. Raub, Schändung, Mord und Brandstiftung in Feindesland galten eben nicht als Verbrechen und die Landsknechte waren daher trotz ihrer strengen Kriegsgesetze doch der Schrecken des Bürgers und Landmannes.

Solcher Art waren die Landsknechte jener Zeit, solcher Art auch Diejenigen, welche Kurfürst Georg Wilhelm zum Schutze der Mark Brandenburg anwarb, sie gehörten zu den Schlechtesten ihres Standes, zu dem Gesindel, welches zwar gern raubt und stiehlt, aber nicht gern kämpft, denn die besseren Soldaten ließen sich nicht für Regimenter anwerben, welche nur zum Schutz des Landes, nicht um gegen den Feind geführt zu werden, gehalten wurden.

Die eigenen Soldaten wurden bald die größte Plage der Mark, Bürger und Bauern haßten und verachteten sie in gleichem Maße und die Bürger von Berlin weigerten sich auf das Entschiedenste, als Georg Wilhelm im Jahre 1624 von ihnen forderte, seine Söldner in Einquartierung zu nehmen.

Wie groß aber auch der Mißkredit war, in welchem die Soldaten beim Volke der Mark Brandenburg ihrer unverschämten Räubereien wegen standen, die Noth der Zeit gebot dennoch die Vermehrung derselben und diese wurde denn auch, nachdem im Jahre 1626 eine Defensionssteuer auferlegt worden war, vorgenommen.

Man sollte glauben, daß die Bürger von Berlin bei dem Widerwillen, welchen sie gegen die geworbenen Soldaten fühlten, nun um so eher geneigt gewesen wären, zur Vertheidigung ihrer Stadt selbst die Waffen zu ergreifen; dies aber war leider nicht der Fall.

Seit Berlin zur Residenzstadt geworden war, hatten sich die Bürger vom Waffendienst entwöhnt; sie hielten wohl noch wie früher die Rüstung zu Haus im Schranke und zogen sie allenfalls auch hervor, wenn es eine Musterung galt, oder wenn durch irgend eine zufällige Veranlassung das leicht erregbare Völkchen plötzlich in Wuth gebracht wurde, von einem regelrechten Waffendienst aber wollten sie nichts mehr wissen.

Als im Jahre 1623 Musterung über die waffenfähige Mannschaft von Berlin und Cöln gehalten wurde, fanden sich 1163 Mann in Reihe und Glied, von denen 498 mit Feuergewehren, 269 mit Piken und 355 mit Hellebarden bewaffnet waren. Eine solche Zahl wäre bei etwa 12000 Einwohnern recht bedeutend gewesen, wenn nur die in Reihe und Glied stehenden nun auch wirklich Lust gehabt hätten, die Waffen zu gebrauchen und sich zu einer thätigen Schutzwache der Stadt herzugeben.

Als im Jahre 1627 die Kriegsgefahr der Stadt nahe rückte und daher der Kurfürst Georg Wilhelm anordnete, die Bürger sollten die Bewachung des Schlosses und der Thore übernehmen, und sich zu diesem Behufe ordnungsmäßig in Quartiere und Rotten theilen, Quartier- und Rottenmeister erwählen, da hatte Niemand rechte Lust, seine kostbare Zeit und sein kostbareres Leben dem Wohle der Stadt zu opfern. Da war der Eine krank, der Andere alt und schwächlich, dieser hatte einen Schaden, jener wußte sich zu verstecken, kurz, es zeigte sich, daß die waffenfähige Mannschaft in Berlin und Cöln nicht einmal hinreichte, die Thore zu besetzen. Das Spandauer und Stralauer Thor mußten aus Mangel an Mannschaft gesperrt werden und der Kurfürst war gezwungen, seinem sonst vom Wachtdienst befreiten Hofgesinde, so wie den Advokaten und Kanzellisten anzubefehlen, daß sie an der Bewachung der Stadt Theil nehmen sollten.

Hatten die Bürger nicht einmal Lust, ihre eigene Stadt zu vertheidigen, so waren sie natürlich noch viel weniger geneigt, außerhalb derselben zu dienen und es erregte daher eine außerordentliche Entrüstung, als im Jahre 1627, während sich Georg Wilhelm in Preußen aufhielt, 150 Berliner Bürger plötzlich den Befehl erhielten, nach Brandenburg abzumarschiren, um dort die Besatzung wegen der herannahenden kaiserlichen Heere zu verstärken.

Das Volk rottete sich am 31. März 1627 auf den Straßen zusammen. „Wir sind verrathen und verkauft!" riefen Diejenigen, welche die Stadt verlassen sollten und ihre Worte fanden einen tausendfältigen Widerhall. — Jetzt wußten die Bürger ihre Waffen wohl zu finden und Diejenigen, welche keine Waffen hatten, rafften in den Straßen große Feldsteine auf.

Die kleine kurfürstliche Garnison und die Stadtdiener, welche die Ordnung aufrecht erhalten sollten, fanden sich plötzlich umringt von einer wild aufgeregten Volksmenge, welche stürmisch auf sie eindrang und einen Steinhagel auf sie schleuderte. Die Wenigen waren viel zu schwach gegen die Tausende, sie mußten sich nach dem Schlosse zurückziehen; nur mit Mühe gelang ihnen dies und wären nicht noch gerade zur rechten Zeit die Schloßthüren geschlossen worden, so hätte wohl das Volk auch das Schloß gestürmt.

Dreizehntes Kapitel.

Wallenstein in der Mark Brandenburg. — Torquato Conti in Berlin. — Unwesen der kaiserlichen Einquartierung. — Gustav Adolph. — Räubereien der Kaiserlichen in der Mark. — Neutralität Georg Wilhelms. — Der Minister Graf Adam von Schwarzenberg, seine Politik, seine Unbeliebtheit bei den Berlinern.

Berlin hatte bis zum Jahre 1627 zwar durch das Stocken des Verkehrs schon gewaltig unter dem Deutschland zerrüttenden Kriege gelitten, aber es war bisher doch noch nicht direkt durch das Ungemach desselben betroffen worden.

Noch war keine Einquartierung raublustiger Landsknechte den Bürgern ins Quartier gelegt worden, noch hatte kein kaiserlicher General hohe Contributionen eingefordert, nur die eigenen märkischen Truppen hatten auf dem Geldbeutel der Berliner gelegen, sonst waren diese von den Lasten des Krieges ziemlich verschont geblieben.

Kurfürst Georg Wilhelm war ja der Freund und treue Anhänger des Kaisers; er hatte alle Verbindungen mit seinen Glaubensgenossen gelöst, um eine vollständige Neutralität beobachten zu können; dadurch, so hoffte der Kurfürst und so hofften auch die Berliner, werde die Mark Brandenburg von den Kriegsstürmen, welche ganz Deutschland durchtosten, verschont bleiben.

Eitle Hoffnung! Sobald den kriegführenden Truppen die Mark Brandenburg bequem lag, kümmerte sich keine der streitenden Parteien um die Neutralität des schwachen Kurfürsten. — Wallenstein, der gewaltige Feldhauptmann des Kaisers, gab hiervon im Herbste des Jahres 1627 den entscheidenden Beweis.

Die kaiserlichen Heere quartierten sich in der Mark Brandenburg ein und obgleich der Kurfürst, der wieder nach Preußen gereist war, sein Land dem besonderen Schutze des Kaisers empfohlen hatte, hausten sie gerade wie in Feindesland. — Vergebens bat der Markgraf Sigismund den gewaltigen Wallenstein, der von seinem Hauptquartier in Bernau am 15. November 1627 Berlin besuchte und im Schlosse abstieg, um Schonung. Der Feldherr erwiderte nur achselzuckend: der Krieg sei kein Kinderspiel und seine Soldaten müßten leben.

Die kaiserlichen Generale und Obersten erpreßten überall im Lande die gewaltigsten Contributionen, sie lebten in Saus und Braus auf Kosten der Bauern und Bürger, während diese fast verhungerten; so forderte der Oberst Graf Montecuculi für seine Tafel täglich dreißig bis sechzig Essen, und auch die übrigen Offiziere lebten in ähnlicher Weise.

Auch die Residenz lernte jetzt die Annehmlichkeiten einer kaiserlichen Einquartierung kennen. Das Torquato Conti'sche Regiment marschirte in Berlin ein und wurde den Bürgern in die Häuser gelegt als bestes Mittel, ihnen die etwa noch übrigen Sympathien für den Kaiser zu nehmen.

Hatten früher die Berliner gegen den Winterkönig geschimpft, hatten sie erklärt, ein Papist sei ihnen noch lieber, als ein Calvinist, so kamen sie jetzt zu der Ueberzeugung, daß mit den Papisten auch gerade nicht zu scherzen sei.

Die kaiserlichen Soldaten trieben es in Berlin wie überall. Die Offiziere forderten mit stolzer Unverschämtheit das Beste, was im Hause war und oft genug mehr, als die Kräfte des Wirths zu geben verstatteten. — Sie betrugen sich mit unvergleichlicher Rohheit gegen das „Bürgerpack", schimpften und mißhandelten es, ohne daß einer der Bürger wagen durfte, sich auch nur zu beklagen, wenn er sich nicht noch größeren Unannehmlichkeiten aussetzen wollte. Die Väter und Gatten mußten ruhig zuschauen, während ihre ungebetenen Gäste mit den schönen Töchtern und Frauen schäkerten und diese ließen sich zitternd die Zärtlichkeiten gefallen, um nur die gefürchtete Einquartierung bei guter Laune zu erhalten.

Die gemeinen Soldaten trieben es natürlich noch ärger. Vor denen war kein Keller und kein Rauchfang sicher und ein Glück wäre es gewesen, wenn sie sich auf den Diebstahl von Lebensmitteln beschränkt und nicht auch die Geldkästen ihrer Wirthe trefflich auszuplündern verstanden hätten.

Wohl hatte mancher vorsichtige Hausvater, in der Voraussicht solches Unwesens, seine schönen harten Thaler bei Seite geschafft und im Garten oder in dem schmutzigen Gange zwischen seinem und dem Nachbarhause, wo Niemand gern Etwas sucht, vergraben und glaubte nun ruhig dem diebischen Treiben der Einquartierung zuschauen zu können.

Vergebliche Vorsicht! — Die Kaiserlichen waren gute Schatzgräber, in allen Kunststücken des Soldatenhandwerks wohl geübt. Sie spürten bald die geheimsten Winkel aus und wie verborgen, ja wie schmutzig auch der Ort sein mochte, an welchem der Hausherr seinen Sparpfennig versteckt hatte, für die feinen Spürnasen der Kaiserlichen war er niemals zu verborgen und niemals zu schmutzig.

In den Trinkstuben lagen die bärtigen Krieger und vertrieben die Bürger durch Spott und oft genug auch durch derbe handgreifliche Späße von ihren altgewohnten Sitzen; auf den Straßen zogen sie Nachts einher mit wüstem Gebrüll und wehe Denen, die der betrunkenen Rotte begegneten; sie mußten froh sein, wenn sie sich durch das Opfer des Geldes und jeder Kostbarkeit, welche sie etwa bei sich trugen, vor schweren Mißhandlungen schützen konnten. —

Es war die erste kaiserliche Einquartierung in Berlin und Cöln. Sie benahm sich im Verhältniß zu ihrem Treiben in andern Städten noch glimpflich genug und dennoch kostete sie in der Zeit von 16 Monaten den Bürgern nicht weniger als baare 300,000 Thaler, ohne dasjenige zu rechnen, was durch Diebstahl verloren ging.

Endlich zogen die Kaiserlichen wieder ab. Die Berliner athmeten auf — sie sollten aber bald genug in noch schlimmere Drangsale kommen.

Kurfürst Georg Wilhelm hatte bisher nur mit großer Mühe seine geliebte Neutralität aufrecht erhalten können, jetzt nahte die Zeit, wo ihm die fernere Durchführung derselben unmöglich wurde, wo er Partei ergreifen mußte gegen seinen Willen.

König Gustav Adolph von Schweden hatte sein Schwert zu Gunsten der deutschen Protestanten in die Wagschale des Krieges geworfen.

An der Spitze eines kleinen Heeres von nur 15000 Mann war Gustav Adolph an der deutschen Küste gelandet und hatte im stolzen Siegeszuge die kaiserlichen Feinde durch Pommern vor sich hergetrieben.

Die vor den Schweden flüchtigen kaiserlichen Heere suchten einen Halt in der Mark Brandenburg. — Wie ein Rudel hungriger Wölfe warfen sich die durch die Niederlage vor den schwedischen Siegern aus allen Banden der Disciplin gebrachten Soldaten auf das unglückliche Land. — Sie plünderten und mordeten, sie zündeten die Dörfer an, oft genug nur zur Kurzweil, sie hausten so entsetzlich, daß selbst der sonst so furchtsame und schwache Kurfürst Georg Wilhelm die Geduld verlor und durch ein Edikt den Märkern anbefahl, jeden kaiserlichen Soldaten, der beim Plündern betroffen würde, ohne Weiteres niederzumachen.

Die Schweden folgten dem flüchtigen Feinde und Gustav Adolph forderte jetzt von Georg Wilhelm, daß dieser endlich die bisherige Neutralität breche, daß er Theil nehme an dem allgemeinen Kampfe, daß er das Schwert ergreife zum Schutze des bedrohten evangelischen Glaubens.

Georg Wilhelm fühlte wohl, daß er schwerlich seine Neutralität länger werde behaupten können. Aber er schwankte und konnte zu keinem Entschlusse kommen, welcher der kämpfenden Parteien er sich anschließen solle.

Auf der einen Seite zog ihn die Verwandtschaft und das Band des gemeinschaftlichen Glaubens zu Gustav Adolph, andererseits fürchtete er den Schwedenkönig, denn dieser hatte unverhohlen erklärt, daß er Ansprüche auf den Besitz von Pommern erheben werde, während Georg Wilhelm selbst eine Anwartschaft auf das Land besaß, welche er durch eine feindselige Stellung gegen den Kaiser zu gefährden besorgt war.

Georg Wilhelm war so schwach und so charakterlos, daß er in den wichtigsten Augenblicken seines Lebens nie zu einem selbstständigen Entschlusse kommen konnte, sondern stets dem Drange der Verhältnisse gehorchte. — Er ließ daher auch den Moment, wo das freiwillige Ergreifen der einen oder der andern Partei ihm eine nicht unbedeutende Machtstellung geben und dem Lande von Vortheil sein konnte, unbenutzt vorübergehen. — Er konnte sich nicht entschließen, dem Kaiser den Fehdehandschuh hinzuwerfen, obgleich das Volk der Mark Brandenburg, welches auf den Schwedenkönig als auf einen Retter in der Noth schaute, dies laut und dringend forderte.

Bei dem unselbstständigen Charakter des Kurfürsten mußte es von großer Bedeutung sein, wie seine nächsten Rathgeber dachten, was sie ihm ins Ohr flüsterten, wie sie ihn zu leiten suchten, und man hat daher nicht mit Unrecht die unglückselige Politik, durch welche Georg Wilhelm die Mark Brandenburg in dreißigjährigen Kriege an den Rand des Verderbens gebracht hat, fast weniger ihm selbst, als seinem vertrautesten Rath und Minister, dem Grafen Adam von Schwarzenberg, zum Vorwurf gemacht.

Der Name Schwarzenberg hat eine traurige Berühmtheit in der märkischen Geschichte erlangt, er ist von den meisten Geschichtschreibern gebrandmarkt worden als der eines schwarzen Verräthers, eines Ministers, der zu gleicher Zeit Sold vom Kaiser und vom Kurfürsten bezog und der seinen Einfluß auf den schwachen Fürsten, in dessen höchster Gunst er stand, nur gebrauchte, um den Wohlthäter ins Verderben zu stürzen.

Gallus sagt z. B. über Schwarzenberg: „Ein schwarzer Verräther umwand den Thron, umschlang den schwachen Fürsten; Adam von Schwarzenberg ist sein Name. Einem Glauben ergeben, der nach Blut dürstet, Verfolgung hauchet und Ausrottung der Ketzer für Verdienst hält (Schwarzenberg war Katholik), stand er doch fest in der Gunst eines Regenten, der, oft gewarnt, den Verräther nicht durchschauen wollte.

Aehnliche Urtheile sind auch von andern Geschichtschreibern über den Grafen von Schwarzenberg gefällt und vom Volke so fest geglaubt worden, daß durch die Jahrhunderte hindurch der Name Schwarzenberg mit dem Fluche des Verrathes belastet worden ist, bis endlich ein verdienstvoller Forscher, Cosmar, sich bemüht hat, nicht nur dem viel Verleumdeten Gerechtigkeit widerfahren zu lassen, sondern ihn auch von Vorwürfen zu befreien, welche gewiß mit Recht auf ihn haften.

Ein Verräther war Schwarzenberg nicht, denn er trug offen seine Vorliebe für Oesterreich und den Katholicismus, dem er selbst angehörte, zur Schau, er blieb mit Wissen des Kurfürsten Georg Wilhelm im österreichischen Dienst, während er zugleich brandenburgischer Minister war, und für alle die Anschuldigungen, welche vielfach verbreitet worden sind, daß er gesucht habe, die Herrschaft in der Mark Brandenburg für sich selbst zu erringen, seinen Wohlthäter und Freund, den Kurfürsten, heimtückisch vom Throne zu stoßen und den Kurprinzen Friedrich Wilhelm durch Gift aus dem Wege zu räumen, liegt auch nicht der Schatten eines Beweises vor.

Wohl aber trifft Schwarzenberg der gerechte Vorwurf, daß er der böse Genius des schwachen Kurfürsten Georg Wilhelm gewesen sei, daß er in einer Zeit, wo ein freiwilliges und rückhaltloses Anschließen an Gustav Adolph der Mark Brandenburg eine bedeutende Machtstellung im Reiche gegeben haben würde, mit Erfolg seinen Einfluß auf Georg Wilhelm aufgeboten habe, um diesen in einer schwächlichen Neutralität zu halten, daß er die Gunst, in der er beim Kurfürsten stand, gemißbraucht habe, um sich auf Kosten des verarmten Landes ungeheure Reichthümer anzusammeln, und schon diese Anklagen wiegen gewiß schwer genug.

Schwarzenberg hatte durch sein gewandtes Wesen, seinen Geist und seine Willenskraft den schwachen Georg Wilhelm vollständig bezaubert. Er, der Katholik, wurde der vertrauteste Rath eines evangelischen Fürsten während jenes dreißigjährigen Religionskrieges! Der besoldete Diener des Kaisers war zu gleicher Zeit der allmächtige Minister des Kurfürsten!

Schon im Jahre 1625 finden wir den Grafen Schwarzenberg in der strahlendsten Sonne der kurfürstlichen Gunst als Heermeister des St. Johanniter-Ordens, Oberkämmerer, Direktor des Geheimen Raths, auch als Statthalter während der häufigen Abwesenheiten des Kurfürsten und zwar als Statthalter, welcher durch mit kurfürstlicher Unterschrift versehene Blanketts unumschränkte Vollmacht hatte.

Die hohe Gunst, in welcher der Katholik stand, den auch das Volk für einen Verräther des Landes hielt, erregte naturgemäß einen großen Unwillen in der Mark Brandenburg, am ersten zeigte sich derselbe in unserer guten Stadt Berlin; hier wenigstens wurde er am offensten geäußert, denn unsere Berliner haben allezeit den Mund gern vornweg gehabt.

Die Berliner führten während Schwarzenbergs ganzer Regierung gegen ihn einen heftigen Kampf mit allen ihnen zu Gebote stehenden Mitteln und wenn es nicht anders ging, mit jenen scharfen, beißenden Witzworten, den „Berliner Witzen", welche ihnen damals wie heut stets zu Gebote standen.

Wo die Berliner den allmächtigen Minister kränken konnten, thaten sie es nur gar zu gern. So verweigerte das geistliche Ministerium in Berlin einst dem verstorbenen Beichtvater des Grafen ein christliches Begräbniß auf dem Klosterkirchhofe. — Schwarzenberg war wüthend über diese Beleidigung, er wendete sich mit heftigen Vorwürfen an einen der Rathsherren von Berlin, Johann Schönbrunn; da aber war er gerade an den rechten Mann gekommen, an ein ächtes Berliner Kind.

Schönbrunn entschuldigte den Rath von Berlin in den höflichsten Worten; dieser sei ganz außer Schuld, nur die Ungefälligkeit der Geistlichen müsse man beklagen, denn der Rath würde es mit dem größten Vergnügen sehen, wenn alle Katholiken auf seinen Kirchhöfen sanft gebettet schliefen!

Diese etwas zweideutige Antwort mußte Schwarzenberg einstecken und ganz zufrieden sein, daß es ihm endlich durch die Gefälligkeit des Propstes zu Cöln, Johann Koch, gelang, für seinen Beichtvater einen Platz auf dem St. Peterskirchhof zu erlangen.

Die Feindseligkeit, welche die Berliner so offen gegen Schwarzenberg zur Schau trugen, steigerte nur die Gunst, in welcher der Minister bei dem Kurfürsten stand, denn Georg Wilhelm liebte seine Residenz, die auch ihn mitunter die Schärfe ihres Witzes kosten ließ, gar nicht besonders. — So schwach Georg Wilhelm sonst war, so kräftig zeigte er sich, wenn auch nur die leiseste Klage gegen Schwarzenberg laut wurde, diese wies er stets mit der vollsten Entschiedenheit zurück.

Schwarzenberg nutzte die Gunst des Kurfürsten aus. Er entfernte nach und nach aus dem Rathe Georg Wilhelms fast alle diejenigen Männer, welche sich ihm nicht als willenlose Werkzeuge zur Disposition stellten; selbst die Hofreise suchte er von seinen Gegnern zu reinigen und auch dies gelang ihm fast durchgängig. Nur wenige Männer blieben in der Gunst Georg Wilhelms, welche nicht zu den erklärten Anhängern Schwarzenbergs gehörten, unter diesen befand sich zum großen Aerger des Ministers gerade einer, von dem wir später noch mehr sprechen werden, der Obrist Curt von Burgsdorf, den Schwarzenberg am Liebsten vom Hofe entfernt hätte, den aber seine Verdienste felsenfest in der Gunst des Kurfürsten stellten. — Curt von Burgsdorf war nämlich ein so heilloser Säufer und Spieler und verstand es so musterhaft, mit frecher Stirn zu lügen und ganz unmögliche Dinge als ausgemachte Wahrheiten zu erzählen, daß seines Gleichen nicht wieder gefunden werden konnte. Ihn vermochte selbst Schwarzenberg nicht aus der verdienten Gunst Georg Wilhelms zu verdrängen.

Auch für sein Privatvermögen sorgte Schwarzenberg meisterhaft.

Während das durch den Unterhalt der Soldaten ausgesogene und Unglücksfälle aller Art betroffene Land schon in tiefster Noth schmachtete, während häufig genug der kurfürstliche Hof in arger Geldverlegenheit war, raffte doch der Minister einen wahrhaft fürstlichen Reichthum zusammen. In seinem prächtigen Palast in der Brüderstraße merkte man nichts von dem Jammer, der in der ganzen Mark Brandenburg herrschte.

Die Rathschläge dieses Ministers waren es, von denen Kurfürst Georg Wilhelm sich leiten ließ, als Gustav Adolph ihn ernstlich aufforderte, endlich der Stimme der Verwandtschaft und der Religion Gehör zu geben und für die Protestanten Partei zu ergreifen im Kriege.

Gustav Adolph kannte Schwarzenberg sehr wohl; er wußte, daß er in diesem einen eifrigen Gegner habe; er hatte dies deutlich genug gezeigt, als er im Jahre 1627 dem brandenburgischen Gesandten die Weisung ertheilte, er möge den Kurfürsten vor dem Grafen warnen, denn der verkaufe dessen Gewissen dem Kaiser und heuchle mit den Papisten!

Diese Warnung konnte aber um so weniger von Erfolg sein, als Georg Wilhelm gegen seinen Schwager keineswegs eine besondere Liebe hegte, sondern demselben im Gegentheil recht gründlich mißtraute. Er hatte sich offen dahin ausgesprochen, „daß man des Königs (Gustav Adolpho) Absichten nicht kenne, auch bei ihm keine gehörige Sicherheit gegen den Kaiser finde; siege er aber, so möge er mit Pommern oder doch mit Preußen davon gehen!"

Da Georg Wilhelm seinem Schwager derartige selbstsüchtige Pläne und vielleicht nicht ganz mit Unrecht zutraute, so war er nur um so mehr geneigt, dem Rathe Schwarzenbergs zu folgen und bei seiner unseligen Neutralitätspolitik zu verharren, denn, was vielleicht Schwarzenberg gewünscht hätte, ein offenes Bündniß mit dem Kaiser zu schließen, dazu fehlte dem schwachen Fürsten Angesichts des nahenden siegbrauschten schwedischen Heeres doch der Muth.

Vierzehntes Kapitel.

Gustav Adolph in der Mark Brandenburg. — Das Lager bei Köpenick. — Die Unterhandlungen. — Gustav Adolph in Berlin. — Der Zug nach Magdeburg. — Kurze Belagerung Berlins durch Gustav Adolph. — Das Bündniß mit den Schweden.

Magdeburg, die treue protestantische Stadt, war von den kaiserlichen Truppen unter Tilly umlagert. So tapfer sich auch die Bürger vertheidigten, nicht lange mehr vermochten sie zu widerstehen und es war daher eine gebieterische Ehrenpflicht für Gustav Adolph, der bedrängten Stadt zu Hilfe zu eilen. Sein Weg ging durch die Mark Brandenburg; er bedurfte der Erlaubniß, durch dies Land zu marschiren, aber auch diese genügte ihm nicht, um sein Heer nach Magdeburg zu führen, denn er mußte erwarten, daß Georg Wilhelm, veranlaßt durch Schwarzenbergs Rathschläge, den kaiserlichen Truppen gestatten werde, sich hinter seinem Rücken in der Mark zu sammeln und die brandenburgischen Festungen zu besetzen.

Einer solchen Gefahr durfte sich Gustav Adolph nicht aussetzen. Lieber wollte er einen offenen Feind vor sich, als einen unzuverlässigen Neutralen, der in jedem Augenblick Partei für den Kaiser ergreifen konnte, im Rücken haben.

Er rückte mit 10 Regimentern Fußvolk und seiner gesammten Reiterei in die Mark Brandenburg ein und richtete seinen Marsch auf Berlin. Am 1. Mai 1631 erreichte er Köpenick, wo er sein Standquartier nahm. Von hier aus sandte er den Grafen von Ortenburg an seinen Schwager mit der Forderung, daß dieser ihm die Festungen Spandau und Küstrin einräume, damit er im Falle eines Unglücks vor Magdeburg den Rücken gedeckt habe.

In Berlin war große Aufregung unter dem Volke, als man hörte, daß der Schwedenkönig mit seiner ganzen Armee nur zwei Meilen von den Thoren stehe. Gustav Adolph war durch die Mannszucht, in welcher er bisher seine Soldaten erhalten hatte, ein Liebling des Volkes geworden. — Der Goldkönig — so nannten ihn Bauern und Bürger seines schönen, goldlockigen Haares wegen — erschien dem Volke als der Retter aus der Noth, als der Rächer aller der Unbilden, welche die Bürger von der kaiserlichen Einquartierung hatten leiden müssen.

Er kam, um den deutschen Protestanten beizustehen gegen die Unterdrückung der evangelischen Religion durch den Kaiser und seine katholischen Bundesgenossen. Das war den Bürgern genug! Was fragten sie darnach, ob Gustav Adolph, wie Georg Wilhelm und Schwarzenberg vermutheten, etwa Gelüste auf Pommern habe? — Mochte er doch Pommern nehmen, wenn er wollte, darum kümmerten sich die Berliner Bürger nicht, denn sie hatten gar kein Interesse für die Machtvergrößerung des kurfürstlichen Hauses, welche ihnen bisher in Cleve und in Preußen nur Geld gekostet und Unannehmlichkeiten aller Art gebracht hatte.

Mochte der Kurfürst, mochte auch Schwarzenberg dem Könige seiner ehrgeizigen Nebenabsichten wegen mißtrauen, die Bürger von Berlin hatten dazu keine Veranlassung, und wer an jenem Tage, an welchem der Graf von Ortenburg als schwedischer Botschafter ins Schloß zu Cöln gekommen war und mit dem Kurfürsten unterhandelte, sich unter das Volk, welches in dichten Haufen vor dem Schlosse versammelt war, gemischt hätte, der würde seltsame Reden aus dem Munde der Bürger vernommen haben.

Da hörte man nichts als Lobpreisungen für den prächtigen Goldkönig, für dessen mildes, herablassendes Wesen, seine liebenswürdige Leutseligkeit, seine wahre Frömmigkeit, seine Gerechtigkeit gegen die Bürger, seine Strenge gegen die Soldaten! — Die Weiber besonders konnten nicht genug erzählen, wie edel der Goldkönig die deutschen Frauen in seinen Schutz nehme, wie er ohne Gnade jeden Soldaten zum Tode verurtheile, der es wage, einer sittsamen Frau Gewalt anzuthun, während doch die Kaiserlichen gerade in der letzten Zeit wie die Wüthenden in der Mark gehaust hätten.

Und welches Schandlied wurde neben diesen Lobpreisungen auf den Grafen Schwarzenberg gesungen! An diesem und an seinem Herrn, dem Kurfürsten, ließ man kaum ein gutes Haar. — Freilich, es war ein mißlich Ding, den jämmerlichen Georg Wilhelm mit dem ritterlichen Schwedenkönig zu vergleichen, da mußte der Kurfürst wohl schlecht dabei fortkommen!

Wenn aber auch unten das Volk für den König schwärmte, oben im Schlosse war die Stimmung nicht so günstig für ihn. Schwarzenberg arbeitete eifrig im Interesse seines hohen Gönners, des Kaisers. — Nur wenige Tage konnte Magdeburg sich noch halten, Zeit gewonnen war daher Alles gewonnen! — War es nicht möglich, den stürmischen Forderungen Gustav Adolph's, welche unterstützt wurden durch die Stimmung des Volkes, ganz zu widerstehen, so mußte wenigstens der Abschluß des Vertrages verzögert werden.

Der Graf Ortenburg wurde daher mit sehr höflichen und verbindlichen Redensarten abgespeist und als am folgenden Tage in Berlin ein zweiter Gesandter erschien, konnte auch dieser, der General Gustav Horn, nichts weiter erreichen, als daß Georg Wilhelm sich bereit erklärte, mit seinem Schwager persönlich zu unterhandeln.

Am 3. Mai zog Gustav Adolph mit 5 Compagnien Reiter und 1000 Musketieren bis dicht vor die Thore Berlins. Nur eine Viertelstunde von der Stadt machte er in dem Walde Halt und hier erwartete er seinen Schwager.

Georg Wilhelm fand sich zu der Unterredung in Begleitung seines ganzen pomphaften Hofstaates ein; er hatte auch die Kurfürstin und den Kurprinzen mitgebracht.

Wieder erfolgten lange fruchtlose Unterhandlungen. Georg Wilhelm gab die bündigsten Versicherungen der Liebe und Verehrung, welche er gegen seinen königlichen Schwager hege, dieser aber hörte ruhig alle Komplimente an, ohne sich durch dieselben fangen zu lassen; er blieb ernst und fest bei den Forderungen stehen, welche er gestellt hatte und deren Erfüllung er für durchaus nothwendig hielt.

Georg Wilhelm krümmte sich vergeblich; er bat endlich, seinen geliebten Schwarzenberg rufen zu lassen und obgleich ihm Gustav Adolph noch einmal auf das Entschiedenste erklärte, er wolle nichts mit einem Menschen zu thun haben, der im Solde des Feindes stehe, gab der König doch endlich nach, Schwarzenberg wurde gerufen.

Der Minister erschien. Gustav Adolph kümmerte sich nicht um ihn; während Georg Wilhelm mit Schwarzenberg sich eine halbe Stunde berieth, plauderte er mit der Kurfürstin und dem Kurprinzen. — Endlich war die halbe Stunde vorüber; Gustav Adolph forderte nun bestimmten Bescheid, aber wiederum konnte er diesen nicht bekommen, denn Schwarzenberg hatte seine Zeit gut benutzt. — Der Staatsrath sei nicht zugegen und deshalb — so sagte Georg Wilhelm — könne er zu keinem festen Entschlusse kommen. Er sei nicht abgeneigt, die Wünsche seines Schwagers zu erfüllen, aber er müsse den Staatsrath erst hören. In wenigen Tagen solle Alles entschieden werden. — In wenigen Tagen aber konnte auch Magdeburg's Schicksal entschieden sein.

Gustav Adolph hielt es nicht der Mühe werth, diese jämmerlichen Unterhandlungen noch länger fortzusetzen; er brach, entschlossen den gordischen Knoten zu zerhauen, das Gespräch ab, verabschiedete sich von seinem Schwager und dieser kehrte mit dem frohen Bewußtsein, einen diplomatischen Sieg errungen zu haben, nach Berlin zurück.

Er hatte sich bitter getäuscht! Gustav Adolph folgte ihm fast auf dem Fuße. Die Schweden besetzten die Stadtthore und an der Spitze von zweihundert Mann zog Gustav Adolph in Berlin ein, um seine Wohnung im kurfürstlichen Schlosse zu nehmen.

Georg Wilhelm sah sich zu seinem höchsten Entsetzen plötzlich von Feinden umringt; er war in der Macht der Schweden und mußte jetzt auf jede Bedingung eingehen, welche sein Schwager zu stellen geneigt war. Gustav Adolph aber blieb so mäßig in seinen Forderungen, wie er es vorher gewesen war.

„Mein Weg geht nach Magdeburg, — so sagte er — nicht mir, sondern den Evangelischen zum Besten. — Will mir Niemand helfen, so vergleiche ich mich mit dem Kaiser, der mir gewiß zu einem ehrenvollen Frieden die Hand bieten wird, und dann ziehe ich mich in mein Land zurück. — Aber ist Magdeburg erobert und der Kaiser mein los, so sehet ihr, wie es Euch deutschen Fürsten ergehen wird!"

Die schwedischen Truppen machten vielleicht noch größeren Eindruck auf Georg Wilhelm, als diese Rede: er willigte ein, daß Spandau von den Schweden besetzt werde, wogegen ihm Gustav Adolph versprach, diese Festung sofort zurück zu geben, sobald Magdeburg befreit sein und er seine Truppen in Sicherheit gebracht haben würde.

Als die Nachricht von dem abgeschlossenen Vertrage in Berlin bekannt wurde, war der Jubel groß unter der Bürgerschaft, welche schon das Aergste, einen Angriff auf die Stadt, befürchtet hatte. Man kannte den König zu gut, um nicht zu wissen, daß er nicht mit sich spielen lasse und schon hatte sich die schwedische Armee rings um die Festungswerke gelagert. Die Kanonen waren aufgepflanzt und einige der schwedischen Stücke waren, wie im Spiel, aber doch als eine ernste Drohung, gegen die Stadtmauern losgebrannt worden.

Am 5. Mai erhielt Spandau die vertragsmäßige schwedische Besatzung, dann zog Gustav Adolph, nun im Rücken gesichert, am 6. Mai über Potsdam nach der Elbe. Georg Wilhelm aber schrieb einen jammervollen Brief an den Kaiser, in welchem er sich demüthig entschuldigte. Er erklärte, daß er nur aus Noth und wider seinen Willen sich zur Nachgiebigkeit hätte bequemen müssen, weil es ihm unmöglich gewesen sei, sich der schwedischen Macht zu widersetzen, da man ihm die Defension seiner Lande genommen und ihn verlassen habe!"

Gleiche Schwierigkeit, wie bei dem Kurfürsten von Brandenburg fand Gustav Adolph bei dem Kurfürsten von Sachsen. Auch mit diesem mußte er im Reinen sein, ehe er es wagen durfte, zum Entsatze Magdeburg's zu eilen. Noch schwebten die Unterhandlungen mit Sachsen, da kam die Nachricht, daß Magdeburg am 10. Mai gefallen und von Tilly's Bürgerschaaren in einen Stein- und Aschenhaufen verwandelt worden sei.

Schwarzenberg hatte seine Absicht erreicht! Seiner Zögerung und, wie man erzählt, den Intriguen, welche er auch am sächsischen Hofe gespielt hatte, war der Zeitverlust der schwedischen Armee und damit die Zerstörung Magdeburgs zuzuschreiben; mit dem Falle dieser Stadt aber fiel auch die Grundbedingung für den Vertrag, welchen Georg Wilhelm mit Gustav Adolph abgeschlossen hatte: die Nothwendigkeit einer Besatzung von Spandau durch die Schweden. Schwarzenberg bestürmte Georg Wilhelm daher mit Vorstellungen, daß er die wichtige Festung von seinem Schwager zurückfordern möge, und der Kurfürst war schwach genug, den Rathschlägen seines Ministers auch dies Mal wieder zu seinem und der Mark Brandenburg Schaden zu folgen.

Gustav Adolph war über diese Forderung im höchsten Grade aufgebracht. Er säumte zwar nicht, sein Versprechen zu erfüllen, indem er am 8. Juni mit seinen Truppen Spandau räumte, zugleich aber erklärte er, daß er von dieser Stunde an seinen Schwager nicht mehr als Bundesgenossen, nicht als Neutralen, sondern als Feind behandeln werde. — Dieselben Truppen, welche von Spandau abzogen, lagerten sich vor den Thoren Berlins und noch am Räumungstage ritt ein schwedischer Trompeter in die Stadt ein und proclamirte auf den Straßen, daß am folgenden Tage die Schweden die Feindseligkeiten beginnen würden.

Und so geschah es. Am 9. Juni lagerte das schwedische Heer rings um die Stadt, die Geschütze waren aufgefahren und begannen gegen die Mauern zu spielen, daß von dem Donner derselben, wie uns Lokel erzählt, „die Häuser und die Leute bebten."

In den Straßen beider Städte wogte das Volk auf und nieder. In wilden Fluchworten wurde der Verräther Schwarzenberg verwünscht, dessen Rath die Stadt den Schrecknissen einer Belagerung und nach der unvermeidlichen Einnahme durch die stets siegreichen Schweden den Gräueln einer Plünderung ausgesetzt habe.

Auch der Kurfürst begann ängstlich zu werden und einzusehen, daß er zu sehr auf die Langmuth seines königlichen Schwagers gerechnet habe; er hätte jetzt recht gern die Forderung von Spandau zurückgenommen und diese Festung den Schweden überlassen, aber mit einem so geringfügigen Zugeständniß war Gustav Adolph nicht mehr zu befriedigen.

Der sächsische Feldmarschall von Arnim, ein geborener Uckermärker, der sich gerade in Berlin befand, erhielt von dem Kurfürsten den Auftrag, in's schwedische Lager zu reiten, um als Friedensvermittler zu dienen.

Es waren bange Stunden, welche die Bürger von Berlin verlebten, während Arnim sich im schwedischen Lager befand. Endlich kam er zurück, aber er brachte noch immer den Frieden nicht mit.

Gustav Adolph hatte den Feldmarschall freundlich empfangen, aber sich mit großer Erbitterung über Georg Wilhelm ausgesprochen.

„Mein Schwager — so hatte er gesagt — hat die kaiserlichen Truppen in seine Länder aufgenommen, hat sie mit allen Bedürfnissen unterstützt, hat ihnen alle Festungen und Plätze, welche sie begehrten, geöffnet und durch alle diese Dienstleistungen doch nicht so viel erreicht, daß er und sein Volk nur menschlich behandelt worden wären. — Alles, was ich von ihm verlange, ist: Sicherheit beim Glückswechsel, eine mäßige Summe Geldes und Brod für meine Truppen; dagegen verspreche ich ihm Schutz gegen jeden Feind und Entfernung des Kriegsschauplatzes von der Mark. Auf diese Forderungen aber bestehe ich durchaus. — Der Kurfürst entschließe sich daher, ob ihm meine Freundschaft nützen oder meine Feindschaft seine Hauptstadt die Schrecken der Plünderung erfahren lassen soll."

Georg Wilhelm zögerte noch immer mit der Entschließung; er suchte zu unterhandeln, von den Forderungen Gustav Adolph's abzudingen, vergeblich! — Die drohende Haltung des Volks von Berlin, welches laut Frieden und Bündniß mit den Schweden forderte, die noch drohendere der Armee vor den Thoren, welche ihre Feuerschlünde gegen die Hauptstadt spielen ließ, gab den Ausschlag. Die schwedischen Kanonen donnerten ihm triftigere Gründe vor, als Schwarzenberg besaß, Georg Wilhelm entschloß sich endlich, in alle ihm gestellten Bedingungen einzugehen. — Er begab sich selbst in Begleitung des Kurprinzen in's schwedische Lager und hier wurde am 11. Juni ein Vertrag abgeschlossen, nach welchem sich der Kurfürst verpflichtete, den Schweden eine monatliche Unterstützung von 30,000 Thalern zu gewähren, ihnen Spandau von Neuem einzuräumen und auch Küstrin, wenn es nöthig sein würde, zu öffnen.

Nach Abschluß dieses Vertrages zog Georg Wilhelm nach Berlin zurück. Gustav Adolph ließ ihm eine gewaltige Ehrensalve geben. Die 90 Geschütze, welche aufgestellt waren, um, sobald der wirkliche Kampf beginnen sollte, die Stadt zu beschießen, wurden gelöst.

War es Zufall oder war es vielleicht eine versteckte Absicht, daß von den 90 Geschützen 40 eine volle Kugelladung trugen? Man sagt es sei vergessen worden, die Kugeln aus den Röhren herauszuziehen.

Gewiß ist, daß die Ehrensalve den Bürgern von Berlin einen furchtbaren Schrecken einjagte; denn die Kugeln schlugen in die Dächer der Stadt und zertrümmerten auf einigen ansehnlichen Häusern die Ziegel. Einen weiteren Schaden richteten sie nicht an; aber sie zeigten, welches Schicksal Berlin bedroht hätte, wenn es wirklich zum Kampf gekommen wäre.

So hatte denn endlich Georg Wilhelm Partei nach einer Seite hin ergriffen, aber ohne einen Vortheil daraus zu ziehen, weil es zu spät und unfreiwillig geschehen war. — Der Kaiser betrachtete ihn fortan als Feind, obgleich sich der Kurfürst abermals in einem sehr demüthigen Briefe entschuldigte. Die Antwort auf diesen Brief war kalt und stolz. Die Schweden — so hieß es in demselben — würden die Mark Brandenburg sicherlich so wenig verschonen, wie es die Kaiserlichen gethan hätten! Darin hatte der Kaiser Recht; denn die Schweden betrachteten den neuen Bundesgenossen nicht als Freund, weil sie überzeugt waren, daß er ihnen beim ersten Unglücksfall untreu werden würde. — Gustav Adolph äußerte ganz offen, er würde den Kurfürsten, wenn er nicht sein Schwager gewesen wäre, von Land und Leuten getrieben haben, daß er hätte mit einem Stecken davon gehen müssen und die schwedischen Officiere zeigten in der Art und Weise, wie sie mit den Märkern umgingen, daß sie in ihnen die künftigen Feinde sahen; die Kaiserlichen aber behandelten die Mark, wenn sie fortan auf einem Streifzuge in dieselbe kamen, ganz als feindliches Land. Sie ließen den Bauern und Bürgern die Treulosigkeit Georg Wilhelm's gegen den Kaiser durch Raub und Mord entgelten und übten besonders gegen die protestantischen Geistlichen, deren sie etwa habhaft werden konnten, wahrhaft unerhörte Grausamkeiten.

Fünfzehntes Kapitel.

Oberst Winz vor Berlin. — Uebertritt Georg Wilhelms zur kaiserlichen Partei. — Verwüstungen der Schweden in der Mark Brandenburg. — Belagerung und Brandschatzungen Berlins. — Die Greuel des dreißigjährigen Krieges.

So lange Gustav Adolph lebte, hielt er unter seinen Soldaten eine Disciplin, welche Bürger und Bauern vor allzugroßen Drangsalen schützte. Er duldete nicht, daß seine Truppen in der Mark Brandenburg besonderer Erpressungen sich schuldig machten und so war denn der Zustand des Landes trotz der Kriegsnoth noch einigermaßen erträglich, wenn auch natürlich Gewerbe und Verkehr fast vollständig stockten, wenn auch die hohen Steuern kaum zu zahlen waren und daher das Land mehr und mehr verarmte.

Den Höhepunkt des Schreckens sollte der dreißigjährige Krieg für die Mark Brandenburg und auch für Berlin erst nach dem Heldentode Gustav Adolph's auf dem Schlachtfelde von Lützen gewinnen.

Jetzt überschwemmten wieder die Kaiserlichen das Land und auch vor Berlin erschien ein Theil des Wallenstein'schen Heeres unter dem Obersten Winz. — Der brandenburgische Oberst Volkmann, welcher die Besatzung kommandirte, steckte, wie uns Pofel erzählt, die Trommeln feige in den Sack und flüchtete mit seinen Mannschaften nach Spandau, indem er den Bürgern von Berlin überließ, sich selbst zu helfen, wenn sie könnten.

Die Zeiten, in welchen die trotzigen Bürger vor einem herannahenden Feinde die Thore schlossen, in denen sie selbst die Wälle besetzten, um den Kampf aufzunehmen, waren längst vorüber. — Der Kampfmuth hatte die Berliner verlassen, die Gräben waren zum Theil verschüttet, die Wälle zu schwach und die Mauern nicht fest genug, um einer regelmäßigen Belagerung zu widerstehen. — Statt zu den Waffen zu greifen, liefen die Bürger in die Kirche und flehten Gott um den Schutz an, den sie sich selbst zu gewähren nicht mehr wagten.

Der Probst von Berlin, George Lilien, hielt am 20. November 1633, während die Kaiserlichen draußen vor den Thoren lagerten, eine überaus rührende Predigt vor einer zahlreichen Zuhörerschaft, in der er den schluchzenden Andächtigen zurief: „Herr, komm herab, ehe denn unsere Stadt und Land stirbt!"

Und nach der Predigt eilten Gesandte des Rathes hinaus zu dem Obersten Winz, um mit ihm zu unterhandeln, seine Nachsicht anzuflehen, während schon die kaiserlichen Reiter in der Schäfergasse vor dem Köpenicker Thore erbrochen hatten und aus den Ställen bei denselben die Schafheerden forttrieben.

Winz verlangte von der Stadt 20,000 Thaler, wenn er sie mit Einquartierung verschonen solle, die Berliner versicherten, nicht mehr als 2000 Thaler geben zu können. Während noch die Unterhandlungen schwebten, nahte der sächsische Feldmarschall von Arnim mit seinem Heere und jetzt gaben die Kaiserlichen auf das Eiligste Fersengeld.

Die Berliner Geistlichen schrieben die Flucht der Feinde dem trefflichen Gebete des Probstes zu und der geistliche Chronist schreibt darüber: „Nach beendigter Bestunde tractirten einige von den Rathsdeputirten mit den Kaiserlichen zu Hönow und waren bemühet, sie mit einer bewilligten Brandschatzung abzuweisen. Welche aber in der That ihr Gebet erhöret gefunden, indem der Feind sich mit großer Flucht davon gemacht und Gott sie dergestalt mit Blindheit geschlagen, daß sie die Bäume für eine Menge schwedischer Reiter angesehen und sich vor ihnen fürchtend, Alles verlassen und davon gegangen, welches Alles einzig und allein zur Ehre Gottes und dieser Wunderthat, welche sich bei diesem Gebet damals zugetragen, angeführet."

So glücklich, wie bei diesem Ueberfall durch die Kaiserlichen unter dem Obersten Winz erging es fortan den Berlinern nicht mehr, sie sollten bald auf das Schwerste durch den Krieg leiden und fast unerschwingliche Contributionen an den Feind zahlen; die Schweden, welche bisher die märkischen Städte mit Contributionen verschont hatten, wurden wahre Blutsauger für die Mark Brandenburg; denn Georg Wilhelm ließ sich durch Schwarzenberg's unglückliche Rathschläge verleiten, zur kaiserlichen Partei überzutreten und zwar gerade in einer Zeit, in welcher die Schweden fast die ganze Mark Brandenburg besetzt hatten.

Vom Jahre 1635 an war die Mark Brandenburg der Tummelplatz der feindlichen Heere; bald kamen die Kaiserlichen, bald die Schweden und Beide überboten sich in Raublust und Grausamkeit.

Georg Wilhelm selbst hatte sein kostbares Leben in Sicherheit gebracht. Er saß ruhig in Preußen, während sein unglückliches Land von den rohen Soldatenhaufen sowohl des Freundes, als des Feindes ausgeplündert und verheert wurde.

Berlin erfuhr fortan die Noth des Krieges im ausgedehntesten Maße. Gerade die Residenz war der lockendste Zielpunkt für die schwedischen Kriegsunternehmungen; denn hier ließen sich größere Contributionen auferlegen und eintreiben, als in den unbedeutenden Landstädtchen.

Der Oberst Jenß von Habersleff erschien am 31. Oktober 1636 in Berlin mit 44 Kanonen und 12,000 Mann. — Die Geschütze wurden zum Theil auf dem Markte, zum Theil vor den Thoren aufgefahren und die Mannschaft lagerte sich bei denselben, in jedem Augenblicke bereit, den Kampf gegen die Bürger, oder besser gesagt, die Plünderung der Stadt zu beginnen. Er verlangte nicht weniger als 30,000 Thaler baares Geld; dann kam der General Wrangel, der 60,000 verlangte und sich nur mit Mühe bewegen ließ, die dem Obersten Jenß von Habersleff bereits bezahlte Summe davon in Abzug zu bringen und sich mit der Lieferung von 3000 Paar Schuhen, 3000 Paar Strümpfen, 15,000 Ellen Tuch und 1000 Thalern in baarem Gelde zufrieden zu geben.

Neue schwedische Schaaren stellten neue Forderungen und stets mußten die Berliner geben, denn die schwachen Festungswerke genügten kaum, eine Räuberschaar von der Stadt abzuhalten, obgleich sie in den letzten Jahren auf Befehl des Grafen Schwarzenberg etwas ausgebessert waren, viel weniger einer Belagerung durch ein schwedisches Heer Trotz zu bieten.

Und wenn nun die Schweden abgezogen waren und die Bürger aufzuathmen begannen, dann kam wieder der hinkende Bote nach. Schwarzenberg hielt strenges Gericht über die Schwedenfreunde. Er machte den Bürgern von Berlin Vorwürfe, daß sie sich furchtsam gegen den Feind gezeigt, daß sie die Stadt nicht vertheidigt hätten, ließ er doch sogar den Bürgermeister Blechschmidt als Schwedenfreund gefangen nach Spandau abführen.

Etwas Wahres lag in diesem Vorwurf, denn die Bürger von Berlin hatten in der That den Muth, sich zu vertheidigen, so vollständig verloren, daß sie die Thore selbst vor solchen feindlichen Schaaren öffneten, denen sie wohl hätten widerstehen können.

Der fürchterliche Krieg hatte eine tiefe Demoralisation des Volkes zur Folge, welche die letzte Spur der Mannhaftigkeit, durch welche sich früher die Bürger von Berlin und Cöln ausgezeichnet hatten, verwischte. Die Bürgerschaft war zu einer vor dem Feinde zitternden Heerde geworden, sie wagte wohl noch zu grollen und zu schimpfen, nicht aber zu kämpfen.

Es wird nur schwer möglich, uns ein Bild der grauenhaften Verheerungen zu machen, welche in ganz Deutschland die Kriegsfurie mit sich führte; jede Beschreibung bleibt hinter der entsetzlichen Wirklichkeit zurück und doch erscheint uns selbst die mäßigste Erzählung schon so fürchterlich und unglaublich, daß wir nur durch die übereinstimmenden Berichte aller Zeitgenossen zum Glauben gezwungen werden.

In ganz Deutschland herrschte die gleiche Noth, das gleiche Elend. — Die Krieger beider streitenden Parteien schienen doch einig in dem fürchterlichen Bestreben, aus dem früher so blühenden deutschen Reiche ein weites Leichenfeld zu machen.

Freund und Feind preßten aus den Bürgern und Bauern die Mittel zur Fortsetzung des Krieges heraus.

Heute hatte eine Stadt eine kaiserliche Besatzung. Die Bürger wurden gebrandschatzt, man legte der Stadt eine Contribution auf, welche genügend schien, um den letzten Groschen der Gebrandschatzten aufzuzehren; kaum aber waren die Kaiserlichen fort, dann kamen die Schweden und stellten neue, ebenso hohe, vielleicht höhere, Forderungen und wehe der Bürgerschaft, welche nicht die Mittel fand, dem Willen des fürchterlichen Feindes Genüge zu leisten.

Endlich war die Contribution zusammengebracht, der letzte Heller war geopfert, die Schweden zogen jubelnd ab, um abgelöst zu werden von einem neuen Feinde, einem wilden Haufen von Spaniern, Wallonen, Kroaten, von Völkern aus allen Weltgegenden zusammengelaufen und jede Besatzung war gleichmäßig bestrebt, zu rauben, zu plündern, dem waffenlosen Bürger den letzten Blutstropfen auszupressen.

Und so ging es Jahr für Jahr, ohne Unterbrechung. — Wie verschieden auch die Krieger in ihrer Nationalität, in ihren Sitten und Gewohnheiten waren, in Einem blieben sie sich gleich, in wilder Beutelust und thierischer Grausamkeit.

Jedes Gefühl für Menschlichkeit war während des Krieges erstorben. Morden und rauben wurde für die Soldaten ein gewöhnliches Geschäft. — Wovon sollten sie in der That auch leben, wenn sie nicht durch Plünderung sich die Mittel zu ihrem Unterhalt verschafften, da ihnen der Sold nur höchst unregelmäßig, oft genug gar nicht ausgezahlt wurde?

Der entsetzliche Grundsatz: „Der Krieg ernährt den Krieg", nach welchem stets die Bürger und Bauern desjenigen Landes, in welchem sich gerade ein Soldatenhaufen befand, gleichgültig, ob es Freundes-, ob es Feindesland war, die Soldaten ernähren mußten, war längst zur allgemein herrschenden Regel geworden.

Im Anfange des Krieges hatten wohl noch manche Bürger einen Nothpfennig bei Seite gelegt und sorgfältig versteckt. Das wurde aber bald genug ruchbar, die scharfen Augen der Soldaten erspähten die geheimsten Verstecke und wo ihnen dies nicht gelang, gab's Mittel, um Bürger und Bauern zum Verrath ihrer Geheimnisse zu zwingen.

Das menschliche Gefühl sträubt sich, die Martern zu erzählen, welche der erfinderische Geist der Soldaten hervorzusuchen wußte, um Geld von denen zu erpressen, die vielleicht einen kleinen Schatz verborgen halten.

Es gab keine Scheußlichkeit, welche von den entmenschten Kriegern nicht begangen wurde. Sie brieten die Bürger und Bauern bei langsamem Feuer oder im Backofen, sie stachen ihnen die Augen aus, legten ihnen Binden um den Kopf, welche mit Knebeln so lange zusammengepreßt wurden, bis endlich der Hirnschädel auseinandersprang. —

Die Spanier hatten ein besonders wirksames Mittel gefunden, um den fürchterlichsten Schmerz zu erzielen; sie schnitten den Gemarterten das Fleisch striemenweise aus dem Rücken, rissen ihnen mit stumpfen Messern Nase und Ohren ab oder sägten selbst den Unglücklichen die Arme und Beine entzwei, dann rieben sie die Wunden mit Salzwasser ein und streuten Pfeffer dazu. Andern stießen sie mit Schwefel getränkte Kienspäne unter die Nägel der Hände und Füße und zündeten dieselben an.

Die Schweden gossen den Bauern durch Trichter Mistjauche in den Hals — man nannte dies den Schwedentrunk, — sie schnitten Männern und Weibern die Fußsohlen auf und streuten Pfeffer in die Schnitte. —

Oftmals suchten die Soldaten die Eltern zur Herausgabe ihrer Schätze dadurch zu zwingen, daß sie vor den Augen der Mütter die Kinder in Stücke hieben, sie an Spieße steckten und über offenem Feuer brieten, eines nach dem andern, bis die verzweifelte Mutter, wenn sie überhaupt noch etwas verrathen konnte, den letzten versteckten Bissen Brod verrieth.

Und dieser Grausamkeit gesellte sich die tiefste Sittenlosigkeit bei. Mädchen und Frauen wurden ungestraft in Gegenwart ihrer Väter und Männer geschändet. Oftmals wurden die schönsten Frauen einer Stadt wie eine Heerde Vieh zusammengetrieben und von den zügellosen Soldaten mit fortgeführt.

In den Städten wie auf dem Lande wurde das Unwesen gleich fürchterlich getrieben. Es lohnte nicht mehr, das Feld zu bebauen, denn meist zerstampften Rossehufe feindlicher Schaaren die Aecker, ehe noch die Ernte eingeheimst war und gelang es vielleicht, den Segen des Feldes in die Scheunen zu bringen, dann ward die Ernte doch nur eine willkommene Beute für den raublustigen Feind.

Wozu also arbeiten? — Lieber Räuber sein, als beraubt werden! — Die Bauern warfen Sense und Pflug bei Seite, sie gingen unter die Soldaten und ihre Weiber folgten ihnen als Marketenderinnen. Daher glichen denn auch die Heereshaufen jener Zeit wandernden Völkerstämmen; sie wurden von vielen Tausend Weibern und Kindern begleitet.

Der Landbau lag darnieder, der Handel hörte fast ganz auf; denn welcher Kaufmann wollte es wagen, seine Waare auf die Landstraße zu bringen, da er fast mit Sicherheit darauf rechnen konnte, von irgend einem vorüberziehenden Heerhaufen überfallen oder von den zahlreichen Räuberbanden, welche überall in Deutschland hausten, seiner Waaren beraubt, vielleicht gar ermordet zu werden.

Die unausbleibliche Folge eines solchen verwilderten, anarchischen Zustandes war eine allgemeine Hungersnoth, welche sich von Land zu Land bald genug über ganz Deutschland ausbreitete.

Eine Zeitlang dienten unnatürliche Nahrungsmittel, Hanfkörner, Eicheln, Buchecckern, Wurzeln aller Art dem Volke zur Stillung des brennenden Hungers; aber auch diese Quellen versiegten und nun suchte und fand das Volk, jedem menschlichen Gefühl entwachsen, die grauenhafteste Nahrung.

Vom Schindanger holte man sich das Fleisch und den Abgang herbei; von den zahlreichen Galgen, welche überall umherstanden, schnitt man die Leichen der Gehängten ab und schälte das Fleisch als eine willkommene Speise von den Knochen; endlich wurden sogar die Kirchhöfe geplündert und die Gräber entweiht!

Und auch dies genügte dem verwilderten Volke noch nicht. Der Hunger trieb es zum mörderischen Wahnsinn. Eltern schlachteten ihre Kinder und verzehrten diese; ganze Banden von Landleuten thaten sich zusammen, um gemeinschaftlich auf die Menschenjagd zu gehen. In Schlesien wurde z. B. ein Bauer hingerichtet, dem das Volk den Namen „Melchior, der Schütz" gab,

21

weil er mehr als 500 Menschen, meistens Soldaten, mit sicherer Hand erlegt hatte, um für sich und seine Genossen das Fleisch derselben als Nahrungsmittel zu gewinnen.

Die Leichen der Gemordeten und Verhungerten blieben unbeerdigt auf den Feldern und an den Wegen liegen; die Verwesungsdünste lagerten sich weithin in der Gegend und gräuliche Seuchen waren die unausbleibliche Folge.

Deutschland wurde ein großes Grab. Ein Grab des Wohlstandes und der Sittlichkeit, des Rechtes, der Religion, der Wissenschaft und Kunst.

Und wie im übrigen Deutschland, so sah es auch in der Mark Brandenburg, so sah es auch in Berlin aus, wenn auch hier nicht gerade der Gipfelpunkt des Elends war.

Die Bürgerschaft war verarmt, entsittlicht und durch die Kriegsnoth, so wie durch fürchterliche Pesten in ihrer Anzahl um die Hälfte zusammengeschmolzen. Schon im Jahre 1637 waren in Berlin 168 Häuser ganz verlassen und viele Häuser wurden nur von Wittwen und Waisen bewohnt, welche nichts zu den städtischen Lasten beizutragen vermochten, sondern die allgemeine Mildthätigkeit in Anspruch nahmen.

Die männliche Bevölkerung war durch Pest und Krieg soweit aufgerieben, daß kaum mehr die Thore besetzt werden konnten, um die Stadt gegen einen Räuberüberfall zu sichern.

Wie groß der allgemeine Jammer war, zeigt uns eine Vorstellung, welche der Magistrat von Berlin im Jahre 1640 an den Kurprinzen Friedrich Wilhelm richtete und welche uns ein klares Bild der Zustände der Residenz in jener Zeit giebt. — Das Volk, so sagte der Rath, sei durch Feind und Freund entnervt und das Land zur Wüste gemacht. Das Volk darbe, während die Offiziere herrlich und in Freuden lebten. Die Zügellosigkeit der kurfürstlichen Reiter sei so groß, daß kein Pferd, keine Kuh, kein Ochse und selbst kein Mensch vor derselben gesichert sei, der Ackerbau könne daher selbst in den besten Gegenden nicht betrieben werden. Geschäfte und Nahrung hörten auf, Städte, Dörfer und Flecken ständen wüste! — In den Städten habe man den Bürgern Häuser, Aecker, Wiesen u. s. w. genommen und sie den Offizieren gegeben. — Berlin habe 1638 und 1639 monatlich zum Unterhalt der kurfürstlichen Völker bald 3000, bald 2711, bald 1800, bald 2100 Thaler und Cöln nach Verhältniß gegeben ohne das, was die Schweden geraubt hätten. — Die Rathsdörfer lägen in Asche, kurz die beiden Städte Berlin und Cöln wären durch Brand, Raub und Bedrückung in die äußerste Armuth gerathen. — Viele hätten geeilet, durch Wasser, Strang und Messer ihrem elenden Leben ein Ende zu machen und der Rest sei im Begriff, mit Weib und Kind die Wohnungen zu verlassen und in's bitterste Elend zu gehen.

Sechszehntes Kapitel.

Das Leben in Berlin zur Zeit des 30jährigen Krieges. — Leichtsinn der Berliner. — Trunksucht der Bürger. — Der lustige Rathsherr Schönbrunn. — Die Berliner Frauen zur Zeit des dreißigjährigen Krieges.

Die Residenzstadt Berlin konnte in der so traurigen Zeit des dreißigjährigen Krieges nur ein jammervolles Bild des Verfalls und der Zerstörung darbieten. — Die früher so beliebten Volksfeste hatten aufgehört, die Schützengilden waren aufgelöst, Niemand dachte mehr daran, vor die Thore zu ziehen, um draußen im Freien einen frohen Tag zu verleben, zu jubeln, zu tanzen und dann im lustigen Zuge heimzuziehen. — Wer hätte zu einem solchen Unternehmen wohl den Muth haben können, da unmittelbar vor den Thoren sich ein wüstes Raubgesindel umhertrieb? Durfte doch Niemand, ohne bis an die Zähne bewaffnet zu sein, die Stadt verlassen und auch dann noch war es gefährlich genug; meist schlossen sich, selbst zu einer kleinen Reise nach dem nächsten Städtchen, eine Anzahl Bürger zu einer wohlgeordneten Schaar zusammen, dann wurde ein Anführer gewählt, man entsendete eine Vorhut und Nachhut und marschirte in Reih und Glied, wie ein Haufen Soldaten, um in jedem Augenblicke gerüstet zu sein, den Wegelagerern, die etwa aus dem Busch hervorbrechen konnten, mit gewaffneter Hand entgegenzutreten.

Eine Reise von Berlin nach Rixdorf war ein hochgefährliches Unternehmen und wollte man gar nach Köpenick reisen, so durfte dies ohne die geschilderten Vorsichtsmaßregeln niemals geschehen.

Der Berliner hat zu allen Zeiten einen leichten Sinn gehabt, der wohl dem Leichtsinn nahe genug verwandt ist; er bedarf des Vergnügens wie des täglichen Brodes und selbst die traurigsten Zeiten vermögen nicht, ihm dieses Bedürfniß zu nehmen. Trotz aller Kriegsnöthe, Abgaben und Contributionen, trotz der Pesten und anderer schwerer Leiden, welche die Residenz heimsuchten, waren die Berliner in der Zeit des dreißigjährigen Krieges doch so vergnügungssüchtig, wie jemals vorher oder nachher.

Kaum glaublich erscheint es und doch wird es uns bestätigt durch alle gleichzeitigen Geschichtsschreiber, daß, während ein Theil der Bevölkerung fast verhungerte, die Pest ihren mörderischen Umzug hielt, während Kaiserliche und Schweden abwechselnd die Stadt brandschatzten, doch die Sucht nach Lustbarkeit, der Drang nach luxuriösen Festen nicht erloschen war.

Das Vergnügen hatte freilich einen anderen Charakter gewonnen. Wer wußte, was morgen kam? Nur das Heut gehörte dem Frohen! Wozu sparen, wenn morgen vielleicht die Schweden oder die Kaiserlichen in die Stadt eindrangen und den Sparpfennig an sich rissen? Morgen droht vielleicht ein schaudervoller Tod unter den Mörder-

Händen entmenschter Soldaten, deshalb lustig heut bis zur tollsten Ausgelassenheit!

Zu keiner Zeit waren die Trinkstuben von Berlin so fleißig von den Bürgern besucht, wie während des dreißigjährigen Krieges, zu keiner Zeit wurde in ihnen mit solcher Unmäßigkeit getrunken.

Die religiösen Streitigkeiten, welche im Anfange der Regierung Georg Wilhelms die Köpfe erhitzt hatten, waren durch die ernsten Kriegsgefahren nach und nach zum Schweigen gebracht worden. Wohl schauten sich noch Calvinisten und Lutheraner mit mißgünstigen Blicken an, aber sie waren nicht mehr offene Feinde und konnten wohl in den Trinkstuben zusammenkommen, ohne daß die Schemel ihrer Beine beraubt wurden und ohne daß es zu täglichen Schlägereien gekommen wäre.

Auch die Geistlichen waren zum großen Theil toleranter geworden, als früher, nicht nur gegen einander, sondern auch gegen ihre geistliche Heerde. — Sie saßen gar gern mit den Bürgern in der Schenke und zechten mit ihnen, sie waren, mit wenigen löblichen Ausnahmen, in Trunksucht und Wohlleben nicht minder versunken, als der größte Theil der Bürgerschaft.

Im Innern der Bürgerhäuser ging es nicht weniger lustig her. Man lebte in Saus und Braus, so lange noch ein Groschen zu verjubeln war. —

Der Kanzler Hans Georg von dem Borne, der fast unmittelbar nach dem Tode Georg Wilhelms dem jungen Kurfürsten Friedrich Wilhelm ein Bild der herrschenden Zustände entwarf, giebt uns eine treffende Schilderung von den Sitten der Bürger. Er sagt:

„In den Städten überall hat man es für einen Gottesdienst gehalten, wenn man an Sonn- und Festtagen sich stattlich ausgeputzet und der Gewohnheit nach zwei Mal, öfters ohne einige Andacht, in die Kirche gegangen ist. — Nach geendigter Predigt hat man alsobald angefangen, alle Sünde, die man an den Werktagen nicht hat thun mögen, mit freudigem Muthe zu üben; da hat es müssen gefressen, gesoffen, gespielet, spazieret, banquetiret und tolles Zeug vorgenommen werden. Da hat man alle Gasthöfe, Schenken, Wein- und Bierkeller voller Gesellschaften gesehen, die sich toll und voll gesoffen und bis in die Nacht geschwärmet haben, ihnen mit Trommeln, Pfeifen und Geigen aufwarten lassen. Da hat man müssen nach der Scheibe oder den Vogel abschießen. Oefters hat man Komödianten, auch wohl in den Kirchen, Fechtmeister, Springer, Linienstreicher, Tanzmeister, Bären, Affen und anderer ungewöhnlicher wilder Thiere Leiter und Führer auftreten und durch dieselbigen dem Volke ein Schauspiel und Kurzweil machen lassen, welchem auch die Stadtobrigkeit und die Geistlichen selber mit sonderbarer Ergötzlichkeit beigewohnt."

„Lustig gelebt und selig gestorben!
Das heißt dem Teufel die Rechnung verdorben!"

So dachten die Berliner auch zur Zeit des dreißigjährigen Krieges; zum seligen Sterben genügte der zweimalige Kirchenbesuch am Sonntag und so blieb denn nur noch die Aufgabe, trotz der traurigen Zeit das Leben so lustig wie möglich zu machen.

Ein echter Repräsentant des Berlinerthums jener Tage ist der lustige Rathsherr Johann Schönbrunn, derselbe, der dem Grafen Schwarzenberg einst die treffende Antwort über das Begräbniß seines Beichtvaters gegeben hat.

Schönbrunn lebte ohne Sorgen für das Morgen fröhlich in den Tag hinein, die schwere Zeit vermochte nicht, ihm auch nur für eine Stunde den übermüthigen Frohsinn zu trüben. Mochten die Schweden oder die Kaiserlichen vor den Thoren sein, Schönbrunn saß darum doch in der Trinkstube des Wirthshauses zum schwarzen Bären am Mollenmarkt und ließ es sich trefflich schmecken. Er machte seine Berliner Witze zur Erheiterung der ganzen Zechgesellschaft und war deshalb auch der beliebteste Gast im schwarzen Bären.

Manche von Schönbrunns Witzen sind uns überliefert worden; einige derselben mögen hier als charakteristisch für die Anschauung der Zeit ihre Stelle finden.

Einst aß Schönbrunn mit einem schlesischen Edelmann, einem Herrn von List, bei dem Berliner Rathsherrn Joachim Spelt zu Mittag. Der Herr von List hatte schon viel von dem lustigen Rathsherrn gehört, der oft zu den vornehmsten Räthen des Kurfürsten eingeladen wurde, um durch seine possirlichen Einfälle die Tischgesellschaften zu beleben, er glaubte, Schönbrunn sei eine Art von Hofnarr und suchte ihn als solchen zu behandeln, indem er sich über ihn lustig machte und ihn besonders seiner Bartlosigkeit wegen foppte: „Ihr seid gewiß mit dem Chnebart in Breslau verwandt."

„Gewiß!" entgegnete Schönbrunn höflich; „fast so nahe, wie Ihr mit dem Meister Hans List," der damals gerade Scharfrichter von Berlin war.

Es galt in jenen Tagen für eine große Schmach, mit dem Scharfrichter in irgend welche Beziehung gebracht zu werden. Der Herr von List war daher über den Vergleich höchlich aufgebracht, aber er mußte wohl oder übel die bittere Pille verschlucken.

Eine treffende Antwort hatte Schönbrunn überhaupt immer zur Hand. Als ihn einst ein Zimmermann im schwarzen Bären lachend fragte, ob er als ein bekannter weiser Mann wohl wisse, warum das Bauholz viereckig behauen würde, entgegnete er ruhig: „Weil das Holz rund gewachsen ist, so macht ihr Tagediebe es viereckig, um desto mehr Geld zu verdienen. Wäre es viereckig gewachsen, so würdet ihr es rund machen!"

Ein Herr von Schulenburg machte ihm einst Vorwürfe darüber, daß er während der Predigt die bekannte Schrift von Rihnstock, das Religions gespräch zwischen Hans Knorr und Benedict Haberecht gelesen habe, diesem erwiederte er: „Hat der heidnische Julius Cäsar drei Dinge mit einem Male thun können, so kann ich als Christ dergleichen noch viel mehr prästiren!"

Schönbrunn war seines Witzes wegen auch bei Hofe gar angesehen. — Kurfürst Georg Wilhelm, der ihn nicht nur als Witzling, sondern auch als tüchtigen Trinker hochachtete, war immer gern geneigt, ihm eine Gunst zu erzeigen. Hierauf baute der lustige Berliner Rathsherr, als er einst in der traurigsten Zeit dem Kurfürsten eine Bittschrift übergab, in welcher er sich beklagte, daß er durch die schweren Kriegsleistungen in drückende Geldverlegenheit gekommen sei.

Der Kurfürst empfing die Bittschrift, sprach aber seine Verwunderung aus, daß Schönbrunn, der weder Weib noch Kind habe und der durch Erbschaft von seinen Eltern in den Besitz eines ansehnlichen Vermögens gekommen sei, jetzt Noth leide. Er dürfe doch weniger klagen, als irgend ein Anderer.

„Gnädigster Herr!" entgegnete Schönbrunn schalkhaft; „der Bär hat mir Alles hinweggekratzt."

„Ei, ei!" fragte der Kurfürst weiter. „Habt Ihr denn Alles im schwarzen Bären verpanquetiret und versoffen?"

Die einfache Antwort war: „Gnädigster Herr, diese Bären habe ich mir nicht von der Haut halten können." Er zeigt bei diesen Worten ein ganzes Pack Exekutionsbefehle vor, auf denen der Berliner Bär, das Wappen des Raths, prangte.

Dieser Bär in Verbindung mit dem schwarzen Bären auf dem Molkenmarkt fraß denn auch in der That das schöne Vermögen Schönbrunns fast bis auf den letzten Pfennig. Der lustige Rathsherr starb als alter, mittelloser Junggesell. Von seinem ererbten Vermögen war kaum soviel übrig geblieben, daß er anständig zu Grabe gebracht werden konnte.

Dieselbe Sorglosigkeit, wie Schönbrunn, zeigten in der schweren Zeit des Krieges auch die meisten andern Bürger. Wesentlich trugen zu dem luxuriösen Leben, welches die Bürger inmitten der allgemeinen Noth führten, auch die Frauen bei, welche gerade damals einen besonderen Drang zum Luxus gehabt zu haben scheinen.

Die alte Sitte, nach der in Berlin die Hausfrau ins Haus gehörte und nur bei besonderen Familienfestlichkeiten an der Gesellschaft Theil nahm, war längst bei Vornehm und Gering außer Uebung gekommen. Seit Berlin zur Residenz geworden, hatte nach und nach der Hofsitte auch Eingang in das Bürgerleben gefunden, und dieses fing in jener Zeit schon an, sich nach dem französischen Muster zu gestalten; hierzu trug auch wohl der durch den Krieg vermittelte Verkehr mit den Franzosen viel bei.

„Unsere Mütter und Töchter" — so klagte der Kanzler Hans Georg von dem Borne mit Beziehung auf die adligen Stände, aber seine Klage gilt auch für die Frauen aus den reichen Bürgerfamilien — „können ihren Vorwitz in der Eitelkeit nicht genug büßen; sogar daß sie mit der natürlichen Gestalt und Farbe, die ihnen Gott der Schöpfer gab, nicht zufrieden sind, sondern sich, um weißer und schöner zu scheinen, mit wohlriechenden und gemischtem Wasser waschen, mit Farben anstreichen und schminken, mit Poudre de Cypre das Haar bestreuen und mit hohen Sturmhauben auf den Köpfen bewaffnen, nicht anders, als wenn sie Alles, was ihnen begegnet, niederreißen wollten. — Es sind auch unsere Weibsbilder in diesem verdorbenen Jahrhundert so delikat und verzärtelt worden, daß sie, zumal Diejenigen, die vor Andern etwas sein wollen, um ihren Wollüsten nichts abbrechen und sich mit keiner Mühe beladen zu dürfen, sondern um ihre ganze Zeit zur Pracht und Schmückung ihrer Leiber anwenden zu können, es für eine Schande und Unehre halten, ihre Kinder an ihren eigenen Brüsten (die ihnen doch Gott und die Natur dazu gab) zu säugen und mit ihrer eigenen Milch aufzuziehen, sondern dazu oftmals leichtfertige und unzüchtige Bälge mit großen Kosten anschaffen und denselben die lieben Kinder, welche sie mit großen Schmerzen geboren haben, zu säugen übergeben und aller natürlichen Pflicht vergessen.

Diese Hausgenossen vernachläßigen noch oben darein die Wirthschaft, ihre ganze häusliche Nahrung, worin sie doch von Gott ihren Männern zu Gehilfen gesetzt worden; sie schätzen sich allein für glücklich, wenn sie ihre Zeit in Müßiggang, in Spiel, in Wollust und in Ueppigkeit zubringen können. Darüber erwecken sie ihren Männern so großes Herzeleid, daß, wenn sie Frieden haben wollen, sie Alles das, was sie mit ihrem sauren Schweiß erworben haben, zur Erfüllung der Begierden und Lüste ihrer Weiber, zu ihrer Pracht und Hoffahrt anwenden müssen und sich dadurch nebst ihren Kindern in die äußerste Armuth stürzen.

Freilich geschiehet ihnen im Grunde darin nicht Unrecht, nachdem sie sich das Regiment, die Gewalt und Herrschaft, die ihnen Gott der Allmächtige über die Weiber verliehen hat, ganz entreißen lassen und sich den Weibsbildern zu leibeigenen Knechten und Sclaven ergeben, sogar, daß sie auch ohne derselben Rath und Einwilligung nichts thun oder vornehmen dürfen. Auch ist es keine von den geringsten Corruptelen — Verderbnissen — unseres Säculums, daß den Weibern eine so große Gewalt und Macht eingeräumt und wider die Gewohnheiten unserer löblichen Voreltern in den Aaressen, die heutiges Tages von unseren weiblichen Kurtisanen und Kavalieren gebraucht worden, ihnen oftmals die Titel einer Königin und Göttin gegeben, ja Hand und Fuß geküsset wird, welches man für eine große Galanterie und Geschicklichkeit hält."

Die Klage des wackern Kanzlers zeigt uns, wie durch den Krieg die französische Galanterie in der Mark Brandenburg schon festen Fuß gefaßt hatte; noch aber war sie versetzt mit der alten märkischen Unbeholfenheit und Ungeschicklichkeit. Wenn in Paris die leichte Umgangssitte, ja die verdeckte Sittenlosigkeit gemildert wurde durch die Feinheit des Tones, die Grazie der Unterhaltung, so artete sie in Berlin oft genug durch die märkische Plumpheit zur ekelerregenden Frechheit aus und gerade die Zeit des dreißigjährigen Krieges übte in dieser Beziehung den nachtheiligsten Einfluß auf das sittliche Leben in der Familie.

Siebenzehntes Kapitel.

Verfall des Theaters. — Der Schauspieler Lassenius. — Buß- und Bettage — Hofleben während des dreißigjährigen Krieges — Der Oberst von Burgsdorff. — Tod des Kurfürsten Georg Wilhelm.

Das Leben am Hofe des Kurfürsten Georg Wilhelm übte einen nicht zu verkennenden, höchst nachtheiligen Einfluß auf das Leben des Volkes in Berlin aus. — Dies Hofleben aber wurde naturgemäß durch die Persönlichkeit des Kurfürsten erschaffen.

In Georg Wilhelm vereinigte sich in widerwärtiger Weise eine finstere Frömmelei mit grober Genußsucht. — Ein fröhliches Volksfest, eine Theatervorstellung waren ein Gräuel für ihn, während er an einem wüsten Saufgelage seine Freude fand.

Vor allen andern Volksbelustigungen haßte Georg Wilhelm das Theater. Sobald er zur Regierung gekommen, entließ er die Komödianten, Seiltänzer und Gaukler, welche von seinem Vater zur Erheiterung der Hoffeste und zur Aufführung von Komödien für das Volk engagirt worden waren. Dem Aufschwung des Theaters in Berlin, der sich unter dem Kurfürsten Johann Sigismund bemerklich gemacht hatte, folgte daher sogleich ein um so tieferer Verfall dieser Volksbelustigung.

In den ersten Jahren seiner Regierung zeigte sich Georg Wilhelm noch nicht als ein abgesagter Feind der Theatervorstellungen, er erließ wenigstens keine Verbote gegen dieselben, sondern gestattete sie während seiner Abwesenheit in Preußen, und einmal erhielt sogar der damals hochberühmte Schauspieler Lassenius die Erlaubniß, die Bewohner der Residenz während der Anwesenheit des Kurfürsten in Berlin mit seinen Lustspielen zu erheitern.

Georg Wilhelm wohnte selbst dem Schauspiel bei und bewunderte die Geschicklichkeit des Künstlers, den er für dieselbe durch ein eigenthümliches Geschenk, ein berühmtes in Holland herausgegebenes Werk über die Geschichte der Religionen, belohnte; trotz dieser Bewunderung für die Kunst des Schauspielers blieb Georg Wilhelm dem Schauspiel doch abgeneigt; er hielt es für ein Satanswerk und die Schauspieler für verlorene Seelen, welche dem Himmel nur wiedergewonnen werden könnten, wenn sie ihrer Kunst entsagten.

Georg Wilhelm glaubte daher ein Gott gefälliges Werk zu thun, wenn er den Schauspieler aus dem Höllenpfuhl errettete. Er ließ Lassenius zu sich kommen und unterhielt sich über eine Stunde höchst gnädig mit ihm; er stellte ihm vor, wie sündhaft seine jetzige Lebensart sei, zumal da Gott selbst in dieser trüben Zeit durch Pest, Krieg und Hungersnoth seinen Zorn beweise; er forderte ihn deshalb alles Ernstes auf, sein sündhaftes Leben aufzugeben.

Lassenius hat später in der That das Schauspiel verlassen und ist sogar ein arger Feind desselben geworden, ob aber die kurfürstliche Ermahnung dies bewirkt hat, darf wohl bezweifelt werden.

Weit energischer als gegen Lassenius zeigte sich der Kurfürst gegen die Berliner, als diese sich einst mit Theaterspiel belustigen wollten.

Im Jahre 1623 war eine Gesellschaft fremder Gaukler mit Trommeln und Trompeten durch die Stadt gezogen und hatte auf offenem Markte ihre Schaustellungen unter Genehmigung des Rathes gezeigt. — Hierüber war Georg Wilhelm höchst ungehalten und der Rath mußte sich sehr demüthig entschuldigen, daß er nur aus Versehen seine Erlaubniß zu dem Gaukelspiele gegeben habe.

Sogar die Schulkomödien waren dem Kurfürsten widerwärtig und als im Jahre 1629 der Rath den Schülern erlaubt hatte, eine Komödie aufzuführen, erhielt er wieder ein sehr ungnädiges Schreiben des Kurfürsten, in welchem dieser sich weitläufig über die Gottlosigkeit des Schauspiels aussprach und dabei ein Zeugniß seines Aberglaubens ablegte, indem er sagte:

„Wollen uns denn die vielen Wunderzeichen, die allein in diesem Jahre so haufenweise gesehen worden sind, — darunter das gewiß was sonderliches ist, daß man dasjenige Prodigium, so am 30. August wie ein Drache gestaltet gewesen, in die 24 Meilen gesehen hat, welches wohl von keinem Wunderzeichen gehört sein wird — nicht nur so weit erweichen lassen, daß wir unser Gemüth und Herzen von solchen heillosen Dingen, die da Gnade bei Gott zu erlangen gar nicht dienen, abwenden künnten?"

Vernünftiger Weise tadelte übrigens der Kurfürst in demselben Schreiben, daß sich die Schüler bei der Komödie mit goldenen Ketten geschmückt hätten, indem er darauf aufmerksam machte, es sei weit klüger, goldene Ketten in Kriegszeiten im Kasten zu behalten, anstatt sie den habgierigen Soldaten, welche sich etwa in den Straßen umhertrieben, zur Schau zu stellen.

Bei der Abneigung, welche Georg Wilhelm gegen das Theater hegte, konnte von weiteren Versuchen der Schauspieler in Berlin um so weniger die Rede sein, als der Rath der Stadt längst aufgegeben hatte, eine Selbstständigkeit zu beanspruchen. Der Wille des gnädigsten Kurfürsten war in den meisten Fällen Gesetz für die Rathsherren, welche sich besonders bei solchen Veranlassungen stets ohne Weiteres dem kurfürstlichen Gebot fügten. — An die Stelle lustiger Schauspiele traten daher Buß- und Bettage, welche von Georg Wilhelm bei jeder Gelegenheit angeordnet wurden. So mußten z. B. in allen Kirchen von Berlin Bußpredigten gehalten werden, als es im Mai des Jahres 1633, wie allgemein geglaubt wurde, Schwefel geregnet haben sollte, damit den Städten Berlin und Cöln nicht das Schicksal von Sodom und Gomorrha bereitet werden.

In seltsamem Widerspruch mit dieser zur Schau getragenen Frömmigkeit stand das Leben am Hofe Georg Wilhelms, unter dessen Augen sich der hohe Adel des Landes ohne Scheu den wildesten Ausschweifungen hingab. — Der würdige Kanzler von dem Borne beklagt sich bitter darüber, er sagt:

„Den Anfang vom Hofe zu machen, so müssen wir bekennen, daß durch die Gnade Gottes unser Hof mit fürtrefflichen Gelehrten und christeiffrigen Predigern und Seelenhirten versehen ist, welche an ihnen nichts ermangeln lassen mit heilsamen Lehren, scharfen Gesetzpredigten u. s. w. — Aber mit was Frucht und Nutzen, das bezeuget die Erfahrung genugsam, sintemalen der meiste Haufen von den Hofleuten fortfährt in einem wüsten, wilden und heidnischen Wohlleben, im Fressen, Saufen, Wollüsten, Spielen und anderer Üppigkeit und werden die meisten Sonn- und Festtage bei Hofe mit Schmausen, Turnieren, Ringelrennen, Verkleidungen, Tänzen und anderen weltlichen Wollüsten zugebracht und der wahren Gottseligkeit wird dabei ganz vergessen."

Ja, es ging toll genug am brandenburgischen Hofe her! — Mitunter, wenn kein Geld in den Kassen war, blieb freilich Schmalhans Küchenmeister, aber immer nur für kurze Zeit; denn die alte Regel, daß für den Hof des Fürsten Geld da sein muß, auch wenn das Volk fast verhungert, galt in jenen Zeiten.

Besonders zeichnete sich der Hof durch mächtige Saufgelage aus, an denen Georg Wilhelm mit Liebhaberei Theil nahm; an der Spitze dieser Gelage standen der Oberst Curt von Burgsdorff, der spätere Oberkammerherr und sein Bruder, der Oberstallmeister Ehrenreich von Burgsdorff.

Curt von Burgsdorff war der Jugendfreund Georg Wilhelms. Er war mit diesem aufgezogen und hielt sich während seiner ganzen Regierung neben Schwarzenberg als sein erklärter Günstling. Wer im Rohr sitzt, schneidet leicht Pfeifen. Diesen alten Spruch beherzigte Burgsdorff auf das Beste. Er beutete die Gunst des Kurfürsten für sich nach allen Richtungen aus; selbst in Zeiten, in denen das Hoflager im Schlosse zu Berlin sich in drückender Noth befand, hielt er einen wahrhaft fürstlichen Hof.

Alle aus jener Zeit stammenden Berichte stimmen überein darin, daß Curt von Burgsdorff ein wahrer Ausbund von frivoler Sittenlosigkeit gewesen sei, besonders aber giebt eine auf der Königlichen Bibliothek befindliche Handschrift über sein Leben speziellere Nachrichten, welche sich zwar meistens auf die Zeit nach dem Tode Georg Wilhelms beziehen, aber hier im Auszuge ihre Stelle finden mögen, weil Curt von Burgsdorff gerade unter der Regierung Georg Wilhelms der Repräsentant des ausschweifenden brandenburgischen Hofadels war und sein späteres Leben nach anderen Nachrichten mit seinem früheren vollständig übereinstimmt. Es heißt in der Handschrift:

„Er ist auch ein Mann, der sein ganzes Leben mit allerhand Sorten von debauchen, so mit Vollsaufen, Spielen, Nachtlaufen, Pfeifenstellen (darunter sind wahrscheinlich musikalische Ständchen bei irgend einer willigen Schönen verstanden), Tanzen u. dgl. zugebracht hat. Auch schimpft und beklagt er sich hierüber nicht einmal, sondern berühmt sich dessen und thut es noch täglich. Er ist darin auch so unverschämt, daß er an der kurfürstlichen Tafel sich unter Andern berühmt, so mit auf einen Abend 80,000 Thaler verspielt habe, schwörend: bei seinem Theil im Buche des Lebens! (welches sein höchster Eid ist) daß er dieselben auch ehrlich bezahlt; item, daß er 10 bis 15 Kannen Weins aussaufen könne; item, daß er bereits 40 Kerls zu Tode gesoffen und davon noch unlängst einen Edelmann an des Kurfürsten zu Sachsen Hofe.

Er hält mehr als einen fürstlichen Staat, hat unterschiedliche fürstliche Ställe voll prinzlicher Pferde, eine Menge von köstlichen Karossen und Wagen. Er hat auch seine eigenen Pagen, Lakayen, Hofjunker, Hofmeister, Räthe, secretarien, Trompeter und andere dergleichen Diener, als wenn er ein großer Fürst wäre. — —

Darüber ist er ein so gräulicher Flucher und Schwöter, daß er darin seinen Meister nicht hat. Hunderttausend Teufel stehen auch alle Augenblicke zu seinem Commandement.

Er ist voller Rodomontaden und Aufschneidens, sowohl in Gegenwart des Kurfürsten, als anderer grandés. — —

Hierzu kommt noch, daß er sehr kleinen Respekt trägt an seinem Herrn und Meister; bleibt wohl sitzen, wenn der vor ihm und aufrecht stehet oder hin und wieder gehet, läßt denselben wohl drei Mal ein Ding ihn fragen, ehe er antwortet. Antwortet demselben oftmals ganz mürrisch, gleich als ob er der Kurfürst und dieser sein Knecht wäre, oder als ein Meister seinem Schüler. Entziehet sich selbst nicht, denselben öffentlich in seinen discursen zu kontrollieren. Lehnet oftmals in dem Rath sich auf seinen rechten Arm, wenn der Kurfürst an seiner rechten Seite sitzet, zeigende also demselben seinen —, und dergleichen actien mehr betreibend. — —

Soweit der Auszug aus der Handschrift, die sich noch des Ferneren in schweren Anklagen über den verhaßten Günstling des Kurfürsten ergeht.

Dürfen wir auch der Schrift, welche offenbar von einem argen Gegner des Obersten von Burgsdorff herrührt (sie führt das Datum vom 1. Juli 1649), nicht überall vertrauen und müssen wir annehmen, daß manche in derselben enthaltene Annahmen übertrieben sind, so bekräftigen und doch auch andere Nachrichten das überaus wüste

Leben des kurfürstlichen Günstlings und des ganzen Hofes.

Es wird uns bestätigt, daß Burgsdorff an der kurfürstlichen Tafel 18 Maß Wein bei einer Mahlzeit getrunken und daß er öfters ein Maß in einem Zuge und in einem Athem geleert habe, daß überhaupt das Saufen am Hofe Georg Wilhelms als eine Haupttugend galt, so daß z. B. bei einem Kindtaufen, welches Georg Wilhelm im Jahre 1624 ausrichtete, von den Hof- und Staatsdienern nicht weniger als 4000 Tonnen Bier ausgezecht wurden.

Ein solches Hofleben konnte nur entsittlichend auf die Bürgerschaft der Residenz wirken und es war daher ein großes Glück für dieselbe, daß der Kurfürst Georg Wilhelm schon im Alter von 45 Jahren am 21. November 1640 zu Königsberg in Preußen sein unrühmliches Leben beschloß.

Achtzehntes Kapitel.

Ausdehnung Berlins im Anfang des 17. Jahrhunderts. — Trauriger Anblick der Stadt. — Berliner Straßen. — Der Schloßplatz und das Schloß. — Der Thiergarten. — Schweinezucht in den Straßen Berlins. — Die Berliner Festungswerke.

Mit dem Regierungsantritt Friedrich Wilhelms, der in der Geschichte den Ehrennamen „der große Kurfürst" erhalten hat, beginnt für die Stadt Berlin eine neue Zeit; es wird daher nöthig sein, daß wir zurückblicken, um uns das Bild unserer Stadt, wie sie beim Regierungsbeginn dieses Fürsten sich uns darstellt, zu vergegenwärtigen.

Die Ausdehnung der Stadt war in dem letzten Jahrhundert nicht bedeutend gewachsen, da sich innerhalb der Ringmauern Platz genug zu neuen Anbauten fand. Hier und da waren allerdings vor den Thoren Vorstädte entstanden, diese hatten aber das Schicksal der meisten offenen Städte und Dörfer im dreißigjährigen Kriege erlitten, sie waren der Sicherheit der eigentlichen Residenzstadt wegen theils abgebrochen, theils abgebrannt worden. Im Jahre 1639 hatte der Graf Schwarzenberg die an der Stadtmauer liegenden Häuser und Gärten durch den Ingenieur Holst abbrechen lassen, am 10. Februar 1640 ließ er bei Annäherung der Schweden den größten Theil der Vorstädte von Berlin und am 18. Januar 1641 die sämmtlichen Vorstädte von Cöln abbrennen, so daß die Residenz sich wieder fast nur auf die innerhalb der Ringmauern liegenden Baulichkeiten beschränkte.

Im Innern der Stadt aber sah es traurig genug aus. Die Bevölkerung von über 12,000 Seelen war bis zur Hälfte zusammengeschmolzen, so hatten Kriegsnoth und Pesten besonders in dem letzten Jahrzehnt gewüstet.

Eine große Anzahl von Häusern stand ganz leer*) mit verschlossenen, ja vernagelten Thüren und Fenstern, und wer an diesen vorübergehen mußte, der machte gern einen kleinen Umweg nach der anderen Seite der Straße, damit ihn nicht aus irgend einer durch Versehen offen gebliebenen Ritze ein giftiger Pesthauch treffe.

Die Stadt selbst bot in keiner Beziehung, weder durch die Bauart, noch durch Ordnung und Reinlichkeit auf den Straßen, das Bild einer kurfürstlichen Residenz. Wer hätte wohl in der schweren Kriegszeit Geld und Lust gehabt, sich um Baulichkeiten oder gar um Verschönerung der Stadt, um die Reinhaltung der Straßen ec. zu kümmern?

Alte, meist hölzerne Häuser, welche mit den Giebeln nach der Straße standen und zwischen denen sich noch immer die schon früher erwähnten schmutzigen Gänge hinzogen, bildeten die Wohnstätten der Residenzler und gaben der Stadt um so mehr ein verfallenes und ärmliches Ansehen, da seit einer Reihe von Jahren nichts an ihnen ausgebessert worden war.

Da, wo heut in Berlin die Burgstraße mit ihrer prächtigen Häuserreihe prangt, zog sich damals ein elender schmutziger Gang an der Spree entlang, in den einige Hinterhäuser hineinragten. Die heilige Geiststraße war zum größeren Theil noch gar nicht bebaut; ein wüster Platz, auf dem die Tuchmacher ihre Tücher aufspannten, zog sich von derselben bis zur Spree hin.

Selbst in den Hauptstraßen von Berlin befanden sich noch unbebaute Plätze, so auch in der Klosterstraße, denn wo ein Haus verfallen war, hatte Niemand daran gedacht, es wieder aufzubauen. Der Mühlendamm zeigte ebenfalls keine Häuserreihen, es war ein einfacher Gang nebst Brücke über das Gerönne der Mühlen von Berlin nach Cöln.

Nicht viel weniger armselig als Berlin sah auch Cöln aus, obgleich hier die unmittelbare Nähe des kurfürstlichen Schlosses wohl einige Einwirkung gehabt hatte.

Die Fischerstraße bestand aus lauter ganz armseligen Hütten, die Grünstraße zeigte noch manche wüste Stelle und fast nur am Cölnischen Fischmarkt, in der Roßstraße und in der Brüderstraße standen einige ansehnlichere Häuser neben ärmlichen hölzernen Baracken. — Selbst die Breitestraße war noch durch Krambuden und Fleischscharren ausgefüllt, welche erst später (1667) in die Nähe des Cölnischen Rathhauses, in die nach ihnen genannte Scharrenstraße, verlegt wurden.

Einen besonders jammervollen Anblick gewährte der Schloßplatz, der zur Zeit Joachims II. und Johann Georgs der Stolz der Kurfürsten gewesen war. — Vom Dom bis zur langen Brücke

---

*) Berlin bestand aus 845, Cöln aus 364 Häusern, von denen in Berlin an 200, in Cöln an 150 ganz leer standen. Ein Theil der unbewohnten Häuser war aus Mangel an Reparaturen eingefallen.

zog sich die halbverfallene Mauer der alten Stechbahn hin, an dieser standen viele Krambuden, die aber in Folge der herrschenden Noth, des mehr und mehr verfallenden Handels und Verkehrs sehr armselig aussahen.

Der Dom selbst war nicht mehr die prachtvolle Kirche der schwarzen Brüder. Er trug ebenfalls Zeichen des Verfalls und diente keineswegs zur Zierde des Platzes und ebenso wenig die halb eingerissene Kirchhofsmauer desselben.

Das Schloß befand sich im traurigsten Zustande. Während der ganzen Regierungszeit Georg Wilhelms war nichts an dem Gebäude gethan, als daß hier und da neue Fensterscheiben eingesetzt worden waren. Der Kurfürst hatte selbst das Mauerwerk verfallen lassen; um es vor gänzlichem Einsturze zu bewahren, stützte man es wohl mit Pfählen, die aber dem Bau sicherlich nicht zum Schmucke dienten. Das Dach war schadhaft und wurde nicht genügend ausgebessert, so daß Regen und Schnee in die Hallen schlagen konnten. — Der Altan war schon im Jahre 1629 so baufällig, daß man seinen Einsturz befürchtete, aber Georg Wilhelm ließ ihn in diesem Zustande, weil er die Summe von 10,000 Thalern, welche für die Reparatur erforderlich war, nicht aufzubringen vermochte. Für die Saufgelage des Obersten Curt von Burgsdorff war wohl Geld genug vorhanden, nicht aber für solche Zwecke.

Da, wo heut das rothe Schloß steht, lag ein wüster, öder Platz, der zum Pallast des Grafen von Schwarzenberg in der Brüderstraße gehörte.

Die Schloßfreiheit war noch nicht bebaut, sie bildete einen zum Werder gehörigen leeren Platz. — Der Lustgarten war wieder eine Oede geworden, ein verwilderter Busch, der in seinem hintern Theil einen übelriechenden Sumpf bildete.

Jenseits der heutigen Schloßbrücke begann der Thiergarten. Die Schloßbrücke bestand damals schon, sie hieß die neue Brücke, später erhielt sie den Namen Hundebrücke; sie verband den Lustgarten mit dem Thiergarten, der früher zur Hegung des Wildes eingezäunt war und in dem an Stelle der heutigen Bank und Hausvoigtei ein Jägerhof nebst einem Vorwerke lag. Im dreißigjährigen Kriege war aber der Thiergarten ganz verwildert, die Einhegung war zerstört und auch die neue Brücke mag zur Sicherheit der Stadt abgebrochen worden sein.

Links von der neuen Brücke, vom Schloß aus gerechnet, lag auf dem Werder an der Spree eine Walk- und Schneidemühle; daneben standen einige halbzerfallene, dem Kurfürsten gehörige Häuser und an der Stelle, wo sich heut die Werder'sche Kirche erhebt, stand das kurfürstliche Reithaus, welchem das Dach fehlte und dessen Wände daher nach und nach einfielen.

Dem Zustande der Häuser entsprach der der Straßen der Residenz, theils waren sie ungepflastert, theils war das Pflaster so verdorben, daß die tiefen Löcher es gefährlich machten, in der Dunkelheit durch Berlin und Cöln zu reiten.

Man besserte den Weg mitunter dadurch aus, daß man das Auskehricht in die Pflasterlöcher warf, um sie zu füllen, bei schlechtem Wetter wurden aber gerade durch diese Ausbesserung die Straßen fast unpassirbar. Es gehörte die Uebung eines Berliners dazu, sich durch den entsetzlichen Koth einen Weg zu bahnen.

Noch immer herrschte die alte Unsitte, daß die Bürger sich in der Stadt, um die Abfälle ihrer Hauswirthschaft zu verwerthen, Schweine hielten. — Man fürchtete sich damals bekanntlich noch nicht vor Trichinen und das Schweinefleisch bildete daher eine Lieblingsspeise der Berliner. — Die ganze Stadt war voll von Schweinekoben, welche in den Gängen zwischen den Häusern und sogar auf den Straßen unter den Fenstern erbaut waren.*) Diejenigen Bürger, deren schmaler Tisch nicht Abgänge genug für das liebe Vieh lieferte, ließen die Schweine frei in den Straßen herumlaufen, dort fanden sie in dem unergründlichen Schmutz Futter genug, wühlten die vor den Thüren liegenden Misthaufen und zerstreuten diese, oder sie wälzten sich in den schlammigen Kanälen, welche einen entsetzlichen Geruch aushauchten.

Es war kein leichtes Unternehmen, bei Nacht ohne Laterne eine Wanderung durch die Straßen der Residenz anzutreten. Gelang es dem Verwegenen wirklich, die Schmutzlöcher im Pflaster zu vermeiden, nicht über die Koben zu fallen, sich nicht auf einem Misthaufen zu betten, so durfte er doch schwerlich seine Reise vollenden, ohne daß ihm einer der grunzenden Vierfüßler zwischen die Beine kam, denn die Schweine lagerten harmlos in den belebtesten Straßen der Stadt.

Wie die Straßen, so die Brücken. Man ließ sie sorglos verfallen; selbst die lange Brücke, welche doch die wichtigste Verbindung zwischen Berlin und Cöln bildete, war im Jahre 1638 so baufällig, daß die Ueberfahrt für schwere Lasten gefährlich wurde.

Auch die früher so festen Mauern, Thürme und Thore befanden sich in dem traurigsten Zustande.

In dem langen Frieden vor dem dreißigjährigen Kriege war den Bürgern die Befestigung der Stadt entbehrlich geworden. Man fürchtete einen räuberischen Adel nicht mehr, und gegen die Strolche, welche sich etwa in der Myrica oder in den benachbarten Haiden umhertrieben, genügten die geringsten Befestigungsmittel. Die Bürger hatten daher nicht daran gedacht, die Festungswerke zu verbessern, sie hatten diese kaum erhalten und die Thürme und Wachthäuser zu Arreststationen für Verbrecher hingegeben, das

---

*) In der Bauordnung der Stadt Berlin vom 30. November 1641 steht in § 4: „Es unterstehen sich auch viele Bürger, daß sie auf den freien Straßen und oft unter den Stubenfenstern Säu- und Schweinställe machen, welches E. E. Rath durchaus nicht leiden und haben will."

Georgenthor war zu einem solchen Zwecke besonders eingerichtet worden. Einen Theil der Wachthäuser benutzte der Rath sogar zu Dienstwohnungen niederer Beamten oder er vermiethete sie an arme Leute.

Die Stadtmauer war verfallen und konnte an vielen Stellen kaum noch einen Schutz gewähren, denn die betriebsamen Bürger hatten an die innere Seite Häuser angebaut, ohne dabei vom Rath gestört zu werden.

Erst die Schrecknisse des dreißigjährigen Krieges, das häufige Erscheinen bald der Kaiserlichen, bald der Schweden vor den Thoren der Residenz erweckte in der kurfürstlichen Regierung den Wunsch, die Befestigungswerke zu erneuern und zu verbessern, denn die alten Werke wären, selbst wenn sie ihre frühere Festigkeit erhalten hätten, doch nicht genügend gewesen, um die Stadt gegen eine Beschießung mit den in den letzten Jahren wesentlich verbesserten Kanonen zu schützen.

Vom Jahre 1630 an ergingen fortwährend Befehle an die Bürger, die Wälle zu verbessern und Schanzen anzulegen; jeder Bürger sollte sich an dieser Arbeit betheiligen und auch die Bauern aus der Umgegend sollten zu derselben herangezogen werden. Diese Befehle aber fanden nur einen zögernden Gehorsam. Die Berliner hatten weder Vertrauen zum Kurfürsten, noch zu ihrer eigenen Kraft. Sie fürchteten, daß ihre Stadt, wenn sie nach einer Belagerung erobert würde, ein schlimmeres Schicksal erfahren könne, als bei friedlicher Uebergabe und sie legten daher durchaus keinen Eifer zur Schanzarbeit an den Tag.

So wurden denn die Befestigungsarbeiten von keinem besonderen Erfolge gekrönt, und erst, als selbst kleine feindliche Schaaren von den Bürgern Contributionen ertrotzten, erfüllten die Berliner die Befehle Schwarzenbergs pünktlicher, und es wurde nun vom Jahre 1637 an fleißig an der Befestigung gearbeitet. Man erbaute ziemlich ansehnliche Erdwerke, welche den Werder und damit eine schwache Stelle von Cöln schützten und bepflanzte dieselben mit Geschützen. Sie zogen sich von der Stelle, wo die Alte Leipzigerstraße an der Jungfernbrücke mündet, etwa zur Jäger- und Kurstraßen-Ecke, von hier im rechten Winkel nach dem Werderschen Markt und dann in der Richtung der Oberwallstraße fort bis zum Gießhause, wo sie sich hinter dem Gießhause in einem Bogen bis zum jetzigen Kupfergraben ausdehnten.

Schwarzenberg mochte wohl glauben, daß diese Befestigungslinie stark genug sei, wenigstens einen augenblicklichen Anprall eines Feindes abzuhalten, sonst würde er schwerlich es gewagt haben, dem Unwillen der Berliner Bürger durch den gehässigen, bereits erwähnten Befehl, die Vorstädte abzubrennen, zu trotzen, gegen eine wirkliche Belagerung durch ein auch nur einigermaßen bedeutendes feindliches Heer genügte sie aber nicht.

V. Abtheilung.
Berlin zur Zeit des großen Kurfürsten.

Erstes Kapitel.

Friedrich Wilhelm, der große Kurfürst. — Sein Charakter. — Seine Jugend. — Ein Mordversuch gegen Friedrich Wilhelm. — Reise nach Holland. — Die Mitternachtsgesellschaften. — Liebeshandel des Kurprinzen. — Rückkehr. — Regierungs-Antritt. — Militärische Wirren. — Schwarzenbergs Tod. — Die Sage von der heimlichen Hinrichtung Schwarzenbergs.

Friedrich Wilhelm, der große Kurfürst! Ein Name, der mit unverlöschlichen Zügen eingegraben ist in die Tafeln der preußischen Geschichte.

Noch heut erzählt sich das Volk viel und gern vom großen Kurfürsten, und wer über jene Brücke geht, die einst „die Lange Brücke" hieß, heut aber die Kurfürsten-Brücke genannt wird, und dort jene prächtige, in Erz gegossene Reiterstatue betrachtet, der denkt mit Bewunderung an den Fürsten, dem Preußen seine Macht und seine Größe verdankt.

Die Heldengestalt Friedrich Wilhelms, des großen Kurfürsten, gewinnt einen um so helleren Glanz, wenn wir sie vergleichen mit den anderen Herrschern aus dem Hohenzollernschen Hause, die ihm vorangegangen sind und die ihm unmittelbar folgten.

Wenige Fürsten verdienen, wie Friedrich Wilhelm, den Ehrennamen „der Große", wenige haben, wie er, das Gewaltige aus dem Nichts geschaffen. Groß als Feldherr, war er gleich groß als Staatsmann. Der Erbe eines zerrütteten Staatswesens, eines unbedeutenden Ländchens, hat er inmitten einer wild bewegten Zeit einen neuen Staat geschaffen, wenigstens die Grundlage zu einem solchen gelegt. Aber wie bedeutend Friedrich Wilhelm auch in der That ist, noch größer sind die Lobpreisungen, die ihm von den Geschichtsschreibern des Hohenzollernschen Hauses gespendet worden sind. Einen halben Gott glauben wir vor uns zu sehen, wenn wir dem Bilde trauen dürfen, welches jene Geschichtsschreiber uns von dem jungen Fürsten in dem Augenblicke, wo er die Regierung antritt, entwerfen. Und doch hat das Bild ebenso tiefe Schatten, wie es glanzvolle Lichtseiten enthält!

Wahr ist's, daß Friedrich Wilhelm ein großer, siegreicher Feldherr war, — wahr, daß er mit scharfem Geiste, mit unermüdlicher Thätigkeit einging auf die Bedürfnisse seines Volkes, — daß er fast in alle Geschäftszweige neues Leben brachte, — daß er in einem durch den fürchterlichen Krieg erschöpften Lande Handel und Verkehr neu schuf, — daß er, obgleich während seiner ganzen Regierung mit steten Sorgen, mit drückender Geldnoth kämpfend, dennoch die großartigsten Institutionen in der verarmten Mark hervorrief, — daß er geistreich, kühn, ausdauernd war, — daß er neben seiner Beschäftigung im Felde, neben seinen Plänen für die Eroberung neuer Länder, für die Neubegründung staatlicher Einrichtungen dennoch Sinn für Kunst und Wissenschaft behielt!

Aber neben allen diesen glänzenden Eigenschaften sehen wir doch auch scharf in die Augen springende Fehler. Ein brennender Ehrgeiz beseelte ihn. Sein höchstes, ja, fast möchten wir sagen, sein einziges Streben war die Vergrößerung seiner Macht, des Länderbesitzes für das Hohenzollernsche Haus. Für diese Machtvergrößerung brauchte er Geld, und er war klug genug, um zu wissen, daß nur die Geldquellen eines solchen Landes, welches reich ist im Handel und Verkehr, ergiebig fließen. Seinem Ehrgeize opferte er jedes andere Gefühl. Um ihn zu befriedigen, schuf er in dem durch und durch erschöpften Lande ein gewaltiges Kriegsheer, welches am Marke seiner Unterthanen zehrte, fast die Hälfte der sämmtlichen Staatseinnahmen verbrauchte. Um selbst zu herrschen, unterdrückte er die den Landständen zustehende Macht. Die Stände der Mark Brandenburg würdigte er zu einem Nichts herab, die in Preußen vernichtete er fast vollständig! Um Geld aus dem Lande zu ziehen, schuf er die Accise trotz des Widerstandes, welchen diese ungerechte Steuer besonders bei den Bürgern der Städte fand. Um seinen Landbesitz zu vergrößern, verachtete er selbst Eid- und Vertragbrüchigkeit nicht, ja er spielte mit seinen Eiden und Worten ohne Treue und Glauben. Und daran hinderte ihn seine häufig zur Schau getragene Frömmigkeit nicht! Er war hitzig, oft in jähem Zorn auflodernd, rachsüchtig und ungerecht, wo sein eigener Vortheil in Betracht kam, während er freilich von den Richtern Gerechtigkeit gegen das Volk verlangte.

Wunderbar erscheint es, daß trotz aller dieser Fehler und obgleich er während seiner Regierung das Land fast erdrückte unter der Last des stehenden Heeres, Friedrich Wilhelm dennoch den Namen „des Großen" von der Nachwelt empfangen hat und daß er bei seinen eigenen Unterthanen, besonders bei den Bauern, weniger bei den Berlinern, beliebt gewesen ist. Nur erklärlich ist dies durch einen gewissen demokratischen, fast möchten wir sagen revolutionären Zug, der sich trotz seiner Herrschsucht in seinem ganzen Leben niemals verleugnete.

Friedrich Wilhelm war einer jener absolutistischen Fürsten, welche mit scharfem Blick erkennen, daß die Grundlage ihrer gesammten Macht stets die Liebe des Volkes sein muß; deshalb war er im persönlichen Verkehr mit den Bürgern und Bauern herablassend, duldsam und liebenswürdig; jeden ließ er vor sich, wie geringen Standes der Bittsteller auch sein mochte, jeden behandelte er freundlich und gewann sich dadurch die Herzen! Nicht vergilbte Adelsbriefe schafften Macht an seinem Hofe, sondern das Verdienst; war doch ein einstiger Schneidergeselle, der berühmte Derfflinger, Feldmarschall seiner Heere. Von dem Gottes Gnadenthum der Fürsten wußte Friedrich Wilhelm nichts. Er unterhielt einen freundlichen Briefwechsel mit Cromwell, dem einstigen Bierbrauer, der in England die legitimen Stuarts gestürzt hatte und nachdem diese Fürstenfamilie abermals zur Herrschaft gelangt war, scheute er sich noch in seinen letzten Lebensjahren nicht, sich mit Wilhelm III. von Oranien, dem Statthalter der Niederlande, zu verbinden, ihm einen bewaffneten Beistand zu leisten, um abermals das legitime Fürstenhaus zu stürzen.

Es ist gewiß von hohem Interesse, einen kurzen Blick in die Jugendjahre Friedrich Wilhelms zu werfen, weil dieser uns der geistige Bildungsgang des Knaben zum Jüngling, des Jünglings zum Mann klar wird.

Friedrich Wilhelm war am 6. Februar 1620 alten Stils zu Cöln an der Spree geboren.*) Schon in seiner frühesten Jugend wurde er eingeweiht in das diplomatische Ränkespiel, welches gerade in jener Zeit an fast allen deutschen Höfen, am meisten aber an brandenburgischen herrschte. Am Hofe zu Cöln befanden sich, wie unsere Leser in den letzten Kapiteln zu beobachten Gelegenheit gehabt haben, zwei Parteien, die kaiserliche, an deren Spitze der Graf Schwarzenberg stand und die schwedische, oder besser gesagt, die protestantische Partei.

Die Kurfürstin, eine Schwester des vertriebenen Winterkönigs, stand naturgemäß auf Seiten der protestantischen Partei; sie war eine entschiedene Feindin Schwarzenbergs und der Statthalter wußte dies. Er bemühte sich daher nach bester Kraft, sie vom Hofe zu entfernen, um ihren Einfluß zu vernichten. Seine Bemühungen waren indessen vergeblich und obgleich Schwarzenberg wünschte, daß die Kurfürstin ihren Hof nicht mehr im Schlosse von Berlin, sondern in dem von Küstrin halte, vermochte er doch Georg Wilhelm, der ihm sonst meistens nachgab, zu einem Befehl in dieser Beziehung nicht zu veranlassen. Dagegen aber wußte er zu bewirken, daß der Kurprinz aus Berlin entfernt werde; vielleicht fürchtete er, der Knabe möge, wenn er fortwährend unter den Augen der Mutter bleibe, den Haß derselben gegen den allmächtigen Minister in sich aufnehmen.

Im Jahre 1627 wurde der Kurprinz dem gelehrten Kammerherrn nund Rath Rumelian (Gerhardt Kalkkuhn, genannt von Leuchtmar, zur Erziehung anvertraut und nach Küstrin geschickt unter dem Vorwande, daß er in diesem befestigten Orte vor etwaigen feindlichen Angriffen gesichert sei.

Er erhielt eine Erziehung, wie sie eben den jungen Fürsten jener Zeit gegeben wurde. Man bildete ihn aus zu einem tüchtigen Jäger, lehrte ihn schießen, Vögel fangen, Falken beizen und nebenbei wurde ihm dann auch einiger Unterricht in den Wissenschaften ertheilt, besonders in den Sprachen, in der Muttersprache natürlich am wenigsten, denn man setzte in jener Zeit voraus, daß die Muttersprache sich ja von selbst erlerne.

Dem Kurfürsten Georg Wilhelm war es vor allen Dingen wichtig, daß sein Sohn wahrhaft religiös erzogen werde und er wählte zu diesem Zweck ein seltsames Mittel. Die Professoren der Theologie zu Frankfurt a. O. erhielten den Befehl, wechselweise alle Sonntage nach Küstrin zu reisen, um dem siebenjährigen Knaben Predigten vorzuhalten. Wenn unsere Leser sich erinnern, in welchem Stile die damaligen Theologen zu predigen pflegten, wie die Calvinisten wuthentbrannt auf die Lutheraner schimpften, werden sie beurtheilen können, welcher Art auch die Religion gewesen sein muß, die durch die Predigten der hochgelehrten Theologen dem Knaben eingeimpft wurde.

Während seines Aufenthalts in Küstrin wurde durch die dem Grafen Schwarzenberg feindliche Umgebung der Haß, welchen der Kurprinz gegen den allmächtigen Statthalter und Minister im Herzen trug, noch mehr genährt. Ein seltsamer Vorfall, der sich in jener Zeit ereignete, trug wesentlich dazu bei, in dem Kurprinzen den Glauben zu wecken, daß Schwarzenberg ihm selbst nach dem Leben strebe.

Es fand, als Friedrich Wilhelm 10 Jahre alt war, ein Mordversuch gegen ihn statt, den er in späterer Zeit mehrfach selbst erzählte.

Der Historiograph Schock theilt in einem Briefe an den damaligen Ober-Präsidenten Otto von Schwerin Folgendes mit. „Kürzlich habe ich aus dem Munde des durchlauchtigsten Kurfürsten Folgendes gehört: Als er kaum zehn Jahre alt

---

*) Unsern Lesern wird es bekannt sein, daß das Datum des alten Stils sich um zehn Tage von dem neuen Stil unterscheidet, so daß nach unserer neuen Zeitrechnung Friedrich Wilhelm am 16. Februar geboren war.

war und in Küstrin verweilte, wurde eines Abends, als er bereits im Bette gelegen, ein Bursche von etwa achtzehn Jahren mit einem langen Dolch ergriffen. Der Kammerdiener Daniel, ein Franzose von Geburt, habe den Mörder unter dem Bette hervorgezogen und dem Kurprinzen dabei zugerufen, so schnell als möglich aus dem Bett zu springen."

Es erhellt aus keiner sichern Nachricht, welche Bewandtniß es mit diesem eigenthümlichen Mordversuche gehabt habe; sicher ist wohl nur, daß Schwarzenberg an demselben unschuldig war, obgleich Friedrich Wilhelm den Minister während seines ganzen Lebens für den intellectuellen Urheber des Verbrechens gegen ihn gehalten hat.

Auf das Gemüth des lebhaften Knaben mußten die gewaltigen Kämpfe, welche in jener Zeit Deutschland erschütterten, einen bedeutsamen Einfluß haben. Wenn er auch fern von denselben erzogen wurde, wenn er auch wenig von dem eigentlichen Kriegsgetümmel sah, so hörte er doch täglich bald von Siegen der Kaiserlichen, von den Thaten dieses oder jenes großen Feldherrn, eines Tilly oder Wallenstein, bald von den gewaltigen Erfolgen des Schwedenkönigs Gustav Adolph, seines Oheims. Er war persönlich anwesend, als am 15. Juni 1632 die Leiche Gustav Adolph's in feierlichem Geleite zu Wolgast nach dem Schiffe, welches sie nach Schweden tragen sollte, gebracht wurde. Durch die Erzählungen von den Thaten der großen Männer, welche damals über die Geschicke Deutschlands entschieden, wurde der brennende Ehrgeiz in der Brust des Knaben geweckt.

Schon in seinem fünfzehnten Jahre hatte der Kurprinz die Erziehung vollendet, welche ihm in der Mark Brandenburg gegeben werden konnte. Er sprach Lateinisch, Französisch und Polnisch ziemlich geläufig, war ein Meister im Jagen und Reiten und hatte alle diejenigen Kenntnisse, welche ein junger Fürst seiner Zeit besitzen mußte.

Sein Vater Georg Wilhelm hielt es deshalb für nothwendig, ihn zu seiner weiteren Ausbildung nach der berühmten holländischen Universität Leyden zu senden. Es wird vielfach behauptet, der Graf Schwarzenberg habe diese Studienreise angeordnet, um sich des Kurprinzen zu entledigen. Daß dies aber nicht der Fall ist, sondern daß im Gegentheil die dem Grafen feindliche Partei am Hofe die Veranlassung der Reise war, geht wohl am Besten daraus hervor, daß der Graf erklärte, in den kurfürstlichen Kassen befinde sich kein Geld zur Ausstattung des Prinzen für die Reise nach Holland und daß die Kurfürstin aus ihren eigenen Ersparnissen 3000 Thaler vorschoß.

Begleitet von seinem Gouverneur, dem Herrn von Leuchtmar, dem Informator Müller und dem Kammerjunker Werner v. d. Schulenburg reiste Friedrich Wilhelm nach Holland ab.

Der Aufenthalt des jungen Prinzen in dem blühenden Lande war von einer hohen Bedeutung für die Mark Brandenburg und speciell für unsere Stadt. Holland zeichnete sich damals vor allen andern Ländern Europa's durch seinen regen Gewerbefleiß aus. Die holländischen Häfen und Schiffswerften boten ein Bild des reichsten Verkehrs; der Ackerbau stand auf der höchsten Stufe, die Kunst wurde in dem reichen holländischen Staate noch geschützt, während sie der Kriegsfurie in Deutschland längst erlegen war.

Es konnte kaum einen größeren Gegensatz geben, als die verwüstete Mark Brandenburg und das reiche, blühende Holland. Hier lernte daher Friedrich Wilhelm die Segnungen eines ausgebreiteten Handelsverkehrs, einer lustigen Gewerbthätigkeit kennen, hier machte er die Studien für seine spätere gedeihliche Regierungsthätigkeit.

Wir können den jungen Fürsten bei seinen mannigfachen Abenteuern, die er während seines Aufenthalts in Holland erlebte, nicht folgen und wollen hier nur bemerken, daß er in der Mitte einer Anzahl von jungen, vergnügungssüchtigen Adligen lebte, die bereits die üppigsten Vergnügungen bis zur Hefe ausgekostet hatten und nun dieselben auch im Haag einzuführen gedachten. Sie feierten damals die berühmten Mitternachtsgesellschaften, zu denen die Theilnehmer sich erst des Abends nach zehn Uhr versammelten, um dann während der ganzen Nacht dem Bacchus und andern sinnlichen Freuden zu fröhnen.

Auch Friedrich Wilhelm nahm an jenen Vergnügungen Theil und brauchte bei denselben recht bedeutende Geldsummen. Dafür sprechen wenigstens seine Briefe nach Hause, in denen er stets Klage führte, daß ihn der Vater zu karg halte, daß er nicht auszukommen vermöge mit dem, was ihm angewiesen sei.

In den meisten Geschichtsbüchern finden wir eine höchst rührende Erzählung, nach welcher Friedrich Wilhelm fast wie ein zweiter Joseph erscheint. Wir hören, daß seine Lehrer den Kurprinzen gewarnt hätten vor den üppigen Mitternachtsgesellschaften, daß sie ihm Vorsicht anempfohlen hätten gerade in dem Augenblick, als er in eine dieser Gesellschaften habe gehen wollen. Anfangs habe er die Warnungen mit Unwillen aufgenommen, dann aber sich besonnen und plötzlich ausgerufen: „Ihr habt Recht, ich bin es meiner Tugend und Ehre, meinen Eltern und meinem Lande schuldig, daß ich den Schlingen, die mir hier gelegt werden, entgehe; ich will den Haag unverzüglich verlassen;" Vergeblich hätten seine Lehrer ihm gesagt, daß es nicht nothwendig sei, jene Gesellschaften sofort ganz zu vermeiden, sondern sich nur vor der Verführung in denselben zu schützen, er aber habe erwidert: „Nein, Gelegenheit bringt Gefahr, ich muß sofort Abschied nehmen!" und den zweiten Tag darauf sei er denn wirklich abgereist und habe sich in's Feldlager des Statthalters, der gerade vor Breda lag, begeben, um Theil zu nehmen an den kriegerischen Unternehmungen seines Verwandten.

Der Statthalter, Prinz von Oranien, habe diesen Zug von Selbstbeherrschung mit hoher Verwunderung erfahren und zu dem jungen Prinzen gesagt: „Eine solche Flucht beweist mehr Heldenmuth, als wenn ich Breda eroberte. Da Ihr dies gethan habt, Vetter, so werdet Ihr mehr thun; nur wer sich selbst besiegen kann, ist zu großen Unternehmungen aufgelegt!"

Inwiefern diese Erzählung begründet ist, mag dahingestellt bleiben. Richtig ist, daß der Prinz aus dem Haag nach dem Lager von Breda ging; richtig ist aber auch, daß er sich während seines Aufenthalts in Holland in ein höchst ernstes Liebesverhältniß mit der Prinzessin Ludovica Hollandine, einer Tochter des unglücklichen Winterkönigs, einließ und daß er seine Liebeswerbung um die keineswegs spröde Prinzessin so arg trieb, daß Kurfürst Georg Wilhelm, dem eine derartige Verbindung keineswegs angenehm war, sehr ängstlich seine schleunigste Rückkehr forderte.

Der Kurprinz lag fest in den Fesseln der schönen Prinzessin; er machte allerhand Ausflüchte, ehe er sich zur Abreise entschloß. Glücklicher Weise aber hatte der Liebeshandel kein ernstes Resultat; die Prinzessin wäre auch schwerlich eine würdige Landesmutter für die Kurmark Brandenburg geworden. Sie tröstete sich bald genug, nachdem ihr Geliebter sie verlassen hatte, verließ heimlich das Haus ihrer Mutter und floh mit einem andern Liebhaber nach Antwerpen. Später, nachdem sie zur katholischen Kirche übergetreten war, wurde sie Aebtissin eines Klosters in Frankreich, obgleich sie unverheirathet Mutter von nicht weniger als 14 Kindern war. Die Herzogin von Orleans, eine geborene Prinzessin von der Pfalz, welche in ihren Briefen die fürstlichen Personen ihrer Zeit mit scharfen Worten kritisirt, sagt von dieser liebenswürdigen Prinzessin: „Nonnenfleisch hatte sie freilich nicht und ihre gewöhnliche Betheuerung war: Bei diesem Bauche, der vierzehn Kinder getragen hat!"

Die Aufforderung des Vaters wurde endlich so drängend, daß Friedrich Wilhelm sich entschließen mußte, nach der Mark zurückzukehren. Er traf am 6. Januar in Spandau ein und wurde mit glänzenden Feierlichkeiten empfangen. Auch der Graf Schwarzenberg gab am 8. Januar in Berlin ein Gastmahl, welchem der Kurfürst und Kurprinz beiwohnten. Nach demselben wurde Friedrich Wilhelm plötzlich schwer krank und es ist auch hier wieder vielfach versichert worden, der Kurprinz sei mit einem Bissen Brod vergiftet worden; er selbst glaubte dies ebenfalls, obgleich nach den Aussagen der Aerzte sein Unwohlsein lediglich den Masern, die bald zum Ausbruch kamen, zuzuschreiben war.

Die Krankheit wurde schnell genug geheilt, so daß Friedrich Wilhelm seinen Vater auf einer Reise nach Königsberg in Preußen begleiten konnte. Er befand sich noch dort, als Georg Wilhelm am 21. November 1640 (alten Stils) einem langen Leiden erlag.

Friedrich Wilhelm war 20 Jahre alt, als er die Regierung antrat, das Reich und die Titel seines Vaters erbte. Prächtige Titel! Er nannte sich:

Wir, Friedrich Wilhelm, Markgraf zu Brandenburg, des heiligen römischen Reiches Erzkämmerer und Kurfürst, Herzog in Preußen, Jülich, Cleve, Berg, Stettin, der Pommern, Kassuben und Vandalen, sowie in Schlesien, zu Crossen und Jägerndorf Herzog, Burggraf zu Nürnberg, Fürst zu Rügen, Graf zu Mark und Ravensberg, Herr zu Ravenstein u. s. w.

Der herrliche Titel war aber eben nur ein Scheintitel. Die Herrschaften, welche Friedrich Wilhelm von seinem Vater ererbte, mußten zum großen Theil erst einem mächtigen Feinde durch Waffengewalt wieder abgerungen werden.

Die Mark Brandenburg war ein wüstes Land, in dem man überall nur verfallene Mauern und einsame Trümmer sah, ausgestorbene Städte, verpestete Dörfer, niedergetretene Saaten und wüst liegende Felder; und in dieser Mark Brandenburg regierte der Graf von Schwarzenberg, von welchem Friedrich Wilhelm wußte, daß er dem österreichischen Kaiserhause näher als ihm selbst stand.

In den westphälischen Ländern tummelten sich Heere der Holländer und Spanier. Sie herrschten dort mehr als der Kurfürst selbst. Pommern war von den Schweden besetzt; Preußen, zwar frei von feindlicher Einquartierung, aber noch ein Lehen des Königs von Polen.

Es war wahrlich der Aufgabe des kräftigsten Mannes werth, in dieses Chaos Ordnung zu bringen, und die Ruhe und Klarheit, mit der der zwanzigjährige Jüngling von dem ersten Tage seines Regierungsantritts das Regiment führte, ist wahrhaft bewunderungswürdig.

Er haßte Schwarzenberg, den er für einen Verräther hielt. Aber er gab diesem Hasse nicht nach, denn er mußte fürchten, daß der Graf, wenn er ihm sofort seine Ungnade zeige, zum offenen Verräther werden und die brandenburgischen Länder dem Kaiser übergeben würde.

Friedrich Wilhelm wurde noch zurückgehalten in Preußen; er mußte wenigstens dieses Land sichern; deshalb zeigte er gegen Schwarzenberg kein offenes Mißtrauen, sondern bestätigte ihn als Statthalter in den Marken. Aber fast unmerklich entzog er ihm die Macht, indem er ihm eine Reihe treuer Diener, den Bruder seines ehemaligen Hofmeisters von Kalkuhn, seinen Begleiter auf der holländischen Reise Werner v. d. Schulenburg, den Kanzler von Götz und Andere beigesellte.

Er wußte, daß es Schwarzenberg's Bestreben gewesen war, die märkischen Truppen für den Dienst des Kaisers zu werben, hatten sie doch dem Kaiser sogar Treue schwören müssen! Er gab deshalb sofort den Befehl, daß ihm die Soldaten den Huldigungseid leisten sollten und erließ schon am 2. Dezember 1640 an die Obersten von Burgsdorff in Küstrin und von Trotta in Peitz die Ordre, daß sie keine kaiserlichen Garnisonen aufnehmen sollten, von welcher Seite dies ihnen auch befohlen werden möge.

Das Spiel, welches Schwarzenberg getrieben hatte, zeigte sich jetzt klar genug; obgleich er behauptete, der dem Kaiser von den Truppen geleistete Eid gelte nur für den Fall, wenn die Truppen mit den Kaiserlichen zusammen im Felde dienten, so zeigten doch die vornehmsten Offiziere, daß sie anderer Meinung seien.

Der Kommandant von Spandau, Oberst von Rochow, erklärte, er werde dem Kurfürsten nicht eher den Eid der Treue leisten, ehe er nicht vom Kaiser seines Eides entbunden sei, und später äußerte er sich sogar mit noch größerer Entschiedenheit: „Lieber wolle er die Festung in die Luft sprengen und mit seinen Leuten zu dem Kaiser übergehen, ehe er sich zum Huldigungseid entschließe." Auch der Oberst von Kracht, der Kommandant von Berlin und der Oberst von Goldacker weigerten sich, den Eid der Treue zu schwören. Nur der Oberst von Burgsdorf in Küstrin erklärte sich dazu bereit und gewann dadurch ein großes Vertrauen bei Friedrich Wilhelm, ein Vertrauen, welches er keineswegs verdiente, denn er hatte ebenso gut wie die andern Offiziere Gelder angenommen vom Kaiser und diesem geschworen. Jetzt aber neigte er sich der neu aufgehenden Sonne zu, als gewandter Hofmann zeigte er sich dem Kurfürsten unterthänig.

Es war gewiß eine schwere Aufgabe, die widerstrebenden Offiziere zum Gehorsam zu bringen; Friedrich Wilhelm aber wußte dieselbe mit List und Gewalt zu lösen. Sein entschiedenster Gegner, der Oberst von Rochow, wurde auf einer Jagdpartie, zu der er mit dem Versprechen freien Geleits nach Berlin eingeladen war, plötzlich verhaftet. Auf einen Wortbruch zur rechten Zeit kam es weder dem Kurfürsten noch seinen Dienern an. Zur Strafe ist der Oberst von Rochow nicht gezogen worden, denn es gelang ihm, zu entfliehen. Die Obersten von Kracht und Goldacker warteten eine Verhaftung nicht ab, sie entflohen und traten später sämmtlich in kaiserliche Dienste ein.

Die widerspenstigen und widerwilligen Kompagnien, welche sich, dem Beispiele ihrer Offiziere gemäß, weigerten, dem Kurfürsten den Eid der Treue zu leisten, wurden entlassen.

Schon vor der Lösung dieser militärischen Wirren war dem jungen Kurfürsten das Glück günstig gewesen, sein gefährlicher Statthalter, der Graf Schwarzenberg, war plötzlich gestorben.

Schwarzenberg hatte als ein feiner Diplomat längst gefühlt, daß seine Stellung dem Kurfürsten gegenüber unhaltbar geworden war, daß das ihm gezeigte Vertrauen nur ein scheinbares sei. Er durfte sich nicht verhehlen, daß die ihm beigesellten Räthe vom Kurfürsten den Auftrag hatten, ihn zu überwachen und wenn er sich hätte täuschen wollen, so wäre ihm Licht geworden durch viele Warnungen, welche er von seinen Freunden erhielt; selbst vom österreichischen Hofe kam ihm die Nachricht, er möge sich in Acht nehmen, Kurfürst Friedrich Wilhelm beabsichtige, ihn seiner Aemter zu entsetzen und zur strengen Rechenschaft zu ziehen.

Gewohnt, allein zu herrschen, mußte Schwarzenberg in der Voraussicht seines Falls um so trüber gestimmt werden, als ihn zugleich schon seit längerer Zeit ein heftiges Unwohlsein plagte, welches in seinem Alter — er war im Jahre 1584 geboren — nicht unbedenklich war. Die Aerzte hatten ihm befohlen, sich vor jeder Gemüthserschütterung zu wahren, aber sein Glücksstern war gesunken. Er vermochte dem ärztlichen Befehl nicht nachzuleben, denn gerade in den ersten Tagen des Jahres 1641 traf ihn Unfall nach Unfall.

Zu den ungünstigen Nachrichten, welche er vom Kurfürsten aus Königsberg erhielt, kam noch ein heftiger Schrecken.

Am 28. Februar war der Kriegsrath von Jastrow bei ihm zur Tafel, um ihm einige Befehle des Kurfürsten mitzutheilen. Der Vorschneider des Grafen, Kammerjunker von Lehndorf, trank dem Kriegsrath ein Glas Wein zu und als nun dieser sich unter dem Vorwande, daß er schon zu viel getrunken habe, weigerte, ihm nachzutrinken, ließ der Kammerjunker einige scharfe, voreilige Worte fallen; denn es galt in jenen Tagen als eine schwere Beleidigung, dem Vortrinkenden nicht nachzukommen.

Der Rath fühlte sich durch die Worte Lehndorf's so verletzt, daß er diesem eine Ohrfeige gab. Lehndorf sprang auf; für den Augenblick mäßigte er seinen Zorn, aber als sich die Gesellschaft nach vollendeter Mahlzeit erhob, fiel er über Jastrow her und erstach ihn fast unter den Augen des Grafen Schwarzenberg.

Der Mörder wurde sogleich in Verhaft genommen; die Strafe des Gesetzes aber erreichte ihn nicht, denn es gelang ihm zu entfliehen. Oberst Goldacker, eine Kreatur des Statthalters, verhalf dem Kammerjunker — wie man sagt, im Auftrage seines Herrn — zur Flucht, indem er ihn in eine Kiste packte, Kleider über ihn deckte und ihn so durch seine Lakaien aus der Festung hinaustragen ließ. Vor Spandau fand Lehndorf ein tüchtiges Pferd, welches ihn bald nach der sächsischen Grenze brachte.

Der Mord, der fast unter den Augen des Statthalters verübt worden war, der, wie sich Schwarzenberg nicht verhehlen konnte, für ihn die ungünstigsten Folgen haben mußte, erschütterte ihn tief und kaum hatte er sich von diesem Schreck erholt, als ein neuer Unfall ihn traf.

Er hatte sich ein wenig niedergelegt, um zu ruhen; da wurde er durch ein wüstes Geschrei vor seinen Fenstern geweckt. Unten auf der Straße tobte eine wilde Rotte von Soldaten und drohte das Haus zu stürmen, wenn er ihnen nicht den rückständigen Sold zahle. Es waren Soldaten des Rochow'schen Regiments, ein wüstes, aufrührerisches Gesindel, welches sicher seine Drohung wahr gemacht hätte. Schwarzenberg mußte sich daher entschließen, ihnen sein Leben mit einer Summe von 600 Thalern abzukaufen.

Der geschwächte Körper des Statthalters vermochte eine solche Aufregung nicht zu ertragen. Schwarzenberg starb am 24. März 1641; ein Schlagfluß machte seinem Leben ein Ende. Sein Körper wurde einbalsamirt und in der Nikolaikirche in Spandau beigesetzt.

Schwarzenberg galt im Volke als ein todeswürdiger Verräther; er wurde besonders von den Berlinern wüthend gehaßt. Weil er einen Angriff der Hauptstadt durch die Schweden fürchtete, hatte er am 10. Februar 1640 die Vorstädte der Berlinischen Seite, 21 Häuser mit einem Taxwerthe von 5360 Thalern, und am 17. Januar 1641 die Cölnischen Vorstädte mit einem Werthe von 38,000 Thalern abbrennen lassen. — Für diese Gewaltthat grollten ihm die Bürger der beiden Städte um so mehr, als sie an eine Nothwendigkeit der Vertheidigung der Stadt nicht glaubten.

Der Haß des Volkes folgte dem Statthalter bis zum Tode. Die Bürger wollten es nicht glauben, daß ein Schlagfluß seinem Leben ein Ende gemacht habe, sie behaupteten, der Kurfürst sei von der Verrätherei Schwarzenberg's überzeugt worden und habe heimlich über ihn Gericht halten lassen.

In dem dichten Walde, der sich damals von Spandau bis nahe an die Thore von Berlin erstreckte, sei das Todesurtheil gefällt und vollzogen worden; der Kurfürst habe den Statthalter gewaltsam aus seinem Palaste hervorholen, nach dem Walde führen und dort unter freiem Himmel enthaupten lassen.

Das Gerücht verbreitete sich schnell und fand in der Bevölkerung um so leichter Glauben, als es ganz natürlich erschien, daß der Kurfürst nicht offene Justiz, sondern eine heimliche Hinrichtung angeordnet habe; Schwarzenberg besaß ja einen so bedeutenden Anhang, seine Anhänger waren so mächtig, daß ein Gerichtsverfahren gegen ihn gefährlich werden konnte! — Es erregte unter der Bürgerschaft Berlins durchaus keinen Anstoß, daß ein heimlich gefälltes und vollzogenes Todesurtheil sich von einem Meuchelmord nur wenig unterschied. Das Volk war damals so sehr daran gewöhnt, die Herrscher willkürlich mit dem Leben ihrer Unterthanen spielen zu sehen, daß eine heimliche Hinrichtung, der kein Rechtsverfahren vorhergegangen war, die lediglich auf Befehl des allerhöchsten Herrn vorgenommen wurde, gar nicht als etwas Außerordentliches erschien.

Bis in die neuere Zeit hinein hat sich die Sage von der heimlichen Hinrichtung Schwarzenberg's erhalten, sie ist aber gegenwärtig vollständig aufgeklärt und es unterliegt keinem Zweifel, daß der Statthalter ruhig in seinem Bett gestorben ist, wenn auch manche Geschichtsschreiber das Märchen von seiner Hinrichtung erzählt und mit Gründen vertheidigt haben.

Ein merkwürdiges Zusammentreffen von Umständen hat dazu gedient, der Sage eine Art von Bestätigung zu geben. In verschiedenen Geschichtswerken, so auch in denen des Königs Friedrich II., war erzählt worden, Schwarzenberg sei nach Wien gegangen und dort gestorben. Es war daher für den Prinzen August von Sachsen, den Urgroßvater des jetzt regierenden Königs, der sich im Jahre 1855 in Spandau aufhielt, eine Neuigkeit, als er erfuhr, daß sich das Grab des Grafen in Spandau befinden solle. Er beschloß, sich hiervon zu überzeugen und befahl, die Gruft zu eröffnen.

Begleitet von seinem Adjutanten, einem Herrn v. d. Hagen, und einem Pagen, Namens Dequede, unternahm er die Besichtigung der Gruft. Der muthwillige Page sprang ihm voran und hob aus dem geöffneten Sarge den Kopf Schwarzenberg's, den er dem Prinzen aus der Gruft emporreichte. Unwillig befahl ihm der Prinz, den Schädel wieder an Ort und Stelle zu legen, der Page aber warf ihn leichtfertig in den Sarg zurück.

Als der Sarg und die Gruft nach des Prinzen Entfernung wieder geschlossen werden sollten, sahen die Maurer und der Küster, daß der Kopf der Leiche vom übrigen Skelett getrennt war und auf der Brust desselben lag. Hierauf schien unwiderleglich das Gerücht von der Enthauptung des allmächtigen Ministers Georg Wilhelms sich zu bestätigen. Erst später, am 20. August 1777, wurde eine neue Nachforschung in dem Grabgewölbe gemacht, bei der sich auch der so berühmt gewordene Berliner Arzt Dr. Helm befand. Hier zeigte es sich, daß die Enthauptung Schwarzenbergs ein Märchen sei, denn sämmtliche Halswirbel fanden sich unverletzt vor.

Zweites Kapitel.

Markgraf Ernst von Jägerndorf. — Waffenstillstand mit den Schweden. — Ende des dreißigjährigen Krieges. — Der westphälische Frieden. — Einrichtung der Post. — Einwanderung der Holländer in die Mark. — Die Kurfürstin Luise Henriette. — Die Hochzeit des Kurfürsten. — Einzug in Berlin. — Eine Bewillkommnungspoesie des 17. Jahrhunderts. — Ungnade und Ende des Curt von Burgsdorff. — Begründung von Oranienburg. — Verbesserung der Landwirthschaft bei Berlin.

Nach dem Tode Schwarzenbergs übergab der Kurfürst die Statthalterschaft der Mark dem Markgrafen Ernst von Brandenburg-Jägerndorf, dem jüngsten Sohne jenes Markgrafen Johann Georg, gegen welchen einst die Berliner im Jahre 1615 rebellirt hatten.

Obgleich der Markgraf ein naher Verwandter von ihm war, übertrug ihm Friedrich Wilhelm dennoch keine unbedingte Vollmacht. Er hatte gesehen, wie leicht ein Mißbrauch mit derselben getrieben werden könne und er befahl deshalb, um jeder Eigenmächtigkeit vorzubeugen, daß der neue Statthalter nichts ohne Rath und Vorwissen der Geheimen Räthe vornehmen dürfe. Er erklärte außerdem mit voller Bestimmtheit, er werde kein Schreiben, es möge ihn oder den Staat betreffen, vollziehen, wenn ihm nicht zugleich das Concept, das die Räthe selbst aufgesetzt hätten oder welches wenigstens einer derselben unterzeichnet habe, mit vorgewiesen würde.

Friedrich Wilhelm wollte die Regierung selbst in den Händen behalten und obgleich er für's Erste noch nicht im Stande war, Preußen zu verlassen und nach Berlin zu kommen, so gingen die hauptsächlichsten Regierungsverhandlungen doch von ihm persönlich aus.

Sein erstes Bemühen war es, die verwirrten Zustände in Preußen zu ordnen und der Mark Brandenburg den Frieden wiederzugeben. Er vermochte allerdings nicht, einen Krieg, bei dem fast sämmtliche Mächte Europa's betheiligt waren, aus eigener Macht zu beendigen; aber er bemühte sich, wenigstens die Mark von jenen fürchterlichen Feinden, die sie in letzter Zeit fast einer Einöde gleich gemacht hatten, von den Schweden, zu befreien. Die Entlassung eines großen Theils der Truppen war durch Schwarzenbergs Anhänglichkeit an den Kaiser nothwendig geworden, hierdurch wurde Friedrich Wilhelm gezwungen, mit den Schweden einen Waffenstillstand zu schließen, der endlich nach langen Unterhandlungen am 14. Juli 1641 zu Stockholm zu Stande kam.

Der Jubel war groß in den Marken! Und als nun am 4. März 1642 Friedrich Wilhelm von Preußen zurückkam und seinen Einzug in die Stadt Berlin feierte, da gab es nach langer Zeit der Trübsal endlich einen Freudentag für die unglückliche Stadt.

Eine etwas bessere Zeit brach jetzt für die Mark Brandenburg an, aber noch bei Weitem keine vollkommen ruhige, denn noch immer dauerte der dreißigjährige Krieg fort, noch immer durchzogen die Heerhaufen bald der Kaiserlichen, bald der Schweden die Mark, deren geographische Lage zwischen Pommern, wo die Schweden ihre Landungsplätze hatten, und dem eigentlichen Kriegsschauplatze sie zum nothwendigen Durchgangspunkt für alle Parteien machte.

Im Jahre 1644 zog der General Gallas mit dem kaiserlichen Heere von Böhmen nach Holstein durch die Marken, 1646 kam der schwedische General Wittenberg mit 11 Regimentern durch dieselbe und im Jahre 1647 nahm er sogar in Berlin Quartier. Unter solchen Umständen konnte freilich von einem eigentlichen Frieden nicht die Rede sein, denn wenig auch von einem Nachlaß der Kriegskontributionen, aber ganz so arg wie früher war es doch nicht.

Die entlassenen Soldaten schweiften freilich noch immer räuberisch umher und selbst die aufgelösten brandenburgischen Regimenter verübten allerhand Unfug, ja sie führten sogar häufig genug den Krieg auf eigene Hand gegen die Schweden, als ob sie in kaiserlichen Diensten ständen.

Gegen solche Frevel griff der junge Kurfürst mit eiserner Hand ein. Einen Rittmeister Strauß, der verschiedene Streifzüge gegen die Schweden und bei denselben ansehnliche Beute gemacht hatte, ließ er enthaupten und mehrere Soldaten, die sich unter einem andern Befehlshaber ähnlicher Verbrechen schuldig gemacht hatten, wurden ohne Weiteres aufgehängt.

Endlich kam im Jahre 1648 der ersehnte Friede zu Münster und Osnabrück zu Stande. Der 30 jährige Krieg wurde durch den westphälischen Frieden beendet. Aber noch zwei Jahre dauerte es, bis die Mark von schwedischen Truppendurchzügen befreit wurde. Erst nach dem am 26. Juni 1650 zu Nürnberg geschlossenen Vertrage hörten dieselben auf und am 6. November konnte nun in Wahrheit ein Friedensdankfest in der Mark Brandenburg gefeiert werden.

In Berlin hatten die Bürger alle Ursache, mit frohestem Herzen diesem Dankfeste beizuwohnen; denn gerade für unsere Stadt war der Friede besonders vortheilhaft. Friedrich Wilhelm hatte eine nicht unbedeutende Vergrößerung seines Landes erlangt; ihm war Magdeburg zugesprochen und hierdurch für den Handel Berlins ein wesentlicher Gewinn erzielt worden, ebenso auch durch die Erwerbung von Halle und der dortigen Salzwerke. Jetzt konnten Berlin und Cöln das Salz von Halle beziehen, während sie es bisher in der beschwerlichsten Weise von Lüneburg hatte holen müssen.

Schon während der Kriegsjahre war Friedrich Wilhelm nach Kräften bemüht gewesen, den Handel und die Gewerbe zu beleben und den Ackerbau zu heben; freilich nur mit geringem Erfolge; denn diplomatische Unterhandlungen, Ausrüstung von Truppen u. s. w. hatten ihn fast ausschließlich beschäftigt. Nach dem Friedensschlusse verdoppelte er seine Anstrengungen und es gelang ihm jetzt, auf's Trefflichste zu wirken.

Schon im Jahre 1650 führte er eine Postverbindung in der Mark ein und ernannte einen tüchtigen Geschäftsmann, Michael Matthias, zum ersten Postdirektor in Berlin. Er verbesserte die Münze, um das Vertrauen im Verkehr wieder zu heben; die durch die betrügerische Falschmünzerei entwertheten Geldsorten wurden eingezogen und vollwichtige Münzen geprägt.

Wie mit einem Zauberschlage belebte sich plötzlich der Verkehr; die wieder hergestellte Sicherheit wies dem Handel, dem Handwerk neue Bahnen an; fleißige Gewerbsleute zogen nach der Mark und auch die Juden verschmähten es nicht, sich wieder in dem Lande sehen zu lassen, in dem sie früher so schwere Schicksale erlitten hatten. Sie ließen sich hier und da nieder und Friedrich Wilhelm gestattete dies, wenn er sie auch freilich noch vielfach in ihrem Verkehrsleben beschränkte. Es wurde ihnen untersagt, feste Wohnsitze zu erwerben und Schulen einzurichten, auch durften sie während der öffentlichen Jahrmärkte und Messen keinen Handel treiben; aber sie verstanden es trefflich, alle diese Beschränkungen zu umgehen, sie strömten bald in nicht unbedeutender Menge den Märkten zu.

Von fremden Ansiedlern kamen besonders viel Holländer nach der Mark und trugen dazu bei, den Ackerbau in derselben zu heben. Die Holländer fühlten sich nach der Mark gezogen, weil sie in derselben die Unterstützung der Gemahlin Friedrich Wilhelms, einer Landsmännin, fanden.

Luise Henriette war die älteste Tochter des Prinzen Friedrich Heinrich von Oranien. Friedrich Wilhelm hatte die junge Prinzessin während seines Aufenthalts in den Niederlanden kennen gelernt. Sowohl der Ruf ihrer Liebenswürdigkeit, als auch politische Beweggründe veranlaßten ihn, sich um ihre Hand zu bewerben. Er erhielt das Jawort und brach daher am 29. September 1646 (alten Stils) von Berlin nach den Niederlanden auf, nachdem der Ober-Kammerherr Conrad von Burgsdorff ihm zur förmlichen Brautwerbung vorausgeeilt war.

Die Vermählung fand am 27. November Statt. Es dürfte unsere freundlichen Leserinnen vielleicht interessiren, einige Nachrichten über die Kleidung des fürstlichen Brautpaares zu erhalten. Die Braut erschien in einem prächtigen Anzuge von silbergewirktem Brokat; künstlich gemusterte silberne Spitzen besetzten das Kleid, alle Nähte waren mit echten Perlen bedeckt; eine gewaltige Schleppe, welche 8 Ellen lang war, wurde von sechs jungen Gräfinnen getragen; auf dem Haupte trug die Braut eine mit Perlen und Diamanten reich gezierte Krone.

Der Kurfürst war mit einem Gewande von weißem Atlas, welches ebenfalls mit silbernen Spitzen besetzt war, bekleidet. Diamanten verzierten das Gewand überall, selbst die Knöpfe waren mit denselben so reich geschmückt, daß man den Atlasüberzug nicht sehen konnte; auch Weste und Beinkleid waren mit Spitzen von den feinsten Silberfäden besetzt.

Der prachtvolle Anzug des jungen Kurfürsten bildete einen ziemlich grellen Kontrast mit der Geldnoth, in welcher sich Friedrich Wilhelm gerade während der Hochzeitsfeierlichkeit befand. Er hatte sich, um überhaupt die Reise machen zu können, von seiner Mutter einen Vorschuß von 3000 Thalern machen lassen müssen und in einem Schreiben aus dem Haag vom 16. November 1646 bat er die preußischen Oberräthe gar jämmerlich, ihm doch sobald als möglich 50,000 Thaler zu schicken, damit er seine Vermählung anständig feiern könne.

Das junge fürstliche Paar nahm seinen Aufenthalt während der ersten Jahre der Ehe in den westphälischen Landestheilen. Erst am 10. April 1650 hielt es seinen feierlichen Einzug in Berlin.

Es war großer Jubel im ganzen Volke, die Ritterschaft hatte einen glänzenden Aufzug veranstaltet, die Bürger erschienen in ihrem besten Putze und empfingen mit lautem Freudengeschrei die junge Kurfürstin, der ein trefflicher Ruf vorausgegangen war.

Die Geschichtsschreiber jener Zeit können die Schönheit, die Liebenswürdigkeit und Herzensgüte der Kurfürstin nicht genug rühmen und das Volk von Berlin trug ihr deshalb auch eine Liebe entgegen, welcher sich Louise Henriette während ihres ferneren Lebens würdig zeigte.

Wir können uns nicht versagen, unsern Lesern hier einen Theil aus einem langen Bewillkommnungsgedichte mitzutheilen, welches ein Gelegenheitsdichter, der würdige Stadtrichter und Rathskämmerer Nikolaus Peuker, zur Feier jenes Tages schrieb, da dasselbe zur Charakteristik der poesielosen Dichtkunst der Zeit wesentlich beiträgt.

O Gott! Die ganze Mark ist jetzt in Deinem
Nahm
Geschäftig und bemüht, daß nach so langer Pause
Des Landes Oberhaupt kömmt wiederum zu Hause.
Der rauhe Boreas hat viermal seinen Schnee
Geworfen auf das Land und brückenlose See.
Jetzt setzt zum vierten Mal der Maler dieser Erden
Den Blumenpinsel an und heißt es Frühling werden,
Daß Kurmark Brandenburg den Fürsten nicht gesehn.

Willkommen, schönster Tag, an dem es soll geschehen,
Willkommen, Augenblick! Das Schwesterpaar der
Städte
Berlin und Cölln schickt viele Seufzer und Gebäte,
Mit welchen sie das Churvermählte Paar empfängt.
Die Harfe, die bisher an Weidenbaum gehenkt,
Ganz Ton- und Saitenlos, wird wiederum gehöret.
Mein Paukenschlag, den mich die Lichterkunst gelehret,
Will auch nicht letzter sein, das bum di bi di bum
Erklingt, läßt solches gleich was närrisch und was
dumm,
Doch hat hier keinen Platz das Kalbfell der Soldaten;
Ich schlag ein ander Spiel, Gott laß es wohl gerathen!

Mein Paukenschlag, das bom di bi di bom
Spricht: Friedrich Wilhelm komm,
Mit der, die Dir gegeben
Das Haus Uranien
Zu einer Seel zu leben!
Die ganze Mark schreit: Wenn?
Wenn (hat man nicht vernommen)
Wird unser Vater kommen?
Bom bom di bi di bom!

Komm, Deine Burg, das Wunderwerk zu Cölln
Wird sich so freundlich stelln
Als wie vor diesem nimmer
So lange sie getrauft.
Es haben alle Zimmer
Sich schön herausgeputzt
Mit eines Malers Pinsel
Als kaum trug Cons Insel
Bom bom di bi di bom!

Mein Paukenschlag, das bum di bi di bum
Spricht endlich in der Summ:
Komm Churfürst mit Lousen,
Weil Storch und Schwalbe kömmt
Vom Frühling angewiesen.
Vieleicht, was Wesel nimmt,*)
Das bringt der Storch: darum
Kling bum di bi di bum,
Das bum di bi di bum,
Bum bum di bi di bum.

Wollen unsere Leser mehr von dem Autor, den wir übrigens noch einige Male in unserer Erzählung erwähnen werden, lesen, so verweisen wir sie auf ein jetzt ziemlich selten gewordenes Buch: „Nikolai Peukers Pauke mit 160 sinnreichen Scherzgedichten, nach des Dichters Tode herausgegeben von Pfeffer 1702." Auf dem Titelkupfer finden wir den würdigen Peuker als Paukenschläger abgebildet. Um das Haupt des Dichters schwirren eine Menge verschiedenartiger Insekten. Eine lateinische Umschrift lautet auf deutsch: „Ich bin gehindert, aber nicht verhindert."

Die junge Kurfürstin hatte einen bedeutenden Einfluß auf ihren Gatten, der sie zärtlich liebte und dadurch auch auf die Entwicklung des gesellschaftlichen Lebens am Hofe zu Berlin. Ihrem zarten Sinn war das wilde Saufen, welches noch immer in den Hofkreisen herrschte, wenn auch Friedrich Wilhelm sich persönlich meist ziemlich mäßig zeigte, sehr zuwider. Besonders unangenehm war ihr daher auch der Oberkämmerer Curt von Burgsdorff, der, wie wir bereits erwähnten, in höchster Gunst beim Kurfürsten stand. Ihrem Einfluß ist wahrscheinlich der Fall dieses Günstlings zuzuschreiben.

Burgsdorff glaubte so fest in der Gunst seines Herrn zu stehen, daß er sich selbst in Gegenwart der Kurfürstin der größten Ausschweifungen schuldig machte. Einmal sagte er bei der Tafel zum Kurfürsten: „Gnädigster Herr, ich weiß nicht, wie Sie leben; bei Ihrem Herrn Vater ging es viel lustiger her, da hat man tapfer herumgetrunken und da war dann und wann ein Schloß oder Dorf mit Trinken zu gewinnen und ich weiß mich noch wohl der Zeit zu erinnern, in welcher ich 18 Maß Wein bei einer Mahlzeit getrunken." Die Kurfürstin erwiederte unwillig an ihres Gemahls Stelle: „Man hat schön gewirthschaftet, so viele Schlösser und Güter durch liederliches Saufen zu verschwenden."

Noch verhaßter als durch sein Saufen machte sich Burgsdorff der Kurfürstin durch schlechte Rathschläge, welche er dem Kurfürsten gab. Ein altes, selten gewordenes Buch: „Apophthegmata oder CCLXXIV Scharfsinnige Verstandesreden von M. H. H. L. Dresden 1707" berichtet hierüber:

„Das wäre aber Alles noch gegangen. Einsmals wollte dieser Minister den Churfürsten persuadiren, der Churfürstlichen Ehegemahlin nicht mehr so scrupuleuse treu zu sein, sondern sich auf die Galanterien zu verlegen, weil er als Staatsmann befürchtete, es würde zu viele rechtmäßige Prinzen und Erben geben, die nicht alle mit Fürstenthümern versehen werden könnten, sondern zum Theil Bettelprinzen werden müßten. Allhier ward aber das Sprichwort bald wahr: Malum Consilium Consultatori pessimum! Ein böser Rath trifft am Ersten seinen Urheber. — Denn dieses wurde der Churfürstin doch zu viel, was man ihr auch wirklich nicht verdenken kann, — und sie ruhete nicht, bis dieser Minister von dem höchsten Ehrenamte des Hofes in einem Augenblick und mit der größten Beschimpfung, in der Kirche, in Gegenwart einer großen Menge, gestürzt und zum Bauernstande versenkt ward."

Im Jahre 1650 wurde Burgsdorff vom Kurfürsten plötzlich aller Aemter und Würden entsetzt. Er starb schon am 1. Februar 1651. Aus Dankbarkeit für früher geleistete Dienste ließ ihm Friedrich Wilhelm ein prächtiges Begräbniß veranstalten, bei welchem Dr. Crelius eine stattliche Leichenrede hielt. In der Domkirche wurde der Leichnam am 11. März 1651 beigesetzt.

Der Einfluß der jungen Kurfürstin wirkte nicht nur bedeutend auf eine größere Gesittung des Hoflebens, sondern er zeigte sich noch weit folgereicher durch die Einführung vieler Reformen in der Landwirthschaft, um welche sich Louise Henriette sehr verdient machte.

Es war eine Liebhaberei der Kurfürstin, sich persönlich auf das Genaueste um die Specialitäten der Wirthschaft zu bekümmern. Sie ging gar gern in die Kuhställe und Milchkammern und ordnete an, was dort geschehen solle. Mit richtigem Takt wußte sie das Maß für eine solche Beschäftigung zu finden. Der Kurfürst, der ihren Wünschen gern nachgab, schenkte ihr Schloß Bötzow, welches fortan den Namen Oranienburg führte, während der Name Bötzow einem in der Nähe liegenden Dorfe Klößeband erthellt wurde.

In Oranienburg wurde eine Musterwirthschaft angelegt. Louise verschrieb aus Holland Gärtner und Landwirthe, schönes Vieh und gute Sämereien. Den Einwanderern ließ sie Häuser, Ställe und Scheunen bauen, und das Beispiel derselben, die mit emsigem Fleiß dem märkischen Sande unerwartete Früchte abgewannen, wirkte vortheilhaft weit in der Gegend.

Auch unmittelbar bei Berlin entstand eine ähnliche Musterwirthschaft. Friedrich Wilhelm hatte seiner Gemahlin vor dem Spandauer Thore ein Stück Land geschenkt, welches sie Louisenhof nannte und auf dem sie eine Viehwirthschaft neben musterhaften Gartenanlagen einrichtete. Auch hier wirkte das Beispiel der Kurfürstin auf die Berliner Ackerbürger. Wenn diese sich bisher dem Betriebe einer bessern Landwirthschaft verschlossen hatten, so machten sie jetzt die Mode mit, der schönen Kurfürstin nachzuahmen, und kamen dadurch sehr gegen ihr Verdienst zu den Früchten derselben.

---

*) Ein erstgebornes Söhnchen des Kurfürsten war in Wesel gestorben.

Drittes Kapitel.

Neue Kriegsstürme. — Treulose Politik Friedrich Wilhelms — Die Schweden vor Berlin. — Fehrbellin. — Kriegsuntüchtigkeit der Bürger und des Adels. — Begründung eines stehenden Heeres. — Derfflinger, der Schneider-General. — Strenge Kriegszucht. — Hinrichtungen auf dem Moltenmarkt. — Die Sage vom Todeswürfel — Quelle und Stockprügeleien der Offiziere — Die Uniformirung.

Der westphälische Friede brachte dem deutschen Reiche nur eine kurze Zeit der Ruhe. Nur wenige Jahre waren die Waffen unthätig, dann brach auf's Neue der Kriegssturm aus, an dem sich Friedrich Wilhelm der Theilnahme weder entziehen konnte, noch wollte. Wir sehen ihn in den folgenden Kriegen bald in Dänemark, bald am Rhein, bald in Polen an der Spitze seines Heeres meist glücklich kämpfend; selbst gegen die Türken wurden die brandenburgischen Waffen siegreich getragen. Ueberall, wo der Kurfürst thätig war, diente er seinem Ehrgeiz, seiner Sucht nach Eroberung, nach Vergrößerung der Macht seines Hauses.

Bald kämpfte er an der Seite der Schweden gegen die Polen, bald gegen die Schweden; — jetzt war er ein Verbündeter der Franzosen, dann ein Feind derselben, immer sein berechnend, wohin sein Vortheil ihn führe. Niemals kam es ihm auf eine Wortbrüchigkeit an; stets benutzte er den Krieg zwischen zwei kämpfenden Mächten, um für sich Gewinn zu erzielen, indem er theils auf dem Schlachtfelde mit glänzender Tapferkeit und anerkennenswürdigem Feldherrntalent, theils in den Friedensunterhandlungen mit feiner Gewandtheit für sich zu wirken verstand.

Die Treulosigkeit, welche Friedrich Wilhelm während seiner ganzen kriegerischen und diplomatischen Laufbahn unverändert bewahrte, ist von den Geschichtsschreibern vielfach als bewunderungswürdige diplomatische Gewandtheit glorificirt worden, weil ein Fürst und zwar ein Fürst aus dem Hause der Hohenzollern es war, der sein Wort brach um seines Vortheils willen.

Eine Entschuldigung verdient sie vielleicht, denn nicht Kurfürst Friedrich Wilhelm allein, sondern fast alle Fürsten jener Tage folgten dem Grundsatze, daß diplomatische Zweckmäßigkeit jede Wortbrüchigkeit rechtfertige. Ließ doch einst König Karl Gustav von Schweden dem Kurfürsten, um ihn zu gewinnen, sagen: „Gott spreche jetzt nicht mehr durch Propheten und Träume zu den Königen, sondern wo eine günstige Gelegenheit sei, seinen Nachbar anzugreifen und die eigene Grenze zu erweitern, müsse man dies für einen göttlichen Beruf halten." Da konnte denn freilich der König von Schweden sich nicht beklagen, wenn Friedrich Wilhelm das eigene Wort auch gegen ihn in Anwendung brachte.

Es kann um so weniger unsere Aufgabe sein, den Kurfürsten in den mit wechselndem Kriegsglück geführten Feldzügen zu begleiten, als diese meist fern von der Mark Brandenburg ihren Schauplatz fanden und unsere Stadt nur insofern bei denselben betheiligt war, als sie mit beitragen mußte zu den gewaltigen Lasten, welche die Unterhaltung der Armee im Felde dem Lande auferlegte.

Nur in den Jahren 1674 und 1675 kam der Krieg der Stadt Berlin wieder nahe. König Karl Gustav von Schweden hatte sich, ungeachtet eines mit dem Kurfürsten am 1. December 1673 zu Berlin geschlossenen Bundesvertrages, doch im Geheimen mit Frankreich verbündet, um einen Einfall in die Mark Brandenburg zu machen, während der Kurfürst als Reichsfeldherr fern von seinem Lande gegen Frankreich kämpfte. Der schwedische Feldmarschall Karl Gustavs, Wrangel, sammelte in Pommern ein bedeutendes Heer und rückte plötzlich gegen Ende des Jahres 1674 mit 16,000 Mann in die Mark ein.

Jetzt wiederholten sich alle die Gräuel des dreißigjährigen Krieges. Die Schweden ließen die märkischen Bauern wieder den fürchterlichen Schwedentrunk kosten. Durch ausgesuchte Martern zwangen sie die Landbewohner, ihre verborgenen Schätze zu verrathen. Da wurden die Männer bis an den Hals in die Erde gegraben und die entmenschten Soldaten schossen nach ihren Köpfen. Die Frauen nagelte man mit den Brüsten an die Zäune und peitschte sie so lange, bis sie gestanden, wo ihr Geld verborgen sei.

Die Schweden erregten dadurch die Wuth des Volkes in solchem Maße, daß die Bauern im Havellande sich einmüthig erhoben, ihre Sensen grade schmieden ließen und mit diesen und Heugabeln bewaffnet sich in Kompagnien ordneten, welche, von den Haidereutern geführt, gegen die Schweden kämpften.

Den Kompagnien voraus wurden Fahnen getragen, welche mit dem brandenburgischen Adler geschmückt waren und in einem grünen Eichenkranz die Worte trugen:

„Wir sind Bauern von geringem Gut
Und dienen unserm Kurfürsten mit Leib und Blut!"

Im Mai des Jahres 1675 wandte sich der General Wrangel gegen Berlin. Rings um die Stadt herum zeigten sich die Vorposten des schwedischen Heeres und trieben aus den umliegenden Dörfern das Vieh fort. Da gab es wieder großen Schrecken in der Stadt. Viele wohlhabende Bürger verließen dieselbe. Aber ehe noch die Schweden einen Angriff wagen konnten, kamen brandenburgische Truppen den Berlinern zu Hilfe und gewährten diesen ein solches Gefühl der Sicherheit, daß die ausgewanderten Bürger wieder zurückkehrten.

Die Schweden fanden es nicht rathsam, die Residenz anzugreifen, sie zogen sich ohne eine eigentliche Belagerung derselben zurück. Die Gefahr wurde aber erst vollständig abgewendet durch einen glänzenden Feldzug, welchen Friedrich Wilhelm vom Rhein her machte.

Er traf am 18. Juni 1675 bei Fehrbellin*) auf die Schweden und erkämpfte gegen das überlegene Heer derselben jenen glänzenden Sieg, der niemals vom preußischen Volke vergessen werden wird.

Am 21. Juni gab es in Berlin ein großartiges Freudenfest. Da kamen die siegreichen brandenburgischen Soldaten mit der in der Schlacht gewonnenen Beute und hielten ihren feierlichen Einzug in die Residenz. 3 sechspfündige und 3 dreipfündige Kanonen, 3 Reiter-Standarten, 3 grüne Fahnen mit Fransen, 8 weiße Fahnen, große Pulvervorräthe, Karlätschen, Lunten und anderer Kriegsbedarf wurden in langem Zuge in die Stadt gefahren. Der Beute folgten zu Fuß 150 gefangene Schweden, die mit wildem Blick um sich schauten, als der Jubel der Berliner sie begrüßte und der Hohn der Straßenbuben sie traf. 7 Wagen mit verwundeten Gefangenen folgten dem Zuge nach. Der Sieg war freilich theuer erkauft worden und manche Thräne floß, als unmittelbar hinter den Trophäen die Leichen der in der Schlacht gefallenen tapfern Offiziere auf reich verzierten Bahren nachgetragen wurden.

Am 23. Juni kam Friedrich Wilhelm selbst, nur von drei Offizieren begleitet, ganz unerwartet nach Berlin. Das Volk hatte ihm keinen festlichen Empfang bereiten können. Er ritt so schnell durch das Spandauer Thor, daß er selbst die Wache überraschte, welche kaum vor ihm das Gewehr ergreifen konnte. Schon am folgenden Tage verließ er Berlin wieder, um mit den schnell zusammengerafften Truppen die Verfolgung der Schweden fortzusetzen.

Das eigentliche Freudenfest über den erkämpften Sieg wurde erst am 8. Juli gefeiert. Nachdem in allen Kirchen ein Dankgottesdienst gehalten worden war, donnerten dreimal von den Wällen herab die Geschütze; das Volk wogte in den schönsten Festeskleidern durch die Straßen. Alle Gewerke hielten Festmahle und am Abend um 10 Uhr gab es auf der Spree ein prächtiges Feuerwerk. Da stiegen die Raketen und Feuerkugeln in Masse gen Himmel. Ein schwimmendes Schiff trug in blauem Feuer den Namen des Kurfürsten; am Ufer waren in Flammenzügen die Worte dargestellt: „Gott den Sieg giebt dem, der Frieden liebt" und darunter die Namenszüge des Kurfürsten und seiner Gemahlin.

Friedrich Wilhelm hätte schwerlich die glänzenden Siege feiern können, wegen deren ihm der Name des großen Kurfürsten in der Geschichte geworden ist, wenn er nicht eine wesentliche Veränderung in der Kriegsverfassung des Landes vorgenommen hätte. Wir haben schon häufig Gelegenheit gehabt, zu erwähnen, daß die Bürger Berlins und ebenso auch die Bürger der übrigen Städte des Landes nicht mehr Lust hatten, die Waffen zu führen und daß ihnen der kriegerische Sinn im Laufe der Zeit verloren gegangen war. Besonders die wohlhabenden Bürger entzogen sich nur zu gern ihrer Wehrpflicht.

Schon am 21. Oktober 1643 hatte sich der Kurfürst auf die Klage des Raths der Stadt an die Einwohner Berlins und Cölns in einem Briefe gewendet, in dem er sagte, er habe mit großer Mißbilligung vernommen, daß besonders die wohlhabenderen Einwohner sich der Pflicht, die Stadt bewachen zu helfen, häufig entzögen. Es sei dies um so mehr ein Unrecht, als doch der Wohlhabendere wegen seiner größeren Nahrung eines stärkeren Schutzes, als der Geringere bedürfe. Er hatte deshalb verordnet, daß Niemand sich vom Wachtdienst ausschließen dürfe, wenn er nicht einen tüchtigen Stellvertreter stelle. Trotz dieser Ermahnung aber war dennoch von den Bürgern keine größere Willfährigkeit, sich dem Waffendienst zu widmen, gezeigt worden und als im Jahre 1656 die Mark Brandenburg von polnischem Gesindel überschwemmt war und der Kurfürst die Stadt abermals ermahnte, die Besatzung in guter Ordnung zu halten, hatte der Rath fast unüberwindliche Schwierigkeiten zu besiegen, um die Bürger zu ihrer Pflichterfüllung zu bringen.

Jeder Einzelne suchte sich dem Waffendienste zu entziehen und nur mit unendlicher Mühe vermochte endlich der Rath ein Vertheidigungskorps für die Stadt zusammenzubringen, dessen Mannschaften verpflichtet waren, die Wachen zu besorgen und sich im Falle der Gefahr tapfer und des deutschen Kriegsruhms ihrer Vorfahren würdig zu erweisen.

Und wie die Bürger, so auch der Adel. Auch dieser hatte längst die ritterliche Tapferkeit seiner Vorfahren abgelegt. Die adligen Junker trieben sich wohl gern am Hofe der Fürsten umher und nahmen Theil an den fröhlichen Gelagen und Festen daselbst, sie ließen sich auch wohl als Offiziere anstellen und nahmen die reichen Besoldungen mit Freuden entgegen; aber freiwillig ihrer Wehrpflicht genügen mochten sie nicht.

Als in den Jahren 1674 und 1675 die havel-

---

*) An die Schlacht von Fehrbellin knüpft sich die weitverbreitete Sage von der Selbstaufopferung des Stallmeisters Froben, der am 18. Juni 1675 in der Schlacht den Heldentod starb. Der Sage nach soll Froben mit dem Kurfürsten, der einen Schimmel ritt, auf welchen die Feinde besonders zielten, sein Pferd getauscht haben und bald darauf von einer Kugel, die dem Kurfürsten galt, getödtet worden sein. — Neuere Forschungen haben ergeben, daß der Pferdetausch allerdings stattgefunden hat, aber nicht Froben, sondern der Leibjäger Uble es gewesen ist, der dem Kurfürsten den Schimmel abgenommen hat. Froben war schon vor dem Pferdetausch durch eine feindliche Kugel in unmittelbarer Nähe des Kurfürsten tödtlich verwundet worden. — Auch Uble wurde durch eine für den Kurfürsten bestimmte Kugel getroffen, nachdem er den Schimmel bestiegen hatte, der eine Zielscheibe der Feinde geworden war; er wurde zweimal am Schenkel verwundet und der Schimmel getödtet.

ländischen Bauern die Waffen ergriffen, da zogen sich die Bürger und der Adel feige zurück. Die Ritterschaft wollte weder Mannschaften stellen, noch Werbegelder zahlen und mit der Bürgerdefension, so meldete der Kommandant von Frankfurt a. O. dem Kurfürsten, sah es schlecht aus; auf diese mochte er sich wenig verlassen. Die Bürger wollten nicht den Hals daran setzen und lieber durch ihren Magistrat den Weg der Güte versuchen, um sich vor Brand und Plünderung zu schützen.

Friedrich Wilhelm konnte sich daher weder auf die Bürgerschaft, noch auf den Adel verlassen und er schuf sich, um seine Kriege führen zu können, ein stehendes Heer, welches er auch in Friedenszeiten nicht auflöste und für welches er treffliche Officiere zu gewinnen suchte.

Er scheute weder Mühe noch Kosten, um die nach dem Schlusse des westphälischen Friedens dienstlos gewordenen Feldherren, besonders des kaiserlichen Heeres, in seinen Dienst zu ziehen. Damals trat der Freiherr Otto Christoph von Sparr als General-Feldmarschall und neben ihm der General-Wachtmeister Georg Derfflinger ins brandenburgische Heer ein.

Von allen brandenburgischen Generalen jener Zeit ist keiner so berühmt geworden, wie Derfflinger. Noch heute erzählt sich das Volk mancherlei Geschichten von dem tapfern Schneider und vielleicht ist sein Name gerade deshalb so gefeiert, weil Derfflinger dem Volke entsprossen ist.

Ueber die Geburt des Feldmarschalls und die Jugendjahre desselben ist nur wenig bekannt. Man erzählt sich, daß er als ein Schneidergesell gewandert sei und an der Fähre von Leitmeritz das Fährgeld nicht habe bezahlen können. Traurig sei er am Wasser stehen geblieben und habe mit Neid bemerkt, daß eine Anzahl Soldaten unentgeldlich übergesetzt wurde. Auf seine Frage, weshalb denn ihm, der doch ärmer sei als jene, die freie Ueberfahrt verweigert werde, erwiderte ihm der Fährmann höhnisch: „Bügeleisen und Scheere sind schwere Waare; einen Schneider kann man nicht umsonst überfahren!" Da warf der Schneider sein Handwerkszeug in den Fluß, ließ sich bei dem Trupp Reiter anwerben und wurde auf der Stelle Soldat.

Derfflinger war ein echter Glückssoldat seiner Zeit. Mit scharfem Verstand und vor keiner Gefahr zurückbebender Kühnheit begabt, legte er schnell den Weg zu den höchsten militairischen Ehrenstellen zurück. Sein Gewissen war weit; er kümmerte sich wenig darum, unter welcher Fahne er kämpfte, wenn es nur Beute und Ruhm zu erstreiten gab. Zuerst diente er bei den Kaiserlichen, dann bei den Sachsen, dann wieder bei den Schweden, bis er in brandenburgische Dienste kam und hier zur höchsten Staffel des militairischen Ranges gelangte.

Der Schneider wurde zum Reichsfreiherrn erhoben und führte das adlige Wappen einer schlesischen Familie von Dörffling; aber er vergaß nie, daß er einst ein Schneider gewesen; er verleugnete nie seine bürgerliche Herkunft.

Als er einst bei Hofe durch einen adelstolzen Junker höhnend gefragt wurde, ob er es wohl für möglich halte, daß aus einem Schneidergesellen ein Feldmarschall werden könne, da antwortete er, indem er an den Degen schlug: „Ich denke wohl, hier sitzt auch einer, der einst ein armer Schneider war und die Elle, mit welcher ich schon manchem Gelbschnabel das Maß genommen habe, die trage ich noch immer bei mir!" Sein blitzendes Auge traf dabei so herausfordernd den Junker, daß dieser erröthend und beschämt zu Boden sah.

Auch seine alten Kameraden vergaß er nicht und mit besonderer Liebhaberei pflegte er folgende Geschichte aus seiner Jugend zu erzählen: „Ich lag einst — so theilte er seinen Freunden beim Glase Wein mit — mit mehreren andern Handwerksgesellen in einer Dorfschenke während der Nacht auf der Streu; mancherlei Gedanken gingen mir durch den Kopf und als ich mich unruhig hin und her warf, da fragte mich mein Nachbar, weshalb ich nicht schliefe. Ich erwiderte ihm, ich hätte an einem Tage ein schönes Reiter-Regiment gesehen und da sei mir denn der Wunsch aufgestiegen, auch einmal Soldat und vielleicht General zu werden. „Schlafe ruhig, Du Lump," antwortete mein Nachbar, „Du wirst in Deinem Leben kein General werden; ein Schneider hat keine Courage!" Ich hatte die Geschichte fast vergessen, als einst in Rathenow, nachdem wir die Schweden aus der Stadt verjagt hatten, der Bürgermeister sich mir mit vielen Verbeugungen nahte und mich bat, ihn mit Einquartierung zu verschonen. Er wollte mir dabei einen Fußfall thun. Der Mann kam mir bekannt vor. Ich fragte ihn nach seinem Namen und als ich diesen hörte und ihn nun genauer beschaute, da erkannte ich meinen Schlafgesellen aus jener Schenke. Ich fragte ihn, ob er sich noch des Lumpen erinnere, des Schneidergesellen, der keine Courage habe und doch hätte General werden wollen. Er war wie vom Donner gerührt, als er mich erkannte und bat mich nun tausend Mal um Entschuldigung; ja er lud mich sogar ein, bei ihm Quartier zu nehmen. Ich that es gern und versprach, ihm seine Nachtruhe nicht wieder durch meine Träume zu stören."

Ein so vortrefflicher General Derfflinger war, so hatte er es doch, in Folge seiner mangelnden Vorbildung, in den Wissenschaften nicht gar zu weit gebracht und man erzählt mancherlei kuriose Irrthümer, welche seine Unwissenheit zu Stande brachte. So hatte einst ein Rittmeister, der in höchster Eile einen Rapport senden mußte, zu seiner Entschuldigung darauf das Wort raptim geschrieben. Derfflinger hielt dasselbe für einen Ortsnamen, suchte nach dem Dorfe Raptim auf der Landkarte und rief endlich, als er es nicht finden konnte, ärgerlich aus: „Ich habe den Rittmeister nach Neudorf beordert; der Teufel aber hat ihn nach Raptim geführt, welches Nest ich auf der Karte nicht finden kann." Als ihm sein Adjutant in einiger Verlegenheit mittheilte, daß raptim „eiligst" bedeute, wurde der Feldmarschall noch unwilliger: „Bleibt mir mit Euren Schulfuchsereien vom Halse; schreibt deutsch, wie Euch der Schnabel gewachsen ist!"

In Berlin war Derfflinger wohl bekannt; da wußte ihn jedes Kind zu zeigen. Der große, starke Mann mit dem vollen, krausen Haar, der braunen Stirn, den dichten Augenbrauen, den lebhaft blitzenden Augen, den vollen Wangen zeichnete sich vor allen seinen Umgebungen aus. Man sah es dem trotzigen, kühnen Gesicht an, daß der Derfflinger ein kühner Reiter-General war, der sich wohl mit seinem spätern Nachfolger, dem alten Marschall Vorwärts, messen konnte. Er hielt sich oft in Berlin auf, wo ihm der Kurfürst ein schönes Haus am cölnischen Markte hatte erbauen lassen.

Unter der Führung so trefflicher Generale, wie Sparr und Derfflingen, gewann das brandenburgische Heer bald eine große Bedeutung. Es war in keiner Beziehung der frühere Söldnerhaufen und es wurde durch eine strenge Kriegszucht in Ordnung gehalten. Diese war freilich erst nach und nach zu erzielen. Noch im Jahre 1657 macht uns der Geschichtsschreiber Lotel eine Beschreibung von den brandenburgischen Soldaten, die keineswegs schmeichelnd ist, und wenn wir auch seinem Aberglauben etwas zu Gute halten müssen, so sehen wir doch aus derselben, daß jene Soldaten noch immer ein gar wildes, wüstes Volk waren. Lotel sagt:

„Ich habe mein Leben lang viel Soldaten gesehen, aber niemals ein so gottesvergessenes Volk als die meisten der gemeinen Reiter waren. Man hörte kein Singen und Beten von ihnen, sondern lauter Fluchen und Gotteslästern. Die Meisten waren Zauberer und Teufelsbanner, Stahl- und Eisenfeste, konnten Büchsen besprechen, Kugeln abwenden u. s. w. Ich habe mit meinen eigenen Augen gesehen, daß auch die Jungens einen Hut fest gemacht und auf denselben losbrannten, daß er sich umkehrte und doch nicht verletzt wurde. Rauben, Stehlen, Saufen u. s. w. waren ihre täglichen exercitia. Wenn ich sie vermahnte, sie sollten doch ihr Ende bedenken, wohin sie endlich fahren würden, ließen sie den Fuhrmann sorgen, er würde sie nirgends hinbringen. Doch waren noch etliche Fromme darunter."

Die Soldateska, welche noch zum großen Theil die Angewohnheiten des dreißigjährigen Krieges an sich trug, konnte nur durch außerordentlich strenge Behandlung zur Ordnung geführt werden. Deßhalb waren denn auch die Kriegsartikel, welche der Kurfürst für sein Heer erlassen hatte, mit Blut geschrieben. Die geringfügigsten Verbrechen wurden mit dem Tode bedroht. So lautet Artikel 2 derselben: „Welcher Soldat Gottes Wort lästert oder mit demselben oder mit dem Gottesdienst, es sei weß Maßes es wolle, trunkenen oder nüchternen Mundes Affenspiel treibt, oder von dem hochwürdigen Sakramente lästerlich und spöttisch redet, der soll ohne alle Gnade am Leben gestraft werden, — — — auch kein Soldat bei Vermeidung der Strafe des Halseisens vom Gottesdienste wegbleiben."

Ebenso wurde auf Diebstahl die Todesstrafe gesetzt und wie sich von selbst versteht, auch vor Insubordination mit derselben Strafandrohung gewarnt. Diese Strafen standen nicht nur auf dem Papier, Friedrich Wilhelm ließ sie ohne Gnade zur Ausführung bringen.

Die Straßen Berlins waren in jener Zeit oft der Schauplatz blutiger Executionen. Durch die Breite Straße mußten die Soldaten Spießruthen laufen und häufig genug kam es vor, daß die Bestraften, von den Ruthenhieben tötlich getroffen, hinter der Gasse zusammen sanken und wenige Augenblicke darauf starben.

Auf dem Molkenmarkte stand der Galgen für die Soldaten*) und an demselben wurden zahlreiche Hinrichtungen vollzogen. Eine der merkwürdigsten müssen wir unsern Lesern erzählen.

Es war im Jahre 1672, am 23. Dezember, als zwei Soldaten, ein Sergeant Namens Claus Behrend und ein Musketier Namens Otto eines Diebstahls wegen am Galgen aufgehängt werden sollten. Der Sergeant hatte sich beim Diebstahl selbst nicht betheiligt, aber das gestohlene Gut verhelt. Er war ein guter Katholik und der kaiserliche Gesandte that deshalb seinetwegen eine Fürbitte beim Kurfürsten.

Friedrich Wilhelm begnadigte niemals gern, er ließ sich aber endlich herbei, bedingungsweise Gnade auszusprechen und ein frevelhaftes Spiel mit der Gerechtigkeit zu treiben. Die beiden Diebe, so befahl er, sollten unter dem Galgen um ihr Leben würfeln. Eine Trommel wurde auf dem Molkenmarkte aufgestellt; auf dieser lagen zwei Würfel und die beiden Verurtheilten mußten herantreten. Sie spielten um ihr Leben. Claus Behrend that den höchsten Wurf und wurde vom Tode befreit, der andere aber ohne Gnade gehängt.

Dies Ereigniß hat die Veranlassung zu der Volkssage von den Todeswürfeln gegeben, die sich noch bis zum heutigen Tage in Berlin erhalten hat. Die Sage berichtet, daß zwei Leibtrabanten ein schönes Mädchen geliebt hätten. Der eine von ihnen, von Eifersucht für seinen begünstigten Nebenbuhler durchdrungen, habe in der Wuth das junge Mädchen ermordet, der Verdacht aber sei auf beide gefallen. Und weil auf keine andere Weise eine Entscheidung über die Schuld oder Unschuld habe herbeigeführt werden können, so hätten sie um ihr Leben gewürfelt. Der Mörder warf. — Jubelnd erhob er sich in die Höhe, als beide Sechsen obenauf lagen.

„So hilf mir Gott in meiner Unschuld!" rief

---

*) Im Jahre 1686 wurde der Galgen für das Militär vom Molkenmarkt nach dem Neuen Markt gebracht.

der Andere, ergriff die Würfel, warf sie auf die Trommel und siehe da, er hatte gewonnen, denn 13 Augen zeigten die Würfel. Der eine war nämlich auseinander gesprungen, die Hälfte hatte sich umgekehrt und eine Eins stand neben den beiden Sechsen.

Die strenge Disciplin, welche unter den gemeinen Soldaten aufrecht erhalten wurde, galt in gewisser Beziehung auch für die Offiziere. Auch für sie hatte der Kurfürst Kriegsartikel erlassen, besonders waren die damals noch sehr häufigen Duelle mit harten Leibes- und Lebensstrafen belegt. Die Unsitte des Duellirens verminderte sich in Folge jener Strafen allerdings, aber an die Stelle der ritterlichen Kämpfe traten häufig genug Stockprügel.

Ein merkwürdiger Fall dieser Art ist uns im Leben des Herrn von Schöning aufbewahrt worden. Der Oberst von Schöning war durch den Freiherrn von Blumenthal beleidigt worden. Da er sich nicht der Strafe des Duells aussetzen wollte, ließ er den Freiherrn auf den Flur seiner Wohnung herabrufen und prügelte ihn dort weidlich mit dem Stocke durch.

Der Freiherr beklagte sich beim Kurfürsten. Dieser kam auf die Idee, den Handel in eigenthümlicher Art auszugleichen. Schöning mußte zuerst dem Kurfürsten Abbitte thun und ihm anflehen, Gnade für Recht ergehen zu lassen. Dann aber wurde er verpflichtet, in Gegenwart des Kurfürsten mit dem Freiherrn von Blumenthal zusammenzukommen. Dieser hob einen Stock auf und sagte dazu: „Ob zwar Ihre kurfürstliche Durchlaucht, mein gnädigster Herr, aus hoher kurfürstlicher Macht und Autorität mir die Gewalt gegeben hat, den Obersten von Schöning mit diesem Stabe ebenso zu traktiren, wie er mich in meinem Hause jüngst unverschuldeter und unvermutheter Weise traktiret hat, so will ich doch Seiner kurfürstlichen Durchlaucht zu unterthänigsten Ehren und damit ich Dero hohe Gewalt und Respekt nicht verletze, mich der mir verstatteten Gewalt begeben, den Stab hiermit niederlegen und also gegen ihn mehr Generosität bezeugen, als ich von ihm verspüret habe."

Diejenigen Offiziere, welche es wagten, gegen die Subordination zu fehlen, oder gar sich an den Raubthaten in Freundesland zu betheiligen, wurden von dem Kurfürsten ohne Gnade dem Henkerschwert überliefert.

Durch die Strenge der Kriegsartikel und durch deren mitleidlose Durchführung gelang es Friedrich Wilhelm, die märkischen Truppen nach und nach zu einer geordneten Armee zu machen. Wir dürfen an dieselbe freilich nicht den Maßstab unserer heutigen Zeit anlegen, sondern müssen sie vergleichen mit jenen rohen und wüsten Söldnerhaufen, die der dreißigjährige Krieg geboren hatte.

Das Heer hatte noch immer ein ziemlich buntes Ansehen. Allerdings sollte eine Uniformirung stattfinden, aber mit dieser wurde es besonders in den Feldzügen, nicht gar zu genau genommen. Die Soldaten trugen diejenigen Kleider, welche sie eben bekommen konnten.

In einem Musterungsbericht über die Leibkompagnie des Kurfürsten vom Jahre 1683 heißt es: „Die Montirung ist allererst vor ¾ Jahren ausgetheilt worden, durchgehends aber und in Sonderheit bei den zwei Leibkompagnien gar schlecht. Die Röcke und Unterkleider sehen abgetragen und ungleich aus, indem einige blau tuchene, andere lederne Hosen, ein Theil breite zinnerne, ein Theil runde, andere wiederum messingene Knöpfe, ein Theil lichte, ein Theil dunkelblaue Röcke haben."

Die Kavallerie zog noch buntscheckiger zu Felde; sie kleidete sich ganz, wie sie wollte. Die Kürassiere trugen unter dem Küraß lederne Koller, auf dem Kopf Helme von Leder mit Eisenblech im Nacken; manche aber auch alte Pickelhauben und andere sogar einen Filzhut, unter dem sie das Haupt durch eine eiserne Kappe schützten.

Die Musketiere führten schwere Musketen mit Luntenschlössern und die bekannten Gabelstöcke zum Auflegen der Gewehre; die Pikeniere lange Piken oder auch die 16füßigen Sauspieße. Pistole und Dolch wurden nach Belieben der Soldaten im Gürtel getragen oder nicht.

Buntscheckig genug sahen die Soldaten des großen Kurfürsten aus; auf einer Parade würden sie keinen großen Staat gemacht haben, aber sie kämpften darum nicht weniger tapfer!

Viertes Kapitel.

Friedrich Wilhelms Liebhaberei für Festungsbauten. — Die neue Befestigung von Berlin. — Widerwille der Berliner gegen den Festungsbau. — Bauschwierigkeiten. — Steuererhöhungen. — Einführung der Accise. — Unruhen in Berlin. — Die Falschmünzerei des Kurfürsten. — Entwürdigung der märkischen Stände.

Friedrich Wilhelm hatte durch Errichtung eines stehenden Heeres den von ihm neu begründeten Staat zu einem Militärstaat gemacht. Berlin war der Mittelpunkt desselben; nicht mehr ein gewöhnlicher Landflecken, nicht mehr eine einfache Handelsstadt, selbst nicht allein die Residenz eines kleinen Fürsten, sondern die Hauptstadt eines werdenden Staates, in welcher sich alle Interessen desselben concentrirten.

Eine solche Hauptstadt durfte in einer kriegerischen Zeit nicht schutzlos dem Einfalle irgend eines feindlichen Heeres daliegen; sie durfte es um so weniger, als die Schweden von Pommern aus in jedem Augenblick bereit waren, die Mark Brandenburg anzugreifen und sich auf die Hauptstadt zu werfen. Deßhalb beschloß Friedrich Wilhelm, Berlin zu einer wirklichen Festung umzuschaffen.

Er hatte während seines Aufenthalts in Holland sich vielfach mit Befestigungskunst beschäftigt, diese war sogar seine specielle Liebhaberei geworden. Es machte ihm Vergnügen, Entwürfe für fortificatorische Bauten flüchtig niederzuzeichnen und er legte ein besonderes Gewicht darauf, daß auch seine Söhne gründlichen Unterricht in der Fortification erhielten. Schon im Knabenalter mußten die Prinzen Schanzen in Wachs modelliren, Pläne zeichnen und Belagerungsmanöver unter der Leitung ihrer Gouverneure beschreiben.

Die Befestigung von Berlin nahm deshalb das höchste Interesse des Kurfürsten in Anspruch. Unter dem Rathe des Feldmarschalls Sparr und anderer in der Fortificationskunst bewanderter Militärs entwarf er die Grundzüge für den Bauplan der neuen Festung, welche er anzulegen beabsichtigte. Der berühmte Baumeister Memhardt, dem wir vorzügliche Pläne unserer Stadt aus dem 17. Jahrhundert verdanken, machte die Zeichnungen.

Es kam dem Kurfürsten bei dem Bau der neuen Festung darauf an, die alten Festungswerke möglichst stehen zu lassen, damit während des Neubaues die Stadt vor jedem feindlichen Ueberfalle gesichert bleibe. Außerdem mußte Rücksicht darauf genommen werden, daß Berlin sich im Laufe der Zeit vergrößern könne, denn bei den weitausgehenden Plänen Friedrich Wilhelms für die Entwicklung seines Staates mußte er auf ein bedeutendes Wachsthum der Hauptstadt desselben bedacht sein.

Schwierig erschien eine Vergrößerung nach der Berliner Seite hin, weil sich im Osten der Stadt ein Plateau erhebt, welches die Festung dominirt hätte.

Friedrich Wilhelm beschloß deshalb, die Festungswerke über die bisherigen Cölner Mauern hinauszurücken, sie in Berlin aber lediglich an die alten Werke anzulehnen. Die alten Berliner Mauern sollten für Berlin die innere Grenze bilden, während diese in Cöln über den Spreearm, der bisher diese Stadt eingeschlossen hatte, fortgerückt wurde und die neue Stadt in einem weiten Kreis, der durch die jetzige Wallstraße, die Niederwallstraße und die Oberwallstraße bezeichnet wurde und sich im Bogen über die Stelle des jetzigen Museums hinweg bis zur Spree und der heutigen neuen Friedrichsbrücke hinzog, einschließen sollte. Damit war zu gleicher Zeit die Nothwendigkeit der Vergrößerung Berlins nach der Seite von Cöln hin für die nächste Zeit vorgezeichnet.

Diesem Plane gemäß begannen im August des Jahres 1658 die Befestigungsarbeiten am Spandauer Thore. Der Kurfürst war beim Beginn selbst gegenwärtig und übergab die Oberleitung des Ganzen dem Baumeister Memhardt, unter dem eine Reihe von Ingenieuren, welche er sämmtlich aus Holland verschrieben hatte, arbeiteten.

Man ging nun mit Macht ans Werk. Jedermann mußte Hand anlegen; nicht nur die damals in Berlin in großer Menge garnisonirenden Soldaten, nicht nur die aus den umliegenden Dörfern requirirten Bauern, sondern auch die Bürger der Stadt selbst. Diese aber nahmen nur ungern Theil an der Arbeit, denn sie sahen die Befestigung ihrer Stadt nicht gern.

Es hatte schon böses Blut genug gemacht, daß viele Bürger einen Theil ihres Eigenthums, ihres Grund und Bodens gegen geringe Entschädigung hinzugeben gezwungen worden waren, um den Bau der Festungswerke möglich zu machen; jetzt aber, da sie selbst mit arbeiten sollten, waren sie dazu um so weniger geneigt.

Der Kurfürst hatte befohlen, daß die ganze Stadt in vier Viertel getheilt werde und daß alle Tage die Bürger eines Viertels zum Schanzen geschickt würden. Sie sollten für diese Arbeiten allerdings eine Bezahlung erhalten, aber diese war so gering gestellt, daß sie durchaus nicht auf die Kosten ihrer Mühe kamen. Es konnte daher nicht fehlen, daß die Bürger nur mit Unlust an's Werk gingen und häufig genug sich weigerten, an der Schanzarbeit Theil zu nehmen.

Der Rath hatte dabei einen schweren Stand. Er unterhandelte fortwährend mit den Bürgern, um diese in Güte zur Erfüllung des kurfürstlichen Befehls zu bewegen. Die Bürger aber sagten offen: „Sie wollten den Fuchs nicht beißen; wenn der Bürgermeister mit der Karre voran zum Schanzen gehen wolle, dann würden sie auch hingehen und ihre Karre nehmen."

Je mehr der Rath drängte, desto unwilliger wurden die Berliner, welche in diesen Tagen ohnehin recht übel auf den Kurfürsten und auch auf ihre städtische Behörde zu sprechen waren. Die vielen Soldaten, von denen damals die Stadt wimmelte, hatten sich durch kecke Raubthaten und mannigfache Gewaltthätigkeiten äußerst verhaßt gemacht; die zur Erhaltung der Garnison ausgeschriebenen Kontributionen und viele neuere Abgaben, welche, wenn sie von den Bürgern nicht abgeführt werden konnten, exekutivisch herbeigeschafft wurden, wobei häufig genug selbst dem Aermsten in Ermangelung des baaren Geldes ohne Barmherzigkeit die Mobilien fortgenommen und um ein Spottgeld verkauft werden mußten, erregten viele Klagen und große Erbitterung.

Die Bürger standen in Gruppen auf den Straßen, steckten die Köpfe zusammen und schimpften auf die Soldaten, die ihnen als Einquartierung überwiesen worden waren, noch mehr aber auf den Rath, der es gelitten hatte, und am Meisten auf den Kurfürsten, von dem der Befehl dazu ausgegangen war. Gehorchen mußten sie aber doch, denn der Gouverneur von Berlin, der General-Wachtmeister Heinrich von Uffeln, übte die Militärgewalt in der Stadt mit der größten Strenge aus.

Er kümmerte sich wenig um den Unwillen der Bürger; für ihn war es genügend, daß sein Kurfürst ihm den Befehl gegeben hatte, mit der Befestigung vorzugehen und diesen Befehl brachte er zur Ausführung, wie auch die Bürgerschaft schimpfen mochte. Um jeden Aufstand selbst im Keime zu unterdrücken und um auch dem Feinde die Möglichkeit abzuschneiden, die begonnenen Befestigungswerke zu studiren, ließ er alle Fremden, welche sich bis dahin unbeachtet in der Stadt aufgehalten hatten, zwingen, entweder den Bürgereid abzulegen oder die Stadt zu verlassen. Jeder Reisende, der sich Berlin näherte, wurde auf's Schärfste untersucht und hatte er nicht einen vollkommen gültigen Paß oder musterhafte Beglaubigungsschreiben, so wurde er gar nicht in die Stadt gelassen.

Der Magistrat mußte sich sogar bequemen, seinen verbrieften Rechten entgegen, dem Gouverneur die Schlüssel der Stadt abzugeben. Als diese Forderung an den Rath kam, gab es vielen Unwillen bei den hochweisen Vätern der Stadt, es wurde auf dem Rathhause lange debattirt, endlich aber doch beschlossen, dem Befehle Folge zu leisten und der Rath glaubte etwas Großes gethan zu haben, als er sich weigerte, das Cölnische Rathhaus, dadurch der General von Uffeln für militärische Zwecke beanspruchte, abzutreten.

Der Festungsbau ging nun rüstig vorwärts, zuerst auf der Seite von Berlin. Hier hatte man wenige Schwierigkeiten zu überwinden, denn der Baugrund war ziemlich gut; nur am Spandauer Thore war es nothwendig, ihn durch eingerammte Pfähle zu befestigen. So wurde denn die Berliner Seite schon im Jahre 1662 ziemlich vollendet. In demselben Jahre begann der Bau auf der Cölnischen Seite. Hier aber waren die Arbeiten bedeutend schwerer. Es konnte kaum einen Grund und Boden geben, der weniger günstig für Erdarbeiten gewesen wäre, als der, auf welchem die Cölnischen Befestigungswerke angelegt werden sollten.

Der Werder war zum Theil noch ein tiefer Sumpf, auch der Landstrich, auf welchem sich gegenwärtig die Friedrichs- und Louisenstadt erheben, lag so tief, daß er alljährlich den Ueberschwemmungen der Spree ausgesetzt war. Erst durch große Erdaufschüttungen, welche im Laufe der Jahrhunderte gemacht worden sind, ist auch in jenen Gegenden ein leidlicher Baugrund entstanden und selbst heut noch vermißt man denselben an vielen Stellen. Wie bedeutend die Erdaufschüttungen sind, die nach und nach die Anbauung der jetzigen Stadt möglich gemacht haben, mögen unsere Leser daraus ermessen, daß Neu-Cöln am Wasser um nicht weniger als 13 Fuß erhöht ist, daß in der Friedrichstraße, südlich der Mohrenstraße, dreifaches Pflaster auf einander liegt und daß trotzdem noch heutigen Tages in manchen Gegenden der Friedrichsstadt massive Häuser schwer zu bauen sind. Die schönen Häuserreihen in der Besselstraße und der Charlottenstraße, zwischen der Bessel- und Kochstraße, geben ein deutliches Zeugniß von dem morastigen Boden, auf dem sie stehen. Viele Gebäude haben sich bedeutend gesenkt.

Der Bau der Festungswerke auf solchem Terrain machte entsetzliche Mühe und große Kosten. Es dauerte denn auch viele Jahre, bis im Jahre 1683 mit dem schönen Leipziger Thore, welches etwa an der Stelle der jetzigen Gewerbeschule lag, der Gürtel der Festungswerke vollendet war. Jetzt konnten die Mauern und Thürme, welche bisher die Befestigung gebildet hatten, niedergerissen werden. Nur einige Thürme blieben stehen, theils als Gefängnisse, theils um als Pulvermagazine benutzt zu werden.

Mit dem Niederreißen der Cölner Stadtmauer war schon im Jahre 1680 begonnen worden. Den Grund und Boden derselben schenkte der Kurfürst den Anwohnenden, um diese mit dem Festungsbau etwas zu versöhnen. Sie vergrößerten durch denselben theils ihre Höfe, theils gewannen sie neue Baustellen an der jetzigen Friedrichsgracht.

Die Festungswerke waren mit dem Aufgebot aller Kunst gebaut, welche die fortificatorische Erfahrung des 17. Jahrhunderts gewährte. Sie waren von breiten wasserreichen Gräben umgeben und wirkten dadurch in mancher Beziehung nachtheilig auf den Handel der Stadt, indem sie vom Wasserreichthum der Spree nicht wenig verzehrten. Der Wasserstand der Oberspree wurde bedeutend niedriger und das Flußbett schmaler.

Den Hauptschutz der Festungswerke bildeten 13 Bastionen, von denen 8 auf Cöln und 5 auf Berlin kamen. Die Bastionen wurden mit je 6 Geschützen, zwei derselben mit 9 und nur eine mit 10 armirt; die Geschütze lagen auf hölzernen Bettungen und feuerten aus Scharten.

Weniger fest waren diejenigen Werke, welche im Jahre 1681 angelegt wurden, um einen neuen Stadttheil, die Dorotheenstadt, von welcher wir noch weiter sprechen werden, zu beschützen. Diese zogen sich parallel mit der jetzigen Behrenstraße, etwa an der Sonnenseite derselben, bis zur Nähe der Wilhelmsstraße hin und von dort über die Linden nach der Spree, an der sie ein wenig östlich von der Marschallsbrücke mündeten. Sie hatten zwei Brücken, die Thiergarten- und Potsdamer-Brücke, deren eine sich da, wo die Linden-Allee das Befestigungswerk traf, die andere an der Ecke der Friedrichs- und Behrenstraße befand.

So war denn Berlin eine wirkliche Festung geworden! — Die Schwesterstädte hatten den Charakter nur befestigter Landstädte verloren; für die Bürgerschaft erwuchs hieraus der schwere Schaden, daß fortan ihre Interessen gegen die militärischen in den Hintergrund traten. Die wesentlichsten Befugnisse der städtischen Verwaltung gingen an das Gouvernement über, — die Soldaten herrschten in Berlin. — Zwar besetzten die Bürger noch mitunter die Stralauer Thorwache, die unwichtigste von allen, weil keine große Landstraße hier mündete, aber dies geschah nur, damit sie nicht vergessen sollten, daß sie verpflichtet seien, der Garnison als Aushilfe zu dienen.

Die Anlegung der Festungswerke und vor Allem die Errichtung und Erhaltung des neu geschaffenen, stehenden Heeres erforderten ungeheure Geldkosten. Das Land war auf's Aeußerste erschöpft und dennoch zögerte Friedrich Wilhelm nicht, seinen Unterthanen die größten, kaum noch zu tragenden Opfer zur Erfüllung seiner Zwecke zuzumuthen.

Beim ersten Beginn seiner Regierung hätte er freilich aus den Berlinern schwerlich irgendwie beträchtliche Abgaben herauspressen können, denn die Schweden hatten alle irgend aufbringbaren Geldmittel für sich in Anspruch genommen. Kaum aber war auch nur ein Moment der Ruhe und Erholung eingetreten, da forderte er die Abgaben mit äußerster Strenge ein und erhöhte dieselben mit der größten Willkür.

Als Friedrich Wilhelm die Regierung begann, betrugen die Einkünfte aus allen Theilen der Mark, der westphälischen und preußischen Länder kaum 400,000 Thaler. Im Jahre 1645 mußte die Mark Brandenburg allein schon 300,000 Thaler zahlen. Es ist leicht erklärlich, daß Stadt und Land gegen die Erhöhung von Abgaben in so unglücklicher Zeit sich widersetzten; besonders die Städter zeigten sich widerspenstig. Aber der Kurfürst hatte gute Gründe, nicht nachzugeben, und er mußte diese mit Hilfe seiner neu angeworbenen Truppen sowohl den Landleuten als den Bürgern so klar darzulegen, daß sie sich fügen mußten.

Friedrich Wilhelm sah indessen bald genug ein, daß die direkten Steuern, welche bisher vom Volke bezahlt worden waren, nicht einträglich genug seien, um alle diejenigen Ausgaben zu decken, welche sein Heer erforderte. Directe Abgaben waren in bösen Kriegszeiten selbst mit Hilfe der grausamsten Exekutionen nicht immer einzutreiben. Es nahm deshalb seine Hilfe zu indirekten Steuern, denen sich Niemand, selbst der Aermste nicht, entziehen konnte.

Im Jahre 1667 führte er eine Consumtions-Accise für die märkischen Städte ein, welche die Mutter der Schlacht- und Mahlsteuer geworden ist. In der Einführungs-Ordnung vom Jahre 1667 sagte der Kurfürst: „Diese Accise solle auf 3 Jahre eingeführt werden und nach deren Ablauf und Befindung, ob die Stadt auch hierdurch gebessert und viele wüste Stellen bebaut, alsdann ferner dasjenige verordnet werden, was zu des Landes Wohlfahrt und Besten am Ersprießlichsten sein wird."

Auf nur 3 Jahre war die Steuer eingeführt, aber es ging mit dieser Steuer wie mit den meisten andern, welche, wenn sie einmal eingeführt sind, nicht leicht zurückgenommen werden. Friedrich Wilhelm erkannte den wohlthätigen Einfluß der Accise für seine Kasse nur zu wohl, als daß er an eine Zurücknahme gedacht hätte.

Anfangs waren die Bürger mit der Einführung der Accise nicht ganz unzufrieden. Ein Zeitgenosse, der damalige Bürgermeister Zarlang, sagt sogar in einer Schrift vom 4. September 1671, welche er im Thurmknopfe der Sankt Nikolai-Kirche niederlegte:

„Zu dieser Zeit ward, zum Troste der unglücklichen und verarmten Bürger, die bisher beobachtete höchst böse und verderbliche Besteuerungsart abgeschafft, nemlich nach einer jährlichen und bleibenden Abgabe von den Häusern und Wohnungen, dadurch fast in jedem einzelnen Monate, sowie auch jahrweise Bürger auf eine traurige Art zu Grunde gerichtet wurden und ihre Häuser ganz verfielen, wogegen die Konsumtionsabgaben oder sogenannte Accise mit großem Vortheile und Nutzen der Bürger, um diese Zeit eingeführt ward. Dadurch sind in den verflossenen zwei Jahren und etwas darüber, mehr als 150 Gebäude zum Theil aus ihrem ganz verfallenen Zustande wieder hergestellt, auch zu einem nicht unbeträchtlichen Theile völlig von Neuem aufgeführt und die Stadt mit ebenso viel bereichert und ausgezieret worden."

Ganz so günstig, wie der Bürgermeister, schauten aber schon nach kurzer Zeit die Berliner die neue Accise nicht an. Sie bemerkten sehr wohl, daß ihnen durch dieselbe das Geld, wenn auch zum Theil für den Augenblick ziemlich unmerklich, aus der Tasche gelockt werde, daß sie indirekt eine höhere Steuer bezahlen mußten, als sie bisher zu tragen hatten, daß sie durch die Steuer auch ein Heer von Beamten, welche zur Erhebung derselben nothwendig waren, mit besolden mußten. Als daher im Jahre 1680 eine neue Accise-Ordnung publicirt wurde, welche vom 2. Januar 1681 an für Berlin zur Anwendung kam, gab es wieder unruhige Auftritte.

Der Ober-Marschall von Grumbkow und der Kommissarius Willmann, welche die neuen Steuer-Offizianten einzusetzen und den neuen Tarif einzuführen hatten, wurden von den Bürgern arg beschimpft. Täglich gab es Tumulte auf den Straßen, aber der Kurfürst kümmerte sich um dieselben wenig. Eine Anzahl von Bürgern wurde gefänglich eingezogen, die Wachen wurden verdoppelt und die Accise blieb bestehen, wie unwillig sie auch von der Bürgerschaft bezahlt werden mochte und wie ungerecht diese Steuer auch war. —

Friedrich Wilhelm hatte bei dieser wie bei allen andern Staatseinrichtungen, welche er traf, nur ein Ziel, das, seine Macht zu vergrößern und seinen Herrscherwillen durchzusetzen. Zur Erreichung dieses Zieles verschmähte er kein Mittel. Er nahm sogar zu noch verwerflicheren Handlungen, als zu der der Auflegung einer ungerechten Steuer, seine Zuflucht. Wenn ihm die Steuern nicht Geld genug eintrugen, so scheute er sich nicht, sogar zur Falschmünzerei zu greifen.

Hatte er früher in richtiger Erkenntniß, wie nachtheilig werthlose, verfälschte Münzen auf den Handel wirken, den Münzwerth wieder hergestellt, so ließ er nun selbst schlechtes Geld prägen. Vergeblich murrten die Bürger, vergeblich beklagten sich die Kauf- und Handelsleute, vergeblich predigten selbst die Geistlichen von den Kanzeln gegen eine solche Maßregel. Friedrich Wilhelm ließ dieselbe so lange bestehen, als er das falsche

Geld gebrauchte und erst, als er erkannte, daß der auswärtige Handel durch seine Falschmünzerei ruinirt werde und daß ihm dadurch der größte Schaden für seine eigenen Einnahmen erwachse, ließ er wieder vollwichtiges Geld prägen.

Da der Kurfürst selbst leichtes Geld prägte und ausgab, war es nicht zu verwundern, daß sich auch die Privatspekulation wieder dieses Industriezweiges bemächtigte. Falschmünzerwerkstätten entstanden aller Orten und vertrieben ihre werthlosen Münzen im ganzen Lande. Eine solche freie Koncurrenz war indessen keineswegs nach dem Geschmack des Kurfürsten; dieser ließ scharfe Nachforschungen anstellen und wo irgend ein Falschmünzer entdeckt wurde, mußte derselbe sein kühnes Unterfangen, dem kurfürstlichen Beispiel nachgehandelt zu haben, ohne Gnade mit dem Tode büßen. Berlin sah viele Hinrichtungen von Falschmünzern, deren Körper nach der Enthauptung verbrannt wurden.

Die Stände der Mark hatten sich offen gegen die Falschmünzerei des Kurfürsten ausgesprochen; aber schon waren die gesetzlichen Vertreter des Landes machtlos geworden dem Willen des Einzelnen gegenüber.

Früher durfte der Landesherr keine Abgaben ohne den Willen der Stände erheben; früher traten diese alljährlich zusammen, um darüber zu bestimmen, wie das Abgabenwesen zu regeln sei. Eine solche staatliche Einrichtung war eine Beschränkung der Willkürherrschaft, welcher sich zu fügen Friedrich Wilhelm nicht gesonnen war. Er zeigte klar und deutlich, wie er über die Rechte der ständischen Stände denke, indem er diese aufforderte, ihm ein für alle Mal eine Auflage zur Erhaltung von 4000 Mann Soldaten zu bewilligen.

Diese ungewöhnliche Forderung erregte großes Aufsehen unter den Landständen, bei denen selbst in jener Zeit noch hier und da ein freies Wort gesprochen wurde.

Der Bruder des verstorbenen unwürdigen Günstlings des Kurfürsten, der Oberstallmeister Kurt von Burgsdorff, der selbst am Hofe in großer Gunst stand, sich trotzdem aber eine gewisse Freimüthigkeit bewahrt hatte, erhob laut seine Stimme gegen das Ansinnen des Kurfürsten.

„Die Freiheit der Stände — so rief er aus — ist dahin, wenn Ihr auf solche Forderung eingeht. Die Landtage werden überflüssig sein, sobald der Regent nicht mehr zu fragen hat, wo er Geld hernehmen soll. Der willkürlichen Herrschaft werden Thor und Thür geöffnet, wenn Niemand mehr dem Willen, den Einfällen, den Launen des Herrschers Einhalt thun kann, wenn eine stehende Kriegsmacht alle seine Befehle in Ausübung bringt."

Die Worte des freimüthigen Mannes waren in den Wind gesprochen, denn schon hatten die Stände das Gefühl ihrer Würde verloren. Die adligen Herren, welche die Hauptstimmen bei denselben hatten, waren Höflinge, denen die Gunst des Fürsten mehr am Herzen lag, als das Wohl ihres Vaterlandes.

Kurt von Burgsdorff blieb daher allein; die Stände bewilligten die Forderung des Kurfürsten. Da sie sich gebeugt hatten, so erlaubte ihnen Friedrich Wilhelm zu existiren; ihre Macht aber hatten sie von jenem Augenblick an verloren und nach Einführung der Accise konnte er ihrer Hilfe ganz entbehren; er erlaubte ihnen fortan allerdings noch, zusammen zu kommen, knüpfte daran jedoch die entwürdigende Bedingung, daß nur wenige Personen erscheinen dürften!

Das Volk ließ sich die Einschränkung seiner Rechte gefallen. Hier und da murrten wohl Einige, einzelne kühne Männer sprachen offen aus, der Kurfürst sei ein Tyrann, aber da sie allein blieben, wurden sie ein Opfer dieser Freimüthigkeit. Der ernste Befehl erging, daß Niemand böse Reden gegen den Landesherrn führen dürfe, wenn er sich nicht den härtesten Strafen aussetzen wolle. Gegen einzelne der Redner wurden solche Strafen vollstreckt; das genügte, um die andern abzuschrecken. Im Geheimen unter vier Augen, vielleicht auch in den Bierstuben hier und da wurden wohl noch auf den Kurfürsten und dessen Tyrannei geschimpft, öffentlich aber nicht mehr und am Wenigsten auf dem Wege der Presse, denn für diese übten die kurfürstlichen Behörden eine strenge Censur.

Für die Entwicklung des neuen Staates war es von hoher Bedeutung, daß Friedrich Wilhelm die Macht der Stände brach. Diese waren niemals eine Vertretung des Volkes gewesen; sie hatten stets nur das Privilegium repräsentirt. Der Kampf des Absolutismus mit den privilegirten Ständen mußte sich vollenden, um die Entwicklung der Neuzeit vorzubereiten.

Fünftes Kapitel.

Der Ausbau des Schlosses. — Anlegung des Lustgartens. — Ein Wiegenlied. — Anbau des Friedrichs-Werders und von Neu-Cölln. — Der Thiergarten. — Ein Blick auf Berlin im Jahre 1658. — Die Dorotheenstadt. — Verschönerung Berlins.

Durch die ausgedehnten Festungswerke hatte die Stadt Berlin ein ganz anderes Ansehen gewonnen. Mit dem Wiederaufleben des Handels und des Verkehrs kehrte auch die Baulust bei den Bürgern zurück, um so mehr, als Friedrich Wilhelm dieselbe nach bester Kraft förderte. Neue Häuser, sogar neue Stadttheile entstanden; wir werden hierauf bald noch weiter zurückkommen.

Friedrich Wilhelm hatte Sinn und Lust an Bau-Unternehmungen. Sobald er nach seinem Regierungsantritt seine Residenz besuchen konnte, war er sofort bestrebt, das Schloß, welches unter der Regierung seines Vaters sehr verfallen war, wieder auszubessern. Das aber war ein schwieriges Unternehmen; denn es fehlte an Allem, an Geld, an geschickten Arbeitern, ja selbst an Baumaterialien.

Als er im Jahre 1643 den dem Einsturz nahen Altan des Schlosses repariren lassen wollte, da war es nicht möglich, die einfachsten Materialien in Berlin aufzutreiben. Ein Centner Kolophonium, ein Viertel-Centner Wachs und ein Viertel-Centner Schwefel mußten aus Hamburg herbeigeholt werden, weil diese Gegenstände dem Handel Berlins fehlten.

Auch der Mangel an geschickten Handwerkern war in Berlin so groß, daß der Präsident von Arnim, welchem Friedrich Wilhelm im Jahre 1646 seinen Plan, das Schloß auszubauen, mittheilte, darauf aufmerksam machen mußte, der einzige geschickte Steinmetz in Berlin sei gestorben und noch kein anderer vorhanden. So mußten denn Baumeister und Steinmetze aus Holland berufen werden und damit das Werk ungehindert vor sich gehen könne, wurde dem Tischler in der Fischerstraße, dem die Arbeit übertragen werden sollte, ausdrücklich vorher zur Bedingung gemacht, daß er sich auch mit gutem, trockenem Holze versehen müsse.

Trotz aller dieser Schwierigkeiten und obgleich auch die Geldmittel ihm mangelten, ließ sich Friedrich Wilhelm dennoch nicht abhalten, den Bau anzugreifen. Das Schloß wurde schon in den nächsten Jahren wenigstens einigermaßen wieder hergestellt und auch durch Malereien verschönert. Im Jahre 1648 wurde auch der grüne Hut, der bisher nur zum Gefängniß gedient hatte, als Wohnungsraum ausgebaut. Von 1650 an erhielt der Baumeister Memhardi die Leitung des Schloßbaues, der fortan rüstig vor sich ging, aber während der Regierung des Kurfürsten nicht vollendet wurde.

Wie nothwendig ein gründlicher Umbau des Schlosses war, geht unwiderleglich aus einem Bericht hervor, den noch im Jahre 1652 der Schloßhauptmann über den Zustand des Schlosses an den Kurfürsten erstattete.*) In diesem Bericht wird über den Raum über der Kurfürstlichen Speisegemach und weiter die ganze Seite entlang als völlig verwahrlost geschildert. Der Boden daselbst war zur Zeit des Kurfürsten Johann Sigismund mit Dielen bekleidet, die von den Pagen aufgerissen und zur Erbauung von Taubenhäusern verwendet worden waren, den Rest hatte der Thürmer als Brennmaterial verwendet. In der alten Bettkammer über der Kapelle, — woselbst die Kurfürstin die Laken trocknen ließ, — fehlten Thüren und Fenster, so daß der Wind Schnee und Regen hineinwehte! — Im Vorrathskeller ließen die sinkenden Balken einen Einsturz befürchten und über eine Schlafkammer wird berichtet, daß die Balken darin „gleichsam hancken undt sie (die Leute) befürchten müssen, daß sie alle Stunden runder fallen undt Sie zu Tode schlagen."

Friedrich Wilhelm hatte ein feines Gefühl für das Schöne; es mußte ihm daher im höchsten Grade widerlich sein, daß unmittelbar bei seinem Schloß, an der Stelle des heutigen Lustgartens, sich ein häßlicher Sumpf ausdehnte, denn die früher gemachten, nicht unbedeutenden Gartenanlagen waren längst wieder so verwildert, daß man kaum eine Spur von denselben mehr entdeckte.

Im Jahre 1646 befahl deshalb der Kurfürst die Wiederherstellung des Gartens. Der damalige Hofgärtner Michael Hanf und der Kammerpräsident v. Arnim erhielten den Auftrag, die Arbeit auf's Beste auszurichten. Aus Berlin und Cöln wurde der Gassenkoth zusammen gefahren, um das Terrain zu erhöhen und einen fruchtbaren Boden herzustellen. Das war keine zu schwierige Arbeit, denn Gassenkoth gab es in Berlin und Cöln die Menge.

Der Kammerpräsident von Arnim war ein tüchtiger Oekonom, der sich auf die Sache verstand und so gewann denn bald der Garten ein anderes Ansehen. Es wurde eine Wasserleitung in denselben geführt, aus dem Auslande wurden fremde Pflanzen verschrieben, seltene Gebüsche wurden angepflanzt und eine Plantage von Nuß- und Lindenbäumen von der Hunde-Brücke bis zum damaligen Anfange des Thiergartens angelegt.*)

Im Jahre 1650 ließ Friedrich Wilhelm durch seinen Baumeister Memhardi an der Stelle, wo die heutige alte Börse steht, ein Lusthaus erbauen, welches mit einer Grotte geschmückt war. Es war ein geschmackvoller Bau von 2 Etagen, der in der Mitte eine Kuppel hatte. Links um denselben lief eine Galerie, von der herab man eine freie Aussicht auf den nahen Wald und das Feld hatte.

Der Lustgarten selbst war ein nach holländischem Geschmack angelegter Blumengarten, den Hecken von Kirsch- und Mandelsträuchern einfaßten. Es befanden sich in demselben schöne Bildsäulen und auch ein Springbrunnen. Vom Blumengarten stieg man auf einer Treppe von sieben Stufen nach dem sogenannten Untergarten in der Gegend des jetzigen Doms herab. Hier waren dichte Gänge von Ulmen und Liguster angelegt und auf freien Plätzen standen überall marmorne und bleierne Statuen; besonders wurden von den Berlinern die Marmorstatuen bewundert; denn diese hatte man bis dahin in der Residenzstadt noch nicht gekannt. Weiterhin stieg man wieder sieben Stufen empor nach dem Hintergarten, der aus einer Lindenpflanzung und einem botanischen Garten mit vielen fremden Gewäch-

---

*) Der verdienstreiche Forscher märkischer Geschichte Herr Geh. Hofrath Schneider hat im Verein für Geschichte Berlins über den Bericht des Schloßhauptmanns einen hochinteressanten Vortrag gehalten (15. April 1871).

---

*) Diese Plantage bildete den ersten Anfang der Linden, welche aber damals nicht weiter als bis zu dem heutigen Akademiegebäude führten.

sen bestand. Hier ließ der Kurfürst ein 150 Fuß langes und 60 Fuß breites Pomeranzenhaus bauen, in welchem 560 Orangen und viele andere fremde Bäume und Sträucher gezogen wurden. Aus diesem Pomeranzenhause ist später die königliche Gesundheits-Geschirr-Niederlage entstanden, welche in neuester Zeit den Säulengängen des neuen Museums hat Platz machen müssen.

Endlich kam man in den Küchengarten, welcher mit acht Wassergräben in Form eines Sterns durchzogen war und in welchem die besten Küchengewächse für die kurfürstliche Tafel gebaut wurden.

Welchen Eindruck der Lustgarten in jener Zeit auf die Berliner machte, davon giebt uns der Poet Nikolaus Peuker einen Beweis durch ein von ihm auf den Kurprinzen Karl Emil gedichtetes Wiegenlied. Es lautet:

Schlaf, Churprinz, Friedrich Wilhelms Sohn,
  Damit Du größer wirst,
Und endlich Deines Vaters Thron
  Besitzest als ein Fürst.
Es liegt noch keine Sorg auf Dir,
  Drum schlaf und weine nicht:
Der Krieg, das ungeheure Thier,
  Steht draußen, wie man spricht.
Wir lassen ihn noch nicht herein
  Und kommt er unvermuth,
So sagen wir, Du bist noch klein,
  Ein Schelm, der Dir was thut.
Drum schlaf, es hat noch keine Noth,
  Wann ist nicht Krieg geschehn?
Und morgen, will der liebe Gott,
  Sollst Du den Garten sehn.
Der Garten, den Dein Vater hat,
  So wunderschön gebaut,
Desgleichen Babylon, die Stadt
  Kaum jemals angeschaut.
Du wirst Dich wundern um den Mann
  Mit einem Gabel-Stiel,
Der Wasser von sich spritzen kann,
  Sobald der Gärtner will.
Du siehst den Wunderschönen Klee
  Dem Lenz entgegengehn,
Und Männerchen, weiß als der Schnee,
  Nach guter Ordnung stehn.
Du kommst ins Pomeranzen-Haus
  Und probest den Geschmack,
Und liesest die Zitronen aus,
  Die Welschland kaum vermag.
Nach diesem hältst Du Mittagsruh
  Und wenn Du bist erwacht,
So zeigt man Dir die mälke Kuh
  Aus Holland hergebracht.
Man weiset Dir den Reuger-Stand,
  Unlängst hier angelegt,
Und wie bald hier bald dort ein Band
  Das Wild mit Heu verpflegt.
Man führt Dich auf den neuen Berg
  Und zeigt Dir Hirsch und Wild
Die neue Spree, das Schleusen-Werk,
  Und was noch sonst viel gilt.
Schlaf also, lieber Churprinz, schlaf,
  So sollst Du alles sehn;
Wird das nicht stattlich sein und brav?
  Ja, ja, es soll geschehn!

Wie der Kurfürst bemüht war, sein Schloß auszubauen und einer Residenz würdig herzustellen, so lag es ihm auch und noch mehr am Herzen, die Stadt zu vergrößern und zu verschönern. Er interessirte sich lebhaft für alle Bauunternehmungen, unterstützte sie durch Gewährung von Abgabefreiheiten, durch Schenkung des Baugrundes und selbst durch die freie Uebermittelung von Bauholz aus den kurfürstlichen Forsten.

So lange die Festungslinien vor der neuen Befestigung die Stadt noch in dem alten engen Kreise hielten, konnte von Bauten nur innerhalb dieses Kreises die Rede sein. Mit dem Plan der neuen Festung aber begann auch der Bau neuer Stadtviertel.

Schon im Jahre 1658 wurde der Werder an solche Privatpersonen, welche Lust und Mittel zum Bauen hatten, meist frei überlassen und im November 1660 erhielt die neu angelegte Stadtgegend den Namen Friedrichswerder und wurde vom Kurfürsten zu einer eigenen Stadt erhoben; ein besonderer Rath erhielt die Verwaltung unabhängig von dem Rath Berlins und Cölns.

Nur wenige Jahre vergingen, da standen auf dem Platze, welcher vorher fast nur ein wüstes Sumpfland gewesen war, den die Bürger von Cöln nur zur Viehweide hatten benutzen können, nicht wenig stattliche Gebäude und schon im Jahre 1666 zählte man daselbst 92 Häuser. Im Jahre 1683 wurde für die neue Stadt eine eigene lateinische Schule, die Friedrichsschule, gegründet.

Auch auf andern Seiten von Cöln, auf dem Boden der alten Cölnischen Vorstädte, wuchs ein neuer Stadttheil empor, Neu-Cöln, der aber freilich erst im Jahre 1681, als die Festungswerke ziemlich vollendet waren, sich zu entwickeln vermochte.

Eine dritte neue Stadt war die Dorotheenstadt, welche gebaut wurde auf jenem Theil des Thiergartens, der sich zwischen der jetzigen Behrenstraße und der Spree hinzog.

Der Thiergarten war, wie wir erwähnt haben, im dreißigjährigen Kriege vollständig verwüstet worden. Die Einzäunungen waren eingerissen, das Wild hatte sich nach allen Richtungen hin zerstreut.

Friedrich Wilhelm, der ein großer Jagdliebhaber war, gab sich viele Mühe, das seiner Residenz so nahe Jagdterrain wieder herzustellen. Er ließ es von Neuem einzäunen und erweiterte es nicht unwesentlich zuerst über die Spree hinaus, indem er einen Theil der auf der rechten Spreeseite, zwischen der Jungfernhaide und der Panke gelegenen Waldungen, welche der Stadt Berlin gehörten, ankaufte und, verbunden mit einigen Grundstücken, welche er schon besaß, zu einem neuen Thiergarten einrichtete. Es ist dies die Gegend des heutigen Moabit bis zur Charitée und dem Invalidenhause. Noch heut nennt man einen Theil dieses neu eingerichteten Thiergartens in Moabit den kleinen Thiergarten; damals wurde er der hintere Thiergarten genannt, während der ältere Theil den Namen des vorderen Thiergartens führte. Um den Thiergarten wieder seines Namens würdig zu machen, erhielt der Oberjägermeister v. Hertefeld den Auftrag, in den übrigen kurfürstlichen Forst- und Jagdrevieren Wild einfangen und in dem Thiergarten aussetzen zu lassen. Aus Preußen wurden Auerhähne herbeigeholt, aus der Umgegend von Zossen große Hirsche und allen diesen Thieren gab man im Thiergarten die Freiheit. Der Kurfürst verwendete nicht unbedeutende Summen dazu, sie durch Hafer ernähren zu lassen.

Auch nach andern Seiten hin erhielt der Thiergarten Erweiterungen. Ein Theil des Ackers hinter dem Jägerhofe wurde demselben zugeschlagen und auch nach Charlottenburg hin wurden die Einzäunungen weit ausgedehnt.

Der Thiergarten hatte hierdurch eine bedeutende Ausdehnung und eine wesentliche Verschönerung erhalten; er war weit größer als der heutige. Wir wollen versuchen, unsern Lesern ein flüchtiges Bild des Thiergartens, sowie seiner Umgebungen und der angrenzenden Theile von Cöln zu geben wie sich ein solches etwa um das Jahr 1658 uns darstellen würde.*)

Der vordere Thiergarten begann damals, wie wir bereits erwähnten, in der Gegend des heutigen Akademiegebäudes und erstreckte sich nach Westen bis an die Brücke, welche zwischen dem sogenannten Knie und dem Chausseehause bei Charlottenburg sich über die Chaussee zieht, von hier aus gingen die Einzäunungen nach dem heutigen Martinike bis an die Spree. Diese bildete die nördliche Grenze des vordern Thiergartens. Südlich zog sich die Grenze längs der Feldmarken von Lietzow (Charlottenburg) bis an den Kurfürsten-Damm und die jetzige Fasanerie, wo sie an einen Bruch stieß, der sich bis zum Hofjäger hinzog. Von hier folgte die Grenze etwa der heutigen Thiergartenstraße, ging in die Friedrichsstadt, der Kronenstraße folgend bis an das heutige Bankgebäude und dann längs des Werders dem Akademiegebäude zu.

Der vordere Thiergarten war damals nicht wie heute ein überall dicht bestandener Wald, sondern ein Gemisch von Waldung und Wiesen, ja es lagen sogar auch einige Ackerstücke in demselben und hier und da wohl auch ein Moorbruch. Rings um den ganzen Garten lief, um das Wild einzuhegen, ein dichter Plankenzaun, in dem sich mehrere Thore befanden.

Der Haupteingang war da, wo die neu angelegte Linden-Plantage den Thiergarten traf, in der Gegend des Akademiegebäudes. Durch diesen Eingang zog der Kurfürst, wenn er vom Schlosse aus über die Hundebrücke sich zur Jagd in den Thiergarten begeben wollte.

Von kunstvollen Gartenanlagen konnte in einem Jagdrevier wohl keine Rede sein, nur von Wildgestellen und schönen Baumpartien. Der Kurfürst achtete besonders darauf, daß viele Eichen in dem Garten angepflanzt wurden und manche der prächtigen Bäume, die wir heute bewundern, verdanken ihm ihre Pflanzung.

Es wird unsere Leser vielleicht interessiren, einen Blick in das damalige Berlin von dem Eingange des Thiergartens aus zurück zu thun. Unmittelbar vor dem Beschauer lag die dreifache Linden-Allee, welche von der Hundebrücke aus zu ihm führte. Linker Hand befand sich da, wo jetzt die Universität steht, ein freier Platz und etwas dahinter stand das noch jetzt bestehende Gießhaus, welches auch damals als ein solches benutzt wurde. Hinter demselben schaute man nach dem kurfürstlichen Küchengarten und jenseits der Spree sah man das Vorwerk vor dem Spandauer Thor, welches der Kurfürstin gehörte, das heutige Monbijou, liegen.

Dicht an der Hundebrücke erhoben sich schon einige Häuser, auch das jetzige Kommandantur-Gebäude, dessen Bau schon im Jahre 1655 begonnen war.

Jenseits der Brücke sah man den vordern Lustgarten mit einer Statue Friedrich Wilhelms, welche später nach Charlottenburg gekommen ist, dann die Wasserkunst an der Ecke der Schloßfreiheit, einen Thurm, der zum Schloß gehörte und neben dem eine Pforte in den Schloßhof hineinführte.

Majestätisch erhob sich daneben das Schloß und rechts davon der alte Dom, vor dem eine Brücke nach der Insel führte, welche zum Werder gehörte. Auf dieser standen einige Häuser kurfürstlicher Diener, denen eine Schankgerechtigkeit verliehen war, so daß man die Bürger von Cöln an schönen Tagen dort zahlreich versammelt sah.

Auch auf den Werder selbst hatte man einen Blick, auf den kurfürstlichen Holzplatz an der Stelle der heutigen Holzgartenstraße, auf eine Mühle, wo jetzt die Bau-Akademie steht und auf das kurfürstliche Reithaus.

Der Werder bestand damals aus mehreren Inseln und Sümpfen, welche zwischen breiten Spreearmen lagen.

Wenden wir uns nun nach dem hintern Thiergarten und gehen wir zum Spandauer Thore hinaus, um nach demselben zu gelangen. Wir treffen da auf die große von Berlin nach Spandau führende Landstraße, die heutige Oranienburgerstraße. Hier finden sich schon Spuren des Anbaues; mehrere Privatgärten, vor Allem aber das kurfürstliche Vorwerk (Monbijou).

Der zu dem Vorwerk gehörige Acker erstreckte sich bis über die Panke hinaus und umfaßte die heutige Friedrich-Wilhelmstadt, die Charité und das Invalidenhaus. Da wo die Stadtmauer heut aufhört, begann der Plankenzaun des hintern Thiergartens; nördlich vom Thiergarten lag die Jungfernhaide, welche sich bis an denselben heranzog. Da, wo an der Spree der vordere

---

*) Nach von Raumer: „Der Thiergarten bei Berlin, seine Entstehung und seine Schicksale." Wir bemerken, daß an der Stelle der „jetzigen Fasanerie" heut der Zoologische Garten steht.

und hintere Thiergarten zusammenstießen, waren Bäume in die Spree gelegt, welche dieselbe verschlossen, um das Durchschwimmen des Wildes zu verhindern.

Ein großer Theil dieses eben beschriebenen Thiergartens bot einen Baugrund für den neuen Stadttheil, die Dorotheenstadt.

Friedrich Wilhelm hatte am 8. Juni 1667 seine liebenswürdige Gemahlin, die Kurfürstin Louise Henriette, durch den Tod verloren. So sehr er dieselbe liebte, war er doch nach nicht zu langer Zeit zu einer zweiten Vermählung geschritten und seine Wahl war auf Dorothea, eine Tochter des Herzogs Philipp von Holstein-Sonderburg-Glücksburg, die Wittwe des im Jahre 1659 gestorbenen Herzogs Christian Ludwig von Braunschweig-Lüneburg-Celle, gefallen.

Am 24. Juni 1668 hatte sich Friedrich Wilhelm mit Dorotheen verbunden. Die Kurfürstin war eine spekulative Frau, sie hegte dieselbe Neigung für die Landwirthschaft, wie die verstorbene Kurfürstin Louise Henriette. Aber während diese ihre Freude daran fand, landwirthschaftliche Verbesserungen aller Art einzuführen, damit die in der Landwirthschaft bisher noch unerfahrenen Märker durch dieselben lernen möchten, betrachtete Dorothea die Landwirthschaft nur als ein gewinnbringendes Geschäft. Ihr kam es darauf an, mit derselben Geld zu verdienen und nicht mit Unrecht wurde ihr vielfach der Vorwurf der Habgier und des Geizes gemacht.

Friedrich Wilhelm, der den Neigungen seiner zweiten Gemahlin gern entgegenkam, überließ auch ihr bald nach seiner Vermählung sowohl die Meierei in dem Thiergarten, als das Vorwerk am Spandauer Thor, welches seine erste Gemahlin besessen hatte. Hier stellte sich bald genug heraus, daß der Acker auf der linken Seite der Spree, der zum Vorwerk im Thiergarten gehörte, sich seiner sandigen Beschaffenheit wegen wenig zum Feldbau eigne.

Die Kurfürstin hatte nicht Lust, auf vergebliche Verbesserungsversuche fruchtlos Geld zu verschwenden; sie suchte eine andere Art der Verwendung heraus und sie verstand es mit gut kaufmännischer Spekulation, eine solche zu finden. Sie verkaufte den Acker als Baustellen gegen Erlegung eines mäßigen Grundzinses.

Schon hatte sich Berlin beträchtlich in der Seelenzahl vermehrt und es wuchs von Tag zu Tag.

Manche günstige Bedingungen, welche von der Kurfürstin den neuen Anbauern gestellt wurden, veranlaßten diese, auf der neuen Auslage, so nannte man damals das Terrain, sich anzusiedeln, um so mehr, da der Grundzins, der auf dem Friedrichswerder 3 Groschen für die Quadratruthe betrug, von der Kurfürstin nur mit 1 Groschen 6 Pfennigen berechnet werde.

Dorothea zeigte ein anerkennungswerthes Talent für die Verwerthung ihres Eigenthums. Sie wußte sehr wohl, daß sie nicht nur Nutzen, sondern auch Annehmlichkeiten bieten mußte, wenn ihre Spekulation gelingen sollte. Deßhalb ließ sie regelmäßige Straßen abstecken und sorgte dafür, daß auch die Neubauten nach einem bestimmten Plan vorgenommen wurden. Sie bewegte den Kurfürsten, den neuen Ansiedlern vielfache Vergünstigungen zu gewähren und dies geschah denn auch nach allen Richtungen hin, da Friedrich Wilhelm sich seiner Gemahlin gern gefällig zeigen wollte.

Die neu Anbauenden erhielten 10 volle Jahre Abgabefreiheit und das Recht, sich niederzulassen ohne Zahlung eines Bürgergeldes; es wurde ihnen das nöthige Bauholz an einem bequemen Ort in den kurfürstlichen Forsten unentgeltlich nachgewiesen; selbst die Kalksteine erhielten sie für einen Kirchenbau umsonst. Zum großen Mißvergnügen der Bürger in den übrigen zu Berlin gehörigen Städten wurde sogar einem Theil dieser neuen Ansiedler die Schankgerechtigkeit von Bier und Wein, wie solche in den drei andern Städten in den Rathskellern statt hatte, verliehen.

So wuchs denn nach und nach aus der Sandwüste die Dorotheenstadt empor. Die Kurfürstin verschönerte dieselbe durch die Anlage der Linden, einer prächtigen, 800 Schritt langen, aus 7 Baumreihen bestehenden Allee, welche von der Hundebrücke aus bis nach dem Thiergartenthor, etwa an der Ecke der heutigen Linden und der Wilhelmstraße, führte. Die Kurfürstin soll den ersten Baum persönlich gepflanzt haben. Daß die neue Auslage, welche später den Namen Dorotheenstadt nach ihrer Begründerin erhielt, in die Befestigungswerke mit eingeschlossen wurde, haben wir bereits erwähnt.

Mit der Vergrößerung der Residenz nach außen hielten der Ausbau und die Verschönerung der Stadt nach innen nicht ganz gleichen Schritt. Es ging mit derselben langsam genug; denn die Bürger hatten unmittelbar nach dem Kriege weder Lust noch Geld zu bauen und vielfach folgten sie nur dem Wunsche des Kurfürsten, indem sie es thaten. Als am 30. Januar 1665 Friedrich Wilhelm verordnet hatte, daß die wüsten Stellen in Berlin binnen Jahresfrist bebaut oder an Andere umsonst gegeben werden sollten, berichtete der Rath am 13. März: „Wir haben schon manche wüste Stelle verkauft, aber es gehet wie einem alten zerrissenen Kleide, wo wenn man ein Loch zustickt, vier neue wieder vorhanden sind."

Nur dem unaufhörlichen Antriebe des Kurfürsten war es zu verdanken, daß die Bürger sich doch zu Neubauten entschlossen und so sehen wir denn etwa vom Jahre 1660 an manche schöne neue Häuser in Berlin entstehen.

Im Jahre 1673 wurden die Häuser auf der Schloßfreiheit gebaut, 1682 der untere Theil der heiligen Geiststraße; Berlin gewann durch diese Neubauten mehr und mehr das Ansehen einer Residenzstadt.

Friedrich Wilhelm scheute die Kosten nicht, wo es galt, wirkliche Verbesserungen und Verschönerungen anzubringen; so gab er im Jahre

1661 die Hälfte des Geldes dazu, um die ganz baufällig gewordene lange Brücke, wenn auch vorläufig nur von Holz, auszubauen; er sorgte dafür, daß auch die bisher noch ungepflasterten Straßen der Stadt und auch diejenigen, in denen allerdings ein Pflaster vorhanden war, welche man aber trotzdem kaum passiren konnte, eine hinreichende Pflasterung erhielten. Und damit dies geschehen konnte, ließ er dazu die Geldstrafen verwenden, zu welchen diejenigen Bürger, die Gotteslästerungen ausstießen, verurtheilt wurden. So verdankte der neue Markt seine Pflasterung einer Gotteslästerung, für die ein Nadler, Peter Dietrich, 200 Thaler zahlen mußte.

Sechstes Kapitel.

Friedrich Wilhelms Geheimer Rath. — Verlust der städtischen Selbstständigkeit Berlins. — Thätigkeit des Kurfürsten für Verbesserung der Ortspolizei. — Das Feuerlöschwesen. — Feuersbrünste in Berlin. — Die Straßenbeleuchtung. — Die Nachtwächter. — Die Straßenreinigung. — Friedrich Wilhelms Bestrebungen für Handel und Gewerbe. — Der Friedrich-Wilhelms-Canal. — Die Rückkehr der Juden in die Mark Brandenburg. — Beseitigung der unehrlichen Geburt und der Handwerksmißbräuche. — Begründung der französischen Colonie in Berlin.

Mit der Vergrößerung der Stadt Berlin ging Hand in Hand auch die Fürsorge des Kurfürsten für eine Verbesserung der Polizeigesetzgebung, um durch dieselbe in seiner neuen Residenzstadt geordnetere Zustände als bisher herbeizuführen. Auch hier ergriff Friedrich Wilhelm, wie bei allen den Verbesserungen, die während seiner Regierung vorgenommen wurden, die Initiative; überall war er persönlich thätig. Zwar hatte er zur Erleichterung und besseren Beaufsichtigung aller Regierungsgeschäfte, seinen Vorgängern nachfolgend, sich einen Rath zur Seite gesetzt, einen Verein vornehmer Staatsdiener, denen die einzelnen Geschäftszweige übertragen wurden und in demselben befanden sich tüchtige Männer, die nicht gewählt waren nach Rang und Ahnenproben, sondern nach den Verdiensten, welche sie sich um den Staat erworben hatten; trotzdem aber verließ sich der Kurfürst doch nur auf sich selbst. Er eröffnete eigenhändig alle einlaufenden Schreiben und übertrug dann erst den Geheimen Räthen ihre Arbeit. Er wohnte den Sitzungen derselben, welche Dienstags und Donnerstags in der Rathsstube auf dem Schlosse stattfanden, persönlich bei, hörte den Rath seiner Minister, aber eben nur ihren Rath, ohne sich immer daran zu binden. Mit unermüdlicher Thätigkeit griff er persönlich in alle Geschäftszweige ein und besonders gingen fast alle diejenigen Verordnungen, welche eine Verbesserung des Berliner Gemeinwesens betrafen, von ihm aus.

Der Rath der Stadt, dem früher alle diese Geschäfte oblagen, der selbstständig die Polizeigesetzgebung übte, hatte sich längst zum Werkzeug des Kurfürsten gemacht. Noch stand zwar in der Breiten Straße unweit vom Dome der Stein, der einst die Grenze der Gerichtsbarkeit des Raths und des kurfürstlichen Hausvoigts bezeichnet hatte; aber es war eben ein lebloses Zeichen früherer Rechte und hatte kaum eine Bedeutung mehr.

Die Selbstständigkeit der Gemeinde, von welcher dieser Stein Zeugniß ablegen sollte, war verschwunden; nur in den kleinsten Details durften Bürgermeister und Rath noch frei schalten, bei allen irgend wichtigen Fragen hatten sie die Befehle des Kurfürsten einzuholen.

Seit dem Jahre 1649 hatten Berlin und Cöln sich wieder für den größten Theil der Stadtverwaltung vereinigt, alljährlich wurden Bürgermeister und Rathsherrn ungehindert gewählt. Berlin wählte zwei Bürgermeister und die eine Hälfte des Raths, Cöln einen Bürgermeister und die andere Hälfte des Raths, der Kurfürst bestätigte die Gewählten und nur selten kam es vor, daß er von seinem Rechte einer Verwerfung Gebrauch machte; denn den Bürgern fiel es kaum mehr ein, andere als dem Herrscher genehme Persönlichkeiten mit dem wichtigen Amte zu betrauen.

Am St. Thomastage wurde auf dem Rathhause die kurfürstliche Bestätigung öffentlich verlesen, dann gab es ein stattliches Mahl, bei dem viel gegessen und getrunken wurde, bei dem man auch Reden hielt, wie dies in Berlin zu allen Zeiten geschehen ist. Die kurfürstlichen Räthe wohnten gnädigst dem Festmahle bei und versicherten den entzückten Bürgern, daß Se. kurfürstlichen Gnaden der Stadt besonders geneigt seien.

Die Chroniken geben uns nur selten Nachricht davon, daß zwischen dem Magistrat und der kurfürstlichen Regierung irgend eine Schwierigkeit geherrscht habe und dies ist gewiß ein glänzendes Zeugniß für die große Fügsamkeit der Berliner Bürger! Wenn aber je einmal der Rath es wagte, auf seine alten Rechte zurückzukommen, wie einmal im Jahre 1671, wo Friedrich Wilhelm den Juden erlaubt hatte, sich in Berlin niederzulassen und wüste Stellen zu bebauen, der Rath aber sein Recht der Gerichtsbarkeit auch über diese neuen Einwanderer geltend machen wollte, — dann wurde die städtische Behörde in Gnaden zur Ruhe verwiesen.

Manche von den alten Bürgern, welche der guten Zeit gedachten, in der noch Berlin eine freie selbstständige Stadt gewesen war und welche sich für den Verlust ihrer Freiheit und ihrer Rechte nicht durch den glänzenden Hof, der in Cöln wieder zu tagen begann, entschädigt fühlten, sprachen freilich hier und da ihr Bedauern über die neuen Sitten aus.

So wurde in dem Thurm der heiligen Geistkirche im Jahre 1661 eine später bekannt gewordene lateinische Urkunde niedergelegt, in welcher ein Bürger sagte: „Viele Paläste der Stadt und viele Grundstücke, vormals Güter der Bürger, sind gegenwärtig im Besitze der Hofbedienten!" — aber solche Klagen wurden meistend nur geführt im Stillen und Geheimen; der Aerger der Einzelnen verpuffte in leeren Redensarten und wenn ja hier und da einmal ein unruhiger Auftritt in den Straßen der Residenz vorkam, so hatte der Kurfürst Soldaten genug, um die Bürgerschaft schnell wieder zum unterthänigen Gehorsam zu zwingen.

Je mehr Berlin zur großen Residenzstadt heranwuchs, je mehr verlor sich die Selbstständigkeit und Selbsthilfe der Bürger, je abhängiger wurden diese vom Hofe, je eifriger zeigte sich aber auch Friedrich Wilhelm in seinen Bemühungen, die Zustände der Stadt zu bessern.

In allen Zweigen der Verwaltung war er thätig, überall legte er die bessernde Hand an. Besondere Aufmerksamkeit schenkte er dem Feuerlöschwesen, welches während des 30jährigen Krieges in Unordnung gerathen war.

Die meisten Häuser der Stadt hatten zwar, vermöge des günstigen Bodens, der in nicht zu großer Tiefe überall Quellen enthielt, gute Brunnen gehabt; diese waren aber durch die Unachtsamkeit der Bürger meist verfallen. Man trank damals lieber Bier als Wasser und so gehörte ein guter Hofbrunnen durchaus nicht zur unbedingten Lebensnothwendigkeit einer Familie; auch die wenigen öffentlichen Brunnen in den Straßen waren zum großen Theil zu Grunde gegangen und als nun Friedrich Wilhelm seine Aufmerksamkeit auf diesen Punkt richtete, und die Instandsetzung der Brunnen verlangte, da gab es nicht einmal Brunnenmacher in Berlin; der Kurfürst war gezwungen, solche aus Küstrin kommen zu lassen.

Dies Unwesen, welches der Rath bisher schweigend geduldet hatte, durfte nicht länger bestehen. Die Hausbesitzer erhielten den strengen Befehl, die Brunnen wieder in Stand setzen zu lassen bei einer Strafe für Jeden, welcher dem Befehl nicht unweigerlich nachkommen würde. Auch die öffentlichen Straßenbrunnen wurden auf's Neue ausgegraben und brauchbar gemacht, neben denselben wurden Wasserkübel aufgestellt, welche bei einer etwa vorkommenden Feuersbrunst sofort in Gebrauch genommen werden konnten.

An Feuersbrünsten war in diesen Zeiten kein Mangel, die schlechten Holzhäuser mit ihren Schornsteinen von Lehm und Holz brannten ja wie Zunder.

Als im Jahre 1659 ein großer Brand bedeutenden Schaden angerichtet hatte, gab der Kurfürst Befehl, die nöthigen Löschgeräthschaften anzuschaffen und erließ eine eigene Brand- und Feuer-Ordnung. Oeffentliche Spritzen wurden angeschafft und die Reinigung der Schornsteine, in denen bisher der Ruß sich ungestört hatte ansetzen dürfen und die häufig genug nur durch das Ausbrennen gereinigt worden waren, wurde auf's Strengste anbefohlen. Trotzdem gab eine neue Feuersbrunst im Jahre 1665 Veranlassung zu neuen Maßregeln. Die kurfürstliche Rüstkammer nebst dem Stall und zwei herrschaftlichen Häusern brannten ab und der Schaden, welchen die Stadt und auch der Kurfürst dadurch hatten, war beträchtlich, denn in der Rüstkammer befand sich eine Sammlung kostbarer Waffen und vieler unersetzlicher Alterthümer.

Friedrich Wilhelm war daher auf's Höchste entrüstet über die Unvorsichtigkeit, durch welche das Feuer ausgebrochen war und befahl die Anschaffung neuer Feuerlöschgeräthschaften. Er erließ eine neue strengere Feuer-Ordnung, sowie auch im Jahre 1678 den Befehl, daß die aus Holz und Lehm gefertigten Schornsteine als zu feuergefährlich von den Dächern entfernt würden. Trotzdem richtete am 29. Dezember 1680 ein Brand wieder großen Schaden an. Der Chronist Möller giebt uns über denselben folgende Schilderung:

„In der Churfürstlich Brandenburgischen Residentz Stadt Berlin begab sich anno 1680 ein erbärmlicher Fall und zwar mit diesen kurtzen Umbständen: Es war nemlich eines Ministri (dessen Benahmung wir Ehrenwegen verschweigen) Gemahlin glücklich niederkommen und die Gnade seines gnädigsten Churfürsten Macht Ihm so kühne, Churfürstliche Durchlaucht und andere Grandes zu hohen Tauffzeugen zu ersuchen, wie denn sothanes Festin auf den 29. Dezember an einen Sonntag solte celebriret werden. Aber Gott machte durch sonderbahre Verhangnis einen Strich durch, denn alß man ungemein beschäfftiget war, so hohe Gäste zu tractiren, entstand gegen Morgen desselbigen Tages umb 2 Uhr in den unteren Stock eine Feuersbrunst. Wie nun die Gluth von unten hinaufstieg, so wurde allen denen, so in den Ober-Stöcken wohnten, der Außgang versaget. Der Haußherr entsprang noch der rasenden Flamme in bloßen Hembde. Weil sich aber wegen der eysernen Gegitter Niemand durch die Fenster salviren konte, so muste die Wöchnerin nebst 3 Kindern, der Ammen und noch 4 andere Personen erbärmlich verbrennen und sich nebst allen den kostbahren Hauß-Rath in Asche verwandeln lassen."

Der Name des Ministers, den der Chronist Möller aus besonderer Diskretion sich zu nennen scheut, den wir aber keine Veranlassung haben, unsern Lesern vorzuenthalten, war v. Somnitz. Das Feuer brach in dessen Hause in der heiligen Geiststraße aus. Die schöne poetische Grabschrift, welche die verbrannte Frau v. Somnitz mit ihren Kindern erhielt, wird unsere Leser vielleicht interessiren. Sie lautet:

„Ich mußte mich die Welt zu mehren, Brunst
  zu mindern,
Die Brunst behielt den Sieg, hier lieg ich mit den
  Kindern,
Ach wär ich Phönix Art, nachdem ich muß versterben,
So wär aus meiner Glut die Brut noch übrig
  blieben."

25

Ein anderer Gegenstand der Straßenpolizei, mit welchem der Kurfürst sich viel beschäftigte, war die Straßenbeleuchtung. Im Jahre 1679 gab er den Befehl, daß aus jedem dritten Hause des Abends eine Laterne mit einem brennenden Licht ausgehängt werden müsse. Die Einwohner wechselten ab, so daß jeder Bürger alle drei Tage zur Erfüllung dieser Verpflichtung herangezogen wurde. Es war dies nur eine vorläufige Einrichtung und sie wurde von den Bürgern ziemlich unregelmäßig zur Ausführung gebracht. Um so mehr fühlte sich der Kurfürst veranlaßt, die Aufstellung fester Laternen zu befehlen und alles Widerspruchs der Bürger*) ungeachtet wurde dieser Befehl im Jahre 1682 durchgesetzt.

Auch der Dienst der Nachtwachen wurde erst auf kurfürstliche Anordnung wieder ins Leben gerufen. Der Rath war in dieser Beziehung so nachlässig gewesen, daß er aus Sparsamkeitsrücksichten die Stellen der Nachtwächter ganz hatte eingehen lassen. Die Stadtdiener riefen die Stunde aus, dies war die einzige bestehende Nachtwache in einer Stadt, welche durch Diebstahl und Raubthaten mehr als manche andere heimgesucht wurde.

Nicht weniger streng zeigte sich auch der Kurfürst in der Sorge für die Straßenreinigung. Unter seiner Regierung gewann daher Berlin bald ein ganz anderes Ansehen. Die Schweine büßten an ihrem Wohlbehagen viel ein, da der Koth aus den Straßen fortgeschafft werden mußte und sie wurden endlich sogar auf kurfürstlichen Befehl aus den Straßen der Residenz verbannt. Alle Schweineloben mußten von den Straßen fortgerissen werden und auch die Kehrichthaufen, welche sich Bergen gleich auf den öffentlichen Marktplätzen aufgehäuft hatten, wurden von denselben entfernt. Welche Mühe dies machte, geht wohl am Besten daraus hervor, daß im Jahre 1771 der Befehl an alle in Berlin zu Markte kommende Bauern erging, bei ihrer Rückfahrt eine Fuhre Koth vom neuen Markte mitzunehmen.

Im Jahre 1680 wurde endlich eine regelmäßige Straßenreinigung angeordnet; der Kurfürst stellte einen Gassenmeister an, welcher den Befehl erhielt, mit zwei Karren durch die Stadt zu fahren und vor jedem Hause den zusammengefegten Unrath aufzuladen. Denjenigen Bürgern, welche es unterlassen hatten, dem Befehl gemäß den Unrath zusammenzufegen, wurde der Koth ins Haus geworfen. Jeder Hausbesitzer hatte die Verpflichtung, dem Gassenmeister den vollen Karren Unrath mit 1 Groschen 6 Pfennigen zu bezahlen, der Kurfürst besoldete ihn außerdem noch mit 52 Scheffel Korn jährlich und gab ihm freie Wohnung.

Auch auf die Reinhaltung der Spree, in welche bisher, ohne Rücksicht auf die pestilenzialischen Gerüche, die dadurch entstanden, aller Koth geworfen war, wurde jetzt ernstlich gesehen und bei 50 Thaler Strafe Jedermann verboten, den Fluß fernerhin zu verunreinigen.

Die Straßen erhielten durch alle diese Bemühungen ein freundlicheres Ansehen, auch durch den Schutz der Weinstöcke und Baumanpflanzungen, mit welchen manche Bürger von gutem Geschmack ihre Häuser verzierten. Bisher hatten solche Anpflanzungen nicht gedeihen können, weil theils die Schweine sie verwüsteten, theils böse Buben sie beschädigten.

Friedrich Wilhelm erließ deshalb eine Verordnung, nach welcher Jedem die Hand abgehauen werden solle, der es künftig wagen würde, einen Baum oder Weinstock vor den Häusern zu beschädigen. Die angedrohte Strafe war gewiß höchst grausam, sie erscheint aber fast milde, wenn wir sie mit derjenigen vergleichen, welche der Kurfürst gegen die Beraubung eines Bienenstocks festsetzte. Jeder Bienendieb wurde ohne Gnade und Umstände dem Henker übergeben, der den Befehl erhielt, ihm zuvor die Gedärme aus dem Leib zu reißen und ihn dann erst am Ort der That neben den Eingeweiden aufzuhängen.

Durch alle diese Verordnungen und deren strengste Durchführung wandelte sich die früher so schmutzige und widerlich aussehende Stadt nach und nach zu einer würdigen Residenz um. Der Franzose Patin giebt im Jahre 1676 folgende Schilderung von dem Eindruck, welchen Berlin auf ihn gemacht hatte.

„Man bedient sich auf diesem Wege der Postwagen, welche Tag und Nacht gehen, und wo nur Wechsel der Pferde ausgeruht werden kann; aber ich habe alle Fatiguen vergessen, als ich Berlin zu sehen bekam. Alles schien mir so schön, daß ich mir eine Oeffnung im Himmel dachte, von wo die Sonne ihre Wohlthaten auf diese Erdstrecke ausbreitet. Es sind nicht mehr diese Einöden, welche ich durchreist bin. Die Stadt besteht aus drei andern, deren Gebäude sehr regelmäßig, und der größere Theil im italienischen Geschmack. Der Lustgarten, welcher nur fünf hundert Schritt hat, dient zur Erholung des Kurfürsten, der hier alle Gattungen Rothwild unterhält. Die Gärten sind von Orangerien, Jasmin und allen Arten Linmen angefüllt, mit einem Wort, mit allen Kostbarkeiten, welche Italien, die Königin der Länder durch Schönheit des Bodens und Klimas, darbietet. Das Schloß des Kurfürsten ist sehr alt, sein Alterthum flößt Bewunderung ein."

Am Ende der Regierung Friedrich Wilhelms zählte die Residenz bereits gegen 18,000 Einwohner; sie hatte sich also an Einwohnerzahl wäh-

---

*) Es ist höchst bezeichnend für den Geist der Berliner nicht nur in jenen Tagen, daß jede wirklich gemeinnützige Anordnung des Kurfürsten, sobald sie den Einzelnen die geringste Unbequemlichkeit oder die geringsten Kosten auferlegte, auf heftigen Widerstand der Bürgerschaft traf. Der Rath fügte sich wohl willenlos, die Bürger aber schimpften wacker und gaben erst nach, wenn sie durch Gewaltmaßregeln gezwungen wurden. Ein kräftiger, opferfreudiger Gemeinsinn fehlte ihnen leider gänzlich! —

rend der Regierungszeit des großen Kurfürsten verdreifacht.

Alle Bemühungen, welche Friedrich Wilhelm auf die Vergrößerung und Verschönerung seiner Residenz anwendete, würden ihn dennoch nicht zum ersehnten Ziele geführt haben, wenn er nicht unablässig bestrebt gewesen wäre, die Gewerbthätigkeit, den Handel und den Verkehr zu heben und gerade dieses Strebens wegen verdient er mit vollem Recht den Ehrennamen des Großen, der ihm in der Geschichte beigelegt worden ist.

Er fühlte ein reges Interesse für das gewerbliche Leben, es schmeichelte seiner Eigenliebe, zum Emporkommen des Handels in seinem Lande und besonders in seiner Residenz beizutragen; er schaute mit Befriedigung auf ein reges, geschäftiges Treiben von seinem Schlosse herab und deshalb ließ er auch in der Nähe desselben vor der sogenannten Renn- oder Stechbahn eine Anzahl von Verkaufsbuden bauen; später wurden solche auch auf dem Mühlendamm angelegt.

Friedrich Wilhelm scheute weder Mühe noch Kosten, um für den Handel neue Bahnen zu schaffen, um Erleichterungsmittel für den Verkehr herzustellen und er hat sich selbst durch dieses sein Bemühen ein Denkmal gesetzt, großartiger und schöner, als dasjenige, welches gegenwärtig die Kurfürsten-Brücke ziert. Dies Denkmal ist der Friedrich-Wilhelms-Kanal, die Verbindung der Spree mit der Oder, welche im Jahre 1662 unter der Leitung des berühmten Obersten Philipp de Chiese angefangen und im Jahre 1668 durch Michael Mathias Smid vollendet worden ist; ein Kanal von 3 Meilen Länge, in welchem 10 Schleusen den Wasserlauf regeln.

Durch diese Schifffahrtslinie wurde Berlin ein wichtiger Punkt zwischen den Handelsstädten an der Oder und Elbe, der Mittelpunkt eines bedeutenden Speditionshandels.

Es war im Jahr 1668, als das erste Schiff, welches von der Oder auf dem Kanal in die Spree gefahren war, in Berlin ankam. Es brachte den Berlinern Korn und ging mit grobem Salz beladen nach Mühlrose zurück.

Am 4. August 1668 machte der Kurfürst selbst die erste Reise auf dem neugeschaffenen Wasserwege. Sie war nicht Glück bedeutend, denn am 6. August ertrank einer seiner Pagen und an demselben Tage wurde ein Kind durch einen Mühlstein erschlagen, der bei der Lösung einer zu Ehren des Kurfürsten donnernden Geschützsalve herabgefallen war.

Die Berliner prophezeiten abergläubig nach diesen Unglücksfällen, daß der Kanalbau ihnen keinen Segen bringen würde, aber sie täuschten sich, ihr Handel stieg von Jahr zu Jahr.

Von einem nicht unbedeutenden Einfluß auf die Entwicklung des Handelsverkehrs war auch die Wiedereinführung der Juden in die Mark Brandenburg.

Friedrich Wilhelm nahm besonders in der ersten Zeit seiner Regierung gern das Geld, woher er es eben bekommen konnte und so zögerte er denn auch nicht, die Dienste einiger Juden anzunehmen, welche sich erboten, ihm Lieferungen für die Armee und baare Geldvorschüsse zu machen. Er ernannte Israel Aaron zu seinem Agenten und Hoflieferanten und war mit den Leistungen desselben so zufrieden, daß er auch noch anderen Juden die Genehmigung ertheilte, sich hier und da gegen Zahlung jährlicher Abgaben niederzulassen.

Als im Jahre 1669 die Juden aus Oesterreich vertrieben worden waren, gestattete der Kurfürst im Jahre 1671 50 Judenfamilien die Niederlassung in der Mark. Viele von diesen wählten Berlin zu ihrem Aufenthaltsort und begannen sich hier in der Judengasse oder auch vor den Thoren, denn in der übrigen Stadt durften sie nicht wohnen, einzurichten. Ihre Anzahl vermehrte sich schnell, so daß sie selbst im Jahre 1674 dem Kurfürsten eine Eingabe überreichten, er möge andern Juden den Zuzug nicht ferner erlauben.

Die Bürger und der Adel des Landes waren mit der Zulassung der Juden in die Mark Brandenburg in keiner Weise zufrieden. Die Landstände hatten sich mehrfach gegen dieselbe erklärt und am 1. November 1679 reichten sie abermals eine Petition gegen die Ansiedelung der Juden beim Kurfürsten ein. Es heißt in derselben:

Es hätten sich die Juden wieder so häufig im Lande eingefunden, welche Gold und Silber aus dem Lande, dagegen schlechte Münzen und Waaren, wie auch inficirte Güter wieder hineinbringen, die Leute mit unrichtigem Maaß und Gewicht betrügen und christlichen und getreuen Unterthanen das Brod vor dem Munde wegnehmen, und wegen ihrer beharrlichen Bosheit und bekannten Lästerung unsers Erlösers Jesu, dem Lande Fluch und Unsegen zuziehen."

Der Kurfürst kümmerte sich bekanntlich wenig darum, was seine getreuen Landstände wünschten. Die Juden brachten ihm Geld ein und er behielt sie deshalb im Lande. Uebrigens verstand er es, von ihren Reichthümern infolge von Strafen hier und da auch etwas für die Staatskassen flüssig zu machen. So nahm er z. B. als Strafe 4000 Thaler dafür ab, daß sie geflüchtet waren, als im Jahre 1675 die Schweden in das Land eingebrochen waren. Nur als im Jahre 1682 der Haß gegen die Juden das Volk von Berlin zu solcher Wuth entflammte, daß ernstliche Unruhen ausbrachen, bei denen die Judenhäuser gestürmt wurden, hielt es der Kurfürst doch für nöthig, alle nicht mit Schutzbriefen versehenen Juden aus der Residenz zu verweisen.

Mit dem aufblühenden Handel entwickelte sich auch das Handwerk und die Fabrikation in Berlin. Neue Innungen entstanden, neue Erwerbszweige wurden in's Leben gerufen. Von der wesentlichsten Bedeutung hierfür war die Beseitigung mancher Schranken, welche bisher das Handwerk beengt hatten. Zwar konnte von einer vollständigen Gewerbefreiheit noch nicht die Rede sein, eine solche lag außerhalb des Anschauungskreises der Zeit; aber die Gewerbe wurden einer großen Klasse von Menschen geöffnet, denen sie früher verschlossen gewesen waren und hierdurch wurde eine Konkurrenz erzeugt, welche wohlthätig und fördernd wirken mußte.

Bisher waren alle nicht ehrlich Geborenen aus den Gewerken ausgeschlossen gewesen, jede Zunft galt als beschimpft, wenn ein Meister den Sohn eines Schäfers, eines Vogtes, Stadtdieners, Nachtwächters oder eines Musikanten als Lehrling aufgenommen hatte. Ebenso wurden auch die Nachkommen der früheren Bewohner des Landes, der Wenden, wie wir uns aus der früheren Erzählung erinnern, von der Theilnahme an den Zünften ausgeschlossen. Wer ein Handwerk erlernen wollte, mußte beweisen, daß er von ehrlicher, deutscher Geburt sei und von keinem Wendengeschlecht abstamme.

Lange dauernde Prozesse waren häufig die Folge solcher unsinnigen Beschränkungen des Handwerks. Diese wurden durch den Kurfürsten jetzt ernstlich verboten. Die Unehrlichkeit der früher verachteten Stände wurde aufgehoben und von keinem Lehrling durfte ferner verlangt werden, daß er die Reinheit seiner deutschen Abkunft beweise.

Auch gegen die Mißbräuche, welche bisher bei der Lossprechung der Lehrlinge stattgefunden hatten, gegen die Lehrjungentaufe, erließ der Kurfürst ein Verbot. Man hatte bis dahin zur Taufe Pathen gebeten; ein Meister war als Prediger aufgetreten, um den Täufling in die Gemeinschaft des Handwerks aufzunehmen. Eine mit den unflätigsten Zoten gespickte Rede wurde gehalten, dann wurde der Lehrling mit Wasser oder auch mit Bier über und über begossen und endlich schmauste die ganze Gesellschaft auf seine Kosten.

Diese Lehrlingstaufen, welche so kostspielig waren, daß viele Arme von dem Eintritte in die Innungen abgehalten werden mußten, wurden bei 100 Thalern und bei Verlust aller Innungsprivilegien für die Zukunft verboten.

Eine außerordentliche Triebfeder für die Entwicklung des Handwerks und jeder gewerblichen Thätigkeit in Berlin waren die französischen Einwanderer, welche besonders die Dorotheenstadt bevölkerten, — Flüchtlinge, welche der Religion wegen das Vaterland verlassen und gastfreie Aufnahme in der Mark Brandenburg gefunden hatten.

Unter der Regierung des viel gerühmten Königs Ludwig XIV. von Frankreich war, trotz der gesetzlich verheißenen Gleichstellung der Protestanten mit den Katholiken, doch die protestantische Religion unterdrückt worden. Es hatten in Folge dessen sich viele Protestanten veranlaßt gefunden, Frankreich zu verlassen und nach Deutschland überzusiedeln. Die ersten dieser Einwanderer kamen am 10. Juni 1672 nach Berlin.

Bis zum Jahre 1685 war die Einwanderung nur beschränkt. Als aber am 18. Oktober 1685 Ludwig XIV. das Edikt von Nantes widerrief und damit die Duldung der Reformirten in Frankreich aufhob, als er der katholischen Partei unumschränkte Gewalt gab, durch jedes Mittel der Grausamkeit die Reformirten zum Uebertritt zu zwingen, als 400 reformirte Kirchen in kürzester Frist dem Erdboden gleich gemacht, alle protestantischen Schulen geschlossen, die Lehrer und Prediger verjagt und zum Theil sogar zum Zuchthause verdammt wurden, da entschlossen sich viele glaubensmuthige Franzosen zur Auswanderung und bewirkten dieselbe, obgleich die Grenzen gesperrt waren.

Schon am 29. Oktober, also 11 Tage nach der Widerrufung des Edikts von Nantes, hatte Friedrich Wilhelm eine öffentliche Bekanntmachung erlassen, in welcher er die Flüchtlinge zur Niederlassung in der Mark Brandenburg einlud. Er versprach ihnen, sie wie seine eigenen Landeskinder zu behandeln, sie zu unterstützen, so viel er könne.

Allen Einwanderern war zehnjährige Freiheit von sämmtlichen Abgaben versprochen. Sie erhielten das Bürgerrecht, Vorschüsse zur Anlegung von Fabriken, die Landleute Acker und Unterstützung zur Bewirthschaftung der ihnen übergebenen Güter, Gelehrte und Geistliche erhielten Gnadengehalte und nicht weniger als 40,000 Thaler wurden zu diesem Zweck ausgesetzt.

Der Kurfürst zog die Flüchtlinge selbst seinen eigenen Unterthanen vor. Diese aber waren, wenigstens in der ersten Zeit der französischen Einwanderung, über einen solchen Vorzug keineswegs erbittert und gerade dadurch gaben die Berliner wieder einen recht glänzenden Beweis für den Wohlthätigkeitssinn, welcher sie zu allen Zeiten beseelt hat. So eifersüchtig sonst die Bürger auf alle diejenigen Fremden waren, welche sich etwa als Konkurrenten ihres Gewerbebetriebes in die Stadt eindrängen wollten, hier schwieg ihre Eifersucht; sie unterstützten selbst nach bester Kraft die Franzosen, nahmen sie freudig auf in ihre Häuser und zeigten eine werkthätige Bruderliebe, die ihnen zur höchsten Ehre gereichte.

Die eingewanderten Franzosen bildeten den Stamm zu der heut noch bestehenden französischen Kolonie. Sie erhielten die Gerechtigkeit eigener Schulen, Kirchen, Armenhäuser und Spitäler. Anfangs hielten sie ihren Gottesdienst in der Schloßkapelle, welche bis dahin gebraucht worden war, um die Leichname fürstlicher Personen in der Zwischenzeit bis zu ihrer Beerdigung auszustellen. Bald war diese Kapelle zu klein und es wurde ihnen deshalb die Domkirche eingeräumt, bis sie selbst sich ihre Kirchen bauen konnten.

Der Kurfürst empfing die Franzosen, sowie ein Trupp derselben in Berlin ankam, persönlich. Er ließ sich von ihnen die Verfolgungen, welche sie in Frankreich erlitten, die Gefahren, welche sie bestanden hatten, um ihr Vaterland verlassen zu können, erzählen und er vergoß, wie uns glaubwürdige Berichte melden, Thränen über die Leiden der Unglücklichen.

Den Vorstellungen des französischen Gesandten, Grafen von Rebenac, welcher behauptete, die

Flüchtlinge wären nur schlechte Leute und unruhige Köpfe, die in ihrem Vaterlande Nichts zu verlieren hätten und nur eingewandert seien, um ihr Glück anderwärts zu versuchen, setzte Friedrich Wilhelm Anfangs Schweigen entgegen; als aber auch der berühmte Marschall von Schomberg in Berlin eintraf, der ebenfalls seiner Religion wegen Frankreich verlassen hatte, da erwiderte der Kurfürst dem Grafen von Rebenac spöttisch: „Werden Sie jetzt noch zu behaupten wagen, daß nur schlechte Leute und unruhige Köpfe auswandern?" und er zeigte dem Grafen, was er auf dessen Vorstellungen gebe, indem er den eingewanderten Adligen Ehrenstellen an seinem Hofe und Offizierspatente verlieh, den Grafen von Schomberg sogar zum Général en chef aller brandenburgischen Truppen mit einem Gehalt von 30,000 Thalern und dem Range unmittelbar nach dem Prinzen von Geblüt erhob, obgleich der alte Derfflinger sich über eine solche Bevorzugung des französischen Generals bitter beschwerte.

Der Kurfürst ließ dem Marschall ein Haus, dem Zeughaus gegenüber, erbauen, das heutige kronprinzliche Palais, die frühere Wohnung des Königs Friedrich Wilhelm III. Schomberg erhielt den Oberbefehl über die Truppen, welche der Kurfürst beschlossen hatte, an Wilhelm von Oranien zur Entthronung des Königs Jakob II. von England zu senden.

Die Folgen der Niederlassung der Franzosen in Berlin waren von hoher Bedeutung für die gesammte Entwicklung des Volks. Die Einwanderer führten manchen bisher in der Stadt unbekannten Zweig der Industrie ein und gaben dadurch der Gewerbthätigkeit und dem Handel der Stadt einen neuen Aufschwung. Auch auf die rohen und schwerfälligen Sitten der Deutschen übte der Einfluß der Franzosen eine belebende Wirkung; diese aber war, wie wir später noch näher sehen werden, nicht überall eine günstige.

Siebentes Kapitel.

Kunst und Wissenschaft in Berlin. — Die Malergesellen. — Das Bild des Kambyses. — Der Bürgermeister Rohde, der Oberst v. Kalkstein. — Die Musik in Berlin. — Das Theater in Berlin. — Die Schulkomödien, Ballete und Mummereien. — Berliner Schulen und Gymnasien. — Begründung der Bibliothek. — Der Buchhandel. — Berliner Zeitungen im 17. Jahrhundert

Kunst und Wissenschaft waren in der Mark während des dreißigjährigen Krieges in tiefsten Verfall gerathen; sie erhielten mit der Regierung Friedrich Wilhelms einen neuen Aufschwung.

Auch hier wieder sehen wir, wie der Kurfürst die Initiative ergriff; er war das belebende Element in seinen Staaten. Sein Kunstsinn weckte die Nacheiferung, seine Liebe für die Wissenschaften erzeugte neues Streben für dieselben in der Mark Brandenburg.

Friedrich Wilhelm besaß eine große Vorliebe für die Malerei; er hielt diese Kunst für so wichtig, daß er seinen Söhnen und Töchtern Unterricht im Zeichnen und Malen von geschickten Meistern geben ließ. Noch heut werden in der hiesigen königlichen Bibliothek verschiedene Zeichenbücher der Prinzen und Prinzessinnen aufbewahrt.

Als Friedrich Wilhelm zur Regierung kam, war in der Mark in Beziehung auf die Malerei von Kunst kaum zu sprechen. Es existirten allerdings Hofmaler; diese aber konnte man besser Malergesellen nennen, welcher Name ihnen denn auch in der That von den Geschichtsschreibern gegeben wird. Sie hatten die Aufgabe, die Zimmer zu verzieren und waren daher kaum etwas Anderes als Stubenmaler.

Ein solcher Stubenmaler war der Malergeselle Gabriel Nießell, der im Jahre 1640 in kurfürstlichen Dienst trat und sich Hofmaler tituliren ließ. Er erhielt seinen Leistungen angemessen ein Jahrgehalt von 30 Thalern mit freier Kost, Wohnung und Kleidung. Zu derselben Art von Künstlern gehörten auch die Hofmaler Mathias Ewiczek und Hirt.

Friedrich Wilhelm hatte zu viel Sinn für die Kunst, als daß er mit den Malergesellen zufrieden gewesen wäre; er gewann deshalb bedeutendere Künstler und im Jahre 1647 schon trat der niederländische Maler Wilhelm Hundhorst mit einem Gehalt von 1000 Thalern, freier Wohnung und dem Versprechen eines seidenen Kleides für jedes Jahr in seinen Dienst. Andere Künstler folgten demselben nach und Berlin begann nun eine Stätte für die Kunst zu werden.

Der Kurfürst legte auch schon kurze Zeit nach seinem Regierungsantritt eine Sammlung von Gemälden an, wobei er eine große Liebhaberei für die niederländische Schule zeigte. Ein Herr v. Marenholz zu Regensburg erhielt den Auftrag, gute Gemälde, wo ihm solche vorkämen, anzukaufen, und so entstand denn bald auf dem kurfürstlichen Schlosse ein kleines Kabinet von Gemälden, an deren Betrachtung Friedrich Wilhelm eine sehr große Freude fand.

Zu diesen noch in früherer Zeit angekauften Bildern gehörte auch eins, welches eine gewisse historische Bedeutung gewonnen hat. Es stellte den Kambyses vor, wie er einem ungerechten Richter die Haut abziehen läßt. Der Kurfürst befahl im Jahre 1646, das Bild im Spruchzimmer des Kammergerichts aufzuhängen zur Warnung für die Richter, weil er gehört hatte, daß diese eine Ungerechtigkeit begangen hätten. Es wurde erst wieder fortgenommen, als sich die Unrichtigkeit der Klage erwies.

Die Aufhängung dieses Bildes ist häufig von den schmeichelnden Geschichtsschreibern als ein Zeugniß für die überschwengliche Gerechtigkeitsliebe des Kurfürsten angeführt worden; wahrlich aber sehr mit Unrecht! — Friedrich Wilhelm war wohl gerecht, wenn sein eigener Vortheil nicht in Frage kam, sonst aber ein Despot, der nie nach Recht und Gesetz fragte. Es zeigt sich dies unwidersprechlich, wenn wir einen Blick auf andere Regierungshandlungen werfen, die wahrlich kein reges Gerechtigkeitsgefühl, sondern im Gegentheil Ungerechtigkeit und Willkür im höchsten Maße zeigen. Wir wollen in Kürze unsern Lesern hier zwei Beispiele vorführen, welche, obgleich sie nicht eigentlich der Berliner Geschichte angehören, zur Charakteristik Friedrich Wilhelms nothwendige Belüge bieten.

In Königsberg lebte der Bürgermeister Hieronimus Rohde, der mit beredter Zunge und unverbrüchlicher Strenge bei den Landständen das Recht des Landes aufrecht erhielt und für die Verfassung Preußens kämpfte.

Im Jahre 1662 ließ Friedrich Wilhelm, ohne irgend ein gesetzliches Recht dazu zu haben, Rohde gefangen nehmen und ihn zum Tode verurtheilen. Das Todesurtheil wurde zwar nicht zur Ausführung gebracht, Rohde aber zu immerwährender Gefangenschaft auf die Festung Pelz geführt.

Charakteristisch für den Sinn des Kurfürsten und den des Gefangenen ist das Betragen des letztern, als Friedrich Wilhelm einst die Festung besuchte. Rohde hatte die Erlaubniß, auf den Wällen spazieren zu gehen. Ein Höfling begegnete ihm und forderte ihn, vielleicht im Auftrage der Kurfürstin, auf, er möge die günstige Gelegenheit benutzen, möge um Gnade bitten, dann werde er die Freiheit zurückerhalten. Rohde aber antwortete stolz: „Ich verlange Gerechtigkeit, nicht Gnade, um die ich niemals betteln werde!" Damit kehrte er dem Höfling und dem Kurfürsten, der sich ihm eben nahte, den Rücken und eilte in sein Gefängniß zurück, in welchem er starb, weil Friedrich Wilhelm, gestützt auf die Worte Rohde's, jedem andern Gnadengesuch die Erhörung verweigerte.

Noch klarer tritt die Willkür und Ungerechtigkeit des Kurfürsten in seiner Handlungsweise gegen den Obersten von Kalkstein, einen andern preußischen Patrioten, hervor. Auch dieser, der freimüthig für das Recht der Preußen stritt, wurde gefangen genommen und zum Tode verurtheilt unter dem Vorwande, er habe Drohungen gegen den Kurfürsten ausgestoßen. Auf Fürbitten der Kurfürstin erhielt er im Jahre 1669 seine Freiheit, nachdem er vorher das Versprechen hatte abgeben müssen, sich aus Preußen und am Allerwenigsten nach Polen zu entfernen.

Kalkstein kehrte auf seine Güter zurück. Er sah den ihm auferlegten Eid als eine Gewaltthätigkeit an und glaubte das Recht zu haben, sein Versprechen ebenso wohl brechen zu dürfen, wie Friedrich Wilhelm, der ja auch so manche Eide gebrochen hatte. Er ging nach Polen und trat am königlichen Hofe als ein Abgeordneter der preußischen Stände auf, in deren Namen er den König bat, dem Kurfürsten die volle Souveränität, welche Friedrich Wilhelm über das Herzogthum Preußen durch den Krieg erlangt hatte, wieder einzuschränken.

Friedrich Wilhelm war außer sich vor Wuth, als er die Flucht des Obersten erfuhr. Er gab seinem Gesandten in Warschau, Brandt, den Auftrag, sich des Flüchtlings zu bemächtigen und derselbe vollzog den Befehl in der infamsten Weise. Er näherte sich dem Obersten von Kalkstein und heuchelte gegen ihn große Freundschaft; dadurch verblendete er ihn so, daß Kalkstein der Einladung zu einem freundschaftlichen Besuche folgte. Kaum in das Gesandtschaftshaus getreten, wurde der Obrist durch in demselben versteckte Dragoner zu Boden geworfen, geknebelt, in eine Tapete gewickelt und so heimlich aus Warschau fort über die preußische Grenze gebracht.

Kalkstein wurde in Memel in strenger Haft gehalten und eine Untersuchung gegen ihn eingeleitet. Anfangs wurde diese den Landesgesetzen gemäß durch den Ober-Burggrafen und den Hofrichter in Preußen geführt. Die Langsamkeit eines ordentlichen Gerichtsverfahrens aber genügte der Ungeduld nicht, mit welcher Friedrich Wilhelm eine Verurtheilung erwartete. Er setzte deshalb einen besondern Gerichtshof in Berlin nieder, dem er eine Anzahl märkischer Räthe beordnete. Der Gerichtshof gab sein Gutachten dahin, Kalkstein, der noch nicht Alles bekannt habe, solle auf die Tortur gebracht und peinlich verhört werden; dies geschah, durch die Folter wurden dem Unglücklichen Bekenntnisse erpreßt, welche den parteiischen Richtern genügend erschienen, um ihn im September 1671 zum Tode durch das Schwert zu verurtheilen.

Die Verurtheilung machte in Preußen ungeheures Aufsehen. Es waren so grobe Ungesetzlichkeiten bei dem ganzen Verfahren vorgekommen, daß die Landstände den Kurfürsten dringend baten, das Urtheil nicht zur Ausführung zu bringen. Selbst die Kommission, welche das Todesurtheil gefällt hatte, widerrief dasselbe und trug darauf an, Kalkstein auf Lebenszeit in engen Gewahrsam zu bringen. Trotzdem aber bestätigte der Kurfürst das Todesurtheil und befahl die sofortige Vollstreckung desselben.

Am 8. November 1672 wurde Kalkstein in Memel durch das Schwert hingerichtet, nachdem er bis zu seinem Tode unerschütterlich sein Recht und seine Unschuld behauptet hatte.

Nach diesen Beispielen von der Gerechtigkeitsliebe Friedrich Wilhelms erscheint die Aufhängung des Kambyses im Sitzungssaale des Kammergerichts fast wie ein bitterer Hohn.

Nächst der Malerei war die Musik diejenige Kunst, für welche Friedrich Wilhelm sich vorzugsweise interessirte; er legte einen großen Werth auf seine Kapelle und besoldete sie nach den Begriffen der damaligen Zeit ziemlich hoch, die einzelnen Mitglieder mit 300 Thalern. Selbst in denjenigen Zeiten, in welchen er aus Geldmangel seinen eigenen Hofstaat einschränken mußte, that er dies doch nicht bei der Kapelle. Er weigerte sich im Jahre 1652 z. B. entschlieden, die Kammermusiker zu entlassen und nahm nur insofern eine Einschränkung vor, als er ihnen anbefahl, bei den Gesängen in der Domkirche mitzuwirken, wodurch andere musikalische Kräfte erspart wurden.

Daß Friedrich Wilhelm ein wahres, wirkliches seines Gefühl für Musik besaß, geht daraus hervor, daß er seine Lust nicht nur an volltönenden Concertstücken fand, sondern auch dem Gesange der Nachtigall mit wahrem Entzücken lauschte. Er war ein großer Liebhaber von allen guten Singvögeln, besonders aber von Nachtigallen. Die Bürger von Berlin wußten dies und machten sich häufig ein Vergnügen daraus, dem Kurfürsten die kleinen Sänger als ein Geschenk zu verehren. Wo Friedrich Wilhelm eine gut schlagende Nachtigall fand, da brachte er sie gern an sich; so scheute er sich nicht, persönlich auf der Straße diejenigen Vögelchen zu kaufen, welche dort feil geboten wurden. Als in Folge des häufigen Nachtigallenfanges diese Thiere in der Umgegend von Berlin bedeutend verminderten, verbot er durch ein Patent vom 25. August 1686 das Fangen und Feilbieten von Nachtigallen.

Ein weit geringeres Interesse als für Malerei und Musik zeigte Friedrich Wilhelm merkwürdiger Weise für das Theater; vielleicht sagte ihm der handwerksmäßige Betrieb, unter welchem in jener Zeit das Theater litt, nicht zu; er fand keinen Kunstgenuß bei den Vorstellungen der bettelhaften Komödianten und sah kein Mittel, bessere Darstellungen zu erzielen. Deshalb kümmerte er sich um die Vervollkommnung der Bühnenkunst in keiner Weise und es ist daher auch nicht zu verwundern, daß während seiner Regierungszeit das Theater in Berlin sich durchaus nicht weiter entwickelte, daß die Bühnenkunst im Gegensatz zu den übrigen Künsten fast einen Rückschritt machte.

In den ersten Jahren seiner Regierung war Friedrich Wilhelm den theatralischen Vorstellungen direkt abgeneigt; so verbot er im Jahre 1649, Gauklern eine Erlaubniß zur Ausübung ihrer Kunst in Berlin zu ertheilen.

Es scheint, als wäre das Theater in dieser Zeit durchaus auf die Schulkomödie beschränkt worden, gegen welche sich das Verbot des Kurfürsten nicht erstreckte, wenigstens sind uns keine Nachrichten von andern Theatervorstellungen überliefert.

Die Schulkomödien wurden mit großen Feierlichkeiten auf den Rathhäusern von Berlin und Cöln aufgeführt und zu denselben Vornehm und Gering eingeladen. Gewöhnlich gab man ein Stück zwei Mal, erst für die Vornehmen und dann vor das Volk.

Es dürfte unsere Leser interessiren, den Wortlaut eines Einladungsschreibens zu hören, welches der würdige Subrector Johann Höpner zu einer auf dem Rathhause zu Cöln im Jahre 1649 veranstalteten Schulkomödie, genannt „Friedensfieg", erließ. Es lautet:

„Ich habe auf Genehmhaltung meiner Herren Patronen künftigen Dienstag, wird seyn der 16te Januarii, Gott vornehmlich zu Ehren, der lieben Jugend zum Besten, und der löblichen Bürgerschaft zu sonderbaren Gefallen, mir vorgenommen, allhier aufm Rathhause zu Cölln, nebst göttlicher Hülfe, Herrn D. Schottelii neu erfundenes Freudenspiel, genannt: Friedensfieg, durch meine untergebene Discipel vorzustellen, in Hoffnung, es werde kein Friedliebender Mensch mir solches verargen, alldieweil alle Avisen uns von Frieden melden, jedermann gerne davon höret, und viel tausend Million Seelen täuglich wünschen, das göttliche Gesicht der schönsten Friedensgöttin einst wieder anzuschauen: auch meinen Discipeln nicht übel deuten, dasern die gar zarten Jahre, oder die eine geraume Zeit verbliebene Uebung ihnen kein sonderlich Meisterstück möchten zulassen, ich versehe mich jedennoch zu ihnen dieses, daß sie ihre Schuldigkeit mit Reden und Geberden dergestalt werden ablegen, daß sie, wo nicht von allen, doch von den meisten Anschauenden, und zwar von den Guten, werden gelobet werden. Der unzeitigen Splitterrichter verkehrte Urtheile werden vor diesesmal so geringschätzig geachtet werden, als ehemals des unverständigen Midä gefällter Sentenz. Wem nun beliebet, dieser Commödien beyzuwohnen, der kann auf künftigen Dienstag um 12 Uhr, wird seyn der 16. Januar (da sie zum Vergnügen der löblichen Bürgerschaft beyder Städte soll gespielet werden, und denn zukünftigen Donnerstags, wird seyn der 18. Januar, vor vornehme Herren und gelehrte Leute), sich einstellen, um solch herrliches Freudenspiel mit anzuschauen."

Die Schulkomödien, welche „der Kunst zu Ehren und der lieben Schuljugend zum Besten" meist von den Direktoren gedichtet und von Knaben aufgeführt wurden, zeichneten sich keineswegs durch eine künstlerische Vollendung, nicht einmal durch eine anständige Sprache aus. Es wurde in denselben gar grimmig geflucht und gotteslästerlich geschimpft. Plümide theilt in seinem Entwurf einer Theatergeschichte von Berlin einige Zeilen aus einem berühmten Stück seiner Zeit: „Der verfolgte David, das ist Trauerspiel aus dem 1. Buch Sam., verfaßt von dem Rektor des Berlinischen Gymnasiums, Michael Schirmer," mit, welche uns einen Blick in die Poesie der Schulkomödien gewähren; er sagt:

„Schirmer war zu seiner Zeit ein berühmter Mann, und kayserlich gekrönter Poet. Dies sein Stück war eines der regelmäßigsten und innocentesten; dennoch kam mit unter manches vor, was heutiger Zeit sehr unsittsam scheinen würde. Z. B. Nachdem das Chor der Israelitischen Jungfrauen dem König Saul mit Gesang und Reygen, mit Paulen und Geygen, entgegengekommen und gesungen:

Freut euch, was sich kann nur freuen,
Laßt die neue Mähr ausstreuen,

Saul hat tausend Mann geschlagen
Und den Sieg getragen,
David aber hat mit Macht
Zehntausend umbgebracht.

(So stehet Saul inmittelst und höret zu. Endlich bricht er für Ungeduld zornig heraus und sagt:) Lasset mir das einen lieblichen Gesang sein. Packet euch, ihr alten Vetteln und Bade-Mienen, oder ich will euch die Köpfe bald mit scharfer Laugen also waschen, daß ihrs fühlen sollt (worauf sie über Hals und Kopf davon laufen). Bald darauf kriegt Saul abermals den bösen Geist und redet theils grimmig, theils phantastisch u. s. w."

Für diese Schulkomödien wurde meist ein Eintrittsgeld nicht gezahlt; an der Treppe des Rathhauses stand aber eine Büchse, in welche die Zuschauer freiwillige Gaben zur Abtragung der Kosten legen mußten.

Ob überhaupt während der Regierungszeit Friedrich Wilhelms andere Schauspiele von Bedeutung in Berlin aufgeführt worden sind, ist unbekannt; Theatervorstellungen gab es gewiß; es findet sich wenigstens später kein Verbot derselben. Im Gegentheil befahl der Kurfürst im Jahre 1668 dem Oberjägermeister von Oppen, auf die Erbauung eines Theaters bedacht zu sein und am 30. Juni 1672 gab er dem Peter Silverdingen die Erlaubniß, einmal wöchentlich ein Policinello-Spiel aufzuführen. Schon vorher, im Jahre 1660, hatte ein gewisser Caspar von Zimmern um die Erlaubniß gebeten, in Berlin theatralische Vorstellungen geben zu können. Es ist nicht bekannt, ob ihm diese Erlaubniß gewährt worden ist. Jedenfalls war Caspar von Zimmern ein höchst bettelhafter Komödiant.

Wenn Friedrich Wilhelm sich für das jammervolle Schauspiel seiner Zeit nicht interessirte, so sah er doch gern die Ballete mit an, welche bei allen feierlichen Gelegenheiten von dem Adel seines Hofes aufgeführt wurden und bei denen seine Söhne und Töchter, selbst die Kurfürstin, häufig mitwirkten. Den Balleten ähnlich waren auch die sogenannten Wirthschaften oder Mummereien, allegorische Vorstellungen oder auch Darstellungen aus der alten Zeit, bei welchen die adligen Schauspieler ihre in Versen abgefaßten Rollen aufsagten und dazwischen auch das Auge durch ein Ballet erfreuten.

Friedrich Wilhelm liebte diese Wirthschaften so sehr, daß er mitunter bei denselben selbst eine Rolle übernahm. Er sparte bei solcher Gelegenheit keine Kosten. Wir ersehen dies aus den Rechnungen, welche uns von einer im Jahre 1684 aufgeführten Wirthschaft, die den Titel „der Götter Freudenfest" führte, überliefert worden sind. Der Bau des zu dieser Wirthschaft eigens hergerichteten hölzernen Theaters kostete allein 1479 Thaler. Die Tanzmeister und die Musikanten erhielten 900 Thaler und die Kleidungen derselben kosteten nicht weniger als 560 Thaler; 80 Thaler war der Preis der verwendeten Lichter.

Lag es Friedrich Wilhelm am Herzen, seine Residenz durch Kunstsammlungen zu verschönern und den Sinn für Kunst bei den Berlinern zu erwecken, so war er doch nicht weniger bemüht, auch die wissenschaftlichen Interessen zu fördern. Als ein erstes und nothwendiges Mittel hierzu betrachtete er mit klarer Einsicht die Verbesserung des Schulwesens.

Es sah mit den Schulen in Berlin nach dem Kriege sehr traurig aus und es dauerte lange Jahre, ehe sie trotz aller Bemühungen des Kurfürsten sich einigermaßen hoben. Die Lehrer waren schlecht bezahlt; sie vernachlässigten den Unterricht, um nach alter Berliner Gewohnheit bei den Hochzeiten als Platzmeister und Sänger ihre Dienste zu leisten; denn nur hierdurch vermochten sie ihr kümmerliches Leben zu fristen.

Wie jammervoll es mit dem Leben der Berliner Lehrer bestellt war und wie wenig denselben ihr eigentliches Amt als Jugenderzieher am Herzen lag, geht klar aus der vom Kurfürsten im Jahre 1680 entworfenen, aber nicht publicirten Schulordnung hervor, in welcher in Beziehung auf die Lehrer u. a. folgende Bestimmungen getroffen sind:

„Und weil dan die Erfahrung giebet, daß die Schulbediente durch das Panketiren in Hochzeiten und sonst, die Jugend nicht wenig versäumen, so soll hinführo auf Hochzeiten zu gehen nicht gestattet werden, sondern ihnen sonst vor ihre Mühe, daß sie in der Kirche bei der Trauung aufwarten und mit Singen ihr Amt verrichten, etwa ein Orths oder ein halber Thaler nach des Bräutigams Vermögen gegeben werden. — — — Wir sind auch berichtet, daß die Schulbedienten, wenn sie etwa unlustig sind, oder zur Hochzeit oder die Sauffen gehen wollen, 6 oder 7 junge Knaben ihre Lectiones zugleich aufsagen lassen, auch in Latein geben und sonst trefflich unfleißig sein, von des wegen mancher junge Knabe sehr versäumet wird daß er wohl konnte in einem viertel Jahre so viel lernen, da er sonst 2 oder 3 Jahre zubringen muß, oder die Eltern eigene Schulmeister und Gesellen, wo sie anders ihre Kinder nicht wollen gar versäumen lassen mit großen schweren Unkosten in ihren Häusern oder sonst zu halten, verursachet werden, darum wollen Wir, daß die Pfarrer und Rath darauf Achtung geben und sie ihres Amts erinnern oder des wegen gänzlich entsetzen sollen."

Lehrer, welche derartiger Ermahnungen bedurften, konnten nicht gedeihlich unterrichten. Friedrich Wilhelm war daher, wie die Verordnung ergiebt, bemüht, den Lehrerstand zu heben, um dadurch den Unterricht zu bessern. Sorgte er in dieser Art für die Volksschulen*), so war er auch

---

* Im Jahre 1670 ertheilte er der Frau seines Kammerlakaien Schnolz ein Privilegium, auf dem Nikolai-Kirchhof wieder eine Mädchenschule einzurichten. Lange Zeit waren die Töchter der Berliner Bürger ohne allen Schul-Unterricht gewesen, wenn sie denselben nicht durch Hauslehrer erhalten hatten.

für die Verbesserung der Gelehrtenschulen Berlins nicht minder thätig. Im Jahre 1655 verlegte er die früher so berühmte, während der Zeit des dreißigjährigen Krieges aber fast ganz zerstörte, Fürstenschule von Joachimsthal nach Berlin, räumte diesem Gymnasium zuerst einige Zimmer im kurfürstlichen Schlosse ein und kaufte später an der Ecke der Burgstraße ein Haus für dasselbe. Mit der Cölnischen Schule vereint bildete sich so das Joachimsthalsche Gymnasium, welches durch tüchtige Lehrkräfte bald einen ausgezeichneten Ruf erhielt und viel dazu beitrug, unter den Berliner Bürgersöhnen gelehrte Kenntnisse zu verbreiten. Auch das Gymnasium zum Grauen Kloster erfreute sich der Fürsorge Friedrich Wilhelms und wurde durch ihn wesentlich verbessert.

Ein bedeutsames Mittel zur Hebung der Gelehrsamkeit in der Residenz war die Errichtung einer guten Büchersammlung, welche die Gelehrten für ihre Forschungen benutzen konnten. Friedrich Wilhelm hat das Verdienst, Gründer der jetzt so großartigen königlichen Bibliothek zu sein. Auch hier mußte er aus dem Nichts schaffen und er hatte den Muth, dies zu thun, obgleich die kurfürstliche Kasse durch anderweitige Ausgaben außerordentlich in Anspruch genommen war. Als er zuerst dem Bibliothekar Christoph Hendreich seine eben ererbte Bibliothek übergab, da äußerte sich der gelehrte Herr gegen den Kurfürsten höchst geringschätzend über dieselbe; der Kurfürst habe, ja sagte Hendreich, von seinen Vorfahren kaum so viel Bücher erhalten, wie einem gelehrten Privatmann genügen könnten! Und diese Aeußerung scheint nicht übertrieben zu sein, denn die gesammte kurfürstliche Bibliothek befand sich im Schlosse in einem Dachzimmer.

Friedrich Wilhelm ließ es sich angelegen sein, die Büchersammlung tüchtig zu vermehren, aus Klöstern und Kirchen sammelte er werthvolle Manuskripte und wendete außerdem bedeutende Summen auf, theils um ganze Bibliotheken, theils auch um solche Werke anzukaufen, welche für gelehrte Forschungen von Bedeutung waren. Im Jahre 1661 ließ er die jetzt schon sehr vermehrte Sammlung in einem besonderen, mit Gemälden verzierten Lokale, welches aus einem 150 Fuß langen und 40 Fuß breiten Saale bestand, aufstellen und gestattete den Gelehrten Berlins den freien Eintritt.

Ein reges wissenschaftliches Streben erwachte in Folge der Bemühungen Friedrich Wilhelms in Berlin; viele Gelehrte wanderten in die brandenburgische Hauptstadt ein und Jeder, der etwas Tüchtiges leistete, konnte der Unterstützung des Kurfürsten versichert sein; selbst Solche, welche sich mit scheinbar unfruchtbaren Studien beschäftigten. — Der Kurfürst erkannte sehr wohl, daß jedes Studium, jede Vervollkommnung der Wissenschaft, wenn auch nicht für den Augenblick, doch für die Zukunft von Bedeutung ist. So gewährte er dem Probst Andreas Müller, der sich mit chinesischen Studien beschäftigte, Unterstützung und bereicherte die Bibliothek mit vielen chinesischen Handschriften, und andern Seltenheiten, welche ein aus China zurückkommender Franzose, Couplet, nach Berlin brachte.

Mit dem Steigen des wissenschaftlichen Verkehrs in der Residenz machte sich naturgemäß das Bedürfniß einer Erleichterung desselben geltend. Bis zu dieser Zeit hatten die Berliner Gelehrten ihre Bücher durch Vermittelung von Kaufleuten meist von der Leipziger und Frankfurter Messe bezogen. Im Jahre 1659 aber erhielt Rupert Völcker das Privilegium zu einer Buchhandlung und ihm folgten bald andere nach; auch ein Leipziger Buchhändler verschaffte sich das Recht, in Berlin Bücher verkaufen zu können und so fand denn der Buchhandel bald eine tüchtige Stätte in unserer Stadt.

Auch das erste Zeitungs-Privilegium in Berlin ist von Friedrich Wilhelm ertheilt worden. Im Jahre 1655 erhielt der Buchdrucker Christoph Runge das Privilegium, „wöchentliche Avisen" herauszugeben. War zu freisinnig aber durften diese Avisen nicht sein, denn das Damoklesschwert hing stets über ihrem Haupte, da der kurfürstliche Sekretär Fischer zu ihrem Censor bestellt war. Wir sehen hieraus, daß die Berliner Zeitungen von ihrem ersten Beginn an so glücklich waren, sich einer Censur erfreuen zu dürfen. Selbst ihre Vorgänger, die unter der Regierung Georg Wilhelms unregelmäßig erschienenen Flugblätter hatten dies Schicksal gehabt. Sie mögen wohl ziemlich derb die Wahrheit gesprochen haben; wenigstens schrieb der Statthalter Schwarzenberg am 5. November 1625 aus Wien, wo er sich als Gesandter am kaiserlichen Hofe befand, an den Kurfürsten Georg Wilhelm: „Man hat allhier ein ziemliches Mißfallen an den neuen Zeitungen, die allemal aus Berlin geschrieben und gedruckt werden. Man sagt: es sei kein Ort im ganzen Reiche, wo man also frei und schlimm schreibe gegen Ihre kaiserliche Majestät, oder gegen Dero Armee, als in Berlin."

Die schon zur Zeit Georg Wilhelms herausgegebenen Zeitungen lieferten Berichte über die neuesten Weltbegebenheiten; sie erschienen, sobald etwas Interessantes zu melden war. Der kurfürstliche Botenmeister gab sie heraus. Er war hierzu die ganz geeignete Person, da er, so lange eine Posteinrichtung nicht existirte, am Leichtesten sowohl Nachrichten aus allen Orten empfing, als den Vertrieb der Zeitungen besorgen konnte. Daß die Zeitungen auch schon damals der Censur unterworfen waren, geht aus der Bestimmung hervor, welche Georg Wilhelm auf Schwarzenbergs Klage hin traf. Er schrieb:

„Ob es wohl eine Sache, daran sich die Wiener von Billigkeits wegen nicht zu scandalisiren hätten, weil ja leichtlich zu erachten, daß die Zeitungen anders bei uns nicht werden in Druck gegeben werden, als wie man sie unserm Botenmeister aus andern Orten schreibt, so ist es uns doch lieber, damit diesfalls den Leuten aller Prätext genommen werde, daß man dasjenige ungedruckt lasse, was vermuthlich Offensive erregen mögte. Doch könne man denen, welchen die Avisen zugeschickt werden, das Ausgelassene beischreiben."

Während der Regierungszeit Georg Wilhelms wissen wir über regelmäßig erscheinende Zeitungen nichts; die ersten Nachrichten über solche lieferten die schon erwähnten „wöchentlichen Avisen". Neben diesen Avisen, welche gedruckt wurden und für das ganze große Publikum bestimmt waren, gab es unter Friedrich Wilhelm außerdem noch geschriebene Zeitungen, welche durch dazu besonders beauftragte geheime Räthe des Kurfürsten angefertigt wurden, aber nur für den Hof, die ersten Staatsbeamten und die Gesandten bestimmt waren.

Achtes Kapitel.

Hoffeierlichkeiten. — Empfang der moskowitischen Gesandtschaft. — Die Tartaren in Berlin. — Ein Mohrenkönig am Hofe. — Begründung einer brandenburgischen Seemacht. — Prächtige Hofhaltung, Kosten derselben. — Jagdliebhaberei Friedrich Wilhelms. — Hofleben. — Französische Moden. — Die Fontangen. — Die Perrücken. — Die Küchenzettel.

Das gesellschaftliche Leben in Berlin, sowohl das des Hofes, als das der Bürgerschaft, erlitt unter der Regierung Friedrich Wilhelms einen vollkommenen Umschwung. Friedrich Wilhelm liebte die Pracht; er war ein ehrgeiziger Fürst, der seinen Stolz darin setzte, die Gesandten, welche an seinem Hofe erschienen, die Fürsten, welche ihn besuchten, mit glänzenden Feierlichkeiten zu empfangen und solche Besuche waren während seiner Regierung keine Seltenheit, denn Berlin war bereits der Mittelpunkt eines Staats geworden, der sich mit rüstigem Streben nach und nach zu einer deutschen Großmacht entwickelte.

Wie klein auch immer noch die Mark Brandenburg sein mochte, durch das stehende Heer unter der Führung trefflicher Generale hatte sie dennoch eine bedeutende Stellung in dem deutschen Staatenbunde gewonnen. Berlin wurde zur Zeit Friedrich Wilhelms der Sitz folgereicher Unterhandlungen; viele wichtige Verträge, welche die höchsten Interessen Europa's berührten, wurden in dem Schlosse zu Cöln an der Spree verabredet.

Bald hielten sich hier die Gesandten von Frankreich, bald kaiserliche oder niederländische, dann wieder polnische, schwedische, dänische und sogar russische und tartarische Gesandten auf. Alle wurden mit mehr oder weniger Feierlichkeit vom Kurfürsten empfangen, allen wurden prächtige Feste und glänzende Feuerwerke gegeben und das Volk von Berlin gaffte mit Jubel zu, wenn die Gesandten zur Audienz nach dem kurfürstlichen Schlosse zogen.

Einen besonders prächtigen Empfang erhielt im Jahre 1679 eine moskowitische Gesandtschaft, welche im Anfange des Monats August in Berlin ankam. Sie bestand aus dem Truchseß Symian Jerastewitz Elmarost, dem Kanzler Symian Wolodymirowitz Rumioncols und außerdem aus einem Gefolge von 55 Personen.

Der Empfang einer so bedeutenden Gesandtschaft machte am Berliner Hofe großes Kopfzerbrechen; man berathschlagte lange, in welcher Weise er stattfinden solle. Endlich, am 31. August, war alles für die feierliche Audienz festgesetzt. Die kurfürstliche Leibgarde war theils im Innern des Schlosses, theils außerhalb desselben bis auf den Schloßplatz hin aufgestellt und erwartete die Russen.

Die Gesandten wurden in 3 Kutschen, deren jede mit sechs Pferden bespannt war, von den Hofkavalieren des Kurfürsten abgeholt; ihnen folgten die russischen Edelleute zu Pferde und dann 70 Männer, welche die Geschenke trugen, die nach der Sitte der Zeit von dem fremden Fürsten am Berliner Hofe gemacht werden sollten. Pauken, Schalmeien und Trommeln begrüßten den Zug der Gesandten, sobald diese auf dem äußern Schloßplatz ankamen.

Friedrich Wilhelm saß mit bedecktem Haupte auf einem sammetnen, mit Gold gestickten und mit den schönsten Tapeten verzierten Throne. So empfing er die Gesandten, welche, sobald sie den Kurfürsten erblickten, ihm so tiefe Verbeugungen machten, daß sie mit dem Gesicht die Erde berührten. Auch während der ganzen Audienz fuhren sie mit derartigen Verbeugungen fort, so daß sie einige Male vollständig zu Boden fielen. Nachdem sie glänzende Reden gehalten hatten, in denen die Thaten des Kurfürsten in den Himmel erhoben worden waren, überreichten sie einen in rothe Seide gewickelten Brief des Czaaren Feodor Alexandrowitsch. Demnächst übergaben sie Friedrich Wilhelm die kostbaren Geschenke des Czaaren und versicherten ihm die Freundschaft und Zuneigung ihres Herrn.

In wohlgesetzter Rede erwiderte der Kurfürst und so oft er in derselben den Namen des Czaaren nannte, erhob er sich ein wenig von seinem Sitz und rückte als Zeichen des Respekts seinen Hut.

Der Freiherr von Schwerin versicherte darauf im Namen des Kurfürsten dessen gute Freundschaft und Nachbarschaft, dankte für die Ehre der Gesandtschaft und die herrlichen Geschenke, dann wurden die Gesandten nebst ihrem Gefolge mit reichen Gaben bedacht und die Audienz war zu Ende.

In der Nähe des Thiergartens war zu Ehren der Gesandten ein prächtiges Feuerwerk veranstaltet, welchem dieselben in einem eigens zu diesem Zwecke erbauten Zelte zuschauten. Nach einer Abschieds-Audienz traten sie am 17. September ihren Rückweg nach Moskau an; die Kosten der Reise wurden vom Kurfürsten bestritten.

Einen weniger glänzenden, aber eigenthümlicheren Empfang hatte ein anderer russischer Gesandter, welcher im Jahre 1687 nach Berlin kam. Der Vorgänger Peters des Großen, Czaar Iwan, hatte denselben entsendet. Er muß ein wunderlicher Patron gewesen sein, wenigstens wird uns berichtet, daß er sich durch seinen Geiz und allerhand seltsame Angewohnheiten in Berlin ziemlich lächerlich gemacht habe. Vom Kurfürsten ließ er sich eine prachtvolle Tafel bezahlen, bereitete sich aber sein Mittagsmahl persönlich, indem er behauptete, ein Fastengelübde gethan zu haben.

Der Kurfürst war krank und wollte den Gesandten daher im Bette empfangen. Dieser aber glaubte, daß dadurch der Ehre seines Czaaren etwas vergeben werde und erwiderte, daß er zwar bereit sei, Sr. kurfürstlichen Durchlaucht, wenn Dieselbe im Bette liege, aufzuwarten, aber nur unter der Bedingung, daß auch er im Bette zum Empfang getragen werde und zwar vollkommen gestiefelt und gespornt und mit dem Hute auf dem Haupte.

Ein solcher Empfang war indessen zu sehr gegen alle Etiquette des Hofes, als daß er möglich gewesen wäre; Friedrich Wilhelm wurde deshalb schnell gesund und konnte den Gesandten in der üblichen Weise, auf dem Stuhle sitzend, hören.

In demselben Jahre, in welchem die ersten moskowitischen Gesandten Berlin besuchten, 1679, kamen auch die Boten eines noch ferner von der Mark residirenden Fürsten, die des Khan der Tartaren, Murad Kierai, nach Berlin, um, wie sie sagten, dem mächtigen Khan der Preußen, Friedrich Wilhelm, die Freundschaft und das Bündniß ihres Gebieters anzutragen. Die tartarische Gesandtschaft machte ungeheures Aufsehen in der brandenburgischen Residenz; das Volk lief zusammen, um sie zu sehen und sehenswerth war sie in der That, denn sie glich einer Gesandtschaft durchaus nicht.

Schon ehe die Gesandten nach Berlin gekommen waren, hatte ein Eilbote des Kommandanten von Küstrin den Kurfürsten benachrichtigt, daß eine Bande zerlumpten Gesindels, welche sich für eine Gesandtschaft des Groß-Khans ausgebe, im Dorfe Karzig von den Bauern, die sie für Bärenführer und Kameeltreiber gehalten hätten, vieler Diebereien wegen tüchtig durchgeprügelt worden wäre. Die Beschreibung des Gouverneurs, so unschmeichelhaft sie auch war, wurde doch durch den Aufzug der tartarischen Würdenträger noch als zu milde befunden. Auf mageren Pferden, bekleidet mit zerrissener, beschmutzter Wäsche, welche von Ungeziefer starrte, ritten die Gesandten in Berlin ein. Ihr Dolmetscher zeichnete sich dadurch aus, daß ihm Ohren und Nase fehlten, welche ihm, einem gefangenen Preußen, von den gastfreundlichen Tartaren seiner Zeit abgeschnitten worden waren.

Die Gesandten brachten dem Kurfürsten einen alten abgetriebenen mageren Gaul und ein Paar unbrauchbare, verrostete Pistolen als Geschenk ihres Khans. Sie empfingen als Gegengeschenk reine Wäsche und von Ungeziefer freie Kleider, welche für sie von höchster Wichtigkeit waren und ohne die sie bei Hofe nicht hätten vorgestellt werden können. Zur Heimreise wurde ihnen nach gewohnter Art das Reisegeld bewilligt.

Der seltsamste Gast, den Berlin in jener Zeit sah, war sicherlich ein Mohrenkönig, der nach der Residenz des Kurfürsten kam, um dem Herrscher zu huldigen. Diesen Besuch verdankte Berlin der großartigen Idee Friedrich Wilhelms, für die kleine Mark Brandenburg eine Seemacht ins Leben zu rufen und damit die Mark zu einem Seehandel treibenden Lande zu machen.

Durch seinen Aufenthalt in Holland hatte Friedrich Wilhelm eine große Liebhaberei für die Schifffahrt erhalten und als ihm ein holländischer Seemann, Benjamin Raulé, den Vorschlag machte, auf eigne Kosten unter brandenburgischer Flagge eine Expedition nach den Goldküsten von Guinea zu unternehmen, nahm er denselben gern an.

Im Jahre 1681 wurde an den afrikanischen Küsten für den Kurfürsten von Brandenburg ein Vertrag, mit den dortigen Häuptlingen abgeschlossen, in welchem sie Friedrich Wilhelm als ihren Oberherrn anerkannten und ihm ein Stück Land abtraten, auf dem eine Festung angelegt werden könnte. Es bildete sich nach diesem Vorgange im Jahre 1682 eine Handelsgesellschaft unter dem Namen „afrikanische Kompagnie", bei der sich der Kurfürst mit 8000 Thalern betheiligte. Sein Beispiel veranlaßte viele Staatsbeamte und wohlhabende Bürger, der Gesellschaft ebenfalls beizutreten.

Die afrikanische Gesellschaft machte gar seltsame Geschäfte; sie versprach sich den besten Gewinn aus dem Verkaufe von Negersklaven nach Amerika und der große Kurfürst, der Abgott so vieler Geschichtschreiber, hielt es für ganz angemessen, diesen Menschenschacher zu begünstigen! Die Geschäfte waren indessen nicht so gewinnbringend, als man geglaubt hatte. Der Kurfürst war deshalb gezwungen, später die Gesellschaft für seine eigene Rechnung zu übernehmen.

Im Jahre 1683 wurde das Fort Groß-Friedrichsburg durch den Major v. d. Gröben an der afrikanischen Küste gebaut und mit 20 Kanonen und einer kleinen Garnison versehen. Der Major zeigte sich als ein geeigneter Unterhändler mit den Negern; er ging so weit, daß er eine schwarze Schönheit zu seiner Gattin erwählte. Sie hieß Elia, erhielt aber den christlichen Namen Maria und wurde, als der Major v. d. Gröben nach Brandenburg zurückkehrte, von ihrem Gatten mit in sein Vaterland genommen und am brandenburgischen Hofe als eine schwarze adelige Dame vorgestellt.

Durch den Major v. d. Gröben wurde auch im Jahre 1684 zum ganz besonderen Vergnügen der Berliner eine Negergesandtschaft nach der

Residenz entsendet, um, wie wir bereits erwähnten, dem Kurfürsten zu huldigen.

Bot Friedrich Wilhelm bei den Besuchen der Gesandten und der fremden Fürsten die höchste Pracht auf, wie drückend auch die Geldnoth im Lande und selbst in seinen eigenen Kassen sein mochte, so ließ er es auch nicht an glänzenden Feierlichkeiten fehlen, wenn irgend ein Familienfest ihn dazu veranlaßte. Der Hof des Kurfürsten gewann durch alle diese Festlichkeiten einen Glanz, der auch in gewöhnlichen Zeiten aufrecht erhalten wurde und von Jahr zu Jahr größere Kosten verursachte.

In den ersten Jahren seiner Regierung konnten die Kosten der gesammten Hofhaltung jährlich mit 90,000 Thalern bestritten werden; im Jahre 1674 betrugen sie schon nicht weniger als 143,850 Thaler und so wuchsen sie fast von Jahr zu Jahr.

Große Ausgaben verursachte die Jagdliebhaberei des großen Kurfürsten, der besonders in dem wildreichen Grunewald häufig prächtige Jagdfeste abhielt. Bei einem dieser Feste zeichnete sich der würdige Dichter Nikolaus Peucker durch eine poetische Improvisation aus. Er war nach dem Grunewald hinausgewandert, um das schöne Schauspiel einer kurfürstlichen Jagd mit anzusehen. Der Haufen des erlegten Wildes mehrte sich von Stunde zu Stunde und dadurch wurde in dem hungrigen Dichter der Wunsch rege, daß auch seine Küche mit so kostbarem Wildpret versorgt werden möchte. Er wendete sich deshalb bemüthig an den Kurfürsten und überreichte ihm eine poetische Bittschrift folgenden Inhalts:

Alleruntertänigstes Supplicatum
An Se. Churfürstliche Durchlaucht um eine wilde Sau auf der Jagd beym Grünen Walde den 12. Decbr. 1671.
Durchlauchtigster Großmächtigster Churfürst,
Gnädigster Herr.
Gestern hab ich angesehen,
Großer Nimrod! Deine Jagd,
Die Du bei dem Grünen Wald anzustellen hast bedacht,
Und gefiel mir trefflich wohl, weil ich zuvorhin dergleichen
All mein Tage nie geschaut. Wär ich einer von den Reichen,
So vermöcht auch ich so viel, daß mir ein hauend Schwein,
Eine Sau, und sollt es auch endlich nur ein Fröschlein sein,
Schafft in meiner Küch und Hauß; aber was ist hier zu sagen?
Giebt nicht Friedrich Wilhelm mir auch einmal von seinem Sagen
Etwas ab. Churfürstinn! Dich zuvörderst nur gesund,
Da Du fürstlich schwanger bist, und ein Prinzchen mit Dir gehet,
Oder eine Prinzessinn! Ach! Daß doch mein Wunsch bestehet!
Des Groß-Gewaltigen Jägers; das ist:
Ew. Churfürstlichen Durchlaucht
Alleruntertänigster
Niclas Peucker.

Friedrich Wilhelm nahm die Bittschrift sehr gnädig auf und versprach sie zu erfüllen, wenn Peucker sofort ein Dekret, welches der Kurfürst unterzeichnen könne, abermals in Versen abzufassen vermöge. Der Dichter besann sich nicht lange und deklamirte:

Der Große Nimrod giebt Befehl:
Actäon, das ist, der von Oyen
Soll Niclas Peuckern seine Kehl
Mit einem wilden Schweine stopfen,
Er wird dafür, wann Dorothe
Die Churfürstinn nach Kindesweh
Sich wohl und glücklich wird befinden,
Ein Wiegenlied zusammen binden.
Friedrich Wilhelm.

Für dies Gedicht erhielt Peucker die gewünschte Sau.

Seiner Jagdleidenschaft opferte Friedrich Wilhelm ohne Bedenken das Wohl seiner Unterthanen. Obschon die Mark Brandenburg reich genug an Wild war und obwohl die wilden Schweine, Hirsche und Rehe den Feldern außerordentlichen Schaden thaten, wurde das Wild stets auf's Neue gehegt und gepflegt. Die Bauern wurden gezwungen, in Schaaren den Jagden als Treiber beizuwohnen und wie bittere Klagen auch die Landleute über diese Unbill ausstießen, sie wurden nicht gehört. Die Jäger und Forstbedienten herrschten despotisch und es galt fast für ein größeres Verbrechen in der Mark Brandenburg, eine wilde Sau oder einen Hirsch zu schießen, als einen Menschen zu ermorden.

Das neue Leben, welches unter der Regierung Friedrich Wilhelms am Hofe zu Berlin sich zu regen begann, führte auch eine vollständige Veränderung der Sitten an demselben herbei.

War früher der brandenburgische Hof in sich abgeschlossen gewesen, hatte er wenig von der Welt gesehen, so mußte jetzt die Verbindung mit den andern Höfen und die Anwesenheit so vieler fremder Gesandtschaften eine naturgemäße Einwirkung auf die Entwicklung des gesellschaftlichen Lebens am Hofe in Berlin äußern.

Fast alle deutschen Höfe begannen zu jener Zeit sich nach französischem Muster auszubilden, da Ludwig XIV., König von Frankreich, den deutschen Fürsten als das Ideal eines Herrschers galt.

Die französische Sprache wurde überall die Hofsprache und selbst da, wo noch deutsch gesprochen wurde, flocht man so viele französische Wörter als möglich ein und verdarb dadurch unsere schöne Muttersprache. Am brandenburgischen Hofe war dies um so mehr der Fall, als durch die Emigranten naturgemäß das französische Element eine besondere Geltung gewann.

Diese Veränderung machte sich allerdings nicht mit einem Male geltend, es vergingen Jahre, bis sie sich vollzogen hatte und trotz des französischen Firnisses, mit dem die Bildung der Hofleute überzogen war, blieb ihnen doch die deutsche Schwerfälligkeit noch im vollsten Maße. Zum Vortheil war die neue Sitte überhaupt nicht;

den plumpen Märkern fehlte die Feinheit der Franzosen, mit welcher diese ihre Leichtfertigkeit zu übertünchen verstanden.

Am Berliner Hofe artete die Nachahmung der Pariser Sitten oft genug in platte Gemeinheit aus. Das Streben, die Etiquette Ludwigs XIV. einzuführen, veranlaßte nur eine noch größere Steifheit und Unbeholfenheit. Wollten die Berliner Höflinge geistreich frivol sein, so wurden sie schamlos obscön; feierten sie nach den Beispielen des Pariser Adels geheime Orgien, dann wurden daraus wüste Sauf- und Spielgelage.

Am Anschaulichsten wurde die Veränderung des Hofes nach dem französischen Muster durch die Einführung der Mode in der Kleidertracht. Im Anfange der Regierung Friedrich Wilhelms herrschte am Hofe noch die gute alte deutsche Tracht. König beschreibt uns in seiner Schilderung der Stadt Berlin diese nach einem Originalgemälde eines im Jahre 1642 verstorbenen Fräuleins Marie Judith v. d. Marwitz folgendermaßen:

„Die Haare sind nach dem Hintertheile des Kopfs glatt aufgekämmet, doch so, daß sie drey hinter einander folgende sanfte Erhöhungen, stuffenweise bilden. Hinten sind sie in eine Flechte zusammengeschlagen, und über diese steckt eine von Goldrath und mit Perlen und Edelgesteinen stark besetzte kleine Mütze, in Gestalt einer Krone, welche in der Mitte offen ist. Diese Mütze, welche man sehen muß, und nicht leicht beschreiben kann, und die auch manche Abänderung gehabt haben wird, giebt dem Kopfe ein sonderbares Ansehen und man kann nur glauben, daß sie die Gewohnheit erträglich gemacht hat. In den Ohren des belobten Fräuleins hängen bis auf die Schultern ein paar äußerst große Ohrgehänge, deren Oberteile Ringe waren, welche eigentlich zur Befestigung dienten. Dann folgte ein dreyfach durch diese Ringe in eine Schleife gezogenes schwarzes seidenes oder sammetnes Band, an welchem der schwere Ohrenschmuck von drey ovalen Perlen, an einem mit allerlei Edelgesteinen besetzten goldenen Zierrath hieng. Um den Hals ziehet sich ein Perlenschmuck, welcher auf einer schwarzen breiten Kante, vermuthlich um ihn mehr zu heben, geheftet ist, der sich in zwo Streifen über die Brust herunterziehet, und ein sehr groteskes Geschmeide festhält, das mit vielen Edelgesteinen, unter welchen sich der Rubin besonders häufig befindet, auch Perlen besetzt ist, und en miniature dem sogenannten Licht und Recht ähnlich stehet, das der Hohepriester der Juden ehemals zu tragen pflegte. Da man an dem Körper des Fräuleins nichts außer dem Gesicht und den Händen entblößet siehet, so ist der ganze Busen mit einem Tuch bis an den Hals eingehüllet, dessen Saum mit einer sehr breiten Einfassung von Kanten mit großen Mustern gezieret ist, und der sich nach dem Rücken zu bis über die Mitte des Körpers herunterziehet. Ueber solchem Tuch und den Schultern hingen sechs Schnüre Perlen, die, da sie sich bis zum Ende der Taille herabsenken, eine weit gedehnte Peripherie beschreiben. Diese Taille entdeckt man an einem Gürtel von ponceau-rothem, bogenweise ausgezacktem Band. Das Kleid selbst ist von schwarzem geblümten Stoff, mit großen Mustern. Der Rock hat viel Falten und wird in der Mitte, vom Nabel an, bis auf die Füße, durch eine Menge kleiner Knöpfgen zusammen gehalten. Die Ermel sind oben aufgeschlitzt, wodurch man Pauschen vom Hemde durchgezogen siehet. Alle Oeffnungen und Extremitäten dieses Kleides sind mit Borten und schwarzen Kanten eingefaßt und gezieret. Dies gilt auch von dem schwarzen seidenen Mantel, der über die Schultern gehet und den ganzen hintern Theil des Körpers bedeckt. Zu Ende jeden Ermels siehet man eine aufgeschlagene und fest anliegende zwiesache und mit Spitzen besetzte Manschette, die unten mit einer Einfassung von rothem Band gezieret sind. Hierauf folgt eine goldene Kette um jeden Oberteil der Hand, deren Finger sehr reichlich mit Ringen staffiret sind. Endlich hält sie einen Wedell von schwarzen Federn in der Hand, dessen Griff die Gestalt einer weißen Lilie hat und am Ende mit einem Quaste, von rothem Bande, versehen ist. Das Ganze dieser Bekleidung macht keine sonderliche Wirkung auf das Auge, das an unsere neuere leichte Moden gewöhnt ist, weil alles mit Schmuck überladen und der Körper versteckt wird, ohne daß man seine wahre Form entdecken kann. Da die Bekleidung des Fräuleins bis auf die äußersten Theile der Füße gehet, so kann ich von den Schuen nichts melden."

Dies war die Tracht eines Hoffräulein im Anfange der Regierung Friedrich Wilhelms. Lassen wir hier gleich die Beschreibung der Tracht einer Berlinerin aus dem Mittelstande folgen, welche ein Gemälde aus dem Jahre 1660 darstellt, die aber auch für frühere Jahre gelten kann, denn bei den Bürgern waren die Moden weniger wechselnd.

„Der Kopf ist mit einem weißen Tuche eingehüllt, welcher da fest anliegt, wo der Haarwuchs aufhöret. Darüber siehet man ein simples Kopfzeug, das in der Gegend der Kinnbacken eine Ausschweifung macht oder vom Kopfe absteht, und unter dem Kinn, von einem mit Edelgesteinen und schmalen buntfarbigten Bändern gezierten goldenen Hefte, zusammengehalten wird. Den Busen deckt völlig ein weißer Kragen, dessen Oberteil, am Halse mit einer Kante, der Unterteil aber mit einem breiten Saume versehen und in der Mitte, wo er eine Halbscheid macht, mit einem größeren Hefte, vorbeschriebener Art, befestiget ist. Das Kleid ist von schwarzer Farbe, hat eine gute Taille, und kurze Ermel, die sich über dem Ellenbogen enden, und mit kleinen Bändern gezieret sind, welche sich auf dem hervorpauschenden Hemde auszeichnen, dessen Untertheil eine ziemlich große Manschetten von Spitzen hat. Wo die Hand angehet, erblickt man auf jeder Seite ein goldenes Armband, aus kleinen Ketigen zusammengesetzt, und mit einem Edelgesteine gezieret. Eine Hand hält eine Citrone und die andere stützt sich auf ein stark mit Silber beschlagenes Gesangbuch, die Attribute einer ehrbaren Person."

So lange die Kurfürstin Louise lebte, trat eine bedeutende Aenderung in der Kleidung der Damen vom Hofe nicht ein, weil die von ihr mit nach Berlin gebrachte holländische Tracht sich nicht sonderlich von der bisher am Hofe üblichen unterschied.

Nach dem Tode der Kurfürstin aber kam die französische Mode bei den Hofdamen auf und verbreitete sich schnell. An Stelle des früher so züchtig bedeckten Busens sah man schamlos entblößte Brüste, anstatt des alten einfachen Kopfputzes hohe Hauben, die sogenannten Fontangen, welche nach ihrer Erfinderin, der Madame Fontange, benannt waren. Das Tragen der entblößten Brüste erregte Anfangs eine allgemeine Entrüstung unter dem Bürgerstande, besonders bei den Predigern. Diese zeterten von den Kanzeln herab gegen die Unsitte und manche erließen auch heftige Streitschriften gegen dieselbe. Der Titel eines dieser Bücher ist so eigenthümlich, daß wir ihn unsern Lesern nicht vorenthalten können.

„Der gedoppelte Blasbalg der üppigen Wollust, „nemlich die erhöhete Fontange und die bloße „Brust, mit welchen das alamodische und „die Eitelkeit liebende Frauenzimmer in ihrem „eigenen, und vieler unvorsichtigen Manns„Personen sich darin vergaffenden Herzen „ein Feuer der verbothenen Liebesbrunst an„gezündet, so hernach zu einer hell leuchten„ben großen Flamme einer bittern Unlust „außschlägt, Jedermänniglich, absonderlich dem „Tugend und Ehrbarkeit liebenden Frauen„zimmer zu guter Warnung und kluger Vor„sichtigkeit vorgestellet und zum Druck be„fördert durch Ernestum Gottlieb, bürtig von „Veron, Anno 1689."

Dem Werke mit dem schönen Titel war ein trefflicher Kupferstich beigeheftet; auf demselben war ein Todtenkopf mit zwei kreuzweise verschränkten Knochen und mit einer Fontange verziert abgebildet; oben stand ein Teufel, der zwei auf jeder Seite des Monuments stehende Damen, welche sich durch Fontangen und bloße Brüste auszeichneten, an Stricken hielt und dadurch zeigte, daß er sie ihrer unzüchtigen Tracht wegen in seiner Gewalt habe. Schon der Titelkupferstich bezeichnet den Inhalt der Schrift, welche in ihrer platten Gemeinheit noch schamloser war, als die Tracht, gegen welche sie zu Felde zog.

Alle Predigten, alle Schriften erwiesen sich ohnmächtig gegen die Mode, welche sich mit großer Schnelligkeit ausbreitete. Eben so wenig wie in unsern heutigen Tagen die Klagen der Ehemänner und die Spöttereien der Schriftsteller etwas gegen die Modenarrheit vermocht haben, eben so wenig vermochten sie damals etwas gegen die Fontangen und bloßen Brüste.

Auch bei den Männern bürgerte sich allmählich die französische Mode ein. Die geschmacklosen und kostbaren Perrücken, welche in Frankreich getragen wurden, kamen auch nach Berlin. Friedrich Wilhelm selbst nahm diese alberne Mode an; bei jeder feierlichen Gelegenheit schmückte er sich mit einer gewaltigen, gepuderten Allongen-Perrücke. Sein starkes, braunes Haupthaar, welches er früher in langen Locken herabfallend getragen hatte, mußte der häßlichen französischen Mode weichen. Wie theuer diese war, geht wohl daraus hervor, daß die Rechnung des Leibschneiders für Pommade und Puder in einem einzigen Jahre 100 Thaler betrug.

Die Mode, Perrücken zu tragen, wurde bald so allgemein, daß am Ende der Regierung Friedrich Wilhelms jeder kurfürstliche Rath geglaubt hätte, seiner Würde etwas zu vergeben, wenn er sein schlichtes, natürliches Haar der Welt gezeigt hätte. Ueberhaupt Jeder, der als Mann von Würde und Ansehen gelten wollte, umgab sein Haupt mit einem Wust gepuderter Haare. Die Bürgermeister und Rathsherren folgten ebenfalls der Hofmode und so konnten denn schon im Jahre 1674 drei französische Perrückenmacher, welche sich in Berlin niedergelassen hatten, hier gute Geschäfte machen.

Am Schwersten fand die französische Mode Eingang in die deutsche Küche; die derben märkischen Magen wollten sich mit der leichten Kost der Franzosen nicht befreunden, eine kräftige Biersuppe bildete noch immer den Hauptbestandtheil des Frühstücks und wenn auch Kaffee und Thee, sowie Chokolade als Luxusgetränke in Aufnahme kamen und bei keinem Feste fehlen durften, so waren sie doch noch nicht zum eigentlichen Volksbedürfniß geworden; der Thee wurde sogar mehr als eine Art Medizin betrachtet. Der kurfürstliche Leibarzt, Cornelius Bontekoe, der sich die Einführung dieses Getränks zur Aufgabe gemacht hatte und dafür von den Holländern ein Jahrgehalt erhielt, pries es als ein Universalmittel gegen alle möglichen Krankheiten an.

Eine gesunde Hausmannskost mit großen Quantitäten Fleisch blieb am Hofe wie in den bürgerlichen Häusern noch lange Zeit die herrschende Sitte. Dafür zeugt auch der folgende uns aufbewahrte Küchenzettel für die kurfürstliche Mittagstafel: 1. Mandelsuppe. 2. Rindfleisch mit Meerrettig. 3. Hammelköpfe mit Braunkohl. 4. Hechte in Butter mit weißen Rüben. 5. Wilder Schweinskopf. 6. Kälberbraten. 7. Welschen Hahn gebraten. 8. Laßkuken-Salat. 9. Gehacktes vom Hammelbraten. 10. Schwarzes vom Schweine-Wildpret. 11. Fritassiri Kalbfleisch mit Limonen. 12. Weingemüse.

Ein Lieblingsgericht bildete das Wildpret, welches in ungeheurer Quantität verzehrt wurde; es kamen damals auch Thiere, welche heut nicht mehr als eßbar gelten, auf die kurfürstliche Tafel - dies ergiebt sich aus einem Verzeichniß des Wildbedarfs derselben für das Jahr 1653 und 1654.

Wir finden in diesem Verzeichniß außer 623 Wildschweinen, 205 Frischlingen, 386 Hirschen, 559 Rehen, 240 Hasen, 40 Auerhähnen u. s. w. auch 5 Trappen, 3 Kraniche, 1 Schwan und 1 Wasserraben. —

Dieser Wildbedarf zeugt auch für den gewaltigen Wildstand der Mark Brandenburg, für den wir hier noch ein anderes Zeugniß anführen. Der Kurfürst, der, wie wir wissen, ein leidenschaftlicher Jäger war und der sich gern mit andern Jagdfreunden über die Ausbeute seiner Jagden unterhielt, schrieb am 7. Nov. 1660 an den Fürsten von Anhalt:

„Ich erfreue mich, daß Ew. Liebden gute Lust auf der Jagd gehabt haben; ich habe hier auch nicht gefeiert, in einem Schluftjagen*) im Grunewald (bei Spandow) habe ich 115 Säue und in anderen Streifjagen 70 Säue und 40 Stück Rothwild geschlagen."

Obgleich der kurfürstlichen Küche das Wild aus den Forsten nichts kostete, machte doch in Folge des eminenten Appetits, dessen sich die Hofherren und Hofdamen erfreuten, das Küchengeld einen nicht unbeträchtlichen Theil der Hofhaltungskosten aus. Im Jahre 1674 betrug dasselbe nicht weniger als 36,000 Thaler. Zu gutem Essen gehörte auch ein tüchtiger Trunk, bei dem man freilich weniger auf die Qualität als auf die Quantität sah, wie daraus hervorgehen mag, daß die Kosten des Weins im Jahre 1674 im Hofhaushaltsetat sich auf 12,000 Thaler beliefen, obgleich Rheinwein nur an der kurfürstlichen Tafel geliefert wurde, und die Hofherren sich mit billigem Landwein begnügen mußten. Auch die Hoffräulein zeichneten sich durch einen sehr gesunden Durst aus; sie erhielten jede Mittags ein halbes Quart Wein, die Oberhofmeisterin bekam ein ganzes und man hat nicht gehört, daß etwas übrig geblieben wäre.

Neuntes Kapitel.

Französische Moden in den Bürgerhäusern Berlins. — Das Tabakrauchen. — Die öffentlichen Hinrichtungen. — Berliner Vergnügungen. — Die Fastnachtsmummereien. — Das Ballspiel — Volksfeste. — Schützenfest und Christmarkt. — Feierlicher Einzug des Kurfürsten. — Wiederaufleben der religiösen Zwistigkeiten. — Der Schneiderprediger. — Gottesdienst unter freiem Himmel in Berlin.

Das bürgerliche Leben in jener Zeit zeigt uns meist ein verzerrtes Spiegelbild des Hoflebens. Die Nachahmungssucht trieb die Bürger, es den Hofherren gleich zu thun, sie suchten deshalb auch die französischen Sitten in ihrem Leben einzuführen; dies aber gelang ihnen noch weniger, als den Hofleuten, denn sie waren noch schwerfälliger als diese und hatten nicht das Beispiel der fran-

*) Treibjagen in das Garn.

zösischen Hofkavaliere durch persönliche Berührung mit denselben unmittelbar vor sich.

Die französischen Sitten hatten deshalb in den Bürgerhäusern eine noch ungünstigere Entwicklung, als am Hofe. Die Sprache wurde ein gräulicher Misch-Masch von deutschen und französischen Worten; auch die neue Tracht bürgerte sich nach und nach, wenn auch sehr langsam, beim Volke ein. Die Frauen, besonders die der reicheren Kaufleute, trugen ebenfalls Fontangen und bloße Brüste, und daß diese nicht ohne Einwirkung auf die allgemeine Sittlichkeit waren, zeigten die rasch zunehmenden Zahlen unehelicher Geburten.

Nur wenige, meist altlutherische Familien waren den Neuerungen abhold und blieben bei ihrer alten Sprache und der alten Tracht.

Am Leichtesten gewöhnten sich die Bürger an die leiblichen Genüsse, welche ihnen die Franzosen brachten; auch in den Bürgerhäusern wurden Kaffee und Chokolade als Festgetränke einheimisch; ebenso verbreitete sich das Tabakrauchen. Die Geistlichen eiferten dagegen, sie nannten den brennenden Tabak ein Vorspiel des höllischen Feuers; trotzdem aber gewöhnten sich doch die Bürger schnell an den neuen Genuß.

Schon im Jahre 1676 fand es ein speculativer Jude, Hartwich Daniel, vortheilhaft, den Tabakshandel in der Alt-, Mittel- und Uckermark, sowie im Priegnitzer und Ruppinischen Kreise zu übernehmen und um ein Privilegium dafür nachzusuchen. Es wurde bereits jährlich in diesen Landestheilen für 100,000 Thaler Tabak verbraucht. Friedrich Wilhelm begünstigte den Genuß des Tabaks, weil ihm derselbe eine schöne Revenue abwarf; er soll auch selbst geschnupft haben, wenigstens wird noch eine silberne, als Muschel gestaltete Dose aufbewahrt, welche sein Eigenthum gewesen ist.

Auf dem Lande fand das Tabakrauchen weniger schnell Eingang; es war während der Regierung des großen Kurfürsten bei den Bauern größten Theils noch gar nicht bekannt und wie dieselben die neue Sitte anschauten, geht aus folgender Anekdote hervor:

„Als der Kurfürst einst mit seinem Mohren, den er als Kammerdiener bei sich führte, eine Jagd besuchte, machte sich der Mohr den Scherz, einem bäuerischen Treiber seine brennende Pfeife Tabak anzubieten. Dieser wich entsetzt zurück; aber er wollte den schwarzen Mann, der ihm Grauen einflößte, nicht beleidigen, er macht demselben daher eine höfliche Verbeugung und sagte: „Nein, gnädiger Herr Teufel, ich esse kein Feuer!"

Alles, was die Sinne kitzelte und den leiblichen Genuß erhöhte, wurde von den Bürgern Berlins freudig aufgenommen. Auch das Branntweintrinken nahm, besonders unter dem ärmeren Volke, sehr überhand. Die heitere Kunst aber, welche der Kurfürst begünstigte, fand bei dem Bürgerthum noch keine Stätte. Sie blieb noch lange Jahre in der Mark eine Treibhauspflanze, welche nicht gedeihen, nicht einheimisch werden wollte.

Der geistigen Rohheit der Berliner widerstrebte der Kunstgenuß und dieselbe wurde genährt durch das Schauspiel blutiger Hinrichtungen, deren Zeuge das Volk von Berlin häufig genug war.

Die Hinrichtungen bildeten noch immer Volksfeste, die Menge drängte sich dazu und schaute mit wollüstigem Kitzel dem grauenhaften Schauspiel zu, welches ihr ein Gegenstand des höchsten Interesses war.

Wir besitzen die schriftlichen Notizen, welche ein Berliner Bürger, Namens Wendland, in den Jahren 1648—1707 aufgezeichnet hat, eine trockene Darstellung aller derjenigen Ereignisse, welche dem ehrsamen Bürger bedeutend und interessant vorkamen; sie haben nur einen geringen historischen Werth, geben uns aber ein Zeugniß für den Volksgeschmack. Von künstlerischen Bestrebungen ist nichts in den Notizen enthalten; dagegen berichtet Wendland treulich alle Mordthaten, alle Diebstähle, alle Nichtswürdigkeiten, welche zu seiner Zeit vorgekommen sind und erzählt besonders mit vieler Genauigkeit die Hinrichtungen. Dieser Theil seiner Aufzeichnungen ist unendlich reichhaltig.

Während der Regierungszeit des großen Kurfürsten kamen noch fast alle die früheren Hinrichtungsarten zur Ausführung. Von der Langen Brücke herab stürzte man die unglücklichen Weiber, die ein Kind der Schande getödtet hatten, in Säcke genäht, ins Wasser oder enthauptete sie vor dem Rathhause. Die Mordbrenner wurden geköpft und dann verbrannt und eine solche Strafe traf, wovon uns Wendland zwei Beispiele erzählt, selbst Kinder von 15 Jahren; ein Knabe und ein Mädchen in diesem Alter wurden zu verschiedenen Zeiten in solcher Art hingerichtet, weil sie Feuer angelegt hatten.

Ein Adliger, der seine Ehegattin und ein mit einer Konkubine gezeugtes Kind ermordet hatte, wurde im Jahre 1656 gerädert, vor der Exekution aber zuerst vor der Stadt und dann am Rabensteine mit glühenden Zangen an beiden Brüsten gekniffen.

Mit einem gewissen Schauer berichtet uns Wendland, daß eine Frau, welche die Absicht gehabt habe, einen Mord zu begehen, am 12. Januar 1676 vor dem Berlinischen Rathhause enthauptet worden sei, daß man ihr nachher die Haut abgezogen und sie anatomirt habe. Die Idee der Anatomirung eines Leichnams erregte damals weit größeres Entsetzen, als eine Hinrichtung; sie erschien dem abergläubischen Volke wie eine grauenhafte Entweihung.

Jede Exekution wurde stets unter dem Zulauf einer großen Volksmenge vorgenommen. Wenn ein Soldat in der Breiten Straße Spießruthen laufen mußte, wogte vom Schloßplatze bis nach dem Cölnischen Rathhause eine dicht gedrängte Menge von Zuschauern, welche sich an dem Anblick des nach jedem Ruthenschlage herabströmenden Blutes ergötzte. Als am 13. Mai 1671 ein Prediger Treuer vom Schlosse bis zum Sankt Georgsthore mit Ruthen gestrichen wurde, weil er einen kurfürstlichen Befehl gefälscht hatte, liefen ihm Hunderte von Gassenbuben jubelnd und höhnend nach. Wendland erzählt uns auch von einer höchst eigenthümlichen Strafe, welche am 20. Mai 1676 vollstreckt wurde:

„An diesem Tage mußte Ernst Stachow zu Cöln auf dem Fischmarkte 5 Stunden auf dem Esel daselbst reiten, ihm ward zu sonderbarem Schimpf die Diebskarre drey mal um den Esel geführet, solches geschahe bei volkreicher Versammlung."

Welches Vergehen der Eselreiter begangen hatte, wird uns nicht erzählt.

Die zahlreichen Hinrichtungen mußten eine Abstumpfung des Gefühls, eine mehr und mehr gesteigerte Rohheit zur Folge haben. Die fröhlichen Volksfeste, welche früher die Freude der Berliner gewesen waren, fanden jetzt nur noch wenig Anklang oder sie arteten aus zu wüsten Gelagen, denen gewöhnlich blutige Schlägereien folgten. Besonders in der Fastnachtszeit, in welcher die Handwerker vermummt und mit Gesang durch die Straßen zogen, war dies der Fall.

Daß es bei diesen Umzügen und den darauf folgenden Festen nicht gar zu anständig in der Residenz zuging, dafür zeugt ein Verbot, welches Friedrich Wilhelm im Jahre 1659 gegen dieselben erließ und in welchem er sagte, daß die Handwerker

— — mit allerhand Musik über die Gassen gingen, viel Aefferei und Muthwillen verübet, der Bürgerschaft und andern Einwohnern, mit Plackereien und Abforderung von Geldern, zur nicht geringen Beschwer gewesen, nachmals in ihren Herbergen wohl acht und mehrere Tage mit einander geschmauset, sich dabei gezänkert, geschlagen und wohl gar ermordet, dagegen ihre Arbeit versäumet, groß Aergerniß gegeben, und mit ihrem epikurischen, heidnischen Leben und sündlichen Wesen Gottes Zorn nicht wenig gereizt hätten."

Friedrich Wilhelm empfahl den Bürgern ein anständigeres Vergnügen, das Ballspiel, zu welchem er ihnen sein Ballhaus auf dem Werder eröffnete. Es wird gewöhnlich geglaubt, das Ballhaus sei ein Tanzhaus gewesen; dies war aber keineswegs der Fall, es wurde lediglich zum Ballspiel, welches schon längst in Frankreich fast zu einer Kunst geworden war und nach und nach auch in der Mark Brandenburg Eingang gefunden hatte, benutzt.

Das Ballhaus war ein langes, theils offenes, theils mit bedeckten Gallerien versehenes Gebäude, in welchem ein Baumeister mit seinem Diener, die für die nöthige Ordnung zu sorgen hatten, wohnten. Für die Besucher dieses Ballhauses waren eigene polizeiliche Verordnungen gegeben, in welchen festgestellt war, wie sich die Spieler zu verhalten und welches Spielgeld sie zu entrichten hatten.

Als das Ballhaus bei den um sich greifenden Befestigungen Berlins niedergerissen werden mußte, wurde ein neues im Lustgarten in der Nähe der Schloßbrücke gebaut.

Die einzigen Volksfeste, von denen uns aus jener Zeit berichtet wird, waren die Schützenfeste. Diese kamen nach und nach wieder in Gang, nachdem sie zur Zeit des dreißigjährigen Krieges eingeschlafen waren. Die Schützengilde wurde aufs Neue ins Leben gerufen und das Königsschießen zur Pfingstzeit auf dem Schützenplatze in der Lindenstraße wieder hergestellt.

Anfänglich war der Zulauf des Volks nicht groß, nach und nach aber begann das Fest wieder seinen früheren Charakter zu gewinnen. Die auf dem Wege nach dem Schützenhause belegenen Häuser wurden mit grünen Lauben ausgeschmückt, die große Wiese wimmelte wieder von fröhlichem Volk und die Buden, in denen Zinnsachen und andere Kleinigkeiten ausgeboten wurden, fanden wie früher freudigen Zulauf.

Auch um die Zeit des Christmarkts ging es lustig in Berlin zu. Auf dem Cölnischen Fischmarkte, wo derselbe abgehalten wurde, versammelte sich immer eine reiche Volksmenge.

Außer diesen der Bürgerschaft eigenthümlichen Festen hatte das Volk noch manchen Schaugenuß durch die Hoffeste und die feierlichen Einholungen des Kurfürsten, wenn derselbe von einem siegreichen Feldzuge nach Berlin zurückkam.

Solche Feste kamen indessen nicht häufig in Berlin vor. Im Großen und Ganzen war der Charakter der Zeit ernst und trübe. Der harmlose Frohsinn, welcher früher die Volksfeste belebt hatte, fehlte; dazu trugen wesentlich die religiösen Zwistigkeiten bei, welche zwar während des dreißigjährigen Krieges einigermaßen geschwiegen hatten, nach dem zurückkehrenden Frieden aber von Neuem wieder auflebten.

Lutheraner und Kalvinisten wurden wieder zwei feindliche Parteien und die ersten waren um so ansgebrachter gegen die Reformirten, als sie befürchteten, daß diese durch den Einfluß des Hofes zu immer größeren Rechten kommen, vielleicht sogar das lutherische Glaubensbekenntniß gänzlich in Berlin und der Mark Brandenburg unterdrücken würden.

Die Geistlichen donnerten und fluchten von den Kanzeln herab gegen alle Reformirten. Der Haß beider Parteien gegen einander wuchs von Jahr zu Jahr; die Geistlichen gingen so weit, daß sie jedes Mittel zur Schmähung ihrer Gegner benutzten. Im grauen Kloster wurde sogar im Jahre 1661 eine Komödie, „die Einsetzung des Abendmahls" betitelt, aufgeführt, nach welcher das Abendmahl nach reformirtem Gebrauch auf dem Theater gehalten und durch schmähliche Narrenspossen dem Gespötte des Pöbels preisgegeben wurde.

Der Rektor am Berlinischen Gymnasium, Johann Heinzelmann, schrie von der Kanzel der grauen Klosterkirche herab: „Wir verdammen die Papisten, die Kalvinisten und die Helmstädter! Mit einem Worte, wer nicht lutheranisch ist, der ist verflucht! Ich weiß wohl, daß ich dieses mit Gefahr des Leibes und des Lebens rede, aber ich bin Christus Diener u. s. w." und dies war noch keine von den heftigsten Reden, die gehalten wurden, oft bewegten sich die lutherischen Geistlichen in den unanständigsten Redensarten, um ihre Gegner zu kennzeichnen.

Man rühmt in den meisten Geschichtswerken die Toleranz des Kurfürsten während dieses Religionsstreites und erzählt mancherlei Anekdoten zum Beweise für dieselbe. Eine der bemerkenswerthesten ist die folgende:

Friedrich Wilhelm hatte im Jahre 1646 den Hofprediger Stosch mit einer Kirchenvisitation betraut, bei welcher derselbe durch das ganze Land reisen mußte, um Nachricht über den Zustand der Kirchen einzuziehen. Hierbei zeigte es sich, daß viele Gemeinden gar keine Prediger besaßen, daß bei andern irgend ein Handwerker das geistliche Amt übernommen hatte.

Stosch war hierüber sehr entrüstet; er setzte die unbefugten Prediger ohne Weiteres ab, so auch einen Schneider, der in einem Dorfe bereits seit längerer Zeit als Geistlicher fungirt hatte.

Die Dorfgemeinde war mit dieser Absetzung keineswegs zufrieden, ihr Seelsorger hatte ihrem geistlichen Bedürfniß Genüge geleistet und da sie keinen andern Prediger hatte, so wünschte sie, daß der Schneider nach wie vor Trauungen, Taufen und andere Amtshandlungen vollziehe. Sie forderte ihn auf, dem Befehl des Hofpredigers zu trotzen und der Schneider fand sich dazu bereit.

Kaum hatte Stosch von der Widersetzlichkeit des Schneiderpredigers gehört, als er befahl, denselben zur Strafe zu ziehen. Der Schneider wußte nur ein Mittel, sich seiner Gemeinde zu erhalten und dies führte er aus; er wanderte nach Berlin, erbat eine Audienz beim Kurfürsten und stellte diesem vor, er sei doch jedenfalls ein besserer Prediger, als gar keiner, seine Gemeinde sei stets mit ihm zufrieden gewesen und deshalb bitte er, im Amte bleiben zu dürfen.

Friedrich Wilhelm ließ sofort den Hofprediger rufen, um dessen Ansicht zu erfahren. Stosch erklärte nun entrüstet, unmöglich dürfe der Schneider noch ferner Prediger sein, da derselbe gar keine Kenntniß von geistlichen Handlungen haben könne; dem aber widerstritt der Bittsteller und erbot sich, in Gegenwart Sr. kurfürstlichen Gnaden seine Geschicklichkeit zu jeglicher geistlichen Handlung zu beweisen.

Der Schneider mag wohl ein drolliger Patron gewesen sein, der es verstand, den Kurfürsten in gute Laune zu versetzen, denn Friedrich Wilhelm ging auf seine Vertheidigung ein und forderte ihn auf, zu zeigen, wie er die heilige Taufe vollziehe. Das war ein schweres Stück Arbeit, aber es brachte den Bittsteller nicht in Verlegenheit; er forderte Wasser und ein Kind, denn ohne ein solches könne er nicht taufen.

Das Wasser wurde gebracht, das Kind aber war nicht zu haben und der Hofprediger gab daher sein Käppchen, damit dieses die Stelle des Kindes vertrete. Sofort stellte sich der Schneider mit gewichtiger Miene dem Kurfürsten gegenüber, er machte dem hohen Herrn eine tiefe Verbeugung; dann goß er eine Hand voll Wasser über das Käppchen und sprach in salbungsreichem Tone: „Auf Befehl meines gnädigsten Kurfürsten und Herrn und weil es der Herr Stoskius so haben will, taufe ich dich, Käppchen, daß du sollst Käppchen heißen und bleiben, so lange ein Stücke an dir ist!"

Der Kurfürst lachte herzlich, nahm den Hofprediger bei Seite und sagte zu ihm: „Laßt den Kerl unvexiret, er ist gescheidter als Ihr!"

Ob das Geschichtchen wahr oder gut erfunden ist, mag dahingestellt sein, verbürgt ist es nicht; aber wenn es auch wahr wäre, so würde doch solch einzelner Fall ein Beweis für die Toleranz Friedrich Wilhelms ebenso wenig sein, wie die Thatsache, daß dieser in andern Staaten, wo die Lutheraner durch die Reformirten unterdrückt wurden, sich für jene verwendete. Auch Ludwig XIV., der doch die Hugenotten mit blutiger Hand heimsuchte und gewiß nicht für einen Repräsentanten der Toleranz gelten kann, mischte sich doch zu Gunsten der Protestanten, wenn es die Staatsklugheit und der Staatsvortheil gebot, gern in die innern Angelegenheiten anderer Länder.

Unsere Bewunderung für die Toleranz, mit welcher Friedrich Wilhelm bestrebt war, die gegenseitige religiöse Duldung der Lutheraner und Kalvinisten zu erzielen, verschwindet, wenn wir bedenken, daß die große Masse des Volks sich für das Lutherthum bekannte, während er selbst, ein Theil seines Hofes und seiner Günstlinge und nur eine verschwindende Minderzahl der Bürger der reformirten Sekte angehörten. Seine Toleranz war daher nichts anderes, als das Streben, den Anhängern seiner eigenen Religion gleiche Rechte mit den Lutheranern zu verleihen.

Diesen Charakter trugen auch alle seine berühmten Verordnungen, welche die Lohnschreiber der Geschichte so gern einer außerordentlichen Freisinnigkeit des Kurfürsten zuschreiben. Sein Befehl vom Jahre 1661, daß fortan stets zwei Reformirte in den Rath aufgenommen werden sollten, war gewiß nicht gerecht, denn das Zahlenverhältniß der Reformirten zu den Lutheraner begründete keineswegs einen Anspruch der erstern auf eine so große Vertretung im Rathe der Stadt Berlin. Das von Friedrich Wilhelm im Jahre 1662 veranstaltete Colloquium, in welchem die Prediger beider Glaubensbekenntnisse über eine Einigung berathen sollten und welches fruchtlos ausfiel, war eben so wohl im Interesse der Reformirten angeordnet, als sein berühmtes Toleranzedikt vom 16. September 1664, in welchem er befiehlt, beide Parteien sollten sich gegenseitig aller anzüglichen Beinamen enthalten und dem andern Theile keine ungereimte und gottlose Behauptungen aufbürden, die von ihm nicht anerkannt, sondern nur durch Konsequenzmacherei aus seinen Dogmen abgeleitet würden. — „So wollen wir hiermit abermals ernstlich anbefohlen haben, daß, wann jemand, er sei reformirt oder lutherisch, begehren wird, daß sein Kind ohne Exorcismus getauft werden möge, der deshalb angesprochene Prediger, ohne Erwartung ferneren Befehls, die Taufe also verrichten soll." Allen diesem Edikt entgegen handelnden Predigern ward Entsetzung von ihrem Amte und nach Befinden härtere Strafe angedroht. Um sich ihres Gehorsams zu versichern, sollte jeder von ihnen durch Unterschrift eines Reverses sich ausdrücklich dazu anheischig machen.

Daß es mit der Toleranz Friedrich Wilhelms nicht gar zu wohl bestellt war, beweist wohl seine rücksichtslose Vertreibung solcher lutherischer Prediger, welche sich seinen Anordnungen nicht willenlos fügen wollten, sondern überzeugungstreu lieber ihre Stellen verließen, als von den Geboten ihres Glaubens wichen.

Zu den lutherischen Predigern, welche in Folge des sogenannten Toleranzedikts ihre Gemeinden verließen, gehörte auch der berühmte Dichter geistlicher Lieder, Paul Gerhardt, der 1666 aus Berlin wandern mußte, obgleich er von seiner geistlichen Gemeinde hoch geehrt und geliebt war und obgleich ihm selbst der Kurfürst seine Achtung nicht versagen konnte.

Ebenso wenig spricht für die Toleranz Friedrich Wilhelms der Befehl, daß der katholische Gottesdienst in seinen Staaten gänzlich unterdrückt werden solle. Eine Reihe von Befehlen zur unbedingten Innehaltung der vom Kurfürsten angeordneten Buß- und Bettage und die Bestrafung aller Derer, die nicht oft genug das Abendmahl nahmen, trugen denselben Charakter der Unduldsamkeit und nicht weniger auch sein mehrfach wiederholtes Edikt zur Aufrechthaltung einer strengen Sonntagsfeier, welche er durch harte Strafbestimmungen durchzuführen versuchte, obwohl sie dem Geiste des Volks ganz zuwider war.

„Nachdem Wir — heißt es in dem Edikt vom 22. Februar 1676 — nicht ohne sonderbares Leidwesen mehr und mehr vernehmen müssen, welcher Gestalt der Tag des Herrn auf vielfältige Art und Weise entheiliget und es fast dahin kommt, daß aus dem Sonntag ein Sündentag werde, dadurch aber der Zorn Gottes wider Land und Leute gerichtet wird, so haben Wir, solchem Unheil zu steuern, folgende Verordnung für nöthig befunden: Es wird verboten, Banquette und Hochzeiten anzustellen, die Krambuden, Schank-, Bier- und Weinhäuser zu öffnen, jedoch soll Reisenden und den Einwohnern das Nothdürftige verabfolgt werden. Die Offiziere der Thorwachen sollen darauf halten, daß Niemand vor beendetem Gottesdienste vor die Thore spazieren gehe, sowie auch Lustreisen untersagt werden."

Friedrich Wilhelm zeigte bei allen Gelegenhellten große Frömmigkeit. Morgens und Abends hielt er täglich in seinem Gemache einen Gottesdienst, an allen Feiertagen hörte er Vormittags in der Kirche die Predigt und Nachmittags die Erklärung der Psalmen. Er ging häufig mit der Gemeinde öffentlich zum Abendmahl, beobachtete die Fasttage auf's Strengste und genoß an denselben nicht mehr als ein Ei und etwas Brod.

So oft er in die Schlacht ging, bereitete er sich zu derselben durch Gebete vor, und zwar meist öffentlich in Gegenwart seiner Soldaten. Vor der Schlacht bei Fehrbellin hielt er das Gebet in seinem Wagen, in den er sich, um auszuruhen, gesetzt hatte, rief dann seine Leute zu sich und sagte ihnen: „Ich habe zwar nicht schlafen können, aber ich bin durch Gott eines glücklichen Successes gesichert," und auch nach der Schlacht, als er gesiegt hatte, schrieb er nicht sich, sondern Gott den Sieg zu.

Wie er selbst den Gottesdienst regelmäßig innehielt, so forderte er dies auch vom Volke. Er begünstigte daher die noch übliche Sitte, die Kirche unter freiem Himmel abzuhalten. Wenn das Wetter es irgend erlaubte, so fand an jedem Sonntag Mittag um 12 Uhr auf dem Gertraudten-Kirchhofe eine Predigt Statt, dasselbe geschah auch bei der Sankt Georgenkirche und auf dem Heiligen Geistkirchhofe, wo unter den uns bekannten drei großen Linden der Gottesdienst abgehalten wurde.

Es war daher für die Bewohner der Dorotheenstadt keine Entbehrung, daß ihre sonntägliche Kirchenfeier, so lange ihr Gotteshaus noch nicht gebaut war, bei gutem Wetter unter den Linden stattfand.

Ob die von Friedrich Wilhelm oft nicht ohne Gepränge an den Tag gelegte Frömmigkeit seiner innersten Ueberzeugung entsprossen, oder ob sie ein Resultat seiner staatsmännischen Politik und jener so vielen Fürsten seines Hauses eigenen pietistischen Neigung war, ist heut schwer zu beurtheilen. Jedenfalls aber steht fest, daß ihn diese Frömmigkeit nicht hinderte, seine Eide zu brechen, wenn ihm dies zu seinem eigenen und dem Staatswohl nothwendig erschien und daß sie ihn nicht über den finstern Aberglauben seiner Zeit erhob.

Zehntes Kapitel.

Gespenstermärchen. — Der Bauer von Hönau. — Der Schmutzteufel in Küstrin. — Erscheinungen der weißen Frau im Berliner Schloß. — Friedrich Wilhelms Gespensterglauben. — Goldmacherei. — Kunkel. — Hexen und Hexenmeister. — Der Hexensabbath. — Der Hexenprozeß.

Gespenstermärchen und Teufelsspuk aller Art bildeten nach dem dreißigjährigen Kriege die beliebtesten Abendunterhaltungen der Berliner. Vornehm und Gering, Jung und Alt fand ein schauerliches Vergnügen an Erzählungen von Hexen und Zauberern, Wehrwölfen, Kobolden und Unholden und Jeder glaubte andächtig daran; ja, der Vernünftige, der es gewagt hätte, einen Zweifel an solchen Märchen laut zu äußern, würde in den Verdacht, daß er sich selbst der Zauberei schuldig mache, gekommen sein.

Die Chroniken sind voll von Erzählungen, welche mit der größten Naivetät und die seltsamsten, verrücktesten Märchen als Wahrheit auftischen. Wir greifen einige dieser Spukgeschichten aus der großen Masse als vorzüglich charakteristisch heraus.

Die schon oft von uns erwähnte Chronik von Möller erzählt uns:

„In diesem Jahre (1670) fuhr ein Bauer von Hönau in der Mark Brandenburg mit etlichen Scheffeln Gerste des Mittags umb 11 Uhr aus Berlin. Vor der Stadt aber blieben seine Pferde auf der Brücken stehen und konnte Er Sie weder mit Worten noch Streichen von der Stelle bringen. Indeß ersiehet der Bauer auf seinem Wagen ein großes altes und häßliches Weib, mit feurigen Augen, daß redete Ihn an und sprach: „Waß siehst Du Dich lange umb? Fahre fort, denn ich bin müde und habe Dir lange nachgeeylet."

Der Bauer antwortete ganz erschrocken: „Soll ich Dich noch mitführen, da Du doch siehest, daß die Pferde so nicht fort wollen."

Das Weib sagte: „Gib mir die Peitsche und setze Dich auf den Wagen, ich will sie schon fortbringen."

Der Bauer faßte endlich ein Herz und sprach: „Ich bin durch Gottes Gnaden diesen Weg manch mahl gefahren und will ihn auch dieses mahl ohne Deine Hülffe vollenden," und hierauf fing Er an zu singen: „Eine feste Burg ist unser Gott!"

Das Weib hub dagegen an, Gott und seinen Sohn zu lästern und wolte auch den Bauer dazu bereden, rückte Ihm bey seiner Frömmigkeit seine Armuth vor, Er solte Ihr folgen, Sie wolte Ihn Geld genug geben, wies Ihn auch dessen einen ganzen Scheffel voll. Wie das Weib aber die Schürze aufhub, wurde der Bauer der häßlichen Gestalt recht gewahr, darüber erschrack Er noch mehr und sagte: „Wiltu fahren, so fahre mit in Jesus Nahmen!" Damit verschwand das Weib und der Bauer fuhr nach Hause."

Je toller solche Märchen waren, je lieber wurden sie geglaubt.

Georg Ehrenreich von Burgsdorf theilte einst in einem Schreiben vom 2. April 1646 dem Obersten Konrad von Burgsdorff eine seltsame Geschichte mit, welche er selbst erlebt haben wollte und welche allgemein Glauben fand. Er schreibt etwa: — Am verwichenen letzten Osterfeiertag hat der Major Holsten Ihre Majestät die Königin (von Schweden) in seiner Wohnung bewirthet. — Als nun die Tafel bald aufgehoben werden sollte, bin ich mit Ihro Majestät, welcher es in der kleinen Stube zu heiß gewesen, hinaus auf den Hof gegangen. Indem entsteht in der Stube über der Tafel ein übler Geruch, von dem Niemand weiß, wo er herkommt. Die Frauenzimmer sehen eine die andere an, da finden sie, wie auch die Kavaliere, auf ihren Kleidern und Rabatten große Flecke (salva venia) von Menschenkoth, worüber sie sich schämen und säubern lassen. Es hilft aber nichts, sondern je mehr sie wischen, je mehr empfangen sie, worüber Ihre Majestät wieder in die Stube kommen und den übeln Geruch wahrnehmen, so gehen sie alsbald zum Herrn Fessela herum, wohin die Frauenzimmer und die Kavaliere auch folgen, aber auch da können sie vor solchem Unflath nicht sicher bleiben und als man zusieht, findet sich eine alte Hexe vor der Thüre. Sobald diese hinweg gejagt wurde, verging auch der Unflath x.

Auch von der weißen Frau wurde viel erzählt, sie sollte sich wieder bei den verschiedensten Gelegenheiten gezeigt haben, mitunter sogar bei hellem Tage und dafür traten scheinbar glaubwürdige Zeugen auf; so der Hofprediger Brunsenius, welcher erzählt:

„Einige Wochen zuvor, als des Churfürsten Gemahlin Luise Henriette gestorben und beide Churfürstliche Personen bald schlafen gehen wollten, dannenhero die Kammerfrauen zum Schlafgemach eilen, das Bette und anderes in Ordnung zu bringen, wird die verwittwete Räthin Martzin sammt ihrer Nebenkammerfrau gewahr beim Hereintritt in das Schlafgemach, daß eine in Weiß gekleidete Person bei der Churfürstin Tisch sitzt, als ob sie schriebe; die Kammerfrauen entsetzen sich, fassen sich aber wieder und zeigen es der Churfürstin an, welche es also für wahr befindet, die weiße Frau aber stehet auf und machet ihren Reverenz und kommt ihnen aus den Augen. Als die Churfürstin wieder zu ihrem Gemahl in das andere Zimmer gekommen, hat sie den ganzen Handel demselben erzählet, der es denn übel aufgenommen, daß man ihn nicht auch herzugerufen, indem er gleichfalls begierig sei, solche weiße Frau zu sehen."

Brunsenius selbst wollte ebenfalls die Erscheinung der weißen Frau gesehen haben. Es wird darüber berichtet:

„Als bemeldeter Theologus an einem Sonntage zu Hofe gekommen, um bei den anwesenden Fürstlichen Personen des Hauses den Gottesdienst zu verrichten, und er gewahr worden, daß er sich in der Zeit geirret und zu früh kommen, ist ihm eingefallen, indessen bei der Markgräfin Ludwigin, geborene Prinzessin von Radziwill, bei welcher er insonderheit wohl angesehen, einzusprechen. Als er nun die Windelstiege bald halb zu Ende und bis nahe an die Gallerie gekommen, so zu der Prinzessin Apartement führete, ward er gar eigentlich gewahr, daß eine nach alter Weise in weißem Trauerschleier gekleidete Person aus der Prinzessin Antichambre kommt, die Gallerie lang hinab und in eine fast am Ende der Gallerie zur Seite gelegene Kammer eintritt. Als gedachter Hofprediger, nach vollbrachtem Gottesdienst und eingenommener Mahlzeit bei Hofe, nach Hause kommen und die Sachen nachgedacht, fällt ihm ein, ob es auch die bei Hofe gerühmte weiße Frau möchte gewesen sein, notiret derhalben den ganzen Handel nebst Tag und Stunde. Ueber ein Jahr am selben Tage, da es jährlich gewesen, daß gedachter Hofprediger die weiße Frau sich sehen lassen, ist Kurfürst Friedrich Wilhelm zu Potsdam gestorben, worauf denn und nicht eher derselbe diese seine Begebniß bekannt gemacht."

Friedrich Wilhelm glaubte an alle diese Gespenstermärchen; sein sonst so klarer Verstand vermochte doch das Dunkel des Aberglaubens nicht zu durchdringen. Er stand in dieser Beziehung vollkommen innerhalb seiner Zeit, während er sonst derselben vorauszueilen trachtete.

Wie die meisten Fürsten seines Jahrhunderts war er bestrebt, den Stein der Weisen zu finden, Gold zu machen, um mit dem gewonnenen Reichthum seine gewaltigen Kriegs- und anderen Ausgaben bestreiten zu können. Er hielt dazu ein eigenes Laboratorium, zuerst in Köpnick, später in Berlin, in welchem jährlich Tausende von Thalern in vergeblichen Forschungen nach Gold durch die Essen gequalmt wurden.

Der berühmteste von den Alchymisten, welche im Dienste des Kurfürsten standen, war sein geheimer Kammerdiener Kunkel, dem er die Oberaufsicht über sein Laboratorium anvertraut hatte. Kunkel war ein tüchtiger Chemiker, ein gewiegter Kaufmann und talentvoller Fabrikant, der bei seinen alchymistischen Forschungen Gold genug machte, wenn auch freilich in anderer Form. Er hatte ein schönes Rubinglas erfunden und benutzte diese Erfindung, um ein bedeutendes Geschäft mit Krystallgläsern zu machen.

Kunkel stand beim Kurfürsten in großem Ansehen. Dieser hatte ihm den Pfauenwerder, welcher früher den Namen Kaninchenwerder geführt hatte und später den der Pfaueninsel bekommen hat, zum Geschenk gemacht, um dort ebenfalls ein Laboratorium und eine Glashütte anzulegen.

Nach dem Tode des Kurfürsten fand sich, daß Kunkel ganz bedeutende Summen verbraucht hatte, über welche er keine Rechenschaft abzulegen vermochte; die gerichtlichen Akten gaben 27,084 Thaler an. Kunkel behauptete, diese Summe von dem verstorbenen Kurfürsten mit dem mündlichen Befehl zur Verwendung erhalten zu haben, ohne für dieselbe irgendwie verantwortlich zu sein. Er habe oft sogar den Kurfürsten gewarnt, so ohne Weiteres über die Gelder zu den alchymistischen Versuchen zu disponiren und ihm gesagt, der Rentmeister würde wohl ein böses Gesicht machen, wenn er die erhaltene Anweisung auszahlen müsse; darauf aber habe ihm, wie uns König erzählt, der Kurfürst folgende charakteristische Antwort gegeben:

„Darum dürft ihr euch nicht bekümmern, ich frage niemand darum, was ich haben will, muß geschehen; ich bin nicht so wie u. s. w.; ich habe allezeit so viel in meiner Schatulle, daß ich der keinen darf umfragen, ich spiele itzt nicht sonderlich mehr, habe aber öffter 1000 Thaler auf einmal verspielt, auch wohl zur Lust soviehl in die Luft stiegen lassen, So kann ich auch zu meinem Vergnügen an allerhandt Wißenschaften auch was wenden, und darf mihr niemandt einreden, was ich thun und laßen wil."

Inwieweit die Auslassungen des Alchymisten ihre Richtigkeit hatten, läßt sich heut nicht mehr bestimmen, aus dem Prozesse kam indessen nicht viel heraus. Kunkel blieb noch zwei Jahre nach des Kurfürsten Tode in Berlin, dann wandte er sich nach Stockholm und wurde hier von dem König Karl XI. unter dem Namen von Löwenstern für seine Verdienste um das Bergwesen geadelt. Er kehrte später wieder nach Berlin zurück und starb hier im Jahre 1702, 73 Jahre alt. Seine alchymistischen Forschungen haben der Wißenschaft durch die Entdeckung des Phosphors reiche Früchte getragen.

Der Wunsch, den Stein der Weisen zu finden und durch denselben Gold zu machen, war ein Aberglaube, aber ein ziemlich unschädlicher Aberglaube im Verhältniß zu dem Hexenglauben des Kurfürsten, der traurige Folgen hatte und viele unschuldige Menschen einem qualvollen Tode überlieferte.

Gerade unter der Regierung Friedrich Wilhelms des Großen war die Mark und auch Berlin der Schauplatz zahlreicher Hinrichtungen von Zauberern und Hexen; denn der große Kurfürst begünstigte den Hexenprozeß, er erließ sogar im Jahre 1679 eine Verordnung, in welcher er ausdrücklich befahl, alle Hexen zur gerechten Strafe zu ziehen.

Der Bürger Wendland berichtet uns mehrere derartige Exekutionen, von denen wir hier nur eine erwähnen wollen, weil mit derselben zugleich ein anderer Aberglaube verbunden war. Im Juli 1654 wurde nach Wendlands Auslassung „auf dem Rabensteine vor dem Sanct Jürgenthor ein alter Hexenmeister von Zossen enthauptet, von Meister Gottfrieden. Sein Blut ward in einem neuen Topf aufgefangen, welches einer, so mit einem schweren Gebrechen beladen, warm austrank und nachmals im Felde herumlief".

Wir haben im Laufe unserer Erzählung des Hexenprocesses schon mehrfach gedacht, glauben aber hier eine genauere Schilderung desselben einflechten zu müssen, um unsern Lesern das Bild der Sittengeschichte der Zeit zu vervollständigen.

Der Glaube an Hexen und Zauberer war während des ganzen Mittelalters beim Volke ein tief eingewurzelter und schon in früheren Jahrhunderten kamen Verfolgungen wegen Hexerei in allen deutschen Ländern und Städten vor, sie dauerten bis in die neuere Zeit hinein.

Die Hexen und Hexenmeister — so erzählte man sich — schlossen mit dem Teufel einen Kontrakt, durch welchen sie demselben ihre Seele verkauften, sich dem Bösen dienstbar machten, dafür aber von ihm mit übernatürlichen Kräften begabt wurden. Er gab ihnen das Rezept zu einer Salbe, bestehend aus dem Fett ungetaufter Kinder, Wolfswurzeln und andern dergleichen Ingredenzien. Wenn sie diese bereitet hatten und sich mit derselben einrieben, dann erhielten sie die Kraft, auf einer Ofengabel, einem Besenstiel einem Strohwisch ꝛc. durch die Luft zu reiten, um in bestimmten Nächten des Jahres das Teufelsfest, den Hexensabbath, zu feiern.

Jedes deutsche Land hatte einen eigenen Ort für die Zusammenkünfte der Hexen und Hexenmeister. In der Mark Brandenburg glaubte man, daß der Blocksberg im Harz dazu diene.

Der Hexensabbath war ein großartiges Fest; da erschien der Teufel meist in der Gestalt eines gewaltigen, majestätischen Mannes, der auf einem mit Gold verzierten Throne von Ebenholz saß, eine Krone auf dem Haupte hielt, welche von seinen Hörnern, einem auf der Stirn und zwei am Hinterkopfe, gehalten wurde. Von dem Stirnhorn aus ging ein glänzender Schein, der heller strahlte als der Mond; in gleichem Lichte erglänzten auch seine runden Eulenaugen.

Schön war Satanas nicht; nur seine obere Gestalt glich der menschlichen, die untere der eines Bockes. Seine Finger trugen Krallen, von seinen Füßen war einer ein Pferdefuß; ein Ziegenbart und ein langer Schwanz, der bis zur Erde herabhing, vollendeten das keineswegs liebliche Bild. Trotzdem aber war Satanas der Liebling der Hexen. Wenn diese gegen 9 Uhr Abends sich auf Blocksberg versammelten dann umtanzten sie den Teufel, beteten ihn an und erwiesen ihm die widerlichsten Liebkosungen.

Nach diesem Tanz ging ein herrliches Leben auf dem Blocksberg an; da wurde geschmaust an den Tafeln, die der satanische Wirth seinen Lieblingen bereitet hatte, da überließen sich die Hexen und Hexenmeister den wüstesten sinnlichen Freuden und nach dem Feste fuhren Alle auf ihren Besenstielen wieder nach Haus, die Hexen zum Schornstein ihrer Wohnungen hinein, um ermattet auf ihr Lager zu sinken.

Die Gemeinschaft mit dem Satan wurde natürlich von der Kirche als ein todeswürdiges Verbrechen bezeichnet, sie war nichts anderes als Ketzerei und die Inquisition mußte sich daher des Hexenprozesses annehmen.

Der Papst Innocenz VIII. schmachvollen Andenkens, hat durch seine berüchtigte Bulle vom 5. Dezember 1484 die Hexenverfolgungen in Deutschland organisirt. Er befahl den beiden Ketzermeistern und Professoren der Theologie, Heinrich Institor und Jakob Sprenger, gegen alle diejenigen Personen, weß Ranges und Standes sie auch sein mochten, welche der Hexerei schuldig wären, das Amt der Inquisition zu vollziehen.

Sprenger ging mit einer großen Gründlichkeit zu Werke. Er schrieb ein bedeutendes Buch, „der Hexenhammer" genannt, in welchem er die Arten der gebräuchlichen Zauberei auf das Genaueste darstellte und den geistlichen und weltlichen Richtern eine Anleitung gab, wie sie beim Hexenprozeß zu verfahren hätten.

Es begann nun eine systematische Verfolgung aller derjenigen Männer und Frauen, welche irgendwie der Hexerei verdächtig waren, eine Verfolgung, welche bald die großartigsten Umrisse gewann.

Die Inquisition gegen die Ketzer hatte in Deutschland keinen rechten Boden gewinnen können; eine um so größere Bedeutung aber gewann der Hexenprozeß. Das Land der Intelligenz und der Denker wurde die Pflanzstätte einer wahrhaft furchtbaren Verfolgung gegen viele, viele Tausende von unglücklichen Weibern und Männern, und diese Verfolgungen hörten nicht auf, als die Reformation ein neues Glaubenslicht anzündete; denn dieses verbreitete sich nicht über den Aberglauben der Zeit. Luther konnte einen Kampf gegen denselben nicht beginnen, denn er selbst war, wie seine Zeitgenossen, im Hexenglauben befangen.

Der Hexenprozeß gewann sogar nach der Reformation ein neues Leben; im dreißigjährigen Kriege wurde er mit verdoppelter Wuth fortgeführt und erst im 18. Jahrhundert war es vorbehalten, ihn zu beenden.

Der Hexenprozeß war ein Ausnahmsprozeß, bei dem die sonst üblichen Gerichtsformen außer Acht gelassen werden durften. Auf das geringsten Verdacht hin konnte der Prozeß eingeleitet werden. Da schützte weder Alter noch Geschlecht. Vornehm und Gering, Jung und Alt, Weiber und Männer waren gleich sehr dem Verdacht der Hexerei unterworfen und oft genug traf derselbe den Reichen eher als den Armen, weil die Verurtheilung wegen Hexerei den Verlust der Güter mit sich führte, von denen zwei Drittel der Grundherr, ein Drittel der Gerichtshof erhielt. Viele Fürsten Deutschlands ließen sich bereitwillig finden, den Hexenprozeß in ihren Staaten einzuführen, als ein Mittel, bedeutende Geldsummen für sich zu erwerben und die Richter waren zur Verurtheilung schon um deshalb um so mehr geneigt, weil ihr Vortheil dabei mitspielte.

Wir lesen mit tiefem Grauen die Berichte über die Hexenprozesse, welche im 16. und 17. Jahrhundert in Deutschland Tausende von Menschen dahinrafften.

In den Verdacht der Hexerei kam leicht Jeder, der in irgend einer Weise sich auszeichnete; besonders aber waren die Frauen einem solchen Verdacht ausgesetzt. Mißrieth irgendwo das Getreide, dann waren sicher die Hexen daran schuld; jede Feuers- und Wassersnoth, jede Krankheit war ein Resultat der Hexerei. Führte ein Weib einen unsittlichen Lebenswandel, so war sie eine Hexe, zeichnete sie sich durch unüberwindliche Tugend aus, so hatte sie sicher im Geheimen einen Bund mit dem Satan geschlossen; war sie verwandt mit irgend einer der Hexerei verdächtigen Person, dann fiel auf sie selbst der Verdacht. Rothe und schielende Augen waren ein sicheres Zeichen der Hexerei, ein Zweifel an der Schuld eines Angeklagten führte gegen den Zweifler unbedingt den Prozeß herbei.

Und wie wurde der Prozeß geführt? Die Hexen wurden plötzlich ergriffen, in ein dunkles, feuchtes Gefängniß geworfen und dort mit Armen und Beinen angeschlossen; zwei Ketten belasteten außerdem ihre Glieder. Zuerst versuchten die Hexenrichter durch Güte aus den Angeschuldigten ein Geständniß herauszubringen. Dies gelang ihnen häufig. Wir finden in den Akten der Hexenprozesse Selbstanschuldigen der unglücklichen Weiber, welche uns mit Staunen und Grauen erfüllen und welche um so merkwürdiger sind, als sie nicht immer durch die Furcht vor der Folter erpreßt wurden. Es kam vor, daß Weiber sich selbst der Hexerei anklagten, ihre Aussagen trugen den Charakter der Wahrhaftigkeit insofern, als sie aus dem Glauben der Verhörten hervorgingen. Was die Unglücklichen geträumt hatten glaubten sie, das Spiel einer erhitzten Phantasie hielten sie für reelle Wirklichkeit. Nur hieraus läßt es sich erklären, daß viele Hexen freudig ihr Bündniß mit dem Teufel bekannten und genau erzählten, wie sie zum Blocksberg geritten seien, um den Hexensabbath mit zu feiern.

Nicht alle Angeklagten waren indessen geneigt, sich selbst zu beschuldigen, die meisten leugneten und waren durch gütliches Zureden zu einem Geständniß nicht zu bewegen; gegen sie wurden dann schärfere Maßregeln angewendet. Man gab ihnen scharfe, salzige Speisen zu essen, dazu aber nur ein kärgliches, den brennenden Durst nicht löschendes Getränk. So ließ man sie einige Tage im Kerker sitzen und führte sie dann zum Verhör. Gestanden sie nicht, dann wurde ihnen außerdem der Nachtschlaf geraubt, bis sie, zum Tode erschöpft, zu einem abermaligen Verhör gebracht und, wenn sie nun wieder nicht gestanden, der Folter überwiesen wurden.

Oft genug ging der Folter noch die Thränenprobe voraus. Der Priester oder Richter, der dem Verhöre beiwohnte, legte der Angeklagten die Hand auf das Haupt und beschwor sie bei den bittern Thränen, welche der Heiland für unser Heil am Kreuze vergossen habe, Thränen zu vergießen, wenn sie unschuldig sei, keine, wenn sie schuldig sei. Konnte die Hexe nicht weinen, dann war dies ein vollgültiger Beweis für ihre Schuld, weinte sie, kein Beweis für ihre Unschuld, denn Satan hatte ihr nur zum Schein die Augen zum Weinen genäßt.

Die Angeklagte wurde nun vor die Folterwerkzeuge gebracht. Der Richter schilderte ihr die furchtbaren Wirkungen, welche dieselben hätten und forderte sie noch einmal auf, ihre Schuld zu gestehen. Erfolgte kein Bekenntniß, dann begann die Marter gewöhnlich mit dem Daumenstock, der die Daumen so fest zusammenpreßte, bis das Blut unter den Nägeln hervorspritzte; demnächst kam der zweite Grad, meist die spanischen Stiefel, zwischen denen das Bein oft bis zum Brechen der Knochen gedrückt wurde.

Eine fürchterliche Marter war die Expansion. Die Hexen wurden mit auf dem Rücken gebundenen Händen durch ein an diese geknüpftes Seil in die Höhe gezogen, bis die Arme verrenkt über dem Kopfe standen. So ließ man die Unglücklichen frei in der Luft schweben und peinigte sie während dieser Zeit noch durch andere Martern. Man ließ sie plötzlich fallen und zog sie wieder in die Höhe, man hängte ihnen Gewichte von einer Schwere bis zu 50 Pfund an die große Zehe, begoß sie mit Branntwein und entzündete diesen, band ihnen auch wohl brennende Schwefelfäden um die Glieder.

Die Folter sollte dem Gesetze nach nicht länger als eine Viertelstunde dauern, oft aber wurde sie während vieler Stunden fortgesetzt, bis endlich die Gepeinigten unter den gräßlichsten Schmerzen gestanden, was man von ihnen wissen wollte.

War das Geständniß da und wurde es nicht widerrufen, so erfolgte die Verurtheilung stets zum Tode. Wurde es widerrufen, so begann eine neue Folterung, eine noch schärfere, als die frühere war; nur in höchst seltenen Fällen hatten die Angeklagten die Kraft, bei ihrer Erklärung, daß sie unschuldig seien, zu bleiben, um dann mit verrenkten und zerbrochenen Gliedmaßen als elende Krüppel ohne Entschädigung aus den Gefängnissen entlassen zu werden.

Der Hexenprozeß erreichte gegen Ende des 16. Jahrhunderts in Deutschland eine Ausdehnung, wie in keinem andern Lande Europa's. Die Zahlen, welche uns aus den verschiedenen deutschen Ländern über Hexenverbrennungen mitgetheilt werden, sind wahrhaft erschreckend, um so mehr, wenn wir bedenken, daß sie bei Weitem die Wirklichkeit nicht erreichen, daß nur ein unverhältnißmäßig kleiner Theil der wirklich Hingerichteten der Nachwelt bekannt geworden ist.

Der Hexenrichter von Fulda, Balthasar Voß, rühmte sich, daß er allein 700 Personen beiderlei Geschlechts habe verbrennen lassen und hoffe, das Tausend voll zu machen. In zehn Jahren — von 1640—1650 — wurden allein nach den vorliegenden Urkunden in der Grafschaft Reiße 242 Hexen verbrannt, zu denen Kinder bis zu 6 Jahren gehörten und wir dürfen annehmen, daß die Zahl der Verbrennungen mindestens 1000 erreicht hat. An einem Tage ließ ein Herr von Rauzow in Holstein 18 Hexen verbrennen. Solche Zahlen könnten wir noch viele nennen, es ergiebt sich aus denselben, daß im Laufe eines Jahrhunderts in Deutschland mindestens 100,000 Menschen den grauenhaftesten Prozessen zum Opfer gefallen sind.

In der Mark Brandenburg fand, zur Ehre der Märker sei es gesagt, der Hexenprozeß niemals die Ausdehnung, welche er fast in allen übrigen Ländern Deutschlands gewann; hier kam er immer nur vereinzelt vor, und auch nach der Reformation, wo die Verbrennungen sich vermehrten, und selbst unter der Regierung des großen Kurfürsten findet sich niemals eine derartige Hexenverbrennung in Masse.

Der Verlauf des Prozesses war ganz dem im übrigen Deutschland ähnlich. Der um die märkische Geschichte so verdienstvolle Forscher Riedel theilt uns im zweiten Bande der „märkischen Forschungen" die aktenmäßige Geschichte eines im Jahre 1667 bei dem Amtsgericht zu Neustadt a. d. Dosse geführten Hexenprozesses mit, welche uns ein überaus klares und anschauliches Bild eines solchen Prozesses gewährt. Mit Grauen und mit Rührung lesen wir die einfache, klare Schilderung, die Aussagen der unglücklichen Angeklagten, welche überall so unwiderleglich den Stempel der Unschuld trugen, daß wir kaum begreifen, wie ein mit Vernunft begabtes Wesen noch einen Augenblick in Zweifel bleiben konnte, und dennoch ward die Angeklagte verurtheilt.

Von einem halb wahnsinnigen Frauenzimmer, war eine Bäuerin, Maria Schröder, der Hexerei beschuldigt; es wurde ihr der Prozeß gemacht. Die Anklägerin starb während der Untersuchung; trotzdem aber wurde der Prozeß fortgesetzt. Die Müller leugnete alle ihr zur Last gelegten wahnsinnigen Beschuldigungen. Sie wurde deshalb auf besondern Befehl der Juristen-Fakultät zu Helmstädt, nachdem sie zwei Jahre im Amtskerker zugebracht hatte, der Folter unterworfen. Es würde uns zu weit führen, wollten wir unsern Lesern den ganzen merkwürdigen Prozeß mittheilen, nur das Protokoll über die Folterung möge hier seine Stelle finden:

„Als nun die Maria Müller die Wahrheit nicht hat bekennen wollen, ist sie an den zur Tortur bestimmten Ort hingeführt. Hier ist ihr der Scharfrichter vorgestellt und ist sie durch die zur peinlichen Frage gehörigen Instrumente terrirt, auch nochmals vermahnt, sie möge bekennen und sich selbst keine Marter verursachen. Da die Müller aber bei ihrer frühern Hartnäckigkeit verblieben und der Wahrheit fortwährend verhalten, so ist dem Scharfrichter aufgegeben, an ihr zu vollstrecken, was das Urtheil im Munde führe. Das Urtheil wurde hierauf nochmals verlesen. Der Scharfrichter machte hierauf den Anfang mit der Bindung. Hiernächst that er die spanischen Stiefel an. Es schien aber, als wenn sie die Schmerzen wenig fühlte. Sie klagte nicht, sondern rief nur zu Gott:

„Ach Gott, Du frommer Gott, die Thaten habe ich nicht an mir. Ich bin ein Gotteskind. Ich wollte Gott, daß Maria Schröder nur noch lebte."

Weil nun Inquisitin nach diesen Martern noch zu keinem Bekenntniß sich hat erklären wollen, ist sie auf die Folter gelegt und ihr ein Instrument, welches der Scharfrichter den gespeckten Hasen gennnet, unter den Rücken gethan und darüber angezogen. In der Folge hat der Scharfrichter noch ein Instrument, welches er die Bratwurst genannt, an ihr gebraucht. Als dadurch ihre Schmerzen vergrößert waren, rief sie: „Gott mit Deinen heiligen Engeln komme und rette mich, ja vom hohem Himmel Gott, komme mit Deiner Gnade."

Als sie nun vermahnt wurde, sie solle nur erklären, daß sie bekennen und die Wahrheit aussagen wolle, so solle sie der Marter entlassen werden; so hat sie angefangen, ja, was sie denn aussagen solle. Man hat ihr geantwortet, das müsse sie wissen, sie solle nur die Wahrheit zu sagen erklären, so sollte sie der Marter entlassen werden, und brauche sie auf der Tortur nicht zu bekennen. Bald hernach rief sie laut: „Ich bin eine Hexe, kann zaubern, habe Alles gethan, worüber ich gefragt bin."

Dann fing sie aber wieder an: „Ach ich weiß ja Nichts — ich weiß ja nichts zu sagen."

Sie wollte noch etwas sagen, konnte aber nichts herausbringen, sondern es war, als wäre ihre Zunge gelähmt. Sie wurde daher noch fortwährend auf der Tortur behalten, bis sie endlich wieder anfing, man möge sie doch nur von der Folterbank lassen, sie wolle Alles bekennen. Sie wurde nun herabgenommen, nachdem sie nach Ausweis des Stundenglases, welches beim Anfang der Tortur umgekehrt war, volle Sieben viertel Stunden auf der Marter gewesen."

Jetzt bekannte die Angeklagte Alles, was man von ihr wissen wollte, alle die wahnsinnigen Beschuldigungen, welche gegen sie vorgebracht worden waren und sie sagte auch auf andere Hexen aus, welche mit ihr gleich schuldig sein sollten. Kaum aber in den Kerker zurückgekehrt, widerrief sie ihre Geständnisse und wurde nun einer zweiten Folterung unterworfen. Diese hatte abermals den gewünschten Erfolg; sie gestand von Neuem, wurde zum Tode verurtheilt und hingerichtet.

Ueber die Hexenprozesse, welche in Berlin geführt worden sind, liegen uns gleich detaillirte Nachrichten nicht vor. Wir wissen nur, daß auch hier die Folter nicht gespart wurde und dürfen mit Bestimmtheit annehmen, daß die überall in Deutschland übliche Prozeßführung auch in unserer Stadt zur Anwendung gekommen sei.

Elftes Kapitel.

Familienleben Friedrich Wilhelms. — Glückliche Ehe mit Louise Henriette. — Zweite Heirath. — Die Kurfürstin Dorothea. — Ihre Unbeliebtheit. — Ihr Uebertritt zur reformirten Konfession. — Der Verdacht der Giftmischerei. — Tod des Prinzen Karl Emil. — Flucht des Kurprinzen. — Das Testament des großen Kurfürsten. — Plötzliche Todesfälle in der kurfürstlichen Familie. — Hofintriguen. — Tod des Kurfürsten.

Wir haben in den vorstehenden Kapiteln den Versuch gemacht, ein Bild des gesellschaftlichen Lebens und der Entwickelung Berlins während der Regierung des großen Kurfürsten zu geben.

Wir wollen diese Abtheilung beschließen mit einer kurzen Schilderung des Familienlebens Friedrich Wilhelms.

Seine erste Ehe mit Louise Henriette war eine höchst glückliche. Beide Gatten hatten gemeinschaftliche Neigungen; auch Louise Henriette hing der religiösen Schwärmerei an, welche aus einem wahrhaft frommen Gemüth entsprossen war. Sie liebte ihren Gatten auf's Innigste und suchte ihm das Leben durch ihr mildes, freundliches Wesen zu erheitern. An allen seinen Plänen für die Verschönerung der Stadt Berlin, für die Hebung des Handwerks und Landbaues in der Residenz nahm sie einen lebendigen und thätigen Antheil; sie begleitete den Kurfürsten auf seinen Feldzügen und stand ihm mit Rath zur Seite auch in den schwierigsten Staatsangelegenheiten, denn ihr feiner klarer Verstand traf selbst in den verworrensten diplomatischen Verhandlungen leicht das Richtige.

Ihr milder, weiblicher Sinn besänftigte häufig die Härte Friedrich Wilhelms und sie hat wesentlich dazu beigetragen, seine bis zur Grausamkeit gehende Strenge oftmals zu mildern. Ihren Kindern war sie eine zärtlich liebende Mutter. 5 Söhne und 1 Tochter waren ihrer Ehe entsprossen; 2 Söhne und die Tochter starben als Kinder, 3 Söhne aber, Karl Emil, Friedrich und Ludwig, überlebten die Mutter.

Die Erziehung, welche Friedrich Wilhelm seinen Prinzen im Einverständniß mit seiner Gemahlin geben ließ, war vortrefflich. Ein würdiger Mann, der Minister Otto v. Schwerin, leitete die Erziehung der Prinzen Karl Emil und Friedrich.

Nach zwanzigjähriger glücklicher Ehe erkrankte Louise Henriette im Jahre 1667.

Es war großes Wehklagen in Berlin, als das Volk hörte, daß die Kurfürstin schwer, ja hoffnungslos darnieder liege. Während ihrer ganzen Krankheit betete das Volk in den Kirchen; auch der Kurfürst selbst irrte in namenloser Angst in den Gemächern seines Schlosses umher und charakteristisch für seine Anschauungen ist es, daß er glaubte, durch ein Gelübde Gott erweichen zu können: er versprach die Begründung eines Armenhauses, wenn seine Gattin genesen würde.

Das Armenhaus ist nicht zur Ausführung gekommen, denn das Gelübde war fruchtlos. Am 28. Juni 1667 neuen Stils starb die Kurfürstin. Sie wurde feierlich, mit der Aufbietung der höchsten Pracht zu Grabe getragen; würdiger aber der Dahingeschiedenen als der pomphafte Aufzug waren die Thränen, welche ihr das Volk Berlins nachweinte.

Friedrich Wilhelm fühlte einen tiefen Schmerz über den Verlust seiner geliebten Gattin. Oft stand er vor ihrem Bilde und wenn er aus einer Sitzung des geheimen Raths kam, dann betrachtete er dasselbe lange und rief wehmüthig aus: „O Louise, Louise! Wie sehr vermisse ich Deinen Rath!"

Die Zeit sänftigt jeden Schmerz, am Schnellsten stillt ihn ein thatenreiches Leben. Friedrich Wilhelm war noch ein vollkräftiger Mann, der einer Lebensgefährtin bedurfte und so sehen wir denn auch schon nach einem Jahre eine zweite Gattin, Dorothea, an seiner Seite.

Es würde wohl für jede Prinzessin schwierig gewesen sein, die Nachfolgerin der vom Volke angebeteten Louise Henriette zu werden, für Dorothea aber war es doppelt schwer; denn ihr ging kein guter Ruf voraus nach der Residenz. Man erzählte von ihr, sie sei unschön, stolz, rachsüchtig, jähzornig, herrschbegierig und geizig. Die Berliner waren daher höchst unzufrieden mit der Wahl, welche Friedrich Wilhelm getroffen hatte und Dorothea war unbeliebt, ehe sie noch mit einem Fuß die Hauptstadt der Mark Brandenburg betreten hatte.

Ihr Einzug glich mehr einem Leichenbegängniß, als dem Jubelzuge, mit dem sonst die Gemahlinnen der Regenten vom Volke begrüßt zu werden pflegen. Nur finstere Gesichter empfingen sie, kein Zeichen der Freude, kein Zeichen der Liebe. Wenn hier und da ein besoldeter Schreier ein Lebehoch ertönen ließ, so verhallte es in dem allgemeinen Schweigen bald und am Abend gab es in den Trinkstuben scharfe Reden, so scharf, wie sie die Berliner jemals geführt hatten.

Dorothea hat diesen Einzug nie vergessen. Die Berliner waren ihr zuwider; am liebsten wohnte sie in Potsdam oder begleitete ihren Gemahl auf Reisen.

Sie war eine kluge, energische Frau, welche es verstand, den Schwächen ihres Gatten zu schmeicheln und welche dadurch bald einen großen Einfluß auf ihn gewann. Der Kriegsheld wurde fast zum Pantoffelhelden, er, der sich stets gerühmt hatte, nur seinem eigenen Willen zu folgen, der selbst seinen Ministern nur einen Rath gestattete, gehorchte fortan dem Willen eines ränkesüchtigen Weibes.

War Dorothea unbeliebt, als sie in Berlin einzog, so wurde sie verhaßt, nachdem das Volk sie näher kennen gelernt hatte. Ihr Eigennutz, ihre Sucht, Geld zusammen zu scharren, gaben den Berlinern zu den gerechtesten Klagen Veranlassung. Sie zeigte ihren Geiz am Klarsten in der Bewirthschaftung der ihr vom Kurfürsten geschenkten Güter. Auf dem Vorwerk vor dem Spandauer Thore errichtete sie ein Wein- und Bierhaus, in welchem die fremden Fuhrleute abstiegen und wo jeder Säufer willkommen war, wenn er nur viel verzehre. Vergeblich klagten Rath und Bürgerschaft, daß die Errichtung einer solchen Wirthschaft den Privilegien der Stadt entgegen sei, daß es unmöglich die schwere Bieraccise erlegen könnten, wenn die Kurfürstin selbst, die keine Steuer zu zahlen habe, ihnen Konkurrenz mache; vergeblich wiesen sie darauf hin, daß der Betrieb eines solchen Gewerbes doch wohl der Gemahlin des Herrschers nicht würdig sei. Friedrich Wilhelm half den gerechten Klagen nicht ab; denn er hatte nicht die Kraft, seiner Gemahlin zu widerstehen.

Nicht weniger widerwärtig war den Berlinern der Uebertritt Dorotheens von der lutherischen zur reformirten Religion. Niemand würde es dem Kurfürsten verdacht haben, wenn er sich eine Gattin seines eigenen Bekenntnisses gewählt hätte; daß aber Dorothea dem Lutherthum entsagte und dem verhaßten Kalvinismus sich zuneigte, das konnten ihr die Berliner niemals verzeihen; einer Fürstin, welche die Religion wie ein Kleid wechselte, trauten sie alles Böse zu.

Die eigennützige Fürstin, so erzählte man in Berlin, sei eine pflichtvergessene Stiefmutter, welche sogar ihren Stiefsöhnen nach dem Leben trachte, um den eigenen Kindern die Erbschaft zu gewinnen. Anfangs flüsterte man derartige Beschuldigungen leise, dann wurden sie lauter ausgesprochen und endlich in allen öffentlichen Schenken und auf dem Marktplatz ausgeschrieen.

Jedermann war überzeugt, daß Dorothea eine Giftmischerin sei und eine Reihe plötzlicher Todesfälle in der kurfürstlichen Familie schien den fürchterlichen Verdacht zu bestätigen.

Zuerst starb der Kurprinz Karl Emil am 27. November 1674, wahrscheinlich in Folge übermäßiger Anstrengungen, denen er sich unterzogen hatte, als er seinen Vater in den Krieg gegen Frankreich begleitete, um seine ersten militärischen Erfahrungen zu machen; das Volk aber glaubte in Folge eines Gifttrankes und dieser Glaube gewann so festen Boden, daß einst die Soldaten im Lager der Kurfürstin unter lauten Verwünschungen den Tod des Prinzen vorwarfen.

Hatte schon der Tod des Kurprinzen den Verdacht, daß die Kurfürstin ihren Stiefsöhnen nach dem Leben strebe, erregt, so wurde derselbe vergrößert durch die Berichte, welche über das Familienleben aus den kurfürstlichen Gemächern in das Volk drangen.

Zwischen der Kurfürstin und den Stiefsöhnen, das wußte Jedermann in Berlin, bestand ein offener Krieg. Dorothea wollte ihre vier Söhne auf Kosten des Kurprinzen zu regierenden Herren machen. Sie bat den Kurfürsten unablässig, er möge wenigstens diejenigen Provinzen, die er durch den westphälischen Frieden erlangt habe, unter ihre Söhne vertheilen, wenn er auch die Kurmark seinem Erstgeborenen lassen müsse.

Der Kurprinz Friedrich erhielt durch die der Kurfürstin mißgünstigen Hofbeamten Nachricht von den Ränken seiner Stiefmutter, er machte ihr heftige Vorwürfe; es kam zu einem Streit, bei dem Dorothea schwur, sie werde es dem Stiefsohn noch entgelten lassen, daß er die Achtung vor ihr aus den Augen gesetzt habe.

Friedrich mochte wohl auch an die Gerüchte glauben, die über den Tod seines älteren Bruders im Volke umgingen; er hielt seine Stiefmutter zu jeder Schandthat fähig und glaubte sich daher nicht mehr sicher am Hofe. Nur von seinem geheimen Sekretär von Dankelmann und seinem ersten Kammerdiener Kornmesser begleitet, reiste er mitten in der Nacht heimlich von Berlin ab nach Kassel zu seiner Tante, der verwittweten Landgräfin von Hessen. Von dort aus schrieb er an seinen Vater, entschuldigte sich wegen seines Ungehorsams und bat, der Kurfürst möge ihm erlauben, in Kassel zu bleiben.

Friedrich Wilhelm brauste in wildem Zorne auf, als er die Flucht seines Sohnes erfuhr; Dorothea that ihr Möglichstes, um seinen Grimm zu erhöhen und so würdigte er denn den Sohn nicht einmal einer Antwort, sondern schickte den General Verband nach Kassel, damit er die Auslieferung des Flüchtigen verlange.

Die Landgräfin weigerte sich, auf die Wünsche Friedrich Wilhelms einzugehen und brachte ihn dadurch zu einer solchen Wuth, daß er von der Enterbung des Sohnes sprach. Vergeblich bemühten sich die Minister, dem Kurfürsten vorzustellen, daß er seinen Sohn nach dem Gesetz gar nicht enterben könne. Friedrich Wilhelm folgte Dorothea mehr als den Ministern; er machte ein Testament, in welchem er seine Länder unter seine andern 5 Söhne vertheilte und dem Kurprinzen nur die Kurwürde selbst, die er ihm nicht nehmen konnte, hinterließ.

Prinz Ludwig, der jüngste lebende Sohn Louise Henriettens, hörte kaum von dem Testament, als er laut gegen jede Theilung des Landes protestirte. „Die Größe seines Hauses — so sagte er in ehrenvoller Selbstverläugnung — liege ihm mehr am Herzen, als sein eigener Vortheil."

Benachbarte Fürsten, der Kurfürst von Sachsen, der Herzog von Braunschweig und der Fürst von Anhalt-Dessau bemühten sich, Vater und Sohn wieder zu versöhnen und es gelang ihnen endlich, wiewohl nach schwerem Kampfe.

Friedrich mußte gestehen, daß er gegen die seinem Vater schuldige Ehrfurcht verstoßen habe und versprechen, daß er sich nicht wieder ohne Erlaubniß aus der Kurmark entfernen und daß er fortan mit seiner Stiefmutter in gutem Vernehmen leben wolle. Dagegen verzieh ihm der Vater und genehmigte auch die von dem Kurprinzen sehr gewünschte Vermählung mit der hessischen Prinzessin Elisabeth Henriette.

Die Vermählung wurde in Kassel vollzogen, dann kam der Kurprinz nach Berlin zurück und hier erfolgte nun eine scheinbare Aussöhnung mit der Kurfürstin, welche noch immer hoffte, ihre Söhne zu Erben des Kurfürsten zu machen, denn sie glaubte, daß die Ehe des verwachsenen und sehr schwächlichen Kurprinzen kinderlos bleiben und daß Prinz Ludwig, der ein Verächter des schönen Geschlechts zu sein schien, sich niemals vermählen werde. Aber schon im nächsten Jahre erwiesen sich die Hoffnungen der Kurfürstin als trügerisch, denn die Kurprinzessin gab durch Geburt einer Tochter einen Beweis der Fruchtbarkeit und Prinz Ludwig vermählte sich mit der schönen Erbin des Hauses Radziwill, der Prinzessin Louise Charlotte.

Dorothea mußte jetzt einen andern Feldzugsplan machen, wieder auf das zur Seite gelegte Testament zurückkommen. Sie suchte sich die Zuneigung der schönen, jungen Prinzessin von Radziwill zu erwerben und bat diese, bei ihrem Gemahl Alles aufzubieten, damit Prinz Ludwig auf eine Theilung der kurfürstlichen Länder hinwirke. Von Ehrgeiz verblendet versuchte die Prinzessin, den Wünschen Dorotheens nachzukommen, aber vergeblich; denn Ludwig verbot ihr, je wieder von einem solchen Plane zu sprechen.

Es hatte in der kurfürstlichen Familie eine kurze Zeit leidlicher Friede geherrscht, da gab ein Zufall plötzlich wieder Veranlassung zu erneutem Zwist. Friedrich speiste einst mit der Kurfürstin zu Mittag; sie ließ ihm nach der Mahlzeit eine Tasse Kaffee serviren. Kaum hatte er getrunken, als er von einer so heftigen Kolik befallen wurde, daß man ihn bewußtlos auf sein Zimmer trug.

Kein Arzt war zur Hand und die Umgebung des Prinzen in schwerer Sorge um sein Leben. Da nahm Dankelmann aus der Chatulle Friedrichs ein Pulver, welches ihm die Landgräfin von Hessen mitgegeben hatte, damit er sich desselben im Falle einer Vergiftung bedienen könne, ein deutliches Zeichen, daß auch die Landgräfin an die Giftmischerei der Kurfürstin glaubte.

Das Mittel hatte eine augenblickliche Wirkung; ein heftiges Erbrechen erfolgte, nach welchem sich der Prinz besser befand. Er glaubte jetzt mit Bestimmtheit, seine Stiefmutter habe ihm Gift beigebracht und nur durch das Gegengift, welches ihm Dankelmann gegeben habe, sei er gerettet worden.

Am folgenden Morgen reiste er deshalb nach Köpnick und schrieb von dort aus seinem Vater die Bitte, auf einige Zeit vom Hofe abwesend sein zu dürfen, da er an demselben seines Lebens nicht sicher sei.

Sein Verdacht gegen die Stiefmutter wurde durch den plötzlichen Tod seiner Gemahlin für ihn zur Gewißheit. Kaum war das Gerücht nach Berlin gedrungen, daß die Kurprinzessin abermals guter Hoffnung sei, da starb sie plötzlich nach dreitägiger Krankheit.

Der Kurprinz und mit ihm seine gesamte Umgebung und auch das Volk von Berlin waren jetzt auf's Innigste überzeugt von der Giftmischerei der Kurfürstin; auch in die Bücher der Geschichte ist der dringende Verdacht gegen Dorothea übergegangen. Beweise aber für die Begründung desselben sind niemals geliefert worden, im Gegentheil liegen ärztliche Zeugnisse vor, nach denen sowohl die Krankheit des Prinzen, als der Tod der Kurprinzessin natürlichen Ursachen zuzuschreiben sind.

Das Trauerjahr war kaum verflossen, so schritt der Kurprinz zu einer abermaligen Vermählung und zwar mit Sophie Charlotte von Braunschweig-Lüneburg, einer geistreichen, liebenswürdigen, jungen Prinzessin, die fast als ein Schlachtopfer zum Altare ging, denn sie liebte den Gatten, welchen ihr Staatsrücksichten gegeben hatten, nicht. Mit großer Klugheit wußte sie sich aber in die Verhältnisse am Berliner Hofe zu finden und sogar ein gutes Einvernehmen mit der Kurfürstin Stiefmutter herbeizuführen.

Dorothea, welche sich niemals um den auf ihr liegenden Verdacht gekümmert hatte, obgleich sie diesen sehr wohl kannte, war klug genug, das freundliche Entgegenkommen der Kurprinzessin zu benutzen, während sie aber scheinbar höchst freundlich gegen die Gemahlin ihres Stiefsohns war, verfolgte sie dennoch im Geheimen unablässig den Plan, ihre Söhne zu regierenden Herren zu machen und ein neues Testament zu deren Gunsten zu erschleichen.

Friedrich Wilhelm war, gebeugt von Alter und Krankheit, fast ein willenloses Werkzeug seiner ränkesüchtigen Frau geworden. Er vermochte ihrem fortwährenden Andrängen nicht zu widerstehen und ernannte auf ihren Wunsch den Kaiser zum Vollstrecker seines letzten Willens, in welchem er, ganz den Wünschen seiner Gemahlin gemäß, die Söhne derselben zu selbstständigen Fürsten gemacht hatte.

Ein solcher Wunsch kam dem Kaiser von Deutschland sehr gelegen; das Haus Oesterreich konnte dadurch selbst von der brandenburgischen Erbschaft profitiren. Er ließ der Kurfürstin eröffnen, daß er die Garantie für das Testament übernehmen wolle, wenn Friedrich Wilhelm seinen Ansprüchen auf die schlesischen Herzogthümer Jägerndorf, Liegnitz, Brieg und Ohlau zu entsagen bereit sei. Auch hierzu wußte Dorothea ihren Gatten zu veranlassen, der sich nur den Kreis Schwiebus vorbehielt.

Damit war der Kaiser nicht zufrieden. Er entsendete einen Gesandten, den Baron v. Freitag, nach Berlin und übertrug ihm mit österreichischer Doppelzüngigkeit die Aufgabe, dem Kurprinzen von Allem, was das Testament betraf, Nachricht zu geben und ihm die Versicherung zu ertheilen, daß der Kaiser das Testament annulliren wolle, wenn Friedrich ihm den Kreis Schwiebus zurückgeben und allen etwaigen Ansprüchen auf die schlesischen Herzogthümer auf immer entsagen wolle.

Friedrich strebte zu sehr darnach, sich einen so mächtigen Bundesgenossen, wie den Kaiser, zu erwerben, als daß er nicht zu einem Opfer bereit gewesen wäre. Er gab die gewünschte Schrift und erkaufte dadurch, wie er glaubte, sein Erbrecht.

Während diese Verhandlungen schwebten, verbreitete ein abermaliger plötzlicher Todesfall in der kurfürstlichen Familie neues Entsetzen im Lande und rief den Verdacht der Giftmischerei gegen die Kurfürstin mit verstärkter Macht wieder hervor.

Der Prinz Ludwig starb am 28. März (7. April) 1687. Er war kurz vor seinem Tode auf einem Balle bei der Kurfürstin gewesen. Eine Cousine derselben, die Prinzessin von Holstein-Sonderburg, reichte ihm eine Pommeranze von besonderer Größe und Schönheit. Kaum hatte der Prinz die herrliche Frucht genossen, so empfand er heftige Schmerzen, mußte den Ball verlassen und am folgenden Morgen war er eine Leiche.

Die Wuth des Volkes war grenzenlos, als der Tod des Prinzen bekannt wurde. Jetzt sprach man offen und ohne allen Rückhalt von der Giftmischerei der Kurfürstin und diese that nichts, um das Gerede schweigen zu machen. Gegen keinen von denen, die ohne alle Rücksicht den Namen Dorothea der allgemeinen Verachtung preisgaben, leitete sie eine Untersuchung ein und auch Friedrich Wilhelm, der doch sonst so schnell mit der Strafe gegen alle Lästereien bei der Hand war, ließ hier die Volkszunge gewähren.

Diese häuslichen Zwistigkeiten trübten die letzten Lebensjahre des Kurfürsten. Er fühlte sich höchst unglücklich in seiner Familie; um so mehr aber gab er sich dem Einflusse Dorotheens hin. Wenn er auch mitunter wohl fühlte, daß er eine zu große Nachgiebigkeit beweise, wenn ihn auch selbst zu Zeiten die Herrschsucht der Kurfürstin verletzte, so daß er ihr einst im Zähzorn seinen Feldherrnhut vor die Füße warf und ihr zurief, da sie ja alles kommandiren wolle, so möge sie statt der friedlichen Nachthaube den kriegerischen Hut aufsetzen, so war dies doch nur eine augenblickliche Aufwallung und er beugte sich unmittelbar nach derselben wieder dem überlegenen Willen der energischen, geistreichen Frau. Der Einfluß Dorotheens auf ihn wurde um so größer, als sie ihm die sorgsamste Krankenpflegerin war.

Schon seit längerer Zeit war der Kurfürst von heftigen Gichtschmerzen geplagt worden, zu denen sich endlich die Wassersucht gesellte. Alle Mittel gegen diese Krankheit wurden fruchtlos erschöpft; im April des Jahres 1688 fühlte Friedrich Wilhelm seinen Tod nahen. Er ging demselben mit ruhiger Standhaftigkeit entgegen; das Leben war ihm keine Freude mehr. In einer Sitzung seines Staatsraths dankte er den Ministern für die treuen Dienste, welche sie ihm geleistet hätten und theilte ihnen mit, daß er von ihnen Abschied nehme, da der Tod ihm nahe sei. Fast bis zum letzten Augenblicke blieb der große Kurfürst der Regent seines Landes und gab seinem Sohne Friedrich Rathschläge für die fernere Regierung; er empfahl ihm insbesondere die Unterstützung des Feldzuges in England und die Sorge für die französischen Emigranten. Am 19. (29.) April entschlummerte er sanft in Potsdam.

Er hinterließ seinem Nachfolger einen Staat von 1932 Q.M. mit 1,500,000 Einw., während sein eigenes Erbe nur 1300 Q.M. mit 800,000 Einw. betragen hatte. Die Einkünfte der brandenburgischen Staaten betrugen beim Tode Friedrich Wilhelms 2,510,000 Thlr., von denen aber nicht weniger, als fast die Hälfte, 1,110,000 Thlr., für ein stehendes Heer von etwa 30,000 Mann verwendet wurde.

VI. Abtheilung.
Berlin zur Zeit der Regierung Friedrichs III. (I.)

Erstes Kapitel

Friedrich III. — Sein Charakter. — Gallus über Friedrich III. — Die Jugendzeit Friedrichs. — Otto von Schwerin und Eberhard Danckelmann. — Stiftung des Ordens de la générosité. — Regierungsantritt. — Das Testament des großen Kurfürsten. — Politik Friedrichs. — Prächtiger Hofstaat. — Die Huldigung der Kurmark. — Leichenbegängniß des großen Kurfürsten. — Karl Philipp und die Frau von Brandenburg. — Hochzeit der Markgräfin Louise.

Dem großen Vater folgte in der Regierung der kleine Sohn.

Friedrich III. hatte von seinem Vater die meisten Fehler geerbt, nicht aber seinen gewaltigen Geist, jenes umfassende Genie, welches uns leicht die Schatten vergessen machen, die auf der Regierungszeit des großen Kurfürsten ruhen. Mit treffender Wahrheit sagt sein eigener Enkel, der geistreiche König Friedrich II., von ihm: „Er war groß in Kleinigkeiten und klein in großen Dingen!"

Friedrich hatte von seinem Vater vor allen andern eine Eigenschaft ererbt: den brennenden Ehrgeiz! Dieser war die Triebfeder aller seiner Handlungen während seiner ganzen Regierungszeit.

Den großen Kurfürsten hatte der Ehrgeiz vermöge der Großartigkeit seines Charakters zu glanzvollen Thaten geführt; bei Friedrich III. artete er aus zu kleinlicher Eitelkeit, zu unsinniger Prachtliebe und maßloser Verschwendung.

Der Geschichtsschreiber Gallus, der nur zu geneigt ist, die Regenten aus dem Hause der Hohenzollern in den lichtesten Farben zu schildern, giebt uns von dem ersten Könige von Preußen folgendes treue Bild:

„Es sind Ueberreste von jener niedrigen Schmeichelei, die den Hof Friedrichs I. vergiftete, wenn manche Schriftsteller noch in unseren Tagen seine Regierung loben wollen. Diese Regierung war elend, man sage, was man will; Friedrich war ein schwacher, ein unfähiger, nicht einmal ein mittelmäßiger Regent. Er regierte sein Land nicht; Weiber und Günstlinge leiteten ihn und warfen ihn wie einen Spielball hin und her; an seinem Hofe wohnte die Kabale, die Hinterlist, die Schmeichelei; Laster jeder Art hatten da ihren Sitz aufgeschlagen. Er selbst war mehr als eitel; sein Hang zur Pracht, zur Verschwendung, zum Glanz ging bis ins Kindische. In seinem Herzen war eine Leere, eine Unruhe, eine Langeweile, die nie durch etwas Ernstes, sondern nur durch nichtswürdige Eitelkeiten, durch äußerliches Puppenspiel ausgefüllt werden konnte. Er wollte groß sein; da er aber keinen Geschmack, kein Gefühl, keine Einsicht für das wahre Große besaß, so suchte er die Augen durch Schein zu blenden, so suchte er große Höfe im Rang nachzuäffen und den Schatten statt des Körpers zu greifen. Er schwamm in Vergnügen, da das Land in Thränen zerfloß; er schwelgte unterdessen, daß Tausende des elendesten Hungertodes starben. Die Unterthanen versanken unter der Schwere von Abgaben; der Hof versank unter der Bürde von Festen. Ehrliche und rechtschaffene Leute wurden gestürzt und versammerten ihre Tage in dumpfen Kerkern. Wirkliche Bösewichter, wahre Blutigel des Landes bekamen sogar nach ihrer Ungnade solche ungeheure Jahrgelder, wie sie selbst in unsern Zeiten der würdigste Staatsdiener niemals erlangt. Niemand konnte einen bessern Wunsch thun, als daß er auch, wenns Gottes Wille wäre, in solche Ungnade fallen möchte. Wenn man solche Fürsten weise und groß nennen kann, so ist nie ein Spott bitterer, nie eine Stachelrede beißender gewesen."

Diese Schilderung, so scharf sie uns erscheinen mag, ist durchaus wahr, in keiner Weise übertrieben; ja sie bleibt sogar in milder Beurtheilung noch hinter der Wahrheit zurück! Und dennoch hat auch Friedrich seine Lobhudler gefunden, welche ihn „den Weisen" nennen, ihm die Begründung der Größe des preußischen Staats zuertheilen möchten, weil — — seine Eitelkeit ihn veranlaßt hat, sich den Königstitel mit mannigfachen schweren Opfern zu erkaufen, einen Titel, der zur Lächerlichkeit geführt haben würde, hätte ihm der große Friedrich nicht auch die Macht eines Königreichs zugesellt.

— 221 —

Friedrich III. war am 1. (11.) Juli 1657 in Königsberg in Preußen geboren; er war schon als Kind schwach und kränklich und Niemand glaubte, daß er ein hohes Alter erreichen werde, denn er litt an fortdauernder Engbrüstigkeit. Seine Amme hatte ihn einst rücklings vom Arme herabfallen lassen und dies verschwiegen, weil sie befürchtete, bestraft zu werden. In Folge dieses Falles hatte das Kind eine Rückgradkrümmung erlitten, die erst im siebenten Jahre, als es zu spät war, sie zu heilen, entdeckt wurde. Friedrich trug deshalb später, als er erwachsen war, stets eine große Perrücke, um seinen Buckel zu verdecken und seine geistreiche Gemahlin Sophie Charlotte nannte ihn scherzend häufig ihren Aesop.

Wie häufig verwachsene Kinder, so zeigte auch Friedrich schon früh einen klaren, scharfen Verstand. Von seinem fünften Jahre an wurde er dem damals schon 77jährigen Ober-Präsidenten Otto v. Schwerin zur Erziehung anvertraut und dieser ernannte einen jungen, tüchtigen Mann, Eberhard Dankelmann, zu seinem Lehrer. Nach dem Wunsche der Kurfürstin lebte Friedrich auf dem Lande bei Schwerin auf dessen Gut, weil die Mutter hoffte, daß die Landluft seinen schwächlichen Körper stärken werde. Er wurde mit seinem älteren Bruder Karl Emil gemeinschaftlich erzogen.

Es konnte kaum zwei Brüder geben, die an Geist und Körper verschiedener gewesen wären, als die beiden brandenburgischen Prinzen. Karl Emil war ein wilder, unbändiger Knabe, der nur wenig Lust zum Lernen hatte und seinen Erziehern oft schwere Stunden durch seine Rohheit und seinen Jähzorn machte. Er schlug häufig seine Pagen mit dem Stocke blutig und noch in seinem fünfzehnten Jahre drohte er einst einem dienstthuenden Offizier, der ihm nicht gleich den Willen thun wollte, ihn auf der Stelle mit dem Pistol niederzuschießen. Friedrich dagegen war sanft, nachgiebig, fast furchtsam; er zeigte Lust und Liebe zum Lernen und war deshalb der Liebling seiner Mutter, die ihn verzärtelte und verhätschelte. Als sie einst hörte, daß Eberhard Dankelmann beim Unterrichte des Knaben etwas strenge sei, schrieb sie an Otto v. Schwerin:

„Ich muß Ihnen auch sagen, daß es Personen giebt, welche mir sagen, daß Herr Dankelmann Fritzchen während des Unterrichts sehr anfährt. Ich gestehe, daß dies mir sehr zuwider ist; denn Fritzchen ist ein Kind von gutem Naturell und sehr furchtsam, dies könnte seiner Gesundheit und seinem Geiste schaden. Ich bitte Sie, dies nicht zu dulden und ihm zu sagen, daß es mir nicht angenehm sei. Ich glaube, daß seine Absicht gut ist und daß er wünscht, er möchte viel lernen; allein, er weiß genug für sein Alter und ich halte dafür: die beste Methode, Kinder zu gewinnen, ist Sanftmuth."

Dankelmann muß in seiner Strenge nachgelassen oder dieselbe nach richtigen pädagogischen Grundsätzen angewendet haben, denn er gewann die Liebe des Prinzen und war bald dessen innigster Vertrauter. Friedrich konnte ohne seinen Dankelmann nicht mehr leben und sein Lehrer, der nur 15 Jahre älter war, als er selbst, wurde sein liebster Freund.

Der junge Prinz zeigte gute Anlagen, er lernte fleißig und brachte es bald in der lateinischen Sprache, in der Geschichte und in den übrigen Schulwissenschaften zu recht tüchtigen Kenntnissen. Dankelmann lenkte seinen Geschmack zu den Künsten und Wissenschaften und erweckte in ihm das Verständniß besonders für die Kunst. Daneben bemühte sich der Herr v. Schwerin, der ein höchst eifriger Anhänger der reformirten Religion war, dem Prinzen Interesse für die Theologie beizubringen und es gelang ihm dies vollkommen.

Friedrich beobachtete von Kindheit an die Gebräuche der reformirten Kirche mit äußerster Pünktlichkeit, er studirte mit ungemeinem Interesse alle gelehrten Spitzfindigkeiten und hierdurch wurde der Grund zu dem später während seiner Regierung vielfach hervortretenden Interesse an den theologischen Streitigkeiten seiner Zeit schon beim Knaben geweckt.

Schon früh zeigte sich bei dem jungen Prinzen die bis zur Lächerlichkeit gehende Eitelkeit, welche vielen verwachsenen Personen eigen zu sein pflegt; er kleidete sich mit besonderer Sorgfalt und legte großes Gewicht auf äußeren Glanz. Sein Erzieher, Otto von Schwerin, gab dieser Eitelkeit zu viel nach und förderte sie dadurch nur noch mehr.

Ein Zeugniß für den auf äußere Pracht gerichteten Sinn des Prinzen gab die Stiftung eines Ordens, die der damals zehnjährige Knabe mit besonderer Feierlichkeit vornahm. Er war einst beim Ordenskapitel des Johanniter-Ordens anwesend gewesen, hierdurch erwachte in ihm der Wunsch, einen ähnlichen Orden zu stiften. Er erhielt von seinem Erzieher die Erlaubniß, legte sich selbst[*)] den Titel eines Fürsten von Halberstadt bei und stiftete nun unter prunkvoller Feierlichkeit den Orden de la générosité.

In der Kirche zu Alt-Landsberg, dem Gute Schwerins, war ein Thron aufgestellt, bestehend aus einer mit Sammet überzogenen Kirchenbank. Der Prinz nahm, begrüßt vom Klange der Orgel, auf dem Throne Platz; ihm folgten die Großwürdenträger. Zur Rechten stand der Marschall mit dem Schwert, zur Linken der Großkomthur, der auf einem sammtnen Kissen das Ordenskreuz hielt. Der zehnjährige Prinz ertheilte nun denjenigen Herren vom Hofe, die er mit seinem Orden begnadigen wollte, den Ritterschlag und schmückte sie mit den Insignien des Ordens de

---

*) Der Freiherr Karl von Ledebur hält in seinem verdienstvollen Werke: „König Friedrich I. von Preußen, Beiträge zur Geschichte seines Hofes u. s. w." Pag. 7 für unrichtig, daß der junge Prinz sich selbst den Titel eines Fürsten von Halberstadt beigelegt habe und bemerkt, daß dies wahrscheinlich mit Bewilligung seines Vaters geschehen sei.

la générosité und die Hofherren verneigten sich demuthsvoll; Männer, die schon in bedeutenden Aemtern standen, lachten nicht zu dem kindischen Spiel, sondern beugten sich demüthig, um den Ritterschlag zu empfangen.

Auch der große Kurfürst war schwach genug, der Eitelkeit seines Sohnes zu willfahren. Als dieser in seinem 17. Jahre dringend bat, sich für ihn zu verwenden, daß ihm der Orden des englischen Hosenbandes ertheilt werden möchte, that es Friedrich Wilhelm, aber mit schlechtem Erfolge; denn König Karl II. machte verschiedentliche Ausflüchte und gab dem Prinzen den höchsten Orden Englands nicht.

Durch den Tod seines älteren Bruders Karl Emil wurde Friedrich der Erbe des kurfürstlichen Thrones. Er hatte jetzt plötzlich für die Hofherren eine andere Bedeutung als vorher, wo er ein länderloser, nachgeborner Prinz war; die Schmeichler drängten sich zu ihm, der aufgehenden Sonne.

Wirkte schon dies ungünstig auf seinen Charakter, so mußten die unglücklichen Verhältnisse am Hofe seines Vaters, der Zwist, in dem er mit seiner Stiefmutter lebte, die Furcht, ein Opfer von deren Intriguen zu werden, die Verbindung mit einer schönen, liebenswürdigen, geistreichen Prinzessin, Sophie Charlotte, die ihm nur gezwungen die Hand gereicht, aber kein Herz für ihn hatte, noch nachtheiliger auf ihn wirken.

Er fühlte sich in der Mitte eines glänzenden Hofstaates allein, sein Herz fand nirgends Befriedigung und so suchte er dieselbe denn in dem äußeren Glanz der Krone. Sein Ehrgeiz drängte ihn, ein großer Fürst zu werden, aber die Fähigkeiten dazu fehlten ihm; deshalb trachtete er, wenigstens den Schein der Größe zu erwerben. Er war wankelmüthig, argwöhnisch, ein Spielball derjenigen Günstlinge, welche seinen Leidenschaften zu schmeicheln verstanden; ungerecht, selbst grausam, geldgierig und verschwenderisch, ein Fürst ohne Bedeutung des Charakters, der dennoch tief durchdrungen war von seinem Gottes Gnadenthum, der kein Herz für sein Volk, nur eins für sein eigenes angebetetes Ich hatte.

Friedrich III. trat am 29. April 1688 die Regierung an.

Die Kurfürstin und deren Söhne, welche glaubten, durch das Testament des verstorbenen Kurfürsten vom Jahre 1686 Ansprüche auf einen Theil des Landes zu haben, legten Einspruch ein gegen die Uebernahme der Regierung in den gesammten brandenburgischen Landen. Friedrich aber kehrte sich daran nicht, sondern stützte sich auf das Hausgesetz, welches bestimme, daß die kurfürstlich brandenburgische Linie jederzeit nur einen Regenten und regierenden Kurfürsten haben solle. Er berief am 17 Mai eine Versammlung der alten kurfürstlichen Räthe, und verlangte von jedem der Minister, indem er denselben die beiden vorhandenen Testamente seines Vaters vorlegte, ein schriftliches Gutachten.

Einstimmig erklärten die Minister, daß das Testament vom Jahre 1686 von dem Hausgesetz abweiche und daher nicht zur Ausführung gebracht werden könne.

Die Kurfürstin und ihre Söhne fühlten wohl, daß sie nicht die Macht hätten, ihre vermeinten Ansprüche durchzusetzen; sie bequemten sich daher zu einem Vergleich, in welchem sie durch reiche Geldentschädigungen für den Verlust der Regierungsgewalt abgefunden wurden; der Vergleich mit Dorothea kam am 4. April 1689 zu Stande. Bald darauf starb die Kurfürstin in Karlsbad und es wurde nun dem Kurfürsten Friedrich möglich, auch mit seinen Brüdern einen Vergleich abzuschließen, durch welchen sie auf die ihnen im Testament zugesicherten Vortheile gegen eine reiche Apanage Verzicht leisteten.

Der Vergleich wurde dem Kaiser zur Bestätigung vorgelegt und von diesem anerkannt, freilich, nur unter der Bedingung, daß Friedrich sein als Kurprinz gegebenes Versprechen, den Schwiebuser Kreis an Oesterreich zurückzugeben, erfülle.

Vergeblich erklärte der Kurfürst, daß er als Kurprinz nicht berechtigt gewesen sei, auf einen Landestheil Verzicht zu leisten: er mußte sich endlich doch fügen, nachdem ihm der Kaiser eine geringe Geldentschädigung geleistet und den Titel eines souveränen Herzogs in Preußen gewährt hatte. Friedrich soll, als er den Vertrag mit dem Kaiser unterzeichnete, gesagt haben: „Ich halte mein Wort, weil ich es muß, aber ich überlasse meinen Nachkommen, unser Recht auf die schlesischen Fürstenthümer zur Ausführung zu bringen."

Der erste Schritt, welchen Friedrich als Kurfürst gethan hatte, war, wie wir gesehen haben, der Umsturz des Testaments seines Vaters; er zeigte indessen sofort, daß er in allen Regierungsgeschäften gesonnen sei, die Politik des Verstorbenen fortzuführen und in dessen Sinne zu regieren; wenn er dies nicht vermochte, so trug nicht sein Wollen, sondern sein Können die Schuld. Er bestätigte die alten und verdienten Staatsräthe des großen Kurfürsten in ihren Aemtern, Männer, die in der Regierungsschule Friedrich Wilhelms ausgelernt waren und ihre Befähigung für die hohen Aemter klar erwiesen hatten. Ihnen gesellte er seinen Liebling und früheren Lehrer Eberhard Danckelmann bei, den er zu den höchsten Ehrenstellen erhob und ihn endlich zum Oberhaupt des Staatsrathes mit dem Titel eines Ober-Präsidenten machte.

Sein Vater hatte ihm vor seinem Tode mündliche Verhaltungsregeln für seine künftige Regierung gegeben und ihm insondere zwei Angelegenheiten warm empfohlen, die Unterstützung der französischen Protestanten und die Bundesgenossenschaft mit Wilhelm III. von Oranien, der im Begriff stand, den morschen Thron der Stuarts in England zu zertrümmern. Friedrich folgte den Befehlen, die ihm sein Vater auf dem Todbette gegeben hatte. Die reformirten Flüchtlinge aus Frankreich, aus der Schweiz, aus der Pfalz fanden auch ferner eine gaſtfreie Aufnahme in der Mark Brandenburg. Der Prinz von Oranien erhielt für ſein kühnes Unternehmen eine Beihilfe von 6000 Brandenburgern, denen England ſeine Freiheit mit verdankt.

Friedrich kam durch ſeine Theilnahme an der Vertreibung der Stuarts und ſeinen Schutz der franzöſiſchen Proteſtanten in eine höchſt feindſelige Stellung gegen Frankreich. Dieſe behielt er während ſeiner ganzen Regierung und unterſtützte den Kaiſer in den vielen Kriegen gegen Frankreich und auch in denen gegen die mit Frankreich verbündeten Türken in Ungarn mit einer Beſtändigkeit in der Politik, welche ſeinem Vater fremd geweſen war.

Es kann nicht unſere Aufgabe ſein, näher auf die vielen Kriege einzugehen, in welchen die brandenburgiſchen Hilfstruppen betheiligt waren, Kriege, welche dem Lande unendliche Geldopfer koſteten, die aber außerhalb des Bereichs unſerer Erzählung liegen, da ſie alle weit entfernt von Berlin geführt wurden.

Friedrich betheiligte ſich bei dieſen Feldzügen ſelten perſönlich als Heerführer; er überließ es meiſtens ſeinen Generälen, zu ſiegen oder geſchlagen zu werden. Trotzdem aber wurde Friedrich von den feilen Schmeichlern ſeiner Zeit häufig genug als ein Siegesfürſt geprieſen. Nach einem keineswegs beſonders ruhmvoll geführten Kriege und einem durchaus nicht zu ehrenvollen Frieden, der im Sommer 1697 zu Ryswick geſchloſſen wurde, rief der gelehrte Beger dem heimkehrenden Kurfürſten zu:

„Gott erhalte Dich! Du biſt der Schrecken der Feinde! Du der Bürger Schutzwehr! Unbeſiegter Herr, Schutz der Muſen, Dein Heil iſt unſer Heil, Dein Glück unſer Glück! u. ſ. w."

Eine ſo abgöttiſche Lobhudelei war ganz nach dem Geſchmack Friedrichs, dem die Schmeichelei niemals ſtark genug aufgetragen werden konnte.

Schon die erſten Verordnungen des Kurfürſten gaben ein Zeugniß von ſeinem Beſtreben, ſeiner Eitelkeit durch die Entfaltung eines überaus prächtigen Hofſtaats Genüge zu leiſten. Er beſtimmte, daß die Zahl ſeiner Hofdienerſchaft vermehrt werde, und ſetzte den Betrag für die Beſoldungen der vornehmen und geringen Hofbedienten für die Zeit vom 5. Mai 1688 bis zum 5. Mai 1689 auf 54,589 Reichsthaler feſt.*) 24 Trompeter und 2 Pauker wurden beſoldet, um im Schloſſe Mittags zwölf Uhr das Zeichen zum Beginn der kurfürſtlichen Mittagstafel zu geben; ſie mußten Friedrich auf allen ſeinen Reiſen begleiten, bei jeder Hoffeierlichkeit gegenwärtig ſein.

Die Erbhuldigung der kurmärkiſchen Stände am 14. Juni 1688 gab dem Kurfürſten zuerſt

---

*) Mit jedem Jahre vermehrten ſich die Koſten des Hofſtaates. Es wird uns berichtet, daß im Jahre 1695 die goldenen und ſilbernen Borten der Laſaien und Trabanten die koloſſale Summe von 42,638 Thalern gekoſtet haben.

Gelegenheit, ſeiner Prachtliebe Genüge zu leiſten. Die Huldigungsfeier begann mit einem Gottesdienſt in der Domkirche um 8 Uhr Morgens; von dort aus begab ſich Friedrich, mit allen Inſignien der Kurwürde angethan, nach dem Schloſſe zurück; vorangetragen wurden ihm das Kurſchwert, der Scepter und das kurfürſtliche Siegel. Die Geheimen Räthe leiſteten ihm zuerſt durch Handſchlag den Huldigungseid, dann traten, von 2 Marſchällen geführt, die Ritter in den großen Saal, in welchem Friedrichs Thron ſtand. Hier erwarteten ſie den Herrſcher.

Friedrich erſchien nach einiger Zeit; ihm folgten alle ſeine vornehmſten Diener, Generäle und Geheimen Räthe; er beſtieg den Thron und ließ ſich auf demſelben nieder. Die Räthe leiſteten ihm, nachdem der Geheime Rath von Fuchs eine lange Rede gehalten hatte, den Lehnseid.

Die Huldigung der Bürger fand auf dem Schloßplatz ſtatt, wo auf einer hohen Bühne der kurfürſtliche Thron errichtet war. Eine ungeheure Volksmenge, welche dem neuen Fürſten mit lauten Lebehochs zujubelte, hatte ſich zur Feierlichkeit verſammelt.

Eine glänzende Abendtafel, zu welcher die Ritter und die Deputirten der Stadt zugezogen wurden, beſchloß das Feſt. Für das Volk war in dem vordern Schloßhofe ein Springbrunnen gebaut, aus welchem rother und weißer Wein im Ueberfluß hervorſprudelten.

Die Huldigungsfeier bildete den Beginn einer langen Reihe von prächtigen Feſten, welche ſich durch die ganze Regierungszeit Friedrichs hindurchzogen und bei jeder Gelegenheit erneut wurden.

Gleich nach der Huldigung der Kurmark folgte am 14. Auguſt 1688 ein mit großer Pracht veranſtaltetes Feſt, die Taufe des am 4. Auguſt geborenen Kurprinzen, der zum Andenken ſeines Großvaters die Namen Friedrich Wilhelm erhielt.

Am 12. September reihte ſich dieſer Feierlichkeit das prunkvolle Leichenbegängniß des großen Kurfürſten an. Der Leichnam war ſchon in der Nacht vom 6. zum 7. Mai mit einem Gefolge von vielen Trauerwagen und begleitet von unzähligen Fackelträgern von Potsdam nach Cöln gebracht, im Schloſſe auf das Prächtigſte angekleidet und mit allen Zeichen der kurfürſtlichen Würde geſchmückt worden; auf einem Paradebett hatte er bis zum 12. Mai unter der Wache der höchſten Staatsbeamten zur Schau ausgeſtanden. Bis zum 12. September blieb die Leiche in der Schloßkapelle, dann erſt wurde ſie mit großer Feierlichkeit und Pracht im Dom beigeſetzt.

Mit faſt nicht geringerer Pracht wurde wenige Jahre ſpäter — im Jahre 1695 — das Begräbniß eines Stiefbruders des Kurfürſten, des Markgrafen Karl Philipp, den ein tragiſches Geſchick ereilt hatte, in Berlin gefeiert.

Der Markgraf, ein junger, thatendurſtiger Mann, hatte ſich als Volontär zur brandenburgiſchen Armee nach Italien begeben, dort war er am Hofe von Turin mit Auszeichnung empfangen worden. Die Krone der Hoffeste daselbst war die wunderschöne, liebenswürdige und geistreiche Gräfin von Salmour, welche bald den jungen, 22jährigen Prinzen mit einer unwiderstehlichen Gewalt an sich zu ketten verstand.

Karl Philipp, der sich der Gräfin mit Liebesbetheuerungen nahete, wurde von ihr stolz zurückgewiesen. „Ich bin zu arm, um Ihre Gemahlin, und zu stolz, um Ihre Maitresse zu werden!" hatte sie ihm geantwortet. Aber die unnahbare Tugend der schönen Frau hatte die Liebe des Prinzen nur feuriger gemacht; er flehte sie an, seine Gattin zu werden und nach langem Bitten willigte sie endlich ein, sich heimlich mit ihm zu vermählen.

Ein Vertrauter verrieth das Geheimniß dem Kurfürsten. Dieser war außer sich vor Zorn, als er hörte, daß sein Bruder eine nicht ebenbürtige Heirath geschlossen habe. Er ertheilte sofort dem Obersten der Kavallerie, Hackeborn, den Befehl, den Prinzen gefangen zu nehmen und nach Berlin zurückzuführen.

Der Herzog von Savoyen konnte nicht umhin, dem Obersten die Erlaubniß zu einer Gewaltthat gegen den Markgrafen zu geben. Karl Philipp ruhte eines Morgens noch in den Armen seiner schönen, jungen Frau, als plötzlich der Obrist mit 4 Offizieren ins Schlafzimmer eindrang. Der Markgraf sprang halb nackt aus dem Bette, ergriff seinen Degen und vertheidigte sich wüthend gegen die Angreifer; aber die Uebermacht war zu groß, er wurde am Arm verwundet und mußte nun, wehrlos gemacht, sehen, daß seine Gattin von den Offizieren aus dem Bett gerissen und fortgeführt wurde. Man brachte sie in ein Kloster.

Der Markgraf war in tiefster Verzweiflung über die Trennung von seiner Geliebten; er sträubte sich, als ihm ein Verband angelegt werden sollte und verlor dabei so viel Blut, daß er endlich in Ohnmacht sank. In der folgenden Nacht verfiel er in ein heftiges Fieber und am fünften Tage darauf starb er. Sein letztes Wort war der Name Salmour.*)

Nach dem Tode des Markgrafen wurde die Gräfin v. Salmour wieder in Freiheit gesetzt. Sie nahm den Namen einer Frau von Brandenburg an, ging nach Wien und flehte den Kaiser um seinen Schutz an. Vergebens bot ihr der Kurfürst bedeutende Summen unter der Bedingung, daß sie den Namen von Brandenburg ablege; sie erwiederte stolz darauf, daß keine Schätze der Welt sie vermögen könnten, einen Schritt zu thun, der den Beweis ablegen würde, sie sei nicht die Gattin, sondern die Maitresse des Markgrafen gewesen. Sie behielt auch in der That den Namen von Brandenburg so lange bei, bis sie sich zum zweiten Male und zwar an den sächsischen Feldmarschall Grafen v. Wackerbarth vermählte.

Die Leiche des Markgrafen wurde nach Berlin gebracht und Friedrich tröstete sich über den Verlust seines Bruders durch ein prächtiges Leichenbegängniß, welches er veranstaltete.

Jedes Familienfest gab fortan dem Kurfürsten Gelegenheit zur Entfaltung einer Pracht, wie sie an keinem andern deutschen Hofe getroffen wurde. Besonders glanzvoll war die Hochzeit der Tochter Friedrichs aus seiner ersten Ehe, der Markgräfin Louise, mit dem Erbprinzen Friedrich von Hessen-Kassel, welche in den letzten Tagen des Mai und in den ersten des Juni im Jahre 1700 in Berlin gefeiert wurde. Der Ober-Ceremonienmeister v. Besser hat uns über alle bei dieser Hochzeit vorgefallenen Feste und Lustbarkeiten, bei denen er selbst betheiligt war, eine sehr umständliche, 44 Seiten enthaltende, Beschreibung hinterlassen. So viel Raum können wir nun allerdings diesem Feste nicht gönnen, ohne unsere Leser zu langweilen; wir wollen ihnen indessen einen kurzen Auszug aus der Beschreibung der Feierlichkeiten geben, weil diese uns einen Blick in das Hofleben Friedrichs und die Sitten der Zeit gewähren.

Am 27. Mai traf der Vater des Erbprinzen, der Landgraf von Hessen, mit seiner Gemahlin und Tochter, dem Erbprinzen und seinem gesammten Hofstaat in Spandau ein; er hatte im Gefolge von nicht weniger als 300 Personen. Er wurde hier vom Kurfürsten bewillkommnet.

Am folgenden Tage — dem 28. — geschah der feierliche Einzug des Bräutigams in Berlin. Der ganze kurfürstliche Hofstaat, die Garde, die sämmtlichen in Berlin anwesenden Truppen, auch zwei zu diesem Zwecke besonders nach der Residenz beorderte Regimenter waren bei dem Empfang betheiligt und zu demselben ganz neu und höchst geschmackvoll equipirt. Eine Viertelstunde vor der Stadt erwartete die kurfürstliche Familie die Gäste und führte sie durch die in Parade aufgestellten Regimenter nach der Stadt. Als der Zug dem Georgenthor nahte, donnerten von den Wällen herab 100 Geschütze und außerdem 16 außerhalb der Stadt aufgestellte Feldstücke.

Ganz Berlin hatte sich bei dem Feste betheiligt. Die Bürger standen in Parade die Georgenstraße entlang; vor dem Thor hatten sich die Mitglieder der französischen Kolonie in Festesschmuck aufgestellt und bei diesen eine Kompagnie der schönsten Knaben, die als Soldaten bewaffnet waren.

Die Straßen waren von einer unabsehbaren

---

*) Nach einem Vortrage, welchen der Archivrath Hassel im Verein für die Geschichte der Mark Brandenburg am 8. Januar 1873 gehalten hat, ließ der Herzog Victor Amadeus II., welcher sich die brandenburgische Allianz zu erhalten wünschte, die Trauung des Liebespaares am 25. Mai 1695 unterbrechen und die schöne Catharina von Salmour in das Kloster Sta. Croce bringen. Nach den Forschungen des Herrn Hassel soll Markgraf Karl Philipp sich nach der Trennung von der Geliebten noch einige Tage in Turin aufgehalten, dann aber zur Belagerung von Casall begeben haben und auf der Rückreise nach Turin in St. Germain einem hitzigen Fieber erlegen sein.

Menschenmasse dicht gefüllt; an einzelnen Stellen hatten sich die Zuschauer selbst bis auf die Dächer der Georgenstraße (jetzigen Königsstraße) verstiegen.

Es dauerte nicht weniger als 4 Stunden, ehe der Zug bis zum Schlosse gelangt war.

Abends war im Schloß große Tafel im Oraniensaale, der seinen Namen davon erhalten hatte, daß er zum Andenken der Mutter des Kurfürsten mit Tapeten behängt war, welche die merkwürdigsten Erlebnisse des Hauses Oranien in Bildern enthielten; an der Decke war das Bildniß des Königs Wilhelm III. von England zu Pferde angebracht.

Während der Tafel donnerten jedesmal 6 Geschütze, so oft der Kurfürst, die Kurfürstin, der Landgraf, die Landgräfin, die Braut oder der Bräutigam tranken und 3 Geschütze, wenn eine der übrigen fürstlichen Personen ihren Durst löschte.

Der 29. und 30. Mai wurden des Pfingstfestes wegen ohne besondere Festlichkeiten begangen; nur am ersten Pfingstfeiertage fuhr die kurfürstliche Familie mit ihren Gästen nach beendetem Gottesdienst in einem mit 12 Pferden bespannten prächtigen Wagen und mit einem Gefolge von 80 Kutschen um die Schranken der Lindenallee auf der Dorotheenstadt. Die Linden waren schon damals ein sehr beliebter Spaziergang der Berliner und es läßt sich wohl denken, daß sie gerade an jenem Tage besonders mit Spaziergängern und Zuschauern angefüllt waren.

Die feierliche Trauung fand am Montag, den 31. Mai, Abends 9 Uhr, im weißen Saale statt, der seinen Namen nach den 12 in weißem Marmor ausgeführten Statuen der 12 Kurfürsten des brandenburgischen Hauses, welche in demselben in Lebensgröße aufgestellt waren, trug.

Die Pracht der Kleidungen, welche bei dieser Trauung aufgeboten wurde, überstieg alles, was jemals vorher am Brandenburgischen Hofe gesehen worden war. Das Kleid der Braut, der Markgräfin Louise, war von Silberstück verfertigt, der Rock und das Leibstück waren reich mit Diamanten besetzt, der Mantel bestand aus einem goldenen Netze von point d'Espagne in 7 Ellen Länge; er hatte ein so gewaltiges Gewicht, daß 6 Kammerfräulein nicht im Stande waren, die Schleppe zu tragen, sie mußten von zwei Brautpagen unterstützt werden. Es wird erzählt, das Gewicht habe 1 Centner betragen.

Die Braut trug auf dem Haupte eine von Perlen und Diamanten blitzende Krone von ungeheurem Werthe. Der Diamantschmuck, den die Prinzessin an jenem Tage trug, soll eine Million Thaler werth gewesen sein. Nicht weniger prächtig war der Bräutigam gekleidet.

Nach der Trauung folgte eine glänzende Abendtafel im Oranischen Saale; dabei hatte der Küchenmeister Christian ein Meisterstück gemacht, denn die herrschaftliche Tafel war mit nicht weniger als 500 Schüsseln und Zwischengerichten bedeckt, und alle Gäste wurden auf's Schnellste und Trefflichste bedient. 86 Tafeln standen für die Hofbedienten bereit, an denen wacker gegessen und gezecht wurde.

In der Nacht um 1 Uhr wurde die Tafel aufgehoben und nun begann der übliche Brauttanz mit brennenden Fackeln. Zuerst tanzte die Braut mit dem Bräutigam, dann mit dem Landgrafen, dann mit ihrem Vater, dem Kurfürsten, und demnächst mit den übrigen fürstlichen Personen. Es muß ein eigenthümlicher Tanz gewesen sein, denn stets wurde die Braut von den 6 Kammerfräulein, die ihr die Schleppe trugen, begleitet und außerdem von 24 der vornehmsten Hof-Cavaliere, von denen 6 Paar vor und 6 Paar hinter ihr mit brennenden weißen Wachsfackeln tanzten.

Der Herr v. Besser erzählt uns, daß auch die andern hochfürstlichen Frauenzimmer in eben der Art getanzt hätten; weil es aber darüber schon spät worden sei, die Braut auch allbereits von dem vielen Tanzen sowohl, als auch von der großen Last ihres Kleides in etwas ermüdet war, so sei man endlich gegen 3 Uhr des Morgens zu den Toiletten und dem kostbar ausgeschmückten Brautbett geeilt. Die Braut habe mit verbundenen Augen drei aus den im Brautgemach im Reigen um sie herumtanzenden Personen ergreifen und diesen ihre Krone zustellen müssen. Es sei dies eine untrügliche Wahrsagung, daß jede von diesen Ergriffenen noch in demselben Jahre Ihrer Durchlaucht in der Verehelichung nachfolgen würden.

Braut und Bräutigam wurden darauf zu Bette gelegt, nachdem die Kurfürstin der Braut und der Kurfürst dem Bräutigam das Hemd gegeben hatten. Die Braut übergab eins ihrer Strumpfbänder dem Landgrafen, und das andere dem Kurfürsten, ihrem Vater; Beide wanden die Strumpfbänder der Braut zu Ehren als ein empfangenes Liebeszeichen um ihre Degen.

Die nachfolgenden Tage wurden durch prächtige Festlichkeiten, Ballete, Concerte, Maskeraden, Hetz-Jagden u. s. w. ausgefüllt. Wir wollen diese nicht weiter schildern und nur einer Abendtafel erwähnen, zu welcher der Kurfürst seine hohen Gäste in die Küchenstube einlud, in der er häufig zu speisen pflegte, weil ihm dort seine 12 Köche die Speisen völlig warm und auf's Sorgfältigste frisch bereitet vorsetzen konnten.

Die Gesellschaft fand sich in der Küchenstube ein. Sie verwunderte sich nicht wenig, als sie das Gemach leer und keine Tafel, an der sie sich zum Speisen niederlassen konnte, fand.

Während die Gäste noch erstaunt umherstanden, senkte sich plötzlich aus der Decke eine reich besetzte Tafel nieder, köstliche Speisen luden zum Genusse ein, und kaum waren diese durch den guten Appetit der Gäste vertilgt, da versank die Tafel durch eine Versenkung in den Boden, und ein neuer Tisch, der wieder auf's Reichste besetzt war, kam von der Decke herunter. So wurden die Speisen viermal gewechselt.

Ein prächtiges Feuerwerk außerhalb der Stadt,

zwischen dem Neuen und dem Leipziger Thore, dem die fürstlichen Gäste vom Walle aus zuschauten, beschloß die Feierlichkeiten dieses Tages.

Das Fest dauerte mit Vergnügungspartien nach den Berlin benachbarten Lustorten bis zum 10. Juni fort, dann wurde es endlich durch den Abschied des neuvermählten Paares beschlossen.

Zweites Kapitel.

Friedrichs Streben nach der Königskrone — Ein Etiquettestreit von bedeutsamen Folgen. — Dankelmann. — Unterhandlungen am kaiserlichen Hofe. — Folgen eines undeutlich geschriebenen Briefs. — Der Kronvertrag. — Die Krönungsreise. — Die Krönung in Königsberg. — Der schwarze Adlerorden. — Festlichkeiten in Berlin. — Die Volksstimme über die Königskrönung. — Einzug des Königs in Berlin.

Den Gipfelpunkt für den Ehrgeiz und die Eitelkeit Friedrichs bildete sein Streben, aus dem Kurhute eine Königskrone zu machen. Zwei andere deutsche Kurfürsten hatten königliche Throne bestiegen, der von Hannover den Thron von England und der von Sachsen den polnischen Königsthron.

Auch für Friedrich lag die Idee nahe, daß er so gut wie jene den stolzen Titel eines Königs führen könne. Er besaß das souveräne Herzogthum Preußen unabhängig vom deutschen Reich. Oft genug hatten ihm die Schmeichler darauf hingedeutet, daß er erkoren sei, eine Königskrone zu tragen. Schon kurz nach seiner Geburt war er als Prinz in der Wiege mit einem bedeutungsvollen Verse begrüßt worden. In einer Anspielung darauf, daß er in Königsberg geboren, hatte ein Dichter einen lateinischen Vers gesungen, der in der Uebersetzung Förster's lautet:

Dort auf des Königes Berg wird Friedrich geboren.
Was heißt das?
Rufen, ihr sagt uns vorher, Friedrich wird König dereinst!

Der Plan, aus dem Kurfürstenthum Brandenburg ein Königreich zu machen, war nicht neu. Ludwig XIV. hatte bereits dem großen Kurfürsten den Rath ertheilt, er möge sich die Königskrone auf's Haupt setzen und sich dadurch unabhängig vom Kaiser und dem deutschen Reich machen. Dem großen Kurfürsten ging das Sein über den Schein; er hatte die Zumuthung zurückgewiesen, weil er fühlte, daß sein Kurfürstenthum nicht groß genug für ein Königreich sei. Friedrich aber war anderer Ansicht; ihn lockte der Glanz der Krone; in seinen Träumen sah er sich umgeben von der Pracht eines Königshofes. Daß diese Träume eine festere Gestalt gewannen und endlich zu einem bestimmten Plan in ihm wurden, dazu trug ein kleinlicher Etiquettestreit bei, den er im Jahre 1696 mit dem König von England hatte.

Bei einer Zusammenkunft Friedrich's mit dem König von England war für diesen ein Armstuhl, für Friedrich nur ein gewöhnlicher Sessel hingestellt worden. Der Kurfürst fühlte sich tief verletzt über eine solche Rücksichtslosigkeit, und er beschloß, nach Hause zu reisen, ohne den König zu sprechen; wenn ihm dieser nicht ebenfalls einen Armstuhl zugestehe. Nur mit Mühe konnte der Kurfürst durch Lord Portland, einen Günstling des Königs von England, zurückgehalten werden. Der Lord versicherte ihm, der König dürfe ihm, ohne sich den Vorwürfen der Engländer auszusetzen, keinen Armstuhl zulassen, er sei indessen gern bereit, die Unterredung so mit dem Kurfürsten zu halten, daß beide Herrscher bei derselben ständen.

Auf diese Weise wurde der Etiquettestreit geschlichtet. Die Unterredung fand im Haag statt, und nach derselben machte der König von England dem Kurfürsten in Cleve einen Besuch, bei welcher Gelegenheit für Beide gleichmäßig Armstühle hingestellt wurden. Hier durfte der König, ohne sich etwas zu vergeben, sich eines gleichen Armstuhls wie der Kurfürst bedienen, da er bei diesem zu Gaste war.

So lächerlich und kleinlich ein solcher Streit erscheint, so hatte er doch in jener Zeit, in der die Etiquette bis auf die Spitze getrieben wurde, seine Bedeutung, und es ist nicht unwahrscheinlich, daß er wesentlich zu dem Entschlusse Friedrich's, für sich die Königskrone zu erwerben, beigetragen hat.

Kaum nach Berlin zurückgekehrt, legte Friedrich seinem Staatsrathe den Plan, die Königskrone zu gewinnen, vor. Er fand einen unvermutheten Widerstand bei dem Oberpräsidenten von Dankelmann, der bisher fast unumschränkt in den Brandenburgschen Staaten geherrscht hatte.

Dankelmann erklärte, daß die Krone nur mit schweren Opfern zu erkaufen sein würde, denn der Kaiser, dessen Einwilligung doch eingeholt werden müsse, würde diese schwerlich geben, da es seinem Interesse widerspreche, einen seiner Vasallen zu seines Gleichen zu machen; vor allen Dingen aber würde die Erlangung der Krone den Kurfürsten zu gewaltigen Ausgaben nöthigen, ohne daß er einen andern Vortheil als den eines leeren Titels daraus ziehen könne. Das Volk sei schon übermäßig mit Abgaben beschwert, und wenn der Kurfürst die Steuern jetzt nur eines Titels wegen, um einen Königlichen Hof halten zu können, erhöhe, so würde dadurch seine Macht geschwächt, aber nicht vermehrt werden.

Die Gründe Dankelmanns, so einleuchtend sie waren, fanden dennoch bei Friedrich keine gute Stätte. Der Kurfürst glaubte um so eher über sie fortgehen zu können, als sich unter seinen übrigen Räthen viele befanden, die, seiner Eitelkeit zu schmeicheln, dem Oberpräsidenten heftig widersprachen. Der Kaiser, so meinten sie, werde sicherlich dem Kurfürsten bei seinen Plänen nicht hinderlich sein, denn er brauche in der verwickelten politischen Lage, in welcher sich damals allerdings das deutsche Reich befand, und bei einem bevorstehenden Kriege des Hauses Oesterreich mit Frankreich, die Hülfe des Kurfürsten und auch die Ausgaben, welche die Königswürde erheische, könnten nur unbeträchtlich sein, denn der Hofstaat des Kurfürsten könne sich bereits mit einem königlichen messen; die Macht Friedrichs werde wesentlich durch den Königstitel vermehrt, denn als Kurfürst sei er abhängig vom Kaiser, als König ein selbstständiger Fürst.

Friedrich fand diese Gründe, welche mit seinen eigenen Wünschen übereinstimmten, so einleuchtend, daß er gegen den Rath und Willen Dankelmanns beschloß, die nöthigen Schritte zur Erlangung der Königskrone zu thun. Dankelmann sah sich überstimmt und er mußte wohl oder übel seine Zustimmung zu einem Unternehmen geben, welches er für ein durchaus verderbliches hielt. Er schickte einen Gesandten nach Wien, um dort die Unterhandlungen zu leiten, von denen er indessen überzeugt war, daß sie fruchtlos sein würden, und sie blieben es in der That mehrere Jahre.

Obgleich Graf Christoph v. Dohna in Wien sich die möglichste Mühe gab, um mit Aufbietung aller Mittel der Ueberredung und Bestechung den Kaiser für die Pläne seines Kurfürsten zu gewinnen, so waren doch alle Anstrengungen vergeblich. Die meisten Minister des Kaisers sprachen sich entschieden dagegen aus, daß dem Kurfürsten die Annahme des Königstitels gestattet werde und ohne die Genehmigung des Kaisers wagte Friedrich nicht, sich die Krone aufs Haupt zu setzen.

Der eifrigste Gegner Friedrichs war der Großkanzler von Böhmen, Graf Kinski, ein geiziger und eigennütziger Mann. Friedrich beschloß, jedes Opfer zur Erfüllung seines Wunsches zu bringen. Er ließ dem Grafen Kinski 200,000 Gulden anbieten, wenn er sich für ihn verwende; aber auch dies war vergeblich: — der Graf verweigerte die Annahme einer solchen Summe.

Graf Dohna verzweifelte endlich daran, seinen Auftrag glücklich auszuführen; er bat um seine Zurückberufung und erhielt sie. Was seine Geschicklichkeit und seine Anstrengungen nicht vermocht hatten, das vermittelte endlich ein glücklicher Zufall.

Der Graf Dohna war schon von Wien abgereist, als noch ein Brief an ihn eintraf, in welchem ihm der Auftrag gegeben wurde, einen letzten Versuch bei einem andern Minister zu machen und diesem die vom Grafen Kinski ausgeschlagene Summe zu bieten. Der Brief war in Chiffren geschrieben. Er wurde dem Legationssekretär Bartholdi, welcher einstweilen die Stelle des Grafen Dohna in Wien vertrat, übergeben.

Bartholdi öffnete den Brief; er war in der Chiffreschrift nicht so geübt, wie der abgereiste Gesandte und verlas sich daher in dem Namen des Ministers, den er gewinnen sollte, vielleicht weil auch durch Versehen eine falsche Chiffre genommen worden war. Er glaubte, der Brief enthalte den Auftrag, sich an den kaiserlichen Beichtvater, einen Jesuiten Namens Wolff, zu wenden. Dieser, ein Baron von Lüdingshausen, der erst bei seinem Eintritt in den Jesuitenorden den Namen Wolff angenommen hatte, war früher im Gefolge der kaiserlichen Gesandtschaften mehrfach in Berlin gewesen. Er fühlte sich außerordentlich dadurch geschmeichelt, daß einer der mächtigsten protestantischen Fürsten Deutschlands gerade seinen Beistand zur Erlangung der Königskrone in Anspruch nehme und er verwendete sich daher kräftigst beim Kaiser und bemühte sich, diesen günstig für die Wünsche des Kurfürsten von Brandenburg zu stimmen.

Der Jesuit blieb fortan im vertrauten Briefwechsel mit dem Kurfürsten und einer seiner Briefe begann mit der charakteristischen Anrede: „Durchlauchtigster Churfürst, gnädiger Herr, beinahe schon König!"

Der Kaiser bedurfte gerade in jener Zeit eines kräftigen Beistandes, denn er stand im Begriff, einen schweren Krieg zu beginnen. Der Wunsch, von dem Kurfürsten von Brandenburg Hilfstruppen zu erhalten, sowie die unausgesetzten Befürwortungen seines einflußreichen Beichtvaters stimmten ihn den Plänen Friedrichs günstig; auch andere Minister wurden durch große Geldsummen gewonnen und legten ihr Fürwort ein, so willigte denn der Kaiser endlich ein, das sehnlichste Verlangen des Kurfürsten von Brandenburg zu erfüllen.

Am 16. November 1700 unterschrieb der Kaiser den geheimen Kronvertrag, in welchem er versprach, den Kurfürsten Friedrich als König anzuerkennen. Aber theuer genug wurde der Königstitel erkauft. Ohne die gewaltigen Summen zu rechnen, welche schon für Bestechungen verschwendet waren, mußte Friedrich noch harte Bedingungen eingehen. Er mußte versprechen, während des bevorstehenden spanischen Erbfolgekrieges 8000 Mann auf seine eigene Kosten im Interesse des österreichischen Hauses ins Feld zu stellen, — auf den Reichstagen zu allen Forderungen des Kaisers ein gehorsames Ja zu sagen; — auf die Bezahlung von rückständigen Hilfsgeldern, auf welche er einen gerechten Anspruch von frühern Zeiten her hatte, zu verzichten, — bei der künftigen Kaiserwahl seine Stimme wieder zu Gunsten des Hauses Oesterreich abzugeben und seine deutschen Reichslande von seiner Verpflichtung gegen das Reich los zu machen. Eine ungeheure Kaufsumme für einen leeren Titel, denn auch die vermeintliche Unabhängigkeit vom Kaiser wurde durch die letzte Verpflichtung illusorisch gemacht.

Friedrich ging auf die Forderungen des Kaisers ein; jede Bedingung war ihm recht. Er unterschrieb den Vertrag und jetzt war er am Ziel seiner Wünsche.

So schwer die Opfer waren, welche Friedrich gebracht hatte, so erschienen sie doch manchen Freunden des Kaisers noch nicht schwer genug. Der berühmte Feldmarschall, Prinz Eugen, sah voraus, daß der Königstitel das Haus Brandenburg bereits unabhängig von Oesterreich machen werde und rief daher, als er die Nachricht von dem Vertrage erhielt, unwillig aus: der Kaiser müsse die Minister hängen lassen, die ihm einen so unheilvollen Rath ertheilt hätten!

Der Vertrag war kaum abgeschlossen, so beeilte sich Friedrich mit der Ausführung desselben. Er erließ sofort ein Rundschreiben an sämmtliche europäische Höfe, in welchem er denselben mittheilte, daß er den Königstitel annehmen werde und ohne die Erwiederungen auf diese Mittheilung, welche vielleicht ungünstig hätten ausfallen können, abzuwarten, brach er am 17. December 1700 nach Königsberg auf, um in der Hauptstadt des Herzogthums Preußen sich die Königskrone auf's Haupt zu setzen.

Die Krönungsreise gab ein Vorspiel von den gewaltigen Kosten, welche der Titel dem Lande verursachen sollte.

Der Kurfürst reiste in Begleitung seiner Gemahlin, des Kurprinzen, zweier seiner Brüder und eines unzähligen Gefolges. Zur Fortschaffung des Hofstaats waren, außer den Pferden des Marstalls, nicht weniger als 30,000 Vorspannpferde nöthig.

Der Zug mußte in vier Abtheilungen getheilt werden. Die Reise dauerte 12 Tage und wie strenge schon das Hofceremoniell beobachtet wurde, mag daraus hervorgehen, daß trotz der beschwerlichen Winterreise doch der Bruder Friedrichs, Markgraf Albrecht, während derselben im Sammtrock und gepuderter Lockenperrücke auf dem Kutscherbock des Wagens der Kurfürstin seinen Platz einnahm.

Die Krönungsfeier wurde auf den 18. Januar festgestellt. Friedrich, der sich trefflich auf die Veranstaltung prunkvoller Festlichkeiten verstand, schrieb mit peinlichster Sorgsamkeit selbst das Ceremoniell für die Feier vor.

Drei Tage vor der Krönung, am 15. Januar, zogen Herolde in glänzendem Aufzuge mit zahlreichem Gefolge unter dem Geläute der Glocken und dem Donner der Geschütze in der Stadt Königsberg umher und verlasen an verschiedenen Stellen der Stadt mit entblößtem Haupte von einem gedruckten Zettel folgende Proklamation:

„Demnach es durch die allweise Vorsehung Gottes dahin gediehen, daß dieses bisher gewesene souveräne Herzogthum Preußen zu einem Königreich aufgerichtet und desselben Souverän, der Allerdurchlauchtigste Großmächtigste Herr, Herr Friedrich, König in Preußen geworden: so wird solches hiermit Männiglichen kund gethan, publiciret und ausgerufen:

Lange lebe Friederich
unser allergnädigster König!
Lange lebe Sophie Charlotte
unsere allergnädigste Königin!"

Nach geendeter Vorlesung wurden unzählige Exemplare der Proklamation unter das zahlreich versammelte Volk geworfen.

Am Tage vor der Krönung, am 17. Januar, stiftete Friedrich den schwarzen Adlerorden mit dem Wahlspruch: „suum cuique, Jedem das Seine!" einen Orden, der nie mehr als 30 Ritter enthalten sollte. Jeder Ritter mußte 16 Ahnen haben und das Versprechen abgeben, keusch und gerecht zu leben, Künste und Wissenschaften zu lieben, Wittwen und Waisen zu unterstützen. Er frischte zu gleicher Zeit den in seiner Knabenzeit gestifteten Orden de la générosité wieder auf, indem er bestimmte, daß Niemand den großen Orden bekommen solle, der nicht vorher wenigstens eine kurze Zeit den Orden de la générosité getragen habe.

Die Statuten des schwarzen Adlerordens enthielten die genauesten Bestimmungen über alle bei der Verleihung desselben zu beobachtenden Förmlichkeiten, — Bestimmungen, welche sich auch auf die Kleidung der Ritter bezogen.

Der Orden selbst wurde an einem orangefarbenen Bande getragen.

Die Krönungsfeierlichkeiten, welche uns Herr v. Besser in einem kleinen Folianten*) beschrieben hat, übergehen wir, wir bemerken nur, daß Friedrich, der fortan als König sich Friedrich I. nannte, sich die Krone selbst auf's Haupt setzte, zum Zeichen, daß er sie weder einer geistlichen noch weltlichen fremden Macht verdanke.

In Berlin wurden, während in Königsberg die Krönungsfeierlichkeiten spielten, ebenfalls große Festlichkeiten veranstaltet.

Die Menge jubelte, sie schwelgte in Entzücken, sie gab sich ganz den Lustbarkeiten hin, welche die Feier begleiteten, ohne daran zu denken, welche neuen drückenden Lasten der Königstitel für den kleinen Staat zur Folge haben mußte.

Das Volk lag im Anfange des 18. Jahrhunderts noch in einem tiefen politischen Schlaf. Der Kampf zwischen den Ständen und der fürstlichen Gewalt hatte sich fast vollendet, dem Fürsten war der Sieg geblieben, die große Masse des Volkes aber schaute dem Kampfe theilnahmlos zu; nach welcher Seite auch der Sieg fiel, ihr nützte derselbe niemals etwas. Hatten doch bisher die privilegirten Stände das Volk so gedrückt, daß der Fürst ihm kaum etwas mehr thun konnte, und wenn es daher auf einer Seite eine Theilnahme zollte, so galt diese eher dem Fürsten als den Ständen.

Die Bürger sonnten sich in den Strahlen der Fürstengunst und besonders die von Berlin waren stolz darauf, daß ihre Stadt die Residenz des Königs sei, daß sich in ihr die Pracht seines Hofes koncentrire. Das Schimmern einer Königskrone blendete sie daher ebenso wohl als den eitlen König selbst.

---

*) Das Werk des Herrn v. Besser wurde auf des Königs Kosten herausgegeben. Der Verfasser erhielt von Friedrich für seine trefflichen, in Lobpreisungen des neuen Königs überfließenden Beschreibung eine Belohnung von 2000 Thalern.

Wenn ein königlicher Hof in Berlin seine Residenz bleit, dann mußte der Ruf der Stadt, ihr Handel, ihr Wohlstand mehr und mehr wachsen. Fremde Fürsten mußten ihre Gesandschaften an des Königs Hof unterhalten, bedeutende Geldsummen nach Berlin bringen, diese hier ausgeben und dadurch zur Förderung des Reichthums der Residenz beitragen.

Die Gelehrten schrieben weitläufige Abhandlungen, durch welche sie die große That Friedrichs, daß er sich eine Königskrone auf's Haupt gesetzt habe, verherrlichten; die Dichter überboten sich in schmeichlerischen Gesängen, in denen sie Friedrich als den größten Fürsten seiner Zeit und seines Hauses priesen, den keiner seiner Vorfahren je übertroffen habe, keiner seiner Nachkommen je erreichen könne.

Die sklavische Abgötterei, welche gegen den neuen König gezeigt wurde, zeigte sich auch bei der Feier, welche zum Einzug desselben in Berlin von der Bürgerschaft der Stadt veranstaltet wurde.

Durch das Georgenthor sollte der König seinen Einzug halten.

Auf dem Wege nach dem Schlosse errichteten die Bürger 7 prachtvolle Ehrenpforten; die erste außerhalb des Georgenthors wurde von den Vorstädtern und Gärtnern, die zweite innerhalb des Thors von den Hofbedienten, die dritte an der Georgenstraße bei der Klosterstraße von der französischen Kolonie, die vierte an der Jüdenstraße von der Dorotheenstadt, die fünfte am Berlinischen Rathhause von der Stadt Berlin, die sechste am Posthause von den beiden Städten Friedrichswerder und Friedrichstadt, die siebente an der Stechbahn und dem königlichen Schloß von der Stadt Cöln errichtet. Sämmtliche Ehrenpforten waren aufs Köstlichste ausgeschmückt.

Die Bürgerschaft theilte sich demnächst in Kompagnien, welche sich fleißig in den Waffen übten und von Zeit zu Zeit gemustert wurden. Alle diese Kompagnien zeichneten sich durch prächtige Kleidungen aus, besonders prunkvoll aber war die Kompagnie der Küraßiere, welche von den Berliner Fleischhauern gebildet wurde. Diese stolzirten mit schönen Pferden und hell polirten Kürassen und prunkten mit ihren neuen Pauken, die sie mit besonderer Genehmigung des Königs führen durften.

Noch waren die Anstalten zu dem Empfange des Königs nicht vollendet, als am 17. März 1701 Friedrich in der Mark wieder anlangte. Er würde es sich nie vergeben haben, wenn beim prunkvollen Einzuge in Berlin auch nur die geringste Kleinigkeit gefehlt hätte. Er bestimmte deshalb, um den Bürgern Zeit zu lassen, den 6. Mai zum Einholungstage und hielt sich in der Zwischenzeit, bis alle Vorbereitungen zu Stande gebracht wären, auf verschiedenen Lustschlössern, in letzter Zeit in Schönhausen, auf.

Am 6. Mai, nach der Mittagstafel, brach der König von Schönhausen auf. Den prächtigen endlosen Zug zu beschreiben, würde zu weitläufig sein. Gegen 3 Uhr Nachmittags näherte sich der Zug der Stadt.

Sofort begannen alle Glocken von den Thürmen der Stadt zu läuten; mehr als 200 Kanonen donnerten von den Wällen dem Könige ihren Willkommgruß entgegen, außerdem auch die Geschütze, welche auf den in der Spree liegenden Fahrzeugen aufgestellt waren und besonders überraschend war es, daß auch 6 Geschütze auf dem Dach des Marienkirchthurms abgefeuert wurden. Diese hatte der königliche Kupferdecker Bertram mit Aufbietung großer Geschicklichkeit so hoch hinaufgewunden; während der König in die Stadt einzog, schoß Bertram aus diesen Geschützen unaufhörlich und warf zu gleicher Zeit eine unzählige Masse brennender Schwärmer vom Thurm herab.

Im langsamsten Schritte bewegte sich der Zug durch die Reihen der bewaffneten Bürgerschaft, welche sich in gedoppelter Reihe von der Langen Brücke aus eine Viertelmeile Wegs außerhalb der Stadt aufgestellt hatte.

Der Zug ging durch die Ehrenpforten. Bei jeder derselben standen Diejenigen, welche die Pforte erbaut hatten, um den König zu empfangen.

Die Georgenstraße mit ihren Ehrenpforten bot einen wahrhaft prachtvollen Anblick dar. Herr v. Besser schildert uns dieselben folgendermaßen:

„Diese Ehrenpforten hatten das Besondere, daß, weil sie alle in eine Reihe gesetzt, und man durch alle 6 in Perspective sehen konnte, sie den Durchziehenden nicht anders als die in den großen Pallästen in einer Linie gelegenen Gemächer, deren eines immer schöner als das Andere, vorkamen; auf beiden Seiten sahen die Neugierigen, theils aus erhabenen, schön geschmückten Bühnen, theils auch von ebener Erde in großem Gedränge zu. Die Ehrenpforten waren wegen des steten Marsches immer mit neuen Ankommenden erfüllt, und die Häuser und Gassen, von unten bis an die Giebel mit Zuschauern dermaßen vollgepfropft, daß man von ihnen nichts mehr als die Gesichter erblicken konnte. Diese Häuser glichen nicht uneben denjenigen großen Schildereien, in denen, aus Mangel an Raum, von einer Menge Volkes nur die Köpfe und Antlitze anzutreffen sind. Ja viele hatten die Dächer abgebrochen und die Stellen der Ziegel eingenommen, welches dann um so viel nothwendiger gewesen zu sein scheint, als nicht allein alle von ganz Berlin, sondern auch bis auf 15,000 fremder Personen sich in den Straßen des Durchzugs befunden haben sollen."

Der Zug dauerte bis gegen 7 Uhr Abends. Eine dreimalige Salve der Bürgerkompagnien und der königlichen Truppen beschloß endlich die Feierlichkeit, als die königliche Familie im Schloß angekommen war.

Auch an den folgenden Tagen wurden die Festlichkeiten noch fortgesetzt; die Deputationen der verschiedenen Kollegien kamen und brachten dem

Könige ihre Glückwünsche dar; eine glänzende Illumination der ganzen Stadt am Montag, den 9. Mai, mußte Zeugniß ablegen von der Freude der Berliner. Sie fiel, nach der Beschreibung des Herrn v. Besser, der allerdings den Mund gern etwas voll nimmt, überaus prächtig aus. Er erzählt:

„Gegen 10 Uhr Abends ward alles angesteckt, da die Glocken zugleich zu läuten anfingen und Ihre Majestäten nebst dem ganzen Hofe in der Stadt herum fuhren. Berlin schimmerte nicht, sondern brannte gleichsam in allen Gassen von Lichtern, Lampen, Fackeln und Freudenfeuern, so daß Se. Majestät, um alles in wenig Worte zu fassen, ohne Grausamkeit die Lust desjenigen Spectacles genießen konnten, welches ehemals der unmenschliche Wütherich Nero an dem brennenden Rom zu haben sich gefreuet; Berlin aber, ohne Verletzung der Bescheidenheit und wenigstens für diesen Abend, sich den Namen Lumen orbi, Licht und Glanz der Welt, zueignen dürfen, den einer aus den lateinischen Worte Berolinum, durch Versetzung der Buchstaben, herausgebracht."

Ein glänzendes Feuerwerk, welches vor dem Leipziger Thore angezündet wurde, machte am 9. Mai den Schluß der Festlichkeiten, die ihre letzte Weihe durch einen am 22. Juni vom König veranstalteten Dank-, Buß- und Bettag erhielten. Der König hatte selbst die Worte, die von den Kanzeln erklärt werden sollten, vorgeschrieben:

„Alle Menschen, die es sehen, die werden sagen, daß es Gott gethan und merken, daß es sein Werk sei." Psalm 64, 10.

Den Abschluß des Festes machte die Umtaufung einiger Straßen Berlins zum Andenken an die Krönungsfeierlichkeiten. Die Georgenstraße erhielt fortan den Namen der Königsstraße, den sie heut noch führt. Das Sankt Georgenthor, welches, wie unsere Leser sich erinnern werden, damals noch diesseits der Königsbrücke stand, wurde Königsthor und die Vorstadt vor demselben Königsvorstadt genannt.

Drittes Kapitel.

Hofstaat nach französischem Muster. — Hofämter. — Nachahmung Ludwigs XIV. — Die Scheinmaitresse Gräfin Wartenberg. — Hof-Etiquette. — Pracht am Hofe. — Feile Schmeichelei. — Die schwedischen Offiziere am Hofe. — Die Gräfin Piper. — Peter der Große in Berlin. — Wirthschaften, Feuerwerke und Thierhetzen.

Den Einwand, welchen Dankelmann gegen die Annahme der Königskrone gemacht hatte, daß diese zu neuen, unerschwinglichen Ausgaben veranlassen würde, hatten seiner Zeit die Schmeichler Friedrichs zurückgewiesen. Jetzt aber zeigte der neue König unmittelbar nach der Annahme der Krone, wie berechtigt die Sorgen Dankelmanns gewesen waren.

Friedrich hatte vor nicht zu langer Zeit in einem Edikt vom 17. März 1698 selbst den Grundsatz ausgesprochen, daß „ein wohlbestelltes Regiment auf nichts so sicher und feste als auf einer akuraten Decoomie beruhe, in welchem ein Regent könne sich bei Freund und Feind, bei Nachbarn und Unterthanen nur dadurch considerabel machen, während er dagegen durch üble Haushaltung und Administration der Finanzen bei Jedermann in Verachtung gerathe." Jetzt vergaß er seine eigenen Worte, erhöhte die Pracht seines Hofhalts in einem die Kräfte seines kleinen Landes weit übersteigenden Maße.

Friedrich haßte den verschwenderischen König von Frankreich, Ludwig XIV., aber den Hofstaat desselben nahm er sich zum Muster; er wollte hinter der Pracht, welche in Versailles aufgeboten wurde, in Nichts zurückbleiben; die kostbarsten Hof-Livreen wurden eingeführt, ein grand maître de la garderobe wurde mit 4000, ein Intendant der Vergnügungen mit 6000 Thalern angestellt, 16 Kammerherren erhielten ein Gehalt von 20,000, 32 Kammerjunker ein solches von 25,000 Thalern; außerdem erhielt der Herr v. Besser, den wir schon als Dichter mehrfach erwähnt haben, das Amt eines Ober-Ceremonienmeisters und noch viele andere Hofämter wurden mit gewaltigen Gehalten geschaffen.

An alle auswärtigen Höfe wurden königliche Gesandte geschickt, welche durch rücksichtslose Verschwendung der neuen Königskrone Geltung verschaffen sollten. Die Ausgaben für die Gesandtschaften betrugen im Jahre 1711 nicht weniger als 200,000 Thaler.

Am lächerlichsten zeigte sich die Nachahmungssucht des neuen Königs in seinem Verhältniß zu einer Dame seines Hofes, zu der Gräfin v. Wartenberg.

Am französischen Hofe herrschten die Maitressen und eine Maitresse zu haben, galt daher als guter Ton bei jedem regierenden Fürsten. Friedrich war keineswegs so derb sinnlicher Natur, daß ihm eine Maitresse nothwendig gewesen wäre, aber er würde geglaubt haben, sein Vorbild, den glänzenden Ludwig XIV., nicht zu erreichen, wenn er nicht, wie dieser, auch die Maitressenwirthschaft an seinem Hofe eingeführt hätte. Er erhob daher die Gräfin v. Wartenberg zur königlichen Maitresse.

Diese Dame, die Frau seines Günstlings und Ministers, über welche wir später noch mehr zu erzählen haben werden, stand bei ihm in hoher Gunst, obwohl sie weder jung, noch schön, noch liebenswürdig, noch auch von seinen guten Sitten war. Das Verhältniß der Maitresse zu Friedrich war ein höchst eigenthümliches.

Der König gestattete der Gräfin außerordentliche Freiheiten; aber nach dem Zeugniß des Herrn v. Pöllnitz, der keineswegs zu den Schmeichlern Friedrichs gehörte, war er trotzdem nicht der Liebhaber der Gräfin. Seine Vertraulichkeiten gegen die Dame beschränkten sich darauf, daß sie, so oft er befahl, in den Abendstunden mit ihm, im Sommer im Schloßgarten, im Winter in einem der königlichen Zimmer spazieren gehen mußte. Ueber ein Fenster an dem Portale, welches zu diesem Zimmer führte, hat der berühmte Schlüter ein Basrelief setzen lassen: Eine Venus, welche, auf einem entschlafenen Löwen ruhend, die Keule des Herkules, mit der ein Liebesgott spielt, in der Hand hält.

Friedrich äußerte sich einst selbst über sein Verhältniß zur Wartenberg:

„Ich weiß es recht gut, daß man in dem Wahne steht, als lebte ich mit der Gräfin von Wartenberg in heimlichem, gutem Vernehmen, aber ich betheuere es hier vor Gott, daß es falsch ist, und daß sie mich auch selbst nicht ein einziges Mal in Versuchung geführt hat."

Daß die Worte des Königs auf Wahrheit beruhten, und daß nicht die mehr als zweifelhafte Tugend der Gräfin, sondern seine Kälte das Verhältniß in den Schranken der Sittlichkeit erhielt, beweist wieder das Zeugniß des Herrn v. Pöllnitz. Dieser erzählt in seinen Memoiren:

„Auch sprach ich einst mit der Gräfin Wartenberg im Haag von den verflossenen Zeiten. Ich zählte ihr im Scherze alle ihre ehemaligen Verehrer her und führte darunter auch den König Friedrich I. auf. Allein sie fiel mir gleich in's Wort und sagte: „O, was den König betrifft, da irren Sie sich. Es ist nie etwas zwischen ihm und mir vorgefallen. Da ich Ihnen die Uebrigen eingestehe — setzte sie hinzu — so würde ich Ihnen dieses um so weniger läugnen, da es unstreitig wohl die ehrenvollste Eroberung gewesen wäre."

Wie sich Friedrich zum Schein eine Maitresse hielt, nur um seinen Hof nach dem Muster Ludwigs XIV. auszubilden, so führte er auch dieselbe zwangvolle und lästige Etiquette, welche am Hofe von Versailles herrschte, bei sich ein. Er fühlte wohl, daß sein kleines Königreich in der Reihe der europäischen Staaten eine höchst unbedeutende Stelle einnahm; um so mehr aber war er bestrebt, sich durch einen prunkvollen Hofstaat Geltung zu verschaffen.

Die Pracht, welche in Königsberg zur Krönung aufgeboten worden war, blieb auch die Regel für alle übrigen Hoffeierlichkeiten, besonders wurde dieselbe in der Kleidung des Königs, der Königin und der Prinzen bis zur höchsten Spitze getrieben. Bei der Krönungsfeierlichkeit in Königsberg hatte Friedrich ein scharlachenes mit goldener Borderie besetztes Kleid getragen, an dem jeder diamantne Knopf zu 3000 Dukaten geschätzt wurde; der purpursammtne, reich mit Kronen und Adlern gestickte Königsmantel wurde von einer Agraffe zusammengehalten, die mit drei Diamanten im Werthe von einer Tonne Goldes geschmückt war. So hatte Friedrich seinen königlichen Hofstaat begonnen und in eben derselben Weise führte er ihn fort.

Waren die Hoffeste vor der Krönung schon glanzvoll, so wurden sie fortan mit verdoppelter Pracht gefeiert. Bei allen Besuchen fürstlicher Personen überstieg der Luxus jedes vernünftige Maß; so auch bei einer Zusammenkunft, welche die Könige von Dänemark und Polen im Jahre 1709 mit Friedrich in Berlin hatten.

Die fremden Herrscher wurden bei diesem Besuche auf alle königlichen Lustschlösser geführt, überall wurden ihnen Feste gegeben. Auf mehreren dieser Schlösser waren höchst kostspielige und prunkvolle Einrichtungen getroffen worden, nur zu dem Zwecke, um die königlichen Gäste durch die Pracht des preußischen Hofes in Verwunderung zu setzen.

Das Volk staunte bei solchen Gelegenheiten, die Herrlichkeit des Hofes bewundernd an; es freute sich der vergoldeten Karossen, der herrlichen Pferde, der reich uniformirten Hofdienerschaft; es ergötzte sich an den Feuerwerken und Thierhetzen, ohne zu bedenken, daß es diesen Glanz mit harter Arbeit durch seine Steuern erkaufen mußte. Die Bürger waren eben Residenzler geworden; der Adel war zum Hofadel herabgesunken, er drängte sich zu den Kammerherrn- und andern Ehrenstellen, er haschte nach königlichen Gnadengeschenken und kroch mit niedriger Schmeichelei vor dem Herrscher. Bis zu welchem Grade die Vergötterung fürstlicher Personen in jener traurigen Zeit getrieben wurde, davon giebt uns der erwähnte Besuch der Könige von Dänemark und Polen in Berlin ein Zeugniß.

Pöllnitz erzählt uns, daß gerade während des Aufenthalts der beiden Könige in Potsdam die Kronprinzessin zu Berlin von einer Tochter entbunden wurde; einige Tage darauf wurde die junge Prinzessin in der Schloßkapelle mit der größten Pracht getauft. Als Taufzeugen waren die Könige von Dänemark, Polen und Preußen nebst ihren Gemahlinnen eingeladen.

Die neugeborene Prinzessin, die spätere Markgräfin von Baireuth, erhielt die Namen Friederike Sophie Wilhelmine. Das Tauffest, bei dem drei Könige anwesend waren, wurde von den feilen Dichtern jener Zeit benutzt, um der jungen Prinzessin das Glück des Lebens in reichstem Maße zu prophezeien; so viel Könige, als bei ihrer Taufe gegenwärtig gewesen wären, so viele Kronen sollte sie dereinst auf dem Haupte tragen; ein Kammerherr v. Meysebug aus Hessen trieb die Schamlosigkeit so weit, daß er in einem Gedicht, welches er dem König überreichte, die neugeborne Prinzessin mit dem Jesukinde verglich, zu welchem die heiligen drei Könige gekommen seien!

Für Friedrichs Eitelkeit war solche Schmeichelei durchaus nicht zu weit getrieben; er belohnte sie durch ein Geschenk von 1000 Dukaten.

Bei den meisten Besuchen fremder Fürsten und Gesandten herrschte am Hofe die strengste Etiquette; da war auf das Genaueste vorgeschrieben, wie die Rangfolge bei den Vorstellungen sei, wer an der Tafel die obersten und wer die folgenden Plätze einnehmen dürfe. Auch in der Kleidung mußte Jeder sich den lästigen Gesetzen fügen, ja die Zahl und Art der Verbeugungen war bestimmt. Mitunter aber wurden diese strengen Gesetze zum großen Kummer des eitlen Königs von den fremden Gästen, welche sich denselben nicht fügen wollten, durchbrochen.

So kamen in den Jahren 1706—1707 vielfach schwedische Offiziere zum Besuch nach Berlin, um an den Hoffesten Theil zu nehmen. Sie gehörten der Armee des kriegerischen Königs von Schweden, Karl XII., an, welche sich damals in Sachsen befand. Friedrich hatte sich entschlossen, bei dem Kriege, der in Sachsen und Polen wühlte, Neutralität zu bewahren und er führte dieselbe durch, so schwer es ihm auch werden mochte. Besonders peinigte es ihn, daß er sich von den Schweden oft fast unerträgliche Verletzungen seiner Hof-Etiquette gefallen lassen mußte.

Die Offiziere erschienen auf den Hofbällen zum Entsetzen sämmtlicher Kammerherren und Hofdamen mit Stiefeln und Sporen; vergeblich wendete sich der Ober-Ceremonienmeister mit der zarten Bitte an sie, sich der üblichen Sitte in der Kleidung fügen zu wollen. Sie gaben ihm lachend die Antwort, daß sie in dieser Tracht vor dem eigenen Könige erschienen, dem sie doch wohl größere Achtung schuldig seien, als dem Könige von Preußen; es falle ihnen daher garnicht ein, ihre gewohnte Tracht aufzugeben.

Mit tiefen Bücklingen mußte sich der Ober-Ceremonienmeister zurückziehen; denn der König hatte ihm befohlen, die fremden Offiziere mit größter Höflichkeit zu behandeln.

Noch unangenehmer war dem Könige und dem ganzen in den engsten Etiquetteformen eingezwängten Hofe der Besuch einer Gräfin Piper, der Gemahlin des ersten schwedischen Ministers. Diese kam ebenfalls zu jener Zeit nach Berlin. Sie wurde sofort in dem für die Gesandten und fremden Prinzen bestimmten Hotel, dem sogenannten Fürstenhause, einquartiert.

Eine ganze Reihe von Zimmern war prächtig für sie bereitet worden und die königlichen Lakaien waren zu ihrer Bedienung bestimmt. Eins der Zimmer hatte man mit schönen neuen Tapeten ausgeschmückt, auf denen sich zufälliger Weise Abbildungen der Siege des großen Kurfürsten befanden.

Kaum war die Gräfin in dies Zimmer getreten und hatte jene Bilder auf den Tapeten erblickt, da verlangte sie ungestüm, daß man sofort die Tapeten herabreiße, widrigenfalls sie augenblicklich das Hotel verlassen werde; die Siege des großen Kurfürsten ihr vor die Augen zu stellen, sei ein abscheulicher Hohn, da Friedrich Wilhelm bei Fehrbellin ja die Schweden geschlagen habe.

Der Oberkämmerer, der gerade in demselben Augenblicke kam, um ihr seine devote Aufwartung zu machen, versuchte vergeblich, sich zu entschuldigen; erst als er den Befehl ertheilte, die Tapeten abzunehmen und andere aufzuschlagen, gab sich die Beleidigte zufrieden.

Am folgenden Tage wurde die Gräfin vom Könige empfangen. Friedrich beeilte sich, zu versichern, daß ihm dieser unangenehme Vorfall außerordentlich Leid thue. Die Gräfin nahm mit kaltem Stolz diese Entschuldigung hin, ohne etwas darauf zu erwidern.

Einige Tage darauf machte sie einen Spaziergang durch die Straßen von Berlin. Sie ging über die lange Brücke, wo sie die Statue des großen Kurfürsten Friedrich Wilhelm erblickte. Sofort gerieth sie außer sich vor Wuth: die Sklaven am Fuße der Reiterstatue seien eine schändliche Verhöhnung der Schweden; sie verlangte, daß dieselben augenblicklich fortgenommen würden. Und dies geschah. Zum Glück waren die Figuren damals nur in Gips ausgeführt und ließen sich daher leicht forttransportiren. In der folgenden Nacht wurden sie abgenommen; — ein Zeugniß, welche Opfer Friedrich den Launen der herrschsüchtigen Frau aus politischen Gründen zu bringen geneigt war.

Die Gräfin blieb noch einige Zeit am Hofe. Als sie abreiste, schenkte ihr der König einen Diamantring von beträchtlichem Werth.

Der interessanteste Fremdenbesuch, welchen Berlin während der Regierungszeit Friedrichs erhielt, war wohl der des russischen Czaren Peter des Großen.

Peter der Große, der Schöpfer der Civilisation in Rußland, war damals selbst kaum mehr als ein halber Wilder; aber er war beseelt von einem außerordentlichen Wissensdrang. Er scheute sich niemals, seine Unwissenheit zu gestehen, wo er irgend lernen konnte. Mit einer wahrhaft wunderbaren Geschicklichkeit und Schnelligkeit wußte er die fremden Eindrücke in sich aufzunehmen und sich nach denselben zu bilden. Die erste Ausflucht, welche der Czar von Rußland aus machte, hatte einen Besuch des Kurfürsten Friedrich in Königsberg zum Zweck. Alles, was er sah, erregte seine Verwunderung. Er selbst war in jener Zeit noch in nichts verschieden von seinen langbärtigen, schmutzigen Großen, die mit großen Pelzmützen auf dem Kopfe als Gesandte ihn begleiteten. Er wanderte durch die Straßen von Königsberg und staunte Alles, was er sah, mit unverhehlter Neugierde an.

Ueberall fragte er, um sich zu belehren. Seine Wißbegier war außerordentlich und er suche dieselbe mitunter durch höchst seltsame Mittel zu befriedigen.

So war einst, als die Rede auf die Strafgerechtigkeit kam, seine erste Frage, wie man die Verbrecher in Deutschland hinrichte. Auf verschiedene Weise, wurde ihm geantwortet, im Verhältniß zu den Verbrechen, die sie begangen haben; Räuber werden gehängt, die Mörder rädert man größtentheils.

Dies Wort fing sofort in dem wißbegierigen jungen Fürsten Feuer. Er hatte noch niemals einen Menschen rädern sehen und bat nun dringend, daß man, um ihn zu unterrichten, in seiner

Gegenwart eine derartige Exekution vornehmen möge. —

Zum Unglück war gerade kein Verbrecher da, der die Strafe des Räderns verdient hätte; dies aber brachte den Czaren nicht in Verlegenheit; er bot freundlich einen seiner Bedienten an, den man auf der Stelle rädern könne. Nur mit Mühe war er zu bewegen, von seinem Vorhaben abzustehen.

Als er ein anderes Mal mit dem Kurfürsten in einem mit Marmor ausgelegten Saal zu Abend speiste, ließ zufällig einer der Hofbedienten einen Teller fallen, der mit großem Gekling auf den Marmorfliesen zersprang. Sofort fuhr der Czar heftig erschreckt auf, riß den Säbel aus der Scheide und setzte sich in Vertheidigungszustand, indem er der festen Ueberzeugung war, es sei ein Komplott gegen sein Leben geschmiedet, er solle meuchlings überfallen werden! Er war kaum einer Verschwörung entgangen, welche in Rußland seine eigene Schwester gegen ihn angesponnen hatte und so sah er überall Verrath, überall Verschwörung gegen sich.

Der Kurfürst versuchte vergeblich, ihm verständlich zu machen, daß er durchaus keinen Grund zur Besorgniß habe. Peter verstand damals noch nicht Deutsch und es bedurfte daher großer Anstrengung des Dolmetschers, ehe dieser ihn zu beruhigen vermochte. Erst als er überzeugt war, daß nur die Unvorsichtigkeit eines Dieners ihn erschreckt hatte, gab er sich zufrieden, aber auch nicht früher, bis ihm versprochen worden war, den Verbrecher auf das Empfindlichste zu züchtigen.

Man war in großer Verlegenheit, wie dies geschehen solle. Zum Glück befand sich im Gefängniß ein Dieb, der seiner Strafe entgegen sah. Dieser wurde in Gegenwart des Czaren gestäubt, indem man erklärte, er sei der betreffende Diener, der den Teller hingeworfen habe.

Der zweite Besuch, den Peter der Große dem König Friedrich machte, fand im Jahre 1712 statt und diesmal hatten die Berliner das Glück, ihre Neugierde am Anblick des berühmten Czaren befriedigen zu können.

Alles war vorbereitet zu einem glänzenden Empfange des Herrschers der Russen. Die Markgrafen Albrecht und Christian Ludwig waren dem Czaren mit großem Gefolge entgegen gefahren, um ihn eine halbe Meile vor der Stadt zu empfangen. Peter liebte dergleichen Empfangsfeierlichkeiten nicht, wie ihm denn überhaupt alles Ceremoniell und jede Etiquette auf's Tiefste zuwider waren. Kaum hatte er die Nachricht erhalten, wie festlich man ihn einzuholen beabsichtige, so setzte er sich sofort in einen andern Wagen, der äußerlich nichts Fürstliches an sich hatte. Er selbst glich in seiner Kleidung mehr einem russischen Kaviarhändler, als einem Fürsten. So gelang es ihm denn, unerkannt mitten durch den auf ihn wartenden Zug zu fahren.

Als er bei den Markgrafen vorüberkam, wurde er gefragt, ob denn der Czar nicht bald kommen würde. Er lächelte und antwortete schelmisch: frühestens in zwei Stunden, man möge nur noch ein wenig warten. Dann fuhr er in Berlin ein und trat sofort bei seinem Gesandten, dem Grafen Golofkin, ab, der in der Nähe des königlichen Schlosses wohnte. Hier kleidete er sich geschwind um, ging zu Fuß nach dem Schloß und ließ sich höchst formlos bei dem Könige melden.

Friedrich mußte gute Miene zum bösen Spiel machen, so sehr er sich auch ärgerte, daß ihm die prächtigen Empfangsfeierlichkeiten, die er sich ausgedacht hatte, zu nichte geworden waren. Peter erzählte ihm lächelnd, wie er es angefangen habe, um dem öffentlichen Einzug zu entgehen.

Der König konnte sich nicht entschließen, von allen Feierlichkeiten ganz abzusehen. So befahl er denn, daß sofort die Geschütze auf den Wällen, die bestimmt waren, den Empfang des russischen Fürsten zu verherrlichen, abgeschossen würden.

Die Markgrafen saßen noch immer außerhalb der Stadt unter ihren Zelten und warteten auf den fremden Besuch; sie waren nicht wenig verwundert, als ihnen der Donner der Geschütze plötzlich anzeigte, daß der Czar sich bereits in Berlin befinde. Mißmuthig kehrten sie zurück und hörten nun selbst von dem lachenden Fürsten den Bericht seines unvermutheten Einzugs.

Auf dem Schlosse war eine glanzvolle Wohnung für Peter den Großen bereitet. Dieser aber lehnte es mit aller Entschiedenheit ab, die Prachtgemächer zu beziehen; er blieb bei seinem Gesandten, wo ihm der König am nächsten Tage einen Gegenbesuch machte.

Der Czar war zur Mittagstafel beim König eingeladen; als die Essenszeit herankam, erschien eine Anzahl prächtiger Staatskutschen vor dem Hause, um ihn abzuholen. Peter aber schlich sich zur Hinterthür hinaus, ging zu Fuß auf das Schloß und erklärte dem Könige, als dieser ihn verwundert fragte, weshalb er keine Equipage benutzt habe, er könne viel weitere Wege zu Fuß machen, ohne im Geringsten ermüdet zu werden.

Während seines kurzen Aufenthalts in Berlin durchstreifte der Czar zu Fuß alle Straßen; überall erkundigte er sich nach dem Zustand des Handels und des Gewerbes; überall fragte er ohne Scheu nach den geringsten Kleinigkeiten, die ihm fremd waren, so daß die Bürger von Berlin, welche seit langen Jahren nur gewohnt waren, ihren König von ferne im höchsten Staat zu sehen, niemals demselben aber persönlich nahe treten konnten, eine große Meinung von der Gutmüthigkeit und Leutseligkeit des fremden Fürsten erhielten.

Bei fast allen fürstlichen Besuchen, welche während der Regierungszeit des Königs sich häufig wiederholten, sowie bei den Hof- und Familienfesten, gab es prunkvolle Vergnügungen aller Art; besonders beliebt waren die sogenannten Wirthschaften, die Feuerwerke und Thierhetzen.

Die Wirthschaften unterschieden sich wenig von denen, welche noch zur Zeit Friedrich Wilhelms am Hofe Sitte gewesen waren, nur waren sie prunkvoller als früher; die Mitglieder der königlichen Familie, der höchste Adel spielten bei den Mummereien mit und trugen dadurch zum allgemeinen Vergnügen bei.

Die Feuerwerke bildeten eine der Hauptbelustigungen des Hofes. Der Markgraf Philipp Wilhelm, der den Rang eines General-Feldzeugmeisters einnahm, hegte für die Ausführung derselben ein besonderes Interesse; er ordnete sie gewöhnlich persönlich an und hatte eine außerordentliche Meisterschaft im Arrangement erlangt.

Man sparte bei den Feuerwerken das Pulver nicht, Kanonenschläge, Raketen und Schwärmer wurden zu Tausenden abgebrannt. Aber auch die feinere Feuerwerkskunst wurde zur Anwendung gebracht, indem man kunstreiche Figuren aufstellen und dieselben im Brillantfeuerwerk strahlen ließ. Meistens stellten die Figuren Gegenstände aus der Geschichte des Landes dar oder sie waren bezüglich auf das Fest, zu dessen Verherrlichung das Feuerwerk dienen sollte; besonders prächtig war das Feuerwerk, welches zur Feier des Einzuges nach der Krönung in Berlin, wie wir schon erwähnten, abgebrannt wurde.

Eine Belustigung des Hofes, welche erst unter der Regierung Friedrichs I. aufkam und welche ein trauriges Zeichen für die Rohheit der Sitten jener Zeit ist, waren die Thierhetzen.

Im Jahre 1693 ließ Kurfürst Friedrich auf dem Platze an der damaligen Stadtmauer, auf welchem gegenwärtig das verlassene Kadettenhaus steht, einen Circus mit einem prachtvollen Amphitheater aufbauen, den er für die Thierhetzen einrichten ließ; bedeckte Gallerien zu beiden Seiten des Amphitheaters wurden für den Hof bestimmt, im offenen Theil desselben versammelten sich die Volksmassen.

Der Oberjägermeister v. Brunewitz hatte den Auftrag, die Thiere für die Thierhetzen zu besorgen; eine große Anzahl von Bären, Wölfen, Füchsen, Löwen, Stieren, Auerochsen, wilden Schweinen und andern Thieren wurde mit Aufbietung großer Kosten aus allen Ländern und Zonen herbeigeschafft, um sich vor den Augen des Hofes und der jubelnden Volksmasse gegenseitig zu zerfleischen.

Unterhalb des Amphitheaters befanden sich die Käfige der wilden Bestien, die dort aufbewahrt wurden, bis sie zum Kampf gebraucht werden sollten.

Friedrich, der ein Muster feiner Sitte sein wollte, fand doch an diesem rohen Vergnügen die höchste Lust; er hatte eine solche Leidenschaft für die Thierhetzen, daß er auch in Königsberg einen Hatzgarten einrichten ließ und er war nicht wenig stolz, als bei einer Thierhetze, welche am 17. December 1708 bei Gelegenheit des feierlichen Einzuges seiner dritten Gemahlin Sophie Louise von Mecklenburg in Berlin gehalten wurde, die junge Königin mit eigener Hand vermittelst eines gezogenen Rohrs einen Auerochsen erlegte.

Viertes Kapitel.

Die Königin Sophie Charlotte. — Traurige Ehe des Königs. — Freigebigkeit der Königin. — Das Fräulein von Pöllnitz. — Charakterverschiedenheit des Königs und der Königin. — Das berüchtigte Maskenfest in Hannover. — Die Gründung von Charlottenburg. — Die Gesellschaften der Königin; Leibnitz und die philosophische Königin. — Der Engländer Toland.

„Daß aber bei aller äußern Pracht an dem Hofe Friedrichs auch der Sinn für das einfache und trauliche Zusammenleben nicht erstickt war, beweist die Darstellung der Tabacksgesellschaft, welche Paul Carl Leygebe auf einem im hiesigen königlichen Schlosse befindlichen Bilde gemalt hat. Vertraulich zündet die Königin ihrem Gemahl das Pfeifchen an und nach der Gestalt zu urtheilen, ist es die geistreiche Sophie Charlotte, welche in dieser ungezwungenen Gesellschaft sich befindet; ohne Zwang unterreden sich bei dampfenden Pfeifen die Einzelnen; die Bedienten mit stattlichen Perrücken ebenso wie die Herren geschmückt, reichen der Gesellschaft die nöthigen Erfrischungen. Einer von ihnen hält auf einem Tellerchen die erforderlichen Fidibusse in Bereitschaft."

Mit diesen Worten etwa entwirft uns der verdienstvolle Wilken ein schönes Bild des innern Lebens am preußischen Hofe, leider aber ein falsches Bild, denn die Gemüthlichkeit, welche uns Wilken schildert und welche der Maler in seinem Gemälde verewigt hat, war eben nur auf dem Gemälde zu finden.

Friedrich hatte keinen Sinn für häusliche Freuden, sein ganzes Denken war nur der äußern Pracht und dem Schein des Königthums zugewendet; er tröstete sich selbst leicht über den Verlust aller derer, die seinem Herzen am nächsten standen, wenn er ihnen ein prachtvolles Leichenbegängniß ausrüsten konnte.

Sein Herz war krank wie sein Körper, er stand inmitten seines glanzvollen Hofes allein, ohne einen Menschen, der ihm mit aufrichtiger, voller Liebe zugethan gewesen wäre; denn diejenige, welche ihm die Nächste hätte sein sollen, die Königin Sophie Charlotte, hatte für ihn kein Herz, ja sie fühlte sogar eine nicht zu überwindende Abneigung gegen den verwachsenen Gatten, welche sie sich nicht scheute, offen zu ihren Vertrauten zu bekennen. Ein Zeugniß hierfür giebt ein Brief, den die Königin an ihre liebste Freundin, das Hoffräulein v. Pöllnitz, im Jahre 1702 schrieb.

Der König hatte die Angewohnheit, wenn er seine Gemahlin noch am späten Abend besuchen wollte, ihr dies dadurch anzuzeigen, daß er ihr seine Kissen voraussandte. Einst schrieb die Königin gerade einen Brief an ihre Freundin, als sie durch eine solche Sendung der Kissen unterbrochen und auf den Besuch des Königs vorbereitet wurde. Sie schloß ihr Schreiben eiligst mit den Worten: „Ich muß enden, meine theure Freundin, denn die entsetzlichen Kissen treffen ein. Ich gehe zum Opferaltar; was denken Sie davon? Wird das Schlachtopfer vollendet werden? u. s. w."

Der König liebte Sophie Charlotte aufrichtig; das zeigt uns die tiefe Trauer, welche er nach ihrem Tode empfand und so manche freundliche Aufmerksamkeit, die er ihr während ihres Lebens, selbst während einer Zeit, wo beide Gatten schon durch manche Mißhelligkeit in nicht allzu gutem Einvernehmen lebten, bewies. Aber sein Herz wurde zurückgestoßen. Es drängt sich uns hier unwillkürlich die Frage auf: würde Friedrich nicht vielleicht ein anderer Mensch geworden sein, wenn er eine weniger geistreiche, aber liebevollere Gattin gehabt hätte?

Sophie Charlotte, die philosophische Königin, hat einen großen Einfluß auf die Entwicklung des geistigen Lebens unserer Stadt gehabt; ihr reges wissenschaftliches Streben ist um so mehr anzuerkennen, als sie in einer Zeit lebte, in welcher alle Fürstenhöfe der Mittelpunkt der gröbsten sinnlichen Vergnügungen waren, in welcher Fürsten und Fürstinnen nur auf diese einen Werth legten.

Alle geschichtlichen Nachrichten, die uns über Sophie Charlotte überliefert worden sind, stimmen in überschwänglichen Lobpreisungen der schönen, liebenswürdigen, geistreichen und gelehrten Königin überein; von ihrer Herzensgüte aber wissen sie weniger zu erzählen; für diese führen sie nur einige Züge an: ihre Herablassung gegen niedrig Geborne, ihre Freigebigkeit, mit der sie häufig Geschenke machte. So erzählt uns der geistreiche Biograph Sophie Charlottens, Varnhagen v. Ense:

„Sophie Charlotte besaß als Geschenk des Kurfürsten den großen Garten, welcher jetzt von dem Schlosse Monbijou den Namen führt, damals aber einen weit größeren Umfang hatte; der größte Theil der Spandauervorstadt und selbst der Dorotheenstadt gehörte als Ackerfeld dazu, auch der sogenannte Stelzenkrug und ein schönes Vorwerk, das durch seine Meierei so nahe der Stadt sehr einträglich war. Die Kurfürstin wußte solchen landwirthschaftlichen Besitz wohl zu verwalten und erwarb auch in der Stralauervorstadt einige Strecken Feld. Allein den Sinn der Oekonomie übertraf bei Sophie Charlotte weit der des Wohlthuns und ihr schien der fruchtbarste Gebrauch, den sie von diesem Besitzthum machen könnte, der zu sein, dasselbe in solche Hand zu geben, die sich unmittelbar damit befaßte. Schon im August 1691 begann sie, nach erhaltener Zustimmung des Kurfürsten, den Acker in verschiedene Feldereien zu vertheilen und diese an Bürger von Berlin zu Baustellen und Gärten zu verschenken gegen einen jährlichen geringen Grundzins, oder auch ganz umsonst; ebenso auch den Stelzenkrug und das umliegende Feld. Mit diesen Schenkungen, welche vieler Menschen Glück begründeten, und in den bisher öden Strecken neue Straßen und Gärten hervorriefen, fuhr Sophie Charlotte jährlich fort, bis sie im Jahre 1700 die Stellen in der Stralauervorstadt als die letzten vergeben hatte. Die Bürger erkannten dankbar die großmüthige Verwendung und jedermann pries die Fürstin, die es mit dem Volke so gut meinte, und mit so verständigem Sinn und großem Gedeihen wohlthätig war. Sie stand überhaupt mit den Einwohnern der Hauptstadt im besten Vernehmen, sprach theilnehmend mit den geringsten Leuten, hörte ohne Ungeduld ihre Bitten an und half ihnen, wenn sie es vermochte. Bei öffentlichen Vorgängen bezeigte ihr das Volk stets die größte Liebe und Freudigkeit. Eine von ihr den Bürgern geschenkte Fahne wird noch heute in der Köpnicker Kirche aufbewahrt."

Als ein Zeichen der Herzensgüte der Königin wird auch die große Freundschaft gepriesen, welche sie für die ihr nahe stehenden Personen, für den berühmten Philosophen Leibnitz, mit dem sie außerordentlich gern umging, und besonders für ihre Hofdame, das Fräulein v. Pöllnitz, empfand. Die Briefe, welche Sophie Charlotte mit der Pöllnitz wechselte, zeugen in der That von einer Vertraulichkeit und einer freundschaftlichen Hingebung, welche bei einer Königin bewundernswerth ist.

Varnhagen macht uns von dem Verhältniß der Königin zu Fräulein v. Pöllnitz folgende Schilderung:

„Die Königin hatte das Glück, in ihrer Umgebung einige Personen zu besitzen, mit denen sie in geistiger Freundschaft und selbst in vertraulicher Herzensnähe leben konnte. Als eine der seltensten Erscheinungen ist hier vor Allen Fräulein v. Pöllnitz zu nennen. Sie war eine der 6 Kammerfräulein, welche Sophie Charlotte schon als Kurprinzessin hatte und deren Zahl nachher auf 12 erhöht wurde. Dieses Fräulein, gleich der Königin ausgezeichnet an Geist und Schönheit, stimmte mit derselben in jugendlichem Sinn und munterer Neigung überein, hatte gleich ihr ein für Freundschaft empfängliches Herz und gewann die volle Neigung und das rückhaltlose Vertrauen ihrer Herrin, der sie hinwider eine grenzenlose Ergebenheit widmete. Der Kammerherr v. Pöllnitz, dessen Denkwürdigkeiten leichter zu tadeln als zu entbehren sind, macht von seiner trefflichen Cousine eine Schilderung, die zufolge der thatsächlichen Zeugnisse nichts weniger als übertrieben ist. Sie hatte eine lebhafte Einbildungskraft, raschen Witz, fröhlichen Sinn und einen an Kenntnissen und Einsichten so reichen Geist, wie man bei Frauen selten findet und ihnen kaum gestatten will. Sie besaß die Gabe des Anordnens und Empfindens und durch ihre Leitung und Fürsorge gewannen die Vergnügungen und der tägliche Tageslauf in Lützenburg einen großen Theil des Reizes und der Annehmlichkeit, wodurch sie sich auszeichneten."

Ganz anders als die beredten Lobeserhebungen Varnhagens klingt das Urtheil, welches die aller-

30*

dings parteiische, von der Pöllnitz in ihrer Eitelkeit verletzte Markgräfin von Baireuth im Jahre 1722 fällt:

„Ihr (der Pöllnitz) Charakter — so schreibt sie — war sehr schlecht; sie war sehr intriguant, ihre giftige Zunge verschonte Niemanden. Man bemerkte bei ihr nur drei kleine Fehler: sie liebte das Spiel, die Männer und den Wein.

Sophie Charlotte hatte dem unschönen, verwachsenen Kurprinzen von Brandenburg nur mit Widerwillen, gezwungen durch politische Rücksichtnahme, ihre Hand gegeben. Auch als seine Gattin trat sie ihm nicht näher und selbst die Geburt mehrerer Kinder vermochte sie mit ihrem Schicksal nicht auszusöhnen. Wie sie gegen die Pöllnitz in der von uns mitgetheilten Briefstelle unverhohlen ihren Widerwillen gegen Friedrich ausgesprochen hatte, so machte sie auch andere, nicht weniger bezeichnende Aeußerungen gegen ihr weniger nahe stehende Personen.

Einst, im Jahre 1700, sagte sie bei einem Besuch in Brüssel zu dem Kurfürsten Max Emanuel von Baiern — einem Manne, der sich durch zahlreiche Liebesabenteuer einen keineswegs beneidenswerthen Ruf erworben hatte — indem sie mit demselben über dessen Gattin, eine polnische Prinzessin, Therese Sobiesky, sprach: „Ohne mir schmeicheln zu wollen, darf ich glauben, daß ich mich besser dazu geschickt hätte, Ihre Frau zu sein, als die Kurfürstin. Sie lieben das Vergnügen, ich hasse es keineswegs, Sie sind galant, ich bin nicht eifersüchtig, mich würden Sie nicht böse sehen und ich glaube, wir hätten eine gute Ehe mit einander führen können."

Diese Aeußerung ist charakteristisch; sie mochte Sophie Charlotte wohl aus dem Herzen kommen, denn in der That hätte der galante Kurfürst Max Emanuel besser für sie gepaßt, als ihr Gatte, der fast in keiner seiner Neigungen mit ihr harmonirte.

Friedrich liebte prunkvolle Feste, denen nur der äußere Glanz Bedeutung verlieh — Sophie Charlotte fröhliche Gesellschaften, in deuen Geist und Witz die Würze des Abends bildeten; Friedrich die steifste Förmlichkeit, die peinlichste Etiquette — Sophie Charlotte die vollkommenste Zwanglosigkeit, selbst bis zu einer nicht immer anständigen Ungebundenheit; Friedrich war stolz auf seinen Fürstentitel, er bevorzugte überall den hohen Adel und zog nur diesen an seinen Hof — Sophie Charlotte wußte nichts von Fürstenstolz. Geist und Talent galten ihr mehr als alle Ahnen; Künstler und Gelehrte hatten an ihrem Hof eine größere Geltung als irgend ein Graf oder Freiherr mit dem untadelhaftesten Stammbaum.

Die Verschiedenheit des Geschmacks beider Gatten zeigte sich selbst in Kleinigkeiten. Friedrich liebte es, früh aufzustehen und sich früh wieder ins Bett zu legen; Sophie Charlotte dagegen lag lange im Bett und blieb spät des Abends auf, so daß, wie uns erzählt wird, häufig genug die Minister von einem Balle der Königin sich unmittelbar zum Vortrage bei dem König begeben konnten.

Der große Liebling Sophie Charlottens, Leibnitz, schrieb über diese Art des Lebens einst an die Königin in Hannover, daß er meist erst um 3 Uhr von den Festen der Königin zurückkomme und daher ein liederliches Leben führe. Auch die Herzogin von Orleans äußerte sich über die Gesellschaften der Königin: „Was ich von der Königin in Preußen Hof höre, muß es toll dort zugehen."

Bei einer so großen Verschiedenheit aller Neigungen konnte es nicht fehlen, daß die fürstlichen Ehegatten sich mehr und mehr von einander entfernten. Sophie Charlotte nahm durchaus keine Rücksicht auf die Schwächen und Angewohnheiten ihres Gatten; beging sie doch sogar das unerhörte Verbrechen, bei den Krönungsfeierlichkeiten in Königsberg die Form zu verletzen. Sie saß bei der Krönung dem König gegenüber auf dem Thron. Ermüdet von den ihr langweiligen, endlosen Ceremonien benutzte sie einen, wie sie glaubte, unbewachten Augenblick, um sich durch eine Prise Tabak, die sie aus einer von dem Czar Peter geschenkten Dose nahm, zu stärken. Aber der König hatte sein allezeit wachsames Auge gerade im rechten Augenblick ihr zugewendet. Er war tief entsetzt über einen solchen Formfehler und sofort schickte er den Kammerherrn zu ihr, um sie zu ermahnen, daß sie des Orts, wo sie sich befinde und des Ranges, den sie einnehme, eingedenk sein möge.

Mehr Ursache, mit dem ungezwungenen Benehmen der Königin unzufrieden zu sein, hatte Friedrich bei einer andern Gelegenheit.

Im Jahre 1702 wohnte Sophie Charlotte einem Mädlenfeste in Hannover bei, welches sich durch die auf demselben herrschende, bis zur Unanständigkeit gehende Ausgelassenheit berüchtigt gemacht hat. Der berühmte Leibnitz, der bei dem Feste ebenfalls anwesend war, beschreibt dasselbe in einem Briefe an die Fürstin von Hohenzollern-Hechingen.

Das Fest trug einen antiken Charakter und sollte ein römisches Zechgelage nach der Schilderung des Petron, „das Festgelage des Trimalcion" vorstellen. „Der moderne Trimalcion — so schreibt Leibnitz — war der Herr Raugraf (Karl Moritz) und seine Frau Fortunata Fräulein Pöllnitz, welche in dem Hause alle Anordnungen getroffen hatte."

Fortunata und Trimalcion spielten ihre Rollen vortrefflich; besonders zeigte sich Trimalcion als ein unvergleichlicher Säufer. Er bewegte sich mit einer Ungenirtheit, die bei einem fürstlichen Feste gewiß Verwunderung verdient. Leibnitz schreibt: „Es ist richtig, daß er sich in Beziehung auf seine Bedürfnisse in keiner Weise genirte, denn so oft es ihm Noth that, ging er hinaus und kehrte ohne Umstände zurück; außerdem folgte ihm überall ein Nachttopf von ungeheurer Größe, in dem er sich während der Nacht hätte ertränken können; er sagte, daß dies derjenige Nachttopf sei, den Bacchus einem Riesen an den Kopf geworfen habe, um ihn niederzuschmettern, als die Giganten den Himmel hätten stürmen wollen."

Die auf dem Maskenfest getriebenen, selbst über die Sittenfreiheit jener Zeit hinausgehenden Scherze gaben Veranlassung zu allerhand bösen Gerüchten, welche sich über die Königin verbreiteten und welche, als sie zu den Ohren Friedrichs kamen, diesen so ungehalten machten, daß er wohl ein Jahr mit seiner Gattin zürnte.

Gatten von so verschiedenen Neigungen, wie Friedrich und Sophie Charlotte, konnten nicht wohl im innigen Einverständniß leben und in der That sehen wir sie denn auch meistens getrennten Hof halten; der Hof der Königin residirte in Charlottenburg, damals Lietzenburg genannt.

Auf einer Spazierfahrt, welche der König mit seiner Gemahlin nach dem Dorfe Lietzen durch den Thiergarten machte, fand Sophie Charlotte ein Landhaus, welches dem Oberhofmarschall von Dobrzynski gehörte, so reizend, daß sie den Wunsch aussprach, dasselbe zu besitzen. Friedrich gewährte jeden derartigen Wunsch seiner Gemahlin gern; er überraschte sie durch ein Geschenk des Landhauses und beauftragte den berühmten Schlüter, in Lietzen ein großartiges Lustschloß im Stil des Schlosses von Versailles aufzubauen.

Das Schloß erhielt den Namen der Lietzenburg; erst nach dem Tode der Königin wurde es ihr zum Andenken Charlottenburg genannt.

Die Gärten bei der Lietzenburg wurden von berühmten Gartenkünstlern als ein Park im Stil der Gärten von Versailles angelegt und die Gemächer des Schlosses mit den prächtigsten Möbeln und Tapeten ausgeschmückt; aus Frankreich, Holland, Italien, wurden kostbare Porzellane, Bildsäulen, Vasen und Gemälde verschrieben und Friedrich sparte keinen Luxus, um das neue Schloß für einen prächtigen Königshof herzurichten.

Auf der Lietzenburg hielt Sophie Charlotte fortan ihren Hof, der bald einen wesentlich verschiedenen Charakter von dem des Königs in Berlin gewann.

In Lietzenburg wurden die heitersten Feste gefeiert, bei denen jeder froh gelaunte, geistreiche Gast willkommen war. Von einem dieser Feste, an welchem sich ausnahmsweise auch der Kurfürst betheiligte, giebt uns ein Brief von Leibnitz an die Mutter Sophie Charlottens eine interessante Schilderung. Leibnitz schreibt am 13. Juli 1700:

„Madame, obschon ich glaube, daß die Frau Kurfürstin Ew. Kurfürstlichen Durchlaucht eine Beschreibung von der komischen Maskerade oder der Dorf-Kirmeß machen wird, welche gestern auf dem Schloß zu Lietzenburg stattfand, will ich doch auch Einiges darüber mittheilen. — Die Scene stellte den Jahrmarkt eines Dorfs oder einer kleinen Stadt vor, wo Buden mit ihren Schildern aufgestellt waren und wo man umsonst Schinken, Bratwürste, Ochsenzungen, Wein, Limonade, Thee, Kaffee, Chokolade u. dgl. verkaufte. Der Markgraf Ludwig, Herr Obdam, Herr du Hamel und Andere machten die Verkäufer. Herr von Osten stellte einen Quacksalber vor und hatte seine Hanswürste und Seiltänzer bei sich, unter denen sich Markgraf Albrecht auszeichnete; Graf Solms und Herr von Wassennaer machten Kunstspringer; allein nichts war so allerliebst, als der Kurprinz Kurfürstliche Hoheit als Kunststückmacher, welcher sich ganz vortrefflich auf den Hocus-pocus versteht. Die Frau Kurfürstin stellte die Doktorin vor und verkaufte die Arzneimittel. Monsieur Desaleurs war der Zahnbrecher und machte seine Sache sehr gut. Bei der Eröffnung des Theaters erschien zuerst in feierlichem Aufzug der Doktor auf einem Elephanten und die Doktorin, von ihren Leibärzten auf einem Sessel getragen. Auf diesen Zug folgte ein Ballet von Zigeunern, deren Anführerin die Fürstin von Hohenzollern war. Jetzt sah man einen Astrologen mit Brillen und Fernröhren auftreten. Diesen sollte ich vorstellen; allein der Herr Graf Wittgenstein hatte diese Rolle aus Mitleid mir abgenommen. Er wahrsagte dem Kurfürsten, der sich in der nächsten Loge befand, viel Angenehmes, ebenso wie die Prinzessin von Hohenzollern als Anführerin der Zigeunerbande der Kurfürstin in sehr artigen deutschen Versen, von Herrn von Besser gedichtet, eine glückliche Zukunft verkündete. Ich hatte mir einen guten Platz ausgesucht, um mit meiner kleinen Brille alles ganz nah zu beobachten und Ew. Kurfürstliche Durchlaucht Bericht erstatten zu können. Die Begleiterin der Fürstin von Hohenzollern hatte Zahnweh; sogleich erschien der Zahnbrecher mit der großen Zange eines Hufschmieds und zog ihr einen Zahn, groß und stark wie ein Arm, es war ein Walroßzahn, aus. Der Doktor, welcher die Tapferkeit seines Zahnbrechers rühmte, forderte die Gesellschaft auf, zu beurtheilen, welches Kunststück es sei, einen so großen Zahn ohne Schmerzen auszuziehen. Viele der Mitspielenden mischten Verse zum Lobe des Kurfürsten und der Kurfürstin ein; Feldmarschall Flemming that es auf gut Pommerisch, denn er schloß:

Vivat Friedrich und Charlott!
Wer's nicht recht meint, ist ein Hundsfott!

Im Uebrigen war hier der Thurmbau zu Babel, ein Jeder sprach seine eigene Sprache und zuletzt gab es einen kleinen Scherz-Krawall. Herr von Reisewitz, sächsischer Gesandter in Polen, erschien als Stadtphysikus und kündigte dem Quacksalber den Krieg an. Der Letztere zeigte die ihm von Kaisern, Königen und Fürsten ertheilten Patente, jener seine Ehrenzeichen und Privilegien vor; es kam zu einem sehr unterhaltenden Wortgefecht. Endlich stieg der Kurfürst, als holländischer Matrose gekleidet, in den Saal herab und kaufte in verschiedenen Buden."

Weniger elegant als das so eben beschriebene Maskenfest, aber noch ungezwungener waren die kleinen Gesellschaften, welche Sophie Charlotte in Lietzenburg gab; hier vereinigten sich die geistireichen Männer und Frauen in zwanglosem Kreise um sie; ihr Liebling, der Philosoph Leibniz, war dort ihr häufiger Gast. Mit ihm sprach sie über die ernstesten philosophischen Materien so eingehend, daß der große Gelehrte oft genug in Verlegenheit kam. Er äußerte einst gegen die Königin: „Es ist gar nicht möglich, Sie zufrieden zu stellen; Sie wollen das Warum des Warum wissen."

Sophie Charlotte verkehrte in ihrem Lustschloß mit den bedeutendsten Denkern ihrer Zeit; von Allen suchte sie zu lernen und sie war vorurtheilsfrei genug, auch anerkannte Freidenker zu sich heranzuziehen. Zu diesen gehörte der berühmte Irländer John Toland, der im Anfange des Oktober 1701 nach Berlin kam.

Toland hatte ein bedeutendes Werk geschrieben: „Das Christenthum kein Mysterium, eine Abhandlung zum Beweise, daß nichts in dem Evangelium enthalten, was der Vernunft zuwider oder über ihr sei und daß die echte christliche Lehre in Wahrheit kein Geheimniß genannt werden könne." Er hatte in diesem Werk mit scharfem Verstand nachgewiesen, daß nur das als Offenbarung gelten könne, was auch die Vernunft als Wahrheit anzuerkennen vermöge. Er bestritt in Folge dessen die Aechtheit der Bücher des neuen Testaments und alle in der Bibel enthaltenen Wunder, die Auferstehung, Himmel- und Höllenfahrt Christi.

Sophie Charlotte hatte durch Leibnitz und durch Briefe ihrer Mutter viel von Toland, der allgemein für einen Atheisten gehalten wurde, gehört; sie war begierig, den merkwürdigen Mann kennen zu lernen und lud ihn deshalb zu einem Besuch nach Berlin ein.

Toland folgte der Einladung gern; er besuchte die Königin und wurde von ihr mit großer Auszeichnung empfangen. Charakteristisch für die geistreiche Frau ist es, daß sie einen der talentvollsten und doch dabei durchaus rechtgläubigen Prediger der französischen Kolonie, den Herrn de Beausobre, einlud, nach Lietzenburg zu kommen, um mit Toland in ihrer Gegenwart über die religiösen Streitfragen, welche Beide schieden, zu disputiren.

Herr de Beausobre hat uns über die Disputation einen treuen Bericht erstattet, aus dem wir ersehen, daß der englische Freigeist sich nicht scheute, in Gegenwart der Königin ganz unbefangen seine Zweifel über die Wahrheit der Bibel zu äußern. Es gab eine heftige, aber natürlich resultatlose Disputation; jedenfalls hatte diese dem Ansehen Tolands bei der Königin nicht geschadet, denn Sophie Charlotte bewies ihm fortdauernd die größte Aufmerksamkeit. Toland war so zufrieden mit seiner Aufnahme am preußischen Hof, daß er in einem Bericht an seinen Gönner, den Herzog von Sommerset, die für Sophie Charlotte schmeichelhafteste Schilderung dieses Hofs entwarf. Er sagte über denselben:

„Die Königin bringt ihre meiste Zeit in einem Palast zu, der bei dem Dorf Lietzenburg an der Spree, 1 Meile von Berlin liegt und noch nicht völlig ausgebaut ist, daher er auch von dem Dorf seinen Namen hat. Von Berlin kann man bis dahin durch einen Park oder Thiergarten auf einer Treck-Schuyte und kleinem Kahn zu Wasser fahren. Ich rede zwar jetzt zuletzt erst nach allem Andern von diesem Hause, allein deswegen muß man es durchaus nicht gleich das letzte und schlechteste darunter halten, sowohl was die Weite, die Regularität als die Pracht betrifft. Der Garten, welcher zwischen dem Schloß und dem Fluß mitten inne liegt, wird mit der Zeit, seiner Größe nach, einer von den allerschönsten in Deutschland werden und wird ihm schon jetzt so leicht keiner in eurem Lande vorgehen. Allein weil doch hier noch nichts zu seiner Vollkommenheit gelangt, so will ich meinem hochgeehrten Herrn auch diesmal keine weitere Beschreibung davon machen, obgleich sonst eben nicht zu zweifeln ist, daß es in kurzer Zeit ein sehr angenehmer Ort werden wird, und zwar durch Anordnung und Einrichtung Sophie Charlottens, der allerschönsten Prinzessin ihrer Zeit, die keinem Menschen an richtigem Verstande, an netten und wohlgesetzten Worten wie auch an Annehmlichkeit der Konversation und Umgangs etwas nachgiebt. Sie hat gar überaus viel gelesen und kann mit allerhand Leuten von allerhand Dingen reden. Man admirirt sowohl ihren scharfen und geschwinden Geist, als ihre gründliche Wissenschaft, so sie in den schwersten Stücken der Weltweisheit erlangt hat; ja ich muß frei und ohne die geringste Schmeichelei gegen Ihre hohe Person bekennen, daß ich in meinem ganzen Leben Niemand gehört, welcher geschicktere Einwürfe hätte machen, oder die Unzulänglichkeit und Sophisterei eines vorgebrachten Arguments und Schlusses hurtiger entdecken oder auch die Schwäche oder Stärke einer Meinung leichter penetriren können, als eben sie. Kein Mensch hat jemals besser die Kunst getruft, wie man sich bei allem seinem Thun und Lassen mit Nutzen eine zuläßliche Ergözlichkeit machen könne, als eben sie. Allein ihr angenehmer Zeitvertreib ist die Musik und wer sie in eben so hohem Grade lieben will, muß sie auch so wohl verstehen, als Ihre Majestät, welches nichts Leichtes ist. Sie spielt vollkommen auf dem Cymbal, welches sie alle Tage thut; sie singt auch wohl und der berühmte Bononcini, einer von den größten heutigen Meistern, sagte mir einst, daß ihre Compositiones und verfertigte musikalische Stücke überaus accurat gesetzt wären. Sie sieht gern, wenn Fremde ihr aufwarten und von Allem, was in ihrem Lande merkwürdig ist, Unterricht geben. Ja sie hat eine so genaue und rechte Erkenntniß von den Regierungen, daß man sie in ganz Deutschland nur zu nennen pflegt „die republicanische Königin, oder: die es nicht mit der absoluten, unumschränkten Monarchie hält". Alles was lebhaft und politisch ist, kommt an ihren Hof und man sieht allda 2 Dinge, nämlich Studiren und Lustbarkeiten in vollkommener Einigkeit beisammen, die doch sonst die Welt für einander ganz zuwider hält. Was ihre Person anlangt, so ist sie eben nicht gar so lang und schmal, sondern vielmehr etwas stark von Leibe, ihre ganze Bildung ist überaus regulär und ihre Haut sehr weiß und lebhaft. Sie hat blaue Augen und kohlschwarzes Haar und hat sehr gern schöne Damen um sich, wie denn ihr ganzes Frauenzimmer davon voll ist."

Der Umgang der Königin mit so vielen gelehrten Männern, ihr reges Interesse für die Wissenschaft hatten einen bedeutenden Einfluß auf die Entwicklung des wissenschaftlichen Lebens in Berlin; wir verdanken demselben, wie noch weiter berichtet werden wird, die Begründung der Academie der Wissenschaften.

Der Einfluß der Königin würde in dieser Beziehung ein noch größerer gewesen sein, wenn sie nicht leider eine ungemessene Vorliebe für die französische Sprache gehabt hätte, eine Vorliebe, die vielfach dazu beitrug, die gute deutsche Sprache aus allen höhern Zirkeln und selbst aus den gebildeten Bürgerfamilien zu vertreiben. Sophie Charlotte unterhielt sich stets nur französisch; sie sprach die fremde Sprache mit solcher Gewandtheit, daß einst von einem Fremden die Frage aufgeworfen wurde, ob sie wohl Deutsch verstehe. Alle ihre Briefe an ihre Mutter und die Pöllnitz wurden in französischer Sprache geschrieben, kaum hörte man an ihrem Hofe jemals ein deutsches Wort und ihr Liebling Leibnitz folgte ihrem Beispiele, so daß auch er in seinen Briefen und in vielen seiner Werke der deutschen Muttersprache untreu wurde.

Fünftes Kapitel.

Letzte Krankheit und Tod der Königin Sophie Charlotte. — Schmerz des Königs und des ganzen Landes. — Prunkvolles Leichenbegängniß. — Unterhandlungen wegen einer dritten Heirath des Königs. — Die Königin Sophie Louise. — Unglückliche Ehe. — Frömmelnder Hof der Königin.

Sophie Charlotte hatte von der Natur die herrliche Gabe empfangen, sich durch ihre persönliche Liebenswürdigkeit die Verehrung aller Derer zu erwerben, welche mit ihr in persönliche Berührung kamen. Ihre Umgebungen vergötterten sie, das Volk liebte die Königin, wie selten eine Königin vom Volke geliebt wird und es war daher eine erschreckende Trauernachricht, als plötzlich von Hannover aus gemeldet wurde, daß Sophie Charlotte nach kurzer Krankheit dort am 1. Februar 1705 gestorben sei.

Sophie Charlotte hatte sich von dem König die Erlaubniß erbeten, einen Besuch bei ihrer Mutter in Hannover machen zu dürfen. Nur mit Widerstreben war Friedrich, der sich wohl noch jenes berüchtigten Maskenfestes mit Widerwillen erinnerte, auf den Wunsch seiner Gemahlin eingegangen, und zwar erst, als diese genehmigt hatte, daß die Gräfin Wartenberg ebenfalls eine Einladung nach Hannover erhalte. Die Reise war dadurch bis zum 12. Januar 1705 verschoben worden, während sie schon früher stattfinden sollte.

Die Königin fühlte sich unwohl; sie litt an einer schmerzhaften Halsgeschwulst; trotzdem aber entschloß sie sich, die Winterreise anzutreten, weil sie fürchtete, der König möchte vielleicht einen solchen Vorwand ergreifen, um sich ihrer Abreise überhaupt zu widersetzen. Die Reise hatte den nachtheiligsten Einfluß, die Krankheit nahm während derselben zu und als Sophie Charlotte in Hannover ankam, fand sie sich ernsthaft krank. Trotzdem aber zwang sie sich, bei verschiedenen Gesellschaften zu erscheinen, bis endlich die herbeigerufenen Aerzte erklärten, daß sie nicht mehr das Bett verlassen dürfe, weil die Krankheit nicht nur ernst, sondern sogar gefährlich sei.

Mehr und mehr nahm die Krankheit überhand und Sophie Charlotte fühlte jetzt, daß sie schwerlich wieder aufkommen werde. Sie zeigte sich überaus gefaßt; sie nahm in einem Briefe Abschied von ihrem Gatten, tröstete ihren Bruder, den Herzog Ernst August, der fast verzweifelnd an ihrem Bett stand. „Der Tod ist mir nicht fürchterlich — so sagte sie zu ihm — denn ich sehe ihn schon seit langer Zeit als unvermeidlich an."

Der französische Prediger de la Bergerie, den Sophie Charlotte stets sehr gern gehabt hatte, kam zu ihr, um ihr in ihrer letzten Stunde beizustehen. Mit großer Güte hörte die Königin seine religiösen Ermahnungen an, obwohl sie selbst mit ihrem freien Geiste sich weit über die Anschauungen des guten Predigers erhoben hatte. Sie empfing ihn sogar sehr freundlich und sagte zu ihm: „Sie kommen, mit Ihre Dienste anzubieten zu einer Zeit, wo ich nichts mehr für Sie thun kann; ich danke Ihnen dafür recht sehr."

Der Prediger wollte ihr eine lange Rede voll biblischer Trostworte hersagen, sie aber fiel ihm ins Wort und entgegnete: „Ich habe 20 Jahre über die Religion ernstlich nachgedacht und habe die Bücher, die sich damit beschäftigen, aufmerksam gelesen, es bleibt mir daher nicht der geringste Zweifel deswegen übrig und Sie können mir also nichts sagen, was mir nicht schon bekannt wäre. Ich versichere Sie heilig, daß ich ruhig sterbe."

So deutlich, wenn auch freundlich eine solche Zurückweisung war, so wollte sich der auf sein Amt stolze Seelsorger mit derselben dennoch nicht begnügen; er hielt wieder eine lange Rede, schimpfte auf die Eitelkeit der Welt und zeigte die Niedrigkeit, welche Scepter und Krone gegenüber dem Höchsten hätten. Die Königin lächelte über diese Rede nur und Frau von Bülow, die Oberhofmeisterin, welche an ihrem Bette saß, entgegnete den Ermahnungen, sich von der Eitelkeit der Welt abzuwenden, ziemlich ärgerlich: „Dies,

Herr Prediger, waren niemals die Sünden der Königin!"

Der französische Wundarzt l'Estocq, welcher an ihrem Lager stand, verbot der Königin das weitere Sprechen. Sie nahm daher mit kurzen Worten von dem Prediger Abschied, indem sie diesem noch einmal versicherte, daß sie als seine gute Freundin sterbe. Nachdem Sophie Charlotte einige Stunden geruht hatte, wandte sie sich plötzlich zu Fräulein von Pöllnitz, welche weinend an ihrem Lager saß. „Welche unnützen Ceremonien wird man doch um diesen Körper anstellen," sagte sie nachdenkend, und als bei diesen Worten der Pöllnitz die Thränen mit doppelter Macht hervorstürzten, sagte sie lächelnd: „Warum weinen Sie doch? Glauben Sie denn, daß ich unsterblich sei?"

Wenige Augenblicke darauf reichte sie ihrem an ihrem Krankenbett stehenden Bruder mit einem freundlichen Blick die Hand und mit den Worten: „Lebe wohl, geliebter Bruder, ich ersticke!" starb sie kurze Zeit darauf.

Etwas abweichend von dieser, theils den Nachrichten, welche uns der Herr v. Pöllnitz, theils denen, welche uns der Prediger de la Bergerie über die letzten Augenblicke der Kurfürstin gegeben hat, entnommenen Schilderung ist der Bericht, welchen der Enkel Sophie Charlottens, König Friedrich der Große, über den Tod der von ihm hoch verehrten Frau uns mittheilt. Er sagt:

„Sophie Charlotte hatte eine starke Seele. Ihre Religion war geläutert, ihre Gemüthsart sanft, ihr Geist geschmückt durch das Lesen aller guten französischen und italienischen Bücher. Sie starb zu Hannover im Schooß ihrer Familie. Man wollte einen reformirten Prediger bei ihr einführen. Sie sagte ihm: „Lassen Sie mich sterben, ehe wir uns streiten." — Eine ihrer Damen, die sie sehr liebte, zerfloß in Thränen. „Beklagen Sie mich nicht — sagte sie zu dieser — denn ich gehe jetzt, meine Neugier zu befriedigen über die Urgründe der Dinge, die mir Leibnitz nie hat erklären können, über den Raum, das Unendliche, das Sein und das Nichts und dem König, meinem Gemahl, bereite ich das Schauspiel eines Leichenbegängnisses, welches ihm neue Gelegenheit giebt, seine Pracht darzuthun." — Sie empfahl sterbend ihrem Bruder die Gelehrten, welche sie begünstigt hatte."

Die Bestürzung, der Schmerz über den unerwarteten Todesfall waren überall groß, wo die Königin bekannt war. In Hannover wurde allgemeine Trauer angelegt, denn die Stadt und das ganze Land waren stolz darauf, daß sie die geistreiche Königin als ihr Kind betrachten konnten.

Der Hofstaat Sophie Charlottens, ihre nächsten Umgebungen, waren außer sich vor Schmerz. Der Oberhofmeister v. Bülow brachte die Todesnachricht nach Berlin. Als er mit derselben zum König kam, übermannte diesen der Schmerz über den Verlust der noch immer von ihm geliebten Gattin so sehr, daß er in Ohnmacht sank und man ihm zur Ader lassen mußte. Mehrere Tage vermochte er mit Niemandem zu sprechen; der letzte Brief, den er von der Hand Sophie Charlottens empfangen hatte, rührte ihn auf's Tiefste.

Die Bürger in Berlin und die Einwohner des ganzen Landes zeigten eine außerordentliche Theilnahme bei dem sie so tief schmerzenden Todesfall.

Erst nach einigen Tagen gewann der König seine Fassung wieder. Er bestimmte sofort, daß der Lieblingsaufenthalt Sophie Charlottens künftig den Namen Charlottenburg führen solle. Die ganze Dienerschaft der Königin wurde beibehalten und ihr Hof regelmäßig fortgeführt.

Die nächste Sorge Friedrichs galt, wie die Königin auf dem Todtenbett erwartet hatte, ganz seiner Liebhaberei, ein prachtvolles Leichenbegängniß für die Verstorbene auszurichten. Mit der Sorge für dasselbe zerstreute er seinen Kummer.

Mit großem Trauergepränge wurde am 9. März der Leichnam von Hannover nach Berlin geführt. An allen Orten, wo der Trauerzug durchkam, mußten demselben große Ehren erzeigt werden, dieselben, welche man der Königin im Leben bewiesen hatte. Da wurden die Geschütze begrüßend abgefeuert, da läuteten alle Glocken, da kamen die Bürger, die Truppen, die Geistlichkeit und die Behörden in tiefster Trauerkleidung im Festeszuge der Leiche entgegen und jedesmal Abends wurde der Sarg in der Hauptkirche jedes Orts auf dem Katafalk ausgestellt.

So kam denn am 22. März Abends um 10 Uhr die Leiche nach Berlin. Hier wurde sie in der alten Schloßkapelle vorläufig beigesetzt. Drei volle Monate blieb sie stehen; denn so lange dauerte es, bis alle Anstalten zu dem Leichenbegängniß vollendet waren.

Am 28. Juni erfolgte endlich die prachtvolle Beisetzung, bei der Friedrich wieder einmal eine grenzenlose Verschwendung bekundete. Der Katafalk im Dom kostete nicht weniger als 80,000 Thaler und mit gleicher Verschwendung waren alle die übrigen Zurüstungen der ganzen Feierlichkeit begonnen und vollendet. Ein Prachtwerk*) giebt uns eine Beschreibung der Feier, auf welche wir nicht weiter eingehen wollen.

Der Verlust der geistreichen und liebenswürdigen Königin wurde am Hofe Friedrichs auf das Schmerzlichste gefühlt. Jene geistreichen Männer und Frauen, in deren Kreisen die Königin gelebt hatte und welche ihretwegen Berlin zu ihrem Wohnsitz gemacht hatten, trennten sich; viele von den Künstlern, die in ihren Diensten gewesen waren, suchten an andern Höfen Beschäftigung und Unterkommen.

Der muntere, heitere Ton, der durch den Einfluß

---

*) Der Titel des Buches ist: „Christ-Königliches Trauer- und Ehren-Gedächtniß der Weiland verstorbenen Allerdurchlauchtigsten u. s. w. Frauen, Sophien Charlotten, Königin von Preußen u. s. w., Cölln an der Spree druckts Ulrich Liebpert."

Sophie Charlottens bisher mitunter selbst in das Ceremoniell am Hofe eingedrungen war, schwieg fortan und wich einem feierlichen, traurigen Zwange. Sophie Charlotte, so fern sie dem König stand, hatte doch durch ihre Liebenswürdigkeit und ihren Geist immer einigen Einfluß auf ihren Gemahl gehabt; nach ihrem Tode wurde Friedrich ein durchaus willenloses Werkzeug in den Händen seiner Günstlinge, seiner herrschsüchtigen und gewissenlosen Minister, welchen er die Staatsregierung anvertraut hatte.

Wir werden später die Personen dieser Minister und die unwürdigen Mittel, deren sie sich bedient haben, um ihre Herrschaft zu gewinnen und aufrecht zu erhalten, des Näheren beleuchten; hier erwähnen wir nur, daß der Kronprinz häufig die Minister fühlen ließ, wie sehr er ihr Benehmen mißbillige. Diese suchten daher nach einem mächtigen Bundesgenossen, der sie gegen den Unwillen des Kronprinzen schützen konnte und sie glaubten einen solchen zu finden in einer Königin, welche ihnen die Krone verdankte.

Sie wendeten sich, nachdem sich der Kummer Friedrichs um den Verlust seiner Gemahlin einigermaßen beruhigt hatte, an den König, um ihn zu bereden, daß er zu einer andern (dritten) Heirath schreite. Die Schwester des Königs, die Herzogin von Sachsen-Zeitz, welche mit den Ministern einverstanden war, machte ihrem Bruder den ersten Vorschlag und begründete denselben dadurch, daß sie die Behauptung aufstellte, die Wundärzte hätten bei der letzten Niederkunft der Kronprinzessin sich überzeugt, daß die Prinzessin keine Kinder weiter bekommen würde.

Friedrich hatte den Wunsch nach direkter Nachkommenschaft; er ging deshalb auf die Pläne der Minister und seiner Schwester ein und genehmigte, daß Unterhandlungen mit verschiedenen Prinzessinnen angeknüpft würden. Es wurde ihm die Prinzessin von Nassau vorgeschlagen, aber die Unterhandlungen mit derselben zerschlugen sich, weil Friedrich forderte, daß die Mutter der Prinzessin nach Berlin kommen solle, um ihrer Tochter bei der Hochzeit die Schleppe nachzutragen. Die Fürstin von Nassau weigerte sich dessen auf das Entschiedenste und erklärte, sie würde lieber auf die Ehre, ihre Tochter zu einer Königin erhoben zu sehen, Verzicht leisten, als sich zu einem solchen Dienste erniedrigen.

Die Herzogin von Zeitz schlug dem König darauf die Prinzessin Sophie Louise von Mecklenburg-Schwerin, eine Schwester des regierenden Herzogs, vor und Friedrich genehmigte diese Wahl, nachdem er die Prinzessin persönlich kennen gelernt hatte. Die Unterhandlungen mit derselben waren bald beendet. Der Graf v. Wittgenstein reiste im Auftrage des Königs nach Schwerin und ließ sich hier im Namen Friedrichs mit der Prinzessin trauen.

Am 27. November 1708 hielt die junge Königin ihren Einzug in Berlin. Die höchste Pracht war wieder, wie bei allen von Friedrich veranstalteten Festen, zum Empfang aufgeboten. Wir wollen von der Beschreibung der Festlichkeiten absehen, um unsere Leser nicht zu ermüden und nur erwähnen, daß auch das Königsthor in der Gestalt einer Ehrenpforte mit Bildern geziert war. Es trug eine lateinische Inschrift in goldenen Buchstaben, die zu charakteristisch ist, als daß wir sie unsern Lesern vorenthalten könnten. Sie lautet in der deutschen Uebersetzung:

„Sophien Louisen, der Mecklenburgischen Venus, als sie mit triumphirender Pracht zum Königlichen Beilager den Einzug hielt, darum daß sie durch eine höchst glückliche Verbindung mit dem großmächtigsten König Friedrich von Preußen das Alterthum des Königlich Vandalischen Geblütes zu seiner Majestät erhoben und die ewige Stadt Berlin durch ihre Ankunft mit unendlicher Freude angefüllt hat."

So prächtig aber auch der Einzug der jungen Königin war, eine rechte Freude herrschte nicht bei demselben. Das Volk gedachte der verstorbenen Sophie Charlotte, für deren Verlust es in der mecklenburgischen Prinzessin keinen Ersatz zu finden hoffte und auch Friedrich bereute schon bald, daß er dem Zureden seiner Minister gefolgt war.

Als ihm am Tage nach dem Einzuge sein Sohn, der Kronprinz, mittheilte, daß seine Gemahlin in wenigen Monaten wieder Mutterfreuden zu erleben hoffe, da sah der König ein, daß er nur ein Spielball seiner Günstlinge gewesen sei und rief ärgerlich aus: „Ich würde mich niemals wieder vermählt haben, wenn ich früher von dem Zustand der Kronprinzessin unterrichtet gewesen wäre!"

Er wäre am Liebsten jetzt noch zurückgetreten, das war aber unmöglich — es war zu spät, schon war ja seine Braut in seinem Namen dem Grafen Wittgenstein angetraut worden und die am Nachmittag desselben Tages, am 28. November, bestimmte Einsegnung im Dom gab ja nur den Schluß der Trauungsfeierlichkeiten ab. Diese wurden mit Aufbietung der höchsten Pracht vollzogen. Der König und die Königin gingen zu Fuß unter zwei prächtigen Thronhimmeln in die Kirche. Die Straße war tapeziert, den Fußboden hatte man mit Brettern, welche mit rothem Tuch überzogen waren, belegt.

Die Gewänder des Königs sowohl als der Königin strotzten von Diamanten, Gold und Perlen. Dem König folgte die Königin mit der Krone auf dem Haupt, geführt vom Kronprinzen und dem Markgrafen Philipp. Vier gleichgekleidete Prinzessinnen trugen den Mantel und sechs Gräfinnen, welche alle in Silberstoff gleichgekleidet waren, die Schleppe.

Lustbarkeiten aller Art, Wirthschaften, Thierhetzen, Feuerwerke schlossen sich in gewohnter Weise den Hochzeitsfeierlichkeiten an.

Während der prunkvollen Feste und in der ersten Zeit nach denselben schien der König im Besitz seiner jungen Gattin ganz glücklich zu sein.

31

Aber der Freudenrausch war bald vorüber. Die junge Königin fühlte sich nicht glücklich an ihrem neuen Hofe; sie hatte bisher in ihrer Heimath in vollster Freiheit gelebt und, wie erzählt wurde, dort die üppigsten Vergnügungen bis zur Hefe ausgekostet, so daß selbst ihr Ruf dadurch nicht ohne Flecken geblieben war. Jetzt war sie gezwungen, sich nach dem steifen Hof-Ceremoniell zu richten, jetzt mußte sie sich der schwerfälligsten Etiquette unterwerfen! Sie verlor unter diesem Zwang ihre frühere Heiterkeit. Zu ihrem Unglück hatte sie eine Rathgeberin, welche ihr volles Vertrauen besaß, ein Fräulein von Grävenitz, eine Hofdame, welche in ihrer Jugend einen ziemlich ausschweifenden Lebenswandel geführt hatte und nun in ihrem Alter eine Betschwester geworden war. Diese gab der Königin den Rath, um ihren Ruf und Hof unbefleckt zu erhalten, müsse sie ein fast klösterliches, ein streng eingezogenes, religiöses Leben führen.

Die junge Königin ging auf diesen Rath ein und was sie Anfangs vielleicht zum Schein gethan hatte, das wurde ihr bald eine Lebensangewohnheit; sie widmete sich einer geistlichen Andächtelei, die unterstützt wurde von ihrem streng lutherischen Beichtvater Porst und dem berühmten Francke, dem Stifter des Halle'schen Waisenhauses, der gerade damals in Berlin lebte und der Begründer einer neuen religiösen Richtung geworden war.

Beide Prediger waren strenge Lutheraner; sie bestärkten die Königin in ihrer geistlichen Schwärmerei und so gewann denn ihr Hof bald den Charakter eines geistlichen Konventikels. Da wurde gebetet, daß das Herz brechen mochte, da wurden Predigten über Predigten gehalten! Wer nicht andächtig die Augen verdrehen konnte, der galt an jenem königlichen Hofe nichts.

War früher Friedrich unglücklich über die zu große Freiheit gewesen, welche am Hofe Sophie Charlottens geherrscht hatte, so fühlte er sich jetzt noch unglücklicher über das klösterliche Leben am Hofe seiner dritten Gemahlin, um so mehr, als sich diese dem strengsten Lutheranerthum hingegeben hatte, während er selbst sich zur reformirten Kirche bekannte.

Es gab oft Wortwechsel zwischen beiden Gatten über ihre religiösen Ansichten und manches Mal arteten dieselben zum heftigsten Streit aus.

Einst ging bei einem solchen religiösen Disput die Königin so weit, daß sie erklärte, kein Reformirter dürfe hoffen, selig zu werden. Aergerlich wandte ihr der König ein, sie könne ja dann nach seinem Tode nicht sagen: „der selige König". Einige Augenblicke war Sophie Louise betroffen, dann aber erwiederte sie: „Ich werde sagen: der liebe verstorbene König."

Friedrich wurde durch diese Aeußerung so erzürnt, daß er erklärte, er würde die Königin nicht geheirathet haben, wenn er gewußt hätte, daß sie so eifrig lutherisch sei. Er versuchte jetzt durch eine Aenderung der Umgebung der Königin auf sie Einfluß zu üben. Die Grävenitz erhielt 1710 den Befehl, Berlin zu verlassen, den lutherischen Geistlichen wurde der Hof verboten — aber es war zu spät.

Sophie Louise blieb bei ihrer Andächtelei und vertiefte sich immer mehr und mehr in dieselbe, bis endlich über dem Grübeln ihr Verstand sich verwirrte, ihre Vernunft zerrüttet ward!

Friedrich lebte wieder getrennt von seiner Gattin, er stand abermals allein inmitten seiner königlichen Herrlichkeit, ein unglücklicher, bemitleidenswerther Mann!

Sechstes Kapitel.

Prinzessin Louise Charlotte von Radziwill. — Ein Roman am Hofe. — Eine heimliche Ehe. — Der Hofadel. — Das Oberheroldsamt. — Eberhard Dankelmann. — Seine Erhebung, seine Regierung, sein Sturz. — Dankelmanns Prozeß.

„Der Hof Friedrichs war, wie alle damaligen deutschen Höfe, unbeschreiblich widerlich, er war roh und frivol zugleich; es giebt keine ekelhaftere Frivolität, als die bei unsern Vorfahren in der letzten Hälfte des 17. Jahrhunderts; dieser Vorwurf trifft den Hof Friedrichs in vollem Maße."

So lautet das Urtheil eines Mannes, den wohl Niemand der Parteilichkeit gegen das preußische Königshaus beschuldigen wird, das Urtheil Niebuhrs.

Der Hof in Berlin war eine Stätte unaufhörlicher Intriguen, welche sowohl im Schooße der königlichen Familie, als auch von den Hofleuten, den Günstlingen Friedrichs, gespielt wurden. Diese Intriguen sind theils von Bedeutung für die Geschichte der Entwickelung des Landes gewesen, theils auch geben sie uns ein Bild des Lebens in jener Zeit und sie gehören daher, soweit der Schauplatz derselben der Hof von Berlin war, recht eigentlich in die Geschichte unserer Stadt.

Von einem besonderen Interesse ist ein Intriguenspiel, dessen Mittelpunkt gleich beim Beginn der Regierung Friedrichs die junge und schöne Wittwe des Markgrafen Ludwig, des im Jahre 1687 früh verstorbenen Bruders des Kurfürsten, war.

Louise Charlotte, die Tochter des Fürsten Bogislaus Radziwill, war eine junge, außerordentlich schöne Prinzessin, welche durch ihre Liebenswürdigkeit und noch mehr durch ihren großen Reichthum für jeden Fürsten als eine beneidenswerthe Partie galt. Jakob, der Sohn des Königs Johann Sobiesky von Polen und der Pfalzgraf Karl Philipp, der Sohn des Kurfürsten von der Pfalz, bewarben sich zu gleicher Zeit um die Hand der Prinzessin.

Friedrich war keinem der beiden Bewerber geneigt; er hätte es wohl lieber gesehen, wenn die Prinzessin einem seiner Brüder die Hand gereicht hätte und er suchte deshalb alle Bewerber von seinem Hofe um so mehr fern zu halten, als derjenige, der die Hand seiner Schwägerin erhielt, dadurch zugleich eine Anwartschaft auf die polnische Krone gewann.

Die Frage, wer der Gemahl der jungen Prinzessin werden sollte, beschäftigte damals die meisten Höfe in Europa. Frankreich interessirte sich lebhaft dafür, sie dem polnischen Bewerber zu verschaffen, während der kaiserliche Hof sich des Pfalzgrafen annahm. Beide spielten im Geheimen und suchten die Umgebung der Prinzessin zu bestechen, um diese günstig für den bevorzugten Bewerber zu stimmen.

Der Prinz Jakob sandte einen geschickten Unterhändler nach Berlin, den Starosten Bielinsky, der unter dem Vorwande, er wolle über ein Bündniß des Königs von Polen mit dem Kurfürsten unterhandeln, nach der Residenz kam, in der That aber den Zweck hatte, seinem Prinzen die Hand der Prinzessin zu verschaffen.

Bielinsky war kaum nach Berlin gekommen, als er sich sofort bei der Prinzessin einführen ließ. Er hielt mehrere geheime Unterredungen mit ihr, in welchen er ihr das Glück, mit seinem Prinzen verheirathet zu sein, in den glänzendsten Farben schilderte. Die Prinzessin schien sich indessen nicht recht davon überzeugen zu wollen und sie äußerte sogar, daß sie gehört habe, der Prinz sei durchaus nicht so schön, wie ihn Bielinsky schilderte. Dieser erbot sich sofort, den Prinzen heimlich nach Berlin zu schaffen, damit derselbe sich der Prinzessin vorstelle. Er schrieb nach Warschau und Prinz Jakob zögerte denn auch nicht, dem Rufe seines Bevollmächtigten zu folgen.

Am 8. Juli (alten Stils) 1688 kam der Prinz in Bernau an. Hier verkleidete er sich als Lakai und fuhr, hinten auf dem Wagen des Starosten Bielinsky stehend, in Berlin ein. Er fand ein Unterkommen bei dem französischen Gesandten Grafen Gravelle.

Es kam jetzt darauf an, den Prinzen Jakob bei der Prinzessin Louise Charlotte einzuführen aber dies war nicht so leicht, da der Kurfürst von dem heimlichen Aufenthalt Jakobs in Berlin unterrichtet worden war. Ein Hauptmann Faviole, ein schlechtes Subjekt, der in Berlin auch eine heimliche Spielbank hielt, und ein Sekretär des frühern französischen Gesandten Rebenac, wurden in das Interesse des Prinzen gezogen, um zu vermitteln, daß Jakob eine geheime Unterredung mit der Prinzessin erhalte. Die Intrigue wurde indessen entdeckt.

In der Nacht vom 8. auf den 9. Juli gab es plötzlich einen allgemeinen Skandal im kurfürstlichen Schlosse; man hatte einen Fremden in der Nacht um 2 Uhr aus dem Zimmer der Prinzessin schleichen sehen, er war ergriffen worden und wurde als der französische Gesandtschaftssekretär erkannt, der sich schon bei Hofe abgemeldet hatte, weil er nach Frankreich zurückreisen wollte.

Friedrich war wüthend über die unverschämte Intrigue. Er ließ den französischen Hauptmann durch einen seiner Trabanten über die sächsische Grenze bringen und ertheilte dem Gesandtschaftssekretär die Weisung, binnen 24 Stunden das Land zu verlassen.

Nach so strengen Maßregeln war es nicht mehr möglich, den Aufenthalt des Prinzen in Berlin zu verheimlichen. Der französische Gesandte fühlte sich veranlaßt, dem Kurfürsten zu melden, daß Prinz Jakob von ihm beherbergt werde und fügte zu seiner Entschuldigung hinzu, daß er doch unmöglich einem so hochgestellten Gaste eine freundschaftliche Aufnahme habe verweigern können. Der Starost Bielinski kam zu gleicher Zeit für seinen Prinzen um die Erlaubniß ein, daß dieser sich einige Zeit incognito in Berlin aufhalten dürfe, um die berühmte brandenburgische Hauptstadt näher kennen zu lernen.

Der Kurfürst konnte jetzt nicht umhin, diese Genehmigung zu ertheilen, wenn er nicht in offenen Zwiespalt mit dem König von Polen kommen wollte; er gewährte dem Prinzen eine Unterredung auf der Bibliothek und dieser bat nun offen um die Genehmigung des Kurfürsten zu seiner Vermählung mit der Prinzessin.

Louise Charlotte liebte zwar den Prinzen Jakob, dessen Gestalt keineswegs besonders einnehmend war, nicht, aber sie zeigte sich trotzdem bereit, auf seine Bewerbung einzugehen. Die junge Prinzessin hatte einen nichts weniger als selbstständigen Charakter, sie gab leicht dem Zureden der durch polnisches Geld gewonnenen Hofdamen nach; sie gestand dem Kurfürsten ihre Neigung, in eine Vermählung mit dem Prinzen Jakob Sobieski zu willigen.

Friedrich war überrumpelt; er konnte nicht wohl Nein sagen, da die Prinzessin nicht eigentlich seine Unterthanin war, und doch mochte er wieder nicht Ja sagen. Er suchte daher Zeit zu gewinnen in der Hoffnung, daß seine Schwägerin von ihrem übereilten Entschlusse zurückzubringen sein werde und versprach, seine Genehmigung zu ertheilen, sobald mit den Verwandten der Prinzessin über deren künftiges Schicksal Rücksprache genommen haben werde.

Jakob Sobiesky glaubte trotz dieser Zögerung am Ziel seiner Wünsche zu sein; er hatte Maßregeln getroffen, die ihm, wie er überzeugt war, die Hand der Prinzessin sicherten. Im Geheimen hatte er mit derselben einen Ehevertrag geschlossen, in welchem Louise Charlotte ihm ausdrücklich ihre Hand versprach und ihm im Falle des Zurücktretens ihre sämmtlichen Güter verschrieb.

Nach der Unterschrift dieses Kontraktes beschenkten sich beide Verlobten mit ihren Ringen; Prinz Jakob meldete darauf seiner Mutter das glückliche Zustandekommen seiner Verlobung, die Prinzessin Radziwill schrieb ihrer zukünftigen Schwiegermutter einen liebevollen Brief und so schien denn die Intrigue zu Gunsten des polnischen Prinzen glücklich beendet!

Prinz Jakob konnte mit dem frohen Bewußt-

31*

sein, daß er in kurzer Zeit die reiche Braut heimführen werde, Berlin verlassen; denn der Brautstand sollte nicht lange dauern, die Hochzeit bald gefeiert werden.

Schon wurden die prächtigsten Brautkleider in Paris bestellt, als plötzlich die ganze Sachlage sich änderte.

Wenige Tage nach der Abreise des polnischen Prinzen kam der Pfalzgraf, der zweite, wie es schien, hoffnungslose Bewerber um die Hand Louise Charlottens nach Berlin. Er stellte sich dem Kurfürsten vor; dieser führte ihn selbst bei der Prinzessin ein und gestattete ihm den freiesten Umgang mit derselben, warnte aber auch zu gleicher Zeit den Starosten Bielinsky, daß er auf der Hut sein möge, denn es scheine ihm, als ob der schöne und liebenswürdige Pfalzgraf einen nicht unbedeutenden Eindruck auf das leicht bewegliche Herz der Prinzessin Radziwill gemacht habe.

Der Pfalzgraf war in der That ein gefährlicher Nebenbuhler für den Prinzen Jacob, dem die Natur nicht besonders gewogen gewesen war. Louise Charlotte unterhielt sich gern mit ihm; er war bald ihr liebster Gast und sie bereute es tief, dem Prinzen Jacob Sobiesky das Eheversprechen gegeben zu haben.

Der Starost Bielinsky hatte mehrere der Hofdamen durch reiche Geschenke in sein Interesse zu ziehen gewußt, eine der wichtigsten Gönnerinnen aber war ihm fremd geblieben, die Oberhofmeisterin der Prinzessin Radziwill, eine Dame, welche auf ihre Herrin großen Einfluß ausübte. Diese gab sich die möglichste Mühe, der Prinzessin die Liebenswürdigkeit des Pfalzgrafen und die Häßlichkeit des Polen mit den lebendigsten Farben auszumalen und ihr zuzureden, daß sie das verhaßte Band löse, das ja die priesterliche Weihe noch nicht empfangen hatte.

Louise Charlotte schwankte nur kurze Zeit, die Liebe für den schönen Pfalzgrafen gewann bald die Ueberhand über die Furcht, ihre reichen Güter dem polnischen Prinzen abtreten zu müssen. Sie willigte ein, dem Pfalzgrafen auf einer Spazierfahrt zu folgen, welche einen unerwarteten Ausgang nehmen sollte.

Am Nachmittag des 1. August (alten Stils) 1688 holte der Pfalzgraf in einem leichten, eleganten Wagen die Prinzessin zu der Spazierfahrt ab; diese ging indessen nicht weit, nur nach dem Hause des kaiserlichen Gesandten Grafen Sternberg, wo ein katholischer Geistlicher in der Hauskapelle des fürstlichen Paares harrte.

Kaum hatte die Prinzessin mit dem Pfalzgrafen das Haus des Gesandten betreten, da wurden hinter ihr sofort sämmtliche Thüren verschlossen und verriegelt, Niemandem wurde der Eingang oder Ausgang gestattet.

Das junge Paar eilte nach der Kapelle und hier wurde in aller Stille sofort die Trauung vollzogen, ein fröhliches Hochzeitsmahl folgte und erst am folgenden Tage, nachdem nichts mehr zu ändern war, wurde die Vermählung der Prinzessin Radziwill mit dem Pfalzgrafen bekannt gemacht.

Der Kurfürst war an und für sich nicht unzufrieden, daß die Pläne des polnischen Prinzen vereitelt waren, zum Schein jedoch mußte er über die plötzliche und heimliche Vermählung sein Mißfallen aussprechen. Der Pfalzgraf und seine junge Gattin mußten Berlin verlassen. Sie trösteten sich indessen hierüber bald und lebten in Insbruck in höchst glücklicher Ehe.

Der kleine Roman, welchen wir hier unsern Lesern erzählt haben, ist in allen seinen einzelnen Zügen historisch treu und giebt uns ein anschauliches Bild des Intriguenspiels, welches am Hofe in Berlin herrschte.

Die Sucht nach Macht und Reichthum erfüllte alle Gemüther und jedes Mittel, welches zum Ziele führen konnte, wurde sowohl von den fürstlichen Personen als von dem Hofadel freudig ergriffen. Besonders strebte der letztere darnach, die Gunst des Kurfürsten zu gewinnen, denn Friedrich war stets ein Werkzeug in den Händen seiner Günstlinge.

Wem es gelang, sich beim Kurfürsten und später beim Könige in Gunst zu setzen, der durfte gebieten über die Mittel des Landes, der konnte zu seinem Privatnutzen aus ihnen schöpfen fast ohne irgend eine Verantwortlichkeit.

Der Adel aus allen Landestheilen drängte sich daher an den Hof und verschmähte selbst die niedrigsten Mittel einer unterthänigen Schmeichelei nicht, um diese fürstliche Gunst zu erlangen, welche die Quelle der Macht und des Reichthums war. Er fand am Hofe den gewünschten Spielraum für seine ehrgeizigen Bestrebungen, denn Friedrich vertheilte die wichtigsten Aemter nicht mehr nach dem Verdienst, wie sein Vater, sondern nach der Geburt. Unter seiner Regierung durften Anstellungen in den höhern Staatsämtern nur den Adligen verliehen werden; die Bürgerlichen, welche unter Friedrich Wilhelm die höchsten Stellen bekleidet hatten und welche noch im Amt verblieben waren, wurden in den Adelsstand erhoben, bei neuern Anstellungen aber entschied stets die Zahl der Ahnen; ein untadeliger Stammbaum galt mehr als das Verdienst.

Als König ging Friedrich sogar soweit, im Jahre 1706 ein eigenes Oberheroldsamt einzusetzen, welches das Geschäft hatte, die Wappen der inländischen adligen Familien zu untersuchen und ein allgemeines Wappenbuch anzulegen, um nach der Reinheit des Stammbaums die Ehrenstellen bei Hofe vergeben zu können.

Im Anfang der Regierung des Kurfürsten zeigte sich die Bevorzugung des Adels noch nicht in dem Maße, wie später. Friedrich hatte damals noch einen treuen Rathgeber zur Seite, der selbst dem Bürgerstande entsprossen war, seinen früheren Lehrer und bewährten Freund Eberhard Danckelmann.

Danckelmann war im Jahre 1643 geboren; er stammte aus einer bürgerlichen Familie; sein Vater war Landrichter in Lingen. Dankelmann hatte eine vortreffliche Erziehung genossen und sich durch eifrige Studien eine außerordentlich tüchtige wissenschaftliche Bildung verschafft. Er war nur 20 Jahre alt, als er zum Erzieher des Prinzen Friedrich ernannt wurde und als solcher, wie wir uns erinnern, sich die Liebe seines Zöglings im höchsten Maße erwarb. Später gelang es ihm zweimal, dem Kurprinzen das Leben zu retten und ihm außerdem auch die wichtigsten Dienste leisten. Friedrich belohnte dieselben, indem er, kaum zur Regierung gelangt, Dankelmann zu den höchsten Ehrenstellen im Staate beförderte. Im Jahre 1695 machte er ihn sogar zum Premier-Minister und Ober-Präsidenten mit dem ersten Range am Hofe.

In der Bestallung Dankelmanns sagte Friedrich, „daß dieser ein vollständiges Exempel einer ungefärbten Treue unabläßiger Application in Beförderung der Gloire des Kurfürsten und des Kurfürstlichen Hauses und aller andern, eines großen Herrn Dienern wohlanständiger Tugenden und Qualitäten sei". In demselben Jahre noch bewirkte Friedrich, daß der Kaiser Leopold seinen geliebten Diener und dessen sechs Brüder in den Reichsfreiherrnstand erhob.

Seit dieser Zeit leitete Dankelmann alle Hauptgeschäfte des Landes und zwar mit einem großen Erfolge. Er ist oft und mit einem gewissen Recht der Colbert der brandenburgischen Staaten, welche seiner vorzüglichen Finanzwirthschaft außerordentlich viel verdanken, genannt worden.

Dankelmann hatte eine sehr schwierige Stellung; dem Kurfürsten sollte er stets Geld schaffen für die großen Ausgaben seines prächtigen Hofes, er mußte das Land mit Steuern überbürden und war deshalb beim Volke verhaßt, der Hofadel aber haßte ihn, weil er ein Bürgerlicher war und weil er unaufhörlich gegen seine gewaltigen Ausgaben eiferte, welche die übertriebene Verschwendung am Hofe des Kurfürsten verursachte. Es wurden vielfach böse Gerüchte über ihn verbreitet, er mißbrauche seine Gewalt, um sich und seiner Familie unerlaubte Vortheile zu verschaffen und dafür sprach die Thatsache, daß er seine sechs Brüder in hohe Staatsämter eingesetzt hatte. Niemand aber konnte behaupten, daß dies mit Unrecht geschehen sei, denn die Freiherren von Dankelmann waren ohne Ausnahme tüchtige, talentvolle Männer.

Dankelmann kümmerte sich wenig um die Verleumdungen, welche gegen ihn sowohl in den Hofkreisen, als in den Berliner Wirthshäusern vorgebracht wurden; er hatte das Bewußtsein, daß er seine Pflichten erfülle und in diesem Bewußtsein wirkte er unablässig fort.

So große Talente Dankelmann auch besaß, eins fehlte ihm doch, die schlangenartige Klugheit, welche an dem ränkesüchtigen Hofe Friedrichs für ihn nothwendig war, wenn er sich im Besitz der Macht erhalten wollte. Er schmeichelte und kroch nicht vor dem Kurfürsten, ja, er wagte es sogar, wie wir bei den Unterhandlungen über die Erwerbung der Königskrone gesehen haben, den Lieblingswünschen Friedrichs zu widerstreben, wenn er dieselben für das Wohl des Landes gefährlich hielt.

Dem alten Adel gegenüber zeigte Dankelmann einen gerechten Stolz; oft fuhr er die Grafen und Herren rauh an, wenn sie ihre Pflichten versäumten, mitunter auch wohl zur Unzeit, ohne genügende Veranlassung, mit einem gewissen Uebermuth. So wird erzählt, daß er einst zu spät in die Kirche zu Königsberg, wo der ganze Hof versammelt gewesen, gekommen sei, als die Predigt schon angegangen war. Der Feldmarschall v. Barfuß und der Freiherr v. Kolbe sprachen leise mit einander; da trat Dankelmann zwischen sie und fragte unwirsch: „Meine Herren, warum heben Sie mir keinen Platz auf?" Der Freiherr von Kolbe machte sofort höflich Platz; der Oberpräsident aber schaute ihn mit kalter, vornehmer Verachtung an und indem er sich niederließ, sagte er: „Es ist Ihre Schuldigkeit, mir einen Platz aufzuheben!"

Solche Scenen kamen mehrfach vor und Keiner der von allen denen, die durch das hochfahrende Wesen des Oberpräsidenten beleidigt wurden, vergaß dies jemals.

Die strenge Rechtlichkeit, welche Dankelmann als Minister zeigte und welche er niemals zu Gunsten eines Bevorzugten verletzte, sein rücksichtsloser Stolz trieben den Haß, welchen die Herren vom alten Adel gegen ihn hegten, bald so weit, daß diese alle Mittel aufboten, um den mächtigen Mann zu stürzen. Die Schmeichler des Kurfürsten versäumten keine Gelegenheit, sich gegen den herrschsüchtigen Minister auszusprechen und die Gunst zu untergraben, welche Friedrich noch immer für seinen frühern Lehrer an den Tag legte.

Dankelmann wußte dies; er war sogar fest überzeugt, daß seine Feinde einst über ihn triumphiren würden. Er sprach dies einst offen gegen den Kurfürsten selbst aus. Als er den Bau seines Hauses in Berlin beendet hatte, gab er dem Kurfürsten und dem ganzen Hof ein prächtiges Fest. Während in dem Saal getanzt wurde und die Kurfürstin an dem Tanz Theil nahm, zeigte er seinem frühern Schüler sein Arbeitsgemach und die Gemälde, welche er in demselben aufgehängt hatte.

„Diese Gemälde und Alles, was Sie hier sehen, wird in Kurzem Ihnen gehören!" sagte Dankelmann, als er bemerkte, daß der Kurfürst die Bilder mit großer Aufmerksamkeit betrachtete.

Friedrich war über diese Worte hoch erstaunt; er fragte, was sie bedeuten sollten.

Dankelmann erwiderte mit einem tiefen Ernst im Tone; „Ich werde in Kurzem Ihre Gnade verlieren, Sie werden mich in Verhaft nehmen lassen und sich meines Vermögens bemächtigen; aber nach 10 Jahren werden Sie meine Unschuld erkennen, mich wieder in meine Stellen einsetzen und mir Alles zurückgeben, was Sie mir genommen haben werden."

Der Kurfürst war außer sich vor Staunen über diese Worte; er liebte damals seinen Günstling noch so sehr, daß er glaubte, ohne denselben nicht leben zu können. Er legte deshalb die Hand auf ein neues Testament, welches auf einem Tisch lag und schwur seinem Freunde, daß er sicher diese Prophezeiung unwahr machen werde!

Danckelmann aber ließ ihn den Schwur nicht beendigen.

„Schwören Sie nicht — sagte er — was ich gesagt habe, muß geschehen; denn es steht gar nicht in Ihrer Macht, es zu hintertreiben!"

So fest Danckelmann, wie wir aus dieser von Pöllnitz uns mitgetheilten Anekdote ersehen, davon überzeugt war, daß er einst den Nachstellungen seiner Feinde unterliegen werde, so kümmerte er sich doch um dieselben wenig, sondern fuhr fort, nach seinem besten Gewissen die Staatsgeschäfte zu führen.

Er hatte durch eine geschickte Verwaltung der Domänen die Einkünfte so zu vermehren gewußt, daß er einen Ueberschuß von beinahe 1 Million Thaler aus denselben erzielte. Aber auch diese bedeutende Summe genügte nicht, um die Schulden zu bezahlen, welche mancherlei Kriege und die kostspielige Hofhaltung des Kurfürsten verursachten. Danckelmann forderte daher mit unnachsichtlicher Festigkeit, daß Friedrich sich mehr einschränke, wenn er nicht das Land ruiniren wolle. Es kam hierüber oft zu ernsten Worten zwischen dem Kurfürsten und seinem Minister und bei solchen Streitigkeiten nahm Danckelmann mitunter einen gewissen Hofmeisterton an, der an das frühere Verhältniß des Lehrers zum Kurprinzen erinnerte.

Solche kleine Mißhelligkeiten wurden von den Feinden des Ministers geschickt ausgebeutet, am Geschicktesten von dem Freiherrn Kolbe v. Wartenberg, einem Intriguanten der gemeinsten Art, der es verstanden hatte, sich bei dem Kurfürsten in die höchste Gunst zu setzen.

Kolbe machte dem Kurfürsten häufig Vorwürfe darüber, daß er sich von Danckelmann noch hofmeistern lasse und es gelang ihm in der That, den Unwillen Friedrichs darüber zu erregen, so daß dieser einst ausrief: „Danckelmann will den Kurfürsten spielen, allein ich werde ihm zeigen, daß ich selbst Herr bin."

Kolbe wurde in seinen Bestrebungen, Danckelmann zu verdächtigen, unterstützt durch die meisten Herren vom alten Adel am Hofe. Diesen bot sich bald eine günstige Gelegenheit, den Minister zu verdächtigen.

Der Hofmedailleur Faltz hatte eine Schaumünze geprägt, welche auf der einen Seite 7 Sterne über der Stadt Berlin zeigte, auf der andern das Danckelmann'sche Wappen; auf beiden Seiten befanden sich Umschriften, welche die 7 Brüder Danckelmann verherrlichten. Diese Medaille spielte der Graf Cristoph Dohna, der Gouverneur des Kurprinzen, der hoch in der Gunst des Kurfürsten stand, diesem auf eine geschickte Weise in die Hände, weil er sehr wohl wußte, daß Friedrich sich dadurch verletzt fühlen würde, daß einfache Unterthanen mit dem Siebengestirn verglichen würden.

Und so war es in der That. Der Kurfürst zürnte seinem alten Freunde und zeigte es diesem so klar, daß Danckelmann endlich erkannte, er könne sich nicht länger im Amte halten. Er bat deshalb um seinen Abschied und erhielt denselben am 27. November 1697 auf die ehrenvollste Weise. Der Kurfürst versicherte ihm durch eine Urkunde seine höchste Zufriedenheit mit allen bisher geleisteten Diensten, ließ ihm seinen Rang und manche Ehrenstellen mit bedeutenden Einkünften und ertheilte ihm eine Pension von 10,000 Thalern, damit er, wie es in der Urkunde heißt, als ehrlicher Mann leben könne, ohne sein eigenes Vermögen anzugreifen.

Ein so ehrenvoller Abschied befriedigte die Feinde Danckelmanns keineswegs, denn sie mußten fürchten, daß ihr Gegner eines Tages, wenn der Kurfürst sich seiner zufällig freundlich erinnern sollte, wieder ans Ruder kommen möchte.

Kaum hatte Danckelmann Berlin verlassen, so brachten seine Gegner die schwersten Verdächtigungen gegen ihn vor; sie behaupteten, er habe wichtige Staatspapiere zurückbehalten und würde einen hochverrätherischen Gebrauch davon machen.

Friedrich hatte kein Gedächtniß für die treuen Dienste, die ihm geleistet worden waren, wohl aber eins für die kleinlichen Kränkungen, durch welche Danckelmann seine Eitelkeit verletzt hatte. Er gab sich ganz den Einflüsterungen seiner Umgebung hin. Am 10. Dezember 1697 ließ er den früher allmächtigen Minister durch einen Obersten der Garde verhaften, zuerst nach Spandau und von hier nach der Festung Peitz bringen. Das Vermögen Danckelmanns wurde mit Beschlag belegt, und ein Prozeß gegen ihn eingeleitet, der freilich schwer zu begründen war, weil sich nirgends ein gerechter Grund zur Anklage fand.

Wie schmachvoll dieser Prozeß geführt wurde, geht wohl daraus hervor, daß der Hoffiskal Müller im Jahre 1700 den Befehl bekam, binnen vier Wochen den Prozeß zu Ende zu bringen, und daß dieser folgenden Jammerruf ins Protokoll schrieb:

„Heiliger Gott, gerechter Richter! Artikel kann ich machen, aber woher soll ich die Beweise nehmen? — Ich habe ein Corpus actorum verlangt und nichts erhalten, Niemand will das Herz haben, den schlechten Zustand des Prozesses Sr. Kurfürstlichen Durchlaucht zu offenbaren, sondern derselbe soll fortgesetzt werden!"

Und er wurde fortgesetzt auf die nichtigsten Gründe hin. Da man keine gerechten Anklagen gegen Danckelmann fand, so mußten ungerechte fabrizirt werden. Es kam ja nur darauf an, den Unwillen des Kurfürsten gegen den gestürzten Mann zu reizen, damit dieser vollständig vernichtet werde.

So wurde denn in der Anklageschrift unter Anderem angeführt, der Oberpräsident habe die Verfügung getroffen, daß fortan kein Befehl, der von dem Kurfürsten unterzeichnet, nicht aber von einem Minister gegengezeichnet sei, Kraft haben solle. Ein großes Verdienst, welches sich Dankelmann um den Staat erworben hatte, wurde ihm hier als ein Verbrechen angerechnet. Bisher hatten häufig die verschiedensten Minister, selbst einzelne untergeordnete Hofbeamte dem Kurfürsten Schriftstücke zur Unterzeichnung vorgelegt, in denen Gnadengeschenke für sie oder ihre Freunde bestimmt waren. Friedrich hatte seine Namensunterschrift oft leichtsinnig gegeben, ohne den Inhalt der Schriftstücke zu prüfen. Wenn sich nun später herausstellte, daß die Gnadengeschenke ohne Vorwissen des Kurfürsten erschlichen waren, so ließ sich nicht mehr ermitteln, wer dieselben zur Unterschrift überreicht hatte.

Um einem solchen Unwesen vorzubeugen, war durch Dankelmann die Gegenzeichnung der Minister und damit die Ministerverantwortlichkeit eingeführt worden.

Aehnlicher Art waren auch die übrigen Anklagen gegen Dankelmann, welche, in 50 Artikeln abgefaßt, diesem zugeschickt wurden, um sich zu verantworten. Seine Vertheidigung war so einfach, so klar und einleuchtend, daß eine Verurtheilung unmöglich erschien. Einer solchen aber bedurften auch seine Feinde nicht, der Wille des Kurfürsten stand ja über dem Gesetz und es kam ihnen nur darauf an, diesen Willen zur Vernichtung ihres Gegners für sich zu gewinnen.

Friedrich, der schon ganz in den Fesseln Kolbe's lag, gab sich dazu her, eine Willkürmaßregel zu begehen, welche seinen Namen ewig in der Geschichte brandmarken wird.

Dankelmann blieb in der Festung Peitz; es wurde ihm auf den Bericht des Oberprokurators nur gestattet, zu seiner Erholung die Festung auf eine halbe Stunde im Umkreise zu verlassen, um frische Luft zu schöpfen.

Zehn Jahre mußte Dankelmann in dieser Verbannung leben, dann wurde ihm im Jahre 1707 die Stadt Kottbus zum Wohnsitz angewiesen, jedoch unter der Bedingung, daß er immer 2 Meilen von Berlin entfernt bleibe.

Um die gegen den verdienten Minister verübte Ungerechtigkeit und Willkür noch durch einen Akt der Habsucht zu krönen, wurden seine sämmtlichen Güter und sein ganzes Vermögen ohne weiteren Prozeß konfiszirt und ihm aus demselben nur jährlich 2000 Thaler gewährt.

Dankelmann benahm sich in seiner Gefangenschaft mit der höchsten Würde. Er verlor nie das Bewußtsein seines Werths und als ihm einst der Antrag gemacht wurde, der König wolle ihm einen Theil seiner Güter zurückgeben, wenn er sich bereit zeige, auf den übrigen Theil freiwillig zu verzichten, antwortete er, er werde dies gern thun, wenn der König öffentlich seine Unschuld anerkenne, sonst niemals!

Zu einer solchen Genugthuung entschloß sich Friedrich nicht.

Erst unter dem folgenden König erhielt Dankelmann seine Freiheit wieder, seine Güter aber nicht; diese blieben ihm und seiner Familie für immer vorenthalten.

So wurde Dankelmanns Prophezeiung zur Wahrheit, so weit sie seinen Sturz betraf, nicht aber hinsichtlich seiner Wiedereinsetzung in die ihm geraubten Aemter und Güter.

Siebentes Kapitel.

Der General v. Barfuß. — Freiherr Kolbe v. Wartenberg. — Ilgen. — Schicksale eines Schenkmädchens. — Die Gräfin Wartenberg. — Hof-Intriguen. — Der Hofmarschall v. Wensen. — Kabinetsjustiz Friedrichs. — Die drei „Wehen". — Wartenberg, Wartensleben, Wittgenstein. — Uebermuth der Gräfin Wartenberg. — Sophie Charlotte und die Gräfin Wartenberg. — Eine Damenprügelei am Hofe. — Die Herren von Kamecke. — Sturz und Verhaftung Wittgensteins. — Absetzung Wartenbergs. — Fernere Schicksale des Grafen und der Gräfin Wartenberg.

An die Stelle des gestürzten Ministers Dankelmann trat für wenige Jahre der Feldmarschall Freiherr von Barfuß, ein Haudegen aus der militärischen Schule des großen Kurfürsten, aber weder ein Staats- noch ein Hofmann. Er war auffahrend, hochmüthig, grob, habsüchtig und machte sich daher bald allgemein verhaßt. Friedrich ließ sich von ihm leiten, wie er sich von Dankelmann hatte leiten lassen, aber die Herrschaft des Feldmarschalls dauerte nicht lange, er wurde bald verdrängt durch einen andern Günstling, der geeigneter war, als er, den König am Gängelbande zu führen. Dies war der Freiherr Kolbe v. Wartenberg.

Johann Kasimir Freiherr von Kolbe, nachheriger Graf v. Wartenberg, war schon unter der Regierung des Kurfürsten Friedrich Wilhelm im Gefolge der Prinzessin Marie von Nassau-Oranien, der Wittwe des Pfalzgrafen von Simmern, einer Tante Friedrichs III., an den Hof nach Berlin gekommen.

Kolbe zeigte sich als ein junger, schöner liebenswürdiger Mann, der durch seine außerordentlich feinen Höflingsmanieren die Aufmerksamkeit des damaligen Kurprinzen auf sich zog. Friedrich wünschte ihn für seine Dienste zu gewinnen. Dazu war Kolbe aber damals nicht zu bewegen; denn er stand mit seiner galanten Gebieterin auf einem so außerordentlich vertrauten Fuße, daß er sich verpflichtet fühlte, sie nicht zu verlassen. Er kehrte mit der Prinzessin nach der Pfalz zurück. Nach dem Tode derselben aber wendete er sich nach Berlin, um hier sein Glück zu machen.

Er kam zur rechten Zeit. Bald nach seiner Ankunft starb Friedrich Wilhelm und Friedrich III.

nahm sich nun des jungen Mannes, der ihm gefiel, lebhaft an. Kolbe machte an dem brandenburgischen Hofe eine schnelle Laufbahn, da er es meisterhaft verstand, sich beim Kurfürsten einzuschmeicheln; innerhalb weniger Jahre wurde er zum Schloßhauptmann, zum Oberhofmeister und Oberkammerherrn ernannt.

Zu allen diesen Beförderungen trug Dankelmann nicht wenig bei. Kolbe hatte sich gegen den einflußreichen Mann stets höchst bemüthig und einschmeichelnd gezeigt und sich angestellt, als ob er sich durchaus nicht in Staatssachen mische; dadurch war es ihm gelungen, sich die Freundschaft des Oberpräsidenten zu erwerben, denn diesem konnte es nur lieb sein, daß ihm die Mühe abgenommen wurde, seinen wankelmüthigen Herrn, den Kurfürsten, durch müßigen Zeitvertreib zu unterhalten.

Dankelmann hatte keine Ahnung davon, daß unter dem gleißnerischen, demüthigen Aeußern seines Günstlings sich ein hochstrebender Ehrgeiz verbarg, daß Kolbe nach demselben Platze strebte, den er selbst einnahm. Bald gelang es dem intriguanten Höfling, sich das Vertrauen des Kurfürsten dadurch zu erschleichen, daß er mit kluger Fügsamkeit seine Neigungen schmeichelte; er vor allen andern Höflingen bestärkte Friedrich in dem Wunsche, sich die Königskrone zu erwerben.

Wie Kolbe endlich seinem Gönner Dankelmann lohnte, wissen wir; er war die Seele der Intrigue, durch welche Dankelmann gestürzt wurde. Auch den ungeschickten Barfuß wußte er bald zu verdrängen. Schon unmittelbar nach der Königskrönung im Jahre 1701 beschränkte Friedrich diesen auf das Kriegs-Ministerium, während Kolbe Premier-Minister wurde und bald darauf fiel Barfuß gänzlich in Ungnade.

Kolbe verstand nichts von den Staatsgeschäften und seine Regierung unterschied sich daher wesentlich von der, welche Dankelmann bisher geführt hatte. Die strenge Aufsicht über die Beamten, durch welche Dankelmann eine regelmäßige Geschäftsführung erzielt hatte, hörte plötzlich auf. Kolbe war bemüht, sich selbst unter den niederen Beamten Freunde zu machen. Da es ihm darauf ankam, sich als Minister durch jedes Mittel zu bereichern, so mußte er Helfershelfer in den untergeordneten Sphären haben.

Während Dankelmann überall bestrebt gewesen war, der Neigung des Kurfürsten zu übertriebener Pracht entgegenzuwirken, nährte Kolbe dieselbe, um sich mehr und mehr in Gunst bei seinem Herrscher zu setzen. Das Land verarmte unter dieser unfähigen Regierung, ja die ganze Staatsverwaltung würde vollkommen zerrüttet worden sein, wenn nicht Kolbe neben sich einen Rath gehabt hätte, der manches Unheil verhinderte, große begangene Fehler wenigstens theilweise wieder gut zu machen verstand, den Staatssekretär Rüdiger Ilgen.

Ilgen war ein Bürgerlicher, dessen tüchtige Kenntnisse ihm eine Stelle in der Verwaltung verschafft hatten. Er wurde bald Kolbe's rechte Hand und auf die Verwendung desselben geadelt, damit er zu höhern Staatsämtern gelangen könne.

Ilgen besaß glänzende Talente, diese aber würden ihn am Hofe Friedrichs kaum in die Höhe gebracht haben, wenn er nicht außerdem auch die Gabe, sich zu verstellen, zu heucheln und zu schmeicheln im höchsten Maße besessen hätte. Er schien der bescheidenste, liebenswürdigste Mensch, ja seine Demuth ging oft bis zur übertriebenen Unterwürfigkeit. Dabei aber war er hinterlistig und rachsüchtig; er verstand es merkwürdig, seiner Zunge und seinen Gesichtszügen, ja dem Ausdruck seiner Augen zu gebieten. Niemand errieth, was er dachte, er hatte nie weder einen Vertrauten, noch einen Freund. Als ein wahrhaft unermüdlicher Arbeiter förderte er die Geschäfte, wie kein anderer Beamter und er wurde durch diese Eigenschaft, welche seinem Gönner abging, demselben unentbehrlich.

Ilgen gab sich dem Minister als ein gefügiges Werkzeug hin und deshalb überließ ihm Kolbe die Regierungsgeschäfte; er kümmerte sich nur insoweit um dieselben, als sein Vortheil ins Spiel kam; sobald dies aber der Fall war, wirkte er persönlich, denn seinen Vortheil verstand er trefflich zu wahren, indem er die höchsten und einträglichsten Hof- und Staatsämter in seiner Person vereinigte.

Er behielt seine Aemter als Oberkammerherr und Oberstallmeister bei, außerdem aber ließ er sich noch die General-Oekonomie-Direktion, die Oberhauptmannschaft aller Chatullenämter, die Oberaufsicht über die königlichen Schlösser, das Generalpostmeisteramt und das Marschallamt von Preußen übertragen. Auch andere vortheilhafte und Ehrenämter suchte er nach und nach an sich zu ziehen. Dadurch stieg denn sein Gehalt auf die wahrhaft unerhörte Summe von 123,000 Thalern jährlich, eine Summe, die bei dem hohen Werth des Geldes in jener Zeit noch eine ganz andere Bedeutung hatte, als sie heut zu Tage haben würde.

Der Glücksstern des Premier-Ministers war fortwährend im Steigen. Im Jahre 1704 wurde er auf die Verwendung Friedrichs sogar durch den Kaiser Leopold als Graf v. Wartenberg in den Reichsgrafenstand erhoben.

Eine wesentliche Stütze zur Erhaltung seiner Macht fand Kolbe in seiner Frau, der schon erwähnten Schein-Maitresse des Königs.

Katharina, die Freiin v. Kolbe, spätere Gräfin v. Wartenberg, war im Jahre 1674 zu Emmerich im Herzogthum Cleve geboren. Ihr Vater war ein Schiffer, Namens Ricker, welcher eine Winkelschenke hielt, in welcher seine beiden keineswegs tugendhaften Töchter die Gäste anlockten.

Ricker hatte die Weinlieferungen für den Hof des Kurfürsten Friedrich Wilhelm zu besorgen. Zu einer Unterhandlung mit ihm kam ein Kammerdiener des Kurfürsten, Namens Biedekap in die Schänke. Er sah hier die beiden

Mädchen, verliebte sich in die älteste derselben, Katharina, und heirathete sie.

Biedekap brachte seine junge Frau nach Berlin. Hier sah sie der Freiherr v. Kolbe; sie gefiel ihm; er kam daher häufig in das Haus des Kammerdieners, erklärte der jungen Frau seine Liebe und fand schnelle Erhörung.

Biedekap war nicht eifersüchtig; er ließ den vornehmen Herrn, von dem er mancherlei Vortheile zog, gewähren und nahm sogar 2 Kinder seiner Frau, wahrscheinlich die Kinder Kolbe's, gutmüthig auf seine Rechnung.

Die Liebe des Freiherrn zu der Frau des Kammerdieners war so groß, daß er, als dieser starb, die 22jährige Katharina im Jahre 1696 heirathete. Friedrich billigte die Liebe seines Günstlings, er war persönlich bei der Hochzeit anwesend, die im Hause seines Kammerdieners Korumesser gefeiert wurde. Er fühlte wohl schon damals ein Interesse für die junge Frau, welche ihm Kolbe selbst zuführte.

Wir haben über das eigenthümliche Verhältniß des Kurfürsten zu seiner Schein-Maitresse bereits an anderer Stelle gesprochen und wollen hier nur noch einmal erwähnen, daß, wie auch das Verhältniß beschaffen gewesen sein mochte, die junge Frau jedenfalls einen bedeutenden Einfluß auf den Kurfürsten gewann, durch den sie im Stande war, die Macht ihres Gatten außerordentlich zu erhöhen. Ihre beiden Kinder wurden auf die Verwendung Friedrichs unter dem Namen v. Aspach vom Kaiser in den Reichsfreiherrnstand erhoben.

Kolbe's Ernennung zum Premier-Minister erregte den Neid der übrigen Günstlinge Friedrichs; jeder glaubte so gut wie jener zur alleinigen Herrschaft berufen zu sein. Vor allen Andern aber glaubte dies der Hofmarschall v. Wensen, welcher sich einbildete, bei Friedrich in nicht geringerer Gunst als Kolbe selbst zu stehen.

Wensen war bisher ein gefügiges Werkzeug Kolbe's gewesen; er hatte sich bei der Frau von Kolbe sehr beliebt zu machen gewußt und verdankte dieser, daß die Mutter des uns als Schriftsteller bekannten Herrn v. Pöllnitz, die so viele Nachrichten über den Hof Friedrichs überliefert hat, die reichste Wittwe im Lande, ihm die Hand reichte. Das aber hielt ihn nicht ab, am Sturze seines Gönners, dessen Stelle er selbst einzunehmen hoffte, zu arbeiten; er glaubte um so mehr auf einen Erfolg bauen zu können, als Friedrich, wenn er gerade einmal übler Laune war, sich mehrfach zu Wensen über Kolbe beklagt hatte.

Wensen fand bei seinem Unternehmen, den allmächtigen Günstling zu stürzen, eine Unterstützung bei mehreren vornehmen Hofkavalieren, den Grafen v. Dohna, v. Lottum und v. Dönhof. Diese ermuthigten ihn, er möge nur kühn vorwärts gehen, möge Kolbe beim König wegen mancher Unterschlagungen, die er begangen haben sollte, verklagen; dann würde er sicher zum Ziele kommen.

Gelang der Plan, dann wollten die trefflichen Herren die Früchte ernten, mißlang er, so hofften sie, Wensen werde allein den Schaden tragen. Graf Dönhof äußerte einmal mit einer Anspielung auf den keineswegs glänzenden Verstand des Hofmarschalls: „Man müsse dem Glück einen Ochsen opfern!"

Wensen ließ sich bethören. Als er den König einst allein traf und dieser sich wie mehrfach früher einige Unzufriedenheit mit Kolbe merken ließ, glaubte er den günstigen Augenblick gekommen. Er stimmte in das Klagelied des Königs ein und versicherte diesem, Jeder wundere sich über die außerordentliche Gnade, mit der Friedrich einen unwürdigen Minister, der seine Macht mißbrauche, um das Volk auszusaugen, überhäufe; Kolbe betrüge den König, er kaufe sich von den Früchten seines Raubes große Güter in der Pfalz, auch habe er nicht unbedeutende Summen nach England geschickt; am Hofe verfüge er über die Mittel des Königs der Art, daß seine Tafel allein mehr koste, als die des Königs selbst. „Ich weiß recht gut — so fügte er seiner Erklärung hinzu — daß ich verloren bin, wenn der Oberkammerherr erfährt, was ich Ew. Majestät jetzt zu sagen mich erkühne; allein ich würde glauben, meiner Pflicht entgegen zu handeln, wenn ich schwiege und bin erbötig, Alles, was ich gesagt habe, zu beweisen."

Der König hatte diesen Klagen Wensens ruhig zugehört, ihm auch halb und halb versprochen, nichts über dieselben gegen Kolbe zu äußern. Wensen glaubte daher, gesiegt zu haben. Er eilte sofort zu seinen Verbündeten und berichtete diesen, Kolbe sei verloren.

Kaum hatte der Hofmarschall das Zimmer verlassen, da trat der Premier-Minister in dasselbe. Friedrich hatte nichts Eiligeres zu thun, als ihm Alles mitzutheilen, was Wensen über ihn gesagt habe, indem er hinzufügte, daß er auch nicht ein Wort von diesen Beschuldigungen glaube. Wensen sei ein böser Mensch, der ihm nur Argwohn gegen seinen treuesten Diener einzuflößen suche.

Kolbe war einen Augenblick, aber auch eben nur einen Augenblick erschreckt. Er machte sofort einen Feldzugsplan gegen seine Feinde, denn er errieth, daß Wensen allein sicherlich nicht gewagt haben würde, gegen ihn zu intriguiren, wenn er nicht bei andern einen Hinterhalt zu finden gehofft hätte. Er bat den König, seinen Feinden zu verzeihen; er selbst verzeihe ihnen von Herzen, da sein gutes Gewissen ihm genüge, sich über derartige Verleumdungen hinwegzusetzen.

Eine solche Mäßigung war so überaus rührend, daß der König ein doppeltes Vertrauen gegen seinen Günstling fühlte und nun seinerseits darauf bestand, die Feinde desselben müßten streng bestraft werden.

Am folgenden Morgen reiste der König nach Golz, einem Jagdhause, 10 Meilen von Berlin. Als er sich zu Tische setzte, wendete er sich höchst ungnädig gegen den Hofmarschall v. Wensen, indem er bemerkte, sein Brod sei nicht ordentlich ausgebacken. Vergeblich entschuldigte sich Wensen. Der König nahm eine höchst zornige Miene an, rief, er sei es überdrüssig, sich weiter schlecht bedienen zu lassen und warf dabei dem erschreckten Hofmarschall die Serviette vor die Füße. Wensen brachte sofort eine andere, aber auch diese wurde zu Boden geworfen und er erhielt den ungnädigen Befehl, sich nicht wieder vor dem König sehen zu lassen.

Mit Verzweiflung im Herzen verließ der Hofmarschall seinen ungnädigen Gebieter. Kaum war er zu Hause angelangt, als ein Offizier von der Garde du Corps bei ihm eintrat und ihm ankündigte, er habe den Befehl, ihn nach Küstrin zu führen. In derselben Stunde mußte Wensen aufbrechen und in Küstrin angekommen, wurde er in ein Gefängniß gebracht und dort als Staatsgefangener behandelt, ohne daß irgend ein gerichtlicher Proceß gegen ihn begonnen worden wäre. Er blieb einige Monate in Küstrin und wurde erst auf eine Fürbitte seines Stiefsohns unter der Bedingung entlassen, daß er sich auf seine Güter begebe und dem Minister, den er hatte verleumden wollen, 10,000 Thaler baar auszahle.

Die Behandlung des allerdings unwürdigen, aber keines Vergehens oder Verbrechens beschuldigten Hofmarschalls Wensen ist gewiß ein glänzendes Zeugniß für die Gerechtigkeitsliebe des Königs!

Auch die Freunde Wensens wurden vom Hofe verbannt und ihrer Stellen beraubt. Kolbe und seine Frau vergaben die erledigten Aemter an diejenigen Personen, von denen sie hoffen konnten, daß sie vollständig in ihrem Geiste handeln würden. An die Stelle des in Ungnade gefallenen Feldmarschalls v. Barfuß kam der bisherige General der Truppen des Herzogs von Sachsen-Gotha, Graf Alexander v. Wartensleben, an die Stelle des Grafen v. Lottum kam als Ober-Marschall der Reichsgraf v. Wittgenstein, ein übermäßig stolzer, wenig begabter, aber ränkevoller und ehrgeiziger Mann, der sich durch alle schlechten Eigenschaften, die ein Minister nur haben kann, auszeichnete; er war ungerecht, halsstarrig, übermüthig, geizig, habsüchtig bis zum Betruge und dabei ein Freund der Alchimie und Astrologie. Er hatte keinen andern Vorzug, als den seines alten Adels; aber daß er eben den Titel eines Reichsgrafen trug, war ein Verdienst von größter Bedeutung für den eitlen König. Friedrich hatte von Kolbe ausdrücklich verlangt, daß die zweite Stelle am Hofe mit einem Reichsgrafen besetzt werde.

Wittgenstein erhielt ein Gehalt von 30,000 Thalern, aber er verstand es trefflich, sich durch Betrug und Erpressung Nebeneinnahmen zu verschaffen, so daß er sich bald fast ebenso hoch, wie Kolbe selbst, auf gegen 100,000 Thaler jährlich stand.

Wartenberg, Wartensleben und Wittgenstein führten fortan die Regierung ganz im Sinne des Erstern. Jeder war bemüht, aus dem Lande so viel herauszupressen, wie nur möglich, überall seinen Privatvortheil zu suchen, Jeder verstand es, denselben zu finden. Da die drei Namen mit einem W anfingen, so nannte man die Regierung der Drei auch die Regierung der drei W oder „Wehe" und zum Wehe des Landes regierten sie in der That.

Bis zum Jahre 1710 dauerte die unumschränkte Gewalt Wartenbergs, bis sie endlich durch den Sturz des Günstlings und den seiner Gefährten beendet wurde.

Wartenberg, der einen großen Theil seines Einflusses, wie wir erwähnten, seiner Frau verdankte, sollte ihr auch seinen Sturz verdanken.

Die Gräfin genoß in vollen Zügen das Glück, zu herrschen. Ihr Uebermuth und ihre Eitelkeit kannten kaum Grenzen mehr. Man erzählt von dem wahrhaft lächerlichen Hochmuth der einstigen Schanddirne eine Menge Anekdoten. Als sie einst vor ihrem Toilettenspiegel saß, bemerkte sie, daß das Kammermädchen, welches ihr den Kopfputz zurecht machte, neben ihrem Haupt weg in den Spiegel blickte; sofort gab sie ihr eine tüchtige Ohrfeige, indem sie zornig ausrief: „Wie kannst Du Dich unterstehen, Deine gemeine Visage neben meinem hochgräflichen Gesicht sehen zu lassen?"

Aehnliche Züge von Rohheit, welche sie auch gegen die höchstgestellten Damen am Hofe zeigte, könnten wir viele erzählen, es möge aber an dem einen sein Bewenden haben.

Die Damen vom höchsten Adel ließen sich demüthig die Impertinenz der mächtigen, gefürchteten Frau gefallen, nur eine beugte sich derselben nicht, die Königin Sophie Charlotte.

Sophie Charlotte verachtete das eingebildete, rohe Weib; sie zeigte diese Verachtung dadurch, daß sie sich beharrlich weigerte, den Wünschen ihres Gemahls zu folgen und die Gräfin bei sich zu empfangen.

Der Graf Christoph v. Dohna theilt uns in seinen Memoiren mit, daß ihm einst die Frau v. Kolbe den Auftrag ertheilt habe, sich bei Sophie Charlotte für ihren Empfang zu verwenden, zu einer Zeit, wo allerdings Kolbe noch nicht der einflußreiche Premier-Minister, wohl aber schon der bevorzugte Günstling des Kurfürsten war. Graf Dohna erzählt, daß er der Kurfürstin über seine Sendung folgende Mittheilung gemacht habe:

„Ich habe — sagte ich, als ich mich mit der Kurfürstin allein befand — den dümmsten Auftrag von der Welt, erlauben Ew. Kurfürstliche Durchlaucht, daß ich mich desselben so schnell als möglich entledige. Die Kolbe (mit diesem verdächtlichen Namen bezeichnete man sie in dem Cirkel der Kurfürstin) verlangt, bei Ihnen erscheinen zu dürfen; sie begehrt es mit Heftigkeit, sie stirbt vielleicht vor Schmerz, wenn Sie ihr dies nicht gestatten; bedenken Ew. Kurfürstliche

Durchlaucht, welch ein Verlust! Würden Sie wohl wegen der Beschwerde einer kleinen Ceremonie den Hof seines schönsten Schmuckes berauben?"

„Das nenne ich einen beredten Botschafter," — erwiderte die Kurfürstin laut auflachend — „doch nimmt mich dies nicht Wunder, Sie kommen so eben von Ihrer Gesandtschaft nach England, Sie finden Geschmack an Unterhandlungen, wie ich sehe und geben uns Hoffnung, darin Ruf zu erlangen. Aber" — fuhr sie fort — „was rathen Sie mir?"

„Nichts. Der Himmel bewahre mich, Ew. Kurfürstlichen Durchlaucht in solchem Falle etwas zu rathen; ich habe mich meines Auftrags entledigt, das genügt mir."

„Sie scherzen, Graf Dohna," — bemerkte die Kurfürstin — „aber die Sache ist mir unangenehmer, als Sie glauben; eine Antwort ist nöthig und dies setzt mich in Verlegenheit." Nach einigem Besinnen sagte sie endlich: „Eh bien! Möge es ihr Mann so einleiten, daß der Kurfürst es mir befiehlt, so bin ich bereit, sie zu sehen."

Der Kurfürst gab einen solchen Befehl nicht, er suchte auf weniger barsche Weise zur Erfüllung seines Wunsches zu kommen und dies gelang ihm endlich, da Sophie Charlotte für ihren Hof nicht unbedeutende Summen nöthig hatte und daher des Premier-Ministers bedurfte, um dieselben zu erhalten. Sie erkaufte das nothwendige Geld durch eine Einladung, welche die Gräfin Wartenberg nach Charlottenburg erhielt. Sophie Charlotte wußte sich indeß an der Gräfin für diese erzwungene Einladung durch eine kleine Bosheit zu rächen.

Es war in jenen Zeiten ein Zeichen von mangelnder Bildung, wenn eine Hofdame nicht fertig französisch sprechen konnte und in diesem Falle befand sich die Wartenberg, welche sich ihrer Unwissenheit schämte. Es machte der Königin ein besonderes Vergnügen, bei Empfang der Wartenberg diese mit einer Fülle höflicher Fragen in französischer Sprache zu überhäufen, so daß die Gräfin in die höchste Verlegenheit kam und für lange Zeit an diesem ersten Besuch genug hatte.

So lange Sophie Charlotte lebte, mußte die Gräfin noch einige Rücksicht nehmen. Nach dem Tode der Königin aber herrschte sie mit unbegrenzter Tyrannei, bei der sie durch den König selbst beschützt wurde. Sie verlangte den Vortritt vor den höchstgestellten Damen des Hofes und auch diesem Wunsche gab Friedrich nach. In einem neuen Rangreglement, welches er erließ, wurde dem Premier-Minister Grafen Wartenberg der Rang vor allen nicht regierenden Fürsten und der Gräfin vor allen unverheiratheten oder nicht an regierende Fürsten vermählten Prinzessinnen ertheilt.

Die Damen vom Hofe, selbst fürstliche Personen, ließen sich eine solche Ueberhebung des einstigen Schenkmädchens gefallen, wenn auch erst nach einigem Sträuben. So fügte sich z. B. die Herzogin von Holstein, nachdem sie aus der königlichen Kasse 10,000 Thaler Entschädigung erhalten, der Bestimmung, daß die Wartenberg den Vortritt vor ihr habe; nur die Frauen der fremden Gesandten widersetzten sich den Anmaßungen der hochmüthigen Gräfin.

Eine höchst lächerliche Scene, welche sich zwischen der Gräfin und der Frau v. Lintlo, der Gemahlin des holländischen Gesandten, bei der Taufe der Prinzessin Friederike Sophie Wilhelmine ereignete, giebt hiervon Zeugniß.

Alle Damen von Stande waren eingeladen, sich am Tage der Taufe in den Zimmern der Kronprinzessin einzufinden, um die Markgräfin von Schwedt, die Schwägerin des Königs, welche das neugeborene Kind zur Taufe in die Kapelle tragen sollte, dorthin zu begleiten.

Als der Zug begann, folgte die Gräfin unmittelbar nach der Markgräfin. Frau v. Lintlo, welche sich den Vortritt der Wartenberg nicht gefallen lassen wollte, hatte sich hinter einem Vorhang versteckt und in demselben Augenblick, wo man zur Thür hinausgehen wollte, sprang sie vor und drängte sich zwischen der Markgräfin und der Wartenberg ein.

Die Gräfin war wüthend. Sie faßte sofort die Holländerin beim Kleide und nun gab es in den königlichen Gemächern einen Kampf, wie er bis dahin in denselben wohl unerhört gewesen war. Frau v. Lintlo fuhr der Gräfin in die Haare, diese theilte dagegen tüchtige Püffe aus.

Als endlich der Ceremonienmeister Herr von Besser mit großer Mühe die wüthenden Weiber von einander getrennt hatte, trug die Gräfin als ein Siegeszeichen ein Stück vom Kopfputz der Holländerin in der Hand.

Der Skandal war allgemein. Unmittelbar nach der Taufe wendete sich die Gräfin klagend an den König; ihre Macht bei demselben war so groß, daß Friedrich der Frau v. Lintlo den Hof verbot und den Gesandten wissen ließ, er werde seine Zurückberufung bei den Generalstaaten beantragen, wenn derselbe seine Gattin nicht veranlasse, bei der Gräfin Abbitte zu thun.

Der Gesandte weigerte sich; er mußte aber endlich doch nachgeben, denn Friedrich ging so weit, daß er dem Holländer mit dem Bruch der Bundesgenossenschaft drohte, wenn sein Wille nicht erfüllt werde.

Die Gräfin war durch diesen Erfolg zu einem so hohen Bewußtsein ihrer Macht gekommen, daß sie dies auch der dritten Gemahlin des Königs, Sophie Louise, fühlen lassen wollte.

Die junge Königin hatte Anfangs nicht den Muth gehabt, die mächtige Gräfin von ihrem Hofe auszuschließen; sie lud die Wartenberg sogar zu vertrauten Zirkeln ein. Einst, während der König verreist war, mußte Sophie Louise einer Unpäßlichkeit wegen einige Tage das Zimmer hüten. Sie hatte mehrere Damen vom Hofe bitten lassen, ihr bei einer kleinen Arbeit, einem Geschenk für den König, zu helfen und unter diesen auch die Gräfin, der sie dadurch eine Ehre erzeigen wollte.

Jetzt schien die Damen sich bei der Arbeit befanden, trat plötzlich ein unbekannter Mensch mit einem Kaffeebrette, auf dem einige Tassen standen, in der einen und einer Kaffeekanne in der andern Hand ins Zimmer. Verwundert schaute die Königin auf und fragte, was der Mensch wolle. Die Gräfin erwiderte darauf in einem Tone unziemlicher Vertraulichkeit, er sei ihr Kammerdiener, der ihr Kaffe bringe.

Eine solche Unverschämtheit ging der Königin denn doch zu weit. Sie sprang auf und befahl der Gräfin, sofort ihr Zimmer zu verlassen und ihr nie wieder vor die Augen zu kommen. Die Wartenberg schlug bei diesen Worten Sophie Louisens ein helles Gelächter auf. "Das möchte ich doch wohl sehen!" rief sie frech und brachte die Königin dadurch in einen solchen Zorn, daß sie nach ihren Leuten rief und den Befehl gab, die Bedienten sollten die Unverschämte zum Fenster hinauswerfen.

Zum Glück waren nicht Leute genug vorhanden, um einen solchen Befehl auszuführen. Die Gräfin kam mit dem Schreck davon, da sie es vorzog, sich sofort zu entfernen.

Als der König von seiner Reise zurückkam, klagte ihm die Königin ihre Noth; sie erhielt von ihm das Versprechen, daß der Stolz der Gräfin gedemüthigt werden solle; aber sie erreichte trotzdem nichts weiter, als eine einfache Abbitte.

Der Uebermuth der Gräfin, die Habsucht Wartenbergs und seiner beiden Genossen waren bis zu einem unerträglichen Grade gestiegen. Die Feinde des Ministers beschlossen daher noch einen Versuch zum Sturze des Verhaßten zu machen und sie durften dies jetzt wagen, da sie zwei mächtige Bundesgenossen hatten, den Kronprinzen und den inzwischen zum Minister beförderten Ilgen.

Der Kronprinz war der erbittertste Feind Wartenbergs, dessen willkürliche Herrschaft ihm in der Seele zuwider war. Ein noch gefährlicherer Feind, als selbst der Kronprinz, war Ilgen. Dieser fühlte wohl, daß er entweder zur rechten Zeit mit Wartenberg brechen, seinen Gönner stürzen oder mit ihm fallen müsse; er wählte das erstere. Er verdankte zwar Wartenberg sein hohes Staatsamt, seinen Adel, Alles, was er besaß; dies aber konnte ihn nicht hindern, seinen Wohlthäter zu vernichten.

Sein erster Schlag war gegen die Gräfin gerichtet. Er hatte ausgekundschaftet, daß die Gräfin mit dem englischen Gesandten Lord Raby ein Liebesverhältniß unterhalte, daß sie außerdem von dem Gesandten mit bedeutenden Geldsummen bestochen worden sei, ihm die Staatsgeheimnisse, welche ihr bei dem vertrauten Umgange mit dem Könige bekannt wurden, zu verkaufen. Dies theilte Ilgen dem Könige mit und zwar in günstiger Stunde, als Friedrich ohnehin auf die Gräfin eines neuen Rangstreites wegen, den die- selbe mit der Frau des russischen Gesandten gehabt hatte, ungehalten war.

Jetzt schien der richtige Zeitpunkt gekommen, auch gegen Wartenberg vorzugehen und die Verbündeten bedienten sich zu diesem Zweck zweier anderer Günstlinge, der beiden Herren v. Kamecke, deren einer grand maitre de la garderobe und der andere Staatsminister war. Beide verdankten ebenfalls ihre Erhebung der Begünstigung Wartenbergs, waren jedoch trotzdem seine Feinde, weil sie hofften, in seine Stelle zu rücken.

Der erste Schlag, der Wartenberg treffen sollte, wurde gegen den Grafen v. Wittgenstein gerichtet. Der maitre de la garderobe (der sogenannte „große Kamecke", während der Minister der „kleine Kamecke" genannt wurde) klagte auf Veranstaltung des Kronprinzen Wittgenstein der Veruntreuung von Geldern an und gab dafür so starke Beweise, daß der König am dritten Weihnachtstage, den 27. December 1710, Abends 10 Uhr, einen Lieutenant mit 20 Mann in die Wohnung Wittgensteins sendete und diesen verhaften ließ. Am folgenden Tage wurde ihm der schwaze Adlerorden abgefordert.

Vergeblich suchte sich Wittgenstein zu vertheidigen, indem er behauptete, er habe nichts für sich selbst, sondern alles auf Befehl Wartenbergs gethan. Der General v. Tettau führte ihn am 29. Dezember auf die Festung Spandau.

Es war ein großer Jubel in Berlin, als das Volk erfuhr, der verhaßteste der drei W werde nach Spandau abgeführt. Eine große Volksmenge hatte sich vor seinem Hause versammelt und als nun Wittgenstein in die Karosse stieg, da erschallten laute Verwünschungen. Die Wuth des Volkes war so groß, daß der Graf für sein Leben fürchtete. Er ließ die Fenster seiner Karosse nieder und bat, daß man nur eilen möge, ihn fortzubringen.

An demselben Tage, an welchem Wittgenstein nach Spandau wanderte, erschien Ilgen beim Grafen Wartenberg und forderte ihm im Namen des Königs die Siegel ab, indem er erklärte, daß der Graf ferner sich in keine Geschäfte mehr zu mischen habe. Wartenberg erhielt den Befehl, sich sofort nach seinem Gute Woltersdorf zu begeben.

Er gehorchte. Noch aber hatte er nicht die Hoffnung aufgegeben, sich zu retten. Er ließ den König bitten, ihn noch einmal zu empfangen, er wolle nur zum Abschiede die Kniee seines gnädigen Gebieters umfassen.

Friedrich hatte zwar dem Andrängen seines Sohnes, Ilgens und der übrigen Feinde Wartenbergs nachgegeben und seinen Günstling entlassen, aber er vermochte doch nicht, der Bitte desselben zu widerstehen. Er empfing Wartenberg am 7. Januar 1711 und als dieser nun ihm zu Füßen stürzte, ihn mit thränenden Augen bat, er möge ihm seine Aemter entziehen, aber nicht seine Gnade, da rührte dies den schwachen Mann bis zu Thränen.

Friedrich umarmte den Grafen, er zog einen

kostbaren Ring vom Finger und bat ihn, denselben als ein Zeichen seiner Freundschaft zu immerwährendem Andenken zu tragen.

Wartenberg hatte zwar nicht, wie er gehofft, erlangt, daß er in seine Aemter wieder eingesetzt werde, aber er war jetzt wenigstens sicher, daß ihm nicht das Schicksal Dankelmanns zu Theil werden würde. Er reiste nach Frankfurt am Main, vorher aber schrieb er an den König und bat ihn, sein Gut Wolterdorf, den Garten Monbijou, den Friedrich nach dem Tode Sophie Charlottens der Gräfin geschenkt hatte, nebst dem von dieser dort gebauten Schlosse als ein Geschenk annehmen zu wollen.

Es war dies ein Meisterstück Wartenbergischer Politik, denn Friedrich war so gerührt über eine solche Uneigennützigkeit, daß er das Geschenk allerdings annahm, aber es zum vollen Werthe bezahlte.

Die Rechnungen des Grafen Wittgenstein wurden untersucht und in allen ihren Theilen unrichtig gefunden, überall fand man Fälschungen und Betrügereien; Wittgenstein aber schob alle Schuld auf Wartenberg, auf dessen Befehle hin er gehandelt habe.

Wartenberg wieder wies jede Verantwortlichkeit von sich und berief sich auf ein Schriftstück, welches ihm am 15. (25.) Oktober 1699 der damalige Kurfürst ausgestellt habe, ein Versprechen, daß Wartenberg niemals für irgend eine Veruntreuung zur Verantwortung gezogen werden solle. Dieses Schriftstück existirte wirklich. Friedrich hatte die Gunst gegen seinen Liebling so weit getrieben, ihn ein für alle Mal unverantwortlich zu machen.

Durch diese Versicherung war Wartenberg außer aller Verantwortung gestellt. Er wurde zwar Landes verwiesen, erhielt aber eine Pension von 24,000 Thalern, die er in Frankfurt verzehren und die nach seinem Tode auf seine Gemahlin übergehen sollte. Sein ganzes Vermögen blieb ihm und dasselbe war ungeheuer; allein die Diamanten der Gräfin hatten einen Werth von fünfmalhunderttausend Thalern.

Wartenberg überlebte seinen Sturz nicht lange. Er starb im März 1712 in Frankfurt. Auf seinen Wunsch wurde seine Leiche nach Berlin gebracht und dort mit den höchsten Ehren beigesetzt. Der König war außer sich, als er den Tod seines Günstlings erfuhr. Drei Tage lang sprach er mit Niemandem und als der Leichenzug beim Schlosse vorüberkam, brach er in Thränen aus.

So wurde der unwürdige und betrügerische Günstling noch im Sturz und im Tode mit Ehren überhäuft, während der redliche Dankelmann zum Lohne das Gefängniß und den Verlust seines gesammten Vermögens erhalten hatte.

Die Gräfin Wartenberg blieb nach dem Tode ihres Gatten im Genusse aller ihrer Schätze, sie wendete sich nach Paris und führte dort ein so ausschweifendes Leben, daß sie selbst in jener sittenlosen Zeit die Grenzen des Erlaubten weit überschritt. Die Herzogin von Orleans giebt darüber folgendes Zeugniß:

„Die Gräfin v. Wartenberg ist noch zu Paris und führt ein tolles Leben. Ich habe sie nie gesehen, sie kommt nicht mehr nach Hofe. Sie hat sich mit einem jungen Minkwitz, einem Sachsen, versprochen, der hat ihr alle Juwelen gestohlen und ist mit durchgegangen. Sie hat darüber geklagt und ihn wieder aus Flandern holen lassen. Er hat ihr aber einen offenen Brief geschrieben, worin steht, daß das, was er gethan, für keinen Diebstahl passiren könne, weil er mit ihr versprochen wäre. Der Cavalier ist freigesprochen worden mit dem Beding, daß er die Juwelen wiedergeben solle; das hat er gethan und sie hat die Unkosten bezahlen müssen. Keine ehrliche Dame sieht sie mehr, ein schändlicher Leben kann man nicht führen, als sie führt, wird von aller Welt verachtet und verlacht."*)

Achtes Kapitel.

Anlegung der Friedrichsstadt. — Die Dorotheenstadt. — Der Friedrichswerder. — Der Schloßbau. — Schlüter. — Der Münzthurm. Die Stechbahn. — Die Lange Brücke. — Die Statue des großen Kurfürsten. — Die Sage vom Hufeisen. — Tolands Beschreibung von Berlin. — Der Thiergarten.

Ein Fürst, dessen Lebenselement Glanz und Pracht waren, mußte bestrebt sein, seine Residenz zu einem würdigen Sitz des Hofes zu machen. Berlin verdankt daher dem König Friedrich zum großen Theil sein schnelles Wachsthum und sein Emporblühen zu einer Stadt, welche ebenso wohl durch regelmäßige Straßen, als durch prächtige Gebäude geschmückt ist.

Schon im ersten Jahre seiner Regierung beschloß Friedrich die Anlegung eines neuen Stadttheils, der Friedrichsstadt. Bisher hatte die linke Reihe der Häuser unter den Linden diesen Namen geführt; im August 1688 aber ernannte der Kurfürst eine Kommission, welche aus dem Obermarschall v. Grumbkow, dem Geheimen Rath v. Dankelmann und den Baumeistern Smid und Nehring bestand, mit dem Auftrage, in Unterhandlungen mit den Bürgern zu treten, um diesen die Aecker und Wiesen abzukaufen, auf denen er eine neue Stadt links von den Linden erbauen wollte.

Einen Theil des Grund und Bodens, auf den die Stadt kommen sollte, besaß der Kurfürst selbst in einem Vorwerk und Garten, der sich von der heutigen Kronenstraße bis zur Jägerstraße erstreckte und auf dem daher sofort mit dem Bau begonnen werden konnte.

*) Die sehr drastische Schilderung der Herzogin von dem unzüchtigen Leben der Gräfin, konnten wir nur gemildert unseren Lesern mittheilen, da die hohe Schriftstellerin Ausdrücke gebrauchte, welche heut zu Tage allein in medizinischen Werken gestattet sind. —

Es zog sich damals die Straße nach Potsdam mit einer schönen Lindenallee etwas oberhalb der jetzigen Leipzigerstraße entlang; rechts von dieser Lindenallee erhob sich schnell die neue Stadt, links dagegen hatte der Anbau mit bedeutenden Schwierigkeiten zu kämpfen, weil die Eigenthümer vielfach Weitläufigkeiten mit dem Verkaufe ihrer Ländereien machten. Erst als durch eine Verordnung vom 24. September 1691 den neuen Anbauern die sogenannte Baufreiheit zugestanden wurde, in Folge derer Jeder, der ein Brauhaus auf der Friedrichsstadt baute, für jede angewendete 100 Thaler 15 pCt. aus der Accisen und ebenso viel aus der Bierziese zurückbekam und Jeder, der ein anderes Haus baute, 15 pCt. aus der Accisekasse erhielt, wurden viele Bürger zu Hausbauten in der neuen Stadt veranlaßt. Ein Hauptverdienst um den Bau der Friedrichsstadt erwarb sich der Baumeister Nehring, der die Risse für sämmtliche zu erbauende Häuser gemacht hat; es war sogar der Befehl erlassen worden, daß nur nach den Rissen Nehrings oder wenigstens nach den von ihm gebilligten Plänen gebaut werden dürfe.

Als Nehring im Jahre 1695 starb, zählte die Friedrichsstadt schon etwa 300 Häuser. Nach seinem Tode wurde die Aufsicht über den Bau der neuen Stadt dem Baudirektor Johann Heinrich Behr ertheilt, der fortan die Risse der Häuser zu prüfen hatte. Durch Behr wurden die Leipziger- und Jerusalemerstraße angelegt. Im Jahre 1706 erhielten die Straßen der neuen Stadt ihre Namen und damals gab es schon 23 stark bebaute Straßen in derselben. Der König gab der Friedrichsstraße seinen eigenen Namen, die Charlottenstraße nannte er nach der verstorbenen Königin, die Markgrafenstraße nach seinen Brüdern, die Behrenstraße nicht, wie vielfach geglaubt wird, nach den Bären, die bei den Thierhetzen gebraucht wurden, sondern nach dem Baudirektor Behr.

Der Wall, welcher bis dahin die Friedrichsstadt von der Dorotheenstadt geschieden hatte, wurde im Jahre 1712 abgetragen und der dadurch gewonnene Grund und Boden den Eigenthümern der Häuser an der linken Seite der Linden übergeben.

So war durch die Friedrichsstadt ein neuer prächtiger Stadttheil entstanden, der unmittelbar an die Dorotheenstadt grenzte. In dieser aber wollte der Anbau nicht so gut gelingen, wie in der Friedrichsstadt selbst. Eine Menge schlechten Gesindels hatte sich dort nach und nach angesiedelt und schreckte die besseren Klassen vom Anbau zurück. Im April 1698 befahl Friedrich, die leeren Plätze von der Dorotheenstadt zu bebauen; in Folge dieses Befehls mehrte sich zwar die Zahl der Häuser, aber nicht die Zahl der anständigen Bewohner. Wo Gesindel ist, da findet sich immer mehr dazu und so ging es in jenem Stadttheil. Dies geht aus einer Bittschrift des Dr. Friedrich Rudolph Walter hervor, der in derselben bat, man möge doch die vielen infamen und skandallösen Häuser nicht dulden, weil sie großen Schaden im Publikum anrichteten.

Es wurde in Folge dieser Bittschrift in der That auch dem Magistrat aufgegeben, die Freudenhäuser fortzuschaffen, aber das Uebel war zu tief eingewurzelt, als daß es leicht hätte ausgerottet werden können. Die Zahl der schlechten Häuser verminderte sich nicht nur nicht, sondern sie vermehrte sich sogar noch in der Folge.

Selbst die Linden bildeten sich erst nach und nach zu dem beliebten Spaziergange der Berliner aus, welchen wir bereits geschildert haben. Zwischen den Lindenreihen befanden sich Balustraden und innerhalb derselben ein Rasengang. Die Bäume hatten zu ihrem Gedeihen mit manchen Schwierigkeiten kämpfen, sie erfroren im Winter 1705 sämmtlich und außerdem richteten die Schweine an denselben arge Verwüstungen an, so daß ein Befehl an den Richter der Dorotheenstadt ergehen mußte, er möge dahin sehen, daß der mittelste Gang der Lindenallee gehörig verwahrt und gegen Verunreinigung durch die auf den Straßen umherlaufenden Schweine gesichert würde! Aus dem eigentlichen Berlin waren die Schweine schon verbannt, in den Straßen der Dorotheenstadt aber fanden sie noch immer eine Zufluchtsstätte.

Auch zur Fortschaffung der mitten auf den Straßen stehenden Brunnen mußte ein eigener königlicher Befehl ergehen und ebenso zur Fortschaffung der so gefährlichen Stroh- und Schindeldächer in sämmtlichen Residenzstädten.

Der Friedrichswerder hatte sich schneller wie die Dorotheenstadt gehoben; ihn zierte das prächtige im Jahre 1706 vollendete Zeughaus, außerdem war auch der Münzkanal angelegt worden und der Platz an der neuen Kirche seit dem Jahre 1705 mit schönen Häusern umgeben.

In Cöln wurde die Fischerbrücke und die Gegend an derselben tüchtig angebaut und am 27. Mai 1710 konnte vom König selbst der Grundstein des neuen Cölnischen Rathhauses, welches zum gemeinschaftlichen Rathhause der ganzen Residenz bestimmt wurde, später aber eine andere Bestimmung erhielt, gelegt werden.

Das eigentliche Berlin wurde durch die Erhöhung der Burgstraße im Jahre 1698 und durch die Schälung der Spree im Jahre 1706 wesentlich verbessert. Ebenso wurde die Stadt nach der andern Seite, nach der Spandauer Vorstadt, welche der König nach seiner dritten Gemahlin Sophie Louise die Sophienstadt nannte, und ebenso auch nach der Stralauer Vorstadt hin bedeutend erweitert.

Durch alle diese Vergrößerungen gewann Berlin unter der Regierung Friedrichs mit jedem Jahre mehr und mehr ein großstädtisches Aeußere; dazu trugen aber wesentlich auch manche schöne öffentliche Gebäude bei, welche ebenfalls ihre Entstehung oder ihren Ausbau dem König verdankten. Wir nennen hier zuerst das königliche Schloß.

Friedrich war das Schloß seiner Ahnen bei

Weitem zu enge; er beschloß, dasselbe umbauen zu lassen und übertrug diese Arbeit dem berühmten Schlüter, dem größten Baumeister seines Zeitalters.

Es war für Schlüter keine kleine Arbeit, aus den in den verschiedensten Zeitepochen entstandenen Gebäuden, die ohne Ordnung und Symmetrie in einander gebaut waren, ein zusammenhängendes Ganze, einen Pallast von edler Anlage zu schaffen. Schlüters Genialität überwand alle Schwierigkeiten. Er entwarf den Plan zu einem prächtigen Schloß mit großen, reich geschmückten Höfen in der Mitte, und der Plan fand die Billigung des Kurfürsten.

Im Jahre 1699 wurde der Anfang des Baues mit der Seite nach dem Lustgarten zu gemacht und zwar wurde diese gewählt, weil neben den Wohnzimmern Friedrichs gleich die Paradezimmer fertig werden sollten, um welche es dem Kurfürsten vor Allem zu thun war.

Die Seite nach dem Lustgarten mußte fast gänzlich niedergerissen und neu aufgebaut werden. Schlüter ging mit Kraft ans Werk. Schon im Jahre 1701 war der Rittersaal so weit fertig, daß man beginnen konnte, die Decken zu malen; das schöne Portal mit den herrlichen Treppen konnte gebaut werden, dann folgte die Seite nach dem Schloßplatz, bei der die Hauptmauern stehen bleiben konnten und nur erhöht und verziert werden mußten. Im Jahre 1702 war auch diese Anlage fast vollendet.

Der geniale Baumeister hatte sich die höchste Zufriedenheit des Königs erworben, der, als er nach der Krönung im Mai 1701 nach Berlin kam, nur zu tadeln hatte, daß seine Paradezimmer noch nicht groß genug waren. Er wollte dieselben in einer fortlaufenden Linie haben, was bei dem ursprünglichen Plan nicht möglich gewesen war und so wurde denn Schlüter gezwungen, den Bauplan gänzlich umzuändern. Der Lustgartenflügel mußte beträchtlich verlängert werden, um die Festsäle den Ansprüchen des Königs genügend herzustellen. Zu diesem Zweck mußten die an jener Stelle befindlichen alten Stallgebäude beseitigt und außerdem ein Thurm, der sogenannte Münzthurm, der an der Lustgartenecke des Schlosses stand, in den Bauplan mit aufgenommen werden.

Der Münzthurm hatte ursprünglich die Wasserhebungsmaschine für die Springbrunnenanlage im Lustgarten enthalten, seit dem Jahre 1680 war er aber als Prägeraum für die kurfürstliche Münze benutzt worden.

Dieser Münzthurm sollte nach dem neuen Projekt eine besondere Zierde des Schlosses werden, seine untern Stockwerke sollten die Wasserkunst enthalten, die obern aber für ein Glockenspiel mit Uhreinrichtung bestimmt werden, welches Friedrich in Holland für 20,000 Gulden angekauft hatte.

Der Thurm mußte zu diesem Zweck bedeutend erhöht werden. Der neue Plan Schlüters fand den Beifall des Königs und er wurde im Frühjahr 1702 sofort in Angriff genommen. Gleich beim Anfang des Baues zeigte sich, daß der Thurm eine Erhöhung nicht wohl werde ertragen können, wenn er in seinen untern Theilen nicht bedeutend verstärkt würde; Schlüter ließ ihn deshalb von allen Seiten mit 8 Fuß dicken Mauern ummanteln. Trotzdem aber zeigten sich schon im Frühjahr 1703 kleine Risse in dem Thurm und alle Mittel, welche Schlüter in Anwendung brachte, neue Ummantelungen, gewaltige Steinpfeiler, mächtige eiserne Anker, die die Mauern zusammenhalten sollten, genügten nicht, um dem Bau eine größere Festigkeit zu geben.

Der Thurm war inzwischen mächtig in die Höhe gewachsen, je mehr er aber wuchs, je drohender zeigten sich, trotz der kostbaren Unterstützungsmittel, die Risse in demselben und endlich wurden sie so bedeutend, daß sich sogar die Gefahr, der Thurm werde einstürzen, den Augen der meisten Bauverständigen klar darstellte.

Es ist schwer zu beurtheilen, ob Schlüter, durch seine übermäßigen Geschäfte in Anspruch genommen, dem Thurmbau nicht die nöthige Aufmerksamkeit zugewendet oder ob er ein zu großes Vertrauen in seine Hilfsmittel gesetzt hatte, jedenfalls beging er den Fehler, die drohende Gefahr so lange zu verhehlen, bis es zu spät war und sie von andern übelwollenden Bauverständigen dem König gemeldet wurde.

Schlüter hatte viele Feinde und Nebenbuhler; gerade unter den Berufsgenossen waren sie ihm durch seinen sich immer mehr und mehr ausbreitenden Ruhm, der natürlich Neider fand, erwachsen. Der gefährlichste Gegner Schlüters war der Freiherr Cosander v. Göthe, ein Schwede von Geburt, der in brandenburgische Dienste getreten war und bei dem König und der Königin Sophie Charlotte in großer Gunst stand.

Schon längst hatten die Feinde Schlüters den Ruhm des großen Meisters durch allerhand gehässige Intriguen zu verkleinern gesucht; jetzt, wo der Künstler sich wirklich ein bedeutendes Versehen hatte zu Schulden kommen lassen, wurde es ihnen leicht, dasselbe auszubeuten.

Der Thurm, dessen Risse mit jedem Tage gefährlicher wurden, dessen Einsturz so drohend erschien, daß die Bewohner der Häuser an der Schloßfreiheit Sorge für ihr Leben trugen, mußte abgebrochen werden, nachdem er ungeheure Kosten verursacht hatte. Schlüter verlor das Vertrauen des Königs und dieser ernannte Cosander, den ärgsten Feind des genannten Künstlers, an seiner Stelle zum Schloßbau-Direktor.

Cosander triumphirte; er war gemein genug, den gefallenen Nebenbuhler noch mit Schmutz zu bewerfen, indem er ihn öffentlich in einem viel gelesenen Zeitbuch, dem „theatrum europaeum", aus dem feigen Hinterhalt der Anonymität beschimpfte. Er nannte ihn einen unwissenden Bildhauer, der in der Baukunst ganz unerfahren sei, zwar einen Riß machen könne, aber nicht verstehe, was in der Ausführung möglich sei; er sprach sich höhnisch darüber aus, daß Schlüter es gewagt habe, auf einen schlechten Baugrund eine so gewaltige Last, wie den Thurm, erbauen zu wollen und sagte:

„Da raisonnirte er als ein Bildhauer, und nicht einmal so vernünftig, als ein erfahrener Stallknecht, der da weiß, daß, wenn ein Pferd oder Maulesel überladen wird, selbiges in die Knie sinkt. Sr. Königlichen Majestät sonderbare Clemence und Gütigkeit ließ nicht zu, dem Baumeister nach seinem Verdienst strafen zu lassen und er ward nur schlechterdings seines Dienstes entsetzt, ohngeachtet er nicht allein aus Ignoranz, sondern auch aus Muthwillen und Arroganz gesündigt, daher er verdient hatte, andern zum Exempel nach Verdienst bestraft zu werden, damit sich Niemand unterstehen möge, etwas zu unternehmen, was er nicht versteht. Auch kann man hieraus abnehmen, daß mehr dazu gehöre, als zeichnen zu können, um einen Bau zu führen."

Cosander übernahm nach Schlüter den Schloßbau; er änderte sofort den gesammten Plan. Es kam zwar dadurch das ganze Schloß aus der Symmetrie, Friedrich aber ließ sich dies gern gefallen, weil Cosander ihm seine Paradezimmer länger machen wollte.

Von Cosander rührt der fernere Bau des Schlosses bis zum Tode Friedrichs, namentlich die Seite nach der Schloßfreiheit, her.

In Verbindung mit dem Schloßbau stand auch der der Stechbahn, jener Häuserreihe, welche sich von der Brüderstraße bis an die Werderschen Mühlen erstreckte.

Der König hatte ursprünglich die Absicht gehabt, an der Stelle, wo jetzt das rothe Schloß steht, der Langen Brücke gerade gegenüber, eine steinerne Brücke nach dem Werder herüber zu ziehen; aus dem Plan wurde indessen nichts und im Jahre 1702 wurde statt dessen die Stechbahn mit ihren Kaufmannsläden und Bogenlauben gebaut. Der Platz vor der Stechbahn, unter welchem sich die Keller derselben befanden, wurde mit hölzernen Pfählen umgeben, damit nicht darauf gefahren werden könne. Innerhalb dieser Umzäunung versammelten sich alle Mittage die Kaufleute und dies gab Veranlassung zur Begründung der Börse.

Ein anderes bauliches Monument, welches Berlin dem König Friedrich verdankt, ist das schöne Zeughaus. Friedrich legte am 28. Mai 1695 feierlich den Grundstein; der Bau wurde unter der Leitung der Baumeister Nehring, Schlüter, Bobi und Grüneberg vollendet. Schlüters Meisterhand verdanken wir besonders die an den Fenstern nach der Straße befindlichen Helme und im Hofe die Larven der sterbenden Krieger.

Am 15. August desselben Jahres (1695), in welchem der Zeughausbau begonnen wurde, wurde auch der erste Stein zum Bau der reformirten Parochialkirche in der Klosterstraße gelegt.

Der Kurfürst mit seinem ganzen Hofstaat begaben sich nach dem dritten Geläut zur Baustelle und nahmen hier unter einem Zelt Platz. Ein Gottesdienst wurde gehalten, nach dessen Beendigung die drei Grundsteine gelegt wurden. Der Kurfürst that dies selbst.

Der Bau der Kirche wurde im Jahre 1703, der des Thurmes im Jahre 1713 vollendet.

Fast jedes Jahr der Regierung Friedrichs trägt die Erinnerung an irgend ein begonnenes oder vollendetes großes Bauwerk. Es würde uns zu weit führen, wollten wir auf alle diese Bauten näher eingehen. Wir erwähnen daher hier nur noch die Jerusalemer Kirche, die Garnisonkirche, die französische und die neue Kirche; die erstere war schon im Jahre 1689 aus der bestehenden kleinen Jerusalemskapelle erweitert, ihr völliger Umbau erfolgte erst unter Friedrich Wilhelm I.; der Grund zu den drei letztern Kirchen wurde im Jahre 1701, der Grund zur Sophienkirche im Jahre 1712 gelegt.

Eins der schönsten Bauwerke aus der Zeit Friedrichs ist die Lange Brücke mit dem herrlichen Monument des großen Kurfürsten.

Bisher war die Lange Brücke eine elende Holzbrücke gewesen; im Jahre 1690 wurde sie unter der Leitung des Baumeisters Nehring mit prächtigen Pirnaischen Quadersteinen zu erbauen begonnen. Der Plan wurde, als Schlüter hinzutrat, geändert und in den Jahren von 1692—1695 das herrliche Werk vollendet. Im Jahre 1703 am Geburtstage des Königs wurde die Statue des großen Kurfürsten auf der Langen Brücke feierlich eingeweiht.

Das Monument ist ein Werk Schlüters. Er selbst hat die Figur des Kurfürsten nebst dem Pferde modellirt; zu den 4 Sklaven hat er nur die kleinen Modelle geliefert, die Figuren selbst aber unter seiner Aufsicht von Baker, Brückner, Henzi und Rahl anfertigen lassen; der Guß ist von Jacobi.

An das Monument knüpft sich eine Volkssage.

Das Volk erzählt sich, der große Meister habe einst vor seinem eigenen Werk gestanden und dasselbe nicht nur mit gerechtem Stolz, sondern mit Selbstüberhebung betrachtet.

„Das ist das größte Kunstwerk, welches ich je geschaffen und welches überhaupt jemals geschaffen wurde!" rief er aus. „Kein Nadler und kein Zweifler soll wagen, mir auch nur den kleinsten Fehler daran zu zeigen!"

Neben dem Meister stand einer seiner Schüler, ein unbedeutender, scheelsüchtiger junger Mann, der längst den Ruhm Schlüters beneidet hatte. Er lächelte höhnisch, als der Künstler das stolze Wort aussprach, dann trat er hin zu dem Meisterwerk und sagte: „Wahrlich, kein König kann jemals auf solchem Pferde reiten; seht nur den rechten Vorderhuf an, dem fehlt ja das Eisen!"

Und so war es in der That.

Schlüter, so erzählt die Sage, sei über den gerechten Vorwurf so erschrocken, durch den kleinen Fehler an seinem Werke so tief gedemüthigt worden, daß er, wahnsinnig vor Schmerz, in der Verzweiflung sich von der Langen Brücke in die Spree gestürzt und unter seinem Werk den Tod gefunden habe.

Wahr an der Sage ist nur, daß wirklich dem rechten Vorderhuf des Pferdes das Eisen fehlt. Schlüter hat seinen Tod nicht in der Spree gefunden. Er verfiel, nachdem ihm der Schloßbau abgenommen worden war, in eine Schwermuth, welche für sein ferneres künstlerisches Schaffen nachtheilig wirkte. Seine späteren Werke tragen nicht mehr den Charakter großartiger Genialität, der die frühern auszeichnete. Nach dem Tode des Königs Friedrich verließ Schlüter Berlin, um einem Rufe Peters des Großen nach Petersburg zu folgen.

Die vielen prächtigen Bauten Friedrichs, die Begründung ganzer Stadttheile veränderte während seiner Regierungszeit den Charakter Berlins vollkommen. Die Stadt gewann jetzt mehr und mehr das Ansehen einer Residenz. Dafür zeugt eine Beschreibung des Engländers Toland, der allerdings nicht ganz unparteiisch ist, denn der freundliche Empfang, der ihm am Hofe Sophie Charlottens geworden war, hatte ihn wohl geneigt gemacht, alle Verhältnisse der Residenz im rosigsten Lichte zu sehen; es ist indessen jedenfalls interessant, aus den eigenen Worten des Engländers zu beurtheilen, welchen Eindruck das damalige Berlin auf ihn gemacht hat. Wir theilen deshalb unsern Lesern den folgenden Auszug aus seiner Relation an den Herzog von Sommerset mit:

„Diese Stadt, welche zwar eben so gar groß nicht, wohl aber überaus schön und nett ist, wird in zwei Haupttheile abgetheilt, wovon der eine, nämlich die alte Stadt, wiederum in drei unterschiedliche Districte und Gegenden, als in Berlin, Cöln und den Werder, getheilt wird. In der Neustadt aber, welche man nun ebenfalls zu fortificiren angefangen hat, heißt der eine Theil die Friedrichs- und der andere die Dorotheenstadt, welche Namen sie von dem letztverstorbenen Kurfürsten und der Kurfürstin bekommen haben, dergestalt, daß also die ganze Stadt aus fünf besondern Abtheilungen und Gegenden besteht, ohne was die Vorstädte betrifft. Die Straßen sind sehr breit, reinlich und besser gepflastert, als man sonst in Deutschland findet und sind an den meisten Orten der Stadt, eben wie in Euren Provinzen und Holland, Bäume und Linden reihenweise gesetzt, welches sowohl zur Lust als zum Nutzen dient, ohngeachtet es sonst bei uns in England nicht eben gar gebräuchlich ist. Ingleichen giebt es auch alda hübsche Canäle, welche durch die Abtheilungen der Stadt fließen und mit saubern Aufziehebrücken nach holländischer Art belegt sind. Die darin aufgerichteten neuen Häuser sind meistens nach der besten Baukunst aufgebaut und gemeiniglich von außen nach den Gassen schön ausgezieret, auch inwendig nicht eben möblirt. Die wenigen alten Häuser aber, so noch stehen, sehen gegen die andern ganz krumm und übel aus und gemahnen mich nicht anders, als wenn man ungestalte Zwerge mit andern wohlgewachsenen und hübschen Menschen vergleichen wollte.

Es giebt in dieser Stadt unterschiedliche Dinge welche werth sind, daß sie von den Fremden besehen werden. In dem Schloß ist eine Bibliothek, welche jährlich ein gewisses Einkommen hat, wovon sie vermehrt und unterhalten wird; die Bücher darin sind auserlesen, viel an der Zahl und gut conditionirt; allein sie reichen doch noch lange nicht hin an die Wolfenbüttel'sche Bibliothek, nugeachtet sie zu seiner Zeit durch die Bücher des Herrn Barons von Spanheims Excellenz um ein Merkliches wird vermehrt werden, als welche der König dazu gekauft hat und die apart in der einen Kanzleistube itzo aufbehalten werden. Es ist nicht nöthig, daß man davon noch mehr Nachricht giebt, wenn man nur das Einzige betrachtet, daß sie von diesem unvergleichlichen Antiquario, vortrefflich gelehrten Manne und erfahrenen Statisten zusammen colligirt und geschaffen sind. Allernächst bei dieser Königlichen Bibliothek ist ein Cabinet mit allerhand Raritäten angefüllt, welches billig ein großer Schatz zu nennen ist, und unterschiedliche Wirkungen beides, der Natur und der Kunst, zeigt, dergleichen an andern Höfen nicht leicht zu sehen ist. Hierzu kommt Ihro Majestät gesammelter Schatz der rarsten Medaillen, von welchen gewiß eine gar besondere Nachricht erlangt werden kann aus dem von Herrn Bergero schon unlängst in unterschiedlichen voluminibus herausgegebenen Thesauro Brandenburgico. Die heutigen Künstler haben wohl nichts zum Vorschein gebracht, welches diejenige Statue zu Pferde übertrifft, welche auf Ordre des Königs zu Ehren seines glorwürdigsten Vaters, des größten Generals des vorigen Sâculums, auf der mit Quadersteinen ausgezierten Brücke, die Se. Majestät über einen Arm der Spree hat bauen lassen, aufgesetzt ist. Der Mann und das Pferd sind an einem Stück und von einem Guß, es wiegt zusammen 3000 Centner Erz und kostet 40,000 Thaler. Die Statue zu Fuß von Ihro Königlicher Majestät sieht ihr sehr ähnlich und soll in dem Hofe des neuen Zeughauses aufgesetzt werden; dieses ist beinahe ganz fertig und liegt in demjenigen Theile der Stadt, so der Werder genannt wird. Sonst ist es ein massives, festes, viereckiges Gebäude, woran weder Baukunst noch Kosten, weder Bequemlichkeit noch Zierrath gespart werden und daran schon ein ziemlich großer Platz mit schönen Stücken und anderer Kriegsrüstungen, die alle mit einander in guter Ordnung stehen, angefüllt ist.

Allernächst an diesem Zeughause ist eine Schleuse, die vormals nur von Brettern und Holz war, jetzt aber ganz von gehauenen Steinen ausgesetzt und dabei eine schöne Auffurth, wo die Schiffe liegen können, welches mit gutem Recht der Hafen von Berlin genannt werden kann, aus Ursache, weil man dort herum jederzeit eine große Menge beladener Schiffe steht, so den Strom auf- und abfahren, geschweige der andern kleinen Kähne, so in die Stadt gehören. — — In der Stadt Berlin, welche stricte und eigentlich so genannt wird, ist nahe an dem Wall oder der Mauer ein ansehnliches Amphitheater oder Schauplatz, worin die Bären, Löwen, Bullen, Auerochsen und andere wilde Bestien mehr streiten und kämpfen, deren eine gute Anzahl jederzeit unten in ihren Höhlen und Löchern unterhalten werden. Obgleich die alten Ställe, so an dem Schlosse nahe anliegen, sehr groß und weit sind, so hat er doch in der Neustadt andere aufbauen lassen, welche wahrlich mehr magnifik sind und oft von den Fremden für die Palatia und Wohnungen eines großen Ministers angesehen werden. Sie sind in zwei Höfe und in neun Pavillons von gleicher Weite eingetheilt. Oben drüber ist die Academie der Maler, der gelehrten und aller andern freien Künste, welche hier sehr excelirt und geheget werden. Ingleichen ist auch hier ein weit aussehendes Observatorium für die Sternseher aufgebaut. Allein unter allen Curiositäten Berlins ist wohl die wichtigste der neue Königliche Palast, mit welchem Bau man schon weit gekommen ist. Er liegt in Cöln und eben auf demjenigen Orte, wo vor diesem das alte Schloß gestanden hat. — — Die Bürger folgen ihrem Landesvater nach und richten von Tag zu Tag in allen Gegenden der Stadt neue Häuser auf, dergestalt, daß es immer einer dem andern vorthun will, so daß in wenigen Jahren Berlin eine von den allerfeinsten Städten werden wird, die man nur mit Augen sehen kann. Es werden alda allerhand Manufacturen stark betrieben, als z. B. in Gold und Silber, in polirtem Stahl und Glas, allerhand leichte Zeuge, grobe Tuche, Strümpfe und viel andere Dinge mehr."

Toland geht demnächst über zu einer Beschreibung der verschiedenen Lustschlösser in der Nähe Berlins, er schildert uns die wahrhaft königliche Pracht, welche in denselben aufgeboten war.

Die Schlösser von Charlottenburg, Friedrichsfelde, Schönhausen, Köpnick und andere gaben sowie das in Berlin ein vollgültiges Zeugniß von der Verschwendung Friedrichs.

Bei allen diesen Schlössern wurden auch schöne Parkanlagen gemacht und die Spazierfahrten nach denselben wurden daher bald ein beliebtes Vergnügen der wohlhabenden Bürger Berlins, besonders war Charlottenburg häufig der Zielpunkt für Landpartien der Berliner. Diese fuhren dahin entweder auf offenen Kähnen oder auf den nach holländischem Muster von Friedrich eingeführten Treckschuyten zu Wasser; auch machten sie wohl noch lieber den anmuthigen Spaziergang durch den Thiergarten.

Der Thiergarten hatte noch immer seinen Plankenzaun und die Gitterthore, auch war noch Wild in demselben; aber doch hatte er seine frühere Bestimmung eines eigentlichen Jagdreviers schon verloren und verwandelte sich mehr und mehr in einen schönen mit Parkanlagen versehenen Wald, der hauptsächlich zu Spaziergängen und Spazierfahrten bestimmt war.

Friedrich war bemüht, für seine eigenen Spazierfahrten und die seines Hofes den Wald durch Anlegung von prächtigen Alleen bequem zu machen. Einen großen Theil der noch heut bestehenden Thiergarten-Alleen verdanken wir ihm, so die Entstehung des großen Sterns, des Platzes, der noch heut gewöhnlich die Puppen genannt wird, den Platz an den Zelten, die von demselben auslaufenden 7 Alleen, die 7 Kurfürsten genannt, die Große Quer-Allee, die damals die Jungfrauen-Allee genannt wurde; ebenso auch die erste Anlage von Bellevue, indem nämlich der König etwa im Jahre 1710 den französischen Refugiés einen Platz im Thiergarten übergab, um ihn mit Maulbeerbäumen behufs der Seidenzucht zu bepflanzen.

Je belebter der Thiergarten wurde, je mehr begann man auch die Umgegend desselben nach und nach zu bebauen und zu verbessern; schöne Landhäuser entstanden in der Nachbarschaft und auch in Charlottenburg, wohin eine Allee von Berlin aus führte. Der Weg war schon damals zu beiden Seiten mit Laternen besetzt, die freilich nur dann brannten, wenn der König in Charlottenburg anwesend war.

Neuntes Kapitel.

Berliner Künstler. — Schlüter. — Eosander von Göthe. — Die Baukunst. — Die Bildhauerei. — Die Malerei. — Medaillen. — Die Musik. — Die Dichtkunst. — Ein Gedicht des Herrn von Besser. — Eine poetische Grabschrift. — Das Theater. — Eintrittspreise. — Haß der Geistlichkeit gegen die Schauspiele. — Errichtung der Akademie der Künste.

Die prächtigen Bauten, mit denen König Friedrich seine Residenz verschönerte, zogen eine bedeutende Anzahl von Künstlern nach Berlin. Baumeister, Bildhauer, Maler wurden in gleichem Maße bei demselben beschäftigt.

Schon unter der Regierung des großen Kurfürsten hatten sich viele ausgezeichnete Baumeister, wie Memhardt, Smid, Nehring Berlin zum Wohnsitz ausersehen. Smid und Nehring leiteten, wie wir bereits erzählt haben, in den ersten Jahren Friedrichs III. viele wichtige Bauten. Unter den übrigen Baukünstlern, die unter Friedrichs Regierung nach Berlin kamen, ist unstreitig Andreas Schlüter bei Weitem der Bedeutendste; er trat im Jahre 1694 mit einem Jahrgehalt von 1200 Thalern in den Dienst des Kurfürsten und begann seine Thätigkeit mit bedeutenden bildhauerischen Verzierungen im Schlosse zu Potsdam, demnächst führte er im Jahre 1696 den Bau des Hauptgebäudes des Schlosses in Charlottenburg aus und erwarb sich hierdurch den Titel eines Architekten, der, als ihm Friedrich den neuen Aufbau des Schlosses in Berlin übertrug, in den eines Schloßbau-Direktors umgewandelt wurde.

Die unglückliche Wendung, welche Schlüters Schicksal in Folge des mit dem Einsturz drohenden Münzthurms nahm, haben wir bereits erzählt.

Schlüter hat beim Bau des Münzthurms sich sicher schwere Irrthümer zu Schulden kommen lassen, aber diese werden reichlich aufgewogen durch die großen Verdienste, welche er sich um die Baukunst überhaupt und insbesondere um die Entwickelung derselben in Berlin erworben hat. Von allen Künstlern, welche in dieser Zeit in Berlin wirkten, hat Keiner so sehr auf die Veredlung des Geschmacks hingewirkt, wie gerade Schlüter; sein edler, einfacher Styl dient ja noch heute als unübertroffenes Muster und es ist schwer zu beklagen, daß manche seiner besten Pläne nicht zur Ausführung gekommen sind, weil er zu früh vom Schauplatz seiner Thätigkeit verdrängt worden ist.

Sein Nebenbuhler, Eosander v. Göthe, war von einer weit geringeren Bedeutung als Schlüter; obwohl ihm Tüchtigkeit als Baumeister nicht abzusprechen war, so besaß er doch in keiner Weise das schöpferische Genie Schlüters, dagegen aber in weit höherm Maße das Talent, sich am Hofe beliebt zu machen. Auch die sonst so kunstverständige Königin Sophie Charlotte ließ sich durch das einnehmende Wesen des Hofmanns blenden; sie liebte Schlüter als Baumeister nicht und übertrug daher Eosander v. Göthe gern den weitern Ausbau ihres Schlosses in Lietzenburg. Welches Vertrauen sie zu ihm hatte, geht aus einem Briefe an den brandenburgischen Gesandten im Haag, Freiherrn v. Schmettau hervor, in welchem sie schreibt: „Ich bin Ihnen für die Bemühungen, welche Sie wegen eines Tischlers übernommen haben, sehr verbunden; indessen meint Eosander, der das Orakel ist, an das ich mich meiner Bauten wegen wende, es würde nicht nöthig sein."

Eosander erhielt sich bis zum Tode Friedrichs in dessen Gunst. Er führte vielfache Bauten aus, unter andern das Lustschloß in Schönhausen und das Schloß Monbijou, welches ursprünglich für die Gräfin Wartenberg gebaut wurde, nach deren Sturz aber in den Besitz der Kronprinzessin kam.

Eosander war ein Hofmann im ungünstigsten Sinne des Worts; ein Schmeichler gegen die Gewalthaber, war er despotisch gegen die Untergebenen und ein Intriguant gegen die ihm Gleichstehenden. Wenn man auch nicht behaupten kann, daß Schlüters Fall allein sein Werk gewesen sei, so hat er doch jedenfalls viel dazu beigetragen und er scheute zu solchem Unternehmen auch die unredlichsten Mittel nicht.

Nach dem Tode Friedrichs zeigte es sich, daß er sogar nicht Anstand nahm, sich durch Diebstahl zu bereichern. Der König hatte ihm eine Anzahl Gemälde gegeben, um sie in kostbare silberne und vergoldete Rahmen fassen zu lassen. Diese behielt Eosander und lieferte erst, als die Sache an den Tag kam, einen Theil derselben wieder aus. Auch viele kostbare Zeichnungen, Karten u. dgl. m. sind höher Wahrscheinlichkeit nach von ihm aus dem königlichen Kabinet, welches er zu beaufsichtigen hatte, entwendet worden.

Von den Bildhauern, welche unter der Regierung Friedrichs sich in Berlin aufhielten, ist ebenfalls Schlüter unzweifelhaft der Bedeutendste. Hätte er nichts geschaffen, als jene herrliche Statue des großen Kurfürsten, so würde auch diese genügen, um ihm einen unvergänglichen Namen zu erwerben.

Die übrigen Bildhauer, welche damals in Berlin lebten, waren von geringer Bedeutung. Wir wollen hier nur noch Bartholomäus Damart, einen Franzosen, und Karl King, einen Engländer nennen, welche als Hofbildhauer in den Dienst des Königs traten; ebenso Balthasar Permoser, dem wir einige Statuen verdanken, während seine übrigen Kunstgenossen sich meistens darauf beschränkten, die Gebäude durch Ornamente zu verzieren.

Auch die Malerei erfreute sich unter der Regierung Friedrichs einer großen Aufmunterung. Eine Reihe tüchtiger Künstler, meistens Niederländer und Franzosen, kamen nach Berlin und erhielten nach den Verhältnissen der Zeit hohe Gehalte. So der niederländische Maler Cornelius Abraham Bega, der aus dem Haag mit 500 Thalern Gehalt berufen wurde; ein gleiches Gehalt erhielt auch der Hofmaler Gideon Romandon; ein Miniatur- und Porträtmaler Huaut erhielt 700 Thaler, mußte aber die Verpflichtung eingehen, jährlich zwei Porträts unentgeltlich und die übrigen für einen sehr geringen Preis zu liefern. Der Geschichtsmaler Terwesten, der mit einem Gehalt von 1000 und später mit 1200 Thaler angestellt wurde, übernahm sogar die Pflicht, „wohl für den Kurfürsten allein und sonst für Niemanden ohne specielle Permission in Fresco, Trampo oder auf Leinwand etwas zu verfertigen."

Wir nennen außerdem noch Theodor Gericke aus Spandau und Michael Madderstegh aus Amsterdam. Außer diesen kamen nach und nach, besonders nach der Königs-Krönung Friedrichs, viele fremde Maler nach Berlin, um hier ein reichliches Brot zu finden.

Friedrich interessirte sich außerordentlich für die Fortschritte der Malerei; er unterstützte und ermunterte alle diejenigen Landeskinder, von denen er hoffen konnte, daß sie ein Talent für die Kunst hätten; so schickte er mehrere junge Leute auf seine Kosten nach Frankreich und Italien, damit sie sich dort unter der Leitung berühmter Künstler weiter bilden und das Gelernte nach Hause tragen könnten.

Eine Kunst, die unter der Regierung Friedrichs besonders in Berlin emporblühte, war die des Stempelschneidens. Friedrich liebte kunstvoll geprägte Denkmünzen außerordentlich. Jedes bedeutende politische Ereigniß, jede gewonnene Schlacht seiner Truppen, ja selbst jede Familien-Begebenheit wurde durch irgend eine Medaille verherrlicht, auf der das betreffende Ereigniß sinnbildlich dargestellt und durch irgend einen Denkspruch erklärt wurde.

Selbst höchst geringfügige Begebenheiten erhielten eine Medaille; so wurde eine solche geprägt, als am 14. April 1701 der Kronprinz zuerst auf der Reitbahn ein Pferd bestiegen hatte. Auf dieser nur einseitigen Medaille war der junge Prinz auf einem muthigen Rosse reitend dargestellt. Sie trug die Umschrift: „praeludia regni" (das Vorspiel der Regierung) und diese Inschrift ist gewiß charakteristisch für die Gesinnung des Königs Friedrich; wenn ihm das Reitenlernen seines Sohnes ein Vorspiel der Regierung war, so mußte er das Pferd mit dem Volke und den Reiter mit dem Fürsten vergleichen. Der Hofpoet v. Besser hatte jedenfalls eine derartige Anschauung von dem Verhältniß des Fürsten zum Volke, als er in einem Gedicht die Medaille mit folgenden Worten erklärte:

„Ich wünsche, daß, wie Du des Staates Ebenbild
Jetzt ein gezäumtes Pferd, lernst nach der Regel führen,
Also der Unterthan, was Deine Reitkunst gilt,
Dereinst an Deiner Kunst des Herrschens werde spüren."

Der Medaillen gab es unter der Regierung Friedrichs so viele, daß eine Lebensgeschichte dieses Fürsten, welche uns von dem königlich preußischen Hofrath Günther hinterlassen worden ist, eine wahre Medaillensammlung enthält. Fast immer auf der dritten oder vierten Seite finden wir die Abbildung und Erklärung solcher Denkmünzen.

Der geschickteste Medailleur seiner Zeit war in Berlin ein Schwede, Raimund Falz, außer diesem verdient auch sein Schüler F. Marl genannt zu werden.

Einer nicht so großen Begünstigung wie die bildenden Künste erfreute sich in Berlin die Musik. Obgleich die Königin Sophie Charlotte eine große Musikliebhaberin war, so konnte sie doch nicht viel für ihre Lieblingskunst thun, denn Friedrich gab mehr auf Trompetengeschmetter, als auf wahre Kunst.

Die Hofkapelle dauerte allerdings fort, denn sie war zum Glanz des Hofes nothwendig und wir finden auch in Berlin einen besondern Hof-Kunstpfeifer angestellt, dem in seiner Bestallung aufgegeben war, „alle Tage Morgens um 10 Uhr und des Abends im Sommer um 5 Uhr, im Winter um 4 Uhr im Schlosse vom Thurm abzublasen und nicht allein zu jeder Zeit künstliche und zierliche, gute Stücke, sondern auch in Sonderheit allemal einen Psalm aus dem Lobwasser zu blasen und sich dabei allerlei Instrumente durch Abwechselung zu bedienen, damit man spüren könne, daß zwischen dem Abblasen, so zu Hofe und dem, so in der Stadt geschieht, ein Unter-

schied sei". Von bedeutenden Künstlern haben wir aber nur den berühmten Händel zu nennen, der im Dienste Friedrichs war und erst nach dessen Tode Berlin verließ.

Weit trauriger als mit der Musik sah es zur Zeit Friedrichs mit der Dichtkunst aus. Zwei Hofherren, der Ober-Ceremonienmeister v. Besser und der Freiherr Friedrich v. Canitz waren die Repräsentanten derselben; sie mißbrauchten ihr Talent zu niedrigen Schmeicheleien gegen den König und die Mitglieder seiner Familie. Die Muse war ihnen eine feile Hofdienerin, wie denn überhaupt die Kunst in jenen Tagen in Berlin nicht Gemeingut des Volks war, sondern größtentheils nur dazu diente, den Hof und die bevorrechtigten Klassen zu unterhalten.*)

Die deutschen Dichter hatten damals, das dürfen wir allerdings nicht verkennen, eine schwere Aufgabe. Die deutsche Sprache war verachtet. Wer auf Bildung Anspruch machen wollte, sprach und las französisch; that dies doch selbst, wie wir bereits mittheilten, die geistreiche Königin Sophie Charlotte, war doch auch sie so sehr gegen die deutsche Literatur eingenommen, daß sich der Hofpoet v. Besser fast entschuldigen mußte, als er ihr folgendes deutsche Lied widmete:

„Noch hat die deutsche Poesie
Vor Dir, durchlauchtigste Sophie,
Sich nimmer dürfen sehen lassen;
Noch hat ein Lied sich nicht gewagt,
Was man in allen Sprachen sagt,
Vor Dir in einem Reim zu fassen.

Dies würd auch heute nicht gescheh'n,
Allein nachdem sie wohl gesehen,
Daß das, was ihr scheint zu gebrechen,
Auch andern Sprachen gebricht,
So denkt sie: Warum soll ich nicht
Auch einmal unvollkommen sprechen?

Sie spricht: Es steht es Fremden frei,
Was trag ich denn, ich Deutsche, Scheu,
Sophiens Lob heraus zu streichen?
Gleicht jede Sprache gleich nicht mir,
So muß, o deutsche Fürstin, Dir,
Doch aller Völker Schönheit weichen!"

Wie traurig es um die bürgerliche Poesie aussah, mag uns eine interessante Grabschrift vom Kirchhof der Nikolaikirche beweisen. Dieselbe lautet:

Unter dieser Pflanze ruhet in Gott
Meine Pflanze, neulich mein lieber Sohn,
Christian Friedrich Turley, ist gebor'n
1711 den 13. Mai u. s. w.

Zu guter Nacht mein armes Leben,
Gefällt Dein Seelchen Gott so wohl,
Daß ich Dich schon vermissen soll,
So muß ich mich darin ergeben.

---

*) Die traurigen poetischen Machwerke jener Zeit sind meistens ganz vergessen. Im Volksmund erhalten haben sich nur einige geistliche Lieder, vor allen andern das schöne Lied: „Was Gott thut, das ist wohl gethan" von Samuel Rodegast, dem Rector des Berlinischen Gymnasiums.

Gott hat Dich aus der Welt geführt,
Ob Dich der eitle Tand berührt.
Dein Jammer und Schmerz ist ewig verdorben,
Das heißet ja selig an Pocken gestorben.
u. s. w.

Der Druck, der damals auf der Dichtkunst lastete, wurde auch für die Entwicklung der Schauspielkunst in Berlin störend. Obgleich die Liebhaberei für das Schauspiel unter der Regierung Friedrichs in Berlin bei allen Ständen außerordentlich groß war, so konnte dasselbe doch aus Mangel an guten Stücken nicht zu einem wirklichen Volks-Bildungsmittel werden.

Geschauspielert wurde in allen Kreisen; am Hofe mußten Wirthschaften und Aufführungen von Opern x. die meisten Feste verherrlichen. Im Volke kamen die Schulkomödien wieder sehr in Mode, aber dieselben genügten den Bedürfnissen der Berliner bei Weitem nicht; die Bürger wollten für ihre Schaulust andere Befriedigung haben und die reisenden Schauspieler-Gesellschaften fanden daher in der Residenz stets ein schaulustiges Publikum. Die Eintrittspreise waren nicht unbedeutend, sie betrugen bei dem französischen Hofschauspiel: auf dem sogen. 1. Balkon die Person 1 Thaler, auf dem 2. Balkon 16 Groschen, auf dem 3. Balkon 12 Groschen, jeder Platz auf dem Amphitheater 12 Groschen, jeder Platz im Parterre 8 Groschen.

Daß solche Preise möglich waren, giebt uns einen Beweis für das Vergnügen, welches das Schauspiel den bessern Ständen machte.

Schon im zweiten Jahre der Regierung Friedrichs, im Juni 1690, erhielt der Direktor einer berühmten Schauspielergesellschaft, Sebastian di Scio, die Erlaubniß, in den Residenzen und im brandenburgischen Lande Komödie zu spielen; es wurde ihm die Aufführung von Komödien, Opern, Balleten x. gestattet, nebenbei durfte er sich auch einem andern Gelderwerbe widmen, Balsame und Quacksalberwaaren verkaufen.

Es ist bezeichnend genug für den Werth der Schauspielergesellschaften, daß der Direktor neben seinen künstlerischen Produktionen sich auch als Quacksalber und Marktschreier darstellte.

Di Scio gab seine Vorstellungen auf einer im Rathause erbauten Bühne; sein Theater war sehr zahlreich besucht und das Vergnügen, welches die Berliner an demselben fanden, war so groß, daß, als im Winter von 1691 zu 1692 di Scio nicht nach Berlin kam und auch keine andere Schauspielergesellschaft sich freiwillig daselbst einfand, eine Deputation des Raths und der Bürgerschaft eine kleine Truppe, die in der Lausitz gespielt hatte, feierlich einlud, nach Berlin zu kommen und dieselbe höchst ehrenvoll einholte.

Einige wohlhabende Bürger hatten für die Gesellschaft auf ihre Kosten ein Theater bauen lassen; sie wurden aber einigermaßen enttäuscht, als die Schauspieler schon bei ihrer ersten Vorstellung vollkommen durchfielen. Es wurde die Geschichte des verlorenen Sohnes aufgeführt. Im zweiten Akt prügelte sich der Hanswurst mit einem Heiligen und zwei Teufeln auf der Scene so gründlich und riß dabei so derbe Zoten, daß der Hof, der sonst nicht gerade empfindlich gegen eine gute Zote war, doch die Darstellung anstößig genug fand, um während des Stücks aufzustehen und das Theater zu verlassen. Es wurde darauf den Komödianten angedeutet, daß sie so schnell wie möglich Berlin wieder meiden möchten.

Außer di Scio, dessen Vorstellung mehr für das eigentliche Volk, als für die höhern Stände berechnet waren, erhielten auch andere Gesellschaften die Genehmigung, in Berlin zu spielen, so die Gesellschaft des berühmten sächsischen Hof-Komödianten Veltheim, welche, wie uns mitgetheilt wird, zum größten Theil aus Leipziger Studenten bestand, und die Gesellschaft des Sachsen-Weimarischen Hof-Komödianten Gabriel Möller, welche theils neben di Scio, theils dann, wenn dieser nicht in Berlin war, in der Residenz spielten.

Im Jahre 1706 wurde sogar das von uns bereits erwähnte französische Hofschauspiel mit großen Kosten in Berlin eröffnet. Der zum Intendanten der Vergnügungen Sr. Majestät ernannte Franzose du Rocher übernahm die Errichtung jener Schauspielergesellschaft; er erhielt 2000 Thaler für die Reisekosten der Schauspieler von Tournay, wo dieselben damals spielten, nach Berlin und die Zusicherung eines jährlichen Beitrags von 6000 Th. Dafür mußte er sich verpflichten, wöchentlich zweimal für den Hof unentgeltlich zu spielen, auch den Hof auf seinen Reisen zu begleiten; außerdem durfte er an bestimmten Tagen für seine Rechnung für das bereits erwähnte Entree Vorstellungen geben, jedoch hatte der König nebst denjenigen Gästen, die er selbst mitbrachte, unentgeltlich Eintritt.

Für die Hofvorstellungen wurde der Gesellschaft ein im Marstallgebäude über der verdeckten Reitbahn eingerichtetes Theater, auf dem auch bei Hoffesten Opern und Ballete aufgeführt wurden, eingeräumt.

Das französische Hofschauspiel hatte keinen langen Bestand. Die traurige Stimmung welche durch die Geistesstörung der Königin Sophie Louise am Hofe herrschte, veranlaßte die Auflösung desselben im Jahre 1711. Die Truppe erhielt 2000 Thlr. Reisegeld und wurde entlassen; die von den Hofschauspielern gebrauchten Kleider wurden unter die Armen vertheilt.

So beliebt das Schauspiel bei den Bürgern war, so verhaßt war es der frommen Geistlichkeit, welche ihre ganze Macht und mitunter mit Erfolg aufbot, um die Theatervorstellungen zu verhindern. Auch die Kurfürstin Sophie Charlotte hatte einmal unter diesem Widerwillen der Prediger gegen das Theater zu leiden. Sie liebte es, auf einem kleinen Theater im Schlosse Opern und Ballete aufführen zu lassen, bei denen die jungen Edelleute und Hofdamen Rollen übernehmen mußten.

Am Abend vor Pfingsten im Jahre 1695 wurde eine solche Oper mit großem Beifall gespielt. Am zweiten Pfingstfeiertage sollte dieselbe wiederholt werden, aber schon am ersten Feiertage trat der

Hofprediger Cochius mit großer Heftigkeit gegen dies weltliche Vergnügen, welches die Seelen der Hofleute dem Satan unfehlbar in die Hände spielen werde, auf.

Sophie Charlotte lachte, als ihr mitgetheilt wurde, welche Sünde sie durch die Opernaufführung begangen haben sollte; sie war übermüthig genug, sich in einer liebenswürdigen Weise zu rächen, indem sie die Frau und Tochter des Hofpredigers freundlich einladen ließ, der Vorstellung am zweiten Pfingstfeiertage beizuwohnen. Sie bemerkte in der Einladung, der Herr Hofprediger werde sich dadurch am Besten überzeugen, daß nichts Böses bei ihrer Oper vorfalle.

Der Hofprediger kochte vor Wuth, als ihm das Einladungsschreiben zuging; er war entschlossen, zur Rache die Vorstellung zu vereiteln. Aber es würde ihm dies schwerlich gelungen sein, wenn er nicht einen mächtigen Verbündeten gewonnen hätte. Ein junger Graf Dönhof hatte bei dem der Oper folgenden Ballet eine kleine Rolle zu spielen. Er bereitete sich eben vor, zum Abendmahl zu gehen, als er von dem Tanzmeister der Kurfürstin zur Probe beschieden wurde. Sein Vater war höchst ärgerlich über einen solchen Mangel an Taktgefühl und eilte zum Kurfürsten. Der Hofprediger unterstützte ihn und den vereinten Bitten Beider gelang es, Friedrich zu bestimmen, daß dieser während der Nacht das Theater plötzlich abbrechen ließ.

So wurde denn aus der Oper nichts. Aber Sophie Charlotte wußte es doch durchzusetzen, daß sie bald darauf neue Vorstellungen geben konnte. Der Kurfürst fand selbst an denselben ein zu großes Vergnügen, um bei seinen Festlichkeiten eine so angenehme Unterhaltung entbehren zu sollen.

Die Geistlichkeit war mit einem so geringen Erfolge keineswegs zufrieden, sie hatte es auf eine vollständige Unterdrückung des Schauspiels abgesehen. Im Jahre 1703 reichte das geistliche Ministerium der Berliner Kirchen, an dessen Spitze der berühmte Dr. Spener stand, dem Minister v. Fuchs eine Beschwerde gegen das Schauspiel ein, er beantragte die gänzliche Abstellung des bisherigen Unwesens, erhielt aber darauf die Antwort:

„Daß in einer so großen Stadt, als die hiesigen Residenzien, alle Schauspiele nicht abgestellt werden könnten, jedoch sollte von nun an jederzeit genau dahin gesehen werden, daß Alles, was wider die Moral, Ehrbarkeit und in Sonderheit die Ehre Gottes liefe, nachbliebe."

Dr. Spener beruhigte sich bei diesem abschläglichen Bescheide nicht. Er suchte, da er auf dem Wege der Eingabe nicht zum Ziele kommen konnte, durch öffentliche Predigten gegen das Komödienwesen zu wirken.

Auch mehrere andere Berliner Geistliche, besonders der Diakonus an der Nikolaikirche, Johann Kaspar Schade, folgten ihm und der Kantor Martin Heinrich Fuhrmann auf dem Werder schrieb sogar gegen das Theaterwesen ein Buch.

Der würdige Kantor Fuhrmann schimpfte in diesem Buch ganz entsetzlich auf die Schauspieler und erzählte viele ergötzliche Anekdoten, welche charakteristisch genug den Eifer der Geistlichkeit gegen das Schauspiel darstellen. So theilt er mit, daß die Wittwe des Dr. Veltheim in Magdeburg in ein heftiges Fieber gefallen sei.

„Als sie nun — sagt er — aus Angst ihres bösen Gewissens und Furcht des vor Augen schwebenden Todes sich wegen ihrer sündlichen Profession mit Gott versöhnen wollte und das heilige Abendmahl verlangte, da wollte kein Prediger das Abendmahl dieser Hündin geben, ehe und bevor sie an Eides Statt angelobt, diese unselige Lebensart künftighin gänzlich zu quittiren, dafern aus ihrem Siechbett ein Gesundbett werden sollte; welches Letztere zwar auch geschehen, aber sie hat ihr Wort schlecht gehalten, sondern ist bald wiederum revertirt, worauf sie denn ihren Sommerkram dort gänzlich einlegen müssen und mit ihrer Gesellschaft nach Berlin gekommen, woselbst sie anfänglich lauter Dramata sacra spielte, bei welchem ihr zuweilen erlaubt, sich durch Schüler vom Berlinischen Gymnasium assistiren zu lassen. Als aber die biblischen Historien sich in schwärmerische Maskeraden und Schweinigeleien verwandelten, so hat der sel. D. Spener und M. Schade, als sie solches hörten, jene saubern Burschen nicht etwa en miniature mit Wasserfarben, sondern in omni latitudine mit Oelfarben häßlich abgemahlt."

Aehnlich, wie der Wittwe Veltheim, war es schon früher ihrem verstorbenen Mann im Jahre 1690 in Berlin ergangen. Veltheim wollte damals nebst dem Schauspieler, der die lustigen Rollen spielte, das Abendmahl nehmen, aber sämmtliche Berliner Geistlichen weigerten sich, ihnen dasselbe zu geben, bis der Kurfürst den bigotten Predigern einen derben Verweis und den Befehl gab, künftig Niemandem mehr ohne besondere höhere Genehmigung das Abendmahl zu versagen.

Alle Bemühungen der Geistlichen gegen das Theater waren bei dem Widerstande, den sie beim Kurfürsten und später beim Könige fanden, vergeblich und auch ihre Predigten halfen beim Volke nichts, der Sinn für das Schauspiel bürgerte sich mehr und mehr bei den Berlinern ein.

Den Mittelpunkt für alle künstlerischen Bestrebungen in Berlin bildete unter der Regierung Friedrichs die von ihm errichtete Akademie der Künste. Die erste Veranlassung zur Einrichtung derselben gab ein Privatverein einiger Künstler, zu dem auch Augustin Terwesten gehörte. Terwesten empfahl dem Kurfürsten diesen Privatverein und legte ihm die Idee ans Herz, aus demselben eine Akademie der Künste, wie solche in Rom und Paris bestand, zu bilden.

Friedrich faßte den Plan sofort auf und als Schlüter nach Berlin berufen war, erhielt dieser die Anweisung, in der zu begründenden Akademie von Bildhauern allen möglichen Fleiß anzuwenden, damit die Jugend in dieser Kunst so viel als möglich vervollkommnet werde.

Terwesten erhielt den Befehl, in Verbindung mit Schlüter und den Malern Joseph Werner und Michael Probener einen Plan für die Akademie zu entwerfen.

Am 20. März 1699 wurde die Stiftungsurkunde vollzogen und am 11. Juli die neue Akademie feierlich eingeweiht.

Die Absicht bei der Gründung der Akademie ging dahin, den in den brandenburgischen Ländern sehr darnieder liegenden Künsten der Malerei, Bildhauerei und Architektur aufzuhelfen; sie sollte für die Kunst dasselbe sein, was die Universitäten für die Wissenschaften waren, nicht eine Schule, sondern eine höhere Lehranstalt. Von jedem für den Hof bestimmten Kunstwerk sollten die Skizzen der Kritik der Akademie unterworfen werden und diese Kritik sollte selbst zur Belehrung der Schüler dienen. Auch bei allen Anschaffungen von Kunstwerken für die Sammlung des Kurfürsten sollte stets der Rath des Direktors der Akademie gehört werden.

Bei der Einrichtung waren die in Rom und Paris bestehenden Akademien als Muster genommen. Die Akademie erhielt einen jährlichen Beitrag von 1000 Thalern für ihre Bedürfnisse und außerdem zu ihrer Ausstattung eine Sammlung von Gips-Abgüssen nach den berühmtesten bekannten Statuen.

Eberhard v. Danckelmann trat als Protektor an die Spitze der Akademie, welche unter ihm von einem Direktor geleitet wurde. Nach dem Falle Danckelmanns, der ursprünglich dem Maler Werner die Stelle eines beständigen Direktors zugedacht hatte, wurde ein jährlicher Wechsel des Direktoriums eingeführt.

Die Akademie machte von Jahr zu Jahr Preisaufgaben bekannt, sie hielt alljährlich am 1. Juli eine große Versammlung, zu denen auch Kunstliebhaber, die sich als Mitglieder aufnehmen ließen zugezogen wurden. Für die Arbeiten und die Versammlungen der Akademie wurde das obere Stockwerk der vordern Facade des königlichen Marstalls unter den Linden bestimmt.

Friedrich hat sich durch diese Einrichtung ein großes Verdienst um die Förderung der Kunst in Berlin erworben. Während seiner ganzen Regierung hat die Akademie höchst segensreich gewirkt, indem sie ein reges Leben unter den Berliner Künstlern hervorrief.

Zehntes Kapitel.

Die Wissenschaft in Berlin. — Berliner Gelehrte. — Begründung der Akademie der Wissenschaften. — Die Fürstenschule. — Die königliche Bibliothek. — Buch- und Kunsthandel. — Buchdruckereien. — Glaubensstreitigkeiten zwischen Lutheranern und Calvinisten. — Parteilichkeit des Königs. — Der Prediger Schade. — Unruhen in Berlin. — Die Censur. — Spener. — Thomasius. — Versuch einer evangelischen Union.

König Friedrich war kein Mann der Wissenschaft. Wenn er sich auch mancherlei tüchtige Kenntnisse erworben hatte, so fehlte ihm doch der Sinn für ein ernstes, wissenschaftliches Streben; trotzdem aber vernachlässigte er die Pflege derselben nicht.

Am Hofe Ludwigs XIV. fanden berühmte Gelehrte eine freundliche Aufnahme; unmöglich durfte Friedrich hinter seinem Musterbild zurückbleiben; wenn ihm auch der innere Antrieb fehlte, so that er doch viel für den äußern Schein.

Ueberall, wo er in prunkvoller Weise sich als Schützer der Wissenschaft zeigen konnte, that er es gern, so durch die feierliche Einweihung der von ihm gestifteten Friedrichs-Universität in Halle.

Auch in Berlin unterstützte Friedrich die Gelehrten, besonders solche, welche sich dazu hergaben, ihn als dem größten Fürsten seiner Zeit zu schmeicheln.

Die Gelehrten und Künstler mußten sich damals ganz nach der Denkart des Königs richten und ihre Arbeiten dem Geschmack und den Launen desselben und der Höflinge anpassen, wenn sie sich eine gesicherte Existenz in Berlin schaffen wollten. Leider ging die Wissenschaft damals wie auch später nach Brod und wir finden daher, daß die Männer des Studiums sich herabwürdigten zu jämmerlichen Schmeicheleien, zu Loberhebungen auf den Fürsten und den Hof, welche so übertrieben waren, daß wir sie nur mit Ekel lesen können. Sie gaben sich dazu her, den Glanz eines Königshofes zu verherrlichen, statt für das Wohl und Beste der Allgemeinheit zu arbeiten.

Wo Friedrichs Eitelkeit geschmeichelt wurde, da war er freigebig im höchsten Grade. Das wußten fremde und einheimische Schriftsteller und sie zögerten daher nicht, ihm ihre Werke zu widmen, um reiche Geschenke zu erhalten. So erhielt der dänische Professor Olger Jacobens für ein dem Kurfürsten Friedrich überreichtes Buch: „museum regium" ein Geschenk von 1000 Dukaten.

Mit Geldgeschenken und Gehalten glaubte indessen Friedrich genug gethan zu haben; an seinen Hof, in seine Umgebung zog er die Gelehrten nicht. Ehrenstellen hatte er eben nur für den Hofadel.

Wir wollen von denjenigen Gelehrten, welche zur Zeit Friedrichs in Berlin sich einen Namen machten, hier nur einige erwähnen, den berühmten Ezechiel Spanheim, den Alterthumsforscher Laurenz Beger und vor allen andern den Historiker Samuel v. Puffendorf.

Puffendorf war mit einem bedeutenden Gehalt aus schwedischen Diensten nach Berlin berufen und erhielt den Auftrag, die Geschichte des großen Kurfürsten zu schreiben. Er hat seine Aufgabe musterhaft erfüllt und auf's Fleißigste das ihm zu Gebot stehende Archiv zu Forschungen bei seiner Arbeit benutzt. Friedrich bewies ihm seine Zufriedenheit für das vollendete Werk durch ein Geschenk von 10,000 Thalern, welches er ihm machen wollte; da aber das Geld nicht vorhanden war, nicht auszuzahlen vermochte.

Puffendorf sollte jährlich 1000 Thaler erhalten; aber er erlebte die Abtragung der ganzen Summe nicht. Als er starb, waren noch 4000 Thaler Rest und seine Wittwe, der eine Pension von 300 Thalern bewilligt worden war, vermochte weder mit ihren Bitten um pünktliche Bezahlung des ihr schuldigen Geldes noch mit denen um die regelmäßige Pension durchzubringen; sie mußte in Berlin ein kümmerliches Leben führen.

Auch der berühmte Johann Christoph Beckmann zeichnete sich während Friedrichs Regierung durch seine Forschungen im Gebiete der märkischen Geschichte aus.

Ganz entgegengesetzt den Neigungen und Gewohnheiten ihres Gatten zeigte sich Sophie Charlotte. Sie zog die Gelehrten an ihren Hof und behandelte sie mit der größten Zuvorkommenheit. Wir erwähnten bereits, daß der berühmte Leibnitz ihr vertrauter Freund und Rathgeber war.

Durch Leibnitz blieb Sophie Charlotte in fortwährendem Verkehr mit den größten Gelehrten ihrer Zeit. Der philosophischen Königin verdankt Berlin die Gründung der Akademie der Wissenschaften.

Eines Tages speiste der Hofprediger Jablonski bei Sophie Charlotte; da wendete sich die Kurfürstin an ihn und sprach ihr lebhaftes Bedauern aus, daß eine Residenz, die doch in der Wissenschaft eine bedeutende Rolle in Deutschland einnehmen müsse, nicht einmal eine Sternwarte besitze und ebenso wenig einen bedeutenden Astronomen, der hier seine Forschungen mache.

Der Hofprediger theilte Danielmann und dieser dem Kurfürsten die Wünsche der Kurfürstin mit, für den Augenblick zwar ohne Erfolg, aber er regte doch dadurch in Friedrich Pläne für die Zukunft an.

Sophie Charlotte, welche unablässig bemüht war, Berlin zum Mittelpunkt wissenschaftlicher Bestrebungen zu machen, sprach häufig mit ihrem Gemahl über die Nothwendigkeit, eine wissenschaftliche Gesellschaft in Berlin zu begründen; sie verstand es trefflich, Friedrich an seiner schwächsten Seite zu fassen, indem sie ihn auf das Beispiel Ludwigs XIV. aufmerksam machte und ihm versicherte, die Begründung einer Akademie der Wissenschaften in Berlin würde seiner Regierung einen neuen Glanz verleihen, ein Fürst von seinen Kenntnissen und seiner Gelehrsamkeit müsse nothwendig an der Spitze eines solchen Unternehmens stehen und seinen Namen als Förderer der Wissenschaften verherrlichen. Sie schlug dem Kurfürsten vor, sich an ihren Freund Leibnitz zu wenden und dessen Rath zu erfordern.

Leibnitz kam nach Berlin und wurde mit Auszeichnung empfangen. Die Zeit war der Ausführung des Planes günstig; der neue Kalender sollte gerade damals eingeführt werden. In Regensburg hatten die Berathungen darüber stattgefunden und der König in Folge dessen mehrere erfahrene Astronomen mit der Anfertigung eines verbesserten Kalenders für seine Länder beauftragt. Leibnitz benutzte die günstige Gelegenheit, um den Plan zur Begründung einer Akademie der Wissenschaften ins Leben zu rufen.

Er überreichte dem König einen Aufsatz, in welchem er die großen Vortheile, die eine derartige Gesellschaft in jeder Hinsicht für den Staat haben müsse, auseinandersetzte und er wußte in einer höchst praktischen Weise seinen Vorschlag zu motiviren, indem er bewies, daß die Akademie für die Verbesserung der Finanzen, die Belebung des Handels und der Gewerbe, selbst für die Ausbildung des Heeres ebenso nützlich sein werde, wie für die Wissenschaft selbst; nicht nur gute Schulbücher und verbesserte Feuerspritzen werde die Akademie einführen, sie werde auch auf die Bekehrung der Heiden außerordentlich günstig wirken. Er schlug zugleich vor, um die Kosten der Akademie zu decken, ihr den Verkauf der Kalender und guter Schulbücher zu überweisen und ihr das Privilegium auf Papier-Fabrikation zu ertheilen.

Friedrich zeigte sich den Vorschlägen, welche ihm Leibnitz gemacht hatte, geneigt; er genehmigte sie und unterzeichnete am 11. Juni 1700 die Stiftungsurkunde der Akademie. Diese wurde mit den astronomischen Berechnungen und der Abfassung des neuen Kalenders betraut, dessen Druck und Verlag ihr zugetheilt wurde.

Es gab damals bei Einführung des neuen Kalenders einige Verwirrung im Lande, denn 10 Tage der Weltgeschichte gingen durch denselben verloren, da dem 18. Februar sogleich der 1. März folgte.

Im Stiftungsbrief gab Friedrich der neuen Anstalt den Namen „Societät der Scienzen" und im Widerspruch mit diesem keineswegs nach den Grundsätzen des früher bekannten Petsdamer Vereins für die deutsche Sprache gewählten Namen machte er es der Societät der Scienzen zur besonderen Pflicht, die uralte deutsche Hauptsprache in ihrer natürlichen Selbständigkeit zu erhalten, damit nicht ein ungereimter Misch-Masch und Unkenntlichkeit daraus entstehe. Er versprach selbst, besonders darauf zu sehen, daß in den Ausfertigungen der Behörden fremde und übel entlehnte Worte vermieden und dagegen gute deutsche Worte gesetzt würden. Die Societät sollte sich den Ruhm und die Aufnahme der deutschen Nation, Gelehrsamkeit und Sprache besonders angelegen sein lassen, auch die deutsche Geschichte, das Alterthum des evangelischen Glaubens, die Nothwendigkeit und Beschaffenheit der evangelischen Reformation gegen die Verdrehung der Widersacher behaupten.

Friedrich übernahm selbst das Protektorat der Societät, Leibnitz erhielt die Präsidentur.

Die Anstalt wollte indessen nicht recht gedeihen. Durch die auswärtigen Kriege, in welche Friedrich verwickelt war, wurde sein Interesse von derselben abgezogen; selbst das für sie bestimmte Gebäude konnte nur langsam vollendet werden.

Sie begann indeß ihre Arbeiten; mehrere der bedeutendsten Gelehrten in Berlin wurden zu Mitgliedern der Gesellschaft ernannt, so den berühmte Beger, Lacroze, Karl Ancillon, der Hofprediger Jablonski und der gelehrte Konrektor Frisch am grauen Kloster. Letzterer machte sich besonders dadurch verdient, daß er sich für die vaterländische Seidenzucht sehr interessirte. Er führte die weißen Maulbeerbäume in Berlin ein und pflanzte die ersten derselben auf den Wällen der Festungswerke; auch legte er bei Köpnick eine ansehnliche Pflanzung dieser Bäume an.

Ein besondere Thätigkeit vermochte die Akademie nicht zu entfalten. Erst im Jahre 1710 erschien ein Band gelehrter Abhandlungen, welche ihr überreicht worden waren und der von ihr herausgegeben wurde. In diesem Jahre wurde endlich auch das für sie bestimmte Gebäude, der mittlere Pavillon der hintern Seite des neuen königlichen Marstalls auf der Dorotheenstadt, fertig.

Der große königliche Marstall, den auch Toland so lobend erwähnt, erstreckte sich von den Linden bis zur letzten (heutigen Dorotheen-) Straße. Der hintere Theil nach der Dorotheenstraße war für die Sternwarte und die Akademie bestimmt. Die Sternwarte wurde am 19. Januar 1711 vollendet.

Die feierliche Einweihung der Societät in dem für ihre Sitzungen eingerichteten Saale unter dem Observatorium fand bald nachher Statt. Am Tage der Einweihung zählte die Akademie schon 76 anwesende und auswärtige Mitglieder. Sie war in 4 Klassen getheilt, an der Spitze jeder Klasse stand ein Direktor. Die beiden ersten Klassen hatten die Aufgabe, sich mit der Physik in ihrem ganzen Umfange, mit Mathematik und Astronomie zu beschäftigen; die dritte war für die deutsche Sprache und vaterländische Geschichte, die vierte für die Literatur mit der besondern Rücksicht darauf, daß dieselbe zur Verbreitung des Christenthums unter den Heiden angewendet werden könne, bestimmt. Viel zu leisten aber vermochte die Akademie auch ferner nicht; denn der König war bei ihrer Ausstattung ziemlich sparsam gewesen.

Trotz der Bemühungen des Ministers von Printzen, der sich sehr für die Akademie interessirte, hatte diese nur 400 Thaler jährlicher Einkünfte erhalten und auch der Vorschlag, den Leibnitz machte, ihr durch Errichtung einer Lotterie eine größere Einnahme zu verschaffen, wurde abgelehnt, dagegen empfahl Friedrich, sie möge sich durch die Zucht der Seidenwürmer etwas Geld zu verdienen suchen.

Eine andere wissenschaftliche Anstalt, welche Friedrich 1705 begründete, war die Fürstenschule, eine Erziehungsanstalt für Fürsten, Grafen und adlige Herren, in welche kein bürgerliches Kind aufgenommen werden durfte.

Von Bedeutung für die wissenschaftlichen Bestrebungen in der Residenz war unter der Regierung Friedrichs die namhafte Vergrößerung der Bibliothek, welche durch den Ankauf der Spanheimschen Büchersammlung für 12,000 Thaler durch eine bedeutende Anzahl orientalischer Handschriften und durch 46 Bände von einem Senator von Venedig gesammelter Gesandtschaftsberichte vermehrt wurde.

Ihre regelmäßige Vergrößerung durch Ankauf von Büchern wurde aus den Einnahmen bestritten, die für Heirathsdispensationen bei naher Verwandtschaft und die Befreiung der Brautleute vom dreimaligen Aufgebot entrichtet werden mußten, sowie durch den Verkauf der Bücherdoubletten.

Diese Einnahmen waren sehr verschieden. Im Jahre 1691 z. B. brachten die Dispensationsgebühren nur 217 Thaler, im Jahre 1699 dagegen 1352 Thaler. Eine einzelne Dispensation bei Ehen naher Verwandten konnte bis zu 300 Thaler einbringen. Die Verwaltung der Bibliothek übertrug Friedrich bedeutenden Gelehrten.

Mit dem mehr und mehr in Berlin sich verbreitenden Sinn für Wissenschaft dehnte sich naturgemäß auch der Buch- und Kunsthandel aus; der Geschmack am Lesen wurde allgemeiner und es fanden daher mehrere Buchhändler, sowohl Franzosen als Deutsche, welche die Bücher aus allen Gegenden Deutschlands, aus Italien, England und Frankreich nach Berlin brachten, hier ihre gute Nahrung, ebenso auch eine größere Anzahl von Druckern. Wir finden im Jahre 1706 in Berlin schon 10 privilegirte Buchdrucker, eine nicht unbedeutende Zahl im Verhältniß zu der damaligen Einwohnerzahl von 48,000 Köpfen.

Zu den interessanten Druckschriften, welche zur Zeit des Königs Friedrich I. in Berlin erschienen sind, gehört wohl die erste periodische Zeitschrift, welche indessen wohl nur einen Jahrgang erlebt hat. Ihr Titel lautet: „Der von Sr. königl. Majestät in Preußen allergnädigst privilegirten curieusen Natur-, Kunst-, Staats- und Sitten-Praesenten, Erster Jahrgang von MDCCVII. Durch R. A. Zum Nutzen und Ergötzen. Berlin in der Dorotheen Stadt, druckts Johann Vessel." Der Herausgeber dieser Praesenten war der Capitain der Cavallerie R. Oelven, Mitglied der Société royale.

Die Buchdrucker fanden in jener Zeit reichliche Arbeit durch die Gewohnheit, Leichenpredigten, Trauer-, Hochzeits- und andere Gelegenheitsgedichte drucken und vertheilen zu lassen, sowie auch durch die ungeheure Masse theologischer Streitschriften, welche damals erschienen und stark gelesen wurden.

Der Streit zwischen Lutheranern und Reformirten dauerte noch immer mit unveränderter Heftigkeit fort. Einen Theil der Schuld hieran trug Friedrich selbst, der für die Reformirten eine große Parteilichkeit zeigte, obgleich er sich gern den Schein gab, als sei er vollkommen unparteiisch. So legte er im Jahre 1694 ein Glaubensbekenntniß in 10 Punkten ab, in welchem er Calvin und Luther als in gleichem Grade auserwählte Rüstzeuge Gottes erklärte; er hielt zwar vollkommen seine reformirten Grundsätze aufrecht, that es aber in einer Fassung, durch welche die Lutheraner nicht beleidigt werden konnten.

Diese Unparteilichkeit, welche im Glaubensbekenntniß enthalten war, stand indessen nur auf dem Papier; überall, wo es darauf ankam, sie thatsächlich zu zeigen, geschah dies von Friedrich nicht; er zeigte im Gegentheil eine entschiedene Vorliebe für seine Glaubensgenossen und bevorzugte diese bei jeder sich darbietenden Gelegenheit.

Häufig erhielten Reformirte die Erlaubniß, Handwerke zu treiben, ohne daß sie nöthig hatten, das Meisterrecht zu kaufen; sie wurden bei Besetzung der Aemter bevorzugt; solche Lutheraner, welche den reformirten Glauben annahmen, wurden ansehnlich beschenkt. Der König stand bei den Kindern der Reformirten Gevatter und bedachte sie mit reichen Geschenken; die Wittwen der reformirten Prediger erhielten ansehnliche Pensionen, während von allen diesen Begünstigungen die Lutheraner ausgeschlossen waren.

Es konnte nicht fehlen, daß die Lutheraner, welche noch immer die große Mehrheit im Volke bildeten, sich verletzt durch die Gnadenbeweise fühlen mußten, mit denen Friedrich seine eigenen Glaubensgenossen überhäufte, um so mehr, da er bei den häufigen Streitigkeiten mit großer Strenge gegen jene einschritt, wenn sie sich in unziemlichen Reden über das reformirte Glaubensbekenntniß äußerten, während er den Reformirten ihre Unduldsamkeit gern verzieh.

Als im Jahre 1693 ein reformirter Katechismus von einem unbekannten Verfasser erschien, der aber nur den Titel trug, in der That eine eifrige Schmähschrift gegen den reformirten Glauben war, da wurde das Buch in Berlin und Halle von Henkershand verbrannt; ebenso wurde auch im Jahre 1705 eine Abhandlung des Professors Erhard in Hamburg dem Feuer übergeben, weil sie gegen die reformirte Lehre gerichtet war, ja der König erließ sogar den Befehl, alle solche Schriften nicht zu widerlegen, sondern sie einfach durch Henkershand zu verbrennen! Gewiß ein untrügliches Mittel, die Aufklärung zu befördern!

Die religiösen Streitigkeiten spielten damals übrigens nicht nur zwischen den Reformirten und Lutheranern, sondern innerhalb der lutherischen Kirche selbst. Besonders gab die Lehre des Predigers Schade an der Nikolaikirche Veranlassung zu manchen stürmischen Scenen und unruhigen Auftritten in der Stadt.

Schade lehrte, daß die alte lutherische Beichte eine Unsitte sei, es komme nicht auf den Gebrauch des Beichtens, auf die Erlegung des Beichtgroschens, sondern darauf an, daß Jeder, der das heilige Abendmahl nehmen wolle, sich durch Rechtschaffenheit des Herzens Vergebung seiner Sünden erkaufe. Indem Schade von diesem Grundsatz ausging, schaffte er für seine Person die besondere Beichte ab und hielt nur vor der Kommunion eine allgemeine Beichte, indem er seine Zuhörer zur Tugend und Frömmigkeit ermahnte.

Eine solche Neuerung erschien den meisten lutherischen Predigern in Berlin als hoch gefährlich; denn ihre Geldeinnahmen wurden durch dieselbe bedroht. Sie eiferten von den Kanzeln herab gegen Schade und verketzerten ihn als einen geheimen Calvinisten; es gab große Aufregung in Berlin. Im Publikum wurde Partei für und gegen Schade ergriffen und auch ein anderer Prediger, der allgemein beliebte und hochverehrte Dr. Spener, erklärte sich für Schade, während die Stadtverordneten und Biergewerke mit großer Erbitterung gegen ihn auftraten und sogar den Hof aufforderten, er möge den Irrlehrer bestrafen.

Eine Kommission, welche zur Untersuchung der Sache niedergesetzt wurde, fand wenig zu erinnern und es wurde daher eine Verordnung erlassen, nach der Jeder die Freiheit haben sollte, entweder die althergebrachte Beichte oder die allgemeine Schade'sche Beichte zu gebrauchen.

Eine Fluth von Streitschriften erschien in Folge der neuen Lehre und Schade ließ sich jetzt, da er so vielfach angegriffen wurde, ebenfalls dazu hinreißen, den Beichtstuhl in öffentlichen Predigten einen Höllenstuhl, ein Fegefeuer, einen brennenden Satanspfuhl zu nennen und die lutherischen Kirchen, in denen man die alte Beichte beibehielt, mit häßlichen Schimpfworten zu belegen.

Die Aufregung wurde so groß, daß das geistliche Konsistorium sich endlich gezwungen sah, die Versetzung Schade's an einen andern Ort zu beschließen. Ehe dies aber statt haben konnte, starb Schade am 25. Juli 1698. Die Gegner frohlockten; sie regten den Pöbel gegen den Gehaßten so sehr auf, daß derselbe bei dem Begräbniß den ärgsten Unfug trieb; er wollte nicht dulden, daß die Leiche auf dem Kirchhof beigesetzt werde, und als dies dennoch geschah, sammelte sich eine große Masse wüthenden Volkes, die nur mit Mühe verhindert werden konnte, den Leichnam auszugraben und nach dem Schindanger zu bringen.

Die Fluth der Streitschriften stieg noch nach Schade's Tode, der Ton, besonders der von den Lutheranern ausgehenden, theils gegen Schade, theils auch gegen die Reformirten gerichteten, war so gehässig, daß Friedrich den Befehl gab, es sollten künftig alle Handschriften vor dem Druck durchgelesen werden; der Sekretär Fischer wurde als Censor angestellt.

Die von Schade angeregte Bewegung innerhalb der lutherischen Kirche hatte eine große Bedeutung; sie war ein Resultat des unter einem Theil der Gebildeten wach werdenden Strebens, sich von der Herrschaft der Form und des Buchstabens loszureißen, eines Strebens, um welches sich besonders zwei bedeutende Männer, Spener und Thomasius, verdient machten.

Philipp Jakob Spener war im Jahre 1635 im Elsaß geboren; er hatte in Straßburg Theologie studirt und im Jahre 1685, nachdem er in Frankfurt am Main Prediger gewesen, einen Ruf als Hofprediger nach Dresden angenommen. In seinen Predigten wendete er sich vielfach tadelnd gegen das unduldsame alte Lutherthum und begründete eine neue freisinnigere Richtung, welche seine Gegner, die Wittenberger und Leipziger Theologen, spöttelnd die frömmelnde Lehre, den Pietismus, nannten. Seine Anhänger erhielten den Spottnamen der Pietisten.

Es ist merkwürdig genug, daß der Pietismus in seiner Entstehung der Träger freier religiöser Ideen war, während er heut sich jeder freien Forschung entgegenstellt.

Die Angriffe gegen Spener wurden bald so heftig, daß dieser sich gezwungen sah, Dresden zu verlassen und einem Rufe als Probst an der Nikolaikirche zu folgen. Hier erwarb er sich bald die höchste Achtung, ja die unbedingte Verehrung seiner Gemeinde.

Ihm zur Seite stand der berühmte Advokat und Magister Thomasius in Leipzig, der sich Speners mit wahrem Feuereifer annahm. Thomasius schrieb ein deutsches Journal, in welchem er mit einem damals fast unbekannten Muth der Meinung für alle freisinnigen Ideen in Staat und Kirche eintrat. So geißelte er mit Spott und Ernst die Behauptung des dänischen Hofpredigers Masius, daß die lutherische Lehre für die Fürsten weil zuträglicher und besser sei, als die reformirte; denn die Lutheraner leiteten das Recht der Regenten von Gott selbst ab, die Reformirten schrieben es dagegen von der Einwilligung des Volkes her und beförderten dadurch den republikanischen Geist. Thomasius stellte dagegen kühn die Behauptung auf, daß diese Vorstellung, die Masius verdamme, die einzig berechtigte sei. Kein König habe ein Recht zur Herrschaft außer durch die Einwilligung des Volks; das Verhältniß des Fürsten zum Volk sei nur ein öffentlicher oder stillschweigender Vertrag. Die Fürsten hätten keinen unmittelbaren Auftrag vom Himmel, nur Narren und Despoten könnten dies behaupten.

Es ist gewiß interessant, daß die Lehre vom gesellschaftlichen Kontrakt, welche später in der französischen Revolution eine so große Bedeutung gewinnen sollte, von einem deutschen Gelehrten gepredigt werde! —

Die dänische Regierung verlangte vom sächsischen Hofe, daß der Hochverräther Thomasius in Ketten gelegt werde. So weit aber zu gehen konnte sich die sächsische Regierung nicht entschließen; sie beobachtete allerdings den freisinnigen Gelehrten mit mißtrauischen Augen, aber sie beraubte ihn seiner Freiheit nicht und erst, als auch Thomasius den Pietismus annahm und gegen die verrotteten Vorurtheile der altlutherischen Kirche schrieb, wurde die Verfolgung gegen ihn so groß, daß er im Jahre 1690 aus Sachsen verwiesen wurde. Als er von Leipzig abreiste, läuteten seine theologischen Gegner zu ihrer eigenen Schmach die Arme-Sünderglocke.

Thomasius ging nach Berlin. Er wurde hier mit Liebe empfangen; aber er hielt sich nur kurze Zeit in unserer Stadt auf. Von hier aus ging er nach Halle, hielt dort gelehrte Vorlesungen und versammelte bald einige Hundert Studenten um sich. Er erregte dadurch in dem Minister Dankelmann den Wunsch, auf den Kurfürst Friedrich einging, in Halle eine Universität zu begründen und ihm ist diese daher eigentlich zuzuschreiben.

Thomasius hat sich große Verdienste um die Wissenschaft und um die Aufklärung des Volks in Preußen und Deutschland erworben. Er war der Erste, der Kollegia in deutscher Sprache las und seinem unermüdlichen Eifer ist es zu danken, daß die Ungerechtigkeit und Thorheit des Hexenprocesses, gegen den er unaufhörlich schrieb, die Grausamkeit und Unnützlichkeit der Folter in den deutschen Gerichtshöfen anerkannt wurde.

Die heftigen Streitigkeiten, welche fortwährend innerhalb der evangelischen Kirche zwischen Reformirten und Lutheranern und innerhalb der Letztern selbst herrschten, zogen die Aufmerksamkeit der Königin Sophie Charlotte auf sich.

Die philosophische Königin war eine Feindin jeder Intoleranz; wie sie die freisinnigen Ansichten des Engländers Toland in ihrer Gegenwart hatte erörtern lassen, seiner Beweisführung mit Aufmerksamkeit gefolgt war, so lud sie auch einen berühmten Katholiken, den Jesuiten und Beichtvater des Königs von Polen, Pater Vota, zu sich ein und bat ihn, sich in ihrer Gegenwart mit den beiden reformirten Hofpredigern Beausobre und Lenfant über die Verschiedenheiten der katholischen und der reformirten Religion zu besprechen. Die Disputation fand statt, sie wurde in ziemlich heftigen Ausdrücken geführt, ein Resultat hatte sie aber natürlich nicht; weder vermochte der Jesuit die beiden Hofprediger zu überzeugen, noch konnten diese seine Meinung ändern.

Sophie Charlotte blieb mit dem Pater Vota in einem interessanten Briefwechsel. Vota beklagte sich in einem Brief über die Ausdrücke, deren sich seine Gegner in Beziehung auf die größten Heiligen bedient hätten. Sophie Charlotte antwortete darauf, indem sie die beiden Prediger entschuldigte: Im Uebrigen nimmt es mich nicht Wunder, daß Sie während eines kurzen

Zeitraums in dem Lande der Freiheit eine Menge Dinge vernahmen, von denen man während eines 40jährigen Aufenthalts im Lande der Autorität nichts erfahren würde; denn das sind zwei Länder, in denen man eine sehr verschiedene Sprache redet!"

Diese Aeußerung ist charakteristisch. Preußen, das Land der strengsten Censur, das Land, in welchem man religiöse Streitschriften durch Henkershand verbrannte, wurde von der Königin das Land der Freiheit genannt und zwar mit einem gewissen Recht, denn fast überall in ganz Europa herrschte eine noch größere Intoleranz, als in Preußen.

Sophie Charlotte hatte das eifrige Streben, die religiösen Zwistigkeiten zu beseitigen; sie regte in Verbindung mit Leibniz den Plan an, eine Union der lutherischen und reformirten Kirche ins Leben zu führen und zwar eine vollständige Kirchenvereinigung, bei der die Glaubenssätze in solcher Weise festgestellt werden sollten, daß keine Partei etwas zu widerrufen gezwungen würde, sondern daß beide damit zufrieden sein könnten.

Sophie Charlotte legte ihrem Gemahl den Plan vor und Friedrich ging auf denselben ein. Es fanden vielfache, Jahre hindurch dauernde Berathungen zwischen lutherischen und reformirten Predigern statt, aber man konnte sich nicht einigen und würde auch kaum etwas gewonnen haben, wenn es geschehen wäre; denn sicherlich würde sich endlich nur herausgestellt haben, daß statt einer Vereinigung eine noch größere Spaltung entstanden wäre. Es sollte Niemand zur Annahme der Union gezwungen werden; das Resultat derselben würde daher höchst wahrscheinlich nur das gewesen sein, daß neben Denjenigen, die sich geweigert hätten, auf die Union einzugehen, also neben den alten Lutheranern und alten Calvinisten noch eine neue, die unirte Sekte entstanden wäre. Nicht einmal die Prediger waren damals schon reif für eine Verschmelzung der beiden in ihrem Wesen gleichen, nur in der Form verschiedenen Religionsparteien, noch viel weniger aber war es die große Masse des Volkes.

Noch immer herrschte im Volk eine dunkle Nacht des Aberglaubens und Aberglaubens, welche sich eben erst durch die Schriften einiger trefflicher Männer, von denen wir Thomasius schon erwähnten, aufzuhellen begann.

Der Kampf, den Thomasius gegen den Hexenglauben führte, war zwar nicht fruchtlos, seine Lehre verbreitete sich unter den Gebildeten, aber sie fand nur langsam Eingang in der großen Masse des Volks; diese glaubte nach wie vor an Zauberei und Teufelsspuk.

Noch im Jahre 1701 lief täglich das Volk nach einem Hause der Heiligen Geiststraße und versammelte sich vor demselben in großer Zahl, um den Spuk eines Poltergeistes mit anzuhören, der in demselben sein Wesen trieb. Der Geist begleitete unaufhörlich eine Magd und redete mit ihr; er neckte sie auf alle mögliche Weise; wenn sie in der Küche am Heerd stand, steckte er plötzlich den Kopf durch ihre Arme und kniff sie, daß sie blaue Flecken bekam. Er hatte eine solche Zuneigung zu seiner Gefährtin gewonnen, daß er ihr, als sie in einen andern Dienst zog, auch dahin folgte.

So albern eine solche Spukgeschichte war, so wurde sie doch von den Berlinern allgemein geglaubt. Man konnte täglich Hunderte von Leuten auf der Straße versammelt sehen, welche sich von dem Poltergeist unterhielten und gar Manche wollten behaupten, sie hätten ihn selbst beobachtet.

Ein Buch welches im Jahre 1706 von dem Prediger Stube in Berlin herausgegeben wurde und in welchem Weissagungen enthalten waren, machte großes Aufsehen und fand allgemeinen Glauben, ebenso auch die Erzählung eines Schäfers, der laut verkündete, ihm sei dreimal ein Gespenst in Gestalt eines zehnjährigen Kindes erschienen, welches ihm befohlen habe, zu den Fürsten und Herren der Welt zu gehen und ihnen zu erklären, daß sie sich bekehren und ihre Hoffahrt ablegen müßten, sonst würde eine große Landplage, ein allgemeines Sterben über das Volk kommen, Menschen und Vieh würden in solcher Menge fallen, wie von dem letzten Windbruch die Bäume übereinander geworfen worden wären.

Auch von der weißen Frau wurde wieder mannigfach gefabelt; man hoffte dies Gespenst endlich aus dem königlichen Schloß gebannt zu haben. Beim Schloßbau fand sich im Jahre 1709 ein eingemauertes weibliches Skelet. König Friedrich glaubte selbst, daß dieses das Skelet der weißen Frau sei und ließ demselben aber ein christliches Begräbniß auf dem Domkirchhof geben. Aber der süße Trost, daß er dadurch das Gespenst zur Ruhe gebracht haben werde, erfüllte sich für ihn selbst nicht; denn daß er noch immer in der Furcht vor dem Gespenst lebte, zeigte eine Phantasie in seiner letzten Krankheit, von der wir später noch mehr zu erzählen haben werden.

Elftes Kapitel.

Sinkende Macht der Landstände — Erhöhung der Staats-Einnahmen. — Die Branntweinsteuer. — Die Kopfsteuer. — Die Krönungssteuer. — Die Karossen-, Perrücken- und Fontangensteuer. — Spielkarten- und Kleidersteuer. — Die Jungfrauen- und Schweineborstensteuer. — Berliner Witze. — Die Berliner Juden. — Die Hofjüdin Liebmann. — Der Judenarzt Löbel. — Judenhaß der Berliner. — Die Soldaten. — Grausame Strafe der Deserteure. — Der Goldmacher Ruggiero, seine Schicksale, seine Hinrichtung am vergoldeten Galgen.

Die kostbaren Bauten, die Hoffeste, welche sich einander jagten, die ungeheuren Gehalte der Minister, der Hofbeamten und Hofkünstler, der glänzende Hofstaat, die Erhaltung des stehenden

Heeres verschlangen unter der Regierung Friedrichs enorme Summen.

In früheren Zeiten hatten die Landstände mitunter vermocht, der Verschwendungssucht der Kurfürsten Zügel anzulegen, indem sie die Auflegung neuer Steuern oder die Erhöhung der alten nicht bewilligten. Unter Friedrichs Regierung aber war von einer erforderlichen Einwilligung der Stände nicht die Rede; besonders, nachdem sich Friedrich die Königskrone aufgesetzt hatte, glaubte er sich um die Landstände gar nicht mehr kümmern zu müssen. Er ließ zwar die Stände der Kurmark von Zeit zu Zeit einberufen und setzte sie davon in Kenntniß, wenn eine neue Steuer eingeführt, wenn die bestehenden Zölle erhöht wurden; damit aber glaubte er mehr als genug gethan zu haben.

Der Form nach übten die Stände freilich noch ein Aufsichtsrecht; ein Ausschuß derselben beaufsichtigte das gesammte Kreditwesen; er hatte aber keine andere Aufgabe, als für die vom König ohne Genehmigung aufgenommenen Anleihen Bürgschaft zu leisten und für die Aufbringung der Zinsen Sorge zu tragen.

Unter diesen Verhältnissen wurde es dem Kurfürsten und später dem König leicht, die Einnahmen der Regierung außerordentlich zu erhöhen. Beim Regierungsantritt Friedrichs betrugen dieselben etwas mehr als 1½ Millionen Thaler, im Jahre 1711 beliefen sie sich schon über 3½ Mill., wovon mehr als die Hälfte, 2,100,000 Thaler, auf die Unterhaltung des Heeres verwendet wurden.

Durch welche Mittel wurde diese Vergrößerung der Einnahmen geschaffen?

Durch eine Besteuerung, wie sie wohl kaum in irgend einem andern Lande stattgefunden hat, eine Besteuerung, welche die Kräfte der Unterthanen bis auf's Mark erschöpfte.

Unmittelbar nach Beginn seiner Regierung am 14. Oktober 1688 bestimmte Friederich, daß alle Beamten 10 Prozent von ihrer Besoldung als Steuer zahlen mußten. Am 1. Mai 1691 wurde eine Generalkopfsteuer*) ausgeschrieben, von der Niemand im ganzen Lande befreit sein sollte; die ärmste Tagelöhnerfrau, ja jedes Gänsemädchen mußten den bestimmten Beitrag von mindestens 4 Groschen leisten, der Bauer hatte 12 Groschen zu zahlen. Aber auch der Kurfürst und die Kurfürstin waren von der Steuer nicht ausgeschlossen, denn da diese jeden Kopf im Lande treffen sollte, so mußten auch die beiden höchsten Köpfe besteuert werden, der des Kurfürsten mit 1000 Thalern, der der Kurfürstin mit der Hälfte; ja als später die Steuer abermals und zwar mit höhern Sätzen ausgeschrieben wurde, da legte sich der Kurfürst eine Steuer von 2000 Thalern und seiner Gemahlin eine von 1000 Thalern auf und als nun gar nach der Krönung sein Haupt ein königliches geworden war, stieg dasselbe noch im Preise; er bestimmte für sich 4000 Thaler, für seine Gemahlin, die Königin, 2000 Thaler.

Das erhebende Beispiel der Gerechtigkeit und Unparteilichkeit, welches Friedrich gab, indem er auf sein eigenes Haupt eine Steuer legte, fand doch nicht diejenige Anerkennung bei den stets spottsüchtigen Berlinern, welche der erhabene Herr gehofft hatte. Die Berliner meinten, da der König das Geld aus des Volkes Taschen nehme, so könne er davon ohne irgend eine Unbequemlichkeit eine Steuer zahlen, die wieder in seine eigene Kasse zurückfließe!

Als nach der Königskrönung die Ausgaben des Hofes sich außerordentlich vermehrten, zeigte Friedrich eine anerkennungswerthe Genialität in der Erfindung besonderer Steuerarten.

Da wurde dem Lande unter dem Namen einer Krönungssteuer Geld abgefordert, da wurde die Kopfsteuer immer wieder erneuert und alle Rückstände trieb man mit Exekution ein, da besteuerte man die Karossen in Berlin, weil dieselben, wie die betreffende Verordnung sagte, das Steinpflaster der Residenz ruinirten, und in Anerkennung, daß nach der Mode der Zeit auf jeden Kopf auch ein Deckel gehöre, besteuerte man die Perrücken!

Alle Welt trug jene aus Thier- und Menschenhaaren künstlich verfertigten Kopfbekleidungen. Die Perrücken waren von eminenter Größe und kosteten große Summen; — ein würdiger Rathsherr, der sich gebührend schmücken wollte, mußte mitunter wohl 2—300 Thaler für eine mächtige Allongenperrücke zahlen und es gehörte zum guten Ton, diese aus Frankreich direkt zu beziehen.

Friedrich zog aus der allgemeinen Narrheit, in der er mit gutem Beispiel voranging, denn das Hauptgeschäft seines Gesandten in Paris war, für ihn die schönsten Perrücken zu besorgen, gerechten Vortheil. Für jede aus der Fremde eingeführte Perrücke mußte der vierte Theil ihres Preises an Accise bezahlt werden, während inländische nur mit dem sechszehnten Theil der Kaufsumme besteuert waren.

Auch die Frauenzimmer mußten ihren Beitrag zur Kopfbedeckungssteuer tragen. Jene hohen Hauben, von denen wir bereits früher gesprochen haben, die Fontangen, gegen welche sich der Haß der Geistlichkeit richtete, wurden mit einem Thaler besteuert.

So lächerlich diese ganze Steuer erscheint, so war sie dennoch verhaßt, wie kaum eine andere und führte Störungen des Verkehrs, ja Eingriffe in die persönliche Freiheit herbei, welche höchst lästig waren. An allen Thoren lauerten die Visitatoren und durchstöberten jede in die Stadt gebrachte Kiste nach etwa einzuschmuggelnden Perrücken; jede Perrücke wurde nach der Stempel-

---

*) Die Kopfsteuer war die Mutter der noch bestehenden Klassensteuer. Sie hatte den sehr vernünftigen Zweck, alle Einwohner des Landes zu den Staatsausgaben nach dem Verhältniß ihrer Leistungsfähigkeit heranzuziehen, wie ja auch Alle Theil nahmen an den Vortheilen der Staatsvereinigung.

kammer gebracht, dort von den Beamten tarirt und mit einem Siegel versehen, zum Zeichen, daß sie versteuert sei.

Wer es wagte, mit einer unbesiegelten Perrücke auf die Straße zu gehen, der mußte nicht nur eine Strafe zahlen, sondern auch riskiren, daß ihm auf öffentlichem Markt irgend ein Accisebeamter die Haarfrisur vom Kopf riß und daß dem so Mißhandelten die Berliner Gassenbuben mit ihrem bekannten, zu allen Zeiten gleichen, unverwüstlichen Humor das Geleit gaben.

Häufig wurden Haussuchungen angestellt, wenn Denunziationen einliefen, der oder jener habe eine unbesteuerte Perrücke im Kasten.

Außer der Abgabe für neu eingekaufte Haartouren wurde eine bleibende Steuer auf dieselben gelegt. Jeder, der eine Perrücke tragen wollte, mußte nach seinem Rang für seinen Kopfschmuck einen jährlichen Beitrag zahlen, und dafür, daß die Steuern pünktlich eingezogen wurden, war dadurch gesorgt, daß man sie einem französischen Abenteurer, Elle Papus de Laverbange, verpachtete, der sie mit unnachsichtlicher Strenge eintrieb.

Auch die Spielkarten waren besteuert. Früher hatten diese ebenfalls einen Stempel getragen, der aber nur zu Gunsten der Armen erhoben worden war, vom Jahre 1702 an aber wurde den Armen nichts mehr von der erhobenen Kartensteuer gegeben, denn der Hof bedurfte des Geldes.

Besonders geistreich war die Steuer, welche im Jahre 1704 auf die unentbehrlichsten Kleidungsstücke gelegt wurde. Damit sich Niemand dem nöthigen Steuerbeitrag entziehen könne, trieb man von Schuhen und Stiefeln, Pantoffeln, Strümpfen und Hüten von jedem Stück einen Groschen ein, denn nackt konnten die Bürger doch nicht gehen. Nur die abgetragenen Kleidungsstücke der Fremden und die Schuhe von Kindern unter 3 Jahren waren von der Steuer ausgenommen; die Schuster mußten das zugeschnittene Leder erst auf die Accise bringen und stempeln lassen, ehe sie es verarbeiten durften. Auch die Erlaubniß, auf den Kleidungsstücken oder auf Schuhen und Pantoffeln der Mode der Zeit gemäß Gold- und Silberflittern zu tragen, mußte mit einer Steuer erkauft werden. Vollständig gerechtfertigt nach der Meinung vieler Junggesellen, ungerechtfertigt aber nach der der Jungfrauen war die Bestimmung, daß alle unverheiratheten Frauenzimmer vom höchsten Rang bis zur niedrigsten Dienstmagd herunter ihre Jungfrauenschaft vierteljährlich mit 6 Groschen veraccisen mußten.

Wer Thee, Kaffee oder Chokolade trinken wollte, mußte sich einen Erlaubnißschein dazu lösen, der jährlich 2 Thaler kostete, und damit diese Steuer auch hübsch einträglich sei, unterließ es der König nicht, in der ganzen Stadt öffentliche Thee- und Kaffeeschenken anzulegen, damit das Publikum zum Genuß der lieblichen Getränke aufgemuntert werde.

Damit endlich nichts Steuerbares vergessen werde, legte Friedrich auch eine Steuer auf die Schweineborsten. Der Erfinder dieser Steuer, der Kommerzienrath Creutz, war zugleich der Pächter derselben.

Ein königliches Edikt verbot, ferner den Schweinen die Borsten abzuschneiden und befahl, daß Jeder kurz vor Johannis seinen Schweinen die Borsten ausraufe, damit diese nicht ausfielen und dadurch umkämen. Die ausgerauften Borsten mußten an einen Faden gebunden und an königliche Komissarien abgeliefert werden, von denen sie die Bürstenbinder zu kaufen gezwungen waren. Kein Maurer, der etwa im Winter das Schlächtergewerbe betrieb, durfte sich unterfangen, sich aus Schweineborsten einen Maurerpinsel zu machen. Unterschleife waren streng verboten und der Denunziant erhielt eine Belohnung von 10 Thalern.

Es konnte nicht fehlen, daß gerade diese Steuer viel Gelächter erregte und der Herr Kommerzienrath Creutz mußte es sich gefallen lassen, daß ihn, wo er sich auch sehen ließ, die Straßenjugend mit manchen mißliebigen Titeln belegte und daß in den Gasthäusern und Trinkstuben viel über ihn hergezogen wurde.

Zu seinem Schutze erschien am 4. Juni 1709 ein königlicher Erlaß, in welchem es heißt:

„Wer den Kommerzienrath Creutz oder dessen Commisen mit schimpflichen oder ehrenrührigen Worten, wie schon geschehen, angreift, soll sofort ohne weitern Proceß mit Gefangenschaft oder andern Leibesstrafen belegt und ebenso gegen die Uebertreter des Schweineborsten-Handlungs-Privilegiums verfahren werden."

Die schwere Besteuerung, welche fast wörtlich jeden zum Leben nothwendigen Gegenstand betraf, erregte im ganzen Lande die tiefste Mißstimmung, in Berlin vielleicht am Wenigsten, denn die aus allen Provinzen erpreßten Steuern flossen ja in der Residenz zusammen; sie wurden hier vom Hofe verschwendet und wenn auch Kaufleute und Handwerker selbst durch das Abgabensystem gedrückt waren, so hatten sie doch durch dasselbe mannigfachen Verdienst.

Die Berliner hätten freilich lieber diesen Vortheil genossen und keine Steuern bezahlt. Sie beriefen sich deshalb auf ihre Rechte, auf die ihnen von Alters her gewährte Zollfreiheit, indem sie eine Vorstellung an den König richteten und darin sagten:

„Im Evangelium Matthäi, Kap. 17, V. 25 und 26 heißt es: ""Jesus sprach: Von wem nehmen die Könige den Zoll? Von ihren Kindern oder von Fremden? Da sprach Petrus: Von Fremden. Jesus sprach: So sind die Kinder frei.""

Da nun die Berliner sich selbst für die Kinder ihres gnädigen Königs hielten, so glaubten sie von der Besteuerung frei sein zu müssen. Friedrich war anderer Ansicht. Die Berliner mußten zahlen wie alle Andern und es blieb ihnen nichts übrig, als sich durch scharfe Witzworte zu rächen, welche besonders die Beamten trafen, die sich durch die Erfindung neuer Steuern verhaßt gemacht hatten.

Am 12. Februar 1706 fand man im Dom in dem Klingelbeutel einen Zettel, den Jemand hineingeworfen hatte und worauf geschrieben stand:

O König merk!
Drei sind gottlose Buben:
v. Hamrath,
Hülsemann,
v. Luben.

Ein anderes Verschen, welches auf allen Straßen von den Gassenbuben gesungen wurde geißelte die Betrügereien, durch welche sich die Beamten auf Kosten des Volkes bereicherten. Es lautete:

Zu Bruderl Juz!
Morgen kömmt Herr v. Fuchs,
Uebermorgen Herr v. Dankelmann,
Dann geht das Juzen wieder an!

Zur Erklärung des Verschens möge dienen, daß Herr v. Dankelmann, der Bruder des gestürzten Oberpräsidenten, eine sehr milde Aufsicht über seine Unterbeamten führte, während der Minister v. Fuchs durch seine Strenge bekannt war. Dankelmann und Fuchs wechselten in ihren Dienstgeschäften ab. So lange Ersterer das Regiment führte, konnten die Beamten sich Nebenvortheile aller Art nach Belieben machen.

So hoch geschraubt die Steuern auch waren und obgleich durch eine Vererbpachtung der Domainen außerdem noch bedeutende Summen für die Kassen des Königs erzielt wurden, genügten doch die Einkünfte des Landes bei Weitem nicht den Bedürfnissen des verschwenderischen Fürsten. Friedrich befand sich in fortwährender Geldnoth; er mußte unablässig auf neue Geldmittel sinnen, dieselbe zu lindern. Er wendete sich deshalb häufig und mit gutem Erfolg an die reichen Juden, welche sich in Berlin niedergelassen hatten.

Gleich zu Anfang seiner Regierung mußten sämmtliche in Berlin angesessene Juden neue Geleitsbriefe lösen und eine beträchtliche Summe dafür zahlen. So oft es später der königlichen Kasse nothwendig erschien, wurde die Schatzung wiederholt.

Außer diesen direkten Diensten, welche die Juden gezwungener Weise durch ihre Steuer Friedrich leisteten, zeigten sie sich ihm auch dadurch nützlich, daß sie ihn häufig durch Darlehne unterstützten.

Der Hofjude und Hofjuwelier Joel Liebmann hatte stets für den König offene Kasse, dafür stand er aber auch in der höchsten Gunst des Monarchen und durfte zu allen Stunden auf freien Zutritt im Schlosse Anspruch machen. Dieselbe Gunst ging auch nach seinem Tode auf die Wittwe Liebmanns über, welche im fortwährenden Handelsverkehr mit Friedrich stand und ihm, natürlich gegen gute Zinsen, Darlehne selbst machte oder verschaffte.

Ein Dienst war des andern werth. Wie die Juden dem König aus mancher Verlegenheit halfen, so zeigte ihnen der König auch wieder seine Gunst. Er gab dem Hofjuden Liebmann die Genehmigung, in der Heidereutergasse eine Synagoge zu erbauen und zeigte sich überall nachsichtig gegen die Judenschaft, welche sich in Folge dessen bald so außerordentlich vermehrte, daß sie, nachdem sie die landesherrliche Erlaubniß erhalten hatte, schon im Jahre 1701 eine neue, große und schöne Synagoge ebenfalls in der Heidereutergasse erbauen konnte.

Auch ein Judenarzt, Namens Löbel, ließ sich in Berlin nieder, ein tüchtiger und kenntnißreicher Mann, der in großem Ansehen stand. Das Vorurtheil gegen jüdische Aerzte war indessen noch so groß, daß die Bestimmung getroffen werden mußte, Löbel dürfe nur seine Glaubensgenossen kuriren; jeder Christ, der in einer verzweifelten Krankheit etwa zu dem Judenarzt seine Zuflucht nehmen wolle, dürfe dies nur unter der ausdrücklichen Genehmigung Friedrichs thun.

Je mehr der König den Juden seine Gunst zeigte, je größer war auch der Haß, den das Volk gegen sie im Herzen trug und der bei jeder günstigen Gelegenheit zum Ausbruch kam, ein Haß, den nicht nur die niedern Volksschichten, sondern fast mehr noch die Gebildeten und vor allen Andern die Geistlichen an den Tag legten. Im Jahre 1702 verklagten diese die Juden beim König, daß die Gotteslästerer in ihrem Gebet Alenu täglich den Heiland verspotteten, vor ihm ausspieen und von dem Ort, auf dem sie während des Gebets ständen, auf- und davonsprängen.

Die Klage war so albern, daß die Regierung auf dieselbe Anfangs keine Rücksicht nahm, sie wurde erst dazu gezwungen, als durch die Aufhetzung der fanatischen Prediger das Volk, besonders auf dem Lande und in den kleinen Städten, Partei nahm und die vermeintlichen Gotteslästerer bei ihren Gebeten störte und auf öffentlicher Straße mißhandelte.

Friedrich sah sich endlich gezwungen, das Gutachten berühmter Theologen über die Anklage einzufordern und das Ergebniß der den Juden günstig lautenden Untersuchung zu veröffentlichen, zu gleicher Zeit aber für alle Zeiten zu befehlen, daß ferner kein Jude, bei Strafe aus dem Lande gejagt zu werden, die der Lästerung verdächtigen Worte gebrauchen und dabei ausspucken oder wegspringen solle.

Zu einem offenen Ausbruch kam der Judenhaß in Berlin bei Gelegenheit der Feier des Purimsfestes im Jahre 1704. Die Berliner Juden feierten das Fest, indem sie durch einige Knaben die Geschichte des Buches Esther aufführen ließen. Es war ein Schauspiel in hebräischer Sprache mit Musikbegleitung, an der sich die jüdische Gemeinde erfreuen wollte. Die Helden des Schauspiels, Ahasverus, Esther, Haman und Mardochai liefen im vollen Schmuck am hellen Tage, gefolgt von unzähligen christlichen Gassenbuben, von einem Judenhaus zum andern.

Es gab einen großen Standal in der ganzen Stadt und die Entrüstung der guten Christen über ein solches Unterfangen der Juden, den christlichen Schul-Komödien nachäffen zu wollen, war um so größer, als zufällig der jüdische Feiertag auf den Charfreitag fiel. Der allgemeine Unwille zwang die Regierung, den Juden für das Unternehmen eine Strafe aufzulegen.

Eine außerordentliche Einnahmequelle war für Friedrich auch das Heer; dasselbe Heer, welches für das Land fast unerschwingliche Abgaben erforderte, bereicherte die Kassen des Königs. Es wurde auf Kosten des Landes geworben, gekleidet, bewaffnet und unterhalten, Friedrich aber zog die Subsidien ein, welche er für seine Truppen von fremden Fürsten empfing und nur zum kleinsten Theil wieder für das Heer verwendete.

Von Jahr zu Jahr vermehrte er die Truppenzahl, bis dieselbe im Jahre 1709 sich auf über 50,000 Mann mit 40 Generälen, Feldmarschällen und andern hohen Offizieren belief.

Die Soldaten waren eine wahre Landplage, nur das schlechteste Volk ließ sich freiwillig anwerben. Die Schimpfnamen Soldat und Dieb waren fast gleichbedeutend; durch die strengste Diszsplin allein konnte das räuberische Gesindel einigermaßen in Ordnung gehalten werden; aber durch dieselbe wurde den Soldaten das Leben fast unerträglich, so daß sie häufig mit Montur und Waffen davonliefen.

Obgleich Deserteure, wenn ihnen die Flucht nicht gelang, gehenkt wurden, mehrten sich doch die Desertionen so sehr, daß der König am 5. Mai 1711 sich gezwungen glaubte, ein Patent zu erlassen, in welchem es heißt:

„Da die bisherige, wiewohl abscheuliche Todesstrafe des Stranges gar keine Furcht, Schrecken noch Beispiel geben wollen, so sollen die Ertappten und der Desertion überwiesenen Soldaten binnen 24 Stunden vor dem Regiment ohne Gnade für Schelme erklärt, ihr Degen vom Henker zerbrochen, ihnen, als unwürdig in ehrlicher Gesellschaft weiter zu sein, die Nase und ein Ohr abgeschnitten, darauf Jeder an einen Karren geschmiedet und lebenslänglich zu schwerer Festungsarbeit verwendet werden."

Die barbarische Strafe des Ohr- und Nase-Abschneidens wurde denn auch vielfach an ergriffenen Deserteuren vollzogen.

Wie reichlich auch alle die Einnahmequellen flossen, aus denen Friedrich die Mittel für seinen Hofhalt bezog, sie waren dennoch nicht reichlich genug, denn in den königlichen Kassen blieb stets Ebbe. Mit natürlichen Mitteln vermochte Friedrich nicht Geld genug zu schaffen, so mußte er denn zu übernatürlichen seine Zuflucht nehmen. Er mußte, wie so mancher seiner Vorgänger, versuchen, den Stein der Weisen zu finden, um das Geld, welches er durch Steuern nicht mehr aufzutreiben vermochte, sich selbst zu machen. Goldmacher und andere Betrüger wurden daher mit großer Freundlichkeit am Hofe aufgenommen.

Einer der interessantesten Abenteurer, die zur Zeit der Regierung Friedrichs nach Berlin kamen, ist der berüchtigte Don Dominico Caetano Conte de Ruggiero, ein Alchymist, der sich bereits in aller Herren Länder versucht hatte.

Caetano war vom Kaiser und vom Kurfürsten von Baiern in hohen Gnaden aufgenommen worden. Er hatte es verstanden, seine hohen Gönner mit außerordentlicher Geschicklichkeit zu hintergehen; als aber endlich seine Betrügereien offenkundig geworden waren, bedrohte ihn immerwährendes Gefängniß. Er entwischte, kam nach Berlin und trat hier wieder mit der vollen Sicherheit des geübten Betrügers, des kühnen Abenteurers auf.

Caetano gab sich das Ansehen eines vornehmen Mannes, der zu seinem Vergnügen und um wissenschaftliche Forschungen zu machen, reiste. Seine Frau oder Maitresse und ein nicht unbedeutendes Gefolge, welches er mit prächtigen Livreen ausgestattet hatte, begleitete ihn.

Caetano stellte sich dem englischen Gesandten vor; dieser führte ihn bei dem Grafen v. Wittgenstein und dem Feldmarschall Grafen v. Wartensleben ein, welche alle Beide vor Begierde brannten, den Stein der Weisen zu finden. Der Alchymist verstand es, den abergläubigen Wittgenstein für sich einzunehmen; er gewann dessen vollstes Zutrauen. Wittgenstein hätte darauf geschworen, daß Caetano ein Gelehrter ersten Ranges und im Besitz des Steins der Weisen sei. Er erzählte dies dem Könige und versicherte ihm, der Adept werde ihm in kürzester Zeit Millionen schaffen. —

Ein solcher Wundermann war um so mehr nach dem Geschmack Friedrichs, da er sich nicht als ein einfacher Bürgerlicher, sondern als ein Adliger mit dem voll tönenden Grafentitel vorstellte.

Friedrich verlangte den Conte de Ruggiero kennen zu lernen. Wittgenstein übernahm es, den Fremden bei Hofe einzuführen und Caetano fand nun beim König die gnädigste Aufnahme. Er besaß die Gabe, überzeugend zu sprechen; als er dem König versicherte, daß er ein Arkanum im Besitz habe, vermittelst dessen er unedle Metalle in Gold verwandle, war Friedrich so erfreut, daß er den Grafen 12 Tage lang köstlich bewirthen ließ. Natürlich verlangte dagegen Friedrich, daß der Goldmacher nun auch Proben seiner Kunst ablege.

Caetano erschien in einem Zimmer des königlichen Schlosses, um dort seine Versuche zu machen. Der König, der Kronprinz, die Grafen v. Wartenberg, v. Wittgenstein und v. Wartensleben und mehrere andere Zeugen waren anwesend und harrten mit großer Begierde, welchen Erfolg die Bemühungen des Goldmachers haben würden. Alle glaubten an seine Kunst, nur der Kronprinz nicht, dessen scharfer, klarer Verstand ihn mißtraulich gegen alle dergleichen Kunststücke machte und der daher jedes Geräth, welches Caetano gebrauchen wollte, vorsichtig untersuchte, ob nicht ein Betrug bei dem chemischen Prozeß, der vorgenommen werden sollte, gespielt werde. Er hatte es sich nicht nehmen lassen, persönlich für die Einrichtung des Schmelzofens, die Herbeischaffung der Kohlen und alles sonst nothwendigen Zubehörs zu sorgen.

Caetano benahm sich mit einer Ruhe und Sicherheit, welche jeden Zweifel an seiner Ehrlichkeit beseitigen mußte. Trotzdem aber bestand der Kronprinz darauf, selbst die etwa eine Elle lange und einen Zoll dicke Kupferstange, welche in Gold verwandelt werden sollte, in den Schmelztigel zu tauchen, der schon auf dem Ofen stand, nachdem Caetano dieselbe zur Hälfte mit Töpferthon umhüllt hatte.

Jetzt begann der wunderbare chemische Prozeß, der dem König Millionen einbringen sollte. Caetano zog ein kleines, mit einer röthlichen Liqueur gefülltes Fläschchen aus der Tasche. Er zeigte es dem König und dem Kronprinzen, dann goß er einige Tropfen in den Schmelztigel, rührte mit einem kupfernen Stäbchen die in demselben befindliche Masse um und nachdem er diese Arbeit wohl eine halbe Stunde fortgeführt hatte, wendete er sich triumphirend zu den mit athemloser Spannung auf das Resultat des Versuches Harrenden, befahl, den Schmelztigel vom Feuer zu nehmen und erklärte, daß die Hälfte der Kupferstange, wenn sie kalt sein werde, sich als lauteres Gold zeigen müsse. Er zog die glühende Stange aus dem Tigel hervor, warf sie in kaltes Wasser, löste die Thonumhüllung von derselben und jetzt zeigte sich die eine, bisher im Thon versteckte Hälfte als gemeines Kupfer, die andere als hellblinkendes, lauteres Gold.

Sofort wurde zu verschiedenen Goldschmieden und zu einigen Münzbeamten geschickt. Diese kamen, untersuchten die Stange und fanden, daß sich über ein Pfund feines Gold in derselben befinde.

So hatte denn der Goldmacher sich als der wahre Besitzer des Steins der Weisen erwiesen und Niemand durfte mehr wagen, an seiner Gelehrsamkeit zu zweifeln. Der König war glücklich; er überhäufte den seltenen Mann mit Freundschaft und Ehre; Geld aber gab er demselben natürlich nicht, denn wozu brauchte ein Mann, wie Caetano, der sich das Gold nach Belieben selbst zu machen verstand, den schnöden Mammon?

So natürlich eine solche Ideenverbindung war, zeigte sie sich doch keineswegs nach dem Geschmack des Goldmachers; dieser ließ sich noch einige Tage auf königliche Kosten bewirthen, trank auch zwölf Flaschen feinen französischen Wein, die ihm als besonderes Präsent gemacht worden waren, aus, dann aber entfernte er sich heimlich aus Berlin, um eine gewinnbringendere Stätte für seine Geschicklichkeit zu suchen.

Der König war untröstlich; er mußte den Goldmacher zurückhaben um jeden Preis. Der Marschall v. Bieberstein erhielt daher den Auftrag, Caetano nachzureisen und ihn zu bewegen, nach Berlin zurückzukommen.

Dies geschah. Nach mehrfachen Weigerungen ließ sich endlich der Goldmacher überreden; er erhörte die Bitten des Marschalls, die durch überschwängliche Versprechungen von den Vortheilen und Ehren, welche den großen Mann in Berlin erwarteten, begleitet wurden.

Caetano wurde in der That vom König mit der höchsten Freundlichkeit empfangen; er erhielt dessen mit Brillanten besetztes Bildniß als Geschenk und es wurde ihm außerdem der Charakter als Generalmajor ertheilt.

Friedrich hatte das vollste Zutrauen zu dem Goldmacher, obgleich ihm inzwischen von München und Düsseldorf Warnungen zugegangen waren, obgleich die Kurfürsten von Baiern und von der Pfalz ihm versicherten, sie seien von dem falschen Adepten betrogen worden.

Dem Goldmacher wurde eine Werkstatt ganz nach seinen Angaben eingerichtet. Friedrich erwartete mit Sehnsucht die Fabrikation der ersten Tonne Goldes, aber ehe diese fertig war, entfloh Caetano heimlich nach Stettin. Wieder wurde ihm ein Vermittler nachgesendet, der ihn bewegte, nach Berlin zurückzukommen und wieder entfloh, diesmal nach Hamburg.

Da nicht zu erwarten war, daß er nochmals freundlichen Aufforderungen zur Rückkehr genügen würde, ließ Friedrich ihn in Hamburg heimlich aufheben und obgleich der dortige Rath dagegen protestirte, nach Küstrin bringen. Hier sollte er jetzt sein Versprechen des Goldmachens erfüllen. Er klagte vergeblich über die ihm angethane Gewalt und verlangte seine Freiheit. Statt deren erhielt er nur die Antwort, daß er befreit werden solle, sobald er Gold gemacht haben werde.

Caetano sah ein, daß er mit Protestiren nichts gewinnen werde; er fügte sich daher, begann von Neuem zu laboriren und wußte sich dabei so geschickt zu benehmen, daß er abermals seine ganze Umgebung, selbst die gelehrtesten Männer und natürlich auch den leichtgläubigen König täuschte; einige neue Versuche gaben wieder das Resultat wie der erste, wenn auch die Masse des gewonnenen Goldes keineswegs im Verhältniß zu den auf die Fabrikation verwendeten Kosten stand. Caetano befestigte sich dadurch auf's Neue in Vertrauen des Königs, daß dieser ihm gestattete, im Februar 1707 nach Berlin zu kommen, daß er ihm hier das Fürstenhaus zur Wohnung gewährte, ihm in demselben ein Laboratorium einrichtete und den Goldmacher abermals auf's Köstlichste bewirthen ließ. Dieser erhielt sogar die Erlaubniß, außerhalb der Stadt Spaziergänge zu machen, um frische Luft zu schöpfen und er benutzte dieselbe im Dezember so glücklich, daß er eines Tages plötzlich wieder verschwunden war und wohlbehalten in Frankfurt am Main eintraf.

Er hatte sich in einer Verkleidung geflüchtet, diese aber genügte nicht, um ihn unkenntlich zu machen; denn der in Frankfurt befindliche preußische Geheime Rath v. Plothow erkannte den Flüchtling, ließ ihn festnehmen und sendete ihn im Januar 1708 unter guter Bedeckung nach Berlin zurück.

Trotz aller dieser Vorgänge hatte der König immer noch nicht das Vertrauen auf seinen Goldmacher verloren.

Als Caetano in Berlin eintraf, verstand er es abermals, sich und seine Flucht so glänzend zu rechtfertigen, daß Friedrich, der Anfangs beabsichtigt hatte, ihn sofort grausam zu bestrafen, in seinem Vorsatz wankend wurde. Er konnte sich indessen doch nicht entschließen, dem Betrüger abermals die Freiheit zu geben; hinter Schloß und Riegel wollte er den Goldmacher geborgen halten, um ihn sicher zu haben, wenn er wirklich im Besitz des Steins der Weisen sei, um ihn zu bestrafen, wenn er dies nur vorgespiegelt habe.

Neue Goldmacherversuche begannen, ungeheure Summen wurden verschwendet, um geringfügige Resultate zu erzielen. Caetano suchte nur Zeit zu gewinnen, bis er sich wieder flüchten könnte und gab stets neue Versicherungen, daß er den König in den Besitz unendlicher Schätze setzen werde.

Ueber ein Jahr dauerte es, bis die Geduld Friedrichs riß, dann aber gab er den Befehl, dem Betrüger den Prozeß zu machen und ihn zum Tode zu verurtheilen.

Und so geschah es.

Am 23. August 1709 wurde zu Küstrin ein mit Flittergold beschlagener Galgen errichtet und zu diesem führte man Caetano, dem man ein gleichfalls mit Flittergold besetztes Kleid angezogen hatte und henkte ihn auf. Vergeblich versicherte der Abenteurer bis zu seinem letzten Augenblick, er sei unschuldig und kein Betrüger; jetzt wurde er nicht mehr gehört. Er starb, ein Opfer des Ingrimms und der Rachsucht, welche Friedrich gegen den Mann fühlte, den er selbst gezwungen hatte, ihn zu täuschen.

Der Ordensrath König fügt der Erzählung der Schicksale des Goldmachers folgende gewiß richtige Bemerkung hinzu: „Ich enthalte mich allen bestimmten Urtheils über dieses Abenteuer. Ich weiß aber nicht, ob nicht die Frage aufzuwerfen sei: Kann man Jemandem das Leben rauben, den man selbst, durch eigenes Interesse bewogen, dahin bringt, daß er sich schuldig machen muß?"

Zwölftes Kapitel.

Die Stadtverwaltung von Berlin. — Vereinigung der fünf Magistrate. — Die Feierlichkeit der Rathsversetzungen. — Verhältniß des Magistrats zu den Stadtverordneten. — Gemeinschaftliche Gerichtsverfassung. — Die Polizeiverwaltung. — Vereinigung der Gewerke. — Erleichterung des Gewerbeverkehrs. — Freizügigkeit. — Die Porte-Chaisen.

Die Verwaltung unserer Stadt erhielt unter der Regierung Friedrichs eine vollständige Umgestaltung durch die Vereinigung der bisher selbstständigen Rathscollegien der 5 zusammengehörigen Städte in einen Magistrat.

Berlin hatte sich seit dem 30-jährigen Kriege unaufhörlich in rapider Steigerung vergrößert und an Einwohnerzahl gewonnen. Während im Jahre 1654 die Einwohnerzahl von Berlin nur noch 6197 Seelen betrug, zählte die Stadt an Einwohnern:

Im Jahre 1690 . . . 21,500,
" " 1698 . . . 22,400,
" " 1700 . . . 29,000,
" " 1709 . . . 55,000,
" " 1712 . . . 61,000.

Die Theilung der Residenz in die 5 Städte Berlin, Cöln, Friedrichswerder, Dorotheenstadt und Friedrichsstadt, die selbstständige Verwaltung jedes dieser einzelnen Theile konnte nur nachtheilig auf die Entwicklung des Gemeinwesens wirken.

Die Zeit, in welcher die Schwesterstädte Berlin und Cöln wesentlich verschiedene Interessen gehabt hatten, war längst vorüber, die Unterschiede zwischen den einzelnen Theilen waren vollkommen verwischt, die Städte bildeten ein einziges, nur künstlich getrenntes Ganze.

Die Verwaltung in den fünf Städten war eine außerordentlich schwerfällige, 60 Rathsmitglieder und über 200 Beamte und Diener führten dieselbe. König Friedrich hegte daher schon seit langer Zeit den Wunsch, alle diese Magistraturen zu einer einzigen für die ganze Stadt zu vereinigen. Im Jahre 1707 befahl er dem Geheimen Rath von Ilgen, in dieser Beziehung Unterhandlungen mit den Räthen der verschiedenen Städte anzuknüpfen und sie darauf aufmerksam zu machen, daß eine solche Vereinigung sicher zum Gedeihen aller Städte führen müsse.

Wie sehr es auch in die Augen springen mußte, daß die Durchführung des königlichen Plans zum Vortheil der Stadt gereichen würde, so fand derselbe doch bei den einzelnen Magistraten vielfachen Widerstand; freilich nur bei den Magistraten nicht bei dem Volk, denn die Bürgerschaft wünschte selbst eine Vereinigung, die Magistratsmitglieder aber widerstrebten derselben, weil ihr persönlicher Vortheil und ihr persönliches Ansehen in den einzelnen Städten schwinden mußte, wenn eine allgemeine Behörde eingesetzt wurde.

Am 1. Dezember 1707 erließ deshalb der König eine Verfügung an die fünf Magistrate, in der er sagte, es sei fest davon überzeugt, daß die Vereinigung zum Besten der Städte gereichen müsse und er wolle deshalb bei dem einmal gefaßten Beschlusse verbleiben; aus diesem Grunde befehle er, daß inzwischen keine neue Rathsmitglieder weiter gewählt würden. Am 17. Januar 1709 erfolgte der folgewichtige königliche Befehl, welcher die Vereinigung sämmtlicher Magistrate bewirkte. Nach diesem Befehl sollten fortan alle Stadttheile und Vorstädte nur eine einzige Stadt unter einem einzigen Stadtrath bilden und dieser zu gleichen Theilen aus reformirten und lutherischen Mitgliedern bestehen, und zwar aus 4 Bürgermeistern, 2 Syndicis, 1 Oekonomie-Direktor, 1 Oekonomie-Einnehmer, 1 Oekonomie-Kontroleur und 10 Rathsverwandten.

Alle Prärogative, welche bisher eine Stadt vor der andern gehabt habe, sollten aufgehoben sein und sämmtl:ch· Städte nur eine Körperschaft unter dem Namen Berlin bilden. Der neu eingeführte Magistrat sollte seine Zusammenkünfte auf dem Cölnischen Rathhause halten, weil dies den Mittelpunkt der ganzen Stadt bilde. Diese Bestimmung aber war vor der Hand nicht auszuführen, weil sich sofort erwies, daß das Cölnische Rathhaus beschränkt und baufällig war. Es mußte deshalb im Jahre 1710 ein Umbau desselben stattfinden, das Gebäude wurde in der Art hergestellt, wie es heut noch besteht. Einstweilen nahm die Stadtverwaltung Besitz vom Berliner Rathhause und dort blieb sie auch für die Zukunft, ohne daß weiter von einem Wechsel die Rede war.

Dem Magistrat wurde die Verwaltung der Justiz-, Polizei-, Kirchen-, Schul- und Hospital-Sachen, soweit er dieselbe bisher gehabt hatte, überlassen. Inwiefern namentlich bei der Polizei, welcher der königliche Hof- und Steuerrath Grohmann als Kommissar vorstand, Einschränkungen stattfanden, werden wir noch weiter zu erörtern haben.

Die Bestätigung der gewählten Rathsmitglieder sollte, wie immer Sitte gewesen war, jährlich eingeholt werden, die Versetzung derselben aber nicht wie bisher am St. Thomastage, den 21. Dezember, sondern zum Andenken an die am 18. Januar stattgefundene Krönung des Königs an diesem Tage geschehen.

Diese Rathsversetzung war früher stets mit besondern Feierlichkeiten vorgenommen worden. Fidicin giebt uns hierüber in seinen historisch-diplomatischen Beiträgen zur Geschichte Berlins folgende Schilderung:

„Am Sanct Thomastage ward durch dreimaliges Läuten der Rathsglocke der Rath und die Stadtgemeinde auf das Rathhaus berufen. Hatte der Rath sich unter dem Vorbau des Rathhauses, die Bürgerschaft vor demselben versammelt, so verlas der Stadtschreiber die Kurfürstliche Konfirmation mit lauter Stimme, daß Jeder es vernehmen konnte und hierauf erfolgte ebenso die Vereidigung derjenigen Rathsglieder, welche etwa nicht bereits im Dienste der Stadt waren und daher noch keinen Rathseid geleistet hatten. Zugleich ward von dem abgehenden Rath öffentlich Rechnung abgelegt, von der jeder Einwohner Kenntniß erhielt. Später hörte die Oeffentlichkeit dieses Acts auf, die Confirmation ward der Einwohnerschaft von den Kanzeln publicirt und die Vereidigung erfolgte demnächst auf dem Rathhause. War diese Handlung beendigt, so ward dem neuen Rath im Saale des Rathhauses, welcher mit Hirschgeweihen und Kronenleuchtern reich verziert war, ein festlicher Schmaus gegeben, zu dem die Vornehmsten der Stadt und später auch die angesehensten Kurfürstlichen Beamten eingeladen wurden, wobei es hoch herzugehen und ein Namhaftes verzehrt zu werden pflegte. Zur Belustigung der Gäste veranstaltete der Rath Mummereien oder Verkleidungen, der Rector nebst den Schülern pflegte mit einer Comödie oder einem Gesang aufzuwarten und am Abend versammelten sich die Frauen und Töchter der Rathmannen und Gäste ebenfalls auf dem Rathhause, um das Fest erst spät mit fröhlichem Tanz zu beschließen. Es wird im Rathhause noch ein Becher aufbewahrt, der den neu eintretenden Rathmannen am Thomasfest auf eine scherzhafte Weise kredenzt zu werden pflegte. Derselbe, welcher zum Fußgestelle die vereinigten Stadtwappen Berlins und Cölns, den sich umarmenden Adler und Bären, hat und mit einem doppelten Boden versehen ist, wurde inwendig mit Wein und der obere Theil, der eigentliche Kelch, mit Wasser angefüllt. Um den Wein ohne das Wasser zu erhalten, mußte man eine Oeffnung am Rande benutzen, deren Zweck nur nach genauer Beachtung zu erkennen ist. Auf dem obersten Theil des Bechers standen die Worte:

„Wenn Adler und der Bär am Thomasfest sich letzen,
Denkt Mancher sich auch gern in höhern Stand zu setzen."

Und am Fuße:

„Doch wer die rechte Stell' und Ort nicht finden kann,
Der trifft anstatt des Weins das reine Wasser an!"

Hiermit war die alte Rathsversetzung abgethan; der neue Rath führte von nun an die Regierung."

Die geschilderte Rathsversetzung hörte übrigens bald ganz auf; die Rathsherren erhielten zur Entschädigung für die fortfallende Festlichkeit ein sogenanntes Speisegeld.

Dem Magistrat standen in der Verwaltung der städtischen Angelegenheiten die Stadtverordneten zur Seite.

Die Stadtverordneten waren an die Stelle des Ausschusses der Viergewerke, der sogenannten Sechzehnmänner getreten; früher waren sie von den Gewerken gewählt worden, um den Magistrat in seiner Amtsführung zu beaufsichtigen. Diese Sitte aber war längst eingeschlafen, sie ergänzten sich beim Ableben eines Verordneten selbst.

Wenn eine erledigte Stelle besetzt werden sollte, so erwählten die Verordneten 2 Kandidaten aus der Bürgerschaft, wobei sie besonders Rücksicht darauf nahmen, daß die 4 alten Gewerke sämmtlich unter ihnen vertreten blieben. Die Kandidaten schlugen sie dem Magistrat vor und dieser wählte aus den vorgeschlagenen den tauglichsten, verwarf aber auch wohl Beide und setzte willkürlich einen neuen Stadtverordneten ein.

Wie der Rath gegenüber dem Fürsten die alte bürgerliche Selbstständigkeit verloren hatte, so hatten auch die Stadtverordneten ihre Selbstständigkeit dem Magistrat gegenüber verloren. War früher der Rath unbedingt bei der Stadtverwaltung an die Oberaufsicht der Verordneten gebunden, so blieb in neuerer Zeit kaum noch eine andere als eine höchst untergeordnete Thätigkeit, die sich wesentlich auf die Theilnahme an der Polizeipflege und andern lästigen Geschäften beschränkte. Das Amt war zur Unbedeutenheit herabgesunken und das Reglement über die Einrichtung des rathshäuslichen Wesens aus dem Jahre 1709 gedachte deshalb der Verordneten gar nicht mehr; der Rath verschmähte es selbst meistens, den Stadtverordneten die Rechnungen der Kämmerei zur Revision und Dechargeleistung vorzulegen. Auf die Verwaltung des Stadthaushalts hatten sie gar keinen unmittelbaren Einfluß mehr und nur die Befugniß war ihnen geblieben, dem Rath im Namen der Bürgerschaft Vorstellungen zu machen, welche derselbe befolgte oder nicht befolgte, wie ihm eben gut dünkte.

Die erste feierliche Einführung des neuen gemeinschaftlichen Stadtraths fand am 18. Januar 1709 statt, natürlich mit großem Gepränge, wie ja alle Feierlichkeiten unter der Regierung Friedrichs I. mit einem solchen verbunden waren.

Eine außerordentliche Menge von schaulustigen Bürgern hatte sich versammelt; es wurden viele zierliche Reden gehalten und der König, der hier wirklich einmal etwas Gutes gethan hatte, in den Himmel erhoben. Das Volk, welches über die neue Einrichtung hoch erfreut war, jubelte den Rednern zu und der gemeinschaftliche Stadtrath begann nun seine Regierung.

Wie vor dem Jahre 1709 die städtische Verwaltung in den fünf Städten getrennt war, so bestanden in diesen auch selbstständige Gerichtshöfe. Es konnte nicht fehlen, daß in einer Stadt, welche sich in Handel und Gewerbe mächtig emporschwang, in der der Verkehr neue Bahnen eingeschlagen hatte, die Rechtspflege durch eine solche Trennung eine schleppende und unsichere werden mußte. Gerade hierdurch wurde vielleicht der König um so mehr bestimmt, die Vereinigung der Stadtbehörden vorzunehmen. Mit der Vereinigung wurde aber auch die Verfassung, nach der bisher jeder Magistrat in seinem Stadttheil die Rechtspflege verwaltet hatte, aufgelöst und ein allgemeines Stadtgericht für ganz Berlin begründet.

Im Jahre 1710 erschien die neue Gerichtsverfassung, in der festgestellt wurde, daß das Stadtgericht jedesmal aus einem Direktor, der stets aus den Bürgermeistern zu erwählen war, aus 5 Richtern und 6 Assessoren bestehen solle; auch hier war die Bestimmung beibehalten, daß die eine Hälfte des Personals der lutherischen, die andere der reformirten Konfession angehören müsse.

Dieser Gerichtshof verwaltete im Namen des Magistrats die Jurisdiktion über die Bürger der sämmtlichen Städte und über diejenigen Fremden, welche sich in den Häusern der Bürger aufhielten, in allen Testaments-, Subhastations-, Liquidations- und Hypotheken-Sachen; der Magistrat behielt die Jurisdiktion in Polizei-, Handwerks-, Vormundschafts- und Wechselsachen, während in den einzelnen Stadttheilen noch Untergerichte organisirt wurden, aus einem Einzelrichter und zwei Schöffen bestehend, welche Injurien-, Dienstboten- und kleine Schuldsachen im Wege eines kurzen Verfahrens abzumachen hatten; den Untergerichten wurden auch die Kriminalsachen und die Aufsicht über Thee-, Kaffee- und Spielstuben übertragen.

Die Polizeiverwaltung war schon früher, im Jahre 1693, soweit sie die Beaufsichtigung der Markt-Ordnung, der Maße und Gewichte, des Verkaufs der Lebensmittel 2c. betraf, in einer Polizei-Direktion vereinigt worden.

Eine Verbesserung des Polizeiwesens hatte sich mit der anwachsenden Einwohnerzahl so dringend nothwendig gemacht, daß Friedrich sich zu einer solchen entschloß und dieselbe seinen eigenen Beamten übertrug, da der Magistrat durch mancherlei Saumseligkeit gerade die traurigen polizeilichen Zustände verschuldet hatte.

Das Polizei-Direktorium erhielt einige Zimmer auf dem königlichen Schlosse, um in denselben seine Sitzungen zu halten; 2 Marktmeister und 15 Aufseher wurden der Direktion zu Diensten gestellt. Die neuen Polizisten zeigten bald genug, daß sie von der Wichtigkeit ihres Amtes tief durchdrungen seien, sie machten sich den Bürgern so unausstehlich, wie dies jemals eine Polizei gethan hat. Es gab häufig unangenehme Auftritte zwischen der königlichen Polizei und den Marktleuten; wo sich ein Polizist in den Bierstuben sehen ließ, wurde er verhöhnt, beschimpft und mitunter selbst gemißhandelt.

Wie verhaßt die Polizisten waren, geht wohl am Besten daraus hervor, daß Friedrich sich gezwungen sah, eine Verordnung zu erlassen, in der er aussprach, daß die Polizeibeamten nicht als unehrliche Leute zu betrachten seien und daß auch ihren Kindern in den Zünften Aufnahme verstattet werden müsse, indem man ihnen nicht ihre schimpfliche Geburt zum Vorwurf anrechnen dürfe.

Diese Verordnung genügte indessen nicht, um die Polizei den Berlinern in einem bessern Lichte erscheinen zu lassen. Die Beschimpfung der Beamten dauerte fort. Bei den Untersuchungen gegen Diejenigen, welche einen Beamten verhöhnt, vielleicht sogar gemißhandelt hatten, wurde meist die Entschuldigung gebraucht, man habe nicht gewußt, daß der Betreffende ein königlicher Polizeibeamter sei. Bei andern Gelegenheiten gaben sich auch wohl Betrüger für Polizisten aus, um unter diesem Titel verbrecherische Unternehmungen verbergen zu können. Aus diesem Grunde gab Friedrich fortan den Polizeidienern eine Kleidung, die ihr Amt kenntlich machte. Daß sie beliebter hierdurch geworden wären, melden die Chroniken indessen nicht. Die Funktionen der königlichen Polizei wurden bald genug auch über den gewöhnlichen Marktverkehr hinweg erweitert.

Der Plan zur Vereinigung der sämmtlichen Städte der Residenz hatte jedenfalls Friedrich schon vom Beginn seiner Regierung an vorgeschwebt; er begann diese Vereinigung anzubahnen, indem er schon im Jahre 1688 den Gewerken in den 5 verschiedenen Städten auf ihr Gesuch gemeinschaftliche Privilegien ertheilte und ihnen gestattete, sich zu verbinden, so daß Niemandem, der in einer der Städte sein Meisterrecht gewonnen hatte und in eine andere der Berliner Städte ziehen wollte, dies verweigert werden konnte.

Nur das Gewerk der Schuster wurde noch ferner von solchen Vortheilen ausgeschlossen, da sich der Magistrat der Vereinigung der Schuster mit allen Kräften widersetzt hatte. Es gab im Jahre 1688 in den sämmtlichen Städten Berlins zusammengenommen 128 Schuhmachermeister, von denen ein großer Theil auf das eigentliche Berlin kam.

Die Berliner hatten vor den Schustern in den übrigen Stadttheilen große Vortheile; fast alle ankommenden Gesellen begaben sich zu ihnen und fragten nach den Meistern in den andern Städten wenig; die Berliner hatten Arbeiter im Ueberfluß, den Cölnern, Dorotheen- und Friedrichsstädtern fehlte es stets an denselben.

Es gab zwischen den Meistern und Gesellen in den verschiedenen Städten zahlreiche Händel und das Geschäft litt unter denselben so, daß die Schuster selbst die Nothwendigkeit einer Vereinigung fühlten. Der Magistrat von Berlin kämpfte aber dagegen und schritt gegen alle diejenigen Meister, welche sich widerspänstig zeigten, mit harten Strafen ein. Jedem Berliner Meister war bei 10 Thalern Strafe die Verbindung mit den Gewerksgenossen in den andern Städten untersagt; zweien derselben, welche sich bei einem Leichenbegängniß eines Friedrichstädter Schusters betheiligt hatten, wurde der Schimpf angethan, daß man sie in dem Sankt Georgenthurm gefangen setzte.

Ein früherer Schuster, Christoph Ulm, der sein Handwerk niedergelegt und eine Gastwirthschaft angelegt hatte, wurde zum Werkmeister bei den Schustern eingesetzt und man gestattete ihm, daß er zu Pfingsten unter der Predigt einige Faß Bier ausschenkte in der Absicht, die Gesellen nach Berlin zu ziehen.

Ein heftiger Kampf zwischen Magistrat und Schustergewerk war die Folge der unpolitischen Maßregeln der Stadtbehörde; beide Parteien wendeten sich an den Hof, der Magistrat mit der besondern Bitte, daß die Vereinigung der Schuster unter jeder Bedingung verhindert werden möge; er führte in seiner Eingabe als Beweis für die Gefährlichkeit der Schusterverbindung an, daß dieses Gewerk seit alten Zeiten besonders geneigt zum Aufruhr gewesen sei. Wir sehen, daß unsere noch heutigen Tages manchen Unfugs wegen berühmten Schusterjungen nur dem Beispiel ihrer erlauchten Ahnherren folgen! —

Der Streit wurde endlich im September 1691 zu Gunsten der Schuster, denen wie den andern Gewerken ein General-Privilegium gegeben wurde, geschlichtet; jedoch wünschte Friedrich, sie möchten, um Streit und Uneinigkeit zu verhüten, wie früher auch ferner abgesonderte Zusammenkünfte haben.

Durch die Vereinigung der Gewerke in der ganzen Stadt wurde dem schroffen Zunftgeist, der noch in vielen Gewerken herrschte, einigermaßen entgegengearbeitet. Da die Innungen, je kleiner sie waren und je enger sich die Bezirke begrenzten, in welchen sie ihr Gewerbe betrieben, sich um so schroffer an das Alte und Hergebrachte hängten, so mußte ihre Ausbreitung über die ganze Stadt nothwendig einen wohlthätigen Einfluß auf sie ausüben.

Die Konkurrenz ist die Mutter der Gewerbefreiheit; je größer jene, je nothwendiger diese: Die Konkurrenz der Gewerbetreibenden mußte natürlich wachsen mit der Verbreitung der Innungen über ganz Berlin.

Friedrich hatte ein richtiges Gefühl dafür, daß die Freiheit der Gewerbe zum Emporblühen derselben führen würde; er konnte natürlich nicht daran denken, eine allgemeine Gewerbefreiheit einführen zu wollen, eine solche würde dem Geist seiner Zeit durchaus widerstrebt haben; aber er war redlich bemüht, wenigstens manche der lästigsten Schranken des Gewerbeverkehrs zu beseitigen, soweit ihm dieselben nicht selbst nothwendig erschienen, um seines eigenen Vortheils willen. Ebenso auch bestrebte er sich, einige tief eingewurzelte Krebsschäden der alten Zunftverfassungen auszurotten.

Schon am 7. Mai 1689 erließ Friedrich eine Verordnung, durch welche er die Beschränkungen aufhob, nach der jedes Handwerk nur eine bestimmte Zahl von Meistern in sich aufnehmen durfte; nur in einzelnen Fällen wurde in der falschen volkswirthschaftlichen Ansicht, dies sei zum Schutz eines sich erst entwickelnden Gewerbes nöthig, eine Ausnahme gemacht. So erhielten die Wollenarbeiter 1691 die Genehmigung, daß ihre Zahl sich nicht über 20 in Berlin vermehren dürfe.

Den Bäckern und Fleischern, welche oft genug ihre geschlossene Zunft ausbeuteten, um die Preise der Lebensmittel in die Höhe zu schrauben, wurde zu Gunsten der übrigen Bürger eine heilsame Konkurrenz gemacht durch die Bestimmung vom

8. April 1693, nach welcher den fremden Bäckern und Schlächtern erlaubt wurde, zweimal in der Woche, Mittwochs und Sonnabends, in die Stadt zu kommen, um von Morgens bis Nachmittags um 2 Uhr ausgeschlachtetes Fleisch, Brod und Semmeln auf dem neuen Markt zu Berlin, dem Hundemarkt zu Cöln und auf dem Friedrichswerder vor dem Rathhause zu verkaufen.

Um die immer größer werdende Stadt noch außerdem gegen etwaigen Mangel, der bei den noch so sehr im Argen liegenden Verkehrsstraßen und der Schwierigkeit eines Transports der Lebensmittel von weit her zur Zeit von Mißernten leicht eintreten konnte, zu schützen, ließ Friedrich im Jahre 1709 in der jetzigen neuen Friedrichsstraße ein Proviantshaus einrichten und befahl außerdem dem Magistrat, ein Kornmagazin herzustellen, zu welchem die Böden der Klosterstraße, des Hospitals und des Rathhauses in Berlin bestimmt wurden. Im Jahre 1711 befanden sich 300 Wispel Roggen, 50 Wispel Mehl und eine nicht unbedeutende Quantität Hirse in diesen Magazinen; die überschüssigen Vorräthe wurden zu wohlthätigen Zwecken verbraucht.

Ein sehr zweifelhaftes anderes Mittel, um die Lebensmittel möglichst wohlfeil zu machen, war das Verbot des Vorkaufs solcher Waaren, damit die Verkäufer gezwungen würden, dieselben auf dem Markt loszuschlagen. Vorkaufsverbote hatten schon seit langen Jahren bestanden, sie waren aber meist wenig beachtet worden. Jetzt erließ Friedrich schon im ersten Jahre seiner Regierung ein neues derartiges Verbot und bestimmte, daß künftig Federvieh, Gartengewächse, Butter und andere Viktualien jedes an einem bestimmten Ort feilgeboten werden sollten. Der Neue Markt, der sich als ein besonders geeigneter Marktplatz herausstellte, wurde mit neuem Steinpflaster belegt, um den Marktverkehr auf demselben zu erleichtern.

Auch der Theuerung des Brennmaterials suchte Friedrich entgegenzuwirken, indem er am 20. Juni 1693 eine Verordnung erließ, in der die Preise des Brennmaterials festgestellt waren. Ein Haufen Kiehnholz sollte nicht mehr als 3 Thaler, Eichenholz 4 Thaler, Elsen- und Birkenholz nicht mehr als 5 Thaler bei Strafe der Konfiskation des zum Verkauf ausgestellten Holzes kosten; auch später wurde der Preis nur um ein Unbedeutendes erhöht. Die in den königlichen Forsten gehauenen Hölzer wurden ebenfalls nicht theuerer verkauft, wenn nicht besondere Umstände, etwa weiter Transport ꝛc. einen wenig höhern Preis bedingten.

Alle solche Verordnungen gingen vom König direkt aus. Die Bürger waren schon daran gewöhnt, sich beherrschen zu lassen. Sie dachten wenig daran, Maßregeln ins Leben zu rufen, die von allgemeinem Vortheil waren. Jeder Einzelne strebte nur für sich und suchte allen denjenigen Neuerungen, die ihn vielleicht in seinem Gewerbe, wenn auch nur für einen Augenblick, stören konnten, Hindernisse in den Weg zu legen.

Viele alte und verrottete Vorurtheile mußten überwunden werden, um heilsame Reformen ins Leben zu rufen. So erließ Friedrich am 18. April 1705 ein Edikt, in welchem er verordnete, daß fortan die Kinder der Schäfer, Vögte, Stadtdiener, Wächter ꝛc. in die Zünfte aufgenommen werden sollten, und am 19. Februar 1710 ein anderes, nach welchem die Kinder aus den Armenhäusern unentgeltlich in die Zünfte eingeschrieben werden mußten. Die alten Verordnungen, nach denen die Kinder der mißachteten Beamten nicht unter der vermeintlichen Unehrlichkeit ihrer Eltern leiden durften, wurden somit abermals aufgefrischt und wie nothwendig dies war, geht daraus hervor, daß die Zünfte Niemand als Mitglied anerkennen wollten, der sich mit einer Schäferstochter verheirathet hatte. Solche alte Vorurtheile auszurotten war die schwierigste Aufgabe der Gesetzgeber jener Zeiten!

Zu den anerkennungswerthen Förderungsmitteln des Handels und Verkehrs unter der Regierung Friedrichs gehört auch die Festsetzung bestimmter Maße und Gewichte. Die Unsitte unzuverlässiger Maße und Gewichte hatte so sehr überhand genommen, daß dadurch eine große Unsicherheit im Verkehr entstanden war. Friedrich erwarb sich daher durch seine Verordnungen ein wirkliches Verdienst.

Eine andere für Berlin ebenfalls sehr wichtige Einrichtung, welche Friedrich ins Leben zu rufen sich bemühte, war eine allgemeine Stadt- und Land-Feuerkasse. Im Jahre 1706 erließ der König eine Verordnung, in welcher er erklärte, daß er während seiner Regierung von Stadt- und Landbewohnern häufig angegangen worden sei, ihnen Beihülfe von Geld, Baumaterialien ꝛc. zu bewilligen, um ihre niedergebrannten Gehöfte wieder aufzubauen. Zur Abstellung solcher Noth solle eine allgemeine Stadt- und Land-Feuerkasse eingerichtet werden, zu der alle Eigenthümer gewisse Prozentgelder einzuzahlen hätten. Der Versuch ward gemacht; aber mit den Vorurtheilen der alten Berliner zu kämpfen, war eine schwierige Aufgabe; es wurden der neuen Anstalt so viele Hindernisse in den Weg gelegt, daß der König im Jahre 1711 gezwungen wurde, sie wieder aufzuheben.

Besser gelang ihm eine andere wohlthätige Einrichtung, die Begründung einer Armenkasse für Berlin.

Im Jahre 1693 hatte Friedrich für sämmtliche Residenzstädte eine Armen-Kommission ernannt; diese bestimmte, daß die Armen Montags und Donnerstags auf dem Berliner Rathhause sich versammeln mußten, damit ihre Würdigkeit und Bedürftigkeit geprüft werden könne. Sie ordnete zugleich eine Hauskollekte an, aus deren Erträgen die Armen unterstützt werden sollten. Wöchentlich ging von Haus zu Haus in der

Stadt eine Büchse, in die Jeder seine Beiträge legte. —

Im Jahre 1695 wurde eine wirkliche Armenkasse eingerichtet, welche der Ursprung unserer noch heut bestehenden Haupt-Armenkasse ist. Für diese wurde fortan die Kollekte bestimmt; auch der König lieferte jährliche Beiträge und außerdem wurden in allen Kirchen Beden ausgestellt, um für die Armen zu opfern. Beiträge von Privaten, Vermächtnisse, Geschenke aller Art flossen der neuen Kasse zu. So gewann denn die Armenverwaltung eine neue Grundlage. Der Staat übernahm die Sorge für die Hausarmen und die Bettelpolizei, der Stadt blieben nur die verschiedenen Hospitäler. Wir werden erst weit später zu erzählen haben, wie die städtischen Behörden wieder die gesammte Armenverwaltung übernehmen mußten.

Das Armenwesen der französischen Kolonie blieb dieser vorbehalten; später richteten auch die Berliner Juden und die katholische Gemeinde ein eigenes Armenwesen ein.

Alle diese Maßregeln, die wirthschaftlichen Zustände der Stadt zu verbessern, wie anerkennungswerth sie auch sein mochten, genügten indessen nicht, um für die Störungen, welche die unsinnige Steuergesetzgebung unter Friedrich dem Handel und Verkehr in den Weg legten, ein Gegengewicht zu bieten.

Der Steuerdruck war gegen das Ende der Regierung Friedrichs so stark, die Hemmung des Verkehrs wurde so gewaltig, daß sich trotz der großen Summe, welche der Hof in Berlin verzehrte, doch nach und nach eine Verminderung des Gewerbebetriebs zeigte. Handel, Handwerks- und Fabrikthätigkeit verminderten sich, obwohl die Einwohnerschaft stetig zunahm.

Die entsetzliche Finanzwirthschaft des verschwenderischen Königs würde, wie sie die Verarmung des Landes zur Folge hatte, endlich auch die der Residenz mit sich geführt haben, wenn dieser nicht von außerhalb fortwährend neue Kräfte zugeflossen wären.

Friedrich beförderte, wie sein Vater, den Zuzug der wegen ihrer Religion verfolgten Ausländer nach Berlin, indem er diese von der Zahlung der Einzugsgelder vollständig befreite. Berlin hat dieser Beförderung der Freizügigkeit einen wesentlichen Theil seines Emporblühens zu verdanken.

Neben den aus Frankreich vertriebenen Protestanten, neben den Waldensern aus Piemont kamen in den Jahren 1698 und 1699 Wallonen, welche im 16. Jahrhundert vom Herzog v. Alba aus den Niederlanden vertrieben worden waren, sich dann in der Pfalz angebaut hatten, aber, weil ihre neue Heimath von französischen Heeren besetzt worden, verlassen mußten, um ihrem Glauben treu bleiben zu können. Außerdem wandten sich viele Franzosen, die sich ursprünglich in der Schweiz niedergelassen hatten, dort aber ebenfalls in ihrem Glauben beengt wurden, nach der Mark Brandenburg. Fast zu gleicher Zeit kamen auch Reformirte aus dem an Frankreich gefallenen Fürstenthum Orange nach der Mark.

Von allen diesen Flüchtlingen zog sich ein guter Theil nach Berlin. Im Jahre 1700 betrug die Zahl derselben schon 5000 bis 6000, also etwa den fünften Theil der gesammten Bevölkerung.

Die aus dem Fürstenthum Orange Eingewanderten siedelten sich auf dem Köpnicker Felde an und beschäftigten sich vorzüglich mit Gartenbau. Die Oranienstraße hat von ihnen ihren Namen.

Die fremden Zuzügler wurden nach allen Richtungen kräftig unterstützt und ihren Sitten und Angewohnheiten wurde soweit Rechnung getragen, daß man ihnen nicht nur ihre eigenen Schulen und Kirchen, ihre Hospitäler, Armenverwaltung und andere Wohlthätigkeitsanstalten ließ, sondern ihnen sogar einen eigenen Gerichtshof gewährte.

Mit den Franzosen kamen neue Industriezweige in unsere Stadt, unter andern auch einer, der gegenwärtig wieder vollständig verschwunden ist, der Personenverkehr vermöge der Porte-Chaisen oder Sänften. Derselbe begann schon unter der Regierung des großen Kurfürsten, nachdem durch die Anlage des Friedrichswerders und der Dorotheenstadt der Umfang Berlins so bedeutend gewachsen war, daß vornehme Leute, besonders bei schlechtem Wetter, nicht gern die Straßen zu Fuß durchwandern mochten. Es wurden Porte-Chaisen eingerichtet, als deren Träger die ärmeren Franzosen angenommen wurden.

Diese Einrichtung fand solchen Beifall, daß sie sich bald einbürgerte. Am 1. Jan. 1688 erschien ein Reglement für den Porte-Chaisen-Transport. Die Sänften wurden auf dem Schloßplatz beim Berlinischen Rathhause und auf dem Werder aufgestellt und mit Nummern bezeichnet; Anfangs nur 12 mit 24 Trägern. Später wurde die Zahl bedeutend vermehrt. Eine Sänfte kostete für einen ganzen Tag 20 Groschen, für eine Stunde 4 Groschen; für das Tragen auf eine bestimmte Tour durfte nicht mehr als 3 Groschen bezahlt werden.

Dreizehntes Kapitel

Berliner Leben. — Titelsucht der Bürger. — Französische Moden. — Unsittlichkeit in Berlin. — Luxusgesetze. — Gasthäuser und Schenken. — Berliner Spielhöllen. — Rohheit der Sitten. — Raufereien. — Hinrichtung der Duellanten. — Nächtliche Einbrüche. — Die letzten Regierungsjahre Friedrichs. — Die Pest. — Krankheit des Königs. — Die weiße Frau. — Die gespenstischen Lichter. — Tod des Königs.

Wir haben bei verschiedenen Gelegenheiten schon darauf hingewiesen, welchen bedeutenden Einfluß das Hofleben auf die Sitten des Volks ausübte. In keiner Zeit zeigte sich diese Erscheinung greller und widerwärtiger als unter der Regierung Friedrichs. Wie der Hof in Berlin nur für äußern Schein, für prächtige Vergnügungen, für sich jagende Feste lebte, wie am Hofe das Streben nach Reichthümern, Rang und Titeln unter allen Höflingen ein allgemeines war, so auch beim Volk.

Die Berliner schwammen in einem Meer von Lustbarkeiten; in den Bürgerhäusern wurde ein Aufwand gemacht, welcher weit über die Kräfte der Kaufleute und Handwerker ging und die Verarmung vieler wohlhabenden Familien zur nothwendigen Folge hatte.

Titel- und Rangsucht wurden auch unter den Kaufleuten und Handwerkern allgemein und da diese keinen andern Titel erwerben konnten, als den eines Hof-Klempers, Hof-Sattlers, Hof-Schmiedes, Schneiders, Schusters ꝛc., so suchten sie wenigstens das Prädikat als Hof-Lieferant von den stets bestechlichen Günstlingen Friedrichs für Geld und gute Worte zu erkaufen.

Es wurde zur Ehrensache, bei den Hof-Lieferanten zu kaufen; die einfachen Bürger wollten ihre Bedürfnisse von eben denselben Leuten beziehen, von denen sie die Vornehmen erhielten. Wer sich nicht selbst den Titel eines Hof-Lieferanten verschaffen konnte, der suchte wenigstens den Umgang der Beglückten nach, um sich im Wiederschein der diesen lächelnden Sonne zu spiegeln. Bei allen Bürgertaufen, Hochzeiten mußten Hofbeamte Gevatter stehen oder als Ehrengäste erscheinen. Man brüstete sich damit, mit den Betittelten im engsten Bekanntschaftskreise leben zu dürfen.

Das Streben nach Glanz und äußerm Schein ertödtete die deutsche Innerlichkeit des Familienlebens und trug wesentlich zur Entnervung des früher so kräftigen Berliner Bürgerstandes bei.

Recht augenscheinlich zeigte sich diese Nachäffung der Hofsitte unter dem Volke durch die Aufnahme der französischen Moden.

Schon in der letzten Zeit der Regierung des großen Kurfürsten hatten sich französische Moden und Gewohnheiten in die Bürgerhäuser Berlins eingeschlichen, unter der Regierung Friedrichs faßten sie feste Wurzel. Der verdiente Geschichtsforscher König giebt uns einen interessanten Auszug aus einer merkwürdigen Schrift, welche schon im Jahre 1689 unter dem Titel: „Der deutschfranzösische Modengeist, wer es lieset, der versteht's", erschienen war. Diese Schrift läßt uns einen tiefen Blick in das Volksleben zu Ende des 17. Jahrhunderts thun. Bedenken wir, daß im Anfang des 18. Jahrhunderts von Jahr zu Jahr die Nachäffung des Franzosenthums wuchs, so überkommt uns ein wahrer Ekel über die Entwürdigung unserer Nation in jener Zeit!

Hören wir zur gerechten Würdigung der Sitten unter der Regierung Friedrichs die eigenen Worte des Zeitgenossen in dem Auszuge Königs:

„Sonst wurden die Franzosen bei den Deutschen nicht ästimirt, heut zu Tage können wir nicht ohne sie leben; alles muß französisch sein: Französische Sprache, französische Kleider, französische Speisen, französischer Hausrath, französisches Tanzen, französische Krankheiten und ich befahre, es werde auch ein französischer Tod darauf erfolgen, weil ja die hierdurch verübten Sünden nichts anders prognosticiren. ———"

Die meisten deutschen Höfe — fährt der Autor fort — wären französisch eingerichtet und wer heut zu Tage an denselben versorgt sein wolle, müsse Französisch kennen und besonders in Paris, welches gleichsam eine Universität aller Leichtfertigkeit wäre, gewesen sein, wo nicht, dürfe er sich keine Rechnung am Hofe machen. Daher heiße es:

Wer nicht französisch kann,
Der kommt zu Hof nicht an.

Indessen möchte dies noch hingehen, weil man sich an den Höfen noch eher um anderer Länder Sprache, Sitten und Gebräuche zu bekümmern habe, weil, wenn etwa fremde Herrschaften dahin kämen, man mit ihnen sprechen und sie nach ihrer Landesart bedienen könne. Allein dies wäre nun bis auf Privatpersonen und bis zu dem Pöbel gekommen, und man dürfe sich nur in den Städten umsehen, so würde man finden, Alles sei französisch.

„Wenn die Kinder — sagt der Sittenrichter in seiner Sprache — kaum ausgekrochen sind und nur 4 oder 5 Jahre zurückgelegt haben, so werden sie gleich dem französischen Moloch aufgeopfert und zu den französischen Galanterien angeführt. Wenn ein Kind so zu sagen kaum den Kopf aus dem Mutterleib gesteckt und man nun erkennt, ob es ein Mägdelein oder Knäbelein sei, so sind die Eltern schon auf den französischen Sprach- oder Tanzmeister bedacht. In Frankreich redet Niemand Deutsch, außer etwa die Deutschen unter einander, welche sich etwa dort aufhalten; aber bei uns Deutschen ist die französische Sprache so gemein geworden, daß an vielen Orten bereits Schuster, Schneider, Kinder und Gesinde dieselbe zu reden pflegen. Ist's nicht wahr, daß die meisten Eltern, die etwas von Condition sind (oder daß ich recht rede, Krämerchen, Mist-Jubilirer), alles dasjenige was sie ertauschelt, an ihre Kinder, obgleich nicht zum Nutzen, dennoch zum Verderben derselben anwenden, sollten auch gleich hernach so darüber herniederkommen, daß sie den ganzen Kram in den Korb gesteckt zum Thore hinauslaufen und zum Schelm darüber werden müßten. ———

Will ein Junggesell heut zu Tage bei einem Frauenzimmer stressen haben, so muß er mit französischem Hütchen, Westen, galanten Strümpfen u. s. w. angestochen kommen. Wenn dies der Fall ist, mag er gleich sonst eine krumme Habichtsnase, Kalbsaugen, Buckel (oder wie es Andere, die dergleichen Personen affectionirt sind, hohe Schulter nennen), Raffzähne, krumme Beine u. dgl. haben, so fragt man nichts darnach; genug daß er sich nach langem Lernen a la mode franco stellen kann. Man hält ihn für einen recht geschickten Kerl, ob er gleich sonst nicht für eine Fledermaus Erudition im Kopf und statt des Gehirns Heckerling hat. Er ist und bleibt Monsieur wenn er etwas weniges parliren kann. — —

Seitdem das Monsieur bei uns Deutschen eingerissen und eingeschlichen, reden es auch jetzt alle Mägde, Knechte und Stiefelschmierer. Kommt man zu einem Schneider und will sich etwas machen lassen, kann aber mit ihm nicht eins werden, ist er behend mit Monsieur heraus, solchen zu persuadiren. Sieht man einen Handwerksterl, absonderlich der hinter dem Kachelofen gewandert, einem andern einen Dienst thun, so ist er gleich bereit und spricht; Musi ich sage Dank. Geht man vor einem Tabacks-Krämigen vorbei, rufen sie bald zu: Monsi beliebt ihm was von gutem Toback u. s. w. und solchergestalt wird das allerliebste französische Wörtlein so sehr verhümpelt und verstümpelt, daß es zu bejammern ist.

„Die deutsche Sprache kömmt ab, eine andre schleicht sich ein,
Wer nicht französisch redet, der muß ein Simpel sein."

Gehen wir aber weiter fort und sehen uns auch ein wenig in Kleidungen um, so müssen wir auch gestehen, daß hierin kein Unterschied zwischen den Deutschen und Franzosen ist und dürfte ich fast sagen, daß es in Frankreich selbst nicht so arg in Kleidungen hergehe, als in Deutschland, wie ich denn selbst in Paris so vielerlei Moden und Veränderungen der Kleider als in Deutschland niemals gesehen habe.

Man sehe sich nur eine Jungfer oder eine Näh- und Klöppelmagd an, ob nicht alles an ihr französisch ist? Ob sie nicht fast durchgehends über ihren Stand halten? Ob sie sich nicht Tag und Nacht auf dergleichen Galanterien bedacht sind? Die Köpfe sehen aus, daß man davor erschrickt und man nicht weiß, ob es Schweinsköpfe sind oder ob sie Nußbutten feil tragen. Wie viel tausend Mal sind die Häubchen bisher geändert worden! Bald trägt man Etandarten, bald Cornet-Hauben, bald fliegende Fahnen, bald Wiedehoppennester u. s. w. Das Allerärgste hierbei ist, daß nicht nur das Frauenzimmer deswegen selbst nach Frankreich reist, sondern auch noch Model oder angekleidete Puppen aus Frankreich bringen läßt für viele Thaler, damit man ja des Teufels Hoffahrt nachmachen könne. Wie viele Millionen Geld sind nicht in Kurzem für Band nach Frankreich geschickt worden, damit solches auch hierin vor den Deutschen den Vorzug behalte.

Sonst ist auch bekannt, daß die Franzosen ein verliebtes und hitziges Volk seien, daher sie auch in den Gesichtern Venusbläschen zu bekommen pflegen und damit sie nun solche verdecken mögen, haben sie die Schattirflecken ersonnen. Dies haben auch unsere deutschen Jungfern nachgeäfft und zum öftern aus den Schattirpflästerchen Fliegen, Käfer, Hasen, Esel, Bären, Schafe, Kinder und Schweine geschnitten, daß also die Franzosen nichts so närrisch haben ausspintisiren und ersinnen können, welches die Deutschen nicht viel närrischer hätten nachahmen können. Es ist so weit gegangen, daß, wo man hört, daß etwas französisch sei, man es gleich auch beliebt nachzumachen, sollte es auch gleich so abgeschmackt herauskommen, daß nichts darüber geht. Hören sie, daß es den Frauenzimmern wohl anstehe, wenn es hohe Hüften habe, so sind sie gleich bemüht, dergleichen, weil es ihnen, nach ihrem Verstand, die Natur versagt, sich selbst zu machen und da müssen denn bald alle Schnupftücher und also genannten Salveten herhalten, damit sie hierin den vermeinten Defect der Natur ausfüllen mögen. Zwar möchte dies noch hingehen, wenn sie nur bei ihrer Weibertracht verblieben und sich nicht auch in Manns-Habit verkleideten u. s. w."

Die französischen Sitten waren, wie der vorstehende Aufsatz uns zeigt, in alle Schichten der Gesellschaft eingedrungen. Die Franzosentracht an die Stelle der deutschen getreten und nur dadurch war es dem König möglich, seine auf die Unsitte gegründete Steuer-Gesetzgebung durchzuführen. Wir erinnern hier an die Perrückensteuer, welche eben nur einträglich werden konnte, weil alle Welt die häßlichen französischen Perrücken auf dem Kopf trug.

Die französischen Moden waren übrigens keineswegs besonders kleidsam.

Die Männer trugen sich folgendermaßen: Sie hatten einen Rock ohne Kragen mit einer Taille, die in der Gegend der Hüften endete, kurze und breite Schöße, welche hinten zu einer Menge von Falten, die einen großen Vorrath von Tuch verzehrten, zusammengezogen waren, eine Weste mit abscheulichen langen Vorderschößen, welche bis eine Handhoch über's Knie hinabliefen und sich vorn beinahe ganz schlossen.

Die Vornehmen ließen ihre Kleider von Sammt und Seidenzeug machen, in welches große Verzierungen von Blumen oder Laubwerk eingewebt waren; auch trug man wohl feine sammtne und tuchene Kleider, welche stark mit Gold und Silber, entweder in Borten, Tressen oder Litzen, besetzt waren. Gemeine Leute trugen das märkische Landtuch und einheimische leichtere Gewebe.

Um den Hals trugen Personen von Stande ein Tuch von Kanten oder Battist, welches vorn zusammengebunden war, so daß die beiden äußersten Enden, die mit Franzen und Troddeln verziert waren, bis auf die Herzgrube herabhingen. Die Männer geringern Standes trugen diese Tücher von feiner Leinwand.

Die Strümpfe waren von den verschiedensten, grellsten Farben, roth, blau oder zimmtfarben; sie gingen bis über's Knie, unter welchem sie in Riemen vermittelst einer kleinen Schnalle befestigt waren. Die Schuhe waren vorn sehr breit und mit kleinen Schnallen versehen.

Zum Anzug jeder Standesperson gehörte auch der Degen. Es hatte sich die Mode, Degen zu tragen, nach und nach so weit verbreitet, daß auch die niedern Stände sich dieselbe aneigneten und selbst Knaben mit kleinen Degen einherstolzierten. Im Jahre 1704 erschien indessen ein Gesetz, welches den Pagen, Lakaien, Schülern und Handwerksburschen das Tragen der Degen verbot und es den Innungsmeistern nur dann erlaubt, wenn sie zur Wache oder Parade beordert waren. Der Schmuck des Degens sollte nur den höheren Ständen bleiben. Das Gesetz mußte jährlich von Neuem publicirt werden, da fortwährend dagegen gesündigt wurde.

Die Kleidung der Frauen war nicht weniger künstlich, als die der Männer. Scherr giebt uns in seiner deutschen Kultur- und Sittengeschichte folgende Beschreibung einer Balldame jener Tage:

„Auf dem Kopf baut sich ihr ein enormer, auf einem kreisrunden Wulst ruhender, aus verschiedenen Stockwerken bestehender und gepuderter, mit Blumen, Federn und Bändern verschwenderisch verzierter Haarthurm in die Höhe, welcher ihre natürliche Größe wenigstens um eine Elle erhöht. Die entgegengesetzte Extremität, der Fuß, wird durch ein zollhohes, an der Sohle des Ballschuhes von Sammt oder Atlas angebrachtes Stelzchen gewungen, einer Spitze zu schweben. Das aus eng an einander gereihten Fischbeinstäbchen harnischartig zusammengefügte Corset zwängt Arme und Schultern zurück, den Busen heraus und schnürt die Taille über den Hüften wespenhaft zusammen. Ueber den ungeheuren Reifrock fließt ein mit tausend Falbeln garnirtes Seidengewand hinab und über dieses das mit einer Schleppe versehene Oberkleid von gleichem Stoff, welches, zu beiden Seiten mit reichem Besatz geschmückt, vorn auseinanderfällt. Die Aermel desselben, mit Blonden überladen, reichen bis zum Ellbogen, während der lange parfümirte Handschuh den Vorderarm bedeckt. Die Schminkkunst war raffinirt ausgebildet, da und dort aber jüngern Personen von der Sitte untersagt. Ueberall aber führte die elegante Dame ein Perlmutterdöschen, welches einen Vorrath der aus schwarzem englischen Pflaster geschlagenen Mouches enthielt. Diese „Schönheitspfläsgerchen", welche in Gestalt von Sternchen, Möndchen, Herzchen, Amoretten in den Augenwinkeln, auf Wange und Kinn getragen wurden, sollten den Ausdruck des Mienenspiels erhöhen."

Die Nachäffung der französischen Leichtfertigkeit hatte zur Folge, daß die Unsittlichkeit in Berlin mehr und mehr überhand nahm. Die Zahl der feilen Dirnen, welche sich in der Stadt und der nächsten Umgebung derselben umhertrieben, welche in Schenken, Kellern und Winkeln zur Nachtzeit auf den Gassen Skandal machten, vermehrte sich in erschreckender Weise, so daß im Jahre 1690 an den Rath in Berlin und Cöln und dem Friedrichswerder der Befehl erging, die Dirnen aufzuheben und nach dem Zucht- und Spinnhause zu Spandau abzuliefern. Daß auch in der Dorotheenstadt das gleiche Unwesen und in noch erhöhtem Maße herrschte, haben wir schon früher mitgetheilt.

Die Beherbergung liederlicher Weibspersonen wurde streng untersagt, die Polizei visitirte wöchentlich die Gast- und Spielhäuser, die Thee- und Kaffeeschenken und suchte nach dem Gesindel. Die Aufgegriffenen wurden mit Staupschlägen bestraft und mit auf den Rücken gebundenen Händen vom Scharfrichter zur Schau durch die Gassen und endlich zu den Thoren hinausgeführt. Aber alle diese Maßregeln vermochten nicht, dem tief eingerissenen Unwesen zu steuern.

Ebenso wenig konnte das Gesetz wirken, welches Friedrich gegen den Luxus in der Kleidung und bei Familienfesten erließ, denn Gesetze lassen sich ja in jeder Zeit umgehen und werden stets umgangen, wenn sie der Anschauung des Volkes widersprechen.

Es ist merkwürdig genug, daß Friedrich, der selbst der zügellosesten Verschwendung huldigte, vom Volk Sparsamkeit verlangte, daß er, der die Kleidung seiner Hofdiener nicht prachtvoll genug bekommen konnte, Einfachheit und Schmucklosigkeit für die Bürger predigte, ja bei Strafe anbefahl.

Zu verschiedenen Malen wurden unter der Regierung Friedrichs Verordnungen erlassen, durch welche der Luxus bei Familienfesten und die übermäßige Pracht in der Kleidung verboten wurden und es klingt gewiß sonderbar, wenn derselbe Fürst, der durch seine eigene Verschwendung sein Land arm machte, in der Verordnung vom 28. Mai 1696 sagt:

„Er habe mit großem Leidwesen bemerkt, daß der Luxus, die Ueppigkeit in der Kleiderpracht, in der Ausrichtung von Familienfesten und Gastereien ungeachtet der kümmerlichen und nahrlosen Zeiten im Lande und besonders in der Residenz so hoch gestiegen sei, daß man nicht allein des höchsten Gottes Zorn und Strafe nach den in seinem heiligen Worte enthaltenen gerechten Bedrohungen zu fürchten habe, sondern daß auch die meisten Familien dadurch verarmten und zu Grunde gerichtet würden, die Eltern den Kindern Schulden und Armuth hinterließen."

Friedrich glaubte das Privilegium zur Verschwendung für sich allein zu haben, das Volk war ihm nur eine große, Steuer zahlende Masse, es sollte für ihn sparen!

Die Bürger von Berlin kümmerten sich wenig um die Luxusverordnungen, so lange der Hof ihnen mit dem Beispiel maßloser Verschwendung voranging. Wie sie dergleichen Verordnungen zu umgehen verstanden, möge ein einziges Beispiel zeigen.

Die Sitte gebot, bei Leichenbestattungen große Pracht zu entfalten; es wurde mit allen Glocken geläutet und den Hinterbliebenen erwuchsen dadurch bedeutende Kosten. Friedrich untersagte dies daher im Jahre 1693. Aber das Verbot führte nur zu einem noch größern Luxus. Es wurden jetzt die sogenannten heimlichen Leichenbegängnisse eingeführt, die Bestattung zur Nachtzeit, bei denen noch größere Verschwendung herrschte, als früher. Eine ungeheure Menge von Fackeln und Lichtern wurde dem Sarg vorausgetragen, die Kirche war hell erleuchtet, mehrere Prediger mußten Reden halten und es erwuchsen hierdurch nur noch bedeutendere Kosten für die Familien der Verstorbenen. Auch ein neues Verbot führte nur zu neuen Formen der Verschwendung.

Auf äußern Prunk und den sinnlichen Genuß war während der Regierungszeit Friedrichs der Sinn der Berliner Bürger gerichtet. Die Zahl der Gasthäuser und Schenken vermehrte sich daher jährlich, besonders die der letztern, da Graf Wartenberg seit dem Jahre 1704 die Errichtung von Thee- und Kaffeeschenken, wie wir bereits erwähnten, der Accise wegen beförderte. Am Ende der Regierung Friedrichs gab es in Berlin schon 14 Wirthshäuser; von einigen derselben kennen wir die Schilder: "Der König von Preußen" befand sich in der Brüderstraße, "der König von England" in der Breitenstraße, "der goldene Löwe" in der Königsstraße.

Die Wirthshäuser waren meist zugleich Spielhöllen, denn außer andern Lastern war das Spiel in alle Stände eingedrungen. Am Hofe spielte man mit Leidenschaft und häufig gelang es fremden Glücksrittern, sich bei den Hofherren einzuführen und deren Geldbeutel zu leeren.

Ein solcher war auch der Hauptmann Faviole, der in dem Liebesroman der Prinzessin Radziwill eine hervorragende Rolle spielte. Als ein Spieler von Handwerk legte er in Berlin Bank und betrieb hier vorzüglich die beiden Glücksspiele "Bassette" und "Landsknecht".

Ruinirte das Spiel schon manche der adligen Herren, so wirkte es noch verderblicher in den niedern Ständen, welche fast in allen Wirthshäusern, Bier- und Kaffeeschenken ihre Leidenschaft befriedigten.

Im Jahre 1692 kam ein neues Spiel nach Berlin, welches den Namen: "das englische Eichenspiel" trug und schnell beliebt wurde. Es wurde so hoch betrieben, daß manche Personen 200 bis 300 Thaler, ein Kapitän sogar 1200 Thaler dabei verloren. Als dies ruchbar wurde, verbot es Friedrich bei 1000 Thalern Strafe, aber dies Verbot fruchtete ebenso wenig, wie die Bestimmung der Kammergerichts-Ordnung vom Jahre 1709, daß Spielschulden nicht eingeklagt werden dürften.

Mit dem Hange zum Luxus, zum Vergnügen, zum Spiel war bei den Berlinern eine unglaubliche Rohheit der Sitten verbunden. Blutige Raufereien auf offener Straße, Duelle mit tödtlichem Ausgang waren an der Tagesordnung, obwohl der Tod den überlebenden Duellanten bedrohte und obgleich Friedrich dies Gesetz in vollster Strenge zur Ausführung bringen ließ, oft sogar in einer jedes Gefühl empörenden Weise.

Am 22. März 1698 erzürnten sich zwei alte Unteroffiziere und duellirten sich in Folge eines unbedeutenden Streites auf dem Holzmarkt vor dem Stralauer Thor. Der Aelteste, ein Mann von 60 Jahren, Namens Bartel Jürgen, erstach den andern, der 50 Jahre zählte. Der Gefallene wurde auf königlichen Befehl nicht begraben; die Leiche mußte liegen bleiben, bis dem Ueberlebenden der Prozeß gemacht worden war.

Bartel Jürgen wurde 3 Wochen nach dem Duell zu dem Galgen vor dem Sankt Jürgenthor geführt; die halb verweste Leiche des Gefallenen riß man aus dem Sarg und führte sie auf einem Schlitten ebenfalls nach dem Galgen. Der Mörder wurde gehenkt, neben ihm der Leichnam, dem man das Sterbehemd, welches ihm seine Verwandten angethan hatten, wieder auszog und ihn mit dem blutigen Hemd, in dem er seinen Tod gefunden, von Neuem bekleidete.

Mörder und Opfer wurden mit Ketten um die Hälse an einander gefesselt und man ließ sie zur Warnung für alle Duellanten hängen, bis sie von selbst vom Galgen herabfielen.

Trotz dieses warnenden Beispiels dauerten aber die Duelle fort. Auch nächtliche Einbrüche und Diebstähle fanden fortwährend statt, obgleich die strengsten Strafen die Thäter bedrohten. Im Jahre 1693 nahm das Raubunwesen sogar so sehr überhand, daß eine Verordnung erschien, nach der Demjenigen, der zur Habhaftwerdung von Dieben beitragen würde, unter Verschweigung seines Namens der vierte Theil des Gestohlenen als Belohnung versprochen wurde. War der Denunziant ein Theilnehmer des Verbrechens, so sollte er, wenn er Reue zeige, von aller Strafe frei sein. Im Jahre 1700 wurde öffentlich durch Trommelschlag verkündet, daß alle Diebstähle, auch wenn sie den Werth von 10 Thalern nicht erreichten, mit dem Strang bestraft werden sollten und im Jahr 1705 wurde das Gesetz mit dem Zusatz erneuert, daß Diebe und Diebshehler vor dem Hause, in welchem der Diebstahl geschehn, aufgehenkt werden sollten, ohne Rücksicht auf den Betrag des Diebstahls.

So streng solche Gesetze erschienen, nützten sie doch wenig oder nichts. Es war möglich, daß im Jahre 1705 eine Räuberbande zu verschiedenen Malen am hellem Tage in die Häuser eindrang, Raub- und Mordthaten beging und auch nach dieser Zeit kamen Verbrechen aller Art ununterbrochen vor, obgleich die Zahl der in Berlin hingerichteten Personen außerordentlich groß war.

Es ist dies ein unwiderleglicher Beweis dafür, daß selbst die grausamste Todesstrafe den Zweck, vom Verbrechen abzuhalten, nicht erfüllt, im Gegentheil das blutige Schauspiel öffentlicher Hinrichtungen nur dazu beiträgt, das Volk mit dem Gedanken des Blutvergießens vertraut zu machen, die Rohheit der Sitten und damit die Geneigtheit zum Verbrechen zu befördern.

Die letzten Regierungsjahre waren für den König Friedrich eine Zeit großer Sorgen und schweren Kummers. Von dem Tage seiner dritten Vermählung an hatte er nur wenig Freude gehabt. Von allen Seiten liefen Klagen ein über böse Zeiten, über drückende Steuern und über die Verarmung des Landes.

Das Gebäude königlicher Herrlichkeit, welches Friedrich aufgebaut hatte, wankte in seinen Grundfesten. Klarer und klarer stellte es sich täglich heraus, daß das kleine Land die Last einer Königskrone nicht tragen konnte. Friedrich fühlte dies wohl selbst, wenn er es sich auch nicht gestehen mochte. Er wurde von Lebensüberdruß ergriffen; selbst seine Lust an prächtigen Festen verlor sich und erwachte nur bei einzelnen Gelegenheiten wieder.

Mannichfache Unglücksfälle, welche ihn in seiner Familie sowohl als in seiner Regierung trafen, trugen nicht wenig dazu bei, die Mißstimmung des Königs zu erhöhen.

In den Jahren 1709 und 1710 durchzog die Pest die preußischen Lande und trat in Folge des Krieges und des ungewöhnlich harten Winters vom Jahre 1709 mit einer wahrhaft entsetzlichen Verheerungswuth auf. Die schmähliche Fahrlässigkeit der Minister, welche nur an ihren eigenen Vortheil dachten und sich um die Noth des Landes wenig kümmerten, trug ebenfalls dazu bei, die Krankheit in ihren Folgen noch fürchterlicher zu machen. Berlin berührte die Seuche zum Glück nicht, obwohl sie besonders im Jahre 1710 bis dicht an die Thore der Residenz heranrückte. Die Bürger lebten während mancher Monate in Angst und Sorge; mehrere Thore waren ganz verschlossen und alle Fremden, welche die Stadt besuchen wollten, wurden der strengsten Untersuchung unterworfen.

Endlich ließ die Wuth der Krankheit nach, wie die Geistlichkeit behauptete, in Folge eines Bußtages, der in allen preußischen Ländern angeordnet war, um Gott anzuflehen, daß er die gräßliche Landplage von dem Volk nehme.

Auch die Entfernung des Grafen Wartenberg beugte den König tief darnieder, obgleich er nach langen Bemühungen des Kronprinzen und nach den Beweisen von der Unfähigkeit des Grafen, wie wir gesehen haben, endlich gezwungen war, seinen Günstling zu entlassen. Vergessen konnte er denselben niemals und kein anderer Minister vermochte dem eitlen König den geschmeidigen Hofmann zu ersetzen; denn keiner verstand es wie Wartenberg, seinen Launen zu schmeicheln, seinen Wünschen entgegen zu kommen, keiner war ja so gewissenlos.

Friedrich vermißte fortwährend die angenehme Unterhaltung und die leichte, gefällige Art, mit der Wartenberg die Geschäfte zu führen verstanden hatte.

Zwei Todesfälle in der Familie trugen ebenfalls dazu bei, die Laune des Königs zu verdüstern, so daß Friedrich wenig Lust mehr an glänzenden Festlichkeiten empfand. Die letzte glanzvolle Feierlichkeit, welche er erlebte, war die, mit der er die Geburt seines Enkels, des spätern Königs Friedrich II., am 24. Januar und dessen Taufe am 31. Januar 1712 verherrlichte.

Schon seit längerer Zeit war der König krankhaft angegriffen gewesen und sein Unwohlsein vermehrte sich in Folge der traurigen Nachrichten, welche er von seiner Gemahlin empfing, mehr und mehr.

Die Königin Sophie Louise war aus einem Zustande trüber Schwärmerei, der ihren Verstand umfangen hielt, nach und nach in einen vollkommenen Wahnsinn, der sich bis zur Raserei steigerte, übergegangen. Wohl wußte Friedrich, daß die Königin schwer geisteskrank sei, aber er erfuhr, da er von ihr getrennt lebte, nicht, daß die Geistesstörung sich soweit ausgebildet habe.

Seine eigene Krankheit war bisher von solcher Beschaffenheit gewesen, daß die Aerzte nicht an ein schnelles Ende derselben geglaubt hatten; plötzlich aber verschlimmerte sie sich in Folge eines traurigen Ereignisses.

Eines Tages ruhte der König schlummernd in seinem Armstuhl; da wurde er durch eine grauenhafte Erscheinung aus dem Schlafe geweckt. Vor ihm stand eine hohe weiße Gestalt mit wild herabhängenden Haaren, welche ihre nackten, mit Blut bedeckten Arme und Hände gen Himmel hob, ihn mit großen Augen, aus denen der Wahnsinn glühte, anstarrte und welche sich dann mit Zetergeschrei über ihn hinwarf.

Es war die Königin, welche der Aufsicht ihrer Hofdamen entronnen war.

Eine Gallerie führte aus den Zimmern der Königin zu denen Friedrichs. Durch diese eilte die Wahnsinnige; eine Glasthür, welche sie vom Schlafgemach ihres Gatten trennte, zerschlug sie und verletzte sich dadurch schwer an Armen und Händen. So war sie zum König gedrungen, hatte sich über ihn geworfen und überhäufte ihn, heftig schreiend, mit Vorwürfen über sein lasterhaftes Leben.

Die Bedienten, welche sich in den Nebenzimmern aufhielten, wurden durch das Geschrei herbeigerufen; sie rissen den König aus den Händen seiner Gattin und brachten diese wieder in ihr Zimmer zurück.

Der Schreck verschlimmerte die Krankheit des Königs. Friedrich mußte sofort ins Bett gebracht werden und verließ dasselbe nicht wieder. „Ich habe die weiße Frau gesehen, ich werde nicht wieder besser werden!" rief er aus, als man ihn ins Bett legte. Noch immer konnte er nicht zur Klarheit darüber kommen, daß jene grauenhafte Erscheinung seine Gemahlin gewesen sei.

Seine Krankheit dauerte 6 Wochen. Er fühlte selbst, daß sie tödtlich sei und als er nun am Abend des 24. Februar 1713 sein Ende nahe fühlte, da ließ er den Kronprinzen rufen, um Abschied von ihm zu nehmen.

Der Prinz eilte sofort zu seinem Vater. Als er über den Schloßplatz ging, sah er aus den Fenstern eines Saales, der sonst stets verschlossen gehalten wurde, hellen Lichtschimmer hervorglänzen, als ob der Saal mit vielen hundert Flammen erleuchtet worden sei. Er blieb staunend stehen und wendete sich an die Offiziere, die ihn begleiteten, um diese auf die merkwürdige Erscheinung aufmerksam zu machen. Alle sahen das Licht und vermochten dennoch nicht, sich zu erklären, weshalb gerade jener Saal so festlich erleuchtet sei. Auf Nachfrage bei dem Kastellan ergab sich, daß der Saal seit langer Zeit fest verschlossen und kein Licht in demselben gewesen sei.

Die wahrscheinlich durch eine einfache Lichtspiegelung hervorgebrachte Erscheinung wurde damals in Berlin allgemein als ein übernatürliches Ereigniß, welches den Tod des Königs anzeige, betrachtet. In der That starb Friedrich am Tage darauf, am 25. Februar 1713, erst 55 Jahr alt, nach 25jähriger Regierung.

Er hinterließ seinem Sohn ein Land von 2074 Quadratmeilen mit 1,730,000 Einwohnern, welches unter seiner Regierung durch Erbschaft und Kauf sich um die Fürstenthümer Mörs und Neuschatel und die Grafschaften Lingen und Tecklenburg, sowie um die Schutzgerechtigkeit über das Stift Quedlinburg und die Reichsstadt Nordhausen vergrößert hatte, aber durch übermäßige Steuern fast erdrückt und vollständig verarmt war.

VII. Abtheilung.

Berlin zur Zeit der Regierung Friedrich Wilhelms I.

Erstes Kapitel.

Friedrich Wilhelm. — Sein Charakter. — Friedrich Wilhelms Knabenjahre. — Seine Erziehung. — Schwachheit der Königin Sophie Charlotte. — Jagd. — Militärische Spielereien. — Verheirathung.

Mein Vater hat euch mit Ruthen gezüchtigt, Ich aber werde euch mit Skorpionen züchtigen!

Hatte König Friedrich als Despot geherrscht, so war König Friedrich Wilhelm ein Tyrann; war Friedrich bemüht gewesen, in seinem Hofe die Gesammtheit des Staats zu konzentriren, so brachte Friedrich Wilhelm den Grundsatz Ludwigs XIV: „l'etat c'est moi! Ich bin der Staat!" in vollster Konsequenz zur Ausführung, indem er jede freie Regung, jede Selbstständigkeit seines Volkes mit Gewalt unterdrückte!

Es liegt etwas Großartiges in dem Charakter dieses Fürsten, dem wir eine gewisse Bewunderung nicht versagen können, wenn wir auch keineswegs die Augen schließen gegen seine Schwächen und gegen die großen Härten seines Charakters.

Nach der Regierung des eitlen Friedrich bedurfte Preußen eines Herrschers, wie Friedrich Wilhelm es war. Das Volk drohte zu versinken in eine jämmerliche Schwäche, erzeugt durch die üppigste Genußsucht, durch die Weichlichkeit der Empfindung, welche eine Folge des unablässigen Strebens nach einer unsittlichen Ueber-Verfeinerung war.

Der Drang nach äußerm Prunk und äußerm Schein bei innerer Hohlheit und Rohheit war allgemein und mußte gewaltsam gebrochen werden, wenn er nicht zum sittlichen Untergang der Nation führen sollte.

Der mächtige Aufschwung, den Preußen unter Friedrich dem Großen nahm, durch den es sich zum Mittelpunkt der Intelligenz in Deutschland entwickeln sollte, mußte vorbereitet werden durch die Vernichtung jener Ueber-Civilisation, welche durch die Regierung Friedrichs I. angebahnt worden war; nur dadurch wurde ein frisches, geistiges Streben ermöglicht. Die Regierung Friedrich Wilhelms gleicht dem Wolkenbruch, der ausrottet, zerstört, vernichtet, zu gleicher Zeit aber auch die junge, sprossende Saat befruchtet.

Friedrich Wilhelm war in allen Stücken der gerade Gegensatz seines Vaters; ein Feind des äußern Scheins, prachtvoller Feste, hohler Titel, ein Verächter von Wissenschaft und Kunst, sparsam bis zum Geiz und verschwenderisch nur, wo es die Befriedigung seiner militärischen Leidenschaft galt; ein Republikaner, wie er sich selbst gern nannte, weil er Niemanden über sich dulden mochte; ein Fürst, dem Rang, Titel, Ahnen gleichgültig waren, der unwürdige Subjekte adelte, um dadurch den Ahnenstolz seiner Edeln zu verhöhnen.

Friedrich Wilhelms Sinn war lediglich dem Praktischen zugewendet, für ihn war das höchste Prinzip jeder guten Staatsregierung die materielle Nützlichkeit; nur Das, was direkten Vortheil und Gewinn abwarf, durfte sich seiner königlichen Fürsorge und seines Schutzes erfreuen. Deshalb förderte er Landbau und Fabrikwesen, hauptsächlich aber nur in dem Sinn, daß er selbst in seinem Lande der größte und, wo möglich, der einzige Fabrikant und Landbauer sein wollte. In der Regierung griff er überall mit eiserner Hand durch; ohne Rücksicht auf fremde Rechte vollendete er den Kampf des Königthums gegen die bevorrechtigten Stände. Noch einmal versuchten es unter ihm die preußischen Stände, jene Privilegien, die ihnen gesetzlich und rechtlich verbürgt waren, geltend zu machen, indem sie sich weigerten, eine Steuer, den General-Hufschoß, einzuführen. Der Landmarschall schrieb an den König, das ganze Land werde dadurch ruinirt werden. Friedrich Wilhelm aber antwortete: „Das ganze Land ruinirt nihil kredo, aber das kredo, das den Junkers ihre Autorität, das nie poz walam (ich erlaube es nicht) wird ruinirt werden; ich aber stabilire die Souveränität wie einen rocher von Bronce!"

Und er hielt Wort! Kein preußischer Monarch hat je so absolut geherrscht, wie Friedrich Wilhelm. Er hat die Souveränität als einen rocher von Bronce stabilirt, die Macht des Adels gebrochen; er ist daher im vollsten Sinne des Worts der

Träger der Ideen seiner Zeit, in ihm vermittelt sich jener nothwendige Uebergang von der Herrschaft der privilegirten Stände durch den königlichen Absolutismus zur Herrschaft des ganzen Volks.

Friedrich Wilhelm war kein großer Mann, aber ein gewaltiger Charakter; er war kein guter Fürst, weil er ein böser Mensch war. Seiner Selbstsucht, seinem Eigenwillen brachte er jedes Opfer; deshalb sind auch nur wenige Fürsten jemals von ihrem Volke so gründlich gehaßt worden, wie Friedrich Wilhelm. Er war boshaft, ungerecht, jähzornig, grausam bis zum Blutdurst. Seine Regierung bildet eine fortlaufende Reihe von Gewaltthaten.

Schon beim Knaben zeigten sich diese Neigungen; sie wurden durch eine fehlerhafte Erziehung bis zur größten Vollkommenheit entwickelt. —

Friedrich Wilhelm war am 4. (14.) August 1688 auf dem Schlosse in Cöln geboren. Sein abergläubiger Vater hatte sofort dem Kinde das Horoscop stellen lassen in der Ueberzeugung, die künftigen Schicksale des jungen Prinzen durch den Lauf der Gestirne zu erforschen. Es war ihm prophezeit worden, Friedrich Wilhelm werde unfruchtbar bleiben, aber im Jahre 1720 große Heldenthaten verrichten. Wie glücklich der gelehrte Astrolog aus den Sternen zu lesen verstand, zeigt sich gerade in diesem Horoskop, da ganz das Gegentheil desselben eintraf. Friedrich Wilhelm hinterließ eine zahlreiche Nachkommenschaft und verrichtete im Jahre 1720 keine andern Heldenthaten, als daß er, seiner Gewohnheit gemäß, seine Kammerdiener prügelte.

Schon in frühester Jugend zeigte der kleine Prinz einen gewaltigen, fast unbeugsamen Trotz, der seiner Mutter und seiner Gouvernante, einer Französin, Frau v. Montbeil, viel zu schaffen machte. Er hatte einst irgend eine Unart begangen, dafür war ihm von der Frau v. Montbeil als Strafe dictirt, daß er kein Frühstück erhalten solle. Er forderte seine Mahlzeit ungestüm und als er sie nicht erhielt, öffnete er ein Fenster, sprang hinaus auf die Brüstung und drohte, sich vom dritten Stockwerk hinabzustürzen, wenn ihm nicht augenblicklich das Frühstück gebracht werde. Die Gouvernante war außer sich vor Schrecken, sie konnte nicht umhin, den stürmischen Willen des kleinen Trotzkopfs zu erfüllen.

Vom Stillsitzen und Lernen mochte der junge Prinz nichts wissen, er tummelte sich lieber mit seinen kleinen Spielgefährten im Freien umher. So unartig er war, wurde er doch von seiner Mutter und seiner Großmutter bis zur Abgötterei geliebt. Diese ertrugen jede seiner Unarten willig.

Im fünften Jahre ließ die Kurfürstin ihren geliebten Enkel zu sich nach Hannover kommen; er sollte unter ihrer besondern Aufsicht erzogen werden, aber sein Bleiben dort war nicht von langer Dauer; denn Friedrich vertrug sich durchaus nicht mit dem Prinzen Georg, seinem Spielgefährten. Die beiden Knaben faßten vermöge ihrer fortwährenden Zänkereien einen solchen Haß gegen einander, daß dieser ihnen während ihres ganzen Lebens blieb. Der Prinz Georg wurde später König von England, er nannte seinen Vetter und Spielkameraden nie anders, als „mein Bruder, der Sergeant", während Friedrich, wenn er vom König von England sprach, ihm den Titel „mein Bruder, der Komödiant" gab.

Der unbändige Knabe entwuchs schnell der weiblichen Erziehung; es war nöthig, ihm einen tüchtigen Hofmeister zu geben, der mit starkem Willen den Trotzkopf bändigte. Die Wahl Sophie Charlottens fiel auf den General-Lieutenant Alexander v. Dohna. Dieser erhielt eine eingehende Instruktion für den Unterricht des Prinzen, in welcher ihm insbesondere zur Pflicht gemacht wurde den Kronprinzen in der reformirten Religion zu erziehen und ihn von der Majestät und Allmacht Gottes wohl und dergestalt zu informiren, daß ihm allezeit eine heilige Furcht und Veneration vor Gott und dessen Geboten beiwohne. Zu diesem Behufe mußte der Kronprinz Morgens und Abends mit seiner Dienerschaft das Gebet auf den Knieen verrichten, dann ein Kapitel aus der Bibel lesen, eine Masse von Sprüchen und Gebeten auswendig lernen und jeden Sonntag zweimal zur Predigt gehen. Er sollte außerdem auch in den Wissenschaften tüchtig unterrichtet und überhaupt zu einem wahrhaft musterhaften Fürsten ausgebildet werden.

Ob der Graf Dohna und die ihm untergeordneten Lehrer nicht das Talent hatten, dem wilden Knaben die Lust zum Lernen beizubringen oder ob der Starrsinn des Prinzen unüberwindlich war, mag dahingestellt sein, jedenfalls lernte Friedrich Wilhelm herzlich wenig. Er hat es in seinem ganzen Leben niemals dahin gebracht, ein auch nur erträgliches Deutsch schreiben zu können. Seine Unwissenheit war, wie wir später noch mehr sehen werden, grenzenlos. Für alle kräftigen Knabenspiele zeigte er dagegen ein vorzügliches Talent und häufig genug erschreckte er seine Mutter durch die Unbändigkeit, die auch unter der Erziehung des Grafen Dohna durchaus nicht zu bewältigen war. Er ritt auf seinen Lakaien und Pagen im Zimmer umher und jagte dieselben nach beendetem Spiel mit Peitschenhieben fort. Den jungen Herzog von Kurland warf er einmal beim Spiel zu Boden und zauste ihn in den Haaren; seinen Unterhofmeister v. Brandt stürzte er einst eine steinerne Treppe hinab, so daß derselbe beinahe das Genick gebrochen hätte.

Für alle diese Rohheiten hatte Sophie Charlotte keine Strafen; sie kam dazu, als der Prinz gerade den am Boden liegenden jungen Herzog von Kurland mißhandelte und ihr einziges Scheltwort bestand in dem Ausruf: „Mein lieber Sohn, was machst Du da?"

Für das Hinabstürzen des Hofmeisters, welches leicht dessen Tod hätte zur Folge haben können, erhielt Friedrich Wilhelm gar keine Strafe; es wurde ihm einfach vor dem versammelten Hofe gesagt, er hätte dies bleiben lassen sollen.

Friedrich Wilhelm erklärte in späterer Zeit häufig, daß er seiner Mutter für solche Milde keineswegs dankbar sei; er hielt selbst die milde Erziehung, die er erhalten, für ungerechtfertigt und glaubte, daß sie ihm nachtheilig gewesen sei. Wenn er in spätern Jahren von seiner Mutter sprach, that er dies stets, indem er sagte: „Meine Mutter war wohl eine kluge Frau, aber eine böse Christin!"

Alle Bemühungen der Gouvernanten und Tanzmeister, dem jungen Prinzen feinere Manieren beizubringen, waren vergeblich; bei jeder Gelegenheit brach seine natürliche Rohheit hervor und verletzte die Königin, die bei aller Freisinnigkeit doch viel auf einen feinen Ton und ein glattes Aeußere hielt. Es mag ihr nicht geringes Entsetzen eingeflößt haben, als sie einst ihr Söhnchen in der heißen Mittagssonne liegen fand, das mit Speck eingeriebene Gesicht den Sonnenstrahlen ausgesetzt zu dem Zweck, eine braune, soldatische Gesichtsfarbe zu erzielen, während Sophie Charlotte alle Mittel anwendete, um dem Knaben einen schönen, weißen Teint zu erhalten.

Nicht weniger entsetzt war der König Friedrich, der seinem Kurprinzen zum Geburtstage einen goldstoffenen Schlafrock aufgebaut hatte und nachher hören mußte, daß dieser das weibische Kleid ins Kaminfeuer geworfen habe, nachdem kaum der Vater sein Zimmer verlassen hatte. Friedrich Wilhelm wollte sich nicht verweichlichen, er hegte einen wahren Haß gegen überflüssigen Putz.

Bei einer andern Gelegenheit setzte Friedrich Wilhelm die Herren vom Hofe seines Vaters durch einen ähnlichen Verbrennungsakt in eine nicht geringe Verlegenheit. Er befand sich einst mit mehrern Kammerherren und Geheimen Räthen im Vorzimmer des Königs im traulichen Gespräch. Friedrich Wilhelm beklagte sich über manche kostspielige Einrichtungen und die Hofherren stimmten ihm pflichtschuldigst bei, daß es nöthig sein werde, Einschränkungen zu machen und besonders viele französische Modethorheiten abzuschaffen.

Der junge Prinz hatte die devoten Bücklinge der Hofherren eine Zeitlang lächelnd mit angesehen, plötzlich aber rief er aus, indem er seine kleine Perrücke vom Kopfe riß und sie in die Flamme warf: „Ich nehme die Herren beim Wort, ein Hundsfott, der mir's nicht nachthut und das abscheuliche französische Modezeug in's Feuer wirft!"

Wohl oder übel mußten die Herren Kammerherren und Geheimen Räthe ihre prächtigen Allongeperrücken den Flammen zum Opfer geben.

Schon früh zeigte sich, daß der Kronprinz ein besonderes Vergnügen daran fand, Unheil anzurichten und seiner Rohheit gegen Jedermann freien Lauf zu lassen; zu gleicher Zeit verrieth er auch schon in frühen Jahren einen Geiz, der bei einem Knaben besonders widerwärtig war, und eine Härte des Charakters, welche bis zur Bösartigkeit ging.

Die Königin war hierüber tief betrübt. Sie schrieb einst, als der Kronprinz 14 Jahre alt war, an ihre Freundin, das Fräulein von Pöllnitz:

„Ich habe Bekümmernisse, liebe Pöllnitz, und ich muß mein Herz durch Mittheilung erleichtern. Außer andern Veranlassungen, die Ihnen wohl bekannt sind, ist eine, die Ihre Freundschaft für mich geahnt hat. Der junge Mann, den ich für lebhaft und heftig hielt, hat Beweise von einer Härte gegeben, die ihren Ursprung nur in einem sehr bösen Herzen hat. Nein! sagt die Bülow, das kommt vom Geize. Mein Gott, desto schlimmer! Geizig in einem so zarten Alter! Andere Fehler legt man mit den Jahren ab, dieser nimmt zu und dann von welcher Wichtigkeit sind die Folgen davon? Können Mitgefühl und Mitleid Raum in einem Herzen finden, welches vom Eigennutze beherrscht wird? Dohna ist ein Ehrenmann; er besitzt Rechtschaffenheit und Redlichkeit, allein sein Fehler ist auch ein Geist der Oeconomie und man bessert einen Fehler sehr schwer bei einem andern, den man im Innern selbst hegt. Ich habe ihm, dem Kronprinzen, sehr den Text gelesen und da dies nicht oft der Fall ist, habe ich nichts außer Acht gelassen und mich aller seiner, bei verschiedenen Gelegenheiten verübten, unlöblichen Handlungen erinnert. Hierzu kommen die Klagen der Damen, daß er ihnen grobe Beleidigungen sagt; mein Zorn ging bis zur Entrüstung. Ist dies der Ton edler Gemüther? Zeigt diese Art der Beleidigung etwa Seelenadel?"

Vergeblich bemühte sich die Königin, veredelnd auf das Gemüth ihres Sohnes zu wirken; sie ließ ihn wöchentlich zweimal nach Lietzenburg kommen, hier mußte der Prinz seiner Mutter aus guten Büchern vorlesen und diese versuchte ihn auf die Schönheiten derselben aufmerksam zu machen. Sie bemühte sich nach bester Kraft, ihren persönlichen Einfluß auf ihren Sohn auszuüben, aber weder Zureden noch Ermahnungen fruchteten das Geringste bei ihm.

Mit jedem Jahre wuchs die Abneigung des Prinzen gegen den ihm auferlegten Zwang, gegen die seinen Hofsitten, gegen seine Studien in Kunst und Wissenschaften.

Sophie Charlotte hätte gern jedes Mittel ergriffen, um den jungen Bären zu zähmen, ja sie scheute sich nicht, selbst zu solchen Mitteln zu greifen, welche eine Mutter meist zu vermeiden pflegt. So schrieb sie einst dem Fräulein v. Pöllnitz:

„Sagen Sie dem Grafen Dohna, er solle sich den Galanterien des Kronprinzen nicht widersetzen, die Liebe schleift den Geist ab und mildert die Sitten. Er möge nur seinem Geschmack eine gute Richtung geben, damit er nicht in niedere Sphären hinabsteige."

Auch dies Mittel aber fruchtete bei Friedrich Wilhelm nichts. Wenn der Prinz auch, wie erzählt wird, einige Liebesabenteuer gehabt hat, so wurde er doch durch dieselben in keiner Weise veredelt; der Hang zur Galanterie verschwand bald in ihm und machte fast der Feindschaft gegen die Weiber Platz.

Mit jedem Jahre zeigte es sich deutlicher, daß Friedrich Wilhelm zum Hofmann verdorben war. Er zog sich, so viel er irgend konnte, von den Hoffesten zurück, um sich seinem Lieblingsvergnügen, der Jagd, zu widmen oder sich mit militärischen Spielereien zu beschäftigen, für welche er den größten Theil seines Taschengeldes aufwendete.

Der König hatte ihm eine Kompagnie Kadetten übergeben, welche er kommandirte. Später wurde ihm ein Infanterie-Regiment verliehen und hier zeigte er zuerst jene Vorliebe für ungewöhnlich große Leute, welche später in ihm zu einer wahren Krankheit ausartete.

Friedrich Wilhelm verwendete all sein Geld darauf, um für die Leibkompagnie seines Regiments, die in Wusterhausen stand, durch hohes Handgeld riesenmäßige Flügelleute anzuwerben und mit diesen nach seinem Gefallen zu exerziren. Es war daher für ihn auch kein geringer Genuß, daß ihm gestattet wurde, als Kronprinz die Feldzüge am Rhein unter Marlborough und dem berühmten Feldherrn Prinzen Eugen mitzumachen.

Auch die Vermählung Friedrich Wilhelms mit der Prinzessin Sophie Dorothea von Hannover, welche schon im achtzehnten Jahre des Kronprinzen, am 14. November 1706, stattfand, übte keinen mildernden Einfluß auf ihn aus. Er blieb derselbe, der er stets gewesen war und obgleich er jetzt seinen eigenen Hofstaat hatte, haßte er doch die Feierlichkeiten und Feste am Hofe des Vaters nicht weniger, als früher und vertauschte sie mit wahrer Freude mit dem Feldlager. Wenn er in Berlin lebte, war er stets bestrebt, den unwürdigen Günstlingen des Königs, besonders dem Grafen Wartenberg, entgegen zu arbeiten. Welchen Theil er an dem Sturze desselben nahm, haben wir früher bereits erzählt.

Zweites Kapitel.

Erste Regierungshandlung Friedrich Wilhelms. — Ein Strich durch den Etat. — Umgestaltung des preußischen Hofes. — Entlassung des Herrn von Besser. — Verbannung der Hofjüdin Liebmann. — Zurückberufung Dankelmann's. — Der Silberschatz. — Sparsamkeit Friedrich Wilhelms. — Peter der Große und Katharina von Rußland in Berlin.

Im Vorzimmer des sterbenden Königs Friedrich standen die Höflinge und harrten in tiefer, athemloser Spannung des Augenblicks, in welchem ihr gnädiger Herr von ihnen scheiden würde. Sie hofften nicht viel von dem künftigen Könige; wußten sie doch, daß er sich schon als ein abgesagter Feind des Günstlingswesens und des ganzen prachtvollen Hofstaats seines Vaters gezeigt hatte.

Alle Augen waren auf Friedrich Wilhelm gerichtet, als dieser aus dem Schlafgemach des soeben Verstorbenen kam. Er hielt das Gesicht mit dem Tuch verhüllt, um seine Thränen zu verbergen. Die Höflinge drängten sich um ihn, sie wollten ihm ihre Theilnahme bezeigen; ihre Zahl war so groß, daß selbst die Prinzen von Geblüt sich in der Menge verloren, denn Niemand wollte ihnen Platz machen, da Jeder sich beeiferte, die Gunst des neuen Machthabers zu gewinnen.

Friedrich Wilhelm bekümmerte sich nicht um den ihn umgebenden Schwarm; er ging schnell in sein Zimmer und warf die Thür desselben hastig hinter sich zu.

Mit verlegenen, angstvollen Gesichtern harrten die Kammerherren und Oberhofmeister, die Marschälle und alle die andern hohen Hofbeamten der nächsten Entschließungen des jungen Königs. Sie hatten nicht lange zu warten!

Kaum war Friedrich Wilhelm einige Augenblicke in seinem Kabinet gewesen, da erschien sein Kammerdiener Abt und forderte den Oberhofmarschall, Herrn von Printzen, auf, er möge dem König den Etat des Hauses bringen. Augenblicklich befolgte der Minister dienstwillig den Befehl.

Friedrich Wilhelm nahm die Liste der Hofbeamten, las sie flüchtig durch, dann ergriff er eine Feder und machte einen dicken Tintenstrich durch den ganzen Etat. Mit diesem einzigen Strich kassirte er alle Hofchargen seines Vaters und gab dann dem erschrockenen Oberhofmarschall den Etat zurück mit dem Befehl, daß keiner der Herren sich vom Hofe entfernen solle, bis das Leichenbegängniß des verstorbenen Königs in einer ganz der Prachtliebe desselben angemessenen Art gehalten worden wäre.

Herr von Printzen wußte kaum, wie ihm geschah, als er das durchstrichene Aktenstück in seiner Hand hielt. Er war über diese plötzliche Kassirung sämmtlicher Hofstellen so grenzenlos bestürzt, daß er nicht vermochte, auch nur ein Wort zu entgegnen. Mit tiefen Verbeugungen verließ er das königliche Kabinet und trat unter die mit höchster Spannung auf seine Zurückkunft harrenden Hofherren.

Der General-Lieutenant und Kammerherr v. Tettau trat dem Oberhofmarschall entgegen und fragte ihn, was geschehen sei; Herr v. Printzen vermochte ihm nicht zu antworten, er hielt noch immer krampfhaft den durchstrichenen Etat in der Hand. Herr v. Tettau schloß das Schlimmste aus dem bestürzten Gesicht seines Freundes. Er riß ihm das Aktenstück aus der Hand und als er nun sah, daß es durchstrichen war, rief er jammernd aus: „Meine Herren, unser guter Herr ist todt und der neue König schickt euch Alle zum Teufel!"

Die Hofherren waren wie vom Donner gerührt. Sie glaubten erst die unglückliche Neuigkeit nicht, als sie diese aber durch die eigene Ansicht des Etats bestätigt fanden, da brachen sie in Thränen und Jammern aus und selbst Diejenigen, die nicht geweint hatten um den Tod ihres königlichen Gönners, weinten doch um den Verlust ihrer Stellen.

Am folgenden Tage traf Friedrich Wilhelm alle Anordnungen für das pomphafteste Leichenbegängniß, welches er dem verstorbenen König auszurichten entschlossen war. Alle Details ordnete er selbst an, als ob er zu Lebzeiten seines Vaters stets dessen Ober-Ceremonienmeister gewesen wäre, dann reiste er in Begleitung einiger Generäle nach seinem Jagdschlosse Wusterhausen, um dort den Plan für seine künftige Regierung zu entwerfen.

Er zeigte bald, daß es ihm Ernst mit der Umgestaltung des gesammten Hof- Staatswesens sei. Der Veranstalter so vieler köstlicher Feste am Hofe Friedrichs, der große Hofpoet und Ober-Ceremonienmeister Herr v. Besser erlag als einer der ersten dem grausamen Schicksal, den Schauplatz seiner Thaten meiden zu müssen. Sein Amt wurde vom König als ganz entbehrlich zuerst aufgehoben.

Als Herr v. Besser die Nachricht hiervon erhielt, machte er eine schriftliche Eingabe an den König, in welcher er auf seine langjährigen Dienste hinwies und eine anständige Versorgung forderte; er hatte die Schrift mit dem Bewußtsein seiner frühern hohen Würde und des Einflusses, den er immer am Hofe gehabt, ausgefertigt. Als er sie dem König übergab, las Friedrich Wilhelm nur einige Zeilen darin, dann warf er sie mit einem Zeichen des höchsten Unwillens ins Kaminfeuer und ließ sich trotz der Bitten vieler hohen, am Hofe angestellten Personen zu keiner Aenderung seines Beschlusses bewegen.

Herr v. Besser mußte sich ins Privatleben zurückziehen. Er that dies mit Anstand und Würde, ja er schaffte sogar Wagen und Pferde ab und schränkte sich nach Möglichkeit ein, da er von seinem Vermögen nicht so glänzend wie bisher zu leben vermochte.

Das Schicksal des Herrn v. Besser theilte unmittelbar nach der Thronbesteigung auch eine andere, am Hofe Friedrichs besonders angesehene Person, die Jüdin Liebmann. Diese hatte bisher die größten Vergünstigungen genossen, durfte sie doch unangemeldet zu jeder Zeit in das Gemach Friedrichs treten, wenn sie irgend ein Handelsgeschäft mit ihm machen wollte!

Friedrich Wilhelm haßte die Jüdin, von der er glaubte, daß sie seinen Vater vielfach betrogen habe. Er ertheilte ihr die Weisung, sofort Berlin zu verlassen und nahm ihr, wie ein Biograph dieses Königs, Faßmann, erzählt, den unerlaubten Gewinn, den sie sich in langer Zeit erschlichen hatte, ab; ob er aber dabei genau geprüft hat, wie viel unerlaubter und wie viel erlaubter Gewinn gewesen sei, davon erzählt Faßmann nichts.

Wie der neue König sich hart gegen die Günstlinge seines Vaters zeigte, so war er dagegen auch bestrebt, einem lange ungerecht Verbannten die Sonne der Hofgunst wieder zuzuwenden.

Der gestürzte Ober-Präsident v. Dankelmann wurde zum Hofe berufen.

Friedrich Wilhelm hoffte, von ihm Aufschlüsse über manche Regierungsverhandlungen seines Vaters zu erhalten; er war überzeugt, daß Dankelmanns Prozeß lediglich ein Werk des von ihm so sehr gehaßten Günstlings, des Grafen v. Wartenberg, gewesen sei und er bot deshalb dem ungerecht Verurtheilten die Wiedereinsetzung in alle seine vorigen Stellen an.

Dankelmann aber verschmähte es, auf's Neue eine Günstlingsrolle zu spielen. Er antwortete dem König, daß er in seiner sechszehnjährigen Gefangenschaft mit dem jetzigen Gange der Geschäfte ganz unbekannt geworden und zu alt sei, sich noch einmal die nöthigen Kenntnisse zu verschaffen. Er lehnte deshalb seine Wiederanstellung ab.

Bezeichnend für den Charakter des Königs ist es, daß er dem Minister sein widerrechtlich konfiszirtes Vermögen nicht zurückgab, obgleich er doch hinlänglich durch das Anerbieten, Dankelmann in seine frühere Stellung zurück zu versetzen, zeigte, wie sehr er von der Unschuld dieses Mannes überzeugt war.

Friedrich Wilhelm ging nun mit Ernst und Kraft, aber auch mit despotischer Willkür an die Reformen, welche zu machen er entschlossen war. Seine bis zum Geiz ausartende Sparsamkeit veranlaßte ihn, alle unnöthigen Hof- und Staatsdiener zu entlassen und die übermäßigen Besoldungen Derer, welche er behielt, herabzusetzen.

Am Entschiedensten räumte er, getreu der Absicht, die er bei der Durchstreichung des Hof-Etats gezeigt hatte, in seinem Hofstaat auf und damit fuhr er von Jahr zu Jahr fort, so daß der Hof, der zu Anfang seiner Regierung noch immer einigermaßen dem königlichen Titel entsprechend eingerichtet war, in spätern Jahren einfacher, als der manches kleinen Fürsten wurde.

Der Ober-Ceremonienmeister Herr v. Besser war entlassen, das Ober-Heroldsamt war aufgehoben, der Ober-Hofmarschall v. Prinzen blieb zwar, aber statt 40,000 Thaler jährlichen Gehalts erhielt er nur noch 12,000 Thaler und die Macht seiner Stellung war gebrochen. Die vielen Kammerherren, die sich am Hofe des Königs bisher aufgehalten und als eine glänzende Dienerschaft die Feste desselben verherrlicht hatten, wurden verabschiedet. Friedrich Wilhelm stellte ihnen frei, den Küraß zu nehmen und in die Regimenter als Offiziere einzutreten, damit sie doch etwas Nützliches thäten. Er beschränkte sich für seine Person auf die geringste Zahl der Hofdiener; er behielt nur einen einzigen Kammerherrn, 2 Kammerdiener, 2 Reitknechte, einen Haushofmeister, einen Kämmerer, einige Köche ꝛc. In späterer Zeit wurde die Zahl dieser Hofdienerschaft noch mehr eingeschränkt und vom Jahre 1722 fällt in dem Adreßkalender der Hofstaat als solcher ganz aus.

Die aus 100 Mann bestehende Schweizergarde wurde aufgelöst und verabschiedet. Die Garde du Corps wurden ebenso wie jene den Abschied erhalten haben, der König hatte aber zu ihrem Chef, dem General-Lieutenant v. Tettau, eine große Neigung und ließ sie daher während dessen Lebzeiten bestehen, steckte sie aber unmittelbar nach dem Tode des Generals unter die Genöd'armen.

Die 24 Hof-Trompeter und Pauker, welche bisher mit 12,000 Thalern jährlich besoldet waren, wurden in neu errichtete Kavallerie-Regimenter gebracht und ihr Gehalt gespart. Von der Unzahl königlicher Pagen, welche bisher am Hofe unterhalten worden waren, blieben nur 16 im Dienst, von denen der König für seine Person nur zwei behielt, die übrigen dem Hofstaat der Königin zutheilte und sie nur dann für sich verlangte, wenn es etwa durch die Anwesenheit hoher Gäste an Bedienung mangelte.

Um bei gewöhnlichen Gesellschaften dienstfertige Hände genug zu haben, ertheilte Friedrich Wilhelm seinen Generälen und Ministern die Erlaubniß, sich selbst junge Edelleute zu Pagen zu wählen und diese mit aufs Schloß zu bringen, wenn sie eine Einladung zur königlichen Tafel erhielten. Der König liebte es, auf anderer Leute Kosten zu sparen und es genirte ihn durchaus nicht, daß die Pagen seiner Generale und Minister zur Hofbedienung mit verwendet wurden.

Auch die reich geputzten Lakaien, welche sich bisher in allen Hofgemächern umhergetrieben hatten, wurden bis auf 6 vermindert und diese ihrer glänzenden Livreen beraubt. Sie trugen fortan eine einfache Livree mit geringer goldener Stickerei und erhielten nicht mehr als monatlich 8 Thaler Gehalt. Da indessen die 6 Lakaien zur Hofbedienung nicht zugereicht haben würden, so nahm der König 12 Jägerburschen an, welche an seiner Privattafel mit aufwarten mußten und sonst als Jäger und Lakaien dienten.

Auch den Hofstaat der Königin beschränkte Friedrich Wilhelm, indessen nicht so sehr, wie seinen eigenen; er erlaubte seiner Gemahlin die Ausbietung eines größern Luxus, als sich selbst.

Der herrliche Marstall des Königs Friedrich, der aus mehr als 1000 reich beschirrten Pferden bestand, wurde sofort nach der Thronbesteigung verkauft, nur einige Reit- und Wagenpferde wurden zurückbehalten. Mit den aus diesem Verkauf erzielten Summen, sowie mit denen, welche die Juwelen und anderes kostbares königliches Hausgeräth lieferten, bezahlte Friedrich Wilhelm die Schulden seines Vaters. Er behielt nur den kolossalen Vorrath von kostbarem Silbergeschirr bei und war sogar bestrebt, denselben während seiner ganzen Regierung zu vermehren. Er glaubte, daß er sein Geld in Silbergeschirr nicht unnütz anlege, denn solche Silbermassen gaben ein Zeugniß für königliche Pracht und waren, wenn einmal eine Zeit der Noth kam, leicht in baares Geld umzuprägen. Er selbst hat freilich niemals von dem aufgesammelten Silberschatz Gebrauch gemacht, seinem Sohn aber sollte derselbe in späterer Zeit recht willkommen sein.

Von Jahr zu Jahr wurden neue prachtvolle Silbergeräthe angeschafft, alle Spiegel- und Bilderrahmen in den königlichen Paradezimmern wurden aus Silber gemacht, silberne Kronleuchter zierten die Säle, so daß während der Regierung Friedrich Wilhelms die Summe, welche auf diese Geräthe verwendet wurde, auf nahe 1½ Million Thaler stieg.

Der Luxus des Silbergeschirrs war fast der einzige, den der König sich für seine Person gönnte, sonst zeigte er die peinlichste Sparsamkeit bei allen Ausgaben für seinen Hofstaat, eine Sparsamkeit, die so weit ging, daß er meist nur Kleidungsstücke aus grobem Tuch trug und diese sogar, wenn er sich an den Schreibtisch niedersetzte, durch Leinwandärmel und eine grüne Schürze, die er umband, gegen Abnutzung zu schützen suchte. Nur bei großer Galla trug er kostbarere Stoffe, eine Uniform von blauem Sammt oder Kleider von feinerem Tuche.

Seine Genauigkeit ging so weit, daß er täglich die ihm vom Koch vorgelegten Küchenzettel persönlich durchging und verlangte, daß bei einer einzelnen Speise die Preise auf das Genaueste angegeben würden; er bekümmerte sich dabei um die Marktpreise der kleinsten Gegenstände und strich z. B. bei einer Citrone, welche mit 9 Pfennigen in der Rechnung aufgeführt war, einen Pfennig. Als ihm einst eine Rechnung für Mittag- und Abendessen des Königs nebst Familie, sowie einer Gesellschaft und deren Bedienung mit 31 Thaler 16 Groschen angesetzt wurde, schrieb er darunter: „verflucht gestohlen!" und strich dem Koch 1 Thaler aus der Rechnung.

Von dieser äußersten Sparsamkeit wich Friedrich Wilhelm nur dann ab, wenn er bei Besuchen fremder Fürsten glaubte, seiner königlichen Ehre wegen größeren Aufwand machen zu müssen, aber auch dann war er bemüht, für das möglichst in die Augen fallende Gepränge doch möglichst wenig Geld auszugeben.

Als der Czar Peter der Große, den Friedrich Wilhelm sehr hoch achtete, im Jahre 1717 durch die preußischen Staaten reiste und auch Berlin besuchen wollte, gab der König dem Finanz-Direktorium folgenden Befehl:

„Ich will 6000 Thaler destiniren, dafür soll das Finanz-Directorium die Menagen so machen, daß ich den Czaren freihalten kann von Memel bis Wesel. In Berlin aber wird der Czar aparte tractiret; nit einen Pfennig gebe mehr dazu. Aber vor der Welt sollen sie ein Geschrei machen von 30—40,000 Thalern, das es mir koste."

Das Finanz-Direktorium erfüllte diesen Befehl zu des Königs vollster Zufriedenheit; es verwendete, obwohl Peter der Große mit 300 Pferden reiste, für dessen Freihaltung auf der Reise nicht mehr als 3127 Thalern.

Ueber den Aufenthalt Peters des Großen und seiner Gemahlin, der später so berühmt gewordenen Kaiserin Katharina, in Berlin geben uns zwei Augenzeugen, die Tochter des Königs, die Prinzessin Friederike Wilhelmine, spätere Markgräfin von Baireuth, und der Baron v. Pöllnitz interessante Schilderungen. Die Prinzessin Friederike Wilhelmine theilt uns in ihren Memoiren Folgendes mit:

„Der Czar, der sehr gern reiste, langte von Holland aus hier an. Er hatte zu Cleve verweilen müssen, weil die Czarin dort zu frühzeitig entbunden worden. Da er weder die große Welt, noch Ceremonien liebte, so ließ er den König ersuchen, ihn in ein Lusthaus der Königin, das in einer Vorstadt Berlins lag, einzulogiren. Diese war sehr böse darüber. Sie hatte sich ein sehr hübsches Haus bauen lassen, das sie sorgsam und aufs Prächtigste ausgeschmückt. Die Gallerie von Porzellan, die man dort sah, war köstlich, sowie auch alle Zimmer mit Spiegel versehen waren. Da dieses Haus sonach ein wahres Kleinod war, so trug es auch den Namen Monbijou. Der Garten war sehr hübsch und grenzte an den Fluß, was ihm eine große Anmuth verlieh.

Um den Unordnungen vorzubeugen, welche die Herren Russen an allen andern Orten, wo sie gewohnt, sich hatten zu Schulden kommen lassen, ließ die Königin die Möbel aus dem ganzen Hause wegnehmen und Alles, was nur irgend zerbrechlich war, daraus fortschaffen. Der Czar, seine Gemahlin und ihr ganzer Hof kamen einige Tage später zu Monbijou an. König und Königin empfingen sie am Ufer des Flusses. Der König gab der Czarin die Hand, um ihr aus dem Boot zu helfen. Sobald der Czar ausgeschifft war, reichte er dem König die Hand und sagte: „Ich freue mich sehr, Sie zu sehen, mein Bruder Friedrich." Dann näherte er sich der Königin und wollte sie umarmen, sie wehrte ihn aber ab. Die Czarin begann damit, der Königin die Hand zu küssen, was sie mehrere Male that. Sie stellte ihr dann den Herzog und die Herzogin von Mecklenburg vor, welche sie begleitet hatten und 400 sogenannte Damen, die in ihrem Gefolge waren. Größtentheils waren dies deutsche weibliche Dienstboten, welche die Geschäfte von Damen, Kammerfrauen, Köchinnen und Wäscherinnen verrichteten. Fast jedes dieser Geschöpfe hatte ein reich gekleidetes Kind auf dem Arm und wenn man sie fragte, ob es die ihren wären, so antworteten sie, indem sie Salamalekas auf russische Art machten: „Der Czar hat mir die Ehre erzeigt, mit diesem Kind zu schenken." Die Königin wollte diese Geschöpfe gar nicht grüßen. Dafür rächte sich die Czarin dadurch, daß sie die Prinzessinnen von Geblüt mit großem Hochmuth behandelte und nur mit Mühe erlangte es der König von ihr, daß sie sie grüßte. Ich sah diesen ganzen Hof am darauf folgenden Tage, als der Czar und seine Gemahlin der Königin wieder den Besuch machten. Diese empfing sie in den großen Appartements des Schlosses und ging ihnen bis in den Wachtsaal entgegen. Dort gab sie der Czarin die Hand, ihr den Platz rechts lassend, und führte sie ins Audienzzimmer.

Der König folgte ihnen mit dem Czar. Sobald Letzterer mich sah, erkannte er mich wieder, da er mich bereits vor fünf Jahren gesehen. Er nahm mich auf die Arme und küßte mich so gewaltsam, daß er mir das ganze Gesicht aufrieb. Ich gab ihm Ohrfeigen und wehrte mich, soviel ich nur konnte, indem ich ihm sagte, daß ich diese Vertraulichkeiten nicht wolle und er mich entehre. Er lachte sehr über diese Idee und unterhielt sich lange mit mir. Man hatte mir meine Rolle vorgeschrieben. Ich sprach mit ihm von seiner Flotte und seinen Eroberungen, was ihn so entzückte, daß er mehrere Male zur Czarin sagte, daß, wenn er ein Kind gleich mir haben könne, er gern eine seiner Provinzen darum gäbe. Die Czarin machte mir auch viele Liebkosungen. Die Königin setzte sich mit ihr unter den Thronhimmel, jede in einen Sessel, ich befand mich neben der Königin und die Prinzessinnen von Geblüt ihr gegenüber.

Die Czarin war klein und untersetzt, sehr braun und ohne Hoheit und Anmuth. Man brauchte sie nur zu sehen, um ihre niedere Herkunft zu errathen. Man hätte nach ihrem Aufputze sie für eine deutsche Komödiantin angesehen. Ihr Kleid war auf dem Trödel gekauft worden, es war ganz altmodisch und mit Silber und Metallschaum überladen. Der Vordertheil ihres Leibchens war mit Edelsteinen geschmückt. Die Anordnung dieser Juwelen war sonderbar. Sie stellten einen Doppeladler vor, dessen Flügel mit den kleinsten, sehr schlecht gefaßten Brillanten garnirt waren. Sie trug ein Dutzend Orden und ebenso viele Heiligenbilder und Reliquien längs des Aufschlags ihres Kleides heruntergeheftet, so daß, wenn sie ging, man einen Maulesel zu hören glaubte. Alle diese Orden, welche an einander klimperten, verursachten ein gleiches Geräusch.

Der Czar dagegen war sehr groß und leidlich gewachsen, sein Gesicht schön, aber seine Physiognomie besaß etwas so Rohes, daß man davor sich fürchtete. Er war als Matrose in ein ganz einfaches Gewand gekleidet. Die Czarin, welche sehr schlecht deutsch sprach und das, was die Königin ihr sagte, nicht gut verstand, ließ ihre Närrin herberufen und unterhielt sich mit dieser auf russisch. Dieses arme Geschöpf war eine Fürstin Galitzin und um ihr Leben zu retten, zu diesem Dienste genöthigt. Da sie in der Verschwörung gegen den Czar verwickelt gewesen, hatte man ihr zweimal die Knute gegeben. Ich weiß nicht, was sie mit der Czarin sprach, aber diese lachte überlaut.

Man setzte sich endlich zu Tisch und der Czar neben die Königin. Es ist bekannt, daß dieser Fürst vergiftet worden war. In seiner Jugend war ihm das feinste Gift auf die Nerven gefallen, weshalb er oft eine Art von Krämpfen bekam, deren er sich nicht erwehren konnte. Dieser Zufall ergriff ihn auch bei Tische. Er bekam einige Zuckungen und da er eben das Messer in der Hand hielt und damit gestikulirte, so gerieth die Königin in Angst und wollte einige Male aufstehen. Der Czar beruhigte sie aber und bat sie unbesorgt zu sein, da er ihr kein Leid zufügen würde. Zugleich nahm er sie bei der Hand und drückte diese so heftig in der seinen, daß die Königin genöthigt war, Barmherzigkeit zu rufen, worüber er herzlich lachte und zu ihr sagte, sie habe zartere Knochen als seine Katharina. Nach dem Abendessen war Alles zum Balle vorbereitet, aber sobald der Czar von der Tafel aufgestanden war, ging er und kehrte allein zu Fuß nach Monbijou zurück. Am folgenden Tage ließ man ihn alle Merkwürdigkeiten Berlins und unter andern das Münzkabinet und die alten Statuen sehen. Unter diesen letztern befand sich, wie man mir sagte, eine, welche eine heidnische Gottheit in einer sehr unanständigen Stellung zeigte. Man bediente sich zur Zeit der alten Römer einer solchen, um die Brautkammer damit zu schmücken. Dieses Stück wurde für sehr selten gehalten und galt für eine der schönsten Statuen, die sich dort befanden. Der Czar bewunderte sie sehr und befahl der Czarin, sie zu küssen. Sie wollte sich dagegen wehren, er ward aber böse und sagte in gebrochenem Deutsch zu ihr: „Kop ab!" welches so viel heißen sollte, als: ich lasse dich enthaupten, wenn du nicht gehorchst. Die Czarin hatte so große Furcht, daß sie Alles that, was er verlangte. Er begehrte nun ohne Umstände diese Statue und mehrere andere vom König, der sie ihm nicht verweigern konnte. Dasselbe that er mit einem Schränkchen, dessen Getäfel ganz von Ambra war. Dieses war einzig in seiner Art und hatte König Friedrich I. unermeßliche Summen gekostet. Es erlebte das traurige Schicksal zu großem Bedauern aller Welt, nach Petersburg geschafft zu werden.

Endlich nach zwei Tagen reiste dieser barbarische Hof wieder ab. Die Königin begab sich sogleich nach Monbijou. Dort herrschte die Zerstörung Jerusalems. „Nie habe ich etwas Aehnliches gesehen; Alles war so ruinirt, daß die Königin fast das ganze Haus neu bauen lassen mußte."

Bot Friedrich Wilhelm bei dem Besuche des Czaren Peter nicht unbedeutende Kosten auf, um seinen Gast angemessen zu bewirthen, so that er dies auch später, als König August der Starke von Polen im Jahre 1728 nach Berlin kam; aber auch bei diesem Besuche war er bemüht, unter dem Schein der Pracht eine kleinliche Sparsamkeit zu verstecken.

Friedrich Wilhelm mußte seinen Gast, der selbst einen verschwenderischen Hof hielt, durch einige glänzende Feste ehren; er that es und während des Aufenthalts August des Starken in Berlin jagten sich Vergnügungen aller Art; die Köche mußten ihre ganze Kraft aufbieten, um schmackhafte Mahlzeiten zu bereiten, damit diese aber nicht zu theuer kämen, wurde möglichst viel Wildpret dazu verwendet. An Wild hatten die königlichen Forsten Ueberfluß, während man anderes Fleisch hätte kaufen müssen.

Den Mittelpunkt aller Festlichkeiten bildete eine großartige Parade und eine glänzende Illumination von Berlin; — erstere kostete dem König wenig, letztere gar nichts; denn die Bürger mußten sie bezahlen und doch sahen Beide nach etwas aus.

Nur einmal in seinem Leben zeigte Friedrich Wilhelm eine verschwenderische Freigebigkeit, welche an die seines Vaters erinnerte, bei einem Besuche, den er dem Kaiser in Karlsbad machte.

Friedrich Wilhelm wollte dabei beweisen, daß der König von Preußen nicht hinter andern Fürsten zurückstehe und machte daher dem Gefolge des Kaisers glänzende Geschenke. Auch gab er während der Reise in Böhmen mehr als fürstliche Trinkgelder, so den Postmeistern auf jeder Station 100 und den Wagenmeistern 25 Dukaten.

Drittes Kapitel.

Tägliche Lebensweise Friedrich Wilhelms. — Die königliche Mittagstafel. — Der König als Wirth und als Gast. — Persönlicher Verkehr des Königs mit den Bürgern. — Das Tabaks-Kollegium. — Die wissenschaftlichen Hofnarren. — Grausame Scherze. — Eine Schein-Hinrichtung.

Wie durch einen Zauberschlag war der glanzvolle Königshof Friedrichs verschwunden und an seine Stelle der halb militärische, halb bürgerliche Friedrich Wilhelms getreten. Es gab in Berlin keine glänzenden Feste mehr, selbst die Geburts- und Namenstage des Königs, der Königin, der Prinzen und Prinzessinnen wurden nicht mehr wie früher gefeiert, sondern ganz in der Stille begangen, man gratulirte sich mit einigen kurzen Worten, wünschte sich noch lange, gute Gesundheit und Wohlergehen und damit war die Sache abgethan. Nach dem prunkvollen Leichenbegängniß, welches Friedrich Wilhelm seinem Vater ausgerichtet hatte, wurden bei später eintretenden Todesfällen in der königlichen Familie die Feierlichkeiten auf's Aeußerste beschränkt: selbst die Hoftrauer wurde abgekürzt und alle die Kosten, welche früher auf Trauerstaat verwendet worden waren, mußten fortfallen.

Unter Friedrichs Regierung war der Krönungstag, der 18. Januar, durch glanzvolle Feierlichkeiten verherrlicht worden; ein Hoffest und die Austheilung hoher Orden sollten diesen Tag im Angedenken des Volks erhalten. Friedrich Wilhelm hob diese Anordnungen bei seinem Regierungsantritte auf; der 18. Januar blieb allerdings im Kalender roth angestrichen; dies war aber auch seine einzige Auszeichnung.

Friedrich Wilhelm verachtete jedes leere Formenwesen; er glaubte nicht, daß seine königliche Macht durch die Ceremonien einer Krönung irgendwie gefördert werde, wohl aber wußte er, daß eine solche dem Lande schwere Opfer auferlege und er verschmähte es deßhalb, nach Königsberg zu reisen, um sich dort, wie sein Vater, die Krone aufzusetzen. Am Tage nach dem Ableben Friedrichs ließ er sich von der Generalität und der Garnison von Berlin den Eid der Treue schwören; die Huldigung der Landstände wurde, als eine unwesentliche Förmlichkeit, erst später, wenn sich gerade eine günstige Gelegenheit darbot, vorgenommen und zwar ohne besondere Feierlichkeiten.

Friedrich Wilhelm war in Allem ein guter Wirth, auch mit seiner Zeit. Er hatte dieselbe mit peinlichster Genauigkeit eingetheilt.

Des Morgens stand er ziemlich früh auf, im Winter um 6 Uhr, im Sommer um 4 Uhr. Als guter Soldat suchte er seinen Körper abzuhärten, indem er sich mit eiskaltem Brunnenwasser wusch; dann hielt er eine kurze religiöse Feier und eine Stunde nach dem Aufstehen saß er schon in seinem Kabinet bei der Arbeit.

Zwei Kabinetsräthe und ihre Sekretäre mußten ihm, während er Kaffee trank und sich ankleiden ließ, Vortrag halten und in seiner Gegenwart alle einlaufenden Briefe eröffnen, denn er litt es nicht, daß dies von ihnen selbstständig geschah. Auf alle eingehenden Schreiben ertheilte der König sofort die Antwort, meist mit kurzen und oft mit drolligen Bemerkungen, die er entweder an den Rand schrieb, mitunter sogar zeichnete. Wir werden im Laufe unserer Erzählung mehrfach auf derartige Bescheide des Königs zurückzukommen haben.

Sobald Friedrich Wilhelm angekleidet war, ließ er die schon im Vorzimmer wartenden Minister und hohen Offiziere zur Audienz rufen, hörte ihre Vorträge und gab ihnen seine Befehle. Um 10 Uhr, mit dem Glockenschlage, mußte diese Arbeit beendet sein, dann begab sich der König zur Wachtparade und musterte hier seine Truppen. Bei dieser Gelegenheit gab er auch fremden Gesandten und Offizieren Audienz.

Wenn er nach der Wachtparade in das Schloß zurückkehren wollte, erwarteten ihn auf dem Wege schon Leute, welche ihm Bittschriften übergeben wollten. War er gut gelaunt, so durften die Bittsteller eines guten Erfolges gesichert sein, sonst aber wies er sie, besonders, wenn sie sich ihm zudringlich nahen wollten, mit harten Worten und mitunter mit noch härteren Stockschlägen zurück.

Von der Wachtparade ging er bis gegen 11 Uhr nach dem in der Breiten Straße belegenen Marstalle, revidirte denselben auf das Strengste und gab den Stallknechten seine Befehle, dann kehrte er ins Schloß zurück, wo ihn bereits Staatsminister und einige höhere Offiziere erwarteten. Mit diesen unterhielt er sich, bis es 12 Uhr schlug, um sich mit dem Glockenschlage zu Tisch zu setzen.

Die Königin, die königliche Familie und die übrigen Eingeladenen mußten pünktlich zur Stelle sein. Gewöhnlich fanden sich etwa 30—40 Personen an der königlichen Tafel und diese dauerte in der Regel etwa 2 Stunden.

Ueber die königliche Tafel liegen uns verschiedene Berichte vor. Friedrich Wilhelms eigene Tochter, die Markgräfin von Baireuth, beklagt sich in ihren Memoiren, daß man sich am Tische ihres Vaters niemals hätte recht satt essen können, so wenig Speisen habe es gegeben. Ein anderer Zeitgenosse, Faßmann, will indessen von einer solchen Knauserei nichts wissen, wobei freilich zu bemerken ist, daß Faßmann in seinem Buche: „Leben und Thaten des Allerdurchlauchtigsten und Großmächtigsten Königs von Preußen Friedrich Wilhelms" Alles, was Friedrich Wilhelm je gethan, gesagt oder gedacht hat, in einem solchen Maße verherrlicht, daß sein Lob oft als bittere Ironie erscheint. Faßmann giebt um seinen Helden von dem Verdacht eines ungebührlichen Geizes zu reinigen, eine ausführliche Schilderung der königlichen Mittagstafel. Er erzählt:

„Was die königliche Tafel betrifft, so gehen in verschiedenen fremden Landen viele ganz falsche und wunderliche Erzählungen davon im Schwange, da es doch ganz anders damit beschaffen ist.

Im Frühling z. B. zwischen Ostern und Pfingsten, wenn sich des Königs Majestät noch zu Potsdam befinden, sieht man, wie sonst allezeit, eine sogenannte Plat-Ménage auf der Tafel. Diese ist von Silber und es befindet sich auf derselben wieder ein silberner Aufsatz mit Citronen und Pomeranzen besetzt, mit Essig und Baumöl, wie auch mit Pfeffer in silbernen Pfefferbüchsen, silbernen Zuckerbüchsen u. dgl. Zur Blumenzeit wird auch diese Plat-Ménage sonst noch mit vielen Blumen belegt und ausgeziert.

Das unterste silberne Brett von dieser Plat-Ménage ist ungefähr ⅚ von einer Elle lang und ½ breit. Nächst dieser Plat-Ménage werden allemal 2 silberne Gefäße mit Deckeln auf die königliche Tafel gesetzt, doch eins größer als das andere. In solchen Gefäßen ist die Suppe und in derselben liegt allemal etwas, entweder gekochtes Kalbfleisch oder junge Hühner, Kapaunen, auch wohl Fische, eine gebratene Kalbsbrust oder was man sonst bisweilen auf großen Tafeln in die Suppe zu legen pflegt, gebratene Krammetsvögel u. dgl.

Ist die Suppe vorbei, werden wieder 2 große Schüsseln aufgesetzt, worin 2 Stücke gekochtes Fleisch, gewöhnliches Rindsfleisch. Nach diesem kommen wieder 2 Schüsseln und es liegen in einer jeden etwa ein Schinken, eine geräucherte Gans oder geräucherte Würste mit braunem Kohl. Auf diese folgt eine große Schüssel mit frischem Lachs oder Karpfen, Hechten oder Seefischen, ich habe einen Karpfen von 35 und Hechte von 30—40 Pfund auf der königlichen Tafel gesehen.

Ferner folgt eine große Pastete oder eine Torte, dann ein Ragout oder sonst ein Nebengericht; Spargel und Gebratenes, manches Mal von zwei- oder dreierlei Sorten, Sallate, Butter und herrlicher Käse. Alles aber ist in einem solchen Ueberfluß angerichtet, daß etliche und 20 bis 30 Personen, die gemeiniglich an der königlichen Tafel sitzen, nicht allein so viel zu essen finden, als sie immer wollen, sondern öfter auch noch ein Theil von einem oder dem andern Gerichte übrig bleibt, welches die Grenadiere, die mit bei der königlichen Tafel aufzuwarten pflegen, wegnehmen; es wäre denn etwa ein ganzer, noch unangeschnittener Braten oder eine Pastete, von welcher des Königs Majestät noch einmal kalt essen wollten. Statt einer großen Pastete wurde auch manchmal eine große Schüssel kleiner Pastetchen aufgesetzt.

Für die Königin und die königlichen Kinder werden fast allemal etliche Assietten insbesondere aufgetragen. Solche bestehen entweder in Tellerpasteten mit Kälbermilch u. dgl. oder in offenen Gerichten Ortelanen, Wachteln oder andern Delikatessen, entweder das Neue vom Jahr oder sonst etwas Rares; doch genießen sie auch von den übrigen Speisen so viel, als ihnen beliebt. Ferner habe ich gesehen, daß im Frühjahr fast täglich eine Hummer oder großer Seekrebs mit auf die königliche Tafel gekommen.

Aus diesem Seekrebs mußte ein Offizier das Fleisch und Inwendige, Alles, was man essen kann, herausnehmen und es mit Baumöl, Essig, Salz und Pfeffer zurecht machen, wovon dann Se. Majestät und sonst ihrer Viele, ja beinahe Alle an der Tafel gegessen. Denn man pflegt nicht viel, sondern nur wenig davon zu nehmen und Mancher hat gar keinen Appetit dazu, sondern läßt es vorbeigehen.

Noch weiter wird zwischen Ostern und Pfingsten fast täglich eine Schüssel voll gebackener Frösche auf die königliche Tafel gesetzt, weil der König ein sehr großer Liebhaber davon ist. Wer nun sonst an der königlichen Tafel sitzt und Lust und Belieben dazu hat, der kann solche gebackenen Frösche ebenfalls genießen. In den Fasten werden täglich ein Paar Schüsseln frisch gebackene Bretzeln mit auf die königliche Tafel gesetzt, wozu man Butter ißt. Auch werden fast alle Tage Aepfel und Birnen, fast das ganze Jahr hindurch, bei Nachtisch gereicht. Für die Königin Majestät und die königlichen Kinder wird auch alle Tage ein Teller mit frischen Biscuits oder anderm frischen Zuckerbrot auf die Tafel gegeben, sonst aber kommt, wenn nicht fremde Herrschaften vorhanden, kein Confect auf die königliche Tafel. In Wusterhausen aber besteht der Nachtisch in gar vielerlei delikaten Früchten, die der Herbst fournirt, als Weintrauben, Pfirsche u. s. w., auch werden daselbst viele Krammetsvögel, fette Leipziger Lerchen und schöne Rebhühner gegessen. Im Sommer sieht man ebenfalls Alles, was die Jahreszeit zu geben vermag, und der Nachtisch besteht aus gar vielerlei köstlichen Früchten. In Summa: Es ist auf der königlichen Tafel Alles anzutreffen, was die verschiedenen Jahreszeiten geben, nur nicht in einem so gewaltigen Ueberfluß, wie ehemals und daß man sich nicht so gar sehr pressirt, Alles so gar frühzeitig zu haben und die Sachen eben deswegen, weil sie noch rar, so gar theuer zu bezahlen."

Aus dieser Schilderung Faßmanns geht wohl genügend hervor, daß zwar Niemand an der königlichen Tafel zu hungern brauchte, daß dieselbe aber doch mit Sparsamkeit eingerichtet war. Wenn für 30—40 Personen ein Hummer oder Seekrebs auf den Tisch kam, so konnte wohl für keinen besonders viel gerechnet sein.

Meist hatten die Gäste bei solchen köstlichen Delikatessen das Zusehen. Friedrich Wilhelm aß selbst gern gut, aber er war trotzdem kein Gourmand und ließ sich auch mit einfachster Hausmannskost zufrieden stellen. Besonders bei seinen Jagdpartien war ihm die gröbste bürgerliche Kost die liebste.

Er kehrte bei solchen Gelegenheiten gern in die Häuser der Bauern ein und als er einst bei einem Gärtner ein Gericht Hammelkaldaune und Weißkohl antraf, schmeckte ihm dasselbe so vorzüglich, daß er sich das Kochrezept geben ließ; er war ganz entzückt darüber, daß die ganze Mahlzeit nicht mehr als zehn Dreier gekostet hatte. Am folgenden Tage mußte der Koch ein Gericht Hammelkaldaune und Weißkohl machen und den Küchenzettel wie gewöhnlich einreichen. Zu seinem höchsten Erstaunen und Aerger fand Friedrich Wilhelm, daß ein Gericht, welches beim Gärtner nur 10 Dreier Kosten verursacht hatte, ihm mit 3 Thalern auf die Rechnung gesetzt worden war. Er schäumte vor Wuth, ließ den Koch rufen, prügelte ihn tüchtig durch und strich ihm die gestohlene Summe.

Die billigsten Gerichte waren dem König stets die liebsten, wenn er dieselben nämlich selbst bezahlen mußte, sonst that er sich auch an theuren gütlich, sobald sie ihm zum Geschenk gemacht wurden. Besonders liebte er die Austern, welche von Hamburg in kalter Jahreszeit durch eine Extraküchenpost nach Berlin befördert wurden. Sie kamen noch leidlich frisch an, da sie nur 3 oder 4 Tage unterwegs zubrachten.

Der König aß von den theuren Austern nie mehr als ein Dutzend, wenn er sie selbst bezahlen mußte; erhielt er sie aber zum Geschenk und die Königin machte sich oft ein Vergnügen daraus, um ihren Gemahl bei guter Laune zu erhalten, ihm ein Fäßchen Anstern zu verehren, so verzehrte er wohl 100 Stück und darüber. Ein Koch wurde dann aus der Küche gerufen; mit schneeweißer Schürze und Zipfelmütze mußte er vor dem König erscheinen und diesem die Austern öffnen.

Auch Privatleute machten sich häufig das Vergnügen, dem König für seine Tafel Delikatessen zu schenken und diese wurden stets sehr bereitwillig angenommen. Da kamen Austern, Marinen, frische Häringe, Kabeljaus und andere dergleichen Seltenheiten, welche Friedrich Wilhelm mit besonderm Appetit verzehrte. Er bedankte sich für dieselben und nahm häufig die Gelegenheit wahr, um sich mehr davon auszubitten. Als der königliche Resident in Hamburg ihm einst einen frischen Kabeljau schickte, schrieb der König an den Rand des Briefes: „Gut, soll auch einen großen Kalbsbraten senden, der recht weißes Fleisch hat und wohl einpacken, daß der Geschmack der Watte sich nicht ins Fleisch zieht."

Dem Ueberbringer solcher Geschenke bewies Friedrich Wilhelm die ihm eigene königliche Freigebigkeit. Als ihm einst ein Kaufmann Daun ein Faß Austern zur Mahlzeit schickte, während der König sich gerade bei der Tafel befand, gab er dem Ueberbringer, einem Handlungsdiener, nicht weniger als 8 Groschen.

Wie Friedrich Wilhelm die Geschenke von Leckerbissen an seiner eigenen Tafel liebte, so war es ihm auch ganz angenehm, wenn er auf fremde Kosten außerhalb seines Schlosses gut essen und trinken konnte. Er nahm deshalb gern Einladungen seiner Generale und Minister an und verschmähte es auch nicht, wenn er bei Bürgern zu Kindtaufen und Hochzeitsfesten gebeten wurde. Geschah dies, so mußte ihm zuvor die Liste der eingeladenen Gäste mitgetheilt werden. Er strich mitunter einzelne Namen aus und setzte auch wohl die Namen Einiger, von denen er glaubte, daß sie vergessen seien oder deren Gegenwart er besonders wünsche, zu.

Friedrich Wilhelm verlangte immer von seinen Gastwirthen ausdrücklich, sie sollten gar keine Umstände mit ihm machen, nahm es aber keineswegs übel, wenn trotzdem Straßburger Gänseleberpasteten, Austern, seltene Seefische oder Seekrebse auf der Tafel standen und besonders verlangte er, daß ihm jedesmal ein trefflicher Rheinwein als Tafelgetränk vorgesetzt werde.

Sein Lieblings-General v. Grumbkow hielt sich einen französischen Koch, der ein Meister in seinem Fach war. Der König speiste deshalb bei diesem General am Liebsten. Es war ihm unangenehm, wenn bei solchen Gesellschaften Frauen zugegen waren, selbst bei Hochzeiten durften nur die Braut und die Brautmutter mit bei Tische sitzen. —

Besonders angenehm war es Friedrich Wilhelm, wenn seine Generale ihn einluden und diese betrachteten es daher als eine Ehrensache, von Zeit zu Zeit den König bei sich zu sehen. Ließen sie mit ihren Einladungen gar zu lange auf sich warten, so bat er sich wohl auch selbst bei ihnen zu Gaste. Einer seiner Generale, der als ein Knauser bekannt war, hatte stets Einladungen angenommen, niemals aber eine solche ertheilt und als ihm einst der König direkt sagte, er wünsche, bei ihm zu speisen, da entschuldigte sich der Knauser damit, daß er keine eigene Wirthschaft habe und daher auf eine solche Ehre verzichten müsse. Friedrich Wilhelm lachte und fand ein gutes Auskunftsmittel. Er forderte den General auf, in dem Gasthof zum Könige von Portugal bei dem Gastwirth Nicolai eine Mahlzeit zu bestellen, bei der er sein Gast sein wolle.

Der General konnte nicht umhin, dem König zu gehorchen. Er lud ihn ein und Friedrich Wilhelm erschien mit einem doppelt so großen Gefolge, als der Gastgeber erwartet hatte. Der General ließ sich trotzdem in seiner Ruhe nicht stören. Er empfing den König und die übrigen Gäste mit gebührendem Respekt, ließ auftragen, was die Küche des Wirths irgend liefern wollte und als nun die Mahlzeit beendet war, da äußerte Friedrich Wilhelm seine vollste Zufriedenheit.

Der General rief schmunzelnd den Wirth herbei und fragte ihn in Gegenwart des Königs, was das Couvert koste.

„Einen Gulden die Person, ohne den Wein," antwortete der Gastwirth Nicolai.

„Gut, — entgegnete der General — hier ist ein Gulden für mich und einer für Seine Majestät; die andern Herren habe ich nicht gebeten, diese können für sich selber bezahlen."

Es war dies ein Scherz ganz nach dem Geschmack Friedrich Wilhelms. Dieser lachte hell auf und sagte: „Ich glaubte den Herrn zu prellen und nun prellt er mich!" Er bezahlte natürlich die ganze Rechnung.

Wenn es an der königlichen Tafel mit dem Essen meist sparsam genug herging, so wurde doch das Getränk nicht geschont. Für jeden Gast stand regelmäßig eine Flasche guter Rheinwein bereit; war das Gespräch recht lebendig im Gange, so ließ der König abstimmen, ob noch mehr gebracht werden solle und es erhielt dann Jeder noch eine halbe, mitunter sogar noch eine ganze oder gar drei halbe Flaschen nachträglich vorgesetzt. Dabei entschied stets die Mehrheit der Stimmen. Die Minorität mußte sich, selbst wenn sie keinen rechten Appetit zum Trinken mehr hatte, fügen.

Wer nicht ordentlich trank, den hielt der König für einen Mucker und der General v. Massow, der nie mehr als ein halbes Maß trinken wollte, wurde dadurch verspottet, daß man ihm die halben Flaschen halbe Massows genannt wurden.

Nach dem Rheinwein gab es wohl auch noch ein Glas guten Ungarwein, wenn der König eben in besonders guter Laune war.

Es ging bei der Tafel oft recht lustig und mitunter merkwürdig ungenirt zu, besonders, wenn sich das Blut erhitzt hatte. So erzählt uns Fatzmann, daß einst der Prälat Martin, der Abt des Klosters Neuzelle, beim König zur Tafel gewesen sei und gewisse „treffliche, doch in allen Stücken honette Scherze" getrieben habe. Die Generale und Offiziere setzten ihm stark mit Trinken zu und er antwortete ihnen redlich. Jedem that er Bescheid, der ihm zutrank, und dabei wurde er so lustig, daß er aufstand, seine Perrücke abnahm, seine goldene Kette, an der ein goldenes Kreuz hing, über den Kopf streifte und sie einer der Prinzessinen, die mit an der Tafel saßen, um den Hals hängen wollte. Er machte auch sonst allerlei Possen und freute sich des herzlichen Gelächters, welches seine trefflichen Witze erregten.

Nachdem die Mittagstafel aufgehoben war, ritt der König, wenn das Wetter es irgend gestattete, von einem Pagen und ein Paar Reitknechten begleitet, spazieren, mitunter ging er auch zu Fuß und nur bei ungünstigster Witterung fuhr er in einer, mit 2 Pferden bespannten, einfachen offenen Chaise.

In Berlin gingen seine Promenaden meistens nach der Friedrichsstadt, wo er die angefangenen Bauten musterte und sich mit regem Interesse um dieselben bekümmerte. Er liebte es, bei diesen Spazierritten und Spaziergängen die ihm begegnenden Bürger nach ihren Verhältnissen zu fragen; auch nahm er wohl während derselben Bittschriften entgegen und wenn er guter Laune war, fragte er die Bittsteller sofort gründlich aus und besprach am Abend den Gegenstand ihrer Beschwerden mit seinen Generälen im Tabaks-Kollegium. Er verlangte, daß Jeder, mit dem er sprach, ihm hell in's Auge schaue, denn er behauptete, daß er sofort die Wahrheit aus den Augen lesen könne.

Es war ihm im höchsten Grade unangenehm, wenn, wie dies mitunter geschah, Bürger, die ihm begegneten, sich zu entfernen suchten, um ihm nicht in den Weg zu kommen. Diesen schickte er meistens seine Pagen oder Reitknechte nach und es gab wohl mitunter eine lustige Jagd, wenn die Reitknechte zu Pferde hinter einem solchen Flüchtigen herjagten und ihn endlich einholten.

So geschah es einem Tanzmeister, der, als er den König von Weitem sah, Kehrt machte und in ein Haus eilte, wo er sich geborgen glaubte. Er ward aber vom Pagen hervorgeholt und vor den König geschleppt. Dieser fragte ihn barsch, was er sei. „Ein Tanzmeister", antwortete der Gefragte zitternd. Er mußte nun sogleich vor dem König auf der Straße eine Sarabande tanzen, um den Beweis für die Wahrheit seiner Aussage zu führen.

Ein anderer Tanzmeister, der ebenfalls flüchtend vom Leibpagen des Königs eingeholt worden war, obgleich er sich bis vor's Köpnicker Thor geflüchtet und dort auf einem Heuboden versteckt hatte, kam noch schlimmer fort. Er wagte es, die Unwahrheit zu sagen und sich für einen Handlungsdiener auszugeben. Dafür wurde er ohne Weiteres 4 Wochen lang zum Schuttkarren beim Bau der Petrikirche verdammt.

Antworteten die Gefragten frisch und keck, so gelang es ihnen häufig, sich beim König in nicht geringe Gunst zu setzen. Dies geschah u. a. einem Kandidaten der Theologie, dem der König auf der Straße begegnete.

Friedrich Wilhelm fragte ihn, wo er her sei.

„Aus Berlin", war die Antwort.

„Die Berliner taugen nichts!"

„In der Regel, — entgegnete der Kandidat lächelnd — ich kenne aber zwei Berliner Kinder, die von dieser Regel eine Ausnahme machen."

„Und welche wären das?"

„Ew. Majestät und ich."

Für diese kluge Antwort wurde der Kandidat am folgenden Tage auf's Schloß beschieden und erhielt sogleich eine Predigerstelle.

Der König war überhaupt ein Feind jeder Form und sprach bei seinen Promenaden mit Jedem ohne Rücksicht auf Rang und Stand, mit dem gemeinsten wie mit dem vornehmsten Bürger.

Als er einst ausfuhr, lief ein Bauer neben seinem Wagen einher und hielt eine Bittschrift in die Höhe. Der König ließ sofort halten, nahm die Bittschrift in Empfang, wunderte sich aber nicht wenig, als er das Papier ohne ein geschriebenes Wort fand. Es enthielt nichts als ein mit Dinte gezeichnetes Viereck, in dem verschiedene Striche und Dintenkleckse zu sehen waren. Er fragte verwundert, was das bedeuten solle. Der Bauer erklärte ihm guten Muths, er könne nicht schreiben, da habe er seine Bittschrift gemalt. Das Viereck sei sein Rübengarten, die Striche bedeuteten sein Rübenland, die Dintenkleckse aber des Amtmanns Schweine, die ihm die schönsten Rüben aufgefressen hätten, ohne daß der Amtmann dafür etwas vergüten wolle. Er versprach dem König einen Sack der schönsten Rüben, wenn er bewirken könne, daß ihm der Amtmann die gefressenen bezahle.

Der König lachte und gab sofort den Befehl, daß der Amtmann zur Zahlung angehalten werde. Eine so schnelle Justiz war überhaupt nach Friedrich Wilhelms Geschmack. Er fragte dabei freilich nicht darnach, ob der Bauer oder der Amtmann im Rechte sei; dafür aber brachte ihm der Bauer nach einigen Tagen einen tüchtigen Sack mit Rüben, die zur königlichen Tafel geliefert wurden.

Charakteristisch ist auch das Schicksal eines Buchbinders Reichardt, den der König beim Ausreiten traf und der ihm klagte, daß er schon seit langer Zeit einen Prozeß beim Stadtgericht habe, der niemals zu Ende kommen wolle, weil die Rathsherren auf dem Rathhause seine Feinde seien. Er erzählte dabei mit solcher Klarheit und Deutlichkeit die Schicksale seines Prozesses, daß der König sehr für ihn eingenommen wurde.

„Du bist ein gescheuter Kerl — sagte er — und es soll Dir geholfen werden. Da Du aber eine so gute Kenntniß von dem Magistrat hast, so mache ich Dich hiermit zum Rathsherrn und gebe Dir Sitz und Stimme auf dem Rathhause, dafür aber mußt Du mir von Zeit zu Zeit Mittheilungen machen, wie es im Magistrat zugeht!"

Der königliche Befehl mußte vom Berliner Magistrat erfüllt werden, da dessen Wahl durch die Bürger ja längst keine freie mehr war. Der Buchbinder Reichardt erhielt Sitz und Stimme im Rathskollegium, aber Mittheilungen über Unregelmäßigkeiten, welche in demselben zugegangen waren, machte er dem König nicht. Als ihn dieser nach einiger Zeit wieder traf, machte er dem neuen Rathsherrn Vorwürfe. Reichardt aber entschuldigte sich damit, er sei jetzt, seitdem er selbst zum Magistrat gehöre, über die Wirthschaft desselben ganz anderer Ansicht geworden.

„Ihr seid Alle Schelme! — rief ihm der König ärgerlich zu — wenn Ihr nicht mit regirt, so räsonnirt Ihr; wenn Ihr dann aber selbst an der Regierung seid, so macht Ihr's nicht besser, als die Andern!"

Es war für den König ein besonderes Vergnügen, wenn die Spaziergänger, denen er begegnete und mit denen er sich unterhielt, ihn nicht erkannten. Er brachte dann das Gespräch gewöhnlich auf den Hof und auf seine Regierung, um zu hören, was das Volk über ihn denke, und wenn die Gefragten sich unbefangen äußerten, war er gern geneigt, ihnen irgend eine Gefälligkeit zu erweisen.

Einst begegnete er einem Kandidaten der Theologie auf der Straße. Er redete denselben an und unterhielt sich mit ihm über die Aussichten, welche die Kandidaten für die Erlangung einer guten Pfarre hätten. Der Kandidat klagte, daß er wohl schwerlich so bald in ein Amt kommen werde, da er keine Vettern am Hofe habe und nur solche angestellt würden, für die irgend ein reicher oder mächtiger Mann sich interessire. Der König suchte ihn zu trösten.

Während sie noch mit einander spazieren gingen, bat sich Friedrich Wilhelm von seinem Gesellschafter Feuer aus, um seine Pfeife anzuzünden. Der Kandidat zog Stahl, Stein und Schwamm heraus und indem er mit einem Schlage Feuer machte, sagte er! „Bums, da hat der Herr Feuer!"

„Nun, ich dächte, — erwiderte der König — wenn es dem Herrn im Examen so Bums auf Bums geht, dann könnte es ihm nicht fehlen."

Friedrich Wilhelm erkundigte sich nach der Wohnung des Kandidaten, dann nahm er Abschied von ihm, ließ ihn aber am folgenden Tage auf's Schloß kommen und versicherte den Theologen, der hoch erstaunt war, in dem König seinen Gesellschafter von gestern wiederzufinden, er solle eine gute Stelle haben, wenn er sein Examen gut bestehe. Zu diesem Zweck möge er, um ihn gefälligst zu halten, für die er ihm den Text geben werde, nach einigen Tagen wiederkommen.

Der Kandidat kam. Es wurde ihm ein Blatt Papier, auf dem sich der Text seiner Predigt befinden sollte, gereicht. Er schlug es auf und fand es leer. Sofort aber faßte er sich und hielt eine Predigt über den Text: „Aus Nichts hat Gott die Welt geschaffen."

Der König war so zufrieden über diese Geistesgegenwart, daß er dem Kandidaten nach der Predigt zurief: „Bums, da hat der Herr die Pfarre!"

Man lernte natürlich in Berlin und Potsdam die Liebhaberei Friedrich Wilhelms, incognito spazieren zu gehen, bald genug kennen und mancher schlaue Glücksjäger wußte dieselbe auszubeuten, indem er dem König zu begegnen suchte, sich stellte, als ob er ihn nicht kenne und ihm nun mit scheinbarer Freimüthigkeit seine Noth klagte. Es war dies ein Spiel, welches zwar oft gelang, mitunter aber auch böse Früchte trug, denn Friedrich Wilhelm war höchst mißtrauischer Natur. Er durchschaute häufig mit klarem, scharfem Verstande die Betrüger und dann konnten diese sich gratuliren, wenn sie mit einer leichten Tracht Stockschläge davon kamen, oft genug traf sie ein schlimmeres Loos. Spandau war nicht weit und Friedrich Wilhelm kümmerte sich wenig um das Gesetz und um ein rechtliches Verfahren; er schickte mit prompter Kabinets-Justiz Jeden auf's Zuchthaus, von dem er glaubte, daß die Strafe verdient sei.

Der Abend war der Erholung gewidmet und der König fand sie in einer ungezwungenen Gesellschaft, aus der jedes Hof-Ceremoniell verbannt war.

Allabendlich, im Winter um fünf Uhr, im Sommer um sieben Uhr, versammelte sich im Schlosse eine kleine Gesellschaft, selten mehr als 8 Personen, zu dem so berühmt gewordenen Tabaks-Kollegium.

Die Gesellschaft bestand meistens aus den beliebtesten Generälen und Stabs-Offizieren vom Gefolge Friedrich Wilhelms; es wurden aber auch Hauptleute und andere Subaltern-Offiziere, sowie durchreisende Fremde und manche Gelehrte eingeladen. Der bekannte Baron v. Pöllnitz, der Memoirenschreiber, war ein täglicher Gast im Tabaks-Kollegium.

Rang und Ahnen galten nichts in dieser Gesellschaft, zu der häufig auch Bürger zugezogen wurden und wenn sich der König in Wusterhausen befand, selbst der Dorfschulmeister. Dieser verdankte eine solche Gunst der strengen Zucht, welche er in seiner Schule aufrecht erhielt.

Der König hatte sich einst den Scherz gemacht, die Schulbuben, denen er beim Spaziergange begegnete, aufzufordern, sie sollten gegen eine Belohnung ausrufen: „Unser Schulmeister ist ein Esel!"

Dazu aber waren die Jungen durch kein Zureden zu bewegen, weil sie behaupteten, sie müßten ihrem Schulmeister mehr gehorchen, als dem König, vor dem sie viel weniger Furcht hatten, als vor Jenem.

Die Gäste des Tabaks-Kollegiums erwarteten den König in einem Saale des Schlosses.

Stets mit dem Glockenschlage trat Friedrich Wilhelm ins Zimmer, ohne daß nur Einer der Anwesenden etwa durch ein Erheben vom Sitz oder durch einen andern respektvollen Gruß von ihm Notiz nehmen durfte.

Jeder der Gäste hatte eine kurze holländische Tabakspfeife der ordinärsten Sorte im Munde. Die Pfeifen, welche im Tabaks-Kollegium gebraucht worden sind, befinden sich noch aufbewahrt in Berlin. Sie sind sämmtlich dunkelbraun geraucht, ein Zeichen, wie lange sie im Gebrauch waren.

Auf einer Tafel stand der Tabak, meist leichte holländische Blätter. Von amerikanischem, theurem Tabak war der König kein Freund und er sah es sogar höchst ungern, wenn etwa ein Gast für sich selbst Tabak mitbrachte.

Kleine Pfannen mit glimmendem Torf standen neben den Tabakskörbchen. Jeder Anwesende mußte rauchen, wenigstens eine Pfeife im Munde haben, wie der Fürst Leopold von Dessau, der alte Dessauer, der als steter Gast im Tabaks-Kollegium war, obgleich er das Tabakrauchen nicht vertragen konnte. Dieser hielt eine unangezündete Pfeife im Munde und ebenso auch der kaiserliche Gesandte, Graf v. Seckendorf, der, um sich beim König beliebt zu machen, mit den Lippen eine Bewegung machte, als ob er die Tabakswolken von sich bliese, obgleich er niemals Feuer in der Pfeife hatte.

Jeder Gast hatte vor sich einen weißen Krug mit Bier und ein Glas und bediente sich selbst, denn die Dienerschaft mußte draußen bleiben, um die Gesellschaft nicht zu stören. Um 7 Uhr wurde das Abendbrod aufgetragen, Butterbrod und Käse, mitunter auch ein Schinken oder ein Kälberbraten. Das Essen stand auf einem Nebentisch und Jeder langte sich zu, so viel er Appetit hatte. Nur in Ausnahmefällen, wenn der König besonders gut gelaunt war, gab es ein Gericht Fische oder auch einen Salat, den Friedrich Wilhelm stets selbst bereitete.

Getrunken wurde beim Rauchen tüchtig und zwar treffliches Bier, Duckstein von Königslutter im Braunschweigischen oder Köpnicker Moll oder auch schwedisches Bier, welches von einem in Potsdam ansässigen schwedischen Brauer gebraut wurde. Bei jeder Sitzung wurde eine halbe Tonne aufgelegt.

Die Unterhaltung im Tabaks-Kollegium war stets eine höchst lebendige und anregende. Friedrich Wilhelm liebte einen kräftigen, derben Witz; er besaß selbst einen gewissen Humor, den er ohne Scheu spielen ließ; von seinen Gästen verlangte er das Gleiche; und er war nie böse, wenn sie ihn mitunter derb abfertigten.

Er pflegte mit dem General v. Flanß mitunter Tocadille zu spielen. Einst machte er den General darauf aufmerksam, es sei doch unanständig, wenn sie Beide wie die Schneider ohne irgend einen Einsatz spielten und er schlug deshalb vor, in Zukunft die Partie einen Groschen gelten zu lassen.

Flanß, der nur plattdeutsch sprach, antwortete:

„Det lat ick schonst bliwen! Ew. Majestät werfen mi beynah be Würfel an de Kop, da wi umsonst spielen, wat würde et geben, wenn ick mit se um Geld spielen sollte."

Der König lachte und ließ es beim Umsonstspielen bewenden.

Die übrigen Mitglieder des Tabaks-Kollegiums durften ebenso wenig einen Scherz übel nehmen, wenn sie mitunter auch wohl dazu Lust gehabt hätten. Weder der Fürst von Anhalt-Dessau, noch der Herzog von Holstein durften sich beklagen, wenn einer der Anwesenden auf ihre Kosten einen Witz gemacht hatte. So neckte einst der General Flanß den Herzog von Holstein, der sich ziemlich anmaßend gezeigt hatte, auf eine empfindliche Weise. Er nahm eine Landkarte von Europa, welche auf der Tafel lag, stellte alle Lichter um dieselbe und suchte auf das Emsigste nach irgend einem unbekannten Punkt.

Auf die neugierige Frage Friedrich Wilhelms, was er denn suche, erwiderte er:

„Ick sube dat Ryk bes Hertogen von Holstein, dat mut en recht kleen Land sin, weil ick et gar nich finnen kann un doch makt sick de Herr davon so sehr breit!"

In dieser Gesellschaft war der König nichts als ein Privatmann. Wie Niemand vor ihm aufstehen durfte, wenn er eintrat, so sollte sich auch Jeder ihm vollständig gleichstellen und mit ihm sprechen, wie mit einem guten Kameraden. Er ging in dieser Beziehung so weit, daß er einst sich absolut mit einem Major Jürgas schlagen wollte, der ihn beleidigt hatte.

Der Major Jürgas machte sich gern mit seiner Gelehrsamkeit breit; der König hatte ihn in Folge dessen einst einen Dintenklecker genannt und dadurch den Zorn des Majors in dem Maße erregt, daß dieser wüthend ausrief: „Das sagt ein Hundsfott!" und die Gesellschaft verließ.

Friedrich Wilhelm erklärte sofort, er dürfe als ein rechtschaffener Offizier diese Beleidigung nicht auf sich sitzen lassen, sondern müsse sich mit dem Major schlagen und nur mit Mühe konnten ihn die übrigen Mitglieder des Tabaks-Kollegiums bewegen, von einem solchen Unternehmen zurückzustehen. Der König that dies erst, als ein Major v. Einsiedel es übernahm, statt seiner den Major Jürgas zu fordern.

Das Duell fand wirklich statt; der Major v. Einsiedel trug eine leichte Verwundung im rechten Oberarm davon, dafür aber wurde ihm vom König ein Tornister mit harten Thalern übergehängt, den v. Einsiedel als Schmerzensgeld davon trug.

Dem Major Jürgas trug der König diese Beleidigung nicht nach; er hielt die Sache durch das Duell für abgemacht.

Eine hervorragende Stellung im Tabaks-Kollegium nahmen die wissenschaftlichen Hofnarren ein, welche dazu dienen mußten, das Stichblatt der gröbsten, oft grausamsten Scherze zu sein. Friedrich Wilhelm hatte eine gewisse Lust am Bösen; er fand ein grausames Vergnügen darin, Menschen, welche er verachtete, zu peinigen und dazu dienten ihm seine Hofnarren, Männer von wissenschaftlicher Bildung, welche in's Tabaks-Kollegium berufen wurden, um dem König und seinen Gästen die Zeitungen vorzulesen und zu erklären.

Nicht immer konnte der Witz Stoff zur Unterhaltung geben, die Zeitungen mußten aushelfen. Alle holländischen, sowohl die in niederdeutscher, als die in französischer Sprache geschriebenen Zeitungen, die Amsterdamer, Leydener, Utrechter, sowie die Pariser Zeitungen, die von Frankfurt am Main, von Hamburg, Leipzig, Breslau, Wien lagen im Tabaks-Kollegium aus und mußten in ihren bemerkenswerthesten Stellen von irgend einem Professor, der gerade die Ehre hatte, als wissenschaftlicher Hofnarr benutzt zu werden, vorgelesen und erklärt werden. Der König verlangte, daß er besonders auf diejenigen Artikel aufmerksam gemacht werde, in denen seine Regierungsweise von den Ausländern geschmäht oder er persönlich angegriffen würde. Häufig genug vertheidigte er sich gegen dergleichen Angriffe durch einen ganz gesunden Witz, so auch, als einst in einem holländischen Blatt die Nachricht mitgetheilt worden war, in Potsdam sei ein Flügelmann der großen Lieblingsgarde Friedrich Wilhelms gestorben, bei der Section aber habe sich ergeben, daß er wohl zwei Magen, aber kein Herz besessen habe. Der König ließ sofort der Zeitung die Nachricht zugehen, es sei vollständig richtig, wie der Zeitungsschreiber gesagt, der Verstorbene sei aber kein Holländer gewesen.

Die Zeitungsvorleser hatten ein trauriges Amt; jeder der militärischen Gäste Friedrich Wilhelms bemühte sich, sie zu necken und dies geschah oft in der rohesten und brutalsten Art. Wir werden bei der Schilderung der wissenschaftlichen Bestrebungen in Berlin auf diese Hofnarren Friedrich Wilhelms noch des Weitern zurückkommen, hier wollen wir als ein Beispiel, mit welcher Rohheit Friedrich Wilhelm selbst seine Hofnarren zu behandeln pflegte, nur das unglückliche Schicksal eines derselben, eines gewissen Jäckel, als bezeichnend für den bösartigen Witz des Königs erwähnen.

Jäckel, ein ehemaliger Regimentstambour, wurde als Spaßmacher häufig in's Tabaks-Kollegium befohlen. Er hatte einst behauptet, er könne den König von der Gicht heilen, wenn derselbe sich einer Kurmethode unterwerfen wolle. Friedrich Wilhelm hatte dies versprochen; in Folge dieses Versprechens warf Jäckel seinen Patienten bei einem Spaziergange in Wusterhausen plötzlich von einer schmalen Brücke in ein ziemlich tiefes Wasser. Er hoffte sich dadurch eine gute Belohnung zu verdienen; Friedrich Wilhelm aber stellte sich außerordentlich zornig.

Jäckel wurde im Tabaks-Kollegium vor ein sofort gebildetes Kriegsgericht gestellt und zur Hinrichtung mit dem Schwerte, welche sofort vollzogen werden solle, verdammt.

Das Tabaks-Kollegium folgte dem Delinquenten, der vor das Schloß geführt wurde. Hier wurden ihm die Augen verbunden, er mußte niederknieen, man entblößte ihm den Nacken und der König kommandirte: „Scharfrichter vor!"

Ein Mitglied des Tabaks-Kollegiums trat vor und schlug dem Knieenden mit einer langen, frisch gefüllten Bratwurst ins Genick.

Jäckel stürzte sofort unter dem wiehernden Gelächter der Versammlung vorn über. Aber das Gelächter verstummte schnell, denn als man den Geneckten aufhob, fand man, daß Angst und Schreck ihn getödtet hatten.

Das Tabaks-Kollegium diente dem König zur Erholung nach den Regierungsgeschäften, aber es hatte auch noch eine tiefere Bedeutung. Hier wurden im Kreise der Vertrauten die wichtigsten politischen Angelegenheiten besprochen. Die fremden Gesandten wußten dies sehr wohl und waren deshalb stets eifrig bemüht, Einladungen zu dieser einflußreichen Gesellschaft zu bekommen und auch manche Fürsten, welche zum Besuch nach Berlin kamen, um mit dem König über Staatsangelegenheiten Rücksprache zu nehmen, konnten dies am Ungezwungensten thun, wenn sie als Gäste im Tabaks-Kollegium erschienen. So hat diese merkwürdige Gesellschaft eine hohe Bedeutung für die Geschichte Berlins und Preußens erhalten.

Viertes Kapitel.

Prügelsucht Friedrich Wilhelms. — Ihr sollt mich nicht fürchten, ihr sollt mich lieben! — Das Prügelsystem in Berlin. — Sonntagsbeschäftigungen des Königs. — Jagden.

Die große Vertraulichkeit, welche Friedrich Wilhelm im Tabaks-Kollegium seinen Gästen bezeigte, entsprang einer eigenthümlichen Auffassung des Königs, der sich, wie unsere Leser sich erinnern, selbst einen guten Republikaner nannte.

Von jenem Hochmuth, der Friedrich I. beseelte und ihn veranlaßte, jeden Bürgerlichen über die Achsel kaum als einen halben Menschen anzusehen, wußte Friedrich Wilhelm nichts. War er häufig roh und brutal, so war er es gegen alle ihm Untergebenen gleichmäßig.

Der König war der Herr über Leben und Tod, über Geld und Gut seiner Unterthanen; durch einen einfachen Spruch der Willkür konnte er Jeden im Staate beliebig hängen, rädern oder viertheilen lassen, ihn belohnen oder strafen ohne Rücksicht auf das Gesetz, denn er stand über dem Gesetz, welches er ja selbst machte.

Dies war ein Glaubensartikel für Friedrich Wilhelm, dem er während seiner ganzen Regierung treu blieb, aber er glaubte deshalb nicht, aus einem andern Stoff geformt zu sein, als irgend einer seiner Unterthanen und am Wenigsten wollte er es leiden, daß die Hofjunker für sich eine solche Bevorzugung in Anspruch nähmen. Dieselbe Vertraulichkeit und Herablassung, welche er gegen seine Generäle und Offiziere zeigte, bewies er auch seinen Kammerdienern und Lakaien. Diese würden eine beneidenswerthe Stellung gehabt haben, wenn ihnen nicht der Jähzorn und die brutale Rohheit des Königs oft schwere Stunden gemacht hätten.

Friedrich Wilhelm war während des ganzen

Tages fast unzertrennlich von seinem spanischen Rohr oder einem langen Knotenstock von Weißborn und es war ihm zur Lebensgewohnheit geworden, seinen Stock fleißig zu gebrauchen, ja er hatte eine wahre Prügelsucht angenommen, der er gar nicht mehr widerstehen konnte.

Er bildete sich ein, daß es zu einer guten Haushaltung gehöre, seine Bedienten von Zeit zu Zeit einmal gehörig durchzugerben. Oft genug kam es vor, daß er irgend einen, ohne nur zornig zu sein, wegen eines ganz geringfügigen Versehens mit seinem Stock bearbeitete, indem er ganz freundlich dabei sagte: „Es ist lange her, daß Du nichts bekommen hast, Du mußt mal wieder etwas haben, um nicht nachlässig zu werden!" — Und nicht nur seine Bedienten, sondern alle Die, welche mit ihm in nähere Berührung kamen und seinen Unwillen erregten, hatten unter dieser Prügelmanie zu leiden, die Prinzen und Prinzessinnen ebenso wohl wie seine Räthe und selbst die Bürger von Berlin, denen er auf seinen Spaziergängen begegnete.

Alle Berliner kannten und fürchteten den Knotenstock des Königs und deshalb gerade suchten sie ihm auszuweichen, wo sie irgend konnten. Dies aber bekam ihnen, wie wir schon erwähnten, oft übel, am Uebelsten einem armen Juden, der einst in einer engen Straße dem König begegnete und sich eiligst davon zu machen suchte.

Friedrich Wilhelm aber war schneller als er, holte ihn ein und fragte zornig:

„Weshalb läufst Du davon?"

„Ich fürchte mich, Majestät," antwortete zitternd der Jude.

Diese Antwort erregte aber den Zorn des Königs im höchsten Grade. Er prügelte mit seinem spanischen Rohr den Flüchtling jämmerlich durch, indem er dabei fortwährend ausrief: „Ihr sollt mich nicht fürchten, Ihr sollt mich lieben!"

Trotz dieser milden, väterlichen Züchtigung aber die Berliner ihren König doch nicht. Sie haßten und fürchteten ihn. Wenn es in andern Residenzstädten unter andern Fürsten für eine Ehre gehalten wurde, auf das Schloß zu einer Audienz gerufen zu werden, so galt dies in Berlin für das größte Unglück, denn Jeder, den der König zu sprechen wünschte, erwartete, daß ihn irgend eine derbe Züchtigung, vielleicht für ein nie geahntes Vergehen, sogar die Verbannung nach Spandau in's Zuchthaus treffen könnte.

Die Prügelsucht des Königs hatte außer der Unannehmlichkeit, welche sie für alle seine Umgebungen mit sich brachte, auch noch die böse Folge, daß sie von den Behörden sowohl als von den Bürgern in Berlin und im ganzen Lande nachgeahmt wurde. Beim Militär wurden die kleinsten Vergehungen mit unbarmherzigen Stockschlägen bestraft, die Handwerksmeister prügelten ihre Gesellen und die Gesellen die Lehrlinge, die Ackerbürger ihre Knechte und Mägde. Zu keiner Zeit ist in Berlin und in ganz Preußen so unmenschlich viel geprügelt worden, wie unter der Regierung Friedrich Wilhelms.

Das Prügelsystem artete endlich, besonders auf dem Lande, so sehr aus, daß der König trotz seiner eigenen Leidenschaft für das Prügeln gegen Ende seiner Regierung am 4. April 1738 ein Edikt dagegen erließ. Er verdammte das unmenschliche und barbarische Prügeln der zu Hofediensten verpflichteten Landleute mit Peitschen und Stöcken; Menschen sollten nicht wie das Vieh angetrieben werden. In dem Edikt wurde eine charakteristische Strafe gegen die Uebertretung eines solchen Verbots festgestellt. Wenn ein Schreiber oder anderer Beamter eines Pächters noch ferner seine Untergebenen mit Peitsche oder Schlägen traktiren würde, so solle solches sogleich an Se. königliche Majestät berichtet werden und dergleichen Schreiber, auch wenn er es auf Befehl des Pächters gethan hätte, das erste Mal in einer Festung 6 Wochen karren, das zweite Mal aber am Leibe gestraft und aufgehangen werden.

Die außerordentliche Regelmäßigkeit des täglichen Lebens am Hofe wurde nur des Sonntags oder wenn der König auf Reisen war oder wenn er sich auf Jagdpartien begab, unterbrochen.

Am Sonntag besuchte Friedrich Wilhelm den Vor- und Nachmittags-Gottesdienst; an den letztern schloß sich dann eine allgemeine Spazierfahrt an, an der der ganze Hof Theil nehmen mußte.

Die Jagdpartien bildeten für Friedrich Wilhelm, der ein leidenschaftlicher Jäger war, die Würze seines Lebens. Für seine Jagdleidenschaft opferte er jährlich bedeutende Summen.

Im Frühjahre war es die Reiherbeize, welche den König beschäftigte. Die Reiher wurden ganz nach mittelalterlicher Art mit Falken gejagt.

Die Reiherjagd war kein billiges Vergnügen, denn die Falkeniere mußten jedesmal aus Holland verschrieben werden, da die Kunst des Falkenabrichtens in den Marken ganz ausgestorben war.

Ein noch theureres Vergnügen als die Falkenjagd war aber die Parforce-Jagd. Schon die Unterhaltung der Parforce-Gärten kostete ungeheures Geld. Die holländischen Zeitungen meldeten, der König habe soviel Land dazu genommen, als mancher kleine Fürst in Deutschland besitze.

Zwölf Piqueure wurden das ganze Jahr besoldet, um den Jagden zu dienen. Jeder derselben hatte sein besonderes Pferd; außerdem wurden noch 50 bis 60 Pferde zum Zwecke der Parforce-Jagd unterhalten. Da aber diese Pferde von dem barbarischen Reiten während der Jagd häufig zu Tode gejagt wurden, so durfte keins derselben über 35—40 Thaler kosten.

Einer der größten und schönsten Parforce-Gärten befand sich bei Wusterhausen, ein anderer bei Potsdam.

Gewöhnlich am 28. August jeden Jahres brach der König mit der Königin und der königlichen Familie nach Wusterhausen auf und verweilte dort etwa 7—8 Wochen, um die Jagd zu genießen.

Nächst der Parforce-Jagd war in Wusterhausen und dem nicht weit davon entfernten Mackenow die Rebhühnerjagd das liebste Vergnügen des Königs.

Friedrich Wilhelm schlachtete fast die Rebhühner, er jagte sie kaum mehr. Neben ihm gingen stets seine Büchsenspanner, welche ihm geladene und gespannte Gewehre in die Hand gaben, sobald er abgeschossen hatte. Aus dem ganzen Lande wurden junge Rebhühner zusammengeschafft und auf die Mackenower Flur ausgesetzt, damit das königliche Vergnügen ergiebig sei. Dies war es denn auch in der That. Faßmann erzählt, daß er einst gesehen habe, wie der König an einem Tage 160 Rebhühner, 9 Hasen, 4 Fasanen und 1 wunderschöne Nachteule geschossen habe.

Die Jagden bei Wusterhausen und Mackenow ergaben wahrhaft ungeheuerliche Quantitäten von geschossenem Wild. In den Jahren 1717—1738 erlegte der König eigenhändig in diesen Gehegen nicht weniger als 25,066 Rebhühner, 1455 Fasanen und 1145 Hasen.

Fast ebenso einträglich waren auch die Saujagden, welche gewöhnlich von etwa 14 Tagen vor Weihnachten bis nach dem Feste veranstaltet wurden. Innerhalb dieser wenigen Wochen gelang es meistens, etwa 3500 wilde Schweine zu erlegen. —

Der König verstand es trefflich, seine Jagdbeute zu versilbern, um wenigstens einen Theil seiner Jagdkosten herauszuschlagen. Er schickte die erlegten wilden Schweine zum größten Theil nach Berlin, nur ein Theil derselben wurde an fürstliche Personen oder an besonders beliebte Generäle und Minister verschenkt, die übrigen aber den Beamten sowohl als den Bürgern der Residenz gegen baare Zahlung zugeschickt und Niemand durfte sich weigern, daß ihm zugewiesene Wild anzunehmen. Ein wildes Schwein kostete nach Verhältniß seiner Größe 3, 4, auch wohl 6 Thaler. Die Sekretäre und Kanzlisten von Kollegien bekamen gewöhnlich ihrer zwei oder drei zusammen ein Stück. Bierbrauer, Bäcker und Branntweinbrenner und andere Bürger, die man für wohlhabend genug hielt, mußten ganze Schweine kaufen. Faßmann meint, sie hätten dieselben auch gar wohl nützen und gebrauchen können, denn ein wildes Schwein sei ein gar trefflicher Braten, man könne das frische Fleisch, welches sich besonders bei kaltem Winter lange halte, ebenso wie den Kopf, wenn er in Essig und Feuer abgekocht sei, genießen, die Schinken räuchern und das übrige Fleisch in etwas mit Kovent gemischten Essig legen; wer aber das Fleisch von wilden Schweinen einsalze und hernach damit umzugehen wisse, habe, so lange der Vorrath währe, ein Gericht parat, auf das er einen Fürsten zu Gaste laden könne, wenn dieser sonst bei ihm speisen wolle.

Dieser Meinung waren nun freilich die Berliner Bürger nicht; sie wurden stets recht ungehalten, wenn ihnen königliches Wild zum Essen aufgezwungen ward, obgleich sie gar keinen Appetit dazu hatten; besonders aber waren sie es, wenn dies bei warmem Wetter geschah. Die königlichen Jäger beeilten sich nämlich mit der Wildvertheilung nicht besonders, weil es ihnen ziemlich gleichgültig war, ob die Bürger das Wild frisch oder etwas riechend erhielten.

Am Schlechtesten kamen bei der Wildvertheilung die Juden in Berlin fort. Diesen wurden ohne Weiteres die wilden Schweine, vor denen sie doch schon ihrer Religion wegen ein Grauen hatten, in's Haus gelegt und sie mußten sie unwillig oder gutwillig bezahlen; auch durften sie das Schweinefleisch nicht verkaufen, sondern nur in die Armenhäuser, gewöhnlich in das große Friedrichshospital, schicken.

Fünftes Kapitel.

Militärische Liebhaberei des Königs. — Die Rekrutenkasse. — Aemterverkauf. — Entwürdigung des Beamtenstandes. — Verlauf der Gerechtigkeit. — Die Werbegesetzgebung. — Der Unfug der gutwilligen Werbung in Berlin. — Liebhaberei des Königs für große Leute. — Das Leib-Regiment in Potsdam. — Der deutsche Riese in Potsdam. — Gewaltsame Werbungen im Auslande.

Friedrich Wilhelm hatte schon als Kronprinz gezeigt, daß er eine wahre Leidenschaft für militärische Schauspiele, für Revuen und Paraden habe. Eine Musterung über seine Kompagnie war schon damals sein größtes Vergnügen und man erzählt, daß er einst im Jahre 1709 während des Feldzugs in den Niederlanden einem hochmüthigen Engländer, der wegwerfend von den brandenburgischen Staaten gesprochen und behauptet hatte, das kleine Königreich Preußen könne kaum 15,000 Mann Soldaten ernähren, antwortete: „Ich werde zeigen, daß es über 30,000 Mann stellen und ernähren kann!" Das zeigte er denn auch wirklich.

Kaum war Friedrich Wilhelm zur Regierung gekommen, so gab er sich ganz und gar seiner alten Liebhaberei hin. Sein unablässiges Bestreben war es, das Heer zu vergrößern und für dasselbe zu sorgen. Es sollte ein Musterheer für ganz Europa werden; ein Heer, aus den schönsten und größten Leuten bestehend, geübt in dem Waffenhandwerk, streng und vortrefflich disziplinirt.

Während Friedrich Wilhelm sich oft den Groschen am Munde abdarbte, verschwendete er Millionen auf das Heer. Bis zum Jahre 1725 brachte er dasselbe schon auf 64,263 Mann und als er im Jahre 1740 starb, hatte er eine Armee von 89,000 Mann unter den Waffen.

Die kostbaren Feste und prachtvollen Schauspiele, welche den Hof Friedrichs I. fast zum glänzendsten Europa's gemacht hatten, schaffte Friedrich Wilhelm freilich ab; dafür aber feierte er nicht weniger prachtvolle Schauspiele durch seine großen Paraden und Revuen.

Friedrich Wilhelm war kein kriegerischer Fürst, während seiner Regierung ist der Friede nur für kurze Zeiten unterbrochen worden. Er führte sein Heer selten in den Krieg, es wäre auch Schade um die schönen, großen Leute gewesen! Er bildete die Armee zu einem prächtigen Friedensheer aus, uniformirte sie auf das Glänzendste, übte sie im Paademarsch und war so der Begründer des Militärstaats Preußen, des Staats, in welchem das Heer zum Mittelpunkt aller Interessen wurde, in welchem zu manchen Zeiten das sogenannte Volk in Waffen als das eigentliche Volk, die waffenlose Menge nur als das Material zur Ernährung des Heers betrachtet worden ist.

In Friedrich Wilhelm verkörpert sich zuerst der modern gewordene Begriff des obersten Kriegsherrn im Frieden.

Berlin und Potsdam waren die beiden Mittelpunkte, in denen sich der Glanz dieses Friedensheers konzentrirte. Hier hielt der König seine schönsten Paraden und Revuen ab.

Gewöhnlich im Mai oder Juni fanden die Musterungen über die Berliner Garnison statt.

Die Revue dauerte etwa 14 Tage. Friedrich Wilhelm zeigte bei derselben eine unermüdliche Thätigkeit. Täglich wurde ein Regiment im Thiergarten vorgenommen und von ihm auf das Genaueste inspizirt. Da mußten die verschiedenen Glieder ihre Handgriffe in seiner Gegenwart machen, da wurden ihm die Rekruten vorgestellt, welche zum Unterschied von den alten Soldaten Eichenlaub auf den Hüten trugen, da erkundigte er sich persönlich nach den Schicksalen jedes Einzelnen und freute sich, wenn er große, schöne Kerle unter den Neuangeworbenen fand; da prüfte er jede Uniform, jeden Knopf und jeden Korporalstock auf das Genaueste.

Die Hauptrevue war ein Festtag für den König und für die Berliner Gassenbuben. Mit dem frühesten Morgen gegen 2 Uhr saß Friedrich Wilhelm zu Pferde, die Regimenter marschirten in aller Stille zum Köpnicker Thor hinaus nach dem Tempelhofer Berg, wo der König sie erwartete und bei sich vorüberziehen ließ. Dann wurden sie aufgestellt. Friedrich Wilhelm ritt, während die Musik spielte und mit den Fahnen salutirt wurde, an der Fronte entlang.

So war der erste Theil der Revue vollendet. Friedrich Wilhelm nahm mit seinen kleinen Prinzen, die ihn bei solchen Revuen stets begleiteten, ein frugales Frühstück ein, gewöhnlich aus einigen einfachen Butterbroden bestehend und ließ nach demselben die Regimenter ihre Manöver machen.

Den Schluß bildeten die Karree's, bei denen die auf dem Flügel der Kompagnie stehenden Grenadiere hölzerne Granaten, welche damals gebraucht wurden, um die Kavallerie scheu zu machen, warfen. Sobald dieser Theil des Manövers herankam, begann ein namenloser Jubel der Straßenjugend von Berlin, die sich in zahllosen Schwärmen, um dem Schauspiel beizuwohnen, auf dem Tempelhofer Berge eingefunden hatte. Jubilirend begleitete dieselbe die Regimenter auf dem Rückmarsch nach der Stadt.

Von Staub bedeckt trafen die Soldaten vor dem Thore ein. Hier aber hielten sie, bürsteten ihre Kleider und Schuhe säuberlichst ab, reinigten ihre Gewehre und rückten nun schmuck und frisch, als ob sie nicht im Sande und Staub manövrirt hätten, in die Stadt ein. Sie marschirten bei der Königin und den Prinzessinnen, welche meistens am Thore warteten, vorbei nach dem Schloß zu und zogen bei demselben in Parade vorüber.

Das Schauspiel dauerte bis gegen 5 Uhr Abends, dann erst wurde es geendet. Es war keine kleine Anstrengung für diese Friedens-Soldaten, von 2 Uhr Morgens bis 5 Uhr Abends auf den Beinen zu sein.

Millionen und abermals Millionen wurden auf das Friedensheer verschwendet und gleichgültig war es, wo sie herkamen, gleichgültig, ob auch fast das Land dabei zu Grunde ging, wenn nur das Geld geschafft wurde, um neue Rekruten zu werben und um die bewaffneten Nichtsthuer zu füttern.

Die Rekrutenkasse war der Abgrund, der unendliche Summen verschlang. Aus dieser flossen die Gelder, welche zur Anwerbung großer Bursch en, besonders solcher, die sich für die Potsdamer Riesengarde eigneten, bezahlt wurden. Die Rekrutenkasse machte dem erfinderischen Geiste des Königs alle Ehre. Sie zeigte, aus welchem Gesichtspunkt Friedrich Wilhelm die Staatsverwaltung betrachtete, wie er unbedenklich seiner militärischen Spielerei alle andern Interessen unterordnete.

Schon unter dem König Friedrich I. bestand eine sogenannte Dechargen- und Marinekasse, zu welcher jeder Marine-Beamte, ehe er eine Stelle autreten konnte, eine kleine Abgabe zahlen mußte. Die Gelder aus dieser Kasse waren hauptsächlich zu Gunsten der Marine, der Schöpfung des großen Kurfürsten, angewendet worden, ohne indessen der preußischen Seemacht ein rechtes Gedeihen zu erwirken. Die Marine krankte, da Friedrich I. kein wahres Interesse für sie fühlte.

Friedrich Wilhelm besaß von der Genialität des Großvaters nichts; er schaute nicht, wie dieser, in die Zukunft; er vermochte nicht einzusehen, daß die augenblicklich gebrachten Opfer wohl angewandt seien; sein praktischer Verstand zeigte ihm nur, daß trotz aller Opfer die preußische Seemacht nicht vorwärts kommen wollte. Er verwandelte daher die Marinekasse in eine Rekrutenkasse und bestimmte am 9. December 1721, daß in Zukunft Niemand mehr die bisherigen Marine- und Chargengelder bezahlen solle. Jeder, der irgend ein Amt, eine Anwartschaft auf ein Amt, eine Standes-Erhöhung, ein Privilegium oder dergleichen erhalte, solle verpflichtet sein, von jetzt an eine leidliche Geldsumme zu erlegen, deren jedesmaligen Betrag zu bestimmen sich Se. Majestät vorbehalte!

Die Gelder welche auf diese Weise einkamen, wurden der Rekrutenkasse überantwortet.

Anfangs zahlte jeder Beamte bei seiner Ernennung eine fest bestimmte Summe, für welche er seine Anstellung auf einem Stempelbogen erhielt; damit aber kam nicht genug ein und es wurde nun eine andere Art der Zahlung zur Anwendung gebracht. Jeder, der um eine erledigte Stelle nachsuchte, mußte sich beim Direktor der Rekrutenkasse, dem Minister v. Marschall, melden und freiwillig anzeigen, wie hoch die Summe sei, welche er für sein Amt bezahlen könne. Der Minister theilte dies dem König mit und hielt einen kurzen Vortrag, worin einerseits der Werth und die Einträglichkeit des Amts, anderseits die Befähigung des Antragstellers zur Zahlung auseinandergesetzt wurde. Genügte die angebotene Summe, so bekam der Bittsteller das Amt; herabgelassen wurde nie etwas, oft aber forderte der König das Doppelte des Angebots. Waren mehrere Bewerber um ein Amt vorhanden, so erhielt in Regel Derjenige den Vorzug, welcher das meiste Geld bot.

Ausgeschlossen von der Versteigerung der Stellen waren nur geistliche und Schulämter, die höchsten Staatsstellen, sowie die der Generale und anderer hohen Offiziere. Aber auch bei diesen sah es der König gern, wenn die Anzustellenden ein Opfer brachten, er versicherte sich auch wohl im Voraus, daß es geschehen würde.

Alle übrigen Titel und Aemter unterlagen einer mit schamloser Offenheit getriebenen Versteigerung. Der Titel eines Geheimen oder Hof-Raths kostete mindestens 500 bis 600 Thaler; dafür aber konnte ihn Jeder haben, der den Ehrgeiz fühlte, einen volltönenden Titel zu tragen. Auf Verdienste wurde nicht Rücksicht genommen, nur darauf, daß der zu Betitelnde nicht gerade ein gar zu schofles Subjekt sei.

Die Spekulation auf die Eitelkeit und Titelsucht war gewiß wenig ehrenvoll, unwürdig aber und vom nachtheiligsten Einfluß auf die gesammte Staatsverwaltung war der Schacher mit Aemtern. Als einst im Jahre 1725 das General-Direktorium beim König anfragte, ob die Stadtkämmererstelle in Landsberg einem bereits angestellten Beamten, der schon 110 Thaler gezahlt habe, oder einem andern Bewerber, der 300 Thaler biete, gegeben werden solle, schrieb der König an den Rand den kurzen Bescheid: „wer das Meiste giebt!" Einen ähnlichen Bescheid gab er im Jahre 1734 dem General-Direktorium, welches mittheilte, daß sich zu einer Kontroleurstelle mehrere Bewerber gemeldet hätten, die 500—600 Thaler zu zahlen willig seien. Die Wittwe des verstorbenen Ober-Zollverwalters Großmann habe indessen gebeten, die Stelle ihrem ältesten Sohn für 200 Thaler zu lassen, da sie 10 unerzogene Kinder ernähren müsse und ihr verstorbener Mann bereits 400 Thaler für diese Stelle gezahlt habe. Des Königs eigenhändige Randbemerkung lautet: „Wer 600 Thaler und mehr zahlt, soll haben!"

Solcher Beispiele lassen sich viele anführen; wir lassen es bei diesen wenigen bewenden.

Selbst die niedrigsten Stellen wurden wie die höhern und einträglichen meistbietend verkauft und gerade bei ihnen trieben sich die Bewerber gegenseitig in die Höhe und zahlten Preise, welche kaum zu begreifen sind. Die Sackwäger auf dem Mühlenhof zu Berlin, die geringsten Beamten an der königlichen Accise und auf dem Packhof, welche nicht mehr als 10 Thaler Gehalt empfingen, zahlten 600 Thaler und darüber für ihre Stellen.

Es konnte nicht ausbleiben, daß die glücklichen Bewerber eines mit so großen Opfern erkauften Amts nun auch bestrebt waren, dasselbe auszunutzen nach allen Richtungen hin, daß sie das Amt als eine Pachtung betrachteten, aus der sie so viel Geld wie möglich herauszuziehen wollten. Die Beamten waren käuflich; sie suchten, so weit sie dies innerhalb der Schranken des Gesetzes und selbst über dieselben hinaus irgend konnten, Neben-Einnahmen und Geldvortheile durch ihr Amt zu erzielen. Der preußische Beamtenstand wurde tief demoralisirt von seinen höchsten bis zu seinen untersten Gliedern.

Auch das Recht mußte sich dem Vortheil der Rekrutenkasse beugen. Wenn Reiche und Vornehme in unangenehme Verwicklungen mit den Gerichtshöfen kamen, erboten sie sich, damit ihr Prozeß niedergeschlagen werde, eine beträchtliche Summe an die Rekrutenkasse zu zahlen und meistens wurden ihre Wünsche erfüllt. Der König erließ eine Kabinets-Verfügung und die Sache war abgethan.

Die Rekrutenkasse brachte ungeheure Summen ein, sie bedurfte derselben aber auch, um der Armee fortwährend eine genügende Anzahl von großen und ansehnlichen Soldaten zuzuführen, da diese sämmtlich geworben werden mußten und schweres Werbegeld verlangten.

Es bestand im Anfang der Regierung Friedrich Wilhelms keine eigentliche Verpflichtung zum Kriegsdienst. Die Kompagniechefs hatten die Aufgabe, sich durch sogenannte gutwillige Werbung im Inlande Rekruten, denen sie ein Handgeld von 30 Thalern zahlten, zu verschaffen. Die königlichen Befehle vom 9. Mai 1714, 22. und 26. Mai 1721 geben hierüber nähere Bestimmungen.

Die gutwilligen Werbungen hatten eben nur diesen Namen. Sie gaben zu den abscheulichsten Gewaltthätigkeiten und Bedrückungen von Bürgern und Bauern fortwährende Veranlassung. Die Werber nahmen zu allen Mitteln der List und des Betrugs ihre Zuflucht, um besonders große und schöne Leute zur Annahme des Handgelds zu bewegen und wo auch diese Mittel keinen Erfolg hatten, da griffen sie zu offener Gewalt. Jeder Inländer, der das Unglück hatte, recht groß und schön gewachsen zu sein, lief fortwährend

Gefahr, die Beute der Werbe-Offiziere zu werden. Zwar sollten nach den königlichen Befehlen Studenten, Künstler, Einwanderer ꝛc. frei von der Werbung sein, zwar war auch die gewaltsame Anwerbung angesessener Bürger, Bauern Fabrikarbeiter ꝛc. verboten, aber darauf nahmen die Werber keine Rücksicht, denn sie wußten genau genug, daß sie zwar das Gesetz verletzten, aber daß sie im Sinne des Königs handelten und deshalb keine Strafe zu befürchten hatten.

Reklamationen gegen Uebergriffe der Werbe-Offiziere waren fast immer fruchtlos und als einst ein Student der Theologie in Halle, den der alte Dessauer seiner schönen Länge wegen mit Gewalt von der Straße fort in die Montur hatte stecken lassen, sich beklagte, schrieb der König ohne Weiteres an den Rand der Bittschrift: „Nit raisonniren, ist mein Unterthan!" Mit diesem einzigen Wort war die Verletzung des Rechts und des Gesetzes ausgeglichen.

Die Regiments-Kommandeure verloren bald bei der sogenannten gutwilligen Werbung jede Scheu vor dem Gesetz; sie ließen selbst wohlhabende Bürger ohne Weiteres in Arrest bringen und gaben sie nicht eher wieder frei, als bis sie einen Ersatzmann von hinlänglicher Größe gestellt oder eine beträchtliche Geldsumme als Loskauf gezahlt hatten.

Die Bürger hielten sich bei solchen Uebertretungen des Werbegesetzes nicht immer ruhig; mitunter vergalten sie Gewalt mit Gewalt, es kam selbst zu wirklichen Kämpfen zwischen Bürgern und Soldaten.

In Magdeburg ließ der Kommandant einst einen reichen, 60jährigen Handelsherrn aufgreifen und ins Gefängniß werfen. Er sollte dort bleiben, bis er sich durch eine beträchtliche Summe von der Werbung losgekauft habe. Die Bürger aber verstanden den Scherz falsch, sie rotteten sich zusammen, stürmten die Wache und es gab einen Kampf, bei dem die Soldaten 18 Verwundete hatten; der Gefangene wurde mit Gewalt befreit. Ebenso ging es häufig in andern Städten und Dörfern, wo sich das Volk mit Gewalt gegen die sogenannte gutwillige Werbung auflehnte.

Trotz dieser gewaltsamen Werbungen war es doch den Offizieren nicht immer möglich, genug Rekruten herbeizuschaffen; sie befanden sich oft in peinlicher Verlegenheit; denn der König verlangte von jedem Bataillons-Kommandeur, daß er, durch welche Mittel es auch sein möchte, Rekruten anwerbe. Einen Major v. Katte kassirte er einst vor der Front des Bataillons, weil er nur einen einzigen und nicht einmal einen besonders langen Rekruten zu gewinnen verstanden hatte.

Die Werber gingen deshalb bis in die Schulen, ja selbst bis in die Kinderstuben, um künftigen Zuwachs für die Regimenter zu erzielen. Den Schulknaben wurden Militärpässe und rothe Halsbinden zuertheilt, um sie als geworben für irgend ein Regiment zu bezeichnen, ja die Kommandeure gingen so weit, daß sie selbst den Kindern in der Wiege, deren kräftiger Bau einen stattlichen Burschen versprach, die rothe Halsbinde als Pathengeschenk zusendeten und sie dadurch für ihre Regimenter als künftige Soldaten anwarben.

Die Geworbenen standen unter der Militärgerichtsbarkeit und häufig genug kam es vor, daß sich Lehrlinge, die schon im Besitz der rothen Halsbinde waren, gegen ihren Lehrherrn, daß sich Schulbuben gegen ihren Schulmeister auflehnten und sich von diesem nicht bestrafen lassen wollten, weil ein Soldat das Recht habe, nur von seinem militärischen Vorgesetzten Strafe zu empfangen.

Ein 60jähriger Dorfschulmeister wußte kein anderes Mittel, um seine rebellischen, sämmtlich angeworbenen Schulbuben in Ordnung zu halten, als daß er zum Regimentschef nach der nächsten Stadt ging und diesen bat, ihn zum Korporal zu machen. Der Oberst war über diese militärische Liebhaberei des alten Dorfschulmeisters hoch erstaunt. Erst als er hörte, welche Absicht der Schulmonarch bei seinem Petitum habe, gab er den Wünschen desselben nach und nun konnte der Alte seinen Korporalstock mit der gehörigen Autorität führen.

Alle Klagen der Bürger und Bauern gegen dieses Werbewesen waren vergeblich. Es gehörte zu den höchsten Seltenheiten, daß ein Werbe-Offizier vom König für seinen übergroßen Diensteifer auch nur ein tadelndes Wort erhielt. Natürlich machten sich die Offiziere die Parteilichkeit, welche Friedrich Wilhelm für sie an den Tag legte, zu Nutze und mißbrauchten ihre Gewalt, indem sie die ihnen ertheilten Vollmachten zu ihrem Privatvortheil ausbeuteten.

Die Kompagniechefs hoben Bauernburschen aus, nicht etwa, um sie zu Soldaten zu machen, als solche wurden sie nur in den Musterrollen geführt, sondern um sie auf ihren eigenen Gütern zur unentgeltlichen Arbeit auf Kosten des Staats zu gebrauchen. Dazu waren auch die kleinen Leute gut, wenigstens konnten diese als Reitknechte ꝛc. dienen, wenn sie auch nicht wie die übrigen im Falle der Noth in die Uniform gesteckt werden durften.

Die Wohlhabenden mußten bedeutende Summen opfern, wenn sie nicht wollten, daß ihre Söhne in die bunte Jacke gesteckt würden und dadurch erwarben sich die meisten Offiziere, trotz ihrer sehr geringen Besoldung, doch bald ein schönes Vermögen.

Für Berlin hatte die gewaltsame Werbung noch größere Nachtheile, als selbst für die kleineren Städte und Dörfer. Die Zahl fremder Gesellen, welche bisher in der Stadt Arbeit gesucht und wesentlich zum Emporblühen der Gewerbe in Berlin beigetragen hatten, verminderte sich fortwährend und die Handwerker sahen sich daher schon am 4. Mai 1714 veranlaßt, eine Klage beim König einzubringen. Sie führten in derselben an, daß das Schuhmachergewerk vor einigen Jahren noch 430 Gesellen gehabt habe, jetzt aber kaum noch 140 aufweisen könne, daß derselbe Uebelstand auch bei allen andern Gewerken obwalte. Die Meister müßten sich die wenigen Gesellen abspänstig machen und der Schaden, der allen Gewerben daraus entstände, sei gar nicht zu beschreiben. Vergeblich habe man nach Sachsen, Schlesien und dem Reiche geschrieben, um dort Gesellen zu erhalten; die stete Antwort sei gewesen: da die Berliner Meister die in ihrer Arbeit stehenden Gesellen vor gewaltsamer Werbung nicht schützen könnten, dürfe kein fremder Geselle es wagen, hierher zu kommen, um Arbeit zu nehmen.

Der König befahl in Folge dieser Beschwerde, daß künftig in der Residenz jede Werbung aufhören solle. Allen fremden, hier ankommenden Gesellen würden zu diesem Zweck in der Kriegs-Kanzlei Pässe angefertigt werden.

Es ging indessen mit diesem Befehl wie mit so vielen andern. Er blieb auf dem Papier; die sogenannte gutwillige Werbung dauerte auch in Berlin ununterbrochen fort. Auch hier erhielten die Kinder in der Wiege, ohne Rücksicht auf den Stand der Eltern, selbst die Kinder von Geistlichen, von den Kompagnie-Chefs die rothe Binde und wurden damit enrollirt. Die Offiziere, besonders die Regiments-Kommandeure und Kompagnie-Chefs, erhielten durch die ihnen überwiesene Machtvollkommenheit ein besonders wichtiges Ansehen in der Stadt. Sie waren gefürchtet als die gefährlichsten Feinde der Bürger. Jeder Familienvater mußte sich ihnen unterthänigst nahen und versuchen, durch Geschenke sie in guter Laune zu erhalten, wenn er nicht wollte, daß seine Söhne, seine Diener und Gesellen der Werbung zur Beute wurden.

Es war ein Schrecken für Väter und Mütter, wenn ein neugebornes Kind besonders kräftige und große Gliedmaßen zeigte. Die Mütter beteten täglich, daß ihre Söhne doch nur klein bleiben möchten und häufig versuchten sie es, nach dem Aberglauben der Zeit, die Kinder durch Fütterung mit in Branntwein getauchtem Brot im übermäßigen Wachsthum zurück zu halten.

Erst als sich zeigte, daß die Auswanderungen in Folge der Werbungen so groß wurden, daß sie die Gewerbthätigkeit der Residenz ernstlich gefährdeten, wurden die königlichen Befehle für die Befreiung Berlins besser befolgt.

Im Jahre 1733, am 1. und 18. Mai, ergingen 2 königliche Befehle wegen des Enrollements, welche den Zweck hatten, die bisher von den Regiments-Kommandeuren ordnungslos im ganzen Lande gemachten Werbungen in ein bestimmtes System zu bringen und der Rivalität der einzelnen Werbe-Offiziere gegen einander ein Ziel zu setzen.

Das Land wurde in Distrikte getheilt; jedes Regiment erhielt seinen besondern Distrikt, in dem allein es werben durfte. Am 15. September 1733 erschien eine neue Verordnung, nach der alle Einwohner des Landes als für die Waffen geboren und verpflichtet, in dem Regiment, in dessen Distrikt sie wohnten, zu dienen erklärt wurden. Nur die Söhne von Edelleuten und die von Bürgern, welche ein sicheres Vermögen von 6—10,000 Thalern nachweisen konnten, waren von dieser Bestimmung ausgenommen.

Durch ein Edikt vom 14. Oktober 1737 wurden ebenfalls alle Predigersöhne, die Theologie studirten, die eingewanderten Kolonisten und deren Söhne, die einzigen Söhne mancher Gewerbtreibenden ꝛc. von der Enrollirung befreit.

Nach den Verordnungen vom 1. und 18. Mai 1733 wäre auch Berlin wieder kantonpflichtig geworden; es hatte sich aber der Nachtheil, welcher der großen Stadt dadurch erwuchs, so in die Augen springend gezeigt, daß Friedrich Wilhelm am 5. Mai 1733 an den damaligen Kommandanten von Berlin, den General-Lieutnant von Glasenapp, eine Kabinets-Ordre erließ, nach welcher er die Residenz ausdrücklich von der Kantonpflichtigkeit ausnahm.

Durch die Werbungen im Inlande, so gewaltsam dieselben auch betrieben wurden, war es doch nicht möglich, so viele große Leute aufzutreiben, wie Friedrich Wilhelm für seine Garde bedurfte.

Die Liebhaberei, welche schon der Kronprinz für große Soldaten gehabt, hatte sich bei dem König nach und nach bis zur Monomanie ausgebildet. Sein in Potsdam garnisonirtes Leib-Regiment, welches er selbst als Oberst kommandirte, bestand aus lauter Riesen, die er aus aller Herren Länder anwerben ließ.

Das Leib-Regiment war der Stolz Friedrich Wilhelms. Es war prächtig gekleidet in blaue Uniformen mit scharlachrothen Aufschlägen und Halsbinden; Westen und Beinkleider hatten Strohfarbe, die Gamaschen waren weiß. Die Unteroffiziere trugen mit Silber, die Offiziere mit Gold gestickte Uniformen, die Halsbinden derselben strotzten von Gold und Silber.

Die Querpfeifer und Trommler waren Mohren, die aus der ehemaligen preußischen Kolonie in Afrika herbeigeschafft worden waren.

Die Löhne der Gemeinen betrugen monatlich 4 Thaler als geringster Satz, aber sie stiegen auch weit höher, es wurde, besonders bei großen Leuten, nicht gespart. Mancher erhielt 10, 12, ja bis 20 Thaler monatlich. Die Flügelleute hatten meistens ein Gehalt von 16—20 Thalern.

Einer der größten Leibgardisten war ein Norweger, Namens Jonas, und ein anderer ein Preuße, Namens Hohmann. Dieser war so groß, daß der hochgewachsene König August der Starke von Polen, als er im Jahre 1728 sich in Potsdam zum Besuch befand, vergeblich versuchte, ihm mit der Hand auf den Kopf zu reichen.

Das Regiment zählte 2400 Mann und bestand aus 3 Bataillonen von je 800 Mann. Ins 1. Bataillon wurde kein einziger Mann eingestellt, der nicht gegen 6 Fuß maß oder von dem der

König nicht hoffen konnte, daß er bei fernerem Wachsthum mindestens diese Größe erreichen werde. Viele der Soldaten des Leib-Regiments maßen noch mehr als 6 Fuß, sie waren wirkliche Riesen.

Faßmann erzählt uns, daß er einst im Jahre 1713 in Paris in der Vorstadt Saint-Germain zur Zeit eines großen Jahrmarkts durch ein Bild an einem Hause angelockt worden sei. Dasselbe habe einen langen Mann im Heiduckenkleide dargestellt und die Inschrift getragen: „Der deutsche Riese". Er habe sich diesen Riesen, der sich für Geld sehen ließ, nur des Nachts reiste und sich des Tages über in seiner Bude aufhielt, angesehen und einen mächtig großen Menschen gefunden. Als Faßmann im Jahre 1726 nach Potsdam kam, fand er seinen Riesen daselbst als Grenadier beim Leib-Regiment wieder. Er war dort aber nur der 4. oder 5. Mann und seine Vordermänner waren noch weit größer.

2400 Giganten zu beschaffen war gewiß eine schwierige Aufgabe. Die Werber mußten durch alle Welt reisen, um große Leute zu suchen und durften sich niemals scheuen, auch in fremden Ländern List, Betrug und Gewalt anzuwenden, um die Gefundenen zu werben. Auf die Kosten kam es dabei nicht an, dafür war ja die Rekrutenkasse da.

Ein Kerl von 5 bis 10 Zoll kostete gewöhnlich etwa 700 Thaler, einer von 6 Fuß 1000 Thaler und darüber, für noch größere Leute durften viele Tausend Thaler aufgewendet werden.

Nach solchen Summen ist es wohl nicht zu verwundern, daß in dem Zeitraum von 1713 bis 1735 über 12 Millionen Thaler für Werbungen im Auslande verausgabt wurden. Wie viel im Inlande verschwendet worden ist, läßt sich nicht mehr nachweisen, da Friedrich Wilhelm einen großen Theil der betreffenden Papiere persönlich verbrannt hat.

Hätte der König sich begnügt, seiner Liebhaberei bedeutende Geldsummen zu opfern, so wäre dies zu tadeln gewesen, aber es würde den preußischen Namen nicht in ganz Europa mit Schmach bedeckt haben. Friedrich Wilhelm glaubte aber ein Recht auf alle Riesen in Europa zu besitzen und seine Werber mußten ihm dieselben schaffen um jeden Preis, selbst den des Wort- und Vertragsbruchs, der schmählichsten Gewaltthaten. Einige Beispiele, willkürlich aus der großen Zahl herausgerissen, mögen für sich selbst sprechen.

Ein Werbe-Offizier, ein Obrist-Lieutenant v. Hompesch, sah einst in Jülich einen Zimmermann von außerordentlicher Größe. Er beschloß sofort, denselben in die preußische Uniform zu stecken; da er aber zufällig wußte, daß alle Mühe, den Riesen zur Annahme des Werbegeldes zu bewegen, vergeblich sein würde, nahm er zu einer List seine Zuflucht. Er bestellte einen Sarg für einen großen Menschen, dessen Länge und Breite er genau angab. Der Zimmermann brachte seine Arbeit. Herr v. Hompesch aber weigerte sich, den Sarg anzunehmen, indem er behauptete, derselbe sei zu klein, der Todte, der genau die Länge des Zimmermanns habe, könne darin nicht liegen.

Der Arbeiter betheuerte, er habe den Sarg noch um 2 Zoll größer gemacht, als bestellt sei; er erbot sich zum Beweise dessen, sich selbst hineinzulegen. Dies war es, was der Herr v. Hompesch gewollt hatte. Kaum lag der Zimmermann im Sarg, als sofort zwei verkleidete preußische Soldaten, die als Diener in der Stube mit anwesend gewesen waren, hinzusprangen, den Deckel auflegten, ihn vernagelten und nun Sarg und Zimmermann auf einen Wagen packten und ihn zum Thore hinausfuhren.

Draußen wurde der Sarg geöffnet, um den erbeuteten Rekruten weiter zu transportiren; dieser konnte indessen seinen gezwungenen Dienst nicht antreten, denn er war inzwischen erstickt.

Die Gewaltthat machte großes Aufsehen. Der Kurfürst von der Pfalz ließ den Obrist-Lieutenant v. Hompesch verhaften und zum Tode verurtheilen; mit Mühe nur war er zu bewegen, ihn zu lebenslänglicher Festungsstrafe zu begnadigen.

Noch mehr Aufsehen erregte eine andere Werbung. Der König hatte einst einen katholischen Geistlichen in Italien aufheben und als Rekruten unter seine Grenadiere stecken lassen. Die römische Geistlichkeit gab sich die größte Mühe, den Gefangenen zu befreien. Es kam zu einem bittern Briefwechsel. Friedrich Wilhelm aber weigerte sich, den Angeworbenen loszulassen und als endlich alle Versuche einer gütlichen Einigung sich vergeblich gezeigt hatten, schloß die Korrespondenz mit einem Schreiben von Rom, in welchem dem König mitgetheilt wurde, man werde den preußischen Werbern künftig so zu begegnen wissen, daß sie die Lust verlieren sollten, ihr Handwerk in Italien weiter zu treiben. In Rom befände sich, war spöttisch hinzugefügt, noch ein anderer Mönch, der weit größer sei, als der Geworbene; wenn der König Lust spüre, diesen werben zu lassen, so möge er es versuchen. Das Kloster, in welchem sich der Mönch in Rom aufhielt, war in dem Schreiben genannt.

Friedrich Wilhelm fühlte sich höchlichst durch diese Herausforderung verletzt. Er beschloß, um jeden Preis den Mönch für seine Leibgarde anwerben zu lassen und bot seinen Offizieren eine ansehnliche Belohnung, wenn sie das Wagstück unternehmen wollten. Ein Major fand sich, der dem König einen listigen Plan vorlegte.

Der Beginn des betrügerischen Spiels wurde damit gemacht, daß der König den Major vor der Front mit den Worten: „Scheert Euch zum Teufel!" kassirte und ihn aus Potsdam verbannte. Mit den Zeichen der tiefsten Zerknirschung verließ der entlassene Offizier Potsdam und begab sich nach Polen, wo er ein kleines Gut ankaufte. Er setzte sich bald in inniges Einvernehmen mit den benachbarten katholischen Geistlichen, schimpfte brav auf den König, klagte über das Unrecht, das ihm im Dienst geschehen sei und zeigte einen bittern Haß gegen Friedrich Wilhelm, in welchen die polnischen Geistlichen ohne Scheu einstimmten.

Bei diesen Unterhaltungen erklärte der entlassene Offizier, daß er eine besondere Neigung zum Katholicismus verspüre, daß er aber die Ueberzeugung habe, nur wenn er nach Rom gehe und dort die Herrlichkeit des Papstes sehe, werde er es über sich vermögen, seinen alten Glauben abzuschwören. Die Geistlichen, welche hofften, einen Proselyten zu machen, gaben ihm sofort Empfehlungsschreiben nach Rom, mit diesen reich versehen, begab sich der Major an den päpstlichen Hof und wurde hier bei Kardinälen und Bischöfen eingeführt. Man empfing ihn um so mehr mit offenen Armen, als er auch hier unverhohlen seinen Haß gegen den König von Preußen aussprach.

Der Major war reich mit Geld ausgestattet und knauserte mit demselben nicht. Einen solchen Proselyten zu machen war schon der Mühe werth. Die Würdenträger der Kirche bemühten sich daher auf's Aeußerste, das begonnene Bekehrungswerk des reichen Preußen zu vollenden. Der Major besuchte fleißig die Kirchen, besonders diejenige, in welcher der lange Mönch, den er entführen wollte, predigte. Er erklärte, daß nur dieser Mann einen solchen Eindruck auf ihn gemacht habe, daß er von seinem Unterricht eine vollständige Belehrung hoffe. Sofort wurde der Mönch ihm zum Gesellschafter zugeordnet und täglich machte derselbe in seinem Bekehrungswerk größere Fortschritte, so daß er hoffte, bald an's Ziel zu kommen.

Aber Bedenklichkeiten nach Bedenklichkeiten wurden von dem zu Belehrenden geäußert; endlich versicherte dieser, er könne in dem Geräusch der gewaltigen Stadt, unter den Lustbarkeiten, die ihn umringten, nicht die rechte Andacht und Muße finden und bat deshalb seinen Seelsorger, ihn auf sein Gut nach Polen zu begleiten.

Der Mönch ging gern auf den Wunsch seines Schülers ein. Er reiste mit ihm ab und befand sich nach wenigen Wochen als königlich preußischer Grenadier in Potsdam.

Der Major erhielt sofort seine Stellung in der preußischen Armee wieder und außerdem ein reiches Geschenk.

Friedrich Wilhelm aber schrieb nach Rom, daß er bestens für die Nachweisung des schönen Mönchs danke, den er jetzt in seinem Grenadier-Regiment habe; wenn der Papst noch mehrere von gleicher Länge besitze, möge er nur die Güte haben, ihm dieselben zu nennen, damit er sie ebenfalls holen lassen könne!

Bis zum Tode des Königs mußte der unglückliche Mönch in der Militärjacke stecken bleiben, erst König Friedrich II. befreite ihn.

Die erzählten Beispiele sind genügend, um die Art und Weise, wie die Werbung im Auslande gemacht wurde, zu charakterisiren.

Es befand sich fast fortwährend eine große Anzahl von Werbe-Offizieren im Auslande, um große Leute herbei zu schaffen. Sie trieben ihr Handwerk, besonders in den deutschen Reichslanden, so arg, daß ununterbrochen Klagen beim König gegen sie einliefen, — aber stets vergeblich. Friedrich Wilhelm strafte diese Offiziere, welche ganz in seinem Sinne handelten, niemals.

Die deutschen Reichsfürsten waren deshalb genöthigt, endlich die Justiz selbst in die Hand zu nehmen.

In Hannover wurde der Befehl gegeben, eine förmliche Jagd auf die preußischen Werber zu machen und die übrigen Fürsten Deutschlands folgten dem Beispiel, welches ihnen der König von England für sein deutsches Land Hannover gegeben hatte; die preußischen Werber wurden ins Gefängniß geworfen, wo man sie traf.

Der Kurfürst von Baiern und der Landgraf von Hessen machten kurzen Prozeß mit den Werbern und ließen sie aufhängen.

Friedrich Wilhelm war hierüber auf's Aeußerste entrüstet. Er nahm sich häufig seiner Offiziere an und hatte in Folge dessen Zerwürfnisse, die sich bis zur Kriegserklärung steigerten. Es gab endlich kaum mehr einen Fürsten in Europa, mit welchem der König nicht in bittere Händel wegen dieser Werbungen gerathen wäre.

Der allgemeine Unwille wurde endlich so groß, daß sich Friedrich Wilhelm gern oder ungern gezwungen sah, am 3. Mai 1732 ein Zirkular an sämmtliche Regiments-Chefs zu erlassen, in welchem er ausdrücklich verbot, bei der Anwerbung im Auslande List oder Gewalt zu gebrauchen, ihnen aber die freiwillige Anwerbung noch ferner erlaubte.

Das Zirkular änderte aber in dem Werbesystem nichts; es wurde eben nur zum Schein erlassen, damit Friedrich Wilhelm, wenn ihm etwa andere Fürsten Vorwürfe machten, behaupten konnte, die Gewaltthätigkeiten der Werber seien gegen seinen Willen vorgekommen.

Die Werbe-Offiziere wußten dies, sie wußten, daß sich der König ihrer in jedem einzelnen Falle nach bester Kraft annehmen würde und sie fuhren daher mit der gewaltsamen Werbung im In- und Ausland nach wie vor in derselben Weise fort.

Sechstes Kapitel.

Graf Seckendorf. — Rekrutengeschenke auswärtiger Fürsten. — Preußischer Menschenhandel. — Die lieben blauen Kinder. — Advokaten und Hunde am Galgen. — Heirathsstiftungen. — Uebermuth der Soldaten in Berlin. — Die Natural-Einquartierung in Berlin. — Die Berliner Gensd'armen. — Die Offizierselbe. — Duellgesetze. — Hinrichtung des Major von Neuendorf. — Gamaschendienst der Friedensarmee. — Die Paraden. — Die Kriegsartikel. — Strafe der Deserteure.

Friedrich Wilhelm hegte für große Leute eine so ausschweifende Vorliebe, daß er, um seiner

Leidenschaft für dieselben zu fröhnen, die wichtigsten politischen Interessen des Landes opferte. Wir haben schon gesehen, daß er zu Gunsten seiner Werber in Konflikte mit dem Auslande kam, welche sich bis zur Kriegserklärung steigerten. Nachtheiliger noch für die Wohlfahrt des Landes war die Vorliebe, welche der König für solche Fürsten faßte, die ihn großmüthig mit lang gewachsenen Rekruten versorgten.

Die Gesandten der auswärtigen Mächte kannten die Leidenschaft des Königs genau genug und wenn sie um seine Bundesgenossenschaft warben oder sonst Vortheile von ihm erzielen wollten, so wendeten sie stets das Mittel der Bestechung durch einige Riesen an.

Graf Seckendorf, der kaiserliche Gesandte, der von seinem Herrscher die Aufgabe erhalten hatte, Friedrich Wilhelm von dem Bündniß mit England abspenstig zu machen und auf die Seite des Kaisers zu ziehen, schrieb einst im Jahre 1726 an den Prinzen Eugen, „derselbe möchte doch etliche große unnütze Raitzen nach Berlin schicken, denn bei dem König könne man durch große Leute mehr ausrichten, als mit allen Raisonnements und Rechtsgründen".

Seinen Wünschen wurde Genüge geleistet und als nun ein Paar baumlange Kerle von Oesterreich aus nach Potsdam befördert wurden und alle Jahre der Kaiser den preußischen Offizieren gestattete, in seinen Ländern riesig gewachsene Leute anzuwerben, da hatte der schlaue kaiserliche Gesandte seinen Zweck erreicht. Er erwarb sich durch seine Gefälligkeit die Zuneigung Friedrich Wilhelms in dem Maße, daß er fast allmächtig am preußischen Hofe wurde, daß von ihm Aemter und Gnadenbezeugungen ausgingen und der König fast nichts ohne seinen Wunsch that. Wir werden später noch Gelegenheit haben, mehr von den Intriguen des Grafen Seckendorf zu erzählen.

Auch der Czar Peter der Große erwarb sich durch seine Freigebigkeit mit großen Leuten die Freundschaft Friedrich Wilhelms. Einem Fürsten, der, um eine unbekannte Hinrichtungsart auszuprobiren, irgend einen beliebigen Reitknecht rädern lassen wollte, konnte es auf einige lange Burschen, deren er im Ueberfluß besaß, nicht ankommen.

Als Peter der Große Berlin besuchte, erhielt er vom König ein schön gearbeitetes, mit Bernstein ausgelegtes Tafelwerk zur Verzierung eines Zimmers geschenkt, ein außerordentlich werthvolles Kunstwerk, welches einzig in seiner Art war. Dafür versprach der Czar, jährlich 100 Grenadiere von möglichster Größe zu rekrutiren und in der That schickte er auch 6 Monte später 150 Mann, sämmtlich auserlesene Leute, nach Potsdam und gewann dadurch das Herz Friedrich Wilhelms für immer.

Nach dem Tode Peters fuhr seine Nachfolgerin Katharina I. mit derartigen Sendungen fort. Sie zog aus denselben den nicht unbedeutenden Vortheil, daß ihr Friedrich Wilhelm dagegen von Zeit zu Zeit in preußischen Diensten ausgebildete russische Soldaten zurückschickte, welche als Exerziermeister in die russische Armee eintreten konnten.

Auch die Kaiserin Anna sah den Vortheil einer derartigen Verbindung mit Preußen ein. Im Jahre 1731 schickte sie dem König 4 schöne Flügelmänner und bat sich als ein Gegengeschenk eine Anzahl Klingenschmiede aus. Menschen waren eben damals eine Waare, mit denen die Könige handelten, die sie vertauschten und verkauften nach Belieben.

Auch Friedrich Wilhelm folgte diesem Grundsatz, da es ihm nicht möglich war, die gewünschte Klingenschmiede durch Anerbieten eines reichen Lohnes zur Auswanderung nach Rußland zu bewegen, ließ er sie mit Gewalt festnehmen und nach Rußland transportiren; sie begründeten dort die berühmte Klingenfabrik von Tula.

Die Vorliebe Friedrich Wilhelms für seine Soldaten, besonders für die des Potsdamer Leib-Regiments, zeigte sich auch in der Art und Weise seines persönlichen Verhaltens. Er nannte sie kaum je anders, als „seine lieben blauen Kinder" und gewährte ihnen alle Freiheiten, welche mit der strengen Disziplin irgend vereinbar waren.

Er liebte die Potsdamer Riesen so sehr, daß er, besonders in den ersten Jahren seiner Regierung, es kaum über sich vermochte, ihnen eine Bitte abzuschlagen. Die Potsdamer Gardisten wußten sehr gut, daß Vergünstigungen, welche kein Geheimer Rath, kein Minister, welche die vornehmsten Höflinge vom König nicht zu erlangen im Stande waren, auf ihre Bitten gewährt wurden. Sie trieben mit der königlichen Gnade einen vortheilhaften Handel.

Wer ein Gesuch beim König einzureichen hatte, von dem er fürchtete, daß es ihm abgeschlagen werden möge, bediente sich der Potsdamer Grenadiere. Diese mußten dem König Bittschriften überreichen und erhielten dafür ansehnliche Geschenke. —

Der Unfug nahm endlich so sehr überhand, daß Friedrich Wilhelm denn doch Abhülfe schaffen mußte. Er gab den Befehl, daß fortan ihm keine Bittschrift überreicht werden solle, welche nicht von einem vereideten Advokaten oder Notarius mit unterzeichnet werde. Aber auch dieser Befehl wirkte noch nicht; er verschaffte nur den Berliner Advokaten, welche sich jetzt an die Grenadiere wendeten und durch deren Vermittlung Bittschriften an den König gelangen ließen, eine große Einnahme.

Es kam häufig vor, daß Friedrich Wilhelm durch seine Vorliebe für die Soldaten verleitet wurde, Verfügungen zu erlassen, die ihm später leid thaten. Er veranlaßte deshalb den Minister Freiherrn v. Cocceji, ein Edikt gegen die Advokaten zu erlassen, die sich unterstehen würden, Bittschriften in Justizsachen durch einen Potsdamer Grenadier überreichen zu lassen.

Der Minister setzte ein Edikt auf, war aber zweifelhaft, welche Strafe er für die Uebertreter festtellen solle und bat deshalb den König um weitere Verhaltungsbefehle.

Mit dem ihm eigenthümlichen Humor bestimmte Friedrich Wilhelm die Strafe durch eine Randzeichnung, welche er höchsteigenhändig dem Aktenstück zufügte und die einen Galgen, an dem ein Advokat neben einem Hunde hing, darstellte. Ohne weitere schriftliche Antwort sendete er den Bericht dem Minister v. Cocceji zurück und es erschien nun die Verordnung, daß derjenige Advokat, welcher es wagen würde, eine Bittschrift durch einen Grenadier dem König unmittelbar überreichen zu lassen, in Gesellschaft eines Hundes aufgehängt werden solle. Zur Ausführung ist das seltsame Edikt freilich niemals gekommen.

Friedrich Wilhelm entschädigte seine Potsdamer für den Verlust der Einnahme, welchen sie durch diesen Befehl erlitten hatten, dadurch, daß er für ihren leiblichen Vortheil nach allen Richtungen hin sorgte. Sie erhielten die Erlaubniß, Wirthshäuser anzulegen und wurden reichlich mit Geschenken bedacht. Der König nahm Pathenstelle bei ihren Kindern an, natürlich nur, wenn diese Knaben und zwar von einer anerkennungswerthen Größe waren; der glückliche Vater mußte das Maß des Neugeborenen stets dem König, wenn er ihn zum Gevatter bat, mit einsenden.

Mit Niemandem sprach Friedrich Wilhelm so traulich und herablassend, wie mit den Potsdamer Riesen. Er sorgte in gleichem Maß für ihre leiblichen wie für ihre geistigen Bedürfnisse, indem er besondere Kapellen für die griechisch-katholischen und römisch-katholischen Soldaten einrichten ließ.

Eine besondere Liebhaberei des Königs war es, Heirathen für seine blauen Kinder zu stiften. Dabei sah er aber stets darauf, daß die Braut eine ansehnliche Größe habe, damit das Riesengeschlecht sich fortpflanze. Diese Liebhaberei gab einst zu einer seltsamen Eheschließung Veranlassung.

Der König begegnete beim Spazierritt vor den Thoren von Potsdam einem Bauernmädchen, welches ihm durch seine prächtige, hochgewachsene, kräftige Gestalt auffiel. Er entschloß sich sofort, einen seiner Lieblingsgrenadiere, einen Irländer, Namens Mac Doll, mit dieser Schönen glücklich zu machen. Daß Beide sich nicht kannten, war für den König kein Hinderniß in seinem Entschluß. —

Er rief das junge Mädchen zu sich heran und ertheilte ihr den Auftrag, einen Brief, den er auf ein aus seiner Brieftasche gerissenes Blättchen augenblicklich niederschrieb, an den Obristen v. Einsiedel in Potsdam zu besorgen; ein Gulden Trinkgeld sollte sie für diesen Botendienst belohnen. Er nickte ihr dann noch freundlich zu und ritt, sich mit seinen Begleitern lachend unterhaltend, weiter.

Das Bauernmädchen hatte den König erkannt, sie wußte, daß dieser mit Trinkgeldern nicht besonders freigebig sei und fürchtete, es möge mit dem Briefe eine eigene Bewandtniß haben, da ihr für eine so kleine Bemühung eine so hohe Belohnung geboten worden war. Sie hätte wohl das Zettelchen entfaltet und selbst gelesen, aber so weit gingen ihre Kenntnisse nicht. Um sich aber vor jeder Gefahr zu sichern, übergab sie einer alten bucklichen Höckerin den Brief und forderte dieselbe auf, ihn dem Obristen zu überbringen, indem sie ihr den bedrohlichen Gulden einhändigte.

Die Alte war glücklich über das treffliche Geschäft, welches sie machte. Sie ließ sofort ihren Kram im Stich, eilte zum Obristen v. Einsiedel und übergab ihm den Brief.

Der Obrist las das Schreiben und er glaubte seinen Augen nicht trauen zu dürfen, als er folgenden Inhalt fand:

„Laßt auf der Stelle die Ueberträgerin dieses mit dem Flügelmann Mac Doll copuliren.
Friedrich Wilhelm."

Die Offiziere des Königs waren daran gewöhnt, daß dieser mitunter die seltsamsten Einfälle habe. So wunderbar daher dem Obristen v. Einsiedel auch der königliche Befehl erschien, so zögerte er dennoch nicht, denselben zur Ausführung zu bringen. Die Alte wurde festgehalten, der Flügelmann Mac Doll herbeigeholt und ein Garnisonprediger erhielt den Befehl, augenblicklich die Trauung zu vollziehen.

Vergeblich protestirte Mac Doll. Der Obrist zuckte die Achseln, sprach sein tiefes Bedauern über den Unglücklichen, der mit einem alten bucklichen Weibe verheirathet werden sollte, aus, aber er ließ sich nicht irre machen, sondern berief sich auf den Befehl des Königs, der unter allen Umständen erfüllt werden müsse.

Der Garnisonprediger war nicht weniger gehorsam; er traute das ungleiche Paar trotz der Protestation des Irländers, der sich nicht beruhigen konnte, obgleich seine Braut recht gute Miene zum bösen Spiele machte.

Am folgenden Tage rief der König Mac Doll zu sich heran und fragte ihn schmunzelnd, wie er mit der Wahl, welche er für ihn getroffen habe, zufrieden sei. Der Irländer erklärte offen, daß er gar nicht zufrieden sei; das aber konnte der König nicht begreifen. Er zeigte sich höchst gnädig und befahl dem Flügelmann, mit seinem schönen, jungen Weibe nach der Tafel auf das Schloß zu kommen, um sich sein Hochzeitsgeschenk zu holen.

War der Oberst v. Einsiedel erstaunt gewesen, als er den königlichen Befehl zur Trauung Mac Dolls empfing, so war es Friedrich Wilhelm nicht weniger, als er die junge Frau erblickte.

„Solche verfluchte Vogelscheuche — rief er aus — ist dem armen Kerl angetraut worden?" Er drang wüthend auf die Alte ein und diese erzählte nun, wie sie dazu gekommen sei, Ueberbringerin des Briefes zu werden.

Friedrich Wilhelm war wüthend. Unmöglich

durfte er dulden, daß sein Flügelmann mit der alten buckligen Frau verheirathet blieb. Er ließ sofort den Garnisonprediger rufen und ohne nur einen Bericht an das Konsistorium zu machen oder andere gesetzliche Formen zu erfüllen, erklärte er aus königlicher Machtvollkommenheit die kaum geschlossene Ehe für aufgelöst.

Friedrich Wilhelm zeigte sich überall bereit, seinen Soldaten zu helfen, wo diese seiner bedurften. Er that es regelmäßig ohne eine Rücksicht auf das Gesetz. Entstand ein Streit zwischen Bürger und Militär, dann erhielt der Soldat, auch wenn er im offenen Unrecht war, doch stets Recht. Diese Parteilichkeit mußte naturgemäß dahin wirken, daß die blauen Lieblinge im Bewußtsein ihrer bevorrechtigten Stellung sich an allen Orten Uebergriffe erlaubten. Da sie stets auf Straflosigkeit rechnen konnten, so wuchs mit jedem Tage auch ihr Uebermuth und ihre Unverschämtheit.

Mit der größten Frechheit brandschatzten die Soldaten die Bürger unter allerhand Vorwänden. In Berlin zogen sie zur Weihnachtszeit mit schwarzgefärbten Gesichtern in den Straßen umher und erpreßten unter dem Namen der heiligen drei Könige Geld. Vergeblich suchten die Bürger die unverschämten Bittsteller abzuweisen; diese zeigten ihre Pässe vor und wohl oder übel mußte ihrem Begehren gewillfahrt werden. Wer nichts geben wollte, mußte sich auf Mißhandlung gefaßt machen und durfte sich nicht einmal wehren, wenn er nicht selbst zur Strafe kommen wollte.

Besonders unbequem waren die Soldaten den Bürgern durch die Naturaleinquartirung, welche bei der fortwährenden Vergrößerung der Armee und der Garnison von Berlin zur Nothwendigkeit geworden war. Kasernen gab es nicht; die in den Wällen gelegenen Baraken, in denen die Soldaten untergebracht werden konnten, hatten für eine größere Garnison keinen Raum und so mußten sich denn die Bürger, obwohl ihnen eine gesetzliche Verpflichtung nicht oblag, auf königlichen Befehl schon entschließen, die Soldaten ins Quartier zu nehmen, denn nach dem Recht fragte Friedrich Wilhelm wenig. Es darf schon als eine besondere Fügsamkeit seinerseits betrachtet werden, daß er den dringenden Bitten des Magistrats von Berlin nachgab und seine Leibgarde nicht hier, sondern in Potsdam einquartirte.

Um den fortwährenden Klagen über willkürliche und drückende Einquartierung abzuhelfen, erließ der König im Jahre 1720 ein Servis-Reglement und setzte eine königliche Servis-Kommission mit eigner Kassen-Verwaltung ein, an deren Spitze er den Generalmajor und Kommandanten von Forcade stellte. Die Kommission bestand aus 10 Obristlieutenants, 10 Geheimen und Hofräthen, sowie einer Anzahl von Magistratsmitgliedern und Stadtverordneten, welche die Bürgerschaft zu vertreten hatten. Friedrich Wilhelm sagte bei der Einsetzung dieser Kommission:

„Ich will den Klagen der Residenz auf einmal dadurch abhelfen, daß Ich eine Behörde etablire, welche zu gleicher Zeit königlich und städtisch ist. Sie soll die Scheidewand zwischen Quartiergebern und Quartierempfängern sein. An sie soll sich jeder Militair mit beglaubten Attesten des Kommandanten wenden, sobald er berechtigt ist, zu fordern. Sie soll die Klagen untersuchen, welche zwischen Bürgern und Militair entstehen und ihnen abhelfen und es soll dem Militair nicht freistehen, sich directe an den Magistrat zu wenden."

Die Servis-Kommission war nun zwar bemüht, den Druck der Einquartierungslast für die Berliner etwas zu mildern, aber sie vermochte dies nicht immer und namentlich dann nicht, wenn der König irgend eine andere Anordnung beliebte, denn Friedrich Wilhelm setzte stets seinen Willen über das Gesetz. So bestimmte er im Jahre 1737, daß alle Bürger ohne Unterschied Soldaten einnehmen und diese vorn zur Straße hinaus logiren sollten. Auf dringende Bitten des Magistrats ermäßigte er seinen Befehl dahin, daß diejenigen Soldaten, welche bisher in den Baraken hinter den Mauern gelegen hatten, in die Stadt eingemiethet werden sollten. Um Platz für dieselben zu bekommen, mußte ein Theil der Einwohnerschaft die eignen Quartiere räumen und in die Baraken ziehen, während die Soldaten in die Stadt gebracht wurden. Natürlich wurden zu diesem Zweck die Juden belästigt. In der Verordnung vom 27 August 1737 heißt es: „daß sogleich, ohne zu raisoniren, alle und jede Juden, welche in Berlin wohnen und keine eigenen Häuser haben, sondern zu Miethe sitzen, in den Häusern hinter der Mauer, desgleichen in den Baraken zwischen dem Königsthor und dem Spandowschen Thore ziehen und sich daselbst einmiethen sollen; dahingegen sollen die Soldaten, welche bisher in den Häusern hinter der Mauer und in den Baraken gewohnt haben, die Quartiere miethen, wo die Juden in der Stadt gewohnt. Dieses ist meine stricte ordre!"

Das königliche Machtwort mußte zwar befolgt werden, ohne raisoniren ging es aber doch nicht ab. — Die Juden wandten sich in einer stehenden Bittschrift an den König, sie wendeten ein, daß sie in den engen Gassen ihre Geschäfte nicht treiben könnten, erhielten aber als einzige Antwort den Befehl: „Es bleibt bei der Ordre!" Der Magistrat, welcher ebenfalls remonstrirte, wurde einer Antwort überhaupt nicht gewürdigt.

Von den Regimentern, welche unter der Regierung Friedrich Wilhelms in Berlin garnisonirten, zeichnete sich das Gensd'armerie Regiment durch gute Führung vor den andern vortheilhaft aus. Es bestand aus den besten und wohlhabendsten Leuten.

Die schmucken Uniformen der Gensd'barmen, manche Vorzüge, welche ihnen vor andern Truppen gegeben wurden, machten den Dienst in diesem Kavallerie-Regiment wünschenswerther als in andern Truppentheilen und es fanden sich daher viele Berliner, welche als Rekruten bei der Gens'darmerie eintraten.

Die jährliche Revue, welche der König über dies Regiment abhielt, war stets für die Berliner ein Fest. Gegen die übrigen Regimenter zeigten sie große Abneigung und sie hatten hierzu auch volle Veranlassung; denn nicht nur die gemeinen Soldaten, sondern mehr noch als diese die Offiziere machten sich durch Uebermuth und Brutalität bei der Bevölkerung verhaßt.

Die Offiziere behandelten die Bürger fast wie ihre Sklaven; sie mißhandelten diese ohne Scheu vor Strafe, denn ein Wort eines Offiziers galt mehr als der Eid eines Bürgerlichen. Auch die Civilbeamten hatten unter dem grenzen- und zügellosen Uebermuth der Offizire zu leiden, da Friedrich Wilhelm bei etwaigen Klagen stets die Partei seiner Standesgenossen ergriff. Wir sagen Standesgenossen, dem Friedrich Wilhelm war weniger stolz auf seine Königskrone, als auf seine Obristenuniform.

Als einst der Feldmarschall v. Wartenleben einem Steuerrath und Auditeur bei einem Wortwechsel eine Ohrfeige gegeben hatte und dieser sich beklagte, traf der König folgende Entscheidung:

„Der Feldmarschall solle befugt sein, dem Auditeur noch eine oder mehrere Maulschellen zu geben, dafern er es für gut finde, weil der Auditeur solches gar wohl verdient habe und künftig bescheidener gegen seinen Feldmarschall sein solle!"

Die Offiziere betrachteten sich in Folge der ihnen bewilligten Vorrechte als die Herren des Landes. Gerade unter der Regierung Friedrich Wilhelms entwickelten sich jene Begriffe einer besondern Standesehre unter den Offizieren, welche bis in die neuste Zeit zu so viel Klagen der Bürger Veranlassung gegeben haben, zur üppigsten Blüthe und der König, welcher selbst von dieser Offiziersehre ganz durchdrungen war, trug dazu nicht wenig bei.

Ein seltsamer Auswuchs der eigenthümlichen Anschauungen von Ehre, welche damals und noch lange Zeit später unter den Offizieren allgemein waren, zeigte sich bei den Duellen. Jeder Offizier, der beleidigt wurde, war gezwungen, die Beleidigung im Blute seines Gegners abzuwaschen; Jeder galt als ehrlos, der eine Forderung zurückwies.

Friedrich Wilhelm theilte diese Anschauung; trotzdem erließ er das Duellgesetz, welches den Ueberlebenden, der im Duell seinen Gegner getödtet hatte, mit der Strafe der Enthauptung bedrohte, gnadelos aufrecht.

Derselbe Widerspruch, welcher noch heut zwischen dem Duellgesetz und dem vermeintlichen Ehrengesetz besteht, trat damals durch die seltsame Anschauungsweise Friedrich Wilhelms recht grell zu Tage. Ein Zeitgenosse, Fahmann, schildert denselben in wenigen einfachen Worten:

„Bei solchen Sachen nun ist ein Offizier allerdings unglückselig zu nennen, ob er gleich noch so vernünftig, gelassen und bescheiden ist, sobald ihm ein brutaler Teufel auf den Hals kommt, von dem er geschnipft und zu einem Duell herausgefordert wird. Wird er nur geschimpft, so ist es schon genug, und er sieht sich sodann selber genöthigt, den andern herauszufordern, die Sache mag ablaufen, wie sie wolle. Wenn er aber nur nicht der Urheber des Zanks ist, so daß das Unglück meist seiner Unvernunft und schlechten Conduite zuzuschreiben, so kann er zum Wenigsten diesen Trost, wenn er echappirt, mit auf den Weg nehmen, daß des Königs Majestät ganz gewiß von ihm sagen werden: Es ist ein braver Mann, an dem ich nichts auszusetzen habe, doch kann ich ihm nicht weiter helfen und er muß nicht mehr zu mir kommen. Dem aber, wer ihm etwas Gutes erweiset, werde ich dafür verbunden sein."

Ob diese königliche Anerkennung Denen, welche, durch ein thörichtes Ehrengesetz gezwungen, zu Verbrechern geworden waren und nun entweder flüchten oder den Tod durch Henkershand erwarten mußten, einen besondern Trost gewährte, mag dahingestellt bleiben.

Die öffentliche Meinung sprach sich schon damals oft zu Gunsten der unglücklichen Opfer einer unsinnigen Gesetzgebung aus, am Schärfsten bei der Hinrichtung eines allgemein geachteten Offiziers, dessen Schicksal in allen Kreisen Berlins tief beklagt wurde.

Der Major v. Neuendorf vom Glasenapp'schen Regiment hatte sich mit seinem Bruder, welcher als Major in dänischen Diensten stand, einer Erbschaftsangelegenheit wegen entzweit. Ihr Streit sollte in Berlin entschieden werden. Während des Prozesses gab es häufig argen Zwist zwischen den Brüdern, bis endlich einige Freunde sich bemühten, eine Versöhnung zu Stande zu bringen.

Der Major v. Neuendorf besaß in der Spandauischen Vorstadt einen Garten, wohin er einige Freunde einlud, um die endlich bewerkstelligte Versöhnung mit seinem Bruder zu feiern. Die Gesellschaft saß bei einem tüchtigen Mahle und war höchst vergnügt; man zechte wacker. Nach dem Essen ging man im Garten spazieren, die beiden Brüder wandelten Arm in Arm.

Ein unglücklicher Zufall wollte es, daß das Gespräch sich zwischen ihnen abermals auf die Prozeßangelegenheit wendete. Der kaum geschlichtete Streit entspann sich von Neuem, böse Worte fielen von beiden Seiten und wurden mit jedem Augenblick heftiger. Der Däne, der an der Tafel am Meisten getrunken hatte und daher berauscht war, zog wüthend den Degen und drang mit demselben auf seinen Bruder ein. Dieser mußte wohl oder übel sich vertheidigen, aber indem er es that, beschwor er den Wüthenden zubedenken, daß Brüder nicht gegen einander kämpfen dürften.

Alles Zureden war aber vergeblich. Der Trunkene drang immer hitziger auf seinen Bruder ein, der nichts weiter that, als die gegen ihn gerichteten Stöße und Hiebe zu pariren; dabei aber durchbohrte sich jener selbst die linke Hand und war nun außer Stande, weiter zu fechten.

Die Wunde schien nicht gefährlich zu sein, aber sie wurde es durch den heftigen Blutverlust, der nicht zu stillen war, weil der noch immer Trunkene sich weigerte, einen Verband anzunehmen. Nach wenigen Stunden verstarb er an der Verblutung.

Der Ueberlebende kannte die Strenge des Königs. Er suchte sich deshalb durch die Flucht zu retten, wurde aber unglücklicher Weise noch im letzten Dorf auf brandenburgischem Gebiet eingeholt, wenige Minuten später hätte er die rettende sächsische Grenze erreicht, er wurde nach Berlin zurückgebracht und hier in strengen Arrest gesetzt.

Der König gab sofort den Befehl, ihm den Prozeß zu machen.

Der General-Auditeur v. Katsch, welcher den Major zu verhören hatte, war ein neu gebackener Edelmann, der stolz auf sein Amt, den Gefangenen wie einen gemeinen Verbrecher behandelte. Er ließ ihn stehen und redete ihn mit „Ihr" an. Dadurch fand sich der Major v. Neuendorf beleidigt; er machte seinem Unmuth Luft, indem er sagte, und wunderte sich, wie ein neu gebackener Edelmann einem alten Kavalier so unanständig begegnen könne.

Der Herr v. Katsch wurde blutroth; aber er mäßigte seinen Zorn und sagte mit verbissenem Ingrimm, wenn der Major es wolle, so solle er seinem Stande gemäß behandelt werden, aber es solle ihm dies theuer zu stehen kommen.

Und er hielt Wort!

Der Kriegsrath verurtheilte den Gefangenen zu dreijährigem Gefängniß, damit aber war die Bosheit des Herrn v. Katsch nicht befriedigt. Er überbrachte dem König das Urtheil zur Bestätigung und machte dabei darauf aufmerksam, in der Bibel stehe, das Blut des Bruders schreie um Rache von der Erde bis zu Gott, das Urtheil sei daher bei Weitem zu milde ausgefallen.

Solchem Beweise war Friedrich Wilhelm leicht zugänglich. Er befahl die Abhaltung eines neuen Kriegsraths und die gehorsamen Offiziere verurtheilten nun den Major zum Tode durch Enthauptung.

Vergebens wendete sich der Major mit einem rührenden Gedicht an den König, in welchem er diesen darauf aufmerksam machte, daß seine Frau ihm ebenso wie die Königin dem König Vaterfreuden zu bereiten verspräche.

Friedrich Wilhelm wurde durch das Gedicht so wenig bewegt, daß er mit eigener Hand einen schlechten Vers unter die Bittschrift verzeichnete:

Brudermord und Blutvergießen
Muß man mit dem Tode büßen!"

Auch die Bitte des Verurtheilten, die Vollstreckung der Strafe nur um 3 Tage aufzuschieben, damit er sich mit seinem Gewissen abfinden und einige häusliche Angelegenheiten in Ordnung bringen könne, wurde ihm nicht gewährt.

Der König antwortete ihm, wenn er sich während der 3 Monate, die er im Gefängniß sitze, nicht mit Gott habe aussöhnen können, so würde dies ihm auch nicht binnen 3 Tagen gelingen. Er bestätigte das Urtheil und der Major von Neuendorf wurde auf dem neuen Markt in Berlin am festgesetzten Tage enthauptet.

Die Strenge der Duell-Gesetzgebung, die Willkür, mit welcher der König diejenigen Offiziere, die irgend sein Mißfallen erregten, besonders solche, die sich in der Rekrutenwerbung lässig zeigten, vor der Front der Regimenter kassirte oder wenigstens im Avancement zurücksetzte, waren die Schattenseiten eines Standes, der sonst zur Zeit Friedrich Wilhelms als der beneidenswertheste betrachtet wurde. Auch trug der fast unerträgliche Gammaschendienst, der bei der Friedensarmee in Preußen bis auf's Aeußerste ausgebildet war, nicht wenig dazu bei, Offizieren und Gemeinen das Leben zu erschweren.

Der König bekümmerte sich persönlich um die geringfügigsten Details des Dienstes und der Kleidung der Soldaten und Offiziere. Jede Naht und jede Litze, jeder Knopf am Rock waren auf's Genaueste vorgeschrieben und die kleinste Abweichung von der Vorschrift wurde mit harten Strafen geahndet, Strafen, die oft nicht weniger empfindlich waren, als die für wirkliche militärische Vergehen.

Nur wenn Friedrich Wilhelm guter Laune war, besserte er wohl selbst, wo dies möglich war, ein Versehen bei der Uniformirung aus und erließ dann die Strafe. So bemerkte er einst, als er an einem Fenster seines Schlosses zu Berlin stand, daß ein Offizier mit einem etwas zu langen Rock unten vorüberging. Er ließ denselben sofort heraufrufen und schnitt ihm höchst eigenhändig mit der Scheere den zu langen Rock etwa einen Zoll breit ab.

Wie arg die Peinlichkeit mit allen Details der Kleidung getrieben wurde, darüber giebt uns Friedrich der Große ein vollgültiges Urtheil, indem er sagt:

„Der Soldat lackirte seine Flinte und seine Degenscheide, der Reiter seinen Zaum, seinen Sattel, ja sogar seine Stiefeln; die Mähnen der Pferde waren mit Bändern durchflochten und am Ende artete die an und für sich nützliche Reinlichkeit in einen lächerlichen Mißbrauch aus. Hätte der Frieden länger, als bis 1740 gedauert, so steht zu glauben, daß jetzt Schminke und Schönpflästerchen im Gange wären."

Nicht die Kriegstüchtigkeit, sondern die Paradetüchtigkeit war das Endziel, nach welcher bei dieser Friedensarmee gestrebt wurde. Leute von kleiner, aber kerniger, gedrungener Gestalt, welche recht geeignet für die Strapazen des Krieges waren, galten als unbrauchbar, während lang aufgeschossene, zur Schwindsucht hinneigende Burschen in die Montur gesteckt wurden. Auch bei der Kavallerie, für welche übrigens Friedrich Wilhelm nicht eine solche Liebhaberei, wie für die

Infanterie zeigte, suchte man nach großen Leuten und schwerfälligen Pferden.

Friedrich der Große sagt über die Kriegstüchtigkeit derselben:

„Die Kavallerie bestand ebenfalls aus sehr großen Leuten, die ungeheure Pferde ritten; es waren Kolosse auf Elephanten, die weder manövriren noch fechten konnten. Keine Musterung ging vorbei, wo nicht ein Reiter aus Ungeschicklichkeit vom Pferde gefallen wäre. Sie waren nicht Meister von ihren Pferden und ihre Offiziere hatten keinen Begriff weder vom Dienste der Reiterei, noch vom Kriege überhaupt. Sie kannten das Terrain gar nicht und hatten weder theoretische, noch praktische Kenntnisse von den Evolutionen, welche ihnen am Tage der Schlacht oblagen."

Die Parade war das eigentliche Lebens-Element dieser Armee, zugleich aber auch die höchste Qual der Soldaten. Monate vorher wurden sie zu derselben eingeübt, mußten mit vollem Gepäck täglich exerziren und mit welchem Gepäck?!

Die Last des Tornisters und der unendlich schweren Muskete war so groß, daß oft beim Exerziren die lang aufgeschossenen Rekruten erschöpft niedersanken und in Folge der übermäßigen Anstrengung starben.

Kam endlich der Paradetag heran, dann mußten schon um 1 Uhr des Morgens die Soldaten vor ihres Kapitäns Quartier antreten, um 2 Uhr marschirten die Kompagnien vor die Wohnung des Kommandeurs, um Bataillone zu formiren; um 3 Uhr marschirte endlich die Infanterie ab. Sie hatte meist einen tüchtigen Marsch zu machen und war sie endlich auf dem Platze angelangt, dann gab es noch keine Ruhe. Das Kommando „Rührt euch!" wurde nicht ertheilt, die Unteroffiziere hatten sogar bestimmte Ordre, die genaueste Acht darauf zu haben, daß die Leute stillstanden, nicht aus Reih' und Glied traten, auch sich nicht etwa durch den Genuß von Bier und Branntwein stärkten, sondern daß sie ihre Muskete im Arm behielten, um als tüchtige Soldaten auszuharren.

Bis gegen Abend dauerte der Dienst in fast ununterbrochener Reihenfolge. Fast jede solcher Paraden kostete das Opfer einiger Menschenleben.

Der Gammaschendienst ertödtete jedes frische Leben in der Armee. Nur unmuthig thaten die Soldaten ihren Dienst und trotz der Vorrechte, welchen ihnen ihr Stand gewährte, verwünschten sie denselben doch unaufhörlich. Heißblütige Burschen ließen mitunter ihren Unmuth laut werden, aber der Stock des Korporals und grausame Strafen, wie Spießruthenlaufen x., brachten sie bald wieder zum Gehorsam.

Die Kriegsartikel, welche Friedrich Wilhelm gleich nach seinem Regierungsantritte erlassen hatte, waren mit Blut geschrieben und wurden mit furchtbarer Konsequenz zur Durchführung gebracht. Für das kleinste Dienstvergehen gab es unbarmherzige Stockprügel, jedes Raisonniren

gegen Ober- und Unteroffiziere wurde mit 30malligem Gassenlaufen bestraft.

Die Handhabung einer so strengen Disziplin war freilich in vielen Fällen eine Nothwendigkeit, denn das Heer bestand ja aus in aller Herren Ländern zusammengeworbenem Gesindel. Aber die Strenge artete in Grausamkeit aus und trieb die Soldaten häufig zur Verzweiflung, zum Selbstmord oder zu Desertionen. Letztere namentlich wurden so häufig, daß endlich fast jeder Soldat als der Desertion verdächtig betrachtet wurde.

Die Hauptleute glaubten sich nur einigermaßen gesichert vor dem Davonlaufen, wenn sie sich in Festungen oder geschlossenen Städten befanden. Gab es auch nur den kleinsten Marsch, so mußten außerordentliche Vorsichtsmaßregeln ergriffen werden. Der Wirth und das Gesinde der Häuser, in denen Einquartierung war, erhielten die Verpflichtung, aufzupassen, daß kein Soldat nach dem Zapfenstreich das Haus verlassen durfte. Auf dem Lande mußten am Tage vor dem Ausmarsch alle Pässe, Wege, Brücken von den Einwohnern besetzt werden und diese durften Niemand ohne Paß vorübergehen lassen. Auch die Beurlaubten waren gezwungen, in jedem Ort, durch welchen sie kamen, dem Schulzen, Prediger oder Schulmeister ihren Urlaubspaß vorzuzeigen.

Trotz aller dieser Vorsichtsmaßregeln gelang es doch nicht, die Desertion zu verhindern und der König erließ daher im Jahre 1723 eine drakonische Verordnung, in welcher Maßregeln zur Ergreifung entflohener Soldaten anbefohlen wurden.

Ein gefangner Deserteur wurde entweder gehängt oder durch das Abschneiden von Nase und Ohren bestraft. Nur besonders große Kerle, deren Anwerbung übermäßige Kosten verursacht hatten, begnadigte der König, der sich klüglicher Weise durch die Verstümmelung oder Tödtung eines Riesen nicht selbst um sein theures Geld bringen wollte. Seine Lieblinge beim Leib-Regiment in Potsdam kamen deshalb meist bei Desertionsversuchen mit Spießruthenlaufen und ähnlichen Strafen fort.

Nur als im Jahre 1730 ein Komplott von 70—80 Mann, welche sich gewaltsam befreien und nach Polen durchschlagen wollten, entdeckt wurde, ließ der König einen der Rädelsführer hängen und einem andern durch den Scharfrichter mit einer großen Tuchscheere Ohren und Nase abschneiden. Der Verstümmelte kam nach Spandau, wurde aber später durch Friedrich den Großen nach Halberstadt in ein Kloster geschickt, um ihn den Augen der Menschen zu entziehen.

Siebentes Kapitel.

Der alte Dessauer. — Der General von Grumbkow. — Streit Grumbkows mit dem alten Dessauer. — Der alte Flank. — Der Schweinerelter Graf von Haak. — Der General von Glasenapp. — Der General von Blankensee und sein Lorenz.

Ein König, welcher den Soldatenstand für den ersten der Welt hielt, der mit unverhehlter Verachtung auf alle Beamten, die nicht den Soldatenrock trugen, herabschaute, mußte das Bestreben haben, seinem Hof einen ganz militärischen Zuschnitt zu geben.

Friedrich Wilhelm wählte daher seinen täglichen Umgangskreis lediglich aus den Befehlshabern seiner Armee. Mit seinen Offizieren ging er zur Jagd, mit ihnen machte er seine Spazierritte, sie zog er ins Tabaks-Kollegium, ihnen übertrug er auch die wichtigsten Staatsgeschäfte ohne Rücksicht darauf, ob sie denselben gewachsen seien oder nicht.

Der einflußreichste von den Generalen, welche die tägliche Gesellschaft des Königs bildeten, war der regierende Fürst Leopold von Anhalt-Dessau, der alte Dessauer, dessen Name noch heut im Munde des Volks von Berlin lebt, über dessen sonderbare Gewohnheiten und Anschauungen sich dasselbe fast ebenso viele theils wahre, theils unwahre Geschichtchen erzählt, als von dem Volksliebling, dem alten Fritz.

Fürst Leopold war der Einzige unter Friedrich Wilhelms Generalen, der Kriegserfahrung und die Fähigkeit besaß, ein Heer zu führen. Schon unter der Regierung des Königs Friedrich I. hatte der Fürst sich als tüchtiger Feldherr im preußischen Dienst bewährt. Er war gewissermaßen der Lehrer des damaligen Kronprinzen im Waffenhandwerk gewesen und hatte mit demselben eine Freundschaft geschlossen, welche für das Leben unzertrennlich blieb.

Gleiche Neigungen, die vollste Uebereinstimmung der Seelen ketteten die beiden Fürsten an einander. Wie Friedrich Wilhelm war Leopold ein Feind der Wissenschaft und ein Verehrer des Soldatenstandes, wie jener war er Despot, roh bis zur Brutalität, willkürlich, ohne Gefühl für Gerechtigkeit und grausam. Wie Friedrich Wilhelm liebte er einen zwanglosen Umgang ohne Cermoniell, einen derben Scherz und guten Trunk. Es konnte kaum zwei Menschen geben von einer größern Seelenverwandtschaft, von einer ebenso großen Gleichartigkeit aller Neigungen.

Leopold war am 3. Juli 1676 zu Dessau geboren. Schon als Knabe hatte er einen wilden, ungestümen Sinn gezeigt. Sein Vater zog ihn im frühesten Alter zur Waffenübung und zur Jagd heran, seine Mutter verzärtelte ihn und vergebens waren seine Erzieher bemüht, ihm selbst die gewöhnlichsten Schulkenntnisse beizubringen. Im neunten Jahre konnte er noch nicht schreiben und lesen und gut hat er es auch später niemals gelernt. Selbst die hochdeutsche Sprache machte ihm Mühe, am liebsten sprach er im Volksdialekt und vielleicht hat gerade diese Angewohnheit nicht wenig dazu beigetragen, ihm den Anschein der Herablassung zu geben und ihn dadurch trotz seiner Charakterfehler nicht unbeliebt beim gemeinen Volk zu machen.

Am 17. August 1693 starb sein Vater. Leopold war erst 17 Jahr alt, er konnte daher die Regierung noch nicht selbstständig übernehmen, sondern mußte dieselbe unter der Vormundschaft seiner Mutter führen. Diese aber hatte viel von dem unbändigen Charakter ihres Sohnes zu leiden, um so mehr, als sie sich gezwungen sah, seinem liebsten Herzenswunsch entgegen zu treten.

Als Knabe hatte Leopold häufig mit einem kleinen schönen Mädchen, der Tochter des Apothekers Föhse in Dessau, gespielt. Wenn Niemand sonst den wilden Sinn des Knaben zu beherrschen im Stande war, so vermochte es die schöne Anne Liese Föhse, für welche Leopold eine wahrhaft hingebende Zärtlichkeit fühlte. Die Liebe des Knaben für seine Gespielin wuchs mit den Jahren und als sich nun Leopold im 18. Jahre befand, erklärte er seiner Mutter, daß er den unabänderlichen Entschluß gefaßt habe, seine Anne Liese zu heirathen.

Das war ein Donnerschlag für die Fürstin und für den ganzen hochadligen Hofstaat. Wer hatte jemals davon gehört, daß ein regierender Fürst eine Apothekertochter wirklich geheirathet hätte? Gegen ein Liebesverhältniß mit einem Bürgermädchen würde vielleicht die Fürstin nichts einzuwenden gehabt haben, eine Heirath aber mußte sie unter jeder Bedingung verhindern! Eine kurze Abwesenheit, so glaubte sie, werde ihren Sohn von seiner Liebe heilen; sie machte ihm deshalb den Vorschlag, sich ein wenig in der Welt umzusehen und Leopold ging hierauf freudig ein, denn er hatte längst dazu die Lust gespürt.

Er ging zuerst im Jahre 1693 nach Berlin, besuchte hier den Kurfürsten Friedrich III. und fand bei diesem die freundlichste Aufnahme. Es wurde ihm zu seiner großen Genugthuung das Versprechen ertheilt, daß er bei der nächsten Erledigung den Befehl über das Infanterieregiment, welches früher sein Vater kommandirt hatte, erhalten solle.

Von Berlin aus reiste der junge Fürst durch Deutschland und Italien. Er hatte viele Abenteuer und nicht immer der zartesten Art zu bestehen. Auf der Reise machte er u. A. die Bekanntschaft des Kurprinzen August von Sachsen, der später als König August der Starke durch seine vielfachen Liebes-Abenteuer bekannt geworden ist. Mit dem Kurprinzen durchlebte er manche wüste Nacht, aber wenn er auch sündigte, das Bild der Geliebten blieb ihm dennoch im Herzen.

Nach vierzehnmonatlicher Abwesenheit traf Leopold am 24. Januar 1695 in Dessau wieder

40*

ein. Die glückliche Mutter umarmte ihn zärtlich. Sie freute sich des zurückgekehrten Sohnes und unter Thränen beschwor sie ihn, ihr in diesem schönen Augenblick des Wiedersehens das Versprechen zu geben, nie wieder die Apotheke zu besuchen.

Leopold erwiderte lakonisch: „Von da komme ich eben her!"

Der erste Schritt in Dessau hatte nicht der Mutter, sondern der Geliebten gegolten und er blieb bei dem Entschlusse, sein Anne Liesschen zu heirathen, möge die Welt darüber schreien, soviel sie wolle!

Alle Kämpfe der Fürstin gegen diese ihrer Ueberzeugung nach unwürdige Neigung waren vergeblich, auch ein Versuch, den unwürdige Höflinge machten, den Ruf des jungen Mädchens zu verdächtigen, die Eifersucht Leopolds zu erregen, führte zwar ein entsetzliches Unglück herbei, heilte Leopold aber nicht von seiner Liebe.

Als Leopold eines Nachmittags die Apotheke besuchen wollte, schaute er durch das Parterrefenster in die Stube der Geliebten. Er sah diese in der Gesellschaft eines jungen Mannes, der sich seiner Ansicht nach zärtlich zu ihr herabbeugte. Wüthend stürzte der schon eifersüchtig gemachte Leopold mit gezogenem Degen in die Apotheke, stürmte auf seinen vermeintlichen Nebenbuhler los und als dieser zu entfliehen versuchte, rannte er ihn von hinten mit dem Degen durch. Der Unglückliche blieb auf der Stelle todt.

Der Mord machte allgemeines Aufsehen; aber ein Fürst durfte damals ohne Scheu vor Strafe seine Unterthanen morden. Es gab keinen Kläger gegen ihn und keinen Richter für ihn.

Auch Kurfürst Friedrich III. von Brandenburg fand nicht, daß das Vergehen des jungen Fürsten ein besonders großes sei; um indessen das allgemeine Gerede ein wenig zu beschwichtigen, schlug er eine Abwesenheit von Dessau vor. Leopold wurde zu der Armee nach den Niederlanden gesendet und damit war die Sache abgethan.

Der Fürst von Anhalt zeigte sich tüchtig als Soldat. Er avancirte bald zum Generalmajor. Im Jahre 1698 übernahm er selbstständig die Regierung seines kleinen Landes. Jetzt konnte er seinen Willen durchsetzen und die schöne Anne Liese heirathen. Er that es, ohne sich an das Zetergeschrei der benachbarten Fürsten und ihrer Hofschranzen zu kehren und daß er es that, war ein Glück für Anhalt-Dessau, denn Anne Liese wurde oft der Schutzengel der Bedrängten, ihren Liebkosungen beugte sich der starre Sinn Leopolds.

Der Fürst führte abwechselnd die Regierung seines Ländchens und den Befehl seines brandenburgischen Regiments. Um Letzteres bekümmerte er sich fast mehr und mit größerer Liebe, als um sein Fürstenthum, ihm verdankt das Regiment und die ganze preußische Armee nicht nur manche Verbesserungen in der Taktik, sondern auch die Einführung des eisernen Ladestocks statt des früher gebräuchlichen hölzernen, eine Verbesserung welche sich in allen späteren Feldzügen glänzend bewährte.

Wir übergehen die Geschichte der verschiedenen Feldzüge, in denen Leopold gekämpft, denn es ist nicht unsere Aufgabe, eine Kriegsgeschichte zu schreiben. Wir erwähnen daher nur, daß der Fürst bald der Liebling der ganzen Armee wurde. Er theilte unverdrossen alle Beschwerden seiner Soldaten, niemals zeigte er sich stolz und hochfahrend gegen dieselben, für Jeden hatte er ein derbes Witzwort bereit. In der Gefahr war er stets der Erste, bei Märschen und Strapazen der Andauerndste. Je grauenhafter die Schlacht um ihn wüthete, je heiterer wurde seine Stimmung, er setzte sich den feindlichen Kugeln stets mit solcher Todesverachtung aus, daß seine Grenadiere ihn für hieb- und kugelfest hielten und dieser Ruf ist dem alten Dessauer für sein Leben geblieben.

Als König Friedrich Wilhelm zur Regierung kam, zog er den alten Freund in seinen engsten Gesellschaftskreis. Leopold war, wenn er sich in Berlin befand, der tägliche Gast des Tabaks-Kollegiums, wo er, mit einer kalten Thonpfeife im Munde, manche tolle Schnurre erzählte. Er besaß einen trockenen, derben Witz, der ganz nach dem Geschmack des Königs war, wenn er sich auch nicht immer in den Grenzen des feinsten Anstandes bewegte. Ein Beispiel mag davon Zeugniß geben.

Fürst Leopold hatte gegen die Damen von Halle eine Abneigung, weil diese sich häufig über die Brutalität beklagten, mit der der Stock unter dem Regiment des Fürsten herrschte.

Leopold beschloß, seine Gegnerinnen einmal tüchtig zu bestrafen. In einer glänzenden Gesellschaft stellte er die Behauptung auf, daß er einen Grenadier habe, der die Kunst verstehe, sich unsichtbar zu machen.

Die anwesenden Damen behaupteten, das sei unmöglich. Nach den Aufklärungslehren die Thomasius und andere Gelehrte über den Gespensterglauben verbreitet hatten, glaubte man in der neuen Welt nicht mehr an solche Märchen, wenigstens that man so, als ob man nicht mehr daran glaube.

Fürst Leopold blieb bei seiner Behauptung; er erbot sich endlich, den Grenadier herbeirufen zu lassen, um mit ihm eine Probe zu machen; der Schwarzkünstler solle auf den Marschbefehl der Damen durch das Zimmer gehen, Jeder ihn hören, aber keine der Damen ihn sehen.

Die Ungläubigen verlachten die Behauptung des Fürsten und forderten ihn auf, die Probe mit der Unsichtbarkeit seines Grenadiers zu machen.

Fürst Leopold verließ das Zimmer; nach kurzer Zeit kam er zurück und erklärte den Damen sie dürften nur kommandiren: Marsch! so werde der Unsichtbare ins Zimmer treten, durch dasselbe und zur gegenüberliegenden Thür hinausmarschiren.

Sofort ertönte von schönem Munde der Marschbefehl und siehe da, die Thür that sich auf, ein Grenadier trat ein, der mit Degen, Patrontasche und Gewehr versehen war, aber keine andere

Kleidung als den Hut, Schuhe und Gammaschen trug.

Mit lautem Geschrei verbargen die Damen ihr Gesicht in den Händen, der Grenadier marschirte durch das Zimmer zur gegenüberliegenden Thür hinaus und sämmtliche anwesende Damen betheuerten, daß sie nichts gesehen hätten, wodurch denn die Behauptung des Fürsten, daß der Grenadier die Kunst des Unsichtbarmachens verstehe, sich als gerechtfertigt zeigte.

Die Erzählung ähnlicher Scherze, deren eine Lebensgeschichte des alten Dessauer unzählige aufweisen könnte, gab stets im Tabaks-Kollegium Veranlassung zu der heitersten Stimmung.

Fürst Leopold von Anhalt gewann bald einen außerordentlichen Einfluß auf den König. Sein Rath wurde bei allen Staats-Angelegenheiten gehört und er ist zum Unheil für Preußen oft maßgebend gewesen, da er stets ganz mit den tyrannischen Neigungen Friedrich Wilhelms harmonirte.

Der Fürst von Anhalt war in seinem eignen Lande ein Despot, der niemals das Recht achtete, sondern lediglich seine Willkür walten ließ. Hatte er doch, um der lästigen Einreden der Stände überhoben zu sein, die Besitzer aller Rittergüter in Anhalt durch Ueberredung und, wo diese nicht fruchtete, durch offene Gewalt gezwungen, ihm ihren Grundbesitz zu verkaufen. Die eignen Regierungs-Grundsätze suchte er auch in Berlin zur Durchführung zu bringen und seine Rathschläge bestärkten daher den König stets in seiner ohnehin großen Neigung zur Despotie. Mochte ein Befehl Friedrich Wilhelms so ungerecht, tyrannisch, ja grausam, wie möglich sein, beim Fürsten von Anhalt fand er Vertheidigung, denn dieser kannte selbst das Wort Gerechtigkeit kaum. Ein Beispiel mag von der Willkür und Ungerechtigkeit des alten Dessauer den Beweis geben.

Einst hatten 2 Soldaten dasselbe Vergehen begangen. Sie wurden vor den Fürsten geführt und von ihm nach seiner beliebten Art ohne weiteres Verhör zum Galgen verurtheilt. Der eine von Beiden war ein alter, fast untauglicher Kerl, der andere ein junger, hochgewachsener Bursche, den er erst vor kurzer Zeit gegen ein theures Handgeld angeworben hatte und nur ungern verlor.

Es that dem Fürsten leid, sein schönes Geld durch die Hinrichtung an den Galgen zu bringen. Er gab deshalb den Befehl, man möge eine Trommel und Würfel herbeibringen; die beiden Verbrecher sollten nach dem Beispiel, welches einst der große Kurfürst gegeben hatte, um ihr Leben würfeln, der Gewinnende möge vom Strange frei sein.

Sie würfelten; der Aeltere gewann. Noch einmal mußten sie würfeln, wieder gewann der Aeltere. Fluchend befahl der Fürst den dritten Wurf und abermals entschied sich das Schicksal für den alten Soldaten.

Leopold gerieth hierüber in solche Wuth, daß er den Befehl gab, Beide sofort an demselben Baum vor seinen Augen aufzuknüpfen — und dies geschah.

In dem militärischen Gesellschaftskreis, welcher Friedrich Wilhelm umgab, hatte nächst dem Fürsten von Anhalt der General v. Grumbkow den meisten Einfluß, ein Mann von ganz anderm Schlage als der alte Dessauer.

Wenn es durch die Gleichheit der Neigungen und Anschauungen bei Friedrich Wilhelm und dem Fürsten von Anhalt erklärlich ist, daß der König sich vielfach von seinem alten Freunde beeinflussen ließ, so wird es um so räthselhafter, daß ein Grumbkow Einfluß gehabt haben kann, da dieser keine von den Eigenschaften besaß, welche Friedrich Wilhelm bei seinen Offizieren hochachtete.

Grumbkow war kein Feldherr, nicht einmal ein Offizier von Muth, sondern zugleich Feigling und Prahler. Die Markgräfin von Baireuth sagt in ihren Memoiren von ihm:

„Er hatte Beweise seines Muthes in der Schlacht bei Malplaquet gegeben, wo er während der ganzen Action in einem Graben gesteckt. Auch zeichnete er sich bei Stralsund sehr aus und vertrat sich zu Anfange des Feldzuges einen Fuß, welches ihn hinderte, die Tranchéen zu besuchen. Er hatte dasselbe Unglück, wie ein gewisser König von Frankreich, daß er seinen bloßen Degen sehen konnte, ohne sogleich in Ohnmacht zu fallen, aber dieses abgerechnet war er ein sehr braver General."

Grumbkow war verschwenderisch im höchsten Grade, liebte eine luxuriöse Tafel und prächtige Vergnügungen und um sich dazu die Mittel zu verschaffen, ließ er sich von Jedem bestechen, der ihn bestechen wollte. Er hat von England, Oesterreich, Frankreich und Schweden Geld genommen und dafür geheime Dienste geleistet. Seine einzige Tugend war, daß er lustige Geschichten gut zu erzählen verstand, daß er bei fröhlichen Zechgelagen einen gefälligen Wirth abgab.

In Berlin wußte jedes Kind davon zu erzählen, daß Grumbkow für Geld feil sei. Das Volk haßte ihn deshalb, der König aber bewahrte ihm seine Gunst.

Unter der Regierung Friedrichs I. hatte Grumbkow mit dem Kronprinzen ein Bündniß gegen den von Beiden gehaßten Grafen von Wartenberg geschlossen. Er hatte sich seinem Gönner unentbehrlich gemacht und als nun Friedrich Wilhelm zur Regierung kam, genoß Grumbkow die Früchte seiner Hingebung. Er wurde sofort zum General-Lieutenant und später zum Etats- und Kriegsminister ernannt. Fast alle irgendwie wichtigen Geschäfte waren fortan von ihm abhängig.

Als des Königs täglicher Gast übte er einen Einfluß aus, der unglaublich war. Er hatte den Charakter Friedrich Wilhelms auf's Genaueste studirt und wußte es, daß dieser leicht genug zu leiten sei, wenn man nur vermied, ihn zum Zorn zu bringen oder ihm geradezu zu widersprechen.

Grumbkow verstand es, sich ein Ansehen der Freimüthigkeit und Treuherzigkeit zu geben und hierdurch besonders wirkte er auf den König, der niemals hinter dem biedern Gesicht seines Freundes einen Betrug vermuthete. Auch die Gastfreundlichkeit, welche er seinem königlichen Herrn bewies und bei der er durch seine Schüsseln und gute Weine den Gaumen desselben kitzelte, trug nicht wenig dazu bei, sein Ansehen zu erhöhen. Der König verzieh ihm die Verschwendung, welche seinem Geschmack zu Gute kam und häufig genug pflegte er zu sagen:

„Wenn Jemand besser als bei mir essen will, dann muß er schon zu Grumbkow gehen!"

Grumbkow stand bei dem König in solcher Gunst, daß dieser ihm Eigenschaften nachsah, welche er sonst keinem seiner Offiziere verziehen haben würde, Bestechlichkeit und Feigheit. Er bewies dies bei verschiedenen Gelegenheiten.

Der holsteinische Minister, Baron v. Görtz, hatte im Jahre 1715 Grumbkow mit 4000 Thalern dafür bestochen, daß er ihm von Allem, was in dem damaligen Kriege zum Nachtheil Schwedens vorgenommen werden könnte, Nachricht gebe. Er wurde nicht zu seiner Zufriedenheit bedient und beklagte sich darüber bei dem Grafen Christoph v. Dohna.

Der Graf, der ein Gegner des Günstlings war und dessen Macht beneidete, war über die erhaltene Nachricht hoch erfreut und benutzte dieselbe sofort zum Sturz seines Gegners. Er stattete dem König genauen Bericht ab und war nun überzeugt, Grumbkow für immer beseitigt zu haben.

Der Graf irrte sich. Der geschmeidige Hofmann stand zu fest in der Gunst. Friedrich Wilhelm ließ ihn sofort zu sich kommen und forderte Rechenschaft von ihm. Grumbkow beschwor ihm mit hohen Eiden, daß er unschuldig sei. Er forderte den Namen des Verleumders zu wissen, erfuhr ihn und schickte am folgenden Morgen dem Grafen Dohna eine Herausforderung.

Grumbkow hatte niemals besondere Lust, sich zu schlagen. Er verbreitete daher am ganzen Hofe, daß er sich mit dem Grafen Dohna duelliren werde, in der Absicht, daß Friedrich Wilhelm dies erfahren möge. Dies wurde erreicht.

Der König fand es aber so natürlich, daß zwei Offiziere, von denen einer den andern beleidigt habe, sich duellirten, daß es gar nicht einfiel, hindernd zwischen Beide einzutreten.

So blieb denn dem General nichts übrig, als nun wirklich den Kampf anzunehmen. Zu seinem Glück fand er einen Sekundanten, der, um sich bei ihm in Gunst zu setzen, den Vermittler machte; er söhnte auf dem Kampfplatz die beiden Gegner mit einander aus.

Eine ähnliche Feigheit, wie gegen den Grafen Dohna, zeigte Grumbkow auch gegen den Fürsten von Anhalt.

Anfangs hatten die beiden Lieblinge des Königs ziemlich friedlich mit einander gelebt, aber ein scharfes Witzwort Grumbkows verscherzte ihm die Gnade des Fürsten.

Leopold hatte, wie wir bereits erzählten, alle Rittergüter in seinem kleinen Lande durch Ankauf zu Domänen gemacht. Er rieth dem König, ein Gleiches in seinem Lande zu thun, indem er versicherte, daß er dadurch verhältnißmäßig noch einmal so große Einkünfte habe, als der König.

Grumbkow, der bei diesem Rathe gegenwärtig war, nahm sich eifrigst der adligen Rittergutsbesitzer an und kam dadurch in einen heftigen Streit mit dem Fürsten, in welchem er diesem sagte, er herrsche in Folge seiner Güterauskäufe nur noch über Juden und Bettler.

Leopold gerieth in einen solchen Zorn über diese Beleidigung, daß er Grumbkow auf Pistolen forderte.

Nur mit Mühe gelang es dem König, Beide auseinander zu bringen und zu versöhnen; aber von diesem Zeitpunkt an haßte und verachtete Leopold seinen Nebenbuhler in der Gunst Friedrich Wilhelms.

Im Jahre 1724 brach der Aerger, welchen beide Günstlinge gegen einander im Herzen trugen, abermals zur offenen Fehde aus.

Fürst Leopold erzählte einst öffentlich, Grumbkow habe sich vom König von England bestechen lassen; dafür rächte sich der General, indem er von dem Fürsten eine Summe von 5000 Thalern forderte, die derselbe bei der Taufe einer der Grumbkow'schen Töchter als Hochzeitsgeschenk für seine Pathin versprochen hatte, wenn sie sich einmal verheirathen würde.

Der Fürst leugnete das Versprechen, Grumbkow hielt seine Behauptung aufrecht. Es gab in Folge dessen einen heftigen Streit und derbe deutsche Schimpfworte, welche die beiden vornehmen Herrn sich gegenseitig beilegten.

Der König wollte wieder den Versöhner spielen; als er aber hörte, daß die Herren sich schon geschimpft hätten, erklärte er, jetzt könne er sich nicht mehr in den Streit mischen, sie möchten ihn als brave Offiziere mit einander ausmachen.

Fürst Leopold war hierzu augenblicklich bereit und forderte den Herrn v. Grumbkow. Vor dem Köpnicker Thor sollte das Duell ausgekämpft werden.

Leopold war schon auf dem Platze, als Grumbkow ankam. Er hatte den Degen gezogen und rief seinem Gegner zu, daß dieser sich nahte: er möge ebenfalls vom Leder ziehen, um sich zu vertheidigen. Grumbkow aber dachte nicht daran, sich zu schlagen. Er ließ die Waffe ruhig stecken, ging mit langsamem Schritt auf den Fürsten zu, kniete vor ihm nieder und indem er ihm seinen Degen präsentirte, bat er Se. Durchlaucht unterthänigst, das Vorgefallene zu vergessen und ihm die verlorne Gnade wieder zu schenken.

Leopold war tief entrüstet über eine solche Feigheit. Ohne zu antworten warf er einen

Blick vollster Verachtung auf den unwürdigen Schmeichler, drehte ihm dann den Rücken zu, schwang sich auf sein Pferd und ritt nach Berlin zurück.

Grumbkow war außer sich vor Aerger. Er schwor dem Fürsten von Anhalt einen unversöhnlichen Haß und er hat seinen Schwur gehalten.

Der Streit war damit nicht abgethan; er zog sich noch fast 2 Jahre hin. Leopold wollte ihn durchaus mit dem Degen in der Faust auskämpfen und zwar, um dem preußischen Duellgesetz aus dem Wege zu gehen, in seinem eignen Lande; Grumbkow aber weigerte sich dessen.

Der König nahm sich endlich seines Günstlings an. Er forderte, daß der Fürst Grumbkow für einen Ehrenmann erkläre und darüber einen Revers ausstelle; wenn er es nicht thun wolle, so sollten alle Generale zusammenberufen werden und der König werde dann deklariren, daß, wer den v. Grumbkow nicht für einen braven Offizier halte, ein Erzschuft wäre.

Trotz dieser Erklärung aber war der Fürst von Dessau nicht zur Ausstellung des verlangten Reverses zu bewegen und es wurden nun wirklich 22 Generale in Berlin versammelt, um ihre Meinung über den Streit abzugeben.

Die General-Lieutenants erklärten, Grumbkow habe seine Schuldigkeit gethan, es sei ihm nicht zu verdenken, wenn er nicht nach Anhalt gehen wolle, um dort das Duell abzumachen; die Generalmajors dagegen meinten, der König möge beiden Parteien eine bestimmte Zeit setzen, in der sie ohne weitern Anstand die Sache mit dem Degen in der Faust auszumachen hätten.

Leopold protestirte gegen jeden Zwang in dieser Angelegenheit; endlich aber gab er doch den Wünschen des Königs nach. Es wurde ein nochmaliges Duell in der Nähe von Berlin verabredet; beide Theile zogen die Degen, aber die Sekundanten, Obrist v. Sydow und Obrist-Lieutenant v. Derschau, traten dazwischen und führten eine Versöhnung herbei, bei welcher der Fürst von Anhalt erklärte, er halte Grumbkow für einen rechtschaffenen Offizier und getreuen Diener des Königs.

Mit dieser Erklärung war scheinbar die Sache beendet, der Haß, den die beiden Günstlinge des Königs gegen einander fühlten, blieb aber derselbe. Sie begegneten sich wohl im Tabaks-Kollegium freundlich genug, im Geheimen aber arbeiteten sie unaufhörlich gegen einander.

Grumbkow übte den ungünstigsten Einfluß auf den König aus. Er trug wesentlich dazu bei, daß dieser, wie wir später noch zu erzählen Veranlassung haben werden, sich mehr und mehr von seiner Familie entfernte. Er erhielt sich lange Jahre in der Gunst Friedrich Wilhelms; endlich aber wurden die Beweise für seine Bestechlichkeit so stark, daß der König sich von seiner Verrätherei überzeugte. Grumbkow entging einem vielleicht harten Schicksal im Jahre 1739 durch den Tod.

Als Friedrich Wilhelm die Todesnachricht erhielt, sagte er kalt: „Nun werden die Leute doch endlich aufhören, zu sagen, daß Grumbkow Alles thue."

Am Abend des Todestages wurde im Tabaks-Kollegium von Nichts, als von dem Verstorbenen gesprochen. Jeder sagte jetzt unverhohlen seine Meinung, auch Diejenigen, welche bisher geschwiegen hatten, weil sie seine Macht fürchteten. Da kam dann freilich manche Geschichte seltsamer Art zum Vorschein. Der König erklärte, wenn Grumbkow noch 14 Tage gelebt hätte, würde er ihn haben in Verhaft nehmen lassen, denn jetzt sei der Beweis geführt, daß er sich von allen fremden Mächten, die dies nur gewollt hätten, habe bestechen lassen.

Das war der Nachruf des Mannes, den Friedrich Wilhelm so lange Jahre hindurch für seinen ergebensten Freund und Diener gehalten hatte.

Neben dem Fürsten von Anhalt und Grumbkow bildeten noch mehrere andere hohe Offiziere den Gesellschaftskreis Friedrich Wilhelms, Männer untergeordneter Art, welche keinen solchen Einfluß, wie die beiden ersten, auf den König ausübten. Wir wollen hier nur Einige derselben, deren Namen in dem damaligen Berlin am Meisten genannt wurden, erwähnen.

Am Häufigsten erzählten sich die Berliner Geschichtchen von dem alten General von Flanß, der durch seine derben pommerschen Manieren und seine grenzenlose Unwissenheit, zu unzähligen Anekdoten den Stoff hergeben mußte.

Nächst dem alten Flanß war der riesenhafte Graf v. Haak, der Schweinereiter, ein Gegenstand des Interesses für die Berliner. Er trug seinen seltsamen Spitznamen von einem eigenthümlichen Abenteuer.

Einst befand sich der Graf mit dem König gemeinschaftlich auf der Saujagd. Er war im Begriff, einen starken Keuler auslaufen zu lassen, als ihm plötzlich das Fangeisen brach und er nun wehrlos dem wüthenden Thiere gegenüberstand. Der Keuler stürzte blindlings auf ihn zu, doch die langen Beine des Grafen schützten diesen vor dem fast sichern Tode; denn die wilde Bestie lief ihm zwischen die Beine, er kam auf das Schwein zu sitzen, hielt sich krampfhaft am Schwanze desselben fest und machte so einen unfreiwilligen, sonst nicht gerade üblichen Ritt.

Der Obrist-Lieutenant v. Münchow, der nicht fern stand, suchte seinem Freunde zu Hülfe zu kommen und dem Eber eine Wunde in der Seite beizubringen; unglücklicherweise aber traf er mit dem Fangeisen die Wade des Herrn v. Haak und dieser trug eine unangenehme Wunde von dem Abenteuer davon, welches bald glücklich durch die herbeieilenden Jäger, die den Keuler tödteten, beendet wurde.

Auch von den Generalen v. Glasenapp, v. Kleist, v. Linger und v. Sydow erzählten die Berliner sich manches hübsche Geschichtchen; im größten Ansehen von diesen stand der General

v. Glasenapp, der eine Zeit lang Gouverneur von Berlin war und sich das Vertrauen der Berliner in hohem Maße verdiente, indem er, wo er irgend konnte, den Ungerechtigkeiten und Bedrückungen der Offiziere entgegen arbeitete. Der General erwarb sich auch dadurch die Achtung der Bürger, daß er eine schöne Race ostfriesischer Kühe nach Berlin brachte und hier einführte. Es stand ihm als Kommandant die Benutzung der Weide auf den Wällen zu; er bestimmte diese für seine Kühe und machte damit ein so gutes Geschäft, daß seine Frau von dem erübrigten Buttergelde einen ganzen Strumpf voll Dukaten gesammelt hatte und zwar keinen gewöhnlichen Strumpf, denn die ausnehmend dicke Dame besaß ein so mächtiges Bein, daß ein Glasenapp'scher Strumpf voll Dukaten eine beträchtliche Summe ausmachte. Wenn man in dieser Zeit eine sparsame Hausfrau bezeichnen wollte, so sagte man, sie habe den Strumpf der Generalin v. Glasenapp.

Schließlich nennen wir noch den General v. Blankensee, einen der entschiedensten Lieblinge des Königs aus dem Tabacks-Kollegium. Friedrich Wilhelm nannte ihn gewöhnlich nur beim Vornamen Peter.

Blankensee war ein alter Haudegen, der keinen Begriff von Staatsgeschäften hatte, trotzdem aber häufig zu denselben benutzt wurde. Im Jahre 1718 übertrug ihm Friedrich Wilhelm die Klassifizirungen und Abschätzungen der Ländereien in Pommern, obgleich der General-Lieutenant keine Ahnung davon hatte, wie er ein solches Geschäft betreiben sollte. Zu seinem Glück wurde ihm durch einen Freund ein geschickter, junger Beamter, Namens Lorenz, empfohlen. Mit diesem durchreiste er Pommern und förderte sein Geschäft tüchtig, indem er vortrefflich zu Mittag aß, gewaltige Weinquantitäten vertilgte und sich sonst nach Möglichkeit vergnügte, seinem Gefährten aber die Arbeit überließ.

Friedrich Wilhelm erwartete vergeblich einen Bericht über die Resultate der Abschätzungen. Er wurde endlich ungeduldig und forderte seinen Kommissarius auf, zurückzukommen, um ihm einen Vortrag darüber zu halten, welche Hoffnungen er für eine Vermehrung der pommerschen Einkünfte hegen dürfe.

Dies war eine Schreckensbotschaft für den armen General, aber sein treuer Lorenz half ihm aus. Er studirte seinem Gönner die zum Vortrag nöthigen Zahlen und Daten ein, auch gab er ihm damit er sein Gedächtniß unterwegs auffrischen konnte, einen Zettel mit, auf dem er die wichtigsten Zahlen notirt hatte.

Blankensee reiste wohlgemuth nach Berlin. Als er nun aber vor dem König stand wußte er kein Wort mehr von seinem Bericht und unglücklicher Weise hatte er auch den Zettel, der seine Rettung sein sollte, verloren. Vergeblich zermarterte er sein Gedächtniß, alles Nachsinnen half nichts. Er entschuldigte sich, so gut er konnte, indem er erklärte, er wolle den Bericht schriftlich abstatten, um seine Gedanken besser sammeln zu können.

Der König, welcher begierig war, schnell Nachricht zu erhalten, ließ sofort einen Sekretär kommandiren, um den General bei der schwierigen Arbeit zu unterstützen. Blankensee athmete wieder freier auf, als er allein mit dem Mann der Feder war.

„Kann Er schreiben?" fragte er den Sekretär.

„Zu Befehl, Exzellenz!" erwiderte dieser lächelnd.

„Nun, dann schreibe Er also den Bericht, den ich über die Einnahmen, welche Se. Majestät aus Pommern beziehen kann, machen soll."

Der Sekretär setzte sich sofort an die Arbeit und schrieb fleißig den üblichen Eingang eines derartigen Berichts nieder, während der General schmunzelnd und händereibend im Zimmer auf und ab schritt. Der Eingang war fertig, der Sekretär hielt daher inne und schaute fragend auf.

„Warum schreibt er nicht weiter?"

„Ich warte, daß Ew. Exzellenz mir diktiren wollen."

Diktiren! Dem Lorenz hatte er niemals diktirt. Auf einen solchen Einwand war der gute General nicht gefaßt; der Sekretär aber konnte beim besten Willen nicht einen Bericht über eine Sache machen, von der er nichts verstand. Es blieb dem General schließlich nichts übrig, als dem König ein offenes Geständniß zu machen und seinen Lorenz kommen zu lassen. Dieser stattete den Bericht so sehr zur Zufriedenheit des Königs ab, daß er auf der Stelle zum Geheimen Rath ernannt und zur Tafel eingeladen wurde. Sein Glück und vielleicht mehr noch der bei Tisch gereichte Wein überwältigten ihn; er sank noch während der Tafel sinnlos betrunken vom Sessel. In diesem Zustande wurde er auf königlichen Befehl fortgetragen und seinem ebenfalls nicht nüchternen Gönner vor die Hausthür gelegt. Der König nahm ihm aber seine Trunkenheit nicht übel. Er behielt sein Amt und wurde später geadelt.

Die Pommern, welche durch erhöhte Steuern den Geheimen Rathstitel bezahlen mußten, dichteten ein Lied auf Blankensee und seinen Lorenz und sangen es nach einer geistlichen Melodie. Von Pommern kam es nach Berlin und wurde hier bald von allen Gassenbuben dem General nachgesungen, wo er sich auf den Straßen der Residenz sehen ließ.

Achtes Kapitel.

Vereinfachung des Staatshaushalts. — Friedrich Wilhelms Streit mit der Ritterschaft. — Die General-Rechenkammer. — Das General-Direktorium. — Eigenmächtigkeiten des Königs. — Das Ministerium. — Die Minister und die Gesandten. — Das Briefgeheimniß. — Der Kammerdiener Eversmann. — Der Kaminrath Eckardt.

Friedrich Wilhelm hatte unter der Regierung seines Vaters traurige Erfahrungen gemacht. Er hatte gesehen, daß die fast unumschränkte Herrschaft der drei W. den Staat ruinirte und die Bürger fast zur Verzweiflung brachte. Er bestieg deshalb den Thron mit dem festen Vorsatz, nicht in die Fehler seines Vaters zu verfallen. Kein Minister sollte unter seiner Regierung sich Uebergriffe erlauben dürfen, er wollte selbst die Zügel des Regiments führen, sein Wille sollte fortan das einzige Gesetz in Preußen sein.

Mit unermüdlichem Fleiß hatte Friedrich Wilhelm sich selbst in die kleinsten Details der Staatsverwaltung hineingearbeitet; er besaß eine nicht zu unterschätzende Kenntniß derselben, glaubte nun aber auch befähigt zu sein, überall persönlich zu entscheiden und that es mit der größten Eigenmächtigkeit, ohne sich je an das Gesetz oder auch an das Recht der Billigkeit zu kehren.

Auf seinen Inspektionsreisen in den Provinzen, welche er jährlich machte und bei denen er auch die entferntesten Punkte des Landes besuchte, entschied er häufig die wichtigsten Angelegenheiten auf einseitig ihm vorgebrachte Klagen und Beschwerden. Er mußte dabei natürlich vielfach fehlgreifen.

Friedrich Wilhelms stets auf's Praktische gerichteter Sinn ließ ihm zuerst eine Verbesserung des in grenzenloser Verwirrung befindlichen Staatshaushalts als nothwendig erscheinen.

Die gesammten Staatseinkünfte zerfielen in zwei Haupt-Abtheilungen, in die Kriegsgefälle und in die Domänengefälle. Die erstern wurden ausschließlich zur Unterhaltung des Heeres bestimmt. Sie bestanden aus Kontributionen Lehnspferdegeldern, einigen andern kleinern Abgaben und der Accise; aus den Domänengefällen wurde die Hofhaltung und die Besoldung der Beamten getragen. Dieselben wurden durch die Einkünfte der Domänen, Forsten ꝛc., der Zölle und übrigen Steuern gebildet.

Die Kontribution und die Accise waren die beiden Haupteinnahmen für die Kriegskasse. Die Kontribution wurde auf dem platten Lande erhoben. Jeder Landbewohner, Bauer, Kossäthe, Handwerker und selbst die niedrigsten Knechte, waren zu derselben verpflichtet, nur die Ritterschaft und die adligen Güter waren befreit, zahlten aber die Lehn- oder Ritterpferdegelder.

Im Jahre 1717 hob Friedrich Wilhelm die Lehnsverbindlichkeit auf und verwandelte die Lehngüter in Erbgüter, wobei er feststellte, daß für jedes Ritterpferd eine runde Summe von 40 Thalern zu zahlen sei. Es war dies eine höchst verständige und zum Besten des Landes gereichende Anordnung, aber sie verletzte die alten Rechte der Ritterschaft und diese, besonders die Magdeburgische Ritterschaft, lehnte sich deshalb gegen die Einführung der Lehnpferdegelder auf.

Gegen den Willen Friedrich Wilhelms aber war schwer zu kämpfen. Er setzte sein Machtgebot ohne Scheu vor der Gesetzverletzung durch und ordnete gegen alle Widerspenstigen ohne Weiteres die Exekution an. Die Magdeburgische Ritterschaft hatte noch viel von dem alten, trotzigen Adelsgeist, der früher den märkischen Adel beseelt hatte, den Geist des Quitzows, Rochows und Puttlitze in sich. Sie glaubte ein so gutes Erbrecht zu besitzen, wie der König selbst und verklagte ihn daher bei dem Reichshofrath in Wien in der Ueberzeugung, daß der Kaiser die Gelegenheit benutzen würde, um dem kleinen König der Preußen seine Macht fühlen zu lassen.

Der Reichshofrath erkannte in der That das Recht der Ritterschaft an, verurtheilte den König und der Kaiser drohte, die Reichs-Exekution anzuordnen, wenn Friedrich Wilhelm sich nicht dem Spruche des Reichshofraths fügen würde.

Es gab einen langen Prozeß, über welchen sich der König nicht wenig ärgerte, aber er hatte gute Mittel bei der Hand, um die widerspenstigen Edelleute zur Raison zu bringen; befahl er doch dem königlichen Kommissariat in Magdeburg ausdrücklich, „den renitirenden Edelleuten Chicanen zu machen und ihnen damit den Kitzel zu vertreiben, gegen ihren angebornen Landesherrn und ihre Obrigkeit dergleichen, frevelhaftes und gottloses Beginnen weiter zu gedenken, geschweige denn selbiges vorzunehmen und auszuführen."

Dieser Befehl wurde zur Ausführung gebracht Friedrich Wilhelm kehrte sich weder an den Richterspruch des Reichshofraths, noch an die Drohungen des Kaisers, noch an das Geschrei der Edelleute selbst. Er führte seinen Willen durch und der Kaiser hütete sich wohl, der Ritterschaft eine andere als eine moralische Unterstützung zu gewähren. Die Stände protestirten; aber Friedrich Wilhelm kehrte sich daran nicht, obwohl er bei der Huldigung in den verschiedenen Provinzen den Landschaften die Versicherung gegeben hatte, daß er die Rechte der Stände, wie im Allgemeinen die ganze Landesverfassung aufrecht erhalten und keinen seiner Unterthanen in dem, was er billig und füglich als Recht ansehen könnte, beeinträchtigt werde. Es war dies eben eine Versicherung, bei guter Zeit in den Wind gesprochen, ohne daß der König je die Absicht gehabt hätte, sie zu halten.

Die getreuen Stände hatten gar nichts mehr zu sagen, dem Thron durften sie sich als Körperschaft nur nahen, wenn sie das Glück hatten, zur Geburt einer königlichen Prinzessin oder eines Prinzen unterthänigst ihre Gratulation darzubringen. Die landschaftlichen Einnahmekassen standen unter Aufsicht der Staats-Regierung und die Landräthe, welche früher nur ständische Deputirte gewesen waren, wurden zu königlichen Beamten gemacht.

So war jeder Widerstand der Stände gebrochen und es wurde dem König möglich, zur Vereinfachung der Steuergesetzgebung viele lästige und unsinnige Steuern, wie die Karossen- und die Perrückensteuer ic., abzuschaffen und dafür die Kontribution für die Bewohner des platten Landes und die Accise für die Städte im ganzen Lande zu gleichmäßiger Durchführung zu bringen und dadurch die Steuergesetzgebung außerordentlich zu vereinfachen.

Die Verwaltung der Staatseinnahmen war bisher durch zwei Behörden geführt worden; die der Kriegsgefälle hatte das General-Kommissariat, die der Domänengefälle das Domänen-Direktorium in Berlin verwaltet. Beide Behörden hatten häufig in Streit mit einander gelegen, ihre Rechnungen waren verwirrt, Zeitverschlagungen kamen fortwährend vor und konnten kaum kontrolirt werden.

Mit seinem klaren, praktischen Sinn schuf Friedrich Wilhelm neue Einrichtungen, welche einen geordneten Staatshaushalt begründeten. Um die Verwaltungs-Behörden unter einer strengen Kontrole zu haben, errichtete er im Jahre 1714 eine General-Rechenkammer, der die Revision aller Rechnungen übertragen wurde. Am 16. Juni 1717 bestimmte der König, daß die General-Rechenkammer ein besonderes, Sr. Majestät allein untergeordnetes Kollegium sein solle.

Hatte der König hierdurch den ersten Schritt gethan, um Ordnung in das Rechnungswesen zu bringen, so suchte er auch eine größere Einheit in der Verwaltung durch eine Vereinigung der beiden bisherigen Behörden zu schaffen. Er that dies aber erst, nachdem er während der ersten 10 Jahre seiner Regierung sich die genaueste Kenntniß des Geschäftsgangs verschafft und dadurch genügende Erfahrungen im Verwaltungswesen gewonnen hatte. Es war ihm klar geworden, daß der Staatshaushalt nur geordnet geführt werden könne, wenn er einer einzigen Oberbehörde untergeordnet sei, zwei von einander unabhängige Behörden mußten in steten Konflikten, welche durch gegenseitige Uebergriffe entstanden, mit einander liegen. Er hob aus diesem Grunde sowohl das Kriegs-Kommissariat, als die General-Domänen-Direktion auf und errichtete an der Stelle der beiden das General-Ober-Finanz-, Kriegs- und Domänen-Direktorium, welches fortan gewöhnlich das neue General-Direktorium genannt wurde.

Friedrich Wilhelm hatte für das General-Direktorium eine besondere Instruktion ausgearbeitet, die er am 20. Dezember 1722 vollzog. Am 19. Januar 1723 wurde das General-Direktorium durch den Minister v. Ilgen eröffnet. Die Mitglieder der aufgehobenen beiden Kollegien ließ der Minister in die geheime Rathsstube bescheiden und dort las er ihnen eine Kabinets-Ordre vor, in welcher Friedrich Wilhelm den Scheidenden eine nicht besonders rühmliche Leichenpredigt hielt. Er sagte in derselben:

„Beide Collegien haben nichts gethan, als Collisiones gegen einander gemacht, als wenn das General-Commissariat nicht sowohl des Königs von Preußen wäre, als die Domainen. Dieses Confusionswerk kann nicht ferner Bestand haben. Jetzt hält das Commissariat Rechtsgelehrte und Advocaten aus meinem Beutel, um zu fechten gegen die Finanzen, also gegen mich selbst; das General-Finanz-Directorium dagegen hält auch aus meinem Beutel Advocaten, um sich zu vertheidigen."

Die Instruktion für das neue General-Direktorium war von Friedrich Wilhelm größtentheils persönlich ausgearbeitet. Sie verbreitete sich über alle Details der Verwaltung. Sie ist ein besonders merkwürdiges, interessantes und für den Geist der Zeit bezeichnendes Aktenstück, leider aber zu umfangreich, als daß wir derselben hier einen Platz gewähren könnten. Fast aus jedem Satz leuchtet der Gedanke hervor, der den Inbegriff der Regierungs-Weisheit Friedrich Wilhelms bildete: „Der König ist der Herr, er befiehlt nach freiem Ermessen, die Beamten sind seine Diener, nicht die des Volks, sie gehorchen ohne Widerrede. Der König ist der Besitzer des ganzen Landes; ihm persönlich gehören die Einkünfte und Kassen desselben." So sagt Friedrich Wilhelm in der Instruktion Art. 26 § 2:

„Die Kriegskasse gehört ja Niemandem anders, als dem König in Preußen, die Domainenkasse imgleichen, Wir hoffen auch, daß Wir allein derselbe sind und keinen Vormund oder Coadjutorem nöthig haben."

Und im § 6:

Wir wollen die Flatterien durchaus nicht haben, sondern man soll Uns allemal die reine Wahrheit sagen und mit Nichts hinter dem Berge halten, noch Uns mit Unwahrheiten unter Augen gehen. Wir sind doch Herr und König und können thun, was Wir wollen."

Das neue General-Direktorium war nach den verschiedenen Provinzen in 5 Abtheilungen getheilt, denen folgende Minister vorstanden: Die Herren v. Grumbkow, v. Kreutz, v. Görne, v. Fuchs und v. Katsch. Zum Präsidenten des General-Direktoriums ernannte der König sich selbst.

Jeder Minister mußte wöchentlich einen bestimmten Sitzungstag halten. Im Sommer wurde die Sitzung um 7 Uhr, im Winter um 8 Uhr eröffnet und sie durfte unter keiner Bedingung eher, als sämmtliche vorliegenden Sachen erledigt waren, geschlossen werden.

Strenge Strafen trafen diejenigen Minister, die sich die geringste Pflichtwidrigkeit zu Schulden kommen ließen. 100 Dukaten waren die Strafe für eine Stunde zu spät kommen; versäumte ja einer der Minister ohne besondere königliche Erlaubniß eine Sitzung, dann sollte er beim ersten Male die Hälfte seines Jahrgehaltes verlieren und beim zweiten Male kassirt werden.

„Wir bezahlen die Minister, damit sie arbeiten sollen!" sagte Friedrich Wilhelm und von diesem Grundsatz ausgehend dekretirte er seine Strafbestimmungen.

Damit die Minister nicht etwa, durch übermenschlichen Appetit getrieben, die Sachen über's Knie brechen sollten, hatte der König bestimmt, daß ihnen, wenn die Sitzung über Nachmittags 2 Uhr sich ausdehnte, aus der königlichen Küche ein Mittagsessen nebst einer Flasche Wein aufgetragen werde. Diese Vergünstigung dauerte indessen nicht lange, das Mittagsbrot machte dem sparsamen König zu viel Unkosten.

Den ersten Sitzungen des General-Direktoriums wohnte der König persönlich bei und er folgte den Verhandlungen mit der höchsten Aufmerksamkeit.

In einem Zimmer des königlichen Schlosses, welches die Aussicht nach der Langen Brücke gewährte, versammelte sich das Direktorium. Obenan am Konferenztisch saß der König, ihm zur Rechten saßen 4 der Minister, ihm gegenüber nur der Herr von Katsch. Zur Linken saßen die 17 Departementsräthe, welche den Ministern untergeordnet waren.

Der König war natürlich nicht immer im Stande, den Sitzungen des General-Direktoriums beizuwohnen. Er fürchtete, daß das Direktorium in seinen Arbeiten lässig werden möge, wenn er nicht gegenwärtig sei. Um dies zu verhindern, machte er ihm ein Geschenk mit seinem vom Maler Weidemann in Lebensgröße ausgeführten Porträt, welches, in einem prächtigen Rahmen gefaßt, im Sitzungszimmer aufgehängt wurde, um stets an ihn zu erinnern.

Friedrich Wilhelm ist auf diesem Bilde in der Uniform seines Leib-Regiments mit dem Küraß unter der Weste abgebildet. Er hält den Kommandostab in der Hand und zeigt auf ein Bild der Gerechtigkeit, welches eine Waage in der rechten Hand hält. Die eine Schale enthält das Wort „Kriegskasse", die andere die Bezeichnung „Domänenkasse". Die preußische Armee in Schlachtordnung zeigt sich im Hintergrunde des Bildes.

Dem Staatshaushalt widmete Friedrich Wilhelm seine besondere Vorliebe. Er vernachlässigte indessen auch die übrigen Zweige der Staats-Regierung nicht und suchte Ordnung in die bisher unter seinem Vater so außerordentlich in Verwirrung gekommene Führung der öffentlichen Angelegenheiten zu bringen. Unter Friedrich I. hatte keiner der Minister, die gemeinschaftlich den Staatsrath bildeten, einen bestimmten Geschäftskreis gehabt. Einer suchte häufig die Geschäfte dem Andern zuzuschieben, Jeder war bestrebt, die vortheilhaftesten Nebenämter an sich zu reißen, um dadurch seine Einkünfte zu vermehren.

Friedrich Wilhelm traf unmittelbar, nachdem er den Thron bestiegen hatte, eine andere Einrichtung. Er vertheilte alle Regierungs-Angelegenheiten, je nachdem sie Kriegs-, Kirchen-, Finanz-, Justiz-Wesen ꝛc. betrafen, departementsweise unter die verschiedenen wirklichen Geheimen Räthe.

Diejenigen Angelegenheiten, welche nicht unter Departements gebracht werden konnten, wurden nach den Provinzen getheilt, und jeder Minister wurde für die seinem Ressort zugewiesenen Sachen verantwortlich gemacht.

Für die auswärtigen Angelegenheiten, für Finanz- und Justiz-Angelegenheiten wurden später besondere Ministerien errichtet. Die wirklichen Geheimen Räthe dieser drei Ober-Civil-Departements erhielten Sitz und Stimme in dem Geheimen Staatsrath.

Als vorzüglichster Minister des Aeußern unter Friedrich Wilhelm verdient Ilgen genannt zu werden. Mit seinem diplomatischen Takt verstand Ilgen sich eben so wohl in die Eigenthümlichkeiten des neuen Königs zu finden, wie die Friedrichs I. zu benutzen gewußt hatte. Er erhielt sich bis zu seinem Tode auf der Höhe seiner Macht.

Die Minister hatten fortan sämmtlich ihre bestimmt abgegrenzten Geschäftszweige und sie durften es nicht wagen, sich außerhalb derselben einen Einfluß anmaßen zu wollen. Friedrich Wilhelm benutzte sie als seine Werkzeuge. Er regierte, die Minister führten nur seinen Willen aus und sie durften dies nicht einmal selbstständig thun, sondern mußten auch bei den geringsten Kleinigkeiten seine Befehle einholen, welche er in seiner sonderbaren Orthographie stets eigenhändig an den Rand der Eingaben schrieb.

Friedrich Wilhelm war entsetzlich mißtrauisch; er glaubte fortwährend von seinen Ministern und Geheimen Räthen betrogen zu werden. Er hatte unter der Regierung seines Vaters Beweise von der Bestechlichkeit der höchsten Beamten erhalten und deshalb glaubte er nicht vorsichtig genug sein zu können, besonders bezüglich des Verkehrs, den seine Diener mit den Gesandten der auswärtigen Mächte hatten.

Diesem Mißtrauen entsprang ein sonderbarer, gleich zu Anfang seiner Regierung erlassener Befehl vom 9. August 1714, in welchem es heißt:

„Mit den in der Residenz befindlichen Gesandten sollen alle und jede Mitglieder des wirklichen Geheimen Staatsraths, sie mögen auswärtige Angelegenheiten oder andere Landessachen zu besorgen haben, allen Privatverkehr und jede Konversation gänzlich einstellen, sie und ihre Familien keinem derselben Visite geben oder von ihnen annehmen, auch bei Gastereien und Mahlzeiten sich nicht mit ihnen zusammenfinden, noch sonst Correspondenz unterhalten. In Geschäften sind die fremden Gesandten bloß an den ersten, für die auswärtigen Angelegenheiten verordneten Königlichen Minister zu verweisen und es ist ihnen offenherzig anzuzeigen, daß der König nicht geringen Verdruß darüber gehabt habe, daß ein und anderer der in Berlin accreditirten Minister sich in die inneren Sachen des Königlichen Hauses melirt."

Die Gesandten fühlten sich natürlich durch einen solchen Befehl, der nicht nur ein offenes Mißtrauen gegen die königlichen Minister, sondern auch gegen sie selbst aussprach, arg verletzt. Sie beschwerten sich und der Befehl wurde endlich stillschweigend zurückgezogen, weil Friedrich Wilhelm einsah, daß er sich nicht zur Ausführung bringen ließ. Auf die Beschwerden der Gesandten würde er kaum Rücksicht genommen haben, denn er war gewohnt, seinen Willen trotzig durchzuführen. Wie wenig er sich um die Einreden der Herren Diplomaten kümmerte, bewies er bei einer andern Gelegenheit im Jahre 1720.

Der schwedische Gesandte Graf v. Posse, der sich eine Zeit lang in Berlin aufgehalten hatte, wurde zurückberufen. Als er abreisen wollte, meldeten sich seine ziemlich zahlreichen Gläubiger und ließen ihn, da er keine Sicherheit für die Bezahlung der Schulden zu geben vermochte, verhaften. Es war das erste Mal, daß ein fremder Gesandter Schulden halber in der Residenz persönlich angehalten wurde.

Natürlich machte die Sache großes Aufsehen und die übrigen Gesandten traten zusammen, indem sie behaupteten, das Völkerrecht sei in der Person des Grafen Posse verletzt worden. Sie reichten eine Beschwerde beim König ein, dieser aber kümmerte sich um dieselbe gar nicht. Er antwortete, eigenhändig geschrieben, daß fremde Gesandten das Recht haben sollten, Schulden zu machen, ohne sie zu bezahlen. Er ließ dem Grafen Posse eröffnen, seine Haft werde so lange dauern, bis er bezahlt haben würde.

Unter solchen Umständen blieb freilich dem Schweden nichts Anderes übrig, als sich zu fügen. Er bezahlte seine Schulden zum Theil und für den Rest gab er seinen Gläubigern solche Sicherheit, daß sie ihn endlich abreisen ließen.

Der König hatte seinen Willen durchgesetzt, aber er ärgerte sich trotzdem über die Angelegenheit und damit eine derartige Unannehmlichkeit künftig nicht wieder vorkomme, verbot er den Berlinern, fremden Gesandten fortan etwas zu borgen, wenn sie nicht Gefahr laufen wollten, ihr Vermögen zu verlieren.

Trotz des grenzenlosen Mißtrauens, welches Friedrich Wilhelm gegen seine Minister, Geheimen Räthe und andern Beamten bei jeder Gelegenheit offen zeigte, trotz aller Vorsichtsmaßregeln, welche er ergriff, um sich gegen Verrath und Betrug zu schützen und welche so weit gingen, daß er sich täglich die zur Post gegebenen Privatbriefe bringen ließ und daß er einen nicht unbeträchtlichen Theil, nachdem sie geschickt geöffnet worden waren, las, um die Geheimnisse seiner Diener und Unterthanen auszuforschen, wurde er doch betrogen wie alle Fürsten.

Friedrich Wilhelm glaubte ein Selbstherrscher zu sein, dem Günstlings-Regiment für immer ein Ende gemacht zu haben; ohne es zu wissen, wurde er aber selbst von Günstlingen geleitet.

Wir haben schon erzählt, welchen Einfluß Fürst Leopold von Anhalt und der unwürdige Grumbkow besaßen und wie besonders der Letztere das Vertrauen des Königs verrieth. Auch andere weit untergeordnetere Günstlinge zeigten eine traurige Geschicklichkeit, den König nach ihrem Willen zu leiten und dadurch Geldvortheile für sich zu erwerben. Wir wollen aus der Zahl derselben hier nur zwei nennen, deren Namen von den damaligen Berlinern mit besonders großem Haß genannt wurden, den Kammerdiener Eversmann und den Kaminrath Eckart.

Eversmann hatte sich durch schmeichelnde Unterthänigkeit und scheinbare Freimüthigkeit in die höchste Gunst des Königs gesetzt. Er hatte diesem seine Schwächen abgelauscht und wußte sie zu benutzen. Er kannte jede Miene seines Herrn, ein Blick genügte ihm, um zu beurtheilen, ob er unterthänig der Ansicht desselben zustimmen oder ob er ihm freimüthig widersprechen solle, ob eine Bitte wagen dürfe, ob der König einer Verleumdung zugänglich sein werde oder nicht.

Der stets so eigenmächtige, jähzornige, selbstwillige Friedrich Wilhelm war weiches Wachs in der Hand des geschmeidigen Eversmann. War es gefährlich, sich einen der beliebtesten Generale am Hofe zum Feinde zu machen, gefährlicher war es, sich den Haß des Kammerdieners zuzuziehen. Wußte doch selbst der Kronprinz, der Eversmann einst mit Stolz behandelt hatte, unter diesem Haß dadurch leiden, daß der Kammerdiener die ohnehin schwache Vaterliebe Friedrich Wilhelms durch gehässige Einflüsterungen mehr und mehr herabdrückte.

Jedes Kind in Berlin kannte den Eversmann; die Bürger fürchteten und haßten ihn, sie beugten vor ihm den Rücken tiefer als vor den vornehmsten Generalen und wer bei Hofe etwas durchsetzen wollte, der suchte sich die Gunst des mächtigen Mannes zu beschaffen. Freilich durfte er dann nicht mit leeren Händen kommen, denn nur ein reich gespickter Beutel erwarb günstige Fürsprache. Mitunter ließ sich Eversmann auch wohl von zwei streitenden Parteien zu gleicher Zeit bestechen; wer das Meiste gab, der hatte ihn.

Die Bestechlichkeit Eversmanns war offenkundig, nur der König erkannte sie nicht; er vertraute seinem Günstling, obgleich dieser wie Grumbkow im Solde der fremden Gesandten stand. Die Rechnungen des österreichischen Gesandten z. B. weisen nach, daß Eversmann eine Pension von jährlich 100 Thalern von Wien aus bezog.

Ein anderer sehr mächtiger und von den Berlinern nicht weniger als Eversmann gehaßter Günstling war der Kaminrath Eckart.

Eckart war aus Bernburg gebürtig, der niedrigsten Volksklasse entsprossen. Als ein Glücksjäger im vollsten Sinne des Worts hatte er alle möglichen Laufbahnen durchgemacht. In Braunschweig war er Fasanenwärter gewesen, in Baireuth Kapaunenmeister, nirgends aber war es ihm gelungen, sich Das, wonach er strebte, Reichthum und Macht, bei so niedrigen Beschäftigungen zu erringen.

Sein Glücksstern führte ihn nach Berlin. Hier begann er seine Laufbahn damit, daß er in den Zeitungen bekannt machen ließ, er besitze das untrügliche Geheimniß, rauchende Schornsteine von dieser üblen Angewohnheit zu kuriren.

Dem Grafen v. Truchseß, der sehr vom Rauch in seinen Zimmern litt, kam diese Ankündigung sehr gelegen. Er ließ sich den Künstler kommen und diesem gelang es in der That, den Rauch zu beseitigen.

Zufällig befand sich der König einige Tage später in Kossenblatt, einem Landgut, welches er für seinen Sohn, den Prinzen Wilhelm, gekauft hatte. Die Schornsteine rauchten dort so stark, daß Friedrich Wilhelm es kaum im Zimmer aushalten konnte. Der Graf v. Truchseß, der auf der kleinen Reise Begleiter des Königs war, sprach von dem Tausendkünstler, der ihn von dem häßlichen Rauch befreit hatte.

Eckart wurde sofort herbeigeholt und begann seine Arbeit.

Friedrich Wilhelm hatte ein Interesse für alle gewerblichen Verrichtungen, er schaute dem fleißigen Arbeiter zu. Eckart war ein anschlägiger Kopf, er wußte sein Glück zu benutzen und während er emsig hantirte, erzählte er dem Könige, daß er sich in der Oekonomie tüchtig umgesehen habe. Er verstehe es, ein so gutes Bier zu brauen, wie der beste Brauer, ohne so viel Malz und Holz dazu zu gebrauchen. Wenn der König ihm erlauben wolle, den Versuch zu machen, so erbiete er sich, die königlichen Einkünfte jährlich um 2—300,000 Thalern zu vermehren. Ein solches Versprechen reizte Friedrich Wilhelm um so mehr, als Eckart mit den Schornsteinen in Kossenblatt ein Meisterstück gemacht hatte.

In der großen Brauerei zu Potsdam wurde der Versuch angestellt. Er gelang und jetzt hatte Eckart das vollste Vertrauen des Königs gewonnen. Er wurde in der Mark umhergeschickt, um in allen königlichen Brauereien seine neue Brauart einzuführen. Auf dieser Reise zeigte Eckart eine unermüdliche Thätigkeit. In allen Städten, die er besuchte, erkundigte er sich nach den Einkünften und der Art, wie diese verwaltet würden. Als er zurückkam, machte er dem König den Vorschlag, Kommissarien in die verschiedenen Städte zu senden, den Magistraten, welche die öffentlichen Gelder nicht zu verwalten verständen, diese Verwaltung abzunehmen und die Ueberschüsse der Einkünfte für königliche Rechnung zu vereinnahmen.

So hatte Eckart denn wirklich geleistet, was er versprochen. Die königlichen Einkünfte waren durch ihn bedeutend vermehrt worden und Friedrich Wilhelm zeigte sich ihm durch die größten Gunstbezeugungen dankbar. Der frühere Kapaunenmeister wurde zum Geheimen Finanzrath ernannt, das Volk aber nannte ihn nur nach seiner ersten Beschäftigung in Berlin den Kaminrath. Er bekam eine reichliche Besoldung, es wurde ihm der Orden de la générosité verliehen und zum Ueberfluß erhob ihn der König auch noch in den Adel.

Sein Wappen wurde im Tabaks-Kollegium berathen. Der Herr v. Pöllnitz schlug vor, in dasselbe einen Schornstein aufzunehmen, da Eckart ja durch denselben seinen Ruhm begründet habe und so geschah es. Der neue Edelmann bekam ein Wappen mit 4 Feldern, welches ihn als einen Günstling des Glücks bezeichnete und zu gleicher Zeit seine Verdienste bedeutete. Es enthielt in einem silbernen Feld eine Fortuna mit fliegendem Segel auf einer blauen Kugel, in einem grünen Felde einen brennenden silbernen Ofen, die andern beiden Felder enthielten den Orden de la générosité und einen geflügelten Greif.

Um seine Gunst voll zu machen, schenkte der König dem Eckart ein schönes Haus am Gensd'armenmarkt und ließ ihm dasselbe vollständig ausmöbliren. Bezogen hat der Glücksjäger sein neues Eigenthum nicht, denn mit dem Tode seines Gönners sank auch sein Stern.

Eckart brüstete sich während seiner Günstlingsschaft überall mit dem Vertrauen, in welchem er beim König stand. Er war impertinent gegen Jedermann, besonders aber gegen Magistratspersonen und nur, wenn diese ihm mit reichen Geschenken nahten, durften sie hoffen, günstiges Gehör bei ihm zu finden. Es war daher eine nicht geringe Freude für die Berliner, als eine der ersten Handlungen Friedrichs II. nach dem Tode Friedrich Wilhelms die Anordnung einer Untersuchung gegen den Kaminrath Eckart war.

Neuntes Kapitel.

Die Gerechtigkeit Friedrich Wilhelms. — Des Königs Advokatenhaß. — Gerichtsverfassung. — Cocceji. — Das Denunzirungs-System. — Der Dragoner Wagner als Generalfiskal. — Gerbett. — Willkür Friedrich Wilhelms. — Hinrichtungen auf königlichen Befehl. — Grausame Gesetze. — Die Sage vom Galgenhause. — Die Schloßdiebe Rund und Stief. — Nächtliche Unsicherheit in Berlin.

„Die schlimme Justiz schreit gen Himmel und wenn Ich's nicht vermiedere, so lade Ich selber die Verantwortung auf Mich!" So sprach Friedrich Wilhelm, als er seine Regierung antrat und dieser Ausspruch wird von vielen der Geschichtsschreiber als ein Beweis angeführt, daß der König tief durchdrungen gewesen sei vom Gefühl für Gerechtigkeit. Denselben König, der während seiner ganzen Regierung niemals das

Recht, stets nur seine eigene Willkür kannte, stellt man in Folge eines gesprochenen Wortes hin als das Vorbild eines gerechten Fürsten.

Freilich änderte Friedrich Wilhelm die Justizverfassung und führte mit Hilfe tüchtiger Staatsbeamten, besonders des trefflichen Coccejl, manche wesentliche Verbesserungen ein, aber nur Verbesserungen in der Form, nicht im Wesen, denn ihm war selbst ein wahres Gerechtigkeitsgefühl fremd. Er vermochte es nicht, zu begreifen, daß das Gesetz auch für ihn eine Richtschnur sei und wie er im gesammten Verwaltungswesen seinen Willen als das höchste, ja als das einzige Gesetz hinstellte, so auch im Gerichtsverfahren, wo er willkürlich die Urtheile der Richter änderte, Zuchthaus- und Todesstrafen verhängte.

Die Behauptung ist nicht zu gewagt, daß während der ganzen Regierung Friedrich Wilhelms in Preußen kaum irgend Jemand seines Lebens und seiner Freiheit sicher war. Besonders litten die Berliner, welche in stete unmittelbare Berührung mit dem König kamen, unter den willkürlichen Urtheilssprüchen desselben.

Friedrich Wilhelms von uns oben citirter Ausruf entsprang nicht seinem durch eine bisher mangelhafte Handhabung der Justiz verletzten Gerechtigkeitsgefühl, sondern einer persönlichen Abneigung, welche er gegen „die Rechtsverdreher", die Advokaten, fühlte.

Sofort nach seinem Regierungsantritt beschränkte Friedrich Wilhelm die Zahl der Sachwalter in Berlin auf 24 und um ihnen ein Zeichen seiner Mißachtung zu geben, schrieb er ihnen eine eigenthümliche Kleidung vor, die sich durch größte Einfachheit auszeichnete; denn er meinte, die Rechtsverdreher würden dadurch von ihrer Neigung zum Aufwande und zu äußerer Pracht geheilt und es werde ihnen damit eine Triebfeder zur Unredlichkeit genommen.

Die Advokaten erhielten den Befehl, fortan einen schwarzen Rock mit einem bis auf die Knie herabreichenden schmalen, schwarzen Mantel zu tragen. Sie wußten sich indessen dadurch zu helfen, daß sie ihre Mäntelchen vom leichtesten und dünnsten Seidenzeuge machen ließen und sie so enge zusammenfalteten, daß sie fast wie ein schwarzes Band aussahen, welches über den Rock herabhing und welches leicht gerollt und in die Tasche gesteckt werden konnte.

Die eigenthümliche Advokatentracht gab den Berliner Drechslern Veranlassung zur Anfertigung eines übischen Kinderspielzeugs. Sie machten kleine hölzerne Figuren, welche den Anzug der Advokaten in einer Karrikatur darstellten und diese boten sie zum großen Verdruß der Rechtsgelehrten öffentlich zum Verkauf aus. Als eine Klage darüber beim König einging, meinte dieser, sein Bildniß werde ebenfalls von den Drechslern öffentlich zum Verkauf ausgeboten und da dürften sich die Advokaten nicht beklagen, die Drechsler sollten so viele Advokaten machen, wie sie nur immer wollten.

Der Widerwille Friedrich Wilhelms gegen die Rechtsverdreherei, wie er das bisherige Justizverfahren nannte, war die Veranlassung zu einer Verbesserung der Formen im Justizwesen. Nach der bisherigen Verfassung hatte der Geheime Justizrath eine Abtheilung des Geheimen Staatsraths gebildet, sämmtliche einlaufende Sachen waren an vier Justiz-Minister vertheilt. Die höchsten Justizhöfe im Lande waren das Kammergericht und das Ober-Appellationsgericht oder Tribunal in Berlin; an dieses ging die Appellation, mitunter auch direct an den Staatsrath. Die Regierungen, d. h. die Justizhöfe in den Provinzen, standen unter diesen beiden höchsten Gerichtshöfen.

Es sah allerdings mit den Verhandlungen beim Kammergericht damals traurig aus. Ein Zeitgenosse, der selbst seinen Sitz in dem höchsten Richter-Kollegium hatte, von Benedendorf, giebt uns darüber eine anschauliche Schilderung. 20 bis 22 Räthe bildeten das Richter-Kollegium des Kammergerichts, sie waren in eine adlige und in eine gelehrte Bank geschieden. Ein bestimmtes Gehalt gab es nicht, die Richter waren angewiesen auf die Sportein und mehr noch auf die Geschenke der Parteien. Da läßt sich denn freilich leicht ermessen, daß das Recht oft zum Unrecht und das Unrecht zum Recht wurde, je nachdem Kläger oder Beklagter gehörige Bestechnungssummen anzuwenden vermochten. Zu verwundern ist es nicht, daß bedeutende Summen an die Rekrutenkasse gezahlt wurden, um eine Richterstelle beim Kammergericht zu erlangen.

Die Räthe mußten an den Sessionstagen sich regelmäßig einfinden und dem Vortrag des Präsidenten zuhören; damit aber glaubten sie ihr Geschäft beendet und sobald die Parteien zum mündlichen Verhör kamen, schlich sich einer der Räthe nach dem andern aus dem Sitzungssaal, so daß oft vorkam, daß der Präsident mit höchstens sechs Mitgliedern zurückblieb.

Jeder Advokat hatte seinen eigenen Rath zur Hand, dem er oft mitten in der Session seine Eingaben zusteckte und mit ihm vertraulich darüber verhandelte, welcher Urtheilsspruch zu fällen sei.

Bei dieser Art des Verfahrens waren nicht nur ungerechte Urtheile eine naturgemäße Nothwendigkeit, die Prozesse schleppten sich oft viele Jahre lang hin und Friedrich Wilhelm sah sich dadurch am 11. November 1717 zu dem Befehl veranlaßt, daß ihm jährlich Prozeßtabellen eingereicht werden sollten und daß kein Prozeß länger als ein Jahr dauern dürfe. Er hatte aus den Zeitungen ersehen, mit welcher Geschwindigkeit in Frankreich und England bei dem damals schon eingeführten öffentlichen und mündlichen Gerichtsverfahren Prozesse entschieden wurden und glaubte nun durch sein Machtgebot dasselbe zu erreichen, da er nicht wußte, daß gerade die Oeffentlichkeit und Mündlichkeit des Verfahrens die Ursache der schnelleren Prozeßführung sei.

Zum Glück für das Land stand dem König in seinen Bestrebungen, ein verbessertes Rechtsverfahren in Preußen einzuführen, ein Mann zur Seite, der sich besondere Verdienste um eine bessere Rechtspflege erwarb, der Freiherr Samuel von Cocceji, der unter Friedrich Wilhelms Regierung sich zu den höchsten Ehrenstellen im Justizdienste emporgeschwungen hatte und endlich Chef-Minister der Justiz geworden war. Er führte die Aufsicht über die gesammte hohe und niedere Justiz in sämmtlichen königlichen Ländern und ihm gelang es schon unter Friedrich Wilhelms I. Regierung und später unter der Friedrichs des Großen, wirkliche Reformen ins Leben zu rufen.

Durch die von ihm ausgegangene Verordnung vom 19. Mai 1738 wurde das Kammergericht reformirt. Es bestand von da an aus einem Präsidenten, Vice-Präsidenten, Direktor und 10 ordentlichen, besoldeten Räthen, sowie 16 außerordentlichen Räthen; immer noch blieben aber für die Räthe eine adlige und gelehrte Bank bestehen.

Die Zahl der Advokaten wurde auf 27 festgestellt und außerdem wurden Friedensrichter ernannt, um Vergleiche zu vermitteln. Das Kammergericht wurde in verschiedene Senate getheilt deren jeder seinen bestimmten Geschäftskreis erhielt. Die Form des Rechtsverfahrens wurde hierdurch wesentlich verbessert, aber eben nur die Form; denn nach wie vor herrschte in Preußen, so lange Friedrich Wilhelm regierte, nicht das Gesetz, sondern die königliche Willkür und zwar am Empfindlichsten in Kriminalsachen.

Der stets mißtrauische und strafbegierige König hatte eine eigne Behörde niedergesetzt mit der Aufgabe, Verbrechen und Vergehen auszuspüren und zur Strafe zu bringen, das Fiskalat. Die Fiskale hatten ursprünglich nur die Aufsicht über die Steuer-Beamten und Domänen Verwalter; es wurde ihren Befugnissen aber bald eine weitere Ausdehnung gegeben. In allen Provinzen wurden Fiskale angestellt mit dem Auftrage, auf die königlichen Gerechtsame zu vigiliren und von jeder Uebertretung des Gesetzes dem General-Fiskal in Berlin Anzeige zu machen und dieser Aufgabe kamen die Fiskale mit einer außerordentlichen Thätigkeit nach. Sie spürten Vergehen und Verbrechen aus, selbst da, wo keine waren und denunzirten nach Herzenslust alle Diejenigen, welche sich nicht durch namhafte Bestechungen ihre Freundschaft erkauften.

Das Fiskalat erschütterte die Rechtssicherheit in Preußen auf's Tiefste; es rief ein geheimes Denunziations- und Spionir-System, welches von den unseligsten Folgen begleitet war, in's Leben.

Nur selten gaben sich rechtliche Männer dazu her, das gehässige und verachtete Amt eines Fiskals oder General-Fiskals anzunehmen; die Wenigen, die sich dazu entschlossen, sahen sich bald außer Stande, den eklen Dienst zu behalten, denn sie konnten niemals dem König in Denunziationen genug thun.

Der redliche Geheime Rath Dühram, der in Berlin das Amt eines General-Fiskals verwaltete, suchte vergeblich die gemeinen oder gehässigen Denunziationen seiner Unterbeamten zurückzuweisen. Der König fand, daß ein solcher General-Fiskal nichts für ihn tauge. Er warf ihm Unfähigkeit und Unthätigkeit vor und setzte ihn deshalb ab.

Es war schwer ein Subjekt zu finden, welches den königlichen Ansprüchen für einen derartigen Posten genügte; aber Friedrich Wilhelm war nicht wählerisch. Er erhob einen gemeinen Reiter vom Papstein'schen Dragoner-Regiment, Namens Wagener, zu der hohen und einflußreichen Stellung.

Wagener war früher in Blankenburg in Braunschweig Schul-Rektor gewesen, aber seines Amtes wegen schlechter Streiche entsetzt und aus dem Lande verwiesen worden. Er hatte sich als Abenteurer nach Rußland gewendet und hier die Hofmeisterstelle beim Sohne des berühmten Fürsten Menzikoff übernommen. Aber auch in Rußland war seines Bleibens nicht lange, er wurde nach Menzikoffs Fall aus Petersburg verwiesen und ließ sich nun von den preußischen Werbern als Dragoner anwerben.

Der König, der die Gewohnheit hatte, sich nach dem Schicksal jedes einzelnen Rekruten zu erkundigen, hatte bei den jährlichen Musterungen der Regimenter auch Wagener kennen gelernt und interessirte sich für ihn. Durch welche geheimen Bemühungen Wagener dem König die Ueberzeugung gab, daß er sich zur Stelle eines General-Fiskals eigene, ist unbekannt geblieben, es erregte daher selbst damals, wo doch Jedermann die seltsamen Launen des Königs kannte, ein ungewöhnliches Aufsehen in Berlin, als plötzlich der gemeine Dragoner zum General-Fiskal erhoben wurde.

Wagener zeigte sich als ein würdiger Vertreter des gehaßten Amts; er schürte den Feuereifer seiner Unter-Fiskale, nach Verbrechen zu spüren, mehr und mehr, und zeigte selbst persönlich eine bewunderungswürdige Geschicklichkeit, Denunziationen hervorzurufen.

Die Berliner litten entsetzlich während der Amtsthätigkeit dieses Mannes. Gerade damals war ein Edikt erschienen, welches die Einführung fremden Kattuns verbot und namhafte Strafe selbst auf den Besitz dieses Zeuges festsetzte. Wagener ordnete im ganzen Lande General-Visitationen an, seine Unter-Beamten drangen in die Häuser, sie durchschnüffelten die Familiengemächer und brachen Kisten und Kästen auf, um nach der verbotenen Waare zu suchen. Zahllose Denunziationen waren die Folge dieses Unternehmens.

Das Unwesen war so stark, daß es selbst die Straflust Friedrich Wilhelms ermüdete und den König zu dem Befehl, mit den Nachsuchungen inne zu halten, veranlaßte.

Niemand im ganzen Lande war vor den Nachforschungen des früheren Dragoners sicher; dieser wagte sich sogar an die höchsten Staatsbeamten, die Minister und Generale. Mitunter bekam ihm sein Eifer freilich schlecht, er mußte ihn durch einen Arrest auf der Hauptwache büßen, trotzdem aber verblieb er in seinem Amte.

Nach seinem Tode wurde der Geheime Justiz- und Kammergerichts-Rath Gerbett sein Nachfolger, ein gelehrter, rechtskundiger Mann, der aber wo möglich noch mehr Lust an falschen und wahren Denunziationen hatte, als Wagener. Sein Name wurde von unzähligen Unglücklichen, die er um ihr Vermögen und ihre Freiheit brachte, verflucht. Er machte sich indessen durch seine Thätigkeit so viele Feinde, daß er endlich der Last des auf ihm ruhenden Hasses erlag. Auch er wurde denunzirt; eine Reihe von Ungerechtigkeiten und Bestechlichkeiten, die er verübt hatte, wurde klar bewiesen und führte seinen Fall herbei. Die Festung Spandau, die durch ihn mit Unschuldigen bevölkert worden war, nahm ihn, den Schuldigen, endlich auf. Dort lebte er in der Gefangenschaft in äußerster Dürftigkeit; er würde haben hungern müssen, wenn sich seiner nicht ein Mann angenommen hätte, der durch ihn in's Verderben gestürzt worden war. Der Geheime Rath Wilke, dem Gerbett durch seine Denunziation die schmachvolle Zuchthausstrafe bereitet hatte, ernährte ihn.

Nach der Absetzung Gerbetts kam das Amt eines General-Fiskals an den Geheimen Justizrath Uhde, einen allgemein geachteten, vortrefflichen Mann, und dieser durfte jetzt gelindere Saiten aufspannen, da selbst Friedrich Wilhelm durch Gerbetts denunziatorische Thätigkeit von der Schädlichkeit alluvieler Denunziationen überzeugt worden war. Er sorgte dafür, daß die Fiskale nicht jede Kleinigkeit zum Gegenstand eines Prozesses machten, aber doch vermochte er nicht, den fiskalischen Prozeß ganz aufzuheben; dazu war der König nicht zu bewegen, weil die Rekrutenkasse von demselben große Vortheile zog, wie wir bereits erwähnt haben, kamen häufig reiche Bürger den Anklagen der Fiskale durch ansehnliche Schenkungen an diese Kasse zuvor.

Die Thätigkeit dieses Fiskalats war eine um so gefährlichere, als der stets mißtrauische König ohnehin überall Betrug, Diebstahl und andere Verbrechen witterte und als er stets geneigt war, weit strengere Strafen, als das Gesetz vorschrieb, zu verhängen. In Civil-Justizsachen erlaubte er sich seltener eine Einmischung, die Sprüche in Kriminalsachen aber, welche ihm stets zur Unterschrift vorgelegt werden mußten, änderte er ganz nach Gutdünken ab. Er verfuhr dabei mit einer grenzenlosen Willkür und gewissenlosen Mißachtung des Rechts. Er nahm weder auf das Gesetz, noch auf die Urtheilssprüche der Richter Rücksicht, sondern dekretirte ganz nach Belieben.

Gewöhnlich verschärfte Friedrich Wilhelm die erkannten Strafen. Nur wenn eins seiner lieben blauen Kinder zum Tode verurtheilt war, ließ er eine Begnadigung eintreten. Er spielte förmlich mit dem Leben seiner Unterthanen; durch ein elusaches Randdekret sprach er Diesem oder Jenen den Tod zu.

Als ein Proviantmeister Berger in Memel bei der Kassen-Revision ein Deficit von 3000 Thalern hatte, zeigte das Ministerium dies dem König an, bat aber auch zugleich, es möge dem Beamten Nachsicht gewährt werden, denn bei seinem schlechten Gehalt von 12 Thalern monatlich habe er mit einer zahlreichen Familie nicht leben können, außerdem könne auch das Deficit aus seinem Hause und seiner Kaution gedeckt werden. Friedrich Wilhelm schrieb einfach an den Rand der Eingabe: „Ich schenke die Schuld, sollen aber aufhängen lassen!" und der Proviantmeister wurde gehängt ohne weiteren Prozeß.

Nicht weniger willkürlich war die Verurtheilung eines bisher sehr mächtigen Mannes, des Geheimen Raths Wilke. Dieser war ein Günstling des Ministers v. Grumbkow und hatte neben seinen übrigen Amtsgeschäften sich besonders durch die Werbung einer großen Anzahl riesiger Rekruten verdient gemacht. Er betrieb die Anwerbung als ein Nebengeschäft und verdiente dabei ansehnliche Summen. Der General-Fiskal Gerbett war sein wüthender Gegner.

Als einst Grumbkow auf eine kurze Zeit in Ungnade gefallen war, benutzte Gerbett diese Gelegenheit, um den Schützling des Ministers der Veruntreuung an der von ihm verwalteten Steuerkasse anzuklagen. Die Untersuchung wurde eingeleitet und schnell beendet. Bei der Steuerkasse fanden sich keine Defekte, wohl aber ergab sich, daß Wilke bei der Werbegeschäft sich manche Vortheile gemacht hatte und die Kriminal-Kollegia in Berlin erkannten deshalb auf 2 Jahre Festungsstrafe gegen ihn, weil das Werbegeschäft als eine Privatsache angesehen wurde und man deshalb keine strengere Strafe verhängen konnte.

Das Urtheil wurde dem König vorgelegt; dieser aber kassirte dasselbe sofort und schrieb dem Präsidenten des ersten Kriminal-Kollegiums, Geheimen Rath Krug v. Nidda:

„Ob ich wohl berechtigt wäre, den Schurken, den Wilke, mit dem Strange vom Leben zum Tode bringen zu lassen, so will ich doch aus angestammter königlicher Huld Gnade vor Recht ergehen lassen, jedoch soll er noch heute früh um 9 Uhr das erste Mal vor der Hausvoigtei, das zweite Mal vor dem Grumbkow'schen Haus, das dritte Mal vor dem Spandauerthor von dem Schinder mit Staupen geschlagen und nachher auf Zeitlebens in das infame Loch nach Spandau gebracht werden."

Das Kriminal-Gericht in Berlin war so sehr daran gewöhnt, das Recht durch königliche Kabinets-Ordre gebrochen zu sehen, daß es nie Widerspruch wagte. Der Befehl des Königs wurde sofort vollzogen.

Vergeblich flehte die Gattin Wilkes nur um einen kurzen Verzug, damit sie nach Potsdam fahren und sich dem König Gnade bittend zu Füßen werfen könne, auch diese Bitte wurde ihr abgeschlagen; Wilke mußte seine Strafe erleiden und wurde nach Spandau gebracht, wo er, wie wir bereits erwähnten, sich auf edle Weise an dem General-Fiskal Gerbett rächte.

Die willkürliche Verurtheilung und Hinrichtung einflußreicher und angesehener Staatsbeamter machten in Berlin gerechtes Aufsehen, über zwei Justizmorde, die auf königlichen Befehl einen armen Handwerksburschen und einen verhaßten Schacherjuden trafen, ging man leichter fort.

Der Kommandant von Berlin, General Glasenapp, berichtete einst dem König, der sich gerade in Potsdam befand, daß die bei dem Bau der Petrikirche beschäftigten Maurergesellen sich geweigert hätten, am blauen Montage zu arbeiten und daß es daher zu unruhigen Auftritten gekommen sei. Sofort schickte der König dem General eine eigenhändig geschriebene Kabinets-Ordre, welche aber in so flüchtigen Zügen auf's Papier geworfen war, daß der General sich vergeblich bemühte, sie zu lesen. Er studirte lange Zeit. Erst nach und nach vermochte er die unklaren Züge zu entziffern; endlich las er: „Rädel früher hängen lassen, ehe ich komme!"

Beim Regiment Glasenapp befand sich ein junger Offizier, Namens Rädel; dieser war der einzige Mensch in Berlin, der den Namen Rädel trug. Obgleich der General durchaus nicht begriff, weshalb eigentlich der unglückliche Lieutenant hängen solle, ließ er ihn doch sofort verhaften, machte ihm mit dem Befehl des Königs bekannt und schickte nach einem Prediger, um den Verurtheilten zum Tode vorzubereiten.

Rädel protestirte und flehte den General an, er möge ihm nur so viel Zeit gönnen, daß er sich persönlich an den König wenden und fragen könne, wodurch er ein so trauriges Schicksal verdient habe; aber auf alle seine Bitten erhielt er nur eine Antwort: „Ich kann nicht, es ist des Königs Befehl."

Schon war Alles zur Hinrichtung vorbereitet, da begegnete dem General auf der Straße der Kabinets-Rath v. Marschall und diesem zeigte Glasenapp die wunderbare königliche Kabinets-Ordre. Marschall, der häufig Schriftstücke Friedrich Wilhelms zu Händen bekam, las die Handschrift geläufig und jetzt fand es sich, daß der König nicht geschrieben hatte, den Rädel früher hängen lassen, ehe ich komme, sondern den Rädelsführer hängen lassen ꝛc.

Der Lieutenant wurde nun sofort in Freiheit gesetzt, da aber ein Rädelsführer gehängt werden sollte, so wurde einer gehängt. Unter den Handwerkern, die sich geweigert hatten, am blauen Montage zu arbeiten, befand sich einer mit rothen Haaren; ein anderer Grund, daß er eine größere Schuld an dem Aufruhr trage, als die übrigen Gesellen, lag nicht vor, dieser aber war genügend, da sich sonst ein Rädelsführer nicht ermitteln ließ.

Der Handwerksbursche wurde gehängt und Friedrich Wilhelm war, als er in Berlin eintraf, mit der prompten Justiz seines Generals höchst zufrieden.

Die Hinrichtung des rothhaarigen Handwerksburschen bildete einige Tage das Stadtgespräch in Berlin; dann aber vergaß man sie; es war ja eben nur ein Handwerksbursche, den der König hatte hängen lassen.

Noch weniger kümmerten sich die Berliner um das Schicksal eines Juden, der auf königlichen Machtspruch ebenfalls gehängt wurde.

Eine Patrouille durchstreifte einst in stockfinsterer Nacht, nach schlechtem Gesindel suchend, die Friedrichsstadt. Die Soldaten schlichen leise an den Häusern entlang. Da flog plötzlich aus der ersten Etage eines Hauses ein zusammengebundenes Pack mit Kleidungsstücken herunter und fiel dem Unteroffizier gerade vor die Füße. Dieser ließ die 4 Mann, welche die Patrouille bildeten, sofort halten und wartete, was weiter kommen würde. Wenige Augenblicke später trat ein Mann aus dem Hause, die Patrouille packte ihn und erkannte einen Schacherjuden, den sie sofort festnahm. An der Wand des Hauses lag eine Leiter, auf welcher der Dieb in die erste Etage gestiegen war, um zu stehlen.

Man brachte den Juden nach der Wache. Er leugnete, daß er der Dieb sei und behauptete, daß er in das Haus gegangen sei, um einen kranken Christen, den er kenne, zu besuchen; ein Anderer sei bei ihm vorbeigelaufen, der wäre sicherlich der Dieb, er aber unschuldig.

Auf solche Ausreden ließ sich natürlich der wachthabende Offizier nicht ein. Er schickte den Juden nach der Hausvoigtei in das Kriminal-Gefängniß und dort wurde ihm der Prozeß gemacht.

Der Jude blieb bei seiner Aussage; sein Bekannter, der wirklich im Hause wohnte, erklärte, daß er den Juden wohl kenne, aber vielleicht eingeschüchtert durch manche Drohungen, behauptete, daß er jetzt nichts mehr mit ihm zu schaffen habe. —

Trotzdem beharrte der Jude fest bei seinem Leugnen. Es wurde die Folter gegen ihn erkannt und angewendet. Vergeblich! Der Jude widerstand den furchtbaren Qualen und dem Gerichtshof blieb nun nichts übrig, als ihn freizusprechen.

Das Urtheil wurde dem König mitgetheilt. Dieser kassirte es indessen auf der Stelle. Mit der Erklärung, er wolle diesen Bösewicht schon auf sein Gewissen nehmen, sprach er das Todesurtheil aus und ließ den Juden hängen.

Aus der großen Zahl der Fälle, in denen der König Richtersprüche zum Nachtheil der Angeklagten änderte und mit herzloser Grausamkeit willkürlich Todesstrafen verhängte, haben wir hier einige herausgegriffen, um die Rechtsunsicherheit zu charakterisiren, in der sich damals die Berliner wie alle Preußen befanden.

Die Willkür des Königs in diesen Fällen zeigt sich noch gehässiger und das Lob der Gerechtigkeitsliebe, welches Friedrich Wilhelm von einigen sogenannten patriotischen Schriftstellern mit überschwänglichen Worten ertheilt worden ist, als eine jammervolle Schmeichelei, wenn wir des Königs Handlungsweise in einem andern Falle betrachten.

Es war in Berlin ein gewaltsamer Einbruch verübt worden, bei dem die Diebe 6000 Thaler gestohlen hatten. Bei der Untersuchung fand sich, daß ein Musketier vom Dönhoff'schen Regiment an dem Diebstahl Theil genommen hatte. Er wurde eingezogen und zum Tode verurtheilt.

Der General v. Dönhoff hatte kaum den Richterspruch erfahren, als er sich zum König begab und diesem vorstellte, daß sein schönster Flügelmann wegen eines Diebstahls gehängt werden solle.

Friedrich Wilhelm war außer sich vor Wuth, als er hörte, daß die ungerechten Richter gar keine Rücksicht auf die Länge seines Flügelmannes genommen hätten. Er befahl, daß sofort der Direktor und die Räthe des Kriminal-Kollegiums gerufen würden. Es war am frühen Morgen, als der königliche Befehl erfolgte. Die Boten fanden die Richter daher noch im Schlafrock und es dauerte einige Zeit, ehe sie in hoffähigem Zustande vor dem König erscheinen konnten. Dieser wartete mit brennender Ungeduld auf die Gerufenen. Er saß, den Stock in der Hand, auf seinem gewöhnlichen, hölzernen Stuhl, als die Räthe eintraten.

Mit scheinbarer Ruhe, aber innerlich vor Wuth kochend, theilte der König den Herren mit, weshalb er sie habe rufen lassen. Plötzlich aber brauste sein Zorn auf.

„Ihr Schurken! Warum habt ihr so erkannt?" brüllte er die Richter an und als einer derselben das Urtheil als gesetzlich rechtfertigen wollte, sprang der König auf und prügelte nun mit seinem Stock blindlings auf die vor ihm Stehenden los. Einem der Räthe schlug er ein Paar Zähne aus, die Andern trugen blutige Köpfe davon und vermochten nur mit Mühe sich vor weiteren Mißhandlungen zu flüchten. Der König eilte ihnen, immer mit dem Stocke bewaffnet, bis zur Treppe nach.

Der Richterspruch wurde nicht vollstreckt, der lange Musketier nicht gehängt, sondern begnadigt.

Genug der Beispiele. Die erzählten werden wohl genügen, um zu zeigen, wie fern dem König jedes Gefühl für Gerechtigkeit lag. Seine Gerechtigkeitsliebe bestand in der Lust am Strafen, in der gnadenlosen Vollstreckung grausamer, einer veralteten Strafgesetzgebung entsprossener Urtheile. Mitleid und Gnade waren für Friedrich Wilhelm unbekannte Gefühle, begnadigte er doch selbst einen kleinen zehnjährigen Knaben nicht, der zum Tode verurtheilt und aufgehängt wurde, weil er die Straßenlaternen in Berlin bestohlen hatte.

Den alten grausamen Gesetzen fügte er neue, nicht minder grausame hinzu.

Im Jahre 1735 erschien ein Edikt gegen die Hausdiebe, in welchem bestimmt wurde, daß jeder Hausbediente, er sei männlichen oder weiblichen Geschlechts, der seinem Herrn über 3 Thlr. stehlen würde, an einem vor dem Hause des Bestohlenen errichteten Galgen aufgehängt werden solle.

Diese Strafe wurde zuerst an einem Bedienten des Geheimen Staats- und Kriegs-Ministers von Happe vollzogen, der seinem Herrn eine nicht unbedeutende Geldsumme gestohlen hatte.

Das Haus des Ministers v. Happe in der Brüderstraße 10 hieß von diesem Tage an „das Galgenhaus". Es hat diesen Namen im Munde des Volkes fast bis auf den heutigen Tag behalten.

Die Geschichte von dem im Galgenhause begangenen Diebstahl ist nach und nach zur Sage geworden. Das Volk erzählt: Im Hause des Ministers sei ein silberner Löffel vermißt worden, auf den der Herr von Happe einen großen Werth legte. Alle Dienstboten waren von erprobter Treue, nur ein eben erst in den Dienst getretenes Hausmädchen konnte daher in den Verdacht kommen und dieser traf sie um so mehr, als sie Umgang mit einem armen Soldaten hatte, den sie hier und da unterstützte.

Ein armes Mädchen findet nicht leicht einen Vertheidiger. So war denn auch das Schicksal der Unglücklichen bei dem gegen sie eingeleiteten Prozesse ein trauriges. Sie wurde zum Tode verurtheilt und dicht vor der Thür des Hauses, in dem sie den Diebstahl begangen haben solle, aufgehängt.

Kurze Zeit nach dem Tode der vermeintlichen Diebin wurde der Löffel wieder gefunden, eine zahme Ziege hatte ihn fortgeschleppt und unter ihrer Streu verborgen.

Von diesem Tage an umlagerte eine Schaar von Neugierigen das Haus, welches nun allgemein das Galgenhaus genannt wurde und jetzt erst bemerkte man, daß das Loch, in welches der Galgenpfahl eingerammt worden war, sich niemals wieder zuschütten ließ. Es zeigte sich wieder und immer wieder, so oft man auch versuchte, es zu füllen.

Das Galgenhaus kam durch diese Hinrichtung so sehr in Verruf, daß der Minister v. Happe es nicht mehr besitzen mochte. Auf Befehl des Königs mußte es der Magistrat von Berlin dem Minister ablaufen und zur Probstei einrichten. Das Galgenloch aber wurde mit einem eisernen Gitter überlegt und als Kellerloch benutzt.

So die Sage, deren wahren Ursprung wir erzählt haben.

Bei der Exekution des Bedienten vor dem Hause des Ministers v. Happe blieb es nicht, auch andere Hinrichtungen gleicher Art fanden statt.

Wenige Wochen nach dem Bedienten wurde eine Magd des Geheimen Raths Truzettel aufgehängt, welche ihr Herr wegen eines Diebstahls von 3 Thlrn. 12 Gr. an den Galgen geliefert hatte.

Die Art der Exekution blieb immer dieselbe. In der Nacht vor derselben wurde vor dem bestohlenen Hause ein Galgen errichtet und der Dieb des Morgens an demselben aufgeknüpft; er blieb hängen bis Sonnenuntergang. Dann wurde er abgenommen und vor die Stadt gebracht, um dort an dem rechten Galgen ordnungsmäßig gehängt zu werden.

Da die Besitzer der Häuser wegen des allgemeinen Skandals derartige Exekutionen nicht gern sahen, so entschlossen sie sich selten, Hausdiebstähle anzuzeigen und Friedrich Wilhelm fand es daher gerathener, die Hinrichtung künftig nicht mehr vor dem Hause des Bestohlenen vornehmen zu lassen.

Die unbarmherzige Strenge, die Friedrich Wilhelm bei jeder Gelegenheit zeigte, veranlaßte die Richter, welche sich die Zufriedenheit des Königs erwerben wollten, überall, wo sie irgend konnten, auf Todesstrafe zu erkennen und die Folge hiervon war, daß unter der Regierung Friedrich Wilhelms den Berlinern das schauerliche Schauspiel grauenhafter Hinrichtungen häufiger bereitet wurde, als jemals in früherer oder späterer Zeit.

Waren die Hinrichtungen in Berlin unter Friedrich I. zahlreich gewesen, so folgten sie sich jetzt in ununterbrochener Reihe. Bald wurden Diebe gehängt, bald Duellanten geköpft, dann räderte man Räuber und sackte Kindesmörderinnen. Durch das Brennen mit glühenden Zangen und andern derartigen Martern wurden die Schauspiele noch grausiger gemacht.

So wurde am 26. November 1725 ein Jude, Namens Hirsch, hingerichtet. Er hatte Verleumdungen gegen einige königliche Bediente ausgestoßen und war deshalb zum Staupbesen verurtheilt worden. Da er aber während der Exekution gräßliche Flüche und Gotteslästerungen ausstieß, so erkannte ihm der König den Tod zu. Während er noch lebte, wurde ihm die Zunge aus dem Halse geschnitten. Der Henker schlug ihm mit derselben drei Mal auf den Mund und befestigte sie dann, nachdem der Jude gehängt worden war, an seiner linken Schulter.

Das rohe Volk, welches noch immer einen namenlosen Haß gegen die Juden im Herzen trug, jubelte laut bei dem Schmerzensschrei des Unglücklichen. Wilde Rufe wurden laut, so müsse es allen Juden ergehen. Die Volksmasse rottete sich zusammen und zog schreiend und schimpfend vor die Judenhäuser. Es war ein Tag der Angst und Noth für die Parias der Gesellschaft, sie kamen indessen diesmal noch glücklich ohne weiteren Schaden davon.

Eine andere Exekution, welche schon im Jahre 1718 stattgefunden hatte, war nicht weniger grauenhaft. Sie betraf zwei bisher in Berlin sehr geachtete Männer, den Kastellan des königlichen Schlosses, Runk, und den Hof-Schlossermeister Stief. Beide hatten gemeinschaftlich im königlichen Schlosse Diebstähle begangen und besonders das Medaillen-Kabinet um beträchtliche Summen beraubt. Die That war dadurch entdeckt worden, daß ein Goldschmied, bei dem Stief die Münzen verkauft hatte, diese dem Aufseher des königlichen Kabinets, Herrn La Croze, anbot. Bei der ersten Besichtigung fand La Croze, daß sie aus dem Kabinet selbst gestohlen seien.

Stief wurde verhaftet, behauptete jedoch, er habe die Münzen auf der Straße gefunden und auch, als er auf die Folter gespannt wurde, blieb er bei seiner Aussage.

Auf den Kastellan hatte sich bisher noch kein Verdacht gerichtet; er beschwor denselben selbst herauf, indem er den Bitten der Frau des Stief, daß er doch ihren Mann retten möge, nachgab. Er bestach einen jungen Schüler, einen Zettel am Schlosse anzuheften, auf welchem ein Unbekannter die Versicherung abgab, Stief sei unschuldig und er selbst sei der Dieb, der beim Aussteigen aus dem Fenster des Medaillen-Kabinets die Münzen verloren habe.

Der Schüler fürchtete sich vor der Strafe, wenn es entdeckt würde, daß er den Zettel angeklebt habe; er zog es vor, den Kastellan zu verrathen und jetzt wurde auch gegen diesen die Untersuchung eingeleitet.

Der König war wüthend, als er hörte, daß zwei Männer seines besondern Vertrauens ihn bestohlen hätten, er befahl, die höchste Strenge anzubieten und als das Kriminal-Kollegium am 2. Juni 1718 ein ohnehin strenges Urtheil aussprach, verschärfte es der König noch, indem er befahl, daß Runk ebenfalls vor der Hinrichtung mit glühenden Zangen gezwickt werde.

Und so geschah es!

Die beiden Verbrecher wurden halbnackt auf Karren gebunden und fast drei Stunden lang durch die Stadt gefahren. An allen Ecken der Hauptstraßen wurden sie mit glühenden Zangen gezwickt und dann erst lebendig gerädert.

Die beiden Frauen der Verbrecher mußten, obwohl sie unschuldig waren, der Hinrichtung zuschauen. Während der Execution suchten sie dem Anblick derselben zu entweichen, wurden aber von den Henkersknechten wieder herbeigeschleppt. Verzweiflungsvoll warfen sie sich dem Prediger an der St. Marienkirche, Andreas Schmidt zu Füßen, und dieser würdige Mann gab ein herrliches Beispiel, wie strenge Gerechtigkeit mit der Barmherzigkeit sich paart: er warf seinen Mantel über die unglücklichen Frauen und entzog ihnen so den entsetzlichen Anblick.*) Nach der Hinrichtung ihrer Männer wurden die unglücklichen Frauen „auf Königs Gnade" in's Zuchthaus nach Spandau geschickt, aus keinem andern Grunde als dem, daß sie ihre Männer nicht rechtzeitig verrathen hätten.

Bei diesen und allen übrigen Hinrichtungen begleiteten stets Prediger die Verurtheilten auf's Schaffot, um sie auf dem letzten Lebenswege zu

---

*) So schildert der verdienstvolle Forscher märkischer Geschichte Ferdinand Meyer den ergreifenden Vorgang in der Zeitschrift „Der Bär" (Nr. 23 1877).

trösten und um zugleich sich selbst den Ruhm einer Sünderbekehrung zu erwerben.

Das Schauspiel der Hinrichtungen gewann dadurch in den Augen der großen Menge ein erhöhtes Interesse und wirkte höchst nachtheilig auf die Phantasie derselben. Mit folgenden wenigen treffenden Worten schildert dies der Ordensrath König:

„Die häufigen Hinrichtungen unter geistlichen Zubereitungen oder wohl gar öffentlichem Gepränge machten die Verbrecher bei dem gemeinen Manne ehrwürdig und man glaubte beinahe, daß sie seliger denn andere Leute nach dem Himmel gingen, da sie Zeit und Gelegenheit zur umständlicheren Bekehrung gehabt hätten, die bei Vielen gar nicht stattfände, dafür änderten die scharfen Gesetze das Laster selbst nicht, weil auf der andern Seite eine zweckwidrige Anwendung der Religion das Schauderhafte der Strafen minderte und dem großen Haufen verderbte Begriffe beibrachte; besonders wenn man einen Bösewicht, dessen Hand Mord und Gräuel verübte, mit dem verlorenen Sohne, dem wiedergefundenen Schafe oder dem sich bekehrenden Schächer verglich, wodurch sich wirklich süße Ideen von Glückseligkeit eines so pomphaften Todes in Gemüther einschlichen, die wohl gar zur Begehung eines Mordes verleiteten."

Ob wirklich die religiöse Weihe, welche die Hinrichtungen durch die salbungsvollen Reden der begleitenden Prediger erhielten, zu neuen Verbrechen herausforderte, wollen wir dahin gestellt sein lassen, eins aber ist sicher, daß weder Hängen, noch Rädern, noch Kneipen mit glühenden Zangen die Zahl der Verbrechen in Berlin verminderte. Gerade zur Zeit der durch so viele Hinrichtungen ausgezeichneten Regierung Friedrich Wilhelms war die Unsicherheit Berlins außerordentlich groß.*)

Eine Masse von Bettlern und liederlichem Gesindel hatte sich in die mehr und mehr sich vergrößernde Stadt gezogen und fand in derselben gastliche Aufnahme und Gelegenheit zur Verübung von Verbrechen. Es war ein Wagestück Nachts allein die Straßen der Residenz zu durchwandern und wer dies in den Vorstädten versuchen wollte, durfte fast darauf rechnen, ausgeplündert zu werden. Vergeblich hatte der Magistrat im Jahre 1717 ein Verbot an sämmtliche Einwohner erlassen, verdächtige Leute und herrenloses Gesinde aufzunehmen, zu beherbergen oder demselben in der Aufsuchung einer Wohnung irgendwie behilflich zu sein; vergeblich wurden alle Monate in Wirthshäusern, Schenken und selbst in Privathäusern genaue Visitationen nach Dieben, Bettlern und herumtreibendem Gesindel vorgenommen, das Unwesen dauerte fort.

Zehntes Kapitel.

Die Wissenschaft in Berlin unter der Regierung Friedrich Wilhelms. — Der Pedantismus. — Verbot und Wiedereinführung der Berliner Zeitungen. — Die Akademie der Wissenschaften. — Die Bibliothek. — Die theologische Galgen-Literatur. — Die Medizin. — Begründung der Charité. — Der Schul-Unterricht. — Die Soldaten in den Kinderschulen.

Die Entwicklung wissenschaftlicher Bestrebungen erlitt in Berlin unter der Regierung Friedrich Wilhelms einen traurigen Stillstand.

Friedrich Wilhelm war nicht nur selbst grenzenlos unwissend, er haßte sogar die Wissenschaften und verachtete die Träger derselben. Häufig genug sprach er aus, es sei ein Unglück, wenn Leute, die etwas Besseres thun könnten und welche nicht durch besondere Anlagen zum Studiren getrieben würden, über den Büchern hockten; für kleine Knirpse wären diese gemacht, nicht für großgewachsene, tüchtige Männer, denen es besser anstehe, eine Uniform zu tragen.

Das Wort Dintenklexer galt für ein arges Schimpfwort bei Hofe und erforderte, wenn es gegen einen Offizier gebraucht war, blutige Genugthuung. Die Offiziere, welche eine wissenschaftliche Bildung genossen hatten, schämten sich derselben und suchten sie zu verbergen. Diejenigen, welche kaum lesen und schreiben konnten, trugen ihre Unwissenheit öffentlich und mit Stolz zur Schau.

Die Gelehrten, welche zum König befohlen wurden, mußten stets der gröbsten Behandlung gewärtig sein und sie waren derselben sicher, wenn sie etwa, alter Gewohnheit gemäß, mit ihrer Gelehrsamkeit durch Citate aus klassischen Schriftstellern prunken wollten.

„Ich will nicht wissen, was Aristoteles oder Seneca sagen sondern was Ihr über Das, worüber ich Euch frage, denkt!" so herrschte Friedrich Wilhelm Denjenigen an, die ihm etwa durch ein Citat antworteten.

Die Abneigung, welche der König gegen Gelehrte hatte, war zum Theil durch seine mangelhafte Erziehung erzeugt, zum Theil aber trugen die Männer der Wissenschaft auch selbst die Schuld daran, indem sie den praktischen König durch ihre Pedanterie abstießen.

Es herrschte damals unter den Gelehrten ein Pedantismus, der den Umgang mit denselben fast

---

*) Bei der großen Zahl der stattfindenden Hinrichtungen waren die Scharfrichter wichtige Personen, sie standen aber trotzdem in allgemeiner Verachtung, die auch vom König, der sich ihrer so häufig bediente, getheilt wurde. Friedrich Wilhelm zeigte dies durch ein Rescript vom 24. Juli 1738 an den Magistrat; er sagte in demselben, er habe mit Mißfallen wahrgenommen, daß Scharfrichter, Büttel u. s. w. Kleider von blauer Farbe trügen, „demgemäß habe Seine Majestät anbefohlen, nachdrücklich darauf zu halten, daß die „Scharfrichter, Büttel und dergleichen Gesindel" sich in Grau kleiden und zwar bei Strafe der Karre!"

unerträglich machte. Die meisten Männer der Wissenschaft suchten einen Stolz darin, äußerlich ungehobelt zu erscheinen, die gewöhnliche Bildung zu versäumen, in ihren Reden aber von gelehrten Floskeln überzuströmen. Bei jedem dritten Wort wurden Stellen aus den Werken der Griechen und Römer vorgebracht und je gelehrter dieselben klangen, je schöner erschienen sie den Gelehrten. Jede praktische Anwendung der Wissenschaft wurde von den Pedanten mit einem geistigen Hochmuth sondergleichen betrachtet. Die Meisten von ihnen waren dabei nicht einmal wissenschaftlich bedeutend, sondern ziemlich armselige Federfuchser, welche ihre eigne Unwissenheit hinter dem gelehrten Schein zu verbergen suchten.

Friedrich Wilhelms Abneigung gegen wissenschaftliche Bestrebungen und besonders gegen die Schriftstellerei machte sich den Berlinern zuerst durch das Verbot der Berliner Zeitungen fühlbar. Unter König Friedrich I. war im Rüdiger'schen Verlage eine in Oktav gedruckte Zeitung erschienen, die zwar höchst elend redigirt war, nur einige Nachrichten aus fremden Blättern zusammenstoppelte, aber doch dem geringen Lesebedürfnisse der Berliner genügte.

Friedrich Wilhelm hielt es für überflüssig, daß seine Bürger sich um Politik bekümmerten; auch die jammervolle Rüdiger'sche Zeitung verrieth schon so viel von Staatsgeheimnissen, er verbot sie und daher kommt es, daß die Jahrgänge von 1713—1714 ganz fehlen.

Es zeigte sich jedoch bald, daß ein derartiges Verbot nicht aufrecht zu erhalten sei. Während der pommerschen Feldzüge folgten die Bürger von Berlin aufmerksam den Siegen der preußischen Truppen und vermißten daher schmerzlich den Mangel einer Zeitung; auch Friedrich Wilhelm fühlte dies und er sah sich daher veranlaßt, die Wiederherausgabe derselben zu erlauben.

Am 11. Februar 1722 erhielt Rüdiger abermals ein Privilegium zum Druck einer Berlinischen Zeitung, welche wöchentlich dreimal ausgetheilt wurde. Er mußte dafür jährlich einen Kanon von 200 Thalern zahlen. Diese Zeitung, welche sich in Beziehung auf Berlin selbst nur mit den Anzeigen von Hinrichtungen und Hoffesten beschäftigte, über die Politik des Königs aber nicht ein Wort zu äußern wagte, dauerte bis zu Friedrich Wilhelms Tode als einziges Organ der öffentlichen Meinung fort.

Unter der Abneigung Friedrich Wilhelms gegen die Wissenschaft hatte naturgemäß dasjenige Institut, welches zur Pflege derselben geschaffen war, die Akademie, am Meisten zu leiden.

Die Akademie der Wissenschaften hatte bisher nichts Besonderes geleistet. Friedrich Wilhelm war daher bei seinem Regierungs-Antritt versucht, ein so kostspieliges Institut, von welchem er keinen praktischen Nutzen einsah, aufzuheben und ertheilte der Akademie am 15. Mai 1717 die bis dahin zurückgehaltene Bestätigung nur, nachdem sie sich erboten hatte, ein anatomisches Theater zu errichten und dasselbe zum Unterricht der Wundärzte anzuwenden.

Der Mangel an guten Wundärzten hatte sich bisher in den verschiedenen Kriegen höchst nachtheilig gezeigt und Friedrich Wilhelm mußte daher das Anerbieten der Akademie in seinem vollen Werthe zu schätzen. Er schenkte derselben in Folge dessen auch den botanischen Garten, der bisher zu der Schloß-Apotheke gehört hatte.

Im Jahre 1723 wurde zum Unterricht für die militärischen Wundärzte ein medizinisch-chirurgisches Kollegium errichtet.

Die Akademie selbst blieb während der ganzen Regierung Friedrich Wilhelms der Zielpunkt seines Spottes. Im Tabaks-Kollegium wurde fortwährend darüber berathen, wie man die Dintenkleper verhöhnen und kränken könne. Man ersann zu diesem Zwecke wissenschaftliche Aufgaben, welche ganz geeignet waren, die Herren Professoren zu ärgern. Damit die Akademie einmal etwas Nützliches thun könne, erhielt sie den Auftrag, zu erforschen, woher das Brausen des Champagnerweins komme. Die Akademie parirte den schlechten Witz auf geschickte Weise, indem sie sich 50 Flaschen guten Champagners zu den nöthigen Versuchen ausbat. Für diesen Preis war indessen dem König die Belehrung zu theuer.

Um die Akademie auch in den Augen des Volks herabzusetzen, wurden schlechte Subjekte, welche Friedrich Wilhelm selbst tief verachtete, zu Mitgliedern und Präsidenten derselben gemacht. So unter Andern der berüchtigte Graben zum Stein, den wir später noch näher kennen lernen werden.

Die vom 19. Januar 1732 datirte Bestallung dieses Mannes zum Vice-Präsidenten der Akademie giebt Zeugniß von der Verachtung, mit welcher Friedrich Wilhelm die erste wissenschaftliche Anstalt des Landes behandelte. Er sagte in derselben, daß er Graben zum Stein wegen seiner weit und breit erschollenen Gelehrsamkeit, besonders in der Kabbala und Erkenntniß der guten und bösen Geister und deren nützlichem Gebrauch und Mißbrauch, in der Punktirkunst und in der weißen und schwarzen Kunst, zum Vicepräsidenten der Societät der Wissenschaften bestellt habe. Er solle dahin sehen, daß die Societät sich mit der Editirung gelehrter Schriften distinguire und daß jedes Mitglied wenigstens alle Jahre eine zum Druck herausgebe. Er, der Vice-Präsident, bleibe aber von dieser Arbeit dispensirt, obgleich sein herrliches und fruchtbares, dem besten Klei- und Weizenacker gleichstehendes Ingenium dergleichen Produktion in Menge hervorzubringen mehr als tüchtig sei. Auf das Kalenderwesen solle der Vice-Präsident besondere Aufmerksamkeit verwenden und dabei dem Publikum und besonders Denen, welche zukünftige Dinge vorher wissen wollen, Rechnung tragen. Er solle darauf achten, daß bei dem Druck nicht mehr rothe Buchstaben, als nöthig, gebraucht werden, daß die Sonne nicht verkehrt oder viereckig, sondern rund gemacht, der guten Tage, so viel ihrer nur sein können, angesetzt, die bösen aber vermindert werden mögen.

Wenn der Vice-Präsident besondere Veränderungen im Laufe der Gestirne bemerken sollte, z. B. daß der Mars einen freundlichen Blick in die Sonne geworfen hätte oder daß auch ein Wirbel des Himmels den andern abschließen und verschlingen wollte und daher eine übermäßige Anzahl von Kometen oder Schwanzsternen zu vermuthen wäre, so habe der Präsident ohne den geringsten Zeitverlust mit den übrigen Mitgliedern der Akademie darüber zu konferiren und auf Mittel und Wege, wie solchen Unordnungen am Besten abzuhelfen sei, sorgfältig zu wachen.

In der Bestallung heißt es wörtlich weiter:

„Und ob es zwar durch den Unglauben der Menschen dahin gediehen, daß die Kobolde, Gespenster und Nachtgeister dergestalt aus der Mode gekommen, daß sie sich kaum mehr sehen lassen dürfen, so ist dennoch dem Vice-Präsidenten aus dem Praetorio und anderen bewährten Autoribus zur Genüge bekannt, wie es an Nachtmähren, Bergmännlein, Drachenkindern, Irrwischen, Nixen, Wehrwölfen, verwünschten Leuten und anderen dergleichen Satansgesellschaften nicht mangle, sondern daß deren eine große Anzahl in den Seen, Pfühlen, Morästen, Haiden, Gruben und Höhlen, auch hohlen Bäumen verborgen liegen, welche nichts als Schaden und Unheil anrichten, und wird also der Graben zum Stein nicht ermangeln, sein Aeußerstes zu thun, um dieselben, so gut er kann, auszurotten und soll ihm ein jedes von diesen Unthieren, welches er lebendig oder todt liefern wird, mit sechs Thalern bezahlt werden."

Wie die Akademie, so wurde auch die königliche Bibliothek höchst stiefmütterlich behandelt. Im Jahre 1722 strich Friedrich Wilhelm die Besoldungen aller Bibliotheksbeamten. In vielen Jahren wurde gar kein Buch angeschafft. Im Jahre 1734 wendete man baare 4 Thlr. und im Jahre 1735 5 Thlr. für neue Anschaffungen an. Als im Jahre 1732 sich die Erben des Präsidenten v. Plotho an den König wendeten und diesem die berühmte Bibliothek desselben zum Kauf anboten, antwortete ihnen Friedrich Wilhelm, er sei nicht gemeint, für Geld Bücher zu kaufen; wenn die Erben nicht andere Bücher zum Tausch aus der königlichen Bibliothek annehmen wollten, so möchten sie die Ihrigen getrost behalten.

Die Wissenschaft war im Anfang des vorigen Jahrhunderts noch eine zarte Pflanze, welche der sorgsamsten Pflege bedurfte, wenn sie gedeihen sollte. Unter der rohen Hand Friedrich Wilhelms kränkelte sie und Berlin war daher zu jener Zeit nicht der Mittelpunkt des geistigen Strebens für Preußen und Deutschland.

Die Gelehrten fühlten keinen Drang nach der Soldatenstadt; nur Diejenigen, welche des lieben Broterwerbes wegen oder auch weil Familienbande sie festhielten, hier ausdauern mußten, blieben; die Andern suchten gastlichere Zufluchtsstätten, in denen ihr Talent besser gewürdigt wurde.

Nur für zwei Wissenschaften hatte Friedrich Wilhelm einige Achtung, für die Theologie und die Medizin. Auf diesen beiden Gebieten konzentrirten sich daher auch die wissenschaftlichen Forschungen in Berlin.

Die Druckereien waren fast nur mit theologischen Werken beschäftigt, sonst erschienen wenig Bücher, fast keine von Bedeutung. Der Buchhandel beschränkte sich fast lediglich auf den Verkauf von religiösen Streitschriften, welche täglich dem König eingereicht werden mußten und im Tabaks-Kollegium vorgelesen wurden. Enthielten solche Schriften schädliche Neuerungen, dann befahl wohl Friedrich Wilhelm, sie zu widerlegen, oder er verbot auch ohne Weiteres die Verbreitung.

Auch Predigten wurden in Menge zum Druck gegeben. Sie zeichneten sich durch eine bombastische Sprache und durch plumpes, derbes Gezänk mit den theologischen Gegnern aus. Die Hinrichtungen gaben ebenfalls den würdigen Predigern manche Gelegenheit zur Veröffentlichung von dickleibigen Bänden. Nach jedem berühmten Prozesse erschien die Geschichte des Missethäters, begleitet von einer Bußpredigt und verschiedenen Erbauungsliedern. Gewöhnlich wurden solche Bücher mit den Bildnissen der Missethäter und der Abbildung der Hinrichtung geziert. So hat die Hinrichtung des Hofschlossers Stief und des Kastellans Runk einen mäßigen Quartband des Predigers Schmidt zu Sankt Nikolai ins Leben gerufen, in welchem man ausführlich alle die Unterredungen lesen kann, die der würdige Geistliche mit den beiden Verbrechern gehalten hat oder gehalten haben will, um ihre Seelen den höllischen Flammen zu entreißen.

Merkwürdig ist es, daß nicht neben dieser theologischen Literatur sich auch eine militärische entfaltete, da doch das Soldatenspiel den König und das ganze Land damals so sehr beschäftigte. Obgleich in Frankreich in jener Zeit schon eine Menge militärischer Schriften existirten, so fehlte es doch in Berlin noch ganz an denselben, wenn man die Reglements für Kavallerie und Infanterie, welche nur zum Gebrauch der Armee bestimmt waren und vor allen Civilisten geheim gehalten werden mußten, ausnehmen will.

Die Offiziere der preußischen Armee, selbst diejenigen, welche dazu befähigt gewesen wären, etwas zu schreiben, scheuten sich doch, sich einen wissenschaftlichen Namen zu machen und so mußte denn auch die militärische Literatur brach liegen bleiben.

Auch auf dem Gebiete der Medizin war die Literatur nicht bedeutend, die Wissenschaft aber machte trotzdem einige Fortschritte, da die große Stadt den Studirenden manche Gelegenheit bot, sich praktisch und theoretisch auszubilden. Friedrich Wilhelm war bemüht, um tüchtige Regiments-

und Kompagnie-Chirurgen zu bekommen, die medizinischen Studien zu befördern.

Bisher war die Anatomie vernachlässigt worden, die Aerzte hatten Mühe gehabt, Leichname herbeizuschaffen, um an denselben ihre Studien zu machen. Unter Friedrich Wilhelms Regierung waren sie glücklicher daran, die zahlreichen Hinrichtungen versorgten sie mit gutem Material.

Alle diejenigen Missethäter, welche nicht verdammt wurden, am Galgen hängen oder auf den Rädern liegen zu bleiben, wie z. B. die Deserteure, kamen nach der Akademie; außerdem auch die Körper Derjenigen, welche in der Charité oder in den Zuchthäusern starben. Ebenso wurden auch die meisten Soldaten nach ihrem Tode geöffnet, um festzustellen, was ihnen eigentlich gefehlt habe. Nach der Oeffnung wurden die Körper der Soldaten indessen mit allen Ehrenbezeugungen begraben.

Die von uns so eben erwähnte Charité verdankt dem König Friedrich Wilhelm ihre Begründung.

Schon im Jahre 1710 hatte Friedrich I. vor dem Spandauer Thore zur Zeit der Pest ein Hospital begründet, welches im Jahre 1727 durch Friedrich Wilhelm erweitert wurde, so daß es schon in diesem Jahre 300 Kranke aufnehmen konnte.

Der Nutzen der Charité für die Studien der Aerzte sowohl als für die Bevölkerung von Berlin zeigte sich bald so bedeutend, daß der König bedacht war, die Einkünfte der Heilanstalt zu vermehren. Er schenkte ihr einen beträchtlichen Acker, der zum Küchen- und Obstgarten eingerichtet wurde und genehmigte verschiedene Vermächtnisse, welche der Anstalt vermacht wurden. Im Jahre 1734 schenkte der König dem Krankenhause, nachdem er von einer schweren Krankheit genesen war, die beträchtliche Summe von 100,000 Thalern und wies ihr endlich auch den Verlag der Lehr- und Geburtsbriefe für die Handwerksbursche in sämmtlichen königlichen Ländern zu, woraus eine nicht unbedeutende Einnahme erwuchs, da für jeden Geburtsbrief 12 Gr. gezahlt werden mußten.

Es ist vielleicht interessant, hier noch anzuführen, daß zum Unterhalte der Armen und Kranken in der Charité vielfach auch schon die Kartoffeln angewendet wurden, zu deren Anbau der König dem Hospital ein Stück Land überweisen ließ. Die Kartoffeln waren unter der Regierung Friedrich Wilhelms etwa im Jahre 1728 zuerst bei Berlin angebaut worden.

Die Bevorzugung der Medizin vor allen andern Wissenschaften entsprang dem stets auf's direkt Nützliche gerichteten Sinn des Königs; bei der Medizin sah er den augenblicklichen Erfolg. Diese förderte er daher auch, alle übrigen Wissenschaften erschienen ihm nur als eitler Tand und die Gelehrten als unnütze Nichtsthuer. Sagte er doch einst von dem berühmten Leibnitz, dem Freunde seiner Mutter, daß derselbe ein selbst zum Schildwachtstehen unbrauchbarer, närrischer Kerl sei! Nützliche Kenntnisse, das heißt solche, welche Friedrich Wilhelm mit seinem beschränkten Gesichtskreis selbst für nützlich hielt, verachtete er keineswegs; lesen, schreiben, rechnen sollte wo möglich Jedermann in Preußen verstehen, aber das Mehr erschien ihm vom Uebel. So hob er denn bei seinem Regierungs-Antritt manche Anstalten auf, denen sein Vater besonderes Wohlwollen gezeigt hatte, z. B. die Ritter-Akademie. Dafür aber stiftete er das Kadettenhaus durch die Zusammenziehung und Verlegung der beiden Kadetten-Anstalten zu Magdeburg und Kolberg nach Berlin und gab demselben den weitläuftigen Raum des ehemaligen Hetzgartens zur Aufführung eines zweckmäßigen Gebäudes.

Gegen den gewöhnlichen Schul-Unterricht hatte Friedrich Wilhelm nichts; er förderte denselben sogar und legte besonders in Preußen und Litthauen eine Menge von Schulen an. Er besuchte diese auf seinen jährlichen Reisen persönlich und trieb die vornehmsten Geistlichen in den Provinzen unablässig an, dahin zu sehen, daß die Unwissenheit der Landleute vermindert werde. Auch bei den Regimentern wurde darauf gesehen, daß die rohen und verwilderten Rekruten Unterricht im Lesen und Schreiben erhielten. Viele Rekruten wurden jährlich nach Berlin berufen und erhielten hier in den öffentlichen Schul-Anstalten, besonders im großen Friedrichs-Hospital, mit den Kindern gemeinschaftlichen Unterricht.

Es muß einen eigenthümlichen Eindruck gemacht haben, die riesigen, bärtigen Kerle unter den kleinen Kindern sitzen und dort Schreiben und Lesen lernen zu sehen. Unter Friedrich Wilhelm aber durfte gegen alle solche seltsame Einrichtungen kein Einspruch laut werden.

In Berlin befanden sich zu jener Zeit nach Faßmanns Bericht folgende größere Schulen:

„1. Das Königliche oder Joachimthal'sche Gymnasium, von seinem ersten Stifter Churfürst Joachim II. so genannt, reformirter Religion. Das in der Heiligen Geiststraße stehende Gebäude ist über die Maßen prächtig. Es hat 6 Directores, worunter sich 3 Geheime Staats-Minister befinden, Lehrende und Lernende werden sehr wohl darin unterhalten. Die Oberen von den Lehrenden heißen Rector, Conrector, Subrector und Professoren.

2. Das Berlinische oder Kloster-Gymnasium, lutherischer Religion, welches 1712 den 8. September Feuerschaden gelitten, doch so, daß die gewöhnlichen Lectoria unbeschädigt geblieben.

3. Das Cöllnische Lutherische Gymnasium.

4. Das Friedrichs-Werder'sche von beiden Religionen auf dem dasigen Rathhause, und

5. Das Französische Gymnasium ebenfalls auf dem Friedrichswerder, nahe bei der französischen Kirche. Nebst diesen Gymnasiis giebt es auch andere Stadtschulen auf der Dorotheen- und Friedrichsstadt, desgleichen die Garnisonschule, worin die Soldatenkinder umsonst belehrt und unterrichtet werden. Ferner sind in Berlin verschiedene Armenschulen vorhanden, für Waisen- und sonst arme Kinder. Hierbei haben aber die

Armenschulmeister die Freiheit, daß sie auch anderer Leute Kinder, so zu ihnen kommen wollen, für Geld und Bezahlung mit unterrichten dürfen."

Elftes Kapitel.

Die wissenschaftlichen Hofnarren. — Gundling. — Professor David Faßmann. — Hackmann. — Unanständige Streitschriften. — Bartholdi. — Kornemann. — Graben zum Stein — Der Jagdnarr Rossig von Rabenpreiß. — Professor Morgenstern und die Frankfurter Disputation.

Die Mißachtung, welche Friedrich Wilhelm gegen alle Männer der Wissenschaft fühlte, zeigte sich am Unzweideutigsten durch die Behandlung, welche er und mit seiner Bewilligung seine Gesellschafter im Tabaks-Kollegium denjenigen Gelehrten angedeihen ließen, die als wissenschaftliche Hofnarren zu den Abendgesellschaften des Königs eingeladen wurden. Eine kurze Geschichte dieser Hofnarren wird uns den Geist der Zeit und den Charakter des berühmten Tabaks-Kollegiums besser vergegenwärtigen, als dies bogenlange Schilderungen vermöchten.

Schon unter der Regierung Friedrichs I. lebte in Berlin der Professor Johann Paul Gundling. Er war bei der Fürsten- und Ritter-Akademie als Lehrer angestellt und fungirte außerdem als Rath bei dem Ober-Heroldsamt und als Historiograph.

Gundling hatte sich durch mancherlei historische Schriften einen guten Namen in der Wissenschaft gemacht, dies schützte ihn aber nicht vor der Entlassung, als Friedrich Wilhelm sofort nach seiner Thronbesteigung die Ritter-Akademie sowohl als das Ober-Heroldsamt auflöste.

Gundling sah sich ohne bestimmten Broderwerb. Er hatte stets eine Neigung zu einem lustigen Leben gehabt und war viel in Bier- und Weinhäusern zu finden gewesen. Nachdem er sein Amt verloren hatte, wurden die Schenken sein steter Aufenthalt. Hier lag er die ganzen Tage, erklärte den Gästen die Zeitungen und hielt ihnen Vorträge über politische Themata. Er hatte sich dadurch einen solchen Namen gemacht und zog so viele Gäste durch seine eigenthümliche Art herbei, daß ein Weinkellerwirth, der sogenannte Leipziger Polterhans, der eigentlich den Namen Bleusel führte, Gundling freie Kost gewährte, um durch ihn Gäste anzulocken.

Beim Leipziger Polterhans lernte der General Grumbkow den früheren Professor kennen. Der König war damals gerade verlegen um einen Mann, der ihm im Tabaks-Kollegium vorlesen konnte. Er hatte sich vergeblich nach einem Gelehrten umgesehen, der befähigt war, sich zu einem lebendigen Konversations-Lexikon herzugeben und sofort über alle, die Politik, Geschichte und Geographie betreffende, an ihn gerichtete Fragen Auskunft zu ertheilen.

Grumbkow war entzückt, als er Gundling gehört hatte. Dies war der rechte Mann für Friedrich Wilhelm. Er theilte seine Entdeckung dem König mit, Gundling wurde ins Tabaks-Kollegium befohlen und erfüllte alle Anforderungen, welche der König irgend zu machen im Stande war. Er war beredt wie ein Buch, schnell, schlagfertig und bereit, jede an ihn gerichtete Frage richtig oder falsch, wie es gerade kam, zu beantworten. Er nahm einen derben Scherz nicht übel und trank mit einer seltenen Virtuosität.

Nachdem der entlassene Professor durch sein erstes Auftreten die höchste Zufriedenheit erworben hatte, wurde er zum königlichen Hofrath und Zeitungs-Referenten für das Tabaks-Kollegium ernannt und war fortan der tägliche Gast in demselben. Friedrich Wilhelm gewöhnte sich an seinen Gundling so sehr, daß er ihn fast nicht mehr entbehren konnte. Wohin er reiste, mußte Gundling ihn begleiten. Wenn der König von einem seiner Generale zum Abendessen eingeladen war, durfte auch Gundling als Gast nicht fehlen und der General v. Grumbkow hatte in seinem Speisezimmer sogar einen eigenen Katheder aufbauen lassen, von dem aus Gundling während des Essens die Zeitungen vorlas und erklärte.

Der neue Hofrath empfing ein leidliches Gehalt, außerdem aber hatte er, was ihm mehr werth war als baares Geld, die Berechtigung, den königlichen Wein- und Bierkeller nach Belieben zu benutzen.

Vom Vorleser avancirte Gundling bald zum Hofnarren; an ihm erprobte jedes einzelne Mitglied des Tabaks-Kollegiums seinen Witz, der König selbst in der schärfsten und beißendsten Art. Während er auf der einen Seite Gundling mit Freundlichkeiten überhäufte, während er ihm selten eine Bitte abschlug, so daß viele Gesandte sich an den Vorleser wendeten, wenn sie irgend etwas durchsetzen wollten, zeigte er ihm doch bei jeder Gelegenheit seine namenlose Verachtung und hielt den Gelehrten für ein so niedriges Wesen, daß er ihn nicht nur zum Stichblatt seines Spottes und seiner Scherze machte, sondern an ihn auch die höchsten Würden und Auszeichnungen nur zu dem einen Zweck verschwendete, um sie lächerlich zu machen und seine Verachtung gegen hohle Titel zu zeigen.

Gundling durfte nicht anders, als im Hof-Gallakleide erscheinen, denn ein solches stand dem Hofnarren wohl an. Am 3. November 1717 ernannte ihn der König zum Ober-Ceremonienmeister und übersandte ihm dabei einen Anzug, ganz dem gleich, welchen der berühmte Herr v. Besser beim Krönungs- und Ordensfest zu tragen pflegte.

Gundling erschien fortan im rothen, mit schwarzem Sammt ausgeschlagenen Leibrock mit goldenen Knopflöchern und großen, französischen Aufschlägen; er trug eine reich gestickte Weste; auf dem Haupte hatte er eine mächtige Staatsperrücke von weißen Ziegenhaaren, von der auf beiden Seiten viele Hundert Locken herabhingen.

Ein gewaltiger Hut mit großen Straußenfedern bedeckte die Perrücke. Rechnen wir hierzu strohfarbene Beinkleider, rothseidene Strümpfe mit goldenen Zwickeln und Schuhe mit rothen Absätzen, so können wir uns die Karrikatur des Ober-Ceremonienmeisters vergegenwärtigen.

Damit Niemand im Zweifel sein könne, wie diese Ernennung gemeint sei, ließ der König Gundling in Lebensgröße malen wie er in einer Gesellschaft von Affen und Hasen saß. Auch seine eigene Zeichenkunst erprobte Friedrich Wilhelm an dem neuen Ober-Ceremonienmeister. Er bildete ihn als Polichinell ab, der von einer Leiter herab Komödie spielte. Unten standen Herren und Damen und schauten ihm zu. Gundling betrachtete diese durch eine Brille, welche indessen nicht auf seiner Nase, sondern auf dem dieser entgegengesetzten Pole des Körpers saß!

Wie Friedrich Wilhelm Gundling zum Ober-Ceremonienmeister erhoben hatte, um dies Amt vor dem Publikum lächerlich zu machen, so ernannte er ihn auch zum Präsidenten der Akademie der Wissenschaften. Diese mußten ihm aus ihrer Kasse ein Gehalt von jährlich 200 Thalern zahlen.

Seine Verachtung gegen hochtönende Titel zeigte der König auch ferner, indem er seinen Hofnarren mit denselben schmückte. Gundling wurde Geheimer Finanzrath und Mitglied des General-Finanz-Direktoriums.

Gundling war, ehe er in den Dienst Friedrich Wilhelms trat, ein fleißiger Arbeiter gewesen, der zwar ein gutes und vielleicht ein unordentliches Leben liebte, aber doch nicht vollkommen in Völlerei und Genußsucht untergegangen war. Seit ihn aber der König in das Tabaks-Kollegium berufen hatte, sank er von Tag zu Tag tiefer.

Er war das Stichblatt der frivolsten und unwürdigsten Späße sowohl Seitens des Königs, als seiner Günstlinge, selbst die gröblichsten Mißhandlungen mußte er sich gefallen lassen, und er that es. Die hohen Ehren mit denen er zum Schein überhäuft wurde, galten ihm als eine Entschädigung für seine sittliche Entwürdigung. Im Tabaks-Kollegium suchte er seine Schmach durch den Genuß von geistigen Getränken zu vergessen, zu Hause durch fleißige Arbeit. Inmitten seines wüsten Lebens entstand eine Reihe von Schriften über die Geschichte der Mark Brandenburg, denen ein gewisser Werth nicht abzusprechen ist. Sobald er aber die Feder aus der Hand legte, überließ er sich ganz der Leidenschaft zum Trunk, welche mit jedem Jahre eine größere Gewalt über ihn gewann.

Selten verging ein Abend, an welchem Gundling nicht sinnlos betrunken nach Hause gekommen wäre. Auf dem Heimwege fiel er meist in Gräben und Rinnsteine und blieb in denselben oft bewußtlos liegen.

Es war für die wüste Gesellschaft des Tabaks-Kollegiums ein besonderes Vergnügen, mit dem Betrunkenen oft in grausamer Weise ihr Spiel zu treiben. Als er einst im Winter zu Wusterhausen, wohin er den König begleitet hatte, schwankenden Schritts über die Schloßbrücke ging wurde er plötzlich von vier dazu beorderten, handfesten Grenadieren gepackt, an Händen und Füßen gebunden und an einem Seile in den zugefrorenen Schloßgraben hinabgelassen. Hierbei glitt den Soldaten das Seil aus der Hand, Gundling fiel auf das Eis, durchbrach dasselbe zum Theil und konnte nur mit äußerster Mühe durch gewaltiges Strampeln sich vor dem Tode des Ertrinkens schützen. Hut und Perrücke lagen im Schloßgraben. Der König stand als Zuschauer am Fenster und lachte während der Todesgefahr seines Hofnarren so herzlich, daß ihm die Thränen über die Backen liefen.

Die Mißhandlungen, denen Gundling täglich ausgesetzt war, wurden endlich so toll, daß der Gelehrte zum Bewußtsein der unwürdigen Stellung, welche er einnehmen mußte, kam. Es war für ihn gewiß ein schwerer Entschluß, sich von dem königlichen Wein- und Bierkeller zu trennen, aber er faßte ihn. Eines Tages war Gundling plötzlich verschwunden. Er hatte alle seine Würden im Stiche gelassen und war nach Halle entflohen.

Friedrich Wilhelm befand sich in peinlichster Verlegenheit, sein Gundling war ihm eng an's Herz gewachsen, er konnte ohne den Hofnarren nicht mehr leben. Die Abende im Tabaks-Kollegium erschienen schaal und langweilig, wenn Gundling fehlte, der ja der Zielpunkt aller Scherze war. Er befahl, jedes Mittel aufzubieten, um des Entflohenen wieder habhaft zu werden. Man forschte dem Wege des Flüchtlings nach und als man nun endlich erfuhr, daß er sich in Halle aufhalte, wurde ihm nachgesetzt. Er wurde festgenommen und nach Potsdam zurück transportirt.

Friedrich Wilhelm war hoch erfreut über den glücklichen Fang, aber er stellte sich, als sei er höchst aufgebracht über die Desertion seines Hofnarren. Zum Ueberfluß gab er den Befehl, man solle dem Flüchtling den Prozeß machen und erst, als er sah, daß Gundling vor Todesfurcht zitterte, zog er mildere Saiten auf.

Um den Hofnarren wieder guter Laune zu machen, wurde im Tabaks-Kollegium beschlossen, daß sich die ganze Gesellschaft, der König an der Spitze, zu Gundling begebe und ihn mit Tabak, Bier und Wein reichlich traktire.

Und so geschah es.

Gundling empfing den Besuch des Königs und der gesammten Abendgesellschaft desselben. Friedrich Wilhelm versicherte ihm, daß er Alles vergeben und vergessen wolle, nur möge Gundling bleiben, denn ohne einen so großen Gelehrten und Staatsmann müsse der Staat zu Grunde gehen. Er versprach ihm die Erhebung zu den höchsten Aemtern und Würden, sowie auch eine bedeutende Zulage und eine bessere Behandlung.

Durch diese Versprechungen ließ sich Gundling abermals fangen. Er blieb und wurde dafür reichlich belohnt, denn Friedrich Wilhelm bewilligte ihm nicht nur eine Zulage von 1000 Thalern, er erhob ihn sogar in den Freiherrnstand, theils um der Eitelkeit des Gelehrten zu schmeicheln, theils auch, wie das Diplom, welches im Tabaks-Kollegium berathen und ausgefertigt wurde, zeigte, um die Adelsdiplome überhaupt lächerlich zu machen.

Für einige Zeit hatte Gundling vor den ärgsten Quälereien Ruhe. Er entging wenigstens den körperlichen Mißhandlungen und konnte sich ohne Furcht, am andern Morgen im Bärenzwinger zu erwachen, Abends betrinken. Er arbeitete dabei außerordentlich fleißig und erhielt von König sowohl, wie von fremden Fürsten, denen er seine Schriften widmen mußte, reiche Geschenke. Da es in jener Zeit schwierig war, für historische Werke Verleger zu finden, denn das Berliner Publikum kaufte nicht gern Bücher, so unterstützte ihn Friedrich Wilhelm bei der Herausgabe seiner Schriften mit Geld, besser aber noch durch den Befehl, daß Offiziere und Beamte Gundling'sche Werke kaufen mußten. Wenn einer der Generale aus dem Tabaks-Kollegium gar zu derb in seinen Neckereien gewesen war, so wurde ihm zur Strafe auferlegt, die Druckkosten für eins der Gundling'schen Bücher zu bezahlen.

Dieser glückliche Zustand war indessen nicht von langer Dauer. Nach und nach wurden die Scherze im Tabaks-Kollegium wieder derber und bald sehen wir den Freiherrn v. Gundling ebenso wie früher der tollsten Laune des Königs und seiner Generale ausgesetzt. An äußeren Scheinehren gewann er dabei fortwährend. Friedrich Wilhelm belustigte sich damit, alle möglichen Titel und Würden, welche er lächerlich machen wollte, in seinem Hofnarren zu vereinigen.

Im Jahre 1726 wurde der Freiherr v. Gundling mit der Kammerherrnwürde begnadigt. Friedrich Wilhelm hatte eine feierliche Sitzung des Tabaks-Kollegiums anberaumt. In dieser erhielt Gundling seine Bestallung und einen goldenen Kammerherrnschlüssel, der ihm am Rock befestigt wurde. Der eitle Mann war entzückt über die neue Ehre. Er ließ den Kammerherrnschlüssel nicht mehr von sich und niemals ging er aus, ohne sich mit demselben zu schmücken. Selbst in den Bier- und Weinkneipen der Stadt, in denen er noch immer ein häufiger Gast war, war sein theurer Schlüssel stets bei ihm. Häufig entschlief er, vom Rausch übermannt, in solchen Spelunken und bei einer derartigen Gelegenheit machten sich einige Offiziere das harmlose Vergnügen, ihm den goldenen Schlüssel abzuschneiden und ihn dem König zu überbringen.

Am folgenden Tage erschien Gundling im Tabaks-Kollegium zum ersten Male ohne den Schlüssel. Der König fragte ihn scheinbar erzürnt, wo er das Ehrenzeichen gelassen habe und drohte ihm, er werde ihn vor ein Kriegsgericht stellen, denn ein Kammerherr, der seinen Schlüssel verloren habe, müsse ebenso bestraft werden, wie ein Soldat, der sein Gewehr im Stiche gelassen.

Gundling flehte um Gnade und diese wurde ihm endlich gewährt; der König versprach ihm sogar einen neuen Schlüssel für den folgenden Abend.

Am nächsten Tage war feierliche Sitzung des Tabaks-Kollegiums. Es wurde dem Kammerherrn ein ellenlanger vergoldeter, hölzerner Schlüssel auf einer gewaltigen hölzernen Schüssel überreicht, Gundling mußte denselben mit einer großen blauen Schleife vorn an der Brust befestigen, damit er ihn stets im Auge behalten könne. Friedrich Wilhelm befahl ihm bei seiner höchsten Ungnade, niemals ohne diesen Schlüssel zu erscheinen.

Acht Tage lang mußte Gundling als eine Vogelscheuche mit dem ellenlangen Schlüssel herumlaufen, dann erst gab ihm der König den abgeschnittenen zurück, den er fortan mit starkem Draht an seinem Rockschoß angeheftet trug.

Der König war mit dieser Strafe noch nicht zufrieden, er hatte noch eine andere ausgesonnen. Während der Tafel machte er seinem Kammerherrn Vorwürfe, daß er einen ausschweifenden Lebenswandel geführt habe und nun einen Sohn in der Welt herumlaufen lasse, ohne sich um ihn zu kümmern. Ein rechtschaffener Mann müsse auch ein Kind der Sünde als das seinige anerkennen und es wohl erziehen.

Gundling protestirte gegen diese Beschuldigung und versicherte heilig und fest, daß er seinem Weibe stets treu gewesen sei und daß er sich niemals Ausschweifungen in der Liebe habe zu Schulden kommen lassen.

„Du lügst! — donnerte ihn der König an — Dein Sohn ist hier!"

Er gab dem diensthuenden Lakaien einen Wink und dieser brachte auf dem Arm den Sohn Gundlings, einen Affen, der ganz wie Gundling gekleidet und selbst mit dem Kammerherrnschlüssel geschmückt war.

Gundling war wüthend, aber wohl oder übel mußte er den Affen als seinen Sohn anerkennen und ihn väterlich umarmen. Das geängstigte Thier ergriff bei dieser Umarmung Gundlings Perrücke und zerzauste sie unter dem lauten Geschrei des Gelehrten.

Den Gipfelpunkt der Lust bildete für das Tabaks-Kollegium ein wissenschaftlicher Streit zwischen Gundling und irgend einem andern Gelehrten, der zufällig nach Berlin kam und in die Abendgesellschaft des Königs beschieden wurde, um Gundling zu ärgern.

Derartige Streitigkeiten wurden, da der neu Angekommene strenge Befehle erhielt, Gundling mit anzüglichen Redensarten zu Leibe zu gehen, stets mit größter Heftigkeit geführt und endeten meistens damit, daß die beiden Streiter zu Thätlichkeiten übergingen und sich in Gegenwart der ausgelassenen königlichen Gesellschaft prügelten, in die Perrücken faßten und auf der Erde herumwälzten.

Einer dieser gegen Gundling ins Feld gerufenen Streiter war der nicht unberühmte Professor David Faßmann, der im Jahre 1726 nach Berlin kam und sofort ins Tabaks-Kollegium berufen wurde.

Faßmann hatte einige berühmte Bücher geschrieben, welche trotz ihrer Geschmacklosigkeit von dem damaligen nicht verwöhnten Publikum viel und gern gelesen wurden. Er hatte sich manche wissenschaftliche Kenntnisse erworben und verstand es, trefflich zu disputiren.

Im Tabaks-Kollegium mußte Faßmann stets als Gundlings Gegner auftreten und es gelang ihm häufig, den Freiherrn zur höchsten Wuth zu bringen.

Der König amüsirte sich darüber außerordentlich. Um seinen Günstling recht derb zu ärgern, gab er Faßmann den Befehl, eine Spottschrift unter dem Titel „der gelehrte Narr" abzufassen.

Faßmann kam dem Wunsche des Königs nach und verfaßte die Schrift, welche, ohne Gundling zu nennen, doch dessen Schwächen und Laster so deutlich kennzeichnete, daß Niemand im Zweifel bleiben konnte, gegen wen sie gerichtet war. Er widmete diese Schrift „Dem Großen Gebornen, Großgelahrten und Großweisen Herrn, Herrn Peter von Squentz, Erbherrn auf Närrisch und Tollhausen, Polyhystori u. s. w.

Unter dem Namen Peter von Squentz war natürlich Gundling gemeint, den Faßmann in der Schrift folgendermaßen anredete: „Großgeborner, Großgelahrter und Großweiser, insonders Großgelehrter und Großgeneigter Herr und vortrefflicher Patron. Du Narr! Du Pavians-Physiognomie! Visage à faire rire! O Du lächerliches Gesichte! Du Affe! Du Hase! Du Pedant! Du Ignorant! Du Lümmel! Du Tölpel! Du Pantoffelholz!" u. s. w.

Von ähnlichen gemeinen Schimpfworten wimmelte Faßmanns Machwerk. Es war so beleidigend, daß die Censur die Druckerlaubniß verweigerte und sie erst auf besondern königlichen Befehl ertheilte.

Um jeden Zweifel zu beseitigen, wer unter dem „gelehrten Narren" zu verstehen sei, hatte Faßmann auf dem Titelkupfer Gundling genau abzeichnen lassen. Der Kammerherr saß, mit einem Schlafrock bekleidet, in seinem Studirzimmer. Er trug eine große Perrücke auf dem Kopfe und war beschäftigt, einige um ihn herumsitzende Affen und Hasen zu unterrichten. Ein großer Affe kämmte ihm die Perrücke, ein Satyr hielt ihm ein Buch vor, aus dem ein kleiner Affe zum Aerger des Gelehrten ein Blatt ausriß.

Gundling drohte dem Aeffchen mit dem Stock, während ihm ein Pavian zur Besänftigung eine Pfeife mit einem Fidibus reichte. Eine Anzahl von theils leeren, theils gefüllten Flaschen und Krügen stand umher und deutete auf die Trunksucht Gundlings hin.

Diese Schrift mußte Faßmann dem Kammerherrn in Gegenwart des Königs überreichen.

Gundling war außer sich vor Wuth über die Beleidigung. Er riß eine der zum Anzünden der Fidibus bereitstehenden Pfannen mit glühendem Torf vom Tisch und warf sie Faßmann ins Gesicht, so daß diesem die Augenwimpern versengt wurden und er auch einige Brandwunden davon trug.

Faßmann zögerte nicht, sich zu rächen. Er packte Gundling, riß ihm die Beinkleider herunter und schlug ihn nun mit der glühenden Pfanne so lange, als er den Arm rühren konnte. Er verbrannte dabei seinen Kollegen so heftig, daß dieser vier Wochen außer Stande war, zu sitzen.

Der König und seine Generale schauten dem unanständigen Kampf mit wahrer Herzenslust zu, sie lachten, daß sie sich kaum wieder zu fassen vermochten.

Sobald Gundling genesen war, wurde er abermals in das Tabaks-Kollegium berufen und wieder traf er daselbst seinen Feind Faßmann. Von diesem Zeitpunkt an verging kaum ein Abend, an welchem die beiden Gelehrten sich nicht im Tabaks-Kollegium geprügelt hätten.

Der Skandal wurde endlich so groß, daß er die Lachlust Friedrich Wilhelms erschöpfte. Er erklärte, wenn die Gelehrten Männer von Ehre wären, dürften sie sich nicht länger auf solche Weise streiten. Gundling zumal als Baron und Kammerherr dürfe auf keine andere Art als im Zweikampf die ihm widerfahrenen Beleidigungen rächen.

Faßmann, dem ein gewisser Muth nicht abzusprechen war, kam sofort der Aufforderung des Königs nach und ließ Gundling auf Pistolen fordern. Vergeblich weigerte sich der arme Kammerherr. Friedrich Wilhelm drohte ihm seine höchste Ungnade an, wenn er sich nicht als Ehrenmann der Forderung stelle. Er wurde fast zu dem Duellplatz geschleppt; man drückte ihm das Pistol in die Hand, aber er hatte solche Furcht, daß er sich nicht entschließen konnte, loszudrücken, sondern die gefährliche Waffe von sich warf.

Faßmann dagegen schoß auf seinen Gegner; da man ihm aber ein nur mit Pulver geladenes Pistol gegeben hatte, so konnte er kein besonderes Unglück anrichten. Er hatte gut gezielt, denn der brennende Propfen flog in die Perrücke Gundlings und diese ging sofort in Flammen auf.

Brüllend vor Angst warf sich Gundling zu Boden und schrie, er sei durch den Kopf geschossen und müsse sterben. Erst als ein Eimer mit kaltem Wasser übergossen wurde, der die Flammen der Perrücke löschte und ihn wieder zur Besinnung brachte, beruhigte er sich.

Bände ließen sich schreiben, wollte man alle die Tollheiten erzählen, die begangen wurden, um den unglücklichen Gundling zu ärgern und zu ängstigen; er befand sich in einer fortwährenden Todesangst. Rausch, nächtliche Arbeiten, Aerger und Aufregung zerrütteten endlich seine feste Gesundheit. Er starb im königlichen Schlosse zu

Potsdam am 11. April 1731. Die Aerzte behaupteten, sein Magen sei vom vielen Trinken geborsten.

Noch im Tode folgte dem Gelehrten die Verhöhnung Derer, deren Spaßmacher er im Leben gewesen war.

Der König hatte ihm schon vor 10 Jahren einen Sarg in der Form eines Weinfasses anfertigen lassen und ihm befohlen, denselben in seinem Zimmer aufzustellen. Es war ein schwarzes Faß mit einem weißen Kreuz bemalt, auf dem folgende Inschriften standen:

Hier liegt in seiner Haut,
Halb Schwein, halb Mensch, ein Wunderding.
In seiner Jugend klug, in seinem Alter toll,
Des Morgens voller Witz, des Abents toll und voll.
Bereits ruft Bacchus laut:
Das theure Kind ist Gundeling.

Ferner:

Gundling hat nun ausgesoffen
Und forthin nichts mehr zu hoffen
Von dem Wein aus diesem Faß;
Auch beim Abschied schmerzt ihn das.
Drum war es sein letzter Wille,
Daß doch ja in aller Stille
Sein mit Wein gemäster Bauch
Käm in eben diesen Schlauch,
Daraus er sich unverdrossen
Oft die Nase hat begossen.
Sage, Leser, wenn Du's liest,
Ob das nicht ein Schweinpelz ist.

In diesen Sarg wurde Gundling auf Befehl des Königs gelegt. Man hatte der Leiche das Staatskleid des Ober-Ceremonienmeisters angezogen. So wurde sie einen Tag lang öffentlich ausgestellt und dann nach der Kirche zu Bornstädt, einem Dorf nahe bei Potsdam, gebracht.

Auf königlichen Befehl mußten viele Offiziere der Potsdamer und Berliner Garnisonen, die meisten Hofbedienten und die Potsdamer Schuljugend, denen sich ein unermeßlicher Schwarm von Neugierigen angeschlossen hatte, den Leichenzug begleiten.

Faßmann war beauftragt, die Leichenrede zu halten. Er that es mit vielem Geschick und zeigte bei dieser Gelegenheit, daß er auch ernst und würdig sprechen könne.

In der Kirche zu Bornstedt erhielt Gundling eine würdigere Grabschrift, als die auf seinem Sarge befindliche.

Durch Gundlings Tod war eine Reihe von einträglichen Stellen vakant geworden. Wer konnte geeigneter sein, diese zu erhalten, als der gelehrte Gegner Gundlings, der Professor David Faßmann?

Faßmann fühlte dies selbst; er wendete sich in einem unterthänigen Schreiben vom 16. April 1731 an den König und bot ihm seine Dienste an. Sein Begehren war dabei auf die reellen Vortheile der Stelle, auf das Gehalt derselben, nicht auf die Titel gerichtet, denn er fühlte wohl daß diese eine Schande, nicht eine Ehre seien.

Faßmanns Wünsche wurden erfüllt. Friedrich Wilhelm stellte ihn als wissenschaftlichen Hofnarren mit 900 Thalern Gehalt an. Er erlitt nun dasselbe Schicksal, welches vor ihm Gundling hatte ertragen müssen. Wie er gegen diesen als gelehrter Streiter ins Tabaks-Kollegium berufen wurde, so führte man gegen ihn einen gewissen Hackmann ins Feld, der ihn mit einer solchen Grobheit behandelte, daß Faßmann dem mächtigeren Gegner weichen mußte.

Faßmann war nicht ganz so unwürdig, wie Gundling. Er vermochte die Behandlung im Tabaks-Kobegium nicht lange auszuhalten. Wahrscheinlich schon im Jahre 1732 verließ er heimlich den Hof und entfloh nach Sachsen.

Faßmann benutzte seine genaue Kenntniß der Berliner Hofverhältnisse, um sein berühmt gewordenes, auch von uns häufig benutztes und citirtes Buch über Friedrich Wilhelm zu schreiben. Er überhäufte in demselben den König verschwenderisch mit Lobeserhebungen, jede seiner Handlungen entschuldigte er, mitunter aber scheint es fast, als sei es ihm mit seinen Lobeserhebungen nicht voller Ernst, als blicke eine bittere Ironie durch die Verherrlichung, mit der er den König überschüttete, hindurch. Auch Friedrich Wilhelm fühlte dies und er ließ deshalb das Buch bei strenger Strafe verbieten.

Faßmann hat in seinem Werke mehrere andere Hofgelehrte scharf durchgehechelt, besonders seinen Feind Hackmann. Dieser rächte sich, indem er eine Streitschrift gegen Faßmann erließ, weit toller, als „der gelehrte Narr". Der Titel dieser Schrift lautet:

„Der im Weinsaß begrabene Paul Gundling Geheimer Staats-, Kriegs und Domainen-Rath, raisonnirret mit David Faßmann, Erz-Calumnianten, den Galgen längst meritirten Ehren-Dieb, wie er dann an seiner Lästerzunge außler in effigie hanget und in corpore bald wird gehangen werden."

Auf dem Titelkupfer war Faßmann am Galgen hängend und mit der Zunge an demselben angenagelt dargestellt. Unter dem Titelkupfer steht folgender schöne Vers:

Der David Faßmann hangt an seiner Lästerzungen,
Am Galgen hanget er, weil er ein Ehrendieb.
Es giebt ihm ein Laquais im Schädel einen Hieb,
Die Raben auf dem Rad verzehren Herz und Lungen.

Gundling und Faßmann waren die beiden bedeutendsten Hofnarren Friedrich Wilhelms. Sie hatten viele Nachfolger, über deren Schicksale wir nur in Kurzem berichten wollen. Einer derselben, ein Dr. Bartholdi, und ein anderer, ein gewisser Kornemann, wurden vom König ebenfalls mit Ehren überhäuft und dadurch, sowie andererseits durch Prozesse, die man ihnen im Scherz und Ernst machte, in solche Aufregung gebracht, daß sie ihr Leben im Irrenhause beschlossen.

Ein anderer Hofnarr war jener Graben zum Stein, welchen wir bereits als Vice-Präsidenten der Akademie der Wissenschaften erwähnt haben. Er hatte sich durch einige Schriften bekannt gemacht und galt für einen tüchtigen Gelehrten. Graf Seckendorf, der österreichische Gesandte empfahl ihn dem König nach Gundlings Tode im Jahre 1731 als Zeitungsvorleser. Er füllte das Amt zur großen Zufriedenheit Friedrich Wilhelms aus.

Pöllnitz nennt ihn eine umgestürzte Bibliothek, weil er, ohne Geist zu haben, eine Menge von Kenntnissen besaß und auf jede ihm vorgelegte Frage Antwort ertheilen konnte. Er hielt sich selbst für einen bedeutenden Astronomen und wurde deshalb vom König Herr Astralicus genannt. Es gelang ihm bald, sich in besondere Gunst bei Friedrich Wilhelm zu setzen und er mißbrauchte diese, um dem Grafen v. Seckendorf als Spion zu dienen. Er war, wie Gundling, ein täglicher Gast im Tabaks-Kollegium und wurde behandelt, wie sein Vorgänger.

Während der Nacht mußte er im Zimmer des Königs wachen und diesem, wenn er an Schlaflosigkeit litt, Märchen erzählen.

Friedrich Wilhelm hatte sich an das Plappern des Erzählenden so sehr gewöhnt, daß er ruhig während der Erzählung seines Vorlesers einschlief und sofort erwachte, sobald das Plappern aufhörte. Dann ergriff er eine neben dem Bett stehende Peitsche und hieb mit derselben auf Graben zum Stein, der als wenig eingenickt war. Dies jammervolle Leben führte der Vice-Präsident der Akademie der Wissenschaften bis zum Tode seines hohen Herrn.

Für die Jagdbelustigungen war ein besonderer Jagdnarr, Namens Johann Erdmann Nossig, unter dem Titel eines Jagd- und lustigen Raths besoldet.

Nossig erhielt darüber im Jahre 1731 eine besondere Bestallung, in welcher ihm zur Pflicht gemacht wurde, daß er seine Gurgel weder im Schreien, noch, wenn sie trocken geworden, im Trinken sparen dürfe, auch solle er sich bemühen, noch mehr rare und lustige Qualitäten zu gewinnen.

Auch Nossig wurde in den Freiherrnstand erhoben und sein Patent zeigt des Königs Verachtung gegen Adelstitel noch deutlicher, als das, welches Gundling empfangen hatte. Er erhielt den Namen Freiherr Nossig von Rabenpreis.

Nossig hatte früher als Soldat manchem Herrn gedient und war verschiedene Male desertirt; auf dies sein früheres Leben bezog sich sein Freiherrn-Diplom. Es heißt in demselben etwa:

„Ob nun freilich der in Unserem Dienst als Jagdrath stehende lieber getreue Johann Nossig in Zeiten seines Soldatenstandes keine sonderlichen Merkmale einiger ihm anklebenden Tapferkeit oder Heldenmuthes dargelegt, man auch dergleichen vor das Künftige wohl schwerlich zu erwarten haben möchte, ihm auch überdies als bekannt gelegt werden will, daß er den großen Desertions- oder Galgenzirkel, wo nicht völlig doch größtentheils vollendet und fast bei allen Potentaten Eid und Fahne verlassen hätte, so haben Wir doch u. s. w. denselben nebst seinen ehelichen Leibeserben in den freiherrlichen Stand erhoben."

Das Wappen Nossigs, welches im Tabaks-Kollegium unter vielem Gelächter berathen worden war, entsprach dem Diplom. Es trug im 1. und 4. Fach einen welßen, aus dem feinsten kurländischen Hanf gesponnenen Strick in Knotengestalt und noch andere Symbole, welche darauf hindeuteten, daß der neue Freiherr ein Galgen-Kandidat sei, dessen Körper den Raben preisgegeben werden müsse.

Ueber Nossigs Schicksal ist sonst wenig bekannt. Er hielt sich nicht in der Gunst des Königs, sondern wurde von diesem, aus welchen Gründen weiß man nicht genau, am 30. Juni 1739 nach Spandau geschickt. Friedrich der Große befreite den siebzigjährigen Greis im Jahre 1742 aus seiner Gefangenschaft.

Der wissenschaftlich Bedeutendste von den Hofnarren Friedrich Wilhelms war der Professor Salomon Jakob Morgenstern, der sehr gegen seinen Willen durch königliche Gewalt gezwungen wurde, das Hofnarren-Amt zu übernehmen.

Morgenstern, der Magister legens in Halle war, hatte sich durch ein Werk über Staats-Geographie einen wissenschaftlichen Ruf erworben und wurde nach Rußland berufen, um dort eine Professur zu übernehmen. Auf dem Wege kam er im Jahre 1736 durch Potsdam.

Der Offizier der Thorwache hatte vom König den Befehl erhalten, alle einpassirenden Fremden genau zu examiniren und Rapport abzustatten, wenn etwa ein großgewachsener Mann, der vielleicht zur Riesengarde zu werben sei, oder irgend eine andere bemerkenswerthe Persönlichkeit einträfe. Als der Offizier am Abend dem König meldete, ein Magister legens aus Halle sei einpassirt, da befahl Friedrich Wilhelm sofort, den Gelehrten ins Tabaks-Kollegium einzuladen. Er hatte an seinem Graben zum Stein noch nicht genug und wollte noch einen andern Hofnarren zur Disposition haben.

Morgenstern mußte wohl oder übel dem Befehle Friedrich Wilhelms folgen und da er im Tabaks-Kollegium sich durch geistreiche Antworten und treffenden Witz auszeichnete, so untersagte ihm der König, weiter zu reisen und ernannte ihn zum Hofrath mit 500 Thalern Gehalt und freier Wohnung.

Morgenstern weigerte sich, die ihm angebotene Anstellung zu übernehmen, aber obwohl er ein sächsischer Unterthan war, so wurde er doch nicht wieder entlassen, sondern mußte sich dem königlichen Befehle fügen.

Der neue Hofrath hielt sich anständiger, als seine Vorgänger und wurde auch nicht ganz so schlecht wie diese behandelt, obwohl er auch viel von den wilden Launen Friedrich Wilhelms zu leiden hatte und ebenso wie Gundling und die übrigen Hofnarren von dem König benutzt wurde, um in seiner Person die gelehrten Würden lächerlich zu machen. Zu diesem Behufe wurde Morgenstern zum Vice-Kanzler der Universität Frankfurt gemacht und mußte dort einen berühmt gewordenen, halb wissenschaftlichen Streit auskämpfen.

Auf den 12. November 1737 hatte der König eine große Disputation zwischen den Frankfurter Professoren und dem neuen Vice-Kanzler angesetzt.

Morgenstern hatte vom König den Befehl erhalten, den Satz: „Alle Gelehrten sind Salbader und Narren!" zu vertheidigen und mußte dies in einem Kostüm thun, welches geeignet war, die Wahrheit des Satzes zu befürworten.

Es bestand aus lauter Kleidungsstücken, welche Friedrich Wilhelm nicht leiden konnte und verächtlich machen wollte, indem er sie seinem Hofnarren anhängte. Ein gesticktes, großes, blausammtnes Kleid mit ungeheuren rothen Aufschlägen, eine brennend rothe Weste und eine Allongeperrücke, deren Locken über den ganzen Rücken herabfielen! Das Kleid und die Weste, selbst Hosen und Strümpfe, waren überall mit reicher Silberstickerei versehen, die Silberfäden bildeten an den verschiedenen Körpertheilen das Bild eines Hasen. Statt eines Degens trug Morgenstern einen Fuchsschwanz und sein Hut war mit Hasenhaaren geschmückt.

Bis zum Tode Friedrich Wilhelms blieb Morgenstern als Hofnarr im Dienste. Außer seinem Amte als Vorleser und Lustigmacher im Tabaks-Kollegium hatte er häufig auch wichtige Staatsgeschäfte zu besorgen und wurde selbst zu Gesandtschaften verwendet. In der Einleitung*) eines von Morgenstern nachgelassenen Werkchens über Friedrich Wilhelm I., welches eine Biographie des Verfassers enthält, wird zum Schlusse derselben sein ferneres Leben folgendermaßen geschildert:

„Nach dieser Zeit besorgte er noch verschiedene Aufträge an mehreren europäischen Höfen zur Zufriedenheit seines Herrn, bei dem er dadurch und weil er das Tabaks-Kollegium durch seine muntere Laune beständig angenehm zu unterhalten wußte, in so vorzügliche Gnade kam, daß er fast immer um ihn sein mußte und außerdem eine ansehnliche Pension erhielt.

Auch Friedrich Wilhelms Nachfolger, Friedrich der Große, bediente sich Morgensterns und machte

---

*) In der citirten Einleitung wird die Art, wie Friedrich Wilhelm die Bekanntschaft Morgensterns machte, abweichend von der obigen Erzählung folgendermaßen geschildert:

„Durch seine Staatsgeographie, welche er im Jahre 1734 herausgab, wurde er der russischen Kaiserin Elisabeth bekannt und von ihr mit einem Gehalt von 1000 Rubeln nach Petersburg berufen.

Auf seiner Reise dahin begegnete ihm in der Gegend bei Berlin König Friedrich Wilhelm. Morgenstern mußte sich zu ihm in den Wagen setzen und seine Geschichte erzählen. Da er auf jede Frage mit einer dreisten Antwort bereit war, gefiel dem König seine Unterhaltung und er nahm ihn mit nach Hofe, weil er — wie er sagte — in seinem Lande ebenso gut gelehrte Leute brauchen könne, als die russische Kaiserin."

ihn zum Vice-Kanzler von Schlesien, berief ihn aber 1756 nach Potsdam, wo er auch bis an seinen Tod blieb.

In seinem Privatleben zeichnete sich Morgenstern durch Geiz, Eigensinn, cynische Philosophie und mehrere Sonderbarkeiten bei einer Menge gründlicher Kenntnisse aus. Er starb am 16. November 1785 im 80. Jahre seines Alters."

Zwölftes Kapitel.

Der Religionsstreit in Berlin. — Toleranz des Königs. — Das Sektenwesen. — Die Salzburger, ihr Empfang in Berlin. — Der Einsiedler im dustern Keller. — Das Kornmesser'sche und das Schindler'sche Waisenhaus. — Aberglaube. — Der letzte Hexenproceß in Berlin. — Der Wahrsager Job. — Friedrich Wilhelms Sittenstrenge. — Ueberhandnahme der Kindesmorde in Berlin. — Strafen des Ehebruchs.

Die religiösen Zwistigkeiten zwischen Lutheranern und Reformirten, welche seit so langen Jahren Berlin zu einem theologischen Kampfplatz gemacht hatten, dauerten auch unter der Regierung Friedrich Wilhelms fort und wurden von den erbitterten Predigern beider Parteien in der alten Art durch gegenseitige Verketzerungen in zahllosen theologischen Streitschriften geführt.

Friedrich Wilhelm interessirte sich sehr für diesen Streit, obwohl er selbst über demselben stand, denn sein klarer, scharfer Verstand sagte ihm, daß es sich bei dem Kampf der beiden Parteien hauptsächlich um unwesentliche Formenfragen handle. Diese Freiheit der Anschauung ist bei dem sonst so vielen Vorurtheilen unterworfenen König um so mehr anzuerkennen, als er durchaus kein Freigeist sondern streng religiös, wenn auch auf seine eigene Art, war. Er besuchte mit der pünktlichsten Regelmäßigkeit die Kirche, hielt täglich seine Morgenandacht und zeigte überhaupt bei jeder Gelegenheit, daß er eine religiöse Gesinnung hochschätze; die Heuchler aber konnte er nicht leiden.

Daß Friedrich Wilhelm die Unterschiede der lutherischen und kalvinistischen Lehre nur für Formensache hielt, hat er bei verschiedenen Gelegenheiten ausgesprochen und auch durch die That bewiesen, indem er seine Lieblingstochter, die Prinzessin Friederike Louise, welche den Markgrafen von Anspach heirathete, zur lutherischen Kirche übergehen ließ. Er hatte dies ausdrücklich befohlen, weil der Markgraf sich zur lutherischen Kirche bekannte und er glaubte, es sei zu einer guten Ehe wünschenswerth, daß Mann und Frau einerlei Religion hätten. Es kam ihm außerdem auch darauf an, durch einen solchen Schritt öffentlich zu zeigen, daß beide Religionen seiner Ansicht nach in allen ihren Grundlehren gleich seien und man daher einen Uebergang von der reformirten Lehre zur lutherischen nicht als einen Religionswechsel, den Friedrich Wilhelm verabscheute, betrachten könne.

Während seiner ganzen Regierung war der König, wiewohl vergeblich, bemüht, den Zwiespalt zwischen Lutheranern und Kalvinisten auszugleichen. Die Art, wie er es that, war natürlich seine eigene. Er wollte herrschen auf geistlichem, wie auf weltlichem Gebiet; seiner Willkür sollten sich die Ueberzeugungen beugen. Wo er selbst mit gutem Beispiel voranging, da mußten sich, seiner Ansicht nach, die Unterthanen unweigerlich fügen.

Der König besuchte, obgleich er der reformirten Kirche angehörte, häufig die lutherischen Prediger und ließ von ihnen den Prinzessinnen Religionsunterricht ertheilen, weil die Königin dem lutherischen Glaubensbekenntniß angehörte. Auch zu Feldpredigern stellte er vorzügliche lutherische Geistliche an und zwar aus einem eigenen Grunde. Die kalvinische Lehre behauptet, daß das Schicksal eines Menschen durch Gottes Willen längst vorherbestimmt sei. Eine solche Lehre seinen Grenadieren predigen zu lassen, trug Friedrich Wilhelm gerechtes Bedenken. Jeder Deserteur konnte ja behaupten, er sei zum Davonlaufen vorherbestimmt und könne deshalb nicht bestraft werden. Es schien dem König bedenklich, solchen Glaubensstreitern zu entgegnen, daß wie das Davonlaufen, so auch die Strafe vorherbestimmt sei, denn ihm wäre ja dadurch der freie königliche Wille der Begnadigung geschmälert worden.

Um dem Volke recht augenscheinlich zu zeigen, daß er beide Lehren für gleichberechtigt halte, ließ Friedrich Wilhelm mehrere sogenannte Unionskirchen zum gemeinschaftlichen Gottesdienst für beide Konfessionen erbauen und befahl, daß in andern das Simultaneum, ein abwechselnder Gottesdienst beider Parteien, eingeführt werde.

Diese Kirchengemeinschaft erregte viel böses Blut, sowohl unter Lutheranern wie unter Kalvinisten. Beide weigerten sich, wurden aber gezwungen, dem Willen des Königs nachzugeben.

Der lutherische Probst Roloff wendete sich in einem langen Brief an den König und theilte ihm mit, daß er allerdings dem allergnädigsten Befehl sofort alleruntertänigst Folge geleistet und sich mit dem reformirten Hofprediger Steinberg über das einzuführende Simultaneum besprochen habe, aber es ergäben sich dieser Sache wegen in seinem Gemüthe einige unüberwindliche Schwierigkeiten und er bitte deshalb, der Kirche zu Friedrichsfelde den lutherischen Gottesdienst allein zu lassen.

Friedrich Wilhelm antwortete sofort: „Ich habe Eure Vorstellung vom 8. d., warum Ihr meinet, daß das Simultaneum in der Kirche zu Friedrichsfelde nicht könne introduciret werden, erhalten und ist Euch darauf in Antwort, daß ich Euer Einwenden nur vor Possen halte. Ich halte beide Religionen einerlei zu sein und finde dabei keinen Unterschied, will also, daß es bei meiner Ordre verbleiben soll."

Mit der Einführung der Unionskirche und des Simultaneums begnügte sich Friedrich Wilhelm nicht, er griff gewaltthätig ein in das innere Wesen der Religionsgemeinschaften und dabei schonte er weder die rein äußerlichen Gebräuche, noch selbst die Grundlehren der beiden Konfessionen, er befahl ganz nach seinem Ermessen und seiner Willkür Abänderungen in beiden. Die meisten der noch immer herrschenden, aus dem Katholicismus herstammenden Gebräuche der Lutheraner befahl er abzustellen. So durfte bei Begräbnissen kein Kruzifix mehr vorangetragen werden, Meßgewänder, Altäre, Lichter ꝛc. sollten beseitigt werden, auch die Privatbeichte, ein Ueberbleibsel des Papismus, wurde abgestellt und dafür die Generalbeichte in allen Kirchen eingeführt. Das Kreuzschlagen, das Absingen der Gebete, des Segens ꝛc. wurde ebenfalls verboten.

Den lutherischen Predigern ging der strenge Befehl zu, das nichtige, äußere Ceremonienwerk, welches noch aus der katholischen Kirche stamme, zu vermeiden und es sich angelegen sein zu lassen, die ihnen anvertrauten Seelen dem wahren Christenthum zuzuführen. Den Reformirten wurde die Lehre der Vorherbestimmung verboten und Friedrich Wilhelm befahl ausdrücklich bei Strafe der Amtsentsetzung, von dem Streite über die allgemeine Gnadenwahl auf der Kanzel gänzlich abzustehen.

Wo die Prediger solchen Anordnungen nicht nachkamen, da wurden sie, gleichgültig, ob sie reformirt oder lutherisch waren, ihres Amtes entsetzt. Die Fiskale erhielten den bestimmten Auftrag, die Predigten zu kontrolliren und mancher Geistliche erlag den Denunziationen derselben.

War Friedrich Wilhelm bemüht, Lutheraner und Kalvinisten zu einer Religionsgemeinschaft zu vereinigen, den vorhandenen Religionszwiespalt auszugleichen, so konnte es ihm natürlich nicht angenehm sein, wenn sich andere Religionssekten bildeten, welche seiner Ansicht nach die Gemüther verwirrten. Er haßte die Sektirer, zeigte sich aber gegen sie trotzdem ziemlich tolerant, wobei wir freilich nicht den Maßstab unserer heutigen, sondern den jener Zeit anlegen müssen.

Im Jahre 1718 wurde eine Untersuchung gegen eine besonders in Berlin seit einigen Jahren verbreitete Sekte, welche sich „die Inspirirten" nannte, eingeleitet. Die Sektirer behaupteten, sie hätten höhere Eingebungen; sie verbreiteten Schriften, in denen sie ihre Lehren aussprachen und sendeten sie auch an den König.

An der Spitze der Sektirer standen ein Studiosus, Namens Kunzel, aus Halle, ein Schneider aus dem Anhaltischen und eine alte Wittwe. Diese wurden von dem General-Fiskal und dem mit der Untersuchung beauftragten Kirchenrath verhört. Sie gaben an, daß ihnen von Gott die Aufgabe geworden sei, die Welt zu belehren und von den Sünden abzumahnen, sie behaupteten, besondere Befehle Gottes zu haben, nach denen sie vor Krieg, Hunger und Pestilenz, den

Strafen Gottes, zu warnen hätten und sie könnten nicht weichen, wenn sie auch ihres Zeugnisses wegen zur Verantwortung gezogen und in Ketten und Banden geworfen würden.

Manche Stimmen erhoben sich dafür, daß ein solches Schicksal die Sectirer wirklich treffe. Friedrich Wilhelm aber meinte, den Glaubensschwärmern gebühre keine besondere Strafe. Damit sie kein Unheil in Berlin stiften konnten, wurden sie einfach über die Grenze gebracht und des Landes verwiesen. Zurückgekehrt sind sie nicht.

Eine andere Secte waren die sogenannten „Gichtelianer", an deren Spitze der Hofschuster Schramm stand. Der überdiensteifrige General-Fiskal Gerbett klagte diese der Auflehnung gegen den Ehestand und das Abendmahl ꝛc. an. Er hielt bei dem Hofschuster und anderen Gichtelianern Haussuchung, nahm ihnen verschiedene Briefe und Bücher weg und theilte den Auszug aus denselben dem König mit.

Friedrich Wilhelm fand indessen, daß die Gichtelianer unschädliche Schwärmer seien. Er befahl, dem würdigen Schramm seine Schriften zurückzugeben, indem er erklärte, er habe befunden, daß dies lauter mystisch dunkle Sachen wären, welche in den Büchern enthalten seien. Die Gichtelianer würden freilich davon nicht wieder abzubringen sein, andere Menschen aber verständen den Unsinn nicht. Und darin hatte er gewiß Recht.

Ein Lied, welches ebenfalls mit konfiszirt worden war und von den frommen Gichtelianern nach der Melodie: „Wie schön leucht' uns der Morgenstern" gesungen wurde, mag hierüber Zeugniß geben. Es lautet:

Die Jungfrauschaft hat hohen Preis
Vor Gott in seinem Paradeis
An beiderlei Geschlechte.
Der Heiland selbst hat sie geehrt,
Mit seinem Beispiel auch gelehrt,
Was sie vor Nutzen brächte.
Denn dort am Orte aller Freuden
Wird Gott weiden,
Die Lust meiden,
Sich und Himmelreich beschneiden.

Auch die Katholiken erlitten in Preußen keine Verfolgung, obwohl die Grausamkeit, mit der sie damals in den Ländern, in denen sie die Macht dazu hatten, die Ketzer behandelten, wohl eine Wiedervergeltung herausgefordert hätte.

Hier und da zeigte indessen Friedrich Wilhelm auch wohl seine Abneigung gegen den Katholicismus. So verbot er im Jahre 1726 den Katholiken in Berlin, fernerhin eigene Häuser zu bauen. Zu Staatsämtern ließ er sie ebenfalls nicht zu, weil er behauptete, sie seien dem Papst mit heiligeren Eiden als ihm, dem König, verpflichtet.

Einen Lichtpunkt in der Regierung Friedrich Wilhelms bildet die freundliche Aufnahme, welche er, dem Vorbilde seines Großvaters nacheifernd, den ihrer Religion wegen aus ihrem Vaterlande vertriebenen lutherischen Salzburgern in Preußen gewährte.

Aus der königlichen Kasse wurden auf die Kolonisirung Litthauens durch die Salzburger gegen 6 Millionen Thaler verwendet und das Resultat dieser großartigen Einwanderung war, daß in einer früher wüsten Gegend 332 neue Dörfer und 6 Städte entstanden, daß ein fruchtbares, aber bis dahin wenig angebautes Land eine Kornkammer für Preußen wurde.

Auf der weiten Reise von der Heimath bis nach Litthauen wurden die Salzburger theils auf königliche Kosten verpflegt, theils fanden sie liebreiche Aufnahme in den Städten und Dörfern, durch welche sie zogen. Berlin zeichnete sich besonders durch die offene Gastfreundschaft aus, mit welcher die Residenz die Flüchtigen aufnahm.

Am 30. April 1732, Nachmittags 4 Uhr, langte der erste Zug der Salzburger in Berlin an. Die halbe Stadt war ihm entgegengezogen, Jeder bemühte sich, durch die liebevollste Aufnahme den Flüchtigen die neue Heimath angenehm zu machen. Da sah man junge, fein gekleidete Mädchen den alten Bauern ihre schweren Ranzen abnehmen und nachtragen, hier zog ein reicher Bürger mit seiner Frau einen Wagen, in welchem eine Kranke lag. Jeder wollte helfen und trösten, Jeder einen Antheil an dem Liebeswerk nehmen. Die ihres spöttelnden Witzes wegen schon damals verschrieenen Berliner zeigten bei dieser Gelegenheit, wie häufig auch später, daß sie für wahre Noth ein warm fühlendes Herz hatten.

Die Ankunft jedes Zuges der Salzburger war immer ein öffentliches Fest. Friedrich Wilhelm ging gewöhnlich den Einwanderern bis zum Leipziger Thore entgegen, einige Kandidaten der Theologie geleiteten die Fremden in die Stadt und wiesen ihnen die gastfreundlich gewährten Quartiere an.

Die Bürger überboten sich in der zuvorkommendsten Bewirthung und auch die Königin folgte dem Beispiel der Bürger. Sie ließ in ihrem Schlosse Monbijou die Armen speisen und beschenkte sie.

In den Kirchen wurde zur allgemeinen Erbauung Gottesdienst gehalten, denn ohne einen Gottesdienst ging es überhaupt bei solchen Gelegenheiten nicht ab. Der König hielt darauf, daß fleißig gepredigt und gebetet wurde und die Bürger zeigten, um sich die königliche Gnade zu erwerben, gern, daß sie fromm seien. An allen Sonn- und Festtagen und bei jeder Feierlichkeit waren die Kirchen vollgepfropft von Zuhörern, besonders diejenigen, in denen man den König zu sehen erwartete. Ueberall wurde die Religiosität äußerlich zur Schau getragen, ob sie innerlich aber besonders groß war, möchte zu bezweifeln sein.

Berlin konnte in jenen Tagen sogar das seltene Exemplar eines Einsiedlers aufweisen.

Ein früherer Hofbedienter des großen Kurfürsten, Namens Schneider, hatte sich in einem wild bewachsenen Hügel in der Hasenhaide, dem sogenannten dustern Keller, eine Höhle gegraben. In dieser lebte er von milden Gaben ganz wie die Klausner im Mittelalter. Seine einzige Beschäftigung war das Singen von Psalmen und das Beten. Jeden, mit dem er sprach, redete er „Er" an und dabei machte er keine Ausnahme, selbst als Friedrich Wilhelm einst von Tempelhof nach der Hasenhaide ritt und den Klausner aufsuchte, nannte dieser den König „Er".

Friedrich Wilhelm unterhielt sich lange mit dem wunderlichen Alten, den er nicht recht begreifen konnte.

„Mit Deinem Glauben scheint es mir nicht ganz richtig zu sein," sagte er.

Der Einsiedler erwiderte ruhig: „Ich glaube noch immer dasselbe, was ich glaubte, als ich Seinem Großvater die Psalmen vorlas."

„Dann habe ich allen Respekt vor Deinem Glauben, hier hast Du einen Gulden."

„Das Geldstück ist zu groß für mich," entgegnete der Klausner, der nie etwas anderes als kleine Kupfermünzen annahm und ohne sich weiter um den König zu bekümmern, ging er in seine Höhle zurück.

Die in Berlin überall zur Schau getragene Religiosität verführte vielfach zur Heuchelei, nach anderer Richtung hin hat sie aber auch wohlthätige Wirkungen zur Folge gehabt, indem manche milde Stiftung entstand. Reiche Leute schenkten den Ortsarmen bedeutende Summen, um ihren Namen glänzen zu sehen, Andere waren von wahrem Wohlthätigkeitssinn angeregt, das Gleiche zu thun.

Manche aus der Regierungszeit Friedrich Wilhelms herrührende Stiftungen haben sich bis zum heutigen Tage erhalten. Die bedeutendsten derselben sind das Kornmesser'sche und das Schindler'sche Waisenhaus.

Das erstere wurde von dem preußischen Hofrath und Bürgermeister Joachim Friedrich Kornmesser und dessen Ehegattin im Jahre 1719 mit einem Stammkapital von 36,000 Thalern begründet, wozu Kornmesser auch noch das Haus Breite Straße 23 gab. Im Jahre 1721 trat die Anstalt mit 41 Kindern zuerst in der Breiten Straße ins Leben.

Das Schindler'sche Waisenhaus wurde von dem Geheimen Rath Severin Schindler, dem Besitzer der großen Berliner Gold- und Silber-Manufaktur, auf dessen Rittergut Schöneiche im Jahre 1730 begründet. Nach dem Tode Schindlers führte seine Wittwe das Werk fort und vermachte dem Hause testamentarisch ihr ganzes Vermögen. Im Jahre 1746 wurde das Waisenhaus von Schöneiche nach Berlin verlegt.

Friedrich Wilhelm nahm alle solche Stiftungen sehr wohlgefällig auf und die Wittwe Schindlers hat es hauptsächlich ihrem Waisenhause zu danken, daß der König den Wünschen des Herrn v. Pöllnitz, der die reiche Wittwe gern selbst gegen ihren Willen geheirathet hätte, nicht nachgab.

Wir haben schon bei verschiedenen Gelegenheiten den klaren, scharfen Verstand des Königs zu rühmen gehabt; er zeigte denselben auch dem noch immer in Berlin herrschenden Aberglauben gegenüber.

Durch die Abschaffung der Hexenprozesse hat sich Friedrich Wilhelm ein unsterbliches Verdienst erworben. Kaum hatte er den Thron bestiegen, so erließ er am 13. Dezember 1714 ein Mandat wegen der Hexenprozesse. Er schilderte in demselben den Hexenprozeß als den gefährlichsten aller Kriminalprozesse, da auf ungewisse Anzeigen hin viele Unschuldige auf die Tortur kämen und gar Leib und Leben verlören. Alle Urtheile in Hexensachen, welche die Tortur oder gar die Todesstrafe mit sich führen könnten, sollten deshalb dem König vorher zur Konfirmation eingesandt werden. Er befahl schließlich, alle noch vorhandenen Brandpfähle, an denen Hexen hingerichtet worden waren, fortzunehmen.

Trotz dieses Befehls wurden doch noch unter der Regierung Friedrich Wilhelms einige Hexenprocesse von den abergläubigen Gerichtshöfen ins Leben gerufen, so im Jahre 1721 ein solcher gegen eine Schuhmacherin in Rauen. Friedrich Wilhelm ließ sich darüber aber sehr mißfällig aus und bemerkte, daß er alle Hexenprozesse durchgehends verboten habe.

Ein anderer merkwürdiger Prozeß kam in der Residenz noch im Jahre 1728 vor; ein Mädchen wurde des Umgangs mit dem Teufel beschuldigt. Es war eine Müllertochter, Namens Dorothea Steffin, die, wegen Unsittlichkeit im Kalandshof eingesperrt, sich zu erhängen versuchte. Sie wurde abgeschnitten und sagte nun von sich selbst aus, sie sei einst am Wedding einem Herrn in blauem Rock und gestickter Weste begegnet, der habe ihr Geld geschenkt. Später habe sie ihn auf der Langen Brücke wiedergetroffen, sei mit ihm nach dem Wedding gegangen und dort habe ihr der Herr erzählt, er sei der Teufel. Er habe ihr ein Papier, auf dem drei Buchstaben gestanden hätten, hingereicht und sie aufgefordert, dies zu unterzeichnen. Als sie sich bereitwillig gezeigt, habe er mit dem Nagel an den Finger gedrückt, bis Blut gekommen sei und mit diesem Blut habe sie sich dem Teufel verschrieben. Seitdem verfolge sie derselbe und er sei Schuld daran, daß sie sich das Leben habe nehmen wollen.

Das Papier wurde von dem Mädchen zu den Akten gegeben und in der That standen auf demselben drei roth geschriebene Buchstaben; den von ihr selbst unterschriebenen Vertrag konnte sie natürlich nicht einreichen, denn diesen hatte der vorsichtige Teufel als Schuldschein mitgenommen.

Das Mädchen behauptete, der Teufel habe ihr gesagt, sie möge nur sein Papier stets auf dem Leibe tragen, dann solle sie beim Stehlen nicht entdeckt werden. Sie habe indessen niemals gestohlen, sondern nur einen unsittlichen Lebenswandel geführt.

Auf diese wahnsinnigen Selbstanschuldigungen

hin wurde der Prozeß gegen die Verbündete des Teufels eingeleitet. Der Gerichtshof war indessen doch schon so weit vom Aberglauben befreit, daß er nicht nur einen Geistlichen, sondern auch einen Arzt in das Gefängniß sandte und dieser war Zeuge von den entsetzlichen Krämpfen, in denen die Unglückliche sich krümmte, während der Prediger ihr vorbetete.

Das Urtheil des Berliner Kriminal-Gerichts vom 10. Dezember 1728 erkannte trotzdem den Teufelspakt als möglich an: Es heißt in demselben: „Obwohl es das Ansehen habe, daß die Inquisitin wegen des Bündnisses mit dem Teufel mit dem Feuer oder doch mit dem Schwert zu strafen sei, zumal sie einen höchst unsittlichen Lebenswandel geführt habe, so könne doch das Bündniß mit dem Teufel auch Effect der Schwermüthigkeit sein, weil sie mit schwerer Noth und Melancholie lange behaftet gewesen, zumal die von ihr erzählten Umstände unwahrscheinlich, ja ungereimt seien, so daß man auf Verstandes-Verrückung und wunderliche Einbildung durch ihre Krankheit schließen müsse, deshalb solle die Inquisitin nicht am Leben bestraft werden. Damit sie aber durch ein liederliches Leben und Versuchen des Selbstmordes nicht ferner in dem Wege des Satans sich verstricken könne, sei sie lebenslänglich in das Spandauer Spinnhaus zu bringen und zu leidlicher weiblicher Arbeit anzuhalten, ihr auch dort leibliche Arznei und geistlicher Zuspruch zu ertheilen. Von Rechts Wegen."

Dies Erkenntniß wurde durch den König bestätigt. Dieser war in seinen Ansichten über Zauberei seiner Zeit voraus, denn das Volk glaubte noch immer an dieselbe.

In der intelligentesten Stadt des Landes, in Berlin, machte ein Advokat, Namens Job, gewaltiges Aufsehen durch seine Wahrsagungen, die er aus astrologischen Berechnungen hergeleitet. Als im Jahre 1714 eine seiner Prophezeiungen in höchst merkwürdiger Art zur Erfüllung kam, da gab es kaum irgend Jemand in Berlin, der nicht an Job's Wahrsagungen unverbrüchlich geglaubt hätte.

Ein Postsekretär Fesser hatte sich an den Astrologen gewendet und ihn gebeten, ihm sein Schicksal vorher zu verkünden. Job hatte sich anfänglich geweigert, endlich aber prophezeit, Fesser werde im Wasser umkommen. Vor einem solchen Tode glaubte sich der Postsekretär schützen zu können. Er vermied es, dem Wasser nahe zu kommen und wenn er über eine Brücke ging, suchte er gewiß so weit wie möglich vom Geländer entfernt zu bleiben. Eines Abends aber vergaß er diese Vorsicht. Er kam zu einer munteren Gesellschaft in der Friedrichsstadt und mußte die Schleusenbrücke passiren. Plötzlich kam ihm ein Wagen mit großer Schnelligkeit entgegen. Fesser wollte ausbiegen, in demselben Augenblick wurden die Pferde scheu, der Geängstigte sprang noch weiter zurück, fiel ins Wasser und ertrank.

Nach diesem Vorfall galt Job für einen ausgemachten Propheten und es erregte in Berlin eine nicht geringe Entrüstung, als der Prediger Lysius von der Sankt Nikolaikirche, der beim Ertrunkenen den Leichensermon hielt, aussprach, Job habe nur zufällig die Wahrheit getroffen, er sei ein Charlatan und suche das Volk zu betrügen. Der Prediger ließ seine Leichenpredigt drucken.

Job antwortete in einer Gegenschrift und es gab nun einen Wechsel von Streitschriften zwischen beiden Gegnern, bei dem Job siegreich blieb, denn er wußte selbst höchst verfängliche Fragen, die ihm Lysius stellte, klug zu beantworten.

Der Prediger wollte den Wahrsager auf's Glatteis führen und versicherte, nur dann werde er an die Wissenschaft desselben glauben, wenn Job ihm folgende Fragen beantworte:

1) wer bei der augenblicklichen Vakanz des päpstlichen Stuhles von den versammelten Kardinälen zum Papst gewählt werden würde;
2) ob im nächsten Jahre das Getreide gut gerathen würde, und
3) welchen Preis es haben werde.

Job erklärte sich zur Lösung aller drei Fragen bereit, wenn ihm bezüglich der ersten Lysius von sämmtlichen im Konklave versammelten Kardinälen Tag und Stunde der Geburt angeben wollte.

Das war der gute Prediger nicht im Stande und so blieb Job in den Augen der Berliner Bürger Sieger. Der König ärgerte sich über diese Sache so sehr, daß er befahl, es solle von derselben nicht mehr gesprochen werden.

Auch andere Personen standen im Rufe, Zaubermittel zu besitzen oder in die Zukunft schauen zu können. Vor Allem Fürst Leopold von Dessau, der, wie alle Soldaten behaupteten, kugelfest sei. Viele alte, durchwetterte Grenadiere wollten mit ihren eigenen Augen gesehen haben, wie der alte Dessauer die blauen Bohnen mit den Aermeln aufgefangen und sie nachher auf den Boden geschüttelt habe. Auch der Minister von Ilgen, der Klügste unter den Staats-Ministern Friedrich Wilhelms, stand im Rufe übernatürlicher Kräfte. Er sollte, so sagte man sich in Berlin, Jedem, den er nur einmal gesehen habe, das künftige Schicksal prophezeien können. Man erzählte darüber viele seltsame Geschichten, die allgemeinen Glauben fanden, da es ein Faktum war, daß er dem unglücklichen Patkul (General-Lieutenant und Gesandter Peters des Großen) einst bei Tische die Warnung gegeben hatte, er möge seinen Kopf festhalten, der dennoch später fiel.

Kamen solche Gerüchte an den König, so war er meist sehr ungehalten und verbot, davon zu sprechen. Er fühlte wohl, daß es noch nicht an der Zeit sei, den Kampf gegen den Aberglauben durchzuführen, obwohl er ihn für seine Person aufnahm, indem er das richtigste Mittel wählte, den Teufelsglauben zu zerstören, die Lächerlichkeit. Der Auftrag, welchen er dem Vice-Präsidenten der Akademie der Wissenschaften, Graben zum

Stein, ertheilte, Alpen, Drachenkinder, Wehrwölfe ꝛc. gegen eine Belohnung von 6 Thalern pro Stück lebendig oder todt einzufangen, ist ein vollgültiges Zeugniß hierfür.

Nicht so vorurtheilsfrei, wie gegen Hexen und Zauberer, zeigte sich Friedrich Wilhelm gegen sittliche Vergehungen. Er selbst war ein Weiberfeind; er hielt alle Frauen für leicht verführbar und glaubte sie durch strenge Strafen zur Sittsamkeit anhalten zu müssen. Er that sich etwas zu Gute darauf, daß er ein treuer Ehemann sei und rühmte sich oft, daß er jeder Versuchung zu widerstehen vermöge.

Dieselbe Sittenstrenge, welche Friedrich Wilhelm selbst bewies, verlangte er auch von seinen Unterthanen. Er erließ deshalb zur Förderung der Sittlichkeit mehrere Edikte, ohne indessen an die Wirksamkeit derselben selbst recht zu glauben.

Am 30. Oktober 1716 ließ der König bekannt machen, daß die Kirchenbuße, der sich bis dahin gefallene Mädchen und Frauen hatten unterziehen müssen, nicht als eine Strafe betrachtet werden solle, sondern daß das Laster an den Verbrechern außerdem noch geahndet werden müßte.

Die Kirchenbuße bestand bis dahin darin, daß die Gefallenen drei Sonntage nach einander während der ganzen Predigt vor den Altären knien mußten. Sie dienten der spottlustigen Gemeinde zum Schauspiel und es ließ sich leicht denken, daß diese mehr auf die Büßerinnen, als auf den Prediger achtete. Dieses Unwesen schaffte Friedrich Wilhelm nicht ab, im Gegentheil, er befahl, daß fortan die Buße noch öffentlicher, als es bisher geschehen sei, und zwar mitten in der Kirche stattfinden müsse.

Er setzte außerdem namhafte Strafen gegen sittliche Vergehungen fest. Die Folge dieser Strenge war das Ueberhandnehmen der Kindesmorde. Mädchen, die ein Gefühl für Ehre hatten, aber der Sinnlichkeit des Augenblicks gefallen waren, verübten häufig das furchtbare Verbrechen in der Verzweiflung.

Friedrich Wilhelm sah dies wohl ein. Er erließ daher im Jahre 1720 ein Edikt, in welchem er anbefahl, daß Niemand sich unterstehen solle, einem gefallenen Mädchen Vorwürfe darüber zu machen oder sie zu beschimpfen, bei Vermeidung harter Bestrafung und öffentlicher Abbitte von Seiten des Beleidigers. Zugleich aber machte er es auch den Gerichten zur Pflicht, gegen die Kindesmörderinnen unnachsichtlich mit der Todesstrafe des Sackens vorzugehen. Schon 1719 schrieb der König bei einem Urtheil, worin einer Kindesmörderin zuerkannt worden war, daß sie in einen Sack gesteckt und in das Wasser geworfen werden sollte: „Die Kindesmörderin werden so gemein, ergo sollen sacken lassen. Hier in Potsdam sein 3 Kindesmörderin, die Alles schon bekannt haben."

Dem königlichen Befehl wurde Seitens der Gerichte die pünktlichste Folge geleistet. Es wurde festgesetzt, daß die Kindesmörderinnen sich den Sack, in welchem sie in das Wasser geworfen werden sollten, selbst nähen mußten und es gab fortan in Berlin eine große Menge Exekutionen, welche gewöhnlich in der Spandauer Vorstadt vorgenommen wurden.

Auch den Ehebruch bestrafte Friedrich Wilhelm und zwar, seiner Gewohnheit gemäß, meist durch eigenmächtige Dekrete streng. Die schöne, junge Frau eines Geheimen Raths, welche ihren Mann verlassen hatte und in Berlin unter dem Vorwande eines Prozesses ein lustiges Leben führte, wurde auf Antrag des beleidigten Gatten ohne richterliches Urtheil nach Spandau gebracht.

Besser als die Frau des Geheimen Raths kam die Wittwe eines Herrn v. Kniephausen fort, der vom König, weil sie ein uneheliches Kind geboren hatte, eine Strafe von 12,000 Thalern auferlegt wurde. Die Dame zahlte die Strafe, indem sie sich lächelnd äußerte, sie habe Sr. Majestät um 12,000 Thaler befraudirt, denn statt eines unehelichen Kindes, wegen dessen sie bestraft sei, habe sie deren zwei.

Dreizehntes Kapitel.

Die Kunst in Berlin. — Die Akademie der Künste. — Der Hofmaler Weidemann. — Die Malerei. — Friedrich Wilhelm als Maler. — „Hänschen." — Das Lackiren. — Die Kupferstecher. — Die Bildhauerkunst. — Die Baukunst. — Die Musik. — Perusch und sein Schweinekonzert. — Die Dichtkunst. — Friedrich Wilhelm als Dichter. — Der Reimschmied Pastor Schönemann. — Das Theater in Berlin. — Der starke Mann Johann Karl v. Eckenberg.

In einer Zeit, in welcher durch das Vorbild des Königs eine rein materielle Anschauung in allen Gebieten des staatlichen Lebens herrschte, konnte die Kunst keine freundliche Stätte in Berlin finden.

Friedrich Wilhelm haßte die Wissenschaften und verachtete die Künste. Sein Sparsystem traf gleich beim Beginn seiner Regierung am Schärfsten die Pensionen der in der Residenz angestellten Künstler und diese sahen daher bald genug ein, daß Berlin für sie keine Heimath mehr sein könne. In kurzer Zeit verlor unsere Stadt den größten Theil derjenigen Männer, welche bis dahin dieselbe durch ihr Talent berühmt gemacht hatten. Die meisten Künstler, welche es irgend vermochten, verließen Berlin und begaben sich in das Ausland, die übrigen, welche durch Familienbande hier festgehalten wurden, mußten sich einschränken und in die Umstände schicken, auch wohl die Kunst ganz aufgeben und zu einer andern Arbeit greifen.

Die natürliche Folge war, daß während der Regierungszeit Friedrich Wilhelms die vaterländische Kunst einen gewaltigen Rückschritt machte, von dem sie sich unter dem geistreichen und kunstsinnigen Nachfolger dieses Königs nur schwer zu erholen vermochte.

Als ein besonders unnützes Institut erschien Friedrich Wilhelm die von seinem Vater in's Leben gerufene Akademie der Künste. Er setzte ihre jährlichen Einkünfte im Jahre 1714 von mehr als 6000 Thalern auf 300 Thaler herunter und erlegte ihr dabei noch außerdem die Verpflichtung auf, für die ihr über dem königlichen Marstall eingeräumten Zimmer eine jährliche Miethe von 50 Thalern zu bezahlen. Es bedurfte wiederholter Vorstellungen, um wenigstens diese Miethe dem Kunst-Institut zu erlassen.

Die Akademie würde vielleicht ganz eingegangen sein, hätte sie nicht Unterstützung bei einem Manne gefunden, der, obwohl sein bedeutender Künstler und seiner Befähigung nach in keiner Weise geeignet, der Direktor eines derartigen Instituts zu sein, sich doch um die Förderung der Kunst in Berlin ein wesentliches Verdienst durch die Liebe zur Akademie erworben hat; es war der Hofmaler Weidemann, den Friedrich Wilhelm mit 600 Thalern Gehalt als Direktor der Akademie beibehielt und der mit anerkennenswerthem Eifer seine Stellung ausfüllte. Er tröstete die um ihre Zukunft besorgten Künstler und sprach ihnen Muth zu, er bemühte sich, alle diejenigen jungen Leute, welche Neigung zur Kunst hatten, aufzumuntern und verwendete selbst seine geringen Mittel, um die öffentliche Ehre der Akademie aufrecht zu erhalten, indem er auf seine eigenen Kosten jährlich den Stiftungstag feierte und dabei Prämien unter die fleißigsten Schüler austheilte.

Von allen Künsten liebte Friedrich Wilhelm am Meisten die Malerei. Er glaubte selbst ein tüchtiger Maler zu sein, weil er oft, um sich die Zeit zu vertreiben, einige Stunden an der Staffelei zubrachte und weil die Schmeichler, welche jeden Fürsten umgeben, ihm versicherten, er schaffe Kunstwerke.

Wenn das Wetter schlecht war oder wenn der König, wie dies oft geschah, am Podagra litt, so daß er nicht ausreiten konnte, ließ er den Maler Johann Adelfing kommen, der mit jährlich 100 Thalern festem Gehalt angestellt war und außerdem für jeden Tag, an dem gemalt wurde, 1 Gulden für die Farben erhielt.

Adelfing wurde bei Hofe gewöhnlich „Maler Hänschen" genannt. Morgenstern bezeichnet ihn in seinem Buche über Friedrich Wilhelm I. als „Albrecht Schmierers treuesten Jünger". Hänschen mußte dem König die Farben reiben und ihm zugleich auch die Porträts der Bauern, Bedienten und Grenadiere, welche Friedrich Wilhelm abkonterfeien wollte, aufzeichnen. Er hatte dabei eine schwierige Stellung, denn für jeden Pinselstrich, der dem König mißglückte, erhielt Hänschen nach Morgensterns Zeugniß eine reiche Ernte von Hieben und Stößen mit dem Malerstock. Kam es dem König darauf an, ein besonders gutes Porträt zu machen, dann war ihm Meister Häns-

chen nicht genügend, der Hofmaler Weidemann wurde in solchen Fällen gerufen, um ihm Beistand zu leisten.

Die Bilder des Königs wurden natürlich im Tabaks-Kollegium immer mächtig bewundert und Friedrich Wilhelm kam endlich zu der Ueberzeugung, daß, wenn er nicht zufällig König geworden wäre, er sicherlich ein tüchtiger Maler sein würde, der sich mit seiner Kunst sein Brot vortrefflich verdienen könne. Um sich zu überzeugen, ob dies wirklich möglich sei, ließ er einst den Bilderhändler Schütz nach dem Tabaks-Kollegium bescheiden und fragte ihn, was er ihm für seine Bilder geben wolle.

Schütz bot für jedes fertige Porträt die enorme Summe von 1 Louisd'or. Friedrich Wilhelm berechnete sich, daß er in 5 Tagen sehr wohl ein Bild fertig machen könne und da er mit 1 Thaler auszukommen sich getraute, war er mit einem solchen Verdienst sehr zufriedengestellt. Aber er ließ trotzdem seine Bilder für diesen Preis nicht ab, sondern befahl, einen andern Hoflieferanten, der auf der Stechbahn seinen Laden hatte, rufen zu lassen und bot diesem einige seiner Werke an.

Der Hoflieferant mußte wohl oder übel 100 Thaler für das Stück zahlen. Er wußte indessen doch bei dem schlechten Geschäft seinen Vortheil zu machen. Kaum im Besitz der königlichen Kunstwerke, ließ er die Bilder öffentlich vor seiner Ladenthür zum Verkauf aushängen und gab ihnen die Ueberschrift: „Von der Hand Sr. Majestät des Königs gemalt!"

Die Kunde von dem seltsamen Verkaufsartikel kam natürlich sofort ins Schloß.

Friedrich Wilhelm ärgerte sich denn doch, daß seine Kunstprodukte so öffentlich verschachert werden sollten. Er schickte deshalb dem Kaufmann das erhaltene Geld wieder und forderte seine Bilder zurück. Dieser aber antwortete, er sei Kaufmann und könne unmöglich so werthvolle Sachen, an denen er bedeutend verdienen wolle, für den Einkaufspreis zurückgeben. So sah sich denn der König gezwungen, selbst den Käufer für seine Bilder zu machen und dem Hoflieferanten den gewünschten Profit zu gewähren.

Von den Kunstwerken Friedrich Wilhelms haben sich manche erhalten; einige noch vorhandene Porträts von Bauern tragen die Inschrift: „Fridericus Wilhelmus in tormentis pinxit."

Mit Schmerzen hatte der König die Bilder gemalt, da sie entstanden waren, während er am Podagra litt, mit Schmerzen hatten aber auch die Bauern gesessen, denn wenn dem König die Arbeit nicht recht gut gelang und er unwillig darüber wurde, so prügelte er wohl auf seine Modelle los oder er strich denselben auch einen Pinsel voll Farbe ins Gesicht und schrie wüthend: „Nun bist Du gewiß getroffen!"

Sämmtliche Schöpfungen des Königs aus seiner Podagrazeit tragen den Charakter der Krankheit, an welcher der Maler litt.

Friedrich Wilhelm mußte einst von seinem

Kastellan, einem Holländer, ein Urtheil über seine Leistungen hören, welches ihn sehr verdroß, aber dessen Wahrheit schlagend war. Er hatte ein Jagdstück vollendet und fragte den Kastellan um seine Meinung. Dieser versicherte mit größtem Ernst, es sei gemalt in der Manier eines berühmten Niederländers, Bas-Claas, der stets, damit seine Bilder auch richtig verstanden würden, die einzelnen Figuren mit Buchstaben bezeichnete und dann unter das Bild schrieb: "Dat is gemalen von Bas-Claas; a. is de Hunt un b. de Haas" ꝛc.

Des Königs Liebhaberei für die Malerkunst hatte zur Folge, daß Friedrich Wilhelm einige Künstler in Berlin erhielt. Zu diesen gehörte der berühmte Hofmaler Pesne, der einer der Bedeutendsten seiner Zeit war. Pesne behielt die ihm schon von Friedrich I. verliehene Pension von 1500 Thalern. Einige Geschichtsmaler, Harper, Huber und Wolfgang, vermochten mit ihren Werken kein großes Glück in Berlin zu machen, während Leygebe, Merk und Degen als Porträt- und Thiermaler mehr Beschäftigung fanden, da der König gern ausgezeichnete Pferde und Hunde oder auch die auf den Jagden erbeuteten Wölfe, Hirsche und wilden Schweine von besonders schöner Gestalt und ungewöhnlicher Größe für seine Jagdschlösser malen ließ.

Sonst geschah für die Kunstsammlungen nichts. Auch die Bilder-Gallerie auf dem Schlosse wurde nicht vermehrt, eine werthlose Sammlung von Porträts großer Grenadiere, welche in dem Gange des Schlosses zu Potsdam aufgehängt wurde, legte einzig von der Kunstliebe des Königs Zeugniß ab.

Weidemann mußte die Riesen Mann für Mann abkonterfeien; außerdem mußte jeder General sein Bild in Lebensgröße malen lassen und dasselbe für eine Sammlung, welche der König von seiner Generalität anlegte, hergeben. Die Sammlung füllte einen ganzen Saal aus. Sobald einer der Gemalten starb, wurde sein Bild abgenommen und in der sogenannten Todtenkammer aufgehängt.

Im Berliner Publikum war nicht mehr Sinn für die wahre Kunst, als bei Hofe. Gute Bilder fanden in Berlin keinen Absatz, höchstens kaufte man schlechte Porträts des Königs und der königlichen Familie, um dadurch den üblichen Patriotismus in der Residenzler zu zeigen. Sonst begnügten sich die Berliner damit, ihre Zimmer mit möglichst schlechten Kupferstichen auszuschmücken und die gangbarsten derselben waren Abbildungen von Hinrichtungen durch Galgen und Rad, die man in jedem Bürgerhause finden konnte.

Eine Lieblingsbeschäftigung der Berliner war das in allen Ständen übliche sogenannte Lackiren. Jung und Alt, Vornehm und Gering tuschte kleine Kupferstiche aus, welche in Augsburg zu diesem Zwecke verfertigt wurden und den Namen Lackirbilder führten. Die ausgetuschten Figuren wurden demnächst ausgeschnitten, auf alle mögliche Hausgeräthe geklebt und mit einem Lackfirniß überzogen.

Ganze Zimmer wurden hierdurch in geschmackloser Weise verunziert, indem man sie verschönern wollte. Der Ordensrath König, der uns hierüber Mittheilungen macht, sagt:

„Jede Zeit hat ihre Thorheit und daher wird man über diesen Zeitgeschmack sich weniger wundern, aber doch nicht wünschen, daß sie sich wieder bei uns einfinden möge!"

Der gute Ordensrath konnte, als er dies schrieb, freilich nicht ahnen, daß derselbe Unsinn, den er verspottet, etwa fünfzig Jahre nach seinem Tode wieder allgemeine Mode in Berlin werden würde und zwar fast in noch geschmackloserer Weise, als zur Zeit Friedrich Wilhelms. Wir erinnern an die vor einem Jahrzehnt moderne, jetzt wieder fast vergessene sogenannte Potichomanie!

Man sollte meinen, daß bei der allgemeinen Liebhaberei, Kupferstiche auszutuschen und zu lakiren, die Kunst der Kupferstecher in Berlin besondere Ausbildung erhalten hätte. Aber auch dies war nicht der Fall, denn zum Austuschen brauchte man keine Kunstwerke.

Die Kupferstecher beschäftigten sich hauptsächlich mit der Anfertigung schlechter Porträts und der Abbildung berühmter Verbrecher und der Exekutionen derselben. Genannt werden aus jener Zeit: Gustav Andreas Wolfgang, Anton Balthasar König, Mortmann Johann Melchior Füßli, Ferdinand Hilfreich Frisch und Georg Paul Busch. Letzterer war der Lehrer eines jungen Künstlers, der später einen bedeutenden Ruf erwarb, des Kupferstechers G. F. Schmidt, dessen Ruhm aber nicht in Berlin gewonnen wurde, denn Schmidt flüchtete, um der Werbung zu entgehen, nach Paris.

Auch die Bildhauerkunst fand unter der Regierung Friedrich Wilhelms keinen günstigen Boden in Berlin. Die Beschäftigung der Bildhauer bestand hauptsächlich darin, Leichensteine oder andere Steinmetzarbeiten zu verrichten.

Nur von einem namhaften Monument ist uns Kunde geworden, von einer Statue Friedrichs I., zu der Schlüter das Modell gefertigt hatte. Friedrich hatte nach demselben schon während seines Lebens eine bronzene Statue gießen lassen, welche er im Hofe des von ihm erbauten Zeughauses aufrichten wollte, um sich mit seiner gewöhnlichen Eitelkeit selbst zu verherrlichen. Er starb, ehe dies geschehen konnte und Friedrich Wilhelm ließ nun auf dem Molkenmarkt den Grundstein für das Monument aufführen.

Die Statue war von mehr als gewöhnlicher Größe; sie sollte auf einem marmornen Piedestal stehen, an dessen vier Ecken bronzene Sklaven befindlich waren. In der Folge gefiel dem König die Stelle des Monuments nicht. Er beabsichtigte, dasselbe am Eingange der Linden aufstellen zu lassen, dort sollte eine hohe Säule nach der Weise der Trajanschen in Rom aufgerichtet werden und auf diese die Statue kommen. Der Grund zu diesem Monument war fertig und der Marmor zu der Säule lag bereit, als Friedrich Wilhelm starb. Friedrich der Große fand es nicht angemessen, seinem eitlen Großvater eine solche Ehre, wie dieser sie sich selbst zugedacht hatte, zu erweisen.

Noch von einer andern Bildsäule, welche Friedrich Wilhelm selbst hat anfertigen lassen, wird uns erzählt, es war die Statue des langen Jonas, des Flügelmanns vom Leib-Regiment, der im Jahre 1727 gestorben war. Der König ließ den Riesen mit Montur und Gewehr in Stein aushauen, man weiß aber nicht, was aus diesem sogenannten Kunstwerk geworden ist.

Unter den Bildhauern jener Zeit werden uns die Namen Alsanz, Glume, Koch und Dammart genannt.

Der König hatte eine lebendige Baulust. Er beschäftigte viele Baumeister, die Baukunst aber fand trotzdem in jener Zeitepoche keine Förderung. Es herrschte überhaupt in Berlin damals kein künstlerischer Sinn und so tragen denn die entstandenen Gebäude überall den Stempel der Nützlichkeit, nirgend den der Schönheit. König Friedrich der Große beurtheilte die Zeit seines Vaters richtig, wenn er sagte, die Tischler seien zu Bildhauern, die Maurer zu Architekten geworden. Vielleicht könnten wir noch treffender sagen, die Bildhauer seien zu Tischlern, die Architekten zu Maurern herabgesunken.

Als vielbeschäftigte Baumeister, welche damals in Berlin mannichfache Spuren ihrer Thätigkeit zurückließen, nennen wir den Ingenieur-Hauptmann Berger, Böhme, Favre, v. Gayette, Gerlach, Grahl, Horst, Kemmeter, Richter, v. Wangenheim.

Die Musik erfreute sich ebenso wenig wie die übrigen Künste des königlichen Schutzes. Friedrich Wilhelm hörte zwar nicht ungern Musik, aber er scheute sich, dafür Geld auszugeben und entließ daher gleich nach seinem Regierungsantritt die Hofkapelle, deren Mitglieder dadurch in tiefes Elend geriethen. Nur einer der Musiker, Gottfried Pepusch, wurde im Dienste behalten und beim ersten Korps der Hautboisten des Leib-Regiments zum Kapellmeister gemacht.

Pepusch blieb am Hofe ein ziemlich einflußreicher Mann. Er hatte, wenn der König Konzert hören wollte, die Stücke, die gespielt werden sollten, auszuwählen und führte auch wohl seine eigenen Kompositionen auf. Eine derselben, das sogenannte Schweinestück, welches von C Fagotten, mit Porco primo, Porco secundo überschrieben, ausgeführt wurde, ist originell genug. Es war ein Stück, ganz für den rohen Geschmack des Königs eingerichtet. Friedrich Wilhelm hörte es mit besonderer Liebhaberei und hielt sich jedes Mal den Bauch vor Lachen, wenn es aufgeführt wurde.

Der Kronprinz, der ein feiner Kenner der Musik war, hatte von dem Stück gehört und sich in Gesellschaft einige Male spöttisch über dasselbe geäußert. Der alte Pepusch war darüber nicht wenig ärgerlich und er beschloß sich zu rächen. Es wurde ihm die beste Gelegenheit gegeben, als ihn eines Tages der Kronprinz rufen ließ und ihm mit scheinbarer Ernsthaftigkeit sagte, er habe gehört, daß der Herr Kapellmeister eine schöne neue Musik gemacht habe und er bitte ihn, diese eines Nachmittags bei ihm aufzuführen.

Pepusch verbeugte sich tief. Er versicherte, es wäre nur ein kleiner Scherz, nicht würdig, von Seiner königlichen Hoheit gehört zu werden. Als aber der Kronprinz weiter auf die Ausführung drang, fand sich der Kapellmeister hierzu bereit.

Der Kronprinz lud eine große Gesellschaft zu sich und freute sich schon darauf, den Alten verlachen zu können. Im Saale waren sechs Musikpulte aufgestellt, welche die Musiker erwarteten.

Endlich kam Pepusch mit sieben Hautboisten und die sechs Pulte wurden belegt. Nachdem dies geschehen war, sah er sich suchend im Saale um und als der Kronprinz ihn fragte: „Was sucht der Herr Kapellmeister?" antwortete der Alte: „Es fehlt noch ein Pult."

„Ich dachte, es wären nur sechs Schweine in seiner Musik!"

„Ganz recht, königliche Hoheit, — war die Antwort — es ist aber noch ein Ferkelchen dazu gekommen, die Flöte!"

Da mußte der Kronprinz, auf dessen Liebhaberei für die Flöte der alte Kapellmeister angespielt hatte, freilich schweigen und noch gute Worte geben, daß Pepusch das Ferkelchen nicht etwa vor dem König produzire.

Friedrich der Große erzählte später häufig selbst diese Anekdote und lachte darüber, wie er vom alten Pepusch angeführt worden sei.

Wenn Pepusch auch keine besondern Kunstleistungen aufzuführen vermochte, so genügten dieselben doch dem König vollständig. Dieser machte sich nichts aus der zarteren Musik, die ihm als Verweichlichung erschien. Er war deshalb auch sehr entrüstet darüber, daß sein Sohn auf der Flöte so gern blies, und verbot es endlich gänzlich, so daß Friedrich nur heimlich üben durfte, damit es der Vater nicht erfahre.

Der Kronprinz wurde in seiner Neigung durch seine Mutter unterstützt, welche ein zartes Gefühl für eine gute Musik besaß und es zu bewirken wußte, daß tüchtige Künstler nach Berlin kamen. Zu diesen gehörten, wie uns die Markgräfin von Baireuth mittheilt, der berühmte Weiß, der — wie die Markgräfin sagt — so herrlich die Laute spielte, daß er niemals seines Gleichen gehabt hat und die nach ihm kamen, bloß die Ehre genossen, ihm nachzuahmen; Busardini, berühmt wegen seines schönen Ansatzes auf der Querflöte und Quanz, der dasselbe Instrument blies, ein großer Tonsetzer war und dessen außerordentlicher Geschmack und Kunst das Mittel fanden, die Flöte den schönsten Stimmen gleichzustellen.

Von all' diesen Künstlern wollte der König nichts wissen. Er liebte nicht einmal die Kirchen-

Musik, von der er glaubte, daß sie eine dem Gottesdienst fremde sinnliche Ergötzung sei. Wenn einmal in der Kirche eine lange Musik aufgeführt wurde, dann drohte er wohl dem Kantor mit dem Stock und es kam vor, daß die Instrumentisten aus Furcht vor Prügeln plötzlich die Musik abbrachen und so schnell flohen, wie möglich.

War es unter der Regierung Friedrich Wilhelms mit allen Künsten in Berlin schlecht bestellt, so sah es mit der Dichtkunst am Schlimmsten aus. Die Berliner Dichter jener Zeit waren Versemacher der jämmerlichsten Art und die Volksschriftsteller schrieben ein Deutsch, welches heut kaum mehr zu lesen ist. Sie überboten sich im steiffsten, durch fremde, französische und lateinische Brocken verunstalteten Stil und der Inhalt ihrer Schriften war nicht minder mangelhaft, als die Form. —

Die Geistesprodukte der Günther, Menantes, Philander von der Linde und wie jene unglückseligen Schriftsteller sonst heißen mögen, sind fast sämmtlich beklagenswerthe Verirrungen des Geistes. Friedrich Wilhelm war gewiß kein besonderer Poet, aber trotzdem ein mindestens ebenso guter Dichter, wie die andern, der wirklichen Dichterzunft angehörigen. Ein Pröbchen seiner Verse wollen wir unsern Lesern mittheilen.

Gleich nach seiner Thronbesteigung schrieb der Sub-Konrektor Butte von der Cöllnischen Schule an ihn und bat um die Gewährung des auf dem neuen Etat gestrichenen Deputats an Brot, Bier und Wein in folgenden Worten:

Allerdurchlauchtigster, Großmächtigster König!
Allergnädigster König und Herr!
Dein Bier und Brot
Half uns aus Noth,
Soll Mangel sein,
So sei's an Wein.
36 Quart Bier ⎫
36 Kuten Brot ⎬ wöchentlich,
36 Quart Wein per annum
haben wir bis Trinitatis 1713 von unrenklichen Jahren aus dem Königlichen Keller genossen.

Der König antwortete:

Weil Ihr Euch selbst begebt dem mitvermachten Wein
Und nur demüthigst sucht das Bier und Brot allein,
So bleib Euch auch der Wein zur Labsal und zur Noth.
(Seid ferner fromm und treu,)
(Dem König seid getreu,)
Zuvörderst lobet Gott.

Ein berühmter Berliner Versemacher, denn einen Dichter wollen wir ihn nicht nennen, war in jenen Tagen der Pastor an der Sankt Georgenkirche, Daniel Schönemann. Er hatte sich einen großen Ruf dadurch erworben, daß er seine ganzen Predigten in improvisirten Versen hielt. Die Berliner strömten in die Kirche, nur um diese wunderbaren Improvisationen mit anzuhören.

Schönemann wurde in die vornehmsten Häuser eingeladen und überall höchlichst bewundert. Seine Gedichte waren indessen weder fein in der Form, noch anständig im Inhalt, ja sie flossen von den gemeinsten Zoten über und er trieb es endlich so arg, daß seine Amtsbrüder sich über ihn beklagten, um so mehr, da er selten von einem Feste fortging, ohne betrunken zu sein.

Der Pastor mußte endlich von seiner Stelle an der Sankt Georgenkirche entfernt werden und erhielt die Pfarre in Friedrichsfelde. Diese Versetzung gefiel ihm indessen gar nicht. Er suchte bald wieder fort zu kommen und glaubte dies nicht besser thun zu können, als wenn er sich bei seiner Gemeinde möglichst mißliebig machte. Seine Antrittspredigt lautete folgendermaßen:

Willkommen meine lieben Bauren,
Bei euch werd ich nicht lange dauren;
Seht mich drum vorn und hinten an,
Ich bin der Pastor Schönemann.

Nach dieser kurzen, aber erbaulichen Predigt verließ er die Kirche und kam nicht wieder hinein. Täglich betrank er sich, prügelte sich mit den Bauern und machte solchen Skandal in Friedrichsfelde, daß er endlich ganz entlassen werden mußte. Er hat auch verschiedene geistliche Gedichte geschrieben, die nicht minder ungenießbar sind, wie seine versifizirten Predigten. Der Leipziger Gottsched charakterisirt seine Fertigkeit im Dichten durch folgenden Vers:

Der große Schönemann wird endlich noch die Gassen
Des prächtigen Berlins mit Versen pflastern lassen.

Die Verse des würdigen Pastors Schönemann, der sich einen Ruf als Dichter erworben hatte, zeigen uns, daß wir auch von der Poesie, die vom Theater herab dem Publikum geboten wurde, nicht viel erwarten dürfen.

Das Schauspiel war so jammervoll, wie das Lied und erfüllte noch keineswegs die Aufgabe, veredelnd auf den Geschmack des Volkes einzuwirken. Es hatte freilich auch in jener Zeit fortwährend schwer mit seiner Existenz zu kämpfen. In den ersten Regierungsjahren Friedrich Wilhelms konnte es sich in Berlin durchaus nicht zu irgend einer Bedeutung entwickeln, denn der König liebte die Schauspieler nicht. Außerhalb der Residenz untersagte er noch im Jahre 1715 das Komödienspiel ausdrücklich, indem er in den Entwurf zu einem märkischen Landrecht die Bestimmung aufnehmen ließ, Komödianten werden ohne Ihrer Königlichen Majestät spezielles Privilegium in dessen Landen weder in noch außer den Messen und Jahrmärkten geduldet.

Für Berlin war Friedrich Wilhelm nicht ganz so streng, sondern ertheilte von Zeit zu Zeit Seiltänzern, Taschenspielern und selbst Schauspieler-Gesellschaften die Erlaubniß, Vorstellungen zu geben, denn die Nichtsthuer in einer großen Stadt mußten doch ein Amüsement haben.

So wurde schon im Jahre 1714 einer Komödianten-Gesellschaft gestattet, gegen Erlegung von monatlich 30 Thalern an die Kämmerei des Berliner Magistrats Vorstellungen auf dem Berliner Rathhause zu geben. Aber es war daran die Bestimmung geknüpft, daß die Schauspieler den Komödienzettel jedesmal am Tage vor den Aufführungen dem Kammerherrn v. Schlippenbach zur Genehmigung vorlegten, „damit ja nichts Standalöses und Aergerliches auf der Bühne erschiene".

Einen neuen Aufschwung gewann das Theater, aber freilich nicht in günstigem Sinne, dadurch, daß sich im Jahre 1717 ein Schauspieler einfand, der Friedrich Wilhelms ganze Aufmerksamkeit durch seine gewaltige Körpergestalt und seine Riesenkraft auf sich zog. Es war der starke Mann Johann Karl v. Eckenberg.

Eckenberg hatte sich durch Kraftvorstellungen aller Art in Deutschland zu einem berühmten Manne gemacht. Es wird erzählt, er sei ein Sohn eines Sattlers aus dem Bernburgischen gewesen; nach andern Nachrichten stammt er von dem alten Freiherrn-Geschlecht v. Eggenberg ab. Bestimmtes weiß man darüber nicht zu sagen, sicher ist nur, daß er sich selbst bald v. Eckenberg, bald v. Eggenberg schreibt und daß er als Seiltänzer und Athlet in aller Herren Ländern aufgetreten ist.

Eckenberg kam im Jahre 1717 nach Berlin und hatte das Glück, die Erlaubniß zu einer Vorstellung vor dem König zu erhalten. Die Kraftproben, welche er zeigte, waren außerordentlich. Er hob eine 20 Zentner schwere Kanone, auf der ein Tambour mit einer Trommel saß, mit einer Hand in die Höhe und hielt sie so lange in der Luft, bis er mit der andern ruhig ein Glas Wein ausgetrunken hatte. Er ließ zwei Pferde an einen Strick spannen, den er mit beiden Händen festhielt. Es wurde auf die Pferde losgepeitscht, aber diese vermochten den starken Mann nicht von der Stelle zu bringen und ebenso wenig den Strick zu zerreißen, während Eckenberg dies nachher, nachdem die Pferde ausgespannt waren, mit Leichtigkeit that. Der Strick zerriß, als wäre er ein dünner Bindfaden gewesen.

Solche Kunststücke imponirten dem König, auf welchen stets die rohe Kraft einen größern Eindruck, als der Geist ausübte. Eckenberg erhielt in Folge seiner Kraftvorstellungen am 14. Juni 1717 ein Privilegium, in welchem es heißt:

„Da dieser wegen seiner ungemeinen Stärke berühmte Mann in Sr. Majestät Höchsten Gegenwart auf dem Schlosse zu Charlottenburg viele sonderbare Proben der von Gott ihm verliehenen Stärke und Kräfte zu Allergnädigstem Wohlgefallen und Vergnügen sehen lassen u. s. w., so werde ihm das Privilegium ertheilt, im Lande herumzuziehen und solche seine Stärke männiglich vor die Gebühr zu zeigen."

Eckenberg benützte sofort sein Privilegium, um Berlin zum Schauplatz seiner Wunderkraft zu machen. Auf dem neuen Markt wurde eine Bude erbaut; in dieser produzirte sich der starke Mann mit einigen Dienern und Genossen, die ihn begleiteten. Er erschien stets in reichster Kleidung, die in den buntesten Farben prangte und da er vielen Besuch hatte und nicht unbedeutendes Geld einnahm, so lebte er in Berlin auf großem Fuße und lockte durch den Ruf, den er sich hierdurch erwarb, nur noch mehr Zuschauer in die Bude auf dem neuen Markt.

Einige charakteristische Späße, welche er sich erlaubte, trugen dazu bei, den Ruhm seiner Kraft täglich mehr auszubreiten.

Eines Tages ließ er sich von zwei Portechaise-Trägern zu einem Mittagsmahl tragen, zu dem er eingeladen worden war. Er bestellte die Portechaise nach Tische, um ihn wieder abzuholen.

Es war schon ziemlich dunkel, als er wieder einstieg.

„Nehmt Euch in Acht, — rief er den Trägern zu — ich habe stark gegessen, Ihr werdet tüchtig zu tragen haben."

Die Franzosen — bekanntlich wurden die Portechaisen sämmtlich von solchen getragen — lachten über den Scherz des starken Mannes, wunderten sich aber nicht wenig, als wirklich die Sänfte eine unglaubliche Schwere hatte. Sie keuchten unter ihrer Last und konnten kaum vorwärts kommen, bis endlich Eckenberg an die Fenster klopfte und sie aufforderte, zu halten, denn er müsse sich nothwendig etwas erleichtern, da er gar zu viel gegessen habe.

Er stieg aus und ließ sich ziemlich ungenirt an der Mauer nieder. Hier setzte er zwei Gewichte von je 2 Zentnern, die er in der Dunkelheit unbemerkt mit in die Portechaise genommen hatte, ab und stieg dann wieder ein. Die Verwunderung der Träger über die kolossale Erleichterung des starken Mannes läßt sich denken, ihre Bemerkungen über das Wunder aber dürften nicht wiederzugeben sein.

Am folgenden Tage war der Scherz, den sich der starke Mann mit den Portechaise-Trägern gemacht hatte, in der ganzen Stadt bekannt. Vornehm und Gering amüsirte sich darüber und auch Friedrich Wilhelm lachte herzlich und bezeugte Eckenberg seine Gnade.

Die Bude auf dem neuen Markt war in Folge solcher Scherze täglich bis auf den letzten Platz gefüllt. Es ist nicht bekannt, wie lange Eckenberg zu dieser Zeit in Berlin gespielt hat. Er verließ endlich die Residenz und kehrte erst nach 14 Jahren dahin wieder zurück.

Ueber die Schauspieler-Gesellschaften, welche während Eckenbergs Abwesenheit Berlin mit ihrem Spiel beglückt haben, besitzen wir nur wenige Nachrichten. Wir wissen nur, daß einige reisende Gesellschaften hier mit Beifall Vorstellungen gegeben haben. Beliebt waren besonders die Opern, welche sich ebenso wohl durch unbedeutende Musik wie durch geschmacklosen und oft unanständigen Text auszeichneten. Plümicke nennt uns in seiner Theatergeschichte von Berlin „die verkehrte Welt", „Miriways" und „der Galan in der Kiste" als Opern, welche außerordentlich berühmt gewesen sein sollen. Er giebt uns einige allenfalls mittheilbare Proben aus „der verkehrten Welt", welche den Geschmack jener Zeit hinlänglich bezeichnen. Im Anfang des Stück wurde z. B. gesungen:

Ich sehne mich nach einem Mädchen,
Das hübsch ist und nicht extra gebt,
So werd ich, wenn ihr Liebes-Lädchen
Mir einzig immer offen steht,
Mit allen Schwägern Possen treiben
Und hahn allein im Korbe bleiben.

Eine andere Probe der Geschmacklosigkeit theilt uns König aus dem im Jahre 1730 aufgeführten musikalischen Zwischenspiel „Argippo" mit. Es war die folgende vielgesungene Arie:

Straft nicht bald des Donner Knallen
Meinen Schimpf mit Blitz und Gluth;
So soll der Boshafte fallen
Als ein Opfer meiner Wuth.
Aber nein . . . .
Sollt' ich seine Braut nicht sein?
Ich verzeih' Dir, kehre wieder.
Senkt indeß, ihr Augenlider
Senkt in bitt're Thränen ein
Der verrath'nen Liebe Pein.

Solcher Unsinn wurde für schön, hinreißend, göttlich gefunden! Vornehm und Gering sang die liebliche Strophe nach. Das Volk bildete also in der That seinen Geschmack nach der Produktion auf dem Theater, leider aber verbildete es ihn.

Das Schauspiel war der Oper würdig. Unmöglich konnte es einen Einfluß auf die Sittenverbesserung ausüben, denn die gespielten Stücke enthielten trotz der wiederholten Befehle, daß keine Schauspiele gegeben werden sollten, die gegen die guten Sitten und die Gottesfurcht anstießen, doch die schlüpfrigsten Scenen. Der Hanswurst sprudelte von zotigen Witzen über und wo nicht das Unanständige den Beifall der Zuschauer erreichte, da mußten es gräßliche Scenen, Mordthaten und Hinrichtungen thun. Da wurde Faust auf offener Bühne vom Teufel geholt, nachdem er vorher Gott und die Heiligen abgeschworen hatte, da wurde Stürzebecher öffentlich gerädert und Hamann gehangen, die berühmtesten Verbrecher führten ihre Schandthaten dem Publikum unter dem rauschenden Beifall desselben vor.

Ein Beispiel der herrschenden Geschmacklosigkeit giebt uns die Ankündigung eines Marionetten-Schauspiels aus dem Jahre 1732, welche folgendermaßen lautet.

„Mit Königlicher Allergnädigster Erlaubniß werden die anwesenden u. s. w. Hochfürstliche Baaden-Durlachsche Hof-Komödianten auf einem ganz neuen Theater, bei angenehmer Instrumental-Musik vorstellen: Eine sehenswürdige, ganz neu elaborirte Hauptaction, genannt die remarquable Glücks- und Unglücksprobe des Alexanders Danielowitz, Fürsten von Menzikopff, eines großen favoritten Kabinets-Ministers und Generalen Petri, Czaren von Moskau, glorwürdigsten Angedenkens, nunmehro aber von den höchsten Stufen seiner erlangten Hoheit bis in den tiefsten Abgrund gestürzt, veritablen Belisart mit Hanswurst, einem lustigen Pastetenjungen, auch Schnirfax und kurzweiligen Wildschützen in Sibirien u. s. w.

Die Person giebt auf dem ersten Platz 4 Groschen, auf dem andern 3 Gr. und auf der Treppe zu stehen 2 Gr."

Das angekündigte Stück, welches als eine politische Komödie aus jener Zeit merkwürdig ist, erregte den Zorn des Königs, weil in demselben mancher Spott über die Regierung Peters des Großen enthalten war und wurde daher bald verboten.

Im Jahre 1731 kam Eckenberg nach Berlin zurück. Er führte jetzt eine Gesellschaft von 26 Personen mit sich, die zum Theil aus Seiltänzern, sogenannten Spatenschlägern, zum Theil auch aus Schauspielern bestand. Zu derselben gehörte auch der später berühmt gewordene Stenzel und ein gewisser Hummel, der sich ebenfalls einen Namen erwarb, allerdings nicht als Schauspieler, sondern dadurch, daß er später Eremit wurde.

Eckenberg bat wieder um die Erlaubniß, in Berlin Komödie spielen zu dürfen. Der König hatte ihm seine Gunst bewahrt. Er wies ihm den Spittelkirchhof zur Erbauung seines Theaters an. Zu dem Terrain, welches damals der Spittelkirchhof genannt wurde, gehörte auch die Gegend des Dönhofsplatzes; daher stammt denn auch die Nachricht, daß die Eckenberg'sche Bude auf dem Dönhofsplatze gestanden habe.

Eckenberg hatte bei seiner ersten Anwesenheit in Berlin den Charakter des Königs genau kennen gelernt. Es kam ihm darauf an, ein dauerndes Privilegium zum Schauspiel in Berlin und in den preußischen Landen überhaupt zu erhalten und er wendete die richtigen Mittel an, um sich bei Friedrich Wilhelm in noch größere Gunst als früher zu setzen und um sich dadurch das Privilegium zu erkaufen. Neben seiner Schauspielerei betrieb er das Geschäft als Pferdehändler und bot dem König wohlfeile Remontepferde für die Kavallerie an; außerdem gab er auch Nachweisungen, wo er auf seinen Reisen riesige Leute getroffen habe, die wohl als Rekruten anzuwerben wären und endlich versprach er, sich auf der Friedrichsstadt ein Haus zu bauen und sich in Berlin niederzulassen, so daß das Geld, welches er durch seine Schauspiele in der Residenz und anderswo erwerbe, in der preußischen Hauptstadt bleiben würde.

Seine Bemühungen hatten einen glücklichen Erfolg. Am 27. September 1732 erhielt er das gewünschte Privilegium, in welchem es heißt:

„ — — daß der seiner Leibesstärke halber renommirte Johann Carl von Eckenberg zum Hof-Comödianten in Gnaden bestellt worden sei; er solle in den Königlichen Residenzien mit seinen bei sich habenden Leuten künstliche Spiele treiben und Comödien anstellen, aber dahin sehen, daß nichts Scandalöses, Garstiges, Unverschämtes und Unehrbares oder sonst Aergerliches und Anstößiges, viel weniger was Gottloses und dem Christenthum Nachtheiliges vorgebracht, sondern lauter innocente Sachen, so den Zuschauern zum honetten Amüsement und Ermahnung zum Guten gereichen können, gespielt und vorgenommen werden mögen."

In dem Erlaß, in welchem das Privilegium den königlichen Behörden mitgetheilt wird, führt der König an, daß das Schauspiel zur Recreation der Leute und zum Zeitvertreib Derjenigen, so nicht viel zu thun haben, stattfinden solle. Somit war denn Eckenberg zum Hof-Komödianten avancirt. Jetzt konnte er die Bude auf dem Spittelkirchhof verlassen und in das königliche Theater auf dem Stallplatz einziehen.

Das Theater befand sich über dem königlichen Reitstall in der Breitenstraße. Hier machte Eckenberg in der ersten Zeit vortreffliche Geschäfte. Der König erschien mit seinem Hofstaat häufig bei seinem beliebten Hof-Komödianten und wenn er sich bei den Theaterstücken nicht besonders amüsirte, so gefielen ihm die Kraft-Kunststücke des Riesen um so mehr. Mancher berühmte Schauspieler jener Zeit, wir nennen die Namen Wallrodi, Weßling, Weidner und Defraine, spielten bei der Eckenberg'schen Truppe.

Der General-Major Graf Alexander v. Dönhof erhielt die Oberaufsicht über die Komödianten, ohne indessen seine militärische Stellung dadurch zu verlieren. Er hatte eine ziemlich schwierige Aufgabe, denn wenn auch Eckenberg den ausdrücklichen Befehl hatte, nichts Skandalöses, Garstiges oder Unverschämtes vorzunehmen, so erfüllte er denselben doch nicht gerade gar zu pünktlich. Er machte allerhand Unfug, betrank sich, prügelte seine Schauspieler und war keineswegs leicht im Zaum zu halten. Wie schwer dem Grafen Dönhof sein Amt durch den starken Mann gemacht wurde, mag eine Stelle aus einem Briefe Dönhofs an den König beweisen. Sie lautet:

— — Wobei ich aber Ew. Königlichen Majestät allerunterthänigst melden muß, daß wenn ich zu allem Glück gestern nicht in der Comödie gewesen wäre, bald ein Unglück hätte geschehen können, sintemalen der starke Mann und seine Frau sich dergestalt Beide besoffen gehabt, daß, wie der Comödiant Wallrodi in das Comödienhaus hat gehen wollen, gleich bei der Thür die Frau Eckenbergen und deren Mann, ohne die geringste Ursache, ihn mit Schimpfworten, Ohrfeigen und Schlägen dergestalt tractiret, daß wenn ich nicht hinzugesprungen und den starken Mann weggerissen, er den Wallrodi erwürgt hätte, zumalen ihm sogleich hernach das Blut zum Halse herausstürzte. Dieses gab einen solchen Aufstand und Lärm in der Comödie, daß die Comödianten aufhören und alle Leute herausgehen müssen.

Der starke Mann und seine Frau auf das Theatrum sprungen und alle Comödianten dergestalt ausschimpften und tractiretn, daß es ein rechter Spectakul anzusehen war. Um weiteres Unglück zu verhüten, mußte ich die Wache holen lassen und sowohl den starken Mann als seine Frau nach dem Neuenmarkt schicken, wobei ich denn von ihr mit Schimpfworten übermäßig bin beehrt worden. Heute früh hat der starke Mann zu mir geschickt, sein Unrecht erkannt und um Pardon bitten lassen, wie daß ich es auch Ew. Königlichen Majestät nicht berichten möchte. Da ich aber besorgte, wann ich es verschwiege, Ew. Königliche Majestät es ungnädig nehmen möchten, also habe ich es meine Schuldigkeit zu sein erachtet, Ew. Königlichen Majestät zu hinterbringen. Weilen heute der Tag ist, da der starke Mann sowohl die Comödianten als Tagelöhner, so an seinem Hause arbeiten, auszahlen muß, ingleichen er 13 Stück dänische Hengste bekommen hat, so er unterbringen muß, auch dem Wallrodi alles wieder abgebeten, vor seine Schmerzen ein Stück Geld gegeben hat, also habe ich ihn seines Arrestes wieder entlassen. Die Frau aber, welche noch diesen Morgen ganz besoffen war, sitzet noch auf dem Neumarkt. Ich hoffe, daß dies beiderseits zur Correction dienen wird, der ich schließlich in tiefster Submission verharre u. s. w."

Trotz der schandhaften Aufführung Eckenbergs, von welcher wir in dem Dönhof'schen Briefe unsern Lesern nur ein Beispiel gegeben haben, erhielt sich der starke Mann doch so vollkommen in der Gunst des Königs, daß dieser ihn zum Wirth für die noch weiter zu erwähnenden Assembléen des Adels bestimmte und auf die Klagen Eckenbergs über schlechte Geschäfte, welche aus der Vernachlässigung seines Theaters endlich entsprangen, unterm 22. Dezember 1732 den merkwürdigen Befehl gab, daß bei namhafter Strafe alle zu Berlin befindlichen Kollegien Komödienbillets lösen und daß täglich einige ihrer Mitglieder nach der Reihe als Deputirte dem Schauspiel beiwohnen sollten, — gewiß eine in ihrer Art einzige Beförderung der Kunst durch den sonst wenig kunstsinnigen König Friedrich Wilhelm. Eine andere Unterstützung gewährte der König dem starken Mann, indem er ihm gestattete, auch Provinzialstädte zu besuchen, da Berlin noch nicht so weit war, ein permanentes eigenes Theater zu ernähren. Bis zum Tode des Königs hielt sich Eckenberg in seiner Gunst, obwohl sein Theater nach und nach immer mehr sank.

Vierzehntes Kapitel.

Die Vergrößerung von Potsdam. — Verwüstung des Lustgartens in Berlin. — Der Schloßbau. — Die Vergrößerung Berlins. — Abbruch der Festungswerke. — Anbau der Friedrichstadt. — Der Bauzwang der Berliner. — Straßenreinigung. — Feuer-Ordnung. — Die Stadtmauer. — Größere Bauten Friedrich Wilhelms. — Die Explosion des Pulverthurms am Spandauer Thore. — Der Brand der Petri-Kirche.

Die Regierung Friedrich Wilhelms war für die bauliche Entwicklung unserer Stadt von großer Bedeutung. Berlin verdankt dem König nicht eine Reihe von Prachtgebäuden, wie seinem Vorgänger, denn Friedrich Wilhelms stets auf's Praktische gerichteter Sinn hielt ihn von Prachtbauten fern, wohl aber ist er der Schöpfer einer bedeutenden räumlichen Vergrößerung Berlins. Er hat auch die Fesseln gesprengt, mit denen die vom großen Kurfürsten angelegten Festungswerke die emporstrebende Stadt beengten.

Friedrich Wilhelm liebte seine Haupt- und Residenzstadt nicht gerade, er hielt sich lieber in Potsdam als in Berlin auf, besonders seit ihn die Berliner dadurch gekränkt hatten, daß sie die Aufnahme seiner lieben blauen Kinder verweigerten. Das Riesen-Regiment erhielt seine Garnison in Potsdam und damit wurde diese Stadt die beliebteste Residenz des Königs, obgleich sie damals noch wenig mehr war, als ein einfacher Flecken.

Der große Kurfürst hatte sich in Potsdam ein Haus in holländischem Geschmack, mit Gärten umgeben, bauen lassen und hier die letzten Jahre seines Lebens zugebracht. König Friedrich I. war ebenfalls ein Freund des schönen Städtchens gewesen, auch er hatte einige Verschönerungen in Potsdam bewerkstelligt; als nun aber Friedrich Wilhelm sein Riesen-Regiment nach Potsdam bringen mußte, nahm er sich vor, gar nicht mehr in Berlin zu wohnen, sondern bei seinen lieben blauen Kindern zu bleiben.

Er gab sofort der Stadt eine neue Gestalt. Die Gärten, die vom Großvater und Vater reizend eingerichtet worden waren, wurden verwüstet, ein Exerzierplatz trat an die Stelle derselben; das Schloß wurde verändert, statt der schönen Möbel, die es bis dahin enthalten hatte, sehte man schlechte hölzerne Tische und Stühle hinein, das kostbare Spielzeug des prunkliebenden Königs Friedrich I. wurde verkauft; eine Reihe von Kasernen und andern öffentlichen Gebäuden erstanden in der Stadt, die vergrößert werden mußte, um eine geeignete Residenz zu sein.

Der König ließ Kirchen bauen und stiftete das Potsdamer Waisenhaus, in welches er 3000 Soldatenkinder aufnehmen wollte.

Die Art, wie der König Potsdam hatte aufbauen lassen, ist bezeichnend für seinen Geschmack. Schnurgrade, sich rechtwinklig durchkreuzende Straßen, mit schmucklosen, aber reinlichen Häusern eingefaßt, mächtige Kasernen, schöne, sandige Exerzier- und Paradeplätze waren nach Friedrich Wilhelms Ansicht der herrlichste Schmuck für eine Residenz.

Auch Berlin sollte dessen theilhaftig werden, da sich der ursprüngliche Plan des Königs, seinen Wohnsitz ganz nach Potsdam zu verlegen, doch nicht zur Ausführung bringen ließ.

Schon im Jahre 1715 hatte Friedrich Wilhelm von seiner Geschmacksrichtung in Berlin eine Probe gegeben, indem er den Lustgarten nach seiner Art verschönerte. Die schönen und kostbaren Zierpflanzen, die schattigen Alleen, die reichen Blumenbeete verschwanden wie durch einen Zauberschlag; das Terrain wurde erhöht, geebnet und mit weißem Sande befahren; ein Exerzierplatz trat an die Stelle des Gartens, militärische Uebungen wurden da vorgenommen, wo früher manch zärtliches Rendezvous im Mondschein von Hofdamen und Hofherren gegeben worden war. Auf dem früheren Lustgarten, dessen noch beibehaltener Name zur Ironie geworden war, exerzirte der König seine Soldaten, hier empfing er auch die Gesandten und Fremden.

Die schöne Grotte mit ihren 5 Arkaden wurde einem Tapezierer zum Behufe seiner Manufaktur-Anlagen eingeräumt; später schenkte sie der König der Berliner Kaufmannschaft, welche in derselben ihre Börse aufschlug.

Das Orangeriehaus wurde ebenfalls für industrielle Zwecke benutzt und unter der folgenden Regierung zu einem neuen Packhof bestimmt.

An der Stelle, wo gegenwärtig der Dom steht, legte ein Mohr, der sich „Monsieur Olivier" nannte, mit Erlaubniß des Königs ein Kaffeehaus an, welches den Titel „Café royal" bekam. Hier unterhielten sich die Offiziere der Garnison mit Billardspiel, bis sie der Dienst zur Parade rief.

Das Ballhaus, sowie einige kleine Häuser und Boutiquen, die die freie Aussicht vom Schlosse verhinderten, wurden ohne Rücksicht auf die Berechtigung der Besitzer abgebrochen und vergeblich klagten die Bürger, daß sie in ihren Häusern ein gutes Geschäft gemacht hätten; darum kümmerte sich Friedrich Wilhelm nicht.

So hatte denn der Lustgarten mit einem Male eine andere Gestalt gewonnen und schwerlich würde ihn in derselben der Berliner Poet Peuker so schön, wie er dies früher gethan, besungen haben.

Das Schloß*) selbst ließ der König nach den vorhandenen Bauplänen vollenden. Bis zum Jahre 1716 wurden die angefangenen Gebäude

---

*) Es ist vielleicht interessant, zu bemerken, daß Friedrich Wilhelm der erste preußische Monarch war, der die während seines Aufenthaltes im Schlosse erlassenen Befehle nicht von Cöln an der Spree, sondern gleich vom ersten Jahre seiner Regierung an von Berlin aus datirte. Wie Faßmann uns mittheilt, that dies Friedrich Wilhelm, weil man im Auslande Cöln an der Spree häufig mit Cöln am Rhein verwechselte.

durch den Hof-Baumeister Böhme, der früher unter Schlüter und Cosander v. Göthe als Konduktuer an dem Schloßbau Antheil gehabt hatte, fertig gemacht.

Im Jahre 1720 wurde an den neuen Werder'schen Mühlen ein Wasserwerk angelegt, welches das Wasser in die drei großen Behälter über dem Cosander'schen Portale trieb, aus denen es in alle Theile des Schlosses vertheilt werden konnte.

Auch das Innere des Schlosses wurde nach und nach vollendet; im Jahre 1728 der weiße Saal, im Jahre 1739 das silberne Thor des Rittersaales.

Die ganze Umgebung gewann durch die Umgestaltung des Schlosses, sowie durch die Ebenung und Abschaffung des bei der alten Domkirche auf dem Schloßplatze früher befindlichen Kirchhofes, ein anderes Aussehen.

Wie Friedrich Wilhelm seinen Lustgarten gern für einen Exerzierplatz geopfert hatte, so zeigte er auch bei allen anderen Gelegenheiten, daß beim Ausbau Berlins die militärischen Rücksichten ihm über allen andern standen. Faßmann erzählt uns, der König habe den Plan gehabt, die Residenz so zu vergrößern, daß in derselben zu jeder Zeit ein Heer von 30,000 Mann ohne besondere Belästigung der Bürger ein Unterkommen finden könne. Ob Faßmanns Angabe richtig ist, läßt sich heut schwer beurtheilen, fast aber scheint es so; denn Friedrich Wilhelm arbeitete mit einem unermüdlichen Eifer auf die Vergrößerung Berlins hin und verschmähte kein Mittel der Gewalt und Willkür, um die Berliner Bürger zum Bauen neuer Häuser zu bewegen, obwohl die Bevölkerung der Stadt keinesweges in dem Maße wuchs, wie sein Machtgebot Wohnungen schaffte.

Schon kurze Zeit nach dem Regierungs-Antritt des Königs wurden in der Spandauer Vorstadt die Straßen bis zum Oranienburger-Thor hin abgesteckt. Im Jahre 1724 ließ Friedrich Wilhelm den Oberbaum anlegen, im Jahre 1738 den Schiffbauerdamm, indem er dort einigen Schiffbauern Baustellen anwies.

Fortwährend munterte der König die Bürger zum Anbau der Vorstädte auf und er erleichterte ihnen denselben, indem er in den Jahren 1734 bis 1737 den größten Theil der Befestigung an der Cölnischen Seite fortnehmen und dafür Häuser und Gärten anlegen und auch neue Brücken bauen ließ. Mit dem größten Eifer betrieb Friedrich Wilhelm seit dem Jahre 1725 den Anbau der Friedrichsstadt.

Die Friedrichsstadt wurde damals noch durch die Mauerstraße und jetzige Junkerstraße begrenzt. Nach einer General-Visitation, welche im Januar 1725 auf königlichen Befehl abgehalten wurde, enthielt die Friedrichsstadt 719 bewohnte Häuser und 149 wüste Stellen.

Friedrich Wilhelm gab sofort den Befehl, alle Mittel anzuwenden, um für die wüsten Stellen neue Anbauer zu finden. Einige Häuser wurden auf Kosten des Königs gebaut, die übrigen aber auf Kosten der Bürger, welche die Ordre erhielten, eine beliebige Stelle als Bauplatz zu benutzen und auf derselben ein Wohnhaus zu errichten.

So lange der Anbau sich in den alten Grenzen der Friedrichsstadt hielt, murrten die Berliner über solchen königlichen Befehl noch nicht gar zu sehr, denn gerade in jener Zeit hatte die Stadt einen bedeutenden Zuwachs an Einwohnern durch eine Anzahl evangelischer Böhmen, die ihrer Religion wegen aus ihrem Vaterlande vertrieben worden waren, erhalten.

Die Böhmen bauten sich seit dem Jahre 1732 zwischen der Krausen- und Schützenstraße mit königlicher Unterstützung an und nahmen eine nicht unbeträchtliche Anzahl von Häusern in Anspruch. Auch wendete der König der Friedrichsstadt manche Unterstützung zu, selbst auf Kosten der ältern Stadttheile.

So erließ Friedrich Wilhelm im Jahre 1728 die Verordnung, daß in der Friedrichsstadt nicht nur ebenso wohl wie in Berlin und Cöln die gewöhnlichen Wochenmärkte stattfinden dürften, sondern er setzte auch fest, daß von den 4 für die Gesammtstadt bewilligten Jahrmärkten 2 in der Friedrichsstadt abgehalten werden sollten, so daß für Berlin und Cöln nur je 1 Jahrmarkt übrig blieb.

Durch diese Anstrengungen waren bis zum Jahre 1732 die wüsten Stellen fast sämmlich bebaut und jetzt war der König bestrebt, nach einem neuen Plan diesen Theil von Berlin beträchtlich zu erweitern. Er übertrug seinem Flügel-Adjutanten dem Obristen v. Derschau, die Oberaufsicht über das zu bauenden Stadttheil und es begann nun ein Willkür-Regiment sonder Gleichen für die Berliner.

Jeder Bürger, von dem der Obrist v. Derschau irgendwie glaubte, daß er Geld genug habe, nicht etwa um bauen zu können, sondern um den Bauzwang abzukaufen, erhielt den Befehl, ein Haus in der Friedrichsstadt zu bauen. Es wurde dem Betreffenden ein Bau-Anschlag zugesendet, nach welchem er sich richten mußte und dagegen gab es keine Widerrede.

Glücklich Diejenigen, welche in ihrem Vermögen so hoch taxirt wurden, daß sie mit einer einigermaßen mäßigen Summe sich von dem Bauzwang loskaufen konnten; sie wurden wenigstens nicht vollständig ruinirt, wie viele Bürger und selbst viele Beamten, denn nicht die Bürger allein traf das Schicksal, gezwungene Bau-Unternehmer zu werden, die Staatsbeamten wurden von demselben gleichmäßig betroffen.

Mit unerbittlicher Strenge wurden selbst arme Handwerker und niedere königliche Beamte gezwungen, neue Häuser zu bauen, gezwungen, sich in Schulden zu stürzen und sich zu ruiniren und keine Vorstellung dagegen fand beim König Gehör.

So ward unter Andern ein königlicher Beamter, der nicht mehr als 200 Thaler Besoldung hatte, genöthigt, ein Haus zu bauen. Er erklärte, daß er kein Vermögen habe; das Kollegium, bei welchem er angestellt war, bestätigte die Wahrheit seiner Angabe. Der König aber schrieb kurz unter die eingereichte Eingabe, nachdem er den Obristen v. Derschau gehört hatte: „Der Kerl hat Geld, soll bauen!" und er mußte bauen, mußte sich ruiniren.

Nur selten gelang es den pfiffigen und daher nicht den besten Beamten, sich durch List eine königliche Beihilfe zu erschwindeln. Ein Unterbeamter, der ebenfalls zum Bauen gezwungen worden war, vernachlässigte seinen Dienst, hielt sich aber fortwährend bei dem Hause auf, welches er bauen mußte. Sobald der König, der häufig die Bauten auf der Friedrichsstadt besuchte, in seine Nähe kam, karrte er in Hemdärmeln Schutt und strengte sich dabei so gewaltig an, daß ihm der Schweiß in dicken Tropfen über das Gesicht rann.

Friedrich Wilhelm bemerkte eines Tages den Beamten, der mit so niedriger Arbeit beschäftigt war und doch seinem Aeußern nach kein gewöhnlicher Handlanger sein konnte. Er fragte ihn, wie er zu solcher Arbeit komme.

„Mein Gott! — erwiderte der Gefragte — ich muß bauen und habe kein Geld, da muß ich schon selbst mitarbeiten."

Das war ein Mann nach dem Sinn des Königs!

Friedrich Wilhelm wurde erweicht; er fragte, wie viel Geld zum Bauen nöthig sei und schenkte dem Schlaukopf die genannte Summe mit der Ermahnung, auch ferner fleißig und ein guter Wirth zu sein.

Es wäre eine interessante Aufgabe für den Historiker und mehr noch für den Romandichter, der Baugeschichte der Häuser in der Friedrichstadt nachzuforschen; fast an jedes dieser Häuser knüpft sich eine eigenthümliche, seltsame Erinnerung; deshalb haben auch manche dieser Baugeschichten schon den Stoff für Novellen und Lustspiele abgegeben, so auch die des Vernezobre'schen Palais in der Wilhelmstraße, welche in der That eigenthümlich genug ist.

Ein französischer Abenteurer, der Baron von Vernezobre de Laurieur lebte seit dem Jahre 1714 in Berlin. Er hatte sich in Frankreich bei dem Law'schen Bankschwindel und vielleicht auf andere nicht gerade ehrenvolle Weise großen Reichthum erworben, dieser bildete für ihn bei König Friedrich Wilhelm I. den besten Empfehlungsbrief. Der König fragte nicht, wie der Reichthum erworben worden sei, es genügte ihm, daß Vernezobre baares Geld in das Land brachte und um diese Schätze Berlin zu erhalten, erkannte Friedrich Wilhelm den Adel des Abenteurers an und begünstigte diesen sehr. Vernezobre zeigte sich dafür dankbar, indem er mit tüchtigem Speculationsgeist verschiedene Fabrikunternehmungen ins Leben rief.

Der Baron Vernezobre sonnte sich in der königlichen Gunst, welche ihm nur für kurze Zeit entzogen wurde, weil er dem Kronprinzen Geldvorschüsse gemacht hatte, plötzlich aber schien es, als solle er sie gänzlich verlieren.

Friedrich Wilhelm liebte es, wenn seine Offiziere reiche Heirathen schlossen, und er war gern bereit, dabei den Freiwerber zu spielen, als daher im Jahre 1736 der Kapitain v. Forcade sich an ihn wandte und ihn um sein Fürwort bei dem Baron Vernezobre, dessen eine Tochter Forcade gerne heirathen wollte, bat, erließ der König folgendes Schreiben an den Baron:

„Da es Mir zum Vergnügen gereicht, Euch einen Beweis von Aufmerksamkeit zu Gunsten der Etablirung Eurer Kinder zu geben, so habe Ich die unterthänigste Bitte meines Kapitain von Forcade genehmigt, welcher mit Euch alliirt zu werden wünscht durch die Hand von Einer Eurer Töchter. Es wird Mir angenehm sein, wenn Ihr dazu Eure Einwilligung gebt und werde Ich Euch jederzeit zu erkennen geben, daß Ich bin Euer wohlaffektionirter König.

Friedrich Wilhelm.

So freundlich dieser Brief lautete, brachte er doch den Baron Vernezobre in nicht geringe Verlegenheit, denn Forcade hatte sich nur deshalb an den König gewendet, weil er sich bereits von den verschiedenen Töchtern des Barons einen Korb geholt hatte und durch die königliches Machtwort seine Verheirathung mit einer der reichen Erbinnen durchzusetzen hoffte. — Da die jungen Damen den durch die königliche Gunst Begnadigten durchaus nicht mochten, mußte der Vater sich schon entschließen, dies dem König zu schreiben. Er that es in folgendem Briefe:

„Euer Königliche Majestät fühle ich mich zu Dank für die Gnade verpflichtet, sich für meine Töchter zu interessiren. Ich habe meiner Tochter sogleich den Kapitain v. Forcade vorgeschlagen, allein dieselbe hat nicht die geringste Neigung für denselben, ebenso wenig wie meine andern Töchter, für welche der nämliche von Forcade sich schon früher durch den gnädigen Herrn Markgrafen Friedrich von Schwedt verwendet hat. Ich halte mich überzeugt, Ew. Königl. Majestät werden hiernach meiner Tochter die Wahl ihres Etablissements selbst überlassen, indem ich mit dem höchsten Respekt verharre als Euer Majestät unterthänigster und treugehorsamster

Vernezobre Baron von Laurieur."

Auf das Herz eines jungen Mädchens nahm der König niemals Rücksicht, er bestand deshalb darauf, das Fräulein von Vernezobre solle den Kapitain von Forcade heirathen und erst als auf Veranlassung des Ministers von Marschall und des Obersten von Derschau Vernezobre versprach, in der Wilhelmstraße ein prächtiges Haus zu bauen, stand Friedrich Wilhelm davon ab, gewaltsam in die Familenverhältnisse des Barons einzugreifen.

Dem Korb, welchen das Fräulein von Vernezobre dem Kapitain von Forcade gegeben hat, verdankt das prächtige Palais Vernezobre in der Wilhelmstraße 102 seine Erbauung. Dies Palais ist später von Schinkel zum Palais des Prinzen Albrecht von Preußen umgebaut worden. Der

Baron Bernezobre hat bei dem ersten Bau viel Geld verloren, da der Baugrund schlecht war und der Grundstein unverhältnißmäßig hohe Kosten verursachte; aber der König hatte befohlen, und es war doch immer besser, einige Tausende, als das Lebensglück der Tochter zu opfern; er war wenigstens reich genug, um ein solches Opfer bringen zu können; anderen aber erging es viel schlimmer.

Ein besonderes Aufsehen machte es in Berlin, als im Jahre 1733 der Obrist v. Derschau einen Geheimen Rath v. Nüßler zwang, sich ein Haus an einer abscheulichen sumpfigen Stelle der Friedrichsstadt in der Nähe des Halleschen Thores zu bauen. Der Bauplatz war ein früherer Fischteich; noch während des Einrammens der Pfähle wurden Karpfen aus demselben hervorgezogen. Um den Grund zu befestigen, mußten Bäume von 60 Fuß Länge, deren jeder schon damals 20 bis 24 Thaler kostete, eingerammt werden. Der Rost, auf dem das Haus gebaut wurde, kostete nicht weniger als 4000 Thaler. Der ganze Bau des Hauses belief sich auf 12,000 Thaler und als nun das Gebäude fertig war, betrug sein Werth kaum 2000 Thaler.

Vergeblich hatte sich der Geheime Rath von Nüßler geweigert, auf einem so unzweckmäßigen Platze ein Haus zu bauen. Er hatte an seine treuen, dem König ohne Besoldung geleisteten Dienste erinnert, hatte die Fürsprache der Königin in Anspruch genommen und nichts erreicht, als eine Kabinets-Ordre vom 1. Februar 1733, in welcher Friedrich Wilhelm sagte, Nüßler möge „auf der ihm angewiesenen Stelle auf der Friedrichsstadt ein Haus bauen oder Sr. Königlichen Majestät Allerhöchsten Ungnade sich gewärtigen."

In einzelnen Fällen zeigte sich der König seinen Ministern und Generalen gnädig, indem er ihnen bedeutende Summen unter der Bedingung, daß sie ein prachtvolles Haus bauten, schenkte. So erhielten die Generale Grafen v. d. Schulenburg und v. Truchseß, der Land-Jägermeister Graf v. Schwerin und die Staats-Minister v. Marschall und v. Happe Jeder Bau-Materialien von 4000 Thalern an Werth.

Eine Reihe prächtiger Paläste verdankte diesen Männern ihre Entstehung. Der Graf v. der Schulenburg baute im Jahre 1734 den spätern Palast des Fürsten v. Radziwill in der Wilhelmstraße, der Staats-Minister v. Marschall im Jahre 1736 das später Vossische Palais. Das Kriegs-Ministerium verdankt dem Staats-Minister von Happe seine Entstehung.

Andere Minister und Generale waren nicht so glücklich, sie mußten aus ihren eigenen Taschen bauen. Thaten dies Beamte oder reiche Fabrikanten und Kaufleute freiwillig, bauten sie sich ein besonders schönes Haus, so durften sie der äußersten Gnade des Königs gewärtigen sein. Ein Geheimer Rath Pleper erhielt aus keinem andern Grunde den Adel, als „weilen er ein schön magnifique Haus erbaut".

Durch solche Mittel gelang es dem König in der That, die neue Stadt mit wunderbarer Schnelligkeit zu vergrößern Noch unter der Regierung Friedrich Wilhelms wurde die Markgrafenstraße bis zur Lindenstraße hin angebaut, die Koch-, Zimmer- und Leipzigerstraße wurden über die Mauerstraße hinweg verlängert; die Wilhelmstraße, der Wilhelmsplatz, der jetzige Leipziger-Platz, früher der Friedrichsstädtische Markt genannt, und der Belle-Alliance-Platz entstanden und nachdem im Jahre 1734 das alte Leipziger-Thor abgebrochen worden war, wurde auch der Dönhofsplatz geschaffen.

Im Jahre 1737 war bereits die Zahl der Häuser in der Friedrichsstadt bis auf 1682 gestiegen.

Häuser standen nun allerdings in der Friedrichsstadt, aber an Bewohnern fehlte es. Viele Gebäude blieben ganz leer, andere wurden nur von den Besitzern bewohnt, in wieder andern hielt sich ein liederliches Gesindel auf, welches weder Miethe zahlen konnte, noch wollte.

Der Werth der neugebauten Häuser sank so tief herab, daß er niemals die Baukosten erreichte. Für wenige Hundert Thaler wurde gern ein schönes Haus verkauft, denn ein Miethszins war doch nicht von demselben zu hoffen und man entging wenigstens den Bau-Reparaturen, wenn man das zwangsweise gebaute Haus verkaufte.

Viele früher wohlhabende Bürger verarmten, weil sie durch ein königliches Machtgebot gezwungen worden waren, sich in der Friedrichsstadt Häuser zu bauen. Wer durch die langen, graden Straßen der neuen Stadt ging, der sah dort nur traurige, kummervolle Gesichter und manches Auge blitzte wild auf, wenn der Name Friedrich Wilhelms in jener Gegend genannt wurde. Der König selbst aber sah den Jammer nicht oder wollte ihn nicht sehen, für ihn war es ein treffliches Vergnügen, spazieren zu reiten in den graden Straßen. Wenn er sich in Berlin aufhielt, so verging selten ein Tag, an dem er nicht die Friedrichsstadt besucht hätte, um sich nach dem Fortgang der angefangenen Bauten zu erkundigen.

Die Bürger wußten eine solche Theilnahme schlecht zu würdigen; in den Zeiten, in denen man den Besuch des Königs erwarten konnte, ließ sich Niemand auf den Straßen, Niemand an den Fenstern blicken. Alle Handwerker zogen sich scheu zurück, um nicht dem Auge des Königs zu begegnen und nur die Spekulanten auf die königliche Gunst zeigten sich, um eine Scheinarbeit zu verrichten und sich dadurch Gelder und Gunstbezeugungen zu erwerben.

So wenig angenehm für die Berliner und besonders für die Bewohner der Friedrichsstadt die Spazierritte des Königs waren, einen Nutzen hatten sie doch. Friedrich Wilhelm sah manche Fehler der städtischen Verwaltung mit eigenen Augen und verbesserte dieselben. Es war dies auch nöthig genug, denn auf eine Initiative ihrer städtischen Behörden, durften die Berliner nicht mehr rechnen.

Durch die Fürsorge des Königs gewannen die schmutzigen Straßen der Stadt ein anderes Ansehen. Strenge Anordnungen ergingen, welche das Werfen von Kehricht in die Spree, das Aufhängen von Thierfellen an das Geländer der Schälung des Flusses und die Verunreinigung der Straßen verboten.

Viele wichtige Verbesserungen in der Gesammt-Verwaltung Berlins waren eine Frucht der genauen Kenntniß, welche sich Friedrich Wilhelm von dem Zustande seiner Residenz verschaffte. So die Einführung einer guten Feuer-Ordnung im Jahre 1727, eine bessere Einrichtung der nächtlichen Straßen-Erleuchtung, die Pflasterung der Friedrichsstadt, der Spandauer- und Königs-Vorstadt und von Neu-Cöln und andere Einrichtungen mehr.

Von welcher Bedeutung besonders die Pflasterungs-Arbeiten waren, welche auf Friedrich Wilhelms Befehl unternommen wurden, geht daraus hervor, daß der Arbeitslohn im Jahre 1739 nicht weniger als 83,588 Thaler betrug.

Um die neue Stadt, welche durch den Abbruch der Befestigungswerke jedem Ueberfall von Außen preisgegeben war, einigermaßen zu sichern, wurde dieselbe im weiten Kreise mit einer steinernen Mauer umgeben, welche mit Ausschluß der Thore über 41,000 Thaler kostete.

Größere Bauten wurden unter Friedrich Wilhelm nur wenige ausgeführt. Der Baulust des Königs geschah auf eine billigere Weise, als wenn er selbst Prachtgebäude hätte aufführen lassen, durch den Bauzwang, den er den Berliner Bürgern auferlegte, Genüge.

Friedrich Wilhelm beschränkte sich auf den Auf- und Ausbau einiger Kirchen. So ließ er im Jahre 1713 den Thurm der Parochialkirche beginnen, der im Jahre 1715 vollendet wurde. Auf denselben kam das schöne Glockenspiel, welches Friedrich I. auf den Münzthurm hatte setzen lassen wollen. Ebenso erhielt die Domkirche auf dem Schloßplatz im Jahre 1717 Erweiterungen und Verbesserungen.

In den Jahren 1720—22 wurde die neue Garnisonkirche gebaut, nachdem die alte von Friedrich I. gebaute durch ein entsetzliches Unglück zerstört worden war.

Am Ende der Spandauerstraße in der Nähe des Spandauer-Thores stand ein alter Pulverthurm, welcher abgebrochen werden sollte. Man war am 12. August 1720 damit beschäftigt, die Pulvervorräthe auszuräumen. Die größten Vorsichtsmaßregeln waren getroffen. Die Arbeiter hatten ein strenges Verbot erhalten, Tabak zu rauchen, sie durften nur mit Filzsocken ins Gebäude treten; aber Alles war vergeblich. Plötzlich erfolgte, ohne daß später ein Grund dafür angegeben werden konnte, eine furchtbare Explosion, der Thurm flog in die Luft, die ganze Gegend rings umher wurde mit Trümmern bedeckt, die Garnisonkirche zum Theil zerstört, viele Häuser in der Nachbarschaft stürzten ein und selbst in dem doch ziemlich entfernten königlichen Schlosse und im Zeughause war die Erschütterung so groß, daß sämmtliche Fensterscheiben zersprangen.

Die ganze Gegend des Pulverthurms wurde in fürchterlichster Weise verheert und eine bedeutende Anzahl Menschen verlor bei dieser Explosion das Leben. Die 19 Artilleristen, die bei der Ausräumung beschäftigt waren, 36 Kinder, welche sich gerade in der Garnisonschule befanden, eine Menge von Bürgern, die in ihren Wohnungen getödtet wurden, im Ganzen 76 Personen, wurden theils verschüttet, theils durch die herumfliegenden Steine erschlagen und noch viele Andere verwundet.

Mancher seltsame Zufall spielte mit Glück und Unglück bei jener furchtbaren Explosion. So wurde ein Prediger Block erschlagen, der eben nach Berlin gekommen und auf der Durchreise begriffen war. Er fuhr in der Post in demselben Augenblick vorüber, wo die Explosion erfolgte. Dagegen zog man 24 Stunden nach dem Auffliegen des Pulverthurms ein Schulkind von 6 Jahren hervor, welches in derselben Stube unverletzt geblieben war, in welcher die übrigen 36 Kinder getödtet worden waren. Ein Fremder, der sich in der sogenannten Ruppinischen Herberge aufhielt, wurde erst am dritten Tage aus den Schuttmassen hervorgeholt; er war unversehrt und gesund.

Der König selbst entkam durch einen wundersamen Zufall dem fast sichern Tode. Er befand sich gerade auf der Wachtparade und hatte die Absicht, die Arbeit im Pulverthurm zu besichtigen. Gegen seine Gewohnheit verzögerte er den Spaziergang und nur hierdurch wurde er gerettet. Er eilte unmittelbar nach der Explosion an die Unglücksstätte. Diese bot einen wahrhaft fürchterlichen Anblick dar. Ueberall lagen halb verbrannte, verstümmelte Leichname umher, an manchen Stellen sah man einzelne blutige Glieder liegen.

Der König zeigte bei dieser Gelegenheit eine ihm sonst nicht eigenthümliche Freigebigkeit, indem er für die Wiederaufführung der zusammengestürzten Häuser auf seine Kosten Sorge trug. Die Garnisonkirche wurde in Folge des Unfalls neu aufgebaut und im Jahre 1722 vollendet.

Ein nicht minder schweres Unglück betraf 10 Jahre später Berlin, indem eine der ältesten Kirchen der Residenz, die Petrikirche, in Flammen aufging.

Schon im Jahre 1717 hatte Friedrich Wilhelm den Befehl gegeben, die ziemlich baufällige Kirche zu erneuern. Im Jahre 1724 wurde der Bau des Thurms begonnen. Derselbe war im Jahre 1730 bis zu einer Höhe von 203 Fuß angewachsen, in Kurzem sollte er vollendet sein, da wurde er am zweiten Pfingstfeiertage, am 29. Mai 1730, dreimal hintereinander vom Blitze getroffen.

Es war eine furchtbar dunkle Nacht, aber die plötzlich aus dem Holzwerk des Thurmes hervorschlagenden Flammen loderten mit so gewaltiger Gluth, daß 6—800 Schritt weit die kleinsten Gegenstände erkennbar waren. Die Glocken heulten von allen Thürmen Berlins, die Trommeln wirbelten und aus allen Stadttheilen eilten die Bürger herbei, um löschen und retten zu helfen.

Eine entsetzliche Gefahr bedrohte von Neuem die Stadt. Nicht fern von der Kirche lag in Neu-Cöln ein großes Pulver-Magazin und nach Neu-Cöln hin wehte der Wind. Weil in der Luft umher flogen die brennenden Stücke Holz, in jedem Augenblick mußte man besorgen, daß die Flammen Neu-Cöln und das Pulver-Magazin ergreifen würden, dann wäre vielleicht der größte Theil Berlins in die Luft gesprengt worden. Es war eine Nacht der namenlosesten Angst für die Berliner.

Die Artilleristen bewiesen einen bewunderungswürdigen Muth. Sie waren ununterbrochen thätig, das Magazin mit nassen Häuten und mit Mist zu bedecken, die Bürger strengten ihre höchste Kraft an, um zu löschen, und so gelang es denn, die Gefahr von der Stadt abzuwenden.

Erst am folgenden Tage konnte das Feuer gelöscht werden, welches nicht nur die Kirche, sondern außerdem auch noch 44 Häuser in der Grün- und Brüderstraße, sowie in der unmittelbaren Umgebung der Kirche in Asche gelegt hatte.

Von allen den Kostbarkeiten und Monumenten, die in der Petrikirche enthalten waren, von allen den Erinnerungen an die Vorzeit Berlins wurde nichts gerettet.

Friedrich Wilhelm befand sich gerade in Potsdam, als das Unglück stattfand. Er hatte so bedeutende Kosten an den Aufbau der Kirche gewendet, daß Niemand sich getraute, ihm die Nachricht von dem Brande zu geben. Die Hofherren waren in der größten Unruhe, sie fürchteten sich, zu schweigen und noch mehr fürchteten sie sich, zu sprechen.

Endlich konnte dem König die Verlegenheit seiner Umgebungen nicht länger verborgen bleiben. Er fragte, was denn die Unruhe zu bedeuten habe und jetzt mußte ihm geantwortet werden. Als er die schreckliche Nachricht erhielt, zeigte der König eine seltsame Fassung, die er mit den merkwürdigen Worten aussprach:

„Ich dachte Wunder was geschehen wäre; schon glaubte ich, der Flügelmann vom Glasenapp'schen Regiment wäre gestorben!"

Friedrich Wilhelm bewies diese Fassung auch ferner, indem er eine Reise, welche er nach Sachsen antreten wollte, durchaus nicht aufschob. Ein größeres Mitgefühl für die vom Brandunglück Betroffenen bezeigte er dadurch, daß er auch hier die Besitzer der zerstörten Häuser zum Wiederaufbau möglichst unterstützte, so daß bereits im Oktober 1730 sämmtliche Häuser schöner als zuvor in gleicher Höhe von drei Stockwerken aufgebaut waren.

Die Wiederherstellung der Kirche wurde sofort angeordnet. Friedrich Wilhelm bewilligte dazu 30,000 Thaler und der Bau wurde nun sogleich begonnen. Man war bei demselben indessen zu eilfertig.

Um dem königlichen Befehl nachzukommen, wurden die gewöhnlichsten Vorsichtsmaßregeln beim Bauen eines Thurmes vernachlässigt. Schon war Letzterer mehr als 100 Fuß in die Höhe gebaut, da stürzte er am 25. August 1734 ein und der König erlebte den vollständigen Wiederaufbau nicht.

Außer den schon erwähnten Kirchen verdanken noch die Jerusalemer- und Sophienkirche Friedrich Wilhelm ihren Ausbau.

Aus der ursprünglichen kleinen Kapelle, welche die Jerusalemer-Kirche früher gebildet hatte und welche für die zahlreichen Bewohner der Friedrichsstadt bei Weitem zu enge geworden war, wurde im Jahre 1728 die neue Jerusalemer-Kirche gebaut, deren Thurm im Jahre 1730 fertig wurde.

Die Sophienkirche wurde im Jahre 1734 vollendet. Sie hat ihren Namen von der dritten Gemahlin Königs Friedrich I., der Königin Sophie Louise, empfangen. So wenig diese Dame als eine Heilige betrachtet werden kann, so wurde doch der Kirche vom Volke meistens der Name "Sankt" Sophienkirche gegeben. Friedrich Wilhelm befahl deshalb, daß die Kirche ferner nicht mehr die Sophienkirche genannt werden solle; der Name ist aber trotzdem geblieben.

Fünfzehntes Kapitel.

Einwohnerzahl Berlins. — Rückgang des Handels. — Schutzzölle. — Die Juden in Berlin. — Die städtische Verfassung. — Sinken des gewerblichen Verkehrs in Berlin. — Auswanderungen. — Reform der Innungen. — Die Wollen-Manufaktur in Berlin. — Verbot der gedruckten Kattune. — Seidenzucht in Berlin. — Die ersten Droschken.

Die Einwohnerzahl von Berlin hat sich unter der Regierung Friedrich Wilhelms bedeutend vermehrt, aber nicht in dem Maße, in welchem der räumliche Umfang der Stadt gewachsen ist. Sie betrug: im Jahre 1712 61,000 Einwohner und wuchs bis zum Jahre 1740 auf 90,000 Einwoher.

Eine Vergrößerung unserer Stadt um die Hälfte ihrer früheren Einwohnerzahl war bedeutend, aber sie hätte weit bedeutender sein können, da Berlin unter der ganzen Regierung Friedrich Wilhelms befreit war von Kriegsstürmen, da auch die geringen äußeren Verwicklungen nicht im Stande gewesen wären, den Gewerbebetrieb der emporblühenden Stadt zu stören, wenn dies nicht der König selbst durch seine thrannische Eigenmächtigkeit, seine jedem Gesetz widersprechende Willkür, seine Soldaten-Liebhaberei und seine industrielle Kurzsichtigkeit gethan hätte.

Friedrich Wilhelm besaß, wie wir schon vielsach zu beobachten Gelegenheit gehabt haben, einen praktischen Sinn, der sich aber nur in den kleinlichen Details der Verwaltung bewährte; jede Großartigkeit der Anschauungen ging dem Könige ab.

Am 16. Juni 1717 schrieb er an seine Geheimen Räthe: „Nur daß das Geld im Lande bleibt, ist der lapis philosophorum". Diesen Grundsatz, der seinem Geiz und seiner Geldgier entsprach, suchte Friedrich Wilhelm bei jeder Gelegenheit zur Geltung zu bringen und ein langsames Sinken des Handelsverkehrs in Berlin und Preußen war die Folge davon.

Schutzzölle und Ausfuhr-Verbote von Roh-Materialien, streng bewachte Zollgrenzen, Unsicherheit der Person und des Eigenthums mußten lähmend auf den Handel der Residenz wirken. Selbst gegen die nächsten deutschen Nachbarländer waren die preußischen Grenzen fast hermetisch abgeschlossen.

Für fremde Fabrikate wurden Einfuhr-Verbote erlassen und diese, sowie die Ausfuhr-Verbote der Rohstoffe hatten oftmals nur den Zweck der Begünstigung einer einzelnen Fabrik, welche Friedrich Wilhelm, um einen Industriezweig in Preußen einzuführen, heben wollte. Eine einzige Fabrik vermochte das Land nicht mit dem nothwendigen Bedarf zu versehen und so konnte sich wohl ein Einzelner bereichern, der Handelsstand im Ganzen aber mußte Noth leiden.

Handelsstockungen waren die Folge der falschen Handelspolitik und manche Kaufleute in Berlin wurden gezwungen, ihre Zahlungen einzustellen. Friedrich Wilhelm war hierüber tief entrüstet. Er glaubte, mit Gewalt-Maßregeln und durch strenge Strafen gegen die betrügerischen Banquerouteurs künftigen Zahlungseinstellungen vorbeugen zu können und erließ am 4. Februar 1723 ein Edikt, welches schon früher den betrügerischen Banquerouteurs angedrohte Strafen noch bedeutend verschärfte. Es enthält dasselbe folgende charakteristische Stellen:

„— — Diejenigen, so des Vermögens sind, ihre Gläubiger zu befriedigen, einen Abfall ihres Vermögens simuliren und zu solchem Ende ihre Baarschaften, ausstehende Schulden oder Effecten verbergen, oder außer Landes, zum Betrug der Gläubiger schaffen, wollen Wir ohne einige Gnade mit dem Strange vom Leben zum Tode gebracht wissen, dabei dennoch den Creditoribus unbenommen, was dergestalt von Händen gebracht, so gut sie können, aufzusuchen und sich daran zu erholen.

Mit gleicher Strafe des Stranges sollen auch Die belegt werden, die zwar des Vermögens nicht sind, ihre Schulden zu tilgen, aber dennoch von ihren Geldern und Effekten was an die Seite bringen, boshaftig verhehlen und dadurch ihre Creditores zu verkürzen und einen schändlichen Profit zu machen suchen. — —

Weil auch vielfältig verspürt worden, daß solcher Banquerouttirer Bosheit und diebische Gemüther vielmals so weit gehen, daß wenn sie ihren unvermeidlichen Banquerout bereits vor Augen sehen, sie noch andern Leuten das Ihrige, mit Verschweigung ihres schlechten Zustandes, betrüglich abborgen, oder auch zu solcher Zeit von Anderen, so von ihrem Fallimentnicht informirt sind und den nachmaligen Banquerouttirer für einen ehrlichen Mann halten, Gelder annehmen und auf eine oder andere Art solche Creditores oder Depositarios an dem Ihrigen verkürzen, soll jedes diebische Unternehmen ebenmäßig mit dem Strange künftighin bestraft werden." — —

Jede Handelsverbindung mit Ländern, in denen die Industrie weiter vorgeschritten war, als in Preußen, war dem König zuwider, denn er fürchtete, daß das preußische Geld für die besseren fremden Fabrikate ins Ausland wandern könnte. Deshalb begünstigte er wohl die Errichtung einer russischen Handels-Kompagnie in Berlin im Jahre 1716, weil Rußland in der Kultur noch weit hinter Preußen zurückstand und er hoffen durfte, die Russen würden von Berlin kaufen, nicht aber die Berliner von Rußland; andern Handelsverbindungen aber legte Friedrich Wilhelm die größten Hemmnisse in den Weg.

Einen weiteren Gesichtskreis hatte Friedrich Wilhelm nicht. Wir erwähnten bereits, daß er außer Stande war, die gewaltigen Vortheile zu beurtheilen, welche die Begründung einer preußischen Marine für den Handel haben konnte und daß er deshalb die in Guinea vom großen Kurfürsten begründete preußische Kolonie im Stiche ließ. Er verkaufte sie am 13. August 1720 für 7200 Dukaten und 12 Mohren an die holländisch-ostindische Handelsgesellschaft.

Von einem nicht weniger nachtheiligen Einfluß auf den Handel Berlins, als seine kurzsichtige Handelspolitik, war auch die große Abneigung, welche Friedrich Wilhelm gegen die Juden, damals wie fast zu allen Zeiten die eifrigsten Jünger des Handels, fühlte. Der König theilte die Vorurtheile, welche im 18. Jahrhundert unter den Christen noch fast allgemein gegen die Juden herrschten, am schroffsten in dem christlichen Kaufmannsstande, dessen Judenhaß nicht nur durch religiöse Motive, sondern wesentlich auch durch die Furcht vor der jüdischen Concurrenz erzeugt war. Die Berliner Kaufleute verlangten allen Ernstes vom König Friedrich Wilhelm bald nach seiner Thronbesteigung, alle offenen Judenläden sollten geschlossen werden. Als sie dies nicht durchsetzen konnten, rächten sie sich durch Aufnahme eines Paragraphen in ihre 1716 erlassene Handelsordnung, die bis zum Jahre 1802 Geltung hatte: „Alldieweil die Kaufmannsgülde aus ehrlichen und redlichen Leuten zusammengesetzet, also soll kein Jude, strafbarer Todtschläger, Gottesläferer, Mörder, Dieb, Ehebrecher, Meineidiger oder der eben sonst mit öffentlichen groben Lastern und Sünden bestecket und behaftet, in unserer Gülde nicht gelitten, sondern davon gänzlich ausgeschlossen sein und bleiben."

Juden, Mörder und Diebe standen nach dem citirten Paragraphen für die Berliner Kaufleute auf einer Stufe, und ähnlich betrachtete sie auch der König.

Faßmann erzählt uns, daß Friedrich Wilhelm einst einen Gelehrten gefragt habe, woher es doch wohl kommen möge, daß die Juden keine Christen würden, sie müßten doch mit klaren Augen erkennen, daß sie in ihrer Hoffnung auf die Ankunft eines andern Messias, als des bereits gekommenen, betrogen wären.

Der Gelehrte antwortete dem König: Die Ursache, weshalb die Juden keine Christen würden, sei hauptsächlich, weil sie, sobald sie keine Juden mehr wären, auch aufhören müßten, einen so starken Judenwucher zu nehmen, sie würden gezwungen sein, wie andere Christen mit 5 oder 6 Prozent sich zufrieden zu stellen.

Eine solche Antwort erschien einleuchtend und Friedrich Wilhelm war nun bestrebt, dem Christenthum unter der Judenschaft dadurch Jünger zu gewinnen, daß er den Juden ihren Aufenthalt in Preußen und besonders in Berlin recht unangenehm machte.

Gleich nach seinem Regierungs-Antritte erließ er eine Verordnung, daß sämmtliche Juden lange Bärte und einen Kaftan, die Frauen und Kinder ebenfalls eine besondere Kleidung tragen müßten. Die Judenschaft mußte 8000 Thaler zahlen, um die Veröffentlichung dieses entwürdigenden Befehls zu verhindern.

In seinen ersten Regierungsjahren suchte der König das verachtete Volk noch gegen willkürliche Beleidigungen frecher Christen zu schützen.

Als im Jahre 1715 ein junger Mann sich das Vergnügen machte, mit gezogenem Degen in die Synagoge einzudringen, um dadurch die Juden zu erschrecken, befahl Friedrich Wilhelm die strenge Bestrafung eines solchen Muthwillens und erklärte, er werde die Judenschaft gegen jede Thätlichkeit und Beleidigung nachdrücklich beschützen.

Seine Ansichten änderten sich aber bald genug. Im Jahre 1721 starb der Münz-Lieferant Veit. Er war der königlichen Kammer noch mehr als 100,000 Thaler schuldig. Jedermann hielt ihn für ausnehmend reich; als aber nach dem Tode seine Wohnung durchforscht wurde, fand sich, daß nichts von Vermögens-Objekten vorhanden war.

Friedrich Wilhelm war außer sich vor Wuth, als ihm die Meldung, Veit sei vermögenslos gestorben, gemacht wurde. Er hegte die Ueberzeugung, die Berliner Juden hätten sich in die Hinterlassenschaft des Münz-Lieferanten getheilt und dadurch die königlichen Kassen bestohlen. In Folge dieses Verdachts erließ er einen Befehl, daß sich die gesammte Judenschaft am Morgen des 15. August 1721 um 7 Uhr in der Synagoge einfinde; diese war dicht mit Wachen umstellt.

Zitternd erwarteten die Juden ihr Schicksal und dasselbe war seltsam genug. In Gegenwart des Konsistorialraths und Ober-Hofpredigers Jablonski wurden alle Berliner Juden mit dem Banne belegt.

Von dieser Zeit an folgten Verordnungen auf Verordnungen, welche sämmtlich darauf berechnet waren, Chikanen gegen die Berliner Juden in's Leben zu rufen und sie in ihrem Handelsverkehr zu stören.

Jede ihnen bewilligte Gunst, selbst wenn sie für den Staat eine wirkliche Nothwendigkeit war, mußte von den Juden gegen willkürliche Besteuerungen erkauft werden. Anstatt ihres früheren Schutzgeldes wurden sie gezwungen, seit dem Jahre 1728 jährlich 20,000 Thaler zu zahlen. Sie durften nicht mehr im Lande umherziehen und auch keine Häuser besitzen. Die auf den königlichen Jagden erlegten wilden Schweine mußten sie, wie wir schon früher erzählten, für schweres Geld ankaufen, um sie den Armen zu schenken. Ein besonderer, eiserner Galgen wurde über den gewöhnlichen für die jüdischen Verbrecher angebracht, um zu zeigen, daß die Judenschaft selbst für den christlichen Galgen zu schlecht sei. Als im Jahre 1737 sich bei einer Untersuchung fand, daß in Berlin 120 jüdische Familien lebten und daß diese 250 Dienstboten hielten, wurde die Zahl der Dienstboten, die den sämmtlichen Berliner Juden verstattet war, auf 200 herabgesetzt.

Die schwersten Bedrückungen erfuhren die Juden dadurch, daß der König die Genehmigung zum Aufenthalt derselben in Berlin und in Preußen von der Willkür und Geldgier seiner beliebtesten Generale und Hofleute abhängig machte. Jeder Jude bedurfte, um die Genehmigung des Aufenthalts in Berlin zu erzielen, einer besonderen Konzession; die Ertheilung derselben verschenkte der König an seine Offiziere und Hofleute. Es läßt sich leicht denken, daß diese das Geschenk möglichst zu verwerthen suchten. Von Zeit zu Zeit wendeten sie sich an den König und stellten ihm vor, die Juden nähmen so stark in Berlin zu, daß ihrer Vermehrung ein Einhalt gethan werden müsse. Dann erfolgte sofort ein königlicher Befehl und eine Zeit des Schreckens begann für die unglücklichen Juden, welche befürchten mußten, aus dem Lande vertrieben zu werden. Mit ungeheuren Summen, welche häufig genug ihre Verhältnisse weit überstiegen, erkauften sie sich das Recht des Bleibens und mancher von den Günstlingen des Königs wußte sich mit vieler Geschicklichkeit aus den Juden-Konzessionen eine beträchtliche Einnahme zu verschaffen. Besonders wird dies von dem stets geldbedürftigen bekannten Baron v. Pöllnitz erzählt.

Unter solchen fortwährenden Bedrückungen und bei der durch dieselben erzeugten Rechtsunsicherheit, in welcher die Juden lebten, konnten sie unmöglich ihre Reichthümer im Handel anlegen, fast nur der Hausir- und Geldschacher blieb ihnen übrig.

Einzelne unternehmende Köpfe machten freilich eine Ausnahme, z. B. der reiche Banquier Moses Levi Gumperz, der sogar den König zwang, ihm während des pommerschen Krieges große Lieferungen zu übertragen, da Niemand Anderes sich fand, der sie zu gleichen Preisen übernehmen wollte. Gumperz erhielt dafür die Auszeichnung, daß er zum Ober-Hof- und Kriegssteuer-Rath ernannt wurde und daß Friedrich Wilhelm ihm sogar gestattete, einen Degen zu tragen.

Wie durch die Willkür und Eigenmächtigkeit des Königs die Entwicklung des Handelsverkehrs in Berlin gehemmt wurde, so verhinderten dieselben auch einen Aufschwung der Fabrikthätigkeit und des Handwerks.

Das Handwerk vermag nur emporzublühen, wenn die Bürger mit freier Selbstständigkeit und im Bewußtsein ihrer Kraft schaffen. Die entwürdigten Bürger Berlins vermochten dies nicht. Sie hatten unter der Regierung Friedrich Wilhelms jedes Selbstgefühl, jeden frischen Muth, verloren, sie waren unter der eisernen Ruthe eines Tyrannen zitternde Sklaven.

Die städtischen Behörden von Berlin unterlagen demselben Druck, wie die Landstände. Dem Namen nach bestand allerdings noch immer die frühere Städte-Verfassung, in welcher die Bürgerschaft noch die Wahl ihrer Magistrāte hatte, aber eben nur dem Namen nach, denn häufig genug befahlen Kabinets-Ordres, daß irgend ein beliebiger Bürger, der zur Rekrutenkasse eine gewisse Summe gezahlt hatte, als Rathsmitglied in den Magistrat aufgenommen werde.

Der Magistrat mußte sich fügen bei solchen, wie bei allen andern Gelegenheiten; er war kaum mehr etwas Anderes, als eine untergeordnete königliche Behörde, nicht einmal die freie Verwaltung der Kämmereikasse war ihm geblieben.

Unter dem Vorwand, daß die Bürgermeister und die Herren im Magistrat einer scharfen Kontrole bedürftig wären, damit sie nicht das Vermögen der Bürgerschaft verschleuderten, wurden die städtischen Kassen von königlichen Steuerräthen beaufsichtigt.

Der Magistrat von Berlin erntete hier, was er gesäet hatte. Er hatte sich nach und nach unabhängig von den Verordneten der Bürgerschaft gemacht, aber es war ihm dies nur gelungen, um in eine noch größere Abhängigkeit von der königlichen Regierung zu kommen. Seit die Verordneten den Rath nicht mehr beaufsichtigten, maßte sich die Regierung das Aufsichtsrecht an; sie schützte den Magistrat nur gegen die Anforderungen von unten, um ihn als ein vollkommen gefügiges Werkzeug benutzen zu können.

Als sich im Jahre 1730 die Stadtverordneten mit einem Gesuch um die Zurücknahme einer Magistrats-Maßregel an die Regierung gewendet hatten, wurde ihnen von der Kriegs- und Domänen-Kammer der Befehl, sie sollten ihrem „vorgesetzten Magistrat" keine Vorwürfe machen und Dasjenige in Gehorsam ausführen, was ihnen von demselben Namens Sr. Majestät des Königs und von Amts Wegen befohlen werde.

Die Stadtverordneten waren fortan nur noch die Unterbeamten des Magistrats, der sie zu den gewöhnlichsten Geschäften, zur kleinlichen Ausführung seiner Befehle bei der Polizei-Verwaltung benutzte.

Bei der Bedeutungslosigkeit, zu welcher Magistrat und Stadtverordnete herabgesunken waren, konnte eine Initiative zur Hebung der Gewerke nicht mehr von den städtischen Behörden, sondern nur noch von der Regierung ausgehen. Der König hatte wohl den besten Willen, dem Handwerk aufzuhelfen aber er begriff nicht, daß dies nur geschehen könne, wenn er ihm volle Freiheit ließ. Es fehlte ihm jede tiefere Einsicht, jede volkswirthschaftliche Anschauung; daher erließ er fortwährende Anordnungen, von denen nur wenige der Gewerbthätigkeit Berlins zu Gute kamen, viele einen höchst nachtheiligen Einfluß ausübten.

Unter einer Regierung, welche keine Sicherheit der Person und des Eigenthums bot, unter der jeder Handwerker in Gefahr stand, plötzlich für sein Lebelang in die blaue Jacke gesteckt zu werden, wenn er das Unglück hatte, lang gewachsen zu sein, unter der Niemand sicher war, daß er nicht eines Tages gezwungen werde, sein Vermögen bei einem Bau in der Friedrichsstadt zu verschwenden, konnten die Gewerbtreibenden sich nicht wohl fühlen.

Wer nicht durch Besitz und Familienbande in Berlin festgehalten wurde, suchte sich den ihn hier bedrohenden Gefahren durch die Auswanderung zu entziehen. Diese nahm so sehr überhand, daß Friedrich Wilhelm das Auswandern bei der strengsten Strafe untersagen mußte; durch ein Edict vom 19. Februar 1718 forderte er die Ausgewanderten auf, zurückzukehren; Diejenigen, welche dem Befehl trotzen würden, drohte er als Verbrecher aufsuchen zu lassen und sie mit schweren Festungsstrafen zu belegen. Sie wurden für ehrlos erklärt, ihr Vermögen eingezogen und ihre Namen am Galgen angeschlagen; alle Handwerker im heiligen römischen Reiche wurden aufgefordert sie von sich zu stoßen.

Die Drohungen aber fruchteten nicht; denn Diejenigen, die einmal Preußen verlassen hatten, hüteten sich wohl, zurückzukommen.

Um die Lücke, welche die Auswanderung gerissen hatte, wieder zu füllen, suchte Friedrich Wilhelm fremde Arbeiter und Fabrikanten nach Preußen zu ziehen. Er lud sie zur Niederlassung in seinen Landen ein und versprach ihnen bedeutende Vortheile. Sie sollten für sich und ihre Kinder von der Einquartirung und Einstellung ins Militär befreit sein, freie Baustellen und Baumaterialien in Berlin und andern Orten bekommen, nichts für die Bürgerrecht zu zahlen haben, von den öffentlichen Lasten befreit sein &c.

Das waren große Vortheile, aber so groß sie auch waren, so ließen sich doch nur wenige ausländische Fabrikanten und Arbeiter verleiten, in Preußen ein neues Vaterland zu suchen. Fast nur die Flüchtlinge, welche der Religion wegen ihr Vaterland verlassen mußten, wie die Salzburger und Böhmen, folgten dem Rufe des

46*

Königs. Letztere gaben der Weberei in unserer Stadt einen großen Aufschwung.

Es wäre ungerecht, zu verkennen, daß unter der Regierung Friedrich Wilhelms auch manche nützliche Einrichtung zu Gunsten des Handwerks getroffen worden ist. Wir erwähnen hier z. B. eine zwar nicht durchgreifende, aber doch einen Fortschritt in sich schließende Reform der Innungen.

Friedrich Wilhelm vollendete die unter Friedrich I. begonnene Vereinigung der nach den verschiedenen Stadttheilen bisher getrennten Gewerke in Berlin und er suchte auch außerdem in die immer noch am alten Zopf klebenden Zünfte ein neues Leben zu bringen.

Eine Unsitte der Gewerke, welche durch keine bisherige Verordnung hatte beseitigt werden können, war es, daß das Meisterwerden der Gesellen durch kostbare, zu keinem Zweck verwendbare Meisterstücke und durch großartige Meister-Schmausereien vertheuert wurde.

Durch ein Reskript vom 21. März 1729 befahl der König, daß endlich diesem Unwesen ein Ende gemacht werde und daß die Meisterstücke nur verkäufliche Arbeiten enthalten dürften. Auch das schwarze Buch, in welchem die Gesellen die Namen Derjenigen verzeichneten, die irgend eine kleine Unordnung begangen, sich aber der Strafe entzogen hatten und welches bei den vierwöchentlichen Gesellen-Versammlungen vorgelesen wurde, um die Widerspenstigen zu infamiren, wurde streng verboten.

Das Reichspatent vom 16. August 1731, welches gegen die Handwerks-Mißbräuche in Deutschland erlassen worden war, wurde in Preußen mit größter Strenge zur Durchführung gebracht und dadurch eine Regelung der Gewerks-Verhältnisse angebahnt.

So anerkennungswerth die Bestrebungen Friedrich Wilhelms in dieser Beziehung waren, wurden sie doch durch manche Gewaltthätigkeit und manche kleinliche Chikane gegen die Handwerksgesellen oft den Letzteren fast unleidlich. So untersagte eine mit der Genehmigung des Königs erlassene Resolution des Berliner Magistrats vom 12. März 1733 sämmtlichen Herbergswirthen bei einer Strafe von 10 Thalern, einem Gesellen am Werkeltage Bier zu geben. Der Zweck dieser Anordnung war die Abstellung des blauen Montages.

Es ist schwer, gewohnheitsmäßig gewordene Mißbräuche plötzlich abzustellen. Dies gelang auch in Berlin nicht. Die unnöthigen Meisterstücke wurden nach wie vor angefertigt und die blauen Montage gefeiert.

Der König erließ daher am 9. August 1734 ein neues Reskript, in welchem er dem Magistrat streng anbefahl, gegen alle Uebertreter des Reichspatents sofort mit gefänglicher Haft vorzugehen. Dies half endlich und es gelang nun, durch ein Edikt vom 10. Januar 1735 die Gewerks-Verhältnisse in eine leidliche Ordnung zu bringen.

Von allen Industriezweigen interessirte den König am Meisten die Wollen-Manufaktur. Diese suchte er durch alle ihm zu Gebote stehenden Mittel zu heben. Es ist interessant, die verschiedenen Maßregeln zu verfolgen, welche Friedrich Wilhelm ergriff, um etwas Ordentliches zu erzielen; sie geben uns Zeugniß für die falschen volkswirthschaftlichen Anschauungen, welche der König mit seinen meisten Zeitgenossen theilte.

Ein Industrieller, der sich zu hohen Staatsstellen emporgeschwungen, der Geheime Rath Kraut, hatte in Berlin auf seine eigenen Kosten eine bedeutende Tuchweberei begründet. Der König, der den Wunsch hegte, für die Uniformirung seines Heeres sich unabhängig vom Auslande zu machen, unterstützte ihn bei diesem Unternehmen, indem er ihm das frühere „Hohe Haus", welches bisher der Sitz der Ritter-Akademie gewesen war, als Lagerhaus überließ. Das Lagerhaus erhielt den Namen, den es noch heute führt, weil in ihm großartige Niederlagen für rohe Wolle und Tücher eingerichtet wurden.

Es kam darauf an, der neuen Fabrik einen sichern Absatz zu schaffen. Zu diesem Zweck erließ Friedrich Wilhelm im Jahre 1714 ein Montirungs-Reglement, welches den Regimentern anbefahl, die feineren Tuche, sowie die Stoffe zum Rockfutter und zu den Jacken lediglich aus dem Lagerhause zu beziehen; auch die Generale und Offiziere erhielten den Befehl, bei Vermeidung der königlichen Ungnade ihre Tuche nur aus inländischen Fabriken zu nehmen. Derselbe Befehl ging an die königlichen Beamten, die für sich und ihre Dienerschaft nur inländische Zeuge tragen sollten, selbst Strümpfe und Hüte nicht aus dem Auslande beziehen durften.

Kraut war ein tüchtiger Mann, der sich die möglichste Mühe gab, die Tuchfabrikation in die Höhe zu bringen. Er zog manche Weber und Zeugarbeiter aus den Niederlanden in seine Dienste. Trotzdem aber wollte das Geschäft nicht recht vorwärts gehen. Wieder trat der König helfend ein.

Um der Fabrik ein billigeres Rohmaterial zu verschaffen, wurde ein Ausfuhrverbot der Wolle erlassen. Trotzdem aber war Kraut doch bald dem Bankerot nahe, denn die Ritterschaft trotzte auf ihr Privilegium der Wolle-Ausfuhr und stellte ihre Wollpreise so hoch, daß die Fabrik nicht bestehen konnte.

Da erließ Friedrich Wilhelm im Jahre 1717 einen neuen willkürlichen Befehl; die kurmärkische Ritterschaft wurde gezwungen, sich mit 100,000 Thalern bei dem Geschäft des Lagerhauses zu betheiligen.

Neue Edikte gegen die Wolle-Ausfuhr ergingen, so eines am 24. Mai 1719, in dem die Ausfuhr der Wolle bei 1 Thlr. Strafe für jedes Pfund dem Adel und sonstigen Privatleuten verboten wurde; für Wollhändler und besonders für Juden genügte eine solche Strafe nicht; diesen drohte der König Leibes- und Lebensstrafe an. Für den Verkauf jeder Elle fremden Tuches wurde eine Strafe von 10 Thalern festgesetzt, selbst der Verbrauch desselben wurde verboten und den Angebern versprach das Edikt die Hälfte der Straffumme.

Als auch diese Strafen noch nicht genügten, um die Wolle-Ausfuhr vollständig zu verhindern, erschien im Jahre 1723 ein neues Edikt, welches 10 Thaler Strafe für jedes Pfund Wolle, Verlust des Wagens und der Pferde, nach Befinden sogar Todesstrafe für die Ausfuhr festsetzte und den Denunzianten 500 Thaler Belohnung versprach.

Um der Wollenweberei noch ferner aufzuhelfen, wurde auch der Verbrauch der gemalten oder gedruckten Kattune, welche damals sehr in Mode waren, streng untersagt. In allen adligen und vornehmen bürgerlichen Häusern bezog man aus Holland schöne Kattune, die man als Tapeten für die Zimmer, als Decken für die Betten, als Vorhänge für die Fenster benutzte und welche außerdem auch zur Kleidung der Damen vielfach verwendet wurden.

Der Handel mit diesen Kattunen ging außerordentlich gut, während die im Lande verfertigten wollenen und leinenen Zeuge liegen blieben.

Durch ein Edikt vom 18. November 1721 wurde das Tragen und der Verkauf dieser Kattune streng untersagt. Nach einer Frist von nur 8 Monaten sollte sich Niemand mehr der Kattune bedienen; eine Strafe von 100 Thalern wurde festgestellt und Diejenigen, welche dieselbe nicht bezahlen konnten, mußten an einem eigens dazu eingerichteten Pranger öffentlich zur Schau stehen.

Das Verbot der Kattune veranlaßte in Berlin allgemeine Aufregung; denn die theuren Zeuge waren so verbreitet, daß es unmöglich war, in der gestatteten kurzen Zeit sie aufzubrauchen. Dies aber hinderte nicht, das Gesetz zur strengsten Ausführung zu bringen.

Wir haben schon erzählt, daß die Fiskale sich in Denunziationen wegen der Uebertretung des Edikts überboten und daß unzählige Menschen wegen derselben bestraft wurden.

Nach dem Tode des Geheimen Raths v. Kraut leisteten die Erben desselben zu Gunsten des Potsdamer Waisenhauses auf ihre Ansprüche Verzicht, auch die märkische Ritterschaft überließ das Kapital von 100,000 Thalern ebenfalls dem Waisenhause, der König aber legte noch 300,000 Thaler zu und es gelang ihm, durch diese bedeutende Summe die Woll-Fabrikation in Berlin zu einer nicht unbedeutenden Höhe zu bringen.

Im Jahre 1738 waren im Lagerhause schon 4700 Arbeiter beschäftigt. Es wurden 100,000 Stein Wolle verarbeitet.

Um für die Masse der im Lagerhause aufgestellten Webestühle das nöthige gesponnene Wollengarn zu erhalten, hatte Friedrich Wilhelm schon früher, am 14. Juni 1723, ein merkwürdiges Edikt erlassen:

Allen Höckerweibern und anderen Verkäuferinnen, welche auf den Märkten Waaren feil boten, wurde der Befehl gegeben, nicht ferner Maulaffen feil zu halten, sondern fleißig zu sein in der Zeit, wo sie nicht von Kunden beschäftigt würden.

Sie mußten spinnen oder nähen; jede Höckerin war verpflichtet, mindestens 1 Pfund Wollgarn gegen Bezahlung an das Lagerhaus abzuliefern. Erreichte sie dies Pensum nicht, so mußte sie ihr Geschäft aufgeben. Die Rathsdiener wurden beauftragt, in den Straßen umherzugehen und überall, wo sie die Frauen und Töchter von Handwerkern müßig fänden, diese aufzuschreiben und dem Bürgermeister anzuzeigen. Das Haupt der städtischen Verwaltung erhielt den Befehl, alle Müßiggängerinnen ernstlich zu verwarnen und, wenn dies nicht half, der Kriegs- und Domänen-Kammer darüber Bericht zu erstatten.

Weniger als für die Wollenweberei interessirte sich Friedrich Wilhelm für die Fabrikation seidener Stoffe. Er gab allerdings den Befehl, auf den Kirchhöfen Maulbeerbäume anzupflanzen, damit das baare Geld, welches bisher für Seide ins Ausland gegangen sei, im Lande erhalten werde, auch verbot er den Dienstmägden und geringen Leuten strenge, aus dem Auslande bezogene seidene Stoffe zu tragen. Als aber ein Franzose, Namens Badiston, sich erbot, eine Seiden-Manufaktur in Berlin anzulegen, und sich dafür einen Vorschuß von 300 Thalern zur Anschaffung von Maulbeerbäumen und einen jährlichen Zuschuß von 150 Thalern erbat, indem er versprach, er werde in kurzer Zeit für 200 Thaler Seide auf einmal spinnen lassen und den Reinertrag Sr. Majestät dem König übermitteln, da schrieb Friedrich Wilhelm sehr vernünftiger Weise kurz an den Rand der Bittschrift: "Erst den Profit, dann soll er Alles haben!"

Es würde uns zu weit führen, wollten wir in die Details der Entwicklung der einzelnen Industriezweige noch näher eingehen. Wir bemerken daher hier schließlich nur noch beiläufig, daß Berlin zu Ende der Regierung Friedrich Wilhelms mit den ersten Droschken beglückt wurde.

Der König ließ im Dezember 1739 zwölf für den öffentlichen Verkehr bestimmte Fiacker auf seine Kosten verfertigen und vertheilte sie an diejenigen Fuhrleute, welche sich an einem bestimmten Tage zuerst an dem für das öffentliche Fuhrwerk bestimmten Platze einfanden und dadurch ihre Willfährigkeit zeigten, sich den königlichen Bestimmungen zu fügen.

Sechszehntes Kapitel.

Das Volksleben in Berlin. — Allgemeine Heuchelei. — Volksfeste. — Eingehen des Schützenplatzes. — Berliner Märkte im 18. Jahrhundert. — Landparthien. — Gasthäuser und Tabagien. — Kaffeehäuser. — Gesellschaften der Bürger. — Die Adels-Assemblöen. — Die Kleidertracht. — Die Profose im Treffenhut.

Das Volksleben gewann in Berlin unter der Regierung Friedrich Wilhelms einen vollständigen Umschwung.

Wenige Fürsten haben auf das bürgerliche und gesellschaftliche Leben des Volkes einen so directen und bedeutenden Einfluß geübt, wie dieser König und gerade hierin liegt zum großen Theil die hohe geschichtliche Bedeutung, welche die Regierungszeit Friedrich Wilhelms für unsere Stadt gehabt hat.

Berlin hatte sich von dem Regierungs-Antritt des großen Kurfürsten bis zum Tode Friedrich Wilhelms in seiner Einwohnerzahl verfünfzehnfacht und zwar hauptsächlich durch Einwanderung, welche in der preußischen Residenz ein Gemisch von verschiedenen Nationalitäten bildete.

Es bedurfte der Zeit zur Verschmelzung der widerstrebenden Elemente. Das despotische Regiment Friedrich Wilhelms, der Alles über einen Kamm schor, der alles fremdländische Wesen haßte, trug wesentlich dazu bei, das Deutschthum in Berlin aufrecht zu erhalten, der schon stark eingewurzelten Sucht der Residenzler, ihre Sitten nach denen der französischen Einwanderer umzubilden, Einhalt zu thun.

Das unsittliche Streben nach einer modernen Ueberverfeinerung, wie dieselbe in Frankreich herrschte, wurde gebrochen, der Hang nach kostbaren Vergnügungen, nach prächtigen Festen, nach Titeln und äußern Auszeichnungen wurde gewaltsam ausgerottet und dadurch ein gesunderes Volksleben, wie es unter Friedrich I. geherrscht hatte, angebahnt, aber zur Zeit Friedrich Wilhelms nicht erreicht, denn die Berliner verfielen aus einem Fehler in den andern.

Auch die Einfachheit, der sie sich unter Friedrich Wilhelms Regierung befleißigten, war ihnen nur äußerer Schein, die Religiosität, die sie zur Schau trugen, war Heuchelei; man sprach öffentlich von Sittlichkeit, von ehrbarem Betragen und verdammte mit harten Worten jedes gefallene Mädchen, aber im Geheimen war man ebenso sittenlos, wie zuvor.

Das Volk beugte sich dem äußern Zwang und wenn es dadurch endlich gewohnheitsmäßig auch wirklich zu einer größeren Einfachheit kam, so verlor es doch viel von seinem freien, kräftigen Streben, es gewöhnte sich auch zu gehorchen, ohne zu denken.

Subordination! Das war zur Zeit Friedrich Wilhelms das Alles beherrschende Wort.

Subordination! Nicht raisonniren! Diese beiden Lieblingsausdrücke Friedrich Wilhelms nahmen ihren Weg durch alle Schichten der Gesellschaft, sie drangen aus der künstlich geschaffenen Armee in die Verwaltungs-Behörden und von diesen in die Gerichtsstuben ein, sie fanden ihren Wiederhall sogar in den Familien. Ueberall Tyrannei gegen die tiefer Stehenden und nach Oben slavische Subordination ohne Raisonniren.

Kein Fürst hat je den berüchtigten Grundsatz: l'état cest moi! gründlicher zur wirklichen Ausführung gebracht, als Friedrich Wilhelm I. In ihm konzentrirte sich in der That sein Staat, nicht nur die Regierung desselben, sondern selbst das eigentliche Volksleben. Am Auffälligsten war dies in Berlin.

Friedrich Wilhelm bekümmerte sich nicht nur um die kleinlichsten Details der Staatsverwaltung, sondern auch um die häuslichen Verhältnisse der Bürger. Er ging ohne Scheu persönlich in die Häuser und erkundigte sich nach dem Gewerbe der Besitzer. Er hörte, wie es den Einzelnen ging, mitunter half er durch Geschenke und Darlehne, wenn er Mangel fand, ebenso häufig aber donnerte er auch mit harten Worten und mitunter mit strengen Strafen dazwischen, wo er glaubte, daß ein Bürger sein Geschäft vernachlässige. Er unterhielt sich mit den Hausfrauen, schaute in deren Küchen, aß am häuslichen Tische und glaubte somit eingeweiht zu sein in das innerste Leben des Volkes.

Mit scharfem Auge blickte er um sich und prüfte, ob die Bürger auch fleißig seien, denn er konnte die Müßiggänger nicht leiden. Die Kinder examinirte er, ob sie in der Schule etwas gethan hätten, die jungen Mädchen und Frauen, ob ihr Spinnrocken in Ordnung sei. Jedermann in Berlin war daran gewöhnt, auf diese Weise persönlich mit dem König in Berührung zu kommen. Jeder hatte sich darauf vorbereitet und das Resultat dieses Strebens des Königs, in die Details der Hauswirthschaften einzudringen, war, daß er fortwährend belogen und betrogen wurde; denn die Berliner Bürger und Bürgersfrauen, ja selbst die Kinder in der Schule überlegten sich vorher, welche Lügen sie dem Monarchen auftischen wollten, wenn sie von ihm ausgefragt würden.

So erzählt uns König von einem Sattler in Berlin, der seine Leute aufgestellt hatte, um ihn sofort zu benachrichtigen, wenn etwa der König durch die Straße, in welcher er wohnte, kommen würde. Sobald Friedrich Wilhelm sich nahete, sprang der Sattler auf einen beständig vor seiner Thür stehenden Wagen und während er sonst weit lieber im weich gepolsterten Ruhesessel lag, so fing er in solchen Augenblicken an, mit dem größten und auffallendsten Eifer zu arbeiten.

Der König freute sich darüber, er sprach häufig mit dem Sattler und fragte ihn, warum er denn gar so thätig sei.

„Ew. Majestät! — erwiderte der Bürger, — wenn man ehrlich durch die Welt kommen will, so muß man selbst Hand anlegen."

„Ihr habt Recht und seid ein braver Kerl, fahrt nur so fort und ich will für Euch sorgen!"

Und er sorgte für den fleißigen Heuchler, indem er ihm eine bedeutende Lieferung für die Armee, die ihn reich machte, übertrug.

In ähnlicher Weise wurde der König häufig betrogen. Weil er die Frömmigkeit achtete, liefen die Berliner in die Kirchen, aber frömmer wurden sie dadurch nicht. Weil er ein Soldatenfreund war, drängten sich Tausende zu den Paraden und Revuen hinzu. Jeder suchte sich die Gunst des Gewalthabers zu verschaffen, Heuchelei und

Lügen waren die nothwendige Frucht eines solchen Strebens.

Die so viel gepriesene Sittenreinheit und Einfachheit der Berliner unter der Regierung Friedrich Wilhelms war nichts Anderes, als ein Resultat der Heuchelei; sie verschwand, sobald der Druck, der sie zum Schein hervorgerufen hatte, nachließ.

Zu allen Zeiten ist Berlin ein Schauplatz heiterer Volksfeste gewesen, zu denen der fröhliche, leichte Sinn des Volkes sich so sehr neigt; zur Zeit Friedrich Wilhelms aber wußte man von solchen Festen in der Residenz nichts; mußte doch selbst der Schützenplatz eingehen!

Bis zum Jahre 1727 hatten die Berliner ihr altes, liebes Schützenfest regelmäßig gefeiert. Es ging auf dem deutschen Schützenplatze, der in der Lindenstraße, der heutigen Schützenstraße gegenüber, lag, bei dem Königsschießen am Pfingstfeste immer hoch vergnügt und mitunter freilich etwas ausgelassen zu. Auch im Sommer, wo es Jedermann freistand, auf dem Schützenplatz mit der Büchse einen Schuß nach der Scheibe für sechs Pfennige Einlage zu thun, war stets Nachmittags eine gute Anzahl von Bürgern daselbst versammelt.

Dem König mißfiel das ganze Wesen, er glaubte, daß durch das unnütze Scheibenschießen die Bürger von der Arbeit abgehalten würden. Wozu brauchten sie die Waffen zu führen? Dazu waren die Soldaten da. Das Schießen erschien ihm als eine unnütze Uebung und mochte nur den Leuten dumme Gedanken in die Köpfe setzen.

Am 18 Mai 1727 erließ deshalb der König an den Magistrat von Berlin eine Kabinets-Ordre in der er das Schießen, Spielen und Tanzen beim Königsschießen auf dem Schützenplatze verbot. Er sagte in dieser Kabinets-Ordre: Der Magistrat möge mit allem Nachdruck dahin halten, daß alles liederliche und üppige Wesen gänzlich abgestellt werde, widrigenfalls der Magistrat selbst dafür verantwortlich sein solle.

Es blieb nichts übrig, als zu gehorchen. Der Magistrat ließ der Cölnischen Schützengilde und allen den vielen Pfefferküchlern, Zinngießern und andern Gewerbetreibenden, die auf dem Schützenplatze ihre Buden aufzuschlagen pflegten, die Kabinets-Ordre mittheilen. Den Bierschänkern wurde streng verboten, Musik und ander üppiges Wesen in ihren Häusern zu dulden und wo trotzdem Musik gemacht wurde, da brangen die Stadtwachtmeister in die Lokale, brachten die Musikanten zum Arrest und zeigten den Wirth zur Strafe an. Militär-Patrouillen unterstützten den Magistrat in der Ausführung des königlichen Befehls.

Vergeblich wendeten sich die Gewerke mit der Bitte an den König, ein Fest, welches ihnen guten Absatz für ihre Waaren verschaffe, doch fernerhin aufrecht zu erhalten; sie wurden abschläglich beschieden, die Schützenplätze waren und blieben aufgehoben. Die Schützengilden vermochten unter solchen Umständen sich nicht länger zu halten, sie lösten sich auf. Die drei Schützenplätze, der deutsche und der französische in Cöln und der Berlinische, der vor dem Königsthor gelegen war, wurden verkauft und auch die silbernen Ketten, mit denen man bisher den Schützenkönig geschmückt hatte, wurden zu baarem Silber gemacht.

So war denn das gute alte Schützenfest zu Grabe getragen und die Berliner hatten dafür keinen Ersatz, denn es gab keine andern Volksfeste, wenn wir nicht die Märkte als solche betrachten wollen. Diese hatten freilich in jener Zeit eine weit größere Bedeutung, als heute.

Das Landvolk strömte bei jedem Markt in großen Schaaren nach der Stadt, um seine Einkäufe zu machen und mit den Landleuten kamen fremde Gaukler und Taschenspieler, die in Berlin ihre Buden aufschlugen.

Da riefen Marktschreier ihre Arzneien aus, Universal-Fleckwasser wurden verkauft wie heut zu Tage und jeder Charlatan fand bei dem gläubigen Volke reichen Absatz.

Nebst den Märkten dienten die Manöver und die Hinrichtungen dazu, die immer rege Schaulust der Berliner zu befriedigen. Bei Beiden fehlten diese niemals und die guten Familienväter zogen häufig genug mit einem Korbe, der Eßwaaren für sie und ihre Familien enthielt, zu solchen Schauspielen, denn

„Wo der Geist sich will erlaben,
Muß der Körper auch was haben."

Außerdem sorgten auch die zahlreichen Marketender und Marketenderinnen für Essen und Trinken.

Wie unter Friedrichs I. Regierung, so bildeten auch unter der Friedrich Wilhelms Landpartien ein beliebtes Vergnügen für die Berliner. Man fuhr auf den Treckschuyten nach Charlottenburg oder wanderte in eins der benachbarten Dörfer, um in den Schenken Kegel zu schieben. Die Winterabende wurden nach dem Beispiele des Königs in Tabacks-Kollegien zugebracht.

Die guten Berliner Bürger äfften die Angewohnheit Friedrich Wilhelms nach; sie versammelten sich Abends in ihren Tabagien*) und kannegie-

---

*) Die für den Fremdenbesuch eingerichteten Gasthäuser waren meistens zugleich auch Wirthshäuser für die Berliner Bürger. Es gab aber auch außerdem noch verschiedentliche Tabagien. Die Zahl der Wirthshäuser war noch nicht bedeutend. Vor den Thoren befanden sich beim Thorschreiber Tafeln, welche die Namen und Wohnungen der Gastwirthe, wie Dasjenige, was man daselbst erhalten konnte, enthielten. Jedes Gasthaus hatte, wie noch heut zu Tage, ein Schild mit irgend einem bezeichnenden Namen. Berühmt waren „der goldene Arm" in der Heiligen Geiststraße, „der goldene Anker" in der Spandauerstraße, „der römische Kaiser" auf dem Molkenmarkt. Logiren und speisen konnte man in der „weißen Taube" und im „preußischen Wappen" in der Heiligengeiststraße. Die „Stadt Ruppin" in der Spandauerstraße, der „goldene Löwe" in der Königstraße und der „weiße Schwan" in der Jüdenstraße versorgten zwar ihre Gäste mit Logis und Stallung, gaben aber keine Speisen.

herten über Politik, indem sie bei einer Pfeife Taback ihr Bier tranken.

Der Bierbedarf der Berliner war in jener Zeit außerordentlich groß, dafür zeugt die merkwürdige Anzahl fremder Biere, welche in die Stadt eingeführt wurden, von denen das Bernauer und Ruppiner die beliebtesten waren. Im Jahre 1723 kamen, nach den Kämmerei-Rechnungen, 28,564¼ Tonnen fremde Biere nach Berlin.

Die Namen der meisten dieser Biere wie: Kniesenacker, Mülleroser, Mühlenbecker u. s. w. sind längst verschollen.

Neben den Tabaks-Kollegien bestanden noch einige Kaffeehäuser, in denen Billard gespielt wurde. Die Zahl derselben hatte sich aber seit dem Tode Friedrichs I. bedeutend vermindert, da Friedrich Wilhelm die Kaffeehäuser und besonders das Billardspiel nicht leiden konnte; er verbot dasselbe sogar an Sonntagen bei harter Strafe.

Mit dem Verschwinden der Kaffeehäuser wurde auch der schon ziemlich allgemein gewordene Genuß des Kaffee's wieder sehr eingeschränkt. Nur an zwei Orten in Berlin konnte man Kaffee, das Loth für 1 Groschen, gewiß für die damalige Zeit ein außerordentlich theurer Preis, kaufen. Er wurde nur als eine Delikatesse von den eigentlichen Kaffeeschwestern getrunken. Kleine Damengesellschaften unterhielten sich am Besten beim Kaffee, der in winzigen Tätzchen von Delfter Porzellan herumgereicht wurde.

Bei Familienfesten ging es in den Bürgerhäusern Berlins ziemlich schmucklos her. Große luxuriöse Gesellschaften wurden nur selten gegeben, der König hatte dies ausdrücklich verboten.

Bei dem bis in's Innerste der Familien eingedrungenen Spionier- und Denunziationssystem der Fiskale wäre es gefährlich gewesen, einem solchen Befehle nicht nachzukommen, er wurde deshalb nur selten überschritten.

Die königliche Kabinets-Ordre galt nur für die Bürger. In den Kreisen des vornehmen Adels und besonders des Hofes war ein größerer Luxus erlaubt; aber auch hier durfte er gewisse Grenzen nicht überschreiten, ohne den König unwillig zu machen.

Friedrich Wilhelm wünschte, daß der Adel, seine Generale und die vornehmsten Beamten ein geselliges Leben führten, ohne sich aber dabei zu ruiniren. Es wurden deshalb auf königlichen Befehl die berühmt gewordenen Assembléen eingerichtet, welche nach einer in den ersten Tagen des Januar vom König selbst bestimmten Reihenfolge von den Generalen, den Staats-Ministern, fremden Gesandten und andern vornehmen Personen des Hofes gegeben werden mußten. In diesen Assembléen vergnügte sich die Gesellschaft mit Tanzen und Kartenspielen. Kaffee, Chokolade, Limonade und Orgeade waren die einzigen Erfrischungen, welche herumgereicht wurden. Wollte einer der Gastgeber sich besonders hervorthun, so erleuchtete er wohl sein Haus von oben bis unten in glänzendster Weise, einen größern Luxus aber durfte er nicht entfalten, wenn der König sich nicht mißfällig darüber äußern sollte.

Friedrich Wilhelm fehlte selten bei den Assembléen, auch die Königin, die Prinzen und Prinzessinnen waren bei denselben anwesend. Manche von den Generalen und Staatsbeamten hätten ebenfalls gern Theil genommen an der Reihenfolge, es war ihnen dies aber nicht möglich, weil ihre Wohnungen nicht den nöthigen Gelaß boten. Zu diesem Zwecke und um eine bestimmte Regel für die von ihm eingerichteten Gesellschaften festzustellen, traf der König im Jahre 1733 eine eigenthümliche Einrichtung.

Er übertrug dem starken Manne, dem bekannten Riesen Karl v. Eckenberg, der in seiner hohen Gunst stand, die Besorgung der Assembléen und überließ ihm dazu das Fürstenhaus. Für Beleuchtung, Heizung, Musik und die Besorgung der Spieltische mußte derjenige General oder Hofherr, den die Reihe traf, Wirth zu sein, 30 Thlr. zahlen. Er hatte dafür aber auch zugleich das Recht, allen von Andern gegebenen Assembléen während des ganzen Winters unentgeltlich beizuwohnen, während solche Hofherren, die niemals den Wirth spielten, ein Eintrittsgeld von 8 Groschen erlegen, außerdem aber Kaffee, Thee x. apart und wenn sie spielen wollten, noch 16 Groschen Kartengeld bezahlen mußten. Die Kapitains und Subaltern-Offiziere waren nach dem speziellen Befehle des Königs von jeder Zahlung befreit, sie konnten unentgeltlich als Gäste anwesend sein.

Diese Einrichtung dauerte indessen nur bis zum Jahre 1737, weil der starke Mann eine so liederliche Wirthschaft führte, daß ihm die Assembléen abgenommen werden mußten. Sie fanden fortan wieder in der früheren Weise statt.

Dieselbe Einfachheit und Prunklosigkeit, welche, wie wir gesehen haben, in den Assembléen herrschte, war auch für die Kleidung in Berlin maßgebend geworden. Auch hier richtete sich Vornehm und Gering nach dem Geschmacke des Königs und erst in den letzten Jahren seiner Regierung begann ein größerer Aufwand.

Die gewaltigen Allongeperrücken, mit denen sich früher alle Männer von Stande und auch die besser situirten Bürger verunziert hatten, kamen aus der Mode, nur einige Minister, Räthe, Doktoren und andere Gelehrte behielten sie. An ihre Stelle kamen die kleinen sogenannten Muffer oder Mirletons in Gebrauch und auch diese verschwanden endlich, um den Soldatenfrisuren Platz zu machen. Das Haar wurde hinten in einem Zopf zusammengeschlagen, die Seitenhaare lagen, zu einer gewissen Länge verschnitten, über die Ohren; später wurden die Locken Mode, von denen man 6—8 über einander trug.

Fast Jedermann bemühte sich, seinen Kopf möglichst in Soldatenmanier zu frisiren und selbst Diejenigen, welche noch Perrücken trugen, wußten diese in soldatischer Weise aufzustutzen. Nur die

Mitglieder der französischen Colonie blieben ungestört bei ihren früheren Angewohnheiten.

Die Reinlichkeit der Kleidung galt als der höchste Schmuck. Man trug deshalb stets blendend weiße Manschetten und Jabots, welche man aber, damit sie sich länger weiß hielten, nicht an den Hemden befestigte, sondern an die Röcke ansteckte, um sie zur Parade zu tragen, aber wieder abzulösen, sobald sie hierzu nicht mehr nöthig waren.

Es war dies ebenfalls eine Nachäfferei der Sitten des Königs, der, wie wir schon erzählt haben, seine Kleidung so sehr schonte, daß er beim Schreiben sich stets mit Ueberärmeln und einer Schürze versah. Manche Beamte gingen noch weiter und König erzählt von einem alten Rentmeister, der, sobald er auf seiner Kasse erschien, sich die Schuhe aus- und dagegen Pantoffeln anzog, die Perrücke ablegte, eine weiße Mütze aufsetzte und dann die Vorlegeärmel befestigte.

Der Anzug der Männer, besonders der Bürger, näherte sich sehr dem militärischen. Deshalb wählte man zu dem Rock auch meistens die bei der Infanterie übliche blaue Farbe. Als eigenthümlich muß hervorgehoben werden, daß Personen von Bedeutung einen rothen Mantel trugen.

Friedrich Wilhelm haßte die französischen Moden und er suchte sie lächerlich zu machen. Seine wissenschaftlichen Hofnarren mußten sich stets nach den auffälligsten französischen Mustern kleiden und als einst der französische Gesandte Graf Rothenburg eine neue Mode, große Tressenhüte und Haarbeutel, mit nach Berlin brachte, wählte der König ein eigenthümliches Mittel, um sie den Berlinern verächtlich zu machen. Er befahl nämlich, daß die Regiments-Profoße, die damals ebenso wohl wie die Büttel und Abdecker in den Augen des Volkes noch als unehrlich galten, bei einer großen Parade mit mächtigen Tressenhüten und Haarbeuteln geschmückt erscheinen. Zugleich erließ er einen Befehl, daß alle Diejenigen, welche durch gerichtliches Urtheil für infam erklärt worden seien, keinen Zopf mehr tragen dürften, sondern zum Haarbeutel verdammt wären.

Der französische Gesandte ärgerte sich darüber nicht wenig. Faßmann erzählt, daß es einen eigenthümlichen Anblick dargeboten habe, als bei jener Parade nur der Gesandte und sein Gefolge, sowie die verachteten Profoße mit den mächtigen Tressenhüten geschmückt gewesen wären.

Jeder Bürger, der irgendwie sich auffällig oder nach der französischen Mode trug, wurde von vornherein vom König mit mißtrauischen Augen angeschaut, besonders verachtete Friedrich Wilhelm die geputzten Frauenzimmer und er vermuthete, sobald er ein Mädchen in auffallendem Putz sah, daß sie ein unzüchtiges Gewerbe treibe. Trotzdem konnten sich die Damen doch nicht entschließen, den Schmuck ganz und gar zu lassen und wenn sie auch die Haare nur einfach in die Höhe geschlagen und gepudert tragen durften, wenn ihnen auch die Schminke untersagt war, denn das Bemalen der Gesichter haßte der König vorzugsweise, so entschädigten sie sich dafür dadurch, daß sie möglichst entblößte Busen trugen. Daran durfte, da es die herrschende Sitte war, kein Anstoß genommen werden.

Den vorzüglichsten Damenschmuck bildeten Kanten und Spitzen, die einfach genug aussahen, aber kolossal theuer bezahlt wurden.

Besonders wurde mit diesen Spitzen in den letzten Jahren der Regierungszeit Friedrich Wilhelms ein großer Luxus getrieben und auch die Männer begannen in dieser Zeit sich wieder mit künstlich genähten und gestickten Sachen zu schmücken.

Minister, Generale und andere vornehme Personen trugen bei feierlichen Gelegenheiten prächtig gestickte Kleider oder auch wohl solche, welche mit Borten und Schnüren von Gold, Silber oder Seide verziert waren.

Der Kleiderschnitt war außerordentlich plump. Die Weste mit ihren langen Schößen, die fast mit dem Rocke gleich war, sah abscheulich aus; höchst unkleidsam waren auch die großen, bei den Ellenbogen anfangenden Aufschläge, die nur bis eine Handbreit über dem Gelenk herabgingen, damit man die feine und sehr weiße Wäsche, welche mit Kanten verziert war, betrachten könne.

Siebenzehntes Kapitel.

Das Hofleben. — Die Günstlinge. — Hof-Intriguen. — Krankheit des Königs. — Testaments-Intriguen. — Der Ungar Clement. — Eine erdichtete Verschwörung. — Die Frau v. Blaspiel. — Der Prozeß gegen Clement. — Die Hinrichtung der Betrüger.

Die innere Unwahrheit, die Lüge und Heuchelei, welche das Volksleben in Berlin unter der Regierung Friedrich Wilhelms charakterisirten, herrschten mehr noch als im Bürgerstande am Hofe.

Der König, der sich einbildete, ein absoluter Herrscher zu sein, wurde von seinen Günstlingen am Gängelbande geführt und die hohen Würdenträger des Reiches intriguirten gegen einander um die königliche Gunst, welche der Schlüssel zu Macht und Reichthümern war.

Friedrich Wilhelm wünschte seinem Hofe ein echt bürgerliches Ansehen zu geben, er wollte die Kabinets-Intriguen von demselben verbannen, dies aber gelang ihm nicht.

Wie an allen Höfen und zu allen Zeiten war die Intrigue auch am Hofe Friedrich Wilhelms einheimisch. Die Günstlinge suchten sich gegenseitig zu stürzen, sie spekulirten auf die Schwächen und Fehler des Königs und suchten Vortheil aus denselben zu ziehen.

Es sind durch die Markgräfin von Baireuth und durch Pöllnitz viele Hof-Intriguen aus jener Zeit bekannt geworden. Wir wollen hier nur einige erzählen, welche das größte Aufsehen in Berlin machten und lange Zeit in allen Kreisen der damaligen Gesellschaften besprochen wurden.

Im Anfange des Jahres 1719 hatte sich der König nach Brandenburg begeben, um sein Regiment zu mustern. Während seines Aufenthalts dort wurde er plötzlich von einer heftigen Kolik befallen. Die Krankheit war so schmerzlich, daß Friedrich Wilhelm selbst glaubte, er sei dem Tode nahe. Er ließ sofort die Königin nachkommen und sobald sie anlangte, übergab er ihr ein versiegeltes Packet, in welchem sein Testament befindlich war. Er hatte die Königin zur Regentin für den minderjährigen Kronprinzen und ihr zur Seite den König von England und den Kaiser zu Vormündern desselben ernannt.

Als Friedrich Wilhelm seiner Gemahlin das Testament übergab, bat er sie, dies ja geheim zu halten, denn er fürchtete und wohl mit Recht, daß der Fürst von Anhalt und der Herr v. Grumbkow, die beiden damals herrschenden Günstlinge, ihn mit Vorwürfen überhäufen und mit Bitten bestürmen würden, wenn sie erführen, daß sie von jeder Regierungsthätigkeit ausgeschlossen seien.

Ob die Königin der Bitte ihres kranken Gemahls nicht nachkam, ob auf andere Weise die Nachricht an den Fürsten von Anhalt und den Herrn v. Grumbkow gelangte, kurz, diese erfuhren, daß der König ein Testament gemacht habe und eilten voller Sorgen um den Inhalt desselben ebenfalls nach Brandenburg.

Aus dem geheimnißvollen Benehmen Friedrich Wilhelms muthmaßten sie, daß sie wohl keinen Theil an der vormundschaftlichen Regierung haben würden. Es kam ihnen darauf an, sich Gewißheit darüber zu verschaffen und sie wendeten sich deshalb an eine Hofdame der Königin, welche das vollste Vertrauen ihrer Gebieterin besaß, eine Frau v. Blaspiel. Sie suchten durch schmeichelnde Worte sich die Gunst der Hofdame zu verschaffen und boten ihr sogar eine bedeutende Geldsumme an, wenn sie die Königin dahin bewegen könne, daß diese sich bei dem König verwende, um den Fürsten von Anhalt und den Herrn v. Grumbkow zu Mitregenten während der Minderjährigkeit des Kronprinzen zu ernennen.

Der Fürst von Anhalt hatte die Unterhandlungen mit Frau von Blaspiel übernommen. Er hoffte mit Bestimmtheit, zum Ziele zu kommen, die Hofdame aber gab ausweichende Antworten und sobald der Fürst sie verlassen hatte, eilte sie zur Königin und erzählte dieser Alles, was zwischen ihr und dem Fürsten verhandelt worden war.

Die Königin theilte die ganze Unterhaltung dem König mit. Dieser wurde in Folge dessen so unwillig gegen seinen alten Freund und den Herrn v. Grumbkow, daß er Beide, als sie sich in der Thür seines Zimmers zeigten, aus diesem verwies. Die Königin erhielt den Auftrag, ihnen den Befehl mitzutheilen und sie that dies mit einer so stolzen Miene, wie sie noch nie gegen die beiden allmächtigen Günstlinge des Königs angenommen hatte.

„Der König — so sagte sie — lasse sich jetzt nicht sprechen; die Gegenwart beider Herren sei in Brandenburg unnütz; sie würden wohl thun, wieder nach Berlin zurückzukehren."

Als der Fürst von Anhalt der Königin antworten wollte, unterbrach sie ihn, indem sie ihm glückliche Reise wünschte und in das Zimmer des Königs zurückging.

Der Fürst und Herr v. Grumbkow waren damals noch gute Freunde und Beide gleich entrüstet über eine solche Behandlung. Sie zweifelten jetzt nicht mehr daran, daß die Königin zur Regentin ernannt, auch nicht daran, daß dieser ungnädige Empfang das Resultat einer Verrätherei der Frau v. Blaspiel sei, und sie beschlossen, sich an dieser zu rächen.

Beide blieben in Brandenburg und hatten schon an folgenden Tage die Genugthuung, daß ihre Furcht vor einem tödtlichen Ausgang der Krankheit des Königs sich als unbegründet zeigte, denn Friedrich Wilhelm wurde durch ein tüchtiges Brechmittel von seiner Kolik schnell hergestellt.

Der König söhnte sich bald wieder mit seinen beiden alten Freunden aus, die Königin aber, welche stolz auf das Bewußtsein war, daß sie die Regentin hätte sein sollen, zeigte dies in jeder Bewegung, in jedem Blicke. Sie behandelte den Fürsten von Anhalt und den Herrn v. Grumbkow mit einer Herablassung, welche Beide höchst neugierig auf den Inhalt des Testaments machte, da dieses offenbar die übermüthige Laune der Königin erzeugt hatte.

Die Markgräfin von Baireuth giebt uns über das Intriguenspiel, welches Grumbkow anwendete, um das Testament kennen zu lernen, folgende, auch von dem Herrn v. Pöllnitz bestätigte Erzählung:

„Ich habe schon von der Frau v. Blaspiel, der Favoritin der Königin, gesprochen. Diese Dame konnte für eine Schönheit gelten; ein lebhafter und solider Geist erhöhten noch die Reize ihrer Person. Ihr Herz war edel und rechtlich, aber zwei Hauptfehler, welche zum Unglücke die der Meisten ihres Geschlechts sind, verdunkelten diese schönen Eigenschaften: Sie war intriguant und kokett. Ein Ehemann von 60 Jahren, gichtbrüchig und unangenehm, war für eine junge Frau ein zu wenig anziehendes Ragout. Viele Leute behaupten sogar, sie habe mit ihm wie die Kaiserin Pulcheria mit dem Kaiser Marcianus gelebt.

Der Graf v. Manteufel, sächsischer Gesandter am preußischen Hofe, hatte Mittel gefunden, ihr Herz zu rühren. Ihr Liebesverhältniß war aber so geheim betrieben worden, daß man nie den mindesten Verdacht gegen die Tugend dieser Dame hegte. Der Graf machte eine kleine Reise nach Dresden. Um sich für die Abwesenheit seiner Geliebten zu trösten, schrieb er ihr alle Posttage und erhielt gleiche Antworten. Diese unselige Correspondenz verursachte das Unglück der Frau von Blaspiel. Ihre und ihres Geliebten Briefe fielen in die Hände des Königs.

Dieser mißtrauische Fürst hatte Verdacht wegen

Staats-Intriguen und ließ diese Briefe, um sich deshalb zu überzeugen, Grumbkow sehen. In der Sprache der Liebe erfahrener, als der König, erriet dieser sogleich die Wahrheit. Er ließ sich aber nichts merken, ob er gleich diesen Zufall für den glücklichsten ansah, der ihm hätte begegnen können. Er war Manteufels vertrauter Freund und stand sehr gut beim König von Polen. Dieser Fürst hatte große Rücksichten gegen den Hof von Berlin zu beobachten. Karl XII., König von Schweden, lebte noch und daher befürchtete er stets neue Unruhen in Polen, wovor ihn der Beistand meines Vaters schützen konnte.

Grumbkow versprach ihm seine Unterstützung und verpflichtete sich, das gute Einverständniß zwischen den beiden Höfen immer zu unterhalten, wenn jener in seine Ansichten eingehen und dem Grafen v. Manteufel demgemäße Instructionen geben würde.

Der König von Polen zögerte nicht, darein zu willigen und schickte diesen Gesandten wieder nach Berlin. Grumbkow öffnete sich ihm im Betreff der ganzen Geschichte des Testaments. Er entdeckte ihm sogar, daß er von seinem Liebesverhältnisse mit Frau v. Blaspiel wisse und daß er von ihm den Dienst fordere, diese Dame dazu zu bewegen, das Testament des Königs aus den Händen der Königin zu entfernen.

Die Sache war sehr zart; Manteufel kannte die Anhänglichkeit, welche seine Geliebte für die Königin hatte. Dennoch wagte er es, mit ihr davon zu sprechen.

Frau v. Blaspiel konnte nur mit vieler Mühe seinen Wünschen geneigt gemacht werden, aber endlich ließ sie die Liebe das vergessen, was sie sich selbst und ihrer Gebieterin schuldig war.

Durch die Versicherungen von Anhänglichkeit, welche Manteufel für die Königin zu hegen betheuerte, verblendet, hielt Frau v. Blaspiel die Sache nicht für sehr wichtig und da sie die unbedingte Herrschaft kannte, welche sie über das Herz der Königin ausübte, so spielte sie so verschiedene Rollen, daß sie es endlich dahin brachte, diese zu überreden, ihr das unglückliche Papier anzuvertrauen, jedoch unter der Bedingung, es ihr, wenn sie es gelesen haben würde, zurückzugeben."

So hatte Grumbkow denn seinen Zweck erreicht. Er erfuhr zu seinem Schrecken, daß wirklich die Königin die Regentschaft antreten sollte und fürchtete, daß dies vielleicht bald geschehen werde, da gerade in jener Zeit die Gesundheit des Königs höchst schwankend war.

Bei der geringen Sorgfalt, welche Friedrich Wilhelm auf seinen Körper wandte, bei seiner Unmäßigkeit im Essen und im Trinken schwerer Biere konnte leicht ein Schlagfluß seinem Leben ein Ende machen.

Trat ein solcher Fall ein, dann sank der Herr v. Grumbkow, der kein anderes Verdienst hatte, als die Gunst des Königs, in sein Nichts zurück und auch der Fürst von Anhalt verlor die Macht, die seiner Eitelkeit schmeichelte, denn beide Herren waren der Königin, der künftigen Regentin, verhaßt.

Nur eine Rettung gab es für sie, sie mußten Alles versuchen, um den Einfluß der Königin auf Friedrich Wilhelm zu untergraben und zugleich auch, um ihre Freundin, die Frau v. Blaspiel, vom Hofe zu entfernen. Nur dann konnte es ihnen gelingen, den König dahin zu bringen, daß er sein Testament ändere.

Die beiden ersten Zwecke erreichten die beiden Günstlinge, indem eine Intrigue, welche gegen sie selbst angesponnen wurde, fehlschlug und ihnen die Mittel in die Hand gab, ihre Feindin, die Frau v. Blaspiel, zu verderben und das Vertrauen des Königs in seine Gemahlin zu erschüttern.

In Dresden lebte ein diplomatischer Abenteurer, ein ungarischer Edelmann, Namens Clement, der längere Zeit dem Kaiser und dem Fürsten Eugen als politischer Spion gedient hatte, dann nach Sachsen gegangen war, um sich dort von dem Minister Grafen Flemming ebenfalls in dieser löblichen Eigenschaft gebrauchen zu lassen.

Clement hatte während seines Aufenthalts in Dresden bemerkt, daß augenblicklich ein ziemlich gespanntes Verhältniß zwischen dem Berliner Hofe und denen von Wien und Dresden herrschte. Er glaubte, daß es ihm durch geschickte Manöver gelingen könne, diese Höfe ganz mit einander zu entzweien und dadurch sich selbst eine politische Wichtigkeit zu geben, die sein Glück begründen mußte.

Zu diesem Zwecke schrieb Clement an den König von Preußen und erklärte, daß er ihm Angelegenheiten von der höchsten Wichtigkeit mitzutheilen habe. Seine Mittheilungen seien so außerordentlicher Natur, daß er sie nur dem König persönlich eröffnen könne. Er forderte deshalb die schriftliche Versicherung, daß Niemand etwas von seinem Aufenthalt in Berlin erfahren solle, da er nur dann sicher seine Enthüllungen machen könne.

Diesen Brief schickte Clement an den Hofprediger Jablonsky, den er bat, ihn dem König persönlich zu überliefern; nähme er Anstand, so möge er verantwortlich für alles Uebel sein, das aus einer solchen Nachlässigkeit entstehen werde.

Jablonsky wagte es weder, den Brief zu übergeben, noch, ihn zu behalten; er wendete sich an den Minister v. Marschall, der im hohen Vertrauen Friedrich Wilhelms stand und dieser übernahm die Bestellung des Briefes.

Das Schreiben war so außerordentlich geschickt abgefaßt, daß der stets mißtrauische König sofort ein Komplott gegen seine Person muthmaßte. Er befahl, daß Clement im tiefsten Geheimniß nach Berlin komme, der Hofprediger Jablonsky sollte ihn zur Nachtzeit in die Stadt einführen und in seinem eigenen Hause behalten.

Das war es, was der Abenteurer gewünscht

hatte. Er beeilte sich, seine Reise anzutreten und meldete seine Ankunft dem König.

Am folgenden Tage fuhr Friedrich Wilhelm in einer offenen Chaise aus; er nahm nur den Generalmajor und damaligen Kommandanten von Berlin, v. Forcade, und zwei Pagen mit sich, machte eine Spazierfahrt die Linden herunter und fuhr von da nach dem Weidendamm, wo er still halten ließ. Hier stieg er aus, befahl dem General v. Forcade und den Pagen, auf ihn zu warten, dann ging er nach einem Garten in der Nähe der Oranienburger Barrieren, in welchem er Clement und Jablonsky ein Rendezvous gegeben hatte.

Auch Jablonsky mußte sich jetzt entfernen. Clement spazierte allein mit dem König in den Laubgängen des Gartens auf und nieder. Er brachte wunderbare Enthüllungen vor.

Der Dresdener und der Wiener Hof, so erzählte er, hätten den Plan entworfen, den König auf der Jagd oder auf einer Reise gefangen nehmen und den Kronprinzen in der katholischen Religion erziehen zu lassen; die vornehmsten preußischen Generale und Minister wären für diesen Plan gewonnen. Er, Clement, habe den Auftrag, nach dem Haag zu gehen, um mit den Seemächten Unterhandlungen anzuknüpfen, damit auch diese in den abscheulichen Plan der Unterdrückung Preußens willigen möchten.

So abenteuerlich das ganze Unternehmen war, welches Clement dem König schilderte, so fand er doch um so mehr Glauben, als er sich erbot, durch genügende Schriftstücke jedes gesprochene Wort zu beweisen. Er behauptete, Briefe des Prinzen Eugen von Savoyen, des sächsischen Ministers v. Flemming und der Minister des Königs selbst zur Hand zu haben. Er zog diese aus seinem Portefeuille hervor, aber es war schon ziemlich dunkel und der König daher nicht im Stande, sie anzusehen.

Friedrich Wilhelm war durch diese Nachrichten auf's Höchste erschreckt. Als er sich wieder zu dem General v. Forcade in den Wagen setzte, war er ganz verstört. Herr v. Forcade erzählte später dem Baron v. Pöllnitz, dessen Mittheilungen wir die Details dieser seltsamen Geschichte verdanken, er habe den König niemals so ängstlich gesehen, wie an jenem Tage.

Friedrich Wilhelm kehrte nach dem Schloß zurück; er verbot seinen Begleitern auch nur ein Wort über seinen Besuch in dem Garten zu sprechen, dann verschloß er sich in seinem Zimmer, wo er den ganzen Abend und den folgenden Tag allein blieb und selbst verweigerte, die Königin zu sprechen.

Am nächsten Abend hatte er wieder eine Zusammenkunft mit Clement, der sich abermals erbot, seine Aussagen durch Briefe zu beweisen. Er zeigte dieselben dem König und dieser konnte jetzt auch nicht einen Augenblick mehr zweifeln, denn er sah durch die ihm bekannten Handschriften des Prinzen Eugen und des Grafen Flemming alle ihm gemachten Angaben bestättigt. Er überschüttete Clement mit Bezeugungen seiner Dankbarkeit; er bat ihn, in Berlin zu bleiben und nicht nach dem Haag zu gehen, wo er sich nur in Gefahr begeben würde; er bot ihm 12,000 Thaler als Belohnung für seine Dienste an, aber Clement wies diese Summe zurück. Er erklärte sich nur bereit, so viel anzunehmen, als er im Haag etwa gebrauchen würde, um dort für den König Freunde zu gewinnen, für sich selbst verlange er nichts, er habe nur einen Wunsch, dem König zu dienen, ein Wunsch, der besonders auch daraus entspringe, daß er die höchste Achtung vor Friedrich Wilhelm als den Schützer der protestantischen Religion habe, zu der er, als früherer Katholik, im Hause des Hofpredigers Jablonsky übergegangen war. Auch die Einladung, in Berlin zu bleiben, schlug der Abenteurer aus, denn nur im Haag könne er für die Sache seines königlichen Herrn wirken.

Clement hatte durch seine scheinbare Uneigennützigkeit eine wahrhaft wunderbare Gewalt über den König erlangt. Dieser sonst so starrsinnige Mann bewilligte jetzt Alles, was Clement wollte.

Der kühne Betrüger stand auf dem Gipfelpunkt seines Glücks. Aber er wollte noch mehr haben und damit verdarb er sich selbst sein Spiel. Um den König für die Dauer täuschen zu können, mußte er die genaueste Kenntniß der preußischen Hof- und Staats-Verhältnisse und deshalb Anknüpfungen in allen Ministerien gewinnen. Er machte zu diesem Behufe Bekanntschaften mit verschiedenen Berlinern und es gelang ihm, die geeigneten Subjekte für seine Pläne zu gewinnen.

Der eine seiner Agenten war ein Baron von Heidekamm, der im preußisch-schwedischen Kriege als Spion gedient hatte und augenblicklich in Berlin in ziemlicher Noth lebte.

Heidekamm kannte verschiedene Diener des Königs und konnte die wichtigsten Nachrichten aus der nächsten Umgebung desselben bringen, auch verschaffte er Clement verschiedene Briefe von preußischen Ministern, die jener gebrauchte, um die Handschriften nachzumachen und Briefe zu schreiben, welche die Minister als Mitglieder der gegen den König angesponnenen Verschwörung darstellten.

Ferner gewann Clement einen Geheimen Kriegs-Sekretär Bube und einen gewissen Lehmann, der durch seine Bekanntschaft mit mehreren Domänen-Räthen ihm genaue Nachrichten aus dem Finanzfache geben konnte.

Clement hielt sich nun einige Zeit in Berlin auf, dann aber reiste er, sehr gegen den Willen des Königs, nach dem Haag ab. Beim Abschied beschwor er Friedrich Wilhelm, Alles, was er ihm gesagt habe, geheim zu halten, denn seine liebsten Freunde, der Fürst von Anhalt, der Herr v. Grumbkow und Andere seien ja Mitglieder des abscheulichen Komplots und ein unbedachtes Wort können dasselbe zu früh zum Ausbruch bringen.

Friedrich Wilhelm lag vollständig in den Fesseln des Betrügers, er glaubte jedes Wort der Lügen, welche derselbe ihm vorgeschwindelt hatte. Er war mißtrauisch gegen Jedermann; mit Niemandem mochte er mehr freundlich sprechen unter seinem Kopfkissen hatte er stets zwei geladene Pistolen liegen, seine Generale und Minister waren aus dem Tabaks-Kollegium verbannt, einige Bürger nahmen die Stellen derselben ein. Nichts konnte den König mehr erheitern, sogar die Späße seines Hofnarren Gundling verklangen ungehört.

Der Fürst von Anhalt vermochte sich die Traurigkeit und Verschlossenheit seines alten Freundes durchaus nicht zu erklären. Wenn er auch häufig genug persönliche Rücksichten am preußischen Hofe verfolgte, so war doch Leopold von Anhalt der wahre Freund Friedrich Wilhelms; er fühlte eine tiefe Zuneigung zu dem Jugendgenossen und er entschloß sich mit Offenheit den Bann zu durchbrechen, der ihn für den Augenblick von seinem Freunde trennte.

Als sich eines Tages der König in sein Zimmer begab, folgte ihm der Fürst.

Friedrich Wilhelm schaute sich scheu um und legte die Hand an den Degen, um auf einen Angriff gefaßt zu sein. Der Fürst aber ließ sich durch diese Bewegung nicht abhalten, er warf seinen eigenen Degen weit von sich und fragte nun in männlich offener Weise, was er gethan habe, daß Friedrich Wilhelm nicht mehr dieselben Gesinnungen wie früher gegen ihn fühle.

„Ich habe mir nichts vorzuwerfen — rief er erregt — und das ist so wahr, daß ich jetzt hier meine Reichsfürstenwürde niederlegen will! Behandeln Sie mich ganz wie einen Unterthan und wenn ich dann irgend etwas gegen Sie verbrochen habe, so mag mein Kopf dafür haften, er gehört Ihnen, machen Sie damit, was Sie wollen!"

Die offene, männliche Weise des Fürsten brach das Mißtrauen, welches Friedrich Wilhelm gegen seinen alten Freund im Herzen trug. Zwar hatte Clement ihm gesagt, daß gerade Leopold von Anhalt ein Haupt der Verschwörung sei und er deshalb vor diesem am Meisten gewarnt; dennoch aber konnte der König den herzlichen Worten des Fürsten nicht widerstehen. Er umarmte ihn und sagte:

„Reden Sie wirklich aufrichtig? Kann ich Ihnen noch trauen?"

„Ja, Sie können es, Sire! — rief der Fürst und warf sich dem König zu Füßen. — Ich habe mich ganz Ihrem Dienst gewidmet und bin bereit, mein Blut zu vergießen, um Sie davon zu überzeugen!"

Der König hob den alten Freund auf; er war erweicht. Er erzählte diesem Alles, was er von Clement gehört hatte und daß er die Briefe vom Prinzen Eugen, welche den Fürsten als einen Theilnehmer an der Verschwörung bezeichneten, selbst gelesen habe.

„Dieser Clement ist der größte Schurke und infamste Betrüger, der je existirt hat! — rief Leopold wüthend aus. — Der Prinz kann mich eines solchen Verbrechens nicht beschuldigt haben und ich bin überzeugt, daß er selbst nicht an das schwarze Komplott, das man ihm aufbürden will, gedacht hat."

Er verlangte, mit Clement konfrontirt zu werden, bis dies geschehen, wolle er gern in das Gefängniß gehen.

Der König erkannte jetzt, daß er betrogen sei und es kam ihm nun Alles darauf an, den Betrüger, der sicher im Haag saß, wieder in seine Gewalt zu bekommen.

Der Hofprediger Jablonsky und ein seines Verstandes und Muthes wegen rühmlich bekannter Offizier, Namens Dumoulin, erhielten den Auftrag, nach dem Haag zu reisen und den Verräther nach Berlin zu bringen. Ihrer List gelang es, Clement zur Rückkehr nach Berlin zu bewegen. Kaum stand er wieder vor dem König, als dieser abermals irre wurde.

Die Frechheit Clements hätte diesem fast das Leben gerettet, denn Friedrich Wilhelm konnte nicht glauben, daß er den Muth haben würde, mit dem Bewußtsein seines Betruges nach Berlin zu kommen.

Der König empfing Clement abermals; er hatte mit ihm eine Unterredung, welcher der Fürst von Dessau in einem Versteck lauschend beiwohnte.

Friedrich Wilhelm sprach Zweifel aus, daß der Wiener Hof irgend etwas gegen ihn unternehmen würde; sonst wäre dies sicher schon geschehen.

Clement berief sich abermals auf die Briefe des Prinzen Eugen, der König verlangte diese zu sehen; Clement aber erklärte, daß er sie im Haag in den Händen eines Freundes zurückgelassen habe, mit dem er die Abrede getroffen, daß sie nur in seine eigenen Hände zurückgeliefert werden dürften. Wünsche der König die Briefe noch einmal zu sehen, so wolle er unverzüglich zurückreisen, um sie zu holen.

Wohl oder übel mußte Friedrich Wilhelm die Genehmigung zu der abermaligen Reise ertheilen.

Clement hatte seine Rolle so vortrefflich gespielt, daß er sogar dem König ein Versprechen abnahm, es solle nichts gegen ihn geschehen, wie die Sache auch ausfallen möge. Er reiste in Begleitung Dumoulins nach dem Haag, hielt sich dort einen Monat auf und machte sich dann wieder auf den Weg nach Berlin. Unterwegs aber begann er plötzlich über die Folgen seiner Betrügerei besorgt zu werden. Als er in Cleve ankam, beschloß er, nach dem sichern Haag zurückzukehren, aber zu spät, jetzt zeigte sich auf einmal sein Begleiter, der bis dahin stets die größte Freundschaft bewiesen hatte, als königlicher Offizier. Er erklärte, daß Clement ihm nach Berlin folgen müsse.

Es war zu spät zur Flucht.

Noch immer hoffte Clement, mit seiner früheren Unverschämtheit sich durchzulügen, um so mehr, als der Minister v. Marschall, zu dem ihn

Dumoulin führte, als sie in Berlin ankamen, ihn mit aller Höflichkeit behandelte und ihn sogar zur Tafel einlud. Der Herr v. Marschall hatte sich erst Verhaltungsbefehle erbeten und diese während des Essens erhalten. Als er mit seinem Gaste von der Tafel aufstand, eröffnete er ihm, daß er Befehl habe, ihn in Arrest abzuliefern.

„Ist es Das, was der König mir versprochen hatte?" rief Clement entrüstet aus.

Darauf vermochte ihm der Minister v. Marschall keine Antwort zu geben. Er zuckte die Achseln, sprach von königlichem Befehl und ließ ihn in das Stadtgefängniß bringen.

Das Schicksal des Betrügers war jetzt entschieden. Der König begab sich um Mitternacht in Begleitung des General-Auditeurs v. Katsch in das Gefängniß und ließ ihn in seiner Gegenwart verhören.

Clement antwortete mit großer Geistesgegenwart und blieb dabei, daß er die Wahrheit gesagt habe. Am folgenden Tage wurde er nach Spandau geführt. Hier setzte man seine Verhöre fort, welche stets in der Gegenwart des Königs vorgenommen wurden. Friedrich Wilhelm fuhr zu jedem Verhör nach Spandau; er wollte nicht ein Wort von dem merkwürdigen Prozesse verlieren.

Clement muß ein wahrhaft wunderbares Talent zum Betruge gehabt haben; obgleich seine Falschheit doch schon aufgedeckt war, sprach er so zuversichtlich, daß er den König abermals täuschte. Friedrich Wilhelm gab den Befehl, ihn frei zu lassen.

Zum Unglück für Clement aber war der Herr v. Katsch der dienstwilligste Günstling des Fürsten Leopold von Anhalt. Er hatte von seinem Gönner den bestimmten Auftrag erhalten, den Betrüger unter keiner Bedingung los zu lassen, sondern alle Mittel anzuwenden, um die Wahrheit aufzudecken.

Als Friedrich Wilhelm den Betrüger frei lassen wollte, sagte Katsch bittend:

„Uebereilen Sie Sich nicht, Sire! Noch ein oder zwei Verhöre und eine Portion Folter, so sollen Sie bald wissen, woran Sie sind."

Die Verhöre hätten wohl wenig geschafft, aber die Drohung mit der Folter erweichte die Standhaftigkeit Clements. Als der Scharfrichter herbeigeholt wurde, als er seine Daumschrauben und alle die andern Marterwerkzeuge hervorbrachte und sie in Gegenwart des Königs dem Angeklagten zeigte, als dieser auf der eisernen Stirn des General-Auditeurs v. Katsch las, daß es Ernst mit der Marterung sei, da warf sich dem König zu Füßen, um durch ein offenes Geständniß Gnade zu erzielen.

Er bekannte jetzt, daß alle vorgezeigten Briefe falsch, von seiner eigenen Hand gefertigt seien und bewies dies, da Friedrich Wilhelm noch immer zweifelte, indem er die eigene Schrift des Königs in so musterhafter Weise nachahmte, daß die Kopie vom Original nicht zu unterscheiden war.

Eine zweite Drohung mit der Folter in einem andern Verhör lockte aus dem Betrüger die Namen seiner Mitschuldigen, des Barons Heidekamm, Bube's und Lehmanns, heraus. Alle Drei wurden verhaftet und nach Spandau gebracht. Bube vergiftete sich dort, die beiden Andern aber suchten sich zu retten, indem sie alle die Hofherren angaben, von denen sie Nachrichten über den König und den Staat erhalten hatten.

Eine große Anzahl von Personen jeden Ranges wurde jetzt plötzlich arretirt. Ein Schrecken kam über Berlin, denn fast jede mit dem Hofe in Verbindung stehende Familie hatte die Verhaftung irgend eines ihrer Angehörigen zu beklagen. Fast reichten die Räume der Festung nicht mehr, um alle Gefangenen von Stande in sich zu fassen.

Der Fürst von Anhalt und der Herr von Grumbkow, welche zu Opfern der Clement'schen Intrigue ausersehen gewesen waren, standen jetzt gerechtfertigt da. Sie benutzten ihren Sieg, um alle ihre Feinde zu verderben. Auch die Frau v. Blaspiel mußte jetzt ihre Rache fühlen. Sie wurde mit Leichtigkeit in einen abscheulichen Prozeß verwickelt.

Frau v. Blaspiel stand mit dem sächsischen Premier-Minister Grafen v. Flemming in einem Briefwechsel. Sie wußte wahrscheinlich nicht, daß die preußische Post das Briefgeheimniß nicht achtete oder sie hatte es vergessen, denn mit einer Unvorsichtigkeit ohne Gleichen schrieb sie in einem Briefe über die Prozedur gegen Clement, es käme ihr vor, als wenn sie in Zeiten des Nero und Caligula lebe, und über das Verhältniß des Fürsten von Anhalt und des Herrn v. Grumbkow zu Friedrich Wilhelm sagte sie, der König sei gerade wie das heilige Grab in den Händen der Türken.

Dieser Brief wurde, wie die meisten andern, die von Personen bedeutenden Ranges kamen, auf der Post aufgefangen, dem Herrn v. Katsch überliefert und von diesem dem Fürsten von Anhalt überantwortet. Der Fürst übergab ihn sofort dem König und dieser gerieth nach der Lesung in eine solche Wuth, daß er die augenblickliche Vorführung der Frau von Blaspiel befahl.

Als die Dame in's Kabinet des Königs trat und dort den Fürsten von Anhalt und den Herrn v. Grumbkow sah, fühlte sie, daß sie verloren sei; aber sie hielt den Kopf aufrecht und antwortete dem König, der ihr mit dem Schaffot drohte, würdig und freimüthig.

Friedrich Wilhelm befahl dem anwesenden Herrn v. Katsch, sie in seiner Gegenwart zu verhören. Dieser, der stets eine Freude daran fand, seine Opfer zu quälen, peinigte die schöne Frau in einer Weise, daß wohl jede andere Dame dabei den Muth verloren haben würde. Sie aber antwortete, wie Herr v. Pöllnitz uns erzählt, mit einer bewundernswürdigen Standhaftigkeit. Sie erkannte den Brief, den man ihr vorzeigte, als den ihrigen an. Darüber wurde der König so wüthend, daß er vom Stuhl aufsprang und ihr eine Ohrfeige*) gab.

Auch diese Mißhandlung schüchterte die muthige Frau nicht ein.

„Nun — sagte sie — ich habe Sie mit Nero und Caligula verglichen; ob diese wohl unvernünftiger handeln konnten, als Sie jetzt thun?"

Der König wurde durch diese Standhaftigkeit in Verlegenheit gebracht.

„Was können Sie zu Ihrer Vertheidigung anführen?" fragte er ein wenig milder.

„Nichts — entgegnete sie — als Ihre Barbarei und die Gewaltthätigkeit, die der Fürst von Anhalt und der Herr v. Grumbkow in Ihrem Namen ausüben; sie ist mir wie allen ehrlichen Leuten auf's Aeußerste verhaßt!"

Von der Vertheidigung ging die Angeklagte zum Angriff über. Sie beschuldigte den Fürsten von Anhalt und den Herrn v. Grumbkow, daß Beide eine Komplott auf das Leben des Königs gestiftet hätten. Ihre Absicht sei gewesen, dem Markgrafen Friedrich von Schwedt, einem Neffen des Fürsten von Anhalt, die Vormundschaft über den Kronprinzen zu verschaffen und sich selbst dadurch die höchste Regierungsgewalt.

Ob die Anklägerin selbst das Mährchen, welches sie dem König erzählte, für wahr gehalten hat oder ob sie es nur als eine Angriffswaffe gegen ihre Feinde benutzte, ist nicht mehr zu entscheiden.

So unsinnig aber auch die Anschuldigung gegen den Fürsten von Anhalt und den Herrn v. Grumbkow war, einen Augenblick glaubte der König doch daran. Er schaute die beiden Angeklagten mit Unwillen an, aber sein Zorn verloderte in demselben Augenblick wieder, als der Herr v. Katsch Beweise für die Behauptung der Frau v. Blaspiel forderte und diese nur höchst schwankende Angaben zu machen vermochte. Sie wurde vom Verhör aus nach Spandau geschickt.**)

Der Fürst von Anhalt zeigte den Triumph über seinen Sieg in der rohesten Weise, indem er, als Frau v. Blaspiel das Zimmer verließ, sie in höchst unanständiger Art begrüßte.

Der Prozeß gegen Clement wurde inzwischen fortgeführt. Der König bekümmerte sich fortwährend persönlich um denselben. Er hatte für Clement, dessen Verschlagenheit und Geschicklichkeit ihm imponirte, ein großes Interesse gewonnen. Mehrmals äußerte er sich gegen den Herrn v. Pöllnitz, er würde dem Menschen, wenn er ihn retten könnte, gern das Leben schenken, selber aber sei er gezwungen, ihn der Rache des Wiener und Dresdener Hofes zu opfern. Er schob indessen das Urtheil so lange auf, wie nur irgend möglich.

Endlich aber mußte der Prozeß doch geschlossen werden und zwar natürlich mit dem Todesurtheil gegen Clement, Heidekamm und Lehmann.

Die Hinrichtung fand am 18. April 1720 statt.

Faßmann giebt uns von derselben folgende genaue Beschreibung:

Morgens um 9 Uhr wurden die Verurtheilten aus der Hausvoigtei bei dem königlichen Schloß vorbei nach einem zu diesem Zwecke auf dem neuen Markt aufgebauten Gerüst geführt. Eine starke Eskorte von Soldaten umgab sie. Ihnen voraus gingen die armen Schüler.

Clement und Lehmann gingen zu Fuß, der Baron Heidekamm, der vor Schwachheit nicht gehen konnte, wurde auf einem Armsessel von den Bettelvögten getragen. Er sah jammervoll aus; jeden Augenblick schien es, als werde er in Ohnmacht sinken.

Auf dem neuen Markt hatte sich zu dem diesmal besonders glänzenden Schauspiel eine ungeheure Volksmasse eingefunden. Die Häuser waren abgedeckt und die Dächer mit Zuschauern erfüllt. Verschiedene Standespersonen hatten das traurige Vorrecht sich auf dem Gerüste selbst aufhalten zu dürfen, um die Exekution ganz in der Nähe zu betrachten.

Der Hofrichter las jedem der Verbrecher sein Urtheil vor, dann hielt Clement eine rührende Rede an das Volk. Nach derselben erfolgte die Entehrung des Barons v. Heidekamm.

Der Scharfrichter gab ihm zwei Maulschellen und einige Streiche mit dem Staupbesen auf den Rücken; dann zerbrach er ihm den Degen und warf ihm denselben vor die Füße, eben so machte er es mit dem Wappenschild und stieß ihn dann mit einigen Tritten vom Blutgerüst hinunter, wo ein Wagen seiner wartete, auf dem man ihn nach Spandau führte.

Der König hatte ihn, wie er sagte, nur deshalb nicht zum Tode verurtheilt, weil die Schmach einer solchen Behandlung größer sei als die einer Hinrichtung.

Clement und Lehmann wurden in üblicher Weise mit glühenden Zangen gezwickt, dann wurde Lehmann geköpft und geviertheilt.

Clement mußte dies mit ansehen, um endlich gehangen zu werden.

Faßmann fügte der sehr detaillirten, scheußlichen Schilderung hinzu:

„Wie Clement gehangen war, wurden die vier Theile des Lehmann'schen Körpers an den vier Ecken des Galgens aufgehangen, der Kopf aber mitten am Galgen aufgesteckt, welches Alles

---

*) In dem Werke des Herrn v. Pöllnitz befindet sich bei dieser Stelle eine Bemerkung von unbekannter Hand: „Die Ohrfeige ist erdichtet, der verstorbene König hat nicht die Hand gegen sie aufgehoben!"

**) Frau v. Blaspiel fand in Spandau einen traurigen Empfang. Sie wurde in eine Stube, in welcher keine Möbel waren, gesperrt; zwei Mal 24 Stunden mußte sie ohne Feuer, ohne Bett, selbst ohne Nahrung in diesem Gefängniß bleiben. Ihre Gefangenschaft dauerte indessen nur ein Jahr. Auf die Fürbitte der Königin wurde sie unter der Bedingung entlassen, daß ihr Gatte, der Staats-Minister und General-Kommissarius v. Blaspiel, seine Stellen niederlege und mit seiner Frau ins Herzogthum Cleve auf seine Güter gehe.

schrecklich genug anzusehen war. Der Anblick war aber um so viel abscheulicher, weil auch sonst noch verschiedene Körper an den Galgen gehangen, absonderlich Runck und Stief mit dem Clement oben an dem eisernen, wie denn auch unten bei dem Gerichte herum viele Räder gestanden, auf welchen Körper gelegen."

Achtzehntes Kapitel.

Familienleben Friedrich Wilhelms. — Die Erziehung der königlichen Kinder. — Der König und der Kronprinz. — Die Königin. — Leben der Prinzen und Prinzessinnen am Hofe. — Die politischen Intriguen der Königin. — Die englisch-preußische Doppel-Heirath. — Die Seil. — Besuch des Königs von England in Berlin. — Ein seltsames Wochenbett der Königin. — Die Ober-Hofmeisterin v. Kamecke. — Bündniß der Königin mit Grumbkow. — Der Graf von Seckendorf und seine Intriguen. — Sein Bündniß mit Grumbkow. — Der Ritter Hotham in Berlin.

Friedrich Wilhelm war derselbe als König und als Familienhaupt. Er war der Herr, seine Kinder sollten ihm ohne Räsonniren gehorchen, sie sollten sich seinen wilden Launen fügen, ohne zu denken. Er war stolz darauf, ein treuer Gatte und guter Familienvater zu sein, und doch war er nur ein Tyrann, der von seinen Kindern gefürchtet und gehaßt wurde.

Die schon oft von uns citirten Memoiren der Markgräfin von Baireuth geben uns höchst interessante Aufschlüsse über das Familienleben des Königs. Wohl mag die Prinzessin Manches übertrieben haben, wohl dürfen wir annehmen, daß ihre leicht erregbare Phantasie die Erinnerung hier und da getrübt habe und wir können daher nicht jedes Wort ihrer Aufzeichnungen als historische Quelle benutzen. Im Großen und Ganzen aber geben uns diese Memoiren in erschreckender Wahrheit ein Bild der königlichen Familie bis in seine geringsten Details; sie sind dadurch vom höchsten Interesse für den Geschichtsfreund, der in diesem Familienleben den Charakter Friedrichs des Großen sich entwickeln sieht.

Aus jedem Worte der Memoiren spricht ein tiefer Haß gegen den tyrannischen Vater, welchen die Tochter freilich mitunter verschleiern möchte, der aber, sobald sie sich unbefangen gehen läßt, stets offen zu Tage tritt.

Friedrich Wilhelm kannte keine Rücksicht auf die Neigungen und Gefühle seiner Kinder. Sein Wille sollte für sie das einzige Gesetz sein, er liebte sie aber dennoch nach seiner Art und wachte mit sorgsamem Eifer über ihre Erziehung. Weder der Drang der Geschäfte, noch seine Lust an der Jagd und an seiner militärischen Spielerei vermochte ihn jemals abzuhalten, sich um den Unterricht und die Lebensweise seiner Kinder, besonders des Kronprinzen, zu bekümmern. Er wählte mit Sorgfalt die Erzieher desselben und schrieb genau vor, wie der Unterricht für den Prinzen zu ertheilen sei.

Zum Glück für den Kronprinzen und für das Volk Preußens machte Friedrich Wilhelm bei seiner Wahl häufige Mißgriffe, indem dieselbe auf Personen traf, die keineswegs geeignet waren, den Knaben zu einem derben Soldaten heranzubilden und in ihm den Sinn für Wissenschaft und Kunst zu ertödten.

Der König gab dem Grafen von Finkenstein und dem Obristen von Kalkstein, welche er als Ober-Hofmeister und Sous-Gouverneur für den Prinzen, nachdem er der Aufsicht der Frauen entnommen worden war, bestimmt hatte, und einem aus Frankreich vertriebenen Protestanten, Namens Egide Duhan aus Jandun, den er als Präzeptor des Kronprinzen in seinen Dienst nahm, unterm 13. August 1718 eine Instruktion für die Erziehung seines Sohnes, welche merkwürdiger Weise fast wörtlich derjenigen gleich ist, die sein Vater für seine eigene Erziehung gegeben hatte und in der er nur einige Zusätze machte, indem er anbefahl, die Erzieher sollten den Prinzen vor religiösen Irrlehren bewahren, sie sollten ihn von allem aufgeblasenen Stolz und Hochmuth abwendig machen, ihn zur Sparsamkeit und Demuth anhalten, auf seine Gesundheit sorgfältig achten und besonders auch seine Sittlichkeit im Auge behalten. Vom Unterricht schloß er die lateinische Sprache aus, gegen welche er eine besondere Abneigung hatte.

Charakteristisch ist das Reglement, welches der König am 3. September 1721 für die Dauer des Aufenthalts in Wusterhausen gab. Es lautet:

Am Sonntag soll Er des Morgens um 7 Uhr aufstehen; sobald Er die Pantoffeln an hat, soll Er vor dem Bette auf die Kniee niederfallen und zu Gott kurz beten und zwar laut, daß Alle, die im Zimmer sind, es hören können. Das Gebet soll dieses sein, so Er auswendig lernen muß:

"Herr Gott, heiliger Vater! Ich danke dir von Herzen, daß du mich diese Nacht so gnädiglich bewahret hast; mache mich geschickt zu deinem heiligen Willen und daß ich nichts möge heute, auch alle meine Lebetage thun, was mich von dir scheiden kann, um unseres Herrn Jesu, meines Seligmachers, Willen. Amen!"

Und hierauf das Vaterunser.

Sobald dieses geschehen ist, soll Er sich geschwinde und hurtig anziehen und sich propre waschen, schwänzen und pudern, und muß das Anziehen und kurze Gebet in einer Viertelstunde fix und fertig sein, alsdann es ein Viertel auf Acht Uhr ist. Dann soll Er Frühstücken in sieben Minuten Zeit. Wenn das geschehen ist, dann sollen alle Seine Domestiquen und Duhan hereinkommen, das große Gebet zu halten, auf die Knie; darauf Duhan ein Kapitel aus der Bibel lesen soll und ein oder ander gutes Lied singen, da es drei Viertel auf Acht sein wird. Alsdann alle Domestiquen wieder herausgehen sollen; Duhan soll alsdann mit Meinem Sohne das Evangelium vom Sonntage lesen, kurz expliciren und dabei allegiren, was zum Christenthum nöthig ist, auch was vom Catechismo Noltenii repitiren, und soll dieses geschehen bis Neun Uhr; alsdann mit Meinem Sohne zu Mir herunter kommen soll und mit Mir in die Kirche gehen und essen; der Rest vom Tage aber ist vor Ihn. Des Abends soll Er um halb zehn Uhr von Mir guten Abend sagen, dann gleich nach der Kammer gehen, sich sehr geschwind anziehen, die Hände waschen und sobald solches geschehen ist, soll Duhan ein Gebet auf den Knieen halten, dabei alle Seine Domestiquen wieder mit zugegen sein sollen, alsdann Mein Sohn gleich zu Bette gehen soll, daß Er halb eilf Uhr gleich zu Bette ist.

Des Montags um sechs Uhr wird Er geweckt, und sobald solches geschehen ist, sollen sie Ihn anhalten, daß Er, sonder sich zu ruhen oder nochmals umzuwenden, hurtig und sogleich aufsteht und muß er alsdann niederknieen und ein kleines Gebet halten, wie des Sonntags früh. Sobald Er solches gethan, soll Er, geschwinde, als möglich die Schuhe und Stiefeletten anziehen, auch das Gesicht und die Hände waschen, aber nicht mit Seife; ferner soll Er das Casaquin anziehen, das Haar auskämmen und schwänzen, aber nicht pudern lassen. Indeß daß Er sich kämmen und einschwänzen läßt, soll Er zugleich Thee und Frühstück nehmen, daß das zugleich eine Arbeit ist, und muß dieses alles vor halb Sieben Uhr fertig sein. Alsdann Duhan und alle Seine Domestiquen hereinkommen sollen und wird alsdann das große Gebet gehalten, ein Kapitel aus der Bibel gelesen, ein Lied gesungen wie am Sonntage, welches alles bis sieben Uhr dauert, da die Domestiquen auch wieder weggehen sollen. Von sieben bis neun Uhr soll Duhan mit Ihm die Historie tractiren; um neun Uhr kommt Noltenius, der soll Ihn bis drei Viertel auf eilf Uhr im Christenthum informiren. Um drei Viertel auf eilf Uhr soll Er sich das Gesicht geschwinde mit Wasser und die Hände mit Seife waschen, sich weiß anziehen, pudern und den Rock anziehen und um eilf Uhr zum König kommen; da bleibt Er bis zwei Uhr; alsdann Er gleich wieder nach Seiner Kammer geht. Duhan soll alsdann auch gleich wieder da sein, Ihm von zwei bis drei Uhr die Landcharte zu weisen; dabei sie Ihm sollen aller Europäischen Reiche Schwäche, Größe, Reichthum und Armuth der Städte expliciren. Von drei bis vier Uhr soll Er die Moral tractiren, von vier bis fünf Uhr soll Duhan teutsche Briefe mit Ihm schreiben und dahin sehen, daß Er einen guten Stylum bekomme. Um fünf Uhr soll Er zum König gehen, ausreiten, sich in der Luft und nicht in der Kammer divertiren und thun, was er will, wenn es nur nicht gegen Gott ist.

Am Dienstage ist es eben, wie am Montage, u. s. w.

So sehr sich Friedrich Wilhelm, wie wir aus diesem Reglement ersehen, bemühte, den Kronprinzen zu einem einfachen Leben zu gewöhnen, so widerstrebte doch der Charakter des jungen Prinzen den für ihn aufgestellten Erziehungs-Prinzipien.

Friedrich zeigte schon von frühester Kindheit an eine große Lebendigkeit des Geistes, eine hervorstechende Liebhaberei für Künste und Wissenschaften und zwar gerade für diejenigen, welche ihm verboten waren. Seine Bildung nahm eine den Ansichten des Vaters entgegengesetzte Richtung an. Wenn der König mit höchster Andacht in der Kirche saß, las Friedrich am Liebsten die Schriften des Freigeistes Voltaire. Die Flöte, das welchliche Instrument, welches dem König ein Greuel war, wurde das Lieblings-Instrument des Kronprinzen und häufig entfernte sich dieser bei den Jagden von der lustigen Gesellschaft, um in der Waldeinsamkeit auf seiner Flöte zu blasen.

Dem König mißfiel der Kronprinz mehr und mehr; es gab häufig traurige Zwiste zwischen Vater und Sohn, welche oft genug nicht nur mit harten Verweisen, sondern auch mit körperlichen Mißhandlungen endeten. Vergeblich wendete sich der Prinz mitunter bittend und entschuldigend an den König. Er erhielt dann nur zurückweisende Antworten.

„Ich habe — schrieb einst Friedrich an seinen Vater — mich lange nicht unternehmen mögen, zu meinem lieben Papa zu kommen, theils weil es mir abgerathen, vornehmlich aber, weil ich mich noch einen schlechtern Empfang, als den ordinairen sollte vermuthen sein, und aus Furcht, meinen lieben Papa mehr mit mein gegenwärtiges Bitten zu verdrüßen, habe es lieber schriftlich thun wollen. Ich bitte also meinen lieben Papa, mir gnädig zu sein, und kann hierbei versichern, daß nach langem Nachdenken mein Gewissen mir nicht das Mindeste gezeiget hat, worin ich mich etwas zu reprochiren haben sollte; hätte ich aber wider mein Wissen und Willen gethan, daß meinen lieben Papa verdrossen habe, so bitte ich hiermit unterthänigst um Vergebung und hoffe, daß mein lieber Papa den grausamen Haß, den ich aus allem seinen Thun genug habe wahrnehmen können, werde fahren lassen; ich könnte mich sonsten gar nicht darin schicken, da ich sonsten immer gedacht habe, einen gnädigen Vater zu haben und ich nun das Contraire sehen sollte. Ich fasse dann das beste Vertrauen und hoffe, daß mein lieber Papa dieses Alles nachdenken und mir wieder gnädig sein wird; indessen versichere ich Ihn, daß ich doch mein Tage nicht mit Willen fehlen werde und ungeachtet seiner Ungnade mit unterthänigstem und kindlichstem Respect bin meines lieben Papa unterthänigster und getreuester Diener und Sohn

Friedrich."

Der König schrieb ihm zur Antwort:

„Sein eigensinniger, böser Kopf, der nit seinen Vater liebet, dann wann man nun alles thut, absonderlich seinen Vater liebet, so thut man, was er haben will, nit wenn er dabei steht, sondern wenn er nit alles stehl. Zum andern weiß er wohl, daß ich keinen effeminirten Kerl leiden kann, der keine menschliche Inclinationen hat, der sich schämt, nit reiten noch schießen kann und dabei malpropre an seinem Leibe, seine Haare wie ein Narr sich frisieret und nicht verschneidet und ich dieses alles tausend mal repremandirel, aber alles umsonst und keine Besserung in nits ist. Zum andern hoffärtig, recht bauernstolz ist, mit keinem Menschen spricht, als mit welche, und nit popular und affabel ist, und mit dem Gesichte Grimassen macht, als wenn er ein Narr wäre, und in nits meinen Willen thut, als mit der Force angehalten, nits aus Liebe und er alles dazu nits Lust hat, als seinem eigenen Kopfe folgen, sonsten alles nits nütze ist.

Dieses ist die Antwort.

Friedrich Wilhelm."

Die Mißhelligkeit zwischen Vater und Sohn war, wie uns diese Briefe beweisen, groß, so groß, daß der König die Absicht gehabt haben soll, den Kronprinzen, von dem er nicht mehr glaubte, er werde je ein tüchtiger Regent werden, ganz von der Erbfolge auszuschließen.

Um die Erziehung seiner Töchter kümmerte sich Friedrich Wilhelm weniger, als um die des Kronprinzen und seiner übrigen Söhne; er verlangte, daß die Prinzessinnen zu tüchtigen Hausfrauen ausgebildet werden sollten, überließ aber die Sorge hierfür hauptsächlich der Mutter.

Friedrich Wilhelm lebte in den ersten Jahren seiner Ehe ziemlich glücklich mit seiner Gemahlin, später aber verlor sich das eheliche Glück zum Theil durch die Schuld der Königin, welche sich niemals scheute, gegen ihren Gemahl zu intriguiren, wenn er sich nicht ihren Wünschen fügte.

Die Markgräfin von Baireuth giebt uns von der Königin Sophie Dorothee folgendes Bild:

„Die Königin ist nie schön gewesen. Ihre Züge sind scharf ausgeprägt und keiner ist schön. Sie ist weiß, ihre Haare sind dunkelbraun, ihre Taille ist eine der schönsten in der Welt gewesen. Ihre edle und majestätische Haltung flößt Allen, die sie sehen, Ehrfurcht ein. Große Weltkenntniß und glänzender Verstand scheinen mehr Festigkeit zu versprechen, als sie besitzt. Sie hat ein gutes, edles und wohlthätiges Herz und liebt die schönen Künste und Wissenschaften, ohne sich sehr darauf gelegt zu haben. Jeder Mensch hat seine Fehler und auch sie ist davon nicht ausgenommen. Aller Hochmuth und Stolz des Hannoverschen Hauses ist in ihrer Person concentrirt. Ihr Ehrgeiz kennt keine Schranken, ihre Eifersucht kein Maß. Bei einem mißtrauischen und rachsüchtigen Charakter verzeiht sie Denen nie, von welchen sie sich beleidigt glaubt."

Die Tochter zeichnete mit diesen Worten den Charakter ihrer Mutter ziemlich richtig, wenn auch ein wenig schmeichlerisch; denn der Beweis, daß Sophie Dorothee ein edles Herz gehabt habe, möchte schwer zu führen sein. Sie war nicht einmal für ihre Kinder eine gute Mutter, denn sie liebte dieselben, wie die Markgräfin von Baireuth an einer andern Stelle selbst sagt, nur, so weit sie ihren ehrsüchtigen Gedanken dienten!

Die königlichen Kinder führten ein trauriges Leben. Der Vater war roh, hart, streng, oft grausam; er mißhandelte die Prinzen und Prinzessinnen, wenn ihm die Laune nicht recht stand, mit Faustslößen und Stockschlägen; die Mutter war fühllos, liebeleer, intriguant, stets ihren ehrgeizigen Plänen nachhängend. Sie reizte die Kinder gegen den Vater auf und verführte sie durch ihr eigenes Beispiel zur Lüge und Heuchelei. Ein warmes, liebendes Herz fanden die unglücklichen Kinder bei beiden Eltern nicht. Um so inniger schlossen sie sich an einander und besonders zwischen dem Kronprinzen und der Prinzessin Friederike Sophie Wilhelmine, der späteren Markgräfin von Baireuth, herrschte eine so liebevolle Einigkeit, wie dies nur irgend zwischen Geschwistern möglich ist.

Die Memoiren der Markgräfin von Baireuth überliefern uns tausend Züge aus dem Leben der königlichen Familie, welche alle interessant sind und eigentlich sämmtlich in eine Geschichte Berlins gehören, denn in jener Zeit lebten die Berliner mit der königlichen Familie, sie hatten sich daran gewöhnt, in dieser den Mittelpunkt ihrer eigenen Interessen zu sehen. Um aber das ohnehin umfangreiche Werk nicht zu weit auszudehnen, müssen wir uns darauf beschränken, aus der Fülle des Stoffes zwei in engster Verbindung stehende Episoden herauszugreifen, welche damals die Residenz in außerordentliche Aufregung versetzten und welche eine bedeutende geschichtliche Tragweite haben, die Intrigue über die beabsichtigte englisch-preußische Doppelheirath und den Fluchtversuch und Prozeß des Kronprinzen. Die einfache Erzählung dieser interessanten Ereignisse wird uns auch einen Blick in die tiefe innere Zerrüttung der königlichen Familie thun lassen.

Die Königin Sophie Dorothea war eine Tochter des frühern Kurfürsten Georg Ludwig von Hannover, der den englischen Königsthron unter dem Namen Georg I. im Jahre 1714 bestiegen hatte.

Die Königin wünschte eine enge Verbindung mit dem englischen Königshause. Es schmeichelte ihrem Ehrgeiz, auf dem Thron Englands eine ihrer Töchter als Königin zu sehen und zugleich wünschte sie, daß auch ihr ältester Sohn sich mit einer englischen Prinzessin verbinde, um auf diese Weise das Band zwischen beiden Häusern enger zu schlingen.

Der Plan der Königin ging dahin, daß der damalige Herzog von Gloucester, der spätere Prinz von Wales, ein Enkel des Königs Georg, sich mit der Prinzessin Friederike Sophie Wilhelmine, der späteren Markgräfin von Baireuth, verbinde und daß der Kronprinz Friedrich die englische Prinzessin Amalie zu seiner Braut erwähle.

Die Königin arbeitete mit rastlosem Eifer für

ihren Plan und sie fand dabei anfänglich die volle Billigung Friedrich Wilhelms, dem ebenfalls die Vortheile einer nahen Verbindung mit England vollkommen einleuchteten.

Der Fürst von Anhalt aber und der Herr v. Grumbkow fürchteten, daß die Königin, wenn sie die ihr verwandte Familie in so nahe Berührung mit dem preußischen Königshause bringe, an Macht gewinnen werde. Beide waren, wie unsere Leser ja schon aus unserer früheren Erzählung ersehen haben werden, eifersüchtig auf die Königin und sie suchten daher Mittel und Wege, um Friedrich Wilhelm von dem Plane der Doppelheirath abzubringen. Der Fürst von Anhalt hatte noch einen besonderen Grund dazu, denn er hoffte, die Hand der Prinzessin für seinen Neffen, den Markgrafen von Schwedt, zu erwerben.

Die beiden Günstlinge des Königs verschmähten nicht leicht ein Mittel, welches zum Ziele führen konnte. Besonders verstand es Grumbkow, sich auf die listigste Weise Bundesgenossen zu verschaffen und einen mächtigen fand er in der Hofmeisterin der Prinzessin, einem Fräulein v. Leti, welche es sich zur Aufgabe machte, die kaum 10jährige Prinzessin gegen eine Verbindung mit dem Herzoge von Gloucester einzunehmen.

Die Prinzessin, welche noch ein Kind war, litt unter den Intriguen, die um ihretwillen am Hofe gespielt wurden, entsetzlich, die Mutter und die Hofmeisterin standen sich als erbitterte Feindinnen gegenüber, Beide verlangten von ihr Vertrauen und Verschwiegenheit und verführten sie zur Verstellung und Lüge.

Die Markgräfin von Baireuth erzählt dies selbst folgendermaßen:

„Als ich eines Tages allein bei der Königin war und sie liebkosete, fing sie an, mit mir zu scherzen und fragte mich, ob ich nicht Lust habe, mich bald zu vermählen.

Ich antwortete ihr, daß ich daran nicht dächte und noch zu jung sei.

„Aber wenn es nun sein müßte, — erwiderte sie — wen würdest Du wählen, den Markgrafen von Schwedt oder den Herzog von Gloucester?"

„Ob mir gleich die Leti stets sagt, — antwortete ich — daß ich den Markgrafen von Schwedt heirathen würde, so kann ich ihn doch nicht ausstehen. Er findet nur Vergnügen daran, aller Welt Böses zu erzeigen, ich würde also den Herzog von Gloucester lieber haben."

„Aber — aus die Königin — woher weißt Du, daß der Markgraf so bös ist?"

„Von meiner guten Amme," entgegnete ich.

Sie richtete noch mehrere ähnliche Fragen in Bezug auf die Leti an mich. Dann fragte sie mich, ob es nicht wahr sei, daß diese mich nöthige, ihr Alles zu sagen, was in den Zimmern des Königs und der Königin vorgehe. Ich stockte und wußte nicht, was ich darauf antworten sollte; sie bearbeitete mich aber von allen Seiten so, daß ich ihr es endlich eingestand.

Die Mühe, die sie sich hatte geben müssen, mir dieses Geständniß zu erpressen, brachte ihr eine gute Meinung von meiner Verschwiegenheit bei. Sie fing damit an, mir falsche Vertraulichkeiten zu machen, um zu sehen, ob sie mir weiter sagte, und da sie sah, daß ich sie geheim gehalten, fand sie kein Hinderniß mehr, sich mir zu eröffnen.

Sie nahm mich also eines Tages besonders vor.

„Ich bin mit Dir zufrieden — sagte sie — und da ich sehe, daß Du verständig zu werden anfängst, will ich Dich wie eine große Person behandeln und immer um mich haben. Ich verlange aber, daß Du der Leti nichts mehr hinterbringen sollst; wenn sie Dich also fragt, was vorgeht, so sagst Du ihr, Du hättest nicht darauf Acht gehabt. Verstehst Du mich? Versprichst Du mir, das zu thun?"

Ich antwortete mit Ja.

„Wenn das ist, — fuhr sie fort — so will ich Dir mein Vertrauen schenken, Du mußt aber verschwiegen sein und mir versprechen, Dich nur an mich anzuschließen."

Ich gab ihr alle möglichen Versicherungen darüber.

Nun erzählte sie mir alle Intriguen des Fürsten von Anhalt, die Ungnade, in welche Frau von Blaspiel gefallen, mit einem Worte Alles, was ich über diesen Gegenstand niedergeschrieben, hinzufügend, wie sehr sie mein Etablissement in England wünsche und wie glücklich ich sein würde, wenn ich ihren Neffen heirathete. Ich begann zu weinen, als sie mir sagte, daß ihr Günstling in Spandau sei. Ich hatte diese Dame sehr geliebt und man hatte mich glauben gemacht, sie sei auf ihren Gütern. Ich machte durch dieses Mitgefühl der Königin sehr den Hof. Sie sprach auch mit mir über die Leti und fragte mich, ob es denn wahr sei, daß der Oberst Forcade und ein französischer emigrirter Geistlicher, Namens Fourneret, sie täglich besuchten. Ich antwortete ihr, daß dem so sei.

„Weißt Du, warum? — fragte sie mich. Weil sie vom Fürsten von Anhalt gewonnen ist und er sich dieser beiden Creaturen bedient, um mit ihnen Ränke zu schmieden."

Ich wollte ihre Partie nehmen, die Königin aber gebot mir Stillschweigen. So jung ich auch noch war, stellte ich doch über Alles, was ich erfahren hatte, vielfach Betrachtungen an. Ob ich gleich der Leti Partie genommen hatte, bemerkte ich doch aus mehreren Umständen, daß das, was die Königin gesagt, wahr sei. Ich war sehr in Verlegenheit, wie ich mich diesen Abend aus der Sache ziehen sollte, da ich die Leti wie das Feuer fürchtete, denn sie schlug und mißhandelte mich sehr oft.

Sowie ich in meinem Zimmer war, fragte mich dieses Mädchen, wie gewöhnlich, nach den Neuigkeiten des Tages. Ich saß mit ihr auf einem Tritte von zwei Stufen in der Fensterbrüstung. Ich antwortete ihr, daß die Königin mir dictirt habe. Damit begnügte sie sich nicht

48*

und legte mir so viele Fragen vor, daß sie mich in Verlegenheit setzte. Sie war zu sein, um nicht zu sehen, daß man mir meine Lection aufgegeben und um dieses zu erfahren, verschwendete sie alle nur möglichen Liebkosungen an mich. Als sie jedoch sah, daß sie durch Güte bei mir nichts ausrichte, gerieth sie in eine furchtbare Wuth, gab mir mehrere Schläge auf den Arm und stieß mich von dem Tritte herunter. Meine Gewandtheit beschützte mich, nicht Arm oder Bein zu brechen. Ich kam mit einigen blauen Flecken noch davon.

Dieser Auftritt wiederholte sich am nächsten Tage, aber mit größerer Heftigkeit. Sie warf mir einen Leuchter an den Kopf, der mich fast getödtet hätte. Mein ganzes Gesicht war blutig. Auf mein Geschrei kam meine Bonne Mermann hinzu, die mich den Klauen dieser Megäre entriß. Sie wusch ihr tüchtig den Kopf und drohte ihr, das Vorgefallene der Königin anzuzeigen, wenn sie sich nicht anders gegen mich benähme. Die Leti bekam Furcht. Mein Gesicht war ganz beschunden und sie wußte nicht, wie sie sich dabei helfen sollte. Sie verbrauchte eine Menge Kopfschmerzstillendes Wasser, das man die ganze Nacht über auf mein armes Gesicht legte und ich gab Tags darauf bei der Königin vor, daß ich gefallen sei.

Der ganze Winter ging so vorüber. Ich hatte keinen Tag mehr Ruhe und mein armer Rücken wurde alle Tage bearbeitet. Dafür schmeichelte ich mich immer mehr bei der Königin ein, so daß sie nichts mehr vor mir verborgen hielt."

Den Leiden der unglücklichen Prinzessin wurde endlich dadurch ein Ziel gesetzt, daß die Königin die Entfernung der Leti vom Hofe zu bewirken wußte. Die ränkesüchtige Person blieb indessen die erbittertste Feindin der Königin und auch der Prinzessin Friederike Sophie Wilhelmine. Sie ging nach England und förderte dort die Absichten der Fürsten von Anhalt und des Herrn v. Grumbkow, indem sie die wunderbarsten Lügen über die preußische Prinzessin verbreitete, um den englischen Hof gegen eine Verbindung mit derselben einzunehmen. Wer ihre Schilderungen hörte, der mußte glauben, die Prinzessin sei verwachsen und zum Abschrecken häßlich, und dazu habe sie das bösartigste Gemüth.

Der König von England war einer Verbindung mit dem preußischen Königshause nicht abgeneigt; er fühlte sich aber doch nach solchen Schilderungen veranlaßt, nähere Erkundigungen über die Prinzessin einzuziehen und mehrfach wurden in englischem Auftrage Damen nach Berlin entsendet, um die Prinzessin näher kennen zu lernen.

Die Schilderung, welche die nach Berlin gesandten Damen von der Prinzessin Friederike Sophie Wilhelmine nach England zurückgebracht hatten, mochte wohl nicht zu Gunsten derselben ausgefallen sein, denn der König von England sprach sich mehrfach dahin aus, daß er wohl sehr geneigt sei, die Prinzessin Amalie dem Kronprinzen zur Gemahlin zu gewähren, daß er aber Anstand nehmen müsse, in die Verheirathung des Prinzen von Wales zu willigen. Ehe er sich jedoch definitiv entschied, erklärte er sich bereit, nach Berlin zu kommen, um die Prinzessin persönlich kennen zu lernen.

Friedrich Wilhelm war über den Besuch seines Schwiegervaters sehr erfreut. Er machte ungewöhnliche Anstrengungen, um den königlichen Gast festlich zu empfangen. In besondere Kosten stürzte er sich, seiner lieben Gewohnheit gemäß, dabei nicht. Er sorgte dafür, daß diese von den Bürgern getragen wurden.

Alle Eigenthümer in Berlin und Potsdam erhielten den Befehl, ihre Häuser gelb abputzen zu lassen, um den Städten ein festliches Ansehen zu geben. Jedermann, der bei Hofe erscheinen wollte, mußte sich Galakleider anfertigen lassen und Alles wurde vorbereitet, um dem König von England einen ehrenvollen Empfang zu bereiten. Auch die Prinzessin wurde dressirt. Die Königin bemühte sich, sie auf den Empfang des Großvaters vorzubereiten.

Das arme Kind hatte dabei eine schlimme Zeit, denn die Mutter quälte es entsetzlich mit Ermahnungen und Vorschriften darüber, wie es sich benehmen solle.

Endlich kam König Georg I. in Charlottenburg an. Besonders entzückt war er von seiner Enkelin nicht. „Sie ist recht groß für ihr Alter!" Das war das einzige Lob, welches er ihr ertheilte, während er den Kronprinzen herzlich liebkoste, lange mit ihm sprach und ihm in jeder Weise seine Zufriedenheit bezeigte.

Eine Alliance wurde während des Aufenthalts Georg I. in Berlin unterzeichnet, nicht aber der Vertrag über die Doppelheirath, denn König Georg erklärte, darüber müsse er sein Parlament erst hören. Er reiste am 13. Oktober 1723 wieder von Berlin ab, gab sich aber mit dem König Friedrich Wilhelm in Göhr, einem Jagdhause im Herzogthum Celle, ein Rendezvous, um daselbst weiter zu verhandeln.

Es war verabredet, daß die Königin ihren Gemahl nach Göhr begleiten solle. Die Zeit der Abreise kam heran, durch ein eigenthümliches Ereigniß aber wurde Sophie Dorothea von der Mitreise abgehalten.

Schon seit einigen Monaten befand sich die Königin niemals recht wohl. Der Tag der Abreise war schon bestimmt, da wurde ihr Unwohlsein in der Nacht vom 8. zum 9. November so ernstlich, daß die Aerzte in Sorge um das Leben der Königin kamen. Sie fühlte heftige Schmerzen. Plötzlich aber erklärten sich dieselben auf natürliche Weise durch die Geburt einer kleinen Prinzessin.

Die Königin hatte keine Ahnung davon gehabt, daß ihrer Mutterfreuden warteten und der König war daher natürlich durch die Geburt des Töchterchens auf das Aeußerste überrascht, aber auch ebenso erfreut; er lachte besonders herzlich darüber, daß man Wäsche und alle sonst nöthigen Kleinigkeiten überall zusammenborgen mußte, weil nichts für den Empfang des Kindes vorbereitet war.

Seine Freude trübte sich indessen bald. Als die Geburt der Prinzessin bekannt wurde, da zischelten die Hofdamen spöttisch mit einander, da machte der Herr v. Grumblow ein erstauntes Gesicht und der Fürst von Anhalt verfehlte nicht, ein Paar scharfe Worte zu sagen.

Friedrich Wilhelm war stets mißtrauisch, er hatte immer nur einen sehr geringen Glauben an die Tugend der Frauen und jetzt schoß ihm plötzlich der Gedanke durch den Kopf, die Königin habe ihm ihre Niederkunft verbergen wollen, weil sie ihm nicht treu geblieben sei. Als er von seiner Reise nach Göhr zurückkam, war er ohnehin in übler Laune, denn die Unterhandlungen mit dem König von England über die Doppelheirath waren erfolglos geblieben; dies machte ihn nur noch mehr geneigt, seinem Unwillen gegen die Königin Luft zu verschaffen.

Wenn er sonst von Reisen zurückkam, war stets sein erster Gang zur Königin; diesmal erkundigte er sich nicht einmal nach ihrem Befinden. Als er sich zur Abendtafel begab, ging er mit seinen Kindern quer durch das Zimmer, in welchem die Wöchnerin lag. Er hielt es aber nicht der Mühe werth, die Kranke auch nur anzureden.

Die Königin, auf deren Ruf nie der leiseste Flecken geruht hat, hatte auch nicht eine Ahnung davon, daß ihr Gemahl sie einer Untreue für schuldig halten könne, sie vermochte sich seinen Unwillen durchaus nicht zu erklären, um so mehr aber war sie entschlossen, denn sie war eine muthige Frau, sich Gewißheit zu verschaffen, weshalb Friedrich Wilhelm ihr zürne.

Als der König wieder durch das Zimmer kam, rief sie ihn an ihr Bett und machte ihm Vorwürfe darüber, daß er sie so vernachlässige. Jetzt erfuhr sie, welchen schmählichen Verdacht ihr Gatte gegen sie hege, denn Friedrich Wilhelm vermochte sich nicht zu verstellen.

Ein heftiger Zank entspann sich sofort zwischen beiden Gatten. Die Königin war mit Recht tief entrüstet, sie wies den schmählichen Argwohn mit ziemlich heftigen Worten zurück und reizte dadurch den Zorn Friedrich Wilhelms nur noch mehr. Es gab eine Scene, wie sie sonst in königlichen Gemächern nicht häufig vorkommt, eine Scene, welche damit endete, daß der König seine Gemahlin prügeln wollte und nur durch die Oberhofmeisterin, Frau v. Kamecke, welche ihn am Arme festhielt, davon abgehalten wurde.

„Wenn Sie nur gekommen sind, um Ihre Gemahlin zu tödten, — rief die Ober-Hofmeisterin, die den Mund auf der rechten Stelle hatte, dem König zu — so hätten Sie besser gethan, ganz fort zu bleiben!"

Friedrich Wilhelm war ein wenig verwirrt über den Muth der Hofdame; er fühlte indessen wohl, daß diese nicht unrecht habe. Deshalb antwortete er weiter nicht, sondern ging mit der Drohung fort, die Königin und ihre Ober-Hofmeisterin sollen noch weiter von ihm hören!

Am folgenden Tage ließ er seinen ersten Leibarzt Dr. Stahl, den Chirurgus seines Regiments, Holtzendorf, und die Frau v. Kamecke zu sich rufen. Sie mußten ihm schwören, daß sie ihm jede Frage, die er ihnen vorlegen werde, nach ihrem besten Gewissen wahrheitsgetreu beantworten wollten.

Er fragte nun die beiden Aerzte, ob sie es für möglich hielten, daß eine erfahrene Frau, ohne zu wissen, daß sie Mutterfreuden zu erwarten habe, plötzlich mit einem Kinde niederkommen könne?

Die Aerzte antworteten, daß dies ein seltener Fall sei, aber daß er doch mitunter vorkomme, die Königin befinde sich ja in diesem Falle.

Friedrich Wilhelm wendete sich nun an die Frau v. Kamecke und fragte diese, ob sie derselben Meinung sei.

„Allerdings! — entgegnete die ehrenwerthe Dame. — Ich bin völlig derselben Meinung und alle ehrlichen Leute, welche die Königin kennen, können unmöglich anders denken."

Friedrich Wilhelms Mißtrauen war noch nicht beseitigt; er fuhr wild auf und meinte, die Ober-Hofmeisterin sei wahrscheinlich eine Vertraute der Königin und vertheidige diese nur.

Da aber riß der Frau v. Kamecke der nicht zu lange Faden ihrer Geduld. Sie wurde so wüthend über die Beschuldigungen, welche der König ihr und der Königin machte, daß sie ihm ein gutes Berliner Aufgebot zu hören gab. Sie versicherte ihm, wenn er nicht ihr König wäre, würde sie ihn auf der Stelle erwürgen.

Wenn Friedrich Wilhelms Zorn einen kräftigen Widerstand fand, so legte er sich bald und so auch hier.

Der König lachte und sagte nur, die Frau v. Kamecke habe wohl den Verstand verloren und er werde sie demgemäß behandeln.

„Thun Sie das immerhin, — rief die aufgebrachte Frau — aber gestehen Sie auch, daß Sie der Königin nicht Gerechtigkeit widerfahren lassen und daß Sie eine solche Gemahlin gar nicht verdienen!"

Ob in dieser Aeußerung der Ober-Hofmeisterin eine besonders überzeugende Kraft lag, können wir nicht beurtheilen. Der Herr v. Pöllnitz erzählt uns indessen, daß dies der Fall gewesen sei, denn Friedrich Wilhelm antwortete:

„Sie haben Recht; ich habe meiner Gemahlin Unrecht gethan und werde sie um Verzeihung bitten!"

Er ging wirklich zur Königin und versicherte ihr, daß das, was vorgefallen sei, nichts als eine übermäßige Liebe zum Grunde gehabt habe.

Eine zärtliche Versöhnung erfolgte; beide Gatten versprachen einander, sie wollten Alles vergeben. Von langer Dauer aber war die Versöhnung nicht, denn bald genug gab es neue Streitigkeiten, welche wieder durch den unglücklichen Plan der Doppelheirath verursacht wurden.

Friedrich Wilhelms Geduld war schon längst durch die resultatlosen Verhandlungen mit England erschöpft. Er konnte die diplomatischen Spitzfindigkeiten, welche immer neuen Aufschub forderten, einen Augenblick Hoffnung gaben und dann wieder Alles ins Weite hinauszuziehen schienen, nicht leiden. Deshalb erklärte er, wenn nicht binnen 2 Monaten eine Entscheidung erfolge, wolle er von der ganzen Sache nichts mehr hören, sondern für seine Tochter selbstständig einen Gatten wählen. Eine solche Erklärung war dem Fürsten von Anhalt ganz recht, denn jetzt konnte er seinen Plan für den Markgrafen von Schwedt verfolgen. Der Herr v. Gumbkow aber trennte sich bei dieser Gelegenheit von seinem früheren Bundesgenossen, er arbeitete demselben sogar in der Stille entgegen.

Die Königin hatte eingesehen, daß sie den mächtigen Günstling zum Bundesgenossen haben müsse. Sie hatte ihn deshalb für sich gewonnen und auch der König von England war bestrebt gewesen, den seilen Höfling durch Geschenke zu bestechen. Dieser neigte sich jetzt zur englischen Allianz, während der Fürst von Anhalt derselben entgegen arbeitete und eine Unterstützung für sich durch einen Streit fand, der zwischen Hannover und Preußen der gewaltsamen Werbung wegen entstanden war.

Der König von England hatte befohlen, daß jeder preußische Werber, der sich in Hannover blicken lasse, aufgegriffen und gehängt werde.

Friedrich Wilhelm war darüber wüthend und in seinem Zorn erklärte er der Königin, aus einer Verbindung mit dem englischen Hause könne nichts mehr werden, seine Tochter solle den Markgrafen von Schwedt heirathen. Es wurde durch die Bemühungen Grumbkows der unangenehme Handel für den Augenblick allerdings beigelegt und Friedrich Wilhelm entschloß sich sogar, dem König von England im folgenden Jahre einen Besuch in Hannover zu machen, aber auch hier konnte er nichts in Beziehung auf die Doppelheirath ausrichten, denn wenn Georg I. auch erklärte, daß er für seine Person durchaus nichts gegen dieselbe habe, so brachte er doch wieder und immer wieder vor, daß er bei einer so wichtigen Staatshandlung an die Genehmigung seines Parlaments gebunden sei.

Wüthend über den abermaligen Verzug kehrte Friedrich Wilhelm nach Berlin zurück und hier gab es nun stürmische Tage. Der Hof lebte in fortwährender Aufregung, denn die beiden Günstlinge des Königs, der Fürst von Anhalt und Grumbkow, lebten jetzt, wie wir bereits früher erzählt haben, in offenem Kriege mit einander.

Grumbkow stand für den Augenblick ganz auf der Seite der Königin, er unterstützte diese bei ihren fortwährenden Intriguen, um die Doppelheirath dennoch zu Stande zu bringen. Bei einem neuen Besuch, welchen die Königin im Jahre 1725 ihrem Vater in Hannover machte, sollte endlich die Angelegenheit ins Reine gebracht werden.

Sophie Dorothea hatte dem König fest versprochen, es werde ihr dies gelingen. Sie unterhandelte mit dem König und dessen Ministern und glaubte endlich wirklich am Ziele angelangt zu sein, weil ihr halbe Versprechungen gemacht worden waren. Sie theilte dies durch einen Kourier dem König mit; als sie aber von den englischen Ministern forderte, die betreffenden Eheverträge möchten aufgesetzt werden, erklärten dieselben, dazu seien sie nicht bevollmächtigt und König Georg meinte, die Prinzen und die Prinzessinnen wären noch zu jung, um jetzt schon heirathen zu können.

Die Königin mußte abermals unverrichteter Sache nach Berlin zurückkehren.

Friedrich Wilhelm war darüber sehr aufgebracht, sein Zorn traf jetzt seine Gemahlin. Er behandelte sie mit der größten Härte, während er die Prinzessin Friederike Sophie Wilhelmine mit ungewöhnlichen Zärtlichkeiten überhäufte.

Ein höchst trauriges Familienleben war die Folge der abermals so unglücklich beendeten Verhandlungen. Am Meisten mußten in dieser schweren Zeit die armen königlichen Kinder leiden, für welche der Zwist der Eltern das traurigste Leben erzeugte. Die Markgräfin von Baireuth erzählt dies mit ergreifenden Worten:

„Ich ward alle Tage mißhandelt und die Königin hörte nicht auf, mir die Gnade, welche der König für mich hatte, vorzuwerfen. Ich wagte nur zitternd und voll Furcht, mit Härte dafür bestraft zu werden, ihn zu liebkosen. Ebenso war es für meinen Bruder. Es genügte, daß der König ihm Etwas befahl, um ein Verbot von ihr zu erhalten. Wir wußten manchmal nicht, zu welchem Heiligen wir beten sollten, da wir so zwischen Thür und Angel standen."

Der Plan, die Doppelheirath zu Stande zu bringen, war trotz der ungünstigsten Verhandlungen noch immer nicht aufgegeben. Friedrich Wilhelm, so ärgerlich er war, fühlte sich doch durch die Idee, daß seine Tochter einst Königin von England werden möchte, geschmeichelt. Er wünschte auch mit Frankreich und England ein festes Bündniß zu schließen und hoffte, daß dazu die Heirath beitragen könne.

Dem österreichischen Hofe erschien eine Allianz Preußens mit Frankreich und England gerade in jener Zeit höchst bedenklich. Der Kaiser entschloß sich deshalb, einen geschickten Unterhändler nach Berlin zu schicken, der den Auftrag erhielt, den König vom englisch-preußischen Bündniß abwendig zu machen und ihn ganz für Oesterreich zu gewinnen. Er wählte zu dieser Gesandtschaft den Grafen v. Seckendorf, einen Mann, der vollkommen geeignet war, die Pläne des Kaisers zur Ausführung zu bringen.

Seckendorf war der geschickteste Intriguant, ein Mann ohne Gewissen, ein Schmeichler, der es trefflich verstand, sich in die Launen des Königs zu fügen.

Friedrich der Große schildert ihn uns mit trefflichen Worten, indem er sagt: „Seckendorf besaß einen schmutzigen Eigennutz, kriechende und bäuerische Manieren und solche Fertigkeit im Lügen, daß ihm die Wahrheit ein ungewohntes Ding geworden war."

Als Seckendorf in Berlin eintraf, kam es ihm vor allen Dingen darauf an, unter den mächtigen Günstlingen am Hofe eine ihm ergebene Kreatur zu finden. Es wurde ihm vermöge des ihm vom Kaiser zu Gebote gestellten Geldes nicht schwer, seinen Zweck zu erreichen; denn der Herr v. Grumbkow war ja leicht käuflich. Das österreichische Geld wog schwerer, als das englische, der Bundesgenosse der Königin wurde der Bundesgenosse des österreichischen Gesandten.

Der Graf Seckendorf trat Anfangs nicht als bevollmächtigter Gesandter auf; Grumbkow erzählte dem König, der Graf sei nur deshalb nach Berlin gekommen, um die am Besten disziplinirten Truppen in Europa zu sehen.

Eine solche Schmeichelei gewann dem Grafen sofort das Herz des Königs.

Seckendorf wurde ins Tabaks-Kollegium berufen und nun begann derselbe eine Thätigkeit, wie sie wohl kaum jemals der Gesandte eines fremden Fürsten am preußischen Hofe geübt hat. Er wußte sich in das Vertrauen des Königs einzuschleichen, jede Schwäche lauschte er demselben ab und indem er ihm die Werbung in Oesterreich möglich machte, ihm große Leute für seine Potsdamer Riesengarde verschaffte, erhielt er einen Einfluß, der ihn bald in Preußen mächtiger machte, als irgend einen Minister.

Der König zog den Grafen in den wichtigsten Staats-Angelegenheiten zu Rathe, er unternahm fast nichts ohne seinen Rath. Aemter und Würden wurden auf Seckendorfs Veranlassung ertheilt und dieser benutzte die königliche Gunst, um seinem Geiz Genüge zu leisten, indem er einen förmlichen Schacher mit preußischen Stellen trieb.

Auch auf das Familienleben des Königs hatte Seckendorf einen bedeutenden und höchst nachtheiligen Einfluß. Er haßte die Königin, welche ihm mehrfach ihre Ungnade zeigte und ihm ist es wesentlich zuzuschreiben, wenn das Verhältniß zwischen Friedrich Wilhelm und seiner Gemahlin bald ein fast unerträgliches wurde.

Die Königin hielt noch immer an dem Plane der Doppelheirath fest, aber ein unglückliches Ereigniß trat plötzlich, als sie glaubte, die Verhandlungen zu einem günstigen Abschluß gebracht zu haben, ein und machte ihre Hoffnungen trügerischer, wie je.

Am 22. Juni 1727 starb König Georg I. Der Bruder der Königin, Georg II, der den großbritannischen Thron bestieg, war der Spielgefährte Friedrich Wilhelms, gegen welchen dieser, wie wir bereits erwähnt haben, einen unauslöschlichen Haß hegte.

Beide Fürsten waren wenig geneigt zu einer innigeren Verbindung, die Königin aber gab trotzdem ihre Hoffnung noch nicht auf. Sie unterhandelte fort und fort, wie schwer ihr dies auch wurde, denn Seckendorf und Grumbkow intriguirten unaufhörlich gegen sie.

Durch Seckendorf wurde dem König der Plan, den Kronprinzen mit der Prinzessin Elisabeth von Braunschweig-Bevern und die Prinzessin Friederike Sophie Wilhelmine mit dem Prinzen von Weißenfels zu vermählen, vorgeschlagen.

Seckendorf verstand es, Friedrich Wilhelm bei seiner schwächsten Seite zu packen. Er schilderte ihm die beiden Heirathen als vorzüglich vortheilhaft, das Bündniß des Königs mit dem Kaiser werde dadurch befestigt und außerdem viel Geld gespart, denn die Verbindung mit einer englischen Prinzessin werde am Hofe einen ungewöhnlichen Aufwand verursachen.

Der König ging ganz auf die Pläne seines Günstlings ein, die Königin aber weigerte sich, ihre Einwilligung zu solchen Verbindungen zu geben, die sie unter der Würde ihrer Kinder hielt. Als der Prinz von Weißenfels im September 1728 nach Wusterhausen kam, wo sich gerade die königliche Familie aufhielt, schlich die Prinzessin, die ihm vorgestellt werden sollte, aber von ihrer Mutter gegen diese Heirath eingenommen worden war, still davon, um nur nicht mit ihm sprechen zu müssen; die Königin drehte ihm, ohne ein Wort zu sprechen, den Rücken. Der Prinz fühlte sich durch eine solche Behandlung beleidigt. Er schrieb dem König, daß er die Hand der Prinzessin gegen deren Willen nicht annehmen könne und somit war auch diese Verhandlung abgebrochen.

Die Königin hatte in der That einen Sieg errungen, denn Friedrich Wilhelm ließ sich jetzt wieder bewegen, einen Versuch am englischen Hofe zu machen, indem er aber zugleich fest versicherte, daß, wenn nicht baldigst eine bestimmte Erklärung eintreffe, er die Prinzessin nach seinem Gutdünken vermählen werde. Wieder wurden neue Unterhandlungen angeknüpft, deren Seele die Königin war. Der Kronprinz mußte einen freundlichen Brief an die Königin von England richten, in welchem er versprach, niemals eine Andere als die Prinzessin Amalie zu heirathen, wenn seine Schwester Prinzessin von Wales würde.

Wieder aber waren leere Versprechungen ohne eine bestimmte Erklärung die Folge dieser Briefe, denn in England wünschte man wohl eine englische Prinzessin künftig auf dem preußischen Königsthron zu sehen, nicht aber eine preußische auf dem englischen. Friedrich Wilhelm war entrüstet über eine abermalige Hinausschiebung der Verhandlungen und als es nun im Jahre 1729 wieder heftige Streitigkeiten wegen der Uebergriffe preußischer Werber im Hannoverschen gab, war Friedrich

Wilhelm weniger als je geneigt, in eine Verbindung mit England einzutreten.

Vergeblich bemühte sich die Königin, den Kammerdiener Eversmann durch eine Bestechung von 1000 Thalern, zu denen der englische Gesandte die Hälfte beisteuerte, für sich zu gewinnen; Eversmann nahm das Geld der Königin, zugleich aber berichtete er dem König, daß seine Gemahlin noch immer heimlich mit England verhandle und regte dadurch den heftigsten Zorn Friedrich Wilhelms auf. Dieser ließ der Königin sagen, er sei endlich ihrer Intriguen müde und werde seine Tochter verheirathen, an wen er wolle; noch einen Brief dürfe sie nach England schreiben, dies müsse aber der letzte sein.

Sie schrieb den Brief und wieder war die Antwort unbestimmt und ausweichend. Es gab nun die heftigsten Scenen am Hofe. Der König und die Königin lebten in offener Feindschaft. Friedrich Wilhelm behandelte seine Gemahlin mit einer solchen Härte, daß sie ernstlich krank wurde, trotzdem aber noch immer bei dem Plane der Doppelheirath blieb. Auch in England schienen sich jetzt mehr Chancen zu zeigen.

Der König von England und seine Minister begannen einzusehen, daß sie eine Heirath des Kronprinzen von Preußen mit der englischen Prinzessin nur zu Stande bringen könnten, wenn sie auch in die Verbindung des Prinz von Wales mit der Prinzessin Friederike Sophie Wilhelmine willigten und sie zeigten sich jetzt dieser Verbindung geneigter, als früher. Ein außerordentlicher Gesandter, der Ritter Hotham, wurde nach Berlin geschickt und erhielt den Auftrag, für den Prinzen von Wales um die Hand der Prinzessin zu werben unter der stillschweigenden Voraussetzung, daß die Heirath des Kronprinzen mit der Prinzessin Amalie damit verbunden sein müsse.

Jetzt aber wollte Friedrich Wilhelm keine bestimmte Erklärung geben und als nun der Ritter Hotham als Bedingung für eine Allianz noch die Forderung hinzufügte, daß der Herr v. Grumbkow, der beständig Mißverständnisse zwischen beiden Höfen unterhalten habe, aus dem preußischen Dienste entlassen werde, da wurde Friedrich Wilhelm doppelt bedenklich, obwohl ihm das Versprechen, daß die englische Prinzessin 100,000 Pfund Sterling an Mitgift erhalten solle, während für die preußische Prinzessin keine Mitgift gefordert wurde, sehr lockend schien.

Sein Widerwille gegen die enge Verbindung mit England war indessen so groß geworden, daß er, den Einflüsterungen Seckendorfs folgend, kein unbedingtes Ja antworten wollte. Er schützte vor, der Kronprinz sei noch zu jung zum Heirathen, Grumbkow wolle er wohl entlassen, aber er müsse durch eigenhändige Briefe des Ministers von dessen Treulosigkeit überführt werden.

Wieder gab es Unterhandlungen hin und her. Seckendorf stellte vor, die Grumbkow'schen Briefe, welche Hotham erwähnt habe, müßten gefälscht sein, es sei ein Betrug wie der, den sich einst Clement erlaubt habe, man wolle Grumbkow nur vom Hofe entfernen zu Gunsten der Königin, welche hoffe, dann allein zu herrschen.

Friedrich Wilhelm, der höchst eifersüchtig auf seine Macht war, ließ sich betrügen und als nun Ritter Hotham ihm wirklich die aufgefangenen Briefe Grumbkows übergab, warf der König ihm dieselben zornig vor die Füße und rief, er lasse sich von Niemand Gesetze vorschreiben über die Entlassung oder Beibehaltung seiner Minister. Er war in solche Wuth gekommen, daß er eine Bewegung machte, als wolle er den englischen Gesandten mit Fußtritten von sich jagen. Dieser ging entrüstet fort und wollte Berlin auf der Stelle verlassen, nur mit Mühe war er zu bewegen, zu bleiben, bis sein Hof über die Sache entscheide. Die Grumbkow'schen Briefe übersandte Hotham der Königin und es ging nun aus denselben hervor, daß der preußische Minister in der That auf das Schmählichste gegen die Doppelheirath intriguirt habe. Grumbkow sagte in einem dieser Briefe unter Andern:

„Was in aller Welt soll die Gesandtschaft des Ritters Hotham heißen? Warum giebt man sich denn so viel Mühe, eine Prinzessin zu heirathen, die so häßlich ist, wie der Teufel, kupfrig, ekelhaft und stumpfsinnig? Ich begreife nicht, wie dieser Prinz, der unter allem, was schön ist, die Wahl hat, sich mit einem solchen Mondkalb einlassen kann!"

Seckendorf hatte jetzt gesiegt und der Ritter Hotham war so tief beleidigt, daß auch er keinen Eifer mehr für die Doppelheirath an den Tag legte. Er ließ sich zwar auf Veranlassung seiner Regierung bewegen, eine Entschuldigung des Königs, daß dieser ihn nicht habe beleidigen wollen, anzunehmen, bat aber so dringend um seine Abberufung, daß diese endlich erfolgte und somit also der letzte Versuch, die Doppelheirath zu Stande zu bringen, gescheitert war. Friede kam trotzdem nicht in die königliche Familie, nur eine noch größere Zerrüttung, denn der König war so aufgebracht gegen die Königin und den Kronprinzen, daß er besonders letzteren bei jeder Gelegenheit auf das Roheste behandelte und ihn dadurch endlich zu einem verzweifelten Schritte trieb. —

Neunzehntes Kapitel.

Der Kronprinz Friedrich. — Seine Schulden. — Brutale Behandlung des Kronprinzen durch den König. — Der vereitelte Fluchtversuch. — Verhaftung des Kronprinzen. — Flucht Keith's. — Verhaftung Katte's. — Das verhängnißvolle Kästchen. — Die Rückkunft des Königs nach Berlin. — Mißhandlung der Prinzessin Friederike Sophie Wilhelmine. — Verhör Katte's. — Verfolgung aller Freunde des Kronprinzen. — Doris Ritter.

Zwischen dem König und dem Kronprinzen war seit langer Zeit eine vollkommene Entfremdung eingetreten. Vater und Sohn standen sich fast als erbitterte Feinde gegenüber.

Friedrich war ein lebenslustiger Jüngling, der Liebe und den Vergnügungen ergeben. Er führte ein ziemlich ausschweifendes Leben, zu welchem die kargen Mittel, die ihm sein Vater gewährte, nicht zureichten. Er machte, wie andere junge Leute fürstlichen Standes, Schulden und zwar in ziemlich großartigem Maßstabe. Bei den Kaufleuten Splitgerber und Daum hatte er eine Summe von 7000 Thalern aufgenommen und dadurch seinen Vater zu einem Edikt gegen das Leihen an Minderjährige veranlaßt, in welchem der König ausdrücklich verbot, daß selbst keinem Prinzen seines Hauses bei Leibes- und Lebensstrafe etwas geborgt werden dürfe. Das Edikt half aber nicht mehr viel, denn schon vorher hatte der Kronprinz gegen 15,000 Thaler andere Schulden gemacht.

Der König war wüthend, als er hörte, welche Summen sein Sohn vergeudet habe. Sein Zorn wurde noch vermehrt, als er erfuhr, daß der Kronprinz sich erlaubt habe, der Königin von England zu schreiben, er werde sich niemals mit einer anderen, als einer englischen Prinzessin vermählen. Der Graf v. Seckendorf, der stets gute Spione besaß, hatte nicht verfehlt, dem König die Nachricht von diesem Briefe zu übermitteln.

Friedrich Wilhelm war niemals ein zärtlicher Vater gewesen, der Zorn, den er gegen seinen Sohn fühlte, reizte ihn aber jetzt zu einer Reihe von Brutalitäten, die endlich unerträglich wurden. Der Kronprinz war der Verzweiflung nahe; er vermochte die entwürdigende Behandlung des harten Vaters nicht länger zu ertragen. Die Absicht, sich derselben durch die Flucht zu entziehen, welche er schon früher gehabt hatte, reifte in ihm zum Entschluß.

Zwei junge Offiziere, auf deren freundschaftliche Ergebenheit er rechnen konnte, der Lieutenant v. Katte bei der Gensd'armerie in Berlin und der Lieutenant v. Keith in Wesel, sollten ihn bei den Vorbereitungen zur Flucht unterstützen. Das Ziel derselben war England, wo er vor dem Zorne seines Vaters sicher zu sein hoffte.

Im Mai 1730 machte Friedrich Wilhelm eine Reise nach dem sächsischen Lager bei Mühlberg. Er nahm den Kronprinzen mit sich. Auch auf dieser Reise mißhandelte er den unglücklichen Prinzen wieder in wahrhaft abscheulicher Weise. In Gegenwart der sächsischen Offiziere schlug er ihn eines höchst unbedeutenden Versehens wegen mit dem Stocke und rief ihm dabei wüthend zu: „Schäme Dich! Wäre ich so von meinem Vater behandelt worden, ich würde davon gelaufen sein oder mich todtgeschossen haben — Du aber hast weder Muth, noch Ehre, Dir kann man Alles bieten!"

Das war zu viel. Der Vorsatz, sich den Mißhandlungen des Vaters durch die Flucht zu entziehen, stand jetzt unwiderruflich fest. Der Lieutenant v. Katte erhielt von dem Prinzen den Auftrag, bei dem Kabinets-Minister des Königs von Polen, dem Grafen v. Hoym, einen Paß nachzusuchen. Der Minister ahnte, zu welchem Zweck der Paß dienen solle, er theilte seinem Fürsten diese Muthmaßung mit, worauf der König von Polen sich an den Kronprinzen wendete und diesem das Versprechen abnahm, seine Flucht wenigstens nicht während des Aufenthalts in Sachsen zu bewerkstelligen. Der Fluchtplan wurde aufgeschoben, aber nicht aufgehoben. Er sollte auf einer anderen Reise, welche der König in Begleitung des Kronprinzen in das Reich machte und bei welcher er seinen Schwiegersohn in Anspach besuchte, zur Ausführung gebracht werden.

Friedrich hatte vor seiner Abreise von Berlin, die am 17. Juli 1730 stattfand, mit dem Lieutenant v. Katte Rücksprache genommen. Die Verabredung ging dahin, daß Katte auf die erste Nachricht von der gelungenen Flucht dem Kronprinzen folgen solle. Ein Kästchen mit Edelsteinen und den wichtigsten Papieren wurde dem Freunde zur Verwahrung übergeben.

Der Kronprinz hoffte auf die Verschwiegenheit seines Günstlings. Aber darin hatte er sich getäuscht; denn Katte, im Stolz darauf, daß ihn das Vertrauen des Kronprinzen getroffen habe, plauderte. Er sprach davon, der Kronprinz werde nicht zurückkommen, ihm sei der Befehl übertragen, dem Flüchtigen nachzureisen und ihm Geld zu überbringen.

Katte's unvorsichtige Reden wurden durch den Grafen von Seckendorf, dem sie seine Spione meldeten, dem Könige hinterbracht.

Friedrich Wilhelm war vorbereitet auf einen Fluchtversuch seines Sohnes, er gab daher den Obristen von Waldow und von Rochow den Befehl, über die Person des Prinzen zu wachen und mit ihrem Kopf dafür einzustehen, daß derselbe keinen Fluchtversuch mache.

Der Prinz wußte nichts davon, daß er beobachtet werde; er glaubte ganz sicher zu sein. Schon beim Besuch des Schwagers in Anspach hoffte er, die Flucht zur Ausführung zu bringen. Er bat diesen um ein gutes Pferd, indem er einen Spazierritt machen wolle. Der Markgraf von Anspach aber durchschaute die Absicht seines Schwagers; er wich der Forderung aus und der

Fluchtversuch wurde dadurch abermals unmöglich gemacht.

Die Reise wurde fortgesetzt. Friedrich aber war nicht entmuthigt und von Anspach aus schrieb er noch einmal an den Lieutenant v. Katte, alle Maßregeln seien so gut getroffen, daß er in zwei Tagen in Freiheit zu sein hoffe. Sollte ja der König die Flucht zu früh entdecken und ihm nachsetzen lassen, dann werde er sich in ein Kloster flüchten, wo ihm eine Freistatt sicherlich nicht versagt werden würde.

Den gefährlichen Brief schickte der Kronprinz auf die Post, um ihn durch eine Estafette nach Berlin befördern zu lassen. In leichtfertiger Eile aber hatte er die Adresse des Briefes schlecht geschrieben. Dieselbe lautete an den Lieutenant v. Katte über Nürnberg. „Nach Berlin" war vergessen hinzuzufügen und der Nürnberger Postmeister sendete deshalb den Brief an einen ihm bekannten Werbe-Offizier, der ebenfalls v. Katte hieß, nach Erlangen.

Von Anspach ging die Reise weiter; Friedrich hatte beabsichtigt, von Sinzheim aus zu flüchten, dort aber wurde kein Nachtquartier gemacht, sondern erst in dem Dorfe Steinfurth.

Der Gewohnheit des Königs gemäß, der niemals die Bequemlichkeit liebte, wurden die Reisenden in verschiedenen Scheunen untergebracht.

Der Kronprinz schlief mit dem Obristen v. Rochow und seinem Kammerdiener gemeinschaftlich in einer Scheune; er war entschlossen, den günstigen Augenblick zu benutzen und in der Nacht zu fliehen; deshalb wendete er sich an einen Pagen, Namens Keith — Bruder seines Freundes in Wesel — mit der vertraulichen Mittheilung, er habe ein verliebtes Abenteuer; er bat Keith, ihn am andern Morgen früh 4 Uhr zu wecken und Pferde bereit zu halten.

Keith gehorchte gern. Sobald der Morgen zu grauen begann, schlich er sich in die Scheune, in der es noch dunkel war; er verfehlte jedoch das Bett des Prinzen und weckte den Kammerdiener. Dieser war hoch erstaunt, er ahnte sofort, daß der Prinz einen Fluchtversuch machen wolle und blieb deshalb ruhig liegen, um zu erwarten, was nun weiter geschehen werde.

Der Prinz hatte während der ganzen Nacht nur halb geschlafen, er war durch das Eintreten Keith's erwacht, sprang auf und kleidete sich schnell an, aber nicht in seine Uniform, sondern in ein französisches Kleid, einen rothen Ueberrock, welchen er sich auf der Reise besorgt hatte.

Leisen Schrittes verließ Friedrich die Scheune; kaum aber war er im Freien, da weckte der Kammerdiener schnell den Obristen von Rochow und theilte diesem seinen Verdacht mit. Der Obrist rief sofort einige andere Offiziere und eilte dem Prinzen nach, den er an einen Wagen gelehnt, den Pagen erwartend, fand.

Der Prinz war in Verzweiflung, daß er seine Flucht gestört sah; noch hoffte er durch Entschiedenheit, durch einen festen Befehl die Offiziere zurückschrecken zu können und auf die Frage, was er so früh im Freien thue, gab er eine kurze, rauhe Antwort.

Vergeblich bat ihn Rochow, auf das Schleunigste zurückzukehren und seine Kleidung zu wechseln, da der König sicher höchst aufgebracht sein würde, wenn er ihn, statt in der Uniform, in der französischen Kleidung fände.

Friedrich weigerte sich: er wollte schnell auf ein Pferd steigen, welches ihm gerade im rechten Augenblick der Page brachte, aber die Offiziere litten dies nicht, sie ergriffen ihn und führten ihn, trotz seiner Gegenwehr, in die Scheune zurück.

Der Plan war vereitelt,*) aber noch wußte der König nichts Bestimmtes über den Fluchtversuch, obgleich er die Absicht Friedrichs ahnte. In Frankfurt erhielt der König Gewißheit, denn dort traf ihn der Brief, den ihm der Werbe-Lieutenant v. Katte aus Erlangen gesendet hatte. Er ließ jetzt sofort den Kronprinzen auf die Jacht bringen, welche zur Fahrt nach Wesel bestimmt war. Der Prinz wurde als Gefangener behandelt. Er mußte seinen Degen, seine Briefschaften und Bücher abgeben. Die Obristen v. Rochow und Waldow erhielten den Befehl, ihn auf das Strengste zu bewachen.

Auf der Jacht trafen der König und der

---

*) Wir sind bei der Darstellung des Fluchtversuchs der Erzählung des Herrn v. Plünitz und der Markgräfin von Baireuth gefolgt. Der Graf v. Seckendorf weicht in einer „allerunterthänigsten sehr geheimen Relation wegen der vorgehabten Flucht des Königlichen Kronprinzen von Preußen an den Kaiser, Wesel den 14. August 1730" datirt, von dieser Erzählung einigermaßen ab, indem er folgendermaßen schreibt:

„— — Als man nach Augsburg kam, ließ der Kronprinz heimlich durch seinen Kammerdiener rothes Tuch zu einem Surtoutrock kaufen, und machte diesem weis, daß er dieses Tuch zu einem andern Gebrauch destinirt. In Ludwigsburg bei dem Herzoge von Württemberg wurde aus diesem Tuche in der Stille ohne Jemandes Wissen der Surtoutrock verfertigt und als man nach Mannheim reisete, so hatte der Kronprinz mit einem von des Königs Pagen, Keith genannt, die heimliche Abrede genommen, daß dieser des Nachts in Sinzheim, allwo der König zu bleiben versichert, Postpferde zum Reiten bestellen sollte, um sich mit selbigen über den Rhein nach Speier zu begeben.

Dieser Anschlag wäre vielleicht bewerkstelligt worden, wenn der König nicht per hazard des Nachts in einem Dorfe Steinfurth, so noch zwei Stunden vor Sinzheim gelegen, geblieben wäre. Doch hatte der Kronprinz in diesem Dorfe durch den genannten Pagen Keith Mittel gefunden, Pferde zu bestellen, weil ihn aber der Obrist-Lieutenant v. Rochow nicht einen Moment quittirte, so mußte er wider seinen Willen sich zur Ruhe begeben und sein Vorhaben aussetzen.

Tags darauf sehr frühe befahl der König, daß der Kronprinz vor ihm aufbrechen und seinen Weg nach Mannheim nehmen sollte und als dessen ungeachtet der König wohl eine Stunde vor dem Kronprinzen nach Mannheim kam und selbigen

Kronprinz zum ersten Mal nach dem Fluchtversuch zusammen.

Friedrich Wilhelm überließ sich ganz seinem wilden Jähzorn; er behandelte den Sohn als gemeinen Deserteur, schlug ihn mit dem Stocke und ging so weit, daß die anwesenden Offiziere die Scene nicht zu ertragen vermochten. Sie rissen den Kronprinzen fort und brachten ihn in eine zweite Jacht, um ihn nur aus den Augen seines Vaters zu entfernen.

Friedrich mußte als Gefangener die fernere Reise mitmachen.

Nachdem der König mit dem Kronprinzen in Wesel angelangt war, wurde dieser in ein Gefängniß gebracht — vor die Thür desselben wurde eine Schildwache gestellt.

Der Festungs-Kommandant, Generalmajor v. Mosel, erhielt am folgenden Morgen den Befehl, den Prinzen vor den König zu führen.

„Warum hast Du desertiren wollen?" rief Friedrich Wilhelm dem Sohn wüthend entgegen.

„Weil Sie mich nicht wie Ihren Sohn, sondern als einen Sklaven behandelt haben!" war Friedrichs stolze Antwort.

„Du bist ein schändlicher, ehrloser Deserteur, der weder Ehre noch Herz im Leibe hat!"

„Ich habe so viel Ehre, wie Sie und ich that nur Das, was Sie an meiner Stelle gethan hätten, wie Sie mir mehr als hundert Male gesagt haben!"

Durch diese stolzen Worte wurde der Zorn des Königs bis zur Wuth gesteigert. Er zog den Degen und stürzte sich auf Friedrich, um diesen zu durchbohren; da aber fiel ihm der Generalmajor v. Mosel in den Arm; er stellte sich vor Friedrich, entblößte seine Brust und rief dem wüthenden König zu: „Tödten Sie mich, Sire, aber schonen Sie Ihren Sohn!"

Erstaunt blickte der König auf den muthigen Mann, der ihm, dem sonst Niemand entgegen zu treten wagte, so kühn gebot — aber die Besinnung kam ihm zurück. Er steckte den Degen ein und Friedrich wurde wieder in sein Gefängniß zurückgebracht.

Der König reiste nach Berlin. Der Kronprinz aber wurde als Gefangener vorläufig nach Mittenwalde abgeführt.

Von Frankfurt aus hatte der König nach Wesel geschrieben und die sofortige Verhaftung des Lieutenants v. Keith anbefohlen. Nur durch einen Glücksfall entging Keith dieser Gefahr.

An demselben Tage, an welchem der König in Wesel ankommen wollte, machte Keith einen Spaziergang auf dem Markte; er begegnete einem früheren Pagen des Königs, einem seiner ehemaligen Kameraden, der mit verhängtem Zügel in die Stadt einritt. Er fragte diesen nach Neuigkeiten vom Hofe in der Hoffnung, etwas vom Kronprinzen zu erfahren.

Der Page erzählte, der König würde bald ankommen und den Kronprinzen als Gefangenen mitbringen: Katte in Berlin, ihr gemeinschaftlicher Freund, solle verhaftet werden; er selbst bringe dem Kommandanten von Wesel, Generalmajor v. Mosel, eine versiegelte Ordre, die ihm der König mit dem Befehl der möglichsten Eilfertigkeit eingehändigt habe.

Keith ahnte sofort, daß diese Ordre ihn betreffen möchte; nach anderen Nachrichten soll ihm der Page sogar einen Zettel übergeben haben, auf dem Kronprinz in aller Eile mit Bleistift die wenigen Worte geschrieben hatte: „Rette Dich, es ist Alles entdeckt!"

Keith lief schnell nach Haus, ließ sein Pferd satteln und ritt zur Stadt hinaus. Er war kaum fort, als die Wache kam, um ihn abzuholen. Zum Glück hatte er die Vorsicht gebraucht, zu Haus zu hinterlassen, er wolle spazieren reiten und da er nichts von seinen Sachen mitgenommen hatte, so glaubte die Wache, er werde bald zurückkommen und wartete. Als er aber nach einigen Stunden immer noch nicht eintraf, da forschte man nach und erfuhr, daß er den Weg nach Holland genommen habe.

Der Obrist-Lieutenant Dumoulin erhielt den Auftrag, dem Flüchtling nachzusetzen. Er war, wie wir wissen, in der Ausführung derartiger Befehle geübt und es gelang ihm denn auch, den Flüchtling bis nach dem Haag zu verfolgen und

---

unterwegs nicht angetroffen hatte, so muthmaßte der König, es müßte der Kronprinz Mittel zu entfliehen gefunden haben. Des Königs Unruhe darüber war so groß, daß Ihre Churfürstliche Durchlaucht von der Pfalz den Stallmeister dem Kronprinzen auf den Weg nach Heidelberg entgegenschickte, der den Kronprinzen auch auf der Route rencontrirte und glücklich nach Mannheim brachte.

Mittler Zeit rührte die große Inquietüde des Königs des Pagen Keith (welcher dem König allezeit auf der Reise zu Pferde gefolgt war) sein Herz, daß er sich dem König zu Füßen warf und ihm entdeckte, wie er sich hätte bereden lassen, dem Kronprinzen, wie oben gemeldet, Pferde zu seiner Flucht zu bestellen.

Der König ließ sich bei geschehener Ankunft des Kronprinzen nichts merken, daß er davon einige Nachricht erhalten, weil aber per hazard der Intendant, Commandant und auch einige französische Obristen von Landau andern Tages in Mannheim angekommen (der König muthmaßte, daß solche um des Kronprinzen Willen à dessein gekommen, so gab der König dem General Buddenbrock, Obristen Waldow und Obrist-Lieutenant Rochow nochmalige geschärfte Ordre, den Kronprinzen Tag und Nacht nicht aus dem Gesicht zu lassen.

Als man in Darmstadt Sonntag Abends, den 7 August angekommen, sagte der König zu dem Kronprinzen, wie er sich wundere, ihn allhier zu sehen, indem er geglaubt, er wäre schon in Paris. Der Kronprinz antwortete (wie er es an mich selbst nach der Hand gesagt), daß, wo er gewollt hätte, er sicherlich in Frankreich sein könnte.

Der König gab ein oft wiederholtes Offiziere den Befehl, den Kronprinzen morgenden Tages bei seiner Arrivirung in Frankfurt nicht in die Stadt zu lassen, sondern sogleich in das zum Abfahren in Bereitschaft stehende Schiff zu bringen."

sogleich den Gasthof auszukundschaften, in dem Keith wohnte. Dieser aber war klug genug gewesen, sofort bei seiner Ankunft im Haag sich unter den Schutz des englischen Gesandten zu stellen und so war denn die Mühe, ihn als Hochverräther im Namen des Königs zurück zu fordern, vergeblich. Keith entkam glücklich nach England und wurde von dort später nach Portugal befördert, wo er so lange blieb, bis ihn Friedrich II. nach Preußen zurückrief.

Weniger glücklich war der andere Mitverschworene des Kronprinzen, Lieutenant v. Katte. Dieser hätte ebenfalls entkommen können, denn er wurde durch den ihm befreundeten dänischen Gesandten gewarnt.

Der Gesandte ermahnte ihn zur Flucht und bot ihm zu dieser seine Pferde und seine Börse an. Leichtfertiger Weise ließ sich aber Katte Zeit; er wartete darauf, daß ein französischer Kouriersattel, den er bestellt hatte, fertig werde und wurde in demselben Augenblicke verhaftet, als er auf's Pferd steigen wollte, um zu flüchten.

Der Chef der Gensd'armerie, ein Herr v. Natzmer, der ihm wohl wollte, gestattete ihm, über seine Papiere zu disponiren. Katte verbrannte schnell einen Theil derselben, der Königin schickte er durch Vermittelung der Gräfin Fink ein Kästchen, welches ihm der Kronprinz mit dem Befehl übergeben hatte, es derselben einzuhändigen.

Derselbe Kourier, welcher den Befehl zu Katte's Verhaftung nach Berlin gebracht hatte, war auch mit der Absendung eines anderen Schreibens, eines Briefes des Königs an die Frau v. Kamecke, betraut. Der Brief lautete:

„Meine liebe Frau v. Kamecke!

Fritz hat desertiren wollen; daher ich mich genöthigt gesehen habe, ihn arretiren zu lassen. Ich bitte Sie, dieses der Königin auf eine gute Art beizubringen, damit ihr diese Nachricht kein zu großes Schrecken verursache. Beklagen Sie übrigens einen unglücklichen Vater.

Friedrich Wilhelm."

Die Frau v. Kamecke erhielt das Schreiben in Monbijou, als sie sich gerade bei der Königin befand. Ueber den Eindruck, welchen die Verhaftung des Kronprinzen auf die königliche Familie machte, erzählt uns die Markgräfin von Baireuth Folgendes:

„Die Königin gab einen Ball in Monbijou zu Ehren des Königs. Der Speisesaal war mit Inschriften und Lampen verziert, die Tafel stellte ein Blumenparterre vor. Jedes von uns fand ein Geschenk unter seinem Kouvert. Wir waren Alle in der besten Laune von der Welt. Nur die beiden Gouvernanten, die Kamecken und Sonsfeld, die Gräfin Fink und die Bülow schienen traurig. Sie sprachen kein Wort und klagten über Unwohlsein.

Nach dem Abendessen begann der Ball von Neuem. Seit länger als sechs Jahren hatte ich nicht getanzt; es war verbotene Furcht und ich genoß sie im Uebermaß, ohne sehr auf das Acht zu geben, was vorging.

Die Bülow sagte mehrere Male zu mir: „Es ist spät, ich wünschte, daß man sich entfernte."

„Ach, Du mein Gott, — entgegnete ich — lassen Sie mir doch das Vergnügen, mich heute recht satt zu tanzen, denn vielleicht passirt mir das in langer Zeit nicht wieder."

„Das könnte leicht möglich sein!" versetzte sie.

Ich gab nicht darauf Acht und fuhr fort, mich zu vergnügen. Nach einer halben Stunde kam sie wieder.

„Hören Sie doch an! — sagte sie mit zorniger Miene. — Sie sind so beschäftigt, daß Sie nicht hören und sehen."

„Sie sind heute so übler Laune, — antwortete ich — daß ich nicht weiß, was ich davon denken soll."

„Sehen Sie doch die Königin an, Hoheit, und Sie werden keine Ursache mehr haben, mir Vorwürfe zu machen."

Ein Blick, den ich auf diese warf, ließ mein Blut erstarren. Ich erblickte diese Fürstin blässer als der Tod in einer Ecke des Zimmers, sich mit ihrer Oberhofmeisterin und Fräulein v. Sonsfeld unterhaltend. Da mein Bruder mich mehr interessirte, als irgend Etwas auf der Welt, so erkundigte ich mich sogleich, ob es ihn betreffe. Die Bülow zuckte die Achseln und sagte: „Ich weiß es nicht."

Die Königin gab einen Augenblick nachher gute Nacht und stieg mit mir in den Wagen. Unterwegs sagte sie mir kein Wort, was mich so sehr beunruhigte, daß ich furchtbares Herzklopfen bekam.

Sobald ich zu Hause angelangt war, plagte ich meine Gouvernante auf's Aeußerste, um zu erfahren, wovon die Rede sei. Sie antwortete mir mit Thränen in den Augen, daß die Königin ihr Stillschweigen auferlegt habe. In diesem Augenblicke hielt ich meinen Bruder für todt und dies setzte mich in so Verzweiflung, daß Fräulein v. Sonsfeld es für angemessen hielt, mich aus meinem Irrthum zu reißen. Sie erzählte mir also, daß Frau v. Kamecke an demselben Tage eine Stafette vom Könige erhalten habe nebst zwei Briefen für sich und die Königin, daß dieser Fürst ihr befohlen, diese nach und nach vorzubereiten, um ihr endlich mitzutheilen, daß er den Kronprinzen, der versucht, zu entfliehen, habe festnehmen lassen.

Das Unglück meines Bruders drang mir durch's Herz, ich brachte die ganze Nacht in der furchtbarsten Unruhe zu. Die Königin ließ mich sehr früh rufen, um mir den Brief des Königs an sie zu zeigen. Deutlich gab sich große Wuth in diesem Briefe kund. Hier sein Inhalt: „Ich habe den Schurken Fritz verhaften lassen; ich werde ihn behandeln, wie seine Unthat und Schlechtigkeit es verdienen; ich erkenne ihn nicht mehr für meinen Sohn an, er hat mich und mein ganzes

Haus entehrt; ein solcher elender Mensch ist nicht mehr werth zu leben!"

Ich fiel nach dem Lesen dieses Briefes in Ohnmacht. Der Zustand der Königin, wie der meine hätte ein Herz von Stein gerührt. — —

Die Gräfin v. Fink kam am folgenden Morgen zu mir. Ich war über die Zerstörung, die ich in ihren Zügen las, erschrocken.

Nachdem ich Jedermann, Fräulein v. Sonsfeld ausgenommen, fortgeschickt hatte, sagte sie mir, daß sie die unglücklichste Person von der Welt sei und komme, um mir ihre Leiden zu vertrauen.

„Stellen Sie sich, Hoheit, — sagte sie — meine Verlegenheit vor. Ich fand gestern Abend, als ich nach Hause kam, eine versiegelte und an die Königin adressirte Cassette vor, die man an meine Dienerschaft mit folgendem Billet abgegeben hatte.

Sie gab mir es und es standen blos folgende Worte darin: „Haben Sie die Güte, gnädige Frau, diese Cassette der Königin zu übergeben; sie enthält die Briefe, welche diese und die Prinzessin an den Kronprinzen geschrieben haben."

„Ich habe nicht begreifen können, — fuhr sie fort — wer mir diesen Streich gespielt haben kann; denn die Leute, welche die Cassette brachten, waren maskirt. Doch weiß ich nun nicht, welchen Entschluß ich fassen soll. Ich sehe voraus, daß, wenn ich dies unselige Unterpfand an den König sende, ich die Königin unglücklich mache und wenn ich es dieser Fürstin übergebe, werde ich das Opfer werden. Eins wie das Andere ist so schrecklich für mich, daß ich nicht weiß, wozu ich mich entschließen soll."

Wir sprachen ihr so stark zu und drängten sie so sehr, daß wir sie endlich überredeten, mit der Königin davon zu sprechen, indem wir ihr bewiesen, daß sie bei diesem Schritte nichts risküre, da das Paket doch an jene adressirt sei.

So begaben wir uns denn alle Drei zur Königin. Die Freude, welche sie über diese gute Nachricht hatte, beschwichtigte einige Zeit lang ihren Schmerz, aber nicht auf lange. Betrachtungen folgten bald darauf.

Wir sagten uns selbst Folgendes: Auf welche Art die Cassette ins Schloß bringen, ohne daß es Jemand bemerkt, da es überall Spione giebt? Und wenn dies auch geglückt, muß man nicht fürchten, daß Katte davon Erwähnung thut, wenn er verhört wird? Was sollte alsdann aus der Gräfin Fink werden, die sich unschuldigerweise in diese böse Sache verwickelt fände, ohne zu wissen, wie sich herauszuziehen? Handelt die Letztere ohne Hinterhalt und überläßt die Cassette öffentlich der Königin, so wird der König auf der Stelle davon unterrichtet werden und die Königin zwingen, selbst das Werkzeug ihres Unglücks zu werden, indem sie ihm ihre Briefe ausliefert.

Der Fall war sehr schwierig; auf allen Seiten Abgründe. Nachdem man das Für und Wider lange abgewogen hatte, wählte man endlich die letztere Partie als die minder gefährliche und in der Hoffnung, noch einen Ausweg zu finden, um uns in den Besitz der Papiere zu setzen. So wurde denn das Porteseuille, denn ein solches war es, in das Zimmer der Königin gebracht, die es sogleich in Gegenwart ihrer Dienerschaft und der Kammer verschloß.

Nachmittags fingen unsere Conferenzen wieder an. Die Königin war der Meinung, die Briefe zu verbrennen und ganz einfach dem König zu sagen, daß, da sie nicht von Wichtigkeit gewesen, sie daran nichts Unrechtes zu thun geglaubt habe. Wir Andern traten dieser Meinung heftig entgegen. Die Eine wollte dies, die Andere das und so verging der Tag, ohne daß Etwas beschlossen worden war.

Sobald ich wieder in meinem Zimmer war, sagte ich dem Fräulein v. Sonsfeld, daß ich ein untrügliches Mittel gefunden habe, das aber sehr gefährlich werden könnte, wenn es die Königin der Kammer anvertraute. Ich gab ihr nämlich zu bedenken, daß, wenn man das Siegel abnehmen könnte, ohne es zu zerbrechen, nichts leichter sein werde, als das Vorlegeschloß durchzufeilen, welches das Portefeuille schloß und man alsdann im Stande sein würde, die Briefe herauszunehmen und andere zu schreiben, die man dann an deren Stelle legte.

Meine Gouvernante billigte meine Idee sehr und wir kamen überein, sie im Verein mit der Gräfin Fink der Königin vorzuschlagen und uns ihr Ehrenwort geben zu lassen, nicht davon zu sprechen.

Schon am folgenden Tage führten wir dieses Vorhaben aus, wie wir uns das Wort darauf gegeben hatten. Wir sprachen Alle auf eine so verständliche Art, ohne jedoch Jemand zu nennen, daß die Königin bald merkte, es gelte der Kammer. Ihre Schwäche für diese Person war aber Schuld daran, daß sie that, als verstehe sie uns nicht. Sie versprach uns jedoch ein ewiges Stillschweigen und hielt auch dieses Mal Wort.

Des Nachmittags führten wir unser Unternehmen aus. Die Königin schickte ihre Damen und Dienerschaft fort, so daß ich allein bei ihr blieb. Wir stießen sogleich auf furchtbare Hindernisse. Das Portefeuille war so schwer, daß weder die Königin, noch ich es fortbringen konnten, was sie nöthigte, sich einem ihrer Kammerdiener, einem alten und treuen Mann von erprobter Verschwiegenheit und Redlichkeit, anzuvertrauen.

Lange Zeit versuchte ich das Siegel abzuheben. Die Unmöglichkeit, die ich vorfand, machte mich zittern. Nachdem jener Kammerdiener, Namens Bock, das Wappen untersucht hatte, welches das Katte'sche war, sagte er mit großer Freude zu mir: „Ach, mein Gott, Hoheit, ich habe ja ein ganz gleiches Petschaft bei mir. Es ist länger als vier Wochen her, daß ich's im Garten von Monbijou gefunden habe. Seitdem habe ich es immer bei mir gehabt, um zu erfahren, wem es gehöre."

Als wir die beiden Siegel mit einander verglichen, fanden wir, daß sie vollkommen gleich waren und jenes Petschaft also Katte gehört hatte. Nachdem wir nun die Schnüre gelöst und das Vorlegeschloß aufgebrochen, gelangten wir zur Untersuchung der Briefe. Es ist aber Zeit, daß ich mich darüber etwas ausführlicher verbreite.

Ich habe im Fortgange dieses Werkes bereits von der wenig ehrerbietigen Art gesprochen, mit welcher wir oft von dem König redeten. Die Königin fand Vergnügen an unsern Satyren und überbot sie noch. Die Briefe dieser Fürstin, wie die meinen, waren voll davon. Ueberdies enthielten sie das Genaueste über alle Intriguen in England, die verstellte Krankheit vom vergangenen Winter, um Zeit zu gewinnen und, mit einem Worte, die wichtigsten Geheimnisse. —

Wir warfen alle diese Papiere ins Feuer, die kleinen Arbeiten meines Bruders ausgenommen, die ich aufgehoben habe. Noch an demselben Abend fing ich an, die Briefe neu zu schreiben, welche die andern ersetzen sollten. Die Königin that am nächsten Tage dasselbe.

Wir brauchten die Vorsicht, Papier von dem jedesmaligen Jahre zu nehmen, um jede Entdeckung zu verhindern. Drei Tage wurden zu dieser Arbeit verwendet, während welcher Zeit wir 6—700 Briefe fabrizirten. Das war sehr wenig im Vergleich zu denen, die wir verbrannt hatten. Wir bemerkten dies, als wir das Portefeuille schließen wollten. Es blieb so leer, daß dies allein uns verrathen konnte. Meine Meinung war, noch mehr zu schreiben, um es zu füllen; die Ungeduld der Königin aber war so groß, daß sie lieber alle Arten von Nippes hineinsteckte, als noch länger mit dem Schließen desselben zu warten. Ich widersetzte mich dem, so viel ich nur konnte, jedoch vergeblich. Wir brachten es endlich wieder in denselben Zustand, wie zuvor, ohne daß man die geringste Veränderung daran merken konnte."

Am 27. August um 5 Uhr Nachmittags traf der König in Berlin ein. Er begab sich sofort in das Zimmer der Königin, wo er diese mit allen ihren Kindern fand.

Mit höchster Spannung hatte die königliche Familie die Ankunft Friedrich Wilhelms erwartet. Die Kinder fielen dem harten Vater zu Füßen und baten ihn um Gnade für ihren Bruder. Der König aber stieß sie wild zurück. Mit von Wuth entstellten Zügen wendete er sich an seine Gattin und rief ihr mit donnernder Stimme zu:

„Dein Sohn ist todt!"

„Wie? — rief die Königin, vor Schreck und Entsetzen ganz außer sich. — Ist es möglich! Sie sollten der Mörder Ihres Sohnes gewesen sein?"

„Er war nicht mehr mein Sohn; er war nichts, als ein Deserteur, der den Tod verdient hatte!"

Die Königin fiel bei diesen Worten in Ohnmacht. Sie traute ihrem Gatten sehr wohl eine so schnelle und schreckliche Justiz zu und glaubte in jenem Augenblick, der Kronprinz sei bereits hingerichtet. Ihre Kammerfrauen brachten die Ohnmächtige fort.

Als die Königin wieder zur Besinnung kam, war sie außer sich vor Schmerz, aber Friedrich Wilhelm wurde dadurch nicht gerührt. Trockenen Auges schaute er auf die Weinende, gegen die er an jenem Tage nur Haß und Zorn kannte, denn er war der Ueberzeugung, daß sie und die Prinzessin Friederike Sophie Wilhelmine Mitschuldige an der beabsichtigten Flucht seines Sohnes seien.

Nachdem der König in sein Zimmer zurückgekehrt war, befahl er, den gefangenen Lieutenant v. Katte zu bringen. Der General von Grumbkow und der General-Auditeur Mylius erhielten zugleich den Befehl, zu ihm zu kommen. Nachdem er diesen Befehl ertheilt hatte, kehrte er abermals zur Königin zurück. Er hatte sich selbst zu einer Wuth gebracht, für die er ein Opfer haben mußte.

Er fand die Königin wieder von ihren Kindern umgeben, die sie vergeblich zu trösten suchten. Es entwickelte sich in dem königlichen Gemache jetzt eine wahrhaft entsetzliche Familien-Scene.

Hören wir die Erzählung derselben durch die Markgräfin von Baireuth, welche, als die Lieblingsschwester des Kronprinzen, am Schwersten unter der Wuth Friedrich Wilhelms leiden mußte:

Der König kam indes zurück, wir liefen Alle zu ihm, um ihm die Hand zu küssen; kaum hatte er aber mich erblickt, als Zorn und Wuth sich seines Herzens bemächtigten. Er wurde ganz schwarz, seine Augen funkelten vor Wuth und der Schaum trat ihm vor den Mund.

„Infame Canaille! — sagte er zu mir. Wagst Du es, Dich vor mir zu zeigen? Geh und leiste Deinem Schurken von Bruder Gesellschaft!"

Mit diesen Worten ergriff er mich mit einer Hand und gab mir mehrere Faustschläge ins Gesicht, wovon einer mich so stark am Schlafe traf, daß ich rückwärts hinfiel und mir den Kopf gegen den Stand des Lambris würde zerschmettert haben, wenn nicht Fräulein v. Sonsfeld mich vor der ganzen Gewalt des Falles geschützt hätte, indem sie mich bei den Haaren zurückhielt. Leblos lag ich auf dem Boden.

Der König, der sich nicht mehr kannte, wollte seine Schläge verdoppeln und mich mit Füßen treten. Die Königin, meine Brüder und Schwestern, sowie alle Anwesenden hinderten ihn daran. Sie stellten sich Alle um mich, wodurch Frau von Kamecke und die Sonsfeld Zeit gewannen, mich aufzuheben. Sie setzten mich in einen Stuhl, der in der ganz nahen Fensterbrüstung stand, da sie aber sahen, daß ich immer in demselben Zustande blieb, schickten sie eine meiner Schwestern fort, welche eine Glas Wasser und einige Spirituosa brachte, durch deren Hilfe sie mich in's Leben zurückriefen."

Diese ganze Scene war um so skandalöser, als die Zimmer der Königin im Schlosse parterre lagen und die Fenster offen standen.

In Berlin hatte sich mit Blitzesschnelle das Gerücht von der Verhaftung des Kronprinzen und der Rückkehr des Königs verbreitet. Jedermann fürchtete von dem gewaltthätigen Charakter Friedrich Wilhelms das Schlimmste für das Schicksal des unglücklichen Prinzen. Die Theilnahme für diesen war allgemein und viele Hundert Menschen eilten zum Schlosse, um von dem einen oder dem andern etwa Herauskommenden Näheres über die im Innern spielenden Familien-Scenen zu hören.

Die Volksmenge, die sich versammelt hatte, brauchte nicht zu fragen, sie konnte mit eigenen Augen schauen; sie war Zeuge der Mißhandlungen, mit welchen der König seine Tochter überhäufte; sie hörte jedes seiner in der äußersten Wuth gesprochenen Worte und als nun die Prinzessin leblos fortgetragen wurde, da glaubte man, der König habe sie erschlagen. Das Gerücht, der Kronprinz sei bereits hingerichtet, die Prinzessin Friederike Sophie Wilhelmine ermordet, lief durch die Stadt und setzte die Bürgerschaft in Schrecken und Trauer.

Während die Hofdamen und Kammerfrauen der Königin sich bemühten, die Prinzessin in einem Nebenzimmer ins Leben zurückzurufen, ging der König mit großen Schritten im Zimmer der Königin auf und nieder. Er schimpfte in den ungebührlichsten Ausdrücken auf die Prinzessin; sie sei Schuld an allem Unglück in seiner Familie; sie solle aber dafür mit ihrem Kopfe büßen. Auch der Königin drohte er, er würde sie vom Hofe verjagen, ihr den Prozeß machen lassen. — Vergeblich baten ihn die jüngern Kinder, gegen welche er stets eine gewisse Liebe gezeigt hatte; er hörte nicht auf ihr Flehen. In seiner Wuth vergaß er ganz und gar, daß er behauptet hatte, der Kronprinz sei schon todt. Er betheuerte mit den fürchterlichsten Schwüren und Flüchen, daß er ihn hinrichten lassen wolle.

Während er noch so wüthend umherlief, wurde ihm gemeldet, der gefangene Katte sei da. Auf diese Nachricht hin verließ er eiligst das Zimmer, indem er nur noch einmal der Königin zurief, jetzt werde er genug Material empfangen, um sicher dem Kronprinzen den Kopf vor die Füße legen zu können.

Der Herr v. Grumbkow und der General-Auditeur Mylius erwarteten den König in seinem Zimmer. Er theilte ihnen mit, daß er sie habe rufen lassen, um ihnen das Verhör Katte's zu übertragen. Die Aussagen dieses Verräthers müßten gesammelt werden, damit dem Kronprinzen, der sich gegen den Staat und gegen ihn, den König, verschworen habe, der Prozeß gemacht werden könne. Er ergoß sich wieder in wilde Verwünschungen über seinen Sohn und versicherte, daß er demselben keine Gnade angedeihen lassen werde.

Katte wurde vor den König geführt. Er fiel diesem zu Füßen, um die Gnade des Herrschers anzuflehen. Aber Friedrich Wilhelm wußte nichts von Gnade; er stürzte auf den Unglücklichen los, riß ihm das Kreuz des Johanniter-Ordens mit wilder Wuth vom Halse, dann trat er ihn mit den Füßen und schlug ihn mit seinem Stocke, so lange er einen Arm rühren konnte. Erst nachdem er dieser schmählichen Mißhandlung müde geworden war, befahl er, daß mit dem Verhör begonnen werde.

Katte benahm sich mit ruhiger Standhaftigkeit; er leugnete nicht, daß er die Absicht des Kronprinzen, zu fliehen, gekannt habe, daß er selbst im Begriff gewesen sei, demselben nachzufolgen; sonst aber gab er keine Antwort, welche seinem Freunde, dem Prinzen, hätte schaden können.

Es war dem König wichtig, zu erfahren, nach welchem Hofe sein Sohn die Flucht beabsichtigt habe.*) Katte antwortete auf die ihm vorgelegte Frage, daß er darüber keine Auskunft geben könne, vielleicht möge man dies aus den Briefen ersehen, die sich in dem an die Königin geschickten Kästchen des Prinzen befinden müßten.

Sofort gab Friedrich Wilhelm den Befehl, das Kästchen der Königin abzufordern. Es wurde herbeigebracht; in seinem ungestümen Eifer zerschlug es der König, ohne das Schloß zu öffnen und dadurch wurde es möglich, daß er nichts von der früheren Oeffnung desselben merkte.

Dank der Geschicklichkeit der Prinzessin Friederike Sophie Wilhelmine! Es fand sich nichts Gefährliches mehr in dem Kästchen und Katte konnte jetzt ruhig behaupten, weder die Königin, noch die Prinzessin hätten das Geringste von der Flucht des Kronprinzen wissen können.

Weitere Mitschuldige gab Katte nicht an, nur gestand er, daß er in Potsdam mehrere geheime Unterredungen mit dem Kronprinzen gehabt habe und zwar, während ein Lieutenant Baron v. Span auf Wache gewesen sei. Der sofortige Befehl, daß der Baron v. Span verhaftet und nach

---

*) Es ist später mehrfach behauptet worden, der Kronprinz habe nicht nach England fliehen wollen, sondern die Absicht gehabt, sich in den Schutz des Kaisers zu begeben. Man spricht von Unterhandlungen, die geschwebt hätten, um eine Verbindung Friedrichs mit der Tochter des Kaisers, Maria Theresia, seiner späteren erbitterten Feindin, ins Leben zu rufen. Der Kronprinz soll sogar die Absicht gehabt haben, katholisch zu werden, um eine solche Heirath, die ihn zum Erben des österreichischen Staats gemacht hätte, möglich zu machen. Manche Geschichtschreiber haben vielen Scharfsinn aufgeboten, um aus einzelnen Stellen der Briefe des Grafen Seckendorf, des Kronprinzen ꝛc. Schlußfolgerungen zu ziehen, welche einen derartigen Plan wahrscheinlich machen sollen. Sie sind indessen nicht im Stande gewesen, auch nur einen annähernden Beweis für die von ihnen aufgestellte Behauptung zu führen.

Spandau abgeführt werde, war die Folge dieses Geständnisses.

Nach der Beendigung des Verhörs mußte Katte seine Uniform ausziehen; ein schlechter Leinwandkittel wurde ihm übergeworfen, so brachte man ihn zu Fuß nach der Hauptwache.

Der König brannte vor Begierde, aus den im Kästchen befindlichen Papieren eine Mitschuld der Königin und der Prinzessin Friederike Sophie Wilhelmine herauszulesen. Zum zweiten Male sah er mit Grumbkow die Papiere durch, aber wieder fand er nichts.

Grumbkow war schlecht genug, seinen Zorn und Argwohn dadurch zu schüren, daß er nach vergeblichem Forschen ausrief:

„Die Weiber sind listiger wie die Schlangen, sie haben uns die besten Stücke entwendet!"

Dies Wort fing sofort Feuer beim König; er eilte zur Königin und verlangte von dieser die Briefe, die aus dem Kästchen gestohlen worden wären. Um sie desto sicherer zu einem Geständniß zu bringen, log er ihr vor, Katte habe genug gestanden, um die Köpfe seines Sohnes und seiner Tochter fallen zu lassen.

Aber alle seine Mühe war vergeblich. Die Königin versicherte, von weiteren Papieren, als den in dem Kästchen enthaltenen, nichts zu wissen und wüthend entfernte sich Friedrich Wilhelm, nachdem er vorher noch einmal die heftigsten Drohungen ausgestoßen hatte.

„Binnen drei Tagen — so rief er in Beziehung auf die Prinzessin aus — werde ich sie an einen Ort bringen lassen, wo sie Muße haben wird, ihr Vergehen abzubüßen!"

Als die Königin ihn beschwor, ihr wenigstens zu sagen, wie sich ihr Sohn befinde, entgegnete er ihr roh:

„Was kann Ihnen denn daran liegen, zu wissen, was ein Mensch macht, der in drei Tagen nicht mehr existiren wird?"

Die muthige Oberhofmeisterin Frau v. Kamecke, welche dieser Scene beiwohnte, war tief entrüstet über die Brutalität, mit der die Königin behandelt worden war.

Sie folgte dem König und beschwor ihn, Gnade gegen seinen Sohn zu üben; sein Name werde von jedem rechtschaffenem Manne fortan mit Abscheu genannt und in der Geschichte gebrandmarkt werden, wenn er wie Philipp II. von Spanien und Czar Peter I. seinen eignen Sohn der vermeintlichen Gerechtigkeit opfere.

Frau von Kamecke sprach so scharf und entschieden, mit solcher Ueberzeugung, daß sie Friedrich Wilhelm imponirte. Er kam einigermaßen zur Besinnung; er zeigte dies dadurch, daß er keineswegs in Zorn gerieth, sondern ruhig antwortete:

„Sie sind sehr verwegen, daß Sie so mit mir sprechen, allein statt mich hierüber zu entrüsten, danke ich Ihnen dafür; Ihre Absicht ist wenigstens gut. Gehen Sie und seien Sie ruhig und sagen Sie meiner Gemahlin ein Gleiches."

Die Ruhe des Königs, welche aus diesen Worten sprach, hielt indessen nicht lange vor. Kaum hatte die Frau v. Kamecke ihn verlassen, so ließ er den General-Auditeur Mylius und den General-Fiskal Gerbett rufen. Er befahl diesen, die Untersuchung gegen alle Diejenigen einzuleiten, die in irgend einer Verbindung mit dem Kronprinzen gestanden hätten.

Ein wahrhaft beispielloses Prozeßverfahren begann jetzt gegen alle Personen, die im Verdacht standen, mit dem unglücklichen Prinzen befreundet zu sein oder sich für die englisch-preußische Doppelheirath interessirt zu haben.

Ein Fräulein v. Bülow, die erste Hofdame der Königin, und ihr Bruder wurden an die äußerste Grenze von Litthauen verwiesen; man ließ ihnen nur zwei Stunden Zeit, sich zur Reise vorzubereiten.

Der Lehrer des Kronprinzen, Duhan, wurde nach Memel an die kurländische Grenze verbannt, die Bedienten des Prinzen wurden theils verhaftet, theils fortgejagt; ein Kammerherr, der dem Prinzen Geld geliehen hatte, mußte eine Strafe von 1000 Dukaten bezahlen, er entzog sich einer weiteren Untersuchung nur durch die Flucht, sein Bild wurde aber an den Galgen genagelt.

Am Schlimmsten aber kam ein junges Mädchen fort, für welches der Prinz eine flüchtige Liebe gefühlt hatte, Doris Ritter, die Tochter des Kantors in Potsdam.

Friedrich hatte mit der schönen Doris mehrmals musizirt, ihr auch einige Geschenke gemacht; dafür wurde das 16jährige Mädchen am 7. September zuerst vor dem Rathhause, dann vor dem Hause ihres Vaters und an allen Straßenecken mit Ruthen ausgepeitscht, nach dieser Strafe brachte man sie nach Spandau ins Spinnhaus. Dort mußte sie drei Jahre bleiben. Sie hat sich später verheirathet.

Zwanzigstes Kapitel.

Der Prozeß gegen den Kronprinzen. — Friedrich im Gefängniß zu Küstrin. — Prozeß und Hinrichtung Katte's. — Todesurtheil über den Kronprinzen. — Demüthigung Friedrich's und Begnadigung. — Verlobung und Hochzeit der Prinzessin Friederike Sophie Wilhelmine. — Verlobung und Hochzeit des Kronprinzen. — Krankheit und Tod Friedrich Wilhelms.

Der Prozeß gegen den Kronprinzen wurde mit der größten Strenge geführt. Friedrich befand sich, wie unsere Leser sich erinnern, als Gefangener in Mittenwalde. Der König schickte die Generale v. Grumbkow und Derschau, den General-Auditeur Mylius und den General-Fiskal Gerbett dorthin. Sie erhielten den Auftrag, dem Prinzen das Protokoll über das Verhör des Herrn v. Katte vorzulegen und wo möglich einige Geständnisse aus dem Gefangenen herauszupressen.

Der Prinz zeigte bei dem Verhör große Festigkeit und diese war um so mehr anzuerkennen, als der Herr v. Grumbkow sich gegen ihn in einer wahrhaft abscheulichen Weise benahm. Er ging so weit, mit der Folter zu drohen, wenn der Prinz seine Geständnisse mache, aber seine Brutalität fiel auf ihn selbst zurück, er erhielt von dem Kronprinzen nur stolze und harte Antworten. Als er die Drohung mit der Folter ausgesprochen hatte, rief ihm Friedrich zu, er fürchte sie nicht, wenn auch Grumbkow als ein Henkersknecht Vergnügen daran finde, von seinem Handwerk zu sprechen. Er habe Alles gestanden, bereue dies jedoch, weil, so fuhr er fort, „es sich nicht für mich paßt, mich herabzulassen, einem Schurken, wie Sie sind, zu antworten!"

Noch an demselben Tage, an welchem das Verhör stattgefunden hatte, mußte der Kronprinz nach Küstrin abreisen, wo er auf der Citadelle ein Gefängniß erhielt.

Der König hatte strenge Ordres gegeben, den Prinzen ganz ohne Rücksicht auf seinen Stand als Gefangenen zu behandeln. Er erhielt die Beköstigung aus einer gewöhnlichen Garküche, Mittags für 6 Groschen, Abends für 4 Groschen. Tinte und Federn wurden ihm verweigert, das Essen mußte ihm jedesmal gleich geschnitten vorgesetzt werden, da er wie ein Strafgefangener weder Messer noch Gabel erhielt. Als ihm einige Wachslichte ins Zimmer gesetzt worden waren, durchstrich der König die Rechnung und gab den Befehl, es solle künftig kein Wachslicht gegeben werden, sondern nur Talglicht!

Das Gefängnißzimmer war jämmerlich möblirt. Ein Paar hölzerne Tische und Bänke bildeten den einzigen Schmuck in demselben. Am Tiefsten betrübt war der Kronprinz dadurch, daß ihm seine geliebte Flöte, die ihm ein Trost in der Einsamkeit gewesen wäre, verweigert wurde. Der Generalmajor v. Lepel, der Gouverneur der Festung, wurde mit seinem Kopfe dafür verantwortlich gemacht, daß der Prinz nicht fliehe. Alle Morgen um 8 Uhr hatten zwei Offiziere das Gefängniß zu visitiren; diesen war bei härtester Strafe befohlen, auf keine Frage des Prinzen zu antworten.

Friedrich wäre vollkommen abgeschnitten von der Welt gewesen, wenn er nicht einen treuen Freund gefunden hätte, der sich seiner erbarmte. Der Präsident der Kriegs- und Domänenkammer, v. Münchow, unternahm das gefährliche Wagestück, ein Loch in die Decke des Gefängnisses machen zu lassen. Durch das Loch unterhielt er sich mit dem Prinzen, erkundigte sich nach seinen Bedürfnissen und gab ihm Nachrichten, wie es draußen mit seinen Lieben stehe. Er wußte es zu bewirken, daß ein Stuhl mit verborgenen Fächern ins Gefängniß gebracht wurde, in den Fächern fand der Prinz Bücher, Schreibmaterialien, Wachslichte und auch Briefe ꝛc.

Gleichzeitig mit dem Prozeß gegen den Kronprinzen wurde auch der gegen den unglücklichen Lieutenant von Katte geführt. Die Generale Grumbkow und Glasenapp, der Obrist Sydow, der General-Auditeur Mylius und der General-Fiskal Gerbett waren mit der Untersuchung beauftragt. Nachdem diese vollendet war, setzte der König ein Kriegsgericht nieder, welches am 25. Oktober in Köpnik zusammentrat. Es bestand aus 3 General-Majors, 3 Obristen, 3 Majors und 3 Kapitäns, außerdem aus dem General-Auditeur und dem Auditeur des Regiments Gensd'armen.

Das Kriegsgericht erkannte den Lieutenant v. Katte der Absicht, sich von seinem Regimente zu entfernen, schuldig. Da derselbe aber seine Absicht nicht zur Ausführung gebracht habe, so war ihm nur Kassirung und mehrjährige Festungsbaustrafe zuerkannt. Als das Urtheil dem König vorgelegt wurde, brauste er in wildem Zorne auf, eine solche Strafe genüge seiner Rachsucht bei Weitem nicht. Unterm 1. November 1730 erließ er daher einen Kabinetsbefehl, in welchem er sagte:

„Da aber dieser Katte mit der künftigen Sonne tramirt, zur Desertion mit fremden Ministern und Gesandten allemal durch einander gestochen und er nicht davor gesetzt worden, mit dem Kronprinzen zu complottiren, au contraire es Sr. königlichen Majestät und dem Herrn General-Feldmarschall v. Natzmer hätte angeben sollen, so wüßten Se. königliche Majestät nicht, was vor kahle Raisons das Kriegsgericht genommen und ihm das Leben nicht abgesprochen hätte. Se. Königliche Majestät werden auf die Art sich auf keinen Officier noch Diener, die in Eid und Pflicht seyn, verlassen können. Es würden aber alsdann alle Thäter den Prätert nehmen, wie es Katten wäre ergangen und weil der so leicht und gut durchgekommen wäre, ihnen dergleichen geschehen müßte. Se. Königliche Majestät sind in Dero Jugend auch durch die Schule geloffen und haben das lateinische Sprüchwort gelernt: fiat justitia et pereat mundus! Also wollen Sie hiermit von Recht und Rechtswegen, daß Katte, ob er schon nach den Rechten verdient gehabt, wegen des begangenen Crimen laesae Majestatis mit glühnden Zangen gerissen und aufgehenkt zu werden, er dennoch nur, in Consideration seiner Familie, mit dem Schwerdte vom Leben zum Tode gebracht werden solle. Wenn das Kriegsrecht dem Katte die Sentenz publicirt, soll ihm gesagt werden, daß es Sr. Königlichen Majestät leid thäte, es aber besser, daß er stürbe, als daß die Justice aus der Welt käme.

Friedrich Wilhelm."

Der strenge und willkürliche Ausspruch des Königs verbreitete Schrecken am ganzen Hofe. Die einflußreichen Verwandten des jungen Offiziers verwendeten sich bei dem Monarchen vergebens. Der Vater Katte's, der General-Lieutenant war, flehte um Gnade und auch der alte Feldmarschall Graf Wartensleben, Katte's Großvater von mütterlicher Seite, schrieb einen Brief an den König mit den demüthigsten Bitten um

Begnadigung; aber alle diese Schritte vermochten den eisernen Sinn Friedrich Wilhelms nicht zu beugen. Er bestand auf der Vollstreckung seines Machtspruches.

Katte war früher ein leichtfertiger Sausewind gewesen, der nicht wenig dazu beigetragen hatte, den Kronprinzen zu einem unordentlichen Leben zu verführen. Von dem Augenblicke an, in welchem er dem Gefängniß übergeben worden war, schien er ein anderer Mensch zu werden. Mit Ruhe und Fassung ging er seinem Geschick entgegen, er vernahm die Verkündigung des Todesurtheils mit der größten Standhaftigkeit. Die Markgräfin von Baireuth giebt uns über seine letzten Tage folgende Schilderung:

„Abends benachrichtigte ihn der Major Schenk, daß er zu Küstrin hingerichtet werden sollte und der Wagen, der ihn dahin bringen werde, seiner warte. Er erschien etwas über diese Nachricht verwundert, erhielt aber sogleich seine Ruhe wieder und folgte mit lächelndem Gesichte dem Herrn v. Schenk, der nebst zwei andern Gensd'armerie-Offizieren mit ihm in den Wagen stieg. Eine starke Abtheilung dieses Corps escortirte sie bis Küstrin. Herr v. Schenk war sehr gerührt und sagte zu ihm, daß er in Verzweiflung über diesen traurigen Auftrag sei.

„Ich habe Befehl von Sr. Majestät, — sagte er — bei Ihrer Hinrichtung zugegen zu sein. Zwei Mal habe ich mich dieses unseligen Geschäfts geweigert, aber man muß gehorchen, Gott weiß jedoch, was es mich kostet! Gebe der Himmel, daß das Herz des Königs sich wende und ich die Freude haben könnte, Ihnen Ihre Begnadigung anzukündigen."

„Sie sind zu gütig, — entgegnete Katte, — aber ich bin mit meinem Schicksale zufrieden. Ich sterbe für einen Herrn, den ich liebe und habe den Trost, ihm durch meinen Tod den stärksten Beweis der Anhänglichkeit zu geben, den man verlangen kann. Ich bedaure die Welt nicht; denn ich werde eine Seligkeit ohne Ende genießen."

Unterwegs nahm er von den beiden Officieren Abschied, die neben ihm saßen, und von allen Denen, die ihn begleiteten. Des Morgens um 7 Uhr kam er in Küstrin an, wo man ihn sogleich auf's Schaffot führte.

Am Tage zuvor führten der General v. Lepel, Gouverneur der Festung, und der Präsident v. Münchow meinen Bruder in ein Gemach, das man ausdrücklich in dem Stockwerke über dem, wo er sich bis jetzt befunden, vorgerichtet hatte. Er fand darin ein Bett und Meubles. Die Fenstervorhänge waren herabgelassen, weshalb er nicht gleich bemerken konnte, was außen vorging. Man brachte ihm ein ganz einfaches braunes Kleid, das er anziehen mußte. Ich vergaß zu sagen, daß man Katte ein gleiches gegeben. Dann ließ ihn der General, indem er die Vorhänge aufzog, ein ganz schwarzbedecktes Schaffot sehen, so hoch wie das Fenster, das man erweitert und von dem man die Gitter weggenommen hatte. Dann zogen sich er und der Münchow zurück. Dieser Anblick und Münchows Erschütterung ließen meinen Bruder glauben, daß man ihm sein Todesurtheil ankündigen werde und jene Vorrichtungen für ihn getroffen wären, was ihn auf's Heftigste bewegte.

Herr v. Münchow und der General v. Lepel traten am Morgen darauf, einen Augenblick, ehe Katte erschien, in sein Zimmer und suchten ihn, so gut sie konnten, auf diesen furchtbaren Anblick vorzubereiten. Man sagt, nichts habe seiner Verzweiflung geglichen.

Während dieser Zeit verrichtete Schenk denselben Dienst bei Katte. Er sagte ihm beim Einfahren in die Festung:

„Bewahren Sie Ihre Festigkeit, mein lieber Katte; Sie gehen einer furchtbaren Prüfung entgegen: Sie sind zu Küstrin, wo Sie den Kronprinzen sehen werden!"

„Sagen Sie vielmehr, — antwortete er ihm — daß ich den größten Trost, den man mir nur bewilligen konnte, haben werde!"

Indem er dies sagte, stieg er auf's Schaffot.

Jetzt nöthigte man meinen unglücklichen Bruder, aus Fenster zu treten. Er wollte sich hinausstürzen, aber man hielt ihn zurück.

„Ich beschwöre Sie im Namen des Himmels, — sagte er zu Denen, die ihn umgaben — verzögern Sie die Execution, ich will an den König schreiben, daß ich bereit bin, auf alle meine Rechte, die ich auf die Krone habe, zu verzichten, wenn er Katte verzeihen will."

Herr v. Münchow verschloß ihm den Mund durch ein Tuch. Als mein Bruder Katte erblickte, rief er ihm zu:

„Wie unglücklich bin ich, lieber Katte! Ich bin Schuld an Ihrem Tode! Wollte Gott, ich wäre an Ihrer Stelle!"

„Ach, Hoheit, — entgegnete dieser — wenn ich tausend Leben hätte, würde ich sie gern für Sie hingeben!"

In demselben Augenblicke kniete er nieder. Einer seiner Bedienten wollte ihm die Augen verbinden, er gab es aber nicht zu. Dann erhob er seine Seele zu Gott und rief:

„Mein Gott! Ich befehle meine Seele in Deine Hände!"

Kaum hatte er diese Worte gesprochen, als sein Haupt, mit einem Streiche vom Körper getrennt, zu seinen Füßen rollte. Noch im Fallen streckte er die Arme nach dem Fenster aus, wo mein Bruder gestanden hatte. Er war nicht mehr dort. Eine heftige Schwäche, die ihn befallen, hatte die Herren genöthigt, ihn auf sein Bett zu tragen. Dort blieb er einige Stunden ohne Bewußtsein.

Sobald er seiner Sinne wieder mächtig, war der erste Gegenstand, der sich seinen Blicken darbot, der blutige Leichnam des armen Katte, den man so gelegt hatte, daß er es nicht vermeiden konnte, ihn zu sehen. Dieser Gegenstand zog ihm eine zweite Ohnmacht zu, aus der er nur erwachte, um in ein heftiges Fieber zu fallen.

Herr v. Münchow ließ trotz des Befehls des Königs die Vorhänge am Fenster schließen und Aerzte holen, die ihn in großer Gefahr fanden. Er wollte nichts von dem nehmen, was sie ihm gaben. Er war ganz außer sich und in so heftiger Erregung, daß er sich getödtet haben würde, hätte man ihn nicht daran gehindert. Man hoffte, ihn durch die Religion zu beruhigen und ließ einen Geistlichen holen, um ihn zu trösten, aber Alles war nutzlos und seine heftigen Bewegungen wurden nicht eher ruhig, als bis seine physischen Kräfte erschöpft waren. Thränen folgten auf diese schrecklichen Anfälle.

Nur mit der größten Mühe überredete man ihn, Arzneien zu nehmen. Man erlangte dies nur durch die Vorstellung, daß er noch Schuld an der Königin und meinem Tode sein würde, wenn er darauf beharre, sterben zu wollen. Lange Zeit behielt er eine tiefe Schwermuth und war dreimal vierundzwanzig Stunden lang in großer Gefahr.

Katte's Leichnam blieb auf dem Schaffot bis Sonnenuntergang, ausgestellt, dann begrub man ihn in einer der Festungs-Bastionen. Am folgenden Tage verlangte der Scharfrichter den Lohn für die Hinrichtung beim Marschall v. Wartensleben, was diesen beinah vor Schmerz unter die Erde gebracht hätte."

Diese Erzählung wird im Wesentlichen durch den Herrn v. Pöllnitz bestätigt, von anderer Seite aber wird uns mitgetheilt, daß zwar der König den Befehl gegeben habe, Katte solle vor den Augen des Prinzen hingerichtet werden, der Gouverneur habe aber geglaubt, diesem unmenschlichen Befehle Genüge zu leisten, wenn er den Verurtheilten auf dem Wege zur Hinrichtung vor dem Fenster des Prinzen vorüberführe.

„Verzeihen Sie mir theuerster Katte!" rief nach dieser Erzählung der Kronprinz dem Freunde zu.

Katte antwortete: „Der Tod ist süß für einen so liebenswürdigen Prinzen!"

Mit diesen Worten begrüßte er zum letzten Male seinen fürstlichen Freund und ging dann dem Tode mit Muth und Ergebung entgegen.

Katte hatte mit seinem Blute für den Leichtsinn des Kronprinzen gebüßt, über diesem aber schwebte noch immer drohend das Schwert. Das Urtheil über den „Obrist-Lieutenant Fritz" war dem Kriegsgericht in Köpnick übertragen worden, dasselbe lautete auf den Tod; nur die Generale Graf Dönhof und v. Linger hatten auf eine mildere Strafe erkannt.

Wird der König das Urtheil bestätigen? Dies war die Frage, welche damals in Berlin alle Gemüther beschäftigte. Mit furchtbarer Spannung sah Jedermann den kommenden Ereignissen entgegen. Friedrich Wilhelm schien unerbittlich. Vergeblich weinte und flehte die Königin, vergeblich baten ihn die kleinen Geschwister des Kronprinzen, vergeblich verwendeten sich auch die fremden Gesandten im Namen ihrer Höfe!

Der Graf v. Seckendorf, der früher den Zwist in der königlichen Familie mit jedem ihm zu Gebote stehenden Mittel geschürt hatte, wurde jetzt der wärmste Fürsprecher des Kronprinzen; die verhaßte englisch-preußische Doppelheirath war ja hintertrieben! Der Kaiser hielt es deshalb für seine Pflicht, sich für das Leben des Kronprinzen zu verwenden. Er schrieb selbst an den König und befahl dem Grafen Seckendorf, er möge Protest gegen einen Machtspruch einlegen; Friedrich Wilhelm habe nicht einmal das Recht, seinem Sohne den Prozeß zu machen, viel weniger das, ihn hinrichten zu lassen, denn der Prinz gehöre dem Reiche zu, vor dem Reichstage müsse er verhört und gerichtet werden.

Auf solche Vorstellungen einzugehen, war aber Friedrich Wilhelm nicht gewillt. Es kränkte seinen Fürstenstolz, daß ihm irgend Jemand, und wäre es selbst der Kaiser, eingreifen sollte in seine königliche Macht. Er sei der König, so antwortete er stolz und werde in solcher werde er seinem Sohn Recht sprechen. Erhöbe der Kaiser Protest dagegen, daß er den Kurprinzen von Brandenburg richte, so werde er seinen Sohn nach Preußen schicken, wo Niemand, als Gott, über ihm stehe.

Mit Drohungen war auf Friedrich Wilhelm nicht zu wirken, das sah Seckendorf ein, er nahm deshalb seine Zuflucht zu Bitten. Auch die Generale, die täglich den König in dem Tabaks-Kollegium umringten, der alte Dessauer, der Feldmarschall v. Natzmer und Andere bemühten sich, auf das Vaterherz zu wirken.

Der General v. Buddenbrock war in seiner Fürsprache so eifrig, daß er einst, als der König sich hartnäckig weigerte, das Begnadigungsrecht an seinem eigenen Sohn zu üben, die Brust entblößte und im Zorn auffahrend rief:

„Wenn Ew. Majestät Blut verlangen, so nehmen Sie das meinige; jenes bekommen Sie nicht, so lange ich noch sprechen kann!"

Grumbkow nahm sich jetzt ebenfalls der Sache des Kronprinzen an und alle die auf ihn einbringenden Bitten bewegten den König endlich zu der Erklärung, daß er bereit sei, dem Prinzen zu verzeihen, wenn dieser sich vor ihm demüthige und um Verzeihung bitte.

Grumbkow benutzte die Stimmung des Königs als ein schlauer Diplomat. Er wollte es sein, der bei der Königin und dem Kronprinzen sich das Verdienst der Begnadigung zulegen konnte. Er bat deshalb den König um die Erlaubniß, nach Küstrin zu reisen, um dort dem Kronprinzen Vorstellungen zu machen. Als er die Genehmigung Friedrich Wilhelms erhalten hatte, eilte er zur Königin und theilte dieser mit, daß es seinen Bemühungen gelungen sei, Gnade für ihren Sohn zu erringen.

Die Königin war außer sich vor Glück; sie versicherte, daß sie von diesem Augenblicke alle vergangenen Beleidigungen ihres bisherigen Gegners vergessen werde.

Grumbkow reiste nach Küstrin; er eilte sofort zum Prinzen und theilte diesem mit, er komme ohne Vorwissen des Königs, bringe ihm jedoch die frohe Botschaft, daß der Zorn seines Vaters seit einigen Tagen nachgelassen habe. Jetzt biete er dem Prinzen seine Dienste an; ein einziger demüthiger Brief an den König, in dem er gestehe, daß er Unrecht habe, in dem er um die Zärtlichkeit und das Wohlwollen seines Vaters bitte, werde diesen besänftigen; er stehe für einen glücklichen Erfolg, wenn der Prinz seinem Rathe folge. —

Einen Augenblick stand Friedrich an, dem Rathe des ihm bisher so verhaßten Mannes zu folgen, er wollte Grumbkow keine Verbindlichkeit schuldig sein. Aber sein Stolz war durch die Schicksalsschläge, die ihn betroffen und besonders durch die Hinrichtung seines liebsten Freundes gebrochen. Er entschloß sich zu der Demüthigung, so schwer sie ihm werden mochte und als Grumbkow ihm versicherte, daß er durch seine Weigerung die Prinzessin Friederike Sophie Wilhelmine, die ganz trostlos sei und deren Leben vor Kummer in Gefahr stehe, in neue Schmerzen stürzen werde, da ergriff Friedrich die Feder, um zu schreiben.

Der Abbittebrief hatte die gehoffte Wirkung. Der König schickte mehrere Generale und Minister nach Küstrin an den Kronprinzen und ließ diesem eröffnen, daß er ihn aus väterlicher Gesinnung und in Rücksicht auf die Verwendung verschiedener Mächte, besonders des Kaisers, sein Vergehen verzeihen und ihn der Gefangenschaft entlassen wolle; er stellte indessen die Bedingung, daß der Kronprinz Küstrin nicht verlasse, er solle in dieser Stadt als einfacher Privatmann leben und sich der Staatswirthschaft widmen. Täglich müsse er die Domänenkammer besuchen und in derselben nach dem jüngsten Rathe seinen Platz einnehmen. Vor allen Dingen aber müsse er sich verpflichten, niemals gegen Diejenigen, die er etwa im Verdacht habe, daß sie bei seinem Prozesse ihm entgegen gewesen seien, Rache auszuüben; — sich nie wieder ungehorsam gegen seinen Vater zu zeigen, — nie ohne dessen Erlaubniß eine Reise zu unternehmen; endlich müsse er versprechen, daß er sich mit keiner andern Prinzessin, als mit der, die der König ihm selbst vorschlagen werde, vermählen wolle.

Friedrich ging auf alle ihm gestellten Bedingungen ein. Er leistete den geforderten Eid und unterschrieb den ihm vorgelegten Revers. Fortan durfte er in Küstrin als Privatmann leben. Der König hatte ihm ein äußerst mäßiges Einkommen ausgesetzt; Alles, was zum Vergnügen und zur Erholung dienen konnte, war ihm verboten, er durfte nur Das lesen und schreiben, was zu den Arbeiten der Domänenkammer gehörte. Nicht einmal das Tragen einer Uniform war ihm gestattet, ein graues Kleid mit einer schmalen silbernen Tresse war seine Garderobe.

Die Prinzessin Friederike Sophie Wilhelmine war während des Prozesses des Kronprinzen in strengstem Gewahrsam gehalten worden; ihre Gefangenschaft dauerte fast ein ganzes Jahr. Sie hatte während derselben nicht nur von den Entbehrungen, die die Beraubung der Freiheit ihr auferlegte, sondern auch von den fortwährenden Zwistigkeiten zwischen ihren Eltern zu leiden.

Die Königin blieb immer noch ihrem Plane der englischen Doppelheirath getreu, der König dagegen wollte nicht dulden, daß der Kronprinz eine Ehe mit der englischen Prinzessin eingehe. Während auf der einen Seite die Königin der Tochter befahl, sie solle gegen jede andere Verbindung, als die mit dem Prinzen von Wales protestiren, drohte der König, daß, wenn Friederike Sophie Wilhelmine sich seinem Willen ferner widersetze, er sie zu lebenslänglichem Gefängniß verurtheilen werde.

Wenn ein eigensinniger und harter Mann und eine intrigante Frau im Streit mit einander leben, siegt meistens die Letztere. Auch hier wußte die Königin es abermals durchzusetzen, daß Friedrich Wilhelm ihr gestattete, noch einmal nach England zu schreiben. Die Antwort war wie früher dahin lautend, daß von einer Vermählung des Prinzen von Wales mit der Prinzessin Friederike Sophie Wilhelmine nur die Rede sein könne, wenn auch der Kronprinz von Preußen die englische Prinzessin heirathe.

Jetzt riß denn endlich dem König die Geduld. Grumbkow und noch drei andere Herren mußten sich zur Prinzessin begeben und dieser mittheilen, der König lasse ihr die Wahl zwischen dem Markgrafen von Schwedt, dem Prinzen von Weißenfels und dem Erbprinzen von Baireuth. Weigere sie sich einen von diesen Dreien zu heirathen, so sei unausbleiblich lebenswierige Gefangenschaft ihr Loos.

Grumbkow zeigte den bereits ausgefertigten Verhaftsbefehl und jetzt entschloß sich die Prinzessin, dem Erbprinzen von Baireuth ihre Hand zu geben aus dem einzigen Grunde, weil sie diesen weniger haßte, als die beiden andern Bewerber, denn sie kannte ihn noch gar nicht. Nur eine Entschädigung verlangte sie für das Opfer ihres Lebens, daß der König dem Kronprinzen seine volle Freiheit wiedergebe. Als Grumbkow ihr versicherte, daß diese Bedingung erfüllt werden würde, stellte sie eine förmliche Unterwerfungsurkunde aus, welche sie dem König übergeben ließ.

Die Königin war außer sich vor Wuth, als sie die Schwachheit ihrer Tochter, so nannte sie deren Unterwerfung unter den Befehl des Königs, erfuhr. Als sie die Prinzessin wieder sah, behandelte sie diese mit der äußersten Kälte, ja selbst mit Verachtung, während Friedrich Wilhelm seine Tochter mit der größten Herzlichkeit umarmte.

Der Erbprinz von Baireuth traf einige Wochen später in Berlin ein; er hatte eine traurige Stellung am Hofe. Die Königin empfing ihn mit dem größten Stolz, ja mit einer ungeheuchelten Verachtung, die Prinzessin nur mit einem stummen Kompliment.

Am 2. Juni 1731 war die Feier der Verlobung, ein trauriges Fest, auf der der Alp der Zwietracht, die in der königlichen Familie herrschte, lastete. Niemand war erfreut über die Verbindung, selbst der König nicht, der den Erbprinzen von Baireuth nur zum Schwiegersohn gewählt hatte, um endlich der ewigen Intriguen seiner Gemahlin entledigt zu sein.

Die einzigen Zufriedenen mit dem Ausgange der Sache waren Grumbkow und Seckendorf, deren Bemühungen jetzt endlich von Erfolg gekrönt schienen, denn die verhaßte englische Heirath war hintertrieben. Im Augenblicke des Sieges aber schien es, als sollte ihnen dieser noch einmal aus der Hand gerungen werden.

Eine Depesche kam von England, in welcher der englische Hof in die Verbindung des Prinzen von Wales mit der Prinzessin Friederike Sophie Wilhelmine willigte. Unglücklicher Weise wurde aber Grumbkow die Depesche übergeben und dieser behielt sie zurück, bis die Verlobung vollzogen war, dann erst theilte er sie dem König mit; dieser erklärte natürlich, es sei jetzt zu spät.

Trotzdem aber glaubte Grumbkow sich immer noch nicht gesichert. Die Königin behandelte den Erbprinzen mit so ungeheuchelter Verachtung, die Prinzessin zeigte ihm eine solche Kälte, daß Grumbkow fürchtete, die Verlobung, welche er mit so vieler Mühe zu Stande gebracht hatte, möge sich wieder lösen. Er machte deshalb einen Staatsstreich, der ganz auf den Charakter der Königin berechnet war.

Während einer Reise des Königs bat er die Königin um eine geheime Unterredung und in dieser theilte er ihr mit, Friedrich Wilhelm sei höchst ungnädig über den Erbprinzen, dessen Wesen ihm ganz und gar nicht gefalle. Er hege deshalb die Absicht, die Verlobung aufzulösen und die Prinzessin mit dem Prinzen von Weißenfels zu vermählen.

Kaum hörte dies die Königin, als ihr angeborner Widerspruchsgeist sie veranlaßte, sich gegen den Erbprinzen von Baireuth freundlicher zu benehmen und auch ihre Tochter zu einer größeren Zuvorkommenheit zu bewegen. Im Geheimen aber unterhandelte sie abermals mit dem englischen Hofe, noch immer hoffte sie, die Verlobung mit dem Prinzen von Wales durchzusetzen. Diese Hoffnung gab sie bis zum Hochzeitstage, der am 20. November 1731 stattfand, nicht auf. So lange die Hand der Prinzessin nicht unwiderruflich in der des Erbprinzen von Baireuth lag, so lange glaubte sie die Heirath rückgängig machen zu können. Sie wartete selbst an jenem Tage noch auf die Ankunft eines englischen Kouriers, der so vortheilhafte Anerbietungen bringen sollte, daß Friedrich Wilhelm sich geneigt fühlen würde, noch im letzten Augenblicke seine Genehmigung zur englischen Heirath zu geben.

Ueber den Schluß des Ballfestes, welches am dritten Tage der Vermählungsfeierlichkeiten stattfand, giebt uns die Markgräfin von Baireuth folgende ergreifende Schilderung:

"Am 23. war Ball im großen Apartement. Ehe man sich dahin begab, zog man das Loos. Ich zog Nummer 1. Mit den Prinzen zählte man 700 Paare, Alles Personen von Stande. Es gab 4 Quadrillen, ich führte die erste an.

Ich liebte den Tanz. Ich benutzte dies.

Grumbkow unterbrach mich mitten in einer Menuet.

„Ei, mein Gott, Hoheit! — sagte er zu mir. — Sie scheinen ja ganz von der Tarantel gestochen. Sehen Sie denn die Fremden nicht, die angekommen sind?"

Ich blieb schnell stehen, sah mich nach allen Seiten um und erblickte in der That einen jungen, grau gekleideten, mir unbekannten Mann.

„So umarmen Sie doch den Kronprinzen, — fuhr er fort — er steht ja vor Ihnen!"

Mein ganzes Blut kam vor Freude in Aufruhr.

— „Mein Himmel! Mein Bruder! — rief ich aus. — Aber ich sehe ihn ja nicht, wo ist er denn? Lassen Sie mich ihn doch um Himmelswillen sehen!"

Grumbkow führte mich zu ihm.

Als ich näher kam, erkannte ich ihn, aber mit Mühe. Er war außerordentlich stark geworden, hatte einen kurzen Hals bekommen, sein Gesicht war auch sehr verändert und er nicht mehr so hübsch als zuvor.

Ich sprang ihm an den Hals; ich war so ergriffen, daß ich nur unzusammenhängende Worte hervorbringen konnte, ich weinte und lachte, wie eine Person, die den Verstand verloren hat. In meinem Leben habe ich nie eine so große Freude empfunden."

So war denn der Friede in der königlichen Familie einigermaßen wieder hergestellt, freilich nur ein äußerlicher Friede, nicht eine wahre, volle Versöhnung. Die Herzen der Eltern und Kinder waren sich mehr entfremdet, als jemals.

Die Königin war über das Scheitern ihres Lieblingsplanes tief verstimmt und ließ dies ihre Tochter bei jeder Gelegenheit fühlen; sie hatte selbst den Kronprinzen gegen seine Lieblingsschwester so sehr eingenommen, daß er dieser eine Kälte zeigte, welche die ohnehin so unglückliche Prinzessin tief kränkte.

Gegen den Vater zeigte sich der Kronprinz fortan nachgiebiger, als früher. Er gab sich die möglichste Mühe, ihn durch fleißiges Arbeiten zu versöhnen. Auch in dem Punkte, wo ihm die Nachgiebigkeit gewiß am Schwersten war, bewies er sie; er verheirathete sich nach dem Willen seines Vaters, der ihm, durch Seckendorf und Grumbkow veranlaßt, die Prinzessin Elisabeth Christine von Braunschweig-Bevern ausgesucht hatte.

Friedrich Wilhelm schilderte seinem Sohne die Prinzessin in einem Briefe vom 4. Februar 1732 als „wohl aufgezogen, modeste und eingezogen, so müssen die Frauen sein; sie ist ein gottesfürchtiges Mensch und dieses ist Alles!"

Es wurde dem Prinzen außerordentlich schwer, seine Hand einer Prinzessin zu reichen, deren Geist keineswegs gerühmt wurde und die auch nur wenig körperliche Reize besaß. Anfänglich suchte er der gehaßten Verbindung zu entgehen. Er wendete sich an Grumblow, gegen den sein Haß sich gelegt hatte. Dieser aber bot natürlich alle Kräfte der Ueberredung auf, um den Prinzen zur Unterwerfung zu veranlassen: denn die Wahl der Prinzessin war ja zum großen Theil sein Werk.

Der Prinz fügte sich endlich, freilich ungern genug. In einem Briefe, welchen er an Grumblow schrieb, sagte er:

„Man will mich mit Stockschlägen verliebt machen, da ich aber unglücklicher Weise nicht das Naturell eines Esels habe, so fürchte ich, daß man damit nichts ausrichten wird. Ich bin außer mir, daß ich ein Ehemann werden soll, denn ich bin nicht aus dem Holz, woraus man gute Ehemänner schnitzt. Doch ich mache aus der Noth eine Tugend, ich werde mein Wort halten, ich werde mich verheirathen, aber sehen Sie nachher zu, was geschehen ist."

Grumblow wurde durch die Vorstellungen des Prinzen in keiner Weise bewegt; was kümmerte es ihn, ob die Verbindung eine glückliche werden würde oder nicht, — er arbeitete ja für österreichisches Geld.

Am 10. März 1732 fand auf dem Schlosse in Berlin die Verlobung des Kronprinzen statt, am 12. Januar 1733 wurde die Vermählung auf dem Schlosse Salzdahlum bei Wolfenbüttel vollzogen und am 27. Juni erfolgte der feierliche Einzug des kronprinzlichen Paares in Berlin. So gab jene Empfangsfeierlichkeiten, welche zu allen Zeiten für den Einzug neuvermählter fürstlichen Paare von den Residenzlern beliebt worden sind. Die Kanonen donnerten, die Bürgerschaft überbot sich in Ehrenbezeugungen, aber Niemandem wurde dabei das Herz warm und die unglücklichen jungen Kronprinzessin vielleicht am Wenigsten, denn diese fühlte mit tiefem Schmerz, daß sie kein freundliches Willkommen empfing.

Die Königin haßte die ihr aufgedrungene Schwiegertochter, dem König war sie gleichgültig und dem Kronprinzen unangenehm. Das junge Paar blieb nur kurze Zeit am Hofe in Berlin, dann begab es sich nach dem Städtchen Rheinsberg in der Nähe von Ruppin.

In Rheinsberg lebte der Kronprinz, fern von dem väterlichen Hofe, ganz seinen Neigungen. Zwischen Vater und Sohn blieb stets eine gewisse Entfremdung. Immer noch hatte der König Klagen genug über den Sohn, der in allen seinen Ansichten, in allen seinen Liebhabereien der vollständige Gegensatz zu ihm war. Zu einer wirklichen Aussöhnung kam es erst unmittelbar vor dem Tode Friedrich Wilhelms.

Seit dem Jahre 1734 war der König fortwährend leidend gewesen, seine Krankheit aber hinderte ihn nicht, sich unausgesetzt streng zu beschäftigen. Die Arbeit war einmal sein Lebens-Element, von dem er nicht lassen konnte. Die Gicht, die ihn plagte, warf sich endlich auf die inneren Theile und artete in Brustwassersucht aus.

Er litt entsetzlich, aber der Schmerz konnte ihn nicht bewegen, sich zu schonen. Noch im Jahre 1739 machte er eine Reise nach Preußen; er fuhr auf dem Rückwege 30 Meilen, ohne auszuruhen. Schwer krank kam er in Berlin an; trotzdem aber ging er doch, seiner alten Gewohnheit gemäß, noch im Herbst nach Wusterhausen. Dort aber befand er sich so schlecht, daß er sein Lieblingsvergnügen, die Jagd, fast gänzlich unterlassen mußte.

Anfangs November kehrte er nach Berlin zurück und hier wurde er nun abermals von den heftigsten Schmerzen geplagt. Er litt an einem fortwährenden Frost und des Nachts wurde er von der Wassersucht so gequält, daß er oft fürchtete, ersticken zu müssen.

Er war in steter Unruhe, keinen Augenblick konnte er allein sein. Bald ließ er sich im Räderstuhl im Zimmer herumschieben, dann wieder arbeitete er mit seinen Sekretären mit derselben Unermüdlichkeit, die er in gesunden Tagen gehabt hatte. Selbst wenn er im Bette lag, vermochte er nicht zu ruhen, sondern beschäftigte sich mit der Verfertigung kleiner Kästchen von Lindenholz.

Friedrich Wilhelm war während seiner Krankheit, die acht Monate dauerte, in einer wahrhaft unerträglichen Laune. Besonders kränkte es ihn, wenn er daran dachte, daß man ihn jetzt schon für einen Sterbenden halten und dem Kronprinzen, seinem künftigen Nachfolger, mit mehr Ehrerbietung, als ihm selbst begegnen könnte.

Eines Abends, als er sich besser befand, hatte er sich ankleiden und seine sämmtlichen Generale, sowie die Kommandeure der Regimenter der Berliner Garnison zu sich bescheiden lassen.

Nach alter Art wurden Pfeifen und Tabak herumgegeben, obgleich der König selbst nicht mitrauchte. Friedrich Wilhelm war in bester Laune. Da trat plötzlich der Kronprinz in den Saal (er war eben von einer Musterung in Ruppin angekommen) und die Gesellschaft, die im großen Kreise saß, stand ehrerbietig auf.

Dieses Zeichen der Ehrfurcht setzte Friedrich Wilhelm in Wuth.

„Noch lebe ich! — rief er aus. — Noch will ich zeigen, daß ich der Herr bin! Man betet die aufgehende Sonne an, aber zu frühe."

Er ließ sich in sein Zimmer führen und der Gesellschaft mittheilen, sie möge sich sofort entfernen und Keiner solle sich wieder vor seinen Augen sehen lassen. Auch der Herr von Pöllnitz, der uns diese Geschichte erzählt, mußte mehrere Tage dem König fern bleiben, obgleich er diesem durch sein Erzählertalent fast unentbehrlich war.

Die heftige Aufregung dieses Auftritts hatte die Krankheit des Königs vermehrt.

Friedrich Wilhelm fühlte wohl, daß sein Ende nahe sei. Er ließ deshalb den lutherischen Probst an der Nikolaikirche, Roloff, zu sich kommen, um sich mit ihm über die Religion zu unterhalten. Er versicherte demselben, daß er gewiß hoffe, selig zu werden; denn er habe die zehn Gebote nicht übertreten, habe sich nie eines Ehebruchs schuldig gemacht, sondern sei seiner Gemahlin, so lange er verheirathet sei, immer treu geblieben;*) er habe überhaupt keine Sünde begangen, die ihn vom Himmelreiche ausschließen könne.

Dieser Ansicht war aber der strenge lutherische Probst nicht. Er hielt dem kranken König eine derbe Strafpredigt; er erinnerte ihn an unzählige während seiner Regierung begangene Ungerechtigkeiten, an die schmählichen Werbungen, an die willkürlichen Hinrichtungen, an die Gewaltthätigkeiten, die er begangen bei der Verschönerung Berlins, indem er gegen Recht und Gesetz die Bürger zum Bauen gezwungen. Lange Zeit stritt er mit dem König, der sich vertheidigte.

„Alle die Gründe, welche Ew. Majestät anführen als Entschuldigung für Ihre Handlungen, — rief der eisenfeste Lutheraner, — find allenfalls für Menschen befriedigend, aber vor Gott sind sie nicht hinreichend."

Der König war mit dieser Aussprache des Probstes sehr wohl zufrieden und ließ ihn noch öfter kommen, um sich mit ihm zu unterhalten.

In den letzten Tagen des April 1740 trat eine geringe Besserung ein. Friedrich Wilhelm benutzte diese, um sich nach Potsdam fahren zu lassen. Eine Hoffnung auf Genesung hatte er nicht und als er Berlin am 27. April 1740 verließ, rief er: „Lebe wohl, Berlin, in Potsdam will ich sterben!"

Noch fünf Wochen zog sich die Krankheit hin. Nicht einen Augenblick verlor der König während derselben den Muth. Er unterhielt sich wie in früheren Zeiten mit dem Anschauen seiner lieben blauen Kinder, die er selbst in seinem Zimmer vor sich marschiren ließ. Er ordnete selbst sein Leichenbegängniß an, bei dem er sich jeden Prunk verbat. Er ließ sich sogar auf den Paradeplatz herumfahren und in seiner Gegenwart den Grundstein zu einem Hause legen, welches er dicht neben dem Marstall bauen ließ, kurz er zeigte eine Standhaftigkeit, die in der That bewundernswerth war.

Am 27. Mai war er so schwer erkrankt, daß man fürchtete, er werde die Nacht nicht erleben. Die Königin schickte einen Kourier an den Kronprinzen nach Rheinsberg und dieser eilte sofort nach Potsdam.

Friedrich Wilhelm empfing ihn mit einer Zärtlichkeit, die er früher niemals gegen seinen Sohn gezeigt hatte. Er umarmte ihn auf das Innigste und versicherte ihm, daß er ihn stets mit väterlicher Zärtlichkeit geliebt habe, selbst in der Zeit, wo er am Strengsten gewesen sei.

Auch an seinem Sterbetage, dem 31. Mai 1740, zeigte sich Friedrich Wilhelm noch vollständig als der Alte. Er fühlte, daß sein Leben nur noch nach Stunden, vielleicht nach Minuten zu berechnen sei. Er ließ sich gegen 4 Uhr Morgens in seinem Rollstuhl in das Zimmer der Königin fahren, um Abschied von ihr und von seinen Söhnen zu nehmen. Alle in Potsdam anwesenden Minister, Hofbeamte und Offiziere bis zum Hauptmann herunter wurden ebenfalls gerufen, damit er sie noch einmal sehen könne.

Dem Fürsten von Anhalt und dem General-Adjutanten v. Haacke schenkte er zum Andenken jedem ein Pferd, welches dieselben sich wählen konnten und als die Stallknechte dem Pferde, welches sich der Fürst von Anhalt ausgesucht hatte, einen Sattel von blauem Sammt und eine gelbe Chabrake auflegten, rief der König ärgerlich aus: „Ach, wenn ich doch gesund wäre, ich wollte die Stallknechte derb abprügeln!" und dem Herrn v. Haacke gab er den Befehl: „Gehen Sie doch hinunter und prügeln Sie die Schurken!"

Als schon der Todeskampf eintrat, beobachtete er mit unerschütterlicher Standhaftigkeit das Nahen des Todes. Er fragte seinen Leibarzt, wie lange er noch zu leben habe. Auf die Antwort: „Eine halbe Stunde" forderte er einen Spiegel, schaute hinein und sagte lächelnd:

„Ich bin recht verändert; ich werde beim Sterben ein recht garstiges Gesicht machen."

---

*) Der König konnte sich seiner Treue gegen seine Gemahlin mit einigem Recht rühmen. Man kennt von ihm nur ein einziges Liebes-Abenteuer, welches die Markgräfin von Baireuth folgendermaßen erzählt:

„Die Königin hatte an ihrem Hofe ein Fräulein v. Pannewitz, das ihre erste Ehrendame war. Diese Dame war schön wie ein Engel und besaß ebenso viel Tugend als Schönheit. Der König, dessen Herz bis dahin gefühllos geblieben war, konnte ihren Reizen nicht widerstehen, er fing in dieser Zeit an, ihr den Hof zu machen. Dieser Fürst war keineswegs galant; da er seine Schwäche kannte, sah er voraus, daß es ihm nicht glücken werde, Stutzermanieren nachzumachen, noch den verliebten Styl sich anzueignen. Er blieb daher bei seinem Naturell und wollte den Roman mit dem Ende anfangen. Er machte der Pannewitz eine sehr wunderliche Beschreibung seiner Liebe und fragte sie, ob sie seine Maitresse werden wolle. Diese Schöne behandelte ihn, da sie sich durch dieses Anerbieten sehr beleidigt fühlte, wie einen Neger. Der König ließ sich nicht abschrecken und fuhr fort, ihr ein Jahr lang davon vorzureden. Der Ausgang dieses Abenteuers war sehr sonderbar. Als die Pannewitz mit der Königin nach Braunschweig gegangen war, wo meines Bruders Hochzeit gefeiert werden sollte, begegnete sie dem König auf einer kleinen versteckten Treppe, die in das Apartement dieser Fürstin führte. Er hinderte sie zu fliehen und wollte sie küssen, indem er ihr die Hand auf den Busen legte. Da versetzte ihm das wüthende Mädchen so recht in die Mitte des Gesichts einen so erfolgreichen Faustschlag, daß das Blut ihm sogleich aus Mund und Nase floß. Er wurde nicht böse darüber und begnügte sich, sie seitdem den bösen Teufel zu nennen."

Fast neugierig erkundigte er sich von Zeit zu Zeit, wie es mit ihm stehe und als sein Leibarzt ihm sagte, daß sein Ende nahe sei und auf seine besondere Frage darauf hinwies, daß sein Puls schon stille stehe, da hob der König noch einmal den Arm und schüttelte die Faust, indem er rief:

„Das ist nicht möglich, wenn mein Puls schon zurückgetreten wäre, dann könnte ich die Finger nicht mehr so, wie ich es thue, bewegen!"

Bald darauf starb er, zwischen 1 und 2 Uhr Mittags, nachdem er noch vorher in seinen letzten Worten seinen religiösen Glauben bekräftigt hatte.

Die Nachricht von dem Tode des Königs flog schnell von Potsdam nach Berlin. Das Volk strömte auf den Straßen zusammen, Einer erzählte dem Andern die Kunde, Wenige aber waren betrübt, denn geliebt war der König auch in den letzten Jahren seiner Regierung beim Volke nicht. Seine Eigenmächtigkeit, seine Ungerechtigkeit und entsetzliche Härte waren von den Bürgern zu hart empfunden worden, als daß diese durch die vielen guten Eigenschaften, die in Friedrich Wilhelm lebten, hätten versöhnt werden können.

Die Geschichte urtheilt gerechter über diesen Fürsten, als seine Zeitgenossen urtheilen konnten. Sie erkennt es an, daß er eine hohe historische Aufgabe zu erfüllen hatte und daß er sie erfüllt hat. Jede Straße Berlins erinnert an seine Regierungszeit und wenn wir in dem jetzt vollendeten Abschnitt unseres Werkes fast auf jeder Seite seinem Namen begegnen, wenn die Geschichte Berlins aus jener Zeit fast lediglich eine Fürsten- und Hofgeschichte geworden ist, so findet dies seinen Grund eben in der gewaltigen Persönlichkeit Friedrich Wilhelms, die mächtig alle die kleinen Gestalten, von denen sie umringt ist, überragt. Er war der Repräsentant der gewaltigen Idee des Absolutismus, jener Idee, die eine neue Zeit erschuf, die das verrottete Mittelalterthum zertrümmerte, den Ständeunterschied verwischte und dem demokratischen Element, der werdenden Volksherrschaft, die Bahnen schuf, indem sie dieselben zu zerstören schien. Das Volk war in der ersten Hälfte des 18. Jahrhunderts versunken in träge Willenlosigkeit. Einer Initiative des Volkes begegnen wir nirgends, überall der des Herrschers und deshalb konnte die Geschichte unserer Stadt in jener Zeit auch keine Volksgeschichte sein. Wollten wir ein Bild der Sitten und Anschauungen geben, so mußte uns stets das Hofleben zur Grundlage dienen.

VIII. Abtheilung.
Berlin zur Zeit der Regierung Friedrichs des Großen.

Erstes Kapitel.

Friedrich der Große. — Seine Erziehung. — Liebesverhältnisse. — Leichtsinn. — Tapferkeit im bairischen Erbfolgekriege. — Leben in Rheinsberg. — Ein wüstes Fest. — Ernste Studien. — Schriftstellerische Thätigkeit. — Friedrich als Demokrat.

Friedrich der Große!

Welche Schmeichelnamen hat man erfunden, um den Fürsten gebührend zu würdigen, der der Schöpfer der Großmacht Preußen ist! Friedrich den Großen nannte man ihn, auch Friedrich den Einzigen!

Wenige Fürsten sind von der Nachwelt mit solchem Dank überschüttet worden, wie Friedrich der Große und er verdient diesen Dank. Denn Wenige haben, wie er, es vermocht, die Vorurtheile ihrer Zeit zu durchbrechen, sich an die Spitze einer neuen geistigen Bewegung zu stellen, mit revolutionärer Kühnheit das alt Hergebrachte zu vernichten, um einen neuen Staat zu begründen.

Freiheit des Gedankens nach allen Richtungen hin, dies war das Ziel, welches Friedrich der Große im Anfange seiner Regierung anstrebte. Jene Gedankenfreiheit, welche die Reformation auf kirchlichem Gebiete dem Volke bringen sollte, aber nicht gebracht hatte, Friedrich wollte sie ins Leben rufen, er wollte den Glauben, die Wissenschaft, das gesprochene und geschriebene Wort frei machen. Für diesen Zweck trat er in den Kampf mit den Vorurtheilen seines Jahrhunderts und wenn er in demselben Siege erfochten hat, so sind diese mindestens von der gleichen Bedeutung für das Volk Preußens, wie die Waffensiege in seinen Eroberungskriegen.

Die Regierungszeit Friedrichs ist für die Geschichte unserer Stadt von der höchsten Bedeutung; unter Friedrich dem Großen entwickelte sich Berlin zum Spree-Athen, wie die preußische Residenz fortan halb im Spott, halb im Ernst in Deutschland genannt worden ist, zum Centrum wissenschaftlicher Forschungen und künstlerischer Bestrebungen für Norddeutschland.

Nach Berlin eilten zur Zeit Friedrichs des Großen die besten wissenschaftlichen und künstlerischen Kräfte Europa's, hier fanden sie den günstigsten Boden für ihr Schaffen!

Es ist eine eigenthümliche, aber erfreuliche Erscheinung jener Zeit, daß das Emporblühen deutscher Kunst und Wissenschaft in Berlin nicht dem direkten Einfluß des Königs zu danken ist. Die meisten Geschichtschreiber suchen zwar mit schmeichlerischer Feder Friedrich den Großen als den einzigen Urheber jedes Fortschritts auf geistigem Gebiete darzustellen, sie vermögen aber aus der Geschichte die Thatsache nicht hinweg zu leugnen, daß Friedrich ein Verächter deutscher Literatur, deutscher Wissenschaft und, mit Ausnahme der Musik, auch deutscher Kunst war, daß er in seiner Vorliebe für alles Französische nirgends fördernd für das deutsche Element in Wissenschaft und Kunst eintrat und daß dieses trotzdem sich in Berlin mächtig entfaltete, aus dem einzigen Grunde, weil der König es frei gewähren ließ, seinen Fortschritt nicht hemmte und durch sein eigenes Beispiel anregend wirkte, indem er, ohne es zu wollen, deutsche Künstler, Schriftsteller und Gelehrte zum Wettkampf mit den oft ungerecht bevorzugten französischen aufrief.

Schon bei der Darstellung des Familienlebens Friedrich Wilhelms I. haben wir die hauptsächlichsten Ereignisse aus der Jugendgeschichte Friedrichs des Großen erzählt, wir können uns daher hier auf einige Nachträge beschränken.

Friedrich Wilhelm hatte aus seinem Sohne einen tüchtigen Soldaten bilden wollen und deshalb den wissenschaftlichen Unterricht desselben außerordentlich beschränkt. Dadurch war es ihm denn wirklich gelungen, den geistig so sehr befähigten Prinzen in ziemlicher Unwissenheit zu erhalten.

In seinem Leben hat Friedrich, ein deutscher Fürst, niemals seine Muttersprache richtig sprechen und schreiben gelernt. Er äußerte dies einst (im Jahre 1757) charakteristisch genug in einem Gespräche mit dem Professor Gottsched in Leipzig.

Gottsched beklagte sich beim König darüber, daß die deutschen Dichter zu wenig aufgemuntert würden, weil die deutschen Höfe nur wenig Deutsch verständen, das Deutsche nicht schätzten und sich lediglich der französischen Literatur zuwendeten.

Friedrich antwortete nachdenkend: „Das ist wohl wahr, ich selbst habe von Jugend auf kein deutsches Buch gelesen und spreche das Deutsche wie ein Fuhrmann; jetzt aber bin ich leider ein alter Kerl von 46 Jahren und habe keine Zeit mehr, es zu lernen!"

Viel geläufiger als das Deutsche war Friedrich das Französische, welches er als seine Muttersprache betrachtete, obgleich seine Orthographie auch in dieser Sprache viel zu wünschen übrig ließ. Andere Sprachen verstand er noch weniger; er vermochte wohl ein italienisches Buch ziemlich geläufig zu lesen, allenfalls auch einen Brief zu schreiben, Lateinisch und Griechisch aber, die Muttersprachen der Wissenschaft, waren ihm fremd.

Ebenso wenig wie in den Sprachen hatten seine Lehrer ihm in den Grund-Elementen der Wissenschaften tüchtige Kenntnisse beigebracht. Was er später Wissenschaftliches leistete, verdankt er dem eigenen Forschen, dem Wissensdrang, der ihn beseelte, nicht dem Unterricht, welchen er erhalten hatte. Sein Lehrer Duhan de Jandun war sehr gegen den Willen des Königs bestrebt gewesen, in die Seele des Knaben den Trieb zu eigener Ausbildung zu legen. Er hatte ihm die Meisterwerke der französischen Literatur erschlossen und damit die Richtung vorgezeichnet, welche Friedrich in seinem ganzen Leben behalten sollte.

Ein geistig hoch befähigter Knabe, der mit ungewöhnlicher Charakterkraft begabt ist, fügt sich nicht willenlos dem Zwange; er lehnt sich auf gegen die Gewalt, die ihn in fremde Bahnen zwängen will. Manche Tugend und Schwäche Friedrichs des Großen hat wohl ihren Ursprung in dem Erziehungszwange, den Friedrich Wilhelm gegen seinen Sohn anwendete. Vielleicht entsprang die Vorliebe Friedrichs für alles Französische der Abneigung, welche sein Vater dagegen fühlte.

Wollte Friedrich Wilhelm den Sohn mit Gewalt zu einem grundfrommen Christen machen, so kam dieser leicht dazu, ein Freigeist zu werden. Die Markgräfin von Baireuth erzählt uns wenigstens, daß alle ängstliche Sorge des Königs, den Kronprinzen und die Prinzessin durch häufige pietistische Gespräche, durch fromme Gesänge bei Tisch ꝛc. recht religiös zu machen, vergeblich gewesen seien; oft genug hätten sich die königlichen Kinder kaum des Lachens enthalten können, so schwere Strafe auch darauf stand, wenn die frommen Kirchenlieder gesungen wurden und sicherlich war es kein geeignetes Mittel, den lebhaften Knaben religiös zu machen, wenn ihn der König zur Strafe die Psalmen Davids und den Katechismus auswendig lernen ließ.

Die schweren Schicksale, welche Friedrich als Kronprinz erleben mußte, sind gewiß von durchgreifender Bedeutung für seine geistige Entwickelung gewesen; er bedurfte dieser Stürme, um sich selbst aus den Verirrungen wieder zu finden, in welche ihn eine zu feurige Sinnlichkeit getrieben hatte und in denen er, wie mancher andere geistesbegabte Fürst, ohne die eiserne Strenge seines Vaters vielleicht untergegangen wäre. Vermochte doch selbst die schwere Zeit in Küstrin, die Furcht vor dem Mißfallen des überstrengen Vaters nicht, ihn von sinnlichen Ausschweifungen fern zu halten, knüpfte er doch derselbe während des Aufenthalts in Küstrin und bald nach demselben mannigfache Liebesverhältnisse an und selbst während die Verhandlungen über seine Verlobung schwebten, überließ er sich einer glühenden Leidenschaft für die schöne Frau des Obristen v. Wreech.

Es war sicherlich für die ganze Lebensrichtung Friedrichs des Großen von hoher Bedeutung, daß er als Kronprinz gezwungen wurde, in Küstrin angestrengt zu arbeiten. Sein Leichtsinn mußte gebrochen werden und dies war nicht leicht, denn noch in Küstrin, so kurze Zeit nach dem Tode Katte's, zeigte sich derselbe deutlich genug. Während er in den Sitzungen der Kriegs- und Domänen-Kammer arbeitete, las er oft genug heimlich französische Romane oder machte kleine Zeichnungen, durch welche er seine Kollegen in allerhand seltsamen Stellungen abkonterfeite; da ritt der Eine, der gern ein Gläschen Wein trank, auf einem großen Weinfaß, ein Anderer, dessen Frau man im Verdacht der Untreue hatte, war mit tüchtigen Hörnern begabt.

Sobald Friedrich Wilhelm in seiner Strenge nur einigermaßen nachließ, sehen wir den Kronprinzen in voller Lebensfrische als den liebenswürdigsten Gesellschafter bei dem Präsidenten v. Münchow von Witz und Laune übersprudeln und zwei Jahre später finden wir ihn bei seinem Regiment in Ruppin als den Anführer bei den tollsten Streichen der jungen Offiziere. Mit Markgraf Heinrich von Schwedt, mit den Herren v. Kayserlingk, v. Buddenbrock, v. d. Gröben und Anderen zog er des Nachts in den Straßen der kleinen Stadt umher; hier wurden einem mißliebigen Bürger die Fenster eingeworfen, dort ließ man Schwärmer und Raketen in die Wohnung eines ängstlichen Pastors fliegen und Friedrich machte sich sogar ein besonderes Vergnügen daraus, eine auf die Tugend ihrer Tochter sehr eifersüchtige Glasersfrau dadurch zu ängstigen, daß er mehrere Versuche anstellte, während der Nacht in das Zimmer des schönen Mädchens durch das Fenster einzusteigen.

Die fürchterliche Strenge, welche Friedrich Wilhelm seinem Sohne zeigte, hätte vielleicht einen weniger kräftigen Charakter gebrochen, ihn für das ganze Leben abgestumpft, bei Friedrich bewirkte sie nur, daß er lernte, was ein Fürst vor Allem lernen muß, sich den Verhältnissen zu fügen.

Er lernte Lebensklugheit, die mitunter wohl sogar bis zur Heuchelei ging. Er gewann es über sich, während seiner Gefangenschaft dem Vater zu Liebe mit dem Feldprediger Müller täglich lange religiöse Gespräche zu führen. Er borgte von diesem einst eine Hand-Konkordanz und als er sie zurückgab, fand Müller auf der inneren Seite des Deckels einen mit Bleistift gezeichneten knieenden Mann, über dessen Haupt zwei gekreuzte Schwerter hingen; darunter stand folgender Spruch: „Herr, wenn ich nur Dich habe, so frage ich nichts nach Himmel und Erde!" Zeichnung und Spruch waren sicherlich kein Ausfluß der religiösen Ueberzeugung Friedrichs, sondern nur darauf berechnet, daß sie seinem Vater mitgetheilt werden sollten! Ebenso wenig entsprang der fleißige Kirchenbesuch, Sonntags zwei Mal, und die Benutzung guter Andachtsbücher zur Privat-Erbauung einem innern Triebe Friedrichs, wenigstens dauerte dieser nur so lange, als er sich eben in der Nothwendigkeit befand, den Wünschen seines Vaters zu schmeicheln.

Auch als Soldat suchte Friedrich sich die Zufriedenheit des Königs zu erwerben; sein Regiment wurde aufs Beste einexerziert, er suchte Riesen für dasselbe, wo er sie nur auftreiben konnte und verschmähte auch dabei die Mittel der List und Gewalt nicht, welche ganz nach Friedrich Wilhelms Geschmack waren.

Das schmucke Aeußere des Regiments in Ruppin versöhnte den König mit mancher neuen Sünde des Sohnes; mehr noch that es die Fügsamkeit desselben bei der ihm vorgeschlagenen Heirath und sein Verhalten bei einem kurzen und nicht bedeutsamen Feldzuge, den Friedrich im Jahre 1734 unter dem Prinzen Eugen mitmachte.

Der polnische Erbfolgekrieg war im Jahre 1733 ausgebrochen. Friedrich erhielt die Erlaubniß, als Volontär unter den Fahnen des Prinzen Eugen dem Feldzuge am Rhein beizuwohnen. Er traf am 7. Juli 1734 im Hauptquartier zu Wiesenthal ein.

Friedrich verstand es trefflich, den alten Feldherrn durch Schmeichelei für sich einzunehmen, indem er ihn um Erlaubniß bat, zusehen zu dürfen, wie ein Held sich Lorbeeren sammle. Er zeigte sich unerschrocken genug. Während des Kanonendonners bei der ersten Mittagstafel brachte er eine Gesundheit aus und äußerte seine Freude darüber, daß diese vom Donner der Geschütze begleitet werde.

Der alte Prinz Eugen war so sehr mit dem jungen Soldaten zufrieden, daß er ihm am 12. Juli vier große Rekruten zum Geschenk machte und am folgenden Tage, wo König Friedrich Wilhelm ebenfalls als Volontär im Lager eintraf, diesem die größten Schmeicheleien über seinen Sohn sagte.

Als im folgenden Jahre der Fürst von Liechtenstein als Gesandter nach Berlin kam, war auch dieser des Lobes über den Kronprinzen voll und erzählte besonders viel von dem Muthe desselben. Bei der Besichtigung der Linien von Philippsburg soll Friedrich im heftigsten Geschützfeuer, welches mehrere Bäume rings um ihn zertrümmerte, so ruhig fortgeritten sein, als sei keine Gefahr in seiner Nähe. Seine Hand, die den Zügel führte, habe nicht gezittert, sein Gespräch mit den ihn begleitenden Generalen nicht gestockt.

Solche Zeugnisse galten viel bei Friedrich Wilhelm und bewegten ihn, seinem Sohne die Geldmittel*) etwas weniger knapp zuzumessen, als dies sonst wohl geschehen wäre, auch für seinen Hof in Rheinsberg eine Freiheit zu gewähren, welche von großer Bedeutung für die geistige Entwicklung des Kronprinzen war.

Im August 1736 bezog Friedrich mit seiner jungen Gemahlin das Schloß in Rheinsberg. Dort konnte er sich ganz nach seinem Geschmacke einrichten und sich den philosophischen Träumereien überlassen, welche ihm bisher von seinem Vater so streng untersagt worden waren. Er nannte sich selbst gern den Philosophen von Rheinsberg.

In dem kleinen elegant und geschmackvoll eingerichteten Schloß verlebte Friedrich in der Mitte eines Kreises geistreicher Männer die glücklichsten Jahre seines Lebens; er konnte sich ohne Scheu seinen Lieblingsstudien überlassen und er that dies mit dem Eifer, der seiner feurigen Natur eigen war.

Rheinsberg wurde bald der Sammelpunkt für eine Anzahl bedeutender Männer, welche wir auch später an dem königlichen Hofe Friedrichs des

---

*) Die Kasse Friedrichs war trotzdem immer schlecht bestellt. Er hat es als Kronprinz niemals verstanden, sich mit dem ihm ausgesetzten Gelde, viel oder wenig, zu behelfen. Sein Geldbedarf ging stets über seinen Geldbesitz, obwohl er keinen Anstand nahm, zu Mitteln seine Zuflucht zu nehmen, welche seine Lobhudler vergebens zu beschönigen suchen. Er machte nicht nur Schulden über Schulden, sondern er bettelte selbst bei fremden Fürsten um Unterstützung. Förster theilt uns folgenden Auszug aus den Gesandtschafts-Rechnungen des Grafen v. Seckendorf mit:

„Für den Kronprinzen Friedrich sind mir den 11. April 1733 durch die Gebrüder v. Palm gezahlt worden 3210 Dukaten und zwar 210 Dukaten zur Vergütigung auf Dasjenige, was ich ihm auf das Jahr 1732 über die 2500 Dukaten vorgeschossen hatte und dann nach Allerhöchster Resolution 3000 Dukaten Pension pro anno 1733, darüber die beiliegende Rechnung folgt, aus welcher erhellet, daß wirklich 400 Dukaten mehr, als für ihn empfangen, ausgegeben, welches daher kommt, daß an Baron Gotter die, dem Kronprinzen gelieferten, Rekruten bezahlt werden. Es hat zwar bishero der Kronprinz sowohl bei mir selbst, als durch Grumbkow, seine Geldnoth vorgestellt und einige Beihilfe haben wollen, weil er sich aber einige Zeit her auf keine Weise so aufgeführt, daß er der Kaiserlichen Allerhöchsten Gnade würdig, so habe ihn zappeln und in große Noth kommen lassen wollen, ehe man ihm beispringt. Es beruht also auf Ihre Kaiserliche Majestät Allerhöchste Entschließung, ob auf dieses laufende Jahr 1734 die ausgesetzte Pension von 3000 Dukaten soll continuiret werden. Ein gewisses Versprechen ist von mir hinüber an den Kronprinzen nicht geschehen, folglich es keinen Verstoß geben kann, wenn solches eingestellt bliebe, hingegen, da die Geldnoth groß und er hierfüro allen Conferenzen mit beiwohnen soll, so bin ich unschuldigen Meinung, man sollte es noch ein Jahr probiren.

Großen wiederfinden werden. Hier kamen zu dem Kronprinzen der Baron v. Knobelsdorf, Jordan, Fouqué, der Ritter Chasot, Kayserlingk, der Marschall v. Wolden, der Prediger Jean de Champs, Algarotti, Lord Baltimore u. A., mit denen Friedrich in zwanglosester Weise ganz seinem Geschmacke gemäß, mitunter auch wohl wild genug lebte.

Die vertrauten Briefe des Freiherrn v. Bielfeld, denen wir unschätzbare Aufschlüsse über das Hofleben jener Zeit verdanken, schildern uns auch den Hof Friedrichs in Rheinsberg. Bielfeld schreibt an eine Freundin unter dem 30. Oktober 1739:

"Alle, die auf dem Schlosse wohnen, genießen die ungezwungenste Freiheit. Sie sehen den Kronprinzen und dessen Gemahlin nur bei Tafel, beim Spiel, auf dem Ball, im Concert oder bei andern Festen, woran sie Theil nehmen können. Die Zeit, die dem denkenden Menschen so kostbar, dem oberflächlichen so lang vorkommt, wird hier nicht mit Schlafen bis an den Mittag, nicht mit Frühstücken, nicht mit Besänftigung und leerer Vertröstung der Gläubiger, nicht in wichtiger und geheimnißvoller Conferenz mit Schneider und Putzmacherin, nicht mit Toilettemachen, noch mit unnützem Geschwätz im Vorzimmer zugebracht. Jeder denkt, liest, zeichnet, schreibt, spielt ein Instrument, ergötzt oder beschäftigt sich in seinem Zimmer bis zur Tafel. Alsdann kleidet man sich sauber, doch ohne Pracht und Verschwendung, an und begiebt sich in den Speisesaal.

Alle Beschäftigungen und Vergnügungen des Kronprinzen verrathen den Mann von Geist. Er bemüht sich jetzt, die gefährlichen politischen Träume des Macchiavell zu widerlegen. Sein Gespräch bei Tafel ist unvergleichlich; er spricht viel und gut. Es scheint, als wäre ihm kein Gegenstand fremd oder zu hoch; über jeden findet er eine Menge neuer und richtiger Bemerkungen. Sein Witz gleicht dem nie verlöschenden Feuer der Vesta. Er duldet den Widerspruch und versteht die Kunst, die guten Einfälle Anderer zu Tage zu fördern, indem er die Gelegenheit, ein sinniges Wort anzubringen, herbeiführt. Er scherzt und neckt zuweilen, doch ohne Bitterkeit und ohne eine witzige Erwiederung übel aufzunehmen. Glauben Sie nicht, gnädige Frau, daß mich der Nimbus blendet, der den Kronprinzen umgiebt. Nein, ich schwöre es Ihnen, selbst wenn er ein schlichter Privatmann wäre, würde ich mit Vergnügen meilenweit zu Fuße gehen, wenn mir seine Gesellschaft dadurch zu Theil würde.

Die Bibliothek des Prinzen ist allerliebst; sie ist in einem der Thürme, ich sie schon erwähnte, aufgestellt und hat die Aussicht auf den See und Garten. Sie enthält eine nicht zahlreiche, aber wohlgewählte Sammlung der besten französischen Bücher in Glasschränken, die mit Gold und Schnitzwerk verziert sind. Voltaires lebensgroßes Bild ist darin aufgehängt. Er ist der Liebling des Kronprinzen, der überhaupt alle guten französischen Dichter und Prosaiker hoch hält. Der Kronprinz hat diese Bibliothek nicht der Schau wegen angeschafft, sie dient zum wahren Nutzen und Vergnügen und er bringt einen großen Theil des Tages darin zu.

Nach der Mittagstafel gehen die Herren in das Zimmer der Dame, an der die Reihe ist, die Honneurs des Kaffees zu machen. Die OberHofmeisterin fängt an und die Andern folgen, selbst die fremden Damen sind nicht ausgeschlossen. Der ganze Hof versammelt sich um den Kaffeetisch; man spricht, man scherzt, man macht ein Spiel, man geht umher und diese Stunde ist eine der angenehmsten des Tages. Der Prinz und die Prinzessin trinken Kaffee in ihrem Zimmer.

Die Abende sind der Musik gewidmet. Der Prinz hält in seinem Salon Concert, wozu man eingeladen sein muß. Eine solche Einladung ist immer eine besondere Gnadenbezeigung. Der Prinz spielt gewöhnlich die Flöte. Er behandelt das Instrument mit höchster Vollkommenheit; sein Ansatz, sowie seine Fingergeläufigkeit und sein Vortrag sind einzig. Er hat mehrere Sonaten selbst gesetzt. Ich habe öfters die Ehre gehabt, wenn er die Flöte blies, hinter ihm zu stehen und wurde besonders von seinem Adagio bezaubert. Seine Compositionen sind eine unerschöpfliche Folge neuer Gedanken.

Doch Friedrich ist in Allem ausgezeichnet. Er tanzt schön, mit Leichtigkeit und Grazie und ist ein Freund jedes anständigen Vergnügens, mit Ausnahme der Jagd, die in seinen Augen geist- und zeittödtend und, wie er sagt, nicht viel nützlicher ist, als das Ausfegen eines Kamins.

Sie denken gewiß, gnädige Frau, daß ich, gleich dem Pater Malebranche, der überall Gott sah, nur überall einzig und allein meinen Prinzen sehe, da ich die vielgepriesene Kronprinzessin noch nicht erwähnte. Doch werde ich jetzt sogleich die Ehre haben, Ihnen die hohe Frau zu schildern, so gut es meine schwache Feder vermag.

Sie ist edel und wohlgewachsen; nie sah ich regelmäßigere Verhältnisse. Hals, Hände und Füße könnten einem Maler zum Muster dienen. Ihr Haar ist vom schönsten Cendré und spielt, wenn es gepudert ist, wie Perlen. Sie hat eine sehr zarte Haut und große blaue Augen, welche sanft, aber doch voll Leben sind. Ihr Blick ist vielsagend. Sie hat eine offene Stirn, schöne Augenbrauen, eine kleine Nase, einen angenehmen Mund und ein sehr hübsches Kinn. Ihr ganzes Gesicht hat den Ausdruck der Anmuth und Güte und alle Grazien scheinen sich vereint zu haben, diese Fürstin zu bilden.

Sogar die kleinen Nachlässigkeiten, die man zuweilen in ihrem Putz und in ihrer Stellung erblickt, sind glücklich und nie auf Kosten des guten Geschmacks. Vielleicht besitzt keine europäische Fürstin schönere Diamanten, gewiß aber würde sie keine besser zu benutzen verstehen. Neulich trug sie einen Amethystschmuck mit Brillanten besetzt, für dessen blendende Schönheit ich keine Worte finde.

Die liebenswürdige Prinzessin spricht wenig, besonders bei Tafel, aber was sie sagt, ist sinnig und weiblich und zeigt eine Bildung, die sie sich durch Lesen der besten französischen Schriftsteller zu eigen gemacht hat. Sie wird von Frau von Katsch wegen jener Güte und Milde, die an ihrem hohen Standpunkt doppelt schön sind, beinahe vergöttert.

Wir hatten kürzlich einen allerliebsten Ball. Der Prinz, der gewöhnlich Uniform trägt, erschien in einem seladongrünen seidenen Kleide, mit breiten silbernen Brandebourgs und Quasten besetzt. Die Weste war von Silbermoor und reich gestickt. Alle Cavaliere seines Gefolges waren ähnlich, doch weniger prächtig gekleidet. Alles war reich und festlich, doch erschien die Prinzessin allein als die Sonne dieses Sternenhimmels.

Ich verlebe hier wahrhaft entzückende Tage. Eine königliche Tafel, ein Götterwein, eine himmlische Musik, köstliche Spaziergänge, sowohl im Garten, als im Walde, Wasserfahrten, Zauber der Künste und Wissenschaften, angenehme Unterhaltung. Alles vereinigt sich in diesem feenhaften Palaste, um das Leben zu verschönern. Doch da nichts auf Erden vollkommen ist, so hat sich auch ein Tropfen Wermuth in meine Freude gemischt. Ich muß Sie nur ein wenig vorbereiten, daß Sie mich bald mit einem Paar großen Narben vor der Stirn, einem blauen Auge und einer zerquetschten, dem Regenbogen ähnlichen Backe in Hamburg werden ankommen sehen.

Diese Verzierungen habe ich einem unglücklichen Bacchusfeste zu danken.

Vor ungefähr vierzehn Tagen war der Kronprinz bei Tafel ungewöhnlich heiter. Dies ging auf die ganze Tischgesellschaft über. Einige Gläser Champagner brachten unsern Witz in Bewegung. Der Prinz fand, daß uns der kleine Rausch nicht übel stehe und sagte, er sei Willens, es den Abend da wieder anzufangen, wo er es den Mittag gelassen habe.

Gegen Abend wurde ich zum Concert gerufen. Beim Beschluß befahl mir der Prinz, zur Prinzessin zu gehen, bis ihre Partie beendet sein würde. Nach diesem, fügte er hinzu, wollen wir uns zur Tafel setzen und trinken, bis die Kerzen niedergebrannt sind.

Ich nahm die Drohung für Scherz, da ich weiß, daß der Prinz Freuden dieser Art nicht liebt. Als ich aber zur Prinzessin kam, versicherte sie mir lachend das Gegentheil und meinte, dies Mal werde ich meinem Schicksal nicht entgehen.

Wirklich hatten wir uns kaum zum Abendessen niedergesetzt, als der Kronprinz viele Gesundheiten ausbrachte, auf welche man Bescheid thun mußte. Die Heiterkeit steigerte sich von einem Augenblicke zum andern und die Damen selbst nahmen Theil daran.

Aller Zwang hörte auf; einige Herren gingen in das Vorzimmer, um frische Luft zu schöpfen. Ich war unter der Zahl. Beim Hinausgehen war ich noch ziemlich wohl, aber die Luft hatte mich umnebelt. Ein großes Glas Wasser stand vor mir auf dem Tische; die Prinzessin hatte es in meiner Abwesenheit mit Sillery-Champagner, von dem man den Schaum abblies, vertauschen lassen. Da ich nun nicht mehr recht wußte, was ich trank, so vermischte ich Wein mit Wein und um mir vollends den Rest zu geben, befahl mir der Prinz, mich ihm zur Seite zu setzen. Er sprach von seinen gnädigen Absichten auf mich und ließ mich ein Glas Lünel nach dem andern leeren.

Jeder war ungefähr in meinem Zustande, man überschüttete die Damen mit Lob und Zärtlichkeit; endlich zerbrach die Kronprinzessin, zufällig oder absichtlich, ein Glas. Dies war gleichsam die Losung zur ausgelassensten Freude und schien uns der Nachahmung würdig. In einem Augenblick flogen die Gläser in alle Winkel des Saales und Krystall, Porzellan, Schalen, Spiegel, Leuchter und Tafelgeräth wurden in tausend Stücke zerschlagen.

Mitten unter diesem Gräuel der Verwüstung war der Prinz der Einzige, der auf die Trümmer mit heiterem, ruhigen Auge herabsah; als sich aber der sichtbare Jubel zu einem vollständigen Tumult umgestaltete, so zog er sich in sein Zimmer zurück. Die Prinzessin verschwand in demselben Augenblicke.

Ich war so unglücklich, nicht einen Bedienten zu finden, der sich meiner Hülflosigkeit erbarmt hätte. Ich kam also tappend der großen Treppe zu nah und stürzte von oben hinab, worauf ich an der letzten Stufe besinnungslos liegen blieb. Wahrscheinlich wäre ich umgekommen, wenn nicht eine alte Magd mein Schutzengel geworden wäre. Zufällig kam sie an den Ort und da sie mich im Finstern für den großen Schloßpudel hielt, so belegte sie mich mit einem nicht sehr schmeichelhaften Namen und gab mir einen tüchtigen Fußtritt. Da sie aber endlich merkte, daß es ein Mensch und sogar ein junger Hofcavalier war, so öffnete sich ihr Herz milderen Gefühlen; sie lief nach Hilfe. Meine Leute eilten herbei, man brachte mich zu Bette, holte den Wundarzt, öffnete mir eine Ader, verband meine Wunden und brachte mich endlich zu mir selbst. Den Morgen darauf sprach man vom Trepaniren, allein diese Furcht war ungegründet gewesen; ich mußte bloß 14 Tage das Bett hüten, in welcher Zeit der Prinz die Gnade hatte, mich täglich zu besuchen und, so viel er konnte, zu meiner Wiederherstellung beizutragen.

Den Morgen nach meinem Mißgeschick war das ganze Schloß zum Sterben krank. Weder der Prinz, noch einer seiner Cavaliere konnte sichtbar werden und die Prinzessin befand sich ohne Herren an der Mittagstafel. Ich habe viel an meinen Quetschungen gelitten und vollkommen Zeit gehabt, manche moralische Betrachtung anzustellen.

Man wird in Rheinsberg noch lange an diesen Tag denken, der glücklicherweise wenig Brüder zählt, da der Kronprinz durchaus kein Trinker ist. Er opfert nur dem Apoll und den Musen und vielleicht kommt einst ein Tag, wo er auch dem Kriegsgott Altäre erbaut."

Der Herr v. Bielfeld sagt mit Recht, daß ein Tag, wie der, den er beschrieben, zu den seltenen in Rheinsberg gehörte. Friedrich war von Orgien, die er früher gefeiert hatte, übersättigt und nur selten einmal wandelte ihn wieder die alte, tolle Lust an; in jener Zeit kämpfte in ihm noch das heiße Jugendblut mit dem Ernst des Lebens, noch ließ er manchmal der Lust die Zügel schießen oder er gab sich auch wohl phantastischen Träumereien hin, wie bei der Stiftung des Bayard-Ordens, in den die liebsten Genossen Friedrichs, sein Bruder Wilhelm, der Herzog Ferdinand von Braunschweig und einige andere Offiziere aufgenommen wurden.

Der Großmeister des Ordens, Fouqué, weihte die Mitglieder durch den Ritterschlag, er nahm ihnen das Gelübde edler Thaten ab; sie erhielten die Aufgabe, sich in der Kriegsgeschichte und Heerführung auszubilden. Ein auf einem Lorbeerkranz liegender Degen mit der Umschrift: „sans peur et sans reproche! (ohne Furcht und ohne Tadel!)" war das Sinnbild des Ordens. Die 12 Ritter führten Bundesnamen. Der Kronprinz hieß „der Beständige". Das Ordenszeichen bildete ein Ring mit den Worten: „Vivent les sans quartier! (Es leben die sich nicht Ergebenden!)" Die Ritter schrieben sich gegenseitig Briefe, die in altfranzösischem Ritterstyl abgefaßt werden mußten.

Eine ähnliche phantastische Neigung, wie die, welche den Bayard-Orden erschuf, führte Friedrich auch zur Freimaurerei zu.

Wie wichtig aber für die Geistesentwicklung Friedrichs alle diese mehr oder weniger geistreichen Spielereien sein mochten, wichtiger war es, daß er in Rheinsberg die Muße zu gründlichen wissenschaftlichen Studien fand. Er arbeitete mit unermüdlichem Eifer; der Umgang im Freundeskreise, die Uebung der Flöte, die Konzerte der trefflichen Rheinsbergischen Kapelle*) und manche Versuche leichter französischer Dichtung bildeten die Erholung nach ernsten Studien, durch welche sich Friedrich auf seinen späteren königlichen Beruf vorbereitete.

---

*) Die Kapelle in Rheinsberg hat auch für Berlin eine Bedeutung gewonnen, weil sie beitrug zu der schnell fortschreitenden musikalischen Entwickelung in Preußen. Deutsche Meister standen an der Spitze der Kapelle, deutscher Geschmack herrschte in derselben und Friedrich ist diesem in der Musik stets treu geblieben. Die Kapelle wurde durch folgende Künstler gebildet: Die beiden Graun, Franz und Georg Benda, Schart, Blume, Grunke (Violine), Hock (Violoncell), Jantsch (Lautenviolon), Petrini (Harfe), Baroni (Theorbe), Reich (Bratsche), Schaffrath (Flügel) 2c.

Im Frühjahr 1738 vollendete Friedrich nach angestrengtem Arbeiten seine erste Druckschrift, die er „Betrachtungen über den gegenwärtigen Zustand der Politik in Europa" betitelte. Dies erste Werk des Kronprinzen giebt ein überraschendes Zeugniß von dem Talent desselben, es beweist uns, wie sein umfassender Geist ihn schnell über die Mängel seiner früheren Jugendbildung hinwegführte. Der am Hofe des absolutesten Fürsten aufgewachsene Prinz zeigte ein echt demokratisches Denken, welches er freilich in seiner späteren Regierung nicht überall hat zur That werden lassen können.

Friedrich sucht in seiner Schrift die vergiftete Quelle aller Uebel Europa's in den falschen Grundsätzen der Fürsten. Die Fürsten, so sagt er, glauben zum größten Theil, Gott habe mit einer besondern Rücksicht auf ihre Größe, ihr Glück und ihren Stolz jene Völker geschaffen, deren Wohlfahrt ihnen anvertraut sei; die Unterthanen seien nur dazu bestimmt, Werkzeuge und Diener der fürstlichen Leidenschaften zu sein; daher stamme die ungeregelte Liebe für falschen Ruhm, daher ihr brennendes Verlangen, Alles zu verschlingen, daher die Härte der Auflagen, mit denen das Volk belastet sei, die Trägheit der Fürsten, ihr Hochmuth, ihre Ungerechtigkeit, ihre Unmenschlichkeit und Thrannei, sowie alle die Laster, durch welche die menschliche Natur erniedrigt werde. Die Fürsten müßten sich losmachen von ihren irrigen Ideen, dann würden sie sehen, daß der Rang, auf den sie so eifersüchtig seien, daß ihre Erhebung auf den Thron ein Werk der Völker sei. Die Tausende hätten sich nicht zu Sklaven eines einzigen Menschen entwürdigt, um ihn furchtbar und mächtig zu machen, sie hätten sich nicht einem Bürger unterworfen, um die Opfer seiner Launen und der Spielball seiner Einfälle zu sein, sondern sie hätten Denjenigen, den sie für den Gerechtesten gehalten, gewählt, um sie zu regieren.

So schaute Friedrich in seinen Jünglingsjahren das Verhältniß des Fürsten zum Volke an und dieser Anschauung blieb er lange Jahre treu, bis auch ihn endlich der Erfolg glücklicher Feldzüge, die Schmeichelei der ihn umringenden Hofleute zu dem bis zum Uebermaß gesteigerten Selbstgefühl führte, an welchem so viele große Fürsten untergegangen sind und welches auch die Regierung Friedrichs nach der Beendigung des siebenjährigen Krieges von der anfangs eingeschlagenen schönen Bahn ablenkte.

Auch andere, nicht minder bedeutende schriftstellerische Arbeiten des Kronprinzen legen Zeugniß ab von dem außerordentlichen Fleiße, mit welchem derselbe den Aufenthalt in Rheinsberg zu seiner eigenen geistigen Ausbildung benutzte. Häufig genug entzog er sich die Stunden des Schlafes zu angestrengter, wissenschaftlicher Beschäftigung. Unter geistigen Arbeiten und Erholungen, unter den Sorgen für sein Regiment und den Betrieb der Garten- und Landwirthschaft verlebte Friedrich in Rheinsberg schöne Jahre, bis ihn endlich die

Krankheit und der Tod seines Vaters der glücklichen Zurückgezogenheit entrissen, um ihn auf den Thron zu rufen, auf dem er sich als König den Namen des Großen, des Einzigen erwerben sollte.

Zweites Kapitel.

Erste Maßregeln Friedrichs. — Friedrich in Charlottenburg. — Der Tag der Gefoppten. — Doris Ritter. — Vergebung den Feinden. — Mäßigung der Reformen. — Hungersnoth in Berlin. — Auflösung des Riesen-Regiments. — Neue Zeitungen. — Zensurfreiheit. — Der Philosoph Wolf. — Glaubensfreiheit. — Selbstherrschaft Friedrichs. — Vorliebe Friedrichs für den Adel.

Mit Jubel und Zagen wurde der Regierungs-Antritt des jungen Königs vom Volke begrüßt; mit Jubel von allen denen, welche unter dem Regiment Friedrich Wilhelms schwer gelitten hatten, von den Schriftstellern und Künstlern, von den Günstlingen, die in Reinsberg den ausgewählten Gesellschaftskreis des Kronprinzen gebildet hatten und nun hofften, zu den höchsten Ehrenstellen im Staate zu steigen, von den Abenteurern, die der aufgehenden Sonne zuflogen, um sich von ihrem Glanze bestrahlen zu lassen; mit Zagen von den Ministern und Räthen Friedrich Wilhelms, von den Mitgliedern des Tabaks-Kollegiums, den alten Freunden des verstorbenen Königs, denen das Herz schlug, wenn sie daran dachten, wie oft sie Partei gegen den Kronprinzen genommen hatten, von den Generälen, aus deren Munde einst das Todesurtheil gegen ihn gesprochen worden war und welche jetzt seine Rache fürchteten.

Sie täuschten sich Alle in ihren Hoffnungen und Befürchtungen. Friedrich war ein Anderer geworden, seit er den Königsthron bestiegen hatte. Aus dem Todesgemach hatte er die Mutter nach ihrem Zimmer geführt, dann war er in das seinige gegangen. Der Herr v. Pöllnitz erhielt Befehl, vor ihm zu erscheinen.

Friedrich, der sich bis dahin ganz dem Schmerze über den Tod des Vaters überlassen hatte, empfing den alten Günstling Friedrich Wilhelms ernst, aber freundlich. Er erklärte ihm, daß er ihn ausersehen habe, um dem verstorbenen König die letzte Pflicht erweisen zu lassen. Er sei entschlossen, den Anordnungen des Dahingeschiedenen in Allem zu folgen, trotzdem aber würde es doch nicht möglich sein, das Leichenbegängniß so einfach, wie Friedrich Wilhelm es vorgeschrieben habe, anzuordnen. Das Volk sei wohl gut unterrichtet von den Mißverständnissen, welche früher zwischen Vater und Sohn geherrscht hätten, nicht aber von dem Testament des Königs und man würde deshalb auf den Verdacht kommen, daß er die Andenken des Vaters schuldige Achtung verletze; hier müsse ein Ausweg gefunden werden.

Der Herr von Pöllnitz war ein geschmeidiger Hofmann, ganz geeignet die Wünsche Friedrichs zu erfüllen. Er schlug vor, den Leichnam des Verstorbenen in der von diesem gewünschten Weise bestatten zu lassen, einige Tage darauf aber ein feierliches Leichenbegängniß zu halten. Und so geschah es. Nur in Einem wich Friedrich von den Wünschen des Vaters ab, indem er die königliche Leiche einige Tage lang nach alter Sitte dem Publikum zur Parade ausstelle.

Einer der Ersten von den Günstlingen Friedrich Wilhelms, welche sich dem jungen Herrscher nahten, war der alte Dessauer. Er kam wie ein Kind weinend und bat flehend, Friedrich möge ihm und seinen Söhnen das Ansehen und den Einfluß lassen, welchen sie bisher an dem preußischen Königshofe gehabt hätten. Friedrich hatte sich vollständig gefaßt, als der Fürst Leopold von Dessau ihm gemeldet wurde. Er ließ von seinem eigenen Schmerz nichts merken und erwiderte freundlich, aber kalt auf die demüthige Bitte des Fürsten, die Stellen und Aemter, welche Leopold bisher inne gehabt habe, werde er ihm gern belassen, ja er erwarte, daß der Fürst ihm so treu dienen werde, wie seinem Vater; was aber das Ansehen und den Einfluß betreffe, so werde in seiner Regierung Niemand Ansehen haben und Niemand Einfluß, als er selbst.

Das war eine trostlose Antwort für den des Herrschens gewohnten alten Fürsten und bald genug sollte er erfahren, daß er nicht ein ins Leere hineingesprochenes Wort, sondern die ernste Willensmeinung eines Königs vernommen habe.

Bald nach dem Tode des Vaters verließ Friedrich Potsdam und fuhr nach Berlin; aber er schlug nicht hier seine Residenz auf, sondern begab sich nach Charlottenburg, denn er liebte Berlin nicht besonders.*)

In Charlottenburg war mit dem Hofe des jungen Königs ein ganz ungewohntes Leben eingezogen. Das schöne Städtchen, der Lieblings-Aufenthaltsort der philosophischen Königin Sophie Charlotte, war von Friedrich Wilhelm absichtlich vernachlässigt worden. Die Erinnerung an die Feste in Charlottenburg und der Umgang seiner Mutter mit Leibnitz und den übrigen Gelehrten war dem verstorbenen König zuwider gewesen. Er hatte deshalb die Absicht gehabt, selbst den

---

*) Friedrich hat in einem Briefe anderthalb Jahre früher, am 7. Dezember 1738, sich etwa folgendermaßen über seine Vaterstadt geäußert:

„Berlin hat sich zwar in Beziehung auf seine Steinmasse bedeutend vergrößert, was aber die Gesellschaft und die schöne Welt betrifft, so übergehe ich sie mit Stillschweigen. Alle Tage höre ich von den Vergnügungen Berlins sprechen, aber es verhält sich mit denselben wie mit der Lanze des Patroclus, von der Sie wissen, daß sie die Gabe hatte, die Wunde, die sie geschlagen, zu heilen, was so viel bedeuten will, daß man die Vergnügungen Berlins kennen lernen muß, um den Geschmack daran zu verlieren!"

Thiergarten abholzen und das Holz verkaufen zu lassen, dieselbe aber glücklicher Weise nicht zur Ausführung gebracht.

Da der Hof sich niemals in dem Charlottenburger Schlosse aufhielt und Friedrich Wilhelm die neu entstandene Stadt vernachlässigte, so war Charlottenburg bald wieder zu einem Dorfe herabgesunken. Jetzt plötzlich wurde es der Mittelpunkt des Berliner Lebens, da der junge König in dem Schlosse seine Wohnung nahm. Von allen Theilen des Landes her strömten fremde Offiziere, Beamte, Dichter, Künstler, die früheren Freunde des Kronprinzen und Glücksritter aller Art zusammen, um Friedrich zu beglückwünschen, auch Bielfeld kam und dieser giebt uns eine interessante Schilderung seines Aufenthalts in Charlottenburg.

Alle Wirthshäuser bis zu den kleinsten Kneipen herab waren so von Fremden überfüllt, daß Bielfeld nur mit der höchsten Noth ein Nachtlager fand, d. h. eine hölzerne Bank, auf der er nach den Anstrengungen der Reise schlafen konnte, denn an ein Bett war gar nicht zu denken. Charlottenburg war förmlich von den vielen Besuchern aufgefressen worden, nicht einmal schwarzes Brot oder ein Schluck edlen Bieres konnte man für Geld und gute Worte erhalten; die einzige Nahrung, die Bielfeld aufzutreiben vermochte, war ein Glas Wasser. Der Reisende fand den König umringt von seinen früheren Günstlingen, von Hofleuten und Offizieren, die eine Freude äußerten, welche alle Grenzen überschritt. Sobald Friedrich erschien, wurde er mit einem Freudengeschrei ohne Ende empfangen. Der Herr v Kayserlingk, der für einen besonderen Günstling des Königs galt, war umlagert von Besuchen und erhielt täglich an 50 Gratulationen und Geschäftsbriefe; er mußte mehrere Sekretäre anstellen um sie zu beantworten. Er brüstete sich nicht wenig mit der Gunst des Königs. Wenn er im Garten oder im Schlosse umher spazierte, so trug er stets eine kleine Bernsteinflöte im Knopfloche. Auch Jordan, ein anderer Günstling Friedrichs von der Rheinsberger Gesellschaft, wurde so mit Briefen überschüttet, daß er gezwungen war, sich ein Formular machen zu lassen, um sie zu beantworten.

Bielfeld, dessen geistreiche Unterhaltung häufig den Kronprinzen in Rheinsberg erfreut hatte, ließ sich bei dem neuen König melden, nachdem er erfahren hatte, daß derselbe aufgestanden war.

Friedrich empfing den früheren Günstling sehr gnädig; er schien indessen ziemlich niedergeschlagen zu sein und als ihm Bielfeld zu seiner Thronbesteigung gratulirte, erwiderte er mit sichtbarer Rührung:

„Sie wissen nicht, was ich Alles an meinem Vater verloren habe!"

„Es ist wahr, Sire, — erwiderte Bielfeld — aber ich weiß wohl, was Sie Alles gewonnen haben, indem Sie ein Königreich gewannen. Ihr Verlust ist groß, aber Ihre Gründe, sich zu trösten, sind sehr mächtig."

So freundlich der Empfang des Königs war, so sah doch Bielfeld schnell genug ein, daß von den Hoffnungen, mit denen er nach Charlottenburg gekommen war und welche auch alle die Jubelnden und Glückwünschenden dahin geführt hatten, nur wenige erfüllt werden würden. Er nannte deshalb in einem seiner Briefe den Tag der Thronbesteigung Friedrichs „la journée des dupes" (den Tag der Gefoppten) und sprach damit eine Prophezeiung aus, welche buchstäblich in Erfüllung gehen sollte.

Die lustigen Freunde aus Rheinsberg, welche gegen den König ihre alten Vertraulichkeiten erneuern wollten, sahen sich hart und strenge zurückgewiesen.

Als der Markgraf Heinrich von Schwedt in alter kordialer Weise sich gegen den König äußerte, trat dieser stolz zurück und sagte:

„Mein Herr, jetzt bin ich der König!"

Der Graf von der Schulenburg, der sich bisher ebenfalls große Freiheiten hatte erlauben dürfen, war von Landsberg an der Warthe ohne Urlaub herbeigeeilt, um Glück zu wünschen; er erhielt dafür eine scharfe Rüge.

Zu dem Kammerdiener Fredersdorf, der sich sonst viel herausnehmen durfte, sagte Friedrich:

„Die Possen haben ein Ende!"

Dies Wort galt nicht nur für den Kammerdiener, sondern auch für den geistreichen Herrn v. Pöllnitz und für alle Diejenigen, die bis dahin die lustigsten Freunde in den fröhlichen Gesellschaften des Kronprinzen gewesen waren.

Von den glänzenden Beförderungen, auf welche diese gehofft hatten, war nicht die Rede; sie mußten froh sein, wenn ihnen nur sehr geringfügige Aemter übertragen wurden.

Bielfeld, der bei seinem Besuch in Charlottenburg wohl ein Ministerium des Aeußern im Auge gehabt hatte, erhielt die gnädige Zusicherung, daß er in auswärtigen Staatsgeschäften gebraucht werden solle; erst aber müsse er lernen und deshalb den Grafen Truchseß nach Hannover begleiten, dann solle er weiter befördert werden. Er sagte über diese wenig angenehme Aussicht: „Ich bekenne es aufrichtig, das heißt einen etwas kleinen Anfang machen!"

Auch die andern, dem König noch näher stehenden Freunde wurden ebenso wenig zu hohen Staatsämtern herangezogen.

Jordan, der tüchtige Gelehrte, bekam die Aufsicht über die Bettler Berlins und die Aufgabe, ein Arbeitshaus zu gründen! Das Direktorium der Armen-Polizei war sicherlich kein besonders behagliches Amt für einen Mann der Wissenschaft.

Der Lieutenant von Keith, der mindestens auf ein Generals-Patent gehofft hatte, wurde mit einer mäßigen Versorgung abgefunden.

Friedrich erinnerte sich offenbar nicht gern an die unglückliche Zeit in Küstrin und wenn er auch Denen, die ihm damals Wohlthaten erwiesen hatten, ein treues Andenken bewahrte, so zeigte er sich nicht dankbar für die Freunde, welche in jener Jugendzeit Theilnehmer seines Leichtsinns gewesen waren. Selbst die schöne Doris Ritter, die so schwer um ihn hatte leiden müssen, fand keine dankbare Erinnerung bei dem König. Sie lebte in Berlin in Dürftigkeit und nur mit Mühe gelang es ihr später, für ihren Mann eine Stelle als Kommissar der Fiaker zu erhalten.

Es schien fast, als habe Friedrich jene Unglückszeit ganz vergessen, niemals sprach er davon und niemals trug er einem von Denen, welche damals seine ärgsten Feinde gewesen waren, eine Rache nach. Ja er ernannte sogar den Obristen v. Derschau, einen seiner eifrigsten Gegner und Verfolger, zum Generalmajor, auch den Minister v. Bohden, gegen den er sich früher häufig mißliebig ausgesprochen hatte, behielt er nicht allein in Thätigkeit, sondern er zeigte ihm seine besondere Gnade durch das Geschenk des stattlichen, ganz möblirten Hauses, welches Friedrich Wilhelm für den Kaminrath v. Eckardt bestimmt hatte. Dieser war der einzige von den Beamten des verstorbenen Königs, der sofort seiner Dienste entlassen und 20 Meilen vom königlichen Hoflager verbannt wurde.

Der Tag des Regierungs-Antritts Friedrichs war in der That ein Tag der Gefoppten gewesen; denn Alle hatten sich in ihm getäuscht, Freunde und Feinde, auch Diejenigen, welche erwarteten, er werde in die Schöpfungen Friedrich Wilhelms gewaltsam eingreifen, werde plötzlich den ganzen Staat neu gestalten und die Grundsätze zur Herrschaft bringen, zu denen er sich als Kronprinz in seinen Schriften bekannt hatte.

Wohl beseitigte Friedrich schnell einige bringende Uebelstände der vorigen Regierung und traf mancherlei neue Einrichtungen, welche einen Fortschritt in der Gesetzgebung anbahnten; im Großen und Ganzen aber ließ er die Staatsmaschine ruhig ihren Gang weiter gehen, obwohl schon seine ersten Regierungshandlungen zeigten, daß fortan ein neuer Geist in Preußen herrschen werde.

Als am 2. Juni die Staats-Minister nach Charlottenburg kamen, um dem König den Eid der Treue zu schwören, erklärte ihnen Friedrich:

„Ob Wir euch gleich sehr danken wollen für die treuen Dienste, welche ihr Unsers Höchstgeliebtesten Herrn Vaters Majestät erwiesen habt, so ist auch ferner Unsere Meinung nicht, daß ihr Uns inskünftige bereichern und Unsere arme Unterthanen unterdrücken sollet, sondern ihr sollet hergegen verbunden sein, vermöge gegenwärtigen Befehls, mit eben so vieler Sorgfalt für das Beste des Landes, als für Unser Bestes zu wachen, um so viel mehr, da Wir keinen Unterschied wissen wollen zwischen Unserem eigenen besondern und des Landes Vortheil, und ihr diesen sowohl als jenen in allen Dingen vor Augen haben müsset; ja des Landes Vortheil muß den Vorzug vor Unserem eigenen besondern haben, wenn sich beide nicht mit einander vertragen."

Ganz ähnlich lautete auch ein Reskript, in welchem den Behörden seine Thronbesteigung angekündigt und worin gesagt wurde:

„Unsere größeste Sorge wird dahin gerichtet sein, das Wohl des Landes zu befördern und einen jeden Unserer Unterthanen vergnügt und glücklich zu machen. Wir wollen nicht, daß ihr euch bestreben sollet, Uns mit Kränkung der Unterthanen zu bereichern, sondern vielmehr, ihr sowohl den Vortheil des Landes als Unser besonderes Interesse zu eurem Augenmerk nehmen, inmaßen Wir zwischen beiden keinen Unterschied sehen."

Und diese Verheißung erfüllte der junge König sofort durch eine Gewährung an das Volk, welche von dem verstorbenen König nicht hatte erlangt werden können.

Es war ein schwerer, harter Winter gewesen. Die Saaten, die Obstbäume, die Weinberge waren durch Frost zerstört und eine Hungersnoth herrschte, von der besonders Berlin auf das Schwerste betroffen war. Der Mangel in der Hauptstadt zeigte sich so groß, daß selbst die Kanoniere drei Tage lang kein Brot hatten erhalten können.

Die Armen litten entsetzlich. Friedrich Wilhelm hatte sich nicht entschließen können, die Magazine zu öffnen.

Friedrich that es. Er ermäßigte außerdem die Abgabe der Accise für einpassirendes Getreide und beförderte die Zufuhr desselben. Später ließ er überall in der Stadt Stuben miethen, heizen und erleuchten, um für arme Frauen einen Zufluchtsort zu begründen, in dem sie sich während der Wintermonate wärmen und Flachs spinnen konnten.

Friedrich war weit entfernt davon, ein stürmischer Reformator zu sein, er ließ die bestehenden Behörden ungestört ihre Geschäfte weiter fortführen und auch die Armee blieb unangetastet, sie wurde sogar vermehrt. Wo es aber nothwendig war, da griff er augenblicklich ein.

Das übermäßig kostspielige Riesen-Regiment Friedrich Wilhelms wurde aufgelöst, bei dem feierlichen Leichenbegängniß des verstorbenen Königs in Potsdam am 22. Juni erschien es zum letzten Male.

Es war offenbar das Bestreben Friedrichs, sich in den Reformen der Staatsverwaltung, welche er für nöthig hielt, nicht zu überstürzen, nur, wo es die Freiheit des Gedankens galt, da glaubte er auch nicht einen Augenblick zögern zu dürfen.

Berlin hatte damals, wie unsere Leser sich erinnern, neben einem gewöhnlichen Anzeigeblatt, dem Berliner Intelligenzblatt, nur eine kümmerlich ausgestattete, drei Mal wöchentlich in Oktav-Blättern erscheinende Zeitung, die Rüdiger'sche, aus der später die Vossische Zeitung geworden ist. Diese Zeitung konnte bei der strengen Zensur nicht viel des Unterhaltenden bieten.

Schon am zweiten Tage nach seiner Thronbesteigung entsendete Friedrich seinen Freund Jordan an den Professor Formay und ließ diesem seinen Wunsch mittheilen, daß Formay eine literarisch-politische Zeitschrift in französischer

Sprache herausgebe, er versprach, persönlich an derselben mitarbeiten zu wollen. Am 2. Juli trat dieses Blatt ins Leben.

Um auch dem Lesebedürfniß des großen Publikums abzuhelfen, ertheilte der König dem Buchhändler Haude das Privilegium zu einer neuen deutschen Zeitung, den Berliner Nachrichten von Staats- und gelehrten Sachen, aus der später die Spener'sche Zeitung geworden ist. Am Donnerstag, den 30. Juni 1740, erschien das erste Blatt der neuen Zeitung mit dem stolzen Wahlspruch: „Wahrheit und Freiheit!" Auch dieser Zeitung hat Friedrich mehrfach Aufsätze geliefert.

Mit der Begründung der neuen Organe der öffentlichen Meinung war schon viel gethan, aber dieselben konnten nur fruchtbar wirken, wenn sie nicht länger eingezwängt wurden durch die Fesseln der überstrengen Zensur.

Auch hierfür sorgte Friedrich, wie wir aus einem Schreiben an den Kabinets-Minister von Podewils vom 5. Juni 1740 ersehen:

„Se. Königliche Majestät haben mir nach aufgehobener Tafel allergnädigst anbefohlen, des Königlichen Etats- und Kriegs-Ministri Herrn von Thulemeier Excellenz in Höchstderoselben Namen zu eröffnen, daß den hiesigen Berlinischen Zeitungsschreibern eine unbeschränkte Freiheit gelassen werden soll, weil, wie Höchstderoselben Worte waren, ein solches Dieselben divertire, dagegen aber auch sodann fremde Ministri sich nicht würden beschweren können, wenn in den hiesigen Zeitungen hin und wieder Passagen anzutreffen, so ihnen mißfallen könnten. Ich nahm mir zwar die Freiheit, darauf zu regeriren, daß der ***sche Hof über dieses sujet sehr pointilleux wäre, Se. Majestät erwiderten aber, daß Gazetten, wenn sie interessant sein sollten, nicht genirt werden müßten, welches Er. Königlichen Majestät Allergnädigstem Befehle zufolge hierdurch gehorsamst melden sollen.

Den 5. Juni 1740."

Das Dekret hierauf lautete:

„Wegen des Artikels von Berlin ist dieses indistincte zu observiren, wegen auswärtiger puissancen aber cum grano salis und mit guter Behutsamkeit."

Die Aufklärung sollte fortan in Preußen herrschen, deshalb war Friedrich unmittelbar nach seiner Thronbesteigung bemüht, den berühmten Philosophen Wolff, der von seinem Vater bei Strafe des Stranges aus Preußen verbannt worden war, wieder ins Land zu ziehen. Er nahm die Vermittlung eines Freundes des Vertriebenen, des Probstes Reinbeck, in Anspruch und schrieb an diesen:

„ich bitte ihm, sich um des Wolffen mühe zu geben, ein Mensch der die Wahrheit sucht und sie liebet mus unter aller menschlicher gesellschaft werht gehalten werden, und glaube das er eine conquete im lande der Wahrheit gemacht hat, wenn er den Wolff hierher persuadiret."

Die Wahrheit wollte der König und Jeder, der nach derselben forschte, war ihm werth, auch wenn er sich vielleicht auf einem Irrwege befand In Preußen sollte fortan die größte Denk- und Glaubensfreiheit walten.

Als am 22. Juni das geistliche Departement berichtete, daß die römisch-katholische Schule für Soldatenkinder in Berlin Anlaß zur Verleitung von Protestanten zum Katholizismus gebe und anfragte, ob die katholische Schule bleiben sollte. schrieb Friedrich an den Rand der Eingabe:

„Die Religionen müssen alle toleriret werden und muß der Fiscal nur das Auge darauf haben, daß keine der andern Abbruch thue, denn hier muß ein Jeder nach seiner Façon selig werden!"

Dies war der große und berühmt gewordene Ausspruch Friedrichs, der für alle Zeiten eine Lehre für die Regenten Preußens bleiben kann! Gleich duldsam zeigte sich der König auch, indem er den lutherischen Kirchen die ihnen früher versagte Freiheit, die alten Ceremonien wieder einzuführen, gewährte; auch alle die kleinen Sekten, welche bisher unter Friedrich Wilhelm in Preußen unterdrückt, wenn auch nicht gerade verfolgt worden waren, erhielten jetzt Duldung.

Diese und andere Reformen, auf welche wir später noch näher zurückkommen werden, wie die Abschaffung der Folter, die Milderung der unmenschlichen mittelalterlichen Strafgesetzgebung, die Begründung eines besonderen Departements für Manufaktur- und Kommerziensachen zur Hebung des Handels und der Gewerbe 2c. geben Zeugniß dafür, daß der junge König sich ernstlich mit der Verbesserung des Staatswesens beschäftigte. Er verließ sich dabei nur auf sich selbst und machte dadurch das Wort zur Wahrheit, welches er dem Fürsten von Anhalt zugerufen hatte, daß unter seiner Regierung Niemand Ansehen und Niemand Einfluß haben solle, als er selbst.

Die Minister waren fortan nur Statisten, einfache Arbeiter ohne besondere Bedeutung. Die fremden Gesandten kamen hierdurch in nicht geringe Verlegenheiten. Bisher waren sie daran gewöhnt, wenn sie am preußischen Hofe etwas durchsetzen wollten, sich an irgend einen einflußreichen Höfling oder Minister zu wenden, jetzt aber war Niemand mehr einflußreich.

Der dänische Gesandte, General-Lieutenant v. Prätorius, schrieb hierüber am 2 Oktober an seinen Hof:

„Um Ew. Excellenz einen richtigen Begriff von der neuen Herrschaft zu geben, so muß ich sagen, daß bis jetzt der König von Preußen schlechterdings alles selbst thut und daß, ausgenommen den Finanz-Minister v. Boden, der die Sparsamkeit predigt und damit ungemeinen, ja noch größeren Eingang findet, als unter der vorigen Regierung, Se. Majestät keinen Rath von irgend einem Minister leiden. ———

Ich habe viele Resolutionen und Antworten vom König gesehen; sie vereinigen lakonischen Ausdruck und bewunderungswürdigen Geschäftsblick. Unglücklicher Weise ist nicht Einer um den König, der Sr. Majestät ganzes Vertrauen hätte und dessen man sich bedienen könnte, um mit Erfolg die nöthigen Einleitungen zu machen. Daraus entspringt, daß, da gewisse Dinge sich nur mit Vorsicht und Umschweif behandeln lassen, ein Gesandter hier mehr desorientirt ist, als an jedem anderen Hofe, und nicht weiß, welchen Weg er nach dem Ziele hin einzuschlagen hat, zu welchem er gelangen soll und will."

Der dänische Gesandte hatte Recht. Nicht Einer besaß das volle Vertrauen des Königs. Die Freunde, mit welchen sich Friedrich bei der Tafel und Abends im Konzert auf's Freundlichste unterhielt, waren so wenig in die Geschäfte eingeweiht und hatten so wenig Einfluß, wie die Minister und die Generäle.

Friedrich herrschte allein, er trat in das Erbe des absoluten Königthums, welches ihm sein Vater hinterlassen hatte, mit vollster Energie ein; betrachtete er sich, seinen früheren Schriften gemäß, als den Vertreter des Volkes, so fiel es ihm doch nicht ein, die Macht, die ihm geworden war, mit Andern theilen zu wollen, am Wenigsten mit den Ständen, welche er in derselben Bedeutungslosigkeit ließ, die sie unter seinem Vater gehabt hatten.

Es findet sich mancher Widerspruch zwischen den Schriften Friedrichs und seinen Thaten. Vergeblich bemühen sich die parteiischen Lobredner des großen Königs, zu behaupten, er habe gerade im Interesse der Volksherrschaft die den Ständen zustehende Macht ihnen nicht gewähren können, wenn er nicht das ganze Volk zu Gunsten der Wenigen hätte unterdrücken wollen. Wenn die Unterdrückung der Stände in der That den Erfolg gehabt hat, daß das Bürgerthum dadurch erstarkt ist und der Adel seine alten Vorrechte verloren hat und wenn dies zum Theil Friedrichs Verdienst ist, so läßt sich doch nicht verkennen, daß er schwerlich die Macht der Stände in der Absicht, die des Bürgerthums zu heben, beschränkt hat, denn bei aller Freisinnigkeit war er doch noch tief in die ständischen Vorurtheile seiner Zeit verstrickt, weit mehr als sein Vater, dessen echt bürgerlicher Sinn von Geburtsvorzügen nichts wußte, der den Adel und alle leeren Titel gründlich verachtete. Friedrich wollte allein herrschen, deshalb konnte er den Ständen keine Macht einräumen, wie sehr er sonst auch gern den Adel begünstigte, denn nur in seinen Schriften war Friedrich ein Apostel der allgemeinen Gleichberechtigung, ein Verächter hoher Geburt. So sagt er im zweiten Theil seiner Werke:

"Mich dünkt, wenn von der Geschichte des menschlichen Geistes die Rede ist, verschwindet der Unterschied der Stände und Lebensarten; die Könige sind weiter nichts, als Menschen und alle Menschen sind einander gleich; denn wir haben hier nur im Allgemeinen die Eindrücke oder Veränderungen zu untersuchen, welche gewisse äußere Ursachen auf den menschlichen Geist bewirkt haben."

In einem Aufsatz über Erziehung äußerte er sich:

"Zwar wird in der Justiz, im Finanzwesen, im diplomatischen Fache und im Militair eine vornehme Geburt allerdings geehrt; aber gewiß wäre es um einen Staat geschehen, wenn Geburt Vorzüge vor Verdiensten hätte. Von einem so falschen, ungereimten Grundsatze würde eine Regierung, die ihn annähme, die unglücklichsten Folgen erfahren."

Dies waren schöne Worte, welche der Schriftsteller, der Philosoph für die Oeffentlichkeit bestimmte, der König aber nicht zur Richtschnur für seine Regierung nahm.

Schon in Küstrin hatte sich Friedrich mißfällig darüber geäußert, daß adlige Räthe einem bürgerlichen Präsidenten Rede stehen mußten. Als König zeigte er sofort seine Vorliebe für den Adel durch eine höchst ungerechte und harte Beseitigung von bürgerlichen Infanterie-Offizieren. Er entschuldigte später diese Bevorzugung des Adels folgendermaßen:

Es ist nöthiger, als man glaubt, diese Aufmerksamkeit auf die Wahl des Offiziers zu wenden, weil der Adel gewöhnlich Ehre hat. Man kann indeß nicht leugnen, daß man bisweilen auch bei Leuten ohne Geburt Verdienst und Talent findet aber das ist selten und in diesem Falle thut man gut, sie zu behalten. Aber im Allgemeinen bleibt dem Adel keine andere Zuflucht, als sich durch den Degen auszuzeichnen. Verliert er seine Ehre, so findet er selbst im väterlichen Hause kein Zuflucht, statt daß ein Bürgerlicher, wenn er Gemeinheiten begangen, ohne Erröthen das Gewerbe seines Vaters wieder ergreift und sich dabei nicht weiter entehrt glaubt."

Eine so kleinliche Denkweise überrascht uns bei einem geistreichen Fürsten, der seiner Zeit in vielen Ansichten voraus war, hier aber in den Vorurtheilen derselben befangen blieb.

Friedrich hatte sich mit unermüdlicher Thätigkeit den Regierungsgeschäften gewidmet. Trotz eines heftigen Fiebers, welches ihn im ersten Jahre seines Königthums vielfach plagte, war er doch nicht einen Augenblick müßig. Von Morgens 4 Uhr bis Nachmittags 5 Uhr blieb er in ununterbrochener Thätigkeit, nur der Abend war der Erholung gewidmet. Bald hielt er sich in Berlin, bald in Charlottenburg, bald in Potsdam auf, bald wieder machte er im Fluge weite Reisen, so im Juli nach Königsberg, um dort die Huldigung für Preußen entgegen zu nehmen.

Das Huldigungsfest in Berlin fand am 2. August 1740 statt.

Nach der Berliner Huldigung unternahm Friedrich am 15. August eine Reise nach Westphalen, bei welcher er incognito auch Straßburg besuchte und demnächst einen lang gehegten Wunsch, den berühmten Voltaire kennen zu lernen, durch eine Zusammenkunft mit demselben erfüllte.

Nach seiner Rückkehr begab er sich im Oktober mit seiner Gemahlin und einem Theil des Hofes nach Rheinsberg, um hier in der Zurückgezogenheit das lästige Fieber gründlich auszukuriren und sich durch heitere Feste zu zerstreuen. Inmitten derselben traf ihn eine Nachricht welche ihn zum thatkräftigsten Handeln aufforderte, ihm ein weites Feld zur Befriedigung seines Ehrgeizes eröffnete.

Der deutsche Kaiser, der Herrscher Oesterreichs, Kaiser Karl, war am 20. Oktober 1740 ohne männliche Nachkommen verstorben.

Drittes Kapitel.

Tod des Kaisers. — Die Lage Preußens. — Ehrgeiz des Königs. — Kriegserklärung. — Düstere Stimmung in Berlin. — Der alte Dessauer. — Friedrichs Abschiedsworte. — Der erste schlesische Krieg. — Rückkehr des Königs nach Berlin. — Großes Elend in Berlin. — Eine fürstliche Hochzeit. — Frieden. — Treulose Politik Friedrichs. — Der zweite schlesische Krieg. — Berlin von den Oesterreichern bedroht. — Bürgerbewaffnung. — Der Frieden. — Einzug des Königs in Berlin.

Friedrich lag krank im heftigsten Fieber, als der Kammerdiener des preußischen Gesandten am österreichischen Hofe, v. Borcke, Mittwoch, den 26. Oktober in Rheinsberg als Kourier anlangte, um die wichtige Nachricht vom Tode des Kaisers zu überbringen. Der Prinz August Wilhelm, der Graf v. Finkenstein,*) der Baron v. Pöllnitz, Graf Truchseß, Jordan, Bielfeld und der Kammerdiener Fredersdorf waren in großer Besorgniß, dem Kranken eine so wichtige Nachricht mitzutheilen; sie fürchteten, die Aufregung würde nachtheilig auf den König einwirken.

Fredersdorf erhielt endlich den wichtigen Auftrag, Friedrich vorzubereiten; aber er täuschte sich, wenn er glaubte, daß die Todesbotschaft einen tiefen Eindruck auf den Kranken machen werde. Der König äußerte kaum eine Bewegung, er stand indessen bald von seinem Lager auf, ließ den Kabinetsrath Eichel rufen und schrieb an den Kabinets-Minister v. Podewils und Feldmarschall Grafen v. Schwerin, denen er Befehl gab, auf's Schleunigste nach Rheinsberg zu kommen. Nach ihrer Ankunft gab es geheime Konferenzen, die Stunden lang dauerten. Friedrich speiste mit ihnen Mittags allein, ihnen entdeckte er seine Pläne für die Zukunft, Pläne, die längst in seiner Brust schlummerten, deren Ausführung er vorbereitet hatte, ohne daß irgend Jemand dies ahnte.

In wenigen Tagen hatte Friedrich mit seinen Ministern den festen Entschluß gefaßt, die preußischen Truppen nach Schlesien einrücken zu lassen. Die Minister kehrten nach Berlin zurück, in Rheinsberg aber dauerte das lustige Leben, wie es vorher geherrscht hatte, fort; Tanz und Musik, Schauspiel und andere Vergnügungen folgten sich in ununterbrochener Reihe; bis tief in die Nacht hinein schwärmte der fröhliche Hof, selten ging man vor 4 Uhr des Morgens auseinander. Bei Tage arbeitete Friedrich mit ununterbrochener Thätigkeit, des Abends aber gab er sich den Vergnügungen der Gesellschaft mit einer Munterkeit und geistvollen Laune hin, welche, wie der dänische Gesandte berichtete, die Abendgesellschaften entzückend machten.

Am 2. Dezember kehrte der Hof nach Berlin zurück und fuhr auch hier fort, sich zu belustigen, während Friedrich alle Vorbereitungen traf, um durch einen kühnen, schnellen Eroberungszug sich eine neue Provinz zu erwerben.

Ein schrankenloser Ehrgeiz erfüllte die Seele des jungen Fürsten, er war durchdrungen von der Begierde, sich den Ruhm eines großen, siegreichen Feldherrn in der Geschichte zu sichern. Er hat dies vielfach offen eingestanden. So schreibt er am 3. März 1741 an Jordan:

„Meine Jugend, das Feuer der Leidenschaften, Begierde nach Ruhm, selbst um Dir nichts zu verhehlen, die Neugierde und endlich ein geheimer Instinct haben mich der sanften Ruhe, die ich genoß, entrissen und das Vergnügen, meinen Namen in den Zeitungen und künftig auch in der Geschichte zu sehen, hat mich verführt."

Und ferner: „Was sind Strapazen, was sind Sorgen, was sind Gefahren im Vergleiche mit dem Ruhme? Er ist eine so tolle Leidenschaft, daß ich nicht begreife, wie er nicht Jedermann den Kopf verdreht!"

In der „Geschichte meiner Zeit" sagt Friedrich: „Friedrich I., als er Preußen zum Königreich erhob, hatte einen Keim des Ehrtriebes in seine Nachkommenschaft gelegt, der früher oder später Früchte tragen mußte. Die preußische Monarchie, die er seinen Nachfolgern hinterlassen hatte, war, wenn ich mich so ausdrücken darf, eine Art von Zwitter, die mehr nach dem Kurfürstenthume, als nach dem Königreiche schlug. Es war rühmlich, dies Wesen zu entscheiden und dies Gefühl war unstreitig eins von denen, welche den König in dem großen Unternehmen bestärkten, wozu so viele Beweggründe ihn einluden."

Keine Zeit konnte geeigneter sein, den Ehrgeiz Friedrichs zu befriedigen, als die unmittelbar nach dem Tode des Kaisers folgende.

Friedrich hatte von seinem Vater nur ein kleines Königreich geerbt, 2275 Quadratmeilen mit 2,240,000 Einwohnern, aber in demselben

---

*) Der Graf Finkenstein und Bielfeld eilten zusammen nach dem Schlosse. Als sie den Marktplatz überschritten, zeigte Finkenstein, der eine Vorahnung der künftigen Ereignisse hatte, auf die durch einen Brand des vergangenen Jahres zerstörten und noch nicht vollständig aufgebauten Häuser: „Ehe wir einen neuen Kaiser bekommen, — sagte er, — wird man manchen Hut ohne Kopf und manche Statt, wie diese hier, sehen." Er hatte prophetisch gesprochen, auch für sich selbst: den Degen in der Hand fand er unter den Augen des Königs bei Mollwitz den Tod.

eine Armee von 83,500 Mann, welche von der Gesammt-Einnahme des Landes von 7,372,000 Thalern nicht weniger als 5,977,000 Thaler jährlich verzehrte.

Diese preußische Armee war bis jetzt ein Gegenstand des Spottes für die Fürsten Europa's gewesen, weil Friedrich Wilhelm sie nicht zu ernsten Thaten, nur zur Parade geführt hatte. „Er spannt nur immer, drückt aber nicht los!" so höhnten die großen Höfe und schauten mit Mißachtung auf den kleinen König von Preußen. Friedrich war entschlossen, loszudrücken und er konnte dies thun, denn er besaß, Dank der Sparsamkeit, ja dem Geize Friedrich Wilhelms, einen wohlgefüllten Schatz, in welchem sich 8,700,000 Thaler befanden.

Ein lockendes Ziel lag für den Ehrgeiz Friedrichs offen, die Eroberung einer blühenden Provinz, Schlesiens.

Kaiser Karl hatte ein zerrüttetes Reich hinterlassen, in welchem ihm durch die pragmatische Sanktion mit zweifelhaftem Erbrechte seine mit dem Großherzog Franz Stephan von Toskana vermählte Tochter Maria Theresia folgte.

Von allen Seiten standen Feinde gegen die junge Fürstin auf und sie war schlecht gerüstet zum Kampfe gegen dieselben. 100,000 Gulden machten den ganzen österreichischen Staatsschatz aus, ihr Heer zählte, mit Ausnahme der Truppen, welche in Italien und in den Niederlanden unumgänglich nothwendig waren, kaum noch 30,000 Mann. Es war im schlechtesten Zustande, durch unglückliche Türkenkriege entmuthigt. In der Residenz, der Kaiserstadt Wien, herrschte bitterer Mangel an Lebensmitteln und von allen Seiten drohte dem Reiche Krieg; im eigenen Lande aber waren Aufstände zu besorgen, besonders war die Treue der Ungarn höchst zweifelhaft.

Der gefährlichste Feind Maria Theresia's war König Friedrich; er erinnerte sich nicht mehr der Darlehne und Geschenke, welche er als Kronprinz von dem verstorbenen Kaiser empfangen hatte, er sah nur die Schwäche der österreichischen Macht und den Erfolg, welchen ihm eine kühne Eroberung bringen konnte. Das preußische Haus besaß einen zweifelhaften Rechtsanspruch auf die schlesischen Herzogthümer Liegnitz, Brieg, Wehlau und Jägerndorf und diesen war Friedrich entschlossen, mit diplomatischer Feder, durch Unterhandlungen und mit Gewalt der Waffen geltend zu machen.

War die Forderung des Königs eine gerechte? Diese Frage ist fast müßig. Wer kümmerte sich in jener Zeit, wer kümmert sich noch heut um die Gerechtigkeit in der Politik? Der Schein des Rechts genügte dem kühnen Eroberer und diesen hatte Friedrich jedenfalls für sich, wenn er auch um Jahrhunderte, ja bis in das Jahr 1537 hinein in der Geschichte zurückgehen mußte, um diesen Rechtsschein aufrecht zu erhalten.

Jetzt schien Friedrich II. die geeignete Zeit gekommen, die alten, aus vergilbten Urkunden hervorgesuchten Ansprüche als sein Recht geltend zu machen, und wie verjährt und zweifelhaft sie auch sein mochten, er beschloß auf Grund derselben sich Schlesien zu erobern.

Um den Schein des Rechts auch in den Augen des Volkes zu wahren, wurde der Herr v. Ludwig, ein Staatsgelehrter, der schon seit 40 Jahren in Schriften und Vorlesungen die preußischen Ansprüche auf Schlesien erörtert hatte, nach Berlin berufen. Er erhielt den Auftrag, die Rechte des Königs in einer Abhandlung auseinander zu setzen. Diese erschien unter dem Titel: „Rechtsgegründetes Eigenthum des Königlichen Kurhauses Preußen und Brandenburg auf die Herzogthümer und Fürstenthümer Jägerndorf, Liegnitz, Brieg, Wehlau und zugehörige Herrschaften in Schlesien."

Zum Lohne für diese Schrift wurde Ludwig Kanzler des Herzogthums Magdeburg.

Nur wenige der vertrautesten Generale erhielten Mittheilungen über die Pläne Friedrichs, trotzdem aber wurde doch bald genug im Volke bekannt, daß irgend etwas Ungewöhnliches vorgehe, denn Magazine mußten eingerichtet werden und Truppenmärsche in den verschiedenen Gegenden des Reiches waren nothwendig.

Friedrich hatte mit vieler Schlauheit die Bewegungen der Truppen so eingerichtet, daß man an eine Rhein-Campagne dachte, daß das Gerücht entstand, der König wolle sein Reich in Westphalen vergrößern; — endlich aber wurde es doch bekannt, daß die preußischen Truppen sich an den schlesischen Grenzen zusammenzögen.

Der österreichische Gesandte in Berlin benachrichtigte den Wiener Hof von der Gefahr, in welcher Oesterreich stehe, aber der Staatsrath Maria Theresia's war nicht zu dem Glauben zu bringen, daß der kleine König von Preußen es wagen sollte, das mächtige Oesterreich anzugreifen; er ließ sich zu nichts Weiterem herbei, als einen neuen, zweiten Gesandten, den Marquis v. Botta, nach Berlin zu senden, der die Aufgabe erhielt, den König zu erforschen.

Der Marquis v. Botta war kaum in Berlin angelangt, als er schon Gewißheit davon erhielt, daß Friedrich in Schlesien operiren werde. Im Dezember hatte der König alle Truppen in Bereitschaft, um das kühne Unternehmen zu beginnen; er entsendete einen eigenen Gesandten, den Grafen v. Gotter, nach Wien, um der Form wegen Maria Theresia über die Abtretung Schlesiens Vorschläge zu machen, aber eben nur der Form wegen; denn er wußte sehr wohl, daß alle seine Vorschläge vom österreichischen Hofe zurückgewiesen werden würden.

Friedrich erbot sich, die sämmtlichen Länder des Hauses Oesterreich gegen alle Feinde der Kaiserin zu vertheidigen, seinen ganzen Einfluß darauf zu verwenden, daß der Gemahl der Kaiserin die deutsche Kaiserkrone bei der Neuwahl erhalte; dafür aber forderte er die Abtretung der gesammten schlesischen Provinzen gegen eine Entschädigung von zwei Millionen Gulden.

Graf Gotter hatte den Befehl erhalten, mit

seiner Reise zu zögern und erst dann in Wien einzutreffen, wenn die preußischen Truppen in Schlesien eingerückt seien, auch war ihm zu gleicher Zeit der Auftrag übergeben worden, der Kaiserin eine Kriegserklärung zu überreichen für den Fall, daß die Abtretung Schlesiens verweigert werden sollte.

Wie Friedrich es vorausgesehen, so geschah es.

Es fiel den österreichischen Staatsräthen nicht ein, eine so schöne Provinz ohne Krieg opfern zu wollen; sie verspotteten den königlichen Gesandten, indem sie ihm erwiderten: „Einem Fürsten, der als Reichs-Erzkämmerer dem Kaiser das Waschbecken hinhalten müsse, komme es nicht zu, der Tochter des Kaisers Gesetze zu geben!"

So blieb denn dem König, seiner Erwartung gemäß, zur Erreichung seiner Absicht, nur der Krieg übrig.

In Berlin herrschte, während die Armee nach Schlesien marschirte, eine gedrückte Stimmung; ein Krieg wurde vorbereitet, an welchem das Volk keinen Antheil nahm, für den es keine Sympathien hegen konnte, denn es war ja ein Eroberungskrieg, der nicht in dem Interesse des Volks, nur in dem des Königs, um seine Macht und seinen Länderbesitz zu erweitern, geführt wurde.

Die Berliner ahnten, daß ihnen eine schwere Zeit bevorstehe, sie hatten noch kein Vertrauen zu dem Feldherrn-Talent Friedrichs, sie fürchteten, daß der Fall Preußens die Folge dieses, wie sie glaubten, tollkühnen Unternehmens sein werde.

Eine ähnliche Stimmung herrschte auch unter den Offizieren und selbst der alte Dessauer schüttelte nicht nur mißbilligend das Haupt, sondern sprach sogar offen seinen Unmuth aus. Fürst Leopold hing am österreichischen Kaiserhause, Kaiser Karl war sein Gönner gewesen, hatte die schöne Anne Liese zur Fürstin gemacht, die Ebenbürtigkeit der mit der Apothekerstochter gezeugten Kinder anerkannt. Der Fürst war außerdem auch mißmüthig darüber, daß er, der allmächtige Vertraute Friedrich Wilhelms, gar nicht über diesen Feldzug zu Rathe gezogen worden war. Er äußerte sich vielfach offen darüber, der Krieg könne nicht gut enden, das kleine Preußen unmöglich den Kampf gegen das mächtige Oesterreich aufnehmen. Und seine Worte fanden Widerhall bei manchen ängstlichen Gemüthern, manch besorgtes Wort tönte bis in des Königs Arbeitszimmer hinein.

Friedrich entschloß sich kurz. Mit offenen Worten trat er den Aeußerungen des Fürsten von Anhalt entgegen. Ehe er selbst zur Armee abreiste, versammelte er die Offiziere der Garnison von Berlin und sprach zu ihnen:

„Ich unternehme einen Krieg, meine Herren, worin ich keine andern Bundesgenossen habe, als Ihre Tapferkeit und Ihren guten Willen. Meine Sache ist gerecht und ich vertraue dem Glück. Erinnern Sie sich stets des Ruhmes, den Ihre Vorfahren auf den Feldern von Warschau, Fehrbellin und auf dem preußischen Winterfeldzuge erworben haben. Ihr Geschick ist in Ihren Händen; Ehren und Belohnungen warten, daß Sie sie durch glänzende Thaten verdienen. Aber ich habe nicht nöthig, Sie zum Ruhm anzufeuern: er allein steht Ihnen vor Augen, er allein ist ein Gegenstand, Ihrer Bemühungen würdig. Wir werden Truppen angreifen, die unter dem Prinzen Eugen den größten Ruhm hatten. Dieser Prinz ist nicht mehr: dennoch wird der Sieg für uns nicht minder ehrenvoll sein, da wir uns mit so tapfern Soldaten zu messen haben. Leben Sie wohl! Reisen Sie ab! Ohne Verzug folge ich Ihnen zu dem Sammelplatze des Ruhmes, der unser wartet!"

Am 13. Dezember feierte man im königlichen Schlosse zu Berlin einen glänzenden Maskenball. Friedrich war der Frohesten einer, er mischte sich unter die Tanzenden; aber während Alles in höchster Lust war, während in den herrlich geschmückten Sälen die Masken bunt durcheinander wogten, verließ er heimlich das Fest, aus dem Maskenanzuge warf er sich in die Uniform und eilte nach Schlesien. Am 14. schon traf er in der Grenzstadt Crossen ein.

Wir müssen es uns leider versagen, Friedrich auf seinem Siegeszuge nach Schlesien zu verfolgen, denn die genauere Darstellung der Kriegsereignisse darf uns nur so weit beschäftigen, als diese direkt Berlin betrafen.

Strahlend vor Glück kehrte Friedrich, nach einem glücklichen Feldzuge, nachdem seine Truppen die Winterquartiere bezogen hatten, nach Berlin zurück. Das Volk empfing ihn jubelnd, es vergaß die Leiden, welche ihm das Jahr 1741 gebracht hatte und doch waren diese groß genug gewesen.

Im Anfange des Jahres 1741 herrschte in Berlin eine wahrhaft entsetzliche Noth. Durch die Baulust Friedrich Wilhelms waren viele fremde Tagelöhner zum Aufbau der Friedrichsstadt nach Berlin gezogen worden, der Verdienst derselben hörte mit dem Bauzwange nach dem Tode des Königs auf. Hierzu kam eine Theuerung, die Folge eines harten Winters. Die Noth, welche der Krieg durch die Durchmärsche der Soldaten und durch den Zwang, die Weiber und Kinder der im Felde Befindlichen zu ernähren, verursachte, wurde endlich so groß, daß in Berlin mehrere Menschen den Hungertod starben.

Mit dem Sommer hatte sich die Noth etwas gemindert; schlimm genug aber war sie auch im Herbst 1741.

Am Hofe des Königs wußte man wenig vom Elend der Armen. Hier war Alles voll Glück und Heiterkeit und das Jahr 1742 begann mit einer glanzvollen Feierlichkeit, welche an die Feste zur Zeit Friedrichs I. erinnerte.

Am 7. Januar fand die Vermählung des ältesten Bruders des Königs, August Wilhelm, der den Titel eines Prinzen von Preußen führte, mit der Prinzessin Louise von Braunschweig-Wolfenbüttel statt, zu der sich trotz des immer noch nicht beendeten Krieges eine große Zahl vornehmer und fürstlicher Gäste eingefunden hatte.

Lustbarkeiten und Feste jagten sich, jeder Tag brachte neuen Glanz.

Der Herr von Bielfeld hat uns in seinen Briefen eine interessante Schilderung dieser Festlichkeiten hinterlassen; er kann nicht genug von der Pracht derselben erzählen. Sämmtliche Zimmer des Schlosses waren am Hochzeitstage erleuchtet, im weißen Saale hatte man unter einem Thronhimmel von karmoisinrothem, mit Gold verziertem Sammet den Altar errichtet. Die Festgäste waren im höchsten Schmuck, von allen Seiten sah man Silber, Gold, Perlen und Diamanten glänzen.

Nach der Trauung wurde eine wahrhaft königliche Mahlzeit gehalten und dann der übliche Fackeltanz getanzt, bei dem die Musiker auf dem silbernen Chor saßen.

Nach der Beendigung des Tanzes führte der König den Prinzen von Preußen, die Königin die Prinzessin in ihre Zimmer. Die Neuvermählten legten ein zierliches Negligée an, dann öffneten sie die Thür des Schlafgemachs und der Hof trat in dasselbe.

Die Prinzessin lag auf einem Bett von karmoisinrothem Sammet, welches reich mit Perlen verziert war, der Prinz saß im Schlafrock und mit einer Nachtmütze versehen auf dem Kopfkissen. Die vertrauten Freunde des Prinzen überboten sich an Witz und in nicht gerade zarten Scherzen, die aber ein Ende hatten, als der Prinz das Strumpfband seiner jungen Gemahlin zerschnitt und unter die Umstehenden vertheilte, dann den König umarmte und die Gesellschaft verabschiedete.

Die Hofherren blieben noch bis 3 Uhr Morgens zusammen bei einer Abendmahlzeit, bei der man, wie Bielfeld sagt, mehr als ein gestrichenes Glas auf das Waffenglück der Neuvermählten trank.

Am folgenden Tage versammelte sich der Hof gegen 6 Uhr Abends in der großen Galerie, die Damen und Kavaliere erschienen im Domino, aber ohne Gesichtsmasken; Bielfeld allein trug ein reiches geschmackvolles Kostüm, denn ihm war eine eigenthümliche Rolle zuertheilt, die, der Prinzessin den Strohkranz zu überreichen und dazu eine Rede zu halten, in welche er — so war nach Bielfelds Mittheilung des Königs ausdrücklicher Befehl — einige schlüpfrige Scherze einfließen lassen sollte.

Die Feierlichkeit der Strohkranz-Ueberreichung fand nach 9 Uhr, nach dem Abendtische, statt. Zwölf junge Kavaliere gingen, jeder eine angezündete Fackel in der Hand tragend, Bielfeld voran, ihnen folgte ein schlesischer Edelmann, der Baron v. Mobrach, der auf einer goldenen Schüssel einen kunstreich verfertigten und mit mehreren kleinen Wachskindern geschmückten Strohkranz trug.

Der Hof hatte sich in einem Halbzirkel aufgestellt, Bräutigam und Braut standen in der Mitte, der König und die Königin ihnen zur Seite. Die 12 Kavaliere führten einen Fackeltanz auf, eine Pantomime, welche auf die Vermählung Bezug hatte, dann hielt Bielfeld seine Rede und da der König sehr mit derselben zufrieden war und stark in die Hände klatschte, so mag sie wohl der schlüpfrigen Scherze genugsam enthalten haben.

Nach Beendigung der Rede setzte der Baron v. Mobrach der Prinzessin den Strohkranz auf das Haupt, diese indessen war damit wenig zufrieden, sie riß ihn schnell ab und warf ihn dem Prinzen zu.

Ein großartiges Feuerwerk, dem der Hof aus den Fenstern zusah, eine glänzende Beleuchtung Berlins, bei der sich die guten Bürger nach Kräften bemühten, ihren Patriotismus durch zierliche Flammen-Inschriften zu zeigen, ein prächtiger Ball bis tief in die Nacht hinein beschlossen das Fest des Tages.

Große Opern und Soupers, sowie andere Festlichkeiten boten auch an den folgenden Tagen eine reiche Abwechslung.

Von dem Jubel seines lustigen Hofes eilte Friedrich bald wieder dem Kriegsschauplatz zu. Am 18. Januar 1742 verließ er Berlin und ging über Dresden nach Prag. Der Feldzug des Jahres 1742 wurde durch den Sieg entschieden, den Friedrich am 17. Mai über den Bruder des Kaisers Franz, den Herzog Karl von Lothringen, bei Czaslau und Chotusitz in Böhmen erkämpfte. Schon am 11. Juni wurde in Folge dessen der erste schlesische Krieg durch den Frieden von Breslau, in welchem Preußen fast ganz Schlesien nebst der Grafschaft Glatz unabhängig von der böhmischen Krone erhielt, beendet.

Es war ein gewaltiger Jubel in Berlin, als am 30. Juni auf allen öffentlichen Plätzen der Friede ausgerufen wurde und als nun der König am 12. Juli in die Stadt zog, wurde er mit nicht endenwollenden Lebehochs empfangen.

Was der Krieg gekostet hatte, daran dachte das Volk in jenem Augenblicke nicht, nicht daran, daß der Schatz Friedrich Wilhelms aufgezehrt sei, daß sich nur noch 150,000 Thaler im Schlosse zu Berlin befanden, nicht an die folgenden Kriege, welche die Eroberung einer Provinz mit sich führen mußte, nur an den glücklich vollendeten Feldzug.

Friedrich aber schaute in die Zukunft, er wußte, daß der Frieden nur eine Zeit der Erholung sein werde, welcher nothwendig und bald ein neuer Krieg folgen müsse; deshalb rüstete er für diesen, während er sich scheinbar ganz den Freuden des Friedens hingab.

Der Hof des Königs war der Mittelpunkt für wissenschaftliche und künstlerische Bestrebungen, hier versammelten sich die bedeutendsten Gelehrten und Schriftsteller; Konzerte, Opern, fröhliche Feste jagten einander und oft wurde bei denselben die Pracht des glänzendsten Königshofes aufgeboten, wie z. B. bei der am 7. Juli 1744 stattfindenden Vermählung der Schwester des Königs, der Prinzessin Ulrike, mit dem schwedischen Thronfolger Adolph Friedrich.

Während diese Feste aber den Hof und das Volk von Berlin beschäftigten, vermehrte Friedrich seine Armee und traf alle Zurüstungen zu einem neuen Kriege mit Oesterreich, denn er fürchtete und wohl mit vollem Recht, daß Maria Theresia ihr liebes Schlesien zurückverlangen werde, sobald sie irgend dazu die Macht habe.

Das Glück hatte sich seit dem Frieden mit Preußen den österreichischen Waffen wieder zugewendet. Frankreich und Baiern hatten entscheidende Niederlagen erlitten und für Maria Theresia war ein mächtiger Verbündeter in dem König Georg II. von England gewonnen worden. Was Friedrich von diesem Bündniß in Beziehung auf Schlesien zu erwarten hatte, verrieth ihm ein aufgefangener Brief Georgs II. an Maria Theresia, in welchem der König schrieb: „Madame, was genommen werden konnte, kann zurückgenommen werden."

Auch noch einen andern Bundesgenossen hatte Oesterreich erworben.

Der sächsische Minister, Graf Brühl, der längst im Solde der Kaiserin Maria Theresia stand, wußte es dahin zu bringen, daß sein König ein Bündniß mit derselben schloß und so stand denn plötzlich wieder die österreichische Macht in voller Glorie, der Feind war überall geschlagen, Maria Theresia die Siegerin!

König Friedrich beobachtete die Erfolge Oesterreichs mit ernster Besorgniß. Er war davon überzeugt, daß Maria Theresia, sobald sie von ihren übrigen Feinden befreit sein werde, das im Frieden von Breslau abgetretene Schlesien sicher zurückfordern würde; aber er hatte Frieden geschlossen und wenn ihm auch geheime Mittheilungen überbracht wurden von bösen Absichten der Kaiserin, so gab ihm dies noch kein Recht, den Frieden zu brechen, da keine äußere Veranlassung dazu vorlag.

Kein Recht? — Wohl glaubte er ein Recht zu haben und zwar das der Staatsklugheit, das der Nothwehr! Maria Theresia fragte sicherlich wenig nach geschriebenen, im Friedenstraktat enthaltenen Rechten, wenn die Zeit kam, daß sie dieselben brechen konnte! Hatte sie doch damals, als sie Schlesien übergeben mußte, weinend ausgerufen: „Ich verliere den schönsten Edelstein aus meiner Krone!" So oft ein Schlesier an den Hof nach Wien kam, brachen auf's Neue die Thränen der Königin hervor.

Sollte jetzt Friedrich warten, bis Oesterreich, ohne einen andern Feind, im Stande war, ihm das durch so theures Blut eroberte Land wieder abzunehmen? — Das konnte, das wollte er nicht!

Friedrich hatte sich den großen Kurfürsten zum Muster genommen, auch in der gewissenlosen Politik desselben. Um einen geschlossenen Vertrag und ein gebrochenes Wort kümmerte er sich, wenn Staatsrücksichten es erforderten, wenig, die politische Zweckmäßigkeit war der Grundsatz, nach dem er handelte und den er später in seinen Schriften mit glatten Worten zu beschönigen versucht hat, indem er in der 1746 geschriebenen Einleitung zur „Geschichte meiner Zeit" sagte:

„Unsere Pflicht ist es, für das Wohl unseres Volkes zu wachen: sobald wir indeß finden, daß ein eingegangenes Bündniß für dasselbe gefährlich oder gewagt ist, so müssen wir es lieber brechen, als unser Volk bloßstellen: Hierin opfert sich der Fürst für das Wohl seiner Unterthanen auf."

Dies Opfer der gewöhnlichen menschlichen Moral brachte Friedrich durch den Bruch des Vertrages mit Oesterreich. Er entschloß sich, dem Angriff Maria Theresia's zuvorzukommen. Den versammelten Ministern trug er seine Absichten vor; die furchtsamen Räthe aber waren sämmtlich der Ansicht, daß nichts von Seiten Oesterreichs zu befürchten sei, ja sie fügten bedenklich hinzu, durch neue Rüstungen werde der König Maria Theresia herausfordern.

Da rief ihnen Friedrich entgegen: „Beim Zögern und Stillsitzen können wir nichts gewinnen, wohl aber Alles verlieren; kommen wir unsern Feinden zuvor und erklären ihnen den Krieg, dann wird ein ehrenvoller Untergang sicherlich immer einer ehrenlosen Unterwerfung ohne Vertheidigung vorzuziehen sein!"

So kühn Friedrich sich zum Kriege entschlossen hatte, so wollte er denselben doch nicht beginnen, ohne sich Verbündete erworben zu haben. Deshalb suchte er ein Bündniß der norddeutschen Fürsten zu Stande zu bringen, aber dies gelang ihm nicht: nur einen Bundesgenossen konnte er gewinnen und zwar Frankreich.

Am 5. Juni 1744 wurde ein Offensiv-Bündniß mit dem Erbfeinde Deutschlands auf 12 Jahre abgeschlossen und ohne vorhergegangene Kriegserklärung ließ nun Friedrich seine Armee nach Sachsen marschiren; am 15. August rückten 80,000 Mann Preußen in Böhmen ein.

Der Feldzug war nicht so glücklich, wie der frühere.

Friedrich stand ohne Bundesgenossen den mächtigen Feinden gegenüber, denn auf Frankreich konnte er nur wenig rechnen. — Ganz auf seine eigenen Kräfte angewiesen, mußte er alle Mittel aufbieten, um dem drohenden Sturm begegnen zu können. Der Staatsschatz hatte schon durch die bedeutenden Opfer des vergangenen Krieges sehr gelitten, da scheute sich der König nicht, das Silbergeräth im Berliner Schlosse anzugreifen; die herrlichen Kronleuchter, ein prachtvoller silberner Musikantenchor aus dem Rittersaale, alle die schönen, aus gediegenem Silber verfertigten Schmuckgegenstände, Tischplatten, Kamingeräthe ꝛc. wanderten in die Münze, wo sie zu baarem Gelde umgeprägt wurden.

In dunkler Nacht ließ der königliche Kämmerer durch zwölf Heyducken die Schätze aus dem Schlosse entführen und in Kähne laden, damit das Volk nicht muthlos gemacht werde, wenn es erfuhr, daß der König genöthigt sei, das herrliche Silbergeräth anzugreifen, welches der Stolz seines Vaters, Friedrich Wilhelms I., gewesen war.

Im zweiten Kriegsjahr 1745 war das Glück der Waffen Friedrich günstig. Mit dem am 30. September über den Prinzen von Lothringen bei Sorr erkämpften glänzenden Sieg glaubte er den Feldzug für das Jahr 1745 beendet zu haben; er ließ seine Truppen in die Winterquartiere rücken und kehrte selbst nach Berlin zurück.

Am 8. November traf Friedrich in seiner Residenz ein; er hielt mit seiner Garde du Corps einen Triumphzug durch die Straßen; die dem Feinde in dem Feldzuge abgenommenen Kanonen, die österreichischen Fahnen und Feldzeichen, die Trophäen der glücklichen Schlachten bei Hohenfriedberg und Sorr, wurden von den einziehenden Truppen dem jubelnden Volke zur Schau gestellt.

Es herrschte eine Freude in Berlin, so groß, als sei der Krieg vorüber. Niemand dachte daran, daß er nach diesen Siegen auf's Neue und mit nicht unbedeutenden Gefahren für die Hauptstadt selbst entbrennen könne.

Abends war große Festlichkeit bei der Königin-Mutter, aber noch in derselben Nacht erhielten plötzlich die Truppen wieder Befehl zum Aufbruch. Kouriere waren in Berlin angelangt und diese hatten dem König wichtige Nachrichten gebracht. Es wurde ihm verrathen, daß die Oesterreicher mit 80,000 Mann auf 5 verschiedenen Punkten die Preußen angreifen wollten und daß ein Korps von 20,000 Mann unter dem General Grün von dem Erzgebirge aus direkt auf Berlin losgehen werde, um sich der Hauptstadt zu bemächtigen.

Da war für Friedrich kein Bleibens mehr in Berlin. Nach 2 Tagen verließ er die Hauptstadt, um sich wieder zur Armee zu begeben. Als er im Wagen saß, zeigte er dem Volke die fröhlichste Miene, die heiterste Zuversicht, er scherzte mit seinem Bruder und dem General v. Rothenburg, nahm lustigen Abschied und fuhr dann mit Blitzesschnelle davon. Die Berliner aber dachten nicht, wie der König. Das Gerücht, daß eine österreichische Armee im Anzuge auf die Stadt sei, hatte sich unter den Bürgern verbreitet, Jedermann wußte es und Jedermann fürchtete die Schrecken des Krieges, von denen Berlin so viele, viele Jahre verschont gewesen war.

Auch der König war trotz seiner heiteren Miene nicht ganz ohne Sorge. Dies ging daraus hervor, daß 500 Pferde bereitgestellt wurden, um den königlichen Hof und das Archiv bei einem etwaigen Anmarsch der Oesterreicher so schnell wie möglich nach Stettin zu retten.

Von allen Seiten kamen Nachrichten nach Berlin, daß der Feind heranrücke und so unglaubwürdig und übertrieben diese Nachrichten auch waren, so fanden sie dennoch Glauben und verbreiteten Schrecken.

Die Besatzung der Stadt war nur gering, zum Theil bestand sie aus ganz uneingeübten Rekruten und wenn auch der König erlaubt hatte, daß für den Nothfall das erste Bataillon Garde aus Potsdam requirirt werden dürfe, so war die Besatzung auch mit dieser Verstärkung noch immer unzureichend, um die Hauptstadt gegen den Feind zu vertheidigen.

Der Kommandant General Graf v. Haack fand es daher zweckmäßig, die Bürger zu bewaffnen und diese erfüllten die Wehrpflicht mit frischem, frohem Muth, welchen man den waffenentwöhnten Berlinern wohl schwerlich hätte zutrauen können. 16,000 Bürger standen in wenigen Tagen unter den Waffen und waren regelrecht in Kompagnien eingetheilt, die Gewehre waren aus dem Zeughause geliefert worden.

Berlin bot damals den Anblick eines Kriegslagers dar; auf allen freien Plätzen fanden die Waffenübungen der Kompagnien statt, welche mit dem höchsten Eifer von den kriegslustigen Berlinern vorgenommen wurden.

Der Kommandant Graf v. Haack und die übrigen anwesenden Offiziere machten einen Vertheidigungsplan; die Stadt wurde in 4 Quartiere eingetheilt und die Plätze wurden bezeichnet, auf denen die Garnison und die Bürgergarde sich bei dem ersten Kriegslärm versammeln sollte.

Berlin war damals nur noch zur Hälfte befestigt, den anderen Theil der Stadt umzog die hohe Mauer, welche indessen keineswegs geeignet war, einer Belagerung zu widerstehen. Es wurden deshalb vor jedem Thore Redouten errichtet und mit Kanonen bepflanzt, selbst innerhalb der Stadt wurde eine Redoute gegen den etwa eindringenden Feind aufgeworfen. Hinter der Stadtmauer errichtete man hölzerne Gerüste für die Soldaten und Bürger, die von diesen aus über die Mauer wegfeuern sollten. Gräben wurden jenseits der Mauer gezogen und Brustwehren gebaut. Die Bürger halfen bei allen diesen Arbeiten so eifrig, daß schon in 14 Tagen die neue Befestigung fertig war, freilich eine Befestigung, die bei der Größe der Stadt nicht ausreichen konnte, die Belagerung gegen eine feindliche Armee längere Zeit auszuhalten, die aber immerhin gegen einen plötzlichen Ueberfall Schutz bot.

Drei Wochen waren seit der Abreise des Königs verflossen. Patrouillen von Dragonern und Jägern hatten täglich weithin die Gegend durchforscht, ohne irgend einen Feind wahrnehmen zu können. Aber die Furcht vor einem feindlichen Ueberfall war dennoch nicht gewichen, denn es fehlte in Berlin an allen Nachrichten, sowohl vom Freunde als vom Feinde, man hatte in langer Zeit nichts vom König gehört. Da verbreitete sich plötzlich eines Abends in Berlin die Kunde, der General Grün rücke im Sturmmarsch gegen die Stadt vor und werde in wenigen Tagen eintreffen.

Eine allgemeine Aufregung war die Folge dieser Nachricht. Die Bewohner der Vorstädte flüchteten in die Stadt, viele reiche Bürger verließen Berlin, um ihr Eigenthum in Sicherheit zu bringen. Auf den Straßen herrschte ein wilder

Wirrwarr, alle Plätze waren mit Reisewagen, Karren, Fuhr- und Packwagen bedeckt. Laute Klagen ertönten von Denen, die keine Pferde finden konnten, um ihr liebes Leben und ihr Hab und Gut in Sicherheit zu bringen; nur der eigentliche Bürgerstand schaute der Gefahr muthig entgegen. Die Handwerker, welche die Waffen ergriffen hatten, bereiteten sich vor, sie zu gebrauchen.

Drei Tage lang dauerte dieser Zustand der Angst in Berlin, fortwährend kamen schlimmere Nachrichten, dann aber machte der Schrecken einer ungemessenen Freude Raum.

Der Minister Graf Podewils erhielt einen Brief, dessen Inhalt sich mit wunderbarer Schnelle in Berlin verbreitete. Am 23. November waren die Sachsen bei Katholisch-Hennersdorf geschlagen worden!

Nun folgte eine gute Nachricht der anderen. Der König hatte Bautzen genommen, der Herzog Karl von Lothringen war nach Böhmen zurückgegangen und der alte Dessauer in Sachsen eingedrungen. Jede dieser Nachrichten wurde mit Jubel von den Berlinern aufgenommen.

Zum Enthusiasmus aber stieg die Freude, als eines Abends der Marquis v. Descouville, der Kammerherr der Königin, der den Krieg als Freiwilliger mitmachte, als Kourier in Berlin eintraf, um der Königin zu berichten, daß der Fürst von Anhalt-Dessau bei Kesselsdorf einen glänzenden Sieg erkämpft habe.

Der Marquis war Abends gegen 8 Uhr an das Thor gekommen; da es schon dunkel war, hatte er sich 40 Postillone mit Wachsfackeln aus der Stadt holen lassen, um an der Spitze derselben seinen Einzug zu halten.

Das Gerücht von dem Siege flog durch Berlin; in einem Augenblick waren die Fenster in sämmtlichen Straßen, durch die der Marquis seinen Weg nach dem Schlosse nehmen mußte, erleuchtet; vor allen Thüren brannten Freudenfeuer.

Der Frieden war die Frucht der neuen Siege. Am 25. Dezember wurde derselbe in Dresden unterzeichnet. Maria Theresia leistete in demselben dem König Gewähr für alle seine Staaten, selbst für Schlesien, Friedrich dagegen garantirte Oesterreich sämmtliche Besitzungen in Deutschland und erkannte den zum Kaiser von Deutschland erwählten Gemahl Maria Theresia's, Franz I., als Kaiser an.

Am 29. Dezember, Nachmittags 2 Uhr, traf Friedrich in Berlin ein.

Sobald die Bewohner der Hauptstadt erfahren hatten, auf welchen Tag die Rückkehr des Königs festgesetzt sei, wurden die glänzendsten Anstalten zum Empfange desselben getroffen. Vom frühen Morgen des 29. an läuteten sämmtliche Glocken in der Stadt, die Bürger-Kompagnien traten unter die Waffen und stellten sich in doppelten Reihen vom Stadtthore bis zum Portal des Schlosses auf; eine Frei-Kompagnie der jungen Kaufleute zeichnete sich durch eine weiße Fahne aus, auf der ein brennendes Herz mit der Inschrift: „sic ardet pro rege!" (so brennt es für den König) befindlich war.

Der Jubel des Volkes war unermeßlich. Sämmtliche Fenster in allen Straßen, durch welche der Sieger kommen mußte, waren dicht von Menschen erfüllt, man hatte die Dachziegel von den Häusern abgenommen und bis auf die First hinauf sahen die jubelnden Zuschauer.

In den Straßen selbst war ein Gedränge zum Ersticken, nur im langsamen Schritt konnte der königliche Wagen vorwärts fahren. Unaufhörlich rief das Volk: „Es lebe der König! Es lebe Friedrich der Große!" denn diesen Namen hatte es bereits dem König gegeben.

Frauen und Mädchen streuten Blumen auf den Weg, aus den Fenstern wurden Lorbeerkränze geworfen, die wahrhaft herzliche Freude der Bürger war so groß, daß Friedrich durch dieselbe tief gerührt wurde. Mit vor Glück strahlendem Angesicht grüßte er fortwährend aus dem Wagen und bat nur die Umstehenden: „Ich bitte Euch, meine Kinder, erdrückt Euch nicht, nehmt Euch nur in Acht, daß Euch die Pferde nicht verletzen, daß Euch kein Leid geschehe."

Sobald der König aus dem Wagen stieg, um sich in sein Zimmer zu begeben, donnerte eine dreifache Salve aus den Gewehren der Bürger-Kompagnien, dann defilirten diese unter dem Lärm der Trommeln mit wehenden Fahnen an den Fenstern des Königs vorüber.

Sobald es dunkel wurde, strahlte abermals die Stadt im hellsten Lichterschmuck; auch in den Fenstern der Aermsten brannten einige Kerzen, denn an diesem Tage wollte Jeder zeigen, daß er die allgemeine Freude theile. Die wohlhabenderen Bürger hatten sich in der festlichen Beleuchtung ihrer Häuser überboten, an vielen prangten Bilder, die in Flammenzügen alle möglichen Inschriften trugen. Einige wurden besonders bewundert und belacht, denn der Berliner Witz bewährte sich auch bei dieser Illumination.

Da sah man an einem Hause das Bild des Generals Grün, der von österreichischen Husaren begleitet war; die Oesterreicher ritten sämmtlich auf Krebsen, im Hintergrunde erblickte man die Stadt Berlin, unter dem Bilde die Inschrift:

Der General Grün
Will so nach Berlin."

Während das Volk jauchzte, während es durch die Straßen wogte und den König unter donnerndem Freudengeschrei hoch leben ließ, hatte Friedrich eine traurige Pflicht zu erfüllen. Kaum in der Stadt angekommen, wurde ihm die Schmerzensnachricht, daß sein alter geliebter Lehrer Duhan im Sterben liege.

Der königliche Wagen fuhr durch die glänzend erleuchteten Straßen, auf dem Werder bog er in eine Winkelgasse, die heutige Adlerstraße, ein hier verließ Friedrich den Wagen, um den alten theuren Freund noch einmal zu sehen. Er nahm Abschied von ihm für ewig; am folgenden Tage starb Duhan.

Die ganze Nacht dauerte der Festesjubel in Berlin. Auf allen Straßen knatterten die Gewehre, denn in dieser Nacht duldete die Polizei das Freudenschießen der Bürger. Erst als der Tag anbrach, legten sich die Berliner zur Ruhe.

Drei Tage später gab der König im Opernhause ein Friedensfest; es bestand in einem Maskenball, zu welchem Jedermann Zutritt hatte. Reichlich besetzte Büffets waren für die Eß- und Trinklustigen aufgestellt, das ganze Haus war im Innern mit Wachskerzen, von außen mit Lampen erleuchtet; auf dem Opernplatz stand ein Tempel des Janus, hinter dem ein prächtiges Feuerwerk abgebrannt wurde.

Der Ball dauerte bis zum Morgen und die Masken fanden den Wein des Königs so gut, daß sie demselben reichlich zusprachen. Es mag wohl bei dem Feste etwas stürmisch zugegangen sein, denn als Friedrich den Ball verließ und in den Gängen des Opernhauses gar zu viel Betrunkene besinnungslos liegend fand, meinte er, ich werde den Spaß nicht wiederholen. Auch erzählt uns der Herr von Bielfeld, dem wir die genaue Schilderung dieser Festestage verdanken, daß er am folgenden Mittage der Zuschauer eines seltsamen Schauspiels gewesen sei.

Aus dem Opernhause kamen zwei als Schäferinnen gekleidete Damen, welche die ganze Nacht in dem Hause zugebracht hatten; durch den Wein übermannt, waren sie in einem Winkel eingeschlafen und aus Versehen eingeschlossen worden. Beim Erwachen hatten sie Lärm gemacht, der Thürhüter erlöste sie; aber nun mußten sie am hellen Mittage in ihren Maskengewändern auf die Straße wandern.

Die Berliner Gassenbuben, die zu allen Zeiten die Gleichen gewesen sind, hatten nicht sobald die schönen Masken zu Gesicht bekommen, als sie dieselben auch umringten und sie schreiend und zischend begleiteten. Der Unfug wurde so arg, daß die Armen in die nächste Hauptwache flüchten mußten.

Viertes Kapitel.

Der siebenjährige Krieg. — Graf Haddick von Berlin. — Straßenkämpfe. — Einnahme der Stadt. — Die Vivatbänder. — Kriegsnoth. — Abnahme der Bevölkerung von Berlin. — Tottleben vor Berlin. — Vertheidigung Berlins — Der patriotische Kaufmann Gotzkowsky. — Einzug der Russen in Berlin. — Gotzkowsky's Thätigkeit. — General Lascy. — Leiden Berlins während der russischen Besetzung. — Abzug der Russen. — Gotzkowsky's Reise in's russische Feldlager. — Große Noth in Berlin. — Der Hubertsburger Frieden. — Friedensfestlichkeiten. — Vereitelte Einholung des Königs in Berlin.

Der Krieg war beendet. Friedrich konnte sich jetzt wieder ganz der Sorge für sein Land überlassen. Er konnte Reformen ins Leben rufen, welche er für die Entwicklung Preußens als unumgänglich nothwendig betrachtete. Er that es mit rastlosem Eifer. Wir werden in späteren Kapiteln Gelegenheit haben, auf die Friedensthätigkeit des Königs, so weit sie für die Geschichte Berlins von Bedeutung ist, näher einzugehen, auch das Hofleben Friedrichs, sein Verhältniß zu Verwandten und Freunden wird uns dann beschäftigen. Wir übergehen daher für jetzt die Zeit des Friedens und wenden uns zur Erzählung der Ereignisse des siebenjährigen Krieges, insofern dieselben Berlin betreffen.

Die großartige Regierungs-Thätigkeit Friedrichs hatte seinen Namen in ganz Deutschland, ja in ganz Europa berühmt gemacht; er wurde betrachtet als der Träger neuer Ideen, in allen Ländern schaute das Volk mit Liebe und Achtung auf den großen König. Schon dadurch wurde Friedrich den übrigen Fürsten gefährlich; verhaßt aber wurde er ihnen durch seinen Witz, durch seine Spottsucht, welcher er in kleinen Kreisen sich ungezügelt überließ. Auch in seinen Schriften äußerte er sich mit beißendem Spott über das Maitressen-Regiment in Paris, wo König Ludwig XV. oft eine Unzahl schamloser Liebesverhältnisse auf einmal hatte, wo er der berüchtigten Marquise v. Pompadour die Regierung überließ; über das eheliche Verhältniß Maria Theresia's, welche über ihren Gemahl, den Kaiser Franz I., unerbittlich den Pantoffel schwang; über die liederliche Wirthschaft in Petersburg, über das unzüchtige Leben der Kaiserin Elisabeth.

Die unversöhnlichste Feindin Friedrichs war die Kaiserin Maria Theresia; sie dachte fortwährend an ihr herrliches Schlesien; ihr höchster Wunsch war, das schöne Land wieder zu gewinnen, welches jetzt von dem ketzerischen Preußenkönig beherrscht wurde.

Schon am 29. März 1746 unterzeichneten Maria Theresia und Elisabeth von Rußland ein Bündniß, welches hauptsächlich gegen Friedrich gerichtet war. Wichtiger aber als die Bundesgenossenschaft mit Rußland erschien der Kaiserin die mit Frankreich.

Bisher hatte Frankreich stets Oesterreich feindlich gegenüber gestanden und noch bestand ein Bündniß zwischen Friedrich und Ludwig XV. Die Aufgabe der österreichischen Politik mußte es sein, dies Bündniß zu lösen. Graf Kaunitz reiste selbst nach Versailles, um dafür thätig zu sein.

Je mehr sich Oesterreich um die französische Allianz bemühte, je weniger schien es Friedrich auf dieselbe anzukommen; er war längst eines Bundesgenossen überdrüssig, der sich im Kriege nur lau gezeigt hatte, deshalb wendete er sich einem andern Bündnisse und zwar dem mit England zu.

Das frisch und kräftig in dem Inselreich emporblühende Staatsleben zog ihn an und er glaubte in England für die Zukunft einen mächtigen Bundesgenossen, einen natürlicheren als in Frankreich, zu finden.

Das Bündniß mit Preußen wurde vom englischen Volke mit wahrhafter Begeisterung aufgenommen. England, als ein Inselreich hauptsächlich auf die Seeherrschaft angewiesen, glaubte im Königreich Preußen niemals einen Nebenbuhler, wohl aber einen treuen Freund zu finden und deshalb wurde das Bündniß vom Volke so freudig begrüßt.

Am 16. Januar 1756 fand die Unterzeichnung des Bundesvertrages in London statt. England und Preußen leisteten sich gegenseitig für ihre Länder in Deutschland (England besaß Hannover) Gewähr und verpflichteten sich, den deutschen Reichsboden gegen fremde Truppen zu vertheidigen. Durch diesen Vertrag mit England hatte Friedrich das französische Bündniß von selbst gebrochen und die Folge davon war der feste Abschluß eines Bundes zwischen Oesterreich und Frankreich.

Dadurch hatten sich denn plötzlich die politischen Verhältnisse Europa's umgestaltet; während Frankreich bisher der entschiedenste Feind Oesterreichs gewesen war, während seit vielen Jahren die Herrscher Frankreichs das Bestreben gehabt hatten, die habsburgische Macht zu zertrümmern, wurden Oesterreich und Frankreich Bundesgenossen und das Oesterreich stets freundliche England ein Feind dieses Landes.

Oesterreich und Frankreich rüsteten mächtig gegen Preußen; Schweden war nur zu sehr geneigt, diesem Bunde beizutreten, um sich durch Pommern zu vergrößern. Mit Sachsen schwebten fortwährend Unterhandlungen und König August III. von Polen, der Kurfürst von Sachsen, wurde durch den ganz in österreichischem Solde und Interesse stehenden Grafen Brühl hart gedrängt, ebenfalls offen dem Bunde gegen Preußen beizutreten.

Friedrich hatte sich eine genaue Kenntniß von allen gegen ihn spielenden Umtrieben verschafft, freilich nicht eben auf eine edle Weise; aber in jener Zeit fragte man wenig nach den Mitteln, welche bei der herrschenden betrügerischen Kabinetspolitik anzuwenden waren.

Der preußische Gesandte zu Dresden hatte einen Kanzlisten der geheimen Kabinetskanzlei durch Bestechung gewonnen, ihm den Briefwechsel, der zwischen Petersburg, Wien und Dresden geführt wurde, zu verschaffen, dem Kanzlisten waren sogar Nachschlüssel zur Oeffnung der Schränke aus Potsdam geschickt worden und so erfuhr denn Friedrich stets auf das Schnellste, was gegen ihn im Werke war, da er auch in Wien und Petersburg Spione besoldete.

Die erhaltenen Nachrichten stellten es unzweifelhaft fest, daß ein gefährlicher Krieg dem Ausbruch nahe sei; Friedrich traf deshalb alle Vorkehrungen, um in jedem Augenblick zum Kampfe fertig zu sein, ja selbst den Kampf zu beginnen, wenn es nöthig sein sollte.

Zum Schein versuchte er, sich mit Oesterreich in Unterhandlungen einzulassen; durch seinen Gesandten ließ er anfragen, was die großen Rüstungen in Böhmen zu bedeuten hätten, er bat um eine offene Erklärung über den Zweck derselben; die Antwort war natürlich eine höchst unbestimmte. Auch eine zweite Anfrage, sogar eine dritte, wurde ebenso unbestimmt beantwortet.

Damit glaubte der König der Form genug gethan zu haben; längst war er entschlossen, den Krieg zu beginnen, ehe seine Feinde sich vereinigen könnten. Er war sich wohl bewußt, daß er sich in einer furchtbaren Lage befinde; er allein stand dem ganzen Europa gegenüber, denn auf eine Theilnahme Englands an einem Landkriege konnte er nur wenig rechnen. Er hatte den Entschluß gefaßt, zu siegen oder ehrenvoll zu sterben. Deshalb trug er auch während des ganzen Krieges stets Gift bei sich, um durch dasselbe im unglücklichsten Fall seinem Leben ein Ende zu machen.

Am 29. August 1756 überschritt der König mit 60,000 Mann wieder ohne eine vorhergegangene Kriegserklärung die sächsische Grenze — — der siebenjährige Krieg hatte begonnen. Jener Krieg, der so unendlich reich ist an den wunderbarsten Wechselfällen des Glücks.

Heut sehen wir Friedrich als ruhmgekrönten Sieger, morgen als Flüchtling, heut auf der Zinne des Glücks, morgen am Rande des Verderbens; heut scheint der König von Preußen berechtigt, der Welt Gesetze vorzuschreiben, morgen drohen seine Staaten auseinander zu fallen, scheint Preußen unrettbar verloren, die Beute fremder Mächte!

Auch Berlin wurde schwer betroffen durch den siebenjährigen Krieg. Die Residenz, welche so viele Jahre keinen Feind in ihren Mauern gesehen hatte, mußte zwei Mal einer feindlichen Armee ihre Thore öffnen.

Das erste Kriegsjahr 1756 übte noch keinen besondern Einfluß auf die Residenz aus. Zwar konnte es nicht fehlen, daß durch die Entfernung des Königs und sämmtlicher Prinzen, die sich ebenfalls zum Heere begaben, sowie durch die Abwesenheit der zahlreichen Garnison das Leben in Berlin weniger geräuschvoll wurde, als es bisher gewesen war; da aber die Königin-Mutter sowohl als die regierende Königin in der Residenz blieben, so bildeten diese doch immer noch den Mittelpunkt eines königlichen Hofes. Handel und Wandel verminderten sich zwar, doch noch nicht in bedeutendem Maße. Die angefangenen Bauten dauerten fort und eine Fluth von Staatsschriften, welche gerade damals erschien, trug sogar wesentlich dazu bei, durch die Erhöhung des buchhändlerischen Verkehrs neues Leben in die Hauptstadt zu bringen.

Friedrich hatte auch diesmal, wie bei Eröffnung der schlesischen Kriege, es für nothwendig gefunden, seinen plötzlichen Einmarsch in Sachsen durch gelehrte Federn rechtfertigen zu lassen. Die Rechte Preußens auf Schlesien, die historische Darstellung der früheren Kriege, die Darlegung der Nothwendigkeit für den König, gegen das ihn bedrohende Bündniß der mächtigsten Staaten Europa's zuerst die Waffen zu ergreifen, beschäftigten die Presse und das Berliner Publikum belagerte die Buchläden, sobald eine neue Schrift über die allgemein interessanten Tagesfragen erschien. Der später berühmt gewordene Minister, der damalige Legationsrath v. Herzberg war der Verfasser der meisten Schriften, welche die Gerechtsame des Königs und die verderblichen Absichten seiner Feinde für das Volk ins rechte Licht stellten. Außerdem aber fanden sich noch manche andere geschickte Federn, welche für diesen Zweck thätig waren.

Die Fluth der politischen Schriften erweckte unter den Berliner Bürgern den Sinn für die höheren Interessen des Staats. In allen Bierstuben wurde politisirt und häufig genug mehr, als es nothwendig war. Mit brennender Begierde erwarteten die Berliner Nachrichten von der Armee und diese Begierde wurde noch durch die geheimnißvolle Weise, mit der Friedrich den Krieg führte, erhöht.

Bei der Armee war jeder Briefwechsel über die kriegerischen Angelegenheiten streng untersagt und die Berliner erfuhren daher vom Schicksal der preußischen Waffen nur Dasjenige, was die Zeitungen darüber verkündeten und die oft falschen Gerüchte, die sich in den Bierstuben verbreiteten.

In dem ersten Kriegsjahre jubelte man aller Orten in Berlin, denn die Waffen des Königs waren siegreich. Desto schwerer aber wurde die Sorge im Jahre 1757 und gar manche politische Hellseher prophezeiten damals den Untergang des preußischen Staats.

Friedrichs Glück im Jahre 1756 rief alle seine Feinde zur angestrengtesten Thätigkeit. Als im Frühjahr 1757 nach der Winterruhe der Feldzug von Neuem begann, da bedrohten 100,000 Russen die Grenzen Ostpreußens, 100,000 Franzosen die Rheinlande, 50,000 Schweden das preußische Pommern und außerdem standen 200,000 Oesterreicher und die vom Kaiser aufgebotene deutsche Reichsarmee von 60,000 Mann gegen Friedrich unter den Waffen, mehr denn 500,000 Feinde, denen der König nicht mehr als etwa 200,000 seiner Krieger entgegen stellen konnte.

Das Glück wendete sich jetzt; zwar erkämpften die Preußen in der Schlacht bei Prag einen durch den Tod des Feldmarschalls Schwerin theuer erkauften Sieg, diesem aber folgten verlorene Schlachten, die bedeutendsten bei Collin und Groß-Jägerndorf. Auch die den Preußen verbündeten Engländer mußten vor den Franzosen weichen und ihre Niederlage hatte die Konvention zu Kloster Seeven zur Folge, welche die westphälischen Länder und die Mark dem Feinde bloßlegte.

Ein kühner österreichischer General, Graf Haddick, benutzte diese Zeit, um der Hauptstadt Preußens einen unwillkommenen Besuch zu machen.

Am 16. Oktober 1757 erschien er mit einem Streifkorps von kaum 7000 Mann vor Berlin. Die Garnison der Stadt war nur schwach, denn Friedrich brauchte alle seine Soldaten auf dem Kampfplatz. Sie bestand aus 2 Bataillonen des Garnison-Regiments v. Langen, aus dem Berlinischen Land-Regiment v. Lüderitz und einer Anzahl von Rekruten und sächsischen Ueberläufern, auf welche nicht viel zu rechnen war. Der Kommandant dieser unbedeutenden, nicht mehr als 30 0 Mann zählenden Heeresmacht war der General-Lieutenant v. Rochow.

Rochow hatte schon mehrfach durch Flüchtlinge die Nachricht erhalten, daß die Oesterreicher sich der Stadt naheten, aber mit unbegreiflichem Leichtsinn wies er alle Warnungen von sich und behauptete, an einen Ueberfall der Hauptstadt durch die Oesterreicher sei nicht zu denken. Er unterließ es, irgend welche Anstalten zu einer Gegenwehr zu machen und die Berliner waren daher in vollständige Sicherheit eingelullt.

Erst am Morgen eines Sonntags, den 16. Oktober, kamen Boten über Boten, welche das Herannahen der Oesterreicher meldeten. Jetzt erst entschloß sich der Herr v. Rochow, im Lustgarten eine Lärmkanone aufzustellen, das schlesische, Kottbusser und Halle'sche Thor mit Piquet-Wachen zu versehen und so wenigstens Anstalt zu treffen, daß die Stadt nicht ganz unvorbereitet überrumpelt werden könne.

In den Straßen wogten die Volksmassen auf und nieder, da aber kein Oesterreicher sich sehen ließ, so ging man wie gewöhnlich in die Kirche, bis plötzlich die Nachricht sich verbreitete, General Haddick sei mit einem ungeheuren Heere vor der Stadt.

Im schlesischen Busche, jenem Erlenholze, welches sich noch bis vor gar zu langer Zeit vom schlesischen Thore an bis fast nach Treptow hin ausbreitete, lagerten die Oesterreicher so versteckt, daß man unmöglich ihre Stärke beurtheilen konnte. Sie begannen sofort durch einen Ueberfall der Wachen das Gefecht und zwar mit Glück, denn die schwachen preußischen Piquets mußten sich in die Stadt zurückziehen. Weiter drang der Feind vor, es gelang ihm, am schlesischen Thore die Pallisaden zu zertrümmern und die Brücke des Oberbaums, die aufgezogen war, zu zerschießen. So drang er in die Stadt und vermochte eine vortheilhafte Aufstellung auf jenem weiten Felde, welches innerhalb der Mauern zwischen dem schlesischen und Kottbusser Thore lag, dem sogenannten Köpnicker Felde, zu nehmen.

General Haddick ließ jetzt die Stadt zur Uebergabe auffordern. Es wäre die Pflicht des Commandanten von Berlin gewesen, entweder die Stadt bis zum letzten Mann zu vertheidigen oder eine möglichst günstige Kapitulation zu schließen. Der Herr v. Rochow aber kümmerte sich um keines von beiden, und glaubte nur eine Aufgabe zu haben, die, die Königin sicher nach Spandau zu bringen. Er hatte sich deshalb mit einem

Theil der Besatzung den königlichen Wagen angeschlossen und war nach Spandau gerückt, vorher aber hatte er dem Major von Tesmar den Befehl gegeben, dem Feinde entgegen zu rücken.

Dies geschah. Die wenigen Kompagnien des Laugen'schen Regiments stellten sich den Oesterreichern gegenüber auf; da es ihnen an Reiterei und Artillerie fehlte, waren sie unvermögend, dem Feinde zu widerstehen.

Der österreichische General Baboczai ritt vor die Front und forderte den Major v. Tesmar auf, die Waffen zu strecken, da jeder Widerstand fruchtlos sei und nur unnützes Blutvergießen herbeiführen werde; er bat den Major v. Tesmar, er möge sich, um seine Leute zu schonen, gefangen geben. Statt jeder Antwort kommandirte der Major Feuer, eine Gewehrsalve streckte den General Baboczai entseelt vor der Fronte nieder.

Mit grimmiger Wuth eilten die Oesterreicher, den Tod des braven Offiziers zu rächen; in wenigen Augenblicken hatten sie die Preußen umzingelt, unbarmherzig hieben sie ein. Da wurde keine Gnade gegeben, die kleine Schaar wurde zusammengehauen, nur Wenige entkamen dem Gemetzel.

Der Feind rückte nun weiter vor, bis zur Brücke der Roßstraße, dort stand der Husaren-Oberst Grumnow mit einem Kommando von der Garnison und einer Kanone. Er hatte sämmtliche Brücken der Stadt aufziehen lassen und sich in Vertheidigungszustand gesetzt. Ein österreichischer Offizier wurde an ihn entsendet, um ihn zur Uebergabe aufzufordern.

Der Oberst nahm die Sache ziemlich kaltblütig, er bot dem Offizier freundlich eine Prise Tabak an, dann wendete er sich zu seinen Soldaten und fragte:

„Kanoniere, habt Ihr noch Pulver und Kugeln?"

Als er eine bejahende Antwort erhielt, fragte er weiter:

„Habt Ihr Lust, Euch zu wehren?"

„Bis auf den letzten Mann!" riefen die Soldaten.

„Nun, Herr Kamerad, — fuhr der Oberst, sich zu dem Offizier wendend, ruhig fort — da haben Sie die Antwort, bringen Sie dieselbe getrost Ihrem General."

General Haddick hatte keine besondere Lust, sich in ernstere Kämpfe einzulassen. Er wußte sehr wohl, daß er den augenblicklichen Erfolg nur der Unkenntniß der Berliner zu danken habe; hätten diese geahnt, wie schwach seine Macht war und daß ihnen Hilfe nahe sei, dann würden sie bald mit dem Feinde fertig geworden sein.

Der General legte sich daher auf's Unterhandeln; er forderte von dem Magistrat eine starke Kontribution,*) zuerst Millionen, aber er ließ sich handeln. Er war endlich mit 200,000 Thalern zufrieden. Kaum hatte er diese Summe theils in Wechseln, theils in baarem Gelde erhalten, so zog er sich zurück, sehr zur rechten Zeit, denn schon am 18. rückten die grünen Husaren des Fürsten von Anhalt in Berlin ein. Sie jagten dem Feinde nach, ohne indessen große Erfolge erzielen zu können, nur einige 60 Mann Gefangene und einen Geldwagen vermochten sie ihm wieder abzunehmen.

Das Volk von Berlin war wüthend über den Kommandanten. Hätte der Herr v. Rochow sie nicht feige im Stiche gelassen, hätte er kräftige Anstalten zur Gegenwehr getroffen und, wie früher der Graf Haacke, die Bürger selbst zu den Waffen gerufen, dann würde niemals das kleine Streifkorps des Generals Haddick Berlin haben überrumpeln können. Man schimpfte brav gegen Rochow, den man einen Verräther nannte und wo derselbe sich auf den Straßen sehen ließ, da wurde er auf's Gröblichste insultirt.

Berlin war diesmal mit unbedeutenden Opfern vom Feinde befreit worden; aber welches Schicksal die Stadt erlitten haben würde, wenn die Oesterreicher sich nicht so schnell zurückgezogen hätten, das zeigten einzelne Beispiele ihrer Grausamkeit und Raublust. In der Köpenicker Vorstadt, welche ihnen 12 Stunden preis gegeben war, hatten sie erbarmungslos geplündert und auch in der Stralauer Vorstadt waren einzelne Häuser von ihnen ausgeraubt worden; sie hatten dabei mehrere Mordthaten begangen, so wurde z. B. der alte Geheimrath v. Stosch von ihnen ermordet, nachdem sie seinen Geldkasten geplündert hatten.

Bald nach dem Abzug der Oesterreicher erhob sich der gesunkene Muth der Hauptstadt wieder zu voller Höhe, denn die Siegesnachricht von Roßbach traf ein. Die französischen Gefangenen wurden nach der Residenz gebracht und am 13. November verherrlichte ein großes Dankfest, welches in allen Kirchen abgehalten wurde und bei dem während des Te Deums eine dreifache Salve der in dem Lustgarten aufgestellten Kanonen donnerte, den großen Sieg Friedrichs.

Noch größer war die Freude der Berliner, als am 7. Dezember Abends 30 Postillone mit brennenden Fackeln, Tusch blasend, in die Stadt einzogen und dann der Sieg bei Leuthen verkündigt wurde. Da war das Entzücken allgemein, die ganze Stadt brannte im hellsten Lichterglanze, Freudenschüsse knatterten auf den Straßen, auf allen Plätzen brannte man Kanonenschläge ab und alle Welt schmückte sich mit den sogenannten Vivatbändern, welche damals in Mode kamen.

---

*) Man erzählt, daß Graf Haddick von der Berliner Kaufmannschaft außer dem baaren Gelde auch ein Kistchen mit 24 Paar feinen Damen-Handschuhen für die Kaiserin gefordert und erhalten habe. Der Kaiserin sollen indessen die Handschuhe nicht von besonderem Nutzen gewesen sein, denn als die Kiste aufgemacht wurde, fand man, daß sämmtliche Handschuhe nur auf die linke Hand paßten.

Es waren seidene Bänder von den verschiedensten Farben, welche mit Gedichten bedruckt waren und die Bildnisse des Königs, der siegreichen Generale und anderer beliebten Personen trugen; man machte sich diese Bänder gegenseitig zum Geschenk und trug sie zur Schau; von den Männern wurden sie wie Ordensbänder im Knopfloch getragen.

Während in den folgenden Jahren die preußischen Waffen mit abwechselndem Glück kämpften, war in Berlin eine Zeit der Ruhe eingetreten. Die Hauptstadt wurde nicht mehr als auch die übrigen Städte des Landes vom Kriege belästigt, manche Einwohner hatten sogar Vortheil von demselben, indem Kaufleute und Handwerker sich bei den Lieferungen für die Armee betheiligten und indem die Gastwirthe nicht unbedeutende Summen von den vornehmen Gefangenen, die in der Residenz lebten, einnahmen. Solche Vortheile aber flossen immer nur Einzelnen zu, die große Masse seufzte unter dem Drucke der Lasten, welche jeder Krieg mit sich führt und welche um so drückender wurden, je länger die Kriegsnoth dauerte. Wie der Handel und Wandel mehr und mehr sank, wie das Volk im ganzen Lande mehr verarmte, so auch in Berlin.

Die Einwohnerzahl der Hauptstadt nahm ab, statt sich zu vermehren, denn viele reiche Leute hatten sich aus Berlin entfernt, um in andern Ländern größere Sicherheit für ihr Vermögen zu finden. Auch die Arbeiterbevölkerung verringerte sich, denn von den Gesellen, denen das darniederliegende Handwerk keine Nahrung mehr gewährte, war gar Mancher unter die Soldaten gegangen. Die Abnahme der Bevölkerung zeigte sich besonders der Friedrichsstadt sehr nachtheilig; in dem neugebauten Stadttheil waren viele Häuser unbewohnt, in andern lag wüstes Gesindel oder dieselben waren erfüllt mit Weibern und Kindern der im Felde Kämpfenden und ein furchtbares Elend herrschte daselbst.

Der Werth der Häuser ging herunter, denn wer konnte in solcher Zeit die Miethe zahlen? Die Hausbesitzer suchten zu verkaufen, um sich nur den lästigen Einquartierungen, welche durch die vielen Durchmärsche erzeugt wurden, zu entziehen.

Noch größer wurde die Noth der Hauptstadt, als im Oktober 1760 abermals der Feind vor den Thoren derselben erschien.

Der Kommandant von Berlin, der General-Lieutenant v. Rochow, hatte Nachricht erhalten, daß ein russisches Korps unter General Graf v. Tottleben sich der Residenz nahe; wie früher aber glaubte er auch diesmal nicht an die Wahrheit solcher Berichte, traf keine Vorbereitungen und die Bewohner Berlins wurden daher traurig überrascht, als Tottleben an einem Freitage, den 3. Oktober 1760, an der Spitze von etwa 5000 Mann Russen von der schlesischen Seite her, vor dem Thore der Stadt eintraf und die Besatzung zur Uebergabe aufforderte.

Nur etwa 1500 Mann preußischer Truppen lagen in der Residenz! Da war guter Rath theuer, denn mit einer so kleinen Macht schien es um so weniger möglich, dem Feinde widerstehen zu können, als sich voraussehen ließ, daß dieser bald bedeutende Verstärkungen an sich ziehen würde.

Der General v. Rochow hätte vielleicht ohne Weiteres eine Kapitulation mit dem Feinde abgeschlossen, aber dem widersetzten sich zwei hohe preußische Offiziere, welche sich zufällig in Berlin aufhielten, der General-Feldmarschall v. Lehwald und der kühne General v. Seydlitz, der zwar verwundet und noch nicht geheilt war, aber vor Begierde brannte, den Kampf mit dem Feinde fortzusetzen. Auf ihren Rath beschloß der Kommandant, die Aufforderung zur Uebergabe abzuweisen und die Stadt mit der geringen Besatzung zu vertheidigen, in der Hoffnung, bald von den nahe liegenden preußischen Truppen Hilfe zu erhalten.

Graf Tottleben war über die Abweisung seines Vorschlags sehr aufgebracht. Er ließ sofort 6 Kanonen und einige Haubitzen auffahren und von Nachmittags 2 Uhr an begann er die Stadt zu beschießen. Sein Angriff geschah von dem Halle'schen und Kottbuser Thor aus.

Die Berliner Garnison antwortete mit ihren Geschützen und das Häuschen Soldaten wehrte sich unter der Führung der Generale v. Lehwald, v. Seydlitz und v. Knoblauch so tapfer, daß es den Feind von jedem Fortschritt abhielt und ihn sogar nöthigte, gegen 5 Uhr Abends mit der Beschießung der Stadt aufzuhören.

Bei Zehdenick stand ein preußisches Korps unter dem Prinzen von Württemberg. Dorthin hatte man Eilboten gesendet, man hoffte deshalb auf baldige Hilfe.

Gegen 9 Uhr Abends begann von Neuem das Geschützfeuer der Russen und zwar mit erhöhter Wirkung. Die Haubitzen schleuderten Feuerkugeln, welche mit langen Pech- und Schwefelkränzen versehen waren, in die Stadt; eine davon zündete sofort ein Haus in der Lindenstraße neben dem Kammergericht an und erregte dadurch einen gewaltigen Schreck unter den Bürgern Berlins.

Glücklicher Weise herrschte Windstille, so daß das Feuer sich nicht weiter verbreiten konnte. Die Bürger eilten zum Löschen herbei und bald gelang es, die Flammen zu unterdrücken. Die übrigen Kugeln fielen meistens in den Straßen oder vor den Gärten wirkungslos nieder, so daß die anfänglich so gefahrdrohende Beschießung mit Feuerkugeln sich ziemlich unschädlich erwies, wenn auch in der Linden- und Markgrafen-Straße an manchen Häusern die Dächer, die Schornsteine und Fenster ein wenig zerschossen wurden.

Die Angst der Bürger in der Friedrichsstadt war freilich groß; die Bewohner der den Thoren zunächst gelegenen Häuser eilten mit Weib und Kind und den Habseligkeiten, die sie fortschaffen konnten, nach dem andern Ende der Stadt; die Sturmglocken heulten, die Feuertrommeln wirbelten, die Nachtwächter bliesen auf ihren Hörnern den Nothruf, dazwischen hörte man das Weinen und Jammern der Flüchtlinge. Es war für die Berliner eine Nacht der Angst und Noth und diese wuchs noch, als plötzlich die Russen mitten in der Nacht einen Sturm begannen.

So gering an Zahl die Besatzung war, so tapfer vertheidigte sie sich unter der Führung der Generale v. Lehwald und v. Seydlitz. Drei Mal hinter einander wurde der Feind mit bedeutenden Verlusten zurückgeschlagen; er verlor mehr als 200 Mann, während die Vertheidiger nicht mehr als 60 Todte und Verwundete zu beklagen hatten.

Graf Tottleben wurde es endlich müde, seine Leute nutzlos ins Feuer zu führen; er zog sich nach seinem auf den Anhöhen von Tempelhof belegenen Lager zurück und auch das Geschützfeuer hörte auf.

Am 4. Oktober, Mittags nach 1 Uhr, langte endlich die gehoffte Hilfe vom Herzog von Württemberg an, etwa 6—8000 Mann trafen zur Verstärkung der Besatzung von Berlin ein und jetzt war diese dem Feinde gewachsen, wenn auch die einmarschirten Hilfstruppen augenblicklich vom übertriebenen Marsche so ermüdet waren, daß sie Ruhe nöthig hatten, ehe sie zu kämpfen vermochten.

Mit lautem Jubel wurden die Freunde in der Noth von den Bürgern empfangen und reichlich mit stärkenden Lebensmitteln versehen. Ein angesehener Kaufmann, Gotzkowsky, der sich stets, wenn es das Wohl der Stadt galt, durch eine besondere Thätigkeit und Opferfreudigkeit auszeichnete, hatte in Verbindung mit dem Juwelier Baudisson umfassende Vorbereitungen zur Verpflegung der Hilfstruppen getroffen. Eine große Zahl von Ochsen wurde geschlachtet, 100 Tonnen Bier und Branntwein und mehrere Tausend Brote wurden sofort nach dem Opernhause geschafft, um unter die Soldaten vertheilt zu werden.

Der Feind ließ nichts weiter von sich hören; der Abend und die Nacht vergingen und als der Morgen kam, da wurde zur größten Freude der Berliner verkündet, General Tottleben habe sich über Köpenick zurückgezogen. Sofort wurden früh Morgens am 5. Truppen ausgesendet, um die Russen zu verfolgen. Sie fanden das Feld jedoch leer, nur hier und da trafen sie auf Pikets, die zu schwach waren, um einem Angriff zu widerstehen. Mit einigen Gefangenen kamen sie nach Berlin zurück und verkündeten, daß die Stadt von dem befürchteten Ueberfall befreit sei.

Der Jubel war groß, aber zu früh. Schon gegen Abend kam die Nachricht, daß General Tottleben sich in Köpenick festgesetzt habe, um Verstärkungen zu erwarten. Kosackenschwärme streiften bis ganz in die Nähe von Berlin umher. Sie hatten Friedrichsfelde und Lichtenberg mit Plünderungen heimgesucht und von Frankfurt her nahte, wie der Landrath v. Rüßler, der in der Residenz eintraf, meldete, ein starkes russisches Armeekorps unter General Tschernitscheff.

Am frühen Morgen des 6. wurde ein kleines Korps zur Rekognoszirung ausgesendet; es kam mit dem betrübenden Bericht zurück, daß nicht nur General Tottleben wieder auf Berlin anrücke, sondern daß auch General Tschernitscheff mit seiner Armee Friedrichsfelde bereits erreicht und das Dorf ausgeplündert habe.

Jetzt war das Entsetzen groß. Von allen Vorstädten eilten die Bewohner in das Innere der Stadt. Viele Landleute aus den umliegenden Dörfern kamen nach Berlin, weil sie hier eher eine Sicherheit vor den plündernden Kosacken zu finden glaubten, als in den offenen Dörfern.

Der Prinz von Württemberg beschloß, sich trotz der überlegenen Macht des Feindes zu vertheidigen. Die Thore wurden mit starken Wachen besetzt und die übrig bleibenden Truppen in zwei Korps getheilt, deren eins vor das Hallesche Thor, das andere vor das Frankfurter Thor nach Lichtenberg zu ausrückte, um dem weitern Vordringen des Feindes Einhalt zu thun. Es gelang dem erstern Korps, die schwachen feindlichen Vorposten zurückzutreiben, sich auf den Anhöhen von Tempelhof festzusetzen und dort die Nacht zu kampiren.

Das zweite Korps hatte gegen die Avantgarde der Tschernitscheff'schen Armee einen ziemlich heißen Kampf in der Nähe von Lichtenberg zu bestehen, ein starker Platzregen bei einbrechender Nacht beendete indessen das Gefecht und die Preußen konnten sich auch hier festsetzen.

Wieder kam eine bange Nacht. Am folgenden Tage, am 7., so hörte man, würde der Feind mit aller Macht gegen die Stadt vorrücken. Zu gleicher Zeit traf auch eine Freudenbotschaft ein. Der General-Lieutenant v. Hülsen war mit 20 Bataillonen und 30 Esladronen von Sachsen aus bei Zehlendorf angelangt und dadurch konnte die Höhe der Besatzung Berlins auf etwa 15 bis 16,000 Mann gebracht werden.

Um 8 Uhr Morgens begann am 7. der Kampf mit einer heftigen Kanonade. Die geängstigten Berliner zählten mitunter in der Minute 30 Schüsse und als nun gegen 9 Uhr das Gewehrfeuer sich der Stadt näherte und sich dadurch zeigte, daß die Preußen zurückgedrängt seien, da war der Schrecken groß. Von 1 Uhr ab kamen aber bessere Nachrichten.

Die Russen unter General Tottleben waren zurückgeschlagen, mehrere Kanonen und verschiedene Gefangene wurden von Siegern nach Berlin gebracht.

Gefährlicher aber war der Angriff des Feindes von Lichtenberg her. Dort hatte General Tschernitscheff seine Armee von 20—22,000 Mann über Schönhausen nach Weißensee zu, wo die feindliche Reiterei stand, aufgestellt. Die Kosacken schwärmten in regellosen Zügen auf den Feldern umher und machten den preußischen Husaren viel zu schaffen. Der Prinz von Württemberg kommandirte hier; er konnte sich auf einen Angriff nicht einlassen, bis gegen Mittag 12 Uhr ihm Verstärkung von dem Hülsen'schen Korps aus kam.

General Tschernitscheff hatte inzwischen Nachricht von dem Verluste Tottlebens empfangen, er vermied deshalb ein entscheidendes Treffen und der Kampf beschränkte sich daher auf leichte Kavallerlegefechte und eine Kanonade. Gegen 6 Uhr Abends hörte er ganz auf und Tschernitscheff zog sich nach Friedrichsfelde und Köpnick zurück.

Schon gaben sich die Berliner der süßen Hoffnung hin, es sei ein entscheidender Sieg erfochten, die Russen würden sich in einen weiteren Kampf nicht einlassen, nachdem der erste Versuch mißlungen war; da traf plötzlich der Prinz von Liechtenstein nebst einem österreichischen Trompeter in der Stadt ein und verkündete, daß der österreichische General Lascy mit 18,000 Mann vor dem Hallischen Thore angelangt sei; der Prinz forderte im Namen des Generals die Stadt zur Uebergabe auf.

Der Prinz von Liechtenstein wurde mit verbundenen Augen durch Berlin zu dem vor dem Landsberger Thore sich befindenden Prinzen von Württemberg geführt, um diesem persönlich die Nachricht von dem Eintreffen der Oesterreicher zu überbringen. Mit athemloser Spannung harrten die Berliner auf die Entscheidung, welche der Befehlshaber der Besatzung treffen würde, aber sie harrten vergeblich, noch wurde eine Entscheidung nicht getroffen; sie hörten nichts von dem Ausgange der Unterhandlungen.

Am folgenden Morgen fürchtete man einen größern Kampf, aber dieser wurde unmöglich gemacht, weil gegen 8 Uhr sich ein fürchterlicher Sturm erhob, der den heftigen Platzregen den Soldaten in die Gesichter peitschte, so daß diese kaum vor sich zu sehen vermochten, Freund und Feind wurden gleich von ihm betroffen und fanden die Zeit nicht günstig zum Kampfe. Es blieb bei einer Kanonade ohne Wirkung.

Der Prinz von Württemberg hatte unterdessen Kriegsrath mit seinen Offizieren gehalten und erkannte, daß es unmöglich sein werde, die Hauptstadt längere Zeit gegen den weit überlegenen Feind zu halten. Die alten Festungswerke, soweit dieselben noch bestanden, waren gänzlich unzureichend, die Hälfte der Stadt hatte gar keine Festungswerke mehr, sie war nur von einer Mauer umgeben und diese konnte in ihrer weiten Ausdehnung unmöglich gegen einen etwaigen Sturm mit Erfolg vertheidigt werden. Mit 15—16,000 Mann eine große offene Stadt gegen 45,000 Feinde halten zu wollen, wäre eine Thorheit gewesen und hätte für die Bewohner der Residenz nur die Schrecken des Krieges in ihrer grauenhaftesten Gestalt, eine schonungslose Plünderung, zur Folge gehabt. Der Prinz beschloß daher, sich nach Spandau zurückzuziehen und dieser Rückzug gelang, das fürchterliche Unwetter begünstigte ihn.

Die preußischen Soldaten zogen stillschweigend durch die Straßen Berlins, so daß selbst die Bürger ihren Auszug nicht ahnten. Es wurde ihnen möglich, ungehindert nach Spandau zu kommen; nur ein kleiner Theil des Nachtrabes wurde in der Gegend des Invalidenhauses von den verfolgenden Russen angegriffen und erlitt geringe Verluste.

Während die Besatzung nach Spandau zog, saß in der Nacht vom 7. Oktober der Magistrat auf dem Rathhause und berathschlagte, was in dieser gefährlichen Lage zu thun sei. Die Väter der Stadt waren rathlos: sollten sie sich den Oesterreichern, sollten sie sich den Russen übergeben? Welcher Feind war der minder Gefährliche; von welchem durften sie bessere Bedingungen erwarten? Sie beschlossen, den Rath des Mannes einzuholen, der sich in den letzten Tagen in unermüdlicher Thätigkeit für das Wohl seiner Mitbürger bewährt hatte, des Kaufmanns Gotzkowsky.

Um 2 Uhr Nachts wurde Gotzkowsky nach dem Rathhause geholt. Hier fand er die Mitglieder des Magistrats in der größten Bestürzung. Von einem weitern Widerstande war natürlich nicht mehr die Rede. Gotzkowsky rieth, mit den Russen zu verhandeln, weil diese die stärkere Partei seien und sicher sich milder zeigen würden, als die auf Preußen so außerordentlich erbitterten Oesterreicher. Sein Rath wurde zur Ausführung gebracht.

Der General v. Rochow unterhandelte mit General Tottleben und dieser nahm die Kapitulation an. Er forderte, daß sich die Mitglieder des Magistrats und der Kaufmannschaft am Kottbusser Thore einfinden sollten, um die einziehenden Russen zu empfangen.

In Berlin wußte das Volk noch nichts davon, daß die Stadt dem Feinde übergeben werden sollte. Die Bürger lagen im ruhigen Schlafe. Um so größer war ihr Schrecken, als der Morgen graute und die Russen in die Stadt einzogen.

Am Kottbusser Thore empfing eine Deputation des Magistrats und der Kaufmannschaft den Feind, Gotzkowsky gehörte derselben an. Er hatte die Freude, von einem russischen Offizier gütig angeredet zu werden. In früherer Zeit hatte er dem russischen General v. Sievers während seiner Gefangenschaft vielfach Gefälligkeiten erwiesen und war daher durch diesen an einen Freund, den Brigadier v. Bachmann, empfohlen worden.

Als dieser unter den ersten Russen in die Stadt einrückte, fragte er die zum Empfange versammelte Deputation, ob sich unter ihr vielleicht ein Kaufmann Gotzkowsky befinde und als Gotzkowsky nun vortrat, redete ihn Bachmann an:

„Der General v. Sievers hat mir aufgetragen, Ihnen alle mögliche Gefälligkeiten zu erweisen, ich heiße Bachmann und bin zum Kommandanten dieser Stadt ernannt. Kann ich Ihnen irgendwie nützlich sein, dann gebieten Sie über mich!"

Gotzkowsky war über diese Freudenbotschaft überglücklich. Er eilte sofort zum Magistrat in die Stadt zurück, um seine Mitbürger zu beruhigen und wahrlich, der Magistrat Berlins bedurfte wohl eines Trostwortes, denn die Anforderungen, welche General Tottleben gestellt hatte, waren außerordentlich groß, kaum erschwinglich. Der Sieger verlangte nicht mehr und nicht weniger, als eine Kontribution von 4 Millionen Thalern!

Diese Summe war so exorbitant, daß der Stadtpräsident Kirchessen, als er dieselbe hörte, vor Schrecken um alle Fassung gebracht wurde und fast die Sprache verlor. Er konnte dem russischen General, der ihm die Forderung Tottlebens mittheilte, nicht antworten und benahm sich so sonderbar, daß der Russe ihn für betrunken hielt. Schon war der Befehl gegeben, den Präsidenten auf die Hauptwache zu bringen und derselbe würde ausgeführt worden sein, wenn sich nicht Gotzkowsky ins Mittel gelegt und versichert hätte, der Herr Präsident leide an Schwindel und sei keineswegs betrunken.

Gegen 7 Uhr waren bereits alle Thore der Residenz, sowie die Hauptwachen von den Russen besetzt. Vor dem königlichen Schlosse lagen einige Tausend Mann Infanterie, auf dem Lustgarten hatte sich die Kavallerie aufgestellt, dort standen auch die russischen Geschütze.

Am meisten Sorge machten den Berlinern die Oesterreicher, von denen sie das Aeußerste befürchteten. Jetzt aber bewährte sich der Rath Gotzkowsky's, sich den Russen zu ergeben, denn diese wurden der Schutz der Hauptstadt gegen die Oesterreicher.

Als General Lascy vom Magistrat 1¼ Millionen Thaler Brandschatzungsgelder verlangte und seine Mannschaften ebenfalls in Berlin einquartieren und die Wachen mitbesetzen wollte, widersetzte sich Graf Tottleben.

„Man hat mit mir kapitulirt — rief er aus — und die Oesterreicher werden nichts erhalten, als 100,000 Thaler, dagegen aber auch unter ihren Leuten gute Mannszucht halten."

Dem General Lascy gefiel zwar die derbe Antwort durchaus nicht, aber er mußte sich schon fügen; es wurde ihm nichts gewährt, als daß er das Brandenburger Thor besetzen durfte und in einem Theil der Neustadt Quartier für seine Leute erhielt. Hier zeigten sich diese so ungeberdig und begingen solche Ausschweifungen, daß Graf Tottleben einmal genöthigt wurde, unter sie schießen zu lassen.

Ueberhaupt benahmen sich die Russen in Folge der strengen Mannszucht, welche Graf Tottleben hielt, weit civilisirter, als die Oesterreicher und dies verdankte Berlin hauptsächlich der unermüdlichen Thätigkeit und Umsicht Gotzkowsky's.*) Dieser benutzte seine neue Bekanntschaft mit dem Brigadier Bachmann nur zum Vortheil der Berliner. Er ließ sich durch Bachmann dem Adjutanten des Grafen Tottleben, einem Herrn v. Brink, vorstellen, nahm diesen in sein eigenes Haus auf, überhäufte ihn mit Freundlichkeiten und Gefälligkeiten und wußte es dahin zu bringen, daß er durch den Adjutanten dem Grafen Tottleben vorgestellt wurde. Er erwarb sich die Achtung ja die Freundschaft des feindlichen Generals, der auf seine Fürbitten die strengen Befehle, die er von dem Oberkommandanten General v. Fermor erhalten hatte, so weit zu Gunsten der Berliner mäßigte, wie er es irgend vermochte.

Auf die Vorstellungen Gotzkowsky's, daß die Berliner Bürgerschaft außer Stande sei, 4 Millionen Thaler zu zahlen, wurde die Kontribution auf 1½ Millionen Thaler festgesetzt, nur bedingte Tottleben sich noch 100,000 Thaler für sein Korps und 100,000 Thaler für die Oesterreicher aus, immerhin noch eine gewaltige, schwer aufzubringende Summe, die um so drückender wurde, als die Verpflegung des Feindes doch auch noch bedeutende Opfer kostete.

Theils mit Güte, theils mit Gewalt wurden von den Russen Lebensmittel in Fülle herbeigebracht. So bemächtigten sich dieselben u. A. eines Magazins, welches ein Ober-Kommissarius Stein für die königliche Armee begründet hatte. Stein erlitt dadurch einen Schaden von 58,000 Thalern, der ihm später niemals wieder ersetzt worden ist.

Gotzkowsky befand sich fortwährend auf den Straßen Berlins; bald eilte er zum General Tottleben, dann wieder zum Magistrat, überall rathend, überall helfend. Auf seine Fürbitten erhielten viele Eigenthümer russische Schutzwachen, um vor etwaigen Plünderungen gesichert zu sein.

Die Judenschaft von Berlin, welche von dem russischen General mit einer besondern Brandschatzung belegt werden sollte, wurde durch Gotzkowsky von derselben befreit, indem dieser vorstellte, daß ja die Juden zu der allgemeinen Kontribution beträchtlich mit herangezogen werden müßten.

Graf Tottleben hatte auf Befehl des Grafen Fermor gefordert, daß die Berliner Bürger ihre sämmtlichen Waffen abgeben müßten. Gotzkowsky stellte dem Grafen vor, daß eine solche Maßregel grausam und unnütz sei und brachte es dahin, daß nur einige Hundert alte Flinten zusammengeschleppt wurden, welche die Russen zerschlugen und ins Wasser warfen.

Das Lagerhaus sollte zerstört werden. Auf Gotzkowsky's Verwendung und dessen eidliche Versicherung, daß die Erträge desselben nicht in königliche Kassen flössen, sondern für das Waisenhaus in Potsdam verwendet würden, blieb die wichtige Anstalt verschont.

Der General hatte den Befehl gegeben, das Gießhaus in die Luft zu sprengen; auf Gotzkowsky's Bitten unterblieb auch die Ausführung dieses Befehls, nur das Inventarium des Hauses und die innere Einrichtung wurden zerstört.

Dem unermüdlichen Kaufmann dankten auch

---

*) Gotzkowsky hat uns eine genauere Nachricht über seine Thätigkeit zu Gunsten der Stadt in einem unter dem Titel „Geschichte eines patriotischen Kaufmanns" im Jahre 1768 erschienenen Buche hinterlassen.

zwei Berliner Zeitungschreiber, daß sie nicht der Rache der Russen geopfert wurden.

Seitdem der Krieg ausgebrochen war, wurde dieser nicht nur auf den Schlachtfeldern, sondern auch auf dem Papier geführt. Die Zeitungen in den verschiedenen Ländern wütheten gegen einander und die Berliner Zeitungen waren darin nicht zurückgeblieben. Die beiden Zeitungsschreiber Krause und Kretschmer standen besonders in dem Verdacht, daß sie die Feinde des Königs mit ihrer Feder scharf durchgehechelt hätten. So wurde ihnen auch die Autorschaft eines damals erschienenen „ernsthaften und vertraulichen Bauern-Gesprächs, den gegenwärtigen Krieg betreffend" zugeschrieben, in welchem die Kaiserin Elisabeth von Rußland als Muhme Liese, die Kaiserin Maria Theresia als Tillacksche, der Kurfürst von Sachsen als Bruder Osten und der König von Preußen als Nachbar Flink eingeführt waren. Dies Bauerngespräch ging mit den Feinden des Königs nicht sehr glimpflich um. Auch General Tottleben selbst war im Jahre 1759 in der Haude'schen Zeitung sehr schlecht behandelt worden. In Nummer 117, Seite 485 sagte die Zeitung über ihn:

„Aus Pommern und der Neumark laufen posttäglich betrübte Nachrichten von den Excessen ein, welche ein gewisser Lieutenant v. Brücken mit einem Paar Hundert Kosaken an den Grenzen dieser beiden Provinzen anrichtet. Er giebt vor, von dem General Tottleben, dem bekannten Abenteurer, der, nachdem er so viele unverdiente Gnade von Sr. Königlichen Majestät genossen, nunmehro zu Dero Feinden übergegangen und sich durch die Verwüstung ihrer Länder hervorthut, beordert zu sein, Pommern und die Neumark unter Contribution zu setzen." — Hierauf folgten Schilderungen der ausgeübten Grausamkeiten, Plackereien u. s. w.

Für alle diese Preßvergehen sollten die beiden Redacteure der Haude'schen und Vossischen Zeitung exemplarisch bestraft werden.

Am 12. Oktober, Morgens 8 Uhr, wurden sie auf den neuen Markt geführt; dort waren 100 russische Soldaten aufgestellt, an der Spitze stand der Profoß; dieser vertheilte Ruthen unter dieselben — die Redacteure waren zum Spießruthenlaufen verdammt.

Krause, der Redacteur der Haude'schen Zeitung, ein Mann von nahe an 70 Jahren, wurde entkleidet. Die Execution wäre sicher sein Tod gewesen. Er fiel dem kommandirenden Offizier zu Füßen und bat demüthig, ihn zu schonen. Er riß sich die Perrücke vom Kopfe und zeigte sein graues Haar. Da wurde ihm die Begnadigung zu Theil; auch sein jüngerer Schicksalsgenosse Kretschmer erhielt nur ein Paar leichte Hiebe und wurde dann ebenfalls begnadigt. Beide erwarteten diese Begnadigung den Fürbitten Gotzkowsky's, der dieselbe von Tottleben erlangt hatte.

Jedenfalls benahmen sich die Russen hier weit menschlicher, als ein preußischer Offizier, der ein Jahr vorher in Erlangen einen Zeitungsschreiber für einen gegen den König Friedrich geschriebenen Artikel mit unbarmherzigen Stockschlägen bestraft und den Gemißhandelten sogar zum Hohne gezwungen hatte, über die Stockhiebe eigenhändig zu quittiren.

Wenn in Berlin in Folge der vielfachen Bemühungen Gotzkowsky's auch das Privateigenthum geschont wurde, so mußte doch General Tottleben, dem Befehle des Ober-Kommandanten gemäß, dem Eigenthum des Königs, den öffentlichen Gebäuden so viel wie möglich Schaden zufügen.

Alle königlichen Magazine wurden ausgeleert, das Zeughaus wurde geplündert und im Innern zerstört, die Montirungskammer wurde erbrochen, alle Vorräthe wurden geraubt und entweder fortgeschleppt, oder für ein Spottgeld verkauft. Die Münze wurde zerstört, die Pulvermühlen sprengte der Feind in die Luft; eine nicht unbeträchtliche Anzahl von Russen fand dabei unvorsichtiger Weise den Tod.

Der königliche Marstall wurde ausgeräumt und das Kadettenhaus aufgehoben; mehr als 140 Kadetten mußten den Russen als Gefangene folgen.

Außerhalb der Stadt sah es noch schlimmer aus; dorthin reichte das wachsame Auge des Grafen Tottleben nicht, in den benachbarten Dörfern plünderten daher Russen und Oesterreicher ohne Scheu. Das schöne Lustschloß der Königin zu Schönhausen wurde fürchterlich verwüstet; der Kastellan mußte schwere Mißhandlungen leiden, die Kosaken brannten ihm mit glühendem Eisen den Rücken, um von ihm ein Bekenntniß, wo die Kostbarkeiten lägen, zu erzielen. Sächsische Soldaten plünderten das Schloß zu Charlottenburg und vernichteten dort mit vandalischer Wuth die kostbaren Möbeln, die Gemälde, den Garten; von den Bildsäulen schlugen sie muthwillig Köpfe und Arme ab, die schönen Porzellansachen, Spiegel und Fenster wurden zertrümmert, die Bäume der Orangerie niedergehauen.

Schöneberg wurde von den Russen in Brand gesteckt und die Gräuel des 30jährigen Krieges trafen rings im Umkreise die unglücklichen Bauern, welche sich nicht zur rechten Zeit nach Berlin geflüchtet hatten. Unter entsetzlichen Martern wurden die Landleute nach verborgenen Schätzen gefragt und so lange gequält, bis sie verriethen, wo sie ihr Geld aufbewahrt hatten. Auf allen adligen und bäurischen Höfen weit in der Runde wurde das sämmtliche Vieh fortgetrieben.

Glücklicher Weise dauerte die Zeit der Besetzung Berlins durch den Feind nicht lange. Schon am 12. Oktober marschirten die Russen nach Frankfurt a. O., die Oesterreicher nach Sachsen ab, sie fürchteten, von dem König, der seiner Hauptstadt nahete, überfallen zu werden.

Vor dem Abzug aber forderte General Tottleben noch Sicherheit für die rückständigen Contributionsgelder, welche nicht vollständig in baarem Gelde hatten herbeigeschafft werden können. Auf

Höhe einer Million waren Wechsel von der Berliner Kaufmannschaft ausgestellt worden. Für diese wollte der russische General drei der angesehensten Banquiers und Kaufleute Berlins als Geiseln mitnehmen. Er begnügte sich indessen auf Gotzkowsky's Zureden mit den drei Kassirern derselben, wobei uns freilich nicht überliefert worden ist, ob die Kassirer mit diesem Tausch besonders zufrieden gewesen sind.

Auch nach dem Abzuge der Russen dauerte Gotzkowsky's aufopferungsvolle Thätigkeit noch fort. Auf den Wunsch des Magistrats folgte er dem General Tottleben, um mit diesem die Wechselzahlung für die noch fällige Contribution zu ordnen. Er brachte dabei der Stadt ein außerordentliches Opfer. Bei seinem großen Geschäft, — 150 Menschen beschäftigte er in seiner Fabrik, die wöchentlich bezahlt werden mußten, — war seine Anwesenheit in Berlin dringend nothwendig; trotzdem entschloß er sich zur Reise in das russische Feldlager.

Am 29. Oktober verließ er Berlin und kam am 30. Oktober Abends nach Königsberg N/M., wo er den General von Tottleben fand. Er hatte von der Berliner Kaufmannschaft den Auftrag erhalten, womöglich von der Contribution etwas abzuhandeln, jedenfalls aber eine längere Frist für die Zahlung derselben, als die auf den Wechseln festgesetzten zwei Monate zu erlangen.

Tottleben war außer Stande, den Wünschen Gotzkowsky's nachzukommen, so gern er es auch gethan hätte. Er wies diesen an den Ober-Commandanten Grafen von Fermor, der sich in Arenswalde aufhielt, und dorthin begab sich nun Gotzkowsky, um dem Grafen Fermor seine Bitte vorzutragen.

Er hatte einen schweren Stand, denn Graf Fermor empfing ihn äußerst ungnädig. Friedrich selbst hatte dafür gesorgt, daß der russische Ober-Commandant wohl ergrimmt sein mußte. Schon am 16. Oktober war in Berlin ein Feldjäger mit dem Befehl des Königs erschienen, daß die von der Berliner Kaufmannschaft den Russen übergebenen Wechselbriefe nicht bezahlt, sondern vernichtet werden sollten.

Als jetzt Gotzkowsky vor General Fermor erschien, war dieser wüthend. „Ihr König," rief er aus, „glaubt, daß er der Herr der ganzen Welt sei, er hat den Berliner Kaufleuten befehlen lassen, die ausgestellten Wechsel nicht zu bezahlen, aber wir wollen sie schon dazu zwingen, oder den Werth derselben dreifach und vierfach nehmen; was sind das für Kaufleute, die ihre Wechsel nicht bezahlen wollen!" Gotzkowsky hatte große Mühe, den Grafen zu beruhigen, der ihn ohne Weiteres gefangen nehmen und nach Preußen transportiren lassen wollte. Erst als Gotzkowsky sich erbot, auf seine eigene Hand einen Wechsel von 150,000 Thlr. auszustellen, und als er versicherte, daß die Berliner Kaufleute ihr Möglichstes thun würden, um ihre Ehre einzulösen, wurde Graf Fermor milder.

Es kostete indessen noch manches freundliche Wort und auch manche Summe Geldes, ehe Gotzkowsky seine Freiheit wieder erlangte. Er sagt selbst in seinem Buch, daß er wohl 15,000 Thaler an Bestechungen für verschiedene russische Offiziere bei dieser Reise habe opfern müssen, eine Summe, die ihm nie ersetzt worden ist.

Aus dem russischen Feldlager ging Gotzkowsky nach Berlin zurück. Aber auch hier fand er noch keine Ruhe. Die Berliner Kaufmannschaft und der Magistrat veranlaßten ihn, sich zu König Friedrich zu begeben, um diesen zu bitten, daß er ihnen doch gestatten möge, ihre Wechsel bezahlen zu dürfen, da sonst die Berliner Kaufleute an allen freien Handelsplätzen als falsche Wechselschmiede bekannt werden würden.

Friedrich, der sich gerade in Meißen befand, empfing Gotzkowsky sehr gnädig, er versprach sogar, die Contribution selbst zu tragen, indessen durfte Gotzkowsky vorderhand noch Niemandem etwas darüber sagen, weil er abwarten müsse, ob nicht aus Petersburg vielleicht der Befehl, die Summe zu ermäßigen, eintreffen würde.

Der Kriegssturm hatte für Berlin ausgetobt, seit die Feinde am 12. Oktober die Stadt verlassen hatten; die Kriegsleiden aber waren damit für die Residenz nicht beendet. Es herrschte eine große Noth in Berlin, denn die Preise aller Lebensmittel waren zu einer kaum erschwinglichen Höhe gestiegen. Häufig genug fehlte es sogar an Zufuhr von Getreide aus dem Lande, und mit banger Sorge schauten die Bürger einer Hungersnoth entgegen.

Der lange Krieg hatte fürchterliche Opfer gekostet. Die Felder konnten nicht mehr regelmäßig bestellt werden, denn es fehlte an arbeitskräftigen Händen, um den Pflug zu führen und die Sense zu schwingen. Friedrich hatte zur Ergänzung seiner durch so viele Schlachten gelichteten Armee die Landleute aus allen Provinzen zu den Fahnen rufen müssen, selbst junge Cantonisten von 14 und 15 Jahren konnten nicht mehr geschont werden, sondern wurden zu den Regimentern eingezogen.

Es konnte nicht fehlen, daß hierdurch ein merklicher Mangel an Arbeitern für den Landbau erzeugt werden mußte. Mädchen und Frauen sollten die Männer ersetzen, sie pflügten und arbeiteten auf dem Felde, und es war ganz gewöhnlich geworden, daß man auf den Märkten Berlins Bauerweiber und Mädchen auf den Wagen als Fuhrleute erscheinen sah.

Hierzu kamen noch die entsetzlichen Verwüstungen, welche die Feinde überall im Lande angerichtet hatten, die Beraubung der Getreide-Magazine und endlich erhöhte das falsch geprägte Geld, über welches wir noch weiter zu sprechen haben werden, die Unsicherheit des Verkehrs und den Preis der Lebensmittel, weil das Geld durch seine schlechte Ausmünzung unverhältnißmäßig im Werthe gesunken war.

Die Noth wuchs von Woche zu Woche, von

Monat zu Monat, und wenn auch im Februar 1761 der König befahl, es solle den bedürftigen Bewohnern der Residenz das nöthige Brot unentgeltlich gereicht werden, wenn er auch hierzu nicht unbedeutende Summen anwies, so war dies doch nur ein Tropfen Wasser auf einem heißen Stein.

Die Staatsfürsorge schützte die Armee kaum vor dem Verhungern. Hatten früher die Berliner mit Jubel jede Siegesnachricht begrüßt, waren sie mit brennendem Interesse den Eroberungszügen der preußischen Waffen gefolgt und erfüllte sie der Stolz über die Vergrößerung des Staats durch eine neue Provinz, so erkannten sie jetzt wohl, daß der Ruhm ihres Königs theuer erkauft sei durch die Leiden des Krieges. Sie hegten nur noch einen Wunsch, den nach Frieden; aber die Erfüllung desselben schien weit in die Ferne gerückt zu sein.

Dem preußischen Staat drohte die völlige Vernichtung, alle Hilfsmittel waren durch den langen Krieg erschöpft. Der König wußte nicht mehr, wo er Mannschaften für seine gelichteten Regimenter hernehmen solle, so viele Tausende waren geblieben, so viele Tausende befanden sich in feindlicher Gefangenschaft; selbst die noch im halben Knabenalter befindlichen Rekruten waren wieder und immer wieder aufgerieben worden. Manche Regimenter hatten durch Ueberläufer und selbst durch Kriegsgefangene ergänzt werden müssen, und diese wurden gezwungen, gegen ihr eigenes Volk zu kämpfen.

Besonders fühlbar machte sich der Verlust unter den Offizieren. Friedrich, der so stolz auf seinen Adel war, die Offiziers-Patente nur Edelleuten verleihen wollte, mußte dazu greifen, Unteroffiziere zu befördern, da die Reihen des Adels durch den Tod gelichtet waren. Manche adlige Familien hatten fast alle ihre männlichen Sprossen auf den Schlachtfeldern des 7jährigen Krieges verloren.

Ein verwüstetes Land, dem es an Arbeitern und Bebauern und selbst an dem nothwendigen Zugvieh fehlte, ein verarmtes Volk, unter dem Hungersnoth und epidemische Krankheiten wütheten, das war das Bild Preußens in den letzten Jahren eines furchtbaren Krieges.

Das Kriegsglück schien den König verlassen zu haben; wenn er auch viele glänzende Siege gefeiert hatte, so vermochte er doch kaum noch länger der gewaltigen Uebermacht seiner Feinde zu widerstehen.

Als das Jahr 1761 endete, befand sich Friedrich in einer fast verzweiflungsvollen Lage.

Preußen und Westphalen waren von Feinden besetzt, ein Theil Schlesiens befand sich in der Gewalt der Oesterreicher, welche sich auf Glatz und Schweidnitz stützten, ein großer Theil Pommerns mit Kolberg war von den Russen eingenommen, Sachsen zum Theil von den Oesterreichern und der Reichsarmee erobert, diejenigen Provinzen, über welche Friedrich noch gebot, waren ausgesogen durch den Krieg, sie konnten weder Geld, noch Mannschaften in genügendem Maße zu einer ferneren Kriegsführung liefern, und auch die Unterstützung, welche das reiche England bisher dem König gegeben hatte, fehlte. — Friedrich's Untergang schien unvermeidlich, wenn nicht ein Wunder geschah.

Und das Wunder geschah!

In die tiefste Nacht des Unglücks fiel plötzlich ein Lichtstrahl!

Die unermüdliche, ewig thätige, von grenzenlosem Haß gegen den König erfüllte Feindin desselben, die Kaiserin Elisabeth von Rußland, starb am 5. Januar 1762, und ihr Neffe Peter III., ein treuer Freund und Verehrer des Königs, bestieg den russischen Thron.

Selten ist wohl eine Todesnachricht mit solchem Jubel in Berlin begrüßt worden, wie diese, und als nun gar am 22. Mai der mit Rußland geschlossene Friede und endlich die Allianz Friedrich's und Peter's III. verkündet wurde, da kannte die Freude in der Residenz keine Grenzen mehr, denn jetzt hoffte man auf einen allgemeinen Frieden.

Am 1. Pfingsttage wurde die Feier des Friedens mit Rußland festlich begangen. Ein öffentlicher Gottesdienst, bei dem das Volk mit wahrem Enthusiasmus das Lied "Herr Gott, dich loben wir" anstimmte, Kanonendonner auf dem Lustgarten, ein Bataillonsfeuer aus kleinem Gewehr von der Garnison wechselten mit einander ab. Bis in die Nacht hinein dauerte das Jauchzen und Vivatrufen in den Straßen, das Schießen aus den Häusern.

Der Jubel war so groß, daß ein geachteter protestantischer Geistlicher in seinem Enthusiasmus von der Kanzel herab verkündete, er werde am folgenden Tage in Versen predigen. Er hielt Wort. Am andern Tage war die Kirche überfüllt, ein Jeder wollte diese versificirte Festpredigt hören, obgleich gar mancher bedenklich den Kopf schüttelte, und viele Berliner meinten, der ehrwürdige Herr sei ein wenig verrückt geworden.

Es erregte nach solchen Freudentagen eine nicht geringe Bestürzung in Berlin, als die Nachricht von der Entthronung und bald darauf vom Tode Peter's III. nach der Residenz kam. Zum Glück für Preußen aber blieb die Nachfolgerin Peter's, die Kaiserin Katharina, neutral und so gelang es denn Friedrich d. Gr., nach einigen glänzenden Waffenthaten am 15. Februar 1763 den vortheilhaften Frieden von Hubertsburg, der ihm den Kampfpreis des Krieges, die Provinz Schlesien sicherte, zu Stande zu bringen.

Frohe Tage folgten jetzt für Berlin. Schon am 16. Februar kam die Königin aus Magdeburg zurück und wurde auf das Herrlichste mit allen jenen Festlichkeiten, die bei solchen Gelegenheiten üblich sind, eingeholt. Vom Brandenburger Thor bis zum Ende der Linden war die aus 25 Compagnien bestehende Bürgerschaft mit ihren Fahnen und die Feldmusik aufgestellt.

Der Jubel war groß, als an demselben Tage

noch die Nachricht von dem Abschluß des Hubertsburger Friedens sich in Berlin verbreitete. Am folgenden Tage kamen auch die übrigen Mitglieder der königlichen Familie in Berlin an, welche sämmtlich aufs Feierlichste empfangen wurden. Nach und nach trafen jetzt auch die verschiedenen Regimenter vom Kriegsschauplatze ein.

Am 5. März war die Feier der öffentlichen Verkündigung des Friedens. Ein Herold ritt in der Mitte eines Detachements von Husaren, dem 2 Pauker und 4 Trompeter beigegeben waren, auf einem prächtigen Schimmel durch die Straßen. Er war auf das Glänzendste in reich mit Gold gestickten dunkelblauen Sammet gekleidet, ein silberner Küraß schmückte ihn und erregte die Aufmerksamkeit unzähliger Gassenbuben, die jubelnd und schreiend dem Heroldszuge folgten. Vor dem Schloß, vor den Palästen der anwesenden Mitglieder der königlichen Familie und auf allen Hauptplätzen der Stadt erfolgte die feierliche Verkündigung des Friedens, der sich ein donnerndes „Es lebe der König" anschloß.

Prächtige Feste folgten der Verkündigung, eine Cour bei der Königin, ein öffentliches Dankfest, ein Maskenball und dergleichen mehr.

Einen traurigen Eindruck machte es inmitten dieser Festlichkeiten, als am Nachmittage zwei Infanterie-Regimenter, welche verschiedene Freikorps mit sich führten, in die Stadt rückten. Die Freikorps, die brav im Kriege gekämpft hatten, wurden im Lustgarten entwaffnet und außer Dienst gesetzt, die Gemeinen steckte man später unter verschiedene andere Regimenter, die Offiziere aber wurden entlassen und da damals von Pensionsberechtigung der Staatsbeamten noch keine Rede war, so kamen dieselben in die traurigste Lage; viele von ihnen mußten sich Almosen erbetteln.

Der ganze März-Monat verging unter Freudenfesten, der Jubel aber gipfelte sich, als man erfuhr, daß am 30. März der König nach 6 Jahren der Abwesenheit zum ersten Male wieder als Sieger in seine Residenz zurückkehren werde. Alle Vorbereitungen für den glänzendsten Empfang waren getroffen. Der Marquis d'Argens, ein geliebter Freund Friedrichs des Großen, hatte dies dem König gemeldet und ihm geschrieben, daß er selbst in der Uniform der Kaufleute, blau mit Gold, an der Spitze derselben ihm zum Empfange entgegen reiten werde. Er hatte die freudige Aufregung der Residenz, die Sehnsucht, mit der die Bürger den König erwarteten, geschildert, aber eine Antwort erhalten, die ihn keineswegs befriedigte.

Aus der Erwiderung Friedrichs, in welcher er dem Marquis ernstlich abrieth, ihm zu Pferde entgegen zu kommen, da ihm leicht im Gedränge ein Unglück widerfahren könne und da ihm auch der Aufenthalt in der kalten Luft schädlich sein würde, ging hervor, daß dem König an der ganzen Einholung wenig gelegen sei. Der Brief enthielt eine ziemlich deutliche Zurückweisung, zumal da Friedrich schon vorher seinen Widerwillen gegen jede repräsentative Feierlichkeit in einem andern Schreiben ausgesprochen hatte. Aber der Marquis konnte sich dennoch nicht entschließen, von dem Festzuge zurückzubleiben oder gar die Einholungsfeierlichkeiten zu hintertreiben.

Vom Morgen des 30. an befand sich die gesammte Einwohnerschaft Berlins in der lebhaftesten Bewegung. Alle Straßen, von denen man hoffte, daß der König durch sie ziehen würde, waren dichtgedrängt voll Menschen, die Bürgerschaft stand von dem Thore bis an's Schloß in zwei Reihen unter dem Gewehr, die Kaufmannschaft, an ihrer Spitze Gotzkowsky und der Marquis d'Argens, erwartete zu Pferde den Einzug des Königs.

Auch das Schlächtergewerk und die Schützengilde hatten sich beritten gemacht. Es waren natürlicher Weise auch Ehrenpforten errichtet und der Magistrat hatte sich bei der ersten derselben versammelt, um den König zu bewillkommnen.

Schon am frühen Vormittag waren alle Vorbereitungen getroffen, aber der Vormittag verging, es wurde Mittag und immer noch kam der König nicht.

Auch der Abend brach herein, die Ungeduld des Volks wuchs, schon begann man zu fürchten, daß vielleicht ein unvorhergesehenes Hinderniß den König zurückgehalten habe, da verbreitete sich plötzlich unter dem Publikum die Nachricht, Friedrich sei bereits in Berlin.

Und so war es in der That. Um den Empfangsfeierlichkeiten zu entgehen, hatte Friedrich die große Straße verlassen; er war durch das Spandauer Thor unbemerkt eingefahren und in das Schloß gelangt, ohne daß eine der wohl einstudirten Reden von den Bürgern hätte gehalten werden können; er soupirte mit der Königin, während seiner noch immer die Bürger erwartungsvoll harrten.

Als man endlich erfuhr, daß alles Warten vergeblich sei, löften sich die Gewerke auf und alle die festlich geputzten Bürger schlichen mißmüthig nach Haus. Es gab zu jenem Abend manche böse Reden. Alle Diejenigen, welche so viel vom Kriege gelitten und jetzt jeden Schmerz vergessen hatten, um den König freudig zu bewillkommnen, fühlten sich tief gekränkt durch die Rücksichtslosigkeit desselben, am Meisten vielleicht der Marquis d'Argens, der seinem Unmuth vollen Lauf ließ und sich öffentlich darüber beklagte. Und er hatte auch Ursache dazu, denn es war für ihn wahrlich keine Kleinigkeit gewesen, sich in knapper Uniform der schlechten Witterung auszusetzen, während er sonst um diese Jahreszeit gewöhnlich zwei Schlafröcke und zwei Nachtmützen trug, um sich vor der Kälte zu schützen!

Erst am folgenden Morgen nahm Friedrich die Glückwünsche der Bürgerschaft an und um dieser wenigstens eine Genugthuung für die vereitelte Einholung zu geben, fuhr er bei der am 4. April stattfindenden großartigen Illumination durch alle Straßen und unterhielt sich vom Wagen aus mit den Bürgern; er erschien auch später mehrfach auf dem Balkon des Schlosses und zeigte sich dem Volke.

Fünftes Kapitel.

Der preußische Militärstaat. — Die Werbungen im Auslande. — Die Liebstenscheine. — Haß der Berliner gegen die Offiziere. — Brutalität der Offiziere. — Dienstliche Strenge Friedrichs. — Verfall der Armee. — Friedrichs Thätigkeit zur Hebung des Landeswohlstandes. — Das Departement für Manufaktur und Kommerzienssachen. — Kanalbauten. — Schutz der Berliner Fabriken. — Die Begründung der Porzellanfabrik.

Durch einen sieben Jahre lang fast gegen ganz Europa geführten Krieg hatte Friedrich das kleine Preußen zur Großmacht erhoben. Nach dem Friedensschlusse mußte es jetzt sein Bestreben sein, das Errungene aufrecht zu erhalten und weiter auszubilden.

Das Uebergewicht Oesterreichs in Deutschland war erschüttert, Preußen stand dem Kaiserstaate ebenbürtig zur Seite und es hatte fortan die Aufgabe, mit seinem Gegner im Kriege auch in der Zeit des Friedens auf dem Wege der innern Entwicklung weiter zu kämpfen, um seine Stellung in Deutschland, in Europa zu sichern.

Um das kleine, rings von Feinden umgebene Land vor plötzlichen Angriffen sicher zu stellen, mußte Friedrich über ein kampfbereites Heer gebieten können; die Entwicklung des preußischen Militärstaats war dadurch von selbst geboten und der König mußte daher bestrebt sein, die preußische Armee sowohl in Beziehung auf ihre Zahl, als auf ihre Tüchtigkeit, ihre Ausrüstung und Ausbildung, zur ersten Europa's zu machen.

In den Mitteln, welche er zu diesem Zweck wählte, war er nicht glücklich; er behielt das alte Kantonsystem und die Anwerbung im Auslande bei und das preußische Heer blieb daher im Großen und Ganzen unter der Regierung Friedrichs auf dem Standpunkt stehen, den es zur Zeit Friedrich Wilhelms eingenommen hatte.

Die gemeinen Soldaten waren theils gezwungene Kantonisten, theils geworbene Ausländer; sie dienten mit Widerwillen, waren jeden Augenblick bereit, zu desertiren und konnten nur durch die strengsten Kriegsartikel im Zaum gehalten werden.

Als Soldat dienen zu müssen galt auch unter der Regierung Friedrichs des Großen als das schwerste Unglück, ja als eine Schmach, der sich die Kantonpflichtigen, wenn irgend möglich, durch Selbstverstümmelung oder Flucht entzogen. Nur das niedere Volk war kantonpflichtig, denn Friedrich hatte durch die Kabinets-Ordre vom Jahre 1746 bestimmt, daß alle Söhne von Kaufleuten, Rentiers, Künstlern und Fabrikanten, Weinhändlern und Materialisten, königlichen Bedienten und andern Leuten von Stande, sowie von solchen, die von ihren Kapitalien lebten oder 6000 Thaler im Vermögen hätten, von aller Enrollirung und Werbung ganz und gar frei sein sollten.

Handwerker und Arbeiter waren somit der Kantonpflicht unterworfen und blieben es während Friedrichs ganzer Regierung. Nur für einzelne größere Städte waren Ausnahmen gemacht, weil die Kantonpflichtigkeit den Gewerbstand derselben vernichtet hätte. So erhielt Berlin durch Cabinets-Ordre vom 20. Januar 1746 die Kantonfreiheit.

Auch bei den Werbungen im Auslande blieb Friedrich Wilhelms System unter der Regierung Friedrichs des Großen in voller Blüthe. Der König verschwendete freilich nicht mehr ungeheure Summen für Riesen, aber um überhaupt Leute unter die preußischen Fahnen zu locken, wurden dieselben Mittel der Gewalt und des Betruges aufgeboten, wie früher; besonders geschah dies zur Zeit des siebenjährigen Krieges.

Ganz Deutschland wurde durchstreift von preußischen Werbe-Offizieren, Abenteurern ohne Ehre und Gewissen, welche durch alle möglichen Kunststücke die Menschen zu den preußischen Fahnen zu verlocken suchten.

Besonders berüchtigt war ein Werbe-Offizier, Obrist Collignon, der jene abenteuerliche Schaar befehligte; unter den seltsamsten Verkleidungen reiste er in Deutschland umher und beredete in den Schänken die jungen Leute, Kriegsdienste unter dem heldenmüthigen König von Preußen zu nehmen, indem er ihnen Offizierspatente nicht nur versprach, sondern dieselben auch fälschlicher Weise ausstellte.

Die Opfer solcher Betrügereien wurden nach Magdeburg gesendet, sowie sie dort ankamen, fanden sie statt des Offizierdegens den Stock des Korporals, sie wurden als gemeine Soldaten unter die Regimenter gesteckt und so lange geprügelt, bis sie sich dem Willen ihrer Vorgesetzten unterworfen.

Es klingt kaum glaublich und dennoch ist es wahr und geschichtlich bestätigt, daß Collignon auf solche Weise mit seiner Werberschaar im Laufe des Krieges mehr als 60,000 Rekruten dem preußischen Heere zugeführt hat.

Häufig genug kam Friedrich durch die betrügerischen und gewaltsamen Werbungen seiner Offiziere während des Friedens in ernste Konflikte mit andern deutschen Staaten.

So hatte z. B. im Jahre 1754 ein preußischer Werbe-Offizier v. Heyden in Verbindung mit einem Soldaten in Ulm einen reisenden katholischen Studenten auf offener Landstraße überfallen. Er hatte mit seinem Genossen den Unglücklichen, welchen er sich zum Rekruten ausersehen, zu Boden gerissen und ihm, damit er nicht schreien und Lärm machen könne, ein Schnupftuch in den Hals gesteckt. Der Student war in Folge dessen gestorben.

Die Sache machte großes Aufsehen, der Herr

v. Heyden wurde durch den Magistrat von Ulm gefänglich eingesetzt. Man machte ihm den Prozeß trotz aller Reklamationen Friedrichs. Es wäre wohl zu weitern Unannehmlichkeiten gekommen, wenn der Herr v. Heyden nicht das Glück gehabt hätte, aus dem Gefängniß zu entwischen.

Die Werbungen für das Heer verschlangen ungeheure Summen. Man hat berechnet, daß Preußen während der Regierung Friedrichs des Großen gegen 20 Millionen für Werbegelder gezahlt habe; die Geworbenen bestanden meist aus dem wüstesten Gesindel der Welt; sie waren im Frieden eine wahre Plage der Bürger. Trotz der fürchterlichsten Strafen, trotz der Fuchteln, des Spießruthenlaufens und selbst des Hängens und Erschießens wurden doch fortwährend Verbrechen von den Soldaten begangen. Die Behandlung der gemeinen Soldaten war eine abscheuliche. Die Offiziere sprachen mit ihnen fast nur in Schimpfworten; erst in der letzten Zeit der Regierung Friedrichs wurde und zwar auch nur in einzelnen Garnisonen eine etwas menschlichere Behandlung eingeführt. Das Verdienst daran ist aber nicht dem König, sondern einigen humanen höheren Offizieren zuzuschreiben.

Eine ehrenvolle Auszeichnung verdient besonders der General-Lieutenant v. Möllendorf, der als Gouverneur von Berlin an die Offiziere der Berliner Garnison am 10. Juni 1785 ein Rundschreiben erließ, durch welches das widerliche Schauspiel öffentlicher Fuchtelungen der Soldaten auf den Paradeplätzen wenigstens einigermaßen verhindert wurde. Es lautet:

„Seit zwei Jahren, als so lange ich das Gouvernement in hiesiger Residenz führe, ist es eine meiner ersten Bemühungen gewesen, zur Ehre der Menschlichkeit die barbarisch geringschätzige Art der Offiziere gegen den gemeinen Mann auszumärzen und ich muß zu meiner Beruhigung und Freude sagen, daß ich bei sechs Regimentern hiesiger Garnison offenbar die Früchte davon gewahr werde. Nur bei einem Regiment, das ich jetzt noch nicht nennen will, ist die alte, auf irrige Meinungen beruhende Idee einiger Offiziers den gemeinen Mann durch Barbarei, tyrannisches Prügeln, Stoßen und Schimpfen zu seiner Schuldigkeit anzuhalten, noch Mode. Ich rathe es aber demjenigen Herrn Commandeur, so sich diese Verfahrungsart bis Dato zu Schulden kommen lassen, an, davon abzustehen, den gemeinen Mann mehr mit Ambition, als mit der Tyrannei zu der Ordnung und Kriegsgeschicklichkeit zu führen, die des Königs Majestät verlangen. Se. Majestät der König haben keine Schlingel, Canaillen, Racaillen, Hunde und Krobzeug im Dienst, sondern rechtschaffene Soldaten, welches wir auch sind, nur blos das uns das zufällige Glück höhere Charactere gegeben hat. Denn unter den gemeinen Soldaten sind viele so gut als wir und vielleicht würden es manche noch besser als wir verstehen. Ein jeder Offizier sollte sich freuen, ein Anführer ehrliebender Soldaten zu sein; das ist er aber gerade nicht, wenn er diejenigen, deren Befehlshaber er ist, unter eine so geringe Race von Menschen heruntersetzt."

Von der übrigen bürgerlichen Gesellschaft durch die Verachtung derselben fast ausgeschlossen, bildeten die Soldaten unter der Regierung Friedrichs einen eigenen Stand, der seine besonderen Gesetze, selbst der Moral, hatte. Ein eigenthümliches Beispiel hierfür sind die sogenannten Liebstenscheine, welche an die Soldaten des ersten Bataillons der Garde ausgetheilt wurden.

Um die Soldaten vom Heirathen abzuhalten, erhielten sie die Erlaubniß, mit einem Frauenzimmer, welches sie geschwängert hatten, in einer natürlichen, von keinem Priestersegen begleiteten Ehe zu leben. Der Soldat miethete seine Liebste irgendwo in der Stadt ein, während er selbst in seinem Quartier wohnen mußte. Das Mädchen erhielt den Liebstenschein, der sie vor polizeilichen Verfolgungen gegen Unsittlichkeit schützte.

Die Soldatenliebsten, mit diesem Namen nannte sie jedes Kind, wurden fast als die Frauen der Soldaten betrachtet; das Verhältniß konnte von beiden Theilen nicht willkürlich gelöst werden, sondern es bedurfte dazu einer Scheidung, die aber nicht von dem Gericht, sondern vom Kompagniechef vorgenommen wurde.

Die gemeinen Soldaten waren in Folge ihrer Rohheit, ihres wüsten Lebens, ihrer häufigen Verbrechen und der entehrenden Behandlung, welche sie von ihren Vorgesetzten erleiden mußten, von den Bürgern verachtet und gehaßt, nicht weniger groß aber war auch der Haß, der besonders in Berlin Seitens der Bürger die Offiziere traf. Diese waren kaum minder roh als die gemeinen Soldaten; wenn auch einige unter ihnen eine gelehrte Bildung hatten, so machten diese doch nur eine Ausnahme von der Regel, die Meisten waren Landjunker ohne alle Kenntnisse, welche nur durch ihren Adel zu dem Range gekommen waren, den sie bekleideten.

Der Offizierstand galt in dem neuen Militärstaat Preußen als der erste des Landes. Der Philosoph auf dem Throne nährte geflissentlich jenen Geist einer besonderen Offiziersehre, der schon unter der Regierung seines Vaters begonnen hatte sich zu entwickeln. Die Offiziere sollten sich besser dünken, als alle Civilbeamten, sie wurden diesen deshalb bei jeder Gelegenheit vorgezogen.

Als einst zwischen dem Legationsrath Grafen v. Schwerin und einem Fähnrich ein Rangstreit ausbrach und der Legationsrath sich klagend an den König wandte, entgegnete dieser, die Sache könne gar nicht streitig sein, es verstehe sich ganz von selbst, daß ein Fähnrich stets den Rang vor dem Legationsrath habe. Graf Schwerin verließ in Folge dessen den Civil-Staatsdienst und wurde Fähnrich.

Schon durch solche Bevorzugung waren die Offiziere von der Zusammengehörigkeit mit der übrigen bürgerlichen Gesellschaft als ein besonderer, bevorrechtigter Stand ausgeschlossen. Um sie aber noch mehr von derselben zu trennen, ordnete Friedrich dieselbe Maßregel an, welche die katholische Kirche mit Erfolg in Beziehung auf die Geistlichen durchgeführt hatte, er gab nur in höchst seltenen Fällen die Erlaubniß, daß ein Offizier sich verheirathen durfte.

Bei der Abgeschlossenheit des Offizierstandes, die durch das Cölibat erzeugt werden mußte, bei dem Uebermaß von Selbstbewußtsein, welches aus der reinen adligen Herkunft der Offiziere, aus der bevorzugten Stellung derselben naturgemäß entsprang, konnte es nicht fehlen, daß die Offiziere nach und nach zu einer grenzenlosen Selbstüberhebung kommen mußten, welche besonders den Berlinern stets sehr lästig war.

Die Offiziere schauten mit Verachtung auf die Bürger herab, wie reich und angesehen diese auch sein mochten, sie behandelten dieselben im günstigsten Falle mit beleidigender Herablassung, um vielleicht von ihnen zu borgen oder ihre schönen Töchter zu verführen, weil häufiger aber zeigten sie eine Brutalität, gegen welche es kaum ein Schutzmittel gab, denn der König war selten geneigt, einen Offizier, der es nicht gar zu bunt getrieben hatte, zu bestrafen.

Daß die jungen Offiziere damals, wie zu allen Zeiten, der Liebe, dem Wein und dem Spiel nicht abgeneigt waren, daß sie sich gern duellirten und daß sie im Frieden ihre viele freie Zeit nicht gerade in edelster Weise ausfüllten, haben wir wohl kaum nöthig, hinzuzufügen.

Wie nachsichtig der König gegen seine Offiziere auch sonst sein mochte, im Dienst verlangte er von ihnen die strengste Pflichterfüllung und selbst Generale mußten sich die härtesten Vorwürfe fallen lassen, wenn sie nachlässig gewesen waren.

Die große Strenge, welche Friedrich im Dienst gegen Officiere aller Grade zeigte, mit der er jede Unordnung sofort bestrafte, hielt die Armee äußerlich in vortrefflichem Zustande. Die Bewaffnung war vervollkommnet, die Ausrüstung glänzend, die Uniform schön und elegant. Die Friedensmanöver wurden im Großen und Ganzen mit der größten Präzision ausgeführt und das preußische Heer galt daher in ganz Europa als ein Musterheer. Man erinnerte sich der Siege, welche es im siebenjährigen Kriege erfochten hatte und glaubte, daß es in einem neuen Kriege nicht weniger siegreich kämpfen würde.

König Friedrich glaubte dies selbst, aber er mußte sich noch in seinen letzten Lebensjahren überzeugen, daß er sich getäuscht habe. Als der für die Geschichte Berlins bedeutungslose bairische Erbfolgekrieg, den wir hier nur beiläufig erwähnen, begann, zeigte sich auf das Klarste, wohin die Bevorzugung des Adels bei den Offiziersstellen, der Gamaschendienst, der im Frieden mehr und mehr eingerissen war, die Selbstüberhebung der Offiziere, die Werbung, Zuchtelung und entehrende Behandlung der Soldaten geführt hatten.

Das Heer Friedrichs des Großen zeigte sich als ein kriegsuntüchtiges Friedensheer und wäre nicht zum Glück der Krieg kurz und thatenlos gewesen, so würde vielleicht schon damals die preußische Armee jenes Schicksal betroffen haben, welches ihr nicht ganz 30 Jahre später zu Theil wurde.

Ein Staat, der ein ungeheures Friedensheer ernähren, der in jedem Augenblick bereit sein soll, auf den Kriegsschauplatz zu treten, bedarf gewaltiger Hilfsmittel. Friedrich hatte im siebenjährigen Kriege erkannt, daß der erste und mächtigste Verbündete das Geld sei. Mit unermüdlicher Thätigkeit war er während seiner ganzen Regierung bestrebt, den Wohlstand des Landes zu heben, die Entwicklung des Handels, der Fabrik- und Gewerbethätigkeit zu fördern und dadurch das Volk in den Stand zu setzen, ohne zu verarmen die Last des stehenden Heeres zu tragen.

Unsere Stadt war vor allen andern des Landes der Schauplatz der wahrhaft großartigen schöpferischen Thätigkeit Friedrichs, einer Thätigkeit, welche sich indessen leider häufig auf falschen Bahnen bewegte und deshalb nicht diejenigen Erfolge haben konnte, welche der Feuereifer und redliche Wille des Königs verdient hätten.

Das Volk jener Zeit war im Großen und Ganzen eine träge, willenlose Masse, verdummt durch die tyrannische Regierung Friedrich Wilhelms I., ohne Unternehmungsgeist, ohne den Muth, sich selbst zu helfen; es bedurfte der Anregung, um zur Selbstthätigkeit zu kommen.

Friedrich aber begnügte sich mit einer Anregung nicht; er glaubte nur dann seinen königlichen Beruf vollkommen zu erfüllen, wenn er überall persönlich leitete und anordnete, wenn er in die äußersten Details der Verwaltung, des Fabrikwesens, der Landwirthschaft mit eigener Hand eingriff und für dieselben seine Gesetze und Bestimmungen gab. Er hielt sich für den geborenen Vormund der unmündigen Masse; nirgends ließ er dem Einzelnen freien Spielraum für die Entfaltung eigener Thätigkeit und dadurch zerstörte er häufig genug die Früchte seines Strebens.

Schon unmittelbar nach seiner Thronbesteigung hatte Friedrich bewiesen, wie sehr ihm die Förderung des Handels und der Gewerbe am Herzen lag, indem er schon am 27. Juni 1740 den Staatsminister von Marschall mit der Leitung eines besondern Departements für Manufaktur- und Kommerzsachen betraute und ihn in einer sehr detaillirten Instruktion beauftragte, dafür zu sorgen, daß die bisherigen Manufakturen im Lande verbessert und solche, welche bisher noch fehlten, eingeführt würden. Außerdem erhielt der Minister den Auftrag, so viel Fremde, als irgend möglich, ins Land zu ziehen.

Auch der Kaufmann Goßlowsky, der zu jener Zeit für eine Autorität im Handelsfache galt, wurde gleich nach der Thronbesteigung Friedrichs nach Charlottenburg berufen und beauftragt, so viele geschickte und nützliche Künstler und Arbeiter, wie es irgend angehe, nach Berlin zu ziehen. Friedrich versprach, ihn in einem solchen Bestreben zu unterstützen, indem er für seine Person ein fleißiger Abnehmer der im Lande verfertigten Waaren sein wolle.

Am 27. Juli erschien ein königliches Patent, nach welchem solche geschickte und nützliche Leute, welche aus fremden Landen in Berlin sich häuslich niederlassen wollten, Accise- und Gewerbefreiheit auf 2 Jahre genießen sollten.

Dem ersten Beginn der Regierungsthätigkeit Friedrichs entsprach auch die Folge derselben; besonders großartig war das Streben des Königs für die Hebung von Handel und Gewerbe nach der Beendigung des zweiten schlesischen Krieges.

Die Heranziehung von Kolonisten in das Land, die Urbarmachung des Oderbruchs, die Schaffung neuer Verkehrsstraßen für die Schifffahrt,*) des Plauen'schen und Finow-Kanals, die für den Berliner Handel von dem segensreichsten Einfluß waren, legen dafür Zeugniß ab.

Hätte Friedrich sich begnügt, mit diesen Mitteln weiter thätig zu sein, so würde er größere Erfolge gefeiert haben, als dies leider der Fall sein konnte, weil er häufig genug, durch falsche politische und volkswirthschaftliche Ansichten verführt, seinen eigenen Bestrebungen entgegenarbeitete.

Während er eifrigst bemüht war, die Bodenkultur durch Heranziehung von Kolonisten und durch Urbarmachung wüster Landstriche zu heben, störte er dieselbe durch ungerechte Bevorzugung des Adels, indem er unablässig darauf drang, daß Rittergüter nur an Adlige verkauft werden durften; der Preis dieser Güter mußte dadurch fallen und der Betrieb sinken.

Nicht minder nachtheilig für die Entwicklung des Ackerbaues sowohl als für die sämmtlichen Gewerbe und des Handels war das strenge Festhalten Friedrichs an den veralteten Grundsätzen eines konsequenten Merkantilsystems. Das Geld sollte im Lande bleiben! Deshalb durften Rohprodukte nicht ausgeführt, fremde Fabrikate gar nicht oder doch nur gegen ungeheure Steuern eingeführt, deshalb mußten um jeden Preis neue Fabriken eingerichtet werden, gleichgültig, ob die Staatszuschüsse, welche sie erforderten, durch den Betrieb gedeckt wurden oder nicht, ob die im Inlande fabrizirten Waaren viel theurer und schlechter waren, als die im Auslande verfertigten.

Gerade Berlin war der Schauplatz einer weitgreifenden Thätigkeit Friedrichs, welche sich indessen zur vollen Blüthe erst nach dem siebenjährigen Kriege entwickelte.

---

*) Es ist höchst merkwürdig, daß Friedrich, so sehr er die Wasserstraßen, den Bau neuer Kanäle beförderte, doch gar kein Interesse für die durchgreifende Verbesserung der Landstraßen zeigte. Er hat während seiner ganzen Regierungszeit nicht eine Meile Chaussee gebaut.

Um die Fabrikation von Tüchern, Kattunen, wollenen Zeugen x. zu schützen, ergingen schon im Januar 1747 Edikte gegen den Aufkauf der Wolle und die Einbringung fremdländischer Fabrikate der Art in Preußen. Ebenso wurde eine Sammetfabrik, welche der Hoflieferant Blume nach Genueser Art in Berlin angelegt und an seinen Schwiegersohn Gotzkowsky vererbt hatte, im Jahre 1749 durch ein Verbot des fremden Sammets geschützt. Auch der Berliner Zucker-Raffinerie wurde zum Schaden sämmtlicher Zuckerkonsumenten im Lande ein weitreichender königlicher Schutz; am liebsten hätte Friedrich den ausländischen Zucker ganz verboten, da man aber in jener Zeit den Runkelrübenzucker noch nicht kannte und doch das fremde Fabrikat nicht entbehren konnte, so wollte der König wenigstens das Geld retten, welches bisher für die Raffinerie besonders den Hamburgern zugeflossen war.

Es gab damals in Preußen noch keine Zuckersiedereien, denn die in Stettin im Jahre 1720 gegründete Gesellschaft war in Folge bedeutender Verluste eingegangen.

Im Jahre 1749 erhielt David Splittgerber die Erlaubniß, in Neu-Cölln an der Spree eine Zuckersiederei und Raffinerie einzurichten. Im Jahre 1751 wurde sein Privilegium dahin erweitert, daß er die Kur- und Neumark mit seinem raffinirten Zucker versorgen durfte und um seine Fabrik vor jeder Konkurrenz zu schützen, wurde aller auswärtig gesottene Zucker unter dem 20. November 1751 mit einer Steuer von 12 Prozent belegt.

Unter solchen Verhältnissen konnte das Geschäft wohl emporblühen. Splittgerber legte bald eine zweite und dritte Fabrik in Berlin an, zur zweiten schenkte ihm der König sogar die Baustelle vor dem Stralauer Thor. Erst später wurde es auch andern Unterthanen erlaubt, Zuckersiedereien anzulegen.

Nicht weniger wurde eine Seiden-Manufaktur unterstützt, welche im Jahre 1753 der Banquier Schütz vor dem Königsthor anlegte und zu der Friedrich die Kosten hergab, ohne daß aus dem künstlichen Unternehmen je ein nennenswerther Erfolg erzielt worden wäre.

Von hohem Interesse für die Berliner Industrie ist die Begründung eines Fabrikationszweiges, der damals zuerst Aufsehen zu erregen begann und der nicht wegen, sondern trotz des Schutzes, welchen er beim König fand, doch von dauernder Bedeutung für unsere Stadt geblieben ist — die Begründung der Porzellan-Fabrikation.

Die Kunst, Porzellan zu machen, war bis zum Anfang des 18. Jahrhunderts ausschließlich Eigenthum der Chinesen gewesen, bis endlich durch einen Goldmacher zufällig das Geheimniß der Porzellan-Fabrikation entdeckt wurde.

Johann Friedrich Böttcher war in Berlin bei dem Apotheker Zorn Lehrling gewesen. Er hatte vielfach chemische Versuche gemacht und war dadurch in den Verdacht der Goldmacherei gekommen. Im Jahre 1700 entwich er nach Sachsen, weil er fürchtete, in Berlin zur Strafe gezogen zu werden. Er setzte seine Forschungen nach dem Stein der Weisen unablässig fort; bei denselben nun endeckte er zwar nicht die Kunst, Gold, wohl aber die Porzellan zu machen.

Sächsisches Porzellan wetteiferte fortan auf den Messen mit dem chinesischen und die Fabrikation desselben wurde zur Goldgrube für Sachsen. Sie erschien so gewinnbringend, daß man auch in Berlin vielfache, aber vergebliche Versuche anstellte, um hinter das Fabrikations-Geheimniß zu kommen.

Eine Zeitlang ruhte der Eifer, die Porzellan-Fabrikation zu unternehmen, bis endlich der Kaufmann Wegely in Berlin eine Porzellanfabrik begründete. Wegely fand die Unterstützung des Königs. Friedrich schenkte ihm das vor dem Königsthor belegene Kommandantenhaus, an dessen Stelle Wegely ein großes Gebäude für die Porzellanfabrik errichtete.

Der Anfang fiel ziemlich unglücklich aus, das Berliner Porzellan kam dem Meißner keineswegs gleich.

Erst der siebenjährige Krieg gab der Fabrikation einen neuen Aufschwung. Viele sächsische Porzellan-Arbeiter, welche verschiedener Vergehungen wegen auf der Festung Königsstein gefangen gehalten wurden, fanden während des Krieges Gelegenheit, sich an Stricken von den Felsen, auf denen die Festung belegen ist, herabzulassen. Sie flohen nach Böhmen, von dort aus aber begaben sie sich auf Wegely's Einladung nach Berlin und brachten hier ein neues Leben in die Porzellan-Fabrikation. Indem sie viele Geheimnisse der Meißner Fabrik verriethen und dadurch dazu beitrugen, daß die Berliner Waare fortan weit werthvoller und besser wurde.

Die Wegely'sche Fabrik blühte auf, aber nicht zum Vortheil des Inhabers, denn dieser hatte sich die Ungnade des Königs zugezogen.

Friedrich hatte sich im Kriege den Waarenbestand der Meißner Fabrik angeeignet; es kam nun darauf an, denselben möglichst schnell zu Gelde zu machen und er forderte zu diesem Behufe, daß ihm Wegely das sämmtliche Porzellan ablaufe. Auf eine solche Zumuthung vermochte der Berliner Fabrikant nicht einzugehen; zum großen Aerger des Königs verweigerte er die Annahme der Meißner Waaren. An seiner Stelle übernahm dieselben ein Baron Schimmelmann für einen ziemlich geringen Preis, er schlug aus dem Verkaufe ein gewaltiges Vermögen heraus.

Friedrich hatte die Weigerung Wegely's so übel aufgenommen, daß er unter dem Vorwand, Wegely fordere für seine Waare zu hohe Preise und betrüge dadurch das Publikum, einfach befahl, die Berliner Porzellanfabrik solle eingehen. Es blieb nichts übrig, als dem Machtspruch des Königs zu gehorchen. Die Geräthschaften der Fabrik wurden vernichtet, die vorhandenen Waaren an die Meistbietenden verkauft und die Arbeiter gingen auseinander.

Wegely's Nachfolger war ein geschickter Töpfer, Reichert, der in Berlin eine kleine Porzellanfabrik mit geringem Kapital anlegte und ziemlich gute Fabrikate lieferte, einen größeren Aufschwung aber gewann die Fabrikation erst, als Friedrich im Jahre 1760 dem patriotischen Berliner Kaufmann Gotzkowsky den Wunsch aussprach, eine gute Porzellanfabrik im Lande zu haben.

Ein königlicher Wunsch war für Gotzkowsky ein Befehl. Obgleich er durch den Krieg schwere Verluste erlitten hatte und keineswegs mehr so viel Vermögen besaß, um eine großartige Fabrik aus seinen Mitteln zu errichten, so glaubte er dies doch thun zu müssen; denn er hoffte, der König werde ihn später bei dem Betriebe unterstützen. Er nahm zu seinem auswärtigen Kredit seine Zuflucht und beschaffte sich dadurch bedeutende Geldsummen.

Da er Reichert zufällig kennen gelernt hatte, so gewann er diesen und machte mit ihm einen für den Künstler ziemlich vortheilhaften Vertrag. Er verpflichtete sich, die Gelder zur Errichtung und Fortsetzung der Porzellanfabrik herbeizuschaffen, Reichert alle bereits angewendeten Kosten zu ersetzen, seine Vorräthe und Geräthschaften zu kaufen und ihm außerdem für seine Person, so lange Reichert leben würde, jährlich 1000 Thaler nebst freier Wohnung und Holz zu gewähren; ein Kapital von 10,000 Thalern sollte ihm zufallen, sobald die nöthigen Versuche gezeigt hätten, daß Reichert wirklich verstände, echtes Porzellan zu fabriziren.

Gotzkowsky ging nun mit der Errichtung der Fabrik eifrig ans Werk. Er kaufte das in der Leipziger Straße 4 belegene Dorville'sche Haus und hier begründete er die Fabrik. Arbeiter wurden engagirt und angelernt, bald betrug die Zahl derselben 150. Ein tüchtiger Miniaturmaler Klause wurde mit 2000 Thalern jährlich honorirt, um junge Leute aus guten Familien, die bei Gotzkowsky in Arbeit getreten waren, zu unterrichten. Im Jahre 1762 konnte Gotzkowsky zu seiner Genugthuung dem König schon trefflich ausgeführte Porzellansachen aus der Berliner Fabrik überreichen.

Gotzkowsky hatte bei dieser, sowie bei vielen andern Unternehmungen weit über seine Kräfte hinausspekulirt; er vermochte sein umfangreiches Geschäft nicht aufrecht zu erhalten, ein Bankerott war die Folge zu großartiger und häufig unglücklicher Spekulationen, vielleicht auch die Folge der grenzenlosen Undankbarkeit, welche die Stadt Berlin einem ihrer tüchtigsten Mitbürger erwies.

Der Porzellanfabrik drohte durch den Bankerott ihres Unternehmers der Untergang. Friedrich fühlte sich daher verpflichtet, dieselbe selbst zu übernehmen; Gotzkowsky erhielt 225,000 Thaler und die Fabrik war nun eine königliche.

Die früheren Arbeiter und Direktoren blieben

meistens in derselben, nur Reichert, der gehofft hatte, Direktor zu werden, sah sich in seinen Hoffnungen getäuscht und bekümmerte sich darüber, obgleich er eine Entschädigung von 7000 Thaler bekam, so sehr, daß er bald nachher starb.

Friedrich nahm fortwährend ein reges Interesse an der Entwicklung der Fabrik.

Er förderte dieselbe nach bester Kraft und zwar mit Mitteln, welche eben nur einem König zu Gebote standen und zwar einem König, der es nicht zu genau mit den Gesetzen der Billigkeit nahm. Er ließ nicht nur in der Fabrik fortwährend eine große Menge kostbarer Gegenstände verfertigen, welche er theils zu seinem eigenen Gebrauch, theils zu Geschenken an fürstliche Personen und an solche, denen er Zeichen seiner Zuneigung oder Gnade geben wollte, verwandte, sondern er gab auch den Befehl, daß die Juden in ganz Preußen, sobald sie die Konzession zur Niederlassung, zur Verheirathung, zum Handel oder zum Häuserkauf haben wollten, verpflichtet werden sollten, eine bestimmte Quantität Berliner Porzellans zu kaufen.

Damit aber hierdurch nicht etwa der königlichen Fabrik eine Konkurrenz erwüchse, war es den Juden streng verboten, die so angekauften Waaren innerhalb des Landes zu veräußern; sie mußten durch Zeugniß beweisen, daß sie den Verkauf außerhalb bewirkt oder die Waaren behalten hätten, und um die Ungerechtigkeit voll zu machen, wurde bei der Auswahl der den Juden zu verkaufenden Stücke immer darauf gesehen, daß sie solche Gegenstände erhielten, welche sonst nicht leicht abzusetzen waren.

Sein Interesse an der Porzellanfabrik bethätigte Friedrich auch ferner dadurch, daß er sich fortwährend auf das Genaueste um den Betrieb derselbe bekümmerte.

Der Direktor mußte am Schlusse jeden Monats Bericht über den Betrieb der Fabrik einreichen.

Friedrich kam nie nach Berlin, ohne seiner Lieblingsschöpfung einen persönlichen Besuch abzustatten.

In allen größern Städten wurden Waarenlager der Berliner Fabrik angelegt und diese entwickelte sich bald mehr und mehr; sie lieferte eine wirklich vorzügliche Waare und auch nicht unbedeutende Reinerträge. Im Jahre 1785 beschäftigte die Fabrik schon 500 Arbeiter und bis zum Jahre 1808 hat sie einen Reinertrag von 1,321,472 Thalern gebracht.

Sechstes Kapitel.

Königliche Falschmünzerei. — Der Münzjude Veitel Ephraim. — Die Besoldungsscheine. — Noth nach dem Kriege. — Fabrik-Anlagen in Berlin. — Die Seidenmanufaktur in Berlin. — Die Wollenmanufaktur. — Begründung der königlichen Bank und Seehandlung.

Der siebenjährige Krieg, der wesentlich dazu beigetragen hat, die Porzellanfabrikation zu heben, hielt die Entwicklung der übrigen Fabrikzweige in Berlin zurück. Der König konnte während desselben weder Zeit noch Geld aufwenden, um seinerseits fördernd einzutreten, den Privaten aber fehlte der Muth dazu.

Die Fabrik- und Gewerbthätigkeit schlief in Preußen während des Krieges, nicht aber der Handel. Die ungeheuren Lieferungen, welche der Bedarf der Armee fortwährend erforderte, gingen meistens von Berliner Kaufleuten aus. Manche derselben, sowie auch einige größere Handwerker hatten in Folge dessen bedeutende Verdienste.

Bisher waren außer dem Splittgerber und Daum'schen Handlungshause, dem Bankier Schütz und dem bekannten Gotzkowsky nur wenige Kaufleute von Bedeutung in Berlin gewesen. Während des Krieges vermehrte sich die Zahl derselben; manche gewannen großartige Reichthümer, aber neben den Wenigen, die durch den Krieg reich wurden und sich nun gegenseitig im Luxus überboten, verarmte naturgemäß die große Masse der Bevölkerung, der kleine Kaufmann und Handwerker, der Arbeiter, der Gelehrte und Beamte während der Kriegsjahre mehr und mehr.

Wesentlich trug zu der Noth, in der sich während des Krieges die Masse der Berliner Bevölkerung befand, eine Maßregel bei, welche Friedrich ergriff, um sich für Kriegszwecke Geld zu schaffen, eine königliche Falschmünzerei.

Die Münze wurde jüdischen Unternehmern übergeben. Der Berüchtigtste derselben war der Berliner Schutzjude und Hof-Juwelier Veitel Ephraim, der bei Ausprägung des leichten Geldes mit bewunderungswürdiger Schlauheit und Gewissenlosigkeit verfuhr.

Jährlich wurden ungeheure Massen falscher Gold- und Silbermünzen ausgeprägt und um dieselben möglichst im Kours zu erhalten, gab man ihnen eine vor den Kriegsjahre hinausreichende Jahreszahl, damit das Volk glauben solle, es seien noch die richtigen alten Geldstücke; dann wendete man auch andere als preußische Stempel an, mit Erlaubniß der erkauften Regierungen der betreffenden Länder. Es kam dahin, daß sächsische Goldstücke, die in Berlin ausgeprägt waren, nur 1½ Thaler gutes Silbergeld an Werth hatten.

Friedrichs Münzkunststück fand auch im übrigen Deutschland Nachahmung und bald genug zeichneten sich die meisten der kleinen deutschen

Fürsten ebenfalls durch Verfälschung des Geldes aus.

Die fremden Falschmünzer trieben es sogar noch ärger, als die preußischen. Die Geldsorten der auswärtigen Münzstätten waren fast vollständig werthlos, einige so geringhaltig, daß sie im Volke den Spottnamen "Grünjacken" erhielten, weil aus ihnen der Grünspan so mächtig emporschoß, daß er selbst beim häufigen Umtausch des Geldes sich nicht vertilgen ließ.

Der Berliner Witz gab überhaupt jenen Geldstücken bald genug bezeichnende Namen. So hießen die leichten sächsischen Achtgroschenstücke, welche von Ephraim nachgeprägt wurden, allgemein "Blechlappen" oder "Ephraimiten". Ephraim hatte Sorge getragen, seine Achtgroschenstücke möglichst täuschend nachzuahmen; sie waren prächtig weiß gehalten und sahen gut genug aus. Die Gassenbuben sangen deshalb folgenden Vers auf sie:

"Von außen schön, von innen schlimm,
Von außen Friedrich, von innen Ephraim."

Das gute Geld stieg in Folge der abscheulichen Falschmünzerei sehr im Werthe. Ein guter Dukaten wurde damals an vielen Orten mit 9 Thalern bezahlt.

Die Münzfälschung brachte ein schweres Unglück über Deutschland; viele Millionen falschen Geldes liefen im Volke um, ganz Norddeutschland war damit überschwemmt und als nun endlich Frieden wurde, da zeigte sich die Wirkung der falschen Finanzwirthschaft, da machten viele der geachtetsten Kaufleute, welche, durch ihre Handelsverbindungen gezwungen, große Summen des falschen Geldes hatten annehmen müssen, Bankerott und eine gewaltige Verkehrsstörung war die nothwendige Folge.

Am schwersten litten dabei die kleinen Handwerker, die Arbeiter und die Beamten; die Soldaten mußten mit gewaffneter Hand, wenn sie in falscher Münze ausgezahlt wurden, diese zum vollen Werth anzubringen. Die Arbeiter und kleinen Handwerker aber mußten, um nur Geld zu bekommen, nehmen, was ihnen gegeben wurde und diese Alle verloren entsetzlich durch das werthlose Geld und fielen der bittersten Armuth anheim.

Nicht weniger schlimm erging es vielen Civilbeamten. Diese hatten in den letzten 4 Jahren des Krieges ihr Gehalt niemals mehr in baarem Gelde ausgezahlt bekommen, es wurden ihnen Kassenscheine übergeben, die nach dem Frieden zahlbar sein sollten. Diejenigen Beamten, welche kein Vermögen besaßen, mußten die Kassenscheine sofort an den Mann zu bringen suchen; sie verloren dabei bis ¼ des Werths derselben, denn die Wechsler in Berlin trauten dem Glück Friedrichs nicht mehr.

Die etwas wohlhabenderen Beamten und diejenigen, welche vielleicht bei Freunden Kredit fanden, hoben sich wohl die Scheine bis zum Frieden auf, aber auch sie mußten schwere Verluste tragen, denn als ihnen nun endlich ihr Gehalt ausgezahlt wurde, geschah es in schlechtem Gelde, welches kurze Zeit später auf seinen wahren Werth herabgesetzt wurde.

Es war für Friedrich keine leicht zu lösende Aufgabe, nach dem siebenjährigen Kriege wieder Ordnung in das zerrüttete Staatswesen zu bringen. Die Kräfte des Landes waren über alles Maß angespannt worden, alle Bevölkerungsklassen hatten entsetzlich gelitten, die blühende Hauptstadt Berlin war im gewerblichen Verkehr fast zu einer kleinen Landstadt herabgesunken. Auch ihre Einwohnerzahl hatte sich erheblich vermindert; auf der Friedrichstadt besonders waren alle Straßen verödet. Die später mit Uebertreibung gebrauchte Redensart, daß die Straßen Berlins mit Gras bewachsen seien, hat damals der vollen Wahrheit entsprochen.

Friedrichs Streben ging unmittelbar nach dem Kriege dahin, die Noth des Volks zu lindern, den Verkehr wieder zu heben. Die noch in der Kriegskasse befindlichen Gelder wurden ausgeschüttet und auf die verschiedenen Provinzen vertheilt. Die Magazine ließ der König eröffnen, um die Kornvorräthe für das Volk zugänglich zu machen; große Bauten wurden ausgeführt, um den Arbeitern Verdienst zu schaffen. Trotz aller dieser Maßregeln gelang es der Hauptstadt doch nur sehr nach und nach, die schweren Folgen des Krieges einigermaßen zu verwinden. Der kaufmännische und gewerbliche Verkehr war zu tief erschüttert, als daß er sich schnell hätte erholen können. Die schwersten Schläge erhielt er sogar erst nach dem Kriege durch die in Folge der Münzreduktion massenhaft eintretenden Bankerotte der angesehensten Kaufleute. Die Zuchthäuser wurden damals mit betrügerischen Bankerottirern bevölkert und es dauerte lange Zeit, ehe der gestörte Verkehr wieder in seine richtigen Bahnen treten konnte.

Mit unablässiger Thätigkeit verfolgte inzwischen Friedrich seine Pläne zur Aufbesserung des Handels und der Gewerbe, Pläne, bei denen er leider den Grundsätzen der Staats-Bevormundung, des Schutzzoll-Systems, der Einfuhrverbote für Fabrikate und der Ausfuhrverbote für Rohstoff, treu blieb. Er wollte Berlin zur Fabrikstadt umschaffen und war zu diesem Zweck bemüht, alle möglichen Fabrik Anlagen durch Staats-Unterstützung ins Leben zu rufen, ein Bemühen, welches nur zweifelhafte Erfolge hatte und bei denen oft häufig ungeheure Summen ohne Nutzen verschwendete.

Da wurde der Franzose Sebastian Chevalier nach Berlin gezogen und zum Hof-Lieferanten ernannt, damit er eine Fabrik von lackirten Blechwaaren, gegossenem Zinn, Kupfer, Pappe, Papiermaché ic. in Berlin errichte. Er erhielt zu diesem Zweck freie Wohnung, der König erbaute ihm die Fabrikgebäude und gab ihm außerdem noch eine Pension von jährlich 600 Thalern. Die für die Verhältnisse Berlins noch nicht naturwüchsige Fabrik hatte Bestand, so lange die Staats-

Unterstützungen dauerten; nach dem Tode des Königs aber sank sie, während eine zweite Lackirfabrik, welche der Franzose Guerrin angelegt hatte und die dessen Schwager, ein Braunschweiger, Namens Stobwasser,*) später übernahm, unter diesem aus eigener Kraft zu großer Blüthe sich entfaltete.

Ein Genfer Uhrmacher, Namens Huguenin, legte mit königlicher Unterstützung in Berlin eine Uhrenfabrik an. Er ward im Jahre 1765 nach Potsdam zum König berufen und dieser, der ihm einige Uhren abkaufte, sprach den Wunsch aus, daß nicht ferner das viele Geld für die kostspieligen kleinen Maschinen nach Genf wandere. Huguenin war schnell bereit, eine Fabrik in Berlin zu errichten; er verlangte indessen einen ansehnlichen Vorschuß. Friedrich bewilligte denselben und das Vergnügen, eine Genfer Uhrenfabrik in Berlin zu haben, kostete ihm nach und nach nicht weniger als 141,000 Thaler, ohne daß dabei die Uhrenfabrikation in Berlin wirklich einheimisch geworden wäre.

Huguenin entwich, als sein Unternehmen scheiterte, schon im Jahre 1775.

Ein anderer Genfer Uhrmacher, Trulte, setzte die Fabrik mit nicht weniger unglücklichem Erfolge fort; er starb im Jahre 1783 insolvent.

Der Berliner Kaufmann Hovelac war zur Fortführung des Unternehmens nur dadurch zu bewegen, daß ihm Friedrich das Fabrikhaus wiederum ohne Entschädigung überließ.

Aehnlich erging es auch in andern Industriezweigen. Die Fabrikanten erhielten theils bedeutende Summen geschenkt, theils schoß ihnen wenigstens der König Kapitalien ohne Zinsen vor, für Andere wurden auf seine Kosten Fabrikhäuser erbaut, wieder Andere erhielten Prämien für gelungene Fabrikate; in den Zeitungen wurden Belohnungen ausgeboten für die besten und fleißigsten Arbeiter in allen Zweigen der Industrie. Durch alle diese Mittel aber gelang es dem König doch nur, einzelne Fabriken zu einer scheinbaren Blüthe zu bringen, welche so lange dauerte, als sie durch königliche Unterstützung aufrecht erhalten wurde. Dies war besonders der Fall bei der Seidenmanufaktur, für welche Friedrich ein großes Interesse fühlte.

Aus der Ferne wurden Maulbeerpflanzer und Seidenzüchter verschrieben, denen die Regierung ansehnliche Pensionen ertheilte. Die Knaben aus den Waisenhäusern wurden den Seidenzüchtern zur Anlernung übergeben, sie mußten Maulbeerbäume pflanzen und Seidenwürmer warten lernen. Grains und Maulbeersamen wurden überall im Lande umsonst vertheilt, damit besonders die Dorfschullehrer, die Prediger und kleinen Handwerker auf dem Lande sich mit der Zucht der Seidenraupen abgeben möchten. Kirchhöfe, Wege c. mußten mit Maulbeerbäumen bepflanzt werden, um das Laub in genügender Menge zu haben. Es wurde eine Seidenmagazinkasse mit einem Fonds von 80,000 Thalern errichtet, aus dem alle Sorten fremder Seiden gekauft wurden und welche außerdem die Aufgabe hatte, denjenigen preußischen Seidenzüchtern, welche sich mit der Abhaspelung der Seide nicht abgeben konnten, die rohen Cocons abzukaufen. Alle Seidenmanufakturen konnten aus der Cocon-Niederlage Seide auf Kredit erhalten. Die Prämien für die Verarbeitung der Seide und die Unterstützung der Fabrikanten nahmen außerdem noch eine jährliche Summe von gegen 20,000 Thaler in Anspruch.

Was war das Resultat aller dieser Opfer? Ein scheinbar günstiges! — Die Berliner Seidenmanufakturen vermehrten sich in großartigem Maßstabe.

Als Friedrich zur Regierung kam, gab es in Berlin eine einzige Seidenmanufaktur, am Ende des Jahres 1782 waren bereits 56 Fabrikanten in den verschiedenen Zweigen der Seidenfabrikation beschäftigt, bei denen mindestens 7000 Menschen arbeiteten.

Ein scheinbar großer Erfolg war dies, aber eben nur ein scheinbar großer Erfolg, denn mit dem Fortfall der Staats-Unterstützungen sanken später alle diese Fabriken wieder und es blieb der neuern Zeit vorbehalten, die Seidenzucht und Seidenfabrikation durch die eigene Kraft intelligenter Unternehmer zur Blüthe zu bringen.

Auch die Wollenmanufaktur wurde mit ähnlichen Mitteln künstlich zum Nachtheil des Ackerbaues gehoben, die alten Wollausfuhrverbote wurden 1766 erneuert, ja am 3. April 1774 wurde sogar die Ausfuhr von Wolle und Wollfellen bei Lebensstrafe untersagt; bestraft wurde ferner, wer die Schafe vor der Schur verkaufte.

Die Landwirthe hatten unendliche Schererei mit ihren Heerden und sie zogen es daher naturgemäß vor, sich mit der Schafzucht überhaupt nicht mehr zu beschäftigen und ihre Schäfereien eingehen zu lassen.

Ein neues gewaltthätiges Gesetz mußte erlassen werden, um das Eingehen der Schäfereien zu verhindern; bei 1000 Dukaten Strafe wurde dasselbe verboten, ohne daß indeß der König im Stande gewesen wäre, den vielen Kontraventionen, welche gegen seine Verbote begangen wurden, mit Erfolg entgegen zu treten.

Die Schafzucht konnte bei solchen Gesetzen in Preußen unmöglich emporblühen, obgleich Friedrich sich um dieselbe durch die Einführung feiner spanischer Schafe redlich bemühte.

Litt auf diese Weise die Viehzucht und damit der Ackerbau im ganzen Lande, so nahm die Wollweberei in Berlin freilich einen künstlichen Aufschwung. Gegen Ende der Regierung Friedrichs waren wohl 13,000 Menschen mit derselben beschäftigt.

Aehnliche Gesetze wie das Verbot der Wollausfuhr lasteten auch auf der Entwicklung anderer Industriezweige. Früher war, wie unsere Leser

---

*) Die noch heut bestehende Stobwasser'sche Fabrik, welche längst ihren hundertjährigen Geburtstag gefeiert hat.

sich erinnern, der Gebrauch aller Kattune streng verboten. Friedrich gestattete denselben wieder; unter seiner Regierung legte sogar Paul Demissi eine Baumwollenspinnerei in Berlin an und verschiedene sächsische und böhmische Kolonisten begannen Kattune zu weben.

Auch Kattundruckereien wurden eingerichtet, aber sie konnten nicht recht emporkommen, denn der wenigen böhmischen und sächsischen Kolonisten wegen wurde die Einfuhr der guten ostindischen Kattune, die sich zum Drucken und Verkauf besonders eigneten, verboten.

Es würde uns zu weit führen, wollten wir die Entwicklung jedes einzelnen Fabrikationszweiges in Berlin weiter verfolgen; die dargestellten Beispiele genügen, um uns ein Bild davon zu geben, wie sich die Fabrikation in der Hauptstadt künstlich entwickelte. Der Schutz, welchen ihr Friedrich angedeihen ließ, war stets verbunden mit einem gewaltigen Eingreifen in die kleinlichsten Details des Geschäfts, die freie Selbstthätigkeit der Unternehmer war gehemmt und schon dadurch wurde es ihnen unmöglich, sich kräftig empor zu arbeiten.

Glücklicher war Friedrich in seinem Bestreben, den Handel zu heben, indem er am 20. Juli 1765 die königliche Bank errichtete, um dem kaufmännischen Verkehr durch sichere Kreditgewährung größere Kapitalien aufzuschließen. Da für die ausgegebenen Banknoten kein gezwungener Kours festgesetzt war, sondern die Annahme derselben dem freien Verkehr überlassen blieb, bürgerte sich bald das neue Institut in Berlin ein und wirkte segensreich. Alle irgend angesehenen Kaufleute fanden fortan für ihre Unternehmungen Geld zu billigen Zinsen; auch für die gesammte Berliner Einwohnerschaft wurde die Bank von großer Bedeutung. Sie nahm von Jedermann kleine Kapitalien, bei denen sie einen, wenn auch nur niedrigen Zinssatz gewährte.

Früher hatten Kindergelder dem Gericht in's Depositorium gegeben werden müssen; ihre Aufbewahrung kostete jährlich 1 Prozent. Nach Errichtung der Bank übernahm diese die Kindergelder und verzinste sie mit 3 Prozent, so daß also den Minderjährigen dadurch ein reiner Gewinn von 4 Prozent zufloß. Die Bank zeigte sich außerdem gefällig im Verkehr; kleine Kapitalien konnten in jedem Augenblick zurückgefordert werden, größere nach achttägiger Kündigung.

Die Bank erhielt in Folge ihres einsichtigen Geschäftsbetriebs bald eine ausgedehnte Wirksamkeit und hierdurch wurde wohl in dem stets regen und nach allen Richtungen hin thätigen König der unglückliche Wunsch erzeugt, den Staat an die Spitze weiterer kaufmännischer Unternehmungen zu stellen. Das Resultat dieses Strebens war die Begründung der Seehandlungs-Gesellschaft, welche nicht nur für den Großhandel Berlins vermöge der ihr vom Staat gewährten Vergünstigungen, Monopole und Unterstützungen eine unnatürliche und schädliche Konkurrenz geworden ist, sondern welche auch später direkte Nachtheile genug gebracht hat.

Friedrich stiftete die Seehandlung in Berlin am 14. Oktober 1772. Sie solle ursprünglich nur die Aufgabe haben, fremdes Salz aufzukaufen, theils um damit in Polen zu handeln, theils um den inländischen Salz-Departements den nöthigen Bedarf abzulassen. Damit der Handel der Gesellschaft möglichst emporblühe, wurde ihr das Monopol des Salzhandels*) übertragen.

Die Gesellschaft war ein Aktien-Unternehmen; es wurden 2400 Aktien zu 500 Thaler ausgegeben, von diesen aber behielt der Staat 2100 Aktien, so daß nur 300 ins Publikum kommen konnten. Auf 20 Jahre wurde der Gesellschaft der ausschließliche Salzhandel übergeben und außerdem ihr die Berechtigung gewährt, für alles Schiffbauholz, welches sie für ihren Bedarf aus Polen bezog, von der bedeutenden Steuer (50 Prozent) befreit zu sein. Die Aktien der Seehandlung mußten mit 10 Prozent verzinst werden und außerdem sollten sie noch eine Dividende abwerfen.

Siebentes Kapitel.

Helvetius. — Die französische Regie. — Die französischen Abenteurer in Berlin. — Die Kaffeeriecher. — Die königliche Tabaksfabrikation. — Das Lotto und die Lotterie. — Der Schleichhandel in Berlin.

„Keine Regierung kann ohne Steuern bestehen, sie sei eine republikanische oder eine monarchische, immer wird sie der Steuern bedürfen. Die Obrigkeit, welche die Staats-Verwaltung besorgt, muß zu leben haben; Richter wollen bezahlt sein, wenn sie den Gesetzen gemäß verfahren sollen; der Soldat muß verpflegt werden, wenn er aus Mangel an Lebensmitteln nicht zur Gewalt greifen soll; und auf gleiche Weise müssen Die, welche dem Finanzwesen vorstehen, gut bezahlt werden, damit die Noth sie nicht zwinge, das öffentliche Einkommen zu veruntreuen. Diese verschiedene Ausgaben erfordern beträchtliche Summen; außerdem aber muß etwas für außerordentliche Fälle zurückgelegt werden. Da dies alles nur vom Volke genommen werden kann, so besteht die Kunst darin, es so zu nehmen, daß der Bürger nicht erdrückt werde."

Mit diesen Worten schildert Friedrich der Große selbst die Aufgaben des Gesetzgebers bei Besteuerung des Volks. In einem Briefe an de Launay vom 16. März 1766 setzte er seine Ansichten über Besteuerung noch klarer auseinander, indem er sagte: „Besteuern Sie meinetwegen die Weine aller fremden Länder, der Arme

---

*) Die berüchtigten Salzbücher waren eine Folge dieses Monopols. Jede Familie erhielt ein Salzbuch, sie mußte eine bestimmte Quantität Salz verzehren, wenn sie auch durchaus keinen Geschmack an stark gesalzenen Speisen empfand.

ist es nicht, der sie bezahlt; ich erkläre mich zum Sachwalter für Fabrikanten und Soldaten, deren Sache muß ich vertreten!"

Der Arme, der Fabrikant, der Bürger, der Soldat sollten durch die Besteuerung nicht gedrückt werden und doch bedurfte Friedrich ungeheurer Summen, um den Militärstaat Preußen aufrecht zu erhalten, um seine Pläne, welche er zur Erhöhung des Landes-Wohlstandes hegte, zur Ausführung zu bringen, um Kanäle zu bauen, Ländereien urbar zu machen, Fabriken anzulegen und zu unterstützen.

Woher sollte er diese Summen nehmen, wie konnte er sie auftreiben in dem durch den Krieg so erschöpften Lande, welche Steuern konnte er erhöhen, ohne das Volk zu sehr anzustrengen? Das war die große Frage, welche Friedrich bald nach Beendigung des siebenjährigen Krieges sich selbst und seinen Ministern vorlegte.

Am 10. Juni 1765 fand zur Berathung über die Finanzlage des Landes in Charlottenburg ein Ministerrath statt. In diesem sprach der Vice-Präsident des General-Directoriums, von Massow, sich dahin aus, daß durch den Krieg erschöpfte Land lasse an gar keine Abgabe-Erhöhung denken.

Eine solche Antwort war keineswegs nach Friedrichs Sinn. Die Abgaben mußten erhöht werden! Seine Minister konnten ihm die nöthigen Rathschläge nicht geben, er wendete sich deshalb an Fremde.

Friedrichs ganze Bildung war von frühester Kindheit an französisch gewesen; das Merkantilsystem, wie es Colbert in Frankreich zur Blüthe gebracht hatte, erschien dem König als der Inbegriff volkswirthschaftlicher Vortrefflichkeit, auch das französische Finanzwesen fand an ihm einen Nachahmer.

Er war durch den General-Lieutenant von Krockow, welcher 23 Jahre in französischen Diensten gestanden hatte, vielfach auf die nach der Ansicht des Generals ganz vortrefflichen Finanz-Einrichtungen Frankreichs aufmerksam gemacht worden. Krockow hatte dabei auch den berühmten Helvetius erwähnt, der sich als Generalpächter der französischen Steuern ein großes Vermögen und trotzdem einen anständigen Ruf erworben hatte. Helvetius war ein talentvoller Schriftsteller; eins seiner Bücher hatte ihm in Frankreich Verfolgungen zugezogen und ihn zur Flucht nach England veranlaßt.

Durch Krockows Vermittlung setzte sich Friedrich mit Helvetius in Briefwechsel und lud ihn zu einem Besuch ein.

Helvetius kam im Jahre 1765 nach Berlin, wo er bis zum folgenden Jahre blieb und sich vielfach mit dem König über die Finanz-Einrichtungen Frankreichs unterhielt. Das Resultat dieser Berathungen war, daß ein Heer französischer Abenteurer nach Berlin verschrieben wurde, um die berühmte französische Finanzkunst in Preußen einzuführen, daß aus ihnen eine neue Behörde

unter dem Titel „Administration générale des Accises et Péages", vom Volk nur „die französische Regie" genannt, gebildet wurde, der das gesammte Accise- und Zollwesen des Landes untergeordnet ward.

Da gab es fortan in Berlin und im ganzen Lande Directeurs und Inspecteurs, Verificateurs und Controleurs, Visitateurs, Commis, Plombeurs, Controleurs ambulants (reitende Aufseher), Jaugeurs (Weinrevisirer) und Commis rats de ?? (Kellermäuse), auch Brigaden von Anticontrebandiers zu Fuß und zu Pferde und wie die Titel der französischen Finanzkünstler sonst noch heißen mochten.

An der Spitze der Regie standen fünf Regisseurs, deren jeder außer einer Tantieme von den eingehenden Steuern 12,000 Thaler jährliches Gehalt und den Titel eines Geheimen Finanzraths erhielt. Der Berühmteste derselben war la Haye de Launay, der mit viel gepriesener Geschicklichkeit es verstand, aus dem Volk den letzten Groschen herauszupressen.

Die Abgaben auf Bier, Branntwein, Wein, sowie auf alle nicht zum unbedingten Lebensbedürfniß der Armen gehörigen Gegenstände, selbst auf Fleisch, wurden wesentlich erhöht und mit unbarmherziger Strenge eingetrieben.

Die französischen Beamten saßen an den Thoren und wachten mit argwöhnischem Eifer über jedes Gepäckstückchen, welches in die Stadt gebracht wurde. Sie durchstreiften die Straßen, unablässig darnach spähend, ob nicht irgendwo ein zollpflichtiger Gegenstand eingeschmuggelt worden sei. Sie drangen selbst in die Häuser ein, durchsuchten die Wohnungen ganz unverdächtiger Bürger, zwangen diese sogar, sich zu entkleiden, um auf ihrem nackten Leibe nachzusehen und erlaubten sich dabei die größten Brutalitäten.

Das Heer der französischen Beamten bestand aus dem nichtsnutzigsten Gesindel, aus Leuten, die zum Theil schon auf den Galeeren gewesen waren, aus Abenteurern, die in Frankreich keinen Lebensunterhalt mehr gehabt hatten, zum Theil von ihren Finanzstellen Betrugs wegen kassirt und nun nach Preußen gekommen waren, um hier ihr Glück zu machen.

Fast alle diese neuen Steuerbeamten zeichneten sich durch Habgier, Bestechlichkeit und Lust zum Betruge aus. Häufig genug hielten sie Haussuchungen bei wohlhabenden Bürgern nur zu dem einen Zweck, daß ihnen ihr widerwärtiges Eindringen in die Wohnung durch eine erkleckliche Bestechungssumme abgekauft werde.

Der Verkehr litt außerordentlich durch die Gewaltthätigkeiten, welche die Diener der Regie, geschützt durch das Gesetz, fortwährend begingen und während Friedrich so sehr bestrebt war, den Handel des Landes mit allen Mitteln zu heben, störte er ihn durch Einrichtung dieser Regie auf das Empfindlichste.

Der Regie reihte sich würdig die Monopolisirung vieler Verkaufsgegenstände an.

Der Kaffee war das Lieblingsgetränk der Berliner geworden und auch auf dem Lande verbreitete sich sein Genuß mehr und mehr. Friedrich glaubte daher mit Vortheil eine hohe Steuer auf ein Getränk legen zu können, welches er keineswegs als zum Bedürfniß der Armen gehörig betrachtete.

Anfangs wurde die Steuer einfach erhöht; als aber dies kein besonders günstiges Resultat ergab, denn es wurde nun viel Kaffee ins Land eingeschmuggelt, erschien die neue Kaffee-Ordnung vom 21. Januar 1781.

Das Kaffeebrennen wurde durch dieselbe den Privaten bei strenger Strafe verboten, nur einzelne Privilegirte bekamen dazu die Erlaubniß als eine besondere Vergünstigung, welche nur in den Städten dem Adel, den Offizieren, den Geistlichen, den Mitgliedern der Landeskollegien und einigen Hofleuten durch sogenannte Brennscheine ertheilt wurde; die Brennscheine mußten bei dem königlichen Accise-Amt mit 1 Groschen bezahlt werden. Diese Begünstigten konnten den ungebrannten Kaffee aus den königlichen Entrepots zu 9 Groschen das Pfund kaufen, waren aber verpflichtet, mindestens 20 Pfund jährlich zu verbrauchen. Das übrige Volk mußte seinen Kaffee gebrannt aus den königlichen Entrepots beziehen.

Der gebrannte Kaffee war in blechernen Büchsen von 24 Loth verpackt, die mit der königlichen Verordnung beklebt waren. Die Büchse von 24 Loth kostete 1 Thaler, bei Rückgabe der Büchse wurden 4 Groschen vergütigt.

Der hohe Preis, für den der gebrannte Kaffee in den königlichen Entrepots verkauft wurde, war natürlich ein Anreiz zum Einschmuggeln. Die gebrannten Bohnen ließen sich schlecht transportiren und verloren an Aroma; die Schmuggler konnten daher nur rohen Kaffee einführen, der von den Bürgern im Geheimen selbst gebrannt werden mußte.

Mit wie hoher Strafe auch das Brennen des Kaffees belegt war, die Berliner Hausfrauen ließen sich davon doch nicht abschrecken und Friedrich sah sich deshalb veranlaßt, Kaffeeriecher anzustellen, welche die Aufgabe hatten, die Straßen der Residenz zu durchstreifen, um mit feiner Nase in denselben umherzuschnüffeln. Der durchdringende Geruch, den der Kaffee beim Brennen ausströmte, verrieth ihnen meist leicht, wo etwa eine lüsterne Berlinerin das Gesetz umging.

Das Volk von Berlin haßte diese Kaffeeriecher wie die Sünde und spielte ihnen manchen häßlichen Streich, besonders waren die Frauen äußerst aufgebracht. Alle Plackereien der Regie hätten sie dem König verzeihen können, aber daß er ihnen das Kaffeebrennen verbot, konnten sie nicht ertragen.

Der Berliner Witz beschäftigte sich damals viel mit den Kaffeeriechern und seine Schärfe traf mitunter auch den König selbst.

Friedrich der Große ritt eines Tages die Jägerstraße entlang, da bemerkte er am Fürstenhause einen Menschenauflauf; das Volk lachte und schaute nach einem hoch an der Wand hängenden Zettel. Er schickte sogleich einen Adjutanten, um sich zu erkundigen, was denn dort geschehe; dieser kam mit einem verlegenen Gesicht zurück und theilte dem König auf dessen Fragen mit, daß ein Platat gegen die Allerhöchste Person Sr. Majestät dort angeschlagen sei.

Friedrich scheute sich nicht, selbst nach dem Fürstenhause zu reiten. Er fand dort eine Karrikatur auf seine eigene Person: Er selbst war auf einem Schemel sitzend abgebildet, eine Kaffeemühle zwischen den Knieen haltend. Die Karrikatur hing so hoch, daß die Unterstehenden nur mit Mühe das Bild beschauen konnten.

„Hängt es doch niedriger, — rief der König — damit die Leute sich nicht den Hals auszurecken brauchen!"

Mit einem guten Witz ist der Berliner stets zu gewinnen. Das Volk jubelte laut auf über den königlichen Befehl und riß die Karrikatur in Stücke.

Wie den Frauen Berlins die Kaffeebrennerei, so war den Männern die Tabaksfabrikation des Königs verhaßt, denn auch der Tabak war unter Friedrich dem Großen dem freien Verkehr entzogen.

Im Jahre 1738 hatte der Kaufmann Samuel Schock aus Basel, ein Mitglied der französischen Kolonie, in Berlin eine große Rauch- und Schnupf-Tabaksfabrik errichtet. Friedrich Wilhelm I. hatte ihm Staats-Unterstützungen angeboten, Schock aber war von dem richtigen Grundsatz ausgegangen, daß ihn eine Unterstützung des Staats in seinem Geschäftsbetriebe nur hemmen könne. Er hatte dieselbe deshalb ausgeschlagen und vortreffliche Geschäfte gemacht; seine gute Waare fand sowohl im Inlande als im Auslande reichlichen Absatz.

Hierdurch wurde in Friedrich der Wunsch erregt, den Tabakshandel zum Monopol zu machen. Im Jahre 1765 geschah dies.

Schock wurde reichlich entschädigt; ein französischer Kaufmann Roubaud, der in Marseille Bankerott gemacht hatte, und ein Italiener Anton von Calzabigi pachteten das Monopol für 1 Million Thaler. Um eine so gewaltige Pacht zahlen zu können, glaubten sie die Preise der Fabrikate in die Höhe schrauben zu müssen und sie thaten es in ungemessener Weise, aber zu ihrem Nachtheil; denn wie sie auch die Käufer dadurch kränkten und die Tabakspflanzer beim Einkauf bedrückten, so vermochten sie doch nicht zu bestehen. Sie mußten ihre Pacht an zehn Berliner Kaufleute, welche noch 100,000 Thaler mehr zu zahlen sich erboten, abtreten.

Auch diese waren, obgleich sie in richtiger Erkenntniß ihres Vortheils die Preise ihrer Waaren herabsetzten, außer Stande, die Pacht zu bezahlen und schon im Jahre 1766 wurde deshalb die Gesellschaft aufgelöst; der König übernahm den Handel mit Tabak selbst und übertrug ihn der General-Tabaks-Administration, welche in der ersten Zeit allerdings manchen schweren Kampf durchzumachen hatte, später aber reichen Verdienst brachte.

Friedrich war in Folge dessen mit seinem neuen Unternehmen so zufrieden, daß er die Monopolisirung des Tabaks stets mit besonderer Genugthuung „mein Werk" nannte. Er interessirte sich für die geringsten Details der Tabaksfabrikation und um den Profit derselben zu erhöhen, verschmähte er selbst jene kleinen betrügerischen Kniffe nicht, deren sich unreelle Privatfabriken bedienen, um ihren Gewinn zu vergrößern.

So ließ Friedrich fortwährend daran arbeiten, dem Landtabak durch chemische Saucen den Geschmack und Geruch des Kanasters zu verschaffen und als dies nicht gelang, der Landtabak nur im äußern Ansehen dem wahren Kanaster ähnlich wurde, ohne jedoch seinen Galgenkanaster-Geruch zu verlieren, so befahl der König, den präparirten Landtabak künstlich mit dem echten Kanaster zu vermischen; das Publikum werde dies nicht merken und sich schon an die Mischung gewöhnen.

Ein anderes Mittel, Geldeinnahmen zu schaffen, war die Vervollkommnung der Lotterie.

Schon im Jahre 1740 war in Berlin eine Lotterie eingerichtet worden. Dieselbe bestand nur aus einer Klasse von 20,000 Loosen, die mit 5 Thalern das Stück bezahlt wurden. Später, im Jahre 1763, wurde durch den Italiener Calzabigi die Zahlen-Lotterie (das Lotto) und 1767 die Klassen-Lotterie begründet. Seit jener Zeit ist Preußen mit der Letztern beglückt!

Schauen wir zurück auf die verschiedenen Institutionen, welche Friedrich der Große ins Leben rief, um die Geldeinnahmen der Staatskassen zu erhöhen, so drängt sich uns die Betrachtung auf, daß der jesuitische Grundsatz „der Zweck heiligt die Mittel" in jener Zeit in Preußen herrschend gewesen sei. Die Staatskassen wurden freilich gefüllt, aber um welchen Preis!

Das Lotto und die Lotterie brachten bedeutende Summen ein, aber sie erhöhten zugleich die Spielsucht in allen Klassen der Bevölkerung. Da gab es fast keinen armen Tagelöhner, fast kein Dienstmädchen in Berlin, welche nicht ein Paar Groschen gewagt hätten, um im Lotto ihr Glück zu versuchen; da wurden zu Gunsten des Staats und der Unternehmer, von denen das Lotto gepachtet worden war, verführerisch die letzten Groschen aus den Taschen der leichtsinnigen Spieler gezogen. Andere Hazardspiele waren durch strenge Gesetze verboten, da aber das Lotto die Spielsucht einmal erregt hatte, so kümmerten sich die Spiellustigen nicht mehr um die Strafen und das Laster des Spiels verbreitete sich daher in Berlin mehr und mehr in allen Ständen.

Durch die Regie und die Monopole wurden unzweifelhaft größere Steuern erzielt, als dies auf dem frühern Wege möglich gewesen wäre, brachte doch die Regie allein in den 21 Jahren von 1766 bis 1787 eine Summe von nicht weniger als 137,300,000 Thalern ein, während nach dem frühern Steuersystem höchstens 105,000,000 Thaler erzielt worden wären, so daß also der Staat eine Mehreinnahme von etwa 32,000,000 Thalern hatte.

Von dieser Mehreinnahme mußten indessen die Kosten der Verwaltung abgezogen werden, welche sich auf mindestens zehn Prozent beliefen und außerdem die in Zahlen nicht auszudrückenden Verluste, welche durch die Störung des gewerblichen Verkehrs und durch die Betrügereien der diebischen französischen Beamten entstanden! War da wohl der Vortheil für die Staatskassen so groß? Wog er auch nur im Entferntesten die entsetzlichen Plackereien, welche die Regie für das Publikum brachte, und die Demoralisation des Volkes, welche das Ueberhandnehmen des Schleichhandels mit sich führte, auf?

Der Schleichhandel ward in Berlin zum ausgebildeten Gewerbe, mit welchem sich besonders die entlassenen Soldaten beschäftigten. Es war zu gewinnbringend, Kaffee, Tabak und die andern hoch besteuerten Gegenstände aus den Nachbarländern einzuführen, als daß sich nicht Menschen genug gefunden hätten, welche den strengen Strafen Trotz boten um des hohen Gewinnes willen.

Vergeblich durchstreiften fortwährend Steuer-Patrouillen bei Tag und Nacht die Straßen, vergeblich lagerten sie vor den Thoren, um die Schleichhändler abzufangen; gelang ihnen dies wirklich einmal, brachten sie einen ertappten Schmuggler zur Strafe, so traten zwei neue an dessen Stelle.

Die Steuer-Offizianten hatten bei Ausübung ihres Amtes die schwierigste Stellung, sie trafen überall auf den Widerstand des Volks, welches offen Partei für die Schmuggler nahm, diesen die Annäherung der Beamten, die Verstecke derselben verrieth und bereitwillig etwa verfolgte Kontrebandirer in den Häusern verbarg.

Je strenger die Strafen waren und je gefährlicher daher das Schmugglergewerbe wurde, je mehr Reiz erhielt es für kühne, abenteuerlustige Burschen. Die Steuerbeamten führten Gewehre mit sich, sie erhielten das Recht, auf flüchtige Schmuggler zu schießen; jetzt flüchteten diese nicht mehr, sie bewaffneten sich ebenfalls und es kam in den Straßen Berlins zu förmlichen Kämpfen zwischen Beamten und Paschern, bei denen es Verwundete und sogar Todte gab. So wurde eines Tages ein Accise-Brigadier mitten in der Stadt von einem Schmuggler erschossen.

Friedrich hatte den Schmerz, in seinen letzten Regierungsjahren noch einsehen zu müssen, daß er mit seinen Finanzreformen auf einem falschen Wege gewesen sei; er erkannte, daß er von den Franzosen, die er ins Land gerufen hatte, auf schmähliche Weise betrogen und bestohlen wurde.

Auch die Lehre, daß eine zu hohe Besteuerung dem Steuerertrage selbst schade, wurde in seinen letzten Jahren dem König klar. Der kolossale Preis des Kaffee's bewirkte, daß das Volk zu Kaffee-Surrogaten seine Zuflucht nahm, daß es Cichorien, Erbsen, Roggen ꝛc. brannte und nur mit einigen Bohnen wirklichen Kaffee's versetzte.

Die Abnahme des Kaffeebedarfs und das Ueberhandnehmen der Strafen für den Schleichhandel veranlaßten den König im Jahre 1784 zu einer wesentlichen Preisherabsetzung. Auch diese aber hatte nur geringen Erfolg, denn es gab noch eine so große Menge anderer hoch besteuerter Gegenstände, daß auch ferner der Schmuggelhandel in voller Blüthe blieb.

Nur eine vollständige Aenderung des Steuersystems hätte Abhilfe schaffen können, eine solche aber zu treffen war Friedrich zu alt und zu sehr in die falschen Grundsätze des Merkantilsystems eingelebt.

Achtes Kapitel.

Preuß über Friedrich den Großen. — Der Adel und seine Vorrechte. — Die Zünfte und Innungen. — Der blaue Montag. — Die städtische Verfassung Berlins. — Philippi und die geheime Polizei. — Das Nasenspinde. — Abschaffung der Folter. — Ein Berliner Kriminalfall. — Die Justizreform. — Der Arnold'sche Prozeß. — Ein märchenhaftes Geschworenen-Gericht in Berlin.

Der verdienstvolle Geschichtsforscher Preuß, der mit unermüdlicher und einsichtsvoller Thätigkeit bemüht gewesen ist, alle über die Regierungszeit Friedrichs des Großen vorhandenen Quellen zu studiren und der die Resultate seiner Forschungen in seinem trefflichen Buch „Friedrich der Große, eine Lebensgeschichte" niedergelegt hat, giebt uns in demselben mit kurzen Worten ein treffendes Bild der Regierungsthätigkeit des großen Königs. Er sagt:

„Friedrichs ganze Regierung ist das Kunstwerk einer einzigen Herrscher-Idee — und dieses ist wie aus Einem Gusse zu Tage gefördert. Merkantilsystem, Monopole, Söldnerheer, Feudal- und Zunft-Privilegien, Bann- und Zwangsrechte, Hörigkeit und Erbunterthänigkeit waren Früchte desselben Baumes; darum konnten sie nur in derselben Zeit reifen und abfallen."

Und an einer andern Stelle:

„So monarchisch auch die Form der Regierung des großen Königs war, die Art seiner Regierung war freier als in manchem Freistaate; denn es herrschte in seinen Landen Freiheit in dem Gesetz und Gleichheit vor demselben. Aber als Mensch ging Friedrich viel weiter. Er floß da über von Bewunderung freier Völker und großer Seelen. Seinen Staat jedoch fand er in solcher Freiheit noch nicht reif und er hatte keine Anstalten getroffen, diejenigen Grundsätze ins Leben zu führen, zu welchen er sich als Dichterphilosoph bekannte; bis an seinen Tod hat die Art der Heeres-Einrichtung, die Art der Accise-Erhebung, die Gebundenheit des Handels und des Gewerbes, die Alles umfassende, Alles wie eine Maschine bewegende Selbstherrschaft den freien Schwung der Thätigkeit nicht so begünstigt, wie, so weit sein Scepter reicht, die ungebundene Forschung der Geister nach Kräften sich versuchen durfte."

Ein eifriger Beförderer jedes organischen Fortschritts in der Gesetzgebung, war Friedrich doch ein ebenso entschiedener Feind jedes zu stürmisch revolutionären Vorgehens; während er als Philosoph und Dichter für das Ideal der Freiheit schwärmte, hing er als Monarch fest an altergebrachten Institutionen und scheute sich, diese zu vernichten; nur die bessernde Hand wollte er anlegen, nichts gewaltsam umstürzen, überall nur organisch entwickeln. Führte ihn mitunter sein feuriges Temperament zu stürmisch vorwärts, so legte er sich doch immer bald selbst wieder den Zügel an.

Während für den Philosophen alle Menschen gleich und frei geboren waren, hielt der König streng den Unterschied der Stände fest, begünstigte den Adel, hielt dessen Vorrechte aufrecht und vermehrte sie sogar.

Wir haben schon gesehen, wie Friedrich die Offiziersstellen fast nur an Adlige vergab, wie er stets bemüht war, diejenigen Bürgerlichen, welche sich durch Muth, Tapferkeit und Tüchtigkeit im Heer emporgeschwungen hatten, zu Gunsten Adliger zu verabschieden; wir haben gesehen, daß er den Verkauf der Rittergüter an Bürgerliche verbot, um den Reichthum und die Macht des Landadels nicht zu schwächen.

Auch im Civildienst fand gerade bei Besetzung der höchsten und wichtigsten Aemter dieselbe Bevorzugung des Adels Statt. Friedrich hat während seiner ganzen Regierungszeit nur einen bürgerlichen Minister gehabt, den Finanz-Minister Michaelis, der sich durch vorzügliche Tüchtigkeit vom Regiments-Quartiermeister bis zum Geheimen Finanz-Rath und endlich zum Minister emporschwang.

Friedrich, der als Schriftsteller unendlich oft die Nichtigkeit des Adels bewiesen hat, der in der Epistel an seinen Bruder sagt: „Haben die Tugend und die Talente Vorfahren nöthig?" und in demselben Gedicht weiter unten sich äußert: „Alle Menschen, von denen die Erde wimmelt, sind Kinder Eines Vaters und bilden Eine Familie, und trotz allem Hochmuths, den Euer Rang Euch giebt, sind sie Euch gleich geboren, sie sind von Eurem Blut!" — Friedrich, der nicht Worte genug finden kann, um gegen die Adelsvorurtheile zu kämpfen, unterstützte sie doch selbst durch kleinliche Maßregeln.

Heirathen zwischen Adligen und Bürgerlichen waren ihm im höchsten Grade zuwider, nur wenn ein armer Adliger durch eine bürgerliche Heirath sich ein großes Vermögen erwerben konnte, genehmigte der König eine solche Verbindung und die reichen Kaufmannstöchter in Berlin waren daher auch schon damals eine gesuchte Waare für junge Edelleute; arme adlige Fräulein aber unterstützte Friedrich lieber auf jede Art durch Geldgeschenke, durch Gewährung von Pensionen und durch Stiftstellen, als daß er ihre nicht standesgemäße Verbindung mit Bürgerlichen zugelassen hätte.

Der Adel sollte sich als bevorrechtigter Stand fühlen und Friedrich hielt deshalb streng darauf, daß die Bürgerlichen in keins der Vorrechte*) der Adligen eingriffen, Vorrechte, welche sich bis auf Kleinigkeiten erstreckten.

So durfte kein Bürgerlicher eine weiße Feder auf dem Hut tragen, diese war lediglich dem Adel gestattet. Bei den Redouten, welche zu Anfang der Regierung Friedrichs im Opernhause stattfanden, wurde zwar ein bürgerliches Publikum zugelassen und durfte sich nach Belieben maskiren, der rosa Domino aber wurde als ausschließliches Recht dem Adel vorbehalten und auch im Tanzsaal des Opernhauses durften nur Adlige sich innerhalb der gezogenen Schranken bewegen, während die Bürgerlichen das Zusehen hatten.

Wie die Vorrechte des Adels, so ließ Friedrich auch die der Handwerker bestehen, indem er die Zünfte und Innungen nicht antastete und nur in der am 24. März 1783 erlassenen allgemeinen Handwerker-Ordnung bemüht war, einigen Handwerks-Mißbräuchen zu steuern, ohne indeß damit große Erfolge zu erzielen. Er eiferte z. B. vergeblich gegen den blauen Montag.

Noch immer herrschte auch in Berlin die schon seit Jahrhunderten bewahrte Sitte, daß sich die Handwerksgesellen am Sonntag in den Herbergen versammelten, um sich bis in die Nacht hinein allerlei Vergnügungen zu überlassen. Wenn sie am Montag früh nach der durchschwärmten Nacht erwachten, so hatten sie nicht viel Lust zu arbeiten. Es war daher zur Sitte geworden, daß sich diejenigen Arbeiter, welche auf die Wanderschaft gehen wollten, am Montag in der Herberge zusammenfanden. Von hier aus traten sie die Wanderung an, die Zurückbleibenden begleiteten sie eine Strecke Weges; im Freien wurde dann noch einmal zum Abschied getrunken und häufig war der ganze Montag dieser Abschiedsfeier gewidmet. Der blaue Montag war ein Tag des Müßiggangs.

---

*) Auch die Leibeigenschaft hob Friedrich nicht auf, obwohl er selbst in seinem „Versuche über die Regierungsformen" aussprach, daß unter allen Zuständen die Leibeigenschaft der unglücklichste und der, welcher die Menschheit am Meisten empöre, sei; gewiß sei kein Mensch geboren, um der Sklave von seines Gleichen zu sein. Im Jahre 1763 machte Friedrich allerdings den Versuch zur Aufhebung der Leibeigenschaft; er bestimmte, daß diese sowohl in königlichen, adligen als Staatseigenthums-Dörfern gänzlich abgeschafft werden solle; als aber die pommerschen Landstände in einer langen Eingabe sich dagegen verwahrten, hielt Friedrich seinen Befehl nicht aufrecht und es blieb einer späteren Zeit vorbehalten, den Bauern die Freiheit zu erkämpfen.

Schon die Vorgänger Friedrichs in der Regierung hatten sich vielfach gegen das Halten des blauen Montags ausgesprochen, es war ihnen aber nicht gelungen, die Unsitte zu beseitigen; auch Friedrich schritt dagegen ein und brachte dadurch unter den Handwerksgesellen Berlins eine große Aufregung hervor.

Nichts ist schwerer, als eine eingewurzelte Unsitte zu bekämpfen. Die Meister wären gern bereit gewesen, dem königlichen Befehl gemäß die blauen Montage abzuschaffen, aber kein guter Geselle wollte bei einem Meister arbeiten, der ihm am Montag nicht Freiheit ließ. So blieb denn der blaue Montag bestehen, wenn auch in etwas gemilderter Form, indem früher Feierabend gemacht wurde, als an andern Tagen.

Die Abgeschlossenheit der Zünfte war Friedrich in seinem Plan, Berlin zur großen Fabrikstadt auszubilden, sehr störend; trotzdem aber ließ er sie doch fortbestehen und milderte sie nur durch einige Bestimmungen der allgemeinen Handwerks-Ordnung. Nach § 5 derselben wurde den Meistern gestattet, so viele Gesellen und Lehrjungen zu nehmen, wie sie wollten und hierdurch wurde indirekter Weise auch die Vergrößerung der Zahl der Meister in Berlin bewirkt, denn es konnte nicht füglich den Gesellen, die nach Handwerksgebrauch ihr Meisterstück vollendeten, versagt werden, sich als Meister in der Stadt niederzulassen. § 6 der Handwerker-Ordnung war besonders für die Webereien wichtig, indem er bestimmte, daß auch Frauenzimmer in denselben beschäftigt werden könnten und daß den Gesellen, welche mit Frauenzimmern bei einem Meister arbeiteten, daraus kein Vorwurf gemacht werden dürfe. Diese Bestimmung war ein mächtiger Hebel für den Fabrikbetrieb, indem er eine billigere Arbeit ermöglichte.

Die städtische Verfassung Berlins erhielt unter Friedrich dem Großen eine Umgestaltung, welche sich aber nicht auf das innere Wesen, nur auf die äußere Form derselben erstreckte. Die verlorene Selbstständigkeit erhielt der Magistrat nicht wieder und auch die Bürgerschaft wurde ebenso wenig wie unter Friedrich Wilhelm zur Selbstverwaltung herangezogen.

Die Stadtverordneten blieben nach wie vor untergeordnete Beamte des Magistrats; welche Stellung dieselben einnahmen, mögen zwei Befehle des Magistrats kennzeichnen. Dieser dekretirte im Jahre 1764:

„Den Stadtverordneten wird hiermit aufgegeben, sich sofort an das Landsberger und Hallesche Thor zu verfügen, um bei dem jetzigen Viehsterben wegen des einpassirenden Rindviehs Wache zu halten und bei schwerer Verantwortung nichts dabei zu versäumen."

Und im Jahre 1769:

„Die Stadtverordneten können nunmehr von den Thoren abgehen, da das Viehsterben in den Königlichen Landen gänzlich aufgehört hat."

Von einer Wahl der Magistrats-Mitglieder durch die Stadtverordneten oder gar durch die

Bürgerschaft war gar nicht mehr die Rede und Friedrich, der kein Vertrauen zur Intelligenz der Volksmassen hatte, hütete sich wohl, das alte Verhältniß wieder herzustellen.

Am 21. Februar 1747 erließ der König das neue rathhäusliche Reglement; in der Vorrede zu demselben sprach er den Zweck der Veränderung der städtischen Verwaltung dahin aus, daß fortan der Zustand der Stadt in einer der Wohlfahrt des Publikums und dem Interesse des König entsprechenden Weise geordnet werde; bisher sei besonders die Justiz-, Kämmerei- und Oekonomie-Verwaltung in bösem Zustande gewesen und mit Nachlässigkeit besorgt worden; eine bessere Ordnung sei nothwendig und solle durch das Reglement eingeführt werden.

Der Magistrat wurde fortan zusammengesetzt aus einem Stadtpräsidenten und vier Bürgermeistern, zwei Syndicis, einem Oekonomie-Direktor, einem Kämmerer und zwölf Rathsmännern; diese hatten die rathhäuslichen Geschäfte sowohl im Plenum als in den 4 Departements, dem Justiz-, Polizei-, Oekonomie- und Kämmerei-Departement zu bearbeiten.

Der Präsident wurde vom König ernannt, die übrigen Mitglieder vom Magistrat selbst gewählt, die Hälfte derselben mußten studirte Personen sein. Der Magistrat hatte außerdem die Beamten der Stadt anzustellen, ihm waren die demselben früher reservirten Gerichtssachen, das Patronat über die ihm unterworfenen Kirchen, Schulen und Hospitäler, die Gewerks- und Gildesachen und die Aufsicht über die einzelnen Departements zuertheilt. Das Plenum des Magistrats erhielt außerdem noch die Verpflichtung, darauf hinzuwirken, daß die Einwohnerzahl besonders durch wohlhabende Leute vermehrt werde, es sollte auch für das Emporkommen der Stadt mit allem Fleiß Sorge tragen und darüber stets mit der Regierung verhandeln.

Von den Departements ist für uns von besonderm Interesse das der Polizei; an der Spitze derselben stand der Stadtpräsident, der zugleich auch Polizei-Direktor war. Drei Rathmänner standen ihm zur Seite; als Unterbeamte fungirten ein Polizei-Inspektor, zwei Polizeimeister, sowie eine Anzahl von Marktmeistern und Polizeidienern. Im Jahre 1782 ertheilte der König dem frühern Regiments-Quartiermeister Philippi, den er im Jahre 1771 zum Stadtpräsidenten und Polizei-Direktor ernannt hatte, eine ausführliche Instruktion.

Philippi verdankte seine Ernennung dem Plan Friedrichs, in Berlin eine Polizei nach französischem Muster einzurichten. Man erzählte sich damals Wunderdinge von der an's Unglaubliche grenzenden Wachsamkeit, welche der Chef der Polizei in Paris, Sartines, entfaltete, von der Schlauheit, mit der er die verborgensten Verbrechen entdeckte oder sogar die beabsichtigten Verbrechen vor der Ausführung entschleierte und verhinderte.

Es waren gerade damals einige Verbrechen in Berlin unentdeckt geblieben. Friedrich sendete deshalb Philippi nach Paris, damit dieser die Mittel der französischen Polizei kennen lerne, um sie später in Berlin zur Durchführung zu bringen. Philippi blieb längere Zeit in Paris, nach seiner Zurückkunft wurde er zum Polizeidirektor ernannt.

Kurze Zeit nach seiner Ernennung wurden in der Residenz abermals mehrere bedeutende Verbrechen verübt, ohne daß es möglich gewesen wäre, die Thäter zu entdecken. Die öffentliche Sicherheit schien gefährdet. Friedrich machte deshalb dem Polizeidirektor bittere Vorwürfe; er habe seinen Aufenthalt in Paris, so meinte der König, nicht genügend benutzt, um sich die erforderlichen Kenntnisse zu verschaffen.

Philippi vertheidigte sich; er erklärte, daß er wohl im Stande sein werde, eine Polizei, wie die Pariser, auch in Berlin einzurichten, wenn man ihm gestatte, dieselben Mittel zu gebrauchen, welche Herr v. Sartines in Paris gebraucht habe. Berlin müsse erfüllt werden mit Spionen der geheimen Polizei, aus allen Ständen müßten dieselben entnommen und mit großen Geldsummen bestochen werden, damit sie der Polizei Mittheilungen brächten über das Leben und Treiben jedes einzelnen Bürgers, sie müßten eindringen in das Innerste der Familien, die Geheimnisse derselben verrathen, in jeder Privatgesellschaft müßten die Spione thätig sein und auch die Briefe auf der Post dürften nicht länger ein Geheimniß bleiben! So verfahre man in Paris. Freilich würden durch diese Mittel manche Unschuldige in Verdacht gebracht, dann die geheimen Polizisten seien sämmtlich verächtliche, zu jeder Schändlichkeit fähige Menschen, aber deren gebe es auch in Berlin und auch hier werde sich das französische System zur Anwendung bringen lassen.

Philippi machte bei dieser Mittheilung zugleich die geeigneten Vorschläge, Friedrich aber stand von seinem Plan ab, denn für einen solchen Preis wollte er die vorzüglich eingerichtete französische Polizei nicht erkaufen.

Das französische System war nun zwar gefallen, aber ein Ueberrest desselben blieb doch. Philippi führte das System der geheimen Polizei in Berlin ein und dasselbe hat sich seit jener Zeit bei uns eingebürgert, wenn es auch niemals den Umfang, den es in Frankreich besaß, und die alle Sittlichkeit untergrabende Gehässigkeit des dortigen Denunziations-Wesens erhalten hat.

Die Einrichtung der geheimen Polizei trug wesentlich dazu bei, die Mißliebigkeit der Polizeibehörde bei den Bürgern Berlins zu erhöhen. Schon zu Friedrich des Großen Zeit haßte der Berliner Alles, was zur Polizei gehörte, recht gründlich; einige seltsame Befehle der Polizei mögen wohl hierzu beigetragen haben.

So erließ z. B. der Präsident Kircheisen im Jahre 1765 eine Verordnung, daß alle in den Straßen frei umherlaufenden Hunde todtgeschossen werden sollten. Die Ausführung dieser Verordnung brachte die Berliner und besonders die Berlinerinnen, die ihre Lieblinge gefährdet sahen, zu großer Wuth und auch das Bekanntwerden der Veranlassung zu dieser Verordnung, daß nämlich das Pferd des Königs bei einem Spazierritt in Potsdam durch einen Hund scheu gemacht worden sei, vermochte den Zorn der Damen nicht zu besänftigen.

Noch seltsamer erscheint eine Verordnung des Präsidenten vom Jahre 1767, nach der sämmtlichen Hunden in Berlin durch einen von der Polizei angestellten Wurmschneider der Tollwurm geschnitten werden mußte. Es hatte sich nämlich der Aberglaube verbreitet, daß eine Sehne unter der Zunge (der Tollwurm) das Tollwerden der Hunde veranlasse. Obgleich nun sehr bald das Unsinnige dieser Maßregel bekannt wurde, blieb dieselbe doch während der ganzen Regierungszeit Friedrichs in Ausführung.

Die Berliner Bürger waren in jener Zeit bezüglich der polizeilichen Fürsorge für ihr Leben, ihre Gesundheit und Wohlanständigkeit recht glücklich daran, denn nicht nur der Polizei-Direktor erließ polizeiliche Verordnungen, auch der Gouverneur von Berlin that und sorgte mit militärischer Strenge für die pünktliche Befolgung derselben.

So hatte z. B. der Gouverneur, General v. Ramin, um Unglücksfällen, welche durch zu schnelles Fahren in den Straßen erzeugt werden konnten, vorzubeugen, die Verordnung erlassen, daß jeder Kutscher, der zu schnell fahre, ohne Rücksicht darauf, wer im Wagen sitze, angehalten, zur Wache gebracht und mit 25 kräftigen Stockschlägen bestraft werden solle. Auch dieser Befehl wurde wirklich zur Ausführung gebracht. Als sich einst ein vornehmer Fremder darüber beim König beklagte, daß sein Kutscher auf solche Weise behandelt worden sei, zuckte der König nur die Achseln und bedauerte, daß die Strafe einen sonst braven Kutscher betroffen habe; er aber könne bei dieser Gelegenheit nichts thun, denn der General v. Ramin sei zwar grob, aber brav und in Dienstsachen lasse er nicht mit sich spaßen.

Seinen Generalen sagte Friedrich nicht gern etwas, wenn diese sich nicht etwa militärische Fehler beim Exercitium oder bei Manövern hatten zu Schulden kommen lassen, desto eifriger aber war er bemüht, die Civilbeamten in der Ausübung ihrer Aemter zu kontroliren.

Friedrich hielt im Großen und Ganzen die Civilbeamten sämmtlich für Schurken und Betrüger; er hegte gegen dieselben ein zum Theil gerechtes Mißtrauen, welches in seinen letzten Lebensjahren nichts stieg, daß es schwerliebenden Beamten schwer wurde, ihre Stellen zu behalten. Nicht nur prüfte die Ober-Rechenkammer, der die Oberaufsicht über alle unter öffentlicher Verwaltung stehende Kassensachen anvertraut war, mit gerechtfertigter Strenge, auch Friedrich selbst ordnete fortwährend unvermuthete Revisionen an, ohne indessen von der Rechtlichkeit der Beamten sich zu überzeugen, wenn auch die Revision die pünktlichste Pflichterfüllung derselben ergab.

Die Stellung der Civilbeamten war oft kaum erträglich. Friedrich kümmerte sich um die kleinlichsten Details jedes Verwaltungszweiges, auch um solche, von denen er nicht das Geringste verstand. Er hatte sich, verführt durch die Schmeichelei seiner Umgebungen, nach und nach daran gewöhnt, zu glauben, daß sein Urtheil in allen Zweigen der Verwaltung unumstößlich richtig sei, daß er Alles verstehe und besser wisse, als die Beamten, welche ohnehin nur darauf ausgingen, ihn und das Volk zu betrügen.

Von solchen Grundsätzen ausgehend dekretirte Friedrich und überschüttete häufig selbst die pflichttreuesten Beamten mit ganz ungerechtfertigten Vorwürfen. Das General-Directorium in Berlin hatte sich ein besonderes Spinde angelegt, in welchem alle Verfügungen des Königs, die Tadel wegen der Amtsführung seiner Mitglieder enthielten, aufbewahrt wurden. Das Spinde, welches dicht mit Aktenstücken gefüllt war, hatte den bezeichnenden Namen „das Nasenspinde" erhalten.

Die Strenge, welche Friedrich gegen die Staatsbeamten aller Grade zeigte, entsproß seinem nicht genug anzuerkennenden Streben, das Volk gegen Willkür, Ungerechtigkeit und Betrug der Beamten zu schützen, und es ist nur zu bedauern, daß dieses Streben so häufig selbst in Willkür und Ungerechtigkeit ausartete, weil Friedrich seinem eignen Urtheil zu viel zutraute. Einen Vorwurf aber dürfen wir dem großen König daraus nicht machen, denn es würde sicherlich ungerechtfertigt sein, von einem Menschen das Uebermenschliche, von einem absoluten Herrscher das strenge Festhalten an Gesetz und Recht zu verlangen.

Am Glänzendsten zeigt sich das Streben Friedrichs, dem Volk sein Recht zu verschaffen, in den Reformen der Justiz-Gesetzgebung und in dem Verhältniß, welches Friedrich zu den richterlichen Behörden des Landes einnahm; am Schroffsten und Schneidendsten treten aber auch alle jene Uebelstände hervor, welche die von dem absoluten Königthum unzertrennbare Willkür zur Folge haben mußte.

Durch die Reform der blutigen, dem Mittelalter entsprossenen Strafgesetzgebung, durch die Abschaffung der Tortur hat sich Friedrich der Große ein ehrendes Denkmal für alle Zeiten gesetzt, durch letztere besonders ist erst die Möglichkeit, im Kriminalprozeß gerechte Urtheile zu finden, erzeugt worden.

Schon am 3. Juni 1740 hatte Friedrich die Anwendung der Folter in Kriminal-Untersuchungen beschränkt; sie sollte künftig nur gestattet werden bei Majestätsbeleidigung und Landesverrath, sowie bei großen Mordthaten, bei denen viele Menschen ums Leben gebracht oder viele Verbrecher, deren Zusammengehörigkeit bewiesen werden müsse, betheiligt seien.

Durch die Kabinets-Ordres vom 27. Juni und 4. August 1754 beseitigte Friedrich endlich die Tortur gänzlich. Die Veranlassung zu der berühmten Kabinets-Ordre vom 4. August gab ein höchst merkwürdiger Berliner Kriminalfall.

Eine alte kinderlose Wittwe wohnte in Berlin in dem sogenannten Stelzenkrug am Alexanderplatz; ihr Miether und der einzige Mitbewohner des Hauses war ein armer Kandidat, dem es gar kümmerlich ging. Von Morgens früh bis Abends spät mußte er, um das liebe Brot zu erwerben, Unterricht geben, denn die Privatstunden wurden bei den Bürgern damals schlecht bezahlt.

Eines Morgens blieb das Haus länger geschlossen, als gewöhnlich. Die Nachbarn wunderten sich und als gegen Mittag die alte Frau noch nicht zum Vorschein gekommen war, besorgte man ein Unglück. Die Thür zur Wohnung der Wittwe wurde erbrochen und die Befürchtungen der Nachbarn fanden sich bestätigt, man fand die Alte todt im Bette; ein um ihren Hals liegender Strick machte es zweifellos, daß sie erdrosselt worden sei.

Der erste Verdacht der Polizei fiel sofort auf den einzigen Hausgenossen der Ermordeten. Der Kandidat sollte Auskunft geben über die Vorgänge der Nacht, aber als man ihn zur Vernehmung fordern wollte, fand man sein Zimmer verschlossen; er war nicht anwesend und erst nach Verlauf von mehreren Stunden stellte er sich ein.

Er behauptete, nicht die geringste Auskunft geben zu können; er sei die Nacht nicht in seinem Quartier gewesen. Schon dies war auffallend; noch auffallender aber die seltsame Entschuldigung, welche er über sein Ausbleiben abgab. Er habe, so sagte er, am vergangenen Tage einen Freund besucht, der als Landgeistlicher einige Meilen von Berlin wohne; gegen Abend habe er denselben verlassen, sich in der Dunkelheit verirrt und die Nacht auf freiem Felde zugebracht. Sein etwas in Unordnung gerathener Anzug, die Erschlaffung, welche sich in seinen Gesichtszügen zeigte, ließen sich ebenso wohl durch eine im Freien zugebrachte Nacht als durch die Angst, die der Mörder nach vollbrachter That haben konnte, erklären; da aber die Sicherheit der Stadt durch manche Verbrechen, die in der letzten Zeit begangen worden waren, gefährdet schien, glaubte das Gericht mit Strenge vorgehen zu müssen und da der Kandidat fortwährend leugnete, so wurde ihm die Folter zuerkannt und zur Ausführung gebracht.

Schon beim ersten Grade der Folter brach der Gemarterte in einen wilden Schmerzensschrei aus; er flehte das Gericht an, inne zu halten, er wolle bekennen. Ein vollständiges Geständniß der That erfolgte jetzt, der Zweck der Folter war erreicht, der Mörder entdeckt!

Wenn das Gericht an die Schuld und an das Bekenntniß des Gefolterten glaubte, so erschien es doch allen Denjenigen, welche den Kandidaten gekannt hatten, ganz unmöglich, daß der sanfte liebenswürdige Mann, der sich stets durch ein freundliches stilles Wesen, durch den einfachsten Lebenswandel ausgezeichnet hatte, ein Mörder sein könne.

Die Bürger, bei denen der Kandidat Unterricht ertheilt hatte, sandten eine Deputation an den Großkanzler von Cocceji und baten diesen dringend um eine eingehendere Untersuchung, denn der Kandidat müsse unschuldig sein, nur der Schmerz der Folter habe ihm ein unwahres Geständniß erpreßt.

Cocceji war selbst ein zu tiefschauender Rechtsgelehrter, als daß nicht auch er von der Verwerflichkeit der Tortur überzeugt gewesen wäre. Er forderte sogleich die Untersuchungs-Akten ein und bei der Durchsicht derselben fand er, daß noch gar keine Untersuchung darüber vorliege, ob nicht die Wittwe sich selbst erdrosselt habe. Er verfügte sofort eine Besichtigung der Leiche und bei derselben wurde der Scharfrichter von Berlin als Sachverständiger hinzugezogen, denn dieser konnte wohl ein kompetentes Urtheil darüber abgeben, ob Jemand erdrosselt worden sei oder ob ein Selbstmord vorliege.

Der Scharfrichter erklärte sofort, die Wittwe sei durch einen kunstgerechten Knoten erwürgt. Als dem Großkanzler das sachverständige Gutachten vorgelegt wurde, fiel ihm das Wort „kunstgerechter" Knoten auf. Er ließ den Scharfrichter zu sich bescheiden und fragte ihn, was er unter dem Worte kunstgerecht verstehe.

„Ein kunstgerechter Knoten ist ein solcher, den wir zu machen pflegen, wenn wir einen Dieb aufhängen, um seinen Tod zu beschleunigen und zu erleichtern!" so antwortete der Scharfrichter und er stellte die bestimmte Behauptung auf, daß nur ein Scharfrichterknecht der Mörder sein könne, denn nur Diejenigen, die zum Metier gehörten, verständen den besondern Kunstgriff beim Hängen.

Sofort wurden Erkundigungen eingezogen, ob etwa fremde Scharfrichterknechte in der Nacht des Mordes in Berlin gewesen seien und die Bemühungen der Polizei ergaben ein überraschendes Resultat.

Zwei Brüder der Ermordeten lebten als Scharfrichterknechte in Spandau; diese hatte man am Abend vor dem Morde in Berlin gesehen. Sie wurden sofort verhaftet, ins Verhör genommen und nun bekannten sie, daß sie die Schwester erwürgt hätten, um als die nächsten Erben ihres Vermögens in den Besitz desselben zu gelangen.

Cocceji berichtete sofort an Friedrich den Großen und in Folge seines klaren, eingehenden Schreibens erließ der König die berühmte Kabinets-Ordre vom 4. August 1754.

Cocceji, der sich in diesem Fall ein so großes Verdienst erwarb, hatte auch schon früher für die Verbesserung des Justizwesens unendlich viel gethan. Eine nähere Darstellung der Veränderungen, welche unter Friedrich dem Großen in der preußischen Rechtsverfassung vorgenommen wurden, gehört der allgemeinen Landesgeschichte an; wir wollen daher hier nur erwähnen, daß der König vom ersten Beginn seiner Regierung an bestrebt gewesen war, das Prozeßwesen zu ordnen, den Gang der Rechtshändel zu beschleunigen und eine gerechte Justizverwaltung, durch welche ohne Rücksicht auf Stand oder Vermögen der Parteien das Recht zur Geltung kommen sollte, ins Leben zu rufen. Der Geist, in welchem Coccei im Einverständniß des Königs dies that, geht hervor aus folgenden Worten des „Codex Friedericianus": „Sie müssen aber allen Menschen ohne Ansehn der Personen, Großen und Kleinen, Reichen und Armen gleiche und unparteiische Justiz administriren, so wie sie gedenken, solches vor dem gerechten Richterstuhle Gottes zu verantworten, damit die Seufzer der Wittwen und Waisen, auch anderer Bedrängten, nicht auf ihrer Kinder Haupt fallen mögen." und: „Sie sollen auch auf keine Rescripte, wenn sie schon aus Unserm Kabinette herrühren, die geringste Reflexion machen, wann darin etwas wider die offenbaren Rechte sub- et obrepiret worden oder der strenge Lauf Rechtens dadurch gehindert und unterbrochen wird; sondern sie müssen nach Pflicht und Gewissen weiter verfahren, jedoch von der Sache Bewandtniß sofort berichten." „Insbesondere aber soll Unser Kammergericht und andere Gerichte in allen Sachen und rechtlichen Handlungen zwischen Unserm Fisco an einem und zwischen Unsern Vasallen und Unterthanen am andern Theile, es sei der Fiscus selbst Autor oder einem andern zur Assistenz gegeben, lediglich die Justiz, als auf welche sie geschworen und vereidigt sein, zum Augenmerk haben und auf keine wider die Justiz laufende Verordnungen reflectiren, weil ihnen solche Verordnungen so wenig als etwa Unser vorgeschütztes Interesse zu keiner Entschuldigung dienen soll."

Lesen wir diese schönen Worte, hören wir, daß Friedrich bis an sein Lebensende unablässig bestrebt war, weitere Verbesserungen in der Justiz einzuführen, daß er durch die trefflichen Rechtsgelehrten Carmer, Suarez u. A. im Jahre 1779 eine zweite durchgreifende Reformation der preußischen Rechtspflege in's Leben rief, so scheint es uns kaum möglich, daß auch unter Friedrich dem Großen das Recht durch die Machtsprüche eines absoluten Königs habe gebeugt werden können und doch war dem so. Ein Machtspruch Friedrich's schickte den bekannten Trenck ohne Gerichtsverfahren für viele Jahre auf die Festung, nach einem Machtspruch Friedrich's wurde im Jahre 1757 der Pater Faulhaber*) aufgehängt, ein Machtspruch entschied auch den berühmten Arnold-

schen Prozeß, auf welchen wir hier näher eingehen müssen, weil das Kammergericht zu Berlin durch denselben schwer betroffen wurde.

Der Müller Arnold und seine Frau besaßen die sogenannte Krebsmühle bei Pommerzig in der Neumark von dem Grafen v. Schmettau in Erbpacht.

Vom Jahre 1773 an blieben die Pächter im Rückstande; zur Entschuldigung führten sie an, der Landrath v. Gersdorf habe oberhalb ihrer Mühle einen Karpfenteich angelegt, durch den das Wasser zur Mühle gehemmt sei, so daß sie jetzt unmöglich ihre Zahlungsverpflichtungen erfüllen könnten. Es kam zur Klage und in Folge derselben wurde die Mühle meistbietend versteigert.

Die Arnold'schen Eheleute wendeten sich vergeblich mit Beschwerden an die neumärkische Regierung. Diese fand das Verfahren des Gerichts in Pommerzig gerechtfertigt und wies die Klage ab.

Auch fernere Beschwerden in höhern Instanzen waren fruchtlos, bis es endlich den Arnold'schen Eheleuten gelang, sich mit einer Bittschrift direkt an den König zu wenden; sie erzählten in derselben, daß, nachdem sie alle Schritte gethan hätten, um zu ihrem Recht zu gelangen, aber überall aus Parteilichkeit für den reichen Gutsbesitzer zurückgewiesen worden seien, die Gnade und die Gerechtigkeit des Königs nun ihre einzige Zuflucht wären!

Friedrich, der zufällig den Landrath v. Gersdorf von früherer Zeit her, wo derselbe als Offizier gedient hatte und unrühmlich aus dem Dienst entlassen worden war, nicht von der besten Seite kannte, glaubte die Pflicht zu haben, sich des Müllers anzunehmen. Er befahl dem Obersten v. Heuking, gemeinschaftlich mit einem Abgeordneten der Küstrin'schen Regierung die Sache des Müllers zu untersuchen.

Der Regierungs-Kommissar blieb dabei, den Arnold'schen Eheleuten sei Recht geschehen, der Oberst hatte indessen eine andere Ansicht von der Sache, er behauptete, der Müller habe unmöglich die Pacht zahlen können, da ihm der Karpfenteich das Wasser von der Mühle abschneide.

In Folge dieses Berichts befahl Friedrich dem Justiz-Departement, dem Müller Gerechtigkeit widerfahren zu lassen. Der Küstrin'schen Regierung machte er bittere Vorwürfe über ihr ungerechtes Urtheil und erklärte, daß sie nicht einen Schuß Pulver werth sei.

Die neumärkische Regierung verordnete in Folge dessen abermals eine Kommission, um die

---

*) Der Pater Faulhaber, ein Weltpriester in Glatz, hatte einem Soldaten, der ihn im Beichtstuhl fragte, ob es wohl eine große Sünde sei, wenn er desertire, da er doch katholisch, der König lutherisch sei, geantwortet, das sei wohl freilich eine große Sünde, aber doch nicht eine so große, daß sie nicht vergeben werden könne. Der Soldat desertirte; er wurde wieder ergriffen und gab zu seiner Entschuldigung an, daß er durch diese Worte Faulhabers zur Desertion verleitet worden sei. Der Pater wurde in Folge dessen verhaftet, General Fouquet theilte dem König die Sache mit und dieser schrieb sofort an den Befehlshaber von Glatz, Oberst-Lieutenant D'O: „Sie haben den Jesuiten Pater Faulhaber aufhängen zu lassen, ohne ihm einen Beichtiger zu gewähren!" In Folge dieses einfachen Befehls wurde Faulhaber ohne ein weiteres Rechtsverfahren aufgehängt.

Sache noch einmal zu untersuchen und wieder fiel die Untersuchung zu Ungunsten des Müllers aus. Trotz des Zorns, welchen der König gezeigt hatte, blieb die Regierung bei ihrem frühern Erkenntniß, weil das Mühlenfließ ein Privatwasser sei, mit welchem der Eigenthümer ohne Rücksicht auf den Nachtheil eines Andern machen dürfe, was er wolle; das Recht eines Dritten könne nicht durch ein landesherrliches Privilegium verletzt werden!

Neue Beschwerden, neue Untersuchungen erfolgten und endlich erhielt das Kammergericht zu Berlin vom König den Befehl, die Sache ohne alle Weitschweifigkeiten abzumachen.

Das Kammergericht untersuchte den Fall mit der größten Gewissenhaftigkeit, aber das Recht war in der That gegen den Müller und demgemäß mußte das Kammergericht erkennen.

Friedrich war wüthend, als er das Erkenntniß hörte; er befahl, daß der Großkanzler v. Fürst mit denjenigen drei Räthen, welche das Urtheil in der Arnold'schen Sache gefällt hätten, um 2 Uhr auf das Schloß kommen sollten.

Einer von den Räthen, welche bei dieser denkwürdigen Audienz anwesend waren, der Herr v. Ranzleben, giebt uns über dieselbe eine ausführliche Beschreibung. Er erzählt:

Um 1 Uhr fuhr ich zum Großkanzler, wo ich schon die Kammer-Gerichts-Räthe Friedel und Graun vorfand. Der Großkanzler instruirte uns, was wir, wenn wir vor den König kommen würden, zu beobachten hätten und hierauf fuhr er gegen 2 Uhr mit uns in seinem Wagen auf das Schloß.

Wir gingen in das Zimmer, welches gleich hinter dem großen Saal kommt. Wir trafen daselbst einen Heyducken, durch welchen der Großkanzler dem König melden ließ, daß er mit uns da sei. Dieser kam bald zurück, erkundigte sich, ob der Geheime Kabinetsrath Stelter nicht da sei und sagte, der König habe gefragt, ob wir Geheime Räthe wären. Kurz nachher wurden wir vor den König geführt.

Wir gingen 3 Zimmer durch, wovon das mittelste das war, worin die Confidenztafel steht. In dem 4., einem kleinen Zimmer mit 1 Fenster war der König.

Zuerst ging der Großkanzler, diesem folgte ich auf dem Fuß nach, hinter mir kam der Kammer-Gerichts-Rath Friedel und dann Graun. Vor der Thür im Zimmer stand ein Schirm, gegen welchen wir uns mit dem Rücken stellten.

Der König saß mitten in der Stube, so daß er uns gradezu ansehen konnte, mit dem Rücken gegen den Kamin, worin Feuer brannte. Er hatte einen schlechten Hut auf, welcher nach Form der Predigerhüte geformt war, einen Ueberrock von Mordoré-Moll oder Sammet, welches ich nicht recht unterscheiden konnte, schwarze Beinkleider und Stiefel, so ganz in die Höhe gezogen waren. Er war nicht frisirt. Drei kleine Bänken, mit grünem Tuch beschlagen, standen vor ihm, worauf er die Füße zu liegen hatte. Er hatte eine Art von Muffe oder Rouleaux vor sich, worin er die eine Hand hatte, an welcher er große Schmerzen zu haben schien. In der andern hatte er die Arnold'sche Sentenz. Er lag auf einem Lehnstuhl, zur Linken stand ein Tisch, worauf verschiedene Papiere lagen und zwei goldene Dosen, reich mit Brillanten garnirt, aus welchen er von Zeit zu Zeit Tabak nahm.

Außer uns war noch im Zimmer der Geheime Kabinetsrath Stelter, der an einem Pult stand und sich zum Schreiben fertig machte.

Der König sah uns an und sagte: „Tretet näher!" worauf wir noch einen Schritt vorwärts thaten, so daß wir nicht zwei Schritt von ihm entfernt waren.

Er frug uns Drei: „Seid Ihr Diejenigen, welche die Arnold'sche Sentenz gemacht haben?"

Wir beantworteten dies mit einer Verbeugung, indem wir „Ja" sagten."

Ein strenges Verhör begann nun, aber die Räthe ließen sich dadurch dasselbe nicht einschüchtern. Sie verfochten muthig ihre Ueberzeugung, obgleich der König sie sehr hart anließ und ihnen sogar mit dem Stock drohte.

Das Endresultat des Verhörs war, daß die Kammergerichtsräthe nach dem Kalandshof in das gemeine Stadtgefängniß gebracht wurden, wo sie eine Wache von 2 Unteroffizieren und 2 Gemeinen erhielten.

Der König erließ sofort eine Kabinets-Ordre in welcher er eine Kommission zur Untersuchung ernannte. Dieser aber wurde im Voraus befohlen, auf keine geringere Strafe gegen die Richter, denen Friedrich eine Ungerechtigkeit vorwarf, zu erkennen, als auf Festung, Kassation und die Ersetzung alles Schadens an die Arnold'schen Eheleute.

„Wenn dies nicht mit voller Strenge geschähe, dann würde — so heißt es in dem königlichen Schreiben an den Minister v. Zedlitz — dieser sowohl als auch das Criminal-Collegium es mit Sr. Majestät zu thun kriegen!"

Trotz dieser Drohung erstattete der Criminal-Senat des Kammergerichts einen weitläufigen Bericht an den König, indem er nachwies, daß die beschuldigten Richter vollkommen ihre Pflicht gethan hätten.

Der König aber wurde davon nicht überzeugt; er änderte willkürlich den Urtheilsspruch der Gerichte ab und verfügte, daß die neumärkischen Regierungsräthe Busch, Bandel und Neumann und die Kammergerichtsräthe Friedel und Graun, sowie der Pommerziger Justiziarius Schleder sämmtlich kassirt und mit einjährigem Festungsarrest belegt werden sollten. Es wurde ihnen außerdem auferlegt, aus ihren eigenen Mitteln den Werth der Arnold'schen Mühle und allen Verlust und Schaden, den der Müller bei dieser Sache gehabt habe, zu ersetzen.

Die Strenge und Willkürlichkeit, welche Friedrich in dem Arnold'schen Prozeß bewies, hatte bedeutsame Folgen; einerseits feuerte sie die Gerichte an, fortan mit ängstlicher Sorgfalt auch die Ansprüche der ärmsten und unbedeutendsten Unterthanen zu prüfen und sich niemals hinreißen zu lassen, einem Mächtigen zu Liebe das Recht zu brechen, andererseits aber erregte sie in ganz Deutschland eine außerordentlich Liebe zum König, den das Volk für den einzigen Schützer des Rechts hielt, denn fast in ganz Deutschland gab es damals für die Armen kein Gesetz, kein Recht; — für uns giebt sie aber einen abermaligen Beweis dafür, wie selbst ein so großherziger, vom reinsten Streben beseelter Fürst wie Friedrich der Große, wenn ihm das Gesetz keine Schranke auferlegt, durch seine absolute Macht hingerissen werden kann zur Ungerechtigkeit, zum Bruch des Gesetzes.

Friedrich hatte seinem Wahlspruch, daß die Gerichte unabhängig sein sollten von den Machtsprüchen des Königs, selbst ins Gesicht geschlagen, indem er ein rechtskräftiges Urtheil aus eigner Machtvollkommenheit umstieß, indem er in ihrer Pflicht treuen Richter ins Gefängniß setzte. Gerade die Geschichte des Müller Arnhold'schen Prozesses ist ein schlagender Beweis für die Schädlichkeit eines absoluten Regiments und auch die wohlthätigen Folgen, welche der willkürliche Machtspruch Friedrichs halte, vermögen denselben nicht umzustoßen.

Wir können dies Kapitel nicht schließen, ohne auch einer Sage zu gedenken, welche seit dem Anfang unseres Jahrhunderts vielfach als historische Wahrheit aufgetischt worden ist, aber von Anfang bis Ende auf Erfindung beruht, der Sage, daß Berlin schon unter der Regierung Friedrichs des Großen der Schauplatz eines Geschwornengerichts gewesen sein solle, welches der König gewissermaßen zur Probe habe abhalten lassen.

Noch in neuester Zeit hat ein talentvoller Schriftsteller*) diese Sage zum Stoff einer vielgelesenen historischen Novelle gewählt; zu einer solchen mag sie sich wohl eignen, wenn sie auch der Glaubwürdigkeit vollständig entbehrt.

Die Sage erzählt:

Friedrich führte während des siebenjährigen Krieges eine Anzahl von Künstlern aus Meißen und Dresden gefangen fort, um die in Berlin angelegte Porzellan-Manufaktur zu heben.

Unter den Gefangenen befand sich eine ausgezeichnete Malerin, Namens Sophie Mansfeld, deren Talent sich auch in Berlin glänzend bewährte.

Ein Graf v. Laniska lernte die Künstlerin zufällig kennen; er interessirte sich für das talentvolle junge Mädchen und auf seine Verwendung genehmigte Friedrich, daß die Künstlerin aus ihrer Gefangenschaft befreit werden und die Erlaubniß erhalten solle, in ihr Vaterland zurückzukehren, wenn sie eine schöne Vase malen würde.

*) Adolph Mützelburg.

Sophie Mansfeld vollendete die ihr übertragene Arbeit in unübertroffener Meisterschaft.

Graf Laniska war entzückt über das Kunstwerk und vor dem Brande noch schrieb er mit eigner Hand auf dasselbe die Inschrift: „Dem ewigen Ruhm Friedrichs des Großen!"

Die Vase wurde gebrannt, der König war mit derselben im höchsten Grade zufrieden, da aber wurde er beim Einpacken darauf aufmerksam gemacht, daß hinter dem Worte „des Großen" sich noch das Wort „Tyrannen" befände; die Inschrift lautete jetzt: „Dem ewigen Ruhm Friedrichs, des großen Tyrannen!"

Da der Graf Laniska die Inschrift geschrieben hatte, so wurde er in den Kerker geworfen, ihm drohte eine lange Gefangenschaft. Aber zu seinem Glück fand er einen Freund, der sich erbot, seine Unschuld zu beweisen.

Ein Engländer, der den deutschklingenden Namen Albrecht Altenberg trug, unterhielt sich in einer Gesellschaft, in der auch Friedrich der Große anwesend war, über den Werth der englischen Institutionen und er behauptete, indem er sich stellte, als wüßte er nicht, daß der König ihm zuhöre, nur in England sei die persönliche Freiheit und zwar durch die Geschworenengerichte garantirt; wenn er als Engländer seinen Freund vor einem Geschworenengericht vertheidigen könne, dann werde er sicher die Unschuld desselben beweisen.

Friedrich nahm den Engländer beim Wort; er gestattete ihm die Bildung eines Geschworenengerichts in Berlin, aber unter der Bedingung, daß, wenn es ihm nicht gelinge, die Geschworenen von der Unschuld Laniska's zu überzeugen, er dann ebenso wie dieser auf sechs Jahre nach Spandau wandern müsse!

Altenberg willigte ein; ein Geschwornen-Gerichtshof wurde nach englischem Muster errichtet, 12 Geschworne nahmen ihre Plätze ein. Die Gerichtssitzung war öffentlich; auch der König und seine Minister wohnten derselben bei.

Altenberg trat als Vertheidiger Laniska's auf. Die Zeugen wurden vorgeführt, unter diesen ein Jude, Namens Salomon.

Salomon hatte den König beim Einpacken der Vase auf das Wort „Tyrann" aufmerksam gemacht, sein Zeugniß war daher von besonderer Wichtigkeit.

Mit glänzender Beredtsamkeit wußte Altenberg zu beweisen, daß Salomon der Todfeind des Grafen Laniska sei, daß es in seinem Interesse liege, Sophie Mansfeld nicht aus Berlin abreisen zu lassen, daß er selbst in dem Augenblick, wo die Vase in den Brennofen geschoben worden sei, in der Werkstatt anwesend gewesen wäre, daß er von der Farbe, welche die Schriftzüge trugen, von einem Materialhändler am Tage vorher gekauft habe, ja Altenberg hatte sich sogar ein Blatt Papier verschafft, auf welchem Salomon verschiedentlich das Wort Tyrann geschrieben hatte, offenbar in der Absicht, die Schriftzüge Laniska's nachzuahmen.

Aus allen diesen Umständen bewies Altenberg auf's Klarste, daß Salomon selbst das Wort Thrann auf die Vase geschrieben habe, um den Grafen Laniska zu verderben.

Altenberg sprach so glänzend, so überzeugend, daß die Geschworenen nicht umhin konnten, durch ein „Nichtschuldig" den Grafen zu befreien und daß auch der König die Unschuld Laniska's erkannte.

Salomon wurde mit lebenslänglichem Zuchthaus bestraft, Laniska befreit und auch Sophie Mansfeld erhielt die Erlaubniß, in ihr Vaterland zurückzukehren. ——

Dies die Sage, von der aber leider nicht ein Wort historisch begründet ist.

Friedrich hat weder Porzellanmaler gefangen aus Meißen fortgeführt, noch findet sich in einem Verzeichniß der Manufaktur-Beamten und Porzellan-Arbeiter, welches noch existirt, einer der in der Erzählung angegebenen Namen.

Die Geschichte weiß von diesem ersten Geschworenengericht nichts.

Neuntes Kapitel.

Friedrichs Religiosität. — Ein heiliger Dieb. — Der Gesangbuchstreit. — Einige erbauliche Lieder aus dem alten Porst'schen Gesangbuch. — Die katholische Kirche. — Der Messias Rosenfeld. — Aberglauben. — Der Wahrsager Pfannenstiel. — Die Juden in Berlin.

Berlin war unter der Regierung der früheren Fürsten aus dem Hohenzollernschen Hause stets der Tummelplatz religiöser Kämpfe gewesen und wenn diese auch unter Friedrich Wilhelm's I. eisernem Regiment nachgelassen hatten, so war an die Stelle derselben doch nichts Besseres getreten: der Hang zur Scheinfrömmigkeit, der ostensible Kirchenbesuch, eine zur Schau getragene Religiosität, welche tief entsittlichend auf das Volk wirkten.

Friedrich der Große hat sich das nicht genug anzuerkennende Verdienst erworben, daß er unsere Stadt aus dem Bann der Intoleranz und der Frömmelei erlöste und daß er dadurch die Entwicklung Berlins zum geistigen Mittelpunkt Deutschlands möglich machte.

Die Freiheit, für welche der große König auf politischem und socialem Gebiet sein Volk noch nicht für reif hielt, auf dem Gebiet des Glaubens und Denkens gewährte er sie; sein großes Wort: „Die Religionen müssen alle toleriret werden, hier muß ein Jeder nach seiner Façon selig werden!" blieb für seine Regierungszeit maßgebend.

Friedrich stand in geistiger Freiheit hoch über seiner Zeit; mit kritischer Schärfe hatte er die überlieferten Glaubenssatzungen geprüft und sich von ihnen losgesagt. Ob er dadurch zum Atheisten geworden war, ob er den Glauben an Gott und an Unsterblichkeit, an einen sittlichen Kern des Christenthums ganz verloren hatte?

Es ist müßig, darüber streiten zu wollen; fromme Verehrer des großen Königs haben Bände zusammengeschrieben, um aus einzelnen seiner Aeußerungen und daraus, daß er hier und da eine Kirche besuchte,*) mit vielem Scharfsinn zu beweisen, daß er eigentlich ein sehr guter Christ gewesen sei, während ihm von anderer Seite jedes Gefühl für Religion abgesprochen worden ist; uns kümmert weder das Eine, noch das Andere. Eins steht jedenfalls fest, daß Friedrich vollkommen frei war von jener, seinem Stamme so eigenthümlichen, frömmelnden Richtung, die früher und später wesentlich dazu beigetragen hat, den geistigen Fortschritt in Berlin zurückzuhalten.

Bei jeder Gelegenheit zeigte Friedrich, wie verhaßt ihm leeres religiöses Formenwesen sei, deshalb ließ er auch das Prädikat „von Gottes Gnaden" aus seinem Titel fort; noch verhaßter aber war ihm jene orthodoxe Intoleranz, mit welcher sich die Prediger aller Konfessionen so gern brüsteten. Wo er diese traf, da überschüttete er sie mit derbem, beißendem Spott; die frömmelnden Prediger nannte er kaum anders als Cheleres, Mucker oder Pfaffen. Sein sprudelnder Witz traf oft rücksichtslos die in den Augen des Volkes noch heiligen Gebräuche und dadurch hat er vielfach verletzt.

Die Katholiken konnten es ihm nie vergeben, daß er ihre Wunder- und Heiligengläubigkeit häufig genug verspottete; besonders ärgerte sie ein Urtheil, welches Friedrich einst in einem Diebstahlsprozeß fällte.

In einem schlesischen Städten waren häufig in der katholischen Kirche Diebstähle an den Opfern der frommen Gläubigen verübt worden. Vergeblich hatte man sich bemüht, den Dieb zu erforschen, bis endlich der Küster durch einen Zufall entdeckte, daß einer der frömmsten und fleißigsten Beter, ein Soldat der Garnison, die der Kirche zugedachten Opfer in seine eigene Tasche steckte.

Der Soldat wurde, als er die Kirche verlassen wollte, ergriffen und durchsucht; in seiner Tasche fand man die gestohlenen Kostbarkeiten.

Das Kriegsgericht wurde über den Missethäter eröffnet. Er leugnete die Diebstähle keineswegs, aber er brachte für dieselben eine eigenthümliche Entschuldigung vor.

In seiner Noth und Armuth, so erzählte er, habe er zur Jungfrau Maria um Hilfe gefleht; da sei ihm diese erschienen, habe ihm die Opfer, welche die Gläubigen auf den Altar niedergelegt hätten, gezeigt und ihm gesagt: „Nimm sie Dir!" Nicht einen Diebstahl habe er begangen, sondern eine der heiligen Mutter Gottes wohlgefällige

---

*) Man hat nachgewiesen, daß Friedrich während seiner ganzen 46jährigen Regierungszeit nur neun Mal den öffentlichen Gottesdienst besucht hat und daß dies immer nur auf besondere äußere Veranlassung hin, wie bei Festlichkeiten ꝛc. geschehen ist.

That, indem er nur dem Befehl derselben gefolgt sei.

Das Kriegsgericht mochte von dem frommen Wunderglauben der katholischen Kirche nicht vollkommen durchdrungen sein; es nahm auf die Entschuldigung des Diebes nicht die geringste Rücksicht, sondern verurtheilte ihn zu zwölfmaligem Gassenlaufen.

Jedes kriegsgerichtliche Urtheil wurde damals nebst einer genauen Relation des Thatbestandes dem König zur Bestätigung eingereicht.

Friedrich prüfte stets genau und als er nun die Entschuldigung des katholischen Soldaten las, da lächelte er und ließ sofort einige katholische Geistliche zu sich kommen, um ihnen die Frage vorzulegen, ob es wohl möglich sei, daß die heilige Jungfrau noch jetzt einem Sterblichen erscheine und ihm ihren Willen kundgebe.

Die Geistlichen bejahten unbedingt die Frage und als ihnen darauf der König den Thatbestand des Prozesses vorlegte und sie fragte, ob nicht auch in diesem Falle die heilige Jungfrau vielleicht dem Soldaten erschienen sei, da meinten sie zwar, die Sache sei ganz unglaublich, aber für die Unmöglichkeit wollten sie nicht einstehen.

In Folge dessen dekretirte der König:

„Der vorgebliche Dieb wird von der Strafe losgesprochen, zumal er den Diebstahl beharrlich geleugnet hat und nach der Erklärung der Geistlichen seiner Kirche das von ihm behauptete Wunderwerk nicht unmöglich ist. Ich verbiete ihm aber für die Zukunft bei harter Strafe, weder von der heiligen Jungfrau, noch von irgend einem andern Heiligen ein Geschenk anzunehmen."

Der königliche Rechtsspruch erregte durch den seinen in ihm enthaltenen Spott viel Aergerniß unter den Katholiken; nicht weniger aber wurden auch die gläubigen Protestanten durch manchen geistreichen Witz Friedrichs gekränkt.

Eines Tages stand der König am Schloßfenster zu Berlin und hörte zu, wie die Chorschüler des grauen Klosters in der Burgstraße Gellerts berühmtes Lied: „Wie groß ist des Allmächt'gen Güte" sangen. Er wendete sich lächelnd zu seiner Umgebung und sagte:

„Gottes Güte muß freilich groß und grenzenlos sein, sonst würde sie es nicht dulden, daß die Jungen so jammervoll sängen!"

Mehr noch als dieser harmlose Scherz kränkte die frommen, gläubigen Berliner eine etwas derbe Verfügung, welche Friedrich in dem berühmt gewordenen Gesangbuchstreit traf.

Die Berliner hatten bisher zu ihren Andachtsübungen das alte Porst'sche Gesangbuch benutzt, ein Buch, welches neben manchen schönen Kernliedern doch auch eine ganze Anzahl von Stücken enthielt, über die der Zeitgeist längst fortgeschritten war. Den aufgeklärteren Geistlichen war es ärgerlich, wenn in der Kirche Lieder gesungen wurden, welche theils in der Ausdrucksweise plump und unwürdig, theils sogar im Inhalt mehr als zweideutig und geeignet waren, die Sinnlichkeit aufzuregen. — Einige Proben aus dem alten Porst'schen Gesangbuch mögen unsern Lesern den Beweis geben, daß der Wunsch, solche Lieder aus dem Kirchengesang zu entfernen, gewiß gerechtfertigt war

Aus Lied Nr. 559.

1. Komm mein Herze, komm mein Schatz,
komm mein grüner Freuden-Platz,
komm mein Leitstern, komm mein Licht,
komm mein liebstes Angesicht;
komm mein Leben, meine Seel,
komm mein wahres Balsam-Oel.

Aus Lied Nr. 681.

3. Alsbald der Mensch sein Leben hat,
seine Küche vor ihm steht,
in dem Leib der Mutter sein
ist er zugerichtet sein;
Ob es ist ein kleines Kind,
Mangel doch an nirgends findt,
bis es in die Welt hier kömmt.

Lied Nr. 731.

1. Herr, ich will gar gerne bleiben,
wie ich bin, dein armer Hund,
will auch anders nicht beschreiben
mich und meines Herzens Grund,
denn ich fühle, was ich sey,
alles Böse wohnt mir bey:
Ich bin aller Schand ergeben,
unrein ist mein ganzes Leben.

2. Hündisch ist mein Zorn und Eifer,
hündisch ist mein Neid und Haß,
hündisch ist mein Zorn und Geifer,
hündisch ist mein Raub und Fraß,
ja wenn ich mich recht genau,
als ich billig soll, beschau,
halt ich mich in vielen Sachen
ärger als die Hund es machen.

Aus Lied Nr. 392.

5. Wie ein Bräutgam pflegt zu küssen
im Verborgnen seine Braut,
läßt es niemand gerne wissen,
wenn er ihr sein Herz vertraut;
so giebst du, wenn wir allein,
deiner Brüste süßen Wein.

6. Wenn mich deine Liebes-Flammen,
süßer Jesu! zünden an,
wenn du Leib und Seel zusammen
führest auf den Wollust-Plan,
so bricht alles, was in mir,
wie ein voller Strohm herfür.

13. Du wirst singen, Meine Taube,
komm zu meiner Wunden-Gruft,
daß dich kein Feind mir beraube,
hier ist meine rechte Kluft,
lege dich an meine Brust
und genieße süße Lust.

14. Dann werd ich mit Freuden springen
in die offne Wunden-Thür
und o Jesu, Jesu singen,
o wie süße bist du mir;
ich bin dein und du bist mein,
ewig soll die Liebe sein.

Aus Lied Nr. 396.

1. Jesu, wie süß ist deine Liebe!
Wie Honig fließend ist dein Kuß!
Wer nur in deiner Liebe bliebe,
der hätte Gnug und Ueberfluß;
Wie süß ist es bei dir zu sein
Und kosten deiner Brüste Wein.

5. Wie süße, Jesu, o wie süße
wirst du mir seyn, wenn ich in dir
genießen werde Zucker-Küsse
der ewgen Liebe für und für,
wenn ich mit Gott ein einges Ein
in dir, mein Schatz, werd ewig seyn.

Solche und manche andere nicht weniger anstößige Verse veranlaßten im Jahre 1765 die drei Prediger an der Marienkirche, Diterich, Bruhn und Kirchhof, unter dem Titel „Lieder für den öffentlichen Gottesdienst" ein neues Gesangbuch herauszugeben. Sie hatten in demselben manche ältere, anstößige Lieder geändert, andere ganz fortgelassen. Diese Sammlung enthielt 236 Lieder, welche sowohl die Glaubens- als Sittenlehre umfaßten.

Das Konsistorium hatte am 5. April 1765 die Genehmigung ertheilt, daß diese Liedersammlung neben dem Porst'schen Gesangbuch beim öffentlichen Gottesdienst in der Marienkirche eingeführt und gebraucht werden solle. Die Mariengemeinde war damit ganz wohl zufrieden, aber als andere Geistliche, z. B. der Probst Spalding, die neuen Lieder auch in ihren Kirchen einführen wollten, da fanden sie sowohl bei den Predigern als bei der Gemeinde einen lebhaften Widerstand. Viele Prediger erklärten, daß sie sich niemals dazu herbeilassen würden, ein anderes als das alte Porst'sche Gesangbuch zu gebrauchen.

War so der Versuch der Einführung eines neuen, bessern Gesangbuchs gescheitert, so gab man denselben doch nicht auf. Der Probst Teller und der Prediger Diterich vereinigten sich, das Porst'sche Gesangbuch zu revidiren, einige besonders anstößige Lieder zu entfernen, andere zu verbessern und eine Anzahl neuer guter Lieder aufzunehmen.

Im Jahre 1780 erschien das neue Gesangbuch, welches vom Ober-Konsistorium eingeführt wurde. Die Herausgeber waren bei demselben nicht besonders glücklich verfahren, sie hatten manche undichterische und unschöne Lieder aufgenommen, an guten alten Liedern ohne Geschmack gefeilt und geändert. So war denn ihr Gesangbuch keineswegs vorzüglich, jedenfalls aber dem alten weit vorzuziehen.

Trotzdem aber erhob sich gegen die Neuerung eine Schaar von Eiferern, unter denen sich besonders ein schwärmerischer Berliner Kleinhändler, Namens Aplzsch, auszeichnete. Dieser ergriff das Panier der alten rechtgläubigen Kirche; er hielt Versammlungen der Gemeindegenossen ab und so bildeten sich denn bald unter den Gemeindemitgliedern zwei Parteien, deren eine das bessere neue Gesangbuch haben wollte, während die andere mit allen Kräften gegen dasselbe stritt.

Die vier Berlinischen Gemeinden von der Dreifaltigkeits-, Sankt Gertraud-, Cöllnischen Vorstadt- (Coulsen-) und der neuen und Jerusalemer-Kirche baten in einer von Aplzsch veranlaßten Petition den König um die Beibehaltung des alten Porst'schen Gesangbuchs.

Eine solche Eingabe war ganz geeignet, eine scharfe Entgegnung des Königs herauszufordern und eine solche erfolgte auch sofort, Friedrich fügte derselben eigenhändig folgende Worte hinzu:

„Ein Jeder kann bei Mir glauben, was er will, wenn er nur ehrlich ist. Was die Gesangbücher angeht, so steht einem Jeden frei, zu singen: „Nun ruhen alle Wälder" oder dergleichen dummes und thörichtes Zeug mehr. Aber die Priester müssen die Toleranz nicht vergessen, denn ihnen wird keine Verfolgung gestattet werden."

Die Freiheit, welche den Berlinern gelassen wurde, dergleichen dummes und thörichtes Zeug mehr zu singen, veranlaßte den berühmten Gleim zu dem Gedicht: „Der Monarch", in welchem es heißt:

Er ließ uns alle Freiheit, selbst
die Freiheit — dumm zu sein."

Die frommen Berliner brachte die beißende Antwort des Königs auf ihre Petition in nicht geringe Aufregung und die Zahl der Frommen war immer noch ziemlich groß, obgleich das Volk, Dank dem Beispiel des Königs und seinem Bestreben, freisinnige Theologen nach Berlin zu ziehen, sich in seiner Mehrheit schon einer freiern Richtung zugewandt hatte.

Es fand unter der Regierung Friedrichs in Berlin ein wunderbarer Geistestampf statt; die Aufklärung kämpfte gegen die Orthodoxie und den Aberglauben. Friedrich ließ alle Parteien gewähren, sobald sie sich innerhalb der gesetzlichen Schranken bewegten und keinen Gewissenszwang auf andere ausüben wollten. Auch die Katholiken hatten in Preußen volle Freiheit der Religion, obgleich in den katholischen Ländern den Protestanten nicht die gleiche Duldung gewährt wurde. Durch eine Kabinetsordre vom 22. November 1746 gestattete Friedrich den Katholiken den Bau einer Kirche in Berlin und in Folge dieser Genehmigung wurde bald darauf die St. Hedwigskirche aufgeführt.

Mit der vollen Glaubensfreiheit der Katholiken war aber nicht zugleich die volle bürgerliche Gleichberechtigung derselben verbunden. Friedrich stellte ungern Katholiken im Staatsdienst an, weil er den Einfluß der Geistlichkeit auf sie fürchtete. In Berlin waren die Katholiken von den königlichen Kollegien ausgeschlossen und selbst sehr begünstigte Anhänger der katholischen Religion, welche in Folge der Eroberung Schlesiens in hohe Staatsämter aufgenommen werden mußten, hatten doch fortwährend mit Schwierigkeiten ihres Glaubens wegen zu kämpfen. So wurde der Ober-Stallmeister Graf Schaffgotsch zwar zum Minister befördert, aber in den Staatsrath durfte er als Katholik nicht eingeführt werden.

Innerhalb der protestantischen Kirche war die religiöse Entwicklung vollkommen unbehindert. Die verschiedensten Sekten durften sich frei entfalten.

Ein Zimmermann Namens Bürgel hielt alle Sonntage Nachmittags in seinem Hause vor dem Spandauer Thor öffentliche Zusammenkünfte und Betstunden. Irgend einer der gläubigen Zuhörer vertrat dabei das Amt eines Küsters; gewöhnlich waren es Handwerker, mitunter traf aber auch wohl die Wahl einen gemeinen Soldaten, denn in dieser Betstunde war Jeder gleich. Trotz aller Ermahnungen Seitens der Behörden ließ sich der Zimmermann in seinen religiösen Uebungen nicht stören. Der Minister v. Happe fragte deshalb beim König an, ob es nicht besser sei, diesen unbefugten Priester zu verhaften und ihm ferner religiöse Versammlungen streng zu verbieten.

Der König aber antwortete darauf: „Wofern er nichts thut wider die Gesetze des Handels und die Guten Sitten, so sollen ihn machen lassen!"

Merkwürdig mit dieser gnädigen Verfügung kontrastirt das Verbot häuslicher Versammlungen, welche der mystisch-orthodoxe Prediger Fuhrmann an der Jerusalemer Kirche im Jahre 1742 abhielt.

Fuhrmann kam gegen das Verbot ein, erhielt aber folgenden abschläglichen Bescheid:

„Daß er die häuslichen Versammlungen eingestellet, ist gut. Der König hat seine Raisons, solche zu verbieten und ist schon bei dem gottseligen König scharf verboten worden. Soll also seinen Gottesdienst in der Kirche halten und von aller affectirten Singularität gänzlich abstehen."

Das Sektenwesen entwickelte sich in Folge der vom König gewährten Duldung ziemlich stark in Berlin und führte mitunter zu gefährlichen Auswüchsen. Gewissenlose Abenteurer verstanden es, die Leichtgläubigkeit der Bürger zu benutzen; sie begründeten neue religiöse Gesellschaften, an deren Spitze sie sich stellten, um eigennützige Zwecke zu verfolgen.

Der merkwürdigste dieser Abenteurer war ein wegen vielfacher Betrügereien abgesetzter Förster Johann Philipp Rosenfeld, der sich für einen neuen Messias ausgab, den Gebrauch des Abendmahls und den Besuch des öffentlichen Gottesdienstes verbot und eine ganz neue Gotteslehre predigte.

Rosenfeld war ein tief verderbter, sittlich verwahrloster Mensch, der seine Macht über die abergläubische Menge benutzte, um seinen sinnlichen Lüsten Befriedigung zu verschaffen. Sieben junge Mädchen mußten stets um ihn sein, die Eltern führten sie ihm selbst zu; er versicherte, daß er mit ihnen die sieben Siegel der Erlösung erbrechen wolle, um das Heil der Menschheit hervorzubringen. Er trieb es endlich so toll, daß er als Religionsschwärmer in ein Irrenhaus gesperrt wurde. Aber auch dorthin verfolgten ihn die Gläubigen, auch dorthin brachte ihm ein halb wahnsinniger Bürger seine fünfzehnjährige Tochter.

Nachdem Rosenfeld eine Zeitlang gesessen hatte, gelobte er Besserung und wurde entlassen. Kaum aber auf freien Füßen fuhr er in der alten Weise fort. Eins der Mädchen, die bei ihm lebten, beging einen Kindesmord; der Verdacht, denselben angestiftet zu haben, fiel auf Rosenfeld und da noch vielfache Betrügereien von ihm offenbar wurden, so machte man ihm auf's Neue den Prozeß. Er wurde zu Staupenschlägen und zu lebenswieriger Festungsarbeit verurtheilt. Während er ausgestäupt wurde, schrie er fortwährend, daß die Ruthenschläge, die er empfange, ihm seiner Bestimmung als Messias gemäß ertheilt würden. Er blieb bei seiner Behauptung, daß von ihm das Heil der Welt ausgehen würde. Auch nach seiner Bestrafung hielten seine Anhänger fest an ihm, bis endlich erst nach mehreren Jahren sein Name nach und nach vergessen wurde.

Solche Ausschweifungen des religiösen Ueberglaubens fanden indessen in dem Volke Berlins mit jedem folgenden Jahre der Regierung Friedrichs einen weniger günstigen Boden. Die Aufklärung nahm zu, sie steigerte sich sogar im Gebiet des Glaubens bis zum ausgebildeten Skepticismus. Dieselben Höflinge und vom Hofe abhängigen Beamten und Bürger, welche unter den früheren Herrschern ihre Frömmigkeit zur Schau getragen hatten, um sich die Gunst der Gewalthaber zu erwerben, zeigten sich jetzt als gewaltige Freigeister. Beides aber war Schein; denn noch immer steckte den Berlinern der Aberglauben tief im Herzen.

Kometen wurden noch immer als die Verkünder großen Unglücks betrachtet, man glaubte an die Lehnin'schen Prophezeiungen, an Wetter-Verkündigungen ꝛc. Auch die sogenannten Planeten, die noch heut zu Tage von der abergläubischen Menge gekauft werden, waren damals ein gesuchter Buchhandlungs-Artikel. Die Kalender mußten die Tage anzeigen, an welchem man sich am Besten zur Ader lassen oder schröpfen durfte, an denen es gut sei, Kinder zu entwöhnen oder Reisen zu beginnen; sie mußten das Wetter für das nächste Jahr ansagen ꝛc.

Vergeblich bemühte sich die Akademie der Wissenschaften, hier einen Fortschritt zu begründen.

Im Jahre 1779 erschienen die preußischen Kalender zum ersten Male ohne alle die bisher roth gedruckten, auf den Aberglauben der Masse berechneten Wahrsagungen, sie erhielten an deren Stelle aufklärende Aufsätze.

Die Kalender waren hierdurch wesentlich verbessert, aber sie wurden nicht gekauft, schon im nächsten Jahre mußte der alte Unsinn wieder hergestellt werden; auch ein neuer Kalender ohne Aberglauben, welchen die Akademie für das Jahr 1780 herausgab, konnte sich wegen Absatzmangels nicht lange halten.

Die Aufklärung war bei den Berlinern*) noch

---

*) Man erzählt, auch Friedrich der Große sei nicht frei von Aberglauben gewesen. Der englische Gesandte James Harris schreibt hierüber im Jahre

nicht in Fleisch und Blut übergegangen, sie war mehr eine äußerliche. Das Volk wollte betrogen sein und betrog sich selbst. Die Wahrsager auf den Märkten hatten nach wie vor großen Zulauf und ein Berliner Leinweber, Namens Pfannenstiel, der sich durch seine Wahrsagungen berühmt gemacht hatte, wurde besucht von Vornehm und Gering.

Pfannenstiel behauptete, daß er seine Weissagungen direkt von Gott bekomme; entweder im Traum oder im Gesichte spreche der Herr mit ihm. Der Berliner Leinweber erhielt sich Jahre lang im Rufe der Untrüglichkeit, weil er seine prophetischen Sprüche in ein sehr dunkles Gewand kleidete. Seine Prophezeiungen waren meistens Räthsel, welche in der verschiedensten Weise gelöst werden konnten.

Man glaubte dem würdigen Mann um so mehr, da er scheinbar ohne allen Eigennutz handelte. Er machte aus dem Weissagen, wie man erzählte, kein Geschäft, sondern nährte sich redlich von seinem Handwerk. Die Besuche Derer, welche die Zukunft erforschen wollten, empfing er bei der Arbeit, die Besucher mußten sich durch das offenstehende Fenster mit ihm unterhalten. Von Keinem forderte er irgend eine Belohnung für seine Prophezeiungen, wenn aber die Rathbedürftigen beim Fortgehen ein Geldstück zurückließen, so fand der gute Pfannenstiel keine Veranlassung, dies abzuweisen.

Im grellen Widerspruch zu dem Bestreben des Königs, die Aufklärung und religiöse Toleranz in Preußen zur Herrschaft zu bringen, steht die große Abneigung, welche er bei allen Gelegenheiten gegen die Juden zur Schau trug.

Die Juden blieben auch unter der Regierung Friedrichs des Großen die Parias der Gesellschaft, ausgeschlossen von den meisten bürgerlichen Rechten und belastet mit schweren, ungerechtfertigten Abgaben. Friedrich stand in seiner Abneigung gegen die Juden ganz auf dem Standpunkt des gewöhnlichen Volks; wie dieses hätte er am Liebsten die verhaßten Wucherer, Betrüger 2c. aus

dem Lande gejagt und wenn er es nicht that, so hat eine solche Schonung nur darin ihren Grund, daß die reichen Juden eine einträgliche Geldquelle für ihn waren.

Friedrichs Widerwille gegen die Juden war so groß, daß er nur höchst ungern eine Vermehrung derselben sah und jede Gelegenheit benutzte, um die ausgegebenen Schutzbriefe wieder einzuziehen.

So erschien im Jahre 1747 eine Verordnung, welche anbefahl, daß jeder Jude, welcher sich der Hehlerei schuldig mache, des Schutzbriefes verlustig gehen und mit seiner Familie das Land verlassen solle, ohne daß an seiner Stelle ein anderer Jude aufgenommen werden dürfe. Charakteristisch für die Verordnung ist auch, daß die Judenschaft eines Ortes für jeden Diebstahl, den einer ihrer Gemeinde begangen hatte, solidarisch verpflichtet wurde, den Betrag des gestohlenen Guts zu ersetzen, wenn der Dieb dies nicht konnte.

Trotz aller Erschwerungen, welche der Ausbreitung der Juden in Preußen durch die Beschränkung der Schutzbriefe in den Weg gelegt wurden, bürgerten sich doch die Juden mehr und mehr ein und besonders in Berlin wuchs ihre Zahl von Jahr zu Jahr.

Von vielen Seiten her kamen Klagen, daß die Juden sich erlaubten, in bürgerliche Gewerbe hineinzupfuschen, daß sie, wenn auch verdeckt durch Scheingeschäfte, Ländereien ankauften, daß sie eine zu große Anzahl von Häusern besäßen 2c. Friedrich sah sich daher veranlaßt, die Verhältnisse der Juden im preußischen Staate einer gesetzlichen Ordnung zu unterziehen, es geschah dies durch das revidirte General-Privilegium und Reglement vor die Judenschaft im Königreich Preußen vom 17. April 1750.

Zwei Jahre lang war tüchtig an diesem Reglement gearbeitet worden und Friedrich hatte selbst sorgsam daran gefeilt. Das Gesetz ist um so wichtiger, als es bis zum Jahre 1812 im Großen und Ganzen für die Juden in Preußen maßgebend gewesen ist.

Die bisherige Juden-Kommission wurde aufgehoben, die Rechtsangelegenheiten der Juden wurden den Magistraten und Gerichten, die Schutzsachen dem General-Direktorium überwiesen. Friedrich hielt den Grundsatz fest, daß die Zahl der Juden sich nicht vermehren dürfe, deshalb sollten fremde Juden nur, wenn sie 10,000 Thaler besäßen, durch besondere Gnade Aufnahme im Lande finden.

Um die Vermehrung der Juden in sich selbst zu verhindern, sollten alle Juden, welche nicht Kaufleute waren und nicht zu den jüdischen Gemeinde-Beamten gehörten, durchaus keine Erlaubniß zum Heirathen bekommen. Die angesehenen Juden, welche besondere Schutzbriefe erhielten, durften diese doch nur auf ein Kind vererben und erst später wurde es ihnen gegen Erlegung von 70,000 Thalern gestattet, daß sich ein zweites Kind im Lande verheirathen durfte, jedoch nur

1775: „Zu verschiedenen anderen unglaublichen Schwächen eines so großen Geistes wie Friedrich gehört auch die, daß er einigen Glauben an Astrologie hat, und ich habe von einer Person, gegen deren Glaubhaftigkeit nichts einzuwenden ist, gehört, daß die Furcht vor der Erfüllung einer von einem sächsischen Wahrsager ausgesprochenen Prophezeiung ihm im Kopfe herumgeht und seine schon von Natur mürrische Stimmung noch vermehrt. Ich habe selbst bemerkt, daß er Jemandem, der bei seinem Lever in Trauerkleidern erschien, sein Mißfallen zu erkennen gab und sichtbar sah ich ihn seine Züge verändern, da er erfuhr, daß ein gewisser Mann eines plötzlichen Todes gestorben sei. Dies deutet so klar auf einen Hang zum Aberglauben hin, daß, obschon ich für die Wahrheit der Geschichte mit dem sächsischen Wahrsager nicht einstehen mag, sie doch hinreichend wahrscheinlich ist, um wenigstens der Gegenstand der Kuriosität zu werden."

unter der Bedingung, daß bei jeder Heirath für 1500 Thaler inländische Manufakturwaaren in das Ausland geführt werden mußten.

In ihrem Erwerbe wurden die Juden außerordentlich beschränkt. Alle zünftigen Gewerbe, der Landbau, der Handel mit Wolle und Wollwaaren 2c. wurden ihnen streng untersagt, Landgüter durften sie gar nicht erwerben, von Häusern wurde ihnen nur eine bestimmte Zahl, in Berlin 40, gestattet; diese Zahl wurde später auf 70 erhöht.

Außer diesen Beschränkungen des Gewerbebetriebs wurden den Juden noch alle möglichen Lasten auferlegt. Da hatten sie bei allen Gelegenheiten Abgaben an Kirchen und Schulen zu bezahlen, Schutzgelder, Leibzölle, Rekrutengelder und dergleichen mehr. Eine der lästigsten und unangenehmsten Beschränkungen, welche die Juden erleiden mußten, war die, daß sie, sie mochten wollen oder nicht, gezwungen wurden, Fabriken, welche sich nicht gut rentirten, anzukaufen und fortzuführen oder auch neue Fabriken, wenn Friedrich glaubte, daß sie das Vermögen dazu hätten, anzulegen. Mit großer Rücksichtslosigkeit wurde auch der schon erwähnte Befehl, daß die Juden Waaren aus der königlichen Porzellanfabrik kaufen sollten, aufrecht erhalten.

Trotz der schweren Lasten, welche die Judenschaft Berlins tragen mußte, wuchs sie dennoch, wenn auch nicht an der Zahl, so doch an Reichthum mit jedem Jahre. Die Münz- und Lieferungsgeschäfte während des siebenjährigen Krieges hatten wesentlich dazu beigetragen, die jüdischen Kaufleute Berlins zu bereichern; aber wie reich dieselben auch wurden und wie sehr sie mit ihrem Reichthum prunkten durch köstliche Häuser, schöne Gärten, Kunstsammlungen und glänzende Gesellschaften, in denen sich die geistreichen Männer der Residenz versammelten, sie blieben dennoch die vom Volke verachteten Juden! Zu den jüdischen Festen kamen wohl die Christen und Manche setzten sich darüber hinweg, daß der Gastgeber ein Jude sei und behandelten ihn wie Ihresgleichen; die große Menge des Volks aber blieb bei dem Haß und der Verachtung, welche sie seit Jahrhunderten gegen die Juden hegte.

Um so mehr ist es anzuerkennen, daß sich einzelne tiefere Denker fortsetzten über Vorurtheile, welche so allgemein herrschten, in denen selbst so geistreiche Männer, wie König Friedrich der Große, befangen waren. Vor Allen verdient eine rühmliche Anerkennung der Geheime Archivar Dohm, der im Jahre 1781 ein Werk über die bürgerliche Verbesserung der Juden schrieb, welches eine allgemeine Aufmerksamkeit erregte, denn Dohm hatte die unerhörte Kühnheit, in Berlin die bürgerliche Freiheit der verachteten Juden zu fordern, die Juden sollten vollständig mit den Christen gleichgestellt, zu allen Gewerben, selbst zum Ackerbau, zugelassen werden.

Noch ein anderer Schriftsteller trat ein für die Rechte der Juden, ein Mann, der selbst ein Jude, doch seiner tiefen Gelehrsamkeit, seines scharfen Geistes wegen sich die Achtung der Christen derart zu erwerben wußte, daß sogar die Akademie der Wissenschaften ihn unter ihre eigenen Mitglieder aufnehmen wollte, und daß eine solche Ehre ihm nur deshalb nicht widerfuhr, weil der König in seinen Vorurtheilen gegen die Juden den Namen Moses Mendelssohn von der Liste der aufzunehmenden Akademie-Mitglieder strich.

Moses Mendelssohn kämpfte mit klarem und scharfem Geist für seinen Stand, indem er gegen die Vorurtheile desselben den Kampf eröffnete und seine Glaubensgenossen zu manchen Reformen des alten zerrütteten Judenthums zwang.

Wie trefflich aber auch Dohm und Moses Mendelssohn für die Menschenrechte der Juden stritten, sie vermochten in jener Zeit gegen das allgemeine Vorurtheil*) nicht vorzudringen. Der Volkshaß blieb bestehen und er wurde noch vermehrt durch manche Schriftsteller, die sich einen wohlfeilen Ruhm durch beißende Schmähschriften gegen die Juden erwarben.

Zehntes Kapitel.

Die Wissenschaft in Berlin zur Zeit Friedrichs des Großen. — Das Schulwesen Berlins. — Leben der Gymnasiasten. — Begründung der Realschule in Berlin. — Die Armenschulen. — Die Akademie der Wissenschaften. — Französische Einrichtung derselben.

Unter der Regierung Friedrich Wilhelms I. war den Berlinern der Sinn für die Wissenschaften fast ganz verloren gegangen, unter der Regierung Friedrichs des Großen entwickelte er sich von Neuem und gelangte zu einer ungeahnten Blüthe. Berlin wuchs in einem Zeitraum von 46 Jahren heran zum Mittelpunkt der wissenschaftlichen Bestrebungen Deutschlands; nach unserer Stadt zogen die deutschen Gelehrten, hier fanden sie ein Feld des Schaffens, welcher Wissenschaft sie auch dienen mochten.

Berlin verdankt die wissenschaftliche Bedeutung,

---

*) Zu dem allgemeinen Vorurtheil trug auch viel die Mißgunst bei, mit welcher sich die Juden gegenseitig verdächtigten. Sobald einer von ihnen sich durch Reichthum oder größere Bildung auszeichnete, wurde er sicher vom Haß der Uebrigen verfolgt. Als einst ein kluger Spekulant, der reiche Poser, sich unterstand, sich den Bart rasiren zu lassen (die übrigen Juden trugen noch sämmtlich volle Bärte), erregte dies unter der Judenschaft großes Mißfallen. Der alte Ephraim verklagte ihn bei dem Ober-Landesrabbiner und dieser verbot dem abtrünnigen Sohn Israels bei strenger Strafe, sich in Zukunft zu rasiren. Poser war nicht geneigt, sich ein so willkürliches Verbot gefallen zu lassen, er wendete sich direkt an den König; aber auch hier fand er keinen Schutz, denn Friedrich schrieb an den Rand der Bittschrift: "Der Jude Poser soll mich und seinen Bart ungeschoren lassen!"

auf welche wir heut noch stolz sind, vorzugsweise Friedrich dem Großen; nicht seiner Begünstigung wissenschaftlicher Bestrebungen, nicht direkt die Wissenschaft fördernden Maßregeln, sondern dem Beispiel, welches der König selbst gab, sowie den Gelehrten und Schriftstellern, welche er an seinen Hof und in seinen täglichen Umgangskreis zog und vor Allem der Freiheit, welche er der geistigen Entwicklung des Volks gewährte.

Direkt fördernd ist Friedrich selten aufgetreten; er verachtete, wie wir noch weiter sehen werden, die deutsche Wissenschaft und hielt sein Volk noch für zu unreif, um mit den Franzosen auf dem Gebiet wissenschaftlicher Forschungen konkurriren zu können. Er hatte selbst nach vielen Richtungen hin eine sehr beschränkte Auffassung, welche ihn verhinderte, den Nutzen zu erkennen, den die Fortbildung jedes Wissenszweiges haben mußte. Er ließ deshalb die Gelehrten zwar frei gewähren, kümmerte sich aber nicht, wie er dies auf dem Gebiet des Handels und der Gewerbe so gern that, persönlich um ihre Bestrebungen. Oft genug wies er sogar Aufforderungen, welche deshalb an ihn ergingen, fast mit Hohn zurück.

Als der Dr. Bloch in Berlin, der über die Fischkunde umfassende Studien gemacht hatte, ein großes Werk über die deutschen Fische herausgeben wollte, bat er den König um eine Unterstützung, um Postfreiheit für das Papier aus Frankreich oder der Schweiz, besonders aber um einen Befehl an die königlichen Kammern in Preußen, daß diese ihm mittheilen sollten, welche Fische sich in ihren Bezirken vorfänden, sowie um Uebersendung eines Exemplars von seltenen Arten.

Friedrich gab darauf unter dem 27. März 1781 folgenden merkwürdigen, für die Auffassung des Königs ganz charakteristischen Bescheid:

„Se. Kgl. Maj. von Preußen, Unser Allergnäd. Herr, lassen dem Dr. Bloch auf seine Allerunterthänigste Anzeige vom 25. d. M. und in Ansehung des darin gethanen Antrages hierdurch zu erkennen geben, daß es nicht nöthig ist, von den Kammern eine Liste von den Fischen zu erfordern; denn das wissen sie schon allerwegs, was es hier im Lande für Fische giebt. Das sind auch durchgehends dieselben Arten von Fischen, ausgenommen im Glatzischen, da ist eine Art, die man Maulen nennt, oder wie sie sonst heißen, die man weiter nicht, sonsten aber sind hier durchgehends einerlei Fische, die man alle weiß und kennt. Und darum ein Buch davon zu machen, würde unnöthig sein; denn kein Mensch würde solches kaufen. Die zugleich mit eingereichten Kupferabdrücke von einigen Fischen erfolgen hierbei wieder zurück."

Dem Professor Myller in Berlin, der ihm im Jahre 1782 eine Sammlung altdeutscher Gedichte widmete, antwortete der König darauf:

„Hochgelehrter, lieber Getreuer!

Ihr urtheilt viel zu vortheilhaft von den Gedichten aus dem 12., 13. und 14. Säculo, deren Druck Ihr befördert habt und zur Berichtigung der deutschen Sprache so brauchbar haltet. Meiner Ansicht nach sind solche nicht einen Schuß Pulver werth und verdienten nicht, aus dem Staube der Vergessenheit gezogen zu werden. In Meiner Büchersammlung wenigstens würde Ich solches elende Zeug nicht dulden, sondern herausschmeißen. Das Mir davon eingesandte Exemplar mag daher sein Schicksal in der dortigen großen Bibliothek abwarten. Viele Nachfrage verspricht aber demselben nicht

Euer sonst gnädiger König."

Wir haben zwei Beispiele herausgegriffen aus vielen, welche beweisen, daß Friedrich wissenschaftliche Bestrebungen von Bedeutung nicht immer zu würdigen verstand; die Gelehrten aber ließen sich dadurch nicht abschrecken. Dr. Bloch gab trotzdem sein treffliches Fischwerk heraus und hat der Wissenschaft dadurch eine neue Bahn angewiesen, ebenso hat auch der Professor Myller mit seiner Sammlung altdeutscher Gedichte sich eine verdiente Anerkennung erworben.

Die Wissenschaft bedarf zu ihrem Emporblühen ebenso wenig des Staatsschutzes, wie ihn Handel und Gewerbe bedürfen, nur die Freiheit ist zu ihrer Entwicklung nothwendig und diese gewährte ihr Friedrich, wenn er auch sonst wenig that.

Nicht einmal die Schulen und Universitäten fanden unter Friedrichs Regierung eine besondere Förderung und wenn sie trotzdem in Berlin wesentlich gehoben haben, so ist dies nicht des Königs direktes Verdienst, sondern eine Folge des im Volk immer mehr Boden findenden Wissensdranges.

Friedrich hat für das Schulwesen in Berlin wenig oder nichts gethan, den Volksschulen war sogar sein Befehl, daß die entlassenen Invaliden vorzugsweise bei Besetzung von Schulmeisterstellen berücksichtigt werden sollten, wenn derselbe auch hauptsächlich für Landschulen berechnet war, nachtheilig. Nur eine einzige Schule ist in Berlin während Friedrichs 46jähriger Regierung auf seine unmittelbare Veranlassung und seine Kosten entstanden und diese hatte für das Volk keine Bedeutung; es war die Militär-Akademie für Adlige, welche Friedrich im Jahre 1765 gründete, um in derselben sich Offiziere für die Armee vorzubilden. Er baute für diese Schule in der Burgstraße ein ansehnliches Haus und bekümmerte sich speziell um den Unterrichtsplan und die Disziplin des neuen Instituts.

Das Schulwesen Berlins befand sich beim Regierungs-Antritt Friedrichs in einem traurigen Zustande und blieb es auch während der nächsten 20 Jahre; erst nach und nach traten, ohne Zuthun des Königs, Verbesserungen ein.

Auf den Gymnasien, sowohl den städtischen als dem königlichen Joachimsthal'schen, herrschte eine pedantische Unterrichts-Methode, welche den frischen Geist der Knaben ertödtete. Der einzige Lehrgegenstand, auf den ein Gewicht gelegt wurde, war das Lateinische, alle Uebrigen wurden vernachlässigt, am Wenigsten gab man auf die deutsche Sprache und auf Mathematik, diese gehörten ja nicht zur sogenannten klassischen Bildung.

Die Lehrmittel waren jämmerlich, die Klassenzimmer wahre Schmutzlöcher, von Schul-Disziplin war kaum die Rede; die Schüler suchten schon auf den Gymnasien sich einen rohen, studentischen Ton anzueignen.

Professor Brunn schildert uns die Sitten, welche damals unter den Schülern des Joachimsthal'schen Gymnasiums herrschten, aus eigner Anschauung mit folgenden Worten:

„Es herrscht ein sehr roher und wilder Renommistenton; die Neuankommenden auf das Gröbste mißhandeln, die Inspectoren zu verhöhnen und öffentlich zu beschimpfen, ja selbst manche Lehrer in den Klassen und im Speisesaale auszupfeifen und auszutrommeln, Körper- und Arreststrafe für eine Ehre zu halten, war so ziemlich in der Regel. Im Aeußern zeichneten sich die Alumnen aus durch lange, bis weit über die Knie gehende, gewichste Stutzstiefeln, durch gelbe lederne Beinkleider und durch große Hüte, deren Seitenspitzen fast die Schultern berührten. Die Schüler der untern Klassen mußten sich von den Primanern und Secundanern Alles gefallen lassen und die geringste Widersetzlichkeit zog ihnen körperliche Mißhandlungen zu. Fremde und vornehmlich die Vorbeigehenden, wurden häufig beleidigt und bedruckt. Des Abends in großen Gesellschaften Tabak zu rauchen (welches nach den Gesetzen durchaus verboten ist), dabei Bier im Uebermaß zu trinken und robe Studentenlieder zu singen, oft ganze Nächte beisammen zu bleiben und Karten zu spielen, war nichts Ungewöhnliches, ja es kam selbst mehrmals zu Ausbrüchen der wilden Rohheit. Die Gymnasiasten standen in der Stadt in dem übelsten Rufe und die Aeltern und Vormünder fingen an, dem Institute ihr Zutrauen zu entziehen, wodurch eine merkliche Abnahme der Zahl der Schüler die unmittelbare Folge war."

Nicht weniger erbaulich ist die Schilderung, welche uns Dr. Büsching von dem Zustand des Berlinischen und Kölnischen Gymnasiums giebt:

„Der Gehalt der Lehrer verschaffte ihnen, wenn sie auch unverheirathet waren, geschweige denn, wenn sie Familie hatten, die wahre Nothdurft nicht. Daß es ihnen an derselben fehlte, sah man an ihrer Kleidung, ihrem Hausgeräth und ihrem Büchervorrath. Ihre Wohnungen waren so schlecht, daß sie in einer mittelmäßigen Provinzialstadt nicht schlechter gefunden werden konnten. Das Kölnische Gymnasium hatte zu den Klassen einige gute Zimmer, aber das Berlinische hatte nicht eine einzige gute Klasse. Als der Kriegsrath und erste Bürgermeister Riediger eine derselben zeigte, sagte er, sie wären gut zu Weinkellern, was sehr gut getroffen war. Sie waren alle kellermäßig dunkel, unangenehm und ungesund, weil sie einige Ellen tiefer als die Straßen und Höfe in der Erde lagen. Zwei dieser elenden Klassen waren nur durch Bretter, einige Ellen hoch, von einander abgesondert, so daß man in keiner laut reden durfte, um einander nicht zu stören. Man glaubte, daß die Zugänge zu den Klassen und diese selbst seit Jahrhunderten nicht geweißt wären. Katheder und Bänke waren im elendesten Zustande. In der Schreibeklasse waren nicht einmal ein Paar Tische, sondern die Schüler mußten ihre Schreibebücher auf die niedrigsten Bänke legen und bei denselben zum Schreiben niederknieen. Weil die Klassen gewöhnlich um halb 8 Uhr angefangen wurden, so hatten sie im Winter Licht nöthig. Wenn dies aber auch nothdürftig vorhanden war, so fehlte es an Leuchtern, die die Hände der Schüler vertreten mußten. Zu Reparaturen der Klassen-Wohnungen war kein Geld vorhanden; daß kleine Stücke vermoderten, verfaulten, zerbrachen, wurde nicht geachtet; wenn aber große Reparaturen vorgenommen werden mußten, geschahen sie mit geliehenem Gelde. Oeffentliche Prüfungen der Schüler waren seit vielen Jahren nicht vorgenommen worden, weil keine Magistrats-Personen noch sonst Jemand von einigem Ansehen bei denselben erschien."

In einem ähnlichen Zustande befanden sich auch die übrigen Gymnasien. Ihre Schülerzahl nahm in Folge dessen immer mehr und mehr ab, obgleich beim Fortschreiten der Bildung das Bedürfniß, sich wissenschaftliche Kenntnisse zu erwerben, unter den wohlhabenden Bürgern Berlins ein allgemeines geworden war.

Gegenüber diesem verfallenden Gymnasial-Unterricht blühte in Berlin das Realschulwesen empor; es verdankte seine Blüthe dem Prediger an der Dreifaltigkeits-Kirche, Konsistorialrath Hecker.

Hecker war 1738 in seine Stellung nach Berlin gekommen; er glaubte seine Amtspflichten nicht mit dem Predigen in der Kirche allein erfüllt zu haben. Mit unermüdlichem Eifer widmete er sich der Verbesserung des Schulwesens in seiner Parochie; dazu verwendete er die Einkünfte des Klingelbeutels und die Erträge aus dem Verkauf verschiedener von ihm herausgegebener religiöser Schriften.

Als er sein Amt antrat, fand er in seiner Parochie nur drei jämmerliche Schulen, deren eine durch einen Unteroffizier, die zweite von einer alten Frau, die dritte von einem unwissenden alten Manne geleitet wurde. Hier that Hilfe noth; und Hecker ging nun mit wahrhaft unermüdlicher Thätigkeit an's Werk, um neue Schulen zu schaffen. Im Verlauf weniger Jahre, im November 1744, hatte er es schon dahin gebracht, daß drei Kandidaten der Theologie und vier Schulhalter in der Parochie angestellt waren und mit Erfolg unterrichteten. Hecker besuchte die sämmtlichen Schulen Tag für Tag; er ertheilte den Lehrern Instructionen und war fortwährend bemüht, neue Geldmittel herbeizuschaffen, um noch weiter für die Verbesserung dieser Schulen zu wirken. Es gelang ihm dies auch und er brachte es dahin, daß er ein eigenes Haus kaufen konnte. Im Jahre 1747 wurde ihm das in der Kochstraße gelegene Friedrichstädtische Gymnasium eingeräumt und käuflich überlassen.

Jetzt zogen die meisten Schulhalter der Parochie in das neue Haus ein. Hier wurden fünf Klassen errichtet und ein geregelter Unterricht, der sich allerdings nur auf die Religion, die deutsche Sprache, die Anfangsgründe des Lateinischen, der Geographie, Geschichte, Naturlehre und des Rechnens erstreckte, eingeführt.

Auch mit diesem Erfolg war der unermüdliche Mann noch nicht zufrieden. Er hatte einen weit reichenden Plan für eine Neugestaltung des Unterrichts lange erwogen und brachte denselben jetzt zur Ausführung. Seine Absicht war, dem höchst mangelhaften Gymnasial-Unterricht entgegen, eine Schule zu begründen, welche nicht einseitig für den Gelehrtenstand, sondern für das Leben vorbilden sollte. Er entschloß sich deshalb, seine Schule mit einer sogenannten Realklasse zu vermehren, und diese eröffnete er im Mai 1747, indem er dem Berliner Publikum die Absichten, welche er dabei habe, in einer Ansprache erklärte. Er sagte:

„Unser Hauptverfahren in unserer ökonomischen und mathematischen Realschule zielt dahin, solche junge Leute, welche dem Studiren nicht eigentlich gewidmet sind und die wir dennoch zur Feder, zur Handlung, Oekonomie, Künsten und Manufakturen fähig finden, in ihren natürlichen Trieben zu stärken und ihnen die erforderliche erste Anleitung zu geben."

Hecker ging rüstig an's Werk und sein Streben fand allgemeine Anerkennung in Berlin. Viele Aeltern nahmen ihre Söhne aus den schlechten Gymnasien fort und übergaben sie der neuen Schule, welche Hecker in drei Abtheilungen getheilt hatte, in eine deutsche Schule, in der Unterricht in der Religion, im Lesen, Schreiben und Rechnen gegeben wurde, in eine lateinische, in der die klassischen Studien getrieben wurden, und in die Realschule, in der Arithmetik und Geometrie, Mechanik, Architektur, Zeichnen, Naturlehre, Oekonomie u. s. w. getrieben werden sollten. Auch der Seidenbau war dabei nicht vergessen, ebenso auch die Lehre vom Pflanzen der Obstbäume.

Noch war kein Jahr vergangen, da zählten die drei verschiedenen Anstalten schon 600 Schüler, und sie geboten über so große Mittel, daß an 200 Schüler freier Unterricht ertheilt werden konnte.

Die Realschule bildete die Spitze des Ganzen, die deutsche und lateinische Schule waren ihre Vorklassen; diejenigen Schüler, welche sich dem geistlichen Stande widmen wollten, konnten aus der lateinischen Schule zu andern höhern Anstalten übergehen. Im folgenden Jahre wurde auch noch eine Mädchenklasse eingerichtet, um auch das bisher so vernachlässigte weibliche Geschlecht eines gediegenen Schulunterrichts theilhaftig zu machen.

Das Interesse, welches der Bürgerstand Berlins an der neuen Realschule nahm, zeigte sich nicht nur darin, daß er seine Kinder derselben zuwies, sondern auch in vielen reichen Schenkungen, welche der Anstalt zugewiesen wurden.

Auch König Friedrich glaubte jetzt nicht zurückstehen zu dürfen; er ließ Hecker zu sich bescheiden und nahm mit ihm Rücksprache über den ganzen Plan des Instituts, der seine volle Billigung fand. Um das Unternehmen auch seinerseits zu fördern, errichtete er für die Schulanstalten an der Dreifaltigkeitskirche ein besonderes Kuratorium und schenkte ihnen die Materialien an Holz und Steinen zum Ausbau des Schulhauses, gewährte auch sämmtlichen Schullehrern freies Brennholz und Accisefreiheit; außerdem ertheilte er der Schule das Privilegium zu einem eigenen Buchladen, dem ersten, der auf der Friedrichstraße errichtet wurde, und genehmigte auch eine Lotterie zum Besten der Realschule.

Um tüchtige Lehrer heranzubilden, hatte Hecker schon 1748 ein Lehrer-Seminar eingerichtet, welches im Jahre 1753 zu einem Staats-Institut gemacht wurde.

Die Errichtung der Realschule*) und das Emporblühen derselben hatte für Berlin eine doppelte Bedeutung. Das alte Lehrsystem war durchbrochen, ein neuer Weg für den Unterricht gezeigt; außerdem traten aber auch alle die Gebrechen, an denen die Gymnasien der Stadt litten, jetzt um so greller an's Tageslicht und erforderten gebieterisch eine Abhilfe.

Das Berlinische und Kölnische Gymnasium wurden infolge dessen in den obern Klassen vereinigt, ein tüchtiger Rektor, Dr. Büsching, der sich den Ruf eines ausgezeichneten Schulmannes erworben hatte, wurde an die Spitze der vereinigten Anstalt gesetzt (1766).

Büsching brachte bald ein neues Leben durch eine Verbesserung des Unterrichtsplanes und eine schärfere Schulzucht in das vereinigte Gymnasium und die als Stadtschulen mit demselben verbundenen andern Abtheilungen. Dasselbe that Meierotto, der im Jahre 1775 Rektor des Joachimsthalschen Gymnasiums wurde. — Das vereinigte

---

*) Nach Heckers Tode wurde der Magdeburger Prediger Silberschlag als Direktor an die Schulanstalten bei der Dreifaltigkeits-Kirche berufen. Er führte dieselben im Sinne des Stifters weiter, wenn er auch einige wohlthätige Aenderungen traf, indem er die verschiedenen Anstalten schärfer von einander sonderte. Aus der lateinischen Schule wurde ein sogenanntes Pädagogium für die eigentliche studirende Jugend gemacht, in dem auf die alten Sprachen ein Hauptgewicht gelegt werden mußte. Die Realschule wurde als eine sogenannte Kunstschule für Künstler, Oekonomen, Kaufleute und Baumeister eingerichtet, während die deutsche Schule hauptsächlich dasjenige lehrte, was für die Handwerker zu wissen nothwendig war.

Friedrichs-Werdersche und Friedrichstädtische Gymnasium verdankte seine Reform im Jahre 1777 dem Direktor Gedike.

Nach dem Zusammenschmelzen der verschiedenen Gymnasien zählte Berlin folgende höhere Lehranstalten:

1) Das Joachimsthalsche Gymnasium.
2) Das vereinigte Berlinische und Kölnische Gymnasium im grauen Kloster mit den beiden unter demselben stehenden Stadtschulen.
3) Das vereinigte Friedrichswerdersche und Friedrichsstädtische Gymnasium.
4) Das französische Gymnasium.
5) Die Realschule, bestehend aus dem Pädagogium, der Kunstschule, der deutschen Schule und der Mädchenschule, und
6) Die öffentliche Schule auf der Dorotheenstadt.

Außer diesen öffentlichen Anstalten bestand eine Anzahl von Privatschulen, welche sich meist die Aufgabe stellten, die Knaben jüngern Alters für die höheren Lehranstalten vorzubereiten, von denen aber auch einige einen weiter greifenden Unterrichtsplan hatten.

Die erwähnten Schulen waren für die wohlhabende Klasse der Berliner Bevölkerung berechnet, die niedere Volksklasse fand ihren Unterricht in den sogenannten Nebenschulen und Freischulen. Die Freischulen ertheilten den Kindern der Armen vollständig freien Unterricht, da sie aber für die große Bevölkerung nicht ausreichten, so bezahlte der Magistrat für viele arme Kinder in den Nebenschulen, die von Privatleuten gehalten wurden, ein Schulgeld für die Armen-Kinder. Zu den Freischulen gehörten auch die Garnison- und Regimentsschulen, in denen Soldatenkinder unentgeltlich unterrichtet wurden, sowie die von der französischen Kolonie gegründete école de charité und die jüdische Freischule.

Zeigte Friedrich der Große nur ein geringes Interesse für das Schulwesen Berlins und überließ er dasselbe seiner eigenen Entwicklung, so glaubte er doch für die Pflege höherer wissenschaftlicher Bestrebungen fördernd eintreten zu müssen. Er that es, indem er die unter der Regierung seines Vaters ganz in Verfall gerathene Akademie der Wissenschaften neu belebte. Die deutsche Wissenschaft wurde aber dadurch nur indirekt gefördert, denn seinem durchaus französischen Bildungsgange gemäß schuf Friedrich auf deutschem Boden ein französisches Institut.

Er zog bald nach seinem Regierungs-Antritt eine Anzahl berühmter Männer nach Berlin, um mit ihnen die Akademie neu zu begründen. Friedrich kannte die deutsche Wissenschaft nicht, da war es denn auch natürlich, daß er hauptsächlich Franzosen einlud, daß er seine wissenschaftlichen Freunde, von denen wir noch weiter sprechen werden, vor allen deutschen Gelehrten bevorzugte. Er schloß die Deutschen von der neu zu begründenden Akademie nicht aus, weder im Anfange noch in der Folge; manche berühmte deutsche Gelehrte, wie gleich Anfangs der Mathematiker Euler, und später der Chemiker Markgraf u. A. sind Mitglieder der Akademie geworden; aber da er die deutschen Gelehrten kaum den Namen nach kannte, so mußte sein Augenmerk hauptsächlich auf Ausländer fallen, auf Männer wie Maupertuis, Vaucanson, Algarotti u. s. w.

Die alte Akademie war so vollständig zerrüttet, daß sie kaum eine Grundlage der neu zu errichtenden sein konnte; es kam hinzu, daß ein im Marstall ausgebrochenes Feuer im Jahre 1742 die Lokalitäten der Akademie nebst den kostbaren Sammlungen derselben in Asche gelegt hatte. Die nach Berlin gerufenen Gelehrten bildeten daher vorläufig unter dem Namen société littéraire eine wissenschaftliche Gesellschaft, welche sich bei dem Feldmarschall von Schmettau oder dem Minister von Borke versammelte und mit Abfassung und Vorlesung von kleinen Denkschriften beschäftigte.

Im Jahre 1744 waren endlich die Schwierigkeiten überwunden. Am 23. Januar konnte die neue Akademie ihre erste Sitzung im Königlichen Schlosse halten. Sie führte den Namen Académie des sciences et belles lettres. Erst später baute ihr Friedrich ein neues Haus unter den Linden, in welchem vom 1. Juni 1752 an die Sitzungen abgehalten wurden.

Die Akademie war ganz nach dem Muster der Pariser eingerichtet. Der König hatte sich selbst das Protektorat vorbehalten und einige der höchsten Staatsbeamten zu Kuratoren ernannt. An der Spitze standen ein Präsident und ein Vicepräsident. Die Mitglieder, 24 an der Zahl, unter denen sich auch manche gute deutsche Namen befanden, hatten die Verpflichtung, jährlich einige wissenschaftliche Abhandlungen auszuarbeiten und vorzutragen. Außer den 24 Akademikern wurden noch 16 Ehrenmitglieder, vornehme Hof- und Staats-Beamte, ernannt.

Bei der ersten Sitzung im königlichen Schloß wurden die Statuten des neuen Instituts vorgetragen. Nach denselben war die Akademie in 4 Klassen eingetheilt, jede aus 6 Mitgliedern bestehend, die eine hatte sich mit Physik, die zweite mit Mathematik, die dritte mit Philosophie und die vierte mit Philologie zu beschäftigen. An der Spitze jeder Abtheilung stand ein Direktor, der in Verbindung mit dem Sekretär und Bibliothekar die Herausgabe der akademischen Schriften zu besorgen hatte.

Jährlich am Stiftungstage sollten Preisschriften mit einem Preis von 50 Dukaten gekrönt werden, zu diesem Behuf sollten bestimmte wissenschaftliche Fragen öffentlich für die Preisbewerbung verkündet werden.

Alle Donnerstage fanden die Sitzungen der Akademie statt, diese waren zweimal im Jahre öffentlich. Alle Mitglieder waren zu reger Betheiligung verpflichtet; der König selbst blieb einer der thätigsten Mitarbeiter. Eine Reihe von Abhandlungen, theils philosophischen, theils historischen Inhalts, wurde von ihm der Akademie überliefert und in den Sitzungen derselben durch seine Sekretäre öffentlich verlesen.

Friedrich bethätigte sein Interesse an der Akademie auch noch anderweitig.

Als Maupertuis, der im Jahre 1746 mit 3000 Thaler jährlichem Gehalt Präsident der Akademie geworden war, starb und d'Alembert die ihm angebotene Präsidentenstelle nicht annahm, verwaltete der König dieselbe persönlich; er berief die neuen Mitglieder der Akademie selbst und übertrug nur die ökonomischen Angelegenheiten dem Hofmarschall Grafen Redern.

Friedrich schrieb seine Abhandlungen, wie wir kaum zu erwähnen brauchen, sämmtlich in französischer Sprache; überhaupt war die ganze Einrichtung der Akademie eine so durchaus französische, daß selbst die Abhandlungen der deutschen Mitglieder erst in das Französische übersetzt werden mußten, wenn sie der Akademie vorgelegt oder in die Denkschriften derselben aufgenommen werden sollen.

Außer einer tüchtigen wissenschaftlichen Thätigkeit entfaltete die Akademie auch eine praktische Thätigkeit durch den Verkauf der Kalender, der ihr zu gleicher Zeit eine nicht unbedeutende Geldeinnahme schaffte. Wir haben bereits erzählt, wie sie vergeblich bestrebt war, die Wetterprophezeiung ꝛc. aus dem Kalender zu verdrängen; auch das Landkartenwesen stand unter ihrer direkten Aufsicht. Der Verkauf aller von ihr nicht genehmigten Karten wurde verboten; ein See-Atlas von 13 Blättern wurde schon im Jahre 1749 von der Akademie herausgegeben, dann folgte ein Atlas von allen Ländern der Erde in 44 Blättern. Im Jahre 1751 wurde der Akademie das Privilegium für die berühmte, von Mylius angefangene Edikten-Sammlung gegeben.

Elftes Kapitel.

Die gelehrten Freunde Friedrichs des Großen. — Jordan. — Bielfeld. — Algarotti. — Der Marquis d'Argens. — Die Gebrüder Keith. — Maupertuis. — Voltaire in Berlin. — Friedrich der Große als Schriftsteller und Zeitungsschreiber. — Berliner Geschichtsschreiber. — Die Berliner Zeitungen. — Die Censur. — Berliner Literatur. — Berliner Gelehrte. — Geistiges Leben in Berlin.

Ein wissenschaftliches Institut, welches in der Hauptstadt eines deutschen Landes seine Abhandlungen nur in französischer Sprache veröffentlichte, konnte auf die Förderung deutscher Wissenschaft in Berlin nur einen indirekten Einfluß üben, indem die deutschen Gelehrten angeregt wurden, ihre Kräfte zu gebrauchen, um sich mit den bevorzugten Franzosen zu messen. Einen gleichen Einfluß übte auch jene Gesellschaft von Freunden, welche Friedrich der Große zu seinem täglichen Umgangskreis herangezogen hatte.

Der geistreiche König hatte sich eine wissenschaftliche Tafelrunde gebildet; bei den Männern, die er an seinen Hof, in seinen Freundeskreis zog, fragte er nicht nach Rang und Ansehen, bei ihnen galt ihm nur der Geist etwas. In diesem Kreise war Friedrich ein wahrer Philosoph, er zeigte sich den Männern der Wissenschaft gegenüber als der liebenswürdigste Freund, als der geistreichste Gesellschafter.

Friedrich konnte nicht leben ohne seine gelehrten Freunde, der Kreis derselben mußte ihn in seinen Mußestunden umgeben und selbst bei seinen Reisen und im Feldlager hatte er fast immer einige von ihnen in seiner Nähe.

Die Gelehrten, welche den täglichen Umgang Friedrichs bildeten, haben einen nicht unbedeutenden Einfluß auf die wissenschaftliche Entwicklung Berlins ausgeübt, die Namen der Bedeutendsten müssen daher in einer Geschichte der Hauptstadt ihre Stelle finden. Wir nennen zuerst Jordan, den zärtlich geliebten Freund des großen Königs.

Jordan war im Jahre 1700 in Berlin geboren und stammte aus einer bürgerlichen französischen Familie, die ihrer Religion wegen sich in der preußischen Residenz niedergelassen hatte. Nach Vollendung seiner Studien war er Prediger in einem Dorfe der Uckermark geworden, aber sein reger, wissenschaftlicher Sinn ließ ihn in dem entlegenen Dorf nicht lange bleiben. Im Jahre 1732 kam er nach Berlin und widmete sich hier gänzlich den Studien. Er arbeitete so eifrig, daß seine Familie ernste Besorgnisse für seine Gesundheit fühlte und ihn veranlaßte, sich auf Reisen zu zerstreuen.

Er besuchte Frankreich, England und Holland und benutzte diese Reise, um Studien für eine allgemeine Literaturgeschichte zu machen. Im Jahre 1735 wurde er von dem Kronprinzen Friedrich nach Rheinsberg berufen und von dieser Zeit an war er der treueste Freund und Begleiter Friedrichs. Sein glänzender Geist, der sich noch weit mehr im Gespräch, als in seinen wissenschaftlichen Arbeiten entfaltete, zog den Kronprinzen unwiderstehlich an.

Jordan war und blieb einer der liebsten Gesellschafter Friedrichs; trotzdem aber brachte ihn der König nach seiner Thronbesteigung nicht in hohe Staatsämter; er ertheilte ihm nur den Titel eines Geheimen Raths, machte ihn zum Kurator der preußischen Universitäten und übertrug ihm die Direktion des im Jahre 1742 in Berlin angelegten Arbeitshauses. Außerdem wurde Jordan im Jahre 1744 Vice-Präsident der Akademie der Wissenschaften.

Friedrich hatte sich an Jordan so sehr gewöhnt, daß er seine Gesellschaft kaum entbehren konnte; auch im Kriege mußte ihn der Freund begleiten und es war für den König ein tief schmerzliches Ereigniß, als des Freundes geschwächter Gesundheitszustand seine frühe Auflösung voraussehen ließ.

Die Briefe, welche Friedrich mit dem Freunde wechselte, sind ein Zeugniß für das feine Zartgefühl des jungen Königs, der ganz untröstlich darüber war, daß sein Freund mit jedem Monat kränker wurde, immer sichtlicher seiner Auflösung entgegen ging.

Wenn Friedrich in Berlin war, so verging kaum ein Tag, wo er Jordan nicht ohne alles Gefolge besuchte und einige Stunden bei ihm zubrachte. Als er das erste Mal zu dem Freunde kam, bat er die Verwandten desselben, ihn allein mit dem Kranken zu lassen.

„Haben Sie keine Sorge, — sagte er zu ihnen — ich will ihn warten und mit Allem bedienen, was er irgend nöthig haben kann, er soll verpflegt werden, als ob er bei Ihnen wäre!"

Mit der gleichen Zärtlichkeit behandelte Friedrich seinen treuen Freund, bis das Leben desselben sich endete. Jordan starb schon am 24. Mai 1745.

Zu den Gesellschaftern Friedrichs, welche schon am kronprinzlichen Hofe in Rheinsberg sich bekannt gemacht hatten, gehörte auch der Baron v. Bielfeld, dessen geistreiche Briefe wir schon mehrfach erwähnt haben. Er stammte aus einer bürgerlichen Familie und wurde erst später geadelt. Friedrich hatte ein großes Vertrauen zu seinen Kenntnissen; nachdem er ihn im Jahre 1741 zum Legationsrath ernannt hatte, übertrug er ihm im April 1745 die Erziehung seines Bruders, des Prinzen Ferdinand und machte ihn im Jahre 1747 an Jordans Stelle zum Kurator der Universitäten. Bielfeld starb im Jahre 1771.

Von hervorragender Bedeutung unter den wissenschaftlichen Freunden des Königs war der Venetianer Franzesko Algarotti, der sich durch verschiedene astronomische Abhandlungen einen bedeutenden Ruf erworben hatte.

Algarotti wurde unmittelbar nach der Thronbesteigung Friedrichs nach Berlin berufen, er blieb von dieser Zeit an ein bevorzugter Gesellschafter des Königs; auf den Huldigungsreisen mußte er Friedrich begleiten, um ihn im Reisewagen durch sein geistreiches Gespräch zu erfreuen. Er wurde in den Grafenstand erhoben, erhielt den Kammerherrnschlüssel und den Orden „pour le mérite". Trotz aller dieser Bevorzugungen war Algarotti dennoch nicht zu bewegen, seinen dauernden Aufenthalt in Berlin zu nehmen.

Von nicht geringerer Bedeutung als Algarotti ist der Marquis d'Argens, ein Franzose, der nach einer wild bewegten Jugend in Friedrichs Dienst einen Ruhepunkt fand. Er hatte sich durch einige Bücher, unter denen wir seine berühmten jüdischen Briefe nennen, einen Namen gemacht und war aus diesem Grunde von Friedrich an den Hof gezogen und zum Direktor der philosophischen Klasse der Akademie der Wissenschaften ernannt worden.

D'Argens war eine in ganz Berlin durch mancherlei Seltsamkeiten bekannte Persönlichkeit. Er stand täglich erst Mittags auf und legte sich in der Nacht um 3 Uhr zu Bette. Seine Furcht vor Erkältung war höchst possierlich, er trug im Hause stets mehrere Schlafmützen und zwei übereinander gezogene Schlafröcke; dabei war er außerordentlich abergläubig und machte dadurch viel über sich lachen. Der König verspottete ihn oft über seine eigenthümlichen Angewohnheiten, aber er hielt ihn trotzdem in hohen Ehren und blieb besonders während des siebenjährigen Krieges mit ihm im regsten Briefwechsel.

Auch die Gebrüder Keith, zwei Schotten, können wir zu den wissenschaftlichen Freunden Friedrichs rechnen, da sie sich durch eine tiefe wissenschaftliche Bildung auszeichneten, obgleich sie von größerer Bedeutung durch ihre militärische und diplomatische Karriere für Preußen geworden sind. Sie gehörten zu den bevorzugten Freunden des großen Königs.

Es würde uns zu weit führen, wollten wir hier alle die zahlreichen wissenschaftlichen Freunde und Gesellschafter, welche der König während seiner 46jährigen Regierung um sich versammelte und in seinen nähern Umgangskreis zog, nennen. Wir erwähnen daher hier nur noch zwei derselben, deren Namen für Berlin eine besondere Bedeutung haben, Maupertuis und Voltaire.

Maupertuis stammte aus einer reichen Kaufmannsfamilie in der Bretagne. Er war Militär gewesen, hatte sich später den Wissenschaften gewidmet und sich einen Namen durch seine Thätigkeit bei der Expedition französischer Akademiker, welche Ludwig XV. nach Schweden schickte, um die Gestalt der Erde am Nordpol zu bestimmen, gemacht.

Friedrich, der beim Beginn seiner Regierung bestrebt war, Männer von wissenschaftlicher Bedeutung nach Berlin zu berufen, schrieb im Juli 1740 an Maupertuis:

„Mein Herz und meine Neigung haben von dem ersten Augenblick an, da ich auf den Thron gelangt bin, das Verlangen erweckt, Sie hier zu haben, damit Sie der Berliner Akademie diejenige Gestalt geben, die sie nur von Ihnen erhalten kann. Kommen Sie also und pfropfen Sie in diesen wilden Stamm das Reis der Wissenschaften, daß er blühe. Sie haben der Welt die Gestalt der Erde gezeigt, kommen Sie und zeigen Sie auch einem König das Vergnügen, einen solchen Mann, wie Sie sind, zu besitzen."

Einer so schmeichelhaften Einladung kam Maupertuis gern nach, er siedelte nach Berlin über und wurde hier als ein ausgezeichneter Gelehrter mit einer seine Verdienste noch weit übersteigenden Achtung behandelt. Im Jahre 1746 wurde er zum Präsidenten der Akademie der Wissenschaften mit einem Gehalt von 3000 Thalern erwählt. Friedrich fand so viel Vergnügen in seiner Gesellschaft, daß er ihn veranlaßte, ihn im ersten schlesischen Kriege zu begleiten. Maupertuis hatte dabei das Unglück, in der Schlacht bei Mollwitz gefangen zu werden; Maria Theresia gab ihm aber bald die Freiheit wieder und so kehrte er denn nach Berlin zurück.

Im Besitz eines ansehnlichen Gehalts, in hochgeachteter und einflußreicher Stellung als der gelehrte Gesellschafter des Königs, in glücklichen Familienverhältnissen — er hatte eine Staatsdame der Königin, ein Fräulein v. Borcke, geheirathet — lebte Maupertuis in Berlin sehr zufrieden und überließ sich ganz seinen wissenschaftlichen Neigungen.

Seine Wohnung glich einer Menagerie, so sehr hatte er dieselbe mit allen möglichen seltenen auswärtigen Thieren versehen. In seinen Zimmern liefen Hunde, Katzen, Affen und die verschiedensten andern Thiere frei umher, was zur Reinlichkeit derselben nicht gerade beitrug; sein Hof und seine Treppen waren von ausländischen Hühnern und andern Vögeln bevölkert. Das Haus des Gelehrten stand in Berlin bei allen Denen, die mit ihm in persönlichen Verkehr kamen, in bösem Ruf, denn es war für jeden Fremden gefährlich, einen Besuch bei Maupertuis zu machen. Oft genug kam es vor, daß ein Puterhahn sich dem Gast auf die Perrücke setzte und dieselbe arg zerzauste; selbst die Gesellschaften, welche der Präsident gab, waren für die Damen nicht ohne Gefahr; die lieben Vöglein hielten die hohen Haar-Garnituren für einen geeigneten Ruheplatz und pickten gern den Puder auf.

Maupertuis hatte sich durch seine seltsame Haushaltung in Berlin den Ruf eines Sonderlings erworben und er rechtfertigte denselben auch in wissenschaftlicher Beziehung. Durch die seine Verdienste weit übersteigende Anerkennung war er zu einer Selbstüberhebung gekommen, welche ihn oft lächerlich machte. So behauptete er, ein neues Naturgesetz „von der kleinsten Kraft in den Wirkungen der Körper" erfunden zu haben, während ihm durch den Professor König, nachgewiesen wurde, daß dieser Satz schon von Leibnitz aufgestellt worden sei, und zwar in einem an den Professor Jacob Herrmann in Basel geschriebenen Briefe, dessen Abschrift König vorlegte, ohne indessen das Original beibringen zu können.

Maupertuis war hierüber so aufgebracht, daß er den gelehrten Streit vor das Forum der Gerichte zog, er wußte es durchzusetzen, daß Jacob Herrmann als Ehrenmitglied der Akademie von diesen exkludirt wurde.

Schon hierdurch hatte er sich lächerlich gemacht, noch lächerlicher aber wurde er durch seine „philosophischen Briefe", in denen er die seltsamsten Ansichten offenbarte. Er schlug zur Förderung der Wissenschaft vor, daß man eine Stadt erbauen möge, in der nur lateinisch gesprochen werden dürfe; man solle ein Loch bis in die Mitte der Erde hineingraben, um die Beschaffenheit des Mittelpunkts derselben kennen zu lernen; von Wichtigkeit sei es, nach der Meerenge Magelhaen zu gehen und das Gehirn der Patagonier zu seciren, damit man die Natur der Seele kennen lerne. Besonders lächerlich erschien sein Vorschlag, künftighin alle Kranken mit Harz zu überziehen, dadurch werde die Gefahr der Ausdünstung oder Ansteckung verhindert; das Mittel sei außerdem billig, da man keine Aerzte zu bezahlen brauche.

Solchem Unsinn trat Voltaire, der berühmte Freund Friedrichs des Großen, mit scharfer Feder entgegen. Er hatte sich schon des Professors König angenommen, jetzt erließ er eine Broschüre unter dem Titel: „Diatribe des Dr. Akakia" gegen Maupertuis, in welcher er den Präsidenten der Akademie vor aller Welt durch eine geistreiche Verspottung verhöhnte.

König Friedrich nahm sich zwar, wie wir noch weiter sehen werden, seines alten Gesellschafters an, die Diatribe des Dr. Akakia wurde verbrannt. Aber sie hatte doch gewirkt. Maupertuis war der Lächerlichkeit anheimgefallen, seine wissenschaftlichen Bestrebungen wurden verspottet und auch Friedrich zeigte sich fortan kalt gegen ihn.

Der Ehrgeiz des Präsidenten war hierdurch auf's Tiefste gekränkt; er verfiel in eine schwere Krankheit, die ihn Monate lang an das Bett fesselte. Noch einige Jahre hielt er es in Berlin aus, dann aber bat er um die Erlaubniß, nach Frankreich zurückkehren zu dürfen. Am 7. Juni 1756 verließ er Berlin, um nicht wieder zurückzukehren. Im Jahre 1759 starb er in Basel.

Der Bedeutendste von den wissenschaftlichen Freunden Friedrichs des Großen, Derjenige, welcher unstreitig den größten Einfluß auf die geistige Ausbildung des großen Königs gehabt hat, ist Voltaire. Sein Aufenthalt in unserer Stadt ist für dieselbe von geschichtlicher Bedeutung geworden, denn Voltaires Ansichten waren lange Zeit für Friedrich maßgebend; er war gewissermaßen der wissenschaftliche Regent Preußens während einiger Jahre, bis er durch seine persönliche Unliebenswürdigkeit, seinen Geiz und die Bösartigkeit seines Charakters endlich selbst die Fesseln brach, welche Friedrich den Großen an ihn ketteten.

Friedrich betrachtete Voltaire als den größten lebenden Schriftsteller; er fühlte für ihn als Kronprinz eine wahre Verehrung, er kannte keinen größern Wunsch als den, persönlich mit dem Mann bekannt zu werden, mit dem er schon lange im regsten schriftlichen Verkehr stand.

Die erste Zusammenkunft, welche Friedrich mit Voltaire, wie wir bereits erzählten, bald nach seiner Thronbesteigung auf einer Reise nach Westphalen hatte, war zu kurz, als daß sich bei derselben der Charakter des berühmten Franzosen hätte entschleiern können. Friedrich fand allerdings sein Ideal nicht ganz so, wie er es erwartet hatte, aber er verlor doch nichts von der Schwärmerei für dasselbe und der Wunsch, Voltaire ganz nach Berlin zu ziehen, um hier täglich mit dem geistreichen Mann verkehren zu können, blieb in ihm rege.*)

---

*) Friedrich schrieb über diese Zusammenkunft mit Voltaire an Jordan: „Ich habe Voltaire gesehen, auf dessen Bekanntschaft ich so neugierig war; aber ich hatte gerade ein viertägiges Fieber

Bald darauf kam Voltaire zu einem kurzen Besuch; schon hier zeigte er seinen Geiz und seine Habsucht, schon hier verrieth er manche gehässige Seite seines Charakters und verlor in der Achtung des Königs.

Friedrich schrieb über diesen Besuch am 28 November 1740 an Jordan:

„Dein Geizhals — Voltaire — soll die Hefen seiner unersättlichen Habgier trinken und noch 1300 Thaler bekommen. Von den sechs Tagen, die er sich gezeigt hat, kostet mich jeder 550 Thaler. Das nenne ich einen Lustigmacher (Fou) theuer bezahlen; wohl niemals hat der Hofnarr bei irgend einem großen Herrn eine solche Bezahlung gehabt."

Auch ein zweiter Besuch im Jahre 1743 fiel nicht ganz zur Zufriedenheit Friedrichs aus, weil Voltaire den französischen Kundschafter spielte, trotzdem aber blieb seine Bewunderung für den glänzenden Geist des berühmten Franzosen dieselbe und auch seinen Wunsch, Voltaire für immer an Berlin zu fesseln, gab er nicht auf.

Dieser Wunsch war nicht ganz uneigennützig; Friedrich wollte als Schriftsteller von Voltaire lernen, er wollte sich vervollkommnen im französischen Styl, er gebrauchte, da seine Sprachkenntniß, wie wir uns erinnern, eine sehr oberflächliche war, einen Korrektor für seine Schriften. Die Achtung vor dem Menschen Voltaire hatte er schon verloren, nicht aber die Verehrung für den glänzenden Geist des Dichters, den er für seine eignen Zwecke ausbeuten wollte. Es geht dies klar aus einem Briefe hervor, den Friedrich an Algarotti schrieb (12. Sept. 1749):

„Voltaire hat einen Streich begangen, welcher unwürdig ist. Er verdiente auf dem Parnasse gebrandmarkt zu werden; es ist recht schade, daß eine so nichtswürdige Seele mit einem so herrlichen Genie verbunden ist. Indeß werde ich mir nichts merken lassen, denn ich habe seiner zum Studium der französischen Sprache nöthig; man kann schöne Sachen von einem Bösewicht lernen. Ich will sein Französisch wissen, was geht mich seine Moral an?"

Voltaire hatte Anfangs keine besondere Lust, seinen bleibenden Wohnsitz in Berlin aufzuschlagen; erst als Friedrichs Einladungen immer dringender, als ihm die glänzendsten Anerbietungen gemacht wurden, gab er im Jahre 1750 den Wünschen Friedrichs nach.

Theuer erkauft war freilich diese Nachgiebigkeit, Voltaire erhielt außer einem Reisegeld von 4000 Thalern, welches er beanspruchte, eine Pension von nicht weniger als 20,000 Francs, die Kammerherrnwürde, den Orden pour le mérite und freie Wohnung, freie Tafel, Dienerschaft und Equipage.

Voltaire war, als er am 10. Juli 1750 in Sanssouci eintraf, ein Mann von 56 Jahren, aber kränklich und über sein Alter hinaus hinfällig, nur sein Geist entsprach nicht dem krankhaften Körper, dieser stand in der frischesten Blüthe der Kraft, seine Unterhaltung war sprudelnd witzig. Voltaire stand damals im Zenith seines Dichterruhms.

Friedrich war hoch entzückt, daß nun endlich sein Wunsch erfüllt sei, er zeigte dem berühmten Dichter eine Freundschaft, ja eine Verehrung, die diesen entzückte. Dafür aber beanspruchte er die Hilfe desselben bei seinen gelehrten Studien. Voltaire mußte seine schriftstellerischen Arbeiten im Styl feilen, ja man sagt, er habe mehr gethan, er habe häufig auch die Gedanken verbessert.

Der Franzose wurde an Friedrichs Hof von allen Seiten mit einer wahrhaft ausschweifenden Bewunderung empfangen; sein Wort war maßgebend in allen Fragen der Wissenschaft und Kunst. Leider erwuchs aus der ungemessenen Bewunderung, welche dem Gefeierten zu Theil wurde, ein ebenso ungemessener Hochmuth desselben; er wollte allein herrschen im Reich der Geister, jeder andere Einfluß war ihm verhaßt und reizte ihn zum Kampf, den er mit gehässigsten Mitteln führte.

Aus diesem Grunde trat Voltaire auch gegen Maupertuis auf, dem er seinen Einfluß auf den König, seine bevorzugte Stellung als Präsident der Akademie beneidete.

Die geistreiche, schon erwähnte „Diatribe des Dr. Akakia" hatte Friedrich mit Vergnügen in der Handschrift gelesen, den Verfasser aber gebeten, sie nicht drucken zu lassen.

Voltaire versprach es, aber er hielt nicht Wort, der Dr. Akakia wurde gedruckt und erregte eine außerordentliche Sensation.

Das war zuviel!

Friedrich fühlte sich verpflichtet, Maupertuis in Schutz zu nehmen. Die „Diatribe des Dr. Akakia" wurde am 24. Dezember 1752 auf allen öffentlichen Plätzen Berlins durch Henkershand verbrannt und Voltaire mußte in der Nähe des Gensd'armen-Markts in der Taubenstraße 20.

Tief gekränkt zog er sich vom Hofe zurück und übersendete dem König sein Pensions-Patent, seine Orden und den goldenen Kammerherrnschlüssel, indem er in einem wehmüthigen Verse aussprach, er habe dieselben mit Liebe empfangen, er gebe sie mit Schmerz zurück wie der Liebhaber, der das Bildniß seiner Geliebten zurückgeben

---

und mein Geist war ebenso ohne Spannung, als mein Körper ohne Kraft. Wenn man Leute seiner Art spricht, muß man nicht krank sein, sondern sich vielmehr, wo möglich besser als gewöhnlich befinden. Er ist so beredt als Cicero, so angenehm als Plinius und so weise als Agrippa, mit einem Worte, er vereinigt in sich alle Tugenden und Talente der drei größten Männer des Alterthums. Sein Geist arbeitet unaufhörlich, jeder Tropfen Tinte, der aus seiner Feder fließt, wird zu einem Bonmot. Du wirst mich bei meiner Zurückkunft sehr geschwätzig finden, aber erinnere Dich, daß ich zwei Gegenstände gesehen habe, die mir immer an Herzen liegen, Voltaire und die französischen Truppen."

müsse; ein ebenso trauriger und unterwürfiger Brief begleitete die Sendung.

Friedrich war vielleicht gerührt, vielleicht bedurfte er auch noch der Hilfe Voltaires bei seinen schriftstellerischen Arbeiten. Er war zu einer Versöhnung geneigt und zu einer solchen kam es. Am 19. Januar 1753 brachte die Spener'sche Zeitung folgenden Artikel:

„Der Herr von Voltaire achtet sich verbunden, hiermit anzuzeigen, daß er keinen Antheil an den Schriften habe, die seit Kurzem sowohl in der gelehrten Streitigkeit von der niedern Handlung als über andre Dinge herausgekommen und die man ihm in einigen Journalen und Zeitungen beimessen wollen. Es ist ihm sehr zuwider, daß man ihn zu deren Verfasser gemacht hat und es würde ihm noch mehr sein, von blos philosophischen und gelehrten Sachen auf eine Art zu schreiben, welche im Geringsten die Sitten oder die Ehre eines Andern, wer es auch sei, beleidigen könnten. Er nimmt übrigens an diesen Streitigkeiten gar keinen Antheil und beschäftigt sich mit einer Arbeit ganz anderer Art, die alle seine Zeit erfordert, indem er an weiter nichts denkt, als die Geschichte seines Vaterlandes zu vollenden."

In diesem Artikel war nun freilich eine Lüge ausgesprochen, jetzt aber konnte der König mit Ehren den gekränkten Dichter eine Genugthuung geben; Voltaire erhielt seine Pension fort, auch den Orden pour le mérite bat er um Urlaub, damit er Kammerherrnschlüssel brachte ihm der Kämmerer Fredersdorf im Auftrag Friedrichs zurück.

So war denn die Aussöhnung erfolgt, aber sie konnte keinen langen Bestand haben, denn Voltaire hatte nicht nur durch seine literarische Fehde mit Maupertuis, sondern auch durch seine Herrschsucht, seinen bis zur Betrügerei gehenden Geiz die Achtung des Königs vollkommen verscherzt.

Ein sehr schmutziger Prozeß, den er mit einem Juden Namens Hirsch geführt hatte, brachte trotz eines für Voltaire siegreichen Ausgangs doch so viel Skandalosa zu Tage, daß der Name des großen Dichters in der öffentlichen Meinung gebrandmarkt war; es wurde bekannt, daß er mit sächsischen Steuerscheinen, den gesetzlichen Bestimmungen entgegen, wucherische Geschäfte gemacht hatte und außerdem erzählte man sich eine Reihe kleiner Anekdoten, deren jede geeignet war, den schamlosen Geiz Voltaires zu kennzeichnen.

Wenn er bei Hofe spielte, mußten seine Mitspieler sich in Acht nehmen, daß ihre Goldstücke nicht früher, als das Spiel gebot, in seine Taschen wanderten. Wo er Geschäfte machte, waren diese gewinnbringend für ihn durch Mittel, deren sich Ehrenmänner nicht zu bedienen pflegen. Besonderes Skandal machte eine lächerliche Scene, welche er mit dem Kaufmann Frommery in Berlin hatte.

Voltaire sollte bei Hofe in Trauer erscheinen; er hatte keinen geeigneten Anzug und borgte sich einen solchen von dem ihm befreundeten Kaufmann, weil er zu geizig war, sich für einen solchen Fall ein besonderes Kleid machen zu lassen. Beim Anprobiren fand er, daß der Anzug ihm zu weit sei, er schickte deshalb zum Schneider, ließ ihn nach seinem Wuchs ändern, erschien bei Hofe in dem geborgten Anzug und schickte ihn dann dem Kaufmann zurück, ohne ein Wort von der Aenderung zu erwähnen.

Als Frommery kurze Zeit darauf zum Abendmahl gehen und denselben Anzug anlegen wollte, bemerkte er zu seinem Staunen, daß ihm derselbe viel zu eng sei; erst als er zum Schneider schickte, erhielt er von diesem Aufklärung über Voltaires Kunststück.

Eine nicht besonders erquickliche Scene mit dem berühmten Schriftsteller war die Folge der Eigenmächtigkeit, die sich Voltaire durch knickerigen Geiz bewegt, erlaubt hatte.

Friedrich verhehlte die tiefe Verachtung nicht, welche er für den Charakter Voltaires fühlte, wenn er auch den Geist desselben noch immer in gleicher Weise verehrte, wie früher. Er schrieb an ihn:

Ihr Herz ist hundert Mal schlechter, als Ihr Geist schön ist!"

Die Stellung Voltaires am Hofe war endlich ganz unhaltbar geworden.

Voltaire fühlte dies selbst; er konnte sich schwer entschließen, einen Hof zu verlassen, an dem er so große Erfolge gefeiert hatte, erst im März 1753 bat er um Urlaub, damit er die Bäder von Plombières besuchen könne. Nachdem er noch einmal 6 Tage bei dem König, wie es schien, im besten Einverständniß mit demselben, zugebracht hatte, verließ er Berlin, um nicht wieder zurückzukehren.

Er reiste voll Aerger über seinen verlornen Einfluß ab und kaum in Leipzig angekommen, machte er seinem Grimm Luft, indem er Maupertuis mit neuen Pasquillen bedrohte und selbst gegen Friedrich beleidigende Blätter drucken ließ. Dies zog ihm eine empfindliche Kränkung zu.

Als er am 1. Juni in Frankfurt am Main eintraf, wurde er auf das Gesuch des preußischen Residenten Freytag im Gasthof zur Rose auf der Zeil von Stadtsoldaten verhaftet. Man forderte sein Gepäck von ihm; Friedrich der Große hatte ihm seine Schriften anvertraut, er fürchtete, daß der beleidigte Franzose Mißbrauch mit denselben treiben würde und forderte dieselben deshalb zurück.

Da das Gepäck Voltaires noch unterwegs war, mußte er bis zum 17. Juni unter Aufsicht in Frankfurt bleiben. Sobald seine Koffer ankamen, wurden dieselben eröffnet und Voltaire mußte nun die Werke Friedrichs sammt dem Orden pour le mérite und dem Kammerherrnschlüssel herausgeben.

Der Bruch zwischen dem König und dem Dichter schien jetzt unheilbar, Beide bekämpften sich in einem erbitterten Federkriege, trotzdem aber konnten sie sich nicht von einander lassen. Es war für Friedrich ein Bedürfniß, mit dem geistreichen

Franzosen seine Ansichten auszutauschen und auch Voltaire wäre gar zu gern wieder nach Berlin zurückgekehrt.

Dazu kam es nun freilich nicht. Der König äußerte sich darüber in einem Brief an Darget, Voltaire habe wohl Versuche gemacht, zu ihm zurückkehren zu dürfen, der Himmel möge ihn aber vor solchem Besuch bewahren; Voltaire sei wohl gut zum Lesen, aber gefährlich zum Umgang.

Der persönliche Verkehr zwischen Friedrich und Voltaire war für immer beendet, der briefliche aber dauerte bis zum Tode Voltaires fort und nahm nach und nach wieder die freundschaftlichste Form an.

Als Voltaire im Jahre 1778 starb, zeigte Friedrich, daß er den frühern Zwist vollkommen vergessen habe. Er schrieb seine „Eloge de Monsieur de Voltaire", in welcher er dem Geiste des außerordentlichen Mannes mit ausschweifender Bewunderung huldigte.

Als die Pariser Geistlichen dem größten Schriftsteller der Nation ein Grab an kirchlich geweihter Stelle verweigerten, befahl Friedrich, daß in der katholischen Kirche zu Berlin ein feierliches Seelenamt für seinen alten Freund gehalten werde. Er schrieb hierüber an d'Alembert:

„Wenn Ich auch keinen Begriff von der Unsterblichkeit der Seele habe, so soll man doch für die seinige eine Messe lesen."

Zum Andenken an den berühmten Dichter wurde im Versammlungssaale der Akademie Voltaires Büste in Marmor aufgestellt, auch die Berliner Bibliothek erhielt einen Gypsabguß derselben.

Wir haben versucht, mit flüchtigen Zügen das Bild einiger Gelehrten, mit denen Friedrich im engsten persönlichen Verkehr stand, zu skizziren. Im Kreise dieser geistreichen Männer fand der König seine Erholung nach den Regierungsgeschäften, sowie Anregung zu eigenen wissenschaftlichen Arbeiten, denen er sich mit dem angestrengtesten Fleiß widmete. Von 4—6 Uhr Nachmittags war seine Zeit schriftstellerischen Arbeiten gewidmet, welche theils dem Gebiet der Geschichte, theils dem der Philosophie, der Staats- und Kriegs-Wissenschaften und auch der Dichtkunst angehörten.

Es giebt wenige Schriftsteller, die eine solche Fülle von Werken hinterlassen haben, wie Friedrich der Große. Wir schreiben keine Geschichte des großen Königs und können daher hier auf die einzelnen Schriften desselben um so weniger näher eingehen, als diese sämmtlich in französischer Sprache verfaßt waren, und daher nicht als ein Eigenthum der deutschen Literatur zu betrachten sind; trotzdem aber waren die Schriften Friedrichs von Bedeutung für die wissenschaftliche Entwickelung Berlins.

Ein König trat öffentlich als Schriftsteller auf, er gab seine geistigen Produkte der allgemeinen Kritik preis, er nannte sich mit Recht einen Dichter und Philosophen; er schrieb die Geschichte seines Hauses und fällte in derselben scharfe Urtheile über seine Vorfahren.

Ein solches Beispiel mußte mächtig in der Residenzstadt wirken. War bisher die Geschichtschreibung stets nur eine Lobhudelei der erlauchten Hohenzollern gewesen, so konnte sie sich jetzt zur Kritik fürstlicher Thaten emporschwingen; die Gelehrten mußten sich angefeuert fühlen, aus ihrer Studirstube heraus in die Welt zu treten, that es doch der König selbst.

War bisher die Tagesschriftstellerei von den Gelehrten als eine ziemlich unwürdige Beschäftigung betrachtet worden, jetzt wurde sie geadelt, denn Friedrich verschmähte es nicht, auch die Zeitungen zu benutzen, um durch sie seine Gedanken der Oeffentlichkeit Preis zu geben, um auf das Volk zu wirken, mitunter sogar in ziemlich seltsamer Weise, denn er benutzte die Zeitungen nicht nur, um das Volk aufzuklären, sondern oft genug auch, um es zu täuschen.

So war es dem König im Jahre 1767 unbequem, daß man allgemein in Berlin davon sprach, es werde wieder Krieg werden. Um dem Publikum einen andern Gesprächsgegenstand zu bieten, ließ er am 5. März eine Nachricht in die Zeitung rücken, daß am 27. Februar in Potsdam ein furchtbarer Orkan die ganze Gegend verwüstet habe; ein grauenhaftes Hagelwetter mit Schloßen wie eine Hand groß, solle getobt haben. Der Aufsatz war mit den merkwürdigsten Details ausgeschmückt und erschien in beiden Berliner Zeitungen zum höchsten Erstaunen sämmtlicher Leser, denn noch Niemand hatte etwas von dem Potsdamer Schloßenwetter gehört.

Ganz Berlin sprach mehrere Tage von nichts Anderem, als dem seltsamen Aufsatze, und das Erstaunen wurde noch größer, als aus Potsdam die Nachricht kam, daß dort Niemand etwas weder vom Hagel noch von dem Orkan bemerkt habe. Man kam nun zwar dahinter, daß irgend Jemand das Publikum zum Besten gehabt habe, man ahnte auch wohl, daß es der König gewesen sei, Bestimmtes wurde indessen darüber nicht laut, denn die Zeitungsredakteure mußten wohl schweigen. Es machte den Berlinern einen besondern Spaß, als kurze Zeit darauf der Professor der Naturlehre Titius in Leipzig in einem naturwissenschaftlichen Aufsatze das merkwürdige Februar-Schloßenwetter zu Potsdam wissenschaftlich behandelte und es zu erklären versuchte.

Schon früher, im Jahre 1753, hatte Friedrich in der Vossischen Zeitung eine genaue Beschreibung eines Manövers bei Spandau veröffentlicht, in der auch nicht ein wahres Wort enthalten war. Die Beschreibung war lediglich darauf berechnet, die Aufmerksamkeit des Publikums von den preußischen Kriegsübungen abzulenken und zugleich sollte sie die Parodie eines sächsischen Lagers sein.

Andre Aufsätze des Königs hatten ernstere Zwecke; bald betrafen sie irgend einen wissenschaftlichen Gegenstand, bald eine Maßregel, die er ins Leben zu führen wünschte. So sandte er einst der Redaktion der Haude'schen Zeitung einen Aufsatz ein, in welchem er behauptete, die vornehmen Leute tränken gegenwärtig mit besonderer Vorliebe Roggenkaffee; er belobte sie deshalb und schimpfte tüchtig auf das Volk, welches sich noch immer nicht bewegen lassen wolle, ein so gesundes Getränk anzunehmen. Der Zweck des Königs war, den Roggenkaffee allgemein einzuführen und dadurch das Geld, welches für Kaffee ins Ausland floß, im Lande zu behalten.

Wenn ein König Mitarbeiter der Zeitung war — daß er es war, wußte Jedermann in Berlin, obgleich sein Name bei Zeitungsartikeln natürlich nicht genannt wurde, — mußte die Mitarbeiterschaft an den Organen der öffentlichen Meinung für eine Ehre angesehen werden. Treffliche Kräfte widmeten sich der Journalistik. Wir nennen hier Mylius und Lessing bei der Vossischen, Lamprecht bei der Haude'schen Zeitung, als Journalisten von Fach; außerdem verschmähten es auch die bedeutendsten Gelehrten und Staatsmänner nicht, hier und da den Journalen Artikel zu übersenden.

Die Berliner Blätter erhielten hierdurch eine Bedeutung in ganz Deutschland, welche um so größer wurde, als sie mit einer Freiheit, wie sie nirgends anderswo herrschte, schreiben durften. Wir dürfen dabei freilich nicht an eine Preßfreiheit denken, wie sie die heutige Zeit erfordert, denn von einer solchen war im Staate Friedrichs des Großen noch keine Rede.

Der König war längst zurückgekommen von dem im Anfange seiner Regierung ausgesprochenen Grundsatze, daß Gazetten, wenn sie interessant sein sollen, nicht genirt werden dürfen. Es war ihm doch nicht recht, daß die Zeitungsschreiber die öffentlichen Angelegenheiten mit scharfer Feder kritisirten, und schon im Dezember 1740 büßte die Presse ihre ungezügelte Freiheit wieder ein. Es durfte fortan in Preußen nichts über die innern Verhältnisse ohne höhere Erlaubniß gedruckt werden und die Spener'sche Zeitung änderte deshalb ihren stolzen Wahlspruch: „Wahrheit und Freiheit" mit der ersten Nummer des Jahres 1743; auf dieser führte sie einen Adler mit der Beischrift: „Mit Königlicher Freiheit."

Jede unberufene Einmischung in die Königliche Verwaltung, jede Erörterung öffentlicher Verhältnisse war fortan nicht mehr erlaubt. Die Zeitungen brachten wenig oder gar nichts über die innere Politik und sie sind daher keine Quelle für den Geschichtsforscher. Auch fremde Zeitungen wurden in Preußen verboten, wenn sie gegen den König Partei nahmen. So erfolgte während des bairischen Erbfolgekrieges ein Verbot gegen die in Brüssel und Köln herauskommenden französischen Zeitungen, weil dieselben sich einer unerlaubten Parteilichkeit gegen den Königlich preußischen Staat schuldig gemacht hätten. Wenn Jemand diese Zeitungen sich halten, kommen lassen oder debitiren würde, so drohte ihm eine Strafe von 50 Dukaten für jeden Kontraventionsfall, wovon die eine Hälfte dem Fiskus, die andere dem Angeber zukommen sollte. Je älter Friedrich und je mehr ihm die süße Gewohnheit des absoluten Herrschens zur andern Natur wurde, je weiter wich er auch von seiner frühern Ansicht über die Preßfreiheit ab. So schrieb er im Jahre 1772 an d'Alembert:

„Wegen der Preßfreiheit und der Spottschriften, die eine unvermeidliche Folge davon sind, gestehe ich, so viel ich die Menschen kenne, mit denen ich mich ziemlich lange beschäftigt habe, fest überzeugt zu sein, daß abhaltende Zwangsmittel erforderlich sind, weil die Freiheit stets mißbraucht wird; also daß man die Bücher zwar einer nicht strengen, aber doch hinreichenden Prüfung unterwerfen muß, um Alles zu unterdrücken, was die allgemeine Sicherheit und das Wohl der Gesellschaft gefährdet, welche die Verspottung nicht verträgt."

Daß bei einer solchen Ansicht des Königs von einer Preßfreiheit für die Zeitungen nach unserem heutigen Begriff nicht die Rede sein konnte, liegt auf der Hand; trotzdem aber durften die Berliner Blätter sich doch immer noch weit freier bewegen, als die in allen andern deutschen Ländern.

Weit größer war die Freiheit der wissenschaftlichen Presse, es gab auch hier eine Censur, welche eine Zeit lang von der Akademie der Wissenschaft, später von eigens dazu angestellten Censoren ausgeübt wurde; manche Schriften, wie Dr. Alalta, wurden verbrannt; auch kam der junge Buchdrucker Rüdiger auf 6 Monate nach Spandau, weil er eine Schrift des Dr. Pott gedruckt hatte, in welcher die christliche Religion angegriffen worden war. Solche Strafurtheile aber waren selten und wurden nur in einzelnen Fällen zur Ausführung gebracht.

Die preußischen Preßverhältnisse wurden geordnet durch das Allgemeine Censur-Edikt vom 11. Mai 1749. Der § 10 dieses Edikts, der den Geist desselben bezeichnet, lautet:

„Bei dieser vorgeschriebenen Censur ist Unsere Allergnädigste Absicht jedoch keineswegs dahin gerichtet, eine anständige und ernsthafte Untersuchung der Wahrheit zu hindern, sondern nur vornehmlich demjenigen zu steuern, was den allgemeinen Grundsätzen der Religion und sowohl moralischer als bürgerlicher Ordnung entgegen ist."

Nach diesen Grundsätzen wurde bei der Censur verfahren, und zwar mit einer Milde, welche im Publikum selbst Mißbilligung erregte.

Das Volk war noch nicht an eine vollkommene Freiheit der Presse gewöhnt, es hielt diese für gefährlich. Als ein früherer Kriegsrath Cranz in Berlin von der Duldsamkeit der Behörden den ausgedehntesten Gebrauch machte und Flugschriften herausgab, in denen er die Grenze einer anständigen Kritik weit überschritt, wurde dadurch eine große Aufregung im Publikum erzeugt. Man hielt es für unverantwortlich, daß Derartiges gedruckt werden dürfe, und der Censor Kriegsrath Dohm sah sich daher veranlaßt, gewissermaßen zu seiner Entschuldigung, folgende charakteristische Erklärung im Berliner Wochenblatte abzugeben:

„Da durch höchsten Befehl die Censur dieses Wochenblattes und sämmtlicher in Berlin gedruckter Schriften des Herrn Kriegsraths Cranz mir übertragen ist, so finde ich nöthig, dem Publikum hier ein Wort über die Befugniß eines Censors zu sagen. Nach den Gesetzen und unmittelbaren Vorschriften unseres auch hierin so großen und erhabenen Monarchen soll die Censur der Freiheit zu denken und das, was man denkt, öffentlich zu sagen, — diesem großen Rechte der Menschheit, dieser wesentlichen Bedingung der Aufklärung und Glückseligkeit, — nur den mindestmöglichen Eintrag thun.

Nur was auf eine oder andere Weise den Staat angreift, was andern Mächten zu gegründeten Beschwerden Anlaß geben kann, was wahre Tugend beleidigt und das Laster geradezu vertheidigt oder die Einbildung zu Begehung desselben reizt, was die allgemeine und vernünftige Religion angreift und die dem größeren Theile der Staatsbürger heiligsten Wahrheiten dem Spott und Gelächter der Unwissenden überliefert, was gute Sitten und den allgemein angeführten Wohlstand verletzt, was die Ehre und den guten Namen eines Dritten überliefert, — nur dies darf ein Censor in Friedrichs Staaten ausstreichen; alles Uebrige muß er unberührt lassen, es mag ihm übrigens wahr oder falsch, klug oder ungereimt, witzig oder abgeschmackt erscheinen.

Zu den natürlichen Rechten, die die bürgerliche Gesellschaft nicht beschränken, gehört auch dies, daß jeder befugt ist, seine Mitbürger auf seine Weise zu unterhalten oder ihnen Langeweile zu machen. Kein Censor kann in dieses kostbare Recht einen Eingriff thun."

Lesen wir solche Worte, sehen wir zugleich, wie in andern deutschen Staaten die Regierungen mit kleinlicher Aengstlichkeit über die Presse wachen und jedes freie Wort gewaltsam unterdrücken, so werden wir von Bewunderung für den Fürsten erfüllt, der, seiner Zeit und seinem Volke weit voraus, in Preußen eine geistige Freiheit schuf, welche für die wissenschaftliche Entwickelung Berlins von der höchsten Bedeutung war.

Die freigesinnten Gelehrten aus ganz Deutschland strömten in Berlin zusammen; hier war der Mittelpunkt, von dem aus sich die Aufklärung über das deutsche Vaterland verbreitete. In Berlin durften die Schriftsteller drucken lassen, was überall im übrigen Deutschland verboten worden wäre. Eine Fluth von Schriften aller Art erschien in der preußischen Hauptstadt, gute und schlechte bunt durcheinander, und alle wurden gelesen, denn der Geschmack der Berliner war noch nicht besonders geläutert, aber Dank den Bestrebungen ausgezeichneter Schriftsteller läuterte er sich mehr und mehr. Wesentlich trugen dazu bei die im Jahre 1759 in der Nicolaischen Buchhandlung erschienenen Briefe über die neueste Literatur, an denen Lessing, Mylius, Mendelssohn und verschiedene andere Berliner Gelehrte arbeiteten. Sie machten den Beginn einer einsichtsvollen Kritik in Deutschland. Ihr Verdienst war es, wenn das Volk aufmerksam wurde auf manche gediegene Erscheinung in der deutschen Literatur. Lessing war die Seele des Unternehmens, aus dem später im Jahre 1765, die allgemeine deutsche Bibliothek hervorging, welche von Nicolai herausgegeben wurde.

Diese allgemeine deutsche Bibliothek war ein Centralblatt der gesammten europäischen Literatur; alle in Europa erschienenen irgend wichtigen Bücher wurden in derselben angezeigt und beurtheilt; die besten deutschen Schriftsteller arbeiteten an dem 21 Jahre lang erscheinenden, bedeutenden Unternehmen mit und gewährten durch dasselbe den gebildeten Ständen die Möglichkeit einer gediegenen Auswahl im Lesen.

In allen Zweigen der Literatur entfaltete sich in Berlin zur Zeit Friedrichs des Großen ein merkwürdiges Leben. Glänzende Namen traten aus dem Dunkel hervor; wissenschaftliche Werke, welchen wir heute noch unsere Bewunderung zollen, erschienen.

In der Philosophie errang Moses Mendelssohn, der arme Jude, die Palme. Als ein Trödeljunge kam er nach Berlin; jahrelang hatte er mit der äußersten Armuth zu kämpfen, öfter mußte er viele Tage von trockenem Brot leben und auch von diesem hatte er so wenig, daß er das Brot mit Einschnitten bezeichnen mußte, die ihm zeigten, wie viel er davon täglich essen dürfe. Trotz dieser Noth aber zog ein glühender Hang zur Wissenschaft ihn zu den ernstesten Studien. Er erregte dadurch die Aufmerksamkeit einiger seiner Glaubensgenossen; ein reicher Seidenfabrikant in Berlin, Namens Bernhardt, nahm ihn als Lehrer für seine Kinder in das Haus und übertrug ihm zu gleicher Zeit eine Buchhalter- und später sogar eine Disponentenstelle in seiner Handlung. Im Jahre 1754 lernte Moses Mendelssohn Lessing kennen und übergab ihm seine philosophischen Gespräche zur Durchsicht. Lessing suchte einen Verleger und gab das Werk an Mendelssohn zu dessen höchstem Erstaunen gedruckt zurück.

Von dieser Zeit an war Mendelssohn für die deutsche Literatur gewonnen, er blieb Schriftsteller und veröffentlichte eine Reihe der trefflichsten Arbeiten, ohne dabei indessen sein Geschäft zu vernachlässigen. So wurde er zu gleicher Zeit ein reicher und ein berühmter Mann. Sein gastfreies Haus bildete den Mittelpunkt des gelehrten Berlins und der Jude überwand alle seinem Stamm entgegentretenden Vorurtheile; sein Name glänzte als ein Stern erster Größe am wissenschaftlichen Himmel Berlins. Die Akademie wollte ihn, ein unerhörtes Beispiel, als Mitglied aufnehmen; wir erzählten indessen schon, daß dies

Vorhaben an dem Widerwillen Friedrichs gegen die Juden scheiterte.

Von den Aesthetikern, welche sich damals in Berlin einen Namen machten, nennen wir Sulzer, einen der wenigen deutschen Gelehrten, welche sich der persönlichen Freundschaft und Hochachtung Friedrichs des Großen erfreuten; von den Statistikern den Probst Süßmilch; von Geographen den Konsistorialrath Büsching.

Das Gebiet der Geschichte wurde mit besonderer Vorliebe in Berlin bearbeitet. Da schrieb Küster sein altes und neues Berlin, Beckmann seine historische Beschreibung der Mark Brandenburg, der Hofrath Lenz gab eine werthvolle Sammlung von Urkunden heraus. In Berlin erschien auch vom Oberpfarrer Buchholz zu Lychen sein 6bändiger Versuch einer Geschichte der Kurmark Brandenburg; Gerken veröffentlichte eine Sammlung werthvoller Urkunden, Möhsen schrieb seine geistreiche Geschichte der Wissenschaften in der Mark Brandenburg; der Ordensrath König forschte mit unermüdlichem Fleiße in den Archiven und lieferte eine Reihe werthvoller Arbeit, deren eine, der Versuch einer historischen Schilderung von Berlin bis zum Jahre 1786 allerdings erst im Jahre 1798 erschien, aber in der Zeit Friedrichs des Großen vorbereitet wurde.

Nicolai, der strebsame Buchhändler, der in Verbindung mit allen Gelehrten und Schriftstellern der Stadt stand, der selbst ein Gelehrter und Schriftsteller war, gab im Jahre 1786 seine Beschreibung der Residenzstädte Berlin und Potsdam in drei Bänden heraus, in der er die wichtigsten Materialien der Berlinischen Geschichte mit unermüdlichem Fleiß zusammengetragen hat.

Die Werke dieser Männer haben einen bleibenden Werth behalten und sind noch heut unentbehrlich zum Studium der vaterländischen Geschichte.

Unter den Chemikern zeichneten sich aus Marggraf, Achard,*) Gerhardt und Klaproth; in der Botanik Gleditsch, als Mathematiker Euler, Lagrange, Lambert, als Astronom Bode.

Wir könnten den genannten Namen noch viele andere ehrend hinzufügen, müßten wir nicht befürchten, unsere Leser zu ermüden. Wo so viel treffliche Gelehrte gemeinsam wirkten, da mußte sich auch im Volk der Sinn für die Wissenschaft und die Literatur mehr und mehr ausbilden.

Während unter Friedrich Wilhelm Jedermann, der sich mit den Wissenschaften beschäftigte, fast mit Verachtung angeschaut worden war, wurde es jetzt Mode, den Geist zu kultiviren. Wer sich zu den gebildeten Ständen rechnen wollte, mußte nach einer wissenschaftlichen Bildung streben und

---

*) Achard ließ im Jahre 1784 die erste Montgolfiere (ein durch erwärmte Luft gefüllter Ballon) in Berlin steigen; er fuhr aber nicht persönlich in die Höhe. Unter der Regierung Friedrichs des Großen kamen Luftfahrten noch nicht vor.

die neuesten Erscheinungen der Literatur gelesen haben.

Das Lesen wurde nicht nur in allen Volksklassen zur Gewohnheit, es wurde zur Nothwendigkeit und artete sogar zur Lesesucht aus.

In allen Gesellschaften wurde über die neuesten Preßproducte gesprochen; nur wer von Allem mitreden konnte, stand in Achtung und dies geschah nicht nur in den sogenannten gebildeten Ständen, sogar unter den niedrigsten Volksklassen, unter Knechten und Mägden, unter Gesellen und Arbeitern wurde das Lesen ganz allgemein.

Der Buchhandel bekam in Folge dessen einen ungeheuren Aufschwung in Berlin, da aber die weniger Bemittelten nicht das Geld besaßen, um sich Bücher anzuschaffen, so entstanden Leihbibliotheken und Journalzirkel, in denen man für ein geringes Geld alle neu erscheinenden Bücher und Journale mitlesen konnte.

Diese Lesesucht hatte, wenn sie einerseits auf die Bildung des Volks vortheilhaft wirkte, doch auch ihre Nachtheile. Das zu viele Lesen mußte ein oberflächliches, unverdautes Wissen schaffen; es kam besonders den niedern Ständen nicht mehr darauf an, ein gutes Werk gründlich zu studiren, sondern Alles zu lesen, was ihnen nur irgend zugänglich war.

Jene glänzende Oberflächlichkeit, welche noch heut so vielfach und mit Recht den Berlinern vorgeworfen wird, hat ihren Ursprung in der Zeit Friedrich des Großen. Zur Erzeugung derselben trug auch die wieder erwachende Sucht, den Franzosen nachzuahmen, welche durch die Vorliebe des Königs für alles Französische sehr befördert wurde, wesentlich bei.

Da bei Hofe nur französisch gesprochen wurde, so glaubten die Berliner nicht zurückstehen zu dürfen. Es gehörte in der gebildeten Gesellschaft zum guten Ton, geläufig französisch parliren zu können, wobei es freilich auf einige Schnitzer in der Grammatik nicht gerade ankam. Mit der französischen Literatur mußte der gebildete Mann so genau bekannt sein, wie mit der deutschen, wenn er etwas gelten wollte und da nun Jeder Alles wissen wollte, so war ein oberflächliches Lesen die natürliche Folge.

Man gewöhnte sich daran, das Wenige, was man wußte, an den Mann zu bringen, gelehrt zu erscheinen, ohne gelehrt zu sein. Mit der französischen Sprache nahmen die Berliner naturgemäß auch die französische Leichtfertigkeit und Oberflächlichkeit an.

Es erscheint dies ein hartes Urtheil, es wird aber bestätigt von allen Denen, welche vorurtheilsfrei Berlin in der Zeit Friedrichs des Großen besuchten.

Der berühmte Johann Georg Forster*), der

---

*) Forster hatte sich durch seine Reisen und als Naturforscher einen berühmten Namen gemacht. Als er nach Berlin kam, war Friedrich der Große neugierig, den Weltumsegler kennen zu lernen. Er

sich im Jahre 1779 fünf Wochen in Berlin aufhielt, schreibt über den Eindruck, welchen die preußische Residenz auf ihn gemacht hat, Folgendes:

„Ich habe mich in meinen mitgebrachten Begriffen von dieser großen Stadt sehr geirrt. Ich fand das Aeußerliche viel schöner, das Innerliche viel schwärzer, als ich's mir gedacht hatte. Berlin ist gewiß eine der schönsten Städte in Europa. Aber die Einwohner!

Gastfreiheit und geschmackvoller Genuß des Lebens ausgeartet in Ueppigkeit, Prasserei, ich möchte fast sagen Gefräßigkeit. — Frei aufgeklärte Denkungsart — in freche Ausgelassenheit und zügellose Freigeisterei. Und dann die vernünftigen, klugen Geistlichen, die aus der Fülle ihrer Tugend und moralischen Vollkommenheit Religion und Unverstand säubern und dem gemeinen Menschenverstand ganz begreiflich machen wollen!

Ich erwartete Männer von ganz außerordentlicher Art, reiner, edler, von Gott mit seinem hellen Licht erleuchtet, einfältig und demüthig wie Kinder. Und siehe, da fand ich Menschen wie andere; und, was das Aergste war, ich fand den Stolz und den Dünkel der Weisen und Schriftgelehrten. Ist's nicht also, daß die Weisen mit sehenden Augen nicht sehen und mit offnen Ohren nicht hören?

Spalding hat mir noch am Besten gefallen; Nicolai, ein angenehmer Gesellschafter, ein Mann von Kopf, freilich von sich etwas eingenommen; Engel, ein launisches, aber sehr gelehrtes Geschöpf, munter und dann wieder ganz still, wie alle Hypochondriker; Rammler, die Ziererei, die Eigenliebe, die Eitelkeit in eigner Person; Sulzer — noch vor seinem Tode sprach ich ihn — heiter und theilnehmend noch bei anhaltenden Schmerzen und Schlaflosigkeit — weiter brauche ich nichts zu sagen.

Die französische Akademie? Lassen Sie mich den Staub von meinen Füßen schütteln und weiter gehen.

Die Frauen allgemein verderbt.

Endlich ist mir's ärgerlich gewesen, daß Alles, bis auf die gescheutesten, einsichtsvollsten Leute, den König vergöttert und so närrisch anbetet, daß selbst, was schlecht, falsch, unbillig oder wunderlich an ihm ist, schlechterdings als vortrefflich und übermenschlich pronirt werden muß."

Einen ähnlichen Eindruck wie auf Forster, machte die Berliner Gesellschaft jener Zeit auch auf andere Fremde. Alle aber mußten die geistige Regsamkeit, welche in der preußischen Hauptstadt herrschte, anerkennen.

Zwölftes Kapitel.

Die Kunst in Berlin. — Berliner Dichter. — Lessing. — Rammler. — Die Karsch. — Das französische und das deutsche Schauspiel in Berlin. — Die Musik. — Die Oper. — Malerei und Bildhauerkunst. — Die Kupferstecherkunst.

Wie die Wissenschaft, so entfaltete sich auch die Kunst unter der Regierung Friedrichs des Großen in Berlin zu einer ungeahnten Blüthe und zwar ebenso wenig, wie die Wissenschaft, durch eine materielle Unterstützung, welche ihr Seitens des Königs gewährt wurde, vielmehr lediglich durch die geistige Freiheit, welche in Berlin ein neues frisches Leben in Kunst und Wissenschaft schuf.

Die deutsche Kunst, mit Ausnahme der Musik war dem König so fremd wie die deutsche Wissenschaft. Von unserer Poesie wußte er, wie seine Abhandlung „über die deutsche Literatur und ihre Gebrechen und über die Mittel zu ihrer Verbesserung" zeigt, so viel wie nichts und es entging ihm vollständig, daß gerade zu seiner Zeit die deutsche Dichtung einen neuen Aufschwung nahm.

Friedrich vermochte es nicht, die großen deutschen Geister zu würdigen, sie blieben ihm fremd und das Wenige, was er von ihnen las, widerstand seinem Geschmack. Urtheilte er doch über Göthe's Götz von Berlichingen:

„Noch jetzt erscheint auf der Bühne ein Götz von Berlichingen, eine abscheuliche Nachahmung dieser schlechten englischen Stücke des Shakespeare und das Parterre klatscht Beifall und fordert mit Enthusiasmus diese ekelhaften Plattheiten."

Daß Friedrich bei solcher Verachtung des deutschen poetischen Strebens für die deutsche Muse*) in Berlin nicht fördernd wirken konnte, liegt wohl auf der Hand und dennoch that er es, ohne es zu wollen. Göthe**) spricht sich treffend darüber aus, indem er sagt:

„An dem großen Begriff, den die preußischen Schriftsteller von ihrem König hegen durften, bauten sie sich erst recht heran, und um so eifriger, als Derjenige, in dessen Namen sie Alles thaten, ein für allemal nichts von ihnen wissen wollte.

---

ließ sich denselben durch den Staatsminister Freiherrn v. Heinitz vorstellen, war aber nicht besonders entzückt von der neuen Bekanntschaft, da ihm Forster keine große Höflichkeit erwies.

Der berühmte Reisende sagte zum König: „Sire, ich habe bereits fünf Könige gesprochen, drei wilde und zwei zahme, aber so einer wie Ew. Majestät ist mir noch nicht vorgekommen."

Friedrich, der sonst eine derbe Aeußerung gut vertragen konnte, wurde durch diese doch von einer weiteren Unterhaltung abgeschreckt; er brach bald das Gespräch ab und nach der Audienz sagte er zum Minister Heinitz: „Der Forster mag ein grundgelehrter Mann sein, aber er ist ein erzgrober Kerl."

*) Schiller singt in dem Gedicht „die deutsche Muse":

Von dem größten deutschen Sohne,
Von des großen Friedrichs Throne
Ging sie schutzlos, ungeehrt."

**) Göthe's „Dichtung und Wahrheit" 2. Theil, Buch 7.

Schon früher war durch die französische Kolonie, nachher durch die Vorliebe des Königs für die Bildung dieser Nation und für ihre Finanzanstalten, eine Masse französischer Kultur nach Preußen gekommen, welche den Deutschen höchst förderlich ward, indem sie dadurch zu Widerspruch und Widerstreben aufgefordert wurden; ebenso war die Abneigung Friedrichs gegen das Deutsche für die Bildung des Litterarwesens ein Glück. Man that Alles, um sich dem König bemerkbar zu machen, nicht etwa, um von ihm geachtet, sondern nur beachtet zu werden; aber man that's auf deutsche Weise, nach innerer Ueberzeugung. man that, was man für recht erkannte und wünschte und wollte, daß der König dieses deutsche Recht anerkennen und schätzen solle. Dies geschah nicht und konnte nicht geschehen: denn wie kann man von einem König, der geistig leben und genießen will, verlangen, daß er seine Jahre verliere, um das was er für barbarisch hält, nur allzuspät entwickelt und genießbar zu sehen? In Handwerks- und Fabriksachen mochte er wohl sich, besonders aber seinem Volk, statt fremder vortrefflicher Waaren sehr mäßige Surrogate aufnöthigen; aber hier geht Alles geschwinder zur Vollkommenheit und es braucht kein Menschenleben, um solche Dinge zur Reife zu bringen."

Goethe läßt in diesen Worten dem Verdienst Friedrichs um die deutsche Poesie Gerechtigkeit widerfahren. Der geistige Umschwung, den seine Regierung in Deutschland erzeugte, gab den großen Dichtern seiner Zeit die Möglichkeit, ihre Kräfte zu entfalten. In der preußischen Hauptstadt aber fanden sie keinen rechten Boden für ihren Genius.

Der Kampf materieller Interessen in der sich entwickelnden Großstadt, die gespreizte Oberflächlichkeit der Beurtheilung in der gebildeten Gesellschaft derselben, die Sucht nach dem Franzosenthum konnte den Dichter nicht zum poetischen Schaffen anfeuern. So haben wir denn aus Friedrichs des Großen Zeit nur wenige Dichter von Bedeutung zu nennen, welche in Berlin ihren Wohnsitz hatten, Lessing und Rammler, von denen Lessing nur für wenige Jahre hier angehörte, Rammler aber hier ein ehrenvolles Amt bekleidete und sogar Mitglied der Akademie war.

Rammler gehört zu den literarischen Notabilitäten Berlins in jener Zeit; er hatte sowohl durch seine begeisterten Oden auf Friedrichs des Großen Thaten, als durch seine kritischen Arbeiten eine Bedeutung gewonnen; heut zu Tage sind seine Werke fast vergessen, während die Rammler'schen Oden ihrer Zeit mit Begeisterung in Berlin gelesen wurden.

Ebenfalls der Vergessenheit anheimgefallen sind die Gedichte der Louise Karsch, welche zur Zeit Friedrichs des Großen in Berlin ein außerordentliches Aufsehen machten.

Die Karschin, so nannte man die Dichterin in Berlin, hat ein merkwürdiges, für den Charakter der Berliner bezeichnendes Schicksal gehabt. Aus tiefem Elend wurde sie plötzlich herausgerissen, man bewunderte ihre Gedichte und überschüttete die Dichterin mit reichen Geschenken. Sie war der gesuchte hochverehrte Gast in den vornehmsten Kreisen, bis die Berliner andere Gegenstände ihrer Bewunderung gefunden hatten, dann wurde die Karschin ebenso schnell vergessen, wie sie früher in Mode gekommen war.

Die Karsch war eine Naturdichterin, sie hatte nicht die geringste wissenschaftliche Bildung empfangen. In den ärmlichsten Verhältnissen aufgewachsen, hatte sie doch trotz schwerer Lebensprüfungen (sie war zwei Mal unglücklich verheirathet) ihr dichterisches Talent ausgebildet. Ihre reizenden und natürlichen Gedichte wurden in Berlin bekannt, sie erregten Aufsehen und als nun die Dichterin selbst nach der Hauptstadt kam, wurde sie gefeiert als die deutsche Sapho, wie Gleim sie nannte. Man trug sie auf den Händen, keine literarische Gesellschaft hatte einen Werth, bei der die Karschin fehlte, die höchsten Kreise fühlten sich geehrt, wenn die Dichterin in ihnen erschien; überall vergötterte man sie, es war ja Mode, für die Improvisationen der himmlischen Karschin die ausschweifendste Bewunderung zur Schau zu tragen.

Reiche Geschenke flossen der Dichterin von allen Seiten zu, sie lebte in Ueppigkeit und Ueberfluß und ihr Ruf drang sogar bis zum König, der sonst von deutschen Dichtern wenig erfuhr. Friedrich war neugierig, die geniale Frau kennen zu lernen. Er ließ sie sich im Oktober 1763 in Sanssouci vorstellen.

In Berlin pflegt der Personen-Kultus nicht von langer Dauer zu sein, dies sollte auch die Karschin zu ihrem Kummer erfahren. Waren Anfangs die Gedichte der Karsch göttlich, entzückend gewesen, so fanden doch bald die Kritiker, daß sie nicht korrekt seien, daß ihnen die Gediegenheit fehle und dies war nur zu wahr.

Lessing sprach sich in seinen literarischen Briefen offen über die Mängel ihrer Gedichte aus; er machte es ihr zum Vorwurf, daß sie zu schnell produzire, sie müsse gründlicher sein, müsse feilen, um etwas Vollkommenes zu schaffen.

Die Karsch hätte solche Lehren vielleicht gern befolgt, wenn sie es nur gekonnt hätte; aber ihrer Natur widerstrebte ein langsames, gründliches Arbeiten, ihr Talent gebot ihr einen eigenen Weg, den der Improvisation. Wenn sie an einem schnell hingeworfenen, niedlichen und natürlichen Gedicht feilen wollte, verdarb sie es jedes Mal.

Der Dichterruhm der Karsch war erschüttert, man riß sich nicht mehr um sie in Gesellschaften, man überschüttete sie nicht mehr mit Geschenken und da die sorglose Frau in der Zeit des Ueberflusses nicht gespart hatte, so kam sie bald in Noth und Sorgen. Sie wendete sich jetzt an ihre frühern Gönner und bat um Unterstützungen. Diese fielen karg genug aus; auch der König, an den sie mehrmals Bittgesuche richtete, gab zwar, aber mit jedem Mal spärlicher.

Als er ihr einst auf eine Bitte 2 Thaler

schenkte, reichte sie diese dem Ueberbringer mit folgendem Stegreifreim zurück:

"Zwei Thaler sind zu wenig
Für einen großen König!
Zwei Thaler sind kein Glück,
Drum schick ich sie zurück."

Friedrich lachte über den Vers, er nahm ihn der erzürnten Dichterin nicht übel, aber zu einer größeren Freigebigkeit ließ er sich durch denselben nicht bewegen.

Auf eine spätere Bitte der Karsch, er möge ihr ein kleines Haus schenken, schickte er ihr drei Thaler. Dies Mal nahm sie das Geld an und quittirte darüber mit folgendem Vers:

"Seine Majestät befahlen,
Mir, statt eines Hauses Bau,
Doch drei Thaler auszuzahlen.
Der Befehl ward ganz genau
Prompt und willig ausgerichtet,
Und zum Dank bin ich verpflichtet.
Aber für drei Thaler kann
Zu Berlin kein Hobelmann!
Mir mein letztes Haus erbauen,
Sonst bestellt ich ohne Grauen
Morgen mir ein solches Haus,
Wo einst Würmer Tafel halten
Und sich ärgern übern Schmaus
Von des abgegrämten, alten,
Magern Weibes Ueberrest,
Das der König — darben läßt."

Die Karschin hat ihrer eigenen Aussage nach vom König Alles in Allem 97 Thaler an Unterstützungen bekommen. Der Nachfolger Friedrichs des Großen, König Friedrich Wilhelm II., unterstützte sie reichlicher, indem er ihren Wunsch erfüllte und ihr am Haack'schen Markt ein Haus bauen ließ. In diesem starb sie im Jahre 1791, 69 Jahre alt.

Ein noch traurigeres Schicksal als die Karsch hatte der Improvisator Burmann, der ebenfalls zur Zeit Friedrichs des Großen als Gelegenheits- und Stegreifdichter vom Publikum sehr geschätzt wurde, bald aber ganz in Vergessenheit kam und neunzehn Jahre nach Friedrichs Tode im tiefsten Elend starb.

Ebenso wenig wie die deutsche Dichtkunst fand auch das deutsche Schauspiel vor den Augen des Königs Gnade und wenn dasselbe sich in Berlin während der Regierung Friedrichs des Großen in wahrhaft erstaunenswerther Weise vervollkommnete, so hat Friedrich daran doch keinen Theil. Der Oper und dem französischen Theater wendete er seine Unterstützungen zu, das deutsche Schauspiel überließ er seiner eignen Entwicklung.

Unmittelbar nach seinem Regierungs-Antritt ließ Friedrich im königlichen Schloß in dem sogenannten Kurfürstensaal eine Bühne für das französische Schauspiel herstellen, ein kleines Theater, welches nur ein Parterre, 2 Reihen Logen und eine Gallerie enthielt; die letztere war für die Bürgerlichen bestimmt, denn nach den Anschauungen des Königs konnten diese unmöglich der Ehrenplätze des Adels theilhaftig werden.

Eine französische Schauspielergesellschaft wurde gewonnen und diese spielte auf der königlichen Bühne bis zum Jahre 1756 an jedem Mittwoch.

Die Zeit bis zum Beginn des siebenjährigen Kriegs war die Blüthezeit für das französische Theater in Berlin. Der König war noch jung und lebensfrisch, er interessirte sich für die Darstellungen und die Darsteller. Die vielen berühmten in Berlin anwesenden Franzosen, unter ihnen auch Voltaire, brachten das Unternehmen zu einer bedeutenden Höhe; klassische Stücke wurden von den Direktoren, Anfangs dem Baron Pöllnitz, dann dem Baron Schweris, gewählt und zur Aufführung gebracht.

Während des Krieges schlief nach und nach das französische Schauspiel ein. Friedrich war an dasselbe indessen so gewöhnt, daß er nach dem Feldzug die Errichtung des Theaters auf's Neue in Aussicht nahm; eine neue Truppe wurde gewonnen. Es hatte sich inzwischen schon der Geschmack des Berliner Publikums so sehr der französischen Literatur zugewendet, daß ein großer Theil desselben lieber ein französisches als ein deutsches Schauspiel sah und deshalb dringend wünschte, es möge ein französisches Theater in Berlin begründet werden, welches dem gesammten Publikum zugänglich wäre.

In Folge dieses vielfach ausgesprochenen Wunsches baute Berger bei Monbijou ein Schauspielhaus und ließ in demselben französische Singspiele und Pantomimen aufführen. Aber er konnte sich nicht halten, es kam zu mancherlei Unannehmlichkeiten und in Folge deren hörte das Theater nach wenigen Jahren zum großen Bedauern des Königs auf.

Um das französische Theater zu erhalten, entschloß sich Friedrich, einem frühern Mitglied der Hofschauspielergesellschaft, Fierville, jährlich 10,000 Thaler zu bewilligen, damit dieser eine neue Gesellschaft begründe.

Fierville hatte dafür nur die Pflicht, Mittwochs für den Hof ohne Entrée zu spielen, sonst aber durfte er an drei Tagen wöchentlich Vorstellungen für das Publikum gegen Entrée geben. Er eröffnete seine Bühne am 24. März 1769 im Schauspielhause in der Behrenstraße, aber auch er fand seine Rechnung nicht dabei; drei Jahre lang setzte er das Unternehmen fort, dann überließ er dasselbe an Chavanne und als auch dieser dabei Geld zusetzte, wurde die Leitung des französischen Schauspiels dem königlichen Schauspieldirector Herrn v. Arnim übertragen.

Im Jahre 1776 wurde das von Boumann erbaute neue königliche Komödienhaus auf dem großen Friedrichs- (Gensd'armen-) Markt mit einem Stück von Corneille eröffnet. Das Haus war für ein großes Publikum berechnet, es konnte im Ganzen ungefähr 1200 Personen umfassen. Es wurde in demselben drei Mal wöchentlich französische Komödie gespielt, aber nur für wenige Jahre.

Schon 1778 beim Ausbruch des bairischen

Erbfolgekriegs ließ der König das französische Schauspiel ganz eingehen und Privatunternehmer, welche dasselbe fortgesetzt hätten, fanden sich nicht, denn wenn auch ein großer Theil des Berliner Publikums mit seinem Geschmack für die französische Literatur und das Theater kokettirte, so blieb das letztere in der preußischen Hauptstadt doch immer nur eine Treibhauspflanze, die sich nicht selbst erhalten konnte, sondern der königlichen Pflege zu ihrer Existenz bedurfte.

Ein von dem Schicksal der französischen Schaubühnen durchaus verschiedenes Loos hatte das deutsche Theater in Berlin. Ohne Staatsunterstützungen, die Theater-Direktoren mußten sogar nicht unbedeutende Abgaben an die Chargenkasse und bei den jedesmaligen Vorstellungen an das Armen-Direktorium geben, hob sich dasselbe aus eigner Kraft und wirkte sittlichend, den Volksgeschmack veredelnd.

Um den Fortschritt, welchen das deutsche Theater in Berlin während der Regierung Friedrichs des Großen machte, recht würdigen zu können, müssen wir einen Blick auf den Zustand werfen, in welchem sich dasselbe beim Regierungsantritt des Königs befand.

Eckenberg, der starke Mann, ergötzte noch immer die Berliner theils mit Kraftkunststücken, theils mit Komödien; sein Schauspielhaus hatte er auf dem Neuen Markt, seine Künstlerbude auf dem Spittelmarkt aufgeschlagen; ihm zur Seite stand als würdiger Genosse und Konkurrent Peter Hilferding, genannt „der Armen-Pantalon" (pantalone di bisognosi), dessen Bude auf dem Dönhofsplatz dicht am Meilenstein aufgeschlagen war.

Im Winter von 1741 zu 1742 spielten die Truppen dieser beiden Direktoren neben einander und suchten sich in der Gunst des Publikums Konkurrenz zu machen, um ihre Kassen zu füllen. Da wurden bald die zotigsten, auf den rohen Geschmack der Masse berechneten Stücke herausgesucht und mit platter Gemeinheit gespielt, bald suchte Hilferding die Menge durch Stücke mit religiösem Hintergrund zu locken.

Hilferding spielte z. B. „Richters weltberühmtes Trauer- und Lustspiel von der artigen Grundsuppe der Welt", in welchem das Schicksal der streitenden Kirchen dramatisch dargestellt war; ferner die „Duell-Tragödie oder was vom Ausfordern und Balgen zu halten sei", ein Stück, welches mit dem Vers:

Jesu, dein bin ich,
Mach mich selig!"

schloß.

Neben diesem halb religiösen Stück brachte Hilferding ein berühmtes Freudenspiel zur Aufführung; es führte den schönen Titel:

„Der unbekannte Liebhaber oder gelebte Feind Timocrates mit vieler kurzweiliger Ergötzlichkeit vom lustigen Pickelhering angefüllet und vorgestellet",

ein Stück, in welchem der Pickelhering Dorides die schmutzigsten Reden führt.

Es ist nothwendig zur Beurtheilung des unter dem damaligen Berliner Publikum herrschenden Geschmacks, daß wir eine Stelle aus dem Stück, die wenigst anstößige, mittheilen.

Ein Duett zwischen dem Pickelhering Dorides und Clarille, dem Kammermädchen der Prinzessin Eryphile, lautet:

Dorid. Bist du's, mein auserwähltes Leben?
Clar. Mein Leben will ich für dich geben.
Dorid. Wie bist du denn hier her gekommen?
Clar. Mir ist die Ehr noch nicht benommen.
Dorid. Ach, bist du ganz mein Murmelthier?
Clar. Ja, wie ein Glas komm ich zu dir.
Dorid. Hast du noch keinen Stoß gekriegt?
Clar. Von einem Stoß das Glas zerbricht.
Dorid. Ganz rein, als wie vom Mutterleib?
Clar. Glaub daß ich keinen Spott hier treib.
Dorid. Wie willst du das aber immer machen?
Clar. Ich will dir geben meine Sachen.

Nun ziehen sie sich aus und Clarille giebt ihm ihre Kleider. Bald hernach singt Dorides, indem er sich an die Prinzessin wendet, nach der Weise: „So hör doch allerliebstes Herz":

Drum traut, ihr Jungfern! keinem nicht,
Und wart' bis ihr ins Brautbett kriegt,
Die Nadel ist bald eingefädelt
Und eine Jungferschaft verzettelt.
Seht, ob die Leut auch richtig seyn,
Eh ihr sie laßt zu euch hinein.
Manche fischt und wird betrogen,
Mit Schelmen all's ist erlogen.
U. s. w.

Außer diesen und ähnlichen Stücken wurden sowohl von Eckenberg als Hilferding meist Trauer- und Schauspiele mit Gesang oder Possen gespielt, in denen dem Hanswurst stets die größte Rolle zuertheilt war, denn die plumpen und zotigen Späße des Hanswursts waren die beste Würze für den Theaterabend.

Um das Publikum recht zahlreich in die Schaubuden zu locken, mußten die Konkurrenten Eckenberg und Hilferding sich in allen möglichen Anziehungsmitteln gegenseitig überbieten. Da ritt denn am Vormittag vor der Vorstellung der Hanswurst mit seiner Schellenkappe zu Pferde in der Stadt herum; statt des Zaums hatte er den Schwanz des Rosses in der Hand. Ihn begleitete ein Trompeter oder Trommler und nachdem dieser drei Mal einen Wirbel geschlagen oder einen Tusch geblasen hatte, verkündete der Hanswurst mit möglichst schnarrender oder lispelnder Stimme oder indem er durch die Nase redete, an den Hauptecken der Straßen, was an dem Tage in dem Theater gegeben werden sollte. Außerdem wurden auch auf den öffentlichen Plätzen große gemalte Bilder ausgehängt, die in den buntesten Farben eine Darstellung der in dem Stück vorkommenden Handlungen zeigten.

Die Theaterzettel mußten sich in Anpreisung der Wunderherrlichkeiten, die zu sehen sein sollten, überbieten. Das Formular derselben war etwa nach Plümicke's Mittheilung in seiner Theatergeschichte folgendes:

„Mit gnädigster Bewilligung einer hohen Obrigkeit wird heute in dem Theater von der privilegirten 2c. Gesellschaft deutscher Schauspieler aufgeführt werden, eine mit lächerlichen Scenen, ausgesuchter Lustbarkeit, lustigen Arien und Verkleidungen wohl versehene, dabei aber mit ganz neuen Maschinen und Dekorationen artig eingerichte, auch mit verschiedenen Flugwerken ausgezierte und mit Scherz, Lustbarkeit und Moral vermischte, durch und durch auf lustige Personen eingerichtete, gewis sehenswürdige große Maschins-Komödie unter dem Titel:

Hanswurst's Reise in die Hölle und wieder zurück,

wobei dieser arme, von den Teufeln oftmals erschröckte, verzauberte, von seinem Herrn aber geprügelte, dumme und mit Colombinen, einer verschmitzten Kammerjungfer, ehelich verlobte Diener in folgenden Verkleidungen erscheinen wird: 1) als Reisender, 2) als Cavalier, 3) als Pavian, 4) als Schornsteinfeger, 5) als Husar, 6) als Zigeunerin, 7) als Croat, 8) als Barbier, 9) als Doctor, 10) als Tanzbär, 11) als affectirte Dame, 12) als Laufer, 13) als Kuplerin, 14) als Nachtwächter, 15) als Mann ohne Kopf und 16) als ein von den Teufeln geholter Bräutigam.

Dabei werden allezeit lustige Arien gesungen werden.

Wir können übrigens versichern, daß die heutige Maschins-Komödie die Krone aller Maschins-Komödien ist."

Solche marktschreierische Ankündigungen hatten meistens den besten Erfolg; je toller sie waren, je sicherer bewirkten sie, daß am Abend die Bude Kopf an Kopf gefüllt war.

Ein ganz andrer Geist wurde in das Theater getragen, als im September 1742 die Schönemann'sche Schauspieler-Gesellschaft nach Berlin kam und auf dem Rathhaus ihre Vorstellungen begann. Schönemann suchte weniger durch äußern Pomp als durch Gediegenheit der Darstellungen und Auswahl der Stücke zu wirken. Seine Dekorationen waren keineswegs brillant, dagegen hatte er tüchtige Schauspieler, unter denen wir besonders den berühmt gewordenen Eckhoff nennen, engagirt und ließ diese in guten, zum Theil klassischen Stücken spielen.

So gab er den „Kanut" von Johann Elias Schlegel, den „Cato" von Gottsched, den „Hypochondristen" von Quistorp, alle Stücke von Gellert und von Johann Christian Krüger, außerdem die Werke von Corneille, Voltaire und Molière in leidlicher Uebersetzung.

Schönemann hatte schwer mit dem verdorbenen Geschmack des Publikums zu kämpfen; die ersten guten Stücke wollten der an die alberuste Possenreißerei gewöhnten Masse noch nicht recht munden und wohl oder übel mußte auch Schönemann hier und da ein possenhaftes Nachspiel oder auch eins der abgeschmackten Schäferspiele, welche damals beliebt wurden, geben.

Seine Nachfolger fühlten sich nicht ermuthigt, dem Beispiel Schönemann's zu folgen; wenn sie auch nicht ganz wieder in die alte geschmacklose Richtung zurückkehrten, sondern hier und da ernste gute Stücke auf die Bühne brachten, um dem kunstsinnigen Theil des Publikums gerecht zu werden, so bildeten doch Singspiele, Schäferspiele und burleske Possen, in denen viel improvisirt wurde, den hauptsächlichsten Theil des Repertoirs der Schuch'schen Gesellschaft, welche in einer Bude auf dem Gensd'armen-Markt im Jahre 1754 auftrat und vielen Zulauf hatte.

Ganz in die alte Unsitte verfallen konnte das Berliner Theater nicht wieder, dafür sorgten Lessing, Mendelsohn, Nikolai, Rammler und andere treffliche Schriftsteller, welche mit unablässigem Eifer bemüht waren, für die Verbreitung eines bessern Geschmacks im Publikum zu sorgen.

So bestimmten Lessing, Mendelsohn und Nikolai im Jahre 1756 den Gewinn von der von ihnen herausgegebenen Bibliothek der schönen Wissenschaften zu einem Preise auf die beste Tragödie und trugen dadurch dazu bei, daß die Schriftsteller wetteiferten, um etwas Besseres als die alte Possenreißerei zu schaffen.

Schuch spielte bis zum Jahre 1759 in seiner erwähnten Bude, dann siedelte er nach dem Haus auf dem Werder, dem spätern Finanz-Ministerium, um. Er starb 1763.

Nach Schuch übernahm sein Sohn Franz die Direktion der Gesellschaft und dieser baute sich Behrenstraße 55 im Jahre 1764 ein Schauspielhaus, in welchem 800 Personen Platz fanden.

Bis zum Jahre 1766 behielt auf dem Schuch'schen Theater die Hanswurstiade den Vorrang; erst als der Schauspieler Döbbelin in diesem Jahre nach Berlin kam und der Gesellschaft beitrat, erfolgte ein Umschwung. Döbbelin drang auf die Abschaffung des Hanswurstes und die Einführung regelmäßiger guter Stücke. Die Kritiker, besonders Rammler, und die bessern Schauspieler standen Döbbelin bei und dadurch gewann das Repertoir des Theaters ein neues Leben.

Die Posse wurde durch Stücke von Lessing, Weiße, Schlegel 2c., sowie durch gute Uebersetzungen verdrängt.

Schon im Jahre 1767 übernahm Döbbelin neben Schuch die Direktion der kleinen Schauspieler-Gesellschaft und fuhr fort, gute Stücke ohne Possenreißerei zu geben. Noch immer hatte er schwer zu kämpfen gegen den verdorbenen Geschmack des Publikums, welches wenigstens Opern und Singspiele sehen wollte. Er würde vielleicht zu Grunde gegangen sein und bereitete sich schon vor, Berlin ganz zu verlassen, da wurde Lessing sein Retter aus der Noth.

„Minna von Barnhelm" kam auf die Bühne. Es hatte Schwierigkeiten gemacht, das treffliche Stück zur Aufführung zu bringen; die Ungerechtigkeit, welche in der Verabschiedung der Freikorps lag, war darin so treffend geschildert, daß es bedenklich erschien, gerade in Berlin ein solches Werk auf die Bühne zu lassen. Die Schwierigkeiten wurden aber überwunden, Minna von Barnhelm kam zur Aufführung und zwar mit einem Erfolg, wie er in Berlin unerhört war.

So hatte das Publikum noch niemals das Theater bestürmt, an den Abenden, an denen Minna von Barnhelm gegeben wurde, aber freilich war auch noch nie ein Stück so ganz aus dem Leben gegriffen auf einem Berliner Theater gegeben worden. Die Scenen, die dort gespielt wurden, Jeder hatte sie in ähnlicher Weise selbst erlebt; waren doch die Berliner Zeugen von der Auflösung jener Freikorps gewesen, hatten sie doch die Schicksale mancher braven Offiziere, die im Elend leben mußten, fast täglich vor Augen.

Minna von Barnhelm wurde in 22 Tagen 19 Mal vor überfülltem Hause gegeben und hätte Döbbelin nicht für einige Zeit Berlin verlassen müssen, so würde er sicher noch ebenso oft das beliebte Stück mit gleichem Erfolg gegeben haben.

Im Jahre 1771 starb Schuch und sein Privilegium erhielt der Direktor Koch, der der Begründer des ersten stehenden Theaters in Berlin wurde, denn bisher hatten die Theater-Direktoren immer nur für einige Monate hier ihre Vorstellungen gegeben.

Koch eröffnete seine Bühne am 10. Juni 1771 mit „Miß Sara Sampson" von Lessing und einem Prolog von Rammler; der Darstellung des Lessing'schen Stück folgte ein Ballet.

Die Vorstellung war ausgezeichnet, der Beifall des Publikums außerordentlich und in den nächsten 8 Vorstellungen war das Theater so überfüllt, daß ebenso viel Zuschauer fortgehen mußten, wie aufgenommen werden konnten.

Ein ähnlicher Erfolg begleitete die ferneren Vorstellungen der Koch'schen Gesellschaft und diese verdiente ihn sowohl durch ihr Spiel als dadurch, daß Koch es verstand, durch eine gute Auswahl*) der Stücke, durch reiche Abwechslung zwischen ernsten Schauspielen und niedlichen Operetten, sowie durch treffliches Spiel die Schaulust des Publikums immer wieder von Neuem anzuregen.

Koch**) starb schon 1775 und sein Privilegium ging nun an Döbbelin über, der fortan nur in Berlin spielen durfte. Der König erließ ihm aus besonderer Gnade die sonst üblichen Abgaben an die Chargenkasse, sowie die Stempel- und Accise-Gebühren; er mußte sich nur verpflichten, 17 Thaler von jeder Vorstellung an die Armen-Direktion zu bezahlen.

Döbbelin eröffnete seine Bühne am 17. April 1775, unter ihm erreichte das deutsche Schauspiel in Berlin zur Zeit Friedrichs des Großen den Höhepunkt.

So schwer Döbbelin auch mit der bevorzugten französischen Bühne zu kämpfen hatte, er siegte dennoch; treffliche Schauspieler und Schauspielerinnen, der alte Bessel, Unzelmann, Schröder aus Hamburg, Demoiselle Döbbelin u. A. entzückten in klassischen Stücken die Berliner. Goethes und Schillers erste Meisterwerke, gute Uebersetzungen Shakespeare'scher Stücke trugen zur Veredlung des Geschmacks bei.

Wenn auch die Männer der alten Schule sich nicht in die neue Richtung finden konnten, sich nach den Hanswurstspäßen ihrer Jugend zurücksehnten, das heranwachsende Geschlecht wußte die klassischen Stücke zu würdigen, das zeigte sich durch die Dankbarkeit, welche das Publikum dem unsterblichen Lessing, der sich so viele hohe Verdienste um das Berliner Theater erworben hatte, erwies.

Lessing war am 15. Februar 1781 in Wolffenbüttel gestorben. Zu seinem Andenken fand am 24. Februar auf der Döbbelin'schen Bühne eine Trauerfeierlichkeit statt, zu der das Publikum in solcher Masse herbeigekommen war, daß das Theater dicht gefüllt wurde.

Auf der Bühne stand ein hell erleuchtetes sogenanntes castrum doloris, welches mit dem Grabmal und Bildniß des Verstorbenen verziert war. Die sämmtlichen Schauspieler und die Schauspielerinnen, an der Spitze derselben der Direktor Döbbelin, standen zu Seiten desselben in Trauerkleidern; hinter der Bühne ertönte eine Trauermusik, nach deren Beendigung hielt Mademoiselle Döbbelin eine Rede, in welcher sie den Schmerz um den Verstorbenen so ergreifend aussprach, daß der größte Theil des Publikums bis zu Thränen gerührt wurde. Die Schauspielerin war selbst so ergriffen, daß auch sie endlich weinte und die Rede kaum zu beenden vermochte.

Zum Schluß der Feierlichkeit wurde „Emilia Galotti" gegeben und einen eigenthümlichen Eindruck machte es, daß die Schauspieler an jenem Abend alle Rollen in Trauerkleidung spielten.

Ebenbürtig mit dem deutschen Schauspiel kam in Berlin zur Zeit Friedrichs des Großen auch

---

*) Von Schauspielen nennen wir „Emilia Galotti", von Operetten die noch heut beliebten Stücke „der Dorfbarbier" und „die Jagd" von Hiller, welche mehr als 40 Mal mit großem Erfolge gegeben wurden.

**) Koch hatte sich durch seine tüchtigen Leistungen die allgemeine Anerkennung, auch die des Königs, erworben. Er glaubte deshalb Anspruch darauf machen zu können, daß seinen Schauspielern der Titel von Hofschauspielern ertheilt werde und suchte darum nach. König Friedrich nahm aber Koch Anstand, den deutschen Künstlern einen solchen Vorzug zu gewähren. In einer besondern Kabinets-Ordre sprach er zwar seine Anerkennung des Koch'schen Theaters und seinen Wunsch aus, daß Koch zur Unterscheidung von andern gemeinen Komödianten irgend eine Auszeichnung erhalten möge und der Minister v. Massow brachte in Folge dessen verschiedene Titel in Vorschlag. Koch aber verbat sich alle, welche nicht zu gleicher Zeit auch seinen Schauspielern zu Theil würden.

die Musik zu einer Blüthe, welche sie nie zuvor gehabt hatte, da diese aber nicht aus der eignen Kraft der Nation hervorgegangen, sondern durch Unterstützung des Königs erzeugt worden war, so mußte naturgemäß auch wieder ein Verfall der Musik eintreten, als Friedrich, durch Alter und Kränklichkeit erschlafft, nicht mehr das Interesse an musikalischen Leistungen nahm, welches er in seiner Jugend gezeigt hatte. Die Liebhaberei für die Musik erhielt sich zwar für immer in Berlin, das Verständniß für die Kunst aber erlosch auf lange Zeit.

Die Flöte war Friedrichs theuerste Freundin von seinen Knabenjahren an gewesen. Im Hören und Ausüben der Musik fand der kunstsinnige König die schönste Erholung, nachdem die Regierungsgeschäfte vollbracht waren und selbst im Kriegslager verlor er das Interesse an der Kunst nicht. Alabendlich wurde, wenn es irgend anging Konzert gehalten, die bevorzugten Mitglieder seiner Kapelle mußten dem König wenigstens in das Winterlager folgen.

Im Schloß zu Berlin oder Sanssouci sowie im Lager trat gewöhnlich gegen 6 Uhr Abends Friedrich mit den Noten unter dem Arm in das Konzertzimmer; er vertheilte die Stimmen für zwei Violinen, eine Bratsche, ein Violoncell, ein Fagot und ein Fortepiano, häufig legte er sie selbst auf die Pulte. Er nahm persönlich an den Konzerten Theil, indem er die Soli, welche sein alter Lehrer Quanz für ihn gemacht hatte, blies, häufig auch Flötensolo's eigner Komposition vortrug. Hatte er besonders schön geblasen, dann rief ihm Quanz wohl ein Bravo zu und Friedrich war darauf nicht wenig stolz, denn Quanz verfehlte auch nicht, sein Mißfallen zu zeigen, wenn er unzufrieden war.

Quanz übte, so lange er lebte, den Einfluß des Lehrers über den König aus und er ist dadurch eine wichtige Person in Berlin geworden. Leider ließ er seine Macht häufig genug andere Musiker in nicht angenehmer Weise fühlen und besonders verleitete ihn dazu sein Geiz.

Er hatte die Aufgabe, die Musiker für die Kapelle anzunehmen und er that dies nie, ohne sich dabei einen Vortheil zu machen. Jeder, der eine Anstellung haben wollte, mußte einen Theil der Besoldung an Quanz abtreten.

Eine solche Handlungsweise war um so schmutziger, da Quanz ein Gehalt von 2000 Thalern und andere bedeutende Nebeneinnahmen bezog und da er nicht für Familie zu sorgen hatte, denn seine Ehe war kinderlos.

Am Meisten von der Selbstüberhebung, deren sich Quanz häufig schuldig machte, hatte Karl Philipp Emanuel Bach, der berühmte Klavier-Virtuose und Komponist, der den König auf dem Pianoforte bei den Flötensolo's begleiten mußte, zu leiden. Diesem machte Quanz das Leben so schwer, daß Bach trotz seiner vortheilhaften Stellung doch endlich im Jahre 1767 Berlin verließ und nach Hamburg übersiedelte.

Dem Einfluß, den Quanz auf den König ausübte, ist es wohl zuzuschreiben, daß Friedrich von den schönen Kompositionen Bachs niemals ein Stück spielte, sondern sich lediglich an die Solo's hielt, welche ihm Quanz für die Flöte komponirte.

Bach rächte sich dafür durch manchen beißenden Witz. So gab er z. B. einst in einer Gesellschaft ein Räthsel auf, welches wohl das fürchterlichste Thier in der preußischen Monarchie wäre? Als dies Niemand rathen konnte, erklärte er:

„Das fürchterlichste und einflußreichste Thier in Preußen sei der Schoßhund von Madame Quanz, denn Quanz als ein Pantoffelheld, müsse seiner Frau unbedingt gehorchen, die Frau aber gehorche dem Schoßhund und man könne nur etwas von ihr und dadurch von Quanz erreichen, wenn man dem Schoßhund Leckerbissen gäbe. Vor dem Schoßhund fürchte sich Madame Quanz, vor Madame Quanz fürchte sich Herr Quanz, vor Herr Quanz der König und vor dem König die ganze Welt. Ein fürchterlicheres Thier als der Schoßhund könne daher nicht existiren."

Man lachte über die Auflösung des Räthsels und dieses ging wenige Tage darauf von Mund zu Mund in Berlin. Es wurde sogar durch den Marquis d'Argens dem König selbst zugetragen und Friedrich erkannte die Wahrheit desselben an, indem er lächelnd sagte: „Nehmt Euch nur in Acht, daß Quanz von dem Räthsel nichts erfährt, sonst jagt er uns alle zum Teufel!"

Auch der Nachfolger Bachs, der ausgezeichnete Virtuose Fasch, dem Berlin später die Begründung der Singakademie verdankte, hatte viel von dem alten Quanz zu leiden.

Die Musikliebhaberei des Königs führte natürlich auch die Vornehmen am Hofe, sowie die Prinzen und Prinzessinnen, zur Nachahmung. Die Markgrafen Heinrich und Karl hatten ihre eigene Kapelle, ebenso auch der Prinz Heinrich, und es war damit den tüchtigen Musikern die Gelegenheit zu vortheilhaften Stellungen gegeben.

Kirnberger, der Hofmusikus der Prinzessin Amalie, zeichnete sich durch Herausgabe musikalischwissenschaftlicher Werke, Schulz, der Direktor der Kapelle des Prinzen Heinrich, durch liebliche Lieder-Kompositionen aus.

Bemerkenswerth ist es, daß alle damals in Berlin lebenden bedeutenden Komponisten Deutsche waren. In der Musik huldigte Friedrich, wie wir bereits erwähnten, der deutschen Kunst; alle seine Kapellmeister, Graun, Agrikola, Reichardt waren Deutsche. Von den Franzosen wollte Friedrich nichts wissen, „denn," so sagte er einst zum Grafen Zierotin, „die französische Musik taugt nichts."

Auch in der Oper bevorzugte Friedrich die deutsche Kunst in Beziehung auf die Komponisten, und ließ während seiner ganzen Regierung fast nur Opern von Graun und Hasse aufführen; ebenso wurden auch in der Kapelle fast nur deutsche Künstler angestellt. Von den deutschen Sängern und Sängerinnen aber wollte er nicht viel wissen;

italienische Sänger und Kastraten sollten die Berliner Oper zur glänzendsten Deutschlands machen.

Kaum zur Regierung gekommen, schickte Friedrich den berühmten Graun nach Italien, um Sänger und Sängerinnen für die zu begründende Oper zu engagiren. Die erste Oper, welche in Berlin gegeben wurde, war „Rodelinde" von Graun. Die Aufführung fand am 13. Dezember 1741 auf dem königlichen Schloßtheater, welches später für das französische Schauspiel bestimmt wurde, statt.

Schon am 5. September 1741 hatte Friedrich den Grundstein zum Bau eines prächtigen Opernhauses gelegt und im Dezember 1742 konnte dasselbe bereits durch Grauns Oper „Cleopatra und Cäsar" eröffnet werden. Es war mit höchster Pracht eingerichtet, die Kostüme allein kosteten 60,000 Thaler; für die Erleuchtung mit Wachslichtern an einem einzigen Redouten-Abend wurden 3000 Thaler berechnet.

Mit der Oper war auch ein Ballet verbunden; der Balletmeister, sowie Tänzer und Tänzerinnen wurden aus Frankreich verschrieben.

Während des Karnevals fanden regelmäßig wöchentlich zwei Vorstellungen statt, außerdem wurde jedes Fest in der königlichen Familie, jeder Besuch eines fremden Herrschers durch eine Vorstellung verherrlicht.

Friedrich betheiligte sich auf's Lebhafteste an allen Opern-Aufführungen; er bestimmte selbst das Repertoir, häufig komponirte er einzelne Arien, dann wieder dichtete er auch den Text zu Grauns Musiken. Kein Stück durfte besetzt werden, ohne daß er vorher gefragt worden wäre, und bei der Aufführung selbst saß der König hinter dem Kapellmeister und schaute ihm in die Partitur.

Wehe den Musikern, wenn sie nicht mit der höchsten Präcision spielten!

Friedrichs Platz war im Parquet unmittelbar hinter dem Orchester; das kleine Parquet war überhaupt für den König und die Prinzen bestimmt, während das Parterre dem Bürgerstande überlassen war. In den ersten Ranglogen nahmen die königliche Familie und der hohe Adel Platz, insoweit dieselben nicht mit dem Könige auf dessen Einladung im Parquet ihren Sitz hatten.

Die Parquet- und Parterre-Logen, sowie die Logen des zweiten und dritten Ranges waren für die Staatsminister, die fremden Gesandten und den übrigen Hofadel bestimmt. Ein Eintrittsgeld wurde für die Oper nicht bezahlt, diese sollte zur musikalischen Ausbildung sowohl des Hofes als des Bürgerstandes dienen.

Bis zum siebenjährigen Kriege stand die Oper in Berlin auf der glänzendsten Höhe. Graun komponirte für dieselbe von 1741—1756 nicht weniger als 28 Opern.*) Die berühmte Sängerin Astroa, die Sänger Romani, Porporino und Carestini, die Tänzerin Barberini entzückten in dieser Zeit die Berliner.

Mit dem siebenjährigen Kriege erlosch der Glanz der Oper und auch nach demselben sollte er nur noch einmal für kurze Zeit emporflackern.

Graun starb im Jahre 1759; sein Nachfolger Agricola konnte ihn nicht ersetzen, auch war der König nicht geneigt, nach dem Kriege so große Summen wie früher für die Oper aufzuwenden; ja er dachte sogar daran, diese zu verpachten. Er erzählte einst Quanz, daß ein italienischer Graf eine nicht unbedeutende Summe für die Pacht geboten habe, und fragte seinen Lehrer, wie dieser darüber denke.

„Ew. Majestät sind Herr und Meister," erwiderte Quanz, „allein wenn ich eine Bitte thun darf ——"

„Und diese wäre?" fragte Friedrich heftig.

„Ew. Majestät wollen dann auch geruhen, die Inschrift des Opernhauses: Fridericus Rex Apolloni et Musis (König Friedrich dem Apollo und den Musen) wegnehmen zu lassen."

Die derbe Antwort zeigte dem König, wohin es bei einer Verpachtung des Opernhauses mit der Kunst kommen würde; er stand sofort von seinem Vorhaben ab; der italienische Graf mußte unverrichteter Sache Berlin verlassen.

Friedrich verpachtete nun zwar die Oper nicht, aber er wendete ihr nicht mehr die frühere Sorgsamkeit zu; trotzdem aber erhielt sie doch noch einmal, wenn auch nur für wenige Jahre, den alten Glanz und zwar durch eine deutsche Sängerin, durch die Mara.

Friedrich verachtete die deutschen Sänger und Sängerinnen, nur die Italiener, glaubte er, könnten im Gesange excelliren. Er entschloß sich daher schwer dazu, die ihm vielfach gerühmte Sängerin Gertrud Schmeling aus Kassel auch nur zu hören. Endlich ließ er auf vieles Zureden die Schmelig nach Sanssouci kommen, und er war eben so erstaunt wie entzückt, als sie ihm eine der schwierigsten Arien Graun's mit herrlicher Stimme und wahrer Meisterschaft vortrug. Er legte ihr noch eine Bravourarie vor, welche sie nicht kennen konnte, aber auch diese sang sie ohne Fehler vom Blatt. Noch manche andere Beweise ihrer Kunst mußte sie ablegen, dann aber war Friedrich so eingenommen für sie, daß er sie mit einem Gehalt von 3000 Thalern auf Lebenszeit engagirte und ihr sogar versprach, das Gehalt in der Folge noch zu erhöhen.

Gertrud Schmeling betrat zum ersten Male die Berliner Bühne. Sie hatte einen wunderbaren Erfolg; ohne schön zu sein, riß sie doch durch ihren Gesang das Publikum zum Entzücken hin, ihr Name war bald der gefeiertste Künstler-Name in Berlin.

Zu ihrem Unglück lernte die berühmte Sänge-

---

*) In dieser Zeit komponirte Graun auch seinen „Tod Jesu" nach Rammler's Text. Die erste Aufführung fand am 11. April 1754 in der Domkirche statt. Seitdem ist der „Tod Jesu" an jedem Charfreitag in Berlin aufgeführt worden.

rin einen Mann kennen, dem sie bald mit blinder Leidenschaft anhing, den Violoncellisten Mara aus der Kapelle des Prinzen Heinrich.

Mara zeichnete sich ebensowohl durch eine außerordentliche Schönheit, als durch ein ausschweifendes Leben und durch Unliebenswürdigkeit des Charakters aus. Vergeblich warnten alle Freunde der Schmeling diese vor einer näheren Verbindung mit dem berüchtigten Künstler, die Sängerin ließ sich nicht rathen, und auch als sie den König um Erlaubniß zur Heirath bat und ihr diese verweigert wurde, blieb sie doch bei ihrem Willen, bis endlich Friedrich nachgeben mußte.

Die Ehe war kaum geschlossen, als Mara seine junge Frau auf das Schändlichste mißhandelte; er verschwendete ihr Gehalt mit leichtfertigen Weibern, trotzdem aber blieb die Liebe Gertruds für ihren Gatten dieselbe. In der Gunst des Königs war die Mara seit ihrer Verheirathung sehr gefallen und Friedrich zeigte dies bei einer Gelegenheit in ziemlich unbarmherziger Weise.

Einst war die Sängerin krank, gerade als der Großfürst Petrowitsch nach Berlin kam. Eine große Oper sollte gegeben werden, bei dieser durfte die Mara nicht fehlen. Vergeblich war ihre Entschuldigung, daß sie nicht auftreten könne, 2 Stunden vor Anfang der Oper erschien ein Hauptmann mit 8 Dragonern in ihrem Schlafzimmer und erklärte ihr, wenn sie nicht sofort das Bett verlasse, so werde er sie, wie sie da sei, mit dem Bette nach der Oper schleppen.

Wohl oder übel mußte sie aufstehen und trotz ihrer Krankheit, welche nicht erheuchelt war, ihre Rolle singen.

Der Aufenthalt in Berlin war hierdurch der Sängerin verleidet; sie bat um ihren Abschied, aber derselbe wurde ihr verweigert. Jetzt versuchte sie, sich durch die Flucht zu retten, diese aber wurde verreitet, und zur Strafe dafür ließ Friedrich Mara, den er als Deserteur betrachtete, als gemeinen Trommler in ein entferntes Garnison-Regiment stecken. Erst als die Mara, welche immer noch mit der innigsten Liebe an ihrem Manne hing, den König um Gnade anflehte, als sie versprach, auf jede Gehaltsverbesserung, die ihr zugesagt war, zu verzichten, erst da gewährte Friedrich die Bitte.

Mara kehrte zurück; statt aber Dankbarkeit für die treue Gattin zu zeigen, mißhandelte er dieselbe schändlicher als zuvor. Friedrich war, als er dies erfuhr, so ärgerlich auf die Sängerin, daß er der Unglücklichen bei jeder Gelegenheit sein Mißfallen zu erkennen gab.

Das Leben in Berlin wurde der Mara durch die täglichen Mißhandlungen ihres Gatten und durch die Unzufriedenheit des Königs, vor dem sie zitterte, so sehr verhaßt, daß sie sich noch einmal zur Flucht entschloß. Diesmal gelang dieselbe, sie entkam nach Dresden; dorthin wurde ihr der Abschied nachgesandt.

Friedrich hätte die entlaufene Sängerin wohl vom sächsischen Hofe reklamiren können, aber er war derselben müde. Er äußerte sich:

„Das Weib ist wie ein Jagdhund, je öfter sie mit Füßen getreten wird, je anhänglicher wird sie."

Mit dem Abgang der Mara war der Glanz für die italienische Oper verloren. Friedrich interessirte sich nicht mehr für dieselbe, überhaupt war ihm die Musik mit dem zunehmenden Alter gleichgültig geworden; er konnte selbst nicht mehr Flöte blasen, da ihm die Zähne fehlten; sein alter Lehrer Quanz war im Jahre 1773 gestorben, da hatten denn auch die Concerte für ihn kein Interesse mehr. Er ließ sie einschlummern und damit verlor sich auch seine Liebe für die Musik überhaupt. Im Berliner Publikum aber blieb dieselbe rege, der Sinn für die Musik hatte Wurzel gefaßt im Volke und entwickelte sich noch weiter.

Schon fand man in vielen bürgerlichen Häusern Klaviere, denn es war Mode geworden, zu musiziren; in allen Familien, welche auf Bildung Anspruch machen wollten, mußten die Söhne und Töchter Unterricht im Klavierspiel und Gesang nehmen. Die Kunst wurde hierdurch freilich wenig gefördert, nur ein oberflächliches Dilettantenthum erzeugt; dies aber hielt wenigstens die Liebe für die Musik bei den Berlinern wach.

Die Malerei und Bildhauerkunst erfreuten sich zur Zeit Friedrichs des Großen in Berlin keines besondern Fortschritts, der König hatte für sie kein großes Interesse. Stellte er doch die unter seinem Vater vollständig in Verfall gerathene Akademie der Künste erst kurze Zeit vor seinem Tode wieder her.

Erst am 14. Februar 1786 konnte unter dem Vorsitze des Staatsministers v. Heinitz, der zum Ober-Aufseher der Akademie ernannt worden war, die erste General-Versammlung gehalten werden. Es wurde das alte Reglement erneuert und nur durch einige zeitgemäße Bestimmungen vervollständigt.

Die erste Berliner Kunst-Ausstellung, welche in Folge dieser Bestimmungen stattfand, wurde am 18. Mai eröffnet. Sie enthielt keine besonderen Meisterwerke neuerer Zeit, denn dergleichen waren nicht geschaffen worden; überhaupt hatten in der kurzen Zeit bis zur Eröffnung der Kunstausstellung nicht viele Neuigkeiten hergestellt werden können, und so waren denn meistens nur ältere Werke vorhanden.

Das Publikum zeigte sein Interesse für die neue Einrichtung durch eine außerordentlich lebhafte Theilnahme, obgleich nicht viel Besonderes zu sehen war.

Am 29. April hatte Friedrich noch den Befehl erlassen, daß den Schülern der Akademie die Erlaubniß ertheilt werden solle, die Gemälde auf dem Schlosse zu studiren und daß ihnen zu diesem Zwecke die Gallerie jährlich vom 1. Juli bis zum 1. September wöchentlich 4 Mal geöffnet werden solle. Dies war fast die einzige Aufmunterung, welche Friedrich den deutschen Malern gewährte, denn er hegte gegen diese fast ein gleiches Vorurtheil, wie gegen die deutschen Dichter.

Er verstand im Ganzen wenig von Malerei, und wenn er es auch für seine Pflicht hielt, als kunstsinniger König eine werthvolle Gemälde-Gallerie anzulegen, so geschah es doch nicht zur Förderung deutscher Kunst. Die mit großen Kosten aufgekauften Bilder der Gemälde-Sammlung von Sanssouci, bei deren Erwerbung, beiläufig gesagt, Friedrich oft schmählich betrogen worden ist, indem man ihm Copien für Originale verkaufte, waren meistens Werke berühmter Meister der niederländischen Schule. Von 172 Bildern waren nur 7 französische, der deutschen Schule gehörte keins an, Italiener und Niederländer machten sich den Preis streitig.

Auch die Bürger von Berlin folgten dem Beispiel des Königs. Es war besonders nach dem siebenjährigen Kriege Mode geworden, einen großen Luxus durch Ausschmückung der Zimmer mit kostbaren Gemälden zu treiben, ja reiche Leute prunkten sogar mit der Anlegung einer schönen Gemälde-Gallerie. In diese aber nahmen sie nur die kostspieligsten Werke alter Meister auf, und für die vaterländische Kunst hatten solche Sammlungen nur insofern einen Werth, als die Meisterstücke jungen Künstlern zur Nachahmung dienen konnten.

Wirklich bedeutende Maler sind aus der Zeit Friedrichs des Großen in Berlin kaum zu nennen. Im Anfang dieser Geschichtsperiode stand Antoine Pesne an der Spitze der Berliner Maler. Nach seinem Tode, im Jahre 1757, trat Vanloo als erster Maler des Königs an seine Stelle; außerdem haben wir von solchen Malern, welche sich besonders bei den Bauten Friedrichs Beschäftigung fanden, noch Rode, Frisch und La Sueur zu erwähnen. Als Portraitmalerin war Madame Theerbusch, welche sich besonders viel mit Ansertigung königlicher Portraits beschäftigte, und manches andere verdienstvolle Werk geschaffen hat, geachtet.

Die Gemälde, welche uns von Berliner Künstlern aus jener Zeit aufbewahrt worden sind, haben keine große künstlerische Bedeutung, obgleich genug gemalt wurde, denn es war unter den Bürgern zur Sitte geworden, daß jede Familie ein Bild des Königs oder die Darstellung irgend einer für Preußen siegreichen Schlacht zum Zeichen ihres Patriotismus im Staatszimmer haben mußte; auch auf Dosen, in Ringen und Armbändern wurde des Königs Portrait in feiner Emaille-Malerei getragen, aber auf eine besonders künstlerische Ausführung kam es dabei weniger an, als auf bunte Farben und zierliche Glätte. Die Kunst machte daher keine großen Fortschritte. Es fanden allerdings viele Maler Beschäftigung, aber in einer ziemlich fabrikmäßigen Thätigkeit.

Auch in der Bildhauerei ist ein nennenswerther Fortschritt nicht zu bemerken, kein Künstler, der sich einen bleibenden Namen erworben hat, ist zu erwähnen. Friedrich kaufte zwar eine Anzahl antiker Werke und legte dadurch den Stamm für die Sammlungen des königlichen Museums; er schmückte auch die Brücken und Plätze der Stadt mit manchen Statuen, aber für die Förderung der Bildhauerkunst in Berlin selbst that er Nichts. Daß sein Geschmack kein künstlerischer war, davon legen die Statuen auf dem Wilhelmsplatz, welche er seinen beliebtesten Generälen Schwerin, Winterfeld, Seydlitz und Keith setzte, genügendes Zeugniß ab.

Es gehört ein fein ausgebildeter Kunstsinn zur Beurtheilung von Bildhauerwerken; dieser fehlte dem Berliner Publikum und es ist daher nicht zu verwundern, daß die zahlreichen kleinen Sandstein-Statuen, mit denen man damals Gärten, Alleen, Häuser ꝛc. zu verzieren pflegte, meist wahre Ausgeburten von Geschmacklosigkeit sind.

Einen gewaltigen Fortschritt machte dagegen die Kupferstecherkunst in Berlin. Der Buchhandel war mächtig emporgeblüht, viele Werke erschienen mit Kupfern und es war dadurch tüchtigen Künstlern die Gelegenheit gegeben, in Berlin ihr Fortkommen zu finden.

Wir nennen unter diesen Georg Friedrich Schmidt, den schon früher von uns erwähnten berühmten Kupferstecher, der im Jahre 1744 aus Paris nach seiner Heimath zurückberufen wurde; außerdem Meil und Berger und vor allen Andern Chodowiecki, der in Berlin mit unerreichter Meisterschaft lobbare Kunstwerke schuf.

Dreizehntes Kapitel.

Friedrich der Große als Baumeister. — Baugeschichte Berlins unter Friedrich dem Großen. — Friedrich vor der Leiche des großen Kurfürsten. — Die Verkaufsbuden auf den Straßen. — Einwohnerzahl Berlins. — Beschreibung der Stadt.

Von der größten Bedeutung für unsere Stadt war die Vorliebe, welche Friedrich für die Baukunst hatte. Er war ein nicht weniger passionirter Baumeister als sein Vater und nicht nur eine große Anzahl öffentlicher Gebäude, sondern auch außerordentlich viel Privathäuser in Berlin verdanken ihm ihre Entstehung.

Ob die Baukunst in Berlin dadurch gefördert worden ist? Das möchten wir freilich dahingestellt sein lassen, denn Friedrich baute zwar mit Leidenschaft und gab selbst die Risse und Pläne für seine Bauten an, aber es fehlte ihm sowohl an einer gründlichen Kenntniß als an einem geläuterten Geschmack. Seine Schöpfungen sind häufig barock, wie uns die königliche Bibliothek, die ein treffendes Bild einer altdeutschen Kommode ist, beweist und selten zweckentsprechend.

Wenn er den Baumeistern seine Ideen zu irgend einem neuen Bauwerk angab, dann hatten diese häufig schwere Arbeit, dasselbe nur einigermaßen dem Bedürfnisse gemäß zu vollenden. Dies zeigte sich besonders bei den Bürgerhäusern, welche der König auf seine Kosten erbauen ließ und zu denen er vielleicht aus irgend einem alten Kupferstich die Façade eines italienischen Pallastes nahm, ohne zu bedenken, daß häufig dadurch das zu erbauende Haus für das bürgerliche Gewerbe der Besitzer ganz unbrauchbar wurde und daß diese durch das königliche Gnadengeschenk mehr Schaden als Nutzen hatten.

Die Bürger zeigten sich daher für die ihnen gemachten Bauten meist gar nicht sehr dankbar.*) Sie hatten viel an denselben auszusetzen und für manche Bürger war ein Haus von drei oder vier Stockwerken, welches ihnen der König auf der Friedrichsstadt erbauen ließ, ein ruinirendes Geschenk, denn zu vermiethen vermochten sie, besonders in Kriegszeiten, das große Haus nicht und doch mußten sie es im Stande erhalten.

Es kamen so viele Klagen vor, daß Friedrich endlich ärgerlich wurde und im Jahre 1782 schrieb:

„Da die unruhigen, querulirenden Einwohner von Berlin Meine Gnade zu sehr mißbrauchen und sie Mir sogar mit Undank belohnen und sie mit Verdruß verbittern, so habe ich beschlossen, für sie nicht mehr bauen zu lassen und dieser Entschluß soll ihnen bekannt gemacht werden."

Ehe wir übergehen zu einer kurzen Darstellung der Baugeschichte Berlins unter Friedrich dem Großen, haben wir die Pflicht, unsern Lesern die Namen der bedeutendsten Baumeister, deren Arbeit unsere Stadt eine Reihe von öffentlichen Gebäuden verdankt, zu nennen.

Der Hervorragendste derselben ist wohl unstreitig der Freiherr v. Knobelsdorf. Dieser war früher Militär gewesen und hatte es bis zum Hauptmann gebracht. Seine Liebhaberei für die Malerei und Architektur ließ ihn indessen im Militärstande keine Befriedigung finden. Er nahm im Jahre 1730 seinen Abschied, um sich ganz der Kunst zu widmen.

Friedrich lernte ihn als Kronprinz in Küstrin kennen und gewann ihn lieb. Knobelsdorf mußte zu ihm nach Rheinsberg kommen; hier wurde er ein ungetrennter Gesellschafter des Kronprinzen und eins der vorzüglichsten Mitglieder jener genialen Gesellschaft, die in Rheinsberg versammelt war. Er machte sich durch die Verschönerung des Schlosses verdient.

Knobelsdorf stand bei Friedrich in solchem Ansehen, daß dieser ihn unmittelbar nach seiner Thronbesteigung zum Direktor aller königlichen Bauten ernannte und ihm die Erbauung des Opernhauses in Berlin, sowie eines neuen Schloßflügels am königlichen Schloß zu Charlottenburg und eine geschmackvolle Einrichtung des Thiergartens*) übertrug.

Knobelsdorf stand als ein alter Freund aus Rheinsberg in so hoher Gunst bei Friedrich, daß er sich für unentbehrlich hielt. Er sollte indessen trotzdem das Schicksal so mancher anderer Günstlinge erfahren und in Ungnade fallen, weil er der Zuneigung des Monarchen zu sicher zu sein glaubte.

Es war für jeden Baumeister schwer, mit dem König zu verkehren, denn Friedrich verlangte, daß nach seinen Plänen oft Unmögliches geleistet werde. Andere fügten sich den Launen des Königs, soweit sie es irgend vermochten, Knobelsdorf hin-

---

*) Von dem Hause Alexanderstraße 45, welches der König ebenfalls auf die Bitte eines Bürgers diesem erbaut hatte, wird folgende niedliche Anekdote erzählt:

Friedrich besichtigte das Haus unmittelbar nach dem Bau und fragte den Besitzer, ob er mit demselben zufrieden sei. Dieser aber schüttelte mit dem Kopf und meinte, es gefalle ihm nicht, daß das Haus gar keine schöne Verzierung habe. Friedrich ging sofort auf den Wunsch des Besitzers ein; er ließ die Façade mit 99 Schafsköpfen ausschmücken. Als der König das nächste Mal wieder zur Besichtigung des schönen Hauses kam, meinte er, der Besitzer könne nun wohl zufrieden sein und wenn er 100 Schafsköpfe haben wolle, so brauche er nur den Kopf zum Fenster herauszustecken.

*) Der unter Friedrich Wilhelms Regierung ganz vernachlässigte Thiergarten wurde von Knobelsdorf zu einem schönen Lustpark umgeschaffen. Die häßlichen Plankenzäune wurden fortgeräumt, weil es nicht mehr darauf ankam, Wild in dem Park zu hegen. Die Wege wurden verbessert und Anlagen aller Art gemacht. Wir nennen von diesen vorzüglich den großen Stern, von dem aus die noch bestehenden Alleen durch den Park gelegt wurden. 16 Statuen schmückten zu jeder Seite der auslaufenden Alleen den Platz und deshalb nannte noch lange das Volk denselben die Puppen, obgleich die Statuen längst verschwunden sind. Die übrigen Verschönerungen des Thiergartens, welche zum großen Theil in neuerer Zeit Aenderungen erlitten haben, wollen wir hier nicht weiter berühren, nur bemerken wir noch, daß in Folge derselben schon damals der Thiergarten ein Lieblings-Erholungsort für die Berliner wurde. Besonders nach dem sehr verschönerten Platze, den man den Kurfürstenplatz oder Zirkel nannte, strömten an den Sommer-Nachmittagen gegen 6 Uhr Tausende von Spazierenden zu Fuß, zu Pferde und zu Wagen zusammen. Häufig wurden von den Berliner Regimentern die Musikkorps auf dem Platze aufgestellt, um zum Vergnügen für die Spaziergänger zu spielen. Dann kamen auch die Mitglieder der königlichen Familie und mischten sich unter den bunten Haufen. Es gab an solchen Tagen in den zum Platze führenden Alleen einen improvisirten Korso. In großen vergoldeten Glaskutschen oder in kleinen Wagen, auf deren Trittbrett die Pagen standen, fuhren die Prinzessinnen, gefolgt von den Equipagen der Hofdamen und dem vornehmsten Adel, durch die Alleen, welche vom Kurfürstenplatz fortführten. Um für die zahlreich versammelte Volksmenge Erfrischungen zu bieten, erhielten zwei Franzosen, Dortu und Thomassin, im Jahre 1745 die Erlaubniß, an der Spreeseite einige Leinwandzelte hinzusetzen, in denen sie Bier, Limonade und andere Getränke verkauften. Später wurde die Zahl bis auf sechs vermehrt und davon hat der Platz den Namen „die Zelte", den er noch heut führt, erhalten.

gegen, der Friedrich als seinen Schüler betrachtete, machte ihm eine scharfe Opposition und besonders geschah dies beim Bau der Terrasse von Sanssouci, über welche er in einen starken Wortwechsel mit dem König kam.

Der Streit wurde so heftig, daß Knobelsdorf sich krank melden ließ und in Folge dessen mehrere Jahre nicht zum König berufen wurde. Auch als die Mißhelligkeit endlich ausgeglichen war, zeigte sich der frühere Günstling nicht weniger unfügsam als bisher. Er machte scharfe Bemerkungen über die in seiner Abwesenheit in Potsdam vorgenommenen Bauten, verglich die Häuser, zu denen der König den Plan angegeben hatte, mit häßlichen Kasernen und moquirte sich über den Geschmack der Baumeister, die etwas Derartiges hätten schaffen können.

Friedrich wurde darüber endlich so empört, daß er ihm eines Tages unwirsch sagte, er möge nur nach Berlin gehen. Einen solchen Befehl ließ sich Knobelsdorf nicht zweimal geben; er reiste auf der Stelle ab und als ihm der König einen Feldjäger nachsandte, der ihm den Befehl überbringen sollte, er möge sofort wieder nach Potsdam umkehren, da erwiderte der beleidigte Baumeister diesem: „der König hat mir selbst befohlen, nach Berlin zu gehen; ich weiß sehr wohl, ob ich seine Befehle oder den eines Feldjägers zu befolgen habe."

Mit diesem Bescheid schickte er den Feldjäger zurück und reiste nach Berlin. Sein Freundesverhältniß mit dem König war hiernach für immer abgebrochen; er blieb in Ungnade und starb im Jahre 1753.

Der am Meisten beschäftigte Baumeister Friedrichs war der Schloßkastellan Boumann in Potsdam. Er hatte sich das Vertrauen des Königs durch viele in Potsdam nach den Plänen desselben ausgeführte Bauten gewonnen.

Vom Schloßkastellan wurde Boumann zum Ober-Baudirektor befördert und nach Berlin versetzt. Hier erbaute er die Domkirche im Lustgarten, den Palais des Prinzen Heinrich, das spätere Universitätsgebäude; er war bei der katholischen Kirche mit thätig, das neue Münzgebäude in der Münzstraße, die Militair-Akademie in der Burgstraße, die Akademie der Wissenschaften und das Komödienhaus auf dem Gensd'armen-Markt, eine große Anzahl von Kasernen und andern öffentlichen Gebäuden, sowie viele Privathäuser verdanken ihm ihre Erbauung.

Boumann hat eine außerordentliche Thätigkeit entfaltet und diese muß anerkannt werden, wenn er sich auch niemals durch Genialität oder auch nur durch ein besonderes Talent auszeichnete.

Sein Sohn, Georg Friedrich Boumann, der früher Hauptmann bei der Artillerie gewesen war, gehört ebenfalls zu den Baumeistern Friedrichs. Er hat die königliche Bibliothek erbaut; an der wunderlichen Außenseite derselben trägt er aber keine Schuld, denn diese wurde durch den König selbst veranlaßt.

Der Hauptmann v. Gontard war ebenfalls eine Zeitlang ein beliebter Baumeister Friedrichs. Der Entwurf zur Königsbrücke und den Kolonnaden der Spittelbrücke und der Bau der beiden Thürme auf dem Gensd'armen-Markt wurden ihm übertragen, letzterer indessen nur bis zum Einsturz des einen Thurms; dann übernahm der Ober-Baurath Unger den Weiterbau. Von Unger rühren auch das neue Schloß in Monbijou, die Arkaden der Jägerbrücke, die Spandauer-Brücke, das neue Kadettenhaus und viele Privatgebäude her.

Die Georgenkirche ist von Boumann dem Jüngern, das Invalidenhaus vom Hauptmann Petri, das Arbeitshaus von Feldmann erbaut.

Mit Hilfe der genannten und einiger weniger bekannten Baumeister war Friedrich bestrebt, Berlin zu einer würdigen Hauptstadt umzugestalten, indem er rastlos sowohl öffentliche als Privatgebäude errichten ließ.

Besonders großartig war seine Thätigkeit in dieser Beziehung vor dem siebenjährigen Krieg. Nach demselben wurde der König sparsamer; er berechnete genauer, ob der Bau nothwendig sei oder nicht und gab nur in einzelnen Fällen seiner Baulust auch da nach, wo es die Nothwendigkeit nicht gebot.

Um die weitere räumliche Ausdehnung Berlins zu ermöglichen, wurden die alten Thore abgebrochen und die Wälle auf der Berlinischen Seite der Stadt und die hinter dem Gießhaus abgetragen. Da konnten denn neue Stadttheile entstehen und Berlin ein ganz verändertes Aeußere gewinnen.

Am Meisten bevorzugt von der Baulust des Königs waren die Dorotheen- und Friedrichstadt und die Spandauer Vorstadt.

Vor allen andern Straßen zeichnete Friedrich die Linden aus, jene damals noch ziemlich dürftige Allee, welche vom Schloß nach dem Thiergarten führte und an deren Seiten beim Regierungsantritt Friedrichs hinter der Akademie nach dem Thore hin nur einzelne meist unansehnliche Häuser standen.

Den Beginn der Prachtbauten unter den Linden machte im Jahre 1741 das schon mehrfach erwähnte Opernhaus, dessen sich noch viele unserer Leser erinnern und von dem das nach dem Brand errichtete Haus noch heut ein gutes Bild bietet.

Dem Opernhaus gegenüber wurde im Jahre 1754 der Bau eines Palastes für den Prinzen Heinrich, das jetzige Universitätsgebäude, begonnen, aber erst im Jahre 1764 vollendet.

Neben diesem Palais war schon im Jahre 1743 der Wiederaufbau der abgebrannten Akademie der Wissenschaft begonnen worden. Seltsamer Weise hatte auch jetzt wieder Friedrich das wissenschaftliche Institut in Verbindung mit den Ställen für die königlichen Maulthiere und die Pferde des Regiments Gensd'armen gebracht, so daß der Berliner Witz dem Gebäude die Inschrift gab:

"Musis et Mulis" (den Musen und den Maulthieren).

Hinter dem Opernhause wurde im Jahre 1747 der Bau der katholischen Kirche begonnen. Die Katholiken hatten bis dahin ihren Gottesdienst nur in einer kleinen Kapelle ausüben können. Diese wurde bei Weitem zu eng, als sich nach den schlesischen Kriegen die Zahl der Katholiken in Berlin bedeutend vermehrte. Ein Karmeliter-Mönch, der zugleich katholischer Prediger in Berlin war, der Pater Mecenati, kam auf den Gedanken, einen prächtigen Tempel für die katholische Gemeinde zu erbauen und die Gelder dazu in allen katholischen Ländern zu sammeln.

Friedrich, dem daran gelegen war, seine Residenz mit schönen Gebäuden zu schmücken und der außerdem den Katholiken ein Zeichen seiner religiösen Duldsamkeit geben wollte, ertheilte gern die Erlaubniß.

Das Schreiben war vom 22. November 1746 datirt und der König sagte in demselben, daß er den Bau einer katholischen Kirche zum freien und ungehinderten Gottesdienst, so groß als die Katholiken den Tempel immer haben möchten, mit einem oder mehreren Thürmen, großen und kleinen Glocken x. ohne allen Vorbehalt gestatte.

Zum Zeichen der königlichen Gnade schenkte Friedrich den Platz hinter dem Opernhause, sowie einen Theil der nöthigen Bau-Materialien. Die katholische Gemeinde in Berlin brachte selbst eine nicht unbedeutende Summe zu den Baugeldern zusammen, außerdem aber wurde in allen katholischen Ländern gesammelt, um in der Hauptstadt des protestantischen Preußenlandes ein katholisches Gotteshaus zu bauen.

Aus Rom allein kamen 57,580 Thaler aus Spanien 18,000 Thaler, der Dominikaner-Orden steuerte fünftausend Thaler und ein Einzelner, Kardinal Quirini, gab außer andern Geschenken noch 8000 Thaler.

Der Bau wurde der Pantheon-Anlage nach ausgeführt, der Grundstein wurde im Jahre 1747 feierlich gelegt.

Bis zum Jahre 1755 ging der durch Büring und le Geay begonnene Bau rüstig fort, dann aber mußte mit demselben inne gehalten werden, da die Gelder zu fehlen anfingen und der im folgenden Jahre ausbrechende Krieg auch störend auf die fernern Sammlungen einwirkte. Erst im Jahre 1757 fielen die Kollekten wieder ergiebiger aus und so gelang es denn nach 6 Jahren Boumann dem Vater, die Kirche zu vollenden. Am 1. November 1773 wurde sie mit großer Feierlichkeit eingeweiht.

Ebenfalls nach dem Kriege, in den Jahren von 1775 bis 1779, wurde auch die königliche Bibliothek auf dem Opernplatz erbaut. Man spottete schon damals viel über das seltsame Gebäude und lachte über die von Friedrich auf den Rath des berühmten Obersten Quintus Icilius dekretirte schlechte lateinische Inschrift "Nutrimentum spiritus".

Der Bau des Bibliothekgebäudes befriedigte übrigens ein wissenschaftliches Bedürfniß des gelehrten Berlins. Bisher war die königliche Bibliothek in unzureichenden und unbequemen Zimmern des Schlosses aufgestellt gewesen, man hatte keine gehörige Ordnung unter den kostbaren Büchern halten können und diese waren deshalb von geringem Werth für die gelehrte Welt der Hauptstadt gewesen.

Jetzt wurde eine neue Ordnung geschaffen, man richtete ein Lesezimmer ein, in welchem Vor- und Nachmittags die Wissensbedürftigen die Bibliothek benutzen konnten. Auch wurden zwei Bibliothekare und zwei Bibliothekdiener angestellt, um zu jeder Zeit das gelehrte Publikum zu bedienen.

Der Theil der Linden vom Schloß bis zu der Akademie hatte durch viele großartige Gebäude ein wesentlich anderes Aussehen erhalten.

Friedrich wollte aber der ganzen Straße einen großstädtischen Charakter verleihen, deshalb ließ er die alten häßlichen Häuser, welche die Straße bis dahin verunzirt hatten, abreißen und den Besitzern neue ansehnliche, meist vier Stock hohe Gebäude aufführen. Er ließ nicht weniger als 44 derartige Häuser auf seine Kosten erbauen.

Auch der Lustgarten erhielt eine Verschönerung durch den Bau des neuen Doms. Der alte Dom auf dem Schloßplatz war längst baufällig geworden, die Reparatur desselben hätte große Kosten verursacht und Friedrich beschloß daher, das ehrwürdige Bauwerk niederreißen zu lassen und sich dadurch vom Schloß aus eine freie Aussicht zu verschaffen.

Am 9. Juli 1747 wurde der Gemeinde bekannt gemacht, daß am 16. Juli im alten Dom die letzte Communion gehalten und zum letzten Male gepredigt werde. — Demnächst erfolgte der Abbruch. Die alten Mauern zeigten eine bewundernswerthe Festigkeit, die Steine zersprangen eher, als der Kalk nachgab. Beim Abbruch entdeckte man in dem westlichen Theil des Gewölbes gegen 200 Särge, wahrscheinlich enthielten sie die Gebeine verstorbener Mönche. Die Grabgewölbe mit den fürstlichen Leichen wurden conservirt bis zur Vollendung des neuen Domgewölbes, zu welchem am 8. Oktober 1747 der Grundstein gelegt wurde.

Der neue Dom, der am Lustgarten gebaut wurde, konnte schon am 6. September 1750 eingeweiht werden. Im Januar desselben Jahres hatte eine eigenthümliche Feierlichkeit stattgefunden.

Die Särge, in denen die Gebeine der verstorbenen Mitglieder des Hauses der Hohenzollern ruhten, waren aus dem Grabgewölbe des alten Doms in das des neuen übergeführt worden; Friedrich wohnte persönlich der Beisetzung mit einigen seiner Adjutanten bei. Von allen seinen Vorfahren achtete er den großen Kurfürsten am Höchsten, er war begierig, die letzten Ueberreste desselben zu sehen und ließ den Sarg öffnen.

Die Leiche war trefflich erhalten, sie lag im Kurmantel, mit einer großen Perrücke, einer gewaltigen Halskrause, gelben Stiefeln und einem Paar Handschuhen mit Fransen im Sarg; auch das Gesicht war noch kenntlich.

Friedrich schaute lange gedankenvoll den Leichnam seines großen Ahnherrn an; er ergriff die Hand desselben und während ihm die Thränen in die Augen traten, sagte er zu seinen Begleitern: „Messieurs, der hat viel gethan!" Dann ließ er den Sarg wieder schließen und entfernte sich schweigend.

Eine ebenso gründliche Umformung als den Linden wurde auch dem Gensd'armen-Markt, damals Friedrichstädtischer Markt genannt, zu Theil; aber freilich erst nach dem siebenjährigen Kriege. Der Friedrichstädtische Markt war ein ziemlich unansehnlicher Platz; es standen auf demselben die nicht sehr zierlichen Kirchen, die französische und die neue Kirche und um diese herum in zwei freistehenden Vierecken die Ställe für das Regiment Gensd'armen.

Im Jahre 1773 ließ Friedrich diese Ställe fortreißen und durch Boumann den Vater 1774 das französische Komödienhaus erbauen. Die beiden Kirchen wurden durch zwei Thürme geschmückt, welche freilich in einer seltsamen Disharmonie mit dem Unterbau standen.

Der Bau der Thürme begann im Jahre 1780. Friedrich, der, als ein alter Mann, nicht mehr auf langes Leben rechnen konnte, wollte vor seinem Ende noch den Bau vollendet wissen, er trieb deshalb fortwährend zur Eile. Der Baumeister Hauptmann v. Gontard konnte ihm nicht schnell genug vorwärts kommen und mußte deshalb zu Hilfsmitteln seine Zuflucht nehmen, welche die Solidität des Baues gefährdeten.

Das Resultat der übermäßigen Eile war, daß in der Nacht des 28. Juli 1781 der Thurm der neuen Kirche zusammenstürzte. Es war ein großes Glück, daß der Zusammensturz in der Nacht und nicht am Tage, wo so viele Arbeiter beim Bau beschäftigt waren, erfolgte; kein Mensch verlor dabei sein Leben.

Friedrich war außer sich vor Zorn, als ihm das Unglück mitgetheilt wurde, er ließ den Hauptmann v. Gontard sofort verhaften und nach Spandau abführen, aber es stellte sich bald genug heraus, daß nicht Gontard, sondern der König selbst die Schuld trug und so mußte denn der unschuldige Baumeister entlassen werden.

Der Bau wurde von Neuem begonnen und im Jahre 1785 vollendet.

Um den von niedrigen, kleinen Häusern umringten Platz zu einer Zierde der Stadt zu machen, ließ der König von 1777 bis 1785 auf seine Kosten nach Ungers Zeichnungen 13 und nach Gontards Zeichnungen 7 Häuser von Privatpersonen neu ausbauen.

Auch die sogenannte Spandauer Vorstadt, in welcher vor Friedrich dem Großen nur wenige Häuser gestanden hatten, obgleich sie den belebtesten Straßen Berlins so nahe lag, wurde vom König durch Bauten bevorzugt. Hier entstanden ganz neue Straßen und Plätze.

Bisher lag das Lustschloß Monbijou ziemlich abgeschnitten von der Stadt, Friedrich ließ die neue Friedrichs-Brücke (jetzt Herkules-Brücke) aus Holz erbauen und sorgte dafür, daß die Gegend in der Nähe von Monbijou angebaut werde. Damals entstanden die neue Friedrichsstraße nach der Abtragung der Wälle, die Präsidentenstraße, welche nach dem Stadt-Präsidenten Kircheisen ihren Namen erhielt.

Nach dem Kommandanten der Stadt, dem General v. Haacke, der sich bei diesen Bauten besonders thätig zeigte, wurde der Markt der Gegend Haackescher Markt genannt.

Die Spandauer-Brücke, welche die Verbindung des neuen Stadttheils mit Berlin bewirkte, wurde nach Ungers Zeichnung auf Befehl des Königs erbaut.

Im Anschluß an die Spandauer Vorstadt entstand außerhalb der Ringmauer eine neue Vorstadt, das Voigtland. Zwischen dem Rosenthaler und Hamburger Thor hatte bis zum Jahre 1753 das Hochgericht gestanden. Dasselbe wurde abgebrochen und unter den üblichen Feierlichkeiten, dem Aufzug der beim Bau betheiligten Gewerke, weiter hinaus vor die Stadt nach dem Wedding zu verlegt. Unmittelbar vor den Thoren wurde eine neue Vorstadt begründet.

Wegen der vielfachen Bauten, welche der König und manche Privatleute unternahmen, fanden sich jährlich viele fremde Gesellen in Berlin ein, diese kamen meistens aus dem sächsischen Voigtland und verließen die Stadt wieder, um im Winter in ihre Heimath zurückzukehren. Hierdurch entstand häufig ein augenblicklicher Mangel an Arbeitern.

Um dem vorzubeugen, beschloß Friedrich, den voigtländischen Gesellen eine Heimath in Berlin zu gründen, er schenkte ihnen Land und Baumaterialien zu kleinen Häusern, die in der Vorstadt in 4 Reihen aufgeführt werden sollten. Nach der Heimath der Maurer- und Zimmergesellen wurde die Vorstadt das Voigtland genannt.

Das neue Voigtland war eine Arbeiterstadt, die aber bald genug ihren Charakter veränderte, denn die Häuser kamen zum Theil in andere Hände; viele der Gesellen nahmen auch Miether in dieselben auf. In die weit entfernte Gegend aber zogen nur die ärmsten Bewohner der Stadt und so erhielt denn schon unter der Regierung Friedrichs des Großen das Voigtland den Charakter eines Proletarier-Viertels, den es viele Jahre lang bewahrt hat und zum Theil noch heute trägt.

Das Diebesgesindel der Residenz nahm vorzugsweise seine Wohnungen im Voigtland, von hier konnte es die umliegenden Dörfer und die Landstraßen mit größerer Sicherheit zur Ausübung von Raubthaten besuchen, als von der

Stadt aus, da es nicht nöthig hatte, die Thore zu passiren.

Eine weitere Ausführung aller der vom König bewirkten Bauten würde die Geduld unserer Leser zu sehr in Anspruch nehmen, wir nennen daher nur noch das Invalidenhaus, das Arbeitshaus, die Sebastians-Kirche, das Gertrauden-Hospital, die Ritter-Akademie in der Burgstraße, das neue Kadettenhaus und die zahlreichen Kasernen, ohne der vielen andern öffentlichen und Privatgebäude, welche der König erbauen ließ, zu gedenken.

Zu erwähnen bleibt uns indessen noch eine bauliche Einrichtung, welche Friedrich traf und an der Berlin lange Zeit krankte, die Errichtung der zahlreichen Verkaufsbuden auf den belebtesten Straßen und öffentlichen Plätzen der Stadt.

Nach dem siebenjährigen Kriege befanden sich in Berlin viele verabschiedete Soldaten, viele Frauen, deren Männer im Kriege gefallen waren, viele verarmte Handwerker, welche, um sich zu ernähren, kleine Verkaufsgeschäfte einrichteten, aber nicht die Mittel hatten, größere Läden dazu zu miethen.

Um besonders den Invaliden die Begründung eines Geschäfts zu erleichtern, genehmigte Friedrich den Aufbau von Buden auf öffentlichen Plätzen und Straßen; er glaubte, daß dadurch der Verkehr befördert werden würde und daß besonders auch in den Straßen Berlins, die bis dahin ziemlich todt gewesen waren, ein regeres Leben entstehen würde.

Es war stets der Kummer des König gewesen, daß seine Hauptstadt zwar ausgedehnt genug war, daß sie aber jenen regen Verkehr, durch den andere große Städte sich auszeichneten, nicht hatte.

Einst fragte er im Stolz auf seine Neubauten den französischen Gesandten, ob nicht Berlin sich der Größe nach mit Paris messen könne?

„Gewiß, Majestät! — antwortete der Gesandte — nur mit dem Unterschied, daß wir in Paris weder säen noch ernten."

Eine etwas beißende Anspielung auf die großen Felderflächen, welche sich noch innerhalb der Ringmauern der Stadt ausbreiteten und zum landwirthschaftlichen Gebrauch benutzt wurden.

Die Buden sollten dazu beitragen, den Verkehr in der Stadt zu heben; dies thaten sie nun freilich, aber nicht zum Vortheil der Residenz, denn die schönsten Plätze derselben, die elegantesten Straßen wurden dadurch verunziert.

Außerdem aber stellte sich bald noch ein anderer Uebelstand heraus, der, daß die kleinen Kaufleute, welche in den Buden ihre Läden aufschlugen, nur zu geneigt waren, Diebshehler zu werden. Es müssen die Buden schon zur Zeit ihrer Errichtung ein wahrer Krebsschaden für Berlin gewesen sein, dies geht aus einer Schilderung hervor, welche eine im Jahre 1788 unter dem Titel „Schattenriß von Berlin" erschienene Beschreibung der Residenz von ihnen macht.

„Die Buden — so heißt es in dem Buch — sollten eigentlich zur Bequemlichkeit der Einwohner, die sich weite Wege ersparen wollen, dienen, allein die mehresten, besonders die Schenkbuden, sind wahre Diebeshöhlen. In einigen kauft man gestohlnes Gut um wohlfeilen Preis an sich, in andern herbergt man Diebe und Gassenhuren. Noch vor wenigen Jahren wurde eine solche Bude gestört, die unter der Erde einen Keller voll gestohlner Sachen hatte. Es giebt in einigen Gegenden von Berlin noch andere, worin lüderliche Buben, von 12, 13, 14 und mehrern Jahren, eine Freistäte finden, die sie den Augen der Polizei entziehet. Die ganze Stadt weiß davon zu reden und doch hat sie die Obrigkeit noch nicht ausfindig gemacht. Daran kann nichts schuld seyn, als die Pflichtvergessenheit der Subalternen, die sich durch die Wirthe bestechen lassen. Die Bursche von 13, 14 Jahren sitzen mit den niederträchtigsten Weibsbildern in bunter Reihe, rauchen Tabak und berathschlagen sich unter einander, wie sie die Bürger und Einwohner am besten bestehlen können. Die abgefeimtesten Buben schleichen sich gemeiniglich in die Häuser, unter dem Vorwand, Hasenselle kaufen zu wollen. Sobald sie niemand antreffen, nehmen sie mit, was sie finden, oder verbergen sich auch wohl in einem Winkel des Hauses, um des Nachts ihren Gehülfen die Thüre zu eröffnen oder selbst so viel zu entwenden, als sie können. Diese Knaben stehen größtentheils mit starken Diebesbanden im Bündnisse, und da man sich ihrer wegen ihrer Jugend nicht versiehet, so leisten sie den ältern Dieben die größten Dienste."

Das Unwesen in den Buden wurde endlich so groß, daß täglich Klagen über dieselben beim König einliefen. Friedrich sah sich daher im Jahre 1783 zu einer Kabinets-Ordre veranlaßt, in der er die fernere Vermehrung der Buden verbot. Er mochte das Mißliche derselben wohl auch schon früher gefühlt haben, um aber gleichwohl die Zahl der Läden nicht zu vermindern, ließ er die Arkaden mit Verkaufsläden bei der Königsbrücke, auf der Spittel-, Jäger- und Laufbrücke erbauen.

Wir haben versucht, unsern Lesern in diesem Kapitel eine gedrängte Uebersicht der vorzüglichsten zur Regierungszeit Friedrichs des Großen entstandenen Bauten zu geben. Es ist wohl kaum nöthig, hinzuzufügen, daß mit den königlichen Bauten fast in gleichem Schritt auch die Privatbauten sich vermehrten.

Berlin wuchs mehr und mehr heran zur Großstadt, die wenigen Jahre des siebenjährigen Krieges ausgenommen, vermehrte sich die Residenz fortdauernd in der Einwohnerzahl, auch vergrößerte sich die Stadt innerhalb ihrer weiten Grenzen durch Neubauten.

Im Jahre 1740 betrug die Einwohnerzahl 90,000 Seelen einschließlich des Militärs, bis zum Jahre 1755 hatte sie sich schon auf 126,700 vermehrt. Da in den Kriegsjahren das Militär sich im Felde befand und dadurch etwa 20,000 Mann, so hoch belief sich ungefähr die Garnison von Berlin, fehlten, da außerdem die herrschende Noth viele Auswanderungen veranlaßte, Hunger und Krankheit unter der armen Bevölkerung verheerend wütheten, so verringerte sich die Einwohnerzahl bis zum Jahre 1758 auf 92,400 Seelen. Dann nahm sie wieder langsam zu, im Jahre 1762 betrug sie schon 98,000, im Jahre 1763 einschließlich etwa 19,000 Mann Garnison 119,000 Seelen. Nach dem Friedensschluß wuchs die Einwohnerzahl der Residenz in stetiger Progression und im Todesjahr Friedrichs des Großen betrug sie einschließlich 34,000 Mann Garnison 147,000 Seelen.

Im gleichen Verhältniß war naturgemäß auch der Anbau der Stadt gewachsen. Sie umfaßte bei einem Umfang von 2½ Meilen einen Flächenraum von über 904,000 Quadratruthen. 15 Thore, 268 Straßen und Plätze, 36 Brücken, 33 Kirchen und 6644 Häuser! Dies waren Zahlen, wohl einer Residenzstadt angemessen.

Berlin war zur Großstadt geworden, viele Prachtgebäude schmückten dieselbe, besonders die schnurgraden Straßen der Friedrichstadt. Aber großstädtisch nach unserm Begriff sah es dennoch in der preußischen Hauptstadt nicht aus.

Wir sind wohl oft geneigt, zu jeder Zeit unsern städtischen Behörden bittere Vorwürfe zu machen, daß die Straßen nicht gut genug gepflastert, Nachts nicht hell genug erleuchtet werden, daß unsere Nachtwächter schlafen, statt über die öffentliche Sicherheit zu wachen, daß die Straßenreinigung unvollkommen sei, daß man in den heißen Monaten vom Staub, im Winter durch den Schmutz belästigt werde, da ist es denn wohl angemessen, daß wir uns die Berliner Straßen einmal beschauen, wie sie vor etwa 100 Jahren waren und daß wir das Zeugniß hören, welches zwei Zeitgenossen, der eine in dem schon erwähnten „Schattenriß" (1788), der andere in einer 1784 erschienenen „Charakteristik von Berlin" ablegen.

In der letztern heißt es:

„Ein trockener Ostwind scheint in den heißen Sommertagen sein Regiment streng zu verwalten, denn er durchwühlt die Ebenen und Straßen der Stadt, und verdickt die Atmosphäre mit Kies und Sand. Ganze Wolken von Staub jagen sich treibend durch die Gassen, hüllen Wagen und Fußgänger ein, und bringen durch die dichtesten Fenster in die Zimmer; darum ist es rathsam, auf großen Plätzen, je höher, je lieber seinen Wohnsitz aufzuschlagen, wenn man nicht immer reinigen und putzen will. — In regnigten Herbsttagen hält es schwer, besonders durch die engen Gassen hindurch zu kommen, ohne in Moder und Mist stecken zu bleiben, und man gelangt immer über und über mit Koth bespritzt zu Hause an. Ich möchte um alles Gold von Peru in einer solchen schmutzigen Gasse nicht wohnen, wo ich stets eine faule Luft athme und nie den reinen Aether eintrinken kann.

Im ganzen giebt's hier schöne breite Straßen, die kaum das schwache Auge absehen kann, besonders ist die Friedrichstadt sehr regelmäßig und schön gebaut, und der jetzige König hat alles angewandt, diesen Theil der Stadt auszeichnend und schön zu machen; da hingegen giebt es in Berlin selbst elende Gassen, wie man sie nur immer in einer Landstadt finden kann, — finster, eng, daß wenn ein Wagen durchfährt, die Fußgänger so lange Halte machen müssen, und dann so schmutzig, daß man eine schlechte Idee von der großen Königsstadt bekommt; überhaupt hat Berlin für einen Fremden, der vom Hamburger, Schlesischen und Cottbußer Thor herein kommt, ein kläglichen Ansehen, denn man findet elende gestützte Häuser, — wüste unbebaute Plätze — große Misthaufen vor den Thüren, und die Bewohner tragen das Zeichen der äußersten Dürftigkeit auf ihrer Stirne; hingegen kommt man ins Brandenburger- und Potsdammer-Thor, so ruhet das Auge mit Wohlgefallen auf den schönen Gassen, und noch schönern Palläßten und Häusern, die nach der neuen Bauart, in verschiedenen mannichfaltigen Gusto, auf beiden Seiten erbaut sind."

Der „Schattenriß von Berlin" bestätigt diese Darstellung. Er giebt uns von den Straßen der Residenz folgende erbauliche Schilderung:

„So breit und schön die Straßen auch dem ersten Anblicke nach sind, so weiß doch der Fußgänger zuweilen nicht, wie er sich für schnellfahrenden Wagen, für Koth und Gossen hüten soll. Der eigentliche Gang für Fußgänger sollte, so wie in allen übrigen polizirten Städten, längs den Häusern hingehen, allein dieses hat man durch die hohen Auffarthen vor den Häusern fast unmöglich gemacht. Der Fußgänger wird alle Augenblick aufgehalten und ist gezwungen, über die Gossen weg, auf den sogenannten Damm zu schreiten. Nirgends ist diese Unbequemlichkeit sichtbarer, als in der Leipziger-Straße, einer der schönsten von ganz Berlin. Außerdem sind vor den Häusern auch hohe steinerne Treppen angebracht. In der Mitten der Straße oder auf dem Damme ist es, bei schlechter Witterung, außerordentlich kothig und in dem Steinpflaster selbst giebt es unzählige Löcher, welches theils von dem sandigten Boden, theils von der unverantwortlichen Nachlässigkeit der Steinsetzer und ihrer Aufpasser herrührt. Die übermäßige große Steine, die zwischen einer Menge kleiner und spitzer Kieselsteine gelegt sind, verursachen, daß man alle Augenblicke Gefahr läuft anzustoßen und zu Boden zu stürzen. Die Gossen sind zwar, wie es sich gehört, an beiden Seiten des Dammes angelegt, jedoch so, daß sie dem Fußgänger eine neue und gefährliche Fallbrücke werden. Ein Theil dieser tiefen Gossen ist nur eben vor den Hausthüren mit Brettern überlegt. Sobald man also des Abends längs den Häusern weggeht, stößt man alle zehn bis fünfzehn Schritte an eine steinerne Treppe oder Auffarth, die noch wohl, zu größerer Gefahr, mit einer kleinen Rönne umgeben ist; gehet man auf den Brettern, womit die Gossen bedeckt sind, herzhaft fort, so stürzt man, ehe man es sich versieht, mit einem male, drei bis vier Fuß tief in die Gosse hinunter; gehet man aber in der Mitte des Dammes, so weiß man bei der geschwinden Annäherung eines oder gar mehrerer Wagen, nicht wo man sich hinwenden soll; denn an den Gossen liegen hohe und schlammigte Dreckhaufen;*) über sie hinüber zu springen ist gefährlich, weil sie abschüssig und tief sind; dennoch muß man auf das gerathewohl einen Entschluß fassen, um nicht von den Wagen überfahren zu werden. Die eingebornen Berliner sind an diese Unbequemlichkeiten gewöhnt, kennen auch die Seitenwege beßer, als der Fremde, der dergleichen Fallbrücken gar nicht vermuthet. Es steckt selbst etwas menschenfeindliches in einer solchen Anlage der Straßen, weil man dabei blos auf die Reichen, die in Kutschen fahren, gedacht zu haben scheint. Man spreche ja nicht von der nächtlichen Erleuchtung, denn die ist bis hierher herzlich elend gewesen, ohnerachtet Laternen genug brennen. Letztere sind so beschaffen und gesetzt, das sie nur eine Art von hellen Schatten verbreiten, der nichts hilft.

Eine andere Art von Unbequemlichkeit für die Fußgänger ist die, daß die Bürger oft Schutt, Lehmhaufen, Bohlen und sogar Misthaufen vor ihren Häusern liegen laßen. Das sollte entweder gar nicht geduldet oder wenigstens bei Strafe an befohlen werden, eine Laterne dabei zu setzen. Dergleichen mag in kleinen Städten und Flecken hingehen, aber in einer großen Residenzstadt ist es unverzeihlich.

Zwar sind die sogenannten Patrouillen vorhanden, die für die Ruhe der Sicherheit bei der Nacht sorgen sollen, allein diese gehen nur zu gewißen Stunden und in gewißen Gegenden, auch werden sie sich, bei dem größten Lerm, sehr bald zurückziehen, wenn junge Offiziere daran Theil nehmen. Man hat häufige Beispiele, daß dergleichen junge Leute, bei trunkenem und nüchternem Muthe, friedfertige Bürger gemißhandelt haben, ohne daß man diesen, bei erhobener Klage, die geringste Genugthuung hat widerfahren laßen. Selten werden sie erkannt und alsdann mag der beleidigte Theil nur zusehen, wie er sich selbst Recht verschafft, oder sich sonst aus dem Handel herauszieht. Das Geschrei, was dergleichen Nachtschwärmer aber auch ganze Rotten ungesitteter Handwerksburschen, oft bei nächtlicher Zeit auf den Straßen machen, stöhret die Einwohner in der Ruhe und gereicht der Polizei einer großen Residenzstadt zur Schande. Ein Glück ist es, daß man wenige Beispiele von offenbaren diebischen Anfällen hat, denn mit dem Beistande und der Hilfe sähe es in einigen Gegenden der Stadt kläglich aus. Keine Schildwache darf ihren Posten verlaßen und die Wachen sind oft weit entfernt. Daher kommt es denn auch, daß zuweilen sogar Einbrüche im Angesicht der Schildwachen geschehen sind, ohne daß selbe vom Fleck gegangen wären, wie z. B. an der kleinen Brüke, die nur funfzehn Schritte von der Kanonierwache beim Zeughause entfernt ist, und wo allenthalben Schildwachen stehen."

Vierzehntes Kapitel.

Tagesordnung Friedrichs des Großen. — Stellung der Kabinetsräthe und Minister. — Die Mittags-Gesellschaften Friedrichs. — Pöllnitz, der Hofnarr Friedrichs des Großen. — Quintus Icilius. — Die berüchtigte Kaffeestunde. — Friedrich und die schöne Barberini. — Frau v. Camas. — Die Abendtafeln. — Friedrichs Verhältniß zu der Königin.

Während heut in Berlin die Bürger sich kaum darum kümmern, was am Hofe vorgeht, während heut ein großer Theil des Volks die Prinzen und die Prinzessinnen des königlichen Hauses kaum dem Namen nach kennt, während nur wenige Adlige, Hofbediente und Hoflieferanten, deren Zahl in der großen Masse des Volks fast verschwindet, daran denken, die Hofsitten nachahmen zu wollen, bildete in der Mitte des 18. Jahrhunderts der Hof einen Mittelpunkt des Berliner Lebens; auf ihn schauten alle Augen, die kleinsten Details der Hofgeschichte wurden in den Bürgerkreisen täglich besprochen. Da gab es kaum einen Arbeiter oder eine Dienstmagd in Berlin, welche nicht im Stande gewesen wäre, die genaueste Auskunft über jedes Mitglied der königlichen Familie zu geben, Jedermann war vertraut mit allen Einzelheiten der eben am Hofe vorgekommenen etwaigen Skandalosa.

Berlin war damals noch nicht eine Weltstadt, sondern nur eine Residenzstadt und wenn heut ein einzelner Königshof als ein Atom im Universum erscheint, damals war er die Sonne in dem beschränkten Anschauungskreise der Berliner.

Nach dem Beispiele des Hofes richtete sich Jeder, der auf Bildung Anspruch machen wollte; nach den Hofsitten bildeten sich die Volkssitten; jede Veränderung im Leben des Hofes war von der höchsten Bedeutung für die Berliner.

---

*) Daß die Berliner mit den abscheulichen Schmutzhaufen nicht gerade zufrieden waren, zeigt der folgende von L. Schneider in seinen Berlinischen Nachrichten mitgetheilte poetische Erguß eines Berliners, entnommen aus der Berliner Zeitung vom Jahre 1755.

Bittschrift eines D...haufens an die Polizei,
eingereicht am Sonnabend.

Ich armes Häuflein D...
Lieg' hier, wie Du's befohlen,
Seit Montag wie auf Kohlen,
Und Niemand holt mich weg.
O, Mutter Polizei,
Sei flehentlich gebeten,
Laß mich nicht ganz zertreten!
Ich fließe schon wie Brey,
Kaum bin ich noch ein Hauff.
Soll ich auf Deine Karren
Hier noch acht Tage harren,
Löst sich mein Wesen auf.

Für die Geschichte Berlins war daher der gänzliche Umschwung, welchen das Hofleben unter Friedrich dem Großen erlitt, von der größten Wichtigkeit.

Wir müssen einen Blick in das Leben des Königs und des Hofes werfen, wie sich dasselbe in der fast ein halbes Jahrhundert umfassenden Regierung Friedrichs entwickelte.

Friedrich hatte es sich zum Grundsatz, den er während seiner ganzen Regierung niemals verletzte, gemacht, mit der Zeit zu geizen, keine Stunde des Tages ungenützt vorüber gehen zu lassen. Arbeit und Erholung wechselten im richtigen Ebenmaß während des Tages ab.

Mit dem frühesten Morgen begann schon für den König die Arbeitszeit, im Sommer meist um drei Uhr, selten nach vier Uhr, denn wenige Stunden Schlaf genügten dem stets geistig regen Fürsten. Nur in seinen ältern Tagen gestattete er sich eine größere Ruhe, aber auch im spätesten Alter selten mehr als acht Stunden täglich.

Unmittelbar nach dem Aufstehen beschäftigte sich Friedrich mit den eingelaufenen Briefen und Berichten. Wenn er sich in Potsdam befand, mußten ihm dieselben während der Nacht durch einen reitenden Boten geschickt werden, um auf seinem Tisch zu liegen, wenn er erwachte. Zwei Kabinetsräthe waren beschäftigt, diejenigen Briefe, deren Siegel keine adligen Wappen trugen, zu eröffnen und Auszüge daraus zu machen, die von Adligen herrührenden Briefe las der König selbst, während er sich frisiren ließ.

Der Durchlesung der Briefe folgte die Anhörung der Rapporte, welche ihm die General-Adjutanten bringen mußten, sowie die Berichte, welche dieselben über etwaige ihnen gewordene Aufträge erstatteten. Dann trank der König seinen Kaffee, ohne die Arbeit zu unterbrechen.

Nach dem Kaffee pflegte Friedrich sich auf der Flöte zu üben; gewöhnlich ging er einige Zeit lang im Zimmer phantasirend auf und nieder, und diese Zeit war für ihn, wie er oft aussprach, ebenfalls eine Arbeitszeit, denn während er anscheinbar nur mit seiner Flöte beschäftigt war, entwarf er die großartigsten Pläne; seine glücklichsten Gedanken über Geschäfte sind ihm, wie er selbst ausgesprochen hat, während dieses Phantasirens gekommen.

Zwischen 9 und 10 Uhr las Friedrich die von den Kabinetsräthen gemachten Auszüge aus den eingelaufenen Briefen und Berichten und ertheilte ihnen stets sofort die Antwort darauf; sie hatten diese mit Bleistift wörtlich auf die Eingaben zu setzen. Hier und da fragte Friedrich seine Räthe wohl um ihre Meinung, und er befolgte ihren Rath, wenn er ihm passend erschien. Die Kabinetsräthe wurden dadurch einflußreiche Männer, obwohl sie eigentlich keinen besonderen Rang einnahmen, denn Friedrich nannte sie selbst nur seine Schreiber.

Es ist höchst merkwürdig, daß der König, der bei Besetzung aller Staatsstellen den Adel so außerordentlich bevorzugte, dies bei der Wahl seiner Kabinetsräthe nicht that, sondern stets Bürgerliche zu dem wichtigen Amte erwählte. Fast alle sein Kabinetsräthe stiegen aus untergeordneten Stellungen empor, keinem ist der Adel verliehen worden, vielleicht, weil Friedrich von ihrem Amte selbst einen ziemlich geringen Begriff hatte und nicht glaubte, daß ein Schreiber, der täglich um seine Person beschäftigt war, dem geringsten seiner Wünsche gehorchen mußte, doch einen Einfluß auf ihn gewinnen könne. Aber dies war trotzdem der Fall, und es ist sehr wahrscheinlich, daß manche Regierungshandlung Friedrichs dem ungünstigen Einfluß dieses oder jenes Kabinetsrathes zuzuschreiben ist.

Die Minister verkehrten persönlich wenig mit dem Könige, sie mußten alle ihre Anfragen an ihn, alle Berichte schriftlich machen und wurden schriftlich beschieden; nur sehr selten fanden einmal mündliche Berathungen statt. Selbst in den auswärtigen Angelegenheiten und zwar in den wichtigsten Fragen wurden die Minister nicht zur Berathung gezogen; es kam häufig vor, daß sie von den wichtigsten Beschlüssen des Königs, von abgemachten Verhandlungen mit fremden Gesandten erst Kenntniß erhielten, wenn dieselben erledigt waren.

Friedrich war ein absoluter Monarch im vollsten Sinne des Wortes; er betrachtete seine Minister nur als seine ausführenden Beamten; er hielt es für seine Pflicht, persönlich zu regieren und die Verantwortlichkeit für seine Regierung auf seine eigenen, nicht auf die Schultern der untergebenen Minister zu nehmen.

Nachdem die Kabinetsräthe den König verlassen hatten, wusch er sich und kleidete sich völlig an; dies war gewöhnlich in fünf Minuten gethan; da er nur in den ersten Jahren seiner Regierung auf das Aeußere etwas hielt und später seinen Anzug vollkommen vernachlässigte.

Nach dem Anziehen gab Friedrich die Parole aus, dann beantwortete er Familienbriefe, empfing irgend einen Besuch, las auch wohl oder machte einen Spaziergang oder Spazierritt. Mit dem Glockenschlage 12 Uhr wurde die Mittagsmahlzeit aufgetragen.

Die gute alte Sitte, daß die Mittagsstunde auch das Mittagsmahl mit sich bringe, wurde in der ersten Zeit der Regierung Friedrich's in Berlin noch ganz allgemein und auch am Hofe aufrecht erhalten; erst in den späteren Jahren wurde die Essensstunde etwas weiter vorgerückt, mitunter bis gegen 2 Uhr, und dem Hofe ahmten auch in dieser Beziehung die reichen Bürger in Berlin nach.

Friedrich war ein Feinschmecker, er liebte eine glänzende Tafel, feine und besonders kräftig zubereitete Speisen; es kam ihm nicht auf viele Schüsseln an, mehr als acht Gerichte wurden nur in Ausnahmefällen auf die Tafel gebracht, aber das, was auf dieselbe kam, mußte dem Gaumen des Gourmand entsprechen. Er bekümmerte sich persönlich genau um den Küchenzettel; dieser mußte ihm meist schon des Abends vorher zum Urtheil vorgelegt werden, und wenn er ihm nicht geeignet erschien, strich Friedrich entweder einzelne Gerichte oder mitunter setzte er auch persönlich den ganzen Küchenzettel auf. In seinen spätern Jahren, als Friedrich sich der an Geiz grenzenden Sparsamkeit seines Vaters mehr und mehr näherte, war er sehr bedacht, die Kosten in der Küche zu verringern. Er hatte 12,000 Thlr. jährlich für die Küchenrechnung ausgesetzt, diese wollten aber bei den gesteigerten Preisen der Lebensmittel nicht mehr ausreichen, daher fluchte und murrte er gewaltig, wenn er noch extra Gelder zuschießen mußte.

Als ihm am 9. Novbr. 1784 eine Rechnung von 25 Thlr. 10 Gr. vorgelegt wurde, welche über extra Ausgaben lautete, schrieb der König darunter eigenhändig:

„Gestohlen, denn ungefähr 100 Austern sind auf dem Tisch gewesen, kosten 4 Thlr.; die Kuchen 2 Thlr.; Quappenleber 1 Thlr.; der Fisch 2 Thlr.; die Kuchen auf Russisch 2 Thlr., macht 11 Thlr., das Uebrige gestohlen. Da ein Essen mehr heute ist gewesen, Hering und Erbsen, kann 1 Thlr. kosten, also was über 12 Thlr. ist impertinent gestohlen. Friedrich."

So sehr Friedrich eingenommen war für eine leckere Tafel, höher stand ihm doch beim Mittagsmahl eine geistreiche, ungezwungene Unterhaltung; er zog deshalb stets eine kleine auserwählte Gesellschaft von genialen Männern an sich heran, mit denen er gern bis gegen 4 Uhr und mitunter noch länger tafelte. Politik, Religion, Geschichte, Kriegsangelegenheiten bildeten gewöhnlich den Stoff des belebten Gesprächs, welches sich während der Mahlzeit entwickelte.

Friedrich machte den freundlichsten Wirth; er sprach selbst viel, und besonders machte es ihm Vergnügen, lustige Anecdoten zu erzählen. Es wurde bei der Tafel tüchtig getrunken und dies trug nicht wenig dazu bei, die Unterhaltung lebhaft und ungenirt zu machen. Die Tischgenossen gehörten allen Ständen an; nur eins erforderte Friedrich von ihnen, daß sie Geist und Kenntnisse hatten; wenn er auch selbst den Faden des Gesprächs führte, so verlangte er doch von Jedem, daß er sein Theil zur Unterhaltung hergebe, und er verzieh es gern, wenn ihm mitunter eine scharfe witzige Antwort gegeben wurde.

Die Tischgesellschaften des Königs haben einen berühmten Namen in Europa erlangt, es war eine Ehre, zu denselben hinzugezogen zu werden, denn nur geistreiche Leute fanden hier ihren Platz.

Die schon früher erwähnten wissenschaftlichen Freunde Friedrich's waren häufige Gäste an der königlichen Tafel, außerdem aber auch manche andere geniale Männer, besonders solche, welche durch einen scharfen Witz die Unterhaltung zu beleben vermochten. Vor allen Andern verdient der Baron v. Pöllnitz genannt zu werden, der viele Jahre lang in Berlin eine stadtbekannte Persönlichkeit war.

Pöllnitz nahm in der Gesellschaft Friedrich's des Großen ungefähr den Platz ein, den Gundling im Tabaks-Collegium Friedrich Wilhelm's I. eingenommen hatte: er war eine Art Hofnarr im bessern Sinn des Wortes, denn Friedrich war zu geistreich, um an den platten Spässen der damals noch an fürstlichen Höfen beliebten wirklichen Hofnarren ein Vergnügen zu finden.

Der Baron v. Pöllnitz, der uns so wichtige, ja für die Geschichtsschreibung unentbehrliche Nachrichten über das Hofleben Friedrich's I. und Friedrich Wilhelm's I. hinterlassen hat und dem wir auch manche geschichtlichen Notizen verdanken, war ein geistreicher, witziger Gesellschafter und deshalb trotz des wüsten Lebens, welches er führte, trotz seines durchaus unzuverlässigen Charakters doch bei Friedrich sehr beliebt.

Der König verachtete Pöllnitz als Menschen, aber wie er Voltaire nicht entbehren konnte, obgleich er längst die Hochachtung vor ihm verloren hatte, so war auch Pöllnitz seines sprudelnden Witzes, seiner leichten geistreichen Unterhaltung wegen unentbehrlich geworden.

Schon als Kronprinz hatte sich Friedrich charakteristisch über ihn geäußert.

„Pöllnitz ist — so sagte er einst — ein infamer Kerl, dem man nicht trauen darf; er ist amüsant beim Essen, nachher aber muß man ihn einsperren!"

Seiner interessanten Unterhaltung wegen wurde Pöllnitz oft zur königlichen Tafel gezogen, sonst aber war er einflußlos und es gelang ihm niemals, wie er es wünschte, in höhere Aemter befördert zu werden, denn das Amt eines Ober-Ceremonienmeisters, welches er erhielt, war weder reich dotirt, noch gab es ihm den geringsten Einfluß.

Fortwährend in Schulden wollte Pöllnitz im Jahre 1744 seine Geldnoth durch eine reiche Heirath beenden. Die Dame, um welche er freite, wohnte in Nürnberg, er entschloß sich daher, Berlin zu verlassen und kam um seinen Abschied ein.

Friedrich verlor den interessanten Gesellschafter nur ungern, aber er konnte nicht umhin, dessen Bitte zu erfüllen.

Der Abschied, den Pöllnitz erhielt, ist charakteristisch für seine Stellung zum König. Er lautet:

„Wir Friedrich u. s. w. thun kund und zu wissen, daß der Baron von Pöllnitz, aus Berlin gebürtig, und so viel Uns bekannt, von ehrlichen Aeltern abstammend, Kammerjunker bei Unserm hochseligen Großvater, preiswürdigen Andenkens, wie auch in Diensten der Herzogin von Orleans in der nämlichen Eigenschaft, Oberster in spanischen Diensten, Rittmeister in der Armee des verstorbenen Kaisers, Kammerier des Papstes, Kammerherr des Herzogs von Braunschweig, Fähnrich in Diensten des Herzogs von Weimar, Kammerherr in Diensten Unseres Hochseligen Vaters, hochbeglückten Andenkens, endlich und zuletzt Ober-Ceremonienmeister in den Unsrigen; da er sich, von dem Strom der ehrenvollsten Militairwürden und der höchsten Hofbedienungen, die nach und nach über seine Person ausgeschüttet worden, ganz überschwemmt gesehen, dadurch der Welt müde geworden, und verführt durch das schlechte Beispiel des Kammerherrn Montaulieu, der kurz vor ihm vom Hofe gelaufen, bei Uns, nämlich besagter Baron von Pöllnitz, nachgesucht und unterthänigst gebeten, ihm zur Aufrechthaltung seines guten Rufs und Namens, einen ehrlichen Abschied in Gnaden zu ertheilen.

Da Wir mit Berücksichtigung seiner Bitte, es nicht für gut finden, seiner guten Aufführung das Zeugniß zu versagen, um das er gebeten hat, wegen der höchstwichtigen Dienste, welche er Unserm Königlichen Hofe durch seine Späße und Schwänke geleistet, und des Zeitvertreibs, welchen er neun Jahr lang Unserm höchstseligen Herrn Vater gemacht hat; so nehmen Wir keinen Anstand zu erklären, daß während der ganzen Zeit, die er in Unsern Diensten gestanden, er weder Straßenräuber, noch Beutelschneider und Giftmischer gewesen; daß er weder Jungfern geraubt, noch ihnen Gewalt angethan, noch die Ehre irgend Jemandes gröblich verletzt, sondern sich stets wie ein galanter Mann, seiner Abkunft gemäß, betragen und stets von den Gaben, welche ihm der Himmel verliehen, einen geziemenden Gebrauch gemacht hat; nämlich den Zweck zu erreichen, der bei der Schaubühne zum Grunde liegt, und der darin besteht: das Lächerliche der Menschen auf eine lustige und gefällige Art darzustellen, um solche dadurch zu bessern.

Eben so hat er den Rath des Bachus, in Ansehung der Mäßigkeit und Enthaltsamkeit stets sehr treulich befolgt, und die christliche Liebe so weit getrieben, daß er den Bauern die Vorschrift des Evangeliums: geben ist seliger denn nehmen; stets überlassen hat. Er weiß noch ganz genau die Anekdoten von Unsern Schlössern und Lustörtern, besonders aber hat er ein vollständiges Verzeichniß Unsers alten Hausgeräths sich tief in's Gedächtniß geprägt; übrigens verstand er es, sich bei denen angenehm und nützlich zu machen, welche die Bosheit seines Geistes und seinen Mangel am guten Herzen kannten.

Ferner geben Wir auch dem besagten Baron das Zeugniß, daß er Uns nie zum Zorn gereizt, als nur, wenn er, durch seine Unverschämtheit alle Grenzen der Ehrfurcht überschreitend, auf eine unwürdige und unerträgliche Weise die Asche Unserer glorreichen Vorfahren zu entweihen und zu entehren suchte.

Da man aber in den schönsten Gegenden unfruchtbare und wüste Stellen findet, die schönsten Körper ihre Unförmlichkeiten haben, und die Gemälde der größten Maler nicht ohne Fehler sind, so wollen Wir mehrgedachten Baron seine Gebrechen und Fehler zu Gute halten, und ertheilen ihm, obgleich ungern, den nachgesuchten Abschied, und wollen übrigens das ihm anvertraute Amt gänzlich aufheben und abschaffen, um dadurch das Andenken daran unter den Menschen gänzlich zu vertilgen, dafür haltend, daß nach besagtem Baron kein Mensch würdig sey, es ferner zu bekleiden.

Potsdam, den 1. April 1744."

So wenig schmeichelhaft der Abschied war, den Pöllnitz erhalten hatte, so glaubte er doch, derselbe werde ihn nicht hindern, die reiche Braut heimzuführen. Er verließ Berlin und wendete sich nach Nürnberg. Hier aber wurden ihm Schwierigkeiten gemacht.

Die reiche Dame, welche er heirathen wollte, war katholisch und wollte einem Protestanten die Hand nicht reichen. Pöllnitz entschloß sich kurz, er schwor den evangelischen Glauben ab und trat zur katholischen Kirche über.

Seine Abtrünnigkeit brachte ihm indessen keinen Nutzen; der Ruf über sein wüstes Leben und seine Schulden war ihm nachgeeilt, Pöllnitz erhielt statt des gehofften Jaworts einen Korb und er hatte nun seine Stellung am Hofe aufgegeben, ohne die reiche Erbin heimführen zu können.

In seiner Noth wendete er sich bittend an den König, er erklärte sich bereit, zur evangelischen Kirche zurückzutreten, flehte aber, der König möge ihn wieder in sein früheres Amt einsetzen. Er erhielt eine lakonische Antwort.

„Ob Ihr reformirt, katholisch oder lutherisch seid, — schrieb ihm Friedrich der Große — das ist Mir gleich viel; wenn Ihr Euch aber wollt beschneiden lassen, dann will Ich Euch wieder in Meine Dienste nehmen."

Eine solche Zumuthung war denn doch nicht nach dem Geschmack des Barons; er hoffte noch, auf andere Weise sich das Vertrauen des Königs wieder erwerben zu können und es gelang ihm in der That, als er nach Berlin zurückkehrte, wieder als erster Kammerherr angestellt zu werden, freilich unter nicht besonders ehrenvollen Bedingungen, denn es wurde in Berlin unter Trommelschlag öffentlich verkündet, daß es Jedermann bei 100 Dukaten Strafe verboten sei, dem Baron v. Pöllnitz irgend etwas zu borgen.

Pöllnitz mußte versprechen, sich nicht mit den Gesandten fremder Mächte in irgend eine Verbindung zu setzen und sich bei der Tafel des Königs stets vom besten Humor zu zeigen. Er blieb fortan im Dienst Friedrichs und machte sich in mancher Beziehung nützlich. Er dirigirte eine Zeit lang die Komödie und das Ballet in Berlin und bei Hoffestlichkeiten war er unentbehrlich, weil er allein etwas vom alten Ceremoniel, welches bei hohen fürstlichen Besuchen zur Geltung kam, verstand.

Bis zu seinem Tode im Jahre 1775 blieb Pöllnitz erster Kammerherr des Königs.

Eine ähnliche Rolle wie Pöllnitz spielten auch einige weniger bedeutende Personen, welche mitunter zur königlichen Tafel gezogen wurden, um gewissermaßen als Hofnarren zu dienen. Friedrich wählte hierzu gern pedantische Stockgelehrte, gegen welche er seinen sprudelnden Witz spielen ließ, ohne indessen je roh und verletzend zu werden.

Eine würdigere Rolle spielten die übrigen Gäste des Königs, sämmtlich geistreiche Männer, zu denen Friedrich im engsten freundschaftlichen Verhältniß stand. Im persönlichen Verkehr mit diesen vergaß der große König gern, daß er ein Fürst sei und er wünschte, daß auch seine Gäste dies vergessen möchten. Wir finden in diesem geistreichen Kreise die meisten jener namhasten Gelehrten, welche wir schon früher genannt haben, außer ihnen auch noch eine Reihe anderer genialer Männer, zum Theil höhere Militairs, die berühmten Feldherrn, welche Friedrich im siebenjährigen Kriege treu zur Seite standen, aber auch Offiziere niederer Grade, welche durch Geist und Kenntnisse sich auszeichneten. Von Letzteren wollen wir hier nur den Obersten Quintus Icilius nennen, der zu den Gelehrten Berlins gerechnet werden kann.

Der eigentliche Name des berühmt gewordenen Mannes war Guichard.

Guichard hatte studirt und sich besonders auf das Studium der alten Sprachen gelegt, um sich eine Professur an der Universität in Utrecht zu erwerben. Als ihm dies nicht gelang, trat er als Offizier in holländische Dienste, ohne indessen dabei sein Studium an den Nagel zu hängen. Besonders beschäftigte er sich vielfach mit der Kriegskunst der Alten und schrieb über dieselbe ein Werk, welches er Friedrich dem Großen übersandte. Er erhielt in Folge dessen ein Offizierspatent im preußischen Dienst und machte im Gefolge des Königs den Feldzug des Jahres 1758 als Hauptmann mit.

Friedrich unterhielt sich gern mit dem gelehrten Hauptmann. Einst sprach er mit ihm über die Thaten der 10. Legion in der Schlacht bei Pharsalus. Der König erwähnte dabei eines Centurio, den er Quintus Cäcilius nannte.

Guichard fiel verbessernd ein, der Centurio habe Quintus Icilius geheißen. Es gab einen kleinen Streit, den aber Guichard sofort zu seinen Gunsten löste, indem er die Richtigkeit seiner Verbesserung bewies.

„Nun gut — rief der König scherzend aus — so soll er auf Lebenszeit Quintus Icilius heißen."

Die ganze Umgebung des Königs lachte, auch Guichard. Dieser hatte den Scherz schon fast vergessen, als er wenige Tage darauf zu seinem größten Staunen bei der Parole hörte, daß der Hauptmann Quintus Icilius zum Major befördert worden sei. Der Name blieb ihm, er wurde später nie anders als Quintus Icilius genannt.

Nach dem siebenjährigen Kriege war der Oberst Quintus Icilius fast ein täglicher Gast an der Tafel des Königs, der auf seine gelehrten Kenntnisse viel gab. Von Quintus Icilius rührt auch die unglückliche Inschrift der königlichen Bibliothek: „Nutrimentum spiritus" her.

Nachdem die Mittagstafel vollendet war, blies der König wieder eine halbe Stunde auf der Flöte, dann kamen die Kabinetsräthe, um die Unterschrift des Königs für die von ihnen inzwischen aufgesetzten Briefe zu erlangen; gewöhnlich setzte Friedrich diesen Briefen noch einige kräftige Worte als Randbemerkung hinzu. Wir habe einzelne Beispiele solcher Randbemerkungen unsern Lesern bereits mitgetheilt, sie sind meistens voll scharfen, beißenden Witzes und nur selten schmeichelhaft für die Empfänger der Antwortschreiben.

Alle Eingaben mußten an demselben Tage beantwortet werden, so daß niemals eine Stockung in die Tagesgeschäfte kommen konnte. Nur bei Todesurtheilen zögerte Friedrich mit der Unterschrift; er hatte es sich zum Grundsatz gemacht, niemals ein Todesurtheil vor dem zweiten Tage zu unterschreiben, weil ihm zu Gunsten des Verurtheilten vielleicht noch irgend eine Mittheilung gemacht werden konnte.

Nach Beendigung der Arbeit mit den Kabinetsräthen trank Friedrich seinen Kaffee und zwar meistens in Gesellschaft eines oder des andern seiner Lieblingspagen.

Ueber diese Kaffeestunde gingen böse Gerüchte in Berlin um.

Wir glauben auf dieselben nicht näher eingehen zu dürfen und wollen nur bemerken, daß die Weiberfeindschaft des Königs wohl einen Theil an der Verbreitung solcher Gerüchte getragen haben mag.

Friedrich, der wie unsere Leser sich erinnern, in seinen Jünglingsjahren ein nur zu feuriger Anbeter der Frauen gewesen war, hatte der Frauenliebe im Mannesalter ganz entsagt; er war ein Verächter des weiblichen Geschlechts geworden. Seinen Offizieren verzieh er wohl gern ein Liebesverhältniß, aber er wollte nicht dulden, daß sie sich verheiratheten.

Es ist unphilosophisch, so meinte er, seine Freiheit einem Weibe zu opfern! Er verachtete Diejenigen, welche es thaten, und mit Manchem seiner liebsten Gesellschafter brach er in Folge dessen den Umgang ab. Ein solches Schicksal traf auch den Obersten Quintus Icilius.

In den ersten Jahren seiner Regierung hatte Friedrich noch ein Interesse für schöne Frauen. Man sprach damals in Berlin viel davon, daß er ein zärtliches Verhältniß mit der reizenden Tänzerin Barberini, welche das Publikum ebensowohl durch ihre Kunst, als durch ihre Schönheit entzückte, habe.

Barbara di Campanini, gewöhnlich die Barberini genannt, war ein graziöses, reizendes Mädchen; sie bezauberte die ganze Männerwelt Berlins und fesselte die Anbeter, welche sie durch ihre Schönheit erworben hatte, durch ihre feine Heiterkeit und liebenswürdige Unterhaltung.

Friedrich interessirte sich außerordentlich für die Tänzerin, deren Engagement ihm viele Mühe und Kosten verursacht hatte.

Durch Bielfeld, der die Tänzerin in London gesehen hatte, war der König auf sie aufmerksam geworden und als die Barberini sich später nach Venedig wendete, erhielt der dortige preußische Resident den Auftrag, sie mit einem Engagement von 7000 Thalern für Berlin zu gewinnen.

Die Barberini ging auf den lockenden Vorschlag ein, ein fester Kontrakt wurde abgeschlossen, aber von der Tänzerin gebrochen, weil sie sich mit einem Schottländer Mackenzie verheirathen wollte.

Erst nach langen Klagen, welche der König vor dem Senat von Venedig führte und nachdem er das Gepäck des nach London bestimmten venezianischen Gesandten mit Beschlag hatte belegen lassen, gelang es, den Senat zu Zwangsmaßregeln gegen die Barberini zu veranlassen.

Die widerspenstige Schöne wurde mit Eskorte bis an die preußische Grenze gebracht und mußte nun wohl oder übel ihren Kontrakt erfüllen.

Kaum in Berlin angelangt wurde die Barberini die Löwin des Tages; sie gefiel dem König so sehr, daß er ihr eine für jene Zeit kolossale Gage, 12,000 Thaler jährlich bewilligte. Er speiste häufig mit ihr in vertraulicher Gesellschaft und bei den Hof-Maskenbällen trank er mit ihr in ihrem verschlossenen Zimmer den Thee.

Pesne's schönes Bildniß der Barberini hing stets im Schreibzimmer des Königs. In manchen Briefen, welche Friedrich an die Tänzerin schrieb, nannte er sie „reizende Barberini" und sprach mit Entzücken von ihren schönen Augen.

Im Volk war Jedermann überzeugt, daß Friedrich ein mehr als freundschaftliches Verhältniß mit der Tänzerin unterhalte, die Geschichtsschreiber aber wollen davon nichts wissen und meinen, der große König habe nur eine Tändelei mit ihr gehabt, ähnlich der, welche sein Vorfahr Friedrich I. mit der Gräfin Wartenberg hatte.

Die Barberini war eine lebenslustige Schöne; sie ließ sich an einem, selbst an einem königlichen Geliebten nicht genügen; ein Kreis von Verehrern umschwärmte sie, unter denen Graf Rothenburg, Graf Algarotti, der Ritter Chazot und der Sohn des Kanzlers Freiherrn v. Coccejl, ein junger Legationsrath, die Bedeutendsten waren.

Der Legationsrath v. Coccejl war ein riesengroßer, baumstarker Mann, der sich außerordentlich zum Jähzorn neigte. Er hatte eine leidenschaftliche Liebe zur Barberini gefaßt und überwachte die Tänzerin mit brennender Eifersucht. Bei jeder Vorstellung, in welcher sie auftrat, wußte er sich einen Platz ganz in der Nähe der Bühne zu verschaffen und mit glühenden Blicken verfolgte er jede ihrer Bewegungen.

Einst bemerkte er, daß in der Loge neben ihm ein anderer junger Mann saß, der nicht weniger eifrig als er nach der Barberini hinschaute; seine Eifersucht erwachte, er bildete sich ein, die Schöne werfe seinem Nachbar freundlichere Blicke zu als ihm. Das brachte ihn in Wuth. Ganz plötzlich ergriff er den Nebenbuhler, hob ihn in die Höhe und warf ihn über die Logenbrüstung weg auf das Theater der Barberini vor die Füße.

Es war ein allgemeiner Skandal im Theater, der aber mit einem homerischen Gelächter endete, als der zu einem unfreiwilligen Fußfall vor der Tänzerin Genöthigte sich in voller Verlegenheit erhob; er wendete sich mit einer tiefen Verbeugung nach dem Platz, auf welchem der im Theater anwesende König saß und sagte:

„Es ist nicht meine Schuld, daß ich hier bin, der Legationsrath v. Coccejl hat mich hierher geschleudert, ehe ich mir's versah."

Mit diesen Worten zeigte er auf den Legationsrath, der sich neugierig aus der Loge beugte, um zu sehen, wie seinem Nebenbuhler der Fall bekommen sei.

Das Ballet wurde nun ohne eine weitere Störung fortgespielt.

Friedrich war über den Vorfall Anfangs ärgerlich, zuletzt aber mußte er lachen und als am folgenden Morgen der Kanzler Coccejl vor ihm erschien, um Gnade für seinen Sohn zu erbitten, antwortete er ihm:

„Sei Er ganz ruhig, mein lieber Coccejl, was kann Er dafür? Sein Sohn ist ein Brausekopf, ich werde ihn auf eine Festung schicken, da soll er schon zur Raison kommen!"

Der Legationsrath v. Coccejl wurde in Folge dieses königlichen Bescheides nach der Festung Glogau geschickt, aber nicht als Gefangener, sondern als Geheimer Justizrath. Er heirathete im Jahre 1749 die Barberini. Die Ehe aber war nicht glücklich, sie wurde später geschieden.

Außer der Barberini haben nur wenige Damen einen tiefen Eindruck auf den König gemacht, keine einen bleibenden. Friedrich mied besonders in seinen spätern Jahren die Frauen-Gesellschaften.

In Sanssouci, dem Lieblingsaufenthalt Friedrichs, hatten die Damen zu den regelmäßigen Zusammenkünften keinen Zutritt, dafür aber ging es denn freilich in den Gesellschaften des „Philosophen von Sanssouci", wie der König sich gern nennen ließ, ziemlich zwanglos zu, der Gesellschaftston artete oft aus.

Einige ältere Damen standen in sehr hoher Achtung beim König. Wir nennen von diesen besonders die Frau v. Camas, mit der Friedrich einen freundschaftlichen Briefwechsel führte und welche er häufig des Nachmittags in ihrem sogenannten Paradiese, 4 Treppen hoch im Berliner Schloß, auf ein Stündchen besuchte. Die alte Dame erhielt von ihm häufig reiche Geschenke, die mit liebenswürdigen Briefen begleitet waren.

Die Briefe, welche Friedrich an Frau v. Camas schrieb, legen sämmtlich Zeugniß ab von der großen Verehrung, welche er für seine Freundin fühlte. Er nannte sie meist „meine liebe Mutter" und war stets voll zarter Aufmerksamkeit gegen sie.

Wir kehren nach dieser Abschweifung zurück zur Tagesordnung des Königs.

Nach dem Kaffee empfing Friedrich meist den Besuch der Künstler, welche von ihm mit Arbeiten beauftragt waren, oder der Offiziere, die ihm etwa Meldungen zu machen hatten. In spätern Jahren unterhielt er sich auch gern mit dem Obersten Quintus Icilius über gelehrte Gegenstände oder er ließ seine Vorleser kommen, um mit ihnen sich wissenschaftlich zu unterhalten.

Die Vorleser, sämmtlich Franzosen von wissenschaftlichem Ruf, hatten eine eigenthümliche Stellung; sie lasen nämlich dem König nur vor, wenn dieser heiser war, sonst aber las Friedrich den Vorlesern vor und unterhielt sich mit ihnen über das Gelesene.

An vielen Tagen wurde auch die Zeit von 4—6 Uhr den schriftstellerischen Arbeiten gewidmet. Um 6 Uhr begann das Konzert, bei welchem wir die Thätigkeit des Königs schon geschildert haben. In spätern Jahren hörte dies Vergnügen auf und an die Stelle der musikalischen Uebungen trat, nachdem Friedrich nicht mehr Flöte blasen konnte, die Arbeit mit den Kabinetsräthen.

Dem Konzert folgte die Abendtafel, welche besonders in der Zeit bis zum siebenjährigen Kriege einen bedeutenden Platz in der Tagesordnung des Königs einnahm.

Zu dieser Abendtafel beschied Friedrich Gelehrte und Künstler; Voltaire nannte die Abendessen Friedrichs „wahrhaft sokratische Gastmähler". Auch Bielfeld weiß dieselben nicht genug zu rühmen; er spricht aus, daß es für ihn stets ein hohes Glück gewesen sei, beim König zu Abend eingeladen zu werden.

„Ich zweifle, — sagte er — ob in Europa eine witzigere, angenehmere, lehrreichere und lebhaftere Gesellschaft anzutreffen ist, als an dieser Tafel. Es scheint, als wenn der Monarch sich eine Lust mache, sich dabei seiner königlichen Würde zu entschlagen, um nur als der Liebenswürdigste unter den Menschen zu erscheinen; er hatte sogar ein Vergnügen daran, zu sehen, wie wir unsererseits den Schleier ablegten, mit welchem Hofleute das Gesicht zu bedecken pflegen, wenn sie sich der Majestät nahen, weil sie fürchten, sie möchten ihren blendenden Glanz nicht ertragen können, von dem sie wohl gar verzehrt werden könnten. Man sieht hier einen König, der sich aber nur als ein liebenswürdiger Beschützer zeigt, man sieht begünstigte Unterthanen, welche vor seinen Augen einhergehen, ohne sich vom Kopf bis zu den Füßen mit Waffen zur Vertheidigung zu verwahren. Die Herzen sind hier wechselweise einander offen und der Geist wird durch keine Fesseln gebunden."

Die Abendtafel dehnte sich mitunter bis weit über Mitternacht aus, weil in dem angenehmen und geistreichen Gespräch die Zeit gar zu schnell verfloß.

Nach dem siebenjährigen Kriege speiste Friedrich selbst nicht mehr zu Abend, weil seine Gesundheit ihm dies nicht gestattete, aber er sah doch gern geistreiche Gesellschaft, zog aber jetzt größtentheils ausgezeichnete Generale als Gesellschafter an sich. Auch jetzt noch war das Gespräch lebhaft und interessant, wenn auch nicht mehr so anregend, wie in früheren Jahren. Für die Gäste wurde eine kleine Tafel angerichtet, an der sie sich ein halbes Stündchen erlabten, um dann wieder die Unterhaltung mit dem König fortzusetzen.

Die Reize der Abendgesellschaften verringerten sich mit jedem Jahre. Friedrich wurde immer ernster und weniger unterhaltend; die geistreichen Scherze seiner Gesellschafter verloren für ihn den Reiz und an die Stelle derselben traten Vorlesungen und Unterhaltung über wissenschaftliche Gegenstände. Die Abendgesellschaften wurden daher früher beendigt, der König zog sich nach denselben in sein Zimmer zurück, in welchem er stets allein schlief.

Von der Tagesordnung, welche wir so eben geschildert haben, machte Friedrich nur selten und ungern eine Ausnahme. Er führte das Leben eines Junggesellen.

Von seiner Thronbesteigung an kümmerte er sich wenig um das verhaßte Eheband, welches zu schließen er durch seinen Vater fast gezwungen worden war. Unmittelbar nach seinem Regierungsantritt hatte er dem versammelten Hofe seine Gemahlin mit den Worten: „Das ist Ihre Königin!" vorgestellt. Er küßte sie dabei, wie ein Berichterstatter meldet, auf das Zärtlichste.

Mit diesem Kuß waren die Zärtlichkeiten erschöpft, welche Friedrich seiner Gattin erwies; er trennte sich fast vollständig von ihr, indem er ihr das Lustschloß Schönhausen bei Berlin schenkte und zum Aufenthaltsort für die Sommer-Monate anwies.

Dort residirte die Königin, den Winter verlebte sie im Schloß zu Berlin. Ihr Hofstaat war reich und königlich, aber vollständig getrennt von dem ihres Gemahls; ja diese Trennung ging so weit, daß die Königin niemals nach der Lieblingsresidenz des Königs, nach Sanssouci gekommen ist.

Wenn Friedrich sich in Berlin aufhielt, so speiste er etwa 3 oder 4 Mal im Jahre bei der Königin. Diese Besuche aber hatten stets einen sehr trübseligen Charakter; die königlichen Gatten sprachen bei denselben kein Wort mit einander. Friedrich machte der Königin beim Kommen, beim Niedersetzen, beim Aufstehen die üblichen Komplimente und saß ihr bei Tisch gegenüber, sonst aber gab er ihr kein Zeichen der Theilnahme. Nur einmal in spätern Jahren erkundigte er sich nach ihrem Befinden, als sie von einem Gichtleiden geplagt wurde und diese einfache Nachfrage erschien so wunderbar, daß man in ganz Berlin lange Zeit davon sprach.

Die Königin ertrug ihr trauriges Schicksal mit Würde; an äußerem Glanz ging ihr nichts ab, denn Friedrich hielt streng darauf, daß ihr die höchste Ehrerbietung gezollt werde.

Die Minister, Generale, Gesandten und Hofherren mußten stets bei der Königin zu bestimmten Tagen ihre Besuche machen, alle bedeutenden Fremden, welche nach Berlin kamen, wurden bei ihr eingeführt, aber Niemand fühlte sich wohl an ihrem Hofe, denn es herrschte an demselben die strengste Etikette und zu gleicher Zeit ein Geist der Sparsamkeit, der für die Gäste höchst unbehaglich war.

Gab es einmal ein Souper oder Diner bei der Königin, dann pflegten die Gäste sich zu Hause satt zu essen, besonders Diejenigen, welche nach Schönhausen entboten wurden, da sie stets mit leerem Magen von der königlichen Tafel zurückkehren mußten.

Man darf deshalb aber der Königin keinen Geiz vorwerfen, denn sie sparte nicht für sich, sondern um den Armen Berlins reichlich geben zu können. Fast alle ihre Mittel wurden zu Wohlthätigkeitszwecken verwendet.

Besonders unbehaglich war den an den freien Geist, der am Hofe Friedrichs herrschte, gewöhnten Hofleuten die strenge Religiosität, welche die Königin zur Schau stellte. Sie wählte ihren Privatumgang fast nur aus Geistlichen, mit denen sie sich über religiöse Themata unterhielt; fromme Schriften bildeten ihre liebste Unterhaltung, ja sie hat sich selbst als Schriftstellerin in dieser Richtung durch ein Gebetbuch, welches sie ihrem Bruder Ferdinand von Braunschweig widmete, bewährt.

Vielleicht trug diese Neigung der Königin wesentlich dazu bei, sie ihrem Gemahl vollständig und für immer zu entfremden.

Fünfzehntes Kapitel.

Der königliche Hof vor dem siebenjährigen Kriege. — Das Carrousselfest auf dem Lustgarten. — Die türkische Gesandtschaft in Berlin. — Der Hof Friedrichs nach dem siebenjährigen Kriege. — Friedrich und seine Geschwister. — Der Prinz von Preußen. — Der Thronfolger Prinz Friedrich Wilhelm. — Hof-Skandalosa. — Die Ehescheidung des Prinzen von Preußen. — Wilhelmine Ende. — Sittenlosigkeit am Hofe. — Prinz Heinrich. — Prinz Ferdinaud. — Die Confidenztafel.

Friedrich liebte weder Berlin noch die Berliner; er hielt sich nicht gern in der Hauptstadt des Landes auf und nahm nur alljährlich zur Karnevalszeit und sonst gelegentlich in derselben seinen Wohnsitz. Am Liebsten verweilte er in dem schönen Sanssouci, jenem reizenden Lustschloß, welches er sich in der Nähe von Potsdam hatte bauen lassen. Berlin aber blieb trotzdem die Residenz, da die Königin mit Ausnahme weniger Kriegsjahre hier dauernd wohnte und auch die Prinzen und Prinzessinnen hier ihr Hoflager hatten.

In den ersten Regierungsjahren Friedrichs war Berlin häufig der Schauplatz glänzender Hoffeste; der junge König liebte die Pracht und entschädigte sich und seine Familie gern für den Zwang, welchen er unter der sparsamen Regierung Friedrich Wilhelms sich hatte auferlegen müssen.

Besonders nach dem Breslauer Frieden, der den preußischen Staat auf eine so hohe Stufe der Macht brachte, glaubte Friedrich, seine Krone durch glänzende Festlichkeiten verherrlichen zu müssen.

Bälle, Konzerte, Schauspiele, prachtvolle Feste wechselten in ununterbrochener Reihenfolge mit einander ab, immer neue Gestalten wurden den Vergnügungen gegeben; der preußische Königshof schwelgte in Lustbarkeiten aller Art.

Nach dem zweiten schlesischen Kriege nahm der Glanz dieser Feste nur noch mehr zu, nirgend wurden Kosten gespart, der königliche Hof war in jener glücklichsten Zeit der Regierung Friedrichs das Asyl der Lust und Freude. Gesandte von allen europäischen Mächten kamen nach Berlin, Fremde aus allen Ländern besuchten die preußische Hauptstadt und nahmen Theil an den glänzenden Vergnügungen, welche besonders in der Karnevalszeit einander jagten.

Wollten wir unsern Lesern eine Beschreibung auch nur eines kleinen Theiles dieser Feste geben, so würden wir einige tüchtige Bände damit füllen können, sie möchten uns dies aber schwerlich Dank wissen. Wir wollen daher hier nur kurz ein besonders charakteristisches Fest erwähnen, welches am 25. August 1750 zu Ehren der in Berlin besuchsweise anwesenden Markgräfin von Baireuth gegeben wurde und welches lange Zeit den Berlinern zum Gegenstande des Gesprächs diente.

Der Lustgarten war prachtvoll ausgeschmückt, auf demselben war für den König, die Königin und den Hof eine Tribüne erbaut, der eine zweite, für die Schwester des Königs, die Prinzessin Amalie, bestimmte, gegenüberstand. Zu den Seiten waren Logen für die Adligen und eine Tribüne für die Bürgerlichen errichtet, welche einen großen mit Tausenden von Lampen erhellten Cirkus umgaben. Es galt einem Carousselreiten, in welchem die Ritter nach alter Art ihre Geschicklichkeit beweisen sollten, um sich den Preis aus den schönen Händen der Prinzessin Amalie zu verdienen.

4 Quadrillen, jede von 16 Rittern, von denen die ersten als Römer, die zweiten als Karthager, die dritten als Griechen, die vierten als Perser gekleidet waren und welche von den Prinzen des Hauses geführt wurden, nahmen an diesem Kampfspiele Theil.

Es war eine Pracht aufgeboten, wie sie die Berliner bei öffentlicher Festlichkeit selten gesehen hatten. Schaaren von Dienern, welche nach dem Charakter der Nation, die ihre Herren darstellten, gekleidet waren, zogen vor den Quadrillen her. Die Kavaliere sowohl, als die Zuschauer in den Logen waren mit Gold und kostbarem Schmuck überdeckt.

Die Ritter, welche an dem Kampfspiele Theil nehmen sollten, hatten sich mit ihrer Dienerschaft vor dem königlichen Stalle in der Breitenstraße aufgestellt; von dort aus zogen sie, von Fackelträgern begleitet, nach dem Schloß, dann an der Schloßfreiheit vorbei, nach dem Lustgarten.

Nach dem beendeten Kampfe wurden durch drei Marschälle und den Staatsminister v. Arnim den Siegern die Preise zugesprochen; die Prinzessin Amalie, welche gerade an jenem Tage sich durch eine feenhafte Schönheit auszeichnete, theilte die Preise aus.

Das Schauspiel war so prächtig und gefiel dem König so sehr, daß er es am letzten Tage noch einmal wiederholen ließ. Auch im Publikum war man entzückt über dasselbe, und die Berliner wußten nicht, ob sie dem Abendschauspiele, dem das Licht der vielen Tausend Lampen und Fackeln einen besonderen Glanz verliehen hatte, oder dem Carousselreiten bei Tage den Vorzug geben sollten.

Der siebenjährige Krieg unterbrach die Lustbarkeiten des Hofes; nach Beendigung desselben erlangten sie nur in einzelnen Festen, welche die Anwesenheit fürstlicher Besuche und außerordentlicher Gesandtschaften veranlaßten, den früheren Glanz wieder, denn Friedrich war durch den Krieg um viele Jahre älter geworden. Er hatte die Lust an prachtvollen Vergnügungen verloren und gestattete dieselben nur bei besonderen Gelegenheiten, bei denen es ihm darauf ankam, nicht hinter anderen königlichen Höfen zurückzubleiben.

Eine solche Gelegenheit zeigte sich unmittelbar nach dem Kriege beim Empfang einer türkischen Gesandtschaft, welche in Berlin eintraf, um den König zu beglückwünschen.

Am 9. November 1763 hielt der Gesandte Resmi Chagi Achmet an der Spitze eines zahlreichen Gefolges seinen feierlichen Einzug in die Residenz.

Das Volk von Berlin war zu Tausenden herbeigeströmt, um dem ganz neuen Schauspiele beizuwohnen; es hörte an diesem Tage zum ersten Male die türkische Saulscharen-Musik.

Der Gesandte nahm seine Wohnung in dem Hause des Baron von Vernezobre, Wilhelmstraße 102. Er wurde seinem Range und der Würde seines Amtes gemäß am 24. November mit aller morgenländischen Pracht dem Könige vorgestellt.

Friedrich war umgeben von den Prinzen seines Hauses und den vornehmsten Ministern und Generälen. Der Gesandte überreichte ihm einen Brief des Sultans und die Geschenke desselben, einen Reiherbusch aus Brillanten und viele kostbare Zeuge; drei Pferde mit prächtigem Reitzeug und Chabraken waren im Hofe aufgestellt, der König beschaute sie vom Fenster aus.

Bei dem Empfange des türkischen Gesandten wurden alle die Ceremonien aufgeführt, welche im 17. Jahrhundert bei der Ankunft des moskowitischen Gesandten beobachtet worden waren. Bei dieser Gelegenheit machte sich der Baron von Pöllnitz als Ober-Ceremonienmeister sehr nutzbar, denn er war der Einzige am Hofe, der sich auf das alte Ceremoniel verstand.

Die Gesandtschaft blieb den ganzen Winter über in Berlin und trug viel dazu bei, das Hofleben in diesem ersten Winter nach dem Kriege interessant zu machen. Auch die Bürger der Residenz nahmen großen Antheil an den Fremden und mehr noch als sie die Bürgermädchen, welche für die Türken eine größere Vorliebe hatten, als ihren Vätern lieb war.

Am 20. April 1764 gab der König dem Gesandten eine feierliche Abschieds-Audienz und am 2. Mai trat die Gesandtschaft ihre Rückreise an. Vor derselben aber hatte sich im Gesandtschaftshotel ein eigenthümliches Schauspiel entwickelt. Die verdeckten Gepäckwagen waren geöffnet worden, und zwar auf dringende Bitten vieler Bürger von Berlin, welche ihre schönen Töchter vermißten.

Wie die Bürger vermuthet hatten, so war es in der That; denn in den Gepäckwagen fanden sich mehrere niedliche Berlinerinnen versteckt, welche ihre türkischen Liebhaber begleiten wollten, um die Freuden des Harems kennen zu lernen. Die beschämten Schönen mußten ihr dunkles Asyl verlassen und zu ihren Eltern zurückkehren.

Auch der Besuch des russischen Großfürsten Petrowitsch, sowie die Anwesenheit anderer fürstlicher Personen, und einige Familienfeste gaben Veranlassung zu prunkvollen Feierlichkeiten; diese wurden aber mit dem zunehmenden Alter des Königs immer seltener, denn je älter Friedrich wurde, je mehr neigte er sich einer an Geiz grenzenden Sparsamkeit zu, je weniger hatte er Neigung zur Geselligkeit.

An die Stelle der bezaubernden persönlichen Liebenswürdigkeit, welche er früher im Umgange gezeigt hatte, trat häufig eine scharfe Bitterkeit. Seine Umgebung litt hierdurch außerordentlich, und es gehörte eine große Liebe für den König dazu, in seiner Nähe ausharren zu können.

Der Hof des Königs wurde infolge dessen mit jedem Jahre öder und trostloser, auch das Leben am Hofe der Prinzen und Prinzessinnen zeigte nach dem siebenjährigen Kriege eine ähnliche Veränderung.

Der Tod hatte gewaltige Lücken in die königliche Familie gerissen; die Königin Mutter, welche vor dem siebenjährigen Kriege durch ihre Lust an glänzenden Festlichkeiten wesentlich dazu beigetragen hatte, die Pracht des Hofes zu erhöhen, die Markgräfin von Baireuth und der älteste Bruder des Königs, der Prinz August Wilhelm, waren während des Krieges gestorben; so blieben denn von den Geschwistern des Königs nur die Prinzen Heinrich und Ferdinand, und die Prinzessin Amalie übrig.

Friedrich fühlte für seine Brüder nie eine besondere Zärtlichkeit; er war seinem ganzen Wesen nach nicht für das Familienleben geschaffen, und wenn er auch Sorge trug, seinen jüngern Geschwistern eine gute Erziehung zu geben, so blieb er denselben doch stets fern, ein wirklich geschwisterliches Verhältniß herrschte in der königlichen Familie nicht. Friedrich betrachtete sogar seine Brüder häufig als seine Nebenbuhler in der Gunst des

Volkes und bewies sich Ihnen durchaus nicht freundlich. Da seine eigene Ehe kinderlos war, sollte seiner Zeit der Thron auf seinen ältesten Bruder oder dessen Sohn übergehen.

Der älteste Bruder des Königs, Prinz August Wilhelm, war im Jahre 1744 zum Prinzen von Preußen ernannt worden, um ihn mit diesem Titel als präsumtiven Thronerben zu bezeichnen, da der Titel Kronprinz nur dem ältesten Sohne des Königs gebührt.

Der Prinz von Preußen stand niemals in einem freundschaftlichen Verhältniß zu seinem Bruder, der ihn seiner großen Schüchternheit wegen wenig achtete, obgleich er ihm einst ein großes Gedicht über die Kriegskunst und seine Denkwürdigkeiten zur Geschichte der Mark Brandenburg zueignete, und in dieser Zueignung sich höchst anerkennend über die Sanftmuth und die Humanität des Charakters aussprach, durch welche der Prinz von Preußen sich auszeichnete. Von der Mißachtung, welche Friedrich gegen seinen Bruder fühlte, gab er im siebenjährigen Kriege einen eklatanten Beweis.

Der Prinz hatte im Jahre 1757 nach der Niederlage bei Kollin den Auftrag erhalten, die österreichische Armee von der sächsischen Grenze abzuhalten; es war ihm dies nicht gelungen, der österreichische Feldherr Daun war, indem er die Armee des Prinzen umging, in die Lausitz eingebrochen, hatte Zittau bombardirt und den Prinzen zu einem schmählichen Rückzug gezwungen; zur Strafe war der Prinz aus der Armee entlassen worden. Kaum ein Jahr später starb er, man sagt, an gebrochenem Herzen.

Prinz August Wilhelm war mit der Schwester der regierenden Königin verheirathet; er hinterließ 3 Kinder, von denen der älteste Sohn, geboren am 25. September 1744, der spätere König Friedrich Wilhelm II., seinen Titel als Prinz von Preußen erbte.

Der junge Prinz war bei dem Tode seines Vaters 14 Jahre alt; er war von großer starker Statur, aber sein Geist schien dem ansehnlichen Körper nicht zu entsprechen; er zeigte eine geringe Fähigkeit und König Friedrich schaute deshalb mit Sorgen auf seinen künftigen Nachfolger, zu dem er gar kein Zutrauen hatte. Er ließ ihm eine strenge soldatische Erziehung geben; der Prinz mußte täglich auf der Parade in Potsdam erscheinen, und nur selten wurde es ihm erlaubt, nach Berlin zu reisen.

Friedrich hatte gegen den Prinzen fast eine persönliche Abneigung; er lud ihn nicht häufig nach Sanssouci zur königlichen Tafel, weil ihm das ganze Wesen seines Neffen mißfiel. Das Verhältniß zwischen dem König und dem Thronfolger wurde mit jedem Jahre ein weniger erfreuliches, denn der Prinz von Preußen zeigte Neigungen, welche denen des Königs ganz entgegengesetzt waren. Jede ernste Thätigkeit war ihm zuwider, nur ungern sprach er über Politik, Kunst und Literatur, er lernte es nicht einmal, sich zusammenhängend auszudrücken. Der Umgang mit Gelehrten und geistreichen Leuten war ihm unangenehm, er suchte seine Gesellschaft in den niedrigsten Sphären; diejenigen Freunde waren ihm die liebsten, bei denen er nicht das unbequeme Gefühl hatte, daß sie ihn durch ihren Geist überragten.

Schon früh zeigte sich bei ihm eine stark entwickelte Sinnlichkeit, welche ihn zu den größten Ausschweifungen trieb. Friedrich, der, wie wir wissen, in seinem Alter ein Weiberfeind geworden war, fühlte sich durch die Frauenliebe seines Neffen unangenehm berührt; er suchte ihn von derselben zu heilen, indem er ihn früh an eine liebenswürdige Prinzessin, seine 19jährige Nichte Elisabeth, die Tochter des Herzogs Karl von Braunschweig verheirathete.

Die Ehe, welche am 14. Juli 1765 geschlossen wurde, war nicht glücklich, sie dauerte nur 4 Jahre. Der Prinz kümmerte sich wenig um seine Gemahlin, er setzte sein ausschweifendes Leben fort und die Prinzessin vergalt Gleiches mit Gleichem. Von ihrem Gemahl hielt sie sich ganz fern, nachdem sie demselben eine Tochter, die spätere Herzogin von York, geboren hatte.

Friedrich, der seine Nichte sehr liebte, und der den Wunsch hegte, die Thronfolge durch die Geburt eines Prinzen befestigt zu sehen, ließ der Prinzessin Vorstellungen machen, aber diese waren vergeblich, denn die junge Frau verachtete ihren Gemahl zu gründlich, als daß an eine Wiedervereinigung mit demselben zu denken gewesen wäre. Da kam der König, wie der gut unterrichtete Oberst Dampmartin in seinen Zügen aus dem Leben Friedrich Wilhelm II., welche im Jahre 1811 erschienen sind, erzählt und wie auch von anderer Seite bestätigt wird, auf ein seltsames Auskunftsmittel. Er sendete einen seiner Kammerherren zu der Prinzessin und ließ sie durch denselben dringend bitten, dem Throne einen Erben zu schenken. Der Kammerherr schlug der Prinzessin zu diesem Zweck einen Offizier der Leibgarde als Liebhaber vor, der ebensowohl durch seine Schönheit als durch seinen Muth die Aufmerksamkeit des Königs auf sich gezogen hatte.

Die Prinzessin war empört über eine solche Zumuthung; vergeblich verschwendete der Unterhändler Bitten und Beredtsamkeit; er erhielt eine rund abschlägige Antwort, und als er trotzdem immer und immer wieder im Auftrage des Königs bat, da wendete sich endlich die Prinzessin im höchsten Grade ungehalten von ihm ab.

„Mein Herr", rief sie ihm zu, „wenn Sie noch ferner wagen, mich durch Ihre beleidigende Unterhaltung zu verletzen, dann werde ich Ihnen sofort den Befehl geben, daß Sie selbst für den Thronfolger sorgen, den der König begehrt!"

Der Kammerherr, ein alter Mann von mehr als 60 Jahren, war über diese unvermuthete Drohung so entsetzt, daß er kein Wort zu erwidern vermochte. Unter verlegenen Verbeugungen entfernte er sich so schnell wie möglich und erzählte leichenblaß dem König das Resultat seiner Unterhandlung, über welches Friedrich herzlich lachte.

Wir wollen diese Erzählung nicht verbürgen; charakteristisch für den Geist, der am Hofe Friedrichs des Großen herrschte, ist sie jedenfalls, denn selbst wenn sie erfunden wäre, so ist sie aus dem Geiste der Zeit Friedrichs erfunden.

Wenn die Prinzessin sich weigerte, den Wünschen des Königs nachzukommen, so hielt sie sich doch anderweit schadlos, sie hatte so anstößige Liebesabenteuer, daß die ganze Stadt von dem Skandal derselben voll war. Am spätesten wurde der Prinz von Preußen über die Aufführung der Prinzessin unterrichtet. Auf einem Maskenballe, den der Prinz Heinrich am 24. Januar zur Geburtstagsfeier des Königs gab, trat eine der anwesenden Masken an den Prinz heran und erbot sich, ihm den Beweis für die Untreue seiner Gemahlin zu verschaffen.

Der Prinz überzeugte sich mit eigenen Augen und er war jetzt so voll Wuth, daß er auf Scheidung antrug. Friedrich der Große wollte anfänglich von einem Ehescheidungsprozeß in seiner Familie nichts wissen, er liebte seine Nichte zu sehr, um sie dem allgemeinen Skandale Preis zu geben; da aber der Prinz von Preußen drohte, er werde an alle Höfe Europa's schreiben und rückhaltlos die Untreue seiner Gemahlin veröffentlichen, er werde die Prinzessin nie wieder als Gattin anerkennen; da mußte der König wohl nachgeben und ein Ehescheidungsverfahren einleiten.

Eine aus den sämmtlichen Ministern des auswärtigen und Justiz-Departements, zwei Geheimen Ober-Tribunals-Räthen, den beiden geistlichen Ober-Consistorial-Räthen, dem Hofprediger Sack und dem Propst Spalding gebildete Behörde hatte den Prozeß zu verhandeln; das Resultat desselben war die Ehescheidung. Die Mitglieder der Behörde wurden durch Eidesleistung verpflichtet, niemals gegen irgend einen Menschen über die Details des Prozesses zu sprechen; die Akten wurden vom Könige persönlich versiegelt und so im Geheimen Archiv aufbewahrt. Das Geheimniß des Prozesses ist gut bewahrt worden, noch heute sind bestimmte Daten aus demselben nicht bekannt.

Die Prinzessin mußte nach der Ehescheidung den Titel Königliche Hoheit ablegen, sie wurde fortan nur Durchlaucht genannt und erhielt in Küstrin eine unfreiwillige Residenz. Auch in ihrer Zurückgezogenheit soll sie nicht gerade ein Nonnenleben geführt haben; sie ist hoch bejahrt, 94 Jahre alt, 1840 in Stettin gestorben.

Der Prinz von Preußen verheirathete sich unmittelbar nach der Scheidung im Jahre 1769 zum zweiten Male mit der Prinzessin Louise von Darmstadt. Friedrich hatte die Freude, aus dieser Ehe einen Thronfolger, den spätern König Friedrich Wilhelm III., der am 3. August 1770 geboren wurde, zu erhalten.

Auch diese zweite Ehe war nicht glücklich, denn der Prinz blieb der zweiten Frau so wenig treu wie der ersten; Friedrich aber war jetzt weniger unduldsam gegen die Liebesabenteuer seines Neffen, er gab sogar der Liebe desselben zu der berüchtigten Wilhelmine Encke, der spätern Gräfin Lichtenau, seine ausdrückliche Genehmigung.

Wilhelmine Encke, ein wunderschönes, üppig gebautes junges Mädchen, war die Tochter des Trompeters Elias Encke, der, nachdem er den Abschied vom Regiment erhalten hatte, als Waldhornist bei der Kapelle des Königs angestellt worden war.

Prinz Friedrich Wilhelm, der sich gern in niedern Gesellschaften bewegte, hatte eine Liebschaft mit der ältern Schwester Wilhelminens, die als Figurantin an der italienischen Oper angestellt war. Wilhelmine lebte bei ihrer Schwester, sie wurde von dieser als Dienstmädchen benutzt und in abscheulicher Weise behandelt. Durch einen Zufall war der Prinz einst Zeuge, wie das junge vierzehnjährige Mädchen mit Fußtritten und Schlägen mißhandelt wurde. Er war darüber sehr entrüstet, denn eine gewisse Gutmüthigkeit konnte man ihm nicht absprechen. Er nahm sich der Kleinen an und von dieser Zeit an schloß er sie in sein Herz; er sorgte für ihre Erziehung, indem er ihr guten Unterricht ertheilen ließ.

Das Verhältniß des Prinzen zu dem jungen Mädchen, welches durch das Mitleiden erzeugt war, nahm bald einen andern Charakter an; Friedrich Wilhelm wurde der feurige Liebhaber seiner Pflegebefohlenen.

Die Gräfin Lichtenau hat später in einer durch den Professor Schummel in ihrem Auftrag herausgegebenen eigenen Lebensbeschreibung das Liebesverhältniß sehr romantisch geschildert. Der Prinz versprach seiner Geliebten, sie im Leben niemals zu verlassen, er schnitt sich mit einem Federmesser in den Ballen der linken Hand und stellte ihr mit seinem eignen Blut eine Verschreibung aus, welche lautete:

„Bei meinem fürstlichen Ehrenwort, ich werde Dich nie verlassen!

Friedrich Wilhelm,
Prinz von Preußen."

Einen ähnlichen Schein mußte auch Wilhelmine ausstellen, noch 30 Jahre später zeigte sie triumphirend die Narbe an ihrer Hand, aus der das Blut für ihren Schein geflossen war.

Um die Ausbildung der Geliebten zu vollenden, schickte der Prinz sie nach Paris, wo sie mit ihrer Schwester, welche einen Grafen Matuschka geheirathet hatte, zusammen lebte. Sie war dort in der besten Schule; die Gräfin Matuschka führte mit den vornehmsten in der französischen Residenz anwesenden Fremden ein ungezügeltes Leben.

So gut zur Maitresse eines Fürsten ausgebildet, wie irgend möglich, kam Wilhelmine zurück, um die Herrschaft über das Herz ihres prinzlichen Anbeters von Neuem anzutreten.

Friedrich Wilhelm gab sich ihr so vollkommen

hin, daß er einen großen Theil seiner Einkünfte an sie verschwendete; sie erhielt von ihm wohl gegen 30,000 Thaler jährlich. Er that Alles, was Wilhelmine Encke von ihm verlangte; seinen Einfluß als Thronfolger benutzte er in ihrem Interesse und nach ihren Beschlen; er mißbrauchte denselben so sehr, daß Friedrich sich veranlaßt sah, den höhern Staatsbeamten ausdrücklich den Befehl zu geben, sie sollten ferner niemals wieder Personen auf die Empfehlung des Prinzen von Preußen anstellen, da häufig die unwürdigsten Subjekte durch die Verwendung der prinzlichen Geliebten eine Anstellung erhalten hatten.

Friedrich glaubte dem allgemeinen Skandal ein Ende zu machen, wenn er dafür sorgte, daß die Maitresse seines Neffen sich verheirathe. Als er ihr einst im Garten von Sanssouci zufällig begegnete, ließ er sie hart an, befahl ihr, den ersten besten Mann zu nehmen, er wolle dann für eine Aussteuer sorgen.

Wilhelmine kam dem Befehl nach. Ein Mann war bald gefunden. Der Kammerdiener des Prinzen von Preußen, Rietz, der Sohn eines königlichen Gärtners in Potsdam, gab sich dazu her, die Maitresse seines Herrn zu heirathen.

Rietz war das Faktotum des Prinzen, er hatte diesen bei allen seinen Ausschweifungen unterstützt, manche Liebesverhältnisse vermittelt und sich dadurch das Vertrauen seines Herrn erworben. Er trug gern alle Launen des Prinzen von Preußen. Dieser war im höchsten Grade jähzornig und mißhandelte in der Hitze häufig seine Bedienten mit Fußtritten, Stockprügeln und Ohrfeigen. Wenn der Zorn verraucht war, so thaten ihm bei seiner Gutmüthigkeit die Mißhandlungen leid, er pflegte dieselben durch reiche Geschenke zu vergüten.

Ehrliebende Diener ließen sich eine solche Behandlung nicht gefallen, für Rietz aber war sie eine Quelle hoher Einkünfte und als der unwürdige Kammerdiener nun gar die prinzliche Maitresse heirathete, da stand er für immer fest in der Gunst seines Herrn.

Die Heirath war indessen nur eine Scheinheirath, denn Rietz hatte die Verpflichtung übernommen, niemals mit seiner Frau unter einem Dache zu wohnen, auch soll eine wirkliche Trauung gar nicht stattgefunden haben.

Das Verhältniß des Prinzen zu der Madame Rietz dauerte ununterbrochen fort und es erhielt sogar die königliche Genehmigung. Friedrich sah ein, daß er den Prinzen von seinem ausschweifenden Leben niemals werde zurückhalten können und es war ihm daher lieber, wenn dieser neben seiner Frau eine einzige Maitresse habe, als wenn er bei allen möglichen Schönheiten herumflatterte.

Der Beweis dafür, daß Friedrich das Verhältniß billigte, geht aus einem Schreiben hervor, welches er an den Stadtpräsidenten Philippi richtete. Er sagt in demselben, daß er nichts gegen die Besuche des Prinzen von Preußen bei der Rietz habe, doch solle diese sich nicht in Berlin aufhalten; man möge ein Landgut in der Nähe der Hauptstadt kaufen, dort könne der Prinz die Rietz besuchen. Er solle aber nicht so oft nach der Hauptstadt kommen, weil er dort Bekanntschaften machen würde, die der König nicht gern sehe. Befolge die Rietz diese Befehle genau, so werde er ihr wohlaffektionirter König bleiben.

In Folge dieses Befehls wurde das schöne Landhaus des Grafen v. Schmettau in Charlottenburg, welches von einem reizenden Garten umgeben war (das später Eckardtsteinsche Grundstück) gekauft; der König gab dem Prinzen zu diesem Zweck 20,000 Thaler.

Wenn Friedrich hier gegen die Ausschweifungen seines Neffen eine Duldsamkeit zeigte, welche unsern heutigen Anschauungen durchaus widerspricht, so dürfen wir darüber nicht hart urtheilen denn der König handelte nur im Geiste seiner Zeit. An allen fürstlichen Höfen war die Maitressenwirthschaft so tief eingewurzelt, daß Niemand etwas dabei fand, sie hatte sich mit der französischen Sprache und Mode auch in Deutschland eingebürgert und die Sittenlosigkeit an den Höfen, auch an dem in Berlin, war in Folge dessen so groß geworden, daß Liebesverhältnisse sowohl verheiratheter als auch unverheiratheter Frauen stets mit der schamlosesten Offenheit getrieben wurden.

Ein englischer Reisender, welcher den Berliner Hof im Jahre 1775 besuchte, äußerte sich hierüber ungefähr folgendermaßen:

„Obgleich der König die Frauen haßt, so werden deshalb doch die Damen von den Männern keineswegs vernachlässigt. Besonders die verheiratheten Frauen haben öffentliche Verehrer, welche sie bei allen Gelegenheiten begleiten, sie werden mit ihnen zu allen Gesellschaften eingeladen, sie sitzen bei Tische neben ihnen und werden vom Herrn oder der Frau des Hauses ganz absichtlich in dieselben Spielpartien mit ihren Geliebten gesetzt. Ist zufällig eine Frau nicht mit einem solchen Partner versehen, so ist sie immer darüber sehr verlegen und auch ihr Mann theilt diese Verlegenheit; Beide kommen nicht eher zur Ruhe, als bis der nöthige Gesellschafter sich findet.

Von Eifersucht weiß man nichts, diese wird verachtet und verabscheut, ebenso wenig hört man von Lästerungen, von Tadel, von boshaften Bemerkungen über Liebesverhältnisse etwas. Das mag wohl daher rühren, daß, wie man mir versichert hat, es in dem Staat Sr. preußischen Majestät wohl schwerlich eine alte Jungfer giebt!"

Friedrich konnte sich ebenso wenig wie Andere seiner Zeit den sittlichen Anschauungen entziehen, welche an allen europäischen Höfen herrschten; er duldete daher die Liebschaften des Prinzen von Preußen und dieselben würden schwerlich sein Verhältniß zu dem Neffen getrübt haben, wären nicht sonst fortdauernde Veranlassungen zu Mißhelligkeiten da gewesen.

Der König behandelte den Prinzen wie einen jungen unbedeutenden Mann, während dieser häufig genug sich als der künftige König fühlte und Rücksichten forderte, welche ihm Friedrich, der auch in seiner Familie absoluter Herrscher sein wollte, nicht zugestand. Hierdurch wurde das Verhältniß zwischen König und Thronfolger mit jedem Jahre ein weniger günstiges.

Auch mit seinen beiden Brüdern war Friedrich fast ganz zerfallen; Prinz Heinrich hielt seinen Hof den größten Theil des Jahres in Rheinsberg, nur für wenige Monate wohnte er in Berlin. Der Prinz fühlte sich niemals wohl in der Gesellschaft seines Bruders, den er von Kindheit an nicht liebte. Er war ein geist- und kenntnißreicher Mann; im siebenjährigen Kriege hatte er sich als Feldherr so sehr bewährt, daß Friedrich selbst einst anerkennen mußte, der Prinz sei der einzige General, dem er keinen strategischen Fehler nachweisen könne. Auch als Staatsmann hatte sich Prinz Heinrich ausgezeichnet und viele diplomatische Verhandlungen mit Glück geleitet. Manche Zeitgenossen wollen behaupten, er habe seinen hochbegabten Bruder, den König, geistig überragt!

Vielleicht trug die Rivalität des Genies beider Brüder dazu bei, ihr Verhältniß zu einander zu einem wenig erfreulichen zu machen. Friedrich wollte dem Prinzen gegenüber stets die Autorität des Königs zeigen, Heinrich aber beugte sich derselben nicht und es kam daher häufig zu heftigen Streitigkeiten. Wie innerlich zerfallen aber auch die Brüder sein mochten, den äußern Schein bewahrten sie. Jährlich zum Geburtstag des Königs gab Prinz Heinrich ein glänzendes Fest, meist einen Maskenball, ebenso feierte auch der König den Geburtstag des Prinzen mit königlicher Pracht.

Vor dem siebenjährigen Kriege trug der Hof Heinrichs viel dazu bei, die Freuden des Hoflebens in Berlin besonders in der glänzenden Karnevalszeit zu erhöhen, nach dem Kriege war dies nicht mehr der Fall. Der Prinz trennte sich plötzlich von seiner Gemahlin, mit welcher er in kinderloser Ehe lebte. Bisher war diese Ehe eine ziemlich glückliche gewesen, plötzlich aber trat ein tiefes Zerwürfniß in dieselbe, welches sich nicht wieder lösen sollte. Die Prinzessin hielt ihren eigenen Hofstaat in einem besonderen Flügel des prinzlichen Schlosses (der jetzigen Universität), sie kam nie nach Rheinsberg und wenn die beiden Ehegatten bei Hofe gezwungen waren, zusammenzutreffen, so gingen sie kalt an einander vorüber, ohne sich auch nur zu grüßen; nie sprachen sie wieder ein Wort zusammen. Ueber die Veranlassung dieses Zwistes aber beobachteten Beide das tiefste Schweigen.

In Folge dieses traurigen Verhältnisses wurde auch der früher so fröhliche Hof des Prinzen Heinrich mit jedem Jahre öder und trostloser.

Von weit geringerer Bedeutung als Heinrich war der zweite Bruder des Königs, Prinz Ferdinand, der abwechselnd seinen Hof in Ruppin und in Friedrichsfelde hielt. Er kam nur selten nach Berlin und spielte hier nie eine glänzende Rolle.

In einem weit freundschaftlicheren Verhältniß als zu seinen Brüdern stand der König zu seiner Schwester, der Prinzessin Amalie. Die Prinzessin war der Liebling des Königs, dem sie durch eine große Charakterähnlichkeit nahe stand. Sie hatte einen eben so scharfen und glänzenden Witz und gebrauchte ihn mit gleicher Rücksichtslosigkeit.

In ihrer Jugend war die Prinzessin wunderschön, sie verführte durch ihre Reize selbst den abgelebten Voltaire dazu, ihr einst in einem niedlichen Vers eine verblümte Liebeserklärung zu machen, welche aber durch den König eine herbe Zurückweisung erhielt.

Schlimmer als Voltaire, der nur in einem kleinen königlichen Gedicht für seine Anmaßung ein jammervoller Wicht genannt und dadurch in seine Stellung zurückgewiesen wurde, erging es einem andern Mann, der, wie man in Berlin allgemein erzählte, der begünstigte Liebhaber der Prinzessin war, dem berühmten Freiherrn von der Trend.

Friedrich ließ Trend, den er bisher durch manche Gunst ausgezeichnet hatte und der dadurch kühn geworden, sich öffentlich ziemlich unverschämt über das Verhältniß, in welchem er zu der Prinzessin stand, äußerte, unter dem Vorwand, daß er ein geheimes Einverständniß mit seinem Vetter, dem berüchtigten österreichischen Panduren-Obersten Franz von der Trend, habe, ohne Untersuchung, Urtheil und Recht auf die Festung bringen und hielt ihn hier lange Jahre in harter Gefangenschaft, bis es Trend endlich gelang, sich zu flüchten.

Die Prinzessin Amalie blieb unvermählt; sie übte stets einen großen Einfluß auf den König, der aber nicht immer ein wohlthätiger war. Sie galt in den Hofkreisen für die Spionin Friedrichs und man sagte ihr nach, daß sie mit einer gewissen Lust am Unheilstiften ganz unschuldige Aeußerungen verdrehe, um den König gegen seine Brüder und gegen manche bei ihr nicht beliebte Hofleute aufzuhetzen. Prinz Heinrich gab ihr deshalb den Titel „die böse Fee". Unter diesem Titel wurde sie fortan in Berlin stets genannt.*)

---

*) Die Prinzessin Amalie hatte zu dem unglücklichen Trend eine wirklich innige Liebe gefühlt, der sie bis zu ihrem Tode treu blieb. Das Urtheil des Herausgebers der Tagebücher der Gräfin Voß lautet über sie: „— Die arme Prinzessin, welche für die Befreiung des schönen, tollkühnen Abenteurers so große Treue und Aufopferung bewies, schien ihre ganze Liebesfähigkeit in dieser einzigen Neigung erschöpft zu haben. Von Kummer und einer frühzeitigen Kränklichkeit verdüstert, war sie nach und nach so schroff und bitter geworden, daß sie nach einem Epigramm ihres Bruders Heinrich nur noch „la fée malfaisante" hieß und durch ihre Thorheiten und ihr argwöhnisches Mißtrauen bald der Schrecken des ganzen Hofes war." (Neun und sechzig Jahre am preußischen Hofe, aus den Erinnerungen der Oberhofmeisterin Sophie Marie Gräfin v. Voß.)

Friedrich besuchte die Prinzessin häufig; er machte ihr reiche Geschenke, deren sie bedurfte, um ihre Schulden zu bezahlen, denn ihre Einkünfte waren nicht glänzend; diese verbesserten sich erst nach dem Tode der Königin-Mutter und nachdem die Prinzessin zur Aebtissin von Quedlinburg ernannt worden war.

Berühmt geworden sind die kleinen Gesellschaften, welche Friedrich mit der Prinzessin und 4 andern geistreichen Damen gewöhnlich am Sylvesterabend hielt, die sogenannten Konfidenztafeln. Der König speiste mit den Damen im königlichen Schloß an der berühmten Maschinentafel, zu der die Speisen mittelst eines Triebwerks aus dem untengelegenen Stock heraufgewunden werden konnten, so daß es nicht nöthig war, Lakaien im Zimmer zur Bedienung zu haben.

Ein kleines Tischchen stand neben jedem der Speisenden, auf ein Blättchen Papier wurde geschrieben, was man wünsche; das Tischchen verlank und brachte die verlangten Speisen nach kurzer Zeit herauf.

Den Konfidenztafeln wurde in Berlin eine große Bedeutung beigelegt, man wußte, daß der König bei denselben stets außerordentlich heiter und geneigt war, seinen Gesellschafterinnen Bitten zu gewähren, welche er zu andern Zeiten wohl zurückgewiesen hätte.

So erwartete denn das Publikum und gewöhnlich mit Recht, daß nach dem Sylvesterabend besondere Gnadenbeweise den Freunden der betheiligten Damen gegeben würden.

Sechszehntes Kapitel.

Berliner Leben zur Zeit Friedrichs des Großen. — Trennung der Stände. — Die Picnicks. — Luxus. — Berliner Schwindel. — Der Gesellschaftston. — Sittenlosigkeit. — Musiksäle und Tanzböden. — Madame Schabitz. — Berliner Gasthäuser und Restaurationen, Preise in denselben. — Volksvergnügungen. — Französische Kleidertracht.

Fast ein halbes Jahrhundert umfaßte die Regierung Friedrichs des Großen. Ein solcher Zeitraum ist stets für die geschichtliche Entwicklung von hoher Bedeutung, in jener Zeit aber und für unsere Stadt genügte er, um Berlin vollständig umzugestalten.

Das Berlin zur Zeit Friedrich Wilhelms und das zu Ende der Regierung Friedrichs des Großen sind zwei so verschiedene Städte, daß sie kaum eine Aehnlichkeit mit einander haben.

Mit dem Regierungsantritt Friedrichs des Großen verschwand plötzlich jene finstere, heuchlerische, zur Schau getragene Sittenstrenge, jene Enthaltsamkeit von allen Vergnügungen, jene künstliche Einfachheit und Sparsamkeit, welche die Bürger nur aus Furcht vor dem Stock Friedrich Wilhelms I. und vor den ihre Freiheit bedrohenden Machtsprüchen desselben angenommen hatten.

Der glänzende Hof des jungen Königs reizte zur Nachahmung an, die Hoffeste boten der Schaulust des Volks willkommene Schauspiele; Theater, Konzerte, Ballets, öffentliche Darstellungen aller Art brachten ein neues Leben in die Residenz. In unglaublich kurzer Zeit vollendete sich die völlige Veränderung des herrschenden Gesellschaftstons, nur einige der orthodox-religiösen Richtung angehörende Familien blieben den von Friedrich Wilhelm eingeführten Sitten treu; die ganze übrige Bevölkerung ließ sich vom Geist der Zeit hinreißen. Der hohe Adel, die Gelehrten, Beamten, Kaufleute und Handwerker wetteiferten mit einander, sich gegenseitig zu überbieten in der Nachahmung des Hofes.

Die verschiedenen Stände blieben dabei vollkommen abgesondert, ja die schon vorhandene Trennung wurde noch tiefer und schroffer während der Regierungszeit Friedrichs, denn dessen offen zur Schau getragene Vorliebe für den Adel flößte diesem ein Selbstbewußtsein ein, welches es unter dem bürgerlichen Regiment Friedrich Wilhelms nicht haben konnte.

Der hohe Adel schaute mit Verachtung nieder auf den Bürger, die Offiziere bildeten einen durchaus abgeschlossenen Stand, höhere Beamte und Gelehrte wollten nicht gern etwas mit Subaltern-Beamten oder gar mit Kaufleuten und Handwerkern zu thun haben und auch letztere waren wieder in ihre verschiedenen Kreise gespalten.

Diese gegenseitige Abgeschlossenheit ging so weit, daß selbst in den zahlreich entstehenden Tabagien, Weinstuben und öffentlichen Vergnügungsorten nur höchst selten die verschiedenen Stände mit einander verkehrten.

Die noch jetzt allen Ausländern in Berlin so unangenehm auffallende Zurückhaltung, welche verbietet, in öffentlichen Lokalen sich mit Fremden an einen Tisch zu setzen und ein freundliches Gespräch zu beginnen, hat ihren Ursprung in jener Zeit.

Welcher Bürgerlicher hätte es damals wagen dürfen, sich mit einem Unbekannten in einem Vergnügungsort an einen Tisch zu setzen und etwa ein Gespräch anzufangen? Traf er zufällig auf einen Adligen, so wurde er sicher herb zurückgewiesen.

In sich selbst einten sich die verschiedenen Stände um so inniger; da wurden Ressourcen, geschlossene Gesellschaften, gebildet, in denen die Standesgenossen mit einander verkehrten, da gab es Feste aller Art; man machte Landparten zusammen nach Schönhausen, Pankow, nach dem Gesundbrunnen, nach Weißensee, Treptow und Stralau, Moabit, Martinicken, Charlottenburg oder Schöneberg; auch die näher vor den Thoren gelegenen Etablissements, die neue Welt, die Gartenlokale der Hasenhaide und der dustere Keller boten häufig Gelegenheit zu fröhlichen Zusammenkünften.

Eine der beliebtesten geselligen Vergnügungen waren die Picnicks, welche gewöhnlich bei beliebten Restaurateuren abgehalten wurden. Die Herrn aus der Gesellschaft führten eine oder mehrere Damen zu irgend einem beliebten Restaurateur, dort wurde ein fröhliches Mahl veranstaltet, dem meistens, besonders im Winter, ein Tanz folgte; die Kosten wurden von den Herren getragen.

Die vornehmen Stände liebten die Picknicks außerordentlich, besonders berühmt waren die, welche bei Richard im Thiergarten oder bei Corsica, dem Restaurateur am Wasser hinter dem Zeughause, abgehalten wurden.

Bei den Gesellschaften und Picknicks wurde in allen Ständen ein Luxus aufgeboten, der sich, die kurze Zeit des siebenjährigen Krieges ausgeschlossen, von Jahr zu Jahr steigerte. Wenn man große Gesellschaften geben wollte, mußte man dazu auch die geeigneten Wohnungen haben. Es wurde ein Bedürfniß für alle den bessern Ständen angehörenden Familien, geräumige Gesellschaftszimmer zu besitzen; Speise- und Tanzsäle, Visitenstuben und Boudoirs hielt man bald für nothwendige Erfordernisse eines großen Hausstands und auch die Bürger folgten in diesem Luxus den vornehmern Ständen.

Der König trug viel dazu bei, das Bedürfniß nach großen Wohnungen in Berlin zu erhöhen, indem er den Bürgern Häuser baute, welche die bisherigen Ansprüche weit übersteigende Räumlichkeiten enthielten.

Zu schönen Wohnungen gehörten naturgemäß auch entsprechende Möbel; die alten dauerhaften, für ganze Geschlechter bestimmten Hausgeräthe wurden abgeschafft, an ihre Stelle traten moderne Möbel nach französischem Geschmack, bei denen es auf Dauer und Güte nicht weiter ankam, sondern nur auf geschmackvolle elegante Form; man mußte ja, der herrschenden Mode gemäß, mit den Möbeln bald genug wechseln, denn die veralteten konnten in den Gesellschaftszimmern nicht stehen bleiben; kostbare Gemälde und Bildhauerwerke alter Meister gehörten naturgemäß zu dem prächtigen Möblement.

Um solchen Luxus zu befriedigen, war ein voller Beutel nothwendig. Einige reiche Familien konnten freilich ohne Unbequemlichkeit für ihre Kasse sich gegenseitig in der Entfaltung ihres Reichthums überbieten, die meisten Beamten, Fabrikanten, Kaufleute und Handwerker aber waren nur im Stande, dem herrschenden Geschmack zu fröhnen, wenn sie Schulden machten und dies geschah denn auch im reichsten Maße.

Viele Bürgerfamilien ruinirten sich durch die zur Mode geworden luxuriösen Gesellschaften und häufig genug kam es vor, daß nach dem Tode eines Mannes, der ein besonders stattliches Haus gemacht hatte, die Familie desselben nichts erbte, als seine Schulden, daß der Bankerott über das Vermögen desselben ausbrach in demselben Augenblick, wo er die Augen schloß. Der Berliner Schwindel, der sich von jener Zeit an so gedeihlich entwickelt hat, kam damals in Mode.

Der Gesellschaftston entsprach der äußern Ausschmückung der Gesellschaftsräume an äußern Glanz und innerer Hohlheit. Dem Beispiel des Hofes gemäß sollten Literatur und Kunst die Würze der Geselligkeit bilden. Wir haben schon an anderer Stelle erwähnt, wie wenig dadurch bezüglich der Literatur die wahre Bildung des Volks gefördert wurde; dasselbe war auch in Beziehung auf die Kunst der Fall.

Alle Welt sprach von Kunst und gab sich den Anschein der gründlichsten Kennerschaft, von wirklichem Kunstsinn aber wußte das Volk von Berlin in jener Zeit wenig. Die Lieblingskunst, über welche Jeder mitreden mußte, in der sogar Alle, welche auf Bildung Anspruch machen wollten, Dilettanten waren, war die Musik. Besonders die Frauen glaubten Künstlerinnen sein zu müssen, wenn sie Geltung in der Gesellschaft haben wollten. Jedes Mädchen, jede Frau verstand es, auf dem Klavier zu klimpern und einige moderne Arien zu singen, jede gab sich den Anschein der innigsten Verehrung von der heiligen Kunst, aber diese Musikliebhaberei war dennoch nichts weiter als eitler Schein.

In allen Gesellschaften bildete die Musik den Hauptbestandtheil der Unterhaltung; während die jungen Leute musizirten, spielten die Väter und Mütter Karten; sie überließen sich ihrer durch die Einführung der Lotterie geförderten Spielsucht und da am Spieltisch ungeheure Summen gewonnen und verloren wurden, so war das Interesse so sehr an denselben gefesselt, daß die Eltern sich um ihre Töchter nicht zu bekümmern vermochten, daß sie diese ohne Aufsicht der berauschenden Lust der Gesellschaft überließen.

Die Folge hiervon war eine Freiheit des Umgangs zwischen jungen Männern und Mädchen, welche oft genug zur Zügellosigkeit ausartete.

Die französische Mode war vom Hofe aus eingedrungen in die bürgerliche Gesellschaft nicht nur in Beziehung auf die Kleidung, wie wir noch später sehen werden, sondern auch auf die Sitten.

Man sprach gern französisch; die jungen Mädchen mußten französische Gouvernanten, Friseure und Tanzmeister haben, um ganz nach dem Muster der Hofdamen ausgebildet zu werden. Der freie Ton, der am Hofe herrschte, wurde auch in die Gesellschaften der Kaufleute und Handwerker eingeführt, die alte deutsche Sittlichkeit verschwand mehr und mehr und zu Ende der Regierung Friedrichs des Großen galt es wie am Hofe, so auch in den Bürgerhäusern für Pedanterie, wenn Jemand den Sittenrichter spielen wollte.

Die jungen Frauen hatten ihre erklärten Liebhaber und überließen sich dem Umgang mit denselben ohne alle Scheu; sie durften doch hinter den Hofdamen nicht zurückbleiben. Die jungen Mädchen machten einsame Spaziergänge mit ihren Anbetern, sie wurden von diesen allein in die Theater und auf die Picknicks geführt, ja sie gaben sich oft genug mit ihnen nächtliche Rendezvous; das wußte Jedermann, aber nur in wenigen Familien, welche der alten deutschen Sitte treu geblieben waren, wurde davon Nebles gedacht; man duldete solche Leichtfertigkeit in den Gesellschaften, denn die sittlichen Anschauungen waren über alles Maß frei geworden, ja die Freiheit war zur Frechheit ausgeartet.

Die Männer machten gar kein Hehl daraus, wenn sie die zahlreichen Freudenhäuser, welche während der Regierung Friedrichs des Großen in Berlin entstanden waren, besuchten und es galt schon als anerkennenswerth, wenn sie bei solchen Besuchen nur einigermaßen die Oeffentlichkeit vermieden.

Die Freudenhäuser waren stets gefüllt; sie waren die einzigen Orte, an denen sich Männer aus den verschiedensten Ständen trafen, wo die Rangunterschiede verschwanden und nur das Geld herrschte.

Man urtheilte über die Stätten des Lasters mit einer unglaublichen Leichtfertigkeit. Wir wollen zum Beweis unsern Lesern zwei Stellen aus dem oft erwähnten „Schattenriß" mittheilen, wobei wir bemerken, daß der Verfasser an andern Stellen sich gern zum Sittenrichter aufwirft, daß er sich besonders über die Frivolität der jungen Mädchen und Frauen höchst mißfällig äußert; er gehört keineswegs zu den Leichtfertigen seiner Zeit, trotzdem aber kann er sich der allgemeinen Anschauungsweise nicht entziehen.

Er schreibt:

Musiksäle und Tanzböden.

Alle Winkel von Berlin sind von dergleichen Musiksälen und Tanzböden voll; die vornehmsten sind bei Poser und Tändeler, wo sich zugleich Frauenzimmer von zweideutigem Ruf einfinden, indessen siehet man nichts unanständiges und die Wirthe halten geflissentlich auf den guten Ruf ihres Hauses. Wer nicht Lust hat, das Frauenzimmer nach Hause zu begleiten, wird nicht dazu gezwungen und darf sich ihrenthalben in gar keine Kosten setzen. Der Fremde findet, wenn er sonst nirgends hin weiß und sich gern zerstreuen will, an diesen Orten alle Bequemlichkeiten und Erfrischungen, kann für sich ganz allein sein und der Musik zuhören, zu welchem Ende besonders der Gastwirth Poser kleine Gardinen-Logen angelegt hat, in welche man sich ohnbemerkt begeben und ebenso wieder weggehen kann. In dem Tändlerschen Saale werden in der großen Fastenwoche auch Paßionsmusiken aufgeführt. Sonst ist in jedem dieser Häuser wöchentlich einmal Konzert.

Die mehresten übrigen Musik- und Tanzsäle sind ein offenbarer Skandal, indessen trifft es sich nicht selten, daß sich auch da der Herr und der Bediente einander begegnen und in solchen Augenblicken zehrt jeder für sein Geld. Die Polizei würde indessen nicht übel thun, wenn sie viele dieser letzteren Häuser, durch besondere Emißare beobachten ließ.

Madam Schubitz.

Unter diesem Namen ist eine der ersten Kaffeeschenkerinnen von Berlin bekannt und verdient, weil sie von den Vornehmsten und selbst von Prinzen ohne Inkognito besucht wird, wol einen besondern Platz in diesem Schattenriß.

Madam Schubitz also hat sich über die niedrige Klasse der Kupplerinnen hinweggeschwungen, Mädchen von feinerer Lebensart zu sich genommen und einen gewissen gesitteten Ton in ihrem Hause, das einer kleinen Feenhütte gleicht und mit kostbaren Mobilien und Trümaur ausgeziert ist, eingeführt; sie selbst ist auf eine anständige und unterhaltende Art gesprächig, leidet nichts, was ins Pöbelhafte fällt, hält auf Ordnung und Sauberkeit und begegnet ihren Kostgängerinnen mit Achtung und Freundschaft.

Es ist zuweilen gemeinen, obgleich reichen Bürgern eingefallen, sich in ihrem Hause eine Lust zu machen, allein sie sind durch die außerordentlich hohen Preise, die sie auf die Erfrischungen setzte, so abgeschreckt worden, daß sie nie wiederkamen. Alles was gemein ist, gehört nicht in ihren Plan, sondern Leute von feiner Lebensart, vornehme Fremde und besonders Engelländer. Sie hatte es so weit gebracht, daß sie ihre eigene Equipage, ihre Kutsche mit ihrem Namenszug, Kutscher und Bedienten in geschmackvoller Livrée, in ihren Thürsteher und ihre eigne Loge in der Komödie hielt, allein Kabale und Neid wußten es so zu spielen, daß ihr der Pöbel beinahe das Haus gestürmt hätte und sie entschloß sich von selbst, wenigstens vor den Augen des Publikums keine zu große Pracht sehen zu lassen.

Man kann ihr nicht nachsagen, daß sie letzterem irgends ein anderes Aergerniß gegeben, noch weniger die Berlinische Jugend zu verstricken gesucht hätte. Die Vögel, die sie rupft, fliegen gewöhnlich wieder davon und lassen nur einige Federn zurück. Finanzmäßig genommen ist diese Frau in einer grossen Residenzstadt kein Uebel. Die reichen Engelländer wißen ohnehin zuweilen kaum, wie sie sich zu Berlin die Zeit vertreiben sollen.

Der Genuß war das Lebens-Element der Berliner geworden, dem Vergnügen und zwar dem materiellen Vergnügen allein lebten sie, alle Stände, wie schroff sie auch getrennt sein möchten, waren hierin eines Sinnes, Männer und Frauen fanden ihre Freude nicht mehr in einer schönen Häuslichkeit, im traulichen Familienleben, sondern in öffentlichen Lokalen.

Die Zahl der Wirthshäuser, Weinstuben, Restaurationen, Gartenlokale und anderer Vergnügungsorte hatte sich in Folge des wachsenden Bedürfnisses in außerordentlicher Weise vermehrt und ungeheure Summen wurden jährlich in denselben verschwendet, denn die Preise waren schon damals im Verhältniß zum Geldwerth sehr hoch.

Nikolai giebt in seiner im Jahre 1786 erschienenen Beschreibung von Berlin ein interessantes Verzeichniß der öffentlichen Lokale und der Preise in denselben; es gab hiernach in Berlin nicht weniger als 19 Gasthöfe I. Klasse, 3 II. Klasse und 14 III. Klasse, außerdem eine große

Anzahl von Speisehäusern, Wein- und Bierstuben, Kaffeehäusern mit Billards, Kaffeegärten, in denen man, besonders im Sommer, außer Kaffee auch Wein, Bier und kalte Küche bekommen und zu Abend speisen konnte, Garküchen 2c.

Die Gasthäuser hatten eine bestimmte Taxe, welche in jedem Zimmer derselben angeschlagen sein mußte; sie war vom Polizei-Direktorium festgestellt und die Wirthe durften sie nicht übertreten; jeder Wirth, der überführt wurde, die Taxe überschritten zu haben, mußte für jeden Groschen, den er über dieselbe genommen hatte, 1 Thaler Strafe erlegen.

Aus der von Nikolai mitgetheilten Taxe erwähnen wir folgende Zahlen:

Es kostete in den Gasthäusern I. Klasse eine Stube und Kammer mit Bett und Licht im 1. und 2. Stockwerk vorm heraus, incl. Betten und Licht 1 Thlr.; hinten heraus eine Stube im 1. und 2. Stockwerk 12 Gr.; der Mittagstisch, welcher lediglich für fremde Passagiere gehalten wurde, bestehend in 5 guten, wohlgekochten Gerichten, nach Beschaffenheit der Jahreszeit, an Fleisch, Fischen, zahmen und Wildbraten nebst Dessert für jede Person 16 Gr.; der Abendtisch, bestehend in drei guten Schüsseln mit Butter und Käse 12 Gr.; ein Butterbrod mit Braten oder Pökelfleisch belegt 1 Gr. 6 Pf. u. s. w.

In Gasthöfen II. Klasse zahlte man für ein Logis in der 2. Etage vorn heraus mit Betten und Licht 8 bis 10 Gr.; für ein Logis in der obern Etage oder hinten heraus 6 bis 8 Gr.; für das Mittagessen von drei guten Gerichten nebst Butter und Käse 6 Gr., wird aber auch ein Dessert gegeben 8 Gr.

In den Gasthöfen III. Klasse waren die Preise billiger; sollte ein Fremder eine besondere Stube mit Bett in diesen Wirthshäusern verlangen, so bezahlte er dafür nebst Licht 6 Gr., für eine Portion Mittagessen, bestehend in Suppe und Zugemüse mit Fleisch 3 Gr., für ein Nachtlager in der Gaststube auf Stroh mit Betten 2 Gr., ohne Betten 1 Gr.

In den Speisehäusern war der Preis für Mittagbrot je nach der Feinheit des Lokals und der gereichten Speisen schwankend, von 3 bis etwa 12 Groschen; dazu gab es auch schon damals Wein- und Delikatessen-Handlungen, in denen die Gourmands die Seltenheiten anderer Länder mit vielen Thalern bezahlen mußten. Für die Arbeiter bestanden Garküchen, in denen man ein leidliches Mittagbrot, Suppe, Gemüse und Fleisch, mitunter auch einen Braten, für 1 Groschen 6 Pfennige und 2 Groschen erhalten konnte.

Für das Vergnügen des Volks war ebenso sehr gesorgt als für das der vornehmern Stände. Die alten Volksfeste hatten neues Leben bekommen, der eingegangene Schützenplatz wurde wieder eröffnet, nachdem Friedrich im Jahre 1747 die Schützengilde wiederhergestellt hatte.

Auf dem Schützenplatz vor dem Königsthor fand alljährlich ein Scheibenschießen statt, bei welchem die Schützenbrüder um ausgesetzte Preise kämpften.

Das Königsschießen wurde am 27. August abgehalten; derjenige Schütze, der dem Mittelpunkt der Scheibe am Nächsten gekommen war, wurde zum Schützenkönig erklärt und feierlich mit einer goldenen Kette geschmückt; er hatte dafür aber die Pflicht, die ganze Gilde im Saal des Schützenhauses zu bewirthen.

Dem Königsschießen folgte das Vogelschießen. Jeder, der ein Stück vom Vogel herabschoß, bekam einen gewissen Preis an Geld, der nach der Schwere des herabgeschossenen Stücks bemessen war. Wer den Kern herunterholte, erhielt den ansehnlichsten Preis.

Die große Masse des Volks, welche nicht zur Schützengilde gehörte, hatte doch auf dem Schützenplatz alle Gelegenheit, sich zu vergnügen, theils im Zuschauen des Kampfes, theils bei den unzähligen Buden, die aufgestellt waren und in denen Waaren aller Art zum Verkauf ausgeboten wurden.

Taschenspieler, Quacksalber, Bärenführer u. dgl. m. fanden sich stets in Menge zum Schützenplatz ein und trugen zur Belustigung des Volks bei; auch für die Befriedigung der Spielsucht wurde gesorgt, denn in verschiedenen Buden wurden die Waaren nicht verkauft, sondern ausgelost oder ausgewürfelt. Bei schönem Wetter war der Schützenplatz stets von Tausenden besucht.

In den letzten Jahren der Regierung Friedrichs des Großen kam auch das Fest des Stralauer Fischzugs bei den Berlinern in Mode und nach und nach wurde es zum wirklichen Volksfest.

Wie die Berliner in ihren Sitten und Gewohnheiten, in ihrem gesellschaftlichen Verkehr sich mehr und mehr nach der französischen Mode richteten, so wurde auch die französische Kleidertracht bei ihnen allgemein, der Hof ging mit seinem Beispiel voran.

Friedrich hatte kaum den Thron bestiegen, als die unter Friedrich Wilhelm herrschende prunklose Kleidung am Hofe verschwand. Die königlichen Bedienten erhielten prachtvolle, von Gold und Silber strotzende Livreen, die Hofherren und Damen erschienen im reichsten Schmuck.

Die verwittwete Königin bot einen besonderen Glanz auf; sie hatte so lange unter dem Zwang ihres harten Gemahls leben müssen, daß sie sich jetzt ihrer Freiheit erfreuen wollte. Ihre Diener und Kammerfrauen mußten die schönsten Livreen und Garderoben tragen; da wurde nichts gespart. Sechs der schönsten Fräulein aus adligen Familien befanden sich stets in der Begleitung der Königin und diese gingen mit einer Pracht gekleidet, welche die Toilette aller andern Hofdamen überbot.

Wie sich der Hof trug, so wollten sich natürlich auch die Frauen der niedern Beamten, der reichen Kaufleute und Fabrikanten tragen. So kamen denn die ungeheuerlichen französischen Reifröcke, welche ursprünglich nur von den Hofdamen beim höchsten Staat getragen wurden, bald in die allgemeine Mode; auch die Bürgerfrauen trugen sie und es kam bald dahin, daß selbst die Dienstmädchen nicht mehr ohne Reifrock gehen wollten. Es muß seltsam genug ausgesehen haben, wenn eine Dame, mit dem gewaltigen Reifrock angethan, sich in die enge Thür einer Sänfte oder eines Fiackers zwängte; man erzählt, daß häufig genug von der Dame vor ihrem gewaltigen Rock gar nichts zu sehen gewesen sei. Aber „Lust und Liebe zum Ding macht Müh' und Arbeit gering", die Reifröcke waren den Damen einmal an's Herz gewachsen und bald genug brachten die Berlinerinnen es dahin, daß sie mit wirklich wunderbarer Geschicklichkeit sich in dem unbequemen Kleidungsstück zu bewegen verstanden.

Selbst die unsinnigsten und unsittlichsten Moden wiederholen sich und wie wir vor wenigen Jahren mit den Krinolinen zurückgegangen sind in das 18. Jahrhundert, so müssen wir befürchten, daß auch die geschmacklosen Wespentaillen, die entblößten Brüste und die gesundheitsgefährliche Schminke jener Zeit zu uns zurückkehren werden. Leider kannte man damals noch kein Modejournal, so daß wir nicht im Stande sind, der Entwicklung der Mode vollständig zu folgen; wir konnten sie eben nur in allgemeinen Umrissen schildern.

Die Tracht der Männer war ebenso geschmacklos, wie die der Frauen, es dauerte aber länger, ehe sie sich in Berlin verbreitete und viele alte Bürger konnten sich nicht entschließen, das „dumme Zeug" mitzumachen: sie blieben beim steifen Zopf und bei der knappen, schmucklosen Kleidung, welche Friedrich Wilhelm eingeführt hatte.

Die jungen Elegants folgten natürlich der Hofmode. Schönes, langes Haar wurde für eine besondere Schönheit gehalten, die Elegants trugen dasselbe in leichten fliegenden Seitenlocken und stark gepudert, um dem geschminkten Gesicht ein recht frisches jugendliches Aeußere zu verleihen. An die Stelle der steifen Zöpfe traten die Haarbeutel, die Anfangs von mächtiger Größe, später aber kleiner getragen wurden. Von der Kokarde des Haarbeutels schlang sich ein breites schwarzes Band um den Hals, welches vorn am Jabot zierlich befestigt wurde; auf dem Kopf trug der Elegant ein feines dreieckiges Hütchen, dessen Form in der Mode verschiedentlich änderte; es wurde meist keck auf die rechte Seite des Auges gedrückt, dadurch wollte der Inhaber seinen Muth zeigen. Die Hüte waren reich mit Tressen versehen, auch wohl mit Gold und Silber gestickt und bei Adligen mit einer weißen Feder, bei bürgerlichen mit einer schwarzen verziert. Ein Rock mit einer kurzen Taille, langen Schößen, breiten Aermeln, großen Knöpfen, dem ein seidenes Unterfutter nicht fehlen durfte, der stets von möglichst brillanter, in die Augen fallender Farbe gewählt wurde und der zum weitern Schmuck noch mit reichen goldnen und silbernen Tressen verziert war, schmückte den Stutzer. Ein Kleidungsstück, auf dessen Eleganz der höchste Werth gelegt wurde,

war die Weste; zu dieser wurden die theuersten, mit großen Kosten aus Frankreich verschriebenen Stoffe verwendet, Gold- und Silberstoffe, feine Tuche und Sammete, die mit den kostspieligsten Tressen und Stickereien versehen waren. Um die Weste noch kostbarer zu machen, trug man sie mit möglichst langen Schößen.

Feine Leibwäsche war eine Hauptzierde des Elegants; die Jabots und Manschetten mußten von der feinsten Leinwand gefertigt und mit kostbaren Kanten besetzt sein, besonders bei den Bürgern galt ein möglichst ellenreiches, weit aufgebauschtes Hemd von der feinsten Leinwand für einen Schmuck der jungen Modeherren, die nie verfehlten, beim Tanzen den Rock auszuziehen, um mit der Feinheit ihrer Wäsche zu prahlen und um zu gleicher Zeit die prächtige seidene, mit Gold und Silber gestickte Schleife, die sie hinten an den Beinkleidern trugen, zu zeigen.

Fügen wir zu der eben beschriebenen auffallenden Kleidung noch einen kleinen Galanteriedegen hinzu, an dessen Gefäß ebenfalls eine der so eben beschriebenen ähnliche Schleife prangte, außerdem elegante Handschuhe von englischem oder dänischem Leder, sehen wir, daß aus der rechten Rocktasche ein feines seidenes Taschentuch nachlässig hervorhing, so können wir uns die Kleidung eines Elegants jener Zeit vorstellen und haben nur noch das zierliche, mit einem Bernsteinknopf versehene Stöckchen zu erwähnen, welches die jungen Stutzer stets sehr anmuthig in der Hand zu schwenken verstanden.

Siebenzehntes Kapitel.

Die letzten Jahre Friedrichs des Großen. — Einsamkeit des Königs. — Grämlichkeit des Alters. — Friedrichs Hunde. — Dosenliebhaberei. — Unreinlichkeit. — Ségur's Beschreibung des Königs. — Die letzte Krankheit Friedrichs. — Sein Tod.

Die letzten Regierungsjahre Friedrichs des Großen waren für den König eine traurige Zeit; das Alter mit seinen körperlichen Beschwerden hemmte den kühnen Flug des Geistes.

Der greise König hatte längst alle, die ihm lieb waren, durch den Tod verloren. Von jenem geistreichen Freundeskreise, der ihn einst umgab, war keiner zurückgeblieben, alle waren ihm vorangeeilt; er stand in seinen letzten Jahren allein, vereinsamt in der Welt, denn die neuen Gesellschafter, welche er zu seinem täglichen Umgang heranzog, konnten ihm doch die verlorenen alten Freunde nicht ersetzen.

Mit seiner Familie war Friedrich zerfallen; die Gattin, die Brüder, die Neffen und besonders der Thronfolger standen ihm fern. Wohl erhielt der König zahlreiche Besuche von fremden Fürsten, Staatsmännern und Gelehrten, welche nach Berlin und Potsdam reisten, um den Helden des Jahrhunderts kennen zu lernen; diese Besuche erbelferten ihn auch, aber immer nur für kurze Zeit, denn sie waren schnell vorübergehend.

Friedrich war zu alt, um sich mit früherer Herzlichkeit an seine neuen Gesellschafter anzuschließen, er zog sich immer mehr und mehr in sich selbst zurück. Mit jedem Jahre wurde er grämlicher, das Mißtrauen, welches er schon früher häufig gegen seine Diener gezeigt hatte, wuchs, seine Launen wurden immer herber, manche trübe Erfahrung, welche er mit solchen, denen er Wohlthaten erwiesen hatte, machen mußte, wandelten ihn zum Menschenfeinde um. Es war zur schweren Aufgabe geworden, in der Nähe des früher so liebenswürdigen und geistreichen Königs leben zu müssen. Seine Gesellschafter in den letzten Jahren hatten viel von seinen üblen Launen zu leiden und mehr noch seine Minister, denen er das Leben außerordentlich schwer machte.

Der Minister v. Herzberg, der das Vertrauen des Königs im hohen Grade besaß, tröstete einst den Grafen von Görtz in Petersburg, der sich über kränkende und unverdiente Depeschen beklagte, indem er schrieb:

„Ew. Excellenz würden getröstet sein, wenn Sie die Antworten lesen könnten, die ich auf Alles erhalte, was ich in der besten Absicht vorschlage und was denn doch öfter einige Tage später befolgt wird."

Auch die übrigen Minister, selbst diejenigen, welche bei dem König am Beliebtesten waren, mußten die gleiche Erfahrung machen.

Die üble Laune Friedrichs war besonders sichtlich hervorgetreten, seit er durch die zitternden Hände und den Mangel der Zähne gezwungen worden war, seine liebe Flöte ruhen zu lassen; seitdem fehlte ihm ein Stück seines Lebens.

Je menschenfeindlicher Friedrich wurde, je freundlicher zeigte er sich gegen seine Hunde, je mehr gab er sich der Liebhaberei für schöne Windspiele, welche er stets gehabt hatte, hin. Diese Liebhaberei war bei ihm fast zur Krankheit geworden; auf seinen Reisen mußten ihn seine Windspiele begleiten und selbst bei seiner Arbeit waren sie ihm vorgezogene Gesellschafter. Wenn eins derselben starb, so konnte Friedrich Thränen vergießen; er ließ die Hunde auf den Terrassen von Sanssouci in kleinen Särgen begraben und ihnen Grabsteine mit ihrer Namensinschrift setzen. Auf der obersten Terrasse hatte er für sich selbst eine Grabstätte bereitet, um in der Nähe seiner Lieben zu ruhen. Eine Favorithündin mußte stets an seiner Seite sein, Nachts schlief sie sogar in seinem Bette.

Die Hunde wurden jedenfalls besser gehalten als die Dienerschaft Friedrichs. Der König speiste mit ihnen, er hielt ihnen einen Lakaien zu ihrer Bedienung, der, wenn die Hunde in den sechsspännigen Kutschen spazieren fuhren, auf dem Rücksitz sitzen mußte und aus Achtung vor der königlichen Liebhaberei die vornehmen Thiere mit „Sie" anredete.

Auch für seine Pferde hegte Friedrich eine große Liebe, er hatte stets deren zwischen 40 und 80, mitunter sogar über 100. Sein berühmtes Reitpferd, der Condé, ein wunderschöner Fliegenschimmel, wurde von ihm besonders verwöhnt. Friedrich fütterte ihn mit Zucker und Feigen, dafür folgte ihm der Schimmel oft bis an sein Zimmer, einmal sogar bis in den Saal von Sanssouci." Der Condé hat bis zum Jahre 1804 das Gnadenbrot genossen.

Noch einer andern Liebhaberei Friedrichs wollen wir bei dieser Gelegenheit gedenken, der, für schöne Dosen. Er schnupfte außerordentlich stark, und zwar stets Spaniol, den er in so gewaltigen Priesen nahm, daß er immer mehr als die Hälfte in die Luft streute; es war schwer, längere Zeit in seiner Nähe auszudauern, ohne niesen zu müssen. Zwei kostbare Schnupftabaksdosen trug er stets in der Tasche, 5 oder 6 standen auf den Tischen seines Arbeitszimmers gefüllt umher, und mehr als 100 wurden zum gelegentlichen Gebrauche aufbewahrt.

Die Dosen waren sämmtlich sehr kostbar; die billigste kostete nicht weniger als 2000 Thaler, andere waren mit 10,000 Thalern bezahlt worden und manche hatten einen noch weit höheren Preis. Beim Tode des Königs fanden sich nicht weniger als 130 Dosen vor, welche zusammen einen Werth von 1,300,000 Thalern hatten.

Das starke Schnupfen des Königs trug sehr zu der Unreinlichkeit bei, welche Friedrich in seinen alten Tagen zeigte; sein Gesicht und seine Wäsche waren stets mit Tabak beschmutzt. In seinen jungen Jahren hatte Friedrich viel auf eine elegante Toilette gehalten, im Alter vernachlässigte er diese vollständig. Er trug stets die blaue Uniform seines Leib-Garde-Bataillons, die früher mit reicher Stickerei versehen war; später ließ er diese fort. Er entschloß sich schwer, die alten Kleider abzulegen, weil sie ihm bequem waren; deshalb sah man ihn meist mit zerrissenen und geflickten Kleidern und Stiefeln, sowie mit unreiner Wäsche; die Liebe zur Bequemlichkeit hatte längst den Sinn für Reinlichkeit und Schönheit in ihm ertödtet. So beschreibt uns der Graf Ségur den König, indem er erzählt:

„Mit lebendiger Neugierde betrachtete ich diesen Mann, der, groß von Genie, klein von Statur, gekrümmt und gleichsam unter der Last seiner Lorbeern und seiner langen Mühen gebeugt war.

Sein blauer Rock, abgenutzt wie sein Körper, seine bis über die Knie hinaufreichenden langen Stiefel, seine mit Schnupftabak bedeckte Weste bildeten ein wunderliches und doch imponirendes Ganzes.

An dem Feuer seiner Blicke erkannte man, daß er nicht gealtert hatte. Ungeachtet er sich wie ein Invalide hielt, fühlte man doch, daß er sich noch wie ein junger Soldat schlagen könne; trotz seines kleinen Wuchses erblickte ihn der Geist doch größer als alle andern Menschen."

Bis zum Jahre 1785 erfreute sich Friedrich einer ziemlich guten Gesundheit. Alljährlich litt er allerdings an Gicht und an Hämorrhoiden und die Heimsuchung derselben steigerte sich mit jedem Jahr; aber diese Leiden waren vorübergehend und durch Enthaltsamkeit im Essen und Trinken, sowie durch geringe Medikamente zu beseitigen.

Friedrich würde vielleicht noch manches Jahr sein Wohlbefinden bewahrt haben, wenn er sich mehr geschont hätte; dies aber war nicht der Fall, er stürmte fast muthwillig auf seine Gesundheit ein, indem er die schwersten und unverdaulichsten Speisen genoß und sich den Strapazen der Reisen und der angestrengtesten Arbeit ohne Rücksicht auf sein vorgerücktes Alter überließ. Die Aerzte waren vergeblich bemüht, ihn zu einer größeren Schonung zu ermahnen, sie kamen dabei meistens schlecht an.

Als Friedrich z. B. nach dem baierischen Erbfolgekrieg an Magenkrämpfen und an Kolik litt, meinte sein damaliger Leibarzt, der berühmte Schriftsteller Möhsen, in aller Unterwürfigkeit: Es würde gut sein, wenn Se. Majestät sich eine Zeitlang vor Parmesankäse hüten wollten, bis der Magen die Kraft zur Verdauung der schweren Speise wiedererhalten haben würde."

Ueber diese Aeußerung brauste der König im Zorn auf und rief:

„Aller Teufel will mich reprimandiren, gehe Er fort, ich brauche Seiner nicht weiter!"

Möhsen war in Ungnade entlassen und mußte nach Berlin zurückkehren.

Mit dem Beginn des Jahres 1785 war die Gesundheit Friedrichs sehr schwankend geworden, trotzdem unterließ der König nicht seine gewöhnlichen Reisen nach Berlin, Magdeburg und andern Städten, sogar nach Westpreußen und zuletzt zum Manöver nach Schlesien anzutreten.

Friedrich war bei dieser letzten Reise körperlich und geistig tief verstimmt; seine Offiziere mußten dies erfahren, denn so grimmig war der alte König noch bei keiner Revue gewesen, wie bei der letzten schlesischen.

Trotz seiner Krankheit schonte sich der König nicht. Er wußte, daß ihm jede Erkältung schadete, dies aber hielt ihn nicht ab, am vorletzten Revuetage, am 24. August, in einem kalten und heftigen Regen 6 Stunden lang zu Pferde der Musterung beizuwohnen, ohne sich dabei seines Pelzes zu bedienen.

Erst nach beendeter Revue kleidete Friedrich sich um, aber er hatte sich schon so erkältet, daß er am Nachmittag ein heftiges Fieber bekam. Auch am folgenden Tage wohnte er, nachdem er durch einen starken Schweiß in der Nacht einigermaßen wiederhergestellt war, zu Pferde der Revue bei und setzte dann seine Reise weiter fort.

Die Folgen solcher Unvorsichtigkeit blieben nicht aus, wenn sie sich auch nicht unmittelbar zeigten. Das große Herbstmanöver bei Potsdam, welches in diesem Jahre besonders prächtig werden sollte, konnte Friedrich nicht mehr abhalten, er wohnte nur noch den am 10. September 1785 bei Berlin stattfindenden Artillerie-Uebungen bei, dann kehrte er nach Potsdam zurück. Er sah Berlin nicht wieder.

Am 18. September, 3 Tage vor den Herbstmanövern, ergriff ihn ein heftiges Unwohlsein und von diesem Tage an kränkelte er unaufhörlich; er mußte ganz gegen seine Gewohnheit den Karneval vorübergehen lassen, ohne Berlin zu besuchen, denn heftige Schmerzen, welche den ganzen Winter anhielten, bannten ihn an das Schloß zu Potsdam.

Die Krankheit wurde immer schlimmer, schon zeigten sich die Vorboten der Brustwassersucht, trotzdem aber fuhr Friedrich ganz in alter Weise fort, den Regierungsgeschäften die vollste Thätigkeit zu widmen. Die Selbstüberwindung, welche er übte, wenn es galt, zu arbeiten, ist wahrhaft bewundernswerth. So von der Brustwassersucht geschwollen, daß er sich nicht allein aus seinem Stuhl erheben konnte, in dem er Tag und Nacht zubrachte, da er nicht im Stande war, sich zu Bett zu legen, arbeitete er doch unaufhörlich mit allem Eifer, wie in seinen jungen Jahren.

Des Morgens nach 4 oder 5 Uhr empfing er seine drei Kabinetsräthe, einen nach dem andern, und diktirte ihnen die Antworten auf die eingesandten Depeschen seiner Gesandten und auf die Briefe, welche er theils von seinen Ministern und Generalen, theils von Privatpersonen empfangen hatte.

Dies Geschäft dauerte bis gegen 7 oder 8 Uhr, dann empfing er den Kommandanten von Potsdam, ertheilte ihm militärische Befehle und erst, nachdem auch diese Arbeit vollendet war, durfte der Arzt zu ihm kommen, um seinen Gesundheitszustand zu untersuchen.

Die Stunde von 11 bis 12 Uhr war der Geselligkeit gewidmet. Der Marquis von Lucchesini, die Generale Graf Görtz und Graf Schwerin, der Oberst Pinto und der Minister v. Hertzberg waren die Gesellschafter des Königs in seinen letzten Tagen.

Um 12 Uhr wurden sie entlassen, dann nahm der König sein Mittagessen allein ein; bei diesem aber verließ ihn jene Selbstbeherrschung, welche er sonst so meisterhaft übte. Er war nicht zu bewegen, eine Diät einzuhalten, welche sein kranker Körper erforderte. Er machte noch immer persönlich die Küchenzettel und wählte stets die für ihn schädlichsten, aber seinem Geschmack am meisten zusagenden Speisen aus.

Der berühmte hannoversche Leibarzt Zimmermann, der Friedrich in seiner letzten Krankheit behandelte, konnte ebenso wenig gegen den Geschmack des Kranken etwas ausrichten, als die andern Aerzte. Er erzählt uns, daß Friedrich gerade die unverdaulichsten Speisen am liebsten genossen habe und beweist dies durch die Schilderung eines Mittagessens, indem er sagt:

„Der König hatte heute, den 30. Juni, sehr viel Suppe zu sich genommen und diese bestand, wie gewöhnlich, in der allerstärksten und aus den hitzigsten Sachen gepreßten Bouillon. Zu der

Portion Suppe nahm er einen großen Eßlöffel voll von gestoßenen Muskatblüthen und gestoßenem Ingwer. Er aß sobann ein gutes Stück Boef à la Russienne — Rindfleisch, das mit einem halben Quartier Branntwein gedämpft war. Hierauf setzte er eine Menge von einem italienischen Gericht, das zur Hälfte aus türkischem Weizen besteht und zur Hälfte aus Parmesankäse, dazu gießt man den Saft von ausgepreßtem Knoblauch und dieses wird in Butter so lange gebacken, bis eine harte, eines Fingers dicke Rinde umher entsteht. Und diese Lieblingsschüssel hieß Polenta.

Endlich beschloß der König, indem er den herrlichen Appetit lobte, den ihm der Löwenzahn mache, die Scene mit einem ganzen Teller voll aus einer Aalpastete, die so hitzig und würzhaft war, daß es schien, sie sei in der Hölle gebacken. — Noch an der Tafel schlief er ein und bekam Konvulsionen."

Die Köche waren nach Zimmermanns Ansicht Friedrichs gefährlichste Feinde.

Nach dem Mittagessen setzte sich der König mitunter auf seine Terrasse in die Sonne, dann unterzeichnete er die von ihm am Morgen diktirten Depeschen und Briefe und ließ endlich gegen 5 Uhr seine Gesellschafter wieder rufen, die er bis zum Abendessen bei sich behielt. Abends ließ er sich aus den Klassikern des Alterthums oder der neueren Zeit durch seinen Lektor Dantal vorlesen, nach der Vorlesung empfing er die neu eingegangenen Depeschen und beschäftigte sich mit ihnen so lange, bis es ihm gelang einige Stunden zu schlafen.

Bis zu den letzten Tagen Friedrichs dauerte eine solche angestrengte Thätigkeit, ja er fuhr noch fort zu arbeiten, während er schon mit dem Tode kämpfte. Am 15. August, zwei Tage vor seinem Tode, diktirte er noch, wenn auch mit schwacher Stimme, doch mit vollkommener Geistesgegenwart eine Reihe von Depeschen und darunter eine Gesandten-Instruktion, welche 4 Quartseiten fülle; an diesem Tage hatte er auch noch dem Kommandanten von Potsdam die Disposition für ein Manöver der Potsdamer Garnison ertheilt.

Während der letzten Wochen litt Friedrich unsägliche Schmerzen, aber gerade in dieser schweren Zeit gewann er wieder jene freundliche Liebenswürdigkeit, durch welche er sich früher so sehr ausgezeichnet hatte. Er wurde mild und duldsam gegen seine Gesellschafter und Diener und er zeigte sogar große Schonung, als einige fromme Berliner den ungeschickten Versuch machten, ihn auf seinem Todtenbett zum wahren Christenthum durch einen Brief bekehren zu wollen.

„Man muß den Leuten höflich antworten, sie meinen es gut mit mir," sagte Friedrich lächelnd, als er den frommen Brief gehört hatte, in früherer Zeit würde er wohl anders geantwortet haben.

Schon am 15. August hatte der schwere Todeskampf begonnen, er dauerte bis zum 17. August Morgens 2 Uhr 20 Minuten mit kurzen Unterbrechungen, dann erst verließ — um Friedrichs eigene Worte zu gebrauchen — die Seele die abgenutzte Hülle.

Friedrich starb in seinem Lieblingsschloß Sanssouci.

Der verdienstvolle Biograph Friedrichs des Großen, Preuß, schreibt über die Trauer, welche das Volk zeigte, als die Leiche Friedrichs von Sanssouci nach Potsdam gebracht wurde:

„Der stille Zug ging zum Brandenburger Thor hinein, wo sich viele Offiziere anschlossen, die in Ehrfurcht und Liebe sich hier versammelt hatten und dem großen Todten mit gesenktem Blick das Geleit gaben.

Alle Straßen von Potsdam waren mit Menschenhaufen überfüllt. Aber, wie noch lebende Augenzeugen sich erinnern, daß, so oft der König lebend in der Gesellschaft zu Berlin unter die unsägliche Einwohnerzahl wie ein Heiliger getreten, vor seinem Anblick Aller Athem stockte und Tempelstille herrschte — so lag, als er jetzt zur Todtenwohnung einzog, Ruhe der Mitternacht auf seinem Volk; nur hie und da ein schwerverhaltenes Schluchzen und der Seufzer: „Ach, der gute König!"

An demselben Eingang des Schlosses, auf der Mittagseite, von welchem aus der Selige am 17. April nach Sanssouci abgegangen war, wurde er jetzt von vier Obersten empfangen und in dem Audienzzimmer die Nacht hindurch bewacht.

Am andern Tage stand er von Morgens acht Uhr an unter dem daselbst befindlichen Baldachin in Parade, einfach, ganz wie im Leben bei festlicher Gelegenheit angethan; das dünne eisgraue Haar etwas gepudert und in kunstlose Locken gelegt. Ruhig sinnender Ernst sprach aus den erbleichten Zügen des Gesichts. Krückstock, Degen und Schärpe lagen über Kreuz auf einem Taburet neben ihm. So war er den ganzen Tag zu sehen.

Tausende waren auf die Trauerkunde vom Lande, von den kleinen Städten, aus Berlin herbeigeströmt, um den einzigen Landesvater einmal noch im Sarg zu betrachten. Es war ein rührender Anblick, die Hülle des Geistes zu sehen, dessen Thaten ewig in der Weltgeschichte leben werden, und welche eher an die Gebeine eines Kindes, als denen eines Mannes ähnlich war; nur das Angesicht bewahrte das letzte augenscheinliche Bild von seiner Größe. Bei dem Anblick des Uebrigen traute man seinen Augen nicht, daß diese Handvoll Knochen solcher wunderbaren Kraft habe zum Wohnplatz dienen können.

Wahre Trauer erfüllte alle Herzen, und wenn auch der Einzelne hie und da Mißvergnügen empfunden, wenn auch manches Unbequeme in der Verwaltung gefühlt wurde: jetzt durchbebte das ganze Volk der entsetzliche Schlag eines solchen Verlustes!

Ein König war gestorben, der, was er auch Menschliches an sich trug, weit hervorragte über die gewöhnlichen gekrönten Häupter, der gerade so lange, wie sein großer Geistesverwandter Karl der Große, 46 Jahre, am Ruder gesessen, mit einer Kraft, mit einem Blick, mit einem Willen, wte, so lange die Geschichte denkt, wenigen Sterblichen eigen war.

Friedrich war nicht mehr, welcher die Zierde und der Stolz, der Vater und Erzieher, der wohlthätige Freund und Genius seines Volks gewesen: das wußte selbst der Einfältigste, das fühlte selbst der Stumpfsinnigste wohl. In diesem Sinn hatte Preußen eine wahre Landestrauer.

Friedrich hatte schon in der Heiterkeit der frischen Lebenskraft an seine Gruft gedacht und auf den Höhen von Saussouci wo man von der Südostseite des Schlosses sich der schönsten Aussicht freut, bestattet werden wollen, auch in seinem letzten Willen so verordnet. Aber die Gruft auf den Terrassen schien nicht ganz würdig zu sein und der neue König wählte dafür den Platz neben Friedrich Wilhelms des Ersten Ruhestätte unter der Kanzel in der Garnisonkirche zu Potsdam."

Die ergreifende Schilderung, welche uns Preuß hier über den Schmerz des Volks beim Hingang des großen Königs macht, ist dem Enthusiasmus entsprossen, den der Biograph für den Helden fühlt, nach andern Zeugnissen, denen wir Vertrauen zu schenken volle Veranlassung haben, wir nennen das des Grafen Mirabeau, eines eifrigen Bewunderers Friedrichs des Großen, war die Trauer des Volks nicht so groß.

Jene Begeisterung, welche die siegreichen Schlachten des siebenjährigen Krieges im Volk und besonders in dem von Berlin erzeugt hatte, war längst verrauscht, in frischem Andenken aber standen die Bedrückungen der französischen Regie, die Plackereien der Kaffeeriecher und manche scharfe Kabinets-Ordre, durch welche der König die Sympathien der Berliner verletzt hatte. Das Volk von Berlin liebte den großen König nicht, es bedurfte der Regierung seines Nachfolgers, Friedrich Wilhelms II., um den Berlinern klar zu machen, was sie durch den Tod Friedrichs verloren hatten.

IX. Abtheilung:
Berlin im letzten Jahrzehnt des 18. Jahrhunderts und im Anfang des 19. Jahrhunderts.

Erstes Kapitel.

Friedrich Wilhelm II. — Erste Regierungs-Maßregeln. — Der Vielgeliebte. — Der König und der Prinz Heinrich. — Das allgemeine Landrecht. — Wöllner. — Die Rosenkreuzer. — Das Religions-Edikt. — Die Censur. — Die Examinations-Kommission. — Preßprozesse. — Die Fäulniß vor der Reife.

Friedrich der Große hatte seinem Erben ein ausgedehntes, zerstückeltes Reich hinterlassen, ein Reich, umringt von Feinden, eine Krone, welche in ihrem Glanz nur durch eine mächtige Armee aufrecht erhalten werden konnte.

Diese Armee war der Krebsschaden, der an dem Wohlstand des Landes nagte. Der Ruhm des siebenjährigen Krieges übertünchte alle Schwächen des preußischen Heeres, man ahnte nicht, daß dasselbe zum Friedensheer, zur Maschine ohne Geist herabgesunken sei, der selbst der mächtige Geist Friedrichs des Großen in einem ernsten Kriege kein neues Leben hätte einflößen können.

Dem Nachfolger des großen Königs wird daher mit Unrecht die Schuld aufgebürdet, daß durch ihn das preußische Heer demoralisirt worden sei!

Wie im Heer äußerer Glanz und innere Hohlheit sich vereinten, so auch in der Verwaltung; Friedrichs Ruhm verdeckte die Schäden, welche durch das verderbliche Merkantilsystem, durch einen, jede geistige Frische zerstörenden, in alle Details eindringenden, die Beamten zur geistlosen Maschine herabwürdigenden Absolutismus geschaffen worden waren.

Der Staat Friedrichs des Großen galt in Europa als ein Musterbild, weil Niemand die innere Fäulniß desselben kannte, der gewaltige Geist eines einzelnen Mannes hatte die ungeheure Maschine zusammengehalten und geleitet, sie erschien als einziges Ganzes und dennoch litt sie an tiefer, innerer Zerrissenheit, welche sich offenbaren mußte, sobald Friedrich die Augen schloß.

Die Geschichte ist nicht immer gerecht. Der schnelle Verfall des preußischen Staats bis zum Jahre 1806 hin wird meistens allein der kurzen Regierung Friedrich Wilhelms II. zur Last gelegt; eine wie große Schuld dieser aber auch tragen mag, allein schuldig ist er nicht, der Keim des Verfalls war vorhanden, als Friedrich Wilhelm II. den Thron bestieg und entwickelte sich unter seiner Regierung mit trauriger Schnelligkeit.

Friedrich Wilhelm hatte sich, als er von dem bevorstehenden Tode des Königs unterrichtet worden war, in den letzten Tagen desselben auf seinem Weinberge in Potsdam aufgehalten; eine schriftliche Anzeige des Ministers von Hertzberg machte ihm sofort nach dem Tode Friedrichs die Mittheilung, daß er König geworden sei. Er eilte nach Sanssouci, wo er gegen 3 Uhr des Morgens ankam.

Man erzählt, daß er beim Anblick der Leiche des großen Königs in Thränen ausgebrochen sei und daß er lange in stiller Betrachtung am Fuße des Todesbettes gestanden habe; der Kammerhusar Schöning mußte ihm die letzten Augenblicke Friedrichs beschreiben, dann befahl er, daß eine Todtenmaske von dem Gesicht des Verstorbenen abgenommen werde, um die Züge des größten preußischen Fürsten unverfälscht den Nachkommen zu erhalten.

Friedrich Wilhelm hatte hierdurch die Achtung, welche er dem Anstande gemäß dem Verstorbenen widmen mußte, bezeugt, einen übermäßigen Schmerz aber fühlte er nicht, er hatte ja den Augenblick, der ihn aus langer trauriger Abhängigkeit befreien mußte, seit Jahren herbeigesehnt.

An der noch nicht erkalteten Leiche des Verstorbenen umarmte er seinen Kämmerer Rietz, den Genossen seiner Vergnügungen, und zum Lohne für seine treuen Dienste ernannte er ihn am Todtenbette Friedrich des Großen zum Schatzmeister.

Friedrich Wilhelm war, als er den Thron bestieg, von dem Wunsche beseelt, ein guter und gerechter König zu werden; er hatte selbst schwer unter dem strengen und oft ungerechten Regiment seines Oheims gelitten, sein Bestreben ging daher dahin, die Wunden zu heilen, welche Friedrich der Große geschlagen hatte. Seine erste Regierungs-Zeit zeigt, daß er vom ernsten Willen, Gutes zu schaffen, durchdrungen war.

Er stand beim Tode seines Oheims schon im vorgerückten Alter; er war 42 Jahr alt. Von großer, fast herkulischer Gestalt — man hat ihm deshalb den Beinamen des Dicken gegeben — liebte Friedrich Wilhelm die Ruhe und Bequemlichkeit, welche seine Körper-Konstitution ihm nothwendig machte; trotzdem aber vertiefte er sich mit Ernst und Anstrengung in die Regierungsgeschäfte. Er, der früher jede Arbeit gescheut hatte, der nur schwer zu bewegen gewesen war, ein wissenschaftliches oder politisches Gespräch zu unterhalten oder einen Brief zu schreiben, stand jetzt Morgens früh auf und arbeitete viele Stunden lang mit seinen Räthen und Ministern.

Die verdienstvollen Rathgeber Friedrichs des Großen blieben nicht nur in ihren Aemtern, sondern wurden mit Auszeichnungen überhäuft; dem Minister v. Hertzberg, dem geistreichsten Rath Friedrichs, hing der König eigenhändig das Band des schwarzen Adlerordens, des höchsten Ordens in Preußen, um, indem er sagte:

„Ich thue hiermit weiter nichts, als was mein verstorbener Oheim schon längst hätte thun sollen."

Einige Wochen später bewies er dem Minister seine Hochachtung von Neuem, indem er ihn bei der Huldigungsfeier zum Grafen ernannte.

Auch andere bewährte Diener des Verstorbenen wurden durch Belohnungen ausgezeichnet; viele Bürgerliche wurden geadelt zum Verdruß der Altadligen, welche darüber und zum Theil nicht mit Unrecht laut scandalirten, denn bei dieser Gelegenheit zeigte sich schon, daß der König dem Einfluß seiner Günstlinge zugänglich war.

Unter den Geadelten waren Viele, welche kein andres Verdienst, als die Gunst des Kämmerers Rietz hatten; dieser trieb einen einträglichen Handel mit Adelsdiplomen und Johanniterkreuzen, welche auf seine Verwendung hin manchen unwürdigen Subjekten verliehen wurden.

Der alte Adel nannte deshalb die vom König Friedrich Wilhelm geadelten Bürgerlichen nicht anders, als „die neugebacknen 86er" und ein Zeitgenosse spricht sich über den neuen Adel jener Zeit charakteristisch aus, indem er in seinen berühmt gewordenen „vertrauten Briefen" sagt:

„So mancher preußische Edelmann, dessen Söhne jetzt auf ihre Ahnen pochen, ist nicht vom König, sondern vom Kammerdiener geadelt worden."

Wenn auch der Adel über die neugebacknen 86er wüthend war, das Volk theilte seinen Aerger nicht; es sah mit Freuden, daß der König von jener Verachtung der Bürgerlichen, welche Friedrich der Große so oft gezeigt hatte, frei war.

Im einfachen blauen Rock mit metallenen Knöpfen ging Friedrich Wilhelm häufig gegen Mittag zu Fuß im Thiergarten spazieren; kein zahlreiches Gefolge von Offizieren und Kammerherren begleitete ihn, nur in der Ferne folgte ihm ein Jäger, um seine etwaigen Befehle zu erwarten.

Bei diesen Spaziergängen sprach der König im freundlichsten Ton mit den Kindern, deren Spiele er beobachtete, welche er über ihre Eltern und über ihre Unterrichtsstunden ausfragte und ebenso herablassend zeigte er sich auch gegen die Bürger, mit denen er etwa zufällig in das Gespräch kam.

Der König behandelte diese stets mit der größten Höflichkeit, ja er nannte dieselben sogar „Sie", was von einem Fürsten bisher unerhört gewesen war, denn die Handwerker waren daran gewöhnt, von dem Vornehmen am Hofe, selbst von den geringern Adligen mit „Er" angeredet zu werden.

Diese Leutseligkeit, welche dem Könige vom Volke hoch angerechnet wurde, behielt Friedrich Wilhelm während seiner ganzen Regierung bei, und gerade durch dieselbe hat er sich den Haß des Adels, der den Verlust seiner Vorrechte fürchtete, zugezogen.

Bei den Redouten, von denen wir noch weiter sprechen werden, hob Friedrich Wilhelm die bis dahin bestehende Bevorzugung des Adels auf; für diesen waren bisher besondere Plätze reservirt gewesen; der König bestimmte, daß fortan jeder Gast, gleichgültig ob bürgerlich oder adelig, hingehen könne wohin er wolle; er erschien selbst mit seiner Familie im Maskenanzuge auf den Redouten und sprach freundlich mit allen Bürgern, um das Vergnügen derselben zu erhöhen.

Auch später noch, im Jahre 1794, zeigte Friedrich Wilhelm dieselbe Freundlichkeit gegen den Bürgerstand, indem er bei der Hochzeit seines Sohnes, des Prinzen Louis, den Befehl gab, daß alle anständig gekleideten Bürger gegen eine Eintrittskarte im königlichen Schlosse Zutritt haben sollten. Es strömten infolge dieses Befehls eine so große Menschenmenge in das Schloß, daß es kaum möglich war, für die sich zur Trauungs-Ceremonie begebenden Personen einen Weg herzustellen. Trotzdem durfte keiner der Bürger zurückgewiesen werden, und der König grüßte auf dem ganzen Wege durch die Zimmer des Schlosses die gedrängt Herumstehenden auf's Freundlichste.

Friedrich der Große hatte seit vielen Jahren vom Berliner Volke ganz abgesondert gelebt, die Bürger hatten den greisen König nicht geliebt, sondern nur gefürchtet, sie zitterten, wenn er sie mit seinen großen blitzenden blauen Augen durchdringend anschaute.

Da war Friedrich Wilhelm II. ein ganz anderer Mann, so herablassend und freundlich, so ganz und gar nicht stolz, er gewann im Sturm die Herzen der Berliner. Es wird ja einem König so leicht, sich die Liebe des Volkes zu erwerben, wenn er sich nur die geringste Mühe darum geben will.

Der Schmeichelname, Friedrich Wilhelm der Vielgeliebte, ist damals entstanden; das Volk gab ihn dem Könige, von seiten Zeitungs- und Geschichtschreibern aber ist er gebraucht worden, als schon längst die Verachtung der Liebe gefolgt war.

Friedrich Wilhelm bestrebte sich in seinen ersten Regierungs-Jahren, den schönen Namen des Vielgeliebten zu verdienen, eine Reihe von Verfügungen wurde getroffen, welche sämmtlich wohl geeignet waren, die Zufriedenheit des Volkes zu erhöhen. Die Ungerechtigkeit, welche Friedrich der Große im Arnold'schen Prozesse begangen hatte, wurde durch eine neue Untersuchung gut gemacht, die unschuldig eingekerkerten Räthe wurden ihrer Haft entlassen. Gegen den verhaßten Geheimen Rath de Launah, den Beförderer der abscheulichen französischen Regie wurde die Untersuchung eingeleitet; diese ergab sich jedoch als fruchtlos, denn de Launah war ein rechtschaffener Mann, dem kein Betrug, keine Unterschlagung nachgewiesen werden konnte. Die Regie selbst wurde aufgehoben, das französische Gesindel, welches bei derselben angestellt war, entlassen, der Kaffeeverkauf wurde freigegeben, die Kaffee-Riecherei hörte auf und auch die verhaßte Tabaks-Administration wurde beseitigt.

Vom 1. Juni 1787 an konnte Jeder nach Belieben Tabak bauen, fabriciren und verkaufen. Auch das Zucker-Monopol, welches bis dahin das Splitgerber'sche Handlungshaus in Berlin besessen hatte, hörte auf; allen Unternehmern, welche Lust hatten, Zucker-Raffinerien anzulegen, wurde dies gestattet, und der König erklärte bei dieser Gelegenheit, daß er fernerhin keinen Kleinhandel, der zum Schaden Anderer einen Einzelnen bereichere, gestatten werde.

Hätte Friedrich Wilhelm in gleichem Schritt mit diesen Reformen einer fehlerhaften Handelspolitik Ersparung im Staatshaushalt durch eine geordnete Finanzwirthschaft und durch Verringerung des stehenden Heeres eintreten lassen, dann würde der Jubel, der bei seinen Reformen im Volke laut wurde, ein bleibender gewesen sein, dies aber war nicht der Fall. Das Heer wurde nicht vermindert, sondern vermehrt, Günstlinge und Maitressen, sowie auswärtige, nicht zum Schutz des Landes, sondern für dynastische Interesse geführte Kriege, welche der Geschichte Berlins zu fern liegen, als daß wir hier näher auf dieselben eingehen könnten, verschlangen ungeheure Summen, zu deren Aufbringung eine Erhöhung der Steuern nothwendig war.

Schon unmittelbar nach Aufhebung der Regie, des Kaffee-Monopols und der Tabaks-Administration mußten neue Auflagen geschaffen werden. Da wurde eine Mehl- und Tabaks-Accise eingeführt und die Weizensteuer erhöht, da vergrößerte man die Abgaben auf Salz, Zucker und die Stempelgebühren und damit nicht genug; da auch diese Summen nicht zureichten, um den Staatshaushalt fortzuführen, wurde ein Zuschlag zur Accise erhoben, von jedem Thaler 1 Groschen, und später sogar 1 Groschen 4 Pfennig, gewissermaßen eine Accise von der Accise.

Die Berliner, welche Anfangs gejubelt hatten, daß sie nun wieder billigen Tabak rauchen und guten selbstgebrannten Kaffee trinken konnten, sahen bald genug ein, daß sie um Nichts gebessert seien, denn gerade diejenigen Bedürfnisse, welche jeder Einzelne im Haushalt hatte, Mehl, Salz, Zucker u. s. w. wurden mit hohen Abgaben beschwert. Wenn früher nur die Raucher und Kaffeetrinker geschimpft hatten, so schimpften jetzt Alle.

Die nachtheiligen Folgen der neuen Besteuerung wurden dem Volke durch eine Schrift klar gemacht, welche in jenen Tagen erschien, um für die Vorzüge der Tabaks-Administration zu streiten. Der anonyme Verfasser brachte für seine Ansicht alle die Gründe vor, welche von den Freunden der Monopole und indirekten Steuern stets angeführt worden sind, Gründe, so seicht und wenig stichhaltig, daß sie mit Leichtigkeit hätten widerlegt werden können; trotzdem aber fanden sie Gehör bei dem Volke, da an die Stelle der einen schlechten Steuer nur eine eben so schlechte, vielleicht eine noch schlechtere getreten war, und da Jedermann den Druck der neuen Auflagen fühlte.

Die Schrift machte großes Aufsehen, sie war den Räthen Friedrich Wilhelms im höchsten Grade unbequem und diese sahen sich daher veranlaßt, dem Könige die Mittheilung zu machen, daß ein aufrührerischer Federheld es gewagt habe, das Volk zum Hasse gegen die königliche Regierung aufzuwiegeln. Friedrich Wilhelm, der leicht einem schlechten Rath zugänglich war, ließ sich bewegen, in den Zeitungen eine an den General-Fiskal gerichtete Kabinets-Ordre bekannt zu machen, in welcher ausgesprochen wurde, daß Se. Majestät eifersüchtig auf die Liebe seiner getreuen Unterthanen, die durch die Schrift über die Tabaks-Administration erschüttert werden solle, den Befehl gebe, nicht nur diese Schrift zu konfisciren, sondern auch den elenden Schriftsteller, der es gewagt habe, sie herauszugeben, zur Verantwortung zu ziehen. Da der Verfasser nicht genannt war, so wurde in den Zeitungen eine Belohnung von 100 Thalern für denjenigen, der denselben angeben würde, ausgeboten.

Der abscheuliche Verbrecher fand keinen Verräther, aber er meldete sich selbst, und es erregte nicht geringes Aufsehen in Berlin, als man erfuhr, daß der geachtete Schriftsteller Niemand Anders sei, als ein hoher Staatsbeamter, der Geheime Legationsrath v. Borck, der Sohn des verstorbenen Staatsministers, ein Verwandter des ehemaligen Erziehers des Königs.

Auch bei Hofe war man über diese Entdeckung ebensosehr erstaunt als wenig erfreut, und von einer Fortsetzung des Prozesses war keine Rede mehr.

Die Staats-Ausgaben wuchsen unter der Regierung Friedrich Wilhelms von Jahr zu Jahr, bald genügten auch die neuen und erhöhten Steuern nicht mehr, um sie zu decken. Im Jahre 1792 war schon der von Friedrich dem Großen hinterlassene Schatz erschöpft und das Land mit 28 Millionen Thaler Schulden belastet. Immer mehr wuchsen die Ausgaben und dadurch sah sich endlich Friedrich Wilhelm noch im letzten Jahre seiner Regierung 1797 veranlaßt, zu denselben fehlerhaften Finanzmitteln zurückzukehren, welche er im Jahre 1787 verdammt hatte.

Am 7. August 1797 erschien ein königliches Edikt, welches den Handel mit Tabak wieder zu einem Regierungs-Monopol machte, und obgleich nun der Druck einer Tabaks-Administration von Neuem auf dem Volke lastete, obgleich alle diejenigen Fabrikanten, welche im Vertrauen auf das ausdrückliche Versprechen des Königs, daß niemals wieder eine Tabaks-Administration stattfinden solle, ihr Vermögen in der Anlegung von Tabaks-Fabriken verbraucht hatten, dem Ruine preisgegeben waren, denn man nahm ihnen die vorhandenen Waarenvorräthe mit Gewalt fort und zahlte ihnen für dieselben nur höchst unbedeutende Entschädigungspreise, so blieben doch die erhöhten Accisen, welche für die Tabaks-Administration eingeführt worden waren, jetzt neben derselben in Kraft.

Aehnlich wie auf dem Gebiete der Handels-Gesetzgebung sehen wir auch auf allen andern Gebieten des Staatslebens in der 11jährigen Regierung Friedrich Wilhelms einem kurzen Fortschritt den schnellen Rückschritt folgen. Friedrich Wilhelm hatte bei seinem Regierungs-Antritt einen Anlauf genommen, der seiner Natur zuwider war; nur kurze Zeit vermochte er sich zur ernsten Arbeit zu zwingen, dann ließ er in derselben nach und bald genug gab er sich wieder ganz dem süßen Nichtsthun, dem Strom der Vergnügungen, dem sinnlichen Genuß in den welchen Armen seiner Maitressen hin, indem er die Regierungs-Geschäfte seinen Günstlingen und den Kreaturen derselben überließ. Nicht einmal die eingehenden Briefe las er mehr, viel weniger die Berichte über langweilige Regierungs-Verhandlungen; er setzte oft genug seinen Namen unter Kabinets-Ordres, ohne sie gelesen zu haben, fast immer aber, ohne sich die Mühe zu geben, über sie nachzudenken.

Bei dem Widerwillen, welchen Friedrich Wilhelm von jeher gegen geniale, ihn geistig überragende Männer gehabt hatte, konnte es nicht fehlen, daß ihm bald die alten tüchtigen Minister Friedrichs des Großen unbequem wurden. Anfangs folgte er wohl dem Rathe des Grafen Hertzberg und auch in den ersten Tagen dem seines Oheims, des geistreichen Prinzen Heinrich, und so lange er dies that, zeigte sich in Preußen ein rüstiger Fortschritt. Da stellte sich der König an die Spitze derer, welche die alte französische Richtung der Regierung Friedrichs des Großen in eine deutsche umwandeln wollten, da wurde das neue Allgemeine Gesetzbuch für den preußischen Staat, welches unter Friedrich begonnen worden war, vollständig ausgearbeitet und sogar den halb vergessenen Landständen zur Berathung unterbreitet. Wissenschaft und Kunst wurden gefördert, der Jesuitenorden, der im katholischen Preußen eine bedeutende Macht erlangt hatte, wurde aufgehoben und sein Güterbesitz an die katholischen Schulen und die Universitäten zu Halle und Frankfurt a. d. O. vertheilt.

Der Einfluß Hertzbergs und des Prinzen Heinrichs war indessen nicht von langer Dauer. Der alte Prinz machte sich bald bei dem König so unbeliebt wie möglich; er zeigte, daß er herrschen wollte und dies verträgt ein regierender Fürst nicht leicht. Bald nach seiner Thronbesteigung brach Friedrich Wilhelm mit seinem Oheim vollständig.

Als er einst mit dem Feldmarschall Möllendorf vor dem Palais des Prinzen vorüberritt, fragte er denselben:

„Spricht man wohl von meinem Oheim?"

„Sire", war die Antwort, „alle Welt spricht von dem Prinzen und Jedermann glaubt, daß Ew. Majestät ihn an die Spitze der Staatsgeschäfte stellen werden."

Eine solche Antwort beleidigte den König, er biß sich in die Lippen und wie man erzählt, brummte er vor sich hin:

„Er möchte gern ein Königreich verspeisen, dieses aber soll ihm zwischen den Zähnen stecken bleiben."

Von diesem Tage an wollte er nichts mehr vom Prinzen wissen und auch dieser entfernte sich mehr und mehr vom Könige, denn die Aeußerung desselben war ihm hinterbracht worden. Unwillig rief Prinz Heinrich aus:

„Mein dicker Neffe ist ein Schwachkopf, er verachtet Sitte und Anstand und läßt sich von seinen Günstlingen und Maitressen an der Nase herumführen; er ist faul und wird nur die Menge der königlichen Nichtsthuer vergrößern."

Damit war der Bruch des Prinzen und des Königs entschieden.

Auch Hertzberg verlor bald seinen Einfluß; er blieb noch einige Jahre zum Schein Minister, dann aber nahm er im Mai 1791 seine Entlassung, und von dieser Zeit an erhielt der Rückschritt in der inneren Entwickelung Preußens während der Regierung Friedrich Wilhelms II. eine fortwährende Steigerung. Es zeigte sich dies auch bei der Einführung des Landrechts, jenes schon erwähnten allgemeinen Gesetzbuches für den preußischen Staat.

Unsere Leser erinnern sich der Vorarbeiten, welche unter Friedrich dem Großen zur Beschaffung eines solchen Gesetzbuches gemacht worden waren; die tüchtigsten Rechtsgelehrten arbeiteten an demselben. Unmittelbar nach seiner Thronbesteigung befahl Friedrich Wilhelm am 27. August 1786 dem Großkanzler Carmer, daß derselbe unermüdlich mit der Arbeit an diesem Werke fortfahren lassen sollte.

Diesem Befehle wurde genügt und schon im Jahre 1788 konnte, wie erwähnt, der vollendete „Entwurf eines allgemeinen Gesetzbuchs für die preußischen Staaten" der Ritterschaft und den übrigen Ständen in den Provinzen zur Prüfung übergeben werden.

Die Stände erhielten die Aufforderung, ganz frei und ohne Rückhalt sich über das Gesetzbuch zu äußern, damit der König soviel wie irgend möglich über die Gesinnungen und Wünsche seiner treuen Unterthanen in Beziehung auf ein solches Gesetz unterrichtet werde. Die Gesetz-Commission, der die weitere Bearbeitung des Gesetzbuches anvertraut war und an deren Spitze der berühmte Geheime Rath Suarez stand, erhielt nicht weniger als 80 dicke Foliobände ständischer Monita. Die ungeheuere Arbeit, diese durchzulesen und an geeigneter Stelle zu berücksichtigen, wurde in verhältnißmäßig kurzer Zeit vollendet; schon am 20. März 1791 konnte vermöge eines königlichen Patents das Gesetzbuch veröffentlicht werden; am 1. Juni 1792 sollte es Gesetzeskraft erlangen.

Das neue Gesetzbuch enthielt, wenn wir den Maßstab der Zeit, in der es entstanden ist, anlegen und wenn wir bedenken, daß es für einen Staat geschaffen war, in dem ein absoluter König herrschte, einen ungeheuren Fortschritt; es sprach Grundsätze aus, welche man fast revolutionär nennen konnte. Die Publicirung wurde deshalb von dem gebildeten Theil des Volkes mit Freuden begrüßt und um so größer war die allgemeine Enttäuschung, als plötzlich durch eine Verfügung vom 18. April 1792 der Einführungstermin auf unbestimmte Zeit vertagt wurde.

Vergeblich wendete sich der Großkanzler an den König und stellte ihm vor, welche Rechtsunsicherheit durch solche Vertagung erzeugt werden würde; er wurde abschlägig beschieden. Die nächsten Umgebungen des Königs, welche diesen vollständig beherrschten, hatten ihn gewarnt vor dem revolutionären Geist, der in dem neuen Gesetzbuch walte; seine Krone werde bedroht, wenn es eingeführt werden würde, denn in demselben herrschten jene Grundsätze, welche in Frankreich die Revolution erzeugt hätten.

Der Großkanzler konnte nichts weiter erlangen, als daß ihm am 12. November 1793 ein Kabinets-Befehl ertheilt wurde, aus dem neuen Gesetzbuch alle jene Sätze zu entfernen, welche das Staatsrecht und die Regierungs-Form beträfen und welche die Gewalt des Königs vermindern könnten; binnen 14 Tagen sollte er dies abgeänderte Gesetzbuch vorlegen.

In Folge des Befehls wurde mancher trefflicher Paragraph gestrichen, da aber die Arbeit eilig geschehen mußte, so blieben doch viele gute Bestimmungen in dem neuen Gesetzbuche, welches den Namen Allgemeines Land-Recht erhielt, stehen und merkwürdiger Weise auch die Beschränkung der königlichen Machtvollkommenheit, nach der alle Verordnungen des Königs vor der Vollziehung der Gesetz-Commission vorgelegt werden sollen.

Das revidirte Gesetzbuch wurde am 5. Februar 1794 publicirt und trat mit dem 1. Juni desselben Jahres in Kraft.

Am schroffsten und grellsten trat der Rückschritt während der Regierung Friedrich Wilhelms auf geistigem Gebiete hervor; das berüchtigte Wöllner'sche Religions-Edikt und die Beschränkung der geringen noch in Preußen herrschenden Preßfreiheit waren eine Frucht desselben.

Es ist eine alte Erfahrung, welche zu allen Zeiten und in allen Ständen gemacht worden ist, daß die üppigste Sinnlichkeit meist im engsten Verbande steht mit religiöser Schwärmerei. Auch Friedrich Wilhelm neigte sich der mystischen Frömmelei zu und diese Neigung machte ihn zum Gönner eines Mannes, der kein anderes Verdienst, als das eines orthodoxen Glaubens hatte, des berüchtigten Wöllner.

Wöllner war der Sohn eines Landgeistlichen, er hatte in Halle Theologie studirt, wurde darauf Hauslehrer bei dem Rittergutsbesitzer von Itzenplitz und erhielt später die Pfarrstelle auf dem Gute desselben. Er blieb nicht lange Pfarrer, sondern zog es vor, auf Bitten seines frühern Schülers diesem bei der Bewirthschaftung seiner bedeutenden Güter beizustehen; er heirathete die Schwester desselben und verband sich dadurch mit dem einflußreichen Adel.

Wöllner war ein tüchtiger Landwirth, er erwarb sich um die Verwaltung der Itzenplitzschen Güter nicht unbedeutende Verdienste; auch schrieb er für die bei Nicolai erscheinende allgemeine deutsche Bibliothek manche gute wissenschaftliche Aufsätze aus dem Gebiete der Land- und Staatswirthschaft, er machte sich hierdurch in weiteren Kreisen bekannt und wurde dem Prinzen Heinrich empfohlen, der ihn nach Rheinsberg als Rath bei seiner Rentenkammer berief.

Hierdurch war er in den Kreis des Hofes gekommen und machte dort die Bekanntschaft des Herrn von Bischofswerder, eines Edelmanns, der im hohen Vertrauen des Prinzen von Preußen stand.

Bischofswerder stammte aus einem armen abligen sächsischen Geschlecht. Er war im siebenjährigen Kriege als Cornet in's preußische Heer eingetreten, später im bairischen Erbfolgekriege hatte er unter dem Prinzen Heinrich eine selbst errichtete Jäger-Abtheilung kommandirt; nach dem Kriege kam er in das königliche Gefolge, wo er sich eng an den Kronprinzen anschloß und bald dessen unzertrennlicher Gesellschafter wurde. Die Freundschaft, welche Wöllner und Bischofswerder schlossen, war verhängnißvoll für den preußischen Staat, denn die beiden Freunde unterstützten sich fortan gegenseitig; einer hob den Andern, bis sie endlich gemeinsam, durch glückliche Verhältnisse begünstigt, Preußen beherrschten.

Wöllner wurde durch Bischofswerder dem

Prinzen von Preußen zugeführt, dem er vom Jahre 1782 an Vorträge über Staatswirthschaft hielt; dafür erzeigte er sich dankbar und half seinem Genossen bei den Geisterbeschwörungen, durch welche, wie wir noch weiter erzählen werden, Bischofswerder einen unbegrenzten Einfluß über den abergläubigen Prinzen erhielt.

Durch Bischofswerder wurde Wöllner in den geheimen Orden der Gold- oder Rosenkreuzer eingeführt; er gewann hierdurch ein bedeutendes Ansehen, denn die Rosenkreuzer übten in Berlin einen weit reichenden Einfluß aus.

Es war damals in Deutschland ein wunderbarer Geisteskampf entbrannt, das Licht kämpfte gegen die Finsterniß, die Aufklärung gegen Aberglauben und Uebergrauben, und seltsam genug, beide kämpfende Parteien nahmen zu denselben Schutzwaffen ihre Zuflucht, beide suchten ihre Macht durch Bildung geheimer Gesellschaften zu vergrößern, beide nutzten den Freimaurerorden zu ihren Zwecken aus, beide hatten diesem seine seltsame geheimnißvolle Aufnahme-Feierlichkeit für ihre neu hinzutretenden Mitglieder entlehnt.

Die Illuminaten kämpften gegen die orthodoxe Kirche, gegen den Despotismus der Fürsten und Priester, sie wollten dem Volke die geistige und politische Freiheit erringen. Die Gold- oder Rosenkreuzer dagegen waren geheime Jünger des Katholicismus, den sie durch den Schutz der strengsten Orthodoxie in der protestantischen Kirche förderten; sie waren die Vorkämpfer für den tollsten Aberglauben und die wahnsinnigste Geistesseherei; ihren Anhängern versprachen sie die Herrschaft der Welt, sie gaben vor, im Besitze des Steins der Weisen zu sein und über unendliche Schätze zu gebieten.

Für die große Masse hatten sich beide Gesellschaften in den Schleier des tiefsten Geheimnisses gehüllt, sie wurden deshalb häufig mit einander verwechselt und daher kommt es, daß in viele Geschichtsbücher der Irrthum übergegangen ist, der geistige Rückschritt in Preußen unter der Regierung Friedrich Wilhelms sei den Illuminaten zuzuschreiben, welche die Herrschaft am Hofe erlangt hätten, während er eine Frucht der Bestrebungen der Rosenkreuzer ist.

In Berlin war der in ganz Deutschland herrschende Kampf der streitenden Parteien ein besonders heftiger; hier fand er den günstigsten Boden. Die Illuminaten fanden ihren Schutz in den aufgeklärten Gelehrten, unter denen sich besonders Nicolai auszeichnete, der in seiner neuen allgemeinen deutschen Bibliothek unermüdlich gegen die Rosenkreuzer kämpfte, seit Wöllner ihn selbst unter den seltsamsten Vorspiegelungen in den geheimen Orden derselben hatte aufnehmen wollen.

Nikolai ließ sich nicht verführen, er stellte sich sogar fortan die Aufgabe, die Rosenkreuzer zu bekämpfen und führte gegen dieselben einen Streit, der um so verdienstvoller ist, als der feindliche Orden gerade in den höchsten Kreisen seine Stütze fand. Es bestanden drei Cirkel der Rosenkreuzer in Berlin, denen die vornehmsten Herren des Adels, die einflußreichsten Staatsbeamten angehörten.

Wöllner war die Seele des Ordens; er schrieb unter seinem Ordensnamen Chrysophiron für denselben eine Schrift:

„Die Pflichten der Rosenkreuzer alten „Systems in den Junioratsversammlungen, „abgehandelt von Chrysophiron 1782. Nur „für Ordens-Mitglieder gedruckt."

Er verstand es trefflich, sich in den mystischen Unsinn der Rosenkreuzer hinein zu arbeiten; eine Stelle aus einer. von ihm gehaltenen, gedruckten Ordensrede mag davon Zeugniß geben; sie lautet:

„Ich stehe am äußersten Ende flammender Morgensterne und das unermeßliche Gebiet der Geister nimmt mich auf. — Zürnet nicht, ihr erhabenen Meister der Kunst, die ihr am Ruder der Welt sitzt (ihr unbekannten Obern), wenn ein freier wißbegieriger Schüler es wagt, sein blödes, aber sehnsuchtsvolles Auge auf euch hin zu richten. Zürnet nicht, wenn er sein bebendes Knie vor euren Geheimnissen beugt und anbetend aus dunkler Ferne den frommen Wunsch thut: ach! daß es euch gefiele, gleich jenem Engel seinen umwolkten Verstand zu erleuchten, daß er zur Ehre Gottes begreifen möge, wie alle verborgne Wirkung von der Einheit ausfließe und wie die Dreiheit das Siegel der Schöpfung sei."

Solcher Unsinn wurde von den Ordensbrüdern mit Entzücken vernommen, sie schwelgten in den bombastischsten Redensarten, welche ihnen der Inbegriff der Weisheit und Poesie waren. Wir können hier in das innere Wesen der geheimen Orden nicht weiter eindringen, nur von den Aufnahme-Feierlichkeiten wollen wir unsern Lesern noch eine kurze Beschreibung geben; sie wird genügen, um ihnen einen Begriff von den Mitteln zu verschaffen, mit denen die Rosenkreuzer auf die Phantasie ihrer Jünger wirkten. Ein Zeitgenosse erzählt:

„Wenn man einem Mann den erforderlichen Eifer einflößt, ihn zum Glauben geschickt gemacht, von einer Täuschung und einer Versprechung zur andern, alle Grade hindurch so weit geführt hat, daß er Worte für Sachen, Einbildungen für Wirklichkeiten, Körper für Geister annimmt; oder vielmehr, wenn man versichert ist, daß ein Mensch alle die traurigen Eigenschaften hat, die hier erforderlich sind, so macht man ihm den Antrag, sich dem Orden zu widmen und seine Entschließung, welche man schon als wankend kennt, durch eidliche Zusagungen zu bestätigen.

In der sehr gegründeten Furcht, daß er für Schrecken und Entsetzen bei der hierbei üblichen Formel zurücktreten werde, hält man ihn zurück und sagt ihm im Allgemeinen bloS, daß er mit dem Himmel (!), welcher sein Rächerschwert den Menschen übergeben habe, um es gegen die zu kehren, die ihr Wort brechen würden, einen Bund machen werde.

Sobald der übel unterrichtete Kandidat auf

Treue und Glauben dessen, der ihn zur Einweihung vorbereitet, dies annimmt, wird er durch einen finstern Gang in einen sehr großen Saal geführt, dessen Decke, Fußboden und Wände mit schwarzem Tuch, mit hier und da angebrachten rothen Flammen und drohenden Schlangen, ausgeschlagen ist.

Drei düstere Lampen werfen von Zeit zu Zeit einen fast verlöschenden Schein in diesem traurigen Kreise umher, so daß man die Trümmer der mit Trauerflor umhängten Leichname kaum unterscheiden kann; in der Mitte bildet ein Haufen Gerippe eine Art von Altar; auf der Seite stehen Bücher, deren einige Drohungen gegen die Meineidigen, andre aber die traurige Geschichte von der Rache des unsichtbaren Geistes enthalten.

Nach Verlauf von acht Stunden ziehen gräßliche Gestalten, mit Trauerschleiern hinter sich her, langsam durch den Saal und stürzen sich in die geöffneten Abgründe hinab, ohne daß man das Geräusch der Fallthüren oder ihres Falls hören kann. Man empfindet blos einen aufsteigenden häßlichen Gestank.

Der Eingeweihte bleibt 24 Stunden in dieser Freistatt der grausewollsten Finsterniß mit einer Stille umgeben, das das Blut in den Adern erstarren möchte. Ein strenges Fasten hat seine Denkkraft schon geschwächt; zubereitete starke Getränke erschlaffen ihn anfänglich und rauben seinen benebelten Sinnen endlich alle Gefühlskraft. Zu seinen Füßen stehen drei große Becher, die mit einem grünlichen Getränk gefüllt sind. Das dringende Bedürfniß bringt sie zwar an die Lippen, aber eine unwillkürlich bange Furcht stößt sie wieder davon zurück.

Endlich erscheinen zween Menschen, welche wie Diener des Todes aussehen. Sie umwinden die blasse Stirn des Aufzunehmenden mit einem rothen Band, das mit Blut gefärbt und voll silberner Buchstaben, zwischen welchen das Bild der Jungfrau Maria von Loretto gemalt ist. Nun empfängt er ein kupfernes Krucifix, 2 Zoll lang. — Man vergesse nicht, daß Evangelische und Reformirte hier von Bildern und Reliquien Gebrauch machen, welche nach ihren Religionsgrundsätzen so hart und nachdrücklich verboten sind.

An den Hals hängt man ihm Amulette mit einem violetten Tuch überzogen. Seine Kleider werden ihm ausgezogen und zween Aufwärterbrüder legen sie auf einen an dem andern Ende des Saals errichteten Scheiterhaufen. Man zeichnet auf seinen bloßen Körper blutige Kreuze und ein weiß angezogener sogenannter Geist bindet ihn mit einem rosenfarbigen Band.

In diesem Zustand der Duldung und Erniedrigung steht er fünf mit Degen bewaffnete gräßliche Gestalten, deren ekelhafte Kleidung mit Blut befleckt ist, eilig auf sich zukommen. Ihr Gesicht ist mit einem Schleier bedeckt; sie breiten einen Teppich auf dem Fußboden aus, knien darauf, beten, bleiben hier mit kreuzweis über die Brust gelegten Händen und werfen sich dann mit dem Gesicht zur Erde in ein tiefes Stillschweigen nieder. Diese beschwerliche Stellung dauert eine ganze Stunde lang.

Nach dieser ermüdenden Probe hört man klagende Töne; der Scheiterhaufen wird angezündet, aber er giebt nur einen blassen Schimmer; hier werden seine Kleider verbrannt; eine mehr als menschlich große und fast durchsichtige Gestalt geht aus dem Schoße der Flammen hervor.

Sobald die fünf hingestreckten Männer sie erblicken verfallen sie in Zuckungen, die das Auge kaum aushalten kann — ein mehr als zu treues Bild von jenem schrecklichen Kampf, den der Sterbliche mit einem ihm überlegenen Uebel kämpft, von dem er endlich besiegt wird.

Hierauf durchdringt eine zitternde Stimme das Gewölbe und spricht die Formel der schrecklichsten Eidschwüre vor, welche nachgesprochen werden muß. Meine Hand zittert und ich halte mich fast für strafbar, sie nur herzusetzen:

„Im Namen des gekreuzigten Sohnes, schwöre, die fleischlichen Bande zu zerreißen, die Dich noch an Vater, Mutter, Brüder, Schwester, Gattinn, Anverwandte, Freunde, Könige, Obrigkeiten, Wohlthäter, kurz an irgend ein Wesen binden, dem Du Treue, Gehorsam, Dankbarkeit oder Dienste angelobt haben magst.

„Entsage dem Ort an dem Du geboren wurdest, um in einem andern Kreise zu leben, wohin Du aber nur, nachdem Du diesen vergifteten Erdball, den häßlichen Auswurf der Himmel, abgeschworen hast, kommen kannst.

„In diesem Augenblick bist Du von dem, Deinem Vaterland und den Gesetzen geleisteten vermeintlichen Eid frei und los; schwöre Deinem neuen Obern das, was Du wirst gethan, angenommen, gelesen, gehört, gelernt oder erdacht haben, zu entdecken und selbst bastenige aufzusuchen und auszuspähen, was sich Deinen Blicken nicht darbot.

„Ehre und schätze die Aqua Toffana als ein sichres, schleunigstes und nöthiges Mittel, die Welt durch den Tod oder durch gänzliche Abstumpfung derjenigen, welche die Wahrheit herabzuwürdigen oder sie unsern Händen zu entreißen suchen, zu befreien.

„Fliehe Spanien, fliehe Neapel, fliehe jedes verfluchte Land, fliehe endlich auch die Versuchung, das zu verrathen, was Du hörst; denn schneller wie der Blitz wird Dich sonst der Dolch, wo Du auch immer seist, gewiß erreichen.

„Lebe im Namen des Vaters, des Sohnes und des heiligen Geistes!

In dem Augenblick, wenn der Duldende die nämlichen Worte nachsprechen will, wird ein Leuchter mit sieben schwarzen Kerzen vor ihm hingesetzt. Bei seinen Füßen steht ein Gefäß voll Menschenblut, womit man seinen Körper wäscht; auch trinkt er ein halbes Glas davon und spricht dann die unglücklichen Worte aus.

Ein kalter Schweiß läuft von seinen blassen

Wangen herab. Kaum kann er auf seinen wankenden Füßen stehen. Die Brüder werfen sich zur Erde nieder — und er erwartet, von Gewissensbissen gefoltert und in eine Art von Wahnsinn versetzt, sein Schicksal zitternd — wie ruchlose Verbrecher von dem verübten Mord zurückkehren oder ein Orest den mörderischen Dolch aus dem Busen seiner Mutter zurückzieht.

Gleich nach dem Ende dieser Handlung geht der Aufzunehmende in ein Bad und wenn er aus diesem herauskommt, wird ihm eine Mahlzeit, die aus Wurzeln besteht, gereicht.

Hatten die neuen Mitglieder alle diese abscheulichen Feierlichkeiten durchgemacht, so wurden sie zu einem Festmahl geführt, welches sie durch ausgesuchte Genüsse für die überstandenen Qualen entschädigte.

Wöllner und Bischofswerder standen an der Spitze der Rosenkreuzer, die Jünger des Ordens waren ihre bereitwilligen Helfershelfer, diese ebneten ihren Führern die Wege, um sie zu den höchsten Staatsstellen zu tragen. Die beiden würdigen Freunde verstanden es, den Kronprinzen völlig zu umgarnen und sie bewahrten ihre Herrschaft über denselben, als Friedrich Wilhelm den Thron bestieg.

So lange die alten Minister Friedrichs des Großen an der Spitze der Verwaltung standen, konnten Wöllner und Bischofswerder nicht unumschränkt herrschen, ihr Streben mußte daher dahin gerichtet sein, die Nebenbuhler zu entfernen.

Es gelang ihnen bald genug, Friedrich Wilhelm gegen die treusten Diener des Staats mißtrauisch zu machen, Hertzberg verlor seinen Einfluß, der Minister v. Zedlitz wurde beseitigt und jetzt konnten sich die beiden Bundesgenossen in die Herrschaft theilen, welche ihnen der arbeitsscheue König ja vollständig überließ.

Wöllner wurde Minister der geistlichen Angelegenheiten, er hatte dadurch Gelegenheit, jene verhaßte, durch Friedrich den Großen in den preußischen Staat getragene Aufklärung zu bekämpfen. Eine seiner ersten Maßregeln war das berüchtigte Religions-Edikt vom 9. Juli 1788.

„Manche Geistliche — so heißt es in demselben — hätten sich zügellose Freiheiten im Lehrbegriff der Konfessionen erlaubt, sie hätten die Grundwahrheiten der christlichen Religion weggeleugnet, dagegen die elenden, längst widerlegten Irrthümer der Socinianer, Deisten, Naturalisten und andrer Sekten aufgewärmt und unter dem Namen der Aufklärung mit Unverschämtheit im Volk verbreitet; sie hätten die Bibel verfälscht und verdreht, den Glauben an das Geheimniß des Versöhnungswerks verdächtigt und dadurch dem Christenthum Hohn geboten.

Solchem Unwesen müsse gesteuert werden, denn es sei die erste Pflicht eines christlichen Regenten, die christliche Religion in ihrer ursprünglichen Reinheit zu erhalten.

Alle Prediger und Schullehrer in Preußen wurden daher bei Strafe der Kassation verwarnt, solche Irrthümer auf irgend eine Weise zu verbreiten; es dürfe keinem Geistlichen freistehen, nach Gutdünken in Religionssachen zu handeln oder die Grundwahrheiten der Religion anders zu lehren, als sie in der Kirche vorgeschrieben seien. Eine allgemeine Richtschnur müsse feststehen, die durch die sogenannten Aufklärer nicht geändert werden könnte.

Es sei deshalb der Wille des Königs darauf gerichtet, daß diese unabänderliche Ordnung festgehalten werde, obwohl der König sich keine Herrschaft über das Gewissen anmaßen wolle! Glauben könnten die Geistlichen, was sie wollten, lehren aber müßten sie nach Vorschrift."

Dies war im Wesentlichen der Inhalt des Edikts, dem noch außerdem Befehle über eine strenge Feier der Sonn- und Festtage und einige andere unwesentliche Bestimmungen beigefügt wurden.

Ein solches Edikt im Staat Friedrichs des Großen, in welchem Jeder nach seiner Façon selig werden sollte, mußte ungeheures Aufsehen erregen. Es war nur der erste Schritt im Kampf gegen die Geistesfreiheit, dem Religions-Edikt wurde würdig ein Censur-Edikt angereiht.

Der Großkanzler v. Carmer erhielt ein Kabinetsschreiben folgenden Inhalts:

„Mein lieber Großkanzler v. Carmer!

Da ich vernehme, daß die Preßfreiheit in Preßfrechheit ausartet und die Bücher-Censur völlig eingeschlafen ist, mithin gegen dieses Edikt allerlei aufrührerische Charteken gedruckt werden, so habt Ihr gegen die Buchhändler und Buchdrucker sofort den Fiscum zu excitiren und Mir übrigens Vorschläge zu thun, wie diese Bücher-Censur auf einen bessern Fuß eingerichtet werden kann. Ich will Meinen Unterthanen alle erlaubten Freiheiten gern accordiren, aber Ich will auch zugleich Ordnung im Lande haben, welche durch die Zügellosigkeit der jetzigen sogenannten Aufklärer, die sich über Alles wegsetzen, sehr gelitten hat.

Ich bin

Euer wohl affectionirter König

Friedrich Wilhelm."

Das Censur-Edikt erschien in Folge dieses Schreibens am 19. Dezember 1788; es ordnete die Anstellung von Censoren an, welche die Aufgabe haben sollten, alle Manuskripte vor dem Druck durchzulesen und die etwa in denselben wider das Staatswohl oder die Religion streitenden Stellen zu streichen. Wie in allen derartigen Gesetzen verwahrt sich auch in diesem der Gesetzgeber dagegen, daß er eine anständige Preßfreiheit beschränken wolle; § 2 des Edikts lautet:

„Die Absicht der Censur ist keineswegs, eine anständige, ernsthafte und bescheidene Untersuchung der Wahrheit zu hindern oder sonst den Schriftstellern irgend einen unnützen oder lästigen Zwang aufzulegen, sondern nur vornehmlich demjenigen zu steuern, was wider die allgemeinen Grundsätze der Religion, wider den Staat und sowohl moralischer als bürgerlicher Ordnung entgegen ist oder zur Kränkung der persönlichen Ehre und des guten Namens Anderer abzielt."

Das Erscheinen des Censur-Edikts erregte in Berlin eine allgemeine Aufregung. Die Presse hatte in der Hauptstadt eine mächtige Bedeutung gewonnen, große Kapitalien waren in zahlreichen Flug- und Zeitschriften angelegt, Buchhandel und Buchdruckerei, welche einträgliche Gewerbe geworden waren, sahen sich durch das neue Gesetz gefährdet; viele Schriftsteller lehnten sich gegen das Censur-Edikt auf.

In der nach Kiel verlegten allgemeinen deutschen Bibliothek erschienen gediegene Aufsätze gegen das Gesetz und auch der Buchdrucker Unger in Berlin beleuchtete dasselbe in Beziehung auf die Nachtheile, welche es für das Preßgewerbe haben müsse.

Es war ein ehrenvolles Zeichen für die Berliner Schriftsteller, daß Wöllner mit aller Mühe nicht gefügige Censoren genug finden konnte. Wie gern er auch die Freiheit des Gedankens ganz unterdrückt hätte, es gelang ihm nicht, denn die meisten Censoren schämten sich, Gedankenmörder zu sein. Sie strichen, indem sie sich auf den § 2 des Gesetzes beriefen, in den meisten Schriften nur wirklich gegen die Gesetze streitende Stellen.

Wöllner war hierüber häufig tief entrüstet. Einst las er eine Flugschrift, welche unter dem Titel „allgemeine Zustände" erschienen war. Dieselbe enthielt eine Stelle, in der der Verfasser sagte:

„Wehe dem Lande, dessen Minister Esel sind!"

Der würdige Wöllner fühlte sich getroffen und tief beleidigt; er ließ sofort den Konsistorialrath Cosmar, den Censor, rufen, las ihm die Stelle vor und fragte ihn wüthend:

„Habe ich Sie deshalb zum Censor ernannt, Herr Konsistorialrath, daß Sie dergleichen Beleidigungen zu drucken verstatten?"

Er erwartete sicher eine demüthige Entschuldigung, diese aber erhielt er nicht.

Der Censor verbeugte sich und fragte lächelnd:

„Befehlen Ew. Excellenz, daß ich anstatt des „Wehe dem Lande" drucken lassen sollte: „Wohl dem Lande, dessen Minister Esel sind?"

Gegen dies Argument vermochte Wöllner nicht zu kämpfen, er entließ den Censor und die Flugschrift wurde nicht konfiszirt.

Erst im Lauf der Jahre gelang es dem Minister, gefügigere Censoren zu finden. Ein käufliches Subjekt, der Geheime Rath Hilmer, erbot sich sogar freiwillig, die Censur über alle Monats-, Zeit- und Gelegenheitsschriften, sowie über alle moralischen und theologischen Bücher zu übernehmen. Wie zu erwarten stand, führte er das ihm übertragene Amt ganz zur Zufriedenheit Wöllners, indem er mit unbarmherzigem Stift die besten Gedanken aus den schriftstellerischen Erzeugnissen strich und so sank denn fortan die Berliner Presse immer mehr und mehr.

Auch Schriftsteller fanden sich, welche sich nicht schämten, dem mächtigen Minister zu Munde zu reden, Volksschriften erschienen, welche das Wöllnersche System schmeichelnd dem Volk anpriesen. Solchen Schriften wurde eine fast ungezügelte Preßfreiheit gestattet; sie durften über Personen, besonders über solche, welche dem Ministerium verhaßt waren, mit grenzenloser Frechheit schreiben, sie durften sich gegenseitig überbieten in Unanständigkeit und Unsittlichkeit.

Eine Wochenschrift, welche unter dem Titel „Chronik von Berlin oder Berlinsche Merkwürdigkeiten, herausgegeben von Tlantlaquallapatli" erschien und außerordentlich gelesen wurde — sie hat 12 Bände erlebt — ist eine wahre Musterkarte der gehässigsten Persönlichkeiten und zotigsten Geschichten. Der Herausgeber wurde mit jedem Jahre frecher und in den letzten Bänden wurde er so schamlos cynisch, daß selbst das damals an derbe Zweideutigkeiten gewöhnte Publikum von Ekel ergriffen ward. Die Abonnenten verloren sich und die Chronik mußte eingehen. Sie war der Vorläufer des „Beobachters an der Spree", der den Stadtklatsch in anständigerer Weise fortsetzte und länger als ein halbes Jahrhundert eine recht bedeutsame Einwirkung auf das bürgerliche Leben in Berlin ausübte.

Wie Wöllner Anfangs trotz seines Censur-Edikts gegen die Presse fruchtlos stritt, so gelang es ihm auch trotz des Religions-Edikts nicht, die Glaubensfreiheit zu brechen und den Drang, den besonders das Volk in Berlin nach religiöser Aufklärung fühlte, zu unterdrücken.

Die Prediger und Schullehrer kümmerten sich wenig um das Religions-Edikt, sie predigten und lehrten, wie sie es vorher gethan hatten und sie wurden in ihrem Bestreben auch durch die Schul-Inspektoren nicht gehindert, denn diesen fiel es nicht ein, dem Wöllnerschen Prinzip gemäß die Schule zu überwachen.

Auch die Consistorien hielten auf den Geist der Religion, nicht auf den Buchstaben; besonders zeichnete sich in dieser Beziehung das Ober-Konsistorium in Berlin aus, in welchem drei treffliche Männer, Teller, Zöllner und Gedicke, mit eiserner Festigkeit das Recht der religiösen Freiheit wahrten.

Das Religions-Edikt hatte, Dank der Energie vieler trefflicher Gelehrten, Prediger und Lehrer, Anfangs so gut wie keine Wirkung, man lachte über dasselbe und schon glaubte man, Wöllner werde nicht im Stande sein, seine finstern Pläne auch nur theilweise zur Ausführung zu bringen.

Wöllner aber war entschlossen, kein Mittel unversucht zu lassen, um seine Gegner zu bekämpfen. Durch den in allen Zeitungen und Flugschriften gegen ihn erhobenen offenen Tadel und sarkastischen Spott wurde er nur noch mehr gereizt. Da er bei der bestehenden geistlichen Behörde keine Unterstützung fand, zog er aus niedern Stellen und aus den Provinzen solche Männer an sich, von denen er überzeugt sein konnte, daß sie seine dienstwilligen Subjekte sein würden.

Naturgemäß wählte er dieselben vorzugsweise aus den ihm ganz ergebenen Mitgliedern des Rosenkreuzer-Ordens.

Ein Prediger in Breslau, Hermann Daniel Hermes, hatte schon während Friedrichs des Großen Regierungszeit gewagt, gegen die Sünde der Aufklärung zu predigen. Ein solcher Mann war ganz zum Werkzeug Wöllners geeignet. Er wurde nach Berlin berufen und mit ihm auch sein Schwiegersohn, ein Kaufmann Sigismund Oswald, der sich in Breslau als Geisterseher berühmt gemacht hatte, indem er die Weissagungen einer nervenkranken Schlafrednerin verkündigte.

Von Bischofswerder waren die beiden würdigen Männer in den Rosenkreuzorden aufgenommen worden und von ihm wurden sie an Wöllner empfohlen. Hermes wurde als Prediger ursprünglich nach Potsdam berufen, Oswald erhielt mit dem Titel eines Geheimen Raths die Stelle als Vorleser des Königs.

Auch in Berlin fanden sich einige taugliche Subjekte, die beiden Prediger an der Dreifaltigkeitskirche, Woltersdorf und Silberschlag; den fünften im Bunde machte der Geheime Rath Hillmer, den wir schon als Censor erwähnt haben.

Nachdem Wöllner diese dienstwilligen Gehülfen gefunden hatte, schritt er seinem Ziel näher.

Im April 1791 wurden Hermes, Woltersdorf und Hillmer zu einer geheimen Berathschlagung vom König nach Potsdam berufen, Wöllner wohnte der Unterredung bei, in welcher hauptsächlich über die Mittel gesprochen wurde, welche man ergreifen wollte, um dem Religions-Edikt Respekt und Gehorsam zu verschaffen.

Die Folgen der Berathung zeigten sich bald. Der Geschäftskreis des Ober-Konsistoriums, welches dem Namen nach bestehen blieb, wurde bedeutend eingeschränkt, neben dasselbe setzte Wöllner eine geistliche Examinations-Kommission, in welche Hermes, Woltersdorf, Hillmer und Silberschlag berufen wurden.

Die neue Kommission erhielt am 31. August 1791 eine königliche Instruktion und den Auftrag, für die Ausführung des Religions-Edikts zu sorgen; zu diesem Zweck sollte sie an sämmtliche Landes-Konsistorien eine Instruktion erlassen, damit das Edikt nicht ferner wie bisher nur nachlässig beobachtet werde. Sie erhielt den Auftrag eine doppelte Liste von allen preußischen Predigern und Schullehrern anzulegen.

In der ersten mußten alle guten Subjekte d. h. diejenigen, welche an der Orthodoxie und der alten, reinen christlichen Glaubenslehre hingen bemerkt werden, die zweite aber sollte allen Neugläubigen und die ganze Rotte der sogenannten Aufklärer enthalten.

Nur aus der ersten Liste durften die Wahlkandidaten für die wichtigsten Lehrstellen in Kirche und Schule genommen werden, die Geistlichen und Lehrer aber, welche auf der zweiten Liste ständen, sollten auf's Strengste beobachtet werden.

Jeder Kandidat, der sich um eine Pfarre oder Schule bewerben würde, sollte von der Kommission, ehe er zu dem gewöhnlichen Konsistorial-Examen zugelassen wurde über sein Glaubensbekenntniß geprüft werden; genügte dasselbe den Vorschriften des Religions-Edikts nicht, dann durfte er zum Konsistorial-Examen gar nicht vorgelassen werden.

Es wurde den Räthen der Kommission in der Instruktion besonders an's Herz gelegt, bei diesen Glaubens-Examen auf das Strengste zu verfahren.

Das neue Inquisitions-Tribunal, so wurde die Examinations-Kommission in Berlin allgemein genannt, begann seine Wirksamkeit durch die Veröffentlichung eines lateinischen Schema's für die Prüfung der Kandidaten, welches noch im Jahre 1791 an alle Konsistorien versandt wurde. Hermes war der Verfasser dieses Schriftstücks.

Ein jämmerlicheres Machwerk ließ sich kaum denken, in Sprache und Anordnung war es so fehlerhaft, daß es überall nur Lachen erregte; es enthielt eine Unsumme von Schülerschnitzern so daß ein leidlicher Gymnasiast etwas Besseres geliefert haben würde.

Die Kritik fiel sofort unbarmherzig über das Schema her und dagegen durfte selbst die Wöllnersche Censur nichts thun, denn die angesehensten Theologen betheiligten sich an dem Streit und verdammten das jammervolle Schriftstück.

Die Examinations-Kommission mußte sich endlich entschließen, ihr eigenes Machwerk von den Buchhändlern zurückzukaufen, um dessen weitere Verbreitung zu verhindern; sie verbesserte die ihr nachgewiesenen grammatikalischen und anderen Fehler, dann ließ sie es in einigen Monaten von Neuem erscheinen. Aber auch der zweiten Auflage erging es nicht besser, als der ersten; sie wurde durch die Presse ebenso unbarmherzig durchgehechelt.

Die Examinations-Kommission und besonders ihr hervorragendstes Mitglied verfiel durch die offen an den Tag gelegte Unwissenheit der allgemeinen Verachtung und diese steigerte sich, als ein neues Werk der Kommission, welches nicht weniger jammervoll als das erste war, ein allgemeiner Landes-Katechismus erschien; er führte den Titel:

„Die christliche Lehre im Zusammenhang. „Auf Allerhöchsten Befehl für die Bedürfnisse „der jetzigen Zeit umgearbeitet und zu einem „allgemeinen Lehrbuch in den niedern Schulen „der preußischen Lande eingerichtet. — Berlin 1792."

Auch dieses Werk wurde in der Presse mit schneidender Kritik verarbeitet. Nikolai's allgemeine deutsche Bibliothek beurtheilte es treffend, indem sie sagte:

„Das können und müssen wir bezeugen, daß alt oder neu, viel oder wenig verändert, dieser Katechismus eins der armseligsten Bücher seiner Art ist, um Vieles schlechter, als irgend ein andres und daß die Worte „für die Bedürfnisse der jetzigen Zeit umgearbeitet" auf dem Titel dieses Buchs eine wahre Schandrede auf die jetzige Zeit sei."

Die Herausgabe des allgemeinen Katechismus gab Veranlassung zu einem höchst merkwürdigen Preßproceß, der die Stimmung aller nur einigermaßen unabhängigen Behörden in Berlin gegen das Wöllnersche Regiment kennzeichnet.

Der reformirte Prediger Gebhard in Berlin hatte eine kleine Schrift gegen die Nothwendigkeit der Einführung eines allgemeinen Landes-Katechismus geschrieben. Um sicher zu gehen, hatte der Verleger Gebhards, der Buchdrucker Unger, diese Schrift der Behörde vor dem Druck zur Censur eingereicht. Diese war dem Ober-Konsistorialrath Zöllner als bestalltem königlichen Censor übertragen worden und Zöllner fand nichts Unerlaubtes in der Schrift; er ertheilte daher die Druck-Erlaubniß.

Kaum aber war das Büchelchen erschienen, so bekam Wöllner es zur Hand; er war wüthend über dasselbe und erließ sofort das Verbot des Verkaufs bei 100 Dukaten Strafe. In diesem Verbot wurde die Schrift eine elende Chartele genannt und als einen Grund für seinen Schritt gab Wöllner an, daß sie einen sträflichen Tadel der von Sr. Majestät verordneten Einführung eines allgemeinen Lehrbuchs der christlichen Religion enthalte.

Der Verleger Unger war nicht Willens, sich eine solche Willkürlichkeit gefallen zu lassen, und verlangte von dem Minister einen Schadenersatz, da er dem Gesetz gemäß das Werk nur gedruckt habe, nachdem ihm von der Censur die Erlaubniß dazu ertheilt worden sei.

Wöllner weigerte sich, zu zahlen. Er wies den Verleger an, sich wegen eines Schadenersatzes an den Verfasser, sowie an den Censor zu halten.

Unger sprach mit den beiden Herren und im vollen Einverständniß mit ihnen reichte er eine Anklage gegen sie bei dem Kammergericht ein.

Ein berühmter Vertheidiger, der Kriminalrath Amelang, vertrat die Klage und er that es mit einem genialen Scharfsinn, der seinen Ruf in der Hauptstadt noch erhöhte.

Die Klage-Eingabe kursirte in vielen Abschriften in der Stadt und Jedermann freute sich über dieselbe, denn mit bitterer Ironie und treffendem Witz hatte sich Amelang in das Gewand eines Wöllnerschen Glaubensstreiters gehüllt.

„Ein treuer Unterthan — so führte er aus — müsse der Ueberzeugung sein, daß das Rescript des Ministers Wöllner nicht irrig sein könne; denn wer an der Weisheit und Gerechtigkeitsliebe dieses Mannes zweifle, der gebe zu erkennen, daß Wöllner den Namen des Königs gemißbraucht habe, der mache sich eines sträflichen Tadels gegen königliche Anordnungen schuldig, denn von einem so erleuchteten und von Vorurtheilen so weit entfernten Mann als dem Minister Wöllner dürfe Niemand den Verdacht aussprechen, daß er sich geirrt haben könne. Man müsse also glauben, daß die von Wöllner gegen die Schrift erhobenen Vorwürfe gegründet seien und daß dieser deshalb das Recht gehabt habe, den Druck der Gebhardschen Schrift zu untersagen. Wenn dies aber der Fall sei, so habe der Censor sie gegen alles Recht und gegen seine Pflicht zum Druck gestattet und sei deshalb ebenso wohl wie der Verfasser dem Verleger zum Schadenersatz verpflichtet."

Alle Welt war gespannt auf den Richterspruch des Kammergerichts; Manche befürchteten wohl, die Richter würden dem allmächtigen Minister zu Gefallen das Recht beugen, Andere vertrauten dem Rechtssinn der Richter und diese triumphirten, denn das Kammergericht wies die Klage ab und zwar mit Entscheidungsgründen, welche der furchtlosen Richter würdig waren und welche das herrschende System offen verdammten.

Das Urtheil des Kammergerichts machte in Berlin ein ungeheures Aufsehen, denn es enthielt die unzweifelhafte Verurtheilung der Wöllnerschen Regierungs-Grundsätze, für den Kläger aber hatte es einen materiellen Vortheil nicht, denn Wöllner wußte den König zu einer Kabinets-Ordre zu bewegen, in welcher ohne Rücksicht auf den Rechtsspruch des Kammergerichts das Verbot der Schrift bestätigt wurde.

Eine Reihe anderer religiöser Preßprozesse hatte kein günstigeres Resultat für Wöllner. Die Richter ließen sich nicht irre machen in ihren Entscheidungen und nur durch königliche Kabinets-Ordres vermochte der Minister die Unterdrückung mancher freisinniger religiöser Schriften mit einigem Erfolg durchzusetzen.

Mit dem Aufgebot aller Mittel des Gesetzes und der Willkür, der Religions- und Censur-Edikte und der königlichen Kabinets-Ordres konnte Wöllner die einmal in das Volk gedrungene religiöse Aufklärung nicht wieder unterdrücken.

Alle seine eifrigsten Bemühungen scheiterten, aber eins erreichte er, ohne es zu wollen, daß die Verachtung und der Haß des Volks, welche durch sein Regiment erzeugt worden waren, nicht ihn allein, sondern auch den König trafen, daß sie den durch die französische Revolution sich mehr und mehr in Deutschland verbreitenden Freiheitsideen auch in Berlin einen günstigen Boden erschufen, daß sie eine allgemeine Unzufriedenheit erweckten, welche durch die Brutalität der Wöllnerschen und Bischofswerder'schen Kreaturen, denen hohe und niedere Staatsstellen verliehen worden waren, von Jahr zu Jahr mehr befördert wurde.

Der berühmte französische Agent Graf Mirabeau schildert mit einem treffenden Wort die Zustände des preußischen Staats unter der Regierung Friedrich Wilhelms II., indem er sagt: „Preußen ist die Fäulniß vor der Reife!"

Zweites Kapitel.

Die Maitressen und Günstlinge Friedrich Wilhelms II. — Die schöne Rietz. — Der Graf von der Mark. — Bischofswerder und sein Diavolini. — Geistererscheinungen. — Die Voß. — Königliche Bigamie. — Die Dönhoff. — Die Gräfin Lichtenau. — Der dicke Schmidts und der König. — Ein Zauberfest bei der Lichtenau.

Friedrich Wilhelm war während seiner ganzen Regierung ein Spielball seiner Maitressen und Günstlinge; nur für kurze Zeit ermannte er sich, dann aber sank er wieder zurück in die Schlaffheit und Trägheit, der er sich schon als Kronprinz so gern überlassen hatte.

Sein Leben war dem Genuß gewidmet und zwar dem materiellsten Sinnengenusse. Bald gab er sich den Einflüssen seiner Geliebten hin, wenn seine derb sinnliche Natur ihn zu diesen trieb, bald wieder überließ er sich seinen Günstlingen, welche für ihn regierten, weil er zu träge war, selbst zu denken oder gar zu arbeiten.

Unter der großen Zahl der königlichen Maitressen war die schöne Rietz, die spätere Gräfin Lichtenau, bei Weitem die bedeutendste; sie hat ihren Einfluß auf den König, der nur für kurze Zeit erschüttert wurde, bis an das Lebensende Friedrich Wilhelms bewahrt.

Unter den königlichen Günstlingen sind Bischofswerder und Wöllner diejenigen, deren Namen die traurigste Berühmtheit erlangt haben.

Die Rietz muß nach allen Anschauungen, welche uns von ihr überliefert worden sind, wunderbar schön gewesen sein. Der von allen Verhältnissen des Hofes wohl unterrichtete Verfasser eines berühmt gewordenen Buches: „Vertraute Briefe über die innern Verhältnisse am preußischen Hofe seit dem Tode Friedrichs II." giebt folgende Charakteristik der merkwürdigen Frau:

„Sie liebte den Prinzen (d. h. den damaligen Kronprinzen Friedrich Wilhelm) wirklich, ja sie war sogar eifersüchtig, bis endlich ihre Existenz von einem klügeren Betragen abhing. Nun wurde sie die Kupplerin des Königs und unterrichtete die Schlachtopfer seiner Wollust, wie sie mit dem Könige sich zu benehmen hätten. Sie hatte aber so genau des Königs Reizbarkeit studirt, daß, wenn er durch häufigen Wechsel sich abgestumpft hatte, die alte Freundin noch Reizmittel im Rückhalt hatte, wodurch sie ihn so zu fesseln wußte, daß er immer zu ihr wieder zurückkam. Bösartig war sie nicht; sie war ganz Weib, rachsüchtig in der Liebe und eitel.

Sie hat manchen Schurken gehoben und Bettler bereichert, die sie nach ihrem Fall mit Füßen treten wollten. Sie hat den König nie zu großen Ausgaben für sie verleitet und was sie erhielt, war wahrlich für einen königlichen Verschwender, der 100 Millionen aus dem Fenster geworfen hatte, eine Bagatelle. — — —

Güter in Südpreußen hat sie sich nie schenken lassen, sie wurden an Andere verschenkt. Bestochen von fremden Mächten war sie nie. Am Tode der Ingenheim war sie unschuldig.

Die Rosenkreuzerei war ihr zum Gelächter; sie persiflirte solche in Gegenwart des Königs; dadurch machte sie ihn oft wüthend.

Die Natur hatte ihr alle Reize verliehen, um genußliebende Männer zu fesseln; tändelnde Liebe war nicht ihre schwache Seite, sondern voller physischer Genuß, mit allen Reizen ausgestattet, die die Natur zuläßt. Ihr Körper war wunderschön, ganz Ebenmaß, ganz ohnegleichen.

Es fehlte ihr nicht an der Unterhaltungsgabe und an Geschmack in Kunstsachen. Ihr Tisch war der ausgesuchteste in Berlin, ihre Zirkel die zwangsosesten und freudevollsten, die es gab.

Sie war zu einer Maitresse geboren und gebildet."

Ein Band, welches Friedrich Wilhelm immer wieder zu der Geliebten hinzog, wenn er dieser für kurze Zeit treulos geworden war, bildeten die beiden Kinder, welche sie ihm geboren hatte und die er als die seinigen anerkannte, ein Sohn, geboren im Jahre 1770, und eine Tochter, geboren 1778; beide hatten den gräflichen Namen von der Mark erhalten. Friedrich Wilhelm liebte diese Kinder, besonders den Grafen von der Mark, auf das Zärtlichste.

Die Rietz stand in einem fortwährenden Kampfe mit Bischofswerder und Wöllner; ihr klarer, scharfer Verstand ließ sie die Rosenkreuzer verachten. Sie wußte, daß die Günstlinge Friedrich Wilhelms ihre ärgsten Feinde waren, daß sie den König gern aus ihren Armen gerissen hätten und sie trat deshalb, wo sie es irgend konnte, den Plänen der beiden mächtigen Männer entgegen.

Man erzählt, daß die schöne Rietz den König häufig abgehalten habe von tyrannischen Maßregeln und schroffer Unterdrückung freisinnig religiöser Bestrebungen, welche ihm durch Wöllner und Bischofswerder angerathen worden seien.

Die Rietz hätte wohl gern den König ganz dem Einflusse der verhaßten Männer entzogen, dazu aber reichte ihre Macht nicht aus, denn die beiden Freunde hatten sich so tief in das Vertrauen Friedrich Wilhelms eingenistet, daß sie in demselben unerschüttert fest standen.

Bischofswerder hatte es trefflich verstanden, den schwachen Fürsten völlig zu umgarnen; mit großem Geschick war er darauf bedacht gewesen, sowohl der Sinnlichkeit Friedrich Wilhelms zu dienen, als auch dessen Hang zu religiöser Schwärmerei und zum Aberglauben zu befördern.

Er besaß eines jener geheimen Mittel, welche in jener Zeit besonders in Italien vielfach fabricirt und Diavolini genannt wurden, und die bei alten abgelebten Lüstlingen Wunderdinge thaten. Dies Mittel gab er dem durch Ausschweifungen erschöpften Kronprinzen, der ihm dafür nicht dankbar genug sein konnte.

Außerdem war Bischofswerder seiner Aussage

nach im Besitz einer Zaubertinktur, welche die Kunst zu verjüngen besitzen sollte.

Man glaubte damals selbst in den höchsten Kreisen allgemein an die Kraft derartiger Verjüngungsmittel, behauptete doch der Graf Saint Germain, daß er in Folge des Gebrauchs derselben mehrere 100 Jahre alt sei und seine Behauptung wurde vielfach gläubig aufgenommen.

Bischofswerder selbst gab einen Beweis dafür, wie kräftigend sein Elexir sein müsse. Er war trotz des ausschweifenden Lebenswandels, den er führte, doch ein stark beleibter überaus kräftiger Mann, der eine wahrhaft wunderbare Gewandtheit in allen Leibesübungen besaß. Der beste Fechtmeister mit der scharfen Waffe in Hieb und Stich, der kühnste Reiter, der unermüdlichste Jäger, war er zugleich ein Tischgenosse bei der Flasche, wie kein anderer. Wenn bei wüsten Zechgelagen die Gäste längst sämmtlich vom Wein berauscht waren, er blieb nüchtern, nicht die mindeste Aufregung merkte man ihm an.

Seine Gesundheit erschien unzerstörbar, dabei war er ein Liebhaber schöner Frauen, der sich über das Gelübde eines reinen Lebenswandels, welches die Rosenkreuzer ablegen mußten, leicht hinwegsetzte. Mit seiner Schwägerin, einem Fräulein von Tarac, hatte er einen anstößigen Liebeshandel, der später für ihn einen skandalösen Ehescheidungsprozeß herbeiführte.

Die Diavolini und das Lebenselixir waren wichtige Mittel, um Bischofswerder in der Gunst Friedrich Wilhelms zu erhalten, ein mächtigeres aber war die Spekulation auf den Aberglauben des Königs, den er mit Geistererscheinung ängstigte. Bischofswerder war ein Schüler des berüchtigten Schrepfer in Leipzig, der lange Zeit hindurch die abergläubische Masse durch Zauberkunststücke hinter das Licht geführt hatte, bis er sich im Leipziger Rosenthal selbst erschoß.

Von Schrepfer hatte Bischofswerder die Kunst, Geister erscheinen zu lassen geerbt, und er benutzte dieselbe mit Glück zur Erhaltung seiner Herrschaft über den König. Die Rietz, welche über seine Geistererscheinungen lachte, hätte er gern verdrängt; er machte einen vergeblichen Versuch dazu schon vor der Thronbesteigung Friedrich Wilhelms.

Als sich der Kronprinz einst bei seiner Geliebten befand, wurde er von Bischofswerder abgeholt und dieser theilte ihm mit, daß er ihm jetzt endlich den häufig geäußerten Wunsch, einer Geisterbeschwörung beiwohnen zu dürfen, erfüllen könne. Er geleitete den Prinzen in ein abgelegenes Haus, wo die Beschwörung vor sich gehen sollte.

Friedrich Wilhelm wurde in ein großes viereckiges Gemach geführt; hier ließ man ihn in fast völliger Dunkelheit allein, um die Geistererscheinung zu erwarten. Er harrte in fieberhafter Aufregung, welche durch Bischofswerders Diavolini erzeugt worden war und durch einen betäubenden Wohlgeruch, der das Zimmer erfüllte, befördert wurde.

Eine tiefe Stille herrschte, endlich unterbrachen sie die tiefen Laute einer menschlichen Stimme. Der Geisterbeschwörer im Nebenzimmer las die Beschwörungsformel. Kaum hatte er geendet, da ertönte erst leise, dann lauter und lauter eine wundersame Musik. Die unbekannten Töne, sie rührten von einer Glasharmonika her, erhöhten die Nervenaufregung des Prinzen und steigerten sie fast bis zum Wahnsinn.

Plötzlich erhellte sich die hintere Wand des Zimmers, sie erglänzte in einem weißlich schimmernden Licht; die Musik verstummte und der Geist des Kaisers Mark Aurel erschien. Er stand in der antiken Tracht seiner Zeit vor der hellen Hinterwand. Es war kein leeres Schattenbild, denn der Geist bewegte sich, wie ein sterblicher Mensch, seine Kleider, seine Glieder, schienen eine feste Körpermasse zu sein und doch konnten sie nur aus dem zartesten Aether bestehen, denn sie waren fast durchsichtig; hinter ihnen schimmerte das flimmernde Licht der weißen Wand.

Dem Geist des Kaiser Mark Aurel folgte der Geist des Philosophen Leibnitz, und diesem der des königlichen Ahnherrn, des großen Kurfürsten.

Friedrich Wilhelm hatte sich zu große Kraft zugetraut, als er seinen Wunsch ausgesprochen, die Geister der drei großen Männer zu sehen. Er wollte mit ihnen sprechen, wollte ihnen Fragen vorlegen, dies war ihm von Bischofswerder gestattet worden; aber seine Glieder zitterten, seine Lippen bebten, er war keines Wortes mächtig. Sein Entsetzen wuchs, als im dumpfen Grabestone auch unbefragt die Geister zu reden begannen, als sie ihn ermahnten, sein lasterhaftes Leben aufzugeben, die schamlose Sünderin, an welche er sich gekettet habe, Wilhelmine Encke, von sich zu jagen und zu seiner tugendhaften Gemahlin zurückzukehren.

Hier konnte keine Täuschung möglich sein, ganz nahe vor dem Prinzen standen ja die Geister. Er sah, wie sich ihre bleichen Lippen bewegten und nicht aus der Ferne kam der Ton ihrer Stimme, sondern aus ihrem Munde, kaum zwei Schritte von ihm entfernt sprachen sie.

Er wollte aufspringen, aber er vermochte es nicht, seine Glieder waren gelähmt; vor Grausen halb ohnmächtig rief er nach Bischofswerder und flehte diesen an, den Zauber zu lösen, er müsse sonst in Todesangst vergehen.

Bischofswerder folgte dem Rufe, er führte den Kronprinzen aus dem dunkeln Zimmer nach seinem Wagen, der ihn im sausenden Galopp auf der Straße nach Potsdam fortführte. Der Kronprinz wollte zur Lichtenau zurückkehren, aber halb willenlos folgte er Bischofswerder, der ihn bat, einer Sitzung des Rosenkreuzer-Ordens beizuwohnen.

Hier wurden in feierlicher Versammlung noch einmal die Ermahnungen wiederholt, die schon aus Geistermunde ihm entgegengetönt waren.

Friedrich Wilhelm ließ sich endlich zu dem Versprechen bewegen, daß er den ehebrecherischen Umgang mit seiner Maitresse aufgeben wolle, er bat nur, man möge ihm gestatten, daß Wilhelmine auch ferner seine Freundin bleibe, daß er bei ihr, wenn er Kummer habe, Trost und Erheiterung suche.

Für einige Tage zog sich der Prinz von seiner Geliebten zurück, dann aber trieb ihn die Sehnsucht wieder zu ihr und „wovon das Herz voll ist, davon fließt nach dem alten Sprüchwort der Mund über". Er erzählte ihr die Erlebnisse jener furchtbaren Nacht und sein Versprechen, daß sie fortan nur seine Freundin sein solle.

Die schöne Wilhelmine protestirte zwar Anfangs gegen die falsche Geisterbeschwörung, welche nichts sei, als ein geschicktes Taschenspielerkunststück Bischofswerder's; als sie aber sah, daß sie gegen den Aberglauben des Prinzen nicht anzukämpfen vermochte, fügte sie sich scheinbar, indem sie erklärte, sie sei bereit, für den Geliebten jedes Opfer zu bringen, selbst das ihrer Liebe; sie würde überglücklich sein, wenn sie nur seine Freundin bleiben dürfe. Sie wußte nur zu gut, daß sie durch die Macht ihrer Reize bald genug den sinnlichen Freund wieder zum Geliebten machen werde.

Bischofswerder hatte mit dem Aufgebot aller seiner Zauberkunststücke wenig oder nichts gegen seine Feindin erreicht, wohl aber hatte er seine Herrschaft über Friedrich Wilhelm auf's Neue befestigt und er setzte deshalb die Geisterbeschwörungen fort, wenn er derselben zu irgend einem Zwecke bedurfte. Da ihm die Spottsucht der Geliebten Friedrich Wilhelms gefährlich erschien und er befürchtete, der König werde durch dieselbe vielleicht in seinem Glauben wankend gemacht werden, so bewegte er mit großer Schlauheit endlich die Rietz, daß sie selbst an einer Geisterbeschwörung zu ihrem Vortheile Theil nehme. Ihr Sohn, der Graf Alexander von der Mark, war zum tiefsten Schmerze Friedrich Wilhelms am 1. August 1787 gestorben. Der trostlose Vater verlangte noch einmal den Geist seines Lieblings zu sehen.

Bischofswerder ging auf seinen Wunsch ein und auch die Rietz zeigte sich gefügig. In seinem prachtvollen Palais Unter den Linden, welches der König dem Grafen von der Mark geschenkt hatte, fand die Geisterbeschwörung in dem Sterbezimmer des jungen Grafen statt.

Das Zimmer war prächtig ausgeschmückt; es wurde verdunkelt, sobald der König erschien und nach kurzer Zeit zeigte sich diesem der Geist seines geliebten Sohnes. Der Graf sprach zu seinem Vater, er flehte ihn an, daß er niemals seine theuere Mutter vergessen, sie nie verlassen möge.

Der Apparat, dessen sich Bischofswerder für seine Geisterbeschwörungen bediente, war einfach aber sinnreich, er hatte ihn von dem berüchtigten Schrepfer geerbt. Zwei Hohlspiegel von Metall standen in einem Nebenzimmer einander gegenüber; durch diese wurde das Bild einer lebenden Person, die im Kostüm der Zeit, der der Verstorbene angehört hatte, ausgeputzt war, und welche eine künstlich mit den Gesichtszügen des Verstorbenen bemalte Maske trug, auf einen mit Milchflor bespannten Rahmen geworfen, der sich in dem dunkeln Gemache, welches der König einnahm befand.

Man ließ auch wohl das Bild auf eine Rauchsäule reflektiren, um Abwechselung in das System der Geistererscheinungen zu bringen.

Ein geschickter Bauchredner, Namens Steinert, der es meisterhaft verstand, aus dem Innern der Brust einen hohlen Geisterton hervorzubringen, und der dabei die Kunst ausübte, so zu sprechen, daß es schien, als ob seine Stimme dicht am Ohre der hörenden Person ertöne, war der Gehülfe Bischofswerders bei seinen Geisterbeschwörungen.

Friedrich Wilhelm behielt den Glauben an die Zauberkunststücke seines Günstlings bis zu seinem Tode bei, denn Bischofswerder war klug genug, ihm denselben niemals mit Gewalt aufdrängen zu wollen, wodurch vielleicht der König hätte zweifelhaft werden können. Mit einer seltenen Geschmeidigkeit wußte er immer scheinbar seinen eigenen Willen und seine eigene Ansicht der Friedrich Wilhelms unterzuordnen und dadurch seine Herrschaft zu bewahren. In den schon erwähnten vertrauten Briefen wird sein Bestreben folgendermaßen treffend charakterisirt:

„Die ganze Politik Bischofswerders bestand darin: Nichts zu scheinen und Alles zu sein. Selbst in der Rosenkreuzerei, in den Andachtsübungen verhielt sich Bischofswerder passiv. Wenn der König Zweifel äußerte, so hieß es: „Ja, es ist sonderbar, meine Vernunft sträubt sich stets gegen diese wunderbaren Erscheinungen; aber ich kann mich doch nicht entbrechen, fortgesetzte Prüfungen anzustellen"

„Da haben Sie Recht", pflegte dann der König zu antworten, „wir wollen neue Versuche machen".

Als Friedrich Wilhelm König geworden war, mischte sich Bischofswerder nie direkt in die Angelegenheiten des Staates, so wenig wie in die Liebschaften des Königs; er machte keine Ansprüche auf Beförderung, so wenig wie auf Geschenke; ja selbst die Angelegenheiten des Militärs bearbeitete er nicht, sondern verhielt sich ganz passiv. Wenn nun der König, wie es oft geschah, zwischen Meinungen schwankte, so eilte er zu seinem Vertrauten, um sich Raths zu erholen; er fand und benutzte ihn auf der Stelle.

Wenn der König mit seinem Vergnügen innigst beschäftigt war und aufgefordert wurde, ein wichtiges Staatsgeschäft zu entscheiden, so wurde Bischofswerder gerufen und es hieß dann: machen Sie die Sache ab, wie Sie glauben, daß es am besten ist. Bischofswerder entschuldigte sich dann wohl, es half aber nicht und wenn Alles expedirt war, unterschrieb der König die Reinschrift, ohne sie zu lesen."

Den Plan, die schöne Rietz aus der Liebe des Königs zu verdrängen, gab Bischofswerder nicht auf; da er die Erfahrung gemacht hatte, daß er durch Geisterbeschwörungen nicht zum Ziele komme, suchte er neue Mittel; er war bestrebt, durch andere Maitressen den Einfluß seiner Feindin zu vernichten und er fand hierin die eifrigste Unterstützung des stolzen Hofadels.

Die französischen Sitten und Anschauungen waren so tief eingedrungen in das Hofleben, daß die vornehmsten Familien sich nicht scheuten, für ihre Töchter um die Gunst des Königs zu buhlen. Das stolze Wort: noblesse oblige, der Adel legt Pflichten auf, hatte der preußische Adel längst vergessen; die tiefe sittliche und sinnliche Versunkenheit Friedrich Wilhelms war für ihn der Gegenstand gemeiner Spekulation. Daß der König in den Armen einer Maitresse seine Gemahlin vernachlässigte, daß er ihr einen empörenden Einfluß auf die Anstellung von Beamten, selbst auf seine Regierungsmaßregeln gestattete, erschien den vornehmsten Familien des Landes verzeihlich, daß aber diese Maitresse eine Bürgerliche, die Tochter eines Trompeters, war, ließ sich nicht verzeihen. Der Hofadel intriguirte gemeinsam mit Bischofswerder gegen die Rietz.

Das sicherste Mittel, den König aus den Banden, welche ihn umschlangen, zu befreien, war sicherlich das, ihm eine andere Maitresse zu geben, und hierzu schien sich eine günstige Gelegenheit zu bieten.

Friedrich Wilhelm hatte schon als Kronprinz eine Vorliebe für die Ehrendame der verwittweten Königin, das Fräulein Julie von Voß, gezeigt; drei Jahre lang hatte er das junge Mädchen mit seiner Liebe verfolgt, war aber stets von ihr zurückgewiesen worden. Das Fräulein von Voß wurde jetzt von ihrer eigenen Familie*) zur Maitresse des Königs bestimmt, um die Rietz zu verdrängen; aber es fand sich eine Schwierigkeit, auf welche man wohl schwerlich gerechnet hatte, die junge Dame weigerte sich; sie hatte unter dem entarteten Hofadel ihre Tugend bewahrt und wollte sich dem Ehrgeiz ihrer Verwandten nicht opfern.

Da gab es in der Familie des Fräulein von Voß schwere Kämpfe, der Eigensinn der spröden Dame schien unbegreiflich, sie hatte zu demselben,

*) In welcher schmählichen Weise das Liebesverhältniß des Königs zu Julie v. Voß selbst von den vornehmsten Damen des Hofes, den königlichen Prinzessinnen gefördert wurde, darüber giebt die Gräfin von Voß in ihrem Tagebuch uns Aufschluß. Die Gräfin wünschte im Gegensatz zu ihren übrigen Verwandten die unerlaubte Verbindung nicht. Sie beklagte sich in ihrem Tagebuch oft über diese und sprach ihre Sorge über die wachsende Liebe des Königs zu ihrer Nichte aus, so schreibt sie: „Die Prinzessinnen thun dem Könige einen sehr unerlaubten Gefallen, indem sie ihn immer mit Julie zusammenbringen. Sie führen die Königin voraus und ellen, wenn spazieren gegangen wird, und beschäftigen sie, um daß er mit meiner Nichte gehen und sie sprechen kann; das ist ein schlechtes Spiel." (Neunundsechzig Jahre am preuß. Hof.)

nach den Ansichten ihrer Verwandten, nicht das geringste Recht, denn sie war weder schön noch geistreich und es konnte als ein wunderbarer Glückszufall betrachtet werden, daß sich gerade auf sie die Neigung des Königs gerichtet hatte.

Nach langen fruchtlosen Unterhandlungen erklärte sich Julie von Voß endlich bereit, den Wünschen ihrer Freunde nachzugeben, aber sie stellte Bedingungen, welche niemals erfüllbar schienen.

1) solle die Rietz mit ihren Kindern nach Litthauen verbannt werden,

2) müsse, wenn sie sich ergeben solle, der König mit ihr ein Eheband zur linken Hand schließen, und

3) dürfe dies ohne die Bewilligung der Königin nicht geschehen.

Nachdem das Fräulein von Voß solche Bedingungen gestellt hatte, begann am Hofe ein Intriguenspiel, welches alle Gemüther erfüllte, die Hofherren und Hofdamen, selbst die Kammerdiener und Lakaien waren an demselben betheiligt, man kämpfte für und gegen die Rietz, für und gegen die Voß.

Als dem Könige die Bedingungen des tugendsamen Fräulein von Voß hinterbracht wurden, schlug er die erste rundweg ab; er habe versprochen, sich von der Rietz niemals zu trennen, und dieses Versprechen werde er halten, dagegen sei er zu einer Vermählung zur linken Hand bereit, wenn die Königin diese bewillige und wenn das Konsistorium sie für möglich halte. In Folge einer so bestimmten Erklärung ließ sich endlich Fräulein von Voß bewegen, von ihrer ersten Forderung abzustehen; jetzt kam es also darauf an, die Einwilligung der Königin und des Konsistoriums zu erhalten.

Die Königin hatte die Liebe ihres Gatten stets mit andern getheilt, ihre Einwilligung war leicht zu erlangen, denn sie sah lieber die unschöne, sanfte und anspruchslose Voß an der Seite ihres Gemahls, als die reizende Rietz; sie gab ihre Zustimmung, nachdem der König versprochen hatte, ihre Schulden zu bezahlen und ihr Nadelgeld zu erhöhen.

Aber das Konsistorium! Es konnte unmöglich gestatten, daß der König zu gleicher Zeit zwei Frauen habe! Wenn auch eine Heirath zur linken Hand nicht die bürgerlichen Folgen einer Trauung zur rechten Hand habe, wenn auch die aus solcher Ehe hervorgehenden Kinder kein legitimes Erbrecht besäßen und nicht zur Thronfolge berufen werden konnten, nach geistlichem Recht war die Ehe eine vollständig gültige.

Die Bigamie war ein Verbrechen, welches von der Kirche ebensowohl als von dem Strafrecht verdammt wurde, hängte man doch in verschiedenen deutschen Staaten unbarmherzig diejenigen auf, welche sich desselben schuldig machten; unmöglich konnte sich also das Konsistorium der Theilnahme an einem derartigen Verbrechen durch seine Billigung schuldig machen und dennoch geschah es.

Das Konsistorium gab zur Schande der frommen Geistlichkeit seiner Zeit die von ihm verlangte Einwilligung und es führte hierdurch abermals den Beweis, daß Frömmelei mit Wahrheit und Religiosität unvereinbar ist. Es motivirte seinen Beschluß durch das Beispiel der beiden Heroen der Reformation, Luthers und Melanchthons, welche einst ebenfalls einem Fürsten, dem Landgrafen Phillipp von Hessen, die Genehmigung zu einer Doppelheirath gegeben hatten.

Diese Doppelehe wurde nach ihrem Abschluß noch einmal Gegenstand theologischer Berathung. Luther und Melanchthon kamen mit mehreren hessischen Geistlichen in Eisenach zusammen, und dort wurde entschieden, daß allerdings die Doppelehe verboten sei, daß aber ein Erlaß von diesem Verbote stattfinden könne, wenn die bringende Nothwendigkeit einen solchen gebiete.

Es war dies ein trauriges Ergebniß der Forschungen der berühmten Theologen, und Luther sowohl als Melanchthon fühlten, daß sie einen entwürdigenden Schritt gethan hatten. Melanchthon verfiel aus Aerger über denselben in eine schwere Krankheit, und Luther ließ sich nur mit Mühe abhalten, öffentlich zu bekennen, daß er im Unrecht gewesen sei.

Die geistlichen Herrn vom Konsistorium in Berlin mochten nicht weniger Aerger und Gewissensbisse empfinden, als die beiden berühmten Reformatoren, aber wie diese ließen sie sich aus Zweckmäßigkeitsgründen bewegen und gaben ihre Einwilligung zur Heirath des Königs mit dem Fräulein von Voß. Die Trauung wurde in der Charlottenburger Schloßkirche zur linken Hand vollzogen.

Der neuen Gemahlin*) Friedrich Wilhelms wurde in Potsdam eine Wohnung eingerichtet; sie erhielt den Titel einer Gräfin von Ingenheim, ihr Bruder wurde zum Staatsminister befördert und ihre übrigen Verwandten stiegen zu hohen Stellen empor. Trotz des Glanzes, der die Gräfin Ingenheim umringte, war sie doch nicht glücklich; sie behielt ein Gefühl der Entwürdigung und zeigte dies durch die liebenswürdigste Sanftmuth und Verehrung gegen die Königin. Niemals hat sie ihre Stellung mißbraucht und wenn Verwandte von ihr in Folge derselben mit stolz erhobenen Häuptern einherzogen und Gunstbezeugungen erschlichen, sie selbst that es nicht.

Auch die Liebe des Königs entschädigte sie nicht für die verlorne Ehre. Friedrich Wilhelm fühlte sich nicht wohl bei der Gräfin, deren trauriges Gesicht sein Gewissen beunruhigte; er kehrte bald wieder zur Rietz zurück. Die Gräfin Ingenheim härmte sich ab, sie kränkelte und nachdem sie am 2. Januar 1789 dem König einen Sohn geschenkt hatte, zeigte sich die in ihrer Familie erbliche Lungenschwindsucht. Sie wurde mit jedem Tage kränker, trauriger und reizloser, so daß Friedrich Wilhelm sich bald völlig zurückzog. Schon am 25. März 1789 machte der Tod den Leiden der Unglücklichen ein Ende.

Der Hofadel war über den Todesfall nicht unzufrieden, denn die Gräfin hatte niemals den Erwartungen entsprochen, welche man auf ihren Einfluß gesetzt hatte. Jetzt suchte man ihren Tod zu benutzen, um die Rietz zu stürzen, die infamsten Gerüchte wurden verbreitet, laut und öffentlich sprach man am Hofe davon, eine Vergiftung habe stattgefunden. Dem Hofadel war jedes Mittel recht, um die verhaßte bürgerliche Maitresse aus der Liebe des Königs zu verdrängen. Schon während die Ingenheim noch krank war, wurde erzählt, die Rietz habe ihr einst eine Tasse Chokolade gereicht und nach dieser seien sofort die Krankheitserscheinungen eingetreten; kaum hatte die unglückliche Frau die Augen geschlossen, da wurde die Geschichte von der vergifteten Tasse Chokolade so allgemein erzählt, daß sie auch in das Volk drang. Die Gräfin war nicht unbeliebt gewesen, durch ihre Sanftmuth hatte sie manches Herz erobert. Das Volk war daher wüthend auf die Rietz und als nun gar der Leichnam der Ingenheim, der im Erbbegräbniß der Familie Voß beigesetzt worden war, keine Spuren der Verwesung zeigte, da wurde im Glauben des Volks der Verdacht der Vergiftung zur Gewißheit.

Friedrich Wilhelm, dem diese durch nichts begründeten Gerüchte ebenfalls zugetragen wurden, ließ sich durch dieselben nicht irre machen, er bewahrte der Rietz seine Liebe und der Hofadel schaute sich daher nach einer neuen vornehmen Maitresse für den Monarchen um. Sie war bald gefunden; eine reizende Blondine, die junge Gräfin von Dönhoff, zog durch ihre blendende Schönheit die Augen des lüsternen Königs auf sich. Auch die Dönhoff folgte dem Beispiele des Fräulein von Voß; sie wollte sich nur unter denselben Bedingungen, der Einwilligung der Königin, bei der sie Hofdame war, und der Heirath zur linken Hand, ergeben. Die Genehmigung des Konsistoriums und die der Königin zu erlangen, hielt nicht mehr schwer, und am 11. April 1790 wurde in der Kapelle zu Charlottenburg abermals das schmachvolle Band einer Heirath zur linken Hand eingesegnet, während die legitime Gattin des Königs noch lebte.

Die Gräfin Dönhoff wurde königlich ausge-

---

*) Die Gräfin v. Voß schrieb am 2. Juni 1787 in ihrem Tagebuch: „Meine Nichte sagte mir heute unter Thränen, seit acht Tagen sei sie mit dem König heimlich getraut, hat mich aber es zu verschweigen. Es betrübt mich tief und ich kann mich mit dem besten Willen eines Gefühls von Abscheu und Widerwillen gegen eine Sache nicht erwehren, die so unerlaubt ist, man mag an Scheingründen dafür angeben, was man will. Ihr Gewissen wird es ihr schon genugsam sagen und wird nicht wieder ruhig werden." (Neunundsechzig Jahre am preuß. Hofe.)

stattet, sie erhielt eine Mitgift von 200,000 Thlrn. und alle ihre Verwandten wurden ebenfalls mit reichen Geldgeschenken bedacht.

Die Tönhoff war eine Schöne andern Schlages, als die Gräfin Ingenheim, sie war stolz darauf, die Gemahlin des Königs zu sein und zeigte dies nicht nur den übrigen Hofdamen, sondern selbst der regierenden Königin, welche sie oft fast mit Verachtung behandelte. Sie wollte herrschen, nur zu diesem Zwecke hatte sie ihre Schönheit dem alternden Manne geopfert. In allen Staats-Angelegenheiten mußte ihr Rath zuerst eingeholt werden. Wehe dem Minister, welcher es wagte, an den König zu berichten, ehe sie gehört worden war! Auch Friedrich Wilhelm mußte sich bittere Vorwürfe gefallen lassen, wenn er einmal ohne ihr Vorwissen gehandelt hatte.

Ein paar Jahre lang vermochte die Gräfin ihre Herrschaft zu erhalten, dann aber wurde der zum Wechsel geneigte König ihrer Reize müde, die Tyrannei der schönen Dame war ihm zuwider, er kehrte zurück zur Rietz, welche ihn klüger zu behandeln verstand.

Die Gräfin war außer sich vor Wuth, als sie sich vernachlässigt, verlassen, als sie ihre alte Nebenbuhlerin triumphiren sah. Sie hatte dem Könige zwei Kinder*) geschenkt, einen Sohn und eine Tochter, durch diese hoffte sie auf den treulosen Gatten zu wirken.

Am 19. November 1793 fuhr sie mit ihrem 4jährigen Töchterchen nach Potsdam, wo sich gerade der König im neuen Garten aufhielt, um dort mit seinem Violoncellisten Duport vor einer auserlesenen Gesellschaft ein Concert zu halten. Mit aufgelöstem Haar erschien plötzlich die Tönhoff in der Gesellschaft; sie warf sich dem Könige zu Füßen, reichte ihm ihr Töchterchen entgegen und rief ihm zu:

„Hier haben Sie Ihr Eigenthum, nehmen Sie es zurück!"

Sie hatte gehofft, durch ihre Schönheit noch einmal den König zu verführen, durch seine Liebe für sein Kind ihn zu trennen von der Rietz, aber sie sah sich bitter getäuscht. Der König stand auf, schaute sie mit kalter Verachtung an, und indem er die anwesenden Damen in ein anstoßendes Kabinet führte, sagte er ruhig: „Versorgen!" und damit verließ er die Flehende. Diese folgte ihm, aber Friedrich Wilhelm blieb gegen ihre thränenreichsten Bitten unempfindlich.

Die Gräfin wurde in Folge dieses Auftritts vom Hofe verwiesen; der König gab ihr eine Pension von 8000 Thaler, aber er nahm ihr die Kinder ab, welche er, bezeichnend genug für sein sittliches Gefühl, unter der Aufsicht der Madame Rietz erziehen ließ.

Die alte Geliebte stand jetzt von Neuem fest in der Gunst Friedrich Wilhelms. Der Hofadel versuchte es kaum mehr, ihr diese streitig zu machen; die vornehmen Herren sahen ein, daß der Kampf gegen die mächtige königliche Maitresse zu ihrem Nachtheil ausfallen müsse; sie zogen es deshalb vor, sich diese zur Freundin zu machen. Die Rietz war fortan die gefeierte Gönnerin, zu deren Füßen die Kavaliere aus den ersten Geschlechtern ihre Huldigungen niederlegten; der tief entwürdigte Adel beugte sich endlich der bürgerlichen Maitresse.

Die Rietz hat ihre Stellung bis zum Tode des Königs erhalten, mit Klugheit und Selbstbeherrschung verstand sie es, die Klippen zu vermeiden, an denen die Voß und die Tönhoff gescheitert waren; sie war weder langweilig nachgiebig, noch tyrannisch herrschsüchtig, niemals zeigte sie sich eifersüchtig; da sie den flatterhaften Sinn ihres königlichen Geliebten kannte, war sie im Gegentheil bemüht, dafür zu sorgen, daß Friedrich Wilhelm immer neue Schönheiten zugeführt wurden; sie selbst wählte diese aus und sie wußte es schon so einzurichten, daß sie ihr nicht gefährlich wurden. Sie genirte sich dabei für ihre Person ebensowenig, sondern führte ein ziemlich zügelloses Leben, in welchem sie der König nicht störte, denn dieser war ebenfalls nicht eifersüchtig und gestattete ihr sogar, daß sie in Begleitung eines zahlreichen Gefolges eine Reise nach Italien machte, bei welcher sie neue Triumphe ihrer Schönheit feierte.

Die Rietz war damals schon 44 Jahre alt, trotzdem aber verrückte sie im vollsten Sinne des Wortes noch allen Männern die Köpfe. An den italienischen Höfen wurde sie mit großer Zuvorkommenheit empfangen, nur in Neapel nicht, denn dort durfte nach dem herrschenden Ceremoniell eine Bürgerliche nicht bei Hofe erscheinen.

Sie schrieb dies an Friedrich Wilhelm und sofort erhielt sie zwei Jahre zurück datirtes Adelsdiplom, welches sie zur Gräfin von Lichtenau machte. Als sie zurückkehrte, beschenkte sie der König mit einer Grafschaft, welche aus den Domainen Lichtenau, Breitenwerder und Roßwiese bestand.

Das Haus der Lichtenau war fortan eines der glänzendsten in Berlin. Hier fanden sich die berühmtesten Künstler und Gelehrten zusammen; hier versammelten sich auch die vornehmsten Adligen, selbst die Königin, die Prinzen und Prinzessinnen durften es nicht verschmähen, die Feste der Lichtenau zu besuchen, nachdem diese der Königin vorgestellt und sehr gnädig empfangen worden war.

Zahlreiche Anbeter umringten die gefeierte Schöne und machten ihr Heiraths-Anträge; denn es war längst kein Geheimniß mehr, daß die Scheinheirath mit Rietz ohne alle rechtliche Gültigkeit sei. Friedrich Wilhelm amüsirte sich hierbei und häufig genug benutzte er die Anbeter seiner Maitresse, um sich mit ihnen einen Scherz zu machen.

Einer der eifrigsten Verehrer der Lichtenau war ein in Berlin sehr angesehener und stadt-

---

*) Die Kinder erhielten den gräflichen Namen von Brandenburg.

bekannter Mann, der sogenannte dicke Schmidts, ein reicher Tuchfabrikant, Direktor der Manufaktur im königlichen Lagerhause. Er verkehrte viel bei der Gräfin, machte dieser die kostbarsten Geschenke und da er stets freundlich aufgenommen wurde, hoffte er endlich von der Liebe der Gräfin beglückt zu werden. Die Lichtenau lachte oft mit dem Könige über ihren dicken Liebhaber und einst verabredete sie sich mit ihm zu einem lustigen Streiche.

Sie ließ Schmidts zu einem Besuche einladen, während sich der König bei ihr befand. Glücklich über die ihm gestattete Erlaubniß kam der liebedürftige Kaufmann und kaum in das Zimmer getreten, begann er mit Betheuerungen seiner Liebe, welche diesmal die Gräfin freundlich anhörte, sie versprach ihm sogar einen Kuß, wenn er sie fußfällig darum bitten werde.

So schwer ein Fußfall dem dicken unbeholfenen Mann auch wurde, um diesen Preis entschloß er sich zu demselben. Er kniete nieder, kaum aber lag er am Boden, da öffnete sich die Thür, der König trat mit wuthflammender Miene ins Zimmer und überraschte so seinen Nebenbuhler.

Todtenbleich vor Furcht wollte Schmidts sich erheben, aber das war ein Stück Arbeit, welches Zeit erforderte, um so mehr, da er sich in einer entsetzlichen Angst befand.

Friedrich Wilhelm mußte endlich lachen, er war dem dicken Mann behilflich, sich zu erheben und schenkte ihm einen kostbaren Krückstock Friedrichs II., dessen er sich künftig bedienen sollte, wenn er wieder Liebeserklärungen zu machen beabsichtige.

Aehnlich wie dem dicken Schmidts erging es manchem andern Anbeter der Lichtenau. Alle aber schmachteten vergebens nach der Hand der reichen Gräfin, denn diese führte ein freudenvolles Leben, um dasselbe durch eine Heirath zu beenden. Fest folgte in ihrem Hause auf Fest. Sie hatte sich selbst ein Privattheater erbauen lassen und auf diesem wurden Vorstellungen gegeben, denen gewöhnlich nur der König mit seinen Günstlingen beiwohnen durfte.

Die meisten dieser Vorstellungen hatten hauptsächlich den Zweck, den Monarchen mit den schönen jungen Tänzerinnen bekannt zu machen.

Von diesen geheimen Theater-Vorstellungen wurden in Berlin die wunderbarsten Geschichten erzählt, besonders von der bildschönen Tänzerin Hauchecorne, welche an Schamlosigkeit ihre Genossinnen weit übertreffen sollte.

Die Lichtenau benutzte das Theater außerdem, um die königliche Familie zu zwingen, ihr recht öffentliche Huldigungen darzubringen.

Zur Einweihung des neuen Saals wurde in dem Palais unter den Linden, welches die Lichtenau von ihrem Sohn, dem Grafen von der Mark, geerbt hatte, die Oper „Kleopatra" gegeben. Das ganze Personal der Oper und des Ballets, sowie die königliche Kapelle mußten bei der Vorstellung mitwirken; das glänzendste Fest sollte gefeiert werden, der ganze Hof hatte deshalb Einladungen erhalten, auch die Königin, der Kronprinz und die Kronprinzessin, sowie der Prinz Heinrich, der Oheim des Königs, und die übrigen Prinzen und Prinzessinnen.

Man wußte in Berlin, daß der Kronprinz, der spätere König Friedrich Wilhelm III., einen tödtlichen Haß gegen die Maitresse seines Vaters hege und daß die Kronprinzessin diesen Haß theile. Auch Prinz Heinrich hatte häufig ganz offen seine Verachtung gegen die Rietz ausgesprochen; mit außerordentlicher Spannung erwartete man daher in Berlin den Ausgang des Festes, denn alle Welt glaubte, es würde zu einem öffentlichen Skandal kommen. Aber man täuschte sich, wie tief beleidigt sich auch die Mitglieder der königlichen Familie fühlen mochten, sie wußten sich zu beherrschen.

Es war ein merkwürdiges Fest, wie es wohl selten an einem königlichen Hofe gefeiert worden ist. Da waren in der glänzenden Wohnung der gebietenden Maitresse alle vereinigt, die dem Könige durch Geburt oder Liebe nahe standen, die legitimen Kinder und die Sprößlinge der drei Maitressen, der Lichtenau, der Voß und der Dönhoff, — die Königin, die Lichtenau und neben dieser die zahlreichen anderen Geliebten des Königs, über deren Namen und Schicksale wir fortgehen, weil sie ohne besonderen Einfluß auf das gesellschaftliche und sittliche Leben Berlins geblieben sind.

Der König wohnte natürlich ebenfalls dem Feste bei; er trug schon die tödtliche Krankheit in sich, welche sein Leben bald beenden sollte; seine matten blassen Züge verriethen dies. Er zeigte sich freundlich und aufgeräumt; schwerlich hatte er ein Gefühl dafür, daß das Fest alle Gesetze der Sittlichkeit verhöhnte. Er warf seinen legitimen Kindern in der Loge Näschereien zu, dann wieder erwies er der Lichtenau, welche im prächtigsten Schmuck viel herrlicher als die Königin glänzte, die zärtlichsten Aufmerksamkeiten.

Die Königin, welche seit langer Zeit daran gewöhnt war, still zu dulden, zeigte auch an diesem Tage ein freundliches Lächeln, aber wohl konnte man bemerken, daß es ein erzwungenes sei und daß es ihr in die Seele schnitt, mit der verachteten Lichtenau öffentlich in der Gunst ihres Gemahls konkurriren zu müssen.

Prinz Heinrich verstand es vollkommen, sich zu beherrschen; er zeigte nicht offen seinen Unmuth, aber seine zusammengekniffenen Lippen bewiesen seine innere Aufregung.

Am wenigsten zu verstellen vermochte sich der Kronprinz. Er, der in sittlicher Beziehung außerordentlich streng dachte, der seine junge, in blendender Schönheit strahlende Gemahlin, die Kronprinzessin Louise, anbetete, und in der Treue gegen dieselbe seinen Stolz fand, war in einer Aufregung, welche er kaum mehr zu zügeln vermochte. Bald blickte er auf seine Mutter, als wolle er mit ihr zum Schutz gegen die Maitresse des Vaters sich verbinden, bald wendete er sich an seine Gemahlin, die ihn angstvoll anschaute, weil sie fürchtete, sein Zorn werde ausbrechen.

Nur die Schwester der Kronprinzessin, die Wittwe des kürzlich verstorbenen zweiten Sohnes des Königs, des Prinzen Ludwig, eine schöne, gefallsüchtige junge Frau, überließ sich ganz dem Vergnügen der Vorstellung. Sie hatte zum ersten Mal die Wittwenkleider abgelegt und sie benutzte diese Gelegenheit, um den Glanz ihrer Schönheit leuchten zu lassen.

Die junge Prinzessin, welche sich später wieder verheirathet hat und endlich Königin von Hannover geworden ist, war nicht so sittenstreng, wie ihre Schwester, ihre Galanterien haben noch viel von sich reden lassen.

Das Fest verlief, so aufgeregt die Mitglieder der königlichen Familie auch waren, doch ohne einen störenden Zufall. Die Lichtenau hatte durch dasselbe einen glänzenden Triumph gefeiert, aber einen Triumph, der sich später an ihr rächen sollte, denn ihre Feinde brannten fortan vor Begierde, die schmachvollen Ketten, welche ihnen auferlegt waren, zu sprengen; sie warteten nur auf die günstige Zeit und sie ahnten, daß diese nahe sei. Es war der Triumph vor dem Fall.

Drittes Kapitel.

Krankheit des Königs. — Die Lichtenau und ihre halbe Million. — Domänenverschleuderung an den Hofadel — Das Genesungsfest des Vielgeliebten. — Die Lichtenau als Krankenpflegerin. — Wunderkuren. — Die Lebenslust. — Die letzten Tage des Königs. — Der Tod Friedrich Wilhelms.

Das ausschweifende Leben, welches Friedrich Wilhelm führte, mußte selbst einen so kräftigen Körper, wie den seinigen erschöpfen. Bischofswerders Lebensbalsam verlor nach und nach seine Wirksamkeit. Der König wurde matt und hinfällig, sein Körperumfang nahm dabei mehr und mehr zu, die Vorboten der Wassersucht zeigten sich und bald war es am Hofe kein Geheimniß mehr, daß schwerlich die Lebenszeit des Vielgeliebten noch nach Jahren berechnet werden könne.

Die Gräfin Lichtenau befand sich gerade auf ihrer italienischen Reise, als die ersten gefährlichen Krankheitssymptome sich zeigten; sie erhielt durch die Getreuen, welche sie zurückgelassen hatte, genaue Nachrichten über das Befinden des Königs und nun zögerte sie nicht, sofort zurückzukehren. Mit Kourierpferden eilte sie nach Berlin.

Die Gräfin wird in vielen Geschichtswerken der Undankbarkeit bezüchtigt, man wirft ihr vor, daß sie, lediglich auf ihren Vortheil bedacht, in den letzten Augenblicken den König verlassen habe. Dieser Vorwurf ist, wie wir dies bald zu erzählen Gelegenheit haben werden, vollkommen unbegründet. Die Lichtenau war sogar die treuste Krankenpflegerin, aber sie verstand es trefflich, dabei auch für sich selbst zu sorgen, ihre Zukunft möglichst zu sichern und ein freudenvolles Leben zu führen, wie das am Schluß des vorigen Kapitels geschilderte Fest uns beweist.

Trotz der bedeutenden Einnahmen, welche die Lichtenau vom König bezogen hatte, war sie doch außer Stande gewesen, etwas zurückzulegen, denn ihr Haushalt kostete enorme Summen. Sie mußte wohl für die Zukunft sorgen, wenn sie nicht Gefahr laufen sollte, einst zu darben, da der Besitz ihrer Grafschaft ihr nicht besonders sicher erschien. Sie kannte den Haß des Kronprinzen und sie war überzeugt, daß unmittelbar nach dem Tode Friedrich Wilhelms II. alle ihre Feinde bemüht sein würden, diesen Haß zu schüren und die Konfiskation der ihr geschenkten Domäne zu veranlassen.

Allerdings hatte sie sich Freunde erworben; Graf Haugwitz, der Minister des Aeußern, war durch ihre Gunst so hoch gestiegen und viele andere hohe Staats- und Hofbeamten waren ihre Kreaturen, verdankten nur ihrer Fürsprache Aemter und Würden. Alle diese hatten ihr tausendmal ewige Dankbarkeit geschworen.

Solche Schwüre aber werden selten gehalten. Die Lichtenau wußte dies, sie zog es vor, nicht auf die Freunde im Glück sich zu verlassen, sondern sich durch ein reiches Vermögen für die Zukunft unabhängig zu machen.

Der König war leicht zu bewegen, ihr eine halbe Million Thaler zu schenken, welche sie in holländischen Banknoten anlegte.

Ueber diese halbe Million ist viel geschrieben und viel gestritten worden. Man hat die Lichtenau als Blutsaugerin dargestellt, aber man vergißt, daß sie nur that, was alle Andern vor ihr gethan hatten, daß sie dem Beispiel der vornehmsten Männer des Landes folgte, denn am Hofe Friedrich Wilhelms war Vornehm und Gering nur darauf bedacht, die Schwäche des Monarchen zu mißbrauchen, um sich selbst zu bereichern.

Der Hofadel hatte es in dieser Beziehung zu unübertroffener Meisterschaft, der Kammerdiener und Lakaien vergebens nachzueifern suchten, gebracht; die niedern Hofdiener stahlen im Kleinen, die Minister und Kammerherrn im Großen, aber auch erstere brachten ganz beträchtliche Summen in Sicherheit.

Nach dem Tode Friedrich Wilhelms fand man in einem Gehölz dicht beim neuen Garten in Potsdam eine Chatoulle mit Goldstücken, welche in einer mit dürrem Laub bedeckten Grube lag und nicht weniger als 2000 Stück Friedrichd'ors enthielt. Nur irgend ein diebischer Hofbeamter konnte diesen Schatz entwendet haben, deshalb meldete sich auch kein Eigenthümer zu demselben und Friedrich Wilhelm III., der spätere König, machte dem Waisenhaus ein Geschenk damit. Der Verdacht des Diebstahls fiel auf den würdigen Kämmerer Rietz, aber er ist niemals erwiesen worden.

Auch eine Kiste mit halbverbrannten Wachslichtern, welche irgend ein spitzbübischer Kammerdiener für sich zurückgestellt hatte, wurde aufgefunden und als man die Lichter näher untersuchte, bemerkte man mit Staunen, daß jedes Licht in ein Werthpapier eingewickelt war; auch hierzu wurde der Eigenthümer nicht entdeckt.

Auf solche Weise konnten schon recht artige Summen aus dem königlichen Haushalt entfremdet werden, aber diese hatten keine Bedeutung gegen diejenigen, welche vom Hofadel in Form von Gnadengeschenken und Verleihungen erschlichen wurden, gegen die Millionen, um welche die vornehme Clique den preußischen Staat und das preußische Volk bestahl.

Ein besonders reiches Feld für die Spekulation boten den adligen Herren die geistlichen Güter und eingezogenen Starosteien in den bei der schmachvollen Theilung Polens an Preußen gekommenen Ländern. Um diese rissen sich die adligen Günstlinge des Königs. Die mehrfach erwähnten vertrauten Briefe geben uns hierüber folgende für den Geist, der am Hofe Friedrich Wilhelms herrschte, bezeichnende Schilderung:

„Sobald die geistlichen Güter eingezogen waren, zog Bischofswerder mit dem Herrn von Triebenfeld nach Berlin, der sich in dem goldnen Adler einquartirte und brauchte ihn, die Vorschläge wegen der zu verschenkenden Güter zu machen, da er sehr viele Lokalkenntnisse besaß.

Im Kabinet fertigte man jedesmal das Concept der Schenkungsurkunde aus, schickte es an den Herrn von Triebenfeld, der die Namen der Güter einrückte, welche der Donatarius erhalten sollte. Dem schon beinahe abgestorbenen König legte man das Mundum vor, sagte ihm, es wären unbedeutende Vorwerke und er dankte Gott wenn er die Urkunde unterschrieben hatte.

Bischofswerder war nichts daran gelegen Güter in Süd-Preußen zu besitzen, kaum waren sie ihm tradirt, so wollte er sie auch verkaufen. Dazu fand sich denn auch ein Gimpel aus Kopenhagen, ein während des Reichs-Interimisticums neugebackner Reichsgraf von Lüttichau, der ein großes Vermögen besaß. Bischofswerder machte ihn zum Gesandten am niedersächsischen Kreise und schlug dem König vor, diesem Millionär dadurch ins Land zu ziehen, daß man ihm Güter in Südpreußen schenkte. Dies geschah und zur schuldigen Dankbarkeit kaufte er Bischofswerder seine Donationen für 50,000 Stück Friedrichsd'ors ab.

Dieser Lüttichau erhielt nun eine Menge Güter und da man dem König nicht zu viele verschiedene Namen nennen wollte, so wurden die Güter, die man andern Creaturen schenken wollte, auf des Grafen Namen gesetzt, der darüber einen Schein-Kaufcontract sogleich mit dem wahren Donatario eingehen mußte.

Auf die allersonderbarste Weise erhielten zwei Personen Güter geschenkt, die nicht die entferntesten Ansprüche darauf hatten. Der Erste war der Postdirektor Goldbeck in Warschau, der Andere Herr v. Hünerbein, ehemaliger Adjutant des Prinzen Louis.

Die Güter, welche Herr v. Goldbeck erhielt, sollte ein Namensvetter von ihm bekommen, in der Schenkungsurkunde hatte aber die Canzley eine Verwechslung gemacht.

Dem König diesen Verstoß anzuzeigen, wagte man nicht und so blieb Jener im Besitz.

Herr von Hünerbein war der Geliebte der schönen Knobelsdorfen, Hofdame der Prinzeß Louis; diese hielt sich mit dem König in Pyrmont auf.

Einst war der König des Morgens bei dieser Prinzeß zum Frühstück, wie die Knobelsdorfen durch das Zimmer ging. Es entfuhren ihm die Worte:

„Hübsch Mädchen, Prinzeß!"

„O ja! (antwortete diese) sie ist schon Braut."

„Mit wem?"

„Mit dem Herrn v. Hünerbein; es ist aber eine wahre Verbindung der Liebe, denn sie haben beyde nichts."

„Heyrathen! Güter schenken!" war die Antwort des Königs.

Man fertigte sogleich eine Estafette an den Herrn v. Hünerbein nach Karge ab, wo er in Garnison stand, mit der Notiz: er sollte der Prinzeß eine Bittschrift an den König übersenden worin er ein Gut in Vorschlag brächte.

Herr v. Hünerbein wählte das benachbarte Kloster Obra, 200,000 Thaler am Werth. Die Supplik ging ab und bald darauf war er im Besitz des Guts und seiner schönen Braut.

Ich könnte noch viele Fälle von ähnlichen Schenkungen anführen, es mag aber mit jenen genug seyn, um zu zeigen, wie der Hof unter der vorigen Regierung beschaffen war und wie dergleichen Begünstigungen verdienstloser Creaturen unter den Hofleuten auf die Polen wirken mußten, statt daß der König Gelegenheit gehabt hätte, die polnische Nation wieder mit sich auszusöhnen, wenn er den unglücklich gewordenen polnischen Officieren und Officianten Vorwerke geschenkt hätte."

Die vorstehende Schilderung der vertrauten Briefe giebt uns ein anschauliches Bild von den Intriguen, welche gespielt wurden, um von Friedrich Wilhelm Schenkungen zu erlangen. Wenn die Gräfin Lichtenau die Schwäche des Königs ebenfalls mißbrauchte, um ihr Schicksal einst sicher zu stellen, so trifft sie schwerlich ein größerer Vorwurf, als die hochadligen Herren vom Hofe, welche das Gleiche thaten, ohne wie die Lichtenau den kranken König dafür zu pflegen.

Die Erben der Höflinge hätten am Wenigsten das Recht gehabt, wie sie dies gethan, die Lichtenau zu verdammen.

Die Krankheit des Königs erschien in den ersten Stadien nicht besonders schwer; Schwäche und Schlaflosigkeit waren die Hauptzeichen derselben. Die Aerzte verordneten die seltsamsten Mittel, um die Gesundheit Friedrich Wilhelms wieder herzustellen und ihm neue Kräfte zu geben.

Eins dieser Mittel war, wie Dampmartin berichtet, daß man dem König empfahl, stets in genauster Verbindung mit einer jungen, frischen und kerngesunden Person zu leben; man wählte als Medizin für den Kranken die schöne Tänzerin Schulzki, die alle erforderlichen Eigenschaften besaß.

Unter der Aufsicht der Lichtenau wurde sie dem König, der sie einige Monate bei sich behielt, zugesellt; später fand sie einen Garde-Lieutenant, der sie heirathete.

Trotz aller Hilfsmittel traten die Vorboten der Wassersucht immer klarer hervor und die Aerzte verordneten deshalb den Besuch des Bades Pyrmont.

Die Gräfin Lichtenau begleitete den König dahin zweimal und sie feierte bei diesen Badereisen neue Triumphe, denn alle Fürsten und Herren, welche nach Pyrmont kamen, um dem König ihre Aufwartung zu machen, huldigten der Lichtenau fast als ob sie eine regierende Königin gewesen wäre; auch der Kronprinz sah sich zu gleicher Huldigung gezwungen.

Auf Befehl des Königs hatte er mit seiner Gemahlin nach Pyrmont kommen müssen. An seinem Geburtstag, dem 3. August, wurde im Brunnensalon ein Fest gefeiert, zu welchem die Lichtenau ein Festlied gedichtet hatte; sie trug es an der Tafel vor und der Kronprinz wurde gezwungen, ihr dafür in den verbindlichsten Ausdrücken zu danken.

Das Bad wirkte sehr günstig auf den König, er fühlte sich so sehr erleichtert, daß er sich selbst für gesund hielt und obgleich die Aerzte wohl wußten, daß bald genug die Krankheit sich auf's Neue einstellen würde, erklärten sie doch, um dem Monarchen zu Gefallen zu leben, daß er vollständig hergestellt sei.

Alle Zeitungen posaunten dies aus und die guten Berliner, welche in jener Zeit stets geneigt waren, sich in der Loyalität gegenseitig zu überbieten, benutzten die Gelegenheit, um Friedrich Wilhelm dem „Vielgeliebten" ein Freudenfest zur Feier seiner Genesung zu geben.

Mit dem frühsten Morgen läuteten die Glocken von allen Thürmen der Stadt und ertönten die Posaunen. Die öffentlichen Plätze waren prächtig ausgeschmückt; da standen Mastbäume, an denen die Knaben in die Höhe kletterten, um einige Kleinigkeiten, wenn sie an die Spitze gelangt waren, zu erobern, Puppentheater, Karroussels und Würfelbuden. Auch andere auf das Vergnügen des Volks berechnete Anstalten waren überall getroffen.

Die Armen wurden auf öffentliche Kosten gespeist; im Börsensaal wurde ein Zweckessen von 100 Kouverts gehalten, bei dem man an Toasten auf den „Vielgeliebten" sich gegenseitig überbot.

Abends war große Oper; die ganze Stadt schwamm in einem Feuermeer der Illumination, ein prächtiges Feuerwerk wurde abgebrannt und in allen Tanzlokalen hatte man Bälle veranstaltet; auch auf den öffentlichen Plätzen, welche durch buntfarbige Lampen beleuchtet waren, spielten Musikchöre zu dem Tanz.

Der König hatte sich am Morgen des Tages sehr unwohl befunden, die Lichtenau flehte ihn deshalb an, seine Gesundheit zu schonen, auch die Aerzte wünschten dies; aber vergeblich, er nahm an den Festlichkeiten Theil, sowohl an dem großen Diner und Souper, welches ihm zu Ehren von den Bürgern gegeben wurde, als an den übrigen Vergnügungen. Er fuhr während der Illumination durch die bedeutendsten Straßen und besuchte selbst die öffentlichen Tanzplätze.

Das große Abendessen der Bürgerschaft war besonders glänzend. Die Lichtenau erschien bei demselben im griechischen Gewand mit einem goldnen Diadem im Haar; einer ihrer Anbeter, den sie aus Italien mitgebracht hatte, der berühmte Kunstforscher und Archäologe Hofrath Hirt, hatte das Kostüm angegeben. Sie sah trotz ihrer Jahre wieder reizend schön aus und entzückte alle Männer.

Durch die ihr dargebrachten Huldigungen wurde sie so kühn gemacht, an der öffentlichen Tafel ein Gedicht singend vorzutragen, welches sie selbst verfaßt hatte. Die Komposition war vom Kapellmeister Himmel.

Die zahlreich versammelten Bürger vernahmen die keineswegs glänzenden Verse mit unendlichem Jubel. Hofrath Hirt überreichte der Dichterin einen Lorbeerkranz, der König sagte ihr die liebenswürdigsten Schmeicheleien und auf seine Veranlassung mußte der Kronprinz, vor Wuth fast vergehend, die Hand der Dichterin küssen.

Dem Freudenfest folgten bald trübe Tage.

Die scheinbare Besserung in dem Befinden des Königs war nur von kurzer Dauer, die Krankheit kehrte bald mit erneuter Macht zurück.

Friedrich Wilhelm fühlte, daß er seinem Ende entgegengehe. Er war besorgt um das Schicksal seiner Geliebten, denn auch er kannte ja den Haß seines Sohnes gegen die Lichtenau, er fürchtete, daß diese nach seinem Tode verfolgt und gekränkt werden würde. Deshalb bat er sie selbst, sie möge ihn verlassen, möge nach England gehen, um dort ihr Vermögen zu genießen; er bot ihr 2 Millionen Thaler, für welche er ihr ihre Häuser und Güter abkaufen wollte; mit einer solchen Summe war sie für immer gesichert. Eine ehrenvolle Aufnahme in England stand ihr bevor, denn der reiche Lord Bristol hatte ihr seine Hand angeboten. Die Lichtenau aber erklärte, daß sie sich nun und nimmermehr von diesem kranken Freunde trennen werde, sie blieb bei dem König, der fortan im Marmorpalais zu Potsdam seinen Wohnsitz nahm, während seine Familie in Berlin blieb.

Im Marmorpalais verlebte Friedrich Wilhelm die letzten Monate seines Lebens, eine trübe, traurige Zeit. Förster giebt uns in seiner neuern preußischen Geschichte nach Berichten von Augenzeugen über dieselbe folgende Schilderung:

„Die Gesellschaft, welche den kranken König, der an Brustbeschwerden und Schlaflosigkeit litt, umgab, hatte die Gräfin seit den kürzern Octobertagen (1797) fast ausschließlich auf französische Auswanderer vom Adel beschränkt; von dem Hofstaat wurde Niemand zugelassen, die Königin und die königlichen Prinzen und Prinzessinnen mußten zuvor bei der Gräfin anfragen und wurden zuweilen nicht angenommen.

Früher fand der König großen Gefallen an Quartettmusik, zumal solange er selbst das Cello spielen konnte; jetzt war die Unterhaltung auf Vorlesen beschränkt. Welch ein trauriges Bild bot dieser Salon eines deutschen Königs dar!

Ein Augenzeuge schildert ihn:

Im Hintergrund eines Saals, welcher durch den sanften aber melancholischen Schein von Wachslichtern in Alabastervasen erhellt wurde, saß, die geschwollenen Füße in Kissen gehüllt, in einem tiefen Polsterstuhl von grünem Sammt der gute König bleich, abgemagert, mit beängstigtem Athem, die erstorbenen Augen mit unstätem Blick hierin und dorthin gerichtet. Neben ihm zur Rechten die Gräfin Lichtenau, ihm die geschwollene Hand leise streichelnd; zur Linken die Marquise von Nadaillac, deren geistreiche Liebenswürdigkeit ihm wohl that. Es befanden sich der Abbé d'Andelard, der Prinz Moritz von Broglie, Saint-Patern und Saint-Agnon ein; der Letztere war der Vorleser, ein jovialer Possenreißer, dem es mehr darauf anzukommen schien, die gelangweilten Landsmänner und die Damen zu amüsiren, als den Kranken seine Leiden vergessen zu machen.

Am Kamin spielten die Kinder der Gräfin Dönhoff, deren Erziehung der König der Gräfin Lichtenau anvertraut hatte. Zuweilen sank der hohe Kranke in einen unruhigen Schlaf, aus dem ihn böse Träume aufschreckten; der Vorleser ließ sich dadurch nicht unterbrechen und es machte einen erschütternden Eindruck, an dem Schmerzenslager eines zum Tode kranken Königs Molière's Lustspiel: „der eingebildete Kranke" lesen zu hören.

Die Aerzte hatten die Hoffnung aufgegeben, den Kranken wieder herstellen zu können, Quacksalber und Charlatane traten an ihre Stelle und versuchten ihre Wunderkuren.

Der König mußte auf Polstern und Kissen schlafen, die von der Haut und den Gebärmen ungeborner Kälber gemacht worden waren; aber das Mittel half nichts und man nahm daher zu neuen Charlatanerieen die Zuflucht.

Ein alter Lieutenant von Randel, der häufig beim König verkehrte und der sich einen großen Ruf durch seine Kenntniß in der Chemie erworben hatte, rieth, Friedrich Wilhelm möge zur Erleichterung seines Uebels sich der künstlichen Lebensluft bedienen. Diese war nichts Anderes als Sauerstoffgas, von dessen Wirkung auf den menschlichen Körper man damals übertriebene Begriffe hatte.

Der König setzte auf die Lebensluft großes Vertrauen, er berief deshalb den Ober-Sanitätsrath und Professor Dr. Hermbstädt am 3. October 1797 von Berlin aus zu sich nach Potsdam, damit dieser die Lebensluft bereiten und bei ihm anwenden möge.

Hermbstädt erklärte sich bereit, obgleich er offen aussprach, daß die Lebensluft den König sicherlich nicht heilen, ihm auch nicht viel helfen würde; da aber Friedrich Wilhelm dies nicht glaubte und auch die Leibärzte, welche zu Rath gezogen wurden, ihre Genehmigung ertheilten, so ging der Professor an die Bereitung des Sauerstoffgases, zu der er sich der alten Methode der Entwicklung aus Braunstein bediente.

Den frei gewordenen Sauerstoff faßte er in Ballons von Goldschlägerhäutchen auf, jeden Abend wurde ein Ballon in die Nähe des königlichen Betts auf einen Stuhl gelegt; ein an demselben befindlicher Schlauch war so eingerichtet, daß er den Sauerstoff die ganze Nacht hindurch langsam ausströmen ließ, so daß der Ballon am folgenden Morgen noch nicht ganz entleert war.

Bei Tage wurde das Zimmer des Königs nur in dem Fall mit der Lebensluft gefüllt, wenn eine ungünstige Witterung das Verschließen der Thüren und Fenster nothwendig machte.

Vermöge des großen Vertrauens, welches der König auf die Lebensluft setzte, wirkte dieselbe Anfangs günstig. Der Schlaf, den er seit fünf Wochen verloren hatte, stellte sich wieder ein, er konnte im Zimmer auf und abgehen und sogar im Rollwagen einige Stunden im Garten spazieren fahren; aber die Besserung war nicht von Dauer und ebenso wenig bewirkten andere Wundermittel dieselbe.

Friedrich Wilhelm wurde mit jedem Tage kränker, sein Tod war nahe bevorstehend. Am 12. November wohnte er zum letztenmal einer Gesellschaft bei. Ein Mittagsmahl war bereitet worden, aber schon fühlte sich der König außer Stande, den Löffel zum Mund zu führen, seine bleichen Züge schienen fast die eines Sterbenden zu sein.

Es war ein trauriges Mahl; keiner der Gäste wagte laut zu sprechen; die köstlichen Speisen wurden unberührt vom Tisch getragen und als nun gar beim Lösen eines Champagnerpfropfens der König, durch den Schreck ohnmächtig gemacht, in sein Zimmer getragen werden mußte, da stiebte die Gesellschaft auseinander, Keiner wagte zu bleiben.

Friedrich Wilhelm, der jetzt selbst überzeugt war, daß er nur noch wenige Tage leben könne, fühlte die ängstlichste Sorge für die Lichtenau; er befahl ihr, eine große Schreibmappe von Maroquin, in der sich ihre Briefe befanden, aus seinem Schreibtisch zu nehmen und in Sicherheit zu bringen.

Die Lichtenau that es, sie glaubte so sehr im Recht zu sein, daß sie sich gar keine Mühe gab, die Mappe zu verbergen, sondern dieselbe in einem offenen Wagen nach Berlin fuhr. Dort las sie die Briefe noch einmal und dann erst übergab sie dieselben den Flammen. Noch am Abend kehrte sie nach Potsdam zurück.

Am 14. November eilte der Kronprinz mit der Königin nach Potsdam; sie wurden durch die Lichtenau zum König geführt.

Friedrich Wilhelm versuchte es, sich aus seinem Lehnsessel zu erheben, aber er sank in die Arme der Gräfin zurück und diese mußte ihn unterstützen, während er mit seiner Gemahlin und seinem Sohn die letzte Unterredung hatte. Er gab dem Kronprinzen den Segen, aber er war zu schwach, seine Hände auf das Haupt des Sohnes zu legen, die Lichtenau mußte seinen Arm unterstützen.

Wahrlich ein seltsamer Segen, den der Vater, unterstützt von seiner Buhlerin, in Gegenwart seiner Gattin dem Sohn ertheilte.

Auch von der Königin nahm Friedrich Wilhelm Abschied, indem er ihr versicherte, daß, wie sehr er sie auch im Leben gekränkt haben möge, seine Liebe zu ihr unverändert geblieben sei. Endlich entfernten sich die Königin und der Kronprinz, geleitet von der Lichtenau.

Die gutmüthige Königin war so tief gerührt von dem Abschied, daß sie im Vorzimmer der Lichtenau um den Hals fiel und ihr für die treue Pflege des Sterbenden dankte. Der Kronprinz dagegen blickte die Gräfin voll Haß und Verachtung an und entfernte sich schweigend.

Als die Lichtenau in das Krankenzimmer zurückgekehrt war, mußte sie dem König erzählen, was draußen geschehen sei.

Friedrich Wilhelm war wüthend, als er hörte, daß der Kronprinz seiner Geliebten kein Wort des Danks gesagt habe; er wollte nichts mehr von Besuchen seiner Familie wissen und diese hat ihn nicht wiedergesehen.

Die Lichtenau blieb die Krankenwärterin des Sterbenden. Während der Nacht vom 15. zum 16. November saß sie an seinem Bett, eine Zeugin der fürchterlichsten Qualen des von gräßlichen Phantasien geängstigten Kranken.

Erst am folgenden Morgen verließen sie ihre Kräfte und der Leibarzt, Geheimer Rath Selle, drang deshalb in sie, sich ein wenig zurückzuziehen, indem er ihr das Versprechen gab, sie zu rufen, wenn der Zustand des Kranken schlimmer werden sollte. Sie zog sich in ihre Wohnung, welche sie im Kavallerhause genommen hatte, zurück.

Bischofswerder und zwei Stabsoffiziere befanden sich im Vorzimmer des Königs; im Sterbezimmer befanden sich der Kämmerer Rietz, ein französischer Kammerdiener und drei Lakaien; alle Viertelstunden wurde der Gräfin Nachricht vom Zustand des Königs gegeben.

Friedrich Wilhelm litt fürchterlich; er zerriß in entsetzlichen Schmerzen das Leder an den Lehnen seines Stuhls, er verwünschte sein Leben. Er, der „der Vielgeliebte" genannt wurde, mußte in seinen letzten Augenblicken die Erfahrung machen, daß er selbst von Denen, die ihm am Nächsten gestanden hatten, nicht geliebt wurde.

Sein treuer Rietz, der Genosse seiner Laster, schaute mit kaltem Blick auf seinen Herrn und wartete nur sehnsüchtig auf den Augenblick, wo er der unangenehmen Pflicht, bei demselben zu wachen, entbunden werden könnte.

Der französische Kammerdiener soll sogar während des Röchelns des Sterbenden roh ausgerufen haben:

„Wird denn dies niemals endigen, will er denn gar nicht krepiren?"

Endlich gegen 9 Uhr Morgens am 16. November 1797 trat der Tod als Erlösung von so entsetzlichen Qualen ein. Die Gräfin Lichtenau war im Todesaugenblick nicht gegenwärtig; denn Bischofswerder trieb die Treulosigkeit gegen sie so weit, daß er ihr, nachdem Friedrich Wilhelm bereits verschieden war, sagen ließ, der König sei in einen wohlthätigen Schlaf verfallen.

Viertes Kapitel.

Bauten in Berlin zur Zeit Friedrich Wilhelms II. — Langhans. — Das Brandenburger Thor. — Die Akademie der Künste. — Die Bildhauerkunst. — Schadow. — Die Musik. — Die Oper. — Menschen und Hunde in der Oper. — Das deutsche Theater. — Deutsche Wissenschaft in Berlin. — Das Schulwesen. — Berliner Gelehrte. — Die Juden. — Kobolde und Gespenster in Berlin. — Das Blut der Hingerichteten und das Osterwasser. — Erwachen der Demokratie in Berlin. — Die Vergnügungen der Berliner. — Luxus. — Mode.

Nur 11 Jahre regierte Friedrich Wilhelm II. So kurz eine solche Regierungszeit ist, so hatte sie doch für Berlin eine große Bedeutung. Die Hauptstadt wurde geschmückt mit manchen schönen Bauwerken, Kunst und Wissenschaft entwickelten sich und das deutsche Element kam zu neuer Geltung; dagegen schritt auch der sittliche Verfall der Gesellschaft in der Residenz mächtig vor.

Friedrich Wilhelm war nicht ohne Sinn für eine künstlerische Ausschmückung seiner Residenz; zu träge, um selbst viel zu denken oder gar sich um die Details angefangener Bauten zu kümmern, überließ er dieselben den Baumeistern und er that wohl daran, denn er hatte tüchtige Kräfte in den königlichen Dienst gezogen. Vor allen andern haben wir Langhans zu nennen, von dem die meisten schönen Bauten aus der Regierungszeit Friedrich Wilhelms herrühren. Er war früher Oberbaurath bei der schlesischen Kammer gewesen und hatte sich durch tüchtige Bauwerke in Breslau ausgezeichnet. In Folge dessen wurde er nach Berlin berufen und hier zum Geheimen Kriegsrath und Chef des gesammten Bauwesens ernannt.

Langhans hat sich um Berlin ein Verdienst vorzüglich dadurch erworben, daß er den französischen Geschmack bekämpfte, und den Baumeistern, indem er ihnen die griechische Architektur als Muster hinstellte, eine neue edlere Richtung vorschrieb.

Den Beginn der großen Bauten Friedrich Wilhelms machte die Abtragung des Marienkirchthurms, die im Jahre 1787 eingetretener Baufälligkeit wegen begann. In den Jahren 1789 bis 90 wurde ein neuer Thurm erbaut, der bis zu einer Höhe von 286 Fuß 8 Zoll emporwuchs und der höchste in Berlin wurde. Langhans lieferte die Zeichnungen zu dem im gothischen Styl erbauten Thurm. Boumann der Jüngere leitete den Bau. Am 7. Juli 1790 wurde derselbe durch die Aufsetzung des Knopfes beendet.

Es fand dabei eine große Feierlichkeit statt, bei welcher sich sowohl die Staats- als städtischen Behörden betheiligten und zu der das Berliner Volk mit seiner alle Zeit regen Schaulust in zahlloser Schaar herbeigeströmt war.

Vor der Aufsetzung hatte man diejenigen Papiere und Münzen, welche man in dem abgenommenen Knopf gefunden, dem neuen einverleibt; außerdem wurden in demselben auch geschriebene und gedruckte Nachrichten über die Zustände Berlins im Jahre 1789, über die Einwohnerzahl, die Zahl der Kirchen, Häuser u. s. w., über den Viehstand, die Preise der Lebensmittel und dergleichen statistische Nachrichten mehr, sowie eine vom Oberkonsistorialrath Gedike in lateinischer und deutscher Sprache verfaßte Urkunde x. verschlossen, welche einen Abriß der Zeitgeschichte enthielt.

Ein anderes unter Friedrich Wilhelms Regierung entstandenes Bauwerk ist das Vorgebäude des Schlosses Monbijou, welches nach der Zeichnung Ungers von Scheffler aufgeführt wurde. Das Schloß war der Königin zum Sommeraufenthalt angewiesen und diese verschönerte nun den Garten durch Ankauf und Bepflanzung neuer Ländereien, durch die Anlage von englischen Partien, den Bau von Tempeln und Lusthäusern. Auch ein Badehaus von Gypsmarmor wurde in dem Garten, der später der Lieblingsspaziergang der Berliner geworden ist, errichtet.

In der Umgegend des Schlosses fanden ebenfalls Verschönerungen statt. 1792 erhielt der Monbijou-Platz, der bis dahin eine wüste Sandfläche gewesen war, das so sehr nöthige Pflaster, die hölzerne neue Friedrichsbrücke wurde abgebrochen und an deren Stelle erbaute Langhaus eine steinerne, die von jeder Seite mit kolossalen Bildwerken geschmückt wurde. Eins derselben stellt den Kampf des Herkules mit dem Löwen, das andere dessen Kampf mit dem Centauren Nessus vor. Die Brücke erhielt von dieser Zeit an den Namen Herkulesbrücke, vom Volk wurde sie auch häufig die Simsonbrücke genannt.

Auch die große Pommeranzenbrücke, welche von der Neuen Friedrichsstraße nach Cöln hinüberführte, wurde neu erbaut und erhielt den Namen Neue Friedrichsbrücke.

Das großartige Bauwerk, durch welches Langhans sich in der Baugeschichte Berlins einen dauernden Namen erworben hat, ist das in den Jahren von 1789—93 aufgeführte Brandenburgerthor; es ist eine Nachbildung der Vorhalle der Akropolis der alten Athens. Die Siegesgöttin, welche in einem von 4 Rossen gezogenen Wagen das Thor krönt, wurde von dem Meister Schadow modellirt, von den Gebrüdern Bohlers in Potsdam in Holz ausgehauen und von dem Kupferschmied Jury daselbst in Kupfer getrieben.

Das Thor wurde zum ersten Male zum Empfange Friedrich Wilhelms II. geöffnet, als dieser von dem Feldzuge in der Champagne nach Berlin zurückkehrte. Bei dieser Gelegenheit sang man auch das später zum Volkslied gewordene: „Heil Dir im Siegerkranz", dessen Verfasser ein Dr. juris Schumacher in Lübek war.

Von anderen aus der Zeit Friedrich Wilhelms II. entstandenen Bauwerken nennen wir die Vorderseite der alten Münze, die Kolonaden der Mohrenbrücke, das Gebäude der Thierarzneischule, die Stadtmauer dem Unterbaum bis zum Schönhauserthor, welche an die Stelle der dort noch stehenden Pallisaden kam, das Cranienburger-, das Hamburger- und Rosenthalerthor. Außerdem erwähnen wir den innern Umbau des königlichen Schlosses und des Opernhauses.

Bei diesen zahlreichen Bauten und bei denen welche Friedrich Wilhelm außerdem in Charlottenburg und Potsdam aufführen ließ, zeichneten sich außer Langhaus folgende Baumeister aus: Becherer, Boumann der jüngere, Genz, Gilly Vater und Sohn, Gontard, Krüger, Moser, Riedel, Scheffler, J. C. Schultze, C. G. Seidel, Tittel und Triest.

Zeigte Friedrich Wilhelm ein reges Interesse für die Baukunst, so war er nicht minder bestrebt, auch die übrigen Künste zu begünstigen und besonders muß es anerkannt werden, daß er sich von dem ungerechten Vorurtheil seines großen Vorgängers für die fremdländische Kunst losgesagt hatte, daß er die deutschen Künstler mit Achtung und Anerkennung behandelte.

Der Akademie für die bildenden Künste wurde durch das Reglement vom 26. Januar 1790 ein neues Leben eingehaucht; mit derselben wurde ein Lehr-Institut verbunden, in welchem auch Lehrlinge und Gesellen, selbst wenn sie ganz unbemittelt waren, Unterricht empfangen konnten. Daselbe erhielt tüchtige Lehrer der Baukunst, der Malerei, Bildhauerei u. s. w.

Alljährlich, mindestens alle zwei Jahre sollte eine öffentliche 4—5 Wochen dauernde Ausstellung von Gemälden und andern Kunstsachen gehalten werden; seit 1793 wurde auch Handwerkern und Fabrikanten erlaubt, solche Arbeiten, die durch Neuheit in der Erfindung oder der Form, oder durch einen hohen Grad der Vollendung der

67*

Aufmerksamkeit würdig waren, zur Ausstellung einzusenden.

Einen besonders bedeutenden Aufschwung nahm die Bildhauerkunst in Berlin, Dank dem trefflichen Schadow, der sich um dieselbe unvergeßliche Verdienste erworben hat. Schadow war ein Schneiderssohn aus der Mark; er hatte sich in der Werkstatt des Bildhauer Tessaert in Berlin gebildet, ging später nach Rom und wurde von dort durch die Gräfin Lichtenau wieder nach Berlin gezogen.

Hier errichtete er eine Werkstatt und von dieser Zeit an schreibt sich das Emporblühen der Bildhauerkunst in unserer Stadt.

Wie Langhans als Baumeister, so Schadow als Bildhauer; beide kämpften gegen den verderbten französischen Geschmack, beide für die einfache Schönheit in der Antike. Schadow's Meisterhand schuf damals das im Jahre 1791 in der Kirche der Dorotheenstadt aufgestellte Monument des verstorbenen jungen Grafen von der Mark, eines der schönsten Bildhauerwerke seines Jahrhunderts.

Nicht weniger Ehre machte dem Meißel des trefflichen Meisters die im Jahre 1797 auf dem Wilhelmsplatz aufgestellte Bildsäule des General von Ziethen, welche einen grellen Gegensatz zu den dort schon unter Friedrich dem Großen errichteten Monumenten bildete.

Von geringerer Bedeutung als in der Bildhauerkunst war der Fortschritt in der Malerei. Wir nennen als damals anerkannte Maler Rode, Bardou, die Landschaftsmaler Geneuß und Lütke, die Historien- und Portraitmaler Kretschmar, Niedlich, Schumann, Weitsch und Madame F. Robert, geb. Tessaert.

Von Kupferstechern haben wir, außer Chodowiecki, Bollinger, Fr. Bolt, Buchhorn, Freidhoff, Meno Haas und Henne zu erwähnen.

Die Musik war diejenige Kunst, für welche Friedrich Wilhelm die größte Neigung und auch das größte Verständniß hatte. Er liebte die Musik und war selbst ein guter Cellospieler. Wöchentlich fanden zweimal Kammerconcerte im königlichen Schlosse statt, an denen der König persönlich Antheil nahm, bis seine übermäßige Leibesstärke ihm das Halten dieses Instruments unmöglich machte.

Auch für die Oper wurde von Friedrich Wilhelm II. viel gethan, aber den Glanz, welchen sie unter Friedrich dem Großen eine Zeit lang gehabt hatte, bekam sie nicht wieder, obgleich das geräumige neue Haus von allen denen, welche mit Billets beglückt wurden, sehr zahlreiche Besuche erhielt.

Der Kapellmeister Reichardt sorgte für das Engagement trefflicher Sänger und Sängerinnen, der Freiherr von der Recke, dem die Leitung der Oper anvertraut war, unterstützte ihn dabei redlich.

An reichen Gagen ließ es Friedrich Wilhelm nicht fehlen; eine berühmte Sängerin, die Todi, erhielt 5000 Thaler und eben so viel erhielt sogar im Jahre 1790 eine Madame le Brun blos für die Karnevalzeit.

Der König war ein regelmäßiger Gast der Oper; er saß wie Friedrich der Große unmittelbar hinter dem Orchester, umringt von den Prinzen und Generälen, die der Vorstellung stehend beiwohnen mußten.

Die Opern-Vorstellungen wurden unentgeltlich gegeben; man theilte die Billets an die Hofbeamten und auch an die Bürgerschaft, für welche das Parterre bestimmt war, gratis aus. Dabei aber kamen freilich Menschlichkeiten genug vor, denn die mit der Austheilung betrauten Beamten legten einen Handel mit Billets an, um deren Preis sie auf die gemeinste Weise feilschten. Selbst dem Freiherrn von der Recke wird nachgesagt, daß auch er seine Hände bei diesem Handel nicht rein gehalten habe. Von den Käufern wurde ebenfalls ein Schacher mit Billets getrieben, der bei besonders beliebten Vorstellungen sehr vortheilhaft war.

Bei den Vorstellungen ging es eigenthümlich genug zu. Es war ein strenges Gesetz, daß alle Zuschauer im Gesellschaftskostüm erscheinen mußten und hierauf wurde mit großer Konsequenz gesehen, so daß jeder nur einigermaßen einfach Gekleidete vor der Thür zurückgewiesen wurde.

Mit dieser Vorschrift aber stand das übrige Ceremoniell, welches beobachtet wurde, im grellen Widerspruch.

Die Zuschauer brachten ihre Kinder mit in das Theater und stellten diese, damit sie besser sehen konnten, auf die Bänke. Auch die Kadetten, an welche viele Billets vertheilt wurden, machten sich derselben Unart schuldig und verhinderten dadurch die hinter ihnen Befindlichen am Sehen.

Es kam in Folge dessen häufig zum Streit, denn wenn die Bürger die jungen Kadetten aufforderten, doch von den Bänken herabzusteigen, so glaubten diese, im Bewußtsein ihres adligen Bluts, nicht nöthig zu haben einer so pöbelhaften Aufforderung Folge zu leisten, wodurch denn meistens heftige Wortwechsel entstanden.

Auch die ungeheuren damals modernen Kopfputze der Damen waren eine stete Veranlassung zu Streit und Lärm. Herr Tlantlaquatlapatli, der Herausgeber der Chronik von Berlin klagt hierüber, indem er erzählt:

„Natürlich haben die Damen ein Vorrecht in den Logen alle oder soweit es der Raum gestattet, vornen zu sitzen. Die Herren stehen folglich hinter ihnen. Haben die Damen lange Federn oder große Hüte à la Montgolfier oder Blanchard auf; so hindern sie nicht nur einander sich selbst, sondern benehmen auch den hintenstehenden Personen gänzlich die Aussicht. Nur ein Beispiel zu meiner Bestätigung, was für Folgen daraus entstehen können.

In einer Loge kamen ungefähr mehr verschiedene fremde männliche Personen. Vor ihnen saßen schon die Damen, welche gerade mit sehr großen Hüthen und Federbüschen versehen waren. Anfänglich ging es sehr ruhig zu. Die Vorstellung begann. Zuerst versuchte man über die Hüthe wegzusehen. Die Natur reichte nicht zu.

Was geschah? Einer der fremden Herrn rief: Huth ab! Da man es nicht verstand oder vielleicht nicht verstehen wollte, so nahm er ohne alle Complimente seinen Stock, berührte damit die Hüthe der Damen und wiederholte: Huth ab! Huth ab! — Die Damen sahen sich zur Vermeidung eines größern Lärmens genöthigt, ihre Hüthe in der That abzunehmen.

Eben dieses Rufen: Huth ab! Niedersitzen! fiel einigemahl im Parterre ebenfalls vor. Unrecht kann man diesen Personen nicht geben. Denn jeder will so gut sehen, als der andere."

Tlantlaquatlapatli rügt auch noch eine andere Unsitte, die, Hunde mit in die Oper zu bringen. Er klagt:

„Kleine Pologneser, Möpschen sind gemeiniglich die vierfüßigen Lieblinge der Damen. Nicht nur bemerkte ich ebenfalls solche Geschöpfe, sondern auch einigemahl Windspiele, Pudel, Jagdhunde.

Sonderbar ist es, daß, da man so sehr auf diejenigen Menschen Achtung giebt, welche ohne Billete in die Oper wollen, doch diesen Geschöpfen freier Eintritt gestattet wird. So sehr dadurch Stille und Ruhe unterbrochen werden können, so leicht ist es, diesen vierfüßigen Zuschauern den Weg zu versperren."

Wir können uns nach diesen naiven Mittheilungen eines Zeitgenossen einen Begriff davon machen, wie es in dem Zuschauerraum des Opernhauses hergegangen sein mag.

Das deutsche Theater fuhr unter der Regierung Friedrich Wilhelms fort, sich kräftig zu entwickeln. Unter Döbbelins einsichtsvoller Leitung wurden die unsinnigen Ritter- und Spektakelstücke mehr und mehr von demselben verdrängt und machten den Meisterwerken Shakespeares, Schillers und Göthes Platz, obwohl der wackere Döbbelin dabei fortwährend mit der Geschmacklosigkeit des Publikums zu kämpfen hatte.

Das Publikum zeigte sich bei den Vorstellungen so wenig gesittet, daß am 30. April 1788 das Pochen, Pfeifen und Zischen und andere Unordnungen im Theater streng untersagt werden mußten.

Friedrich Wilhelm begünstigte die Entwickelung des Theaters, indem er Döbbelin das französische Komödienhaus auf dem Gensdarmenmarkte einräumte und die deutsche Bühne zum Nationaltheater erhob.

Im Jahre 1789 ging der König noch weiter, er kaufte Döbbelin seine Garderobe und die Dekorationen für 14,000 Thaler ab; außerdem gewährte er dem verdienten Manne, so lange er lebte, eine jährliche Pension von 1200 Thaler.

Das Theater wurde fortan ein königliches; der berühmte Professor Engel vom Joachimsthalschen Gymnasium erhielt die Direktion desselben, welche er bis zum Jahre 1794 fortführte.

Treffliche Künstler wirkten unter Engels Direktoriat bei der königlichen Bühne: Fleck, Unzelmann, die Tochter Döbbelins und vor allen andern die reizende so berühmt gewordene Unzelmann, die spätere Madame Bethmann.

An Engels Stelle trat später in Beziehung auf den literarischen Theil des Direktoriums der Dichter Rammler; Fleck wurde zum Regisseur ernannt, die technische Geschäftsführung erhielt der Geheime Rath von Warsing.

Auch in dieser Zeit wurden tüchtige Kräfte für das Theater gewonnen, wie Beschort, die liebenswürdige Eunide, welche später als Madame Händel-Schütz sich einen großen Ruhm erwarb und vor Allen Iffland, der im Jahre 1796 als Gast auftrat, um ein Jahr später nicht nur engagirt, sondern mit dem Direktoriat des Theaters betraut zu werden.

Das Theater gewann durch die tüchtigen Kräfte, welche sich ihm widmeten, eine immer größere Bedeutung und auch die Schauspieler, deren Stand bisher vom Volke verachtet gewesen war, erhielten eine andere Stellung in der Gesellschaft, obgleich sie noch durchaus nicht als vollkommen ehrenhaft angesehen wurden.

Hierzu trug wohl viel die Ausnahmsstellung bei, welche ihnen von den Gerichten gegeben wurde, denn alljährlich wurde die folgende aus dem Jahre 1784 stammende Verordnung in den öffentlichen Blättern bekannt gemacht:

„Dem Publico wird die schon öfters bekannt gemachte Verordnung:

denen bei der Oper und Comödie stehenden Personen weder an Geld oder Waaren nicht das geringste zu borgen oder zu leihen, wiederholentlich in Erinnerung gebracht, und haben diejenigen, die wider diese Verordnung handeln, zu gewärtigen, daß sie ihres Credits gänzlich verlustig gehen, indem diejenigen Klagen, worinn dergleichen Schuldforderungen eingeklagt werden, bei keinem Judicio angenommen, sondern die Gläubiger mit ihren Forderungen abgewiesen werden sollen. Wonach sich Jedermann zu achten und vor Schaden und Nachtheil zu hüten hat.

Gegeben Berlin, den 4. Februar 1784.

Königl. Preuß. Hof- und Cammergericht."

Wie die deutsche Kunst*) so förderte Friedrich Wilhelm auch die deutsche Wissenschaft. Die Akademie der Wissenschaften, welche bisher, wie unsere Leser sich erinnern, nur ein fremdländisches Institut auf deutschem Boden gewesen war, wurde in ein nationales umgewandelt, indem der König deutsche Gelehrte zu Mitgliedern ernannte.

Im Jahre 1794 wurde eine besondere Deputation niedergesetzt, welche die Aufgabe erhielt, sich mit der Bearbeitung und Ausbildung der deutschen Sprache zu beschäftigen und diese bei

---

*) Die deutsche Poesie fand ebenfalls in Friedrich Wilhelm einen eifrigen Freund; für Berliner Dichter aber vermochte der König wenig zu thun, denn deren gab es kaum, der alte Rammler ist der einzige erwähnenswerthe.

den Verhandlungen der Akademie zur Geltung zu bringen.

Die Bildung dieser Deputation ist um so bemerkenswerther, da Friedrich Wilhelm selbst meist französisch sprach und da die französische Sprache bei Hofe immer noch die Umgangssprache blieb, so daß sogar die Verhandlungen und Korrespondenzen mit den Ministern meist französisch geführt wurden.

Als einige Hofdamen und Kammerherren sich einst auf deutsch „guten Morgen" wünschten, da wurde dies als ein besonderer Fortschritt der deutschen Sprache vom Volke begrüßt.

Friedrich Wilhelm fühlte indessen sehr wohl, daß er als ein deutscher Fürst die Aufgabe habe, seine Muttersprache zu Ehren zu bringen; er ernannte deshalb Rammler zum Lehrer seiner Kinder in der deutschen Sprache, und als im Jahre 1787 der berühmte Adelung in Dresden ihm ein Werk über den deutschen Styl widmete, bedankte sich der König durch ein Kabinetsschreiben, dem eine goldene Dose beigefügt wurde; er schrieb: „als deutscher Fürst schätze ich ungemein die deutsche Sprache."

Das immer noch sehr im Argen liegende Schulwesen wurde unter der Regierung Friedrich Wilhelms II. nach Kräften verbessert. Im Jahre 1787 wurde das Ober-Schul-Kollegium begründet, welches die Aufgabe erhielt, für die Hebung des Schulwesens zu sorgen; auch Provinzial-Schul-Kollegien wurden eingerichtet, die Unter-Konsistorien erhielten diese Stellung.

Im Jahre 1789 erfolgte der Beschl, daß alle diejenigen Schüler, welche studiren wollten, entweder auf den Gymnasien oder den Universitäten eine Prüfung überstehen sollten; außerdem wurden Seminarien sowohl für Lehrer und Gelehrte als auch Landschulen errichtet und die schon vorhandenen vervollkommnet.

In Berlin wurde die Zahl der Gymnasien um eins vermehrt, indem bei der funfzigjährigen Jubelfeier der Realschule am 9. Mai 1797 das mit derselben verbundene Pädagogium die Vorrechte eines Gymnasiums und den Namen Friedrich-Wilhelm-Gymnasium erhielt. Es bekam sein Lokal in dem Hause Friedrichstraße 41 und 42.

Für höhere wissenschaftliche Zwecke stiftete Friedrich Wilhelm in Berlin die Thierarzneischule, 1791 die Artillerie-Akademie, 1796 die chirurgische Pepinière zur Ausbildung für Militär-Aerzte.

Das wissenschaftliche Leben Berlins war in jener Zeit ein sehr reges; eine große Anzahl tüchtiger Gelehrten wirkte in allen Zweigen des Wissens. Wir finden unter denselben Namen, welche zu den bedeutendsten Deutschlands gehören, wie Bildenow und Sprengel als Botaniker, Karsten als Mineraloge, Heim als Mediziner, Genz als Staatswirth, Suarez als Jurist, Hirt als Alterthumsforscher, David Friedländer als Hebraister und vor allen andern Wilhelm und Alexander von Humboldt, die beiden geistreichen Brüder, welche damals ihre ruhmgekrönte Gelehrtenlaufbahn begannen.

Der Drang nach wissenschaftlicher Forschung, der sich in Berlin mächtig zeigte, führte Männer, welche ein gleiches Streben hatten, zu einer engeren Verbindung, in der sie die gemachten Erfahrungen gegenseitig austauschen wollten. Hierdurch entstanden gelehrte und literarische Vereine, welche zum Theil eine dauernde Bedeutung gewonnen haben.

Im Jahre 1792 bildeten z. B. der Direktor und die Lehrer des Berlinisch-Kölnischen Gymnasiums die pädagogische Gesellschaft, welche sich die Aufgabe stellte, ihre Mitglieder in den Schulwissenschaften weiter auszubilden.

Im Jahre 1796 entstand die pharmaceutische Gesellschaft, gestiftet durch einen jungen Apotheker Namens Möbius; in den Jahren 1795—96 wurden außerdem zwei literarische Gesellschaften, die „Mittwochs-Gesellschaft" und die „Gesellschaft der Freunde der Humanität" gebildet, bei welchen Herren und Damen Zutritt hatten. In denselben wurden Vorlesungen gehalten, an welche sich eine Kritik anschloß. Die Bildung der gelehrten Gesellschaften fand bei dem König eine rege Unterstützung. Der schon bestehenden Gesellschaft zur Förderung der Naturwissenschaften schenkte Friedrich Wilhelm sogar ein stattliches Haus.

Unter den Gelehrten Berlins nahmen die Juden eine ehrenvolle Stellung ein. Seit Moses Mendelsohn für die geistige Bildung seiner Stammesgenossen mit rastlosem Eifer gekämpft hatte, zeigten viele Juden den Drang, dem verehrten Mann nachzustreben. War früher der Gelderwerb das einzige Ziel des Strebens für das verachtete Volk Israels gewesen, hatte es durch Betrug und Wucher zum Theil den Haß verdient, der auf ihm lastete, so zeigte sich jetzt besonders unter den wohlhabenden jüdischen Familien ein anerkennenswerther Wissensdrang.

In den Gesellschaften der reichen jüdischen Kaufleute fand man die Koryphäen der künstlerischen und gelehrten Welt Berlins. Die Juden waren stolz darauf, Wissenschaft und Kunst zu fördern, sie ließen ihren Kindern eine tüchtige Erziehung geben und viele reiche junge Israeliten warfen Elle und Waage bei Seite oder verließen den Wechseltisch, um sich den Studien eifrigst zu widmen.

Die Folge dieses Strebens war ein Umschwung in der öffentlichen Meinung; in gebildeten Kreisen, nicht in den Adelsgesellschaften, denn diese blieben ihren alten Vorurtheilen treu, schwanden Haß und Verachtung gegen die Juden und als am 16. August 1788 Shakespeare's Kaufmann von Venedig zum ersten Mal gegeben wurde, fand die Theater-Direktion es schon nöthig, sich gegen den Verdacht, als wolle sie das Vorurtheil des Judenhasses neu erwecken, durch einen von Rammler gedichteten, von Fleck vorgetragenen Prolog, ernstlich zu verwahren.

Die Aufnahme des Prologs Seitens des Publikums war bemerkenswerth; die Noblesse zeigte sich empört, die Offiziere stampften und zischten, aber sie wurden überstimmt durch den donnernden Beifall, der vom übrigen Publikum erschallte, ein Beweis dafür, daß die wahre Aufklärung in Berlin feste Wurzeln zu fassen begann.

Vergeblich war der Kampf, welchen die Rosenkreuzer gegen dieselbe führten, nur in kleinen Kreisen vermochten sie Erfolge zu erzielen, nur in den niedrigsten Sphären den Aberglauben neu zu beleben. In diesen freilich wucherte er fort.

Der Glaube an Kobolde und Gespenster, an Geistererscheinungen ꝛc. fand ja täglich neue Nahrung durch die Gerüchte, welche über die in Gegenwart des Königs vorgenommenen Geisterbeschwörungen von Mund zu Mund gingen.

Bald erzählte man von einem Kobold, der in einem Hause der Hamburgerstraße in der Form eines Feuerstrahls oder einer Feuerkugel spuken sollte; allabendlich war eine große Menschenmenge vor dem Hause versammelt und sobald irgend ein Lichtschein sich an einem der Fenster zeigte, so mußte der Kobold thätig sein; bald wieder wurde von einem andern Gespenst gesprochen, welches sich auf dem Werder sehen oder vielmehr hören ließ; in einem ziemlich verfallenen Hause spukte allnächtlich und mitunter selbst am hellen Tage ein böser Geist durch mächtiges Poltern und Klopfen.

Auch von dem berühmten Taschenspieler Philidor wurden Wunderdinge erzählt.

Philidor gab vor, die Kunst, Geisterbeschwörungen zu veranstalten, zu besitzen und er ließ diese für ein nicht unbedeutendes Entrée sehen.

Im Hause von Madame Pahl am Gensd'armen-Markt, Jäger- und Charlottenstraßen-Ecke, hatte Philidor den Schauplatz seiner Beschwörungen aufgeschlagen; 12—14 Personen, die Jeder einen Friedrichsd'or bezahlen mußten, durften anwesend sein. Sie hatten das Recht, die Erscheinung beliebiger Verstorbener zu fordern.

Philidor konnte indessen sein Geschäft nicht lange in Berlin treiben, denn die tüchtige Berliner Monatsschrift von Gedicke und Biester hechelte ihn derb durch und entschleierte seine jämmerlichen Kunststücke.

Die Rosenkreuzer, welche unter andern Umständen den Taschenspieler vielleicht geschützt hätten, konnten ihn jetzt, nachdem er als Gaukler bloßgestellt war, nicht mehr halten und Philidor wurde daher von der Polizei aus Berlin verwiesen.

Bei den Hinrichtungen von Mördern zeigte sich noch immer der alte Volks-Aberglaube.*)

Männer und Weiber drängten sich so nahe als möglich an das Schaffot, um in Schnupftüchern, in Büchschen und Fläschchen das Blut der Gerichteten aufzufangen. Man glaubte, dasselbe wäre gut für die fallende Sucht, Andere behaupteten, wenn sie einige dieser Blutstropfen bei sich trügen, so habe der böse Feind keine Macht über sie, die Spitzbuben hielten gar das Blut eines Gerichteten für ein köstliches Arkanum, welches sie vor Entdeckung ihrer Diebstähle sicher mache.

Weniger ekelhaft war der Aberglaube des Osterwasserholens, welchen uns Tlantlaquatlapatli folgendermaßen beschreibt:

„Die Nacht auf den Oster-Sonntag ist für viele angesehene Bürger eine wahre festliche Nacht. Seit undenklichen Jahren herrscht leider der Aberglaube, daß, wenn man in dieser Nacht Wasser, es muß aber fließend seyn und vor Aufgang der Sonne geschehen, holt, dieses in Bouteillen füllt und aufhebt, so könnte man allerlei Gutes ausrichten.

Wäscht man sich mit diesem Oster-Wasser, so würde man schön; ferner vertriebe es die Runzeln und Warzen. Auch wäre man im Stande, Krankheiten bei Menschen und Thieren zu heilen.

Das Einzige, was Derjenige, welcher das Wasser holt, zu beobachten hat, ist, sich ganz still zu verhalten und nichts zu sprechen. Fällt nur ein Wort, so hat das Wasser die gehörige Wirkung verloren.

Tlantlaquatlapatli, welcher sich bemüht, meistentheils selbst bei solchen Gegenständen zu seyn, damit er nicht Gefahr läuft, das Publicum zu belügen, brach sich auch diesesmahl den Schlaf ab und ging als Oster-Wasser-Holer hin.

Wie groß war sein Erstaunen, als er so viele Menschen traf. Knechte und Mensche, Bedienten und Mädchen, Herrchen und Demoisellen, Christen und Juden: Alles lief durcheinander. — Sogar angesehene bürgerliche Familien holten sich dieses Wasser.

So groß nun die Zahl der abergläubischen Leute ist, so findet sich doch eine noch beträchtlichere Zahl solcher Menschen, welche nur des Jubels wegen hingehen.

Angesehene Personen, bemerkte Tlantlaquatlapatli, halten sich verkleidet, sahen nicht nur ein Weilchen zu, sondern fingen auch mit den Mädchen, welche das Wasser geholt hatten, in handgreiflicher und unanständiger Weise zu schäkern an. Natürlich leiden dieses die Mädchen nicht, sie fangen an zu schimpfen und das Wasser verliert, weil gesprochen wurde, seine Kraft.

Aus eben dieser Ursache, mit den Mädchen zu

---

*) Besonders zahlreich war das Gedränge nach Blut bei der Hinrichtung des berüchtigten dreifachen Raubmörders Lenz, welche auch außerdem großes Aufsehen in Berlin machte. Lenz hatte allein — ohne fremde Hülfe — einen Postwagen überfallen, den Schirrmeister, den Postillon und einen Burschen von 15 Jahren ermordet. Die That war so grauenhaft, daß der Mörder zur berühmten Person wurde. Als er eingefangen war, verdienten die Schließer viel Geld damit, daß sie ihn für den Preis von 2 Groschen öffentlich sehen ließen, bis ihnen das Handwerk gelegt wurde. Einige Tage vor der Hinrichtung fand noch einmal eine ähnliche Schaustellung des Raubmörders statt.

kurzweilen, kommen auch viele Soldaten, Handwerks-Burschen, selbst feile Dirnen dazu. Ein jedes Ding spaßt nach seiner Art. Man läßt sich ganz sein an, endlich wird man gröber, zuletzt entsteht Schlägerei und Tumult.

So ging es einem Soldaten vor dem Stralauer-Thor. Er hatte die Ehre, eine solche Portion Prügel zu erhalten, daß er kaum mehr stehen konnte.

Geht auch Alles ohne Schlägerei ab, so entsteht doch ein solcher Tumult, ein solches Jauchzen und Zeter-Geschrei, daß die ganze Nachbarschaft in ihrer Ruhe gestört werden muß."

So tief eingewurzelt der Aberglaube in dem niedern Volk war, so sehr wurde er in den gebildeten Ständen verlacht; in diesen blieb trotz aller Wöllnerschen Regierungs-Maßregeln eine freisinnige religiöse Richtung, welche sich mit dem Aberglauben nicht verträgt, herrschend und sie wurde wesentlich durch die französische Revolution, die der freien religiösen auch die freie politische Anschauung zugesellte, befördert.

Die gewaltigen Ereignisse in Frankreich wurden in Berlin mit dem gespanntesten Interesse verfolgt; in allen Wein- und Bierhäusern ward damals mit Eifer politisirt und bald genug fanden die demokratischen Grundsätze der jungen französischen Republik talentvolle Vertheidiger auch in der preußischen Residenz.

Vergeblich bemühte sich die Regierung, durch Verschärfung der Preßmaßregeln die Verbreitung staatsgefährlicher Grundsätze zu verhindern, das lebende Wort vermochte sie nicht zu unterdrücken; es wurde gesprochen trotz geheimer Spione, welche Wöllner in alle öffentlichen Lokale schickte, welche sogar in die Familien eindrangen, um etwaige Verschwörungen zu entdecken.

Es gab damals in Berlin kaum eine Gesellschaft, in welcher nicht mit scharfer Zunge politisirt worden wäre; da zog man Parallelen zwischen Ludwig XV., dem französischen König, der durch seine Mißregierung die Revolution erzeugt hatte, und Friedrich Wilhelm II., zwischen der Pompadour und der Lichtenau, zwischen den Zuständen in Frankreich vor der Revolution und den herrschenden in Preußen und man fand die wunderbarsten Aehnlichkeiten: dasselbe Maitressen-Regiment, dieselbe Zügellosigkeit des Adels, die gleiche Verschleuderung der öffentlichen Gelder im Privat-Interesse des Monarchen und seiner Günstlinge, die gleiche Verderbtheit des Beamtenheeres, welches hauptsächlich aus den Kreaturen der herrschenden Maitressen bestand, die gleiche Verachtung endlich auch gegen den König, dessen Name „der Vielgeliebte" längst zum Spottnamen geworden war.

Die Aehnlichkeit war treffend, aber die gleichen Verhältnisse erzeugten in Paris und in Berlin nicht gleiche Resultate, denn den Berliner Bürgern fehlte die Thatkraft der Pariser; sie schimpften wohl, aber sie handelten nicht gern, sie waren entnervt durch ein sittenloses, nur den sinnlichen Vergnügungen gewidmetes Leben.

Das Vergnügen war der Gott der Berliner jener Zeit, ihm opferten sie freudig die Sitten, die Religion und die politische Ueberzeugung während das Volk nach Herzenslust schimpfte über die königliche Tyrannei, über die Maitressenwirthschaft und die Verschleuderung der Staatsgelder in üppigen Vergnügungen, drängte es sich doch während des Karnevals zu den königlichen Redouten, nahm es doch Theil an allen Hoffesten, an den Einholungen fürstlicher Personen und überall, wo es etwas zu schauen und zu genießen gab; ja es zeigte bei diesen Gelegenheiten sogar den ausbündigsten Patriotismus.

Die königlichen Redouten, welche im Januar zur Karnevalszeit alljährlich stattfanden, wurden, seit den Bürgerlichen der Zutritt gestattet war, außerordentlich besucht. Die Bürger befriedigten auf denselben nicht nur ihre Schaulust, sie fanden auch eine gute körperliche Verpflegung, denn in den ersten Jahren seiner Regierung bewirthete Friedrich Wilhelm zur Fastnachtszeit die ganze Maskengesellschaft.

Neben den Redouten bot der Karneval den Berlinern eine Reihe anderer Vergnügungen. Die Hoffeste jagten sich in dieser Zeit; der König und die Königin, die Prinzen, Minister und Generale wechselten in denselben ab und die königliche Oper trug dazu bei, den Genuß zu erhöhen.

Die Bürgerschaft reihte sich dem Hofe würdig an, sie schwamm in einem Strom von Lustbarkeiten und wie am Hofe das Vergnügen hauptsächlich in der Befriedigung der gemeinsten Sinnlichkeit gesucht wurde, so auch bei den Bürgern. Die Unsittlichkeit, welche schon in den letzten Jahren der Regierung Friedrichs II. eine außerordentlich große gewesen war, übergipfelte sich in Berlin zur Zeit Friedrich Wilhelms II.; sie durchdrang alle Stände.

Die Zahl der Wirths- und Weinhäuser und vorzüglich der Freudenhäuser vermehrte sich in unglaublicher Weise; alle Tummelplätze des Vergnügens wurden zahlreich besucht, die Geschäfte aber vernachlässigt. Im Winter drängten sich die Bürger zu Pickniks, Redouten und Tanzgesellschaften, im Sommer zogen sie ins Freie zu den sogenannten Rosenfesten, auf den Stralauer Fischzug, auf den Schützenplatz, in die benachbarten Dörfer zu den Erntefesten und zu andern derartigen Vergnügungen.

Besonders besucht war Charlottenburg, wohin eine Chaussee vom Brandenburger Thor aus gebaut worden war. Dort war ein berühmtes Gasthaus unter dem Namen „das türkische Zelt" entstanden, welches seinen Namen davon führte, daß der Besitzer den Hauptsaal nach türkischer Manier dekorirt hatte. In Charlottenburg wurden von den Berlinern die kostbarsten Sommerfeste gegeben.

Der Luxus stieg in Folge der herrschenden Vergnügungssucht mehr und mehr; vom Hofe aus verbreitete er sich bis in die niedrigsten Klassen des Volks, viele Bürgerfamilien ruinirten sich in dem unsinnigen Bestreben, den Hofherren und

Hofdamen nachäffen zu wollen; besonders die Frauen thaten dies, indem sie in der Kleidung eine Ueppigkeit, welche alle Grenzen überstieg, zeigten.

Die Roben mit 6—10 Fuß langen Schleppen mußten von den theuersten Stoffen gefertigt und mit kostbarer Verbrämung selbst mit Perlen und Diamanten gestickt werden. Eine einzige solche Robe machte oft einen Kostenaufwand von mehrern Tausend Thalern.

Die Reifröcke gewannen einen wahrhaft ungeheuerlichen Umfang, die Taillen wurden in gesundheitsgefährlicher Weise zusammengeschnürt; die Krone des ebenso theuern als häßlichen und unnatürlichen Anzugs bildete die ellenhohe Kopffrisur, welche die höchste Kunst der Haarkräusler erforderte; sie wurde geziert durch Hüte in Form von Luftballons mit herabhängenden Gondeln.

Fünftes Kapitel.

Zustand Preußens bei der Thronbesteigung Friedrich Wilhelms III. — Das preußische Heer. — Die vertrauten Briefe über die Militär- und Civil-Beamten. — Friedrich Wilhelm und Friedrich der Große. — „Dir werden sie Schlesien nicht wieder nehmen!" — Erziehung Friedrich Wilhelms durch Friedrich den Großen. — Erziehung zur Zeit Friedrich Wilhelms II. — Prinzessin Louise. — Hochzeit Friedrich Wilhelms. Städtische Ehe. — Die gnädige Frau von Parez.

Friedrich Wilhelm der Gerechte!
Friedrich Wilhelm der Heldenkönig!

Dies sind die Namen, mit denen der überschwängliche preußische Patriotismus den Sohn Friedrich Wilhelms II. beehrt hat; in der Geschichte wird er Friedrich Wilhelm III. genannt.

Friedrich Wilhelm III. bestieg den Thron in einer verhängnißvollen Zeit. Die französische Revolution hatte alle Staaten Europas erschüttert. Die Königsthrone wankten. Die deutschen Fürsten erkannten dies, sie glaubten nur in der Vernichtung der Republik die eigne Sicherheit finden zu können.

Friedrich Wilhelm II. hatte zwar Frieden mit Frankreich geschlossen, aber von Dauer konnte derselbe schwerlich sein, früher oder später mußte auch Preußen mit hineingerissen werden in den Krieg, der Europa durchtobte und dann mußte es sich entscheiden, ob der Staat Friedrichs des Großen einen innern Halt hatte oder ob er nur ein durch die Kraft eines Einzelnen errichtetes künstliches Gebäude sei, welches der erste Sturm niederzuwerfen vermochte.

Der ausgedehnte Staat war kein harmonisches Ganze, die verschiedenartigen Provinzen lagen weit auseinandergestreut und den Angriffen der mächtigen Nachbarn offen; sollte Preußen zum Kriege gezwungen werden, dann war, von welcher Seite seiner drei großen nachbarlichen Mächte derselbe auch immer kommen mochte, stets eine oder die andere Provinz dem Feinde blosgestellt und sie vermochte weder Menschen für das Heer, noch Steuern und Geld zur Kriegführung zu liefern. Für einen solchen Fall konnte nur ein reicher Staatsschatz bei einem nur einigermaßen andauernden Kriege Aushilfe schaffen. Friedrich der Große hatte deshalb fleißig gesammelt, aber das, was er gespart, war längst durch die Günstlinge und Maitressen Friedrich Wilhelms II. verpraßt und verschleudert, an die Stelle des Schatzes waren sogar drückende Schulden getreten.

Das Heer, welches Preußen schützen sollte, hatte schon bei den Kriegen in Frankreich und Polen, die es zur Zeit Friedrichs II. führen mußte, gezeigt, daß ihm der jeder Armee so nothwendige kriegerische Geist fehle.

Die Offiziere waren wohl erfüllt von Dünkel, sie trugen wohl das Bewußtsein ihres bevorrechtigten Standes in sich, aber es mangelte ihnen an wahrem Ehrgefühl, dies war untergegangen im kleinlichen Gammaschendienst und in der sittlichen Verkommenheit, welche alle Stände Preußens in damaliger Zeit durchdrang.

Selbst die Subordination fehlte dem Heer; ein Zeitgenosse schildert uns dies mit folgenden treffenden Worten:

„Das Widersprechen und Einwürfe-Machen gegen die Befehle der Obern riß immer mehr ein. Auch bei den Revuen, die der König hielt, war nicht mehr jene heilige Stille und respectvolle Ruhe, welche bei den Revuen Friedrichs stattfand.

Bei Friedrichs Revuen marquirte der älteste Feld-Marschall ebenso die subordinationsmäßige Ehrfurcht wie der jüngste Fähndrich. — Kein Athemzug war zu hören; allen Offizieren und besonders den Generälen und Regiments-Commandeuren, schlug das Herz in Doppelschlägen, wenn sich Friedrich ihren Abtheilungen nahte.

Alles dies war nicht mehr. Selbst die Soldaten waren aus den Schranken der Subordination hinausgetreten, weil die Intention und der Befehl des Königs, die Soldaten menschlich zu behandeln — mißverstanden, übertrieben, zu weit ausgedehnt wurde.

Hauptsächlich war dies der Fall bei den Regimentern, die die eigne oder sogenannte Regimentswerbung hatten. Denn da bei diesen Regimentern die Compagniechefs die Ausländer selbst stellen mußten, vom Regiment aus Werber sandten — wofür dem Regiment jährlich eine gewisse Summe aus der General-Werbekasse ausgezahlt wurde — so war denselben natürlich sehr viel daran gelegen, daß sie so wenig als möglich Desertion hatten, um aus dem Werbefonds alljährlich brav Ueberschuß in Theilung bringen zu können.

Die Leute wurden also verzogen. Kein Subaltern durfte einen Mann, wenn er auch wirklich stark gefehlt hatte, bestrafen, wenn er sich nicht den Haß aller Capitains des Regiments vom General an — denn leider hatten die Generäle sowie die Commandeurs eigne Compagnien — zuziehen wollte. Die Soldaten, welche gleich alle Schwächen ihrer Obern merkten, kamen bald auch auf den Grund dieser Nachgiebigkeit und traten aus den Schranken aller Subordination. — —

Ein Soldat durfte nur, wenn ihm scharfe Strafe gebührt hätte, raisonniren und so einige Worte vom „verdammten Hundeleben, was er recht satt habe", sprechen, die Oesterreicher oder andre benachbarte fremde Dienste loben, so kam er gewöhnlich mit Arrest, oder mit einer die Strafe selbst lächerlich machenden Körperzüchtigung davon.

Durch den Geist des Widerspruchs und der Insubordination, den die Soldaten bei allen Gelegenheiten, besonders gegen die Subaltern-Offiziere an den Tag legten, indem letztere sich immer und ewig durch die Compagniechefs in ihrer Autorität gekränkt sahen — faßte der Geist der Insubordination auch bei den Officiers Wurzel und sie widersprachen ihren Capitains, die Capitains zankten sich mit den Stabsofficieren, für welche sie keinen Respect hegten, indem sie gemeinschaftliche Kasse hatten und ebenfalls Theil an dem nahmen, was allenfalls auch auf Kosten des Soldaten erübrigt wurde.

Daß dieser Geist der Insubordination bei einem Regiment stärker war als bei dem andern, begreift sich leicht; am Gewaltigsten herrschte er, wie schon erwähnt, in den Regimentern, die eigne Werbung hatten."

Die Schilderung scheint übertrieben, aber sie ist es nicht; alle Offiziere, welche zu jener Zeit lebten, welche mit den Verhältnissen der preußischen Armee bekannt waren und sich einen freien Blick bewahrt hatten, sprechen sich in ähnlicher Weise, viele noch weit schroffer und mit noch größerer Verachtung gegen die preußischen höhern und niedern Militärs aus. Die berühmten vertrauten Briefe, welche von dem Kriegsrath von Cölln herrühren, sagen:

„Die adligen Offiziere, schon verdorben, ehe sie in den Dienst kamen, fanden hier nur den Auswurf ihres Geschlechts als Vorbilder, der Dienst war ihnen Nebensache. Ihre Vorgesetzten waren ihnen ein Gespött, Subordination ein lästiger Zwang, Uniformität dumme Etikette, der Gemeine ein Klotz, an dem sie ihr Müthchen kühlten, wenn sie üble Laune hatten.

Die Nächte in den Freudenhäusern, in Sauf- und Spielgesellschaften zugebracht, machte sie den Tag über für jedes ernste Studium unfähig. Nur Romanlesen und Weiberintriguen machten ihre Beschäftigung aus.

In den Provinzialstädten dachten sie nur an Verführung anderer Eheweiber, an Eheversprechungen, unschuldige Mädchen zu täuschen und an Betrügereien im Spiel oder wie sie Schulden machen könnten, die sie nie zu bezahlen dachten.

Dabei waren sie herrisch und arrogant, verachteten alle andern Stände und despotirten sie, wo es nur möglich war und dachten an nichts weniger als an das Studiren militairischer Wissenschaften.

Ihre militairischen Uebungen waren nur praktisch; ihnen fiel es nicht ein, die Beweggründe aufzusuchen. Jedes neue Manöver lernten sie, wie der Handwerker einen neuen Handgriff in seiner Kunst.

Sie waren die größten Ignoranten in der ganzen Nation. Müßiggang, der Faulheit erzeugt, und Ausschweifungen, die Nervenschwäche zur Folge haben, machten sie selbst für kleine Uebungen unfähig, für den Krieg unbrauchbar.

Die Generale dachten nur daran, wie sie die Armee zu einem Spielzeug herabwürdigen wollten. Alle ihre neuen Ideen strebten nach diesem Ziel."

Und wie die Offiziere, so auch die Civilbeamten, welche zum größten Theil ihre Stellen den unter Friedrich Wilhelm II. herrschenden Maitressen und Günstlingen verdankten. Die vertrauten Briefe erzählen:

„Die allgemeine Liederlichkeit, die vom Hofe ausging, hatte auch diese Klasse ergriffen; keiner kam mit dem ihm noch überdies karg zugemessenen Sold aus. Der Offiziant nimmt also zum Schuldenmachen seine Zuflucht und diejenigen, welche die königlichen Finanzen verwalten sollen, können ihren eignen nicht vorstehen.

Aus diesem Schuldenwesen entstehen die größten Niederträchtigkeiten, deren sich der Offiziant erlaubt: Bestechungen und Verfälschungen, wovon ich die unglaublichsten Beispiele erzählen könnte. Es ist so weit gekommen, daß der Rechtschaffene, der auf Ehre und Pflichterfüllung hält, bespöttelt, ausgelacht, verfolgt, verläumdet und zurückgesetzt wird.

Was die höhern Offizianten, Präsidenten, Minister und geheimen Finanzräthe anlangt, so giebt es unter ihnen wohl noch verschiedene, die in Friedrichs des Großen Geiste leben; sehr viele sind nur von dem Prinzip der Selbsterhaltung ausgegangen, haben sich Connexionen zu verschaffen gesucht, Güter gekauft, mehrere einträgliche Posten zu combiniren gewußt und nur daran gedacht, sich zu bereichern.

Es war unter dem jetzt verstorbenen König in Berlin nur ein Studium: Wie man sich den regierenden Personen bei Hofe nähern wollte, sei es ein Schurkenstreich oder eine schlechte Handlung, das galt gleichviel!

Wenn es hieß: N. N. hat Connexionen, so machte man ihm Complimente und ein Kammerpräsident hätte es nicht gewagt, einen seiner Canzellisten hart anzufahren, wenn er gehört hätte, daß er die Waschzettel der Gräfin Lichtenau schrieb.

Solche Menschen wurden dann begünstigt, befördert, übertragen, ihre Fehler übersah man und drückte dagegen oft den rechtschaffenen, fleißigen Arbeiter, der zu edel dachte, als den Hofschranzen nachzulaufen, der alsdann mißmuthig und mit Verdruß seinem Amt vorstand."

Ein verderbter Adel, ein bestechlicher Beamtenstand und ein vergnügungssüchtiges, sitten- und gesinnungsloses Volk, dies war in der That die Fäulniß vor der Reife, welche Mirabeau in Preußen prophezeit hatte!

In diesem Staat sollte ein junger, bisher von allen Regierungs-Geschäften geflissentlich fern gehaltener Fürst das Regiment führen. Wie war Friedrich Wilhelm vorbereitet zu einer so schwierigen Aufgabe?

Friedrich Wilhelm III. war am 3. August 1770 geboren, freudig begrüßt von seinem Großoheim, dem regierenden König, der auf ihn alle die Liebe übertrug, welche er seinen übrigen Verwandten entzog.

So lange Friedrich der Große lebte, sorgte er redlich für die Erziehung des Prinzen, auf den er stolze Hoffnungen setzte. Er glaubte in dem Knaben einen energischen Charakter sich entwickeln zu sehen und diesen auszubilden war er eifrig bestrebt.

Als einst der kleine Prinz, wie das häufig geschah, im Studierzimmer des Königs, während dieser arbeitete, mit einem Federballe spielte, flog dieser zufällig auf den Schreibtisch. Der König ließ sich in der Arbeit nicht stören, er warf dem Knaben den Ball wieder zu und schrieb weiter.

Bei dem fortgesetzten Spiel wiederholte sich dies, Friedrich wurde ungeduldig; er sah mit seinen großen blauen Augen den Prinzen drohend an, sagte aber kein Wort, warf ihm noch einmal den Ball zu und setzte seine Arbeit fort.

Der Prinz suchte sich in Acht zu nehmen, aber dies gelang ihm nicht, wieder flog der Ball dem Könige aufs Papier und dieser zeigte sich jetzt nicht so gütig wie vorher; er steckte den Ball ein, um eine Störung zu vermeiden.

Vergeblich bat ihn der Prinz um Verzeihung, vergebens versprach er, daß er den Ball künftig vorsichtiger schlagen wolle, Friedrich schlug die Bitte ab und setzte seine Arbeit fort.

Da wurde der Knabe ungeduldig, er stemmte trotzig die Arme in die Seite und fragte mit drohender Miene:

„Ich frage Ew. Majestät, ob Sie mir jetzt meinen Ball wiedergeben wollen oder nicht?"

Friedrich der Große schaute seinen Großneffen lächelnd an; er streichelte ihm freundlich den Kopf und indem er den Ball aus der Tasche hervorzog, sagte er:

„Dir werden sie Schlesien nicht wieder nehmen."

Die bekannte Anekdote ist, selbst wenn ihr historischer Werth zweifelhaft sein sollte, bezeichnend für den Geist, welcher Friedrich den Großen bei der Erziehung seines einstigen Nachfolgers leitete; er wollte ihn zu einem selbstständigen Mann heranbilden.

Der Unterricht des Prinzen wurde tüchtigen Lehrern anvertraut. Seine geistige Bildung schritt in Folge dessen so kräftig vor, daß Friedrich der Große mit dem Erfolge derselben sehr zufrieden war und einst ausrief: „Dieser wird mich von vorn aufangen."

Der große König, der sonst ein so tiefer Menschenkenner war, täuschte sich leider, denn sein Großneffe besaß gerade diejenigen Eigenschaften nicht, welche er von ihm am meisten wünschte: Entschlossenheit, Selbstständigkeit und geistigen Muth. Es fehlte ihm überhaupt an bedeutenden Anlagen, sein Geist vermochte sich nirgends über die Mittelmäßigkeit zu erheben; er lernte tüchtig, mit großer Pflichttreue unterzog er sich allen Anforderungen seiner Lehrer, durch Redlichkeit und Wahrheit suchte er sich die Zufriedenheit und das Wohlwollen derselben zu erwerben und dies gelang ihm; er erzielte ganz achtungswerthe Erfolge. Aber etwas Bedeutendes vermochte er nicht zu leisten, dazu fehlten ihm die natürlichen Anlagen.

Er war bestrebt, sich die Zufriedenheit und Achtung seiner Lehrer zu erwerben, deshalb arbeitete er unverdrossen und der Fleiß erzielte Erfolge, welche leicht über die Fähigkeiten täuschen konnten.

Friedrich Wilhelm war, als Friedrich der Große starb, sechzehn Jahr alt. Er erhielt jetzt einen Gouverneur, den Grafen von Brühl und einen Adjutanten, den Major von Köckeritz. Der letztere gewann auf den Jüngling einen großen Einfluß, weil der Prinz gerade in ihm diejenigen Charaktereigenschaften fand, welche er am meisten liebte.

Köckeritz war als ein armer Knabe im Cadetten-Corps erzogen worden, er hatte sich durch Fleiß und Tüchtigkeit die Liebe und Achtung seiner Vorgesetzten und Kameraden erworben. Voll Herzensgüte behandelte er als Offizier die Soldaten mit großer Leutseligkeit und Humanität. Er war bescheiden und ehrlich. — Dies alles waren Eigenschaften, welche ganz denen, durch die der Kronprinz sich selbst auszeichnete, glichen. Köckeritz erwarb sich durch dieselben die Achtung und Liebe des jungen Prinzen, er wurde dessen treuester Freund.

Friedrich Wilhelm war in das Alter getreten, in welchem der künftige Herrscher zu einer Theilnahme an den Regierungs-Geschäften hätte herangezogen werden müssen. Das aber geschah nicht. Er hatte sich so oft unverhohlen über die Maitressen- und Günstlingswirthschaft am Hofe Friedrich Wilhelms II. ungünstig ausgesprochen, daß Wöllner und Bischofswerder, die damals allmächtigen Minister, seinen Einfluß fürchteten. Sie hielten ihn fern von jeder ernsten Thätigkeit, kaum war ihm gestattet, den Sitzungen der verschiedenen Regierungs-Collegien beizuwohnen. Am Hofe aber durfte er nicht fehlen, er war gezwungen, ein Gast bei den Festen seines Vaters zu sein. Er mußte seinen Ingrimm zügeln, wenn er sah, daß Maitressen und Günstlinge die Gelder des Staates vergeudeten. Das ausschweifende Leben des Vaters beleidigte sein tiefes sittliches Gefühl, und doch mußte er schweigen, ja sogar der Gräfin Lichtenau, der tief verhaßten Maitresse seine Achtung bezeigen, ihr an einem Feste öffentlich die Hand küssen. Er gehorchte, aber vergessen hat er diesen Handkuß niemals.

Die einzige Thätigkeit, welche dem Kronprinzen gestattet wurde, war das Soldatenspiel; diesem gab er sich daher mit vollem Eifer hin. Im Jahre 1790 erhielt er das Patent eines Obersten und den Befehl über das in Potsdam stehende Regiment Preußen.

Auch den Krieg lernte der Kronprinz kennen. Ausgezeichnet hat er sich in demselben, als er den Vater in den Feldzug gegen Frankreich begleitete, durch seine Unerschrockenheit und seinen persönlichen Muth, nicht durch Feldherrntalent, dazu fehlte ihm die Gelegenheit.

An dem glänzenden Königshof seines Vaters stand der Kronprinz allein. Mit jedem Tage wurde er verschlossener. Da er ferngehalten wurde von allen Regierungs-Geschäften, von jedem Einfluß, vermochte er auch kein Selbstvertrauen zu gewinnen, er fühlte seine Unbedeutendheit und dadurch wurde in ihm eine Abneigung gegen alle höher begabten Naturen erzeugt. Die Genialität, welche er nicht zu begreifen vermochte, war ihm zuwider und ist ihm zuwider geblieben während seines ganzen Lebens. Deshalb zeigte er gegen die großen Denker und Philosophen schon als Jüngling und später mehr noch als König eine Abneigung. Mit geistreichen Leuten trat er nicht gern in Verkehr, seine Gesellschafter suchte er unter Männern, die begabt waren mit einem gesunden nüchternen Verstande, unter solchen, die er zu begreifen vermochte.

Die Abgeschlossenheit, in welcher Friedrich Wilhelm leben mußte, machte ihn mißtrauisch. Der einflußlose Jüngling hatte nur wenige Freunde, mit denen er offen und rückhaltslos verkehren konnte, denn das Hofgesindel hütete sich wohl, die Gunst des Königs durch eine Zuneigung zum Kronprinzen zu verscherzen. Die schönen Hofdamen hätten dem stattlichen jungen Mann wohl gern sein einsames Leben durch ihre Liebe versüßt, sie waren gar nicht spröde und manche spannte die Netze ihrer Coquetterie aus, um den Unerfahrenen anzulocken. Es war ein vergebliches Bemühen; Friedrich Wilhelm war für wahre Liebe empfänglich, nicht aber für eine flüchtige, sinnliche Liebelei, das frivole Wesen der Damen in der Berliner vornehmen Gesellschaft erregte nur seinen Abscheu. Er war durch das Beispiel des Vaters nicht verdorben, sondern im Gegentheil sittlich gekräftigt worden.

Der Kronprinz hatte das dreiundzwanzigste Jahr erreicht, als er sich während des französischen Feldzuges im Jahre 1793 mit seinem Vater im Winterquartier zu Frankfurt am Main befand. Zwei junge Prinzessinnen, die Töchter des Herzogs von Mecklenburg-Strelitz reisten durch die Stadt, sie wurden dem preußischen König vorgestellt und von ihm zur Tafel geladen. Hier sah Friedrich Wilhelm die beiden schönen Schwestern, Louise und Friederike zum ersten Mal. Er hat später seinem treuen Freund und Diener, dem Bischof Eylert oft erzählt, der Augenblick der neuen Bekanntschaft mit der Prinzessin Louise sei auch zugleich der Moment der wechselseitigen Zuneigung gewesen, und eine innere Stimme habe ihm gesagt, „die ist es oder sonst keine auf Erden!" In seiner eigenthümlichen Weise zu sprechen erzählte er, wie Eylert uns mittheilt:

„Habe mal über diese wunderbare wechselseitige Sympathie, in welcher verwandte Herzen sich gleich beim ersten Blick begegnen und finden, etwas sehr Schönes in Schiller's Schriften gelesen, was treffend und wahr bezeichnet ist, wie mir und meiner seeligen Louise zu Muthe war, als wir uns zum Erstenmal sahen, und wie wir uns nachher oft bekannt haben. Es war keine verliebte Sentimentalität, sondern ein bestimmtes klares Bewußtsein, was gleichzeitig im Lichtblick ihre und meine Augen mit einer Thräne netzte."

Die Stelle im Schiller, auf welche der König hingedeutet hatte, fand Eylert in der Braut von Messina, da wo Don Cäsar über den Eindruck spricht, welchen Beatrice, als er sie zum ersten Male gesehen, auf ihn gemacht.

Die Prinzessin Louise, damals ein junges Mädchen von siebzehn Jahren, war von einer bezaubernden Schönheit und Liebenswürdigkeit; durch ihren Geist, ihr reines tiefes Gefühl, ihre Güte gewann sie Aller Herzen. Sie gehörte zu den selten begabten Wesen, welche von Allen geliebt werden. Die Männer waren entzückt und die Frauen wurden nicht eifersüchtig.

Die Zeitgenossen, welche sie gesehen, können nicht Worte genug finden, um ihre Reize zu preisen. Der Ritter von Lang nennt sie in seinen Memoiren „eine Zauberin, wenn ich jemals eine gesehen" und Goethe schildert in Dichtung und Wahrheit den Eindruck, welchen das schöne Schwesterpaar auf ihn gemacht hat, mit folgenden Worten:

„In mein Zelt eingeschaltet, konnte ich sie vertraulich mit den Herrschaften auf und nieder und nahe vorübergehend auf das Genaueste beobachten und wirklich mußte man diese beiden jungen Damen für himmlische Erscheinungen halten, deren Eindruck auch mir niemals erlöschen wird."

Der erste Augenblick der Bekanntschaft hatte das Geschick des Kronprinzen entschieden. König Friedrich Wilhelm II. willigte gern in eine Verbindung, welche, ein seltener Fall in fürstlichen Familien, aus Liebe geschlossen wurde.

Am 24. April 1793 fand eine Doppelverlobung in Darmstadt statt, die beiden Brüder, Friedrich Wilhelm und Ludwig verlobten sich mit den Schwestern Louise und Friederike.

Am 22. Dezember des Jahres 1793 an einem Sonntage hielt die Prinzessin Louise ihren festlichen Einzug in Berlin. Dort wo heute am Eingange der Linden das Denkmal Friedrichs des Großen steht, hatten die Bürger eine prächtige Ehrenpforte erbaut. Hier empfing eine Deputation die junge Fürstin und begrüßte sie im Namen der Stadt. Eine Schaar junger Mädchen nahte ihr, eins der Mädchen überreichte der Prinzessin eine blühende Myrthenkrone und ein einfaches Bewillkommnungsgedicht. Louise nahm freudig bewegt die Blüthenkrone an, sie umarmte und küßte die Geberin.

So etwas hatte man an dem königlich preußischen Hofe noch nie erlebt! Die Oberhofmeisterin Gräfin von Voß, die Bewahrerin der strengsten Etiquette, war vor Schrecken ganz außer sich, sie wollte die Prinzessin zurückziehen, aber das Unerhörte war einmal geschehen.

"Mein Gott," rief die Dame im tiefsten Entsetzen, "was haben Ew. königliche Hoheit gemacht, das ist ja gegen allen Anstand und Sitte!"

Da schaute die Prinzessin mit ihrem freundlich lächelnden Gesicht sich um, heiter und unbefangen fragte sie: "Wie, darf ich das nicht mehr thun?"

Das einfache naive Wort, welches noch am selben Tage von Mund zu Mund ging, in allen Bürgerhäusern wieder erzählt wurde, hatte der schönen jungen Prinzessin Aller Herzen gewonnen. Es wird ja den Fürsten so leicht, sich die Liebe der Völker zu erwerben! Die Prinzessin aber verstand mehr, als Liebe gewinnen, sie wußte sie sich auch zu bewahren. Niemals ist wohl ein Fürstenkind inniger geliebt, ja es ist nicht zu viel gesagt, feuriger angebetet worden, als die Kronprinzessin und spätere Königin Louise vom Volke Berlin's. Von ihrem Einzuge an bis zum Tage ihres frühen Todes hat sie nur Liebe und Verehrung bei den Berlinern gefunden.

Am 24. Dezember fand die feierliche Vermählung des Kronprinzen und der Kronprinzessin mit allen den Ceremonien statt, welche von altersher am preußischen Königshofe üblich waren. Abends um 6 Uhr traute der Consistorial-Rath Sack das fürstliche Paar im weißen Saal des Schlosses, durch eine Fackel wurde in demselben Augenblick das Signal zur Abfeuerung von 72 Geschützen auf dem Lustgarten gegeben. Um 9 Uhr war im Rittersaale großes Bankett. Zwei Generale setzten bei demselben die Gerichte auf die Tafel, Kammerherren und Hofdamen hatten das Amt der Aufwartung, bis die königlichen Herrschaften den ersten Trunk gethan hatten, dann erst durften sie in den anstoßenden Zimmern sich an den für sie bereiteten Tafeln niederlassen.

Auch der Fackeltanz im weißen Saale wurde nach alter Sitte wieder aufgeführt und mit Trompeten und Pauken begonnen. Die 18 würdigen Staatsminister tanzten mit Wachsfackeln in der Hand voran, so gut die alten Herren dies leisten konnten.

Eine plötzlich erwachende Liebe ist nicht immer der Vorbote einer glücklichen Ehe. Bei dem kronprinzlichen Paare war sie es. Der Prinz fühlte sich im Hofleben so unbehaglich, daß er um so mehr Sinn für eine freundliche Häuslichkeit gewann, und er fand sie. Seine Gemahlin schloß sich eng und innig an ihn an, sie suchte ihren Stolz darin, eine echte deutsche Hausfrau zu werden, als solche im Hause zu schalten und zu walten. Ihr höchstes Streben war es, von der oft sorgenvollen Stirn ihres jungen Gatten durch heitern Frohsinn und durch unbefangene Freundlichkeit die Falten zu verscheuchen.

Die fürstliche Ehe war so glücklich, daß sie in jener entarteten Zeit, in der selbst in den meisten Bürgerhäusern die Banden des Familienlebens gelockert, ja häufig zerrissen wurden, überall als ein Vorbild gelten konnte.

Von den Staatsgeschäften fast ausgeschlossen, konnte der Kronprinz sich ganz dem Familienleben widmen. Im Winter wohnte er in dem kleinen, dem Zeughause gegenüber liegenden Palais, welches auch heute wieder der Kronprinz bewohnt; damals aber war es noch ein einfaches Häuschen von zwei Stockwerken und noch durch keinen Ueberbau mit dem benachbarten Palais des Prinzen Ludwig verbunden.

Noch einfacher war das Schloß auf dem kleinen Landgute Parez bei Potsdam, wo sich der Kronprinz und die Kronprinzessin im Sommer aufhielten. Sie lebten dort wie ein Paar einfache Landleute. Die Prinzessin war stolz darauf, die Wirthschaft selbst zu führen; sie freute sich, wenn die Bauern sie die gnädige Frau von Parez nannten.

Es war ein jäher Sprung aus dem idyllischen Familienleben in die rauhe praktische Wirklichkeit, als Friedrich Wilhelm II. am 16. November 1797 starb und Friedrich Wilhelm III. durch diesen Todesfall auf den Königsthron berufen wurde.

Sechstes Kapitel.

Bischofswerder's Belohnung. — Verhaftung der Lichtenau. — Prozeß derselben. — Kabinetsjustiz. — Fernere Schicksale der Lichtenau.

Friedrich Wilhelm II. hatte kaum den letzten Athemzug gethan, da eilte sofort der General Bischofswerder, um sich dem neuen Könige gefällig zu zeigen. Einer der dienstthuenden Offiziere mußte dem Kommandanten von Potsdam Mittheilung von dem Ableben des Gebieters machen und ihm den Befehl überbringen, sämmtliche Eingänge zum neuen Garten und Marmorpalais militärisch zu besetzen.

Bischofswerder selbst verließ die Leiche, er setzte sich zu Pferde und so schnell ihn das Roß tragen konnte, stürmte er nach Berlin, um als Erster dem bisherigen Kronprinzen die Nachricht, daß er König sei, zu bringen.

Ob Friedrich Wilhelm III. einen großen Schmerz fühlte, als ihm mitgetheilt wurde, sein Vater sei verschieden? — wir wissen es nicht, in üblicher Weise ist es von patriotischen Schriftstellern behauptet worden. Den Ueberbringer der Todesbotschaft begnadigte er, indem er ihm den Stern des schwarzen Adlerordens schenkte.

Bischofswerder sah hierdurch seine Furcht, daß er von dem Thronfolger für die Gunst, die er beim verstorbenen König genossen hatte, bestraft werden würde, beseitigt, aber er war klug genug, nicht ferner auf eine Günstlingsstelle Anspruch zu machen, die er bei Friedrich Wilhelm III. schwerlich ausfüllen konnte.

Er bat, sich zurückziehen zu dürfen und ersuchte den jungen König, durch den Minister Grafen v. Haugwitz seine Befehle zu ertheilen.

Friedrich Wilhelm erfüllte diesen Wunsch, Haugwitz erhielt den Auftrag, sofort nach Potsdam zu reisen und dort die Gräfin Lichtenau verhaften zu lassen, der Zutritt zur königlichen Leiche sollte ihr unter allen Umständen versagt werden, ihre Wohnung im Kavalierhause dürfe sie nicht verlassen, bis Weiteres entschieden worden sei.

Dies waren die ersten Regierungs-Maßregeln Friedrich Wilhelms: die Belohnung eines Unwürdigen mit dem höchsten preußischen Orden und eine Ungerechtigkeit, die durch Nichts motivirte Verhaftung der Geliebten seines Vaters!

Graf Haugwitz, der in den Tagen des Glücks zu den eifrigsten Verehrern der Lichtenau gehört hatte, kam den königlichen Befehlen mit höfischem Eifer nach; er gab die gemessensten Befehle, daß die Gräfin nicht nur verhaftet, sondern auch von allen ihren früheren Umgebungen getrennt werde. Eine Abtheilung des Garde-Regiments rückte vor ihre Wohnung, der Oberst von Zastrow und der Major von Kleist kündigten ihr im Namen des Königs mit leidlich höflichen Worten Arrest an; auch ihre übrigen Wohnungen in Charlottenburg und Berlin wurden versiegelt, Wachen besetzten dieselben.

Alle diejenigen, welche der Lichtenau nahe gestanden hatten, und von denen man fürchten mußte, sie würden Theil an ihrem fernern Schicksal nehmen, traf ein gleiches Loos. Die Mutter der Lichtenau, der Sohn derselben, sogar der Oberst Tampmartin, der als Hofmeister des Sohnes der Lichtenau angestellt war, und dem wir interessante geschichtliche Notizen über jene Zeit verdanken, wurden mit Arrest belegt.

Am folgenden Tage erschien abermals ein Major der Garde bei der Gräfin; er forderte ihr das Portrait der Königin, welches diese ihr geschenkt hatte, ab und die Haft, in der sich die bisher gebietende Geliebte des verstorbenen Königs befand, wurde nun mit äußerster Strenge gehalten; sie durfte ihre Verwandten nicht sehen und erst nach sechs Wochen wurde ihr gestattet, täglich einige Stunden unter Aufsicht spazieren zu gehen.

Diese strenge Haft war vielleicht ein Glück für die Gräfin, sie wurde durch dieselbe geschützt vor dem Ausbruch der Volkswuth, welche besonders in Berlin zu befürchten war, denn ihre alten Feinde hatten hier die schmählichsten Gerüchte über die Gefallene verbreitet.

Da hieß es, sie solle kolossale Summen dem königlichen Schatz gestohlen, die Kronjamanten an sich genommen, ja sogar dem sterbenden Könige noch kostbare Ringe vom Finger gezogen haben; man erzählte, sie sei die bezahlte Spionin der fremden Gesandten gewesen, sie habe diesen die Staats-Geheimnisse verrathen, ja man sprach wahnsinniger Weise davon, der König, an dessen Leben ihr Glück gekettet war, sei von ihrer Hand vergiftet worden!

Und Niemand trat auf, um gegen solche Verleumdungen zu protestiren, alle die Schmeichler, welche die göttliche Lichtenau in früheren Tagen umschwärmt hatten, welche ihr Vermögen und Stellen verdankten, folgten dem Beispiele des edlen Grafen von Haugwitz, sie verließen ihre Wohlthäterin im Unglück.

Die Gräfin blieb viele Wochen in strenger Haft, sie hoffte auf richterliche Untersuchung, denn sie war sich ihrer Unschuld bewußt; wie fleckenvoll auch ihr vergangenes Leben, vom moralischen Standpunkte aus betrachtet, gewesen sein mochte, ein Verbrechen hatte sie sich nicht vorzuwerfen, jeder Gerichtshof mußte sie freisprechen.

Sie harrte vergebens, ein Gerichtshof sollte nicht über sie urtheilen!

Die Untersuchung ihrer Missethaten wurde einer außerordentlichen Kommission übertragen, an welcher der Minister von Reck, der Kammergerichts-Präsident von Kircheisen, der Kabinetsrath Beyme und der Major von Lützow Theil nahmen.

Die Gräfin forderte zu ihrer Vertheidigung einen Rechtsbeistand, aber dieser wurde ihr nicht gewährt.

Die außerordentliche Kommission betrieb die Untersuchung mit Eifer, aber wie sehr sie sich auch bestrebte, eine Schuld aufzufinden, alle ihre Bemühungen waren vergeblich, die unsinnigen Anklagepunkte zerfielen sämmtlich in Nichts.

Die Gräfin sollte Staats-Geheimnisse verrathen haben; sie bewies, daß sie eine direkte Einwirkung auf die Staats-Angelegenheiten niemals gehabt habe, ihr Feind Bischofswerder mußte ihr dies bezeugen; sie solle die königlichen Kassen bestohlen haben, nirgends fand sich die Spur eines solchen Diebstahls, für alle die Gelder, die sie vom Könige empfangen hatte, lagen die Quittungen Friedrich Wilhelms vor.

Der lächerliche Vorwurf, sie habe sich Staatsdomänen schenken lassen, war freilich richtig, aber sie theilte dies Unrecht mit unzähligen Andern, mit den vornehmsten Ministern und Räthen Friedrich Wilhelms.

Die Anklage, daß sie dem Könige seine Diamanten und Ringe gestohlen habe, wies die Gräfin mit Entrüstung zurück, sie gab genau die Orte an, wo die Ringe im Zimmer des Verstorbenen liegen müßten und sie lagen in der That dort. Niemand hatte sich bisher die Mühe gegeben, sie zu suchen.

Nur einen Vorwurf vermochte die Lichtenau nicht zu entkräften, daß sie drei Tage vor dem Tode des Königs das Portefeuille desselben fortgebracht habe; zu sorglos war sie dem Befehle des Königs gefolgt und hatte jene von uns bereits erwähnte Mappe von Maroquin mit ihren Briefen öffentlich nach Berlin gebracht.

Die Briefe waren verbrannt und nicht der Schatten eines Verdachts lag vor, daß dieselben etwas Anderes enthielten, als die Liebes-Intriguen der Lichtenau.

Drei Monate schwebte die Untersuchung, die Kommission bemühte sich vergebens; sie bestand aus zu rechtlichen Männern, als daß diese zu falschen Zeugnissen ihre Zuflucht genommen hätten und so wurde denn die Unschuld der Gräfin in allen ihr zur Last gelegten Anklagen anerkannt.

Obgleich nun aber die Untersuchung nichts, gar nichts ergeben hatte, so wurde doch trotzdem die Gräfin Lichtenau nicht wieder in den Besitz ihres Vermögens gesetzt, sondern durch einen Akt willkürlicher Kabinetsjustiz zu einer zwar sehr milden, aber durch nichts gerechtfertigten Strafe verdammt.

Am 17. Februar 1798 wurde ihr durch eine königliche Kommission eine Kabinetsordre mitgetheilt; diese sprach aus, daß Se. Majestät bestimme, die Gräfin solle die ihr von Friedrich Wilhelm II. geschenkten Güter, ihre Häuser in Charlottenburg und Berlin und jene 500,000 Thaler, welche ihr Friedrich Wilhelm zur Sicherstellung ihrer Zukunft geschenkt hatte, dem Staate zurückgeben, da sie dies alles vom Verstorbenen erpreßt habe, nur ihr Mobiliar und ihr Schmuck sollte ihr bleiben. Die Festung Glogau wurde ihr zum Aufenthaltsorte angewiesen mit dem strengen Befehl, dieselbe nicht ohne Genehmigung des Königs zu verlassen.

Als Gnadengehalt wurden ihr 4000 Thaler jährlich bewilligt, jedoch unter der Bedingung, daß sie es niemals wage, weder mündlich noch schriftlich sich über das gegen sie beobachtete Verfahren oder gegen das königliche Haus zu äußern.

Ueber alles dies mußte sie einen Revers ausstellen; dann wurde ihr erlaubt, nach Berlin zu reisen, um von ihrer Mutter und Schwester Abschied zu nehmen und ihre Angelegenheiten zu ordnen; sie durfte sich aber nicht länger als 3 Stunden und zwar nur in der Nacht in der Residenz aufhalten; von Berlin mußte sie sich sofort nach Glogau begeben.

Die Gräfin Lichtenau hatte ein zu leichtes Temperament, um sich viel Sorge über ihre Zukunft zu machen; in Glogau angekommen richtete sie sich sofort behaglich ein. Mit 4000 Thalern konnte sie in der kleinen Stadt glänzend leben und sie that es, ihr Haus wurde bald der Sammelplatz der geistreichsten Leute aus Glogau und viele Fremde kamen nach der Festung, um die noch immer schöne Lichtenau zu besuchen.

Auch der Liebe war die Lichtenau noch keineswegs abgestorben; ein schöner junger Guittarrenspieler, Namens Fontano wurde in ihr Haus eingeführt und entzückte sie durch seine klangvolle Stimme und sein seelenvolles Spiel so sehr, daß sie, als er sich um ihre Hand bewarb, ihm dieselbe zusagte.

Fontano war ein Baron von Holbein*) der den italienischen Namen angenommen hatte, um sich der Bühne zu widmen; er erhielt von Friedrich Wilhelm III. die Genehmigung der Heirath mit der Lichtenau und dieser wurde im Jahre 1800, nachdem sie noch einmal eidlich versprochen hatte, über ihren Prozeß nichts zu veröffentlichen, die Freiheit ertheilt, Glogau zu verlassen.

Die Heirath wurde vollzogen, aber schon nach wenigen Jahren wieder getrennt, weil der Baron von Holbein seiner Gattin die genügendste Veranlassung gab, sich über seine Untreue zu beklagen.

Die Lichtenau verließ Glogau; zuerst zog sie nach Breslau, später nach Wien und dann wieder nach Breslau zurück.

Im Jahre 1809 hat sie auf Verwendung Napoleons eine Entschädigung für die ihr gegen Recht und Gesetz entrissenen Güter erhalten. Sie beschloß ihr abenteuerliches Leben im Jahre 1820 in Berlin, wo sie in den letzten Jahren ihren Wohnsitz genommen hatte.

Dem Haß gegen die Maitresse seines Vaters hatte Friedrich Wilhelm durch die Verhaftung der Gräfin Lichtenau einen Ausdruck gegeben, den Pflichten des Sohnes kam er durch ein pomphaftes Leichenbegängniß, welches er für den Verstorbenen anordnete, nach.

Die Vorbereitungen zu demselben waren schon am 9. und 10. Dezember getroffen worden; man hatte für den Leichenzug einen eignen mit schwarzem Boy belegten Brettergang errichtet, der vom Portal bei der Wendeltreppe im kleinen Schloßhof durch das große Portal an der Kurfürstenbrücke führte, dann über den Schloßplatz, die Schloßfreiheit, den Lustgarten entlang in einigen Krümmungen sich zum Hauptportal des Doms hinzog.

Für die Zuschauer errichtete man an den Häusern und im Lustgarten Gerüste.

Am 10. wurden 24 sechspfündige Kanonen im Lustgarten aufgefahren, und unter Anweisung des Herrn General von Meerkatz an die Seite der dort befindlichen Kastanienallee gestellt, daß sie Fronte nach dem Packhofe und Zeughause machten.

Am 11., als am Tage des Leichenbegängnisses selbst, waren lange vor Tagesanbruch die Straßen und Häuser lebhaft, und fast ganz Berlin rüstete sich zur Feier desselben.

Viele Fremden, die zur Beiwohnung dieser Ceremonie daselbst eingetroffen waren, hatten die Einwohnerzahl ungemein vermehrt.

Das Geräusch von Fußgängern und Fahrenden hörte man in allen Gegenden der Stadt.

---

*) Holbein hat sich als Lustspieldichter einen bekannten Namen gemacht.

Wenig Menschen blieben in ihren Wohnungen, die Kaufläden waren geschlossen und die mehrsten Gewerbe ruheten.

An diesem Tage wurde kein Schauspiel gegeben.

An den Ecken der Straßen, die zunächst zum Schlosse führten, war schon vom frühen Morgen militairische und Polizeiwache, die jedem den Weg bezeichnet, den er zu nehmen hatte, und für Sicherheit und Ordnung Sorge trug.

Der glänzende Leichenzug setzte sich am Vormittag gegen 10 Uhr vom Schloß aus in Bewegung.

Den Beginn machten zwei Garde-Bataillone, welche das Gewehr verkehrt unter dem linken Arm trugen, ebenso wurden auch die mit schwarzem Flor umwundenen Fahnen verkehrt getragen.

Die Soldaten marschirten, während ihre Musikkorps das Lied „Jesus meine Zuversicht" spielten, dann folgten die zahlreichen Marschälle, denen die Reichs-Insignien von den Ministern nachgetragen wurden, die königliche Leichenwagen mit dem Paradesarg folgte den Reichs-Insignien, ihm voraus gingen fünf adlige Marschälle.

Die schwarzsammtne Decke des Wagens wurde von vier Rittern des schwarzen und rothen Adlerordens gehalten, über den Sarg trugen 12 hohe Offiziere einen prächtigen Baldachin.

Viele Stabsoffiziere geleiteten den Wagen, welchem das Reichspanier, getragen von dem General-Feldmarschall v. Möllendorf, der von den General-Adjutanten des verstorbenen Königs, v. Bischofswerder und v. Jastrow, geführt wurde, folgte.

Unmittelbar hinter dem Panier ging Friedrich Wilhelm III., begleitet von seinen nächsten Verwandten und der Suite, dann folgten abermals Marschälle und Deputationen der verschiedenen Regierungs- und städtischen Kollegien.

Ein königlicher Stallmeister machte mit dem Staats- und Paradewagen des Verstorbenen den Beschluß des Zuges, dem ein Kommando der Garde du Corps folgte.

Die eigentliche Beisetzungsfeierlichkeit fand in dem Dom, der mit gleicher Pracht wie das Paradezimmer ausgeschmückt war, statt.

Wir wollen unsere Leser mit der Beschreibung derselben nicht ermüden; sie entsprach ganz dem prunkvollen Zuge durch großes Trauergepränge und wenig Trauer. Es wurde gesungen und gebetet, 864 Kanonenschüsse und 9 Bataillonssalven ertönten draußen vor der Kirche; drinnen wurde den unsterblichen Tugenden des verstorbenen Königs, wie sich dies von selbst versteht, der gebührende Weihrauch gestreut.

Die von Genz verfaßte Inschrift eines im Dom aufgestellten Erinnerungsgemäldes lautete beispielsweise:

Friedrich Wilhelm II.
durch Grossmuth, Milde und Gerechtigkeit
Vater des Vaterlandes
ging
aus der Mitte seines getreuen Volks
durch die Nacht des Todes
zum Sonnenlichte der Unsterblichkeit
den 16. Nov. 1797.

Die Trauerfeierlichkeit genügte vollkommen der Schaulust der Berliner und Alle gingen befriedigt nach Hause.

Auch in den übrigen Kirchen waren Feierlichkeiten veranstaltet, die sämmtlich den Charakter der beschriebenen trugen; überall wurden mit pomphaften Worten auf die Tugenden des Verblichenen Lobreden gehalten, wie dies ja Sitte ist beim Tode jedes Königs. Hier wurde eine Predigt veranstaltet, dort eine Cantate gesungen; die feilen Versemacher der Residenz hatten ihre besten Kräfte aufgeboten, um sich in ein Uebermaß von Patriotismus hineinzufingen; so lauteten ein Paar Strophen aus einer in der Nikolaikirche aufgeführten Cantate:

„Klagt, Brennen! Klagt des Vaterlandes Leid,
Und stimmt ihn an, den Ton der Traurigkeit,
Den besten König traf des Todes Schlag,
Weint Euerm Freund, ihr Brennen, weint ihm nach.

Ihr Brennen-Söhne, weint dem Edlen nach!
Wir weihn dem Edlen Klag' und Schmerz,
Ihm seufzt die Brust, ihm weint das Herz."

Siebentes Kapitel.

Charakter Friedrich Wilhelms III. — Familienleben des Königs. — Einfachheit des Lebens. — Verbannung der Etikette. — Köckeritz und die Tabakspfeife. — Die Oberhofmeisterin Gräfin von Voß. — Der König und sein Diener. — Charakterzüge des Königs.

Mit großer Spannung blickte das Volk nicht nur in Berlin und in Preußen, sondern in ganz Deutschland auf den jungen König; man kannte seine Fähigkeiten nicht, er hatte ja noch niemals Gelegenheit gehabt, diese zu zeigen, man wußte nur von ihm, daß er ein Gegner des alten, unter Friedrich Wilhelm II. herrschenden Systems sei, daß er ein musterhaftes Familienleben führe, daß er sparsam und einfach sei, keine Neigung zur religiösen Schwärmerei besitze und daß er sich häufig gegen die Wöllnerschen Religions-Unterdrückungen und den Unfug der Rosenkreuzerei ausgesprochen habe.

Je weniger ein Volk vom Thronfolger weiß, je ausschweifender sind die Hoffnungen, welche es auf ihn setzt; auch Friedrich Wilhelm III. theilte das Schicksal, als ein Halbgott zu erscheinen, während er noch Kronprinz war, um als König wieder ein Mensch zu werden.

Alle seine guten Eigenschaften wurden in den Himmel erhoben, Fehler wußte man nicht an ihm, alle Welt erzählte sich das günstige Urtheil welches ein tiefer Menschenkenner, Graf Mirabeau, über den Kronprinzen gefällt habe.

Der Kronprinz, so hatte Mirabeau sich ausgesprochen, werde sich bald der Betrachtung werth machen, Alles, was man von ihm höre, beweise, daß er einen trefflichen Charakter besitze, selbst seine unangenehmen Formen, sein linkisches Wesen, seine Unhöflichkeit hätten ein bestimmtes Gepräge; er verlange überall Gründe zu hören und niemals ergebe er sich einer Debatte, wenn ihm nicht ein vernünftiges „weil" entgegengesetzt werde. Er sei hart und zäh bis zur Rauhheit, aber voll Gefühl und Liebe. Er verstehe es wohl, zu achten und zu verachten!

„Vielleicht — so schließt Mirabeau — hat dieser junge Mann eine große Zukunft!"

Mirabeau täuschte sich, wie das Volk sich täuschte. Dem jungen König fehlten alle diejenigen Eigenschaften, welche in schwer bewegter Zeit einem Fürsten eine große Zukunft ermöglichen. Er war allerdings frei von denjenigen Fehlern, welche die Regierung seines Vaters befleckt hatten, es schmückten ihn diejenigen Tugenden, die das Volk bei Friedrich Wilhelm II. so schmerzlich vermißt hatte, aber es fehlte ihm die Kraft des Geistes und Willens, welche so nothwendig war, um den zerrütteten preußischen Staat wieder in die Höhe zu heben, die ihm Friedrich der Große gegeben hatte.

Anspruchslos und einfach, gewissenhaft in der Erfüllung seiner Pflichten, sittenstreng, liebevoll gegen seine Gemahlin und Kinder, war Friedrich Wilhelm als Privatmann ein trefflicher Mensch, aber die wichtigsten Regenten-Eigenschaften fehlten ihm.

Dem Könige fehlte das kühne Selbstbewußtsein, welches zur kräftigen Initiative treibt, der scharfe, Alles durchdringende Geist, der stets zur rechten Zeit die rechten Mittel findet, die unbeugsame, rücksichtslose Energie, welche sich nicht durch Hindernisse im gewaltigen Fortschritt beirren läßt. Seine Bescheidenheit, eine treffliche Eigenschaft bei einem Privatmanne, eine höchst gefährliche bei einem Könige, ließ ihn stets an seinem eigenen Urtheil zweifeln, sie machte ihn Rathgebern, und zwar oft schlechten Rathgebern, zugänglich. Seine Gutmüthigkeit und Treue fesselten ihn an die Diener, welche es verstanden, sich seine Liebe zu erwerben, und gewährten diesen einen oft nachtheiligen Einfluß. Seine Abneigung gegen jede Genialität erfüllte ihn mit einem unbewußten Vorurtheil gegen bedeutende, geistig über ihm stehende Männer; diesen begegnete er leicht mit Mißtrauen, während er ebenso leicht Vertrauen faßte zu unbedeutenderen, denen er sich gewachsen fühlte, die er zu durchschauen vermochte.

Der Mangel an Selbstbewußtsein machte es ihm schwer, einen Entschluß zu fassen oder den endlich gefaßten energisch zur Ausführung zu bringen; gerade im entscheidenden Augenblick zögerte

er deshalb oft, und obgleich es ihm an einem gewissen Eigensinn, der sich oft nachtheilig geltend machte, nicht fehlte, verfiel er doch in den schwersten Zeiten in ein unsicheres Schwanken, weil er weder sich selbst noch seinen Rathgebern völlig traute. Alle durchgreifenden Maßregeln waren ihm zuwider, er liebte es, an das Alte anzuknüpfen, das Fehlerhafte zu verbessern, er wollte reformiren, nicht umstürzen. Und doch fügte es ein höchst seltsames Geschick, daß gerade er ausersehen war, durch die kühnsten, revolutionärsten Schritte, welche die Macht der Verhältnisse gegen seinen Willen ihm abdrang, der Schöpfer einer neuen Aera, der Gründer eines neuen Staats zu werden.

Er, der die Genialität haßte, mußte dem genialsten Staatsmanne unseres Jahrhunderts, dem Freiherrn von Stein, die Umwälzung aller bestehenden Verhältnisse übertragen; er, der so gern eine milde Reform in's Leben gerufen hätte, mußte sich selbst an die Spitze einer Revolution stellen, einer Revolution im innern Staatsleben, durch welche die Macht des Adels gebrochen, die Selbstständigkeit der Städte hergestellt, die Leibeigenschaft der Bauern aufgehoben, Gewerbe und Handel von den Fesseln des Zunftwesens und der Accise befreit wurde, einer Revolution auch gegen den äußeren Feind, den mächtigsten Unterdrücker deutscher Freiheit, gegen Napoleon!

Einen klaren Verstand konnte man dem König nicht absprechen, aber an Geist fehlte es ihm; er erkannte sehr wohl die Gebrechen, an denen der preußische Staat litt, die Käuflichkeit und Faulheit des Beamtenheeres, den Uebermuth und die Untüchtigkeit der Offiziere, die Zerrüttung des gesammten Staatswesens, die tiefe sittliche Verkommenheit einer Nation, welche ihre Kraft im unablässigen Jagen nach materiellen Vergnügungen vergeudete; er war auch beseelt vom besten Willen, diese Schäden zu heilen, aber die Kraft dazu mangelte ihm.

Halbe Maßregeln kennzeichneten die Regierungs-Thätigkeit Friedrich Wilhelms von ihrem ersten Beginn an.

Der König wollte dem allgemein herrschenden Luxus, der Entsittlichung, welche sich vom Hofe in das Volk verbreitete, entgegenwirken; er hätte vielleicht manche Erfolge erzielen können, wenn er mit der eisernen Strenge seines Urgroßvaters, Friedrich Wilhelms I., das lasterhafte Gesindel vom Hofe gejagt und dadurch diesen zu seiner früheren Einfachheit zurückgeführt hätte, dies aber that er nicht, nur die Lichtenau wurde, wie wir schon erzählten, entfernt, den übrigen Lastersgenossen Friedrich Wilhelms II. wurde kein Haar gekrümmt, sie blieben in ihren hohen Staatsstellen, im Genuß ihrer reichen Einkünfte und konnten fortfahren, zu prassen und zu schwelgen.

Bei Hofe wurden sie freilich nicht mehr mit so gnädigen Augen angesehen wie früher, aber sie wurden doch nicht entfernt und wenn sie nur den zartesten Schleier über ihr sittenloses Leben legten, wenn sie nicht gerade mit cynischer Offenheit, wie dies bisher geschehen war, sich den gröbsten Ausschweifungen hingaben, so durften sie wohl sogar als reuige und gebesserte Sünder auf königliche Gnade hoffen.

Durch sein eignes Beispiel glaubte Friedrich Wilhelm III. sittlichend auf den Hof und das Volk wirken zu können; vergebliches Bemühen!

Der junge König blieb dem Leben treu, welches er als Kronprinz geführt hatte. Die Hofherren glaubten, er werde aus dem unansehnlichen kleinen Hause am Opernplatze, welches er bisher bewohnt hatte, hinüberziehen nach den prächtigen Sälen des Schlosses, um dort seinen Königshof anzuschlagen. Sie täuschten sich. Friedrich Wilhelm blieb so einfach und bescheiden, wie er als Kronprinz gewesen war, auch als König.

„Der König wird von den Einkünften des Kronprinzen leben müssen," dies war eines seiner ersten Königsworte. Er wollte nicht dem Lande die schweren Lasten eines prachtvollen Hofes auferlegen, deshalb blieb er ruhig in dem bisherigen Palais, so wenig dies auch für einen König geeignet erschien, deshalb wehrte er jede königliche Auszeichnung, wenn auch freundlich, ab.

Als ihm unmittelbar nach seiner Thronbesteigung der Hofmarschall zwei Schüsseln mehr als früher auf den Küchenzettel gesetzt hatte, fragte er lächelnd: „Wozu das, ich habe doch seit gestern keinen größeren Magen bekommen!" Sein Kammerdiener wollte ihm beim Eintritt in das Frühstückzimmer die beiden Flügelthüren öffnen; auch das duldete der König nicht. „Bin ich denn seit Kurzem so dick geworden, daß eine Thür für mich nicht weit genug ist?" war seine Frage, und ähnlich verfuhr er bei allen gleichartigen Gelegenheiten.

Wenn er ausfuhr, verschmähte er die prachtvollen Staatskarossen; im einfachen offenen, zweispännigen Wagen, die Königin an seiner Seite, zeigte er sich dem Volke. In seiner Häuslichkeit lebte er wie ein wohlhabender Privatmann, so hielt er auch seine Tafel, wenn er nicht gerade fremde Gäste hatte. Er sah es gern, wenn die vertrauteren Freunde, die er zu Tische zog, es sich wohlschmecken ließen, wenn ihnen ein gutes Glas Wein mundete. Jede Unmäßigkeit aber war ihm zuwider; er selbst trank höchstens 2 bis 3 Glas Wein.

Die belästigenden Formen der hergebrachten Etiquette hatte der junge König aus seinem Familienkreise durchaus verbannt, er wollte mit seinen Geschwistern, mit Frau und Kindern und mit den alten Freunden wie ein Mensch mit Menschen, nicht wie ein König mit Unterthanen leben. Oft pflegte er zu sagen: „Ich bin von allen Seiten ohnehin schon genug beengt und molestirt, in meinem ehelichen und häuslichen Leben will ich wenigstens meiner Neigung folgen und die Freiheit und Unabhängigkeit haben, die jeder Privatmann genießt." Diesem Grundsatz blieb er treu.

Seine Brüder, die Königin und seine Kinder nannte er Du und ließ sich wie ein guter bürgerlicher Familienvater von ihnen Du nennen. Er sprach in vertrauten Kreisen nie von seiner königlichen Gemahlin, stets von „seiner Frau", die Königin von „ihrem Manne".

Das Verhältniß der beiden Ehegatten war ein zärtlichinniges; die Königin fügte sich freudig den Eigenthümlichkeiten „ihres Mannes", sie hatte dieselben sogar lieb gewonnen. Ihre einfache Herzlichkeit harmonirte mit seinem ganzen Wesen. Wenn sie auch hier und da einmal sich gern im Glanz der königlichen Pracht zeigte — sie fuhr wohl bei festlichen Gelegenheiten reich gekleidet, das Diadem auf dem lockigen Haupte, im achtspännigen Wagen, gefolgt von dem Troß des Hofes, durch die Straßen Berlins und freute sich der ungeheuchelten Bewunderung, welche ihre glänzende Schönheit hervorrief — im täglichen Leben war sie so einfach und anspruchslos, so natürlich und liebenswürdig, wie der König selbst.

Sie fühlte sich nur wohl, wenn sie heitere, freundliche Gesichter um sich sah, deshalb war ihr das Bestreben, für das Wohl ihrer Diener und Freunde zu sorgen, zur andern Natur geworden. Jeder, der in den königlichen Umgangskreis gezogen wurde, sollte sich heimlich und wohl in demselben finden.

Der Bischof Eylert weiß davon unzählige charakteristische Geschichtchen zu erzählen. Eine derselben möge hier ihre Stelle finden.

Der General von Köckeritz war der tägliche Tischgenoß und vertraute Hausfreund des Königs. Schon längst hatte die Königin bemerkt, wie er nach beendigter Tafel früher und schneller, als ihr lieb war, sich zu entfernen pflegte. Den deshalb an ihn gerichteten Fragen war er ausgewichen; auch der König kannte die Ursache nicht, hatte aber geantwortet: „Laß den alten, braven Mann in Ruhe, der muß nach Tisch seine häusliche Bequemlichkeit haben." Die Königin wollte indeß den wahren Grund wissen, forschte und erfuhr endlich, daß es dem alten Kriegsmann Bedürfniß und eine liebe Gewohnheit geworden sei, gleich nach Tische seine Pfeife zu rauchen. Als er des andern Tages sich wieder, wie bisher, flüstern wollte, trat rasch die Königin, eine gestopfte Pfeife, den brennenden Wachsstock und Fidibus in der Hand, mit den Worten vor ihn hin: „Nun, lieber Köckeritz! heute sollen Sie mir nicht wieder entwischen; Sie müssen hier bei uns Ihre gewohnte Pfeife rauchen, — stecken Sie an!" „Das hast Du, liebe Louise," sprach der König, „charmant gemacht!" und der treue Diener nahm dankbar die ihm willkommene Pfeife an, — und es geschah damit fortan also.

Eine Tabakspfeife im königlichen Zimmer, angezündet durch die Königin selbst; dies wäre selbst im Tabaks-Collegium Friedrich Wilhelms I. unerhört gewesen. Den Hofleuten, die alt geworden waren in peinlicher Etiquette, graute vor solchen Neuerungen.

Schon daß König und Königin im vertrauten Familienumgange die alten steifen Formen vergessen hatten, erschien bedenklich; was aber sollte aus den Hofsitten werden, wenn diese Formen auch den Unterthanen gegenüber verletzt wurden! Der Staat mußte zu Grunde gehen! Ein König durfte wohl Maitressen und Günstlinge halten, die Gelder des Staats in den niedrigsten Ausschweifungen verschleudern; das hatten schon viele Könige in Europa gethan, war doch darin der große Ludwig XIV. ein leuchtendes Vorbild gewesen. Unter solchen kleinen Fehlern litt die königliche Würde nicht. Aber die Etiquette, die hochgelobte, die den König schied von andern gewöhnlichen Menschenkindern, durfte er nicht verletzen und noch weniger durfte es die Königin, wenn nicht die Achtung vor dem Königthum im Volke mit Stumpf und Stiel ausgerottet werden sollte.

Die alte Gräfin von Voß, die Oberhofmeisterin war in Verzweiflung über die Neuerungen am Königshofe. Die würdige Dame lebte in den Formen der steifsten Hofetiquette, mit peinlichster Gewissenhaftigkeit hielt sie diese aufrecht, ihr ganzes Wesen war mit ihr auf das Innigste verschmolzen.

Schon als Kronprinz hatte Friedrich die Oberhofmeisterin durch seine Formlosigkeit oft schwer geärgert. Als sie ihm einst, wie dies oft vorkam, über die Nothwendigkeit der Etiquette eine Predigt gehalten hatte, war er scheinbar überzeugt worden. Mit einem Lächeln sagte er: „Nun gut, ich will mich fügen, und um Ihnen davon einen Beweis zu geben, ersuche ich Sie, bei meiner Gemahlin, der Frau Kronprinzessin Königliche Hoheit, anzufragen, ob ich wohl die Ehre haben könnte, ihr mein Compliment zu machen; ich hoffe, sie werde es gnädig gestatten."

Die Oberhofmeisterin war hoch erfreut; endlich war die zu ihrem Schmerz so oft verletzte Hofetiquette wieder einmal zu Ehren gebracht. Sie eilte deshalb so schnell als möglich, die gewünschte Audienz feierlich anzukündigen und zu erbitten; sie zweifelte nicht daran, daß sie eine gnädige Antwort bringen und sich dadurch dem Kronprinzen zu Dank verpflichten werde. Als sie nun aber in das Zimmer der Kronprinzessin trat, da fand sie zu ihrem höchsten Erstaunen den Prinzen, den sie anmelden sollte, schon dort; er hatte „seine Frau" vertraulich unter den Arm genommen und mit ihr spazierte er fröhlich im Zimmer auf und nieder. Er empfing die tief erschreckte Frau, indem er lächelnd sagte: „Sehen Sie, liebe Voß, meine Frau und ich, wir sehen und sprechen uns unangemeldet, so oft wir wollen, das ist so gute christliche Ordnung. Sie sind eine charmante Oberhofmeisterin und verstehen die Etiquette aus dem Grunde, deßhalb soll Sie von nun auch Dame d'etiquette heißen." Und so hieß fortan die würdige Dame; in Scherz und Ernst wurde sie zu ihrem großen Aerger Dame d'etiquette auch von den Herren und Damen des Hofes genannt.

Oft zurückgeschlagen, begann sie doch den Kampf für die Etiquette immer auf's Neue. Wenn auch der Kronprinz die Form verachtet hatte, der König durfte es doch nicht thun. Mitunter ließ Friedrich Wilhelm die Dame gewähren, er beugte sich wohl hier und da ihren Anordnungen, wenn es ihm aber zu unbequem wurde, leistete er kräftigen Widerstand. Darüber erzählt uns der Bischof Eylert ein ergötzliches Geschichtchen.

„Ein andermal war, bei Gelegenheit einer, bei einem der verwandten Höfe zu Berlin abzustattenden großen Gratulations-Tour von dem dabei gebräuchlichen herkömmlichen Ceremoniel die Rede. Die Oberhofmeisterin, mit allen dahin gehörigen Formalitäten bis in's kleinste Detail bekannt, bemerkte: „Die Hin- und Aufsahrt müsse geschehen in einer der ersten Staatskarossen, mit einem Gespann von acht reich angeschirrten Pferden, zwei Kutschern und drei Leibjägern in der besten Uniform." „Gut", sprach der König lächelnd, „so ordnen Sie es denn an." Als des andern Tages diese glänzende Equipage vorgefahren war, hob der König die Frau Oberhofmeisterin mit sanftem Zwange in die prachtvolle Kutsche, schlug schnell die Thüre zu, mit dem Ausruf: „Fort!" und sprang flugs mit der Königin in seinen unmittelbar dahinter haltenden offenen zweispännigen, gewöhnlichen Wagen und fuhr, selbst die Pferde lenkend, zum Jubel der zusammengelaufenen Volksmenge, hinter der prächtigen Karosse her."

Die einfache Natürlichkeit, welche König und Königin in ihrem Privatleben zeigten, war dem Hofe vollkommen unverständlich. Die vornehmen Herren konnten es nicht begreifen, daß ein König Anspruch darauf mache, ein glücklicher Familienvater zu sein. Die natürliche Gutmüthigkeit des Königs erschien ihnen als Schwäche, über welche sie sich im Geheimen lustig machten.

Oft genug gab ihnen Friedrich Wilhelm dazu Gelegenheit, besonders in der vielfach übergroßen Nachsicht, welche er gegen seine Diener zeigte. Diesen war er nicht der strenge König, er ging mit ihnen um, wie ein wohlwollender Hausvater mit seiner Dienerschaft umzugehen pflegt.

Wenn er auch auf strenge Ordnung im Hause hielt, so verzieh er doch leicht kleine Verstöße und sogar größere Vergehen. Er entschloß sich schwer, einen der persönlichen Diener zu entlassen, die meisten blieben viele Jahre lang bei ihm, bis sie durch Erhebung in eine bessere Stellung belohnt wurden für ihre treuen Dienste.

Oft war er zu nachsichtig und strafte selbst da nicht, wo eine Strafe recht an der Stelle gewesen wäre. Als einst im Schlosse zu Potsdam die Mittagstafel gedeckt worden war, bemerkte der Hofmarschall beim Eintreten in den Speisesaal, daß einer von den Lakaien eine Weinflasche am Munde hatte und in vollen Zügen trank. Der Lakai erschreckte beim Anblick des Hofmarschalls so sehr, daß er die Flasche zu schnell ab-

69*

setzte und seine welke Weste mit dem rothen Wein befleckte.

Der Hofmarschall, entrüstet über ein so unanständiges Betragen, kündigte dem Schuldigen die Dienstentlassung an. Er wurde indessen bei seiner Strafrede durch den König unterbrochen, der soeben in den Saal trat.

Der Fatal hatte die Besinnung fast völlig verloren, er kniete vor dem König nieder. Dieser aber wies ihn unwillig zurück. „Vor einem Menschen darf kein Mensch das Knie beugen," rief er, „nur vor Gott! Aufgestanden! Mal wieder durstig, welchen Wein trinken, damit die Weste mit dem rothen nicht so befleckt werde. Diesmal vergeben sein; nicht den Hofmarschall wieder aufbringen, Jeder muß seine Pflicht thun."

Von einer ähnlichen Nachsicht, welche einer großen natürlichen Gutmüthigkeit entsprang, werden uns sehr viele Fälle erzählt. Der König zeigte sie nicht nur gegen seine Diener, sondern häufig auch gegen Fremde. Sie erschien um so überraschender, weil das kurz abgebrochene, fast mürrische Wesen, die seltsame, ruckweise herauskommende Sprache, welche sich der König angewöhnt hatte, gewissermaßen im Gegensatz dazu stand.

Er liebte die Blumen sehr. Mit wahrem Vergnügen besuchte er die Treibhäuser in seinen Gärten, und beobachtete das Wachsen der seltenen Pflanzen. Eine besondere Freude machte es ihm, als ihm einst seine Tochter Charlotte, die Kaiserin von Rußland*), eine aus Asien gekommene, bisher in Deutschland unbekannte Blume von seltener Farbenpracht schickte. Diese wurde von dem Hofgärtner Fintelmann auf der Pfaueninsel nach den Anweisungen Alexander von Humboldt's im Palmenhause gezüchtet und herrlich entfaltete sie sich zu des Königs Freude.

So oft Friedrich Wilhelm die Pfaueninsel besuchte, war sein erster Gang zu der Blume, welche er nach seiner Tochter Charlotte genannt hatte. „Wie geht's meiner lieben Charlotte?" Mit dieser Frage begrüßte er jedesmal den Hofgärtner, der sein Augenmerk darauf richtete, gerade jener Pflanze die ängstlichste Fürsorge zu widmen.

Eines Tages war, wie dies dreimal in der Woche geschah, dem Publikum der Besuch der Insel gestattet. Als der Gärtner, nachdem die Besucher sich bereits wieder verlaufen hatten, in das Palmenhaus trat, sah er zu seinem höchsten Schrecken, daß die Blume abgepflückt war. Er eilte an das Ufer, dort suchte er nach dem Thäter, und nicht lange dauerte es, so erblickte er einen jungen, wohlgekleideten Mann, der die Blume,

---

*) Die Geschichte des Blumenraubes fällt allerdings in eine spätere Zeit als die, welche wir augenblicklich behandeln; wir glaubten sie aber hier den Lesern erzählen zu müssen, weil sie zur Charakterschilderung Friedrich Wilhelm's fast nothwendig gehört.

in seinem Knopfloche trug. Der Uebelthäter wurde verhaftet, er mußte in Gegenwart von Zeugen Namen und Stand nennen. Der Hofgärtner beschloß, persönlich dem Könige über sein Unglück Bericht zu erstatten.

Bald darauf kam Friedrich Wilhelm. Wieder war seine erste Frage: „Was macht meine liebe Charlotte?" Der Hofgärtner erzählte das Vorgefallene und aufgebracht über den Blumenraub, fügte er hinzu, ein solcher Unfug werde nicht eher aufhören, als bis dem Publikum der Besuch der Pfaueninsel verboten würde.

„Was kann denn das Publikum dafür, wenn unter Tausenden Ein Ungezogener ist?" erwiderte Friedrich Wilhelm; „die Insel ist nicht für mich allein da, ich kann nur selten hier sein."

Als ihn nun der Hofgärtner bat, den Raub zur Warnung Anderer strenge zu bestrafen, und ihm das Protokoll, in welchem der Name des Schuldigen stand, überreichen wollte, wehrte ihn der König ab.

„Ich will den Namen gar nicht wissen!" rief er aus, „habe ein unglückliches Gedächtniß, könnte mir einst wieder einfallen, würde dem Manne, wenn er etwas erbitten wollte, nachtheilig sein. Vergessen, vergeben."

Das einfache Wort giebt uns ein lebendigeres Bild von dem Charakter Friedrich Wilhelm III., als es die Bände umfassenden, lobpreisenden Schilderungen*), an denen unsere Literatur reich ist, vermögen. Es zeigt uns die tiefe herzliche Gutmüthigkeit, den hervorstechendsten Charakterzug des Königs, recht augenscheinlich.

Am klarsten trat dieser Zug im Familienleben hervor. Seinen Kindern zeigte Friedrich Wilhelm die ganze Fülle der Liebe, die er sonst unter einem rauhen, oft abstoßenden Wesen verbarg. Jeden

---

*) Der von uns schon vielfach erwähnte Bischof Eylert hat unter dem Titel: „Charakterzüge aus dem Leben des Königs von Preußen, Friedrich Wilhelm III.", ein bänderreiches Werk geschrieben, welches leichter anzugreifen als zu entbehren ist. In peinlichster Detail-Malerei erzählt uns Eylert eine Fülle von Geschichten, wichtigen und unwichtigen. Bei seiner Verehrung für den König sieht er nur Licht, wo doch auch viel Schatten war. Trotzdem bleibt sein Werk wichtig für den Geschichtsforscher, denn Eylert schwieg wohl gern, wo er nicht loben konnte, er suchte seinen Helden zu verherrlichen, aber er log nicht. Nirgend hat er absichtlich die historischen Thatsachen verdreht. Durch seinen langjährigen vertraulichen Umgang mit dem König war er im Stande, viel bisher Unbeachtetes der Oeffentlichkeit zu übergeben, kleine, scheinbar unbedeutende Charakterzüge zu enthüllen und dadurch hat er wesentlich beigetragen, die Widersprüche zu erklären, an denen die Geschichte Friedrich Wilhelm III. so reich ist. Wer allerdings aus dem Eylert'schen Werke allein sich ein Bild von dem Charakter des gleich ungerechtfertigter Weise vielgepriesenen und viel verläumdeten Fürsten machen will, würde weit von der historischen Treue entfernt bleiben, aber zu entbehren ist das Buch trotzdem nicht.

Morgen, nachdem er den Vortrag der Kabinetsräthe gehört hatte, ging er zuerst in die Kinder-
stube. Hier konnte er mit den Kleinen so heiter
und unbefangen spielen wie ein glücklicher Vater
es nur vermag. Jede Kleinigkeit, welche die
Königin von den Kindern ihm erzählte, war ihm
von Interesse. In den Taschen hatte er stets
kleine Geschenke, um die Fleißigen und Artigen
zu belohnen.

Er ging niemals schlafen, ohne noch einmal
an der Hand der Gattin in das Schlafzimmer
der Kinder zu gehen und die Schlummernden
freudig zu betrachten.

Wenn der Weihnachtstag nahte, dann war er
Wochen vorher besorgt, den Christbaum zu
schmücken, für jedes Kind ein Geschenk auszu-
suchen, welches passend und überraschend war. Er
ließ es sich nicht nehmen, selbst die Lichter am
Weihnachtsbaum anzuzünden, und seine größte
Freude war es, wenn die Kinderschaar jubelnd
den Christbaum umhüpfte, wenn er an der Seite
der geliebten Gattin den Spielen der Prinzen und
Prinzessinnen zuschauen konnte.

Die Sittenstrenge, welche sowohl der König
als die Königin zeigte, ihre Einfachheit und
Sparsamkeit, welche keineswegs aus Geiz entsprang, wir werden bald Gelegenheit haben, von
eleganten Hoffesten zu sprechen, sollten auf den
Hof und das Volk als gutes Beispiel wirken;
dies geschah aber nur in unbedeutendem Maße.

Einige Hofherren, welche nach der Gunst
Friedrich Wilhelms strebten, affektirten wohl ein
sittenreines Leben, Einfachheit in ihrem Haushalt,
Zärtlichkeit gegen ihre Frauen; im Geheimen aber
gaben sie sich nur noch ärgern Ausschweifungen
als früher hin, und selbst diejenigen, die wenigstens den Schein wahrten, blieben vereinzelt. Im
Großen und Ganzen war, wie wir bald noch des
Nähern zu erzählen haben werden, Ton und
Sitte unter den Hofleuten nur wenig geändert
und auf den entarteten Bürgerstand in Berlin
wirkte das Beispiel des Königs gar nicht ein.

Achtes Kapitel.

Regierungsmaßregeln. — Brief des Königs
an Köckeritz. — Friedrich Georg. — Die unwürdigen Räthe. — Kabinetsordre an die
Beamten. — Wöllner's Entlassung. —
Hans von Held. — Kabinetsordre an die
Offiziere. — Die berüchtigte August-
Schlittenfahrt. — Wissenschaftliche Bestrebungen. — Verbesserung der Volks-
schule.

Nicht glücklicher, als in seinem Streben, durch
sein eigenes bescheidenes, sittenreines Leben seinem
entarteten Volke ein Beispiel zur Nacheiferung zu
geben, war Friedrich Wilhelm in denjenigen Regierungshandlungen, welche darauf hinzielten,
Ordnung in die zerrüttete Regierungsmaschine zu
bringen, da er auch hierbei zu kräftigen, durchgreifenden Regierungs-Maßregeln sich nicht ent-

schließen konnte. Er hatte den besten Willen,
aber er griff zu den falschesten Mitteln.

Zu den alten Dienern seines Vaters hatte er
kein Vertrauen und dennoch scheute er sich, sie
zu entlassen, denn in sich selbst fühlte er nicht
die Kraft, neu zu schaffen und zu organisiren;
er bedurfte eines ehrlichen und gewissenhaften
Rathgebers, eines Freundes und er glaubte diesen in einem Manne gefunden zu haben, der ihm
seit langer Zeit nahe stand, in seinem Adjutanten, dem Herrn v. Köckeritz.

Am Abend desselben Tages, an welchem Friedrich Wilhelm den Thron bestieg, schrieb er seinem
Freunde einen Brief, der ein ehrendes Denkmal
für die Gesinnung des jungen Königs ist, er
sagte in demselben:

„So lange ich Sie nun kenne, vorzüglich aber
in den letzten Jahren, wo ich Sie täglich zu sehen
und zu beobachten Gelegenheit gehabt, habe ich
mich immer mehr in der Idee bestärkt gefunden,
in Ihnen einen Mann zu besitzen, der mir dereinst durch seinen Biedersinn, richtige Beurtheilung, natürlichen Verstand, festen Charakter und
die erprobteste Rechtschaffenheit ganz vorzügliche Dienste zu leisten im Stande sein wird.

Mit Recht setze ich nun mein ganzes Vertrauen auf Sie und zwar aus oben angeführten
Gründen.

Ich bin ein junger Mensch, der die Welt noch
immer zu wenig kennt, um sich gänzlich auf sich
selbst verlassen zu können und um nicht befürchten zu müssen, bei aller Vorsicht von untadelichen
Menschen betrogen zu werden; ihm muß daher
ein jeder gute Rath, sobald er redlich gemeint,
willkommen sein. Diesen guten Rath erwarte
ich aber vorzüglich von Ihnen und zwar abermals
aus den oben angeführten Ursachen.

Ich bitte Sie daher, bleiben Sie immer mein
Freund, so wie Sie es bis jetzt gewesen sind;
verändern Sie nicht Ihre Art, gegen mich zu
denken und sein Sie überzeugt, daß ich immer
derselbe bin, mag sich auch mein Titel verändern,
wie er will! In meiner künftigen Lage brauche
ich einen wahren Freund und Rathgeber mehr,
als jeder Andere. Nichts ist aber alsdann schwerer, als einen solchen zu finden.

Niemand irrt sich mehr in der Beurtheilung der Menschen, als ein Fürst und
dies ist ganz natürlich; denn Jedermann ist bemüht und gewöhnt, sich selbst in dem Lichte vorzustellen, seine Höcker und Fehler weislich zu verbergen und immer im Angesicht des Fürsten anders zu erscheinen, als er wirklich ist und zwar
so, wie er seine Absicht am Besten erreichen zu
können glaubt.

Man lernt sehr bald die Launen und Lieb-
lingsneigungen eines Fürsten kennen und alsdann
wird es dem gewitzigten Menschenkenner nicht
schwer, seine Maske, in der er erscheinen will,
darnach zu formen.

Von Ihnen also erwarte ich, daß Sie sich ohne
Geräusch und ohne besondere Absicht merken zu

lassen, nach braven, rechtschaffenen und einsichtsvollen Männern umsehen und zu prüfen bemüht sind, wie und auf was für Art man sie besser zu brauchen und zu belohnen im Stande wäre. — —

Nach vielem Hin- und Hersinnen und nach meiner innern Ueberzeugung weiß ich kein besseres Mittel, um die Zerrüttung in den Finanzen wieder herzustellen und ein auf Ordnung ruhendes festes System der Staatsverwaltung einzuführen, als wenn ich die erfahrensten und geschicktesten Staatsmänner anhero berufe und eine Commission niedersetze, welche alle Branchen der innern Staatsverwaltung durchgehe und prüfe, um sodann die Mittel zu deren Verbesserung und zur Abstellung der eingeschlichenen Mißbräuche ausfindig zu machen, mir selbige sodann vorlegen zu lassen, selbst zu untersuchen und dasjenige, was ich für richtig und anwendbar finde, einzuführen. — —

Bei allen Conferenzen werden Sie zugegen sein, um als Zeuge der Verhandlungen mir in Kurzem rapportiren zu können. Sie kennen meine Denkungsart; sollten Sie daher bemerken, daß man hier oder da zu weit ginge, oder die gute Absicht, die ich dabei habe, verfehlt würde, oder auch Beschlüsse gefaßt würden, die Sie, Ihrer innern Ueberzeugung nach, für unrecht hielten, so könnten Sie Ihre Meinung über einen solchen Gegenstand den Uebrigen mittheilen.

Kann man Sie nicht durch Beweise von der richtigen Prozedur überführen, so haben Sie darauf anzutragen, mir die Sache zur Entscheidung vorzulegen, nochmals aber mit gescheidten Männern darüber zu sprechen und mir deren Urtheil zu hinterbringen.

Sollten Sie Uneinigkeit, heimlichen Haß oder Caprice unter den Mitgliedern entdecken, so sind Sie berechtigt, sie in meinem Namen auf den Zweck ihrer Zusammenberufung aufmerksam zu machen und dahin zurückzuführen, die Gemüther zu beruhigen und sie zu vereinigen zu suchen.

Ihr richtiger grader Verstand, gute Beurtheilung und Kaltblütigkeit werden Ihnen hierzu die besten Mittel an die Hand geben und besitzen Sie auch hierzu die erforderliche ungekünstelte Beredtsamkeit.

Aus allem diesen werden Sie ersehen, daß Sie einen großen Geschäftskreis inskünftige werden zu besorgen haben. Bleiben Sie daher immer der nämliche redliche Mann!"

"Niemand irrt sich mehr in der Beurtheilung der Menschen, als ein Fürst!" So hatte Friedrich Wilhelm geschrieben; die Wahrheit seines Worts bewies er auf das Klarste durch die Wahl des Herrn v. Köckeritz zum vertrauten Rathgeber, denn es war kaum möglich, einen weniger geeigneten Mann zu einer solchen Vertrauensstellung zu finden, als diesen.

Köckeritz war ein gutmüthiger, aber durchaus unbedeutender Mensch. Der spätere Minister v. Stein, ein scharfer Beurtheiler, schildert ihn treffend, indem er sagt:

„Köckeritz war ein ehrlicher, wohlmeinender, nach seiner Ueberzeugung dem König rathender Mann, aber von eingeschränkten Begriffen und ohne Bildung. Er hatte sein ganzes Leben mit dem kleinen Dienst in der Poisdamer Garnison zugebracht, wo mit der größten Strenge auf Vernichtung der Selbstständigkeit, auf Hingebung und Mönchsgehorsam hingewirkt wurde.

Hier bildete sich sein beschränkter Kopf zum Repräsentanten der Gemeinheit und Untergebenheit aus, der, nur der flachsten Ansichten fähig, nichts wünschte, als Ruhe und Frieden von außen, Verträglichkeit im Innern, um ungestört seine Spielpartie und Tabakspfeife genießen zu können.

Wie sollte ein solcher Automat Gefühl haben für National-Ehre und Selbstständigkeit; begreifen, daß in der Krise, worin unser Zeitalter sich befindet, diese Güter nicht anders, als durch Kampf und Anstrengung erhalten werden konnten und daß Lagen einträten, wo es Pflicht war, zu einem solchen Kampf mit Aufopferung seiner Behaglichkeit und Unterbrechung des gewöhnlichen Ganges seiner Vegetation zu rathen.

Köckeritz hatte gar keinen Begriff von der Wichtigkeit seiner Vertrauensstellung. In seiner Gutmüthigkeit protegirte er Jedermann, der irgend einen Wunsch hatte, denn es machte ihm Freude, der Gnaden-Austheiler des Königs zu sein.

Natürlich waren die Bittsteller nicht immer die würdigsten, denn Leute von Verdienst geben sich zu Gnadengesuchen selten her. Der königliche Rathgeber wurde vielfach mißbraucht; er stand am Hofe im Rufe großer Dummheit, der Herzog von Braunschweig nannte ihn einst „einen ausgeschnittenen Kürbiskopf ohne Licht im Innern". Von dieser Dummheit wollte jeder Höfling profitiren und dies gelang denn auch.

So kam es, daß Friedrich Wilhelm, der dem Günstlingswesen ein Ende gemacht zu haben glaubte, durch seinen eignen Rathgeber, den er sich im besten Glauben von der Welt erkoren hatte, der alten Wirthschaft Thür und Thor öffnete.

Köckeritz war ebenso wenig geneigt zu radikalen Reformen und ebenso wenig zu denselben befähigt, wie der König selbst. So blieb denn Alles ziemlich beim Alten, obgleich es an äußern Anregungen zu einer Neugestaltung des Staats durchaus nicht fehlte.

Von verschiedenen Seiten her bekam Friedrich Wilhelm gediegene Rathschläge, aber er befolgte dieselben nicht, denn er besaß die Eigenthümlichkeit der meisten schwachen Charaktere, er wollte selbstständig sein, so sehr er der Leitung bedurfte, er war eifersüchtig auf seine königliche Macht und wo sich ihm Rath aufdrängte, da wies er ihn mißtrauisch zurück.

Ein solcher sehr wohlgemeinter, aber nicht geforderter und darum wirkungsloser Rath wurde dem König von dem in Berlin lebenden Kriegsrath Friedrich Gentz in einem offenen Brief gegeben, der bei Vieweg in Berlin gedruckt und merkwürdiger Weise von der Censur und Polizei nicht lassirt worden war.

Die Druckschrift drang bis zu Friedrich Wilhelm, dem sie durch den Kabinetsrath Mencken, einen freisinnigen und rechtschaffenen Mann, vorgelegt und warm empfohlen wurde.

Friedrich Wilhelm las den merkwürdigen Brief, der in freimüthiger Sprache durchgreifende Reform forderte, aber die Rathschläge, welche ihm in demselben ertheilt wurden, befolgte er nicht. Der Verfasser blieb unbeachtet, er fühlte sich dadurch so gekränkt, daß er bald Preußen verließ. Gentz ist demnächst in österreichische Dienste getreten und hat dem Fürsten Metternich seine Feder verkauft.

Hätte Friedrich Wilhelm die ihm von Gentz gegebenen Rathschläge befolgen wollen, so würde vor allen Dingen eine Entfernung fast aller der Männer nothwendig gewesen sein, welche unter seinem Vater die höchsten Staatsämter bekleidet hatten; zu einem so radikalen Schritt aber konnte sich der König nicht entschließen; er ließ die Kreaturen der Lichtenau, Wöllner und Konsorten ruhig in ihren einflußreichen Posten; Graf Haugwitz, ein Mensch, dem es an allen Eigenschaften eines guten Diplomaten fehlte, blieb Minister der auswärtigen Angelegenheiten. Durch Ausschweifungen frühe an Leib und Seele erschöpft war er ein schwacher Mann von höchst beschränkten Geisteskräften; bequem, leichtfertig, abergläubig, vergnügungssüchtig ließ er sich von allen denen leiten, welche seine Schwächen kannten und geschickt genug waren, dieselben auszunutzen, am Meisten von seinem Kabinetsrath Lombard, einen außerordentlich witzigen und geistreichen Mann, der über ihn einen fast gebietenden Einfluß ausübte.

Lombard hatte sich aus dem niedrigsten Stande in der Staatskarriere emporgeschwungen, er war der Sohn eines Friseurs der französischen Kolonie; durch Bevorzugung der Lichtenau hatte er eine Anstellung beim Kabinet erhalten. Er heirathete die Tochter eines Barbiers, der, wie man sagte, Graf Haugwitz manche Aufmerksamkeiten bewies. Stolz war Lombard nicht, er scherzte häufig genug über seine Abkunft und sprach von seinem Vater kaum anders, als indem sagte: „Mein Vater gepuderten Angedenkens."

Lombard war ein Wüstling der raffinirtesten Sorte, in ganz Berlin war er bekannt durch seine galanten Abenteuer, durch die Orgien, die er mit seinen Lastersgenossen feierte. Dem König aber blieb sein wüstes Leben verborgen und kam ja einmal eine Klage, so wußte Graf Haugwitz dieselbe abzuwenden.

An der Spitze des Finanzwesens stand ein früherer Minister Friedrichs des Großen, der Graf Schulenburg-Kehnert, der eine Reihe der wichtigsten Aemter in sich vereinigte. Er war zu gleicher Zeit General-Kontroleur der Finanzen, Staats-Tresorier, General-Postmeister, Chef der königlichen Bank und Direktor des Kassen-, Münz-, Stempel- und Lotterie-Departements, dazu auch General der Kavallerie, obgleich er eine eigentliche militärische Karriere nicht gemacht hatte. Er genoß den Vorzug, daß er alle Donnerstage dem König einen direkten Vortrag halten durfte, wie man in Berlin erzählte, um als Chef der geheimen Polizei den Monarchen mit der kleinen standalosen Chronik der Residenz zu amüsiren. Er war ein falscher, herz- und geistloser Mensch, voll Geiz und Habsucht, scheinheilig und frivol zu gleicher Zeit, der seine Stellung benützte, um in Staatspapieren zu spekuliren, indem er bei niedrigem Course derselben bedeutende Summen durch jüdische Bankiers aufkaufen ließ, um sie nach eingegangenen guten Staats-Nachrichten zu höherem Course wieder zu verkaufen.

Von den alten Dienern Friedrich Wilhelms II. wurde sogar Wöllner mit seinen Kreaturen Hermes und Hillmer beibehalten; nur Bischofswerder war entlassen worden, weil er kluger Weise selbst um seinen Abschied mit Pension eingekommen war.

In seltsamer Verblendung glaubte der König mit dem alten Beamtenheer seinen Absichten gemäß regieren zu können. Er bildete sich ein, es werde ihm möglich sein, durch eine einfache Kabinets-Ordre den Geist der Verwaltungsmaschine umzugestalten, durch die Drohung der Verabschiedung die bisher nachlässigen, nur auf ihren Vortheil bedachten Beamten zu fleißiger und redlicher Arbeit zu zwingen.

Wenige Tage nach dem Regierungs-Antritt Friedrich Wilhelms III. erfolgte eine denkwürdige aus der Feder des Geheimen Kabinets-Raths Mencken geflossene Kabinets-Ordre; in welcher es heißt:

„So bekannt es mir auch ist, daß bei sämmtlichen Departements, Kammern, Regierungen u. s. w. viele äußerst brave, rechtschaffene, arbeitsame und fähige Männer angestellt sind und daß gemäß dessen auch die Geschäfte in der Art betrieben werden; so ist mir auch im Gegentheil nicht entgangen, daß sich verschiedene andere Subjecte darunter befinden, die nichts weniger als vorbenannte Qualitäten besitzen und ihre Schuldigkeit nicht gehörig absolviren, woraus denn wiederum zu folgern, daß nicht allemal so verfahren worden, als es zu erwarten gewesen. ——

Der Staat ist nicht reich genug, um unthätige und müßige Glieder zu besolden.

Wer sich also dessen schuldig macht, wird ausgestoßen, und sind hierzu keine großen Umstände und Proceduren nothwendig, sobald die Sache ihre Richtigkeit hat; denn der richtige und thätige Geschäftsgang kann nicht eines unbrauchbaren oder unwissenden, unthätigen Individuums halber gehemmt werden. — Eine regelmäßige Regierung kann nirgends bestehen, als da, wo Thätigkeit und Ordnung herrscht und wo das Recht eines Jeden mit Unparteilichkeit entschieden wird.

Daß dieses geschehe, darauf muß unermüdet gewacht und gehalten werden, und muß, wie schon erwähnt, der Obere seinen Untergebenen jederzeit im Auge haben, und ihm durchaus keine Winkelzüge oder die geringste Untreue ungeahndet durchgehen lassen. — —

Diese Kabinetsordre erregte Anfangs in den niederen Beamtenkreisen ebenso vielen Schrecken als im Volke Hoffnungen, aber bald genug zeigte es sich, daß sie fast wirkungslos war.

Gerade in den höchsten Stellen saßen die Männer, deren Entfernung, dem Geist des königlichen Wortes gemäß, am dringendsten nothwendig gewesen wäre, und diese hüteten sich wohl, ihre Unterbeamten, wenn sie Pflichtverletzungen derselben erfuhren, zu denunziren, denn sie hätten befürchten müssen, daß sie dabei ihre eigenen Sünden ans Tageslicht brächten.

Das Beamtenheer bildete von den untersten bis zu den höchsten Gliedern eine fest verschlungene Kette, einer half dem andern und wehe dem Beamten, der mit redlichem Willen es wagte, die Betrügereien seiner Genossen oder gar seiner Vorgesetzten zur Anzeige zu bringen; über ihn stürzte sich die ganze Meute und suchte ihn zu verderben.

Als Hans von Held, der als Rath bei der Zolldirektion in Posen diente und dort Gelegenheit gehabt hatte, Betrügereien des Ministers von Hoym zu entdecken, diese in einer Schrift unter dem Titel:

Die wahren Jakobiner im preußischen Staate oder aktenmäßige Darstellung der bösen Ränke und betrügerischen Dienstführung zweier preußischer Staats-Minister"

entschleierte, da wurde die Verbreitung der Schrift durch eine Beschlagnahme verhindert, außerdem aber leitete man gegen Held die Untersuchung wegen Verletzung der Ehrfurcht gegen den König und Beleidigung zweier hoher Staats-Beamten ein, und setzte die Verurtheilung des kühnen Raths zu 18 Monaten Festung und Entlassung aus dem Staatsdienste durch.

Als Held vor Antritt seiner Festungshaft sich an den Minister Grafen Schulenburg-Kehnert wandte und diesem einen Besuch machte, erhielt er eine eindringliche Strafpredigt, und der Minister sagte ganz offen, es sei eine Thorheit eines Unterbeamten, wenn er eigenmächtig handeln wollte, Betrügereien höherer Beamten zu rügen, ein solcher Versuch könne doch niemals gelingen, wenn die Regierung einmal den Beschluß gefaßt habe, keine Notiz davon zu nehmen.

Held war über eine solche Parteinahme so empört, daß er trotz der ihm drohenden Festung und der Gefahr, seine Strafe zu verschärfen offen erklärte, er werde in seinem Bestreben fortfahren und alles daran setzen, den betrügerischen Minister Hoym zu stürzen, denn dieser trage die Schuld an dem Unglück des Staats.

Graf Schulenburg-Kehnert hörte den Enthusiasten ruhig an, dann aber erwiederte er lächelnd:

„Wie können Sie junger Mann, in Ihrer untergeordneten Stellung, daran denken, etwas zu unternehmen und auszuführen, was ich nicht kann?"

Von allen Ministern zeigte nur einer Eifer, dem Buchstaben nicht aber dem Sinne der Kabinetsordre gegen die Nachlässigkeit der Beamten zu genügen; dieser eine war Wöllner, der die Unverschämtheit besaß, das königliche Wort auszunutzen, um seinem Religionsedikt neue Kraft zu geben.

Am 5. Dezember 1797 erließ er einen Spezialbefehl an die Konsistorien und wies diese strenge an, in Folge der königlichen Kabinetsordre vom 23. November 1797 alle Prediger und Schullehrer genauer, als bisher geschehen, zu prüfen, ob sie auch die Religion nach dem Religionsedikte rein und lauter lehrten, da nach den allerhöchsten Absichten untaugliche Subjekte nicht ferner ein öffentliches Amt im Staate bekleiden sollten.

Die Superintendenten und Inspektoren wurden besonders streng ermahnt, auf Moralität und Religion der unter ihnen stehenden Prediger und Schullehrer ein wachsames Auge zu haben.

Eine solche Unverschämtheit ging denn doch dem sehr nachsichtigen jungen König zu weit.

Friedrich Wilhelm war zwar fromm, aber er haßte die Frömmelei und es empörte ihn, daß seine eignen Worte zu den finstern Zwecken Wöllners ausgebeutet werden sollten. Er erließ daher am 11. Januar 1798 an das Ministerium folgende denkwürdige Kabinets-Ordre:

„Die Deutung, welche Ihr der Kabinets-Ordre vom 23. November v. J. in Eurem unter'm 5. Dezember v. Js. an die Consistorien erlassenen Rescripte gegeben habt, ist sehr willkürlich, indem in jener Ordre auch nicht ein Wort vorhanden ist, welches nach gesunder Logik zur Einschärfung des Religionsedicts hätte Anlaß geben können.

Ihr seht hieraus, wie gut es sein wird, wenn Ihr bei Euren Verordnungen künftig nicht ohne vorherige Berathschlagung mit den geschäftskundigen und wohlmeinenden Männern, an denen in Eurem Departement kein Mangel ist, zu Werke geht und hierin dem Beispiele des verewigten Münchhausen folgt, der noch mehr, als viele Andere, Ursache gehabt hätte, sich auf sein eigenes Urtheil zu verlassen.

Zu seiner Zeit war kein Religionsedict im Lande, aber gewiß mehr Religion und weniger Heuchelei als jetzt, und das geistliche Departement stand bei Inländern und Ausländern in der größten Achtung.

Ich selbst ehre die Religion, folge gern ihren beglückenden Vorschriften und möchte um Vieles nicht über ein Volk herrschen, welches keine Religion hätte.

Aber ich weiß auch, daß sie Sache des Herzens, des Gefühls und der eigenen Ueberzeugung sein und bleiben muß und nicht durch methodischen Zwang zu einem gedankenlosen Plapperwerk herabgewürdigt werden darf, wenn sie Tugend und Rechtschaffenheit befördern soll. —

Vernunft und Philosophie müssen ihre unzertrennlichen Gefährten sein, dann wird sie durch sich selbst bestehen, ohne die Autorität derer zu bedürfen, die es sich anmaßen wollen, ihre Lehrsätze künftigen Jahrhunderten aufzudringen und den Nachkommen vorzuschreiben, wie sie zu jeder Zeit und in jedem Verhältnisse über Gegenstände, die den wichtigsten Einfluß auf ihre Wohlfahrt haben, denken sollen.

Wenn Ihr bei Leitung Eures Departements nach ächt lutherischen Grundsätzen verfahrt, welche so ganz dem Geist und der Lehre des Stifters unserer Religion angemessen sind, ohne Euch an dogmatische Subtilitäten zu hängen, so werdet Ihr es bald selbst einsehen lernen, daß weder Zwangsgesetze noch deren Erneuerung nöthig sind, um wahre Religion im Lande aufrecht zu erhalten, und ihren wohltätigen Einfluß auf das Glück und die Moralität aller Volksklassen zu verbreiten. Ich habe Euch diese meine Meinung nicht vorenthalten wollen."

Wöllner mußte jetzt wohl oder übel von seinem Rescript ablassen, er mußte sogar sein Lieblingswerk, die Examinations-Kommission, zu den Todten legen; aber auch diese Fügsamkeit nutzte ihm nichts.

Friedrich Wilhelm wollte wenigstens ein Beispiel statuiren und so erhielt Wöllner schon im März 1798 seine Entlassung und auch seine Kreaturen Hermes und Hilmer wurden mit geringen Pensionen verabschiedet.

Sonst aber blieb im Großen und Ganzen das alte Beamtenheer in seiner Stellung, und der Erfolg der Kabinets-Ordre vom 23. November 1797 war so gering, daß der Kabinetsrath Beyme, der im Jahre 1800 auf Mencken folgte, eine Erneuerung derselben für nothwendig fand.

Ein aus Beyme's Feder geflossener, vom 26. Juli 1800 datirter und an das gesammte Staats-Ministerium gerichteter Erlaß giebt eine erbauliche Schilderung von der Pflichttreue, durch welche sich die preußischen und besonders die Berliner Beamten damals auszeichneten.

„Se. Majestät hat in der Ordre vom 23. November 1797 zu erkennen gegeben, wie nothwendig es ist, den fast erstorbenen Geist der Treue, der Uneigennützigkeit, des Fleißes und der Ordnung, wodurch der preußische Civildienst sich ehemals so musterhaft ausgezeichnet hat, durch angemessene, allenfalls strenge Maßregeln wieder zu beleben, zu dem Ende verdiente Offizianten aufzumuntern, solche, die ohne ihr Verschulden dienstuntauglich geworden, mit Pension zu entlassen, unbrauchbare, untreue oder nachlässige und nicht zu bessernde aber zur Entlassung nach Befinden der Umstände zur Bestrafung anzuzeigen; bis jetzt aber ist hiervon eine geringe oder fast gar keine Wirkung bemerkt worden.

Nur einige Departements haben die so nothwendige Reform mit einigem Ernste begonnen, in den meisten Fällen läßt man nach wie vor den Offizianten die Zügel schießen.

Fast allgemein betrachtet man die Stellen nur als Pfründen, deren Inhaber gerade so viel thun müsse, als erforderlich sei, um das Gehalt zu erheben und mit möglichster Bequemlichkeit zu genießen.

Wer einige Jahre auf solche Art gedient hat, begehrt gleich für seine eingebildeten Verdienste ansehnliche Beförderungen, Titel und Gehaltsverbesserungen, und findet sich gekränkt, wenn sie ihm nicht auf der Stelle bewilligt werden.

Jedes nicht alltägliche Geschäft soll besonders bezahlt werden, oder man findet keinen Beruf dazu.

Wenn die Geschäfte bei einer Stelle sich vermindern, so wird Niemand daran denken, das damit verbundene Gehalt oder Einkommen sich kürzen zu lassen; aber nicht die kleinste Vermehrung der Arbeit darf ohne Gehaltszulage entstehen.

Dieser verderbte Geist ist unter den Räthen der höheren und niederen Landes-Kollegien, besonders in Berlin, mit Ausnahme einiger wenigen, herrschend, und hat sich von ihnen aus in die Provinzen und besonders auf die Subalternen verbreitet, wo er sich noch in weit verderblicheren Folgen, besonders durch Unwissenheit, Faulheit und Verkäuflichkeit äußert.

Diese Ausartung der jetzigen Generation erweckt die größten Besorgnisse für die Zukunft.

Se. Majestät erachtet es deshalb für die erste Pflicht gegen den Staat, die frühere Ordre (vom 23. November 1797) sämmtlichen Departementschefs von Neuem einzuschärfen und auf deren genaue Beobachtung zu bringen, da Mittelden mit unwürdigen Subjecten höchst verderblich wirkt.

Se. Majestät hat zu sämmtlichen Departementschefs das Vertrauen, daß ein jeder in seinem Departement die rechten Mittel anzuwenden wissen wird, um das davon abhängende Dienstpersonal zu seiner Schuldigkeit zurückzuführen und will sich auch deshalb nicht in ein vollständiges Detail einlassen, im Allgemeinen aber wollen Se. Majestät bemerken, daß die fast ganz außer Acht gekommenen Visitationen, besonders der Unterbehörden, öfter, unvermutheter, gründlicher und mit weniger Zeitverschwendung in Ansehung unwesentlicher Dinge versucht werden müssen und daß die Conduitenlisten gewissenhafter zu führen und sorgfältiger, als bisher geschehen, von den vorgesetzten Behörden zu beachten sind.

Se. Majestät wollen künftig auf Beides sehr aufmerksam sein und befehlen zu diesem Ende, ihm mit jedem Jahresschlusse die Conduitenliste von jedem Departement und den untergeordneten Landes-Collegien unmittelbar einzureichen und dabei anzuzeigen, welche Unterbehörden und von wem sie visitirt, und was dabei zu bemerken gefunden worden.

Aus diesen Listen und Anzeigen werden Se. Majestät Veranlassung nehmen, besondere Nachforschungen zu verfügen, um sich von dem Grunde zu überzeugen und diejenigen Vorgesetzten dafür verantwortlich zu machen, die bei der Anfertigung nicht aufrichtig oder aufmerksam genug zu Werke gegangen."

Der neue königliche Erlaß hatte etwas mehr Erfolg als der frühere, aber günstig konnte man denselben nicht nennen. Das Spionirsystem drang fortan mit Macht in die Beamtenkreise ein, die geheimen Conduitenlisten wurden mit großer Sorgfalt geführt und sie arteten bald aus zu einem Krebsschaden, der am innersten Mark der preußischen Bureaukratie nagte.

So wenig fruchtbringend die Kabinets-Ordres waren, welche Friedrich Wilhelm erließ, um die Beamten zu tüchtigen Dienern des Staats zu machen, so wenig gelang es ihm auch, in die Offiziere der Armee einen andern Geist zu bringen.

Dem einfachen und humanen Wesen des Königs widerstrebte die Aufgeblasenheit und Selbstüberhebung, welche die abligen Offiziere, besonders die der Garde, bei jeder Gelegenheit zeigten; er fühlte sich verletzt durch die Roheit und Ungeschliffenheit der adelsstolzen Gecken und er erließ daher im Jahre 1798 eine Kabinets-Ordre*), welche wieder in Erinnerung gebracht zu werden verdient.

„Ich habe sehr mißfällig entnehmen müssen, wie besonders junge Offiziere Vorrang vor dem Civilstand behaupten wollen. Ich werde dem Militair sein Ansehen geltend zu machen wissen, wo es ihm wesentlichen Vortheil bringt, auf dem Schauplatz des Krieges, wo sie ihre Mitbürger mit Leib und Leben vertheidigen sollen.

Allein im Uebrigen darf sich kein Soldat unterstehen, weß Standes er auch sei, einen der geringsten Meiner Bürger zu brusquiren; sie sind es, nicht Ich, die Armee unterhalten, in ihrem Brote steht das Heer der Meinen Befehlen anvertrauten Truppen, und Arrest, Cassation und Todesstrafe werden die Folge sein die jeder Contravenient von Meiner unbeweglichen Strenge zu erwarten hat. Friedrich Wilhelm."

So wohl gemeint diese Ordre war, so wenig fruchtete sie etwas, denn mit Worten ließen sich die Junker nicht zügeln; Friedrich Wilhelm hätte wirklich mit Kassation und Todesstrafe unter sie fahren, er hätte sie, wie sein Vorfahr Joachim I., mit eiserner Hand anpacken müssen, denn mit Worten waren sie nicht zu bändigen und bei Worten blieb es.

Der Uebermuth der Offiziere wuchs mit jedem Jahre, er wurde endlich fast unerträglich; ein Bürgerlicher erschien den abligen jungen Herren nur dazu auf der Welt, um ihn zu foppen und zu mißhandeln.

Mit tiefer Verachtung schauten sie auf die namenlose Kanaille, welche sie um so mehr zu unterdrücken bestrebt waren, da das Bürgerthum, Dank den auch nach Deutschland gedrungenen Grundsätzen der französischen Revolution, ihnen über den Kopf zu wachsen drohte.

Im Bürgerstande wurzelten Kunst, Wissenschaft und Intelligenz, während der Adel auf seinen Rittergütern mehr und mehr verkümmerte oder im Hofleben sittlich verkam.

Noch blieben ihm zwar die höchsten Ehrenstellen im Staatsdienst fast ausschließlich vorbehalten, aber auch hier begann schon die höhere geistige Kraft des Bürgerstandes sich geltend zu machen und Einzelne rissen durch überlegenes Genie die Schranken nieder, welche ihnen die höchsten Staatskarrieren verschlossen; die niederen Staatsstellen bis zum Geheimen Finanzrath hinauf wurden fast ausschließlich von Bürgerlichen besetzt, fast alle namhaften Gelehrten und Künstler, die reichsten Fabrikanten und Kaufleute gehörten dem Bürgerstande an.

Dieser mehr und mehr wachsenden Macht des Geistes und des Geldes setzte der Adel die rohe Gewalt seiner Privilegien und seinen Adelsstolz entgegen.

Mit besonderer Schroffheit geschah dies in Berlin durch die Offiziere. An allen öffentlichen Orten benahmen sich die jungen Herren mit einer empörenden Rohheit, sie erlaubten sich Unanständigkeiten gegen die Frauen und Töchter der Bürger, selbst höherer bürgerlicher Beamten, welche oft genug zum öffentlichen Skandal Veranlassung gaben; aber kein Bürgerlicher durfte es wagen, solcher Brutalität mit Gewalt entgegenzutreten, denn wehe dem, der sich an des Königs Rock vergriff!

Nur Klagen bei Vorgesetzten waren erlaubt, aber nutzlos, denn die höhern Offiziere ergriffen stets Partei für ihre Untergebenen dem verachteten Bürger gegenüber.

Auch die Gerichte waren machtlos, denn selbst wenn die Offiziere Verbrechen begangen hatten, wurden diese von den Kriegsgerichten, welche gern ein Auge oder gar beide zudrückten, beurtheilt.

Der Uebermuth der Berliner Offiziere zu Ende des 18. und im Anfange des 19. Jahrhunderts übergipfelte sich so sehr, daß ihnen nichts mehr heilig war, daß sie sich gar nicht scheuten, im öffentlichen Skandal selbst religiöse Gebräuche zu verspotten, obgleich sie wußten, daß sie dadurch die Gefühle des Königs und der Königin auf das Tiefste verletzten.

Einen Beweis hierfür giebt die berüchtigte August-Schlittenfahrt im Jahre 1805.

Die Berliner Gensdarmerie-Offiziere, welche stets bei allen Tollheiten, welche vom Offiziers-Corps ausgeführt wurden, voran waren, hatten sich lange keinen rohen Spaß gemacht.

---

*) In neuerer Zeit ist die Aechtheit der Kabinets-Ordre in Frage gestellt worden. Viele Jahre lang hat man gerade diese königlichen Worte als bezeichnend für den humanen Sinn Friedrich Wilhelms glorifizirt, jetzt möchte man sie zu einer Erfindung einzelner Schriftsteller machen.

Für die Aechtheit spricht gewiß, daß der mit den Verhältnissen des verstorbenen Königs so genau bekannte Bischof Eylert in seinem berühmt gewordenen Buche über das Leben Friedrich Wilhelms III. die Kabinets-Ordre mittheilt.

In frühern Zeiten waren von ihnen häufig öffentliche Mummereien veranstaltet worden und bei diesen war es lustig zugegangen; man berathschlagte deshalb im Offizier-Corps, wie ein neuer Scherz zur Ausführung gebracht werden könne, und der spätere russische General von Nostitz gab eine Idee an, die allgemeinen Beifall fand: eine Schlittenfahrt durch die belebtesten Straßen Berlins, bei der Luther mit der Katharina von Bora und den sämmtlichen Klosterschwestern, den Genossinnen der früheren Nonne, dargestellt werden sollte; dies würde sich um so leichter machen, als ja die übrigen Nonnen nach Berlin übergesiedelt wären und zwar in das Freudenhaus der Madame Etschern, wo man sie alle zusammen habe.

Der Herr von Nostitz berichtet über den frivolen Schwank selbst folgendermaßen:

„Ich ließ einen Schlitten auf niedrige Räder setzen und diese mit herabhängendem grauen Tuch bedecken. Vier rüstige Pferde konnten dies Fuhrwerk bequem ziehen.

Darauf wurden folgende Verhaltungsregeln aufgesetzt:

Jeder Theilnehmer stellt 4—6 Vorreiter, alle reich gekleidet, in Jacken mit Gold- und Silbertressen, wie solches bei großen Schlittenfahrten üblich ist.

Ferner versieht er sich mit einem wohl angepaßten und anständigen Frauenanzug, sowie mit einem Damensattel für sein Pferd.

Aus der Theatergarderobe wird die Tracht Dr. Luthers, sowie seines Famulus und der Katharina von Bora entlehnt oder gekauft.

Desgleichen wird ein Anzug angeschafft, der nach dem gewöhnlichen Hauskleide der Madame Etschern gemacht ist; dazu eine Punschkelle und ein Bund Schlüssel.

Alle Offiziere, als Frauen gekleidet, kommen auf ihren Paradepferden, nur derjenige, der Madame Etschern copirt, reitet ein kleines Pferd, Langschwanz, mit aufgesteckten Eselsohren.

Im Schlitten sitzt Luther mit seinem Famulus, der in der Hand seines Herrn Flöte hält, die lächerlich lang sein muß.

Katharina reitet auf der Pritsche, in der einen Hand eine Fackel, in der andern eine Hetzpeitsche haltend.

So lautete das Programm, dem getreulich nachgehandelt ward.

An einem Abende im Monat August sammelten sich sämmtliche Theilnehmer in meiner Wohnung, die Offiziere als Frauen gekleidet, Graf Herzberg in der Tracht Luthers, Lieutenant Ziethen in dem Kleide der Etschern, ein Junker vom Regiment als Famulus vermummt.

Ich endlich, der Riesenhafte, stellte die zarte Katharina von Bora vor.

Prachtvoll gekleidete Vorreiter fehlten nicht.

Plötzlich, als alles rasch gerichtet, die Fackeln angekommen waren, brach der Zug in der vorgezeichneten Ordnung, von einem Lichtmeer übergossen, aus der Charlottenstraße Unter den Linden hervor und bewegte sich in gemäßigter Eile durch die zusammen eilenden Haufen von Zuschauer, die zuerst mit Verwunderung den Glanz des Zuges angafften, dann, wenigstens zum Theil, die Bedeutung der Gestalten erkennend, die Anspielungen belachten und laut das helle Schaugepränge bejubelten.

Aber bald sprengten Husaren und Polizeidiener zu Pferde heran, die der Gouverneur von Berlin, Feldmarschall Möllendorf, geschickt hatte, um der Posse zu wehren und den Zug aufzuhalten.

Indessen es war solches schon zu spät, die Schaarwache diente nur dazu, die uns hemmenden Haufen der Zuschauer zu lichten und wir durchzogen eine Stunde lang, mit zunehmender Schnelligkeit die Straßen, bis der Zug in sausendem Galopp in eine entlegene Straße sich verlor und die Fackeln verlöschten."

Der Skandal kam zu den Ohren des Königs; dieser befahl eine strenge Untersuchung, denn er war entrüstet über die Verspottung Luthers und der Katharina von Bora.

Die Untersuchung wurde eingeleitet; was aber kam bei derselben heraus?

Ein Rittmeister von Alvensleben wurde zu einem schlesischen Regimente versetzt, drei andere Offiziere erhielten einige Tage Arrest, die übrigen wurden ohne Strafe entlassen, wie es hieß ihrer Jugend wegen und weil man auf ihre reuige Besserung hoffte. Eine ähnliche Milde wurde den Offizieren bei allen Gelegenheiten gezeigt; da war es denn wohl nicht zu verwundern, daß daß sie im wüstesten Leben fortfuhren und sich um die berühmte königliche Kabinets-Ordre nicht kümmerten. Mit halben Maßregeln war der Frechheit des Junkerthums nicht entgegen zu wirken.

Auch bei der Beförderung der wissenschaftlichen Bestrebungen in Preußen und Berlin zeigte Friedrich Wilhelm III. dieselbe Halbheit, wie in seiner ganzen übrigen Regierungs-Thätigkeit.

Alles excentrische Wesen, jede Genialität war ihm zuwider, auch hervorragendes Wissen stieß ihn zurück, besonders aber widerstrebten seinem ganzen Wesen die seine Fassungskraft weit übersteigenden Forschungen der philosophischen Schule, welche in Kant, Fichte und Hegel ihre geistreichen Lehrer fand.

Friedrich Wilhelm konnte sich wohl interessiren für eine Verbesserung des Volks-Schulwesens, nicht aber für die höhere Wissenschaft.

Aus welchem Gesichtspunkt er die Jünger der letztern betrachtete, geht wohl am Besten daraus hervor, daß er am 23. Juli 1798 eine Verordnung erließ, welche gegen die Excesse der Studenten gerichtet war und anbefahl, daß grobe Ruhestörungen, wie Fenstereinwerfen, Zweikämpfe u. s. w. nicht mehr wie bisher mit Geldbußen und Relegation, sondern mit Gefängniß und Prügeln bestraft werden sollen; daß Prügelstrafen und wissenschaftliche Freiheit auf einer Universität

70*

nicht verbunden werden können, begriff eben Friedrich Wilhelm nicht, weil er für ein wirklich wissenschaftliches Leben kein Gefühl hatte.

Deshalb ermahnte er auch die Akademie der Wissenschaften in Berlin, mit der er merkwürdiger Weise noch immer in französischer Sprache korrespondirte, ihre Thätigkeit nicht in nutzlosen Forschungen zu vergeuden, die Metaphysik und spekulative Theorie mit gelehrten Entdeckungen zu bereichern, sondern ihre Arbeiten auf nützlichere Gegenstände, auf die Vervollkommnung der Kunst und der Gewerbe zu richten.

Er forderte von der Akademie, daß sie dazu beitrage, die National-Industrie zu heben und daß sie vor allen Dingen die verschiedenen Systeme der sittlichen und wissenschaftlichen Erziehung von den irrigen Grundsätzen reinige, welche durch die falschen Philosophen in dieselbe hineingetragen worden seien; sie müsse ebensowohl gegen die Vorurtheile, den Aberglauben des Volks, als gegen die zügelosen und zerstörenden Anstrengungen dieser falschen Philosophen streiten.

Der königlichen Aufforderung, ihre Thätigkeit auf nützliche Gegenstände zu richten, kam die Akademie nach; der Philosophie blieb sie fern, die berühmten Philosophen jener Zeit konnten nicht zu der Ehre gelangen, Akademiker zu werden, dagegen gelang einem Mitgliede der Akademie, dem Chemiker Achard, die Erfindung des Runkelrüben-Zuckers, welche er im Jahre 1800 bekannt machte.

So wenig Friedrich Wilhelm im Beginn seiner Regierung für die höhere Wissenschaft that, so eifrig war er auf die Hebung der Volksschulen bedacht, so weit sich diese auf den niedrigsten Elementar-Unterricht beschränkten, denn ein zu großes Maß des Wissens erschien ihm für Bürger und Bauern bedenklich; zu ruhigen, gehorsamen und fleißigen Unterthanen und zu guten Steuerzahlern wollte er die Kinder des Landes herangebildet haben, alles Weitere erschien vom Uebel.

Dieser Anschauung gemäß wurde das Volks-Schulwesen in Preußen verbessert. Einen nicht unwesentlichen Einfluß auf dasselbe übte die Schul-Anstalt Pestalozzi's in der Schweiz, in der sich eine neue Unterrichts-Methode Bahn brach.

Friedrich Wilhelm interessirte sich für das neue System, er verfolgte die Resultate desselben mit reger Theilnahme; die Früchte der Pestalozzischen Methode sollten indessen erst in spätern Zeiten in Berlin zur Reife kommen.

* * *

Wir haben versucht, in Vorstehendem unsern Lesern mit flüchtigen Zügen ein Bild der Regierungs-Thätigkeit*) Friedrich Wilhelms III. in den ersten Jahren nach seiner Thronbesteigung zu geben, soweit diese Thätigkeit die Interessen unserer Stadt direkt berührte.

Wir sehen überall ein redliches Wollen, aber auch überall ein zaghaftes unbestimmtes Vorgehen, jenen Mangel an Kraft und Selbstgefühl, der dem Charakter des jungen Königs so eigenthümlich war.

Das Volk von Berlin fühlte die Fehler der neuen Regierung sehr wohl; es erfreute sich

---

*) Ein Aktenstück aus dem Jahre 1802 dürfte, obgleich es nicht die Berliner Geschichte speziell betrifft, für unsere Leser von Interesse sein. Es betrifft die auch in neuerer Zeit oft ventilirte Frage der Deportation schwerer Verbrecher und beweist, daß schon im Anfang des Jahrhunderts auch in Preußen ein Versuch mit der Deportation gemacht worden ist. Es lautet:

„Publicandum wegen Deportation incorrigibler Verbrecher in die Sibirischen Bergwerke. De Dato Berlin, den 7. Juli 1802.

Um das Eigenthum allerhöchstdero getreuen Unterthanen gegen die verwegenen Angriffe der Diebe, Räuber, Brandstifter und ähnlicher grober Verbrecher möglichst sicher zu stellen, haben seine Königliche Majestät von Preußen Unser allergnädigster Herr, zwar die nachdrücklichsten Maßregeln getroffen, solche Bösewichter erzeigen und empfindlich bestrafen zu lassen: Es hat aber die Erfahrung gezeigt, daß hierdurch der beabsichtigte Zweck nicht vollständig erreicht wurde, weil bei der größten Vorsorge, dennoch nicht verhindert werden konnte, daß nicht von Zeit zu Zeit mehrere solcher Verbrecher aus den Strafanstalten entwichen, und von neuem der Schrecken ihrer gutgesinnten Mitbürger geworden wären; und weil eben durch diese Hoffnung einer Möglichkeit, die Freiheit wieder zu erlangen, selbst die Verurtheilung zu lebenswieriger Strafarbeit in den Augen dieser Bösewichter viel von ihrem Abschreckenden verliert.

Aus diesen Gründen haben Allerhöchst dieselbe beschlossen, die in den Strafanstalten befindliche incorrigible Diebe, Räuber, Brandstifter und ähnliche grobe Verbrecher, in einen entfernten Welttheil transportiren zu lassen, um dort zu den härtesten Arbeiten gebraucht zu werden, ohne daß ihnen einige Hoffnung übrig bliebe, jemals wieder in Freiheit zu kommen. Diesem gemäß ist mit dem Russisch-Kaiserlichen Hofe die Vereinbarung getroffen, daß

dergleichen Bösewichter in den im äußersten Sibirien, über Tausend Meilen von der Grenze der Königlichen Staaten belegenen Bergwerken zum Bergbau gebraucht werden sollen,

und es sind hierauf vorerst

Acht und Fünfzig der verdorbensten solcher Verbrecher am 17. Junius d. J. an den Kaiserlich russischen Commandanten zu Narva wirklich abgeliefert, um von dort in die sibirischen Bergwerke transportirt zu werden.

Se. Königliche Majestät werden durch fernere von Zeit zu Zeit zu bewirkende Absendungen solcher Verbrecher, die Eigenthumsrechte der sämmtlichen Bewohner Ihrer Staaten gegen die Unternehmungen solcher Bösewichter schützen, und lassen daher dieses zur Beruhigung Ihrer gutgesinnten Unterthanen und zur Warnung für Jedermann hierdurch öffentlich bekannt machen.

Signatum Berlin, den 7. Julius 1802.
Auf Sr. Königl. Majestät allergnädigsten Special-Befehl.
Graf v. d. Schulenburg.   v. Goldbeck."

manchen Fortschritts, besonders wurde auch die bisher noch nicht erwähnte Aufhebung des verhaßten Tabaks-Monopols freudig begrüßt; es erkannte dankbar die redlichen Absichten des Königs an, aber doch ließen sich schon damals leise Stimmen hören, welche prophezeihten, unter Friedrich Wilhelms schwacher Regierung würden dem Staate schwere Gefahren bevorstehen.

Man erinnerte sich, daß der junge König, als er bei seinem Regierungs-Antritt seinen Regenten-Namen bestimmen sollte, gesagt hatte:

„Ich will Friedrich Wilhelm heißen, denn Friedrich ist mir unerreichbar!"
und man fand, daß dies ein nur zu wahres Wort gewesen sei.

Das Volk liebte den König wegen seiner bürgerlichen Tugenden, es achtete ihn als Menschen, es vertraute unbedingt seinem redlichen Willen, aber mit Sorgen schauten die Verständigen in die Sturm drohende Zukunft, und ihre Sorge sollte nur zu bald erfüllt werden.

Neuntes Kapitel.

Der Hof. — 260 Kammerherren. — Der Karneval 1799. — Die Königin und die Tanzfeste. — Die Kinderbälle. — Prinz Louis Ferdinand. — Seine Liebesabenteuer. — Rahel. — Berühmte Giftmischer. — Die Berliner Gesellschaft.

Friedrich Wilhelm liebte ein einfaches Familienleben, er war sparsam, aber doch glaubte er seiner königlichen Würde die Erhaltung eines angemessenen Hofstaats schuldig zu sein; er behielt deshalb die Hofchargen, wie sie unter seinem Vater bestanden hatten, bei, die Zahl der Kammerherren wurde sogar von 210 beim Tode Friedrich Wilhelms II. bis zum Jahre 1805 auf 260 vermehrt.

Der Karneval wurde alljährlich der alten Sitte gemäß in Berlin mit glänzenden Festen gefeiert, an denen sich der Hofadel mit Entzücken um die blendend schöne junge Königin drängte. Besonders freudenvoll war das Karnevalfest des Jahres 1799, bei welchem im Opernhause von dem gesammten Hof eine Quadrille aufgeführt wurde: Die Hofherren und -Damen stellten die Hochzeit der Königin Maria von England mit dem König Philipp von Spanien dar; die Königin selbst betheiligte sich als Königin Marie. Die Kostüme der verschiedenen Betheiligten, gegen 50 Personen, strahlten in Goldstickereien und Diamanten.

Auch in den folgenden Jahren wurden ähnliche Feste mit großer Pracht während der Karnevalzeit gefeiert, und selbst im Jahre 1806, als schon der Krieg, der Preußen fast der Vernichtung Preis geben sollte, drohend in Aussicht stand, überließ sich der Königshof den lärmendsten Karnevalsfreuden.

Die Königin war der Mittelpunkt aller Hoflustbarkeiten, sie überließ sich denselben mit ungebundener Fröhlichkeit, besonders den Tanzfesten.

Sie tanzte mit außerordentlicher Grazie. Der Tanz war ihr nicht nur eine Lust, es machte ihr auch Freude, wenn sie ihre Geschicklichkeit vor möglichst vielen Menschen sehen lassen konnte; deshalb versäumte sie nie einen Tanz während der Karnevalzeit im großen Saale des Opernhauses, wo sie ein Zuschauer-Publikum von mehreren Tausenden hatte.

Ein besonderes Vergnügen war es für die Königin, wenn zu den Quadrillen, die aufgeführt werden sollten, die Proben in kleineren Zirkeln gemacht wurden; dann ging es so ungenirt und etikettelos zu, daß Niemand geglaubt hätte, er befinde sich an einem Königshofe.

Die Königin saß mit ihren Hofdamen und den Tanzmeistern an einer Tafel, die Professoren Hirt und Kiesewetter, welche die Kostüme zu ordnen und die Festfeier anzugeben hatten, der Kapellmeister Himmel und andere untergeordnete Veranstalter der Festlichkeit saßen dabei inmitten der königlichen Herrschaften, ohne daß bei der Wahl der Plätze auf den Rang der Betheiligten irgend eine Rücksicht genommen worden wäre.

Die Königin tanzte nicht nur selbst gern, sie sah auch mit Vergnügen zu, wenn andere tanzten und besonders, wenn dies von Kindern geschah. Kinderbälle gehörten daher zu den beliebtesten Vergnügungen des Hofes.

Die kleinen Prinzen und Prinzessinnen, die Kinder der vornehmsten Hof- und Staatsbeamten wurden zu solchen Bällen eingeladen und mußten im Kostüm zierliche Tänze aufführen, mitunter auch kleine Vorstellungen, zu denen sie französische Verse auswendig gelernt hatten, geben.

Der König und die Königin amüsirten sich bei diesen Festen außerordentlich und diese wurden daher häufig veranstaltet, um dem Königspaare eine Freude zu machen.

Einer der berühmtesten Kinderbälle wurde am 17 Februar 1803 vom Hofmarschall von Massow gegeben, derselbe machte großes Aufsehen in Berlin, weil die Beschreibung des Festes durch die Zeitungen veröffentlicht wurde.

Der später so berüchtigt gewordene Herr von Kotzebue gab damals den Freimüthigen heraus; seine drei Kinder spielten in dem Ballet ebenfalls eine Rolle und war er so stolz darauf, daß er eine genaue Beschreibung des Balles drucken ließ.

Wie unter den Damen die Königin, so war unter den Herren des Hofes Prinz Louis Ferdinand die Seele aller Hoffeste.

Der Prinz war der Sohn des Prinzen Ferdinand, jüngsten Bruder Friedrichs des Großen; er war im Jahre 1772 geboren. Feurig, geistreich, liebenswürdig und schön war er der Abgott aller Damen, aber als ein Schmetterling flatterte er von einer Blume zur andern. Die Natur hatte ihn mit ihren reichsten Gaben beschenkt, aber er mißbrauchte dieselben, indem er sich einem zügellosen Leben hingab.

Sein brennender Ehrgeiz fand keine Befriedigung, denn zu Staatsgeschäften wurde er nicht herangezogen und der militärische Gamaschendienst, zu dem er als preußischer Prinz verurtheilt war, konnte ihm nicht genügen.

Der König stand ihm fern, beide liebten sich nicht, ihre Naturen waren zu widerstrebend: der König nüchtern, sparsam, einfach; der Prinz, ausschweifend verschwenderisch, genial; zwischen Beiden war an keine Harmonie zu denken, ja man sagt, der König habe seinen schönen Vetter gehaßt, weil er auf ihn eifersüchtig gewesen sei, denn auch die Königin Louise konnte sich der hinreißenden Liebenswürdigkeit desselben nicht ganz entziehen, wenn sie auch zu sittlich rein war, als daß ein Liebesverhältniß hätte entstehen können.

Sie unterhielt sich gern mit dem Prinzen, der ihr mit unverhehlter Bewunderung seine Huldigungen darbrachte, bis er später eine glühende Leidenschaft für die Schwester der Königin, die reizende Wittwe des Prinzen Ludwig faßte.

Diese war, wie wir schon bemerkten, eine Freundin galanter Abenteuer; sie hatte bald nach dem Tode ihres ersten Gemahls an einen zweiten Gatten, den Prinzen Friedrich von Solms-Braunfels, der als Offizier in Berlin stand, vermählt werden müssen.

Auch als Prinzessin von Solms hatte sie vielfache Liebschaften, die Liebe des Prinzen Louis Ferdinand zu ihr blieb ebenfalls nicht unerwiedert.

Bei dem flatterhaften Prinzen hatte keine Leidenschaft Dauer; er liebte mit stürmischer Gluth, um schnell gesättigt zu werden. Die Zahl seiner Liebschaften war daher unendlich groß. — Da nannte man ein schönes Fräulein von Schlieben, die Tochter des Ministers Grafen Schulenburg-Kehnert, die reizende Minette, eine Französin Madame Contades, eine Madame Laroche-Aymon, welche der Prinz ihrem Gatten förmlich abkaufte, die Gräfin Gurowska, die Tochter des Generals Bischofswerder, die liebenswürdige Emilie von Rau und viele Andere.

Auch im Bürgerstande hatte der Prinz manche Geliebte; am meisten zeichnete er die schöne, sanfte Henriette Fromm aus, die Tochter eines Hutmachers, welche ihm zwei Kinder, Louis und Blanche schenkte. Beide sind nach dem Tode des Prinzen unter dem Namen von Wildenbruch in den Adelstand erhoben worden.

Vor allen andern Geliebten Louis Ferdinands verdient aber erwähnt zu werden die verführerische Madame Pauline Wiesel, die Tochter des Geheimen Raths Cäsar in Berlin, für welche Louis Ferdinand eine glühende Leidenschaft hegte.

Madame Pauline war eine stadtbekannte Person in Berlin. Durch ihre Excentricitäten, ihren Geist, ihre Schönheit und ihre galanten Abenteuer hatte sie sich einen Ruf nicht der besten Art erworben und es wurde deshalb viel darüber standalisirt, daß der Prinz gerade sie zur Geliebten wählte.

Im Hause der reizenden Pauline lernte der Prinz eine Dame kennen, welche einen bedeutenden Einfluß auf ihn gewann, die Jüdin Rahel Levin, auch Robert genannt. Rahel war weder jung (sie war im Jahre 1771 geboren) noch schön, sie war eine Jüdin und trotzdem hat sie durch ihren reichen Geist und durch den Adel ihrer Seele eine bezaubernde Macht ausgeübt nicht nur auf den Prinzen, sondern auf jeden, der ihr nahete. Die größten Geister ihrer Zeit zollten ihr den Tribut der Verehrung; mit den hervorragendsten Gelehrten und Dichtern stand sie in vertrautem Briefwechsel, und ohne Schriftstellerin zu sein, bildete sie doch den Mittelpunkt eines Kreises literarischer Größen; sie hat dadurch auf die geistige Entwicklung der Berliner Gesellschaft einen bedeutenden Einfluß geübt.

Rahel wurde im Jahre 1814 die Gattin des weit jüngern unvergeßlichen Varnhagen von Ense, der nach ihrem Tode einen großen Theil ihrer geistreichen Briefe unter dem Titel: „Rahel. Ein Buch des Andenkens für ihre Freunde" der Oeffentlichkeit übergeben hat. In diesem Buche schildert uns Varnhagen seine erste Bekanntschaft mit Rahel folgendermaßen:

„Hier ist nun auch eines persönlichen Erscheinens zu gedenken, dessen erster Eindruck mir in jener Zeit wurde.

Eines Abends, da ich den zum Thee versammelten aus Wieland einiges vorlas, wurde Besuch gemeldet, und bei dem Namen entstand sogleich die Art von Bewegung, welche sich der Erwartung von Ungewöhnlichem und Günstigem verknüpft. Es war Rahel Levin — oder Robert, denn auch den letztern Namen führte sie schon damals.

Oft schon hatte ich sie nennen hören, von den verschiedensten Seiten her, und immer mit einem so besondern Reize der Bezeichnung, daß ich mir dabei nur das außerordentlichste, mit keinem andern zu vergleichende Wesen denken mußte.

Was von ihr insonderheit Graf Lippe und Frau von Bohe mir gesagt, deutete auf ein energisches Zusammensein von Geist und Natur in ursprünglichster, reinster Kraft und Form. Auch wenn man einigen Tadel gegen sie versuchte, mußte ich im Gegentheil oft das größte Lob daraus nehmen.

Man hatte von einer gerade jetzt waltenden Leidenschaft viel gesprochen, die, nach den Erzählungen, an Größe und Erhebung und Unglück alles von Dichtern Besungene übertraf. Ich sah in gespannter Aufregung, den Andern zum Lächeln, dem nahen Eintritt der Angekündigten entgegen.

Es erschien eine leichte, graziöse Gestalt, klein aber kräftig von Wuchs, von zarten und vollen Gliedern, Fuß und Hand auffallend klein; das Antlitz, von reichem, schwarzen Haar umflossen, verkündigte geistiges Uebergewicht, die schnellen und doch festen dunkeln Blicke ließen zweifeln, ob sie mehr gäben oder aufnähmen, ein leidender Ausdruck lieh den klaren Gesichtszügen eine sanfte Anmuth. Sie bewegte sich in dunkler Kleidung fast schattenartig, aber frei und sicher, und ihre Begrüßung war so bequem als gütig.

Was mich aber am überraschendsten traf, war die klangvolle, weiche, aus der innersten Seele heraustönende Stimme, und das wunderbarste Sprechen, das mir noch vorgekommen war. In leichten, anspruchslosen Aeußerungen der eigenthümlichsten Geistesart und Laune verbanden sich Naivetät und Witz, Schärfe und Lieblichkeit, und allem war zugleich eine tiefe Wahrheit wie von Eisen eingegossen, so daß auch der Stärkste gleich fühlte, an dem von ihr Ausgesprochenen nicht so leicht etwas umbiegen oder abbrechen zu können.

Eine wohlthätige Wärme menschlicher Güte und Theilnahme ließ hinwieder auch den Geringsten gern an dieser Gegenwart sich erfreuen. Doch kam dies alles wie schnelle Sonnenblicke hervor, zum völligen Entfalten und Verweilen war diesmal kein Raum.

Kleine Neckereien mit Graf Lippe, der kürzlich bei ihr nicht war angenommen worden und deßhalb böse thun wollte, erschöpften sich bald; der ganze Besuch war überhaupt nur kurz, und ich wüßte mich eigentlich keines bestimmten Wortes zu erinnern, in welchem etwas ausgeprägt Geistreiches, Paradoxes oder Schlagendes sich zur Bewahrung dargeboten hätte, aber die unwiderstehliche Einwirkung des ganzen Wesens empfand ich tief, und blieb davon so erfüllt, daß ich nach der baldigen Entfernung des merkwürdigen Besuchs einzig von ihm reden und ihm nachsinnen mußte."

Denselben Zauber wie auf Varnhagen übte Rahel auch auf den Prinzen Louis Ferdinand aus. Ob ein Liebes-Verhältniß zwischen Beiden bestanden hat? Im gewöhnlichen Sinne wohl schwerlich.

Hören wir, was Rahel selbst in einem Briefe an ihren Freund Fouqué, den phantastischen Dichter der Undine, lange nach dem Tode des Prinzen, am 29. November 1811, geschrieben hat. Sie sagt:

„Auch sollen Sie die Briefe und Billets haben, die ich von Louis konservirt habe: weil Sie sie am meisten lieben werden. Sie aber vermachen sie wieder Ihrem liebsten Verwandten, und so der weiter, und immer der Liebste dem Liebsten. Er ist ein geschichtlicher Mann. Er war die feinste Seele, von beinah niemand gekannt, wenn auch viel geliebt und viel verkannt. Es ist nicht Eitelkeit, daß ich mich so weit hinüber spielen möchte. Meine ehrenvollsten Briefe sind verbrannt, daß Feinde sie nicht lesen! Denn alles schrieb der Vielverworrene der vertrauten Freundin, oft auf einen Bogen, auf einer Blattseite.

Mit wahrhaftem Vollgefühl sag' ich Ihnen aber: „Schade, daß meine Briefe an ihn nicht da sind!" Gerne ließ ich der Welt das Exempel, wie wahrhaft man mit einem Königlichen Prinzen, der schon vom Ruhme geführt, und doch geliebt war, vertraut sein kann.

Er hat alles, was er schriftlich besaß, — wie ich — vor dem letzten Ausmarsch in Schrifte verbrannt, weiß ich vom Major Möllendorf.

Auch hat sich nichts gefunden. Sonst hätte man das Geklatsche schon gehört. Man kann Fürsten die Wahrheit sagen; und verschweigt man sie bei einem Wüthrich, um Martern auszuweichen: so wird er dies schon merken.

Mißhandelt wurde Louis oft — zur Empörung — aber schmeicheln thaten sie ihm doch, und die Wahrheit hab' ich ihm nicht sagen hören, wenn nicht Persönlichkeit dazu trieb; und großartig dies, nur von Einer, von Paulinen. Mir aber machte er es möglich, sie ihm jedenfalls wie ich sie einsah zu zeigen. Halb, gewiß, gebührt, diesem menschlichsten Menschen dieser Ruhm. Das Menschlichste im Menschen faßte er auf; zu diesem Punkte hin wußte sein Gemüth jede Handlung, jede Regung der Andern zurückzuführen.

Der war sein Maßstab, sein Probirstein; in allen Augenblicken des ganzen Lebens. Das ist das Schönste, was ich von ihm weiß.

Nie sprach er darüber mit mir, wie ich mit ihm. Ich sah es aber ein, lebenslang. Er erröthete, wenn Menschen von andern zum Narren gehalten wurden; das sah ich, als man dies Einmal ziemlich gelinde mit einem verrückten Juden Schapse in seiner Gegenwart vornahm: er schenkte ihm Wein ein und behandelte ihn geschwind als Gast.

Mein Verhältniß zu ihm war sonderbar, beinah ganz unpersönlich. Obgleich er seine letzte Lebenszeit mit und bei mir zubrachte (mehr als die letzten drei Jahre). Von uns zu einander, war nicht die Rede. Doch mußt' er mir alles sagen: komponirte er, soll' ich bei ihm sitzen; spielte er — am Ende gezwungen — Karten, auch. —

Mein Gräuel! Ich werde Ihnen noch viel von seinem Innern sagen, wie ich's weiß, was Sie aufschreiben können. Wir hatten Einmal, er, und ich, und Pauline, eine Kontestation, wo denn häufig drin vorkam, was er mir gesagt hatte, und nicht hätte sagen sollen, und er machte ihr dieselben Vorwürfe. Mit einemmale, gelangweilt, sagte ich zu ihm:

„Prägen Sie sich fest ein, daß Sie mir alles wiedersagen, und daß mir Pauline auch alles wiedersagt; ich kann das nicht behalten, was ich sagen, oder was ich verschweigen soll, solchen Kopf habe ich nicht. Sie sagen es mir ja dann doch beide zusammen."

Er lächelte ganz fein, und unvermerkt, und schwieg. Einmal schrieb ich ihm eine Antwort nach Schrifte, sehr aus dem Herzen, worin ich ihm sagte: „wenn ich Ihnen die Wahrheit nicht sagen soll, so hab' ich Ihnen gleich gar nichts zu sagen; dies ist unser einzig Verhältniß." Ich schrieb ihm „Gnädiger Herr"; und „Königliche Hoheit"; und Sie. Im Gespräch eben so, nur in sehr guter Laune, im Scherz, und urgenten Fällen anders.

Er nannte mich Kleine, Levi, oder Rahel, oder Mlle. Levi vor Leuten."

Aus diesem Briefe geht uns ein Verständniß

für den Charakter des Prinzen Louis Ferdinands auf, dieses Prinzen, der trotz seiner großartigen Fehler während seines Lebens von allen Mitgliedern des königlichen Hauses beim Berliner Volk am beliebtesten war und dem dasselbe nach seinem Helden-Tode das treueste Andenken bewahrt hat.

Für die Geschichte unserer Stadt ist das Leben des Prinzen Louis Ferdinands von großer Bedeutung gewesen, im Guten wie im Schlimmen.

In seinem Hause, sowohl dem in der Friedrichsstraße nächst der Weidendammerbrücke, wo er sich gewöhnlich aufhielt, als in der reizenden Villa in Moabit, vereinigten sich die geistreichsten Männer: Friedrich Gentz, Wilhelm von Humbold, der berühmte Geschichtsforscher Johannes v. Müller, Friedrich von Schlegel, der Kapellmeister Dussek und Andere und wenn dort Orgien gefeiert wurden, so fanden doch auch Wissenschaft und Kunst ihre Stätte.

Selbst die Ausschweifungen des Prinzen trugen den Charakter der Genialität und man hat ihn deshalb vielfach nach dem berühmten Athener, dem er in seinem ganzen Sein und Wesen so ähnlich war, den preußischen Alcibiades genannt.

Nach dem Beispiele des Prinzen lebte ein großer Theil des Hofadels, ohne sich um den Widerwillen des Königs gegen Ausschweifungen zu kümmern, nach gewohnter Art. Die skandalösesten Liebesverhältnisse wurden mit cynischer Offenheit betrieben, und der König mußte dies dulden, da selbst die höchsten Staatsbeamten, Männer, deren Dienste er nicht entbehren konnte, wie der berühmte Freiherr von Hardenberg, der spätere Staatskanzler und Fürst, sich ohne Scheu dem sittenlosesten Leben überließen.

Hardenberg hatte mit einer Schauspielerin sehr untergeordneten Ranges, Charlotte Langenthal, geb. Schönemann, schon seit Jahren ein Liebesverhältniß. Obwohl die Schönemann ungebildet war und sogar an körperlichen Reizen der Gemahlin Hardenbergs weit nachstand, wurde sie doch unbedingte Herrscherin über den geistreichen Staatsmann. Er nahm sie, als er nach Berlin kam, mit hierher; hier lebte sie als seine erklärte Geliebte bei ihm. Nur bei großen, feierlichen Festen blieb sie in ihrem Zimmer, sonst aber war sie die erklärte Gebieterin im Hardenbergischen Hause. Jeder, der etwas von dem hohen Staatsmann wollte, mußte suchen, sich bei der Schönemann, diesen Mädchennamen hatte sie wieder angenommen, beliebt zu machen. Sie empfing einen zahlreichen Kreis von Freunden und Bekannten, von Leuten, welche ihrem Bildungsgrad entsprachen, und diese unwürdige Gesellschaft gewann selbst auf den Minister einen Einfluß, der oft genug schädlich wirkte.

Obgleich Hardenberg häufig selbst unangenehm durch die Zudringlichkeit der Freunde seiner Geliebten berührt wurde, vermochte er sich doch von der Schönemann nicht zu lösen, da seine Leidenschaft für eine Frau, deren Geist dem seinigen so wenig ebenbürtig war, ihn völlig beherrschte. Dies erscheint um so merkwürdiger, als der Minister zu gleicher Zeit noch viele andere Liebschaften hatte. — Erst im Jahre 1807 machte Hardenberg diesem Skandal dadurch ein Ende, daß er die Schönemann zum großen Verdruß seiner vornehmen Familie heirathete, ohne aber deßhalb seine vielen anderweitigen Liebschaften einzuschränken. Niemand nahm es damals dem vornehmen Manne übel, daß er eine Schauspielerin öffentlich als Maitresse hielt, daß er sie sogar in sein Haus nahm und neben ihr noch viele andere Maitressen hatte; nur der Einfluß, welchen er den ungebildeten Freunden der Geliebten bei Besetzung von Aemtern gestattete, wurde ihm verargt.

Die beiden widerstrebenden Richtungen, welche am königlichen Hofe herrschten und deren Repräsentanten der König und Prinz Louis Ferdinand waren, verfehlten ihren Einfluß auf die Berliner Gesellschaft nicht; auf der einen Seite jene etwas sentimentale Sittenstrenge, welche sich in der Häuslichkeit des Königspaares zeigte und welche die Lafontaine'schen Romane und die Kinderbälle in Mode brachte, auf der andern Seite die geniale Ausgelassenheit, die Ausschweifungen und die sittenlosen Liebeshändel des Prinzen.

Es entstand ein merkwürdiger Kampf in der Gesellschaft: Die Wenigen, welche sich in der allgemeinen Versunkenheit ihre Sittenstrenge bewahrt, aber kaum gewagt hatten, dem großen Strom der Volksmeinung entgegenzutreten, faßten wieder Muth und es war wohl ein Fortschritt zu nennen, daß schon Einzelne sich nicht mehr schämten, ein häusliches Leben zu führen. Diese waren aber eben nur Einzelne, die große Menge der Gesellschaft, besonders der vornehmen Gesellschaft, versank mehr und mehr in die tiefste sittliche Verworfenheit. Die vertrauten Briefe geben uns folgendes abschreckende Bild von dem Berliner Leben in jener Zeit:

„In der Residenz hat man die physischen Genüsse so verfeinert, daß das Leben bei Hofe damit recht grell absticht.

Es giebt hier eine Menge von Leuten aus dem Militair-, Civil- und Handlungsstande, die ein wahres Studium daraus gemacht haben, das Leben zu genießen.

Des Morgens werden die Italiener besucht, die Delicatessen des Auslandes nach den verschiedenen Jahreszeiten recht frisch verschlungen, die feinsten Weine aus den heißen Zonen dabei genossen, um den Magen in Spannung zu erhalten.

Des Mittags nimmt man ein üppiges Mahl bei einem französischen Koch ein, der jedem Gericht eine solche Würze zu geben weiß, daß es nur eine Vorbereitung und Anspannung der Geschmacksnerven für das nächstfolgende ausmacht. Man verweilt dabei so lange, bis es Zeit ist, ins Schauspiel, zu einer Spiel- oder Theegesellschaft zu gehen.

Im Theater und bei den Thee's bestellt man eine Zusammenkunft mit verliebten Weibern oder spinnt neue Liebesintriguen an; beim Spiel setzt man den höchsten Point aus, um entweder sein Vermögen zu verdoppeln oder zu verlieren. Gegen 10 oder 11 Uhr gehts in die Freudenhäuser oder zum Liebchen.

Die Weiber sind so verdorben, daß selbst vornehme adlige Damen, eine F. v. C..., sich zu Kupplerinnen herabwürdigen, junge Weiber und Mädchen von Stande an sich ziehen, um sie zu verführen.

Manche Zirkel von ausschweifenden Weibern von Stande vereinigen sich auch wohl und miethen ein meublirtes Quartier in Compagnie, wohin sie ihre Liebhaber bestellen und ohne Zwang Bacchanale und Orgien feiern, die selbst dem Regenten von Frankreich unbekannt und neu gewesen wären.

Du findest oft in den ersten Freudenhäusern noch wahre Vestalinnen gegen manche vornehme Berliner Dame, die im Publiko als Tonangeberin figurirt.

Es giebt vornehme Weiber in Berlin (eine G. R***), die sich nicht schämen, im Schauspielhause unter den verworfensten Frauenzimmern zu sitzen, sich hier Galane zu verschaffen und mit ihnen zu Hause zu gehn.

Ich mag Dir dies Bild nicht noch mehr ausmalen, Du würdest nicht glauben, daß es wirklich so ist, und daß meine Phantasie mich täuschet."

Das Bild, welches uns die vertrauten Briefe malen, enthält zwar grelle Farben, aber es ist leider nur zu wahr; die sittliche Versunkenheit der vornehmen Gesellschaft zeigte sich sogar durch eine Reihe grauenhafter Verbrechen, welche die Kriminal-Gerichte in Thätigkeit setzten.

Da vergiftete ein Baron v. Essen, der in den vornehmsten Zirkeln ein stets gern gesehener Gast war, seinen Freund, um die reiche Wittwe desselben zu heirathen und als nun die Untersuchung gegen ihn eingeleitet wurde, da zeigte sich, daß er ein kühner Abenteurer, Namens Wilster, sei, der im Verdacht noch anderer schwerer Verbrechen stand.

Die Geheime Räthin Ursinus, eine geborene Baroneß von Weingarten, wurde plötzlich am 5. März 1803 aus einer glänzenden Gesellschaft heraus verhaftet. Sie saß gerade im Spieltisch bei einer Whistpartie, als ein Diener in das Zimmer trat und ihr meldete, im Vorzimmer ständen Beamte der Polizei und wünschten sie zu sprechen.

Ohne eine Miene zu verziehen stand die Geheime Räthin auf, legte die Karten weg und bat ihre Mitspieler um Entschuldigung für die kleine Störung; in kurzer Zeit versprach sie zurück zu sein. Aber sie kam nicht wieder. Kaum aus dem Zimmer getreten, wurde sie verhaftet und in das Kriminal-Gefängniß geführt.

Sie hatte versucht, ihren Bedienten Benjamin Klein durch Arsenik zu vergiften. Bei der eingeleiteten Untersuchung stellte sich mit der höchsten Wahrscheinlichkeit heraus, daß noch drei andere Giftmorde, der des Gatten, eines Liebhabers und einer Tante auf ihrem Gewissen lasteten. Sie leugnete; der Mord des Gatten und des Liebhabers konnte nicht erwiesen werden, wohl aber der Mordversuch gegen den Bedienten und die Vergiftung der Tante. Sie wurde in Folge dessen, da sie nicht gestanden hatte, zu lebenswieriger Festungsstrafe, nicht zum Tode verurtheilt.*)

Solche Verbrechen waren in der gebildeten Gesellschaft Berlins bisher nicht erhört gewesen, sie bewiesen die tiefe innere Verkommenheit derselben.

Das Vergnügen in seiner sinnlichsten und gemeinsten Ausartung war der Gott der Berliner im Anfange dieses Jahrhunderts; in alle Schichten der Gesellschaft war die Vergnügungssucht tief eingedrungen. Im Sommer wurden Landpartien nach benachbarten Dörfern gemacht, im Winter waren die Wein- und Bierstuben stets gefüllt und mehr noch als diese die berüchtigten Häuser deren es eine ansehnliche Zahl gab. Hier trafen sich die vornehmen Herren vom Hofe, die Beamten und die wohlhabenderen Männer vom Bürgerstande, hier verkehrten sie auf gleichem Fuße. Es fiel gar nicht auf, wenn in solchen Häusern auch Ehemänner sich sehen ließen.

Desto strenger waren die Stände sonst in der Gesellschaft geschieden, nur im Laster und in der Wissenschaft trafen sie sich.

Der Drang nach geselligen Vergnügungen hatte außer den Freimaurerlogen, welche damals in großer Blüthe standen, eine Menge von Privatgesellschaften, Ressourcen genannt, geschaffen. Wer Anspruch auf Bildung machen wollte, mußte Mitglied einer solchen Ressource sein. Die Männer fanden in derselben ihre Spielpartie, die Frauen ihre Klatschgesellschaften, das junge Volk hinreichende Gelegenheit zur Anknüpfung von Liebeshändeln, im Winter war für Bälle, im Sommer für andere Vergnügungen hinlänglich gesorgt.

---

*) Es erregte im Volk von Berlin eine tiefe Entrüstung, als man erfuhr, daß die Giftmischerin auf der Festung so viel Bequemlichkeiten habe, als nur immer mit der Haft vereint werden konnten; sie hatte ein gut, sogar elegant möblirtes Zimmer, konnte sich eine Gesellschafterin halten, und Besuche empfangen. Später wurde ihr sogar erlaubt, innerhalb der Stadt Glatz eine eigene Wohnung zu nehmen und hier lebte sie von ihrem bedeutenden Vermögen als große Tante. Die Honoratioren der Stadt schämten sich nicht, die Gesellschaften der Giftmischerin zu besuchen; ein boshafter Spaßvogel benutzte dies einst, um den Glatzer Herren und Damen einen Schrecken einzujagen. Bei einer Kaffee-Gesellschaft mischte er unter den beim Bäcker bestellten Kuchen ein Laxans, in Folge dessen die ganze Gesellschaft plötzlich sich unwohl fühlte und nun voll Schrecken glaubte, sie sei von der Ursinus vergiftet worden. Die Giftmischerin ist im hohen Alter eines gottseligen Todes gestorben; sie hat mit vieler Ostentation den größten Theil ihres Vermögens an milde Stiftungen vermacht.

In den Ressourcen wurde auf den Stand meist streng gehalten, das Casino in der Charlottenstraße 31 nahm nur vornehme Adlige als Mitglieder auf. In andern Ressourcen vereinte sich der höhere Beamtenstand, wieder in andern die niederen Beamten und die Kaufleute.

Ueber das Leben in den Ressourcen giebt uns der Kriegsrath von Cöln folgende Schilderung:

„Ein lächerlicher Brauch mancher Berliner Ressourcen ist der, daß man den Logen das Singen nachmachen will, und sich häufig Versifare aufwerfen, die die infamsten Zoten in Reime stellen, welche dann das fidele Publikum nachbrüllt, und sich darüber zu Tode lachen will. Ich könnte solche Ressourcen anführen, ich will aber schweigen. In der Ressource bei Palmier und George kommt so etwas nicht vor, und jeder Fremde, der in diese eingeführt wird, findet eine höchst gebildete Gesellschaft. Spiel, Unterhaltung und Tanz u. s. w. Bei Palmier aber sind die Damen und der Tanz ausgeschlossen; dagegen findet man die interessanteste Unterhaltung, ein schönes und geschmackvoll möblirtes Lokal und den Kern der gesitteten rechtlichen Berliner Welt.

„Das Casino in der Charlottenstraße, für den ganz hohen Adel und auswärtige Gesandte u. s. w. geeignet, ist vielen andern zu kostbar und zu steif; dagegen haben die Gensdarmen-Offiziere sich hier nichts weniger als steif betragen, ja wohl sogar leere Champagnerflaschen aus dem Fenster geworfen. Ich glaube sehr gern, daß man in Wien in Privatzirkeln die angenehmste, interessanteste Gesellschaft findet, aber das ist doch nicht so allgemein wie in jenen Ressourcen. Man giebt diesen Gesellschaften in Berlin schuld, daß auch hier in der Liebe so mancher Unfug getrieben werde; aber, guter Gott, wo geschieht das nicht in Berlin?"

Das gesellschaftliche Leben der Berliner war auf die Ressourcen nicht beschränkt, in allen wohlhabenden Familien wurde offenes Haus gehalten; Bälle und andere Gesellschaften folgten im Winter in ununterbrochener Reihe; es gehörte so sehr zur Mode, ein gastfreies Haus zu machen, daß sich nicht leicht eine einigermaßen gut situirte Familie dem entziehen konnte.

Der Ton in diesen Privatgesellschaften war naturgemäß ein sehr verschiedener, nach dem Bildungsgrade der Wirthe. Während in manchen vornehmen Häusern die Gesellschaften nur dazu dienten, den Reichthum der Gastgeber durch üppige Mahle und glänzend ausgeschmückte Festsäle zu zeigen, während es dort entweder steif und förmlich zuging, oder eine an wilde Ausgelassenheit grenzende Ungemütlichkeit herrschte, waren doch andere Kreise ausgezeichnet durch die feine in ihnen waltende Sitte, durch die geistreiche Unterhaltung, durch die Vereinigung der bedeutendsten Männer Berlins. Wir erwähnten bereits, daß die Villa des Prinzen Louis Ferdinand in Moabit einen solchen Sammelpunkt abgab. Außerdem aber machten sich noch manche andere vornehme Männer eine Ehre daraus, in ihren Salons die Größen der Wissenschaft und Kunst zu empfangen.

Carl Ludwig Klose giebt uns in seiner Biographie des Fürsten Hardenberg von diesen Gesellschaftskreisen eine anziehende Schilderung.

„Eine so ausgezeichnete Gesellschaft von Staatsmännern, namentlich auch von Vertretern der auswärtigen Mächte, hat der Zufall selten in Berlin vereinigt, als es in den ersten Jahren des gegenwärtigen Jahrhunderts der Fall war. Die Herren von Krüdener und Alopeus, Graf Stadion, General O'Farill, Marquis von Corven und einzelne Gesandte der Höfe zweiten Ranges bildeten einen um so anziehenderen Kreis, je mehr man es sich in demselben angelegen sein ließ, die Last des Hofzwanges, wo sie nicht beseitigt werden konnte, sehr erträglich zu machen, ja reichlich für sie zu entschädigen durch eine geistreiche Heiterkeit, in welcher die Mitglieder jenes Kreises glücklich wetteiferten. Glänzende, schwerfällige Feste wurden von ihnen seltener, als bei den Großen gewöhnlich, veranstaltet, aber die gastlichen Häuser jener Staatsmänner standen jedem gebildeten Eingebornen der höheren Kreise und jedem ausgezeichneten Fremden immer offen, und man vereinigte sich in denselben zu Gesellschaften, fröhlichen Scherzspielen und einfachen Gastmahlen, wie dies Alles an den damaligen Höfen noch fast unerhört war. Ueberdies bot auch in einem andern Kreise der Gesellschaft die preußische Hauptstadt damals der ausgezeichneten Erscheinungen nicht wenige dar; er war von Männern gebildet, welche gleichsam als Vertreter jenes Geistes der Klarheit angesehen werden konnten, welche die zweite Hälfte des eben abgelaufenen Jahrhunderts erleuchtet, der Ruhm der Regierung Friedrich des Einzigen erhöht und die tief und weit dringende Wirksamkeit eines Lessing und Moses Mendelssohn hervorgerufen hatte. Die Geschichte des deutschen Schriftthums bewahrt die Namen fast aller Männer dieses Kreises, und welche sie nennt, nennt sie beinahe ausnahmslos mit großer Achtung, obwohl die Gebiete der geistigen Wirksamkeit der Einzelnen zum Theil sehr verschieden waren. Wir können hierher einerseits Wilhelm und Alexander von Humboldt, August Wilhelm und Friedrich Schlegel, Ancillon, Fichte, Kiesewetter, Hufeland, Gustav von Brinkmann, andrerseits Chamisso, Varnhagen von Ense, Theremin, Neander, Wilhelm Neumann und Hitzig rechnen, und es bedarf dabei so wenig der Bemerkung, daß keine bestimmte Grenzlinie beide Reihen denkwürdiger Männer im geselligen Verkehr von einander schied, als daß Mehre in ihren eigensten, geistigen Bestrebungen und im Berufe dem Kreise der Staatsmänner nicht im Geringsten fremder waren, als dem der Gelehrten. Unerwähnt darf aber nicht bleiben, daß außer den beiden genannten Hauptkreisen der Gesellschaft noch ein dritter einen angenehmen Heerd der Geselligkeit bildete, welchem gern auch die Geistreichsten sich anschließen mochten. Man fand ihn in den Häusern einiger wohlhabender Bürgerfamilien, namentlich in denen des Buchhändlers Sander und des Banquiers Jtzig, und es wird immer mit Recht als ein erfreuliches Zeichen jener Zeit angesehen werden können, daß eine Frau dieses Kreises, die gefeierte Rahel, nachmals die Gattin Varnhagen's in so vorzüglichem Grade, als es bekanntlich der Fall gewesen ist, die Achtung und Zuneigung der Besten und Einsichtsvollsten aller Stände genossen hat."

Zu den Bürgerhäusern, in denen die angesehensten Künstler stets gastliche Aufnahme fanden, gehörte bis zum Beginn des Krieges im Jahre 1806 auch das Haus des Buchdruckers und Musikalienhändlers Rellstab. Alle vierzehn Tage Sonntags fand im Rellstab'schen Hause ein großes Concert mit vollem Orchester statt, die größten musikalischen Meisterwerke wurden hier von den tüchtigsten Künstlern aufgeführt. Diese Künstler selbst, sowie die Liebhaber und Gönner der Musik in Berlin waren stets gern gesehene Gäste bei den Concerten, sie wurden von dem gastfreien Rellstab, wenn auch nicht mit Luxus, doch freigebig bewirthet.

Die Gesellschaften, in denen Gelehrte und Künstler verkehrten, gehörten zu den beliebtesten Berlins, denn merkwürdiger Weise halten sich wenigstens die gebildeten Stände in ihrer tiefen sittlichen Verdorbenheit doch den Sinn für Wissenschaft und Kunst erhalten. Es war sogar Mode geworden, sich wissenschaftlich zu beschäftigen und wer irgend in gebildeten Kreisen eine Stellung einnehmen wollte, mußte mitreden können über die neuesten Erscheinungen der Literatur und Kunst.

Es läßt sich nicht verkennen, daß eine solche Mode ein gewisses, oft schädliches Halbwissen förderte, aber sie wirkte doch andrerseits auch wohlthätig, denn jede wissenschaftliche oder künstlerische Beschäftigung ist sichselbsterhebend und veredelnd. Sie trug wesentlich dazu bei, daß tüchtige Gelehrte und Künstler gern nach Berlin kamen, weil sie hier auf das ehrenvollste aufgenommen wurden, und Gelegenheit fanden, sich geistig in verwandten Kreisen fortzubilden.

Berühmte Dichter wurden von den stets leicht beweglich in ihrem Enthusiasmus oft überschwänglichen Berlinern geradezu vergöttert. Sehr treffend hat dies der Hofrath Adami in einem in dem Verein für die Geschichte Berlins gehaltenen Vortrage: "Jean Paul in Berlin" geschildert. Er sagt:

Jean Paul wohnte in Berlin von Ende Juni (1800), bei seinem gastfreundlichen Verleger, dem Tuchhändler und Commerzienrath Matzdorff, Unter der Stechbahn; sein Freund und Gönner, Professor Moritz, war bereits im Sommer 1793 verstorben.*) In einem unterm 13. Juni an

*) Der mit Göthe befreundete Verfasser des "Anton Reiser" und der "Götterlehre" galt in Berlin als ein Original; er war das Urbild des Kotzebue'schen Lustspiels "Bruder Moritz, der Son-

Otto gerichteten Schreiben sagt der Dichter: "Berlin warf mir ein oder ein paar Universa an den Kopf. Seit zwei ein drittel Woche sitz' ich hier und muß noch die folgende bleiben, weil Iffland meinetwegen den Wallenstein geben will. Noch in keiner Stadt wurde ich mit dieser Jdolatrie aufgenommen und von einem solchen Heere. Bei Matzdorff logire ich köstlich; seidene Stühle, Nachtlichter, Erforscher jedes Wunsches, vier Zimmer zum Gebrauch. Der gelehrte Confistorial-Rath Zöllner und achtzig Menschen in der Dorf-Loge zusammen meinetwegen — Männer, Frauen und Töchter des Gelehrtenkreises. Viel Haare erbeutete ich — ein Uhrband von dreier Schwestern Haar, und viele gab mein eigener Scheitel her, so daß ich eben sowohl von dem leben wollte, wenn ich's verhandelte, was auf meiner Hirnschale wächst, als was unter ihr.... Die herrliche Königin (Luise) lud mich brieflich nach Sanssouci ein, und und ich aß bei ihr; sie zeigte mir Alles um dasselbe. Ich war öfters bei dem höchst gebildeten Minister von Alvensleben — endlich überall. Der Ton an der Hoftafel war leicht und gut, und bei Alvensleben sprach man so frei wie auf diesem Blatt. Nur in Berlin ist Freiheit und Gesetz, bei Gott!" Und folgenden Tages schreibt er an Gleim in Halberstadt: "Noch immer leb' ich in diesem architectonischen Universum, das mich so einnimmt, daß ich es vielleicht im Winter beziehen werde. Diesem glänzenden Juwel fehlt nur die Fassung — eine schöne Gegend.... In keiner deutschen Stadt ist die Achtung für das Gesetz, worin allein Freiheit besteht, sogar beim König größer als hier. Ich sprach und aß in Sanssouci mit der gekrönten Aphrodite, deren Sprache und Umgang eben so reizend ist, als ihre edle Musengestalt. Sie stieg mit mir überall auf der heiligen Stätte herum, wo der große Geist des Erbauers Europa und — sich beherrscht hatte. Geheiligt und gerührt stand ich in diesem Tempel des aufgeflogenen Adlers. Die Königin selbst verehrt Friedrich so sehr, daß sie sagte, durch ihre Gegenwart würde diese Stelle entweiht — was wohl Niemand zugiebt, der Augen hat für — ihre. Sie nahm meine Dedication (des "Titan") und den Brief dabei mit vieler Freude auf. An der Tafel herrschte Unbefangenheit und Scherz."

derling". Nachdem er sich eine Equipage angeschafft, "weil seine Füße nicht mehr fort wollten" sah Ludwig Tieck dieselbe eines Tages mitten auf dem Straßendamm stehen, während der Kutscher unweit davon auf der steinernen Bank eines Hauses saß. Die Frage, ob dem Fuhrwerk ein Unfall passirt sei, beantwortete der Kutscher dahin: der Herr Professor habe ihm befohlen, hier anzuhalten, weil er ein wenig im Wagen schlafen wolle. Aber ungeachtet seiner Grillen war Moritz eine geistvolle, anregende Persönlichkeit.

Zehntes Kapitel.

Berliner Buchhandel. — Zeitungen. — Beobachter an der Spree. — Censur. — Inhalt der Vossischen Zeitung. — Das Schauspiel. Kotzebue. — Die Künste. — Bauwerke.

Das rege geistige Leben, welches sich in Berlin entwickelte, nachdem die Stadt von dem Bann gelöst war, der unter dem Wöllner'schen Regiment auf ihr geruht hatte, zog viele tüchtige Gelehrte und Schriftsteller nach der preußischen Hauptstadt und eröffnete auch dem Buchhandel ein weites Feld; Berlin beschäftigte damals eine für jene Zeit recht beträchtliche Anzahl von Buchhandlungen und Druckereien, welche fast sämmtlich gute Geschäfte machten. Es bestanden im Jahre 1806 34 Buchhandlungen und 32 Druckereien, die etwa 100 Pressen beschäftigten. Unter ihnen finden wir noch viele Namen, welche ihren Ruf bis in die Gegenwart hinein erhalten haben. Wir nennen Decker, Hahn, Littfaß, Spener, die Mylius'sche Buchhandlung, Nicolai und Dehmigke.

Für das rege Lesebedürfniß der Berliner wurde durch diese Buchhandlungen reichlich Sorge getragen, zahlreiche Lesezirkel und 15 Leihbibliotheken, von denen die Kralowoky'sche die bedeutendste war, trugen ebenfalls zur Befriedigung desselben bei.

Von einem nicht geringen Einfluß auf die Entwickelung der Literatur in Berlin und auf das Urtheil des Publikums waren die Zeitschriften, welche meistens viele Leser fanden. In der von Nicolai redigirten allgemeinen deutschen Bibliothek wurden alle Erscheinungen der Literatur kritisch besprochen, die Berliner Monatsschrift, von Gädicke und Biester herausgegeben, hatte ein gleiches Bestreben, sie fand so großen Anklang beim Publikum, daß sie bald den Sieg über alle andern Monatsschriften davontrug.

Von politischen Zeitschriften erschienen dreimal wöchentlich die Spenersche und die Vossische Zeitung. Täglich kam das Intelligenzblatt heraus, eine Zeitung, welche nur für Anzeigen bestimmt war. Der Ertrag des Intelligenz-Comptoirs, in dem die Anzeigen angenommen wurden, war für das Militär-Waisenhaus in Potsdam bestimmt und es wurde deshalb streng darauf geachtet, daß die Privilegien des Blattes aufrecht erhalten blieben. Alle diejenigen Inserate, welche überhaupt in einer Berliner Zeitung erschienen, mußten erst im Intelligenzblatt abgedruckt werden, sie kosteten dort die Zeile 1½ Gr.

Eins der gelesensten Blätter, welches besonders in der niederen Bürgerschaft cursirte, war der Beobachter an der Spree, der wöchentlich einmal herauskam und die Berliner Klatschgeschichten enthielt. Damals gab es wohl kaum eine Familie in den untern Kreisen der Gesellschaft, welche den Beobachter nicht gelesen hätte. Der Freimüthige, oder Scherz und Ernst, der von Merkel herausgegeben wurde und früher von Kotzebue redigirt worden war, erschien täglich. Zweimal in der Woche erschien der preußische Hausfreund von Theodor Heinsius, ebenso die Zeitschrift Komus oder der Freund des Scherzes und der Laune.

Daß die Zahl der Zeitungen trotz des mehr und mehr in Berlin um sich greifenden Lesebedürfnisses eine so geringe blieb, lag an den drückenden Beschränkungen der Censur.

„Es darf in Berlin kein Blatt, selbst kein Hochzeitsgedicht oder Catalog gedruckt werden, welches nicht vorher die Censur passirt; aber in ganz Europa ist es bekannt, welche billige Grundsätze der Staat hierbei aufgestellt hat, und wie freimüthig jeder Schriftsteller hier schreiben kann. Mit Recht darf aber nichts gegen den Staat, gegen die Religion und keine Pasquille gedruckt werden. Die Fächer der Gelehrsamkeit sind unter mehrere Censoren vertheilt, und die Buchdrucker sind verpflichtet nichts abzudrucken, was nicht einer von diesen mit dem Imprimatur versehen hat. Für den gedruckten Bogen werden an den Censor 2 Gr. gezahlt. Auch die Kupferstiche müssen vor dem Ausgeben die Censur passiren."

So schildert uns Gaedicke[*]) die Censur; hätte er sich mit härteren Worten über die Beschränkungen der Preßfreiheit ausgesprochen, so würden diese eben vom Censor gestrichen worden sein.

Die Censur war drückend und streng genug, wenn auch die Lobpreiser des preußischen Regiments über ihre Milde nicht Worte genug finden konnten. Das zeigen uns die Zeitungen aus dem ersten Jahrzehnt des 19. Jahrhunderts, sie enthalten über die innern Verhältnisse Preußens fast nichts als die Bekanntmachungen der Behörden, oder hier und da einige sehr bescheidene und wohlmeinende Restexionen; jeder Tadel der Regierung wurde unbarmherzig vom Censor gestrichen.

Wer sich ein Licht über die Mängel der preußischen Staatsverwaltung verschaffen wollte, konnte Berliner Zeitungen nicht lesen, er mußte versuchen, sich auswärtige Blätter zu verschaffen und dies war schwer genug.

Es ist trotzdem nicht uninteressant, einen Blick auf die damaligen Zeitungen zu werfen, die Klatschgeschichten des Berliner Beobachter zu verfolgen, oder auch an den magern Inhalt der Spenerschen und Vossischen Zeitung den Maßstab anzulegen, nach welchem heut ein Tagesblatt beurtheilt wird.

Wir finden zuerst in der Vossischen Zeitung obrigkeitliche Bekanntmachungen und offizielle Berichte über hohe Festlichkeiten, über das Empfangen irgend einer Deputation, über die Ankunft oder Abreise von Fürsten, Gesandten u. s. w. Damit sind die Berliner Nachrichten geschlossen; von

---

[*]) Lexikon von Berlin und der umliegenden Gegend. Enthaltend alles Merkwürdige und Wissenswerthe von dieser Königstadt und deren Gegend. Ein Handbuch für Einheimische und Fremde von Johann Christian Gaedicke, herzoglich Sachsen-Weimarischen Commissionsrathe. Berlin 1806 bei den Gebr. Gaedicke.

Leitartikeln, welche heute jedes Zeitungsblatt enthalten muß, ist keine Rede.

Dann kommen die Nachrichten aus den Provinzen, nicht weniger dürftig als die von Berlin, ihnen folgt die Darstellung der Kriegsereignisse, ganz im Sinne der gerade in den höheren Regionen herrschenden Strömung geschrieben.

Die vermischten Nachrichten enthalten allerhand wunderbare Ereignisse aus fernen Ländern. Von größerer Bedeutung sind die wissenschaftlichen und Kunstnachrichten, sie geben ein ziemlich ausführliches Bild der wissenschaftlichen und künstlerischen Bestrebungen jener Zeit und besonders hatten die in keiner Nummer fehlenden Theater- und Concert-Recensionen oft einen wirklichen Werth; manche derselben möchten noch heute mustergiltig erscheinen.

Den Recensionen folgten fast in jeder Nummer Gedichte und Räthsel meist untergeordneten Werths; sie waren berechnet auf den Geschmack der großen Menge, der noch sehr wenig geläutert war. Wenn auch Göthe und Schiller, Lessing und andere Meister sich bemüht hatten, die deutsche Literatur von der Geschmacklosigkeit des Zopfthums zu befreien, so dauerte doch gerade damals der geistige Kampf um dasselbe fort und das Publikum wollte durchaus seiner früheren Liebhaberei nicht entsagen. Kleine Scherzchen in Versen, womöglich etwas obscönen Inhalts waren die literarische Lieblingskost der Menge und eine Zeitung, welche Abnehmer finden wollte, mußte sich bequemen, sie aufzunehmen. Einige kleine Gedichte der Vossischen Zeitung, welche ihrer Zeit großen Beifall fanden, werden unsern Lesern ein Bild des damaligen Berliner Geschmacks geben.

„In Gegenwart von Crebillon dem Jüngern
Sprach einst der Vater Crebillon:
„Hm, meiner Werke zwei (und zählet an den Fingern)
Muß ich mich schämen: eins, mein Xerxes; zwei, mein Sohn." —
„Beruhigen Sie sich", versetzt mit schlauen Mienen
Der Sohn: „von Beiden beißt's, sie wären nicht von Ihnen."

*

Ein Säufer fiel auf einen Düngerhaufen,
Und war von Kopf bis Fuß wie — — Dünger anzusehn.
Sein Nachbar findet ihn: „Sie müssen, Freund, nicht saufen!"
Der Trunkene versetzt: „Ich mußte, Freund, nicht gehn!"

„Am heißen Sommerabend stand
In Pantalon und weißer Jacken
Türenne am Fenster. Ferdinand,
Sein Jäger, schleicht sich längs der Wand,
Von hinten zu, versetzt ihm auf den Backen,
Dem es an — — Zähnen fehlt, raßt einen derben Streich.
Türenne kehrt sich um. Stumm, zitternd, todtenbleich,
Stürzt jener auf die Knie. — Ach Herr! ach laßt Euch sagen,
(So stammelt er) ich dachte, gnäd'ger Herr,
Es wäre Georg." — Und wenn es George wär,
(versetzt Türenne, und reibt sich die Stelle) wer hieß Dich so übermäßig schlagen?"

Den Gedichten und Räthseln folgten in der Vossischen Zeitung die Course und demnächst die Anzeigen. Der ganze politische Inhalt der nur dreimal in der Woche erscheinenden Zeitung wurde abgethan auf 4 bis 5 Seiten des sehr kleinen Formats, der übrige Theil, besonders die Inserate, füllten wohl 10 bis 12 Seiten.

Der bedeutende Raum, welchen die Zeitungen den Recensionen über das Theater widmeten, giebt uns schon einen Beweis für die Bedeutung, welche die Bühne damals in Berlin hatte, sie feierte unter der trefflichen Direction Ifflands ihr goldenes Zeitalter.

Die besten Schauspieler bildeten in Berlin ein Ensemble, wie es kaum besser gewünscht werden konnte. Die Herren Beschort, Bessel, Bethmann, Eunicke, Franz, Gern, Lemm, Rüthling, Unzelmann und die Damen Beschort, Bethmann, Döbbelin Eunicke, Schick waren Künstler und Künstlerinnen meist ersten Ranges, welche von dem Meister in der Direction stets an die rechte Stelle gestellt wurden.

Iffland war nach bester Kraft bestrebt, durch klassische Stücke den Geschmack des Publikums zu veredeln und das Theater zur wahren Volks-Bildungsschule zu machen, aber auch er konnte sich der Strömung nicht ganz entziehen. Wollte er seine Künstler nicht vor leeren Bänken spielen lassen, dann mußte er der Posse Raum gewähren und vor Allem Kotzebues Stücke zur Aufführung bringen, denn dies verlangte die Geschmacklosigkeit der Zeit gebieterisch.

Kotzebue beherrschte die damalige Bühne mehr als jemals ein Schriftsteller vor oder nach ihm. Rellstab giebt uns treffend die Ursache an, welche den damals so gefeierten Schriftsteller zu seiner Macht erhob.

„Es war das Geschick, eine äußerliche Spannung zu unterhalten, die Lustspiele mit wohlfeilem aber allverständlichem Witz, die ernsten Dramen mit ebenso allzugänglichen Gemeinplätzen im Ausdruck edler, rührender Gesinnungen zu würzen, ferner die Gewandtheit mannigfaltige, äußerlich gezeichnete Figuren leicht hinzustellen, die im ersten Augenblick, und bei flacher Auffassung für Charaktere gelten. — Alles das und Manches Andere, worauf hier nicht näher einzugehen ist, mußte ihm die Herrschaft sichern. Er war das größte Talent im Gebiete der Flachheit."

Schon damals urtheilten die wahrhaft Gebildeten, die edleren Naturen hart über den berühmten Theaterdichter. So sagt Schleiermacher in einem Briefe vom 28. Januar 1809 an Henriette von Willich:

„— — Seit undenklich langer Zeit bin ich zum ersten Male einmal wieder im Theater gewesen, Nanni wollte so gern einmal hingehen. Nun erfuhr ich, daß ein ziemlich neues Stück von Kotzebue sollte gegeben werden, worin Iffland und die Bethmann sehr schön spielen sollten. Müßte ich, daß Du das Stück gelesen hättest, so sagt' ich etwas darüber. Der Kotzebue ist doch ein niederträchtiger Kerl. Er hat auch nicht die mindeste Vorstellung von wahrer Sittlichkeit und selbst, wo er edlere Charaktere aufstellen will, verdirbt er sie auf die gemeinste, ekelhafteste Art, und man schämt sich ordentlich und ärgert sich, wenn man sich bei einzelnen Situationen rühren läßt, was mir ehrlichem Hunde doch hie und da begegnet."

Solche Urtheile über Kotzebue, wie das Schleiermachers, waren in jener Zeit selten, die große Menge war entzückt von den selchten Stücken und diese bildeten daher den wesentlichen Inhalt des Repertoirs, sie errangen größeren Beifall als die Meisterwerke Shakespeare's, Schiller's, Göthe's und Lessing's.

Auf fast gleicher Höhe als das Schauspiel stand die Oper, welche ebenfalls trefflich besetzt war, die Meisterwerke der Tonkunst wurden von den tüchtigsten Kräften vorzüglich dargestellt. In der Zeit des Carnevals bot auch die italienische Oper dem Publikum einen nennenswerthen Kunstgenuß und in der Sing-Akademie, welche durch Fasch im Jahre 1791 begründet worden war, um die geistliche Musik in Aufnahme zu bringen, wurde unter Zelters Direction für Kirchenmusik Ausgezeichnetes geleistet.

So lebendig der Sinn der Berliner für die künstlerischen Bestrebungen auch in den bildenden Künsten war, so fehlte es doch an großen Meistern, an denen ja jene Zeit überhaupt arm war.

Nur in der Bildhauerkunst zeichneten sich Schadow und der junge Rauch aus, bedeutendere Maler dagegen fehlten. Als Kupferstecher sind Berger, Chodowiecki und Meil zu nennen, als ein bedeutender Holzschneider Unger. Auch großartige Bauwerke sind im ersten Jahrzehnt dieses Jahrhunderts nur wenige geschaffen worden.

Friedrich Wilhelm war sparsam; er glaubte nicht ungeheure Summen für die Vergrößerung seiner Residenz opfern zu dürfen, obwohl ihm Sinn und Lust dazu nicht fehlten. Er folgte daher wohl den Geboten der Nothwendigkeit und den Forderungen der Nützlichkeit, aber nur hier und da gab er dem Wunsche, die Stadt zu verschönern, nach.

Von größern Gebäuden, welche in jener Zeit gebaut wurden, nennen wir zuerst die Charité, deren Ausbau von Friedrich Wilhelm III. vollendet wurde. Ein großartiges Krankenhaus war für die gewaltig heranwachsende Stadt ein unabweisliches Bedürfniß; dieses wurde durch den Ausbau der Charité erfüllt. Der Zweck, die Armen-Kranken aufzunehmen und der, ein Lehr-Institut für Aerzte und Wundärzte zu begründen, wurde im gleichen Maße erreicht.

Im Jahre 1800 baute der Professor und Bau-Inspektor Genz an Stelle des abgebrannten Werderschen Rathhauses am Werderschen Markt die neue Münze; das Gebäude wurde sowohl zur Münze als für die mineralogischen Sammlungen bestimmt und sollte zu gleicher Zeit als Bau-Akademie dienen. Das rings herumlaufende, in Sandstein gearbeitete und bronzirte Relief war von Schadow angegeben.

Im Jahre 1801 erhielt der Baumeister Becherer, welcher sich schon durch die Erbauung mehrerer ansehnlicher Privatgebäude einen tüchtigen Ruf erworben hatte, von der Berliner Kaufmannschaft den Auftrag, am Lustgarten eine Börse zu erbauen; diese wurde im Jahre 1802 vollendet und 1805 feierlich eingeweiht.

1801—1802 wurde die Umgebung der Stadt mit einer massiven Mauer an denjenigen Stellen, wo noch Pallisaden standen, vollendet. Die alten Thore wurden zum Theil weiter hinausgerückt, das Prenzlauer-, Neue Königs-, Landsberger-, Frankfurter- und Stralauer Thor neu aufgebaut.

Vom Jahre 1800—1802 ließ der König Ställe und Kasernen für die reitende Artillerie in der Friedrichstraße, nahe am Oranienburger-Thore erbauen; die Kaserne erhielt die sinnreiche Inschrift: „reitende Artillerie-Kaserne".

In derselben Zeit wurde ein anderes, großartigeres Gebäude vollendet, das deutsche Schauspielhaus, welches Friedrich Wilhelm III. von Langhans erbauen ließ. Das frühere französische Schauspielhaus konnte die große Zahl der Schaulustigen nicht mehr fassen, ein größerer Kunsttempel war zur Nothwendigkeit geworden.*)

Das Schauspielhaus wurde am 1. Januar 1802 durch einen Prolog des Theaterdichters Herklots, welchen Iffland sprach, eröffnet. Das erste Stück, welches man gab, war: „die Kreuzfahrer" von Kotzebue, der König und die Königin wohnten der Vorstellung bei.

In den Jahren 1803 und 1804 wurde das baufällig gewordene Friedrich-Wilhelms-Gymnasium an der Koch- und Friedrichsstraßen-Ecke auf königliche Kosten neu aufgebaut, auch das städtische Friedrichswerdersche Gymnasium erhielt neue Räumlichkeiten, indem es durch den Magistrat nach dem Fürstenhause verlegt wurde.

Zu den größten Bauten jener Zeit gehört die Errichtung der königlichen Ritter-Akademie in der Breiten-Straße 32—34 im Jahre 1805.

---

*) Dieses Schauspielhaus ist im Jahre 1817 abgebrannt.

Elftes Kapitel.

Eine Wanderung durch Berlin im Anfang des neunzehnten Jahrhunderts. — Das Brandenburger Thor. — Der Thiergarten. — Die Lindenpromenade. — Der Opernplatz und Lustgarten. — Die lange Brücke. — Das Badehaus. — Die Königstraße. — Die Königs-Vorstadt. — Das Bernauer Thor. — Eine Wanderung um die Ringmauer Berlins. — Getreidefelder in der Stadt. — Das Familienhaus. — Der Schlesische Busch. — Das Köpnicker Feld. — Vor dem Halleschen Thor. — Die Friedrichstädtische Vorstadt. — Exerzirplatz und Unterbaum. — Wiesen und Sumpf in Berlin. — Das Voigtland.

Das erste Jahrzehnt des 19. Jahrhunderts war für den Wachsthum der werdenden Großstadt Berlin nicht günstig, Berlin vermehrte sich weder an Einwohnerzahl, in den unglücklichen Kriegsjahren verminderte sich diese sogar, noch wuchs es im Umfang. Diese kurze Zeit des Stillstandes bietet uns eine willkommene Gelegenheit zu einem Gesammtüberblick der Stadt, wie sie sich damals dem Beschauer zeigte, und zu einer Vergleichung mit der Gegenwart.

Die volkreichen Vorstädte, welche heut rings die eigentliche Stadt umgürten und theils der Sitz einer reichen Fabrikthätigkeit sind, theils auch in palaststähnlichen Häuserreihen den bevorzugten Klassen der Gesellschaft, welche das unruhige, geräuschvolle Treiben der inneren Stadt fliehen, elegante Wohnungen bieten, existirten damals noch nicht; die Stadtmauer begrenzte fast überall Berlin, und selbst innerhalb der Thore gab es noch große Flächen, welche entweder als Ackerland oder auch als Wiesen und Gärten benutzt wurden. Weniger als 200,000 Menschen*) hatten mehr als genügenden Raum innerhalb der Mauer, sie waren nicht genöthigt, sich vor den Thoren anzusiedeln, auch nicht bis in die Lüfte hinein zu bauen. Zwei-, höchstens dreistöckige Häuser genügten ihnen. Vier Treppen hoch belegene Wohnungen kannte man kaum und nur wenige gab es, zu denen man drei Treppen hoch emporklimmen mußte.

Wir wollen versuchen, uns ein, wenn auch nur flüchtiges, Bild von der Ausdehnung Berlins im Anfange dieses Jahrhunderts zu machen, indem wir die Stadt durchwandern und sie demnächst auch umkreisen; Reimann's im Jahre 1807 erschienener Grundriß von Berlin und Gaedicke's 1806 herausgekommenes Lexikon von Berlin sollen uns auf dem Wege leiten.

Die Wanderung beginnen wir am Brandenburger Thor, dem herrlichen unter der Regierung König Friedrich Wilhelm II. von Langhans im Jahre 1789 begonnenen und 1793 beendeten Bauwerk, dessen Plattform durch die von Schadow modellirte, von Jury in Kupfer getriebene Victoria geziert wurde. Nicht lange mehr sollte der herrliche Schmuck, der Stolz der Berliner, das Thor krönen, die Franzosen nahmen ihn fort und führten ihn als Siegesbeute nach Frankreich.

Blicken wir, ehe wir unsere Wanderung beginnen, zurück. Zur Seite des Thores halten lange Reihen offener Wagen, bestimmt, die vergnügungslustigen Berliner auf der breiten, schönen Chaussee für zwei Groschen à Person nach Charlottenburg zu fahren. Die Fahrt durch den Thiergarten war damals vielleicht noch mehr als heut eine Lieblingslustbarkeit der Bürger; bei schönem Wetter, besonders Sonntags, war kaum ein Platz in den Wagen zu finden; auch strömten aus dem Thore Tausende von Fußgängern, welche theils nach Charlottenburg wanderten, — unterwegs ruheten sie bei den Puppen (dem großen Stern), einem mit 16 Statuen geschmückten Platz aus, — theils die zahlreichen Kaffeegärten zum Ziel hatten. Der Hofjäger, Kemper's Garten, die Zelte (vier kleine Häuser mit Lauben-Gärten an der Spree) waren Lieblingsplätze.

Der Thiergarten selbst wurde nur in den vordersten Partieen zahlreich von Spaziergängern besucht, weniger im Walde; in diesem wurde es immer einsamer und stiller, je weiter man in ihn drang. Reußtab giebt uns aus seinen Jugenderinnerungen folgende anziehende Schilderung des Thiergartens jener Zeit:

„Der Wald bot große Strecken dar, wo Alles dem freien Wuchs überlassen war. Außer der Straße nach Charlottenburg gab es keinen einzigen chaussirten Weg in demselben, sondern nur tiefe Sandwege durchkreuzten ihn. Daher sah man selbst in den größeren Alleen verhältnißmäßig wenig Wagen, die sich in langsamer Schwerfälligkeit dahin bewegten. Einzelne Theile trugen allerdings den heutigen Charakter, den eines englischen Gartens. Den an der Louiseninsel nannte man „die englischen Partieen"; aber ihr Raum beschränkte sich auf wenige hundert Schritte der Breite und Tiefe, und nur bei der Rousseau-Insel fand sich noch eine ähnliche Anlage. Weiter hinein war der Wald, die großen Fahrwege, die ihn als breite Gestelle durchschnitten, abgerechnet, so gut wie unberührt von der Cultur, zufällig gebildete Fußsteige kreuzten ihn. Die Erdbeeren lieferten eine ergiebige Ausbeute, auch waren ganze Strecken mit wildem Himbeergesträuch bewachsen. Wenn ich den Thiergarten jetzt betrachte, so grenzt es an's Unglaubliche für mich, daß er förmliche Wildnisse gehabt habe, wo die Himbeersträucher zwischen den gelappten Eisbüschen auf

---

*) Die Einwohnerschaft Berlins betrug:
im Jahre
1800 173,023, darunter Civilbevölkerung 138,799.
1804 182,157, " " 156,661.
1806 " nur " 155,000.
1808 " " " 145,911.
1811 159,763, darunter " 157,696.
1816 197,721, " " 182,001.
1819 201,138, " " 184,462.

dem feuchten Wiesengrunde wuchsen, und ihre zahlreichen Früchte ruhig für uns Bewohner reifen konnten. Uns dünkten sie so fern von der Menschen Geschlechtern und so einsam wie die Urwälder. Wir nahmen sie förmlich in Besitz. Jeder von uns spielenden Jugendgenossen erwählte sich sein Plätzchen als Eigenthum. Wir legten uns Rasensitze an, richteten uns irgend ein dichtes Gebüsch zur ländlichen Wohnung ein, klemmten Brettchen zu Sitzen zwischen die Zweige, umgrenzten auch wohl ein Fleckchen mit eingesteckten kleinen Holzstäben wie mit einem Gartenzaun, genug schalteten und walteten dort ganz wie mit unserem Eigenthum. Wochen konnten vergehen, ohne daß wir diese kleine Colonie in der Wildniß besuchten, dennoch fanden wir stets unsere Anlagen unzerstört wieder; so einsam war damals der jetzt so geräuschvolle, von Menschen durchzogene Wald, vielmehr Garten, in den er sich ganz und gar verwandelt hat."

Wir verlassen den Thiergarten, durch das Brandenburger Thor überschreiten wir das Viereck, meist Quarré genannt, den heutigen Pariser Platz und gehen die Linden entlang, die Hauptpromenade der Berliner innerhalb der Stadt. Queer überhängende Laternen erleuchteten sie im Winter Abends, um die Abendspaziergänge möglich zu machen.

Damals waren die Linden weit schöner als heut, die Bäume prangten im Sommer im frischesten Grün, während heut das aus den unterirdischen Leitungen hervordringende Gas ihre Wurzeln vergiftet. König Friedrich Wilhelm III. hatte die beliebte Promenade durch eine Einfassung von Eisenstäben, welche auf steinernen Ständern ruhten, sehr verbessert, früher war sie von einem häßlichen Holzgeländer umgeben gewesen.

Die beiden Häuserreihen der Straße zeigten schon recht ansehnliche Gebäude, und mit Stolz erklärten die Berliner, in keiner Stadt der Welt gebe es etwas Herrlicheres, als die Linden mit dem Platz am Zeughause und dem Lustgarten. Solche Prachtgebäude wie das Brandenburger Thor, die Akademie, das Palais des Prinzen Heinrich (die heutige Universität), das Zeughaus, die Bibliothek, die katholische Kirche, das Opernhaus, das königliche Schloß, die Domkirche und die Börse seien nirgends auf einem so kleinen Raum vereint. Die guten Berliner waren eben damals wie heute stolz auf ihre Vaterstadt und überschätzten leicht den Werth derselben.

In die Linden mündeten theils, theils durchschnitten sie folgende Straßen; rechts die Wilhelmstraße, welche nach Links noch keine Fortsetzung hatte, denn die Neue Wilhelmstraße existirte noch nicht, ebensowenig die Kleine Mauerstraße. Die erste Queerstraße rechts war die Friedrichstraße, dann die Charlottenstraße; zur linken Seite war vom Thor aus gerechnet die erste Queerstraße die Kleine Wallstraße, heut Schadowstraße, sie führte bis zur letzten, heut Dorotheenstraße. Die Verbindung mit dem Schiffbauerdamm bildete ein schmaler Gang, der einige Häuser weiter stromabwärts bei dem Holzmarkt und Schlachthaus vorbei zur Judenbrücke führte.

Bei der Neustädtischen Kirchstraße, Friedrichstraße, Charlotten- und Stallstraße, heut Universitätsstraße, vorbei gelangen wir auf den Platz am Opernhause und überschreiten den damals noch zu beiden Seiten offenen, ziemlich breiten Graben auf der Opernbrücke. Links liegt uns die ziemlich unansehnliche Artilleriewache und das Zeughaus, rechts das Palais des Prinzen Ludwig und das des Königs Friedrich Wilhelm III., welche beide durch die Oberwallstraße getrennt, noch nicht durch einen Ueberbau verbunden waren, sowie die Commandantur.

Ueber die Hundebrücke, heutige Schloßbrücke, eine hölzerne Zugbrücke, wandern wir nach dem Lustgarten, einem großen mit Rasen bewachsenen Platz, der mit hohen Pappeln und Kastanienbäumen umsäumt war. Das Betreten desselben war streng verboten, denn die Grasnutzungen gehörten der Commandantur. Nur im Frühjahr litt der Rasen etwas, weil dann der Platz zum Exerzieren benutzt wurde. Auf dem Lustgarten stand die im Jahre 1800 von Schadow vollendete Bildsäule des alten Dessauer, welche später nach dem Wilhelmsplatz versetzt worden ist.

Da wo heut das Museum sich erhebt, verband ein breiter Graben die beiden Spreearme, über ihn führte die Pommeranzenbrücke nach dem ehemaligen Pommeranzenhaus, damals dem neuen Packhofe, der spätern Gesundheitsgeschirr-Niederlage.

Vom Lustgarten wandern wir die Schloßfreiheit entlang, das Schloß lassen wir links, die Stechbahn, welche damals durch ihre Verkaufsläden glänzte, rechts liegen. Ueber den Schloßplatz kommen wir zur langen, heutigen Churfürstenbrücke.

Links von uns im Wasser liegt das Badehaus auf der Spree an der langen Brücke, der Stolz der Berliner. Der würdige Commissionsrath Gädike beschreibt es folgendermaßen:

„Es ist 1802 unter der Direktion des Stadtphysikus Herrn Dr. Welper erbaut worden, wobei der König denselben durch ein Gnadengeschenk von dem Werthe der Baumaterialen unterstützt hat. Kenner versichern, daß eine ähnliche Anstalt weder in London noch in Paris vorhanden sei, die der hiesigen an äußerer Schönheit, an zweckmäßiger innerer Einrichtung und an Bequemlichkeit für die Badenden gleichkomme. Es kann darinnen das ganze Jahr hindurch sowohl in abgesonderten Zimmern für Herren und Damen warm, als auch in Senfbädern unmittelbar im Spreestrom kalt gebadet werden. Die warmen Bäder sind ihrer innern mehr oder weniger bequemen und kostbaren Einrichtung zufolge in 4 Klassen, zu 8, 12, 16 Gr., und 1 Thlr. eingetheilt. Ein kaltes Bad im Spreestrom kostet 4 Gr. In Gesellschaft Mehrerer 2 Gr. Bei warmen Bädern wird dem Badenden eine Stunde, bei kalten eine halbe Stunde zugestanden. Bestellungen auf Bäder zu einer bestimmten Zeit werden beständig angenommen. Außer diesen einfachen Bädern werden mehrere Arten künstlicher Bäder verfertigt, nämlich Seifen-, Kleien-, See-, Schwefel- und Stahl-Bäder und aromatische Tropfbäder, für welche die Ingredienzien besonders vergütet werden. Für alle nöthige Bequemlichkeit, Bedienung und Erfrischungen ist auf das Beste gesorgt."

Wir ersehen aus Gädicke's Schilderung, daß das Baden in jener Zeit ein keineswegs billiges Vergnügen war.

Wir verfolgen die Königsstraße, den Hauptverkehrsweg der Residenz, in jener wie in heutiger Zeit ausgezeichnet durch das rege Leben, durch die vielen Läden und die glänzenden Handelsgeschäfte; links bleibt uns die Post, rechts das alte graue Rathhaus liegen. Schon damals sah es mit seinen vorspringenden Ecken, seiner unregelmäßigen Façade recht alterthümlich, aber gar nicht schön aus.

Ueber die Königsbrücke gelangen wir in die Königsvorstadt, so wurde der jenseit der Brücke belegene Stadttheil, obwohl er innerhalb der Ringmauer lag, genannt. Auch zwei andere Stadtviertel, welche ebenfalls innerhalb der Mauer gelegen waren, trugen den Namen von Vorstädten, die Spandauer und Stralauer Vorstadt.

Ueber den als Exerzirplatz viel benutzten Alexanderplatz, von dem sich nach rechts und links die „auf der contre-escarpe" genannte Straße (Alexanderstraße) abzweigte, gelangen wir durch die Bernauer Straße zum Bernauer Thor (Neue Königsstraße und Neues Königsthor. Bis zur Neuen Schützenstraße (dem nach dem Schützenhaus genannten, zwischen der Prenzlauer und Bernauer Straße belegenen Theil der heutigen Linienstraße) zogen sich die Häuserreihen ununterbrochen fort; hinter derselben bis zum Thor aber standen nur noch einzelne Gebäude, am Thor selbst breiteten sich zu beiden Seiten der Straße innerhalb der Mauer Weinberge aus.

Um die Ausdehnung Berlins kennen zu lernen, müssen wir weiter. Wir verfolgen den Weg längs der Mauer um die Stadt herum. Vom Bernauer am Landsberger und Frankfurter Thor vorbei, führt uns die Communication bis zum Oberbaum fortwährend an Getreidefeldern, nur hier und da an Gärten vorüber. Die Gollnow- und Linienstraße (heute Weberstraße) bildeten bis zu den Frankfurter Linden die Grenze des Anbaues. In den Frankfurter Linden selbst standen nur einzelne Häuser.

Vor dem Thore begann die Chaussee nach Frankfurt a. O., eine der wenigen Chausseen, durch welche Berlin mit Nachbarstädten verbunden war. An derselben lagen die Neue Welt, ein Vergnügungslokal, und das Schlößchen, eine Meierei, die letztere mitten zwischen sumpfigen Wiesen.

Der große Stadttheil zwischen der Frankfurterstraße und Spree war noch wenig angebaut, in der Holzmarktstraße, Mühlenstraße, Langen Gasse u. s. w. standen überall die Häuser vereinzelt zwischen Baustellen und Gärten, noch weniger bebaut aber war die Gegend jenseit der Spree, welche wir erreicht haben, nachdem wir die Oberbaumbrücke, von der Reiter und Wagen einen Brückenzoll entrichten mußten, überschritten haben.

Die Köpnickerstraße war etwa bis zur heutigen Michael-Kirchstraße bebaut, dann folgten bis zum Thor vereinzelt einige Häuser, unter denen sich verschiedene königliche Magazine durch ihre Größe auszeichneten. Zwischen diesen lag das Familienhaus, eine ehemalige Kaserne, welche der König bestimmt hatte, um armen Familien von Handwerkern, besonders Zeugwebern, ein billiges Obdach zu geben.

Die Weber wohnten für einen sehr geringen Miethszins, Stube und Kammer kosteten jährlich je nach der Lage des Quartiers 6 Thlr., 10 Thlr. oder 12 Thlr. Die Miethen sollten nur dazu dienen, die Reparaturkosten des Hauses zu bestreiten. Ein ähnliches Familienhaus, wie das in der Köpnickerstraße, stand auch auf dem Holzmarktplatze.

Vor dem Schlesischen Thor lagen eine Meierei, einige Mühlen und Privathäuser. Hinter dem Landwehrgraben begann der schlesische Busch, ein meist mit Erlen bewachsener, oft sumpfiger Wald, der von weiten Wiesenflächen begrenzt war. Mitten in Wald und Wiesen lag an der Spree, Stralau gegenüber, das reizende Magistrats-Försterhaus zu Treptow, zugleich ein Wirthshaus, welches seiner schönen Waldesfrische wegen von den Berlinern oft besucht wurde. Am Stralauer Fischzugtage ging es auch in Treptow stets lustig zu.

Der Weg vom Schlesischen Thore bis zum Halleschen beim Kottbusser Thor vorüber führt uns über das weite Köpnickerfeld, eine große Ackerfläche ohne allen städtischen Anbau.

Die alte Jacobstraße begrenzte die eigentliche Stadt, nur die Dresdnerstraße, Stallschreibergasse, Todtengasse (heutige Kürassierstraße) und Oranienstraße bis zum Jacobs-Kirchhof reichten mit wenigen schlecht gebauten Häusern in's Feld hinein. Erst bei der Feld- (Alexandrinen-) Straße treffen wir wieder auf Anbau, auf ein königliches Magazin, und an der Communication auf ein Lazareth, sowie auf einige Privathäuser, sonst aber ist Alles Feld und Garten bis zur Lindenstraße, in welcher das eigentliche städtische Leben beginnt.

Wir kommen an das Hallesche Thor. Der schöne runde Platz an demselben in der Stadt hieß das Rondeel (jetzt Belleallianceplatz). Am Thor lag neben der eigentlichen Thorwache nach die Husaren-Hauptwache und eine Kaserne; vor dem Thor führt eine Brücke über den Floßgraben nach dem Anbau vor dem Halleschen Thore, einem Holzmarkt, dem Friedrichstädtischen Kirchhofe, einigen Gastwirthschaften und andern Häusern und Mühlen.

Der Tempelhofer Berg, der sich sandig am Wege erhob, war ein Tummelplatz für die Spiele der Berliner Jugend, auf den Feldern hinter demselben wurden jährlich die Revüen abgehalten.

Früher ging der Weg nach Halle durch das Hallesche Thor, seit die Chaussee nach Potsdam gebaut worden war, benutzten die Reisenden diese. Trotzdem aber war der alte Weg immer noch sehr besucht, denn im Sommer wanderten die Berliner schaarenweis zum Halleschen Thor hinaus durch den tiefen Sand nach dem hübschen Dörfchen Tempelhof, einem beliebten Vergnügungsort. —

Vom Halleschen nach dem Potsdamer Thore führt uns der Weg wieder ununterbrochen an Gärten vorüber; außerhalb der Mauer sehen wir nur hier und da ein Haus stehen, innerhalb derselben treffen wir, ehe wir zu dem Potsdamer Thor gelangen, auf ein Lazareth.

Erst am Potsdamer Thor zeigt sich Berlin wieder als Residenzstadt. Das Achteck (jetzt Leipziger Platz), die schöne Leipziger Straße mit ihren prächtigen Häuserreihen sind großstädtisch angelegt. Auch vor dem Thore ist es lebendig, eine Chaussee führt nach Potsdam, ein breiter Weg zum Schloß Bellevue; an beiden Straßen liegen zerstreut Sommerhäuser und Gastwirthschaften, eine Art Vorstadt freilich im bescheidensten Maßstabe. Sie wurde die Friedrichsstädtische Vorstadt genannt.

Durch den Thiergarten beim Brandenburger Thor vorüber über den großen, sandigen Exerzirplatz gelangen wir auf einem Sandwege, der zwischen dem königlichen Holzmarkt zur rechten und dem Holzplatz der Porzellan-Fabrik zur linken hindurchführt, zum Unterbaum, dem stromabwärts gelegenen Wasserthor Berlins, welches ebenso wie der Oberbaum während der Nacht durch einen starken, in die Spree gezogenen Baum versperrt wurde.

Vom Unterbaum führt an der Spree eine Straße mit einer Häuserreihe entlang zur Friedrichsstraße, der Schiffbauerdamm, von den dort angesiedelten Schiffbauern so genannt. Die Häuser beginnen indessen nicht gleich am Unterbaum, dort liegt eine große Wiese. Das zwischen dem Schiffbauerdamm, der Stadtmauer und der Friedrichsstraße belegene Terrain, auf welchem gegenwärtig die schöne Friedrichs-Wilhelmsstadt steht, war damals wenig bebaut, fast nur die Charité und die Thierarzneischule standen auf demselben.

Außerhalb der Mauer lag der große Charitégarten, der bis zur Invalidenstraße reichte. Jenseit der Invalidenstraße erhob sich, rings von Maulbeer-Anlagen umgeben, das Invalidenhaus nebst zwei großen, dem Seidenbau gewidmeten Gebäuden.

Innerhalb der Stadtmauer führte an der Communication die Charitéstraße vom Unterbaum nach dem Oranienburger Thor, sie zählte aber nur vier Häuser, deren eines die Charité war.

Vom Oranienburger bis zum Bernauer Thor treffen wir innerhalb der Stadtmauer nicht mehr auf Getreidefelder oder Wiesen; an der Communication standen freilich nur wenig Häuser, meist grenzten sie an die Gärten der Linienstraße,*) diese aber war zum großen Theil angebaut. Hier und da waren freilich Baustellen liegen geblieben, auch die Garnisonkirchhöfe und der Koppe'sche Armenkirchhof bildeten große Lücken zwischen den Häusern, sonst aber war die Straße mit unansehnlichen kleinen Gebäuden, in denen die arme Handwerker-Bevölkerung wohnte, besetzt. —

Auch außerhalb der Mauer fand sich ein vorstädtischer Anbau, an der Chausseestraße lagen zerstreut Häuser. Bedeutender aber war die Bebauung zwischen dem Hamburger und Rosenthaler Thor, etwa 200 Häuser in 6 Straßen mit über 4000 Einwohnern bildeten das Voigtland.

Ursprünglich war die Vorstadt für Maurer und Zimmerleute, welche aus dem sächsischen Voigtlande im Sommer nach Berlin zogen, um Arbeit zu suchen, bestimmt gewesen, daher hatte sie im Volksmunde den Namen Voigtland erhalten, während sie eigentlich Rosenthaler Vorstadt genannt wurde. Nach und nach hatten sich aber auch andere Bewohner gefunden, Handwerker und Arbeiter nicht der besten Art, und endlich war das Voigtland der Stammsitz eines wüsten Gesindels geworden. Selbst bei Tage vermieden anständige Leute gern die Garten-, Berg-, Acker-, Brunnen- und Thorstraße, Abends aber wagten sie sich gar nicht dorthin und sogar den Polizisten erschien in der Nacht der Besuch der übel berüchtigten Vorstadt nicht ganz geheuer.

Die kleinen Häuser waren meist Diebeshöhlen; flüchtige Verbrecher zogen sich am liebsten in das Voigtland zurück.

Vom Rosenthaler Thor an hörte der Anbau außerhalb der Stadt wieder auf oder er beschränkte sich wenigstens auf ganz vereinzelte Häuser, wie vor dem Schönhauser Thor die Meierei. Der Windmühlenberg war besetzt von Windmühlen, von denen er seinen Namen erhalten hat. So führt uns denn der Weg bis zum Bernauer Thor, von dem wir ausgegangen sind, nur an Ackerfeldern und wüsten Geländen vorüber.

Wir haben unsere kleine Reise vollendet, für einen Fußgänger einen nicht unbedeutenden Weg, ein wenig mehr als zwei deutsche Meilen beim Umkreisen der Stadt und fast eine halbe Meile auf der Wanderung vom Brandenburger bis zum Bernauer Thor.

*) Man unterschied zwei Linienstraßen, die heutige, welche bis zur Prenzlauer Straße reichte, und eine zweite, die jetzige Weberstraße.

Zwölftes Kapitel.

Die werdende Weltstadt Berlin. — Unansehnliche Häuser. — Die Schilderung eines Zeitgenossen. — Die Straßenreinigung. — Die Straßenbeleuchtung. — Das Fuhrwesen Berlins. — Die Fußboten-Post. — Die Königliche Post. — Berlin als Handelsstadt. — Das Accisewesen. — Das Bettelwesen. — Wohlthätigkeitssinn.

Berlin, die Haupt- und Residenzstadt des durch Friedrich den Großen geschaffenen preußischen Großstaates, war im Anfang des neunzehnten Jahrhunderts schon die bedeutendste Stadt Norddeutschlands. Durch die ungezügelte Baulust Friedrich Wilhelm II. waren neue Stadttheile entstanden und wenn diese auch noch manche Jahre fast menschenleer blieben, endlich fanden sich auch die Bewohner.

Friedrich der Große, der geistreiche Monarch, hatte durch den Glanz seines Namens, durch den Schutz, den er den Wissenschaften und Künsten angedeihen ließ, Künstler und Gelehrte aus allen Theilen Europa's nach Berlin gezogen. Ein reger Fremdenverkehr hatte sich entwickelt, die Einwohnerzahl mehrte sich von Jahr zu Jahr. Während 1758 Berlin nicht mehr als 92,356 Seelen zählte, zeigt das Jahr 1800 schon eine Einwohnerzahl von 172,623 Menschen. Berlin war Großstadt geworden, der Mittelpunkt geistiger und materieller Bestrebungen nicht nur in Preußen, sondern auch in Norddeutschland.

Die Entwickelung war eine so schnelle, daß die Stadt überall noch den Charakter des Werdens, des Unfertigen trug. Wie innerhalb der weit hinausgeschobenen Mauern die Getreidefelder Zeugniß davon ablegten, daß die Großstadt Berlin nur erst im Entstehen sei, so zeigten dies auch diejenigen städtischen Einrichtungen, welche auf das großstädtische Leben, auf den großstädtischen Verkehr berechnet waren.

Nur in einigen Stadttheilen, den bevorzugten, in denen der Hof und die vornehme Beamtenwelt, oder die reiche Kaufmannschaft wohnten, erhoben sich prächtige öffentliche Gebäude und elegante Wohnhäuser, in den Nebenstraßen und entlegenen Stadttheilen waren die Häuser klein und unansehnlich, oft durch Baustellen und Gärten getrennt.

Die Reisenden, welche nach Berlin kamen, wurden, wenn sie nicht gerade beim Brandenburger oder Potsdamer Thor die Stadt zuerst betraten, meist sehr enttäuscht, sie fanden nicht die gerühmte prächtige Residenz, sondern eine gewöhnliche unbedeutende Landstadt, menschenleere, schlecht gepflasterte Straßen mit stinkenden Rinnsteinen, einzeln stehenden, unansehnlichen Häusern, zwischen denen sich Gärten oder gar Felder hinzogen. Erst wenn sie in die Königsstraße kamen und dort das rege Verkehrsleben schauten, wenn sie die Friedrichstadt, Cölln und den Friedrichs-Werder mit den herrlichen Prachtgebäuden betraten, begriffen sie, daß sie in der preußischen Residenzstadt waren.

Der Kriegsrath von Cöln giebt uns in seiner im Jahre 1808 erschienenen Vergleichung der beiden Großstädte Berlin und Wien ein treffendes Bild des Eindrucks, welchen unsere Stadt auf einen Fremden machen mußte. Er ist zwar kein ganz unparteiischer Beurtheiler, da er gern zum Vortheil Wiens die Berliner Verhältnisse mit schwarzen Farben malt, aber er kannte Berlin genau und seine Schilderung ist wahr; sie rief bei den Berlinern jener Zeit einen Schrei des Unwillens hervor. Eine Fluth von Gegenschriften erschien, Alle rühmten das herrliche Berlin, keine aber vermochte, die Wahrheit zu entkräftigen.

Einige Stellen aus der Schilderung des Zeitgenossen werden beitragen, unsern Lesern ein Bild der werdenden Weltstadt zu geben.

„Wien liegt in einem fruchtbaren Garten, von hohen Bergen umschlossen, unter denen der Schneeberg in Steiermark (6—8 Posten von Wien) sein stets beschneites Haupt majestätisch emporhebt.

„Berlin liegt dagegen in den Sandwüsten Arabiens; man mag nun hineinkommen, von welcher Seite man will, aus Ost oder West, aus Süd oder Nord, so wird man von den keuchenden Postpferden in einem Sandmeer fortgeschleppt; im Sommer brennt die Sonne auf diesem Sande doppelt stark und einige von Raupen abgefressene Kiefernstämme geben den einzigen dürftigen Schatten, der zu finden ist. Von Bergen findet das Auge weit und breit keine Spur, und wo man etwa Wasser findet, da ist es ein Sumpf, um den eine Schaar von Kiebitzen ihren angenehmen Gesang erhebt. Was man auf den Feldern erblickt, sind einzelne Kornhalme, deren Samen hier die Vögel verloren zu haben scheinen.

„Noch interessanter wird die Scene, wenn sich ein Sturm erhebt, denn da kann man ganze Felder mit Frucht und Samen in der Luft wirbeln und an einem andern Orte wieder niederlegen sehen. Jetzt sind zwar Kunststraßen gebaut, aber ihre dürftige Nachbarschaft ist geblieben.

„Man freut sich, wenn man endlich die Thurmspitzen von Berlin erblickt; jetzt kommt aber nahe an der Barrière dem Reisenden ein pestilenzialischer Geruch entgegen, denn die Berliner laden allen ihren Unrath nahe vor den Thoren ab; an der Straße von Frankfurt ist es auch damit noch nicht genug; sondern hier hat der Schinder selbst seine Werkstätte aufgeschlagen: Jeder kann sich also vorstellen, welch ein liebliches Gemisch von Gestank die Excremente von Berlin und das Aas der krepirten Hausthiere dem Reisenden hier entgegendusten.

„Hat man im Thore die unleidliche Revision der Accisebeamten überstanden und dem wachthabenden Offizier seine hundert Fragen beantwortet, damit er die öffentliche Neugierde befriedige (denn zu weiter dienen sie nichts), so sieht man sich in die Mitte ärmlicher Hütten, Wiesen und Felder versetzt (es wäre denn, man passirte in die Thore der Friedrichstadt ein), oft sieht man aber nichts, denn der kleinste Zephir erregt einen so unerträglichen Staub, daß man die Augen fest zudrücken muß.

„Wien hat keinen Palast oder ein öffentliches Gebäude aufzuweisen, welches man mit dem Schlosse, oder mit dem Opern- und Zeughause, mit dem Heinrich'schen Palais u. A. in Berlin zusammenstellen könnte. Mit einem Wort: Wien ist in Rücksicht der Bauart, der Regularität und Breite der Straßen mit Berlin gar nicht zu vergleichen und wird dadurch weit übertroffen.

„Dennoch hat Wien einen Vorzug auch in dieser Hinsicht, den man in Berlin völlig vermißt.

„Das Pflaster ist in Wien aus Quadersteinen aufgeführt und man findet hier keine stinkende und unreine Rinnsteine, wie in Berlin, da diese dort sämmtlich verdeckt sind.

„Es ist schändlich, wie wenig in diesem Punkte in Berlin von der Polizei geschieht.

„In die Rinnsteine leert man die Nachtstühle und allen Unrath der Küche aus und wirft krepirte Hausthiere hinein, die einen unleidlichen Gestank verbreiten. In Wien sind die Straßen so rein, wie die Gänge eines weitläufigen Hauses. Unaufhörlich fahren Wagen umher, die allen Unrath ausladen, andere, auf denen sich große Wasserfässer befinden, um die Straßen zu besprützen und allen Staub zu löschen.

„Dagegen watet man in Berlin stets im Koth oder im Staube.

„Wien hat durchaus unterirdische Kanäle, die sich in die Donau ergießen; dahin kommt aller Unrath.

„In die verschiedenen Gassen sind Tagelöhner vertheilt, welche den Unrath zusammenkehren; hinter ihnen fährt ein Wasserbehälter, mit dessen Hilfe der Unrath in die nächste Kanalöffnung gebracht wird.

„In Berlin kannst Du unaufhörlich Deine Nase im Schnupftuch tragen, denn gegen Morgen duften noch die Ausdünsten der erst in die Rinnsteine ausgeleerten Nachtstühle Dir entgegen, oder ladet erst ein Dorfbewohner den gesammelten Mist eines Hauses auf, so ist die Luft der ganzen Straße verpestet.

„Wenig sieht man darauf, todte Hunde und Katzen zu entfernen und ich habe oft einen halben Tag todte Pferde in sehr lebhaften Straßen liegen sehen. Es giebt auch einige Oerter, die man zum öffentlichen Abtritt gemacht hat, und wehe dem Fußgänger, der im Finstern sich hierher verirrt.

„Hat es geregnet, so werden die Kothhaufen in den Straßen zusammengeworfen und da diese oft Tag und Nacht auf den Abholer warten müssen, so kann man es im Finstern sehr leicht versehen, hinein zu gerathen und bis an die Knie verunreinigt zu werden."

Daß die abschreckende Schilderung, welche uns der Kriegsrath von Cöln über die Unreinlichkeit in den Straßen Berlins macht, zwar scharf gezeichnet aber kaum übertrieben ist, bestätigen auch andere Zeitgenossen. Es existirten zwar polizeiliche Vorschriften, welche die Hauseigenthümer verpflichteten, den Platz vor ihrem Hause wöchentlich zu fegen und den Koth auf einen Haufen zusammenkehren zu lassen, auch waren für die Fortschaffung der Unreinlichkeiten besondere Beamte bestellt. Der König gab zu diesem Zwecke jährlich 6500 Thaler her. Dies Alles aber war nicht genügend, um die Straßen rein zu erhalten.

Die Hauseigenthümer befolgten das Gesetz nicht, welches halb vergessen war. Deshalb erließ am 10. Dezember 1809 der Polizei-Präsident Gruner eine Verordnung wegen der Reinigung der Straßen, in welcher er die ältern gesetzlichen Vorschriften in Erinnerung brachte und neue Bestimmungen traf. Jeder Eigenthümer sollte fortan den Bürgersteig, die Rinnsteine und den Straßendamm bis zur Hälfte auf die ganze Breite seines Hauses reinigen lassen, auch wurde befohlen, daß der Bürgersteig täglich bis 9 Uhr Vormittags abgefegt und dreimal in der Woche Dienstags, Donnerstags und Sonnabends vollständig gereinigt werde; es heißt in der Verordnung: es soll zusammengebrachter Moder am Rande des Dammes neben den Rinnsteinen in Haufen zusammengeschlagen und dieser noch an demselben Tage von der Straße fortgeschafft werden, letzteres ist besonders nöthig und wichtig, weil die Moderhaufen sonst wieder zerfließen oder zerfallen und dadurch die vorige Unreinlichkeit wieder entsteht. Das Hinauswerfen von Schutt, Müll und Scherben, das Ausgießen von Unreinlichkeiten aus den Fenstern oder in den Rinnstein u. s. w. wurden streng verboten, auch den Hauswirthen anbefohlen, bei Winterglätte den Bürgersteig vor dem Hause mit Torfasche zu bestreuen.

Diese Bestimmungen, welche zum großen Theil den heut noch bestehenden zu Grunde liegen, erzeugten nach und nach einen bessern Zustand, es dauerte aber noch manches Jahr, ehe die Straßen Berlins nur erträglich rein wurden.

Nicht besser als mit der Straßenreinigung sah es auch mit der Straßenbeleuchtung aus. Erst im Jahre 1803 war das Erleuchtungswesen regelmäßig geordnet worden. Ganz Berlin erhielt eine Beleuchtung, während vorher in den meisten Straßen fast vollständige Dunkelheit geherrscht hatte. Es wurden große Laternen mit Reverberen und jede mit zwei Lampen aufgestellt; in breiten Straßen standen sie auf Granitpfählen, in schmaleren auf eisernen Armen an den Häusern, in ganz engen Gassen hingen sie über den Weg, auch über der Lindenpromenade waren sie in solcher Weise aufgehängt.

Eine besonders dazu errichtete Erleuchtungs-Invaliden-Compagnie von (?) Mann mit einem Feldwebel und 5 Unteroffizieren besorgte, unter der Oberaufsicht eines Offiziers, das Anstecken und Reinigen der Lampen. Die Compagnie zeichnete sich durch eine eigene Uniform, blaue Jacken mit dunkelrothen Kragen, braune lange Beinkleider, kurze Stiefel und runde Hüte mit einem Schilde aus.

Die Unteroffiziere mußten Nachmittags die Laternen revidiren, das Oel in den Lampen abmessen und zusehen, ob die Gläser ordentlich gereinigt wären. Abends hatten sie sich zu überzeugen, daß die Laternen rechtzeitig angezündet würden.

Die jährliche Erleuchtung Berlins kostete über 38,000 Thlr., wozu der König 22,853 Thlr. angewiesen hatte. Sie bildete gegen früher schon einen nennenswerthen Fortschritt zum Bessern aber doch genügte sie bei weitem nicht.

Nur in den Hauptstraßen waren Laternen in genügender Zahl angebracht, in den Nebenstraßen aber so vereinzelt, daß sie mehr dazu beitrugen, die Augen zu blenden, als die Straßen zu erleuchten; sie wurden außerdem, um zu sparen, mit so wenig Oel versehen, daß sie spätestens gegen 12 Uhr in der Nacht erloschen; stand aber gar Mondschein im Kalender, dann wurden sie überhaupt nicht angesteckt, auch wenn der Himmel dicht mit Wolken bedeckt war. Es herrschte dann, so wie stets in den späteren Nachtstunden, über ganz Berlin eine ägyptische Finsterniß. Wer zu solcher Zeit durch die Straßen wandern wollte, mußte sich mit einer eigenen Laterne versehen, wenn er nicht in Gefahr gerathen wollte, übergefahren zu werden oder in die tiefen Rinnsteine und Schmutzlöcher zu stürzen.

Auch durch eine Nachtdroschke konnte sich der unglückliche Verspätete nicht retten, denn derartige Fuhrwerke gab es noch nicht. Man hatte früher einmal einen Versuch gemacht, auf dem Schloßplatz eine Anzahl Fiaker zum öffentlichen Gebrauch aufzustellen, aber die Besitzer mochten wohl ihre Rechnung nicht gefunden haben. So war denn diese Einrichtung wieder eingeschlafen.

Wer einen Miethswagen benutzen wollte, mußte ihn in der Wohnung des Fuhrmanns bestellen; nur beim Schluß des Schauspiels oder der Oper standen Fuhrwerke bereit, aber sie waren ziemlich theuer. Eine Tour in der Stadt kostete 12—16 Groschen. Während schon in andern Großstädten ein ausgebildetes Fiakersystem bestand, kannte man ein solches in Berlin noch gar nicht.

Wie wenig in jener Zeit für die Beförderung des Verkehrs innerhalb der Stadt geschah, zeigt uns auch die mangelhafte Einrichtung der Stadtpost, die überhaupt erst seit dem 8. September 1800 existirte und von den Gilde-Aeltesten und Kaufleuten mit einem Aufwande von 3500 Thlr. errichtet worden war. Es war eine Fußboten-Post.

Im Haupt-Comptoir in der Klosterstraße Nr. 41 kamen sämmtliche Boten, 13 an der Zahl, zusammen und beförderten die ihnen aufgegebenen Briefe nach allen Gegenden der Stadt. Im Sommer mußten sie 8, im Winter 6 mal hin und hergehen. Besondere Boten trugen die Briefe aus, andere sammelten sie ein. Jeder Bote hatte 4 mal täglich sein ihm angewiesenes Quartier zu durchlaufen. Sie waren ausgezeichnet durch braune Jacken mit pfirsichrothen Aufschlägen, gleiche Hosen und gelbe Westen.

Die Einsammler kündigten den Berlinern durch eine stark tönende Glocke ihr Nahen an, dann kamen aus den Häusern die Bewohner und legten die bereitgehaltenen Briefe in einen Kasten, den die Briefboten trugen.

Billig genug war die Briefboten-Post, der Absender zahlte 6 Pf., der Empfänger 3 Pf. für jeden Brief.

Theuer hingegen war das Porto für Briefe, welches auf der königlichen Post besonders bei dem Auslande gezahlt werden mußte; so kostete ein Brief nach Augsburg z. B. 8 Groschen, einer nach Moskau gar über einen Thaler (25 Groschen).

Die königliche Post wachte eifersüchtig darüber, daß ihre Einnahmen aus der Beförderung von Briefen und Personen nicht geschmälert wurden. Sie trug einen nicht unbeträchtlichen Theil der preußischen Staatseinnahme und von diesem Gesichtspunkte aus wurde sie vorzugsweise betrachtet. Wenn das Postwesen verbessert wurde, geschah es, um den Ertrag zu erhöhen, nicht um dem Publikum größere Bequemlichkeit zu bieten und ein wichtiges Verkehrsförderungsmittel zu vervollkommen.

Von solchen Grundsätzen ausgehend, hatte das Postgesetz durch strenge Strafandrohungen Fürsorge getroffen, daß der Brief- und Personenverkehr im ganzen Lande lediglich der Post vorbehalten blieb oder ihr wenigstens zinsbar wurde. Gesiegelte Briefe durfte kein Reisender von einem zum andern Orte bringen. Die Lohnfuhrleute mußten sich, wenn sie Personen befördern wollten, vor ihrer Abreise aus Berlin bei dem Postamte einen Fuhrzettel lösen, und dieser kostete für jede Person, welche sie befördern wollten, auf die Meile 2 Groschen. Ein solcher Zettel war selbst für kleine Reisen, die nur einen Tag für Hin- und Rückfahrt in Anspruch nahmen, nothwendig und mußte unterwegs als Legitimation gezeigt werden: geschah die Rückreise erst am andern Tage, dann war der Fuhrmann verpflichtet, einen doppelten Zettel zu lösen.

Damit der Post gar keine Einbuße durch das Lohnfuhrwerk erwachse, war den Kutschern streng verboten, Postillonslivree zu tragen oder ein Posthorn zu gebrauchen, sie durften auch Packete unter 40 Pfd. nicht mitnehmen, diese blieben der Versendung durch die Post vorbehalten. Reisende, welche mit Extrapost nach Berlin gekommen waren, durften sich überhaupt ein Lohnfuhrwerk nicht nehmen, sie konnten nicht anders als mit der Post von Berlin wieder abreisen.

Für die Bequemlichkeit der Reisenden war selbst bei denjenigen Postwagen, welche von der Haupt- und Residenzstadt ausgingen, sehr wenig gethan, auf Nebentouren noch weniger.

Rellstab schildert uns aus seiner Jugenderinnerung*) eine Postfahrt in anschaulicher Weise.

„Man reiste in jener Zeit freilich etwas anders als jetzt. — Mit der ordinären Post (damals der gestempelte Ausdruck) fuhren wir von Berlin ab. Ein, was schon sybaritischer Luxus bei der ordinären Post war, bedeckter Wagen nahm uns auf. Die Sitze und Lehnen gepolstert, mit glattem Leder überzogen, der Wagen ohne Federn, zugleich in seinem Innern, im Hintergrunde, viele Gepäckstücke enthaltend, die mit zum Anlehnen benutzt wurden. (Auf Nebenstraßen gab es meist nur halb oder ganz unbedeckte Wagen.) Man saß nicht allzu weich, doch für einen so jungen Reiselustigen wie mich, wundervoll, und das starke Stoßen und Schütteln war muthmaßlich gesünder als die jetzige nervenbetäubende Zitterbewegung des Eisenbahncoupées. Einige Frist, Land und Leute kennen zu lernen, hatte man auch. Selten wurde im mäßigen Trabe gefahren, nur auf ganz ebener Chaussee; bei geringen Erhebungen der schwerfälligste Schritt. Die Fahrzeit bis Zehlendorf — wir nahmen unsern Weg über Potsdam nach Wittenberg — war drei Stunden; dort anderthalb Stunden Aufenthalt, weil auf jeder Station alles Gepäck gezählt und somit der ganze Postwagen umgeladen wurde. Daher gelangten wir denn, Morgens um 8 oder 9 Uhr ausgefahren, auch am späten Abend schon wohlbehalten nach Beliz, dem Städtchen 3 Meilen hinter Potsdam."

In ähnlicher Langsamkeit bewegten sich die Postwagen überall. Zu einer Fahrt von Berlin nach Leipzig gebrauchte man anderthalb volle Tage, nach Breslau vier Tage, nach Königsberg gar eine volle Woche. Die fahrende Post nach Leipzig ging Sonntags und Mittwochs Morgens 9 Uhr von Berlin ab, Montags und Donnerstags Nachts kam sie an; nach Breslau und Königsberg konnte man ebenfalls nur in zwei Tagen in der Woche reisen.

Trotz dieser Langsamkeit war das Postreisen doch eine ziemlich theuere Sache. Die Person mußte für jede Meile 6 Groschen und außerdem dem Postillon ein Trinkgeld zahlen; so kostete denn, da die Post auch oft Umwege machte, das einfache Personengeld bis Königsberg nicht weniger als 23 Thaler 4 Gr.; dazu kam noch des Postillons Trinkgeld, welches sich etwa auf 3 Thlr. belief; mit Zehrung unterwegs konnte daher ein Reisender kaum für 34—36 Thlr. nach Königsberg gelangen, eine Summe, deren Größe recht in die Augen springt, wenn wir den veränderten Geldwerth zwischen damals und heut, wie er sich in den Gehalten der Beamten zeigt, in Betracht ziehen. Um nur ein Beispiel anzuführen, erwähnen wir, daß am 3. Februar 1795 der später so bekannt gewordene Professor Theodor Heinsius vom Magistrate am Friedrich-Werder'schen Gymnasium als außerordentlicher

*) Aus meinem Leben von Ludwig Rellstab.

Lehrer für 10 Lehrstunden zur Aushilfe des nervenschwachen Professor Weißer bestallt wurde und daß er dafür ein Gehalt von 100 Thaler erhielt.

Die hohen Preise der Fahrt und der Zeitaufwand, welchen das Reisen erforderte, erklären es hinlänglich, daß Berlin selbst mit der wichtigen Handelsstadt Leipzig nur an zwei Tagen wöchentlich durch Posten verbunden war; es galt als etwas Außerordentliches, daß die Reise von Berlin nach Potsdam durch Journalièren zweimal täglich ermöglicht wurde.

Nur wenige Menschen konnten und wollten reisen, deshalb genügte die seltene Verbindung. Auch der Handelsverkehr erforderte keine größere Ausdehnung des Postwesens, denn Berlin war im Anfang des Jahrhunderts nicht die großartige Handels- und Fabrikstadt wie heute.

Obgleich die Lage der Stadt an der schiffbaren Spree den Berliner Kaufleuten vermöge der billigen Wasserfahrt den Speditions- und Transito-Handel ungemein erleichterte, bereitete doch andererseits das unglückliche Accisesystem so große Hemmnisse, daß er sich nicht gedeihlich entwickeln konnte.

Alle aus der Stadt nach dem Auslande geführten oder durch Berlin gehenden ausländischen Waaren mußten einen Zoll erlegen, auf den Waaren, die im Lande selbst verbraucht wurden, haftete eine Accise, welche man in Consumtions- und Handels-Accise eintheilte. Sie wurde nach einem besonderen Tarife erhoben, der nicht einmal in allen preußischen Städten gleich war; so kam es denn, daß ein Gegenstand, der schon an einem Orte die Accise gezahlt hatte, am andern Orte nochmals veraccist werden mußte. Es war nöthig, eine sogenannte Ergänzungs- oder Nachschuß-Accise zu bezahlen.

Wer von Berlin aus nach andern preußischen Orten accisbare Waaren verschicken oder solche von einer Provinzialstadt nach Berlin kommen lassen wollte, mußte sich einen Passierschein dafür besorgen und dieser wurde an den Thoren genau geprüft. Schwere Strafen trafen den Defraudanten.

Es leuchtet ein, wie lästig für den gesammten Verkehr eine solche Einrichtung war. Während jetzt die Fremden zur Weihnachtszeit in großer Zahl nach Berlin kommen, um hier ihre Einkäufe für das Fest zu machen, wurde ihnen dies in jener Zeit meistens leid. Es war viel zu unbequem, den lästigen Passierzettel zu lösen, der jedes Stück Waare begleiten mußte, wenn es nicht für Contrebande erklärt werden sollte. Wenn auch die Kaufleute meistens besorgt waren, fremden Einkäufern eine Passierzettel zu besorgen, so machte doch eine Unbequemlichkeit, welche mit denselben verbunden war, das Geschäft stocken.

Durch derartige Förmlichkeiten, deren wir noch viele, welche damals auf dem Verkehr und der Fabrikation ruhten, anführen könnten, wurde der Handel gehemmt, er beschränkte sich wesentlich auf das, was in der großen Stadt selbst gebraucht wurde; dadurch allein aber bot er schon der Speculation einen ziemlich weiten Spielraum und es gab daher eine recht ansehnliche Anzahl von Kaufleuten, welche sich durch glückliche Unternehmungen ein schönes Vermögen erwarben.

Großer Reichthum herrschte in Berlin freilich nicht, denn das alte Sprichwort: „wie gewonnen so zerronnen" fand gerade in der preußischen Residenz seine weiteste Anwendung. Bot die große Stadt den Kaufleuten und Handwerkern Gelegenheit, leichter als in der Provinz Geld zu verdienen, so bot sie auch die, es schneller zu vergeuden.

Kaufleute und Handwerker wetteiferten in einem ihre Kräfte übersteigenden Luxus, und die Folge war eine Verarmung vieler Familien, die Bildung eines großstädtischen Proletariats, welches sich in Berlin schon im Anfange des Jahrhunderts recht widerlich zeigte.

So lange der Frieden dauerte, trat die Armuth der Stadt noch nicht besonders grell hervor, als aber in dem unglücklichen Jahr 1806 der Krieg ausbrach, da zeigte es sich, daß der äußere Schein des Wohlstandes, den die Residenz bisher aufrecht erhalten hatte, trügerisch war. Die Mittel fehlten, um die schweren Kriegslasten zu tragen. Mit furchtbarer Schnelligkeit griff eine gänzliche Verarmung des Handwerker- und kleinen Kaufmannstandes um sich.

Die Straßen füllten sich mit Bettlern, und obgleich das Betteln streng verboten war, obgleich man eigene Armenwächter angestellt hatte, um die Bettler aufzugreifen und in das Arbeitshaus, den sogenannten Ochsenkopf, am Alexanderplatz zu stecken, so bot doch die grenzenlose Noth jedem Gesetze Trotz. Der Hunger besiegte leicht die Furcht vor den Bettelvögten, — diesen Namen gab das Volk den verhaßten Armenwächtern — und die Beamten verzweifelten daran, ihre Pflicht bei der Menge der Bettler zur Erfüllung zu bringen.

Hungernde, weinende Kinder, zerlumpte Männer und Frauen, auf deren bleichen Zügen das tiefste Elend sich spiegelte, zogen bettelnd durch diejenigen Straßen, in denen die vornehme Welt Berlins verkehrte; besonders war die lange Brücke der Tummelplatz der Bettler, hier lagerte zu den Füßen des großen Kurfürsten neben den gefesselten Sclaven stets eine Schaar von mindestens zwanzig halbnackten Kindern, welche das Mitleid der Vorübergehenden ansprachen.

Zur Linderung der Noth wurde von wohlwollenden Männern viel gethan. Zu allen Zeiten haben die Berliner sich ausgezeichnet durch ihren Wohlthätigkeitssinn, und auch in jener schweren Prüfung verleugneten sie diesen nicht.

In der freiwilligen Arbeits-Anstalt des Baron von Koltwitz an der Contre-escarpe Nr. 5 erhielten in der ehemaligen Winning'schen Kaserne die Armen, welche arbeiten wollten, Arbeit und Speisung.

Der Architekt Louis Catel nahm sich in Verbindung mit sieben achtungswerthen Bürgern der Noth der vielen verlassenen Kinder, welche, dem Elende preisgegeben, auf den Straßen und Brücken der Stadt verschmachteten, an; es wurde eine Berlinische Erziehungs-Anstalt in's Leben gerufen, welche am 17. Juli 1807 nach der Königin den Namen Louisenstift erhielt.

Der Hauptmann von Neander sammelte im März 1807 milde Beiträge, um jährlich 80 bis 90 Soldatenkinder, welche ihren Ernährer verloren hatten, in einem Erziehungshaus unterzubringen. So entstand das Friedrichstift.

Alle diese und andere Bemühungen Einzelner, den allgemeinen Nothstand zu lindern, waren gewiß sehr anerkennenswerth; aber sie vermochten doch das große herrschende Elend nicht zu beseitigen.

Dreizehntes Kapitel.

Friedrich Wilhelms Neutralität. — Intriguen am preußischen Hofe. — Kaiser Alexander von Rußland in Berlin. — Schwur am Sarge Friedrich des Großen. — Kriegspartei in Berlin. — Graf Haugwitz und Napoleon. — Preußische Papierthaler. — Minister von Stein. — Stein's Denkschrift. — Heinrich von Bülow. — Kriegs-Demonstrationen in Berlin. — Volksstimmung. — Kriegserklärung.

„Nach uns die Sündfluth!"

So hatten einst die lustigen Kavaliere am französischen Hofe gesagt, als sie sich dem Strome der Vergnügungen überließen, während schon unter ihren Füßen der Boden wankte, die Revolution sich vorbereitete.

So dachten und handelten auch die Berliner vor dem furchtbaren Jahre 1806: sie lebten ja im tiefsten Frieden in einer Zeit, in der die Kriegsfurie ganz Europa durchraste.

Preußen beobachtete die strengste Neutralität — Rußland, Oesterreich und Frankreich waren gleichmäßig bestrebt, diese zu durchbrechen, den Nachfolger Friedrichs des Großen zu ihrem Verbündeten zu gewinnen, aber alle Anstrengungen waren vergeblich.

Friedrich Wilhelm hatte sich entschlossen, seinem Volke den Frieden zu bewahren, so lange wie möglich, inmitten des allgemeinen Sturmes sollte Preußen ruhig und friedlich bleiben; mit keiner der kämpfenden Mächte wollte es Friedrich Wilhelm verderben, mit keiner ein festes Bündniß schließen, denn zu keiner hatte er ein rechtes Vertrauen. Er fürchtete die russische Vergrößerungssucht, der die polnischen Provinzen recht gelegen gewesen wären, nicht weniger als die Zweizüngigkeit Oesterreichs, welches sein Schlesien noch nicht vergessen hatte und die Eroberungslust Napoleon's.

Das Bündniß mit Einem mußte naturgemäß die Feindschaft mit den Andern erzeugen.

Friedrich Wilhelm blieb deßhalb jeder Bundesgenossenschaft fern und vergeblich verschwendeten sowohl Napoleon als Kaiser Alexander von Rußland alle Künste der Diplomatie, selbst Bitten und sogar Drohungen, um diese Neutralität zu durchbrechen, um Preußen mit auf den Kriegsschauplatz zu ziehen.

Die diplomatischen Intriguen spielten bis in das Kabinet des Königs hinein. Graf Haugwitz und Lombard nahmen offene Partei für Frankreich und hätten den König gern zu einem Bündniß mit Napoleon gedrängt. Hardenberg dagegen neigte sich den englischen Interessen zu und war daher ein Feind Frankreichs. Er fand eine Stütze in der Königin. Zwischen beiden Parteien stand der König selbst, der weder des Einen noch des Andern Bündniß wollte.

In diese Zeit des Schwankens fiel eine That Napoleons, welche eine tiefe Aufregung an allen europäischen Höfen und auch am preußischen erregte, die Erschießung des Herzogs von Enghien, den Napoleon unter nichtigen Vorwänden auf deutschem Boden hatte aufgreifen und in Frankreich fusiliren lassen.

Der Herzog, der Sprosse einer königlichen Familie, war wie ein gemeiner Verbrecher gerichtet worden, alle Königshöfe in Europa fühlten ihre Würde hierdurch verletzt.

Auch Friedrich Wilhelm gerieth in eine heftige Aufregung, als die Nachricht nach Berlin kam, die Königin und die Prinzessinnen des königlichen Hauses sprachen ihre Entrüstung in der ungebundensten Weise aus, die Königin zeigte sich so erzürnt gegen Napoleon, daß sie dem französischen Gesandten kaum einen Blick schenkte und daß in Folge dieser Ungnade die Höflinge denselben ebenfalls mieden; es fand sich bei einer Hofgesellschaft nicht einmal eine Spielpartie für ihn.

Friedrich Wilhelm ließ sich zwar durch seine Aufregung nicht hinreißen zu einer entschiedenen Parteinahme gegen Frankreich; er schrieb sogar einen verbindlichen Glückwunschbrief an Napoleon, als dieser sich die Kaiserkrone aufsetzte; daß aber die Gewaltthat einen tiefen Eindruck auf ihn gemacht habe, bewies er durch eine Veränderung im Ministerium.

Haugwitz, der eifrigste Freund Frankreichs, zog sich auf seine Güter zurück und Hardenberg, der Gegner Napoleons, erhielt am 13. August 1804 das Ministerium des Aeußern.

Einige Monate später wurde auch der Freiherr v. Stein in das Ministerium der Finanzen gerufen, ein ächter deutscher Mann, der zu den entschiedensten Gegnern Napoleons gehörte.

Hardenberg, der in hohem Grade das Talent besaß, sich durch seine liebenswürdigen Formen einzuschmeicheln, den Schwächen des Königs nachzugeben, ohne dabei doch seine eigenen Grundsätze geradezu zu opfern, der außerdem sich auch bemühte, mit Haugwitz auf gutem Fuße zu bleiben, gelangte bald dahin, sich das volle Vertrauen Friedrich Wilhelm's III. zu erwerben. Viel schwerer wurde dies dem Freiherrn v. Stein, der selbst hart, oft eigensinnig und zurückstoßend, sich zum Hofmann ganz und gar nicht eignete.

Stein war durch den Kabinetsrath Beyme und den Minister von Schulenburg zum Nachfolger des erkrankten Ministers von Struensee, der bald darauf starb, empfohlen worden. Aber der König trug längere Zeit Bedenken, auf eine solche Wahl einzugehen.

Er wußte, daß Stein, sobald er eintrat in die oberste Leitung der Staatsgeschäfte, auch durchgreifende Reformen fordern werde, und gerade diese widerstrebten ihm; die schöpferische Genialität, die rücksichtslose Entschiedenheit Stein's waren ihm zuwider, und erst nach langem Zureden entschloß sich Friedrich Wilhelm, trotz seiner Abneigung, Stein in das Ministerium zu berufen, und ihm das Accise-, Zoll-, Fabriken- und Commercial-Departement zu übertragen, ihm auch unter der Controle des Ministers Schulenburg die Leitung der Bank und Seehandlung, der Salz-Administration und des Staatsschuldenfonds zu gewähren.

In der Zeit, in welcher Stein in das Ministerium trat, war der Staatsorganismus in Preußen ein höchst verwickelter. Neben den Ministerien der Justiz, des Krieges und des Auswärtigen stand das General-Directorium der Finanzen und der Polizei an der Spitze der inneren Verwaltung. Zum General-Directorium gehörten auch vier Provinzial-Minister, außerdem hatte ein fünfter Minister, von Hoym, die Verwaltung Schlesiens unabhängig vom General-Directorium zu leiten.

Die zahlreichen Minister standen nebeneinander, fast ohne einen Zusammenhang, die Conferenzen, zu denen sie wöchentlich zusammentraten, dienten nicht, um allgemeine leitende Grundsätze festzustellen, sondern nur zur Besprechung einzelner Angelegenheiten.

Der König selbst hatte ausschließlich die oberste Leitung der gesammten Regierungsmaschine, mit den Ministern conferirte er selten, nur der Graf Schulenburg hielt ihm persönlich Vorträge. Alle Berichte und Anträge der Minister gingen durch die Instanz des Geheimen Kabinets, in welchem der Kabinetsrath Beyme seit dem Jahre 1800 die hervorragendste Stellung einnahm.

Alle königlichen Entscheidungen erfolgten stets nur auf einen Vortrag der Kabinetsräthe. Beyme war infolge dessen fast der einflußreichste Mann im preußischen Staate. Neben dem Kabinet stand noch außerdem der General von Köckeritz, der vertraute Rathgeber des Königs, der berechtigt war, allen Ministerial-Berathungen mit Stimmrecht beizuwohnen und der, wie wir wissen, die Pflicht hatte, dem König darüber Vortrag zu halten und ihn außerdem über die öffentliche Meinung zu unterrichten.

Als Stein in das Ministerium eintrat, fand er sehr bald, daß sich in einer so complicirten

Regierungsmaschine von keinem Minister etwas Bedeutsames leisten ließ, aber er fühlte auch, daß ihm augenblicklich die Macht fehle, irgend etwas zur Besserung zu thun. Deshalb beschränkte er sich auf Reformen in dem ihm überwiesenen Departement, er war bestrebt, nach allen Richtungen hin die Einnahmequellen des Staates zu vermehren, Ersparnisse bei den Verwaltungskosten eintreten zu lassen, vor Allem aber die Beschränkungen des öffentlichen Verkehrs zu beseitigen, um dadurch auf die Erhöhung des National-Wohlstandes einzuwirken.

Es würde uns zu weit führen, wollten wir hier näher eingehen auf die sehr bedeutungsvollen Maßregeln, welche Stein in seinem Verwaltungskreise in's Leben rief. Wir erwähnen deshalb nur seine neue Organisation der Bank und Seehandlung, weil diese Berlin speciell betraf.

Die bisher in beiden Instituten eingerissenen groben Mißbräuche beseitigte Stein, zugleich aber gestaltete er das Grundprinzip um, nach welchem bisher alle großen Bank-Institute geleitet worden waren. Früher hatte die Bank nur dazu gedient, um den Geldverkehr mit den reichsten Bankiers und Grundbesitzern zu vermitteln, jetzt erhielt sie die Aufgabe, auch für den kleineren Handel und die mittlere Industrie Capitalien flüssig zu machen und zu diesem Zweck mit kleineren Summen zu arbeiten.

Der bewährte Director der Bank in Kopenhagen, Niebuhr, der sich später in Preußen als Gelehrter und Staatsmann einen so berühmten Namen gemacht hat, wurde zur preußischen Bank berufen.

Ein weiteres Verdienst erwarb sich Stein auch durch die Errichtung eines allgemeinen statistischen Bureau's, welches wesentlich dazu beigetragen hat, für spätere Zeiten das Studium der National-Oekonomie zu erleichtern.

Die Berufung Hardenberg's und Stein's in das preußische Ministerium ermuthigte die russische und englische Diplomatie zu neuen Anstrengungen, um den König zur Theilnahme an dem allgemeinen Bündniß gegen Napoleon, dem im Jahre 1805 zwischen England, Rußland und Oesterreich geschlossenen sogenannten Konzertvertrag, zu bewegen, wieder aber waren alle Anstrengungen der Verbündeten ebenso vergeblich, wie die Napoleons, der Friedrich Wilhelm durch das Anerbieten Hannovers für die französische Allianz verlocken wollte.

Der König blieb in strenger Neutralität; er erklärte, in dem bevorstehenden Kriege keinem der kämpfenden Heere einen Durchzug durch seine Provinzen gestatten zu wollen.

Der verhängnißvolle Krieg des Jahres 1805 begann im Herbst, die französischen Heere drangen siegreich vor; ohne sich um die preußische Neutralität zu kümmern, marschirten sie durch das preußische Gebiet.

Friedrich Wilhelm war tief entrüstet über die Mißachtung, welcher ihm der Kaiser der Franzosen durch die Verletzung seiner Neutralität gezeigt hatte, er war jetzt mehr als je zu einem Bündniß mit den Feinden Frankreichs geneigt.

Dies war ein Glückszufall, den die Kriegspartei am preußischen Hofe benutzen mußte. Sie machte gewaltigen Lärm über die Gebietsverletzung durch die Franzosen und drängte den König, er möge sofort den Krieg erklären.

Fast schien es, als sei Friedrich Wilhelm geneigt, den Wünschen der Kriegspartei nachzugeben, denn bedeutende Kriegsrüstungen wurden getroffen; dem Kaiser von Rußland wurde die Genehmigung des Durchmarsches für seine Heere durch Preußisch-Polen und Schlesien übersandt und Hardenberg setzte hiervon den französischen Marschall Duroc, der sich eben in Berlin befand, durch eine Note vom 14. Oktober in Kenntniß, indem er sich zugleich über die Gewaltthätigkeiten, die bei dem Marsch über den neutralen preußischen Boden geschehen seien, mit herben Worten beklagte.

Kaiser Alexander von Rußland war kaum von dem so willkommenen Umschwung in der Stimmung des Königs unterrichtet worden, als er sich entschloß, durch seine persönliche Einwirkung denselben auszunutzen, er eilte nach Berlin, wo er am 25. Oktober 1805 eintraf. Einige Tage später kam auch der Erzherzog Anton, der Bruder des Kaisers Franz, aus Wien an.

Beide Fürsten drangen nun in den König, um ihn zur Abschließung eines Vertrages zu bewegen und diesmal gelang es ihnen, ihren Zweck durchzusetzen; am 3. November 1805 wurde zwischen Preußen, Rußland und Oesterreich eine Konvention abgeschlossen, in welcher Friedrich Wilhelm sich verpflichtete, als bewaffneter Vermittler zwischen Frankreich und die Verbündeten zu treten; er übernahm es, Napoleon aufzufordern, Deutschland, Holland und die Schweiz zu räumen; würde der Kaiser dieser und andern im Vertrage festgestellten Forderungen nicht bis zum 15. Dezember genügen, dann sollte ein preußisches Heer von 150,000 Mann auf dem Kriegsschauplatz dem Vertrag Geltung verschaffen.

Zu etwas Weiterem war der König nicht zu bewegen, obgleich die Kriegspartei am Hofe in Verbindung mit dem Kaiser und dem Erzherzog und gestützt auf die Bitten der Königin Louise versucht hatte, eine sofortige Kriegserklärung zu erzielen.

Noch im letzten Augenblick schwankte Friedrich Wilhelm, ob er auch selbst diesen Vertrag unterzeichnen sollte. Napoleon hatte neue Erfolge erfochten, er drang gegen Wien vor und dies erregte wieder Bedenklichkeiten bei dem König, der so schwer zu einem Entschluß kommen konnte.

Der Vertrag wurde indessen abgeschlossen; um ihm eine romantische Weihe zu geben, setzte Kaiser Alexander ein seltsames Schauspiel ins Werk. Er hatte seine Abreise auf den Morgen des 4. November bestimmt; ehe er dieselbe antrat, forderte er in der Nacht den König und die Königin auf, ihn nach dem Grabgewölbe Friedrichs des Großen zu begleiten, um dort feierlich am Sarge des großen Königs den neugeschlossenen Bund zu besiegeln.

So wenig geneigt Friedrich Wilhelm zu romantischer Schwärmerei war, so mußte er doch der Einladung, welche die Königin Louise mit Enthusiasmus aufnahm, folgen.

Das Grabgewölbe war mit Wachsfackeln erleuchtet, der Kaiser, der König und die Königin traten an den Sarg Friedrichs. Alexander beugte sich über denselben und drückte einen Kuß auf den kalten Marmor, dann leistete er mit erhobener Hand den Schwur, daß er seinem Freunde und Bundesgenossen ewig treu sein wolle; er umarmte den König und die Königin und während vom Thurm herab das Glockenspiel in der Mitternachtsstunde die Melodie: „Üb immer Treu und Redlichkeit" ertönen ließ, knieten die neuen Verbündeten am Sarge nieder und beteten. Unter Thränen und den Versicherungen ewiger Freundschaft nahm endlich der Kaiser Abschied und trat sofort seine Rückreise an.

Die Theilnahme Preußens am Kriege konnte verhängnißvoll für Napoleon werden; grade in der letzten Zeit hatte diesen ein ohnehin schwerer Schlag durch die Vernichtung der französischen Flotte bei Trafalgar getroffen. Ein französischer Schriftsteller behauptet und mit guten Gründen, daß, hätte Preußen seine 150,000 Mann damals in die Wagschale des Krieges geworfen, die Krone Napoleons, ja das Schicksal Frankreichs auf dem Spiel gestanden hätte.

Die Kriegspartei in Berlin forderte daher mit Recht, der König möge jetzt oder niemals losschlagen; Hardenberg, Prinz Louis, die Königin drangen in Friedrich Wilhelm, sie wagten sogar, ihm vorzustellen, daß, wenn er noch zögere, die Armee an seinem Muth zweifeln werde; ein englischer Botschafter bot bedeutende Subsidien, aber wie sehr auch die Muthigen drängten, Friedrich Wilhelm blieb seiner schwankenden Politik treu, er konnte sich nicht entschließen, über den Vertrag vom 3. November fortzugehen.

Der Graf Haugwitz, der seit Jahren mit Frankreich geliebäugelt hatte, der Vater der unglückseligen Neutralitätspolitik, der Begünstiger aller französisch gesinnten Abenteurer am preußischen Hofe, wurde auserschen, als Gesandter die Forderung Preußens an Napoleon zu überbringen.

Graf Haugwitz reiste in das Lager Napoleons; er aber war von allen andern am wenigsten der Mann, um entschieden aufzutreten. Er ließ sich durch mancherlei Ausflüchte hinhalten, der Kaiser hatte keine Zeit, ihn zu empfangen und als er endlich vor diesem erscheinen durfte, war bereits die Schlacht von Austerlitz geschlagen und Waffenstillstand geschlossen.

Bei einer so veränderten Sachlage mußte der Graf Haugwitz sich eine wahrhaft empörende Behandlung von Seiten des übermüthigen Napoleon gefallen lassen, von einer bewaffneten Vermittelung konnte die Rede nicht mehr sein; demüthig suchte Haugwitz den zwischen Preußen, Rußland und Oesterreich geschlossenen Vertrag im günstigsten Lichte darzustellen.

Der erbitterte Kaiser ließ sich nicht beruhigen, er forderte den Abschluß eines für Preußen schmachvollen Bündnisses mit Frankreich und ein solches schloß Haugwitz am 15. Dezember 1805 zu Schönbrunn auf seine eigene Verantwortung.

Er wagte es nicht, so entwürdigend waren die Bedingungen, diese dem Könige durch einen Courier zu übersenden, deshalb reiste er schleunigst selbst nach Berlin und eilte zum König um ihm persönlich Mittheilung zu machen und seine Handlungsweise zu vertheidigen.

Er fand einen bösen Empfang. Das Ehrgefühl des Königs war verletzt, die Königin Louise behandelte den Minister voll Verachtung und in ganz Berlin wurde von den Führern der Kriegspartei Haugwitz als ein vom Kaiser Napoleon bestochener Verräther verschrieen.

Der König versagte dem Vertrage seine Genehmigung. Zu spät! Alle Versuche, bessere Bedingungen zu erzielen, waren vergeblich, Graf Haugwitz, der nach Paris als Gesandter geschickt worden war, mußte dort manche Demüthigung erleiden. Friedrich Wilhelm III. wurde endlich gezwungen, einen neuen Vertrag einzugehen, der nicht weniger unwürdig als der frühere und nicht so vortheilhaft war.

Die unglücklichen Erfolge der Haugwitz'schen Politik erregten in der Berliner Kriegspartei einen tiefen Mißmuth, die schon mobil gemachten Truppen mußten in ihre Standquartiere zurückkehren; mit unverhehlter Verachtung sprachen sich die Offiziere wie die Bürger deshalb nicht nur gegen Haugwitz, sondern auch gegen den König aus, am lautesten Prinz Louis Ferdinand, der über den zaghaften König öffentlich die herbsten Scherze machte.

Als der Prinz eines Tages das Museum besuchte und dort eine Bildsäule des Mars neben der des Königs fand fragte er den Aufseher, wen die erstere vorstelle.

„Den Kriegsgott Marsch!" erwiderte der Aufseher, ein geborner Schwabe.

Der Prinz lachte hell auf und mit recht lauter Stimme rief er:

„Nun, wenn das der Kriegsgott Marsch ist, dann ist dieser da der Gott Halt!"

In Berlin herrschte in jener Zeit eine gewaltige Aufregung; das Volk war in zwei Parteien getheilt, die eine forderte ungestüm gegen Frankreich den Krieg, ohne zu bedenken, daß kaum ein Augenblick unglücklicher gewählt werden konnte, als jene Zeit. In der Napoleon seine ganze Macht Preußen, welches in Folge seiner bisherigen schwankenden Politik ohne Bundesgenossen war, entgegenzustellen vermochte; die andere Partei wollte ein festes Bündniß mit Napoleon, nur in diesem glaubte sie das Heil des Staats zu erblicken.

Nicht nur unter den Kaufleuten, den Beamten,

den Schriftstellern, auch in der Armee hatte diese Partei zahlreiche Vertreter.

Für die Staatsmänner, welche mit prophetischem Blick in die Zukunft schauten, konnte es nicht verborgen bleiben, daß Napoleons Uebermuth Preußen endlich zum Kriege zwingen werde; diese suchten Vorbereitungen für denselben zu treffen. An ihrer Spitze stand der Minister v. Stein.

Der Staatsschatz war durch Friedrich Wilhelm II. erschöpft und Friedrich Wilhelm III. hatte trotz seiner Sparsamkeit kaum vermocht, die drückenden Schulden zu bezahlen, nicht aber neue Schätze zurückzulegen.

Stein sollte Geld zum Kriege schaffen, es wurden ihm viele verschiedene Vorschläge gemacht, um zu diesem Ziele zu gelangen, Verschlechterung der Münzen, Anleihen im Auslande ꝛc., aber er konnte sich weder zu einer betrügerischen Münzoperation, welche den Kredit des preußischen Geldes vollkommen erschüttern mußte, noch zum Eingehen einer auswärtigen Anleihe, die den Staat vielleicht vom Auslande abhängig gemacht hätte, entschließen.

Geld mußte geschafft werden, er schlug deshalb vor, daß 10 Millionen Thaler in Tresorscheinen ausgegeben werden sollten. Der Vorschlag fand viele Bedenken; da es nicht möglich war, eine entsprechende Baarsumme zur Deckung der Scheine in den Schatz oder in die Bank niederzulegen, erschien die Gefahr, daß die preußischen Tresorscheine das Loos der früheren französischen Assignaten theilen, d. h. vollständig entwerthet werden würden, höchst drohend.

Stein fürchtete ein solches Unglück nicht. So lange die Emission derartiger Papiere mit den Bedürfnissen des Verkehrs im rechten Verhältnisse stehe, meinte er, könne die Ausgabe von Papiergeld nur vortheilhaft erscheinen. Seine Ansicht drang endlich durch, durch königliche Kabinets-Ordre vom 18. Januar 1806 wurde die Ausgabe der Tresorscheine anbefohlen.

Die neue Maßregel erregte in Berlin ein großes Aufsehen; wie wenig günstig sie von der Bürgerschaft aufgefaßt wurde, zeigte ein Berliner Witz, der sich in einer treffenden Karrikatur äußerte. Es erschien ein schlechtes Bild, welches unter der Hand viel verkauft wurde. Dasselbe stellte den preußischen Adler dar, dieser wurde vom Minister Schulenburg-Kehnert wie eine alte Gans mit Papier genudelt; er sah höchst krank und jämmerlich aus und zeigte eine rapide Verdauung, denn das gefressene Papier gab sie sofort als Tresorscheine von sich. Der Minister von Stein war bemüht, diese sorgfältig aufzulesen.

Die Berliner hatten vollkommen Recht, als sie durch ihren Spott zeigten, wie bedenklich sie die Ausgabe eines Papiergeldes ohne Hinterlegung eines reellen Werthes hielten, denn kaum war der Krieg ausgebrochen, so fielen die Scheine tief unter ihren Nennwerth, und gerade diese Finanzmaßregel hat viel dazu beigetragen, die Noth des Landes in den folgenden Unglücksjahren zu erhöhen.

Immer schwerer wurde die Zeit, immer gewaltiger der Druck, den Napoleon auf Preußen übte. Im Anfange des Jahres 1806 mischte sich der Kaiser sogar in die inneren Staatsangelegenheiten, er forderte Hardenberg's Entlassung, seine Ersetzung durch Haugwitz, und der König gehorchte.

Am 1. April 1806 erhielt Hardenberg seinen Abschied aus dem Kabinet, er blieb jedoch Mitglied des Ministeriums, obwohl er meistens auf seinem, zwischen Berlin und Frankfurt in der Nähe von Fürstenwalde belegenen Gute Tempelberg sich aufhielt.

Nachdem Hardenberg sich vom direkten Staatsdienst zurückgezogen hatte, war der Freiherr von Stein der einzige thätige und tüchtige Staatsmann in der Umgebung des Königs. Ihm vertraute das Volk, auf ihn richteten sich Aller Blicke. Er hatte während der schmachvollen Unterhandlungen, die dem Vertrage von Schönbrunn folgten, sich schon mehrfach in kleineren Kreisen mißbilligend über die Schwäche der preußischen Regierung ausgesprochen; als nun aber auch Hardenberg's Entlassung auf Napoleon's Befehl erfolgt war, hielt er es für einen Frevel, länger zu schweigen; er entschloß sich, dem König die Augen zu öffnen über die verwerflichen Rathgeber, mit denen der Monarch seine Person umgeben hatte, ihm die Mittel und Wege zu zeigen, durch welche allein der Staat gerettet werden könne.

Zu diesem Zwecke arbeitete er im April 1806 eine Denkschrift aus, welche er dem König übergab. Er schilderte in derselben mit kräftigen, rückhaltlosen Worten die Mangelhaftigkeit der bisherigen Staatsorganisation, er zeigte, wie nachtheilig es wirken müsse, wenn der König, wie bisher, nicht mit den Ministern selbst verkehre, sondern zwischen sich und diese das Geheime Kabinet stelle; wie er nothwendig zu einer Einseitigkeit der Ansichten und Beschlüsse kommen müsse.

Mit dieser theoretischen Ausführung aber begnügte sich Stein nicht. Obgleich er wußte, daß Friedrich Wilhelm eine große persönliche Vorliebe für den Grafen von Haugwitz und den Geheimen Kabinetsrath Beyme hegte, obgleich er dem Letzteren, dem er vorzugsweise seine Ernennung zum Minister zuzuschreiben hatte, gewissermaßen zu Dank verpflichtet war, hielt er sich doch für verbunden, weder auf die persönlichen Neigungen des Königs, noch auf seine eigenen Dankgefühle Rücksicht zu nehmen. Das Wohl des Landes allein durfte er im Auge haben. Deshalb äußerte er sich in seiner Denkschrift mit einer Kühnheit und Offenherzigkeit, wie sie noch niemals ein Minister dem Könige gezeigt hatte, folgendermaßen:

„Man vermißt also bei der neuen Kabinetsbehörde gesetzliche Verfassung, Verantwortlichkeit, genaue Verbindung mit den Verwaltungsbehörden und Theilnahme an der Ausführung. Da sich nun aus diesen Betrachtungen das Fehlerhafte der Einrichtung der neuen Staatsbehörde des Kabinets ergiebt, so entsteht die Frage: mildert ihre persönliche Zusammensetzung das Fehlerhafte ihrer Einrichtung?

„Das Kabinet, insofern es sich nicht auf die Militair-Verwaltung bezieht, besteht aus den beiden Kabinetsräthen Beyme und Lombard und dem mit ihnen vereinigten und von ihnen abhängigen Minister Grafen Haugwitz.

„Der Geheime Kabinetsrath Beyme besaß als Kammergerichtsrath Achtung wegen seines graden, offenen Betragens, seiner gründlichen und gesunden Beurtheilung, seiner Arbeitsamkeit. Er besitzt Kenntnisse der Rechtsgelehrsamkeit; mit den zur Leitung der inneren Staatswirthschaft nöthigen Kenntnissen ist er nicht im Mindesten vertraut. Das neue Verhältniß, in welches er als Kabinetsrath trat, machte ihn übermüthig und absprechend; die gemeine Aufgeblasenheit seiner Frau war ihm nachtheilig, seine genaue Verbindung mit der Lombard'schen Familie untergrub seine Sittenreinheit, seine Liebe zum Guten und verminderte seine Arbeitsamkeit.

„Der Geheime Kabinetsrath Lombard ist physisch und moralisch gelähmt und abgestumpft, seine Kenntnisse schränken sich auf französische Schöngeisterei ein, die ernsthaften Wissenschaften, die die Aufmerksamkeit des Staatsmannes und des Gelehrten in Anspruch nehmen, haben diesen frivolen Menschen nie beschäftigt. Seine frühzeitige Theilnahme an den üppigen Gelagen der Kleßischen Familie haben sein moralisches Gefühl erstickt und an dessen Stelle eine vollkommene Gleichgültigkeit gegen das Gute und das Böse gesetzt.

„In den unreinen und schwachen Händen eines französischen Dichterlings von niederer Herkunft, eines Roué's, der mit der moralischen Verderbtheit eine gänzliche physische Lähmung und Hinfälligkeit verbindet, der seine Zeit in dem Umgang mit leeren Menschen bei Spiel und Polissonnerien (Zoten) vergeudet, ist die Leitung der diplomatischen Angelegenheiten dieses Staates in einer Periode, die in der neueren Staatengeschichte nicht ihres Gleichen findet.

„Das Leben des, mit dem Kabinet affilirten Ministers von Haugwitz ist eine ununterbrochene Folge von Verschrobenheiten oder von Aeußerungen von Verderbtheit. In seinen akademischen Jahren behandelte er die Wissenschaften leicht und unkräftig, sein Betragen war süßlich und geschmeidig. Er folgte dann den Thoren, die vor dreißig Jahren das Kraftgeniewesen trieben, strebte nach dem Nimbus des Heiligseyns, welcher Lavater umgab, ward Teosoph, Geisterseher und endigte mit der Theilnahme an den Gelagen der Kleß, an den Intriguen dieser Frau, verschwendete die dem Staate gehörige Zeit am Lombre-Tische und seine Kräfte in sinnlichen Genüssen jeder Art. Er ist gebrandmarkt mit dem Namen eines listigen Verräthers seiner täglichen Gesellschafterin (der Gräfin Lichtenau), eines Mannes ohne Wahrhaftigkeit und eines abgestumpften Wollüstlings.

„Die Zusammensetzung des Kabinets ersetzt also nicht durch seine Eigenschaften das Fehlerhafte der Einrichtung selbst, und eine nothwendige Folge der Unvollkommenheit der Einrichtung und der Auswahl der Personen ist: das Mißvergnügen der Bewohner dieses Staats über die gegenwärtige Regierung und die Nothwendigkeit einer Veränderung.

„Es ist demnach nothwendig, daß eine unmittelbare Verbindung zwischen dem König und den obersten Staatsbeamten wieder hergestellt werde, daß die Personen, welche den Vortrag der Staatsgeschäfte zur endlichen Entscheidung bei dem Könige haben, gesetzlich und öffentlich hierzu berufen, ihre Versammlungen zweckmäßig organisirt und mit Verantwortlichkeit versehen werden.

„Sollten Se. Königliche Majestät sich nicht entschließen, die vorgeschlagenen Veränderungen anzunehmen, sollten Sie fortfahren, unter dem Einfluß des Kabinets zu handeln, so ist es zu erwarten, daß der preußische Staat sich entweder auflöst oder seine Unabhängigkeit verliert, und daß die Achtung und Liebe der Unterthanen ganz verschwinde.

„Die Ursachen und Menschen, die uns an den Rand des Abgrundes gebracht, werden uns ganz hineinstoßen; sie werden Lagen und Verhältnisse veranlassen, wo dem redlichen Staatsbeamten nichts übrig bleibt, als seine Stelle, mit unverdienter Schande bedeckt, zu verlassen, ohne helfen zu können, oder an den sich alsdann ereignenden Verworfenheiten Theil zu nehmen.

„Wer mit Aufmerksamkeit die Geschichte der Auflösung Venedigs, des Falls der französischen und sardinischen Monarchie liest, der wird in diesen Ereignissen Gründe finden zur Rechtfertigung der traurigsten Erwartungen.

April 1806. Stein."

Die Denkschrift, von welcher Stein sich eine große Wirkung versprochen hatte, war erfolglos. Noch war die Zeit nicht gekommen, in welcher sich Friedrich Wilhelm zu einer durchgreifenden Umgestaltung der inneren Verwaltung zu entschließen vermochte. Die Mahnung, welche ihm unberufen dazu gegeben wurde, machte ihn nur noch mißtrauischer gegen Stein, er mißbilligte dessen rücksichtslose Entschiedenheit, er fühlte sich verletzt, daß Stein gegen Beyme die Pflicht der Dankbarkeit ganz aus den Augen gelassen hatte.

Wie Stein es versuchte, den König über die Mängel der innern Staatsverwaltung aufzuklären, so machte Heinrich v. Bülow, der Bruder des später so berühmt gewordenen preußischen Feldherrn, einen Versuch, die Mängel des Heerwesens vor dem König und dem Volk in einer Druckschrift aufzudecken. Aber auch hier war der Erfolg ein trübseliger.

Bülows Schrift wurde bei Hofe kaum gelesen; der kühne Reformator galt als ein Raisonneur, denn wie hätte wohl ein einfacher Lieutenant außer Dienst ein besseres Verständniß für den Krieg und die Armee-Organisation haben können, als die unter den Waffen grau gewordenen Generale! Seine in Flammenbuchstaben geschriebenen Worte waren nur Zeichen der Verrücktheit, man sperrte den Raisonneur in die Berliner Hausvoigtei und ließ ihn ärztlich untersuchen, ob er wahnsinnig sei.

Als später das Schicksal, welches er der preußischen Armee vorhergesagt hatte, diese bei Jena traf und Heinrich v. Bülow dasselbe erfuhr, rief er den übrigen Gefangenen im Hofe der Hausvoigtei zu:

„So geht es, wenn man die alten Weiber vor die Armee stellt und die Soldaten als Verrückte in die Hausvoigtei steckt."*)

Das Gewitter, welches über dem preußischen Staat schwebte, zog sich mit jedem Tage drohender zusammen. Napoleon zeigte offen seine grenzenlose Mißachtung gegen den König, er spielte fast mit diesem, indem er ihm bald die deutsche Kaiserkrone anbieten ließ, die Gründung eines norddeutschen Staatenbundes, an dessen Spitze Preußen stehen sollte als Gegengewicht gegen den Rheinbund, schmachvollen Andenkens, in Aussicht stellte, bald hinter dem Rücken des Königs mit Rußland und England in Unterhandlungen trat, jenem die polnischen Provinzen Preußens zur Neubildung eines Königreichs Polen, dessen Krone der Großfürst Konstantin erhalten sollte, anbot und England mit der Rückgabe Hannovers zu ködern suchte.

Der Graf Lucchesini, der unfähige Gesandte Preußens, wurde in Paris von einer Festivität zur andern gezogen, bei Austern und Champagner theilte ihm der Lord Harmouth, der englische Geschäftsträger, mit, welche Anerbietungen England auf Kosten Preußens von Napoleon gemacht worden seien. Lucchesini schrieb dies sofort seinem Hofe. —

Friedrich Wilhelm war tief beleidigt, sein königlicher Stolz begann sich zu regen, die Kriegspartei in Berlin gewann dadurch eine erhöhte Macht, sie schürte unablässig und suchte Volks-Demonstrationen für einen Krieg ins Leben zu rufen, um den König zum Loschlagen zu drängen. Besonders zeigten sich die Offiziere thätig, Volksstimmung zu machen.

Als im Theater „die Jungfrau von Orleans" gegeben wurde, war im Offizierkorps die Verabredung getroffen, so zahlreich wie möglich zu erscheinen. Bei den Worten:

„Für seinen König muß das Volk sich opfern;
„Nichtswürdig ist die Nation, die nicht
„Ihr Alles freudig setzt an ihre Ehre!

wurde ein stürmischer Beifallsruf erhoben. Die Offiziere sprangen von ihren Sitzen auf und forderten jubelnd die Worte da capo.

Auch in allen andern Stücken, in denen irgendwie eine Anspielung auf die Zeitverhältnisse gefunden werden konnte, wurden diese mit donnerndem Beifall begrüßt. In „Wallensteins Lager" stimmten die Offiziere das Reiterlied mit an und das gesammte Publikum fiel in den Gesang ein.

Unter den Fenstern des französischen Gesandten wurden Nationallieder gesungen, die Offiziere stießen wilde Schimpfreden gegen die verhaßten Franzosen aus und eines Tages wetzten sie ihre Säbel auf den Stufen des Hauses.

Prinz Louis Ferdinand führte in den Hofkreisen das große Wort. Er forderte ungestüm den Krieg gegen Frankreich. Die Königin unterstützte ihn und selbst die früher eifrigsten Freunde Napoleons wagten jetzt nicht mehr, gegen den Krieg zu sprechen.

Und das Volk von Berlin?

Das so lange in tiefster politischer Unmündigkeit gehaltene Volk hatte kaum eine eigene Ueberzeugung, es gab sich der herrschenden Strömung hin. Eine Fluth von Schriften, bedeutende und unbedeutende, welche den Franzosenhaß predigten, war erschienen.

Ernst Moritz Arndt hatte in seinem „Geist der Zeit" feurige Worte an die Nation gesprochen, um das Selbstbewußtsein des entwürdigten deutschen Volks zu erwecken, die Ermordung Palms hatte Entsetzen und Haß gegen Napoleon in den weitesten Kreisen verbreitet. „Krieg gegen Frankreich!" war das Losungswort im Volke wie unter den Offizieren.

Der König gab endlich dem allgemeinen Drucke nach, am 9. August 1806 wurde die Mobilmachung der Armee beschlossen; das war schon eine halbe Kriegserklärung und der Jubel darüber groß in Berlin.

Mit welchem Stolz schritten jetzt die Gensd'armerie-Offiziere in den Straßen einher! Sie ließen ihre Plempen rasseln, die künftigen Helden wußten sich vor Uebermuth gar nicht mehr zu lassen. Sie machten ihrer Freude durch die pöbelhaftesten Excesse Luft: dem Grafen Haugwitz, dem verhaßten Franzosenfreunde, warfen sie die Fenster ein; einige besonnene Bürger, welche sich sorgenvoll über den Erfolg eines Krieges ausgesprochen hatten, wurden in schmählicher Weise insultirt, wenn sie sich in öffentlichen Lokalen sehen ließen.

Niemand durfte es wagen, ohne sich den gröbsten Beleidigungen auszusetzen, an die Möglichkeit einer Niederlage zu denken, denn die Offiziere vom General herunter bis zum Lieutenant

---

*) Aus der Berliner Hausvoigtei wurde Heinrich v. Bülow als Staatsgefangener nach Colberg, später nach Königsberg und endlich nach Riga transportirt: hier starb er schon im Jahre 1807 im Gefängniß an einem Nervenfieber.

erklärten ja, die Armee Friedrichs des Großen sei unüberwindlich.

Sie blähten sich in übermüthigem Junkerstolz; wer ihre Prahlereien hörte, die Verachtung, mit welcher sie von den siegreichen Kriegern Napoleons sprachen, der mußte glauben, ein Wahnsinn habe die Sprossen des preußischen Adels befallen.

Wenn die Preußen bei Ulm und Austerlitz mitgekämpft hätten, so behaupteten sie, dann würden die Resultate der Kämpfe wahrlich ganz anders ausgefallen sein. Die preußischen Feldherren verstanden den Krieg aus dem Grunde, von Jugend auf hätten sie gedient und würden wahrlich vor den Gevattern Schneider und Schuster, welche die Revolutions-Armee befehligten, sich nicht fürchten.

Der General v. Rüchel hatte die Unverschämtheit, auf einer Parade in Potsdam offen zu behaupten, daß sich Feldherren, wie der Herr v. Bonaparte, in der Armee Sr. Majestät des Königs von Preußen genug fänden.

Die Presse sprach in demselben Geiste.

Die „Berliner Zeitung" veröffentlichte Bardengesänge, sie versicherte, daß der kriegerische Geist der Nation sich niemals so kräftig und lebensvoll offenbart habe, als grade in dieser Zeit; von den Tagesblättern ward in die Welt hinausposaunt, der Kampf für deutsche Nationalität, Freiheit und Sitte werde jetzt erst beginnen!

Toller als je ging's im Theater zu. „Wilhelm Tell", „Wallensteins Lager" und besonders ein beliebtes Stück, der „politische Zinngießer" boten Gelegenheit zu Ausbrüchen einer glühenden Begeisterung, die aus den Zuhörerräumen des Theaters sich fortpflanzten auf die Straßen. Allabendlich lagerten sich große Menschenmassen rings um das Theater, um mit zu singen und mit zu schreien, wenn die Offiziere das Kommando dazu gaben.

Die sonst so zahmen Berliner Tagesblätter, „der Freimüthige", „der Hausfreund" und sogar der unschuldige „Beobachter an der Spree" waren mit Artikeln, in denen der Krieg gefordert wurde, gefüllt. Der Dichter Karl Müchler dichtete einen ganzen Band voll Kriegslieder! Und noch mehr: die Gelegenheitsdichter gingen so weit, schon vor dem Ausbruch des Krieges Siegeslieder zu schreiben und zu komponiren, mit denen man die heimkehrenden Truppen empfangen wollte, denn Zeit war nicht zu verlieren, der Feldzug konnte nur ein kurzer sein: „Ich kam, ich sah, ich siegte!" das war sicherlich die erste Botschaft, die von den Feldherren der preußischen Armee in die Hauptstadt gesendet werden mußte.

Das Volk schwebte in einem Taumel der Siegesgewißheit, der es blind machte gegen die Wirklichkeit und es erregte nicht geringen Ingrimm, als einer der wenigen Nüchternen in einem öffentlichen Blatt die Bramarbasaden der Offiziere mit folgendem herben Spottgedicht geißelte:

Der künftige Held.

Was fehlt zum braven Krieger mir?
Lieb' ich nicht Kugeln, Blut, Rauch, Pulver,
    Bücher, Karten? —
Ja künft'ger Held, ich glaub' es Dir;
Von Dir läßt Alles sich erwarten,
Du liebst die Karambol' wie ich;
Ein junges Blut bezaubert Dich;
Im Tabakrauch büßt Du Dich ein,
Die Zähne hält das Pulver rein,
Ein Buch im Pharao, ein Pack Pistenkarten: —
Von Dir läßt Alles sich erwarten.

Noch war der Krieg nicht erklärt; noch immer schwankte der König, er unterhandelte mit Napoleon und zugleich suchte er Bundesgenossen zu dem bevorstehenden Kampf zu gewinnen.

Vergebliches Bemühen!

Preußen hatte durch seine lange Neutralität alles Vertrauen verloren.

Immer stärker drängte die Kriegspartei im Volke und am Hofe. Die Prinzen des königlichen Hauses entschlossen sich endlich zu einem entscheidenden Schritt.

Um den Einfluß der Haugwitz, Lombard u. s. w. zu brechen, erschien es den kriegslustigen Prinzen vor Allem nothwendig, das geheime Kabinet zu beseitigen. Sie nahmen deßhalb den alten Stein'schen Plan auf.

Die beiden Brüder des Königs, Wilhelm und Heinrich, der Prinz Louis Ferdinand, der Prinz von Oranien unterzeichneten eine von Johannes von Müller verfaßte Denkschrift, der sich neben Stein auch die Generale Pfuhl und Rüchel anschlossen und zu welcher auch der Herzog von Braunschweig und Blücher ihre Beistimmung erklärten. Die bedenkliche Lage des Landes, die Nothwendigkeit, die Ehre der Nation und der Krone durch ein entschiedenes Handeln zu retten, wurde in der Denkschrift in ehrerbietiger, aber entschiedener Sprache dargestellt. Vor Allem forderten die Unterzeichner die Abschaffung des Kabinets als eine Nothwendigkeit sowohl für den Fall eines Krieges, als für den Frieden; die ganze Armee und das ganze Volk seien gleichmäßig von dem Mißtrauen gegen die Mitglieder des Kabinets durchdrungen, sie zweifelten an dem Patriotismus, an der Pflichttreue und Rechtlichkeit derselben, und auch die mit Preußen befreundeten Höfe theilten die gleiche Ansicht, man spreche von Verrath und Bestechung; wenn auch eine solche Ansicht vielleicht nicht begründet sei, so fürchte man doch mit Recht den Einfluß dieser Männer, der vielleicht einen schmählichen Frieden, jedenfalls einen kraftlos und widerwillig geführten Krieg zur Folge haben werde.

So ehrerbietig die Fassung der Denkschrift war, auf den König machte sie doch einen höchst unangenehmen Eindruck. Er nahm den Schritt als einen revolutionären mit höchstem Unwillen auf, er wies die unbequeme Mahnung hart zurück. In seinem eigenen Lande wollte Friedrich Wilhelm ohne Einmischung Dritter herrschen, jeder Eingriff in seine Regierung erschien ihm als eine strafbare Verletzung einer unantastbaren Souveränetätsrechte, der mit Energie und Strenge zurückgewiesen werden mußte.

Die Prinzen erhielten Verweise, Stein und den übrigen Unterzeichnern zeigte der König das ernsteste Mißfallen.

Die Unterzeichner waren im ersten Augenblick so schwer verletzt, daß sie beabsichtigten ihre Aemter niederzulegen, aber sie bedachten, daß ein solcher Schritt in solcher Zeit dem Staate vom schwersten Nachtheil sein würde, deshalb entschlossen sie sich zu bleiben neben den Männern des Kabinets.

Die Beseitigung des Kabinets hatten die Prinzen nicht durchzusetzen vermocht, aber eine Wirkung hatte ihre Denkschrift doch. Friedrich Wilhelm vermochte dem allgemeinen Drängen nicht mehr zu widerstehen — er entschloß sich zum Kriege.

Den Unterhandlungen wurde durch ein Ultimatum, auf das Napoleon nicht einzugehen vermochte, ein Ende gemacht und am 21. September 1806 verließen der König und die Königin Berlin, um sich zur Armee zu begeben.

Am Tage der Abreise war vom Giebel des Zeughauses, der dem Palais des Königs gegenübersteht, die Statue der Bellona bei windstillem Wetter auf das Steinpflaster herabgefallen und hatte den rechten Arm zerbrochen; am selben Tage war der alte 81jährige Feldmarschall von Möllendorf, als ihn seine Reitknechte vor dem Brandenburgerthor mit Mühe von der linken Seite auf das Pferd gehoben hatten, auf der rechten Seite wieder heruntergefallen.

Das waren böse Vorzeichen!

Die abergläubigen Berliner schüttelten bedenklich die Köpfe und als nun bald Unglücks-Nachrichten nach Unglücks-Nachrichten eintrafen, da meinten sie: dies haben wir wohl vorhergesagt.

Freilich konnten sie es vorhersagen, jeder konnte es, der diese Armee und dieses Volk kannte!

Schon unmittelbar vor dem Kriege zeigte es sich, daß das Feuer der Begeisterung, welches das Volk vor dem Kampfe durchglüht hatte, ein elendes Strohfeuer gewesen war.

Das erste Opfer, zu dem sich die Bürger entschließen sollten, zeigte die Hohlheit des in pomphaften Worten prahlenden Patriotismus.

Der Berliner Magistrat hatte eine freiwillige Sammlung angeordnet, um für die Soldaten bei dem bevorstehenden Herbstfeldzuge Mäntel anzukaufen.

70,000 Thaler waren nothwendig, — eine elende Summe, die in Berlin sicherlich mit Leichtigkeit aufzubringen war, — als aber die Sammlung begann, da hatte Niemand Geld, die lautesten Schreier zogen sich am ersten zurück, als es darauf ankam, ihren Patriotismus zu bethätigen; es kamen im Ganzen nur 6400 Thaler zusammen.

Dieselbe Lauheit zeigte sich, als die Bürger aufgefordert wurden, eine Bürgergarde zu bilden, um die Wachposten der Stadt zu beziehen, während die Truppen im Felde standen; die Wohlhabenden machten fast ohne Ausnahme von der Erlaubniß Gebrauch, für Geld Stellvertreter zu schaffen und das lumpigste Gesindel wurde daher unter die Waffen gestellt, um als Berliner Bürgergarde zu paradiren.

Vierzehntes Kapitel.

Berlin vor der Schlacht bei Jena. — Tod des Prinzen Louis Ferdinand. — Die Nachricht von Jena. — Panischer Schrecken in Berlin. — Ruhe ist die erste Bürgerpflicht. — Flucht des Grafen von Schulenburg. — Fürsorge Stein's. — Feigheit der städtischen Behörde. — „Die Franzosen kommen." — Die Franzosen in Berlin. — Napoleon in Potsdam. — Napoleon's Einzug in Berlin. — Kriecherei und Verrätherei der Berliner. — Das französische Regiment. — Die Berliner Bürgergarde. — Die Kriegslast. — Einquartierung. — Noth in Berlin. — Geistige Erhebung des Volks. — Hanstein, Ribbeck, Fichte und Schleiermacher. — Der Friede von Tilsit. — Abzug der Franzosen. — Schill in Berlin.

Mit gespanntester Erwartung harrten die Berliner der Nachrichten vom Kriegsschauplatze; damals flog das Wort noch nicht mit blitzähnlicher Schnelle auf dem Telegraphendraht durch die Welt, Tage dauerte es, ehe aus Thüringen, wo die preußischen und französischen Heere zusammentreffen mußten, genaue Nachrichten nach Berlin kommen konnten.

Wüste Gerüchte gingen von Mund zu Mund. Bald hörte man, eine gewaltige Schlacht sei geschlagen, Napoleon's Heer vernichtet worden, der Kaiser sei auf der Flucht, oder gar gefangen oder todt; in einigen Straßen fing man zur Siegesfeier schon zu illuminiren an, aber die Lichter wurden bald wieder ausgelöscht, denn andere Nachrichten kamen und endlich die, daß Prinz Louis Ferdinand bei Saalfeld den Heldentod gestorben sei.

Die Aufregung und Trauer war allgemein in Berlin; welche Fehler auch der Prinz gehabt haben mochte, in diesem Augenblicke wurden sie vergessen, man gedachte nur seiner Kühnheit, seines Patriotismus und aller der herrlichen Eigenschaften, durch welche er sich so sehr ausgezeichnet hatte.

Die von Leipzig eintreffenden Briefe brachten wieder die verschiedenartigsten Nachrichten. Im Theater wurde die Jungfrau von Orleans gegeben; alle Plätze waren besetzt, aber das Publikum hatte keine Aufmerksamkeit für das Stück; Zettel, welche die einander widersprechenden, bald Siege, bald Niederlagen verkündenden Leipziger Nachrichten enthielten, gingen von Hand zu Hand.

Wenn in irgend einem Verse des Trauerspiels eine Anspielung auf die Zeitverhältnisse gefunden werden konnte, sammelte sich das Publikum etwas und begrüßte die betreffende Stelle entweder mit donnerndem Beifall oder mit Murren und Zischen.

Plötzlich kam die Nachricht, ein französisches Streifkorps sei im Anmarsch auf Berlin. Sofort meldeten sich 2 Offiziere a. D. bei dem Gouverneur, dem Grafen v. Schulenburg, und erboten sich Freikorps zu organisiren, zu denen sie Freiwillige in Fülle finden würden, um die Stadt zu vertheidigen; der Graf Schulenburg aber meinte, das sei ein allzukühnes Unternehmen, es werde der Stadt, wenn die Franzosen wirklich kämen, nur ein um so härteres Geschick bereiten.

So unterblieb denn die Bildung von Freikorps. Manche Bürger murrten darüber nicht wenig, viele andere aber sprachen offen ihre Zufriedenheit aus, denn eine große Stadt könne unmöglich gegen einen mächtigen Feind vertheidigt werden, selbst der Versuch sei Wahnsinn und könne nur zu unnützem Blutvergießen, zur Plünderung Berlins führen.

Bis zum 17. Oktober mangelten alle authentischen Berichte von der Armee. Täglich versammelten sich vor dem Hause des Grafen von Schulenburg in der Behrenstraße Tausende von Menschen, weil sie hofften, hier könnten sie die Wahrheit erfahren. Um die neugierige Menge nur einigermaßen zu befriedigen, ließ der Graf gedruckte Nachrichten, welche meistens günstig lauteten, an seine Thüren schlagen; er sendete auch Boten ab, um Erkundigungen einzuziehen, aber dies war ein vergebliches Bemühen.

Erst am 17. Oktober traf ein Kourier vom Kriegs-Schauplatz, ein Herr von Dorville, ein und brachte den Bericht über die unglückselige Schlacht von Jena und Auerstädt. Noch wußte man nichts von den schmachvollen Details der Schlacht, nichts davon, daß der Tag bei Jena ein vollendetes Gegenstück zu dem bei Roßbach gewesen war; man hatte keine Nachricht davon, daß die preußische Armee in wilder Auflösung sich befand, keine Ahnung davon, welche schmachvolle Beute die Franzosen in den preußischen Offizier-Equipagen, in den Wagen voll Leckereien und Toilette-Gegenständen, ja in denen, welche die Maitressen des Offizierkorps mit sich führten, gemacht hatten, und dennoch war der Eindruck, den die eine verlorene Schlacht auf das Volk von Berlin machte, ein überwältigender.

Ein panischer Schrecken herrschte in der Residenz, Niemand hatte Ruhe zu Haus, die ganze Bevölkerung wogte in den Straßen auf und nieder; man sah nur angstvoll verstörte Gesichter, Jeder fragte, wie das Unglück gekommen und Niemand wußte zu antworten.

In der Nacht verbreitete sich plötzlich wieder eine Siegesnachricht; Möllendorf solle sich mit der Armee gesetzt und den Feind vollständig geschlagen haben. Aber jede Ungewißheit verschwand, als am Morgen des 18. Oktober an allen Straßenecken rothe Zettel erschienen, welche in lakonischer Kürze das Unglück Preußens verkündeten:

Der König hat eine Bataille verloren, jetzt ist Ruhe die erste Bürgerpflicht, ich bitte darum. Schulenburg.

So lautete die Verkündigung des Gouverneurs.

„Ruhe ist die erste Bürgerpflicht!" Der edle Graf Schulenburg hätte kaum nöthig gehabt, zur Ruhe zu ermahnen, wenn es nicht geschah, um seine eigene schätzbare Person und die einiger anderer Staats-Verräther in Sicherheit zu bringen, denn an einen Widerstand dachten die Berliner nicht. —

Den Grafen Schulenburg peinigte das böse Gewissen, schon am 19. Oktober verließ er in eiliger Flucht Berlin, nachdem er seinen Schwiegersohn, den Fürsten Hatzfeld, zum Civil-Gouverneur eingesetzt hatte. Daran, die vielen noch in der Stadt befindlichen Kriegsvorräthe und Waffen aus dem Zeughause zu schaffen und in Sicherheit bringen zu lassen, die königlichen Kassen zu retten, dachte er nicht, nur an sich selbst.

Das Volk war wüthend, es schrie über Verrath. Der Wagen, in welchem Schulenburg flüchten wollte, wurde aufgehalten. „Ich lasse Euch ja meine Kinder!" rief der geängstigte Mann dem Volke zu. Der Kutscher hieb wüthend auf die Pferde und endlich gelang die Flucht.

Auch Lombard, der allgemein für einen Verräther gehalten wurde, war nahe daran, eine empfindliche Lektion vom Volke zu bekommen. Es gelang ihm mit Mühe, nach Stettin zu flüchten und auch hier war er argen Beleidigungen ausgesetzt.

Die Behörden hatten fast sämmtlich den Kopf verloren. Die vertrauten Briefe berichten:

„Alles wurde nun von Furcht und Angst so eingenommen, wie kurz vorher von Freude; alles raunte mit den Köpfen gegeneinander; alles wollte fliehen. Berlin sah einem Bienenkorbe ähnlich, der im Schwärmen begriffen ist. Alles, was reich und vornehm war, die hohen Officianten, Capitalisten, der Adel, eilten mit ihren Schätzen über Hals und Kopf nach Stettin, Cüstrin oder Schlesien.

Vom Lande flüchteten aber die Bauern mit ihren Betten und Kisten nach Berlin herein; Niemand war am 18. vor dem Rädern gesichert.

Besonders nahmen die patriotischen Schriftsteller Reißhaus, und die Freymüthige, den die Berliner nun den Kleinmüthigen nennen, eilte nach dem Norden und eröffnete das Wettrennen; der Verleger desselben, ferner der Dichter Müchler und andere folgten nach.

Zuletzt war kein Pferd und kein Esel mehr in Berlin zu haben, um fortzukommen, und die Zurückgebliebenen waren in der festen Ueberzeugung, die Franzosen, die am 17. Oktober noch bei Halle bataillirten, würden am 18. in Berlin eintreffen.

Man erwartete alle Greuel des Krieges,

Plünderung, Brand und Nothzucht. Besonders wehklagten die Berliner ehrbaren Damen und beseufzten im Voraus den Verlust ihrer so lange conservirten Unschuld. Es war aber eine allgemeine Stimme unter den Männern, daß, wenn dies das einzige Uebel sei, was der Krieg mit sich führe, so möchte es wohl sehr leicht zu tragen sein."

Fast der einzige höhere Beamte, der den Kopf oben behielt, war der Minister von Stein, obgleich krank, schwer am Podagra leidend, vergaß er doch die Pflichten gegen den Staat nicht. Er entfaltete eine unermüdliche Thätigkeit; zur rechten Zeit und mit umsichtiger Fürsorge war er bemüht, so viele königliche Kassen wie irgend möglich zu retten; der Staatsschatz mußte vor allen Dingen in Sicherheit gebracht werden und dies gelang ihm.

Hätte Stein nicht so unermüdlich gesorgt, dann würde schwerlich dem König die Kriegführung in nächster Zeit noch möglich gewesen sein. Trotz seiner Krankheit folgte der Minister am 20. Oktober seinem Monarchen nach Preußen und erklärte demselben, daß er ihn nie verlassen wolle, wohin er auch gehen möge.

„Ruhe ist die erste Bürgerpflicht." Nachdem der erste Schrecken sich gelegt hatte, bewiesen die Berliner, daß sie tief durchdrungen seien von dem Gebote des edlen Grafen Schulenburg. Der Civil-Gouverneur Fürst Hatzfeld ließ die Bürgergarde zusammen trommeln und von ihr die Thore besetzen, aber nicht zum Schutze gegen die Franzosen, denn an einen Kampf dachte er nicht.

Das zerlumpteste Gesindel trat unter die Waffen, wer irgend die Mittel hatte, kaufte sich einen Stellvertreter, um nicht selbst Dienst thun zu müssen. Daß diese Bürgergarde nicht daran denken würde, dem französischen Heer einen Widerstand beim Einmarsch in Berlin zu leisten, war nicht schwer zu errathen; um aber ganz sicher zu gehen, erließ der Magistrat von Berlin am 19. Oktober eine Proklamation, in der er jeden Widerstand bei Todesstrafe verbot.

Auch Fürst Hatzfeld fand es für nothwendig, das Gebot: „Ruhe ist die erste Bürgerpflicht" noch besonders einzuschärfen, und er erließ eine Bekanntmachung, in der u. A. sagte:

„Ich verbiete alles Zusammenlaufen, Schreien auf den Straßen, alles öffentliche Theilnehmen an den so verschiedentlich einlaufenden Kriegsgerüchten; denn ruhige Fassung ist dermalen unser Loos, unsere Aussichten müssen sich nicht über dasjenige entfernen, was in unsern Mauern vorgeht, dieses ist unser einziges höheres Interesse, mit welchem wir uns beschäftigen müssen."

Einen bereitwilligeren Gehorsam als damals haben die Berliner niemals der hohen Obrigkeit geleistet. Sie waren ruhig, übermäßig ruhig, sie schliefen sogar, wenn sie als Bürger-Gardisten auf Wache standen.

Als am ersten Tage der Bewachung Berlins durch die Bürger ein Offizier die verschiedenen Posten revidirte, fand er einen der Gardisten, sehr gemüthlich in die Ecke des Schilderhauses gelehnt, schlafend. Er machte ihm heftige Vorwürfe über diese Pflichtverletzung; der Bürger aber erwiderte mit derbem Berliner Witz:

„Ruhe ist die erste Bürgerpflicht; ich gehorche!"

Dieselbe Ruhe zeigten die Berliner, als nun die erwarteten Franzosen wirklich kamen. Am 24. Oktober traf ein Adjutant des General Hullin, der zum Kommandanten von Berlin ausersehen war, in der Stadt ein und meldete, daß die Ankunft seines Vorgesetzten unmittelbar bevorstehe.

Der Vortrab der französischen Truppen, aus Jägern zu Pferde, Husaren und etwas reitender Artillerie bestehend, bewegte sich durch die Stadt nach dem Berliner Rathhause. Hier stellten sich die Franzosen auf.

Der Fürst von Hatzfeld empfing die Offiziere mit außerordentlicher Höflichkeit; er führte sie in die Sitzungszimmer des Magistrats und bewillkommnete sie in Berlin.

Nach kurzer Zeit erschien der General Hullin, der in einem vierspännigen Wagen vor dem Rathhause vorfuhr. Er wurde mit noch größerer Höflichkeit als seine Offiziere empfangen. Er gab sofort den Befehl, daß die wichtigsten öffentlichen Gebäude mit französischen Mannschaften besetzt würden, die königlichen Schlösser erhielten Schutzwachen.

Am Abende desselben Tages erschien der Vortrab des Marschalls Davoust vor dem Halleschen Thor. Die Truppen marschirten noch nicht gleich in die Stadt, sie lagerten sich vor derselben.

Im ersten Augenblicke herrschte ein gewaltiger Schrecken in Berlin, denn die Bauern aus den benachbarten Dörfern, welche die Plünderungen des 30jährigen Krieges, von denen sie hatten erzählen hören, befürchteten, kamen in die Stadt gestürzt und erhoben ein Wehgeschrei. Aber schnell legte sich die Aufregung, die immer neugierigen Berliner faßten Muth, sie strömten zum Thore hinaus in das französische Lager und bewunderten das Schauspiel, welches sich dort ihnen darbot.

Die französischen Soldaten empfingen ihre Besucher artig und diese trieben sich im Biwouak umher, als ob sie nicht Feinde sondern Freunde vor der Stadt hätten.

Am folgenden Tage marschirten die Franzosen theils in die Stadt, theils durch dieselbe; da gafften die Berliner gewaltig, sie hatten sich die Sieger ganz anders vorgestellt! Von glänzenden Uniformen sahen sie da nichts, die französischen Krieger in ihren grauen Mänteln, mit ihren über das wilde Haar gestürzten verbogenen Hüten, auf denen ein alter Löffel steckte, sahen gar nicht so martialisch aus, wie die prächtig uniformirten Preußen, an deren Anblick man in der Hauptstadt gewöhnt gewesen war, und unbegreiflich erschien es, daß solche Soldaten die Sieger sein könnten.

Die Straßen Berlins hatten plötzlich ein

anderes Aussehen gewonnen, als noch am Tage vorher; da fuhren keine glänzenden Equipagen mehr, dagegen aber Kriegsfuhrwerke aller Art, da sah man keine preußische Uniform, nur die der Franzosen, die überall neugierig umher spazierten.

Am 26. Oktober traf der Marschall Davoust selbst ein. Am Potsdamerthor trug ihm der Magistrat demüthig die Schlüssel der Stadt entgegen, Davoust aber schlug sie stolz aus und befahl, sie dem Kaiser persönlich zu überreichen, der sich in Potsdam befinde und von dort aus bald seinen Einzug in Berlin halten werde.

Napoleon war in der That am 24. Oktober in Potsdam angekommen. Widerstand hatte er nirgends gefunden, auch in den preußischen Festungen nicht; diese waren fast alle von ihren hochadligen Kommandeuren in dem stürmischsten Wetteifer der Feigheit übergeben worden.

Auch Spandau kapitulirte, ohne einen Schuß zu thun, am 25. Oktober.

Am 23. noch hatte der Commandant, Major v. Benekendorf, dem König geschrieben, er wolle nur die Trümmer der Citadelle dem Feinde überlassen!

Am Tage darauf kamen die Feinde — da änderte sich denn freilich die Ansicht des tapfern Edelmannes — er berief einen Kriegsrath und nur ein bürgerlicher Offizier, der Ingenieur-Offizier Mauert, sprach sich gegen die Uebergabe aus, die übrigen Offiziere stimmten für dieselbe.

Man unterhandelte und ehe noch die Unterhandlung vollständig geschlossen war, rückten schon die französischen Generale über die offene Zugbrücke in die Stadt ein — der Commandeur hatte nichts Eiligeres zu thun, als so schleunig wie möglich seinen trefflich ausgestatteten Hühnerhof in Sicherheit zu bringen.

Napoleon hatte im Schloß von Potsdam einen kurzen Aufenthalt genommen; er erließ von hier aus seine stolzen Sieges-Bülletins. Während er aber in denselben auf die unzweideutigste Art seine Verachtung gegen den König von Preußen aussprach, zollte er Friedrich dem Großen den Tribut seiner Bewunderung. Von seinem Generalstabe begleitet besuchte er die Gruft des großen Königs in der Garnisonkirche.

Lange Zeit schaute er schweigend auf den Sarg, dann wendete er sich zu seinem Gefolge und sagte, auf die Grabstätte deutend:

„Wenn Du noch lebtest, wäre ich nicht hier."

Auch in Sanssouci besuchte er die Zimmer Friedrichs des Großen; sein Gefolge und seine Dienerschaft mußten sich mit den besten Gallakleidern bei diesem Besuche schmücken.

Die Verehrung, welche Napoleon hierdurch dem Genius des gewaltigen Feldherrn zollte, hielt ihn aber nicht ab, sich den Degen, die Generals-Schärpe desselben, sowie die Dekorationen des schwarzen Adlerordens und die Fahnen, welche die preußische Garde im 7jährigen Kriege geführt hatte, zuzueignen und diese dem Invalidenhause in Paris zum Geschenk zu machen, freilich mit einer außerordentlich rühmenden Zuschrift:

„Die Veteranen werden alles dasjenige mit heiliger Ehrfurcht empfangen, was dem ersten Feldherrn, den die Geschichte kennt, angehörig gewesen ist."

In Potsdam empfing der Kaiser eine Deputation der königlichen und städtischen Beamten Berlins; der Fürst Hatzfeld befand sich an der Spitze derselben. Die Aufgabe der Deputation war, dem Sieger die Schlüssel der Stadt zu überreichen und Schonung für die Residenz zu erbitten.

Der Empfang der Deputation war abwechselnd gnädig und ungnädig. Napoleon sprach mit scharfem Hohne:

„Sie haben in Berlin so laut den Krieg verlangt, jetzt haben Sie ihn."

Als nun aber die Deputirten mit den tiefsten Verbeugungen und in demuthvollster Weise versicherten, Se. Majestät sei falsch berichtet über die Stimmung des Volks, dieses habe nie den Krieg gewünscht, nur einige lärmmachende Offiziere seien die Ruhestörer gewesen, als sie zugestanden, die Reise des Kaisers Alexanders nach Berlin trage die Schuld an allem Unglück; da wurde der Kaiser gnädiger und versprach, die Stadt zu schonen.

Am 27. Oktober hielt Napoleon seinen glänzenden Einzug in Berlin. Von 4 Uhr Nachmittags an verkündete das Läuten der Glocken und der Donner der Geschütze, daß der mächtige Kaiser nahe; von dem noch immer mit der Victoria geschmückten Brandenburger Thore an standen die Linden herab in langen Reihen geordnet die französischen Regimenter.

Eine gewaltige Volksmasse hatte sich versammelt, bis weithin auf dem Wege nach Charlottenburg zu, von woher der Kaiser kam. Eine Schaar von Mameluken eröffnete den Zug; staunend schauten die Berliner auf die prächtig geschmückten Soldaten, die in ihren bunten Turbanen, in ihrer reichen türkischen Bekleidung keine Aehnlichkeit mit irgend einem andern Truppenkorps hatten; dann kamen bärtige Sappeurs mit ihren Beilen und Schurzfellen, Grenadiere mit den gewaltigen Bärenmützen und Jäger zu Pferde.

Das Musikkorps der Franzosen diente dem Volke zu einer besonderen Belustigung. Die Gassenbuben jubelten laut auf, wenn der Tambour-Major seinen Stock mit dem großen silbernen Knopfe häuserhoch in die Luft schleuderte und mit großer Geschicklichkeit wieder auffing.

Unter den Klängen der Marseillaise hielt der Kaiser seinen Einzug. Ein donnerndes „vive l'empereur!" empfing ihn von den aufgestellten Truppen und nicht von ihnen allein, auch aus dem Volke ertönte manche Stimme. Vornehme Herren, die sich unter die Menge gemischt hatten, raunten den Arbeitern zu: „schreit nur so laut ihr könnt, das wird unserer Stadt zu Gute kommen" und wenn auch die Arbeiter schwiegen, der vornehme Pöbel schrie um so lauter und die Gassenbuben, durch die Püffe der Berliner Polizeisergeanten dazu angeregt, stimmten ein.

Der Kaiser ritt, begleitet von dem glänzenden Gefolge seiner Marschälle und Generäle, die Linden entlang und schaute ernst, fast verächtlich auf die jubelnde Menge. Am Thor wurde der Magistrat durch den General Hullin dem Kaiser vorgestellt; er überreichte ihm abermals die Schlüssel der Stadt.

Napoleon nahm seine Wohnung im königlichen Schlosse; dort empfing er den Magistrat und die Spitzen der Behörden, die ihm von dem Fürsten Hatzfeld vorgeführt wurden. Dieser hoffte ein gnädiges Wort zu hören, aber der Kaiser herrschte ihn barsch an:

„Lassen Sie sich nicht vor mir sehen, Ihrer Dienste bedarf ich nicht, gehen Sie auf Ihre Güter."

Tief betroffen entfernte sich der Fürst.

Am folgenden Tage entheilten die öffentlichen Blätter eine wunderbare Nachricht: der Fürst Hatzfeld war plötzlich verhaftet worden, weil er dem Fürsten von Hohenlohe von den Bewegungen und Stellungen der französischen Armee schriftlich Nachricht habe zugehen lassen; der Brief war aufgefangen und dem Kaiser vorgelegt worden.

Fürst Hatzfeld sollte vor ein Kriegsgericht gestellt und erschossen werden, aber Napoleon begnadigte ihn; die Fürstin hatte sich dem Kaiser zu Füßen geworfen, sie hatte ihn um Gnade angefleht, hatte die Unschuld ihres Gatten betheuert. Da zeigte ihr Napoleon den Brief des Fürsten und jetzt konnte sie nicht umhin, die Echtheit desselben anzuerkennen.

„Lesen Sie, Madame, und urtheilen Sie selbst", ob Ihr Gemahl strafbar ist", fragte der Kaiser die Verstummende, dann aber hob er sie auf, zerriß den Brief, gab ihn der Fürstin zurück und sprach das Wort der Gnade aus.

Die ganze höchst rührende Geschichte wurde in allen Berliner und in allen französischen Zeitungen ausposaunt, Böswillige aber behaupteten schon damals, das Ganze sei nichts weiter als ein gut vorbereitetes Theater-Kunststückchen Napoleons, um den Deutschen zu zeigen, wie gnädig er sein könne.

Napoleon blieb einen Monat in Berlin und während dieser Zeit hatten die guten Bürger volle Gelegenheit, Vergleichungen anzustellen zwischen dem französischen und dem preußischen Regiment; nicht überall fielen dieselben zu Gunsten des Letzteren aus. Die Kraft, welche Napoleon zeigte, imponirte den Bürgern von Berlin um so mehr, als der siegreiche Feind im Ganzen milde genug war, als er selbst die tiefe Devotion, mit der ihm die städtischen Behörden entgegenkamen, die verächtliche Kriecherei, welche ihm von den Bürgern gezeigt wurde, nicht in dem Maße ausnutzte, wie man gefürchtet hatte.

Kurz nach der Einnahme von Berlin hatte der General Hullin befohlen, daß alle Privat-Personen ihre Waffen abliefern sollten, damit etwaige Mißbräuche mit denselben vermieden würden. Der Magistrat, dem der Befehl zugegangen war, überbot sich sofort in geflissentlicher Dienstwilligkeit, er erließ einen Befehl, daß jeder Bürger seine Gewehre, bei Strafe, erschossen zu werden, sogleich abliefere.

General Hullin war hierüber entrüstet, und es mag einen seltsamen Eindruck auf die Berliner gemacht haben, als die Zeitungen im Auftrage des Generals berichteten, er sei erstaunt, eine so strenge Verordnung in den öffentlichen Blättern zu finden; der Magistrat möge in Zukunft mit Androhungen solcher Zwangsmaßregeln warten, bis ihm dieselben vorgeschrieben würden, und nichts mehr proklamiren, ehe es dem Kommandanten mitgetheilt worden sei.

Kurze Zeit darauf erschien ein Befehl der Kommandantur, Jedermann solle gehalten sein, Anzeige zu machen, wo sich etwa noch Waaren oder Vorräthe von Lebensmitteln und Kriegsmaterial, die dem Könige von Preußen gehörten, vorfänden; den Denunzianten wurde ein Viertel von dem Werthe der Vorräthe versprochen.

Sofort erhob sich ein so edler Wettstreit unter den Bürgern im Denunziren, daß dieser selbst den Franzosen zum Ekel wurde. Man erzählt, der General Hullin habe einem Bürger, der ihm die Anzeige machte, in der Nähe von Pichelsdorf seien bedeutende Holzvorräthe des Königs in die Havel versenkt, unwirsch erwidert, dies wisse er längst, er habe aber dieselben bisher noch nicht angerührt, damit Se. Majestät der König von Preußen Holz genug übrig behalte, um solche Halunken, wie die Denunzianten, zu hängen.

Die französische Polizei wurde mit Anerbietungen von Denunziationen und Spionerien überströmt; in allen Ständen der Gesellschaft fanden sich Subjekte, die sich freudig zu Spionen für das französische Regiment hergaben.

Unter den Schriftstellern gab es solche, die sich bisher als die besten Patrioten gezeigt hatten, jetzt aber vor den Siegern schweifwedelten.

Ein gewisser Lange gab ein Schandblatt, den Telegraphen, heraus, in welchem er den Kaiser Napoleon fast als einen Halbgott hinstellte, und damit nicht genug, um sich bei den Siegern recht beliebt zu machen, griff er in schmutziger Weise das unglückliche, geflohene Königspaar an und scheute sich nicht, selbst den weiblichen Ruf der Königin Louise zu beflecken.

Eine gleich niedrige Gesinnung zeigten die Bürger von Berlin im persönlichen Verkehr mit den Franzosen. Wie flogen die Hüte, wenn der Kaiser sich auf den Straßen sehen ließ! — Mit welcher unbegrenzten Hochachtung wurden die französischen Offiziere in allen öffentlichen Lokalen behandelt!

Die Servilität, die schmachvolle Kriecherei der Berliner aller Stände war so groß, daß

Napoleon einst kopfschüttelnd sagte, er wisse nicht, ob er sich über das, was er in Berlin sehe und höre, freuen oder schämen solle.

Von solchem Volke hatte Napoleon nichts zu befürchten, er ließ deshalb auch seine gewaltige Hand nicht zu schwer auf der Stadt lasten, ja, er gab derselben sogar eine Art Selbstregiment, von dem die Berliner Bürger bisher keinen Begriff gehabt hatten.

Am 30. Oktober wurden auf kaiserlichen Befehl 2000 der angesehensten Bürger in der Petrikirche versammelt; sie wählten daselbst 60 aus ihrer Mitte zu einer Art Stadtverwaltung, die wieder einen Verwaltungsausschuß von 7 Personen zu erwählen hatten.

Für Kaiser bestätigte die Wahl.

Der Verwaltungsausschuß erhielt die Aufgabe, dafür zu sorgen, daß allen Requisitionen der kaiserlichen Armee und allen Befehlen der administrativen Behörden Folge geleistet werde; eine kaiserliche Verordnung befahl außerdem, daß sämmtliche noch in Thätigkeit befindliche Beamte ihren früheren Gehalt fortbeziehen sollten. Die Beamten und Mitglieder der Munizipal-Verwaltung mußten dagegen folgenden Eid leisten:

„Ich schwöre, die Gewalt, die mir von Sr. Majestät dem Kaiser der Franzosen und Könige von Italien anvertraut ist, mit der größten Loyalität auszuüben und sie nicht anders, als zur Erhaltung der Ordnung und der öffentlichen Ruhe anzuwenden, auch aus allen meinen Kräften beizutragen, um die Maßregeln und Anordnungen, welche mir für den Dienst der französischen Armee vorgeschrieben worden, auszuführen, und weder Briefwechsel noch irgend eine andere Art von Verbindung mit den Feinden desselben zu unterhalten. So wahr mir Gott helfe."

Der gleiche Eid wurde auch mit Mitgliedern der Bürgergarde abgenommen, welche Napoleon neu organisiren ließ; sie erhielt den Auftrag, die Wachen zu besetzen und die öffentliche Ruhe und Ordnung zu erhalten, es wurden ihr obrigkeitliche Funktionen zugewiesen, sogar das Recht, französische Soldaten, welche sich ungebührlich benahmen, zu verhaften; ein Theil der Bürgergarde hatte zu Pferde Dienst zu leisten.

Von der früheren Bürgergarde hatten sich die Berliner nach Möglichkeit fern gehalten, dem Befehl des Königs waren sie nur zögernd nachgekommen, dem des Kaisers aber wagten sie nicht zu widerstehen; dafür aber erhielten sie auch eine schöne Uniform vom feinsten Tuch, die Farben waren blau und roth. Der prächtige Federbusch, die elegante Koppel, der zierliche Säbel kleideten die Bürgergardisten gar zu gut und die jungen Leute aus den besten Familien drängten sich daher zum Dienst; sie schafften sich auch eine Militärmusik an.

Als die französischen Gouverneure und Commandanten Ordonnanzen gebrauchten, welche der deutschen Sprache mächtig und in der Stadt bekannt waren, bildete sich aus wohlhabenden jungen Leuten ein Freiwilligen-Corps, welches den Dienst in den Vorzimmern der feindlichen Generale verrichtete. Die jungen Bürgersöhne paradirten in einer prächtigen hellgrünen mit Gold gestickten Uniform, sie waren stolz darauf, die Diener der französischen Offiziere zu sein.

Alles Neue hat von jeher die Berliner gereizt. Mit wahrer Lust bezogen sie als Bürgergardisten, die Musik voran, die Wachen.

Dort ging's dann lustig zu, das Schildwachstehen war freilich kein Vergnügen und mancher der verweichlichten Modeherren mußte dasselbe mit einem Husten oder einem leichten Unwohlsein büßen, einer starb sogar in Folge einer Erkältung beim Patrouilliren.

Für die gefangenen preußischen Offiziere, welche nach Berlin kamen, war die Uniformirung der Bürgergarde ein gewaltiger Aerger; die gefangenen Gendarmerie-Offiziere, welche vor dem Kriege so gewaltig bramarbasirt hatten, um bei Jena feig das Versengeld zu geben, konnten sich gar nicht darüber trösten, daß unter der Bürgergarde Schneider und Schuhmacher Offizierrang bekleideten; sie trieben ihre Unverschämtheit so weit, diese „Kameraden" häufig zu verspotten. Jetzt aber war die Zeit der Wiedervergeltung gekommen.

Als einst ein solcher Bramarbas in einem öffentlichen Lokale einen Hauptmann der Bürger, der ein Schuster war, traf, sagte er höhnisch: „Apropos, Herr Hauptmann, Sie werden mir ein Paar neue Stiefel machen müssen."

„Sind die alten entzwei?" erwiderte der Andere, „nun es ist kein Wunder, auf der Retirade war wohl nicht viel Zeit übrig, sie zu schmieren."

Die Anekdote mag eine Erfindung sein, sie bezeichnet aber den Geist, der die Berliner Bürger beseelte. Diese überhäuften die früher so sehr gefürchteten Gensdarmerie-Offiziere, wo sie dieselben trafen, mit herbem Spott und sie wurden darin unterstützt durch die Franzosen, welche ihre Verachtung gegen die hochadligen Herrn niemals verhehlten.

Es lag gewiß eine tiefe sittliche Entwürdigung darin, daß die Bürger von Berlin im Bündniß mit dem Feinde über das Unglück ihrer eigenen Armee höhnten, aber war es wohl zu verwundern, wenn dies geschah, wenn ein Volk, dem man bisher kein Recht gegönnt hatte, welches nur als eine Steuer zahlende Masse betrachtet, stets mit frechem Uebermuth behandelt worden war, keinen Patriotismus besaß?

Das Volk von Berlin mußte, ehe es sich zu dem edlen Gefühl der Vaterlandsliebe, zu der Selbstaufopferung, welche es später so glorreich bewiesen hat, emporschwingen konnte, die harte Schule des Leidens durchmachen und diese Leiden kamen bald genug.

In den ersten Monaten der französischen Besatzung und so lange der Kaiser sich in der Stadt aufhielt, kamen die Berliner in dem Anschauen des vielen Neuen, welches sie sahen, kaum zu einem rechten Bewußtsein ihrer Lage; da gab es täglich neue Schauspiele, zu denen sich das neugierige Volk drängte, prächtige Paraden, Musterungen der durchmarschirenden Truppen u. s. w. Die Wein- und Bierhäuser waren gedrängt voll von fremden Gästen, die Wirthe machten treffliche Geschäfte und auch viele Berliner Handwerker hatten für die Franzosen tüchtig zu thun; Konzerte und Theater wurden fleißig besucht.

Der treffliche Iffland zeigte in dieser schweren Zeit sein Geschick zur Direktion, er wußte mit der Auswahl der Stücke genau die richtige Mitte zu halten, um weder die seiner Fürsorge anvertraute Bühne zu gefährden, noch sich dem Vorwurfe auszusetzen, er sei kein echter Patriot.

Alle diejenigen Stücke wurden vermieden, welche die ungebetenen Gäste hätten beleidigen können, ebenso aber auch diejenigen, welche irgend eine Schmeichelei gegen sie enthielten.

Iffland duldete keine Improvisationen, um jeden Vorwurf von seiner Bühne fern zu halten.

Mit der Abreise des Kaisers wurde Berlin wieder weit stiller und jetzt kam die Zeit, in welcher die Bürger die Drangsale des Krieges kennen lernten. Fortwährend marschirten Truppen durch die Stadt, welche einquartiert werden mußten. Früher hatten lediglich die Hauseigenthümer die Einquartierung getragen, jetzt wurden auch die Miether gezwungen, die Soldaten aufzunehmen und zu verpflegen; früher waren die gemeinen preußischen Soldaten in die erste beste Dachkammer gesteckt worden oder man hatte sie mit ihren Billets zu Tagelöhnern geschickt, welche ihnen für billige Entschädigung Quartier gaben, jetzt aber war alles Ausmiethen untersagt, die Wirthe wurden verpflichtet, den Franzosen anständige Zimmer zu überweisen und bei der Verpflegung durften sie nicht kargen, denn die siegreichen Soldaten forderten eine Verköstigung, wie sie die Berliner selbst nicht gewöhnt waren: Weißbrod, Wein und gute Fleischbrühen, auch Tabak und manche Leckereien; dabei brachten sie oft genug die Berliner Bürger durch ihre Galanterien gegen die Frauen und Töchter in Verzweiflung.

Sie benahmen sich indessen im Ganzen schonend genug, denn der General Hullin hielt strenge Mannszucht. Er hatte ausdrücklich bekannt machen lassen, daß die Soldaten unter keinerlei Vorwand mehr von den Bürgern verlangen dürften, als die gewöhnlichen Mahlzeiten, welche diese ihrem Stande und Vermögen nach selbst einnahmen; aber die Franzosen glaubten oft mehr beanspruchen zu können, als ihre Gastgeber liefern konnten, denn sie wurden getäuscht durch die eleganten Häuser, in denen selbst minder wohlhabende Leute wohnten.

So fanden denn trotz der humanen Befehle Hullin's mancherlei Bedrückungen statt und diese wurden um so lästiger, da mit jedem Monate Handel und Verkehr mehr sanken, der Verdienst der Bürger geringer und daher auch die Einquartierungslast fühlbarer wurde.

Die Noth stieg; wenn auch noch Einzelne bei Lieferungen für die französische Armee verdienten, die große Masse der Bevölkerung versank in Armuth; die meisten Gewerbe stockten, die Handwerker waren ohne Arbeit, die Beamten ohne Besoldung, denn der Befehl des Kaisers, daß sie ihre früheren Gehalte fortbeziehen sollten, konnte nicht in Ausführung gebracht werden, da die Staats-Einnahmen dies nicht gestatteten und die Franzosen aus eignen Kassen nichts 'gegen wollten.

Manche Familien, die bis dahin im Wohlstande gelebt hatten, wurden in die tiefste Armuth versetzt, der Kredit versiegte und viel trug zu dem allgemeinen Elend bei, daß die vor dem Kriege ausgegebenen Tresorscheine im Nominalwerth bedeutend fielen, daß selbst die günstigtragenden Staatspapiere, die Seehandlungs- und Bank-Obligationen, die ritterschaftlichen Pfandbriefe u. s. w. ebenfalls sanken und nur mit großen Verlusten von Denjenigen veräußert werden konnten, welche baares Geld brauchten, um sich und ihren Familien das liebe Leben zu erhalten.

Dazu kamen die Kriegs-Kontributionen, welche der Hauptstadt ebenso wenig wie dem Lande erspart wurden. Das Verwaltungs-Komitee suchte zur Deckung derselben eine Anleihe für die Stadt zu machen, aber es war schwer, die Papiere unterzubringen, dies konnte nur mit harten Verlusten geschehen.

Auch der Werth der Grundstücke sank plötzlich auf die Hälfte und darunter, die Einwohnerzahl verminderte sich, die kleinen Bürger und Arbeiter sanken in immer tiefere Armuth, dies aber war ein Glück für unsere Stadt, denn die materielle Noth hatte eine geistige Erhebung des Volks zur Folge.

Jetzt begannen die Bürger mit weniger günstigen Augen auf die Franzosen zu schauen, jetzt erinnerten sie sich mit Ingrimm, daß auf den Befehl des Kaisers Berlin eines großen Theils seiner Kunstschätze beraubt worden war, daß Napoleon sogar die herrliche Victoria vom Brandenburger Thore hatte fortnehmen und nach Paris bringen lassen; manche kleine mit einer feindlichen Besatzung unzertrennbare Bedrückungen wurden jetzt erst schmerzlich empfunden. Die Strenge der Censur, welche jedes preußische patriotische Wort unterdrückte — die Redakteure eines Blattes, „der Hausfreund", Theodor Heinsius und der Kriegsrath Cölln, waren sogar mit einem vierzehntägigen Arrest bestraft worden, weil sie nicht wie der servile Schreiber des „Telegraphen" in die französische Lobposaune einstimmen wollten — fiel jetzt erst den Bürgern auf und diejenigen Zeitungsschreiber, welche sich dem französischen Einfluß unterworfen hatten, traf die allgemeine Verachtung.

Jetzt erst erschienen manche französische Neuerungen im Lichte der äußersten Gehässigkeit, vorzüglich das berüchtigte schwarze Kabinet, welches die Franzosen sofort nach ihrer Ankunft auf der Post eingerichtet hatten.

Unter Friedrich Wilhelm III. war das Briefgeheimniß auf der preußischen Post mit höchster Gewissenhaftigkeit aufrecht erhalten worden, jetzt aber arbeiteten zahlreiche Beamte Tag für Tag daran, es zu verletzen; von Morgens bis Abends wurden mit glühenden Thonpfeifenröhren und Messern die Siegel gelöst oder mit heißen Dämpfen die Oblaten erweicht. Alle Briefe wurden gelesen und erst zu spät erfuhren dies die Berliner, ehe sie sich in Acht zu nehmen vermochten. Viele Personen wurden infolge der von ihnen unvorsichtig geschriebenen Aeußerungen verhaftet, manche mitten in der Nacht von französischen Gensdarmen aus dem Schoße ihrer Familien gerissen und eingekerkert.

Das Unglück, welches die französische Besatzung mit sich brachte, war ein Glück für die Stadt, der leichtfertige Sinn der Berliner mußte gebrochen werden. Und er wurde gebrochen. Die Stimmung der Bürgerschaft änderte sich; wenn auch immer noch ein Theil derselben sich kriechend gegen die Franzosen zeigte und sich hergab zu den gemeinsten Spiondiensten, die Mehrzahl wurde andern Sinnes.

Mit Enthusiasmus sprach man in kleinen Kreisen vom braven Iffland und dem trefflichen Ober-Consistorialrath Erman, welche Beide, der Schauspieler und der Prediger, es gewagt hatten, mit männlichem Muth ihr patriotisches Gefühl den Franzosen zu zeigen.

Am Geburtstag der Königin war von dem französischen Gouverneur jede öffentliche Festlichkeit streng verboten worden, auch Iffland hatte den Befehl erhalten, auf der Bühne jede Anspielung auf diesen Festtag zu vermeiden. Dazu aber konnte er sich nicht entschließen. Im Essighändler trat er selbst auf, er zog einen Blumenstrauß hervor, den er versteckt hielt und diesen drückte er an die Brust, durch die Pantomime das Publikum, welches ihn vollkommen verstand und ihm laut seinen Beifall bezeigte, an die Königin erinnernd.

Zur Strafe wurde er ins Gefängniß geworfen und der Commandant soll ihm sogar mit der Füsilade gedroht haben.

Er hat später dafür den rothen Adlerorden vom König Friedrich Wilhelm III. erhalten.

Noch trotziger hatte sich der greise Prediger Ermann gezeigt. Als Napoleon in Gegenwart dieses Mannes bei einer Vorstellung der Behörden sich beleidigende Worte gegen die Königin Louise erlaubte, erwiderte ihm Ermann kurz: „Sire ce n'est pas vrai!" (Sire das ist nicht wahr.) Der Kaiser wurde über das kühne Wort so betroffen, daß er es nicht strafte, sondern sogar Ermann stets seine größte Achtung erwies.

Die Aeußerung Ermann's wurde bewundernd überall erzählt, man ehrte den trefflichen Mann. Die Franzosenfreunde dagegen verfielen der tiefsten Verachtung, vor allen Andern ein Schriftsteller, der in seinem Schandblatt „der Telegraph" sich in elender Schmeichelei gegen die Gewalthaber nicht scheute, sogar den über allen Zweifel erhabenen Frauenruf der sittlich reinen, vom Volke schwärmerisch geliebten Königin Louise hämisch anzugreifen.

Rellstab erzählt uns aus seinen Jugenderinnerungen:

„Bis zu welchem Grade aber ein Mann gehaßt und verachtet wurde, den Eigennutz oder Vortheil auf die Seite des Gegners zog, davon ist mir besonders ein Beispiel erinnerlich. Es gab einen Menschen in Berlin, Lange hieß er, der ein Journal im Sinne der Franzosen herausgab; ob direct oder indirect von ihnen besoldet ist mir nicht mehr erinnerlich. Gegen diesen richtete sich der äußerste Haß, Wuth möchte man sagen, und die schwerste Verachtung. Jeder Schulknabe kannte seinen Namen und bezeichnete mit ihm das äußerste Maß des Nichtswürdigen. Er durfte sich, wie sehr ihn die französische Gensdarmerie in Schutz nahm, kaum auf der Gasse sehen lassen, ohne insultirt zu werden. Ich erinnere mich, daß ich ihn in der Friedrichsstraße mit einem dreieckigen Huth bedeckt (ich glaube, er trug eine Art von französischer Civiluniform) gehen sah, während ein Schwarm von Knaben ihn höhnend verfolgte. Lange Zeit hindurch hing eine, trotz der strengsten Ueberwachung durch die französischen Behörden, erschienene Carrikatur auf ihn, in meinem Zimmer. Sie stellte ihn dar mit einem Strick um den Hals, den der Teufel mit einer Zange gefaßt hatte, um sich nicht an ihm selbst zu besudeln; als Unterschrift las man die Worte: „Pah; der wird mir den Höllenpfuhl verstänkern!" — Auch andere, sonst nicht ungeachtete Männer, die sich den Franzosen nur angenähert hatten, durch Dienstleistungen, hatten ihre Stellung im Leben und in der Gesellschaft völlig verloren."

Der erwachende, bessere Geist des Volkes von Berlin wurde genährt durch tüchtige Männer, welche es sich zur Aufgabe machten, das patriotische Gefühl der Bürger zu beleben. Schleiermacher, der im Sommer 1807 nach Berlin kam, hielt Vorträge, in welchen er das Volk zur Vaterlandsliebe ermahnte, die Prediger Hanstein und Ribbeck wußten in ihren Predigten den Muth der Bürger auf's Neue zu erfrischen, vor Allen aber zeigte sich Fichte groß, der geistreiche Schüler Kant's, der im Winter von 1807 zu 1808 in Berlin mit seinen Reden an die deutsche Nation auftrat. Er fand große Theilnahme.

Theodor Heinsius erzählt:

„Alle edlen Geister Berlins waren seine Zuhörer, denn er verkündete in gewaltiger Rede den Kampf des guten Prinzips mit dem Bösen und seine kräftigen Gedanken entstammten die Gemüther Aller zu einer höhern Reinheit und Veredelung des Sinnes. Es war ein seltener Genuß ihn zu hören; man mußte ihn bewundern."

Solche Reden verfehlten ihre Wirkung nicht; in der schweren Schule des Leidens kräftigte sich der gesunde Geist des Berliner Volks, die Bürgerschaft ermannte sich; während sie früher nur dem sinnlichen Vergnügen gelebt hatte, gewann sie jetzt das Gefühl für höhere Interessen. Noch aber war der Patriotismus nicht so erstarkt, daß er sich im kräftigen Handeln gezeigt hätte, noch wagten nur Einzelne, dem Feinde kühn die Stirn zu bieten, die Mehrzahl duldete schweigend die Bedrückung der Franzosen.

Am 9. Juli 1807 wurde zu Tilsit nach dem unglücklichen Kriege der traurigste Frieden geschlossen, der das Königreich Preußen auf die Hälfte des früheren Ländergebiets beschränkte.

Der französische Commandant von Berlin forderte sofort nach der ihm zugegangenen Nachricht vom Friedensschluß die Bürger auf, ohne ihnen den Inhalt des Friedens mitzutheilen, durch eine Illumination, ein Tedeum und durch Gastmahle ihre Freude zu bezeugen. Die Berliner mußten wohl oder übel dem Befehle folgen. Des Abends brannten in den Fenstern die Kerzen, aber nicht so hell und nicht so zahlreich, wie an Freudentagen, denn Niemand mochte sich eines Friedens freuen, der so schwer erkämpft war.

Nur zwei Transparente waren bei der Illumination sichtbar, beide aber zeugten keineswegs von der Servilität, welche die Berliner zu Anfang der französischen Besatzung an den Tag gelegt hatten.

Bei einem Gewürzkrämer in der Friedrichstraße war zu lesen:

Ich kenne zwar den Frieden nicht,
Doch aus Gehorsam und befohlener Pflicht
Verbrenne ich auch mein letztes Licht.

Ein armer Tischler in der Zimmerstraße hatte einen schwarzen mit weißem Blech beschlagenen Sarg an das, mit einigen Lichtern erhellte Fenster gestellt, mit der Aufschrift:

Hier findet Ihr den einz'gen wahren Frieden,
Der so dem Kaiser wie dem Bettler ist beschieden.

Auch die Stadtverordneten entsprachen ganz dem Sinne der Bürgerschaft, als sie ein Beileidsschreiben an den König richteten und diesem ihre Theilnahme über das Unglück aussprachen, welches das Königliche Haus und den gesammten Staat betroffen habe, indem sie zugleich den Wunsch äußerten, Se. Majestät möge mit den Seinen recht bald nach Berlin, der treuen Residenzstadt, zurückkehren.

Mit dem Friedensschluß war die Zeit der Prüfung für die Stadt Berlin noch nicht vorüber; noch blieb die französische Besatzung trotz des Friedens; wie bisher herrschten die Franzosen, wie bisher war jede Aeußerung der Liebe zum Könige streng verboten. Selbst am 3. August, dem Geburtstag Friedrich Wilhelms, durften die Bürger ihre Häuser nicht mit Blumenkränzen schmücken, und Einige, die dies versucht hatten, erhielten zur Strafe verstärkte Einquartierung.

Erst im September gelang es dem Prinzen Wilhelm von Preußen, der vom König als Abgeordneter nach Paris gesendet worden war, um über die Räumung des Landes von den Franzosen zu unterhandeln, einen Vergleich abzuschließen; die Bedingungen desselben wurden in Erfurt völlig festgestellt und damit die Räumung Berlins von den Franzosen beschlossen. Immer aber dauerte es noch Monate bis zur Ausführung des Vergleichs.

Prinz Wilhelm kam auf der Rückreise nach Königsberg durch Berlin, er wurde mit lautem Jubel von den Bürgern empfangen; nur zwei Tage hielt er sich in der Stadt auf, an diesen beiden Tagen aber zeigte sich eine große Freude unter der Bürgerschaft.

Am 3. Dezember fand endlich der Abzug der Franzosen statt, dem Prinzen Ferdinand von Preußen wurden von dem französischen General St. Hilaire die Schlüssel der Stadt übergeben, am 5. verließ St. Hilaire selbst Berlin und die preußischen Behörden traten wieder die Regierung an.

Es war ein grenzenloser Jubel unter dem Volk, als am 10. Dezember die preußischen Truppen einrückten und zwar gerade solche, welche mit Auszeichnung gedient hatten, ein Theil der Besatzung von Kolberg, jener Festung, die mit glänzender Bravour sich gegen die Angriffe der Franzosen vertheidigt hatte.

Am Bernauer (dem neuen Königs-) Thore empfingen Deputationen der städtischen Behörden die einziehenden Krieger, mit klingendem Spiel und fliegenden Fahnen zogen diese um eilf Uhr Morgens durch das Thor nach dem Schlosse hin; besonders ehrenvoll begrüßt wurde der Major v. Schill, der sich bei der Vertheidigung Kolbergs einen glänzenden Namen erworben hatte.

Der Name Schill war jedem Kinde in der Stadt bekannt. Von den wenigen Offizieren, welche in dem unglücklichen Kriege sich ausgezeichnet hatten, war Schill einer der berühmtesten, seine glänzenden Waffenthaten bei der Vertheidigung von Colberg hatten ihm die Herzen des Volks gewonnen.

Mit einem Jubelruf ohne Gleichen wurde der Held empfangen; alte Krieger aus Friedrichs des Großen Zeit drängten sich zu seinem Pferde, und bemühten sich, seine Säbelscheide, selbst seine Steigbügel zu küssen. Griebenow, der selbst zu den „Colbergern" gehört hatte, und mit Schill in Berlin einzog, beschreibt uns den Zug des allverehrten Mannes in seinen Erlebnissen.

„von Schill's Name, den der König schon früher zum Major ernannt hatte, war damals im Munde des ganzen Volks. Ueberall, wohin wir kamen, eilte man uns dankend und segnend entgegen; in Städten und Dörfern läuteten die Glocken zu unserm Empfange, und was Liebe nur zu gewähren vermag, ward der ganzen Truppe und in den Quartieren jedem Einzelnen von uns in überreichem Maße zu Theil. Hat Napoleon damals Kundschafter im Lande gehabt, und solche, die unseren Marsch begleiteten, dann konnte er sich auch schon damals sagen, daß er mit diesem Preußenvolke noch eines Tages schwer zu thun bekommen werde.

„Berlin selbst stand in dieser Beziehung keineswegs zurück. Man empfing uns mit begeistertem Hochgefühl, und ich sehe es noch, wie sich Alles zu Schill hinzudrängte, und tausende glücklich waren, nur seine Hand, seinen Fuß, seinen Steigbügel berühren zu können. Bei seinem Anblick steigerte sich der Ausdruck des Enthusiasmus bis zur Raserei, das Schwingen und Schwenken der Hüte und Mützen nahm kein Ende und Hunderte von Kopfbedeckungen sah man hoch in die Luft steigen, um von da auf den geliebten und bewunderten Mann wieder herab zu flattern. Es war eine Scene nie gesehenen Paroxismus! Schill, ein stattlicher Reitersmann und hübscher Soldat, wie er war, nahm alle diese Huldigungen mit ernster Freundlichkeit an, denn sie abwehren wäre bei dem Volksgedränge unmöglich gewesen, und ward fast buchstäblich sammt seinem Pferde auf den Schultern des Publikums durch die Straßen getragen. So war unser Marsch, so unser Einmarsch in Berlin."

Der Einzug Schill's war der erste wahre Freudentag, welchen die Berliner seit dem Beginn des Krieges feiern konnten.

www.ingramcontent.com/pod-product-compliance
Lightning Source LLC
Chambersburg PA
CBHW060415300426
44111CB00018B/2858